Catalogue of Fudan University Press

复旦大学出版社总书目

(1980–2020)

龙向洋 主编

I

复旦大学出版社

前　言

　　此次出版的《复旦大学出版社总书目》著录了出版社自1980年成立至2020年正式出版的各类图书(包括2001年与原复旦大学出版社合并的原上海医科大学出版社自1986年成立至2001年出版的各类图书)共计15 515种。这部书目是以出版社的出版目录和图书馆的藏书目录为基础,经过系统的数据整理编纂而成的。其目的是通过著录每一种图书的书号、书名、著者、出版年、版次、页码、开本、价格、丛书系列、数据来源等信息,真实地记录和展示出版社四十年图书出版的丰硕成果,并揭示这些出版成果在图书馆的具体收藏情况,为出版统计、学术研究和藏书建设提供翔实的参考资料,为读者的查阅利用提供便捷的检索工具。

　　为了全面收集汇总出版社四十年来出版图书的书目数据,此次编纂充分利用了数据库技术完成数据的采集、关联、统计、分析、校核、编排、索引等系统的整理工作。经过充分的调查和评估,我们选择了三个重要的数据来源作为此次整理的基础数据,并通过设计合理的检索策略,分别从其书目查询系统采集标准格式的书目数据,确保数据收集的有效性和完整性,然后在数据库中以书号为依据,对采集到的全部数据进行多次关联、校核等整理,最后确定此次目录编纂的工作数据共计书目41 088条。这三个来源的工作数据分别是复旦大学出版社官网发布的图书出版目录数据(计12 779条)、复旦大学图书馆藏书目录数据(计13 580条)、中国国家图书馆藏书目录数据(计14 729条)。表1的统计表明这三个来源的数据互相补充。1981年至2000年的数据来源于出版社的有1 189条,国家图书馆的有3 027条,复旦大学图书馆的有2 696条,经过合并整理列入总书目的共有3 220条,可见,这一时期的藏书目录可以增补出版社的出版目录2 031条。在著录方式上,我们把三个数据来源标注在本书目的每一个条目之末,读者可以据此了解出版社四十年图书的出版和图书馆收藏的情况。可以说,本书目兼具了出版目录和藏书目录的性质和功能。

表1　《复旦大学出版社总书目(1980—2020)》数据来源统计表

出版年	出版目录	藏书目录		总书目	出版年	出版目录	藏书目录		总书目
	P	F	G	Z		P	F	G	Z
1981年	0	3	3	3	1986年	0	63	58	64
1982年	0	10	13	13	1987年	0	68	69	72
1983年	0	28	30	30	1988年	1	83	89	94
1984年	0	38	35	38	1989年	0	147	165	173
1985年	1	44	44	46	1990年	4	127	167	186

续表

出版年	出版目录 P	藏书目录 F	藏书目录 G	总书目 Z	出版年	出版目录 P	藏书目录 F	藏书目录 G	总书目 Z
1991年	1	139	193	207	2006年	428	423	451	470
1992年	5	146	189	191	2007年	465	490	505	515
1993年	11	225	251	272	2008年	518	504	527	541
1994年	11	144	167	171	2009年	514	508	537	550
1995年	99	190	204	208	2010年	636	556	594	664
1996年	177	220	245	252	2011年	841	753	820	882
1997年	154	204	221	227	2012年	721	653	722	748
1998年	176	188	217	230	2013年	809	777	828	842
1999年	243	314	332	349	2014年	833	789	830	847
2000年	306	315	335	394	2015年	836	796	865	870
小计	1 189	2 696	3 027	3 220	2016年	663	696	739	744
2001年	356	315	329	386	2017年	623	580	644	668
2002年	358	316	333	383	2018年	613	527	622	630
2003年	354	342	357	381	2019年	620	650	644	669
2004年	393	380	403	432	2020年	513	330	424	524
2005年	496	499	528	549	小计	11 590	10 884	11 702	12 295
					合计	12 779	13 580	14 729	15 515

注：1. 表中的三个来源数据[P]、[F]、[G]，最后查询日期为2020年12月31日。2. 出版目录[P]来源于复旦大学出版社书目数据库(http://www.fudanpress.com/quickquery.asp)。3. 藏书目录[F]来源于复旦大学图书馆(http://www.library.fudan.edu.cn/)。4. 藏书目录[G]来源于中国国家图书馆(http://opac.nlc.cn/F/)。5. 总书目[Z]来源于《复旦大学出版社总书目(1980—2010)》。

  这三个来源的目录数据，由于出版社出版目录与图书馆藏书目录在分类方面有较大差异，在著录规则方面也有所不同，所以本次编纂以其中的图书馆藏书目录的MARC格式编目数据作为基础，对全部数据进行系统的整理。比如，以《中国图书馆分类法》(第5版)为参照，对全部书目数据的分类号进行统一校录；系列书(多卷书)有的集中著录，有的分散著录，整理时进行必要的调整；通过字频统计穷尽性地分析用字环境，对全部文本统一进行规范；等等。通过以上这些整理方法，我们力求在提高工作效率的同时保证本书目编纂的质量。

  本次编纂是据中国图书馆分类法进行统一分类编排的，这使得本书目各条目的编排次序与图书馆藏书的分类排架是一致的。本书目著录的图书分为二十二个大类，每一大类之下又分若干小类，每一小类之下再分若干小类。在同一小类之下的各个条目，先以著者拼音顺序排列，其次以书名拼音排列，再以出版时间排列。比如，中国哲学类目下所列条目第00182条《大学直解 中庸直解》至第00264条《法者之言：〈韩非子〉选读》，均为先秦哲学研究的学术著作,其编排次序为:儒家(四书、孔子、孟子、荀子),道家(老子、列子、庄子),墨家,名家(宋尹学派、公孙龙),法家(管子、韩非)。由于中图分类是以学科分类为基础的,本书目也可以说是一部学科分类目录。表2的统计呈现了出版社四十年图书出版的学科分布特点。这些图书涵盖了中图分类的全部二十二个大类,有六个大类图书的数量总计高达11 529种(占比74.31%),其中经济类2 600种(占比6.76%),语言文字类2 544种(占比16.4%),文化、科学、教育、体育类2 407种(占比15.51%),医药、卫生类1 685种(占比10.86%),文学类1 235种(占比7.96%),政治、法律类1 058种(占比6.82%),这足以说明出版社的出版具有鲜明的学科特色。

表2 《复旦大学出版社总书目(1980—2020)》分类统计表

分类号	类别名称	统计(种)	比重(%)	各年代统计(种)			
				1981—1990年	1991—2000年	2001—2010年	2011—2020年
A	马克思主义、列宁主义、毛泽东思想、邓小平理论	65	0.42	11	17	14	23
B	哲学、宗教	672	4.33	45	82	168	377
C	社会科学总论	510	3.29	30	87	165	228
D	政治、法律	1 058	6.82	51	158	318	531
E	军事	13	0.08	0	2	7	4
F	经济	2 600	16.76	109	450	999	1 042
G	文化、科学、教育、体育	2 407	15.51	61	340	770	1 236
H	语言、文字	2 544	16.40	71	252	905	1 316
I	文学	1 235	7.96	45	139	355	696
J	艺术	388	2.50	15	34	91	248
K	历史、地理	705	4.54	40	85	191	389
N	自然科学总论	39	0.25	3	11	13	12
O	数理科学和化学	511	3.29	75	80	141	215
P	天文学、地球科学	24	0.15	1	2	7	14
Q	生物科学	173	1.12	37	53	50	33
R	医药、卫生	1 685	10.86	54	467	497	667
S	农业科学	21	0.14	3	4	3	11
T	工业技术	690	4.45	58	210	140	282
U	交通运输	32	0.21	0	0	9	23

续表

分类号	类别名称	统计(种)	比重(%)	各年代统计(种)			
				1981—1990年	1991—2000年	2001—2010年	2011—2020年
V	航空、航天	5	0.03	0	1	0	4
X	环境科学、安全科学	45	0.29	2	6	13	24
Z	综合性图书	93	0.60	8	21	15	49
	合计	15 515	100.00	719	2 501	4 871	7 424

本书目的编纂在条目著录款目方面力求详细完整,不仅著录书号、书名、著者、出版时间、版次、页码、开本、价格等,还特别著录了丛书题名和系列题名。著录有系列题名的这些条目多达 8 624 条,大多为学术著作系列和各类教材系列。比如,博士文库系列学术图书有 99 条,卓越系列各类教材 761 条,博学系列各类教材 946 条。这些系列题名有助于图书馆的图书选择和藏书补缺。因此,本书目可以作为图书馆藏书建设的参考工具。

得益于复旦大学出版社长期持续的捐赠,复旦大学图书馆入藏的出版社的图书非常系统。本书目著录的 15 515 种图书,复旦大学图书馆入藏的就有 13 580 种,入藏率高达 87.53%。这些图书被学校师生广为借阅,表 3 可以看到 2004 年至 2020 年间的借阅频次高达 154 558 次,这还仅是外借图书的统计数据,没有包括馆内阅览统计。因而,本书目的出版可以为读者检索和利用复旦大学图书馆这一重要的藏书提供便利。

表 3　复旦大学图书馆入藏复旦大学出版社出版图书借阅统计表

分类号	类　目　名　称	入藏种数	借阅人次	借阅频次
A	马克思主义、列宁主义、毛泽东思想、邓小平理论	62	1 147	1 205
B	哲学、宗教	639	7 863	8 370
C	社会科学总论	482	4 498	4 753
D	政治、法律	1 003	14 478	15 632
E	军事	13	133	151
F	经济	2 462	21 902	23 097
G	文化、科学、教育、体育	1 619	10 735	11 261
H	语言、文字	2 210	13 231	14 242
I	文学	1 152	9 565	10 192
J	艺术	334	1 764	1 853
K	历史、地理	681	5 982	6 422

续表

分类号	类 目 名 称	入藏种数	借阅人次	借阅频次
N	自然科学总论	37	490	531
O	数理科学和化学	383	16 052	17 192
P	天文学、地球科学	21	109	116
Q	生物科学	166	4 268	4 652
R	医药、卫生	1 570	25 625	29 013
S	农业科学	21	14	15
T	工业技术	568	4 696	5 080
U	交通运输	31	39	42
V	航空、航天	4	8	9
X	环境科学、安全科学	41	212	230
Z	综合性图书	81	459	500
	合计	13 580	143 270	154 558

注：本表中借阅人次、借阅频次统计来自复旦大学图书馆书目管理系统，统计借阅日期区间为2004—2020年。

与过去相比，今天目录编纂的困难并不在于数据的缺乏，而是在于如何收集、整理和评估这些数据，以及用何种方式进行编纂。本书目的编纂始于2020年3月，利用了现代数据库处理数据，历时一年，才告完成。由于编者水平有限，本书目在编纂过程中难免有所疏漏，请读者批评指正。

本书目从最初编纂到最后出版，一直得到复旦大学出版社董事长严峰先生的大力支持。总编辑王卫东先生对本书目编纂工作提出了许多建设性的意见。责任编辑胡欣轩先生为本书目的编纂出版付出了辛勤的劳动。今在此一并致以衷心的感谢。

凡 例

一、本书目著录复旦大学出版社自 1980 年成立至 2020 年正式出版的各类图书（包括 2001 年与原复旦大学出版社合并的原上海医科大学出版社自 1986 年成立至 2001 年出版的各类图书）共计 15 515 种，并依据《中国图书馆分类法》（第 5 版）编进行分类编排。

二、本书目以书号为依据设立条目，凡一个书号即设置为一个条目。每一条目著录款目内容有序列号、书号、题名（含题名附注）、著者、出版年、版次、开本、页码、装帧、定价、丛书系列、数据来源等款目。

三、本书目书号款目内容著录图书的统一书号和中国标准书号，著录形式有两种：

1. 1980 年至 1987 年间正式出版图书使用的统一书号，本书目采用完整形式进行著录，如：

[00037]条：4253.001《资本论》中的再生产理论 张薰华著 1981 年

[11730]条：11253.001 论清末民初中国社会 蔡尚思等著 1983 年

上述记录的统一书号 4253.001 和 11253.001 均为完整形式，其中 253 为复旦大学出版社代号，256 前的 4 和 11 为分类编号，001 为各为流水号。

2. 1987 年之后正式出版图书使用中国标准书号（ISBN），本书目采用简省形式进行著录，仅著录出版社代号和书名流水号，省去 ISBN 号前缀"7-"、"987-7-"以及末位校验码，如：

[00431]条：309-00001 二十世纪西方美学名著选上册 蒋孔阳主编 朱立元副主编 1987 年

[13645]条：5627-0001 生理学多选题汇编 韩济生 姚承禹主编 1987 年

[10032]条：309-04283 20 世纪外国文学史 郑克鲁主编 2007 年

上述记录著录的三种图书版权页上中国标准书号完整形式分别为 7-309-00001-3、7-5627-0001-x、978-7-309-04283-2，其中 309 为复旦大学出版社代号，5627 为原上海医科大学出版社代号。

四、本书目数据来源款目内容分别以字母标明书目数据来源并括注于各条目之后。字母代码指代的数据来源为：

G——中国国家图书馆；

F——复旦大学图书馆；

P——复旦大学出版社。

五、为便于读者检索利用,本书目于正文之后附有书名笔画索引和著者笔画索引。书名笔画索引是以本书目正文全部条目著录的题名(含题名附注)款目内容作为检索词,标明其在正文条目相应序列号的位置。著者笔画索引是从本书目正文全部条目的著者项中析出个人著者和团体著者名称作为检索词,标明其在正文条目相应序列号的位置。书名笔画索引按照书名首字笔画顺序编排,著者笔画索引按照著者首字笔画顺序编排;首字为英文字母或数字者,则列入一画之前的〇画。

目 录

前言 …………………………………… 1

凡例 …………………………………… 1

马克思主义、列宁主义、毛泽东思想、邓小平理论 …………………………… 1
    著作汇编 ………………………………… 1
    生平和传记 ……………………………… 1
    学习和研究 ……………………………… 1

哲学、宗教 …………………………… 7
    哲学教育与普及 ………………………… 7
    哲学理论 ………………………………… 7
    世界哲学 ………………………………… 11
    中国哲学 ………………………………… 12
    亚洲哲学 ………………………………… 23
    欧洲哲学 ………………………………… 23
    美洲哲学 ………………………………… 25
    思维科学 ………………………………… 27
    逻辑学(论理学) ………………………… 27
    伦理学(道德哲学) ……………………… 28
    美学 ……………………………………… 32
    心理学 …………………………………… 36
    宗教 ……………………………………… 42

社会科学总论 ………………………… 55
    社会科学理论与方法论 ………………… 55
    社会科学教育与普及 …………………… 55
    社会科学丛书、文集、连续性出版物 …… 56
    统计学 …………………………………… 64
    社会学 …………………………………… 66
    人口学 …………………………………… 76
    管理学 …………………………………… 78
    民族学、文化人类学 …………………… 90
    人才学 …………………………………… 91

政治、法律 …………………………… 92
    政治学、政治理论 ……………………… 92
    中国共产党 ……………………………… 100
    工人、农民、青年、妇女运动与组织 …… 102
    世界政治 ………………………………… 103
    中国政治 ………………………………… 104
    各国政治 ………………………………… 123
    外交、国际关系 ………………………… 128
    法律 ……………………………………… 133

军事 …………………………………… 169
    军事理论 ………………………………… 169
    世界军事 ………………………………… 169
    中国军事 ………………………………… 169
    各国军事 ………………………………… 169
    战略学、战役学、战术学 ……………… 170
    军事技术 ………………………………… 170

经济 …………………………………… 171
    经济学 …………………………………… 171
    世界各国经济概况、经济史、经济地理 … 187
    经济管理 ………………………………… 202
    农业经济 ………………………………… 267

工业经济	270
信息产业经济	274
交通运输经济	274
旅游经济	275
邮电通信经济	279
贸易经济	280
财政、金融	308

文化、科学、教育、体育 356
文化理论 356
  比较文化学 357
世界各国文化与文化事业 357
  世界 357
  中国 358
  各国 359
信息与知识传播 359
  信息与传播理论 359
  新闻事业 369
  广播、电视事业 386
  出版事业 392
  群众文化事业 394
  图书馆事业、信息事业 395
  博物馆事业 398
  档案事业 399
科学、科学研究 400
  科学研究理论 400
  科学研究工作 401
  世界各国科学研究事业 401
教育 402
  教育学 402
  思想政治教育、德育 404
  教学理论 405
  电化教育 405
  教育心理学 405
  教师与学生 406
  学校与家庭、学校与社会 409
  教育行政 409
  学校管理 409
  世界教育事业 410
  中国教育事业 410
  学前教育、幼儿教育 411
  初等教育 450
  中等教育 456
  高等教育 495
  师范教育、教师教育 514
  职业技术教育 514
  成人教育、业余教育 515
  华侨教育、侨民教育 521
  特殊教育 521
  社会教育 521
  家庭教育 521
  自学 523
体育 523
  体育理论 524
  世界各国体育事业 527
  运动场地与设备 527
  体育运动技术(总论) 528
  田径运动 528
  体操运动 528
  球类运动 528
  武术及民族形式体育 529
  其他体育运动 529
  文娱性体育活动 530

语言、文字 531
语言学 531
汉语 543
常用外国语 563
汉藏语系 718
阿尔泰语系 718

文学 719
文学理论 719
世界文学 726
中国文学 731
各国文学 790

艺术·· 803
　艺术理论····································· 804
　世界各国艺术概况·························· 806
　绘画··· 807
　书法、篆刻·································· 810
　雕塑··· 813
　摄影艺术····································· 813
　工艺美术···································· 815
　音乐··· 816
　舞蹈··· 820
　戏剧、曲艺、杂技艺术····················· 821
　电影、电视艺术···························· 822

历史、地理··································· 831
　史学理论···································· 831
　世界史······································ 834
　中国史······································ 836
　亚洲史······································ 850
　非洲史······································ 851
　欧洲史······································ 851
　美洲史······································ 852
　传记··· 852
　文物考古··································· 870
　风俗习惯··································· 872
　地理··· 873

自然科学总论································ 879
　自然科学理论与方法论····················· 879
　自然科学概况、现状、进展··············· 881
　自然科学研究方法·························· 881
　自然科学教育与普及······················· 881
　自然科学丛书、文集、连续性出版物
　　··· 882
　系统科学···································· 882

数理科学和化学······························ 883
　数学··· 883
　力学··· 906

物理学··· 907
化学·· 915
晶体学··· 919

天文学、地球科学··························· 920
　天文学······································ 920
　地球物理学································· 921
　大气科学(气象学)·························· 921
　地质学······································ 921
　海洋学······································ 921
　自然地理学································· 922

生物科学······································ 923
　生物科学的理论与方法···················· 923
　生物科学的研究方法、技术··············· 923
　普通生物学································· 923
　细胞生物学································· 924
　遗传学······································ 926
　生理学······································ 926
　生物化学··································· 927
　生物物理学································· 929
　分子生物学································· 930
　生物工程学(生物技术)···················· 931
　微生物学··································· 931
　植物学······································ 932
　动物学······································ 933
　昆虫学······································ 934
　人类学······································ 935

医药、卫生··································· 936
　一般理论··································· 936
　现状与发展································· 938
　医学研究方法······························ 938
　预防医学、卫生学························· 944
　中国医学··································· 970
　基础医学··································· 980
　临床医学··································· 993
　内科学···································· 1013

外科学 …………………………… 1023
　　妇产科学 ………………………… 1029
　　儿科学 …………………………… 1031
　　肿瘤学 …………………………… 1033
　　神经病学与精神病学 …………… 1039
　　皮肤病学与性病学 ……………… 1043
　　耳鼻咽喉科学 …………………… 1044
　　眼科学 …………………………… 1044
　　口腔科学 ………………………… 1046
　　特种医学 ………………………… 1047
　　药学 ……………………………… 1048

农业科学 ………………………… 1054
　　农业科学技术研究 ……………… 1054
　　农业基础科学 …………………… 1054
　　植物保护 ………………………… 1054
　　农作物 …………………………… 1055
　　园艺 ……………………………… 1055
　　林业 ……………………………… 1055
　　畜牧、动物医学、狩猎、蚕、蜂 …… 1055
　　水产、渔业 ……………………… 1056

工业技术 ………………………… 1057
　　机构、团体、会议 ……………… 1057
　　一般工业技术 …………………… 1057
　　金属学与金属工艺 ……………… 1059
　　机械、仪表工业 ………………… 1061
　　能源与动力工程 ………………… 1064
　　原子能技术 ……………………… 1064
　　电工技术 ………………………… 1064
　　电子技术、通信技术 …………… 1067
　　自动化技术、计算机技术 ……… 1072
　　化学工业 ………………………… 1098

　　轻工业、手工业、生活服务业 …… 1099
　　建筑科学 ………………………… 1103
　　水利工程 ………………………… 1106

交通运输 ………………………… 1108
　　铁路运输 ………………………… 1108
　　公路运输 ………………………… 1108
　　水路运输 ………………………… 1110

航空、航天 ……………………… 1111
　　航空 ……………………………… 1111
　　航天（宇宙航行） ……………… 1111

环境科学、安全科学 …………… 1112
　　环境科学理论 …………………… 1112
　　环境保护宣传教育及普及 ……… 1112
　　环境科学基础理论 ……………… 1112
　　社会与环境 ……………………… 1113
　　环境保护管理 …………………… 1114
　　灾害及其防治 …………………… 1114
　　环境污染及其防治 ……………… 1114
　　安全科学 ………………………… 1115

综合性图书 ……………………… 1116
　　丛书 ……………………………… 1116
　　百科全书、类书 ………………… 1116
　　论文集、全集、选集、杂著 …… 1117
　　年鉴、年刊 ……………………… 1118
　　图书报刊目录、文摘、索引 …… 1120

书名笔画索引 …………………… 1123

著者笔画索引 …………………… 1445

马克思主义、列宁主义、毛泽东思想、邓小平理论

著作汇编

00001 3253.003
无产阶级革命家论德育
《无产阶级革命家论德育》摘编组编 1984年 308页 19 cm 1.10元 (G. F.)

生平和传记

00002 309-03690
毛泽东口述传 英汉对照
[毛泽东口述] (美) 埃德加·斯诺(Edgar Snow)录 翟象俊译 2003年 170页 21 cm 12.80元〔根据哈佛燕京馆藏珍品最新翻译 谨以此书纪念毛泽东诞辰110周年〕(G. F. P.)

学习和研究

00003 309-12921

马克思主义基本原理概论及真题解析
方成建主编 2017年 125页 26 cm 28元 〔考研直通车系列〕(G. F. P.)

00004 309-02587
当代国外马克思主义评论 第1辑
复旦大学当代国外马克思主义研究中心编 2000年 353页 20 cm 26元 (G. F.)

00005 309-02941
当代国外马克思主义评论 第2辑
复旦大学当代国外马克思主义研究中心编 俞吾金主编 2001年 398页 20 cm 29元 (G. F. P.)

00006 309-03307
当代国外马克思主义评论 第3辑
复旦大学当代国外马克思主义研究中心编 2002年 354页 20 cm 26元 (G. F. P.)

00007 1253.001

马克思主义研究的几个问题
胡曲园著 1983年 340页 21 cm 1.30元
（G. F.）

00008 309-06229
马克思主义基本原理概论教学论纲
黄伟力 周泽红著 2008年 231页 21 cm 20元〔上海高校思想政治理论课建设研究丛书〕（G. F. P.）

00009 309-09834
青年马克思与启蒙
黄学胜著 2013年 273页 23 cm 35元〔思想史视域中的马克思主义研究丛书〕（G. F. P.）

00010 309-13995
历史之谜的理论解答
姜佑福著 2018年 210页 23 cm 46元〔马克思主义与当代中国问题 吴晓明 陈学明主编〕（G. F. P.）

00011 309-00140
大学马克思主义原理教程
金顺尧 陈文灿主编 1988年 589页 20 cm 3.05元（G. F.）

00012 309-01263
马克思主义原理教程
金顺尧主编 1993年 524页 20 cm 10.60元（G. F.）

00013 309-14779
如何讲好当代中国马克思主义 疑难问题与教学解析 第1辑
李冉 李国泉主编 2019年 218页 23 cm 35元〔"习近平新时代中国特色社会主义思想概论"课教辅材料〕（G. F. P.）

00014 309-11421
马克思主义基本原理概论难点解析
刘学礼主编 2015年 289页 23 cm 42元〔复旦大学思想政治理论课教学改革丛书〕（G. F. P.）

00015 309-04689
马克思主义基础理论
桑玉成主编 2005年 320页 24 cm 34元〔复旦博学·思想政治理论课系列〕（G. F. P.）

00016 309-04668
中国马克思主义概论
肖巍主编 2005年 316页 23 cm 34元〔复旦博学·思想政治理论课系列〕（G. F. P.）

00017 309-00416
马克思主义原理简明教程
徐云望等主编 1989年 288页 20 cm 3.90元（G. F.）

00018 309-06613
马克思主义理论学科建设研究
顾钰民著 2009年 218页 21 cm 20元〔上海高校思想政治理论课建设研究丛书〕（G. F. P.）

00019 309-04643
马克思主义评论 第1辑
复旦大学马克思主义研究中心 复旦大学社会科学基础部主编 2005年 434页 21 cm 28元（G. F. P.）

00020 2253.001
西方学者论《1844年经济学-哲学手稿》
复旦大学哲学系现代西方哲学研究室编译 1983年 309页 21 cm 1.20元（G. F.）

00021 309-11983

重释人的解放 论《1844年经济学哲学手稿》的哲学人类学思想

纪佳妮著 2015年 263页 21 cm 32元〔人文学术〕(G. F. P.)

00022 309-08389

"生活"的发现与历史唯物主义的形成《德意志意识形态》研究

孙云龙著 2011年 345页 21 cm 30元〔人文学术〕(G. F. P.)

00023 309-14875

宣言中译 信仰之源《共产党宣言》展示馆(陈望道旧居)

复旦大学档案馆编 2020年 118页 25×26 cm 精装 168元 (G. F. P.)

00024 309-00141

新编《资本论》教程 第1卷

洪远朋主编 1988年 446页 20 cm 3.20元〔复旦大学教材〕(G. F.)

00025 309-00190

新编《资本论》教程 第2卷

洪远朋主编 1989年 332页 20 cm 3.85元〔大学教材〕(G. F.)

00026 309-00214

新编《资本论》教程 第3卷

洪远朋主编 1989年 480页 20 cm 5.40元〔大学教材〕(G. F.)

00027 309-00798

新编《资本论》教程 第4卷

洪远朋主编 1992年 444页 20 cm 8元〔大学教材〕(G. F.)

00028 309-03106

《资本论》教程简编

洪远朋主编 2002年 614页 23 cm 58元〔复旦博学·经济学系列〕(G. F. P.)

00029 309-14667

《资本论》教程简编

洪远朋主编 2020年 第2版 614页 23 cm 78元〔复旦博学·经济学系列〕(G. F. P.)

00030 309-13195

《资本论》纵横谈

洪远朋 严法善 高帆著 2017年 199页 24 cm 40元〔泛海书院丛书〕(G. F. P.)

00031 309-14040

《资本论》纵横谈

洪远朋 严法善 高帆著 2019年 第2版 199页 24 cm 精装 68元 (G. F. P.)

00032 309-10051

论《资本论》洪远朋《资本论》研究文集

洪远朋著 2013年 415页 24 cm 56元〔泛海书院丛书〕(G. F. P.)

00033 309-09242

资本与历史唯物主义《资本论》及其手稿当代解读

孙承叔著 2013年 244页 23 cm 34元〔马克思主义经典著作当代解读〕(G. F. P.)

00034 309-00985

《资本论》的整体方法探讨

俞忠英著 1993年 368页 20 cm 9.15元 (G. F.)

00035 309-00030

《资本论》脉络

张薰华编著 1987年 223页 20 cm

1.30 元〔复旦大学教材〕(G. F.)

00036 309-02341
《资本论》脉络
张薰华著 1999 年 第 2 版 222 页 20 cm 12 元 (G. F. P.)

00037 4253.001
《资本论》中的再生产理论
张薰华著 1981 年 166 页 19 cm 0.44 元 (G. F.)

00038 309-14037
历史的肉身《路德维希·费尔巴哈和德国古典哲学的终结》当代解读
吴猛著 2018 年 226 页 23 cm 52 元〔马克思主义经典著作当代解读〕(G. F. P.)

00039 309-00785
时代精神的精华 马克思主义哲学原著导读 上册
余源培主编 1992 年 330 页 20 cm 5.90 元 (G. F.)

00040 309-00786
时代精神的精华 马克思主义哲学原著导读 中册
余源培主编 1992 年 455 页 20 cm 7.85 元 (G.)

00041 309-00787
时代精神的精华 马克思主义哲学原著导读 下册
余源培主编 1992 年 454 页 20 cm 7.90 元 (G. F.)

00042 309-10419
马克思政治社会化思想研究
黄丹著 2014 年 206 页 23 cm 30 元〔马克思主义理论学科建设系列〕(G. F. P.)

00043 309-01699
马克思主义社会思想史
吴晓明等著 1996 年 528 页 20 cm 20 元 (G. F. P.)

00044 309-13686
马克思自由和解放思想研究
郑宇著 2018 年 417 页 21 cm 56 元〔复旦博学文库〕(G. F. P.)

00045 309-14029
资本的时空界限及其历史意义
程晓著 2019 年 234 页 23 cm 48 元〔马克思主义与当代中国问题 吴晓明 陈学明主编〕(G. F. P.)

00046 309-14760
财产权及其批判 基于历史唯物主义的考察
康翟著 2020 年 204 页 23 cm 54 元〔思想史视域中的马克思主义研究丛书〕(G. F. P.)

00047 309-03630
马克思主义新闻思想概论
陈力丹著 2003 年 339 页 23 cm 30 元〔复旦博学·新闻传播学研究生核心课程系列教材〕(G. F. P.)

00048 309-14655
马克思主义新闻观典型案例分析
马克思主义新闻观教学团队编写 陈建云主编 2019 年 242 页 23 cm 48 元 (G. F. P.)

00049 309-12213
马克思主义新闻观读本
童兵主编 马克思主义新闻观教学团队编写 2016 年 188 页 23 cm 36 元 (G. F. P.)

00050 309-13912
马克思主义新闻观百问百答
张涛甫主编 马克思主义新闻观教学团队编写 2019年 305页 23 cm 46元 (G. F. P.)

00051 309-04340
新编马克思主义文艺学
潘天强主编 2005年 358页 23 cm 32元 〔复旦博学·文学系列〕(G. F. P.)

00052 2253.011
《唯物主义和经验批判主义》提要
复旦大学哲学系马克思主义哲学史教研室编 1986年 339页 20 cm 1.95元 (G. F.)

00053 309-09114
解释与辩护 毛泽东思想和中国特色社会主义理论体系概论课程设计演讲录
谌林著 2012年 179页 23 cm 25元 (G. F. P.)

00054 309-02562
毛泽东思想概论
复旦大学成人教育学院培训部等主编 蒋自强册主编 2000年 91页 26 cm 12元 〔全国高等教育自学考试指导与训练〕(G. F. P.)

00055 309-02585
毛泽东思想概论
沈济时等编著 2000年 171页 26 cm 20元 〔全国高等教育法律专业自学考试指导与训练丛书 本科段〕(G. F. P.)

00056 309-09678
毛泽东思想和中国特色社会主义理论体系概论难点解析
顾钰民主编 2012年 260页 23 cm 32元 〔复旦大学思想政治理论课教学改革丛书〕(G. F. P.)

00057 309-06693
毛泽东思想和中国特色社会主义理论体系概论教学有效性研究
张丹华 顾晓英主编 2009年 298页 21 cm 26元 〔上海高校思想政治理论课建设研究丛书〕(G. F. P.)

00058 309-00722
毛泽东经济思想研究
倪大奇著 1991年 283页 20 cm 4.60元 (G. F.)

00059 309-01099
毛泽东经济思想研究
倪大奇著 1993年 重印 283页 20 cm 6.90元 (G.)

00060 309-02468
邓小平理论概论
复旦大学成人教育学院培训部等主编 2000年 124页 26 cm 12元 〔全国高等教育自学考试指导与训练〕(G. P.)

00061 309-03001
邓小平理论概论
何勤华等主编 岳川夫等编著 2001年 213页 26 cm 20元 〔全国高等教育法律专业自学考试指导与训练丛书〕(G. F. P.)

00062 309-03647
邓小平理论概论练习与检索
黄天华等编著 2003年 379页 20 cm 19元 〔全国高等教育自学考试练习与检索丛书〕(G. F. P.)

00063 309-02478
邓小平经济理论研究 续篇
倪大奇主编 2000年 345页 20 cm 16元
(G. F. P.)

00064 309-00687
马克思 恩格斯 列宁报刊理论与实践
夏鼎铭编著 1991年 347页 20 cm 4.40元〔复旦大学新闻学丛书〕(G. F.)

00065 309-00790
哲学原著必读书解说
俞朝卿等主编 1992年 418页 20 cm 5.60元 (G. F.)

哲学、宗教

哲学教育与普及

00066 309-03009
哲学家的咖啡馆 少女与教授关于人生的书信
（德）诺拉·K.（Nora K.）（德）维托里奥·赫斯勒（Vittorio Hosle）著 卫茂平译 2001年 302页 20 cm 19元 (G. F. P.)

00067 309-14998
节奏之哲学笔记
（日）山崎正和著 方祖鸿 方明生译 2020年 213页 21 cm 48元 (F. P.)

00068 309-10937
天涯哲学文存
谌林 王志强主编 2014年 196页 23 cm 28元〔三亚学院学术文丛〕(G. F. P.)

00069 309-01491
寻找新的价值坐标 世纪之交的哲学文化反思

俞吾金著 1995年 532页 20 cm 20元〔复旦大学博士丛书〕(G. F. P.)

00070 309-07187
英汉哲学
胡志勇主编 2010年 845页 15 cm 25元〔新学科术语小词典〕(G. F. P.)

哲学理论

00071 309-04435
哲学通论
孙正聿著 2005年 第2版 339页 23 cm 35元 (G. F. P.)

00072 309-05631
哲学通论
孙正聿著 2007年 512页 21 cm 27.80元〔中国文库 哲学社会科学类〕(F.)

00073 309-05632

哲学通论

孙正聿著 2007年 512页 21cm 精装 41.80元〔中国文库 哲学社会科学类〕（ ）

00074 309-09420
哲学的追问 哲学概念清淤录之一

汪堂家著 2012年 292页 22cm 28元 (G. F. P.)

00075 309-13941
哲学的追问 哲学概念清淤录

汪堂家著 2019年 228页 23cm 精装 48元〔汪堂家文集 著述卷〕(G. F. P.)

00076 309-10412
哲学导论

王德峰著 2014年 208页 23cm 25元〔21世纪大学文科教材 复旦博学·哲学系列〕(G. F. P.)

00077 309-13316
科恩历史哲学研究

陈伟著 2017年 174页 23cm 32元 (G. F. P.)

00078 309-02619
马克思主义哲学原理

复旦大学成人教育学院培训部等主编 陈金华编 2000年 146页 26cm 15元〔全国高等教育自学考试指导与训练〕(G. F. P.)

00079 309-02046
马克思主义哲学原理

孙翠宝主编 1998年 219页 20cm 10.50元 (G. F. P.)

00080 309-02903
马克思主义哲学原理

孙翠宝主编 2001年 第2版 250页 20cm 14元 (G. F. P.)

00081 309-02649
马克思主义哲学原理

奚志根编著 2000年 220页 26cm 22元〔全国高等教育法律专业自学考试指导与训练丛书〕(G. F. P.)

00082 309-03656
马克思主义哲学原理练习与检索

奚志根编著 2003年 340页 20cm 17元〔全国高等教育自学考试练习与检索丛书〕(G. F. P.)

00083 309-00554
马克思主义哲学导论 实践的唯物主义

辛敬良主编 1991年 614页 20cm 5.70元〔学苑丛书〕(G.)

00084 309-00520
马克思主义哲学的理论与历史

余源培 虞伟人主编 1990年 645页 20cm 4.55元 (G. F.)

00085 309-02477
马克思主义哲学的理论与历史

余源培主编 2000年 第2版（修订版） 594页 20cm 25元 (G. F. P.)

00086 309-08896
新世界观的第一次公开问世《哲学的贫困》当代解读

余源培 付畅一著 2012年 192页 24cm 25元 (G. F. P.)

00087 309-07053
愿作如是观

陈家琪著 2010年 288页 24cm 32元

〔"三十年集"系列丛书 1978—2008〕(G. F. P.)

00088 309-09742
揭穿"意识内在性"之幻相 马克思对意识的存在性质的探讨
张红岭著 2013年 268页 23 cm 35元〔思想史视域中的马克思主义研究丛书 吴晓明主编〕(G. F. P.)

00089 2253.002
怎样才能获得真理
余源培著 1983年 252页 18 cm 0.72元〔复旦小丛书〕(G. F.)

00090 309-09480
历史：思辨与实践 论马克思与黑格尔历史观念的基本差别
姜佑福著 2013年 167页 23 cm 25元〔思想史视域中的马克思主义研究丛书 吴晓明主编〕(G. F. P.)

00091 309-09895
唯物史观与历史主义
焦佩锋著 2013年 240页 23 cm 38元〔思想史视域中的马克思主义研究丛书〕(G. F. P.)

00092 309-04370
走向实践的唯物主义
辛敬良著 2005年 238页 23 cm 22元〔复旦学人文库〕(G. F. P.)

00093 309-06149
当代形而上学导论
(美)麦克尔·路克斯(Michael J. Loux)著 朱新民译 2008年 347页 23 cm 35元〔哈佛教学用书哲学译丛 黄颂杰主编〕(G. F. P.)

00094 309-12775
大学生生命教育引论
戴景平 张玉荣编著 2017年 191页 26 cm 34元 (G. P.)

00095 309-13427
精神生命 超越当下 老年生死教育读本
汪堂家著 2017年 99页 21 cm 25元〔老年生命教育系列〕(G. F. P.)

00096 309-13075
精神生命 超越当下 老年生死教育选本
王伯军选编 2017年 134页 21 cm 25元〔老年生命教育系列〕(G. F. P.)

00097 309-13393
感悟生命 夕阳更红 老年生命教育读本
王伯军 殷祯岑编著 2017年 114页 21 cm 25元〔老年生命教育系列〕(G. F. P.)

00098 309-13076
感悟生命 夕阳更红 老年生命教育选本
王伯军选编 2017年 136页 21 cm 25元〔老年生命教育系列〕(G. F. P.)

00099 309-13255
大学生生命与心理健康教育
王文科主编 2017年 279页 26 cm 46元〔高等院校通识教育课程教材〕(G. P.)

00100 309-12002
阅读生命 "生命关怀"同辈教育读本
唐华主编 2016年 99页 22 cm 25元 (G. F. P.)

00101 309-08799
存在主义
(英)大卫·E.科珀(David E. Cooper)著 孙小玲 郑剑文译 2012年 260页

00102 5627-0575

中西文化中的生死观

（加）许志伟（Edwin C. Hui）徐宗良主编 2000年 225页 20 cm 23元 (G. F.)

00103 309-14327

后现代政治话语 新实用主义与后马克思主义

董山民著 2019年 330页 23 cm 64元〔实用主义与美国思想文化研究〕(G. F. P.)

00104 309-13260

实用主义的研究历程

刘放桐著 2018年 441页 23 cm 68元〔实用主义与美国思想文化研究〕(G. F. P.)

00105 309-14426

罗伊斯的绝对实用主义

杨兴凤著 2019年 284页 23 cm 68元〔实用主义与美国思想文化研究〕(G. F. P.)

00106 309-14369

"世界"的失落与重拾 一个分析实用主义的探讨

周靖著 2019年 273页 23 cm 58元〔实用主义与美国思想文化研究 刘放桐 陈亚军主编〕(G. F. P.)

00107 309-00083

莱维-施特劳斯结构主义和社会学理论

（德）巴德考克（C. R. Badcock）著 尹大贻 赵修义译 1988年 186页 19 cm 1.15元〔复旦小丛书〕(G. F.)

00108 309-08989

另类胡塞尔 先验现象学的视野

（美）道恩·威尔顿（Donn Welton）著 靳希平译 2012年 575页 24 cm 78元 (G. F. P.)

00109 309-14328

阐明理由 推论主义导论

（美）罗伯特·B.布兰顿著 陈亚军译 2020年 200页 23 cm 45元〔实用主义与美国思想文化译丛〕(G. F. P.)

00110 2253.010

当代分析哲学

（美）穆尼茨（M. K. Munitz）著 吴牟人等译 1986年 520页 20 cm 3.20元 (G. F.)

00111 309-05328

梅罗-庞蒂历史现象学研究

佘碧平著 2007年 278页 23 cm 35元 (G. F. P.)

00112 309-15220

解读《观念》论先验现象学的第一次体系化构想

钱立卿著 2020年 380页 23 cm 86元 (G. F. P.)

00113 309-12576

经验主义与心灵哲学

（美）威尔弗里德·塞拉斯（Wilfrid Sellars）著 王玮译 2017年 140页 23 cm 25元〔实用主义与美国思想文化译丛〕(G. F. P.)

00114 309-00436

国外马克思主义哲学流派 西方马克思主义、东欧"新马克思主义"

俞吾金 陈学明著 1990年 680页 20 cm 4.75元 (G. F.)

00115 309-03296

国外马克思主义哲学流派新编 西方马克思主义卷

俞吾金 陈学明著 2002年 2册 23 cm 75元〔复旦博学 面向21世纪高校教材〕(G. F. P.)

00116 309-05950

西方马克思主义前沿问题二十讲

陈学明 王凤才著 2008年 336页 23 cm 36元 (G. F. P.)

00117 309-11389

重建历史唯物主义 西方马克思主义基础理论研究

孙承叔等著 2015年 591页 24 cm 精装 98元 (G. F. P.)

00118 309-08113

史学之魂 当代西方马克思主义史学研究

张广智主编 2011年 318页 23 cm 38元 (G. F. P.)

00119 309-14143

中国古代阐释学研究

周裕锴著 2019年 420页 21 cm 精装 68元〔周裕锴阐释学书系〕(G. F. P.)

世界哲学

00120 309-11283

100位大哲学家 从泰勒到蒯因的思想之旅

(英)菲利浦·斯托克斯著 陈丽丽译 2015年 209页 24 cm 精装 49.80元 (G. F. P.)

00121 309-06926

期望少一点，爱多一点

(法)吕克·费雷著 李月敏 欧瑜译 2009年 210页 21 cm 19元 (G. F. P.)

00122 309-02206

二十世纪哲学经典文本 序卷 二十世纪西方哲学的先驱者

俞吾金 吴晓明主编 吴晓明卷主编 1999年 781页 20 cm 精装 38元 (G. F. P.)

00123 309-02207

二十世纪哲学经典文本 欧洲大陆哲学卷

俞吾金 吴晓明主编 黄颂杰卷主编 1999年 866页 20 cm 精装 42元 (G. F. P.)

00124 309-02208

二十世纪哲学经典文本 英美哲学卷

俞吾金 吴晓明主编 俞吾金卷主编 1999年 723页 20 cm 精装 35元 (G. F. P.)

00125 309-02209

二十世纪哲学经典文本 西方马克思主义卷

俞吾金 吴晓明主编 陈学明卷主编 1999年 752页 20 cm 精装 38元 (G. F. P.)

00126 309-02210

二十世纪哲学经典文本 中国哲学卷

俞吾金 吴晓明主编 徐洪兴卷主编 1999年 718页 20 cm 精装 35元 (G. F. P.)

00127 309-14650

中世纪哲学十讲

赵敦华著 2020年 310页 21 cm 精装 58元〔名家专题精讲系列 第七辑〕(G. F. P.)

00128 309-08100

现代性之路 英法美启蒙运动之比较

(美)格特鲁德·希梅尔法布著 齐安儒译 2011年 188页 23 cm 25元 (G. F. P.)

00129 309-00498

现代世界的哲学沉思

金炳华 张梦孝主编 1990 年 20 cm 3.70 元（ ）

中国哲学

00130 309-00951
中国哲学史简明教程
陈增辉主编 1993 年 275 页 20 cm 7 元（G. F.）

00131 309-02011
七世纪前中国的知识、思想与信仰世界 中国思想史(第1卷)
葛兆光著 1998 年 654 页 23 cm 精装 42 元（G. F. P.）

00132 309-02791
七世纪至十九世纪中国的知识、思想与信仰 中国思想史(第2卷)
葛兆光著 2000 年 767 页 23 cm 精装 60 元（G. F. P.）

00133 309-04101
思想史的写法 中国思想史导论
葛兆光著 2004 年 204 页 24 cm 20 元（G. F. P.）

00134 309-02992
中国思想史
葛兆光著 2001 年 3 册 21 cm 60 元（G. F. P.）

00135 309-06718
中国思想史
葛兆光著 2009 年 3 册 21 cm 75 元〔中国文库 哲学社会科学类 第四辑〕（G.）

00136 309-09024
中国思想史
葛兆光著 2013 年 第 2 版 3 册 24 cm 128 元（G. F. P.）

00137 309-14441
中国哲学史十讲
郭齐勇著 2020 年 315 页 21 cm 精装 58 元（G. F. P.）

00138 309-11579
鸢飞鱼跃 中国哲学语素论
刘康德著 2015 年 444 页 23 cm 66 元（G. F. P.）

00139 309-10117
中国近三百年疑古思潮史纲
路新生著 2014 年 485 页 23 cm 68 元（G. F. P.）

00140 2253.007
中国古代认识论史略
潘富恩 施昌东著 1985 年 262 页 19 cm 1.50 元〔复旦小丛书〕（G. F.）

00141 309-02442
中国思想研究法
蔡尚思著 2001 年 238 页 20 cm 16 元（G. F. P.）

00142 309-11366
中国思想研究法 中国礼教思想史
蔡尚思著 吴瑞武 傅德华编 2015 年 409 页 24 cm 精装 78 元〔复旦百年经典文库〕（G. F. P.）

00143 309-11372
哲学与中国古代社会论集
胡曲园著 孙承叔编 2015 年 286 页 24 cm 精装 54 元〔复旦百年经典文库〕（G. F. P.）

00144 309-09382

正义伦理与价值秩序 古典实践哲学的思路
邓安庆著 2013年 81页 21 cm 12元〔当代中国核心价值研究 冯平主编〕(G. F. P.)

00145 309-06552
鲍鹏山新读诸子百家
鲍鹏山著 2009年 295页 23 cm 30元 (G. F. P.)

00146 309-10576
寂寞圣哲
鲍鹏山著 2014年 第2版 330页 21 cm 精装 35元〔微阅读大系〕(G. F. P.)

00147 309-06555
诸子百家新读
鲍鹏山原著 刘德水评注 2009年 294页 21 cm 20元〔著名中学师生推荐书系〕(G. P.)

00148 309-10328
战国诸子评述辑证 以《庄子·天下》为主要线索
林志鹏著 2014年 282页 22 cm 30元〔人文学术〕(G. F. P.)

00149 309-14591
战国诸子评述辑证
林志鹏著 2020年 295页 22 cm 精装 72元 (G. F. P.)

00150 309-04572
寓言的密码 轴心时代的中国思想探源
张远山著 2005年 254页 21 cm 18元 (G. F. P.)

00151 309-06925
先秦诸子思想研究
朱志凯著 2010年 348页 21 cm 30元 (G. F. P.)

00152 309-07832
周知万物的智慧《周易》文化百问
王振复著 2011年 347页 23 cm 38元 (G. F. P.)

00153 309-04577
易经易解
曹增儒著 2005年 176页 21 cm 15元 (G. F. P.)

00154 309-01817
易经系传别讲
南怀瑾著 1997年 559页 20 cm 24元 (G. F. P.)

00155 309-03244
易经系传别讲
南怀瑾著 2002年 第2版 559页 21 cm 28元 (G. F. P.)

00156 309-11597
易经系传别讲
南怀瑾著述 2016年 第3版 407页 23 cm 45元〔太湖大学堂丛书〕(G. F. P.)

00157 309-13157
易经系传别讲
南怀瑾著述 2017年 397页 23 cm 精装 55元〔太湖大学堂丛书〕(G. F. P.)

00158 309-13889
易经系传别讲
南怀瑾著述 2018年 395页 23 cm 45元〔太湖大学堂丛书〕(G. F. P.)

00159 309-01812
易经杂说
南怀瑾著 1997年 338页 20 cm 15元

(G. F. P.)

00160 309-03237
易经杂说
南怀瑾著 2002年 第2版 338页 21 cm 19元 (G. F. P.)

00161 309-11596
易经杂说
南怀瑾著述 2016年 第3版 252页 23 cm 32元〔太湖大学堂丛书〕(G. F. P.)

00162 309-13119
易经杂说
南怀瑾著述 2017年 249页 23 cm 精装 42元〔太湖大学堂丛书〕(G. F. P.)

00163 309-13888
易经杂说
南怀瑾著述 2018年 238页 23 cm 33元〔太湖大学堂丛书〕(G. F. P.)

00164 309-02838
易学史发微
潘雨廷著 2001年 452页 20 cm 28元〔火凤凰学术遗产丛书〕(G. F. P.)

00165 309-08459
周易象数例解
王亭之著 2013年 235页 22 cm 25元〔斗数玄空系列·易学〕(G. F. P.)

00166 309-05880
周易精读
王振复著 2008年 375页 23 cm 35元〔汉语言文学原典精读系列 第一辑〕(G. F. P.)

00167 309-12370
周易精读
王振复著 2016年 第2版 380页 24 cm 48元〔汉语言文学原典精读系列〕(G. F. P.)

00168 309-05409
想象的智慧《周易》想象学发微
章关键著 2007年 428页 23 cm 45元 (G. F. P.)

00169 309-09691
意象悟道《周易》今论及意象释卦
章关键著 2013年 345页 23 cm 42元 (G. F. P.)

00170 309-12301
周易正学 孔子哲学思想解读
章关键著 2016年 262页 23 cm 38元 (G. F. P.)

00171 309-13285
呱呱坠地的巨人
李太仆著 2018年 235页 24 cm 30元 (G. P.)

00172 309-06260
中国儒学之精神
郭齐勇著 2009年 343页 23 cm 33元〔名校·名师·名课系列〕(G. F. P.)

00173 309-09218
现代儒学与浙东学术
杭州师范大学学术期刊社编 2012年 284页 21 cm 28元〔勤慎论丛〕(G. F. P.)

00174 309-02480
儒家传统与现代市场经济
马涛著 2000年 268页 20 cm 20元〔经济学博士后、博士论丛〕(G. F. P.)

00175 309-14290

儒学传统与现代社会
吴震 肖卫民主编 2019 年 435 页 23 cm 108 元 (G. F. P.)

00176 309-05185
鉴往瞻来 儒学文化研究的回顾与展望
徐洪兴主编 2006 年 311 页 21 cm 20 元〔复旦大学儒学文化研究中心丛书〕(G. F. P.)

00177 309-11373
儒道佛思想散论
严北溟著 王雷泉编 2016 年 241 页 24 cm 精装 50 元〔复旦百年经典文库 第二辑〕(G. F. P.)

00178 309-00896
儒学与法律文化
中国儒学与法律文化研究会编 1992 年 415 页 20 cm 7.50 元〔中国法律文化研究丛书〕(G. F.)

00179 309-05215
儒家理想人格与中国文化
朱义禄著 2006 年 365 页 21 cm 20 元〔复旦大学儒学文化研究中心丛书〕(G. F. P.)

00180 309-15006
儒教的圣域
黄进兴著 2020 年 193 页 21 cm 38 元〔人文书系 陈平原主编〕(G. F. P.)

00181 309-14570
四百年灯火阑珊
李太仆著 2019 年 192 页 24 cm 38 元〔儒家的故事系列〕(G. F. P.)

00182 309-01964
大学直解 中庸直解
来可泓撰 1998 年 303 页 20 cm 15 元 (G. F. P.)

00183 309-03551
原本大学微言
南怀瑾著 2003 年 715 页 21 cm 38 元 (G. F. P.)

00184 309-11618
原本大学微言
南怀瑾著述 2016 年 第2版 528 页 23 cm 62 元〔太湖大学堂丛书〕(G. F. P.)

00185 309-13154
原本大学微言
南怀瑾著述 2017 年 513 页 23 cm 精装 70 元〔太湖大学堂丛书〕(G. F. P.)

00186 309-13892
原本大学微言
南怀瑾著述 2018 年 490 页 23 cm 65 元〔太湖大学堂丛书〕(G. F. P.)

00187 309-14241
宗一圣论 古本大学释论
(明)吴应宾撰 张昭炜整理 2019 年 254 页 21 cm 50 元〔阳明学要籍选刊〕(G. F. P.)

00188 309-11666
《大学》广义
潘麟著 2015 年 270 页 21 cm 36 元 (G. F. P.)

00189 309-10718
论语百句
傅杰解读 2014 年 183 页 19 cm 38 元〔复旦小文库〕(G.)

00190 309-06536

鲍鹏山新读论语

鲍鹏山著 2009年 344页 23 cm 32元 (G. F. P.)

00191 309-08945

《论语》导读

鲍鹏山编著 2012年 351页 23 cm 39.80元 (G.)

00192 309-11631

论语诠释

常谦和著 2016年 391页 21 cm 38元 (G. F. P.)

00193 309-05765

《论语》的启示

陈望衡选译 萧承财绘画 2007年 213页 21 cm 18元 (G. F. P.)

00194 309-05478

论语一百句

傅杰解读 2007年 171页 19 cm 15元 〔悦读经典小丛书〕(G. F. P.)

00195 309-01766

论语直解

来可泓著 1996年 570页 20 cm 30元 (G. F. P.)

00196 309-02615

论语直解

来可泓著 2000年 570页 20 cm 精装 32元 〔直解丛书〕(G. F. P.)

00197 309-00543

论语别裁

南怀瑾著 1990年 2册 21 cm 25元 (F.)

00198 309-00544

论语别裁

南怀瑾著 1990年 2册 20 cm 精装 26.80元 (G.)

00199 309-00665

论语别裁

南怀瑾著 1990年(1991年重印) 2册 20 cm 14元 (G. F.)

00200 309-01076

论语别裁

南怀瑾著 1990年(1997年重印) 2册 20 cm 精装 24元 (G. F. P.)

00201 309-00680

论语别裁

南怀瑾著 1996年 第2版 2册 20 cm 精装 48元 (G. F. P.)

00202 309-03243

论语别裁

南怀瑾著 2002年 第3版 2012年重印 2册 21 cm 42元 (G. F. P.)

00203 309-08467

论语别裁

南怀瑾著 2011年 12册 33 cm 线装 2 980元 (G. P.)

00204 309-11606

论语别裁

南怀瑾著述 2016年 第4版 2册 23 cm 78元 〔太湖大学堂丛书〕(G. F. P.)

00205 309-13120

论语别裁

南怀瑾著述 2017年 2册 23 cm 精装 98元 〔太湖大学堂丛书〕(G. F. P.)

哲学、宗教·中国哲学　17

00206 309-13885
论语别裁
南怀瑾著述　2018年　2册　23 cm　80元
〔太湖大学堂丛书〕(G. F. P.)

00207 309-09584
《论语》分类新读本
薛茂著　2013年　276页　22 cm　25元 (G. F. P.)

00208 309-08787
仁者之言《论语》选读
黄荣华编选　2012年　299页　22 cm　22元
〔中华根文化·中学生读本　黄荣华主编〕(G. F. P.)

00209 309-00408
孔子 周秦汉晋文献集
姜义华等编　1990年　738页　20 cm　19元
(G. F.)

00210 309-00409
孔子 周秦汉晋文献集
姜义华等编　1990年　738页　20 cm　精装　21.90元 (F.)

00211 309-15146
成之不已 孔子的成德之学
何益鑫著　2020年　402页　23 cm　88元
(G. F. P.)

00212 309-13556
《论语》修辞研究
区永超著　2018年　92页　21 cm　20元 (G. F. P.)

00213 309-07988
《论语》与护士文化修养
孙克莎编著　2011年　349页　19 cm　25元
(G. F. P.)

00214 309-13128
《论语》中的健康智慧
严忠浩　张界红主编　2017年　305页　22 cm　48元〔读名著说健康丛书〕(G. F. P.)

00215 309-08830
义者之言《孟子》选读
黄荣华　李郦编选　2012年　286页　22 cm　22元〔中华根文化·中学生读本　黄荣华主编〕(G. F. P.)

00216 309-14001
孟子智慧
刘瑾辉著　刘錾图　2018年　194页　22 cm　48元 (G. F. P.)

00217 309-01697
孟子旁通
南怀瑾著　1996年　378页　21 cm　20元
(G. F. P.)

00218 309-01698
孟子旁通
南怀瑾著　1996年　455页　20 cm　精装　25元 (G. P.)

00219 309-11595
孟子旁通
南怀瑾著述　2016年　第2版　324页　23 cm　38元〔太湖大学堂丛书〕(G. F. P.)

00220 309-13158
孟子旁通
南怀瑾著述　2017年　326页　23 cm　精装　45元〔太湖大学堂丛书〕(G. F. P.)

00221 309-13886
孟子旁通
南怀瑾著述　2018年　320页　23 cm　38元

〔太湖大学堂丛书〕(G. F. P.)

00222 309-05475
孟子一百句
徐洪兴解读 2007年 175页 19 cm 15元
〔悦读经典小丛书〕(G. F. P.)

00223 309-03744
孟子直解
徐洪兴撰 2004年 363页 20 cm 精装27元〔直解丛书〕(G. F. P.)

00224 309-12904
孟子与公孙丑
南怀瑾著述 2017年 250页 23 cm 30元〔太湖大学堂丛书〕(G. F. P.)

00225 309-12839
孟子与离娄
南怀瑾著述 2017年 289页 23 cm 38元〔太湖大学堂丛书〕(G. F. P.)

00226 309-12988
孟子与万章
南怀瑾著述 2017年 127页 23 cm 20元〔太湖大学堂丛书〕(G. F. P.)

00227 309-07097
《孟子》精读
徐洪兴著 2010年 226页 23 cm 25元〔哲学原典精读系列3 吴晓明 孙向晨主编〕(G. F. P.)

00228 309-05657
荀子一百句
东方朔解读 2007年 166页 19 cm 15元〔悦读经典小丛书〕(G. F. P.)

00229 309-09851
君子之言《荀子》选读
胡凌编选 2013年 252页 22 cm 22元〔中华根文化·中学生读本 黄荣华主编〕(G. F. P.)

00230 309-07502
《荀子》精读
林宏星著 2011年 280页 23 cm 30元〔哲学原典精读系列3 吴晓明 孙向晨主编〕(G. F. P.)

00231 309-14609
荀子与儒家思想 以政治哲学为中心
东方朔主编 2019年 318页 24 cm 78元 (G. F. P.)

00232 309-08991
审美与时间 先秦道家典籍研究
谢金良著 2012年 188页 22 cm 22元〔人文学术〕(G. F. P.)

00233 309-06856
中国道家之精神
詹石窗 谢清果著 2009年 308页 23 cm 31元〔名校·名师·名课通识系列教材〕(G. F. P.)

00234 309-11630
老子我说
俞坚著 2015年 408页 21 cm 42元〔道德经研究系列〕(G. F. P.)

00235 309-01969
老子直解
刘康德撰 1997年 276页 20 cm 14元 (G. F. P.)

00236 309-05477
老子一百句

汪涌豪解读 2007年 176页 19 cm 15元〔悦读经典小丛书〕(G. F. P.)

00237 309-09436
智者之言《老子》选读
王友 董鹏编选 2013年 157页 22 cm 16元〔中华根文化·中学生读本 黄荣华主编〕(G. F. P.)

00238 309-05764
道的启示
陈望衡翻译 冯戈绘画 2007年 195页 21 cm 18元 (G. F. P.)

00239 309-05420
骆玉明老庄随谈
骆玉明著 2007年 205页 23 cm 25元 (G. F. P.)

00240 309-01695
老子他说
南怀瑾著 1996年 451页 20 cm 19元 (G. F. P.)

00241 309-01696
老子他说
南怀瑾著 1996年 451页 20 cm 精装 24元 (G. P.)

00242 309-03238
老子他说
南怀瑾著 2002年 第2版 451页 21 cm 24元 (G. F. P.)

00243 309-11605
老子他说
南怀瑾著述 2016年 第3版 375页 23 cm 42元〔太湖大学堂丛书〕(G. F. P.)

00244 309-13126
老子他说
南怀瑾著述 2017年 374页 23 cm 精装 50元〔太湖大学堂丛书〕(G. F. P.)

00245 309-13887
老子他说
南怀瑾著述 2018年 363页 23 cm 43元〔太湖大学堂丛书〕(G. F. P.)

00246 309-13936
老子他说续集
南怀瑾著述 2019年 286页 23 cm 38元〔太湖大学堂丛书〕(G. F. P.)

00247 309-11382
老子论
薛茂著 2015年 269页 19 cm 精装 28元 (G. F. P.)

00248 309-12899
列子臆说 上册
南怀瑾著述 2017年 282页 23 cm 36元〔太湖大学堂丛书〕(G. F. P.)

00249 309-12999
列子臆说 中册
南怀瑾著述 2017年 316页 23 cm 40元〔太湖大学堂丛书〕(G. F. P.)

00250 309-13000
列子臆说 下册
南怀瑾著述 2017年 282页 23 cm 35元〔太湖大学堂丛书〕(G. F. P.)

00251 309-05476
庄子一百句
陈引驰解读 2007年 209页 19 cm 15元〔悦读经典小丛书〕(G. F. P.)

00252 309-02529
庄子直解
姚汉荣等撰 2000年 893页 20 cm 精装 43元〔直解丛书〕(G. F. P.)

00253 309-08794
达者之言《庄子》选读
王希明编选 2012年 217页 22 cm 18元〔中华根文化·中学生读本 黄荣华主编〕(G. F. P.)

00254 309-09044
致命与逍遥 庄子思想研究
陈徽著 2012年 203页 22 cm 22元〔人文学术〕(G. F. P.)

00255 309-04726
庄子精读
陈引驰著 2005年 203页 23 cm 21元〔汉语言文学原典精读系列 第一辑〕(G. F. P.)

00256 309-12369
庄子精读
陈引驰著 2016年 第2版 220页 24 cm 30元〔汉语言文学原典精读系列〕(G. F. P.)

00257 2253.008
庄子研究
《复旦学报》(社会科学版)编辑部编 1986年 520页 20 cm 3元〔高等院校社会科学学报论丛 第4辑〕(G. F. P.)

00258 309-00063
文子要诠
李定生 徐慧君校注 1988年 217页 20 cm 2.05元 (G. F.)

00259 309-14032
正统谋略学汇编
南怀瑾主编 2019年 影印本 30册 21 cm 8 800元〔太湖大学堂丛书〕(G. F. P.)

00260 309-08988
爱者之言《墨子》选读
丁鸣编选 2013年 193页 22 cm 18元〔中华根文化·中学生读本 黄荣华主编〕(G. F. P.)

00261 309-13391
宋钘学派遗著考论
林志鹏著 2018年 362页 21 cm 45元 (G. F. P.)

00262 2253.019
公孙龙子论疏
胡曲园 陈进坤著 1987年 152页 20 cm 1.50元 (G. F.)

00263 309-02471
管子直解
周瀚光等撰 2000年 534页 20 cm 精装 28元〔直解丛书〕(G. F. P.)

00264 309-09299
法者之言《韩非子》选读
兰保民 钱瑜编选 2013年 223页 22 cm 18元〔中华根文化·中学生读本 黄荣华主编〕(G. F. P.)

00265 309-02891
淮南子直解
刘康德撰 2001年 1 225页 20 cm 精装 64元〔直解丛书〕(G. F. P.)

00266 309-06618
论衡研究

邵毅平著 2009年 408页 21 cm 30元
（G. F. P.）

00267 309-13935
论衡研究
邵毅平著 2018年 第2版 379页 22 cm 精装 58元〔复旦学术文库〕（G. F. P.）

00268 309-13231
我说参同契 上册
南怀瑾著述 2017年 266页 23 cm 35元〔太湖大学堂丛书〕（G. F. P.）

00269 309-13232
我说参同契 中册
南怀瑾著述 2018年 277页 23 cm 35元〔太湖大学堂丛书〕（G. F. P.）

00270 309-13233
我说参同契 下册
南怀瑾著述 2018年 261页 23 cm 35元〔太湖大学堂丛书〕（G. F. P.）

00271 309-05884
玄意幽远 魏晋思想、文化与人生
戴燕著 2008年 203页 21 cm 20元（G. F. P.）

00272 309-07374
宋明儒学论
陈来著 2010年 145页 21 cm 20元〔人文书系 陈平原主编〕（G. F. P.）

00273 309-02233
宋元之际的哲学与文学
罗立刚著 1999年 2007年第2版 443页 20 cm 20元〔上海市社会科学博士文库 第一辑〕（G. F. P.）

00274 309-09847
通经明道、康国济民 李觏思想研究
鲁学军著 2013年 233页 22 cm 25元〔人文学术〕（G. F. P.）

00275 309-05175
识仁与定性 工夫论视域下的程明道哲学研究
郭晓东著 2006年 220页 21 cm 15元〔复旦大学儒学文化研究中心丛书〕（G. F. P.）

00276 309-00101
程颢程颐理学思想研究
潘富恩 徐余庆著 1988年 462页 20 cm 4.70元（G. F.）

00277 309-05762
朱子一百句
朱杰人解读 2007年 162页 19 cm 15元〔悦读经典小丛书〕（G. F. P.）

00278 309-11885
朱子大传 "性"的救赎之路
束景南著 2016年 增订版 875页 24 cm 精装 128元（G. F. P.）

00279 309-04873
明代中晚期讲学运动 1522—1626
陈时龙著 2005年 2007年第2版 365页 21 cm 24元〔上海市社会科学博士文库 第七辑〕（G. F. P.）

00280 309-04243
晚明清初思想十论
王汎森著 2004年 368页 21 cm 20元〔名家专题精讲系列〕（G. F. P.）

00281 309-07508
《传习录》精读

吴震著 2011年 257页 23 cm 28元〔哲学原典精读系列 3 吴晓明 孙向晨主编〕(G. F. P.)

00282 309-08701
传习录一百句
吴震解读 2012年 216页 19 cm 15元〔悦读经典小丛书〕(G. F. P.)

00283 309-14419
阳明大传 "心"的救赎之路
束景南著 2020年 3册 22 cm 精装 198元 (G. F. P.)

00284 309-15038
王学与晚明师道复兴运动
邓志峰著 2020年 增订本 548页 24 cm 精装 168元 (G. F. P.)

00285 309-02895
杜维明学术专题访谈录 宗周哲学之精神与儒家文化之未来
杜维明 东方朔著 2001年 342页 20 cm 20元 (G. F. P.)

00286 11253.009
梁启超论清学史二种 清代学术概论 中国近三百年学术史
梁启超著 朱维铮校注 1985年 605页 20 cm 3.85元〔中国近现代思想文化史料丛书〕(G. F.)

00287 309-11094
中国近三百年学术史
梁启超著 朱维铮校注 2016年 461页 23 cm 精装 72元 (G. F. P.)

00288 309-07662
日知录一百句
许苏民解读 许广民注译 2010年 288页 19 cm 15元〔悦读经典小丛书〕(G. F. P.)

00289 309-03309
回归真实的存在 王船山哲学的阐释
陈赟著 2002年 2007年第2版 524页 20 cm 20元〔上海市社会科学博士文库 第四辑〕(G. F. P.)

00290 309-00489
五四时期思想史论
李龙牧著 1990年 420页 20 cm 5.30元 (G. F.)

00291 309-00055
中国现代哲学原著选
忻剑飞 方松华编 1989年 679页 20 cm 4.55元〔中国近现代思想文化史史料丛书〕(G. F.)

00292 309-05786
当代中国哲学
郭建宁著 2008年 294页 21 cm 20元 (G. F. P.)

00293 309-12494
论中国学术的自我主张
吴晓明著 2016年 225页 23 cm 精装 38元 (G. F. P.)

00294 309-05176
牟宗三三系论论衡
杨泽波著 2006年 326页 21 cm 20元〔复旦大学儒学文化研究中心丛书〕(G. F. P.)

00295 309-05387
道德思想之根 牟宗三对康德智性直观的中国化阐释研究

殷小勇著 2007年 260页 21 cm 18元
（G. F.）

00296 309-11900
李泽厚学术年谱
杨斌编著 2016年 315页 19 cm 35元
〔东吴学术年谱丛书 乙种：当代著名学者系列 林建法主编〕（G. F. P.）

00297 309-13235
马克思主义哲学中国化的历程
金邦秋著 2017年 446页 23 cm 88元
（G. F. P.）

00298 309-02866
重铸中国魂 20世纪马克思主义中国化的历程
钟家栋主编 2001年 429页 23 cm 36元
（G. F. P.）

亚洲哲学

00299 309-10583
韩国儒学的义理思想
（韩）吴锡源著 邢丽菊 赵甜甜译 2014年 349页 22 cm 35元 〔复旦大学亚洲研究中心译丛〕（G. F.）

00300 309-10193
大自在月正理宝的《新正理哲学体系及其术语简释》导论、文本与译注
（德）艾伯哈德·顾鹤（Eberhard Guhe）著 2014年 124页 24 cm 20元 〔复旦佛教思想研究论丛〕（G. P.）

欧洲哲学

00301 309-05287
思辨之神 西方哲学思潮选讲
方朝晖著 2007年 402页 21 cm 25元
（G. F. P.）

00302 309-12211
西洋哲学小史 宇宙发展史概论
全增嘏著译 黄颂杰编 2016年 234页 24 cm 精装 50元〔复旦百年经典文库 第二辑〕（G. F. P.）

00303 309-07025
偶在论谱系 西方哲学史的"阴影之谷"
张志扬著 2010年 399页 23 cm 46元
（G. F. P.）

00304 309-14044
西方古典学辑刊 第1辑 赫尔墨斯颂诗
张巍主编 2018年 322页 23 cm 68元
（G. F. P.）

00305 309-14791
西方古典学辑刊 第2辑《安提戈涅》里的合唱歌
张巍主编 2019年 321页 23 cm 68元
（G. F. P.）

00306 309-09977
苏格拉底的敬神 柏拉图《游叙弗伦》疏解
顾丽玲著 2013年 225页 22 cm 25元
〔人文学术〕（G. F. P.）

00307 309-11834
语境·概念·修辞 欧洲近代思想史研究的方法与实践
李宏图著 2016年 369页 22 cm 35元
〔西方思想文化史研究丛书〕（G. F. P.）

00308 2253.014
现代西方哲学概说
复旦大学哲学系现代哲学研究所编 1986年 326页 20 cm 2.10元〔当代哲学论丛〕（G. F.）

00309 2253.006

现代西方哲学思潮评介
《复旦学报》(社会科学版)编辑部编 1984年 338页 21 cm 1.40元〔高等院校社会科学学报论丛〕(G. F.)

00310 309-00158
智者的思路 二十世纪西方哲学思维方式
孙翠宝主编 1989年 398页 20 cm 4.90元〔学苑丛书〕(G. F.)

00311 309-13931
悲剧的终结与新生 青年卢卡奇悲剧理论研究
陆凯华著 2018年 291页 21 cm 38元〔复旦博学文库〕(G. F. P.)

00312 309-10907
审美与救赎 从德国浪漫派到 T. W. 阿多诺
孙斌著 2014年 280页 23 cm 38元〔复旦美学与艺术哲学研究丛书〕(G. F. P.)

00313 309-04236
德国哲学十论
张汝伦著 2004年 411页 21 cm 23元〔名家专题精讲系列 第四辑〕(G. F. P.)

00314 309-10032
理性的建构 康德实践哲学探究
(英)奥诺拉·奥尼尔(Onora Sylvia O'Neill)著 林晖 吴树博译 2013年 316页 23 cm 42元〔哈佛教学用书哲学译丛 黄颂杰主编〕(G. F. P.)

00315 309-09846
尼采的视角主义
朱彦明著 2013年 243页 22 cm 26元〔人文学术〕(G. F. P.)

00316 309-02315
亥姆霍兹哲学思想研究
许良著 1999年 293页 21 cm 15元 (F. P.)

00317 309-09499
存在与超越 海德格尔与西哲汉译问题
孙周兴著 2013年 147页 22 cm 20元 (G. F. P.)

00318 309-01456
海德格尔与现代哲学
张汝伦著 1995年 315页 20 cm 15元〔复旦大学博士丛书〕(G. F.)

00319 309-09653
走出启蒙的神话 霍克海默社会批判理论研究
方晶刚著 2013年 141页 22 cm 20元〔人文学术〕(G. F. P.)

00320 309-08695
合法律性与合道德性之间 哈贝马斯商谈合法化理论研究
孙国东著 2012年 296页 22 cm 28元〔人文学术〕(G. F. P.)

00321 309-14778
合法律性与合道德性之间 哈贝马斯商谈合法化理论研究
孙国东著 2020年 393页 22 cm 精装88元 (G. F. P.)

00322 309-03176
哈贝马斯的交往行为理论 兼论与马克思学说的相互关联
郑召利著 2002年 226页 21 cm 12元 (G. F. P.)

00323 309-09040
霍布斯道德哲学中的权利
刘科著 2012年 193页 22 cm 22元 (G. F. P.)

00324　309-00033
贝克莱思想新探
阎吉达著　1987 年　174 页　20 cm　1.25 元 (G. F.)

00325　309-06454
密尔《论自由》精读
李宏图著　2009 年　231 页　23 cm　28 元〔史学原典精读系列　章清　张海英　陈新主编〕(G. F. P.)

00326　309-11746
维特根斯坦 从挪威的小木屋开始
李宏昀著　2015 年　239 页　19 cm　精装 26 元 (G. F. P.)

00327　309-06267
维特根斯坦笔记
（英）路德维希·维特根斯坦（Ludwig Wittgenstein）著（芬）冯·赖特（芬）海基·尼曼编　许志强译　2008 年　157 页　21 cm　15 元 (G. F. P.)

00328　309-04796
维特根斯坦哲学转型期中的"现象学"之谜
徐英瑾著　2005 年　372 页　21 cm　25 元〔上海市社会科学博士文库　第七辑〕(G. F. P.)

00329　309-13673
不确定世界中人的生存 论鲍曼之"流动的现代性"
许小委著　2018 年　318 页　21 cm　42 元〔复旦博学文库〕(G. F. P.)

00330　309-01454
自我的觉悟 论笛卡尔与胡塞尔的自我学说
汪堂家著　1995 年　190 页　20 cm　10 元〔复旦大学博士丛书〕(G. F. P.)

00331　309-15114
从罗尔斯到德沃金 基于契约主义的西方权利观嬗变
王聪著　2020 年　276 页　21 cm　48 元 (G. F. P.)

00332　2253.009
萨特其人及其"人学"
黄颂杰等编　1986 年　365 页　19 cm　1.70 元〔复旦小丛书〕(G. F.)

00333　309-11007
阿尔都塞激进政治话语研究
林青著　2015 年　276 页　21 cm　28 元〔复旦博学文库〕(G. F. P.)

00334　309-11884
存有的光环 马塞尔思想研究
陆达诚著　2016 年　271 页　21 cm　36 元 (G. F. P.)

美洲哲学

00335　309-09712
查尔斯·泰勒
（澳）露丝·阿比编　韩升译　2013 年　245 页　23 cm　27 元〔国外思潮译丛　聚焦当代哲学　黄颂杰　朱新民主编〕(G. F. P.)

00336　309-14601
推理及万物逻辑 皮尔士 1898 年剑桥讲坛系列演讲
（美）查尔斯·桑德斯·皮尔士著（美）凯尼斯·莱恩·凯特纳编　2020 年　341 页　23 cm　68 元〔实用主义与美国思想文化译丛〕(G. F. P.)

00337 309-09718
阿拉斯戴尔·麦金太尔
(美)马克·C.墨菲编 胡传顺 郭沙译 2013年 257页 23 cm 28元〔国外思潮译丛 聚焦当代哲学 黄颂杰 朱新民主编〕(G. F. P.)

00338 309-03366
经验与民主 杜威政治哲学基础研究
陈怡著 2003年 159页 20 cm 10元〔上海市社会科学博士文库 第四辑〕(G. F. P.)

00339 309-12488
杜威哲学的现代意义
刘放桐主编 2017年 438页 23 cm 68元〔实用主义与美国思想文化研究〕(G. F. P.)

00340 309-13692
真理论层面下的杜威实用主义
马荣著 2018年 251页 23 cm 42元〔实用主义与美国思想文化研究〕(G. F. P.)

00341 309-05239
科学与人的问题 论约翰·杜威的科学观及其意义
田光远著 2006年 200页 23 cm 25元〔上海市社会科学博士文库〕(G. F.)

00342 309-14149
自然主义与存在论 1974年约翰·杜威讲座
(美)威尔弗里德·塞拉斯(Wilfrid Sellars)著 王玮译 2019年 185页 23 cm 40元〔实用主义与美国思想文化译丛〕(G. F. P.)

00343 309-06992
理查德·罗蒂
(美)查尔斯·吉尼翁(C. Guignon) (美)大卫·希利(D. R. Hiley)主编 朱新民译 2011年 204页 23 cm 28元〔国外思潮译丛 聚焦当代哲学 黄颂杰 朱新民主编〕(G. F. P.)

00344 309-09930
罗伯特·诺齐克
(美)大卫·施密茨编 宋宽锋 庄振华译 2013年 260页 23 cm 36元〔国外思潮译丛 聚焦当代哲学 黄颂杰 朱新民主编〕(G. F. P.)

00345 309-13176
斯皮瓦克理论研究
关熔珍著 2017年 339页 22 cm 45元〔区域文化与传播丛书〕(G. F. P.)

00346 309-10071
爱因斯坦谈人生
(美)海伦·杜卡斯 (美)巴纳希·霍夫曼编选 李宏昀译 2013年 160页 19 cm 精装 20元(G. F. P.)

00347 309-13405
哥德尔纲领
郝兆宽著 2018年 183页 21 cm 精装 28元〔当代哲学问题研读指针丛书 逻辑和科技哲学系列 张志林 黄翔主编 "十二五"国家重点出版物出版规划项目〕(G. F. P.)

00348 309-09920
托马斯·库恩
(美)托马斯·尼科尔斯编 魏洪钟译 2013年 304页 23 cm 38元〔国外思潮译丛 聚焦当代哲学 黄颂杰 朱新民主编〕(G. F. P.)

00349 309-12577

三重绳索 心灵、身体与世界

（美）希拉里·普特南（Hilary Putnam）著 孙宁译 2017年 208页 23 cm 36元〔实用主义与美国思想文化译丛〕(G. F. P.)

00350 309-12510

匹兹堡问学录 围绕《使之清晰》与布兰顿的对谈

陈亚军访谈 周靖整理 2017年 227页 23 cm 36元〔实用主义与美国思想文化研究〕(G. F. P.)

00351 309-08039

唐纳德·戴维森

（美）柯克·路德维希（Kirk Ludwig）主编 郭世平译 2011年 268页 23 cm 34元〔国外思潮译丛 聚焦当代哲学 黄颂杰 朱新民主编〕(G. F. P.)

00352 309-13777

匹兹堡学派研究 塞拉斯、麦克道威尔、布兰顿

孙宁著 2018年 238页 23 cm 45元〔实用主义与美国思想文化研究〕(G. F. P.)

00353 309-13581

将世界纳入视野 论康德、黑格尔和塞拉斯

（美）约翰·麦克道威尔（John McDowell）著 孙宁译 2018年 270页 23 cm 48元〔实用主义与美国思想文化译丛〕(G. F. P.)

思维科学

00354 309-06801

逻辑与思维方式

邵强进编著 2009年 288页 23 cm 28元 (G. F. P.)

00355 309-07021

超越感觉 批判性思考指南

（美）文森特·鲁吉罗（Vincent Ruggiero）著 顾肃 董玉荣译 2010年 282页 23 cm 28元〔博学译丛〕(G. F. P.)

00356 309-11005

超越感觉 批判性思考指南

（美）文森特·鲁吉罗（Vincent Ruggiero）著 顾肃 董玉荣译 2015年 第2版 291页 23 cm 38.80元〔博学译丛〕(G. F. P.)

00357 309-09376

好想法从哪里来？

（美）杰克·福斯特著 程云琦译 2013年 186页 21 cm 22元〔99畅销文库〕(G. F. P.)

00358 309-10286

创新一定有秘诀

陈健 钱维莹著 2015年 219页 22 cm 25元〔复旦光华青少年文库 科学素养系列〕(G. F. P.)

00359 309-03788

创新启示录 超越性思维

王健著 2003年 250页 23 cm 30元 (G. F. P.)

逻辑学（论理学）

00360 309-12733

逻辑真

邵强进著 2016年 196页 21 cm 精装 31元〔当代哲学问题研读指针丛书 逻辑和科技哲学系列 张志林 黄翔主编〕(G. F. P.)

00361 309-08300

逻辑学导论

熊明辉著 2011年 271页 23 cm 30元〔21世纪大学文科教材 复旦博学·哲学系列〕(G. F. P.)

00362 309-14674
逻辑学导论
熊明辉著 2020年 第2版 357页 23 cm 48元〔21世纪大学文科教材 复旦博学·哲学系列 超星尔雅和学银在线慕课《逻辑学导论》同步教程〕(G. F. P.)

00363 309-13943
现象学的展开《自我的觉悟》及其他
汪堂家著 2019年 300页 23 cm 精装 60元〔汪堂家文集 著述卷〕(G. F. P.)

00364 309-07545
因明大疏校释、今译、研究
郑伟宏著 2010年 768页 21 cm 精装 58元 (G. F. P.)

00365 309-02266
因明正理门论直解
郑伟宏著 1999年 292页 20 cm 15元 (G. F. P.)

00366 309-12870
非形式逻辑思想渊源
陈伟著 2017年 276页 21 cm 精装 36元〔当代哲学问题研读指针丛书 逻辑和科技哲学系列 张志林 黄翔主编 "十二五"国家重点出版物出版规划项目〕(G. F. P.)

00367 309-03300
普通逻辑原理
何勤华等主编 曹予生等编著 2002年 257页 26 cm 25元〔全国高等教育法律专业自学考试指导与训练丛书〕(G. F. P.)

00368 309-11831
认知成见
徐英瑾著 2015年 189页 21 cm 精装 30元〔当代哲学问题研读指针丛书 逻辑和科技哲学系列 张志林 黄翔主编〕(G. F. P.)

00369 309-06893
智者的思辨花园 逻辑辨谬与求真趣谈
郑伟宏著 2010年 408页 21 cm 28元 (G. F. P.)

00370 309-13383
智者的思辨花园 趣味逻辑纵横谈
郑伟宏著 2018年 第2版 330页 24 cm 68元 (G. F. P.)

00371 2253.015
现代西方哲学逻辑
朱新民著 1987年 356页 20 cm 2.05元 (G. F.)

00372 309-00401
新编逻辑教程
朱志凯主编 1989年 318页 20 cm 5元〔大学教材〕(G. F.)

00373 2253.004
形式逻辑基础
朱志凯编 1983年 410页 21 cm 1.52元 (G. F.)

00374 309-09838
反基础公理的模型研究
杜文静著 2013年 273页 22 cm 24元 (G. F. P.)

伦理学(道德哲学)

00375 309-02012

心灵的秩序 道德哲学理论与实践

陈根法主编 1998 年 324 页 20 cm 16 元
(G. F. P.)

00376 309-11560
应用伦理学引论

陈金华著 2015 年 282 页 24 cm 38 元
〔21 世纪大学文科教材 复旦博学·哲学系列〕(G. F. P.)

00377 309-04644
道德哲学

高国希著 2005 年 345 页 21 cm 23 元
〔哲学交叉学科系列丛书〕(G. F. P.)

00378 309-09971
利益范畴与社会矛盾

焦娅敏著 2013 年 264 页 21 cm 18 元
(G. F. P.)

00379 309-08502
理性与洞识 东方与西方求索道德智慧的视角

(美)提摩太·夏纳罕 (美)罗宾·王编著 王新生等译 2012 年 2 册 22 cm 88 元 (G. F. P.)

00380 309-06189
伦理学导论

王海明著 2009 年 302 页 23 cm 29 元
〔复旦博学·哲学系列〕(G. F. P.)

00381 309-06266
伦理学与人生

王海明著 2009 年 354 页 23 cm 34 元
〔名校·名师·名课系列〕(G. F. P.)

00382 309-06121
幸福心理学

肖永春主编 2008 年 321 页 21 cm 20 元
(G. F. P.)

00383 309-08281
道德问题的思与辨

徐宗良著 2011 年 283 页 21 cm 25 元
(G. F. P.)

00384 309-07827
幸福学 家庭篇

张富洪 杨慧彤编著 2011 年 292 页 22 cm 28 元 (G.)

00385 309-05216
伦理学与现实生活 应用伦理学引论

陈金华著 2006 年 312 页 23 cm 34 元
〔复旦博学·思想政治理论课系列〕(G. F. P.)

00386 309-08441
行政伦理两难的深度案例分析

李春成著 2011 年 337 页 21 cm 25 元
〔公共管理与公共政策丛书〕(G. F. P.)

00387 309-03912
行政人的德性与实践

李春成著 2003 年 365 页 20 cm 22 元
〔上海市社会科学博士文库 第五辑〕(G. F. P.)

00388 309-05014
行政伦理 美国的理论与实践

(美)马国泉著 2006 年 329 页 23 cm 34 元 〔复旦博学·MPA(公共管理硕士)系列〕(G. F. P.)

00389 309-12957
幸福、经济与政治 走向多学科方法

(美)阿米塔瓦·克里希纳·杜特(Amitava Krishna Dutt) (美)本杰明·拉德克里夫(Benjamin Radcliff)编 叶娟丽 韩瑞

波等译 2017年 287页 25 cm 58元
(G. F. P.)

00390 309-05924
广告伦理学
陈正辉编著 2008年 296页 23 cm 35元
〔复旦博学·广告学系列〕(G. F. P.)

00391 309-03431
道德行为的经济分析
胡海鸥著 2003年 212页 20 cm 12元
(G. F. P.)

00392 309-08516
市场的伦理
(英)约翰·米德克罗夫特(John Meadowcroft)著 王首贞 王巧贞译 2012年 164页 23 cm 26元 (G. F. P.)

00393 309-10589
美是道德善的象征 文学道德教化论
周双丽著 2015年 182页 22 cm 22元
〔人文学术〕(G. F. P.)

00394 309-07937
道德是否可以虚拟 大学生网络行为的道德研究
王贤卿著 2011年 277页 21 cm 25元
(G. F. P.)

00395 309-04383
生态伦理与生态美学
章海荣编著 2005年 415页 23 cm 39元
〔复旦博学·现代旅游学教材系列〕(G. F. P.)

00396 309-05230
世界十大人性哲学
(美)莱斯列·斯蒂芬森(Leslie Stevenson)(美)大卫·哈贝曼(David L. Haberman)著 施忠连译 2007年 315页 24 cm 32元〔美国丛书〕(G. F. P.)

00397 309-11926
中国"人文主义"的概念史 1901—1932
章可著 2015年 288页 23 cm 45元 (G. F. P.)

00398 309-08510
超越功利主义
(印)阿玛蒂亚·森(英)伯纳德·威廉姆斯主编 梁捷等译 2011年 319页 23 cm 40元〔西方经济社会思想名著译丛〕(G. F. P.)

00399 309-08569
忠孝与仁义 儒家伦理批判
刘清平著 2012年 389页 23 cm 38元
(G. F. P.)

00400 309-01748
善的智慧 中国传统道德论探微
王正平 朱敏彦著 1996年 172页 20 cm 10元 (G. F. P.)

00401 309-09423
都市行者 穿越人生的线路图
(比)白瑞夫(Raf Adams)著 郑晗译 2013年 163页 24 cm 28元 (G. F. P.)

00402 309-08553
活出幸福
林幸惠著 2012年 175页 21 cm 28元
(G. F. P.)

00403 309-09829
用心祝福
林幸惠文·摄影 2013年 增订版 175页 21 cm 26.50元 (G. F. P.)

00404 309-13966
生命的关怀 汪堂家伦理学文集
汪堂家著 2019年 327页 23 cm 精装 65元〔汪堂家文集 著述卷〕(G. F. P.)

00405 309-04005
人生哲学
陈根法 汪堂家著 2004年 224页 20 cm 18元〔哲学交叉学科系列丛书〕(G. F. P.)

00406 309-00488
人生哲理
楼正恒等主编 1990年 268页 19 cm 3.40元 (G.)

00407 309-01480
南怀瑾谈历史与人生
南怀瑾原著 练性乾编 1995年 389页 20 cm 14元 (G. F. P.)

00408 309-11914
南怀瑾谈历史与人生
南怀瑾原著 练性乾编 2016年 第2版 296页 23 cm 38元〔太湖大学堂丛书〕(G. F. P.)

00409 309-00677
人生笔谈
邵兴人著 1991年 265页 19 cm 2.90元 (G. F.)

00410 5627-0130
人生哲学
徐长松主编 1992年 321页 20 cm 5.30元 (G. F.)

00411 309-07810
赚多少才够 财富与幸福的哲学
（澳）艾伦·艾贝（Arun Abey）（澳）安德鲁·福特（Andrew Ford）著 2011年 191页 24 cm 30元〔中欧经管系列〕(G. F. P.)

00412 309-07413
葡萄园的故事 漫画《塔木德》
贺雄飞编著 2010年 141页 24 cm 23元〔贺雄飞研犹书系〕(G. F.)

00413 309-05453
破局而出 黑幼龙的30个人生智慧
黑幼龙 李桂芬著 2007年 186页 21 cm 15元 (G. F. P.)

00414 309-11584
家门没上锁
潘麟著 2015年 302页 21 cm 38元 (G. F. P.)

00415 309-11277
诚实的商人 中英对照
释证严讲述 刘建志绘图 2015年 47页 26 cm 精装 35元〔证严上人说故事〕(G. F. P.)

00416 309-09330
易家之言
易中天著 2013年 221页 19 cm 精装 30元 (G. F. P.)

00417 309-01044
新编人生哲理
骆祖望等主编 1993年 257页 21 cm 5.80元〔上海财经大学丛书〕(F.)

00418 309-10781
职业道德读本
赵瑞章 林平 张晓龙编著 2014年 95页 21 cm 20元〔上海市进城务工人员技能文化培训系列读本 上海市进城务工

人员技能文化培训工作领导小组办公室 上海市学习型社会建设服务指导中心办公室主编〕(G. F. P.)

00419 309-05917
家训一百句
韩昇解读 2008 年 175 页 19 cm 15 元〔悦读经典小丛书〕(G. F. P.)

00420 309-12316
父母恩重难报经
释证严讲述 2016 年 205 页 21 cm 28 元〔证严上人著作·静思法脉丛书〕(G. F. P.)

00421 309-11991
中国家风故事
夏德元主编 2015 年 107 页 21 cm 18 元〔上海市民健康与人文系列读本〕(G. F. P.)

00422 309-12458
男性阴影与女性贞节 明清时期伦理观的比较研究
田汝康著 刘平 冯贤亮译校 2017 年 218 页 21 cm 30 元 (G. F. P.)

00423 309-09482
生态、信息与社会伦理问题研究
王正平著 2013 年 318 页 23 cm 38 元 (G. F. P.)

00424 309-13259
治气养心之术 中国早期的修身方法
(美) 方破 (Paul Fischer) 林志鹏编 2017 年 255 页 23 cm 48 元〔复旦中华文明研究专刊〕(G. F. P.)

00425 309-07702
品格论
(英) 塞缪尔·斯迈尔斯 (Samuel Smiles) 著 徐静波 朱莉莉编译 2011 年 165 页 19 cm 18 元 (G. F. P.)

00426 309-02215
立志·修身·治学 中外名家名句精选
沙似鹏 周斌主编 1999 年 230 页 20 cm 11 元 (G. F. P.)

00427 309-12714
修身养性
上海市学习型社会建设服务指导中心主编 樊波成编 2016 年 130 页 23 cm 35 元〔家风·家教·家训系列丛书〕(G.

00428 309-11674
如何做智慧长者
胡加嗣编 2015 年 129 页 21 cm 26 元〔今天如何做长者〕(G. F. P.)

00429 309-11678
如何做风范长者
姚爱芳 郝正文 马丹宇编 2015 年 201 页 21 cm 26 元〔今天如何做长者〕(G. F. P.)

美　学

00430 309-04332
审美艺术教程
蒋国忠主编 2005 年 317 页 23 cm 30 元 (G. F. P.)

00431 309-00001
二十世纪西方美学名著选 上册
蒋孔阳主编 朱立元副主编 1987 年 471 页 20 cm 3.70 元 (G. F.)

00432 309-00002

二十世纪西方美学名著选 下册

蒋孔阳主编 朱立元副主编 1988 年 541 页 20 cm 4.20 元 (G. F.)

00433 309-00375

十九世纪西方美学名著选 德国卷

蒋孔阳主编 李醒尘编 1990 年 718 页 20 cm 8.90 元 (G. F.)

00434 309-00248

十九世纪西方美学名著选 英法美卷

蒋孔阳主编 1990 年 727 页 20 cm 9 元 (G. F.)

00435 309-00506

自然美系统

李丕显著 1990 年 210 页 20 cm 3.10 元〔美学与艺术评论丛书〕(F.)

00436 309-12185

当代美学

(意) 马里奥·佩尔尼奥拉 (Mario Perniola) 著 裴亚莉译 2017 年 273 页 21 cm 35 元〔美学与文化批评译丛 周宪主编〕(G. F. P.)

00437 309-07291

美学导论

彭锋著 2011 年 292 页 23 cm 32 元〔21 世纪大学文科教材 复旦博学·哲学系列〕(G. F. P.)

00438 309-01934

美学关怀

祁志祥著 1998 年 296 页 20 cm 15 元 (G. F. P.)

00439 2253.005

在美学研究的道路上

施昌东著 1984 年 223 页 19 cm 1 元 (G. F.)

00440 309-03956

美学教程

王一川主编 2004 年 265 页 23 cm 24 元〔复旦博学·文学系列 21 世纪重点教材〕(G. F.)

00441 309-05463

新编美学教程

王一川主编 2007 年 290 页 23 cm 28 元〔复旦博学·文学系列 普通高等教育"十一五"国家级规划教材〕(G. F.)

00442 309-08112

新编美学教程

王一川主编 2011 年 第 2 版 223 页 23 cm 28 元〔复旦博学·文学系列·精华版 普通高等教育"十一五"国家级规划教材 新闻出版总署"十一五"国家重点图书〕(G. F. P.)

00443 5627-0305

现代审美教程

颜玲 龚静主编 1996 年 347 页 19 cm 17.80 元 (G. F.)

00444 309-04164

破门而入 美学的问题与历史

易中天著 2004 年 2006 年第 2 版 327 页 23 cm 36 元 (G. F. P.)

00445 2253.012

黑格尔美学论稿

朱立元著 1986 年 441 页 20 cm 2.90 元〔美学与艺术评论丛书〕(G. F.)

00446 309-00156

黑格尔美学论稿

朱立元著 1986 年 重印 441 页 21 cm 3.75 元〔美学与艺术评论丛书〕(G. F.)

00447 309-06423
崇高的文化阐释
林新华著 2009 年 198 页 21 cm 20 元 (G. F. P.)

00448 309-05486
审美学教程
王建疆主编 2007 年 385 页 23 cm 36 元〔美育·通识教材〕(G. F. P.)

00449 309-00903
审美心理学
邱明正著 1993 年 400 页 20 cm 10 元 (G. F.)

00450 309-01946
法兰克福学派美学思想论稿
朱立元主编 1997 年 351 页 20 cm 18 元 (G. F. P.)

00451 309-13390
多元理论视野下的朱光潜美学
曹谦著 2018 年 444 页 21 cm 35 元 (G. F. P.)

00452 309-15293
中国的美学问题
程勇著 2020 年 314 页 21 cm 62 元 (G. F. P.)

00453 2253.003
中国古代美学史研究
《复旦学报》(社会科学版)编辑部编 1983 年 403 页 21 cm 1.49 元〔高等院校社会科学学报论丛〕(G. F.)

00454 309-03843
中国美学史教程
王振复著 2004 年 318 页 23 cm 29 元〔复旦博学·文学系列〕(G. F. P.)

00455 309-05845
中国美学史资料选编
于民主编 2008 年 595 页 23 cm 65 元〔复旦博学·文学系列·精华版 新闻出版总署"十一五"国家重点图书〕(G. F. P.)

00456 309-06336
中国美学思想史
于民著 2010 年 411 页 23 cm 45 元〔复旦博学·文学系列·精华版 新闻出版总署"十一五"国家重点图书〕(G. F. P.)

00457 309-02573
从冲突走向融通 晚明至清中叶审美意识嬗变论
张灵聪著 2000 年 218 页 20 cm 11.50 元〔上海市社会科学博士文库 第二辑〕(G. F. P.)

00458 309-00784
当代中国美学新学派 蒋孔阳美学思想研究
朱立元编 1992 年 238 页 20 cm 5 元 (G. F.)

00459 309-03668
20 世纪中国美学研究
邹华著 2003 年 353 页 21 cm 18 元 (G. F. P.)

00460 309-14459
德国古典美学 先秦音乐美学思想论稿
蒋孔阳著 2020 年 510 页 26 cm 精装 178 元 (F. P.)

00461 309-04231

守护夜空的星座 美学问题史中的 T. W. 阿多诺

孙斌著 2004 年 478 页 21 cm 26 元〔上海市社会科学博士文库 第六辑〕(G. F. P.)

00462 309-03739

零度写作与人的自由 罗兰·巴尔特美学思想研究

项晓敏著 2003 年 245 页 20 cm 15 元 (G. F. P.)

00463 309-14140

美的寻踪

高若海著 2019 年 504 页 21 cm 精装 88 元 (G. F. P.)

00464 309-12553

美学奥秘会探

高燕编 2016 年 345 页 21 cm 30 元〔复旦大学中文系教授荣休纪念文丛〕(G. F. P.)

00465 10253.012

美学与艺术评论 第 1 集

蒋孔阳主编 1984 年 474 页 20 cm 2.28 元 (G. F.)

00466 10253.017

美学与艺术评论 第 2 集

蒋孔阳主编 1985 年 500 页 20 cm 2.75 元 (G. F.)

00467 10253.026

美学与艺术评论 第 3 集

蒋孔阳主编 1986 年 448 页 20 cm 2.90 元 (G. F.)

00468 309-00999

美学与艺术评论 第 4 集

蒋孔阳主编 1993 年 363 页 20 cm 12.50 元 (G. F.)

00469 309-02526

美学与艺术评论 第 5 集

复旦大学文艺学美学研究中心编 2000 年 512 页 20 cm 24 元 (G. F. P.)

00470 309-03099

美学与艺术评论 第 6 集 蒋孔阳美学思想暨新世纪美学研讨会专集

复旦大学文艺学美学研究中心编 2002 年 398 页 21 cm 20 元 (G. F. P.)

00471 309-02577

二十世纪西方美学经典文本 第 1 卷 世纪初的新声

朱立元总主编 张德兴卷主编 2000 年 793 页 20 cm 精装 40 元 (G. F. P.)

00472 309-02578

二十世纪西方美学经典文本 第 2 卷 回归存在之源

朱立元总主编 陆扬卷主编 2000 年 865 页 21 cm 精装 45 元 (G. F. P.)

00473 309-02579

二十世纪西方美学经典文本 第 3 卷 结构与解放

朱立元总主编 李钧卷主编 2000 年 948 页 21 cm 精装 46 元 (G. F. P.)

00474 309-02580

二十世纪西方美学经典文本 第 4 卷 后现代景观

朱立元总主编 包亚明卷主编 2000 年 755 页 21 cm 精装 39 元 (G. F. P.)

00475 309-11081

王振复自选集

王振复著 2015 年 481 页 21 cm 42 元〔复旦大学中文系教授荣休纪念文丛〕(G. F. P.)

00476 309-05952
时尚美学
刘清平著 2008 年 201 页 23 cm 28 元〔复旦博学·文学系列·精华版〕(G. F. P.)

00477 309-07671
日常生活审美化批判
陆扬著 2012 年 407 页 22 cm 28 元 (G. F. P.)

心理学

00478 309-08254
等级组织中的降序信任 心理信息工程学的视角
胡湛著 2011 年 253 页 23 cm 35 元〔公共管理与公共政策的学术前沿〕(G. F. P.)

00479 309-12068
生活中的心理学
刘明波 丁敬耘 朱臻雯编著 2015 年 129 页 21 cm 20 元〔上海市进城务工人员技能文化培训系列读本 二期 上海市进城务工人员技能文化培训工作领导小组办公室 上海市学习型社会建设服务指导中心办公室主编〕(G. F. P.)

00480 309-08424
心理学概论
孙时进 王金丽主编 2012 年 382 页 23 cm 38 元〔复旦博学·心理学通用教材 教师资格考试参考用书〕(G. F. P.)

00481 309-07786
心理学经典读本
(美)特里·F.小约翰编 吴国宏 李超白 林婧婧译 2011 年 304 页 26 cm 38 元〔大学译丛系列〕(G. F. P.)

00482 309-08141
走近心理学
(加)威廉·E.格拉斯曼 (加)玛丽莲·哈达德主编 孙时进 蒋强 张钚铭译 2012 年 508 页 26 cm 50 元〔大学译丛系列〕(G. F. P.)

00483 5627-0348
心理学概论
徐宗良主编 1997 年 221 页 20 cm 9.50 元 (G. F.)

00484 309-09989
心理学英语
叶如兰主编 2013 年 205 页 26 cm 35 元〔21 世纪 EAP 学术英语系列丛书 蔡基刚总主编〕(G. F. P.)

00485 309-02016
心理学的研究方法与应用
张一中著 1998 年 279 页 20 cm 14 元〔当代心理学丛书〕(G. F. P.)

00486 309-03974
心理哲学
朱宝荣著 2004 年 291 页 20 cm 20 元〔哲学交叉学科系列丛书〕(G. F. P.)

00487 309-07519
心理学专业基础综合复习指南 2011
上海翔高教育心理学统考命题研究中心暨培训中心 南京恩波学校心理学统考命题研究中心暨培训中心编 2010 年 529 页 26 cm 59 元〔2011 年全国硕士研究生入学统一考试辅导用书〕(G.

F. P.)

00488 309-08443

心理学专业基础综合复习指南 2012

翔高教育心理学统考命题研究中心暨培训中心编 2011年 第2版 656页 26 cm 75元〔2012年全国硕士研究生入学统一考试辅导用书〕(G. F. P.)

00489 309-09195

心理学专业基础综合复习指南 2013

翔高教育心理学教学研究中心编 2012年 第3版 666页 26 cm 75元〔2013年全国硕士研究生入学统一考试辅导用书〕(G. F. P.)

00490 309-07562

心理学专业基础综合模拟试卷 2011

上海翔高教育心理学统考命题研究中心暨培训中心 南京恩波学校心理学统考命题研究中心暨培训中心编 2010年 245页 26 cm 28元〔2011年全国硕士研究生入学统一考试辅导用书〕(G. P.)

00491 309-08438

心理学专业基础综合模拟试卷 2012

翔高教育心理学统考命题研究中心暨培训中心编 2011年 第2版 245页 26 cm 32元〔2012年全国硕士研究生入学统一考试辅导用书〕(G. F. P.)

00492 309-09276

心理学专业基础综合模拟试卷 2013

翔高教育心理学统考命题研究中心暨培训中心编 2012年 第3版 245页 26 cm 32元〔2013年全国硕士研究生入学统一考试辅导用书〕(G. F. P.)

00493 309-07521

心理学专业基础综合习题精编 2011

上海翔高教育心理学统考命题研究中心暨培训中心 南京恩波学校心理学统考命题研究中心暨培训中心编 2010年 392页 26 cm 49元〔2011年全国硕士研究生入学统一考试辅导用书〕(G. F. P.)

00494 309-08428

心理学专业基础综合习题精编 2012

翔高教育心理学统考命题研究中心暨培训中心编 2011年 第2版 402页 26 cm 52元〔2012年全国硕士研究生入学统一考试辅导用书〕(G. F. P.)

00495 309-09275

心理学专业基础综合习题精编 2013

翔高教育心理学教学研究中心编 2012年 第3版 400页 26 cm 49元〔2013年全国硕士研究生入学统一考试辅导用书〕(G. F. P.)

00496 309-08311

心理学专业基础综合真题详解 2012

翔高教育心理学统考命题研究中心暨培训中心编 2011年 215页 26 cm 30元〔2012年全国硕士研究生入学统一考试辅导用书〕(G. F. P.)

00497 309-09116

心理学专业基础综合真题详解 2013

翔高教育心理学教学研究中心编 2012年 第2版 247页 26 cm 32元〔2013年全国硕士研究生入学统一考试辅导用书〕(G. F. P.)

00498 309-11522

心理年龄与成长智慧

黄志猛编著 2015年 149页 23 cm 25元

(G. F. P.)

00499 309-14237
成长的快乐与烦恼 成长心理学精要
孟济明编著 2019 年 265 页 21 cm 58 元 (G. F. P.)

00500 309-05385
魔法记忆 快速记忆完全攻略
(德) 克里斯蒂安娜·史丹尔著 杜子倩译 2007 年 202 页 21 cm 16 元 (G. F. P.)

00501 2253.013
创造力和直觉 一个物理学家对于东西方的考察
(日) 汤川秀树著 周林东译 1987 年 171 页 21 cm 1.05 元 (G. F.)

00502 309-00565
说谎心理学
(日) 相场均著 张建平等译 1990 年 195 页 19 cm 2.70 元〔复旦小丛书 人生智慧之辑〕(G. F.)

00503 309-12208
演化心理学视角下的亲情、友情和爱情
陈斌斌著 2016 年 467 页 21 cm 38 元〔人文系列〕(G. F. P.)

00504 309-13399
成长有礼
华英雄主编 2018 年 153 页 24 cm 50 元〔华礼之光礼仪系列教材〕(G. P.)

00505 309-09813
快乐之道 个人与社会如何增加快乐?
(澳) 黄有光著 2013 年 228 页 21 cm 精装 24 元 (G. F. P.)

00506 309-10009
放慢·放松·放下
郑存琪著 吴珍松 黎人玮 林碧华绘图 2014 年 185 页 21 cm 35 元 (G. F. P.)

00507 309-13998
0—6 岁儿童社会情绪发展指导
张劲松主编 2019 年 93 页 30 cm 25 元〔全国学前教育专业(新课程标准)"十三五"规划教材 卫生·保育类〕(G. F. P.)

00508 309-12985
0—6 岁儿童心理行为发展评估
童连主编 2017 年 167 页 30 cm 30 元〔全国学前教育专业(新课程标准)"十三五"规划教材〕(G. F. P.)

00509 309-14850
幼儿行为观察与评价
黄婉圣主编 2020 年 111 页 30 cm 28 元〔全国学前教育专业(新课程标准)"十三五"规划教材〕(G. P.)

00510 309-13605
儿童行为观察与指导
罗秋英主编 2018 年 130 页 30 cm 26 元〔全国学前教育专业(新课程标准)"十三五"规划教材 教育·心理类〕(G. P.)

00511 309-10481
学前儿童人格培养 游戏设计和故事
沈昂主编 2014 年 170 页 24 cm 28 元 (G. F. P.)

00512 309-02180
不安的太阳 中国第一代独生子女心理探索
王裕如著 1999 年 363 页 20 cm 15 元 (G. F. P.)

哲学、宗教·心理学   39

00513　309-01309
孩子们的"心病" 儿童心理咨询手册
翁晖亮编著　1994年　252页　19 cm　5.80元〔心理医生丛书〕(G.)

00514　309-01847
怎样使你的孩子心理更健康 孩子心中的秘密
翁晖亮著　1997年　252页　19 cm　10元〔跨世纪人才培养丛书〕(G.)

00515　5627-0605
儿童的心理行为发展和障碍
张劲松编著　2000年　131页　19 cm　7元〔21世纪家庭保健丛书　儿科系列〕(G. F.)

00516　309-10835
0—3岁儿童心理发展与潜能开发
陈雅芳主编　2014年　109页　30 cm　18元〔全国学前教育专业（新课程标准）"十二五"规划教材〕(G. F. P.)

00517　309-10760
学前儿童认知发展与学习
李兰芳主编　2014年　174页　30 cm　26元〔全国学前教育专业（新课程标准）"十二五"规划教材〕(G. F. P.)

00518　309-10230
学前儿童发展心理学
刘万伦主编　2014年　167页　30 cm　34元〔全国学前教育专业（新课程标准）"十二五"规划教材〕(G. F. P.)

00519　309-13633
学前儿童发展心理学
刘万伦主编　2018年　第2版　167页　30 cm　36元〔全国学前教育专业（新课程标准）"十三五"规划教材　教育·心理类〕(G. F. P.)

00520　309-08031
儿童行为观察与研究
罗秋英　周文华编著　2011年　102页　30 cm　18元〔复旦卓越·全国学前教育专业系列〕(G. F. P.)

00521　309-12883
学前儿童心理学
罗秋英主编　2017年　187页　30 cm　32元〔全国学前教育专业（新课程标准）"十三五"规划教材〕(G. F. P.)

00522　309-14372
学前儿童心理学
罗秋英主编　2019年　第2版　229页　30 cm　45元〔全国学前教育专业（新课程标准）"十三五"规划教材〕(G. F. P.)

00523　309-08946
学前心理学
钱峰　汪乃铭主编　2012年　第2版　153页　30 cm　20元〔全国学前教育专业（新课程标准）"十二五"规划教材〕(G. P.)

00524　309-15012
学前心理学
钱峰　汪乃铭主编　2020年　第3版　196页　26 cm　38元　(P.)

00525　309-04504
学前心理学
汪乃铭　钱峰主编　2005年　152页　30 cm　15元〔复旦卓越·全国学前教育专业系列〕(G. P.)

00526 309-10293

学前儿童心理发展分析与指导

沈雪梅主编 2014年 185页 30 cm 29元〔全国学前教育专业（新课程标准）"十二五"规划教材〕(G. F. P.)

00527 309-13996

幼儿常见问题行为与矫正

史爱芬主编 2019年 134页 30 cm 29元〔全国学前教育专业（新课程标准）"十三五"规划教材 教育·心理类〕(G. F. P.)

00528 309-08035

0—3岁婴幼儿认知发展与教育

王明晖主编 2011年 133页 30 cm 22元〔复旦卓越·全国0—3岁婴幼儿早期教育系列〕(G. P.)

00529 309-14395

幼儿行为观察与分析

王晓芬主编 2019年 141页 30 cm 28元〔"十三五"江苏省高等学校重点教材 全国学前教育专业（新课程标准）"十三五"规划教材 教育·心理类〕(G. F. P.)

00530 309-10001

学前儿童心理健康指导

张劲松主编 2013年 142页 30 cm 27元〔教育部"十二五"职业教育国家规划教材 全国学前教育专业（新课程标准）"十二五"规划教材〕(G. F. P.)

00531 309-12690

0—3岁儿童心理发展

周念丽主编 2017年 180页 30 cm 35元〔全国早期教育专业"十三五"规划教材〕(G. F. P.)

00532 309-08433

健康人格与自信

车丽萍著 2012年 333页 22 cm 32元 (G. F. P.)

00533 309-02221

中学生心理保健

陈洪 吴运友主编 1999年 202页 20 cm 10元〔中学生和家长必读〕(G. P.)

00534 309-02005

心海引航 青少年心理辅导

崔乐美著 1998年 220页 20 cm 9元 (G. F. P.)

00535 309-01302

成长与烦恼 青少年心理咨询手记

王裕如等著 1994年 280页 19 cm 5.80元〔心理医生丛书〕(G. F.)

00536 309-12410

大学生心理健康教育

李斐 陈龙图主编 2016年 第3版 260页 24 cm 38元 (G. F. P.)

00537 309-04249

大学心理健康教育

王群主编 2005年 343页 23 cm 28元〔21世纪大学通用基础教材〕(G. F. P.)

00538 309-01560

大学生心理与调适

郁景祖主编 1995年 256页 20 cm 7.50元〔大学德育系列教材〕(G. F. P.)

00539 309-05558

大学生心理健康教程

曾凡龙 曾劲主编 2007年 290页 21 cm 22元 (G. F. P.)

00540 309-09811

大学生心理健康教育

曾红媛 何进军 陈龙图主编 2013 年 第 2 版 249 页 24 cm 35 元 (G. F. P.)

00541 309-07511

大学生心理健康教育

张富洪 李斐 卢文丰主编 2010 年 284 页 24 cm 28 元 (G. F. P.)

00542 309-04061

大学生心理卫生

赵文杰主编 2004 年 240 页 23 cm 24 元〔21 世纪大学生素质教育系列教材〕(G. F. P.)

00543 309-02110

当代青年心理学

阎嘉陵等主编 1998 年 447 页 20 cm 16 元〔当代心理学丛书〕(G. F. P.)

00544 309-11840

十万个为什么(老年版) 阳光心理

崔丽娟主编 2015 年 110 页 21 cm 15 元〔十万个为什么〕(G. F. P.)

00545 309-14155

老年人心理健康

顾沈兵 宋琼芳主编 2019 年 113 页 24 cm 26 元〔上海市老年教育普及教材〕(G. F. P.)

00546 309-11920

如何进行老年人心理关怀

王帆 李江编著 2015 年 68 页 21 cm 18 元〔上海市民健康与人文系列读本〕(G. F. P.)

00547 309-01749

老年社会心理

张钟汝 范明林著 1996 年 242 页 20 cm 8 元〔空中老年人大学系列教材〕(G. F. P.)

00548 309-05925

女人可以不得病 我的康复之路

潘肖珏著 2008 年 178 页 21 cm 20 元〔健康 cool 新女性系列丛书〕(G. F. P.)

00549 309-06436

女人可以不得病 我的康复之路

潘肖珏著 2009 年 第 2 版 183 页 23 cm 25 元〔健康 cool 新女性系列丛书〕(G. F. P.)

00550 309-09202

90 天调出幸福颜色

张楚涵著 宋晨图 2012 年 184 页 22 cm 26 元 (G. F. P.)

00551 309-00629

梦境与潜意识 来自美国的最新研究报告

(美) 戴明(Richard Deming)等著 刘建荣 杨承纮译 1991 年 168 页 20 cm 2.45 元 (G. F.)

00552 309-00928

梦境与潜意识 来自美国的最新研究报告

(美) 戴明(Richard Deming)等著 刘建荣 杨承纮译 1991 年(1992 年重印) 168 页 20 cm 3.20 元 (G. F.)

00553 309-13358

灾后青少年灵活性与心理恢复

付芳著 2017 年 245 页 21 cm 32 元 (G. F. P.)

00554 309-03301

心理素质的养成与训练

邢邦志主编 2002 年 352 页 20 cm 18 元

(G. F. P.)

00555 309-05468
天才还是疯子
余凤高著 2007年 315页 23 cm 25元
(G. F. P.)

00556 309-00623
愿你获得真正的财富 能力
朱宝荣著 1991年 250页 19 cm 2.60元
〔复旦小丛书 创造实践之辑〕(G. F.)

00557 309-03270
成功的6P真言
鲍勇剑 陈百助著 2002年 200页 23 cm 22元〔金石丛书〕(G. F. P.)

00558 309-09842
IAS:快速事业发展方案
(新西兰)布莱恩·M.马丁著 赵路平译 2013年 144页 22 cm 20元 (G. F. P.)

00559 309-11907
如何应对职场压力
戴俊明编著 2015年 73页 21 cm 18元〔上海市民健康与人文系列读本〕(G. F. P.)

00560 309-08966
改变大脑的终极理论 也许法则
(日)西田文郎著 陈通友译 2012年 192页 19 cm 22元〔99畅销文库〕(G. F. P.)

00561 309-04327
成功心理素质训练 引领人生路
肖永春 齐亚丽主编 2005年 492页 21 cm 22元〔上海市东北片高校合作办学心理健康教育协作组成果 21世纪大学通用基础教材〕(G. F. P.)

00562 309-05013
职业成功 从概念到实践
周文霞著 2006年 235页 23 cm 30元
(G. F. P.)

宗 教

00563 309-02339
科学与宗教
(英)约翰·H.布鲁克(John Hedley Brooke)著 苏贤贵译 2000年 452页 22 cm 33元〔剑桥科学史丛书〕(G. F. P.)

00564 309-06310
科学与宗教:二十一世纪的对话 英美四名家复旦演讲集
徐英瑾 (美)梅尔威利·斯图尔特主编 徐英瑾 冷欣等翻译 2008年 262页 24 cm 30元 (G. F. P.)

00565 309-07477
三十功名尘与土
何光沪著 2010年 350页 24 cm 35元〔"三十年集"系列丛书 1978—2008〕(G. F. P.)

00566 309-14247
前工业时代的信仰与社会
向荣 欧阳晓莉主编 2019年 271页 23 cm 65元〔世界史论丛 第一辑〕(G. F. P.)

00567 309-11176
神圣空间 中古宗教中的空间因素
陈金华 孙英刚编 2014年 479页 23 cm 68元〔复旦中华文明研究专刊〕(G. F. P.)

00568 309-01820

道家、密宗与东方神秘学

南怀瑾著 1997年 328页 19 cm 15元 (G. F. P.)

00569 309-11600

道家、密宗与东方神秘学

南怀瑾著述 2016年 第2版 232页 23 cm 32元〔太湖大学堂丛书〕(G. F. P.)

00570 309-11371

滇缅边地摆夷的宗教仪式 中国帆船贸易与对外关系史论集 男权阴影与贞妇烈女 明清时期伦理观的比较研究

田汝康著 傅德华编 2015年 539页 24 cm 精装 85元〔复旦百年经典文库〕(G. F. P.)

00571 309-13274

滇缅边地摆夷的宗教仪式

田汝康著 于翠艳 马硕校译 2017年 172页 21 cm 32元 (G. F. P.)

00572 309-09854

婺源的宗族、经济与民俗

卜永坚 毕新丁编 2013年 2册 21 cm 100元〔徽州传统社会丛书（法）劳格文 王振忠主编〕(G. F. P.)

00573 309-11177

中国近世地方社会中的宗教与国家

王岗 李天纲编 2014年 339页 23 cm 48元〔复旦中华文明研究专刊〕(G. F. P.)

00574 309-08406

宗教文献学研究入门

严耀中 范荧著 2011年 194页 21 cm 18元〔研究生·学术入门手册 第一辑〕(G. F. P.)

00575 309-13986

开天辟地 中华创世神话考述

赵昌平著 2019年 461页 23 cm 精装 98元 (G. F. P.)

00576 309-13897

希腊神话历史探赜 神、英雄与人

唐卉著 2019年 360页 23 cm 精装 88元〔中国文学人类学理论与方法研究系列丛书〕(G. F. P.)

00577 309-06136

希腊神话中的主神

毛立群 黎凡编著 2009年 302页 23 cm 35元 (G. F. P.)

00578 309-04734

中国游仙文化

汪涌豪 俞灏敏著 2005年 345页 21 cm 20元 (G. F. P.)

00579 309-06083

祭祀政策与民间信仰变迁 近世浙江民间信仰研究

朱海滨著 2008年 254页 21 cm 22元 (G. F. P.)

00580 309-06627

佛学基本知识

广超法师讲述 果逸居士笔录 2009年 256页 23 cm 32元〔新加坡广超法师佛学丛书〕(G. F. P.)

00581 309-04325

心经与生活智慧

潘宗光著 2005年 183页 21 cm 14元 (G. F. P.)

00582 309-09397

佛遗教经

释证严讲述 2013 年 246 页 21 cm 25 元
〔静思法脉丛书〕(G. F. P.)

00583 309-10260

买智慧 证严上人说故事 1

释证严讲述 林祖耀绘图 2014 年 120 页 21 cm 20 元〔证严上人著作·静思法脉丛书〕(G. F. P.)

00584 309-12342

女神与吉祥草 证严上人说故事 2

释证严讲述 林祖耀绘图 2016 年 108 页 21 cm 20 元〔证严上人著作·静思法脉丛书〕(G. F. P.)

00585 309-09265

清净在源头

释证严著 2013 年 220 页 21 cm 25 元〔静思法脉丛书〕(G. F. P.)

00586 309-12315

四十二章经

释证严讲述 2016 年 170 页 21 cm 25 元〔证严上人著作·静思法脉丛书〕(G. F. P.)

00587 309-07941

三十七道品偈诵释义

证严上人讲述 2011 年 211 页 21 cm 23 元〔证严上人作品系列〕(G. F. P.)

00588 309-07323

心灵十境 菩萨十地

证严上人讲述 2011 年 162 页 21 cm 18 元〔证严上人作品系列〕(G. F. P.)

00589 309-07736

证严上人说故事

证严上人著 2012 年 223 页 21 cm 23 元〔证严上人著作·静思法脉丛书〕(G. F. P.)

00590 309-03194

定慧初修

南怀瑾著述 2002 年 243 页 20 cm 14 元(G. F. P.)

00591 309-11615

定慧初修

南怀瑾著述 2016 年 第 2 版 189 页 23 cm 30 元〔太湖大学堂丛书〕(G. F. P.)

00592 309-13136

定慧初修

南怀瑾著述 2017 年 195 页 23 cm 精装 35 元〔太湖大学堂丛书〕(G. F. P.)

00593 309-03193

学佛者的基本信念

南怀瑾著 2002 年 232 页 20 cm 13 元(G. F. P.)

00594 309-11616

学佛者的基本信念

南怀瑾著述 2016 年 第 2 版 195 页 23 cm 30 元〔太湖大学堂丛书〕(G. F. P.)

00595 309-07672

佛经文学研究论集续编

陈允吉主编 2011 年 722 页 21 cm 38 元(G. F. P.)

00596 309-06657

般若波罗蜜多心经讲记

广超法师讲述 普仁 圆祥等笔录 果逸居士整理 2009 年 211 页 23 cm 28 元〔新加坡广超法师佛学丛书〕(G. F. P.)

00597 309-06683

大乘百法明门论讲记

广超法师讲述 如月 果逸居士笔录 2009年 191页 23 cm 26元〔新加坡广超法师佛学丛书〕(G. F. P.)

00598 309-06697

大方广佛华严经入不思议解脱境界普贤行愿品讲记

广超法师讲述 果逸居士笔录 2009年 201页 23 cm 26元〔新加坡广超法师佛学丛书〕(G. F. P.)

00599 309-06636

大方广圆觉修多罗了义经讲记

广超法师讲述 果逸居士笔录 2009年 358页 23 cm 38元〔新加坡广超法师佛学丛书〕(G. F. P.)

00600 309-06658

金刚般若波罗蜜经讲记

广超法师讲述 果逸居士笔录 2009年 293页 23 cm 30元〔新加坡广超法师佛学丛书〕(G. F. P.)

00601 309-06628

四圣谛讲记

广超法师讲述 果逸居士笔录 2009年 272页 23 cm 32元〔新加坡广超法师佛学丛书〕(G. F. P.)

00602 309-13625

花雨满天 维摩说法 上册

南怀瑾著述 2018年 382页 23 cm 42元〔太湖大学堂丛书〕(G. F. P.)

00603 309-13626

花雨满天 维摩说法 下册

南怀瑾著述 2018年 353页 23 cm 38元〔太湖大学堂丛书〕(G. F. P.)

00604 309-02983

金刚经说什么

南怀瑾著 2001年 493页 21 cm 27元 (G. F. P.)

00605 309-03326

金刚经说什么

南怀瑾著 2002年 第2版 493页 21 cm 27元 (G. F. P.)

00606 309-11613

金刚经说什么

南怀瑾著述 2016年 第3版 350页 23 cm 42元〔太湖大学堂丛书〕(G. F. P.)

00607 309-13125

金刚经说什么

南怀瑾著述 2017年 346页 23 cm 精装 48元〔太湖大学堂丛书〕(G. F. P.)

00608 309-02982

楞伽大义今释

南怀瑾著 2001年 407页 21 cm 25元 (G. F. P.)

00609 309-11610

楞伽大义今释

南怀瑾著述 2016年 第2版 282页 23 cm 38元〔太湖大学堂丛书〕(G. F. P.)

00610 309-02981

楞严大义今释

南怀瑾著 2001年 510页 21 cm 28元 (G. F. P.)

00611 309-11611

楞严大义今释

南怀瑾著述 2016年 第2版 356页 23 cm 42元〔太湖大学堂丛书〕(G. F. P.)

00612 309-13135
楞严大义今释
南怀瑾著述 2017年 355页 23 cm 精装 55元〔太湖大学堂丛书〕(G. F. P.)

00613 309-03195
药师经的济世观
南怀瑾著 2002年 292页 21 cm 21元 (G. F. P.)

00614 309-11617
药师经的济世观
南怀瑾著述 2016年 第2版 290页 23 cm 38元〔太湖大学堂丛书〕(G. F. P.)

00615 309-02985
圆觉经略说
南怀瑾著 2001年 340页 21 cm 22元 (G. F. P.)

00616 309-11612
圆觉经略说
南怀瑾著述 2016年 第2版 295页 23 cm 38元〔太湖大学堂丛书〕(G. F. P.)

00617 309-09399
东方琉璃·药师佛大愿《药师经》讲记
释证严讲述 2013年 2册 21 cm 49.80元 〔静思法脉丛书〕(G. F. P.)

00618 309-09536
佛门大孝地藏经
释证严讲述 2013年 472页 21 cm 48元 (G. F. P.)

00619 309-12338
说法无量义无量
释证严讲述 2016年 248页 21 cm 49.50元〔静思法脉丛书〕(G. F. P.)

00620 309-10209
无量义经偈颂
释证严讲述 2014年 414页 21 cm 精装 48元〔静思法脉丛书〕(G. F. P.)

00621 309-11281
龙树二论密意
谈锡永著 2015年 167页 22 cm 20元 〔佛典密意系列〕(G. F. P.)

00622 309-00497
大佛顶首楞严经浅释
(美)释宣化讲述 1990年 1册 20 cm 精装 15元 (G. F.)

00623 309-07619
无量义经
证严上人讲述 2011年 277页 21 cm 23元〔证严上人作品系列〕(G. F. P.)

00624 309-02410
成唯识论直解
林国良撰 2000年 804页 20 cm 精装 40元〔直解丛书〕(G. F. P.)

00625 309-09792
《解深密经》密意
谈锡永著 2013年 250页 22 cm 25元 〔佛典密意系列〕(G. F. P.)

00626 309-10817
《如来藏经》密意
谈锡永著 2014年 183页 22 cm 20元 〔佛典密意系列〕(G. F. P.)

00627 309-11280
《胜鬘狮子吼经》密意
谈锡永著 2015年 129页 22 cm 18元 〔佛典密意系列〕(G. F. P.)

00628 309-06873
中国禅学研究入门
龚隽 陈继东著 2009年 310页 21 cm 24元〔研究生·学术入门手册 第一辑〕(G. F. P.)

00629 309-01822
禅海蠡测
南怀瑾著 1997年 343页 20 cm 15元 (G. F. P.)

00630 309-03236
禅海蠡测
南怀瑾著 2002年 第2版 343页 21 cm 19元 (G. F. P.)

00631 309-11601
禅海蠡测
南怀瑾著述 2016年 第3版 264页 23 cm 35元〔太湖大学堂丛书〕(G. F. P.)

00632 309-01826
禅话
南怀瑾著 1997年 173页 20 cm 9元 (G. F. P.)

00633 309-03245
禅话
南怀瑾著 2002年 第2版 173页 21 cm 11元 (G. F. P.)

00634 309-11602
禅话
南怀瑾著述 2016年 第3版 137页 23 cm 25元〔太湖大学堂丛书〕(G. F. P.)

00635 309-00567
禅宗与道家
南怀瑾著 1991年 309页 20 cm 6.80元 (G. F.)

00636 309-01225
禅宗与道家
南怀瑾著 1993年 重印 309页 20 cm 8.30元 (G.)

00637 309-01662
禅宗与道家
南怀瑾著 1996年 第2版 311页 21 cm 15元 (G. P.)

00638 309-11598
禅宗与道家
南怀瑾著述 2016年 第2版 282页 23 cm 38元〔太湖大学堂丛书〕(G. F. P.)

00639 309-13169
宗镜录略讲 卷一
南怀瑾著述 2017年 279页 23 cm 38元〔太湖大学堂丛书〕(G. F. P.)

00640 309-13170
宗镜录略讲 卷二
南怀瑾著述 2017年 273页 23 cm 35元〔太湖大学堂丛书〕(G. F. P.)

00641 309-13171
宗镜录略讲 卷三
南怀瑾著述 2017年 233页 23 cm 32元〔太湖大学堂丛书〕(G. F. P.)

00642 309-10121
禅机
释延授编著 2013年 242页 21 cm 15元 (G. F. P.)

00643 309-13331
禅思想史讲义
(日)小川隆著 彭丹译 2017年 200页 22 cm 32元〔日本汉学家"近世"中国

研究丛书 朱刚 李贵主编〕(G. F. P.)

00644 309-11217
语录的思想史 解析中国禅
（日）小川隆著 何燕生译 2015 年 316 页 22 cm 35 元〔亚洲艺术、宗教与历史研究丛书〕(G. F. P.)

00645 309-13095
禅宗语言
周裕锴著 2017 年 405 页 21 cm 精装 59 元〔周裕锴禅学书系〕(G. F. P.)

00646 309-06568
禅宗语言研究入门
周裕锴著 2009 年 257 页 21 cm 22 元〔研究生·学术入门手册 第一辑〕(G. F. P.)

00647 309-14467
禅宗语言研究入门
周裕锴著 2019 年 208 页 21 cm 精装 58 元〔周裕锴禅学书系〕(G. F. P.)

00648 309-13097
中国禅宗与诗歌
周裕锴著 2017 年 366 页 21 cm 精装 55 元〔周裕锴禅学书系〕(G. F. P.)

00649 309-14979
禅宗语言丛考
（日）衣川贤次著 2020 年 327 页 22 cm 62 元〔日本汉学家"近世"中国研究丛书〕(G. F. P.)

00650 309-13275
禅宗思想与文献丛考
（日）衣川贤次著 2017 年 246 页 22 cm 35 元〔日本汉学家"近世"中国研究丛书〕(G. F. P.)

00651 309-11279
文殊师利二经密意
谈锡永著 2015 年 168 页 22 cm 20 元〔佛典密意系列〕(G. F. P.)

00652 309-10582
《无边庄严会》密意
谈锡永著 2014 年 117 页 22 cm 18 元〔佛典密意系列〕(G. F. P.)

00653 309-12105
心灵的故乡 静思精舍巡礼
潘煊著 2016 年 189 页 21 cm 34.50 元〔慈济宗门丛书〕(G. F. P.)

00654 309-13827
基于梵汉对勘的魏晋南北朝佛经词汇语法研究
陈秀兰著 2018 年 421 页 23 cm 68 元 (G. F. P.)

00655 309-02984
如何修证佛法
南怀瑾著 2001 年 464 页 21 cm 28 元 (G. F. P.)

00656 309-11609
如何修证佛法
南怀瑾著述 2016 年 第 2 版 407 页 23 cm 45 元〔太湖大学堂丛书〕(G. F. P.)

00657 309-13121
瑜伽师地论
南怀瑾著述 2017 年 409 页 23 cm 48 元 (G. F. P.)

00658 309-10163
考验 证严法师面对挑战的智慧

何国庆著 2014 年 237 页 21 cm 25 元〔慈济宗门丛书〕(G. F. P.)

00659 309-11148
无籽西瓜
静旸著 2015 年 191 页 21 cm 26 元〔慈济宗门丛书〕(G. F. P.)

00660 309-08614
八大人觉经
释证严讲述 2013 年 152 页 21 cm 20 元〔静思法脉丛书〕(G. F. P.)

00661 309-08772
法譬如水 慈悲三昧水忏讲记
释证严讲述 2012 年 3 册 21 cm 170 元〔静思法脉丛书〕(G. F.)

00662 309-12770
过关 实心·实做·好人生
释证严著 2017 年 240 页 21 cm 25 元〔证严上人著作系列〕(G. F. P.)

00663 309-08823
欢喜自在
释证严著 2013 年 114 页 21 cm 18 元〔静思法脉丛书〕(G. F. P.)

00664 309-10773
回归清净本性 今昔故事
释证严著 2014 年 285 页 21 cm 48 元〔静思法脉丛书〕(G. F. P.)

00665 309-09398
救世救心八大人觉经
释证严讲述 2013 年 157 页 21 cm 20 元〔静思法脉丛书〕(G. F. P.)

00666 309-06805
色难 孝顺的故事
证严法师著 2009 年 204 页 21 cm 20 元〔证严法师最新作品系列〕(G. F. P.)

00667 309-08634
色难 孝顺的故事
释证严著 2012 年 第 2 版 204 页 21 cm 23 元〔静思法脉丛书〕(G. F. P.)

00668 309-10250
孝的真谛 幸福人生第一堂课
释证严著 2014 年 219 页 21 cm 38 元〔静思法脉丛书〕(G. F. P.)

00669 309-10650
孝为人本 世界和平的守护力量
释证严著 2014 年 205 页 21 cm 38 元〔静思法脉丛书〕(G. F. P.)

00670 309-12958
一秒钟和一辈子
释证严著 2017 年 192 页 21 cm 25 元〔证严上人著作·静思法脉丛书〕(G. F. P.)

00671 309-06806
与地球共生息 100 个疼惜地球的思考和行动
证严法师著 2009 年 298 页 21 cm 22 元〔证严法师最新作品系列〕(G. F.)

00672 309-08633
与地球共生息 100 个疼惜地球的思考和行动
释证严著 2012 年 第 2 版 298 页 21 cm 25 元〔静思法脉丛书〕(G. F. P.)

00673 309-07365
静思语的富足人生
徐荷 林慈盈辑录 2011 年 161 页 21 cm 18 元〔证严上人作品系列〕(G. F. P.)

00674 309-07267

静思语的智慧人生 摘录证严上人《静思语》

余方 徐荷 林慈盈辑录 2011年 164页 21 cm 18元〔证严上人作品系列〕(G. F. P.)

00675 309-08635

清平致福

释证严著 2012年 第2版 214页 22 cm 23元〔静思法脉丛书〕(G. F. P.)

00676 309-06528

清平致福

证严法师著 2009年 214页 21 cm 20元〔证严法师最新作品系列〕(G. F.)

00677 309-06804

撒下好命的种子 写给年轻人的祝福

证严法师著 2009年 230页 21 cm 20元〔证严法师最新作品系列〕(G. F. P.)

00678 309-07826

撒下好命的种子 写给年轻人的祝福

证严上人著 2011年 230页 21 cm 23元〔证严上人作品系列〕(G. F. P.)

00679 309-06526

心宽念纯 追求美善人生

证严法师著 2009年 229页 21 cm 20元〔证严法师最新作品系列〕(G. F. P.)

00680 309-08322

心宽念纯 追求美善人生

证严上人著 2012年 第2版 229页 21 cm 23元〔证严上人著作·静思法脉丛书〕(G. F. P.)

00681 309-07478

调伏人生二十难

证严上人讲述 王端正词 2011年 196页 21 cm 20元〔证严上人作品系列〕(G. F. P.)

00682 309-07268

凡人可成佛 菩萨五十二位阶讲记

证严上人讲述 2010年 200页 21 cm 20元〔证严上人著作·静思法脉丛书〕(G. F. P.)

00683 309-07369

净因三要

证严上人著 2011年 218页 21 cm 20元〔静思人文〕(G. F. P.)

00684 309-07362

静思小语 1、2

证严上人著 2011年 2册 9 cm 35元〔证严上人作品系列〕(F. P.)

00685 309-07361

静思小语 3、4

证严上人著 2011年 2册 9 cm 精装 35元〔证严上人作品系列〕(G. F. P.)

00686 309-07360

静思小语 5、6

证严上人著 2011年 2册 9 cm 精装 35元〔证严上人作品系列〕(G. F. P.)

00687 309-07359

静思小语 7、8

证严上人著 2011年 2册 9 cm 精装 35元〔证严上人作品系列〕(G. F. P.)

00688 309-08837

静思语 第1集

证严上人著 2012年 208页 22 cm 20元〔静思法脉丛书〕(G. F. P.)

00689 309-08838

静思语 第2集

证严上人著 2012年 260页 21 cm 22元〔静思法脉丛书〕(G. F. P.)

00690 309-06912

静思语 第3集

证严上人著 2010年 221页 21 cm 20元〔证严上人作品系列〕(G. F. P.)

00691 309-06887

静思语 第一、二、三合集典藏版

证严上人著 2010年 390页 21 cm 精装 58元 (G. F. P.)

00692 309-07973

静思语 实业篇

证严上人著 2011年 96页 15 cm 10元 (G. P.)

00693 309-13408

静思语 典藏版

释证严著 2018年 修订版 251页 18 cm 26元 (G. F. P.)

00694 309-07479

人生经济学 时间·空间·人与人之间

证严上人著 2011年 195页 21 cm 20元〔证严上人作品系列〕(G. F.)

00695 309-07476

人有二十难

证严上人著 2011年 208页 21 cm 20元〔证严上人作品系列〕(G. F. P.)

00696 309-08029

三十七道品讲义 上册

证严上人讲述 2011年 191页 21 cm 23元〔证严上人作品系列〕(G. F. P.)

00697 309-07942

三十七道品讲义 下册

证严上人讲述 2011年 290页 21 cm 25元〔静思人文〕(G. F. P.)

00698 309-07700

生活的智慧

证严上人著 2012年 204页 21 cm 22元〔静思法脉丛书〕(G. F. P.)

00699 309-07697

生死皆自在

证严上人讲述 2012年 251页 21 cm 25元〔静思法脉丛书〕(G. F. P.)

00700 309-07091

真实之路 慈济年轮与宗门

证严上人著 2011年 280页 22 cm 45元〔证严上人作品系列〕(G. F. P.)

00701 309-14891

佛教文献研究十讲

方广锠著 2020年 476页 21 cm 精装 78元〔名家专题精讲系列 第六辑〕(G. F. P.)

00702 309-12800

佛教与当代中国文化建设

释仁炟 李四龙主编 2017年 402页 21 cm 35元〔博山文化论丛〕(G. F. P.)

00703 309-06767

中国佛学之精神

洪修平 陈红兵著 2009年 360页 23 cm 35元〔名校·名师·名课通识系列教材〕(G. F. P.)

00704 309-12306

二十世纪中国佛教的两次复兴

汲喆 田水晶 王启元编 2016 年 267 页 23 cm 40 元〔复旦中华文明研究专刊〕(G. F. P.)

00705 309-01706
中国佛教发展史略
南怀瑾著 1996 年 216 页 20 cm 12 元 (G. F. P.)

00706 309-11603
中国佛教发展史略
南怀瑾著述 2016 年 第 2 版 163 页 23 cm 28 元〔太湖大学堂丛书〕(G. F. P.)

00707 309-01179
佛家逻辑通论
郑伟宏著 1996 年 377 页 20 cm 25 元 (G. F. P.)

00708 309-00230
印度佛教史概说
（日）佐佐木教悟等著 杨曾文 姚长寿译 1989 年 150 页 19 cm 2.30 元 (F.)

00709 309-15098
印度佛教史概说
（日）佐佐木教悟等著 杨曾文 姚长寿译 2020 年 181 页 19 cm 精装 32 元 (G. F. P.)

00710 309-08972
证严上人琉璃同心圆
潘煊著 2013 年 280 页 21 cm 38 元 (G. F. P.)

00711 309-06760
证严上人思想体系探究丛书 第 1 辑
释德凡编撰 2011 年 1017 页 21 cm 精装 75 元〔随师行记系列〕(G. F. P.)

00712 309-09839
高僧
王开林著 2013 年 197 页 21 cm 精装 20 元〔微阅读大系〕(G. F. P.)

00713 309-14695
不宠无惊过一生 李叔同与丰子恺
魏邦良著 2019 年 273 页 21 cm 38 元 (G. F. P.)

00714 309-13226
朝鲜半岛"罗末丽初"时期的禅僧研究
楼正豪著 2018 年 259 页 21 cm 42 元〔复旦博学文库〕(G. F. P.)

00715 309-13243
马钰研究
杨兆华著 2017 年 287 页 23 cm 52 元 (G. F. P.)

00716 309-13242
中国道教史研究入门
刘屹著 2017 年 170 页 21 cm 25 元〔研究生・学术入门手册〕(G. F. P.)

00717 309-01705
中国道教发展史略
南怀瑾著 1996 年 160 页 21 cm 8.50 元 (G. F. P.)

00718 309-11604
中国道教发展史略
南怀瑾著述 2016 年 第 2 版 142 页 23 cm 25 元〔太湖大学堂丛书〕(G. F. P.)

00719 309-08170
道教史丛论
潘雨廷著 2012 年 432 页 21 cm 30 元〔火凤凰学术遗产丛书〕(G. F. P.)

00720 309-07993
道教史发微
潘雨廷著 2012年 327页 21 cm 30元 〔火凤凰学术遗产丛书〕(G. F. P.)

00721 309-06862
《圣经》汉译的文化资本解读
傅敬民著 2009年 310页 21 cm 20元 (G. F. P.)

00722 309-06080
《圣经》的文化解读
陆扬 潘朝伟著 2008年 349页 21 cm 25元 (G. F. P.)

00723 309-07513
《圣经》精读
王新生著 2010年 385页 23 cm 40元 〔哲学原典精读系列 3 吴晓明 孙向晨主编〕(G. F. P.)

00724 309-05658
圣经一百句
李天纲解读 2007年 137页 19 cm 15元 〔悦读经典小丛书〕(G. F. P.)

00725 309-00799
圣经典故辞典
谢金良编著 1992年 837页 20 cm 22元 (G. F.)

00726 309-01944
圣经典故辞典 英汉对照
谢金良 卢关泉主编 1998年 第2版 837页 20 cm 精装 36元 (G. P.)

00727 309-07229
《旧约》中的民俗
(英) 詹姆斯·G. 弗雷泽(James George Frazer)著 童炜钢译 2010年 553页 22 cm 50元 (G. F. P.)

00728 309-04870
乡村基督教的组织特征及其社会结构性位秩 华南Y县X镇基督教教会组织研究
李峰著 2005年 384页 21 cm 25元 〔上海市社会科学博士文库 第七辑〕(G. F. P.)

00729 309-14198
近代东亚国际视阈下的基督教教育与文化认同
司佳 徐亦猛编 2019年 179页 23 cm 50元 〔复旦中华文明研究专刊〕(G. F. P.)

00730 309-06600
基督教与西方市场经济的互动与互补
陆耀明著 2009年 405页 21 cm 25元 (G. F. P.)

00731 309-08320
上帝之城
(古罗马) 奥古斯丁著 庄陶 陈维振译 2011年 482页 21 cm 32元 (G. F. P.)

00732 309-06769
基督教与中国社会研究入门
陶飞亚 杨卫华著 2009年 297页 21 cm 22元 〔研究生·学术入门手册 第一辑〕(G. F. P.)

00733 309-13086
圣经造就美国
(美) 杰瑞·纽科姆(Jerry Newcombe)著 林牧茵译 2017年 389页 21 cm 28元 (G. F. P.)

00734 309-06487
德贞传 一个英国传教士与晚清医学近代化
高晞著 2009年 528页 21 cm 45元 (G.

F. P.)

00735 309-09471
紫微斗数讲义 星曜性质
陆斌兆著 王亭之注释 2013 年 258 页 22 cm 25 元〔斗数玄空系列·紫微斗数〕(G. F. P.)

00736 309-09665
安星法及推断实例
王亭之著 2013 年 143 页 22 cm 16 元〔斗数玄空系列·紫微斗数〕(G. F. P.)

00737 309-06962
近代早期西欧的巫术与巫术迫害
陆启宏著 2009 年 376 页 21 cm 28 元 (G. F. P.)

社会科学总论

社会科学理论与方法论

00738 309-00704
行为科学基础
刘凤瑞主编 1991年 214页 20 cm 3.20元
(G.)

00739 309-09243
人文学概论
沈君山主编 颜元叔等著 2013年 199页 23 cm 24元 (G. F. P.)

00740 309-07024
社会科学的哲学 实证主义、诠释学和维特根斯坦的转型
张庆熊著 2010年 211页 23 cm 28元
(G. F. P.)

00741 309-06062
中国人文社会科学三十年 回顾与前瞻
邓正来 郝雨凡主编 2008年 486页 25 cm 60元 (G. F. P.)

00742 309-14786
数字人文研究
孟建主编 2020年 259页 24 cm 45元
〔复旦大学国家文化创新研究中心"文化创新论丛"〕(G. F. P.)

社会科学教育与普及

00743 309-05935
大学人文讲义
陈婉莹 夏中义主编 2008年 253页 23 cm 26元 〔长江新闻与传播丛书〕
(G. F. P.)

00744 309-07873
中外人文经典
杨方主编 2011年 236页 26 cm 35元
〔高职高专人文素质教育教材 徐公芳 李标晶总主编〕(G. P.)

社会科学丛书、文集、连续性出版物

00745 4253.016
陈翰笙文集
陈翰笙著 汪熙 杨小佛主编 1985 年 506 页 20 cm 2.90 元 (G. F.)

00746 309-07792
白鸥三十载
陈嘉映著 2011 年 253 页 24 cm 28 元 〔"三十年集"系列丛书 第二辑〕(G. F. P.)

00747 309-07775
雕笼与火鸟
陈建华著 2011 年 314 页 24 cm 34 元 〔"三十年集"系列丛书 第二辑〕(G. F. P.)

00748 309-07798
压在纸背的心情
陈平原著 2011 年 302 页 24 cm 34 元 〔"三十年集"系列丛书 第二辑〕(G. F. P.)

00749 309-04314
陈其人文集 经济学争鸣与拾遗卷
陈其人著 2005 年 610 页 23 cm 60 元 〔复旦学人文库〕(G. F. P.)

00750 309-03608
陈其人文集 政治科学卷
陈其人著 2003 年 572 页 23 cm 50 元 〔复旦学人文库〕(G. F. P.)

00751 309-08048
敬畏传统
陈尚君著 2011 年 331 页 24 cm 35 元 〔"三十年集"系列丛书 第二辑〕(G. F. P.)

00752 309-04718
陈望道学术著作五种
陈望道著 2005 年 521 页 23 cm 48 元 (G. F. P.)

00753 309-06551
陈望道译文集
陈望道译 2009 年 1002 页 25 cm 98 元 (G. F. P.)

00754 309-07528
郑励志文集
复旦大学日本研究中心编 2010 年 464 页 23 cm 60 元 (G. F. P.)

00755 309-08745
人文千秋
葛剑雄著 2012 年 180 页 21 cm 20 元 〔人文书系 陈平原主编〕(G. F. P.)

00756 309-07551
中国宗教、学术与思想散论
葛兆光著 2010 年 149 页 21 cm 20 元 〔人文书系 陈平原主编〕(G. F. P.)

00757 309-07774
随缘集
江晓原著 2011 年 344 页 24 cm 35 元 〔"三十年集"系列丛书 第二辑〕(G. F. P.)

00758 309-07773
精神的年轮
雷颐著 2011 年 232 页 24 cm 28 元 〔"三十年集"系列丛书 第二辑〕(G. F. P.)

00759 309-07802
在风中流亡的诗与思想史

李公明著 2011年 306页 24 cm 34元〔"三十年集"系列丛书 第二辑〕(G. F. P.)

00760 309-03911
天地之间 林同济文集
林同济著 许纪霖 李琼编 2004年 406页 23 cm 35元〔复旦学人文库〕(G. F. P.)

00761 309-12274
形态历史观 丹麦王子哈姆雷的悲剧
林同济著译 林骧华编 2016年 385页 24 cm 精装 72元〔复旦百年经典文库 第二辑〕(G. F. P.)

00762 309-01529
马相伯集
马相伯著 朱维铮主编 1996年 1355页 20 cm 精装 60元〔纪念马相伯创办复旦大学90周年〕(G. F. P.)

00763 309-02543
南怀瑾著作珍藏本 第1卷
南怀瑾著 2000年 796页 20 cm 精装 43元 (G. F. P.)

00764 309-02544
南怀瑾著作珍藏本 第2卷
南怀瑾著 2000年 624页 20 cm 精装 40元 (G. F. P.)

00765 309-02545
南怀瑾著作珍藏本 第3卷
南怀瑾著 2000年 620页 20 cm 精装 40元 (G. F. P.)

00766 309-02546
南怀瑾著作珍藏本 第4卷
南怀瑾著 2000年 648页 20 cm 精装 40元 (G. F. P.)

00767 309-02547
南怀瑾著作珍藏本 第5卷
南怀瑾著 2000年 609页 20 cm 精装 40元 (G. F. P.)

00768 309-02548
南怀瑾著作珍藏本 第6卷
南怀瑾著 2000年 633页 20 cm 精装 40元 (G. F. P.)

00769 309-03698
南怀瑾选集 第1卷 论语别裁
南怀瑾著述 2003年 796页 20 cm 精装 43元 (G. F. P.)

00770 309-03699
南怀瑾选集 第2卷 老子他说 孟子旁通
南怀瑾著述 2003年 624页 20 cm 精装 43元 (G. F. P.)

00771 309-03700
南怀瑾选集 第3卷 易经杂说 易经系传别讲
南怀瑾著述 2003年 620页 20 cm 精装 43元 (G. F. P.)

00772 309-03701
南怀瑾选集 第4卷 禅宗与道家 道家、密宗与东方神秘学 静坐修道与长生不老
南怀瑾著述 2003年 648页 20 cm 精装 40元 (G. F. P.)

00773 309-03702
南怀瑾选集 第5卷 禅海蠡测 禅话 中国佛教发展史略 中国道教发展史略
南怀瑾著述 2003年 609页 20 cm 精装 40元 (G. F. P.)

00774 309-03703

南怀瑾选集 第6卷 历史的经验 亦新亦旧的一代 中国文化泛言

南怀瑾著述 2003年 633页 20 cm 精装 40元 (G. F.)

00775 309-03595

南怀瑾选集 第7卷 如何修正佛法 药师经的济世观 学佛者的基本信念

南怀瑾著述 2003年 839页 20 cm 精装 45元 (G. F. P.)

00776 309-03596

南怀瑾选集 第8卷 金刚经说什么 楞严大义今释

南怀瑾著述 2003年 710页 20 cm 精装 40元 (G. F. P.)

00777 309-03597

南怀瑾选集 第9卷 圆觉经略说 定慧初修 楞伽大义今释

南怀瑾著述 2003年 728页 20 cm 精装 40元 (G. F. P.)

00778 309-03600

南怀瑾选集 第10卷 原本大学微言

南怀瑾著述 2003年 508页 20 cm 精装 38元 (G. F. P.)

00779 309-09359

南怀瑾选集 第11卷 原本大学微言

南怀瑾著述 2013年 506页 23 cm 精装 95元 〔太湖大学堂丛书〕(G.)

00780 309-09360

南怀瑾选集 第12卷 南怀瑾讲演录 南怀瑾与彼得·圣吉 答问青壮年参禅者 人生的起点和终站

南怀瑾著述 2013年 667页 23 cm 精装 110元 〔太湖大学堂丛书〕(G. F.)

00781 309-09437

南怀瑾选集 第1卷 论语别裁

南怀瑾著述 2013年 典藏版 784页 22 cm 精装 88元 (G. F. P.)

00782 309-09438

南怀瑾选集 第2卷 老子他说 孟子旁通

南怀瑾著述 2013年 典藏版 616页 22 cm 精装 70元 (G. F. P.)

00783 309-09439

南怀瑾选集 第3卷 庄子諵哗

南怀瑾著述 2013年 典藏版 546页 22 cm 精装 68元 (G. F. P.)

00784 309-09440

南怀瑾选集 第4卷 易经杂说 易经系传别讲

南怀瑾著述 2013年 典藏版 607页 22 cm 精装 70元 (G. F. P.)

00785 309-09441

南怀瑾选集 第5卷 禅宗与道家 道家、密宗与东方神秘学 静坐修道与长生不老

南怀瑾著述 2013年 典藏版 640页 22 cm 精装 72元 (G. F. P.)

00786 309-09443

南怀瑾选集 第6卷 禅海蠡测 禅话 中国佛教发展史略 中国道教发展史略

南怀瑾著述 2013年 典藏版 601页 22 cm 精装 70元 (G. F. P.)

00787 309-09444

南怀瑾选集 第7卷 历史的经验 亦新亦旧的一代 中国文化泛言

南怀瑾著述 2013年 典藏版 627页 22 cm 精装 72元 (G. F. P.)

00788 309-09445

00788 309-09445

南怀瑾选集 第8卷 如何修正佛法 药师经的济世观 学佛者的基本信念

南怀瑾著述 2013年 典藏版 836页 22 cm 精装 88元 (G. F. P.)

00789 309-09446

南怀瑾选集 第9卷 金刚经说什么 楞严大义今释

南怀瑾著述 2013年 典藏版 699页 22 cm 精装 78元 (G. F. P.)

00790 309-09447

南怀瑾选集 第10卷 圆觉经略说 定慧初修 楞伽大义今释

南怀瑾著述 2013年 典藏版 716页 22 cm 精装 80元 (G. F. P.)

00791 309-09442

南怀瑾选集 第11卷 原本大学微言

南怀瑾著述 2013年 典藏版 506页 22 cm 精装 69元 (G. F. P.)

00792 309-09448

南怀瑾选集 第12卷 南怀瑾讲演录 南怀瑾与彼得·圣吉 答问青壮年参禅者 人生的起点和终站

南怀瑾著述 2013年 典藏版 667页 22 cm 精装 74元 (G. F. P.)

00793 309-07788

幸存者言

钱理群著 2011年 234页 24 cm 28元 〔"三十年集"系列丛书 第二辑〕(G. F. P.)

00794 309-05709

钱满素文化选论

钱满素著 2007年 294页 21 cm 25元 〔南京师范大学外国语言文学学科博士生导师文库〕(G. F. P.)

00795 309-07772

文明就是讲道理

钱满素著 2011年 256页 24 cm 28元 〔"三十年集"系列丛书 第二辑〕(G. F. P.)

00796 309-08087

裘锡圭学术文集

裘锡圭著 2012年 6册 27 cm 精装 580元 (G. F.)

00797 309-02635

香江论学集

唐振常著 2001年 189页 20 cm 15元 (G. F. P.)

00798 309-13098

历史文献研究丛稿 甲集

王兰平著 2017年 260页 21 cm 精装 38元 (G. F. P.)

00799 309-13557

历史文献研究丛稿 乙集

王兰平著 2018年 306页 21 cm 精装 48元 (G. P.)

00800 309-08139

近视与远望

王晓明著 2011年 284页 24 cm 32元 〔"三十年集"系列丛书 第二辑〕(G. F. P.)

00801 309-07790

学思集

吴晓明著 2011年 329页 24 cm 35元 〔"三十年集"系列丛书 第二辑〕(G. F. P.)

00802 309-07794

燕园学文录

夏晓虹著 2011年 338页 24 cm 35元

〔"三十年集"系列丛书 第二辑〕(G. F. P.)

00803 309-07099
与时代同行
徐友渔著 2010年 231页 24 cm 28元
〔"三十年集"系列丛书 1978—2008〕(G. F. P.)

00804 309-01519
追求卓越
杨福家著 1995年 252页 20 cm 10元
(G. F. P.)

00805 309-07789
生活与思考
俞吾金著 2011年 332页 24 cm 35元
〔"三十年集"系列丛书 第二辑〕(G. F. P.)

00806 309-07793
一縠集
张隆溪著 2011年 313页 24 cm 34元
〔"三十年集"系列丛书 第二辑〕(G. F. P.)

00807 309-07799
含章集
张汝伦著 2011年 304页 24 cm 34元
〔"三十年集"系列丛书 第二辑〕(G. F. P.)

00808 309-04859
渔人之路和问津者之路
张文江著 2006年 278页 21 cm 22元
(G. F. P.)

00809 309-06935
智利天下写春秋 章琦文选
章琦著 2009年 554页 24 cm 78元〔今日原创丛书〕(G.)

00810 309-07813
昔我往矣
赵园著 2011年 236页 24 cm 28元
〔"三十年集"系列丛书 第二辑〕(G. F. P.)

00811 309-07791
沙葬
郑也夫著 2011年 257页 24 cm 28元
〔"三十年集"系列丛书 第二辑〕(G. F. P.)

00812 309-07785
人间学术
周国平著 2011年 324页 24 cm 34元
〔"三十年集"系列丛书 第二辑〕(G. F. P.)

00813 309-15026
廿年磨剑 我的办学心路与感悟
周星增著 2020年 204页 24 cm 39元
(G. F. P.)

00814 309-08833
滴石集
朱永新著 2012年 323页 24 cm 40元
〔"三十年集"系列丛书 第二辑〕(G. F. P.)

00815 309-07699
痕迹
朱正琳著 2011年 292页 24 cm 32元
〔"三十年集"系列丛书 第二辑〕(G. F. P.)

00816 309-12457
讲艺集 瑞安中学一百二十周年校庆纪念论文集

陈瑞翾 吴天跃主编 2016 年 302 页 23 cm 35 元（G. F. P.）

00817 309-08544
政治之维 复旦大学社会科学高等研究院三周年纪念文集
邓正来主编 2011 年 445 页 23 cm 52 元（G. F. P.）

00818 309-11754
全球视野下的科技与人文
复旦大学博士后工作办公室主编 2015 年 483 页 26 cm 98 元（G. F. P.）

00819 309-06622
看澜集
葛兆光著 2010 年 237 页 24 cm 28 元〔"三十年集"系列丛书 1978—2008〕（G. F. P.）

00820 309-06743
旁观集
何怀宏著 2010 年 265 页 24 cm 30 元〔"三十年集"系列丛书 1978—2008〕（G. F. P.）

00821 309-13666
问学 思勉青年学术集刊 第 3 辑
华东师范大学思勉人文高等研究院编 2018 年 350 页 24 cm 78 元（G. F. P.）

00822 309-06012
光华文存《复旦学报》（社会科学版）复刊 30 周年论文精选
黄颂杰主编 2008 年 5 册 25 cm 全套 298 元（G. F. P.）

00823 309-12326
积微集 李大潜文选
李大潜著 2016 年 498 页 26 cm 精装 128 元（G. P.）

00824 309-06620
纸上苍凉
李辉著 2010 年 287 页 24 cm 34 元〔"三十年集"系列丛书 1978—2008〕（G. F. P.）

00825 309-01679
海上论丛
李学勤等主编 1996 年 384 页 20 cm 20 元（G. F. P.）

00826 309-01897
海上论丛 2
李学勤等主编 1998 年 457 页 20 cm 18 元（G. F. P.）

00827 309-02459
海上论丛 3
李学勤等主编 2000 年 483 页 20 cm 20 元（G. F. P.）

00828 309-14637
祁志祥学术自选集
祁志祥著 2019 年 576 页 23 cm 精装 148 元（G. F. P.）

00829 309-07811
天涯学刊 2010 年第 1 辑 总第 1 辑
三亚学院《天涯学刊》编委会编 2011 年 220 页 24 cm 25 元（G. F.）

00830 309-08437
天涯学刊 2011 年第 1 辑 总第 2 辑
三亚学院《天涯学刊》编委会编 2011 年 191 页 24 cm 25 元（G.）

00831 309-10319

天涯学刊 总第3辑 生态文明专辑
三亚学院《天涯学刊》编委会编 2014年 236页 24 cm 29元 (G. F. P.)

00832 309-02162
与历史同行 复旦大学哲学社会科学研究的回顾与展望(1978—1998)
施岳群 周斌主编 1998年 318页 20 cm 16元 (G. F. P.)

00833 309-14645
吴鹏森学术自选集
吴鹏森著 2019年 567页 23 cm 精装 158元 (G. F. P.)

00834 309-08992
吴士余自选集
吴士余著 2012年 295页 23 cm 36元 (G. F. P.)

00835 309-07410
反思的年代
萧功秦著 2010年 283页 24 cm 32元 〔"三十年集"系列丛书 1978—2008〕(G. F. P.)

00836 309-03882
新的收获 复旦大学文科学术年刊2002年卷
燕爽主编 复旦大学文科科研处编 2004年 641页 20 cm 29元 (G. F. P.)

00837 309-06169
报道大学
尹冬梅 王宏舟主编 2009年 442页 23 cm 45元 (G. F. P.)

00838 309-03172
笃学集《上海电大信息》报百期文萃
张康庭主编 2002年 348页 21 cm 18元 (G. F.)

00839 309-03023
文苑集萃 复旦大学文科学术年刊2000年卷
钟家栋 周斌主编 2001年 768页 21 cm 42元 (G. F. P.)

00840 309-03534
新的起点 复旦大学文科学术年刊2001年卷
周斌主编 复旦大学文科科研处编 2003年 764页 20 cm 40元 (G. F. P.)

00841 309-11639
"相辉"文化讲谈 第1辑
周国正主编 2015年 283页 21 cm 30元 (G. F. P.)

00842 309-11691
"相辉"文化讲谈 第2辑
周国正主编 2015年 273页 21 cm 30元 (G. F. P.)

00843 309-01708
中西学术 2
朱立元 裴高主编 复旦大学中文系编 1996年 586页 20 cm 25元 (G. P.)

00844 309-08098
人文沥金
朱晓明 (西)佩德罗·雷诺(Pedro Nueno)主编 2011年 168页 24 cm 26元 〔中欧经管系列 中欧商业评论精选集 人文卷〕(G. F. P.)

00845 309-00177
名家论学 郑子瑜受聘复旦大学顾问教授纪念文集
宗廷虎编选 1988年 506页 20 cm 6.50元 (G. F.)

00846 309-00417
名家论学 郑子瑜受聘复旦大学顾问教授纪念

文集
宗廷虎编 1988年（1990年重印）507页 20 cm 精装 14元 (G. F.)

00847 309-00648
郑子瑜的学术研究和学术工作
宗廷虎编 1992年 279页 20 cm 5.50元 (G. F.)

00848 309-06008
书林札记
冯金牛著 2008年 286页 21 cm 25元〔博雅文丛〕(G. F. P.)

00849 309-00170
刘师培论学论政
李妙根编 1990年 554页 20 cm 13.65元〔中国近现代思想文化史史料丛书〕(G. F.)

00850 309-02434
朱国宏学术随想
朱国宏著 2000年 430页 20 cm 25元 (G. F. P.)

00851 309-06388
中国社会科学辑刊 2008年 12月（总第 25期）冬季卷
邓正来主编 2008年 189页 29 cm 25元 (G. F. P.)

00852 309-06562
中国社会科学辑刊 2009年 3月（总第 26期）春季卷
邓正来主编 2009年 173页 29 cm 25元 (G. F. P.)

00853 309-06678
中国社会科学辑刊 2009年 6月（总第 27期）夏季卷
邓正来主编 2009年 200页 29 cm 25元 (G. F. P.)

00854 309-06882
中国社会科学辑刊 2009年 9月（总第 28期）秋季卷
邓正来主编 2009年 184页 29 cm 25元 (G. F. P.)

00855 309-06996
中国社会科学辑刊 2009年 12月（总第 29期）冬季卷
邓正来主编 2010年 190页 29 cm 25元 (G. F. P.)

00856 309-07205
中国社会科学辑刊 2010年 3月（总第 30期）春季卷 中国深度研究
邓正来主编 2010年 179页 29 cm 25元 (G. F. P.)

00857 309-07425
中国社会科学辑刊 2010年 6月（总第 31期）夏季卷
邓正来主编 2010年 222页 29 cm 25元 (G. F. P.)

00858 309-07608
中国社会科学辑刊 2010年 9月（总第 32期）秋季卷 中国经验与发展
邓正来主编 2010年 222页 29 cm 25元 (G. F. P.)

00859 309-08025
中国社会科学辑刊 2010年 12月（总第 33期）冬季卷 重新认识中国
邓正来主编 2011年 235页 29 cm 25元 (G. F. P.)

00860 309-08514
中国社会科学论丛 2011年 3月（总第 34期）

春季卷
邓正来主编 2011年 246页 29 cm 25元
(G. F. P.)

00861 309-08582
中国社会科学论丛 2011年6月(总第35期)夏季卷
邓正来主编 2012年 170页 29 cm 25元
(G. F. P.)

00862 309-08565
中国社会科学论丛 2011年9月(总第36期)秋季卷
邓正来主编 2011年 162页 29 cm 25元
(G. F. P.)

00863 309-08555
中国社会科学论丛 2011年12月(总第37期)冬季卷
邓正来主编 2011年 168页 29 cm 25元
(G. F. P.)

00864 309-09089
中国社会科学论丛 2012年3月(总第38期)春季卷
邓正来主编 2012年 171页 29 cm 25元
(G. F. P.)

00865 309-01255
大潮文丛 经济·文化 第1辑
复旦大学发展研究院 上海波士强实业有限公司合办 吴立昌主编 1993年 168页 20 cm 3.20元 (G. F.)

00866 309-01312
大潮文丛 经济·文化 第2辑
复旦发展研究院 上海波士强实业有限公司合编 吴立昌主编 1994年 173页 20 cm 3.50元 (F.)

00867 309-01384
大潮文丛 经济·文化 第3辑
复旦发展研究院 上海波士强实业有限公司合编 吴立昌主编 1994年 175页 20 cm 3.50元 (G. F.)

统计学

00868 309-06163
统计学与计量经济学
(美)多米尼克·萨尔瓦多(Dominick Salvatore) (美)德里克·瑞杰(Derrick Reagle)著 杜艺中译 2008年 359页 26 cm 42元〔复旦博学·经济学畅销教材译丛〕(G. F. P.)

00869 309-14821
应用统计因果推论
胡安宁编著 2020年 293页 24 cm 48元
(G. F. P.)

00870 309-01532
统计学原理
李洁明 祁新娥著 1995年 350页 20 cm 11元 (G. F. P.)

00871 309-02420
统计学原理
李洁明 祁新娥著 1999年 第2版 382页 20 cm 16元〔复旦博学·经济学系列〕(G. F. P.)

00872 309-05324
统计学原理
李洁明 祁新娥著 2007年 第4版 434页 23 cm 38元〔复旦博学·经济学系列〕(G. F.)

00873 309-07421

统计学原理

李洁明 祁新娥著 2010年 第5版 453页 23 cm 40元〔复旦博学·经济学系列〕(G. F. P.)

00874 309-10289

统计学原理

李洁明 祁新娥著 2014年 第6版 448页 23 cm 40元〔复旦博学·经济学系列〕(G. F. P.)

00875 309-12846

统计学原理

李洁明 祁新娥著 2017年 第7版 447页 23 cm 43元〔复旦博学·经济学系列〕(G. F. P.)

00876 309-07463

统计学原理 理论与方法

王云峰编著 2010年 402页 21 cm 28元〔通用财经类系列〕(G. F. P.)

00877 309-10726

统计学原理 理论与方法

王云峰 陈卫东编著 2014年 第2版 451页 21 cm 32元〔通用财经类系列〕(G. F. P.)

00878 309-13032

统计学原理 理论与方法

王云峰 陈卫东编著 2017年 第3版 308页 26 cm 40元〔通用财经类系列〕(G. F. P.)

00879 309-04224

应用统计学

张梅琳主编 2004年 311页 23 cm 29元〔复旦卓越·经济学系列〕(G. F. P.)

00880 309-05811

应用统计学

张梅琳主编 2008年 第2版 279页 26 cm 29元〔普通高等教育"十一五"国家级规划教材 复旦卓越·21世纪管理学系列〕(G. F. P.)

00881 309-00518

社会经济统计学基本理论和方法

马家善等主编 1990年 339页 20 cm 4.50元 (G. F.)

00882 309-10130

统计中的智慧

朱莹著 2014年 203页 22 cm 20元 (G. F. P.)

00883 309-01459

中日统计调查比较研究

（日）沟口敏行等主编 1994年 221页 20 cm 精装 15元 (G. F.)

00884 309-00956

社会经济统计分析

马家善编著 1993年 284页 20 cm 5元 (G. F.)

00885 309-06047

SAS数据分析系统教程

陈颖编著 2008年 380页 23 cm 40元〔复旦博学·21世纪高校统计学专业教材系列〕(G. F. P.)

00886 309-03240

分类数据的统计分析及SAS编程

刘勤 金丕焕主编 2002年 254页 23 cm 26元〔复旦博学·公共卫生硕士系列〕(G. F. P.)

00887 309-11590

高级 Meta 分析方法 基于 Stata 实现
张天嵩 董圣杰 周支瑞编著 2015 年 469 页 26 cm 110 元 (G. F. P.)

00888 309-11207
R 软件入门与基础
张志杰编著 2015 年 312 页 26 cm 49 元 〔预防医学教学参考系列〕(G. F. P.)

社会学

00889 309-06360
社会系统动力学 政策研究的原理、方法和应用
李旭著 2009 年 237 页 23 cm 32 元 (G. F. P.)

00890 309-10181
风险社会的责任分配初探
钱亚梅著 2014 年 174 页 24 cm 32 元 〔当代浙学文库〕(G. F. P.)

00891 309-09736
社会学英语
徐欣主编 2013 年 195 页 26 cm 35 元 〔21 世纪 EAP 学术英语系列丛书 蔡基刚总主编〕(G. F. P.)

00892 309-05032
社会共生论
胡守钧著 2006 年 264 页 22 cm 20 元 (G. F. P.)

00893 309-09189
社会共生论
胡守钧著 2012 年 第 2 版 281 页 24 cm 38 元 (G. F. P.)

00894 309-02792

现代社会研究方法
范伟达编著 2001 年 518 页 20 cm 28.50 元 (G. F. P.)

00895 309-01461
西方社会思想史
于海著 1993 年 516 页 20 cm 15 元 (G. F. P.)

00896 309-07131
西方社会思想史
于海著 2010 年 第 3 版 441 页 23 cm 38 元 〔复旦博学·社会学系列 普通高等教育"十一五"国家级规划教材〕(G. F. P.)

00897 309-06701
哈耶克社会理论
邓正来著 2009 年 312 页 24 cm 32 元 (G. F. P.)

00898 309-03256
西方社会学文选
于海主编 2002 年 英文版 729 页 26 cm 精装 68 元 (G. P.)

00899 309-07260
倾听的艺术
(美) 安德鲁·D. 沃尔文 (Andrew D. Wolvin) (美) 卡罗琳·格温·科克利 (Carolyn Gwynn Coakley) 吴红雨著 2010 年 第 5 版 245 页 25 cm 32 元 〔现代沟通力系列〕(G. F. P.)

00900 309-05139
社交技能与自信心训练
戴王磊著 2006 年 287 页 23 cm 30 元 〔心理咨询与治疗系列丛书〕(G. F. P.)

00901 309-11835

社交技能与自信心训练

戴王磊著 2015年 第2版 353页 21 cm 32.80元 (G. F. P.)

00902 309-02421

东方情商 中国古代交际艺术

黄玉峰 周唯信主编 2000年 337页 25 cm 28元 (G. F. P.)

00903 309-00666

说服力 化敌为友的方法

(美)康克林(R. Conklin)著 尹良富等译 1991年 294页 19 cm 3元〔复旦小丛书 人生智慧之辑〕(G.)

00904 309-03017

中国近代群己观变革探析

刘晓虹著 2001年 277页 20 cm 19元〔上海市社会科学博士文库 第三辑〕(G. F.)

00905 309-14879

人际传播 知识图景与前沿实践

胡春阳著 2020年 204页 23 cm 40元 (G. F. P.)

00906 309-10779

人际交往读本

夏德元编著 2014年 133页 21 cm 20元〔上海市进城务工人员技能文化培训系列读本 上海市进城务工人员技能文化培训工作领导小组办公室 上海市学习型社会建设服务指导中心办公室主编〕(G. F. P.)

00907 309-09329

社会转型中的演变 当代人际传播理论研究

殷晓蓉 刘蒙之 赵高辉等著 2014年 274页 23 cm 43元 (G. F. P.)

00908 309-12196

人际传播36计

章瑞华编著 2015年 113页 21 cm 20元〔上海市进城务工人员技能文化培训系列读本 二期 上海市进城务工人员技能文化培训工作领导小组办公室 上海市学习型社会建设服务指导中心办公室主编〕(G. F. P.)

00909 309-11859

社会组织与国家治理 中外比较研究

彭希哲（英）朱迪·豪威尔 王川兰等著 2016年 216页 23 cm 38元〔公共管理与公共政策学术前沿〕(G. F. P.)

00910 309-11216

公众及其问题

(美)约翰·杜威(John Dewey)著 本书翻译组译 2015年 227页 19 cm 精装 38元 (G. F. P.)

00911 309-10352

群众与暴民 从柏拉图到卡内蒂

(英)约翰·麦克莱兰(John S. McClelland)著 何道宽译 2014年 413页 22 cm 40元 (G. F. P.)

00912 309-13584

去网吧 城市青年的日常生活与社会交往

楚亚杰著 2018年 268页 21 cm 38元〔新闻传播学术原创系列〕(G. F. P.)

00913 309-01421

公共关系实务 案例分析

(英)丹尼尔·莫斯(Daniel A. Moss)主编 郭惠民等译 1996年 285页 20 cm 15元〔海外公共译丛〕(G. F. P.)

00914 309-08222

公共关系本质

（美）道·纽森（Doug Newsom）（美）朱迪·范斯里克·杜克（Judy VanSlyke Turk）（美）迪恩·库克勃格（Dean Kruckeberg）著 于朝晖 袁王珏 毕小龙译 2011年 477页 24 cm 48元〔公共与广告系列〕(G. F. P.)

00915 309-05575

公共关系 历史经典与当代杰作

（美）德莱玛著 2007年 305页 23 cm 32元 (G. P.)

00916 309-08610

强大的弱连接 中国Web2.0网络使用行为与网民社会资本关系研究

邓建国著 2011年 378页 21 cm 35元〔新闻传播学术原创系列〕(G. F. P.)

00917 309-06418

公共关系

邓月英主编 2009年 226页 26 cm 28元〔教育部市场营销类专业实践教学体系研究成果 复旦卓越·21世纪市场营销"实践型"系列教材 王妙总主编〕(G. F. P.)

00918 309-05248

新编公共关系简明教程

邓月英主编 2006年 327页 24 cm 29元〔商洋系列〕(G. F. P.)

00919 309-01420

中国优秀公关案例选评 首届中国最佳公关案例大赛获奖案例集

朱传贤等主编 1995年 216页 20 cm 8元 (G. F. P.)

00920 309-01919

中国优秀公关案例选评2 第二届中国最佳公关案例大赛获奖案例集

郭惠民主编 1997年 305页 20 cm 14元 (G. F. P.)

00921 309-02292

中国优秀公关案例选评3 第三届中国最佳公关案例大赛获奖案例集

郭惠民主编 1999年 350页 20 cm 17元 (G. F. P.)

00922 309-02940

中国优秀公关案例选评4

郭惠民主编 2001年 291页 21 cm 15元 (G. F. P.)

00923 309-03646

中国最佳公共关系案例选评5

郭惠民主编 2003年 348页 20 cm 16元 (G. F. P.)

00924 309-02363

公关员职业培训与鉴定教材

国家职业资格工作委员会公共关系专业委员会组织编写 1999年 486页 20 cm 29.80元〔劳动和社会保障部中国就业培训技术指导中心审定〕(G. F. P.)

00925 309-02795

公共关系学辅导题典

何修猛 曹嘉宁编 2001年 236页 20 cm 12元〔全国成人高考及自学考试系列丛书 21世纪自学考试通设课程助考书系〕(G. F. P.)

00926 309-01703

公关实务教程

何修猛编著 1996年 370页 20 cm 15元〔上海市公共关系专业自学考试指定教材〕(G. F. P.)

00927 309-02049
公关实务教程
何修猛编著 1998年 第2版 403页 20 cm 16元 (G. F. P.)

00928 309-03166
现代公共关系学 理论与技巧
何修猛编著 2002年 399页 20 cm 26元 (G. F. P.)

00929 309-05402
现代公共关系学
何修猛编著 2007年 第2版 272页 26 cm 35元〔复旦卓越·21世纪管理学系列〕(G. F. P.)

00930 309-11165
现代公共关系学
何修猛编著 2015年 第3版 291页 26 cm 38.80元〔复旦卓越·21世纪管理学系列〕(G. F. P.)

00931 309-15183
现代公共关系学
何修猛编著 2020年 第4版 354页 26 cm 48元〔复旦卓越·21世纪管理学系列〕(G. F. P.)

00932 309-07687
公共关系案例
(美)杰瑞·汉得里克斯(Jerry A. Hendrix)(美)达热尔·海斯(Darrell C. Hayes)著 陈易佳译 2011年 第7版 363页 24 cm 38元〔公共与广告系列〕(G. F. P.)

00933 309-11786
韩国社交媒体文化SNS的发展与韩国社会
(韩)金银美等著 邢丽菊 刘英涛译 2015年 206页 22 cm 30元〔复旦大学亚洲研究中心译丛〕(G. F. P.)

00934 309-00368
公共关系学
居延安等编著 1989年 285页 20 cm 3.90元 (G. F.)

00935 309-01141
公共关系学
居延安等编著 1989年 285页 21 cm 7元 (G. F.)

00936 309-02987
公共关系学
居延安主著 2001年 第2版 403页 20 cm 16元 (G. F.)

00937 309-04385
公共关系学
居延安主著 2005年 第3版 416页 21 cm 16元〔复旦博学·公共关系系列〕(G. F.)

00938 309-06066
公共关系学
居延安主著 2008年 第4版 385页 21 cm 20元〔普通高等教育"十一五"国家级规划教材〕(G. F. P.)

00939 309-09638
公共关系学
居延安主著 2013年 第5版 352页 21 cm 25元〔普通高等教育"十一五"国家级规划教材〕(G. F. P.)

00940 309-06091
公关语言教程
李熙宗主编 2008年 306页 23 cm 35元

〔复旦博学·语言学系列〕(G. F. P.)

00941 309-01925

公共关系案例教程

林汉川 李觅芳主编 1997 年 385 页 20 cm 16 元 (G. F. P.)

00942 309-01422

危机公关

(英) 迈克尔·里杰斯特(Michael Regester) 著 陈向阳 陈宁译 1995 年 138 页 20 cm 7 元 〔海外公关译丛〕(G. F. P.)

00943 309-03926

沟通创造价值 优秀公关案例选集

毛经权主编 2004 年 452 页 20 cm 28 元 (G. F. P.)

00944 309-01496

简明公共关系学

毛经权主编 1995 年 241 页 20 cm 8 元 (G. F. P.)

00945 309-06347

中国公共关系发展报告蓝皮书 2007—2008

孟建主编 2008 年 284 页 23 cm 30 元 〔新闻传播前沿系列〕(G. F.)

00946 309-02605

公共关系学新论

(英) 萨姆·布莱克(Sam Black)著 陈志云 郭惠民等译校 2000 年 259 页 20 cm 15 元 〔海外公关译丛〕(G. F. P.)

00947 309-02900

网上公共关系

(美) 谢尔·霍兹(Shel Holtz)著 吴白雪 杨楠译 2001 年 205 页 23 cm 22 元 〔复旦博学·公共关系系列〕(G. F. P.)

00948 309-12492

公共关系学

杨加陆编著 2016 年 357 页 23 cm 45 元 (G. F. P.)

00949 309-04696

公共关系学教程

杨加陆编著 2005 年 2007 年第 2 版 339 页 23 cm 35 元 (G. F. P.)

00950 309-05125

公关与礼仪

杨秀英 傅琼 章永进主编 2006 年 465 页 21 cm 25 元 (G. F. P.)

00951 309-07843

在上海做公关 上海公关业 15 位成功人士的 10 年心路

叶茂康著 2011 年 383 页 21 cm 30 元 (G. F. P.)

00952 309-05031

新编公关案例教程

曾琳智主编 2006 年 351 页 21 cm 18 元 (G. F.)

00953 309-07491

新编公关案例教程

曾琳智主编 2010 年 第 2 版 336 页 21 cm 20 元 (G. F. P.)

00954 309-00836

公关心理学

张云著 1992 年 353 页 20 cm 5.90 元 (G. F.)

00955 309-01204

公关心理学

张云著 1992 年 (1993 年重印) 353 页 20 cm 8.80 元 (G.)

00956 309-01317
公关心理学
张云著 1994年 第2版 296页 20 cm 8.80元〔公关教材系列〕(G. F.)

00957 309-03283
公关心理学
张云著 2003年 第3版 302页 20 cm 15元 (G. F.)

00958 309-07492
公关心理学
张云著 2010年 第4版 266页 21 cm 20元 (G. F. P.)

00959 309-09046
公共关系史 17—20 世纪
(美)斯各特·卡特里普(Scott M. Cutlip)著 纪华强 焦妹 陈易佳译 2012年 294页 24 cm 30元〔复旦译丛 公关与广告 纪华强主编〕(G. F. P.)

00960 309-00837
公共关系调查
邱伟光主编 1992年 220页 20 cm 3.50元 (G. F.)

00961 309-01229
公共关系调查
邱伟光主编 1992年(1994年重印) 220页 20 cm 6.50元〔公共教材丛书〕(G. F.)

00962 309-03213
公共关系学习题集
夏德元编 2002年 271页 20 cm 12.50元 (G. F. P.)

00963 309-13311
危机公共关系理论与实务
邓彦龙编著 上海百万在岗人员学力提升行动计划办公室主编 2017年 158页 21 cm 32元〔上海百万在岗人员学力提升读本〕(G. F. P.)

00964 309-10236
公共关系评论 第1辑
吴友富主编 2014年 132页 23 cm 30元 (G. F. P.)

00965 309-10396
基于 Agent 的劝说型辩论谈判
伍京华著 2014年 173页 21 cm 19元 (G. F. P.)

00966 309-06997
人类动物园
(英)德斯蒙德·莫利斯(D. Morris)著 何道宽译 2010年 256页 21 cm 精装 30元〔裸猿三部曲〕(G. F. P.)

00967 309-03509
社会心理学
孙时进编著 2003年 325页 23 cm 29元 (G. F. P.)

00968 309-07407
社会心理学导论
孙时进编著 2011年 407页 23 cm 36元〔普通高等教育"十一五"国家级规划教材 复旦博学·社会学系列〕(G. F. P.)

00969 309-12117
社会心理学新编
雷开春主编 2016年 262页 23 cm 38元 (G. F. P.)

00970 309-14679
社会心理学新编
雷开春 王晓楠主编 2019年 第2版 320

00971 309-01559
心域探步
韦群著 1995年 173页 20cm 10元 (G. F.)

00972 309-14585
瓷器店里的熊猫 知识社会学视野下的中国
林曦著 2019年 301页 21cm 48元 (G. F. P.)

00973 309-06998
亲密行为
(英)德斯蒙德·莫利斯(D. Morris)著 何道宽译 2010年 275页 21cm 精装 30元〔裸猿三部曲〕(G. F. P.)

00974 309-15136
城市社会的哲学自觉 人文城市学 第二卷
陈忠著 2020年 188页 24cm 58元 (G. F.)

00975 309-04386
城市社会学文选
于海主编 2005年 334页 23cm 30元〔复旦博学·社会学系列〕(G. F. P.)

00976 309-12209
田子坊是如何可能的 行动者的空间实践视角
钟晓华著 2016年 271页 21cm 28元〔复旦博学文库〕(G. F. P.)

00977 309-13979
怀旧与现代都市
冯进编 2018年 147页 23cm 38元〔复旦中华文明研究专刊〕(G. F. P.)

00978 309-13952
世界城市(上海)文化论坛演讲录 2012—2015
黄昌勇 (英)保罗·欧文斯主编 2018年 253页 21cm 98元 (G. F. P.)

00979 309-08092
以权利看待发展 中国农村变迁中的风险治理及规则重构
赵德余著 2011年 274页 21cm 26元〔人文学术〕(G. F. P.)

00980 309-08101
农村社会工作
钟涨宝主编 2011年 248页 23cm 35元〔复旦博学·社会工作系列〕(G. F. P.)

00981 309-09451
新社会运动理论视角下的反全球化运动
刘颖著 2013年 236页 22cm 20元 (G. F. P.)

00982 309-10235
相爱需要学习 青春期两性情感辅导学生读本
戴耀红 王佳轶主编 2014年 204页 21cm 18元 (G. F. P.)

00983 309-09288
爱情解梦书
(美)吉莉恩·霍洛韦著 王宇皎译 2013年 213页 21cm 24元 (G. F. P.)

00984 309-08422
日本女人的爱情武士道
唐辛子著 2012年 290页 22cm 30元 (G. F. P.)

00985 309-12419
家庭之道
上海市学习型社会建设服务指导中心主编 王伯军编 2016年 127页 23cm 35元〔家和万事兴系列丛书〕(G. F.)

00986 309-12421
婆媳之道
上海市学习型社会建设服务指导中心主编 殷华 张路英 何克华编 2016年 131页 23 cm 35元〔家和万事兴系列丛书〕(G. F.)

00987 309-07612
新婚课堂
钱跃敏 华忠弋著 2011年 190页 24 cm 38元〔献给新婚朋友的科普知识系列丛书〕(G. F. P.)

00988 309-12420
夫妻之道
上海市学习型社会建设服务指导中心主编 范凤美编 2016年 115页 23 cm 35元〔家和万事兴系列丛书〕(G. F.)

00989 309-04962
同性恋健康干预
高燕宁主编 2006年 515页 23 cm 48元〔复旦大讲堂系列〕(G. F. P.)

00990 309-07584
社会性别概论
刘建中 孙中欣 邱晓露主编 2010年 260页 21 cm 25元〔复旦博学·社会学系列〕(G. F. P.)

00991 309-13803
实用面试英语
陈丽丽主编 2018年 328页 23 cm 42元 (G. F. P.)

00992 309-12019
招聘理论与实务
高日光 郭英 陈小锋编著 2015年 220页 26 cm 36元〔信毅教材大系〕(G. F. P.)

00993 309-10544
实用求职英语
刘同玲 陈丽丽主编 2014年 200页 23 cm 29元 (G. F. P.)

00994 309-13714
求职英语新编
肖颖娜 李芳 覃慧编著 2018年 212页 23 cm 29元 (G. F. P.)

00995 309-13371
从职场小白到团队老大 职场基本思维
徐成东著 2017年 202页 23 cm 39元 (G. F. P.)

00996 309-10098
职业指导实务
杨俊峰编著 2013年 225页 26 cm 32元〔复旦卓越·人力资源管理和社会保障系列教材〕(G. F. P.)

00997 309-04117
职业生涯管理
周文霞主编 2004年 248页 26 cm 39元〔复旦博学·21世纪人力资源管理丛书〕(G. F. P.)

00998 309-15072
职业生涯管理
周文霞主编 2020年 第2版 267页 26 cm 45元〔普通高等教育"十一五"国家级规划教材〕(G. P.)

00999 309-10112
培训能力开发及管理实务
王江涛编著 2014年 226页 26 cm 29元〔复旦卓越·人力资源管理和社会保障

系列教材 李琦总主编〕(G. F. P.)

01000 309-09212
职业发展与就业指导
周兴中 刘兴勤编著 2012年 313页 22 cm 28元 (G. F. P.)

01001 309-01339
公关策划学
林汉川著 1994年 272页 20 cm 7.80元〔公关教材丛书〕(G. F. P.)

01002 309-09845
"闲"与中国古代文人的审美人生
苏状著 2013年 278页 21 cm 25元 (G. F. P.)

01003 309-11304
消费与犯罪
杨玲丽著 2015年 189页 23 cm 36元〔城市安全与社会稳定丛书 章友德总主编〕(G. F. P.)

01004 309-07714
校园暴力控制研究
姚建龙主编 2010年 280页 23 cm 30元〔法学专题系列〕(G. F. P.)

01005 309-14602
二宝来了,老年人如何与孙辈相处
顾沈兵主编 2019年 92页 24 cm 26元〔上海市老年教育普及教材〕(G. F. P.)

01006 309-08527
老龄化进程中的中国汇率政策
刘沁清著 2011年 286页 21 cm 22元 (G. F. P.)

01007 5627-0480
老龄化与老年医学新进展 1999
马永兴等主编 1999年 545页 26 cm 62元 (G. F.)

01008 309-00087
老年问题纵横谈
潘纪一主编 1989年 262页 19 cm 3元 (G. F.)

01009 309-11740
如何适应离退休生活
王伯军编著 2015年 85页 21 cm 18元〔上海市民健康与人文系列读本〕(G. F. P.)

01010 309-07377
老年利益论
许晓茵 李洁明 张钟汝著 2010年 331页 21 cm 22元〔新时期利益关系丛书〕(G. F. P.)

01011 309-00234
当代老年社会学
袁缉辉等编著 1989年 288页 19 cm 3.95元 (G. F.)

01012 4253.026
老龄问题
袁缉辉主编 1986年 421页 20 cm 2.55元 (G. F.)

01013 309-00839
社会老年学教程
袁缉辉 张钟汝编著 1992年 1998年第2版 161页 20 cm 3.75元 (G. F.)

01014 309-01709
老年经济学
王爱珠著 1996年 390页 20 cm 16元〔新编经济学系列教材〕(G. F. P.)

01015 309-07822
微霞尚满天 老年学研究续集
方林虎 杨慧群主编 复旦大学退休教职员工管理委员会等编 2010年 386页 21 cm 20元 (G. F. P.)

01016 309-04535
为了夕阳红 老年学研究文集
复旦大学退休教职工管理委员会 复旦大学退(离)休教师协会 上海市退休职工大学复旦分校编 2005年 354页 21 cm 18元 (G. F. P.)

01017 309-05769
女性主义研究方法
孙中欣 张莉莉主编 2007年 中英文本 480页 23 cm 50元〔复旦博学·社会学系列〕(G. F. P.)

01018 309-11898
女性主义科学哲学
徐志宏著 2015年 155页 21 cm 精装 28元〔当代哲学问题研读指针丛书 逻辑和科技哲学系列 张志林 黄翔主编〕(G. F. P.)

01019 309-07572
恋爱 婚姻 女权 陈望道妇女问题论集
陈望道著 2010年 411页 21 cm 28元 (G. F. P.)

01020 309-00294
国际基金会指南
(美)霍德森(H. V. Hodson)著 过启渊等译 1990年 528页 19 cm 6.10元 (G.)

01021 309-10938
社会保障学
杨翠迎主编 2015年 494页 23 cm 58元〔复旦博学·经济学系列 上海市教委重点课程建设教材〕(G. F. P.)

01022 309-10065
社保业务经办实务
张慧霞编著 2013年 276页 26 cm 39元〔复旦卓越·人力资源管理和社会保障系列教材 李琦总主编〕(G. F. P.)

01023 309-11314
社会保障经办实务
赵巍巍主编 2015年 247页 26 cm 36元〔复旦卓越·人力资源管理和社会保障系列教材〕(G. F. P.)

01024 309-04492
社会保障概论
郑功成主编 2005年 368页 26 cm 39元〔复旦博学·21世纪人力资源管理丛书〕(G. F. P.)

01025 5627-0425
超越死亡 自杀行为防治
温志大编著 1998年 242页 20 cm 15元 (G. F.)

01026 309-07331
社会调查研究方法
范伟达 范冰编著 2010年 430页 23 cm 36元〔复旦博学·社会学系列 普通高等教育"十一五"国家级规划教材〕(G. F. P.)

01027 309-01928
社会经济调查研究与写作
李洁明 何宝昌主编 1997年 368页 20 cm 15元〔新编经济学系列教材〕(G. F. P.)

01028 309-03056

社会经济调查与分析
李洁明 何宝昌著 2002年 320页 21 cm 16元〔新编经济学系列教材〕(G. F. P.)

01029 309-12031
田野调查技术手册
英国皇家人类学会编 何国强等译 2016年 271页 26 cm 50元 (G. F. P.)

01030 309-14596
田野调查技术手册
英国皇家人类学会编 何国强译 2020年 346页 23 cm 58元 (G. F. P.)

01031 309-06002
社会工作概论
顾东辉主编 2008年 368页 23 cm 35元〔复旦博学·社会工作系列〕(G. F. P.)

01032 309-14316
社会工作概论
顾东辉主编 2020年 第2版 449页 23 cm 52元 (G. F. P.)

01033 309-12731
社会政策新论
何植民主编 2018年 239页 26 cm 40元〔信毅教材大系〕(G. F. P.)

01034 309-06836
上海世博会园区志愿者读本
上海世博会事务协调局编 2010年 221页 21 cm 24.80元 (G. F. P.)

01035 309-02143
第三域的兴起 西方志愿工作及志愿组织理论文选
李亚平 于海编选 1998年 280页 20 cm 15元 (G. F. P.)

01036 309-13915
社会工作实务
孙林主编 2018年 184页 26 cm 29元〔"十二五"职业教育国家规划教材 复旦卓越·人力资源管理和社会保障系列教材 李琦总主编〕(G. F. P.)

01037 309-14604
社会工作教学案例与课程设计
赵芳主编 2020年 362页 23 cm 58元〔复旦博学·社会工作教学案例库系列〕(G. F. P.)

人口学

01038 4253.006
人口问题与理论
复旦大学经济系人口理论研究室编 1983年 184页 19 cm 0.62元 (G. F.)

01039 309-00005
通俗人口学
郭庠林等著 1987年 295页 19 cm 1.45元〔复旦小丛书〕(G. F.)

01040 309-00174
人口生态学
潘纪一主编 1988年 402页 20 cm 4元 (G. F.)

01041 309-00144
人口统计学
(法) 普雷萨(R. Pressat)著 张志鸿等译 1989年 154页 19 cm 1元 (G. F.)

01042 309-03901
大城市人口分布变动与郊区化研究 以上海为例
高向东著 2003年 316页 20 cm 19元

〔上海市社会科学博士文库 第五辑〕
(G. F. P.)

01043 309-00684
人口与生育
黄雄等编著 1991年 299页 19 cm 3.30元
(G. F.)

01044 309-04178
现代西方人口理论
李竞能编著 2004年 358页 23 cm 35元
〔复旦博学·经济学系列〕(G. F. P.)

01045 309-08887
全球化时代的人口与城市发展
彭希哲主编 2012年 424页 23 cm 42元
〔上海论坛论文与演进精选集〕(G. F. P.)

01046 309-03520
中国人口史 第1卷 导论、先秦至南北朝时期
葛剑雄主编 葛剑雄著 2002年 683页 23 cm 精装 60元 (G. F. P.)

01047 309-03161
中国人口史 第2卷 隋唐五代时期
葛剑雄主编 冻国栋著 2002年 677页 23 cm 精装 60元 (G. F. P.)

01048 309-02606
中国人口史 第3卷 辽宋金元时期
葛剑雄主编 吴松弟著 2000年 717页 23 cm 精装 65元 (G. F. P.)

01049 309-02524
中国人口史 第4卷 明时期
葛剑雄主编 曹树基著 2000年 526页 23 cm 精装 48元 (G. F. P.)

01050 309-02775
中国人口史 第5卷 清时期
葛剑雄主编 曹树基著 2001年 971页 23 cm 精装 88元 (G. F. P.)

01051 309-02943
中国人口史 第6卷 1910—1953年
葛剑雄主编 侯杨方著 2001年 658页 23 cm 精装 60元 (G. F. P.)

01052 309-04302
中国人口史
葛剑雄主编 2005年 6册 21 cm 全套196元〔中国文库 史学类 第二辑〕(G. F.)
中国人口史 第1卷 导论、先秦至南北朝时期 葛剑雄主编 葛剑雄著
中国人口史 第2卷 隋唐五代时期 葛剑雄主编 冻国栋著
中国人口史 第3卷 辽宋金元时期 葛剑雄主编 吴松弟著
中国人口史 第4卷 明时期 葛剑雄主编 曹树基著
中国人口史 第5卷 清时期 葛剑雄主编 曹树基著
中国人口史 第6卷 1910—1953年 葛剑雄主编 侯杨方著

01053 309-04303
中国人口史
葛剑雄主编 2005年 6册 21 cm 精装 全套274元〔中国文库 史学类〕(F.)
中国人口史 第1卷 导论、先秦至南北朝时期 葛剑雄主编 葛剑雄著
中国人口史 第2卷 隋唐五代时期 葛剑雄主编 冻国栋著
中国人口史 第3卷 辽宋金元时期 葛剑雄主编 吴松弟著
中国人口史 第4卷 明时期 葛剑雄主编 曹树基著
中国人口史 第5卷 清时期 葛剑雄主编 曹树基著
中国人口史 第6卷 1910—1953年 葛剑雄主

编 侯杨方著

01054 309-08049

全球化与低生育率 中国的选择

王丰 彭希哲 顾宝昌等编著 2011年 214页 23 cm 30元〔公共管理与公共政策学术前沿〕(G. F. P.)

01055 309-02065

孩子需求论 中国孩子的成本和效用

叶文振著 1998年 357页 20 cm 16元〔经济学博士后、博士论丛〕(G. F. P.)

01056 309-11882

21世纪中国大陆适度人口研究

高建昆著 2015年 193页 21 cm 25元 (G. F. P.)

01057 309-08804

广东省"十二五"人口发展战略研究

雷于蓝主编 2012年 726页 29 cm 精装 190元 (G. F. P.)

01058 309-08805

广东省"十二五"人口发展战略研究

雷于蓝主编 2012年 16页 29 cm 10元 (G. F. P.)

01059 309-00791

传统变革与挑战 改革开放后的中国农村人口问题

彭希哲主编 1992年 237页 20 cm 4.50元〔改革与国情研究书系〕(G. F.)

01060 309-12085

后人口转变

任远著 2016年 180页 21 cm 20元〔国家大事丛书〕(G. F. P.)

01061 309-05711

长三角人口发展战略研究

谢玲丽主编 2007年 280页 23 cm 35元 (G. F. P.)

01062 309-01636

人地关系论 中国人口与土地关系问题的系统研究

朱国宏著 1996年 379页 20 cm 精装 35元 (G. F.)

01063 309-01404

中国的海外移民 一项国际迁移的历史研究

朱国宏著 1994年 354页 20 cm 12元 (G. F. P.)

01064 309-06393

改革开放与人口发展 多视角的研究

陈家华 张力 任远编 2008年 361页 23 cm 35元 (G. F. P.)

01065 309-07756

渐进与巨变 近代以来长江三角洲农村的人口与社会变迁

朱国宏主编 2012年 401页 26 cm 精装 58.80元 (G. F. P.)

01066 309-13173

晚清西北人口五十年 1861—1911

路伟东著 2017年 400页 24 cm 65元〔复旦史地丛刊〕(G. F. P.)

管理学

01067 309-05277

管理学

冯国珍 王云玺主编 2006年 393页 26 cm 35元〔复旦卓越·21世纪管理学系列〕(G. F.)

01068 309-07894
管理学
冯国珍主编 2011 年 第 2 版 391 页 26 cm 35 元〔复旦卓越·21 世纪管理学系列〕(G. F. P.)

01069 309-13167
管理学
冯国珍主编 2017 年 第 3 版 415 页 26 cm 49 元〔上海市高校教育高地教材 上海市重点课程特色教材 复旦卓越·21 世纪管理学系列〕(G. F. P.)

01070 309-05907
管理学习题与案例
冯国珍主编 2008 年 189 页 26 cm 22 元〔复旦卓越·21 世纪管理学系列〕(G. F.)

01071 309-08080
管理学习题与案例
冯国珍主编 2011 年 第 2 版 193 页 26 cm 22 元〔复旦卓越·21 世纪管理学系列〕(G. F. P.)

01072 309-13201
管理学习题与案例
冯国珍主编 2017 年 第 3 版 206 页 26 cm 28 元〔复旦卓越·21 世纪管理学系列〕(G. F. P.)

01073 309-00167
实用管理学
(美) 格里芬 (R. W. Griffin) 著 杨洪兰 康芳仪编译 1989 年 573 页 20 cm 4.55 元 (G. F.)

01074 309-00833
实用管理学
(美) 里基·W.格里芬著 杨洪兰 康芳仪编译 1989 年 (1992 年重印) 573 页 20 cm 6.15 元 (G. F.)

01075 309-05019
关系管理学
居延安 胡明耀著 2006 年 290 页 23 cm 28 元 (G. F. P.)

01076 309-12621
关系管理学
居延安 胡明耀著 2017 年 第 2 版 214 页 23 cm 38 元 (G. F. P.)

01077 309-03787
管理学
林建煌著 2003 年 463 页 26 cm 50 元〔复旦博学·经世系列〕(G. F. P.)

01078 309-07292
管理学
林建煌著 2010 年 392 页 23 cm 48 元 (G. F. P.)

01079 309-12067
生活中的管理学
毛军权编著 2015 年 168 页 21 cm 20 元〔上海市进城务工人员技能文化培训系列读本 二期 上海市进城务工人员技能文化培训工作领导小组办公室 上海市学习型社会建设服务指导中心办公室主编〕(G. F. P.)

01080 309-13901
认知革命 数字生存时代的管理
彭剑锋等著 宋劲松选编 2018 年 484 页 26 cm 精装 99 元 (P.)

01081 309-07753
管理学

彭新敏主编 2010年 271页 26 cm 35元〔管理学合作型教学系列〕(G. F. P.)

01082 309-00084
管理学概论
史景星 顾国祥主编 1985年 重印 372页 20 cm 2.40元 (F.)

01083 4253.019
管理学概论
史景星 顾国祥主编 1985年 372页 20 cm 2元 (G. F.)

01084 309-04727
东方管理学
苏东水著 2005年 389页 23 cm 38元〔东方管理学派著系〕(G. F. P.)

01085 309-05227
中国管理学
苏东水 彭贺等著 2006年 392页 23 cm 38元〔东方管理学派著系〕(G. F. P.)

01086 309-08509
中国管理学发展进程 1978—2008
苏勇等著 2011年 347页 23 cm 48元〔当代中国经济理论创新文库〕(G. F. P.)

01087 309-13933
管理学
田丙强 胡守忠主编 2018年 224页 26 cm 30元〔复旦卓越·中高职贯通职业教育系列〕(G. F. P.)

01088 309-02043
管理学教学案例精选
王凤彬 朱克强编著 1998年 351页 20 cm 16元〔工商管理(MBA)教学案例精选丛书〕(G. F.)

01089 309-06461
管理学教学案例精选
王凤彬 刘松博 朱克强编著 2009年 第2版 289页 24 cm 29元〔工商管理(MBA)教学案例精选丛书〕(G. F. P.)

01090 309-09317
管理学基础
王涵主编 2012年 347页 22 cm 28元〔公共管理教学与研究丛书〕(G. F. P.)

01091 309-11124
中国现代管理理论文要
王毅武主编 2014年 200页 23 cm 38元〔中国现代管理理论研究系列〕(G. F. P.)

01092 309-03557
管理学概论
王志平主编 2003年 2006年第2版 2012年第3版 207页 23 cm 16元〔初级工商管理(EBA)系列教程〕(G. F. P.)

01093 309-03289
管理学理论与实践
吴友富等编著 2002年 389页 20 cm 20元〔黄皮书系列〕(G. F. P.)

01094 309-08125
管理学——原理、方法与案例
熊勇清编 2011年 358页 26 cm 45元 (P.)

01095 309-09383
人际关系管理实务
许晓青编著 2013年 356页 26 cm 39元〔复旦卓越·人力资源管理和社会保障系列教材〕(G. F. P.)

01096 309-12952
人际关系管理实务

许晓青编著 2017年 第2版 255页 26 cm 34元〔"十二五"职业教育国家规划教材 复旦卓越·人力资源管理和社会保障系列教材〕(G. F. P.)

01097 309-06150
管理学教程
杨加陆 袁蔚 林东华编著 2008年 284页 23 cm 33元 (G. F. P.)

01098 309-12490
管理学教程
杨加陆 袁蔚 林东华编著 2016年 第3版 274页 23 cm 40元 (G. F. P.)

01099 309-11237
实用管理学
杨加陆 袁蔚主编 2015年 202页 26 cm 20元〔初级工商管理(EBA)系列教材〕(G. F. P.)

01100 309-01130
管理的灵魂
余长根著 1993年 312页 19 cm 10.50元 (G. F.)

01101 309-10574
管理学——基础与实训
张奇峰 张海容主编 2014年 294页 26 cm 40元〔复旦卓越·人力资源管理和社会保障系列教材 李琦总主编〕(G. F. P.)

01102 309-03857
管理学——教与学导引
周三多主编 2004年 375页 20 cm 20元〔大学管理类教材丛书 案例部分〕(G. F. P.)

01103 309-01199
管理学——原理与方法
周三多主编 1993年 1997年第2版 416页 20 cm 精装 10元〔大学管理类教材丛书〕(G.)

01104 309-02278
管理学——原理与方法
周三多等编著 1999年 第3版 637页 20 cm 25元〔大学管理类教材丛书〕(G. F. P.)

01105 309-06099
管理学——原理与方法
周三多 陈传明 鲁明泓编著 2009年 第5版 602页 21 cm 29元〔大学管理类教材丛书 普通高等教育"十一五"国家级规划教材〕(G. F. P.)

01106 309-11129
管理学——原理与方法
周三多 陈传明 贾良定编著 2014年 第6版 600页 21 cm 38元〔普通高等教育"十一五"国家级规划教材 国家级精品课程教材〕(G. F. P.)

01107 309-13634
管理学——原理与方法
周三多等编著 2018年 第7版 442页 26 cm 49元〔大学管理类教材丛书 普通高等教育"十一五"国家级规划教材〕(G. F. P.)

01108 309-07102
管理学——原理与方法(第5版)学习指导
周三多 贾良定主编 2010年 334页 21 cm 20元〔大学管理类教材丛书〕(G. F. P.)

01109 309-12094
管理学——原理与方法(第6版)习题与

案例指南

周三多 贾良定著 2016 年 500 页 21 cm 32 元〔大学管理类教材丛书〕(G. F. P.)

01110 309-14060

管理学——原理与方法(第 7 版)习题与案例指南

周三多 贾良定主编 2019 年 第 7 版 307 页 26 cm 42 元〔大学管理类教材丛书 普通高等教育"十一五"国家级规划教材〕(G. F. P.)

01111 309-06411

管理的智慧《周易》管理正义

虞祖尧讲述 虞佳 虞炳中 沈晓光整理 2009 年 451 页 23 cm 48 元 (G. F. P.)

01112 309-03986

管理哲学

袁闯著 2004 年 388 页 20 cm 23 元〔哲学交叉学科系列丛书〕(G. F. P.)

01113 309-01157

管理与决策科学新前沿 系统动力学理论与应用

王其藩主编 1994 年 374 页 20 cm 15 元 (G. F.)

01114 309-00448

管理伦理导论

高兆明著 1989 年 231 页 19 cm 4 元 (G.)

01115 309-06442

管理心理学——理论与实践

刘玉梅主编 2009 年 436 页 23 cm 40 元 (G. F. P.)

01116 309-14594

管理心理学——理论与实践

刘玉梅主编 2019 年 第 2 版 446 页 23 cm 58 元 (G. F. P.)

01117 309-00017

管理心理学

苏东水著 1987 年 494 页 20 cm 3.20 元 (G. F.)

01118 309-00847

管理心理学

苏东水著 1992 年 修订版 492 页 20 cm 6.60 元 (G.)

01119 309-01065

管理心理学

苏东水著 1992 年(1993 年重印) 修订版 492 页 20 cm 8 元 (G. F.)

01120 309-01185

管理心理学

苏东水著 1992 年(1993 年重印) 修订版 492 页 20 cm 10 元 (G.)

01121 309-01325

管理心理学

苏东水著 1992 年(1994 年重印) 修订版 492 页 20 cm 10.50 元 (G. F.)

01122 309-01986

管理心理学

苏东水著 1998 年 第 3 版 487 页 20 cm 19 元〔大学管理类教材丛书〕(G. F. P.)

01123 309-03135

管理心理学

苏东水著 2002 年 第 4 版 551 页 20 cm 26 元〔大学管理类教材丛书〕(G. F. P.)

01124 309-10138

管理心理学
苏东水著 2013年 第5版 629页 21 cm
39元〔大学管理类教材丛书〕(G. F. P.)

01125 309-02860
管理伦理学教学案例精选
苏勇 陈小平主编 2001年 303页 20 cm
15元〔工商管理(MBA)教学案例精选
丛书 第二辑〕(G. F. P.)

01126 309-01484
管理伦理学
张文贤等编著 1995年 171页 20 cm 7
元〔大学管理类教材丛书〕(G. F.)

01127 309-12657
管理心理学怎样运用三十六计
曹都国著 2016年 218页 23 cm 35元
(G. F. P.)

01128 309-05504
当代西方管理学流派
苏勇主编 2007年 356页 21 cm 25元
〔大学管理类教材丛书 普通高等教育
"十一五"国家级规划教材〕(G. F. P.)

01129 309-07820
中国管理研究与实践 复旦管理学杰出贡献奖获奖者代表成果集 2006
陈锡康 朱道立 陈剑著 2011年 556页
26 cm 65元 (G. F. P.)

01130 309-07600
中国管理研究与实践 复旦管理学杰出贡献奖获奖者代表成果集 2007
王重鸣 陈国青 李维安著 2011年 434
页 26 cm 52元 (G. F. P.)

01131 309-07691
中国管理研究与实践 复旦管理学杰出贡献奖获奖者代表成果集 2008
郝模 胡鞍钢 黄季焜著 2010年 508页
26 cm 60元 (G. F. P.)

01132 309-08532
中国管理研究与实践 复旦管理学杰出贡献奖获奖者代表成果集 2009
石勇 唐立新 汪寿阳著 2011年 461页
26 cm 55元 (G. F. P.)

01133 309-08562
中国管理研究与实践 复旦管理学杰出贡献奖获奖者代表成果集 2010
陈荣秋 吴世农 赵曙明著 2011年 378
页 26 cm 50元 (G. F. P.)

01134 309-10040
中国管理研究与实践 复旦管理学杰出贡献奖获奖者代表成果集 2011
李树茁 薛澜著 2013年 283页 26 cm
42元 (G. F. P.)

01135 309-10985
中国管理研究与实践 复旦管理学杰出贡献奖获奖者代表成果集 2012
梁樑 黄海军著 2014年 331页 26 cm
48.50元 (G. F. P.)

01136 309-11670
中国管理研究与实践 复旦管理学杰出贡献奖获奖者代表成果集 2013
李新春 陈国权著 2015年 159页 26 cm
36元 (G. F. P.)

01137 309-11967
中国管理研究与实践 复旦管理学杰出贡献奖获奖者代表成果集 2014
李善同 马骏 张林秀著 2015年 329页

26 cm 48 元 (G. F. P.)

01138 309-12563
中国管理研究与实践 复旦管理学杰出贡献奖获奖者代表成果集 2015
高自友 杨善林 杨晓光著 2016 年 253 页 26 cm 48 元 (G. F.)

01139 309-13459
中国管理研究与实践 复旦管理学杰出贡献奖获奖者代表成果集 2016
李垣 张玉利著 2018 年 253 页 26 cm 58 元 (G. F. P.)

01140 309-13821
中国管理研究与实践 复旦管理学杰出贡献奖获奖者代表成果集 2017
樊胜根 彭希哲 王浦劬著 2018 年 210 页 26 cm 56 元 (G. F. P.)

01141 309-14553
激荡 2019：从思想的云到实践的雨
彭剑锋等著 宋劲松选编 2019 年 478 页 23 cm 精装 99 元〔"华夏基石 e 洞察"2019 年度管理大师文选〕(G. F.)

01142 309-11489
苏东水文集
苏东水著 2016 年 1394 页 29 cm 精装 268 元 (G. F. P.)

01143 309-09278
管理之道 周三多文集
周三多著 2012 年 329 页 24 cm 45 元 (G. F. P.)

01144 309-05404
东方管理评论 第 1 辑
苏勇主编 2007 年 210 页 26 cm 22 元 (G. F. P.)

01145 309-06019
东方管理评论 第 2 辑
苏勇主编 2008 年 217 页 26 cm 22 元 (G. F. P.)

01146 309-01027
管理数学基础 1 微积分
高汝熹主编 1992 年 471 页 20 cm 5.10 元〔高等学校试用教材〕(G. F.)

01147 309-00213
管理统计
周概容主编 1990 年 495 页 20 cm 6.90 元〔高等学校试用教材〕(G.)

01148 309-01297
管理统计
周概容主编 1990 年（1994 年重印）495 页 20 cm 9.80 元 (G. F.)

01149 309-10028
标准化管理
胡海波主编 2013 年 377 页 26 cm 45 元〔信毅教材大系〕(G. F. P.)

01150 309-09832
办公自动化实训
程岩松主编 2013 年 134 页 26 cm 28 元〔复旦卓越·育兴系列教材〕(G. F. P.)

01151 309-03528
办公室实务
陆瑜芳主编 2003 年 289 页 20 cm 15 元 (G. F. P.)

01152 309-06533
办公室实务
陆瑜芳主编 2009 年 第 2 版 341 页 21 cm 20 元 (G. F. P.)

01153 309-10139
办公室实务
陆瑜芳主编 2013年 第3版 349页 21cm 25元（G. F. P.）

01154 309-01488
办公自动化
上海市计算机应用能力考核办公室编 1995年 374页 26cm 25元〔"90年代上海紧缺人才培训工程"教学系列丛书〕（G. F.）

01155 309-01891
办公自动化
上海市计算机应用能力考核办公室编 1997年 第2版 482页 26cm 38元〔"90年代上海紧缺人才培训工程"教学系列丛书〕（G. F. P.）

01156 309-02340
办公自动化
上海市计算机应用能力考核办公室编 1999年 第3版 390页 26cm 36元〔"上海紧缺人才培训工程"教学系列丛书〕（G. F. P.）

01157 309-03174
办公自动化
上海市计算机应用能力考核办公室编 2002年 第4版 396页 26cm 49元〔"上海紧缺人才培训工程"教学系列丛书〕（G. F. P.）

01158 309-04275
办公自动化 2005版
陈信主编 盛英洁 吴兵编撰 上海市计算机应用能力考核办公室编 2004年 335页 26cm 49元〔"上海紧缺人才培训工程"教学系列丛书〕（G. F. P.）

01159 309-07165
办公自动化
上海市计算机应用能力考核办公室编 陈信主编 2010年 第6版 347页 26cm 47元〔上海市计算机应用能力考核教学系列丛书〕（G. F. P.）

01160 309-09909
办公自动化
陈信主编 2013年 第7版 306页 30cm 46元〔上海计算机应用能力测评教学系列丛书〕（G. F. P.）

01161 309-01692
办公自动化上机实验指导
上海市计算机应用能力考核办公室编 1996年 重印 243页 26cm 18元〔"90年代上海紧缺人才培训工程"教学系列丛书〕（G. F.）

01162 309-01920
办公自动化上机实验指导
上海市计算机应用能力考核办公室编 1997年 第2版 266页 26cm 22元〔"90年代上海紧缺人才培训工程"教学系列丛书〕（G. F. P.）

01163 309-02349
办公自动化上机实验指导
上海市计算机应用能力考核办公室编 1999年 第3版 214页 26cm 28元〔"上海紧缺人才培训工程"教学系列丛书〕（G. F. P.）

01164 309-02269
办公室管理
孙荣主编 1999年 473页 20cm 20元（G. F. P.）

01165 309-08383
现代办公室管理
孙荣等著 2012年 419页 26 cm 40元〔复旦卓越·行政管理实务系列〕(G. F. P.)

01166 309-08665
办公自动化教程
王海文编 2012年 319页 26 cm 38元 (P.)

01167 309-09869
办公自动化实践指导
张永忠主编 齐元沂 易志亮编撰 2013年 134页 30 cm 27元〔上海计算机应用能力测评教学系列丛书〕(G. F. P.)

01168 309-11546
办公自动化实训教程
张永忠主编 齐元沂 盛英洁 易志亮编撰 2015年 第2版 134页 30 cm 27元〔上海计算机应用能力测评教学系列丛书〕(G. F. P.)

01169 309-01841
办公自动化软件操作
周岳山主编 上海中专计算机协作组编 1997年 429页 26 cm 29元 (G. F. P.)

01170 309-01816
办公自动化试题汇编
上海市计算机应用能力考核办公室编 1996年 139页 26 cm 10元〔"90年代上海紧缺人才培训工程"教学系列丛书〕(G. F. P.)

01171 309-02060
办公自动化试题汇编
上海市计算机应用能力考核办公室编 1998年 第2版 210页 26 cm 25元〔"90年代上海紧缺人才培训工程"教学系列丛书〕(G. F. P.)

01172 309-03057
秘书礼仪
陆予圻 郭莉编著 2002年 286页 23 cm 27元〔新编秘书学教材系列〕(G. F. P.)

01173 309-02839
秘书学概论
陆瑜芳编著 2001年 2005年第2版 250页 23 cm 24元〔新编秘书学教材系列〕(G. F. P.)

01174 309-11924
秘书学概论
陆瑜芳编著 2015年 第3版 324页 23 cm 36元〔新编秘书学教材系列〕(G. F. P.)

01175 309-14618
申论思维解码 精要
上海华智公考学校编著 2019年 241页 26 cm 48元〔上海华智公考系列〕(G. F.)

01176 309-04366
秘书工作案例
孙荣等编著 2005年 239页 23 cm 23元〔新编秘书学教材系列〕(G. F. P.)

01177 309-00419
秘书工作趣谈
王增藩著 1990年 207页 19 cm 2.90元〔秘书学丛书1〕(G. F.)

01178 309-00452
秘书与管理
竺乾威著 1990年 101页 19 cm 1.45元〔秘书学丛书2〕(G.)

01179 309-05744
秘书心理学
季水河编著 2007年 第2版 290页 23 cm 34元 〔新编秘书学教材系列〕(G. F. P.)

01180 309-03353
管理系统中计算机应用
李大学编著 2002年 253页 26 cm 25元 〔全国高等教育自学考试指导丛书〕(G. F. P.)

01181 309-08638
管理信息系统
石昊苏主编 2012年 252页 26 cm 32元 (P.)

01182 309-03798
管理信息系统
吴琮璠 谢清佳著 2003年 533页 26 cm 58元 〔复旦博学·经世系列〕(G. F. P.)

01183 309-00603
管理信息系统导论
薛华成主编 1991年 480页 20 cm 6.90元 (G.)

01184 309-01087
管理信息系统导论
薛华成主编 1991年(1993年重印) 480页 20 cm 10元 (G.)

01185 309-11376
管理信息系统——基础、应用与开发
曾珍香 王兴鹏主编 2015年 301页 26 cm 48元 (G. P.)

01186 309-05389
管理信息系统 原理、开发及应用
朱志强主编 2007年 277页 24 cm 28元 〔复旦卓越·21世纪管理学系列〕(G. F. P.)

01187 309-05158
心理咨询和心理治疗的伦理学问题
季建林 赵静波著 2006年 184页 23 cm 23元 〔心理咨询与治疗系列丛书〕(G. F. P.)

01188 309-04301
咨询学
余明阳等编著 2005年 435页 26 cm 48元 〔复旦博学〕(G. F. P.)

01189 309-07225
领导心理学 新视野及其研究
(美)大卫·梅西克(David M. Messick) (美)罗德里克·克雷默(Roderick M. Kramer)主编 柳恒超 刘建洲等译 2010年 309页 23 cm 35元 (G. F. P.)

01190 309-12607
领导力
丁栋虹著 2016年 第2版 395页 26 cm 58元 〔耶商·创业与领导力经验教程系列〕(G. F. P.)

01191 309-11027
破坏性领导行为研究
高日光著 2014年 208页 23 cm 32.80元 〔信毅学术文库〕(G. F. P.)

01192 309-08309
女性领导力研究
蒋莱著 2011年 266页 21 cm 22元 (G. F. P.)

01193 309-09607
大脑、领导力及其一致性 人类联盟的出现
(美)杰拉尔德·科里(Gerald A. Cory)著 尹非译 2013年 129页 26 cm 精

装 45元 (G. F. P.)

01194 309-13757
领导心理学
鞠强著 2018年 235页 26 cm 48元 (G. F. P.)

01195 309-02763
领导学原理 科学与艺术
刘建军编著 2001年 347页 23 cm 32元〔MPA(公共管理硕士)系列 6〕(G. F. P.)

01196 309-05704
领导学原理 科学与艺术
刘建军编著 2007年 第3版 460页 23 cm 40元〔复旦博学·MPA(公共管理硕士)系列〕(G. F. P.)

01197 309-09748
领导学原理 科学与艺术
刘建军编著 2013年 第4版 398页 26 cm 40元〔复旦博学·MPA(公共管理硕士)系列〕(G. F. P.)

01198 309-15325
领导科学理论与实践
毛军权等著 2020年 188页 23 cm 36元 (G. F. P.)

01199 309-08895
跨边界信息共享中的领导力行为研究
郑磊著 2012年 193页 22 cm 22元 (G. F. P.)

01200 309-09789
领导力沟通
(美)德波拉·巴瑞特(Deborah J. Barrett)著 邓天白等译 2013年 330页 25 cm 48元〔现代沟通力系列〕(G. F. P.)

01201 309-04620
建导型方法 有所作为的领导艺术
普利希拉·威尔森(Priscilla H. Wilson)著 杜文君等译 2005年 242页 21 cm 20元〔建导管理丛书〕(G. F. P.)

01202 309-06518
领袖形象的政治艺术
秦德君著 2009年 369页 24 cm 38元 (G. F. P.)

01203 309-13801
领导有礼 上册
华英雄主编 2018年 232页 24 cm 60元〔华礼之光系列礼仪教材〕(G. F. P.)

01204 309-00605
实用快速决策分析方法
华宏鸣编著 1990年 232页 19 cm 4.25元 (G. F.)

01205 309-03186
风险利益论 兼析在风险投资等领域的运用
马艳著 2002年 302页 20 cm 18元〔经济利益理论与实践丛书〕(G. F. P.)

01206 309-00843
历史的经验
南怀瑾著 1992年 271页 20 cm 5.10元 (G. F.)

01207 309-01661
历史的经验
南怀瑾著 1996年 第2版 272页 20 cm 12.50元 (G. F. P.)

01208 309-03239
历史的经验
南怀瑾著 2002年 第3版 272页 21 cm 16元 (G. F. P.)

01209 309-11607

历史的经验

南怀瑾著述 2016年 第4版 266页 23 cm 35元〔太湖大学堂丛书〕(G. F. P.)

01210 309-13127

历史的经验

南怀瑾著述 2017年 259页 23 cm 精装 42元〔太湖大学堂丛书〕(G. F. P.)

01211 309-13891

历史的经验

南怀瑾著述 2019年 248页 23 cm 35元〔太湖大学堂丛书〕(G. F. P.)

01212 309-09136

数据、模型与决策简明教程

王静龙 梁小筠 王黎明编著 2012年 378页 23 cm 45元〔复旦博学·21世纪高校统计学专业教材系列〕(G. F. P.)

01213 309-04813

管理决策行为 偏好构建与判断选择过程

项保华 李绪红著 2005年 242页 23 cm 25元 (G. F. P.)

01214 4253.010

用于计划决策的技术预测

(英)哈里·琼尼(H. Jones)(英)卜里安·特惠斯(B. C. Twiss)著 陆廷纲 桑赓陶等译 郑绍廉校 1984年 310页 19 cm 1.54元 (G. F.)

01215 309-03686

定量分析方法

张霭珠 陈力君编著 2003年 310页 23 cm 29元〔复旦博学·MPA(公共管理硕士)系列〕(G. F. P.)

01216 309-03754

定量分析方法导引、题解与案例

陈力君 张霭珠编著 2003年 293页 23 cm 28元〔复旦博学·MPA(公共管理硕士)系列〕(G. F. P.)

01217 309-04618

共识建导法 从个人创造力到集体行动

布莱恩·斯坦菲尔德著 杜文君等译 2005年 197页 21 cm 20元〔建导管理丛书〕(G. F. P.)

01218 309-04229

组织设计的知识基础论

方统法著 2004年 403页 21 cm 23元〔上海市社会科学博士文库 第六辑〕(G. F. P.)

01219 309-00841

新编组织行为学教程

胡爱本等编著 1993年 1996年第2版 289页 20 cm 7.30元〔大学管理类教材丛书〕(G. F. P.)

01220 309-03190

新编组织行为学教程

胡爱本编著 2002年 第3版 299页 20 cm 15元〔大学管理类教材丛书〕(G. F. P.)

01221 309-03188

组织行为学

胡君辰 杨永康编著 2002年 508页 21 cm 24元〔工商管理硕士(MBA)教材〕(G. F. P.)

01222 309-09230

组织行为学

胡宇辰 蔡文著 杨建锋等编著 2012年 369页 26 cm 40元〔信毅教材大系〕

(G. F. P.)

01223 309-13460
组织行为学 卫生视角
吕军主编 2018年 373页 26 cm 80元 〔卫生管理专业教材〕(G. F. P.)

01224 309-04522
组织行为学
孙健敏 李原编著 2005年 439页 26 cm 49元〔复旦博学·21世纪人力资源管理丛书〕(G. F. P.)

01225 309-11836
谁说老年不精彩
王伯军编著 2015年 194页 21 cm 20元 (G. F. P.)

01226 309-12116
组织行为管理综合训练
许晓青主编 2016年 246页 26 cm 32元 〔复旦卓越·人力资源管理和社会保障系列教材 李琦总主编〕(G. F. P.)

01227 309-01770
现代组织学
杨洪兰 张晓蓉编著 1997年 290页 20 cm 14元〔大学管理类教材丛书〕(G. F. P.)

01228 309-02041
组织行为学教学案例精选
周文霞 孙健敏编著 1998年 277页 20 cm 14元〔工商管理(MBA)教学案例精选丛书〕(G. F. P.)

01229 309-00611
组织心理学 现代管理的概念及方法
周振明 郭建庆主编 1990年 325页 20 cm 4.50元 (G. F.)

01230 309-03399
组织行为学
竺乾威等主编 2002年 341页 23 cm 33元〔复旦博学·MPA(公共管理硕士)系列〕(G. F. P.)

民族学、文化人类学

01231 309-07525
中国的疼痛 国民性批判与文化政治学困境
摩罗著 2011年 293页 23 cm 32元〔重新发现中国文丛〕(G. F. P.)

01232 309-01577
亦新亦旧的一代
南怀瑾著 1995年 185页 20 cm 9元 (G. F. P.)

01233 309-11608
亦新亦旧的一代
南怀瑾著述 2016年 第2版 144页 23 cm 28元〔太湖大学堂丛书〕(G. F. P.)

01234 309-13153
亦新亦旧的一代
南怀瑾著述 2017年 149页 23 cm 精装 35元〔太湖大学堂丛书〕(G. F. P.)

01235 309-08256
中国人
吴坚 黄荣华主编 复旦附中语文组编写 2011年 297页 26 cm 38元 (G. F. P.)

01236 309-07609
太阳的朗照 梁启超国民性研究文选
梁启超著 摩罗 杨帆编选 2011年 305页 23 cm 34元〔重新发现中国文丛〕(G. F. P.)

01237 309-07423

人性的复苏 国民性批判的起源与反思

摩罗 杨帆编选 2011 年 329 页 23 cm 36 元〔重新发现中国文丛〕(G. F. P.)

01238 309-13728

文学人类学新论 学科交叉的两大转向

唐启翠 叶舒宪编著 2018 年 352 页 23 cm 精装 78 元〔中国文学人类学理论与方法研究系列丛书〕(G. F. P.)

01239 309-13898

四重证据法研究

杨骊 叶舒宪编著 2019 年 302 页 23 cm 精装 68 元〔中国文学人类学理论与方法研究系列丛书〕(G. F. P.)

人才学

01240 309-00073

当好"管理舞台"上的"导演" 用才艺术谈

何培德 许晓明著 1988 年 271 页 19 cm 1.80 元〔复旦小丛书〕(G. F.)

01241 309-13165

中国化人才心理测评

鞠强主编 2017 年 212 页 26 cm 35 元 (G. F. P.)

01242 309-00524

普通人才学

叶忠海主编 1990 年 508 页 21 cm 6.50 元 ( )

01243 309-11079

人员测评理论与技术

高日光 郭英编著 2014 年 270 页 26 cm 39 元〔信毅教材大系〕(G. F. P.)

01244 309-10596

人才与人文 一个人才工作者的实践和思考

王伯军著 2014 年 增订版 361 页 23 cm 40 元 (G. F. P.)

01245 309-07845

中国技能短缺治理

杨伟国 代懋等著 2011 年 387 页 21 cm 26 元 (G. F. P.)

01246 309-15257

张江国家自主创新示范区人才资源发展与政策创新研究

毛军权 李明著 2020 年 247 页 21 cm 30 元 (G. F. P.)

01247 309-14529

上海全球城市人才资源开发与流动战略研究

姚凯著 2019 年 210 页 21 cm 38 元 (G. F. P.)

政治、法律

政治学、政治理论

01248 309-08970
公共政策分析与评估
马国贤 任晓辉编著 2012年 385页 23 cm 45元〔政府绩效管理丛书〕(G. F. P.)

01249 309-00652
公共政策学导论
桑玉成 刘百鸣著 1991年 226页 20 cm 3.60元 (G. F.)

01250 309-07446
论证与解释 政治哲学导论
宋宽锋著 2010年 218页 22 cm 24元 (G. F. P.)

01251 309-03148
政治学
孙关宏 胡雨春主编 2002年 307页 23 cm 30元〔MPA(公共管理硕士)系列〕(G. F.)

01252 309-07198
政治学
孙关宏 胡雨春主编 2010年 第2版 277页 23 cm 30元〔复旦博学·MPA(公共管理硕士)系列〕(G. F. P.)

01253 309-03661
政治学概论
孙关宏等主编 2003年 442页 20 cm 20元〔复旦博学·公共管理基础系列 面向21世纪课程教材〕(G. F.)

01254 309-06049
政治学概论
孙关宏 胡雨春 任军锋主编 2008年 第2版 320页 24 cm 32元〔复旦博学·政治学系列普通高等教育"十一五"国家级规划教材〕(G. F. P.)

01255 309-14545
政治
汪洪涛 刘雪影主编 2019年 273页 26 cm 精装 139元〔139考研思维导图〕(G. F. P.)

01256 309-02314
最新硕士生入学考试政治理论课复习脉络图表
汪洪涛主编 1999年 312页 19×26 cm 28元 (G. F.)

01257 3253.006
政治学概要
王邦佐 孙关宏 王沪宁主编 1986年 448页 19 cm 2元 (G. F.)

01258 309-00075
政治学概要
王邦佐 孙关宏 王沪宁主编 1986年 (1988年重印) 448页 19 cm 2.15元 (F.)

01259 309-02073
新政治学概要
王邦佐等主编 1998年 2006年第2版 422页 20 cm 17元〔政治与行政学系列教材〕(G. F. P.)

01260 309-04315
政策学的主要理论
(韩)吴锡泓 金荣枰编著 金东日译 2005年 503页 23 cm 46元〔复旦博学·MPA(公共管理硕士)系列〕(G. F. P.)

01261 309-13816
发展政治学
曾庆捷著 2018年 217页 23 cm 38元〔复旦博学·政治学系列〕(G. F. P.)

01262 309-04212
公共政策分析
张国庆主编 2004年 422页 23 cm 35元〔复旦博学·MPA(公共管理硕士)系列〕(G. F. P.)

01263 309-05959
政治营销学导论
赵可金 孙鸿著 2008年 314页 23 cm 32元〔复旦博学·政治学系列〕(G. F. P.)

01264 309-08566
政策网络与政策工具 理论基础与中国实践
朱春奎等著 2011年 307页 21 cm 28元〔公共管理与公共政策丛书〕(G. F. P.)

01265 309-00804
马克思主义政治学
刘星汉等主编 王元等撰稿 1992年 467页 20 cm 9元 (G. F.)

01266 3253.001
共产主义在实践中
农慕之等著 1984年 199页 19 cm 0.65元〔复旦小丛书〕(G. F.)

01267 309-00289
科学社会主义概论
张震廷主编 1989年 392页 20 cm 3元 (G. F.)

01268 309-09127
激进政治的兴起 马克思早期政治与法哲学批判手稿的当代解读
邹诗鹏著 2012年 256页 23 cm 32元〔马克思主义经典著作当代解读〕(G. F. P.)

01269 309-11085

元政治学概述
(法) 阿兰·巴迪欧(Alain Badiou)著 蓝江译 2015年 142页 22 cm 精装 22元 (G. F. P.)

01270 309-13908
从同意到公共理由 政治正当性的来源及其发展研究
王宇环著 2018年 159页 24 cm 42元 (G. F. P.)

01271 309-15182
政治文化新论
胡鹏著 2020年 313页 21 cm 46元 (G. F. P.)

01272 309-13218
政治学研究方法的权衡与发展
左才著 2017年 209页 21 cm 36元 (G. F. P.)

01273 309-11320
你应该了解的 专业学位硕士研究生政治读本
肖巍 吴海江主编 2015年 272页 23 cm 36元 〔21世纪复旦大学研究生教学用书〕(G. F. P.)

01274 309-06950
高校思想政治理论课教学管理初探
叶天放主编 2010年 240页 21 cm 22元 〔上海高校思想政治理论课建设研究丛书〕(G. F.)

01275 309-13442
复旦政治哲学评论 第17辑 反腐败：中国的实践
陈明明主编 2017年 289页 23 cm 48元 (G. F. P.)

01276 309-12760
复旦政治哲学评论 第17辑 政党与政府改革
陈明明主编 2016年 311页 23 cm 48元 (G. F. P.)

01277 309-14737
历史、理论与经验
陈明明主编 2019年 302页 23 cm 58元 〔复旦政治学评论〕(G. F. P.)

01278 309-04487
政治与人 复旦大学国际关系与公共事务学院纪念复旦大学校庆100周年论文集
林尚立等编 2005年 480页 26 cm 55元 (G. F. P.)

01279 309-03741
2004年考研政治辅导
复旦大学社会科学基础部编 2003年 355页 26 cm 38元 (G. P.)

01280 309-02875
2002年最新全国硕士生入学考试政治理论课复习脉络图表
汪洪涛主编 2001年 311页 19×26 cm 28元 (G.)

01281 309-03241
2003年最新全国硕士生入学考试政治理论课复习脉络图表
汪洪涛主编 2002年 333页 19×26 cm 28元 (G. F.)

01282 309-03639
2004年最新全国硕士生入学考试政治理论课复习脉络图表
汪洪涛主编 2003年 362页 19×26 cm 30元 (G. P.)

01283 309-02328

大学政治理论课复习脉络图表
汪洪涛主编《大学政治理论课复习脉络图表》编委会编 2003年 333页 19×26 cm 30元 (G. P.)

01284 309-15041
老张考研政治 飞跃80分
张修齐主编 2020年 4册 26 cm 149元 (G. P.)

01285 309-08014
阶级分析方法
(美) 埃里克·欧林·赖特 (Eric Olin Wright) 主编 马磊 吴菲等译 2011年 258页 21 cm 28元 (G. F. P.)

01286 309-07663
阶级与分层
(英) 罗丝玛丽·克朗普顿 (Rosemary Crompton) 著 陈光金译 2011年 338页 21 cm 26.80元 (G. F. P.)

01287 309-11015
论利益 洪远朋利益理论与实践研究文集
洪远朋著 2014年 520页 24 cm 精装 68元 〔泛海书院丛书〕(G. F. P.)

01288 309-03827
权威政治 国际独裁现象研究
孙哲著 2004年 442页 21 cm 26元 (G. F. P.)

01289 309-12317
资本主义发展与民主
(美) 迪特里希·瑞彻迈耶 (Dietrich Rueschemeyer) (美) 艾芙琳·胡贝尔·史蒂芬斯 (Evelyne Huber Stephens) (美) 约翰·D.史蒂芬斯 (John D. Stephens) 著 方卿译 2016年 435页 21 cm 45元 〔复旦政治学译丛〕(G. F. P.)

01290 309-04382
社会主义：理论与实践
复旦大学社会科学基础部编 2005年 222页 23 cm 26元 〔复旦博学·思想政治理论课系列〕(G. F. P.)

01291 309-00998
当代社会主义若干问题综论
赵德水等编著 1993年 287页 20 cm 4.50元 (G. F.)

01292 309-06708
选举政治学
何俊志著 2009年 225页 23 cm 27元 〔复旦博学·政治学系列〕(G. F. P.)

01293 309-11413
危机管理 发自内心的响应
(美) Kristin S. Harper (美) Brent G. Paterson (美) Eugene L. Zdziarski II 著 梅鲜等译 2015年 131页 23 cm 30元 〔海外学生工作丛书〕(G. F. P.)

01294 309-13732
历史与现代国家
陈明明主编 2018年 278页 23 cm 52元 〔复旦公共行政评论 第十九辑〕(G. F. P.)

01295 309-09264
公共事业管理
崔运武主编 2013年 331页 23 cm 39元 〔MPA(公共管理硕士)系列〕(G. F. P.)

01296 309-08762
政府绩效管理

范柏乃著 2012年 426页 23 cm 40元〔复旦博学·MPA(公共管理硕士)系列〕(G. F. P.)

01297 309-05536
合同制治理 公共管理者面临的挑战与机遇
(美)菲利普·库珀(Phillip J. Cooper)著 竺乾威 卢毅 陈卓霞译 2007年 198页 23 cm 28元〔复旦译丛 公共管理系列〕(G. F. P.)

01298 309-04692
政府绩效管理
马国贤著 2005年 402页 23 cm 39元〔政府绩效管理丛书〕(G. F. P.)

01299 309-02961
行政学原理
孙荣 徐红编著 2001年 308页 23 cm 28元〔复旦博学·行政管理学系列〕(G. F. P.)

01300 309-09472
公共管理英语
谈谭主编 2013年 220页 22 cm 22元〔公共管理教学与研究丛书〕(G. F. P.)

01301 309-00139
行政生态分析
王沪宁著 1989年 315页 20 cm 2.40元 (G. F.)

01302 309-00383
行政学概要
孙荣编 1989年 382页 21 cm 4.50元 ( )

01303 309-03853
公共管理(MPA)简明读本
竺乾威主编 2003年 502页 23 cm 42元〔国家公务员培训教材〕(G. F. P.)

01304 309-13710
公共行政的改革、创新与现代化
竺乾威著 2018年 410页 23 cm 精装 98元 (G. F. P.)

01305 309-06285
公共行政理论
竺乾威主编 2008年 496页 23 cm 45元〔复旦博学·MPA(公共管理硕士)系列〕(G. F. P.)

01306 309-02488
公共行政学
竺乾威主编 2000年 281页 23 cm 25元〔MPA(公共管理硕士)系列〕(G. F. P.)

01307 309-05843
公共行政学
竺乾威主编 2008年 第3版 378页 23 cm 34元〔复旦博学·MPA(公共管理硕士)系列〕(G. F. P.)

01308 309-02531
公共行政学经典文选
竺乾威 马国泉编 2000年 英文版 601页 23 cm 48元〔MPA(公共管理硕士)系列〕(G. F. P.)

01309 309-03036
西方公共行政案例
竺乾威 马国泉编 2002年 349页 23 cm 33元〔MPA(公共管理硕士)系列〕(G. F. P.)

01310 309-04769
公共管理的经济学基础分析
庄序莹著 2005年 249页 23 cm 28元

〔复旦博学·经济学系列〕(G. F. P.)

01311 309-04905
公共管理学
庄序莹主编 2006年 412页 23 cm 35元 〔复旦博学·MPA(公共管理硕士)系列〕(G. F. P.)

01312 309-08829
公共管理学
庄序莹主编 2012年 第2版 397页 23 cm 40元 〔MPA(公共管理硕士)系列〕(G. F. P.)

01313 309-09316
行政学基础
孔凡河主编 2012年 314页 22 cm 25元 〔公共管理教学与研究丛书〕(G. F. P.)

01314 309-13771
公共政策学
蒋硕亮主编 2018年 272页 26 cm 36元 〔公共经济与管理·政策分析系列〕(G. F. P.)

01315 309-12017
公共政策学
杨道田编著 2015年 296页 26 cm 40元 〔信毅教材大系〕(G. F. P.)

01316 309-11939
电子政府新论
熊小刚 廖少纲主编 2015年 353页 26 cm 48元 〔信毅教材大系〕(G. F. P.)

01317 309-05549
沟通的力量 公共组织信息管理
(美)多丽斯·A.格拉伯(Doris A. Graber)著 张熹珂译 2007年 345页 23 cm 45元 〔复旦译丛 公共管理系列〕(G. F. P.)

01318 309-06048
公共部门绩效评估
胡宁生主编 2008年 281页 26 cm 33元 (G. F. P.)

01319 309-08081
电子政务
李传军主编 2011年 378页 23 cm 38元 〔复旦博学·MPA(公共管理硕士)系列〕(G. F. P.)

01320 309-06819
电子政务
汪进波 孙仲美 虞佳主编 2009年 287页 26 cm 35元 〔复旦卓越·21世纪管理学系列〕(G. F. P.)

01321 309-12745
公共部门人力资源管理
蔡文著主编 2017年 278页 26 cm 38元 〔信毅教材大系〕(G. F. P.)

01322 309-09036
情境判断测验 理论、测量与应用
(美)杰夫·威克利(Jeff A. Weekley) (美)罗伯特·普劳哈特(Robert E. Ployhart)主编 柳恒超 罗凤英 李婷玉等译 2013年 397页 24 cm 48元 (G. F. P.)

01323 309-13940
人事测评与选拔 理论与技术
柳恒超著 2018年 265页 21 cm 28元 (G. F. P.)

01324 309-14058
公共部门人力资源管理

滕玉成　于萍编著　2018 年　399 页　27 cm　55 元〔复旦博学・21 世纪人力资源管理丛书〕(G. F. P.)

01325　309-05330
公共部门人力资源管理
吴志华　刘晓苏主编　2007 年　442 页　23 cm　39 元〔复旦博学・MPA（公共管理硕士）系列〕(G. F. P.)

01326　309-08543
人事管理经济学
杨伟国　唐鑛主编　2012 年　206 页　26 cm　32 元〔复旦博学・21 世纪人力资源经济学前沿〕(G. F. P.)

01327　309-13612
城市公共场所大客流风险管理实务
范军编著　上海百万在岗人员学力提升行动计划办公室主编　2018 年　138 页　21 cm　32 元〔上海百万在岗人员学力提升读本〕(G. F. P.)

01328　309-05643
赛义德后殖民理论研究
张跣著　2007 年　241 页　23 cm　32 元(G. F. P.)

01329　309-10309
拯救正义与平等
（英）G. A. 科恩著　陈伟译　2014 年　420 页　24 cm　58 元(G. F. P.)

01330　309-12360
新自由论
成林著　2016 年　209 页　24 cm　32 元(G. F. P.)

01331　309-06187
自由的伦理
（美）穆瑞・罗斯巴德（Murray N. Rothbard）著　吕炳斌等译　2008 年　349 页　23 cm　45 元〔西方经济社会思想名著译丛〕(G. F. P.)

01332　309-09781
转型期中国社会公正问题研究
余成跃著　2013 年　226 页　22 cm　25 元(G. F. P.)

01333　309-03927
复旦人权研究
复旦大学人权研究中心编　2004 年　306 页　20 cm　23 元(G. F. P.)

01334　309-06162
民主与现代国家的成长
唐贤兴著　2008 年　401 页　21 cm　27 元(G. F. P.)

01335　309-04230
结构、历史与行为　历史制度主义对政治科学的重构
何俊志著　2004 年　362 页　21 cm　25 元〔上海市社会科学博士文库　第六辑〕(G. F. P.)

01336　309-05258
我们心底的"怕"一种政治观念史
（美）柯瑞・罗宾（Corey Robin）著　叶安宁译　2007 年　327 页　23 cm　32 元〔美国丛书〕(G. F. P.)

01337　309-06955
政治世界的思想者
张汝伦著　2009 年　514 页　21 cm　48 元(G. F. P.)

01338　11253.003

社会主义学说在中国的初期传播

姜义华编 1984年 443页 21 cm 1.81元 (G. F.)

01339 309-13138

中国政治思想史 古代部分

张星久著 2017年 395页 23 cm 52元 〔复旦博学·政治学系列〕(G. F. P.)

01340 309-09412

中国社会政治分析

朱新山编著 2013年 208页 22 cm 25元 〔政治学教学与研究丛书〕(G. F. P.)

01341 309-05974

中国先秦国家间政治思想选读

阎学通 徐进编 2008年 250页 23 cm 30元 〔复旦博学·国际政治与国际关系系列〕(G. F. P.)

01342 309-07414

当代中国政治思潮

刘建军著 2010年 246页 24 cm 30元 (G. F. P.)

01343 309-02611

近代中国政治文明转型研究

刘世军著 2000年 231页 20 cm 11元 〔上海市社会科学博士文库 第二辑〕(G. F. P.)

01344 309-09898

晚清民初"个人-家-国-天下"体系之变

刘涛著 2013年 183页 22 cm 25元 (G. F. P.)

01345 309-13967

孔教运动的观念想象 中国政教问题再思

吴震著 2019年 144页 22 cm 精装 25元 (G. F. P.)

01346 309-15333

乱世与末世的自我救赎 中国近代的知识分子

周树山著 2020年 316页 21 cm 48元 (F.)

01347 309-07632

中国近代行政领导思想研究

周妤著 2011年 266页 21 cm 20元 (G. F. P.)

01348 309-10111

从排斥到借鉴 新民主主义革命时期中国共产党对主要社会思潮的认识和态度

姜玉齐著 2013年 239页 23 cm 35元 (G. F. P.)

01349 309-10073

中国社会主流意识形态的建构与变迁 以1949—2008年《人民日报》社论为例

李明著 2013年 240页 21 cm 24元 〔新闻传播学术原创系列〕(G. F. P.)

01350 309-11166

结构视域下中国主导意识形态研究

刘友女著 2015年 246页 24 cm 36元 〔当代浙江学术文库〕(G. F. P.)

01351 309-09162

三十年社会与文化思潮

邹诗鹏著 2012年 114页 21 cm 16元 〔当代中国核心价值研究 冯平主编〕(G. F. P.)

01352 309-06671

东亚的王权与政治思想 儒学文化研究的回顾与展望

徐洪兴等主编 2009年 235页 23 cm 28元 〔复旦大学儒学文化研究中心丛书〕(G. F. P.)

01353 309-03757
早稻田与现代美国政治学
（日）内田满著 唐亦农译 2003年 414页 20 cm 精装 30元 (G. F. P.)

01354 309-02182
西方政治学说史
浦兴祖 洪涛主编 1999年 436页 20 cm 20元〔政治与行政学系列教材〕(G. F. P.)

01355 309-09964
不由自主的资产阶级 近代早期欧洲的精英斗争与经济转型
（美）理查德·拉克曼(Richard Lachmann)著 郦菁 维舟 徐丹译 2013年 410页 22 cm 33元〔复旦政治学译丛〕(G. F. P.)

01356 309-09124
约瑟夫·德·梅斯特反启蒙思想中的野蛮与文明
张智著 2012年 269页 22 cm 28元〔西方思想文化史研究丛书〕(G. F. P.)

01357 309-07740
融合与超越 约翰·赫兹的国际政治思想研究
刘旭东著 2010年 188页 21 cm 20元 (G. F. P.)

中国共产党

01358 309-06971
中国共产党政党文化研究
李冉著 2009年 289页 21 cm 28元 (G. F. P.)

01359 309-02465
入党培训教程
朱建艺主编 2000年 337页 20 cm 11元 (G. F. P.)

01360 309-08753
向父辈致敬 纪念中国共产党成立九十周年文集
夏晓梅主编 夏征农民族文化教育发展基金会编 2012年 306页 21 cm 25元 (G. F. P.)

01361 309-02561
第三次国内革命战争时期复旦大学党的活动
本书编写组编 2000年 367页 20 cm 18元 (G. F.)

01362 309-03443
为了祖国的明天 复旦大学地下党领导群众斗争史料集
朱立人等编写 2002年 275页 20 cm 18元 (G. F. P.)

01363 309-00351
土地革命战争初期若干问题
颜广林编著 1990年 397页 19 cm 7元 (G. F.)

01364 309-12628
中国共产党现代化理论创新史 论点与文献
杜艳华 王达山 黄玲编著 2016年 342页 23 cm 52元 (G. F. P.)

01365 309-11726
在革命与现代化之间 关于党治国家的一个观察与讨论
陈明明著 2015年 313页 21 cm 35元 (G. F. P.)

01366 309-14014
经验·智慧·对策 中国共产党应对执政考验、化解执政风险的历史研究
杜艳华等著 2019年 471页 23 cm 98元〔复旦马克思主义理论学科建设系列〕

(G. F. P.)

01367 309-11839

从中共党史学治国理政 第一届全国大学生治国理政论坛精粹

复旦大学中国共产党革命精神与文化资源研究中心编 2015年 281页 23 cm 38元 (G. F. P.)

01368 309-12532

从中共党史学治国理政 第二届治国理政大学生论坛精粹

复旦大学中国共产党革命精神与文化资源研究中心编 2016年 486页 23 cm 68元 (G. F. P.)

01369 309-13206

从中共党史学治国理政 第三届治国理政全国大学生论坛精粹

复旦大学中国共产党革命精神与文化资源研究中心编 2017年 391页 23 cm 58元 (G. F. P.)

01370 309-14002

从中共党史学治国理政 第四届治国理政大学生论坛精粹

复旦大学中国共产党革命精神与文化资源研究中心编 2018年 554页 23 cm 98元 (G. F. P.)

01371 309-14292

从中共党史学治国理政 第五届治国理政大学生论坛精粹

复旦大学中国共产党革命精神与文化资源研究中心编 2019年 351页 23 cm 98元 (G. F. P.)

01372 309-00338

新时期党建工作指南

王瑞璞 刘巍明主编 1989年 284页 19 cm 3.95元 (G. F.)

01373 309-03272

与时俱进的理论探索

复旦大学社会科学基础部编 2002年 334页 20 cm 25元 (G. F. P.)

01374 309-02904

前行：塑造21世纪知识型党员 复旦大学研究生党建年制度创新与理论实践

翁铁慧 周志成主编 2001年 391页 20 cm 22元 (G. F. P.)

01375 309-08114

辉煌与使命 上海理工大学纪念建党90周年文集

燕爽主编 2011年 340页 22 cm 25元 (G. F.)

01376 309-08646

新时期基层党校干部教育培训的探索与实践 近十年来上海市黄浦区委党校干部教育培训工作

王绍基主编 2012年 250页 23 cm 34元 〔干部教育培训丛书〕(G. F. P.)

01377 5627-0019

坚定的信仰

金宝珍主编 1992年 180页 19 cm 2.20元〔信仰与追求丛书〕(G. F.)

01378 309-09656

大学生党课教程

李兴华主编 2013年 265页 22 cm 22元 (G. F. P.)

01379 5627-0054

崇高的追求

钱自强主编 1992年 174页 19 cm 2.10元

〔信仰与追求丛书 孙隆椿主编〕(G. F.)

01380 309-02075
做面向新世纪的共产党员
吴圣苓 王佩玉主编 1998年 270页 20 cm 11元 (G. F. P.)

01381 309-04632
国家形象传播
张昆著 2005年 558页 21 cm 25元〔全球传播丛书〕(G. F. P.)

01382 309-08789
干部国家 一种支撑和维系中国党建国家权力结构及其运行的制度
王海峰著 2012年 461页 22 cm 32元〔党与国家建设丛书〕(G. F. P.)

01383 309-06361
党的组织生活概论
倪安和主编 2009年 363页 21 cm 26元 (G. F. P.)

01384 309-00519
新时期共产党员修养概论
唐存标主编 1990年 277页 19 cm 2.98元 (G.)

01385 309-00697
新时期共产党员修养概论
唐存标主编 1990年 277页 19 cm 2.98元〔共产党员必读〕(F.)

01386 309-00703
党的组织生活
倪安和主编 1991年 217页 19 cm 2.65元 (G. F.)

01387 309-14108
奋进新时代 杨浦创新实践新探索
刘东昌主编 2018年 251页 24 cm 68元 (G. F. P.)

01388 309-07991
卓越路 合资企业党建工作散记
黄解元著 2011年 164页 21 cm 18元 (G. F. P.)

01389 309-01655
上海教育卫生系统党的建设研究
项伯龙主编 1996年 250页 20 cm 12.80元 (G. F. P.)

01390 309-06374
共青团工作项目管理
付红玲 陈泽明著 2008年 290页 23 cm 33元〔共青团中央委员会全国精品课程〕(G. P.)

01391 309-10464
高校共青团工作价值理念与实践创新
戴冰主编 2014年 290页 23 cm 35元 (G. F. P.)

01392 309-10227
生活在城市 浦东共青团服务来沪青年的实践与探索
共青团上海市浦东新区委员会编 2014年 107页 23 cm 50元 (G. F. P.)

工人、农民、青年、妇女运动与组织

01393 309-08554
工会管理理论与实务
沈琴琴 吴亚平主编 2011年 280页 26 cm 39元〔复旦博学·21世纪劳动关系管理〕(G. F. P.)

01394 309-11459

当代青年工作的价值导向研究
戴冰著 2015年 206页 23 cm 35元（G. F. P.）

01395 309-02305
阿爸教做人
黄玉峰主编 1999年 332页 25 cm 28元〔"阿爸教"丛书〕（G. P.）

01396 309-11415
复旦大学青年运动史 1905—1949
高天主编 2015年 314页 22 cm 30元〔人文学术〕（G. F. P.）

01397 309-04614
百年中国女权思潮研究
王政 陈雁主编 复旦-密歇根大学社会性别研究所编 2005年 445页 21 cm 28元〔社会性别研究专刊〕（G. F. P.）

01398 309-12188
女权主义在中国的翻译历程
王政 高彦颐主编 2016年 251页 24 cm 45元〔社会性别研究译丛〕（G. F. P.）

世界政治

01399 309-01156
当代世界政治经济与国际关系
倪稼民 莫家柱主编 胡敏敏 黄中元副主编 1993年 310页 21 cm 7.50元（F.）

01400 309-02343
当代世界经济与政治
唐师白著 1999年 241页 20 cm 12元〔普通高校马克思主义理论核心课〕（G. F. P.）

01401 309-13368

跨文化沟通 国家形象的有效传播
徐波著 2018年 251页 21 cm 26元（G. F. P.）

01402 309-04424
21世纪全球政治范式
俞正梁 陈玉刚 苏长和著 2005年 269页 23 cm 26元〔复旦博学·国际政治与国际关系系列〕（G. F. P.）

01403 5627-0533
当代世界经济与政治
周敏凯主编 1999年 311页 20 cm 16.80元（G. F.）

01404 309-04132
国际政治学新论
周敏凯著 2004年 257页 23 cm 25元〔复旦博学·国际政治与国际关系系列〕（G. F. P.）

01405 309-07017
英汉国际知识
胡志勇主编 2010年 686页 15 cm 20元〔新学科术语小词典〕（G. F. P.）

01406 309-11559
民主治理、制度变迁与福利 2015年比较政治发展报告
复旦大学陈树渠比较政治发展研究中心编 2015年 237页 22 cm 30元（G. F. P.）

01407 309-10635
转型世界中的政党、国家与治理 2014年比较政治发展报告
复旦大学陈树渠比较政治发展研究中心编 2014年 209页 22 cm 23元（G. F. P.）

01408 309-10679
Web2.0 时代的网络民意 表达与限制
张燕著 2014 年 312 页 21 cm 28 元〔新闻传播学术原创系列〕(G. F. P.)

01409 309-03634
行政道德文选
(美)杰拉尔德·凯登著 马国泉编 2003 年 英文版 447 页 23 cm 45 元〔复旦博学·MPA(公共管理硕士)系列〕(G. F. P.)

01410 309-04839
比较公务员制度
周敏凯著 2006 年 261 页 23 cm 28 元〔复旦博学·MPA(公共管理硕士)系列〕(G. F.)

01411 309-00838
外国谍报辞典
徐国豪等主编 1993 年 563 页 20 cm 14 元 (G. F.)

01412 309-14639
21 世纪国外政党政治研究 理论、前沿与情势
张春满著 2019 年 279 页 21 cm 46 元 (G. F. P.)

01413 309-03375
社会保障基金与证券投资基金
闫炘 喻大学主编 2002 年 320 页 20 cm 18 元〔复旦股市系列〕(G. F. P.)

中国政治

01414 309-14015
中国政治文明的探索
孙关宏著 2019 年 333 页 21 cm 45 元 (G. F. P.)

01415 309-06785
中国国家形象的塑造和传播
吴友富著 2009 年 238 页 23 cm 28 元 (G. F.)

01416 309-11414
站在平原看高山 玉成论政(民主篇、政府篇、政党篇)
桑玉成著 2015 年 819 页 24 cm 精装 160 元 (G. F. P.)

01417 309-09101
双轮驱动 中国未来十年发展的战略选择
复旦发展研究院编著 2012 年 149 页 24 cm 30 元 (G. F. P.)

01418 309-12051
全球视野与中国战略 新格局、新开放、新技术
复旦大学博士后校友会组编 2016 年 363 页 26 cm 68 元 (G. F. P.)

01419 309-11014
中国和平发展论坛论文集
中国和平发展基金会主编 2015 年 142 页 23 cm 30 元 (G. F. P.)

01420 309-08977
中国公共政策过程中利益集团的行动逻辑
陈水生著 2012 年 300 页 21 cm 23 元〔公共管理与公共政策丛书〕(G. F. P.)

01421 309-08580
当代中国社会政策
李迎生等著 2012 年 433 页 23 cm 45 元〔复旦博学·社会工作系列〕(G. F. P.)

01422 309-02482
当代中国公共政策

刘伯龙 竺乾威主编 2000 年 233 页 23 cm 24 元〔MPA（公共管理硕士）系列〕(G. F.)

01423 309-06931
当代中国公共政策
刘伯龙 竺乾威主编 2009 年 第 2 版 286 页 23 cm 31 元〔普通高等教育"十一五"国家级规划教材 复旦博学·MPA 系列〕(G. F. P.)

01424 309-06921
网络民意与公共决策 权利和权力的对话
张淑华著 2010 年 313 页 21 cm 25 元〔新闻传播学术原创系列〕(G. F. P.)

01425 309-07987
政策绩效评估 地方部门案例
赵德余著 2011 年 180 页 23 cm 30 元〔公共管理与公共政策学术前沿〕(G. F. P.)

01426 309-09160
公共政策与公共服务
顾丽梅 陶东明主编 2012 年 305 页 23 cm 40 元〔复旦大学公共管理（MPA）论文集 第三辑〕(G. F. P.)

01427 309-09465
使命与主体《人民日报》社论（1949—2008）的话语呈现
陈月明著 2013 年 280 页 21 cm 28 元〔新闻传播学术原创系列〕(G. F. P.)

01428 309-12098
中国政治科学年度评论 2013—2014
陈周旺 耿曙 李辉主编 2016 年 325 页 22 cm 36 元 (G. F. P.)

01429 309-14490
中国政治科学年度评论 2015—2016
陈周旺 耿曙 唐朗诗主编 2019 年 249 页 22 cm 38 元 (G. F. P.)

01430 309-03214
大公报一百年社评选
大公报一百周年报庆丛书编辑小组编 2002 年 622 页 20 cm 30 元〔大公报一百周年报庆丛书〕(G. F. P.)

01431 309-07483
得寸进寸集
傅国涌著 2012 年 245 页 21 cm 22 元 (G. F. P.)

01432 309-04298
三题集
江曾培著 2005 年 340 页 24 cm 26 元 (G. F. P.)

01433 309-07924
主张 郎遥远锐评中国
郎遥远著 2011 年 248 页 24 cm 38 元 (G. F. P.)

01434 309-09780
大时代的旁白
张涛甫著 2013 年 354 页 22 cm 28 元 (G. F. P.)

01435 309-07122
为政之道 复旦大学中国地市党政干部论坛讲演录
陈立民 刘建中主编 2010 年 213 页 23 cm 28 元 (G. F. P.)

01436 309-12181
马克思人的全面发展思想及其当代发展研究

顾相伟著 2016年 210页 21cm 28元
(G. F. P.)

01437 309-00585
历史·国情·现代化
上海历史学会编 1990年 253页 19cm
5.50元 (F.)

01438 309-04163
社会主义建设学研究 倪大奇文选
倪大奇著 2004年 296页 23cm 34元
〔复旦学人文库〕(G. F. P.)

01439 309-15277
中国特色社会主义理论与实践研究专题教学讲稿
王鹏著 2020年 189页 23cm 52元
〔"高校思想政治理论课专题教学讲稿"丛书〕(F. P.)

01440 309-12898
统一战线与协商民主
陈明明 肖存良主编 2017年 295页 21cm 38元 〔中国统一战线理论研究会统战基础理论上海研究基地研究丛书〕(G. F. P.)

01441 309-08091
统一战线与中国发展
林尚立 肖存良等著 2011年 409页 21cm 30元 (G. F. P.)

01442 309-07629
统一战线理论与实践前沿 2010
林尚立 肖存良主编 2010年 287页 21cm 22元 (G. F. P.)

01443 309-08600
统一战线理论与实践前沿 2011
林尚立 肖存良主编 2011年 393页 21cm 29元 (G. F. P.)

01444 309-09345
统一战线理论与实践前沿 2012
林尚立 肖存良主编 2012年 400页 21cm 30元 (G. F. P.)

01445 309-11133
统一战线理论与实践前沿 2014
中国统一战线理论研究会统战基础理论上海研究基地编 2015年 362页 21cm 精装 36.80元 (G. F. P.)

01446 309-12050
统一战线理论与实践前沿 2015
林尚立 肖存良主编 2016年 372页 21cm 38元 〔中国统一战线理论研究会统战基础理论上海研究基地研究丛书〕(G. F. P.)

01447 309-12629
统一战线理论与实践前沿 2016
陈明明 肖存良主编 2016年 371页 21cm 39元 〔中国统一战线理论研究会统战基础理论上海研究基地研究丛书〕(G. F. P.)

01448 309-13291
统一战线理论与实践前沿 2017
陈明明 肖存良主编 2017年 338页 21cm 39元 〔中国统一战线理论研究会统战基础理论上海研究基地研究丛书〕(G. F. P.)

01449 309-14033
统一战线理论与实践前沿 2018
陈明明 肖存良主编 2018年 311页 21cm 45元 〔中国统一战线理论研究

会统战基础理论上海研究基地研究丛书〕(G. F. P.)

01450 309-14548
统一战线理论与实践前沿 2019
陈明明 肖存良主编 2019年 325页 21 cm 48元〔中国统一战线理论研究会统战基础理论上海研究基地研究丛书〕(G. F. P.)

01451 309-09722
中国共产党与国家建设 以统一战线为视角
肖存良 林尚立著 2013年 312页 24 cm 42元 (G. F. P.)

01452 309-07650
高校统战与高校发展
薛明扬 王小林主编 2010年 438页 26 cm 68元 (G. F. P.)

01453 309-00425
中国社会主义建设百题
蔡兴发等编著 1989年 216页 19 cm 2.85元 (G. F.)

01454 309-00651
通向理想境界之路 中国社会主义百思集
林克主编 1991年 305页 20 cm 4.40元 (G. F.)

01455 309-01497
邓小平社会主义思想研究
倪大奇主编 1995年 276页 20 cm 12元 (G. F.)

01456 5627-0025
中国社会主义建设概论
万有志 田方主编 1989年 260页 20 cm 2.90元 (G.)

01457 309-00673
中国社会主义建设辅助教材
徐鼎亚 薛崇云主编 1991年 272页 19 cm 3.80元 (G. F.)

01458 309-00412
社会主义初级阶段基本理论和政策
徐国保等编 1989年 253页 19 cm 2.85元〔各类干部岗位培训教材〕(G. F.)

01459 309-00301
中国社会主义建设
张桓主编 1989年 341页 19 cm 3.70元 (G. F.)

01460 309-00694
在理想与现实之间 中国社会主义之路
钟家栋主编 1991年 331页 20 cm 5元 (G. F.)

01461 309-01899
跨世纪主题的探索
顾荣福 朱国宏主编 1997年 213页 20 cm 10元 (G. F. P.)

01462 309-09002
中国特色社会主义核心价值观的历史形成
程伟礼 杨晓伟著 2012年 163页 21 cm 18元〔当代中国核心价值研究 冯平主编〕(G. F. P.)

01463 309-10212
断裂与共识 网络时代的中国主流媒体与主流价值观构建
林晖著 2013年 239页 21 cm 26元〔新闻传播学术原创系列〕(G. F. P.)

01464 309-10048
当代中国政治 对中国特色的现代化发展模式

的新解读

唐亮著 2014 年 276 页 21 cm 25 元 (G. F. P.)

01465 309-09014

现代社会秩序的道义逻辑 对中国改革价值取向的思考

汪行福著 2013 年 111 页 21 cm 15 元 〔当代中国核心价值研究 冯平主编〕(G. F. P.)

01466 309-09773

核心价值与国家形象建设

徐蓉著 2013 年 208 页 23 cm 28 元 (G. F. P.)

01467 309-11113

现代性语境下的中国价值观建设

徐蓉著 2014 年 221 页 23 cm 32 元 〔马克思主义理论学科建设系列〕(G. F. P.)

01468 309-05160

中国社会主义发展概论 从毛泽东思想、邓小平理论到"三个代表"重要思想

于淑清 陈志强主编 杜建初等编写 2006 年 278 页 23 cm 28 元 (G. F. P.)

01469 309-13709

全球史视野下的强国之路

张峰著 2018 年 289 页 21 cm 28 元 (G. F. P.)

01470 309-11520

大国治道 中国特色社会主义战略布局的理论视域

朱之文主编 2016 年 197 页 24 cm 30 元 (G. F. P.)

01471 309-13085

汇善汇美 社会主义核心价值观(徐汇)市民读本

本书编写组编 2017 年 161 页 24 cm 38 元 (G. F. P.)

01472 309-10940

中国智慧 邓小平与中国特色社会主义

复旦大学邓小平理论研究文集编委会编 2014 年 456 页 24 cm 60 元 (G. F. P.)

01473 309-15262

从中共党史学治国理政 第六届治国理政全国大学生论坛精粹

复旦大学中国共产党革命精神与文化资源研究中心编 2020 年 279 页 23 cm 88 元 (F. P.)

01474 309-09620

中国道路大家谈

高天 滕育栋主编 2013 年 186 页 22 cm 25 元 (G. F. P.)

01475 309-14059

亲历与见证 一个经济学者与改革开放 40 年

江春泽著 2018 年 404 页 24 cm 80 元 〔泛海书院丛书〕(G. F. P.)

01476 309-08524

理论·实践·创新 上海市黄浦区委党校中国特色社会主义研究成果

王绍基主编 2011 年 301 页 23 cm 39 元 〔干部教育培训丛书〕(G. F. P.)

01477 309-06646

道路与经验

燕爽 桑玉成主编 2009 年 417 页 21 cm 26 元 (G. F. P.)

01478 309-12652

团团圆圆话台湾

严安林 王晓虎 徐纪东著 2017 年 150 页 21 cm 20 元〔国家大事丛书〕(G. F. P.)

01479 309-06381
三十年间有与无
陈家琪著 2009 年 167 页 21 cm 20 元 (G. F. P.)

01480 309-09907
民主别论
陈金华著 2015 年 303 页 24 cm 48 元〔马克思主义理论学科建设系列〕(G. F. P.)

01481 309-08936
建构民主 中国的理论、战略与议程
林尚立著 2012 年 409 页 22 cm 30 元〔党与国家建设丛书〕(G. F. P.)

01482 309-02201
民主法制与人大制度
许祖雄 朱言文主编 1999 年 386 页 20 cm 27 元 (G. F. P.)

01483 309-14046
政治发展新战略 回归与超越
陈明明主编 2018 年 280 页 23 cm 52 元〔复旦政治学评论 第二十辑〕(G. F. P.)

01484 309-02164
当代中国政治制度
浦兴祖主编 1999 年 418 页 20 cm 19 元〔政治与行政学系列教材〕(G. F. P.)

01485 309-05198
整体利益论 关于国家为主体的利益关系研究
朱鸣雄著 2006 年 320 页 21 cm 22 元〔新时期利益关系丛书〕(G. F. P.)

01486 309-12669
我们如何具体操作协商民主 复式协商民主决策程序手册
韩福国著 2017 年 253 页 23 cm 43 元〔协商民主·基层治理操作技术丛书 陈明明主编〕(G. F. P.)

01487 309-08417
从苏维埃到人民代表大会制 中国共产党关于现代代议制的构想与实践
何俊志著 2011 年 348 页 22 cm 29 元〔党与国家建设丛书〕(G. F. P.)

01488 309-05256
人大代表履职简明读本
上海市人大常委会办公厅组织编写 2006 年 302 页 21 cm 16 元 (G. F. P.)

01489 309-00116
七届人大会议文件学习辅导材料
中共上海市委宣传部干部党员教育处组织编写 1988 年 156 页 19 cm 1 元 (G. F.)

01490 309-08534
人大代表履职简明手册
上海市人大常委会办公厅组织编写 2011 年 398 页 21 cm 29 元 (G. F. P.)

01491 309-03554
人大代表工作手册
上海市人大常委会研究室编 2003 年 343 页 20 cm 16 元 (G. F. P.)

01492 309-09385
上海市人大常委会工作制度汇编 1
上海市人大常委会办公厅主编 2012 年 180 页 24 cm 35 元 (G. F. P.)

01493 309-09386

上海市人大常委会工作制度汇编 2

上海市人大常委会办公厅主编 2012 年 195 页 24 cm 35 元 (G. F. P.)

01494 309-09387

上海市人大常委会工作制度汇编 3

上海市人大常委会办公厅主编 2012 年 115 页 24 cm 30 元 (G. F. P.)

01495 309-09388

上海市人大常委会工作制度汇编 4

上海市人大常委会办公厅主编 2012 年 143 页 24 cm 30 元 (G. F. P.)

01496 309-09389

上海市人大常委会工作制度汇编 5

上海市人大常委会办公厅主编 2012 年 141 页 24 cm 30 元 (G. F. P.)

01497 309-07570

当代中国基层制度个案研究

邓正来主编 2011 年 206 页 21 cm 20 元 〔中国深度研究文丛 邓正来主编〕(G. F. P.)

01498 309-09313

中国地方政府绩效评估研究 基于广义模糊综合评价模型的分析

朱俊峰 窦菲菲 王健著 2012 年 281 页 21 cm 20 元 (G. F. P.)

01499 309-14452

区域治理的逻辑 长江三角洲政府合作的理论与实践

唐亚林著 2019 年 269 页 23 cm 58 元 〔中国治理逻辑丛书 唐亚林主编〕(G. F. P.)

01500 309-05892

竞争与依存中的区域合作行政 基于长江三角洲都市圈的实证研究

王川兰著 2008 年 259 页 21 cm 20 元 (G. F. P.)

01501 309-12815

民主恳谈 中国基层协商民主的温岭实践

朱圣明著 2017 年 335 页 23 cm 54 元 〔协商民主·基层治理操作技术丛书 陈明明主编〕(G. F. P.)

01502 309-14354

中国央地关系 历史、演进及未来

陈硕著 2020 年 369 页 24 cm 精装 78 元 (G. F. P.)

01503 309-13780

中国城市基层治理研究读本

刘春荣 耿曙 陈周旺主编 2018 年 469 页 22 cm 68 元 〔中国政府与政治研究系列读本〕(G. F. P.)

01504 309-09975

当代中国公共行政的组织基础 组织社会学视野的分析

刘圣中著 2013 年 326 页 22 cm 30 元 〔党与国家建设丛书〕(G. F. P.)

01505 309-00990

当代中国行政

浦兴祖 竺乾威主编 1993 年 418 页 20 cm 8.50 元 (G. F.)

01506 309-00399

监察行政管理

严平 贾意安主编 1989 年 241 页 19 cm 3.95 元 (G. F.)

01507 309-05458

公共管理 中国的探索
唐贤兴 沈夏珠主编 2007 年 276 页 23 cm 36 元〔复旦 MPA 文集 第一辑〕(G. F. P.)

01508 309-14816
政府职能、政策效应与现代治理
张平主编 2020 年 408 页 23 cm 65 元 (G. F. P.)

01509 309-05366
政府绩效评估与管理
范柏乃著 2007 年 396 页 23 cm 35 元〔复旦博学·MPA(公共管理硕士)系列〕(G. F. P.)

01510 309-06986
政策创新与政府治理
顾丽梅 陶东明主编 2009 年 291 页 23 cm 38 元〔复旦大学公共管理 (MPA)论文集 第二辑〕(G. F. P.)

01511 309-08996
政府间网络治理 垂直管理部门与地方政府间关系研究
李瑞昌著 2012 年 366 页 21 cm 26 元〔公共管理与公共政策丛书〕(G. F. P.)

01512 309-14443
大国治理与公共政策变迁 中国的问题与经验
唐贤兴著 2019 年 547 页 21 cm 58 元〔国家治理与政府创新丛书 朱春奎 竺乾威主编〕(G. F. P.)

01513 309-15185
政府治理的逻辑 自贸区改革与政府再造
唐亚林 刘伟著 2020 年 313 页 26 cm 69 元 (F. P.)

01514 309-14356
高效能政府绩效评估体系
张小峰 刘显睿著 2020 年 282 页 23 cm 精装 68 元 (G. F. P.)

01515 309-11164
政府信息资源管理研究 视域及主题深化
周毅 孙帅等著 2015 年 452 页 21 cm 36 元 (G. F. P.)

01516 309-11074
新媒体时代的政府公共传播
朱春阳著 2014 年 251 页 23 cm 38 元〔传播与国家治理研究丛书〕(G. F. P.)

01517 309-05572
综合管理
陈鸿惠编 2007 年 239 页 26 cm 35 元〔2008 年度上海市公务员考试辅导教材〕(G. F. P.)

01518 309-06093
综合管理
付从惠主编 2008 年 257 页 26 cm 37 元〔2009 年度上海市公务员招录考试辅导教材〕(G. F. P.)

01519 309-06728
综合管理
付从惠编 2009 年 259 页 26 cm 38 元〔2010 年度上海市公务员招录考试辅导教材〕(G. F. P.)

01520 309-07499
综合管理
付从惠编 2010 年 259 页 26 cm 38 元〔2011 年度上海市公务员招录考试辅导教材〕(G.)

01521 309-00411
职称制度改革新论
胡泽思等主编 1989 年 235 页 19 cm 3.20 元 (G. F.)

01522 309-00736
职称制度改革新论
胡泽思等主编 1989 年（1991 年重印）235 页 19 cm 3.80 元 (G. F.)

01523 309-12463
告诉你一个真实的遴选
刘富君著 2016 年 286 页 24 cm 35 元〔基层公务员遴选考试培训系列〕(G. F. P.)

01524 309-13386
遴选考试一本通
刘富君著 2017 年 220 页 23 cm 39 元〔基层公务员遴选考试培训系列〕(G. F. P.)

01525 309-00669
政工人才学
裘克人 刘翠兰主编 1991 年 282 页 20 cm 4.50 元〔人才学教学丛书〕(G. F.)

01526 309-14606
行政职业能力测验高分解码 精要
上海华智公考学校编著 2019 年 465 页 26 cm 88 元〔上海华智公考系列〕(G. F. P.)

01527 309-03490
实践与探索 第4集
上海市人大常委会研究室编 2003 年 527 页 20 cm 27 元 (G. F. P.)

01528 309-13575
面试实战解码
上海华智公考学校主编 2020 年 260 页 26 cm 66 元〔上海华智公考系列〕(G. P.)

01529 309-13850
实践与探索 基于干部任用制度的历史考察
沈冰清著 2018 年 191 页 21 cm 35 元 (G. F. P.)

01530 309-09981
干部素养是如何炼成的 一个干部教育工作者的实践和思考
王伯军著 2013 年 228 页 23 cm 35 元 (G. F. P.)

01531 309-05179
面试
姚裕群 钱俊生 卢炜主编 2006 年 221 页 26 cm 23 元〔2007 年公务员考试系列教材〕(G. F. P.)

01532 309-05751
面试
姚裕群 钱俊生 卢炜主编 2007 年 第 2 版 240 页 26 cm 25 元〔2008 年公务员考试系列教材〕(G. F. P.)

01533 309-06164
面试
姚裕群 钱俊生 卢炜主编 2008 年 239 页 26 cm 29 元〔2009 年公务员考试系列教材〕(G. F. P.)

01534 309-12256
新编公务员理论与实务
曾维涛 康静萍 李仪主编 2016 年 326 页 26 cm 45 元〔信毅教材大系〕(G. F. P.)

01535 309-05178
公共基础知识

姚裕群 钱俊生 卢炜主编 2006年 2007年第2版 332页 26 cm 32元〔2007年公务员考试系列教材〕(G. F. P.)

01536 309-05177

行政职业能力测验

姚裕群 钱俊生 卢炜主编 2006年 2007年第2版 393页 26 cm 35元〔2007年公务员考试系列教材〕(G. F. P.)

01537 309-05195

行政职业能力测验试题集 强化训练·真题精解

姚裕群 钱俊生 卢炜主编 2006年 第1版 2007年第2版 2008年第3版 349页 26 cm 33元〔2007年公务员考试系列教材〕(G. F. P.)

01538 309-12007

事业单位公开招聘分类考试专用教材 2016最新版 职业能力倾向测验(A类)全真模拟预测试卷

事业单位公开招聘考试研究院编著 2016年 1册 26 cm 36元〔综合管理类专用〕(G. F.)

01539 309-12243

事业单位公开招聘分类考试专用教材 2016最新版 职业能力倾向测验(B类)全真模拟预测试卷

事业单位公开招聘考试研究院编著 2016年 1册 26 cm 36元〔社会科学专技类专用〕(G. F.)

01540 309-12247

事业单位公开招聘分类考试专用教材 2016最新版 职业能力倾向测验(C类)全真模拟预测试卷

事业单位公开招聘考试研究院编著 2016年 1册 26 cm 36元〔自然科学专技类专用〕(G. F.)

01541 309-12249

事业单位公开招聘分类考试专用教材 2016最新版 职业能力倾向测验(D类)全真模拟预测试卷

事业单位公开招聘考试研究院编著 2016年 1册 26 cm 36元〔中小学教师类专用〕(G. F.)

01542 309-12260

事业单位公开招聘分类考试专用教材 2016最新版 职业能力倾向测验(E类)全真模拟预测试卷

事业单位公开招聘考试研究院编著 2016年 1册 26 cm 36元〔医疗卫生类专用〕(G.)

01543 309-12009

事业单位公开招聘分类考试专用教材 2016最新版 综合应用能力(A类)全真模拟预测试卷

事业单位公开招聘考试研究院编著 2016年 1册 26 cm 28元〔综合管理类专用〕(G. F.)

01544 309-12242

事业单位公开招聘分类考试专用教材 2016最新版 综合应用能力(B类)全真模拟预测试卷

事业单位公开招聘考试研究院编著 2016年 1册 26 cm 28元〔社会科学专技类专用〕(G. F.)

01545 309-12246

事业单位公开招聘分类考试专用教材 2016最新版 综合应用能力(C类)全真模拟预测试卷

事业单位公开招聘考试研究院编著 2016年 1册 26 cm 28元〔自然科学专技类专用〕(G. F.)

01546 309-12248

事业单位公开招聘分类考试专用教材 2016 最新版 综合应用能力(D类)全真模拟预测试卷

事业单位公开招聘考试研究院编著 2016年 1册 26 cm 28元〔中小学教师类专用〕(G. F.)

01547 309-12259

事业单位公开招聘分类考试专用教材 2016 最新版 综合应用能力(E类)全真模拟预测试卷

事业单位公开招聘考试研究院编著 2016年 1册 26 cm 36元〔医疗卫生类专用〕(G. F.)

01548 309-12841

事业单位公开招聘分类考试专用教材 历年真题及专家详解(B类)

事业单位公开招聘考试研究院编著 2017年 160页 26 cm 48元（ ）

01549 309-12843

事业单位公开招聘分类考试专用教材 历年真题及专家详解(D类)

事业单位公开招聘考试研究院编著 2017年 192页 26 cm 48元（ ）

01550 309-12006

事业单位公开招聘分类考试专用教材 最新版 职业能力倾向测验(A类)

事业单位公开招聘考试研究院编著 2016年 278页 28 cm 56元〔综合管理类专用〕(G. F.)

01551 309-12580

事业单位公开招聘分类考试专用教材 最新版 职业能力倾向测验(C类)

事业单位公开招聘考试研究院编著 2016年 294页 28 cm 58元〔自然科学专技类专用〕（ ）

01552 309-12268

事业单位公开招聘分类考试专用教材 最新版 职业能力倾向测验(D类)

事业单位公开招聘考试研究院编著 2016年 310页 28 cm 58元〔中小学教师类专用〕(G. F.)

01553 309-12008

事业单位公开招聘分类考试专用教材 最新版 综合应用能力(A类)

事业单位公开招聘考试研究院编著 2016年 184页 28 cm 48元〔综合管理类专用〕(G. F.)

01554 309-12269

事业单位公开招聘分类考试专用教材 最新版 综合应用能力(D类)

事业单位公开招聘考试研究院编著 2016年 253页 28 cm 52元〔中小学教师类专用〕(G. F.)

01555 309-12528

公共危机与政府治理

李瑞昌主编 2016年 324页 23 cm 49元〔复旦大学公共管理(MPA)论文集 第四辑〕(G. F. P.)

01556 309-14638

突发公共事件 媒体传播、政策过程与社会运动

刘伟伟著 2019年 240页 23 cm 精装 68元〔上海政法学院建校三十五周年校庆系列丛书〕(G. F. P.)

01557 309-14615

中国共产党国家安全思想研究

张远新 刘旭光等著 2019年 246页 23 cm 精装 84元〔上海政法学院建校三十五周年校庆系列丛书〕(G. F. P.)

01558 309-15009
实训实战警务英语口语
林晓萍 江珊主编 2020年 296页 26 cm 48元 (G. P.)

01559 309-08143
警察技能实训教程
苗伟明主编 2011年 279页 26 cm 45元〔高等学校法学实验教学系列教材〕(G. F. P.)

01560 309-14409
城市应急管理 流程、机制和方法
容志 王晓楠主编 2019年 298页 26 cm 46元 (G. F. P.)

01561 309-10680
转型时期社区公共秩序的建构 基于上海市黄浦区社区发展现状的研究
中共黄浦区委党校课题组编著 2014年 309页 21 cm 30元 (G. F. P.)

01562 309-08884
2011·中国云南消防改革与发展论坛 公共治理视域中的消防社会管理创新
陈育坤主编 2012年 307页 24 cm 55元 (G. F. P.)

01563 309-12951
社会工作评论 第1辑
顾东辉主编 复旦大学社会工作学系编 2017年 205页 23 cm 35元 (G. F. P.)

01564 309-13301
致社工的信
上海华爱社区服务管理中心主编 2018年 154页 23 cm 34元〔社会工作与社会组织发展案例丛书 吴建荣 申利民主编〕(G. F.)

01565 309-11504
走当走的路 一线社工的成长和经历
上海华爱社区服务管理中心主编 2015年 198页 23 cm 35元〔社会工作与社会组织发展案例丛书 吴建荣 申利民主编〕(G. F. P.)

01566 309-13832
社会保障理论与政策
李春根主编 2018年 290页 26 cm 38元〔信毅教材大系〕(G. F. P.)

01567 309-10007
宪政视野下中国社会保障制度研究
刘婧婧著 2013年 166页 23 cm 32元〔复旦版原创学术著作 法学系列〕(G. F. P.)

01568 309-15309
慈航难普度 慈善与近代上海都市社会
阮清华著 2020年 339页 21 cm 68元 (F. P.)

01569 309-09281
社会保障基金管理 理论、实践与案例
宋明岷编著 2012年 376页 23 cm 38元〔保险与社会保障系列〕(G. F. P.)

01570 309-14486
社会保障基金管理 理论、实践与案例
宋明岷编著 2019年 第2版 394页 26 cm 52元〔复旦卓越·保险系列〕(G. F. P.)

01571 309-10477
中国城市底层群体研究
文军 吴鹏森主编 2015年 317页 23 cm 40元〔城市安全与社会稳定丛书 章友德总主编〕(G. F. P.)

01572 309-10476

社会救助新编

吴鹏森 戴卫东主编 何晔等编写 2015年 422页 21 cm 30元 〔应用型社会保障专业系列教材〕(G. F. P.)

01573 309-10661

重塑中国和北欧国家的福利制度

(芬)保利·基杜伦(Pauli Kettunen) (挪)斯坦恩·库恩勒(Stein Kuhnle) 任远主编 2014年 245页 24 cm 38元 (G. F. P.)

01574 309-13782

从"外来妹"到"外来媳" 婚姻移民的城市适应过程研究

张琼著 2018年 218页 21 cm 35元 (G. F. P.)

01575 309-06228

生·死·爱 汶川地震对话录

东方相辉著 2008年 183页 21 cm 15元 〔中国经验对话系列〕(G. F. P.)

01576 309-13939

灾害管理的政治 理论建构与中国经验

陶鹏著 2018年 187页 24 cm 48元 (G. F. P.)

01577 309-11787

跨越与转型 国际商务视野下的华侨华人与华商

李其荣等主编 2015年 361页 23 cm 48元 〔海外人才与中国发展〕(G. F. P.)

01578 309-13811

马来西亚槟城大伯公文化艺术研究

帅民风 王琛文编著 2018年 375页 22 cm 36元 〔区域文化与传播丛书 商娜红主编〕(G. F. P.)

01579 309-02134

华人在蔗糖之国——古巴

(古)梅塞德斯·克雷斯波·比利亚特著 刘真理译 1998年 140页 20 cm 12元 (G. F. P.)

01580 309-06837

新农村基层组织建设与管理

王世官编著 2009年 331页 26 cm 38元 (G. F. P.)

01581 309-10336

新农村基层组织建设与管理

王世官编著 2014年 第2版 348页 26 cm 45元 (G. F. P.)

01582 309-11688

公法视野中的自治理性

张晓燕著 2015年 318页 21 cm 35元 〔法学系列〕(G. F. P.)

01583 309-14453

思想政治教育哲学问题研究

董雅华著 2019年 231页 21 cm 精装 49元 (G. F.)

01584 309-12179

教育农民 浙东乡村社会变迁中的政治传播(1949—1962)

李乐著 2016年 349页 21 cm 35元 〔新闻传播学术原创系列〕(G. F. P.)

01585 3253.008

思想政治教育学原理

陆庆壬主编 丁荣生等编写 1986年 305页 20 cm 1.90元 (G. F.)

01586 309-00027

思想政治教育学原理

陆庆壬主编 1986年(1988年重印) 305

页 20 cm 2.35 元 (F.)

01587 309-09248
思想政治教育学新论
邱柏生 董雅华著 2012 年 310 页 22 cm 28 元〔马克思主义理论学科建设系列〕(G. F. P.)

01588 309-03233
思想政治教育环境论
沈国权主编 2002 年 198 页 23 cm 22 元〔上海市"九五"研究生教材规划重点课题〕(G. F. P.)

01589 309-02710
互联网与思想政治工作概论
谢海光主编 2000 年 323 页 23 cm 30 元 (G. F. P.)

01590 309-02898
转型期的中国政治社会化研究
赵渭荣著 2001 年 264 页 20 cm 15 元 (G. F. P.)

01591 309-03184
互联网与思想政治工作案例
谢海光主编 2002 年 407 页 23 cm 38 元 (G. F. P.)

01592 309-02886
互联网与思想政治工作实务
谢海光主编 2001 年 308 页 23 cm 32 元〔互联网与思想政治工作书系〕(G. F. P.)

01593 309-05009
思想政治工作网站创新
谢海光主编 2006 年 350 页 23 cm 35 元〔互联网与思想政治工作书系〕(G. F. P.)

01594 309-00598
国情教育
甘忠泽 万恒麟主编 1990 年 168 页 19 cm 1.70 元 (G. F.)

01595 309-00771
国情与思考
骆祖望主编 1991 年 295 页 20 cm 4.50 元〔上海财经大学丛书〕(G.)

01596 309-12719
家国情怀
上海市学习型社会建设服务指导中心主编 夏德元编 2016 年 154 页 23 cm 35 元〔家风·家教·家训系列丛书〕(G.)

01597 309-12711
诚实守信
上海市学习型社会建设服务指导中心主编 何郁 张晓毓编 2016 年 144 页 23 cm 35 元〔家风·家教·家训系列丛书〕(G.)

01598 309-12720
浩然正气
上海市学习型社会建设服务指导中心主编 袁雯君编 2016 年 147 页 23 cm 35 元〔家风·家教·家训系列丛书〕(G.)

01599 309-12718
敬业奉献
上海市学习型社会建设服务指导中心主编 蒋强 黄金火编 2016 年 119 页 23 cm 35 元〔家风·家教·家训系列丛书〕(G.)

01600 309-12717
克勤克俭

上海市学习型社会建设服务指导中心主编 樊波成编 2016年 158页 23 cm 35元〔家风·家教·家训系列丛书〕(G.)

01601 309-12716
励志勉学
上海市学习型社会建设服务指导中心主编 郭馨馨编 2016年 137页 23 cm 35元〔家风·家教·家训系列丛书〕(G.)

01602 309-12715
清正廉洁
上海市学习型社会建设服务指导中心主编 杨敏编 2016年 145页 23 cm 35元〔家风·家教·家训系列丛书〕(G.)

01603 309-12713
友善乐群
上海市学习型社会建设服务指导中心主编 张涛编 2016年 138页 23 cm 35元〔家风·家教·家训系列丛书〕(G.)

01604 309-12712
自强不息
上海市学习型社会建设服务指导中心主编 刘辉兵 刘穆庭 李政华编 2016年 129页 23 cm 35元〔家风·家教·家训系列丛书〕(G.)

01605 309-10727
走在光明梦想的大道上 上海市文明小区创建经验案例集锦
上海市精神文明建设委员会办公室编 2014年 306页 23 cm 40元 (G. F. P.)

01606 309-02805
自然灾害与中国社会历史结构
复旦大学历史地理研究中心主编 2001年 515页 20 cm 30元 (G. F. P.)

01607 309-09334
工人政治
陈周旺 汪仕凯著 2013年 240页 22 cm 20元〔新政治学丛书〕(G. F. P.)

01608 309-14761
再造与自塑 上海青年工人研究(1949—1965)
刘亚娟著 2020年 230页 21 cm 40元 (G. F. P.)

01609 309-03678
中国知识分子十论
许纪霖著 2003年 239页 21 cm 12.80元〔名家专题精讲系列〕(G. F. P.)

01610 309-11435
中国知识分子十论
许纪霖著 2015年 修订版 201页 22 cm 精装 35元〔复旦文库〕(G. F. P.)

01611 309-06741
另一种理想主义
许纪霖著 2010年 313页 24 cm 34元〔"三十年集"系列丛书 1978—2008〕(G. F. P.)

01612 309-11188
中国调查史
范伟达 范冰编著 2015年 676页 24 cm 精装 98元 (G. F. P.)

01613 309-05872
中国社会调查史
范伟达 王竞 范冰编著 2008年 331页 23 cm 36元 (G. F. P.)

01614 309-12858
20世纪30—40年代中国的农村生活 对云南高峣的社区研究
(美) 科尼利尔斯·奥斯古德著 何国强

译 2017 年 374 页 23 cm 60 元（G. F. P.）

01615 309-02712
中国社会变迁 反观与前瞻
朱国宏等著 2001 年 292 页 20 cm 18 元（G. F. P.）

01616 309-08279
时尚志
马杰伟文 谢至德图 2012 年 278 页 23 cm 32 元（G. F. P.）

01617 309-12198
职业千里 始于规划
刘怡编著 2015 年 156 页 21 cm 20 元〔上海市进城务工人员技能文化培训系列读本 二期 上海市进城务工人员技能文化培训工作领导小组办公室 上海市学习型社会建设服务指导中心办公室主编〕（G. F. P.）

01618 309-13118
2016 年度上海市居民创业状况调查报告
上海市就业促进中心主编 2017 年 124 页 21 cm 20 元（G. F. P.）

01619 309-13642
2017 年度上海市居民创业状况调查报告
上海市就业促进中心主编 2018 年 199 页 21 cm 25 元（G. F. P.）

01620 309-02022
奇迹是如何创造出来的 关于上海市再就业工程的研究报告
孙承叔等编 1998 年 548 页 20 cm 精装 28 元（G. F. P.）

01621 309-06749
2008 年度上海市居民创业状况调查报告
杨永华主编 上海市开业指导服务中心主编 2009 年 123 页 21 cm 16 元（G. F. P.）

01622 309-09224
2011 年度上海市居民创业状况调查报告
杨永华主编 上海市就业促进中心主编 2012 年 115 页 21 cm 12 元（G. F. P.）

01623 309-14428
转型时期中国职业性别隔离问题研究
张成刚著 2019 年 163 页 26 cm 35 元（G. F. P.）

01624 309-14048
后土为社 社区意识的共历时态与影响因素研究
陈校著 2019 年 277 页 21 cm 39 元（G. F. P.）

01625 309-08403
社区中的国家 中国城市社区治安体系研究
陈周旺著 2011 年 163 页 23 cm 26 元〔公共管理与公共政策学术前沿〕（G. F.）

01626 309-15152
上海市中心城区社区治理体系建构探索
顾荣著 2020 年 190 页 21 cm 30 元（G. F. P.）

01627 309-14272
新时代、新期待 中国人民美好生活观调查报告
李良荣 郑雯等著 2019 年 259 页 23 cm 55 元〔传播与国家治理研究丛书〕（G. F. P.）

01628 309-05729
上海社区发展研究

潘天舒著 2007 年 英文版 285 页 20 cm 20 元（G. P.）

01629 309-14623
改革开放四十年上海城市社区治理的制度变迁研究
孙荣 梁丽 汤金金等著 2020 年 186 页 21 cm 30 元（G. F. P.）

01630 309-14951
社区治理的逻辑 城市社区营造的实践创新与理论模式
唐亚林等著 2020 年 363 页 23 cm 65 元（G. F. P.）

01631 309-11693
公共服务动机、繁文缛节与组织绩效关系研究
吴辰著 2015 年 265 页 21 cm 36 元〔国家治理与政府创新丛书 朱春奎 竺乾威主编〕（G. F. P.）

01632 309-11523
家居营造 上海都市中产的自我表达实践
于红梅著 2015 年 241 页 21 cm 26 元〔复旦博学文库〕（G. F. P.）

01633 309-12666
智慧小区建设与运营 综合版
张年 孙景乐编著 2016 年 268 页 23 cm 50 元〔智慧小区建设与运营系列丛书〕（G. F. P.）

01634 309-13929
社会转型与城市基层治理形态演进 以上海市静安区临汾路街道的实践为例
郑长忠 杨景明等著 2018 年 259 页 21 cm 精装 58 元（G. F. P.）

01635 309-12178
青年文化新论
戴冰著 2016 年 249 页 24 cm 35 元（G. F. P.）

01636 309-15056
全媒体语境下老龄社会的阅读服务保障整合研究
邓香莲著 2020 年 357 页 22 cm 78 元（G. F. P.）

01637 309-15260
基于系统动力学的上海市医养整合性体系服务供需的仿真研究
王颖著 2020 年 166 页 24 cm 68 元〔复旦大学公共卫生与预防医学一流学科建设——健康中国研究院系列〕（G. F. P.）

01638 309-00692
老龄化对中国的挑战
袁缉辉 张钟汝主编 1991 年 406 页 20 cm 4.50 元（G. F.）

01639 309-12659
上海高龄者友好小区满意度、自我效能、主观幸福感关系研究 以 WHO 高龄友好指标为例
张标著 2016 年 224 页 21 cm 26 元〔管理实践者的理论探索系列丛书〕（G. F. P.）

01640 309-11576
没有围墙的养老家园 海阳居家养老模式研究
赵德余 徐超主编 2015 年 260 页 22 cm 30 元（G. F. P.）

01641 309-06368
我们说 上海妇女实话实录
孙小琪主编 上海市妇女学学会 上海市婚姻家庭研究会《上海妇女》编辑部编

政治、法律·中国政治　121

2008 年　331 页　23 cm　38 元　(G. F. P.)

01642　309-13812

残疾数据框架与指标体系的理论与实证 以上海为例

苌凤水著　2018 年　197 页　21 cm　30 元〔复旦大学中国残疾问题研究中心文库 吕军 王爱芬主编〕(G. F. P.)

01643　309-05864

上海市残疾人康复事业创新实践

罗志坤　吕军　虞慧炯著　2008 年　359 页　23 cm　38 元　(G. F. P.)

01644　309-10939

加快推进上海残疾人同步小康进程研究 2011—2013 年度上海市残疾人工作调研报告（论文）汇编

上海市残疾人联合会编　2014 年　315 页　26 cm　70 元　(G. F. P.)

01645　309-08477

残疾人社会保障和公共服务体系建设研究 2009—2010 年度上海市残疾人工作调研报告（论文）汇编

金放主编　上海市残疾人联合会编　2011 年　397 页　26 cm　70 元　(G. F. P.)

01646　309-12328

基于群体差异的谣言传播规律与政府辟谣策略研究

王筱莉　赵来军等著　2016 年　130 页　21 cm　20 元　(G. F. P.)

01647　309-08523

新时期基层社会管理的创新与实践 上海市黄浦区基层社会管理案例选编

王绍基主编　2011 年　184 页　23 cm　28 元〔干部教育培训丛书〕(G. F. P.)

01648　309-05945

大都市社区治理研究 以上海为例

吴志华　翟桂萍　汪丹著　2008 年　243 页　21 cm　21 元　(G. F. P.)

01649　309-10961

大都市政府结构扁平化研究 以上海市为例

俞晓波著　2014 年　203 页　21 cm　28 元　(G. F. P.)

01650　309-15018

历史、社会与制度变迁

陈明明主编　2020 年　294 页　23 cm　60 元〔复旦政治学评论〕(G. F. P.)

01651　309-14077

制度分析与公共治理

（美）邓穗欣著　张铁钦　张印琦译　2019 年　298 页　23 cm　精装　68 元　(G. F. P.)

01652　309-03225

中国近百年政治史 1840—1926

李剑农著　2002 年　614 页　21 cm　30 元　(G. F. P.)

01653　309-05633

中国近百年政治史 1840—1926

李剑农著　2007 年　614 页　21 cm　32.80 元〔中国文库 哲学社会科学类〕(G. F.)

01654　309-05634

中国近百年政治史 1840—1926

李剑农著　2007 年　再版　614 页　21 cm　46.80 元〔中国文库 哲学社会科学类〕(F.)

01655　309-01214

中国古代政治与行政制度

李孔怀著　1993 年　304 页　20 cm　11 元　(G. F.)

01656 309-07716
晚清官场乱象
綦彦臣著 2011 年 258 页 24 cm 28 元
(G. F. P.)

01657 309-06483
权力玩家 中国历史上的大阴谋
骆玉明著 2009 年 205 页 24 cm 22 元
(G. F. P.)

01658 309-11071
天子文书・政令・信息沟通 以两汉魏晋南北朝为中心
李浩著 2014 年 323 页 22 cm 30 元〔传播学研究书系〕(G. F. P.)

01659 309-04848
中国古代行政制度史
李孔怀著 2006 年 335 页 23 cm 29 元
(G. F. P.)

01660 309-09314
康熙惩抑朋党与清代极权政治
林乾著 2013 年 248 页 22 cm 25 元 (G. F. P.)

01661 309-05788
帝国的终结 中国古代政治制度批判
易中天著 2007 年 303 页 23 cm 28 元
(G. F. P.)

01662 309-12100
汉代郡县制的展开
(日)纸屋正和著 朱海滨译 2016 年 606 页 23 cm 78 元〔日本学者古代中国研究丛刊 徐冲主编 复旦大学历史学系编〕(G. F. P.)

01663 309-14943
长治与久安
周振鹤著 2020 年 165 页 21 cm 38 元
(G. F. P.)

01664 309-10052
大清帝国时期蒙古的政治与社会 以阿拉善和硕特部研究为中心
齐光著 2013 年 363 页 22 cm 30 元〔人文学术〕(G. F. P.)

01665 309-11510
南宋初期政治史研究
(日)寺地遵著 刘静贞 李今芸译 2016 年 410 页 23 cm 68 元〔日本学者古代中国研究丛刊 徐冲主编 复旦大学历史学系编〕(G. F. P.)

01666 309-10280
唐五代科举的世界
金滢坤著 2014 年 352 页 23 cm 45 元〔首都师范大学史学丛书〕(G. F. P.)

01667 309-14000
稀见明清科举文献十五种
陈维昭编校 2019 年 3 册 21 cm 精装 298 元 (G. F. P.)

01668 309-14232
北宋翰林学士与文学研究
陈元锋著 2019 年 396 页 22 cm 精装 62 元〔复旦宋代文学研究书系 第二辑 王水照主编〕(G. F. P.)

01669 309-13040
魏晋南北朝官僚制研究
(日)洼添庆文著 赵立新 涂宗呈 胡云薇等译 2017 年 482 页 23 cm 70 元〔日本学者古代中国研究丛刊 徐冲主编〕(G. F. P.)

01670 309-07403
官阶与服等
阎步克著 2010 年 138 页 21 cm 20 元〔人文书系〕(G. F. P.)

01671 309-07465
明清之际的思想与言说
赵园著 2010 年 161 页 21 cm 20 元〔人文书系〕(G. F. P.)

01672 309-10818
镇江进士研究
严其林著 2014 年 606 页 22 cm 50 元 (G. F. P.)

01673 309-06929
文星璀璨 北宋嘉祐二年贡举考论
曾枣庄著 2010 年 596 页 21 cm 精装 45 元 (G. F. P.)

01674 309-13878
士人身份与南宋诗文研究
侯体健著 2018 年 351 页 22 cm 60 元〔复旦宋代文学研究书系 第二辑 王水照主编〕(G. F. P.)

01675 309-14228
士人身份与南宋诗文研究
侯体健著 2019 年 351 页 22 cm 精装 65 元〔复旦宋代文学研究书系 第二辑 王水照主编〕(G. F. P.)

01676 309-14872
明代文人结社研究
李玉栓著 2020 年 304 页 21 cm 48 元 (G. F. P.)

01677 309-09532
魏晋士人人格美学研究
刘月著 2013 年 170 页 22 cm 20 元〔人文系列〕(G. F. P.)

01678 309-07023
决绝与眷恋 清末民初社会心态与文学转型
耿传明著 2010 年 375 页 21 cm 25 元 (G. F. P.)

01679 309-10798
世纪流向
林贤治著 2014 年 209 页 21 cm 精装 28 元〔微阅读大系 林贤治作品 04〕(G. F. P.)

01680 309-11365
中国问题的分析 荒谬集
王造时著 章清编 2015 年 289 页 24 cm 精装 54 元〔复旦百年经典文库〕(G. F. P.)

01681 309-09323
中间团体与中国现代民族国家的构建 1901—1937
冯静著 2012 年 249 页 22 cm 26 元〔人文学术〕(G. F. P.)

01682 309-07488
洋鬼子在中国
(美) 卡尔·克劳 (Crow Carl) 著 夏伯铭译 2011 年 300 页 24 cm 36 元〔上海旧事系列 徐迪旻主编〕(G. F. P.)

各国政治

01683 309-12275
亚洲的责任 创新合作模式
袁堂军 张怡主编 2016 年 229 页 23 cm 45 元〔复旦发展研究院丛书 刘承功主编〕(G. P.)

01684 309-11093

全球地域化视角下的亚洲研究
复旦大学亚洲研究中心编 2014 年 292 页 23 cm 39.80 元〔亚洲研究集刊 第七辑〕(G. F. P.)

01685 309-09315
亚洲的现代化道路 历史与经验
复旦大学亚洲研究中心编 2012 年 278 页 23 cm 35 元〔亚洲研究集刊 第六辑〕(G. F. P.)

01686 309-04011
二十一世纪亚洲发展之路《亚洲研究集刊》创刊号
吴景平执行主编 复旦大学亚洲研究中心编 2004 年 342 页 23 cm 45 元〔亚洲研究集刊〕(G. F. P.)

01687 309-13618
亚洲的挑战 迈向命运共同体
袁堂军主编 2018 年 262 页 23 cm 48 元〔上海论坛论文与演讲精选集 张怡主编〕(G. F. P.)

01688 309-10479
亚洲的智慧 多元文明的统一与发展
袁堂军 张怡主编 2014 年 212 页 24 cm 30 元〔复旦发展研究院丛书〕(G. F. P.)

01689 309-10562
亚洲的智慧 区域一体化和可持续发展的探索
袁堂军 张怡主编 2014 年 312 页 24 cm 40 元 (G. P.)

01690 309-11575
东亚政治文化与民主转型
郭定平等著 2015 年 316 页 22 cm 38 元 (G. F. P.)

01691 309-08530
改变
(日)北尾吉孝著 杨晶译 2012 年 127 页 19 cm 精装 22 元〔自我完善三部曲——尽心·知命·立命〕(G. F. P.)

01692 309-07552
日本政治与外交转型研究 复旦大学日本研究中心成立 20 周年纪念文集
郭定平主编 2010 年 338 页 21 cm 30 元〔日本研究丛书〕(G. F. P.)

01693 309-00886
日本天皇
翟新著 1992 年 322 页 20 cm 6.90 元 (G. F.)

01694 309-01751
战后日本社会保障制度研究
陈建安主编 1996 年 333 页 20 cm 15 元〔日本研究丛书〕(G. F. P.)

01695 309-01609
日本社会保障制度 兼论中国社会保障制度改革
复旦大学日本研究中心编 1996 年 382 页 20 cm 25 元〔复旦大学日本研究中心日本研究丛书〕(G. F.)

01696 309-14230
东亚跨国自我认同 当代在华日本人社会的人类学研究
(日)青山玲二郎著 2019 年 295 页 21 cm 58 元 (G. F. P.)

01697 309-13583
榕树下的沉思 杨荣文言论集
(新加坡)李慧玲 (新加坡)阿萨·拉迪夫主编 (新加坡)杨荣文著 (新加坡)

周蕴仪译 2018年 311页 23 cm 48元
(G. F. P.)

01698 309-12759
国家与社会的协作共生 新加坡居委会发展模式
（新加坡）傅琼花著 2017年 210页 23 cm 32元 (G. F.)

01699 309-05360
伊朗伊斯兰革命及其世界影响
陈安全著 2007年 474页 23 cm 60元 〔上海市社会科学博士文库〕(G. F. P.)

01700 309-00893
比较政府体制
曹沛霖 徐宗士主编 1993年 558页 20 cm 14.50元 (G. F.)

01701 309-06416
欧洲代议制政府的历史起源
（法）弗朗索瓦·基佐（François Guizot）著 张清津 袁淑娟译 2008年 454页 23 cm 52元〔西方经济社会思想名著译丛 第一辑〕(G. F. P.)

01702 309-05214
风云突变的时代 一个西班牙记者眼中的俄罗斯
（西）拉斐（Rafael Poch-de-Feliu）著 傅石球译 2006年 402页 21 cm 25元 (G. F. P.)

01703 309-08350
俄国共济会与俄国近代政治变迁 18—20世纪初
赵世锋著 2011年 253页 21 cm 20元 〔人文学术〕(G. F. P.)

01704 3253.002
联邦德国政府与政治
（德）宗特海默尔（K. Sontheimer）著 孙克武译 1985年 226页 19 cm 0.99元 (G. F.)

01705 309-07232
北欧福利国家
（挪威）斯坦恩·库恩勒（Stein Kuhnle）等主编 许烨芳 金莹译 2010年 429页 23 cm 58元 (G. F. P.)

01706 309-13963
十七世纪法国的权力与文学 以黎塞留主政时期为例
陈杰著 2018年 208页 21 cm 25元 (G. F. P.)

01707 309-13300
加拿大国庆节的诞生与发展 1867—1942
朱联璧著 2017年 266页 22 cm 35元 〔西方思想文化史研究丛书 第一辑〕(G. F. P.)

01708 309-05523
现代美国压力政治
（日）内田满著 唐亦农译 2007年 305页 21 cm 精装 28元 (G. F. P.)

01709 309-10975
美国政治的理论研究
倪世雄 赵可金编著 2014年 315页 21 cm 精装 40元 (G. F. P.)

01710 3253.005
美国研究
复旦大学美国研究中心国际政治系编 1986年 238页 20 cm 1.60元 (G. F.)

01711 309-04491
我与美国研究 复旦大学美国研究中心成立二

十周年纪念文集
倪世雄主编 2005年 552页 23 cm 55元 (G. F. P.)

01712 309-02165
中国知识分子的美国观 1943—1953
张济顺著 1999年 257页 20 cm 14元〔中美关系研究丛书18 汪熙主编〕(G. F. P.)

01713 309-01603
中国人的美国观 一个历史的考察
杨玉圣著 1996年 372页 20 cm 18元〔中美关系研究丛书15 汪熙主编〕(G. F. P.)

01714 309-13993
美国政治文化转型与外交战略调整
潘亚玲著 2018年 294页 22 cm 45元〔"21世纪的美国与世界"丛书 吴心伯主编〕(G. F. P.)

01715 309-04057
走进国会山 一个中国外交官的亲历
丁孝文著 2004年 296页 21 cm 18元〔当代美国国会研究丛书〕(G. F. P.)

01716 309-08458
政治与行政 一个对政府的研究
(美)弗兰克·J.古德诺著 王元译 2011年 164页 22 cm 18元〔复旦政治学译丛〕(G. F. P.)

01717 309-05516
政府与企业 比较视角下的美国政治经济体制
(美)理查德·雷恩(Richard Lehne)著 何俊志译 2007年 430页 23 cm 55元〔复旦译丛 公共管理系列〕(G. F. P.)

01718 309-02819
左右未来 美国国会的制度创新和决策行为
孙哲著 2001年 501页 23 cm 45元〔当代美国国会系列丛书〕(G. F. P.)

01719 309-09302
幻影公众
(美)沃尔特·李普曼(Walter Lippmann)著 林牧茵译 2013年 169页 19 cm 精装 25元 (G. F. P.)

01720 309-05960
美国的公共政策 承诺与执行
(美)盖依·彼得斯(B. Guy Peters)著 顾丽梅 姚建华等译 2008年 616页 23 cm 68元〔复旦译丛 公共管理系列〕(G. F. P.)

01721 309-05550
规则制定 政府部门如何制定法规与政策
(美)科尼利厄斯·M.克温(Cornelius M. Kerwin)著 刘璟 张辉 丁洁译 2007年 315页 23 cm 40元〔复旦译丛 公共管理系列〕(G. F. P.)

01722 309-00764
院外集团与美国东亚政策 30年代美国白银集团的活动
(美)罗素(Michael Blaine Russell)著 1992年 214页 20 cm 4.20元〔中美关系研究丛书8 汪熙主编〕(G. F.)

01723 309-02778
事关选举 美国国会的政治解读
(美)David R. Mayhew著 蒋昌建译 2001年 145页 20 cm 10元 (G. F. P.)

01724 309-04536
镜头中的国会山 美国国会与大众传媒
沈国麟著 2005年 369页 23 cm 36元〔当代美国国会研究系列丛书〕(G. F. P.)

01725 309-03228
美国国会研究 Ⅰ
孙哲主编 2002年 265页 23 cm 30元〔当代美国国会研究丛书〕(G. F. P.)

01726 309-03638
美国国会研究 Ⅱ
孙哲主编 2003年 401页 23 cm 40元〔当代美国国会研究丛书〕(G. F. P.)

01727 309-00447
美国国会与美国外交决策
汪熙编 1990年 60页 20 cm 2.20元〔中美关系研究丛书6 汪熙主编〕(G. F.)

01728 309-06027
美国国会研究手册 2007—2008
张光 刁大明主编 2008年 821页 21 cm 精装 48元 (G. F.)

01729 309-04477
营造未来 美国国会游说的制度解读
赵可金著 2005年 548页 23 cm 45元〔当代美国国会研究系列丛书〕(G. F. P.)

01730 309-08315
亲历民主 我在美国竞选议员
(美)龚小夏著 2011年 269页 21 cm 28元〔汉唐阳光社科精品系列〕(G. F.)

01731 309-01870
美国首都华盛顿 迈向新世纪的都城
钱江著 1997年 367页 20 cm 25元〔海外文化之旅丛书〕(G. F. P.)

01732 309-05736
政府绩效评估之路
(美)马克斯韦尔公民与公共事务学院(The Maxwell School of Citizenship and Public Affairs)著 邓淑莲等译 2007年 250页 23 cm 32元〔复旦译丛〕(G. F. P.)

01733 309-05527
为官僚制正名 一场公共行政的辩论
(美)查尔斯·T.葛德塞尔(Charles T. Goodsell)著 张怡译 2007年 266页 23 cm 35元〔复旦译丛 公共管理系列〕(G. F. P.)

01734 309-05414
官僚机构与民主 责任与绩效
(美)小威廉·T.格姆雷(William T. Gormley Jr.)(美)斯蒂芬·J.巴拉(Steven J. Balla)著 俞沂暄译 2007年 213页 23 cm 30元〔复旦译丛 公共管理系列〕(G. F. P.)

01735 309-13658
美国情报立法汇编
潘志高主编译 2018年 707页 21 cm 98元 (G. F. P.)

01736 309-11803
网络战略 美国国家安全新支点
汪晓风著 2015年 325页 22 cm 36元〔复旦大学美国研究中心"21世纪的美国与世界"丛书 吴心伯主编〕(G. F. P.)

01737 309-14120
美国公民身份的基础 liberalism, the constitution and civic virtue
(美)理查德·C.西诺波利(Richard C. Sinopoli)著 张晓燕译 2019年 338页 22 cm 精装 58元〔公法与政治理论译丛〕(G. F. P.)

01738 309-04968

重建家园 动荡中的美国华人社会(1940—1965)
赵小建著 2006 年 261 页 23 cm 26 元 (G. F. P.)

外交、国际关系

01739 309-02851
当代西方国际关系理论
倪世雄等著 2001 年 514 页 23 cm 48 元〔复旦博学·国际关系系列教材〕(G. F. P.)

01740 309-13632
当代西方国际关系理论
倪世雄著 2018 年 第 2 版 508 页 23 cm 66 元〔复旦博学·国际政治与国际关系系列 研究生教学用书 教育部学位管理与研究生教育司推荐〕(G. F. P.)

01741 309-06292
国际关系 理论、历史与现实
邢悦 詹奕嘉著 2008 年 507 页 23 cm 47 元〔复旦博学·国际政治与国际关系系列〕(G. F. P.)

01742 309-01765
当代国际关系学导论
俞正梁著 1996 年 187 页 20 cm 10 元 (G. F. P.)

01743 309-05355
中国国际关系理论研究
赵可金 倪世雄著 2007 年 406 页 23 cm 39 元〔复旦博学·国际政治与国际关系系列〕(G. F. P.)

01744 309-07940
国际关系理论探索文集
倪世雄著 2013 年 469 页 23 cm 48 元 (G. F. P.)

01745 309-01492
当代国际公共关系
郭惠民主编 1995 年 295 页 20 cm 10 元〔海外公关译丛〕(G. F.)

01746 309-02106
当代国际公共关系
郭惠民主编 1998 年 第 2 版 452 页 20 cm 17 元〔海外公关译丛〕(G. F. P.)

01747 309-01419
国际公共关系教程
郭惠民主编 1996 年 303 页 20 cm 12 元〔复旦版公关教材系列〕(G. F. P.)

01748 309-07020
世界新秩序
(美)安妮-玛丽·斯劳特(Anne-Marie Slaughte)著 任晓等译 2010 年 278 页 23 cm 27 元〔复旦国际关系名著译丛〕(G. F. P.)

01749 309-11968
战争、组织与理性化
陈明明主编 2015 年 347 页 23 cm 48 元〔复旦政治学评论 第十五辑 2015 年 复旦大学国际关系与公共事务学院主办〕(G. F. P.)

01750 309-10874
话语政治 符号权力和美国对外政策
刘永涛著 2014 年 215 页 22 cm 25 元〔复旦大学美国研究中心"21 世纪的美国与世界"丛书 吴心伯主编〕(G. F. P.)

01751 309-01746
当代国际关系

颜声毅主编 1996年 393页 20 cm 15元
(G. F. P.)

01752 309-05591
国际关系与全球政治 21 世纪国际关系学导论
俞正梁著 2007年 267页 24 cm 30元〔复旦博学·国际政治与国际关系系列 普通高等教育"十五"国家级规划教材〕(G. F. P.)

01753 309-02555
全球化时代的国际关系
俞正梁等著 2000年 301页 23 cm 28元〔国际政治系列教材〕(G. F. P.)

01754 309-06509
全球化时代的国际关系
俞正梁等著 2009年 第2版 289页 23 cm 30元〔复旦博学·国际政治与国际关系系列〕(G. F. P.)

01755 309-15198
全球化时代的国际关系
俞正梁等著 2020年 第3版 311页 23 cm 59元〔国际政治与国际关系系列〕(G. F. P.)

01756 309-03182
欧洲一体化政治经济学
周建平主编 2002年 520页 21 cm 24元〔新编经济学系列教材〕(G. F. P.)

01757 309-07400
百年风云巴尔干
金重远著 2010年 259页 23 cm 26元
(G. F. P.)

01758 309-01104
欧洲共同体条约集
戴炳然译 1993年 500页 20 cm 20元
(G. F.)

01759 309-03206
近现代国际关系史
唐贤兴主编 2002年 413页 23 cm 40元〔复旦博学·国际关系系列教材〕(G. F. P.)

01760 309-10143
当代国际关系史
朱明权著 2013年 253页 26 cm 33元〔复旦博学·国际政治与国际关系系列 10〕(G. F. P.)

01761 309-04068
当代中国外交
颜声毅著 2004年 391页 23 cm 35元〔复旦博学·国际政治与国际关系系列〕(G. F. P.)

01762 309-06471
当代中国外交
颜声毅著 2009年 第2版 397页 23 cm 38元〔普通高等教育"十一五"国家级规划教材 复旦博学·国际政治与国际关系系列〕(G. F. P.)

01763 309-08707
从"随势"到"谋势" 中国的国际取向与战略选择
潘忠岐著 2012年 341页 21 cm 30元
(G. F. P.)

01764 309-12880
中国国际话语权构建 理论、现状和路径
吴贤军著 2017年 293页 21 cm 30元
(G. F. P.)

01765 309-04700

复旦大学"大使论坛"
梅兆荣编 2005年 188页 21 cm 20元
(G. F. P.)

01766 309-06687
复旦大学"大使论坛"第2辑
梅兆荣编 2009年 293页 21 cm 25元
(G. F. P.)

01767 309-00944
寄语可爱的日本和中国
(日)中田庆雄著 1992年 239页 20 cm 精装 13元 (G. F.)

01768 309-07920
中日建交再研究 以日本田中政权对华建交决策为中心
刘宏著 2011年 275页 21 cm 22元 〔日本研究丛书〕(G. F. P.)

01769 309-12323
中印关系研究的视野与前景
沈丹森 孙英刚编 2016年 295页 23 cm 38元 〔复旦中华文明研究专刊〕(G. F. P.)

01770 309-12571
走进非洲
张春著 2017年 175页 21 cm 20元 〔国家大事丛书〕(G. F. P.)

01771 309-11169
中国：我们的敌人？ 一位(美国)将军的故事
伯恩·勒夫克 马克·勒夫克著 高亚萍 翟象俊译 2015年 259页 28 cm 50元 (G. F.)

01772 309-14162
中美关系中的网络政治研究
蔡翠红著 2019年 350页 22 cm 48元

〔"21世纪的美国与世界"丛书 吴心伯主编〕(G. F. P.)

01773 309-06456
结交一言重 相期千里至 一个中国学者眼中的中美建交30年
倪世雄著 2009年 407页 26 cm 52元 (G. F.)

01774 309-07921
世事如棋局局新 二十一世纪初中美关系的新格局
吴心伯著 2011年 230页 23 cm 36元 (G. F. P.)

01775 309-10581
钓鱼岛历史真相
韩结根著 2014年 296页 23 cm 39元 (G. F.)

01776 309-06938
江南与中外交流
复旦大学历史系编 2009年 438页 23 cm 50元 〔复旦史学集刊 第三辑〕(G. F. P.)

01777 309-03463
抗日战争时期中国外交制度研究
陈雁著 2002年 386页 20 cm 22元 〔上海市社会科学博士文库 第四辑〕(G. F. P.)

01778 309-05123
北洋时期的中国外交
金光耀 王建朗主编 2006年 610页 21 cm 35元 〔复旦史学专刊 第三辑〕(G. F. P.)

01779 309-08172
中国的不平等条约 国耻与民族历史叙述
(美)王栋著 王栋 龚志伟译 2011年 202页 22 cm 20元 〔中美关系研究丛

书 24 汪熙主编〕(G. F. P.)

01780 309-11063
朝鲜通信使文献选编 第1册
复旦大学文史研究院编 2015年 352页 23 cm 精装 94元 (G. F. P.)

01781 309-11352
朝鲜通信使文献选编 第2册
复旦大学文史研究院编 2015年 375页 23 cm 精装 88元 (G. F. P.)

01782 309-11353
朝鲜通信使文献选编 第3册
复旦大学文史研究院编 2015年 384页 23 cm 精装 88元 (G. F. P.)

01783 309-11354
朝鲜通信使文献选编 第4册
复旦大学文史研究院编 2015年 243页 23 cm 精装 62元 (G. F. P.)

01784 309-11355
朝鲜通信使文献选编 第5册
复旦大学文史研究院编 2015年 432页 23 cm 精装 98元 (G. F. P.)

01785 309-11868
从相互隔绝到战略合作 建交后中韩政治经济关系的演化
何喜有 (韩) 申相振著 2016年 442页 21 cm 42元〔社科系列〕(G. F. P.)

01786 309-01074
一种特殊关系的形成 1914年前的美国与中国
(美) 韩德 (Michael H. Hunt) 著 项立岭 林勇军译 1993年 529页 20 cm 21.50元〔中美关系研究丛书10 汪熙主编〕(G. F.)

01787 309-00189
美国对中国的反应 中美关系的历史剖析
(美) 孔华润 (Warren I. Cohen) 著 张静尔译 1989年 277页 20 cm 5.90元〔中美关系研究丛书4 汪熙主编〕(G. F.)

01788 309-01921
美国对中国的反应 中美关系的历史剖析
(美) 孔华润 (Warren I. Cohen) 著 张静尔译 1997年 第2版 234页 20 cm 16元〔中美关系研究丛书4 汪熙主编〕(G. F. P.)

01789 309-00635
巨大的转变 美国与东亚
(美) 入江昭等编 1991年 275页 20 cm 5.30元〔中美关系研究丛书7 汪熙主编〕(G. F.)

01790 309-01922
巨大的转变 美国与东亚
(美) 入江昭 孔华润编 1997年 第2版 270页 20 cm 16元〔中美关系研究丛书7 汪熙主编〕(G. F. P.)

01791 309-02287
艰难的抉择 美国在承认新中国问题上的争论 (1949—1950)
(美) 唐耐心 (Nancy Bernkopf Tucker) 著 朱立人 刘永涛译 2000年 607页 20 cm 28元〔中美关系研究丛书20 汪熙主编〕(G. F. P.)

01792 309-00094
美国特使在中国 1945年12月—1947年1月
屠传德著 1988年 322页 20 cm 5.70元〔中美关系研究丛书3 汪熙主编〕(G. F.)

01793 309-01923
美国特使在中国 1945年12月—1947年1月

屠传德著 1997年 第2版 327页 20 cm 18元〔中美关系研究丛书3 汪熙主编〕(G. F. P.)

01794 309-01888

金元外交与列强在中国 1909—1913
吴心伯著 1997年 210页 20 cm 12元〔中美关系研究丛书16 汪熙主编〕(G. F.)

01795 309-01058

中美关系史上的一次曲折 从巴黎和会到华盛顿会议
项立岭著 1993年 212页 20 cm 9.80元〔中美关系研究丛书9 汪熙主编〕(G. F.)

01796 309-01924

中美关系史上的一次曲折 从巴黎和会到华盛顿会议
项立岭著 1997年 第2版 213页 20 cm 14元〔中美关系研究丛书11 汪熙主编〕(G. F. P.)

01797 309-02179

曲折的历程 中美建交20年
谢希德 倪世雄主编 1999年 305页 20 cm 16元 (G. F. P.)

01798 309-12262

跨越修昔底德陷阱 中美新型军事关系研究
张芳著 2016年 299页 21 cm 36元〔"21世纪的美国与世界"丛书 吴心伯主编〕(G. F. P.)

01799 11253.015

中美关系史论丛
汪熙主编 1985年 395页 20 cm 2.58元〔中美关系研究丛书 汪熙主编〕(G. F.)

01800 309-08886

全球化、亚洲区域主义与中国的和平发展
苏长和主编 2012年 348页 23 cm 35元〔上海论坛论文与演讲精选集·经济卷 林尚立主编〕(G. F. P.)

01801 309-12561

礼和天下 传统东亚秩序的长稳定
陈康令著 2017年 257页 21 cm 48元〔复旦博学文库〕(G. F. P.)

01802 309-07652

战争与秩序 中国抗战与东亚国际秩序的演变研究
祁怀高著 2010年 324页 21 cm 25元 (G. F. P.)

01803 309-00788

"冷战"、"遏制"和大西洋联盟 1945—1950年美国战略决策资料选编
刘同舜编 1993年 330页 20 cm 15元 (G. F.)

01804 309-12529

安全化与冷战后美国对华战略演变
潘亚玲著 2016年 297页 21 cm 36元 (G. F. P.)

01805 3253.004

杜鲁门与麦克阿瑟的冲突和朝鲜战争
(美)斯帕尼尔(J. W. Spanier)著 钱宗起 邹国孚译 1985年 299页 19 cm 1.43元 (G. F.)

01806 309-04595

美国国会与台湾问题
孙哲主编 2005年 417页 23 cm 50元〔当代美国国会研究系列丛书〕(G. F. P.)

01807 309-04917

太平洋上不太平 后冷战时代的美国亚太安全

战略

吴心伯著 2006年 218页 23 cm 33元 (G. F. P.)

01808 309-04400

"半自主"国会与台湾问题 美国国会外交行为模式

信强著 2005年 356页 23 cm 35元〔当代美国国会研究系列丛书〕(G. F. P.)

01809 309-05354

国际新格局下的拉美研究

朱鸿博 江时学 蔡同昌主编 2007年 429页 21 cm 28元 (G. F. P.)

法　律

01810 7253.019

上海市高等教育自学考试法律专业课程试题和答案要点

上海市高等教育自学考试委员会办公室编 1986年 188页 19 cm 0.85元 (G. F.)

01811 309-10863

天涯法律评论 第1辑

江合宁 王天林主编 2014年 215页 23 cm 35元〔三亚学院学术文丛〕(G. F. P.)

01812 309-14299

复旦大学法律评论 第6辑

汪明亮 杨严炎主编 2019年 290页 23 cm 68元 (G. F. P.)

01813 309-14991

复旦大学法律评论（第七辑）金融科技、数据保护与法治转型

许多奇 许凌艳主编 2020年 230页 23 cm 65元 (G. F. P.)

01814 309-07595

英汉法律

胡志勇主编 2010年 593页 15 cm 20元〔新学科术语小词典〕(G. F. P.)

01815 309-14043

法律术语的认知与翻译研究

张绍全著 2018年 254页 21 cm 45元 (G. F. P.)

01816 309-14543

法律硕士联考 法学/非法学

139法硕编写组编 2019年 275页 26 cm 精装 139元〔139考研思维导图〕(G. F.)

01817 309-06702

哈耶克法律哲学

邓正来著 2009年 270页 24 cm 28元 (G. F. P.)

01818 309-03351

法理学

公丕祥主编 2002年 582页 23 cm 55元〔复旦博学·法学系列〕(G. F. P.)

01819 309-06261

法理学

公丕祥主编 2008年 第2版 430页 23 cm 45元〔普通高等教育"十一五"国家级规划教材 复旦博学·法学系列〕(G. F. P.)

01820 309-09904

法理学

公丕祥主编 2016年 第3版 394页 23 cm 49元〔复旦博学·法学系列 普通高等教育"十一五"国家级规划教材〕(G. F. P.)

01821 309-02484

法理学

胡土贵编著 2000年 176页 26 cm 20元〔全国高等教育法律专业自学考试指导与训练丛书〕(G. F. P.)

01822 309-03558

法学概论

李建勇主编 2003年 2006年第2版 2012年第3版 234页 23 cm 20元〔初级工商管理(EBA)系列教程〕(G. F. P.)

01823 309-09146

法学英语 I

李立 张清主编 2012年 174页 26 cm 30元〔21世纪EAP学术英语系列丛书 蔡基刚总主编〕(G. F. P.)

01824 309-10288

法学英语 I

李立 张清主编 2014年 第2版 181页 26 cm 35元〔21世纪EAP学术英语系列丛书 蔡基刚总主编〕(G. F. P.)

01825 309-09007

法学英语 II

李立主编 2012年 181页 26 cm 30元〔21世纪EAP学术英语系列丛书 蔡基刚总主编〕(G. F. P.)

01826 309-10318

法学英语 II

李立 张清册主编 2014年 第2版 154页 26 cm 30元〔21世纪EAP学术英语系列丛书〕(G. F. P.)

01827 309-09008

法学英语教师用书 I、II

李立 张清主编 2012年 204页 26 cm 35元〔21世纪EAP学术英语系列丛书 蔡基刚总主编〕(G. F. P.)

01828 309-10671

法学英语教师用书 I、II

李立 张清主编 2014年 第2版 193页 26 cm 35元〔21世纪EAP学术英语系列丛书 蔡基刚总主编〕(G. F. P.)

01829 5627-0239

法学基础教程

林信泰 达庆东主编 1994年 第2版 260页 20 cm 6.90元 (G. F.)

01830 5627-0427

法学基础教程

达庆东 张静主编 1998年 第3版 289页 20 cm 15.80元 (G. F.)

01831 309-02232

黑格尔的法权哲学

林喆著 1999年 398页 20 cm 18元〔上海市社会科学博士文库 第一辑〕(G. F. P.)

01832 5627-0102

法学基础教程

刘本仁 贾本乾主编 1991年 320页 20 cm 3.65元 (G. F.)

01833 309-04645

法哲学

刘日明著 2005年 269页 21 cm 18元〔哲学交叉学科系列丛书〕(G. F. P.)

01834 309-09310

法律规范的冲突解决规则

刘志刚著 2012年 297页 23 cm 45元〔复旦版原创学术著作 法学系列〕(G. F. P.)

01835 309-09287
法学通论
熊进光 易有禄主编 2012年 426页 26 cm 48元〔信毅教材大系〕(G. F. P.)

01836 309-00243
法学概论
修义庭编著 1989年 498页 19 cm 3.99元 (G. F.)

01837 309-01735
法学概论新编
修义庭 张光杰主编 1996年 328页 20 cm 15元 (G. F.)

01838 309-02322
法学概论新编
修义庭 张光杰主编 1999年 第3版 378页 20 cm 18元〔新编法学系列教材〕(G. F. P.)

01839 309-00681
马克思主义法学导论
修义庭主编 王蔚等撰写 1991年 251页 20 cm 3.40元 (G. F.)

01840 309-03271
法理学研究 基础与前沿
杨心宇主编 徐怀宇等撰 2002年 438页 20 cm 22元〔法学专题系列〕(G. F. P.)

01841 309-12998
法理与学说作为法源之研究
于晓青著 2017年 289页 23 cm 45元〔复旦版原创学术著作 法学系列〕(G. F. P.)

01842 309-05164
法理学导论
张光杰主编 2006年 331页 23 cm 32元〔复旦博学·法学系列〕(G. F. P.)

01843 309-11180
法理学导论
张光杰主编 2015年 第2版 331页 23 cm 39元〔复旦博学·法学系列〕(G. F. P.)

01844 309-06290
WTO法律规则
张学森 G. D.派特森编著 2008年 英文版 404页 23 cm 42元 (G. P.)

01845 309-11230
实用法学
张志京 袁静主编 2015年 222页 26 cm 20元〔初级工商管理(EBA)系列教材〕(G. F. P.)

01846 309-01138
法学基础新编
中共上海市教育卫生工作委员会 上海市高等教育局组编 1993年 387页 21 cm 7元 (F.)

01847 309-01300
法学基础新编
中共上海市教育卫生工作委员会 上海市高等教育局组编 1993年(1994年重印) 387页 20 cm 8.50元 (G. F.)

01848 309-06630
法律逻辑学案例教程
张大松主编 2009年 253页 23 cm 32元〔复旦博学·法学系列〕(G. F. P.)

01849 309-05317
法律专业逻辑学教程
张晓光主编 2007年 375页 23 cm 35元

〔复旦博学·法学系列〕(G. F. P.)

01850 309-09343
法律语言与翻译 2012 年 第 3 辑
余素青主编 2012 年 146 页 26 cm 22 元 (G. F. P.)

01851 309-08533
法律语言与翻译 第 2 辑
余素青主编 2011 年 183 页 26 cm 30 元 (G. F. P.)

01852 309-11008
法律、经济学与伦理
(以) 艾雅尔·扎米尔 (以) 巴拉克·梅迪纳著 徐大丰译 2014 年 280 页 23 cm 48 元 〔法律经济学译丛〕(G. F. P.)

01853 309-11261
法律的动态经济分析
(美) 戴维·M.德瑞森著 王颖译 2015 年 229 页 23 cm 40 元 〔法律经济学译丛〕(G. F. P.)

01854 309-11011
法律经济学的原理与方法 规范推理的基础工具
(美) 尼古拉斯·L.吉奥加卡波罗斯著 许峰 翟新辉译 2014 年 325 页 23 cm 55 元 〔法律经济学译丛〕(G. F. P.)

01855 309-00882
当代西方法哲学主要流派
张乃根著 1993 年 250 页 20 cm 6.50 元 (G. F.)

01856 309-12364
杨兆龙文集
杨兆龙著 2018 年 682 页 26 cm 精装 158 元 〔复旦法学百年文丛〕(G. F. P.)

01857 309-09192
法治与社会 第 2 卷 2012
刘建民主编 2012 年 224 页 26 cm 28 元 (G. F. P.)

01858 309-12011
人权的立法保障
刘志刚著 2015 年 217 页 23 cm 35 元 〔原创学术著作法学系列〕(G. F. P.)

01859 309-03764
外国法律制度导论
李昌道 徐静琳主编 2003 年 410 页 20 cm 20 元 〔新编法学系列教材〕(G. F. P.)

01860 309-10038
法律与君王 论君王与人民之正当权力
(英) 撒母耳·卢瑟福 (Samuel Rutherford) 著 李勇译 2013 年 1 册 23 cm 59 元 〔西方经济社会思想名著译丛 第二辑〕(G. F. P.)

01861 309-14390
英美法判例读写教程
高凌云编著 2019 年 260 页 26 cm 49 元 〔复旦博学·法学系列〕(G. F. P.)

01862 309-01338
中西法律文化通论
何勤华等编著 1994 年 339 页 19 cm 7 元 (G.)

01863 309-10866
法律文化纲要
张志京主编 2014 年 257 页 23 cm 35 元 (G. F. P.)

01864 309-14892
法律文化纲要

张志京主编 2020年 第2版 208页 26 cm 45元 (G. F. P.)

01865 309-04639
西方法律思想史
何勤华主编 2005年 464页 23 cm 45元 〔复旦博学·法学系列〕(G. F. P.)

01866 309-06810
西方法律思想史
何勤华主编 2009年 第2版 462页 23 cm 45元 〔复旦博学·法学系列 普通高等教育"十一五"国家级规划教材〕(G. F. P.)

01867 309-14996
中国传统法律文化精讲
郭建著 2020年 236页 22 cm 35元 (G. F. P.)

01868 309-05735
中国法律思想史
郭建主编 2007年 330页 23 cm 35元 〔复旦博学·法学系列〕(G. F. P.)

01869 309-13639
中国法律思想史
郭建主编 2018年 第2版 252页 26 cm 40元 〔复旦博学·法学系列〕(G. F. P.)

01870 309-01828
中华法系研究
郝铁川著 1997年 252页 20 cm 14元 (G. F. P.)

01871 309-03815
中国法律思想史
何勤华等主编 赵元信等编著 2003年 223页 26 cm 21元 〔全国高等教育法律专业自学考试指导与训练〕(G. F. P.)

01872 309-02846
外国法制史
陈灵海等编著 2001年 265页 26 cm 26元 〔全国高等教育法律专业自学考试指导与训练〕(G. F. P.)

01873 309-03259
外国法制史
何勤华 李秀清主编 2002年 616页 23 cm 58元 〔复旦博学·法学系列〕(G. F.)

01874 309-07135
外国法制史
何勤华 李秀清主编 2010年 第2版 616页 24 cm 55元 〔复旦博学·法学系列〕(G. F. P.)

01875 309-08576
外国法制史
何勤华 李秀清主编 2011年 第3版 467页 23 cm 48元 〔复旦博学·法学系列〕(G. F. P.)

01876 309-08965
早期制度史讲义
(英)亨利·萨姆纳·梅因(Henry Sumner Maine)著 冯克利 吴其亮译 2012年 217页 23 cm 28元 〔西方经济社会思想名著译丛〕(G. F. P.)

01877 309-10146
当代公民身份理论研究
刁瑷辉著 2014年 245页 21 cm 22元 (G. F. P.)

01878 309-11838
利益表达与公权行为 公民如何影响国家
侯健著 2015年 249页 23 cm 精装 35元 (G. F. P.)

01879 309-07093

知情权的法律保障

林爱珺著 2010年 299页 23 cm 38元〔复旦大学新闻传播与媒介化社会研究国家哲学社会科学创新基地成果丛书 童兵主编〕(G. F.)

01880 309-09099

立法缺位状态下的基本权利

刘志刚著 2012年 180页 23 cm 25元〔复旦版原创学术著作 法学系列〕(G. F. P.)

01881 309-06829

立宪主义语境下宪法与民法的关系

刘志刚著 2009年 302页 23 cm 35元〔法学专题系列〕(G. F. P.)

01882 309-03818

行政法学

胡建淼主编 2003年 368页 23 cm 32元〔复旦博学·法学系列〕(G. F. P.)

01883 309-06324

新闻传播法学

孙旭培著 2008年 416页 23 cm 44元〔复旦博学·新闻与传播学系列教材 新世纪版〕(G. F. P.)

01884 309-02761

行政法学

张世信 周帆主编 2001年 2006年第2版 372页 23 cm 33元〔MPA(公共管理硕士)系列〕(G. F. P.)

01885 309-02599

行政法学

张心泉等编 2000年 228页 26 cm 22元〔全国高等教育法律专业自学考试指导与训练丛书〕(G. F. P.)

01886 309-03421

克隆人：法律与社会 第1卷 介绍

张乃根 (法)米雷埃·德尔玛斯-玛尔蒂 (Mireille Delmas-Marty)主编 2002年 280页 20 cm 精装 20元〔法学专题系列〕(G. F. P.)

01887 309-03980

克隆人：法律与社会 第2卷 比较

张乃根 (法)米雷埃·德尔玛斯-玛尔蒂 (M. Delmas-Marty)主编 2004年 211页 20 cm 18元 (G. F. P.)

01888 309-04958

克隆人：法律与社会 第3卷 建议

张乃根 (法)米雷埃·德尔玛斯-玛尔蒂 (M. Delmas-Marty)主编 2006年 145页 21 cm 15元 (G. F. P.)

01889 309-00586

税法学

黄振纲主编 1991年 587页 20 cm 精装 14元 (G.)

01890 309-01525

怎样避免在金融交易中陷于被动 金融法活用

(日)LEC·东京法思株式会社编著 1995年 188页 20 cm 8元〔企业、市场与法系列 走向规范：市场经济经营管理技法丛书〕(G. F. P.)

01891 309-09309

税收规避法律规制研究

俞敏著 2012年 222页 23 cm 32元〔上海政法学院学术文库 经济法学系列〕(G. F. P.)

01892 309-07048

被误读的信托 信托法原论

高凌云著 2010 年 295 页 23 cm 35 元〔法学专题系列〕(G. F. P.)

01893 309-09860

反洗钱法律文献比较与解析

陈浩然著 2013 年 269 页 26 cm 48 元 (G. F. P.)

01894 309-10634

期权视阈下的法律权益结构

（美）伊恩·艾瑞斯著 朱莺 顾健译 2014 年 229 页 23 cm 38 元〔法律经济学译丛〕(G. F. P.)

01895 309-01524

怎样避开商海中的陷阱 商法活用

（日）LEC·东京法思株式会社编著 1995 年 225 页 20 cm 8.80 元〔企业、市场与法系列 走向规范：市场经济经营管理技法丛书〕(G. F. P.)

01896 309-08028

反垄断法实施中的相关市场界定研究

丁茂中著 2011 年 168 页 23 cm 25 元〔经济法学系列 倪振峰主编〕(G. F. P.)

01897 309-12918

亲身体尝 互联网思维下的消费者保护

顾继东 秦悦民著 2017 年 192 页 21 cm 25 元 (G. F. P.)

01898 309-12144

从一元到多元 寡头的反垄断法规制

喻玲著 2016 年 228 页 23 cm 32 元〔信毅学术文库〕(G. F. P.)

01899 309-08598

劳务派遣管理概论

曹可安著 2011 年 235 页 26 cm 35 元〔复旦博学·21 世纪劳动关系管理〕(G. F. P.)

01900 309-08570

私法上的环境权及其救济问题研究

侯怀霞著 2011 年 198 页 23 cm 30 元〔上海政法学院学术文库 经济法学系列〕(G. F. P.)

01901 309-11058

碳排放交易市场化法律保障机制的探索

王燕 张磊著 2015 年 320 页 21 cm 30 元〔低碳法前沿丛书 杨解君主编〕(G. F. P.)

01902 309-13761

公民生态权利研究

吴卫星 汪兴国等著 2018 年 213 页 23 cm 45 元〔复旦版原创学术著作 法学系列〕(G. F. P.)

01903 5627-0388

知识产权法概论

达庆东 吴桂琴主编 1997 年 271 页 20 cm 11.50 元 (G. F.)

01904 309-01723

计算机软件的版权与保护 计算机软件保护条例应用

丁国威等编著 1996 年 261 页 20 cm 14 元〔走向法制：市场经济法律应用丛书〕(G. F. P.)

01905 309-02297

合同·担保管理精要

（日）LEC·东京法思株式会社编著 1999 年 257 页 20 cm 14 元〔经营管理精要丛书（日）反町胜夫主编〕(G. F. P.)

01906 309-09311
外国民商法
何勤华 李秀清主编 2015 年 557 页 23 cm 65 元〔博学·法学系列〕(G. F. P.)

01907 309-02651
外国民商法导论
何勤华 李秀清主编 2000 年 700 页 20 cm 35 元〔华东政法学院民商法丛书 第一批〕(G. F. P.)

01908 309-00366
外国民商法概论
姜厚仁主编 1989 年 472 页 19 cm 4.25 元 (G. F.)

01909 309-02443
民法哲学论稿
李锡鹤著 2000 年 349 页 20 cm 20 元〔华东政法学院民商法丛书 第一批〕(G. F.)

01910 309-07015
民法哲学论稿
李锡鹤著 2009 年 第 2 版 599 页 23 cm 70 元〔复旦版原创学术著作 法学系列〕(G. F. P.)

01911 309-00856
著作权诸问题研究
史文清 梅慎实著 1992 年 261 页 19 cm 4.80 元〔法学与实践丛书〕(G. F.)

01912 309-02033
民法总论
王全弟主编 1998 年 312 页 20 cm 15 元〔新编法学系列教材〕(G. F. P.)

01913 309-04161
民法总论
王全弟主编 2004 年 第 2 版 467 页 21 cm 22 元〔新编法学系列教材〕(G. F. P.)

01914 309-04714
侵权行为法
杨立新主编 2005 年 452 页 23 cm 45 元〔复旦博学·法学系列〕(G. F. P.)

01915 309-02167
国际贸易的知识产权法
张乃根著 1999 年 365 页 20 cm 16.50 元〔企业、市场与法系列 走向国际：面向 21 世纪的国际经济法丛书〕(G. F. P.)

01916 309-05726
国际贸易的知识产权法
张乃根著 2007 年 第 2 版 415 页 23 cm 45 元〔复旦版原创学术著作 法学系列〕(G. F. P.)

01917 309-12264
不被洞察的权利 互联网精准广告与消费者隐私保护研究
汪靖著 2016 年 271 页 21 cm 28 元〔新闻传播学术原创系列〕(G. F. P.)

01918 309-10567
数字新媒体版权管理
张文俊 倪受春 许春明著 2014 年 349 页 24 cm 48 元 (G. F. P.)

01919 309-00541
外国婚姻家庭法资料选编
张贤钰主编 1991 年 510 页 20 cm 3.65 元 (G.)

01920 309-11569
公司法政治学研究初论
邓辉著 2015 年 211 页 23 cm 42 元〔信

毅学术文库〕(G. F. P.)

01921 309-12766
律师法律服务对内部控制有效性的影响及机制研究
乔文湘著 2017年 201页 21 cm 24元〔管理实践者的理论探索系列丛书〕(G. F. P.)

01922 309-00672
量刑方法研究专论
苏惠渔等编 1991年 258页 20 cm 4元〔刑法学研究丛书〕(G.)

01923 309-03400
金融犯罪理论专题研究
刘宪权 卢勤忠著 2002年 611页 20 cm 35元〔法学专题系列〕(G. F. P.)

01924 309-08434
国际反洗钱师资格认证教程
萨斯基亚·利特布吕克编辑 祝亚雄 高增安翻译 2011年 336页 26 cm 88元〔中国反洗钱系列丛书〕(G. F. P.)

01925 309-08440
刑事法治视野中的商业秘密保护 以刑事保护为中心
杨正鸣 倪铁主编 2011年 239页 23 cm 38元〔复旦版原创学术著作 法学系列〕(G. F. P.)

01926 309-09198
恐怖融资与反恐怖融资研究
童文俊著 2012年 382页 21 cm 28元〔中国反洗钱系列丛书〕(G. F. P.)

01927 309-00981
诉讼法大辞典

钱国耀 黄双全主编 1993年 944页 20 cm 精装 30元 (G. F.)

01928 309-04282
证据法学
陈卫东 谢佑平主编 2005年 392页 23 cm 35元〔复旦博学·法学系列〕(G. F. P.)

01929 309-12664
证据法学
陈卫东 谢佑平主编 2016年 第2版 285页 26 cm 38元〔普通高等教育"十一五"国家级规划教材 复旦博学·法学系列〕(G. F. P.)

01930 309-14952
个案全过程新论 以集中审理为中心
章武生主编 2020年 527页 23 cm 99元 (G. F. P.)

01931 309-03840
刑事司法程序的一般理论
谢佑平著 2003年 464页 20 cm 28元〔法学专题系列〕(G. F. P.)

01932 309-07050
对抗式刑事审判的起源
(美)兰博约(John H. Langbein)著 王志强译 2010年 371页 21 cm 精装 40元〔法学经典译丛〕(G. F. P.)

01933 309-01803
司法伦理学
田保传等主编 1996年 258页 20 cm 12.80元 (G. F.)

01934 309-02816
公证与律师制度

何勤华等主编 胡锡庆等编著 2001 年 243 页 26 cm 22 元〔全国高等教育法律专业自学考试指导与训练丛书〕(G. F. P.)

01935 309-11470
影响律师工作满意度的心理机制研究 社会身份认同理论的视角
罗建荣著 2016 年 192 页 21 cm 24 元〔管理实践者的理论探索系列丛书〕(G. F. P.)

01936 309-06512
犯罪学
宋浩波 靳高风主编 2009 年 543 页 23 cm 50 元〔复旦博学·法学系列〕(G. F. P.)

01937 309-10450
道德恐慌与过剩犯罪化
汪明亮著 2014 年 245 页 23 cm 36 元〔复旦版原创学术著作 法学系列〕(G. F. P.)

01938 309-13471
公众参与犯罪治理之市场化途径
汪明亮等著 2018 年 233 页 23 cm 45 元〔复旦版原创学术著作 法学系列〕(G. F. P.)

01939 309-02176
中国现代化进程中的犯罪研究
肖建国著 1999 年 318 页 20 cm 15 元 (G. F. P.)

01940 309-00881
故意犯罪阶段形态论
徐逸仁著 1992 年 287 页 20 cm 5.35 元〔刑法学研究丛书〕(G. F.)

01941 309-08252
法文化视角下的传统侦查研究
倪铁著 2011 年 310 页 24 cm 48 元〔复旦版原创学术著作 法学系列〕(G. F. P.)

01942 309-09597
侦查学
杨正鸣 倪铁主编 2013 年 第 2 版 352 页 23 cm 48 元 (G. F. P.)

01943 309-08366
侦查学案解
杨正鸣 倪铁主编 2011 年 277 页 26 cm 45 元〔高等学校法学实验教学系列教材〕(G. F. P.)

01944 309-10122
侦查学原理
杨正鸣 倪铁主编 2013 年 第 2 版 361 页 23 cm 49 元 (G. F. P.)

01945 309-08367
犯罪现场勘查案解
杨正鸣 倪铁主编 2011 年 298 页 26 cm 45 元〔高等学校法学实验教学系列教材〕(G. F. P.)

01946 309-04009
手纹科学
张海国著 2004 年 197 页 21 cm 11 元 (G. F. P.)

01947 309-15089
法务会计与财务 理论与实践
(英)比-利恩·丘(Bee-lean Chew)主编 熊玉莲译 2020 年 245 页 26 cm 58 元 (G. F. P.)

01948 309-11195
法务会计与舞弊调查 写给非专业人士

(美)霍华德·西尔弗斯通等著 张华林译 2016年 235页 26 cm 39元 (G. F. P.)

01949 309-03601
现代法医学
陈康颐主编 2004年 1533页 26 cm 精装 198元 (G. F. P.)

01950 5627-0373
应用法医学各论
陈康颐主编 1999年 865页 26 cm 精装 118元 (G. F. P.)

01951 309-06153
法医学
陈龙主编 2008年 291页 26 cm 39元 〔名校·名师·名课系列〕(G. F. P.)

01952 309-11922
法医学
沈忆文主编 2015年 223页 26 cm 58元 〔基础医学本科核心课程系列教材〕(G. F. P.)

01953 5627-0420
精神疾病的司法鉴定
马世民主编 1998年 384页 19 cm 18.90元 (G. F. P.)

01954 5627-0316
司法精神鉴定的疑难问题及案例
郑瞻培主编 1996年 405页 19 cm 19.50元 (G. F. P.)

01955 5627-0371
司法精神医学基础
郑瞻培编著 1997年 249页 19 cm 12元 (G. F.)

01956 309-14870
人体损伤的伤残评定 50个实例评残策略
周志官著 2020年 214页 24 cm 68元 (G. F. P.)

01957 309-04455
国家司法考试教科书
于志刚主编 2005年 2册 26 cm 150元 〔2005年国家司法考试指导教材〕(G. F.)

01958 309-04456
国家司法考试试题分类解析应试技巧及变型题预测
于志刚主编 2005年 614页 26 cm 70元 〔2005年国家司法考试指导教材〕(G. F.)

01959 6253.001
政治与法律丛刊 第1辑 宪法修改草案讨论专辑
上海社会科学院法学研究所《政治与法律丛刊》编辑部编辑 1982年 160页 19 cm 0.55元 (G. F.)

01960 6253.002
政治与法律丛刊 第2辑
上海社会科学院法学研究所《政治与法律丛刊》编辑部编辑 1982年 160页 19 cm 0.55元 (G.)

01961 6253.003
政治与法律丛刊 第3辑
上海社会科学院法学研究所《政治与法律丛刊》编辑部编辑 1982年 160页 20 cm 0.55元 (G.)

01962 6253.004
政治与法律丛刊 第4辑
上海社会科学院法学研究所《政治与法律丛刊》编辑部编辑 1983年 161页

20 cm 0.55 元 (G. F.)

01963 6253.005
政治与法律丛刊 第5辑
上海社会科学院法学研究所《政治与法律丛刊》编辑部编辑 1983年 160页 20 cm 0.55元 (G. F.)

01964 6253.006
政治与法律丛刊 第6辑
上海社会科学院法学研究所《政治与法律丛刊》编辑部编辑 1983年 160页 19 cm 0.55元 (G.)

01965 6253.007
政治与法律丛刊 第7辑
上海社会科学院法学研究所《政治与法律丛刊》编辑部编 1983年 160页 19 cm 0.55元 (G.)

01966 309-03000
法律基础
陈大文主编 2001年 392页 20 cm 18元 〔理工院校通用教材〕(G. F. P.)

01967 309-06270
法律基础习题集
陈大文主编 2008年 239页 23 cm 25元 〔新编法学系列〕(G. F. P.)

01968 309-10244
法律基础
陈伶主编 2014年 286页 26 cm 38元 〔普通高等学校"十二五"精品规划教材〕(G. P.)

01969 309-11976
创业法学
邓辉主编 2015年 308页 26 cm 39元 〔信毅教材大系〕(G. F. P.)

01970 309-03015
法律基础与思想道德修养
何勤华等主编 胡士贵编著 2001年 214页 20 cm 22元 〔全国高等教育法律专业自学考试指导与训练〕(G. F. P.)

01971 309-02762
法律基础教程
李承林主编 2001年 219页 26 cm 25元 〔建筑工程院校通用教材〕(G. F. P.)

01972 309-11542
革命后现代国家法律体系构建研究
潘伟杰著 2015年 284页 23 cm 精装 45元 (G. F.)

01973 309-04687
中国法律概论
张光杰主编 2005年 360页 23 cm 32元 〔复旦博学·法学系列〕(G. F. P.)

01974 309-12238
家庭与法律
韩强编著 2015年 158页 21 cm 20元 〔上海市进城务工人员技能文化培训系列读本 二期 上海市进城务工人员技能文化培训工作领导小组办公室 上海市学习型社会建设服务指导中心办公室主编〕(G. F. P.)

01975 309-12237
生活中的法律
侯健编著 2015年 142页 21 cm 20元 〔上海市进城务工人员技能文化培训系列读本 二期 上海市进城务工人员技能文化培训工作领导小组办公室 上海市学习型社会建设服务指导中心办公

室主编〕(G. F. P.)

01976 309-04599
社区工作法律导论
李建勇 吴志刚 陶希东编著 2005年 323页 21 cm 18元〔新编法学系列教材〕(G. F. P.)

01977 309-08072
生活中的法律智慧 东方大律师解答法律咨询
李珂主编 2011年 250页 21 cm 20元〔东方都市广播系列丛书〕(G. F. P.)

01978 309-08109
法律这些事儿 生活中不得不懂的法律 壹
贫道著 2011年 191页 24 cm 25元 (G. F. P.)

01979 309-08108
法律这些事儿 生活中不得不懂的法律 贰
贫道著 2011年 181页 24 cm 25元 (G. F. P.)

01980 309-13783
"一带一路"法律实务
上海市浦东新区法律服务业协会主编 2018年 216页 23 cm 48元 (G. F. P.)

01981 309-15264
成长的法律烦恼
沈奕 沈宏山著 2020年 318页 21 cm 精装 69元 (F. P.)

01982 309-09126
夕阳新曲
王良化著 王晓毅编 2012年 211页 22 cm 30元 (G. F. P.)

01983 309-06068
民间法
于语和主编 2008年 332页 23 cm 35元〔复旦博学·法学系列〕(G. F. P.)

01984 309-10783
法律常识读本
张志京主编 2014年 122页 21 cm 20元〔上海市进城务工人员技能文化培训系列读本 上海市进城务工人员技能文化培训工作领导小组办公室 上海市学习型社会建设服务指导中心办公室主编〕(G. F. P.)

01985 309-09598
办案现场《东方大律师》办案实录
洁蕙主编 2013年 216页 21 cm 20元〔东方都市广播系列丛书〕(G. F. P.)

01986 309-12291
法学名家评案说法 "双千"专家专辑
叶青主编 2017年 315页 23 cm 55元〔法学实践教学丛书〕(G. F. P.)

01987 309-02617
宪法学
卞琳等编著 2000年 181页 26 cm 20元〔全国高等教育法律自学考试指导与训练丛书〕(G. F. P.)

01988 309-06308
宪法学
潘伟杰 王蔚主编 2008年 258页 23 cm 35元〔新编法学系列〕(G. F. P.)

01989 309-03281
宪法学
张世信主编 2002年 381页 21 cm 18元〔新编法学系列教材〕(G. F. P.)

01990 309-14447

宪法实施监督机构研究

刘志刚著 2019 年 176 页 23 cm 55 元 〔复旦版原创学术著作 法学系列〕（G. F. P.）

01991 309-05142

行政法概论

陈大文主编 2006 年 351 页 21 cm 20 元 〔新编法学系列教材〕（G. F. P.）

01992 309-00581

行政法与行政诉讼法概论

宋顺和 陈家球主编 1990 年 265 页 20 cm 3.60 元 （G.）

01993 309-08571

中国行政法专题

刘志刚著 2011 年 308 页 23 cm 40 元 〔新编法学系列〕（G. F. P.）

01994 309-03117

行政法总论

张世信主编 2002 年 397 页 21 cm 20 元 〔新编法学系列教材〕（G. F. P.）

01995 309-05977

行政法案例教程

周佑勇主编 2008 年 316 页 23 cm 38 元 〔复旦博学·法学系列〕（G. F. P.）

01996 309-00601

当代中国廉政法制

上海《法学》编辑部 上海旅游客车厂编 1990 年 283 页 19 cm 3.90 元 （G.）

01997 309-06849

行政处罚案例评析

徐天强主编 2009 年 162 页 23 cm 25 元 〔上海市卫生监督员规范化培训教材〕（G. F. P.）

01998 309-09959

中美外资并购国家安全审查体系的比较研究

陈婵婷著 2013 年 218 页 23 cm 32 元 （G. P.）

01999 309-14422

药品流通"两票制"研究 赢在中国医药格局剧变之际

袁锡彬著 2020 年 206 页 24 cm 48 元 （G. F. P.）

02000 5627-0444

The handbook of laws & regulations on biological and pharmaceutical intellectual property rights protection

Shanghai Z. J. Hi-Tech Park Development Corporation, The Judicial Bureau of Shanghai Pudong New Area, The Legal Affairs Office of Shanghai 编 1998 年 535 页 20 cm （G. F.）

02001 5627-0113

卫生法学

陈明光 刘本仁主编 1992 年 410 页 20 cm 6.50 元 （G. F.）

02002 5627-0311

卫生法学纲要

达庆东等编著 1996 年 235 页 20 cm 11.70 元 （G. F.）

02003 5627-0550

卫生法学纲要

达庆东主编 2000 年 第 2 版 270 页 20 cm 15.80 元 （G. F.）

02004 309-03995

卫生法学纲要
达庆东等编著 2004 年 第 3 版 297 页 23 cm 28 元〔复旦博学·卫生事业管理系列〕(G. F. P.)

02005 309-07856
卫生法学纲要
达庆东 田侃主编 2011 年 第 4 版 368 页 23 cm 46 元〔卫生事业管理系列〕(G. F. P.)

02006 309-10895
卫生法学纲要
达庆东 田侃主编 2014 年 第 5 版 455 页 23 cm 68 元〔复旦博学·卫生事业管理系列〕(G. F. P.)

02007 309-05221
网络传播法规与道德教程
黄瑚 邹军 徐剑著 2006 年 282 页 23 cm 30 元〔复旦博学·新闻与传播学系列教材 新世纪版〕(G. F. P.)

02008 309-07738
新闻传播法规与职业道德教程
黄瑚主编 2010 年 第 2 版 419 页 23 cm 38 元〔普通高等教育"十一五"国家级规划教材 新闻与传播学系列教材 新世纪版〕(G. F. P.)

02009 309-13142
新闻传播法规与职业道德教程
黄瑚主编 2017 年 第 3 版 458 页 23 cm 48 元〔"十二五"普通高等教育本科国家级规划教材 复旦博学 新闻与传播学系列教材 新世纪版〕(G. F. P.)

02010 309-03705
新闻法规与职业道德教程
黄瑚主编 2003 年 355 页 23 cm 29.80 元〔复旦博学·新闻与传播学系列教材 新世纪版〕(G. F. P.)

02011 5627-0501
卫生法学教程
邵靖方 严启之主编 1999 年 502 页 20 cm 29 元 (G. F.)

02012 309-09961
幼儿教育法规与政策
童宪明主编 2013 年 116 页 30 cm 25 元〔全国学前教育专业(新课程标准)"十二五"规划教材〕(G. F. P.)

02013 309-12902
幼儿教育法规与政策
童宪明主编 2017 年 第 2 版 126 页 30 cm 28 元〔全国学前教育专业(新课程标准)"十三五"规划教材〕(G. F. P.)

02014 309-04396
影视法导论 电影电视节目制作人须知
魏永征 李丹林主编 2005 年 393 页 24 cm 38 元〔复旦博学·当代广播电视教程 新世纪版〕(G. F. P.)

02015 309-15062
医事法学
姚军主编 2020 年 313 页 26 cm 75 元〔复旦大学上海医学院人文医学核心课程系列教材 桂永浩总主编〕(G. F. P.)

02016 309-02243
中国近代新闻法制史论
黄瑚著 1999 年 213 页 20 cm 14 元〔上海市社会科学博士文库 第一辑〕(G. F. P.)

02017 309-06419
护理法导论
达庆东 徐青松主编 2009 年 240 页 26 cm 34 元〔复旦博学·护理系列〕(G. P.)

02018 309-12990
高校学生纪律处分的法律研究
孙帅梅著 2017 年 216 页 21 cm 30 元 (G. F. P.)

02019 309-05773
社区卫生服务法律知识手册
王光荣 达庆东 施永兴主编 2007 年 194 页 21 cm 15 元 (G. F. P.)

02020 309-13600
高校学生事务依法管理研究
应培礼主编 2018 年 218 页 21 cm 36 元 (G. F. P.)

02021 309-11940
幼儿教育法制案例分析
童宪明主编 2016 年 164 页 30 cm 29 元〔全国学前教育专业（新课程标准）"十二五"规划教材〕(G. F. P.)

02022 5627-0251
中国卫生法规史料选编 1912—1949.9
陈明光主编 1996 年 1261 页 26 cm 精装 395 元 (G. F.)

02023 309-02288
中国科技法学
曹昌祯主编 1999 年 648 页 20 cm 35 元〔新编法学系列教材〕(G. F. P.)

02024 309-01607
专利的取得与保护 专利法原理与实务
翁贤明主编 1996 年 335 页 20 cm 14 元〔企业、市场与法系列 走向法制：市场经济法律应用丛书〕(G. F.)

02025 309-08463
社会视野下的科技法律塑造 以政策与法律的关系为重心
陈历幸著 2011 年 279 页 23 cm 36 元〔法学专题系列〕(G. F. P.)

02026 309-05134
房地产法
陈耀东主编 2006 年 365 页 23 cm 35 元〔复旦博学·21 世纪工程管理系列〕(G. F.)

02027 309-06870
房地产法
陈耀东主编 2009 年 第 2 版 346 页 26 cm 35 元〔复旦博学·21 世纪工程管理系列〕(G. F. P.)

02028 309-11145
房地产法
王克强 王洪卫 刘红梅主编 2015 年 364 页 26 cm 45 元〔公共经济与管理〕(G. F. P.)

02029 309-01966
房地产法学概论
施正康编著 1998 年 316 页 20 cm 13.50 元〔新编经济学系列教材〕(G. F. P.)

02030 309-01882
房地产开发与交易 房地产法原理与实务
程惠瑛主编 1997 年 1998 年第 2 版 442 页 20 cm 18 元〔企业、市场与法系列 走向法制：市场经济法律丛书〕(G. F. P.)

02031 309-09966

结社自由的法律规制
杜筠翊著 2013年 227页 23 cm 35元
〔复旦版原创学术著作 法学系列〕(G. F. P.)

02032 309-01840
老年人权益的法律保障
李志一主编 1997年 281页 20 cm 10.80元〔空中老年人大学系列教材〕(G. F. P.)

02033 309-13772
税法
应小陆主编 2018年 434页 26 cm 60元〔复旦博学·财政学系列〕(G. F. P.)

02034 4253.029
执行税收法令 严肃财经纪律 税收检查400例
上海市财政学会 上海市税务学会编 1986年 316页 19 cm 1.60元 (G. F.)

02035 309-09901
海关行政法原理与实务
王丽英主编 2013年 342页 23 cm 38元〔复旦卓越·海关管理专业教材系列〕(G. F. P.)

02036 309-12950
海关行政处罚研究
王丽英著 2017年 290页 24 cm 38元 (G. F. P.)

02037 309-02344
证券法概论
于纪渭著 1999年 366页 20 cm 17元〔新编经济学系列教材〕(G. F. P.)

02038 309-01724
风险的投保与理赔 保险法原理与实务
施青年 周关昌主编 1996年 371页 20 cm 16元〔走向法制：市场经济法律应用丛书 企业、市场与法系列〕(G. F. P.)

02039 309-15066
地方金融监管法律问题研究
熊进光著 2020年 227页 21 cm 48元〔江西财经大学赣江法学文库〕(G. F. P.)

02040 309-09026
航运金融法律概论
林江编著 2012年 317页 27 cm 40元〔复旦卓越·21世纪管理学系列〕(G. F. P.)

02041 309-02620
金融法
祁群 杨忠孝编著 2000年 199页 26 cm 20元〔全国高等教育法律专业自学考试指导与训练丛书 本科段〕(G. F. P.)

02042 309-03293
金融法概论
徐新林主编 2002年 2006年第2版 534页 20 cm 26元〔新编法学系列教材〕(G. F. P.)

02043 309-05110
金融法学
张学森主编 2006年 516页 23 cm 45元〔复旦卓越·21世纪金融学教材新系〕(G. F. P.)

02044 309-14908
金融法学
张学森编著 2020年 第2版 368页 26 cm 58元〔复旦卓越·金融学系列〕(G. F. P.)

02045 309-09732

普惠型金融与中国金融法律改革
陈颖健著 2013年 176页 23 cm 35元
〔上海政法学院学术文库 经济法学系列〕(G. F. P.)

02046 309-07705
金融法基本原理与实务
吕琰 林安民编著 2010年 385页 22 cm 32元 (G. F. P.)

02047 309-05932
现代化与国际化进程中的中国金融法制建设
吴景平 李克渊主编 2008年 300页 21 cm 28元 (G. F. P.)

02048 309-10956
场外金融衍生产品法律监管研究
熊玉莲著 2014年 235页 21 cm 26.50元 (G. F. P.)

02049 309-11219
房地产投融资与开发法律风险及对策
颜学海主编 2015年 523页 24 cm 68元 (G. F. P.)

02050 309-13736
金融创新发展的法治保障研究
张学森著 2018年 348页 23 cm 48元 (G. F. P.)

02051 309-07641
银行法学
倪振峰等著 2010年 321页 23 cm 35元 〔经济法学系列〕(G. F. P.)

02052 309-09960
商业银行法律合规手册
侯福宁主编 2013年 1236页 21 cm 精装 95元 (G. F. P.)

02053 309-11826
银行业法律法规与综合能力历年真题＋标准预测(新大纲版)
银行业专业人员职业资格考试研究中心编写 2015年 248栏 26×37 cm 33元 〔银行业专业人员初级职业资格考试辅导用书〕(G. F.)

02054 309-12004
银行业法律法规与综合能力(新大纲版)
银行业专业人员职业资格考试研究中心编写 2016年 346页 26 cm 56元 〔银行业专业人员初级职业资格考试辅导用书〕(G. F.)

02055 309-07829
商业银行合规人员法律适用手册
胡平西 侯福宁主编 2011年 第3版 1024页 21 cm 精装 80元 (G. F.)

02056 309-05152
商业银行合规人员法律适用手册
李秀仑 侯福宁主编 2006年 1035页 21 cm 精装 66元 (G. F.)

02057 309-06399
商业银行合规人员法律适用手册
李秀仑 侯福宁主编 2009年 第2版 943页 21 cm 精装 80元 (G. P.)

02058 309-04359
商业银行典型案例解析
田惠宇主编 2005年 509页 23 cm 55元 (G. F.)

02059 309-03605
银行法律业务案例汇编
中国银行山东省分行法律与合规处编 2003年 169页 20 cm 10元 〔新编经

济学系列教材〕(G. F. P.)

02060 309-03996
中国信用建设法律法规汇编
沈品发 刘建德主编 2004年 332页 23 cm 35元〔上海市紧缺人才系列教材〕(G. F. P.)

02061 309-13461
金融衍生产品投资风险控制法律制度研究
熊玉莲著 2018年 177页 23 cm 35元 (G. F. P.)

02062 309-02787
保险法
何勤华等主编 方乐华编著 2001年 247页 26 cm 25元〔全国高等教育法律专业自学考试指导与训练〕(G. F. P.)

02063 309-02799
票据法
何勤华等主编 杨忠孝编著 2001年 188页 26 cm 20元〔全国高等教育法律专业自学考试指导与训练丛书〕(G. F. P.)

02064 309-12426
证券市场基本法律法规
证券业从业人员一般从业资格考试命题研究中心编 2017年 1册 26×37 cm 42元〔证券业从业人员一般从业资格考试专用教材〕( )

02065 309-11931
基金法律法规、职业道德与业务规范全真模拟预测试卷
基金从业资格考试命题研究中心编写 2015年 1册 26×38 cm 30元〔基金从业资格考试辅导用书〕(G. F.)

02066 309-12140
基金法律法规、职业道德与业务规范
基金从业资格考试命题研究中心编写 2016年 260页 26 cm 46元〔基金从业资格考试辅导用书〕(G. F.)

02067 309-12634
基金法律法规、职业道德与业务规范真题题库与复习攻略
基金从业资格考试命题研究中心编写 2017年 1册 26 cm 36元〔基金从业资格考试辅导用书〕( )

02068 309-08592
私募基金监管法律问题研究
彭夯著 2011年 209页 23 cm 48元〔当代中国经济理论创新文库〕(G. F. P.)

02069 309-12191
证券市场基本法律法规命题预测试卷
证券业从业人员一般从业资格考试命题研究中心编写 2016年 1册 26×37 cm 36元〔证券业从业人员一般从业资格考试专用教材〕(G. F.)

02070 309-14101
反洗钱理论与实务
严立新编著 2019年 285页 26 cm 46元〔经管类专业学位研究生主干课程系列教材 国际认证反洗钱协会(AICAMLS)认证培训指定用书〕(G. F. P.)

02071 309-13410
新编经济法教程
段宝玫 林沈节主编 2018年 第5版 445页 23 cm 55元〔复旦卓越·商洋系列〕(G. F. P.)

02072 309-05057

新编经济法教程

刘建民主编 2006 年 2007 年第 2 版 404 页 23 cm 38 元〔商洋系列〕(G. F. P.)

02073 309-06757
新编经济法教程

刘建民主编 2009 年 第 3 版 417 页 23 cm 38 元〔复旦卓越 商洋系列〕(G. F. P.)

02074 309-10854
新编经济法教程

刘建民 段宝玫主编 2014 年 第 4 版 438 页 23 cm 48.50 元〔复旦卓越 商洋系列〕(G. F. P.)

02075 309-00689
新编经济法教程

史文清主编 1991 年 480 页 21 cm 6.85 元 (F.)

02076 309-02673
经济法概论

何勤华等主编 张忠野编著 2000 年 359 页 26 cm 35 元〔全国高等教育法律专业自学考试指导与训练〕(G. F. P.)

02077 309-08971
经济法教程

胡志民 施延亮 龚建荣编著 2012 年 433 页 23 cm 46 元〔复旦卓越·经济学系列〕(G. F.)

02078 309-04162
经济法原理

胡志民等编著 2004 年 435 页 23 cm 38 元〔复旦博学·经济学系列〕(G. F. P.)

02079 309-07245
经济法概论

焦娇主编 2010 年 448 页 24 cm 43 元 (G. F. P.)

02080 309-09809
经济法

李发展主编 2013 年 295 页 26 cm 40 元〔普通高等学校"十二五"精品规划教材〕(G. P.)

02081 309-07312
经济法

李发展 刘德光主编 2016 年 第 2 版 295 页 26 cm 45 元〔普通高等学校"十二五"精品规划教材〕(G. F. P.)

02082 309-01380
经济法概论

马洪主编 1994 年 446 页 20 cm 11.50 元〔上海财经大学丛书〕(G. F.)

02083 309-03731
经济法概论

倪振峰主编 2003 年 690 页 20 cm 30 元〔新编法学系列教材〕(G. F. P.)

02084 309-05897
经济法概论

倪振峰主编 2008 年 第 2 版 439 页 23 cm 40 元〔新编法学系列〕(G. F. P.)

02085 309-10827
经济法学

倪振峰 汤玉枢主编 2014 年 339 页 23 cm 45 元〔政法院校应用型法学系列教材〕(G. F. P.)

02086 309-12375
经济法学

倪振峰 汤玉枢主编 2016 年 336 页

23 cm 45 元〔政法院校应用型法学系列教材〕(G. F. P.)

02087 309-15052
经济法学
倪振峰主编 2020 年 第 3 版 300 页 26 cm 52 元〔政法院校应用型法学系列教材〕(G. F. P.)

02088 309-07506
经济法学
漆多俊主编 2010 年 360 页 23 cm 36 元〔复旦博学·法学系列〕(G. F. P.)

02089 309-11500
经济法学
漆多俊主编 2015 年 第 2 版 394 页 23 cm 40 元〔复旦博学·法学系列〕(G. F. P.)

02090 309-00579
经济法教程
上海财经大学经济法教研室编著 1990 年 252 页 20 cm 3.40 元〔上海财经大学丛书〕(G. F.)

02091 309-04723
市场经济法律教程
田立军主编 2005 年 第 2 版 2007 年第 3 版 443 页 23 cm 38 元〔复旦卓越·经济学系列〕(G. F. P.)

02092 309-06909
市场经济法律教程
田立军主编 2009 年 第 4 版 503 页 23 cm 45 元〔复旦卓越·经济学系列〕(G. F. P.)

02093 309-10896
市场经济法律教程
田立军主编 2014 年 第 5 版 538 页 23 cm 58 元〔复旦卓越·经济学系列〕(G. F. P.)

02094 309-13384
市场经济法律教程
田立军主编 2018 年 第 6 版 541 页 23 cm 60 元〔复旦卓越·经济学系列〕(G. F. P.)

02095 309-14854
市场经济法律教程
田立军主编 2020 年 第 7 版 552 页 23 cm 69 元〔高等院校公共课《经济法》教学用书 最新版〕(G. F. P.)

02096 309-01579
市场经济法律基础
修义庭主编 1996 年 361 页 20 cm 14 元〔企业、市场与法系列 走向法制：市场经济法律应用丛书〕(G. F. P.)

02097 309-14542
经济法通论
杨德敏主编 2019 年 第 2 版 296 页 26 cm 48 元〔信毅教材大系·通识系列〕(G. F. P.)

02098 309-05919
经济法概论习题集
焦娇主编 2008 年 213 页 24 cm 20 元 (G. F. P.)

02099 309-05361
新编经济法实用指南
刘建民主编 2007 年 381 页 21 cm 22 元〔商洋系列〕(G. F. P.)

02100 309-01701
竞争的规则与策略 反不正当竞争法活用
倪振峰主编 1996 年 317 页 20 cm 15 元〔企业、市场与法系列 走向法制：市场经济法律应用丛书〕(G. F. P.)

02101 309-06207
"入世"后中美经贸法律纠纷案例评析
龚柏华著 2008 年 282 页 23 cm 35 元
〔复旦版原创学术著作 法学系列〕(G. F. P.)

02102 309-00876
经济法案件 100 例分析
胡鸿高 张永彬主编 1992 年 440 页 20 cm 8 元 (G. F.)

02103 309-02042
经济法教学案例精选
吕景胜主编 1998 年 301 页 20 cm 15 元
〔工商管理(MBA)教学案例精选丛书〕(G. F. P.)

02104 309-00154
《企业法》解说
史文清主编 1988 年 156 页 19 cm 1.60 元 (G. F.)

02105 309-11299
从政府投资行为到政府投资制度 结构主义的映射
孙放著 2015 年 187 页 23 cm 35 元 (G. F. P.)

02106 309-02679
公司法
何勤华等主编 张璎编著 2000 年 136 页 26 cm 15 元〔全国高等教育法律专业自学考试指导与训练〕(G. F. P.)

02107 309-00645
企业联合若干法律问题研究
邹瑞安 顾功耘主编 倪才龙等撰稿 1991 年 223 页 19 cm 3.10 元〔法学与实践丛书〕(F.)

02108 309-12334
企业与公司法学
秦守勤编著 2016 年 300 页 26 cm 39 元
〔信毅教材大系〕(G. F. P.)

02109 309-13429
国企改革 公平竞争视角下国有企业改革法律问题研究
李翀楠著 2017 年 253 页 23 cm 48 元 (G. F. P.)

02110 309-05041
企业投融资法律与操作实务
颜学海主编 2006 年 366 页 21 cm 28 元
〔法学专题系列〕(G. F. P.)

02111 309-12218
以案说法 公司运作常见法律问题
陈慧颖 朱慧著 2016 年 195 页 23 cm 28 元 (G. F. P.)

02112 309-11494
近代中国破产法制流变研究
段宝玫著 2015 年 202 页 23 cm 35 元 (G. F. P.)

02113 309-01660
企业法律制度通论
郑家平著 1995 年 268 页 20 cm 12 元
〔东吴法学丛书〕(G. F. P.)

02114 309-01653
公司的设立与运作 公司法与企业改制实务
顾功耘主编 1996 年 415 页 20 cm 17 元
〔企业、市场与法系列 走向法制：市场经济法律应用丛书〕(G. F. P.)

02115 309-07074

物流法教程
孟琪编著 2010年 291页 26 cm 32元
〔复旦卓越·21世纪物流管理系列教材〕(G. F. P.)

02116 309-08180
竞争法学
倪振峰 丁茂中著 2011年 385页 23 cm 45元〔经济法学系列 倪振峰主编〕(G. F. P.)

02117 309-11259
连锁经营管理法律法规实务
童宏祥 王卓亚主编 2015年 343页 23 cm 39.80元〔复旦卓越·连锁经营管理专业系列教材〕(G. F. P.)

02118 309-08340
市场规制法律问题研究
侯怀霞 张慧平著 2011年 238页 23 cm 35元〔上海政法学院学术文库 经济法学系列〕(G. F. P.)

02119 309-14384
互联网行业反垄断问题研究
蒋岩波著 2019年 324页 23 cm 68元 (G. F. P.)

02120 309-06766
商品流通法律规制研究
刘建民等著 2009年 207页 21 cm 18元 (G. F. P.)

02121 309-03784
广告法规管理
吕蓉编著 2003年 2006年第2版 324页 23 cm 29元〔复旦博学·广告学系列〕(G. F.)

02122 309-09651

反不正当竞争法理解适用与修改完善
倪振峰著 2013年 247页 23 cm 40元〔上海政法学院学术文库 经济法学系列〕(G. F. P.)

02123 309-04787
竞争法案例教程
倪振峰编著 2005年 382页 23 cm 35元〔复旦博学·法学系列 普通高等教育"十五"国家级规划教材〕(G. F. P.)

02124 309-08636
银行业反垄断法适用问题研究 以银行业结构规制为视角
赵园园著 2012年 185页 23 cm 28元〔上海政法学院学术文库 经济法学系列〕(G. F. P.)

02125 309-01722
涉外经济法学新编
郭延曦主编 1996年 396页 20 cm 17元〔企业、市场与法系列 走向法制：市场经济法律应用丛书〕(G. F. P.)

02126 309-02835
涉外经济法新编
施正康等编著 2001年 2008年第2版 432页 20 cm 20元〔新编经济学系列教材〕(G. F. P.)

02127 309-08732
双边投资条约与中国能源投资安全
梁咏著 2012年 205页 24 cm 28元 (G. F. P.)

02128 309-00690
对外经济贸易案例分析
上海对外贸易协会编 1991年 427页 20 cm 6.90元 (G. F.)

02129 309-01107
对外经济贸易案例分析
上海对外贸易协会编 1991年(1993年重印) 427页 20 cm 10.70元 (G. F.)

02130 309-09850
填海造地法律法规全书
倪振峰 杨华编著 2013年 509页 21 cm 45元 (G. F. P.)

02131 309-08145
土地法学
王文革著 2011年 317页 23 cm 45元〔经济法学系列 倪振峰主编〕(G. F. P.)

02132 309-04319
土地承包经营权的物权法分析
胡吕银著 2004年 267页 21 cm 20元〔法学专题系列〕(G. F. P.)

02133 309-10568
劳动法原理与实务
邓万里编著 2014年 186页 26 cm 29元〔复旦卓越·人力资源管理和社会保障系列教材 李琦总主编〕(G. F. P.)

02134 309-02678
劳动法学
董保华等编著 2000年 231页 26 cm 25元〔全国高等教育法律专业自学考试指导与训练〕(G. F. P.)

02135 309-11751
劳动法和社会保障法
杨德敏主编 2015年 390页 26 cm 49元〔信毅教材大系〕(G. F. P.)

02136 309-04879
劳动法学
张志京主编 2006年 387页 21 cm 25元〔新编法学系列教材〕(G. F. P.)

02137 309-05890
劳动法学
张志京主编 2008年 第2版 358页 23 cm 35元〔新编法学系列〕(G. F. P.)

02138 309-10263
劳动法学
张志京主编 2014年 第3版 363页 23 cm 40元〔新编法学系列〕(G. F. P.)

02139 309-13261
劳动法学
张志京主编 2017年 第4版 269页 26 cm 40元〔新编法学系列〕(G. F. P.)

02140 309-15174
劳动法学
张志京主编 2020年 第5版 259页 26 cm 48元〔政法院校应用型法学系列教材〕(G. F. P.)

02141 309-10107
中国社会转型时期社会保障法律制度研究
剧宇宏著 2013年 243页 23 cm 35元〔上海政法学院学术文库 经济法学系列〕(G. F. P.)

02142 309-00762
劳动争议调解指南
上海市总工会法律工作部编 1992年 396页 19 cm 4.10元 (G. F.)

02143 309-08545
劳动与雇佣法经济学
杨伟国 代懋主编 2013年 302页 26 cm

39 元〔复旦博学·21 世纪人力资源经济学前沿〕(G. F. P.)

02144 309-08469
劳动人事争议处理
王振麒主编 2011 年 241 页 26 cm 38 元〔复旦博学·21 世纪劳动关系管理〕(G. F. P.)

02145 309-02728
环境与资源保护法学
何勤华等主编 郑少华 金慧华编著 2000 年 216 页 26 cm 22 元〔全国高等教育法律专业自学考试指导与训练〕(G. F. P.)

02146 309-10333
面向低碳未来的中国能源法制研究
杨解君等著 2014 年 394 页 21 cm 32 元〔低碳法前沿丛书 杨解君主编〕(G. F. P.)

02147 309-05275
环境法原理
吕忠梅主编 2007 年 441 页 23 cm 45 元〔复旦博学·法学系列〕(G. F. P.)

02148 309-12879
环境法原理
吕忠梅主编 2017 年 第 2 版 307 页 26 cm 48 元〔普通高等教育"十一五"国家级规划教材 复旦博学·法学系列〕(G. F. P.)

02149 309-11543
环境侵权救济研究
王莉著 2015 年 288 页 21 cm 35 元〔环境资源法前沿丛书〕(G. F. P.)

02150 309-10374
面向低碳未来的中国环境法制研究
杨解君等著 2014 年 282 页 21 cm 30 元〔低碳法前沿丛书 杨解君主编 广东国际战略研究院智库丛书〕(G. F. P.)

02151 309-08205
从直接管制到民主协商 长江流域水污染防治立法协调与法制环境建设研究
陈坤著 2011 年 234 页 23 cm 30 元(G. F. P.)

02152 309-00845
环境保护法概要
冯忠秋编著 1992 年 307 页 19 cm 5.80 元(G.)

02153 309-07599
城市环境 治理与执法
黄文芳等著 2010 年 300 页 23 cm 35 元〔城市环境管理丛书〕(G. F. P.)

02154 309-11057
生物技术低碳化发展的法律保障制度研究
杨解君主编 2015 年 348 页 21 cm 32.50 元〔低碳法前沿丛书 杨解君主编〕(G. F. P.)

02155 309-06677
环境法案例教程
蔡守秋主编 2009 年 289 页 23 cm 35 元〔复旦博学·法学系列〕(G. F. P.)

02156 309-14445
幼儿园常见事故责任认定与防范
郭建怀 史爱芬主编 2019 年 74 页 30 cm 28 元〔全国学前教育专业(新课程标准)"十三五"规划教材〕(G. F. P.)

02157 309-14107

新媒体环境下隐私保护法律问题研究
陈堂发著 2018 年 294 页 21 cm 52 元
(G. F. P.)

02158 309-12540
权益保障
殷啸虎 邹小新主编 2016 年 117 页 21 cm 15 元〔"60 岁开始读"科普教育丛书〕(G. F. P.)

02159 309-13913
网络传播法规与伦理教程
黄瑚主编 2018 年 304 页 23 cm 46 元〔网络与新媒体传播核心教材系列 尹明华 刘海贵主编〕(G. F. P.)

02160 309-12827
法律素养 记者的必修课
魏永征著 2017 年 345 页 24 cm 56 元
(G. F. P.)

02161 309-09414
商事侵权责任法
刘建民 刘言浩主编 2012 年 407 页 23 cm 55 元 (G. F. P.)

02162 309-00038
民法教程
《民法教程》编写组编写 1987 年 370 页 20 cm 2.15 元 (G.)

02163 309-03879
民法学
王利明主编 2004 年 909 页 23 cm 65 元〔复旦博学·法学系列〕(G. F. P.)

02164 309-11720
民法学
王利明主编 2015 年 第 2 版 710 页 26 cm 69 元〔复旦博学·法学系列〕(G. F. P.)

02165 309-07204
侵权责任法
杨立新主编 2010 年 442 页 23 cm 45 元〔复旦博学·法学系列 普通高等教育"十一五"国家级规划教材〕(G. F. P.)

02166 309-12544
侵权责任法
杨立新主编 2016 年 第 2 版 318 页 26 cm 45 元〔复旦博学·法学系列 教育部普通高等教育"十一五"国家级规划教材〕(G. F. P.)

02167 309-02454
中华人民共和国民法史
何勤华 殷啸虎主编 1999 年 470 页 20 cm 25 元〔华东政法学院民商法丛书〕(G. F. P.)

02168 309-02347
民商法新论
何勤华 戴永盛主编 刘燊等撰稿 1999 年 463 页 20 cm 22 元〔华东政法学院民商法丛书〕(G. F. P.)

02169 309-12090
法泉滴注 民商法研究文集
李峰 王珉主编 2016 年 214 页 23 cm 40 元 (G. F. P.)

02170 309-08771
科学的自然法观与民法解释
刘士国著 2011 年 171 页 24 cm 30 元
(G. F. P.)

02171 309-11782

中国网民网络信息隐私认知与隐私保护行为研究
申琦著 2015年 224页 21 cm 30元〔新闻传播学术原创系列〕(G. F. P.)

02172 309-13337
中华人民共和国民法总则（中英对照）
高凌云译 2017年 134页 21 cm 25元 (G. F. P.)

02173 309-06190
人身伤害的法医学鉴定
沈忆文编著 2008年 213页 26 cm 28元〔名校·名师·名课系列〕(G. F. P.)

02174 309-13479
人身伤害的法医学鉴定
沈忆文主编 2017年 第2版 205页 26 cm 50元〔名校·名师·名课系列〕(G. F. P.)

02175 309-05725
物权法
马俊驹 陈本寒主编 2007年 559页 23 cm 50元〔复旦博学·法学系列〕(G. F. P.)

02176 309-10918
物权法
马俊驹 陈本寒主编 2014年 第2版 478页 23 cm 52元〔复旦博学·法学系列〕(G. F. P.)

02177 309-12052
金融安全读本
王联合主编 2015年 81页 21 cm 20元〔上海市进城务工人员技能文化培训系列读本 二期 上海市进城务工人员技能文化培训工作领导小组办公室 上海市学习型社会建设服务指导中心办公室主编〕(G. F. P.)

02178 309-13880
中国财产法史
郭建著 2018年 284页 26 cm 55元〔复旦博学·法学系列〕(G. F. P.)

02179 309-10302
物权法疑难问题研究
王全弟 李峰主编 2014年 213页 23 cm 36元〔复旦版原创学术著作 法学系列〕(G. F. P.)

02180 309-07524
债法
王全弟主编 2010年 499页 23 cm 45元〔新编法学系列〕(G. F. P.)

02181 309-02996
债法概论
王全弟主编 2001年 548页 20 cm 28元〔新编法学系列教材〕(G. F. P.)

02182 309-03320
知识产权法
何勤华等主编 冯菊萍编著 2002年 316页 26 cm 26元〔全国高等教育法律专业自学考试指导与训练丛书〕(G. F. P.)

02183 309-07510
外向型经济视角下的知识产权
程德理 戴欣 严灿编 2010年 346页 21 cm 22元〔上海市对经济贸易教育培训中心紧缺人才培训系列教材〕(G. F. P.)

02184 309-02532
知识经济与知识产权法

张乃根　陆飞主编　2000 年　381 页　20 cm　18 元〔上海普通高校"九五"重点教材　上海市教育委员会组编〕(G. F. P.)

02185　309-09900

知识产权边境保护制度原理与实案

朱秋沅著　2013 年　339 页　23 cm　38 元〔复旦卓越·海关管理专业教材系列〕(G. F. P.)

02186　309-07116

自主创新与立法保障 比较与借鉴

陈俊著　2009 年　266 页　23 cm　35 元〔复旦版原创学术著作　法学系列〕(F.)

02187　309-10960

卓越服务　成就非凡 上海专利商标事务所有限公司成立 30 周年论文集

上海专利商标事务所有限公司编　2014 年　431 页　23 cm　88 元 (G. F. P.)

02188　309-04434

合同法学

郭明瑞主编　2005 年　441 页　23 cm　39 元〔复旦博学·法学系列〕(G. F. P.)

02189　309-06811

合同法学

郭明瑞　房绍坤主编　2009 年　第 2 版　442 页　23 cm　39 元〔复旦博学·法学系列〕(G. F. P.)

02190　309-12313

合同法学

郭明瑞　房绍坤主编　2016 年　第 3 版　367 页　26 cm　42 元〔复旦博学·法学系列〕(G. F. P.)

02191　309-02289

合同法原理与应用

胡鸿高主编　1999 年　568 页　20 cm　29 元 (G. F. P.)

02192　309-13754

侵权责任法中的基本权利问题

刘志刚著　2018 年　203 页　23 cm　48 元 (G. F. P.)

02193　309-03505

婚姻家庭法学

杨大文主编　2002 年　350 页　23 cm　30 元〔复旦博学·法学系列〕(G. F. P.)

02194　309-05684

婚姻家庭法

张志京主编　2007 年　298 页　23 cm　32 元〔新编法学系列〕(G. F. P.)

02195　309-00180

离合悲欢 婚姻纠纷实例精选

立行主编　1989 年　193 页　19 cm　2.45 元 (G. F.)

02196　309-01849

婚姻、收养、监护与继承 亲属法原理与实务

陈智慧　李学兰编著　1997 年　446 页　20 cm　18 元〔企业、市场与法系列　走向法制：市场经济法律应用丛书〕(G. F. P.)

02197　309-04980

民国商事立法研究

季立刚著　2006 年　344 页　21 cm　25 元〔法学专题系列〕(G. F. P.)

02198　309-03192

刑法学

陈兴良主编　2003 年　764 页　23 cm　59 元〔复旦博学·法学系列〕(G. F. P.)

02199 309-06352
刑法学
陈兴良主编 2009年 第2版 772页 23 cm 59元〔复旦博学·法学系列 普通高等教育"十一五"国家级规划教材〕(G. F. P.)

02200 309-12039
刑法学
陈兴良主编 2016年 第3版 590页 26 cm 65元〔复旦博学·法学系列 普通高等教育"十一五"国家级规划教材〕(G. F. P.)

02201 309-03038
刑法学
何勤华等主编 何萍等编著 2002年 256页 26 cm 26元〔全国高等教育法律专业自学考试指导与训练〕(G. F.)

02202 309-00142
简明刑法教程
徐逸仁 程璞主编 1988年 404页 20 cm 2.50元 (G. F.)

02203 309-10160
中国侦查体制演进研究 基于现代诉讼法治的视角
倪铁等著 2014年 340页 23 cm 45元 (G. F. P.)

02204 309-05243
刑法案例教程
黄京平主编 2007年 576页 23 cm 52元〔复旦博学·法学系列〕(G. F. P.)

02205 309-11305
白领犯罪与社会控制
王慧博主编 2015年 199页 23 cm 38元〔城市安全与社会稳定丛书 章友德总主编〕(G. F. P.)

02206 309-10262
转型社会与犯罪问题研究
杨正鸣著 2014年 378页 23 cm 55元 (G. F.)

02207 309-00187
刑事犯罪实例解析
立行 唐世涛主编 1989年 258页 19 cm 2.35元 (G. F.)

02208 309-05978
反洗钱基础教程
严立新 张震编著 2008年 303页 23 cm 35元〔反洗钱系列丛书〕(G. F. P.)

02209 309-14110
非法吸收公众存款罪实证研究
裴长利著 2019年 267页 24 cm 60元 (G. F. P.)

02210 309-07596
银行业反洗钱机制研究 约束条件下激励机制框架的构建
严立新著 2010年 235页 21 cm 18元〔中国反洗钱系列丛书〕(G. F. P.)

02211 309-15202
调解心理学
邓光辉 赵红娣 王静著 2020年 337页 21 cm 58元 (P.)

02212 309-13698
我是原告 小城杯公益之星创意诉讼大赛案例集
上海小城律师事务所编 2018年 277页 23 cm 58元 (G. F. P.)

02213 309-14244

庭审 N+1 实训教程

王瑞主编 2019 年 281 页 23 cm 42 元 (G. F. P.)

02214 309-05976

疑难案件诉讼历程 邬华良律师办案精选

邬华良著 2008 年 314 页 23 cm 35 元 (G. F. P.)

02215 309-02666

民事诉讼法学

何勤华等主编 邵军 姚远编著 2000 年 325 页 26 cm 35 元〔全国法律专业自学考试指导与训练〕(G. F. P.)

02216 309-12496

民事诉讼法

江伟主编 2016 年 第 3 版 323 页 26 cm 45 元〔复旦博学·法学系列〕(G. F. P.)

02217 309-03479

民事诉讼法学

江伟主编 2002 年 2010 年第 2 版 679 页 23 cm 57 元〔复旦博学·法学系列〕(G. F. P.)

02218 309-14460

环境民事公益诉讼基本理论研究

段厚省 高鹏著 2020 年 212 页 24 cm 54 元 (G. F. P.)

02219 309-09106

百呼柏应 柏万青巧断家事 100 例

柏万青口述 2012 年 292 页 23 cm 30 元〔上海法治报丛书〕(G. F. P.)

02220 309-07500

我的房产我作主 孙洪林律师解析房产纠纷

孙洪林著 2010 年 318 页 21 cm 25 元 (G. F. P.)

02221 309-02788

刑事诉讼法学

何勤华等主编 胡锡庆等编著 2001 年 232 页 26 cm 23 元〔全国高等教育法律专业自学考试指导与训练〕(G. F. P.)

02222 309-03282

刑事诉讼法学

谢佑平主编 2002 年 582 页 20 cm 28 元〔新编法学系列教材〕(G. F. P.)

02223 309-06901

刑事证据规则研究

马贵翔等著 2009 年 300 页 23 cm 35 元〔复旦版原创学术著作 法学系列〕(G. F. P.)

02224 309-03834

行政诉讼法学

胡建淼主编 2003 年 341 页 23 cm 30 元〔复旦博学·法学系列〕(G. F. P.)

02225 309-10563

中国行政诉讼法专题

刘志刚著 2014 年 307 页 23 cm 46 元〔21 世纪复旦大学研究生教学用书〕(G. F. P.)

02226 309-11636

行政诉讼法律法规、司法解释与案例汇编

刘志刚 王瑶主编 2015 年 1 176 页 26 cm 精装 268 元 (G. F. P.)

02227 309-00592

工商行政管理与行政诉讼

孔令文主编 1991 年 244 页 19 cm 3 元 (G. F.)

02228 309-00701

"官"民争讼 疑难问题与案例

上海《法学》编辑部编 1991 年 344 页 19 cm 4.20 元〔法学与实践丛书〕(G.)

02229 309-15156
仲裁司法审查机制研究
张圣翠著 2020 年 302 页 26 cm 75 元 (F. P.)

02230 309-07770
中国商事仲裁机构现状与发展趋势研究
袁发强主编 2011 年 240 页 23 cm 28 元〔法学专题系列〕(G. F. P.)

02231 309-03664
一国两制下的中国区际司法协助
陈力著 2003 年 305 页 20 cm 16 元〔法学专题系列〕(G. F. P.)

02232 309-00898
司法行政管理学
王鼎元 戴鸿儒主编 1992 年 344 页 20 cm 5.30 元〔司法部教育司推荐司法行政干部必读〕(G. F.)

02233 309-04146
法律文书写作
何勤华等主编 潘庆云编著 2004 年 250 页 26 cm 25 元〔全国高等教育法律专业自学考试指导与训练〕(G. P.)

02234 309-04794
法律文书范例评析
潘庆云主编 2005 年 370 页 23 cm 32 元〔复旦博学·法学系列〕(G. F. P.)

02235 309-09504
法律文书范例评析
潘庆云主编 2014 年 第 2 版 350 页 23 cm 39.80 元〔复旦博学·法学系列〕(G. F. P.)

02236 309-04788
法律文书学教程
潘庆云主编 2005 年 2007 年第 2 版 377 页 23 cm 35 元〔复旦博学·法学系列〕(G. F. P.)

02237 309-10914
法律文书学教程
潘庆云主编 2017 年 第 3 版 393 页 23 cm 48 元〔复旦博学·法学系列 普通高等教育"十一五"国家级规划教材〕(G. F. P.)

02238 309-00759
律师实务学
胡锡庆主编 1991 年 383 页 20 cm 4.35 元 (G. F.)

02239 309-02419
雄辩之魅 中国名律师办案实录
刘桂明主编《中国律师》杂志社编 2000 年 621 页 20 cm 29.80 元〔中国律师丛书〕(G. F. P.)

02240 309-02549
律考陷阱 100 题 律考疑难试题的识别与应对
赵祖武编著 2000 年 292 页 20 cm 17 元 (G. F. P.)

02241 309-02211
律师法原理
刘希贵编著 1999 年 326 页 20 cm 15 元〔新编法学系列教材〕(G. F. P.)

02242 309-12808
矫正社会工作
陈校编著 2017 年 291 页 21 cm 32 元〔应用型社会工作系列丛书 章友德总

02243 309-01030

上海法制发展战略研究

陈鹏生等撰稿 1993年 387页 20 cm 19元 (G.F.)

02244 309-01637

法制建设与上海城市文明

田保传主编 1996年 374页 21 cm 精装 30元 (G.F.)

02245 309-08654

《上海市实施〈中华人民共和国食品安全法〉办法》解读

王龙兴 吴勤民 阎祖强主编 史岚等编撰 2012年 302页 21 cm 25元 (G.F.P.)

02246 309-13290

《上海市食品安全条例》释义

阎祖强等主编 2018年 381页 23 cm 50元 (G.F.P.)

02247 309-10331

中国(上海)自由贸易试验区法律法规政策汇编 中英文

尹燕德 俞卫锋 张华主编 上海市浦东新区法律服务业协会编 2014年 791页 26 cm 精装 198元 (G.F.P.)

02248 309-14088

邮轮经济法律规制研究 上海宝山实践分析

林江著 2018年 195页 23 cm 35元 (G.F.P.)

02249 309-07726

宁波近代法制变迁研究

邹剑锋著 2010年 225页 24 cm 30元 〔宁波文化研究工程〕(G.F.P.)

02250 309-01738

香港法律实用全书

李昌道主编 1997年 1007页 26 cm 精装 128元 (G.F.P.)

02251 309-02934

中国法制史

何勤华等主编 丁凌华等编著 2001年 238页 26 cm 26元 〔全国高等教育法律专业自学考试指导与训练〕(G.F.P.)

02252 309-03144

中国法制史

叶孝信主编 2002年 442页 23 cm 40元 〔复旦博学·法学系列〕(G.F.P.)

02253 309-06389

中国法制史

叶孝信主编 2008年 第2版 442页 23 cm 40元 〔复旦博学·法学系列 普通高等教育"十一五"国家级规划教材〕(G.F.P.)

02254 309-13327

中国法制史

叶孝信 郭建主编 2017年 第3版 288页 26 cm 40元 〔普通高等教育"十一五"国家级规划教材 复旦博学·法学系列〕(G.F.P.)

02255 309-01863

中国历代名案集成

辛子牛主编 1997年 3册 20 cm 精装 88元 (G.F.P.)

02256 309-00108

疑狱集校释

(五代)和凝撰 杨奉琨校释 1988年 438页 20 cm 6.40元 (G.F.)

政治、法律・法律　165

02257 309-05903
清代州县官吏的司法责任
李凤鸣著　2007 年　227 页　23 cm　25 元
〔法学专题系列〕(G. F. P.)

02258 309-15177
礼之退隐 近代中国刑律变动及其思想争论
成富磊著　2020 年　188 页　21 cm　42 元
〔东华文库〕(G. F. P.)

02259 309-04380
日本的民法解释学
段匡著　2005 年　388 页　21 cm　25 元〔法学专题系列〕(G. F. P.)

02260 309-01464
英美商法指南
张文博等著　1995 年　183 页　20 cm　6 元
(G. F.)

02261 309-00303
流通票据及票据法规入门
(英) 理查逊 (D. Richardson) 著　李广英　马卫英译　1990 年　306 页　20 cm　4.25 元　(G. F.)

02262 309-09280
英美合同侵权法
高凌云编著　2012 年　379 页　23 cm　45 元
〔复旦博学・法学系列〕(G. F. P.)

02263 309-12376
英美合同侵权法
高凌云编著　2016 年　第 2 版　379 页　24 cm　45 元〔复旦博学・法学系列〕(G. F. P.)

02264 309-05322
新编英国商法
董安生主编　2009 年　464 页　23 cm　48 元
〔复旦博学・法学系列〕(G. F. P.)

02265 309-10231
英国强制执行法
张永红著　2014 年　405 页　23 cm　65 元
(G. F. P.)

02266 309-06427
法国行政合同
杨解君编　2009 年　286 页　23 cm　35 元
〔法学专题系列〕(G. F. P.)

02267 309-01375
美国宪法纵横论
李昌道著　1994 年　187 页　20 cm　10 元
(G. F.)

02268 309-06522
美国对中国反倾销案例研究 轻工业含家电、电子及纺织品类产品案例
马忠法著　2009 年　293 页　23 cm　32 元
〔法学专题系列〕(G. F. P.)

02269 309-13805
气候变化语境中的环境司法与行政
沈灏著　2018 年　205 页　23 cm　48 元〔复旦环境法丛书　张梓太总主编〕(G. F. P.)

02270 309-13854
"一带一路"投资的国际法
龚柏华　何力　陈力著　2018 年　248 页　23 cm　48 元 (G. F. P.)

02271 309-10881
国际法点点通 全球化时代的法律冲突与对话
梁咏著　2014 年　273 页　24 cm　39.50 元
〔复旦博学・法学系列〕(G. F. P.)

02272 309-03688
英汉双解国际惯例实用词典

康志峰主编 2003年 336页 18 cm 20元
〔复旦金石词典系列〕(G. F. P.)

02273 309-02447
国际惯例词典
张文贤主编 2000年 658页 26 cm 95元
(G. F. P.)

02274 309-02890
国际法
何勤华等主编 管建强册主编 2001年 227页 26 cm 22元〔全国高等教育法律专业自学考试指导与训练丛书〕(G. F. P.)

02275 309-01219
现代国际法纲要
赖彭城编著 1993年 395页 20 cm 10元
(G. F.)

02276 309-08793
国际法原理
张乃根著 2012年 第2版 548页 23 cm 68元〔复旦博学·法学系列〕(G. F. P.)

02277 309-06424
陈安论国际经济法学
陈安著 2008年 5册 23 cm 精装 360元
(G. F. P.)

02278 309-04222
国际经济法
董世忠主编 2004年 573页 23 cm 49元
〔复旦博学·法学系列〕(G. F. P.)

02279 309-06468
国际经济法
董世忠主编 2009年 第2版 600页 23 cm 55元〔复旦博学·法学系列〕(G. F. P.)

02280 309-00335
国际经济法导论
董世忠主编 1997年 242页 20 cm 12元
〔企业、市场与法系列 走向国际：面向21世纪的国际经济法丛书〕(G. F. P.)

02281 309-03659
国际经济法概论
何勤华等主编 陈宪民等编著 2003年 259页 26 cm 25元〔全国高等教育法律专业自学考试指导与训练〕(G. F. P.)

02282 309-10161
自由贸易区的原产地规则问题研究
厉力著 2013年 359页 21 cm 26元(G. F. P.)

02283 309-02821
新编国际经济法导论
张乃根主编 2001年 423页 20 cm 22元
〔新编法学系列教材〕(G. F. P.)

02284 309-03306
新编国际经济法导论
张乃根主编 2002年 第2版 423页 20 cm 22元〔新编法学系列教材〕(G. F. P.)

02285 309-02723
CIF 和 FOB 合同
(英) David M. Sassoon 著 郭国汀主译 2001年 737页 20 cm 68元 (G. F. P.)

02286 309-01962
国际服务贸易法
陈已昕编著 1997年 299页 20 cm 15元
〔走向国际：面向21世纪的国际经济法丛书〕(G. F. P.)

02287 309-02913

国际反倾销法

高永富 张玉卿主编 2001 年 531 页 20 cm 25 元〔新编法学系列教材〕(G. F. P.)

02288 309-02733

国际贸易法

何力编著 2000 年 454 页 20 cm 22 元〔新编法学系列教材〕(G. F. P.)

02289 309-08097

废弃物国际贸易的风险及法律控制

杨华著 2011 年 194 页 23 cm 30 元〔经济法学系列 倪振峰主编〕(G. F. P.)

02290 309-06302

国际商法

张学森主编 2010 年 409 页 23 cm 42 元〔复旦卓越·21 世纪国际经济与贸易专业教材新系〕(G. P.)

02291 309-13807

国际商法

张学森主编 2018 年 第 2 版(英文版) 449 页 23 cm 56 元〔复旦卓越·21 世纪国际经济与贸易专业教材新系〕(G. P.)

02292 309-08260

国际商法 中英文双语版

张学森编著 2011 年 313 页 26 cm 38 元〔复旦博学·21 世纪国际经济与贸易系列 黄建忠等主编〕(G. F. P.)

02293 309-13804

国际商法 中英文双语版

张学森编著 2018 年 第 2 版 321 页 26 cm 45 元〔复旦博学·21 世纪国际经济与贸易系列 黄建忠等主编〕(G. F. P.)

02294 309-04000

国际金融法学

李仁真主编 2004 年 412 页 26 cm 35 元〔复旦博学·法学系列〕(G. F. P.)

02295 309-12015

商业保理法律实务与案例

叶正欣 万波主编 2016 年 377 页 23 cm 49 元〔商业保理培训系列教材〕(G. F. P.)

02296 309-05548

国际投资法的新发展与中国双边投资条约的新实践

陈安主编 2007 年 455 页 23 cm 48 元〔复旦版原创学术著作〕(G. F. P.)

02297 309-03011

国际投资争端案例精选

陈安主编 2001 年 885 页 20 cm 65 元 (G. F. P.)

02298 309-02950

国际投资争端仲裁"解决投资争端国际中心"机制研究

陈安主编 2001 年 634 页 20 cm 45 元 (G. F. P.)

02299 309-08074

跨国污染损害赔偿法律问题研究

何艳梅著 2011 年 317 页 23 cm 45 元〔经济法学系列〕(G. F. P.)

02300 309-06475

跨国环境侵权的国际私法问题研究

胡敏飞著 2009 年 296 页 23 cm 34 元〔法学专题系列〕(G. F. P.)

02301 309-04105

国际私法

杜涛 陈力著 2004 年 622 页 20 cm 30

元〔新编法学系列教材〕(G. F. P.)

02302 309-06128
国际私法
杜涛 陈力著 2008年 第2版 511页 23 cm 48元〔新编法学系列〕(G. F. P.)

02303 309-10351
国际私法原理
杜涛著 2014年 480页 23 cm 56元〔复旦博学·法学系列〕(G. F. P.)

02304 309-11999
国际私法原理
杜涛著 2018年 第2版 368页 26 cm 55元〔复旦博学·法学系列〕(G. F. P.)

02305 309-01844
国际经济合同
龚柏华主编 1997年 476页 20 cm 19元〔企业、市场与法系列 走向国际：面向21世纪的国际经济法丛书〕(G. F. P.)

军 事

02306 309-07627
英汉军事
胡志勇主编 2010年 911页 15 cm 26元
〔新学科术语小词典〕(G. F. P.)

军事理论

02307 309-03665
大学军事理论教程
翟毓兴主编 2003年 2008年第3版 311页 23 cm 26元 (G. F. P.)

02308 309-10471
大学军事理论教程
翟毓兴主编 2017年 第4版 288页 23 cm 42元 (G. F. P.)

世界军事

02309 309-06033
100个战争悬案
(美)里克·拜尔著 黄协安译 2008年 202页 19 cm 22元 〔美国历史频道经典100揭秘系列2〕(G. F. P.)

中国军事

02310 309-01105
军队基层管理学
严芳田等编著 1993年 235页 20 cm 5.95元 (G. F.)

02311 309-06624
彭德怀军事参谋的回忆 1950年代中苏军事关系见证
王亚志回忆 沈志华 李丹慧整理 2009年 223页 24 cm 26元 (G. F. P.)

各国军事

02312 309-11078
军事革命与政治变革 近代早期欧洲的民主

与专制之起源

(美)布莱恩·唐宁(Brian Downing)著 赵信敏译 2015年 345页 21 cm 35元 〔复旦政治学译丛〕(G. F. P.)

02313 309-06223

美军军官职业教育研究

刘向东著 2009年 181页 21 cm 20元 〔解放军外国语学院英语博士文库〕(G. F. P.)

02314 309-09477

美国海军与中美关系

汪熙 秦岭 顾宁著 2013年 95页 22 cm 20元〔中美关系研究丛书 25 汪熙主编〕(G. F. P.)

战略学、战役学、战术学

02315 309-00580

历史上的智谋

南怀瑾著 1991年 271页 20 cm 5.10元 (G. F.)

02316 309-09342

谋者之言《孙子》选读

张慧腾编选 2013年 220页 22 cm 18元 〔中华根文化·中学生读本 黄荣华主编〕(G. F. P.)

军事技术

02317 309-03861

军事科技与新军事变革

顾伟著 2004年 342页 23 cm 26元〔军事系列教材〕(G. F. P.)

02318 309-03037

无网不胜 网络传播与战争

桑田著 2001年 309页 20 cm 15元〔网络传播辅助教材丛书〕(G. F. P.)

经 济

02319 309-13395
商管学科知识英语导读
（加）汪进波主编 2017年 176页 26 cm 28元 (G. F. P.)

经济学

02320 309-00946
《经济基础知识》应试指南
孔繁定主编 1993年 174页 19 cm 4.40元〔全国初级职称与中级职称资格考试必考科目〕(G. F.)

02321 309-01992
经济、社会与文化 张军经济随笔集
张军著 1998年 289页 20 cm 15元 (G. F. P.)

02322 309-14355
创新与经济学 新兴战略产业自主创新研究
蔡晓月著 2019年 194页 27 cm 28元

〔一流学科精品课程系列〕(G. F. P.)

02323 309-14582
传播的交叉分析 政经与性别研究
曹晋著 2019年 294页 23 cm 52元〔复旦大学新闻学院教授学术丛书 米博华总主编〕(G. F. P.)

02324 309-05555
政治经济学论稿
巢峰著 2007年 301页 23 cm 30元 (G. F. P.)

02325 309-00088
政治经济学水平测试1000题
樊益田等编 1988年 342页 19 cm 2.30元 (G. F.)

02326 309-12350
政治经济学常识
（英）菲利普·威克斯蒂德著 李文溥等

译 2016年 2册 23 cm 88元〔西方经济社会思想名著译丛〕(G. F. P.)

02327 309-03556
经济学概论
冯金华主编 2003年 2006年第2版 2012年 第3版 165页 23 cm 14元〔初级工商管理(EBA)系列教程〕(G. F. P.)

02328 309-12344
政治经济学 资本主义部分
韩绍凤主编 2016年 236页 26 cm 39元〔普通高等学校"十二五"精品规划教材 "经济学基础理论课程群国家级教学团队"系列教材〕(G. P.)

02329 309-00664
经济理论歧见的剖析
胡寄窗著 1991年 249页 20 cm 5.50元 (G.)

02330 309-07293
经济学基础与应用
胡田田主编 2010年 288页 23 cm 34元〔复旦卓越·21世纪经济学系列〕(G. F. P.)

02331 309-10715
经济学基础与应用
胡田田主编 2014年 第2版 341页 23 cm 42元〔复旦卓越·21世纪经济学系列 "十二五"职业教育国家规划教材〕(G. F. P.)

02332 309-11738
生活中的经济学
胡田田编 2015年 128页 21 cm 20元〔上海市进城务工人员技能文化培训系列读本 二期 上海市进城务工人员技能文化培训工作领导小组办公室 上海市学习型社会建设服务指导中心办公室主编〕(G. F. P.)

02333 309-08085
大脑与市场的科学协调 基于国际社会的自由市场经济的思考
(美)杰拉尔德·科里(Gerald A. Cory)著 尹非译 2011年 166页 26 cm 精装 45元 (G. F. P.)

02334 309-11009
政治经济学序论 经济学的社会与政治基础研究
(印)考斯克·巴苏著 严小明译 2014年 265页 23 cm 45元〔法律经济学译丛〕(G. F. P.)

02335 309-12153
实用经济学原理
匡爱民主编 2016年 234页 26 cm 39元〔应用技术类型高等学校规划教材〕(G. F. P.)

02336 309-02097
生活中的经济学
陆志明编著 1998年 433页 20 cm 18元 (G. F. P.)

02337 309-14689
经济学原理 像物理学一样没有例外(汉英对照)
茅琦著 2020年 212页 21 cm 30元〔汉英对照〕(G. F. P.)

02338 309-11235
实用经济学
王松华 张冉主编 2015年 203页 26 cm 20元〔初级工商管理(EBA)系列教材〕(G. F. P.)

02339 309-14163
经济学基础
魏文静 杨昀 李军主编 2019 年 336 页 27 cm 48 元〔复旦卓越·公共基础课系列教材〕(G. F. P.)

02340 309-02995
经济学基础教程
伍柏麟 尹伯成主编 2001 年 426 页 23 cm 40 元〔复旦博学·经济学系列〕(G. F. P.)

02341 309-10968
新编政治经济学
伍柏麟 史正富 华民主编 2014 年 641 页 23 cm 56 元〔复旦博学·经济学系列〕(G. F. P.)

02342 309-03111
《政治经济学教材》导读
伍柏麟等编著 2002 年 354 页 20 cm 18 元〔新编经济学系列教材〕(G. F. P.)

02343 309-04943
权利的轨迹 大转折时代的政治经济学
徐为民著 2006 年 293 页 21 cm 29 元〔当代中国经济理论创新文库〕(G. F. P.)

02344 309-12971
经济学基础教程
尹伯成主编 2018 年 第 3 版 296 页 23 cm 45 元〔复旦卓越·经济学系列 最新版〕(G. F. P.)

02345 309-03786
经济学原理
庄奕琦著 2003 年 455 页 26 cm 49 元〔复旦博学·经世系列〕(G. F. P.)

02346 309-01652
马克思主义发展经济学若干思考
蔡中兴 高永国著 1997 年 104 页 20 cm 6 元 (G. F. P.)

02347 309-02637
马克思主义政治经济学原理
复旦大学成人教育学院培训部等主编 2000 年 106 页 26 cm 12 元〔全国高等教育自学考试指导与训练〕(G. F. P.)

02348 309-03655
政治经济学原理练习与检索
高宇等编著 2003 年 447 页 20 cm 23 元〔全国高等教育自学考试练习与检索丛书〕(G. F. P.)

02349 309-10759
马克思主义与西方新制度经济理论比较研究
顾钰民著 2014 年 389 页 22 cm 30 元〔马克思主义理论学科建设系列〕(G. F. P.)

02350 309-04293
马克思主义制度经济学 理论体系·比较研究·应用分析
顾钰民著 2005 年 376 页 21 cm 24 元 (G. F. P.)

02351 309-00369
政治经济学简明教程
郭庠林等编写 1989 年 418 页 19 cm 4.50 元 (G.)

02352 309-09380
马克思政治经济学批判的哲学意义 鲍德里亚的批判及其回应
韩欲立著 2013 年 226 页 22 cm 22 元〔马克思主义理论学科建设系列〕(G. F. P.)

02353 309-02621
马克思主义政治经济学原理
李秉乐编著 2000年 167页 26 cm 20元
〔全国高等教育法律专业自学考试指导与训练丛书 本科段〕（G. F. P.）

02354 309-00380
政治经济学教程
裘逸娟等编写 1989年 433页 19 cm 4.60元 （G. F.）

02355 309-01197
政治经济学教程（新编）
裘逸娟主编 1993年 469页 20 cm 10.80元 〔上海财政大学丛书〕（G. F.）

02356 309-14751
马克思劳动批判理论视域下的社会经济正义问题研究
王文臣著 2020年 294页 23 cm 58元 〔马克思主义与当代中国问题 吴晓明 陈学明主编〕（G. F. P.）

02357 4253.023
新编政治经济学教程 上册
伍柏麟主编 1986年 430页 21 cm 2.15元 （G. F.）

02358 309-00407
新编政治经济学教程 上册
伍柏麟主编 1986年 重印 430页 21 cm 4.90元 （F.）

02359 4253.012
《政治经济学教材》辅导材料
伍柏麟主编 1983年（1984年重印） 171页 19 cm 0.52元 （G. F.）

02360 309-00385
《政治经济学教材》辅导材料
伍柏麟主编 1989年 189页 19 cm 2元 （F.）

02361 309-12121
马克思主义政治经济学的学习和发展
严法善主编 2015年 266页 24 cm 56元 〔泛海书院丛书〕（G. F. P.）

02362 309-07098
马克思主义经济哲学及其当代意义
余源培著 2010年 391页 22 cm 35元 （G. F. P.）

02363 309-00514
比较经济发展
曹旭华主编 1990年 422页 21 cm 6元 （P..）

02364 309-00079
比较经济学导论
江泽宏著 1988年 207页 20 cm 1.40元 〔复旦大学教材〕（G. F.）

02365 309-03134
经济理论比较研究
洪远朋主编 2002年 497页 23 cm 45元 〔复旦博学·经济学系列〕（G. F. P.）

02366 309-01833
比较经济学
钱国靖主编 1997年 264页 20 cm 11元 〔新编经济学系列教材〕（G. F. P.）

02367 309-09807
西方经济学学习指南与习题集
汤毛虎主编 2013年 426页 25 cm 58元 〔名校经济类研究生入学考试冲关必备〕（G. F. P.）

经济·经济学　175

02368　309-00398
政治经济学水平测试 1000 题
樊益田 俞忠英等编 1988 年 修订版 343 页 19 cm 3.50 元（　）

02369　309-14078
上海财经大学 801 经济学考研真题详解 2001—2018
科兴教育编 2019 年 347 页 26 cm 58 元 〔考研直通车系列〕(G. F. P.)

02370　309-09743
复旦大学研究生入学考试经济学综合基础模拟试题集
彭博 严肃主编 2013 年 218 页 25 cm 28 元 (G. F. P.)

02371　309-01187
现代西方经济学教程
上海财经大学《现代西方经济学教程》编写组编 1993 年 415 页 20 cm 9.50 元 〔上海财经大学丛书〕(G. F.)

02372　309-01371
现代西方经济学
宋承先著 1995 年 1 105 页 20 cm 精装 44 元 (G. F. P.)

02373　309-01370
现代西方经济学(宏观经济学)
宋承先著 1994 年 1 105 页 20 cm 20 元 (G. F.)

02374　309-01926
现代西方经济学(宏观经济学)
宋承先著 1997 年 第 2 版 629 页 20 cm 23 元 (G. F. P.)

02375　309-04119
现代西方经济学(宏观经济学)
宋承先 许强著 2004 年 第 3 版 625 页 20 cm 30 元 〔复旦博学〕(G. F. P.)

02376　309-01358
现代西方经济学(微观经济学)
宋承先著 1994 年 481 页 20 cm 15.50 元 (G. F.)

02377　309-01873
现代西方经济学(微观经济学)
宋承先著 1997 年 第 2 版 492 页 20 cm 18 元 (G. F. P.)

02378　309-04125
现代西方经济学(微观经济学)
宋承先 许强著 2004 年 第 3 版 522 页 20 cm 24 元 〔复旦博学〕(G. F. P.)

02379　309-00041
现代西方经济学(微观经济学) 上册
宋承先著 1988 年 451 页 21 cm 2.85 元 (G. F.)

02380　309-00874
现代西方经济学习题指南 上册
尹伯成主编 1993 年 547 页 20 cm 9.60 元 (G. F.)

02381　309-01714
现代西方经济学习题指南 宏观经济学
尹伯成主编 1996 年 1997 年第 2 版 337 页 20 cm 14 元 (G. F. P.)

02382　309-02375
现代西方经济学习题指南 宏观经济学
尹伯成主编 2003 年 407 页 21 cm 22 元 (P..)

02383　309-08511

现代西方经济学习题指南 宏观经济学

尹伯成主编 2011年 第7版 455页 21 cm 26元 (G. F. P.)

02384 309-10205

现代西方经济学习题指南 宏观经济学

尹伯成主编 2014年 第8版 454页 21 cm 28元 (G. F. P.)

02385 309-12901

现代西方经济学习题指南 宏观经济学

尹伯成主编 2017年 第9版 431页 21 cm 30元 (G. F. P.)

02386 309-01864

现代西方经济学习题指南 微观经济学

尹伯成主编 1997年 第2版 428页 20 cm 20元 (G. F. P.)

02387 309-02681

现代西方经济学习题指南 微观经济学

尹伯成主编 2000年 第3版 443页 20 cm 22元 (G. F. P.)

02388 309-08507

现代西方经济学习题指南 微观经济学

尹伯成主编 2011年 第7版 509页 21 cm 28元 (G. F. P.)

02389 309-10349

现代西方经济学习题指南 微观经济学

尹伯成主编 2014年 第8版 500页 21 cm 30元 (G. F. P.)

02390 309-12900

现代西方经济学习题指南 微观经济学

尹伯成主编 2017年 第9版 485页 21 cm 32元 (G. F. P.)

02391 309-12909

先者生存 优势富集效应

王健著 2017年 307页 23 cm 精装 48元 (G. F. P.)

02392 309-15240

暗中观察

吴主任著 2020年 244页 21 cm 58元 (F. P.)

02393 309-09590

大众经济学

尹伯成编著 2013年 279页 23 cm 35元 (G. F. P.)

02394 309-12823

经济学与生活

于丽主编 2017年 279页 23 cm 36元 (G. F.)

02395 309-04819

经济学的挑战

俞忠华编著 2005年 236页 21 cm 15元 (G. F. P.)

02396 309-04100

经济理论的过去、现在和未来 洪远朋论文选集

洪远朋著 2004年 494页 23 cm 52元 〔复旦学人文库〕(G. F. P.)

02397 309-13033

评论集 洪远朋教授学术评介选编

洪远朋主编 2017年 309页 24 cm 50元 〔泛海书院丛书〕(G. F. P.)

02398 309-14251

争鸣集 洪远朋关于经济理论与现实问题争鸣文集

洪远朋主编 2019年 353页 24 cm 68元

〔泛海书院丛书〕(G. F. P.)

02399 309-08267
从诺奖得主到凡夫俗子的经济学谬误
（澳）黄有光著 2011年 261页 21 cm 28元 (G. F. P.)

02400 309-06137
东吴财经商学评论 2007 卷
万解秋 邱永和主编 2008年 396页 26 cm 48元 (G. F. P.)

02401 309-05212
伍柏麟文集
伍柏麟著 2006年 667页 23 cm 78元 〔复旦学人文库〕(G. F. P.)

02402 4253.017
图解经济学
（新西兰）霍斯曼著 朱民译 1985年 98页 19 cm 0.60元 (G. F.)

02403 309-12533
螺网理论 经济与社会的动力结构及演化图景
甘润远著 2016年 325页 26 cm 65元 (G. F. P.)

02404 309-04892
经济学方法 十一位经济学家的观点
王小卫 宋澄宇编 2006年 212页 23 cm 25元 (G. F. P.)

02405 309-02729
经济规律的探索 张薰华选集
张薰华著 2000年 395页 20 cm 25元 (G. F.)

02406 309-07717
经济规律的探索 张薰华选集
张薰华著 2010年 第2版 317页 23 cm 40元 〔复旦学人文库〕(G. F. P.)

02407 309-05844
利益理论比较研究
郝云著 2007年 348页 21 cm 26元 〔新时期利益关系丛书〕(G. F. P.)

02408 309-02528
机会利益论 兼析其在金融体系中的应用
金伯富著 2000年 270页 20 cm 15元 〔经济利益理论与实践丛书〕(G. F. P.)

02409 309-03406
分享利益论 兼析在我国的发展与运用
刘宁著 2002年 278页 20 cm 18元 〔经济利益理论与实践丛书〕(G. F. P.)

02410 309-03389
产权、国家与民主
唐贤兴著 2002年 367页 20 cm 22元 (G. F. P.)

02411 309-04975
经济制度变迁的政治经济学
汪立鑫著 2006年 284页 21 cm 20元 〔当代中国经济理论创新文库〕(G. F. P.)

02412 309-03750
创业利益论
许玫著 2003年 311页 20 cm 18元 〔经济利益理论与实践丛书〕(G. F. P.)

02413 309-07968
股份制经济学概论
于纪渭著 2011年 第6版 418页 23 cm 38元 〔复旦卓越·经济学系列〕(G. F. P.)

02414 309-00620
股份制经济学概论 股票、债券、证券交易所和

股份制度

于纪渭著 1991年 290页 20 cm 3.90元 (G. F.)

02415 309-01186

股份制经济学概论 股票、债券、证券交易所和股份制度

于纪渭著 1993年 第2版(修订本) 531页 20 cm 10.80元 (G.)

02416 309-01321

股份制经济学概论 股票、债券、证券交易所和股份制度

于纪渭著 1993年 第2版(修订本) 531页 20 cm 12元 (G. F.)

02417 309-01680

股份制经济学概论 股票、债券、证券交易所和股份制度

于纪渭著 1996年 第3版 559页 20 cm 20元 〔新编经济学系列教材〕(G. F.)

02418 309-02308

股份制经济学概论 股票、债券、证券交易所和股份制度

于纪渭著 1999年 第4版 2003年第5版 647页 20 cm 30元 〔新编经济学系列教材〕(G. F.)

02419 309-02396

综合经济利益论

余政著 1999年 272页 20 cm 15元 〔经济利益理论与实践丛书〕(G. F. P.)

02420 309-11441

知识工作及其生产率研究

王大群著 2015年 155页 23 cm 30元 〔商业发展与企业组织研究论丛 王胜桥 冯国珍主编〕(G. F. P.)

02421 309-00921

寻找"看不见的手" 价格理论的发展与探索

洪远朋主编 韩方河等编写 1993年 449页 20 cm 11.50元 (G. F.)

02422 309-05883

现代流通经济学教程

吴宪和主编 2008年 355页 23 cm 35元 〔复旦卓越·经济学系列〕(G. F. P.)

02423 309-06602

现代流通经济学教程

吴宪和主编 2009年 第2版 341页 23 cm 35元 〔复旦卓越·经济学系列〕(G. F. P.)

02424 309-02249

比较经济模式 关于计划与市场的经济理论

张军主笔 1999年 481页 20 cm 20元 〔上海市普通高校"九五"重点教材 上海市教育委员会组编〕(G. F. P.)

02425 309-04058

社会市场经济辞典

(德) H. 罗尔夫·哈赛等主编 卫茂平等翻译 2004年 379页 21 cm 30元 (G. F. P.)

02426 309-12637

论价值 洪远朋价值、价格研究文集

洪远朋著 2016年 315页 24 cm 58元 〔泛海书院丛书〕(G. F. P.)

02427 309-03793

价值发展论

胡建绩著 2004年 190页 20 cm 12元 〔黄皮书系列〕(G. F. P.)

02428 309-04780

社会资本技术扩散和可持续发展

李志青著 2005 年 235 页 21 cm 15 元 〔黄皮书系列〕(G. F. P.)

02429 309-15039
作为哲学概念的剩余
张寅著 2020 年 251 页 23 cm 62 元 (G. F. P.)

02430 309-08608
网络时代的社会资本 理论分析与经验考察
郑素侠著 2011 年 296 页 21 cm 25 元 〔新闻传播学术原创系列〕(G. F. P.)

02431 309-10597
我的分配观 "个人消费品分配"研究拾零
陶友之著 2014 年 192 页 24 cm 32 元 〔泛海书院丛书〕(G. F. P.)

02432 309-05135
产业组织学
骆品亮著 2006 年 436 页 23 cm 40 元 〔复旦博学·经济学系列〕(G. F. P.)

02433 309-01502
产业政策论
夏大慰 史东辉著 1995 年 296 页 20 cm 10 元 (G. F. P.)

02434 309-01369
产业组织学
夏大慰主编 1994 年 282 页 20 cm 12 元 (G. F.)

02435 309-07715
从综观经济学到生物学
(澳) 黄有光著 薛静怡 邱高飞等译 2010 年 361 页 23 cm 39.80 元 (G. F. P.)

02436 309-00761
西方宏观经济学导论
(美) 克里斯特(Christ, Carl F.)著 张军等译 1991 年 390 页 20 cm 5 元 (G. F.)

02437 309-04246
宏观经济学
杨长江 石洪波编著 2004 年 217 页 26 cm 25 元 〔复旦卓越·经济学系列〕(G. F. P.)

02438 309-06990
宏观经济学
(美) 尤金·杜伊里奥(Eugene Diulio)著 杜艺中译 2009 年 300 页 26 cm 38 元 〔复旦博学·经济学畅销教材译丛 世界最畅销的大学教材 SCHAUM'S Outlines 之一〕(G. F. P.)

02439 309-02843
高级宏观经济学
袁志刚 宋铮著 2001 年 526 页 20 cm 25 元 (G. F.)

02440 309-07418
高级宏观经济学
袁志刚 宋铮著 2010 年 第 2 版 305 页 26 cm 35 元 (G. F. P.)

02441 309-03039
资本控制与短期宏观经济动态稳定
郑辉著 2001 年 175 页 20 cm 12 元 〔上海市社会科学博士文库 第三辑〕(G. F. P.)

02442 309-05665
曼昆《宏观经济学》(第五版)课后习题详解
上海恩波学校 翔高教育经济学研究中心编写 2007 年 182 页 26 cm 21.80 元 (G. F. P.)

02443 309-06006

曼昆《宏观经济学》(第五版)课后习题详解

上海恩波学校 翔高教育经济学研究中心联合编写 2009年 第2版 298页 21 cm 23元 (G. F. P.)

02444 309-15208

曼昆《宏观经济学》(第9版)学习精要·习题解析·补充训练

科兴教育经济学教学研究中心编 2020年 384页 26 cm 59元 (G. F. P.)

02445 309-08174

宏观经济学全真模拟试卷及详解

汤毛虎 滕佳宇主编 2011年 216页 25 cm 30元 〔名校经济类研究生入学考试冲关必备〕(G. F. P.)

02446 309-01533

微观经济学教程

黄亚钧 姜纬著 1995年 401页 20 cm 15元 〔新编经济学系列教材〕(G. F. P.)

02447 309-13372

范里安《微观经济学：现代观点》(第9版)学习精要习题解析考研真题

科兴教育经济学教学研究中心编 2018年 308页 26 cm 42元 〔经典经济学管理学教材习题详解丛书〕(G. F. P.)

02448 309-02138

现代微观经济学

司春林等编著 1998年 342页 20 cm 15元 〔大学管理类教材丛书〕(G. F. P.)

02449 309-12231

微观经济学

田银华 彭文斌 杨继平主编 2016年 274页 26 cm 42元 〔普通高等学校"十二五"精品规划教材"经济学基础理论课程群国家级教学团队"系列教材〕(G. P.)

02450 309-04247

微观经济学

杨长江 陈伟浩编著 2004年 252页 26 cm 26元 〔复旦卓越·经济学系列〕(G. F. P.)

02451 309-03493

高级微观经济学

张军主编 2002年 322页 20 cm 16元 (G. F. P.)

02452 309-07618

高级微观经济学

张军主编 2010年 第2版 199页 26 cm 28元 (G. F.)

02453 309-05666

范里安《微观经济学：现代观点》(第6版)课后习题详解

上海恩波学校 翔高教育经济学研究中心联合编写 2007年 131页 26 cm 16元 (G. F. P.)

02454 309-06007

范里安《微观经济学：现代观点》(第6版)课后习题详解

上海恩波学校 翔高教育经济学研究中心编写 2009年 第2版 228页 21 cm 18.50元 (G. F. P.)

02455 309-08105

微观经济学全真模拟试卷及详解

汤毛虎主编 2011年 199页 25 cm 28元 〔名校经济类研究生入学考试冲关必备〕(G. F. P.)

02456 309-03460
序方法与均衡分析
张金清著 2003年 192页 21 cm 精装 12元 (G. F. P.)

02457 309-12477
资本的域界与约制
高玉林著 2016年 331页 23 cm 52元〔马克思主义与当代中国问题 吴晓明 陈学明主编〕(G. F. P.)

02458 309-12320
资本主义和新哲学
茅琦著 2016年 202页 21 cm 29元 (G. F. P.)

02459 309-00042
列宁的帝国主义理论与当代政治经济学的发展
(苏) 查戈洛夫 (Н. А. Цаголва) 主编 复旦大学世界经济系世界经济教研室译 1987年 297页 20 cm 1.70元 (G. F.)

02460 4253.009
帝国主义经济与政治概论
陈其人著 1986年 413页 20 cm 2.05元 (G. F.)

02461 309-10080
帝国主义经济与政治概论
陈其人著 2013年 387页 21 cm 33元 (G. F. P.)

02462 309-07042
垄断理论的探索 龚维敬文集
龚维敬著 2010年 399页 23 cm 48元〔复旦学人文库〕(G. F. P.)

02463 309-11006
马克思的经济危机理论 本源、拓展及当代意蕴
高帆著 2014年 246页 22 cm 28元〔马克思主义与当代中国问题〕(G. F. P.)

02464 309-02998
高级政治经济学 社会主义本体论
蒋学模主编 2001年 578页 23 cm 48元〔复旦博学·经济学系列〕(G. F. P.)

02465 309-02806
高级政治经济学 社会主义总论
蒋学模 张晖明著 2001年 197页 23 cm 20元〔复旦博学·经济学系列〕(G. F. P.)

02466 309-00009
社会主义政治经济学
蒋学模主编 1987年 686页 21 cm 4.15元 (G. F.)

02467 309-00444
社会主义政治经济学教程
李石泉主编 1989年 395页 19 cm 4.20元 (G. F.)

02468 309-00756
社会主义经济学概论
刘文燧主编 1991年 310页 20 cm 5元 (G.)

02469 4253.014
生产资料社会所有制
(南) 德拉戈留布·德拉吉希奇著 王爱珠译 1984年 73页 19 cm 0.45元 (G. F.)

02470 309-00271
生产力与经济规律
张薰华著 1989年 276页 20 cm 4.70元〔复旦大学教材〕(G. F.)

02471 309-00480
社会主义有计划商品经济概论
陈学基主编 万解秋 季进副主编 1990年 234页 21 cm 2.95元（ ）

02472 309-00443
社会主义商品经济与经济运行
顾雪生 张继光主编 1989年 535页 21 cm 5.90元 (F.)

02473 309-00700
社会主义商品经济发展道路探讨
孔繁定主编 1991年 132页 20 cm 2.90元 (G.)

02474 309-00168
新编社会主义价格学
李慧中等编著 1989年 294页 20 cm 2.15元 (G. F.)

02475 309-00659
新编社会主义价格学
李慧中等编著 1989年 296页 21 cm 4.40元 (F.)

02476 309-04131
社会主义市场经济论
顾钰民著 2004年 281页 23 cm 28元 〔复旦博学·经济学系列〕(G. F. P.)

02477 309-02407
经济利益关系通论 社会主义市场经济的利益关系研究
洪远朋等著 1999年 382页 20 cm 精装 22元〔经济利益理论与实践丛书〕(G. F. P.)

02478 309-01019
社会主义市场经济学教程
伍柏麟主编 1993年 412页 20 cm 10元 〔新编经济学系列教材〕(G. F. P.)

02479 309-00795
论商品型按劳分配
王克忠著 1992年 439页 20 cm 6.80元 (G. F.)

02480 309-02069
现代经济增长模型
舒元等编著 1998年 387页 20 cm 16元 (G. F. P.)

02481 309-02563
发展经济学 从贫困迈向富裕
陈宗胜主编 2000年 438页 20 cm 20元 〔新编经济学系列教材〕(G. F. P.)

02482 309-10175
泡泡理论 人类社会何去何从
丁敏著 顾善清译 2013年 124页 22 cm 30元 (G. F. P.)

02483 309-06927
经济福利的心理保障
陈晓云著 2009年 273页 21 cm 25元 (G. F. P.)

02484 309-00484
社会保障经济学
葛寿昌主编 1990年 384页 20 cm 3.70元 (F.)

02485 309-03941
后发优势与区域发展
王必达著 2004年 228页 26 cm 23元 〔后发展经济学研究系列〕(G. F. P.)

02486 309-08540
蓝色经济
（比）冈特·鲍利(Gunter Pauli)著 程一

恒译 2012年 245页 24 cm 36元〔中欧经管系列〕(G. F. P.)

02487 309-06995
循环经济与技术创新
李铭俊著 2009年 318页 24 cm 40元 (G. F. P.)

02488 309-11471
资源与环境经济学
王克强 赵凯 刘红梅主编 2015年 368页 26 cm 48元〔公共经济与管理·投资学系列〕(G. F. P.)

02489 309-13407
资源差异利益论
邬璟璟著 2018年 222页 24 cm 48元〔泛海书院丛书〕(G. F. P.)

02490 309-11265
循环经济的经济基础探析
伍世安等著 2015年 266页 23 cm 48元〔信毅学术文库〕(G. F. P.)

02491 309-14301
最优边界：整体资源配置理论—政策—运行再演绎通论 第1卷
周志成著 2019年 624页 23 cm 128元 (G. F. P.)

02492 309-14302
最优边界：整体资源配置理论—政策—运行再演绎通论 第2卷
周志成著 2019年 352页 23 cm 146元 (G. F. P.)

02493 309-14303
最优边界：整体资源配置理论—政策—运行再演绎通论 第3卷
周志成著 2019年 508页 23 cm 108元 (G. F. P.)

02494 309-14304
最优边界：整体资源配置理论—政策—运行再演绎通论 第4卷
周志成著 2019年 377页 23 cm 88元 (G. F. P.)

02495 309-14305
最优边界：整体资源配置理论—政策—运行再演绎通论 第5卷
周志成著 2019年 486页 23 cm 98元 (G. F. P.)

02496 309-14306
最优边界：整体资源配置理论—政策—运行再演绎通论 第6卷
周志成著 2019年 352页 23 cm 80元 (G. F. P.)

02497 309-14651
环境库兹涅茨曲线的再检验
李鹏著 2019年 182页 23 cm 精装 68元〔上海政法学院建校三十五周年校庆系列丛书〕(G. F. P.)

02498 309-05722
中国对外贸易中的生态要素流分析 从生态经济学视角看贸易与环境问题
马涛著 2007年 240页 26 cm 精装 30元〔复旦大学生态学博士学位论文文库〕(G. F. P.)

02499 309-02109
知识经济时代的来临
朱国宏 刘子馨主编 1998年 330页 20 cm 14元 (G. F. P.)

02500 309-05939
项目与政策评估 方法与应用

（美）理查德·D.宾厄姆（Richard D. Bingham）（美）克莱尔·L.菲尔宾格（Claire L. Felbinger）著 朱春奎 杨国庆等译 2008年 496页 23 cm 65元〔复旦译丛 公共管理系列〕(G. F. P.)

02501 309-01555
科技经济学
桑赓陶 郑绍濂著 1995年 302页 20 cm 12元〔理科研究生丛书〕(G. F. P.)

02502 309-14969
工程经济学
邵俊岗 肖敏主编 2020年 321页 26 cm 58元〔21世纪工程管理系列〕(G. F. P.)

02503 309-05495
技术经济学
王柏轩主编 2007年 432页 23 cm 38元〔复旦博学·经济学系列〕(G. F. P.)

02504 309-05529
工程经济学
杨克磊编著 2007年 344页 23 cm 33元〔复旦博学·21世纪工程管理系列〕(G. F. P.)

02505 309-05717
技术经济学
杨克磊主编 2007年 462页 21 cm 28元〔大学管理类教材丛书〕(G. F. P.)

02506 309-02962
网络经济的禅 e时代的成功方略
鲍勇剑 陈百助著 2001年 245页 23 cm 24元 (G. F. P.)

02507 309-02764
公共经济学
樊勇明 杜莉编著 2001年 355页 23 cm 33元〔MPA（公共管理硕士）系列〕(G. F. P.)

02508 309-05703
公共经济学
樊勇明 杜莉等编著 2007年 第2版 366页 23 cm 35元〔复旦博学·MPA（公共管理硕士）系列〕(G. F. P.)

02509 309-03770
公共经济学导引与案例
樊勇明编著 2003年 270页 23 cm 27元〔复旦博学·MPA（公共管理硕士）系列〕(G. F. P.)

02510 309-01767
公共经济学教程
华民编著 1996年 397页 20 cm 15元〔新编经济学系列教材〕(G. F. P.)

02511 309-10959
公共经济学
匡小平主编 2014年 216页 26 cm 34元〔信毅教材大系〕(G. F. P.)

02512 309-04963
中高级公共经济学
毛程连主编 2006年 321页 23 cm 32元〔复旦博学·21世纪经济管理类研究生教材〕(G. F. P.)

02513 309-08702
公共经济与管理案例
庄序莹主编 2012年 212页 26 cm 25元〔复旦博学·MPA（公共管理硕士）系列〕(G. F. P.)

02514 309-10037

产业经济学
卢福财主编 2013 年 380 页 26 cm 46 元
〔信毅教材大系〕(G. F. P.)

02515 309-04910
论产业链整合
芮明杰 刘明宇 任江波著 2006 年 339 页 21 cm 25 元〔当代中国经济理论创新文库〕(G. F. P.)

02516 309-04537
产业经济学
杨公朴主编 2005 年 497 页 23 cm 43 元〔复旦博学·21 世纪经济管理类研究生教材〕(G. F. P.)

02517 309-04867
产业链纵向控制与经济规制
郁义鸿 管锡展主编 2006 年 485 页 21 cm 28 元〔当代中国经济理论创新文库〕(G. F. P.)

02518 309-04291
新产业区演进的经济分析
周维颖著 2005 年 387 页 21 cm 22 元〔上海市社会科学博士文库 第六辑〕(G. F. P.)

02519 309-05358
金融契约、治理结构与产业整合
朱瑞博著 2006 年 380 页 23 cm 39 元〔上海市社会科学博士文库〕(G. F.)

02520 309-12289
服务特征的经济学分析
李慧中著 2016 年 237 页 21 cm 26 元〔泛海书院丛书〕(G. F. P.)

02521 309-02118
错误的理财
伍忠贤编著 1999 年 212 页 20 cm 11 元〔错误系列 3〕(G. F.)

02522 309-02250
经济社会学
朱国宏主编 1999 年 2003 年第 2 版 699 页 20 cm 精装 30 元〔复旦博学〕(G. F. P.)

02523 309-04921
规制经济学
曲振涛 杨恺钧著 2006 年 305 页 23 cm 29 元〔复旦博学·21 世纪经济管理类研究生教材〕(G. F. P.)

02524 309-03772
行为经济学 理论与应用
薛求知等著 2003 年 352 页 23 cm 32 元〔复旦博学〕(G. F. P.)

02525 309-04295
经济社会学导论
朱国宏 桂勇主编 2005 年 295 页 23 cm 33 元〔复旦卓越·经济学系列 普通高等教育"十五"国家级规划教材〕(G. F. P.)

02526 309-00348
经济学说史教程
方崇桂 尹伯成主编 1989 年 598 页 20 cm 6.90 元〔大学教材〕(G. F.)

02527 309-14559
梁捷西方经济思想史讲稿
梁捷著 2019 年 302 页 22 cm 49 元 (G. F. P.)

02528 309-03051
经济思想史教程

马涛编著 2002 年 496 页 23 cm 48 元 〔复旦博学·经济学系列〕(G. F. P.)

02529 309-13495

经济思想史教程

马涛编著 2018 年 第 2 版 402 页 23 cm 48 元 〔复旦博学·经济学系列〕(G. F. P.)

02530 309-04358

西方经济学说史 从市场经济视角的考察

尹伯成主编 2005 年 503 页 23 cm 45 元 〔复旦博学·经济学系列 普通高等学校"十五"国家级规划教材〕(G. F. P.)

02531 309-08987

西方经济学说史 从市场经济视角的考察

尹伯成主编 2012 年 第 2 版 473 页 23 cm 48 元 〔普通高等教育"十一五"国家级规划教材 复旦博学·经济学系列〕(G. F. P.)

02532 309-12678

西方经济学说史 从市场经济视角的考察

尹伯成 赵红军主编 2017 年 第 3 版 375 页 23 cm 48 元 〔复旦博学·经济学系列〕(G. F. P.)

02533 309-13671

简明西方经济学 最新版

陈承明 董有德 苑睿钊编著 2018 年 219 页 26 cm 45 元 〔通用财经类系列〕(G. F. P.)

02534 309-01567

当代西方经济学流派

蒋自强等著 1996 年 2001 年第 2 版 405 页 20 cm 15 元 〔新编经济学系列教材〕(G. F. P.)

02535 309-05882

当代西方经济学流派

蒋自强等著 2008 年 第 3 版 348 页 23 cm 35 元 〔复旦博学·经济学系列〕(G. F. P.)

02536 309-10830

当代西方经济学流派

蒋自强等著 2014 年 第 4 版 342 页 23 cm 42 元 〔复旦博学·经济学系列〕(G. F. P.)

02537 309-00450

20 世纪初的西方经济学

李可等著 1990 年 224 页 19 cm 4.50 元 (G.)

02538 309-05943

主流观念与政策变迁的政治经济学

赵德余著 2008 年 347 页 21 cm 25 元 (G. F. P.)

02539 309-01381

萨缪尔森和诺德豪斯《经济学》(第 12 版)学习指南

(美) 卡里·W.约埃著 汪祖杰 汪燕崃译 1995 年 968 页 20 cm 26 元 (G. F. P.)

02540 309-03633

制度经济学 制度及制度变迁性质解释

汪洪涛著 2003 年 227 页 20 cm 15 元 (G. F.)

02541 309-06863

制度经济学 制度及制度变迁性质解释

汪洪涛著 2009 年 第 2 版 220 页 23 cm 28 元 〔复旦卓越·经济学系列〕(G. F. P.)

02542 309-09326

经济·世界各国经济概况、经济史、经济地理　187

新制度经济学
袁庆明著　2012 年　357 页　26 cm　40 元
〔信毅教材大系〕(G. F. P.)

02543　309-14399
新制度经济学
袁庆明著　2019 年　第 2 版　388 页　26 cm　58 元〔信毅教材大系·经济学系列〕(G. F. P.)

02544　309-08976
个人主义与经济秩序
(英)弗里德利希·冯·哈耶克著　邓正来编译　2012 年　295 页　22 cm　40 元 (G. F. P.)

02545　309-06913
熊彼特式创新的经济学分析 创新原域、连接与变迁
蔡晓月著　2009 年　286 页　21 cm　20 元 (G. F. P.)

02546　309-01403
马克思主义经济思想史研究
蔡中兴　漆光瑛著　1994 年　445 页　20 cm　15 元 (G.)

02547　309-03776
古代管理智慧与现代经营艺术 1—3
吴申元主编　2003 年　3 册　20 cm　57 元 (G. F. P.)
　　三十六计与现代企业经营　陡洪祥等编著
　　中国历代工商业与经营管理思想　萧万明　王世联编著
　　晋商、徽商经营管理策略 兼谈其对民营企业的启示　郑卫峰　叶圣利编著

02548　309-04206
古代管理智慧与现代经营艺术 4—6
吴申元主编　2004 年　3 册　21 cm　57 元

(G. F. P.)
　　儒家思想与现代企业管理　刘禄玲　杨勇编著
　　证券市场的权利与义务　刘庆平　刘常青编著
　　诚信：现代企业立身之本　马新海等编著

02549　309-14902
中国经济思想史与道路自信
马涛　宋丽智　李卫编　2020 年　268 页　26 cm　68 元 (G. F. P.)

02550　309-03737
古代中国经济思想史
叶世昌著　2003 年　424 页　23 cm　40 元
〔复旦博学·经济学系列〕(G. F. P.)

02551　309-00426
中国古代经济管理思想
叶世昌主编　1990 年　334 页　20 cm　2.55 元 (G. F.)

02552　309-02158
中国近代市场经济思想
叶世昌　施正康著　1998 年　324 页　20 cm　15 元〔国家社会科学基金课题 新编经济学系列教材〕(G. F. P.)

世界各国经济概况、经济史、经济地理

02553　309-05997
世界经济与中国 葛霖生文集
葛霖生著　2008 年　394 页　23 cm　46 元
〔复旦学人文库〕(G. F. P.)

02554　309-08525
世界经济研究报告 2010
华民主编　2011 年　201 页　24 cm　28 元 (G. F. P.)

02555　309-09352

世界经济研究报告 2011
华民主编 2012 年 237 页 24 cm 36 元
(G. F. P.)

02556 309-02848
世界经济新论
庄起善主编 2001 年 452 页 23 cm 40 元
〔复旦博学·经济学系列〕(G. F. P.)

02557 309-06050
世界经济新论
庄起善主编 2008 年 第 2 版 413 页 23 cm 40 元〔复旦博学·经济学系列 普通高等教育"十一五"国家级规划教材〕(G. F. P.)

02558 309-15035
世界经济新论
庄起善 陆寒寅主编 2020 年 第 3 版 396 页 26 cm 56 元〔复旦博学〕(F. P.)

02559 309-06145
国际经济学
(美)多米尼克·萨尔瓦多(Dominick Salvatore)著 关涛等译 2008 年 295 页 26 cm 38 元〔复旦博学·经济学畅销教材译丛〕(G. F. P.)

02560 309-04378
新编国际经济学
冯宪中编著 2005 年 259 页 23 cm 28 元〔复旦卓越·经济学系列 同济大学"十五"规划教材〕(G. F. P.)

02561 309-02058
国际经济学
华民著 1998 年 434 页 20 cm 18 元〔复旦博学·新编经济学系列教材〕(G. F. P.)

02562 309-06975
国际经济学
华民编写 2010 年 第 2 版 352 页 23 cm 38 元〔复旦博学·经济学系列 普通高等教育"十一五"国家级规划教材〕(G. F. P.)

02563 309-10936
国际经济学教程
黄飞鸣编著 2014 年 354 页 26 cm 49.80 元〔信毅教材大系〕(G. F. P.)

02564 309-05547
世界经济学
黄梅波主编 2007 年 374 页 26 cm 40 元〔复旦博学·21 世纪国际经济与贸易系列 黄建忠等主编〕(G. F.)

02565 309-07617
世界经济学
黄梅波主编 2010 年 第 2 版 369 页 26 cm 40 元〔复旦博学·21 世纪国际经济与贸易系列 黄建忠等主编〕(G. F. P.)

02566 309-08054
国际经济学 双语
黄敏主编 2011 年 271 页 23 cm 29 元〔复旦卓越·21 世纪国际经济与贸易专业教材新系〕(G. F. P.)

02567 309-00446
国际经济学导论
(澳)肯普(M. C. Kemp)著 陈鸿仪译 1990 年 57 页 20 cm 2.85 元 (G.)

02568 309-05772
国际政治经济学简明教程
王健编著 2007 年 309 页 23 cm 32 元

经济·世界各国经济概况、经济史、经济地理 189

〔复旦卓越·经济学系列〕(G. F. P.)

02569 309-02474
国际经济学
王志明 乔桂明主编 2000 年 445 页 20 cm 20 元〔通用财经类教材〕(G. F.)

02570 309-03314
国际经济学
王志明 乔桂明主编 2002 年 第 2 版 463 页 20 cm 23 元〔通用财经类教材〕(G. F.)

02571 309-06879
国际经济学
王志明等编著 2009 年 第 3 版 416 页 21 cm 25 元〔通用财经类系列〕(G. F. P.)

02572 309-07089
国际经济学
湛柏明主编 2010 年 341 页 26 cm 35 元〔复旦博学·21 世纪国际经济与贸易系列 黄建忠等主编〕(G. F. P.)

02573 309-03430
世界经济新论习题指南
庄起善 潘炟编著 2002 年 236 页 23 cm 22 元〔复旦博学·经济学系列〕(G. F. P.)

02574 309-06978
上海市世博会城市志愿服务站点志愿者读本
上海市世博会筹办工作领导小组志愿者组编 2010 年 177 页 19 cm 22.80 元 (P.)

02575 4253.005
当前世界经济的政策动向
复旦大学世界经济研究所编 1982 年 206 页 19 cm 0.66 元 (G. F.)

02576 309-01424
西方混合经济体制研究
华民著 1995 年 353 页 20 cm 16 元〔复旦大学博士丛书〕(G. F. P.)

02577 309-14628
共同利益论 基于国际经济视角
池勇海著 2019 年 251 页 23 cm 56 元〔施璐德十周年共享经济丛书〕(G. F. P.)

02578 309-14934
共同利益论 Common Interest Theory
池勇海著 2020 年 英文版 433 页 26 cm 69 元 (F. P.)

02579 309-12014
国际资源价格形成机制研究 基于广义供求均衡论的视角
黄先明著 2016 年 193 页 23 cm 32 元〔信毅学术文库〕(G. F.)

02580 309-05825
转型与经济增长 基于索洛模型的研究
王健著 2008 年 352 页 21 cm 25 元 (G. F. P.)

02581 309-04866
国际技术转移的非线性分析与经济增长
唐晓云著 2005 年 239 页 21 cm 16 元〔上海市社会科学博士文库 第七辑〕(G. F. P.)

02582 309-14558
开拓新边疆 世界资源格局是如何转换的?
王海滨著 2019 年 291 页 23 cm 58 元 (G. F. P.)

02583 309-08885
多重冲击下的中国与世界经济增长
陈诗一主编 2012年 473页 23 cm 45元
〔上海论坛论文与演讲精选集·经济卷 林尚立主编〕(G. F. P.)

02584 309-07409
世界竞争力报告 2009—2010
谢识予主编 2010年 346页 23 cm 38元
(G. F. P.)

02585 309-08801
世界竞争力报告 2010—2011
谢识予 沃伟东主编 2012年 382页 23 cm 38元 (G. F. P.)

02586 309-01639
国际经济合作概论
陈志龙编著 1996年 320页 20 cm 15元
〔新编经济学系列教材〕(G. F. P.)

02587 309-05622
国际经济合作
湛柏明主编 2007年 336页 25 cm 35元
〔复旦博学·21世纪国际经济与贸易系列 黄建忠等主编〕(G. F. P.)

02588 309-04964
经济全球化与亚洲的选择
复旦大学亚洲研究中心编 2006年 278页 23 cm 34元〔亚洲研究集刊 第二辑〕(G. F. P.)

02589 309-05531
经济全球化与我国利益关系的变动
王中保著 2007年 308页 21 cm 22元
〔新时期利益关系丛书〕(G. F. P.)

02590 309-01402
南北经济关系研究
陈其人著 1994年 174页 21 cm 10元
(G. F.)

02591 309-04720
区域合作通论 理论·战略·行动
陈泽明著 2005年 507页 23 cm 48元
〔复旦博学〕(G. F. P.)

02592 309-06069
东亚共同体建设的理论与实践
郭定平主编 2008年 363页 21 cm 27元
〔日本研究丛书〕(G. F. P.)

02593 309-13375
亚太大棋局 急剧变化的亚太与我国的亚太方略
吴心伯等著 2017年 228页 24 cm 48元
(G. F. P.)

02594 309-12616
南方共同市场一体化研究
左品著 2016年 230页 23 cm 40元 (G. F. P.)

02595 309-00155
理想、现实与前景 欧洲经济共同体三十年
伍贻康 戴炳然编 1988年 413页 20 cm 7元 (G. F.)

02596 309-01654
东盟经济的地壳变动 面向21世纪的次区域经济圈的形成
(新加坡)林华生著 徐静波 陆慧海译 1996年 136页 20 cm 12元〔日本·东南亚研究丛书〕(G. F. P.)

02597 309-00151
欧洲共同体 体制·政策·趋势
余开祥等主编 1989年 451页 20 cm

7.45元〔西欧经济丛书〕(G. F.)

02598 309-02342
世界经济发展历史纲要
蔡中兴 漆光瑛编著 1999年 239页 20 cm 12元〔新编经济学系列教材〕(G. F. P.)

02599 309-14950
经济战"疫"新冠肺炎疫情对经济的影响与对策
陈诗一主编 2020年 442页 25 cm 86元 (G. F. P.)

02600 309-00305
深化改革搞活经营的经验
马致中主编 1989年 208页 19 cm 10元 (G. F.)

02601 309-10662
跨国服务公司在中国从事反向外包的经济影响 生产者服务业的视角
孟雪著 2014年 258页 22 cm 22元 (G. F. P.)

02602 309-00757
1949年以来中国的经济政策,理论与改革
谢百三著 1991年 562页 20 cm 35元 (G. F.)

02603 309-05810
应用经济学高层次国际化人才培养模式研究
袁志刚主编 2007年 277页 21 cm 18元 (G. F. P.)

02604 309-12355
中国经济
周顺等编著 2016年 290页 23 cm 39元

〔认知中国系列〕(G. P.)

02605 309-11442
重建中国经济学
程恩富著 2015年 533页 24 cm 精装 68元〔泛海书院丛书〕(G. F. P.)

02606 309-03715
经济全球化与中国 洪文达教授执教55周年暨80华诞荣庆文集
华民 韦森编 2003年 642页 23 cm 精装 58元 (G. F. P.)

02607 309-05949
社会主义经济问题研究 徐金水经济论文选集
徐金水著 2008年 315页 23 cm 40元〔学人文库〕(G. F.)

02608 309-08546
创新与转型 后危机时代的中国经济
袁志刚 毛大立主编 2011年 524页 26 cm 68元〔全国博士后经济论坛〕(G. F. P.)

02609 309-03766
论中国经济发展与经济稳定化政策
李建著 2003年 413页 20 cm 22元〔黄皮书系列〕(G. F. P.)

02610 309-08142
中国经济低碳化的政策体系与产业路径研究
吴力波著 2011年 386页 21 cm 25元〔发展方式转型与节能减排系列丛书〕(G. F. P.)

02611 309-12685
开放发展的社会主义政治经济学
陈波著 2016年 376页 21 cm 35元〔泛

海书院丛书 新理念社会主义政治经济学专辑 严法善主编〕（G. F. P.）

02612 309-13968
中国特色社会主义经济理论教程
陈承明 陈伯庚 包亚钧主编 2018年 258页 26 cm 42元〔通用财经类系列〕（G. F. P.）

02613 309-12683
协调发展的社会主义政治经济学
高帆著 2016年 241页 21 cm 25元〔泛海书院丛书 新理念社会主义政治经济学专辑 严法善主编〕（G. F. P.）

02614 309-08446
利益关系总论 新时期我国社会利益关系发展变化研究的总报告
洪远朋等主编 2011年 745页 21 cm 精装 42元〔新时期利益关系丛书〕（G. F. P.）

02615 309-05172
社会利益关系演进论 我国社会利益关系发展变化的轨迹
洪远朋 卢志强 陈波著 2006年 504页 21 cm 32元〔新时期利益关系丛书〕（G. F. P.）

02616 309-12686
绿色发展的社会主义政治经济学
刘会齐著 2016年 227页 21 cm 23元〔泛海书院丛书 新理念社会主义政治经济学专辑 严法善主编〕（G. F. P.）

02617 309-12684
共享发展的社会主义政治经济学
吕健著 2016年 314页 21 cm 30元〔泛海书院丛书 新理念社会主义政治经济学专辑 严法善主编〕（G. F. P.）

02618 309-12682
创新发展的社会主义政治经济学
严法善著 2016年 264页 21 cm 28元〔泛海书院丛书 新理念社会主义政治经济学专辑 严法善主编〕（G. F. P.）

02619 309-14071
中国特色社会主义政治经济学的新发展
严法善主编 2019年 341页 24 cm 精装 78元〔纪念改革开放四十周年丛书 张晖明主编〕（G. F. P.）

02620 309-15314
规律探索积思录 张薰华先生文集
张薰华著 2020年 669页 26 cm 100元（F. P.）

02621 309-09486
社会主义经济问题探索 黄文忠论文选集
黄文忠著 2013年 454页 23 cm 58元〔复旦学人文库〕（G. F. P.）

02622 309-14925
社会主义经济问题探索 黄文忠论文选集（续集）
黄文忠著 2020年 280页 23 cm 58元〔复旦学人文库〕（G. F. P.）

02623 309-04033
社会主义经济理论与经济体制改革 蒋家俊文集
蒋家俊著 2004年 291页 23 cm 32元〔复旦学人文库〕（G. F. P.）

02624 309-04313
当代中国经济与经济学研究 徐桂华文集
徐桂华著 2005年 459页 23 cm 50元〔复旦学人文库〕（G. F. P.）

02625 309-02150
走向绿色的发展
戴星翼著 1998年 307页 25 cm 25元
〔二十一世纪经济学人著系〕(G. F. P.)

02626 309-09685
可持续发展进行时 基于马克思主义的探讨
肖巍著 2013年 274页 21 cm 28元〔马克思主义理论学科建设系列〕(G. F. P.)

02627 309-06426
发展中大国的竞争 中国和印度谁将胜出
袁志刚 万广华主编 2009年 290页 23 cm 35元 (G. F. P.)

02628 309-06820
资产价格、投资行为与产业结构优化
陈珂著 2010年 384页 21 cm 28元 (G. F. P.)

02629 309-07173
我国经济转型面临的挑战
郭玉林著 2010年 214页 21 cm 16元 (G. F. P.)

02630 309-06776
经济转型比较制度分析
李新 刘军梅等著 2009年 385页 21 cm 26元 (G. F. P.)

02631 309-01737
中国产业结构成因与转换
石磊著 1996年 248页 20 cm 12元〔经济学博士后、博士论丛〕(G. F. P.)

02632 309-01392
中国经济改革 问题与前景
汪熙 (美)杜恩(J. A. Dorn)主编 1994年 308页 21 cm 15元〔中美关系研究丛书13 汪熙主编〕(G. F.)

02633 309-03268
中国改革开放与世界经济 余开祥文集
余开祥编著 2002年 333页 21 cm 20元
〔复旦学人文库〕(G. F. P.)

02634 309-02234
制度变迁与稳定 中国经济转型中稳定问题的制度对策研究
袁峰著 1999年 218页 20 cm 12.50元
〔上海市社会科学博士文库 第一辑〕
(G. F. P.)

02635 309-12339
产权残缺、利益补偿与社会利益关系协调
张峰著 2016年 383页 21 cm 28元 (G. F. P.)

02636 309-00654
改革与效率
张文贤主编 1991年 348页 20 cm 7元
(G.)

02637 309-07644
中国特色的经济转型
(加)斯威特曼(Arthur Sweetman) 张军编 2010年 353页 23 cm 45元 (G. F. P.)

02638 309-11200
2014 上海民营经济
上海市工商业联合会等编 2015年 342页 29 cm 88元 (G. P.)

02639 309-12048
2015 上海民营经济
上海市工商业联合会等编 2015年 295页 29 cm 88元 (G. F. P.)

02640 309-12778
2016 上海民营经济

上海市工商业联合会等编 2016 年 238 页 29 cm 88 元 (G. F. P.)

02641 309-13468
2017 上海民营经济
徐惠明主编 上海市工商业联合会、上海市发展和改革委员会、上海市工商行政管理局、上海市统计局、上海市民营经济研究会主办 2017 年 319 页 29 cm 88 元 (G. F. P.)

02642 309-14889
2018 上海民营经济
上海市工商业联合会等编 2020 年 326 页 29 cm 88 元 (G. F. P.)

02643 309-00472
中国现阶段私营经济探索
王克忠主编 1990 年 303 页 20 cm 4.60 元 (G. F.)

02644 309-12120
中国经济结构再平衡与长期增长
王志凯著 2016 年 230 页 23 cm 45 元 (G. F. P.)

02645 309-02414
多元产业结构转变与经济发展 一种理论框架
郁义鸿著 2000 年 257 页 20 cm 15 元 〔经济学博士后、博士论丛〕(G. F. P.)

02646 309-11350
2014 国民经济运行报告
简德三主编 2015 年 202 页 26 cm 39 元 〔公共经济与管理·前沿系列〕(G. F. P.)

02647 309-12820
2015 国民经济运行报告
上海财经大学国民经济运行报告编写组 上海市金融信息技术研究重点实验室编写 2017 年 235 页 26 cm 46 元 〔公共经济与管理·前沿系列〕(G. F. P.)

02648 309-05250
论 FDI 与国家经济安全
万解秋 徐涛著 2006 年 234 页 23 cm 30 元 (G. F. P.)

02649 309-04649
中国经济安全的国家战略选择
徐桂华主笔 2005 年 175 页 23 cm 25 元 〔来自复旦发展研究院的报告〕(G. F. P.)

02650 309-05700
国民经济安全研究
徐龙炳主编 2007 年 169 页 26 cm 22 元 (G. F. P.)

02651 309-02566
国民经济区域调控 中心城市调控模式研究
林涛著 2000 年 353 页 20 cm 18 元 〔上海市社会科学博士文库 第二辑〕(G. F. P.)

02652 309-02560
中国开放经济下的非均衡经济 结构性分析
黄列著 2000 年 314 页 20 cm 16 元 〔上海市社会科学博士文库 第二辑〕(G. F. P.)

02653 309-02172
国有资本存量结构调整研究
张晖明 邓霆著 1999 年 225 页 25 cm 19 元 〔21 世纪经济学人著系〕(G. F. P.)

02654 309-07871
非经营性国有资产监督与管理
毛程连 庄序莹等著 2011 年 256 页

23 cm 32 元 (G. F. P.)

02655 309-04670
国有资产管理学
毛程连主编 2005 年 396 页 23 cm 36 元
〔复旦博学·财政学系列〕(G. F. P.)

02656 309-14013
企业国有资产交易策划与实操
汪伟农主编 2018 年 293 页 24 cm 68 元
(G. F. P.)

02657 309-13590
国有资产管理学
庄序莹 毛程连主编 2020 年 第 2 版 379 页 26 cm 58 元 (G. F. P.)

02658 309-00071
改革与国情研究
马勇等编 1988 年 254 页 20 cm 2.50 元
(G. F.)

02659 309-04568
社会主义市场经济及其体制研究 王克忠文选
王克忠著 2005 年 428 页 23 cm 48 元
〔复旦学人文库〕(G. F. P.)

02660 309-04633
关于发展市场经济的思考 尹伯成文选
尹伯成著 2005 年 330 页 23 cm 40 元
〔复旦学人文库〕(G. F. P.)

02661 309-15088
中国经济两重性和相容性研究 改革开放的方法论探索
陈承明 鞠立新著 2020 年 413 页 24 cm
精装 98 元 (G. F. P.)

02662 309-11752
智库视野 智库在国际重大事件中的影响
冯叔君编著 2015 年 148 页 23 cm 29 元
〔尚商系列丛书〕(G. F. P.)

02663 309-11984
偏向型技术进步与经济增长转型 基于节能减排视角的研究
何小钢著 2015 年 224 页 23 cm 35 元
〔信毅学术文库〕(G. F. P.)

02664 309-05343
在崛起与衰退之间 一个日本学者对中国改革开放的思考
（日）堀悦夫著 林新奇译 2007 年 167 页 26 cm 28 元 〔复旦博学·21 世纪人力资源管理译丛〕(G. F. P.)

02665 309-03922
产业发展与城市化
李清娟著 2003 年 319 页 20 cm 18 元
〔上海市社会科学博士文库 第五辑〕
(G. F. P.)

02666 309-04407
发展中国的十大课题
秦绍德主编 2005 年 875 页 26 cm 88 元
(G. F.)

02667 309-09686
中国发展与亚洲的未来
袁堂军主编 2013 年 163 页 23 cm 25 元
〔上海论坛论文与演讲精选集 林尚立主编〕(G. F. P.)

02668 309-14803
伟大复兴之路 经济学人眼中的中国发展 70 年
张晖明 王弟海主编 2020 年 424 页 24 cm 88 元 (G. F. P.)

02669 309-08026
经济增长的自然资本约束与解约束
刘平养著 2011年 307页 21 cm 25元 (G. F. P.)

02670 309-01036
中国经济增长分析
舒元著 1993年 264页 20 cm 9元〔复旦大学博士丛书〕(G. F.)

02671 309-14074
中国二元经济发展中的经济增长和收入分配
王弟海著 2019年 542页 24 cm 精装 98元〔纪念改革开放四十周年丛书 张晖明主编〕(G. F. P.)

02672 309-05156
中国经济增长 制度、结构、福祉
袁志刚主编 2006年 337页 21 cm 25元〔当代中国经济理论创新文库〕(G. F. P.)

02673 309-07503
经济增长、收入分配与竞争力研究
张涛著 2010年 152页 23 cm 23元 (G. F. P.)

02674 309-02833
环保型经济增长 21世纪中国的必然选择
焦必方主编 2001年 275页 20 cm 18元 (G. F. P.)

02675 309-09652
中国绿色经济发展研究
剧宇宏著 2013年 210页 23 cm 38元〔上海政法学院学术文库 经济法学系列〕(G. F. P.)

02676 309-08689
循环经济的合作模式与推进效果
孔令丞 谢家平著 2012年 309页 23 cm 40元 (G. F. P.)

02677 309-14069
绿色发展的经济学分析
李志青著 2019年 354页 24 cm 精装 78元〔纪念改革开放四十周年丛书 张晖明主编〕(G. F. P.)

02678 309-08967
建设资源节约型和环境友好型社会的理论与政策研究
王祥荣等著 2012年 351页 24 cm 40元 (G. F. P.)

02679 309-08414
我国低碳经济的发展
徐大丰著 2019年 181页 23 cm 39元 (G. F. P.)

02680 309-10365
中国代际收入流动性的实证研究 经济机制与公共政策
陈琳著 2014年 222页 21 cm 25元 (G. F. P.)

02681 309-03796
全面建设小康社会的理论与实践
复旦大学社会科学基础部编 2003年 469页 20 cm 28元 (G. F. P.)

02682 309-14260
公正财富年度报告 2018
公正财富项目组著 2019年 175页 21 cm 36元〔公正财富年度报告系列丛书〕(G. F. P.)

02683 309-14787
公正财富年度报告 2019
公正财富项目组著 2020年 118页 24 cm

48 元 (G. F. P.)

02684 309-09943
收入不平等的健康效应研究
刘宝著 2013 年 92 页 23 cm 18 元 (G. F. P.)

02685 309-08033
中国转型期城市贫困与社会政策
姚建平著 2011 年 220 页 21 cm 25 元 〔人文学术〕(G. F. P.)

02686 309-02227
开放利益论 中国对外开放的经济利益分析
陈飞翔著 1999 年 277 页 20 cm 18 元 〔经济利益理论与实践丛书〕(G. F. P.)

02687 309-10967
绿色丝绸之路经济带的路径研究 中亚农业现代化、咸海治理与新能源开发
徐海燕著 2014 年 211 页 23 cm 30 元 (G. F. P.)

02688 309-00228
中美经济关系 现状与前景
汪熙 (美)霍尔顿主编 1989 年 402 页 19 cm 8.20 元 〔中美关系研究丛书 5 汪熙主编〕(G. F.)

02689 309-07332
货币政策微观基础 中国居民消费和投资行为动态模拟研究
陈学彬等著 2010 年 312 页 22 cm 26 元 (G. F.)

02690 309-00905
消费者知识手册
程恩富 徐惠平主编 1993 年 295 页 20 cm 7.40 元 (G. F.)

02691 309-08339
中国居民消费前沿问题研究
袁志刚编著 2011 年 210 页 21 cm 18 元 (G. F. P.)

02692 309-02152
改革、发展与收入分配
陈宗胜著 1999 年 560 页 25 cm 38 元 〔21 世纪经济学人著系〕(G. F. P.)

02693 309-05234
地方利益论
管跃庆著 2006 年 283 页 21 cm 22 元 〔新时期利益关系丛书〕(G. F. P.)

02694 309-12263
中国特点的对口支援制度研究 政府间网络视角
李瑞昌著 2016 年 263 页 21 cm 36 元 〔国家治理与政府创新丛书 朱春奎 竺乾威主编〕(G. F. P.)

02695 309-09336
区域创新、创业与经济增长
刘亮著 2012 年 294 页 21 cm 20 元 (G. F. P.)

02696 309-01011
中国沿海经济研究
苏东水主编 1993 年 490 页 20 cm 20 元 (G. F.)

02697 309-01270
生态经济持续发展的抉择 中国南方地区经济发展、人口、资源、环境综合分析及对策研究
吴人坚主编 张祖新副主编 1994 年 324 页 21 cm 12.90 元 (G. F.)

02698 309-00964
中国地区产业结构分析

杨建荣主编 1993 年 246 页 20 cm 6 元 (G.)

02699 309-14066
政治激励下的省内经济发展模式和治理研究
章奇著 2019 年 167 页 24 cm 精装 78 元 〔纪念改革开放四十周年丛书 张晖明主编〕(G. F. P.)

02700 309-01806
中国地方政府经济行为分析
周伟林著 1997 年 194 页 20 cm 9 元 〔经济学博士后、博士论丛〕(G. F. P.)

02701 309-05418
东北地区经济转轨机理研究 一个制度演化的视角
马涛著 2007 年 186 页 21 cm 16 元 〔黄皮书系列〕(G. F. P.)

02702 309-02038
港口·城市·腹地 上海与长江流域经济关系的历史考察
戴鞍钢著 1998 年 225 页 20 cm 12 元 (G. F. P.)

02703 309-01582
长江流域经济发展报告 1990—1994
施岳群主编 上海扬子江国际经济合作研究中心编 1995 年 138 页 20 cm 10 元 (G. F.)

02704 309-10705
长江三角洲区域治理的理论与实践
唐亚林著 2014 年 230 页 22 cm 30 元 (G. F. P.)

02705 309-04420
长江三角洲产业地图 2005
万晶主编 中国产业地图编委会 中国经济景气监测中心编 2005 年 257 页 26 cm 75 元 〔产业地图书系〕(G. F. P.)

02706 309-10704
长三角经济社会协同发展与区域治理体系优化
俞惠煜 廖明 唐亚林主编 2014 年 195 页 22 cm 30 元 (G. F. P.)

02707 309-00714
浦东开发开放简论
陈志龙主编 1991 年 189 页 20 cm 3.90 元 〔改革与国情研究书系〕(G.)

02708 4253.020
上海对外经济调查
复旦大学世界经济系调查组编 1986 年 106 页 19 cm 0.65 元 (G. F.)

02709 309-01500
上海发展报告 跨世纪的上海经济
复旦发展研究院编 1995 年 486 页 20 cm 20 元 (G. F.)

02710 309-01106
浦东新区
江尧田主编 1993 年 259 页 26 cm 40 元 (F.)

02711 309-11789
张江国家自主创新示范区"四重"载体建设理论与实践研究
马文刚等编著 2015 年 291 页 24 cm 50 元 (G. F. P.)

02712 309-10362
上海市重大经济决策咨询报告选 来自复旦发展研究院的报告

徐桂华主笔 2014年 228页 26 cm 45元 (G. F. P.)

02713 309-01319
新世纪·新浦东
赵启正主编 1994年 432页 28 cm 精装 88元 (G. F.)

02714 309-12205
科创二十年 "张江高科"1996—2016
葛培健主编 2016年 218页 23 cm 45元 (G. F. P.)

02715 309-12997
张江模式
葛培健 陈炜编著 2017年 271页 23 cm 50元 (G. F. P.)

02716 309-13550
浦东新区产业升级、服务布局与人口发展 上海市浦东新区第三次经济普查研究报告
彭希哲 张俊民主编 2018年 305页 26 cm 70元 (G. F.)

02717 309-12622
歙县的宗族、经济与民俗
王振忠编 2016年 363页 22 cm 45元 〔徽州传统社会丛书（法）劳格文 王振忠主编〕(G. F.)

02718 309-00728
温州改革 理论思考与实践探索
郑达炯著 1991年 318页 20 cm 6元 〔改革与国情研究书系〕(G.)

02719 309-01988
转型时期的工业化 金华发展战略研究
周伟林主编 1998年 207页 20 cm 10元 (G. F. P.)

02720 309-05303
产业升级路径研究 黄岩专题报告
施宇箭 李国旺主编 2006年 242页 21 cm 20元 〔中国代表性区域产业升级专题研究系列〕(G. F. P.)

02721 309-02374
泉州发展战略研究
苏东水主编 1999年 463页 20 cm 28元 (G. F. P.)

02722 309-10796
海南绿色崛起论坛论文集
孙苏主编 2014年 358页 23 cm 55元 (G. F. P.)

02723 309-14694
红河边的中国 滇西挂职行思录
曹东勃著 2020年 259页 23 cm 59元 (G. F. P.)

02724 309-05778
国际化竞争与我国少数民族地区经济社会发展
鲍敦全等著 2007年 307页 21 cm 25元 (G. F. P.)

02725 309-00406
民族发展经济学
高言弘主编 1990年 371页 20 cm 2.80元 (G.)

02726 309-01571
中国经济特区研究
陈文灿 金晓斌主编 1996年 432页 20 cm 18元 (G. F.)

02727 309-09049
江南社会经济史研究入门
范金民著 2012年 302页 21 cm 22元

〔研究生・学术入门手册〕(G. F. P.)

02728 309-04623
中国经济史
朱伯康 施正康著 2005年 2册 23 cm 精装 150元 (G. F. P.)

02729 309-13727
明清江南经济发展与社会变迁
复旦大学历史学系编 2018年 402页 23 cm 68元〔复旦史学集刊 第六辑〕(G. F. P.)

02730 309-04984
发展与落差 近代中国东西部经济发展进程比较研究(1840—1949)
戴鞍钢著 2006年 553页 21 cm 32元〔中国经济与社会变迁研究系列〕(G. F. P.)

02731 309-04989
制度变迁与长期经济发展
华民等编著 2006年 374页 21 cm 25元〔当代中国经济理论创新文库〕(G. F. P.)

02732 309-06716
民生与家计 清初至民国时期江南居民的消费
黄敬斌著 2009年 420页 21 cm 35元 (G. F. P.)

02733 309-00609
关于发展的思考
黄梦平著 1991年 468页 20 cm 7.5元
（　）

02734 11253.018
中国近代经济史论
周谷城著 1987年 255页 20 cm 2.10元 (G. F.)

02735 309-04999
近代中国：经济与社会研究
朱荫贵 戴鞍钢主编 2006年 732页 21 cm 38元〔中国经济与社会变迁研究系列〕(G. F. P.)

02736 11253.007
帝国主义工业资本与中国农民
陈翰笙著 陈绎译 1984年 140页 21 cm 0.69元 (G. F.)

02737 309-01913
1937—1945 日本在中国沦陷区的经济掠夺
（日）浅田乔二等著 袁愈佺译 1997年 385页 20 cm 20元 (G. F. P.)

02738 309-04857
我国渐进式改革中的产业地理集聚与国际贸易
杨宝良著 2005年 192页 21 cm 15元〔上海市社会科学博士文库 第七辑〕(G. F. P.)

02739 309-14770
上海国土空间规划与土地资源管理优秀成果选编
王克强主编 2019年 256页 23 cm 108元〔上海市土地学会成立30周年 新时代・新思想・新规划〕(G. F. P.)

02740 309-12411
构建亚洲命运共同体 One Asia Convention 2015 上海大会论文集
复旦大学国际问题研究院编 2016年 306页 21 cm 32元 (G. F. P.)

02741 309-06195
亚洲产业发展与企业发展战略

芮明杰（日）原口俊道 王明元主编 2008年 408页 21 cm 28元〔亚东经济国际学会研究丛书 8〕(G. F.)

02742 309-09689
危机后的调整与再生
上海论坛组织委员会 复旦大学亚洲研究中心编 2013年 210页 22 cm 28元 (G. F. P.)

02743 309-09687
亚洲的发展 突破约束
袁堂军主编 2013年 190页 23 cm 28元〔上海论坛论文与演讲精选集 林尚立主编〕(G. F. P.)

02744 309-11417
亚洲经济转型 制度设计与战略调整
袁堂军 张怡主编 2015年 240页 23 cm 35元〔复旦发展研究院丛书〕(G. F. P.)

02745 309-04584
东亚发展模式与区域合作
戴晓芙 郭定平主编 2005年 320页 21 cm 25元〔日本研究丛书〕(G. F. P.)

02746 309-01425
日本政府在经济现代化过程中的作用
复旦大学日本研究中心编 1995年 358页 20 cm 12元〔日本研究丛书〕(G. F.)

02747 309-14661
数字资本主义
（日）此本臣吾主编（日）森健（日）日户浩之著 2020年 211页 22 cm 35元 (G. F. P.)

02748 309-01514
日本的资本主义 以战败为契机的战后经济发展
（日）都留重人著 复旦大学日本研究中心译 1995年 286页 20 cm 18元〔日本研究丛书〕(G. F. P.)

02749 309-07559
日本经济与中日经济关系研究 复旦大学日本研究中心成立 20 周年纪念文集
魏全平主编 2010年 365页 21 cm 30元〔日本研究丛书〕(G. F. P.)

02750 309-04601
欧盟经济发展报告
复旦大学欧洲问题研究中心编 2005年 292页 23 cm 35元〔复旦大学欧洲问题研究中心欧洲研究丛书〕(G. F. P.)

02751 309-05830
欧盟经济发展报告 2007
丁纯主编 2007年 344页 23 cm 45元〔复旦大学欧洲问题研究中心欧洲研究丛书〕(G. F. P.)

02752 309-07039
欧盟经济发展报告 2008
胡荣花主编 2010年 223页 23 cm 30元〔复旦大学欧洲问题研究中心欧洲研究丛书〕(G. F. P.)

02753 309-00332
苏联东欧经济改革概论
王爱珠编著 1989年 387页 20 cm 4.95元〔文科研究生丛书〕(G. F.)

02754 4253.008
苏联经济若干问题
复旦大学世界经济研究所苏联经济研究室编 1983年 286页 19 cm 0.98元 (G. F.)

02755 309-10049
俄罗斯经济再转型 创新驱动现代化
李新著 2014 年 396 页 21 cm 30 元 (G. F. P.)

02756 309-05609
从叶利钦到普京 俄罗斯经济转型启示
唐朱昌等编著 2007 年 420 页 21 cm 28 元 (G. F. P.)

02757 309-02533
俄罗斯转轨经济研究
庄起善著 2000 年 218 页 20 cm 13.50 元 (G. F. P.)

02758 309-06888
德国社会市场经济辞典
(德) 罗尔夫·H.哈塞(Rolf H. Hasse) (德) 赫尔曼·施奈德(Hermann Schneider) (德) 克劳斯·魏格尔特(Klaus Weigelt) 主编 王广成 陈虹嫣主译 2009 年 第 2 版 402 页 21 cm 32 元 (G. F.)

02759 309-00022
西欧各国经济
余开祥主编 1987 年 410 页 20 cm 3.25 元 〔西欧经济丛书〕(G. F.)

02760 309-00552
法国宏观经济管理
黄文杰著 1990 年 384 页 20 cm 10 元 〔西欧经济丛书〕(G. F.)

02761 309-00115
法国经济与社会史 50 年代至今
(法) 费尔南·布罗德尔 (法) 欧内斯特·拉布鲁斯主编 谢荣康等译 1990 年 505 页 20 cm 3.60 元 (G. F.)

经济管理

02762 309-00987
国民经济调控 计划、市场与政策
司春林著 1993 年 225 页 20 cm 8.60 元 〔理科研究生丛书 李大潜主编〕(G. F.)

02763 309-03032
政府经济学
孙荣 许洁编著 2001 年 220 页 23 cm 24 元 〔复旦博学·行政管理学系列〕 (G. F. P.)

02764 309-05579
经济管理
汪瑞雪编 2007 年 119 页 26 cm 20 元 〔2008 年度上海市公务员考试辅导教材〕(G. F. P.)

02765 309-06538
国民经济学
杨大楷主编 2009 年 338 页 24 cm 33 元 〔复旦博学·经济学系列〕(G. F. P.)

02766 309-04808
无形资产评估
苑泽明主编 2005 年 283 页 21 cm 20 元 〔21 世纪无形资产系列丛书〕(G. F. P.)

02767 309-04603
资产评估学
朱萍主编 2005 年 437 页 23 cm 38 元 〔复旦博学·财政学系列〕(G. F.)

02768 309-07891
资产评估学
朱萍 王辉 朱良编著 2011 年 第 2 版 455 页 23 cm 42 元 〔复旦博学·财政

学系列〕(G. F. P.)

02769 309-01350
统计预测和决策
徐国祥主编 1994年 259页 20 cm 10元 (G. F.)

02770 309-00117
行业协会概论
史景星主编 1989年 214页 20 cm 1.75元 (G. F.)

02771 309-11069
工商管理类核心课程案例精选
江西财经大学工商管理学院案例中心编写 胡海波执行主编 2015年 409页 26 cm 52.50元〔信毅教材大系〕(G. F. P.)

02772 309-09837
"工商融合"复合型人才培养模式的探索与实践
杨毅红等著 2013年 273页 21 cm 25元 (G. F. P.)

02773 309-01290
温州市工商行政管理志
《温州市工商行政管理志》编纂委员会编 1993年 272页 26 cm 精装 35元〔温州市地方志丛书〕(G. F.)

02774 309-01743
全国1997年工商管理硕士生入学考试考试大纲和考试指南 '97MBA联考
周三多主编 1996年 679页 26 cm 60元〔全国工商管理硕士(MBA)教育指导委员会审定〕(G. F.)

02775 309-06184
工业实验室的社会运行
赵克著 2008年 267页 23 cm 32元 (G. F. P.)

02776 309-05914
科学技术的制度供给
赵克著 2008年 350页 23 cm 42元 (G. F. P.)

02777 309-10364
猜想与求证 社会主义社会资源配置方式的世纪探索
江春泽著 2014年 288页 24 cm 39元〔泛海书院丛书〕(G. F. P.)

02778 309-00686
计量经济学教程
(美)克莱因(L. R. Klein)著 国家信息中心经济预测部经济预测处译 1991年 295页 19 cm 6.90元 (G. F.)

02779 309-09260
计量经济学教程
陶长琪主编 2012年 381页 26 cm 49元〔信毅教材大系〕(G. F. P.)

02780 309-04223
计量经济学教程
谢识予编著 2004年 282页 23 cm 28元〔复旦博学·经济学系列〕(G. F. P.)

02781 309-00149
计算机在经济统计和文字档案中的应用
曹文君编著 1989年 303页 20 cm 2.35元 (G. F.)

02782 309-00953
计算机在经济统计和文字档案中的应用
曹文君编著 1989年(1992年重印) 303页 20 cm 4.30元 (G. F.)

02783 309-03473
经济统计学简明教程
李洁明 祁新娥著 2003年 356页 20 cm 20元〔新编经济学系列教材〕(G. F. P.)

02784 309-10064
国民经济核算原理
刘小瑜 李海东主编 2013年 258页 26 cm 35元〔信毅教材大系〕(G. F. P.)

02785 309-05065
无形资产统计
曹景林编著 2006年 311页 21 cm 20元〔21世纪无形资产系列丛书〕(G. F. P.)

02786 309-04967
微积分
曹定华 李建平 方涛主编 2006年 415页 23 cm 38元〔新锐丛书 21世纪高等学校教材〕(G. F.)

02787 309-06753
微积分
曹定华 李建平 毛志强主编 2010年 第3版 368页 23 cm 38元 (P.)

02788 309-08056
微积分
曹定华 李建平主编 2011年 第4版 348页 23 cm 38元 (P.)

02789 309-01365
微积分
陈慧玉主编 1994年 483页 20 cm 13元〔经济数学系列丛书〕(G. F.)

02790 309-11883
微积分
李建平 曹定华主编 2016年 第5版 332页 23 cm 45元〔普通高等学校"十二五"精品规划教材〕(G. P.)

02791 309-10803
微积分 上册
杨湘豫 胡合兴 胡艳主编 湖南大学数学与计量经济学院编 2014年 240页 23 cm 32元〔普通高等学校"十二五"精品规划教材〕(G. F. P.)

02792 309-11159
微积分 下册
王利平 潘小平 李永群主编 湖南大学数学与计量经济学院编 2015年 270页 23 cm 38元〔普通高等学校"十二五"精品规划教材〕(G. P.)

02793 309-13053
微积分 上册
易学军 杨湘豫 胡合兴主编 2017年 第2版 248页 23 cm 42元〔普通高等学校"十三五"精品规划教材〕(G. P.)

02794 309-13453
微积分 下册
王利平等主编 2018年 第2版 264页 23 cm 42元〔新锐丛书〕( )

02795 309-14465
微积分
吴红星 李永明主编 2019年 2册 23 cm 75元〔弘教系列教材〕(G. F. P.)

02796 309-09018
微积分
邢华 高娃主编 2012年 324页 23 cm 42元〔普通高等学校"十二五"精品规划教材〕(G. P.)

02797 309-05421

微积分

杨爱珍主编 2007年 371页 23 cm 36元〔21世纪高等学校经济数学教材〕(G. F. P.)

02798 309-08815

微积分

杨爱珍主编 2012年 第2版 382页 23 cm 45元〔21世纪高等学校经济数学教材〕(G. F. P.)

02799 309-04405

微积分

张从军等编著 2005年 387页 23 cm 37元〔复旦博学·经济数学系列〕(G. F. P.)

02800 309-06722

微积分

张从军等编著 2009年 第2版 394页 23 cm 38元〔复旦博学·经济数学系列〕(G. F. P.)

02801 309-11577

经济数学

陈福来主编 2015年 271页 26 cm 45元〔应用技术类型高等学校规划教材〕(G. P.)

02802 309-12774

计量经济学

李汉通 贺胜兵主编 2017年 188页 26 cm 38元〔普通高等学校"十三五"精品规划教材 "经济学基础理论课程群国家级教学团队"系列教材〕(G. P.)

02803 309-08873

经济数学基础

魏运 乔节增编著 2012年 218页 23 cm 32元〔普通高等学校"十二五"精品规划教材〕(G. P.)

02804 309-11506

经济数学基础 一 微积分

乔节增 陈利国主编 内蒙古财经大学统计与数学学院编 2015年 323页 23 cm 45元〔普通高等学校"十二五"精品规划教材〕(G. P.)

02805 309-11499

经济数学基础 二 线性代数

邢华 高娃主编 内蒙古财经大学统计与数学学院编 2015年 207页 23 cm 34元〔普通高等学校"十二五"精品规划教材〕(G. P.)

02806 309-11512

经济数学基础 一 学习指导(微积分)

刘万霞 王瑞莲 陈济和主编 内蒙古财经大学统计与数学学院编 2015年 235页 23 cm 38元 (G. P.)

02807 309-11513

经济数学基础 二 学习指导(线性代数)

杨芳 曹京平 李琳琳主编 内蒙古财经大学统计与数学学院编 2015年 187页 23 cm 30元 (G. P.)

02808 309-05780

随机边界分析

(美)舒伯利·C.昆伯卡(Subal C. Kumbhakar)(美)C. A.诺克斯·拉维尔(C. A. Knox Lovell)著 刘晓宏 杨倩译 2007年 254页 23 cm 32元〔复旦译丛 经济学前沿系列〕(G. F. P.)

02809 309-00095

计量经济学 理论、方法和模型

唐国兴编著 1988 年 391 页 20 cm 3 元 (G. F.)

02810 309-00613
计量经济学 理论、方法和模型
唐国兴编著 1991 年 重印 391 页 21 cm 5.25 元 (F.)

02811 309-11451
经济数学基础学习指导
魏运 任艳林 高春香主编 2015 年 224 页 23 cm 35 元 (G. P.)

02812 309-13179
经济数学 上册
吴珊主编 2017 年 186 页 26 cm 32 元〔普通高等学校"十三五"精品规划教材〕(G. P.)

02813 309-09739
空间计量经济学理论及其方法应用 基于 R&D 溢出效应测度的视角
项歌德著 2013 年 231 页 21 cm 15 元〔复旦博学·数量经济与技术经济系列〕(G. F. P.)

02814 309-04443
高级计量经济学
谢识予 朱弘鑫编著 2005 年 304 页 23 cm 29 元〔复旦博学·21 世纪经济管理类研究生教材〕(G. F. P.)

02815 309-07243
经济计算技术
张从军等编著 2010 年 196 页 23 cm 25 元〔复旦博学·经济数学系列 高等学校经济数学应用教程 教育部高等理工教育数学教学研究与改革课题〕(G. F.)

02816 309-06259
经济应用模型
张从军等编著 2008 年 386 页 23 cm 40 元〔复旦博学·经济数学系列〕(G. F. P.)

02817 309-02731
经济学家数学手册
(挪)Knut Sydsaeter 等著 张涛译 2001 年 217 页 23 cm 23 元 (G. F. P.)

02818 309-11106
技术分析、有效市场与行为金融
汪天都著 2014 年 192 页 21 cm 25 元 (G. F. P.)

02819 309-06485
经济运筹方法
张从军等编著 2009 年 296 页 23 cm 32 元〔复旦博学·经济数学系列〕(G. F. P.)

02820 309-01859
经济博弈论
谢识予编著 1997 年 291 页 20 cm 12.80 元〔新编经济学系列教材〕(G. F. P.)

02821 309-03055
经济博弈论
谢识予编著 2002 年 第 2 版 2007 年第 3 版 393 页 23 cm 38 元〔复旦博学·经济学系列〕(G. F. P.)

02822 309-12816
经济博弈论
谢识予编著 2017 年 第 4 版 329 页 23 cm 40 元〔复旦博学·经济学系列〕(G. F. P.)

经济·经济管理　207

02823　309-06286
演化与博弈论
（英）约翰·梅纳德·史密斯（John Maynard Smith）著　潘春阳译　2008年　260页　23 cm　35元〔西方经济社会思想名著译丛　第一辑〕(G. F. P.)

02824　309-03514
经济博弈论习题指南
谢识予主编　孙碧波等编写　2003年　196页　23 cm　20元〔复旦博学·经济学系列〕(G. F. P.)

02825　309-02185
网络计划技术
朱弘毅编著　1999年　298页　20 cm　14元〔上海普通高校"九五"重点教材〕(G. F. P.)

02826　309-02502
项目管理
毕星　翟丽主编　2000年　471页　26 cm　40元　(G. F. P.)

02827　309-06607
会计处理案例剖析
陈国强编　2009年　226页　23 cm　26元〔复旦卓越·经济学系列〕(G. F. P.)

02828　309-08018
2011年上海市会计从业资格统一考试应试指南及经典题解 财经法规与会计职业道德
初宏淼编著　2011年　260页　23 cm　37元〔高顿财经"自学成财"会计从业资格辅导系列丛书〕(G. F. P.)

02829　4253.011
现代会计学
胡文义编著　1984年　513页　21 cm　2.16元 (G. F.)

02830　309-00396
现代会计学
胡文义编著　1984年（1989年重印）526页　21 cm　5.60元 (F.)

02831　309-00622
现代会计学
胡文义编著　1991年　第2版　669页　20 cm　9.50元 (G. F.)

02832　309-01355
现代会计学
胡文义编著　1994年　修订本　691页　21 cm　20元〔大学管理类教材丛书〕(G. F.)

02833　4253.015
汉英对照西方会计 第1册
陆廷纲编著　1985年　335页　19 cm　1.80元 (G. F.)

02834　309-01158
汉英对照西方会计 第1册
陆廷纲编著　1993年　重印　335页　19 cm　6.90元 (G.)

02835　309-01323
汉英对照西方会计 第1册
陆廷纲编著　1993年　重印　335页　19 cm　8.50元 (G. F.)

02836　4253.024
汉英对照西方会计 第2册
陆廷纲编著　1986年　419页　19 cm　2.50元 (G. F.)

02837　309-01159
汉英对照西方会计 第2册

陆廷纲编著 1993 年 重印 419 页 19 cm 8.40 元 (G.)

02838 309-01324
汉英对照西方会计 第2册
陆廷纲编著 1993 年 重印 419 页 19 cm 10.50 元 (G. F.)

02839 309-08021
2011年上海市会计从业资格统一考试应试指南及经典题解 会计基础
印晨晖编著 2011 年 272 页 23 cm 38 元 〔高顿财经"自学成财"会计从业资格辅导系列丛书〕(G. F. P.)

02840 309-04215
实用会计
张旭霞主编 2004 年 484 页 20 cm 27 元 〔通用财经类教材〕(G. F. P.)

02841 309-05923
会计专业综合模拟实验
邬展霞主编 2008 年 2009 年第 2 版 163 页 23 cm 20 元 (G. F. P.)

02842 309-10540
会计模拟实验教程
赵小明编 2014 年 441 页 26 cm 58 元 (P.)

02843 309-00122
现代会计学习题集
胡文义主编 1988 年 163 页 20 cm 2 元 (G. F.)

02844 309-00634
现代会计学习题集
胡文义编著 1991 年 第 2 版 195 页 20 cm 3.80 元 (G. F.)

02845 309-01356
现代会计学习题集
胡文义编著 1994 年 修订本 201 页 20 cm 6.60 元 〔大学管理类教材丛书〕(G. F.)

02846 309-00877
会计实用大全
石人瑾主编 1993 年 1 170 页 26 cm 精装 80 元 (G. F.)

02847 309-08648
会计学原理
陈占葵主编 2012 年 315 页 26 cm 40 元 〔普通高等学校"十二五"精品规划教材〕(G. P.)

02848 309-11461
基础会计理论与实务
段华主编 2015 年 261 页 26 cm 39 元 〔高等学校应用型规划教材〕(G. F. P.)

02849 309-04776
会计理论
葛家澍 杜兴强等著 2005 年 450 页 26 cm 45 元 〔复旦博学·21 世纪高等院校会计专业主干课系列〕(G. F. P.)

02850 309-05636
基础会计
龚菊明主编 2007 年 311 页 21 cm 20 元 〔通用财经类系列〕(G. F. P.)

02851 309-04156
会计学基础
胡锦明主编 2004 年 347 页 20 cm 18 元 〔新编经济学系列教材〕(G. F. P.)

02852 309-13309
会计核算基础

贾娜 王巍主编 2017 年 227 页 26 cm 36 元 〔高职高专精品课系列〕(G. F. P.)

02853 309-09205
会计学
焦必方主编 2012 年 330 页 23 cm 35 元 〔复旦博学·经济学系列〕(G. F. P.)

02854 309-05280
基础会计学
瞿灿鑫 王珏编著 2007 年 第 2 版 267 页 23 cm 26 元 〔复旦卓越·会计学系列〕(G. F. P.)

02855 309-06307
会计学原理
刘红梅 李雪莲主编 2008 年 2011 年第 2 版 439 页 23 cm 38 元 〔复旦卓越·会计学系列〕(G. F. P.)

02856 309-11758
会计学原理
刘红梅 李雪莲 欧阳越秀主编 2015 年 第 3 版 304 页 23 cm 40 元 〔复旦卓越·会计学系列〕(G. F. P.)

02857 309-11827
会计学原理学习指南及习题集
刘红梅 李雪莲 欧阳越秀主编 2015 年 260 页 23 cm 35 元 〔复旦卓越·会计学系列〕(G. F. P.)

02858 309-08396
基础会计
饶庆林主编 2011 年 328 页 23 cm 38 元 〔复旦卓越·经济学系列〕(G. F. P.)

02859 309-09356
会计学基础

王涛 朱廷辉主编 2012 年 291 页 26 cm 39 元 〔普通高等学校"十二五"精品规划教材〕(G. P.)

02860 309-06234
会计学基础
叶陈刚主编 2008 年 306 页 26 cm 35 元 〔复旦卓越·21 世纪管理学系列〕(G. F. P.)

02861 309-11498
会计学基础
叶陈刚主编 2015 年 第 2 版 373 页 26 cm 48 元 〔复旦卓越·21 世纪管理学系列〕(G. F.)

02862 309-03669
基础会计学练习与检索
袁远等编著 2003 年 574 页 20 cm 29 元 〔全国高等教育自学考试练习与检索丛书〕(G. F. P.)

02863 309-09606
会计学概论
赵建勇 刘雪生编著 2013 年 331 页 26 cm 36 元 〔通用财经类系列〕(G. F. P.)

02864 309-11179
会计学
张蕊主编 2015 年 375 页 26 cm 46 元 〔信毅教材大系〕(G. F. P.)

02865 309-02351
会计学
张文贤主编 1999 年 723 页 20 cm 30 元 〔上海普通高校"九五"重点教材〕(G. F. P.)

02866 309-02452

会计学 例题·习题·答案
张文贤 黄迈主编 黄文珠等编写 2000年 338页 20 cm 15元 (G. F. P.)

02867 309-01782
会计学原理
张文贤主编 1996年 412页 20 cm 16元〔大学管理类教材丛书〕(G. F.)

02868 309-04154
会计学原理
张文贤 徐晔 祁新娥编著 2004年 第2版 2007年第3版 450页 21 cm 23元〔大学管理类教材丛书 案例部分〕(G. F.)

02869 309-08235
会计学原理
徐晔 张文贤 祁新娥编著 2011年 第4版 464页 21 cm 28元〔大学管理类教材丛书〕(G. F. P.)

02870 309-11997
会计学原理
徐晔 张文贤 祁新娥编著 2015年 第5版 472页 21 cm 32元〔大学管理类教材丛书〕(G. F. P.)

02871 309-13731
会计学原理
徐晔 张文贤 祁新娥编著 2018年 第6版 339页 26 cm 48元〔大学管理类教材丛书〕(G. F. P.)

02872 309-08124
会计学原理
周密 黄冰编 2011年 303页 26 cm 39.50元 (P.)

02873 309-12876
会计学原理
周密 黄冰主编 2017年 第2版 295页 26 cm 45元〔普通高等学校"十三五"精品规划教材〕(G.)

02874 309-04560
会计学原理习题指南
徐晔编著 2005年 383页 21 cm 19元〔大学管理类教材丛书〕(G. F.)

02875 309-05931
会计学原理习题指南
徐晔编著 2008年 第2版 342页 21 cm 20元〔大学管理类教材丛书〕(G. F. P.)

02876 309-12730
会计学原理习题指南
徐晔编著 2016年 第4版 341页 21 cm 26元〔大学管理类教材丛书〕(G. F. P.)

02877 309-14166
会计学原理习题指南
徐晔编著 2019年 第5版 258页 26 cm 38元〔大学管理类教材丛书〕(G. F. P.)

02878 309-13185
财务分析与估值
宋军编著 2017年 324页 26 cm 48元〔经管类专业学位研究生主干课程系列教材〕(G. F. P.)

02879 309-12578
应收账款资产管理及证券化实务
严骏伟 黄长清 曾宪法主编 2016年 368页 23 cm 58元 (G. F. P.)

02880 309-05268
财务报告和分析 企业、政府与非营利组织财

务报告分析

林世怡 林华编著 2007年 2008年第2版 387页 26 cm 38元 (G. F. P.)

02881 309-07037

财务报告和分析 企业、政府与非营利组织财务报告分析

林华 林世怡编著 2010年 第3版 408页 26 cm 39元〔复旦博学·21世纪高等院校会计专业主干课系列〕(G. F. P.)

02882 309-06348

财务报表编制

刘婉立主编 2008年 212页 23 cm 26元〔会计与审计准则解读丛书〕(G. F. P.)

02883 309-04214

财务报表分析技术

马军生编著 2004年 390页 23 cm 39元〔注册金融分析师系列〕(G. F. P.)

02884 309-05699

财务报表分析

穆林娟主编 2007年 229页 23 cm 25元〔会计与审计准则解读丛书〕(G. F. P.)

02885 309-02608

财务报表分析

欧阳光中 项红周编著 2000年 184页 20 cm 10元 (G. F. P.)

02886 309-09143

财务报表分析

宋军主编 2012年 313页 26 cm 39.80元〔金融硕士专业学位主干课程系列教材〕(G. F. P.)

02887 309-09355

财务报表分析行业案例

宋军主编 2012年 262页 26 cm 35元〔金融硕士专业学位主干课程系列教材〕(G. F. P.)

02888 309-08529

财务报表分析技术

汤震宇等编著 2011年 382页 23 cm 39元〔注册金融分析师系列 金程教育金融研究院主编〕(G. F. P.)

02889 309-12266

理解中国财务报表

王松年 庄利铭著 2016年 184页 23 cm 39元 (G. P.)

02890 309-05236

网络财务报告 论XBRL的理论框架及技术

张天西等著 2006年 375页 23 cm 38元 (G. F. P.)

02891 309-07289

公允价值会计舞弊 新全球风险与侦查技术

(美)杰拉德·M.扎克著 陈秧秧译 2010年 258页 22 cm 26元 (G. F. P.)

02892 309-00023

简明现代审计辞典

厉声和 程学书编著 1988年 284页 19 cm 3.70元 (G. F.)

02893 309-05640

计算机会计基础

陈冰主编 2007年 267页 23 cm 29元〔会计与审计准则解读丛书〕(G. F. P.)

02894 309-07953

数据库技术在会计和财务中的应用

冯兆中编著 2011年 351页 23 cm 38元 (G. F. P.)

02895 309-01618
会计电算化设计与操作
肖诩主编 上海中专计算机协作组编 1995年 275页 26 cm 18元 (G. F. P.)

02896 309-04795
会计信息系统
薛云奎 饶艳超编著 2005年 405页 26 cm 38元〔复旦博学·21世纪高等院校会计专业主干课系列〕(G. F. P.)

02897 309-06349
会计信息系统
薛云奎 饶艳超编著 2008年 第2版 417页 26 cm 48元〔普通高等教育"十一五"国家级规划教材 复旦博学·21世纪高等院校会计专业主干课系列〕(G. F. P.)

02898 309-13631
会计信息系统应用 基于用友ERP-U8 V10.1版
杨书怀主编 2018年 367页 26 cm 60元〔信毅教材大系〕(G. F. P.)

02899 309-00663
电算化会计
袁树民 郑晓明编著 1991年 258页 20 cm 4.35元〔上海财经大学丛书〕(G.)

02900 309-01191
电算化会计
袁树民 郑晓明编著 1991年 258页 21 cm 6.60元 (F.)

02901 309-01583
精通电算化会计
张朝宓编著 1995年 205页 26 cm 15元 (G. F. P.)

02902 309-01340
新编会计电算化实用基础
赵龙强编著 1994年 237页 26 cm 11.60元 (G. F.)

02903 309-05493
会计制度设计学习指导
付同青 李凤鸣主编 2007年 233页 23 cm 22元 (G. F.)

02904 309-08282
会计制度设计学习指导
付同青 李凤鸣主编 2011年 第2版 276页 23 cm 33元〔复旦博学·21世纪高等院校会计专业主干课系列〕(G. F. P.)

02905 309-14680
会计制度设计学习指导
付同青 李凤鸣主编 2019年 第3版 201页 26 cm 32元〔创优·经管核心课程系列〕(G. F. P.)

02906 309-04251
会计制度设计
李凤鸣主编 2005年 2007年第2版 339页 26 cm 32元〔复旦博学·21世纪高等院校会计专业主干课系列 普通高等教育"十五"国家级规划教材〕(G. F. P.)

02907 309-07390
会计制度设计
李凤鸣主编 2010年 第3版 355页 26 cm 35元〔普通高等教育"十一五"国家级规划教材 21世纪高等院校会计专业主干课系列〕(G. F. P.)

02908 309-11707

会计制度设计

李凤鸣主编 2016年 第4版 353页 26 cm 38元〔21世纪高等院校会计专业主干课系列 普通高等教育"十一五"国家级规划教材〕(G. F. P.)

02909 309-14308
会计制度设计

李凤鸣主编 2019年 第5版 354页 26 cm 45元〔复旦博学·21世纪高等院校会计专业主干课系列 普通高等教育"十一五"国家级规划教材〕(G. F. P.)

02910 309-14853
会计制度设计

李凤鸣主编 2020年 第6版 355页 26 cm 48元〔创优 经管核心课程系列 教育部推荐使用教材国家级优秀教材〕(G. F. P.)

02911 309-05473
会计师事务所服务营销策略

赵保卿等著 2007年 129页 23 cm 16元〔中国注册会计师后续教育系列〕(G. F. P.)

02912 309-06886
会计准则的另类叙述

党红著 2009年 165页 23 cm 22元 (G. F. P.)

02913 309-04889
会计师事务所品牌声誉实证研究

李连军著 2006年 356页 21 cm 20元〔会计与资本市场系列〕(G. F. P.)

02914 309-07396
会计人才技能结构供需失衡 现状与对策

李玲 李琦著 2016年 202页 21 cm 19元 (G. F. P.)

02915 309-05985
中国注册会计师执业准则释疑

马建威 潘端莲主编 2008年 349页 23 cm 36元〔会计与审计准则解读丛书〕(G. F. P.)

02916 309-12694
成本会计学

郭小金主编 2017年 328页 26 cm 45元〔信毅教材大系〕(G. F. P.)

02917 309-05391
成本管理会计

乐艳芬主编 2007年 410页 23 cm 38元〔复旦卓越·会计学系列〕(G. F.)

02918 309-07069
成本管理会计

乐艳芬主编 2010年 第2版 452页 23 cm 39元〔复旦卓越·会计学系列〕(G. F. P.)

02919 309-10631
成本管理会计

乐艳芬主编 2014年 第3版 456页 23 cm 42元〔复旦卓越·会计学系列〕(G. F. P.)

02920 309-13219
成本管理会计

乐艳芬主编 2017年 第4版 462页 23 cm 55元〔复旦卓越·会计学系列〕(G. F. P.)

02921 309-11548
成本会计

刘建中主编 2015年 310页 26 cm 48元〔普通高等学校"十二五"精品规划教

材〕(G. P.)

02922 309-04814
成本会计 以管理控制为核心
王立彦 徐浩萍 饶菁编著 2005年 297页 26 cm 32元〔复旦博学·21世纪高等院校会计专业主干课系列〕(G. F.)

02923 309-08185
成本会计 以管理控制为核心
王立彦等编著 2011年 第2版 291页 26 cm 32元〔普通高等教育"十一五"国家级规划教材 21世纪高等院校会计专业主干课系列 复旦博学〕(G. F. P.)

02924 309-13071
成本管理会计
张小红主编 2017年 339页 26 cm 42元 (G. F. P.)

02925 309-10078
管理会计学 理论·方法·案例
颉茂华编著 2016年 310页 26 cm 45元〔普通高等学校"十二五"精品规划教材〕(G. P.)

02926 309-05182
管理会计学
李敏主编 2006年 397页 23 cm 35元〔复旦卓越·会计学系列〕(G. F. P.)

02927 309-11257
管理会计学
李敏主编 2015年 第2版 398页 23 cm 46元〔复旦卓越·会计学系列〕(G. F. P.)

02928 309-05078
管理会计
吕长江主编 2006年 361页 26 cm 36元〔复旦博学·21世纪高等院校会计专业主干课系列〕(G. F. P.)

02929 309-05743
战略管理会计 用数字指导战略
夏宽云编著 2007年 301页 26 cm 32元 (G. F. P.)

02930 309-12456
管理会计师的基本工具 支持企业取得可持续成功的工具和技术
英国皇家特许管理会计师公会(CIMA)编 2016年 233页 21 cm 32元 (G. F. P.)

02931 309-12046
管理会计学
张绪军 杨桂兰主编 2016年 323页 26 cm 45元〔信毅教材大系〕(G. F. P.)

02932 309-15173
管理会计学
张绪军等主编 2020年 第2版 312页 26 cm 49元 (F. P.)

02933 309-05071
高级财务会计
储一昀主编 2006年 621页 26 cm 55元〔复旦博学·21世纪高等院校会计专业主干课系列〕(G. F. P.)

02934 309-06311
高级财务会计学习指南 练习与案例
储一昀主编 2008年 335页 23 cm 33元〔复旦博学·21世纪高等院校会计专业主干课系列〕(G. F. P.)

02935 309-14421
中级财务会计 营利企业、政府与非营利组织

中级会计

林华 林世怡编著 2019 年 604 页 23 cm 78 元〔复旦卓越·会计学系列〕（G. F. P.）

02936 309-04885
中级财务会计

刘海燕 王则斌主编 2006 年 549 页 21 cm 30 元〔通用财经类系列〕（G. F. P.）

02937 309-06215
中级财务会计教程

刘海燕 王则斌主编 2008 年 665 页 21 cm 35 元〔通用财经类系列 江苏省精品课程教材〕（G. F. P.）

02938 309-11704
中级财务会计教程

刘海燕 王则斌主编 2015 年 第 2 版 441 页 26 cm 52 元〔通用财经类系列〕（G. F. P.）

02939 309-12232
高级财务会计

刘建中主编 2016 年 319 页 26 cm 48 元〔普通高等学校"十二五"精品规划教材〕（G. P.）

02940 309-12534
高级财务会计理论与实务

邵俊波主编 2016 年 263 页 26 cm 32 元〔高等学校应用型规划教材〕（G. F. P.）

02941 309-05435
高级财务会计专题

王则斌著 2007 年 281 页 23 cm 28 元 （G. F. P.）

02942 309-08122
财务会计

夏云峰主编 2012 年 394 页 26 cm 48 元〔普通高等学校经济管理系列"十二五"规划教材〕（G. F. P.）

02943 309-09918
财务会计

夏云峰 尹芳主编 2016 年 第 2 版 404 页 26 cm 48 元〔普通高等学校"十二五"精品规划教材〕（G. F.）

02944 309-12279
财务会计英语

杨登新 夏伟华主编 2017 年 139 页 26 cm 38 元〔21 世纪职业教育行业英语〕（G. F. P.）

02945 309-07026
财务会计

张天西 薛许军 刘涛编著 2010 年 445 页 23 cm 45 元〔普通高等教育"十一五"国家级规划教材〕（G. F. P.）

02946 309-04717
中级财务会计

张天西 薛许军编著 2005 年 2007 年第 2 版 490 页 26 cm 45 元〔复旦博学·21 世纪高等院校会计专业主干课系列〕（G. F. P.）

02947 309-07388
中级财务会计

张天西 薛许军 董丽编著 2010 年 第 3 版 516 页 26 cm 45 元〔普通高等教育"十一五"国家级规划教材 21 世纪高等院校会计专业主干课系列〕（G. F. P.）

02948 309-12776
中级财务会计

张天西 薛许军 董丽编著 2017 年 第 4 版 546 页 26 cm 68 元〔"十二五"普通高等教育本科国家级规划教材 复旦博学·21 世纪高等院校会计专业主干课系列〕(G. F. P.)

02949 309-02704
高级财务会计
张文贤主编 2001 年 447 页 20 cm 23 元 (G. F. P.)

02950 309-08915
高级财务会计
赵小明主编 2013 年 353 页 26 cm 45 元〔普通高等学校"十二五"精品规划教材〕(G. P.)

02951 309-12797
高级财务会计
赵小明主编 2017 年 第 2 版 367 页 26 cm 48 元〔普通高等学校"十二五"精品规划教材〕(G. P.)

02952 309-12038
EXCEL 在财务会计中的应用
杨书怀编著 2016 年 303 页 26 cm 39 元〔信毅教材大系〕(G. F. P.)

02953 309-05367
国际会计
王松年主编 2007 年 279 页 26 cm 30 元〔复旦博学·21 世纪高等院校会计专业主干课系列〕(G. F. P.)

02954 309-04835
审计学原理
李凤鸣主编 2006 年 第 3 版 418 页 23 cm 36 元〔审计与内部控制系列 国家级优秀教材 教育部推荐教材 中华人民共和国审计署审定教材〕(G. F. P.)

02955 309-06245
审计学原理
李凤鸣主编 2008 年 第 4 版 349 页 26 cm 36 元〔普通高等教育"十一五"国家级规划教材 21 世纪高等院校会计专业主干课系列〕(G. F. P.)

02956 309-07854
审计学原理
李凤鸣主编 2011 年 第 5 版 375 页 26 cm 38 元〔普通高等教育"十一五"国家级规划教材 审计署审定教材 教育部推荐使用教材 国家级优秀教材 21 世纪高等院校会计专业主干课系列〕(G. F. P.)

02957 309-10357
审计学原理
李凤鸣主编 2014 年 第 6 版 375 页 26 cm 45 元〔"十二五"普通高等教育本科国家级规划教材 21 世纪高等院校会计专业主干课系列〕(G. F. P.)

02958 309-14678
审计学原理
李凤鸣主编 2019 年 第 7 版 385 页 26 cm 49 元〔创优·经管核心课程系列〕(G. F. P.)

02959 309-04361
审计理论与案例
刘华著 2005 年 331 页 23 cm 32 元〔审计与内部控制系列〕(G. F. P.)

02960 309-11460
审计理论与实务
李俊林主编 2015 年 356 页 26 cm 42 元

〔高等学校应用型规划教材〕(G. F. P.)

02961 309-00537
高等审计学
厉声和编著 1991年 380页 20 cm 2.85元 (G.)

02962 309-00792
高等审计学
厉声和编著 1991年(1992年重印) 380页 20 cm 4.30元 (G.)

02963 309-05368
审计学
王英姿编著 2007年 361页 23 cm 35元 〔复旦卓越·会计学系列〕(G. F. P.)

02964 309-04704
现代审计学
徐筱凤 李寿喜主编 2005年 337页 23 cm 32元 〔复旦卓越·经济学系列〕(G. F. P.)

02965 309-06256
现代审计学
徐筱凤 李寿喜编著 2008年 第2版 310页 23 cm 32元 〔复旦卓越·经济学系列〕(G. F. P.)

02966 309-13683
现代审计学
徐筱凤 李寿喜编著 2018年 第3版 256页 26 cm 32元 〔复旦卓越·21世纪管理学系列〕(G. F. P.)

02967 309-15086
现代审计学
杨书怀主编 2020年 396页 26 cm 50元 〔信毅教材大系〕(G. F. P.)

02968 309-10941
计算机辅助审计 基于鼎信诺审计系统
杨书怀编著 2014年 235页 26 cm 38元 〔信毅教材大系〕(G. F. P.)

02969 309-05629
计算机审计
田芬主编 2007年 258页 23 cm 28元 〔会计与审计准则解读丛书〕(G. F. P.)

02970 309-05448
审计治理规范与案例
刘华著 2007年 333页 23 cm 33元 〔审计与内部控制系列〕(G. F. P.)

02971 309-05474
绩效审计理论与实务
赵保卿主编 2007年 295页 23 cm 30元 〔审计与内部控制系列〕(G. F. P.)

02972 309-02025
简明独立审计学
徐筱凤主编 1998年 318页 20 cm 14元 〔新编经济学系列教材〕(G. F. P.)

02973 309-04789
内部会计控制制度设计
赵保卿主编 2005年 287页 23 cm 28元 〔审计与内部控制系列〕(G. F. P.)

02974 309-04622
内部控制案例
朱荣恩主编 2005年 300页 23 cm 28元 〔审计与内部控制系列〕(G. F. P.)

02975 309-13364
经济责任审计知识读本
复旦大学审计处编 2018年 430页 24 cm 60元 〔高等学校内部审计知识系列丛书

郁炯主编〕(G. F.)

02976 309-14093
建设工程管理审计知识读本
复旦大学审计处编 2018 年 583 页 24 cm 78 元〔高等学校内部审计知识系列丛书 郁炯主编〕(G. F. P.)

02977 309-00644
基本建设概预算审计知识
郭康玺主编 1991 年 407 页 26 cm 8.90 元 (G.)

02978 309-08669
商业银行内部控制评价
蒋建华编著 2012 年 254 页 26 cm 32 元〔审计与内部控制系列〕(G. F. P.)

02979 309-14389
审计结果性文书选例读本
复旦大学审计处编 2019 年 530 页 24 cm 72 元〔高等学校内部审计知识系列丛书〕(G. F. P.)

02980 309-10134
人力资源统计实务
郑振华编著 2013 年 269 页 26 cm 39 元〔复旦卓越·人力资源管理和社会保障系列教材 李琦总主编〕(G. F. P.)

02981 309-03333
劳动经济学 当代经济体制的视角
陆铭著 2002 年 262 页 23 cm 25 元〔复旦博学·经济学系列 普通高等教育"十五"国家级规划教材〕(G. F. P.)

02982 309-10169
劳动经济基础
田辉主编 2014 年 259 页 26 cm 39 元

〔复旦卓越·人力资源管理和社会保障系列教材〕(G. F. P.)

02983 309-09259
人力资源治理经济学
杨伟国 唐乐主编 2013 年 198 页 26 cm 32 元〔复旦博学·21 世纪人力资源经济学前沿〕(G. F. P.)

02984 309-11298
职业发展经济学
杨伟国 王子成主编 2015 年 212 页 26 cm 29.80 元〔复旦博学·21 世纪人力资源经济学前沿〕(G. F. P.)

02985 309-03814
劳动经济学
曾湘泉主编 2003 年 346 页 26 cm 39 元〔复旦博学·21 世纪人力资源管理丛书〕(G. F.)

02986 309-07126
劳动经济学
曾湘泉主编 2010 年 第 2 版 417 页 26 cm 45 元〔复旦博学·21 世纪人力资源管理丛书 普通高等教育"十一五"国家级规划教材〕(G. F. P.)

02987 309-13113
劳动经济学
曾湘泉主编 2017 年 第 3 版 401 页 26 cm 49 元〔复旦博学·21 世纪人力资源管理丛书 普通高等教育"十一五"国家级规划教材〕(G. F. P.)

02988 309-07192
人力资源管理 全球化背景下的思考与应用
包季鸣主编 2010 年 489 页 23 cm 48 元〔复旦大学管理学教材系列〕(G. F. P.)

02989 309-07157

人力资源管理案例与练习

董临萍主编 2010年 177页 23 cm 25元〔复旦卓越·经济学系列〕(G. F. P.)

02990 309-07575

人力资源经理胜任特征模型构建及影响因素分析

杜娟著 2010年 337页 21 cm 26元 (G. F. P.)

02991 309-05986

重解资本收益 人力资本视角下的资本收益研究

傅颀著 2008年 210页 21 cm 15元 (G. F. P.)

02992 309-04694

人力资源管理实务

顾沉珠主编 2005年 241页 23 cm 28元〔复旦卓越·21世纪管理学系列〕(G. F.)

02993 309-01518

人力资源开发与管理

郑绍濂等著 1995年 322页 20 cm 10元〔大学管理类教材丛书〕(G. F. P.)

02994 309-02159

人力资源开发与管理

胡君辰 郑绍濂主编 1999年 第2版 367页 20 cm 16元〔大学管理类教材丛书〕(G. F. P.)

02995 309-04180

人力资源开发与管理

胡君辰 郑绍濂主编 2004年 第3版 451页 21 cm 22元〔大学管理类教材丛书 案例部分〕(G. F. P.)

02996 309-10867

人力资源开发与管理

胡君辰主编 2014年 第4版 528页 21 cm 32元〔大学管理类教材丛书〕(G. F. P.)

02997 309-13700

人力资源开发与管理

胡君辰主编 2018年 第5版 354页 26 cm 48元〔大学管理类教材丛书〕(G. F. P.)

02998 309-02834

人力资源开发与管理教学案例精选

胡君辰主编 2001年 256页 20 cm 15元〔工商管理(MBA)教学案例精选丛书 第二辑〕(G. F. P.)

02999 309-03808

人力资源管理概论

彭剑锋主编 2003年 507页 26 cm 49元〔复旦博学·21世纪人力资源管理丛书〕(G. F.)

03000 309-07898

人力资源管理概论

彭剑锋主编 2011年 第2版 578页 26 cm 55元〔21世纪人力资源管理丛书〕(G. F. P.)

03001 309-13964

人力资源管理概论

彭剑锋主编 2018年 第3版 657页 26 cm 85元〔复旦博学·21世纪人力资源管理丛书 普通高等教育"十一五"国家级规划教材〕(G. F. P.)

03002 309-04114

评鉴中心在人力资源管理中的应用

(美)乔治·C.桑顿三世著 上海人才有限公司评鉴中心研发专家组译 2004年

184 页 26 cm 39 元〔复旦博学·21 世纪人力资源管理译丛〕(G. F. P.)

03003 309-01523
怎样开发和管理人力资源
（日）LEC·东京法思株式会社编著 1995 年 250 页 20 cm 9 元〔企业、市场与法系列 走向规范：市场经济经营管理技法丛书〕(G. F. P.)

03004 309-13336
人力资源管理
王胜桥 吕洁编著 2017 年 307 页 23 cm 38 元〔复旦卓越·连锁经营管理系列〕(G. F. P.)

03005 309-05374
人力资源管理
杨顺勇 王学敏 查建华主编 2007 年 第 2 版 248 页 23 cm 28 元〔复旦卓越·经济学系列〕(G. F. P.)

03006 309-06168
人力资源管理
杨顺勇 王学敏主编 2008 年 第 3 版 247 页 26 cm 30 元〔复旦卓越·21 世纪管理学系列〕(G. F. P.)

03007 309-10366
人力资源管理
杨顺勇 王学敏主编 2014 年 第 4 版 257 页 26 cm 35 元〔复旦卓越·21 世纪管理学系列〕(G. F. P.)

03008 309-04887
现代人力资源管理
杨顺勇 王学敏 查建华主编 2006 年 243 页 23 cm 28 元〔复旦卓越·经济学系列〕(G. F. P.)

03009 309-06589
人力资源管理教学案例精选
姚裕群 文跃然主编 2009 年 324 页 23 cm 35 元〔工商管理（MBA）教学案例精选丛书〕(G. F. P.)

03010 309-05565
组织人力资本论 人力资本理论的拓展研究与应用
叶正茂 叶正欣著 2007 年 245 页 21 cm 20 元〔黄皮书系列〕(G. F. P.)

03011 309-04907
人力资源管理教程
袁蔚等编著 2006 年 278 页 23 cm 29 元 (G. F. P.)

03012 309-13868
人力资源管理教程
袁蔚等主编 2018 年 第 2 版 347 页 23 cm 50 元 (G. F. P.)

03013 309-03839
提升人力资本投资的政策
（美）詹姆士·J.海克曼(James Heckman)著 曾湘泉等译 2003 年 197 页 26 cm 20 元〔复旦博学·21 世纪人力资源管理丛书〕(G. F. P.)

03014 309-10254
人力资源市场服务业务经办实务
朱莉莉编著 2014 年 259 页 26 cm 39 元〔复旦卓越·人力资源管理和社会保障系列教材〕(G. F. P.)

03015 309-14035
创业裂变 从 0 到 1,从 1 到 N
龚焱 钱文颖编 2019 年 236 页 21 cm 精装 48 元〔中欧经管图书 中欧案例

精选06〕(G. F. P.)

03016 309-08391
劳动选择与定价研究
严维石著 2011年 213页 21 cm 18元 (G. F. P.)

03017 309-14716
向死而生 最大化创业失败的价值
于晓宇 杨俊 贾迎亚主编 2020年 319页 24 cm 精装 78元 (G. F. P.)

03018 309-13985
新商业 新势力 社会巨变下的创业思路
周雪林 王正翊主编 2019年 235页 21 cm 精装 45元〔中欧经管图书 中欧商业评论精选集〕(G. F. P.)

03019 4253.002
研究与开发的生产率
美国休斯公司编 复旦大学管理科学系科技管理组译 1981年 106页 19 cm 0.34元 (G. F.)

03020 309-03949
工作分析
付亚和主编 2004年 322页 26 cm 38元〔复旦博学·21世纪人力资源管理丛书〕(G. F.)

03021 309-06889
工作分析
付亚和主编 2009年 第2版 365页 26 cm 42元〔复旦博学·21世纪人力资源管理丛书〕(G. F. P.)

03022 309-14309
工作分析
付亚和主编 2019年 第3版 358页 26 cm 55元〔21世纪人力资源管理丛书〕(G. F. P.)

03023 309-10006
人力资源管理基础技能训练
李琦 石玉峰编著 2013年 276页 26 cm 39元〔复旦卓越·人力资源管理和社会保障系列教材〕(G. F. P.)

03024 309-09746
人力资源管理综合技能训练
李琦编著 2013年 315页 26 cm 39元〔复旦卓越·人力资源管理和社会保障系列教材 李琦总主编〕(G. F. P.)

03025 309-08209
工作分析 基本原理、方法与实践
潘泰萍主编 2011年 232页 26 cm 35元〔复旦卓越·21世纪管理学系列〕(G. F. P.)

03026 309-13819
工作分析 基本原理、方法与实践
潘泰萍主编 2018年 第2版 241页 26 cm 42元〔复旦卓越·21世纪管理学系列〕(G. F. P.)

03027 309-13694
人力资源管理学习精要 基于人工智能的方法 第1辑
文跃然等编著 2018年 469页 26 cm 88元 (G. F. P.)

03028 309-05552
人力资源战略与规划
文跃然著 2007年 273页 24 cm 29.80元 (G. F. P.)

03029 309-13010
人力资源战略与规划

文跃然著 2017年 第2版 243页 23 cm 39元 (G. F. P.)

03030 309-09623
薪酬经济学
杨伟国 陈玉杰主编 2013年 254页 26 cm 39元〔复旦博学·21世纪人力资源经济学前沿〕(G. F. P.)

03031 309-12432
劳动关系经济学
李丽林 袁青川主编 2016年 287页 26 cm 38元〔复旦博学·21世纪人力资源经济学前沿〕(G. F. P.)

03032 309-11563
集体劳动关系管理
彭黎 曹洋主编 2015年 311页 26 cm 42元〔复旦卓越·人力资源管理和社会保障系列教材〕(G. P.)

03033 309-10658
劳动关系管理实训
孙立如编著 2014年 250页 26 cm 39元〔复旦卓越·人力资源管理和社会保障系列教材〕(G. F. P.)

03034 309-08466
战略劳动关系管理
唐鑛主编 2011年 308页 26 cm 38元〔复旦博学·21世纪劳动关系管理〕(G. F. P.)

03035 309-07473
城乡统筹劳动力市场建设与国家竞争力研究
袁志刚等著 2009年 232页 23 cm 30元〔"985工程"系列丛书〕(G. F. P.)

03036 309-05828
转型期就业 城市社区就业状况与社会政策分析
任远等著 2007年 197页 21 cm 15元 (G. F. P.)

03037 309-10638
高绩效人力资源管理系统 基于中国创业板上市企业的研究
邢周凌著 2014年 235页 23 cm 32元 (G. F. P.)

03038 309-01218
社会主义初级阶段的劳动工资和社会保障
蒋家俊 王克忠主编 1994年 290页 20 cm 16元 (G. F.)

03039 309-12465
劳工政治
陈明明主编 2016年 334页 23 cm 48元〔复旦政治学评论 第十六辑〕(G. F. P.)

03040 309-06439
劳资利益论
马艳 周扬波著 2009年 329页 21 cm 22元〔新时期利益关系丛书〕(G. F. P.)

03041 309-07713
物流英语
景平主编 2010年 281页 23 cm 35元〔复旦卓越·21世纪物流管理系列教材〕(G. F. P.)

03042 309-11326
物流英语
李小敬等编著 2017年 135页 26 cm 38元〔21世纪职业教育行业英语〕(G. F. P.)

03043 309-07863
物流学概论

张书源 张文杰主编 2011年 295页 23 cm 33元〔现代物流管理系列教材 谢家平主编〕(G. F. P.)

03044 309-11482
物流学概论
张书源 张文杰主编 2015年 第2版 330页 23 cm 43元〔现代物流管理系列教材〕(G. F. P.)

03045 309-00171
实用物资经济辞典
顾国祥主编 1989年 650页 20 cm 精装 16元 (G. F.)

03046 309-12362
物流统计实务
王友丽主编 2016年 185页 26 cm 28元〔信毅教材大系〕(G. F. P.)

03047 309-06219
供应链金融服务创新论
陈祥锋著 2008年 270页 21 cm 22元〔物流创新丛书〕(G. F. P.)

03048 309-10062
国际物流与货运代理运作
崔爱平编著 2013年 238页 26 cm 32元〔信毅教材大系〕(G. F. P.)

03049 309-04367
现代物流管理
黄中鼎主编 2005年 343页 23 cm 33元〔复旦卓越·21世纪物流管理系列教材〕(G. F.)

03050 309-06690
现代物流管理
黄中鼎主编 2009年 第2版 311页 26 cm 33元〔普通高等教育"十一五"国家级规划教材 复旦卓越·21世纪物流管理系列教材〕(G. F. P.)

03051 309-10633
现代物流管理
黄中鼎主编 2014年 第3版 311页 26 cm 35元〔复旦卓越·21世纪物流管理系列教材"十二五"普通高等教育本科国家级规划教材 普通高等教育"十一五"国家级规划教材〕(G. F. P.)

03052 309-13837
现代物流管理
黄中鼎主编 2019年 第4版 301页 26 cm 38元〔"十二五"普通高等教育本科国家级规划教材 普通高等教育"十一五"国家级规划教材 复旦卓越·21世纪物流管理系列教材〕(G. F. P.)

03053 309-11321
供应链服务 物流、贸易高端服务
乐美龙著 2015年 185页 23 cm 35元 (G. F. P.)

03054 309-09196
化工物流服务供应链运营研究
李荷华著 2012年 346页 23 cm 35元 (G. F. P.)

03055 309-08726
传统市场与电子市场并存下的供应链决策研究
李培勤著 2013年 215页 23 cm 29元〔华东政法大学产业经济学重点学科建设成果〕(G. F. P.)

03056 309-10682
供应链线上线下的产能运作与风险防范

李培勤著 2014 年 235 页 23 cm 35 元（G. F. P.）

03057 309-08242
基于机制设计理论的供应链协调策略研究
李善良著 2011 年 147 页 21 cm 20 元（G. F. P.）

03058 309-04773
运输管理学
刘小卉主编 2005 年 293 页 23 cm 29 元〔复旦卓越·21 世纪物流管理系列教材〕（G. F.）

03059 309-05025
第三方物流教程
骆温平 谷中华编著 2006 年 264 页 23 cm 29 元〔复旦卓越·21 世纪物流管理系列教材〕（G. F. P.）

03060 309-10636
现代物流管理
孙浩主编 2014 年 333 页 23 cm 38 元〔复旦卓越·海关管理专业教材系列〕（G. F. P.）

03061 309-07861
运输管理
许淑君 尹君主编 2011 年 297 页 23 cm 33 元〔现代物流管理系列教材 谢家平主编〕（G. F. P.）

03062 309-12091
运输管理
许淑君 尹君主编 2016 年 第 2 版 306 页 23 cm 40 元〔现代物流管理系列教材 谢家平主编〕（G. F. P.）

03063 309-05190
物流设施与设备
张弦主编 2006 年 398 页 23 cm 35 元〔复旦卓越·21 世纪物流管理系列教材〕（G. F. P.）

03064 309-11472
3D 物流管理模拟实训教程
戴敏华编著 2015 年 158 页 26 cm 26 元〔复旦卓越·21 世纪管理学系列〕（G. F. P.）

03065 309-04994
物流管理信息系统
刘小卉主编 2006 年 284 页 23 cm 32 元〔复旦卓越·21 世纪物流管理系列教材〕（G. F. P.）

03066 309-11130
物流与供应链管理
舒辉编著 2014 年 334 页 26 cm 42 元〔信毅教材大系〕（G. F. P.）

03067 309-07855
供应链管理
谢家平 葛夫财主编 2011 年 291 页 23 cm 33 元〔现代物流管理系列教材 谢家平主编〕（G. F. P.）

03068 309-12089
供应链管理
谢家平 刘鲁浩 葛夫财主编 2016 年 第 2 版 374 页 23 cm 48 元〔现代物流管理系列教材 谢家平主编〕（G. F. P.）

03069 309-04602
供应链管理
杨晓雁主编 2005 年 240 页 23 cm 28 元〔复旦卓越·21 世纪物流管理系列教材〕（G. F.）

03070 309-14414

互联网＋物流配送

殷延海 焦刚主编 2019 年 391 页 23 cm 52 元〔复旦卓越·连锁经营管理系列 上海市精品课程教材〕(G. F. P.)

03071 309-12341

物流服务营销

崔爱平编著 2016 年 220 页 26 cm 32 元〔信毅教材大系〕(G. F. P.)

03072 309-07862

仓储与配送管理

何庆斌主编 2011 年 319 页 23 cm 35 元〔现代物流管理系列教材〕(G. F. P.)

03073 309-11496

仓储与配送管理

何庆斌主编 2015 年 第 2 版 356 页 23 cm 46 元〔现代物流管理系列教材〕(G. F. P.)

03074 309-04647

仓储与配送管理

邬星根主编 2005 年 296 页 23 cm 32 元〔复旦卓越·21 世纪物流管理系列教材〕(G. F. P.)

03075 309-07391

物流企业会计与财务管理

张川 肖康元 金丽玉编著 2010 年 434 页 27 cm 38 元〔复旦卓越·21 世纪物流管理系列教材〕(G. F. P.)

03076 309-09608

产业升级：转移、深化还是其他？ 基于技术和政策的跨国比较

唐晓云著 2013 年 232 页 24 cm 32 元 (G. F. P.)

03077 309-14368

市场制度深化与产业结构变迁

张涛著 2019 年 242 页 24 cm 精装 78 元〔纪念改革开放四十周年丛书〕(G. F. P.)

03078 309-12613

河南省产业升级和结构转型研究 河南省发展和改革委员会产业研究所研究成果选编 (2016)

许贵舫主编 2016 年 373 页 26 cm 58 元 (G. F. P.)

03079 309-13758

美国产业垄断发展进程

龚维敬著 2018 年 317 页 23 cm 58 元 (G. F. P.)

03080 309-00070

一分钟经理技巧

(美) 布兰查(K. Blanchard)等著 祁汉堂译 1987 年 148 页 19 cm 1.15 元 (G. F.)

03081 309-02552

打造金饭碗 台湾管理专家经验谈

小管著 2000 年 273 页 20 cm 17 元〔上班族智慧丛书〕(G. F.)

03082 309-02553

规划生涯之路 台湾管理专家经验谈

小管著 2000 年 181 页 20 cm 12 元〔上班族智慧丛书〕(G. F.)

03083 309-01781

企业管理学 第 1 卷

(德) F. X. 贝阿(F. X. Bea)等著 王演红等译 1996 年 352 页 20 cm 15 元 (G. F.)

03084 309-02036

企业管理学 第2卷 管理

（德）F. X. 贝阿（F. X. Bea）等主编 王演红等译 1998年 518页 20 cm 22元 （G.）

03085 309-02052

企业管理学 第3卷 经营过程

（德）F. X. 贝阿（F. X. Bea）等主编 陆新译 1998年 353页 20 cm 15元 （G. F.）

03086 309-03713

危机管理 当最坏的情况发生时

鲍勇剑 陈百助著 2003年 218页 23 cm 22元 （G. F. P.）

03087 309-07424

CIS策划教程

陈洪涌编著 2010年 293页 24 cm 36元 （G. F. P.）

03088 309-06546

企业文化与企业伦理

陈少峰著 2009年 253页 23 cm 26元 （G. F. P.）

03089 309-05028

路 一位经营管理者的心路历程

陈武刚著 2006年 256页 26 cm 38元 （G. F. P.）

03090 309-06980

企业新生命 金融海啸后企业复苏之路的瓶颈突破

陈湛匀著 2009年 246页 23 cm 38元 （G. F. P.）

03091 309-10226

创业学

丁栋虹著 2014年 670页 26 cm 78元 〔耶商·创业与领导力经验教程系列〕（G. F. P.）

03092 309-07984

德国企业新闻发布会的会话研究

段丽杰著 2011年 293页 21 cm 26元 〔人文学术〕（G. F. P.）

03093 309-01271

企业发展的思考与对策

顾国祥 刘子馨编 1993年 257页 21 cm 8.80元 （G. F.）

03094 309-02602

企业竞争力 理论与案例分析

韩中和著 2000年 210页 20 cm 12元 〔实用管理类丛书〕（G. F. P.）

03095 309-05922

心智管理导论

胡君辰 潘晓云编著 2008年 367页 23 cm 38元 〔复旦大学管理学教材系列〕（G. F. P.）

03096 309-05410

整合进行时 企业全面风险管理路线图

华小宁 梁文昭 陈昊编著 2007年 357页 26 cm 48元 〔风险管理系列丛书〕（G. F. P.）

03097 309-05033

和谐管理：本质、原理、方法

鞠强著 2006年 2007年第2版 169页 26 cm 30元 （G. F. P.）

03098 309-04619

成于众志 用建导参与方法迎接企业变革的挑战

劳拉·斯宾塞（Laura Spencer）著 杜文君等译 2005年 200页 21 cm 20元 〔建

导管理丛书〕(G. F. P.)

03099 309-05687
基于企业基因视角的企业演化机制研究
李钢著 2007年 222页 21 cm 16元 (G. F. P.)

03100 309-02760
企业新创 孵化的理论与组织管理
李志能著 2001年 205页 20 cm 12元〔知识管理丛书〕(G. F. P.)

03101 309-08288
管理经济学基础与应用
毛军权编著 2011年 第2版 291页 23 cm 35元〔复旦卓越·21世纪管理学系列〕(G. F. P.)

03102 309-10714
管理经济学基础与应用
毛军权编著 2014年 第3版 315页 23 cm 38元〔复旦卓越·21世纪管理学系列 "十二五"职业教育国家规划教材 上海高校重点建设课程教材〕(G. F. P.)

03103 309-05685
管理经济学教程
毛军权编著 2007年 273页 23 cm 32元〔复旦卓越·21世纪管理学系列〕(G. F. P.)

03104 309-07748
管理经济学习题与案例指南
毛军权编著 2011年 153页 23 cm 20元〔复旦卓越·21世纪管理学系列 上海市重点建设课程配套教材〕(G. F. P.)

03105 309-10897
管理经济学习题与案例指南
毛军权编著 2014年 第2版 151页 23 cm 22元〔复旦卓越·21世纪管理学系列 "十二五"职业教育国家规划教材配套用书 上海高校重点建设课程配套教材〕(G. F. P.)

03106 309-04324
心经与现代管理
潘宗光著 2005年 147页 21 cm 12元 (G. F. P.)

03107 309-01389
白领成功路
祁汉堂编 1994年 279页 19 cm 7元〔白领丛书·经营人生之辑〕(G. F.)

03108 309-01391
白领沼泽地
祁汉堂编 1994年 250页 19 cm 6.20元〔白领丛书·经营人生之辑〕(G. F.)

03109 309-01388
大亨御人术
祁汉堂编写 1994年 225页 19 cm 5.80元〔白领丛书·经营人生之辑〕(G. F.)

03110 309-01056
一分钟管理
祁汉堂编译 1993年 416页 19 cm 8.80元〔复旦小丛书 创造实践之辑〕(G. F.)

03111 309-04116
组织文化
石伟主编 2004年 340页 26 cm 39元〔复旦博学·21世纪人力资源管理丛书〕(G. F.)

03112 309-07582
组织文化

石伟主编 2010 年 第 2 版 352 页 26 cm 42 元〔复旦博学·21 世纪人力资源管理丛书〕(G. F. P.)

03113 309-03791
战略管理新论 观念架构与分析方法
司徒达贤著 2003 年 416 页 26 cm 46 元〔复旦博学·经世系列〕(G. F. P.)

03114 309-05329
企业理论 分工与协作视角的解说
宋亦平著 2007 年 140 页 23 cm 22 元 (G. F.)

03115 309-06979
企业利益论 市场主体微观利益关系研究
陶友之著 2009 年 333 页 21 cm 25 元〔新时期利益关系丛书〕(G. F. P.)

03116 309-04348
企业价值评估
汪海粟主编 2005 年 308 页 23 cm 32 元〔中国注册会计师后续教育系列〕(G. F. P.)

03117 309-01935
企业战略管理
王方华 吕巍主编 1997 年 2015 年第 2 版 548 页 20 cm 20 元〔大学管理类教材丛书〕(G. F. P.)

03118 309-01793
现代企业管理
王方华主编 1996 年 456 页 20 cm 18 元〔大学管理类教材丛书〕(G. F. P.)

03119 309-05697
现代企业管理
王方华主编 2007 年 第 2 版 605 页 21 cm 32 元〔大学管理类教材丛书〕(G. F. P.)

03120 309-02463
驾驭变化的世界
(美) 威廉姆·波斯特(William Boast) (美) 本杰明·马丁著 罗汉 刘文杰译 2000 年 159 页 20 cm 10 元〔企业家新思维译丛〕(G. F.)

03121 309-04157
企业管理原理
文大强 陈荣中主编 2004 年 316 页 20 cm 20 元〔新编经济学系列教材〕(G. F. P.)

03122 309-00542
社会主义企业理论研究
吴东明著 1990 年 210 页 20 cm 3.50 元 (G.)

03123 309-03059
策略九说 策略思考的本质
吴思华著 2002 年 278 页 21 cm 15 元〔大学管理类教材丛书〕(G. F. P.)

03124 309-03216
策略九说 策略思考的本质
吴思华著 2002 年 278 页 20 cm 精装 20 元 (G. F.)

03125 309-01855
现代 CI 系统的应用
夏建中著 1997 年 221 页 20 cm 10 元〔实用管理类丛书〕(G. F. P.)

03126 309-05676
战略管理 艺术与实务
项保华著 2007 年 376 页 23 cm 38 元〔普通高等教育"十一五"国家级规划教

材〕(G. F. P.)

03127 309-02554
巧用阿 Q 定律 台湾管理专家经验谈
小管著 2000 年 184 页 20 cm 12 元〔上班族智慧丛书〕(G. F.)

03128 309-10558
战略管理
谢佩洪主编 2014 年 539 页 21 cm 38 元〔大学管理类教材丛书〕(G. F. P.)

03129 309-02467
管理经济学教学案例精选
徐惠平 李志青主编 2000 年 347 页 20 cm 16 元〔工商管理(MBA)教学案例精选丛书〕(G. F. P.)

03130 309-03260
Re：造工作
徐剑编著 2002 年 169 页 19×18 cm 10 元〔创业丛书〕(G. F. P.)

03131 309-04463
大转折时代的企业经济学
徐为民著 2005 年 236 页 23 cm 26.80 元 (G. F. P.)

03132 309-08237
知音文化管理五讲 怎样打造知音伙伴式团队
徐彦平著 2011 年 218 页 23 cm 28 元〔知音文化管理丛书〕(G. F. P.)

03133 309-06859
IBM、MBA 与吃角子老虎
许士军著 2009 年 201 页 21 cm 30 元 (G. F. P.)

03134 309-05515
企业成长 打造"百年老店"的战略选择
许晓明著 2007 年 337 页 23 cm 38 元 (G. F. P.)

03135 309-02896
企业战略管理教学案例精选
许晓明主编 2001 年 428 页 20 cm 22 元〔工商管理(MBA)教学案例精选丛书 第二辑〕(G. F. P.)

03136 309-01690
现代实用管理学
杨洪兰主编 1996 年 427 页 20 cm 18 元〔实用管理类丛书〕(G. F. P.)

03137 309-04659
方针管理
杨锦洲编著 2005 年 232 页 21 cm 30 元 (G. F. P.)

03138 309-06318
多赢的顾客 满意经营
叶斯水 陈伟雄编著 2008 年 218 页 21 cm 30 元 (G. F. P.)

03139 309-05873
知识管理
易凌峰 朱景琪著 2008 年 190 页 23 cm 25 元〔复旦博学·21 世纪管理类创新课程系列〕(G. F. P.)

03140 309-04257
风险管理 原理与方法
友联时骏企业管理顾问公司编著 2005 年 192 页 23 cm 25 元 (G. F. P.)

03141 309-02464
创业学
郁义鸿等编著 2000 年 525 页 26 cm 50 元〔工商管理硕士(MBA)教材 前沿系

列〕(G. F. P.)

03142 309-05698
现代企业经营管理概论
袁蔚 方青云编著 2007年 257页 23 cm 29元 (G. F. P.)

03143 309-11242
现代企业经营管理概论
袁蔚 方青云 杨青主编 2015年 第2版 265页 23 cm 32.50元 (G. F. P.)

03144 309-02358
管理经济学
袁志刚主编 1999年 440页 20 cm 20元〔工商管理硕士(MBA)教材〕(G. F. P.)

03145 309-02758
企业知识创新管理
翟丽著 2001年 242页 20 cm 14元〔知识管理丛书〕(G. F. P.)

03146 309-04020
信用评估理论与实务
张美灵 欧志伟主编 2004年 299页 23 cm 35元〔上海市紧缺人才系列教材 上海市信用评估师系列教材〕(G. F. P.)

03147 309-02972
管理文化视角的企业战略
张阳 周海炜著 2001年 253页 25 cm 28元〔黄皮书系列〕(G. F. P.)

03148 309-15284
企业战略管理
张义著 2020年 336页 26 cm 63元〔会展专业核心课系列教材〕(G. F. P.)

03149 309-01469
孙子兵法与经营战略
周三多等著 1995年 298页 20 cm 15元 (G. F. P.)

03150 309-03405
战略管理思想史
周三多 邹统钎著 2002年 2003年第2版 333页 23 cm 30元〔论战略管理丛书〕(G. F. P.)

03151 309-05668
现代企业危机管理
周永生编著 2007年 471页 21 cm 26元〔大学管理类教材丛书〕(G. F. P.)

03152 309-06332
企业网络战略
朱涛著 2008年 185页 21 cm 18元 (G. F. P.)

03153 309-05173
企业员工的心理契约 概念、理论及实证研究
李原著 2006年 195页 23 cm 29元 (G. F. P.)

03154 309-01711
中国企业文化的系统研究
苏勇著 1996年 310页 20 cm 15元 (G. F. P.)

03155 309-07718
企业社会工作
周沛主编 2010年 345页 23 cm 35元〔复旦博学·社会工作系列〕(G. F. P.)

03156 309-05712
看漫画学管理
叶斯水 王德雄编著 2007年 224页 21 cm 30元 (G. F. P.)

03157 309-05197

东方精英大讲堂 领先与创新专题

苏宗伟主编 2006年 330页 23 cm 35元
(G. F. P.)

03158 309-11296

管理视野 第1期

陈晓萍主编 2015年 128页 26 cm 88元
( )

03159 309-12037

管理视野 第4期

陈晓萍主编 2015年 128页 26 cm 88元
( )

03160 309-12908

管理视野 第9期

陈晓萍主编 2017年 112页 26 cm 88元
( )

03161 309-13107

管理视野 第10期

陈晓萍主编 2017年 112页 26 cm 88元
( )

03162 309-13905

管理视野 第15期

陈晓萍主编 2018年 112页 26 cm 88元
( )

03163 309-14754

管理视野 第20期

陈晓萍主编 2020年 104页 26 cm 88元
( )

03164 309-01474

企业的组织与效率

江绍伦等编著 1995年 307页 20 cm 9元〔大学管理类教材丛书〕(G. F.)

03165 309-04175

有效管理IT投资 指导企业如何有效管理信息系统实施

(加)戴尼斯·赛佛伦斯(Dennis Severance)(加)杰克·帕西诺(Jacque Passino)著 黄丽华等译 2004年 208页 23 cm 28元
(G. F. P.)

03166 309-02280

迎接旋风 SAP世界初学者指南

(美)迈克尔·多恩(Michael Doane)著 冯慎宇译 1999年 110页 21 cm 18元
(G. F. P.)

03167 309-02281

掌握旋风 SAP成功实施实地指南

(美)迈克尔·多恩(Michael Doane)著 冯慎宇译 1999年 130页 21 cm 18元
(G. F. P.)

03168 309-05859

信息技术改造与提升传统产业

上海市企业信息化促进中心编 2008年 293页 23 cm 45元 (G. F. P.)

03169 309-01641

企业兼并论

龚维敬著 1996年 359页 20 cm 15元
(G. F. P.)

03170 309-04077

现代企业制度

黄保强主编 2004年 276页 23 cm 27元〔21世纪大学生素质教育系列教材〕(G. F. P.)

03171 309-01035

股份制理论与企业改制操作

李则兆主编 1993年 514页 20 cm 10元〔股份经济系列丛书〕(G. F.)

03172 309-01348
股份制理论与企业改制操作
李则兆主编 1993年 重印 514页 20 cm 12.50元〔股份经济系列丛书 1〕(G.)

03173 309-10176
组织创新视角下的企业战略变革研究
南洋著 2013年 240页 23 cm 30元〔商业发展与企业组织研究论丛 王胜桥 冯国珍主编〕(G. F. P.)

03174 309-01463
现代企业制度纵横谈
张晖明等著 1994年 201页 20 cm 7元 (G. F.)

03175 309-01442
现代企业制度实用大全
潘洪萱等主编 1994年 1 675页 26 cm 精装 180元 (G.)

03176 309-10865
企业竞争战略目标模式选择和绩效
潘成云著 2014年 399页 22 cm 36元 (G. F. P.)

03177 309-13944
兼并、收购与公司控制
杨青编著 2018年 386页 26 cm 50元〔经管类专业学位硕士核心课程系列教材〕(G. F. P.)

03178 309-11342
企业家精神 全球价值的道商解析
丁栋虹著 2015年 742页 26 cm 98元〔耶商·创业与领导力经验教程系列〕(G. F. P.)

03179 309-09098
经营者集中控制制度的理论与实务
丁茂中 林忠著 2012年 179页 23 cm 30元〔上海政法学院学术文库 经济法学系列〕(G. F. P.)

03180 309-01539
企业经营战略管理
胡建绩等著 1995年 483页 20 cm 18元 (G. F. P.)

03181 309-04182
企业经营战略管理
胡建绩 陆雄文著 2004年 第3版 436页 20 cm 24元〔实用管理类丛书〕(G. F. P.)

03182 309-03418
多元化战略
李敬著 2002年 190页 23 cm 20元〔论战略管理丛书〕(G. F. P.)

03183 309-09713
赢家思考策略 乐思模型实战法则
廖勇凯编著 2013年 264页 21 cm 38元〔毅极管理丛书 1〕(G. F. P.)

03184 309-03426
归核化战略
祁顺生著 2002年 182页 23 cm 20元〔论战略管理丛书〕(G. F. P.)

03185 309-04805
企业战略 谋取长期竞争优势
王玉 王琴著 2005年 543页 23 cm 46元〔复旦博学·21世纪经济管理类研究生教材〕(G. F. P.)

03186 309-10681
创业实务
杨波 雷达主编 2014年 206页 26 cm

32 元〔复旦卓越·育兴系列教材〕(G. F. P.)

03187 309-10456
智能化的流程管理
赵卫东著 2014 年 201 页 22 cm 24 元 (G. F. P.)

03188 309-11755
第三方
郑波著 2015 年 253 页 24 cm 48 元 (G. F. P.)

03189 309-12630
本土智慧 全球化企业与中国策略
中欧案例中心编 忻榕导读 2017 年 279 页 21 cm 精装 45 元〔中欧经管图书 中欧案例精选 01〕(G. F. P.)

03190 309-12805
平台链接 生态圈与大数据应用
中欧案例中心编 陈威如导读 2017 年 220 页 21 cm 精装 45 元〔中欧经管图书 中欧案例精选 02〕(G. F. P.)

03191 309-12924
转型之战 战略变革与互联网思维
中欧案例中心编 张维炯导读 2017 年 198 页 21 cm 精装 40 元〔中欧经管图书 中欧案例精选 03〕(G. F. P.)

03192 309-12013
教练管理 激活组织的新范式
周华宏著 2016 年 205 页 24 cm 40 元 (G. F. P.)

03193 309-13981
趣商业 趣玩耍 大文娱时代的商业机会
周雪林 王正翊主编 2019 年 215 页 21 cm 精装 45 元〔中欧经管图书 中

欧商业评论精选集〕(G. F. P.)

03194 309-03411
行业选择战略
邹统钎著 2002 年 174 页 23 cm 20 元〔论战略管理丛书〕(G. F. P.)

03195 309-11690
内部控制设计与评价
李凤鸣主编 2015 年 303 页 23 cm 39 元〔审计与内部控制系列〕(G. F. P.)

03196 309-10079
绿海商机 化社会责任为竞争力
蔡舒恒 刘书博著 2013 年 184 页 24 cm 30 元〔中欧经管图书〕(G. F. P.)

03197 309-08731
企业文化说道 CEO 企业文化建设通识
陈洪涌编著 2012 年 270 页 24 cm 36 元〔企业文化 99 通识〕(G. F. P.)

03198 309-12028
企业文化符号传播工具 理论与实践
李文勇著 2016 年 322 页 21 cm 32 元 (G. F. P.)

03199 309-14756
社会责任 企业发展的助推剂
芮萌 朱琼编 2020 年 246 页 21 cm 精装 48 元〔中欧经管图书 中欧案例精选 08〕(G. F. P.)

03200 309-11076
VIS 设计实务
俞明主编 2014 年 189 页 26 cm 50 元〔复旦卓越·21 世纪育兴系列教材〕(G. F. P.)

03201 309-13917
中国企业伦理管理与社会责任研究
郑琴琴 李志强著 2018年 189页 23 cm 39元（G. F. P.）

03202 309-09096
拍"案"惊奇
朱晓明 （西）佩德罗·雷诺(Pedro Nueno)主编 2012年 199页 24 cm 30元〔中欧经管系列 中欧商业评论精选集 案例卷〕（G. F. P.）

03203 309-11903
初创者 致青年创业者的信
（西）佩德罗·雷诺(Pedro Nueno)著 荣慧译 2016年 164页 21 cm 精装 36元〔中欧经管图书〕（G. F. P.）

03204 309-14718
品牌依恋 品牌体验对品牌信任影响机制研究
陈云勇著 2019年 220页 23 cm 42元（G. F. P.）

03205 309-07823
企业持续经营危机的动因、诊断与对策 基于中国上市公司的理论分析与实证研究
方军雄著 2010年 252页 21 cm 18元（G. F. P.）

03206 309-02285
企业策划思路与个案
潘肖珏主编 1999年 224页 22 cm 22元（G. F. P.）

03207 309-04660
策略创造优势 企业管理
杨锦洲著 2005年 249页 21 cm 30元（G. F. P.）

03208 309-09725
动态环境中基于风险的企业战略控制
孙慧著 2013年 213页 21 cm 15元（G. F. P.）

03209 309-03687
绩效管理
付亚和 许玉林主编 2003年 374页 26 cm 39元〔复旦博学·21世纪人力资源管理丛书〕（G. F. P.）

03210 309-05909
绩效管理
付亚和 许玉林主编 2008年 第2版 275页 26 cm 39元〔复旦博学·21世纪人力资源管理丛书〕（G. F. P.）

03211 309-10358
绩效管理
付亚和 许玉林主编 2014年 第3版 288页 26 cm 42元〔复旦博学·21世纪人力资源管理丛书〕（G. F. P.）

03212 309-10213
绩效管理技能训练
李宝莹主编 2014年 195页 26 cm 29元〔复旦卓越·人力资源管理和社会保障系列教材 李琦总主编〕（G. F. P.）

03213 309-11633
绩效管理理论与实务
李敏主编 2015年 291页 26 cm 38元〔信毅教材大系〕（G. F. P.）

03214 309-13759
绩效管理 本源与趋势
孙波著 2018年 246页 23 cm 精装 58元〔孙波文库〕（G. F. P.）

03215 309-06123

业绩评价指标的采用与后果 基于我国企业的实证研究
张川著 2008年 236页 21 cm 18元 (G. F. P.)

03216 309-09368
ERP 理论与实践
夏家莉主编 2012年 163页 26 cm 25元〔信毅教材大系〕(G. F. P.)

03217 309-04621
聚焦式会话艺术 在工作中获得集体智慧的100种方法
布莱恩·斯坦菲尔德著 杜文君等译 2005年 216页 21 cm 20元〔建导管理丛书〕(G. F. P.)

03218 309-09995
高效小团体沟通 理论与实战
(美) 格洛丽亚·格莱勒斯 (Gloria J. Galanes) (美) 凯瑟琳·亚当斯 (Katherine L. Adams) 著 刘海虹 任晓涛 黄琳译 2013年 314页 25 cm 48元〔现代沟通力系列〕(G. F. P.)

03219 309-00218
企业领导学
顾国祥 包季鸣著 1989年 257页 20 cm 3元 (G. F.)

03220 309-00865
企业领导学
顾国祥 包季鸣著 1992年 第2版 257页 20 cm 5.90元 (G.)

03221 309-05010
危机管理的公关之道
郭惠民主编 2006年 294页 23 cm 28元 (G. F. P.)

03222 309-09887
企业组织智商新探
刘会齐 胡建绩著 2013年 146页 23 cm 28元 (G. F. P.)

03223 309-04793
传播政策 传播在企业中的系统运用
(德) 曼弗雷德·布鲁恩 (Manfred Bruhn) 著 易文译 2005年 507页 21 cm 28元 (G. F. P.)

03224 309-01905
怎样进行形象宣传
(日) LEC·东京法思株式会社编著 1997年 254页 20 cm 12元〔企业、市场与法系列 走向规范：市场经济经营管理技法丛书 第二辑〕(G. F.)

03225 309-01906
怎样应对大众传媒
(日) LEC·东京法思株式会社编著 1997年 159页 20 cm 8.50元〔企业、市场与法系列 走向规范：市场经济经营管理技法丛书 第二辑〕(G. F.)

03226 309-02257
管理沟通
苏勇 罗殿军主编 1999年 382页 20 cm 19元〔工商管理硕士(MBA)教材〕(G. F. P.)

03227 309-08777
企业劳动关系状况与组织绩效关系的实证研究
王君玲著 2013年 158页 21 cm 20元 (G. F. P.)

03228 309-01112
公关示范
王孝哲主编 1993年 240页 20 cm

6.35元〔公关教材系列〕(G. F.)

03229 309-06082
虚拟组织
邢永杰著 2008年 261页 21 cm 22元 (G. F. P.)

03230 309-02130
经济谈判
许晓明主编 1998年 2007年第2版 332页 20 cm 14元〔实用管理类丛书〕(G. F. P.)

03231 309-03721
组织设计与管理
许玉林主编 2003年 378页 26 cm 39元〔复旦博学·21世纪人力资源管理丛书〕(G. F.)

03232 309-07041
组织设计与管理 基于组织理论的管理模型
许玉林主编 2010年 第2版 321页 26 cm 39元〔复旦博学·21世纪人力资源管理丛书 普通高等教育"十一五"国家级规划教材〕(G. F. P.)

03233 309-03755
管理创新
杨加陆 方青云编著 2003年 282页 23 cm 28元 (G. F. P.)

03234 309-11243
管理创新
杨加陆 方青云 张颖华编著 2015年 第2版 289页 23 cm 36.50元 (G. F. P.)

03235 309-04399
公关经理教程
余明阳主编 2005年 378页 26 cm 38元〔复旦博学·21世纪管理类创新课程系列〕(G. F. P.)

03236 309-02757
知识管理与组织创新
郁义鸿著 2001年 241页 20 cm 14元〔知识管理丛书〕(G. F. P.)

03237 309-15338
管理沟通 原理与实践
张琰著 2020年 232页 23 cm 40元〔复旦卓越·21世纪管理学系列〕(G. F. P.)

03238 309-07107
经营变革 组织变革之经理人手册
(美)普赖斯·普里切特(Price Pritchett)(美)荣·庞德(Ron Pound)著 陈慧译 2010年 82页 15 cm 8元〔企业培训系列教材〕(G. F. P.)

03239 309-07133
在组织变革期点燃承诺 经理人手册
(美)普赖斯·普里切特(Price Pritchett)著 巨荣云译 2010年 80页 15 cm 8元〔企业培训系列教材〕(G. F. P.)

03240 309-07108
组织变革之员工手册
(美)普赖斯·普里切特(Price Pritchett)(美)荣·庞德(Ron Pound)著 陈慧译 2010年 96页 15 cm 10元 (G. F. P.)

03241 309-02462
21世纪怎样当领导 美国百家老总如是说
(美)L. J. 麦克发伦德(Lynne Joy MacFarland)等著 周仲良译 2000年 311页 20 cm 19元〔企业家新思维译丛〕(G. F.)

03242 309-09054

领导力与职业责任

包季鸣主编 2012年 284页 23 cm 38元 (G. F. P.)

03243 309-03902

成功新起点 肩负新领导角色

(美)丹·齐安姆帕(Dan Ciampa)(美)迈克尔·威特金斯(Michael Watkins)著 罗汉等译 2004年 339页 21 cm 18元 (G. F. P.)

03244 309-05020

华商管理学

林善浪 张禹东 伍华佳著 2006年 540页 23 cm 50元〔东方管理学派著系〕(G. F. P.)

03245 309-12821

团队中变革型领导风格对员工组织公民行为的影响机制研究

刘秀忠著 2017年 147页 21 cm 20元〔管理实践者的理论探索系列丛书〕(G. F. P.)

03246 309-13475

职业责任与领导力

卫田主编 2018年 277页 26 cm 48元〔大学管理类教材丛书〕(G. F. P.)

03247 309-02550

做个好主管 台湾管理专家经验谈

小管著 2000年 213页 20 cm 14.50元〔上班族智慧丛书〕(G. F. P.)

03248 309-04526

企业经营者工作性质及其行为管理的研究

姚凯著 2005年 438页 23 cm 45元 (G. F. P.)

03249 309-15134

职业责任与领导力

姚凯主编 2020年 396页 26 cm 54元〔复旦博学·21世纪人力资源管理丛书〕(G. F. P.)

03250 309-13084

企业家资本与经济增长 理论分析与实证检验

张亮亮著 2017年 287页 21 cm 精装 39元 (G. F. P.)

03251 309-08073

领导范儿

朱晓明 (西)佩德罗·雷诺(Pedro Nueno)主编 2011年 173页 24 cm 26元〔中欧经管系列 中欧商业评论精选集 领导力卷〕(G. F. P.)

03252 309-07602

职业指导实训教程

陆财深 徐芃编 2011年 215页 26 cm 29.50元 (P.)

03253 309-13955

人才管理"三能"模式 打造组织人才能力供应链

白洁编著 2018年 231页 23 cm 精装 58元〔HR专业能力建设工程丛书 彭剑锋 杨伟国总主编〕(G. F. P.)

03254 309-00900

企业组织与人事

包季鸣编著 1993年 399页 20 cm 11.50元〔大学管理类教材丛书〕(G. F.)

03255 309-13508

上海市人力资源管理师三级考试辅导书

陈兆旺编著 2018年 204页 26 cm 60元 (G. F. P.)

03256 309-04263

员工关系管理

程延园编著 2004 年 274 页 26 cm 39 元〔复旦博学·21 世纪人力资源管理丛书〕(G. F.)

03257 309-06380

员工关系管理

程延园编著 2008 年 第 2 版 279 页 26 cm 39 元〔复旦博学·21 世纪人力资源管理丛书〕(G. F. P.)

03258 309-03860

员工福利管理

仇雨临主编 2004 年 330 页 26 cm 39 元〔复旦博学·21 世纪人力资源管理丛书〕(G. F.)

03259 309-06936

员工福利管理

仇雨临主编 2010 年 第 2 版 394 页 26 cm 42 元〔复旦博学·21 世纪人力资源管理丛书〕(G. F. P.)

03260 309-14683

成长动能 构建组织与人才管理体系

韩践 张驰 郭萍编 2019 年 221 页 21 cm 精装 48 元〔中欧经管图书 中欧案例精选 07〕(G. F. P.)

03261 309-06010

KIBS 知识员工的开发 以上海 KIBS 知识员工为例

黄维德等著 2008 年 274 页 21 cm 24 元 (G. F. P.)

03262 309-02759

智力资本经营

李志能著 2001 年 209 页 20 cm 12 元〔知识管理丛书〕(G. F. P.)

03263 309-06357

绩效指标体系的构建与维护

彭剑锋等编著 2008 年 191 页 26 cm 30 元〔华夏基石人力资源管理技能模拟训练教程〕(G. F. P.)

03264 309-06330

招聘操作技术与实施

彭剑锋等编著 2008 年 246 页 26 cm 35 元〔华夏基石人力资源管理技能模拟训练教程〕(G. F. P.)

03265 309-06238

课程设计与管理

饶征 吕晓航 农艳编著 2008 年 162 页 26 cm 29 元〔华夏基石人力资源管理技能模拟训练教程 彭剑锋主编〕(G. P.)

03266 309-06237

薪酬预算与薪酬总额管理

饶征 侯杰 凌琦林编著 2008 年 142 页 26 cm 27 元〔华夏基石人力资源管理技能模拟训练教程〕(G. F. P.)

03267 309-12941

劳动者离职行为决策研究

田辉著 2017 年 186 页 21 cm 25 元 (G. F. P.)

03268 309-11246

员工关系管理

田辉主编 2015 年 241 页 26 cm 39 元〔复旦卓越·人力资源管理和社会保障系列教材〕(G. F. P.)

03269 309-09937

招聘管理实务

田辉编著 2013年 290页 26 cm 39元〔复旦卓越·人力资源管理和社会保障系列教材 李琦总主编〕(G. F. P.)

03270 309-04983
员工招聘与配置
王丽娟编著 2006年 178页 26 cm 30元〔复旦博学·21世纪人力资源管理丛书〕(G. F.)

03271 309-08387
员工招聘与配置
王丽娟编著 2012年 第2版 298页 26 cm 39元〔复旦博学·21世纪人力资源管理丛书〕(G. F. P.)

03272 309-04064
薪酬管理原理
文跃然主编 2004年 432页 26 cm 45元〔复旦博学·21世纪人力资源管理丛书〕(G. F.)

03273 309-09980
薪酬管理原理
文跃然主编 2013年 第2版 293页 26 cm 45元〔复旦博学·21世纪人力资源管理丛书 普通高等教育"十一五"国家级规划教材〕(G. F. P.)

03274 309-00509
企业人事管理学教程
吴沁编著 1990年 363页 19 cm 4.20元〔企业人事干部岗位培训教材〕(G.)

03275 309-04312
人员测评与选拔
萧鸣政主编 2005年 412页 26 cm 42元〔复旦博学·21世纪人力资源管理丛书〕(G. F.)

03276 309-07038
人员测评与选拔
萧鸣政主编 2010年 第2版 431页 26 cm 49元〔复旦博学·21世纪人力资源管理丛书 普通高等教育"十一五"国家级规划教材〕(G. F. P.)

03277 309-11708
人员测评与选拔
萧鸣政主编 2015年 第3版 425页 26 cm 49元〔复旦博学·21世纪人力资源管理丛书〕(G. F. P.)

03278 309-13954
高潜质人才的选拔与评价技术
邢雷编著 2018年 328页 23 cm 精装 78元〔HR专业能力建设工程丛书 彭剑锋 杨伟国总主编〕(G. F. P.)

03279 309-04311
培训与开发理论及技术
徐芳主编 2005年 408页 26 cm 42元〔复旦博学·21世纪人力资源管理丛书〕(G. F. P.)

03280 309-14472
培训与开发理论及技术
徐芳主编 2019年 第2版 356页 26 cm 58元〔复旦博学·21世纪人力资源管理丛书 普通高等教育"十一五"国家级规划教材〕(G. F. P.)

03281 309-08450
中国本土企业人力资源管理典型案例解析
颜爱民编著 2011年 408页 26 cm 49元 (G. F. P.)

03282 309-04115
战略人力资源审计

杨伟国编著 2004 年 218 页 26 cm 39 元〔复旦博学·21 世纪人力资源管理丛书〕(G. F.)

03283 309-06974
战略人力资源审计
杨伟国编著 2009 年 第 2 版 228 页 26 cm 39 元〔复旦博学·21 世纪人力资源管理丛书 普通高等教育"十一五"国家级规划教材〕(G. F. P.)

03284 309-11448
战略人力资源审计
杨伟国著 2015 年 第 3 版 213 页 26 cm 39 元〔复旦博学·21 世纪人力资源管理丛书〕(G. F. P.)

03285 309-04362
人力资源总监 人力资源管理创新
张文贤著 2005 年 588 页 26 cm 68 元 (G. F. P.)

03286 309-08975
人力资源总监 人力资源管理创新
张文贤著 2012 年 第 2 版 562 页 27 cm 68 元 (G. F. P.)

03287 309-13949
全面认可激励 数字时代的员工激励新模式
张小峰编著 2018 年 199 页 23 cm 精装 58 元〔HR 专业能力建设工程丛书 彭剑锋 杨伟国总主编〕(G. F. P.)

03288 309-00796
现代企业人才学
朱钧侃等主编 1993 年 320 页 21 cm 6.30 元〔人才学教学丛书〕(G. F.)

03289 309-06239

ISO10015 培训质量管理
饶征 李芳 王孟编著 2008 年 208 页 26 cm 31 元〔华夏基石人力资源管理技能模拟训练教程〕(G. F. P.)

03290 309-10147
人事测评
李莉萍主编 2016 年 234 页 26 cm 36 元〔应用技术类型高等学校规划教材〕(G. F. P.)

03291 309-09625
薪酬管理业务综合训练
肖红梅 康锋主编 2013 年 311 页 26 cm 39 元〔复旦卓越·人力资源管理和社会保障系列教材〕(G. F. P.)

03292 309-12914
制度视角下的股权、CEO 激励及其治理绩效研究
杨青 陈峰著 2017 年 231 页 23 cm 36 元 (G. F. P.)

03293 309-10128
总报酬经济学
曾湘泉 郝玉明 宋洪峰主编 2014 年 169 页 26 cm 32 元〔复旦博学·21 世纪人力资源经济学前沿〕(G. F. P.)

03294 309-10453
民主管理与企业文化建设训练
曹洋编著 2014 年 291 页 26 cm 39 元〔复旦卓越·人力资源管理和社会保障系列教材 李琦总主编〕(G. F. P.)

03295 309-06287
生产现场优化管理
陈建龙编著 2008 年 208 页 26 cm 25 元〔复旦卓越·21 世纪管理学系列〕(G. F. P.)

经济·经济管理   241

03296 309-01998

生产与运营管理 制造业和服务业

龚国华 龚益鸣编著 1998 年 473 页 20 cm 18 元〔大学管理类教材丛书〕(G. F. P.)

03297 309-07094

生产与运营管理 制造业与服务业

龚国华 李旭编著 2010 年 第 3 版 475 页 21 cm 28 元〔大学管理类教材丛书〕(G. F. P.)

03298 309-09197

生产与运营管理 制造业与服务业(第 3 版)学习指导

龚国华主编 2012 年 223 页 21 cm 15 元〔大学管理类教材丛书〕(G. F. P.)

03299 309-14715

生产与运作管理

吕文元著 2020 年 184 页 26 cm 36 元〔复旦卓越·21 世纪管理学系列〕(G. F. P.)

03300 309-02303

生产管理精要

（日）LEC·东京法思株式会社编著 1999 年 445 页 20 cm 19 元〔经营管理精要丛书（日）反町胜夫主编〕(G. F.)

03301 309-08325

运营管理

孙慧主编 2011 年 272 页 23 cm 35 元 (G. F. P.)

03302 309-12450

运营管理

孙慧主编 2016 年 第 2 版 282 页 23 cm 39.80 元 (G. F. P.)

03303 309-01785

革新的企业战略 NTT 数据通信价值创造者运动的开展和秘策

（日）藤田史郎编著 苏德昌审译 1996 年 136 页 26 cm 22 元 (G. F. P.)

03304 309-10047

运营管理

邹艳芬 胡宇辰 陶永进主编 2013 年 423 页 26 cm 48 元〔信毅教材大系〕(G. F. P.)

03305 309-09250

厂部长培训手册

（日）名古屋工业大学厂长培训部编 健峰企管集团 TPS 小组译 2012 年 270 页 18 cm 30 元 (G. F. P.)

03306 309-02195

研究与开发(R&D)活动的运营与定量评价 新商品的开发手段

（日）长广仁藏著（日）中田庆雄审译 1999 年 205 页 26 cm 28 元 (G. F. P.)

03307 309-12222

开放式创新 创新方法论之新语境

（美）亨利·切萨布鲁夫（Henry Chesbrough）（比利时）维姆·范哈弗贝克(Wim Vanhaverbeke)（美）乔·韦斯特（Joel West）编著 扈喜林译 2016 年 420 页 24 cm 58 元〔中欧众创研究院丛书〕(G. F. P.)

03308 309-11123

基于超文本的企业技术创新界面整合管理研究

李卉妍著 2015 年 153 页 23 cm 26.50 元〔三亚学院学术文丛〕(G. F. P.)

03309 309-02590
论创新与企业孵化
王安德 张景安主编 2000 年 410 页 25 cm 38 元 (G. F. P.)

03310 309-03984
科技创新与跨越发展研究
张晖明 丁娟著 2004 年 282 页 20 cm 18 元〔黄皮书系列〕(G. F. P.)

03311 309-09538
企业项目管理 框架与实务
祝波著 2013 年 323 页 23 cm 38 元 (G. F. P.)

03312 309-09091
寻找"骇客"
朱晓明 (西)佩德罗·雷诺(Pedro Nueno)主编 2012 年 180 页 24 cm 30 元〔中欧经管系列 中欧商业评论精选集 创新卷〕(G. F. P.)

03313 309-04558
质量管理教程
岑咏霆主编 2005 年 358 页 26 cm 35 元〔复旦卓越·21 世纪管理学系列〕(G. F.)

03314 309-06661
质量管理教程
岑咏霆主编 2010 年 第 2 版 359 页 26 cm 35 元〔复旦卓越·21 世纪管理学系列 普通高等教育"十一五"国家级规划教材〕(G. F. P.)

03315 309-07474
品质管理实训
陈建龙编著 2010 年 212 页 26 cm 28 元〔复旦卓越·21 世纪管理学系列 上海市技术管理职业资格管理办公室指定教材〕(G. F. P.)

03316 309-07578
要素品牌战略 B2B2C 的差异化竞争之道
(美)菲利普·科特勒(Philip Kotler)(德)瓦得马·弗沃德(Waldemar Pfoertsch)著 李戎译 2010 年 296 页 24 cm 38 元〔中欧经管系列〕(G. F. P.)

03317 309-02513
质量管理学
龚益鸣主编 2000 年 545 页 20 cm 22 元 (G. F. P.)

03318 309-05789
质量管理学
龚益鸣 蔡乐仪 陈森编著 2007 年 第 3 版 485 页 21 cm 28 元〔大学管理类教材丛书〕(G. F. P.)

03319 309-03745
品牌国际化战略
韩中和著 2003 年 308 页 20 cm 18 元〔黄皮书系列〕(G. F. P.)

03320 309-02430
品牌形象策划 透视品牌经营
何佳讯编著 2000 年 466 页 20 cm 19.80 元〔广告经济丛书〕(G. F. P.)

03321 309-05496
品牌策划实务
刘世忠编著 2007 年 294 页 23 cm 30 元〔复旦卓越·21 世纪管理学系列〕(G. F. P.)

03322 309-08919
品牌策划实务
刘世忠编著 2012 年 第 2 版 237 页

26 cm 30 元〔复旦卓越·21 世纪管理学系列〕(G. F. P.)

03323 309-06312
品牌扩张 路径与传播
薛可著 2008 年 364 页 26 cm 36 元 (G. F. P.)

03324 309-06615
品牌学案例教程
杨海军 袁建编著 2009 年 283 页 26 cm 32 元〔普通高等教育"十一五"国家级规划教材 21 世纪管理类创新课程系列〕(G. F. P.)

03325 309-12744
品牌管理
余可发编著 2016 年 341 页 26 cm 48 元〔信毅教材大系〕(G. F. P.)

03326 309-05269
品牌管理学
余明阳 姜炜编著 2006 年 309 页 26 cm 33 元〔21 世纪管理类创新课程系列〕(G. F. P.)

03327 309-04735
品牌学教程
余明阳 杨芳平编著 2005 年 312 页 26 cm 33 元〔复旦博学·21 世纪管理类创新课程系列〕(G. F. P.)

03328 309-06775
品牌学教程
余明阳 杨芳平编著 2009 年 第 2 版 344 页 26 cm 35 元〔普通高等教育"十一五"国家级规划教材 21 世纪管理类创新课程系列〕(G. F. P.)

03329 309-05219
品牌成长战略
赵龙著 2006 年 263 页 23 cm 30 元 (G. F. P.)

03330 309-06304
6 Sigma 实践法 绿带必备之基本手法
钟朝嵩著 2008 年 314 页 21 cm 40 元 (G. F. P.)

03331 309-06294
品质管理
周东梅主编 2008 年 295 页 26 cm 35 元〔复旦卓越·21 世纪管理学系列〕(G. F. P.)

03332 309-13426
企业物流管理
王雪峰编著 2018 年 249 页 26 cm 36 元〔信毅教材大系〕(G. F. P.)

03333 309-04942
无形资产管理
叶陈毅主编 2006 年 405 页 21 cm 22 元〔21 世纪无形资产系列丛书〕(G. F. P.)

03334 309-04804
无形资产概论
于玉林编著 2005 年 385 页 21 cm 25 元〔21 世纪无形资产系列丛书〕(G. F. P.)

03335 309-02825
物流和供应链管理
朱道立等编著 2001 年 340 页 20 cm 18 元〔工商管理硕士(MBA)教材〕(G. F. P.)

03336 309-03412
企业合作创新理论研究
罗炜著 2002 年 270 页 20 cm 16 元〔上

海市社会科学博士文库 第四辑〕(G. F. P.)

03337 309-02302
营销精要 I 开发与管理
(日)LEC·东京法思株式会社编著 1999 年 272 页 20 cm 13.80 元〔经营管理精要丛书(日)反町胜夫主编〕(G. F.)

03338 309-02304
营销精要 II 政策与实施
(日)LEC·东京法思株式会社编著 1999 年 201 页 20 cm 11 元〔经营管理精要丛书(日)反町胜夫主编〕(G. F. P.)

03339 309-01563
现代企业市场调研与预测
陈启杰主编 1995 年 350 页 20 cm 14 元 (G. F.)

03340 309-04432
采购与供应链
龚国华 吴峒山 王国才编著 2005 年 345 页 21 cm 20 元〔大学管理类教材丛书〕(G. F.)

03341 309-07925
采购与供应链
龚国华编著 2011 年 第 2 版 344 页 21 cm 25 元〔大学管理类教材丛书〕(G. F. P.)

03342 309-05224
供应链管理习题与案例
胡军编著 2006 年 204 页 23 cm 20 元〔复旦卓越·21 世纪物流管理系列教材〕(G. F. P.)

03343 309-03175
我是市场总监

江山等著 2002 年 350 页 21 cm 18 元 (G. F. P.)

03344 309-03393
持续竞争优势
蒋学伟著 2002 年 176 页 23 cm 20 元〔论战略管理丛书〕(G. F. P.)

03345 309-08542
服务保证的设计及其有效性 消费者心理距离视角的实验研究
金立印著 2011 年 307 页 21 cm 25 元 (G. F. P.)

03346 309-10159
客户关系管理
李仉辉主编 2013 年 352 页 23 cm 45 元〔复旦卓越·连锁经营管理系列〕(G. F. P.)

03347 309-02171
企业整体营销
吕巍著 1999 年 264 页 20 cm 12.80 元〔实用管理类丛书〕(G. F. P.)

03348 309-08236
客户关系管理教程
皮骏主编 2011 年 220 页 26 cm 29 元〔复旦卓越·21 世纪市场营销"实践型"系列教材 王妙总主编〕(G. F. P.)

03349 309-12677
客户关系管理教程
皮骏主编 2016 年 第 2 版 225 页 26 cm 35 元〔复旦卓越·21 世纪市场营销"实践型"系列教材 王妙总主编〕(G. F. P.)

03350 309-02070
绿色营销管理

沈根荣编著 1998年 259页 20 cm 12.80元〔实用管理类丛书〕(G. F.)

03351 309-04171
企业营销
沈玉良 凌学岭等著 2004年 337页 23 cm 34元〔复旦博学·经济学系列〕(G. F. P.)

03352 309-03566
长袖善舞 商务管理实录
王公达主编 2003年 309页 20 cm 18元〔大学管理类教材丛书 案例部分〕(G. F. P.)

03353 309-03907
顾客锁定 理论研究与实证分析
王琴著 2003年 221页 20 cm 12.50元〔上海市社会科学博士文库 第五辑〕(G. F. P.)

03354 309-06222
客户关系管理
吴清 刘嘉编著 2008年 211页 26 cm 25元〔普通高等教育"十一五"国家级规划教材 复旦卓越·21世纪电子商务系列〕(G. F. P.)

03355 309-14034
高效协同 供应链与商业模式创新
赵先德 王良 阮丽旸编 2019年 301页 21 cm 精装 55元〔中欧经管图书 中欧案例精选05〕(G. F. P.)

03356 309-09095
"赢"销导线
朱晓明（西）佩德罗·雷诺(Pedro Nueno)主编 2012年 155页 24 cm 26元〔中欧经管系列 中欧商业评论精选集 营销卷〕(G. F. P.)

03357 309-04959
电子商务供需链财务管理
傅元略等著 2006年 231页 21 cm 18元〔财务·会计前沿系列〕(G. F. P.)

03358 309-08560
互联网环境下企业网络营销渠道选择研究
杨立钒著 2012年 227页 23 cm 35元〔华东政法大学商学院重点学科建设成果〕(G. F. P.)

03359 309-05616
数据挖掘及其在客户关系管理中的应用
张喆著 2007年 147页 23 cm 25元 (G. F. P.)

03360 309-04705
中级财务管理
傅元略主编 2005年 567页 26 cm 52元〔复旦博学·21世纪高等院校财务管理专业系列〕(G. F. P.)

03361 309-05805
中级财务管理
傅元略主编 2007年 第2版 537页 26 cm 49元〔复旦博学·21世纪高等院校财务管理专业系列 普通高等教育"十一五"国家级规划教材〕(G. F. P.)

03362 309-08411
企业理财
洪波 薛隽 杨媛媛编著 2011年 362页 23 cm 39元〔注册金融分析师系列〕(G. F. P.)

03363 309-10689

财务管理 基于工作任务与 Excel 工具
李国渝 张小红主编 2014 年 269 页 26 cm 36 元〔复旦卓越·育兴系列教材〕(G. F. P.)

03364 309-03649
财务管理学练习与检索
李建华编著 2003 年 358 页 20 cm 18 元〔全国高等教育自学考试练习与检索丛书〕(G. F. P.)

03365 309-08822
财务管理学
刘谷金主编 2013 年 303 页 26 cm 39 元〔普通高等学校"十二五"精品规划教材〕(G. P.)

03366 309-05635
高级财务管理
刘志远主编 2007 年 418 页 26 cm 40 元〔复旦博学·21 世纪高等院校财务管理专业系列 普通高等教育"十一五"国家级规划教材〕(G. F. P.)

03367 309-00333
中外企业财务
陆廷纲编著 1990 年 359 页 20 cm 4.30 元 (G. F.)

03368 309-00612
中外企业财务
陆廷纲编著 1990 年(1991 年印) 359 页 19 cm 4.85 元 (　)

03369 309-01097
中外企业财务
陆廷纲编著 1995 年 500 页 20 cm 10 元 (　)

03370 309-01631
中外企业财务
陆廷纲主编 1996 年 第 2 版 485 页 20 cm 18 元〔大学管理类教材丛书〕(G. F. P.)

03371 309-04716
财务管理 理论与分析
欧阳令南著 2005 年 380 页 26 cm 35 元〔复旦博学·21 世纪高等院校会计专业主干课系列〕(G. F. P.)

03372 309-05851
财务管理概论
彭浩涛编 2008 年 387 页 23 cm 35 元〔复旦博学·21 世纪工程管理系列〕(G. F. P.)

03373 309-05181
财务管理
孙琳 徐晔编著 2006 年 412 页 23 cm 38 元〔复旦卓越·会计学系列〕(G. F.)

03374 309-07536
财务管理
孙琳 徐晔编著 2010 年 第 2 版 416 页 23 cm 39 元〔复旦卓越·会计学系列〕(G. F. P.)

03375 309-11019
财务管理
孙琳主编 2015 年 第 3 版 447 页 23 cm 43 元〔复旦卓越·会计学系列〕(G. F. P.)

03376 309-04422
企业价值提升与财务管理
万解秋 徐锦荣 贝政新著 2005 年 207 页 23 cm 22 元 (G. F. P.)

03377 309-05910
财务管理教程
汪立元主编 2008年 347页 23 cm 35元 (G. F. P.)

03378 309-09133
财务管理
徐晔 徐爱忠主编 2012年 501页 21 cm 30元〔大学管理类教材丛书〕(G. F. P.)

03379 309-02066
现代企业理财学
尹书亭主编 1998年 392页 20 cm 17元〔实用管理类丛书〕(G. F. P.)

03380 309-00060
现代企业定价 理论与应用
余兴发 印堃华主编 1988年 392页 20 cm 3.35元 (G. F.)

03381 309-04153
企业理财
俞乔等编著 2004年 346页 23 cm 36元〔注册金融分析师系列〕(G. F. P.)

03382 309-02603
现代企业财务管理
俞雪华等编著 2000年 721页 20 cm 32元〔通用财经类教材〕(G. F. P.)

03383 309-10691
财务管理综合练习与实训
张小红主编 2014年 139页 26 cm 20元〔复旦卓越·育兴系列教材〕(G. F. P.)

03384 309-11134
高级财务管理
张绪军主编 2015年 338页 26 cm 45元〔信毅教材大系〕(G. F. P.)

03385 309-03159
现代企业财务
张阳华等编著 2002年 409页 21 cm 20元〔大学管理类教材丛书〕(G. F. P.)

03386 309-04578
财务金融学
张玉明著 2005年 422页 26 cm 38元〔复旦博学·21世纪高等院校财务管理专业系列〕(G. F. P.)

03387 309-14021
把握经济新常态 产融结合下的企业金融业务发展
周荣华等编著 2018年 245页 23 cm 88元 (G. F. P.)

03388 309-05690
财务控制
朱元午等著 2007年 333页 26 cm 35元〔复旦博学·21世纪高等院校财务管理专业系列〕(G. F. P.)

03389 309-07591
财务管理习题指南
孙琳编著 2010年 233页 21 cm 16元〔复旦卓越·会计学系列配套用书〕(G. F. P.)

03390 309-06397
创业融资
（美）吉姆·斯坦塞（James McNeill Stancill）著 邹琪译 2008年 272页 26 cm 32元〔复旦博学·经济学畅销教材译丛〕(G. F. P.)

03391 309-05936
企业社会资本的生成 基于组织间非正式关系的观点

刘松博著 2008年 233页 23 cm 30元
(G. F. P.)

03392 309-06930
外汇风险管理战略
刘晓宏著 2009年 327页 23 cm 36元
(G. F. P.)

03393 309-03416
风险投资战略
任荣伟著 2002年 260页 23 cm 28元
〔论战略管理丛书〕(G. F. P.)

03394 309-01911
怎样筹措和运作资金
（日）LEC·东京法思株式会社编著 1997年 324页 20 cm 16元〔企业、市场与法系列 走向规范：市场经济经营管理技法丛书 第二辑〕(G. F.)

03395 309-02782
企业融资结构研究
万解秋著 2001年 221页 25 cm 23元〔21世纪经济学人著系〕(G. F. P.)

03396 309-04381
企业金融学
张玉明著 2005年 417页 23 cm 38元〔复旦卓越·经济学系列〕(G. F. P.)

03397 309-07125
资本运营管理
朱翊照 王德萍编著 2010年 200页 23 cm 25元〔复旦卓越·经济学系列〕(G. F. P.)

03398 309-12830
资本运营管理
汪洪涛 朱翊照编著 2017年 第2版 285页 23 cm 39元〔复旦卓越·经济学系列〕(G. F. P.)

03399 309-12025
探秘舞弊地图
党红著 2016年 157页 23 cm 28元 (G. F. P.)

03400 309-05992
企业会计核算
胡燕 谢萍主编 2008年 212页 23 cm 24元〔会计与审计准则解读丛书〕(G. F. P.)

03401 309-04159
企业财务会计 上册
黄晓平主编 2004年 407页 20 cm 22元〔新编经济学系列教材〕(G. F. P.)

03402 309-04160
企业财务会计 下册
张志主编 2004年 322页 20 cm 17元〔新编经济学系列教材〕(G. F. P.)

03403 309-07512
企业会计业务核算与财务报告编制
梁瑞红主编 2010年 358页 26 cm 38元 (G. F. P.)

03404 309-08522
企业会计业务核算与财务报告编制
梁瑞红主编 2011年 第2版 360页 26 cm 42元 (G. F. P.)

03405 309-05979
企业特殊业务会计核算
欧阳爱平主编 2008年 260页 23 cm 28元〔会计与审计准则解读丛书〕(G. F.)

03406 309-05089
财务分析

张俊民主编 2006年 359页 26 cm 35元 〔复旦博学·21世纪高等院校财务管理专业系列〕(G. F. P.)

03407 309-10190
企业财务分析
章卫东主编 2014年 307页 26 cm 40元 〔信毅教材大系〕(G. F. P.)

03408 309-08557
企业会计核算错弊查证技法
宗印凤主编 2011年 410页 23 cm 48元 〔审计与内部控制系列〕(G. F. P.)

03409 309-05991
企业会计处理流程图示
谢萍 程隆云主编 2008年 173页 23 cm 20元 〔会计与审计准则解读丛书〕(G. F. P.)

03410 309-06561
现代企业成本管理导航
包科刚编著 2009年 299页 26 cm 32元 〔复旦卓越·21世纪管理学系列〕(G. F. P.)

03411 309-06139
战略成本管理
乐艳芬主编 2008年 200页 26 cm 24元 (G. F. P.)

03412 309-05066
战略成本管理与企业竞争优势
乐艳芬著 2006年 204页 21 cm 16元 〔财务·会计前沿系列〕(G. F. P.)

03413 309-01912
怎样进行经营分析
(日)LEC·东京法思株式会社编著 1997年 155页 20 cm 8.50元 〔企业、市场与法系列 走向规范：市场经济经营管理技法丛书 第二辑〕(G. F.)

03414 309-14385
公司投资学
王献东主编 2019年 351页 26 cm 45元 〔复旦卓越·21世纪管理学系列〕(G. F. P.)

03415 309-02883
涉外事务管理
刘绍庭等编著 2001年 301页 20 cm 16元 (G. F. P.)

03416 309-00782
涉外企业常用经济手册
郭庠林 陈甫华主编 1992年 311页 19 cm 5.20元 (G. F.)

03417 309-05267
产权、代理成本和企业绩效 理论分析与实证检验
李寿喜著 2006年 347页 21 cm 25元 〔黄皮书系列〕(G. F. P.)

03418 309-01638
合作经济的理论与实践
洪远朋主编 1996年 426页 20 cm 18元 〔新编经济学系列教材〕(G. F. P.)

03419 309-01987
小企业经营之道
陈小平著 1998年 300页 20 cm 14元 〔实用管理类丛书〕(G. F. P.)

03420 309-02196
小企业集群研究
仇保兴著 1999年 256页 25 cm 19元 〔21世纪经济学人著系〕(G. F. P.)

03421 309-03181
中小企业信息化指南 BKD123 教程
宁波宇泰软件开发有限公司编著 2002 年 297 页 23 cm 27.80 元 (G. F. P.)

03422 309-04221
小企业会计 核算方法与税收筹划
沈红波 王建新编著 2004 年 274 页 23 cm 26 元〔小企业会计制度基础培训教材〕(G. F. P.)

03423 309-12093
小微企业管理
杨波主编 2016 年 304 页 26 cm 39 元〔复旦卓越·21 世纪管理学系列〕(G. F. P.)

03424 309-04174
中小企业管理
杨加陆等编著 2004 年 280 页 23 cm 28 元 (G. F. P.)

03425 309-04376
中小企业现场管理与开发 理论与实务
章慧南著 2005 年 256 页 23 cm 25 元 (G. F. P.)

03426 309-04895
小企业会计电算化
毛华扬等编著 2006 年 258 页 23 cm 26 元〔复旦卓越·会计学系列〕(G. F. P.)

03427 309-14819
超级集团财务
余东文著 2020 年 368 页 24 cm 精装 88 元 (G. F. P.)

03428 309-03319
战略联盟与企业竞争力
周建著 2002 年 205 页 23 cm 22 元〔论战略管理丛书〕(G. F. P.)

03429 309-00737
中外合资经营企业管理概论
李书华等主编 1991 年 250 页 20 cm 4.50 元 (G. F.)

03430 309-01108
中外合资经营企业管理概论
李书华等主编 1991 年（1993 年重印）250 页 20 cm 6.40 元 (G. F.)

03431 309-01298
中外合资经营企业管理概论
李书华等主编 1991 年（1994 年重印）250 页 20 cm 6.50 元 (G. F.)

03432 309-01747
中外合资经营企业管理教程
林子通编著 1996 年 285 页 20 cm 12 元〔外经贸干部培训教材〕(G. F. P.)

03433 309-03487
外商投资企业转让定价研究
王顺林著 2002 年 187 页 20 cm 11 元〔上海市社会科学博士文库 第四辑〕(G. F. P.)

03434 309-02018
三资企业管理
许晓明主编 1998 年 399 页 20 cm 16 元〔大学管理类教材丛书〕(G. F.)

03435 309-06440
高科技产业化 融资问题研究
贝政新著 2008 年 324 页 21 cm 22 元 (G. F. P.)

03436 309-13895
传承密码 东西方家族企业传承与治理

李秀娟 赵丽缦编 2018年 237页 21cm 精装 48元〔中欧经管图书 中欧案例精选04〕(G. F. P.)

03437 309-06277
高级公司财务管理案例
陈超主编 2008年 204页 26cm 28元〔复旦博学·21世纪高等院校财务管理专业系列〕(G. F. P.)

03438 309-05809
公司治理、多元化与企业绩效
程立著 2008年 233页 21cm 18元 (G. F. P.)

03439 309-04344
上市公司财务报表分析
单喆敏著 2005年 324页 23cm 35元〔中国注册会计师后续教育系列〕(G. F. P.)

03440 309-01907
怎样筹办公司活动
(日) LEC·东京法思株式会社编著 1997年 173页 20cm 9元〔企业、市场与法系列 走向规范：市场经济经营管理技法丛书 第二辑 (日) 反町胜夫主编〕(G. F.)

03441 309-10969
进入权 公司治理中的关键资源配置
过聚荣著 2014年 203页 21cm 26元 (G. F. P.)

03442 309-11268
进入权 公司治理中的关键资源配置
过聚荣著 2017年 282页 23cm 39元 (G. P.)

03443 309-01717
公司会计

李海波 王福重主编 1996年 490页 20cm 20元〔实用管理类丛书〕(G. F. P.)

03444 309-01572
现代公司财务
李儒训主编 上海财经大学财政学系财务学教研室组织编写 1996年 394页 20cm 15.50元 (G. P.)

03445 309-01359
上市公司规范化管理
李则兆主编 1994年 394页 20cm 11元〔股份经济系列丛书2 李则兆主编〕(G. F.)

03446 309-00160
股份公司会计
厉声和 程学书编著 1989年 382页 20cm 2.90元 (G. F.)

03447 309-01096
股份公司会计
厉声和 程学书编著 1989年(1993年重印) 382页 20cm 8.10元 (G. F.)

03448 309-01307
股份公司会计
厉声和 程学书编著 1994年 第2版 409页 20cm 10元〔大学管理类教材丛书〕(G. F.)

03449 309-04904
公司理财
刘爱东主编 2006年 581页 26cm 54元〔复旦博学·21世纪高等院校财务管理专业系列〕(G. F. P.)

03450 309-05734
公司理财学习指导

刘爱东主编 2007 年 271 页 23 cm 26 元〔21 世纪高等院校财务管理专业系列·学生指导用书〕(G. F. P.)

03451 309-08938
上市公司财务报表分析
刘文国 王纯主编 2012 年 394 页 23 cm 45 元〔复旦卓越·会计学系列〕(G. F. P.)

03452 309-02438
公司财务
欧阳光中 陈颖杰编著 2000 年 455 页 20 cm 22 元〔工商管理硕士(MBA)教材〕(G. F. P.)

03453 309-02298
公司内务管理精要
(日) LEC·东京法思株式会社编著 1999 年 285 页 20 cm 14 元〔经营管理精要丛书(日)反町胜夫主编〕(G. F. P.)

03454 309-01801
公司创业文书 创办公司必备蓝本
沈汉达编著 1996 年 428 页 20 cm 17 元 (G. F. P.)

03455 309-13186
公司金融
沈红波编著 2017 年 319 页 26 cm 42 元〔经管类专业学位研究生主干课程系列教材〕(G. F. P.)

03456 309-13932
公司金融案例
沈红波编著 2018 年 268 页 26 cm 46 元〔复旦博学·经管案例库〕(G. F. P.)

03457 309-14752
公司金融案例 第 2 辑
方先丽 沈红波编著 2020 年 241 页 26 cm 48 元〔复旦博学·经管案例库〕(G. F. P.)

03458 309-01626
公司财务
石瑛等编著 1996 年 311 页 20 cm 12.50 元〔大学管理类教材丛书〕(G. F. P.)

03459 309-02235
公司的控制权结构
王彬著 1999 年 237 页 20 cm 15 元〔上海市社会科学博士文库 第一辑〕(G. F. P.)

03460 309-05381
公司伦理与企业文化
叶陈刚编著 2007 年 362 页 23 cm 35 元〔复旦博学·经济学系列〕(G. F. P.)

03461 309-06303
公司标准化实践法
钟朝嵩著 2008 年 219 页 21 cm 35 元 (G. F. P.)

03462 309-04934
公司金融
朱叶编著 2006 年 250 页 26 cm 28 元〔复旦博学·微观金融学系列〕(G. F. P.)

03463 309-08328
公司金融
朱叶编著 2011 年 第 2 版 289 页 26 cm 35 元〔复旦博学·微观金融学系列〕(G. F. P.)

03464 309-09277
公司金融
朱叶编著 2012 年 332 页 26 cm 43 元

〔金融硕士专业学位主干课程系列教材〕(G. F. P.)

03465 309-11699
公司金融
朱叶编著 2015年 第3版 329页 26 cm 42元〔复旦博学·微观金融学系列〕(G. F. P.)

03466 309-13587
公司金融
朱叶编著 2018年 第4版 376页 26 cm 46元〔复旦博学·微观金融学系列〕(G. F. P.)

03467 309-01466
跨国公司投资管理
陈建梁主编 1995年 393页 20 cm 10元〔大学管理类教材丛书〕(G.)

03468 309-03035
跨国公司R&D全球化的区位模式研究
杜德斌著 2001年 353页 20 cm 22元〔上海市社会科学博士文库 第三辑〕(G. F. P.)

03469 309-05357
跨国公司内部知识转移过程与影响因素的实证研究
关涛著 2006年 266页 23 cm 30元〔上海市社会科学博士文库〕(G. F.)

03470 309-00805
国际经营的战略行动
（日）林昇一著 狄小光等译 1992年 201页 20 cm 5元 (G. F.)

03471 309-04041
国际人力资源管理
林新奇主编 2004年 332页 26 cm 39元

〔复旦博学·21世纪人力资源管理丛书〕(G. F.)

03472 309-07990
国际人力资源管理
林新奇主编 2011年 第2版 326页 26 cm 39元〔复旦博学·21世纪人力资源管理丛书〕(G. F. P.)

03473 309-12863
国际人力资源管理
林新奇编著 2017年 第3版 363页 26 cm 45元〔复旦博学·21世纪人力资源管理丛书〕(G. F. P.)

03474 309-05220
在华跨国公司绩效管理
刘爱东著 2006年 194页 23 cm 25元 (G. F. P.)

03475 309-03028
国际经营策略
强永昌著 2001年 476页 20 cm 23元〔黄皮书系列〕(G. F. P.)

03476 309-05748
跨国公司与产业集群的互动研究
任胜钢著 2007年 281页 21 cm 20元 (G. F. P.)

03477 309-04286
企业国际经营策略
苏勇（日）原口俊道（日）国崎威宣主编 2004年 378页 21 cm 22元〔亚东经济国际学会研究丛书6〕(G. F. P.)

03478 309-04203
首席财务官 跨国公司全球价值最大化的设计师

王建新 崔伟利著 2004 年 500 页 26 cm 56 元（G. F. P.）

03479 309-05749
当代跨国公司新理论
薛求知著 2007 年 409 页 23 cm 42 元（G. F. P.）

03480 309-07376
国际人力资源管理教程
薛求知 廖勇凯著 2010 年 400 页 24 cm 48 元〔复旦大学管理学教材系列〕（G. F.）

03481 309-05745
跨国公司网络组织
阎海峰著 2007 年 284 页 21 cm 20 元（G. F. P.）

03482 309-00153
遍及全球的跨国公司
叶刚著 1989 年 328 页 20 cm 2.30 元（G. F.）

03483 309-04044
跨国公司与直接投资
张纪康主编 2004 年 350 页 23 cm 36 元〔复旦博学·经济学系列〕（G. F. P.）

03484 309-07971
跨国公司金融
朱叶编著 2011 年 307 页 23 cm 35 元〔复旦博学·金融学系列〕（G. F. P.）

03485 309-14520
新编跨国公司金融
朱叶编著 2019 年 297 页 26 cm 45 元〔一流学科精品课程系列〕（G. F. P.）

03486 309-01387
大亨闪亮事
祁汉堂著 1994 年 270 页 19 cm 6.80 元〔白领丛书·经营人生之辑〕（G. F.）

03487 309-04662
并购案例精粹
干春晖主编 2005 年 327 页 23 cm 32 元（G. F. P.）

03488 309-03200
生产与运营管理案例精选
龚国华等编著 2002 年 160 页 20 cm 9 元〔大学管理类教材丛书〕（G. F. P.）

03489 309-02932
跨国公司在华战略
罗进著 2001 年 289 页 25 cm 28 元〔黄皮书系列〕（G. F. P.）

03490 309-05229
HR 管理标杆 世界知名企业人力资源管理最优实践
梅晓文 梁晓翠 农艳等编著 2006 年 290 页 23 cm 29 元（G. F. P.）

03491 4253.022
世界大公司一百家
林进成等主编 1986 年 509 页 20 cm 3.25 元（G. F.）

03492 309-02205
改变世界的搏击 西方信息业大兼并透视
谢国平著 1999 年 237 页 20 cm 12 元（G. F. P.）

03493 309-08715
跨国公司经营管理案例 世界 500 强企业的成功之道
郭伟 徐翔主编 2012 年 185 页 26 cm 28 元〔复旦卓越·21 世纪管理学系列〕（G. F. P.）

03494 309-01012

中国企业学导论

侯志辉主编 1993年 422页 22 cm 10.80元 (F.)

03495 309-00904

中国工商企业名录 '92 版

上海市经济信息中心编 1992年 2册 26 cm 精装 250元 (G. F.)

03496 309-01140

中国工商企业名录 '93 版

上海市经济信息中心编 1993年 2册 26 cm 精装 300元 (G. F.)

03497 309-01580

中国工商企业名录 '95 版

上海市信息中心编 1995年 2册 26 cm 精装 350元 (G. F.)

03498 309-00887

九十年代企业改革与发展

厉璠 王谦光主编 1992年 377页 19 cm 13元 (G. F.)

03499 309-00939

企业股份化改革指南

万解秋主编 1992年 242页 20 cm 5元 (G. F.)

03500 309-02609

企业并购理论及其在中国的应用

王一著 2000年 267页 20 cm 14元〔上海市社会科学博士文库 第二辑〕(G. F. P.)

03501 309-02565

制度变迁与管理创新

杨俊一著 2000年 232页 20 cm 15元 (G. F. P.)

03502 309-01095

企业转换机制疑难心理问答288

郁景祖等主编 1993年 454页 20 cm 12元 (G. F.)

03503 309-12915

中国企业跨境并购成败和绩效对比研究

贾宗达著 2017年 218页 21 cm 28元〔管理实践者的理论探索系列丛书〕(G. F. P.)

03504 309-05980

企业财务通则解读

曹阳主编 2008年 360页 23 cm 38元〔会计与审计准则解读丛书〕(G. F. P.)

03505 309-05630

新企业会计准则解读

曹阳 支春红主编 2007年 360页 23 cm 35元〔会计与审计准则解读丛书〕(G. F. P.)

03506 309-01423

CIS：中国企业形象战略

董锡健 潘肖珏主编 1995年 225页 20 cm 8.50元 (G. F. P.)

03507 309-10593

中国企业品牌国际化实证研究

韩中和著 2014年 227页 23 cm 38元 (G. F. P.)

03508 309-14917

"一带一路"沿线国家投资环境研究

侯文平著 2020年 155页 23 cm 30元 (G. F. P.)

03509 309-07825

中国市场领导力100位经理人的实战告白

李秀娟著 2011年 164页 24 cm 28元

〔中欧经管系列〕(G. F. P.)

03510 309-06422
中、美、日企业内部控制实务 化外部监管压力为内部发展动力
丘仲文等编著 2009年 181页 21 cm 25元 (G. F. P.)

03511 309-02596
中国企业发展的战略选择
芮明杰著 2000年 308页 25 cm 25元 〔21世纪经济学人著系〕(G. F. P.)

03512 309-05988
东方管理案例精选 一
苏勇主编 2008年 196页 23 cm 25元 〔复旦大学管理学教材系列〕(G. F. P.)

03513 309-07616
东方管理案例精选 二
苏勇主编 2010年 167页 23 cm 25元 〔复旦大学管理学教材系列〕(G. F. P.)

03514 309-01896
现代企业管理案例选
王方华 芮明杰主编 1997年 256页 20 cm 12元 〔大学管理类教材丛书〕(G. F. P.)

03515 309-07532
权变中国人力资源管理
王军著 2010年 306页 23 cm 38元 (G. F. P.)

03516 309-03280
创意企划案 台湾管理专家经验谈
小管著 2002年 187页 20 cm 12元 〔上班族智慧丛书〕(G. F. P.)

03517 309-07231
长寿·夭折·涅槃 文化视角下的中国企业管理
颜爱民著 2010年 324页 21 cm 26元 (G. F. P.)

03518 309-02084
中国会计案例选
张文贤主编 1998年 482页 20 cm 19.80元 〔大学管理类教材丛书〕(G. F. P.)

03519 309-14771
社会创新 可持续发展模式及融资困境
赵丽缦 庄汉盟 李尔成编 2020年 189页 21 cm 精装 42元 〔中欧经管图书 中欧案例精选09〕(G. F. P.)

03520 309-13088
共创伟大公司 成长型组织
周华宏著 2017年 212页 23 cm 45元 (G. F. P.)

03521 309-10459
中国企业领导力
(英)艾菲德·罗伯茨(Elfed Roberts) (荷)杰隆·博格(Jeroen van der Berg) 黄智颖编著 2014年 236页 23 cm 34元 〔商务沟通与案例系列〕(G. F. P.)

03522 309-12927
企业纳税实务(实训)教程
顾瑞鹏主编 2017年 407页 26 cm 52元 〔"十二五"江苏省高等学校重点教材〕(G. F. P.)

03523 309-14167
企业纳税实务(实训)教程
顾瑞鹏主编 2019年 第2版 343页 26 cm 52元 〔"十二五"江苏省高等学校重点教材〕(G. F. P.)

03524 309-06920

企业纳税实务(实训)教程

顾瑞鹏编著 2009年 307页 26 cm 38元 〔复旦卓越·21世纪管理学系列 江苏省特色建设专业核心课程〕(G. F. P.)

03525 309-10719

企业直接债务融资操作实务

葛培健主编 2014年 292页 23 cm 45元 (G. F. P.)

03526 309-07812

腐败、政绩与政企关系 虚假繁荣是如何被制造和破灭的

李辉著 2011年 296页 21 cm 25元 (G. F. P.)

03527 309-02295

历史性课题 国有企业改革探析

李梁等主编 1999年 230页 20 cm 15元 (G. F. P.)

03528 309-15258

国有企业创新发展的思考与实践

施春来著 2020年 239页 23 cm 48元 (G. F. P.)

03529 309-03513

中国企业：新起点上的突破

石磊主编 2003年 333页 20 cm 20元 (G. F. P.)

03530 309-02604

公司制与国有企业再生

万解秋 张晖明等著 2000年 470页 25 cm 40元 (G. F. P.)

03531 309-08597

企业国有产权交易操作实务与技巧

汪伟农主编 2011年 275页 24 cm 35元 (G. F. P.)

03532 309-03145

国有企业核心论

伍柏麟主编 2002年 284页 21 cm 15元 (G. F. P.)

03533 309-13362

中国现象的政治经济学

徐德信著 2018年 214页 21 cm 35元 (G. F. P.)

03534 309-05238

国有性质 民营操作 卓越的管理探索

杨春保 苏勇主编 2006年 130页 23 cm 20元 (G. F. P.)

03535 309-14070

国有企业改革的政治经济学分析

张晖明著 2019年 342页 24 cm 精装 78元 〔纪念改革开放四十周年丛书 张晖明主编〕(G. F. P.)

03536 309-03197

产权、治理结构与企业效率 国有企业低效率探源

张克难著 2002年 233页 20 cm 15元 〔经济学博士后、博士论丛〕(G. F. P.)

03537 309-10675

地方国有企业中层管理者绩效考核体系研究

甄杰著 2014年 219页 23 cm 35元 (G. F. P.)

03538 309-00919

退休职工经济实体实用手册

陈佩瑛等主编 1992年 253页 20 cm 3.50元 (G. F.

03539 309-03147
面向未来的抉择 上海市中小企业体制改革研究报告
孙承叔等编 2002年 570页 21 cm 27元（G. F. P.）

03540 309-00025
如何办好乡镇企业
谢百三著 1987年 489页 20 cm 3.45元〔国家科委星火计划辅导教材之一 农牧渔业部乡镇企业局法规处审〕（G. F.）

03541 309-04809
中小企业国际化 理论探讨与经营实践
赵优珍著 2005年 219页 23 cm 28元〔黄皮书系列〕（G. F. P.）

03542 309-12732
社会网络视角下中小企业融资问题的研究
米晋宏著 2016年 192页 21 cm 28元（G. F. P.）

03543 309-01712
中国企业集团论
伍柏麟主编 1996年 378页 20 cm 16元（G. F. P.）

03544 309-01266
三资企业管理学
顾国祥 许晓明主编 1994年 622页 20 cm 13.20元〔大学管理类教材丛书〕（G. F.）

03545 309-07560
在华日企的本地化研究
刘庆红著 2010年 264页 21 cm 25元〔今日原创丛书〕（G. F. P.）

03546 309-01799
中国三资企业研究
苏东水等主编 1997年 317页 20 cm 精装 22元〔亚东经济国际学会研究丛书3〕（G. F. P.）

03547 309-13568
国家高新技术企业认定实务教程
黄小栋编著 2018年 135页 26 cm 50元（G. F. P.）

03548 309-14670
中国家族上市企业股利政策研究 基于家族特殊资产的视角
刘白璐著 2020年 276页 21 cm 40元（G. F. P.）

03549 309-10559
哲商的力量
罗欣著 2014年 257页 22 cm 30元〔中国民营企业战略领导力研究〕（G. F. P.）

03550 309-08390
近代家族性联号企业 一种非企业集团的中间性组织
王颖著 2011年 170页 23 cm 26元〔华东政法大学商学院重点学科建设成果〕（G. F. P.）

03551 309-09220
求索 谨与竞争最激烈却最具活力、创造力的民企同仁共求索
王友林著 2012年 367页 21 cm 精装 58元（G. F. P.）

03552 309-05912
民营企业发展风险对策 识别、防范、化解
徐为民 卜海著 2008年 405页 23 cm 57元（G. F. P.）

03553 309-05116
转型、治理与中国私人企业的演进
张军等著 2006年 467页 21 cm 28元

〔当代中国经济理论创新文库〕(G. F. P.)

03554 309-14145
中国家族办公室管理前沿
张智慧主编 2019年 332页 23 cm 精装 88元〔FOA系列丛书〕(G. F. P.)

03555 309-11100
苏州上市公司发展报告 2014
贝政新 吴永敏主编 2014年 193页 26 cm 精装 68元 (G. F. P.)

03556 309-11864
苏州上市公司发展报告 2015
贝政新 吴永敏主编 2015年 230页 26 cm 精装 68元 (G. F. P.)

03557 309-12503
苏州上市公司发展报告 2016
贝政新 吴永敏 薛誉华主编 2016年 327页 26 cm 精装 88元 (G. F. P.)

03558 309-13245
苏州上市公司发展报告 2017
薛誉华 吴永敏 贝政新主编 2017年 318页 26 cm 精装 88元 (G. F. P.)

03559 309-13975
苏州上市公司发展报告 2018
薛誉华 吴永敏 贝政新主编 2018年 328页 26 cm 精装 98元 (G. F. P.)

03560 309-14626
苏州上市公司发展报告 2019
薛誉华 范力 吴永敏 贝政新主编 2019年 351页 26 cm 精装 98元 (G. F. P.)

03561 309-03442
中国上市公司成败实证研究
胡汝银主编 2003年 284页 25 cm 30元 (G. F. P.)

03562 309-13769
公司代表人制度研究
焦娇著 2018年 217页 23 cm 48元〔复旦版原创学术著作 法学系列〕(G. F. P.)

03563 309-04258
中国上市公司股权结构及其优化
李华著 2004年 203页 21 cm 15元〔黄皮书系列〕(G. F. P.)

03564 309-04842
中资港股全攻略
李家耀著 2006年 293页 21 cm 18元 (G. F. P.)

03565 309-03769
中国公司治理报告 2003
上海证券交易所研究中心编 2003年 375页 22 cm 30元 (G. F. P.)

03566 309-04205
中国公司治理报告 2004 董事会独立性与有效性
上海证券交易所研究中心编 2004年 235页 25 cm 32元 (G. F. P.)

03567 309-04701
中国公司治理报告 2005 民营上市公司治理
上海证券交易所研究中心编 2005年 199页 25 cm 30元 (G. F. P.)

03568 309-05237
中国公司治理报告 2006 国有控股上市公司治理
上海证券交易所研究中心编 2006年 182页 25 cm 28元 (G. F. P.)

03569 309-05799

中国公司治理报告 2007 利益相关者与公司社会责任

上海证券交易所研究中心编 2007 年 151 页 26 cm 28 元（G. F. P.）

03570 309-06283

中国公司治理报告 2008 透明度与信息披露

上海证券交易所研究中心编 2008 年 145 页 26 cm 28 元（G. F. P.）

03571 309-06778

中国公司治理报告 2009 控制权市场与公司治理

上海证券交易所研究中心编 2009 年 173 页 25 cm 30 元（G. F. P.）

03572 309-03072

慧眼识股 从财税会计角度找"黑马"

沈正欣 韩曙著 2002 年 398 页 21 cm 22 元〔复旦股市系列〕（G. F. P.）

03573 309-06772

中小企业股权融资攻略

王宏 杨卫东著 2009 年 264 页 23 cm 32 元（G. F. P.）

03574 309-02933

股份公司会计制度改革效果的实证研究 会计准则的国际化、经济后果与价值相关性

王跃堂著 2001 年 162 页 20 cm 10 元〔上海市社会科学博士文库 第三辑〕（G. F. P.）

03575 309-14196

上市公司典型违规案例剖析 2018 年度

信公咨询编著 2019 年 221 页 26 cm 50 元（G. F. P.）

03576 309-14871

上市公司典型违规案例剖析 2019 年度

信公咨询编著 2020 年 196 页 26 cm 50 元（G. F. P.）

03577 309-11881

股票流动性、公司治理与代理成本 基于我国上市公司的实证研究

熊家财著 2015 年 201 页 23 cm 29 元〔信毅学术文库〕（G. F. P.）

03578 309-05447

中国上市公司股权再融资价值研究

徐浩萍著 2007 年 175 页 21 cm 15 元〔会计与资本市场系列〕（G. F. P.）

03579 309-04423

亏损上市公司实证研究

薛爽著 2005 年 248 页 21 cm 18 元〔会计与资本市场系列〕（G. F. P.）

03580 309-12162

小微企业股权激励

薛中行著 2016 年 232 页 23 cm 精装 108 元（G. F. P.）

03581 309-06478

股权投资基金运作 PE 价值创造的流程

叶有明著 2009 年 352 页 23 cm 42 元（G. F. P.）

03582 309-08733

股权投资基金运作 PE 价值创造的流程

叶有明著 2012 年 第 2 版 381 页 24 cm 48 元（G. F. P.）

03583 309-11141

上市公司治理溢价检验及其形成机制研究

赵玉洁著 2014 年 367 页 23 cm 45 元〔信毅学术文库〕（G. F. P.）

03584 309-01354

中国股份公司实务

朱荣恩主编 1994年 371页 20 cm 11元 〔新世纪书苑〕(G. F.)

03585 309-03618

中国上市公司资本结构研究

朱叶著 2003年 166页 25 cm 18元 〔黄皮书系列〕(G. F. P.)

03586 309-01410

上海证券交易所上市公司年度报告 1993

上海证券交易所编 1994年 1574页 26 cm 150元 (G. F.)

03587 309-13416

上市公司年报编制与披露指南

史多丽主编 2017年 326页 23 cm 68元 (G. F. P.)

03588 309-03903

西部企业跨国经营 理论与战略

陈泽明著 2004年 232页 23 cm 20元 (G. F. P.)

03589 309-03948

西部企业跨国经营 实用指南

陈泽明等编著 2004年 400页 23 cm 30元 (G. F. P.)

03590 309-11665

全球化背景下中国企业海外经营的国际环境比较研究

吴友富编著 2015年 260页 23 cm 45元 (G. F. P.)

03591 309-07472

中国国际新创企业成长研究

朱吉庆著 2010年 250页 23 cm 32元 〔"985工程"系列丛书〕(G. F. P.)

03592 309-14440

道德与绩效 西部企业的营销实证研究

周秀兰著 2019年 187页 24 cm 52元 (G. F. P.)

03593 309-04336

成功的企业信息化 上海市信息化示范企业的十大案例研究

黄丽华 傅新华主编 2005年 266页 26 cm 28元 (G. F. P.)

03594 309-01016

上海产业发展战略研究

沈玉良著 1993年 233页 20 cm 8元 (G. F.)

03595 309-05440

感悟创新 浦东创新型企业案例精选

朱旭东主编 2007年 252页 23 cm 50元 (G. F. P.)

03596 309-03468

"上帝"让温州人发财 温州创业文化启示录

吴松弟著 2003年 200页 18 cm 12元 (G. F. P.)

03597 309-01294

东亚企业经营

（日）原口俊道 苏勇编著 1994年 331页 20 cm 精装 25元 〔亚东经济国际学会研究丛书2〕(G. F.)

03598 309-01160

日本企业的活力

复旦大学日本研究中心编 1993年 247页 21 cm 10元 〔日本研究丛书〕(F.)

03599 309-01435

日本最大企业100家

郑励志主编 1994年 466页 20 cm 18元 〔日本研究丛书〕(G. F.)

03600 309-04752
企业管理最佳经营模式
（日）长田洋著 刘江煎译 2005 年 217 页 21 cm 30 元 (G. F. P.)

03601 309-10247
富裕与知性时代的营销战略 日本企业战略转型的启示
（日）永井猛著 方军爱 祝正东编译 2014 年 285 页 23 cm 38 元 (G. F. P.)

03602 309-10102
网络金融生态圈 SBI 集团发展历程
SBI 中国编著 2013 年 211 页 21 cm 36 元 (G. F. P.)

03603 309-11457
网络金融生态圈
李沛伦编著 2015 年 241 页 21 cm 49 元 (G. F. P.)

03604 309-03279
欧盟的企业合并政策 经济学与法律分析
殷醒民著 2002 年 210 页 21 cm 12.50 元〔黄皮书系列〕(G. F. P.)

03605 309-04612
西欧企业管理与信息处理系统结合方式
史小兵著 2005 年 79 页 23 cm 15 元〔复旦卓越·经济学系列〕(G. F.)

03606 309-08737
领导模式与组织绩效关系研究 以澳大利亚医药销售企业为例
荆丰编 2012 年 450 页 22 cm 30 元 (G. P.)

03607 309-00453
企业内部控制和风险管理《萨班斯-奥克斯利法案》释义
友联时骏管理顾问编著 2005 年 272 页 23 cm 28 元 (P.)

03608 309-04559
企业内部控制和风险管理《萨班斯-奥克斯利法案》释义
友联时骏管理顾问编著 2005 年 259 页 23 cm 28 元 (G. F.)

03609 309-03500
创业精神与创新集群 硅谷的启示
张景安 （美）亨利·罗文（Henry S. Rowen）等著 2002 年 342 页 23 cm 精装 38 元 (G. F. P.)

03610 309-00844
基本建设实用手册
方荷生等主编 1992 年 453 页 20 cm 9.80 元 (G. F.)

03611 309-00693
投资项目经济评价
芮明杰主编 1991 年 316 页 20 cm 5.20 元 (G. F.)

03612 309-01804
投资项目经济评价
芮明杰主编 1997 年 第 2 版（修订版） 391 页 20 cm 15 元〔大学管理类教材丛书〕(G. F. P.)

03613 309-08692
项目可行性研究
杨克磊 高喜珍主编 2012 年 343 页 26 cm 35 元〔复旦博学·21 世纪工程管理系列〕(G. F. P.)

03614 309-05781
工程项目投资与融资

郑立群主编 2007 年 264 页 23 cm 33 元 〔复旦博学·21 世纪工程管理系列〕(G. F.)

03615 309-08240
工程项目投资与融资
郑立群主编 2011 年 第 2 版 236 页 26 cm 30 元 〔复旦博学·21 世纪工程管理系列〕(G. F. P.)

03616 309-06474
投资项目管理
祝波编著 2009 年 305 页 23 cm 35 元 (G. F. P.)

03617 309-06240
体育赛事产业与城市竞争力 产业关联·影响机制·实证模型
余守文著 2008 年 237 页 21 cm 15 元 (G. F. P.)

03618 309-00482
城市生态经济研究方法及实例
周纪纶等编译 1990 年 237 页 26 cm 6.80 元 (G. F.)

03619 309-04209
城市经济学
周伟林 严冀等编著 2004 年 377 页 23 cm 36 元 〔复旦博学·现代城市经济学系列〕(G. F. P.)

03620 309-06608
城市社会问题经济学
周伟林 郝前进等编著 2009 年 458 页 23 cm 35 元 〔复旦博学·现代城市经济学系列 上海市"十一五"重点出版图书〕(G. F. P.)

03621 309-03985

城市土地经济学
王霞 尤建新编著 2004 年 415 页 20 cm 20 元 〔房地产系列教材〕(G. F. P.)

03622 309-02248
房地产市场营销
李东主编 1999 年 389 页 20 cm 16 元 (G. F. P.)

03623 309-05285
房地产管理学
谭术魁主编 2006 年 340 页 23 cm 35 元 〔复旦博学·21 世纪工程管理系列 普通高等教育"十一五"国家级规划教材〕(G. F. P.)

03624 309-05170
房地产开发与经营
谭术魁主编 2006 年 334 页 23 cm 33 元 〔复旦博学·21 世纪工程管理系列〕(G. F. P.)

03625 309-06390
房地产开发与经营
谭术魁主编 2008 年 第 2 版 289 页 26 cm 33 元 〔复旦博学·21 世纪工程管理系列〕(G. F. P.)

03626 309-11073
房地产开发与经营
谭术魁主编 2015 年 第 3 版 305 页 26 cm 40 元 〔复旦博学·21 世纪工程管理系列〕(G. F. P.)

03627 309-05249
房地产市场营销
王爱民主编 2006 年 388 页 23 cm 38 元 〔复旦博学·21 世纪工程管理系列〕(G. F. P.)

03628 309-01517
房地产经济学教程
王克忠主编 卫铁林等编写 1995年 515页 20 cm 16元〔新编经济学系列教材〕(G. F. P.)

03629 309-04016
旅游房地产学
丁名申 钱平雷编著 2004年 313页 20 cm 16元〔21世纪旅游管理丛书〕(G. F. P.)

03630 309-03890
房地产经济学
华伟主编 2004年 422页 20 cm 20元〔房地产系列教材〕(G. F. P.)

03631 309-05566
房地产开发企业会计
冯浩主编 2007年 357页 23 cm 35元〔复旦博学·21世纪工程管理系列〕(G. F.)

03632 309-06987
房地产开发企业会计
冯浩主编 2010年 第2版 300页 26 cm 35元〔复旦博学·21世纪工程管理系列 谭术魁主编〕(G. F. P.)

03633 309-05294
物业管理 理论与实务
李斌主编 2006年 417页 23 cm 39元〔复旦博学·21世纪工程管理系列〕(G. F. P.)

03634 309-09177
物业管理 理论与实务
李斌主编 2012年 第2版 374页 26 cm 40元〔复旦博学·21世纪工程管理系列〕(G. F. P.)

03635 309-03171
物业管理学
李福平编著 2002年 320页 21 cm 17元〔房地产系列教材〕(G. F. P.)

03636 309-04213
房地产企业会计
钱逢胜 应淑仪 盛碧荷编著 2004年 300页 23 cm 26元〔复旦博学·21世纪高等院校会计专业方向课教材〕(G. F. P.)

03637 309-04345
房地产经营与管理
王新军 王霞编著 2005年 359页 21 cm 20元〔房地产系列教材〕(G. F. P.)

03638 309-12468
房地产金融
曹建元主编 2016年 301页 26 cm 39元〔公共经济与管理·投资学系列〕(G. F. P.)

03639 309-05293
房地产金融
邓宏乾主编 2006年 278页 23 cm 29.90元〔复旦博学·21世纪工程管理系列〕(G. F. P.)

03640 309-08893
新潮实用英语物业管理口语教程
陈培零主编 2012年 250页 23 cm 38元〔普通高等学校"十二五"精品规划教材〕(G. P.)

03641 309-05157
房地产估价 理论与实务
卢新海主编 2006年 360页 23 cm 35元〔复旦博学·21世纪工程管理系列〕(G. F.)

03642 309-07518
房地产估价 理论与实务
卢新海主编 2010年 第2版 304页 26 cm 35元〔复旦博学·21世纪工程管理系列〕(G. F. P.)

03643 309-03235
房地产投资学
尹伯成 边华才主编 2002年 301页 20 cm 15元〔房地产系列教材〕(G. F. P.)

03644 309-04673
房地产营销学
袁野等编著 2005年 359页 21 cm 20元〔房地产系列教材〕(G. F. P.)

03645 309-04043
城市基础设施投资与管理
肖云著 2004年 319页 20 cm 20元〔房地产系列教材〕(G. F. P.)

03646 309-05567
世博会与国际大都市的发展
郭定平主编 2007年 340页 21 cm 25元〔日本研究丛书〕(G. F. P.)

03647 309-06731
全球城市-区域的时代
任远 陈向明 (德)Dieter Läpple主编 2009年 341页 23 cm 36元 (G. F. P.)

03648 309-06299
市长之道 复旦大学中国市长论坛讲演录
燕爽 桑玉成主编 2008年 286页 23 cm 36元 (G. F. P.)

03649 309-14073
从割裂到融合 中国城乡经济关系演变的政治经济学
高帆著 2019年 323页 24 cm 精装 78元〔纪念改革开放四十周年丛书 张晖明主编〕(G. F. P.)

03650 309-14068
经济集聚与中国城市发展
高虹著 2019年 250页 24 cm 精装 78元〔纪念改革开放四十周年丛书 张晖明主编〕(G. F. P.)

03651 309-13374
未来的城镇化道路
任远著 2018年 317页 24 cm 52元 (G. F. P.)

03652 309-06939
论中国特色城镇化道路
王克忠等著 2009年 307页 21 cm 20元 (G. F. P.)

03653 309-02501
城乡空间融合论 我国城市化可持续发展过程中城乡空间关系的系统研究
王振亮著 2000年 297页 20 cm 18元 (G. F. P.)

03654 309-14584
移民政治 当代中国的城市化道路与群体命运
熊易寒著 2019年 321页 21 cm 精装 55元 (G. F. P.)

03655 309-10253
压缩与叠加 1978年以来中国城市化与"生产政治"演化的独特路径
赵杰著 2014年 327页 21 cm 22元 (G. F. P.)

03656 309-05833
城市治理 中国的理解与实践
孙荣 徐红 邹珊珊著 2007年 306页

21 cm 25元 (G. F. P.)

03657 309-05818

近代上海城市土地管理思想 1843—1949

贾彩彦著 2007年 244页 21 cm 18元 (G. F. P.)

03658 309-04743

城市土地的政府管制研究

孟星著 2005年 232页 23 cm 30元 (G. F. P.)

03659 309-05111

多视角的城市土地利用

张季著 2006年 226页 23 cm 25元〔现代城市经济学系列 教学参考书〕(G. F. P.)

03660 309-04590

中国房地产产业地图 2005

中国产业地图编委会 中国经济景气监测中心编 2005年 114页 26 cm 50元〔产业地图书系〕(G. F. P.)

03661 309-11705

市殇 中国房地产企业价值环境分析

李怀彬著 2016年 141页 21 cm 18元〔管理实践者的理论探索系列丛书〕(G. F. P.)

03662 309-13869

中国上市物业服务企业价值创新研究报告 2018

复旦大学城市发展研究院 复旦大学中国城镇化研究中心编著 2018年 80页 29 cm 65元 (G. F. P.)

03663 309-14662

中国上市物业服务企业价值创新研究报告 2019

复旦大学城市发展研究院 复旦大学中国城镇化研究中心编著 2019年 85页 26 cm 75元 (G. F. P.)

03664 309-11660

房地产价格上涨的广义财富效应研究

黄静著 2015年 296页 21 cm 29元 (G. F. P.)

03665 309-03584

慧眼看楼市

鞠泳坪著 2003年 199页 20 cm 15元 (G. F. P.)

03666 309-11985

基于土地招拍挂制度的房价与地价关系研究

王岳龙著 2015年 244页 23 cm 38元〔信毅学术文库〕(G. F. P.)

03667 309-11537

城市水务产业发展战略研究

戴星翼 董骁等著 2015年 588页 21 cm 48元 (G. F. P.)

03668 309-06473

基础设施 BT 项目运作与实务

葛培健 张燎主编 2009年 208页 23 cm 35元 (G. F. P.)

03669 309-03403

基础设施项目投融资理论与实务

朱会冲 张燎著 2002年 174页 20 cm 12元 (G. F. P.)

03670 309-14587

集成视角下的同城化协同管理

林东华著 2019年 217页 23 cm 50元 (G. F. P.)

03671 309-04862

企业集聚与城市发展的制度分析 长江三角洲地区城市发展的路径探究

王红霞著 2005年 215页 21 cm 15元〔上海市社会科学博士文库 第七辑〕(G. F. P.)

03672 309-15324

2019长三角城市发展报告 长三角中小城市发展活力

叶银忠主编 2020年 208页 26 cm 65元 (F. P.)

03673 309-05585

城市建设管理

朱翊照编 2007年 169页 26 cm 30元〔2008年度上海市公务员招录考试辅导教材〕(G. F. P.)

03674 309-06727

城市建设管理

朱翊照编 2009年 183页 26 cm 30元〔2010年度上海市公务员招录考试辅导教材〕(G. F. P.)

03675 309-08728

城市生命体视角 现代城市和谐建设初探

刘玲著 2012年 215页 22 cm 25元〔人文学术〕(G. F. P.)

03676 309-02558

生态城市建设的原理和途径 兼析上海市的现状和发展

吴人坚主编 2000年 403页 20 cm 25元 (G. F. P.)

03677 309-09537

上海都市开放性景区建设理论与实践

杨竹莘著 2013年 200页 23 cm 30元 (G. F. P.)

03678 309-13544

资源枯竭条件下的城市产业转型升级研究 以山东省枣庄市为例

于良著 2018年 199页 21 cm 26元〔管理实践者的理论探索系列丛书〕(G. F. P.)

03679 309-06356

城市形象与软实力 宁波市形象战略研究

孟建 何伟 张秉礼主编 2008年 316页 21 cm 22元 (G. F. P.)

03680 309-04437

江南市镇 传统的变革

樊树志著 2005年 775页 21 cm 精装 40元 (G. F. P.)

03681 309-00355

明清江南市镇探微

樊树志著 1990年 534页 20 cm 12.50元 (G. F.)

农业经济

03682 309-02255

新编农业经济学教程

焦必方主编 1999年 281页 20 cm 15元〔新编经济学系列教材〕(G. F. P.)

03683 309-07709

土地资源学

刘卫东等编著 2010年 567页 23 cm 50元〔普通高等教育"十一五"国家级规划教材 公共管理基础系列〕(G. F. P.)

03684 309-08462

土地资源学

谭术魁主编 2011年 333页 26 cm 35元〔复旦博学·21世纪土地管理系列〕(G. F. P.)

03685 309-14455

土地资源学

谭术魁主编 2019 年 第 2 版 365 页 26 cm 48 元〔"十二五"普通高等教育本科国家级规划教材 复旦博学·21 世纪土地管理系列〕(G. F. P.)

03686 309-02169

土地市场运行理论研究

袁绪亚著 1999 年 243 页 20 cm 12 元〔经济学博士后、博士论丛〕(G. F. P.)

03687 309-08042

土地整理

卢新海 谷晓坤 李睿璞编著 2011 年 332 页 26 cm 35 元〔复旦博学·21 世纪土地管理系列〕(G. F. P.)

03688 309-07171

土地估价

卢新海 黄善林编著 2010 年 323 页 26 cm 35 元〔复旦博学·21 世纪土地管理系列〕(G. F. P.)

03689 309-00241

乡镇财政实用会计

金圣鹤编著 1989 年 269 页 19 cm 3 元 (G. F.)

03690 309-11562

农村政策与法规新编教程

顾相伟主编 2015 年 306 页 23 cm 38 元 (G. F. P.)

03691 309-14677

农村政策与法规新编教程

顾相伟主编 2019 年 第 2 版 329 页 23 cm 45 元 (G. F. P.)

03692 309-04803

当代中国农村公共政策研究

刘伯龙 竺乾威 程惕洁等著 2005 年 400 页 23 cm 50 元 (G. F. P.)

03693 309-08044

中国农村公共政策 政策执行的实证研究

刘伯龙 竺乾威 何秋祥等著 2011 年 355 页 21 cm 28 元 (G. F. P.)

03694 309-01137

政府推动与经济发展 苏南模式的理论思考

万解秋著 1993 年 216 页 20 cm 9 元〔改革与国情研究书系〕(G. F.)

03695 309-01996

市场经济与中国农业 问题与前景

汪熙 (美) 段志煌主编 1998 年 321 页 20 cm 17 元〔中美关系研究丛书 17 汪熙主编〕(G. F. P.)

03696 309-08065

征地利益论

李慧中 张期陈著 2011 年 303 页 21 cm 25 元〔新时期利益关系丛书〕(G. F. P.)

03697 309-10242

土地管理概论

卢新海 黄善林编著 2014 年 299 页 26 cm 35 元〔复旦博学·21 世纪土地管理系列〕(G. F. P.)

03698 309-08842

土地租佃契约理论研究 对 1949—2009 年中国农业绩效的考察

罗翔著 2012 年 160 页 21 cm 15 元 (G. F. P.)

03699 309-04863

中国古代农村土地所有权与使用权关系制度思想演进的历史考察
王昉著 2005年 319页 21 cm 20元〔上海市社会科学博士文库 第七辑〕(G. F. P.)

03700 309-14027
上海第一届村土地利用规划优秀案例汇编
袁华宝主编 2018年 219页 26 cm 108元 (G. F. P.)

03701 309-11628
城乡统筹 科学发展 松江改革与实践
上海市农村经济学会 上海市松江区经济学会编 2015年 260页 23 cm 35元 (G. F. P.)

03702 309-09021
上海推进农村集体经济组织产权制度改革集锦
上海市农村经营管理站编 2012年 283页 21 cm 20元 (G. F. P.)

03703 309-10041
从善分到善合 农民专业合作社研究
刘伯龙 唐亚林著 2013年 267页 21 cm 30元 (G. F. P.)

03704 309-12593
特大型城市耕地保护体系建设与实践
胡国俊主编 2016年 209页 26 cm 50元 (G. F. P.)

03705 309-04589
土地资源管理学
刘卫东 彭俊编著 2005年 306页 23 cm 30元〔复旦博学·MPA(公共管理硕士)系列〕(G. F. P.)

03706 309-02691
土地与经济发展 理论分析与中国实证
夏明文著 2000年 551页 20 cm 28元〔上海市社会科学博士文库 第二辑〕(G. F. P.)

03707 309-14050
精准扶贫上海实践案例集
刘承功 潘晓岗 邱大昌主编 2019年 185页 26 cm 78元 (G. F. P.)

03708 309-12035
农村贫困家庭生计支持政策效应研究
吴军民著 2015年 259页 23 cm 48元 (G. F. P.)

03709 309-15245
驻村第一书记讲脱贫
赵强主编 2020年 272页 23 cm 68元 (G. F. P.)

03710 309-12409
龙头企业与农户渠道行为研究
杨慧 蔡文著等著 2016年 186页 24 cm 38元 (G. F. P.)

03711 309-00555
江西农垦经济的昨天今天明天
陈宪主编 1990年 187页 19 cm 3.30元 (G.)

03712 309-13511
共生经济(1962—1982) 人民公社时期的农业经营
张乐天 丰箫 邱梦华著 2019年 364页 23 cm 精装 98元〔当代中国农民的脚印系列丛书〕(G. F. P.)

03713 309-00820
乡镇领导与管理概要
田长春主编 1992年 291页 19 cm 4元

〔乡镇企业管理丛书〕(G. F.)

03714 309-11593
革命的书写 一个大队干部的工作笔记 上
周生康著 张乐天 席富群编 2019 年 585 页 26 cm 精装 220 元〔当代中国农民的脚印系列丛书〕(G. F. P.)

03715 309-11594
革命的书写 一个大队干部的工作笔记 下
周生康著 张乐天 席富群编 2019 年 679 页 26 cm 精装 260 元〔当代中国农民的脚印系列丛书〕(G. F. P.)

03716 309-13288
外商直接投资对中国种业影响研究
湛育红著 2017 年 180 页 21 cm 26 元〔管理实践者的理论探索系列丛书〕(G. F. P.)

03717 309-08685
明清以来的徽州茶业与地方社会 1368—1949
邹怡著 2012 年 365 页 22 cm 32 元〔人文学术〕(G. F. P.)

03718 309-11004
乡土三亚
陆丹主编 2014 年 469 页 23 cm 68 元〔三亚学院学术文丛〕(G. F. P.)

03719 309-11361
中国古代土地关系史稿
陈守实著 姜义华编 2015 年 507 页 24 cm 精装 90 元〔复旦百年经典文库〕(G. F. P.)

03720 309-11816
韩国新农村运动 口述史的角度
(韩)金荣美著 马安平 邢丽菊译 2015 年 256 页 22 cm 35 元〔复旦大学亚洲研究中心译丛〕(G. F. P.)

03721 309-06629
日本现代农村建设研究
焦必方 孙彬彬著 2009 年 388 页 21 cm 29 元〔日本研究丛书〕(G. F. P.)

工业经济

03722 4253.018
管理经济与工程经济
(美)泰勒(G. A. Taylor)著 叶善根译 1986 年 第3版 543 页 20 cm 3.50 元 (G. F.)

03723 309-00574
工业企业管理原理与方法
程国良 金光华主编 1990 年 409 页 20 cm 4.90 元 (G.)

03724 309-01335
工业企业管理原理与方法
程国良 金光华主编 1990 年(1993 年重印)409 页 20 cm 10 元 (G.)

03725 309-00682
现代工业企业管理概论
范鉴青 徐琳主编 1991 年 434 页 20 cm 5.70 元 (G.)

03726 4253.003
工业企业经营管理学 上册
复旦大学经济管理教研室编 1982 年 502 页 21 cm 2 元 (G. F.)

03727 4253.004
工业企业经营管理学 下册
复旦大学经济管理教研室编 1982 年 622 页 21 cm 2.45 元 (G. F.)

经济·工业经济 271

03728 309-00499
工业企业管理导论
顾国祥主编 1990 年 339 页 20 cm 5 元 (G. F.)

03729 309-00947
工业企业管理导论
顾国祥主编 1993 年 第 2 版 361 页 20 cm 9 元〔大学管理类教材丛书〕(G. F.)

03730 309-00421
工业企业运行与管理
朱镇邦主编 1989 年 234 页 19 cm 2.25 元 (G. F.)

03731 309-08879
新工人学管理
刘子馨编著 2012 年 306 页 21 cm 26 元 (G. F. P.)

03732 309-06758
品牌拜物教
李光斗著 2009 年 229 页 24 cm 28 元 (G. F. P.)

03733 309-01520
怎样开发商品
（日）LEC·东京法思株式会社编著 1995 年 204 页 20 cm 8 元〔企业、市场与法系列 走向规范：市场经济经营管理技法丛书〕(G. F.)

03734 309-00834
现代工业企业物资管理
顾国祥主编 1987 年（1992 年重印）293 页 20 cm 4.60 元 (G. F.)

03735 4253.031
现代工业企业物资管理
顾国祥主编 1987 年 293 页 20 cm 2.45 元 (G. F.)

03736 309-00594
工业企业车间管理学
杨振基主编 1990 年 430 页 19 cm 5.80 元 (G.)

03737 309-00423
工业会计概论
石人瑾 林宝主编 1989 年 322 页 20 cm 3.90 元 (G. F.)

03738 309-00304
厂内银行教程
谭成义 朱庆安主编 1989 年 191 页 19 cm 2.40 元 (G. F.)

03739 309-00582
工业会计学
王文华主编 1990 年 440 页 19 cm 6.50 元 (G.)

03740 309-01209
应用工业会计
周应苗 周泉洲主编 1993 年 389 页 20 cm 9 元 (G. F.)

03741 309-00906
工业企业经济活动分析
杨文超主编 1992 年 409 页 20 cm 6.25 元〔苏州大学财经学院丛书〕(G.)

03742 309-06194
分工与产业结构发展 从制造经济到服务经济
郑凯捷著 2008 年 355 页 21 cm 24 元 (G. F. P.)

03743 309-05812
汽车维修销售管理实务
潘义行 张慧兰主编 2007 年 235 页

26 cm 28 元〔复旦卓越·21 世纪汽车类职业教育教材〕(G. F. P.)

03744 309-04141
药物经济学评价指南研究
胡善联 杨莉 陈慧云主编 2004 年 341 页 23 cm 38 元 (G. F. P.)

03745 309-14387
药物经济学实证研究
胡善联主编 2019 年 482 页 26 cm 135 元 (G. F. P.)

03746 309-15370
测量健康效用以用于成本效用分析
王沛著 2020 年 英文版 117 页 26 cm 38 元 (F. P.)

03747 309-03735
品牌药品 品牌管理在制药行业中的作用
(英)汤姆·布莱克特(Tom Blackett)(英)里贝卡·罗宾斯(Rebecca Robins)著 赵鲁勇 闵熙译 2003 年 339 页 24 cm 42 元 (G. F. P.)

03748 309-14938
食品专业创新创业训练
吴玉琼主编 2020 年 103 页 26 cm 36 元 (G. P.)

03749 309-11817
绿色建筑产业链专业化投资研究
陈宝胜 毛世辉著 2015 年 274 页 23 cm 45 元〔现代专业投资丛书 张陆洋主编〕(G. F. P.)

03750 309-07158
中国工业生产力"数量革命"的证据与阐释
殷醒民著 2010 年 217 页 23 cm 28 元 (G. F. P.)

03751 309-00051
企业改革与发展新路 上海工业企业横向联合调查报告集
复旦大学经济研究中心编 1988 年 332 页 20 cm 2.15 元 (G. F.)

03752 309-14363
中国工业结构升级的动因分析 理论和实证
杨智峰著 2019 年 139 页 25 cm 40 元 (G. F. P.)

03753 309-11140
中国新型工业化与新型城镇化研究 基于中部六省的视角
徐斌编著 2015 年 224 页 23 cm 32 元〔信毅学术文库〕(G. F. P.)

03754 309-05253
技术扩散效应论
殷醒民著 2006 年 467 页 21 cm 30 元〔当代中国经济理论创新文库〕(G. F. P.)

03755 309-11300
中国工业低碳发展中金融的贡献与效率研究
吴英姿著 2015 年 229 页 21 cm 30 元 (G. F. P.)

03756 309-07800
节俭的发展
戴星翼著 2010 年 361 页 21 cm 25 元〔发展方式转型与节能减排系列丛书〕(G. F. P.)

03757 309-08844
中国实现和谐消费的理论与实证研究
张平著 2012 年 284 页 21 cm 32 元 (P.)

03758 309-05434
中国煤电产业链纵向安排与经济规制研究
于立宏著 2007年 312页 21 cm 22元〔黄皮书系列〕(G. F. P.)

03759 309-08820
我国装备制造业全要素生产率测度
王欣著 2012年 139页 25 cm 20元 (G. F. P.)

03760 309-01600
上海机电产品投资指南
王祖康 袁海君主编 1995年 466页 26 cm 精装 180元 (G. F.)

03761 309-02220
制造业结构的转型与经济发展 中国1978—1998年制造业内部结构的调整
殷醒民著 1999年 310页 20 cm 16元〔经济学博士后、博士论丛〕(G. F. P.)

03762 309-09249
生产性服务业创新问题研究 基于产业链协同创新的视角
张琰著 2012年 266页 21 cm 18元 (G. F. P.)

03763 309-13870
中国新能源物流车发展报告 2018版
《中国新能源物流车发展报告》编委会 物流信息互通共享技术及应用国家工程实验室 上海谦鸣企业管理咨询编 2018年 204页 26 cm 42元〔新能源物流车蓝皮书〕(G. F. P.)

03764 309-14783
中国新能源物流车发展报告 2019版
《中国新能源物流车发展报告》编委会 物流信息互联共享技术及应用国家工程实验室 上海谦鸣企业管理咨询编 2019年 179页 24 cm 52元〔新能源物流车蓝皮书〕(G. F. P.)

03765 309-14851
中国航空航天产业发展模式转变的实证研究
吴燕著 2020年 136页 23 cm 36元 (G. F. P.)

03766 309-11750
电力企业文化理论与实践
何宇宏等编著 2015年 270页 23 cm 35元〔复旦卓越·经济学系列〕(G. F. P.)

03767 309-10317
微笑曲线 缔造永续企业的王道
施振荣著 2014年 242页 21 cm 精装 40元〔中欧经管图书〕(G. F. P.)

03768 309-04349
上海软件构件化发展研究报告 2003—2004
朱三元主编 上海市科学技术委员会编著 2005年 219页 23 cm 40元 (G. F. P.)

03769 309-10858
药物经济学的政策转化
胡善联主编 2014年 210页 26 cm 60元 (G. F. P.)

03770 309-12757
药物经济学评价指南
胡善联主编 2017年 980页 26 cm 185元 (G. F. P.)

03771 309-00707
轻工产品调整与发展战略
瞿伟恩 王文河主编 1991年 167页 20 cm 4.80元 (G.)

03772 309-05487

现代印刷包装产业发展战略研究

朱晓明等编著 2007年 329页 23 cm 38元 (G. F. P.)

03773 309-04864

中国纺织建设公司研究 1945—1950

(韩)金志焕著 2006年 343页 21 cm 22元〔中国经济与社会变迁研究系列〕(G. F. P.)

03774 309-09749

亚振年志

《亚振年志》编撰组主编 2012年 479页 26 cm 精装 185元 (G. F.)

03775 309-08769

企业信息化与工业化融合探索 上海烟草集团企业信息化实践

王伟民等著 2012年 238页 23 cm 32元 (G. F. P.)

03776 309-15167

唯一就是第一

杨林生著 2020年 293页 23 cm 89.80元 (G. F. P.)

03777 309-08628

上海市企业信息化与工业化融合实践与探索

刘健 黄丽华 周正曙编著 2011年 361页 23 cm 48元 (G. F. P.)

03778 309-00929

挑战与探索 上海国营企业几种改革试点的调查

周开达主编 1992年 237页 20 cm 6元 (G.)

03779 309-09238

美国的国际能源战略研究 一种能源地缘政治学的分析

潜旭明著 2013年 316页 22 cm 26元 (G. F. P.)

信息产业经济

03780 309-10199

数据产业

汤春蕾著 2013年 237页 23 cm 35元 (G. F. P.)

03781 309-03013

信息时代的创新及其发展效应

周洛华著 2001年 253页 20 cm 14元〔上海市社会科学博士文库 第三辑〕(G. F. P.)

03782 309-05217

2005上海论坛文集 能源卷 IT卷 金融卷

吴景平主编 复旦大学上海论坛组织委员会编 2006年 3册 26 cm 180元 (G. F. P.)

交通运输经济

03783 309-08338

新编国际货运代理基础与实务

王美俄主编 2011年 334页 23 cm 36元〔复旦卓越·经济学系列〕(G. F. P.)

03784 309-13017

国际货运代理英语

夏伟华 周颖主编 2018年 119页 26 cm 39元〔21世纪职业教育行业英语系列〕(G. P.)

03785 309-08736

中国交通史话

秦国强著 2012年 626页 24 cm 68元 (G. F. P.)

03786 309-04308

清末民初铁路外债观研究

马陵合著 2004年 409页 21 cm 24元
〔上海市社会科学博士文库 第六辑〕
(G. F. P.)

03787 309-02181

航运市场营销学

李连寿主编 1999年 351页 20 cm 15元
〔上海普通高校"九五"重点教材〕(G. F. P.)

03788 309-11335

远洋运输业务英语

杨丹凤主编 2015年 184页 26 cm 36元
〔21世纪职业教育行业英语〕(G. F. P.)

03789 309-09729

国际航运实用英语

杨丹凤主编 2013年 218页 23 cm 36元
〔21世纪大学实用行业英语系列〕(G. F. P.)

03790 309-14997

图说中国航运文化地标

2018年中国航海日主题活动上海组委会编 张东苏主编 2020年 236页 26 cm 120元 (G. F. P.)

03791 309-11370

法显传校注 我国古代的海上交通

章巽著 芮传明编 2015年 431页 24 cm 精装 82元〔复旦百年经典文库〕(G. F. P.)

03792 309-14381

丝路和弦 全球化视野下的中国航海历史与文化

上海中国航海博物馆编 2019年 263页 26 cm 精装 98元 (G. F. P.)

03793 309-11327

民航服务英语

李桂兰 陈磊主编 2015年 297页 26 cm 48元〔21世纪职业教育行业英语〕(G. F. P.)

03794 309-07797

感光世博 我们共同走过的世博记忆

黄建主编 2010年 78页 26 cm 48元 (G. F. P.)

03795 309-07795

感纫世博 我们共同走过的世博记忆

黄建主编 2010年 175页 26 cm 68元 (G. F. P.)

03796 309-07796

感悟世博 我们共同走过的世博记忆

黄建主编 2010年 108页 26 cm 58元 (G. F. P.)

旅游经济

03797 309-08393

新编旅游英语

曹长波主编 2011年 243页 26 cm 33元
〔复旦卓越·21世纪旅游管理系列〕(G. F. P.)

03798 309-11111

旅游英语读写教程

陈曼倩主编 2015年 177页 23 cm 32元 (G. F. P.)

03799 309-13446

旅游英语读写实务

陈曼倩 田野 贾志颖主编 2018年 297页 23 cm 36元 (G. P.)

03800 309-12251

旅游英语
魏国富主编 2016年 166页 26 cm 38元
〔21世纪职业教育行业英语〕(G. F. P.)

03801 309-03704
实用旅游英语听力
魏国富编著 2003年 278页 23 cm 26元
〔实用旅游英语系列〕(G. F. P.)

03802 309-11706
实用旅游英语听力
魏国富编著 2015年 第2版 303页 23 cm 32元〔实用旅游英语系列〕(G. F. P.)

03803 309-03107
实用旅游英语教程
魏国富编著 2002年 308页 23 cm 28元〔实用旅游英语系列〕(G. F.)

03804 309-07496
实用旅游英语教程
魏国富主编 2010年 第2版 345页 23 cm 40元〔实用旅游英语系列〕(G. F. P.)

03805 309-07498
实用旅游英语教程导读
魏国富主编 2010年 479页 23 cm 56元〔实用旅游英语系列〕(G. F. P.)

03806 309-03517
实用旅游英语口语
魏国富编著 2003年 349页 23 cm 32元〔实用旅游英语系列〕(G. F. P.)

03807 309-09864
21世纪大学旅游英语视听说综合教程
郑张敏 陆金英编著 2014年 286页 23 cm 49元 (G. F. P.)

03808 309-05886
21世纪大学实用旅游英语 第1册
孔卫平主编 2008年 234页 23 cm 28元 (G. F. P.)

03809 309-07136
21世纪大学实用旅游英语 第2册
孔卫平主编 2010年 262页 23 cm 30元 (G. F. P.)

03810 309-03607
实用旅游英语泛读
王爱莉 陈梅编著 2003年 315页 23 cm 28元〔实用旅游英语系列〕(G. F. P.)

03811 309-11844
十万个为什么(老年版)旅游攻略
高峻 梁保尔主编 2015年 111页 21 cm 15元〔十万个为什么〕(G. F. P.)

03812 309-08329
旅游概论
刘英琴 王素娟主编 2011年 157页 26 cm 20元〔复旦卓越·21世纪旅游管理系列〕(G. F. P.)

03813 309-07539
旅游管理导论
罗佳明编著 2010年 241页 26 cm 33元〔复旦卓越·21世纪旅游管理系列〕(G. F. P.)

03814 309-02392
旅游经济管理概论
罗佳明编著 1999年 337页 20 cm 15元 (G. F. P.)

03815 309-03875
旅游经济学原理
罗明义主编 2004年 344页 23 cm 32元

〔复旦博学·现代旅游学教材系列〕(G. F. P.)

03816 309-01784
都市旅游研究 都市旅游国际研讨会文集(1995：上海)
梅均主编 1996年 372页 20 cm 20元 (G. F.)

03817 309-08410
旅游心理学
徐子琳 严伟主编 2011年 249页 26 cm 35元〔复旦卓越·21世纪旅游管理系列〕(G. F. P.)

03818 309-09956
旅游文化理论与实践
张维亚 严伟编著 2013年 295页 26 cm 35元〔复旦卓越·21世纪旅游管理系列〕(G. F. P.)

03819 309-06257
都市旅游研究 前沿热点·专题与案例
章海荣著 2008年 203页 23 cm 23元〔复旦博学·现代旅游学系列〕(G. F. P.)

03820 309-03913
旅游文化学
章海荣著 2004年 285页 23 cm 29元〔复旦博学·现代旅游学教材系列〕(G. F. P.)

03821 309-08626
旅游学 新理论 新场域
复旦大学旅游学系编 2011年 410页 23 cm 40元〔复旦旅游学集刊 第三辑〕(G. F. P.)

03822 309-04791
旅游学 新学科 新视野
夏林根主编 复旦大学旅游学系编 2005年 270页 23 cm 25元〔复旦旅游学集刊 第一辑〕(G. F. P.)

03823 309-05545
旅游策划 理论、方法与定制化原创样本
沈祖祥著 2007年 427页 23 cm 40元〔复旦博学·21世纪旅游管理系列〕(G. F. P.)

03824 309-11059
景区策划方案设计 以长三角为例
吴兰桂编著 2014年 176页 26 cm 26元〔复旦卓越·21世纪旅游管理系列〕(G. F. P.)

03825 309-08539
景区旅游资源评价
何调霞编著 2011年 170页 26 cm 22元〔复旦卓越·21世纪旅游管理系列〕(G. F. P.)

03826 309-08464
旅行社计调实务
蔡海燕主编 2011年 138页 26 cm 20元〔复旦卓越·21世纪旅游管理系列〕(G. F. P.)

03827 309-08550
景区服务
方小燕主编 2011年 133页 26 cm 20元〔复旦卓越·21世纪旅游管理系列〕(G. F. P.)

03828 309-07241
旅行社计调实务
郭春慧主编 2010年 135页 26 cm 20元〔复旦卓越·21世纪旅游管理系列〕(G. F. P.)

03829 309-03767
现代旅行社经营管理
贺学良编著 2003 年 449 页 20 cm 22 元〔21 世纪旅游管理丛书〕(G. F. P.)

03830 309-08705
领队实务模拟
孙丰念编著 2012 年 127 页 26 cm 20 元〔复旦卓越·21 世纪旅游管理系列〕(G. F. P.)

03831 309-08513
旅行社营销
张红英编著 2011 年 160 页 26 cm 20 元〔复旦卓越·21 世纪旅游管理系列〕(G. F. P.)

03832 309-08594
导游业务
匡健主编 2011 年 134 页 26 cm 20 元〔复旦卓越·21 世纪旅游管理系列〕(G. F. P.)

03833 309-09618
旅行社经营管理
李志强主编 2013 年 301 页 26 cm 35 元〔复旦卓越·21 世纪旅游管理系列〕(G. F. P.)

03834 309-08786
旅行社策划文案编制
赵刘编著 2012 年 175 页 26 cm 22 元〔复旦卓越·21 世纪旅游管理系列〕(G. F. P.)

03835 309-12486
旅游景区建设与管理实务
周永振 王羽主编 2016 年 98 页 26 cm 35 元〔复旦卓越·21 世纪旅游管理系列〕(G. F. P.)

03836 309-07974
旅游企业财务管理
贾玎 肖华编著 2011 年 319 页 26 cm 35 元〔复旦卓越·21 世纪旅游管理系列〕(G. F. P.)

03837 309-09176
生态旅游 理论与实践
陈玲玲 严伟 潘鸿雷编著 2012 年 335 页 26 cm 35 元〔复旦卓越·21 世纪旅游管理系列〕(G. F. P.)

03838 309-15168
新编都市旅游学
庞骏著 2020 年 376 页 26 cm 59 元〔复旦卓越·21 世纪旅游管理系列〕(G. F. P.)

03839 309-06885
旅游会展市场前沿理论与实证
郭英之著 2009 年 265 页 24 cm 30 元〔现代旅游学系列〕(G. F. P.)

03840 309-00940
中国旅游文化
高立成主编 1992 年 250 页 20 cm 8 元 (G. F.)

03841 309-02353
上海旅游高等专科学校志
《上海旅游高等专科学校志》编纂委员会编 1999 年 247 页 26 cm 精装 50 元 (G. F.)

03842 309-10553
文化视野下的旅游业
复旦大学旅游学系编 2014 年 443 页 23 cm 50 元〔复旦旅游学集刊〕(G. F. P.)

03843 309-07170
旅游政策法律与法规
吴璇欧 张岩岩主编 2010 年 270 页 26 cm 35 元〔复旦卓越·21 世纪旅游管理系列〕(G. F. P.)

03844 309-03805
中国世界遗产管理体系研究
罗佳明著 2004 年 288 页 23 cm 28 元〔21 世纪经济学人著系〕(G. F. P.)

03845 309-13750
旅游创新与人才培养
复旦大学旅游学系编 2018 年 377 页 23 cm 60 元〔复旦旅游学集刊 第七辑〕(G. F. P.)

03846 309-11654
旅游发展与社会转型
复旦大学旅游学系编 2015 年 545 页 23 cm 55 元〔复旦旅游学集刊〕(G. F. P.)

03847 309-13660
文化效应、空间竞争力与旅游业中国式发展
郭旸著 2018 年 199 页 21 cm 35 元〔复旦旅游学研究书系〕(G. F.)

03848 309-14728
节事资源与旅游产业的创意融合
潘文焰著 2019 年 358 页 21 cm 46 元〔东华文库〕(G. F. P.)

03849 309-13400
侗族旅游村寨协同治理研究
张瑾著 2017 年 295 页 23 cm 42 元〔信毅学术文库〕(G. F. P.)

03850 309-15332
乡村旅游中游客导向的乡村性研究
张歆梅著 2020 年 310 页 26 cm 58 元〔复旦旅游学研究书系〕(F. P.)

03851 309-09599
旅游与城市发展
复旦大学旅游学系编 2013 年 553 页 23 cm 60 元〔复旦旅游学集刊 第四辑〕(G. F. P.)

03852 309-12447
导游带团典型案例集析
周晓雷编著 2016 年 183 页 24 cm 26 元〔弘教系列教材〕(G. F. P.)

03853 309-07254
解读国际旅游岛
陆丹 王毅武主编 2010 年 304 页 21 cm 22 元 (G. F.)

03854 309-05543
猴岛密码 个人与自然和谐发展的旅游成功典范和模式
沈祖祥 许春霞著 2007 年 275 页 23 cm 35 元〔中国旅游 MBA 丛书 优秀教学案例系列〕(G. P.)

03855 309-10917
国际旅游岛建设研究报告
王毅武主编 2015 年 368 页 23 cm 48 元〔三亚学院学术文丛〕(G. F. P.)

03856 309-11021
三亚旅游研究
张宇红 王圣主编 2014 年 279 页 23 cm 40 元〔三亚学院学术文丛〕(G. F. P.)

邮电通信经济

03857 309-04688

报刊发行学概论

倪祖敏 张骏德著 2005 年 338 页 23 cm 35 元〔传媒经营丛书〕(G. F. P.)

03858 309-09741
自然垄断产业规制改革的国际比较 对电信业的分析

董理著 2013 年 369 页 21 cm 26 元 (G. F. P.)

贸易经济

03859 309-08573
贸易金融理论与案例研究

陈霜华 黄菁 陶凌云等编著 2012 年 257 页 23 cm 35 元〔国际贸易学前沿研究丛书〕(G. F. P.)

03860 309-10762
涉外商务接待

陈昕主编 2014 年 165 页 24 cm 26.80 元〔21 世纪实用行业英语系列〕(G. F. P.)

03861 309-13045
涉外商务接待

陈昕主编 2017 年 第 2 版 239 页 23 cm 32 元〔"十二五"江苏省高等学校重点教材 21 世纪大学实用行业英语系列〕(G. F. P.)

03862 309-13713
商务学

(美)威廉·普赖德(William M. Pride)(美)罗伯特·休斯(Robert J. Hughes)(美)杰克·卡普尔(Jack R. Kapoor)著 李育冬等译 2018 年 612 页 26 cm 88 元〔西方商务经济学名著译丛〕(G. F. P.)

03863 309-11944
商业趋势与科技创新案例集

朱晓明编著 2016 年 206 页 24 cm 48 元〔中欧经管图书〕(G. F. P.)

03864 309-11303
知识创新理论框架下的商务英语学习研究

赵珂著 2015 年 198 页 21 cm 28 元〔人文系列〕(G. F. P.)

03865 309-13720
商业·洞察 2017

杨宇东 蔡云伟主编 2018 年 475 页 23 cm 精装 88 元 (G. F. P.)

03866 309-14315
商业·洞察 2018

杨宇东 蔡云伟主编 2019 年 373 页 23 cm 精装 88 元 (G. F. P.)

03867 309-15151
商业·洞察 2019

杨宇东 蔡云伟主编 2020 年 431 页 23 cm 精装 88 元 (G. F. P.)

03868 309-07124
英汉商务

胡志勇主编 2010 年 675 页 15 cm 20 元〔新学科术语小词典〕(G. F. P.)

03869 309-00646
商业知识实用手册

杨宝泉主编 1991 年 600 页 19 cm 9.80 元 (G.)

03870 309-13413
商务经济学

(英)罗布·德兰斯菲尔德(Rob Dransfield)著 刘会齐 曹剑涛等译 2018 年 366 页 26 cm 55 元〔西方商务经济

学名著译丛 王胜桥主编〕(G. F. P.)

03871 309-13103
商务经济学入门
(日)早稻田大学商学部商务经济学研究协会著 金燕玲等译 2017 年 160 页 26 cm 30 元〔西方商务经济学名著译丛 王胜桥主编〕(G. F. P.)

03872 309-15204
商务统计学
徐国祥主编 2020 年 480 页 26 cm 75 元 (G. F. P.)

03873 309-02267
商务促销策划
何修猛 曹嘉宁编著 1999 年 398 页 20 cm 18 元〔广告经济丛书〕(G. F. P.)

03874 309-06907
做一名快乐的业务员
胡志成编著 2009 年 168 页 21 cm 30 元 (G. F. P.)

03875 309-07489
四万万顾客
(美)卡尔·克劳(Carl Crow)著 夏伯铭译 2011 年 263 页 23 cm 36 元〔上海旧事系列 徐迪旻主编〕(G. F. P.)

03876 309-07049
销售沟通艺术 买卖成功的秘诀
谢承志著 2010 年 324 页 21 cm 24 元 (G. F. P.)

03877 309-02003
现代实用推销学
姚书元 沈玉良编著 1998 年 277 页 20 cm 14 元〔实用管理类丛书〕(G. F. P.)

03878 309-07624
销售管理 理论与实训
于洁 杨顺勇主编 2010 年 311 页 26 cm 35 元〔复旦卓越·21 世纪管理学系列〕(G. F. P.)

03879 309-13294
销售管理 理论与实训
于洁主编 2017 年 第 2 版 351 页 26 cm 48 元〔复旦卓越·21 世纪管理学系列〕(G. F. P.)

03880 309-10103
精准销售 成功的销售辅导
(美)约瑟夫·莱帕(Joseph S. Laipple)著 卫超译 2014 年 249 页 21 cm 30 元 (G. F. P.)

03881 309-02219
推销的艺术
章瑞华编著 1999 年 333 页 20 cm 15 元 (G. F.)

03882 309-04136
推销的艺术
章瑞华编著 2004 年 第 2 版 304 页 21 cm 16 元 (G. F. P.)

03883 309-11795
零售企业规划与布局
曹静主编 2015 年 272 页 23 cm 35 元〔复旦卓越·连锁经营管理系列〕(G. F. P.)

03884 309-10184
零售风暴
(英)格雷格·塞恩(Greg Thain)(英)约翰·布拉德利(John Bradley)著 陈峻松译 2014 年 300 页 23 cm 39 元

(G. F. P.)

03885 309-10203
商业选址与消费者行为研究
焦玥著 2014 年 158 页 23 cm 28 元〔商业发展与企业组织研究论丛 王胜桥 冯国珍主编〕(G. F. P.)

03886 309-14820
新零售管理实务
刘洋 杨波主编 2020 年 448 页 26 cm 68 元 (G. F. P.)

03887 309-01521
怎样经营零售店铺
（日）LEC·东京法思株式会社编著 1995 年 179 页 20 cm 8 元〔企业、市场与法系列 走向规范：市场经济经营管理技法丛书〕(G. F. P.)

03888 309-12636
零售运营管理
沈荣耀主编 2016 年 314 页 23 cm 38 元〔复旦卓越·连锁经营管理系列〕(G. F. P.)

03889 309-04155
零售经营实务
文大强主编 2004 年 414 页 20 cm 22 元〔新编经济学系列教材〕(G. F. P.)

03890 309-11564
零售战略管理
（德）约阿希姆·森特斯（瑞士）迪尔克·莫舍特（德）汉娜·施拉姆·克莱著 刘斌 王大群 冯叔君译 2016 年 335 页 26 cm 45 元〔尚商·译丛〕(G. F. P.)

03891 309-10023

03892 309-03816
实物期权及其应用
杨春鹏著 2003 年 212 页 23 cm 25 元〔复旦博学·金融学系列〕(G. F. P.)

03893 309-11089
程序化交易
陈学彬编著 2015 年 251 页 26 cm 36.80 元〔金融硕士前沿课程系列〕(G. F. P.)

03894 309-13182
程序化交易中级教程 国信 TradeStation
陈学彬等编著 2017 年 380 页 26 cm 49 元〔经管类专业学位研究生主干课程系列教材〕(G. F. P.)

03895 309-13457
电子商务导论
陈海建编著 上海百万在岗人员学力提升行动计划办公室主编 2018 年 182 页 21 cm 32 元〔上海百万在岗人员学力提升读本〕(G. F. P.)

03896 309-11908
网上贸易中心研究 演化路径、形成机理及运行机制
何勇著 2016 年 218 页 21 cm 22 元 (G. F. P.)

03897 309-02966
电子商务管理
黄立明 伍支贤编著 2001 年 349 页 20 cm 16 元〔实用管理类丛书〕(G. F. P.)

03898 309-11238

零售有道
周勇著 2013 年 274 页 23 cm 35 元〔复旦卓越·连锁经营管理系列〕(G. F. P.)

基于双边市场的移动商务价值链
罗春香著 2015 年 182 页 23 cm 26 元
〔信毅学术文库〕(G. F. P.)

03899 309-04888
改变您一生的 45 秒
(美) 唐·菲尔拉(Don Failla)著 洪哲樑译 2006 年 107 页 21 cm 15 元 (G. F. P.)

03900 309-15166
电子商务数据分析与应用(活页)
王翠敏 王静雨 钟林主编 2020 年 250 页 26 cm 活页夹 46 元〔电子商务专业校企双元育人教材系列 全国现代学徒制工作专家指导委员会指导〕(G. P.)

03901 309-13822
电子商务案例分析 双语
王丹萍编著 2018 年 327 页 26 cm 45 元〔通用财经类系列〕(G. F. P.)

03902 309-08890
电子商务概论
王雯婧主编 2012 年 318 页 26 cm 39.50 元〔普通高等学校"十二五"精品规划教材〕(G. P.)

03903 309-15189
跨境电商运营实战技能(活页)
王紫仪 陈瑜 张黎主编 2020 年 175 页 26 cm 活页夹 42 元〔电子商务专业校企双元育人教材系列 全国现代学徒制工作专家指导委员会指导〕(G. P.)

03904 309-04992
电子商务
杨顺勇 朱志强 刘开颜主编 2006 年 236 页 23 cm 26 元〔复旦卓越·经济学系列〕(G. F. P.)

03905 309-05957
电子商务
杨顺勇 倪庆萍 苑荣主编 2008 年 第 2 版 237 页 23 cm 26 元〔复旦卓越·经济学系列〕(G. F. P.)

03906 309-10876
电子商务
杨顺勇 苑荣 徐睿主编 2014 年 第 3 版 225 页 23 cm 29 元〔复旦卓越·经济学系列〕(G. F. P.)

03907 309-04872
电子商务概论
杨天翔主编 2006 年 2008 年第 2 版 464 页 21 cm 26 元〔通用财经类系列〕(G. F. P.)

03908 309-08371
电子商务概论
杨自辉 谢勇主编 2011 年 288 页 26 cm 38 元〔普通高等学校"十二五"精品规划教材〕(G. P.)

03909 309-10422
电子商务概论
杨自辉 曾玲主编 2014 年 第 2 版 295 页 26 cm 38 元〔"十二五"职业教育国家规划教材〕(G. P.)

03910 309-02701
网络营销基础 网站策划与网上营销
阴双喜等著 2001 年 377 页 23 cm 36 元〔企业上网指导用书 电子商务专业教材〕(G. F. P.)

03911 309-13824
涅槃二十年 从电商到新零售
张坚伟著 2018 年 316 页 23 cm 精装

68 元 (G. F. P.)

03912 309-02503
电子商务概论
赵立平著 2000 年 475 页 20 cm 20 元 〔新编经济学系列教材〕(G. F. P.)

03913 309-05052
电子商务模式
赵卫东 黄丽华著 2006 年 410 页 21 cm 23 元〔大学管理类教材丛书〕(G. F.)

03914 309-07994
电子商务模式
赵卫东 黄丽华著 2011 年 第 2 版 416 页 21 cm 24 元〔大学管理类教材丛书〕(G. F. P.)

03915 309-06072
电子商务的物流管理
郑称德 何瑛瑛 王羽编著 2008 年 189 页 26 cm 25 元〔复旦卓越·21 世纪电子商务系列〕(G. F. P.)

03916 309-09358
移动电子商务
钟元生主编 2012 年 289 页 26 cm 39 元〔信毅教材大系〕(G. F. P.)

03917 309-15016
移动电子商务
钟元生 徐军主编 2020 年 第 2 版 270 页 26 cm 58 元〔信毅教材大系·通识系列〕(G. F. P.)

03918 309-11249
电子商务基础
朱景伟主编 2015 年 425 页 23 cm 49.50 元 (G. F. P.)

03919 309-06774
电子商务基础实训指导
朱景伟 陈海建编著 2009 年 126 页 26 cm 22 元 (G. F. P.)

03920 309-15190
短视频直播运营实战技能（活页）
宗良 孙新春 马修伦主编 2020 年 114 页 26 cm 40 元〔电子商务专业校企双元育人教材系列 全国现代学徒制工作专家指导委员会指导〕(G. P.)

03921 309-15199
电子商务运营实战技能
靳亚峰等主编 2020 年 136 页 26 cm 40 元〔电子商务专业校企双元育人教材系列〕(G. F. P.)

03922 309-15184
网店客户服务与管理
张雪荣等主编 2020 年 268 页 26 cm 48 元〔电子商务专业校企双元育人教材系列〕(G. F. P.)

03923 309-12755
电子商务物流
王友丽主编 2016 年 349 页 26 cm 46 元〔信毅教材大系〕(G. F. P.)

03924 309-12107
网络开店读本
童陵枫 石知君 卫兆臣编著 2015 年 85 页 21 cm 20 元〔上海市进城务工人员技能文化培训系列读本 二期 上海市进城务工人员技能文化培训工作领导小组办公室 上海市学习型社会建设服务指导中心办公室主编〕(G. F. P.)

03925 309-14096

互联营销的独门秘籍 你的特级私教

王迎红著 2019 年 292 页 19×24 cm 78 元（G. F. P.）

03926 309-11832

天下没有难做的老板 拥抱互动4.0

殷清著 2015 年 140 页 21 cm 精装 30 元（G. F. P.）

03927 309-09415

价值的创造与传递 对中国网络团购商业模式的探索

张喆著 2013 年 316 页 21 cm 26 元（G. F. P.）

03928 309-01113

市场营销学概论

陈信康等著 1993 年 310 页 20 cm 10 元（G. F. P.）

03929 309-01910

怎样进行营销管理

（日）LEC·东京法思株式会社编著 1997 年 155 页 20 cm 8.50 元〔走向规范：市场经济经营管理技法丛书 企业、市场与法系列 第二辑（日）反町胜夫主编〕（G. F.）

03930 309-01909

怎样提高营业技术

日本 LEC·东京法思株式会社编著 1997 年 143 页 20 cm 8 元〔企业、市场与法系列 走向规范：市场经济经营管理技法丛书 第二辑（日）反町胜夫主编〕（G. F.）

03931 309-04861

公平竞争与市场经济

方惠萍主编 2005 年 439 页 24 cm 48 元（G. F. P.）

03932 309-01440

市场学

顾国祥 王方华主编 1995 年 570 页 20 cm 15 元〔大学管理类教材丛书〕（G. F. P.）

03933 309-04158

市场营销学概论

侯贵生主编 2004 年 436 页 20 cm 23 元〔新编经济学系列教材〕（G. F. P.）

03934 309-02045

市场营销教学案例精选

吕一林主编 1998 年 279 页 20 cm 14 元〔工商管理（MBA）教学案例精选丛书〕（G. F. P.）

03935 309-01390

经营金钥匙

祁汉堂编著 1994 年 284 页 19 cm 7.20 元〔白领丛书·经营人生之辑〕（G. F.）

03936 309-00614

现代营销理论、策略及其应用

唐豪 宋忠顺著 1990 年 240 页 20 cm 3.90 元（G. F.）

03937 309-02811

市场营销学

王方华主编 2001 年 662 页 21 cm 30 元〔大学管理类教材丛书〕（G. F. P.）

03938 309-01904

市场营销学

徐鼎亚主编 1997 年 294 页 20 cm 14 元〔新编经济学系列教材〕（G. F. P.）

03939 309-02709

市场营销学

徐鼎亚主编 2001年 第2版 308页 20 cm 17元〔新编经济学系列教材〕(G. F. P.)

03940 309-03921
市场营销学
徐鼎亚主编 2004年 第3版 2008年第4版 359页 20 cm 20元〔新编经济学系列教材〕(G. F. P.)

03941 309-11022
市场营销学
徐鼎亚主编 2015年 第5版 376页 21 cm 26.80元〔新编经济学系列教材 伍柏麟主编〕(G. F. P.)

03942 309-14087
市场营销学
徐鼎亚主编 2019年 第6版 302页 24 cm 38元〔新编经济学系列教材〕(G. F. P.)

03943 309-04494
市场营销学 学习指导·同步训练
徐鼎亚编著 2005年 2009年第2版 166页 21 cm 12元〔新编经济学系列教材〕(G. F. P.)

03944 309-00553
从容应付 5分钟成功推销课程
(美)杨(R. Young)著 徐永胜等译 1990年 227页 19 cm 3.90元〔复旦小丛书 创造实践之辑〕(G. F.)

03945 309-12333
市场营销学 原理与实践
于洁主编 2016年 331页 26 cm 45元〔高等院校应用型、立体化规划教材经管类核心课〕(G. F. P.)

03946 309-01718
现代实用市场学
张文贤主编 1996年 389页 20 cm 16.80元〔实用管理类丛书〕(G. F. P.)

03947 309-01167
实用市场营销原理
章伯虎 陈庆基主编 1993年 419页 20 cm 10.50元 (G. F.)

03948 309-09000
市场营销学
钟和平主编 2012年 325页 26 cm 42元〔普通高等学校"十二五"精品规划教材〕(G. P.)

03949 309-04665
现代市场营销学
方青云 袁蔚 孙慧编著 2005年 306页 23 cm 32元 (G. F. P.)

03950 309-13139
现代市场营销学
方青云等编著 2018年 第2版 393页 23 cm 48元 (G. F. P.)

03951 309-08630
整合营销传播 原理与实务
黄鹏 何西军著 2012年 273页 23 cm 35元〔复旦博学·广告学系列〕(G. F. P.)

03952 309-08013
市场营销案例与实务
雷鹏 杨顺勇主编 2011年 第2版 243页 26 cm 30元〔复旦卓越·21世纪管理学系列〕(G. F.)

03953 309-03792

营销管理
林建煌著 2003年 506页 26 cm 55元
〔复旦博学·经世系列〕(G. F. P.)

03954 309-07874
营销管理
林建煌著 2011年 566页 23 cm 68元
(G. F. P.)

03955 309-03785
战略营销分析 架构与实务应用
邱志圣著 2003年 232页 26 cm 25元
〔复旦博学·经世系列〕(G. F. P.)

03956 309-02968
市场营销管理 定位·联盟·策略
芮明杰著 2001年 393页 20 cm 19元
〔工商管理硕士(MBA)教材〕(G. F. P.)

03957 309-04557
市场营销学教程
王妙主编 2005年 318页 26 cm 32元
〔复旦卓越·21世纪管理学系列〕(G. F. P.)

03958 309-10591
市场营销学教程
王妙 梁玉杰主编 2014年 第2版 334页 26 cm 35元 〔复旦卓越·21世纪管理学系列 普通高等教育"十一五"国家级规划教材 "十二五"职业教育国家规划教材〕(G. F. P.)

03959 309-05315
市场营销学实训 实践课业指导
王妙 冯伟国著 2007年 189页 26 cm 25元 〔复旦卓越·21世纪管理学系列〕(G. F. P.)

03960 309-03803
现代营销学原理
吴青松著 2003年 565页 26 cm 59元
〔复旦博学·经世系列〕(G. F.)

03961 309-05102
市场营销案例与实务
杨顺勇 牛淑珍 赵春华主编 2006年 215页 23 cm 25元 〔复旦卓越·经济学系列〕(G. F. P.)

03962 309-13266
市场营销英语
张惠华主编 2018年 202页 26 cm 39元
〔21世纪职业教育行业英语〕(G. P.)

03963 309-14506
营销英语
张筠 邢佶秀主编 2019年 229页 26 cm 40元〔21世纪职业教育行业英语〕(G. F. P.)

03964 309-03054
市场营销创新
张文贤主编 2002年 293页 23 cm 30元
(G. F. P.)

03965 309-12545
商业分析 基于大数据实践与应用
(美)杰伊·利博维茨著 刘斌 楼志斌 林建忠译 2016年 169页 26 cm 35元
〔尚商·译丛〕(G. F. P.)

03966 309-14730
如何做调研 成就1000个策划项目的调研技法
陈云勇著 2019年 157页 23 cm 36元
〔复大·复为〕(G. F. P.)

03967 309-01908
怎样进行市场调查

（日）LEC·东京法思株式会社编著 1997 年 304 页 20 cm 14 元〔企业、市场与法系列 走向规范：市场经济经营管理技法丛书 第二辑（日）反町胜夫主编〕（G. F.）

03968 309-06119
市场调查教程
范冰 范伟达编著 2008 年 第 2 版 614 页 21 cm 32 元〔大学管理类教材丛书〕（G. F. P.）

03969 309-03232
市场调查教程
范伟达编著 2002 年 460 页 21 cm 22 元〔大学管理类教材丛书〕（G. F. P.）

03970 309-10003
市场调查与预测
王冲 李冬梅主编 2013 年 224 页 26 cm 30 元（G. F. P.）

03971 309-06446
市场调查
王公达主编 2009 年 279 页 26 cm 32 元〔复旦卓越·21 世纪市场营销"实践型"系列教材〕（G. F. P.）

03972 309-10360
市场调查与预测习题册
王冲主编 2014 年 100 页 21 cm 9 元（G. F. P.）

03973 309-00533
消费者行为学
顾国祥 俞仁龙著 1990 年 158 页 19 cm 2.65 元（G. F.）

03974 309-06199
消费者行为分析
汪彤彤主编 2008 年 230 页 26 cm 28 元〔教育部市场营销类专业实践教学体系研究成果 复旦卓越·21 世纪市场营销"实践型"系列教材 王妙总主编〕（G. F. P.）

03975 309-05623
经纪学概论
刘丽珍 董立红主编 2007 年 275 页 23 cm 28 元〔商洋系列〕（G. F. P.）

03976 309-07803
网络广告品行为供应链研究
陈跃刚著 2010 年 223 页 21 cm 20 元（G. F. P.）

03977 309-03771
广告调查与效果评估
程士安编著 2003 年 221 页 23 cm 23 元〔复旦博学·广告学系列〕（G. F. P.）

03978 309-03472
广告文案写作教程
丁柏铨主编 2002 年 385 页 23 cm 32 元〔复旦博学·广告学系列〕（G. F. P.）

03979 309-04759
广告文案写作教程
丁柏铨主编 2005 年 第 2 版 328 页 23 cm 32 元〔复旦博学·广告学系列〕（G. F. P.）

03980 309-03395
广告案例教程 趋势与战略
何佳讯编著 2002 年 2006 年第 2 版 340 页 23 cm 29 元〔复旦博学·广告学系列〕（G. F. P.）

03981 309-07443

广告案例教程 如何创建品牌资产
何佳讯编著 2010 年 第 3 版 372 页 23 cm 36 元〔复旦博学·广告学系列〕(G. F. P.)

03982 309-02131
现代广告案例 理论与评析
何佳讯编著 1998 年 478 页 20 cm 18 元〔广告经济丛书〕(G. F. P.)

03983 309-01627
现代广告学
何修猛编著 1996 年 395 页 20 cm 16 元〔现代广告丛书〕(G. F. P.)

03984 309-02034
现代广告学
何修猛编著 1998 年 第 2 版 434 页 20 cm 18 元〔广告经济丛书〕(G. F. P.)

03985 309-02718
现代广告学
何修猛编著 2001 年 第 3 版 539 页 20 cm 22 元〔广告经济丛书〕(G. F. P.)

03986 309-03165
现代广告学
何修猛编著 2002 年 第 4 版 2003 年 第 5 版 350 页 23 cm 32 元〔复旦博学·广告学系列〕(G. F. P.)

03987 309-04300
现代广告学
何修猛编著 2005 年 第 6 版 339 页 23 cm 32 元〔复旦博学·广告学系列 国家级获奖教材〕(G. F. P.)

03988 309-06056
现代广告学
何修猛编著 2008 年 第 7 版 346 页 26 cm 36 元〔复旦博学·广告学系列 国家级获奖教材〕(G. F. P.)

03989 309-12390
现代广告学
何修猛编著 2016 年 第 8 版 355 页 26 cm 39 元〔复旦博学·广告学系列〕(G. F. P.)

03990 309-03751
广告媒体策划
纪华强编著 2003 年 316 页 23 cm 29 元〔复旦博学·广告学系列〕(G. F. P.)

03991 309-02161
现代广告策划
潘哲初编著 1999 年 295 页 20 cm 14 元〔广告经济丛书〕(G. F. P.)

03992 309-02417
旅游广告实务
吴广孝著 2000 年 199 页 20 cm 10 元〔旅游业实用基础教材〕(G. F. P.)

03993 309-08230
《新闻报》广告与近代上海休闲生活 1927—1937
杨朕宇著 2011 年 304 页 21 cm 25 元〔人文学术〕(G. F. P.)

03994 309-02115
广告策划创意学
余明阳 陈先红主编 1999 年 580 页 20 cm 26 元 (G. F. P.)

03995 309-03574
广告策划创意学
余明阳 陈先红主编 2003 年 第 2 版 430 页 23 cm 40 元〔复旦博学·广告学系

列〕(G. F. P.)

03996 309-05618

广告策划创意学

余明阳 陈先红主编 2007年 第3版 427页 23 cm 40元〔复旦博学·广告学系列〕(G. F. P.)

03997 309-05670

广告视觉文化批判

张殿元著 2007年 299页 21 cm 20元〔新闻传播学术原创系列〕(G. F.)

03998 309-10842

幻影注意力 基于眼动实验的植入式广告效果研究

赵曙光著 2014年 152页 23 cm 25元〔新媒体传播先锋论丛〕(G. F. P.)

03999 309-02204

广告文稿策略 策划、创意与表现

(日)植条则夫著 俞纯麟 俞振伟译 1999年 360页 20 cm 16元 (G. F. P.)

04000 309-06700

中外广告史新编

杨海军编著 2009年 364页 26 cm 36元〔复旦博学·广告学系列〕(G. F. P.)

04001 309-02381

汉英·英汉广告写作词典

石裕晶 陈寅涛主编 2000年 800页 20 cm 精装 42元 (G. F. P.)

04002 309-06742

广告创意战略

(美)邦尼·L.朱丽安妮(Bonnie L. Drewniany)(美)A.杰尔姆·朱勒(A. Jerome Jewler)著 杭虹利等译 2011年 366页 24 cm 40元〔复旦译丛〕(G. F. P.)

04003 309-03789

广告学原理

陈培爱编著 2003年 259页 23 cm 25元〔复旦博学·广告学系列〕(G. F. P.)

04004 309-05852

广告学原理

陈培爱编著 2008年 第2版 334页 23 cm 32元〔复旦博学·广告学系列 普通高等教育"十一五"国家级规划教材〕(G. F. P.)

04005 309-05266

泛广告时代的幻象

陈小云著 2006年 347页 25 cm 40元 (G. F. P.)

04006 309-12118

广告传播引论

程金福著 2016年 249页 26 cm 35元〔复旦卓越·21世纪管理学系列〕(G. F. P.)

04007 309-02299

广告精要 Ⅰ 原理与方法

(日)LEC·东京法思株式会社编著 2000年 603页 20 cm 27元〔经营管理精要丛书 (日)反町胜夫主编〕(G. F. P.)

04008 309-02300

广告精要 Ⅱ 创意与制作

(日)LEC·东京法思株式会社编著 1999年 211页 20 cm 12元〔经营管理精要丛书 (日)反町胜夫主编〕(G. F.)

04009 309-02301

广告精要 Ⅲ 计划与管理

（日）LEC·东京法思株式会社编著 2000 年 460 页 20 cm 20 元〔经营管理精要丛书（日）反町胜夫主编〕(G.)

04010 309-09965
实用广告学教程
金星主编 2013 年 253 页 26 cm 32 元〔云南省"十二五"规划教材〕(G. F. P.)

04011 309-02435
现代广告运作技巧
刘绍庭编著 2000 年 295 页 20 cm 14 元〔广告经济丛书〕(G. F. P.)

04012 309-14794
电视广告创意
聂艳梅著 2020 年 314 页 26 cm 49 元〔复旦博学·广告学系列〕(G. F. P.)

04013 309-06824
广告创意思维教程
舒咏平著 2009 年 289 页 26 cm 34 元〔复旦博学·广告学系列〕(G. F. P.)

04014 309-06268
广告实验教程
舒咏平主编 2008 年 230 页 26 cm 58 元〔复旦博学·广告学系列〕(G. F. P.)

04015 309-13938
广告传播政治经济学批判
张殿元著 2018 年 226 页 21 cm 32 元 (G. F. P.)

04016 309-14464
无形的广告 消费主义、文化宰制和权力关系
张殿元著 2019 年 251 页 23 cm 50 元〔复旦大学新闻学院教授学术丛书 米博华总主编〕(G. F. P.)

04017 309-03199
广告运作策略
刘绍庭编著 2002 年 271 页 23 cm 28 元〔复旦博学·广告学系列〕(G. F.)

04018 309-06899
广告运作策略
刘绍庭编著 2009 年 第2版 312 页 26 cm 29 元〔复旦博学·广告学系列〕(G. F. P.)

04019 309-04059
体育广告策略
潘肖珏主编 2004 年 233 页 23 cm 23 元〔复旦博学·体育经济管理丛书〕(G. F. P.)

04020 309-02960
市场精灵 网络传播与广告
卢小雁著 2001 年 283 页 20 cm 12 元〔网络传播辅助教材丛书〕(G. F. P.)

04021 309-06197
广告经营与管理
郜明编著 2008 年 281 页 23 cm 35 元〔复旦博学·广告学系列〕(G. F. P.)

04022 309-02352
现代广告管理
张大镇 吕蓉编著 1999 年 294 页 20 cm 15 元〔广告经济丛书〕(G. F. P.)

04023 309-08136
商业案例实战训练指南
（荷）杰隆·博格(Jeroen van den Berg)（英）艾菲德·罗伯茨(Elfed Roberts) 黄智颖编著 2011 年 221 页 23 cm 28 元 (G. F. P.)

04024 309-05304

商务传播 沟通的艺术
（美）罗纳德·B. 阿德勒（Ronald B. Adler）（美）珍妮·玛库特·埃尔霍斯特（Jeanne Marquardt Elmhorst）施宗靖著 2006年 352页 25 cm 40元〔复旦博学·传播学系列教程 张国良主编〕(G. F. P.)

04025 309-08724
商务沟通的艺术 principles and practices for business and the professions
（美）罗纳德·B. 阿德勒（Ronald B. Adler）（美）珍妮·玛库特·埃尔霍斯特（Jeanne Marquardt Elmhorst）著 施宗靖译 2012年 382页 25 cm 48元〔现代沟通力系列〕(G. F. P.)

04026 309-01522
怎样进行积极的商务交际
（日）LEC·东京法思株式会社编著 1995年 194页 20 cm 8元〔企业、市场与法系列 走向规范：市场经济经营管理技法丛书〕(G. P.)

04027 309-06748
商务经营技术
孙天福编著 2009年 236页 26 cm 28元〔复旦卓越·21世纪市场营销"实践型"系列教材 王妙总主编〕(G. F. P.)

04028 309-02014
现代实用商务
章伯虎 李怀勇编著 1998年 444页 20 cm 17元〔实用管理类丛书〕(G. F. P.)

04029 309-09422
中外商务传播案例经典 品牌·创意·精解
周敏 吕继红 顾潜著 2013年 162页 26 cm 28元 (G. F. P.)

04030 309-12469
融合媒体与商务传播
程金福编著 2016年 209页 26 cm 48元 (G. F. P.)

04031 309-07011
商务传播与经济社会发展
吕继红 周胜林主编 2009年 309页 25 cm 36元 (G. F. P.)

04032 309-02515
商务谈判与沟通技巧
潘肖珏 谢承志著 2000年 2006年第2版 228页 20 cm 14元 (G. F. P.)

04033 309-14350
跨国谈判本土化战略 跨越文化差异、增加跨国谈判成功率的7种思维模式
（比）让-皮埃尔·科恩（Jean-Pierre Coene）（比）马克·雅各布斯（Marc Jacobs）著 王凯华译 2019年 135页 24 cm 40元 (G. F. P.)

04034 309-08754
商务谈判
汪遵瑛主编 2012年 160页 26 cm 22元〔复旦卓越·21世纪市场营销"实践型"系列教材〕(G. F. P.)

04035 309-02959
逐鹿键盘 网络传播与商业
陈洁 骆华著 2002年 287页 20 cm 12元〔网络传播辅助教材丛书〕(G. F. P.)

04036 309-02030
网罗金钱 Internet淘金术
周磊 丛超编著 1998年 354页 20 cm 15元 (G. F.)

04037 309-10524

连锁经营管理人才培养理论与实践

曹静 冯国珍编著 2014年 259页 23 cm 36元〔复旦卓越·连锁经营管理系列〕(G. F. P.)

04038 309-12474

连锁经营概论

冯国珍主编 2016年 307页 24 cm 38元〔复旦卓越·连锁经营管理系列〕(G. F. P.)

04039 309-12351

连锁企业信息管理

宋文官 易艳红主编 2016年 255页 23 cm 35元〔复旦卓越·连锁经营管理系列〕(G. F. P.)

04040 309-07926

超市生鲜食品管理

童光森 李想主编 2011年 224页 26 cm 30元〔复旦卓越·21世纪烹饪与营养系列〕(G. F. P.)

04041 309-05858

连锁经营管理

杨顺勇 魏拴成 郭伟主编 2008年 227页 23 cm 28元〔复旦卓越·21世纪管理学系列〕(G. F. P.)

04042 309-11173

连锁企业物流管理

殷延海主编 2015年 364页 24 cm 46元〔复旦卓越·连锁经营管理系列〕(G. F. P.)

04043 309-11458

商业回归本质 顾国建自选集(2004—2014)

顾国建著 2015年 270页 26 cm 55元 (G. F. P.)

04044 309-06631

商务礼仪

姜红 侯新冬主编 2009年 230页 26 cm 28元〔复旦卓越·21世纪市场营销"实践型"系列教材〕(G. F. P.)

04045 309-10414

商务礼仪

刘民英编著 2014年 464页 23 cm 58元 (G. F. P.)

04046 309-15015

商务礼仪

刘民英编著 2020年 第2版 518页 23 cm 62元 (G. F. P.)

04047 309-13414

商务伦理学

(美)普拉维恩·帕博迪埃(K. Praveen Parboteeah) (美)约翰·卡伦(John B. Cullen)著 周岩译 2018年 473页 26 cm 60元〔西方商务经济学名著译丛 王胜桥主编〕(G. F. P.)

04048 309-06317

商务伦理与会计职业道德

张俊民编著 2008年 357页 26 cm 39元〔复旦博学·21世纪高等院校会计专业主干课系列〕(G. F. P.)

04049 309-15037

商务伦理与会计职业道德

张俊民主编 2020年 357页 26 cm 48元〔创优·经管核心课程系列〕(G. F. P.)

04050 309-03433

市场经济与商业伦理

叶敬德主编 2003年 190页 20 cm 15元 (G. F. P.)

04051 309-14549

服务有礼 礼仪培训21礼

华平生编著 2020年 351页 24 cm 98元〔礼仪之光礼仪系列教材〕(G. F.)

04052 309-01968

服务市场营销管理

(美)克里斯蒂·格鲁诺斯(Christian Gronroos)著 吴晓云 冯伟雄译 1998年 316页 20 cm 15元 (G. F. P.)

04053 309-12692

中国服务业发展动因研究 结构转型和产业关联的双重视角

饶璨著 2017年 185页 21 cm 20元〔复旦博学文库〕(G. F. P.)

04054 309-11568

示范城市服务外包产业发展战略选择研究 以南昌市为例

宋丽丽著 2015年 170页 23 cm 29元〔信毅学术文库〕(G. F. P.)

04055 309-13237

中国高端服务业发展驱动因素研究

王冠凤著 2017年 254页 21 cm 28元 (G. F. P.)

04056 309-09417

服务型跨国公司模块化

夏辉著 2014年 407页 22 cm 32元 (G. F. P.)

04057 309-06906

服务业的品管圈活动

叶斯水 王德雄编著 2009年 268页 21 cm 40元 (G. F. P.)

04058 309-08564

生产性服务业创新集群内企业间协调机制研究

甄杰著 2012年 253页 24 cm 35元〔华东政法大学产业经济学重点学科建设成果〕(G. F. P.)

04059 309-05996

服务业跨国公司的国际化扩张研究

郑琴琴著 2008年 266页 21 cm 18元 (G. F. P.)

04060 309-06594

现代服务跨国外包

朱正圻等著 2009年 310页 24 cm 40元 (G. F. P.)

04061 309-06301

现代酒店管理

都大明编著 2008年 199页 26 cm 28元〔复旦卓越·21世纪酒店管理系列〕(G. F. P.)

04062 309-10747

现代酒店管理

都大明著 2014年 第2版 205页 26 cm 32.50元〔"十二五"职业教育国家规划教材 复旦卓越·21世纪酒店管理系列〕(G. F. P.)

04063 309-00749

饭店情景英语

郭兆康等编写 1991年 452页 20 cm 6.50元〔旅游涉外饭店岗位职务培训英语教材〕(G.)

04064 309-01071

饭店情景英语

郭兆康主编 1991年(1993年重印) 452页 20 cm 8.50元 (G. F.)

04065 309-02413

经济·贸易经济 295

饭店情景英语

郭兆康主编 2000 年 第 2 版（修订版） 513 页 20 cm 22 元 （G. F. P.）

04066 309-12505

饭店情景英语

郭兆康主编 郭兆康等编写 2016 年 405 页 23 cm 40 元 （G. F.）

04067 309-12569

饭店情景英语教师参考书

郭兆康主编 2016 年 262 页 23 cm 30 元 （G. F. P.）

04068 309-02646

饭店情景英语学习辅导

郭兆康主编 2000 年 325 页 20 cm 15 元 （G. F. P.）

04069 309-07014

实用饭店情景英语

郭兆康主编 2010 年 505 页 21 cm 28 元 （G. F. P.）

04070 309-07607

实用饭店情景英语教学参考书

郭兆康 迟均主编 2010 年 341 页 21 cm 20 元 （G. F. P.）

04071 309-15235

康乐运作实务

何勇 邢艳梅编著 2020 年 224 页 26 cm 40 元〔开元酒店管理现代学徒制系列〕（P.）

04072 309-01467

饭店情景英语学习指南

郭兆康主编 1995 年 285 页 20 cm 11 元 （G. F. P.）

04073 309-06865

中国酒店管理模式

黄鉴中编著 2009 年 229 页 26 cm 28 元〔复旦卓越·21 世纪酒店管理系列〕（G. F. P.）

04074 309-11777

酒店应用英语

景韵主编 2015 年 289 页 26 cm 40 元〔复旦卓越·育兴系列教材〕（G. F. P.）

04075 309-06359

酒店服务标准理论与实务

瞿立新主编 2008 年 262 页 26 cm 33 元〔复旦卓越·21 世纪酒店管理系列〕（G. F. P.）

04076 309-02721

现代饭店经营管理

唐德鹏等编著 2000 年 412 页 20 cm 20 元〔21 世纪旅游管理丛书〕（G. F. P.）

04077 309-11267

中国中档饭店企业竞争力研究

吴本著 2015 年 405 页 21 cm 38 元〔复旦旅游学研究书系〕（G. F. P.）

04078 309-02911

饭店人才资源管理

吴中祥等著 2001 年 371 页 20 cm 18 元〔21 世纪旅游管理丛书〕（G. F. P.）

04079 309-11329

酒店英语

夏伟华主编 2015 年 123 页 26 cm 32 元〔21 世纪职业教育行业英语〕（G. F. P.）

04080 309-13800

酒店服务与管理心理实务

谢永健主编 2018 年 161 页 26 cm 28 元

〔复旦卓越·21世纪酒店管理系列〕(G. F. P.)

04081 309-07742

酒店前厅与客房管理

谢永健主编 2010年 319页 26 cm 35元〔复旦卓越·21世纪酒店管理系列〕(G. P.)

04082 309-13820

酒店前厅与客房管理

谢永健主编 2019年 第2版 312页 26 cm 48元〔复旦卓越·21世纪酒店管理系列〕(G. F. P.)

04083 309-13011

酒店服务礼仪

薛齐编著 2017年 192页 26 cm 30元〔高职高专精品课系列〕(G. F. P.)

04084 309-10870

客房服务与管理

赵庆梅 刘妮主编 2014年 159页 26 cm 28.80元〔复旦卓越·21世纪酒店管理系列〕(G. F. P.)

04085 309-09367

前厅服务与管理

赵庆梅 蔡海燕主编 2013年 171页 26 cm 25元〔复旦卓越·21世纪酒店管理系列〕(G. F. P.)

04086 309-06081

客房信息化操作实训

姜红 罗捷斯主编 2008年 98页 26 cm 30元〔复旦卓越·21世纪酒店管理系列〕(G. F. P.)

04087 309-14410

酒店服务标准

瞿立新主编 2019年 308页 26 cm 46元〔复旦卓越·21世纪酒店管理系列〕(G. F. P.)

04088 309-11077

餐饮管理

都大明 李大卫主编 2014年 205页 26 cm 30元〔复旦卓越·21世纪酒店管理系列〕(G. F. P.)

04089 309-02694

餐饮成本控制

张帆 蒋亚奇编著 2000年 288页 20 cm 16元〔21世纪旅游管理丛书〕(G. F. P.)

04090 309-10337

餐饮服务实训教程

张淑云主编 2014年 275页 26 cm 33元〔复旦卓越·21世纪酒店管理系列〕(G. F. P.)

04091 309-08276

餐饮服务与管理

赵庆梅主编 2011年 202页 26 cm 30元〔复旦卓越·21世纪酒店管理系列〕(G. F. P.)

04092 309-06054

餐饮信息化操作实训

姜红 罗捷斯主编 2008年 310页 26 cm 35元〔复旦卓越·21世纪酒店管理系列〕(G. F. P.)

04093 309-12992

澳门博彩业转型发展与世界旅游休闲中心建设

顾相伟 庄金锋著 2017年 242页 23 cm 36元 (G. F. P.)

04094 309-09600

新编体育博彩概论

李海编著 2013年 170页 26 cm 33元〔竞攀系列〕(G. F. P.)

04095 309-15126

美容礼仪

梁冰等主编 2020年 152页 26 cm 活页夹 46元〔全国现代学徒制医学美容技术专业"十三五"规划教材 全国现代学徒制工作专家指导委员会指导〕(G. P.)

04096 309-14242

美容行业企业认知

申泽宇主编 2019年 113页 26 cm 30元〔全国现代学徒制医学美容技术专业"十三五"规划教材〕(G. F. P.)

04097 309-09657

情商中国

徐彦平著 2013年 290页 23 cm 38.80元〔徐彦平著作系列〕(G. F. P.)

04098 309-12331

模糊性治理 中国城市摊贩监管中的政府行为模式

孙志建著 2016年 277页 21 cm 30元〔复旦博学文库 社科系列〕(G. F. P.)

04099 309-03162

寻踪觅迹 商务调查实录

王公达著 2002年 286页 21 cm 15元〔大学管理类教材丛书〕(G. F. P.)

04100 309-09788

基于国家粮食安全战略视角下的粮食物流体系的完善

李维刚 逄艳波 隋晓冰著 2013年 260页 23 cm 35元 (G. F. P.)

04101 309-12027

水产品冷链物流中心区位选择与评价研究

王友丽著 2015年 235页 23 cm 39元〔信毅学术文库〕(G. F. P.)

04102 309-11857

药物市场准入 从理论到实践

宣建伟主编 2015年 204页 21 cm 60元 (G. F.)

04103 309-14916

中国生产性服务业发展与开放 理论、实证与战略

程大中著 2020年 284页 24 cm 58元 (G. F. P.)

04104 309-13210

中国社区服务产业发展研究报告 2017 整合·转型·新生态

复旦大学城市发展研究院 复旦大学中国城镇化研究中心 中民社区服务指数研究院编著 2017年 84页 29 cm 65元 (G. F. P.)

04105 309-10410

上海商业报告 2013

刘斌主编 2014年 157页 23 cm 29元〔尚商系列丛书 商业报告〕(G. F. P.)

04106 309-12235

上海商业发展报告 2015

冯叔君 魏农建主编 2016年 328页 23 cm 45元〔尚商系列丛书〕(G. F.)

04107 309-13458

上海商业发展报告 2016

冯叔君主编 2018年 165页 23 cm 36元〔尚商系列丛书〕(G. F. P.)

04108 309-13644

上海商业发展报告 2017

冯叔君 冯逸舟主编 2018 年 206 页 23 cm 40 元〔尚商系列丛书〕(G. F. P.)

04109 309-14753

上海商业发展报告 2018

冯叔君 吴文霞主编 2019 年 262 页 23 cm 50 元 (G. F. P.)

04110 309-00596

市场变动与国民经济总体运行 上海市场变化研究报告

张继光等主编 1990 年 249 页 20 cm 3.90 元 (G. F.)

04111 309-10894

儒家伦理与徽商精神

梁德阔著 2014 年 375 页 22 cm 38 元 〔人文学术〕(G. F. P.)

04112 309-00801

战后日本物价变动与物价政策

复旦大学日本研究中心编 1992 年 257 页 20 cm 4.80 元 (G. F.)

04113 309-01272

联邦德国：控制物价的优等生

林进成著 1994 年 150 页 19 cm 6 元 (G. F.)

04114 309-12596

沃尔玛在中国

(澳)陈佩华主编 刘建洲 鲍磊等译 2016 年 257 页 23 cm 48 元 (G. F. P.)

04115 309-00470

国际贸易与国际经济合作概论

汪熙主编 1990 年 447 页 20 cm 5.80 元 (G. F.)

04116 309-01093

国际贸易与国际经济合作概论

汪熙主编 1990 年 462 页 21 cm 20 元 (F.)

04117 309-02044

国际贸易与国际金融教学案例精选

温厉等撰稿 1998 年 351 页 20 cm 16 元 〔工商管理(MBA)教学案例精选丛书〕(G. F. P.)

04118 309-02906

国际贸易教程习题指南

尹翔硕编著 2001 年 186 页 23 cm 20 元 〔复旦博学·经济学系列〕(G. F. P.)

04119 309-00267

对外经济贸易实用大全

上海对外贸易协会编 1989 年 908 页 26 cm 精装 45 元 (G. F.)

04120 309-00549

对外经济贸易实用大全

上海对外贸易协会编 1992 年 1000 页 26 cm 精装 50 元 (G. F.)

04121 309-01081

对外经济贸易实用大全

上海对外贸易协会编 1994 年 修订本 1008 页 26 cm 精装 80 元 (G. F.)

04122 309-01549

对外经济贸易实用大全

上海对外贸易协会编 1995 年 第 3 版 1302 页 26 cm 精装 120 元 (G. F.)

04123 309-14485

成功国际商务沟通

(英)鲍勃·迪格南(Bob Dignen) 伊恩·麦克马斯特(Ian McMaster)著 姜荷梅

金阳改编 2019年 170页 26 cm 49元 (G. F. P.)

04124 309-05138
国际贸易
陈霜华主编 2006年 388页 23 cm 35元〔复旦卓越·21世纪国际经济与贸易专业教材新系〕(G. F. P.)

04125 309-02642
新编国际贸易
胡涵钧主编 2000年 404页 20 cm 19元〔通用财经类教材〕(G. F. P.)

04126 309-08611
贸易投资一体化与异质性厂商的国际战略研究 关于中国境内企业的实证检验
刘杨著 2011年 176页 23 cm 25元〔华东政法大学产业经济学重点学科建设成果〕(G. F. P.)

04127 309-03344
产业内贸易论 国际贸易最新理论
强永昌著 2002年 230页 20 cm 15元〔黄皮书系列〕(G. F. P.)

04128 309-03726
国际贸易实用教程
徐立青主编 2003年 510页 20 cm 25元〔通用财经类教材〕(G. F. P.)

04129 309-06214
国际贸易实用教程
徐立青主编 2008年 第2版 521页 21 cm 28元〔通用财经类教材〕(G. F. P.)

04130 309-14593
中级国际贸易 理论与实证
许统生 涂远芬等编著 2019年 386页 26 cm 58元〔信毅教材大系·国际经济与贸易系列〕(G. F. P.)

04131 309-00318
西方国际贸易新理论
许心礼等著 1989年 232页 19 cm 4元 (G. F.)

04132 309-01623
国际商务管理
薛求知 刘子馨主编 1996年 412页 20 cm 16元〔大学管理类教材丛书〕(G. F. P.)

04133 309-03146
国际商务管理
薛求知 刘子馨主编 2002年 第2版 490页 20 cm 24元〔大学管理类教材丛书〕(G. F. P.)

04134 309-01591
新编国际贸易实务教程
姚大伟编著 1996年 283页 20 cm 11.50元〔外经贸干部培训教程〕(G. F. P.)

04135 309-01713
国际贸易教程
尹翔硕著 1996年 441页 20 cm 16.80元〔新编经济学系列教材〕(G. F. P.)

04136 309-02693
国际贸易教程
尹翔硕编著 2001年 第2版 445页 23 cm 40元〔复旦博学·经济学系列〕(G. F. P.)

04137 309-04545
国际贸易教程
尹翔硕编著 2005年 第3版 340页 23 cm 38元〔复旦博学·经济学系列

教育部推荐教材〕(G. F. P.)

04138 309-06167

国际贸易习题与案例

陈霜华 查贵勇主编 2008 年 295 页 21 cm 18 元〔复旦卓越·21 世纪国际经济与贸易专业教材新系配套教学用书〕(G. F. P.)

04139 309-08788

国际营销管理

林建煌著 2012 年 469 页 23 cm 60 元 (G. F. P.)

04140 309-01373

国际市场营销管理

薛求知 沈伟家编著 1994 年 463 页 20 cm 13 元〔大学管理类教材丛书〕(G. F.)

04141 309-02317

国际市场营销管理

薛求知 沈伟家编著 1999 年 第 2 版 482 页 20 cm 20 元〔大学管理类教材丛书〕(G. F. P.)

04142 309-07960

国际市场营销

伊铭 李静主编 2011 年 213 页 26 cm 25 元〔复旦卓越·21 世纪市场营销"实践型"系列教材 王妙总主编〕(G. F. P.)

04143 309-13849

进出口贸易合规案例集

查贵勇主编 2018 年 205 页 21 cm 20 元〔复旦博学·21 世纪国际经济与贸易系列 黄建忠等主编〕(G. F. P.)

04144 309-10178

进出口业务案例集

查贵勇主编 2013 年 230 页 21 cm 16 元〔复旦卓越·21 世纪国际经济与贸易专业教材新系〕(G. F. P.)

04145 309-10887

外贸 SOHO 创业新招数

陈霜华 陈琦 胡俊芳编著 2014 年 263 页 22 cm 32 元〔第一批上海高校创新创业教育实验基地系列教材〕(G. F. P.)

04146 309-05761

国际服务贸易学

程大中著 2007 年 345 页 25 cm 35 元〔复旦博学·21 世纪国际经济与贸易系列 黄建忠等主编〕(G. F. P.)

04147 309-07316

国际贸易实务

符海菁主编 2010 年 298 页 23 cm 30 元〔复旦卓越·国际商务与管理系列教材〕(G. F. P.)

04148 309-03471

国际经贸实务

胡涵钧编著 2002 年 236 页 23 cm 23 元〔复旦博学·金融学系列〕(G. F. P.)

04149 309-05989

国际经贸实务

胡涵钧编著 2008 年 第 3 版 331 页 23 cm 32 元〔复旦博学·金融学系列〕(G. F. P.)

04150 309-08388

国际贸易实务

黄锡光 吴宝康主编 2011 年 第 3 版 英文版 299 页 23 cm 33 元〔复旦卓越·21 世纪国际经济与贸易专业教材新系〕(G. F. P.)

04151 309-05419

国际贸易实务 双语

黄锡光 吴宝康主编 2007 年 2008 年第 2 版 281 页 23 cm 28 元〔21 世纪国际经济与贸易专业教材新系〕(G. F. P.)

04152 309-11109

外贸网络营销

孔炯炯 潘辉 万超编著 2015 年 355 页 22 cm 25 元〔第一批上海高校创新创业教育实验基地系列教材〕(G. F. P.)

04153 309-04826

服务贸易中的动态比较优势研究

申朴著 2005 年 274 页 21 cm 20 元〔黄皮书系列〕(G. F. P.)

04154 309-08905

外贸业务实操

宋丽娜 袁玮主编 2012 年 320 页 26 cm 30 元〔复旦卓越·经济学系列〕(G. F. P.)

04155 309-07340

新编进出口贸易操作实务

闫晶怡主编 2010 年 380 页 23 cm 36 元〔复旦卓越·经济学系列〕(G. F. P.)

04156 309-05228

国际贸易实务

袁建新主编 2006 年 2008 年第 2 版 435 页 21 cm 26 元〔通用财经类系列〕(G. F. P.)

04157 309-08436

国际贸易实务

袁建新主编 2011 年 第 3 版 446 页 21 cm 30 元〔通用财经类系列〕(G. F. P.)

04158 309-11539

国际贸易实务

袁建新主编 2015 年 第 4 版 333 页 26 cm 42 元〔通用财经类系列〕(G. F. P.)

04159 309-14989

国际贸易实务

袁建新主编 2020 年 344 页 26 cm 48 元〔创优·经管核心课程系列〕(G. F. P.)

04160 309-13707

全球数字贸易规则研究

沈玉良等著 2018 年 323 页 23 cm 66 元 (G. F. P.)

04161 309-05893

国际商务谈判

窦然主编 2008 年 英文版 372 页 23 cm 36 元〔复旦卓越〕(F. P.)

04162 309-11107

国际商务谈判

窦然主编 2015 年 第 2 版 373 页 24 cm 43 元〔21 世纪国际经济与贸易专业教材新系〕(G. P.)

04163 309-06606

国际商务谈判与沟通技巧

窦然主编 2009 年 262 页 23 cm 28 元〔复旦卓越·国际商务与管理系列教材〕(G. F. P.)

04164 309-13919

国际商务谈判

胡守忠 田丙强主编 2018 年 306 页 26 cm 40 元〔复旦卓越·中高职贯通职业教育系列〕(G. F. P.)

04165 309-05876

国际贸易谈判
刘园主编 2008年 316页 25 cm 35元
〔复旦博学·21世纪国际经济与贸易系列 黄建忠等主编〕(G. F. P.)

04166 309-07547
报检理论与实务
童宏祥主编 2010年 330页 23 cm 32元
〔复旦卓越·国际商务与管理系列教材〕(G. P.)

04167 309-04253
国际商务单证实务
刘伟奇 丁辉君主编 2004年 306页 23 cm 33元〔复旦卓越·经济学系列〕(G. F. P.)

04168 309-10322
外贸单证实务
刘卫东主编 2014年 274页 26 cm 36元 (G. F. P.)

04169 309-10720
外贸客户开发、跟进与维护
陈琦 胡俊芳主编 2014年 240页 23 cm 35元〔第一批上海高校创新创业教育实验基地系列教材〕(G. F. P.)

04170 309-06770
国际贸易地理
窦然主编 2009年 554页 23 cm 48元〔复旦卓越·21世纪国际经济与贸易专业教材新系〕(G. F. P.)

04171 309-10930
国际贸易地理
窦然主编 2014年 第2版 452页 23 cm 46元〔复旦卓越·21世纪国际经济与贸易专业教材新系〕(G. F. P.)

04172 309-01468
发展中国家贸易发展战略研究
尹翔硕著 1995年 194页 20 cm 10元
〔复旦大学博士丛书〕(G. F. P.)

04173 309-04042
WTO与中国对外贸易
胡涵钧编著 2004年 367页 20 cm 21元
〔新编经济学系列教材〕(G. F. P.)

04174 309-03354
WTO与中国关税
黄天华编著 2002年 367页 20 cm 18元
〔新编经济学系列教材〕(G. F. P.)

04175 309-05112
WTO概览
芦琦主编 2006年 293页 23 cm 35元
(G. F. P.)

04176 309-06017
WTO概览
芦琦主编 2008年 第2版 298页 23 cm 37元 (G. F. P.)

04177 309-02976
加入WTO后的中国对外贸易战略
尹翔硕著 2001年 257页 20 cm 18元
〔黄皮书系列〕(G. F. P.)

04178 309-03045
世界贸易体制 国际经济关系的法律与政策
(美)约翰·H.杰克逊(John H. Jackson)著 张乃根译 2001年 384页 20 cm 22元 (G. F. P.)

04179 309-03828
英汉-汉英WTO专用语分类词典
王晓光 黄庐进编著 2004年 551页

18 cm 25 元〔复旦金石词典系列〕(G. F. P.)

04180 309-14393
WTO 裁决执行的法律机理与中国实践研究
孟琪著 2019 年 345 页 23 cm 精装 66 元 (G. F. P.)

04181 309-11084
贸易摩擦与争端解决机制研究
强永昌 权家敏著 2015 年 232 页 21 cm 26.50 元 (G. F. P.)

04182 309-01448
乌拉圭回合多边贸易谈判成果 英汉对照
汪尧田总编审 1995 年 949 页 27 cm 精装 120 元 (G. F. P.)

04183 309-06674
国际贸易惯例与公约教程
杨恺钧 吕佳编著 2009 年 276 页 23 cm 29 元〔复旦卓越·经济学系列〕(G. F. P.)

04184 309-06765
国际贸易摩擦的成因及化解途径
尹翔硕 李春顶等著 2009 年 429 页 21 cm 28 元 (G. F. P.)

04185 309-06140
国际技术贸易
杜奇华主编 2008 年 368 页 25 cm 38 元〔复旦博学·21 世纪国际经济与贸易系列 黄建忠等主编〕(G. F. P.)

04186 309-08764
国际技术贸易
杜奇华主编 2012 年 第 2 版 365 页 26 cm 40 元〔复旦博学·21 世纪国际经济与贸易系列 黄建忠等主编〕(G. F. P.)

04187 309-13866
国际技术贸易
杜奇华主编 2018 年 第 3 版 368 页 26 cm 48 元〔复旦博学·21 世纪国际经济与贸易系列 黄建忠等主编〕(G. F. P.)

04188 309-07153
国际服务贸易
陈霜华主编 2010 年 388 页 23 cm 37 元〔复旦卓越·21 世纪国际经济与贸易专业教材新系〕(G. F. P.)

04189 309-05850
国际工程承包管理
李惠强主编 2008 年 367 页 23 cm 36 元〔复旦博学·21 世纪工程管理系列〕(G. F. P.)

04190 309-05053
区域贸易协议下汽车贸易和投资效应
张明 沈玉良 朱盛镭编著 2006 年 283 页 21 cm 20 元〔黄皮书系列〕(G. F. P.)

04191 309-05379
外贸英语函电 双语
葛萍 周维家主编 2007 年 335 页 23 cm 32 元〔复旦卓越·21 世纪国际经济与贸易专业教材新系〕(G. F.)

04192 309-07277
外贸英语函电
葛萍 周维家主编 2010 年 第 2 版 353 页 23 cm 35 元〔复旦卓越·21 世纪国际经济与贸易专业教材新系〕(G. F. P.)

04193 309-10548

外贸英语函电

葛萍 周维家主编 2014年 第3版 368页 23 cm 39元〔复旦卓越·21世纪国际经济与贸易专业教材新系〕(G. F. P.)

04194 309-13087

外贸英语函电

葛萍 周维家主编 2017年 第4版 380页 23 cm 42元〔复旦卓越·21世纪国际经济与贸易专业教材新系〕(G. F. P.)

04195 309-05000

贸易战略的国际比较

尹翔硕等著 2006年 358页 21 cm 25元〔当代中国经济理论创新文库〕(G. F. P.)

04196 309-08247

中国对外贸易的能源环境影响 基于隐含流的研究

陈红敏著 2011年 268页 21 cm 20元 (G. F.)

04197 309-07186

中国经济竞争力的国际贸易环境研究

华民等著 2010年 201页 23 cm 26元〔"985工程"系列丛书〕(G. F. P.)

04198 309-06945

基于货物贸易的贸易运行监控研究

黄鹏著 2009年 294页 21 cm 20元 (G. F. P.)

04199 309-10119

中国对外贸易

景瑞琴主编 2014年 325页 26 cm 42.80元〔复旦博学·经济学系列〕(G. F. P.)

04200 309-07706

后京都时代的对外贸易

马涛著 2010年 286页 21 cm 20元〔发展方式转型与节能减排系列丛书〕(G. F. P.)

04201 309-05121

环境规制与中国对外贸易可持续发展

强永昌等著 2006年 116页 21 cm 12元〔黄皮书系列〕(G. F. P.)

04202 309-07115

产业国际竞争力评价理论与方法

芮明杰 富立友 陈晓静著 2010年 200页 23 cm 28元〔"985工程"系列丛书〕(G. F. P.)

04203 309-10311

中国的贸易开放、产业升级与就业结构研究

唐东波著 2014年 168页 22 cm 30元 (G. F. P.)

04204 309-00633

外贸漫笔

屠祖范著 1990年 250页 24 cm 精装 15元 (G. F.)

04205 309-01649

外贸漫笔 续篇

屠祖范著 1996年 222页 24 cm 精装 30元 (G. F. P.)

04206 309-01149

中国外经贸大全

沙麟 强连庆主编 1994年 2册 26 cm 精装 200元 (G. F.)

04207 309-01507

对外经济贸易新规范

上海对外贸易协会编 1995年 433页

26 cm 精装 40元（G. F.）

04208 309-12753

利益集团与贸易保护 基于中国商贸现实的理论与经验分析

顾振华著 2017年 188页 23 cm 35元〔商务经济学系列〕（G. F. P.）

04209 309-07589

货物报关实务与管理

陈小愚 陈琳 姜明刚编著 2010年 406页 23 cm 39元〔复旦卓越·经济学系列〕（G. F. P.）

04210 309-07211

进出口报关业务基础与实务

顾晓滨主编 2010年 345页 23 cm 35元〔复旦卓越·国际商务与管理系列教材〕（G. F. P.）

04211 309-13238

报关实务

胡俊芳 陈琦主编 2017年 300页 23 cm 39元〔复旦卓越·21世纪国际经济与贸易专业教材新系〕（G. F. P.）

04212 309-13722

报关实务

戴明辉 张期陈 王志明编著 2018年 311页 26 cm 48元〔信毅教材大系〕（G. F. P.）

04213 309-00923

海关职业精神教育概论

金名俊 杨延林主编 1992年 235页 20 cm 4.40元（G.）

04214 309-02214

现代海关实务

陶明等编著 1999年 331页 20 cm 15元〔大学管理类教材丛书〕（G. F. P.）

04215 309-14310

关税结构分析、中间品贸易与中美贸易摩擦

樊海潮著 2019年 212页 25 cm 精装 78元〔纪念改革开放四十周年丛书〕（G. F. P.）

04216 309-09542

海关管理学概论

黄丙志主编 2013年 170页 23 cm 25元〔复旦卓越·海关管理专业教材系列〕（G. F. P.）

04217 309-09614

海关监管概论

厉力主编 2013年 390页 23 cm 42元〔复旦卓越·海关管理专业教材系列〕（G. F. P.）

04218 309-05564

海关风险管理理论与应用研究

孙毅彪著 2007年 209页 24 cm 28元（G. F. P.）

04219 309-14094

新时期的海关治理 改革与变迁

顾丽梅主编 2018年 485页 23 cm 99元〔复旦大学公共管理（MPA）论文集 第五辑〕（G. F. P.）

04220 309-10952

中国海关史十六讲

姚永超 王晓刚编著 2014年 260页 23 cm 35元（G. F. P.）

04221 309-01575

新编对外贸易单证实务

姚大伟编著 1995 年 292 页 20 cm 12 元〔外经贸干部培训教材〕(G. F. P.)

04222 309-06435
中国加工贸易研究
顾建清著 2008 年 236 页 21 cm 18 元 (G. F. P.)

04223 309-09483
中国服务贸易报告 2011 视听服务贸易专题研究
李墨丝 沈玉良著 2013 年 307 页 23 cm 45 元 (G. F. P.)

04224 309-01145
对港澳台地区贸易指南
陆明杰编著 1993 年 181 页 19 cm 6 元〔90 年代中国对外经贸指南丛书 沙麟 强连庆主编〕(G. F.)

04225 309-05625
中日韩自由贸易区贸易效果的实证分析
胡俊芳著 2007 年 221 页 21 cm 18 元〔黄皮书系列〕(G. F. P.)

04226 309-01100
对日本国贸易指南
曹宏苓编著 1993 年 114 页 19 cm 4.30 元〔90 年代中国对外经贸指南丛书 沙麟 强连庆主编〕(G. F.)

04227 309-01111
对东南亚与韩国贸易指南
陈兴耀等编著 1993 年 230 页 19 cm 8 元〔90 年代中国对外经贸指南丛书 沙麟 强连庆主编〕(G. F.)

04228 309-01215
对南亚国家贸易指南
吴永年编著 1993 年 174 页 19 cm 6 元〔90 年代中国对外经贸指南丛书 沙麟 强连庆主编〕(G. F.)

04229 309-01203
对中东地区贸易指南
丁明仁编著 1993 年 121 页 19 cm 5 元〔90 年代中国对外经贸指南丛书 沙麟 强连庆主编〕(G. F.)

04230 309-01128
对非洲国家贸易指南
陈兴耀 杨一平编著 1993 年 152 页 19 cm 5 元〔90 年代中国对外经贸指南丛书 沙麟 强连庆主编〕(G. F.)

04231 309-01136
对欧共体国家贸易指南
陈乃和 范徵编著 1993 年 236 页 19 cm 7.70 元〔90 年代中国对外经贸指南丛书 沙麟 强连庆主编〕(G. F.)

04232 309-01251
对东欧国家贸易指南
仇佣编著 1993 年 71 页 19 cm 3.50 元〔90 年代中国对外经贸指南丛书 沙麟 强连庆主编〕(G. F.)

04233 309-01253
对独联体国家贸易指南
仇佣编著 1993 年 167 页 19 cm 6.50 元〔90 年代中国对外经贸指南丛书 沙麟 强连庆主编〕(G. F.)

04234 309-01146
对大洋洲国家贸易指南
陈传兴等编著 1993 年 144 页 19 cm 5 元〔90 年代中国对外经贸指南丛书 沙麟 强连庆主编〕(G. F.)

04235 309-02389

鉴往知来 百年来中美经济关系的回顾与前瞻

顾云深等主编 1999年 417页 20 cm 20元〔中美关系研究丛书19 汪熙主编〕(G. F. P.)

04236 309-03286

当代中美贸易 1972—2001

胡涵钧著 2002年 327页 20 cm 20元〔中美关系研究丛书22 汪熙主编〕(G. F. P.)

04237 4253.028

贸易保护主义对中美经济关系的影响 中美纺织品贸易争端

王邦宪编 1987年 143页 20 cm 1.10元〔中美关系研究丛书2 汪熙主编〕(G. F.)

04238 309-01217

对拉美国家贸易指南

潘仲秋编著 1993年 153页 19 cm 5.50元〔90年代中国对外经贸指南丛书 沙麟 强连庆主编〕(G. F.)

04239 309-01254

对美国、加拿大贸易指南

杜德斌等编著 1993年 256页 19 cm 9.50元〔90年代中国对外经贸指南丛书 沙麟 强连庆主编〕(G. F.)

04240 309-01048

中国华东对外经济贸易

苗耕书主编 1993年 357页 26 cm 35元 (G. F.)

04241 309-10547

上海自贸区背景下的服务贸易发展研究

陈霜华 陶凌云 黄菁著 2014年 261页 21 cm 26元 (G. F. P.)

04242 309-11196

全球视野下的自由贸易区

冯叔君主编 2015年 196页 23 cm 28元〔尚商系列丛书〕(G. F. P.)

04243 309-10532

上海自贸区解读

周汉民 王其明 任新建主编 2014年 324页 21 cm 28元 (G. F. P.)

04244 309-03527

外经贸发展研究丛书 第一辑

上海外经贸委主编 2003年 5册 27 cm 全套200元 (F.)
  MS & EMS——制造业服务业的新起点 朱晓明等著
  "大通关"——提高上海通关效率 朱晓明等著
  建设外贸电子政府优化上海外贸市场环境 朱晓明等著
  全球供应链环境下的上海国际物流建设 朱晓明等著
  上海——21世纪跨国采购中心 朱晓明等著

04245 309-02832

战后日本贸易发展的政策与制度研究

强永昌著 2001年 288页 20 cm 25元〔经济学博士后、博士论丛〕(G. F. P.)

04246 309-06428

美国对华贸易政策的决定 政治经济视角下的均衡

张继民著 2009年 237页 21 cm 20元 (G. F. P.)

04247 309-04538

商品学

郭洪仙主编 2005年 232页 23 cm 28元〔复旦卓越·21世纪物流管理系列教材〕(G. F. P.)

04248 309-01168
现代商品学 基础理论
朱世镐主编 1993年 206页 20 cm 6.60元〔新编经济学系列教材〕(G. F.)

04249 309-14352
商品归类精要
陈征科著 2019年 369页 24 cm 56元 (G. F. P.)

04250 309-02418
旅游商品开发实务
吴广孝等著 2000年 255页 20 cm 12元〔旅游业实用基础教材〕(G. F. P.)

04251 309-09122
药品市场营销
吴红雁主编 2012年 241页 23 cm 35元〔复旦卓越·21世纪市场营销"实践型"系列教材 王妙总主编〕(G. F. P.)

04252 309-11780
医药商品实务实训指导
姚虹主编 2015年 112页 26 cm 40元〔医药高职高专院校药学教材〕(G. F. P.)

04253 309-09774
汽车服务与礼仪
李继斌主编 2013年 102页 26 cm 15元〔复旦卓越·21世纪汽车类职业教育教材 国家中等职业教育改革发展示范校汽车运用与维修专业实训教材 李文亮 陈云富主编〕(G. F. P.)

04254 309-12970
汽配拐点
上海正澜管理咨询有限公司著 2017年 217页 21 cm 36元 (G. F. P.)

04255 309-02120
错误的选车
王诚之编著 1999年 281页 20 cm 15元〔错误系列 5〕(G. F.)

财政、金融

04256 309-14007
金融仿真综合实验
李政主编 2018年 227页 26 cm 32元 (G. F. P.)

04257 309-00679
上海财经大学总务管理制度
俞士杰等主编 1991年 322页 19 cm 5.50元 (G.)

04258 309-01594
财政税收练习与模拟试题
刘同旭主编 1995年 379页 20 cm 12元 (G. F. P.)

04259 309-04877
城市财政学
杜莉编著 2006年 344页 23 cm 29元〔复旦博学·现代城市经济学系列〕(G. F. P.)

04260 309-01956
现代公共财政学
胡庆康 杜莉主编 1997年 344页 20 cm 14元〔新编经济学系列教材〕(G. F. P.)

04261 309-02967
现代公共财政学
胡庆康 杜莉主编 2001年 第2版 395页 23 cm 35元〔复旦博学·金融学系列〕(G. F. P.)

04262 309-11586

财政经典文献九讲 基于财政政治学的文本选择

刘守刚著 2015年 202页 26 cm 30元 〔公共经济与管理〕(G. F. P.)

04263 309-04483
财政与税收
陆建华编著 2005年 340页 23 cm 33元 (G. F. P.)

04264 309-09639
财政与税收
陆建华编著 2013年 第2版 262页 23 cm 35元 (G. F. P.)

04265 309-06850
财政学
毛程连主编 2009年 332页 23 cm 33元 〔复旦博学·财政学系列〕(G. F. P.)

04266 309-02229
财政学整合论
毛程连著 1999年 223页 20 cm 15元 〔上海市社会科学博士文库 第一辑〕(G. F. P.)

04267 309-06013
财政学案例
牛淑珍主编 2008年 239页 23 cm 22元 〔复旦卓越·经济学系列〕(G. F. P.)

04268 309-04777
新编财政学
牛淑珍 杨顺勇主编 2005年 2009年第2版 330页 23 cm 32元 〔复旦卓越·经济学系列〕(G. F. P.)

04269 309-09758
财政学
牛永有 李互武 富永年主编 2013年 240页 26 cm 35元 (G. F. P.)

04270 309-04006
新编公共财政学 理论与实践
唐朱昌主编 2004年 473页 23 cm 39元 〔复旦博学·经济学系列〕(G. F. P.)

04271 309-04499
比较财政学
杨志勇著 2005年 228页 23 cm 25元 〔复旦博学·财政学系列〕(G. F. P.)

04272 309-00752
社会主义财政学
朱耀庭等主编 1992年 344页 20 cm 5.50元 〔苏州大学财经学院丛书〕(G.)

04273 309-00240
中国财经教学计划研讨会纪要 世界银行中国大学第二个发展项目
1989年 180页 27 cm 精装 9.80元 (G. F.)

04274 309-03809
现代公共财政学习题指南
胡庆康 杜莉主编 2003年 213页 23 cm 22元 〔复旦博学·金融学系列〕(G. F. P.)

04275 309-00767
财政信用管理
方荷生等主编 1992年 200页 20 cm 4元 〔苏州大学财经学院丛书〕(G.)

04276 309-10543
主权债务与金融危机 这次将不同于以往?
(美)卡洛斯·普莱莫·布拉佳(Carlos A. Primo Braga)(美)迦琳娜·文斯

利特(Gallina A. Vincelette)主编　张光　戴淑庚等译　2014年　375页　25 cm　49.50元〔公共财政与国家治理译丛　朱春奎　马骏　张光主编〕(G. F. P.)

04277　309-01055
综合财政调控论
谈通等著　1993年　175页　20 cm　5.50元
(G.)

04278　309-06640
金融体系结构差异与国际收支失衡
丁骋骋著　2009年　280页　21 cm　20元
(G. F. P.)

04279　309-09350
国际收支与汇率
汪洋著　2012年　292页　26 cm　38元〔信毅教材大系〕(G. F. P.)

04280　309-14411
国际税收
杜莉编著　2019年　334页　26 cm　48元〔经管类专业学位研究生主干课程系列教材〕(G. F. P.)

04281　309-04017
纳税会计
贺志东编著　2004年　595页　20 cm　29元〔复旦博学·大学管理类教材丛书　案例部分〕(G. F. P.)

04282　309-03933
纳税投资论 藏富于民与政治文明建设
刘光溪著　2004年　433页　23 cm　42元
(F. P.)

04283　309-12758
税收经济学
万莹编著　2016年　372页　26 cm　48元

〔信毅教材大系〕(G. F. P.)

04284　309-05580
税务会计
王峰娟主编　2008年　344页　23 cm　36元〔会计与审计准则解读丛书〕(G. F.)

04285　309-07613
税务会计
王峰娟　童利主编　2010年　第2版　360页　23 cm　36元〔复旦卓越·会计学系列〕(G. P.)

04286　309-03651
国际税收
杨斌著　2003年　301页　23 cm　28元〔复旦博学·财政学系列〕(G. F. P.)

04287　309-03585
税收筹划
王兆高主编　2003年　313页　23 cm　28元〔复旦博学·财政学系列〕(G. F. P.)

04288　309-07415
税收筹划教程
姚林香　席卫群主编　2010年　294页　23 cm　29元〔复旦博学·财政学系列〕(G. F. P.)

04289　309-12109
税收筹划教程
姚林香　席卫群主编　2016年　第2版　289页　23 cm　39元〔复旦博学·财政学系列〕(G. F. P.)

04290　309-14608
税收筹划教程
姚林香　席卫群主编　2019年　第3版　205页　26 cm　34元〔复旦博学·财政学系

列〕(G. F. P.)

04291 309-07030
税务筹划
应小陆 赵军红主编 2010年 263页 25 cm 30元〔普通院校金融理财系列教材〕(G. F. P.)

04292 309-11490
税务筹划
应小陆 赵军红主编 2015年 第2版 312页 25 cm 39元〔普通高等院校金融理财系列教材〕(G. F. P.)

04293 309-13492
税务筹划
应小陆 赵军红主编 2018年 第3版 286页 25 cm 39元〔普通高等院校金融理财系列教材〕(G. F. P.)

04294 309-15014
税务筹划
应小陆 赵军红主编 2020年 296页 25 cm 46元〔普通高等院校金融理财系列教材〕(G. F. P.)

04295 309-08318
政府与非营利组织会计
刘红梅 王克强主编 2011年 374页 23 cm 32元〔复旦卓越〕(G. F. P.)

04296 309-11713
公共部门财务会计
罗晓华主编 2015年 431页 26 cm 55元〔信毅教材大系〕(G. F. P.)

04297 309-11429
政府会计
孙琳编著 2015年 330页 26 cm 42元 (G. F. P.)

04298 309-09266
政府与非营利组织会计
曾尚梅 袁继安主编 2013年 316页 26 cm 45元〔普通高等学校"十二五"精品规划教材〕(G. P.)

04299 309-11447
政府与非营利组织会计
曾尚梅 袁继安主编 2015年 第2版 344页 26 cm 48元〔普通高等学校"十二五"精品规划教材〕(G. F. P.)

04300 309-13112
政府与非营利组织会计
曾尚梅 袁继安主编 2017年 第3版 357页 26 cm 48元〔普通高等学校"十三五"精品规划教材〕(G. P.)

04301 309-08835
简明预算会计
赵建勇编著 2012年 188页 23 cm 25元〔复旦卓越·会计学系列〕(G. F. P.)

04302 309-04458
政府与非营利组织会计
赵建勇主编 2005年 436页 26 cm 39元〔复旦博学·21世纪高等院校会计专业主干课系列 普通高等教育"十五"国家级规划教材〕(G. F. P.)

04303 309-06291
政府与非营利组织会计
赵建勇主编 2008年 第2版 413页 26 cm 40元〔普通高等教育"十一五"国家级规划教材 21世纪高等院校会计专业主干课系列〕(G. F. P.)

04304 309-11540

政府与非营利组织会计

赵建勇主编 2015年 第3版 473页 26 cm 56元〔"十二五"普通高等教育本科国家级规划教材 21世纪高等院校会计专业主干课系列〕(G. F. P.)

04305 309-08272

政府与非营利组织会计习题指南

刘红梅 王克强主编 2011年 115页 24 cm 15元〔复旦卓越·会计学系列〕(G. F. P.)

04306 309-06516

政府与非营利组织会计习题集

赵建勇编著 2009年 128页 23 cm 16元〔普通高等教育"十一五"国家级规划教材配套用书 21世纪高等院校会计专业主干课系列〕(G. F. P.)

04307 309-11973

政府与非营利组织会计习题集

赵建勇编著 2015年 第3版 177页 23 cm 25元〔"十二五"普通高等教育本科国家级规划教材配套用书 复旦博学·21世纪高等院校会计专业主干课系列〕(G. F. P.)

04308 309-05793

国际财务管理

张俊瑞主编 2007年 424页 26 cm 42元〔复旦博学·21世纪高等院校财务管理专业系列〕(G. F. P.)

04309 309-04147

比较税制

王乔 席卫群主编 2004年 302页 23 cm 28元〔复旦博学·财政学系列〕(G. F. P.)

04310 309-06794

比较税制

王乔 席卫群主编 2009年 第2版 320页 23 cm 29元〔复旦博学·财政学系列〕(G. F. P.)

04311 309-09967

比较税制

王乔 席卫群主编 2013年 第3版 275页 26 cm 35元〔信毅教材大系〕(G. F. P.)

04312 309-15283

财政思想与经典传承

刘守刚著 2020年 228页 26 cm 48元〔公共经济与管理〕(G. F. P.)

04313 309-14624

西方财政思想史十六讲 基于财政政治学的理论探源

刘守刚编著 2019年 368页 26 cm 48元〔公共经济与管理〕(G. F. P.)

04314 309-07180

西方财政思想史

毛程连 庄序莹编著 2010年 283页 23 cm 29元〔复旦博学·财政学系列〕(G. F. P.)

04315 309-07095

政府采购救济制度研究

焦富民著 2010年 233页 23 cm 30元〔法学专题系列〕(G. F. P.)

04316 309-01959

浦东财税问答

上海市浦东新区财政局 上海市浦东新区税务局编 1997年 250页 19 cm 12元 (G. F. P.)

04317 309-07185

中国式分权与地方政府行为 探索转变发展

模式的制度性框架

傅勇著 2010年 169页 23 cm 25元（G. F. P.）

04318 309-03650
政府预算管理学

马海涛主编 2003年 311页 23 cm 28元〔复旦博学·财政学系列〕（G. F. P.）

04319 309-14541
政府预算管理

徐旭川编著 2019年 228页 26 cm 38元〔信毅教材大系·财政税收系列〕（G. F. P.）

04320 309-03872
中国公共部门财力研究

郑春荣著 2003年 258页 20 cm 15元〔上海市社会科学博士文库 第五辑〕（G. F. P.）

04321 309-01885
国税,岂能吞噬 税收检查100例

曹耳东主编 上海市浦东新区税收财务物价大检查办公室编 1997年 165页 19 cm 10元（G. F. P.）

04322 309-00359
税收征收管理基础知识

黄锡康主编 1989年重印 178页 19 cm 2.50元（G. F.）

04323 309-00039
个体工商业户纳税知识

黄振纲 徐福昌编著 1987年 298页 19 cm 2.20元（G. F.）

04324 309-00250
商业缴税规范

陆振华编写 1989年 414页 19 cm 4.10元（G.）

04325 309-01449
新税收与会计核算手册

李海波等编著 1994年 343页 19 cm 12元（G. F.）

04326 309-04845
中国税制

杜莉 徐晔主编 2006年 365页 23 cm 35元〔复旦博学·财政学系列〕（G. F. P.）

04327 309-06173
中国税制

杜莉 徐晔主编 2008年 第3版 306页 26 cm 35元〔复旦博学·财政学系列〕（G. F. P.）

04328 309-08493
中国税制

杜莉 徐晔主编 2011年 第4版 301页 26 cm 35元〔复旦博学·财政学系列〕（G. F. P.）

04329 309-11236
中国税制

杜莉 徐晔主编 2015年 第5版 306页 26 cm 38.50元〔复旦博学·财政学系列〕（G. F. P.）

04330 309-12676
中国税制

杜莉 徐晔主编 2018年 第6版 326页 26 cm 42元〔复旦博学·财政学系列〕（G. F. P.）

04331 309-14985
中国税制

徐晔 杜莉主编 2020年 第7版 348页

26 cm 58 元〔复旦博学·财政学系列〕(G. F. P.)

04332 309-03847

中国税制练习与检索

黄天华编著 2003 年 284 页 20 cm 14 元〔全国高等教育自学考试练习与检索丛书〕(G. F. P.)

04333 309-12555

纳税理论与实务

韩瑞宾主编 2016 年 237 页 26 cm 32 元〔高等学校应用型规划教材〕(G. F. P.)

04334 309-08747

纳税及其稽查与案例

黄艳主编 2012 年 322 页 26 cm 39 元〔复旦卓越·21 世纪管理学系列〕(G. F. P.)

04335 309-12106

商业保理税务实务与案例

杨新房 祝维纯主编 2016 年 246 页 23 cm 32 元〔商业保理培训系列教材〕(G. F. P.)

04336 309-04900

公司税务管理 程序正义、风险和案例

周叶著 2006 年 218 页 26 cm 25 元〔复旦卓越·21 世纪管理学系列〕(G. F. P.)

04337 309-06316

所得税会计学

李敏主编 2008 年 270 页 23 cm 29 元〔复旦卓越·会计学系列〕(G. F. P.)

04338 309-03047

我国个人收入分配税收调控研究

吴云飞著 2001 年 288 页 20 cm 18 元〔上海市社会科学博士文库 第三辑〕(G. F. P.)

04339 309-07084

中国个人所得税制度

徐晔 袁莉莉 徐战平著 2010 年 279 页 23 cm 33 元〔复旦博学·财政学系列〕(G. F. P.)

04340 309-07598

消费领域环境税费

张真等著 2010 年 270 页 23 cm 32 元〔城市环境管理丛书〕(G. F. P.)

04341 309-14089

北京市常住外来人口养老基金收支测算研究

曹洋著 2018 年 169 页 21 cm 20 元 (G. F. P.)

04342 309-04254

中国公债学说精要

卢文莹著 2004 年 245 页 23 cm 30 元〔复旦博学·金融学系列〕(G. F. P.)

04343 309-14652

县治的财政基础 基于县级基本公共服务提供的视角

陶勇著 2019 年 339 页 24 cm 精装 69 元 (G. F. P.)

04344 309-10257

中国县级财政压力研究

陶勇著 2014 年 282 页 21 cm 20 元 (G. F. P.)

04345 309-14669

参与式治理的兴起 地方人大公共预算监督问责的模式与实践

王逸帅著 2020 年 240 页 24 cm 精装 66 元 (G. F. P.)

经济·财政、金融   315

04346 309-08284
中国省级人大预算监督制度研究
张树剑著 2011 年 202 页 23 cm 32 元 〔公共管理与公共政策学术前沿〕(G. F. P.)

04347 309-05834
地方人大预算审查监督简明读本
赵雯主编 2008 年 336 页 21 cm 19 元 (G. F. P.)

04348 309-01129
乐清县财政税务志
蔡贞珏等编纂 1993 年 288 页 20 cm 精装 28 元 〔浙江省乐清县地方志丛书〕(G. F.)

04349 309-12765
中国财政史十六讲 基于财政政治学的历史重撰
刘守刚编著 2017 年 331 页 26 cm 42 元 〔公共经济与管理·财政学系列〕(G. F. P.)

04350 309-01028
温州市财税志
《温州市财税志》编纂领导小组编 1993 年 249 页 26 cm 精装 65 元 〔温州市地方志丛书〕(G. F.)

04351 309-14736
中国古代治国理财经典阐释
刘守刚 林矗 宋浩天编著 2019 年 283 页 24 cm 精装 59 元 (G. F. P.)

04352 309-04698
晚清外债史研究
马陵合著 2005 年 386 页 21 cm 24 元 〔中国经济与社会变迁研究系列〕(G. F. P.)

04353 309-05708
新中国第一年的中财委研究
迟爱萍著 2007 年 537 页 21 cm 35 元 〔中国经济与社会变迁研究系列〕(G. F. P.)

04354 309-06908
中美跨国税务问答
吕旭明等编著 2009 年 421 页 21 cm 45 元 (G. F. P.)

04355 5627-0041
放射损伤防治药物简介
卫生部卫生防疫司编 1989 年 86 页 19 cm 1.05 元 (G.)

04356 309-15025
货币论
(英)约翰·梅纳德·凯恩斯著(John Maynard Keynes)著 李井奎译 2020 年 616 页 26 cm 精装 158 元 (F. P.)

04357 309-02274
货币替代研究
姜波克 杨槐著 1999 年 257 页 20 cm 16 元 〔开放经济下的宏观金融管理 第二卷〕(G. F. P.)

04358 309-14642
货币金融学
李天栋编著 2020 年 235 页 26 cm 39 元 〔创优·经管核心课程系列〕(G. F. P.)

04359 309-08314
充分就业与自由贸易
(英)迈克尔·波兰尼(Michael Polanyi)著 张清津译 2011 年 140 页 23 cm 22 元 〔西方经济社会思想名著译丛 韦森主编〕(G. F. P.)

04360 309-02451

货币·金融·世界经济 陈观烈选集

陈观烈著 2000 年 526 页 20 cm 精装 25 元 (G. F. P.)

04361 309-12143

给每个人发钱 货币发行传导之分配正义刍论

顾继东著 2016 年 206 页 21 cm 25 元 (G. F. P.)

04362 309-01417

反通货膨胀 政府、企业、个人的对策选择

薛求知著 1994 年 320 页 20 cm 10 元 (G. F.)

04363 309-10204

世界各国宝钞鉴赏

卫志孝编著 2014 年 458 页 29 cm 精装 1 000 元 (G. F. P.)

04364 309-08517

货币政策对房价波动的区域异质性研究

魏玮著 2011 年 166 页 23 cm 25 元 〔华东政法大学金融学重点学科建设成果〕 (G. F. P.)

04365 309-13117

国际货币体系改革与国际金融中心研究

吴君著 2018 年 202 页 21 cm 25 元 〔国际金融体系改革与国际金融中心建设系列〕 (G. F. P.)

04366 309-04095

货币一体化概论

许少强著 2004 年 222 页 20 cm 15 元 〔新编经济学系列教材〕 (G. F. P.)

04367 309-11153

货币一体化概论

许少强著 2015 年 第 3 版 217 页 23 cm 32 元 〔复旦博学·经济学系列〕 (G. F. P.)

04368 309-01584

中国货币需求分析 货币需求函数中的规模变量问题研究

戴国强著 1995 年 205 页 20 cm 10 元 〔复旦大学博士丛书〕 (G. F.)

04369 309-01995

中国货币需求的微观基础研究

杜巨澜著 1998 年 227 页 20 cm 15 元 〔经济学博士后、博士论丛〕 (G. F. P.)

04370 309-02059

中国货币政策的金融传导

李军著 1998 年 214 页 20 cm 15 元 〔经济学博士后、博士论丛〕 (G. F. P.)

04371 309-14067

中国货币政策调控机制转型及理论研究

陆前进著 2019 年 600 页 24 cm 精装 98 元 〔纪念改革开放四十周年丛书 张晖明主编〕 (G. F. P.)

04372 309-07917

货币政策的传导和有效性研究

万解秋著 2011 年 326 页 21 cm 28 元 (G. F. P.)

04373 309-03019

货币政策效果的度量 中国货币政策效果的定量评价

徐龙炳著 2001 年 145 页 20 cm 9 元 〔上海市社会科学博士文库 第三辑〕 (G. F. P.)

04374 309-10688

廉价货币时代 2003—2013 年经济波动研究

殷醒民著 2014 年 196 页 26 cm 39 元

经济·财政、金融　317

(G. F. P.)

04375　309-09710

中国货币政策绩效研究 基于社会福利角度的考察

赵伟著　2013年　166页　23 cm　25元 (G. F. P.)

04376　309-11889

人民币发行方式转轨研究 由买外汇转向买国债

胡海鸥　冯霞著　2015年　324页　21 cm　30元 (G. F. P.)

04377　309-12102

人民币发行与人民币汇率

胡海鸥著　2016年　155页　21 cm　20元〔国家大事丛书〕(G. F. P.)

04378　309-02098

中国货币供给机制转轨研究

胡海鸥著　1998年　292页　20 cm　14元 (G. F. P.)

04379　309-04588

白银与近代中国经济 1890—1935

戴建兵著　2005年　384页　21 cm　25元〔中国金融史专刊 第一辑〕(G. F. P.)

04380　309-04651

日本货币政策问题研究 兼析20世纪90年代后日本经济和货币政策

陈作章著　2005年　299页　21 cm　20元〔黄皮书系列〕(G. F. P.)

04381　309-07892

日元升值的命运 一个经济学家21世纪的再解析

陈作章著　2011年　292页　21 cm　20元 (G. F. P.)

04382　309-05446

欧元、美元和国际货币体系

多米尼克·萨尔瓦多(Dominick Salvatore)等著　贺瑛等译　2007年　中英文本　294页　23 cm　32元〔大师世界经济译丛〕(G. F. P.)

04383　309-02128

认识欧元

王明权主编　1998年　251页　20 cm　精装　22元 (G. F. P.)

04384　309-06170

美联储信息优势及其对货币政策目标的影响

严维石著　2008年　250页　21 cm　22元 (G. F. P.)

04385　309-14665

绿色金融概论

陈诗一主编　2019年　405页　26 cm　66元〔绿色金融系列〕(G. F. P.)

04386　309-05109

金融英语

刘文国　蒋晓红主编　2006年　350页　23 cm　32元〔复旦卓越·21世纪金融学教材新系〕(G. F. P.)

04387　309-06732

金融英语

刘文国主编　2009年　第2版　338页　23 cm　32元〔复旦卓越·21世纪金融学教材新系〕(G. F. P.)

04388　309-14688

新编金融英语

刘文国主编　2020年　295页　26 cm　48元〔创优·经管核心课程系列〕(G. F. P.)

04389 309-04996
金融风险管理
卢文莹编著 2006 年 380 页 23 cm 38 元〔复旦博学·金融学系列〕(G. F. P.)

04390 309-02294
金融风险与银行管理
徐镇南主编 1999 年 449 页 20 cm 20 元〔通用财经类教材〕(G. F. P.)

04391 309-09806
金融实用英语
袁薇 刘玉珍 郭剑晶主编 2013 年 174 页 26 cm 30 元 (G. F. P.)

04392 309-06673
金融风险管理
张金清编著 2009 年 323 页 26 cm 35 元〔复旦博学·微观金融学系列〕(G. F.)

04393 309-08274
金融风险管理
张金清编著 2011 年 第 2 版 323 页 26 cm 35 元〔复旦博学·微观金融学系列〕(G. F. P.)

04394 309-14516
金融英语
张筠 岳世良主编 2019 年 144 页 26 cm 40 元〔21 世纪职业教育行业英语〕(G. F.)

04395 309-04523
创建成功者的思维 实现财务独立的六把金钥匙
(加)蔡兴扬 唐晖著 2005 年 228 页 21 cm 16.80 元 (G. F. P.)

04396 309-07040

英汉金融
胡志勇主编 2010 年 711 页 15 cm 18 元〔新学科术语小词典〕(G. F. P.)

04397 309-03141
金融数学与分析技术
蔡明超 孙培源编著 2002 年 266 页 20 cm 精装 15 元 (G. F. P.)

04398 309-03343
金融工程学 金融商品创新选择权理论
陈松男著 2002 年 482 页 23 cm 精装 49 元 (G. F. P.)

04399 309-05481
金融博弈论
陈学彬等著 2007 年 440 页 23 cm 42 元〔复旦博学·21 世纪经济管理类研究生教材〕(G. F. P.)

04400 309-09097
金融理论与政策 宏观分析视角
陈学彬主编 2012 年 289 页 26 cm 39.80 元〔金融硕士专业学位主干课程系列教材〕(G. F. P.)

04401 309-06469
微观金融学 理论·实务·案例
陈湛匀编著 2009 年 238 页 26 cm 28 元〔复旦博学·微观金融学系列〕(G. F. P.)

04402 309-04722
金融泡沫的形成、运行与控制研究
董贵昕著 2005 年 193 页 23 cm 20 元〔黄皮书系列〕(G. F. P.)

04403 309-06288
金融理论与实务
樊纪明 刘双红主编 2008 年 2010 年第 2

04404 309-14687

放矢中国金融热点问题

关浣非著 2020年 252页 24 cm 45元 (G. F. P.)

04405 309-00566

社会主义金融论

龚浩成 朱德林 刘波著 1990年 277页 21 cm 4.50元 ( )

04406 309-12565

货币银行学

何光辉编著 2016年 466页 26 cm 58元 (G. F. P.)

04407 309-02675

当代货币金融理论

胡海鸥等著 2000年 430页 20 cm 22元 〔新编经济学系列教材〕(G. F. P.)

04408 309-13482

新编货币金融学

胡靖 潘勤华 李月娥主编 2018年 318页 26 cm 48元 〔复旦卓越·21世纪经济学系列〕(G. F. P.)

04409 309-01732

现代货币银行学教程

胡庆康主编 1996年 307页 20 cm 15元 〔新编经济学系列教材〕(G. F. P.)

04410 309-02945

现代货币银行学教程

胡庆康主编 2001年 第2版 2006年第3版 385页 23 cm 35元 〔复旦博学·金融学系列〕(G. F. P.)

04411 309-07191

现代货币银行学教程

胡庆康主编 2010年 第4版 438页 23 cm 38元 〔复旦博学·金融学系列〕(G. F. P.)

04412 309-10447

现代货币银行学教程

胡庆康主编 2014年 第5版 446页 23 cm 42.50元 〔复旦博学·金融学系列〕(G. F. P.)

04413 309-13718

现代货币银行学教程

胡庆康主编 2019年 第6版 392页 23 cm 42元 〔复旦博学·金融学系列 上海市高等学校优秀教材一等奖〕(G. F. P.)

04414 309-11972

货币银行学

胡援成主编 2015年 396页 26 cm 49元 〔信毅教材大系〕(G. F. P.)

04415 309-03924

货币银行学

李敏主编 2004年 311页 23 cm 32元 〔复旦博学〕(G. F. P.)

04416 309-07893

现代货币银行学

李敏主编 2011年 348页 23 cm 35元 (G. F. P.)

04417 309-09416

基于Excel & VBA的高级金融建模

李斯克等编著 2013年 414页 23 cm 48元 〔注册金融分析师系列 金程教育金融研究院主编〕(G. F. P.)

04418 309-05372
金融学
刘玉平主编 2007年 399页 23 cm 38元〔复旦卓越·21世纪金融学教材新系〕(G. F. P.)

04419 309-06492
金融学学习指导
刘玉平主编 2009年 275页 21 cm 18元〔复旦卓越·21世纪金融学教材新系配套教学用书〕(G. F. P.)

04420 309-04262
金融学基础冲刺
全国金融联考命题研究中心 金程教育金融联考教研组编 2004年 2006年第2版 2007年第3版 2008年第4版 2009年第5版 1册 26 cm 45元〔2005年金融学硕士研究生招生联考辅导系列〕(G. F. P.)

04421 309-04186
金融学基础辅导
全国金融联考命题研究中心 金程教育金融联考教研组编 2004年 2006年第2版 2007年第3版 2008年第4版 2009年第5版 480页 26 cm 75元〔金融学硕士研究生招生联考辅导系列〕(G. F. P.)

04422 309-04547
行为金融学
饶育蕾 张轮著 2005年 第2版 349页 23 cm 33元〔复旦博学·21世纪经济管理类研究生教材〕(G. F. P.)

04423 309-14586
微观金融学及其数学基础
邵宇 刁羽编著 2019年 第3版 783页 26 cm 99元〔复旦博学·微观金融系列〕(G. F. P.)

04424 309-07218
金融学教程(双语)理论与实训
宋羽主编 2010年 344页 26 cm 35元〔复旦卓越·21世纪管理学系列〕(G. F. P.)

04425 309-01758
货币银行学通论
万解秋主编 1996年 341页 20 cm 16元〔大学管理类教材丛书〕(G. F. P.)

04426 309-02790
货币银行学通论
万解秋主编 2001年 第2版 393页 20 cm 20元〔大学管理类教材丛书〕(G. F. P.)

04427 309-11137
货币银行学通论
万解秋主编 2015年 第3版 570页 21 cm 38元〔大学管理类教材丛书〕(G. F. P.)

04428 309-00459
货币银行学原理
王学青主编 1989年 273页 20 cm 3.50元(G. F.)

04429 309-01182
货币银行学原理
王学青主编 1989年(1993年重印) 273页 20 cm 7元〔上海财经大学丛书〕(G. F.)

04430 309-06275
经济模型与实验
翁跃明编著 2008年 191页 23 cm 20元〔复旦卓越·21世纪金融学教材新系

(G. F. P.)

04431 309-14092
金融随机分析概要
肖悦文编著 2019年 143页 23 cm 28元
(G. F. P.)

04432 309-08299
资本约束下的银行资产组合行为及其宏观经济效应
徐明东著 2011年 216页 21 cm 20元
(G. F. P.)

04433 309-04245
金融学教程
杨长江 张波 王一富编著 2004年 349页 26 cm 33元〔复旦卓越·经济学系列〕(G. F. P.)

04434 309-09733
金融工程应用与案例
杨军战著 2013年 304页 25 cm 39元
(G. F. P.)

04435 309-01374
银行千能 货币与银行功能的新观察
郑先炳著 1994年 280页 19 cm 14元〔金融理论与实务丛书〕(G. F.)

04436 309-09339
金融硕士(MF)冲刺
中国专业硕士命题研究中心 金程教育金融硕士教研组编 2012年 314页 26 cm 88元〔2013年金融硕士(MF)专业学位研究生招生辅导系列〕(G. F. P.)

04437 309-08214
金融硕士(MF)辅导
中国专业硕士命题研究中心 金程教育金融硕士教研组编 2011年 575页 26 cm 118元〔2012年金融硕士(MF)专业学位研究生招生辅导系列〕(G. F. P.)

04438 309-09879
金融硕士(MF)辅导 2014
中国专业硕士命题研究中心 上海金程教育金融硕士教研组编 2013年 673页 26 cm 118元〔2014年金融硕士(MF)考试辅导系列〕(G. F. P.)

04439 309-10903
金融硕士(MF)辅导 2015
中国专业硕士命题研究中心 金程考研专业课教研中心编 2014年 530页 26 cm 118元〔2015年金融硕士(MF)考试辅导系列〕(G. F. P.)

04440 309-11556
金融硕士(MF)考试大纲解析
中国专业硕士命题研究中心 金程考研专业课教研中心编著 2015年 218页 26 cm 48元〔金程考研金融硕士(MF)考试辅导通关宝系列〕(G. F. P.)

04441 309-02183
现代货币银行学教程习题指南
胡庆康编著 1999年 193页 20 cm 10元〔新编经济学系列教材〕(G. F. P.)

04442 309-03573
现代货币银行学教程习题指南
胡庆康编著 2003年 第2版 211页 23 cm 20元〔复旦博学·金融学系列〕(G. F. P.)

04443 309-07068
现代货币银行学教程习题指南

胡庆康主编 2010 年 第 3 版 232 页 23 cm 25 元〔复旦博学·金融学系列〕(G. F. P.)

04444 309-13394
复旦大学 431 金融学综合真题详解 2018 版
科兴教育编 2018 年 125 页 26 cm 22 元〔考研直通车系列〕(G. P.)

04445 309-04493
货币银行学习题集
李敏等编著 2005 年 159 页 23 cm 18 元 (G. F. P.)

04446 309-05233
金融学基础联考模拟试卷及详解 2007
全国金融联考命题研究中心 金程教育金融联考教研组编 2006 年 109 页 26 cm 20 元〔2007 年金融学硕士研究生招生联考辅导系列〕(G. F. P.)

04447 309-11558
金融硕士(MF)复习全书
中国专业硕士命题研究中心 金程考研专业课教研中心编著 2015 年 543 页 26 cm 88 元〔金融硕士(MF)考试辅导通关宝系列〕(G. F. P.)

04448 309-11788
金融硕士(MF)真题及详解
中国专业硕士命题研究中心 金程考研专业课教研中心编著 2015 年 338 页 26 cm 68 元〔金融硕士(MF)考试辅导通关宝系列〕(G. F. P.)

04449 309-07086
金融科研谱新篇 上海金融学院 2004—2008 年获奖成果汇编
储敏伟主编 2010 年 251 页 22 cm 30 元 (G. F. P.)

04450 309-08412
金融科研谱新篇 二 上海金融学院 2009—2010 年获奖成果汇编
储敏伟主编 2011 年 218 页 22 cm 26 元 (G. F. P.)

04451 309-10012
金融科研谱新篇 上海金融学院 2011—2012 年获奖成果汇编
储敏伟主编 2013 年 227 页 22 cm 26 元 (G. F. P.)

04452 309-13976
复旦金融评论 第 1 辑
魏尚进主编 2018 年 98 页 28 cm 88 元 (G. F. P.)

04453 309-14095
复旦金融评论 第 2 辑
魏尚进主编 2018 年 98 页 28 cm 88 元 (G. F.)

04454 309-14169
复旦金融评论 第 3 辑
魏尚进主编 2019 年 114 页 28 cm 88 元 (F.)

04455 309-14394
复旦金融评论 第 4 辑
魏尚进主编 2019 年 116 页 28 cm 88 元 (G. F.)

04456 309-14597
复旦金融评论 第 5 辑
魏尚进主编 2019 年 98 页 28 cm 88 元 (G. F.)

04457 309-04754
走向国际化的金融创新与管理变革

袁志刚 顾云深 陈皓主编 2005 年 464 页 23 cm 48 元〔上海市博士后经济管理论坛〕(G. F. P.)

04458 309-00763
现代银行管理学
陈伟恕著 1992 年 365 页 20 cm 6.50 元 (G. F.)

04459 309-01184
现代银行管理学
陈伟恕著 1992 年(1993 年重印) 365 页 20 cm 9.20 元 (G.)

04460 309-04909
论金融机构激励约束机制
陈学彬等著 2006 年 379 页 21 cm 25 元〔当代中国经济理论创新文库〕(G. F. P.)

04461 309-06026
品牌驱动式银行管理 基于品牌价值和银行持续成长的战略选择
陈育明 张珂著 2008 年 365 页 23 cm 38 元 (G. F. P.)

04462 309-03191
银行监管
(美) 德沃特里庞(Mathias Dewatripont) (美) 泰勒尔(Jean Tirole)著 石磊 王永钦译 2002 年 219 页 20 cm 12 元 (G. F. P.)

04463 309-05408
银行监管的国际标准 有效银行监管核心原则暨核心原则评估方法
罗平 段继宁译 中国银行业监督管理委员会译 2007 年 142 页 23 cm 18 元 (G. F. P.)

04464 309-03748
金融控股公司论 兼析在我国的发展
贝政新 陆军荣主编 2003 年 344 页 20 cm 17 元〔黄皮书系列〕(G. F. P.)

04465 309-00873
西方商业银行的经营与管理
刘波等著 1992 年 287 页 20 cm 5.50 元 (G.)

04466 309-01412
西方商业银行的经营与管理
刘波等著 1992 年(1994 年重印) 287 页 20 cm 9.80 元 (G.)

04467 309-02355
中央银行概论
万解秋 贝政新编著 1999 年 358 页 20 cm 15 元〔通用财经类教材〕(G. F. P.)

04468 309-06812
中央银行概论
万解秋 贝政新 陈作章编著 2009 年 第 2 版 328 页 21 cm 20 元〔大学管理类教材丛书〕(G. F. P.)

04469 309-05373
中央银行学
付一书主编 2007 年 359 页 23 cm 35 元〔复旦卓越·21 世纪金融学教材新系〕(G. F.)

04470 309-09467
中央银行学
付一书主编 2013 年 第 2 版 404 页 23 cm 42 元〔复旦卓越·21 世纪金融学教材新系〕(G. F. P.)

04471 309-06507
中央银行学学习指导

付一书主编 2009 年 163 页 21 cm 14 元〔复旦卓越·21 世纪金融学教材新系配套教学用书〕(G. F. P.)

04472 309-03723
中央银行学教程
童适平编著 2003 年 232 页 23 cm 23 元〔复旦博学·金融学系列〕(G. F. P.)

04473 309-10647
中央银行学教程
童适平编著 2016 年 第 2 版 245 页 23 cm 29 元〔复旦博学·金融学系列〕(G. F. P.)

04474 309-03720
投资银行学
贝政新主编 2003 年 433 页 20 cm 22 元〔通用财经类教材〕(G. F. P.)

04475 309-05376
商业银行学
戴小平主编 2007 年 337 页 23 cm 33 元〔复旦卓越·21 世纪金融学教材新系〕(G. F. P.)

04476 309-09151
商业银行学
戴小平主编 2012 年 第 2 版 429 页 23 cm 45 元〔复旦卓越·21 世纪金融学教材新系〕(G. F. P.)

04477 309-13764
商业银行学
戴小平主编 2018 年 第 3 版 460 页 23 cm 55 元〔复旦卓越·21 世纪金融学教材新系〕(G. F. P.)

04478 309-06489
商业银行学学习指导
戴小平主编 2009 年 172 页 21 cm 15 元〔复旦卓越·21 世纪金融学教材新系配套教学用书〕(G. F. P.)

04479 309-13003
商业银行管理学
黄飞鸣主编 2017 年 380 页 26 cm 49 元〔信毅教材大系〕(G. F. P.)

04480 309-06202
商业银行理论教程 理论与实训
宋羽主编 2008 年 319 页 26 cm 35 元〔复旦卓越·21 世纪管理学系列〕(G. F. P.)

04481 309-03848
商业银行经营管理新编
熊继洲 楼铭铭编著 2004 年 399 页 23 cm 38 元〔复旦博学〕(G. F. P.)

04482 309-09258
现代商业银行经营管理
薛誉华 郑晓玲主编 2012 年 380 页 26 cm 45 元〔通用财经类系列〕(G. F. P.)

04483 309-02698
现代商业银行中间业务运作与创新
贝政新等著 2000 年 437 页 20 cm 22 元(G. F. P.)

04484 309-03719
商人银行运作实务
陶昌编著 2003 年 211 页 20 cm 12 元〔新编经济学系列教材〕(G. F. P.)

04485 309-06652
金融工具会计准则制定研究 基于 IASC/IASB 的若干经验

陈秧秧著 2009年 195页 21cm 16元 (G. F.)

04486 309-04525
银行会计
贺瑛 钱红华主编 2005年 2007年第2版 348页 23cm 32元〔复旦博学·21世纪高等院校会计专业方向课教材〕(G. F. P.)

04487 309-06415
银行会计
贺瑛 钱红华主编 2008年 第3版 323页 23cm 32元〔普通高等教育"十一五"国家级规划教材 复旦博学·21世纪高等院校会计专业方向课教材〕(G. F. P.)

04488 309-11485
银行会计
贺瑛 钱红华主编 2015年 第4版 303页 23cm 38元〔普通高等教育"十一五"国家级规划教材 21世纪高等院校会计专业方向课教材〕(G. F. P.)

04489 309-10239
金融企业会计
侯旭华 申钰希编著 2014年 548页 23cm 49元〔复旦卓越·会计学系列〕(G. F. P.)

04490 309-04379
证券公司会计
瞿灿鑫主编 2005年 303页 23cm 29元〔复旦博学·21世纪高等院校会计专业方向课教材〕(G. F. P.)

04491 309-07964
我国衍生金融工具会计监管机制研究
马颖著 2011年 258页 21cm 20元 (G. F. P.)

04492 309-14219
金融企业会计学
彭玉镏 陈春霞 吴艳艳编著 2019年 415页 27cm 55元〔信毅教材大系〕(G. F. P.)

04493 309-04790
衍生金融工具会计
孙玉甫著 2005年 183页 23cm 24元〔复旦博学·21世纪高等院校会计专业方向课教材〕(G. F. P.)

04494 309-01021
证券公司会计
王鸿祥等主编 1993年 288页 19cm 6.20元 (G. F.)

04495 309-00590
建设银行会计与管理
王隆昌等编著 1990年 582页 20cm 8元 (G. F.)

04496 309-01978
商业银行会计
朱叶 聂叶编著 1998年 450页 20cm 18元〔新编经济学系列教材〕(G. F. P.)

04497 309-10557
金融企业会计习题指南
侯旭华编著 2014年 321页 23cm 42元〔复旦卓越·会计学系列〕(G. F. P.)

04498 309-05464
银行会计习题与解答
钱红华主编 2007年 2008年第2版 163页 21cm 15元 (G. F. P.)

04499 309-11486

银行会计习题与解答

钱红华主编 2015年 第4版 146页 21 cm 18元（G. F. P.）

04500 309-15159

银行会计习题与解答

钱红华主编 2020年 第5版 127页 26 cm 36元〔复旦卓越〕(P.)

04501 309-08518

博物馆里说基金

叶有明等编著 2011年 235页 19 cm 25元（G. F. P.）

04502 309-00966

储蓄理论与实务

王隆昌等著 1992年 550页 19 cm 11元（G.）

04503 309-06503

利率曲线及其构造

周星著 2009年 154页 23 cm 28元（G. F. P.）

04504 309-13677

互联网金融理论与案例分析

牛淑珍 齐安甜 潘彦编著 2018年 300页 23 cm 48元〔复旦博学·金融学系列 上海市市属高校第三批应用型本科试点专业"金融学"专业建设成果〕(G. F. P.)

04505 309-12312

大数据时代的金融 金融管理系统数据挖掘的研究与效用

王雨霖著 2016年 263页 21 cm 36元（G. F. P.）

04506 309-03978

电子金融学

杨青编著 2004年 418页 23 cm 38元（G. F. P.）

04507 309-06448

电子金融学

杨青编著 2009年 第2版 394页 26 cm 39元〔复旦博学·微观金融学系列〕（G. F. P.）

04508 309-03963

网络金融

杨天翔等编著 2004年 338页 20 cm 18元〔通用财经类教材〕（G. F. P.）

04509 309-11033

网络金融

杨天翔 薛誉华 刘亮编著 2015年 第2版 388页 26 cm 49元〔通用财经类系列〕（G. F. P.）

04510 309-02244

商业银行不良贷款管理的理论与实践

胡冰星著 1999年 178页 20 cm 15元〔上海市社会科学博士文库 第一辑〕（G. F. P.）

04511 309-01537

银行信贷管理学

李新乃主编 1995年 1996年第2版 403页 20 cm 14元〔新编经济学系列教材〕（G. F. P.）

04512 309-00631

信贷员工作手册

周子馨 史叶菁主编 1991年 229页 19 cm 3元（G.）

04513 309-05649

信用管理概论

李红艳 刘丽珍主编 2007 年 249 页 24 cm 28 元〔商洋系列〕(G. F. P.)

04514 309-04027
企业信用管理
李敏等主编 2004 年 260 页 23 cm 30 元〔上海市紧缺人才系列教材 上海市信用评估师系列教材〕(G. F. P.)

04515 309-08173
公司信用管理
叶陈毅主编 2011 年 325 页 26 cm 35 元〔复旦卓越·21 世纪管理学系列〕(G. F. P.)

04516 309-04118
房地产金融学
华伟主编 2004 年 323 页 20 cm 18 元〔房地产系列教材〕(G. F. P.)

04517 309-02455
房地产金融学概论
尹伯成等编著 2000 年 340 页 20 cm 16.80 元 (G. F. P.)

04518 309-04394
风险投资国际化
(瑞士)Martin Haemmig 著 吴红等译 复旦大学中国风险投资研究中心译 2005 年 416 页 23 cm 43 元〔风险投资理论与实务丛书 复旦大学中国风险投资研究中心系列丛书〕(G. F. P.)

04519 309-07080
金融理财学
艾正家主编 2010 年 380 页 25 cm 38 元〔普通院校金融理财系列教材〕(G. F. P.)

04520 309-09888
金融理财学
艾正家主编 2013 年 第 2 版 500 页 25 cm 55 元〔普通院校金融理财系列教材〕(G. F. P.)

04521 309-04971
投资组合管理通解
陈昊编著 2006 年 370 页 26 cm 48 元 (G. F. P.)

04522 309-03335
投资学
陈松男著 2002 年 789 页 20 cm 39 元〔工商管理硕士(MBA)教材〕(G. F. P.)

04523 309-09479
投资组合管理
程黄维 吴轶 洪波编著 2013 年 360 页 23 cm 42 元〔注册金融分析师系列 金程教育金融研究院主编〕(G. F. P.)

04524 309-09466
精彩晚年 轻松理财
单惟婷 章劼主编 2013 年 309 页 22 cm 25 元 (G. F. P.)

04525 309-00995
投资经济学
金德环主编 1992 年 300 页 20 cm 5.90 元〔上海财经大学丛书〕(G.)

04526 309-01357
投资经济学
金德环主编 1992 年(1993 年重印)321 页 20 cm 7.50 元〔上海财经大学丛书〕(G. F.)

04527 309-01437
投资经济学

金德环主编 1992年(1994年重印) 321页 20 cm 8.50元〔上海财经大学丛书〕(G. F. P.)

04528 309-05302
投资经济学
金德环编著 2006年 第2版 408页 23 cm 38元〔复旦博学·经济学系列〕(G. F. P.)

04529 309-08961
你所不知道的华人首富家族 500年财富王朝的秘密
(美)罗伯特·徐(Robert Hsu)著 2012年 204页 21 cm 29.80元 (G. F. P.)

04530 309-09150
你所不知道的华人首富家族 500年财富王朝的秘密
(美)罗伯特·徐(Robert Hsu)著 2012年 193页 23 cm 39.80元〔点石成金系列〕(G. F. P.)

04531 309-14507
国际注册理财师资格认证教材 上册
牛淑珍 梁辉主编 2019年 330页 30 cm 98元〔美国注册财务策划师学会官方唯一指定中文版教材〕(G. F. P.)

04532 309-14508
国际注册理财师资格认证教材 下册
牛淑珍 梁辉主编 2019年 458页 30 cm 128元〔美国注册财务策划师学会官方唯一指定中文版教材〕(G. F. P.)

04533 309-07747
金融投资分析技术与技巧
欧阳莹 章劼主编 2011年 452页 25 cm 39元〔普通院校金融理财系列教材〕(G. F. P.)

04534 309-06603
投资者行为研究
孙绍荣等著 2009年 250页 21 cm 20元 (G. F. P.)

04535 309-03589
现代投资学原理
万解秋 贝政新编著 2003年 549页 20 cm 26元〔复旦博学·大学管理类教材丛书〕(G. F. P.)

04536 309-13437
现代投资学原理
万解秋编著 2019年 第2版 462页 26 cm 68元〔大学管理类教材丛书〕(G. F. P.)

04537 309-07330
金融理财规划
王庆仁主编 2010年 162页 25 cm 20元〔普通院校金融理财系列教材〕(G. F. P.)

04538 309-08204
多赢对冲投资
温天编著 2011年 266页 21 cm 16元〔世界高管丛书〕(G. F. P.)

04539 309-04176
投资组合管理
徐华青等编著 2004年 325页 23 cm 35元〔注册金融分析师系列〕(G. F. P.)

04540 309-10949
中级投资学
杨晔 杨大楷主编 2014年 292页 26 cm 38.80元〔公共经济与管理·投资学系列〕(G. F. P.)

04541 309-07592

创业-组合投资理论与实务

张陆洋 崔升 肖建著 2010 年 239 页 23 cm 32 元〔复旦大学中国风险投资研究中心系列丛书 风险投资理论与实务丛书〕(G. F. P.)

04542 309-05837

风险投资导论 科技企业创业与风险投资

张陆洋著 2007 年 255 页 26 cm 30 元〔复旦博学·微观金融学系列〕(G. F. P.)

04543 309-08680

风险投资发展国际经验研究

张陆洋著 2011 年 198 页 23 cm 28 元〔复旦大学中国风险投资研究中心系列丛书 风险投资理论与实务丛书〕(G. F. P.)

04544 309-11185

风险投资增值服务研究 理论与实务

张陆洋 何国杰 王永胜著 2015 年 175 页 24 cm 36 元〔复旦大学中国风险投资研究中心系列丛书 风险投资理论与实务丛书〕(G. F. P.)

04545 309-14170

创业投资与融资

张青编著 2019 年 266 页 26 cm 48 元〔创业与领导力经验教程系列〕(G. F. P.)

04546 309-05606

投资经济学

张宗新 杨青主编 2007 年 334 页 26 cm 35 元〔复旦博学·21 世纪工程管理系列〕(G. F. P.)

04547 309-04990

投资学

张宗新编著 2006 年 411 页 26 cm 39 元〔复旦博学·微观金融学系列〕(G. F. P.)

04548 309-06831

投资学

张宗新编著 2009 年 第 2 版 299 页 26 cm 35 元〔复旦博学·微观金融学系列〕(G. F. P.)

04549 309-10108

投资学

张宗新编著 2013 年 第 3 版 305 页 26 cm 35 元〔复旦博学·微观金融学系列〕(G. F. P.)

04550 309-13183

投资学

张宗新编著 2017 年 344 页 26 cm 48 元〔经管类专业学位研究生主干课程系列教材〕(G. F. P.)

04551 309-14668

投资学

张宗新编著 2020 年 第 4 版 344 页 26 cm 48 元〔复旦博学·微观金融学系列〕(G. F. P.)

04552 309-09158

投资学 证券分析与投资管理

张宗新编著 2012 年 348 页 26 cm 42 元〔金融硕士专业学位主干课程系列教材〕(G. F. P.)

04553 309-07378

金融投资实务

章劼主编 2010 年 357 页 25 cm 36 元〔普通院校金融理财系列教材〕(G. F. P.)

04554 309-07576

投资学习题与解答

章劼主编 2010年 316页 21 cm 20元 (G. F. P.)

04555 309-11843

十万个为什么(老年版) 理财顾问

张学森主编 2015年 109页 21 cm 15元〔十万个为什么〕(G. F. P.)

04556 309-00249

农村金融学

舒子唐主编 1989年 325页 20 cm 4.70元 (G. F.)

04557 309-02582

汇率理论和政策研究

姜波克 陆前进编著 2000年 401页 23 cm 38元〔复旦大学金融学科建设项目系列研究1〕(G. F. P.)

04558 309-14711

汇率机制 具有自动平衡机制的交互盯住国际汇率体系研究

陈学彬著 2020年 263页 24 cm 68元 (G. F. P.)

04559 309-04150

银行外汇业务会计

陈振婷 朱红军主编 2004年 2006年第2版 292页 26 cm 28元〔复旦博学·21世纪高等院校会计专业方向课教材〕(G. F. P.)

04560 309-04838

国际结算

顾建清 姚海明 袁建新主编 2006年 373页 21 cm 20元〔通用财经类系列〕(G. F. P.)

04561 309-06073

国际结算

顾建清 姚海明 袁建新主编 2008年 第2版 373页 21 cm 20元〔通用财经类系列〕(G. F. P.)

04562 309-14086

国际结算

顾建清编著 2019年 第3版 271页 26 cm 38元〔通用财经类系列〕(G. F. P.)

04563 309-04974

国际结算

贺瑛主编 2006年 2007年第2版 326页 23 cm 32元〔复旦卓越·21世纪国际经济与贸易专业教材新系〕(G. F. P.)

04564 309-02498

国际结算

沈薇贞主编 2000年 280页 20 cm 16元〔新编经济学系列教材〕(G. F. P.)

04565 309-02126

外汇业务案例选

史万钧编著 1999年 399页 20 cm 18元〔大学管理类教材丛书〕(G. F. P.)

04566 309-11080

巴拉萨-萨缪尔森效应研究

杨长江著 2014年 295页 21 cm 25.50元 (G. F. P.)

04567 309-05689

国际结算

叶陈云 叶陈刚编著 2007年 306页 25 cm 35元〔复旦博学·21世纪国际经济与贸易系列 黄建忠等主编〕(G. F. P.)

04568 309-06265

国际结算习题与案例

贺瑛主编 2008年 233页 21 cm 16元
〔21世纪国际经济与贸易专业教材新系配套教学用书〕(G. F. P.)

04569 309-02149
证券投资通论
贝政新 陈瑛主编 1998年 475页 20 cm 19元〔通用财经类教材〕(G. F. P.)

04570 309-03044
金融分析 投资、融资策略与衍生创新
陈松男著 2001年 395页 26 cm 40元〔复旦博学·前沿系列〕(G. F. P.)

04571 309-05332
金融工程 衍生金融产品与财务风险管理
傅元略编著 2007年 257页 26 cm 30元〔复旦博学·21世纪高等院校财务管理专业系列〕(G. F. P.)

04572 309-05817
股指期货和黄金期货交易手册
光大期货有限公司编 2008年 200页 21 cm 24元 (G. F. P.)

04573 309-02348
证券公司风险管理导论
胡关金主编 1999年 335页 25 cm 30元 (G. F. P.)

04574 309-02429
何仙姑四两拨千斤 金融衍生工具
黄洪 蔡东雷编著 1999年 119页 18 cm 8元〔金融八仙智慧系列〕(G. F.)

04575 309-04676
金融市场学教程
霍文文主编 2005年 351页 23 cm 33元〔复旦博学·金融学系列〕(G. F.)

04576 309-07154
金融市场学教程
霍文文主编 2010年 第2版 344页 26 cm 33元〔普通高等教育"十一五"国家级规划教材 复旦博学·金融学系列〕(G. F. P.)

04577 309-01663
金融衍生市场投资 理论与实务
姜纬编著 1996年 210页 20 cm 10元〔新编经济学系列教材〕(G. F. P.)

04578 309-14329
金融衍生工具
蒋祥林编著 2019年 503页 26 cm 68元〔经管类专业学位研究生主干课程系列教材〕(G. F. P.)

04579 309-04183
体育博彩概论
李海编著 2004年 230页 23 cm 24元〔复旦博学·体育经济管理丛书〕(G. F. P.)

04580 309-05079
金融市场投融资分析
李敏编著 2006年 244页 23 cm 28元〔复旦卓越·经济学系列〕(G. F. P.)

04581 309-03321
期权理论与案例分析 一个战略性的投资
李森著 2002年 221页 23 cm 25元〔复旦博学·金融学系列〕(G. F. P.)

04582 309-14159
金融市场与机构
刘红忠 卢华编著 2019年 380页 26 cm 49元〔经管类专业学位研究生主干课程系列教材〕(G. F. P.)

04583 309-05868
利率期货与期权
卢文莹编著 2008年 147页 24 cm 18元 〔复旦博学·金融学系列〕(G. F. P.)

04584 309-02112
K线大法
邱一平编著 1998年 179页 20 cm 20元 〔钱龙股经红皮书系列〕(G. F. P.)

04585 309-02256
股法无边
邱一平编著 1999年 170页 20 cm 20元 〔钱龙股经红皮书系列〕(G. F. P.)

04586 309-01982
股经
邱一平编著 1998年 197页 20 cm 20元 〔钱龙股经红皮书系列〕(G. F. P.)

04587 309-01875
股林高手
邱一平编著 1997年 212页 20 cm 20元 〔钱龙股经红皮书系列〕(G. F. P.)

04588 309-02111
线里乾坤
邱一平编著 1998年 179页 20 cm 20元 〔钱龙股经红皮书系列〕(G. F. P.)

04589 309-01674
笑傲股林
邱一平编著 1996年 192页 20 cm 20元 〔钱龙股经红皮书系列〕(G. F. P.)

04590 309-05624
股指期货简明知识读本
上海久恒期货经纪有限公司编 2007年 204页 21 cm 13.80元 〔期货知识普及丛书〕(G. F. P.)

04591 309-06273
金融衍生产品
施兵超编著 2008年 303页 23 cm 33元 〔复旦博学·金融学系列〕(G. F. P.)

04592 309-00916
证券学教程
宋运肇主编 1993年 320页 20 cm 9元 〔新编经济学系列教材〕(G. F.)

04593 309-06682
多层次资本市场研究 理论、国际经验与中国实践
王国刚主编 张陆洋 傅浩著 2009年 363页 23 cm 42元 〔复旦大学中国风险投资研究中心系列丛书 风险投资理论与实务丛书〕(G. F. P.)

04594 309-05105
四维股票、期货技术详解
夏剑辉著 2006年 440页 21 cm 29元 (G. F. P.)

04595 309-00936
证券投资人必读
徐永清 谭小峰主编 1992年 338页 20 cm 4.50元 (G. F.)

04596 309-05779
金融市场学
许文新主编 2007年 348页 23 cm 33元 〔复旦卓越·21世纪金融学教材新系〕(G. F. P.)

04597 309-04310
货币市场经纪 欧洲主导的金融服务业
张纪康主编 2004年 221页 23 cm 25元

〔复旦博学·金融学系列〕(G. F. P.)

04598 309-13184
金融风险管理实务
张金清编著 2017年 270页 26 cm 58元 〔经管类专业学位研究生主干课程系列教材〕(G. F. P.)

04599 309-04774
金融资产价格波动与风险控制
张宗新著 2005年 216页 23 cm 25元 (G. F. P.)

04600 309-01200
股票、期货、外汇技术分析详解 理论·实务·策略
郑超文编著 1993年(1995年重印) 310页 20 cm 30元 (G. F.)

04601 309-00570
证券知识和经营诀窍
朱立纲著 1991年 235页 19 cm 2.40元 (G.)

04602 309-08741
"股权溢价之谜"研究 对资产定价、风险偏好与效用函数的分析
朱旭强著 2012年 203页 21 cm 22元 (G. F. P.)

04603 309-00699
证券市场导游
贺宛男 张金泉主编 1991年(1992年重印) 280页 19 cm 3.85元 (G.)

04604 309-12190
金融市场基础知识命题预测试卷
证券业从业人员一般从业资格考试命题研究中心编写 2016年 1册 26×37 cm 36元 〔证券业从业人员一般从业资格考试专用教材〕(G. F.)

04605 309-12425
金融市场基础知识 2017年新大纲版
证券业从业人员一般从业资格考试命题研究中心编 2016年 274页 26 cm 46元 〔证券从业资格考试教材〕( )

04606 309-00941
证券辞典
严杰等撰 1993年 532页 20 cm 16元 (G. F.)

04607 309-00942
证券辞典
严杰等撰 1993年 532页 20 cm 精装 19元 (G. F.)

04608 309-04654
证券投资学
贝政新主编 贝政新 常巍 徐涛编著 2006年 506页 21 cm 26元 〔通用财经类系列〕(G. F. P.)

04609 309-09221
证券投资学
贝政新 常巍 徐涛编著 2012年 第2版 378页 26 cm 40元 〔通用财经类系列〕(G. F. P.)

04610 309-14273
证券投资学
常巍主编 2019年 第3版 363页 26 cm 48元 〔创优·经管核心课程系列〕(G. F. P.)

04611 309-08448
价格涨跌幅限制制度对证券市场的影响研究

郭喜才著 2011年 200页 23 cm 30元〔华东政法大学商学院重点学科建设成果〕(G. F. P.)

04612 309-02453
证券投资分析
胡海鸥等编著 2000年 439页 20 cm 20元〔新编经济学系列教材〕(G. F. P.)

04613 309-05460
证券投资分析
胡海鸥 宣羽畅 马骏编著 2007年 第3版 465页 21 cm 25元〔新编经济学系列教材〕(G. F. P.)

04614 309-13042
证券投资分析
胡海鸥 于丽编著 2017年 第4版 399页 21 cm 28元〔新编经济学系列教材〕(G. F. P.)

04615 309-02993
证券投资分析学习指导
胡海鸥等编著 2001年 145页 20 cm 13元〔新编经济学系列教材〕(G. F. P.)

04616 309-12141
证券投资基金基础知识
基金从业资格考试命题研究中心编写 2016年 300页 26 cm 50元〔基金从业资格考试辅导用书〕(G. F.)

04617 309-11933
证券投资基金基础知识 全真模拟预测试卷
基金从业资格考试命题研究中心编写 2015年 1册 26×38 cm 30元〔基金从业资格考试辅导用书〕(G. F.)

04618 309-09502
掘金科技成长 股权投资实践随笔
蒋永祥等著 2013年 298页 21 cm 36元(G. F. P.)

04619 309-09549
最大化你的投资收益 成功基金投资的十大黄金准则
(比)科克(Laurent Koch)著 易旸译 2013年 150页 22 cm 18元(G. F. P.)

04620 309-08277
证券投资分析
李敏编著 2011年 269页 23 cm 29元〔复旦卓越·经济学系列〕(G. F. P.)

04621 309-03790
共同基金
李森著 2003年 307页 23 cm 30元〔复旦博学·金融学系列〕(G. F. P.)

04622 309-09676
权益类证券定价方法
李斯克等编著 2014年 197页 23 cm 28元〔注册金融分析师系列 金程教育金融研究院主编〕(G. F. P.)

04623 309-04177
权益证券定价方法
李鑫等编著 2004年 209页 23 cm 29元〔注册金融分析师系列〕(G. F. P.)

04624 309-03391
证券市场微观结构理论与实践
刘逖著 2002年 477页 23 cm 45元(G. F. P.)

04625 309-13474
证券投资分析
罗忠洲编著 2018年 289页 26 cm 48元

〔经管类专业学位研究生主干课程系列教材〕(G. F. P.)

04626 309-05948
投资者行为控制机制研究
毛军权著 2008年 206页 21 cm 20元
(G. F. P.)

04627 309-02525
股往金来
邱一平编著 2000年 159页 20 cm 20元
〔七卡股经红皮书系列〕(G. F. P.)

04628 309-05902
机会交易法
邱一平著 2008年 165页 21 cm 20元
〔邱一平新品系列〕(G. F. P.)

04629 309-05901
两极交易法
邱一平著 2008年 179页 21 cm 23元
〔邱一平新品系列〕(G. F. P.)

04630 309-05686
新笑傲股林
邱一平著 2007年 286页 21 cm 30元
(G. F.)

04631 309-05918
撞击交易法
邱一平著 2008年 174页 21 cm 22元
〔邱一平新品系列〕(G. F. P.)

04632 309-02409
投资有道 股市实战
上海有线电视台财经频道编 江勇主讲 金瑜主持 1999年 284页 20 cm 20元
(G. F. P.)

04633 309-04760
证券投资分析 来自报表和市场行为的见解
邵宇 秦培景主编 2005年 438页 26 cm 45元〔复旦博学·微观金融学系列〕
(G. F. P.)

04634 309-14343
证券投资分析 来自报表和市场行为的见解
邵宇 秦培景主编 2019年 第2版 436页 26 cm 58元〔复旦博学·微观金融学系列〕(G. F. P.)

04635 309-04135
固定收益证券定价理论
汤震宇等编著 2004年 206页 23 cm 25元〔注册金融分析师系列〕(G. F. P.)

04636 309-07828
证券投资基金实务教程
王鲁志编著 2011年 281页 23 cm 30元
〔复旦卓越·经济学系列〕(G. F. P.)

04637 309-03891
证券投资分析学习指导
于丽等编著 2004年 第2版 156页 21 cm 14元〔新编经济学系列教材〕(G. F. P.)

04638 309-13402
证券投资分析学习指导
于丽 胡海鸥编著 2018年 第3版 179页 21 cm 16元〔新编经济学系列教材〕(G. F. P.)

04639 309-05147
证券投资学
章劼 艾正家主编 2006年 391页 23 cm 36元〔复旦卓越·21世纪金融学教材新系〕(G. F. P.)

04640 309-06855

点线赚钱术 技术分析详解
郑超文著 2009年 第2版 292页 21 cm 30元 (G. F. P.)

04641 309-03359
投资者保护 国际经验与中国实践
朱从玖主编 2002年 328页 23 cm 40元 (G. F. P.)

04642 309-02424
韩湘子指点迷津 汇市风云
蔡东雷 温天编著 1999年 114页 18 cm 8元〔金融八仙智慧系列〕(G. F.)

04643 309-02427
汉钟离小试牛刀 外汇买卖
黄洪 蔡东雷编著 1999年 109页 18 cm 8元〔金融八仙智慧系列〕(G. F.)

04644 309-02428
蓝采和点金有术 外汇期权
黄洪 蔡东雷编著 1999年 139页 18 cm 10元〔金融八仙智慧系列〕(G. F.)

04645 309-02425
铁拐李仙人指路 汇市入门
黄洪 蔡东雷编著 1999年 134页 18 cm 9元〔金融八仙智慧系列〕(G. F.)

04646 309-02426
张果老神机妙算 汇市分析
黄洪 蔡东雷编著 1999年 116页 18 cm 8元〔金融八仙智慧系列〕(G. F.)

04647 309-02423
外汇托福 曹国舅独家秘术
乐延 章砚编著 1999年 128页 18 cm 8元〔金融八仙智慧系列〕(G. F.)

04648 309-07857
外汇冷投资
王鲁志著 2011年 308页 21 cm 20元〔新编经济学系列教材〕(G. F. P.)

04649 309-02422
八仙斗大鳄 吕洞宾弄潮香江看汇海
温天等编著 1999年 276页 18 cm 16元〔金融八仙智慧系列〕(G. F.)

04650 309-09289
期货市场的定价、行为模式和制度设计
宋军著 2012年 325页 21 cm 24元 (G. F. P.)

04651 309-05966
黄金期货简明知识读本
上海久恒期货经纪有限公司编 2008年 153页 21 cm 13.80元〔期货知识普及丛书〕(G. F. P.)

04652 309-08659
基于最优控制的金融衍生品定价模型研究
杜玉林著 2011年 152页 23 cm 25元〔华东政法大学金融学重点学科建设成果〕(G. F. P.)

04653 309-14458
期权定价和交易
孙健著 2019年 251页 23 cm 42元 (G. F. P.)

04654 309-07067
金融危机的马克思主义解读
张晖明 邓霆主编 2009年 249页 21 cm 18元 (G. F. P.)

04655 4253.007
国际金融简论
陈建梁著 1983年 202页 21 cm 0.80元 (G. F.)

04656 309-14686

国际金融体系与国际金融中心联动研究

贺瑛 程万鹏著 2019年 367页 21 cm 35元〔国际金融体系改革与国际金融中心建设系列〕(G. F. P.)

04657 309-05163

国际金融学

贺瑛主编 2006年 270页 23 cm 28元〔复旦卓越·21世纪金融学教材新系〕(G. F. P.)

04658 309-09283

国际金融学

贺瑛主编 2012年 第2版 308页 24 cm 35元〔复旦卓越·21世纪金融学教材新系〕(G. F. P.)

04659 309-01360

国际金融新编

姜波克著 1994年 320页 20 cm 10元〔新编经济学系列教材〕(G. F.)

04660 309-01900

国际金融新编

姜波克著 1997年 第2版 367页 20 cm 16元〔新编经济学系列教材 国家教委推荐教材〕(G. F. P.)

04661 309-02915

国际金融新编

姜波克著 2001年 第3版 402页 23 cm 36元〔复旦博学·金融学系列 教育部推荐教材〕(G. F. P.)

04662 309-06236

国际金融新编

姜波克编著 2008年 第4版 333页 23 cm 38元〔复旦博学·金融学系列〕(G. F. P.)

04663 309-09296

国际金融新编

姜波克编著 2012年 第5版 303页 23 cm 40元〔"十二五"普通高等教育本科国家级规划教材 教育部推荐教材 复旦博学·金融学系列〕(G. F. P.)

04664 309-13378

国际金融新编

姜波克编著 2018年 第6版 308页 24 cm 42元〔"十二五"普通高等教育本科国家级规划教材 教育部推荐教材 复旦博学·金融学系列〕(G. F. P.)

04665 309-02193

金融全球化与风险防范

姜波克 徐蓉编著 1999年 320页 20 cm 15元〔现代金融干部读本〕(G. F. P.)

04666 309-02151

现代国际金融学

刘剑 乔桂明主编 1998年 339页 20 cm 16元〔通用财经类教材〕(G. F. P.)

04667 309-05610

国际金融实用教程

马晓青主编 2007年 332页 23 cm 32元〔复旦卓越·21世纪金融学教材新系〕(G. F. P.)

04668 309-02667

西方国际金融学英语精粹文选

马之骕编 2000年 620页 26 cm 98元 (G. F. P.)

04669 309-13445

国际金融理论与实务

沈国兵编著 2018年 374页 26 cm 49元

〔经管类专业学位研究生主干课程系列教材〕(G. F. P.)

04670 309-06905
新编国际金融教程
汪洪涛编著 2009 年 220 页 23 cm 25 元
〔复旦卓越·经济学系列〕(G. F. P.)

04671 309-00718
国际金融纲要
(日)小宫隆太郎著 何泽荣译 1991 年 77 页 20 cm 1.80 元 (G. F.)

04672 309-10101
国际金融实务
杨玉凤 李英主编 2014 年 308 页 26 cm 42 元 〔信毅教材大系〕(G. F. P.)

04673 309-08719
国际金融 双语
姚迪克编著 2012 年 294 页 23 cm 35 元 〔复旦卓越·21 世纪金融学教材新系〕(G. P.)

04674 309-06152
国际金融学习题与案例
张晖主编 2008 年 201 页 21 cm 16 元 〔复旦卓越·21 世纪金融学教材新系配套教学用书〕(G. F. P.)

04675 309-01936
国际金融新编习题指南
姜波克 马兴编著 1997 年 332 页 20 cm 15 元 〔新编经济学系列教材〕(G. F. P.)

04676 309-03461
国际金融新编习题指南
姜波克 朱云高编著 2002 年 第 2 版 300 页 23 cm 29 元 〔复旦博学·金融学系列〕(G. F. P.)

04677 309-09512
国际金融新编习题指南
姜波克 刘沁清编著 2013 年 第 4 版 229 页 23 cm 32 元 〔复旦博学·金融学系列〕(G. F. P.)

04678 309-13773
国际金融新编习题指南
姜波克 刘沁清编著 2018 年 第 5 版 279 页 23 cm 36 元 〔复旦博学·金融学系列〕(G. F. P.)

04679 309-06319
国际金融新编习题指南
刘沁清 姜波克编著 2008 年 第 3 版 233 页 23 cm 30 元 〔复旦博学·金融学系列〕(G. F. P.)

04680 309-00135
国际金融辞典
(英)朱利安·沃姆斯利(Julian Walmsley)著 马之騆等译 1988 年 263 页 19 cm 精装 3.50 元 (G. F.)

04681 309-13268
国际金融机构体系与国际金融中心建设研究
贾德铮 朱文生著 2017 年 267 页 21 cm 25 元 (G. F. P.)

04682 309-02837
国际银行学概论
马之騆编著 2001 年 259 页 23 cm 26 元 〔复旦博学·金融学系列〕(G. F. P.)

04683 309-03322
跨国银行管理

薛求知 杨飞编著 2002 年 352 页 20 cm 18 元〔工商管理类硕士（MBA）教材〕(G. F. P.)

04684 309-07698
国际金融中心理论研究
杨长江 谢玲玲著 2010 年 211 页 21 cm 18 元 (G. F. P.)

04685 309-03620
国际金融管理学
朱叶主编 2003 年 339 页 23 cm 32 元〔复旦博学·金融学系列〕(G. F. P.)

04686 309-02144
国际金融市场
陈彪如 马之騆编著 1998 年 396 页 20 cm 15 元 (G. F. P.)

04687 309-00625
国际融资技术与金融市场
陈建梁编著 1991 年 400 页 20 cm 4.80 元〔金融理论与实务丛书〕(G. F.)

04688 309-01320
国际融资技术与金融市场
陈建梁编著 1991 年（1993 年重印）400 页 20 cm 9 元〔金融理论与实务丛书〕(G. F.)

04689 309-00986
各国证券市场概览
徐桂华 郑振龙编著 1992 年 443 页 20 cm 13.50 元 (G. F.)

04690 309-05235
基金治理研究
贝政新等著 2006 年 330 页 25 cm 38 元 (G. F. P.)

04691 309-11121
全球流动性过剩与中国输入型通胀研究
王俊杰著 2014 年 153 页 23 cm 29 元〔信毅学术文库〕(G. F. P.)

04692 309-02218
中国老股票
席建清 赵善荣主编 1999 年 306 页 30 cm 560 元 (F. P.)

04693 309-09125
全球股票指数编制及其汇率难题解析 全球股票 50 指数设计及应用方案
张宏鸣著 2012 年 120 页 21 cm 18 元 (G. F. P.)

04694 309-12500
国际直接投资与跨国公司的全球经营
陈建安编著 2016 年 369 页 23 cm 45 元〔复旦博学·经济学系列〕(G. F. P.)

04695 309-06250
国际投资学
陈湛匀编著 2008 年 380 页 23 cm 38 元〔复旦博学·金融学系列〕(G. F. P.)

04696 309-01256
货币与利息互换 一种国际金融创新工具
梁永生编著 1994 年 172 页 20 cm 4.75 元〔金融理论与实务丛书〕(G. F.)

04697 309-00235
世界大银行 50 家
林进成主编 1989 年 423 页 20 cm 6.40 元 (G. F.)

04698 309-06306
产业投资基金导论 国际经验与中国发展战略选择

鲁育宗著 2008年 259页 23 cm 29元（G. F. P.）

04699 309-01994
80年代以来的南北货币金融关系
马之騆编著 1998年 252页 20 cm 12元（G. F. P.）

04700 309-15073
金砖国家资本账户开放强度差异之谜与中国选择
叶慧超著 2020年 271页 24 cm 68元（G. F. P.）

04701 309-02912
国际投资文书写作规范
余国瑞 贺明海主编 2001年 442页 20 cm 20元〔中国(内地、台、港、澳)高校通用教材〕（G. F. P.）

04702 309-02540
国际短期资本的流动机制 一个现代经济学的分析框架与实证研究
宋文兵著 2000年 261页 20 cm 13.50元〔上海社会科学博士文库 第二辑〕（G. F. P.）

04703 309-06120
国际资本流动与货币政策效应
田素华著 2008年 425页 21 cm 26元（G. F. P.）

04704 309-08093
博物馆里说金融
盛溢等编著 2011年 182页 19 cm 25元〔中国金融博物馆〕（G. F. P.）

04705 309-14681
金融发展与中国企业的国际化研究
陈琳著 2019年 235页 21 cm 26元（G. F. P.）

04706 309-10151
金融产业发展研究 兼论上海国际金融中心建设
戴小平 付一书著 2013年 238页 21 cm 20元（G. F. P.）

04707 309-12834
金融暴风眼
冷建飞著 2017年 291页 23 cm 39元（G. F. P.）

04708 309-13450
规划先行在金融机构的应用
牛淑珍 齐安甜 黄兴著 2018年 314页 21 cm 26元（G. F. P.）

04709 309-04613
中国金融产业地图 2005
中国产业地图编委会 中国经济景气监测中心编 2005年 150页 29 cm 50元〔产业地图书系〕（G. F. P.）

04710 309-03352
金融创新与金融风险 发展中的两难
朱淑珍著 2002年 289页 25 cm 28元〔黄皮书系列〕（G. F. P.）

04711 309-02276
开放经济下的政策搭配
姜波克等著 1999年 243页 20 cm 15元〔开放经济下的宏观金融管理 第四卷〕（G. F. P.）

04712 309-14138
全球化与行业变迁视野下的金融风险防控
复旦大学中国金融史研究中心编 2019年 365页 23 cm 80元〔中国金融史集

经济·财政、金融 341

刊〕(G. F. P.)

04713 309-02522
中国金融改革的理论与实践
胡海鸥 吴国祥著 2000年 391页 20 cm 18元 (G. F. P.)

04714 309-03944
中国金融体制的改革与发展
胡海鸥主编 2004年 307页 24 cm 32元〔复旦博学·金融学系列〕(G. F. P.)

04715 309-02194
金融改革与金融业发展
姜波克 张卫东编著 1999年 310页 20 cm 15元〔现代金融干部读本〕(G. F. P.)

04716 309-02192
金融开放与经济发展
姜波克等编著 1999年 328页 20 cm 15元〔现代金融干部读本〕(G. F. P.)

04717 309-08409
极端条件下中国金融安全研究
牛晓健著 2011年 310页 21 cm 25元 (G. F. P.)

04718 309-03486
中国金融体制改革焦点问题研究
王光伟主撰 陈英顺等编写 2003年 343页 25 cm 38元〔黄皮书系列〕(G. F. P.)

04719 309-04294
开放条件下的宏观金融稳定与安全 姜波克文选
姜波克等著 2005年 425页 23 cm 48元〔复旦学人文库 献给复旦大学一百周年校庆〕(G. F. P.)

04720 309-06574
改革开放进程中的中国金融变迁
吴景平 李克渊主编 2009年 455页 21 cm 28元 (G. F. P.)

04721 309-10132
银行卡产品研发与忠诚度管理
刘鹏著 2013年 243页 21 cm 30元 (G. F. P.)

04722 309-14575
信用卡风险和消费者行为研究
沈红波 曹军著 2019年 193页 23 cm 46元 (G. F. P.)

04723 309-11822
银行业专业实务(新大纲版)风险管理历年真题+标准预测
银行业专业人员职业资格考试研究中心编写 2015年 236栏 26×37 cm 33元〔银行业专业人员初级职业资格考试辅导用书〕(G. F.)

04724 309-11825
银行业专业实务(新大纲版)个人贷款历年真题+标准预测
银行业专业人员职业资格考试研究中心编写 2015年 240栏 26×37 cm 33元〔银行业专业人员初级职业资格考试辅导用书〕(G. F.)

04725 309-12003
银行业专业实务(新大纲版)个人理财
银行业专业人员职业资格考试研究中心编写 2016年 252页 26 cm 45元〔银行业专业人员初级职业资格考试辅导用书〕(G. F.)

04726 309-11824

银行业专业实务(新大纲版)个人理财历年真题＋标准预测

银行业专业人员职业资格考试研究中心编写 2015年 240栏 26×37 cm 33元〔银行业专业人员初级职业资格考试辅导用书〕(G. F.)

04727 309-11823

银行业专业实务(新大纲版)公司信贷历年真题＋标准预测

银行业专业人员职业资格考试研究中心编写 2015年 236栏 26×37 cm 33元〔银行业专业人员初级职业资格考试辅导用书〕(G. F.)

04728 309-04001

中国非公募资产(基金)营运和管理研究

德珍著 2004年 220页 20 cm 14元〔黄皮书系列〕(G. F. P.)

04729 309-06309

近代中国银行监管制度研究 1897—1949

刘平著 2008年 467页 23 cm 45元〔中国金融史专刊 第三辑〕(G. F. P.)

04730 309-11116

外资银行对中国银行业的战略投资 原因和后果

李玉花著 2014年 174页 21 cm 24元 (G.)

04731 309-07707

外资银行在东道国的信贷偏好 兼论中国商业银行的跨国发展战略

田素华著 2010年 238页 23 cm 32元 (G. F. P.)

04732 309-13593

我与交行 口述历史

《我与交行——口述历史》编委会编 2018年 210页 23 cm 38元 (G. F. P.)

04733 309-13989

交通银行史料续编 1907—1949

章义和 杨德钧编 2018年 2册 24 cm 精装 350元 (G. F. P.)

04734 309-00996

农村金融改革和发展

金言主编 1993年 146页 20 cm 4.20元 (G. F.)

04735 309-09696

中国村镇银行可持续发展研究

尹晨 凌峰著 2013年 240页 21 cm 20元 (G. F. P.)

04736 309-03802

民营银行 台湾的实践与内地的探索

熊继洲主编 2003年 516页 20 cm 26元〔黄皮书系列〕(G. F. P.)

04737 309-08790

行业重构进程中的证券公司股权优化研究

姚旭东著 2012年 308页 23 cm 38元 (G. F. P.)

04738 309-04898

上海私营金融业研究 1949—1952

张徐乐著 2006年 492页 21 cm 28元〔中国金融史专刊 第二辑 吴景平 杜恂诚主编〕(G. F. P.)

04739 309-08730

资本约束与商业银行信贷亲周期研究

刘亮著 2011年 229页 21 cm 20元 (G. F. P.)

04740 309-13690

政府干预与银行贷款监督的有效性研究

沈红波著 2018 年 210 页 23 cm 36 元
（G. F. P.）

04741 309-02542
住房抵押贷款 理论与实践
陈钊著 2000 年 240 页 20 cm 16 元（G. F. P.）

04742 309-06676
中国房地产金融制度创新研究 基于 REITs 理论的探讨
王仁涛著 2009 年 226 页 21 cm 18 元
（G. F. P.）

04743 309-04851
金融创新与房地产
奚正刚编著 2006 年 305 页 21 cm 18 元
〔房地产系列教材〕（G. F. P.）

04744 309-04335
机构投资者发展研究
贝政新 冯恂等著 2005 年 356 页 25 cm 38 元〔黄皮书系列〕（G. F. P.）

04745 309-10214
税收激励政策对中国风险投资规模与区域的影响
李丹丹著 2013 年 338 页 21 cm 28 元
（G. F. P.）

04746 309-09219
中国风险投资创新与探索研究
张陆洋 沈仲祺著 2012 年 241 页 24 cm 38 元〔复旦大学中国风险投资研究中心系列丛书 风险投资理论与实务丛书〕（G. F. P.）

04747 309-03960
中国媒体投资 理论和案例
赵小兵等编著 2004 年 261 页 23 cm 25 元〔传媒经营丛书〕（G. F. P.）

04748 309-00242
投资与金融管理手册
王加春 裘有崇主编 1988 年 505 页 20 cm 5.60 元（G.）

04749 309-01127
家庭投资百窍
贺宛男 魏武挥著 1993 年 330 页 19 cm 8 元〔家政百事通丛书〕（G. F.）

04750 309-02275
开放经济下的货币市场调控
姜波克 陆前进著 1999 年 439 页 20 cm 22 元〔开放经济下的宏观金融管理 第三卷〕（G. F. P.）

04751 309-03931
我国股票指数期货市场运作模式研究
彭俊衡著 2003 年 254 页 20 cm 15 元〔上海市社会科学博士文库 第五辑〕（G. F. P.）

04752 309-04853
全球化时代的中国治理 中国应对东亚金融危机的政治分析
许征著 2005 年 240 页 21 cm 16 元〔亚洲研究专刊 第一辑〕（G. F. P.）

04753 309-14392
兼并与收购 Chinese cases
杨青 张剑宇 华凌昊编著 2019 年 385 页 26 cm 68 元〔复旦博学·经管案例库〕（G. F. P.）

04754 309-01581
中国股市遭遇激情
周俊生著 1995 年 282 页 20 cm 12 元（G.）

04755 309-07876
企业资产证券化操作实务
葛培健主编 2011年 216页 23 cm 35元
(G. F. P.)

04756 309-12236
中国新三板资本市场研究 2015年
何晓斌 孙修远编著 2016年 118页 21 cm 20元 (G. F. P.)

04757 309-11912
中国证券市场的金融约束政策效应研究
黄飞鸣著 2015年 215页 23 cm 29元〔信毅学术文库〕(G. F. P.)

04758 309-02810
行里淘金 新世纪股市投资行业机会
黄列主编 伏爱国等编写 2001年 388页 20 cm 25元 (G. F. P.)

04759 309-02818
股市大家谈 股林高手心得
李华改编 2001年 322页 20 cm 20元 (G. F. P.)

04760 309-05776
港股投资手册
李家耀编著 2007年 382页 21 cm 29元 (G. F. P.)

04761 309-05777
观图定势买卖 AB 股
李家耀编著 2007年 270页 21 cm 22元 (G. F. P.)

04762 309-02439
资本市场结构 理论与现实选择
刘波著 1999年 181页 25 cm 18元〔21世纪经济学人著系〕(G. F. P.)

04763 309-04749
基于不对称信息的中国证券市场参与者行为研究
攀登著 2005年 164页 21 cm 14元〔黄皮书系列〕(G. F. P.)

04764 309-08227
发行中介声誉、IPO 抑价及滞后效应 基于中小板市场的实证研究
邱冬阳著 2011年 172页 21 cm 18元 (G. F. P.)

04765 309-05714
论基金监管政策
寿伟光著 2007年 164页 23 cm 25元 (G. F. P.)

04766 309-09765
资产证券化与结构化金融 超越金融的极限
宋光辉著 2013年 242页 23 cm 38元 (G. F. P.)

04767 309-05006
证券市场中的羊群行为研究
宋军著 2006年 224页 21 cm 16元〔黄皮书系列〕(G. F. P.)

04768 309-05990
股票市场与货币政策
徐涛著 2008年 275页 21 cm 20元 (G. F. P.)

04769 309-14922
分析师的角逐与突围
姚佩怡著 2020年 238页 23 cm 46元 (G. F. P.)

04770 309-05467
债券市场微观结构与做市商制度 理论与中国的实证

姚秦著 2007年 241页 21 cm 20元〔黄皮书系列〕(G. F. P.)

04771 309-08501
猎杀？"中国概念股"危机
叶有明 王钊编著 2011年 180页 23 cm 28元 (G. F. P.)

04772 309-05382
风险（创业）资本市场研究
张陆洋 刘崇兴 范建年著 2007年 224页 23 cm 32元〔风险投资理论与实务丛书 复旦大学中国风险投资研究中心系列丛书〕(G. F. P.)

04773 309-02643
金钱的运动 中国股市十年风雨路
周俊生著 2000年 600页 20 cm 28元 (G. F.)

04774 309-03361
资本市场与投资分析
万解秋 郑红亮主编 2002年 513页 25 cm 45元〔黄皮书系列〕(G. F. P.)

04775 309-03502
上证研究 2002年第1辑
朱从玖主编 上海证券交易所研究中心编 2002年 319页 25 cm 35元 (G. F. P.)

04776 309-03503
上证研究 2002年第2辑
朱从玖主编 上海证券交易所研究中心编 2002年 260页 25 cm 30元 (G. F. P.)

04777 309-03504
上证研究 2002年第3辑
朱从玖主编 上海证券交易所研究中心编 2002年 324页 25 cm 35元 (G. F. P.)

04778 309-03642
上证研究 2003年第1辑
朱从玖主编 上海证券交易所研究中心编 2003年 236页 25 cm 28元 (G. F. P.)

04779 309-03643
上证研究 2003年第2辑
朱从玖主编 上海证券交易所研究中心编 2003年 199页 25 cm 25元 (G. F. P.)

04780 309-03645
上证研究 2003年 法制专辑
朱从玖主编 上海证券交易所研究中心编 2003年 282页 25 cm 34元 (G. F. P.)

04781 309-03644
上证研究 2003年 指数专辑
朱从玖主编 上海证券交易所研究中心编 2003年 266页 25 cm 32元 (G. F. P.)

04782 309-03967
上证研究 2004年 ETF专辑
朱从玖主编 上海证券交易所研究中心编 2004年 285页 25 cm 32元 (G. F. P.)

04783 309-03964
上证研究 2004年第1辑
朱从玖主编 上海证券交易所研究中心编 2004年 302页 25 cm 35元 (G. F. P.)

04784 309-03965
上证研究 2004年第2辑
朱从玖主编 上海证券交易所研究中心编 2004年 330页 25 cm 38元 (G. F. P.)

04785 309-03966
上证研究 2004年第3辑
朱从玖主编 上海证券交易所研究中心编 2004年 324页 25 cm 37元 (G. F. P.)

04786 309-04682
上证研究 2005 年第 1 辑
朱从玖主编 上海证券交易所研究中心编
2005 年 260 页 26 cm 30 元 (G. F. P.)

04787 309-04683
上证研究 2005 年第 2 辑
朱从玖主编 上海证券交易所研究中心编
2005 年 253 页 26 cm 30 元 (G. F. P.)

04788 309-04684
上证研究 2005 年第 3 辑
朱从玖主编 上海证券交易所研究中心编
2005 年 288 页 26 cm 34 元 (G. F. P.)

04789 309-04686
上证研究 2005 年 法制专辑
朱从玖主编 上海证券交易所研究中心编
2005 年 290 页 26 cm 34 元 (G. F. P.)

04790 309-04685
上证研究 2005 年 权证专辑
朱从玖主编 上海证券交易所研究中心编
2005 年 250 页 26 cm 32 元 (G. F. P.)

04791 309-09859
中国期货市场的信息结构及其风险管理研究
刘庆富著 2013 年 347 页 21 cm 25 元 (G. F. P.)

04792 309-09159
金融危机"机遇"研究
李妍著 2012 年 223 页 21 cm 18 元 (G. F. P.)

04793 309-09252
转型时期的外商直接投资技术外溢 企业层面的新视角
陈琳著 2012 年 304 页 21 cm 20 元 (G. F. P.)

04794 309-02273
人民币自由兑换和资本管制
姜波克等著 1999 年 326 页 20 cm 18 元
〔开放经济下的宏观金融管理 第一卷〕(G. F. P.)

04795 309-02826
中国对外直接投资的实证研究及国际比较
刘红忠著 2001 年 291 页 20 cm 22 元
〔经济学博士后、博士论丛〕(G. F. P.)

04796 309-09419
国际直接投资的贸易理论研究
强永昌著 2013 年 232 页 21 cm 25 元 (G. F. P.)

04797 309-01131
上海证券市场 1992 上市公司
尉文渊 吴雅伦主编 1993 年 752 页 26 cm 35 元 (G. F.)

04798 309-08748
FDI 的知识转移与溢出效应 基于产业集群视角的研究
赵增耀著 2012 年 339 页 21 cm 25 元 (G. F. P.)

04799 309-08449
低估还是高估 人民币均衡有效汇率测算研究
王时芬著 2011 年 149 页 21 cm 16 元 (G. F. P.)

04800 309-10955
汇率调整与制造业产业升级
徐涛著 2014 年 261 页 21 cm 25 元 (G. F. P.)

04801 309-04908
均衡汇率与人民币汇率政策

许少强 李天栋 姜波克著 2006年 212页 21 cm 18元〔当代中国经济理论创新文库〕(G. F. P.)

04802 309-04982
人民币实际汇率研究
许少强 马丹 宋兆晗著 2006年 234页 21 cm 18元〔黄皮书系列〕(G. F. P.)

04803 309-05122
实际汇率与中国宏观国际竞争力管理研究
许少强 马丹著 2006年 249页 21 cm 20元〔黄皮书系列〕(G. F. P.)

04804 309-05546
近代上海金融组织研究
复旦大学中国金融史研究中心编 2007年 389页 23 cm 45元〔中国金融史集刊 第二辑〕(G. F. P.)

04805 309-11658
银行家与上海金融变迁和转型
复旦大学中国金融史研究中心编 2015年 289页 23 cm 45元〔中国金融史集刊 第六辑〕(G. F. P.)

04806 309-10677
外滩金融集聚带建设理论与实践
钱胜 王绍基 陈海燕等编著 2014年 290页 21 cm 30元 (G. F. P.)

04807 309-13058
上海发展绿色金融的路径研究
上海发展绿色金融路径研究课题组编著 2017年 331页 23 cm 46元 (G. F. P.)

04808 309-08253
上海国际金融中心形成路径研究 兼析金融中心的城市特征及城市纷争
张宏鸣著 2011年 245页 21 cm 20元 (G. F. P.)

04809 309-14298
中国(上海)自由贸易试验区金融开放创新报告 2013—2018
郑杨主编 2019年 307页 23 cm 88元 (G. F. P.)

04810 309-10520
路径与挑战 不同视角下的上海国际金融中心建设
贺瑛 张树义主编 2014年 145页 22 cm 25元 (G. P.)

04811 309-01161
上海证券交易所 1992 年年报
上海证券交易所编 1993年 59页 28×21 cm 45元 (G. F.)

04812 309-01750
无锡市金融志
张荣坤主编 1996年 303页 26 cm 精装 40元 (G. F. P.)

04813 309-03736
信用链 温州·萧江调研报告
赵立平主编 2003年 271页 20 cm 20元 (G. F. P.)

04814 309-13248
埠际往来与互动视野下的上海金融
复旦大学中国金融史研究中心编 2017年 349页 23 cm 50元〔中国金融史集刊 第八辑〕(G. F. P.)

04815 309-02732
中国古近代金融史
叶世昌 潘连贵著 2001年 430页 23 cm 42元〔复旦博学·经济学系列〕

04816　309-04719

上海金融中心地位的变迁

复旦大学中国金融史研究中心编　2005 年　393 页　23 cm　35 元〔中国金融史集刊 第一辑〕(G. F. P.)

04817　309-08392

从金融史再出发 银行社会责任溯源

刘平著　2011 年　291 页　21 cm　35 元 (G. F. P.)

04818　309-08932

辛亥革命前后的中国金融业

复旦大学中国金融史研究中心编　2012 年　370 页　23 cm　38 元〔中国金融史集刊 第五辑〕(G. F. P.)

04819　309-06373

中国金融制度变迁研究

复旦大学中国金融史研究中心编　2008 年　444 页　24 cm　45 元〔中国金融史集刊 第三辑〕(G. F. P.)

04820　309-14291

1900—1928 年天津金融风潮研究 以货币发行为分析中心

郝志景著　2019 年　225 页　22 cm　50 元 (G. F. P.)

04821　309-14480

中国近代金融史十讲

吴景平著　2019 年　404 页　21 cm　精装 68 元〔名家专题精讲系列 第六辑〕(G. F. P.)

04822　309-12586

民族救亡与复兴视野下的上海金融业

复旦大学中国金融史研究中心编　2016 年 317 页　23 cm　45 元〔中国金融史集刊 第七辑〕(G. F. P.)

04823　309-08504

四联总处与战时西南地区经济

王红曼著　2011 年　230 页　23 cm　38 元 (G. F. P.)

04824　309-09268

中国共产党金融思想研究

温美平著　2012 年　196 页　21 cm　18 元 (G. F. P.)

04825　309-06296

金城银行的放款与投资 1917—1937

诸静著　2008 年　356 页　23 cm　35 元〔中国金融史专刊 第四辑〕(G. F. P.)

04826　309-07469

当代中国金融转型的回顾与反思

复旦大学中国金融史研究中心编　2010 年　445 页　23 cm　45 元〔中国金融史集刊 第四辑〕(G. F. P.)

04827　309-13387

正在席卷日本的金融革命及其斗士们

（日）北尾吉孝编著　杨晶译　2017 年　194 页　21 cm　39 元〔一本书读懂 FinTech〕(G. F. P.)

04828　309-06088

日本的银行兼并与经营

戴晓芙著　2008 年　460 页　21 cm　32 元 (G. F. P.)

04829　309-09267

日本泡沫经济与美国次贷危机的比较 基于金融体系视角的分析

郑秀君编著　2012 年　304 页　21 cm　22 元 (G. F. P.)

经济·财政、金融 349

04830 309-02321
欧洲中央银行
甘当善编著 1999年 302页 20 cm 15元 (G. F. P.)

04831 309-06447
中东欧转型国家金融银行业开放、稳定与发展研究
庄起善等著 2008年 352页 21 cm 23元 (G. F. P.)

04832 309-05857
美国银行监管制度
(美)肯尼思·斯朋(Kenneth Spong)著 罗平等主译 2008年 182页 23 cm 20元〔复旦译丛〕(G. F. P.)

04833 309-04539
美国风险(创业)投资有限合伙制
张陆洋 (美)Christopher Lane Davis 著 复旦大学中国风险投资研究中心译 2005年 298页 23 cm 36元〔风险投资理论与实务丛书 复旦大学中国风险投资研究中心系列丛书〕(G. F. P.)

04834 309-00913
美国对华直接投资 1980—1991年
张任编著 1993年 125页 20 cm 5元〔中美关系研究丛书 9 汪熙主编〕(G. F.)

04835 309-10303
中值市场杠杆融资 专为中国同行介绍
(美)Michael A. Carr 叶有明著 2014年 177页 21 cm 22元 (G. F. P.)

04836 309-04731
保险学
龙卫洋 唐志刚 米双红编著 2005年 352页 23 cm 32元〔复旦卓越·保险系列丛书〕(G. F. P.)

04837 309-02641
保险学原理
彭喜锋编 2000年 431页 20 cm 20元〔新编经济学系列教材〕(G. F. P.)

04838 309-01715
保险学 理论与实务
吴荣主编 1996年 400页 20 cm 17元〔新编经济学系列教材〕(G. F. P.)

04839 309-03833
保险利益论
谢虹著 2003年 344页 20 cm 18元〔经济利益理论与实践丛书〕(G. F. P.)

04840 309-05034
保险学
徐爱荣主编 2006年 331页 23 cm 32元〔复旦卓越·21世纪金融学教材新系〕(G. F.)

04841 309-07523
保险学
徐爱荣主编 2010年 第2版 367页 23 cm 36元〔复旦卓越·21世纪金融学教材新系〕(G. F. P.)

04842 309-06771
保险学习题与案例
徐爱荣主编 2009年 307页 21 cm 17元〔复旦卓越〕(G. F. P.)

04843 309-06984
保险理财学
徐爱荣主编 2009年 251页 26 cm 28元〔普通院校金融理财系列教材〕(G. F. P.)

04844 309-15241
保险学创优
徐爱荣 李鹏主编 2020年 第3版 340页 26 cm 46元〔经管核心课程系列〕(G. F. P.)

04845 309-02306
保险学
姚海明 段昆编著 1999年 306页 20 cm 14元〔通用财经类教材〕(G. F.)

04846 309-04806
保险学
姚海明主编 2005年 第2版 390页 21 cm 20元〔通用财经类系列〕(G. F. P.)

04847 309-09171
保险学
姚海明 段昆编著 2012年 第3版 437页 22 cm 28元〔通用财经类系列〕(G. F. P.)

04848 309-14822
保险的起源与繁盛
易行健著 2020年 432页 24 cm 90元 (G. F. P.)

04849 309-04876
保险应用写作
吴剑云主编 何三三编写 2006年 314页 23 cm 28元〔复旦卓越·保险系列丛书〕(G. F. P.)

04850 309-10296
保险应用写作
余扬 吴剑云主编 2014年 335页 23 cm 42元〔复旦卓越·保险系列丛书〕(G. F. P.)

04851 309-14386
保险应用写作
余扬主编 2019年 第2版 261页 26 cm 36元 (G. F. P.)

04852 309-04289
保险公司会计
张卓奇主编 2005年 381页 23 cm 36元〔复旦博学·21世纪高等院校会计专业方向课教材〕(G. F. P.)

04853 309-04846
保险公司会计
侯旭华主编 2006年 390页 23 cm 35元〔复旦卓越·保险系列〕(G. F. P.)

04854 309-05889
保险公司会计
侯旭华主编 2008年 第2版 333页 26 cm 35元〔复旦卓越·保险系列〕(G. F. P.)

04855 309-07000
保险公司会计
侯旭华编著 2010年 第3版 392页 23 cm 38元〔复旦卓越·保险系列〕(G. F. P.)

04856 309-09134
保险公司会计
侯旭华编著 2012年 第4版 419页 23 cm 45元〔复旦卓越·保险系列〕(G. F. P.)

04857 309-12172
保险公司会计
侯旭华编著 2016年 第5版 436页 23 cm 48元〔复旦卓越·保险系列〕(G. F. P.)

04858 309-14659

保险公司会计
侯旭华编著 2019 年 第 6 版 465 页 23 cm 52 元〔复旦卓越·保险系列〕(G. F. P.)

04859 309-05029
保险精算技术
杨全成主编 2006 年 385 页 23 cm 35 元〔复旦卓越·保险系列丛书〕(G. F. P.)

04860 309-03334
保险营销理论与案例
姚海明著 2002 年 315 页 20 cm 16 元〔黄皮书系列〕(G. F. P.)

04861 309-06891
保险公司会计习题指南
侯旭华编著 2010 年 267 页 23 cm 27 元〔复旦卓越·保险系列〕(G. F. P.)

04862 309-09137
保险公司会计习题指南
侯旭华编著 2012 年 第 2 版 290 页 23 cm 35 元〔复旦卓越·保险系列〕(G. F. P.)

04863 309-09919
保险营销学
方有恒 郭颂平主编 2013 年 320 页 23 cm 36 元〔复旦卓越·21 世纪保险专业教材新系〕(G. F. P.)

04864 309-14125
保险营销学
廖敏 方有恒主编 2019 年 第 2 版 351 页 23 cm 46 元〔复旦卓越·保险系列〕(G. F. P.)

04865 309-09861
保险公司财务分析与风险防范
侯旭华著 2013 年 356 页 24 cm 48 元 (G. F. P.)

04866 309-09273
精算学 评估与研究风险的科学
尚汉冀 李荣敏 黄云敏主编 2012 年 204 页 25 cm 35 元〔复旦-韬睿惠悦精算科学丛书〕(G. F. P.)

04867 309-14429
商业保险理论与实务
杨俊峰主编 2019 年 232 页 26 cm 35 元〔复旦卓越·人力资源管理和社会保障系列教材〕(G. F.)

04868 309-02117
错误的保险
叶博文编著 1999 年 237 页 20 cm 12 元〔错误系列 2〕(G. F.)

04869 309-10341
社保会计综合实训
刘红霞 许东黎主编 2014 年 211 页 26 cm 29 元〔复旦卓越·人力资源管理和社会保障系列教材〕(G. F. P.)

04870 309-12646
社会保险与社会福利
卢驰文主编 2017 年 361 页 21 cm 32 元〔应用型社会工作系列丛书 章友德总主编〕(G. F. P.)

04871 309-08821
社会保险经济学
杨俊主编 2012 年 275 页 26 cm 36 元〔复旦大学·21 世纪人力资源经济学前沿〕(G. F. P.)

04872 309-11492
社会保险统计实务
张慧霞主编 2015年 177页 26 cm 29元
〔复旦卓越·人力资源管理和社会保障系列教材〕(G. F. P.)

04873 309-05316
社会保险
张旭升 刘桂梅 米双红编著 2007年 228页 23 cm 24元〔复旦卓越·保险系列丛书〕(G. F.)

04874 309-11756
社会保险实务
邹莉主编 2015年 184页 26 cm 28元 (G. F. P.)

04875 309-12443
寿险精算模型实务
张远瀚 陈秀娟主编 2016年 220页 26 cm 精装 68元 (G. F. P.)

04876 309-14097
财产与责任保险
陈冬梅编著 2019年 329页 26 cm 46元〔经管类专业学位研究生主干课程系列教材〕(G. F. P.)

04877 309-05740
利润损失保险学
徐常梅著 2007年 212页 23 cm 25元〔复旦卓越·保险系列丛书〕(G. F. P.)

04878 309-01115
财产和责任保险
许谨良主编 1993年 513页 20 cm 12.50元 (G. F.)

04879 309-03684

医疗保险学
程晓明主编 2003年 255页 23 cm 28元〔复旦博学·公共卫生硕士系列〕(G. F.)

04880 309-07593
医疗保险学
程晓明主编 2010年 第2版 363页 23 cm 50元〔公共卫生硕士(MPH)系列教材 姜庆五总主编〕(G. F. P.)

04881 309-04691
涉外保险理论与实务
顾寒梅主编 2005年 368页 23 cm 33元〔复旦卓越·保险系列丛书〕(G. F. P.)

04882 309-12151
商业保理实务与案例
陈霜华 蔡厚毅编著 2016年 283页 23 cm 38元〔商业保理培训系列教材〕(G. F. P.)

04883 309-12148
商业保理概论
孔炯炯 张乐乐 曹磊主编 2016年 282页 23 cm 40元〔商业保理培训系列教材〕(G. F. P.)

04884 309-12180
商业保理风险管理实务与案例
聂峰 谈亮 马泰峰主编 2016年 153页 23 cm 25元〔商业保理培训系列教材〕(G. F. P.)

04885 309-08481
再保险精算问题研究
徐爱荣著 2011年 212页 22 cm 16元 (G. F. P.)

04886 309-02634
保险与市场经济

汪熙 李浩主编 2000 年 402 页 20 cm 22 元〔通用科隆再保险丛书〕(G. F. P.)

04887 309-04997
保险发展与创新
丁孜山 丁蔚著 2006 年 263 页 23 cm 26 元〔复旦卓越·保险系列丛书〕(G. F. P.)

04888 309-05274
中国保险业的机遇与挑战 精算师看未来
尚汉冀 李荣敏 黄云敏主编 2006 年 122 页 25 cm 20 元〔人寿与健康险丛书〕(G. F. P.)

04889 309-11998
中国保险业后发优势探索
徐文虎 陈冬梅主编 2015 年 276 页 21 cm 28 元〔泛海书院丛书〕(G. F. P.)

04890 309-14072
保险大国崛起 中国模式
许闲著 2019 年 279 页 24 cm 精装 78 元〔纪念改革开放四十周年丛书 张晖明主编〕(G. F. P.)

04891 309-01000
中国社会保险制度改革
尹伯成等编著 1993 年 205 页 20 cm 5.60 元 (G. F.)

04892 309-03811
中国保险业发展战略研究
乔桂明著 2003 年 229 页 20 cm 18 元〔黄皮书系列〕(G. F. P.)

04893 309-08470
保险公司内部控制精要 业绩和品牌价值提升的有效手段
本书编写组编 2011 年 2012 年第 2 版 315 页 23 cm 36 元 (G. F. P.)

04894 309-03409
中国非寿险保险公司的偿付能力研究
粟芳著 2002 年 243 页 20 cm 15 元〔上海市社会科学博士文库 第四辑〕(G. F. P.)

04895 309-14796
百年友邦正年轻
陈文怡编著 2020 年 193 页 26 cm 100 元 (G. F. P.)

04896 309-09858
"积极养老"的全方位探索 应对人口老龄化方针、内容和动力的研究
华宏鸣编著 2013 年 282 页 23 cm 35 元 (G. F. P.)

04897 309-11128
养老保险 理论与政策
余桔云主编 2015 年 281 页 26 cm 39.80 元〔信毅教材大系〕(G. F. P.)

04898 309-12220
医保观察 基本公共卫生服务经费及绩效测量
刘宝著 2016 年 161 页 23 cm 32 元 (G. F. P.)

04899 309-03681
人口 疾病 保险
尚汉冀主编 2003 年 253 页 25 cm 28 元〔人寿与健康险丛书〕(G. F. P.)

04900 309-06385
中国健康保险与医疗保障体系改革 统计分析研究
尚汉冀 李荣敏 黄云敏主编 2008 年 238 页 25 cm 28 元〔人寿与健康险丛书〕(G. F.)

04901 309-07123
中国人寿与健康保险市场研究
尚汉冀 李荣敏 黄云敏主编 2010年 229页 25 cm 28元〔人寿与健康险丛书〕(G. F. P.)

04902 309-13911
保险与健康中国
张可主编 2019年 370页 23 cm 精装 68元 (G. F. P.)

04903 309-05827
健康保险与医学统计
尚汉冀 李荣敏 黄云敏主编 2007年 213页 25 cm 25元〔人寿与健康险丛书〕(G. F. P.)

04904 309-13835
长期护理保险的理论与实践
徐静惠 梁鸿主编 2018年 245页 26 cm 45元 (G. F. P.)

04905 309-04496
汽车保险创新和发展
龙玉国 龙卫洋 胡波涌编著 2005年 319页 23 cm 28元〔复旦卓越·保险系列丛书〕(G. F. P.)

04906 309-04732
财产保险
付菊主编 龙玉国 蒋菲编写 2005年 274页 23 cm 26元〔复旦卓越·保险系列丛书〕(G. F. P.)

04907 309-03830
养老保险改革与资本市场发展
李洁明 许晓茵著 2003年 277页 20 cm 18元〔黄皮书系列〕(G. F. P.)

04908 309-05174
中国企业年金财务问题研究
祁新娥著 2006年 231页 21 cm 18元〔黄皮书系列〕(G. F. P.)

04909 309-04431
工程保险理论与实务
龙卫洋 龙玉国著 2005年 260页 23 cm 25元〔复旦卓越·保险系列丛书〕(G. F. P.)

04910 309-12977
完善医疗保险个人账户功能研究
胡善联主编 2017年 209页 21 cm 32元 (G. F. P.)

04911 309-14351
环境污染责任保险 理论与实践
陈冬梅著 2019年 194页 24 cm 36元〔泛海书院丛书〕(G. F. P.)

04912 309-09169
我国环境污染责任保险基础理论与发展策略研究
杜鹃著 2012年 307页 21 cm 25元 (G. F. P.)

04913 309-09899
上海国际再保险中心的形成模式和发展对策研究
徐英著 2013年 226页 21 cm 20元 (G. F. P.)

04914 309-06953
上海保险业发展研究 2006—2009
孙国栋主编 2010年 439页 21 cm 28元 (G. P.)

04915 309-08803
城乡一体化发展综合配套改革 苏州保险业

的探索与创新

姚海明 贝政新主编 2012年 188页 23 cm 28元 (G. F. P.)

04916 309-14710
复旦保险教育百年纪念画册 汉英对照

徐文虎 许闲主编 2019年 158页 29 cm 精装 198元〔复旦保险百年系列活动〕(G. F. P.)

04917 309-03858
近代上海保险市场研究 1843—1937

赵兰亮著 2003年 429页 20 cm 25元〔上海市社会科学博士文库 第五辑〕(G. F. P.)

04918 309-02831
当代美国保险

段昆著 2001年 260页 20 cm 15元 (G. F. P.)

文化、科学、教育、体育

文化理论

04919 309-00971
接受与超越 青年文化论
董敏志著 1993年 242页 19 cm 5.80元 (G. F.)

04920 309-06762
视觉隐喻与空间转向 思想史视野中的当代视觉文化
高燕著 2009年 294页 21 cm 22元 (G. F. P.)

04921 309-15265
空镜 主客体之辨与视觉文化研究
高燕著 2020年 432页 21 cm 65元 (G. F. P.)

04922 309-05840
大众文化理论
陆扬著 2008年 第2版 158页 21 cm 15元 (G. F. P.)

04923 309-04832
文化研究导论
陆扬 王毅著 2006年 389页 23 cm 35元〔研究生教学用书〕(G. F. P.)

04924 309-10983
文化研究导论
陆扬 王毅著 2015年 第2版 490页 21 cm 36元 (G. F. P.)

04925 309-07372
边缘与之间
梁元生著 2010年 161页 21 cm 20元〔人文书系 陈平原主编〕(G. F. P.)

04926 309-00432
文化娱乐与文化修养词典
于中行等主编 1990年 666页 19 cm 精装 17.80元 (G. F.)

比较文化学

04927 309-05011
西中文明比照
（美）John G. Blair （美）Jerusha Hull McCormack编著 2006年 英文版 168页 21 cm 30元 (G. F. P.)

04928 309-05904
西中文明比照
（美）John G. Blair （美）Jerusha Hull McCormack编著 2008年 第2版 英文版 254页 21 cm 30元 (G. F. P.)

04929 309-07543
西中文明比照
（美）John G. Blair （美）Jerusha Hull McCormack编著 2010年 第3版 英文版 622页 21 cm 40元 (G. F. P.)

04930 309-13810
西中文明比照
（美）John G. Blair （美）Jerusha Hull McCormack编著 2018年 第4版 英文版 550页 26 cm 68元 (G. P.)

04931 309-14824
中西文化之鉴
刘英杰著 2020年 252页 21 cm 38元 (G. F. P.)

04932 309-14252
中西文化实用教程 上册
孙晓黎 张娟主编 2019年 228页 26 cm 40元〔中西文化系列教材〕(G. F. P.)

04933 309-15252
中西文化实用教程
孙晓黎 张娟主编 2020年 208页 26 cm 58元 (P.)

04934 309-10348
中西文化比较与会通研究
王树人主编 2014年 255页 21 cm 26元〔杭州师范大学学报栏目丛书 朱晓江主编〕(G. F. P.)

04935 309-04582
中西文化研究十论
张隆溪著 2005年 268页 21 cm 18元〔名家专题精讲系列 第五辑〕(G. F. P.)

世界各国文化与文化事业

世　界

04936 309-05835
文化研究概论
陆扬主编 2008年 328页 23 cm 32元〔复旦博学·文学系列 普通高等教育"十一五"国家级规划教材 新闻出版总署"十一五"国家重点图书〕(G. F. P.)

04937 309-05101
文化产业导论
蔡尚伟 温洪泉等著 2006年 262页 23 cm 28元〔复旦卓越·新闻传播系列〕(G. F. P.)

04938 309-07734
文化战略
王岳川 胡淼森著 2010年 364页 23 cm 38元 (G. F. P.)

04939 309-06011
文化产业创意与策划

严三九 王虎编著 2008 年 297 页 23 cm 30 元〔新闻传播学通用教材〕(G. F. P.)

中　国

04940　309 - 12747
文化提升国家质量 中国发展的使命
孙国东主编 2017 年 275 页 23 cm 45 元 (G. F. P.)

04941　309 - 01578
中国文化泛言
南怀瑾著 1995 年 374 页 20 cm 16 元 (G. F. P.)

04942　309 - 11614
中国文化泛言
南怀瑾著述 2016 年 第 2 版 274 页 23 cm 35 元〔太湖大学堂丛书〕(G. F. P.)

04943　309 - 13828
中国文化泛言
南怀瑾著述 2018 年 274 页 23 cm 精装 40 元〔太湖大学堂丛书〕(G. F. P.)

04944　309 - 13893
中国文化泛言
南怀瑾著述 2020 年 272 页 23 cm 39 元〔太湖大学堂丛书〕(G. F. P.)

04945　309 - 09661
海外中国现代文化研究文选
郭冰茹主编 2013 年 357 页 22 cm 28 元〔苏州大学海外汉学研究丛书〕(G.)

04946　309 - 11796
网络文化产业 协同创新与治理现代化
解学芳著 2015 年 393 页 19 cm 35 元 (G. F. P.)

04947　309 - 07755
草根文化散论
秦耕著 2011 年 306 页 21 cm 22 元 (G. F. P.)

04948　309 - 08939
文化利益论
余政 吕健 李笑野著 2012 年 325 页 21 cm 25 元〔新时期利益关系丛书〕(G. F. P.)

04949　309 - 09217
新世纪十年的文化中国
杭州师范大学学术期刊社编 2012 年 182 页 21 cm 20 元〔勤慎论丛〕(G. F. P.)

04950　309 - 08606
中国文化产业综述
(西班牙) 米格尔·萨撒托尼尔 (Miguel Sazatornil) 玛丽亚·克鲁斯·阿伦索 (María Cruz Alonso) 著 王留栓 徐玲玲译 2011 年 178 页 21 cm 精装 20 元 (G. F. P.)

04951　309 - 11792
新媒体与文化艺术产业
殷俊 邓若伊主编 2016 年 207 页 23 cm 35 元〔新媒体创新论丛 吴信训主编〕(G. F. P.)

04952　309 - 11066
文化产业论文集
赵振宗 孟翊主编 2014 年 282 页 23 cm 50 元〔三亚学院学术文丛〕(G. F. P.)

04953　309 - 13864
感同身受 中西文化交流背景下的感官与感觉
董少新编 2018 年 320 页 23 cm 60 元〔复旦中华文明研究专刊〕(G. F. P.)

04954 309-08935

中美文化与交际

李清源 魏晓红著 2012年 327页 22 cm 25元 (G. F. P.)

04955 309-10777

城市文明读本

宋仲琤主编 2014年 87页 21 cm 20元〔上海市进城务工人员技能文化培训系列读本 上海市进城务工人员技能文化培训工作领导小组办公室 上海市学习型社会建设服务指导中心办公室主编〕(G. F. P.)

04956 309-11753

人文金桥 上海金桥经济技术开发区文化创新的实践与探索

张良 吴慧芳主编 2015年 185页 24 cm 48元 (G. F. P.)

各 国

04957 309-06508

转型中的亚洲文化与社会

复旦大学亚洲研究中心编 2008年 310页 24 cm 38元〔亚洲研究集刊 第四辑〕(G. F. P.)

04958 309-07664

亚洲：文化交流与价值阐释

复旦大学亚洲研究中心编 2010年 282页 23 cm 35元〔亚洲研究集刊 第五辑〕(G. F. P.)

04959 309-13947

传统技艺与现代科技 东亚文化遗产保护学会第六次国际学术研讨会文集

东亚文化遗产保护学会 复旦大学国土与文化资源研究中心 中国文物保护技术协会编 2019年 635页 26 cm 精装 230元〔复旦文化遗产丛书〕(G. F.)

04960 309-07006

《菊花与刀》精读

冯玮著 2010年 320页 23 cm 35元〔史学原典精读系列 章清 张海英 陈新主编〕(G. F. P.)

04961 309-08959

知日的风景

汪涌豪著 2012年 236页 23 cm 30元 (G. F. P.)

04962 309-09455

知日的风景

汪涌豪著 2013年 249页 21 cm 精装 35元 (G. F. P.)

04963 309-07674

理性的胜利 基督教与西方文明

（美）罗德尼·斯达克著 管欣译 2011年 247页 24 cm 28元〔博学译丛〕(G. F. P.)

04964 309-13760

"文明的个体" 弗吉尼亚·伍尔夫和布鲁姆斯伯里文化团体研究

张楠著 2018年 208页 21 cm 30元 (G. F. P.)

04965 309-13705

中美文化透视与思辨

王守宏 李楠主编 2018年 305页 26 cm 45元 (G. F. P.)

信息与知识传播

信息与传播理论

04966 309-08053

软利器 信息革命的自然历史与未来
(美)保罗·莱文森(Paul levinson)著 何道宽译 2011年 252页 23 cm 35元〔复旦新闻与传播学译库〕(G. F. P.)

04967 309-04616
信息技术基础 试用本
(美)富创天智(Futurekids)信息技术有限公司编 2005年 第2版 356页 26 cm 46元 (G. F. P.)

04968 309-13018
信息工程英语
李婧 胡金玲主编 2018年 146页 26 cm 39元〔21世纪职业教育行业英语〕(G. P.)

04969 309-10780
信息技术读本
上海市信息化培训协会编著 2014年 117页 21 cm 20元〔上海市进城务工人员技能文化培训系列读本 上海市进城务工人员技能文化培训工作领导小组办公室 上海市学习型社会建设服务指导中心办公室主编〕(G. F. P.)

04970 309-11502
信息技术读本
童陵枫 石知君 卫兆臣主编 2015年 98页 21 cm 20元〔上海市进城务工人员技能文化培训系列读本 二期 上海市进城务工人员技能文化培训工作领导小组办公室 上海市学习型社会建设服务指导中心办公室主编〕(G. F. P.)

04971 309-02588
信息技术基础
汪燮华主编 2000年 280页 26 cm 26元〔中等职业技术学校教材 试用本〕(G. F. P.)

04972 309-02589
信息技术基础学习指导
汪燮华主编 2000年 261页 26 cm 33元〔中等职业技术学校教材 试用本〕(G. P.)

04973 309-04049
信息技术基础
王忠润等编写 2004年 468页 27 cm 58元 (G. F. P.)

04974 309-04026
信息技术及其应用
吴柏林编著 2004年 439页 23 cm 35元〔MPA(公共管理硕士)系列〕(G. F. P.)

04975 309-07002
信息技术基础
谢忠新主编 2010年 第3版 290页 26 cm 37元 (G. F. P.)

04976 309-09461
信息技术基础
谢忠新主编 2013年 第4版 243页 30 cm 37元 (G. F. P.)

04977 309-11375
信息技术基础
谢忠新 沈建蓉主编 单贵等编写 2015年 第5版 231页 30 cm 39元〔中等职业学校教材 试用本〕(G. F. P.)

04978 309-11698
未来就绪的信息系统架构
张均宝主编 2015年 302页 30 cm 88元 (G. F. P.)

04979 309-14462
国际大都市信息传播网络发展研究 基于大众传播与区域互动关系视角的考察

朱春阳主编 2019年 465页 23 cm 88元〔传播与国家治理研究丛书〕(G. F. P.)

04980 309-09611
信息渴望自由
胡泳著 2014年 261页 22 cm 25元 (G. F. P.)

04981 309-10860
泛在商务环境下的信息聚合与推荐
刘启华著 2014年 219页 23 cm 30元〔信毅学术文库〕(G. F. P.)

04982 309-06325
传播概念·Public Opinion 中英双语
(美)普赖斯(Vincent Price)著 邵志择译 2009年 270页 20 cm 25元〔传播概念译丛 黄旦主编〕(G. F. P.)

04983 309-06326
传播概念·Agenda-Setting 中英双语
(美)James W. Dearing (美)Everett M. Rogers 著 倪建平译 2009年 299页 21 cm 25元〔传播概念译丛 黄旦主编〕(G. F.)

04984 309-06327
传播概念·Information 中英双语
(美)里奇(L. David Ritchie)著 伍静译 2009年 231页 21 cm 25元〔传播概念译丛 黄旦主编〕(G. F. P.)

04985 309-06328
传播概念·Pornography 中英双语
(美)林茨(Daniel Linz) (美)马拉姆(Neil Malamuth)著 张淑娟译 2009年 243页 20 cm 25元〔传播概念译丛 黄旦主编〕(G. F. P.)

04986 309-10789
新媒体、社会性别、市场经济与都市交往实践
曹晋 (英)格雷姆·默多克(Graham Murdock)等著 2015年 277页 23 cm 40元 (G. F. P.)

04987 309-05800
传播政治经济学英文读本
曹月 赵月枝主编 2007年 2册 27 cm 98元 (G. F. P.)

04988 309-03825
传播学研究理论与方法
戴元光著 2003年 325页 23 cm 30元〔复旦博学·新闻传播学研究生核心课程系列教材〕(G. F. P.)

04989 309-06211
传播学研究理论与方法
戴元光著 2008年 第2版 344页 23 cm 32元〔普通高等教育"十一五"国家级规划教材 复旦博学 新闻与传播学系列教材·新世纪版〕(G. F. P.)

04990 309-03546
国际传播学导论
郭可著 2004年 264页 23 cm 25元〔新闻传播学研究生核心课程系列教材 李良荣总主编〕(G. F. P.)

04991 309-10207
理论与经验 中国传播研究的问题及路径
黄旦 沈国麟编 2013年 172页 25 cm 28元 (G. F. P.)

04992 309-12653
传播研究量表手册 I
(美)丽贝卡·B.鲁宾(Rebecca B. Rubin)

（美）菲利普·帕尔姆格林（Philip Palmgreen）（美）霍华德·E.西弗尔（Howard E. Sypher）主编 邓建国译 2017年 469页 24 cm 精装 78元〔复旦新闻与传播学译库〕(G. F. P.)

04993 309-11725
人际传播研究手册
（美）马克·L.耐普（Mark L. Knapp）约翰·A.戴利（John A. Daly）主编 胡春阳 黄红宇译 2015年 734页 28 cm 精装 168元〔复旦新闻与传播学译库〕(G. F. P.)

04994 309-14521
传学的哲思
孟建著 2019年 297页 23 cm 60元〔复旦大学新闻学院教授学术丛书 米博华总主编〕(G. F. P.)

04995 309-07556
口语传播
秦璃璃 李佩雯 蔡鸿滨著 2011年 249页 23 cm 32元〔华人学者新闻传播系列教材 郑贞铭 丁淦林主编〕(G. F. P.)

04996 309-06074
非言语传播学 新版
宋昭勋著 2008年 227页 25 cm 30元〔复旦博学〕(G. F. P.)

04997 309-05821
批判的传播理论 权力、媒介、社会性别和科技
（美）苏·卡利·詹森（Sue Curry Jansen）著 曹晋主译 2007年 415页 21 cm 28元〔新世纪传播研究译丛〕(G. F. P.)

04998 309-11663
国际传播与文化间传播研究手册
（美）威廉·B.古狄昆斯特（William B. Gudykunst）（美）贝拉·莫迪（Bella Mody）主编 陈纳等译 2016年 523页 28 cm 精装 128元〔复旦新闻与传播学译库〕(G. F. P.)

04999 309-02696
战后美国传播学的理论发展 经验主义和批判学派的视域及其比较
殷晓蓉著 2000年 232页 20 cm 12元〔上海市社会科学博士文库 第二辑〕(G. F. P.)

05000 309-01590
传播学原理
张国良主编 1995年 231页 20 cm 10元(G. F. P.)

05001 309-06694
传播学原理
张国良著 2009年 第2版 275页 23 cm 30元〔复旦博学·新闻与传播学系列教材 新世纪版〕(G. F. P.)

05002 309-02844
网络传播概论
张海鹰 滕谦编著 2001年 315页 23 cm 30元〔复旦博学·新闻与传播学系列教材 新世纪版〕(G. F. P.)

05003 309-13962
新塑传导论 基于智能生成的传播学研究新范式
郑晨予著 2018年 329页 21 cm 42元(G. F. P.)

05004 309-06338
效果研究 人类传受观念与行为的变迁
周葆华著 2008年 306页 21 cm 22元〔新世纪传播学研究丛书〕(G. F. P.)

05005 309-08278
媒体现代 传播学与社会学的对话
马杰伟 张潇潇著 陈韬文图 2011年 307页 23 cm 35元 (G. F. P.)

05006 309-11626
欧洲传播思想史
李彬 曹书乐等著 2016年 335页 23 cm 精装 56元〔中外传播思想史 黄旦主编〕(G. F. P.)

05007 309-13643
美国传播思想史
胡翼青 张军芳著 2019年 200页 23 cm 精装 48元〔中外传播思想史 黄旦主编〕(G. F. P.)

05008 309-07668
传播研究方法
陈国明等著 2011年 414页 23 cm 38元〔华人学者新闻传播系列教材 郑贞铭 丁淦林主编〕(G. F. P.)

05009 309-06695
传播研究方法
(美)琼恩·基顿 邓建国 张国良著 2009年 384页 24 cm 40元〔复旦博学·传播学系列教程 张国良主编〕(G. F. P.)

05010 309-04123
戴元光自选集 传学札记：心灵的诉求
戴元光著 2004年 345页 23 cm 32元〔新闻传播学名家自选本〕(G. F. P.)

05011 309-05803
中国网络传播研究 (总)第1卷第1辑(2007)
杜骏飞 黄煜主编 2007年 276页 23 cm 33元 (G. F. P.)

05012 309-09721
凤兴集 闻道·播火·摆渡
何道宽著 2013年 500页 23 cm 56元 (G. F. P.)

05013 309-03466
20世纪传播学经典文本
张国良主编 2003年 635页 20 cm 30元〔新世纪传播学研究丛书〕(G. F. P.)

05014 309-05133
媒介化社会：现状与趋势 2004中国传播学论坛文集
张国良 赵凯 张宇丹主编 中国新闻教育学会传播学分会等编 2006年 288页 26 cm 35元 (G. F. P.)

05015 309-04184
全球信息化时代的华人传播研究：力量汇聚与学术创新 2003中国传播学论坛文集
张国良 黄芝晓主编 2004年 380页 26 cm 36元 (G. F. P.)

05016 309-03856
信息化进程中的传媒教育与研究 第二届中国传播学论坛文集
张国良 黄芝晓主编 复旦大学信息与传播研究中心 复旦大学新闻学院编 2004年 361页 23 cm 32.80元 (G. F. P.)

05017 309-03234
中国传播学 反思与前瞻
张国良 黄芝晓主编 2002年 301页 21 cm 16元 (G. F. P.)

05018 309-04699
中国传播学评论 第1辑
张国良主编 复旦大学信息与传播研究中心编 2005年 204页 25 cm 20元 (G. F. P.)

05019 309-05399

中国传播学评论 第2辑

张国良主编 2007年 210页 25 cm 25元
(G. F. P.)

05020 309-06391

中国传播学评论 第3辑 媒介素养专辑

陆晔主编 2008年 279页 25 cm 35元
(G. F. P.)

05021 309-06972

中国传播学评论 第4辑 传播媒介与社会空间特辑

孙玮主编 2009年 204页 25 cm 28元
(G. F. P.)

05022 309-09377

中国传播学评论 第5辑 交往与沟通：变迁中的城市

陆晔主编 2012年 126页 25 cm 20元
(G. F. P.)

05023 309-11928

中国传播学评论 第6辑 新传播与新关系：中国城乡变迁

谢静主编 2015年 306页 25 cm 45元
(G. F.)

05024 309-13148

中国传播学评论 第7辑 城市传播：地理媒介、时空重组与社会生活

孙玮主编 复旦大学信息与传播研究中心编 2017年 230页 25 cm 42元 (G. F. P.)

05025 309-04896

电子媒体导论 an introduction to modern electronic media

（美）Joseph R. Dominick（美）Fritz Messere（美）Barry L. Sherman 张海鹰著 2006年 256页 25 cm 32元〔复旦博学·传播学系列教程 张国良主编〕(G. F. P.)

05026 309-14123

媒介考古学 方法、路径与意涵

（美）埃尔基·胡塔莫（芬）尤西·帕里卡编 唐海江主译 2018年 342页 23 cm 55元〔媒介与文明译丛 唐海江主编〕(G. F. P.)

05027 309-03016

媒体等同 人们该如何像对待真人实景一样对待电脑、电视和新媒体

（美）巴伦·李维斯（Byron Reeves）（美）克利夫·纳斯（Clifford Nass）著 卢大川等译 2001年 231页 20 cm 12元
(G. F. P.)

05028 309-07922

新新媒介

（美）保罗·莱文森（Paul levinson）著 何道宽译 2011年 247页 23 cm 34元〔复旦新闻与传播学译库〕(G. F. P.)

05029 309-10584

新新媒介

（美）保罗·莱文森（Paul levinson）著 何道宽译 2014年 第2版 268页 23 cm 39.80元〔复旦新闻与传播学译库·新媒体系列 吴信训 何道宽主编〕(G. F. P.)

05030 309-05445

媒介竞争与媒介文化

蔡骐 蔡雯著 2007年 269页 25 cm 35元〔新闻传播学术系列〕(G. F.)

05031 309-14583

媒介知识 传播学视野下的知识研究

崔迪著 2019 年 198 页 23 cm 45 元〔"望道"新闻传播学术原创丛书〕(G. F. P.)

05032 309-04078

网络信息优化传播导论

戴维民著 2004 年 330 页 21 cm 16 元 (G. F. P.)

05033 309-12944

媒体融合 基础理论与前沿实践

邓建国著 2017 年 352 页 21 cm 36 元〔新闻传播学术原创系列〕(G. F. P.)

05034 309-03908

社会结构与媒介效果 "知沟"现象研究

丁未著 2003 年 235 页 20 cm 14 元〔上海市社会科学博士文库 第五辑〕(G. F. P.)

05035 309-14910

互联网传播治理 理论探讨与国际经验

董媛媛著 2020 年 222 页 21 cm 35 元 (G. F. P.)

05036 309-10828

新媒体与社会变迁

方玲玲 韦文杰著 2014 年 248 页 23 cm 36.80 元〔新媒体创新论丛 吴信训主编〕(G. F. P.)

05037 309-15077

全媒体创新案例精解

黄鹂著 2020 年 260 页 23 cm 45 元〔新媒体内容创作与运营实训教程〕(G. F. P.)

05038 309-12471

传媒英语

康珉主编 2016 年 135 页 26 cm 28 元〔21世纪职业教育行业英语〕(G. F. P.)

05039 309-09173

媒介融合 网络传播、大众传播和人际传播的三重维度

(丹麦)克劳斯·布鲁恩·延森(Klaus Bruhn Jensen)著 刘君译 2012 年 198 页 23 cm 32 元〔复旦新闻与传播学译库·新媒体系列 吴信训 何道宽主编〕(G. F. P.)

05040 309-05015

媒体战略策划

李建新著 2006 年 397 页 23 cm 38 元〔新闻传播学前沿教材〕(G. F. P.)

05041 309-11784

新传播革命

李良荣编著 2015 年 212 页 23 cm 35 元〔传播与国家治理研究丛书〕(G. F. P.)

05042 309-12911

传媒对经济危机的影响作用研究

李韵著 2017 年 235 页 21 cm 28 元〔泛海书院丛书〕(G. F. P.)

05043 309-14830

习以为常 手机传播的社会嵌入

(美)理查德·塞勒·林著 刘君 郑奕译 2020 年 214 页 23 cm 50 元〔复旦新闻与传播学译库·新媒体系列 吴信训 何道宽主编〕(G. F. P.)

05044 309-02980

互联网媒体与网络新闻业务

廖卫民 赵民著 2001 年 471 页 21 cm 22 元〔复旦版新闻业务丛书〕(G. F. P.)

05045 309-05926

媒介管理通论

陆桂生 邹迎九著 2008年 277页 23 cm 30元〔新闻传播学通用系列〕(G. F. P.)

05046 309-13595

被误读的麦克卢汉 如何矫正

(加)罗伯特·K.洛根(Robert K. Logan)著 何道宽译 2018年 173页 24 cm 40元〔复旦新闻与传播学译库·新媒体系列 吴信训 何道宽主编〕(G. F. P.)

05047 309-14876

注意力分散时代 高速网络经济中的阅读、书写与政治

(澳)罗伯特·哈桑著 张宁译 2020年 205页 23 cm 45元〔复旦新闻与传播学译库·新媒体系列 吴信训 何道宽主编〕(G. F. P.)

05048 309-08953

理解新媒介 延伸麦克卢汉

(加)罗伯特·洛根著 何道宽译 2012年 346页 23 cm 45元〔上海市社会科学创新研究基地 吴信训工作室 复旦新闻与传播学译库·新媒体系列 吴信训 何道宽主编〕(G. F. P.)

05049 309-12112

新媒体批判导论

(英)马丁·李斯特(Martin Lister)等著 吴炜华 付晓光译 2016年 473页 23 cm 65元〔复旦新闻与传播学译库·新媒体系列 吴信训 何道宽主编〕(G. F. P.)

05050 309-04747

图像时代 视觉文化传播的理论诠释

孟建 (德)Stefan Friedrich主编 2005年 311页 26 cm 33元 (G. F. P.)

05051 309-03599

数字传媒概要

闵大洪著 2003年 255页 23 cm 25元〔复旦博学·新闻传播学研究生核心课程系列教材〕(G. F. P.)

05052 309-11495

新媒介 关键概念

(英)尼古拉斯·盖恩(Nicholas Gane) (英)戴维·比尔(David Beer)著 刘君 周竞男译 2015年 138页 24 cm 28元〔复旦新闻与传播学译库·新媒体系列 吴信训 何道宽主编〕(G. F. P.)

05053 309-10438

媒介、社会与世界 社会理论与数字媒介实践

(英)尼克·库尔德利(Nick Couldry)著 何道宽译 2014年 316页 23 cm 42元〔复旦新闻与传播学译库·新媒体系列 吴信训 何道宽主编〕(G. F. P.)

05054 309-13603

社交媒体 原理与应用

(美)帕维卡·谢尔顿(Pavica Sheldon)著 张振维译 2018年 184页 21 cm 32元〔复旦新闻与传播学译库·新媒体系列 吴信训 何道宽主编〕(G. F. P.)

05055 309-14106

互联网与全球传播 理论与案例

沈国麟等著 2018年 180页 23 cm 36元〔网络与新媒体传播核心教材系列 尹明华 刘海贵主编〕(G. F. P.)

05056 309-13730

文化与社会的媒介化

(丹)施蒂格·夏瓦著 刘君等译 2018年 176页 23 cm 40元〔复旦新闻与传播学译库·新媒体系列 吴信训 何道宽主编〕(G. F. P.)

05057 309-04818

媒介与文化研究方法

（英）斯托克斯（Jane Stokes）著 黄红宇 曾妮译 2006年 256页 21 cm 22元〔新世纪传播研究译丛〕(G. F. P.)

05058 309-08650

媒介组织与生产

（英）西蒙·科特主编 白莲 齐锐凌翻译 2014年 281页 21 cm 32元〔新世纪传播研究译丛〕(G. F. P.)

05059 309-08255

电子媒介人的崛起 社会的媒介化及人与媒介关系的嬗变

夏德元著 2011年 236页 23 cm 30元 (G. F. P.)

05060 309-02957

时空隧道 网络时代话传播

叶琼丰著 2001年 263页 20 cm 12元〔网络传播辅助教材丛书〕(G. F. P.)

05061 309-06078

网络传播概论新编

张海鹰编著 2008年 259页 23 cm 28元〔复旦博学·新闻与传播学系列教材 新世纪版〕(G. F. P.)

05062 309-15053

新媒体评论教程

张涛甫著 2020年 217页 23 cm 45元〔网络与新媒体传播核心教材系列 尹明华 刘海贵主编〕(G. F. P.)

05063 309-11016

指尖与舌间 突发事件与网络口碑传播

张婷婷 晁文庆著 2014年 202页 23 cm 32.50元〔新媒体传播先锋论丛〕(G. F. P.)

05064 309-06344

数字新媒体概论

张文俊编著 2009年 308页 23 cm 34元〔新闻与传播学系列教材 新世纪版〕(G. F. P.)

05065 309-03456

媒介分析 传播技术神话的解读

张咏华著 2002年 311页 20 cm 15元〔新世纪传播学研究丛书〕(G. F. P.)

05066 309-14691

社交媒体使用与信息自我表露 方法与案例

张振维等著 2019年 147页 23 cm 38元 (G. F. P.)

05067 309-10965

社会化媒体与公益营销传播

赵曙光 王知凡著 2014年 178页 23 cm 29.80元〔新媒体传播先锋论丛〕(G. F. P.)

05068 309-10841

致命的转化率 全媒体转型的陷阱

赵曙光著 2014年 191页 23 cm 28元〔新媒体传播先锋论丛〕(G. F. P.)

05069 309-14488

新媒体的自画像

周笑著 2019年 290页 23 cm 55元〔复旦大学新闻学院教授学术丛书 米博华总主编〕(G. F. P.)

05070 309-10946

新媒体社会论变

周笑著 2014年 374页 21 cm 35元〔新闻传播学术原创系列〕(G. F. P.)

05071 309—15200

新媒体运营实战技能

宗良等主编 2020 年 160 页 26 cm 45 元〔电子商务专业校企双元育人教材系列〕(G. F. P.)

05072 309—15147

电商新媒体应用（活页）

胡玲玲 蒋志涛主编 2020 年 216 页 26 cm 活页夹 45 元〔电子商务专业校企双元育人教材系列 全国现代学徒制工作专家指导委员会指导〕(G. P.)

05073 309—11899

传媒经济研究 发展与未来

党东耀著 2016 年 382 页 22 cm 45 元〔区域文化与传播丛书〕(G. F. P.)

05074 309—03545

媒介战略管理

邵培仁 陈兵著 2003 年 438 页 23 cm 38 元〔复旦博学·新闻传播学研究生核心课程系列教材 李良荣总主编〕(G. F. P.)

05075 309—05677

传媒产业经济学导论

童清艳著 2007 年 263 页 23 cm 30 元〔传媒经营丛书〕(G. F. P.)

05076 309—04413

现代传媒经济学

吴信训 金冠军 李海林等著 2005 年 312 页 23 cm 30 元〔传媒经济创新丛书〕(G. F. P.)

05077 309—04014

战略传媒 分析框架与经典案例

章平著 2004 年 360 页 23 cm 30 元〔传媒经营丛书〕(G. F. P.)

05078 309—02964

数字家园 网络传播与文化

江潜著 2001 年 243 页 20 cm 12 元〔网络传播辅助教材丛书〕(G. F. P.)

05079 309—05456

全球化华文媒体的发展和机遇 第四届世界华文传媒与华夏文明传播国际学术研讨会论文集

冯应谦主编 2007 年 274 页 25 cm 32 元 (G. F. P.)

05080 309—04309

实用英汉汉英传媒词典

倪剑 叶叙理 孙哲主编 2005 年 513 页 19 cm 40 元 (G. F. P.)

05081 309—10877

互联网上的公众表达

陈红梅著 2014 年 214 页 22 cm 30 元〔传播学研究书系〕(G. F. P.)

05082 309—06350

大众传播通论

(美) 杰伊·布莱克 (Jay Black) 等著 2009 年 454 页 25 cm 58 元〔复旦博学·传播学系列教程 张国良主编〕(G. F. P.)

05083 309—09318

危机传播 基于经典案例的观点

(美) 凯瑟琳·弗恩-班克斯 (Kathleen Fearn-Banks) 著 陈虹等译 2013 年 342 页 25 cm 48 元〔现代沟通力系列〕(G. F. P.)

05084 309—09300

20 世纪 90 年代西方大众传播学研究

廖圣清著 2012 年 188 页 22 cm 25 元

〔新闻传播学术原创系列〕(G. F. P.)

05085　309-10104
传播的社区 社区构成与组织的传播研究
谢静著　2013年　242页　23 cm　32元〔当代中国媒体观察丛书〕(G. F. P.)

05086　309-10950
组织传播学
谢静著　2014年　339页　23 cm　45.50元〔21世纪复旦大学研究生教学用书 新闻与传播学系列教材 新世纪版〕(G. F. P.)

05087　309-05847
受众学说 多维学术视野的观照与启迪
臧海群 张晨阳著　2007年　297页　21 cm　18元〔新世纪传播学研究丛书〕(G. F. P.)

05088　309-00309
大众传播社会学
(日) 竹内郁郎编　张国良译　1989年　223页　20 cm　1.85元 (G. F.)

新闻事业

05089　309-09583
全球新闻记者
(英) 大卫·兰德尔(David Randall)著　邹蔚苓译　2013年　251页　23 cm　39元〔上海市社会科学创新研究基地 吴信训工作室 复旦新闻与传播学译库 吴信训 何道宽主编〕(G. F. P.)

05090　309-01610
新闻采写编评
叶春华 连金禾著　1996年　395页　20 cm　17元〔复旦版新闻业务丛书〕(G. F. P.)

05091　309-11187

新闻英语综合教程
郑佩芸主编　2015年　166页　23 cm　30元 (G. F. P.)

05092　309-02173
我当晚报老总
丁法章著　1999年　430页　20 cm　22元〔中国当代名总编名记者文库〕(G. F.)

05093　309-02061
知名记者新闻业务讲稿
刘海贵主编　1998年　279页　20 cm　12.80元〔复旦版新闻业务丛书〕(G. F. P.)

05094　309-15017
边界、权威与合法性 中国语境下的新闻职业话语研究
白红义著　2020年　320页　21 cm　38元〔新闻传播学术原创系列〕(G. F. P.)

05095　309-06036
新闻理论十讲
陈力丹著　2008年 (2017年重印)　322页　23 cm　30元〔新闻传播学通用系列〕(G. F. P.)

05096　309-13988
新闻理论十讲
陈力丹著　2020年　修订版　411页　23 cm　52元 (G. F. P.)

05097　309-06175
新闻媒体与微观政治 传媒在政府政策过程中的作用研究
陈堂发著　2008年　275页　21 cm　20元〔新闻传播学术原创系列〕(G. F. P.)

05098　309-02855
20世纪中国新闻学与传播学 应用新闻学卷
戴元光等主编　单波著　2001年　300页

23 cm 38元〔新闻出版总署"十五"国家重点规划图书〕(G. F. P.)

05099 309-02871
20世纪中国新闻学与传播学 新闻史学史卷
戴元光等主编 徐培汀著 2001年 465页 23 cm 58元〔新闻出版总署"十五"国家重点规划图书〕(G. F. P.)

05100 309-02973
20世纪中国新闻学与传播学 传播学卷
戴元光等主编 戴元光编著 2001年 269页 23 cm 34元〔新闻出版总署"十五"国家重点规划图书〕(G. F. P.)

05101 309-02974
20世纪中国新闻学与传播学 宣传学和舆论学卷
戴元光等主编 邵培仁卷主编 何扬鸣 张健康编著 2002年 378页 23 cm 48元〔新闻出版总署"十五"国家重点规划图书〕(G. F. P.)

05102 309-02994
20世纪中国新闻学与传播学 理论新闻学卷
戴元光等主编 童兵 林涵著 2001年 419页 23 cm 52元〔新闻出版总署"十五"国家重点规划图书〕(G. F. P.)

05103 309-04350
20世纪中国新闻学与传播学 台湾新闻传播事业卷
戴元光 童兵 金冠军主编 郑贞铭编著 2005年 188页 23 cm 24元〔新闻出版总署"十五"国家重点规划图书〕(G. F. P.)

05104 309-03536
中国当代理论新闻学
丁柏铨著 2002年 289页 23 cm 26元〔复旦博学·新闻传播学研究生核心课程系列教材〕(G. F. P.)

05105 309-09498
新闻传播学英语
郭虹主编 2013年 188页 26 cm 30元〔21世纪EAP学术英语系列丛书 蔡基刚总主编〕(G. F. P.)

05106 309-06942
新闻学 世纪性开拓与重建
郝雨著 2009年 290页 21 cm 20元〔新闻传播学术原创系列〕(G. F. P.)

05107 309-04834
传者图像 新闻专业主义的建构与消解
黄旦著 2005年 351页 21 cm 20元〔新世纪传播学研究丛书〕(G. F. P.)

05108 309-12357
新闻学实用教程
黄东英主编 2016年 306页 23 cm 42元〔新闻传播学通用系列〕(G. F. P.)

05109 309-05398
新闻、公共关系与权力
(澳)科特(Simon Cottle)主编 李兆丰 石琳译 2007年 272页 21 cm 25元〔新世纪传播研究译丛〕(G. F. P.)

05110 309-02777
新闻学概论
李良荣著 2001年 323页 23 cm 30元〔新闻与传播学系列教材 新世纪版〕(G. F.)

05111 309-06451
新闻学概论

李良荣著 2009年 第3版 365页 23 cm 35元〔复旦博学·新闻与传播学系列教材 新世纪版 普通高等教育"十一五"国家级规划教材〕(G.F.)

05112 309-08239
新闻学概论
李良荣著 2011年 第4版 393页 23 cm 36元〔教育部国家精品课程 普通高等教育"十一五"国家级规划教材 新闻与传播学系列教材 新世纪版〕(G.F.P.)

05113 309-09591
新闻学概论
李良荣著 2013年 第5版 400页 23 cm 40元〔教育部国家精品课程 普通高等教育"十一五"国家级规划教材 新闻与传播学系列教材 新世纪版〕(G.F.P.)

05114 309-13588
新闻学概论
李良荣著 2018年 第6版 383页 23 cm 42元〔教育部国家精品课程 普通高等教育"十一五"国家级规划教材 新闻与传播学系列教材 新世纪版〕(G.F.P.)

05115 309-03709
畸变的媒体
李希光著 2003年 452页 21 cm 26元 (G.F.P.)

05116 309-07244
品牌：新闻式传播实战
刘群 陈亦钦著 2011年 165页 24 cm 精装 38元 (G.F.P.)

05117 309-07357
科学发展观与媒介化社会构建 新闻传播学视角的研究

童兵主编 2010年 201页 23 cm 30元〔复旦大学新闻传播与媒介化社会研究国家哲学社会科学创新基地成果丛书 童兵主编〕(G.F.P.)

05118 309-03413
马克思主义新闻经典教程
童兵著 2002年 331页 23 cm 28元〔复旦博学·新闻与传播学系列教材 新世纪版〕(G.F.P.)

05119 309-06534
马克思主义新闻经典教程
童兵著 2010年 第2版 430页 23 cm 38元〔普通高等教育"十一五"国家级规划教材 复旦博学·新闻与传播学系列教材 新世纪版〕(G.F.)

05120 309-05650
新闻舆论监督理论与实践
王强华 王荣泰 徐华西编著 2007年 272页 23 cm 32元〔新闻传播学通用教材〕(G.F.P.)

05121 309-10026
新闻传播教育的认识与践行
吴廷俊著 2013年 296页 23 cm 38元〔吴廷俊作品〕(G.F.P.)

05122 309-04988
新闻与传播通论
谢金文著 2006年 348页 21 cm 20元〔新闻传播学通用教材〕(G.F.P.)

05123 309-10701
新闻观念论
杨保军著 2014年 495页 25 cm 59元 (G.F.P.)

05124 309-14781
新闻话语中的社会心理研究
杨击等著 2020年 212页 23 cm 46元〔"望道"新闻传播学术原创丛书〕(G. F. P.)

05125 309-05822
新闻传播学术精要 2007
殷晓蓉主编 2007年 307页 26 cm 36元 (G. F. P.)

05126 309-10816
现代汉语新闻图式研究
于春著 2014年 345页 22 cm 30元〔传播学研究书系〕(G. F. P.)

05127 309-01914
新闻心理学
张骏德 刘海贵著 1997年 215页 20 cm 11元〔新闻学高级教程丛书〕(G. F. P.)

05128 309-07464
新闻舆论监督与公共权力运行
朱颖著 2011年 219页 23 cm 30元〔复旦大学新闻传播与媒介化社会研究国家哲学社会科学创新基地成果丛书 童兵主编〕(G. F. P.)

05129 309-11273
新闻传播伦理与法规 理论及案例评析
牛静著 2015年 274页 23 cm 45元〔新闻传播学通用系列〕(G. F. P.)

05130 309-13971
新闻传播伦理与法规 理论及案例评析
牛静著 2018年 第2版 340页 23 cm 48元〔新闻传播学通用系列〕(G. F. P.)

05131 309-02400
薪继火传 复旦大学新闻传播论文集
陈桂兰主编 1999年 507页 20 cm 25元 (G. F. P.)

05132 309-14451
论史衡法
陈建云著 2019年 257页 23 cm 50元〔复旦大学新闻学院教授学术丛书 米博华总主编〕(G. F. P.)

05133 309-03998
陈力丹自选集 新闻观念：从传统到现代
陈力丹著 2004年 435页 22 cm 36元〔新闻传播学名家自选本〕(G. F. P.)

05134 309-04675
丁淦林文集
丁淦林著 2005年 253页 23 cm 25元〔复旦学人文库 献给复旦大学一百周年校庆〕(G. F. P.)

05135 309-14064
新闻传播与中国社会发展
复旦大学新闻学院编 2018年 359页 27 cm 65元〔复旦大学新闻学院系列文丛〕(G. F. P.)

05136 309-06866
新闻春秋 第9辑 第三次地方新闻史志研讨会论文集
黄瑚主编 2009年 423页 25 cm 45元 (G. F. P.)

05137 309-14581
新闻与传播论衡
黄瑚著 2019年 344页 23 cm 58元〔复旦大学新闻学院教授学术丛书 米博华总主编〕(G. F. P.)

05138 309-04111

黄升民自选集 史与时间
黄升民著 2004年 463页 23 cm 38元
〔新闻传播学名家自选本〕(G. F. P.)

05139 309-04122
罗以澄自选集 新闻求索录
罗以澄著 2004年 392页 23 cm 35元
〔新闻传播学名家自选本〕(G. F. P.)

05140 309-14495
旧学新知 全球化下的传播比较研究
沈国麟著 2019年 197页 23 cm 48元
〔复旦大学新闻学院教授学术丛书 米博华总主编〕(G. F. P.)

05141 309-06915
深水静流 复旦大学新闻学院教师论文集
宋超 赵凯主编 2009年 749页 26 cm 88元 (G. F. P.)

05142 309-14574
珠海香山文化与国际传播研究 汉英对照
陶文好主编 2019年 335页 24 cm 58元 (G. F. P.)

05143 309-03962
童兵自选集 新闻科学：观察与思考
童兵著 2004年 465页 22 cm 39元〔新闻传播学名家自选本〕(G. F. P.)

05144 309-04112
尹鸿自选集 媒介图景·中国影像
尹鸿著 2004年 452页 23 cm 38元〔新闻传播学名家自选本〕(G. F. P.)

05145 309-11975
重新定向 跨文化、跨语际、跨媒介的叙事、语言、身份与知识研究
(澳)约翰·哈特利(John Hartley) 曲卫国主编 2015年 271页 23 cm 38元 (G. F. P.)

05146 309-04287
王中文集
赵凯主编 2004年 482页 23 cm 45元
〔复旦学人文库〕(G. F. P.)

05147 309-14909
互联网新闻制作
李良荣 钟怡著 2020年 302页 23 cm 48元〔新媒体内容创作与运营实训教程〕(G. F. P.)

05148 309-13668
数据新闻制作简明教程
吴小坤著 2018年 195页 23 cm 38元〔网络与新媒体传播核心教材丛书〕(G. F. P.)

05149 309-03835
报刊传播业经营管理
倪祖敏著 2004年 291页 23 cm 29.80元
〔传媒经营丛书〕(G. F. P.)

05150 309-13418
英语财经新闻报道与写作
潘霁 刘晖编著 2018年 263页 23 cm 38元〔新闻传播学通用系列〕(G. F. P.)

05151 309-15141
教育电视新闻采编 价值·温度·深度
田立著 2020年 193页 24 cm 55元 (G. F. P.)

05152 309-04965
当代西方财经报道
(美)安雅·谢芙琳 格雷海姆·瓦茨著 张惊译 2007年 176页 25 cm 25元
〔新闻业务高级教程 专业报道系列〕

(G. F. P.)

05153 309-04121

全球化视界 财经传媒报道

（美）安雅·谢芙琳（Anya Schiffrin）（美）埃默·贝赛特（Amer Bisat）编著 李良荣审译 2004年 373页 23 cm 48元 (G. F. P.)

05154 309-03212

新闻评论教程

丁法章著 2002年 339页 23 cm 32元〔新闻与传播学系列教材 新世纪版〕(G. F. P.)

05155 309-05937

新闻评论教程

丁法章著 2008年 第4版 381页 23 cm 36元〔普通高等教育"十一五"国家级规划教材 新闻与传播学系列教材 新世纪版〕(G. F. P.)

05156 7253.008

新闻采访与写作

复旦大学新闻系采访写作教研室著 1984年 239页 19 cm 0.93元〔新闻学基础教材丛书〕(G. F.)

05157 309-00307

新闻采访与写作

复旦大学新闻系采访写作教研室著 1984年（1999年重印）239页 19 cm 2元〔新闻学基础教材丛书〕(F.)

05158 309-05070

财经专业报道概论

贺宛男 佟琳 唐俊著 2006年 351页 25 cm 38元〔复旦博学·新闻业务高级教程 专业报道系列〕(G. F. P.)

05159 309-05166

财经新闻报道与写作

胡润峰等著 2006年 217页 23 cm 25元〔复旦博学·新闻业务高级教程 专业报道系列〕(G. F. P.)

05160 309-13102

当代新闻报道教程

林晖著 2017年 第2版 404页 23 cm 48元〔普通高等教育"十一五"国家级规划教材 新闻与传播学系列教材 新世纪版〕(G. F. P.)

05161 309-04750

新闻报道新教程 视角·范式与案例解析

林晖著 2005年 413页 23 cm 38元〔新闻传播业务新锐丛书 3〕(G. F. P.)

05162 309-00593

新闻采访写作新编

刘海贵 尹德刚编 1991年 331页 20 cm 3.80元 (G. F.)

05163 309-01190

新闻采访写作新编

刘海贵 尹德刚著 1991年（1993年重印）331页 20 cm 8元〔复旦大学新闻学丛书〕(G.)

05164 309-01915

新闻采访写作新编

刘海贵 尹德刚著 1997年 第2版 335页 20 cm 15元〔复旦版新闻业务丛书〕(G. F. P.)

05165 309-03943

新闻采访写作新编

刘海贵著 2004年 新1版 406页 20 cm 19元〔新闻传播学通用教材〕(G. F. P.)

05166 309-05791
中国新闻采访写作教程
刘海贵著 2008年 401页 23 cm 38元〔新闻与传播学系列教材 新世纪版 普通高等教育"十一五"国家级规划教材〕(G. F. P.)

05167 309-08485
中国新闻采访写作学
刘海贵著 2011年 第2版 373页 23 cm 38元〔普通高等教育"十一五"国家级规划教材 新闻与传播学系列教材 新世纪版〕(G. F. P.)

05168 309-09979
新闻平衡报道研究
刘敏著 2013年 123页 26 cm 25元〔竞攀系列〕(G. F. P.)

05169 309-13302
正面人物报道宣传效果研究
满方著 2017年 297页 22 cm 30元〔传播学研究书系〕(G. F. P.)

05170 309-08649
突发公共事件新闻报道与大众传媒社会责任
童兵主编 2012年 376页 23 cm 48元 (G. F. P.)

05171 309-13712
网络与新媒体财经报道
叶青青著 2018年 294页 23 cm 48元〔网络与新媒体传播核心教材丛书〕(G. F. P.)

05172 309-04902
突发事件与媒体报道
赵士林著 2006年 394页 21 cm 18元〔新世纪传媒大视野〕(G. F. P.)

05173 309-03483
高级新闻采访与写作
周胜林著 2006年 第3版 333页 23 cm 32元〔新闻传播课程革新教材〕(G. F. P.)

05174 309-05694
访谈的艺术
（美）查尔斯·J.斯图尔特（Charles J. Stewart）（美）威廉·B.凯什（William B. Cash） 龙耘著 2007年 439页 25 cm 48元〔复旦博学·传播学系列教程 大学通用基础教材〕(G. F. P.)

05175 309-13994
全媒体新闻生产 案例与方法
窦锋昌著 2018年 262页 24 cm 45元〔网络与新媒体传播核心教材系列 尹明华 刘海贵主编〕(G. F. P.)

05176 309-01861
当代新闻采访
刘海贵著 1997年 280页 20 cm 15元〔新闻学基础教材丛书〕(G. F. P.)

05177 309-03116
新闻采访教程
刘海贵著 2002年 259页 23 cm 25元〔新闻与传播学系列教材 新世纪版〕(G. F. P.)

05178 309-08351
新闻采访教程
刘海贵著 2011年 第2版 248页 23 cm 28元〔新闻与传播学系列教材 新世纪版〕(G. F. P.)

05179 309-08202
时评写作十讲
曹林著 2011年 269页 23 cm 35元

(G. F. P.)

05180 309-14324
时评写作十讲
曹林著 2019 年 第 2 版 287 页 23 cm 58 元（G. F. P.）

05181 309-09337
当代新闻评论教程
丁法章著 2012 年 第 5 版 410 页 23 cm 40 元〔普通高等教育"十一五"国家级规划教材 新闻与传播学系列教材 新世纪版〕(G. F. P.)

05182 7253.014
新闻评论学
丁法章编著 1985 年 231 页 19 cm 1.10 元〔新闻学基础教材丛书〕(G. F.)

05183 309-01819
新闻评论学 2000 版
丁法章主编 张骏德等撰稿 1997 年 299 页 20 cm 12 元〔新闻学基础教材丛书〕(G. F. P.)

05184 309-00010
消息选评
复旦大学新闻系采访写作教研室编 1987 年 280 页 21 cm 1.65 元〔新闻学基础教材丛书〕(G. F.)

05185 309-00293
通讯选评
复旦大学新闻系新闻业务教研室编 1990 年 367 页 20 cm 2.50 元〔新闻学基础教材丛书〕(G.)

05186 309-06566
财经报道概论
贺宛男著 2009 年 第 2 版 295 页 25 cm 35 元〔普通高等教育"十一五"国家级规划教材 新闻业务高级教程（专业报道系列）〕(G. F. P.)

05187 309-05674
新闻写作与新闻叙述 视角·主体·结构
黎明洁著 2007 年 294 页 21 cm 18 元〔新闻传播学术原创系列〕(G. F. P.)

05188 309-13366
财经新闻评论案例教程
刘晓红编著 2017 年 180 页 23 cm 35 元〔新闻传播学通用系列〕(G. F. P.)

05189 309-04410
新闻写作技艺 新思维·新方法
刘志宣著 2005 年 370 页 23 cm 36 元〔新闻传播业务新锐丛书 2〕(G. F. P.)

05190 309-11206
新闻写作技艺十讲
刘志宣著 2015 年 241 页 23 cm 30 元〔新闻传播学通用系列〕(G. F.)

05191 309-05584
当代新闻评论
柳珊著 2007 年 257 页 23 cm 26 元〔新闻传播业务新锐丛书 4〕(G. F. P.)

05192 309-04281
实用新闻写作概论
宋春阳 孟德东 张志攀编著 2004 年 431 页 26 cm 40 元〔新闻传播业务新锐丛书 1〕(G. F. P.)

05193 309-00748
人物报道写作
吴培恭著 1992 年 125 页 20 cm 2.60 元

文化、科学、教育、体育·信息与知识传播 377

(G. F.)

05194 309-09495
新闻评论学
肖鸿波编著 2013年 216页 26 cm 38元
〔竞攀系列〕(G. F. P.)

05195 309-01916
当代新闻写作
尹德刚 周胜著 1997年 331页 20 cm
15元〔新闻学基础教材丛书〕(G. F. P.)

05196 309-03917
当代新闻写作
周胜林等著 2004年 第2版 483页 20 cm
20元〔新闻传播学通用教材〕(G. F. P.)

05197 309-11204
新闻评论三十八策
张登贵著 2016年 298页 21 cm 30元
(G. F. P.)

05198 309-01078
高级新闻写作
周胜林著 1993年 217页 20 cm 6元
〔复旦大学新闻学丛书〕(G. F.)

05199 309-01889
高级新闻写作
周胜林著 1997年 第2版 276页 20 cm
12.50元〔复旦版新闻业务丛书〕(G. F. P.)

05200 309-03988
新闻传播精品导读 通讯卷
刘海贵总主编 董广安主编 2004年 420页 21 cm 20元 (G. F. P.)

05201 309-03989
新闻传播精品导读 范式与典例 新闻(消息)卷

刘海贵总主编 孔祥军主评撰 2004年
419页 21 cm 20元 (G. F. P.)

05202 309-04004
新闻传播精品导读 广播电视卷
刘海贵总主编 严三九主编 2004年 605页 21 cm 27元 (G. F. P.)

05203 309-04113
新闻传播精品导读 外国名篇卷
刘海贵总主编 郑亚楠卷主编 2005年
292页 21 cm 16元 (G. F. P.)

05204 309-04248
新闻传播精品导读 特写与报告文学卷
刘海贵总主编 宋玉书主编 2004年 605页 21 cm 28元 (G. F. P.)

05205 309-04624
新闻传播精品导读 案例精解 广告与品牌卷
刘海贵总主编 陈培爱卷主编 2005年
490页 21 cm 28元 (G. F. P.)

05206 309-06354
新闻传播精品导读 报告文学与深度报道
陈岳芬著 2008年 316页 21 cm 20元
〔新闻传播精品导读系列〕(G. F. P.)

05207 309-05189
当代报刊编辑艺术
韩松 黄燕著 2006年 349页 23 cm 35元〔新闻业务高级教程 专业报道系列〕(G. F. P.)

05208 309-05627
网络新闻编辑学
秦州主编 2007年 255页 23 cm 27元
〔新闻传播学通用教材〕(G. F. P.)

05209 309-08631

网络新闻编辑学

秦州主编 2012年 第2版 322页 24 cm 36元〔新闻与传播学系列教材 新世纪版〕(G. F. P.)

05210 309-05297

新闻编辑能力训练教程

若文编著 2006年 221页 23 cm 22元〔复旦卓越·新闻传播系列〕(G. F. P.)

05211 309-02129

报纸版面创意艺术与电脑编辑

桑金兰著 1999年 368页 20 cm 16元〔复旦版新闻业务丛书〕(G. F. P.)

05212 309-10945

报纸新闻标题制作与编排艺术

忻志伟 周骥著 2014年 303页 23 cm 54元〔天一传媒丛书〕(G. F. P.)

05213 309-00746

标题制作与版面设计

张子让著 1991年 210页 20 cm 3.50元 (G.)

05214 309-01188

标题制作与版面设计

张子让著 1993年 第2版 210页 20 cm 5.70元 ( )

05215 309-02085

当代新闻编辑

张子让著 1999年 331页 20 cm 16元〔新闻学基础教材丛书〕(G. F. P.)

05216 309-07623

新闻编辑教程

张子让著 2010年 修订版 296页 23 cm 30元〔新闻与传播学系列教材 新世纪版〕(G. F. P.)

05217 309-01917

新闻职业道德教程

陈桂兰主编 1997年 266页 20 cm 14元 (G. F. P.)

05218 309-05450

道德与新闻

(英)卡伦·桑德斯(Karen Sanders)著 洪伟 高蕊 钟文倩译 2007年 276页 21 cm 24元〔新世纪传播研究译丛〕(G. F. P.)

05219 309-04266

报纸发行营销导论

吴锋 陈伟著 2004年 307页 23 cm 29.80元〔传媒经营丛书〕(G. F. P.)

05220 309-02683

中小报业营销管理

许雄辉著 2000年 276页 20 cm 15元〔实用管理类丛书〕(G. F. P.)

05221 309-00720

中国报纸的理论与实践

李良荣著 1992年 211页 20 cm 4.80元〔复旦大学新闻学丛书〕(G. F.)

05222 309-01753

当代办报策略与新闻采写艺术

朱辉 周胜林著 1996年 219页 20 cm 10元〔复旦版新闻业务丛书〕(G. F. P.)

05223 309-05130

现代中国的大众书写 都市报的生成、发展与转折

孙玮著 2006年 264页 21 cm 18元〔新

世纪传媒大视野〕(G. F. P.)

05224 309-00769
企业报办报艺术
王者梁 江吉林主编 1991年 293页 20 cm 5.40元 (G.)

05225 5627-0428
学报编辑论丛 第7集
张全福主编 华东地区高等院校自然科学学报编辑协会编 1998年 302页 26 cm 25元 (G.)

05226 309-05305
传媒并购新论
董璐编著 2006年 220页 23 cm 25元〔传媒经营丛书〕(G. F. P.)

05227 309-10911
新闻文化的现代诠释
姜华著 2014年 287页 22 cm 26元 (G. F. P.)

05228 309-03631
当代西方新闻媒体
李良荣等著 2003年 309页 23 cm 29元〔复旦博学·新闻传播学研究生核心课程系列教材〕(G. F.)

05229 309-06947
当代西方新闻媒体
李良荣 林晖 谢静著 2010年 第2版 333页 23 cm 38元〔复旦博学·新闻与传播学系列教材 新世纪版〕(G. F. P.)

05230 309-01893
西方新闻事业概论
李良荣著 1997年 305页 20 cm 15元〔新闻学高级教程丛书〕(G. F. P.)

05231 309-05007
西方新闻事业概论
李良荣著 2006年 第3版 338页 23 cm 32元〔复旦博学·新闻与传播学系列教材 新世纪版〕(G. F. P.)

05232 309-04524
全球传媒报告 I 战争与传媒
李希光主编 2005年 170页 25 cm 16元 (G. F. P.)

05233 309-04860
全球传媒报告 II 公共形象与危机管理
李希光主编 2005年 187页 25 cm 20元 (G. F. P.)

05234 309-14450
俯拾即是
马凌著 2019年 273页 23 cm 52元〔复旦大学新闻学院教授学术丛书 米博华总主编〕(G. F. P.)

05235 309-11897
新媒体与传媒产业生态
朱天 梁英等著 2015年 390页 23 cm 45元〔新媒体创新论丛 吴信训主编〕(G. F. P.)

05236 309-01433
新闻界趣闻录 珍闻 奇闻 轶闻
白润生 龚文灏编著 1995年 310页 20 cm 10元 (G. F.)

05237 309-04124
外国新闻传播史导论
程曼丽著 2004年 321页 23 cm 29元〔复旦博学·新闻与传播学系列教材 新世纪版〕(G. F. P.)

05238 309-05724

外国新闻传播史导论

程曼丽著 2007年 第2版 324页 21 cm 33元〔复旦博学·新闻与传播学系列教材 新世纪版 普通高等教育"十一五"国家级规划教材〕(G. F. P.)

05239 309-13443
一个美国媒体人的自白

(美)汤姆·普雷特(Tom Plate)著 江卫东译 2018年 414页 21 cm 45元〔卿云馆〕(G. F. P.)

05240 309-05310
中外新闻传播思想史导论

张昆著 2006年 442页 23 cm 40元〔新闻传播学前沿〕(G. F. P.)

05241 309-04387
传媒竞争力 中国媒体发展核心方略

丁和根著 2005年 406页 21 cm 22元〔新世纪传媒大视野〕(G. F. P.)

05242 309-04941
跨文化传播 中美新闻文化概要

高金萍著 2006年 272页 21 cm 15元〔全球传播丛书〕(G. F. P.)

05243 309-03404
中西方新闻传播 冲突·交融·共存

顾潜著 2003年 446页 21 cm 21元〔全球传播丛书〕(G. F. P.)

05244 309-10167
新传播形态下的中国受众

李良荣主编 2013年 390页 25 cm 48元〔当代中国媒体观察丛书〕(G. F. P.)

05245 309-06079
中国传媒业的战略转型 以沿海非省会城市平面媒体为案例

李良荣等著 2008年 290页 21 cm 20元〔"宁波日报报业集团理论创新"丛书〕(G. F. P.)

05246 309-13806
城市治理与舆情应对 上海市政府系统舆情应对案例研究

李双龙 郑博斐主编 2018年 284页 24 cm 45元 (G. F. P.)

05247 309-10454
媒介呈现与公共话语 社会分配报道研究

李欣 汪凯著 2014年 191页 23 cm 32元〔当代中国媒体观察丛书〕(G. F. P.)

05248 309-15237
移动互联网时代新闻传播发展趋势研究

梁智勇 朱春阳等著 2020年 266页 24 cm 56元 (G. F. P.)

05249 309-04211
未完成的历史 中国新闻改革前沿

林晖著 2004年 309页 21 cm 16元〔新世纪传媒大视野〕(G. F. P.)

05250 309-10332
民生话语与权力博弈 住房改革报道研究

刘丹凌著 2014年 246页 23 cm 32.50元〔当代中国媒体观察丛书〕(G. F. P.)

05251 309-12782
都市报全媒体转型研究 掣肘与进路

刘海贵主编 2017年 243页 23 cm 38元 (G. F. P.)

05252 309-14402
新闻实务随想录

刘海贵著 2019年 279页 23 cm 49元〔复旦大学新闻学院教授学术丛书 米

博华总主编〕(G. F. P.)

05253 309-13716
影像都市 视觉、空间与日常生活
陆晔主编 2018年 259页 23 cm 46元
(G. F. P.)

05254 309-08421
媒介化社会与当代中国
马凌 蒋蕾编 2011年 228页 23 cm 25元〔复旦大学新闻传播与媒介化社会研究国家哲学社会科学创新基地成果丛书 童兵主编〕(G. F. P.)

05255 309-11587
公共议题的媒介图景 医疗卫生报道研究
田秋生著 2015年 194页 23 cm 35元〔当代中国媒体观察丛书〕(G. F. P.)

05256 309-05353
中国新闻传播学研究最新报告 2006
童兵主编 2007年 247页 29 cm 28元
(G. F. P.)

05257 309-05783
中国新闻传播学研究最新报告 2007
童兵主编 2007年 255页 29 cm 35元
(G. F.)

05258 309-06241
中国新闻传播学研究最新报告 2008
童兵主编 2008年 289页 29 cm 35元
(G. F. P.)

05259 309-06784
中国新闻传播学研究最新报告 2009
童兵主编 2009年 356页 29 cm 40元
(G. F. P.)

05260 309-07517

05260 309-07517
中国新闻传播学研究最新报告 2010
童兵主编 2010年 467页 29 cm 48元〔复旦大学新闻传播与媒介化社会研究国家哲学社会科学创新基地成果丛书〕(G. F. P.)

05261 309-08468
中国新闻传播学研究最新报告 2011
童兵主编 2011年 362页 29 cm 40元〔复旦大学新闻传播与媒介化社会研究国家哲学社会科学创新基地成果丛书〕(G. F. P.)

05262 309-09193
中国新闻传播学研究最新报告 2012
童兵主编 2012年 348页 29 cm 40元〔复旦大学新闻传播与媒介化社会研究国家哲学社会科学创新基地成果丛书〕(G. F. P.)

05263 309-10127
中国新闻传播学研究最新报告 2013
童兵主编 2013年 467页 30 cm 55元〔复旦大学新闻传播与媒介化社会研究国家哲学社会科学创新基地成果丛书〕(G. F. P.)

05264 309-10966
中国新闻传播学研究最新报告 2014
童兵主编 2014年 472页 29 cm 60元〔复旦大学新闻传播与媒介化社会研究国家哲学社会科学创新基地成果丛书〕(G. F. P.)

05265 309-11930
中国新闻传播学研究最新报告 2015
童兵主编 2015年 500页 29 cm 68元〔复旦大学新闻传播与媒介化社会研究国家哲学社会科学创新基地成果丛书〕(G. F. P.)

05266 309-12611

中国新闻传播学研究最新报告 2016

童兵主编 2016 年 472 页 29 cm 68 元〔复旦大学新闻传播与媒介化社会研究国家哲学社会科学创新基地成果丛书〕(G. F. P.)

05267 309-13421

中国新闻传播学研究最新报告 2017

童兵主编 2017 年 526 页 29 cm 70 元〔复旦大学新闻传播与媒介化社会研究国家哲学社会科学创新基地成果丛书〕(G. F. P.)

05268 309-14056

中国新闻传播学研究最新报告 2018

童兵主编 2018 年 488 页 29 cm 80 元〔复旦大学新闻传播与媒介化社会研究国家哲学社会科学创新基地成果丛书〕(G. F. P.)

05269 309-14780

中国新闻传播学研究最新报告 2019

童兵主编 2019 年 454 页 29 cm 70 元 (G. F. P.)

05270 309-04709

转型中国 媒体、民意与公共政策

汪凯著 2005 年 213 页 21 cm 16 元〔新世纪传媒大视野〕(G. F. P.)

05271 309-02517

舆论监督与新闻纠纷

王强华 魏永征主编 2000 年 398 页 20 cm 18 元〔复旦版新闻业务丛书〕(G. F. P.)

05272 309-04120

中国传媒经济研究 1949—2004

吴信训 金冠军主编 2004 年 439 页 26 cm 48 元〔传媒经济创新丛书〕(G. F. P.)

05273 309-05023

传媒资本运营

谢耘耕著 2006 年 242 页 23 cm 28 元〔传媒经营丛书〕(G. F. P.)

05274 309-04490

中美新闻传媒比较 生态·产业·实务

薛中军著 2005 年 361 页 21 cm 19.80 元〔全球传媒丛书〕(G. F. P.)

05275 309-03040

新时期中国新闻传播评述

姚福申主编 2002 年 532 页 21 cm 24 元〔复旦版新闻业务丛书〕(G. F. P.)

05276 309-14461

转型与在场

张涛甫著 2019 年 275 页 23 cm 55 元〔复旦大学新闻学院教授学术丛书 米博华总主编〕(G. F. P.)

05277 309-05038

娱乐财富密码 引爆传媒心经济

张小争著 2006 年 285 页 25 cm 30 元 (G. F. P.)

05278 309-14758

编辑部场域中的新闻生产 基于《南方都市报》的研究

张志安著 2019 年 314 页 21 cm 42 元〔新闻传播学术原创系列〕(G. F. P.)

05279 309-06269

重构中的媒介价值

周笑著 2008 年 436 页 21 cm 30 元〔新闻传播学术原创系列〕(G. F. P.)

05280 309-05165

如何面对媒体 政府和企业新闻发言人实用手册

邹建华著 2006年 231页 23 cm 25元 (G. F. P.)

05281 309-10436

转型中的传媒 宁波日报报业集团的实践与思考(一)

何伟主编 2014年 347页 23 cm 56元〔天一传媒丛书〕(G. F. P.)

05282 309-13422

中国媒介与传播景观 国际双硕士项目学生的视野

洪兵（美）大卫·马奎尔(David Maguire)主编 2017年 326页 26 cm 48元 (G. P.)

05283 309-05671

中国经济与传媒评论 第1卷 创意与传媒

李程骅等著 2007年 280页 26 cm 35元〔首届中国经济与传媒发展论坛〕(G. F. P.)

05284 309-03961

李良荣自选集 新闻改革的探索

李良荣著 2004年 464页 22 cm 39元〔新闻传播学名家自选本〕(G. F. P.)

05285 309-14449

传播与中国受众

廖圣清著 2019年 319页 23 cm 48元〔复旦大学新闻学院教授学术丛书 米博华总主编〕(G. F. P.)

05286 309-06675

技术、制度与媒介变迁 中国传媒改革开放30年论集

童兵主编 2009年 303页 25 cm 36元 (G. F. P.)

05287 309-09637

经验与历程 建党90周年"中国共产党新闻思想研讨会"论文集

童兵主编 2013年 226页 23 cm 30元〔复旦大学新闻传播与媒介化社会研究国家哲学社会科学创新基础成果丛书 童兵主编〕(G. F. P.)

05288 309-14487

新世纪新闻的观察与思考

童兵著 2019年 321页 23 cm 58元〔复旦大学新闻学院教授学术丛书 米博华总主编〕(G. F. P.)

05289 309-03997

喻国明自选集 别无选择：一个传媒学人的理论告白

喻国明著 2004年 414页 22 cm 36元〔新闻传播学名家自选本〕(G. F. P.)

05290 309-14494

中国媒体产业20年 创新与融合

朱春阳著 2019年 247页 23 cm 50元〔复旦大学新闻学院教授学术丛书 米博华总主编〕(G. F. P.)

05291 309-07408

党报与真理标准大讨论

蔡美华著 2011年 262页 21 cm 25元〔新闻传播学术原创系列〕(G. F. P.)

05292 309-05755

深度报道探胜 党报-主流媒体发展之路

刘海贵主编 2007年 272页 21 cm 18元〔"宁波日报报业集团理论创新"丛书〕(G. F. P.)

05293 309-02813

我在报社当社长

满运来著 2001年 487页 20 cm 26元〔中国当代名总编名记者文库〕(G. F. P.)

05294 309-00980
上海近代报刊史论
秦绍德著 1993年 199页 20 cm 6元〔复旦大学博士丛书〕(G. F.)

05295 309-10533
上海近代报刊史论
秦绍德著 2014年 第2版 280页 23 cm 48元 (G. F. P.)

05296 309-08662
《申》报对策
徐锦江著 2012年 135页 23 cm 35元 (G. F. P.)

05297 309-07219
新时期党报定位与读者资源开发 以《宁波日报》创新成长为个案的多维透视
童兵 徐正主编 2010年 280页 21 cm 20元〔"宁波日报报业集团理论创新"丛书〕(G. F. P.)

05298 309-10735
嘉兴日报报业传媒集团智力引进模式研究
冯隽 吴凡著 2015年 241页 24 cm 28元 (G. F. P.)

05299 309-03598
当代对外传播
郭可著 2003年 301页 21 cm 15元〔全球传播丛书〕(G. F. P.)

05300 309-10570
中国对外传播的客居受众效果研究
王帆著 2015年 157页 21 cm 28元〔新闻传播学术原创系列〕(G. F. P.)

05301 309-15172
新媒体对外传播内容制作
王亚宏 张春燕主编 2020年 184页 23 cm 40元〔新媒体内容创作与运营实训教程〕(G. F. P.)

05302 309-14749
雄安新区传播与发展研究报告 2018年卷
韩立新 王秋菊 张京京等著 2019年 230页 23 cm 56元 (G. F. P.)

05303 309-02571
中国新闻事业发展史
黄瑚著 2001年 353页 23 cm 30元〔新闻与传播学系列教材 新世纪版〕(G. F. P.)

05304 309-06410
中国新闻事业发展史
黄瑚著 2009年 第2版 381页 23 cm 39元〔新闻与传播学系列教材 新世纪版 普通高等教育"十一五"国家级规划教材〕(G. F. P.)

05305 309-13630
中国地区比较新闻史
宁树藩主编 2018年 3册 24 cm 精装 360元 (G. F. P.)

05306 309-13353
华夏传播新探 一种跨文化比较视角
潘祥辉著 2018年 338页 22 cm 30元〔传播学研究书系〕(G. F. P.)

05307 309-06146
中国新闻史新修

吴廷俊著 2008年 594页 23 cm 58元
〔新闻与传播学系列教材 新世纪版〕
(G. F. P.)

05308 309-06729
涛声 一个新闻老兵的经验谈
叶世涛著 2009年 357页 26 cm 50元
(P.)

05309 309-10046
考问新闻史
吴廷俊著 2013年 520页 23 cm 66元
(G. F. P.)

05310 309-01726
上海新闻史 1850—1949
马光仁主编 1996年 1141页 20 cm 精装 50元 (G. F. P.)

05311 309-10416
上海新闻史 1850—1949
马光仁主编 2014年 第2版 1140页 21 cm 精装 98元 (G. F.)

05312 309-09492
《申报》(1872—1949)体育报道研究
肖鸿波著 2013年 135页 26 cm 30元
〔竞攀系列〕(G. F. P.)

05313 309-08140
传教士中文报刊史
赵晓兰 吴潮著 2011年 433页 22 cm 30元 (G. F. P.)

05314 309-03204
我与大公报
《大公报一百周年报庆丛书》编委会编 2002年 462页 20 cm 23元〔大公报一百周年报庆丛书〕(G. F. P.)

05315 309-09708
移植与流变 密苏里大学新闻教育模式在中国 (1921—1952)
林牧茵著 2013年 399页 21 cm 36元
(G. F. P.)

05316 309-03265
中国现当代新闻业务史导论
刘海贵主编 2002年 410页 23 cm 36元
〔新闻传播学研究生核心课程系列教材 李良荣总主编〕(G. F. P.)

05317 309-12868
民元时期的新闻业 一个剖面的研究
谭泽明著 2017年 220页 22 cm 30元
〔区域文化与传播丛书 商娜红主编〕
(G. F. P.)

05318 309-02873
上海当代新闻史
马光仁主编 2001年 905页 20 cm 精装 45元 (G. F. P.)

05319 309-07819
中国新闻传播史 1978—2008
吴廷俊主编 2011年 699页 25 cm 88元
(G. F. P.)

05320 309-12504
当代台湾报纸文艺副刊史研究
刘晓慧著 2017年 368页 22 cm 38元
〔区域文化与传播丛书 商娜红主编〕
(G. F.)

05321 309-05975
《星洲日报》研究
彭伟步著 2008年 360页 23 cm 38元
(G. F. P.)

05322 309-14121

菲律宾《世界日报》研究 基于媒介使用心理的视角
陈东霞著 2019年 219页 22 cm 36元
〔区域文化与传播丛书 商娜红主编〕（G. F. P.）

05323 309-05816
当代西方新闻报道规范 采编标准及案例精解
张宸编著 2008年 316页 25 cm 36元〔复旦博学·新闻业务高级教程 专业报道系列 业界精英撰写实用教材〕（G. F. P.）

05324 309-05082
传播·文化·社会 英国大众传播理论透视
杨击著 2006年 206页 21 cm 15元（G. F. P.）

05325 309-13657
英国"第四等级"报刊观念的兴起
张妤玟著 2018年 276页 23 cm 68元（G. F. P.）

05326 309-13992
文化框架 美国主流媒体中的"中国制造"
潘霁著 2018年 262页 23 cm 42元〔"望道"新闻传播学术原创丛书〕（G. F. P.）

05327 309-04628
建构权威·协商规范 美国新闻媒介批评解读
谢静著 2005年 184页 21 cm 15元（G. F. P.）

05328 309-12620
重塑美国 美国新媒体社会的全面建构及其影响
周笑著 2016年 361页 22 cm 38元
〔"21世纪的美国与世界"丛书 吴心伯主编〕（G. F. P.）

05329 309-05856
共和与自由 美国近代新闻史研究
马凌著 2007年 393页 21 cm 25元〔新闻传播学术原创系列〕（G. F. P.）

05330 309-13956
美国文学新闻史 一种现代叙事形式的兴起
（美）约翰·C.哈索克(John C. Hartsock)著 李梅译 2019年 278页 23 cm 68元（G. F. P.）

05331 309-08055
自由的逻辑 进步时代美国新闻业的转型
张健著 2011年 273页 21 cm 25元〔新闻传播学术原创系列〕（G. F. P.）

广播、电视事业

05332 309-09906
从数字电视到互联网电视 媒介政策范式及其转型
赵瑜著 2015年 254页 21 cm 32元〔新闻传播学术原创系列〕（G. F. P.）

05333 309-05129
广播电视新闻学
蔡尚伟等著 2006年 291页 25 cm 32元〔复旦卓越·实用广播电视等系列〕（G. F. P.）

05334 309-08653
当代广播电视学
郭镇之 苏俊斌编著 2012年 306页 23 cm 35元〔复旦博学·当代广播电视教程 新世纪版〕（G. F. P.）

05335 309-06977
当代电视新闻学
黄匡宇著 2010 年 430 页 23 cm 45 元〔复旦博学·当代广播电视教程 新世纪版〕(G. F. P.)

05336 309-03155
当代广播电视概论
陆晔 赵民主编 2002 年 405 页 23 cm 36 元〔21 世纪广播电视业务前瞻丛书〕(G. F.)

05337 309-07784
当代广播电视概论
陆晔 赵民著 2010 年 第 2 版 412 页 23 cm 39.80 元〔新闻与传播学系列教材 新世纪版 普通高等教育"十一五"国家级规划教材〕(G. F. P.)

05338 309-01694
电视时代 中国电视新闻传播
陆晔著 1997 年 242 页 20 cm 10 元〔新编电视业务实用丛书〕(G. F. P.)

05339 309-05137
电视文化的观念
祁林著 2006 年 206 页 23 cm 22 元〔复旦博学·新闻与传播学系列教材 新世纪版〕(G. F. P.)

05340 309-00040
广播电视概论
施天权著 1987 年 290 页 20 cm 1.70 元〔新闻学基础教材丛书〕(G.)

05341 309-01189
广播电视概论
施天权著 1993 年 290 页 21 cm 7.40 元〔电视业务系列丛书〕(F.)

05342 309-04364
当代电视实务教程
石长顺著 2005 年 396 页 24 cm 36 元〔复旦博学·当代广播电视教程 新世纪版〕(G. F. P.)

05343 309-06897
电视专题与专栏 当代电视实务教程
石长顺著 2009 年 第 2 版 460 页 23 cm 40 元〔普通高等教育"十一五"国家级规划教材 复旦博学·当代广播电视教程 新世纪版〕(G. F. P.)

05344 309-14139
电视专题与专栏 当代电视实务教程
石长顺著 2019 年 第 3 版 394 页 23 cm 52 元〔普通高等教育"十一五"国家级规划教材 当代广播电视教程 新世纪版〕(G. F. P.)

05345 309-05222
新编广播电视新闻学
吴信训著 2006 年 308 页 24 cm 32 元〔复旦博学·当代广播电视教程 新世纪版〕(G. F. P.)

05346 309-07931
新编广播电视新闻学
吴信训著 2012 年 第 2 版 327 页 23 cm 34 元〔复旦博学·当代广播电视教程 新世纪版 普通高等教育"十一五"国家级规划教材 2006 年上海市精品课程〕(G. F.)

05347 309-13934
新编广播电视新闻学
吴信训著 2018 年 第 3 版 356 页 23 cm 48 元〔普通高等教育"十一五"国家级规划教材 当代广播电视教程 新世纪

版〕(G. F. P.)

05348 309-02737
当代广播电视新闻学
张骏德主编 2001 年 380 页 23 cm 32 元〔新闻与传播学系列教材 新世纪版〕(G. F. P.)

05349 309-03482
电视文化传播导论
郑征予著 2003 年 246 页 23 cm 25 元〔21世纪广播电视业务前瞻丛书〕(G. F. P.)

05350 309-03064
市场经济与广播电视管理
赵凯 赵腓罗主编 2002 年 215 页 21 cm 15 元 (G. F. P.)

05351 309-08034
广播电视现代管理概论
朱尧刚 朱晓奕编著 2011 年 350 页 21 cm 25 元 (G. F. P.)

05352 309-06206
电视深度报道教程
季宗绍著 2008 年 384 页 23 cm 38 元〔广播电视编导专业系列〕(G. F. P.)

05353 309-06414
广播节目编辑与数字音频制作技术
颉宁侠编著 2008 年 233 页 24 cm 28 元〔现代传媒技术实验教材系列〕(G. F. P.)

05354 309-05967
数字电视编辑技术
陈惠芹编著 2008 年 281 页 25 cm 30 元〔现代传媒技术实验教材系列〕(G. F. P.)

05355 309-00551
电视编辑
黄亚安编著 1991 年 124 页 20 cm 2.35 元〔电视业务系列丛书〕(G.)

05356 309-01085
电视编辑
黄亚安编著 1991 年（1995 年印）124 页 20 cm 3.60 元 (　)

05357 309-05831
当代电视编辑教程
张晓锋著 2007 年 412 页 23 cm 39 元〔广播电视编导专业系列〕(G. F.)

05358 309-07127
当代电视编辑教程
张晓锋著 2010 年 第 2 版 389 页 23 cm 39 元〔复旦博学·当代广播电视教程 新世纪版〕(G. F. P.)

05359 309-15197
当代电视编辑教程
张晓锋著 2020 年 第 3 版 340 页 23 cm 49 元〔复旦博学·当代广播电视教程 新世纪版〕(G. F. P.)

05360 309-07019
当代电视新闻采访教程
赵淑萍著 2010 年 343 页 23 cm 35 元〔复旦博学·当代广播电视教程 新世纪版 北京市精品教材〕(G. F. P.)

05361 309-05492
广播电视评论教程
仲富兰著 2007 年 331 页 23 cm 38 元〔复旦博学·当代广播电视教程 新世纪版〕(G. F. P.)

05362 309-01947

文化、科学、教育、体育·信息与知识传播　389

广播评论 功能、选题与语言艺术
仲富兰著　1997年　447页　20 cm　18元〔复旦版新闻业务丛书〕(G. F. P.)

05363　309-05254
美国播音技艺教程
（美）Carl Hausman等著　王毅敏　刘日宇译　2007年　314页　25 cm　38元〔复旦博学·国外经典影视教程〕(G. F. P.)

05364　309-05480
节目主持人传播
陈虹著　2007年　230页　23 cm　25元〔广播电视播音主持系列〕(G. F. P.)

05365　309-10746
电视节目主持人品牌研究
巩晓亮著　2014年　251页　22 cm　30元〔传播学研究书系〕(G. F. P.)

05366　309-06031
节目主持语言智略
王群　曹可凡主编　2008年　251页　23 cm　30元〔广播电视播音主持系列〕(G. F. P.)

05367　309-04707
当代广播电视播音主持
吴郁著　2005年　286页　23 cm　28元〔复旦博学·当代广播电视教程 新世纪版〕(G. F. P.)

05368　309-06392
当代广播电视播音主持
吴郁著　2008年　第2版　369页　23 cm　36元〔复旦博学·当代广播电视教程 新世纪版　普通高等教育"十一五"国家级规划教材　北京市高等教育精品教材〕(G. F. P.)

05369　309-00528
时代的明星 漫谈电视节目主持人
徐德仁　施天权著　1990年　135页　19 cm　2.50元〔电视业务系列丛书〕(G. F.)

05370　309-01046
时代的明星 漫谈电视节目主持人
徐德仁　施天权著　1990年（1993年重印）　135页　20 cm　3.50元〔电视业务系列丛书〕(G.)

05371　309-01230
时代的明星 漫谈电视节目主持人
徐德仁　施天权著　1990年（1993年重印）　135页　20 cm　4元〔电视业务系列丛书〕(G. F.)

05372　309-09493
体育解说叙事学
朱俊河著　2013年　130页　26 cm　30元〔竞攀系列〕(G. F. P.)

05373　309-10008
电视节目形态 创新的观点
陈虹等著　2013年　235页　23 cm　30元〔复旦博学·当代广播电视教程 新世纪版〕(G. F. P.)

05374　309-01268
电视节目制作基础
陈思善编著　1994年　245页　20 cm　6.50元〔电视系列丛书〕(G. F.)

05375　309-02310
电视节目制作基础
陈思善编著　1999年　第2版　281页　20 cm　14元〔电视系列丛书〕(G. F. P.)

05376　309-02100

电视制作基础
（美）赫伯特·泽特尔（Herbert Zettl）著 陈犀禾译 1998年 348页 26 cm 33元〔影视艺术技术丛书〕(G. F. P.)

05377 309-05008
电视节目策划学
胡智锋主编 2006年 245页 23 cm 28元〔复旦博学·当代广播电视教程 新世纪版 "十一五"国家级规划教材〕(G. F.)

05378 309-08974
电视节目策划学
胡智锋主编 2012年 第2版 269页 23 cm 34元〔复旦博学·当代广播电视教程 新世纪版 普通高等教育"十一五"国家级规划教材〕(G. F. P.)

05379 309-15125
电视节目策划学
胡智锋主编 2020年 第3版 301页 23 cm 49元〔复旦博学·当代广播电视教程 新世纪版 普通高等教育"十一五"国家级规划教材〕(G. F. P.)

05380 309-02101
电视现场制作
刘日宇 杨士颖编著 1998年 299页 26 cm 28元〔影视艺术技术丛书〕(G. F. P.)

05381 309-06253
访谈类节目经典案例 曹可凡与《可凡倾听》
王嘉钰 沈萌萌主编 2008年 265页 23 cm 30元〔广播电视播音主持系列 名主持人名栏目丛书〕(G. F. P.)

05382 309-05716
真人秀节目 理论、形态和创新
谢耘耕 陈虹著 2007年 238页 23 cm 28元〔广播电视编导专业系列〕(G. F. P.)

05383 309-08296
当代电视节目类型教程
张健编著 2011年 324页 23 cm 35元〔复旦博学·当代广播电视教程 新世纪版〕(G. F. P.)

05384 309-13907
视听节目类型解析
张健编著 2018年 371页 23 cm 48元〔复旦博学·当代广播电视教程〕(G. F. P.)

05385 309-00674
电视制作 技巧·艺术·训练
张舒予 周章明编译 1991年 317页 20 cm 5.65元〔电视业务系列丛书〕(G. F.)

05386 309-01332
电视制作 技巧·艺术·训练
张舒予 周章明编译 1991年（1993年重印）317页 20 cm 6.70元〔电视业务系列丛书〕(G.)

05387 309-02697
冲突、协调与发展 当代西方国家广播电视体制与管理
林琳著 2000年 153页 20 cm 10元〔上海市社会科学博士文库 第二辑〕(G. F. P.)

05388 309-00616
当代世界广播电视
施天权等编著 1991年 367页 20 cm 5.35元〔电视业务系列丛书〕(G. F.)

05389 309-04478
中外广播电视史

郭镇之著 2005年 382页 23 cm 36元〔复旦博学·当代广播电视教程 新世纪版〕(G. F. P.)

05390 309-06090
中外广播电视史
郭镇之著 2008年 第2版 320页 23 cm 36元〔复旦博学·当代广播电视教程 新世纪版 普通高等教育"十一五"国家级规划教材〕(G. F. P.)

05391 309-12441
中外广播电视史
郭镇之著 2016年 第3版 325页 23 cm 39元〔普通高等教育"十一五"国家级规划教材 复旦博学·当代广播电视教程 新世纪版 孟建主编〕(G. F. P.)

05392 309-12926
智慧生产 互联网+时代下视听内容的生产与创新
戴钟伟主编 2017年 159页 23 cm 36元〔SMG智造系列丛书 陈雨人主编〕(G. F. P.)

05393 309-08620
中国广电产业空间发展研究
董春著 2012年 372页 21 cm 25元 (G. F. P.)

05394 309-04708
广电媒介产业经营新论
黄升民 周艳 马丽婕著 2005年 308页 23 cm 30元〔传媒经营丛书〕(G. F. P.)

05395 309-08963
融合、转型 电视新闻传播新论
牛光夏著 2012年 273页 21 cm 22元〔新闻传播学术原创系列〕(G. F. P.)

05396 309-04444
解析中国民营电视
陆地主编 2005年 300页 23 cm 30元 (G. F. P.)

05397 309-14028
从分营到融合 中国广电业与电信业的公共服务研究
石力月著 2018年 202页 21 cm 32元 (G. F. P.)

05398 309-03910
绿叶为什么 一个教育和电视的10年
张德明主编 2004年 351页 21 cm 18元 (G. F. P.)

05399 309-02415
永远的绿叶情 上海教育电视台六年回顾
张德明主编 1999年 467页 20 cm 精装 30元 (G. F. P.)

05400 309-04783
交流
林罗华 袁雷主编 华东城市电视台新闻协作研究会编 2005年 499页 26 cm 60元 (G. F. P.)

05401 309-01180
新系列、新思路、新格局 介绍在改革奋进中的上海人民广播电台
王幼涛等编辑 1993年 313页 20 cm 10元 (G. F.)

05402 309-01483
绿叶飘起来 上海教育电视台周年巡礼
张德明主编 谢家骝 汪天云副主编 1995年 423页 21 cm 16元 (F.)

05403 309-02099
当代美国电视

陈犀禾编著 1998 年 204 页 26 cm 19 元 〔影视艺术技术丛书〕(G. F. P.)

05404 309 - 05784
走进美国电视
陆生著 2007 年 319 页 23 cm 39 元 (G. F. P.)

出版事业

05405 309 - 10890
完整的现代图书出版
陆盛强编著 2014 年 353 页 22 cm 28.50 元 (G. F. P.)

05406 309 - 01719
书人论语 复旦大学出版社建社 15 周年论文集
复旦大学出版社编 1996 年 276 页 20 cm 8 元 (G. F. P.)

05407 309 - 00164
大学出版工作研究
华东地区大学出版社工作研究会编 1988 年 289 页 20 cm 7 元 (G. F.)

05408 309 - 08664
书香飘过三十年 复旦大学出版社三十年社庆员工文集
刘子馨主编 2011 年 225 页 23 cm 30 元 (G. F.)

05409 309 - 06443
出版产业散论
周蔚华著 2009 年 464 页 23 cm 48 元 (G. F. P.)

05410 309 - 01267
著译者须知
复旦大学出版社编辑部编 1994 年 35 页 19 cm 2 元 (G. F.)

05411 309 - 14020
编辑审稿实务教程
林骧华著 2018 年 221 页 26 cm 45 元 〔复旦大学出版专业教材系列〕(G. F. P.)

05412 309 - 05100
新形式 新思考 中国编辑学会第十届年会论文集
贺圣遂主编 2006 年 529 页 21 cm 22 元 (G. F. P.)

05413 309 - 14491
我的职业是编辑
李又顺著 2019 年 259 页 21 cm 38 元 (G. F. P.)

05414 309 - 13250
文字纠错 3000 例
林骧华编著 2017 年 427 页 26 cm 45 元 〔复旦大学出版专业教材系列〕(G. F. P.)

05415 309 - 03957
图书营销管理
方卿编著 2004 年 278 页 23 cm 24 元 〔传媒经营丛书〕(G. F. P.)

05416 309 - 06445
献芹录
陈思和著 2009 年 283 页 23 cm 32 元 (G. F. P.)

05417 309 - 02861
精彩回放 复旦大学出版社建社 20 周年书评集
复旦大学出版社编 2001 年 613 页 20 cm 20 元 (G. F. P.)

05418 309 - 00698
寻找文化的踪迹 复旦版书评选(1981—1991)
复旦大学出版社编 1991 年 311 页 21 cm 4.50 元 (F.)

文化、科学、教育、体育·信息与知识传播

05419 309-08380
难忘的书与插图
汪家明著 2011年 259页 23 cm 38元 (G. F. P.)

05420 309-08766
读者有其书
夏德元著 2012年 156页 21 cm 15元 〔复旦版阅读小丛书 3〕(G. F. P.)

05421 309-12024
理念、策略与探索 外语出版实务研究
庄智象著 上海市出版协会编纂 2016年 324页 24 cm 42元 〔上海出版研究丛书〕(G. F. P.)

05422 309-11760
国际出版
林骧华主编 林骧华 任建国 曹珍芬编 2015年 254页 26 cm 35元 〔复旦大学出版专业教材系列〕(G. P.)

05423 309-11182
近代出版与文学的现代化
栾梅健 张霞著 2015年 311页 21 cm 32元 〔中国近代文化转型与文学现代化丛书 栾梅健主编〕(G. F. P.)

05424 309-14580
出版业的核心与边缘
张大伟著 2019年 297页 23 cm 58元 〔复旦大学新闻学院教授学术丛书 米博华总主编〕(G. F. P.)

05425 309-05559
出版论稿
巢峰著 2007年 573页 23 cm 50元 (G. F.)

05426 309-05113
中国出版产业论稿
陈昕著 2006年 454页 23 cm 45元 (G. F. P.)

05427 309-03304
教育音像出版理论与实践
孟庆和主编 2002年 350页 20 cm 15元 (G. F. P.)

05428 309-07434
"双面人"手记
潘凯雄著 2010年 307页 23 cm 32元 (G. F. P.)

05429 309-07210
出版问道十五年
吴培华著 2010年 407页 23 cm 45元 (G. F.)

05430 309-12065
上海高校出版方略
上海市出版协会编纂 2016年 229页 24 cm 40元 〔上海出版研究丛书〕(G. F. P.)

05431 309-02865
不懈追求 复旦大学出版社建社 20 周年论文集
复旦大学出版社编 2001年 323页 20 cm 20元 (G. F. P.)

05432 309-13398
文华至尚 复旦大学出版社成立三十五周年纪念文集
王德耀主编 2017年 262页 24 cm 38元 (G. F. P.)

05433 309-09613
扫叶山房史研究
杨丽莹著 2013年 304页 21 cm 精装 32元 (G. F. P.)

05434 309-04833
上海市书刊发行业协会发行纪程
张金福主编 2006年 311页 21 cm 18元
(G. F.)

05435 309-04792
中国图书发行史
高信成著 2005年 452页 23 cm 45元
(G. F. P.)

05436 309-00231
中国编辑史
姚福申著 1990年 440页 20 cm 3.30元
(G. F.)

05437 309-03919
中国编辑史
姚福申著 2004年 第2版 578页 23 cm 49元 (G. F. P.)

05438 309-09303
启蒙与出版 苏格兰作家和18世纪英国、爱尔兰、美国的出版商
(美)理查德·B.谢尔(Richard B. Sher)著 启蒙编译所译 2012年 2册 22 cm 78元 (G. F. P.)

群众文化事业

05439 309-00370
文化户实用手册
江西省群众文化学会主编 1989年 293页 19 cm 3.80元 (G.)

05440 309-02965
众人狂欢 网络传播与娱乐
陈晓云著 2001年 233页 20 cm 12元
〔网络传播辅助教材丛书〕(G. F. P.)

05441 309-04768
会展经济
陈来生编著 2005年 240页 23 cm 28元
〔复旦卓越·21世纪会展系列教材〕(G. F. P.)

05442 309-04674
会展概论
龚平 赵慰平主编 2005年 238页 23 cm 28元〔复旦卓越·21世纪会展系列教材〕(G. F. P.)

05443 309-06813
会展概论
龚平 赵慰平主编 2009年 第2版 228页 23 cm 28元〔普通高等教育"十一五"国家级规划教材 复旦卓越·21世纪会展系列教材〕(G. F. P.)

05444 309-04571
会展营销
胡平主编 2005年 237页 23 cm 28元〔复旦卓越·21世纪会展系列教材〕(G. F. P.)

05445 309-07493
会展英语
胡志勇主编 李飞编著 2011年 164页 23 cm 20元〔21世纪大学行业英语丛书〕(G. F. P.)

05446 309-07966
会展英语
刘玉珍 张亦琳主编 2011年 220页 26 cm 25元〔复旦卓越·高职高专英语教材 前景行业英语系列教材〕(G. F. P.)

05447 309-05045
会展文案
毛军权 王海庄编著 2006年 221页

23 cm 26 元〔复旦卓越·21 世纪会展系列教材〕(G. F. P.)

05448 309-07163
上海世博会园区工作人员读本
滕五晓主编 上海世博会事务协调局编 2010 年 160 页 21 cm 20.80 元 (G. F. P.)

05449 309-04815
会展策划
许传宏主编 2005 年 265 页 23 cm 28 元〔复旦卓越·21 世纪会展系列教材〕(G. F.)

05450 309-07062
会展策划
许传宏主编 2010 年 第 2 版 274 页 23 cm 28 元〔普通高等教育"十一五"国家级规划教材 上海普通高校优秀教材 首届中国会展经济研究优秀成果奖 复旦卓越·21 世纪会展系列教材〕(G. F. P.)

05451 309-10632
会展策划
许传宏主编 2014 年 第 3 版 266 页 26 cm 34 元〔复旦卓越·21 世纪会展系列教材 "十二五"职业教育国家规划教材 普通高等教育"十一五"国家级规划教材 上海普通高校优秀教材〕(G. F. P.)

05452 309-06853
会展项目管理
杨顺勇 施谊主编 2009 年 241 页 26 cm 30 元〔复旦卓越·21 世纪管理学系列〕(G. F. P.)

05453 309-04347
博览学
余明阳 姜炜编著 2005 年 255 页 26 cm 29 元〔复旦博学·21 世纪管理类创新课程系列〕(G. F. P.)

05454 309-06493
会展导论
张义 杨顺勇主编 2009 年 280 页 26 cm 35 元〔复旦卓越·21 世纪管理学系列〕(G. F. P.)

05455 309-15328
会展导论
张义主编 2020 年 256 页 26 cm 48 元〔创优·会展专业核心课系列教材〕(G. F. P.)

05456 309-09070
会展英语
赵翠华主编 2013 年 166 页 26 cm 35 元 (G. F. P.)

05457 309-12535
名流 一个文化研究的视角
王婷著 2016 年 260 页 22 cm 30 元〔传播学研究书系〕(G. F. P.)

图书馆事业、信息事业

05458 309-01310
图书馆信息科学的理论与实践
(美) 巴克兰德著 严吉森译 1994 年 218 页 20 cm 10.50 元 (G. F.)

05459 309-04372
数字图书馆操作与实务
张永忠主编 张义兰等编著 2005 年 172 页 26 cm 18 元〔复旦卓越·公共课系列〕(G. F. P.)

05460 309-13852

泛在知识环境下图书馆知识发现技术及应用研究

张计龙等著 2019年 219页 26 cm 35元 (G. F. P.)

05461 309-10673

新媒体环境下阅读引导与读者服务的协同推进研究

邓香莲著 2014年 344页 22 cm 30元〔传播学研究书系〕(G. F. P.)

05462 309-14146

林文宝谈儿童阅读

林文宝著 2019年 188页 24 cm 35元 (G. F. P.)

05463 309-06667

参与式社群与互动性识知 Web2.0 数字参考研究范式

杨帆著 2009年 217页 23 cm 30元 (G. F. P.)

05464 309-03454

Internet 航运信息检索

蒋志伟编著 2003年 213页 23 cm 20元 (G. F. P.)

05465 5627-0424

医学信息检索与利用

张自钧 陈桂章主编 李晓玲等编写 1998年 248页 26 cm 29元 (G.)

05466 5627-0629

医学信息检索与利用

李晓玲主编 2001年 第2版 257页 26 cm 29.50元 (F.)

05467 309-03365

医学信息检索与利用

李晓玲主编 王宇芳等编 2001年 第2版 257页 26 cm 29.50元〔面向21世纪高等医药院校教材〕(F.)

05468 309-03877

医学信息检索与利用

夏知平主编 2004年 第3版 296页 26 cm 30元〔复旦博学·基础医学系列〕(G. F. P.)

05469 309-06157

医学信息检索与利用

李晓玲 夏知平主编 2008年 第4版 255页 26 cm 30元〔复旦博学·基础医学〕(G. F. P.)

05470 309-10248

医学信息检索与利用

李晓玲 符礼平主编 2014年 第5版 268页 26 cm 46元〔复旦博学·基础医学〕(G. F. P.)

05471 309-03579

医学信息技术应用

徐一新等编著 2003年 218页 26 cm 26元〔医学高等职业教育教材〕(G. F. P.)

05472 309-06723

信息利用基础

阎衡秋 胡琳编 2009年 132页 26 cm 20元〔复旦大学附属中学"大视野"教育书系〕(G. P.)

05473 309-06951

信息检索与利用

张永忠主编 2010年 226页 26 cm 29元〔复旦卓越·公共课系列〕(G. F. P.)

05474 309-12413

文化、科学、教育、体育·信息与知识传播   397

信息检索与利用
张永忠主编 2016年 第2版 233页 26 cm 30元〔复旦卓越·公共课系列〕(G. F. P.)

05475 309-05855
国际交换论 国际文献交换研究
俞国琴著 2007年 217页 21 cm 18元 (G. F. P.)

05476 309-11943
跨语言信息检索中的双语主题模型及算法研究
罗远胜著 2015年 177页 23 cm 38元〔信毅学术文库〕(G. F. P.)

05477 309-13610
信息检索与基础
齐元沂 张永忠编著 上海百万在岗人员学力提升行动计划办公室主编 2018年 217页 21 cm 32元〔上海百万在岗人员学力提升读本〕(G. F. P.)

05478 309-15044
纸知识 关于文档的媒介历史
(美)丽莎·吉特尔曼著 王昀译 2020年 194页 23 cm 50元 (G. F. P.)

05479 309-11592
慧源共享 数据悦读 首届上海高校开放数据创新研究大赛数据论文集
张计龙主编 2020年 260页 26 cm 48元 (G. F. P.)

05480 309-12595
中国索引 第1辑
《中国索引》编辑部编 吴格主编 2016年 297页 23 cm 68元 (G. F. P.)

05481 309-13109
中国索引 第2辑
《中国索引》编辑部编 吴格主编 2017年 263页 23 cm 68元 (G. F. P.)

05482 309-13373
中国索引 第3辑
《中国索引》编辑部编 2017年 243页 23 cm 59元 (G. F. P.)

05483 309-13726
中国索引 第4辑
《中国索引》编辑部编 杨光辉主编 2018年 277页 23 cm 60元 (G. F. P.)

05484 309-14132
中国索引 第5辑
《中国索引》编辑部编 杨光辉主编 2018年 300页 23 cm 78元 (G. F. P.)

05485 309-14538
中国索引 第6辑
《中国索引》编辑部编 杨光辉主编 2019年 301页 23 cm 88元 (G. F. P.)

05486 309-14874
中国索引 第7辑
《中国索引》编辑部编 杨光辉主编 2020年 251页 23 cm 88元 (G. F. P.)

05487 309-15068
中国索引 第8辑
《中国索引》编辑部编 杨光辉主编 2020年 241页 26 cm 88元 (F. P.)

05488 309-11359
文献学讲义
王欣夫著 吴格编 2015年 285页 24 cm 精装 54元〔复旦百年经典文库〕(G. F. P.)

05489 309-03959
中国古代典籍十讲
胡道静著 2004 年 454 页 21 cm 25 元〔名家专题精讲系列 第三辑〕(G. F. P.)

05490 309-06181
书林清话
叶德辉著 李庆西标校 2008 年 315 页 23 cm 36 元 (G. F. P.)

05491 309-08956
复旦古籍所学报 第 1 期
复旦大学古籍整理研究所编 2012 年 398 页 21 cm 35 元 (G. F. P.)

05492 309-04807
清代版刻一隅
黄裳著 2005 年 增订本 430 页 23 cm 48 元 (G. F. P.)

05493 309-09237
域外汉籍研究入门
张伯伟著 2012 年 396 页 21 cm 28 元〔研究生・学术入门手册〕(G. F. P.)

05494 309-11469
蛾术轩藏书题跋真迹
复旦大学图书馆古籍部编 2015 年 影印本 2 册 30 cm 线装 500 元〔复旦大学图书馆丛书 1〕(G. F.)

05495 309-13601
二十世纪戏曲文献学述略
苗怀明著 2018 年 369 页 23 cm 精装 85 元〔新世纪戏曲研究文库 江巨荣主编〕(G. F. P.)

05496 309-13675
复旦大学图书馆百年纪事 1918—2018
钱京娅 史卫华主编 2018 年 292 页 27 cm 98 元 (G. F. P.)

博物馆事业

05497 309-02082
百年收藏 20 世纪中国民间收藏风云录
宋路霞著 1999 年 398 页 20 cm 20 元〔缪斯书系〕(G. F. P.)

05498 309-03153
数字化博物馆的原理与方法 单机版
陈宏京著 2002 年 187 页 26 cm 20 元 (G. F. P.)

05499 309-06576
文化遗产研究集刊 4
陈淳主编 复旦大学文物与博物馆学系 复旦大学文化遗产研究中心编 2009 年 302 页 21 cm 26 元 (G. F. P.)

05500 309-09005
文化遗产研究集刊 5
陈淳主编 复旦大学文物与博物馆学系 复旦大学文化遗产研究中心编 2012 年 402 页 21 cm 35 元 (G. F. P.)

05501 309-09803
文化遗产研究集刊 6
陈淳主编 复旦大学文物与博物馆学系 复旦大学文化遗产研究中心编 2013 年 471 页 21 cm 42 元 (G. F. P.)

05502 309-11501
文化遗产研究集刊 7
陈淳主编 复旦大学博物馆 复旦大学文物与博物馆学系编 2015 年 411 页 21 cm 38 元 (G. F. P.)

文化、科学、教育、体育·信息与知识传播　399

05503　309-13027
文化遗产研究集刊 8
陈淳主编　复旦大学博物馆　复旦大学文物与博物馆学系编　2017 年　439 页　21 cm　48 元 (G. F. P.)

05504　309-13262
国际藏书家古籍收藏与保护研讨会论文集及珍本图录
杨光辉　韦力主编　2018 年　192 页　23 cm　精装　98 元 (G. F. P.)

05505　309-06928
2010 年迎世博健康素养邮票周历
毛颂赞　孙乔　吴红岩　唐功元编　2009 年　55 页　19 cm　48 元 (P.)

05506　309-12434
古陶瓷修复研究
杨植震　俞蕙　陈刚等著　2016 年　219 页　21 cm　28 元〔古陶瓷修复系列〕(G. F. P.)

05507　309-08800
古陶瓷修复基础
俞蕙　杨植震编著　2012 年　159 页　22 cm　20 元 (G. F. P.)

05508　309-12340
博物馆展览策划 理念与实务
陆建松著　2016 年　254 页　23 cm　38 元〔博物馆研究书系　第一辑〕(G. F.)

05509　309-11029
博物馆教育活动研究
郑奕著　2015 年　427 页　23 cm　49.80 元〔博物馆研究书系〕(G. F. P.)

05510　309-02020
家庭收藏百窍
陆建松编著　1998 年　326 页　20 cm　15 元 (G. F. P.)

05511　309-01277
世界的博物馆
庄锡昌著　1993 年　211 页　20 cm　7 元 (G. F.)

05512　309-14217
博物馆与学校的合作机制研究
宋娴著　2019 年　287 页　24 cm　68 元 (G. F. P.)

05513　309-13776
进馆有益　跟我去看博物馆
孟钟捷　林唯等编著　2018 年　109 页　21 cm　20 元〔国家大事丛书〕(G. F. P.)

档案事业

05514　309-00621
档案史料编纂学
梁毓阶主编　1990 年　344 页　19 cm　4.70 元 (G.)

05515　309-04615
秘书文档管理
陆予圻　朱小怡　范明辉编著　2005 年　273 页　24 cm　25 元〔新编秘书学教材系列〕(G. F. P.)

05516　309-11659
人事档案管理实务
李晓婷编著　2015 年　250 页　26 cm　39 元〔复旦卓越·人力资源管理和社会保障系列教材〕(G. F. P.)

05517　309-14413
人事档案管理实务

李晓婷编著 2019 年 第 2 版 220 页 26 cm 40 元〔复旦卓越·人力资源管理和社会保障系列教材〕(G. F. P.)

05518 5627-0189
上海地区档案馆信息指南
张泽滔主编 郑玉豪 朱林春副主编 1993 年 217 页 21 cm 10 元 (F.)

科学、科学研究

05519 309-10766
奇妙的科研世界
黄吉平编著 2014 年 261 页 22 cm 25 元〔复旦光华青少年文库 科学素养系列〕(G. F. P.)

科学研究理论

05520 13253.005
现代科学的发展规律性与认识方法
(苏) Д.И.希罗卡诺夫(Д.И.Широканов)(苏) М.А.斯列姆涅夫等著 中央党校第二届自然辩证法研究班俄语翻译组译 1984 年 247 页 20 cm 1.40 元 (G. F.)

05521 309-02023
科学的价值合理性 一种主体实践的认识论研究
江涛著 1998 年 203 页 20 cm 12 元 (G. F. P.)

05522 309-12955
今天让科学做什么？
江晓原 黄庆桥 李月白著 2017 年 364 页 22 cm 精装 56 元 (G. F. P.)

05523 309-10929
跨学科研究的组织与管理
刘凡丰著 2014 年 214 页 21 cm 26 元〔人文学术〕(G. F. P.)

05524 309-06143
文化视野中的科学
吴海江著 2008 年 316 页 21 cm 20 元 (G. F. P.)

05525 309-06144
科学：思想史、方法论与社会学
肖巍 刘学礼 吴海江著 2008 年 361 页 23 cm 39 元〔思想政治理论课系列〕(G. F. P.)

05526 309-12032
科学定律
朱宝荣著 2016 年 246 页 21 cm 精装 35 元〔当代哲学问题研读指针丛书 逻辑和科技哲学系列 张志林 黄翔主编 "十二五"国家重点出版物出版规划项目〕(G. F. P.)

05527 309-07565
文明之双翼 关于科学精神与人文精神的对话
胡守钧著 2011 年 408 页 21 cm 28 元〔人文学术〕(G. F. P.)

05528 309-06148
当代知识论
(美) 约翰·波洛克 (John L. Pollock) (美) 乔·克拉兹 (Joseph Cruz) 著 陈真译 2008 年 341 页 23 cm 35 元〔哈佛教学用书哲学译丛 黄颂杰主编〕(G. F. P.)

05529 309-12564
全球创新与国家发展
复旦大学博士后工作办公室 复旦大学博士后校友会组编 2016 年 312 页 26 cm

78 元〔全国博士后论坛〕(G. F. P.)

05530 309-05084
有了博士学位还不够 科海沉浮指南
(美) P. J.费贝尔曼著 钱佑华译 2006 年 108 页 19 cm 10 元 (G. F. P.)

05531 309-04015
科学基础方法论 自然科学与人文、社会科学方法论比较研究
陈其荣 曹志平著 2004 年 309 页 20 cm 21 元 (G. F. P.)

05532 309-05171
创新学教程
刘昌明 赵传栋主编 2006 年 461 页 22 cm 25 元 (G. F. P.)

05533 309-02794
站在巨人的肩膀上 名家论创新
周洪林编著 2001 年 567 页 20 cm 28 元 (G. F. P.)

05534 309-04060
创新概论
黄保强主编 2004 年 229 页 23 cm 24 元 〔21 世纪大学生素质教育系列教材〕(G. F. P.)

05535 309-01677
专利实践问答
须一平 丁惠敏编著 1996 年 209 页 20 cm 10 元 (G. F. P.)

05536 309-14030
护理人员如何申请专利
李海燕 齐加新 郭连瑞主编 2019 年 167 页 26 cm 50 元 (G. F. P.)

05537 309-05286
专利联盟 战略联盟研究的新领域
李玉剑著 2006 年 218 页 23 cm 25 元 〔上海市社会科学博士文库〕(G. F.)

05538 309-14664
人工智能领域的专利申请及保护
张政权著 2019 年 302 页 23 cm 68 元 (G. F. P.)

05539 309-07160
标准化综合贡献的科学评估方法
张友明主编 2009 年 226 页 21 cm 18 元 (G. F. P.)

科学研究工作

05540 309-01542
高新技术管理
华宏鸣 郑绍濂编著 1995 年 583 页 20 cm 22 元 (G. F.)

05541 309-03444
理性与情结 世纪诺贝尔奖
陈其荣等主编 2002 年 417 页 20 cm 25 元 (G. F. P.)

世界各国科学研究事业

05542 309-00922
华东科学基金管理研究
华东科学基金管理研究会编 1992 年 186 页 20 cm 5.50 元 (G.)

05543 309-04099
科技文献检索
徐军玲 洪江龙编著 2004 年 2006 年第 2 版 194 页 26 cm 20 元 (G. F. P.)

05544 309-08287

实用科技信息检索与利用

徐军玲 徐荣华编著 2011年 241页 26 cm 31元〔21世纪高等院校基础教育课程体系规划教材〕(G. F. P.)

05545 309-00615

档案情报检索实用手册

王金夫编著 1990年 347页 19 cm 3.60元 (G.)

教　育

05546 309-09615

中外教育名言新编

王正平主编 2013年 478页 21 cm 50元 (G. F. P.)

05547 309-06985

英汉教育学

胡志勇主编 2010年 576页 15 cm 18元〔新学科术语小词典〕(G. F. P.)

教育学

05548 309-12175

教育学与教学法基础知识

教师招聘考试命题研究中心编 2016年 242页 28 cm 46元〔2016广西壮族自治区中小学教师公开招聘考试专用教材〕(G. F.)

05549 309-01249

现代教育学

吕文升 方天培主编 1993年 387页 21 cm 8.80元 (　)

05550 309-13192

教育学

张灵主编 2017年 317页 23 cm 39元〔弘教系列教材〕(G. F. P.)

05551 309-11869

通识教育评论 2015年创刊号（总第1期）

甘阳 孙向晨主编 2015年 247页 24 cm 38元 (G. F. P.)

05552 309-12654

通识教育评论 2016年秋季号（总第2期）

甘阳 孙向晨主编 2016年 210页 24 cm 38元 (G. F. P.)

05553 309-13241

通识教育评论 2017年春季号（总第3期）

甘阳 孙向晨主编 2017年 216页 24 cm 38元 (G. F. P.)

05554 309-13570

通识教育评论 2018年春季号（总第4期）

甘阳 孙向晨主编 2018年 214页 24 cm 38元 (G. F. P.)

05555 309-14229

通识教育评论 2018年总第5期

甘阳 孙向晨主编 2019年 214页 24 cm 48元 (G. F. P.)

05556 309-14806

通识教育评论 2019年总第6期

甘阳 孙向晨主编 2019年 276页 24 cm 52元 (G. F. P.)

05557 309-08439

幼儿教师人文素质教程

金日勋主编 2011年 119页 30 cm 20元〔复旦卓越·全国学前教育专业系列〕(G. F. P.)

05558 309-08706

文化、科学、教育、体育·教育　403

新视域下综合素质教育
吴海东主编　2012年　190页　26 cm　28元
(G. F. P.)

05559 309-11545
新视域下综合素质教育
吴海东主编　2015年　第2版　196页　26 cm　33元〔复旦卓越·育兴系列教材〕(G. F. P.)

05560 309-03349
新编大学美育
蒋国忠编著　2002年　322页　23 cm　28元〔复旦博学·大学通用基础教材系列〕(G. F. P.)

05561 309-12754
复旦美育 第1辑
李钧主编　2017年　122页　26 cm　42元
(G. F. P.)

05562 309-01183
教育人才学
叶忠海主编　1993年　349页　20 cm　10元〔人才学教学丛书〕(G.)

05563 309-02854
教育经济学
林荣日编著　2001年　345页　20 cm　18元〔新编经济学系列教材〕(G. F. P.)

05564 309-06158
教育经济学
林荣日编著　2008年　第2版　321页　23 cm　35元〔复旦卓越·经济学系列〕
(G. F. P.)

05565 309-13814
国际教育技术学研究知识图谱 理论、技术与实践应用

邓国民著　2018年　360页　21 cm　45元
(G. F. P.)

05566 309-10957
现代教育技术
卢新予总主编　张莉主编　2014年　178页　30 cm　27元〔全国学前教育专业(新课程标准)"十二五"规划教材〕(G. F. P.)

05567 309-08640
现代教育技术教程
吴波　官敏主编　2012年　262页　26 cm　34元〔复旦博学·教育系列〕(G. F. P.)

05568 309-11060
现代教育技术教程
吴波　官敏主编　2014年　第2版　258页　26 cm　35元〔复旦博学·教育系列〕
(G. F. P.)

05569 309-13473
新编现代教育技术教程
吴波　官敏主编　2017年　272页　26 cm　38元〔弘教系列教材〕(G. F. P.)

05570 309-08133
教育管理与案例分析
李波主编　2011年　220页　23 cm　30元
(G. F. P.)

05571 309-13009
重温教育经典 一位校长的读书札记
向玉青著　2017年　207页　23 cm　35元
(G. F. P.)

05572 309-00712
现代生活与现代教育 陶行知生活教育理论与教育实践的启示
潘冷云等著　1991年　211页　20 cm　2.80元
(G. F.)

05573 309-12176

教育学与教学法基础知识历年真题及全真模拟

教师招聘考试命题研究中心编 2016 年 1 册 26 cm 32 元〔2016 广西壮族自治区中小学教师公开招聘考试专用教材〕(G. F.)

05574 309-07440

教育学专业基础综合复习指南 2011 版

上海翔高教育教育学统考命题研究中心暨培训中心 南京恩波学校教育学统考命题研究中心暨培训中心编 2010 年 483 页 26 cm 59 元〔2011 年全国硕士研究生入学统一考试辅导用书〕(G. F. P.)

05575 309-08400

教育学专业基础综合复习指南 2012 版

上海翔高教育心理学统考命题研究中心暨培训中心编 2011 年 603 页 27 cm 69 元 (G. F. P.)

05576 309-07614

教育学专业基础综合模拟试卷 2011 版

上海翔高教育教育学统考命题研究中心暨培训中心 南京恩波学校教育学统考命题研究中心暨培训中心编 2010 年 178 页 26 cm 22 元〔2011 年全国硕士研究生入学统一考试辅导用书〕(G. F. P.)

05577 309-07530

教育学专业基础综合习题精编 2011 版

上海翔高教育教育学统考命题研究中心暨培训中心 南京恩波学校教育学统考命题研究中心暨培训中心编 2010 年 377 页 26 cm 49 元〔2011 年全国硕士研究生入学统一考试辅导用书〕(G. F. P.)

05578 309-08413

教育学专业基础综合习题精编 2012 版

翔高教育教育学统考命题研究中心暨培训中心编 2011 年 第 2 版 422 页 26 cm 49 元〔2012 年全国硕士研究生入学统一考试辅导用书〕(G. F. P.)

05579 309-08297

教育学专业基础综合真题详解 2012 版

翔高教育教育学统考命题研究中心暨培训中心编 2011 年 293 页 26 cm 38 元〔2012 年全国硕士研究生入学统一考试辅导用书〕(G. F. P.)

05580 309-13859

周予同教育论著选编

周予同著 邓秉元编 2019 年 782 页 24 cm 精装 200 元〔纪念周予同先生(1898—1981)诞辰 120 周年暨朱维铮先生编《周予同经学史论著选集》出版 35 周年〕(G. F. P.)

思想政治教育、德育

05581 309-14929

德性与品格教育

蔡春著 2020 年 203 页 23 cm 46 元〔马克思主义理论学科建设系列〕(G. F. P.)

05582 309-04035

研究生德育论

刁承湘著 2004 年 258 页 20 cm 15 元〔21 世纪复旦大学研究生教学用书〕(G. F. P.)

05583 309-03841

e 路伴你行 互联网与青少年道德教育

李明毅主编 2004年 221页 20 cm 12元 (G. F. P.)

教学理论

05584 309-06252
实践型课程的设计与实施
徐静镠著 2008年 182页 26 cm 25元 (G. F. P.)

05585 309-02969
课程理念探 历史、现在与未来
卜玉华著 2001年 234页 20 cm 16元〔上海市社会科学博士文库 第三辑〕(G. F.)

05586 309-07781
课程教学评估有效性及其实现
曾勇 杨景宏著 2010年 251页 21 cm 30元 (G. F. P.)

05587 309-12111
教材二次开发 从理论到实践
王笃勤等著 2016年 297页 21 cm 38元 (G. F. P.)

05588 309-11144
近代中国的知识生产与文化政治 以教科书为中心
张仲民 章可编 2014年 264页 23 cm 40元〔复旦中华文明研究专刊〕(G. F. P.)

05589 309-11759
中国英汉双语教育研究 现状与规划
朱晔著 2015年 265页 21 cm 25元〔中国外语战略研究中心语言教育战略研究丛书 沈骑主编〕(G. F. P.)

电化教育

05590 309-08574
远程学习服务质量的实证研究
黄复生著 2011年 274页 23 cm 36元 (G. F. P.)

05591 309-08995
学前教育信息技术基础教程
谢忠新主编 2012年 233页 30 cm 37元〔全国学前教育专业（新课程标准）"十二五"规划教材〕(G. P.)

05592 309-08186
数字教育资源共享生态系统研究
张世明编著 2011年 287页 21 cm 25元 (G. F. P.)

05593 309-09341
精品网络课程设计策略与方法
张永忠主编 2012年 143页 26 cm 29元 (G. F. P.)

教育心理学

05594 309-12173
教育心理学与德育工作基础知识
教师招聘考试命题研究中心编 2016年 222页 28 cm 42元〔2016广西壮族自治区中小学教师公开招聘考试专用教材〕(G. F.)

05595 309-13825
基于教师资格考试的心理学
张释元 盛世明主编 2018年 315页 23 cm 42元〔弘教系列教材〕(G. F. P.)

05596 309-12174
教育心理学与德育工作基础知识历年真题及全真模拟
教师招聘考试命题研究中心编 2016年 1册 26 cm 32元〔2016广西壮族自治

区中小学教师公开招聘考试专用教材〕
(G. F.)

05597 309-11125
大学生学业心理报告
刘晓鹰主编 2014 年 225 页 23 cm 32 元
〔三亚学院学术文丛〕(G. F. P.)

05598 309-14147
新建地方本科院校教师心理资本状况及其影响
丁湘梅著 2019 年 226 页 24 cm 35 元
(G. F. P.)

05599 309-11682
幼儿教师心理健康教育活动设计
赵雅卫主编 2015 年 102 页 30 cm 20 元
〔全国学前教育专业（新课程标准）"十二五"规划教材〕(G. F. P.)

05600 309-11422
压力重重的大学 校园心理健康危机与应对
（美）Richard Kadison（美）Theresa Foy DiGeronimo 著 刘明波等译 2015 年 238 页 23 cm 48 元 〔海外学生工作丛书〕(G. F. P.)

05601 309-09923
大学生心理健康指导
黄勇明主编 2013 年 177 页 23 cm 29.80 元 (G. F. P.)

05602 309-10788
大学生心理健康教育与课程设计
徐芃 饶东方主编 2014 年 252 页 23 cm 34 元〔普通高等学校"十二五"精品规划教材〕(G. P.)

05603 309-10912
临危不惧 儿童心理危机之自我应对
张劲松主编 2014 年 30 页 26 cm 20 元
(G. F. P.)

05604 309-00331
脑的体操 锻炼脑筋 75 题
（日）多湖辉著 振华等译 1989 年 189 页 19 cm 2.20 元〔复旦小丛书 人生智慧之辑〕(G. F.)

05605 309-05438
7 天快速提高智商 智力训练与测试大全
（德）哈瓦尔·赫瓦斯著 陆蓓祎译 2007 年 351 页 21 cm 24 元 (G. P.)

教师与学生

05606 309-00688
班主任工作教程
方天培 董燮清主编 1991 年 293 页 20 cm 3.45 元 (G. F.)

05607 309-04233
走近教师的生活世界 教师个人实践理论的叙事探究
鞠玉翠著 2004 年 367 页 21 cm 20 元
〔上海市社会科学博士文库 第六辑〕
(G. F. P.)

05608 309-14990
教师的坚守
李学书著 2020 年 302 页 21 cm 58 元
(G. F. P.)

05609 309-11941
教育教学知识与能力 小学 2016 最新版
大途教育教师资格考试命题研究院组编 2016 年 332 页 29 cm 46 元〔国家教师资格考试专用教材〕(G. F.)

05610 309-11958

教育知识与能力 中学 2016 最新版

大途教育教师资格考试命题研究院组编 2016 年 260 页 29 cm 46 元〔国家教师资格考试专用教材〕(G. F.)

05611 309-11942

综合素质 幼儿园 2016 最新版

大途教育教师资格考试命题研究院组编 2016 年 252 页 29 cm 46 元〔国家教师资格考试专用教材〕(G. F.)

05612 309-11947

综合素质 小学 2016 最新版

大途教育教师资格考试命题研究院组编 2016 年 256 页 29 cm 46 元〔国家教师资格考试专用教材〕(G. F.)

05613 309-11960

综合素质 中学 2016 最新版

大途教育教师资格考试命题研究院组编 2016 年 272 页 29 cm 46 元〔国家教师资格考试专用教材〕(G. F.)

05614 309-13900

教育教学知识与能力 小学

刘万伦 叶亚林主编 2018 年 221 页 30 cm 38 元〔国家教师资格考试专用教材〕(G. P.)

05615 309-13884

教育知识与能力 中学

刘万伦 叶亚林主编 2018 年 192 页 30 cm 35 元〔国家教师资格考试专用教材〕(G. P.)

05616 309-02622

初中综合素质与能力测试 语文 初一

王大赫 胡江浩主编 2000 年 88 页 26 cm 7.50 元 (P.)

05617 309-02623

初中综合素质与能力测试 语文 初二 上学期

王大赫 胡江浩主编 2000 年 108 页 26 cm 8.50 元 (P.)

05618 309-02624

初中综合素质与能力测试 语文 初三 上学期

王大赫 胡江浩主编 2000 年 108 页 26 cm 8.50 元 (P.)

05619 309-02625

初中综合素质与能力测试 数学 初一

王大赫 胡江浩主编 2000 年 132 页 26 cm 10 元 (P.)

05620 309-02626

初中综合素质与能力测试 数学 初二

王大赫 胡江浩主编 2000 年 160 页 26 cm 12 元 (P.)

05621 309-02627

初中综合素质与能力测试 数学 初三

王大赫 胡江浩主编 2000 年 112 页 26 cm 8.50 元 (P.)

05622 309-02628

初中综合素质与能力测试 英语 初一

王大赫 胡江浩主编 2000 年 100 页 26 cm 8 元 (P.)

05623 309-02629

初中综合素质与能力测试 英语 初二

王大赫 胡江浩主编 2000 年 160 页 26 cm 12.50 元 (P.)

05624 309-02630
初中综合素质与能力测试 英语 初三
王大赫 胡江浩主编 2000 年 152 页 26 cm 12 元 (P.)

05625 309-02631
初中综合素质与能力测试 物理 初二
王大赫 胡江浩主编 2000 年 156 页 26 cm 12 元 (P.)

05626 309-02632
初中综合素质与能力测试 物理 初三
王大赫 胡江浩主编 2000 年 124 页 26 cm 9.50 元 (P.)

05627 309-02633
初中综合素质与能力测试 化学 初三
王大赫 胡江浩主编 2000 年 176 页 26 cm 13.50 元 (P.)

05628 309-13881
综合素质 幼儿园
叶亚林 项建英主编 2018 年 232 页 30 cm 39 元〔国家教师资格考试专用教材〕(G. P.)

05629 309-13882
综合素质 小学
项建英主编 2018 年 222 页 30 cm 38 元〔国家教师资格考试专用教材〕(G. P.)

05630 309-13883
综合素质 中学
项建英主编 2018 年 217 页 30 cm 36 元〔国家教师资格考试专用教材〕(G. P.)

05631 309-11954
保教知识与能力历年真题及全真模拟 幼儿园 2016 最新版
大途教育教师资格考试命题研究院组编 2016 年 1 册 26 cm 26 元〔国家教师资格考试专用教材〕(G. F.)

05632 309-11955
教育教学知识与能力历年真题及全真模拟 小学 2016 最新版
大途教育教师资格考试命题研究院组编 2016 年 1 册 26 cm 26 元〔国家教师资格考试专用教材〕(G. F.)

05633 309-11957
教育知识与能力历年真题及全真模拟 中学 2016 最新版
大途教育教师资格考试命题研究院组编 2016 年 1 册 26 cm 26 元〔国家教师资格考试专用教材〕(G. F.)

05634 309-11956
综合素质历年真题及全真模拟 小学 2016 最新版
大途教育教师资格考试命题研究院组编 2016 年 1 册 26 cm 26 元〔国家教师资格考试专用教材〕(G. F.)

05635 309-11953
综合素质历年真题及全真模拟 幼儿园 2016 最新版
大途教育教师资格考试命题研究院组编 2016 年 1 册 26 cm 26 元〔国家教师资格考试专用教材〕(G. F.)

05636 309-11959
综合素质历年真题及全真模拟 中学 2016 最新版
大途教育教师资格考试命题研究院组编 2016 年 1 册 26 cm 26 元〔国家教师资格考试专用教材〕(G. F.)

05637 309-13101

临床型组织 上海职初教师成长的秘密

陈珍国等著 2017年 180页 25 cm 40元 (G. F. P.)

05638 309-10019

传统文化与教师教育

周玉衡著 2013年 237页 21 cm 25元 (G. F. P.)

05639 309-13576

做孕育灵秀的教练

付志宇主编 2018年 149页 24 cm 35元 〔钟灵毓秀学校文化建设丛书 教师文化 王保林总主编〕(G. P.)

学校与家庭、学校与社会

05640 309-10408

新媒体环境下家校沟通方式的创新研究

罗良忠著 2014年 193页 23 cm 30元 (G. F. P.)

教育行政

05641 309-01103

现代教育管理学

黄云龙著 1993年 307页 20 cm 6.70元 (G. F.)

学校管理

05642 5627-0038

高校保健医疗导引

徐苏恩主编 1989年 325页 19 cm 3.90元 (G. F.)

05643 5627-0050

中学生保健手册

张国栋主编 1990年 211页 19 cm 2.35元 (G.)

05644 309-10057

爱情讲义 青春期两性情感辅导教师用书

戴耀红 沈俊佳主编 2013年 188页 21 cm 18元 (G. F. P.)

05645 309-03675

青春约会 女生成长总动员

方凤 蒋瑾瑾编著 2003年 183页 21 cm 12元 〔生命·阳光·保健丛书〕(G. F. P.)

05646 5627-0040

健康教育计划设计 PRECEDE 模式

(加) 格林(L. W. Green)著 李新正等译 1989年 233页 19 cm 4.10元 (G. F.)

05647 5627-0436

健康教育父母必读

胡锦华主编 1998年 115页 19 cm 4.80元 〔健康促进丛书〕(G.)

05648 309-03947

走出成长的困惑 青少年健康与心理援助

季正明 李惠娟主编 2004年 287页 18 cm 15元 〔走出困惑系列〕(G. F. P.)

05649 5627-0266

大学生健康教育读本

江伟康主编 1995年 295页 19 cm 8.90元 (G. F.)

05650 5627-0430

大学生健康教育读本

江伟康主编 1998年 第2版 292页 19 cm 10.50元 (G. F.)

05651 309-03291

大学生健康教育读本

江伟康主编 2002 年 第 3 版 282 页 18 cm 13.80 元 (G. F. P.)

05652 309-03410
迈向健康 中小学健康教育与健康促进指南
孙文会 王书梅主编 2002 年 366 页 20 cm 20 元 (G. F. P.)

05653 309-09511
青少年体质健康教育干预方案
章建成 任杰 舒盛芳编著 2013 年 176 页 26 cm 46 元〔竞攀系列〕(G. F. P.)

世界教育事业

05654 309-11377
做最好的自己 教育改变人生
雷冬冬著 2015 年 260 页 24 cm 38 元〔光华启迪·国际教育丛书〕(G. F. P.)

05655 309-12559
做最好的自己 教育改变人生
雷冬冬著 2016 年 310 页 23 cm 58 元〔光华启迪·国际教育丛书〕(G. F. P.)

05656 309-12804
做最好的自己 唤醒内心动力
钟泱编 2017 年 173 页 23 cm 39 元〔光华启迪·做最好的自己系列〕(G. F. P.)

05657 309-13509
做最好的自己(家长说)爱与筑梦同行
(英)雷冬冬编 2018 年 205 页 23 cm 42 元〔光华启迪·做最好的自己系列〕(G. F. P.)

05658 309-12809
做最好的自己(学生说)梦想触手可及
(英)雷冬冬编 2017 年 215 页 24 cm 42 元〔光华启迪·做最好的自己系列〕(G. F. P.)

05659 309-14049
做最好的自己(管理说)国际教育的融合创新
章良主编 2020 年 242 页 23 cm 48 元 (G. F. P.)

05660 309-07689
公共教育改革 利益与博弈
田凌晖著 2011 年 299 页 21 cm 25 元〔人文学术〕(G. F. P.)

05661 309-08749
中外校史编纂要览
王海涵 黄敏编译 2012 年 369 页 21 cm 35 元〔高校沿革史编纂便携丛书〕(G. F. P.)

中国教育事业

05662 309-11527
教育六问
鲍鹏山著 2015 年 245 页 25 cm 35 元 (G. F. P.)

05663 309-13937
廿一世纪初的前言后语 上册
南怀瑾著述 2019 年 178 页 23 cm 25 元〔太湖大学堂丛书〕(G. F. P.)

05664 309-14047
廿一世纪初的前言后语 下册
南怀瑾著述 2019 年 259 页 23 cm 35 元〔太湖大学堂丛书〕(G. F. P.)

05665 309-07719
中国义务教育支出绩效评价研究
任晓辉著 2010 年 325 页 21 cm 22 元

(G. F. P.)

05666 309-14371
教育事业统计工作优秀案例 第1辑
教育部发展规划司 教育部学校规划建设发展中心 复旦大学管理学院编 2019年 239页 26 cm 42元 (G. F. P.)

05667 309-02441
区域教育可持续发展研究 第3辑
黄孟源主编 1999年 437页 20 cm 28元 (G. F.)

05668 309-00182
上海教育发展战略研究
王生洪主编 张光圻 徐海鹰编 1988年 740页 20 cm 9.50元 (G. F.)

05669 309-14625
求索 上海市区办高校教师论文集 第17期
张东平主编 2019年 350页 26 cm 120元 (G. F. P.)

05670 309-10546
中国教育史话
秦国强著 2014年 185页 30 cm 30元 〔全国学前教育专业（新课程标准）"十二五"规划教材〕(G. F. P.)

学前教育、幼儿教育

05671 309-10846
0—3岁儿童动作发展与训练
陈雅芳总主编 陈春梅主编 2014年 109页 30 cm 18元 〔全国学前教育专业（新课程标准）"十二五"规划教材〕(G. F. P.)

05672 309-08451
阳光宝宝系列（樱桃班 6—9个月）
龚谨主编 2011年 81页 21 cm 25元 (G. P.)

05673 309-08452
阳光宝宝系列（葡萄班 10—14个月）
龚谨主编 2011年 70页 21 cm 25元 (G. P.)

05674 309-08453
阳光宝宝系列（草莓班 15—19个月）
龚谨主编 2011年 77页 21 cm 25元 (G. P.)

05675 309-08454
阳光宝宝系列（橘子班 20—24个月）
龚谨主编 2011年 82页 21 cm 25元 (G. P.)

05676 309-08455
阳光宝宝系列（苹果班 25—30个月）
龚谨主编 2011年 76页 21 cm 25元 (G. P.)

05677 309-08456
阳光宝宝系列（香蕉班 31—36个月）
龚谨主编 2011年 81页 21 cm 25元 (G. P.)

05678 309-07638
婴幼儿教养活动 0—6个月
王穗芬 马梅 陈莺主编 2010年 131页 20 cm 28元 〔复旦卓越·全国0—3岁婴幼儿早期教育系列〕(G. F. P.)

05679 309-07310
婴幼儿教养活动 7—12个月
张梅 马梅主编 2010年 112页 20 cm 28元 〔复旦卓越·全国0—3岁婴幼儿早期教育系列〕(G. P.)

05680 309-15104

幼儿园应用文写作指导

张欣 刘秦中主编 2020年 125页 26 cm 33元 (G. P.)

05681 309-07309

婴幼儿教养活动 13—18 个月

李俊 马梅主编 2010年 112页 20 cm 28元〔复旦卓越·全国0—3岁婴幼儿早期教育系列〕(G. P.)

05682 309-07308

婴幼儿教养活动 19—24 个月

赵洲红 陈君贤 马梅主编 2010年 99页 20 cm 28元〔复旦卓越·全国0—3岁婴幼儿早期教育系列〕(G. P.)

05683 309-07307

婴幼儿教养活动 25—36 个月

张丽华等主编 2010年 122页 20 cm 28元〔复旦卓越·全国0—3岁婴幼儿早期教育系列〕(G. P.)

05684 309-07315

0—3 岁婴幼儿动作发展与教育

唐敏 李国祥主编 2011年 90页 30 cm 16元〔复旦卓越·全国0—3岁婴幼儿早期教育系列〕(G. P.)

05685 309-08169

0—3 岁婴幼儿早期教育事业发展与管理

万迪人 谢庆主编 2011年 122页 30 cm 22元〔复旦卓越·全国0—3岁婴幼儿早期教育系列〕(G. P.)

05686 309-14921

婴幼儿早期教育活动设计与指导

王丽娜编著 2020年 154页 30 cm 38元〔全国早期教育专业"十三五"规划教材 复旦版早期教育专业系列教材〕(G. P.)

05687 309-08102

婴儿教育学

夏莹主编 2011年 151页 30 cm 24元〔复旦卓越·全国学前教育专业系列〕(G. P.)

05688 309-08225

0—3 岁婴幼儿教养教程

徐小妮编著 2011年 146页 30 cm 20元〔复旦卓越·全国学前教育专业系列〕(G. P.)

05689 309-07846

0—3 岁婴幼儿智能开发与训练

赵凤兰主编 2011年 180页 30 cm 25元 (P.)

05690 309-14842

学前教育专业技能竞赛实训指导

赵瑜 李艳 李璇著 2020年 175页 30 cm 48元〔全国学前教育专业（新课程标准）"十三五"规划教材〕(G. P.)

05691 309-10324

江苏幼儿教育 2014.1（总第 1 期）

孔宝刚主编 2014年 86页 29 cm 15元 (G. F. P.)

05692 309-10873

江苏幼儿教育 2014.2（总第 2 期）

孔宝刚主编 2014年 86页 29 cm 15元 (G. F. P.)

05693 309-11131

江苏幼儿教育 2014.3（总第 3 期）

孔宝刚主编 2014年 86页 29 cm 15元 (G. F. P.)

05694 309-11264
江苏幼儿教育 2015.1(总第 4 期)
孔宝刚主编 2015 年 87 页 29 cm 15 元
(G. F. P.)

05695 309-11555
江苏幼儿教育 2015.2(总第 5 期)
孔宝刚主编 2015 年 87 页 29 cm 15 元
(G. F. P.)

05696 309-11799
江苏幼儿教育 2015.3(总第 6 期)
孔宝刚主编 2015 年 87 页 29 cm 15 元
(G. F. P.)

05697 309-11982
江苏幼儿教育 2015.4(总第 7 期)
孔宝刚主编 2016 年 87 页 29 cm 15 元
(G. F. P.)

05698 309-12149
江苏幼儿教育 2016.1(总第 8 期)
孔宝刚主编 2016 年 87 页 29 cm 15 元
(G. F. P.)

05699 309-12358
江苏幼儿教育 2016.2(总第 9 期)
孔宝刚主编 2016 年 87 页 29 cm 15 元
(G. F. P.)

05700 309-12574
江苏幼儿教育 2016.3(总第 10 期)
孔宝刚主编 2016 年 87 页 29 cm 15 元
(G. F. P.)

05701 309-12748
江苏幼儿教育 2016.4(总第 11 期)
孔宝刚主编 2016 年 87 页 29 cm 15 元
(G. F. P.)

05702 309-12884
江苏幼儿教育 2017.1(总第 12 期)
孔宝刚主编 2017 年 87 页 29 cm 15 元
(G.)

05703 309-13043
江苏幼儿教育 2017.2(总第 13 期)
孔宝刚主编 2017 年 87 页 29 cm 15 元
(G. F. P.)

05704 309-13276
江苏幼儿教育 2017.3(总第 14 期)
孔宝刚主编 2017 年 87 页 29 cm 15 元
(G. F. P.)

05705 309-13412
江苏幼儿教育 2017.4(总第 15 期)
孔宝刚主编 2017 年 87 页 29 cm 15 元
(G. P.)

05706 309-13624
江苏幼儿教育 2018.1(总第 16 期)
孔宝刚主编 2018 年 87 页 29 cm 20 元
(G. P.)

05707 309-13847
江苏幼儿教育 2018.2(总第 17 期)
孔宝刚主编 2018 年 87 页 29 cm 20 元
(G. P.)

05708 309-14178
江苏幼儿教育 2018.3(总第 18 期)
孔宝刚主编 2019 年 87 页 29 cm 20 元
(G. F. P.)

05709 309-14195
江苏幼儿教育 2018.4(总第 19 期)
孔宝刚主编 2019 年 87 页 29 cm 20 元
(G. F. P.)

05710 309-09719
学前教育原理

傅建明 虞伟庚主编 叶亚玲等编写 2013年 189页 30 cm 36元〔全国学前教育专业（新课程标准）"十二五"规划教材〕(G. F. P.)

05711 309-12192
学前教育原理
傅建明 虞伟庚主编 汪波等编写 2016年 第2版 179页 30 cm 36元〔全国学前教育专业（新课程标准）"十三五"规划教材〕(G. F. P.)

05712 309-05557
美学基础与幼儿美育
洪维主编 2007年 128页 30 cm 28元〔复旦卓越·全国学前教育专业系列〕(G. P.)

05713 309-12738
美学基础与幼儿美育
洪维主编 2017年 第2版 169页 30 cm 36元〔全国学前教育专业（新课程标准）"十二五"规划教材〕(G. F. P.)

05714 309-06037
在体验中成长 托班上
华东师范大学国际儿童教育研究中心编 2008年 396页 21 cm 168元〔幼儿园及家庭综合教育资源〕(P..)

05715 309-06038
在体验中成长 小班上
华东师范大学国际儿童教育研究中心编 2008年 54页 21 cm 168元〔幼儿园及家庭综合教育资源〕( )

05716 309-06039
在体验中成长 中班上
华东师范大学国际儿童教育研究中心编 2008年 408页 21 cm 168元〔幼儿园及家庭综合教育资源〕( )

05717 309-06040
在体验中成长 大班上
华东师范大学国际儿童教育研究中心编 2008年 336页 21 cm 168元〔幼儿园及家庭综合教育资源〕( )

05718 309-01681
怎样使聪明的孩子更聪明 创造力开发的奥秘
李时明等编著 1996年 198页 19 cm 7元〔跨世纪人才培养丛书〕(G. P.)

05719 309-11248
学前教育学教程
柳阳辉主编 2015年 196页 30 cm 29元〔全国学前教育专业（新课程标准）"十二五"规划教材〕(G. F. P.)

05720 309-10774
关爱与方法 幼儿行为观察案例分析
沈雪梅主编 2014年 161页 30 cm 28元〔全国学前教育专业（新课程标准）"十二五"规划教材〕(G. F. P.)

05721 309-10676
学前儿童发展
王晓丽主编 2014年 253页 30 cm 36元〔全国学前教育专业（新课程标准）"十二五"规划教材〕(G. F. P.)

05722 309-08061
蒙台梭利教育思想与方法
吴晓丹主编 2011年 232页 30 cm 32元〔复旦卓越·全国学前教育专业系列〕(G. P.)

05723 309-12811

蒙台梭利教育思想与方法

吴晓丹主编 2018年 第2版 232页 30 cm 38元〔全国学前教育专业(新课程标准)"十三五"规划教材〕(G. P.)

05724 309-09866

学前教育现代教育技术

谢忠新主编 2013年 142页 30 cm 27元〔全国学前教育专业(新课程标准)"十二五"规划教材〕(G. F. P.)

05725 309-05605

学前教育学

郑健成主编 2007年 305页 30 cm 34元〔复旦卓越·全国学前教育专业系列〕(G. P.)

05726 309-10740

学前教育学

郑健成主编 2014年 第2版 262页 30 cm 35元〔全国学前教育专业(新课程标准)"十二五"规划教材〕(G. F. P.)

05727 309-10110

学前教育科研方法与实务

王向东主编 2013年 110页 30 cm 25元〔全国学前教育专业(新课程标准)"十二五"规划教材〕(G. F. P.)

05728 309-05369

学前教育科学研究方法

张宝臣 李志军主编 2007年 238页 30 cm 25元〔复旦卓越·全国学前教育专业系列 全国学前教育专业系列教材 专业课程类〕(G. P.)

05729 309-08944

学前教育科学研究方法

张宝臣 李兰芳主编 2012年 第2版 216页 30 cm 29元〔全国学前教育专业(新课程标准)"十二五"规划教材〕(G. F. P.)

05730 309-15011

学前教育科学研究方法

张宝臣主编 2020年 第3版 176页 30 cm 36元〔全国学前教育专业(新课程标准)"十三五"规划教材 教育·心理类〕(G. P.)

05731 309-13264

图说幼教

周念丽著 2018年 224页 21 cm 32元〔幼教名家文丛〕(G. P.)

05732 309-09734

胎教指导 DIY 艺术胎教

史宝凤 文春玉主编 2013年 154页 21 cm 35元〔母婴保健系列〕(G. F. P.)

05733 309-14649

培育 0—3 岁儿童核心素养

寇爽主编 2019年 183页 30 cm 32元〔复旦版早期教育专业系列教材〕(G. F. P.)

05734 309-11904

致善之路 幼儿园感恩教育探索与实践

欧赛萍主编 2016年 203页 24 cm 35元〔全国幼儿园特色课程系列〕(G. F. P.)

05735 309-08797

学前儿童社会教育

张岩莉主编 2012年 128页 30 cm 20元〔全国学前教育专业(新课程标准)"十二五"规划教材〕(G. F. P.)

05736 309-12391

学前儿童社会教育
张岩莉主编 2016年 第2版 137页 30 cm 25元〔全国学前教育专业(新课程标准)"十三五"规划教材〕(G. F. P.)

05737 309-09476
幼儿园单元主题教育活动 托班
程沿彤主编 2013年 135页 30 cm 22元〔全国学前教育专业(新课程标准)"十二五"规划教材〕(G. F. P.)

05738 309-09616
幼儿园单元主题教育活动 小班
耿杰主编 2013年 164页 30 cm 26元〔全国学前教育专业(新课程标准)"十二五"规划教材〕(G. F. P.)

05739 309-08220
幼儿园单元主题教育活动 中班
刘昕主编 2011年 165页 30 cm 24元〔复旦卓越·全国学前教育专业系列〕(G. P.)

05740 309-15140
幼儿园探究活动案例
卢娟 唐雪梅主编 2020年 174页 24 cm 56元 (P.)

05741 309-14446
家园共育课程
董颖春著 2019年 117页 24 cm 35元〔全国幼儿园特色课程系列〕(G. F. P.)

05742 309-12308
听说，故事可以这样"讲" 幼儿园文学与艺术统整课程
方红梅主编 2016年 219页 24 cm 35元〔全国幼儿园特色课程系列〕(G. F. P.)

05743 309-11211
幼儿园课程概论
胡娟主编 2015年 167页 30 cm 29.50元〔全国学前教育专业(新课程标准)"十二五"规划教材〕(G. F. P.)

05744 309-14765
幼儿园课程概论
胡娟主编 2020年 第2版 183页 30 cm 36元〔全国学前教育专业(新课程标准)"十三五"规划教材〕(G. P.)

05745 309-12431
新编幼儿园教育活动设计与指导
梅纳新主编 2016年 303页 30 cm 39.80元〔全国学前教育专业(新课程标准)"十三五"规划教材〕(G. F. P.)

05746 309-11394
幼儿教师说课技能训练
梅纳新主编 2015年 115页 30 cm 25元〔全国学前教育专业(新课程标准)"十二五"规划教材〕(G. F. P.)

05747 309-13060
幼儿园教育活动设计与课例
彭云主编 2017年 220页 30 cm 42元〔全国学前教育专业(新课程标准)"十三五"规划教材〕(G. F. P.)

05748 309-13651
幼儿园教育活动设计与实训
戎计双主编 2018年 206页 30 cm 39元〔全国学前教育专业(新课程标准)"十三五"规划教材〕(G. P.)

05749 309-12739
婴幼儿亲子教育活动设计与案例精选
王明晖 刘凌 杨梅主编 2017年 195页

30 cm 35 元〔全国早期教育专业"十三五"规划教材 复旦版早期教育专业系列教材〕(G. F. P.)

05750 309-14216
幼儿园课程与教学问答 50 例
吴振东著 2019 年 194 页 24 cm 45 元 (G. F. P.)

05751 309-08978
幼儿园教育活动设计与指导 综合版
杨旭 杨白主编 2012 年 245 页 30 cm 38 元〔全国学前教育专业（新课程标准)"十二五"规划教材〕(G. P.)

05752 309-11887
幼儿园教育活动设计与指导 综合版
杨旭 杨白主编 2016 年 第 2 版 266 页 30 cm 39 元〔全国学前教育专业（新课程标准)"十二五"规划教材〕(G. F. P.)

05753 309-10356
幼儿园教育活动设计
叶亚玲主编 2014 年 195 页 30 cm 33 元〔全国学前教育专业（新课程标准)"十二五"规划教材〕(G. F. P.)

05754 309-14837
与幼儿对话 这样说，孩子更开心
（日）增田香著 卢中洁译 2020 年 134 页 26 cm 45 元〔"与幼儿对话"系列 1〕(G. F. P.)

05755 309-13613
幼儿园教学与管理实用表格大全
幼师口袋编 2018 年 4 册 29 cm 428 元 (G.)

05756 309-13598
幼儿科学教育 科学素养与活动实训
蔡志东主编 2018 年 225 页 30 cm 36 元〔全国学前教育专业（新课程标准)"十三五"规划教材 教育·心理类〕(G. P.)

05757 309-14812
0—3 岁亲子早教课程
陈海丹主编 2020 年 164 页 26 cm 45 元〔0—3 岁亲子活动系列〕(G. P.)

05758 309-13295
婴幼儿亲子活动课程 13—18 个月
陈明霞主编 2018 年 101 页 26 cm 26 元〔0—3 岁亲子活动系列〕(G. F. P.)

05759 309-13296
婴幼儿亲子活动课程 19—24 个月
陈明霞主编 2018 年 99 页 26 cm 26 元〔0—3 岁亲子活动系列〕(G. F. P.)

05760 309-13297
婴幼儿亲子活动课程 25—30 个月
陈明霞主编 2018 年 103 页 26 cm 26 元〔0—3 岁亲子活动系列〕(G. F. P.)

05761 309-13298
婴幼儿亲子活动课程 31—36 个月
陈明霞主编 2018 年 104 页 26 cm 26 元〔0—3 岁亲子活动系列〕(G. F. P.)

05762 309-10909
0—3 岁儿童教养
陈雅芳总主编 刘丽云主编 2014 年 145 页 30 cm 25 元〔全国学前教育专业（新课程标准)"十二五"规划教材〕(G. F. P.)

05763 309-10908
0—3 岁儿童亲子活动设计与指导
陈雅芳总主编 曹桂莲主编 2014 年 149

页 30 cm 24 元〔全国学前教育专业（新课程标准）"十二五"规划教材〕(G. F. P.)

05764 309-13597
0—3 岁亲子活动设计与家长指导
丁玉主编 2018 年 174 页 30 cm 42 元〔全国早期教育专业"十三五"规划教材〕(G. P.)

05765 309-04509
学前儿童艺术教育活动指导
郭亦勤主编 2005 年 168 页 30 cm 18 元〔复旦卓越·全国学前教育专业系列〕(G. P.)

05766 309-06691
学前儿童艺术教育活动指导
郭亦勤主编 2009 年 第 2 版 154 页 30 cm 20 元 (P.)

05767 309-10708
学前儿童艺术教育活动指导
郭亦勤 王麒主编 2014 年 第 3 版 159 页 30 cm 26 元〔全国学前教育专业（新课程标准）"十二五"规划教材〕(G. F. P.)

05768 309-13504
快乐成长活动课程 上 教师用书
何敏主编 2018 年 116 页 26 cm 35 元〔快乐成长活动课程·教师用书 复旦版 2—3 岁〕(G. P.)

05769 309-13507
快乐成长活动课程 下 教师用书
何敏主编 2018 年 109 页 26 cm 35 元 (G. P.)

05770 309-13503
快乐成长活动课程 幼儿用书
何敏主编 2018 年 4 册 20×21 cm 60 元〔快乐成长活动课程系列 复旦版 2—3 岁〕(G. P.)

05771 309-13506
快乐成长活动课程 幼儿用书
何敏主编 2018 年 4 册 20×21 cm 60 元〔快乐成长活动课程系列 复旦版 2—3 岁〕(G. P.)

05772 309-08817
学前儿童科学教育
贾洪亮主编 2012 年 140 页 30 cm 22 元〔全国学前教育专业（新课程标准）"十二五"规划教材〕(G. F. P.)

05773 309-12440
学前儿童科学教育
贾洪亮主编 2016 年 第 2 版 177 页 30 cm 30 元〔全国学前教育专业（新课程标准）"十三五"规划教材〕(G. F. P.)

05774 309-13980
幼小衔接出真招
蒋静编著 2018 年 153 页 24 cm 45 元 (G. F. P.)

05775 309-12887
0—3 岁儿童保育指导方案
（日）今井和子著 朱珠译 2017 年 95 页 26 cm 30 元〔全国早期教育专业"十三五"规划教材〕(G. F. P.)

05776 309-12451
学前儿童科学教育活动设计与指导
李洪屏 王永强主编 2016 年 193 页 30 cm 32 元〔全国学前教育专业（新课程标准）"十三五"规划教材〕(G. F. P.)

05777 309-14258
"活教育"中的托育
李然然 张照松主编 2019年 146页 26 cm 45元〔幼儿园"活教育"课程丛书 周念丽总主编〕(G. F. P.)

05778 309-13960
"活教育"中的致善教育
欧赛萍主编 2019年 150页 26 cm 45元〔幼儿园"活教育"课程丛书 周念丽总主编〕(G. F. P.)

05779 309-14832
快乐成长活动课程 亲子活动手册 托班 上
欧阳远主编 2020年 53页 20×21 cm 15元〔快乐成长活动课程 复旦版 2—3岁〕(G. P.)

05780 309-14833
快乐成长活动课程 亲子活动手册 托班 下
欧阳远主编 2020年 50页 20×21 cm 15元〔快乐成长活动课程 复旦版 2—3岁〕(G. P.)

05781 309-13596
0—3岁亲子游戏卡
上海市宝山区早教指导中心主编 2018年 112页 24 cm 30元 (P.)

05782 309-06876
思维训练
王向东主编 2009年 144页 30 cm 18元〔复旦卓越·全国学前教育专业系列〕(G. P.)

05783 309-13871
"活教育"中的山西文化之旅
沃德兰东大主编 2018年 159页 26 cm 45元〔幼儿园"活教育"课程丛书 周念丽总主编〕(G. F. P.)

05784 309-06298
回归生活 幼儿园教育活动案例及评析
夏力主编 2008年 213页 30 cm 30元〔复旦卓越·全国学前教育专业系列〕(G. P.)

05785 309-12849
回归生活 幼儿园教育活动案例及评析
夏力主编 2017年 第2版 240页 30 cm 39元〔全国学前教育专业（新课程标准）"十三五"规划教材〕(G. F. P.)

05786 309-09041
学前教育信息技术基础实践指导
谢忠新主编 2012年 129页 30 cm 23元〔全国学前教育专业（新课程标准）"十二五"规划教材〕(G. P.)

05787 309-14257
"活教育"中的民族文化教育
邢保华主编 2019年 166页 26 cm 45元〔幼儿园"活教育"课程丛书 周念丽总主编〕(G. F. P.)

05788 309-09940
综合理科教程 数学分册
杨志敏主编 2013年 313页 30 cm 42元〔全国学前教育专业（新课程标准）"十二五"规划教材〕(G. F. P.)

05789 309-12631
现代幼儿园科学活动案例
壹步幼儿学习资源著 2016年 141页 28 cm 50元 (G. F. P.)

05790 309-14496
"活教育"中的"三生"教育

郁良军主编 2019年 142页 26 cm 45元〔幼儿园"活教育"课程丛书 周念丽总主编〕(G. F. P.)

05791 309-12980
综合理科教程
张国玺主编 2017年 第2版 192页 30 cm 35元〔全国学前教育专业（新课程标准）"十三五"规划教材〕(G. F.)

05792 309-09682
综合理科教程 物理 化学 生物分册
张国玺主编 2013年 233页 30 cm 35元〔全国学前教育专业（新课程标准）"十二五"规划教材〕(G. F. P.)

05793 309-09037
中国学前教师专业标准岗位达标实训
张建岁 霍习霞主编 2012年 240页 30 cm 34元〔全国学前教育专业（新课程标准）"十二五"规划教材〕(G. F. P.)

05794 309-08313
综合文科教程
张建岁 董伟 郑绪卿主编 2011年 311页 30 cm 48元〔复旦卓越·全国学前教育专业系列〕(G. P.)

05795 309-13061
幼儿活动评价手册
张敏主编 2017年 68页 30 cm 8元〔幼儿学习与发展游戏资源系列〕( )

05796 309-13065
幼儿活动指导手册 上 3—4岁
张敏主编 2017年 101页 30 cm 14元〔幼儿学习与发展游戏资源系列〕(G.)

05797 309-13066
幼儿活动指导手册 上 4—5岁
张敏主编 2017年 135页 30 cm 18元〔幼儿学习与发展游戏资源系列〕(G.)

05798 309-13067
幼儿活动指导手册 上 5—6岁
张敏主编 2017年 140页 30 cm 18元〔幼儿学习与发展游戏资源系列〕(G.)

05799 309-13062
幼儿教师工作手册 上 3—4岁
张敏主编 2017年 219页 30 cm 25元〔幼儿学习与发展游戏资源系列〕(G.)

05800 309-13063
幼儿教师工作手册 上 4—5岁
张敏主编 张敏等编写 2017年 303页 30 cm 31元〔幼儿学习与发展游戏资源系列〕(G.)

05801 309-13064
幼儿教师工作手册 上 5—6岁
张敏主编 张敏等编写 2017年 316页 30 cm 31元〔幼儿学习与发展游戏资源系列〕(G.)

05802 309-04506
学前儿童社会教育活动指导
周梅林主编 2005年 117页 30 cm 12元〔复旦卓越·全国学前教育专业系列〕(G. P.)

05803 309-06724
学前儿童社会教育活动指导
周梅林主编 2009年 第2版 120页 30 cm 15元〔复旦卓越·全国学前教育专业系列〕(G. P.)

05804 309-12020

学前儿童社会教育活动指导

周梅林主编 2016年 第3版 143页 30 cm 25元〔全国学前教育专业（新课程标准）"十二五"规划教材〕(G. F. P.)

05805 309-14283

"活教育"中的食育

周念丽主编 2019年 第2版 145页 26 cm 45元〔幼儿园"活教育"课程丛书 周念丽总主编〕(G. F. P.)

05806 309-12158

思维训练 上 中班

朱勤奋主编 2016年 72页 30 cm 15元 (G. F. P.)

05807 309-12159

思维训练 下 中班

朱勤奋主编 2016年 72页 30 cm 15元 (G. F. P.)

05808 309-12160

思维训练 上 大班

朱勤奋主编 2016年 72页 30 cm 15元 (G. F. P.)

05809 309-12161

思维训练 下 大班

朱勤奋主编 2016年 72页 30 cm 15元 (G. F. P.)

05810 309-14967

布偶贴小剧场·边玩边唱作品集

（日）后藤纪子著 高楠译 2020年 92页 30 cm 45元 (G. P.)

05811 309-14968

布偶贴小剧场·制作与表演

（日）月下和惠著 韩永童 高楠译 2020年 97页 30 cm 45元 (G. P.)

05812 309-06305

图像时代的早期阅读

陈世明著 2008年 180页 23 cm 33元〔学前教育·前沿系列〕(G. P.)

05813 309-10850

0—3岁儿童语言与交往

陈雅芳总主编 颜晓燕主编 2014年 129页 30 cm 22元〔全国学前教育专业（新课程标准）"十二五"规划教材〕(G. F. P.)

05814 309-12850

幼儿英语教育活动指导与实训

崔海燕 乌焕焕编著 2017年 147页 30 cm 30元〔全国学前教育专业（新课程标准）"十三五"规划教材〕(G. F. P.)

05815 309-09986

幼儿园教师英语教育技能阶梯训练

董伟 李立新 刘秀玲主编 2013年 267页 30 cm 42元〔全国学前教育专业（新课程标准）"十二五"规划教材〕(G. F. P.)

05816 309-07945

满天星幼儿启蒙英语（幼儿用书、活动手册、指导用书）

高敬主编 2011年 180页 26 cm 98元 (P.)

05817 309-08763

满天星幼儿启蒙英语（幼儿用书）2

高敬主编 龚柳卿册主编 方蓓丽等册编写 2012年 63页 28 cm 70元 (G. P.)

05818 309-07867

学前英语游戏设计

胡晓艳主编 2011年 122页 30 cm 20元〔复旦卓越·全国学前教育专业系列〕

(G. P.)

05819 309-12979
学前英语游戏设计
胡晓艳主编 2017 年 第 2 版 189 页 30 cm 32 元〔全国学前教育专业（新课程标准）"十三五"规划教材〕(G. F. P.)

05820 309-02644
开口说 洋洋学英语幼儿用书 第 1 册
蒋品圭 高敬编 2000 年 76 页 26 cm 涂塑 20 元 (P.)

05821 309-02703
开口说 洋洋学英语幼儿用书 第 2 册
蒋品圭 高敬编 2000 年 76 页 26 cm 20 元 (P.)

05822 309-02780
开口说 洋洋学英语幼儿用书 第 3 册
蒋品圭 高敬编 2001 年 42 页 26 cm 20 元 (P.)

05823 309-02640
开口说 洋洋学英语指导用书 第 1 册
蒋品圭 高敬编 2000 年 88 页 26 cm 7 元 (P.)

05824 309-02682
开口说 洋洋学英语指导用书 第 2 册
蒋品圭 高敬编 2000 年 96 页 26 cm 8 元 (P.)

05825 309-02779
开口说 洋洋学英语指导用书 第 3 册
蒋品圭 高敬编 2001 年 192 页 26 cm 8 元 (P.)

05826 309-05795
学前双语教育研究与建构
孔宝刚主编 2007 年 148 页 30 cm 25 元〔复旦卓越·全国学前教育专业系列〕(G. P.)

05827 309-15347
幼儿语言教育活动设计与指导
廖贵英 邓娇娇主编 2020 年 166 页 30 cm 37 元 (P.)

05828 309-14010
幼儿英语文学作品赏析与应用
刘迪先主编 2018 年 102 页 30 cm 29 元〔全国学前教育专业（新课程标准）"十三五"规划教材〕(G. P.)

05829 309-13645
幼儿园职业情境英语 上册
欧阳前春主编 2018 年 154 页 26 cm 36 元〔全国学前高等职业教育规划教材〕(G. P.)

05830 309-13766
幼儿园职业情境英语 下册
欧阳前春主编 2018 年 159 页 26 cm 36 元 (G. F. P.)

05831 309-09080
幼儿教师实用英语口语 初级
潘杰 孙爱华主编 2012 年 144 页 30 cm 29 元〔全国学前教育专业（新课程标准）"十二五"规划教材〕(G. P.)

05832 309-08957
幼儿教师实用英语口语 中级
姚丹 李章华 黄芳主编 2012 年 79 页 30 cm 24 元〔全国学前教育专业（新课程标准）"十二五"规划教材〕(G. P.)

05833 309-12848

幼儿教师实用英语口语 初级

潘杰 孙爱华主编 2017年 第2版 139页 30 cm 35元〔全国学前教育专业（新课程标准）"十三五"规划教材〕(G. F. P.)

05834 309-13401

幼儿教师实用英语口语 高级

伦淑新 耿海燕主编 2018年 159页 30 cm 38元〔全国学前教育专业（新课程标准）"十三五"规划教材〕(G. P.)

05835 309-14471

幼儿英语游戏活动指导与实训

苏小菊 任晓琴主编 2020年 109页 30 cm 39元〔全国学前教育专业（新课程标准）"十三五"规划教材〕(G. P.)

05836 309-11580

幼儿图画书主题赏读与教学

王蕾主编 2015年 234页 30 cm 32元〔全国学前教育专业（新课程标准）"十二五"规划教材〕(G. F. P.)

05837 309-14105

幼儿教师讲故事技巧

王丽娜编著 2019年 136页 30 cm 38元〔全国学前教育专业（新课程标准）"十三五"规划教材 儿童文学·语言类〕(G. F. P.)

05838 309-14476

贝倍园 童玩幼儿英语 basic 1—5

翔世文化编著 2019年 6册 22 cm 299元 (G. F. P.)

05839 309-14220

贝倍园 童玩幼儿英语 basic 6—10

翔世文化编著 2019年 60页 22 cm 全套299元 (G. F.)

05840 309-14477

贝倍园 童玩幼儿英语 level 1 1—5

翔世文化编著 2019年 7册 26 cm 299元 (G. F. P.)

05841 309-14221

贝倍园 童玩幼儿英语 level 1 6—10

翔世文化编著 2019年 16页 22 cm 全套299元 (G. F.)

05842 309-14478

贝倍园 童玩幼儿英语 level 2 1—5

翔世文化编著 2019年 7册 27 cm 299元 (G. F. P.)

05843 309-14222

贝倍园 童玩幼儿英语 level 2 6—10

翔世文化编著 2019年 20页 26 cm 全套299元 (G. F.)

05844 309-14479

贝倍园 童玩幼儿英语 level 3 1—5

翔世文化编著 2019年 7册 26 cm 299元 (G. F. P.)

05845 309-14223

贝倍园 童玩幼儿英语 level 3 6—10

翔世文化编著 2019年 20页 27 cm 全套299元 (G. F.)

05846 309-14887

科学小火车

翔世文化编著 2020年 1588页 26 cm 1 688元 （ ）

05847 309-12282

我的第一本汉字书

小象汉字著绘 2016 年 4 册 18 cm 150 元 (G. F. P.)

05848 309-12517

我的第一本汉字书 第2辑

小象汉字著绘 2016 年（2017 年重印）4 册 18 cm 150 元 (G. F. P.)

05849 309-12771

英语自然拼读与语感训练

颜晓芳主编 2017 年 175 页 23 cm 39 元 (G. F. P.)

05850 309-07370

学前英语教学参考书 1

姚丹总主编 姚丹 李章华 黄芳册主编 2010 年 221 页 30 cm 35 元〔复旦卓越·全国学前教育专业系列 全国教育学科"十五"、"十一五"规划〕(G. P.)

05851 309-13984

学前英语教学参考书 1

姚丹总主编 姚丹 李章华 黄芳册主编 2019 年 第 2 版 294 页 30 cm 98 元〔全国学前教育专业（新课程标准）"十三五"规划教材 全国教育科学"十五"、"十一五"规划教育部重点课题"学前双语教育师资培训研究"成果 学前英语系列教材〕(G. F. P.)

05852 309-08198

学前英语教学参考书 2

姚丹总主编 姚丹 李章华 黄芳册主编 2011 年 241 页 30 cm 38 元〔复旦卓越·全国学前教育专业系列 全国教育科学"十五"、"十一五"规划 教育部重点课题"学前双语教育师资培训研究"成果〕(G. P.)

05853 309-15004

学前英语教学参考书 2

姚丹总主编 姚丹 黄芳 钟泽洲册主编 2020 年 第 2 版 317 页 26 cm 98 元 (P.)

05854 309-08197

学前英语教学参考书 3

姚丹总主编 姚丹 李章华 黄芳册主编 2011 年 284 页 30 cm 38 元〔复旦卓越·全国学前教育专业系列 全国教育科学"十五"、"十一五"规划 教育部重点课题"学前双语教育师资培训研究"成果〕(G. P.)

05855 309-08951

学前英语教学参考书 4

姚丹总主编 姚丹 李章华 黄芳册主编 2012 年 222 页 30 cm 38 元〔全国学前教育专业（新课程标准）"十二五"规划教材〕(G. P.)

05856 309-10021

学前英语教学参考书 5

姚丹总主编 姚丹 李章华 黄芳册主编 2013 年 213 页 30 cm 38 元〔全国学前教育专业（新课程标准）"十二五"规划教材〕(G. F. P.)

05857 309-08948

学前英语教学参考书 基础册

姚丹总主编 姚丹 李章华 黄芳册主编 2012 年 102 页 30 cm 30 元 (P.)

05858 309-07371

学前英语综合教程 1

姚丹总主编 姚丹 李章华 黄芳册主编 2010 年 141 页 30 cm 28 元〔复旦卓越·全国学前教育专业系列 全国教育科学"十五"、"十一五"规划 教育部重点课题"学前双语教育师资培训研究"成果〕(G. P.)

05859 309-13982

学前英语综合教程 1

姚丹总主编 姚丹 李章华 黄芳册主编 2019年 第2版 180页 30 cm 39元〔全国学前教育专业（新课程标准）"十三五"规划教材 全国教育科学"十五"、"十一五"规划教育部重点课题"学前双语教育师资培训研究"成果 学前英语系列教材〕(G. F. P.)

05860 309-08200

学前英语综合教程 2

姚丹总主编 姚丹 李章华 黄芳册主编 2011年 164页 30 cm 30元 (P.)

05861 309-15003

学前英语综合教程 2

姚丹总主编 姚丹 黄芳 钟泽洲册主编 2020年 第2版 183页 26 cm 42元 (P.)

05862 309-08199

学前英语综合教程 3

姚丹总主编 姚丹 李章华 黄芳册主编 2011年 173页 30 cm 30元〔复旦卓越·全国学前教育专业系列 全国教育科学"十五"、"十一五"规划 教育部重点课题"学前双语教育师资培训研究"成果〕(G. P.)

05863 309-08950

学前英语综合教程 4

姚丹总主编 姚丹 李章华 黄芳册主编 2012年 123页 30 cm 30元〔全国学前教育专业（新课程标准）"十二五"规划教材〕(G. P.)

05864 309-10002

学前英语综合教程 5

姚丹总主编 姚丹 李章华 黄芳册主编 2013年 124页 30 cm 30元〔全国学前教育专业（新课程标准）"十二五"规划教材〕(G. F. P.)

05865 309-08947

学前英语综合教程 基础册

姚丹总主编 姚丹 李章华 黄芳册主编 2012年 83页 30 cm 22元〔全国学前教育专业（新课程标准）"十二五"规划教材〕(G. P.)

05866 309-08949

学前英语综合练习 基础级

姚丹总主编 姚丹 李章华 黄芳册主编 2012年 54页 30 cm 12元 (P.)

05867 309-07363

学前英语综合练习 1

姚丹总主编 姚丹 李章华 黄芳册主编 2010年 103页 30 cm 15元〔复旦卓越·全国学前教育专业系列 全国教育科学"十五"、"十一五"规划教育部重点课题"学前双语教育师资培训研究"成果〕(G. P.)

05868 309-13983

学前英语综合练习 1

姚丹总主编 姚丹 李章华 黄芳册主编 2019年 第2版 128页 30 cm 28元〔全国学前教育专业（新课程标准）"十三五"规划教材 全国教育科学"十五"、"十一五"规划教育部重点课题"学前双语教育师资培训研究"成果〕(G. F. P.)

05869 309-08196

学前英语综合练习 2

姚丹总主编 姚丹 李章华 黄芳册主编 2011年 116页 30 cm 18元（P.）

05870 309-15000
学前英语综合练习 2
姚丹总主编 2020年 第2版 140页 26 cm 28元（P.）

05871 309-08195
学前英语综合练习 3
姚丹总主编 姚丹 李章华 黄芳册主编 2011年 110页 30 cm 18元〔复旦卓越·全国学前教育专业系列 全国教育科学"十五"、"十一五"规划 教育部重点课题"学前双语教育师资培训研究"成果〕（G. P.）

05872 309-08952
学前英语综合练习 4
姚丹总主编 姚丹 李章华 黄芳册主编 2012年 129页 30 cm 20元（P.）

05873 309-10035
学前英语综合练习 5
姚丹总主编 姚丹 李章华 黄芳册主编 2013年 141页 30 cm 20元〔全国学前教育专业（新课程标准）"十二五"规划教材〕（G. F. P.）

05874 309-07445
幼儿英语教育活动指导
《幼儿英语教育活动指导》编写组编写 2010年 178页 30 cm 26元〔复旦卓越·全国学前教育专业系列〕（G. P.）

05875 309-01177
儿童电视英语系列教程
俞耀生主编 徐开元 强微编写 1993年 88页 26 cm 9.8元（ ）

05876 309-10350
幼儿英语教育活动指导
陈雅芳 郭亦勤 赵放主编 2014年 第2版 189页 30 cm 29元〔全国学前教育专业（新课程标准）"十二五"规划教材〕（G. F. P.）

05877 309-07311
0—3岁婴幼儿语言发展与教育
袁萍 祝泽舟主编 2011年 170页 30 cm 28元〔复旦卓越·全国0—3岁婴幼儿早期教育系列〕（G. P.）

05878 309-14104
0—3岁婴幼儿早期阅读指导
翟云主编 2019年 141页 30 cm 42元〔复旦版早期教育专业系列教材 全国早期教育专业"十三五"规划教材〕（G. F. P.）

05879 309-14011
好玩的甲骨文
张红霞主编 2019年 174页 26 cm 45元〔幼儿园"活教育"课程丛书 周念丽总主编〕（G. F. P.）

05880 309-04507
学前儿童语言教育活动指导
张加蓉 卢伟主编 2005年 163页 30 cm 18元〔复旦卓越·全国学前教育专业系列〕（G. P.）

05881 309-06681
学前儿童语言教育活动指导
张加蓉 卢伟主编 2009年 第2版 174页 30 cm 22元（P.）

05882 309-09856
学前儿童语言教育活动指导

卢伟主编 2013年 第3版 194页 30 cm 26元〔全国学前教育专业（新课程标准）"十二五"规划教材〕(G. F. P.)

05883 309-08876

学前儿童语言教育

张天军主编 2012年 143页 30 cm 23元〔全国学前教育专业（新课程标准）"十二五"规划教材〕(G. F. P.)

05884 309-12393

学前儿童语言教育

张天军主编 2016年 第2版 146页 30 cm 26元〔全国学前教育专业（新课程标准）"十三五"规划教材〕(G. F. P.)

05885 309-11742

四季科学乐园 幼儿趣味科学实验

倍趣科学著 2015年 155页 30 cm 28元〔全国学前教育专业（新课程标准）"十二五"规划教材〕(G. F. P.)

05886 309-13650

好吃的小白熊

（日）柴田启子文图（日）江田海译 2018年 1册 23×23 cm 精装 35元 (G. P.)

05887 309-13649

甜甜的小白熊

（日）柴田启子文图（日）江田海翻译 2018年 1册 23×23 cm 精装 35元 (G. P.)

05888 309-12984

幼小衔接期幼儿园科学活动设计与实施
新教材大班科学活动方案汇编

陈炜主编 2017年 213页 23 cm 30元 (G. F. P.)

05889 309-10611

冒牌老鹰 红隼老吹

（韩）崔正媛文（韩）李光翼图 李民 郭瑞生译 2014年 33页 25×25 cm 精装 35元〔幼儿科学故事绘本 14 神奇的自然·光和影〕(G. F. P.)

05890 309-10612

明年春天再见

（韩）崔正媛文（韩）李光翼图 李民 张婉璐译 2014年 33页 25×25 cm 精装 35元〔幼儿科学故事绘本 15 神奇的自然·四季〕(G. F. P.)

05891 309-10613

喷火的国度

（韩）崔正媛文（韩）李光翼图 李民 郭瑞生译 2014年 33页 25×25 cm 精装 35元〔幼儿科学故事绘本 16 神奇的自然·火山和地震〕(G. F. P.)

05892 309-10610

雪儿的春天

（韩）崔正媛文（韩）李光翼图 李民 张婉璐译 2014年 33页 25×25 cm 精装 35元〔幼儿科学故事绘本 13 神奇的自然·气候〕(G. F. P.)

05893 309-10614

月亮国·星星国

（韩）崔正媛文（韩）李光翼图 李民 郭瑞生译 2014年 33页 25×25 cm 精装 35元〔幼儿科学故事绘本 17 神奇的自然·宇宙〕(G. F. P.)

05894 309-12283

我的第一本书 农场

（德）根浩瑟文（德）克莱迈耶-维斯图 郑少文译 2016年 1册 15×15 cm 25

元 (G. F. P.)

05895 309-12284

我的第一本书 动物园

（德）根浩瑟文（德）爱柏哈特图 郑少文译 2016年 1册 15×15 cm 25元 (G. F. P.)

05896 309-12285

我的第一本书 建筑工地

（德）根浩瑟文（德）韦勒图 郑少文译 2016年 1册 15×15 cm 25元 (G. F. P.)

05897 309-12286

我的第一本书 消防队

（德）根浩瑟文（德）克莱迈耶-维斯图 郑少文译 2016年 1册 15×15 cm 25元 (G. F. P.)

05898 309-10625

出什么事会糟了呢

（韩）金香儿文（韩）韩炳浩图 韩梦依 李民译 2014年 33页 25×25 cm 精装 35元〔幼儿科学故事绘本 28 环境保护·美丽的大自然〕(G. F. P.)

05899 309-10627

很绿很绿的森林

（韩）金香儿文（韩）韩炳浩图 韩梦依 李民译 2014年 33页 25×25 cm 精装 35元〔幼儿科学故事绘本 30 环境保护·节约资源与回收〕(G. F. P.)

05900 309-10626

森林失火了

（韩）金香儿文（韩）韩炳浩图 韩梦依 李民译 2014年 33页 25×25 cm 精装 35元〔幼儿科学故事绘本 29 环境保护·环境污染与我们的生活〕(G.

F. P.)

05901 309-14772

情绪管理心理学

鞠强著 2019年 203页 26 cm 42元 (G. F. P.)

05902 309-14340

幼儿园社会体验课程设计 22 例 "小钟娃"社会体验课程构建

李丽丽主编 2019年 247页 26 cm 65元〔全国幼儿园特色课程系列〕(G. F. P.)

05903 309-10606

杜杜生病了

（韩）梁载弘文（韩）刘珍熙图 李民 郭瑞生译 2014年 33页 25×25 cm 精装 35元〔幼儿科学故事绘本 09 奇妙的生命·食物链〕(G. F. P.)

05904 309-10605

浩浩的生日

（韩）梁载弘文（韩）刘珍熙图 李民 张婉璐译 2014年 33页 25×25 cm 精装 35元〔幼儿科学故事绘本 08 奇妙的生命·我们从植物中得到什么〕(G. F. P.)

05905 309-10609

会发光的蓝蘑菇

（韩）梁载弘文（韩）刘珍熙图 李民 郭瑞生译 2014年 33页 25×25 cm 精装 35元〔幼儿科学故事绘本 12 奇妙的生命·神奇的动物〕(G. F. P.)

05906 309-10607

我们的好朋友壮壮

（韩）梁载弘文（韩）刘珍熙图 李民 郭瑞生译 2014年 33页 25×25 cm 精装 35元〔幼儿科学故事绘本 10 奇妙

的生命·动物的生活习性〕(G. F. P.)

05907 309-10604
小橡子长大了
（韩）梁载弘文（韩）刘珍熙图 李民 郭瑞生译 2014年 33页 25×25 cm 精装 35元〔幼儿科学故事绘本07 奇妙的生命·树的成长过程〕(G. F. P.)

05908 309-10608
勇敢的绿巾小子
（韩）梁载弘文（韩）刘珍熙图 李民 郭瑞生译 2014年 33页 25×25 cm 精装 35元〔幼儿科学故事绘本11 奇妙的生命·昆虫的成长过程〕(G. F. P.)

05909 309-10621
咕咕结婚了
（韩）朴安罗文（韩）崔民吾图 韩梦依 李民译 2014年 33页 25×25 cm 精装 35元〔幼儿科学故事绘本24 有用的工具·轮子〕(G. F. P.)

05910 309-10623
鼓声咚咚咚
（韩）朴安罗文（韩）崔民吾图 韩梦依 李民译 2014年 33页 25×25 cm 精装 35元〔幼儿科学故事绘本26 有用的工具·声音〕(G. F. P.)

05911 309-10624
欢迎光临幸福广场
（韩）朴安罗文（韩）崔民吾图 韩梦依 李民译 2014年 33页 25×25 cm 精装 35元〔幼儿科学故事绘本27 有用的工具·工具和机器的动力〕(G. F. P.)

05912 309-10620
欢迎来喵喵家做客
（韩）朴安罗文（韩）崔民吾图 韩梦依 李民译 2014年 33页 25×25 cm 精装 35元〔幼儿科学故事绘本23 有用的工具·各种不同的工具〕(G. F. P.)

05913 309-10622
我爱我的旧卡车
（韩）朴安罗文（韩）崔民吾图 韩梦依 李民译 2014年 33页 25×25 cm 精装 35元〔幼儿科学故事绘本25 有用的工具·交通工具〕(G. F. P.)

05914 309-10601
嗝！哈啾！噗！
（韩）朴子京文（韩）郭善英图 徐翠娥 李民译 2014年 33页 25×25 cm 精装 35元〔幼儿科学故事绘本04 可爱的人体·人体内发生了什么〕(G. F. P.)

05915 309-10603
红点妖怪
（韩）朴子京文（韩）郭善英图 徐翠娥 李民译 2014年 33页 25×25 cm 精装 35元〔幼儿科学故事绘本06 可爱的人体·健康和卫生〕(G. F. P.)

05916 309-10602
男孩和女孩
（韩）朴子京文（韩）郭善英图 徐翠娥 李民译 2014年 33页 25×25 cm 精装 35元〔幼儿科学故事绘本05 可爱的人体·性别〕(G. F. P.)

05917 309-10600
听话的便便
（韩）朴子京文（韩）郭善英图 徐翠娥 李民译 2014年 33页 25×25 cm 精装 35元〔幼儿科学故事绘本03 可爱的人体·消化过程〕(G. F. P.)

05918 309-10599

哇,骷髅来了

(韩)朴子京文 (韩)郭善英图 徐翠娥 李民译 2014年 33页 25×25 cm 精装 35元〔幼儿科学故事绘本02 可爱的人体·骨头〕(G. F. P.)

05919 309-10598

小魔女和图图

(韩)朴子京文 (韩)郭善英图 徐翠娥 李民译 2014年 33页 25×25 cm 精装 35元〔幼儿科学故事绘本01 可爱的人体·人体部位的名称和功能〕(G. F. P.)

05920 309-11056

幼儿科学小实验 生物化学分册

王金娥主编 2015年 119页 30 cm 21.80元〔全国学前教育专业(新课程标准)"十二五"规划教材〕(G. F. P.)

05921 309-11055

幼儿科学小实验 物理分册

王金娥主编 2014年 144页 30 cm 25元〔全国学前教育专业(新课程标准)"十二五"规划教材〕(G. F. P.)

05922 309-04508

学前儿童科学教育活动指导

夏力主编 2005年 162页 30 cm 18元〔复旦卓越·全国学前教育专业系列〕(G. P.)

05923 309-06666

学前儿童科学教育活动指导

夏力主编 2009年 第2版 183页 30 cm 22元〔普通高等教育"十一五"国家级规划教材 复旦卓越·全国学前教育专业系列〕(G. P.)

05924 309-10282

学前儿童科学教育活动指导

夏力主编 2014年 第3版 207页 30 cm 28元〔全国学前教育专业(新课程标准)"十二五"规划教材〕(G. F. P.)

05925 309-12623

在探究中成长 幼儿园科学教育案例精选

肖菊红主编 2017年 142页 24 cm 42元〔全国幼儿园特色课程系列〕(G. F. P.)

05926 309-10619

球球的秘密

(韩)宣安罗文 (韩)金福泰图 李民 郭瑞生译 2014年 33页 25×25 cm 精装 35元〔幼儿科学故事绘本22 有趣的物质·空气〕(G. F. P.)

05927 309-10616

天才小钓手

(韩)宣安罗文 (韩)金福泰图 李民 郭瑞生译 2014年 33页 25×25 cm 精装 35元〔幼儿科学故事绘本19 有趣的物质·磁铁〕(G. F. P.)

05928 309-10618

无赖猫和小不点

(韩)宣安罗文 (韩)金福泰图 李民 郭瑞生译 2014年 33页 25×25 cm 精装 35元〔幼儿科学故事绘本21 有趣的物质·颜料和染色〕(G. F. P.)

05929 309-10617

幸福的早餐

(韩)宣安罗文 (韩)金福泰图 李民 郭瑞生译 2014年 33页 25×25 cm 精装 35元〔幼儿科学故事绘本20 有趣的物质·水〕(G. F. P.)

05930 309-10615

一起去郊游

（韩）宣安罗文（韩）金福泰图 李民 郭瑞生译 2014年 33页 25×25 cm 精装 35元〔幼儿科学故事绘本 18 有趣的物质·物质的变化〕(G. F. P.)

05931 309-11491

幼儿教师实用语文

杨帆主编 2015年 211页 30 cm 36元〔全国学前教育专业（新课程标准）"十二五"规划教材〕(G. F. P.)

05932 309-14763

大狮子和小老鼠

（英）安娜贝拉·布莱克里奇改编（英）克里斯·杰文斯绘图 简健萍译 2020年 1册 17 cm 精装 45元 (G. P.)

05933 309-14762

龟兔赛跑

（英）安娜贝拉·布莱克里奇改编（英）克里斯·杰文斯绘图 马欣然 简健萍译 2020年 1册 17 cm 精装 45元 (G. P.)

05934 309-10501

法拉的菜园

（韩）白美淑文（韩）姜山图 李民 梁超译 2014年 33页 25×25 cm 精装 30元〔复旦童书 幼儿数学故事绘本 14 测量·面积〕(G. F. P.)

05935 309-10500

法拉需要一张新床

（韩）白美淑文（韩）姜山图 李民 张婉璐译 2014年 33页 25×25 cm 精装 30元〔复旦童书 幼儿数学故事绘本 12 测量·长度〕(G. F. P.)

05936 309-10499

魔法饮料

（韩）白美淑文（韩）姜山图 李民 张婉璐译 2014年 33页 25×25 cm 精装 30元〔复旦童书 幼儿数学故事绘本 13 测量·容量〕(G. F. P.)

05937 309-10502

我也想玩跷跷板

（韩）白美淑文（韩）姜山图 李民 梁超译 2014年 33页 25×25 cm 精装 30元〔复旦童书 幼儿数学故事绘本 15 测量·重量〕(G. F. P.)

05938 309-10503

一次恐怖之旅

（韩）白美淑文（韩）姜山图 李民 梁超译 2014年 33页 25×25 cm 精装 30元〔复旦童书 幼儿数学故事绘本 16 测量·粗算〕(G. F. P.)

05939 309-13044

快乐学数 智慧玩数 "幼儿思维数学"游戏

陈青主编 2017年 201页 26 cm 56元 (G. F. P.)

05940 309-10513

白雪亮晶晶

（韩）崔银圭文（韩）安恩珍图 李民 郭瑞生译 2014年 33页 25×25 cm 精装 30元〔复旦童书 幼儿数学故事绘本 24 空间和形状·基本图形〕(G. F. P.)

05941 309-10511

别老跟着我们

（韩）崔银圭文（韩）安恩珍图 李民 王健译 2014年 33页 25×25 cm 精装 30元〔复旦童书 幼儿数学故事绘本 23 空间和形状·远近和里外〕(G. F. P.)

05942 309-10512
超级好朋友
（韩）崔银圭文 （韩）安恩珍图 李民 郭瑞生译 2014年 33页 25×25 cm 精装 30元〔复旦童书 幼儿数学故事绘本26 空间和形状·图形的构成〕(G. F. P.)

05943 309-10509
和你在一起真好
（韩）崔银圭文 （韩）安恩珍图 李民 王健译 2014年 33页 25×25 cm 精装 30元〔复旦童书 幼儿数学故事绘本22 空间和形状·方位〕(G. F. P.)

05944 309-10510
请收下我们的礼物
（韩）崔银圭文 （韩）安恩珍图 李民 郭瑞生译 2014年 33页 25×25 cm 精装 30元〔复旦童书 幼儿数学故事绘本25 空间和形状·立体图形和平面图形〕(G. F. P.)

05945 309-05124
数学 1
孔宝刚总主编 于洪波等编写 2006年 179页 30 cm 22元〔复旦卓越·全国学前教育专业系列 文化基础类〕(G. P.)

05946 309-05491
数学 2
孔宝刚总主编 孔宝刚册主编 2007年 210页 30 cm 25元〔复旦卓越·全国学前教育专业系列〕(G. P.)

05947 309-05560
数学 3
孔宝刚总主编 孔宝刚册主编 2007年 137页 30 cm 18元〔复旦卓越·全国学前教育专业系列 文化基础类〕(G. P.)

05948 309-10733
数学 1
孔宝刚总主编 孔宝刚册主编 2014年 第2版 184页 30 cm 26元〔全国学前教育专业（新课程标准）"十二五"规划教材〕(G. F. P.)

05949 309-12427
数学 2
孔宝刚总主编 孔宝刚册主编 2016年 第2版 210页 30 cm 29元〔全国学前教育专业（新课程标准）"十三五"规划教材〕(G. F. P.)

05950 309-12453
数学 3
孔宝刚总主编 孔宝刚册主编 2016年 第2版 150页 30 cm 30元〔全国学前教育专业（新课程标准）"十三五"规划教材〕(G. F. P.)

05951 309-07432
数学 合订本
孔宝刚主编 2010年 232页 30 cm 28元〔复旦卓越·全国学前教育专业系列〕(G. P.)

05952 309-09885
数学 合订本
孔宝刚主编 于洪波等编写 2013年 第2版 235页 30 cm 30元〔全国学前教育专业（新课程标准）"十二五"规划教材〕(G. F. P.)

05953 309-10496
多多搬新家
（韩）李商娇文 （韩）深美雅图 李民 张

婉璐译 2014年 33页 25×25 cm 精装 30元〔复旦童书 幼儿数学故事绘本09 数概念·整体与部分〕(G. F. P.)

05954 309-10494
强强的大鱼缸
(韩)李商娇文 (韩)深美雅图 李民 张婉璐译 2014年 33页 25×25 cm 精装 30元〔复旦童书 幼儿数学故事绘本10 数概念·加减法〕(G. F. P.)

05955 309-10497
跳蚤市场
(韩)李商娇文 (韩)深美雅图 李民 张婉璐译 2014年 33页 25×25 cm 精装 30元〔复旦童书 幼儿数学故事绘本11 数概念·估算〕(G. F. P.)

05956 309-10495
我想要手电筒
(韩)李商娇文 (韩)深美雅图 李民 张婉璐译 2014年 33页 25×25 cm 精装 30元〔复旦童书 幼儿数学故事绘本07 数概念·数数〕(G. F. P.)

05957 309-10493
星星糖飞上天
(韩)李商娇文 (韩)深美雅图 李民 张婉璐译 2014年 33页 25×25 cm 精装 30元〔复旦童书 幼儿数学故事绘本06 数概念·日常生活中数的运用〕(G. F. P.)

05958 309-10498
一起去寻宝
(韩)李商娇文 (韩)深美雅图 李民 张婉璐译 2014年 33页 25×25 cm 精装 30元〔复旦童书 幼儿数学故事绘本08 数概念·序数〕(G. F. P.)

05959 309-10505
等到新牙长出来
(韩)柳永昭文 (韩)朴秀晶图 李民 王健译 2014年 33页 25×25 cm 精装 30元〔复旦童书 幼儿数学故事绘本21 时间·计划〕(G. F. P.)

05960 309-10507
鸡妈妈去哪儿了
(韩)柳永昭文 (韩)朴秀晶图 李民 梁超译 2014年 33页 25×25 cm 精装 30元〔复旦童书 幼儿数学故事绘本18 时间·事件的顺序〕(G. F. P.)

05961 309-10506
她是我妹妹
(韩)柳永昭文 (韩)朴秀晶图 李民 王健译 2014年 33页 25×25 cm 精装 30元〔复旦童书 幼儿数学故事绘本19 时间·看钟表认时间〕(G. F. P.)

05962 309-10516
客人来了
(韩)柳永昭文 (韩)李惠庆图 李民 郭瑞生译 2014年 33页 25×25 cm 精装 30元〔复旦童书 幼儿数学故事绘本29 统计·符号图表〕(G. F. P.)

05963 309-10504
快一点 慢一点
(韩)柳永昭文 (韩)朴秀晶图 李民 王健译 2014年 33页 25×25 cm 精装 30元〔复旦童书 幼儿数学故事绘本20 时间·速度〕(G. F. P.)

05964 309-10517
魔法帽子不见了
(韩)柳永昭文 (韩)李惠庆图 李民 郭瑞生译 2014年 33页 25×25 cm 精

装 30 元〔复旦童书 幼儿数学故事绘本 28 统计·图片图表〕(G. F. P.)

05965 309-10514
台风就要来了
(韩)柳永昭文 (韩)李惠庆图 李民 郭瑞生译 2014 年 33 页 25×25 cm 精装 30 元〔复旦童书 幼儿数学故事绘本 30 统计·预测〕(G. F. P.)

05966 309-10515
小丑鱼和海葵
(韩)柳永昭文 (韩)李惠庆图 李民 郭瑞生译 2014 年 33 页 25×25 cm 精装 30 元〔复旦童书 幼儿数学故事绘本 27 统计·实物图表〕(G. F. P.)

05967 309-10508
小魔法师来来
(韩)柳永昭文 (韩)朴秀晶图 李民 王健译 2014 年 33 页 25×25 cm 精装 30 元〔复旦童书 幼儿数学故事绘本 17 时间·时间的顺序〕(G. F. P.)

05968 309-08875
学前儿童数学教育
梅纳新主编 2012 年 124 页 30 cm 22 元〔全国学前教育专业(新课程标准)"十二五"规划教材〕(G. P.)

05969 309-12449
学前儿童数学教育
梅纳新主编 2016 年 第 2 版 119 页 30 cm 24 元〔全国学前教育专业(新课程标准)"十三五"规划教材〕(G. F. P.)

05970 309-10488
嘟嘟的秘密基地
(韩)许恩美文 (韩)崔琡熙图 李民 张婉璐译 2014 年 33 页 25×25 cm 精装 30 元〔复旦童书 幼儿数学故事绘本 03 分类和排序·排序〕(G. F. P.)

05971 309-10492
嘟嘟睡不着
(韩)许恩美文 (韩)崔琡熙图 李民 张婉璐译 2014 年 33 页 25×25 cm 精装 30 元〔复旦童书 幼儿数学故事绘本 04 分类和排序·找规律〕(G. F. P.)

05972 309-10490
蜈蚣叔叔的袜子
(韩)许恩美文 (韩)崔琡熙图 李民 张婉璐译 2014 年 33 页 25×25 cm 精装 30 元〔复旦童书 幼儿数学故事绘本 05 分类和排序·模式〕(G. F. P.)

05973 309-10491
想飞的嘟嘟
(韩)许恩美文 (韩)崔琡熙图 李民 张婉璐译 2014 年 33 页 25×25 cm 精装 30 元〔复旦童书 幼儿数学故事绘本 01 分类和排序·单一分类〕(G. F. P.)

05974 309-10489
最棒的生日礼物
(韩)许恩美文 (韩)崔琡熙图 李民 张婉璐译 2014 年 33 页 25×25 cm 精装 30 元〔复旦童书 幼儿数学故事绘本 02 分类和排序·复杂分类〕(G. F. P.)

05975 309-13216
幼儿教师数学基础
杨志敏主编 2017 年 241 页 30 cm 39 元〔全国学前教育专业(新课程标准)"十三五"规划教材 文化基础类〕(G. F. P.)

05976 309-08084

幼儿园多媒体课件设计与制作基础

祖国强主编 2011年 131页 30 cm 20元〔复旦卓越·全国学前教育专业系列〕(G. P.)

05977 309-04514
舞蹈基础

陈康荣主编 2005年 233页 30 cm 26元〔复旦卓越·全国学前教育专业系列〕(G.)

05978 309-07972
舞蹈基础

陈康荣主编 2012年 第2版 234页 30 cm 38元〔复旦卓越·全国学前教育专业系列〕(G. F. P.)

05979 309-10910
0—3岁儿童艺术启蒙与指导

陈雅芳总主编 徐华莉主编 2014年 140页 30 cm 24元〔全国学前教育专业（新课程标准）"十二五"规划教材〕(G. F. P.)

05980 309-12150
婴幼儿音乐感统训练

陈泽铭著 2016年 140页 30 cm 25元〔全国早期教育专业（新课程标准）"十三五"规划教材 0—3岁早期教育系列〕(G. F. P.)

05981 309-13646
婴幼儿音乐感统训练

陈泽铭著 2018年 第2版 150页 30 cm 35元〔全国早期教育专业"十三五"规划教材 复旦版早期教育专业系列教材〕(G. P.)

05982 309-11526
声乐曲集

崔纬主编 2015年 205页 30 cm 30元〔全国学前教育专业（新课程标准）"十二五"规划教材〕(G. F. P.)

05983 309-11419
声乐实用教程

崔纬主编 2015年 257页 30 cm 36元〔全国学前教育专业（新课程标准）"十二五"规划教材〕(G. F. P.)

05984 309-09174
幼儿音乐游戏课例集

董丽 周蓓主编 2012年 116页 30 cm 20元〔全国学前教育专业（新课程标准）"十二五"规划教材〕(G. F. P.)

05985 309-14063
幼儿园音乐游戏设计与指导

董丽主编 2019年 180页 30 cm 35元〔全国学前教育专业（新课程标准）"十三五"规划教材〕(G. F. P.)

05986 309-11263
幼儿歌曲弹唱指导 线·简对照

杜伟主编 2015年 167页 30 cm 25元〔全国学前教育专业（新课程标准）"十二五"规划教材〕(G. F. P.)

05987 309-13560
幼儿歌曲弹唱指导 线·简对照

杜伟主编 2018年 第2版 178页 30 cm 28元〔全国学前教育专业（新课程标准）"十三五"规划教材〕(G. P.)

05988 309-10886
奥尔夫音乐教学法实用教程

方少萌主编 2014年 192页 30 cm 29元〔全国学前教育专业（新课程标准）"十二五"规划教材〕(G. F. P.)

05989 309-12430
奥尔夫音乐教学法实用教程
方少萌主编 2016年 第2版 195页 30 cm 32元〔全国学前教育专业(新课程标准)"十三五"规划教材〕(G. F. P.)

05990 309-04489
音乐赏析
高希 秦岭主编 2005年 212页 30 cm 22元〔复旦卓越·全国学前教育专业系列〕(G. P.)

05991 309-07975
音乐赏析
高希 秦岭主编 2011年 第2版 212页 30 cm 29元〔复旦卓越·全国学前教育专业系列 普通高等教育"十一五"国家级规划教材〕(G.)

05992 309-13377
音乐赏析
高希 秦岭主编 2018年 第3版 214页 30 cm 39元〔全国学前教育专业(新课程标准)"十三五"规划教材 普通高等教育"十一五"国家级规划教材〕(G. P.)

05993 309-14282
学前声乐综合教程
胡燕主编 2019年 246页 30 cm 48元〔全国学前教育专业(新课程标准)"十三五"规划教材 音乐舞蹈体育类〕(G. F. P.)

05994 309-05738
幼儿歌舞创编实用教程
贾任兰主编 2007年 161页 30 cm 20元〔复旦卓越·全国学前教育专业系列〕(G. P.)

05995 309-09641
幼儿歌舞创编实用教程
贾任兰主编 2013年 第2版 159页 30 cm 32元〔全国学前教育专业(新课程标准)"十二五"规划教材〕(G. F. P.)

05996 309-07729
婴幼儿早期音乐启蒙教育 0—42个月
蒋振声主编 2011年 104页 30 cm 88元〔复旦卓越·全国学前教育专业系列 艺体类〕(G. P.)

05997 309-13432
弹唱基础
李和平主编 2018年 207页 30 cm 39元〔全国学前教育专业(新课程标准)"十三五"规划教材 音乐舞蹈体育类〕(G. P.)

05998 309-04518
乐理 视唱 练耳
林鸿平主编 2005年 175页 30 cm 20元〔复旦卓越·全国学前教育专业系列教材 音乐舞蹈类〕(G.)

05999 309-07587
乐理 视唱 练耳
林鸿平主编 2010年 第2版 175页 30 cm 22元〔普通高等教育"十一五"国家级规划教材 复旦卓越·全国学前教育专业系列〕(G. F. P.)

06000 309-10707
乐理 视唱 练耳
林鸿平主编 2015年 第3版 141页 30 cm 30元〔"十二五"职业教育国家规划教材 普通高等教育"十一五"国家级规划教材 全国学前教育专业(新课程标准)"十二五"规划教材〕(G. F. P.)

06001 309-14317

乐理 视唱 练耳

林鸿平主编 2019年 第4版 148页 30 cm 35元〔"十二五"职业教育国家规划教材 普通高等教育"十一五"国家级规划教材 全国学前教育专业(新课程标准)"十三五"规划教材 音乐舞蹈体育类〕(G. F. P.)

06002 309-09113

声乐

卢新予编著 2012年 233页 30 cm 35元〔全国学前教育专业(新课程标准)"十二五"规划教材〕(G. P.)

06003 309-12429

声乐

卢新予编著 2016年 第2版 231页 30 cm 36元〔全国学前教育专业(新课程标准)"十三五"规划教材〕(G. F. P.)

06004 309-12353

学前钢琴基础教程1

马晓燕 于君华主编 2016年 236页 30 cm 36元〔全国学前教育专业(新课程标准)"十三五"规划教材〕(G. F. P.)

06005 309-12354

学前钢琴基础教程2

马晓燕 李静主编 2016年 265页 30 cm 39元〔全国学前教育专业(新课程标准)"十三五"规划教材〕(G. F. P.)

06006 309-11152

幼儿歌曲弹唱与舞蹈编配

马晓燕 陈琛主编 2015年 220页 30 cm 35元〔全国学前教育专业(新课程标准)"十二五"规划教材〕(G. F. P.)

06007 309-10808

你图我画玩音符

茅为蕙编 黄缨绘 2014年 2册 21×29 cm 30元 (G. P.)

06008 309-11585

琴童家长百问百答

(美)茅为蕙著 2015年 160页 19 cm 精装 30元 (G. F. P.)

06009 309-05973

声乐3

唐国光主编 2008年 144页 30 cm 20元〔复旦卓越·全国学前教育专业系列〕(G. P.)

06010 309-10474

声乐3

唐国光主编 2014年 第2版 151页 30 cm 24元〔全国学前教育专业(新课程标准)"十二五"规划教材〕(G. F. P.)

06011 309-09063

伴奏与弹唱 简谱

王立剑 任昌华主编 2012年 161页 30 cm 22元〔全国学前教育专业(新课程标准)"十二五"规划教材〕(G. P.)

06012 309-14261

伴奏与弹唱 简谱

王立剑 任昌华主编 2019年 第2版 160页 30 cm 30元〔全国学前教育专业(新课程标准)"十三五"规划教材 音乐舞蹈体育类〕(G. F. P.)

06013 309-14336

舞蹈综合教程

王荔荔主编 2019年 188页 30 cm 35元〔全国学前教育专业(新课程标准)"十

06014 309-08809

儿歌弹唱教程

王新乐编著 2012年 220页 30 cm 33元〔全国学前教育专业（新课程标准）"十一五"规划教材〕(G. F. P.)

06015 309-11410

儿歌弹唱教程

王新乐编著 2015年 第2版 233页 30 cm 34元〔全国学前教育专业（新课程标准）"十二五"规划教材〕(G. F. P.)

06016 309-13747

儿歌弹唱教程

王新乐编著 2018年 第3版 236页 30 cm 38元〔全国学前教育专业（新课程标准）"十三五"规划教材〕(G. P.)

06017 309-11741

幼儿音乐赏析

王新乐编著 2015年 201页 30 cm 30元〔全国学前教育专业（新课程标准）"十二五"规划教材〕(G. F. P.)

06018 309-09903

幼儿教师舞蹈技能训练

谢琼 刘敏主编 2013年 109页 30 cm 30元〔全国学前教育专业（新课程标准）"十二五"规划教材〕(G. F. P.)

06019 309-14080

幼儿舞蹈教师职业能力培训教程

谢琼主编 2018年 119页 30 cm 39元〔全国学前教育专业（新课程标准）"十三五"规划教材〕(G. F. P.)

06020 309-08983

学前儿童音乐教育

徐春艳主编 2012年 155页 30 cm 26元〔全国学前教育专业（新课程标准）"十二五"规划教材〕(G. P.)

06021 309-12392

学前儿童音乐教育

徐春艳主编 2016年 第2版 153页 30 cm 29元〔全国学前教育专业（新课程标准）"十三五"规划教材〕(G. F. P.)

06022 309-12472

音乐综合教程

许秀君主编 2016年 289页 30 cm 45元〔全国学前教育专业（新课程标准）"十三五"规划教材〕(G. F. P.)

06023 309-08187

简谱手风琴教程

杨克勤 王宝庆主编 2011年 210页 30 cm 25元〔复旦卓越·全国学前教育专业系列〕(G. P.)

06024 309-14375

简谱手风琴教程

杨克勤 王宝庆主编 2019年 第2版 209页 30 cm 36元〔全国学前教育专业（新课程标准）"十三五"规划教材 音乐舞蹈体育类〕(G. F. P.)

06025 309-04515

声乐 1

杨丽华主编 2005年 102页 30 cm 15元〔复旦卓越·全国学前教育专业系列〕(G.)

06026 309-07959

声乐 1

杨丽华主编 2011年 第2版 109页 30 cm

18 元〔复旦卓越·全国学前教育专业系列 全国学前教育专业系列教材 艺体类〕(G. P.)

06027 309-10475
声乐 1
杨丽华主编 2014 年 第 3 版 137 页 30 cm 22 元〔全国学前教育专业（新课程标准）"十二五"规划教材〕(G. F. P.)

06028 309-14981
声乐 1
杨丽华主编 2020 年 第 4 版 139 页 30 cm 30 元〔全国学前教育专业（新课程标准）"十三五"规划教材 音乐舞蹈体育类〕(G. P.)

06029 309-05044
声乐 2
杨丽华 夏艳萍主编 2006 年 128 页 30 cm 18 元〔复旦卓越·全国学前教育专业系列教材 艺体类〕(G. P.)

06030 309-09645
声乐 2
杨丽华 夏艳萍主编 2013 年 2015 年第 2 版 146 页 30 cm 22 元〔全国学前教育专业（新课程标准）"十二五"规划教材〕(G. F. P.)

06031 309-15059
声乐 2
杨丽华 夏艳萍主编 2020 年 第 3 版 167 页 30 cm 35 元〔全国学前教育专业（新课程标准）"十三五"规划教材〕(G. P.)

06032 309-15071
声乐 3
唐国光主编 2020 年 第 3 版 129 页 30 cm 28 元〔全国学前教育专业（新课程标准）"十三五"规划教材〕(G. P.)

06033 309-14334
音乐星球 幼儿音乐启蒙绘本 level 1 上
"音乐星球"教研组编绘 2019 年 12 册 19×26 cm 150 元 (G. F. P.)

06034 309-14335
音乐星球 幼儿音乐启蒙绘本 level 1 下
"音乐星球"教研组编绘 2019 年 12 册 19×26 cm 150 元 (G. F. P.)

06035 309-14835
音乐星球 幼儿音乐启蒙绘本 level 2 上
"音乐星球"教研组编绘 2020 年 12 册 19×26 cm 150 元 (G. P.)

06036 309-14836
音乐星球 幼儿音乐启蒙绘本 level 2 下
"音乐星球"教研组编绘 2020 年 12 册 19×26 cm 150 元 (G. P.)

06037 309-09680
幼儿舞蹈创作实用教程
张春河主编 2013 年 126 页 30 cm 28 元〔全国学前教育专业（新课程标准）"十二五"规划教材〕(G. F. P.)

06038 309-13324
幼儿舞蹈创作实用教程
张春河主编 2017 年 第 2 版 129 页 30 cm 33 元〔全国学前教育专业（新课程标准）"十三五"规划教材〕(G. F. P.)

06039 309-13744
英语语音拼读实用教程
张锦兰主编 2018 年 95 页 30 cm 32 元

〔全国学前教育专业（新课程标准）"十三五"规划教材〕(G. P.)

06040 309-09199
幼儿律动
郑晓 尤怡红主编 2012 年 127 页 30 cm 20 元〔全国学前教育专业（新课程标准）"十二五"规划教材〕(G. F. P.)

06041 309-13224
绘本中的音乐创作与活动
周杏坤 兰芳编著 2017 年 207 页 24 cm 49 元 (G. F. P.)

06042 309-13203
幼儿园创意美术主题活动方案 上学期
程沿彤主编 2017 年 143 页 30 cm 38 元〔全国学前教育专业（新课程标准）"十三五"规划教材〕(G. F. P.)

06043 309-13204
幼儿园创意美术主题活动方案 下学期
王燕媚主编 2017 年 143 页 30 cm 35 元〔全国学前教育专业（新课程标准）"十三五"规划教材〕(G. F. P.)

06044 309-12521
幼儿创意画 上 小班
董颖春主编 2016 年 35 页 30 cm 15 元〔全国幼儿园特色课程系列〕(F. P.)

06045 309-12522
幼儿创意画 上 中班
董颖春主编 2016 年 35 页 30 cm 15 元〔全国幼儿园特色课程系列〕(F. P.)

06046 309-12523
幼儿创意画 上 大班
董颖春主编 2016 年 35 页 30 cm 15 元〔全国幼儿园特色课程系列〕(F. P.)

06047 309-12790
幼儿创意画 下 小班
董颖春主编 2017 年 35 页 30 cm 15 元〔全国幼儿园特色课程系列〕(F. P.)

06048 309-12791
幼儿创意画 下 中班
董颖春主编 2017 年 35 页 30 cm 15 元〔全国幼儿园特色课程系列〕(F. P.)

06049 309-12792
幼儿创意画 下 大班
董颖春主编 2017 年 35 页 30 cm 15 元〔全国幼儿园特色课程系列〕(F. P.)

06050 309-11581
当代艺术与美国儿童美术教育
顾菁著 2015 年 157 页 30 cm 39 元〔全国学前教育专业（新课程标准）"十二五"规划教材〕(G. F. P.)

06051 309-08802
幼儿美术欣赏与创作指导
解华主编 2012 年 183 页 30 cm 36 元〔全国学前教育专业（新课程标准）"十二五"规划教材〕(G. F. P.)

06052 309-12412
幼儿美术欣赏与创作指导
解华主编 2016 年 第 2 版 186 页 30 cm 39 元〔全国学前教育专业（新课程标准）"十二五"规划教材〕(G. F. P.)

06053 309-14126
幼儿线描画练习手册 小班上
解华主编 2019 年 1 册 21 cm 20 元〔幼儿园美术活动用书〕( )

06054 309-14127

幼儿线描画练习手册 小班下

解华主编 2019年 1册 21 cm 20元〔幼儿园美术活动用书〕（　）

06055 309-14128

幼儿线描画练习手册 中班上

解华主编 2019年 1册 21 cm 20元〔幼儿园美术活动用书〕（　）

06056 309-14129

幼儿线描画练习手册 中班下

解华主编 2019年 1册 21 cm 20元〔幼儿园美术活动用书〕（　）

06057 309-14130

幼儿线描画练习手册 大班上

解华主编 2019年 1册 21 cm 20元〔幼儿园美术活动用书〕（　）

06058 309-14131

幼儿线描画练习手册 大班下

解华主编 2019年 1册 21 cm 20元〔幼儿园美术活动用书〕（　）

06059 309-13653

幼儿绘画活动指导 线条·图形·色彩·构图

李素艳主编 2018年 115页 30 cm 30元〔全国学前高等职业教育规划教材〕（G. P.）

06060 309-12135

绘本中的创意美术

林琳主编 2016年 206页 24 cm 49元（G. F. P.）

06061 309-12994

美术基础

彭朝风 赵丽强主编 2017年 121页 30 cm 30元〔全国学前教育专业（新课程标准）"十三五"规划教材〕（G. F. P.）

06062 309-09105

美术基础与训练

沈建洲主编 2012年 195页 30 cm 38元〔全国学前教育专业（新课程标准）"十二五"规划教材〕（G. P.）

06063 309-04510

手工基础教程

沈建洲主编 2005年 119页 30 cm 20元〔复旦卓越·全国学前教育专业系列〕（G. P.）

06064 309-09505

手工基础教程

沈建洲主编 2013年 第3版 155页 30 cm 32元〔"十二五"普通高等教育本科国家级规划教材 普通高等教育"十一五"国家级精品教材 全国学前教育专业（新课程标准）"十二五"规划教材 艺体类〕（G. F. P.）

06065 309-06160

手工基础教程 彩色

沈建洲主编 2008年 第2版 145页 30 cm 29元（P.）

06066 309-08718

手工应用教程

沈建洲主编 2012年 129页 30 cm 28元〔复旦卓越·全国学前教育专业（新课程标准）规划教材 普通高等教育"十一五"国家级精品教材 普通高等教育"十一五"国家级规划教材〕（G. F. P.）

06067 309-13739

手工应用教程

沈建洲主编 2018年 第2版 157页 30 cm

35 元〔普通高等教育"十一五"国家级规划教材 全国学前教育专业(新课程标准)"十三五"规划教材 美术类〕(G. P.)

06068 309 - 08561

图案·装饰 幼儿园平面设计与环境创设

沈建洲主编 2012 年 137 页 30 cm 31 元〔复旦卓越·全国学前教育专业系列〕(G. F. P.)

06069 309 - 04511

幼儿园实用手工

沈建洲主编 2005 年 97 页 30 cm 18 元〔复旦卓越·全国学前教育专业系列〕(G. P.)

06070 309 - 06210

幼儿园实用手工 彩色

沈建洲主编 2008 年 第 2 版 122 页 26 cm 25 元 (P.)

06071 309 - 12448

学前儿童美术教育

王彩凤主编 2016 年 第 2 版 198 页 30 cm 40 元〔全国学前教育专业(新课程标准)"十三五"规划教材〕(G. F. P.)

06072 309 - 09060

学前儿童美术教育

卢新予总主编 王彩凤主编 2012 年 197 页 30 cm 39 元〔全国学前教育专业(新课程标准)"十二五"规划教材〕(G. P.)

06073 309 - 10354

手工教程

王汉芳主编 2014 年 123 页 30 cm 29 元〔全国学前教育专业(新课程标准)"十二五"规划教材〕(G. F. P.)

06074 309 - 09349

数字书法入门教程 楷书

武千嶂著 2013 年 102 页 30 cm 24 元〔全国学前教育专业(新课程标准)"十二五"规划教材〕(G. F. P.)

06075 309 - 09231

现代幼儿水墨画教程

武千嶂 杭爱华 何永吉主编 2012 年 107 页 30 cm 29 元〔全国学前教育专业(新课程标准)"十二五"规划教材〕(G. P.)

06076 309 - 12010

幼儿数字草书书法教程

武千嶂 杭爱华 何永吉主编 2016 年 120 页 30 cm 36 元〔全国学前教育专业(新课程标准)"十二五"规划教材〕(G. F. P.)

06077 309 - 13926

幼儿玩彩墨 中班

武千嶂 彭春红主编 2019 年 120 页 25 cm 48 元〔幼儿创意美术活动课程·彩墨画系列·教师用书〕(G. F. P.)

06078 309 - 13927

幼儿玩彩墨 大班

武千嶂 彭春红主编 2019 年 120 页 24 cm 48 元〔幼儿创意美术活动课程·彩墨画系列·教师用书〕(G. F. P.)

06079 309 - 13925

幼儿玩彩墨 小班

武千嶂 彭春红主编 2019 年 120 页 24 cm 48 元〔幼儿创意美术活动课程·彩墨画系列·教师用书〕(G. F. P.)

06080 309 - 13059

手工纸艺教程

杨玉红主编 2017年 133页 30 cm 35元〔全国学前教育专业（新课程标准）"十三五"规划教材〕(G. F. P.)

06081 309-12520
童心涂画 团队发展项目活动分享
尤丽娜主编 2016年 236页 26 cm 56元 (G. F. P.)

06082 309-10550
幼儿园手工制作
张晶主编 2014年 115页 30 cm 28元〔全国学前教育专业（新课程标准）"十二五"规划教材〕(G. F. P.)

06083 309-05094
绘画 1
张昭济主编 2006年 132页 30 cm 28元〔复旦卓越·全国学前教育专业系列教材 艺体类〕(G. F. P.)

06084 309-09642
绘画 1
张昭济主编 2013年 第2版 145页 30 cm 32元〔全国学前教育专业（新课程标准）"十二五"规划教材〕(G. F. P.)

06085 309-04512
绘画 2
张昭济主编 2007年 117页 30 cm 26元〔复旦卓越·全国学前教育专业系列教材 艺体类〕(G. F. P.)

06086 309-09643
绘画 2
张昭济 赵忠奇主编 2013年 第2版 130页 30 cm 30元〔全国学前教育专业（新课程标准）"十二五"规划教材〕(G. F. P.)

06087 309-06244
绘画 3
张昭济 滕建志主编 2010年 130页 30 cm 28元〔复旦卓越·全国学前教育专业系列教材 艺体类〕(G. P.)

06088 309-09954
绘画 3
张昭济 滕建志主编 2013年 第2版 143页 30 cm 30元〔全国学前教育专业（新课程标准）"十二五"规划教材〕(G. F. P.)

06089 309-12691
学前实用手工
钟海宏主编 2018年 103页 30 cm 30元〔全国学前教育专业（新课程标准）"十三五"规划教材〕(G. P.)

06090 309-11528
学前实用绘画
周霞主编 2015年 177页 30 cm 36元〔全国学前教育专业（新课程标准）"十二五"规划教材〕(G. F. P.)

06091 309-13909
学前实用绘画
周霞主编 2018年 第2版 196页 30 cm 39元〔全国学前教育专业（新课程标准）"十三五"规划教材〕(G. F. P.)

06092 309-12772
幼儿美术教育
王麒编著 2017年 111页 30 cm 32元〔全国职业教育学前教育专业"十三五"规划教材〕(G. F. P.)

06093 309-14948
观察点亮游戏
北京荣和教育儿童研究发展中心主编

2020年 203页 26 cm 55元 (G. F. P.)

06094 309-10836
0—3岁儿童玩具与游戏
陈雅芳总主编 王颖蕙主编 2014年 110页 30 cm 24元〔全国学前教育专业（新课程标准）"十二五"规划教材〕(G. F. P.)

06095 309-14947
婴幼儿游戏活动300例
程沿彤主编 2020年 175页 30 cm 50元〔复旦版早期教育专业系列教材〕(G. P.)

06096 309-14474
幼儿运动分解教学
窦作琴主编 2019年 200页 24 cm 45元〔全国幼儿园特色课程系列〕(G. F. P.)

06097 309-13662
嘉阳的18次挑战
付国庆 张玲 谢幸希编写 2018年 82页 20×21 cm 25元〔玩出来的课程 鄢超云 余琳主编〕(G. P.)

06098 309-13665
玩帐篷
付国庆 张玲 赵三苏编写 2018年 96页 20×21 cm 25元〔玩出来的课程 鄢超云 余琳主编〕(G. P.)

06099 309-12470
幼儿合作性游戏棋 配备、设计制作与应用
郭力平等著 2016年 239页 26 cm 55元〔幼儿玩教具设计与应用系列〕(G. F. P.)

06100 309-15021
儿童自然游戏活动50例
（比）加利亚·范德卡尔(Galia van der Kar)著 花萌译 2020年 64页 28 cm 36元 (G. P.)

06101 309-12136
童谣游戏1
胡志远 张舒主编 2016年 215页 30 cm 35元〔全国学前教育专业（新课程标准）"十三五"规划教材〕(G. F. P.)

06102 309-12182
童谣游戏2
胡志远 张舒主编 2016年 207页 30 cm 33元〔全国学前教育专业（新课程标准）"十三五"规划教材〕(G. F. P.)

06103 309-13742
幼儿园游戏活动实践指导
廖贵英 张子建主编 2018年 168页 30 cm 32元〔全国学前高等职业教育规划教材〕(G. P.)

06104 309-14469
幼儿园游戏活动实训手册
廖贵英 张子建主编 2019年 131页 30 cm 28元〔全国学前高等职业教育规划教材〕(G. F. P.)

06105 309-12606
新编学前儿童游戏
柳阳辉主编 2017年 210页 30 cm 32元〔全国学前教育专业（新课程标准）"十三五"规划教材〕(G. P.)

06106 309-11748
0—5岁儿童运动娱乐指导百科
（日）前桥明著 陆大江译 2015年 227页 29 cm 60元 (G. F. P.)

06107 309-15020

文化、科学、教育、体育·教育

儿童创意美食 DIY 50 例

（比）米兰·拉罗什（Milan La Roche）编著 李秀敏译 2020年 64页 26 cm 36元 （P.）

06108 309-11092
学前儿童体育

汪超著 2015年 173页 30 cm 35元〔全国学前教育专业（新课程标准）"十二五"规划教材〕(G. F. P.)

06109 309-15078
儿童室内外游戏 50 例（A）

（法）瓦莱丽·穆兹斯基编著 李秀敏译 2020年 64页 26 cm 36元 （P.）

06110 309-15061
儿童室内外游戏 50 例（B）

（法）瓦莱丽·穆兹斯基编著 花萌译 2020年 64页 26 cm 36元 （P.）

06111 309-13669
幼儿手指技能游戏

汪超著 2018年 157页 30 cm 36元〔全国学前教育专业（新课程标准）"十三五"规划教材 配视频〕(G. P.)

06112 309-07958
幼儿园体育活动设计与指导

汪超著 2011年 134页 30 cm 26元〔复旦卓越·全国学前教育专业系列〕(G. P.)

06113 309-13654
幼儿园体育活动设计与指导

汪超著 2018年 第2版 148页 30 cm 35元〔全国学前教育专业（新课程标准）"十三五"规划教材 教育·心理类〕(G. P.)

06114 309-15138
学前儿童体育

汪超著 2020年 第2版 189页 30 cm 39元〔全国学前教育专业（新课程标准）"十三五"规划教材〕(G. P.)

06115 309-04513
健美操教程

文岩主编 2005年 127页 30 cm 24元〔复旦卓越·全国学前教育专业系列〕(G. P.)

06116 309-09640
健美操教程

文岩主编 2014年 第2版 123页 30 cm 32元〔全国学前教育专业（新课程标准）"十二五"规划教材〕(G. F. P.)

06117 309-10694
游戏美术 让幼儿在玩味中感受美

武千嶂 卞洁华主编 冯溶澄插画 2014年 78页 30 cm 30元〔全国学前教育专业（新课程标准）"十二五"规划教材〕(G. F. P.)

06118 309-12889
幼儿园游戏设计与指导

杨旭 杨白 邓艳华主编 2017年 157页 30 cm 30元〔全国学前教育专业（新课程标准）"十三五"规划教材〕(G. F. P.)

06119 309-08982
幼儿基本体操教程

杨延秋主编 2012年 176页 30 cm 30元〔全国学前教育专业（新课程标准）"十二五"规划教材〕(G. P.)

06120 309-12459
幼儿基本体操教程

杨延秋主编 2017年 第2版 201页 30 cm 35元〔全国学前教育专业（新课程标准）"十二五"规划教材〕(G. F. P.)

06121 309-15211
学前儿童体育教程
杨延秋 马威主编 2020年 184页 26 cm 39元 (P.)

06122 309-05161
学前儿童游戏教程
翟理红主编 2006年 120页 30 cm 15元〔复旦卓越·全国学前教育专业系列教材 专业课程类〕(G. P.)

06123 309-09922
学前儿童游戏教程
翟理红主编 2013年 第2版 145页 30 cm 26元〔全国学前教育专业（新课程标准）"十二五"规划教材〕(G. F. P.)

06124 309-14492
学前儿童游戏教程
翟理红主编 2019年 第3版 178页 30 cm 35元〔全国学前教育专业（新课程标准）"十三五"规划教材〕(G. F. P.)

06125 309-13068
幼儿游戏材料包 上 3—4岁
张敏主编 2017年 128页 30 cm 118元〔幼儿学习与发展游戏资源系列〕(　)

06126 309-13069
幼儿游戏材料包 上 4—5岁
张敏主编 2017年 176页 30 cm 118元〔幼儿学习与发展游戏资源系列〕(　)

06127 309-13070
幼儿游戏材料包 上 5—6岁
张敏主编 2017年 176页 30 cm 118元〔幼儿学习与发展游戏资源系列〕(　)

06128 309-13663
你好，蚕宝宝
张骁萌 郑朝丽编写 2018年 74页 20×21 cm 25元〔玩出来的课程 鄢超云 余琳主编〕(G. P.)

06129 309-13664
做泡菜
周静 杨勤编写 2018年 63页 20×21 cm 25元〔玩出来的课程 鄢超云 余琳主编〕(G. P.)

06130 309-10728
幼儿园游戏精编1
周世华主编 2014年 204页 30 cm 28元〔全国学前教育专业（新课程标准）"十二五"规划教材〕(G. F. P.)

06131 309-10743
幼儿园游戏精编2
刘昕主编 2014年 199页 30 cm 28元〔全国学前教育专业（新课程标准）"十二五"规划教材〕(G. F. P.)

06132 309-12956
幼儿园游泳课程研究
诸君 毛美娟主编 2017年 245页 24 cm 35元〔全国幼儿园特色课程系列〕(G. F. P.)

06133 309-14370
利津户外游戏
赵兰会 刘令燕主编 2020年 212页 24 cm 68元 (G. P.)

06134 309-10083

幼儿园园本玩具设计与开发

王向东主编 2013年 124页 30 cm 32元
〔全国学前教育专业(新课程标准)"十二五"规划教材〕(G. F. P.)

06135 309-12277
幼儿园园本玩具的设计与开发

喻利平主编 2016年 第2版 157页 30 cm 36元〔全国学前教育专业(新课程标准)"十三五"规划教材〕(G. F. P.)

06136 309-14569
幼儿园教师专业伦理

步社民 姬生凯 李园园著 2019年 201页 30 cm 45元〔全国学前教育专业(新课程标准)"十三五"规划教材 思政·公共课〕(G. F. P.)

06137 309-11952
保教知识与能力 幼儿园 2016最新版

大途教育教师资格考试命题研究院组编 2016年 332页 29 cm 46元〔国家教师资格考试专用教材〕(G. F.)

06138 309-13890
保教知识与能力 幼儿园

叶亚林 刘万伦主编 2018年 219页 30 cm 38元〔国家教师资格考试专用教材〕(G. P.)

06139 309-14693
反思与成长 幼儿园教师自我管理案例及评析

丁亚红 史爱芬主编 2019年 99页 30 cm 35元〔全国学前教育专业(新课程标准)"十三五"规划教材 教育·心理类〕(G. F. P.)

06140 309-12913
幼儿园教师资格考试面试技巧与实战演练

傅建明主编 2017年 125页 30 cm 30元〔全国学前教育专业(新课程标准)"十三五"规划教材〕(G. F. P.)

06141 309-10395
幼师生人际沟通与礼仪指南

耿敏主编 2014年 175页 30 cm 29元〔全国学前教育专业(新课程标准)"十二五"规划教材〕(G. F. P.)

06142 309-10126
幼儿教师基本素养

孔宝刚主编 2013年 110页 30 cm 20元〔全国学前教育专业(新课程标准)"十二五"规划教材〕(G. F. P.)

06143 309-09064
幼儿教师教育技能综合训练教程

李兰芳主编 2012年 222页 30 cm 30元〔全国学前教育专业(新课程标准)"十二五"规划教材〕(G. P.)

06144 309-09853
幼儿教师职业道德

刘济良主编 2013年 173页 30 cm 30元〔全国学前教育专业(新课程标准)"十二五"规划教材〕(G. F. P.)

06145 309-13599
幼儿教师职业道德

刘济良主编 2018年 第2版 180页 30 cm 35元〔全国学前教育专业(新课程标准)"十三五"规划教材〕(G. P.)

06146 309-14357
幼儿教师资格证考试 即兴伴奏与弹唱实训教程

秦岭 王彤主编 2019年 208页 30 cm 42元〔全国学前教育专业(新课程标

准)"十三五"规划教材〕(G. F. P.)

06147 309-05669
幼儿教师礼仪基础教程
唐志华主编 2007年 151页 30 cm 20元〔复旦卓越·全国学前教育专业系列〕(G. P.)

06148 309-09999
幼儿教师礼仪基础教程
唐志华主编 2014年 第2版 156页 30 cm 29元〔全国学前教育专业(新课程标准)"十二五"规划教材〕(G. F. P.)

06149 309-14888
幼儿教师礼仪基础教程
唐志华主编 2020年 第3版 152页 30 cm 35元〔"十二五"职业教育国家规划教材 全国学前教育专业(新课程标准)"十三五"规划教材〕(G. P.)

06150 309-12598
保教知识与能力考点精练与备考指南
王先达主编 2016年 371页 30 cm 55元〔国家幼儿教师资格考试专用 步步为赢〕(G. F. P.)

06151 309-12509
实战演练幼儿教师资格考试考前冲刺
吴闽波主编 2016年 260页 30 cm 39元〔全国学前教育专业(新课程标准)"十三五"规划教材〕(G. F. P.)

06152 309-11221
综合素质幼儿教师资格考试
虞伟庚 傅建明主编 2015年 116页 30 cm 28.50元〔全国学前教育专业(新课程标准)"十二五"规划教材〕(G. F. P.)

06153 309-14616
幼儿园教师资格考试面试指导与演练
周京峰 闫静 李迎冬著 2019年 165页 30 cm 40元〔全国学前教育专业(新课程标准)"十三五"规划教材 幼儿教师资格考试类〕(G. F. P.)

06154 309-06134
幼儿园保教实习指导
唐志华 汝茵佳主编 王欣等编写 2008年 92页 30 cm 26元〔复旦卓越·全国学前教育专业系列〕(G. P.)

06155 309-09603
幼儿园保教实习指导
唐志华 汝茵佳主编 王欣等编写 2013年 第2版 95页 30 cm 28元〔全国学前教育专业(新课程标准)"十二五"规划教材〕(G. P.)

06156 309-13582
幼儿园保教实习指导
王长倩 唐志华总主编 王长倩主编 2018年 第3版 104页 30 cm 35元〔全国学前教育专业(新课程标准)"十三五"规划教材 教育·心理类〕(G. P.)

06157 309-09308
幼儿园家长工作指导
邓惠明著 2013年 72页 30 cm 15元〔全国学前教育专业(新课程标准)"十二五"规划教材〕(G. F. P.)

06158 309-11730
幼儿园家长工作指导
邓惠明著 2015年 第2版 169页 30 cm 25元〔全国学前教育专业(新课程标准)"十二五"规划教材〕(G. F. P.)

06159 309-14215
幼儿园环境创设
郭晚盛 郭海燕主编 2019年 166页 30 cm 55元 (G. F. P.)

06160 5627-0154
托儿所保健与教养
娄有世等编写 1993年 343页 19 cm 9.80元 (G.)

06161 309-04505
学前儿童健康教育活动指导
麦少美 孙树珍主编 2005年 124页 30 cm 14元〔复旦卓越·全国学前教育专业系列〕(G. P.)

06162 309-08891
学前儿童健康教育活动指导
麦少美 孙树珍主编 2012年 第2版 125页 30 cm 20元〔全国学前教育专业(新课程标准)"十二五"规划教材〕(G. F. P.)

06163 309-11220
学前儿童健康教育活动指导
麦少美 孙树珍主编 2015年 第3版 126页 30 cm 22元〔全国学前教育专业(新课程标准)"十二五"规划教材〕(G. F. P.)

06164 309-06232
幼儿园组织与管理
秦明华 张欣主编 2008年 217页 30 cm 25元〔复旦卓越·全国学前教育专业系列 专业类〕(G. P.)

06165 309-10233
幼儿园组织与管理
秦明华 张欣主编 2014年 第2版 200页 30 cm 29元〔全国学前教育专业(新课程标准)"十二五"规划教材〕(G. F. P.)

06166 309-10355
幼儿园教育环境创设
沈建洲主编 2014年 144页 30 cm 31元〔全国学前教育专业(新课程标准)"十二五"规划教材〕(G. F. P.)

06167 309-14005
幼儿园班级管理案例分析
史爱芬 李立新主编 2019年 104页 30 cm 28元〔全国学前教育专业(新课程标准)"十三五"规划教材 教育·心理类〕(G. F. P.)

06168 309-08839
学前儿童健康教育
王娟主编 范纺纺 鲍卫红编写 2012年 140页 30 cm 23元〔全国学前教育专业(新课程标准)"十二五"规划教材〕(G. P.)

06169 309-12406
学前儿童健康教育
王娟主编 2016年 第2版 144页 30 cm 25元〔全国学前教育专业(新课程标准)"十三五"规划教材〕(G. F. P.)

06170 309-14800
学前儿童健康教育
景晓梅著 2020年 107页 21 cm 28元 (G. F. P.)

06171 309-14987
幼儿园区域环创指导
王秋主编 2020年 150页 30 cm 39元〔全国学前教育专业(新课程标准)"十

三五"规划教材 教育·心理类〕(G. F. P.)

06172 309-08973

幼儿园班级管理

张富洪主编 2012年 208页 30 cm 29元〔全国学前教育专业(新课程标准)"十二五"规划教材〕(G. F. P.)

06173 309-13748

幼儿园班级管理应用教程

张富洪编著 2018年 205页 30 cm 35元〔全国学前高等职业教育规划教材〕(G. P.)

06174 309-10173

现代幼儿园管理实务

张欣 程志宏主编 2014年 166页 30 cm 28元〔全国学前教育专业(新课程标准)"十二五"规划教材〕(G. F. P.)

06175 309-15010

现代幼儿园管理实务

张欣 程志宏主编 2020年 第2版 162页 30 cm 38元〔"十二五"职业教育国家规划教材 全国学前教育专业(新课程标准)"十三五"规划教材 教育·心理类〕(G. P.)

06176 309-13928

幼儿园工作流程图解

张欣主编 2019年 108页 19×26 cm 29元 (G. F. P.)

06177 309-06868

学前教育史

周玉衡 范喜庆主编 2009年 231页 30 cm 29元〔复旦卓越·全国学前教育专业系列〕(G. P.)

初等教育

06178 309-14904

小学教育基础

傅建明主编 何蒙池等编写 2020年 211页 26 cm 38元〔全国小学教育专业"十三五"规划教材〕(G. F. P.)

06179 309-13355

小学生国防教育简明读本

张国清 张煜 李志刚编著 2018年 157页 30 cm 35元 (G. P.)

06180 309-03658

以学生发展为本 复旦附小教学论文与教案精选

张虹丽主编 2003年 257页 20 cm 12元 (G. F. P.)

06181 309-05299

"以学生发展为本"再实践 复旦附小教育教学论文与教案精选

张虹丽 黄琪主编 2006年 232页 21 cm 18元 (G. F. P.)

06182 309-03046

让孩子学会研究 小学生探究性学习实践指导

李金巧 杨向谊主编 2002年 341页 20 cm 22元 (G. F. P.)

06183 309-10141

聪明学习 学习聪明 上海市杨浦区六一小学儿童哲学课程实践探索

陈红主编 2013年 321页 24 cm 40元 (G. F. P.)

06184 309-14863

统编小学道德与法治教学设计与指导 一年级下册

豆朋编著 2020 年 144 页 26 cm 48 元 (G. P.)

06185 309-00523
"一点突破法"探索
姚焜强著 1990 年 196 页 19 cm 2.20 元 (G.)

06186 309-14314
小学语文教学技能实训
李春喜主编 2019 年 168 页 26 cm 38 元 〔全国小学教育专业"十三五"规划教材〕(G. F. P.)

06187 309-14275
小学语文教学设计
刘昕编著 2019 年 208 页 26 cm 38 元 〔全国小学教育专业"十三五"规划教材〕(G. F. P.)

06188 309-00478
小学语文单元学习目标与形成性测试
王深根等编 1990 年 18 cm 1 元（　）

06189 309-07866
小学语文教学技能导练
赵晓丹主编 2011 年 212 页 30 cm 35 元 (P.)

06190 309-15013
小学英语教学设计
张志泉 王俊英主编 2020 年 170 页 26 cm 35 元 〔"十三五"江苏省高等学校重点教材 全国小学教育专业"十三五"规划教材〕(G. P.)

06191 309-14519
小学英语教学技能实训
朱莹主编 2019 年 179 页 26 cm 48 元 (P.)

06192 309-14160
小学数学教学设计
孙国春主编 2019 年 286 页 26 cm 49 元 〔全国小学教育专业"十三五"规划教材〕(G. F. P.)

06193 309-07890
小学数学教学技能导练
田晓莅主编 2011 年 161 页 30 cm 35 元 (P.)

06194 309-14403
小学数学课程与教学
赵宝荣主编 2019 年 280 页 26 cm 49 元 〔全国小学教育专业"十三五"规划教材〕(G. F. P.)

06195 309-13022
TID 之翻开课本做模型
顾沁华著 2018 年 69 页 26 cm 25 元 (G. P.)

06196 309-02393
学生语文十用成语典故词典
高承言 崔宝娟编 2000 年 324 页 19 cm 15 元 (P.)

06197 309-04088
出口成章
老舍著 2004 年 165 页 21 cm 12 元 〔经典新读文学课堂 第一辑〕(G. F. P.)

06198 309-09393
小学生多功能成语词典 彩色版
《小学生多功能成语词典》编委会编 荆晶 许聪插图 2013 年 592 页 15 cm 精装 24.90 元 〔小学生多功能全彩系列〕(G. F.)

06199 309-09403

小学生同义词近义词反义词多音多义字词典 彩色版

《小学生同义词近义词反义词多音多义字词典》编委会编 荆晶 许聪插图 2013年 652页 15 cm 精装 26.90元〔小学生多功能全彩系列〕(G. F.)

06200 309-09408

小学生组词造句搭配词典 彩色版

《小学生组词造句搭配词典》编委会编 荆晶 许聪插图 2013年 600页 15 cm 精装 24.90元〔小学生多功能全彩系列〕(G. F.)

06201 309-09430

小学生多功能词典 彩色版

《小学生多功能词典》编委会编 荆晶 许聪插图 2013年 630页 15 cm 精装 26.90元〔小学生多功能全彩系列〕(G. F.)

06202 309-09394

小学生多功能字典 彩色版

《小学生多功能字典》编委会编 卞琪 许聪插图 2013年 655页 15 cm 精装 26.90元〔小学生多功能全彩系列〕(G. F.)

06203 309-09325

小学生谚语歇后语惯用语词典 彩色版

《小学生谚语歇后语惯用语词典》编委会编 荆晶 许聪插图 2013年 604页 15 cm 精装 24.90元〔小学生多功能全彩系列〕(G. F.)

06204 309-09630

学生组词造句搭配词典 彩色版

《学生组词造句搭配词典》编委会编 吕慧芳等撰稿 荆晶 许聪插图 2013年 498页 19 cm 精装 36.90元 (G. F.)

06205 309-09348

小学生全笔顺同义词近义词反义词组词造句词典 彩色版

《小学生全笔顺同义词近义词反义词组词造句词典》编委会编 荆晶 许聪插图 2013年 646页 15 cm 精装 26.90元〔小学生多功能全彩系列〕(G. F.)

06206 309-12779

小学图画书主题赏读与教学

王蕾主编 2017年 237页 30 cm 35元〔图画书阅读系列〕(G. F. P.)

06207 309-08075

对抗语文 让孩子读到世界上最好的文字

叶开著 2011年 303页 22 cm 25元 (G. F. P.)

06208 309-11292

对抗语文 让孩子读到世界上最好的文字

叶开著 2015年 第2版 311页 24 cm 36元 (G. F. P.)

06209 309-01431

锦上添花 贾老师教小学作文

贾志敏著 1994年 145页 19 cm 3.90元〔ETV家庭教师辅导丛书〕(G.)

06210 309-01430

妙笔生辉 于老师教记叙文

于漪著 1994年 246页 19 cm 6元〔ETV家庭教师辅导丛书〕(G.)

06211 309-09365

小学生多功能英汉词典 彩色版

《小学生多功能英汉词典》编委会编 荆晶 许聪插图 2013年 554页 15 cm 精装 22.90元〔小学生多功能全彩系列〕(G. F.)

06212 309-09627

小学生多功能英汉词典 彩色版

《小学生多功能英汉词典》编委会编 马力等撰稿 荆晶 许聪插图 2013年 504页 19 cm 精装 36.90元 (G.F.)

06213 309-09366

小学生英汉汉英词典 彩色版

《小学生英汉汉英词典》编委会编 荆晶 许聪插图 2013年 616页 15 cm 精装 24.90元 〔小学生多功能全彩系列〕(G.F.)

06214 309-02908

一本通 H版语文·数学(一年级第一学期)

上海《一本通》编写组编 2001年 188页 26 cm 14元 (P.)

06215 309-03074

一本通 H版语文·数学(一年级第二学期)

上海《一本通》编写组编 2001年 176页 26 cm 14元 (P.)

06216 309-02910

一本通 H版语文·数学(二年级第一学期)

上海《一本通》编写组编 2001年 212页 26 cm 16元 (P.)

06217 309-03076

一本通 H版语文·数学(二年级第二学期)

上海《一本通》编写组编 2001年 168页 26 cm 14元 (P..)

06218 309-02918

一本通 H版语文·数学(三年级第一学期)

上海《一本通》编写组编 2001年 208页 26 cm 16元 (P.)

06219 309-03078

一本通 H版语文·数学(三年级第二学期)

上海《一本通》编写组编 2002年 1册 26 cm 15元 (P..)

06220 309-02920

一本通 H版语文·数学·英语(四年级第一学期)

上海《一本通》编写组编 2001年 224页 26 cm 17元 (P.)

06221 309-03080

一本通 H版语文·数学·英语(四年级第二学期)

上海《一本通》编写组编 2002年 1册 26 cm 17元 (　)

06222 309-02922

一本通 H版语文·数学·英语(五年级第一学期)

上海《一本通》编写组编 2001年 228页 26 cm 17元 (P.)

06223 309-03082

一本通 H版语文·数学·英语(五年级第二学期)

上海《一本通》编写组编 2002年 1册 26 cm 16元 (P..)

06224 309-02923

一本通 H版语文·数学·英语(六年级第一学期)

上海《一本通》编写组编 2001年 240页 26 cm 18元 (P.)

06225 309-03084

一本通 H版语文·数学·英语(六年级第二学期)

上海《一本通》编写组编 2002年 1册 26 cm 19元 (P..)

06226 309-02907

一本通 S 版语文·数学(一年级第一学期)

上海《一本通》编写组编 2001 年 200 页 26 cm 15 元 (P.)

06227 309-03073

一本通 S 版语文·数学(一年级第二学期)

上海《一本通》编写组编 2002 年 355 页 26 cm 14 元 (P..)

06228 309-02909

一本通 S 版语文·数学(二年级第一学期)

上海《一本通》编写组编 2001 年 228 页 26 cm 17 元 (P.)

06229 309-03075

一本通 S 版语文·数学(二年级第二学期)

上海《一本通》编写组编 2002 年 169 页 26 cm 14 元 (P..)

06230 309-02917

一本通 S 版语文·数学(三年级第一学期)

上海《一本通》编写组编 2001 年 212 页 26 cm 16 元 (P.)

06231 309-03077

一本通 S 版语文·数学(三年级第二学期)

上海《一本通》编写组编 2002 年 1 册 26 cm 15 元 (P..)

06232 309-02919

一本通 S 版语文·数学·英语(四年级第一学期)

上海《一本通》编写组编 2001 年 240 页 26 cm 18 元 (P.)

06233 309-03079

一本通 S 版语文·数学·英语(四年级第二学期)

上海《一本通》编写组编 2002 年 1 册 26 cm 17 元 (P..)

06234 309-02921

一本通 S 版语文·数学·英语(五年级第一学期)

上海《一本通》编写组编 2001 年 232 页 26 cm 17 元 (P.)

06235 309-03081

一本通 S 版语文·数学·英语(五年级第二学期)

上海《一本通》编写组编 2002 年 1 册 26 cm 16 元 (P..)

06236 309-02924

一本通 S 版语文·数学·英语(六年级第一学期)

上海《一本通》编写组编 2001 年 240 页 26 cm 18 元 (P.)

06237 309-03083

一本通 S 版语文·数学·英语(六年级第二学期)

上海《一本通》编写组编 2002 年 1 册 26 cm 19 元 ( )

06238 309-03756

满天星一年级(上)英语能力测试(N 版)

小学英语能力测试编写组编 2003 年 96 页 26 cm 10 元 (P.)

06239 309-03883

满天星一年级(下)英语能力测试(N 版)

小学英语能力测试编写组编 2004 年 104 页 26 cm 10 元 (P.)

06240 309-03762

满天星二年级(上)英语能力测试(N 版)

小学英语能力测试编写组编 2003 年 112 页 26 cm 10 元 (P.)

06241 309-03864
满天星二年级(下)英语能力测试(N版)
小学英语能力测试编写组编 2004 年 104 页 26 cm 10 元 (P.)

06242 309-03758
满天星三年级(上)英语能力测试(N版)
小学英语能力测试编写组编 2003 年 100 页 26 cm 10 元 (P.)

06243 309-03884
满天星三年级(下)英语能力测试(N版)
小学英语能力测试编写组编 2004 年 84 页 26 cm 10 元 (P.)

06244 309-03759
满天星四年级(上)英语能力测试(N版)
小学英语能力测试编写组编 2003 年 132 页 26 cm 12 元 (P.)

06245 309-03885
满天星四年级(下)英语能力测试(N版)
小学英语能力测试编写组编 2004 年 104 页 26 cm 10 元 (P.)

06246 309-03763
满天星五年级(上)英语能力测试(N版)
小学英语能力测试编写组编 2003 年 136 页 26 cm 13 元 (P.)

06247 309-03886
满天星五年级(下)英语能力测试(N版)
小学英语能力测试编写组编 2004 年 120 页 26 cm 11 元 (P.)

06248 309-03347
小学英语强化读本
张思中编著 2002 年 208 页 26 cm 16 元 (P.)

06249 309-01428
得心应手 小学数学解题方法
徐上达等编著 1994 年(1995 年重印) 170 页 19 cm 4.20 元〔ETV 家庭教师辅导丛书〕(G.)

06250 309-09284
小学数学公式定律手册 彩色版
《小学数学公式定律手册》编委会编 卞琪 许聪插图 2013 年 292 页 15 cm 精装 12.90 元〔小学生多功能全彩系列〕(G. F.)

06251 309-13695
牛爸思维训练 二年级
牛牛爸爸著 2018 年 197 页 26 cm 39 元〔亲子脑锻炼丛书〕(G. P.)

06252 309-14297
牛爸思维训练 三年级
牛牛爸爸著 2019 年 351 页 26 cm 68 元〔亲子脑锻炼丛书〕(G. F. P.)

06253 309-14296
牛爸思维训练 四年级
牛牛爸爸著 2019 年 502 页 26 cm 78 元〔亲子脑锻炼丛书〕(G. F. P.)

06254 309-13848
牛爸思维训练 五年级
牛牛爸爸著 2018 年 487 页 27 cm 88 元〔亲子脑锻炼丛书〕(G. P.)

06255 309-06264
自然 双语

张宝华主编 2008 年 162 页 25 cm 30 元 (P.)

06256 309-02539

学生写字等级考试规范字帖 毛笔书写一二三级(中小)

钱沛云书 2000 年 88 页 26 cm 涂塑 12 元 (P.)

06257 309-02536

学生写字等级考试规范字帖 硬笔书写一级(小学)

钱沛云书 2000 年 88 页 26 cm 涂塑 12 元 (P.)

06258 309-02537

学生写字等级考试规范字帖 硬笔书写二级(初中)

钱沛云书 2000 年 88 页 26 cm 涂塑 12 元 (P.)

06259 309-02538

学生写字等级考试规范字帖 硬笔书写三级(高中)

钱沛云书 2000 年 88 页 26 cm 涂塑 12 元 (P.)

06260 309-11854

小学书法教程 1

武千嶂 沈秋其主编 2016 年 128 页 26 cm 26 元 (G. F. P.)

06261 309-11855

小学书法教程 2

武千嶂 沈秋其主编 2016 年 135 页 26 cm 26 元 (G. F. P.)

06262 309-11853

小学书法教程 3

武千嶂 沈秋其主编 2016 年 129 页 26 cm 26 元 (G. F. P.)

06263 309-10452

新课标小学生写字达标手册

魏秋芳主编 2014 年 358 页 22 cm 30 元 (G. F. P.)

06264 309-14632

足球中的科技 上册

宋凤文主编 2019 年 91 页 26 cm 32 元 (G. F. P.)

06265 309-14633

足球中的科技 下册

宋凤文主编 2020 年 88 页 26 cm 32 元 (G. P.)

06266 309-12859

小学啦啦操基础教程

王立 滕颖磊主编 王立等编著 2017 年 90 页 26 cm 30 元〔复旦体育健身系列〕(G. F. P.)

06267 309-15242

聆听城市非遗故事

世茂集团 组编 邵亮 蒋玉华 李洁主编 2020 年 234 页 24 cm 112 元 (G. F. P.)

06268 309-04978

思考·追问·探究 培养反思型教师的探索

李金巧 杨向谊主编 2006 年 222 页 21 cm 15 元 (G. F. P.)

中等教育

06269 309-10739

当代儿童文化新论 "海峡两岸儿童文化教育与研究高峰论坛"论文集锦

陈世明 马筑生主编 2014 年 200 页 26 cm 30 元 (G. F. P.)

06270 309-15093

日月光华 力学笃行 上海市复旦中学教师教育教学论文集

罗宇锋主编 2020年 420页 24 cm 75元 (G. P.)

06271 309-06963

学校信息化之路

阮为 吴敏云主编 2009年 262页 25 cm 29元 (G. F. P.)

06272 309-09992

不倦的追求 复旦二附中教师论文案例选

杨士军主编 2013年 358页 23 cm 32元 (G. F. P.)

06273 309-12226

你我皆有一朵百合 复旦附属学校教育集团教师论文选集

杨士军主编 2016年 259页 26 cm 40元 (G. F. P.)

06274 309-08551

为了每位学生的卓越发展 上海市进才实验学校创设教育情境新探索

杨龙主编 2011年 172页 26 cm 30元 〔今日原创丛书〕(G. F.)

06275 309-11427

思远树人 中小学德育管理的理论和实践

周国正编著 2015年 248页 21 cm 30元 (G. F. P.)

06276 309-13540

百年圆梦 振兴中华我有责任 上海市实验性示范性高中"大境中学杯·学生学习十九大精神"主题征文优秀文选

朱吉政 卢起升主编 2018年 167页 23 cm 36元 (G. F. P.)

06277 309-12806

向上的力量 上海市杨浦区中小学生"社会主义核心价值观"读本

冯芸 窦忠霞主编 2017年 3册 21 cm 全套42元〔上海市杨浦区中小学生"社会主义核心价值观"读本〕(G. F. P.)

　　向上的力量 小学分册 童谣集 徐群 张洁主编

　　向上的力量 初中分册 故事集 杨岚 倪萍主编

　　向上的力量 高中分册 课本剧集 戴耀红 张皓宇主编

06278 309-05896

论非直接教学因素

严仲清著 2008年 231页 21 cm 18元 (G. F.)

06279 309-09875

培育学友文化 锻造专业团队 市北中学课程领导力研究案例

陈军主编 2013年 288页 21 cm 28元 (G. F. P.)

06280 309-03819

知识·权力·控制 基础教育课程文化研究

黄忠敬著 2003年 264页 20 cm 15元 〔上海市社会科学博士文库 第五辑〕 (G. F. P.)

06281 309-14016

玩是学之始,学乃玩之成 控江中学"玩学合一"课程理念的实践与研究

姜明彦 顾炜主编 2018年 189页 26 cm 60元 (G. F. P.)

06282 309-15243

学校信息化之路2.0

阮为 张朝晖主编 2020年 272页 23 cm 78元 (G. P.)

06283 309-05199

森林里的孩子们 美国"太阳升"夏令营记事

苑逍逍著 2006年 151页 21cm 15元
(G. F. P.)

06284 309-01624

全国普通高等学校招生统一考试上海卷考试说明

上海市教育考试院编 1996年 1997年第2版 1998年第3版 1册 19cm 7元
(G. P.)

06285 309-04337

2005年全国普通高等学校招生统一考试上海卷考试手册

上海市教育考试院编 2005年 284页 20cm 13元 (P.)

06286 309-14692

2020年上海市普通高等学校面向应届中等职业学校毕业生招生统一文化考试考试说明 语文·数学·外语

上海市教育考试院编 2019年 220页 26cm 36元 (G. F. P.)

06287 309-02744

高考文科综合冲刺 政治、历史、地理

曹家鹜编 2001年 158页 29cm 14元

06288 309-02754

高考阅读试题分类精析（文言文、现代文）

程红兵编 2001年 2004年第2版 436页 23cm 32.50元 (P.)

06289 309-04226

高考数学一月通

复旦大学附属中学 汪杰良 肖恩利编著 2004年 264页 26cm 28元 (P.)

06290 309-10020

高考作文十八讲

何郁编著 2013年 238页 24cm 30元
(P.)

06291 309-02735

高校入门题苑 综合能力测试 理科

胡江浩主编 王铁桦等编 2000年 152页 26cm 15.50元 (P.)

06292 309-02725

高校入门题苑 综合能力测试 文科

胡江浩主编 华国清等编 2000年 172页 26cm 18元 (P.)

06293 309-03041

高校入门题苑 语文

徐传胜编 2002年 第2版 184页 26cm 16元 (P.)

06294 309-02411

高校入门题苑 语文

徐传胜编 1999年 164页 26cm 涂塑 13.50元 (P.)

06295 309-02808

高校入门题苑 政治

朱天红编 2001年 176页 26cm 18元
(P.)

06296 309-02412

高校入门题苑 英语

何幼平编 1999年 276页 26cm 涂塑 22元 (P.)

06297 309-02401

高校入门题苑 数学

秦杜馨等编 2001年 第2版 177页 26cm 18元 (G. P.)

06298 309-02402

高校入门题苑 物理

曹吉生主编 1999年 204页 26 cm 涂塑 16.50元 (P.)

06299 309-02403

高校入门题苑 化学

郑胤飞编 1999年 216页 26 cm 涂塑 17.50元 (P.)

06300 309-02695

高校入门题苑 环境与综合

杨士军编 2000年 128页 26 cm 13.50元 (P.)

06301 309-11833

论高考改革

乐毅著 2015年 405页 21 cm 50元 (G. F. P.)

06302 309-02745

高考历史冲刺

钱君端编 2001年 176页 29 cm 14元 (P.)

06303 309-01629

1994—1995上海市高考试题汇析 附全国高考部分试题

上海市教育考试院编 1996年 319页 26 cm 18元 (G. F.)

06304 309-02739

高考语文冲刺

沈崇娜编写 2000年 168页 29 cm 14元 (P.)

06305 309-02398

高考语文阅读解题指导

司坡主编 2000年 496页 21 cm 涂塑 22元 (P.)

06306 309-02711

"3+X"高考备考热点丛书 文科综合

王大赫 胡江浩主编 齐霁册主编 2000年 374页 26 cm 29元 ( )

06307 309-02713

"3+X"高考备考热点丛书 语文

王大赫 胡江浩主编 齐霁册主编 2000年 214页 26 cm 20元 ( )

06308 309-02722

"3+X"高考备考热点丛书 英语

王大赫 胡江浩主编 张锐册主编 2000年 232页 26 cm 20元 (P..)

06309 309-02769

"3+X"高考备考热点丛书 数学

王大赫 胡江浩主编 戴林元册主编 2001年 212页 26 cm 20元 ( )

06310 309-02770

"3+X"高考备考热点丛书 理科综合 物理、化学、生物

胡江浩主编 全国高考命题研究组编 2001年 317页 26 cm 28元 (P..)

06311 309-02771

"3+X"高考新题典新题型 政治

王大赫主编 王万军册主编 2001年 152页 26 cm 15元 (P.)

06312 309-02726

"3+X"高考新题典新题型 语文

王大赫主编 齐霁册主编 全国高考命题研究组编 2000年 195页 26 cm 16元 (P..)

06313 309-02724

"3+X"高考新题典新题型 英语

王大赫主编 何国贵册主编 全国高考命题研究组编 2000年 167页 26 cm 15元（ ）

06314 309-02706
"3+X"高考新题典新题型 历史
王大赫主编 尤清册主编 全国高考命题研究组编 2001年 153页 26 cm 13.50元（P..）

06315 309-02774
"3+X"高考新题典新题型 化学
王大赫主编 莫雨 黄京元册主编 2001年 164页 26 cm 16元（P.）

06316 309-02772
"3+X"高考新题典新题型 数学
王大赫主编 许鸿彦册主编 2001年 144页 26 cm 15元（P.）

06317 309-02773
"3+X"高考新题典新题型 物理
王大赫主编 肖峰册主编 全国高考命题研究组编 2001年 243页 26 cm 23元〔综合素质与能力测试〕（G.P.）

06318 309-02736
高考政治冲刺
肖克卫主编 2002年 修订版 144页 29 cm 12.50元（P.）

06319 309-04925
中考金手指 2006年
《新闻晚报·升学周刊》编 2006年 2007年版 304页 26 cm 25元（P.）

06320 309-04940
高考金手指 2006年
《新闻晚报·升学周刊》编 2006年 2007年版 308页 26 cm 25元（P.）

06321 309-02742
高考数学冲刺
张颂方编 2001年 228页 29 cm 18元（P.）

06322 309-02743
高考理科综合冲刺 物理、化学、生物
庄起黎编 2001年 116页 29 cm 11元（P.）

06323 309-03581
中小学多媒体课件创作案例精讲 数学、物理、化学
彭文胜主编 钱劲松等编写 2003年 236页 23 cm 30元〔领航——校园信息化丛书〕（G.F.P.）

06324 309-03606
中小学多媒体课件创作案例精讲 数学、物理、化学
彭文胜主编 钱劲松等编写 2003年 290页 23 cm 35元〔领航——校园信息化丛书〕（G.F.P.）

06325 309-01501
有的放矢
上海教育电视台教学部编 1995年 427页 21 cm 12元〔ETV家庭教师辅导丛书〕（ ）

06326 309-00178
中学政治常识学习指南
曹淇 洪应皋主编 1988年 295页 19 cm 2.30元（G.）

06327 309-10571
追寻智慧 思想政治课智慧教学探索与实践
孟祥萍著 2014年 298页 22 cm 26元

(G. F. P.)

06328 309-00316
全国历届中考作文精选导评
冯际虞选编 郭祥圣 王学东导评 1989年 116页 19 cm 1.35元 (G.)

06329 309-06022
语文对话教学
孙建军编著 2008年 283页 23 cm 32元 (G. F. P.)

06330 309-06205
生命体验与语文学习
黄荣华著 2008年 183页 23 cm 22元 〔复旦大学附属中学"大视野"教育书系〕(G. F. P.)

06331 309-07436
"人"是怎么不见的 杏坛真言之二
黄玉峰著 2010年 293页 22 cm 25元 〔复旦大学附属中学"大视野"教育书系〕(G. F. P.)

06332 309-10861
语文教育微思考
于漪主编 2014年 6册 22 cm 65元 (G. F. P.)
构建灵动的语文课堂教学 于漪主编 陈美编
核心问题 撬动语文阅读教学 于漪主编 陈叶编
理答 造就互动课堂 于漪主编 陈政编
器识为先 让教师充满魅力 于漪主编 马玉文编
情感教育 让汉字舞动起来 于漪主编 董鹏编
修改出华章 记叙文升格出彩之道 于漪主编 江练编

06333 309-13851
杏花桃李一处开 盛夕武教育诗文选
盛夕武著 2018年 305页 24 cm 48元 〔无锡外国语学校二十周年校庆纪念〕(G. F. P.)

06334 309-14457
语文教师核心素养与提升指导
金荷华著 2019年 384页 26 cm 68元 〔教师核心素养与提升指导丛书〕(G. F. P.)

06335 309-12514
高中"复盘式"写作思维指导十八讲
耿慧慧著 2016年 230页 24 cm 35元 (G. F. P.)

06336 309-01648
英语口语入门 俩俩分级对话读本
张思中主编 1996年 144页 19 cm 5.50元 〔张思中教学法丛书〕(G. P.)

06337 309-00773
初级英语学习指南
周兴强编 1992年 293页 20 cm 4.10元 (G.)

06338 309-01234
初级英语学习指南
周兴强编 1993年 重印 293页 20 cm 6.30元 (G.)

06339 309-00885
初级英语学习指南1
朱大为编 1992年 315页 20 cm 4.40元 (G.)

06340 309-08457
焦点式语言形式教学的注意研究
宋秀平著 2011年 193页 21 cm 15元

〔人文学术〕(G. F. P.)

06341 309-14554
历史课标解析与史料研习 文化交流与传播
何成刚 李广元 赵剑峰主编 2019年 286页 26 cm 48元〔历史课标解析与史料研习丛书 何成刚总主编〕(G. F. P.)

06342 309-13978
历史课标解析与史料研习 中国近现代史
何成刚 刑新宝 夏辉辉主编 2018年 355页 26 cm 55元〔历史课标解析与史料研习丛书 何成刚总主编〕(G. F. P.)

06343 309-14965
统编版高中历史精编与精练 中外历史纲要 上
李广元 吕增根 邵中技主编 2020年 157页 30 cm 48元 (G. P.)

06344 309-15280
统编版高中历史精编与精练 中外历史纲要 上 上海专用
《统编版高中历史精编与精练》编写组编 2020年 174页 26 cm 50元 (G. P.)

06345 309-13725
历史课标解析与史料研习 世界现代史
李杰主编 2018年 330页 26 cm 49元〔历史课标解析与史料研习丛书〕(G. F. P.)

06346 309-13026
高中历史阅读与写作概论 以历史名著历史影视作品和历史小说为重点
李峻主编 2017年 344页 24 cm 48元 (G. F. P.)

06347 309-13025
思维·情感·方法 高中历史教学"三论"
李峻著 2017年 223页 24 cm 35元 (G. F. P.)

06348 309-13945
历史课标解析与史料研习 经济与社会生活
刘汝明 赵文龙 何成刚主编 2018年 325页 26 cm 52元〔历史课标解析与史料研习丛书 何成刚总主编〕(G. F. P.)

06349 309-13999
历史课标解析与史料研习 国家制度与社会治理
刘松柏 何成刚 梁晓东主编 2018年 335页 26 cm 53元〔历史课标解析与史料研习丛书 何成刚总主编〕(G. F. P.)

06350 309-13781
历史课标解析与史料研习 世界古代近代史
夏辉辉主编 2018年 332页 26 cm 55元〔历史课标解析与史料研习丛书 何成刚总主编〕(G. F. P.)

06351 309-14840
新课标高中历史教学设计中国近现代史
徐永琴 沈克学 沈为慧主编 2020年 294页 26 cm 52元 (G. P.)

06352 309-13257
历史课标解析与史料研习 中国古代史
赵剑峰 苏峰 何成刚主编 2018年 260页 26 cm 39元〔历史课标解析与史料研习丛书〕(G. F. P.)

06353 309-14839
新课标高中历史教学设计 中国古代史
赵剑峰 李广元 梁松主编 2020年 315页 26 cm 54元 (G. P.)

06354 309-13942

核心素养 中学历史学科育人机制研究

周靖 罗明主编 2018年 347页 24 cm 68元 (G. F. P.)

06355 309-13563

高中历史教学哲思录 李峻团队教学实践与思考成果集

李峻主编 2018年 186页 24 cm 32元 (G. F. P.)

06356 309-06647

高中地理案例教学研究

陈庭主编 2009年 260页 22 cm 20元 (G. P.)

06357 309-07085

高中地理助学指引

陆弘德 杨士军主编 2010年 231页 26 cm 20元 (P.)

06358 309-06233

高中地理活动创新设计

杨士军主编 2008年 160页 23 cm 20元 〔复旦大学附属中学"大视野"教育书系〕(G. P.)

06359 309-08354

复旦大学附属中学初高中数学衔接教学讲义

李秋明主编 2011年 116页 26 cm 18元 〔复旦大学附属中学"大视野"教育书系〕(P.)

06360 309-00899

中学数学文集

陆海泉主编 1992年 2册 19 cm 7.60元 (G.)

06361 309-03462

新课程标准数学中考备考全国通

祁建新主编 2002年 88页 26 cm 10元 (P.)

06362 309-07236

通往国际科学"奥赛"金牌之路 数学"研究型教学"的成功实践

汪杰良著 2010年 258页 21 cm 25元 〔复旦大学附属中学"大视野"教育书系 郑方贤 王德耀总主编〕(G. P.)

06363 309-06247

复旦大学附属中学数学教学讲义 二分册

谢应平 王德耀总主编 复旦大学附属中学数学教研组编 2008年 189页 26 cm 22元 〔复旦大学附属中学"大视野"教育书系〕(G. P.)

06364 309-06248

复旦大学附属中学数学教学讲义 一分册

谢应平 王德耀总主编 复旦大学附属中学数学教研组编 2008年 217页 26 cm 25元 〔复旦大学附属中学"大视野"教育书系〕(G. P.)

06365 309-00244

高中数学综合复习填空选择一百例串讲

张嘉瑾 张杰编著 1989年 404页 19 cm 3.40元 (G.)

06366 309-12641

讲台上的舞者 中学数学教师专业成长路上的思考与行动

李秋明 张雄主编 2016年 282页 26 cm 45元 (G. F. P.)

06367 309-12538

师说高中数学拓展课

师前著 2016年 358页 26 cm 59元 (G. F. P.)

06368 309-10470

基于诊断的中学物理教师教学技能训练教程

陈珍国主编 2014年 339页 25 cm 62元 (G. F. P.)

06369 309-03398

新课程标准化学中考备考全国通

陈蔚主编 2002年 173页 26 cm 16元 (P.)

06370 309-13444

中学化学教学设计 方法与实践

高兆芬 张小兰 计从斌编著 2018年 231页 23 cm 30元〔弘教系列教材〕(G. F. P.)

06371 309-12993

化学教学论实验指导

张婉佳等编著 2017年 172页 23 cm 25元〔弘教系列教材〕(G. F. P.)

06372 5627-0062

《青春期常识读本》教学参考

朱维炳 张鸿华编著 1989年 165页 19 cm 1.80元 (G.)

06373 309-05095

改变人类生活的纳米科技 教师用书(试验本)

李民乾主编 上海市原子核学会 中科院上海应用物理研究所主持编写 2006年 101页 26 cm 25元〔高级中学拓展型课程教材〕(G. F. P.)

06374 309-05096

现代传播中的电视科技 教师用书(试验本)

唐书林主编 上海市科普作家协会 上海市文化广播影视集团团委主持编写 2006年 86页 26 cm 20元〔高级中学拓展型课程教材〕(G. P.)

06375 309-11629

春在枝头已十分

杨士军主编 2015年 243页 26 cm 39元〔中学生科技创新学术论文指导〕(G. F. P.)

06376 309-12464

春在枝头已十分 第1辑

杨士军主编 2016年 第2版 226页 26 cm 39元〔中学生科技创新学术论文指导〕(G. F. P.)

06377 309-12825

春在枝头已十分 第2辑

杨士军主编 2017年 166页 26 cm 32元〔中学生科技创新学术论文指导〕(G. F. P.)

06378 309-10986

青少年室内体育指导

刘树军主编 2015年 166页 26 cm 35元 (G. F. P.)

06379 309-02318

高中语文阶梯训练 作文十五阶

方仁工著 1999年 232页 21 cm 涂塑 12元 (P.)

06380 309-01257

重点高中招生考试指导 初中适用

复旦大学附属中学 复旦大学第二附属中学编 1994年 619页 26 cm 20元 (G.)

06381 309-01499

志在必得 高中毕业升学指导

上海教育电视台教学部编 1995年 415页 20 cm 12.50元〔ETV家庭教师辅导丛书〕(G. P.)

文化、科学、教育、体育·教育　465

06382　309-12784

2016—2017年上海市普通高中学业水平合格性考试试题及答案要点汇编 高中年级

上海市教育考试院编　2017年　80页　26×19 cm　15元（ ）

06383　309-06802

高中写作教程七十二讲

王白云编著　2009年　273页　26 cm　33元〔复旦大学附属中学"大视野"教育书系〕(P.)

06384　309-03315

语文拓展读本 现代文选（初中）

潘鸿新主编　阮圣桢副主编　2002年　200页　26 cm　15元 (P.)

06385　309-03317

语文拓展读本 现代文选（高中）

皋玉蒂主编　2002年　244页　26 cm　18元 (P.)

06386　309-03316

语文拓展读本 外国文选（初中）

张大文主编　2002年　144页　26 cm　11元 (P.)

06387　309-03318

语文拓展读本 外国文选（高中）

张大文主编　2002年　192页　26 cm　15元 (P.)

06388　309-02390

语文高考复习要点及试题解析

汪丽炎编著　2000年　316页　26 cm　涂塑　25元 (P.)

06389　309-03522

重点高中学科指导 语文

复旦大学附属中学　徐传胜主编　2003年　208页　26 cm　18元 (P.)

06390　309-02486

高考语文能力考试考点讲评

胡江浩主编　2000年　415页　20 cm　18元 (G. P.)

06391　309-01650

语文中考行家谈

江海主编　1996年 第1版　1997年第2版　1998年第3版　1999年第4版　1册　19 cm　8元〔上海市语文中考丛书〕(G.)

06392　309-02433

语文中考行家谈

江海主编　2000年　新编本　348页　19 cm　涂塑　13元 (P.)

06393　309-03007

中华学生古汉语词典

卢元　钟民主编　2001年　1 172页　19 cm　精装　52元 (G. P.)

06394　309-02436

中考语文阅读与作文解题指导

司坡主编　李皓编写　2001年　398页　21 cm　16元 (G. P.)

06395　309-07667

现代汉语小词典

《现代汉语小词典》编委会编　2010年　1 102页　15 cm　精装　26元 (G. F.)

06396　309-07834

现代汉语小词典（大字本）

《现代汉语小词典：大字本》编委会编　2011年　824页　19 cm　精装　29.80元 (G. F.)

06397 309-09628

学生多功能成语词典 彩色版

《学生多功能成语词典》编委会编 马安根等撰稿 荆晶 许聪插图 2013年 530页 19 cm 精装 38.90元 (G. F.)

06398 309-01020

考一考你的读写能力

严振超主编 1993年 159页 19 cm 3.35元 〔语文课外学习辅导〕(G. F.)

06399 309-14091

解惑 新高考语文教与学的 72 道难题

罗佰方著 2019年 224页 26 cm 38元 (G. F. P.)

06400 309-09626

全笔顺同义词近义词反义词组词造句词典

《全笔顺同义词近义词反义词组词造句词典》编委会编 吕慧芳等撰稿 荆晶 许聪插图 2013年 526页 19 cm 精装 38.90元 (G. F.)

06401 309-09629

学生同义词近义词反义词多音多义字词典 彩色版

《学生同义词近义词反义词多音多义字词典》编委会编 吕慧芳等撰稿 荆晶 许聪插图 2013年 520页 19 cm 精装 38.90元 (G. F.)

06402 309-01604

重点高中学科训练 语文

张大文著 1996年 212页 26 cm 14元 (G. P.)

06403 309-02750

中考语文冲刺

伦丰和编 2001年 216页 26 cm 17.50元 (P.)

06404 309-15279

统编版高中语文精讲与精练(必修) 上册
课文精讲＋课后精练＋期末试卷

张君平主编 2020年 205页 26 cm 50元 (P.)

06405 309-15329

统编版高中语文单元教学指南(必修) 上册

范飚 郑桂华 程元主编 2020年 233页 26 cm 48元 (P.)

06406 309-00777

文言文读练指导

詹世烺 谈鼎保主编 1991年 154页 19 cm 2.40元 (G. F.)

06407 309-04961

高考现代文阅读 精选篇目 64

《中文自修》杂志社编 李锋主编 2006年 298页 21 cm 20元 (P..)

06408 309-04960

中考现代文阅读 精选篇目 64

《中文自修》杂志社编 李锋主编 2006年 279页 21 cm 20元 ( )

06409 309-12446

700 名师的秘密书单 一年级—九年级

邓艳萍 张宏莉 王从从编著 2016年 223页 21 cm 29元 (G. F. P.)

06410 309-13762

喜欢阅读 不喜欢语文

王育栋主编 2018年 221页 23 cm 28元 (G. F. P.)

06411 309-02399

材料与作文

文化、科学、教育、体育·教育   467

陈军著 2000年 242页 20 cm 12元〔作文技法丛书〕(G. P.)

06412 309-01512
说事明理 陈老师教说明文
陈钟梁著 1995年 149页 19 cm 4.50元〔ETV家庭教师辅导丛书〕(G.)

06413 309-02384
创新思维与作文
程红兵著 1999年 290页 20 cm 12.80元〔作文技法丛书〕(G. P.)

06414 309-02584
中学生怎样写科研小论文
程红兵著 2000年 308页 20 cm 15元〔作文技法丛书〕(G. P.)

06415 309-02586
看图与作文
褚守农著 2000年 225页 20 cm 15元〔作文技法丛书〕(G. P.)

06416 309-02282
联想与作文
褚守农著 1999年 515页 20 cm 20元〔作文技法丛书〕(G. F. P.)

06417 309-00721
高中作文系列训练及指导
复旦大学附属中学语文教研组编著 1992年 334页 20 cm 4元 (G. F.)

06418 309-01460
阿爸教作文
黄玉峰主编 1995年 372页 20 cm 12元〔"阿爸教"丛书〕(G. P.)

06419 309-01989
文病诊疗所
黄玉峰等主编 1998年 381页 20 cm 16元 (G. P.)

06420 309-02017
怎样写好高考作文
黄玉峰 赵志伟编写 1998年 613页 20 cm 22元 (G. P.)

06421 309-02212
怎样写好高考作文
黄玉峰 赵志伟编写 1999年 第2版 633页 20 cm 24元 (G. P.)

06422 309-02824
怎样写好高考作文
黄玉峰 赵志伟编写 2001年 第3版 422页 23 cm 34.50元 (G. P.)

06423 309-01664
千字文阅读与训练
江海主编 1996年 第1版 1997年第2版 1998年第3版 1999年第4版 371页 19 cm 12元〔上海市语文中考丛书〕(G.)

06424 309-02431
千字文阅读与训练 新编本
江海主编 2000年 2003年修订本 380页 19 cm 涂塑 14元 (P.)

06425 309-01838
作文分项指导与训练 '97版
江海主编 1997年 第1版 1998年第2版 1999年第3版 315页 19 cm 11元〔上海市语文中考丛书〕(G.)

06426 309-02432
作文分项指导与训练 新编本

江海主编 2000 年 2003 年修订本 412 页 19 cm 涂塑 15 元 (P.)

06427 309-14975
快乐作文
金晖主编 2020 年 405 页 21 cm 68 元 (G. P.)

06428 309-02700
方法与作文
金志浩主编 2000 年 511 页 20 cm 24 元 〔作文技法丛书〕(G. P.)

06429 309-01429
言之成理 金老师教议论文
金志浩著 1994 年 159 页 19 cm 4 元 〔ETV 家庭教师辅导丛书〕(G.)

06430 309-02385
趣味作文
李白坚著 1999 年 335 页 20 cm 15 元 〔作文技法丛书〕(G. P.)

06431 5627-0197
作文难啊,怎么办 全国优秀语文教师谈写作
徐旦泽主编 1993 年 283 页 19 cm 5.40 元 (G.)

06432 309-02362
观察与作文
赵志伟著 1999 年 346 页 20 cm 14.80 元 〔作文技法丛书〕(G. P.)

06433 309-04288
沪港学生佳作选评
岑绍基 于成鲲主编 2005 年 256 页 20 cm 24 元 (G. P.)

06434 309-13341
2017 年上海市初中毕业统一学业考试作文评析
上海市教育考试院编 2017 年 163 页 26 cm 22 元 (F. P.)

06435 309-14699
2019 年上海市初中毕业统一学业考试作文评析
上海市教育考试院编 2019 年 163 页 26 cm 22 元 (G. F. P.)

06436 309-13340
2017 年上海市高考作文评析
上海市教育考试院编 2017 年 131 页 26 cm 21 元 (F. P.)

06437 309-14698
2019 年上海市高考作文评析
上海市教育考试院编 2019 年 138 页 26 cm 21 元 (G. F. P.)

06438 309-12885
形式逻辑与高中议论文写作
孙彧著 2017 年 196 页 24 cm 36 元 (G. F. P.)

06439 309-02188
中学生作文快捷通
周钢主编 2003 年 356 页 20 cm 19.80 元 (P.)

06440 309-03710
重点高中学科指导 英语
何幼平主编 2003 年 276 页 26 cm 25 元 (P.)

06441 309-03795
满天星初中英语阅读理解和完型填空专项训练
初中英语能力训练编写组编 2004 年 280 页 20 cm 13 元 (P.)

06442 309-04255

2005年英语高考新趋势

本书编写组编 2004年 184页 26 cm 17元（P.）

06443 309-01024

初级英语听能训练与测试1

范丽君主编 1993年 128页 19 cm 2元（G. F.）

06444 309-01173

初级英语听能训练与测试2

范丽君主编 1993年 135页 19 cm 2.90元（F.）

06445 309-01164

初级英语听能训练与测试3

范丽君主编 1993年 146页 19 cm 3.20元（F.）

06446 309-01536

新编初级英语能力测试 预上

《新编初级英语能力测试》编写组编 1995年 177页 26 cm 10元〔初级英语系列丛书 1〕（G.）

06447 309-02047

新编初级英语能力测试 预上

本书编写组编 1998年 第2版 184页 26 cm 11元（P.）

06448 309-02191

新编初级英语能力测试 预下

《新编初中英语能力测试》编写组编 1999年（2000年重印）第2版 186页 26 cm 12元（G. P.）

06449 309-01401

新编初级英语能力测试1

孙佩芳 范丽君主编 1994年 123页 26 cm 6元（G.）

06450 309-02048

新编初中英语能力测试1

本书编写组编 1998年 第3版 78页 26 cm 10元（P.）

06451 309-02610

新编初中英语能力测试1

孙佩芳主编 2000年 第4版 156页 26 cm 10元（P.）

06452 309-01451

新编初中英语能力测试2

孙佩芳等主编 1995年 第3版 2001年 第4版 156页 26 cm 10元（P.）

06453 309-01316

新编初中英语能力测试3

本书编写组编 1995年 140页 26 cm 8元〔初级英语系列丛书 1〕（G.）

06454 309-02057

新编初中英语能力测试3

本书编写组编 1998年 第2版 72页 26 cm 10元（P.）

06455 309-02613

新编初中英语能力测试3

孙佩芳主编 2000年 第3版 72页 26 cm 10元（P.）

06456 309-01630

新编初中英语能力测试4

本书编写组编 2001年 第3版 156页 26 cm 12元（P.）

06457 309-01731

新编初中英语能力测试5

《新编初中英语能力测试》编写组编 1997 年 26 cm 8 元 （ ）

06458 309-02067
新编初中英语能力测试 5
本书编写组编 1998 年 第 2 版 62 页 26 cm 8 元 （P.）

06459 309-02616
新编初中英语能力测试 5
孙佩芳主编 2000 年 第 3 版 64 页 26 cm 8.50 元 （P.）

06460 309-01818
新编初中英语能力测试 6
孙佩芳等主编 1999 年 第 2 版 26 cm 8 元 （ ）

06461 309-02614
新编初级英语能力测试 预上
孙佩芳主编 2000 年 第 3 版 196 页 26 cm 12.50 元 （P.）

06462 309-01640
新编初级英语能力测试 预下
孙佩芳等主编 1997 年 26 cm 10 元 （ ）

06463 309-02145
中小学英语等级考试模拟试卷 一级
本书编写组编 1998 年 64 页 26 cm 10 元 （P.）

06464 309-02142
中小学英语等级考试模拟试卷 二级
本书编写组编 1998 年 124 页 26 cm 9 元 （P.）

06465 309-02705
中小学英语等级考试模拟试卷 三级
编写组编 2000 年 100 页 26 cm 9 元 （P.）

06466 309-02978
中小学英语学业水平等级考试模拟试卷 一级
本书编写组编 2001 年 132 页 26 cm 12 元 （P.）

06467 309-03105
中小学英语学业水平等级考试模拟试卷 二级合格
本书编写组编 2002 年 172 页 26 cm 15 元 （P.）

06468 309-03207
中小学英语学业水平等级考试模拟试卷 二级优秀
编写组编 2002 年 160 页 26 cm 15 元 （P.）

06469 309-01015
初中英语复习提示与训练
常州市教委教研室编 1993 年 257 页 19 cm 2.95 元 （G.）

06470 309-01264
初中英语复习提示与训练
常州市教委教研室编 1993 年 修订本 291 页 19 cm 3.60 元 （G.）

06471 309-02015
高中英语会考模拟试题
陈洁倩 赵慧珍编著 1998 年 288 页 21 cm 涂塑 11 元 （P.）

06472 309-03070
英语综合能力强化训练 高考新趋势及解题要领
陈洁倩主编 2002 年 273 页 21 cm 12 元

(G. P.)

06473 309-03485
英语综合能力强化训练 高考新趋势及解题要领
陈洁倩主编 周越美等编著 2003年 第2版 183页 26 cm 17元 (G. F. P.)

06474 309-01867
阿爸教英语
陈锡麟主编 1997年 557页 20 cm 20元〔"阿爸教"丛书〕(G. P.)

06475 309-04451
高中英语阅读精选
陈锡麟 赵启敏编写 2005年 第2版 400页 20 cm 18元 (P.)

06476 309-01668
全新高中英语阅读精选
陈锡麟等编写 1996年 310页 20 cm 12元〔中学生英语文库〕(G. P.)

06477 309-02541
新编高中英语阅读精选
陈锡麟等编写 2000年 456页 21 cm 涂塑 18.50元 (P.)

06478 309-04416
英语复习指要
陈锡麟 魏孟勋 朱震一 赵启敏编著 2005年 552页 20 cm 25元 (G. P.)

06479 309-02086
英语学习指要
陈锡麟等编写 1998年 597页 20 cm 24元〔中学生英语文库〕(G. P.)

06480 309-02163
英语学习指要 练习与答案
陈锡麟等编写 1999年 168页 20 cm 涂塑 14元 (P.)

06481 309-01834
英语用法正误手册
陈锡麟 魏孟勋编写 1997年 355页 20 cm 15元〔中学生英语文库〕(G. F. P.)

06482 309-02095
英语阅读片段精选
陈锡麟 赵启敏编 1998年 190页 20 cm 10元〔中学生英语文库〕(G. P.)

06483 309-03292
中学生英语写作纠错与实例
陈锡麟 赵启敏 吴文涛编 2003年 129页 19 cm 6.50元〔"麻瓜"英语系列〕( )

06484 309-01667
英语常用动词用法精要
陈雄刚 陈皓敏编写 1996年 258页 20 cm 10.50元〔中学生英语文库〕(G. P.)

06485 309-03774
英语核心词汇测试与练习 高中英语词汇重点、难点、疑点汇释
陈哲文编著 2004年 285页 20 cm 14元 (P.)

06486 309-02946
满天星六年级(上)英语能力测试
初中英语能力测试编写组编 2001年 196页 26 cm 15元 ( )

06487 309-03203
满天星六年级(上)英语能力测试
初中英语能力测试编写组编 2002年 第2版 220页 26 cm 19元 (P.)

06488 309-03734
满天星六年级(上)英语能力测试
初中英语能力测试编写组编 2003年 200页 26 cm 18元 (P.)

06489 309-03887
满天星六年级(下)英语能力测试(N版)
初中英语能力测试编写组编 2004年 171页 26 cm 16元 (P.)

06490 309-03220
满天星六年级(上)英语能力测试(新世纪版)
新世纪版英语能力测试编写组编 2002年 164页 26 cm 15元 (P.)

06491 309-03478
满天星六年级(下)英语能力测试(新世纪版)
新世纪版英语能力测试编写组编 2002年 166页 26 cm 15元 (P.)

06492 309-03160
中级英语测试和语法练习
陈哲文编著 2002年 第2版 334页 21 cm 16元 (P.)

06493 309-03577
满天星初一年级(上)英语能力测试(新世纪版)
新世纪版英语能力测试编写组编 2003年 176页 26 cm 17元 (P.)

06494 309-03775
满天星初一年级(下)英语能力测试(新世纪版)
新世纪版英语能力测试编写组编 2003年 172页 26 cm 16元 (P.)

06495 309-03831
满天星初二年级(上)英语能力测试(新世纪版)
新世纪版英语能力测试编写组编 2003年 184页 26 cm 17元 (P.)

06496 309-04377
满天星初二年级(下)英语能力测试(新世纪版)
新世纪版英语能力测试编写组编 2005年 188页 26 cm 17元 (P.)

06497 309-04617
满天星初三年级(上)英语能力测试(新世纪版)
新世纪版英语能力测试编写组编 2006年 188页 26 cm 25元 (P..)

06498 309-04881
满天星初三年级(下)英语能力测试(新世纪版)
新世纪英语能力测试编写组编 2006年 207页 26 cm 20元 (P.)

06499 309-01837
中级英语测试和语法练习 学生英语重点·难点·疑点汇释
陈哲文编著 1997年 323页 20 cm 12元 (G. P.)

06500 309-03201
满天星初一年级(上)英语能力测试
初中英语能力测试编写组编 2002年 第2版 176页 26 cm 16元 (P.)

06501 309-04102
满天星初一年级(上)英语能力测试(N版)
初中英语能力测试编写组编 2004年 180页 26 cm 17元 (P.)

06502 309-03494

满天星初一年级(下)英语能力测试

初中英语能力测试编写组编 2003 年 181 页 26 cm 18 元 (P.)

06503 309-04371

满天星初一年级(下)英语能力测试(N版)

初中英语能力测试编写组编 2005 年 164 页 26 cm 16 元 (P.)

06504 309-02948

满天星初二年级(上)英语能力测试

初中英语能力测试编写组编 2001 年 144 页 26 cm 12 元 ( )

06505 309-03254

满天星初二年级(上)英语能力测试

初中英语能力测试编写组编 2002 年 第 2 版 220 页 26 cm 15 元 (P.)

06506 309-04575

满天星初二年级(上)英语能力测试(N版)

初中英语能力测试编写组编 2005 年 184 页 26 cm 17 元 (P.)

06507 309-03507

满天星初二年级(下)英语能力测试

初中英语能力测试编写组编 2003 年 180 页 26 cm 17 元 (P.)

06508 309-04886

满天星初二年级(下)英语能力测试(N版)

初中英语能力测试编写组编 2006 年 178 页 26 cm 18 元 (P.)

06509 309-05059

满天星初三年级(上)英语能力测试(N版)

初中英语能力测试编写组编 2006 年 180 页 26 cm 18 元 (P.)

06510 309-05411

满天星初三年级(下)英语能力测试(N版)

初中英语能力测试编写组编 2007 年 118 页 26 cm 15 元 ( )

06511 309-02949

满天星初三年级英语能力测试

初中英语能力测试编写组编 2001 年 208 页 26 cm 17 元 (P.)

06512 309-03266

满天星初三年级英语能力测试

初中英语能力测试编写组编 2002 年 第 2 版 240 页 26 cm 22 元 (P.)

06513 309-03113

满天星初三年级英语综合能力测试

初中英语能力测试编写组编 2002 年 212 页 26 cm 19 元 (P.)

06514 309-07426

新编满天星六年级(上)英语能力测试(N版)

初中英语能力测试编写组编 2010 年 148 页 26 cm 23 元 (P.)

06515 309-07768

新编满天星六年级(下)英语能力测试(N版)

初中英语能力测试编写组编 2011 年 26 cm 25 元 (F. P.)

06516 309-07431

新编满天星初一年级(上)英语能力测试(N版)

初中英语能力测试编写组编 2010 年 145 页 26 cm 23 元 (P.)

06517 309-07690

新编满天星初一年级(下)英语能力测试(N版)

初中英语能力测试编写组编 2011年 149页 26 cm 25元 (P.)

06518 309-07430

新编满天星初二年级(上)英语能力测试(N版)

初中英语能力测试编写组编 2010年 168页 26 cm 25元 (P.)

06519 309-07675

新编满天星初二年级(下)英语能力测试(N版)

初中英语能力测试编写组编 2011年 175页 26 cm 25元 (P.)

06520 309-07422

新编满天星初三年级(上)英语能力测试(N版)

初中英语能力测试编写组编 2010年 174页 26 cm 25元 (P.)

06521 309-07767

新编满天星初三年级(下)英语模拟试卷(N版)

初中英语能力测试编写组编 2011年 169页 26 cm 25元 (P.)

06522 309-03313

满天星高一年级第一学期英语能力测试

高中英语能力测试编写组编 2002年 128页 26 cm 12元 (P.)

06523 309-03512

满天星高一年级第二学期英语能力测试

高中英语能力测试编写组编 2003年 156页 26 cm 15元 (P.)

06524 309-03697

满天星高二年级第一学期英语能力测试(N版)

高中英语英语能力测试编写组编 2003年 172页 26 cm 16元 (P.)

06525 309-03525

满天星高二年级第二学期英语能力测试

高中英语能力测试编写组编 2003年 172页 26 cm 16元 (P.)

06526 309-04138

满天星高三年级(上)英语能力测试(N版)

高中英语能力测试编写组编 2004年 204页 26 cm 19元 (P.)

06527 309-01362

初中英语能力训练 阅读理解和完形填空100篇

《初中英语能力训练》编写组编 1994年 123页 19 cm 3元 (G.)

06528 309-04850

复旦版高考英语听力强化训练

东南主编 张晓华等编写 2006年 97页 26 cm 10元〔复旦版英语强化训练系列〕(G. P.)

06529 309-04970

复旦版中考英语词汇语法强化训练

东南主编 2006年 230页 26 cm 20元 (P.)

06530 309-01169

初中英语综合训练

范丽君主编 1993年(1996年重印) 204页 26 cm 8.80元 (G.)

06531 309-02734

文化、科学、教育、体育·教育　475

高考英语冲刺
冯大雄编　2000年　236页　29 cm　32元
　(P.)

06532　309-07553
英语泛读 高一年级
复旦大学附属中学外语教研组编　2010年
　155页　26 cm　22元〔复旦大学附属中
　学"大视野"教育书系〕(P.)

06533　309-07471
英语泛读 高二年级
复旦大学附属中学外语教研组编　2010年
　100页　26 cm　16元〔复旦大学附属中
　学"大视野"教育书系〕(P.)

06534　309-02226
高考英语能力测试
高考英语能力测试编写组编　1999年　225
　页　27 cm　16元　(F. P.)

06535　309-03976
高考英语能力测试
本书编写组编写　2004年　第3版　210页
　26 cm　20元　(G. P.)

06536　309-01678
看图说英语
高炎等编著　1996年　298页　20 cm　11元
　〔中学生英语文库〕(G. P.)

06537　309-02702
中学英语口语
高炎　赵启敏　吴文涛　徐姮编　2001年
　272页　20 cm　12元　(P.)

06538　309-02699
高考英语分类讲解与综合测试
郭凤高编　2000年　2005年第2版　296页
　26 cm　24元　(P.)

06539　309-02408
英语语法实践指南
郭凤高　曹永毅主编　1999年　345页　20 cm
　12元　(G. P.)

06540　309-03020
英语语法实践指南
郭凤高主编　2001年　第2版　344页　21 cm
　14元　(G. P.)

06541　309-04702
英语语法实践指南
郭凤高主编　2005年　第4版　2007年　第
　5版　479页　21 cm　20元　(G. F. P.)

06542　309-06100
英语语法实践指南
郭凤高编著　2009年　第6版　478页　21 cm
　22元　(G. F. P.)

06543　309-08348
英语语法实践指南
郭凤高编著　2011年　第7版　475页　21 cm
　25元　(G. F. P.)

06544　309-09914
英语语法实践指南
郭凤高编著　2013年　第8版　486页　21 cm
　30元　(G. F. P.)

06545　309-11732
英语语法实践指南
郭凤高编著　2015年　第9版　479页　21 cm
　30元　(G. F. P.)

06546　309-12826
英语语法实践指南

郭凤高编著 2018 年 第 10 版 474 页 23 cm 55 元〔21 世纪中学生英语文库〕(G. P.)

06547 309-03131
高考英语听力精练
何萌编著 2002 年 165 页 21 cm 8 元 (G. P.)

06548 309-01827
英文写作指导
何亚男 何林松编写 1997 年 148 页 20 cm 7 元〔中学生英语文库〕(G. P.)

06549 309-05942
高校自主招生英语考试指南
贺灿文 杨梅珍主编 2008 年 247 页 26 cm 30 元 (G. F. P.)

06550 309-02071
中学英语词典
洪邦裕主编 1998 年 291 页 16 cm 精装 15 元 (P.)

06551 309-02652
中学英语词汇手册
洪邦裕主编 2001 年 672 页 21 cm 28 元 (P.)

06552 309-02669
英语基本词语用法手册
胡晓燕等编写 2000 年 487 页 20 cm 19 元〔21 世纪中学生英语文库〕(G. F. P.)

06553 309-03382
中级英语测试指导 高考英语听力单项练习汇编 2000—2002 年
黄关福主编 2002 年 154 页 18 cm 8 元 (G. P.)

06554 309-02228
中级英语测试指导 高考英语上海卷试题汇析 1999 版
黄关福主编 1999 年 149 页 26 cm 12 元 (G. F. P.)

06555 309-02479
中级英语测试指导 高考英语上海卷试题汇析 2000 版
黄关福主编 2000 年 2001 年版 222 页 26 cm 涂塑 18.50 元 (G. P.)

06556 309-03112
中级英语测试指导 高考英语上海卷试题汇析 2002 版
黄关福主编 2002 年 232 页 26 cm 20 元 (G. P.)

06557 309-03518
中级英语测试指导 高考英语上海卷试题汇析 2003 版
黄关福主编 2003 年 235 页 26 cm 21 元 (G. P.)

06558 309-03855
中级英语测试指导 高考英语上海卷试题汇析 2004 版
黄关福主编 2004 年 235 页 26 cm 21 元 (G. P.)

06559 309-04354
中级英语测试指导 高考英语上海卷试题汇析 2005 版
黄关福主编 2005 年 239 页 26 cm 23 元 (G. F. P.)

06560 309-04869
中级英语测试指导 高考英语上海卷试题汇析 2006 版
黄关福主编 2006 年 255 页 26 cm 24 元 (G.)

06561 309-05375

中级英语测试指导 高考英语上海卷试题汇析 2007 版

黄关福主编 2007 年 244 页 26 cm 24 元 (G. P.)

06562 309-05898

中级英语测试指导 高考英语上海卷试题汇析 2008 版

黄关福主编 2008 年 246 页 26 cm 28 元 (G. P.)

06563 309-06377

中级英语测试指导 高考英语上海卷试题汇析 2009 版

黄关福主编 2009 年 240 页 26 cm 28 元 (G.)

06564 309-07059

中级英语测试指导 高考英语上海卷试题汇析 2010 版

黄关福主编 2010 年 262 页 26 cm 29 元 (G. P.)

06565 309-07750

中级英语测试指导 高考英语上海卷试题汇析 2011 版

黄关福主编 2010 年 244 页 26 cm 28 元 (P..)

06566 309-08661

中级英语测试指导 高考英语上海卷试题汇析 2012 版

黄关福主编 2012 年 263 页 26 cm 35 元 (P.)

06567 309-09454

中级英语测试指导 高考英语上海卷试题汇析 2013 版

黄关福主编 2013 年 249 页 26 cm 36 元 (F. P.)

06568 309-10208

中级英语测试指导 高考英语上海卷试题汇析 2014 版

黄关福主编 2014 年 248 页 26 cm 36 元 (G. F. P.)

06569 309-11193

中级英语测试指导 高考英语上海卷试题汇析 2015 版

黄关福主编 2015 年 252 页 26 cm 37.50 元 (G. F. P.)

06570 309-12036

中级英语测试指导 高考英语上海卷试题汇析 2016 版

黄关福主编 2016 年 254 页 26 cm 39 元 (G. F. P.)

06571 309-12780

中级英语测试指导 高考英语上海卷试题汇析 2017 版

黄关福主编 2017 年 第 2 版 258 页 26 cm 39.80 元 (G. F. P.)

06572 309-13441

中级英语测试指导 高考英语上海卷题型汇析 2018 版

黄关福主编 2018 年 244 页 26 cm 39.80 元 (G. F. P.)

06573 309-14075

中级英语测试指导 高考英语上海卷题型汇析 2019 版

黄关福主编 2019 年 240 页 26 cm 39.80 元 (G. f. p.)

06574 309-14784

中级英语测试指导 高考英语上海卷题型汇析 2020 版

黄关福主编 2019 年 239 页 26 cm 45 元

〔高考英语备战系列〕(G. F. P.)

06575 309-03407
中级英语测试指导 高考英语试题单项练习和样卷精选汇编
黄关福主编 2002年 260页 26 cm 22元 (G. P.)

06576 309-04936
中级英语测试指导 高考英语试题单项练习精选汇编
黄关福主编 2006年 244页 20 cm 20元 (G. P.)

06577 309-04935
中级英语测试指导 高考英语试题样卷精选汇编
黄关福主编 2006年 248页 20 cm 20元 (G. P.)

06578 309-06226
中级英语测试指导 高考英语试题样卷精选汇编
黄关福主编 2008年 第2版 235页 26 cm 28元 (G. P.)

06579 309-08408
中级英语测试指导 高考英语试题样卷精选汇编
黄关福主编 2011年 第3版 248页 26 cm 29元 (P.)

06580 309-05306
中级英语测试指导 高考英语语法新视角
黄关福主编 徐志江编著 2007年 175页 26 cm 17元 (G. F.)

06581 309-08744
中级英语测试指导 高考英语语法新视角
黄关福主编 徐志江编著 2012年 第2版 221页 26 cm 26元 (P.)

06582 309-02472
直升考高中英语模拟测试
柯直胜等编写 2000年 152页 26 cm 涂塑 14元 (P.)

06583 309-04502
直升考高中英语模拟测试
本书编写组编 2005年 第2版 160页 26 cm 15元 (P.)

06584 309-01088
初中英语短期强化读本
郎德信 甘信仁主编 1991年 1993年第2版 162页 26 cm 6.50元〔张思中外语教学系列丛书〕(G.)

06585 309-00897
初中英语短期强化读本 练习答案
朱巧莉 张晓南编 1992年 69页 19 cm 0.90元 (G.)

06586 309-14978
初中英语词汇速记宝典
李法敏编著 2020年 435页 26 cm 39.80元 (P.)

06587 309-08782
中学英汉双解多功能学习词典
李法敏编著 陈海瑶插图 2012年 724页 22 cm 精装 98元 (G. P.)

06588 309-14174
中学英汉双解多功能学习词典 便携本
李法敏编著 2019年 724页 21 cm 精装 68元 (G. F.)

06589 309-04290

2005年重点高中英语高考能力测试

李圣洁 郁之君编著 2004年 239页 26 cm 20元 (P.)

06590 309-14743
高中英语核心词汇理解性记忆

（加）林维龙 郑瑶菲编著 2019年 204页 21 cm 30元 (G. F. P.)

06591 309-14826
初中英语首字母填空专训测试指导

刘文祥主编 2020年 232页 26 cm 40元〔中考英语备战系列〕(G. P.)

06592 309-02449
初中英语基本句式

卢蓓琦编写 2000年 300页 20 cm 12.80元〔中学生英语文库 陈锡麟主编〕(G. P.)

06593 309-02756
英语中考实战演练

鲁英群编 2001年 144页 26 cm 12元 (P.)

06594 309-00984
高中英语水平测试

倪琴芬主编 1993年 463页 20 cm 7元 (G.)

06595 309-01201
高中英语水平测试

倪琴芬主编 1993年（1995年重印）463页 20 cm 12.10元 (G.)

06596 309-01119
高中英语语法测试

倪琴芬主编 1993年 224页 20 cm 6.50元 (G.)

06597 309-01755
新编高中英语实用测试 1

倪琴芬 沈钰娣主编 1996年 修订版 252页 26 cm 涂塑 18元 (P.)

06598 309-01850
新编高中英语实用测试 2

沈钰娣 倪琴芬主编 1997年 244页 26 cm 涂塑 15元 (P.)

06599 309-02027
新编高中英语实用测试 1

倪琴芬 沈钰娣主编 1998年 第3版 304页 26 cm 涂塑 20元 (P.)

06600 309-00311
英语口语专项训练 高考口语快训

钱冬梅编 2002年 197页 19 cm 10元 (P.)

06601 309-03110
英语口语专项训练 高考口语快训

钱冬梅 江萍编著 2002年 197页 19 cm 10元 (G. P.)

06602 309-03610
高中英语写作教程

钱建源主编 2003年 304页 20 cm 12.50元〔21世纪中学生英语文库〕(P.)

06603 309-07649
高中英语写作

钱建源主编 2010年 366页 20 cm 20元 (P.)

06604 309-01621
高考英语词汇手册

上海市教育考试院编 1996年 1997年第2版 1998年第3版 143页 19 cm 5元〔1996年全国普通高等学校招生统

一考试〕(G. P.)

06605 309-02160

高考英语词汇手册 高中部分

上海市教育考试院编 1999 年 128 页 20 cm 涂塑 5 元 (P.)

06606 309-03097

高考英语词汇手册

上海市教育考试院编 2002 年 第 3 版 217 页 19 cm 7 元〔2002 年全国普通高等学校招生统一考试〕(G.)

06607 309-04278

高考英语词汇手册 2005 年全国普通高等学校招生统一考试

上海市教育考试院编 2004 年 198 页 20 cm 10 元 (P.)

06608 309-02600

牛津英语词汇手册 高中一年级上

朱震一 胡波著 2000 年 92 页 19 cm 涂塑 9 元 (P.)

06609 309-02461

2000 年全国普通高等学校招生统一考试 高考英语词汇手册

上海市教育考试院编 2001 年 203 页 19 cm 6 元 (P..)

06610 309-13339

2018 年全国普通高等学校招生统一考试 高考英语词汇手册 上海卷

上海市教育考试院编 2017 年 230 页 21 cm 16 元 (P)

06611 309-04338

语文·数学·外语考试大纲 语文课文汇编 英语词汇表

上海市教育考试院编 2005 年 420 页 19 cm 17 元〔供 2005 年应届毕业生用〕(P.)

06612 309-01508

英语中级水平测试 高考英语上海卷试题汇析

上海市教育招生考试中心编著 1995 年 246 页 26 cm 12 元 (G. F.)

06613 309-01628

英语中级水平测试 高考英语上海卷试题汇析 (1996 年修订版)

上海市教育考试院编 1996 年 280 页 26 cm 14 元 (G. P.)

06614 309-02926

一本通 H 版语文·数学·英语(七年级第一学期)

上海《一本通》编写组编 2001 年 236 页 26 cm 18 元 (P.)

06615 309-03086

一本通 H 版语文·数学·英语(七年级第二学期)

上海《一本通》编写组编 2002 年 1 册 26 cm 19 元 (P..)

06616 309-02928

一本通 H 版语文·数学·英语(八年级第一学期)

上海《一本通》编写组编 2001 年 252 页 26 cm 19 元 (P.)

06617 309-03088

一本通 H 版语文·数学·英语(八年级第二学期)

上海《一本通》编写组编 2002 年 1 册 26 cm 21 元 (P..)

06618 309-02930

一本通 H 版语文·数学·英语(九年级第一学期)

上海《一本通》编写组编 2001 年 268 页 26 cm 20 元 (P.)

06619 309-03090

一本通 H 版语文·数学·英语(九年级第二学期)

上海《一本通》编写组编 2002 年 1 册 26 cm 23 元 (P..)

06620 309-02925

一本通 S 版语文·数学·英语(七年级第一学期)

上海《一本通》编写组编 2001 年 244 页 26 cm 18 元 (P.)

06621 309-03085

一本通 S 版语文·数学·英语(七年级第二学期)

上海《一本通》编写组编 2002 年 1 册 26 cm 19 元 ( )

06622 309-02927

一本通 S 版语文·数学·英语(八年级第一学期)

上海《一本通》编写组编 2001 年 256 页 26 cm 19 元 (P.)

06623 309-03087

一本通 S 版语文·数学·英语(八年级第二学期)

上海《一本通》编写组编 2002 年 1 册 26 cm 21 元 (P..)

06624 309-02929

一本通 S 版语文·数学·英语(九年级第一学期)

上海《一本通》编写组编 2001 年 268 页 26 cm 20 元 (P.)

06625 309-03089

一本通 S 版语文·数学·英语(九年级第二学期)

上海《一本通》编写组编 2002 年 1 册 26 cm 23 元 (P..)

06626 309-01150

初中英语实用测试

沈钰娣等主编 1993 年 400 页 20 cm 9.60 元 (G.)

06627 309-02002

新编高中英语实用测试 2

沈钰娣 倪琴芬主编 1998 年 第 2 版 284 页 26 cm 19 元 (G. P.)

06628 309-02506

新编高中英语实用测试 1

倪琴芬 沈钰娣主编 2000 年 第 4 版 266 页 26 cm 19 元 (G. P.)

06629 309-02507

新编高中英语实用测试 2

沈钰娣 倪琴芬主编 2000 年 第 3 版 260 页 26 cm 涂塑 18 元 (P.)

06630 309-02035

新编高中英语水平测试

沈钰娣 倪琴芬主编 1998 年 432 页 26 cm 涂塑 16 元 (P.)

06631 309-01887

新编高中英语语法测试

沈钰娣 倪琴芬主编 1997 年(1998 年重印) 第 2 版 384 页 20 cm 15 元 (G. F. P.)

06632 309-03311
新编高中英语语法测试
沈钰娣 倪琴芬主编 2002年 第3版 396页 20 cm 17元 (P.)

06633 309-06662
高考英语阅读文章关键词汇理解与运用
宋泽友 邵国庆 郑佳编著 2009年 368页 20 cm 20元 (G. P.)

06634 309-02797
上海市"三校生"高考英语测试指南
苏承志主编 2001年 112页 26 cm 12元 (G. P.)

06635 309-00238
高中英语阅读训练
苏州市教育局教学研究室主编 1988年 194页 19 cm 1.75元 (G.)

06636 309-08874
高考英语阅读理解攻关
谭卫国 申开来主编 2012年 233页 26 cm 28元 (P.)

06637 309-02460
初中英语完形填空100篇
魏孟勋 高炎编写 2000年 46页 20 cm 涂塑 6元 (P.)

06638 309-04285
高中英语完形填空100篇
魏孟勋 赵启敏编写 2004年 214页 20 cm 9元 (P..)

06639 309-04426
初中英语完形填空100篇
魏孟勋 高炎编写 2005年 第2版 144页 20 cm 8元 (P.)

06640 309-06421
高中英语选词填空与完形填空各100篇
魏孟勋 赵启敏编写 2009年 292页 21 cm 16元 (P.)

06641 309-01676
中学英语语法
魏孟勋编写 1996年 513页 20 cm 19元 〔中学生英语文库〕(G. P.)

06642 309-02935
中学英语语法
魏孟勋编写 2001年 第2版 593页 20 cm 25元 〔21世纪中学生英语文库〕(G. P.)

06643 309-02137
中学英语语法 初中
魏孟勋编写 1998年(1999年重印) 332页 20 cm 14元 〔中学生英语文库〕(G. P.)

06644 309-04501
中学英语语法 初中
魏孟勋编写 2005年 第2版 328页 20 cm 18元 (P.)

06645 309-07896
中学英语语法 初中
魏孟勋编著 2011年 第3版 370页 21 cm 25元 〔21世纪中学生英语文库〕(F. P.)

06646 309-14999
中学英语语法 初中
魏孟勋编著 2020年 第4版 369页 26 cm 50元 (P.)

06647 309-07235
中学英语语法 高中
魏孟勋编著 2010年 第3版 534页 20 cm

文化、科学、教育、体育·教育   483

30 元 (P.)

06648 309-10455
中学英语语法 高中
魏孟勋编著 2014 年 第 4 版 582 页 20 cm 40 元〔21 世纪中学生英语文库〕(G. F. P.)

06649 309-12813
中学英语语法 高中
魏孟勋编著 2017 年 第 5 版 470 页 24 cm 56 元〔21 世纪中学生英语文库〕(F. P.)

06650 309-01246
初中英语检测与提高
吴敦达主编 1994 年 272 页 20 cm 6.30 元 (G.)

06651 309-03173
英语中考实战演练(新编)最新题型
吴敦达主编 2002 年 151 页 26 cm 15 元 (G. P.)

06652 309-04415
初中英语阅读精选
吴小英 宋贤序 刘静 方博文编写 2005 年 第 2 版 248 页 20 cm 12 元 (P.)

06653 309-01670
全新初中英语阅读精选
吴小英 宋贤序编写 1996 年 201 页 20 cm 8.50 元〔中学生英语文库〕(G. P.)

06654 309-02665
新编初中英语阅读精选
吴小英 宋贤序 刘静编 2001 年 296 页 20 cm 12 元 (P.)

06655 309-02752
高考英语复试
肖鹏编 2001 年 132 页 26 cm 12 元 (P.)

06656 309-01432
英语高考口试应聘面试技巧指南
谢瑞康主编 1994 年 166 页 26 cm 10 元 (G. F.)

06657 309-02519
新编初中英语能力训练 阅读理解和完形填空
《新编初中英语能力训练》编写组编 2000 年 217 页 20 cm 10 元 (G. P.)

06658 309-15331
新高中英语能力测试·基础卷
新高中英语能力测试编写组编 2020 年 68 页 26 cm 40 元 (P.)

06659 309-15278
新高中英语能力测试·提高卷
新高中英语能力测试编写组编 2020 年 72 页 26 cm 40 元 (P.)

06660 309-05763
高考英语词汇新视角
徐志江主编 张柳娟等编著 2008 年 192 页 26 cm 20 元 (G.)

06661 309-07164
高考英语词汇新视角
徐志江主编 2010 年 第 2 版 161 页 26 cm 18 元 (P.)

06662 309-14320
高中英语词汇考试指导
徐志江编著 2019 年 213 页 25 cm 35 元 (P.)

06663 309-14510

高中英语完形填空考试指导
徐志江编著 2019 年 210 页 25 cm 40 元
（F. P.）

06664 309-15036
高中英语阅读理解考试指导
徐志江编著 2020 年 259 页 26 cm 45 元
（P.）

06665 309-01836
初级英语语法学习指南
许文康编著 1997 年 168 页 20 cm 6 元
（G. P.）

06666 309-01513
熟能生巧 杨老师教英语
杨顺德著 1995 年 176 页 19 cm 5.50 元
〔ETV 家庭教师辅导丛书〕（G.）

06667 309-02738
中考英语冲刺
俞佩华编 2000 年 232 页 26 cm 30 元
（P.）

06668 309-01622
新编初中英语综合训练
张慧芬主编 1996 年 216 页 26 cm 14 元
（G. P.）

06669 309-03370
初中英语强化训练
张思中主编 2002 年 第 3 版 272 页 26 cm 20 元 （P.）

06670 309-03355
高中英语强化训练
张思中主编 2002 年 236 页 26 cm 25 元
（P.）

06671 309-01811
新编初中英语短期强化读本
张思中主编 1996 年（1998 年重印）152 页 26 cm 10 元〔张思中外语教学法丛书〕（G. P.）

06672 309-01010
高中英语实用测试
章兼中主编 1992 年 282 页 26 cm 7.80 元
（G.）

06673 309-01155
高中英语实用测试
章兼中主编 1992 年（1994 年重印）282 页 26 cm 12.90 元 （G.）

06674 309-00920
中级英语实用测试
章兼中主编 1992 年 282 页 26 cm 7.80 元
（G. F.）

06675 309-02386
新英语教程同步测试集 1
赵维莉主编 1999 年 82 页 26 cm 15 元
（F. P.）

06676 309-02387
新英语教程同步测试集 2
罗林川主编 1999 年 164 页 26 cm 15 元
（F. P.）

06677 309-01444
高中英语能力训练 完形填空和阅读理解 一
郑时恒等主编 1994 年 80 页 26 cm 3.90 元〔高中英语系列丛书之一〕（G.）

06678 309-01446
高中英语能力训练 完形填空和阅读理解 三
郑时恒等主编 1994 年 80 页 26 cm 3.90 元〔高中英语系列丛书之一〕（G.）

06679 309-01445

高中英语能力训练 完形填空和阅读理解 二

郑时恒等主编 1994年 71页 26 cm 3.60元〔高中英语系列丛书之一〕(G.)

06680 309-03336

新课标英语备考全国通 初一

周向霖主编 2002年 208页 23 cm 17元 (P.)

06681 309-03346

新课标英语备考全国通 初二

周向霖主编 2002年 208页 23 cm 17元 (P.)

06682 309-03367

新课标英语备考全国通 初三

周向霖主编 2002年 208页 23 cm 17元 (P.)

06683 309-03464

新课程标准英语中考备考全国通

周向霖主编 2002年 180页 26 cm 16元 (P.)

06684 309-03868

新课程标准英语中考备考全国通

周向霖主编 2004年 160页 26 cm 15元 (P.)

06685 309-04882

新课程标准英语中考备考全国通 2006版

周向霖主编 2006年 172页 26 cm 16元 (P.)

06686 309-04046

英语备考全国通(江苏版) 初一上(7A)

周向霖主编 2004年 92页 26 cm 9.80元 (P.)

06687 309-04355

英语备考全国通(江苏版) 初一下(7B)

周向霖主编 2005年 124页 26 cm 11.80元 (P.)

06688 309-02765

英语中考备考全国通

周向霖主编 2001年 184页 26 cm 14.50元 (P..)

06689 309-03143

英语中考备考全国通

周向霖编 2002年 166页 26 cm 16元 (P.)

06690 309-04333

英语中考备考全国通 2005版

周向霖主编 2005年 176页 26 cm 16元 (P.)

06691 309-01002

初中英语升学指南

周兴强主编 1993年 341页 21 cm 5.50元 ( )

06692 309-01224

初中英语升学指南

周兴强主编 1993年 重印 341页 20 cm 7.50元 (G.)

06693 309-04265

2005年英语中考新题型 实战演练

周雅琴主编 王婷副主编 2004年 168页 26 cm 15元 (P.)

06694 309-02367

英语分类词汇

朱震一等编写 1999年 341页 20 cm 15元〔中学生英语文库 陈锡麟主编〕(G. P.)

06695 309-02225
中考英语能力测试
朱震一主编 1999年 216页 26 cm 涂塑 15元 (P.)

06696 309-02440
中学英语惯用法手册
庄志兴 夏祖德编著 2000年 修订本 577页 20 cm 18.80元 (G. P.)

06697 309-02638
完形填空专项训练
邹家元 冯豫编著 2000年 167页 26 cm 14元 (G. P.)

06698 309-07669
完形填空专项训练
邹家元 冯豫编著 2010年 第4版 204页 30 cm 21元 (G. P.)

06699 309-04969
完形填空专项训练
邹家元 冯豫编著 2006年 第3版 188页 26 cm 18元〔英语专项训练系列〕(G. P.)

06700 309-04409
写作与翻译专项训练
邹家元 叶秀牧编著 2005年 201页 26 cm 20元〔英语专项训练系列〕(G. F. P.)

06701 309-00356
英语365夜 上册
邹家元 叶秀牧选编 1990年 357页 19 cm 4.70元 (G.)

06702 309-00357
英语365夜 中册
邹家元 叶秀牧选编 1990年 318页 19 cm 4.40元 (G.)

06703 309-00358
英语365夜 下册
邹家元 叶秀牧选编 1990年 330页 19 cm 4.40元 (G.)

06704 309-04169
英语词汇专项训练
邹家元 叶秀牧编著 2004年 172页 26 cm 16元〔英语专项训练系列〕(G. F. P.)

06705 309-06425
英语词汇专项训练
邹家元 叶秀牧编著 2009年 第2版 253页 26 cm 22元〔英语专项训练系列〕(G. F. P.)

06706 309-04658
英语听力专项训练
邹家元 叶秀牧编著 2005年 227页 26 cm 20元〔英语专项训练系列〕(G. F. P.)

06707 309-06557
英语听力专项训练
邹家元 叶秀牧编著 2009年 第2版 226页 26 cm 25元〔英语专项训练系列〕(G. F. P.)

06708 309-06917
英语写作与翻译专项训练
邹家元 叶秀牧编著 2010年 2015年第2版 203页 26 cm 20元〔英语专项训练系列〕(G. F. P.)

06709 309-03273
英语语法专项训练
邹家元 叶秀牧编著 2002年 186页

26 cm 17 元 (G.)

06710 309-03888
英语语法专项训练
邹家元 叶秀牧编著 2004 年 第 2 版 202 页 26 cm 18 元〔英语专项训练系列〕(G.)

06711 309-05069
英语语法专项训练
邹家元 叶秀牧编著 2006 年 第 3 版 202 页 26 cm 20 元〔英语专项训练系列〕(G. F. P.)

06712 309-08188
英语语法专项训练
邹家元 叶秀牧编著 2011 年 第 4 版 202 页 26 cm 21 元〔英语专项训练系列〕(F. P.)

06713 309-03870
英语阅读专项训练
邹家元 叶秀牧编著 2004 年 171 页 26 cm 16 元〔英语专项训练系列〕(G. P.)

06714 309-04939
英语阅读专项训练
邹家元 叶秀牧编著 2006 年 第 2 版 208 页 26 cm 18 元〔英语专项训练系列〕(G. F. P.)

06715 309-08167
英语阅读专项训练
邹家元 叶秀牧编著 2011 年 第 3 版 223 页 26 cm 23 元〔英语专项训练系列〕(G. F. P.)

06716 309-14374
高中英语中译英 语法分类 & 核心词汇
查天恩著 2019 年 375 页 26 cm 58 元 (G. F. P.)

06717 309-12872
高中英语重点词汇 词根 & 联想
查天恩著 2017 年 498 页 23 cm 58 元 (G. F. P.)

06718 309-09745
中职英语词汇通
陈明娟主编 2013 年 534 页 21 cm 35 元 (G. F. P.)

06719 309-09410
初中英语写作
钱建源主编 2013 年 258 页 21 cm 20 元〔21 世纪中学生英语文库〕(F. P.)

06720 309-07841
高考英语攻关 听力冲刺
申开来主编 2011 年 220 页 26 cm 28 元 (P.)

06721 309-11974
高考英语攻关 听力冲刺
谭卫国总主编 申开来主编 2015 年 第 2 版 238 页 26 cm 32 元 (F. P.)

06722 309-14690
高考英语写作全要素
吴义志等编著 2019 年 154 页 26 cm 30 元 (G. F. P.)

06723 309-11477
小莉老师教你 5 秒钟玩转 SAT 语法
小莉老师著 2015 年 142 页 26 cm 48 元〔小莉老师教你玩转 SAT 系列丛书〕(G. F. P.)

06724 309-06832
新高度 高考英语写作

杨辉主编 2009 年 211 页 21 cm 20 元 (G. F. P.)

06725 309-08997
初中英汉学习词典
马广惠主编 2012 年 224 页 22 cm 20 元 (P.)

06726 309-01576
重点高中学科训练 英语
复旦大学附属中学编 1996 年 472 页 26 cm 28 元（ ）

06727 309-02108
重点高中学科训练 英语
何幼平主编 1998 年 第 2 版 472 页 26 cm 涂塑 29.80 元 (P.)

06728 309-14533
高考英语上海卷样卷精选
黄关福主编 2019 年 239 页 26 cm 45 元〔高考英语备战系列〕(G. F. P.)

06729 309-02776
高考英语听力强力突破
周光发主编 2001 年 217 页 21 cm 39 元 (F. P.)

06730 309-00494
中学历史学习方法指导
魏授章编著 1989 年 195 页 19 cm 2 元 (G.)

06731 309-11781
中学历史文献读本
周靖主编 2016 年 842 页 23 cm 精装 110 元 (G. P.)

06732 309-07215
地理 直击 A 级——高中学业水平考试
本书编写组编写 2010 年 129 页 26 cm 17 元 (P.)

06733 309-08043
地理 直击 A 级——高中学业水平考试
本书编写组编写 2011 年 修订本 129 页 26 cm 17 元 (P.)

06734 309-08711
地理
本书编写组编写 2013 年 第 3 版 129 页 26 cm 18 元〔直击 A 级——高中学业水平考试〕(G. P.)

06735 309-07955
历史 直击 A 级——高中学业水平考试
本书编写组编写 2011 年 148 页 26 cm 19 元 (P.)

06736 309-08709
历史
本书编写组编写 2012 年 第 2 版 145 页 26 cm 20 元〔直击 A 级——高中学业水平考试〕(G. P.)

06737 309-10327
历史 直击 A 级——高中学业水平考试
陈雁秋编写 2014 年 第 3 版 166 页 26 cm 22 元 (G. F. P.)

06738 309-01049
温州乡土史话
黄来仪主编 1993 年 178 页 19 cm 2.60 元〔温州市中学乡土教材〕(G. F.)

06739 309-01349
温州乡土史话
黄来仪主编 1993 年（1994 年重印）178 页 19 cm 2.80 元〔温州市中学乡土教

材〕(G.)

06740 309-01596
重点高中学科训练 数学
复旦大学附属中学编 1998年 第2版 401页 26 cm 28元 (G. P.)

06741 309-03583
重点高中学科指导 数学
复旦大学附属中学编 2003年 252页 26 cm 25元 (P.)

06742 309-01853
名师导学 初中学科复习指导
上海教育电视台教学部编 1997年 324页 26 cm 涂塑 22元 (P.)

06743 309-06052
中学数学建模与赛题集锦
上海市中学生数学知识应用竞赛组织委员会编 2008年 233页 23 cm 26元 (G. P.)

06744 309-10467
中学数学建模与赛题集锦
上海市中学生数学知识应用竞赛组织委员会编 2014年 第2版 266页 23 cm 32元 (G. F. P.)

06745 309-03250
高中奥林匹克数学初级竞赛示例
沈宇峰 张国民编著 2002年 461页 20 cm 20元 (G.)

06746 309-05097
竞争与风险决策的数学模型教师用书（试验本）
谭永基主编 2006年 56页 26 cm 15元 〔高级中学扩展型课程教材〕(G. P.)

06747 309-01427
左右逢源 高中数学解题思路
唐盛昌 吕宝兴编著 1994年 131页 19 cm 3.80元 〔"ETV家庭教师"辅导丛书〕(G.)

06748 309-01541
融会贯通 滕老师教初中数学
滕永康著 1995年 233页 19 cm 7元 〔ETV家庭教师辅导丛书〕(G.)

06749 309-02970
中学数学实用手册 初中版
奚定华主编 2001年 290页 19 cm 15元 (G.)

06750 309-02504
数学中考指导与训练
叶声扬主编 2000年 278页 26 cm 22元 (G. P.)

06751 309-11749
数学之外与数学之内
田刚 吴宗敏主编 2015年 216页 21 cm 20元 (G. F. P.)

06752 309-13229
数学之外与数学之内 Ⅱ
田刚 吴宗敏主编 2017年 190页 21 cm 20元 (G. F. P.)

06753 309-12835
激发学生学好数学的潜能 复旦大学附属中学学生撰写数学小论文的实践
汪杰良编著 2017年 218页 26 cm 48元 (G. F. P.)

06754 309-02747
中考数学冲刺
杨正家编 2001年 212页 26 cm 17.50元

(P.)

06755 309-04307

高中应用数学选讲

上海市中学生数学应用知识竞赛委员会编 2005年 284页 23 cm 23元 (P.)

06756 309-11247

高中应用数学选讲

上海市中学生数学知识应用竞赛组织委员会编 2015年 第2版 240页 26 cm 32元 (G. F. P.)

06757 309-04373

信息技术基础实践指导 上机·测试

本书编写组编 2005年 2006年第3版 178页 26 cm 20元 (G. F. P.)

06758 309-05915

信息技术基础实践指导 上机·测试

本书编写组编 2008年 第4版 216页 26 cm 25元 (G. F. P.)

06759 309-07159

信息技术基础实践指导 上机·测试

本书编写组编 2010年 第5版 229页 26 cm 27元 (G. F. P.)

06760 309-09462

信息技术基础实践指导 上机·测试

本书编写组编 2013年 第6版 149页 30 cm 27元 (G. F. P.)

06761 309-11519

信息技术基础实践指导

本书编写组编 2015年 第7版 198页 30 cm 29元〔中等职业学校教材 试用本〕(G. F. P.)

06762 309-01691

上海市中学生计算机等级考试辅导讲座 一级分册

冯忻等编著 1996年 修订版 1997年第2版 66页 26 cm 5.50元〔ETV辅导讲座〕(G. P.)

06763 309-01688

上海市中学生计算机等级考试辅导讲座 二级分册

冯亨中等编著 1996年 修订版 1997年第2版 163页 26 cm 10.50元〔ETV辅导讲座〕(G. F. P.)

06764 309-02416

学生电脑教程

黄乐编著 1999年 212页 26 cm 19.80元 (G. P.)

06765 309-03168

计算机程序设计

吴伟国 王建德编著 2002年 254页 26 cm 25元〔中学研究性课程和竞赛辅导教材〕(G. F. P.)

06766 309-07214

信息科技 直击A级——高中学业水平考试

本书编写组编写 2010年 164页 26 cm 19元 (P.)

06767 309-08041

信息科技 直击A级——高中学业水平考试

本书编写组编写 2011年 修订本 157页 26 cm 19元 (P.)

06768 309-08712

信息科技

本书编写组编写 2013年 第3版 154页 26 cm 21元〔直击A级——高中学业

水平考试〕(G. P.)

06769 309-01573
重点高中学科训练 物理
复旦大学附属中学编 1996 年 1998 年第 2 版 244 页 26 cm 15.50 元 (G. P.)

06770 309-03496
重点高中学科指导 物理
复旦大学附属中学编 2003 年 175 页 26 cm 18 元 (P.)

06771 309-02497
高中奥林匹克基础物理竞赛示例
曹吉生编著 2000 年 2001 年第 2 版 370 页 20 cm 18 元 (G. P.)

06772 7253.002
中学物理课程复习辅导提要
复旦大学附属中学物理教研组编 1982 年 345 页 19 cm 0.87 元 (G. F.)

06773 309-03042
高中物理题典 会考·高考水平自我剖析
林在珩主编 2002 年 248 页 26 cm 20 元 (P.)

06774 309-04360
新课程标准物理中考备考全国通 2005 版
添一主编 2005 年 152 页 26 cm 15 元 (P.)

06775 309-00270
高中物理解题方法串讲
张耀久 张杰编著 1989 年 345 页 19 cm 3.40 元 (G. F.)

06776 309-07043
初中物理竞赛教程 拓展篇
赵志敏主编 吴炎册主编 2010 年 338 页 26 cm 45 元 (G.)

06777 309-06404
初中物理竞赛教程 基础篇
赵志敏主编 2009 年 392 页 26 cm 48 元 ( )

06778 309-08251
高中物理竞赛教程 基础篇
赵志敏主编 2011 年 392 页 26 cm 48 元 (P.)

06779 309-08250
高中物理竞赛教程 拓展篇
赵志敏主编 2011 年 508 页 26 cm 62 元 (P.)

06780 309-05002
国际物理奥赛的培训与选拔
郑永令主编 2006 年 491 页 23 cm 45 元 (G. F. P.)

06781 309-11966
国际物理奥赛的培训与选拔
郑永令主编 郑永令等编著 2016 年 第 2 版 451 页 26 cm 59 元 (G. F. P.)

06782 309-08001
掌中求索 高中学习中的 TI 技术
师前编著 2011 年 136 页 22 cm 14 元 〔文化主题轴综合课程系列教材〕(G. F. P.)

06783 309-11582
初中理科班物理竞赛教程 上册
赵志敏主编 蔡吟吟册主编 2016 年 323 页 26 cm 49 元 (G. F. P.)

06784 309-07213
复旦大学附属中学高三物理总复习讲义

电磁学分册

李品忠编　2010 年　251 页　26 cm　33 元〔复旦大学附属中学"大视野"教育书系〕(G. P.)

06785　309 - 06872

复旦大学附属中学高三物理总复习讲义 力学分册

李品忠编　2009 年　391 页　26 cm　39 元〔复旦大学附属中学"大视野"教育书系〕(F. P.)

06786　309 - 02740

高考物理冲刺

上海中学物理组编写　2000 年　136 页　29 cm　12 元 (P.)

06787　309 - 10449

物理

本书编写组编写　2014 年　191 页　26 cm　23 元〔直击 A 级——高中学业水平考试〕(G. F. P.)

06788　309 - 02748

中考物理冲刺

上海中学物理组编写　2000 年　136 页　29 cm　11 元 (P.)

06789　309 - 03521

重点高中学科指导 化学

郑胤飞编　2003 年　160 页　26 cm　17 元 (G. P.)

06790　309 - 00394

高中化学课堂练习 上册

毛应铎等编　1989 年　141 页　19 cm　1.45 元 (G.)

06791　309 - 00395

高中化学课堂练习 下册

毛应铎等编　1989 年　190 页　19 cm　1.84 元 (G.)

06792　309 - 02262

高中奥林匹克化学初级竞赛示例

郑胤飞编著　1999 年　262 页　20 cm　12.50 元 (G. P.)

06793　309 - 03049

高中奥林匹克化学初级竞赛示例

郑胤飞编　2002 年　400 页　21 cm　18 元 (P.)

06794　309 - 02749

中考化学冲刺

吴峥编　2001 年　156 页　26 cm　13.50 元 (P.)

06795　309 - 01586

重点高中学科训练 化学

复旦大学附属中学编　1996 年　1998 年第 2 版　230 页　26 cm　15.50 元 (G. P.)

06796　309 - 08353

高中化学提升阅读 进入国内外一流大学的阶梯

贺霞惠　王运生主编　2011 年　251 页　26 cm　35 元〔复旦大学附属中学"大视野"教育书系　郑方贤　王德耀总主编〕(G. P.)

06797　309 - 02741

高考化学冲刺

陈基福编　2001 年　164 页　29 cm　13.50 元 (P.)

06798　309 - 09588

化学 直击 A 级——高中学业水平考试

本书编写组编写　2013 年　180 页　26 cm　22 元 (F. P.)

06799 309-10353

生命科学

本书编写组编写 2014年 187页 26 cm 24元〔直击A级——高中学业水平考试〕(G. F. P.)

06800 309-12942

生命科学

本书编写组编写 2017年 第2版 257页 26 cm 48元〔直击A级——高中学业水平考试〕(G. F. P.)

06801 7253.004

中学生理卫生辅导提要

复旦大学附属中学生物教研组编 1982年 87页 19 cm 0.26元 (G.)

06802 309-07346

高中生科学研究入门

吴小新 杨士军主编 2010年 修订版 157页 26 cm 20元〔复旦大学附属中学"大视野"教育书系 郑方贤 王德耀总主编〕(G. P.)

06803 309-12439

高中生科学研究入门

杨士军主编 2016年 第3版 185页 26 cm 25元 (G. F. P.)

06804 309-09031

钱沛云写字等级考试规范字帖 毛笔书写 中小学

钱沛云书 2012年 81页 26 cm 15元 (G. P.)

06805 309-09012

钱沛云写字等级考试规范字帖 硬笔书写 小学一级

钱沛云书 2012年 79页 26 cm 15元 (G. P.)

06806 309-09030

钱沛云写字等级考试规范字帖 硬笔书写 初中二级

钱沛云书 2012年 79页 26 cm 15元 (G. P.)

06807 309-09032

钱沛云写字等级考试规范字帖 硬笔书写 高中

钱沛云书 2012年 79页 26 cm 15元 (G. P.)

06808 309-10451

新课标中学生写字达标手册

魏秋芳主编 2014年 500页 22 cm 36元 (G. F. P.)

06809 309-13318

教师基本技能测试大纲

郑大贵主编 2017年 216页 21 cm 18元〔弘教系列教材〕(G. F. P.)

06810 309-06649

五项修炼与教师发展 转变教师思维方式的艺术与技巧

李金巧主编 2010年 153页 21 cm 15元 (G. F. P.)

06811 309-02360

中学生生活导引

陈洪主编 1999年 243页 20 cm 12元〔中学生和家长必读〕(G. P.)

06812 5627-0212

和少年朋友谈文化生活

郭涵业 沈家祺主编 1994年 215页 19 cm 3.50元 (G. F.)

06813 309-14017
"玩"转社团有门道 上海市控江中学社团课程化实践探索
姜明彦 顾炜主编 2018年 133页 26 cm 75元 (G. F. P.)

06814 309-01345
中学生眼中的大千世界 青少年自我修养 ABC
杨云棠主编 1994年 224页 20 cm 4.50元 (G.)

06815 309-01877
暑假两个月 初一—初二
复旦大学附属中学等编 1997年 26 cm 15元 ( )

06816 309-01741
暑假两个月 初二—初三
上海教育电视台编 1996年 26 cm 15元 ( )

06817 309-01742
暑假两个月 高二—高三
上海教育电视台编 1996年 152页 26 cm 涂塑 15元 (P.)

06818 309-12302
家长,没有编制的教师 家校合作教育中"家长义工制"的实践与研究
瞿丽红主编 2016年 247页 26 cm 39元 (G. F. P.)

06819 309-03167
校园信息化规划、管理及案例
毛叔平主编 2002年 176页 26 cm 29元 〔领航——校园信息化丛书〕(G. F. P.)

06820 309-11988
创新成就校长
张志敏主编 2015年 292页 23 cm 48元 (G. F. P.)

06821 309-00950
学校教导管理
杨成主编 1992年 375页 20 cm 4.90元 (G.)

06822 309-01132
学校教导管理
杨成主编 1992年 375页 21 cm 10元 (F.)

06823 309-06235
学校安全管理
陈珍国编著 2008年 325页 23 cm 30元 (G. F. P.)

06824 309-14417
格风致韵
闵红 陶世华编著 2019年 210页 21 cm 48元 (F.)

06825 309-07997
寻梦复旦园
陈璟浩编著 2011年 249页 22 cm 26元 〔文化主题轴综合课程系列教材〕(G. F. P.)

06826 309-12627
两岸同胞共同文化追求的见证 上海市进才中学口述历史
赵国弟主编 2016年 197页 26 cm 60元 (G. F. P.)

06827 309-07620
六十,金色的回忆 复旦大学附属中学校友感思录
郑方贤 王德耀 谢应平主编 2010年 261页 24 cm 36元 (G. F. P.)

高等教育

06828 309-13463
大学的道与治
赖明谷著 2017年 277页 21 cm 25元
(G. F. P.)

06829 309-10192
博雅教育
杨福家等著 2014年 215页 22 cm 35元
(F. P.)

06830 309-10931
博雅教育
杨福家等著 2014年 第2版 259页 22 cm 精装 49元 (G. F. P.)

06831 309-11806
博雅教育
杨福家等著 2015年 第3版 297页 23 cm 精装 65元 (G. F. P.)

06832 309-12888
博雅教育
杨福家等著 2017年 第4版 331页 23 cm 精装 75元 (G. F. P.)

06833 309-05251
高校信息化的规划与评价
张成洪著 2006年 227页 23 cm 29元
(G. F. P.)

06834 309-15099
地方高校应用型人才培养的研究与实践
蔡明山著 2020年 212页 24 cm 48元
(G. F. P.)

06835 309-03578
高等教育学
杜作润 廖文武编 2003年 237页 20 cm 12元〔21世纪复旦大学研究生教学用书〕(G. F. P.)

06836 309-03938
大航海时代 大学生学术科技创新
王宏舟主编 2004年 149页 21 cm 10元〔大学生素质拓展教育指导丛书〕(G. F. P.)

06837 309-05472
高等教育管理引论
熊庆年编著 2007年 274页 23 cm 30元〔21世纪复旦大学研究生教学用书〕(G. F. P.)

06838 309-10258
包容与互洽 产学研合作中政府与市场作用机制研究
张晖明 张亮亮著 2014年 246页 21 cm 精装 32.80元 (G. F. P.)

06839 309-02572
高等教育系统分析 高等教育结构、规模、质量、效益的系统观
赵文华著 2000年 287页 20 cm 14.50元〔上海市社会科学博士文库 第二辑〕(G. F. P.)

06840 309-07554
大学生人文与科学素质教育读本 高职高专版
邹渝 刘明华主编 2010年 297页 23 cm 29.80元 (G. P.)

06841 309-11867
大学文化视野中的校园广告
王淑芹 刘月著 2016年 194页 21 cm 30元〔人文系列〕(G. F.)

06842 309-08704

文化育人之道
萧思健 周晔主编 2012年 267页 22 cm 28元〔人文学术〕(G. F.)

06843 309-03952
呼吸青春 拥抱阳光 校园文化艺术 Follow me
赵扬主编 2004年 200页 21 cm 10元〔大学生素质拓展教育指导丛书〕(G. F. P.)

06844 309-08423
创新与创业教育 理论与实践探索
陈敬良 魏景赋 李琴主编 2012年 221页 22 cm 25元 (G. F. P.)

06845 309-09118
理念、设计与实践 本科教学与人才培养创新研究
上海师范大学法政学院编 2012年 277页 21 cm 25元 (G. F. P.)

06846 309-01564
思想道德修养
陈杰主编 1995年 272页 20 cm 8.80元〔上海市高等专科学校通用教材〕(G. F.)

06847 309-01378
大学生活导论
董雅华 秦义龙主编 1994年 174页 20 cm 4.70元〔大学德育系列教材〕(G. F.)

06848 309-10011
思想政治教育学科自觉与科学化研究
董雅华 徐蓉主编 2013年 235页 23 cm 35元 (G. F. P.)

06849 309-08743
高校思想政治理论课教学方法研究
顾钰民主编 2012年 232页 23 cm 28元 (G. F. P.)

06850 309-13480
讲好当代中国主旋律 党中央治国理政新理念新思想新战略融入思政课教学研究
顾钰民 郎秀云 严金强主编 2018年 254页 23 cm 42元〔复旦大学马克思主义学院教学研究系列丛书〕(G. F. P.)

06851 309-12742
讲好当代中国主旋律 总书记系列重要讲话、五大发展理念融入思政课教学研究
顾钰民 张济琳主编 2017年 236页 23 cm 38元〔复旦大学马克思主义学院教学研究系列丛书〕(G. F. P.)

06852 309-06502
上海高校思想政治理论课教师队伍建设研究报告
胡涵锦主编 2009年 362页 21 cm 20元〔上海高校思想政治理论课建设研究丛书〕(G. F. P.)

06853 309-00315
高校改革与思想工作
林克著 1989年 183页 20 cm 2.50元 (G. F.)

06854 309-03951
我心飞翔 大学生思想政治与道德修养
倪颖主编 2004年 173页 21 cm 10元〔大学生素质拓展教育指导丛书〕(G. F. P.)

06855 309-12382
大学生安全教育
祁艮治主编 2016年 311页 26 cm 48元〔普通高等学校"十二五"精品规划教材〕(G. P.)

06856 309-00825
春晖寸草 复旦大学90级学生军政训练纪实

秦莉萍主编 1992年 316页 19 cm 5.80元 (G. F.)

06857 309-01759
大学生人生道德引论
邱柏生 张济顺主编 1996年 263页 20 cm 12元〔大学德育系列教材〕(G. F. P.)

06858 309-03657
新编大学德育
邱伟光 张云主编 2003年 297页 23 cm 26元〔复旦博学·大学通用基础教材系列〕(G. F. P.)

06859 309-13735
当代大学生马克思主义信仰教育研究
宋敏娟著 2018年 222页 21 cm 26元 (G. F. P.)

06860 309-10717
最好的时光
王栋梁编 2014年 260页 19 cm 22元 (P.)

06861 309-01003
超越迷惘 大学生人生问题百思集
王荣华主编 1993年 306页 20 cm 7.70元 (G.)

06862 309-09550
大学生思想政治理论教育读本
王瑞祥 李贺文主编 2013年 359页 23 cm 42元〔21世纪独立学院应用型创新人才培养系列规划教材〕(G. F. P.)

06863 309-08341
大学生思想政治理论课实践教育
王瑞祥 赵迎新 李贺文主编 2011年 504页 21 cm 40元〔21世纪独立学院应用型创新人才培养系列规划教材〕(G. F. P.)

06864 309-09209
大学生思想政治理论课实践教育记录手册
王瑞祥 李贺文编 2012年 76页 26 cm 15元〔21世纪独立学院应用型创新人才培养系列规划教材〕(G. F. P.)

06865 309-04190
创新中的足迹 大学生思想政治教育工作巡礼
翁铁慧主编 2004年 402页 23 cm 39元〔大学生思想政治工作理论与实践丛书〕(G. F. P.)

06866 309-04208
思考中的前行 大学生思想政治教育工作探索
翁铁慧主编 2004年 243页 23 cm 26元〔大学生思想政治工作理论与实践丛书〕(G. F. P.)

06867 309-00907
大学新生导引
夏东民主编 1992年 275页 19 cm 3.80元 (G.)

06868 309-00181
大学生成才修养
徐长松主编 1988年 281页 19 cm 3元 (G. F.)

06869 309-00653
大学生思想政治工作100例
张德明主编 1991年 251页 20 cm 4元 (G. F.)

06870 309-01301
大学思想道德修养
中共上海市教育卫生工作委员会 上海市高等教育局组编 1993年（1994年重

06871 309-09585

探索与创新 上海理工大学思想政治教育论文集

施小明 叶磊主编 2013年 281页 22 cm 28元 (G. F. P.)

06872 309-11233

青年学生社会主义核心价值观的培育和践行 基于多元文化的视角

刘顺厚著 2015年 256页 21 cm 28元〔社科系列〕(G. F. P.)

06873 309-05894

形势与政策教育简明读本

王晓三 孟昭学 郑文娟主编 2008年 152页 21 cm 11.80元〔大学生思想政治教育教材〕(G. F. P.)

06874 309-06517

形势与政策教育简明读本

王晓三 尹燕萍 庄园主编 2009年 第2版 187页 21 cm 12.60元〔大学生思想政治教育教材〕(G. F. P.)

06875 309-07134

形势与政策教育简明读本

王晓三 尹燕萍 庄园主编 2010年 第3版 196页 21 cm 12.60元〔大学生思想政治教育教材〕(G. F. P.)

06876 309-07977

形势与政策教育简明读本

王晓三 尹燕萍 庄园主编 2011年 第4版 196页 21 cm 12.60元〔大学生思想政治教育教材〕(G. F. P.)

06877 309-09540

形势与政策教育简明读本

王晓三 尹燕萍 庄园主编 2013年 第5版 197页 21 cm 12.60元〔大学生思想政治教育教材〕(G. F. P.)

06878 309-04554

大学生思想道德修养案例解读

陈金华主编 2005年 289页 23 cm 25元 (G. F. P.)

06879 309-10164

《思想道德修养与法律基础》难点解析

陈金华主编 2014年 266页 23 cm 35元〔复旦大学思想政治理论课教学改革丛书〕(G. F. P.)

06880 309-14635

成人之思 与大学生谈人的修养

肖能著 2020年 184页 21 cm 35元 (G. F. P.)

06881 309-08219

《思想道德修养与法律基础》教学案例评析

杨丽斌主编 2011年 142页 23 cm 15元 (G. F. P.)

06882 309-10898

《思想道德修养与法律基础》教学案例评析

杨丽斌主编 2014年 第2版 206页 22 cm 20元 (G. F. P.)

06883 309-06549

思想道德修养与法律基础教学论

余玉花主编 2009年 341页 21 cm 24元〔上海高校思想政治理论课建设研究丛书〕(G. F. P.)

06884 309-11086

混合式教学模式 高校共享课程的新探索

陈建新等著 2014年 315页 21 cm 42元

文化、科学、教育、体育·教育　499

(G. F. P.)

06885　309-05807
名师 名课 名教材 复旦大学本科教学成果巡礼
王颖主编　2007年　326页　26 cm　68元
(G. F. P.)

06886　309-11747
卓越的大学教学 建构教与学的一致性
(澳)约翰·比格斯(John Biggs)(澳)凯瑟琳·唐(Catherine Tang)著　王颖 丁妍 高洁译　2015年　269页　27 cm　42元〔复旦高校教师发展译丛〕(G. F. P.)

06887　309-03408
高等教育评价方法研究
张远增著　2002年　351页　20 cm　21元〔上海市社会科学博士文库 第四辑〕
(G. F. P.)

06888　309-06491
大学：为了学生与社会
蔡达峰著　2009年　356页　23 cm　36元
(G. F. P.)

06889　309-05823
地方本科院校创办优质教育的探索与实践
刘力著　2007年　353页　21 cm　30元 (G. F. P.)

06890　309-10457
改革·探索·创新·发展 三亚学院教学改革研究论文集(2010年度)
王勋铭主编　2014年　210页　29 cm　35元
(G. F. P.)

06891　309-10478
改革·探索·创新·发展 三亚学院教学改革研究论文集(2011年度)
王勋铭主编　2014年　215页　29 cm　35元
(G. F. P.)

06892　309-10461
改革·探索·创新·发展 三亚学院教学改革研究论文集(2012年度)
王勋铭主编　2014年　208页　29 cm　35元
(G. F. P.)

06893　309-10763
改革·探索·创新·发展 三亚学院教学改革研究论文集(2013年度)
王勋铭主编　2014年　252页　29 cm　42元
(G. F. P.)

06894　309-10775
改革·探索·创新·发展 三亚学院教学改革研究论文集(2014年度)
王勋铭主编　2014年　238页　29 cm　40元
(G. F. P.)

06895　309-09501
畔溪闻道 叶志明大学教育论集
叶志明著　2013年　168页　23 cm　28元
(G. F. P.)

06896　309-07542
高校教材管理实务
孙雪亮编著　2010年　335页　22 cm　28元
(G. F. P.)

06897　309-12608
高校教学中的混合式学习 框架、原则和指导
(加) D.兰迪·加里森(D. Randy Garrison)(加)诺曼·D.沃恩(Norman D. Vaughan)著　丁妍 高亚萍译　2019年　125页　26 cm　35元〔复旦高校教师发展译丛〕(G. F. P.)

06898　309-14117
开启团队合作学习模式
(加)吉姆·锡布利(Jim Sibley)等著　王颖 韩寻译　2020年　144页　26 cm　39

元 (G. F. P.)

06899 309-03982

走出去,撑起一片蓝天 大学生社会实践与志愿服务

樊娟主编 2004年 187页 21 cm 10元〔大学生素质拓展教育指导丛书〕(F. P.)

06900 309-11480

阐释学生的成功 学生事务学习和发展的结果导向型评估实用指南

(美)Marilee J. Bresciani (美)Megan Moore Gardner (美)Jessica Hickmott 著 赵强等译 2015年 170页 23 cm 30元〔海外学生工作丛书〕(G. F.)

06901 7253.005

怎样学好大学文科 专家学者治学经验谈

郭绍虞著 1982年 238页 19 cm 0.82元 (G. F.)

06902 309-05710

学会学习 大学生学业导航

唐代兴 马恒东 赖先朴主编 2007年 348页 21 cm 19元 (G. F. P.)

06903 309-08942

大学学习学

张润泽 荆光辉编著 2013年 226页 23 cm 29元〔普通高等学校"十二五"精品规划教材〕(G. P.)

06904 7253.012

1984年(上半年)上海市高等教育自学考试试题及答案要点 理工、财经分册

上海市高等教育自学考试委员会办公室编 1985年 173页 19 cm 0.68元 (G. F.)

06905 7253.011

1984年(上半年)上海市高等教育自学考试试题及答案要点 文科、外语分册

上海市高等教育自学考试委员会办公室编 1984年 192页 19 cm 0.68元 (G. F.)

06906 7253.015

1984年(下半年)上海市高等教育自学考试试题及答案要点 文科、外语分册

上海市高等教育自学考试委员会办公室编 1985年 220页 19 cm 0.80元 (G. F.)

06907 7253.018

上海市高等教育自学考试统计专业课程试题和答案要点

上海市高等教育自学考试委员会办公室编 1986年 407页 19 cm 1.70元 (G. F.)

06908 309-13679

管理类联考逻辑应试技巧攻略

潘杰编著 2018年 198页 26 cm 30元〔管理类联考(MBA、MPA、MPACC、MAUD、MEN等)及经济类联考(396科目、金融、税务、保险等)适用〕(G. P.)

06909 309-14168

管理类联考逻辑应试技巧攻略

潘杰编著 2019年 第2版 213页 26 cm 33元〔管理类联考(MBA、MPA、MEM、EMBA、MTA、MPAcc、MAud、MLIS)及经济类联考(396科目:金融、税务、保险等)适用 2020版〕(G. F. P.)

06910 309-14958

管理类联考逻辑应试技巧攻略

潘杰编著 2020年 第3版 257页 26 cm

39.80元〔管理类联考(199科目：MBA、MPA、MPAcc、审计、工程管理、旅游管理、图书情报、高级工商管理)经济类联考(396科目：金融、应用统计、税务、国际商务、保险、资产评估)2021版〕(G. P.)

06911 309-05436

MBA、MPA、MPAcc、GCT逻辑题典 真题分类精解与模拟试题

周建武主编 2007年 614页 26 cm 58元〔全国在职硕士联考逻辑辅导丛书〕(G. F. P.)

06912 309-05437

MBA、MPA、MPAcc、GCT逻辑推理 高效思维技法与训练指导

周建武 武宏志主编 2007年 439页 26 cm 48元〔全国在职硕士联考逻辑辅导丛书〕(G. F. P.)

06913 309-10829

MBA、MPA、MPAcc管理类联考综合能力全程一本通

全国管理类硕士研究生入学考试命题研究中心组编 2014年 331页 26 cm 39元〔复旦大学管理类硕士联考指定用书〕(G. F. P.)

06914 309-12444

MBA、MPA、MTA、MPAcc管理类联考 逻辑分册

全国管理类硕士研究生入学考试命题研究中心组编 2016年 247页 26 cm 29元〔复旦大学管理类硕士联考指定用书〕(G. F. P.)

06915 309-13678

MBA、MPA、MTA、MPAcc管理类联考 逻辑分册

全国管理类硕士研究生入学考试命题研究中心组编 2018年 第2版 286页 26 cm 39元 (G. F. P.)

06916 309-12265

MBA、MPA、MTA、MPAcc管理类联考 数学分册

全国管理类硕士研究生入学考试命题研究中心组编 2016年 213页 26 cm 29元〔复旦大学管理类硕士联考指定用书〕(G. F.)

06917 309-15091

管理类联考综合大纲解析人刷经典题系列 数学篇

汪学能 舒红主编 2020年 156页 26 cm 32元 (G. P.)

06918 309-13680

MBA、MPA、MTA、MAPcc管理类联考 数学习题集

殷玖利 黄诗亮编 2018年 116页 26 cm 22元 (G. P.)

06919 309-11846

MBA面试高分秘籍

关昊著 2016年 253页 21 cm 25元 (G. F. P.)

06920 309-02859

MBA联考300分奇迹 语文分册

李鸿杰编著 2001年 第2版 304页 20 cm 17元 (G. F.)

06921 309-03338

MBA联考300分奇迹 语文分册

李智忠编著 2002年 第3版 225页 25 cm 22元 (G. F.)

06922 309-03900

MBA 联考 300 分奇迹 2005 年 MBA 联考习题精编 管理模拟试卷

李培煊等编著 英语模拟试卷 张磊等编著 综合能力模拟试卷 李永乐等编著 2004 年 3 册 24 cm 全套 68 元（G.F.）

06923 309-03753

MBA 联考 300 分奇迹 2004 年全国工商管理硕士研究生入学考试模拟试卷 管理模拟试卷

邱明等编著 英语模拟试卷 王建华等编著 综合能力模拟试卷 李永乐等编著 2003 年 228 页 25 cm 全套 100 元（G.F.P.）

06924 309-03896

MBA 联考 300 分奇迹 写作分册

李智忠编著 2005 年 第 6 版 163 页 25 cm 24 元（G.）

06925 309-04947

MBA 联考 300 分奇迹 写作分册

李智忠编著 2006 年 第 7 版 163 页 24 cm 24 元（G.）

06926 309-02568

MBA 联考 300 分奇迹 语文与逻辑分册

李智忠 周建武编著 2000 年 413 页 20 cm 22 元（G.F.）

06927 309-02887

MBA 联考 300 分奇迹 管理分册

刘宁编著 2001 年 第 2 版 447 页 20 cm 25 元（G.F.）

06928 309-03340

MBA 联考 300 分奇迹 管理分册

刘宁编著 2002 年 第 3 版 291 页 25 cm 28 元（G.F.P.）

06929 309-02570

MBA 联考 300 分奇迹 管理分册

王新超编著 2000 年 378 页 20 cm 21 元（G.F.）

06930 309-03898

MBA 联考 300 分奇迹 管理分册 2005

周毕文 余俊生编著 2004 年 第 5 版 398 页 24 cm 39 元（G.）

06931 309-02569

MBA 联考 300 分奇迹 英语分册

施平编著 2000 年 351 页 20 cm 18 元（G.F.）

06932 309-03337

MBA 联考 300 分奇迹 英语分册

施平 伍键编著 2002 年 第 3 版 350 页 26 cm 54 元（G.F.P.）

06933 309-02869

MBA 联考 300 分奇迹 英语分册 笔试部分

施平编著 2001 年 第 2 版 380 页 20 cm 21 元（G.F.P.）

06934 309-02951

MBA 联考 300 分奇迹 英语分册 听力部分

伍键编 2001 年 第 2 版 116 页 20 cm 22 元（P.）

06935 309-03895

MBA 联考 300 分奇迹 英语分册

张能彦编著 2004 年 412 页 24 cm 59.80 元（P..）

06936 309-04946

MBA 联考 300 分奇迹 英语分册

张能彦编著 2006 年 第 7 版 407 页 25 cm

39元 (G. F.)

06937 309-02567

MBA联考300分奇迹 数学分册

尤承业等编著 2000年 491页 20 cm 26元 (G. F.)

06938 309-02881

MBA联考300分奇迹 数学分册

尤承业等编著 2001年 第2版 486页 20 cm 27元 (G. F.)

06939 309-03341

MBA联考300分奇迹 数学分册

尤承业等编著 2003年 第3版 395页 25 cm 39元 (G. F. P.)

06940 309-03899

MBA联考300分奇迹 数学分册

尤承业等编著 2004年 第5版 390页 24 cm 39元 (P..)

06941 309-04414

MBA联考300分奇迹 兼作MBA、MPA、MPAcc、GCT解题指导 逻辑真题分类精解

周建武编著 2005年 395页 25 cm 39元 (G. F. P.)

06942 309-04949

MBA联考300分奇迹 兼作MBA、MPA、MPAcc、GCT解题指导 逻辑真题分类精解

周建武编著 2006年 第2版 411页 25 cm 39元 (G. F. P.)

06943 309-02872

MBA联考300分奇迹 逻辑分册

周建武编著 2001年 第2版 342页 20 cm 19元 (G. F.)

06944 309-03339

MBA联考300分奇迹 逻辑分册

周建武编著 2002年 第3版 407页 25 cm 39元 (G. F. P.)

06945 309-03897

MBA联考300分奇迹 逻辑分册

周建武编著 2004年 第5版 340页 24 cm 35元 (P..)

06946 309-04442

MBA联考300分奇迹 逻辑分册

周建武 程志伟编著 2005年 第6版 450页 25 cm 39元 (G. F. P.)

06947 309-04948

MBA联考300分奇迹 逻辑分册

周建武 王更新编著 2006年 第7版 422页 25 cm 39元 (G. F. P.)

06948 309-02952

2002年金融学硕士研究生招生联考金融学考试大纲

金融学硕士研究生招生联考指导小组编 2001年 363页 20 cm 23元 (G. F. P.)

06949 309-07494

我国高校研究生培养模式研究 从单一走向双元模式

胡玲琳著 2010年 277页 21 cm 20元 (G. F. P.)

06950 309-14654

读研究生,你准备好了吗?

彭慧胜著 2019年 226页 21 cm 35元 (G. F. P.)

06951 309-14293

管理类联考写作应试技巧攻略

靳连冬编著 2019年 124页 26 cm 25元

〔管理类联考（MBA、MPA、MEM、EMBA、MTA、MPAcc、MAud、MLIS）及经济类联考（396科目：金融、税务、保险等）适用〕(G. F. P.)

06952 309-14955
管理类联考数学应试技巧攻略
邹舒主编 2020年 198页 26 cm 36元 〔管理类联考（199科目：MBA、MPA、MPAcc、审计、工程管理、旅游管理、图书情报、高级工商管理）〕(G. P.)

06953 309-04268
鉴往思来 研究生教育创新的探索与实践
廖文武编著 2005年 434页 21 cm 22元 (G. F. P.)

06954 309-06515
探寻研究生教育的岁月 恢复研究生教育30年
廖文武 刁承湘主编 2009年 722页 23 cm 70元 (G. F. P.)

06955 309-10925
名师教案 写作分册
陈功主编 2014年 227页 26 cm 28元 〔MBA辅导复旦名师精讲系列〕(G. F. P.)

06956 309-10758
名师教案 数学分册
陈开明 颜冬主编 2014年 252页 25 cm 35元 〔MBA辅导复旦名师精讲系列〕(G. F. P.)

06957 309-10875
名师教案 词汇分册
许燕主编 2014年 362页 25 cm 46元 〔MBA辅导复旦名师精讲系列〕(G. F. P.)

06958 309-06590
2010年全国硕士研究生入学考试历年真题精解 英语分册
成芬 董亮主编 2009年 219页 26 cm 28元 〔2010年全国硕士研究生入学考试辅导用书〕(G. F. P.)

06959 309-06571
2010年全国硕士研究生入学考试辅导教程 数学分册
黄艳萍 孙璇 童武主编 2009年 461页 26 cm 49元 〔2010年全国硕士研究生入学考试辅导用书〕(G. F. P.)

06960 309-06498
2010年全国硕士研究生入学考试辅导教程 数学分册（经济类）
黄艳萍 孙璇 童武主编 2009年 413页 26 cm 49元 〔2010年全国硕士研究生入学考试辅导用书〕(G. F. P.)

06961 309-06587
2010年全国硕士研究生入学考试历年真题精解 数学一
黄艳萍 孙璇 童武主编 2009年 243页 26 cm 25元 〔2010年全国硕士研究生入学考试辅导用书〕(G. F. P.)

06962 309-06617
2010年全国硕士研究生入学考试历年真题精解 数学二
黄艳萍 孙璇 童武主编 2009年 223页 26 cm 23元 〔2010年全国硕士研究生入学考试辅导用书〕(G. F. P.)

06963 309-06597
2010年全国硕士研究生入学考试历年真题精解 数学三
黄艳萍 孙璇 童武主编 2009年 255页

26 cm 25元〔2010年全国硕士研究生入学考试辅导用书〕(G. F. P.)

06964 309-04149
GCT新奇迹 逻辑应试教程
周建武 马大力编著 2004年 384页 25 cm 39元〔2004硕士专业学位研究生入学资格考试〕(G. F. P.)

06965 309-04143
GCT新奇迹 语文应试教程
陈志伟 李智忠编著 2004年 386页 26 cm 39元〔2004硕士专业学位研究生入学资格考试〕(G. F. P.)

06966 309-04142
GCT新奇迹 英语应试教程
张能彦等编著 2004年 358页 26 cm 39元〔2004硕士专业学位研究生入学资格考试〕(G. F. P.)

06967 309-04129
GCT新奇迹 数学应试教程
李为东 王婴编著 2004年 293页 26 cm 39元〔2004硕士专业学位研究生入学资格考试〕(G. F. P.)

06968 309-06798
2010年全国硕士研究生入学考试辅导教程 政治分册
周海波 马小燕 苗红仪主编 2009年 504页 26 cm 50元〔2010年全国硕士研究生入学考试辅导用书〕(G. F. P.)

06969 309-06610
2010年全国硕士研究生入学考试历年真题精解 政治分册
周海波 马小燕 苗红仪主编 2009年 221页 26 cm 22元〔全国硕士研究生入学考试辅导用书〕(G. F. P.)

06970 309-00739
美国和苏联学位制度比较研究 兼论中国学位制度
郭玉贵著 1991年 474页 20 cm 6.60元 (G. F.)

06971 309-11701
中国近代博士教育史 以震旦大学法学博士教育为中心
王伟著 2015年 308页 24 cm 58元 (G. F. P.)

06972 309-13749
研究生学术道德案例教育百例
复旦大学研究生院编 2018年 395页 22 cm 39元 (G. F. P.)

06973 309-12455
研究生学术道德案例教育读本
复旦大学研究生院编 2016年 261页 22 cm 30元 (G. F. P.)

06974 309-14550
研究生学术道德与学术规范百问
复旦大学研究生院编 2019年 297页 22 cm 35元〔研究生学术道德教育系列丛书〕(G. F. P.)

06975 309-14567
研究生学术行为规范读本
复旦大学研究生院编 2019年 第2版 268页 22 cm 30元〔研究生学术道德教育系列丛书〕(G. F. P.)

06976 309-10951
研究生学术行为规范读本
"上海在读研究生学术行为规范研究"课题组编写 2014年 224页 22 cm 25元

(G. F. P.)

06977 309-04267
挑战"挑战杯"
翁铁慧主编 2005年 170页 21 cm 16元
(G. F. P.)

06978 309-01984
跨越边界 复旦学子走向国际学术舞台纪实
俞吾金主编 1998年 486页 20 cm 20元
(G. F. P.)

06979 309-02113
高校师资工作文集 第11集
全国部分高校师资工作联络会 高校师资工作文集编辑部编 1998年 387页 20 cm 25元 (G. F. P.)

06980 309-02377
高校师资工作文集 第12集
全国部分高校师资工作联络会 高校师资工作文集编辑部编 1999年 376页 20 cm 25元 (G. F.)

06981 309-02670
高校师资工作文集 第13集
沈兰芳主编 2000年 172页 20 cm 25元 ( )

06982 309-08528
回顾与瞻望 辅导员队伍"再建设"初探
燕爽主编 2011年 146页 22 cm 16元
(G. F. P.)

06983 309-11446
学生服务 高校学生工作手册
(美)John H. Schuh(美)Susan R. Jones(美)Shaun R. Harper 等著 徐瑾等译 2015年 611页 23 cm 78元〔海外学生工作丛书〕(G. F. P.)

06984 309-11443
学生事务与服务的国际化 一种新兴的全球观念
(美)Kenneth J. Osfield 等著 方明等译 2015年 518页 23 cm 68元〔海外学生工作丛书〕(G. F. P.)

06985 309-11481
开始你的旅程 学生工作者从业指南
(美)Marilyn J. Amey(美)Lori M. Reesor 著 薛海霞等译 2015年 246页 23 cm 48元〔海外学生工作丛书〕(G. F. P.)

06986 5627-0035
医学生成才修养
陈钟光主编 1989年 146页 19 cm 1.20元
(G.)

06987 309-03983
打开一扇窗 自己往外看 解码社团情结、学生干部、社会兼职
何雅主编 2004年 175页 21 cm 10元〔大学生素质拓展教育指导丛书〕(G. F. P.)

06988 309-06750
大学之门 由此开启
陆丹主编 2009年 86页 18 cm 10元〔三亚学院"311"人才培养·健康人格丛书·入学篇 陆丹主编〕(G. F. P.)

06989 309-12705
大学生礼仪修养
潘岳生主编 2017年 118页 26 cm 28元〔普通高等学校"十三五"精品规划教材〕(G. P.)

06990 309-03806
上海大学生发展报告 2002—2003
翁铁慧 于海主编 2003年 151页 26 cm

16 元 (G. F. P.)

06991 309-06176
艰难的选择 市场经济背景下的高校组织演化
吴宏翔著 2008 年 218 页 21 cm 22 元 (G. F. P.)

06992 7253.009
大学管理概论
余立主编 1985 年 424 页 20 cm 2.05 元 (G.)

06993 309-05403
管理管理学院
郑祖康著 2007 年 103 页 21 cm 15 元 (G. F. P.)

06994 309-10115
继承与创新 上海师范大学爱心学校校长札记
王莲华主编 2013 年 302 页 23 cm 35 元 (G. F. P.)

06995 309-10976
大学管理报告 三亚学院大学管理论文集
王勋铭主编 2014 年 329 页 29 cm 68 元 (G. F. P.)

06996 309-07401
赢在自主招生 50 位获胜者教你如何有效备战自主招生
任天主编 2010 年 314 页 21 cm 25 元 (G. P.)

06997 309-08596
大学生职业生涯规划与发展
包惠珍等主编 2012 年 222 页 21 cm 18 元 (G. F. P.)

06998 309-08432
创业 50 位上海理工大学毕业生的创业历程
车丽萍编著 2012 年 244 页 21 cm 26 元 (G. F. P.)

06999 309-09094
大学生职业生涯规划
陈浩明 孙晓虹 吕京宝主编 2012 年 256 页 23 cm 30 元 (G. F. P.)

07000 309-09145
燕曦寻径,迈进成功之门 复旦毕业生生涯规划与求职案例集
陈立民主编 2012 年 238 页 22 cm 25 元 (G. F. P.)

07001 309-06001
大学生职业生涯发展与管理
陈敏主编 2008 年 366 页 21 cm 25 元 (G. F. P.)

07002 309-13208
大学生职业生涯规划
初宇平 王琳 顾海川主编 2017 年 262 页 26 cm 49 元〔普通高等学校"十三五"精品规划教材〕(G. P.)

07003 309-11757
大学生职业生涯导论
高红霞 陈敏云 皮凤英编著 2015 年 291 页 26 cm 39 元 (G. F. P.)

07004 309-13867
大学生职业生涯导论
高红霞等编著 2018 年 第 2 版 300 页 26 cm 48 元 (G. F. P.)

07005 309-11306
大学生生涯规划与发展
高山川著 2015 年 114 页 24 cm 19.50 元 (G. F. P.)

07006 309-12741

大学生就业指导
黄时祥 俞智慧主编 2016 年 246 页 23 cm 34 元〔弘教系列教材〕(G. F. P.)

07007 309-14682
大学生创业基础
牛淑珍主编 2020 年 245 页 23 cm 38 元 (G. F. P.)

07008 309-14729
大学生职业发展与就业指导
牛淑珍主编 2020 年 265 页 23 cm 42 元 (G. F. P.)

07009 309-08283
医学类学生职业生涯与就业指南
王群 夏文芳主编 2011 年 247 页 23 cm 28 元 (G. F. P.)

07010 309-12761
大学生创业基础 知行合一学创业
吴满琳主编 2017 年 232 页 26 cm 32 元 (G. P.)

07011 309-10249
大学生就业与创业的理论指导
吴雄鹰 姚智军 包惠珍主编 2014 年 235 页 23 cm 26 元 (G. F. P.)

07012 309-08270
大学生就业与创业指导
吴雄鹰等主编 2011 年 184 页 21 cm 15 元 (G. F. P.)

07013 309-05621
大学生职业生涯规划与就业指导
吴亚平主编 2007 年 347 页 27 cm 29 元〔21 世纪普通高等教育应用型规划教材〕(G. F. P.)

07014 309-04901
大学生如何进行生涯规划
许玫 张生妹主编 张谊等编写 2006 年 247 页 23 cm 26 元〔复旦博学·思想政治理论课系列〕(G. F. P.)

07015 309-12932
大学生职业生涯发展与规划
俞智慧 黄时祥主编 2017 年 293 页 23 cm 38 元〔弘教系列教材〕(G. F. P.)

07016 309-10891
大学生职业生涯与发展规划
张桂香等主编 2014 年 271 页 23 cm 28 元 (G. F. P.)

07017 309-06254
大学生职业生涯规划与管理
张乐敏 吴玮 宋丽珍主编 2008 年 337 页 21 cm 25 元 (G. F. P.)

07018 309-07343
大学生就业指南
刘亚辉主编 2010 年 224 页 26 cm 28 元 (P.)

07019 309-06383
坚持科学发展观 构建新型高校后勤保障体系
盛裕良主编 2008 年 251 页 21 cm 20 元 (G. F.)

07020 309-00630
后勤服务与职业道德
王传贵等编著 1991 年 176 页 19 cm 2.50 元 (G. F.)

07021 309-08770
大学的财富管理 从耶鲁到复旦
鲁育宗著 2012 年 190 页 24 cm 38 元

07022 309-03932
健康是金 在大学里拓展身心素质
杨咏梅主编 2004年 170页 21 cm 10元〔大学生素质拓展教育指导丛书〕(G. F. P.)

07023 309-11745
民办大学的理念
陈彦军 陈莎莎主编 2015年 244页 23 cm 35元〔三亚学院学术文丛〕(G. F. P.)

07024 309-07970
民办大学的"出世计划"
陆丹著 2012年 494页 24 cm 58元 (G. F. P.)

07025 309-10902
民办大学的"正常民办" 陆丹谈话录
陆丹著 2014年 567页 24 cm 78元 (G. F. P.)

07026 309-03021
民间高等教育投资的跨学科研究
戚业国著 2001年 322页 20 cm 20元〔上海市社会科学博士文库 第三辑〕(G. F. P.)

07027 309-10892
民办大学研究报告
沈建勇主编 2015年 218页 23 cm 36元〔三亚学院学术文丛〕(G. F. P.)

07028 309-00302
最新赴美奖学金申请指南
美国大学服务中心编 吕慧芳 乔长森译 1990年 344页 21 cm 5.60元 (F.)

07029 309-01082
最新赴美奖学金申请指南
美国大学服务中心编 吕慧芳 乔长森译 1990年(1994年重印) 344页 20 cm 7.50元 (G.)

07030 309-11892
收获二十年
周向峰 王晓国 林芳主编 2015年 181页 21 cm 25元 (G. F. P.)

07031 309-01574
中美日三国高等教育比较研究
强连庆主编 1995年 255页 20 cm 14元 (G. F.)

07032 309-04891
中外大学组织变革
张慧洁著 2005年 252页 21 cm 18元 (G. F. P.)

07033 309-05782
大学教育与科学发展战略研究 理论探索与案例分析
陈家宽著 2007年 484页 23 cm 58元〔21世纪复旦大学研究生教学用书〕(G. F. P.)

07034 309-04906
知识 信仰 现代化 中国政治社会化中的高等教育
董雅华著 2005年 256页 21 cm 18元 (G. F. P.)

07035 309-02236
高等教育发展的理论与中国的实践
房剑森著 1999年 315页 20 cm 16元〔上海市社会科学博士文库 第一辑〕(G. F. P.)

07036 309-14653
2019年上海市区办高校教育质量年度报告

张东平主编 2019 年 149 页 26 cm 29 元 (G. F. P.)

07037 309-10984
中国公立大学法人治理结构研究 以 A 大学为例
张端鸿著 2014 年 316 页 21 cm 28 元 (G. F. P.)

07038 309-00020
复旦大学的改革与探索
复旦大学高等教育研究所编 1987 年 414 页 21 cm 3.10 元 (G. F.)

07039 309-15209
复旦大学"以学为中心"的混合式教学案例集
蒋玉龙主编 2020 年 204 页 26 cm 68 元 〔复旦大学课程教学改革的实践与研究〕(G. F. P.)

07040 309-02836
知识经济与高等教育创新
杨俊一 钱国靖主编 2001 年 306 页 20 cm 25 元 (G. F. P.)

07041 309-05750
制度变迁中的权力博弈 以转型期中国高等教育制度为研究重点
林荣日著 2007 年 454 页 21 cm 28 元 (G. F. P.)

07042 309-11307
中国高等教育制度变迁及创新研究
曾羽著 2015 年 284 页 21 cm 35 元 (G. F. P.)

07043 309-03447
复旦百年 燕曦流芳 复旦大学百年庆典纪念集锦
本书编委会编 2006 年 239 页 23 cm 50 元 (G. F. P.)

07044 309-11692
国务学脉 复旦大学国际关系与公共事务学院老教师访谈口述史
本书编写组编 2015 年 344 页 22 cm 38 元 (G. F. P.)

07045 309-10840
化纤·材料·人生
戴蓉主编 2014 年 239 页 23 cm 32 元 (G. F. P.)

07046 309-05691
上医情怀
刁承湘主编 2007 年 411 页 23 cm 46 元 (G. F. P.)

07047 11253.019
复旦大学志 第 1 卷 1905—1949
复旦大学校史编写组编 1985 年 531 页 20 cm 2.50 元 (G. F.)

07048 309-01534
复旦大学志 第 2 卷 1949—1988
复旦大学校志编写组编 1995 年 803 页 26 cm 60 元 (G. F. P.)

07049 309-04465
复旦大学百年志 1905—2005
《复旦大学百年志》编纂委员会编 2005 年 2 册 29 cm 精装 260 元 (G. F. P.)

07050 309-04466
复旦大学百年纪事 1905—2005
《复旦大学百年纪事》编纂委员会编 2005 年 660 页 29 cm 精装 60 元 (G. F. P.)

07051 309-11408

文化、科学、教育、体育·教育

复旦大学百年纪事续编 2005—2014
《复旦大学百年纪事续编》编纂委员会编 2016年 216页 29 cm 精装 40元 (G. F. P.)

07052 309-05987
抗战时期复旦大学校史史料选编
复旦大学档案馆选编 2008年 260页 21 cm 25元 (G. F. P.)

07053 309-11388
桃李灿灿 黉宫悠悠 复旦上医老校舍寻踪
复旦大学档案馆编著 2015年 196页 23 cm 35元 (G. F. P.)

07054 309-10900
半个世纪的足迹 复旦大学国际政治系建系五十周年纪念文集
复旦大学国际关系与公共事务学院国际政治系编 2014年 333页 21 cm 33元 (G. F. P.)

07055 309-13354
复旦大学上海医学院纪事 2000.4—2012.9
《复旦大学上海医学院纪事》编写组编 2017年 311页 24 cm 78元 (G. F. P.)

07056 309-01306
复旦综览
复旦大学招生办公室编 1994年 228页 19 cm 6.60元 (G. F.)

07057 309-00894
上海市高等教育自学考试复旦大学考生必读
复旦大学自学考试办公室编 2003年 2006年第4版 2007年第5版 2008年第6版 84页 18 cm 4元 (G. F. P.)

07058 309-01880
迈向一流 报刊上的复旦大学
黄岸青等编 1997年 404页 20 cm 15元 (G. F. P.)

07059 11253.004
上海大学史料
黄美真等编 1984年 547页 21 cm 2.20元〔中国近代思想文化史资料丛书〕(G. F.)

07060 309-05483
回首老上医
季为群编著 2007年 193页 23 cm 26元〔复旦大学校史丛书〕(F.)

07061 309-01868
光华灿烂复旦园 大学城的风采和魅力
陆昌祥 刘碧英主编 1997年 355页 20 cm 15元 (G. F.)

07062 309-03587
台湾复旦校友忆母校
彭裕文 许有成主编 2003年 515页 20 cm 30元 (G. F. P.)

07063 309-08491
办学之道 上海理工大学历任领导访问实录
上海理工大学档案馆编 2011年 205页 22 cm 18元 (G. F. P.)

07064 309-04481
上海医科大学纪事 1927—2000
《上海医科大学纪事》编纂委员会编 2005年 396页 29 cm 精装 40元 (G. F. P.)

07065 309-02899
美国文化渗透与近代中国教育 沪江大学的历史
王立诚著 2001年 475页 20 cm 24元〔中美关系研究丛书 21 汪熙主编〕(G. F. P.)

07066 309-04724

复旦杂忆

薛明扬 杨家润主编 2005 年 532 页 23 cm 46 元 (G. F. P.)

07067 309-04755

百年复旦 1905—2005

燕爽主编 2005 年 205 页 27×28 cm 150 元 (G. F.)

07068 309-04693

复旦改变人生

燕爽主编 2005 年 3 册 23 cm 96 元 (G. F. P.)

07069 309-04529

复旦印象

燕爽主编 2005 年 158 页 28×29 cm 精装 280 元 (G. F.)

07070 5627-0404

上海医科大学七十年

姚泰主编 1997 年 439 页 20 cm 精装 47.30 元 (G. F.)

07071 5627-0403

上海医科大学七十年 校友回忆录

孔本瞿主编 1997 年 172 页 20 cm 12.90 元 (G. F.)

07072 309-04854

成功的十年

郑方贤 陈建新 欧阳元煌主编 2006 年 297 页 21 cm 20 元 (G. F. P.)

07073 309-03604

复旦大学

郑方贤主编 2003 年 99 页 25×25 cm 15 元 (G. F. P.)

07074 309-04521

我的阿拉丁神灯,在复旦

郑方贤 徐红主编 2005 年 290 页 21 cm 18 元 (F. P.)

07075 309-07558

十年铸剑 我的办学心路与感悟

周星增著 2010 年 253 页 22 cm 25 元 (G. F. P.)

07076 309-15005

曦园星光 史苑留芳 复旦大学历史学系建系九十五周年纪念文集

余子道主编 2020 年 515 页 24 cm 精装 180 元 (G. F. P.)

07077 309-14571

复旦大学法学院历史图片集 百年法律教育珍档

王伟主编 2019 年 175 页 29 cm 精装 158 元 (G. F.)

07078 309-09404

协力促改革 秦绍德同志在复旦大学的讲话

秦绍德著 2013 年 506 页 23 cm 60 元 (G. F. P.)

07079 309-09405

同心谋发展 王生洪同志在复旦大学的文集

王生洪著 2013 年 448 页 23 cm 60 元 (G. F. P.)

07080 309-10997

大学人的大学畅想 我心中的理想大学

陈莎莎 陈彦军主编 2014 年 229 页 23 cm 38 元〔三亚学院学术文丛〕(G. F. P.)

07081 309-03362

中国大学十讲

陈平原著 2002 年 256 页 21 cm 15 元

〔名家专题精讲系列〕(G. F. P.)

07082 309-14797
卿云缦缦 日月光华 复旦大学恢复研究生教育 40 周年
复旦大学研究生院编著 2019 年 614 页 24 cm 168 元 (P.)

07083 309-13002
民国初期大学制度研究 1912—1927
王文杰编著 2017 年 230 页 23 cm 36 元 (G. F. P.)

07084 309-11850
中国近代大学职能演化与教师发展
孙存昌著 2015 年 234 页 22 cm 32 元 〔区域文化与传播丛书〕(G. F. P.)

07085 309-08906
日本留学指南
张浩川主编 2012 年 713 页 26 cm 90 元 (G. F. P.)

07086 309-09751
日本留学指南
张浩川主编 2013 年 第 2 版 877 页 26 cm 90 元 (G. F. P.)

07087 309-10732
日本留学指南
张浩川主编 2014 年 第 3 版 887 页 26 cm 90 元 (G. F. P.)

07088 309-03331
求学英国
王炜编著 2002 年 553 页 19 cm 22 元 〔求学海外系列丛书〕(G. F. P.)

07089 309-00169
美国大学教育 现状·经验·问题及对策
(美) 博耶(E. L. Boyer) 著 复旦大学高等教育研究所译 1988 年 445 页 20 cm 4.25 元 (G. F.)

07090 309-08720
主引多元意见的协商讨论 美国"社会研究"课程教师的课堂话语分析
冯豫著 2012 年 168 页 22 cm 20 元 (G. P.)

07091 309-08877
控制与自治 美国政府与大学关系研究
刘虹著 2012 年 295 页 21 cm 23 元 〔公共管理与公共政策丛书〕(G. F. P.)

07092 309-10082
年度捐赠的革新 十项已取得成效的尝试
(美) 罗伯特·A.勃登斯基著 丁力译 2013 年 148 页 23 cm 28 元 (G. F. P.)

07093 309-08531
大学学术职业与教师发展(FD) 美日两国透视
(日) 有本章著 丁妍译 2012 年 192 页 21 cm 18 元 (G. F. P.)

07094 309-10805
我是孩子的品牌总监 "品牌定位论"助孩子成功突围本科留美战
李锦著 2014 年 164 页 24 cm 29.80 元 〔复旦家长课堂 02〕(G. F. P.)

07095 309-06147
美国本科留学指南
(美) 王钢编著 2008 年 225 页 21 cm 18 元 (G. F. P.)

07096 309-10807
做自己就是最好的 从留学到求职,美国商学院面试官如是说
小荷著 2014 年 191 页 24 cm 29.80 元

〔复旦家长课堂 03〕(G. F. P.)

师范教育、教师教育

07097 309-13579
钟灵毓秀
王保林主编 2018年 164页 24 cm 35元 〔钟灵毓秀学校文化建设丛书 顶层文化 王保林总主编〕(G. P.)

07098 309-13578
滋兰树蕙
康伯春主编 2018年 177页 24 cm 35元 〔钟灵毓秀学校文化建设丛书 学校文化 王保林总主编〕(G. F. P.)

07099 309-13577
做充满灵秀的女性
索成林主编 2018年 194页 24 cm 35元 〔钟灵毓秀学校文化建设丛书 学生文化 王保林总主编〕(G. F. P.)

07100 309-05673
幼师生职业规划与就业指导
王莉娅 李怀星主编 2007年 149页 30 cm 18元 〔复旦卓越·全国学前教育专业系列〕(G. P.)

07101 309-13580
做润泽灵秀的导师
袁勇主编 2018年 139页 24 cm 35元 〔钟灵毓秀学校文化建设丛书 干部文化 王保林总主编〕(G. F. P.)

07102 309-00606
高师教育研究
董燮清主编 杭州师范学院高教研究室编 1990年 377页 20 cm 10元 (G. F.)

07103 309-15358
英语师范生"I-LATT"核心素养培养体系
范丽娜 宁云中 施莹莹著 2020年 202页 21 cm 45元 (P.)

07104 309-10641
兰馥文芳 校园兰文化教程
金日勋主编 2014年 123页 30 cm 36元 (G. F. P.)

07105 309-12589
兰馥文芳 校园兰文化教程
金日勋主编 2017年 第2版 145页 30 cm 38元 (G. F. P.)

07106 309-10116
高校实践育人新模式探索 以上海师范大学爱心学校为例
王莲华主编 2013年 321页 23 cm 30元 (G. F. P.)

07107 309-13959
回望母校
赖明谷主编 2018年 504页 24 cm 63元 (G. F. P.)

07108 309-13977
上饶师范学院校史
《上饶师范学院校史》编写组著 2018年 247页 24 cm 48元 (G. F. P.)

07109 309-11925
思南师范学校志 1919—2012
冉贵生主编 2015年 2册 26 cm 150元 (G. F. P.)

职业技术教育

07110 309-06171
职业教育与就业指导

林霞主编 2008年 255页 21 cm 18元
〔中等职业学校就业指导教材〕(G. F. P.)

07111 309 - 10555
高等职业教育可持续发展研究
冯琦琳著 2014年 295页 24 cm 38元
(G. F. P.)

07112 309 - 05126
21世纪中职教育新编系列教材 英语
刘润主编 2006年 163页 20 cm 16元
(G. P.)

07113 309 - 06297
高等职业技术院校经营概论
沈汉达著 2008年 234页 23 cm 26元
(G. F. P.)

07114 309 - 14502
我国高职教育评估的价值取向研究
王永林著 2019年 340页 21 cm 35元
(G. F. P.)

07115 309 - 02475
高等职业技术教育理论与实践
薛喜民主编 2000年 387页 20 cm 22元
(G. F. P.)

07116 309 - 13091
高等职业教育办学体制机制研究
张耀嵩著 2017年 294页 23 cm 39元
(G. F. P.)

07117 309 - 10359
高等职业教育质量评价与保障体系研究
张耀嵩著 2014年 224页 23 cm 29元
(G. F. P.)

07118 309 - 12495
上海工商外国语职业学院职教改革论丛 上册

傅建辉主编 2016年 203页 23 cm 35元
(G. F. P.)

07119 309 - 10487
中外职业教育体系建设与制度改革比较研究
李继延等著 2014年 417页 23 cm 49元
(G. F. P.)

07120 309 - 15095
职业能力导向课程及教材开发指南
赵鹏飞等著 2020年 152页 24 cm 42元
(G. F. P.)

成人教育、业余教育

07121 309 - 02822
全国成人高考复习精编 地理
杨士军主编 2001年 204页 26 cm 19元
〔全国成人高考及自学考试系列丛书〕
(G.)

07122 309 - 02091
全国成人高考指导与训练 地理 '99版
复旦大学成人教育学院培训部等主编
　　1998年 182页 26 cm 13元 (G. P.)

07123 309 - 02325
全国成人高考指导与训练 地理 2000年版
复旦大学成人教育学院培训部等主编
　　1999年 167页 26 cm 13.50元 (G. P.)

07124 309 - 02657
全国成人高考指导与训练 地理
复旦大学成人教育学院培训部等主编
　　2000年 169页 26 cm 14.50元 (G.)

07125 309 - 03005
全国成人高考指导与训练 地理 新大纲
复旦大学成人教育学院培训部等编 2001

年 第2版 216页 26 cm 16元 (P.)

07126 309-02092
全国成人高考指导与训练 历史 '99版
复旦大学成人教育学院培训部等主编
1998年 134页 26 cm 11元 (G. P.)

07127 309-02324
全国成人高考指导与训练 历史 2000年版
复旦大学成人教育学院培训部等主编
1999年 134页 26 cm 12元 (G. P.)

07128 309-02656
全国成人高考指导与训练 历史
复旦大学成人教育学院培训部等主编
2000年 132页 26 cm 12元 (G.)

07129 309-03006
全国成人高考指导与训练 历史
复旦大学继续教育学院培训部等主编
2001年 第2版 132页 26 cm 12.50元 (G. P.)

07130 309-03388
全国成人高考指导与训练 历史地理综合 新编本
上海交通大学成人教育学院培训部等主编 2002年 183页 26 cm 17元 (G. P.)

07131 309-02094
全国成人高考指导与训练 数学 '99版
复旦大学成人教育学院培训部等主编
1998年 193页 26 cm 14元 (G. P.)

07132 309-02326
全国成人高考指导与训练 数学 2000年版
复旦大学成人教育学院培训部等主编
1999年 195页 26 cm 14元 (G. P.)

07133 309-02655
全国成人高考指导与训练 数学
复旦大学成人教育学院培训部等主编
2000年 180页 26 cm 15元 (G. P.)

07134 309-03004
全国成人高考指导与训练 数学
复旦大学继续教育学院培训部等主编 2001年 第2版 181页 26 cm 16元 (G. P.)

07135 309-03385
全国成人高考指导与训练 数学 新编本
上海交通大学成人教育学院培训部等主编 2002年 187页 26 cm 17元 (G. F. P.)

07136 309-00427
全国成人高考指导与训练 数学 新编本
许志伟 秦杜馨等撰稿 2004年 第2版 196页 26 cm 18元 (P.)

07137 309-04279
全国成人高考指导与训练 数学 新编本
复旦大学继续教育学院培训部等主编 许志伟等册撰稿 2005年 第2版 185页 26 cm 18元 (G. P.)

07138 309-03387
全国成人高考指导与训练 英语 新编本
上海交通大学成人教育学院培训部等主编 2002年 122页 26 cm 12元 (G. P.)

07139 309-04003
全国成人高考指导与训练 英语 新编本
复旦大学继续教育学院培训部等主编 羊凯江 金岚等册撰稿 2004年 第2版 180页 26 cm 18元 (G. F. P.)

07140 309-02093

全国成人高考指导与训练 语文 '99 版
复旦大学成人教育学院培训部等主编
　　1998 年　151 页　26 cm　11 元　(G. P.)

07141　309-02327
全国成人高考指导与训练 语文 2000 年版
复旦大学成人教育学院培训部等主编
　　1999 年　169 页　26 cm　13.50 元　(G.)

07142　309-02654
全国成人高考指导与训练 语文
复旦大学成人教育学院培训部等主编
　　2000 年　169 页　26 cm　14.50 元　(G.)

07143　309-03003
全国成人高考指导与训练 语文
复旦大学继续教育学院培训部等主编　2001 年　第 2 版　169 页　26 cm　16 元　(G. P.)

07144　309-03386
全国成人高考指导与训练 语文 新编本
上海交通大学成人教育学院培训部等主编　2002 年　171 页　26 cm　16 元　(G. P.)

07145　309-03918
全国成人高考指导与训练 语文 新编本
复旦大学继续教育学院培训部等主编　朱耀明　史可侃等册撰稿　2004 年　第 2 版　160 页　26 cm　16 元　(G. P.)

07146　309-02087
全国成人高考指导与训练 政治 '99 版
复旦大学成人教育学院培训部等主编
　　1998 年　151 页　26 cm　11 元　(G. P.)

07147　309-02323
全国成人高考指导与训练 政治 2000 年版
复旦大学成人教育学院培训部等主编
　　1999 年　129 页　26 cm　12 元　(G. P.)

07148　309-02653
全国成人高考指导与训练 政治
复旦大学成人教育学院培训部等主编
　　2000 年　126 页　26 cm　12 元　(G. P.)

07149　309-03002
全国成人高考指导与训练 政治
复旦大学继续教育学院培训部等主编
　　2001 年　第 2 版　130 页　26 cm　12.50 元　(G. P.)

07150　309-01397
政治
林淑蓉等编　1994 年　405 页　20 cm　10 元〔成人高等教育通用教材〕(G.)

07151　309-00960
语文
复旦大学成人教育学院　上海市高等学校招生委员会办公室主编　1993 年　364 页　20 cm　7.30 元〔各类成人高考指导精读丛书　范承善等主编〕(G.)

07152　309-05132
语文
杨惠军主编　2006 年　300 页　26 cm　34 元〔21 世纪中职教育新编系列教材〕(G. P.)

07153　309-00959
地理
复旦大学成人教育学院　上海市高等学校招生委员会办公室主编　1993 年　388 页　19 cm　7.70 元〔各类成人高考指导精读丛书　范承善等主编〕(G. F.)

07154　309-00963
化学
复旦大学成人教育学院　上海市高等学校招生委员会办公室主编　1993 年　345

页 20 cm 7.35 元〔各类成人高考指导精读丛书 范承善等主编〕(G. F.)

07155 309-00958
历史
复旦大学成人教育学院 上海市高等学校招生委员会办公室主编 1993 年 345 页 20 cm 6.70 元〔各类成人高考指导精读丛书 范承善等主编〕(G. F.)

07156 309-00957
政治
复旦大学成人教育学院 上海市高等学校招生委员会办公室编 1993 年 265 页 20 cm 5.50 元〔各类成人高考指导精读丛书 范承善等主编〕(G. F.)

07157 309-00961
数学
复旦大学成人教育学院 上海市高等学校招生委员会办公室主编 1993 年 440 页 20 cm 9.50 元〔各类成人高考指导精读丛书 范承善等主编〕(G.)

07158 309-00962
物理
复旦大学成人教育学院 上海市高等学校招生委员会办公室主编 1993 年 311 页 20 cm 6.70 元〔各类成人高考指导精读丛书 范承善等主编〕(G. F.)

07159 7253.010
上海市高等教育自学考试公共课程考试大纲汇编
上海市高等教育自学考试委员会办公室编 1984 年(1985 年印) 86 页 20 cm 0.34 元 (G. F.)

07160 309-14790
区域成人高校完善终身教育大平台的实践研究
张东平主编 2019 年 247 页 23 cm 40 元 (G. F. P.)

07161 309-03459
网络教育专升本考试辅导 大学英语
康志峰主编 2002 年 312 页 26 cm 28 元 (G. F. P.)

07162 309-01945
英语 第1册
黄关福 黄勇民主编 陈洁倩等编著 1997 年 201 页 20 cm 9 元〔成人高等教育通用教材〕(G. P.)

07163 309-01981
英语 第2册
黄关福 黄勇民主编 陈洁倩等编著 1997 年 263 页 20 cm 11 元〔成人高等教育通用教材〕(G. P.)

07164 309-02166
英语 第3册
黄关福 黄勇民主编 陈洁倩等编著 1999 年 262 页 20 cm 11 元〔成人高等教育通用教材〕(G. P.)

07165 309-02380
英语 第4册
黄关福 黄勇民主编 王颖等编著 1999 年 243 页 20 cm 10 元〔成人高等教育通用教材〕(G. F. P.)

07166 309-03706
英语 第1册 全新版
黄关福总主编 黄勇民 陈莉达主编 2003 年 第2版 256 页 23 cm 22 元〔成人高等教育通用教材 黄关福总主编〕(G.

F. P.)

07167 309-03707

英语 第 2 册 全新版

黄关福总主编 许芳梅等主编 2004 年 第 2 版 272 页 23 cm 23 元〔成人高等教育通用教材 黄关福总主编〕(G. F. P.)

07168 309-03971

英语 第 3 册 全新版

黄关福总主编 陈洁倩等主编 2004 年 第 2 版 281 页 23 cm 24 元〔成人高等教育通用教材〕(G. F. P.)

07169 309-03972

英语 第 4 册 全新版

黄关福总主编 沈园 丁树德主编 2005 年 第 2 版 290 页 23 cm 25 元〔成人高等教育通用教材 黄关福总主编〕(G. P.)

07170 309-04107

英语 第 1、2 册 全新版

李庄前主编 2004 年 285 页 23 cm 24 元〔成人高等教育通用教材参考与辅导〕(G. F. P.)

07171 309-04775

英语 第 3、4 册 全新版

李庄前主编 2005 年 321 页 23 cm 27 元〔成人高等教育通用教材参考与辅导〕(G. F. P.)

07172 309-07711

英语 第 1 册

黄关福总主编 黄勇民 骆静华 陈莉达主编 2011 年 第 3 版 201 页 23 cm 29 元〔成人高等教育通用教材 黄关福总主编〕(G. F. P.)

07173 309-07710

英语 第 2 册

黄关福总主编 王美娣 骆静华主编 2011 年 第 3 版 196 页 23 cm 29 元〔成人高等教育通用教材 黄关福总主编〕(G. F. P.)

07174 309-07957

英语 第 3 册

黄关福总主编 陈洁倩 骆静华主编 2011 年 第 3 版 218 页 23 cm 28 元〔成人高等教育通用教材〕(G. F. P.)

07175 309-07952

英语 第 4 册

黄关福总主编 沈园 骆静华主编 2011 年 第 3 版 227 页 23 cm 29 元〔成人高等教育通用教材〕(G. F. P.)

07176 309-08011

英语 第 1 册

李庄前 骆静华主编 2011 年 第 3 版 144 页 23 cm 25 元〔成人高等教育通用教材参考与辅导〕(G. F. P.)

07177 309-08007

英语 第 2 册

李庄前 骆静华主编 2011 年 第 3 版 143 页 23 cm 24 元〔成人高等教育通用教材参考与辅导〕(G. F. P.)

07178 309-08696

英语 第 3 册

李庄前 骆静华主编 2012 年 第 3 版 177 页 23 cm 28 元〔成人高等教育通用教材参考与辅导〕(G. F. P.)

07179 309-08998

英语 第 4 册

骆静华 李庄前主编 2012 年 第 3 版 240

07180 309-11114

开放教育 服务终身 云南开放大学试点建设论文选集 二
徐彬主编 2014 年 504 页 24 cm 78 元 (G. F. P.)

07181 309-00823

田野的希望 改革发展中的上海农村成人教育
赵子琴主编 1992 年 521 页 20 cm 10 元 (G. F.)

07182 309-00382

职工教育微观管理 怎样办好职工学校
李元海编著 1989 年 248 页 19 cm 3.20 元 (G.)

07183 309-02958

空中校园 网络传播与教育
傅荣校 杨福康著 2001 年 273 页 20 cm 12 元 〔网络传播辅助教材丛书〕(G. F. P.)

07184 309-10125

远程开放教育辍学研究
李莹等著 2014 年 421 页 22 cm 30 元 (G. F. P.)

07185 309-11023

远程教育教师角色与素养研究
翁朱华著 2015 年 254 页 23 cm 42 元 (G. F. P.)

07186 309-11018

开放教育的探索
张德明著 2015 年 355 页 24 cm 45 元 (G. F.)

07187 9253.001

日语 初级班
复旦大学日语教研室编 1983 年 356 页 19 cm 0.97 元 (G. F.)

07188 9253.009

日语 中级班
复旦大学日语教研室编 1984 年 362 页 19 cm 1.20 元 (G. F.)

07189 9253.015

日语 进修班
复旦大学日语教研室编 1986 年 274 页 19 cm 1.30 元 (G. F.)

07190 309-00846

日语 初级班
复旦大学日语教研室编 1992 年 修订版 356 页 19 cm 4.90 元 (G.)

07191 309-00977

日语 中级班 上海市业余外语广播讲座
复旦大学日语教研室编 1984 年(1992 年重印) 362 页 19 cm 4.60 元 (F.)

07192 309-01311

广播电视高等教育评估的实践与探索
赵克林主编 1994 年 211 页 20 cm 8.50 元 (G. F.)

07193 309-10144

他们为什么辍学？ 聆听电大英语专业辍学生的心声
牛健 杜永新 李莹主编 2015 年 300 页 22 cm 32 元 (G. F. P.)

07194 309-14673

开放远程学习新技术应用
肖君 刘和海著 2019 年 225 页 23 cm 40 元 (G. F. P.)

华侨教育、侨民教育

07195 309-13056

中国华文教育政策历史研究 语言规划理论透视

姚敏著 2017年 257页 21 cm 28元〔中国外语战略研究中心语言教育战略研究丛书 沈骑主编〕(G. F. P.)

特殊教育

07196 309-09911

特殊儿童早期训练与指导

刘建梅 赵凤兰主编 2013年 154页 30 cm 24元〔全国学前教育专业(新课程标准)"十二五"规划教材〕(G. F. P.)

07197 309-14276

爱让生命绽放 学前梯度进阶式聋健融合教育

韩秀华 张磊著 2019年 162页 24 cm 40元 (G. F. P.)

07198 309-12212

自闭症儿童教育与指导

连翔编著 2016年 147页 30 cm 28元〔全国学前教育专业(新课程标准)"十三五"规划教材〕(G. F. P.)

07199 309-12961

自闭症儿童心理发展与教育

连翔编著 2018年 194页 30 cm 35元 (G. F. P.)

07200 309-14831

婴幼儿感觉统合教育实操教程

张楠主编 2020年 125页 30 cm 30元〔全国早期教育专业"十三五"规划教材 复旦版早期教育专业系列教材〕(G. P.)

社会教育

07201 309-10113

余热护花别样红 上海市教育系统关工委工作集粹

上海市教育系统关心下一代工作委员会编 2013年 553页 23 cm 60元 (G. F. P.)

07202 309-11865

老龄化社会的老年素质教育

蔡向东主编 上海市老干部大学 上海市老年学校素质教育指导中心课题组著 2015年 198页 24 cm 42元 (G. F. P.)

07203 309-08796

发展社区老年教育与建设学习型城市研究

中国老年大学协会课题组著 2012年 355页 23 cm 52元 (G. F. P.)

07204 309-11554

老年教育的实践与思考 上海老年大学论文集(2010—2014年)

姚梅乐主编 2015年 286页 24 cm 50元 (G. F. P.)

07205 309-09790

西方学习型社会 实践与原理

张创伟著 2014年 213页 23 cm 34元 (G. F. P.)

家庭教育

07206 309-02122

错误的育儿

蔡慧茹编著 1999年 231页 20 cm 11元〔错误系列 7〕(G.)

07207 309-01894

孙辈教育
高志方主编 1997年 223页 20 cm 9元
〔空中老年人大学系列教材〕(G. F. P.)

07208 309-00529
透视爱心的世界 家长心理谈
黄强华著 1990年 223页 19 cm 1.60元
(G. F.)

07209 309-05524
家庭教育学
李天燕著 2007年 239页 21 cm 15元
(G. F. P.)

07210 309-11434
曾国藩教子十法
郦波著 2015年 179页 24 cm 28元 (G. F. P.)

07211 309-10778
家庭教育读本
刘玉梅 孙传远 董丽敏编著 2014年 169页 21 cm 20元 〔上海市进城务工人员技能文化培训系列读本 上海市进城务工人员技能文化培训工作领导小组办公室 上海市学习型社会建设服务指导中心办公室主编〕(G. F. P.)

07212 309-10806
通往哈佛的家庭教育传奇 门萨女孩张安琪成长之路
王飞 张安琪著 2014年 257页 24 cm 30元 〔复旦家长课堂 01〕(G. F. P.)

07213 309-06161
当代中国都市父母教养现状与反思
王燕 张雷著 2008年 258页 21 cm 20元 (G. F. P.)

07214 309-01786
怎样培养孩子的独立人格 在磨砺中成长
王裕如著 1997年 187页 19 cm 8元
〔跨世纪人才培养丛书〕(G. P.)

07215 309-09090
学前儿童家庭与社区教育
周雪艳编著 2012年 138页 30 cm 22元
〔全国学前教育专业(新课程标准)"十二五"规划教材〕(G. P.)

07216 309-11731
学前儿童家庭与社区教育
周雪艳编著 2015年 第2版 152页 30 cm 26元 〔全国学前教育专业(新课程标准)"十二五"规划教材〕(G. F. P.)

07217 309-11275
教 Baby 真 Easy
陈力瑜著 2015年 153页 21 cm 28元
〔小太阳亲子丛书〕(G. F. P.)

07218 309-12197
家庭教育实用读本
郭宗莉著 姜澎编 2015年 136页 21 cm 20元 〔上海市进城务工人员技能文化培训系列读本 二期 上海市进城务工人员技能文化培训工作领导小组办公室 上海市学习型社会建设服务指导中心办公室主编〕(G. F. P.)

07219 309-11274
成为孩子的伯乐
倪美英著 2015年 180页 21 cm 28元
〔小太阳亲子丛书〕(G. F. P.)

07220 309-07239
宝宝,把你的手给我! 婴幼儿家庭早期教育
湖南省人口和计划生育委员会编 2011年 104页 26 cm 30元 ( )

07221 309-11218
亲子互动的小窍门
魏渭堂等著 2015年 158页 21 cm 28元〔小太阳亲子丛书〕(G. F. P.)

07222 309-09905
海豚育儿哲学 养育健康、幸福、有学习兴趣的孩子
(加)希米·康著 赵信敏 沈婵婧 黄晨译 2015年 280页 24 cm 38元 (G. F. P.)

07223 309-11390
打通亲子的任督二脉
萧文等著 2015年 152页 21 cm 28元〔小太阳亲子丛书〕(G. F. P.)

07224 309-12466
学前儿童家庭教育
张富洪等编著 2016年 164页 30 cm 26元〔全国学前教育专业(新课程标准)"十三五"规划教材〕(G. F. P.)

07225 309-11108
爸妈别抓狂
张升鹏等著 2015年 164页 21 cm 28元〔小太阳亲子丛书〕(G. F. P.)

07226 309-12946
情商教育 和孩子一起成长
樊潇潇著 2017年 199页 24 cm 32元 (G. F. P.)

07227 309-11684
我跟孩子讲道理
王开林著 2016年 262页 24 cm 35元 (G. F. P.)

07228 309-12422
亲子之道
上海市学习型社会建设服务指导中心主编 郑剑辉 樊星编 2016年 172页 23 cm 35元〔家和万事兴系列丛书〕(G. F. P.)

07229 309-12801
清净赤子心 小牛杨凯丞与慈济的教养人文
邱淑宜著 2017年 172页 21 cm 33元 (G. F. P.)

07230 309-12662
家有男孩在成长
张志萍著 2017年 242页 21 cm 25元 (G. F. P.)

07231 309-14061
养育下一代创新者 犹太教育对中国的启示
黄兆旦 (以)阿米·德罗尔(Ami Dror)著 2019年 186页 21 cm 精装 48元 (G. F. P.)

自　学

07232 309-06949
鲍尔学习法
(美)罗伯特·S.费尔德曼(Robert S. Feldman)著 林荣日 曹珍芬译 2010年 402页 26 cm 38元〔大学译丛系列〕(G. F. P.)

07233 309-02720
超倍速学习
庄淇铭著 2001年 223页 20 cm 12.50元〔学习方法畅销书〕(G. F. P.)

体　育

07234 309-09074
体育英语
李涛主编 2012年 220页 24 cm 28元〔21世纪大学行业英语系列〕(G. F. P.)

07235 309-11891
体育英语口语
宁翠叶总主编 王甜甜 王华华主编 2015 年 219 页 23 cm 35 元（G. F. P.）

07236 309-10061
体育职业概论
易剑东主编 2013 年 276 页 26 cm 37 元〔信毅教材大系〕（G. F. P.）

07237 309-09320
体育管理信息系统
韩思音编著 2013 年 199 页 26 cm 42 元〔竞攀系列教材〕（G. F.）

07238 309-09886
体育信息管理系统开发案例教程
肖毅主编 2013 年 173 页 26 cm 35 元〔竞攀系列〕（G. F. P.）

07239 309-03821
汉英体育分类词典
陈乃新主编 2004 年 467 页 18 cm 25 元〔复旦金石词典系列〕（G. F. P.）

07240 309-07375
英汉体育
胡志勇主编 2010 年 691 页 15 cm 22 元〔新学科术语小词典〕（G. F. P.）

体育理论

07241 309-02202
高校体育选项课理论教程
黄德元 刘健主编 1999 年 360 页 20 cm 15 元 （G. F. P.）

07242 309-03866
体育产业概论
曹可强著 2004 年 232 页 23 cm 22 元〔复旦博学·体育经济管理丛书〕（G. F. P.）

07243 309-03572
赛事经营管理概论
陈云开著 2003 年 220 页 23 cm 22 元（G. F. P.）

07244 309-04565
体育人力资源开发与管理
韩春利编著 2005 年 308 页 23 cm 28 元〔复旦博学·体育经济管理丛书〕（G. F. P.）

07245 309-03942
新编体育管理学教程
刘兵主编 2004 年 291 页 23 cm 27 元〔复旦博学·体育经济管理丛书〕（G. F. P.）

07246 309-13328
新编体育管理学教程
刘兵主编 2017 年 第 2 版 364 页 23 cm 45 元〔复旦博学·体育经济管理丛书〕（G. F. P.）

07247 309-09409
体育赛事市场开发
刘清早主编 2013 年 183 页 26 cm 38 元〔竞攀系列教材〕（G. F. P.）

07248 309-09548
体育绘图
马海峰主编 2013 年 164 页 26 cm 39 元〔竞攀系列〕（G. F. P.）

07249 309-04368
体育公共关系
潘肖珏主编 2005 年 248 页 23 cm 25 元

〔复旦博学·体育经济管理丛书〕(G. F. P.)

07250 309-09272
体育赞助
沈佳编著 2012 年 197 页 26 cm 35 元
〔竞攀系列教材〕(G. F. P.)

07251 309-04065
体育经纪人实务
徐爱丽 陈书睿主编 2004 年 224 页 23 cm 23 元〔复旦博学·体育经济管理丛书〕(G. F. P.)

07252 309-05018
体育市场营销学
张贵敏主编 2006 年 309 页 23 cm 30 元〔复旦博学·体育经济管理丛书〕(G. F. P.)

07253 309-11436
体育市场营销学
张贵敏主编 2015 年 第 2 版 341 页 23 cm 45 元〔复旦博学·体育经济管理丛书〕(G. F. P.)

07254 309-05999
体育服务业导论
钟天朗著 2008 年 208 页 23 cm 28 元 (G. F. P.)

07255 309-03832
体育经济学概论
钟天朗主编 2004 年 230 页 23 cm 23 元〔复旦博学·体育经济管理丛书〕(G. F. P.)

07256 309-06988
体育经济学概论
钟天朗主编 2010 年 第 2 版 209 页 23 cm 24 元〔复旦博学·体育经济管理丛书〕(G. F. P.)

07257 309-12454
体育经济学概论
钟天朗主编 2016 年 第 3 版 222 页 23 cm 32 元〔复旦博学·体育经济管理丛书〕(G. F. P.)

07258 309-09496
体育营销学
徐琳主编 2013 年 131 页 26 cm 30 元〔竞攀系列〕(G. F. P.)

07259 309-10556
体育经济学教学案例
钟天朗 徐琳编著 2014 年 260 页 23 cm 32 元〔复旦博学·体育经济管理丛书〕(G. F. P.)

07260 309-03923
体育经营管理 理论与实务
钟天朗主编 2004 年 302 页 23 cm 28 元〔复旦博学·体育经济管理丛书〕(G. F. P.)

07261 309-07454
体育经营管理 理论与实务
钟天朗主编 2010 年 第 2 版 239 页 23 cm 26 元〔复旦博学·体育经济管理丛书〕(G. F. P.)

07262 309-12798
体育经营管理 理论与实务
钟天朗主编 2017 年 第 3 版 268 页 23 cm 35 元〔复旦博学·体育经济管理丛书〕(G. F. P.)

07263 309-09738
体育消费研究
钟天朗 徐琳编著 2013 年 202 页 21 cm 20 元 (G. F. P.)

07264 309-14279
体育文化通识读本
袁彬 李航主编 2019年 193页 26 cm 39元 (G. F. P.)

07265 309-10136
体育信息技术
王杰著 2013年 176页 23 cm 30元 (G. F. P.)

07266 309-09428
重估中国体育传播的文化价值
路云亭著 2013年 183页 26 cm 36元〔竞攀系列〕(G. F. P.)

07267 309-12603
体育科学研究方法
侯广斌 刘远航 刘岳江主编 2017年 216页 26 cm 38元〔应用技术类型高等学校规划教材〕(G. P.)

07268 309-04661
体育赛事经济学
李南筑 袁刚编著 2006年 289页 23 cm 29元〔复旦博学·体育经济管理丛书〕(G. F. P.)

07269 309-11215
体育生活20招
俞彪主编 上海市静安区体育局编 2015年 132页 21 cm 38元〔静安区30分钟体育生活圈系列丛书〕(G. F. P.)

07270 309-08050
运动与健康
张春华主编 2011年 160页 22 cm 18元〔复旦·健康系列〕(G. F. P.)

07271 309-14102
运动健康管理
张钧 何进胜主编 2019年 310页 24 cm 55元 (G. F. P.)

07272 309-06098
学校体育学
范海荣 任继祖主编 2009年 333页 21 cm 22元 (G. F. P.)

07273 309-09619
体育教学设计
舒盛芳 高学民编 2013年 116页 26 cm 30元〔竞攀系列〕(G. F. P.)

07274 309-06097
大学体育
范海荣 欧阳林主编 2009年 394页 26 cm 32元 (G. F. P.)

07275 309-11391
休闲体育课程体系建设研究
龚正伟主编 2015年 119页 26 cm 32元〔休闲体育与艺术系列〕(G. F. P.)

07276 309-13163
大学生体育与健康
李成凰 贾守文 夏天主编 2017年 224页 26 cm 35元〔21世纪职业教育立体化精品教材〕(G. F.)

07277 309-04167
大学体育教程
刘忠武主编 2004年 375页 23 cm 28元〔21世纪大学通用基础教材〕(G. F. P.)

07278 309-07865
体育常识与欣赏
邵松平主编 丁海霞等编 2011年 242页 30 cm 28元〔复旦卓越·全国学前教育专业系列〕(G. P.)

07279 309-13191
大学生体育与卫生健康教育教程
项建民主编 2017年 415页 23 cm 45元〔弘教系列教材〕(G. F. P.)

07280 309-09110
运动训练功能评定测试方法
王茹主编 2012年 148页 26 cm 28元〔竞攀系列教材〕(G. F. P.)

07281 309-09494
体育赛事申办决策
张林主编 马刚等编写 2013年 215页 26 cm 40元 (G. F. P.)

世界各国体育事业

07282 309-13802
奥林匹克运动
金兴玉主编 2018年 英文版 237页 23 cm 42元 (G. P.)

07283 309-08604
奥运会的经济影响及测算研究
张辑著 2011年 190页 23 cm 28元〔华东政法大学产业经济学重点学科建设成果〕(G. F. P.)

07284 309-13357
冬奥会项目英语
李正栓 孟秋菊 魏良帅主编 2017年 196页 26 cm 42元〔21世纪职业教育行业英语〕(G. P.)

07285 309-10005
体育产业战略性资本运作研究
罗良忠 马瑛著 2013年 163页 23 cm 26元 (G. F. P.)

07286 309-09697
体育产业学科发展研究报告 2008—2011
钟天朗 张林等著 2013年 203页 23 cm 29元 (G. F. P.)

07287 309-13115
中国竞赛表演业政策研究
骆雷著 2017年 170页 21 cm 28元 (G. F. P.)

07288 309-10283
运动休闲管理
李延超编著 2014年 211页 26 cm 38元〔竞攀系列〕(G. F. P.)

07289 309-14504
体育公共服务改革 理想之美与现实之殇
齐超著 2019年 305页 22 cm 48元 (G. F. P.)

07290 309-04369
社会体育指导员培训辅导教材
上海市体育局群体处 上海市体育宣传教育中心组编 2005年 198页 23 cm 20元 (G. F. P.)

07291 309-13696
京津冀协同创新创业型体育人才培养研究
刘振忠著 2020年 203页 23 cm 45元 (G. F. P.)

07292 309-11589
竞技强国与休闲体育评价研究 以德国为镜
刘志民 刘东宁编著 2015年 152页 26 cm 35元〔休闲体育与艺术系列〕(G. F. P.)

运动场地与设备

07293 309-09543
体育场馆智能化系统

耿锁奎编著 2013 年 181 页 26 cm 36 元〔竞攀系列〕(G. F. P.)

07294 309-09491

体育场馆管理实践指导

张峰筠 陈锡尧 徐成龙编著 2013 年 109 页 26 cm 25 元〔竞攀系列教材〕(G. F. P.)

体育运动技术（总论）

07295 309-09602

速度与灵敏性训练 118 例

车晓波著 2013 年 50 页 26 cm 18 元〔竞攀系列〕(G. F. P.)

田径运动

07296 309-13796

田径英语

杨飞 李梦楚主编 2018 年 133 页 23 cm 25 元〔运动项目英语系列教材 李在辉总主编〕(G. F. P.)

体操运动

07297 309-13501

幼儿教师形体训练

谢琼主编 2018 年 93 页 30 cm 30 元〔全国学前教育专业（新课程标准）"十三五"规划教材〕(G. P.)

球类运动

07298 309-08384

篮球英语

杨飞 李在辉主编 2011 年 169 页 23 cm 20 元〔21 世纪大学行业英语系列〕(G. F. P.)

07299 309-11384

篮球英语

杨飞 霍传颂主编 2015 年 第 2 版 192 页 23 cm 25 元〔运动项目英语系列教材 李在辉总主编〕(G. F. P.)

07300 309-01851

高校篮球教学与训练

吴谋等编著 1997 年 454 页 20 cm 18 元〔献给篮球运动传入中国 100 周年〕(G. F. P.)

07301 309-08431

排球英语

杨飞 李梦楚 张莺凡主编 2015 年 168 页 23 cm 25 元〔运动项目英语系列教材 李在辉总主编〕(G. F. P.)

07302 309-08914

普通高校女子足球教程

胡军著 2012 年 154 页 23 cm 26 元 (G. F. P.)

07303 309-02345

踢不动的足球 一个记者眼中的绿茵革命

金焱著 1999 年 465 页 20 cm 25 元 (G. F.)

07304 309-07516

网球学与练

陈建强主编 2010 年 217 页 23 cm 25 元 (G. F. P.)

07305 309-01970

打网球的基本要领

（美）朱天赐（Hamilton G. Schoon）著 王箴译 1998 年 96 页 20 cm 9.80 元 (G. F. P.)

07306 309-12549

网球教学与练习

陈建强 魏琳主编 2017年 166页 26 cm 38元 (G. F. P.)

07307 309-12318
棒球运动员专项身体素质训练研究
杨至刚著 2016年 258页 21 cm 32元 (G. F.)

武术及民族形式体育

07308 309-11205
中国武术段位制高校教程
花妙林编著 2015年 163页 26 cm 32元 (G. F. P.)

07309 309-06132
中国武术传播论
郭玉成著 2008年 236页 21 cm 20元 〔新闻传播学术原创系列〕(G. F. P.)

07310 309-02290
太极拳动力的科学
戴君强著 1999年 157页 20 cm 12元 (G. F. P.)

07311 309-11971
江南船拳文化研究
张宗豪著 2015年 276页 21 cm 32元 (G. F. P.)

07312 309-00867
少林气功瑰宝 内劲一指禅
徐鹤年编著 1992年 189页 20 cm 4.50元 (G. F.)

07313 309-09298
武功整复学
王震 李志明主编 2012年 153页 26 cm 30元 〔竞攀系列教材〕(G. F. P.)

07314 309-09468
民族健身操教程
寸亚玲著 2014年 199页 26 cm 50元 〔云南省"十二五"规划教材〕(G. F. P.)

07315 309-09357
吹枪运动
赖云华 徐竹著 2012年 147页 26 cm 26元 〔云南省"十二五"规划教材〕(G. F. P.)

其他体育运动

07316 309-12442
3分钟健身21天塑造全新的你
(澳)库萨·岗瓦德纳著 周琴璐 鲁建东译 2016年 122页 23 cm 49元 (G. F. P.)

07317 309-13334
健身其实很容易
上海体适能培训学院编著 2017年 140页 23 cm 38元 (G. F. P.)

07318 309-14038
随时随地玩健身
上海体适能培训学院编著 2018年 132页 23 cm 36元 (G. F. P.)

07319 309-11439
女性力量健身法
张春华主编 2015年 119页 26 cm 28元 〔休闲体育与艺术系列〕(G. F. P.)

07320 309-12572
击剑竞赛组织与裁判法指导
赵传杰 费正伟主编 2017年 325页 26 cm 55元 (G. F. P.)

07321 309-10793
击剑运动项目特征

赵传杰 刘爽编著 2014年 184页 23 cm 30元（G. F. P.）

07322 309-09087
现代拳击运动教程
王德新 樊庆敏主编 2012年 201页 26 cm 35元〔竞攀系列教材〕（G. F. P.）

文娱性体育活动

07323 309-14156
老年人旅游保健
顾沈兵 魏晓敏主编 2019年 102页 24 cm 26元〔上海市老年教育普及教材〕（G. F. P.）

07324 309-01398
电子游戏机原理及维修方法
唐桂明著 1995年 148页 26 cm 10元（G. F.）

07325 309-13715
赛博空间里的虚拟生存 当代中国电子游戏研究
薛强著 2018年 231页 22 cm 35元〔区域文化与传播丛书 商娜红主编〕（G. F. P.）

Catalogue of Fudan University Press

复旦大学出版社总书目

(1980–2020)

龙向洋 主编

II

语言、文字

语言学

07326 309-05951
普通语言学导论
(英) R. H.罗宾斯著 申小龙等译 2008年 493页 21 cm 36元〔西方语言学经典教材〕(G. F. P.)

07327 309-12040
世界强势语言的产生
褚孝泉著 2016年 142页 21 cm 25元 (G. F. P.)

07328 309-04365
科学语篇的隐喻性
董宏乐著 2005年 232页 21 cm 16元 (G. P.)

07329 309-06217
现代西方符号学纲要
郭鸿编著 2008年 218页 23 cm 29元〔复旦博学·语言学系列〕(G. F. P.)

07330 309-03685
符号透视 传播内容的本体诠释
李彬著 2003年 399页 20 cm 19.80元〔新世纪传播学研究丛书〕(G. F. P.)

07331 309-10987
语言学讲义
卢英顺著 2015年 206页 23 cm 30元 (G. F. P.)

07332 309-06394
社会语言学引论 第5版
(加) 罗纳德·沃德华著 雷红波译 2009年 511页 21 cm 36元〔西方语言学经典教材〕(G. F. P.)

07333 309-04766
《普通语言学教程》精读

申小龙著 2005年 336页 23 cm 32元〔汉语言文学原典精读系列 第一辑〕(G. F. P.)

07334 309-12373
《普通语言学教程》精读
申小龙著 2016年 第2版 349页 24 cm 45元〔汉语言文学原典精读系列〕(G. F. P.)

07335 309-03616
语言学纲要
申小龙主编 2003年 363页 23 cm 29.50元〔复旦博学·语言学系列〕(G. F. P.)

07336 309-07637
语言学导论
熊学亮编著 2010年 185页 23 cm 25元〔复旦博学·语言学系列〕(G. F. P.)

07337 309-03718
语言学新解
熊学亮编著 2003年 2007年第2版 195页 23 cm 18元〔复旦博学·语言学系列〕(G. F. P.)

07338 309-09812
话语共同体理论建构
严明著 2013年 195页 22 cm 25元 (G. F. P.)

07339 309-14473
功能语言学视角下的多模态语篇分析
杨增成著 2019年 155页 21 cm 35元 (G. F. P.)

07340 309-04084
社会语言学教程
游汝杰 邹嘉彦著 2004年 304页 23 cm 28元〔复旦博学·语言学系列〕(G. F. P.)

07341 309-06537
社会语言学教程
游汝杰 邹嘉彦著 2009年 第2版 304页 23 cm 32元〔普通高等教育"十一五"国家级规划教材 复旦博学·语言学系列〕(G. F. P.)

07342 309-11700
社会语言学教程
游汝杰 邹嘉彦著 2016年 第3版 323页 23 cm 40元〔普通高等教育"十一五"国家级规划教材 复旦博学·语言学系列〕(G. F. P.)

07343 309-09229
文学的边界 语言符号的考察
张汉良著 2012年 295页 23 cm 40元〔当代中国比较文学研究文库〕(G. F. P.)

07344 309-10152
符号学 符义分析探索集
(法)朱莉娅·克里斯蒂娃(Julia Kristeva)著 史忠义等译 2015年 308页 22 cm 精装 45元〔克里斯蒂娃学术精粹选译〕(G. F. P.)

07345 309-08305
系统功能语言学再思考
朱永生 严世清著 2011年 177页 23 cm 24元〔复旦博学·语言学系列〕(G. F. P.)

07346 309-11828
位移事件的表达方式探究 "运动"与"路径"、"句法核心"与"意义核心"的互动与合作
范立珂著 2015年 317页 23 cm 52元 (G. F. P.)

07347 309-10486
心理档案

(法) 弗朗西斯·雷卡纳蒂著 刘龙根 伍思静译 2014年 246页 22 cm 28元 (G. F. P.)

07348 309-06314
认知语言学导论 第2版
(德) 弗里德里希·温格瑞尔(F. Ungerer) (德) 汉斯-尤格·施密特(H. J. Schmid) 著 彭利贞 许国萍 赵微译 2009年 433页 21 cm 32元〔西方语言学经典教材〕(G. F. P.)

07349 309-07677
认知语言学与汉语研究
吴为善著 2011年 356页 23 cm 36元〔语言学及应用语言学研究生阅读大系〕(G. F. P.)

07350 309-07028
语言哲学背景下命题与模态的语言学研究
赵国栋 张喆著 2009年 192页 21 cm 15元 (G. F. P.)

07351 309-01729
语言与现代逻辑
周斌武 张国梁编著 1996年 275页 20 cm 14元〔现代语言学丛书〕(G. F. P.)

07352 309-07061
博杜恩-德-库尔德内语言学理论研究
杨衍春著 2010年 197页 21 cm 20元 (G. F. P.)

07353 309-12258
历史语篇的语言变化 系统功能语言学和语料库视角
顾乡著 2016年 454页 21 cm 38元 (G. F. P.)

07354 309-07635
中国古代语言学史
申小龙著 2013年 431页 21 cm 38元 (G. F. P.)

07355 309-09740
欧美语言学简史
徐志民著 2013年 修订本 280页 21 cm 29.80元 (G. F. P.)

07356 309-03109
复旦外国语言文学论丛
褚孝泉主编 2002年 411页 21 cm 22元 (G. F. P.)

07357 309-04054
复旦外国语言文学论丛 2004 春季号
复旦大学外文学院编 2004年 355页 26 cm 32元 (G. F. P.)

07358 309-04549
复旦外国语言文学论丛 2005 春季号
复旦大学外文学院编 2005年 252页 26 cm 25元 (G. F. P.)

07359 309-05301
复旦外国语言文学论丛 2006 年春秋季号
张冲主编 复旦大学外文学院编 2006年 311页 26 cm 38元 (G. F. P.)

07360 309-05608
复旦外国语言文学论丛 2007 年春季号
张冲主编 复旦大学外文学院编 2007年 154页 26 cm 25元 (G. F. P.)

07361 309-06063
复旦外国语言文学论丛 2008 年春季号研究生专刊
张冲主编 复旦大学外文学院编 2008年 222页 26 cm 25元 (G. F. P.)

07362 309-04998
复旦外国语言文学论丛 2009 年秋季号
张冲主编 复旦大学外文学院编 2010 年 146 页 26 cm 25 元 (G. F. P.)

07363 309-07527
复旦外国语言文学论丛 2010 年春季号
张冲主编 复旦大学外文学院编 2010 年 194 页 26 cm 25 元 (G. P.)

07364 309-05470
复旦外国语言文学论丛 2009 年研究生专刊
张冲主编 复旦大学外文学院编 2009 年 第 2 版 170 页 26 cm 25 元 (G. F. P.)

07365 309-14141
语言的描写与解释 胡裕树先生诞辰 90 周年纪念文集
戴耀晶主编 2019 年 414 页 21 cm 58 元 (G. F. P.)

07366 309-15218
复旦外国语言文学论丛 2020 春季号
复旦大学外文学院主编 2020 年 172 页 26 cm 56 元 (G. F. P.)

07367 309-07271
复旦外国语言文学论丛 2010 年研究生专刊
张冲主编 复旦大学外文学院编 2010 年 195 页 26 cm 25 元 (G. P.)

07368 309-07888
复旦外国语言文学论丛 2010 年秋季号
曲卫国主编 复旦大学外文学院编 2011 年 98 页 26 cm 25 元 (G. P.)

07369 309-08505
复旦外国语言文学论丛 2011 年春季号
曲卫国主编 复旦大学外文学院编 2011 年 124 页 26 cm 25 元 (G. F. P.)

07370 309-08062
复旦外国语言文学论丛 2011 年研究生专刊
曲卫国主编 复旦大学外文学院编 2011 年 140 页 27 cm 25 元 (G. F.)

07371 309-08758
复旦外国语言文学论丛 2011 年秋季号
曲卫国主编 复旦大学外文学院编 2012 年 115 页 26 cm 25 元 (G. F. P.)

07372 309-09271
复旦外国语言文学论丛 2012 年春季号
曲卫国主编 复旦大学外文学院编 2012 年 106 页 26 cm 25 元 (G. F. P.)

07373 309-08913
复旦外国语言文学论丛 2012 年研究生专刊
曲卫国主编 复旦大学外文学院编 2012 年 111 页 26 cm 25 元 (G. F. P.)

07374 309-09636
复旦外国语言文学论丛 2012 年秋季号
曲卫国主编 复旦大学外文学院编 2013 年 149 页 26 cm 25 元 (G. F. P.)

07375 309-10072
复旦外国语言文学论丛 2013 年春季号
曲卫国主编 复旦大学外文学院编 2013 年 140 页 26 cm 25 元 (G. F. P.)

07376 309-09702
复旦外国语言文学论丛 2013 年研究生专刊
曲卫国主编 复旦大学外文学院编 2013 年 109 页 26 cm 25 元 (G. F. P.)

07377 309-10526
复旦外国语言文学论丛 2013 年秋季号

曲卫国主编 复旦大学外文学院编 2014
年 98 页 26 cm 20 元 (G. F. P.)

07378 309-10999
复旦外国语言文学论丛 2014 年春季号
曲卫国主编 复旦大学外文学院编 2014
年 126 页 26 cm 25 元 (G. F. P.)

07379 309-10549
复旦外国语言文学论丛 2014 年研究生专刊
曲卫国主编 复旦大学外文学院编 2014
年 130 页 26 cm 25 元 (G. F. P.)

07380 309-11344
复旦外国语言文学论丛 2014 秋季号
曲卫国主编 复旦大学外文学院编 2015
年 122 页 26 cm 25 元 (G. F. P.)

07381 309-11849
复旦外国语言文学论丛 2015 年春季号
曲卫国主编 复旦大学外文学院编 2015
年 102 页 26 cm 25 元 (G. F. P.)

07382 309-12041
复旦外国语言文学论丛 2015 年秋季号
卢丽安主编 复旦大学外文学院编 2015
年 145 页 26 cm 30 元 (G. F. P.)

07383 309-12624
复旦外国语言文学论丛 2016 年春季号
卢丽安主编 复旦大学外文学院主编 2016
年 112 页 26 cm 26 元 (G. F. P.)

07384 309-12785
复旦外国语言文学论丛 2016 年秋季号
卢丽安主编 复旦大学外文学院编 2017
年 122 页 26 cm 26 元 (G. F. P.)

07385 309-13134
复旦外国语言文学论丛 2017 春季号
卢丽安主编 复旦大学外文学院编 2017
年 158 页 26 cm 35 元 (G. F. P.)

07386 309-13542
复旦外国语言文学论丛 2017 秋季号
卢丽安主编 复旦大学外文学院编 2018
年 222 页 26 cm 38 元 (G. F. P.)

07387 309-13910
复旦外国语言文学论丛 2018 春季号
卢丽安主编 复旦大学外文学院编 2018
年 176 页 26 cm 40 元 (G. F. P.)

07388 309-14270
复旦外国语言文学论丛 2018 秋季号
卢丽安主编 复旦大学外文学院编 2019
年 177 页 26 cm 58 元 (G. F. P.)

07389 309-14448
复旦外国语言文学论丛 2019 春季号
卢丽安主编 复旦大学外文学院主编
2019 年 188 页 26 cm 58 元 (G. F. P.)

07390 309-14946
复旦外国语言文学论丛 2019 秋季号
复旦大学外文学院主编 卢丽安主编
2020 年 158 页 26 cm 55 元 (G. F. P.)

07391 309-08881
言为心声 语言·思想·文化论集
褚孝泉著 2012 年 453 页 22 cm 30 元
〔攻玉文丛〕(G. F. P.)

07392 309-07320
符号学与跨文化研究
丁尔苏著 2011 年 168 页 23 cm 30 元
〔当代中国比较文学研究文库〕(G. F. P.)

07393 9253.011

语言研究集刊 第1辑
李振麟主编 许宝华等编 1987年 351页 20 cm 2元 (G. F.)

07394 309-05794

马广惠语言学选论
马广惠著 2007年 170页 21 cm 15元〔南京师范大学外国语言文学学科博士生导师文库〕(G. F. P.)

07395 309-05613

倪传斌语言学选论
倪传斌著 2007年 310页 21 cm 25元〔南京师范大学外国语言文学学科博士生导师文库〕(G. F. P.)

07396 309-08889

立足国际视野,加强语言教学研究 第二届全国语言教育研讨会暨国际汉语教育专题研讨会论文集
潘卫民 柳晓辉主编 2012年 339页 26 cm 48元 (P.)

07397 309-05747

辛斌语言学选论
辛斌著 2007年 273页 20 cm 22元〔南京师范大学外国语言文学学科博士生导师文库〕(G. F. P.)

07398 309-05971

新世纪语言学的新探索
薛才德主编 2007年 363页 23 cm 40元 (G. F. P.)

07399 309-04640

语言界面
熊学亮 蔡基刚主编 2005年 372页 21 cm 20元 (G. F. P.)

07400 309-08902

中国特色的语言学研究 程雨民先生85岁诞辰学术思想研讨会论文集
熊学亮主编 2012年 215页 22 cm 16元 (G. F. P.)

07401 309-11262

克里斯蒂娃自选集
(法)朱莉娅·克里斯蒂娃(Julia Kristeva)著 赵英晖译 2015年 197页 22 cm 精装 35元〔克里斯蒂娃学术精粹选译〕(G. F. P.)

07402 309-11316

语言,这个未知的世界
(法)朱莉娅·克里斯蒂娃(Julia Kristeva)著 马新民译 2015年 350页 22 cm 精装 45元〔克里斯蒂娃学术精粹选译〕(G. F. P.)

07403 309-12518

语言政策与语言教育 2016年第1期
陈坚林主编 2016年 123页 26 cm 25元 (G. F. P.)

07404 309-12729

语言政策与语言教育 2016年第2期
陈坚林主编 2016年 123页 26 cm 25元 (G. F. P.)

07405 309-13089

语言政策与语言教育 2017年第1期
陈坚林主编 2017年 130页 26 cm 25元 (G. F. P.)

07406 309-13543

语言政策与语言教育 2017年第2期
陈坚林主编 2017年 123页 26 cm 25元 (G. F. P.)

07407 309-13763

语言政策与语言教育 2018 年第 1 期
陈坚林主编 2018 年 123 页 26 cm 25 元
(G. F. P.)

07408 309-14079
语言政策与语言教育 2018 年第 2 期
陈坚林主编 2018 年 120 页 26 cm 25 元
(G. F. P.)

07409 309-14439
语言政策与语言教育 2019 年第 1 期
陈坚林主编 2019 年 120 页 26 cm 25 元
(G. F. P.)

07410 309-14775
语言政策与语言教育 2019 年第 2 期
陈坚林主编 2019 年 124 页 26 cm 25 元
(G. F. P.)

07411 309-15234
语言政策与语言教育 2020 年第 1 期
陈坚林主编 2020 年 120 页 26 cm 25 元
(G. F. P.)

07412 309-09157
二语习得中的个体差异 外语学能与工作记忆
戴运财著 2012 年 190 页 21 cm 20 元
(G. P.)

07413 309-06958
语言类型学与语言共性 第 2 版
(美) 威廉·克罗夫特 (William Croft) 著 龚群虎等译 2009 年 382 页 21 cm 29 元〔西方语言学经典教材〕(G. F. P.)

07414 309-00251
国际音标快速拼读法
郑时恒 蒋品圭编著 1989 年 64 页 19 cm 0.95 元 (G. F.)

07415 309-00517
国际音标快速拼读法
郑时恒 蒋品圭编著 1990 年 修订本 84 页 19 cm 1.15 元 (G.)

07416 309-01083
国际音标快速拼读法
郑时恒 蒋品圭编著 1990 年 (1993 年重印) 修订本 84 页 19 cm 1.50 元 (G.)

07417 309-04256
聋生与听力正常学生语篇理解过程的认知比较
贺荟中著 2004 年 163 页 21 cm 10 元〔上海市社会科学博士文库 第六辑〕
(G. F. P.)

07418 309-06670
言语治疗学
牟志伟主编 2009 年 178 页 26 cm 23 元〔卫生职业教育康复治疗技术专业教材〕(G. F. P.)

07419 309-07520
口才基础
陈绵水主编 2010 年 212 页 26 cm 20 元
(G. F. P.)

07420 309-02717
辩论双刃 大决赛辩词详评与思想的拓展
单国华编著 2001 年 478 页 20 cm 22 元〔复旦版论辩系列丛书〕(G. F. P.)

07421 309-05692
演讲的艺术
(美) 史迪芬·E. 卢卡斯 (Stephen E. Lucas) 著 俞振伟译 2007 年 484 页 25 cm 59.80 元〔大学通用基础课系列·传播学系列教程 张国良总主编〕(G. F. P.)

07422 309-01247
狮城舌战 首届国际大专辩论会纪实与评析
王沪宁 俞吾金主编 1993年 388页 19 cm 10元（G. F. P.）

07423 309-03432
狮城舌战 十年珍藏本
王沪宁 俞吾金主编 2003年 353页 21 cm 20元（G. F. P.）

07424 309-11668
中华朗诵 四 朗诵，居高声远
王群主编 2015年 95页 26 cm 28元（G. F. P.）

07425 309-12349
中华朗诵 五 朗诵，居高声远
王群主编 2016年 95页 26 cm 28元（G. F. P.）

07426 309-02551
活用面谈技巧 台湾管理专家经验谈
小管著 2000年 187页 20 cm 12.50元〔上班族智慧丛书〕（G. F.）

07427 309-11198
演讲与口才实训教程
杨柳主编 2015年 271页 26 cm 39元〔普通高等学校"十二五"精品规划教材〕（G. P.）

07428 309-01830
谋略之战 辩论赛的理论、筹划与运作
张霭珠著 1997年 300页 20 cm 14元（G. F. P.）

07429 309-01666
世纪之辩 首届中国名校大学生辩论邀请赛纪实
张德明主编 1996年 重印 371页 20 cm 16元〔复旦版论辩图书系列〕（G. F. P.）

07430 309-01832
英才雄风 第二届中国名校大学生辩论邀请赛纪实
张德明主编 1997年 420页 20 cm 18元（G. F. P.）

07431 309-01983
智慧之光 第三届中国名校大学生辩论邀请赛纪实
张德明主编 1998年 462页 20 cm 19元〔复旦版论辩系列丛书〕（G. F. P.）

07432 309-02307
纵横天下 第四届中国名校大学生辩论邀请赛纪实
张德明主编 1999年 504页 20 cm 22元（G. F. P.）

07433 309-02514
千禧之擂 第五届中国名校大学生辩论邀请赛纪实
张德明主编 2000年 421页 20 cm 19.80元〔复旦版论辩系列丛书〕（G. F. P.）

07434 309-03424
百辩成才 第七届中国名校大学生辩论邀请赛纪实
张德明主编 2002年 315页 20 cm 16元〔复旦版论辩系列丛书〕（G. F. P.）

07435 309-03425
青春对话 第六届中国名校大学生辩论邀请赛纪实
张德明主编 2002年 251页 20 cm 14元〔复旦版论辩系列丛书〕（G. F. P.）

07436 309-03804
激扬才智 第八届中国名校大学生辩论邀请赛

纪实

张德明主编 2003年 344页 20 cm 16元 〔复旦版论辩系列丛书〕(G. F. P.)

07437 309-04202

辩论常青 第九届中国名校大学生辩论邀请赛纪实

张德明主编 2005年 246页 21 cm 15元 〔复旦版论辩系列丛书〕(G. F. P.)

07438 309-05001

王者归来 第十届中国名校大学生辩论邀请赛纪实

张德明主编 2006年 376页 21 cm 18元 〔复旦版论辩系列丛书〕(G. F. P.)

07439 309-05727

巅峰对决 第十一届中国名校大学生辩论邀请赛纪实

张德明主编 2008年 364页 21 cm 20元 〔复旦版论辩系列丛书〕(G. F. P.)

07440 309-01515

论辩胜术

赵传栋著 1995年 577页 20 cm 20元 (G. F. P.)

07441 309-02279

论辩史话

赵传栋著 1999年 634页 20 cm 25元 〔复旦版论辩系列丛书〕(G. F. P.)

07442 309-01835

论辩原理

赵传栋著 1997年 377页 20 cm 16元 (G. F. P.)

07443 309-10821

幼儿教师朗诵技能训练

郑晓春主编 2014年 142页 30 cm 29.50元 〔全国学前教育专业(新课程标准)"十二五"规划教材〕(G. F. P.)

07444 309-05307

口才决定人生

(美)托尼·杰瑞(Tony Jeary)等著 张怡译 2006年 218页 23 cm 22元 (G. F. P.)

07445 309-09025

字母表效应 拼音文字与西方文明

(加)罗伯特·洛根著 何道宽译 2012年 203页 23 cm 34元 〔上海市社会科学创新研究基地 吴信训工作室 复旦新闻与传播学译库·新媒体系列 吴信训 何道宽主编〕(G. F. P.)

07446 309-06335

认知词汇学概论

陈建生著 2008年 271页 21 cm 20元 〔语言·翻译·文学研究系列丛书〕(G. F. P.)

07447 309-06061

欧美语义学导论

徐志民著 2008年 298页 21 cm 20元 (G. F. P.)

07448 309-09941

意义新论

(英)埃玛·博格著 刘龙根 伍思静译 2013年 220页 22 cm 30元 (G. F. P.)

07449 309-13876

语言、逻辑与意义 论语言中数量表达的语义刻画

冯予力著 2018年 182页 21 cm 25元 (G. F. P.)

07450 309-08774

语用学的多层面研究

曲卫国著 2012 年 414 页 22 cm 28 元〔攻玉文丛〕(G. F. P.)

07451 309-05981
简明语用学教程
熊学亮著 2008 年 211 页 23 cm 28 元〔复旦博学·语言学系列〕(G. F. P.)

07452 309-07858
下义关系的认知语义研究
曾建彬著 2011 年 273 页 21 cm 22 元〔复旦大学外国语言文学博士文库〕(G. F. P.)

07453 309-06045
形式语用学导论
张韧弦著 2008 年 286 页 23 cm 28 元〔复旦博学·语言学系列〕(G. F. P.)

07454 309-11227
语境建模
徐英瑾著 2015 年 254 页 21 cm 精装 35 元〔当代哲学问题研读指针丛书 逻辑和科技哲学系列 张志林 黄翔主编〕(G. F. P.)

07455 309-00972
中外名言分类大辞典
梁适编 1992 年 1086 页 20 cm 精装 36 元 (G. F.)

07456 309-01943
中外名言分类大辞典
梁适编 1997 年 第 2 版 1086 页 20 cm 精装 42 元 (G. F. P.)

07457 309-13775
格言点评
骆玉明著 史建期绘 2018 年 311 页 17 cm 58 元 (G. F. P.)

07458 309-06183
语法化学说 第 2 版
(美) 鲍尔·J.霍伯尔 伊丽莎白·克劳丝·特拉格特著 梁银峰译 2008 年 348 页 21 cm 28.50 元〔西方语言学经典教材〕(G. F. P.)

07459 309-06934
注意在二语动名词搭配习得中的差别效应
范烨著 2009 年 260 页 21 cm 18 元 (G. F. P.)

07460 309-11649
动词的语义指向对代词句内回指的制约
邱明波著 2015 年 233 页 21 cm 40 元〔社科系列〕(G. F. P.)

07461 309-09797
有些隐喻为什么不可能？ 物性形容词认知语义拓展的限制与动因
唐树华著 2013 年 196 页 21 cm 25 元 (G. F. P.)

07462 309-05756
核心句的词语搭配研究
冯奇著 2007 年 388 页 21 cm 25 元 (G. F. P.)

07463 309-02986
内容与形式关系的修辞学思考
曹德和著 2001 年 269 页 20 cm 18 元〔上海市社会科学博士文库 第三辑〕(G. F. P.)

07464 9253.002
《修辞学发凡》与中国修辞学 纪念陈望道《修辞学发凡》出版五十周年
复旦大学语言研究室编 1983 年 468 页

21 cm 2.15元 (G. F.)

07465 309-10131
中美混合修辞的崛起 兼读中式签语饼
（美）毛履鸣著 汪建峰译 2013年 207页 21 cm 25元 (G. F. P.)

07466 309-06556
职场写作力
（加）荣炳铭(Brandon Royal)著 上海惠安公司编译 2009年 153页 19 cm 20元 (G. F. P.)

07467 309-09191
二元修辞学
许钟宁著 2012年 315页 22 cm 32元 〔北方民族大学学术文库〕(G. F. P.)

07468 309-12401
多学科视野中的当代修辞学 "望道修辞学论坛"论文集萃
祝克懿主编 2016年 553页 23 cm 88元 (G. F.)

07469 309-13396
当代修辞学的多元阐释 "望道修辞学论坛"论文集萃 第2辑
祝克懿主编 2018年 414页 23 cm 68元 (G. F. P.)

07470 309-14240
修辞的结构与功能研究 "望道修辞学论坛"论文集萃 第3辑
祝克懿主编 2019年 513页 23 cm 86元 (G. F. P.)

07471 309-06457
话语文体学导论 文本分析方法
曲卫国著 2009年 412页 23 cm 35元 〔复旦博学·语言学系列〕(G. F. P.)

07472 309-12882
语料库与翻译
管新潮 陶友兰著 2017年 189页 23 cm 32元 (G. F. P.)

07473 309-15069
中外名家谈翻译
黄振球主编 2020年 274页 23 cm 39元 (G. F. P.)

07474 309-15118
认知口译学
康志峰著 2020年 415页 21 cm 45元 (F. P.)

07475 309-07047
文化翻译论
李建军著 2010年 170页 21 cm 17元 (G. F. P.)

07476 309-13123
翻译学 口译理论和口译教育
刘和平著 2017年 317页 23 cm 59元 〔中国当代翻译研究文库 谢天振 王宁主编〕(G. F. P.)

07477 309-11351
共生翻译学建构
刘满芸著 2015年 389页 21 cm 35元 〔共生系列丛书〕(G. F. P.)

07478 309-09050
翻译还原 海德格尔现象学下的翻译理论
屈平著 2012年 370页 22 cm 26元 〔译学新论丛书〕(G. P.)

07479 309-13253
翻译学 作为独立学科的求索与发展
谭载喜著 2017年 328页 23 cm 59元 〔中国当代翻译研究文库 谢天振 王宁

主编〕(G. F. P.)

07480 309-05167

双语词典的翻译研究

万江波著 2006 年 206 页 21 cm 15 元 〔复旦大学外国语言文学博士文库〕(G. F. P.)

07481 309-10468

跨学科的翻译研究

王东风著 2014 年 310 页 23 cm 49.80 元 〔人文学术 中国当代翻译研究文库 谢天振 王宁主编〕(G. F. P.)

07482 309-10594

从翻译出发 翻译与翻译研究

许钧著 2014 年 263 页 23 cm 49.80 元 〔人文学术 中国当代翻译研究文库 谢天振 王宁主编〕(G. F. P.)

07483 309-11232

美学对比翻译赏析 美文赏析与翻译审美

杨永刚 苏秀琪 赵歆颖著 2015 年 167 页 21 cm 29 元 (G. F. P.)

07484 309-05309

翻译的文化操控 胡适的改写与新文化的建构

赵文静著 2006 年 398 页 21 cm 28 元 (G. P.)

07485 309-13240

翻译与现代中国

赵稀方著 2018 年 310 页 23 cm 60 元 〔中国当代翻译研究文库 谢天振 王宁主编〕(G. F. P.)

07486 309-06651

翻译方圆

郑延国著 2009 年 388 页 21 cm 26 元

〔语言·翻译·文学研究系列丛书〕(G. F. P.)

07487 309-14706

戏剧主义修辞观之于互联网对外新闻翻译 以"中国上海"门户网站为个案

叶颖著 2019 年 336 页 21 cm 39 元 (G. F. P.)

07488 309-10339

译林回望

方梦之编著 2014 年 196 页 22 cm 26 元 (G. F.)

07489 309-07466

译林夕照

方梦之著 2011 年 216 页 21 cm 20 元 (G. F. P.)

07490 309-13029

译学荆棘

傅敬民著 2017 年 288 页 23 cm 49 元 (G. F. P.)

07491 309-05701

吕俊翻译学选论

吕俊著 2007 年 289 页 21 cm 20 元 〔南京师范大学外国语言文学学科博士生导师文库〕(G. F. P.)

07492 309-09292

海上译谭

谢天振著 2013 年 288 页 22 cm 28 元 (G. F. P.)

07493 309-07329

形-概念映射与双语词典编纂

赵翠莲著 2010 年 174 页 21 cm 20 元 〔解放军外国语学院英语博士文库〕(G. F. P.)

07494 309-12271
方言接触论稿
游汝杰著 2016年 276页 23 cm 精装 55元〔复旦中文学术丛刊〕(G. F. P.)

07495 309-03867
应用语言学纲要
齐沪扬 陈昌来主编 2004年 310页 23 cm 28元〔复旦博学·语言学系列〕(G. F. P.)

07496 309-06486
应用语言学纲要
齐沪扬 陈昌来主编 肖奚强等编写 2009年 第2版 310页 23 cm 32元〔复旦博学·语言学系列〕(G. F. P.)

07497 309-13704
标准化语言测试的标准制订与效度研究
范劲松著 2018年 257页 21 cm 35元 (G. F. P.)

07498 309-08168
活动理论视角下的数字技术与语言学习关系论
张颖著 2011年 194页 21 cm 15元 (G. P.)

07499 309-07505
基于计算机网络技术的语言教学 设计与评价
翁克山 李青著 2010年 216页 26 cm 29元 (G. F. P.)

汉　语

07500 309-14136
汉语话语标记的语用功能与历时演变
陈家隽著 2019年 272页 21 cm 40元 (G. F. P.)

07501 309-04656
大学语文新编
乔刚主编 2005年 487页 23 cm 38元〔21世纪大学通用基础教材〕(G. F. P.)

07502 309-10087
幼儿教师语言表达技能训练教程
王向东主编 2013年 178页 30 cm 30元〔全国学前教育专业(新课程标准)"十二五"规划教材〕(G. F. P.)

07503 309-05628
中国语文
萧练武 杨敬华主编 2007年 333页 26 cm 35元〔湖北高职"十一五"规划教材〕(G. F.)

07504 309-06857
中国语文
萧练武 杨敬华主编 2009年 第2版 294页 26 cm 29.50元〔湖北高职"十一五"规划教材〕(G. F. P.)

07505 309-03648
大学语文(专科)练习与检索
俞纪东编 2003年 407页 20 cm 21元〔全国高等教育自学考试练习与检索丛书〕(G. F. P.)

07506 309-12066
认知语言学视域下的汉语研究和习得
张永昱著 2016年 307页 21 cm 32元 (G. F. P.)

07507 309-05540
实用大学语文
朱志荣主编 2007年 404页 24 cm 35元 (G. F. P.)

07508 309-02916

汉语与华人社会
邹嘉彦 游汝杰 编著 2001 年 286 页 20 cm 20 元 (G. F. P.)

07509 309-03547
汉语与中国文化
申小龙著 2003 年 472 页 20 cm 22 元 (G. F.)

07510 309-05838
汉语与中国文化
申小龙著 2008 年 第 2 版 484 页 21 cm 28 元〔通识教育·名校名师名课系列〕(G. F. P.)

07511 309-14300
中文的中文性研究
申小龙著 2019 年 485 页 21 cm 85 元〔21世纪中国文化语言学丛书〕(G. F. P.)

07512 309-13797
汉语别史 中国新文学的语言问题
郜元宝著 2018 年 增订本 473 页 23 cm 88 元 (G. F. P.)

07513 309-00571
中国历代语言学家评传
濮之珍主编 1992 年 475 页 20 cm 8.10 元 (G. F.)

07514 309-04721
中国语言学史
王力著 2006 年 174 页 23 cm 20 元 (G. F. P.)

07515 309-05995
沧海一粟 汉语史窥管集
杨逢彬著 2007 年 310 页 23 cm 36 元 (G. F. P.)

07516 309-11995
汉语历史语言学的传承与发展 张永言先生从教六十五周年纪念文集
朱庆之等编 2016 年 769 页 23 cm 精装 98 元 (G. F. P.)

07517 309-12656
戴耀晶语言学论文集
戴耀晶著 2017 年 603 页 24 cm 98 元 (G. F. P.)

07518 309-07577
望道讲座演讲录 复旦大学中文学科发展八十五周年纪念文集
傅杰编 2010 年 337 页 23 cm 36 元 (G. F. P.)

07519 309-06060
语文的学术探索 高天如文集
高天如著 2008 年 428 页 21 cm 28 元 (G. F. P.)

07520 309-11099
中韩双语及翻译研究
金钟太著 2014 年 264 页 22 cm 30 元 (G. F. P.)

07521 309-13512
濮之珍语言学论文集
濮之珍著 2018 年 464 页 23 cm 88 元 (G. F.)

07522 309-11466
枫窗语文萃编
杨剑桥著 2015 年 407 页 21 cm 38 元〔复旦大学中文系教授荣休纪念文丛〕(G. F. P.)

07523 309-06430
枫窗语文札记
杨剑桥 杨柳著 2009 年 212 页 23 cm

28 元 (G. F. P.)

07524 309-11032
语文学论集
张永言著 2015 年 增订本 403 页 22 cm 精装 38 元〔张永言先生著作集〕(G. F. P.)

07525 309-07008
掇沉珠集
祝克懿主编 2010 年 764 页 21 cm 50 元〔复旦大学中文系教授荣休纪念文丛 李熙宗卷〕(G. F. P.)

07526 309-09180
实用普通话训练教程
陈颖编著 2012 年 164 页 21 cm 18 元 (G. F. P.)

07527 309-12777
广东省普通话水平测试专用教材 2017 版
广东省普通话水平测试专用教材研究组编 2017 年 296 页 23 cm 38 元〔广东省普通话水平测试专用教材〕( )

07528 309-12177
贵州省普通话水平测试专用教材
贵州省普通话水平测试专用教材研究组编写 2016 年 280 页 23 cm 38 元〔贵州省普通话水平测试专用教材〕(G. F.)

07529 309-14062
实用普通话教程
刘佩芝 张亮编著 2018 年 244 页 23 cm 35 元〔弘教系列教材〕(G. F. P.)

07530 309-13774
中国小学史
胡奇光著 2018 年 修订本 366 页 22 cm 精装 58 元 (G. F. P.)

07531 309-05193
古代汉语教学参考与训练
严修 杨剑桥编 2006 年 194 页 23 cm 23 元〔复旦博学·语言学系列 普通高等教育"十一五"国家级规划教材〕(G. F. P.)

07532 309-03567
实用古汉语知识宝典
杨剑桥著 2003 年 2008 年第 2 版 692 页 20 cm 35 元 (G. F. P.)

07533 309-09666
《春秋公羊传》语言研究
姚尧著 2014 年 294 页 24 cm 35 元 (G. F. P.)

07534 309-00449
古代汉语教程
张世禄主编 1991 年 2 册 20 cm 15 元 (G. F.)

07535 309-01194
古代汉语教程
张世禄主编 1991 年(1997 年重印) 2 册 20 cm 32 元 (G.)

07536 309-02476
古代汉语教程
张世禄主编 2000 年 第 2 版(修订版) 2 册 20 cm 32 元〔国家教育部第三届普通高等学校优秀教材二等奖〕(G. F. P.)

07537 309-04650
古代汉语教程
张世禄主编 2005 年 重订本 2018 年第 3 版 487 页 23 cm 39 元〔复旦博学·语言学系列〕(G. F. P.)

07538 309-15111
古代汉语教程
张世禄主编 2020 年 第 4 版 535 页 23 cm 78 元〔复旦博学·语言学系列〕(G. F. P.)

07539 309-10560
新文学的先驱 欧化白话文在近代的发生、演变和影响
袁进主编 刘云等撰稿 2014 年 479 页 23 cm 65 元 (G. F. P.)

07540 309-01120
中国现代语言计划的理论和实践
高天如著 1993 年 259 页 20 cm 6 元 (G. F.)

07541 309-12305
旅行的图像与文本
吴盛青编 2016 年 381 页 23 cm 60 元〔复旦中华文明研究专刊〕(G. F. P.)

07542 309-04232
现代汉语工具范畴的认知研究
徐默凡著 2004 年 274 页 21 cm 16 元〔上海市社会科学博士文库 第六辑〕(F. P.)

07543 309-05192
现代汉语导论
许宝华编著 2006 年 249 页 21 cm 15 元〔面向 21 世纪课程教材 现代汉语系列教材〕(G. F. P.)

07544 309-04083
简明现代汉语
张斌主编 2004 年 422 页 23 cm 32 元〔复旦博学·语言学系列〕(G. F. P.)

07545 309-03397
现代汉语教学参考与训练
张斌主编 2002 年 466 页 23 cm 38 元〔复旦博学·大学通用基础教材系列 普通高等教育"十五"国家级规划教材《新编现代汉语》学习用书〕(G. F. P.)

07546 309-03246
新编现代汉语
张斌主编 陈昌来等编写 2002 年 582 页 23 cm 48 元〔复旦博学·大学通用基础教材系列 普通高等教育"十五"国家级规划教材〕(G. F.)

07547 309-05916
新编现代汉语
张斌主编 2008 年 第 2 版 582 页 23 cm 48 元〔复旦博学·语言学系列 普通高等教育"十五"国家级规划教材〕(G. F. P.)

07548 309-00050
《今日汉语》教师手册 第 1 册
胡裕树主编 陈晨等编 1989 年 143 页 20 cm 3.20 元 (G. F.)

07549 309-00053
《今日汉语》教师手册 第 2 册
胡裕树主编 陈晨等编 1989 年 195 页 20 cm 4.10 元 (G. F.)

07550 309-00054
《今日汉语》教师手册 第 3 册
胡裕树主编 陈晨等编 1989 年 184 页 20 cm 3.95 元 (G. F.)

07551 309-01625
汉语现代音韵学
杨剑桥著 1996 年 241 页 20 cm 15 元〔现代语言学丛书〕(G. F. P.)

07552 309-08795
汉语现代音韵学
杨剑桥著 2012年 第2版 264页 23 cm 32元 (G. F. P.)

07553 309-04484
汉语音韵学讲义
杨剑桥主编 2005年 229页 23 cm 25元〔复旦博学·语言学系列 大学文科基础课重点教材〕(G. F. P.)

07554 9253.016
音韵学入门
张世禄 杨剑桥著 1987年 145页 20 cm 0.90元 (G. F.)

07555 309-06539
音韵学入门
张世禄 杨剑桥著 2009年 153页 21 cm 15元 (G. F. P.)

07556 309-11911
周昂《新订中州全韵》研究
李超著 2016年 289页 22 cm 35元〔区域文化与传播丛书〕(G. F. P.)

07557 309-14280
基于启动和脑电波实验研究普通话和闽南语连读变调词的储存模式
钱昱夫著 2019年 176页 21 cm 36元 (G. F. P.)

07558 309-06216
穿行在汉字中
黄荣华著 2008年 261页 23 cm 30元〔复旦大学附属中学"大视野"教育书系〕(G. F. P.)

07559 309-07780
汉字的智慧
纪德裕著 2011年 333页 21 cm 25元〔中国文化丛书〕(G. F. P.)

07560 309-02840
语林拾得 咬文嚼字精选100篇
金文明著 2001年 361页 20 cm 20元 (G. F. P.)

07561 309-13965
汉字形义与中华传统文化 以社会主义核心价值观二十四个汉字为例
罗建平著 2019年 148页 21 cm 25元〔国家大事丛书〕(G. F. P.)

07562 309-05525
现代汉语文字学
殷寄明 汪如东著 2007年 316页 21 cm 20元〔现代汉语系列教材 面向21世纪课程教材〕(G. F. P.)

07563 309-11739
汉字的故事
黄荣华编著 2015年 99页 21 cm 18元〔上海市民健康与人文系列读本〕(G. F. P.)

07564 309-01605
汉字拾趣
纪德裕编著 1997年 363页 20 cm 15元 (G. F.)

07565 309-03249
汉字拾趣
纪德裕编著 2002年 第2版 440页 20 cm 21元 (G. F. P.)

07566 309-10004
汉字百味
任火著 2013年 212页 21 cm 精装 26

元 (G. F. P.)

07567 309-12594
古文字与汉语历史比较音韵学
(韩)朴慧莉 程少轩编 2017年 308页 23 cm 45元〔复旦中华文明研究专刊〕(G. F. P.)

07568 309-10519
常用汉字勘误手册
高承言等编著 2015年 564页 22 cm 65元 (G. F. P.)

07569 309-07318
人体词语语义研究
黄碧蓉著 2010年 197页 21 cm 20元〔复旦大学外国语言文学博士文库〕(G. F. P.)

07570 309-05441
现代汉语语汇学
卢英顺著 2007年 260页 21 cm 18元〔现代汉语系列教材 面向21世纪课程教材〕(G. F. P.)

07571 309-11053
词汇学简论 训诂学简论
张永言著 2015年 增订本 141页 22 cm 精装 32元〔张永言先生著作集〕(G. F. P.)

07572 309-02719
当代汉语词语的共时状况及其嬗变 90年代中国大陆、香港、台湾汉语词语现状研究
汤志祥著 2001年 481页 23 cm 38元 (G. F. P.)

07573 309-14886
现代汉语"X了"构式研究
张宏国著 2020年 254页 21 cm 58元

(G. F. P.)

07574 309-07495
常用成语词典
《常用成语词典》编委会编 2010年(2011年印) 1060页 15 cm 精装 26元 (G. F.)

07575 309-07685
常用成语词典(大字本)
《常用成语词典》(大字本)编委会编 2011年 798页 19 cm 精装 29.80元 (G. F.)

07576 309-07684
常用成语词典(简明本)
《常用成语词典》(简明本)编委会编 2011年 748页 14 cm 精装 12.80元 (G. F.)

07577 309-07247
汉语成语小词典
《汉语成语小词典》编委会编 2010年 558页 15 cm 精装 11元 (G. F.)

07578 309-05119
谚语小词典
胡家喜 傅玉芳主编 2007年 405页 15 cm 20元〔实用小工具书系列〕(P..)

07579 309-05120
歇后语小词典
江更生主编 2006年 472页 15 cm 16元 (P.)

07580 309-00866
汉语成语分类辞典
叶子雄主编 1987年(1992年重印) 842页 19 cm 11.90元 (F.)

07581 9253.028
汉语成语分类辞典
叶子雄主编 1987年 842页 19 cm 6.50元

（精装）5.60 元(软精装) (G. F.)

07582 309-05118
成语小词典
张晓栋 郭玲主编 2006 年 688 页 15 cm 20 元 (P.)

07583 309-07248
中华成语词典
《中华成语词典》编委会编 2010 年 1066 页 15 cm 精装 26 元 (G.)

07584 309-07666
中华成语词典(大字本)
《中华成语词典》(大字本)编委会编 2012 年 877 页 19 cm 精装 29.80 元 (G. F.)

07585 309-11694
成语纠正误解三百例
吴桐祯著 2015 年 259 页 22 cm 28 元 (G. F. P.)

07586 309-12783
悦心语 南怀瑾先生著述佳句选摘
南怀瑾著述 2017 年 158 页 21 cm 35 元 〔太湖大学堂丛书〕(G. F. P.)

07587 309-15120
俗语言研究 第六号(复刊第一号)
雷汉卿 （日）衣川贤次主编 2020 年 210 页 26 cm 88 元 (F. P.)

07588 309-10229
汉意委婉语对比研究
张永奋著 2014 年 221 页 22 cm 25 元 〔复旦人文〕(G. F. P.)

07589 309-09539
胡言词典 关于外来语和流行语的另类解读
胡言著 2013 年 300 页 19 cm 精装 36 元 (G. F. P.)

07590 309-12602
汉语同源词大典
殷寄明著 2018 年 3 册 27 cm 精装 680 元 (G. F. P.)

07591 309-14882
逻辑、概率与地图分析 汉语语法学中的计算研究
陈振宇著 2020 年 539 页 23 cm 158 元 (G. F. P.)

07592 309-03617
汉语字基语法 语素层造句的理论和实践
程雨民著 2003 年 366 页 23 cm 28 元 〔复旦学人文库〕(G. F. P.)

07593 309-01675
实用语法修辞教程
李嘉耀 李熙宗著 1996 年 279 页 20 cm 14 元 〔现代语言学丛书〕(G. F. P.)

07594 309-05500
实用语法修辞教程
李嘉耀 李熙宗著 2007 年 247 页 23 cm 28 元 〔复旦博学·语言学系列〕(G. F. P.)

07595 309-08482
汉语动结式的整合与历时演变
石慧敏著 2011 年 195 页 23 cm 26 元 〔语言学及应用语言学研究生阅读大系〕(G. F. P.)

07596 309-11136
《语言自迩集》的汉语语法研究
宋桔著 2015 年 385 页 21 cm 36 元 〔人

07597 309-00997

汉语历史语法要略

孙锡信著 1992年 373页 20 cm 3.70元 (G. F.)

07598 309-10243

中古近代汉语语法研究述要

孙锡信主编 2014年 550页 24 cm 80元 (G. F. P.)

07599 309-02245

英汉前指现象对比

熊学亮著 1999年 196页 20 cm 15元 (G. F.)

07600 309-13974

范晓语法论文选集

范晓著 2019年 592页 23 cm 精装 98元〔复旦中文学术丛刊〕(G. F. P.)

07601 309-07339

古汉语语法讲义

杨剑桥著 2010年 355页 23 cm 36元〔复旦博学·语言学系列〕(G. F. P.)

07602 309-05615

修辞学发凡

陈望道著 2008年 238页 23 cm 25元 (G. F. P.)

07603 309-11356

修辞学发凡 文法简论

陈望道著 宗廷虎 陈光磊编 2015年 483页 24 cm 精装 88元〔复旦百年经典文库〕(G. F. P.)

07604 309-05083

语法学习

吕叔湘著 2006年 199页 21 cm 15元〔经典新读文学课堂 第三辑〕(G. F. P.)

07605 309-10391

汉英语气系统对比研究

王飞华著 2014年 301页 21 cm 28元 (G. F. P.)

07606 309-07985

移动与空间 汉日对比研究

徐靖著 2011年 321页 21 cm 35元〔人文学术〕(G. F. P.)

07607 309-10281

"一+名"式双音节词的词汇化和语法化及相关问题研究

徐晓羽著 2014年 277页 22 cm 32元〔人文学术〕(G. F. P.)

07608 309-00186

语法修辞

叶子雄编著 1989年 248页 19 cm 2.50元 (G. F.)

07609 309-04446

现代汉语语法十讲

张斌著 2005年 356页 21 cm 19元〔名家专题精讲系列 第五辑〕(G. F. P.)

07610 309-11424

认知汉语语法

张宁宁著 2015年 392页 21 cm 30元 (G. P.)

07611 309-10934

现代汉语致使态研究

张豫峰著 2014年 251页 22 cm 30元〔人文学术〕(G. F. P.)

07612 309-04823

现代汉语致使范畴研究
周红著 2005年 457页 21 cm 28元〔上海市社会科学博士文库 第七辑〕(G. F. P.)

07613 309-13602
汉语名名复合词语义认知研究
黄洁著 2018年 183页 21 cm 28元 (G. F. P.)

07614 309-09226
多义副词的语法化顺序和习得顺序研究
高顺全著 2012年 264页 22 cm 25元〔人文学术〕(G. F. P.)

07615 309-09595
汉语将来时助动词研究 默认语义学模式
姜涛著 2013年 260页 22 cm 25元 (G. F. P.)

07616 309-09424
现代汉语转类词研究 语料库视角
司显柱著 2013年 488页 21 cm 35元 (G. F. P.)

07617 309-12122
汉语的小句与句子
陈振宇著 2016年 479页 23 cm 68元 (G. F. P.)

07618 309-10153
基于语料库的比较句式"跟"、"有"、"比"的描写与分析
耿直著 2013年 231页 22 cm 28元〔人文系列〕(G. F. P.)

07619 309-04937
并列结构的自组织研究
马清华著 2005年 449页 21 cm 28元〔上海市社会科学博士文库 第七辑〕(G. F. P.)

07620 309-14928
现代汉语羡余否定格式研究
王蕾著 2020年 438页 21 cm 78元 (G. F. P.)

07621 309-13214
现代汉语句式研究 第2辑
张豫峰 曹秀玲主编 2017年 334页 23 cm 58元 (G. F. P.)

07622 309-00662
语法修辞方法论
复旦大学语法修辞研究室编 1991年 336页 20 cm 6元 (G.)

07623 309-13541
汉语积极修辞的认知研究
霍四通著 2018年 441页 23 cm 55元 (G. F. P.)

07624 309-07842
中国古代文章学的成立与展开 中国古代文章学论集
王水照 朱刚主编 2011年 516页 23 cm 60元 (G. F. P.)

07625 309-10741
中国古代文章学的衍化与异形 中国古代文章学二集
王水照 侯体健主编 2014年 614页 23 cm 78元 (G. F. P.)

07626 309-12802
中国古代文章学的阐释与建构 中国古代文章学三集
王水照 侯体健主编 2017年 519页 23 cm 88元 (G. F. P.)

07627 309-14944
中国古代文章学的形态与体系 中国古代文章学四集
王水照 侯体健主编 2020年 540页 23 cm 158元 (G. F. P.)

07628 309-05211
现代汉语修辞学
吴礼权著 2006年 453页 21 cm 28元〔面向21世纪课程教材 现代汉语系列教材〕(G. F. P.)

07629 309-08819
现代汉语修辞学
吴礼权著 2012年 第2版 514页 21 cm 33元〔面向21世纪课程教材〕(G. F. P.)

07630 309-12092
现代汉语修辞学
吴礼权著 2016年 第3版 528页 21 cm 38元〔面向21世纪课程教材〕(G. F. P.)

07631 309-14675
现代汉语修辞学
吴礼权著 2020年 第4版 551页 21 cm 45元〔面向21世纪课程教材 "十二五"普通高等教育国家级规划教材 复旦大学本科课程教材建设项目经费支持〕(G. F. P.)

07632 309-05518
新编写作思维学教程
段建军 李伟著 2008年 323页 23 cm 32元〔复旦博学·文学系列·精华版 普通高等教育"十一五"国家级规划教材 新闻出版总署"十一五"国家重点图书〕(G. F. P.)

07633 7253.016
大学写作
胡裕树主编 于成鲲等编 1985年 383页 20 cm 2.05元 (G. F.)

07634 309-00043
大学写作
胡裕树主编 1985年(1988年重印) 383页 21 cm 2.45元 (F.)

07635 309-01126
大学写作
胡裕树主编 1996年 383页 21 cm 12元 (P..)

07636 309-06803
大学写作新编
乔刚主编 2009年 342页 23 cm 35元〔21世纪大学通用基础教材〕(G. F. P.)

07637 309-03760
现代文章写作教程
徐基儒主编 2003年 2册 20 cm 35元 (G. F. P.)

07638 309-14313
写作教程
赵晓丹主编 2019年 171页 26 cm 39元〔全国小学教育专业"十三五"规划教材〕(G. F. P.)

07639 5627-0006
写作实践指导
郑延年主编 1988年 241页 20 cm 1.60元〔高等院校教材〕(G. F.)

07640 309-00943
当代写作学
朱淳良主编 1992年 297页 19 cm 5.80元 (G. F.)

07641 309-14535
论文写作指南 从观点初现到研究完成
熊浩著 2019年 273页 21 cm 精装 48元 (G. F. P.)

07642 309-07944
中文本科学术论文写作指导
张京华著 2011年 437页 21 cm 38元〔文科论文写作课程辅助教材〕(G. P.)

07643 309-05444
实用传播文体写作
毕耕著 2007年 462页 21 cm 26元〔新闻传播学通用教材〕(G. F.)

07644 309-15116
国际SCI期刊论文写作与发表
蔡基刚著 2020年 216页 26 cm 42元 (P.)

07645 309-05645
实用语文·应用写作教程
承剑芬主编 边露等编写 2007年 292页 23 cm 28元〔复旦卓越·实用语文系列 普通高等教育"十五"国家级规划教材〕(G. F. P.)

07646 309-00627
房地产行政与经济应用文
戴如法编著 1990年 293页 19 cm 3.60元 (G. F.)

07647 309-08375
中文应用写作教程
戴盛才主编 2011年 364页 23 cm 35元 (G. F. P.)

07648 309-06333
经济应用文写作
方有林 娄永毅主编 2009年 356页 23 cm 38元〔复旦卓越 商洋系列〕(G. F. P.)

07649 309-00547
农村应用文
何正芳 王春林编著 1990年 204页 19 cm 2.95元 (G.)

07650 309-05680
中文应用写作
姜国忠主编 2007年 422页 23 cm 35元〔3+1+1课程改革系列〕(G. F. P.)

07651 309-12128
应用文写作读本
焦妹编著 2015年 97页 21 cm 20元〔上海市进城务工人员技能文化培训系列读本 二期 上海市进城务工人员技能文化培训工作领导小组办公室 上海市学习型社会建设服务指导中心办公室主编〕(G. F. P.)

07652 309-09650
应用写作教程
景遐东主编 2013年 239页 23 cm 34元〔普通高等学校"十二五"精品规划教材〕(G. P.)

07653 309-12862
应用写作教程
景遐东主编 2017年 第2版 313页 26 cm 48元〔普通高等学校"十三五"精品规划教材〕(G. P.)

07654 309-05443
中国公文发展简史
李昌远著 2007年 335页 24 cm 34元〔21世纪现代应用文系列教材〕(G. F. P.)

07655 309-14256

幼儿园教师资格证考试写作辅导十讲

李桂萍编著 2019年 106页 30 cm 28元〔全国学前教育专业（新课程标准）"十三五"规划教材 儿童文学·语言类〕(G. F. P.)

07656 309-01927
中国标准行政公文
李孝华编著 1997年 309页 20 cm 14元〔中国（内地、台、港、澳）高校通用教材〕(G. F. P.)

07657 309-00403
企业必备文书
林士明主编 1990年 427页 20 cm 6元 (G.)

07658 309-01053
企业必备文书
林士明主编 1990年（1993年重印）427页 20 cm 8.80元 (G.)

07659 309-01415
企业必备文书
林士明主编 1995年 第2版 520页 20 cm 19元 (G. F. P.)

07660 309-02013
公务文书写作教程
刘春生主编 1998年 344页 20 cm 14元 (G. F.)

07661 309-02988
公务文书写作教程
刘春生主编 2001年 第2版 363页 20 cm 16元 (G. F.)

07662 309-07130
公务文书写作教程
刘春生主编 2010年 第4版 440页 21 cm 22元 (G. F. P.)

07663 309-06193
应用文写作教程
陆亚萍 詹丹 张彪编著 2008年 292页 26 cm 35元 (G. F. P.)

07664 309-09449
应用文写作教程
陆亚萍 詹丹 张彪编著 2013年 第2版 317页 26 cm 39.50元 (G. F. P.)

07665 309-11013
应用文写作教程
陆亚萍 詹丹 张彪编著 2014年 第3版 323页 26 cm 43.90元 (G. F. P.)

07666 309-05620
应用文写作
夏晓鸣等编著 2007年 2008年第2版 453页 23 cm 38元〔21世纪普通高等教育应用型规划教材〕(G. F. P.)

07667 309-09340
应用文写作
夏晓鸣等编著 2012年 第4版 292页 26 cm 35元〔21世纪普通高等教育规划教材〕(G. F. P.)

07668 309-04028
新编大学写作
徐中玉主编 2004年 416页 23 cm 32元〔复旦博学·新闻与传播学系列教材 新世纪版〕(G. F. P.)

07669 309-05276
综合文秘写作
杨位浩著 2007年 254页 21 cm 25元〔21世纪现代应用文系列教材〕(G. F. P.)

语言、文字·汉语 555

07670 309-02942
秘书写作
杨元华 孟金蓉等编著 2001 年 421 页 23 cm 36 元〔新编秘书学教材系列〕(G. F. P.)

07671 309-05663
申论
姚裕群 钱俊生 卢炜主编 2007 年 243 页 26 cm 28 元〔2008 年公务员考试系列教材〕(G. F. P.)

07672 309-06212
申论
姚裕群 钱俊生 卢炜主编 2008 年 283 页 26 cm 35 元〔2009 年公务员考试系列教材〕(G. F. P.)

07673 309-03782
公共关系写作教程
叶茂康著 2003 年 408 页 20 cm 18 元〔复旦博学〕(G. F. P.)

07674 309-07301
公务与事务文书写作规范
于成鲲等主编 2011 年 247 页 23 cm 35 元〔中国现代应用文写作规范丛书〕(G. F. P.)

07675 309-07303
科教文与社交文书写作规范
于成鲲等主编 2011 年 309 页 23 cm 38 元〔中国现代应用文写作规范丛书〕(G. F. P.)

07676 309-07302
现代服务业文书写作规范
于成鲲等主编 2011 年 335 页 23 cm 35 元〔中国现代应用文写作规范丛书〕(G. F. P.)

07677 309-07300
现代企业管理文书写作规范
于成鲲等主编 2011 年 229 页 23 cm 32 元〔中国现代应用文写作规范丛书〕(G. F. P.)

07678 309-01787
现代应用文
于成鲲主编 1996 年 416 页 20 cm 16 元〔中国通用应用文丛书 中国大陆、台港澳高校通用教材〕(G. F. P.)

07679 309-06596
现代应用文教程
于成鲲 陈瑞端 吴仁援主编 2009 年 330 页 23 cm 30 元〔复旦博学·文学系列·精华版 新闻出版总署"十一五"国家重点图书〕(G. F. P.)

07680 309-00647
军队实用写作 典型病例评改
张乐盈主编 1990 年 205 页 19 cm 2 元 (G. F.)

07681 309-00750
企业经济写作概要
浙江冶金经济专科学校编 1991 年 380 页 19 cm 5.50 元 (G. F.)

07682 5627-0261
医用写作
郑延年等主编 1995 年 240 页 20 cm 8.90 元 (G. F.)

07683 309-05746
申论真题范文解析
汪洪涛编著 2007 年 144 页 26 cm 25 元〔全国公务员招录考试辅导教材〕(G. F. P.)

07684 309-03185

新编公文语用词典

王志彬主编 2002 年 388 页 20 cm 19 元 〔中国内地、台、港通用〕(G. F. P.)

07685 309-07882

翻译史研究 第 1 辑(2011)

王宏志主编 2011 年 327 页 23 cm 40 元 (G. F. P.)

07686 309-09213

翻译史研究 第 2 辑(2012)

王宏志主编 2012 年 346 页 23 cm 40 元 (G. F. P.)

07687 309-10186

翻译史研究 第 3 辑(2013)

王宏志主编 2013 年 342 页 23 cm 50 元 (G. F. P.)

07688 309-11122

翻译史研究 第 4 辑(2014)

王宏志主编 2015 年 342 页 23 cm 49.80 元 (G. F. P.)

07689 309-11990

翻译史研究 第 5 辑(2015)

王宏志主编 2015 年 344 页 23 cm 49.80 元 (G. F. P.)

07690 309-12916

翻译史研究 第 6 辑(2016)

王宏志主编 2017 年 299 页 23 cm 49.80 元 (G. F.)

07691 309-13834

翻译史研究 第 7 辑(2017)

王宏志主编 2018 年 358 页 23 cm 80 元 (G. F. P.)

07692 309-14878

翻译史研究 第 8 辑(2018)

王宏志主编 2020 年 263 页 23 cm 68 元 (G. F. P.)

07693 309-10545

翻译与近代中国

王宏志著 2014 年 310 页 23 cm 49.80 元 〔人文学术 中国当代翻译研究文库 谢天振 王宁主编〕(G. F. P.)

07694 309-00572

辞书编纂学概论

陈炳迢著 1991 年 344 页 20 cm 6.10 元 〔文科研究生丛书〕(G. F.)

07695 309-05679

辞书思索集

徐庆凯著 2008 年 307 页 23 cm 38 元 (G. F. P.)

07696 309-04816

《说文解字》精读

殷寄明著 2006 年 266 页 23 cm 25 元 〔汉语言文学原典精读系列 第一辑〕(G. F. P.)

07697 309-12367

《说文解字》精读

殷寄明著 2016 年 第 2 版 304 页 24 cm 40 元 〔汉语言文学原典精读系列〕(G. F. P.)

07698 309-02050

《说文解字》与中国古文字学

祝敏申著 1998 年 594 页 26 cm 精装 60 元 (G. F. P.)

07699 309-05401

21 世纪华语新词语词典

邹嘉彦 游汝杰编著 2007 年 469 页 21 cm

07700 309-03465

周秦汉晋方言研究史

华学诚著 2003年 2007年第2版 552页 20 cm 28元〔上海市社会科学博士文库 第一辑〕(G. F. P.)

07701 309-12610

步随流水赴前溪

褚半农著 2016年 436页 21 cm 精装 58元 (G. F. P.)

07702 309-12219

实用沪语

丁迪蒙著 2015年 170页 21 cm 20元〔上海市进城务工人员技能文化培训系列读本 二期 上海市进城务工人员技能文化培训工作领导小组办公室 上海市学习型社会建设服务指导中心办公室主编〕(G. F. P.)

07703 309-09153

傣僗话 世界上元音最多的语言

李辉 洪玉龙主编 2012年 234页 30 cm 25元 (G. F. P.)

07704 309-13379

富阳方言研究

盛益民 李旭平著 2018年 440页 23 cm 80元〔吴语重点方言研究丛书 陶寰主编〕(G. F. P.)

07705 309-11656

松江方言研究

许宝华 陶寰著 2015年 610页 23 cm 78元 (G. F. P.)

07706 309-09194

精装 45元〔复旦金石词典系列〕(G. F. P.)

上海地区方言调查研究

游汝杰主编 2013年 4册 24 cm 精装 280元 (G. F. P.)

07707 309-02901

吴语声调的实验研究

游汝杰 杨剑桥主编 2001年 425页 20 cm 24元 (G. F. P.)

07708 309-02397

吴方言分类的优化

俞志强著 2000年 344页 22 cm 精装 50元 (G. P.)

07709 309-12708

走到今朝的上海方言

褚半农著 2016年 251页 21 cm 28元〔上海闵行莘庄文化丛书〕(G. F. P.)

07710 309-13164

中欧语言接触的先声 闽南语与卡斯蒂里亚语初接触

周振鹤编 2018年 231页 23 cm 45元〔复旦中华文明研究专刊〕(G. F. P.)

07711 309-11798

中国语文教育思想简史

韩世姣著 2015年 361页 21 cm 28元 (G. F. P.)

07712 309-02053

实用语文 第1册 常用文体阅读与写作

姜润生 张圣勤总主编 姜润生册主编 1998年 298页 20 cm 12元〔高等职业技术学校教材 试用本〕(G. P.)

07713 309-02055

实用语文 第3册 应用文写作

姜润生 张圣勤总主编 刘晓明册主编

1998 年 320 页 20 cm 12.80 元〔高等职业技术学校教材 试用本〕(G. P.)

07714 309-02054
实用语文 第 2 册 听话说话与职业口语
姜润生 张圣勤总主编 洛渭册主编 1998 年 344 页 20 cm 13.50 元〔高等职业技术学校教材 试用本〕(G. P.)

07715 309-02056
实用语文 第 4 册 名作选读
姜润生 张圣勤总主编 陈维新册主编 1998 年 345 页 20 cm 13.50 元〔高等职业技术学校教材 试用本〕(G. F. P.)

07716 309-02650
表述口语训练指导
刘伯奎著 2000 年 356 页 20 cm 15 元〔口语交际训练与教学用书〕(G. F. P.)

07717 309-05067
幼儿教师口语训练教程
王素珍主编 2006 年 219 页 30 cm 24 元〔复旦卓越·全国学前教育专业系列 全国学前教育专业系列教材 文化基础类〕(G. P.)

07718 309-09865
幼儿教师口语训练教程
王素珍主编 2013 年 第 2 版 262 页 30 cm 32 元〔全国学前教育专业(新课程标准)"十二五"规划教材〕(G. F. P.)

07719 309-14856
幼儿教师口语训练教程
王素珍主编 2020 年 第 3 版 252 页 30 cm 45 元〔全国学前教育专业(新课程标准)"十三五"规划教材 "十二五"职业教育国家规划教材〕(G.)

07720 309-05646
实用语文·听说教程
张文光 梁志红主编 尹苓苓等编写 2007 年 318 页 23 cm 29 元〔复旦卓越·实用语文系列 普通高等教育"十五"国家级规划教材〕(G. F. P.)

07721 309-09779
中文应用写作教程新编
戴盛才主编 2013 年 362 页 23 cm 35 元 (G. F. P.)

07722 309-09075
大学应用语文
罗璠 周云鹏主编 2013 年 332 页 26 cm 43 元〔普通高等学校"十二五"精品规划教材〕(G. P.)

07723 309-06781
大学语文读本
甘筱青主编 2009 年 2010 年第 2 版 343 页 26 cm 29.80 元 (G. F. P.)

07724 309-10872
大学语文读本
甘筱青主编 2014 年 第 3 版 257 页 26 cm 35 元 (G. F. P.)

07725 309-11547
大学语文实用教程
李定春 黄悠纯主编 2015 年 392 页 26 cm 55 元〔普通高等学校"十二五"精品规划教材〕(G. P.)

07726 309-11452
大学应用语文教程 上册
罗璠 周云鹏主编 2015 年 194 页 26 cm 39 元〔普通高等学校"十二五"精品规划教材〕(G. P.)

07727 309-11453

大学应用语文教程 下册

罗璠 周云鹏主编 2015年 208页 26 cm 39元〔普通高等学校"十二五"精品规划教材〕(G. P.)

07728 309-05099

语文教程

苏艳霞 丁春锁主编 2006年 319页 30 cm 35元〔复旦卓越·全国学前教育专业系列教材 文化基础类〕(G. F. P.)

07729 309-10315

语文教程

苏艳霞 丁春锁主编 2014年 第2版 281页 30 cm 39元〔全国学前教育专业(新课程标准)"十二五"规划教材〕(G. F. P.)

07730 309-14766

大学语文教程

杨天松主编 2019年 284页 26 cm 49元〔高职高专公共课规划教材〕(G. F. P.)

07731 309-05541

大学语文实验教程

张新颖主编 2007年 349页 24 cm 30元 (G. F. P.)

07732 309-11484

大学语文实验教程

张新颖主编 2015年 第2版 359页 24 cm 38元〔复旦博学·文学系列·精华版〕(G. F. P.)

07733 309-02487

大学语文

陈重业 袁一锋编著 2000年 368页 26 cm 35元〔全国高等教育法律专业自学考试指导与训练丛书〕(G. F. P.)

07734 309-11679

大学语文

陆亚萍 骆自强 詹丹主编 2015年 第2版 315页 26 cm 42元 (G. F. P.)

07735 309-06800

大学语文 阅读与写作新版

陆亚萍 骆自强 詹丹主编 2009年 317页 26 cm 38元 (G. F. P.)

07736 309-03439

大学语文 网络教育专升本考试辅导

汪耀明 龚斌主编 2002年 262页 26 cm 23元〔网络教育专升本考试辅导〕(G. F. P.)

07737 309-06875

幼儿教师语文素养

王向东主编 2009年 200页 30 cm 25元〔复旦卓越·全国学前教育专业系列〕(G. P.)

07738 309-09703

幼儿教师语文素养

王向东主编 2013年 第2版 244页 30 cm 32元〔全国学前教育专业(新课程标准)"十二五"规划教材〕(G. F. P.)

07739 309-04875

实用语文·基础读写教程

尤冬克主编 张亿香等编写 2006年 288页 23 cm 28元〔复旦卓越·实用语文系列 普通高等教育"十五"国家级规划教材〕(G. F. P.)

07740 309-13741

大学语文

赵昌伦主编 2018年 228页 30 cm 39.80元 (G. F. P.)

07741 10253.016
通用大学语文
朱东润主编 1985年 516页 20 cm 2.70元
(G. F.)

07742 309-00103
幼学故事琼林
(明)程登吉原著 群乐 龙飞改编 1988年 2册 19 cm 9.50元 (G. F.)

07743 309-09716
三字经
马之驷译 2013年 英译本 197页 19 cm 28元 (G. P.)

07744 309-12526
童心童画弟子规
上海市市立幼儿园绘编 2016年 135页 28 cm 68元 (G. F. P.)

07745 309-13951
古文课《古文观止》选讲
肖能著 2018年 191页 22 cm 32元 (G. F. P.)

07746 309-12536
正蒙学堂
赵雅杰主编 2016年 82页 21 cm 15元 (G. F. P.)

07747 309-12905
创新 协调 绿色 开放 共享 上海市实验性示范性高中"南洋中学杯·我与十三五"主题征文优秀文选
陈宏观 朱吉政主编 2017年 229页 23 cm 35元 (G. F. P.)

07748 309-06672
理想之光 "我与巴金"征文(2008年)获奖作品集
陈思和 华金标主编 2009年 387页 21 cm 25元 (G. F. P.)

07749 309-09969
灼灼其华 瑞安中学2003—2012年学生佳作集
黄华伟主编 2013年 437页 26 cm 48元 (G. F. P.)

07750 309-12142
中华之根 上海市实验性示范性高中"控江中学杯·我与中华传统文化"主题征文优秀文选
姜明彦 朱吉政主编 2016年 272页 23 cm 36元 (G. F. P.)

07751 309-01961
爱之路 一个女学生的心理轨迹
饶瞰昀著 1997年 231页 20 cm 11元 (G. F. P.)

07752 309-04036
理想与复旦同在 复旦大学保送生暨优秀高中毕业生选拔测试作文选
郑方贤主编 2004年 161页 19×21 cm 16元 (G. P.)

07753 309-10316
少年梦 中国梦 上海市实验性示范性高中"松江二中杯""我与中国梦"征文活动优秀文选
朱吉政 俞金飞主编 2014年 239页 21 cm 25元 (G. F. P.)

07754 309-00410
《今日汉语》词汇总表
胡裕树主编 1990年 225页 20 cm 5.20元 (G.)

07755 309-00183
《今日汉语》汉字练习 第1册
胡裕树主编 1989年 68页 20 cm 1.55元 (G. F.)

07756 309-00184

《今日汉语》汉字练习 第 2 册

胡裕树主编 1989 年 83 页 20 cm 1.85 元
(G. F.)

07757 309-00185

《今日汉语》汉字练习 第 3 册

胡裕树主编 1989 年 46 页 20 cm 1.15 元
(G. F.)

07758 309-00439

《今日汉语》课外练习 第 1 册

胡裕树主编 1990 年 208 页 20 cm 4.70 元
(G. F.)

07759 309-00440

《今日汉语》课外练习 第 2 册

胡裕树主编 1990 年 201 页 20 cm 4.75 元
(G.)

07760 309-00441

《今日汉语》课外练习 第 3 册

胡裕树主编 1990 年 195 页 20 cm 4.60 元
(G.)

07761 309-09764

汉语测试与评估

方绪军著 2013 年 240 页 23 cm 28 元
〔语言学及应用语言学研究生阅读大系〕
(G. F. P.)

07762 309-00716

面向世界的汉语教学

中国对外汉语教学学会华东地区协作组编
1992 年 321 页 20 cm 6.50 元 (G. F.)

07763 309-11068

中文教学 全球化语境下的挑战

周少明主编 2015 年 365 页 21 cm 38.80
元 (G. P.)

07764 309-04425

对外汉语教学概论

陈昌来主编 2005 年 277 页 23 cm 28 元
〔复旦博学·语言学系列〕(G. F. P.)

07765 309-04445

对外汉语教学语法

齐沪扬主编 2005 年 385 页 23 cm 36 元
〔复旦博学·语言学系列〕(G. F. P.)

07766 309-04449

汉语光杆名词词组语义及语用特点研究

沈园著 2005 年 227 页 21 cm 12 元〔复
旦大学外国语言文学博士文库〕(G. P.)

07767 309-11183

基于留学生认知实验的汉字教学法研究

王永德著 2015 年 292 页 21 cm 32 元
〔对外汉语教学研究〕(G. F. P.)

07768 309-05961

留学生习得汉语句子发展研究

王永德著 2008 年 247 页 23 cm 28 元
(G. F. P.)

07769 309-11146

海外汉语词汇语法教学与研究

徐峰著 2015 年 366 页 21 cm 36 元〔对
外汉语教学研究〕(G. F. P.)

07770 309-04725

现代汉语虚词研究与对外汉语教学

齐沪扬主编 2005 年 498 页 21 cm 28 元
(G. F. P.)

07771 309-05984

现代汉语虚词研究与对外汉语教学 第 2 辑

齐沪扬主编 2008 年 555 页 21 cm 32 元
(G. F. P.)

07772 309-07034
现代汉语虚词研究与对外汉语教学 第3辑
齐沪扬主编 2010年 675页 21 cm 38元
(G. F. P.)

07773 309-02270
新编汉语速成教材 初级
陈阿宝主编 1999年 2册 26 cm 75元
(G. F. P.)

07774 309-02271
新编汉语速成教材 中级
陈阿宝主编 1999年 2册 26 cm 70元
(G. F. P.)

07775 309-02272
新编汉语速成教材 高级
陈阿宝主编 1999年 2册 26 cm 65元
(G. F. P.)

07776 309-00460
新汉语课本 第1册
复旦大学国际文化交流学院编 1990年 199页 20 cm 4.70元 (G. F.)

07777 309-00461
新汉语课本 第2册
复旦大学国际文化交流学院编 1990年 256页 20 cm 5.70元 (G. F.)

07778 309-00462
新汉语课本 第3册
复旦大学国际文化交流学院编 1990年 253页 20 cm 5.75元 (G. F.)

07779 309-00463
新汉语课本 第4册
复旦大学国际文化交流学院编 1990年 188页 20 cm 4.25元 (G. F.)

07780 309-00655
新汉语课本 第5册
复旦大学国际文化交流学院编 1991年 110页 20 cm 2.60元 (G. F.)

07781 309-00656
新汉语课本 第6册
复旦大学国际文化交流学院编 1991年 117页 20 cm 2.80元 (G. F.)

07782 309-00657
新汉语课本 第7册
复旦大学国际文化交流学院编 1991年 131页 20 cm 3.05元 (G. F.)

07783 309-00658
新汉语课本
复旦大学国际文化交流学院编 1991年 145页 20 cm 3.40元 (G. F.)

07784 309-02391
汉语水平考试技巧 初、中等
禾木主编 1999年 187页 25 cm 25元
(G. F. P.)

07785 9253.019
今日汉语 第1册
胡裕树主编 陈晨等编 1986年 253页 20 cm 2.10元 (G. F.)

07786 9253.023
今日汉语 第2册
胡裕树主编 陈晨等编 1986年 315页 20 cm 2.50元 (G. F.)

07787 9253.024
今日汉语 第3册
胡裕树主编 陈晨等编 1986年 388页 20 cm 2.90元 (G. F.)

07788 9253.027
今日汉语 第4册
胡裕树主编 1987年 526页 20 cm 3.65元 (G. F.)

07789 309-13813
中国民间故事 讲述、表演与讨论
黎亮 常立 朱丁著 2018年 173页 24 cm 39元〔新视野对外汉语规划教材〕(G. F. P.)

07790 309-05993
成语教程
王景丹主编 2008年 267页 23 cm 40元〔对外汉语教材·语汇与文化〕(G. F. P.)

07791 309-08483
图说中国交际礼仪101
张欣编著 2011年 219页 18 cm 26元 (G. F. P.)

07792 309-06070
俗语教程
张燕春主编 2008年 209页 23 cm 40元〔对外汉语教材·词汇与文化〕(G. F. P.)

07793 309-05484
欧美人学中文 初级汉字本
郑国雄主编 纪晓静编著 2007年 198页 23 cm 30元〔复旦对外汉语教材系列〕(G. F. P.)

07794 309-05521
欧美人学中文 初级课本
郑国雄主编 郑国雄 纪晓静编著 2007年 182页 23 cm 45元〔复旦对外汉语教材系列〕(G. F. P.)

07795 309-05522
欧美人学中文 初级练习本
郑国雄主编 纪晓静 郑国雄编著 2007年 155页 23 cm 40元〔复旦对外汉语教材系列〕(G. F. P.)

07796 309-05502
欧美人学中文 中级课本
郑国雄主编 郑国雄 赵雪倩编著 2007年 217页 23 cm 55元〔复旦对外汉语教材系列〕(G. F. P.)

07797 309-05503
欧美人学中文 中级练习本
郑国雄主编 赵雪倩 刘海霞编著 2007年 222页 23 cm 40元〔复旦对外汉语教材系列〕(G. F. P.)

07798 309-05501
欧美人学中文 高级课本
郑国雄主编 郑国雄 范毓民编著 2007年 165页 23 cm 45元〔复旦对外汉语教材系列〕(G. F. P.)

07799 309-05485
欧美人学中文 高级练习本
郑国雄主编 范毓民 郑国雄编著 2007年 150页 23 cm 40元〔复旦对外汉语教材系列〕(G. F. P.)

07800 309-05994
惯用语教程
郑伟丽主编 2008年 279页 23 cm 40元〔对外汉语教材·语汇与文化〕(G. F. P.)

常用外国语

07801 309-14704
语言教师的职业发展 教师学习策略
(新西兰)杰克·C.理查兹 (加)托马斯·S. C.法瑞尔著 陈亚杰 王新译 2020年

234 页 21 cm 42 元 (G. P.)

07802 309-14592
西部儿童外语能力发展的语言文化生态建构
汤红娟等著 2019 年 313 页 24 cm 68 元 (G. F. P.)

07803 309-14082
外语类网络在线课程建设及综合评价的理论和方法 兼评四套大学英语网络视听说教学系统
刘美岩等编著 2019 年 238 页 21 cm 30 元 (G. F. P.)

07804 309-05400
外语教学与研究论丛
姜亚军 殷耀主编 2007 年 322 页 26 cm 38 元 (G. F. P.)

07805 309-02931
大学外语教学与研究
楼荷英主编 2001 年 266 页 26 cm 25 元 (G. F. P.)

07806 309-08773
中国高等教育中影响外语教师教学动机因素研究
马文颖著 2012 年 259 页 21 cm 21 元 (G. P.)

07807 309-08841
外语教育政策制定与实施研究
孟臻著 2012 年 218 页 22 cm 25 元 (G. F. P.)

07808 309-09286
中国外语教学探索与研究 理论与实践
上海市外文学会高职高专外语教学专业委员会编 2012 年 316 页 22 cm 25 元 (G. F. P.)

07809 309-13209
外语教育政策价值国际比较研究
沈骑著 2017 年 309 页 21 cm 28 元〔中国外语战略研究中心语言教育战略研究丛书 沈骑主编〕(G. F. P.)

07810 309-02727
神奇的语言学习法
庄淇铭著 2001 年 219 页 20 cm 12.50 元〔学习方法畅销书〕(G. F. P.)

07811 309-02127
弦歌集 外国语言文学论丛
朱永生主编 1998 年 318 页 20 cm 15 元 (G. F. P.)

07812 309-05422
大学通识英语学生用书 1
(英)弗里(Mark Foley)(英)霍尔(Diane Hall)著 陈明娟等改编 2008 年 174 页 28 cm 35 元〔大学通识英语系列教材〕(G. F. P.)

07813 309-05425
大学通识英语学生用书 2
(英)埃克拉姆(Richard Acklam)(英)克雷斯(Araminta Crace)著 周明芳等改编 2008 年 174 页 28 cm 35 元〔大学通识英语系列教材〕(G. F. P.)

07814 309-05428
大学通识英语学生用书 3
( )克莱尔(Antonia Clare)( )威尔逊(JJ Wilson)著 赵维莉等改编 2008 年 190 页 28 cm 35 元〔大学通识英语系列教材〕(G. F. P.)

07815 309-05431

大学通识英语学生用书 4

（英）埃克拉姆（Richard Acklam）（英）克雷斯（Araminta Crace）著 姜荷梅等改编 2008年 196页 29 cm 35元〔大学通识英语系列教材〕(G. F. P.)

07816 309-06337
实用旅游基础英语

卜爱萍 魏国富主编 2009年 314页 23 cm 30元〔实用旅游英语系列〕(G. F. P.)

07817 309-06583
实用旅游基础英语导读

卜爱萍 魏国富主编 2009年 409页 23 cm 39元〔实用旅游英语系列〕(G. F. P.)

07818 309-01796
阅读与翻译

蔡基刚主编 1996年 434页 20 cm 17元〔大学英语学习和应试技巧〕(G. F. P.)

07819 309-07611
国际市场营销英语

蔡晓月 胡志勇主编 2010年 180页 23 cm 20元〔21世纪大学行业英语系列〕(G. F. P.)

07820 309-02190
高校英语专业四级考试技巧与训练

陈爱敏主编 1999年 260页 26 cm 20元 (G. F. P.)

07821 309-03539
高校英语专业四级考试技巧与训练（全新版）

陈爱敏主编 2003年 第2版 285页 26 cm 25元〔高校英语专业学习辅导系列〕(G. F. P.)

07822 309-05537
土木建筑英语

陈焕辉主编 2007年 178页 23 cm 25元〔21世纪大学实用专业英语系列〕(G. F. P.)

07823 309-00643
新英语教程 第1册

陈建辉 孙玮编《新英语教程》编写组编 1991年 409页 20 cm 5.50元〔高等理工科院校成人教育教材及自学用书〕(G. F.)

07824 309-00661
新英语教程 第2册

陈沐等编《新英语教程》编写组 1991年 351页 20 cm 4.85元〔高等理工科院校成人教育教材及自学用书〕(G.)

07825 309-00742
新英语教程 第3册

张文华编《新英语教程》编写组 1992年 396页 20 cm 5.35元〔高等理工科院校成人教育教材及自学用书〕(G. F.)

07826 309-00884
新英语教程 第4册

徐乃琛 张雪云编《新英语教程》编写组编写 1993年 444页 20 cm 7.70元〔高等院校成人教育教材及自学用书〕(G. F.)

07827 309-01147
新英语教程 第5册

宋培道编《新英语教程》编写组 1993年 295页 20 cm 7.50元〔高等院校成人教育教材及自学用书〕(G.)

07828 309-01231
新英语教程 第1册

《新英语教程》编写组编 1991年(1993年重印) 409页 20 cm 10元〔高等院校成人教育教材及自学用书〕(G.)

07829 309-01232
新英语教程 第2册
《新英语教程》编写组编 1991年(1993年重印) 351页 20 cm 8.80元〔高等院校成人教育教材及自学用书〕(G.)

07830 309-01165
新英语教程 第3册
《新英语教程》编写组编 1992年(1995年重印) 396页 20 cm 11.40元〔高等院校成人教育教材及自学用书〕(G.)

07831 309-02309
完形填空、翻译与写作
陈进 盛朝晖主编 1999年 260页 20 cm 12元〔研究生英语入学考试强化训练〕(G. F. P.)

07832 5627-0505
大学后英语
陈社胜主编 1999年 284页 26 cm 32元(G. F.)

07833 309-06573
2010年全国硕士研究生入学考试英语辅导教程
成芬 董亮主编 2009年 390页 26 cm 39元〔全国硕士研究生入学考试辅导用书〕(G. F. P.)

07834 309-06598
考博英语词汇、语法与完形填空精讲精练
成芬 李莉 唐淑华主编 2009年 386页 26 cm 35元〔2010年全国博士研究生入学英语考试辅导用书〕(G. F. P.)

07835 309-06520
考博英语阅读理解、翻译与写作精讲精练
成芬 李莉 唐淑华主编 2009年 361页 26 cm 35元〔2010年全国博士研究生入学英语考试辅导用书〕(G. F. P.)

07836 309-06593
在职攻读硕士学位全国联考英语考试综合辅导教程
成芬 云庚主编 2009年 323页 26 cm 35元〔2009年在职攻读硕士学位全国联考英语考试辅导用书〕(G. F. P.)

07837 309-08107
IT英语 上册
程世禄主编 2011年 232页 26 cm 38元〔复旦卓越·高职高专英语教材 前景行业英语系列教材〕(G. F. P.)

07838 309-08985
IT英语 下册
程世禄主编 2012年 259页 26 cm 39元〔前景行业英语系列教材〕(G. F. P.)

07839 309-07278
当代护理英语教程 Ⅰ 护理学概览
戴月珍主编 2010年 250页 23 cm 35元〔复旦卓越·高职高专护理英语系列教材〕(G. F. P.)

07840 309-08480
当代护理英语教程 Ⅱ 常见疾病护理
戴月珍主编 2011年 206页 23 cm 33元〔复旦卓越·高职高专护理英语系列教材〕(G. F. P.)

07841 309-10586
当代护理英语教程 Ⅲ 专科护理
戴月珍主编 2015年 224页 23 cm 35元

〔"十二五"职业教育国家规划教材 复旦卓越·高职高专护理英语系列教材〕(G. F. P.)

07842 309-07540
广播电视专业英语教程
邓惟佳 朱晔主编 2010年 180页 23 cm 22元〔复旦博学·当代广播电视教程 新世纪版〕(G. F. P.)

07843 309-07004
21世纪法律英语 上册
董世忠 赵建主编 2010年 第3版 401页 23 cm 39元 (G. F. P.)

07844 309-07009
21世纪法律英语 下册
董世忠 赵建主编 2010年 第3版 286页 23 cm 28元 (G. F. P.)

07845 309-06480
法律英语综合教程 阅读·案例·写作
董晓波主编 2009年 250页 23 cm 29元〔21世纪大学实用专业英语系列〕(G. F. P.)

07846 309-10857
职场商务英语沟通
杜昌忠总主编 林丽华主编 2014年 236页 26 cm 38元 (G. F. P.)

07847 309-12281
致胜职场商务英语
杜昌忠总主编 林丽华主编 2016年 191页 23 cm 30元 (G. F. P.)

07848 309-03549
大学英语(全新版)综合教程导学 第1册
冯善萍主编 2003年 206页 23 cm 19元 (G. F. P.)

07849 309-14218
商务英语精读
冯秀红 顾芸主编 2019年 405页 26 cm 78元 (G. F. P.)

07850 309-02200
21世纪大学英语教师参考书 第1册
复旦大学 上海交通大学主编 1999年 288页 27 cm 35元 (F. P.)

07851 309-02492
21世纪大学英语教师参考书 第3册
翟象俊等主编 2000年 412页 23 cm 43.80元〔普通高等教育"九五"国家级重点教材〕(G. F. P.)

07852 309-03603
精读英语教程教学参考手册 高校英语专业一年级用 第1册
复旦大学外文系 国际关系学院英语系主编 2003年 444页 23 cm 38元 (G. F.)

07853 309-04144
精读英语教程教学参考手册 高校英语专业一年级用 第2册
复旦大学外文学院 国际关系学院英语系主编 2004年 459页 23 cm 38元 (G. F. P.)

07854 309-07349
精读英语教程教学参考手册 高校英语专业二年级用 第3册
卢丽安主编 2010年 394页 23 cm 40元 (G. F. P.)

07855 309-06983
精读英语教程教学参考手册 高校英语专业二年级用 第4册
张韧弦主编 2009年 404页 23 cm 40元〔高校英语专业二年级用〕(G. F. P.)

07856 309-07129
法律英语基础教程
郭万群主编 2010年 248页 23 cm 32元〔21世纪大学实用行业英语系列〕(G. F. P.)

07857 309-07594
会计英语
胡志勇主编 吴芳编著 2010年 147页 23 cm 19元〔21世纪大学行业英语系列〕(G. F. P.)

07858 309-01798
语法与词汇
胡忠茂编著 1996年 176页 20 cm 8元〔大学英语学习和应试技巧〕(G. F. P.)

07859 309-06846
汽车英语
黄红主编 2009年 140页 26 cm 20元〔复旦卓越·21世纪汽车类职业教育教材〕(G. F. P.)

07860 309-10851
汽车英语
黄红主编 2014年 第2版 154页 26 cm 25元〔复旦卓越·21世纪汽车类职业教育教材〕(G. F. P.)

07861 309-05705
大学商贸英语谈判教程
黄庐进 王晓光主编 2008年 第2版 326页 23 cm 30元〔大学商贸英语系列教材〕(G. F. P.)

07862 309-04548
大学商务英语谈判教程
黄庐进 王晓光主编 2005年 212页 23 cm 18元 (G. F. P.)

07863 309-05424
大学通识英语教师用书1
(英)加拉格尔(Fiona Gallagher)著 姜荷梅等改编 2008年 415页 28 cm 50元〔大学通识英语系列教材〕(G. F. P.)

07864 309-05427
大学通识英语教师用书2
( )诺顿(Diane Naughton) ( )佩布莱斯(John Peebles) (英)黑斯廷斯(Bob Hastings)著 周明芳等改编 2008年 447页 28 cm 50元〔大学通识英语系列教材〕(G. F. P.)

07865 309-05430
大学通识英语教师用书3
(英)莫尔顿(Will Moreton)等著 袁铁锋等改编 2008年 461页 28 cm 50元〔大学通识英语系列教材〕(G. F. P.)

07866 309-05433
大学通识英语教师用书4
(英)克雷斯(Araminta Crace)著 袁铁锋等改编 2008年 481页 28 cm 50元〔大学通识英语系列教材〕(G. F. P.)

07867 309-04427
21世纪大学实用英语基础教程
姜荷梅主编 2005年 299页 23 cm 25元〔复旦卓越·英语系列〕(G. F. P.)

07868 309-07380
21世纪大学实用英语(第2版)基础教程
姜荷梅主编 2010年 299页 23 cm 30元〔复旦大学·英语系列 普通高等教育"十一五"国家级规划教材 21世纪大学实用英语系列教材 翟象俊 余建中 陈永捷总主编〕(G. F. P.)

07869 309-04429

21世纪大学实用英语基础教程教学参考书

姜荷梅册主编 2005年 2册 23 cm 52元 〔复旦卓越·英语系列〕(G. F. P.)

07870 309-07383

21世纪大学实用英语(第2版)基础教程教学参考书

姜荷梅册主编 2010年 2册 23 cm 52元 〔普通高等教育"十一五"国家级规划教材 翟象俊 余建中 陈永捷总主编〕(G. F. P.)

07871 309-05614

大学商贸英语商务专业教程教学参考书

李朝 李蛟编著 2007年 136页 24 cm 20元 (G. F. P.)

07872 309-03994

实用商务英语基础教程

李朝 李蛟编著 2004年 2007年第2版 394页 23 cm 32元 〔高等院校商务英语教材系列〕(G. F. P.)

07873 309-15268

弘武实用英语 第一册(含学习指导)

李红 贾英晓册主编 2020年 413页 26 cm 69元 (P.)

07874 309-05331

英语语篇分析

林伟 杨玉晨编著 2007年 292页 21 cm 18元 (G. F. P.)

07875 309-01587

外经贸英语 复习与测试

凌华倍编著 1995年 259页 20 cm 12元 (G. F. P.)

07876 309-05141

新趋势大学英语·教学参考书 第1册

刘宝才 陈望波主编 2006年 188页 23 cm 20元 (G. F. P.)

07877 309-05320

新趋势大学英语·教学参考书 第2册

曹迎春 涂丽萍 卢仁顺主编 2007年 240页 23 cm 28元 (G. F. P.)

07878 309-05292

新趋势大学英语·教学参考书 第3册

管淑红 刘庆雪主编 2006年 234页 23 cm 28元 (G. F.)

07879 309-05340

新趋势大学英语·教学参考书 第4册

谢葆辉 黄利玲主编 2007年 200页 23 cm 20元 (G. F. P.)

07880 309-05106

新趋势大学英语·综合教程 第1册

刘宝才 陈望波主编 2006年 146页 23 cm 16元 (G. F. P.)

07881 309-05318

新趋势大学英语·综合教程 第2册

卢仁顺 叶张煌主编 2007年 214页 23 cm 20元 (G. F. P.)

07882 309-05290

新趋势大学英语·综合教程 第3册

纪蓉琴 胡华芳主编 2006年 205页 23 cm 18元 (G. F. P.)

07883 309-05338

新趋势大学英语·综合教程 第4册

谢葆辉 蔡芳主编 2007年 196页 23 cm 20元 (G. F. P.)

07884 309-06883

商务英语国际贸易实务

刘超先总主编 贺敏 刘超先主编 2009 年 215 页 23 cm 25 元〔实用商务英语系列教材〕(G. F. P.)

07885 309-05900

外贸英语

刘洪新主编 2008 年 311 页 23 cm 28 元〔21 世纪大学实用专业英语系列〕(G. F. P.)

07886 309-10245

新潮建筑英语

刘慧 石璞璞编 2014 年 154 页 26 cm 26 元 (P.)

07887 309-08206

医用高职英语

刘丽洁主编 2011 年 197 页 23 cm 39 元〔普通高等教育"十一五"国家级规划教材 高职高专行业英语系列教材 贾艳萍总主编〕(G. F. P.)

07888 309-09707

中医英语基础教程

刘明 （美）郝吉顺主编 2013 年 281 页 26 cm 43 元〔实用医学英语系列教材〕(G. F. P.)

07889 309-08386

会展商务英语

刘伟主编 2011 年 237 页 23 cm 30 元〔新 21 世纪大学英语选修课系列〕(G. F. P.)

07890 309-05213

保险基础英语

刘亚非 王锦霞主编 2006 年 139 页 23 cm 18 元〔复旦卓越·保险系列〕(G. F. P.)

07891 309-04695

保险英语

刘亚非主编 2005 年 235 页 23 cm 25 元〔复旦卓越·保险系列丛书〕(G. F. P.)

07892 309-06787

21 世纪大学商务英语综合教程 第 1 册

张静等主编 2009 年 239 页 23 cm 35 元〔21 世纪大学商务英语系列〕(G. F. P.)

07893 309-06543

21 世纪大学商务英语综合教程 第 2 册

刘云腾主编 2009 年 220 页 23 cm 30 元〔21 世纪大学商务英语系列〕(G. F. P.)

07894 309-07645

21 世纪大学商务英语综合教程 第 3 册

王燕希主编 2010 年 265 页 23 cm 38 元〔21 世纪大学商务英语系列〕(G. F. P.)

07895 309-07571

21 世纪大学商务英语综合教程 第 4 册

刘云腾主编 2010 年 253 页 23 cm 36 元〔21 世纪大学商务英语系列〕(G. F. P.)

07896 309-06786

21 世纪大学商务英语综合教程教师参考书 第 1 册

张静等主编 2009 年 305 页 23 cm 35 元〔21 世纪大学商务英语系列〕(G. F. P.)

07897 309-06544

21 世纪大学商务英语综合教程教师参考书 第 2 册

刘云腾主编 2009 年 285 页 23 cm 35 元〔21 世纪大学商务英语系列〕(G. F. P.)

07898 309-07646

21 世纪大学商务英语综合教程教师参考

书 第3册

王燕希主编 王关富等编写 2010年 313页 23 cm 43元〔21世纪大学商务英语系列〕(G. F. P.)

07899 309-07574

21世纪大学商务英语综合教程教师参考书 第4册

刘云腾主编 刘云腾等编写 2010年 345页 23 cm 46元〔21世纪大学商务英语系列〕(G. F. P.)

07900 309-01865

研究生基础英语 Ⅰ

陆效用主编 1997年 491页 20 cm 18元 (G. F.)

07901 309-01965

研究生基础英语 Ⅱ

陆效用主编 1998年 570页 20 cm 22元 (G. F. P.)

07902 309-07433

英语基础教程 上册

吕兴业 朱翙主编 2010年 216页 23 cm 28元〔涉外护理专业英语教材系列〕(G. F. P.)

07903 309-08330

英语基础教程 下册

吕兴业 朱翙主编 2011年 227页 23 cm 30元〔涉外护理专业英语教材系列〕(G. F. P.)

07904 309-04922

大学商贸英语经贸专业教程

罗汉编著 2007年 274页 23 cm 30元 (G. F. P.)

07905 309-04923

大学商贸英语经贸专业教程教学参考书

罗汉编著 2007年 168页 23 cm 25元 (G. F. P.)

07906 309-02997

国际经贸高级英语 精读与翻译

罗汉主编 2002年 265页 26 cm 24元 (G. F. P.)

07907 309-08058

国际经贸高级英语精读

罗汉主编 罗汉 孟俭 潘宁编著 2011年 298页 26 cm 29元 (G. F. P.)

07908 309-05155

商贸英语高级教程1

罗汉主编 2006年 142页 23 cm 13.80元 (G. F. P.)

07909 309-05394

商贸英语高级教程2

罗汉主编 2007年 142页 23 cm 15元 (G. F. P.)

07910 309-05451

商贸英语高级教程教师用书1、2

罗汉主编 2008年 205页 23 cm 20元 (G. F. P.)

07911 309-06035

医护英语ABC 英汉对照

罗世军 沈小平主编 2008年 186页 23 cm 26元〔复旦卓越·医学英语系列 高职高专英语创新教育〕(G. F. P.)

07912 309-08363

21世纪大学新英语学习指南1

马锦然主编 2011年 183页 28 cm 22元〔普通高等教育"十一五"国家级规划教材 21世纪大学新英语系列〕(G. F. P.)

07913 309-08356

21世纪大学新英语学习指南 2

刘燕侠主编 2011年 180页 28 cm 24元〔普通高等教育"十一五"国家级规划教材 21世纪大学新英语系列〕(G. F. P.)

07914 309-08364

21世纪大学新英语学习指南 3

贾清艳主编 2011年 199页 28 cm 24元〔普通高等教育"十一五"国家级规划教材 21世纪大学新英语系列〕(G. F. P.)

07915 309-08355

21世纪大学新英语学习指南 4

曲永锋主编 2011年 245页 28 cm 30元〔普通高等教育"十一五"国家级规划教材 21世纪大学新英语系列〕(G. F. P.)

07916 309-14802

国际学术交流

彭华主编 2020年 275页 28 cm 55元〔21世纪大学英语口语思辨教育系列 万江波总主编〕(G. P.)

07917 309-02001

上海高等院校专科英语能力考试(PET)习题解析与练习

上海市教育委员会组编 1998年 306页 20 cm 12元 (G. F. P.)

07918 309-06668

保险英语

粟芳主编 2010年 188页 23 cm 25元〔21世纪大学行业英语系列〕(G. F. P.)

07919 309-06104

综合英语基础教程 上册

孙国栋 王玉玲主编 2008年 170页 23 cm 25元〔涉外护理专业英语系列 毕向群总主编〕(G. F. P.)

07920 309-06105

综合英语基础教程 下册

孙国栋 王玉玲主编 2008年 176页 23 cm 25元〔涉外护理专业英语系列 毕向群总主编〕(G. F. P.)

07921 309-06495

考博英语综合辅导教程

索玉柱 李莉 唐淑华主编 2009年 385页 26 cm 35元〔2010年全国博士研究生入学英语考试辅导用书〕(G. F. P.)

07922 309-06559

音乐英语

汤亚汀主编 2009年 213页 23 cm 29元〔21世纪大学实用专业英语系列〕(G. F. P.)

07923 309-02189

新概念英语(培养技能)学习和应用指南 新版

唐蕙倩等编著 1999年 385页 20 cm 15元 (G. F. P.)

07924 309-06689

研究生英语基础教程

王典民总主编 麻保金等主编 2009年 221页 23 cm 26元〔复旦博学·研究生英语系列〕(G. F. P.)

07925 309-06575

研究生英语综合教程

王典民主编 程欣 张丽萍编写 2009年 298页 23 cm 30元〔复旦博学·研究生英语系列〕(G. F. P.)

07926 309-04757

英语

王君华主编 2005年 186页 26 cm 22元 (G. F. P.)

07927 309-05108

新潮高职高专英语教师用书 第1册

王美娣总主编 新潮大学英语编写组编 2006年 310页 23 cm 38元〔高职高专规划教材〕(G. F.)

07928 309-05384

新潮高职高专英语教师用书 第2册

王美娣总主编 新潮大学英语编写组编 2007年 317页 23 cm 46元〔高职高专规划教材〕(G. F.)

07929 309-04541

新潮高职高专英语综合教程 第1册

王美娣总主编 2006年 257页 23 cm 25元〔高职高专规划教材〕(G. F.)

07930 309-05240

新潮高职高专英语综合教程 第2册

王美娣总主编 新潮大学英语编写组编 2006年 298页 23 cm 32元〔高职高专规划教材〕(G. F.)

07931 309-05611

新潮高职高专英语综合教程 第3册

王美娣总主编 新潮大学英语编写组编 2007年 327页 23 cm 36元〔高职高专规划教材〕(G. F.)

07932 309-02241

高校英语专业八级考试技巧与训练

王文琴主编 1999年 304页 26 cm 23元 (G. F. P.)

07933 309-03305

高校英语专业八级考试技巧与训练

王文琴主编 2002年 285页 26 cm 26元〔高校英语专业学习辅导系列〕(G. F. P.)

07934 309-04401

高校英语专业八级考试技巧与训练

王文琴主编 2005年 第3版 271页 26 cm 25元〔高校英语专业学习辅导系列〕(G. F. P.)

07935 309-04812

临床护理英语

王霞 张凤军主编 2005年 248页 23 cm 18元 (G. F. P.)

07936 309-15123

电力英语基础教程

王欣册主编 2020年 142页 26 cm 30元〔21世纪电力专门用途英语(ESP)系列复旦大学出版社规划教材 赵玉闪总主编〕(G. P.)

07937 309-07179

管理学英语

魏国富 卜爱萍主编 2010年 331页 23 cm 45元 (G. F. P.)

07938 309-07018

科技英语(EST)理论与实践初探

魏汝尧 李丹著 2009年 204页 21 cm 20元 (G. F. P.)

07939 309-05802

英汉语篇连贯认知对比研究

魏在江著 2007年 290页 21 cm 20元 (G. F. P.)

07940 309-01570

精通剑桥商务英语

翁凤翔编著 1996年 256页 26 cm 18元
(G. F. P.)

07941 309-02370
现代经贸英语教程
邬性宏编著 1999年 282页 23 cm 18元
(G. F. P.)

07942 309-01351
高级英语 上册
巫漪云 黄关福主编 1994年 409页 20 cm 11.30元 (G. F. P.)

07943 309-01453
高级英语 下册
巫漪云 黄关福主编 1995年 461页 20 cm 13元 (G. F. P.)

07944 309-06911
电子工程与通信技术专业英语 学生用书
辛奇 麻瑞编著 2009年 208页 23 cm 25元 〔21世纪大学实用行业英语系列〕(G. F. P.)

07945 309-05576
21世纪大学实用英语导学 1
周利群主编 2007年 214页 23 cm 23元
(G. F. P.)

07946 309-05861
21世纪大学实用英语导学 2
林文华主编 2008年 262页 23 cm 25元
(G. F. P.)

07947 309-05577
21世纪大学实用英语导学 3
陈雪征主编 2007年 267页 23 cm 26元
(G. F. P.)

07948 309-05862
21世纪大学实用英语导学 4
徐乃琛主编 2008年 250页 23 cm 26元
(G. F. P.)

07949 309-07461
21世纪大学实用英语(第2版)导学 1
陈永明主编 2010年 217页 23 cm 25元
(G. F. P.)

07950 309-07531
21世纪大学实用英语(第2版)导学 2
徐晓莉 张蕾主编 2010年 247页 23 cm 26元 (G. F. P.)

07951 309-07470
21世纪大学实用英语(第2版)导学 3
梁华 严薇主编 2010年 279页 23 cm 28元 (G. F. P.)

07952 309-07676
21世纪大学实用英语(第2版)导学 4
曹英多主编 2010年 231页 23 cm 27元
(G. F. P.)

07953 309-05498
山东省高职高专英语应用能力考试复习指导
杨登新 袁敬之 孙月香主编 2007年 327页 26 cm 28元 (G. F. P.)

07954 309-06841
机电英语
杨文辉总主编 董丽主编 2009年 181页 23 cm 22元 〔21世纪大学实用行业英语系列〕(G. F. P.)

07955 309-05539
现代物流英语
杨文辉主编 2007年 187页 23 cm 18元 〔21世纪大学实用专业英语系列〕(G. F. P.)

07956 309-00127

复旦大学博士硕士学位研究生英语入学通过试题汇编 1983—1988

杨永荟 廖文武主编 1988年 489页 19 cm 4.50元 (G. F.)

07957 309-05647

涉外导游英语

杨志忠 杨义德 许艾君编著 2007年 309页 23 cm 35元〔中国导游英语系列〕(G. F. P.)

07958 5627-0182

英语考试应试手册

姚骏华编写 1994年 317页 20 cm 9.80元〔成人高等本科教育非英语专业〕(G. F.)

07959 309-05652

会计英语

叶建芳 孙红星 何瑞丰主编 2007年 386页 26 cm 38元〔复旦博学·21世纪高等院校会计专业主干课系列〕(G. F.)

07960 309-07567

会计英语

叶建芳 孙红星 何瑞丰主编 2010年 421页 21 cm 38元〔复旦博学·21世纪高等院校会计专业主干课系列〕(G. F. P.)

07961 309-04284

研究生综合英语教师用书 1

雍毅 谢晓燕 黄莺主编 2005年 247页 23 cm 25元〔复旦博学·研究生英语系列 21世纪研究生英语系列教材〕(G. F.)

07962 309-04871

研究生综合英语教师用书 2

雍毅 谢晓燕 黄莺主编 2006年 239页 23 cm 25元〔复旦博学·21世纪研究生英语系列教材〕(G. F.)

07963 309-04920

研究生综合英语教师用书 3

刘雯 赵蓉 何静主编 2006年 196页 23 cm 25元〔复旦博学·21世纪研究生英语系列教材〕(G. F. P.)

07964 309-05030

研究生综合英语教师用书 4

刘雯 赵蓉 何静主编 2006年 189页 23 cm 25元〔复旦博学·21世纪研究生英语系列教材〕(G. F. P.)

07965 309-06501

研究生综合英语教师用书 1 修订版

黄莺 夏威 雍毅主编 2009年 第2版 215页 24 cm 25元〔复旦博学·21世纪研究生英语系列教材〕(G. F. P.)

07966 309-06521

研究生综合英语教师用书 2 修订版

黄莺 夏威 雍毅主编 2009年 第2版 214页 23 cm 25元〔复旦博学·21世纪研究生英语系列教材〕(G. F. P.)

07967 309-07324

研究生综合英语教师用书 1 修订版

黄莺 夏威 雍毅主编 2010年 第2版 215页 23 cm 30元〔复旦博学·21世纪研究生英语系列教材〕(G. F. P.)

07968 309-07326

研究生综合英语教师用书 2 修订版

黄莺 夏威 雍毅主编 2010年 第2版 214页 23 cm 30元〔复旦博学·21世纪研究生英语系列教材〕(G. F. P.)

07969 309-06015

日常实用商务英语手册

余建中总主编 2008年 120页 21 cm 15元 (G. F.)

07970 309-03576

教育硕士英语教程 上册

余静娴主编 2003年 275页 23 cm 25元〔在职硕士英语系列〕(G. F. P.)

07971 309-04029

教育硕士英语教程 下册

余静娴主编 2004年 324页 23 cm 29元〔在职硕士英语系列〕(G. P.)

07972 309-03594

教育硕士英语教程学习辅导 上册

余静娴主编 2003年 288页 23 cm 25元〔在职硕士英语系列〕(G. F. P.)

07973 309-04045

教育硕士英语教程学习辅导 下册

余静娴主编 2004年 327页 23 cm 29元〔在职硕士英语系列〕(G. F. P.)

07974 309-07633

英汉语篇下指认知功能研究

余泽超著 2010年 207页 21 cm 20元 (G. F. P.)

07975 309-06464

社会科学论文中的人际意义研究 体裁视角分析

袁邦株著 2009年 334页 21 cm 20元 (G. P.)

07976 309-03593

高职高专英语入门短训教程

袁轶锋主编 2003年 163页 23 cm 15元 (G. F. P.)

07977 309-03939

高职高专英语入门短训教程

袁轶锋主编 2004年 第2版 193页 23 cm 17元 (G. P.)

07978 309-02251

词汇与结构 研究生英语入学考试强化训练

曾道明主编 徐欣 刘雯册主编 1999年 283页 20 cm 15元 (G. F. P.)

07979 309-02264

研究生英语入学考试强化训练 阅读理解

曾道明主编 卢玉玲 万江波册主编 1999年 437页 20 cm 20元 (G. F. P.)

07980 309-03139

研究生综合英语 1

曾道明 陆效用主编 2002年 293页 23 cm 25元〔复旦博学·21世纪研究生英语系列教材〕(G. F.)

07981 309-03495

研究生综合英语 2

陆效用 曾道明主编 2003年 370页 23 cm 30元〔复旦博学·21世纪研究生英语系列教材〕(G. F. P.)

07982 309-03822

研究生综合英语 3

曾道明 陆效用主编 2003年 333页 23 cm 30元〔复旦博学·研究生英语系列 21世纪研究生英语系列教材〕(G. F.)

07983 309-04187

研究生综合英语 4

陆效用 曾道明主编 2004年 324页 23 cm 30元〔复旦博学·研究生英语系列 21世纪研究生英语系列教材〕(G. F. P.)

07984 309-05870

研究生综合英语 1

曾道明 陆效用主编 2007年 第2版 330页 23 cm 30元〔复旦博学·21世纪研究生英语系列教材 教育部研究生推荐用书〕(G. F. P.)

07985 309-05946

研究生综合英语 2

陆效用 曾道明主编 2008年 第2版 393页 23 cm 35元〔复旦博学·21世纪研究生英语系列教材 教育部研究生推荐用书〕(G. F. P.)

07986 309-06488

研究生综合英语 3

曾道明 陆效用主编 2009年 第2版 407页 23 cm 38元〔复旦博学·21世纪研究生英语系列教材〕(G. F. P.)

07987 309-04574

21世纪大学英语教师参考书 第 1 册

宋梅主编 2005年 第2版 230页 28 cm 35元〔普通高等教育国家级重点教材〕(G. F. P.)

07988 309-04822

21世纪大学英语教师参考书 第 2 册

翟象俊 郑树棠 张增健主编 徐欣册主编 2005年 第2版 265页 28 cm 38元〔普通高等教育国家级重点教材〕(G. F. P.)

07989 309-04928

21世纪大学英语教师参考书 第 3 册

翟象俊 郑树棠 张增健主编 俞惠中册主编 2006年 第2版 272页 28 cm 38元〔普通高等教育"十一五"国家级重点教材〕(G. F. P.)

07990 309-04931

21世纪大学英语教师参考书 第 4 册

翟象俊 郑树棠 张增健主编 徐欣册主编 2006年 第2版 291页 28 cm 38元〔普通高等教育"十一五"国家级重点教材〕(G. F. P.)

07991 309-07112

新 21 世纪大学英语教师参考书 1

翟象俊 张增健 余建中总主编 董宏乐册主编 2010年 358页 23 cm 40元〔普通高等教育"十一五"国家级规划教材〕(G. F. P.)

07992 309-07177

新 21 世纪大学英语教师参考书 2

翟象俊 张增健 余建中总主编 董宏乐册主编 2010年 377页 23 cm 40元〔普通高等教育"十一五"国家级规划教材〕(G. F. P.)

07993 309-07184

新 21 世纪大学英语教师参考书 4

翟象俊 张增健 余建中总主编 董宏乐册主编 2011年 416页 23 cm 45元〔普通高等教育"十一五"国家级规划教材 新21世纪大学英语 翟象俊 张增健 余建中总主编〕(G. F. P.)

07994 309-07174

新 21 世纪大学英语教师参考书 3

翟象俊 张增健 余建中总主编 董宏乐册主编 2011年 398页 23 cm 40元〔普通高等教育"十一五"国家级规划教材 新21世纪大学英语 翟象俊 张增健 余建中总主编〕(G. F. P.)

07995 309-07111

新 21 世纪大学英语综合教程 1

翟象俊 张增健 余建中总主编 张增健 余建中 梁正溜主编 2010 年 241 页 23 cm 30 元〔普通高等教育"十一五"国家级规划教材 21 世纪大学英语系列教材〕(G. P.)

07996 309-07169
新 21 世纪大学英语综合教程 2
翟象俊 张增健 余建中总主编 张增健 余建中 梁正溜册主编 2010 年 235 页 23 cm 30 元〔普通高等教育"十一五"国家级规划教材〕(G. F. P.)

07997 309-07178
新 21 世纪大学英语综合教程 3
翟象俊 张增健 余建中总主编 张增健 余建中 梁正溜册主编 2010 年 257 页 23 cm 35 元〔普通高等教育"十一五"国家级规划教材〕(G. F. P.)

07998 309-07182
新 21 世纪大学英语综合教程 4
翟象俊 张增健 余建中总主编 张增健 余建中 梁正溜主编 2011 年 251 页 23 cm 35 元〔普通高等教育"十一五"国家级规划教材〕(G. F. P.)

07999 309-06249
求职英语
张春玲等编著 2008 年 180 页 23 cm 20 元 (G. F. P.)

08000 309-14600
简明实用大学英语写作教程
张宏国 张同乐总主编 张同乐 孔标主编 2019 年 275 页 28 cm 45 元 (G. F. P.)

08001 309-06452
大学英语测试课教程
张宇红 俞婷婷主编 2009 年 2010 年第 2 版 269 页 26 cm 35 元 (G. F. P.)

08002 309-04841
广告英语教程
张祖忻 姜智彬 朱晔主编 2005 年 180 页 26 cm 20 元〔复旦博学·广告学系列〕(G. F. P.)

08003 309-05538
药学英语
章国斌编著 2007 年 255 页 23 cm 27 元〔21 世纪大学实用专业英语系列〕(G. F. P.)

08004 309-11324
药学英语
章国斌主编 2016 年 257 页 26 cm 40 元〔21 世纪职业教育行业英语〕(G. F. P.)

08005 309-08402
外轮理货英语
赵鲁克主编 2011 年 252 页 24 cm 30 元〔21 世纪大学行业英语系列〕(G. F. P.)

08006 9253.020
TOEFL 考试指导
钟桂芬 俞耀生编 1986 年 371 页 20 cm 2.10 元〔复旦大学 TOEFL 教程之一〕(G. F.)

08007 309-00100
TOEFL 考试指导
钟桂芬 俞耀生编 1986 年(1988 年重印) 371 页 20 cm 3 元〔复旦大学 TOEFL 教程之一〕(G. F.)

08008 309-02259
硕士研究生入学考试英语复习指南

钟鸣编著 1999年 389页 26 cm 28元
（G. F. P.）

08009 309-02893
硕士研究生入学考试英语复习指南
钟鸣编著 2001年 第2版 348页 26 cm 28元 （G. F. P.）

08010 309-02265
大学英语能力培养与四、六级备考
周方和等主编 方渝萍等编著 1999年 632页 20 cm 25元〔大学英语学习指南〕（G. F. P.）

08011 309-13425
实用商务英语
周红主编 2018年 194页 26 cm 36元〔21世纪职业教育行业英语〕（G. P.）

08012 309-14823
实用商务英语
周红主编 2020年 修订版 220页 26 cm 39元〔21世纪职业教育行业英语〕（G. P.）

08013 309-06151
国际贸易专业英语 双语
周维家 葛萍主编 2008年 355页 23 cm 36元〔复旦卓越·21世纪国际经济与贸易专业教材新系〕（G. F. P.）

08014 309-07580
国际商务英语
周维家 葛萍主编 2010年 168页 23 cm 26元〔复旦卓越·国际商务与管理系列教材〕（G. P.）

08015 9253.025
怎样学好大学英语
朱德逵编 1987年 185页 19 cm 1.30元（G. F.）

08016 309-01807
现代英语研究
陆国强主编 1997年 255页 20 cm 10元（G. F. P.）

08017 309-12146
新编英汉语言与文化比较
黄育才主编 2016年 265页 26 cm 38元（G. F. P.）

08018 309-11157
英汉语性别歧视现象的对比研究
王显志著 2015年 221页 21 cm 32元（G. F. P.）

08019 5627-0460
全国职称英语等级考试卫生类模拟试题集 一
冯承洛主编 刘兵等编写 1998年 194页 26 cm 16.50元（G.）

08020 5627-0459
全国职称英语等级考试卫生类模拟试题集 二
梁正溜主编 1998年 267页 26 cm 23.50元（G.）

08021 309-00296
大学英语(精读) 第1册
复旦大学外文系《大学英语》编写组编写 1989年 192页 19 cm 1.30元〔复旦大学教材 英语专业用〕（G. F.）

08022 309-00297
大学英语(精读) 第2册
复旦大学外文系《大学英语》编写组编写 1989年 208页 19 cm 1.35元〔复旦

08023 309-00832

大学英语(精读) 第3册

复旦大学外文系《大学英语》编写组编 1992年 306页 19 cm 5.50元〔复旦大学教材 英语专业用〕(G. F.)

08024 309-01261

大学英语(精读) 第4册

丁兆敏等编写 1994年 309页 19 cm 9元〔复旦大学英语教材 英语专业用〕(G.)

08025 309-01783

研究生入学考试英语模拟试题

复旦大学英语教学部试题编写组编 1996年 303页 20 cm 15元 (G. F. P.)

08026 309-02217

最新 TOEFL 试题 2800 道

李庆 陈慧芳主编 1999年 393页 26 cm 30元 (G. F. P.)

08027 309-00723

大学英语(精读)一级测试

李荫华 余建中主编 1991年 169页 26 cm 3.80元 (G. F.)

08028 309-01060

大学英语(精读)一级测试

李荫华 余建中主编 1991年 169页 26 cm 5.30元 (F.)

08029 309-01334

大学英语(精读)一级测试

李荫华 余建中主编 1991年(1994年重印) 169页 26 cm 6.30元 (G. F.)

08030 309-00724

大学英语(精读)二级测试

李荫华 余建中主编 1991年 175页 26 cm 3.95元 (G. F.)

08031 309-01061

大学英语(精读)二级测试

李荫华 余建中主编 1991年 175页 27 cm 5.75元 (F.)

08032 309-01284

大学英语(精读)二级测试

李荫华 余建中主编 1991年(1993年重印) 175页 26 cm 8元 (G. F.)

08033 309-00725

大学英语(精读)三级测试

李荫华 夏国佐主编 1991年 145页 26 cm 3.35元 (G. F.)

08034 309-01062

大学英语(精读)三级测试

李荫华 夏国佐主编 1991年 145页 27 cm 4.70元 (F.)

08035 309-01336

大学英语(精读)三级测试

李荫华 夏国佐主编 1991年(1993年重印) 145页 26 cm 5.50元 (G.)

08036 309-00726

大学英语(精读)四级测试

李荫华 夏国佐主编 1991年 225页 26 cm 4.90元 (G. F.)

08037 309-01063

大学英语(精读)四级测试

李荫华 夏国佐主编 1993年 225页 26 cm 7.25元 ( )

08038 309－01337
大学英语（精读）四级测试
李荫华 夏国佐主编 1991年（1993年重印）225页 26 cm 8.30元 （G.）

08039 309－00938
大学英语（精读）五级测试
邱东林主编 1993年 203页 26 cm 10.60元 （G. F.）

08040 309－01685
新编大学英语六级测试
唐荣杰主编 1996年 205页 26 cm 15元 （G. F. P.）

08041 309－01546
新编大学英语二级测试
夏国佐 高亚萍主编 1995年 188页 26 cm 12.30元 （G. F. P.）

08042 309－02186
新编大学英语二级测试 题库型
夏国佐 高亚萍主编 1999年 第2版（修订版）213页 26 cm 16.50元〔大学英语测试系列〕（G. F. P.）

08043 309－01684
新编大学英语五级测试
夏国佐主编 1996年 187页 26 cm 14元 （G. F. P.）

08044 309－01860
全国大学英语六级统考模拟试题
余建中 周德敏主编 1997年 161页 26 cm 12元 （G. F. P.）

08045 309－01545
新编大学英语一级测试
余建中 冯豫主编 1995年 199页 26 cm 13元 （G. F. P.）

08046 309－02146
新编大学英语一级测试 题库型
冯豫主编 1999年 第2版（修订版）203页 26 cm 16元 （G. F. P.）

08047 309－01547
新编大学英语三级测试
余建中 唐荣杰主编 1995年 213页 26 cm 14元 （G. F. P.）

08048 309－02187
新编大学英语三级测试 题库型
余建中主编 1999年 第2版（修订版）211页 26 cm 16.50元〔大学英语测试系列〕（G. F. P.）

08049 309－01498
研究生英语测试
曾道明主编 1995年 395页 20 cm 13元〔文科研究生丛书〕（G. F. P.）

08050 309－01842
成人高校公共英语课程考试模拟试题解析
张慧芳主编 1997年 290页 20 cm 12元 （G. F. P.）

08051 309－01022
大学英语（精读）六级测试
竺蕊主编 1994年 189页 26 cm 9.40元 （G. F.）

08052 9253.010
现代英语研究 1984年第1辑
本书编写组编 1984年 96页 26 cm 0.75元 （G. F.）

08053 9253.021
现代英语研究 1986年第1辑
本书编写组编 1986年 96页 26 cm 0.75元 （F.）

08054 9253.022

现代英语研究 1986 年第 2 辑

本书编写组编 1986 年 96 页 26 cm 0.75 元 (F.)

08055 309-13133

阿拉伯国家语言战略发展研究

孔令涛著 2017 年 257 页 21 cm 25 元 〔中国外语战略研究中心语言教育战略研究丛书 沈骑主编〕(G. F. P.)

08056 309-11538

美国关键语言战略研究

刘美兰著 2016 年 443 页 21 cm 38 元 〔语言教育战略研究丛书 沈骑主编〕(G. F. P.)

08057 309-03299

剑桥商务英语考试必备 高级

(英) Anne Dwyer 著 李平 程大志注释 2002 年 修订版 152 页 30 cm 18 元 (G. F. P.)

08058 309-03302

剑桥商务英语考试必备 中级

(英) Bill Mascull 著 王益平 向嫣红注释 2002 年 修订版 140 页 30 cm 18 元 (G. F. P.)

08059 309-03303

剑桥商务英语考试必备 初级

(英) David Kerridge 著 王长江 高歌注释 2002 年 修订版 126 页 30 cm 18 元 (G. F. P.)

08060 309-11001

托业桥(TOEIC Bridge)考试指南

陈明娟主编 2014 年 304 页 26 cm 39 元 (G. F. P.)

08061 309-13693

托业桥(TOEIC Bridge)考试指南

陈明娟主编 2018 年 第 2 版 304 页 26 cm 45 元 (G. P.)

08062 309-12991

English for international purposes

(英) 库珀 (David Cooper) 著 2017 年 223 页 28 cm 40 元 (G. F. P.)

08063 309-03537

剑桥国际商务英语应试指导 中级

李兰欣编著 2003 年 159 页 30 cm 15 元 〔英国剑桥大学国际商务英语证书 (BEC) 考试指导丛书〕(G. F. P.)

08064 309-02135

大学英语四级考试辅导教材

蔡基刚等编 1998 年 262 页 26 cm 19 元 (G. F. P.)

08065 309-03122

大学英语四级考试辅导教程

蔡基刚主编 2002 年 246 页 26 cm 19.50 元 〔大学英语测试系列〕(G. F. P.)

08066 309-02512

大学英语四级统考快速训练 口语测试

蔡基刚主编 2000 年 186 页 20 cm 10 元 (G. F. P.)

08067 309-02510

大学英语四级统考快速训练 阅读理解

蔡基刚编著 2000 年 239 页 20 cm 10 元 (G. F. P.)

08068 309-06494

TEM-4 客观试题效度研究

陈晓扣著 2009 年 283 页 21 cm 28 元 〔解放军外国语学院英语博士文库〕

(G. F. P.)

08069 309-02508
大学英语四级统考快速训练 听力测试
丁小龙 徐德明编著 2000年 185页 20 cm 10元 (G. F. P.)

08070 309-14801
复旦大学英语水平考试的开发与效度研究
范劲松 季佩英著 2019年 193页 21 cm 48元 (G. F. P.)

08071 309-03440
大学英语四级专家授课笔记
冯宜勇主编 2003年 193页 26 cm 16元 〔大学英语考试辅导教程系列〕(G. F. P.)

08072 309-05080
高校英语专业八级考试人文知识辅导与训练
何时瑜 林葵主编 2006年 285页 26 cm 25元 〔高校英语专业学习辅导系列〕(G. F. P.)

08073 309-02509
大学英语四级统考快速训练 语言知识
胡忠茂 张德康编著 2000年 244页 20 cm 10元 (G. F. P.)

08074 309-05264
全国英语等级考试(PETS)第一级教材
姜荷梅 蒋秉章总主编 金刘熹册主编 2006年 315页 26 cm 30元 〔PETS全国英语等级考试系列用书〕(G. F. P.)

08075 309-05241
全国英语等级考试(PETS)第二级教材
姜荷梅 蒋秉章总主编 陈振云 姜荷梅册主编 2006年 362页 26 cm 33元 〔全国英语等级考试系列用书〕(G. F. P.)

08076 309-05308
全国英语等级考试(PETS)第三级教材
姜荷梅 蒋秉章总主编 金阳册主编 2007年 474页 26 cm 45元 〔PETS全国英语等级考试系列用书〕(G. F. P.)

08077 309-05393
挑战710·大学英语四级新题型突破
姜荷梅 金阳主编 2010年 第2版 160页 26 cm 27元 〔"挑战710"系列丛书〕(G. F. P.)

08078 309-12221
挑战710·大学英语四级新题型突破
姜荷梅 林萍英主编 2016年 第4版 162页 26 cm 38元 〔"挑战710"系列丛书〕(G. F. P.)

08079 309-08808
挑战710·大学英语四级新题型突破 全新版
姜荷梅 林萍英主编 丁衍等编写 2012年 168页 26 cm 29元 〔"挑战710"系列丛书〕(G. F. P.)

08080 309-06300
挑战710·大学英语六级新题型突破
姜荷梅 王桂云主编 丁衍等编写 2010年 第2版 181页 26 cm 29元 〔"挑战710"系列丛书〕(G. F. P.)

08081 309-10974
挑战710·大学英语六级新题型突破
姜荷梅 王桂云主编 2014年 第3版 164页 26 cm 33.50元 〔"挑战710"系列丛书〕(G. F. P.)

08082 309-12515

挑战710·大学英语六级新题型突破

姜荷梅 王桂云主编 丁衍等编写 2016年第4版 155页 26 cm 39元〔"挑战710"系列丛书〕(G. F. P.)

08083 309-04610

英语710冲刺·大学英语四六级考试高分方略

兰少宪 鲁艾丁主编 何曲 罗敏编著 2006年 222页 26 cm 20元 (G. F. P.)

08084 309-05246

大学英语四级考试新题型指南

梁为祥 肖辉总主编 2006年 325页 26 cm 29.90元〔大学英语考试辅导系列〕(G. F. P.)

08085 309-11717

全国高等学校英语应用能力考试专用教材B级

刘春波 于慧焱 陆红宏主编 2020年 275页 26 cm 48元 (G.)

08086 309-07686

新潮大学英语四级考试词汇手册

刘明东编 2010年 499页 26 cm 29元 (P.)

08087 309-10321

新潮大学英语新四级技能训练教程综合模拟试题

沈金华 邓英姿编 2014年 166页 26 cm 36元 (P.)

08088 309-08644

新潮大学英语六级考试综合教程

谭福民 王永东主编 2012年 232页 26 cm 32元 (P.)

08089 309-02892

大学英语四级考试指南

王美君主编 2001年 403页 20 cm 20元〔21世纪大学英语四级考试指南〕(G. F. P.)

08090 309-03480

大学英语四级考试指南1 听力理解分册

王美君主编 骆汉卫册主编 2003年第2版 111页 20 cm 7元〔大学英语考试专项训练系列〕(G. F. P.)

08091 309-03481

大学英语四级考试指南2 词汇用法分册

王美君主编 阮敏 奚丽萍册主编 2003年第2版 177页 20 cm 10元〔大学英语考试专项训练系列〕(G. F. P.)

08092 309-03563

大学英语四级考试指南3 语法结构分册

王美君主编 王晓军 王美君册主编 2003年第2版 191页 20 cm 10元〔大学英语考试专项训练系列〕(G. F. P.)

08093 309-03564

大学英语四级考试指南4 阅读理解与完形填空分册

王美君主编 车泠平 何艳册主编 2003年第2版 199页 20 cm 10元〔大学英语考试专项训练系列〕(G. F.)

08094 309-03565

大学英语四级考试指南5 短文写作分册

王美君主编 徐建华册主编 2003年第2版 114页 20 cm 7元〔大学英语考试专项训练系列〕(G. F. P.)

08095 309-04137

高校英语专业八级考试校对与改错100篇

王文琴主编 2004年 178页 23 cm 16元 〔高校英语专业学习辅导系列〕(G. F. P.)

08096 309-06276
新编大学英语六级考试实用教程
吴远恒 刘彦娟 李国宏主编 2008年 276页 26 cm 25元 (G. F. P.)

08097 309-04953
大学英语四级考试辅导新教程
杨梅珍等编 2006年 281页 26 cm 25元 〔大学英语考试辅导系列〕(G. F. P.)

08098 309-06937
大学英语六级综合改错100篇
余高峰 华燕编著 2009年 135页 26 cm 18元 (G. F. P.)

08099 309-02511
大学英语四级统考快速训练 短文写作
张德康主编 2000年 187页 20 cm 10元 (G. F. P.)

08100 309-01792
全国大学英语四级统考模拟试题
罗家礼 徐惠忠主编 1996年 201页 26 cm 15元 (G. F. P.)

08101 309-15181
同等学力人员申请硕士学位英语水平全国统一考试指南
冉海勇 唐君 罗运琴主编 2020年 126页 23 cm 38元 (G. P.)

08102 309-01548
新编大学英语四级测试
余建中 罗家礼主编 1995年 280页 26 cm 18.50元 (G. F. P.)

08103 309-02140
新编大学英语四级测试 题库型
余建中 罗家礼主编 1999年 第2版(修订版) 228页 26 cm 17元 〔大学英语测试系列〕(G. F. P.)

08104 309-11637
大学英语四级考试攻略
崔敏 张琦主编 2015年 234页 26 cm 38元 〔"十二五"普通高等教育本科国家级规划教材 新视角大学英语系列〕(G. F. P.)

08105 309-10923
复旦大学英语水平测试大纲、样题及词汇表
复旦大学英语水平测试组编 2014年 87页 26 cm 20元 (G. F. P.)

08106 309-10188
大学英语新四级模拟与指导
龚嵘主编 2014年 213页 26 cm 35元 〔新新大学英语测试系列教程〕(G. F. P.)

08107 309-11771
全新大学英语四级考试攻略与实战训练
韩红建主编 2015年 229页 26 cm 48元 (G. F. P.)

08108 309-13177
全新大学英语四级考试攻略与实战训练
韩红建主编 2017年 第2版 246页 26 cm 52元 (G. F. P.)

08109 309-04564
挑战710·全新大学英语四级考试备考攻略
何敏 吴迪主编 2008年 238页 26 cm 25元 〔"挑战710"系列丛书〕(G. F. P.)

08110 309-10700

大学英语四级新题型考试必备

刘凤侠 崔莹莹主编 2014年 234页 26 cm 38元〔新新大学英语系列〕(G. F. P.)

08111 309-07078

新潮大学英语四级考试教程

刘明东 刘飞兵主编 2010年 278页 26 cm 34元 (P.)

08112 309-09782

新潮大学英语四级考试教程

刘明东 刘飞兵主编 2013年 第2版 280页 26 cm 36元〔普通高等学校"十二五"精品规划教材〕(G. P.)

08113 309-10297

新潮大学英语新四级考试教程

刘明东 刘飞兵编 2014年 245页 26 cm 36元 (P.)

08114 309-09660

新潮大学英语新四级考试教程

刘明东 刘飞兵主编 2016年 第2版 234页 26 cm 39元〔普通高等学校"十二五"精品规划教材〕(G. P.)

08115 309-13449

大学英语四级考试分类讲解

孙媛主编 2018年 281页 26 cm 40元 (G. F. P.)

08116 309-06948

710分大学英语四级考试模拟训练

王保令 乔明选主编 2010年 76页 26 cm 24元 (P.)

08117 309-07897

710分大学英语四级考试模拟训练

王保令 乔明选主编 2012年 第2版 1册 26 cm 24元 (G.)

08118 309-09062

710分大学英语四级考试模拟训练

王保令编 2012年 第3版 150页 26 cm 24元 (P.)

08119 309-08806

新潮大学英语四级考试综合教程

王永东 谭福民主编 2013年 241页 26 cm 34元 (G. P.)

08120 309-10424

新潮大学英语四级考试综合教程

王永东 谭福民主编 2014年 第2版 170页 26 cm 34元 (P.)

08121 309-12214

挑战710·大学英语四级考试备考攻略、预测试卷二合一 全新版

吴迪 徐明锋主编 2016年 133页 26 cm 29.90元〔"挑战710"系列丛书〕(G. F. P.)

08122 309-12345

挑战710·大学英语四级考试真题模拟试卷

吴迪 徐明锋主编 2016年 100页 26 cm 35元〔"挑战710"系列丛书〕(G. F. P.)

08123 309-07220

挑战710·大学英语四级考试最新历年真题详解

吴迪 徐明锋主编 2011年 128页 26 cm 25元 (P.)

08124 309-10106

挑战710·全新大学英语四级考试备考攻

略、预测试卷二合一

吴迪 徐明锋主编 2013年 148页 26 cm 29元〔"挑战710"系列丛书〕(G. F. P.)

08125 309-04552

全国高等学校英语应用能力考试全真模拟试题集 A 级

陈莉达等编著 2005年 171页 26 cm 18元〔高职高专用书〕(G. P.)

08126 309-04553

全国高等学校英语应用能力考试全真模拟试题集 B 级

方伟琴等编著 2005年 171页 26 cm 16元〔高职高专用书〕(G. P.)

08127 309-06115

全国高等学校英语应用能力考试全真模拟试题集 A 级

考试命题研究组编著 2008年 第2版 224页 26 cm 21元〔高职高专用书〕(G. F. P.)

08128 309-06116

全国高等学校英语应用能力考试全真模拟试题集 B 级

考试命题研究组编著 2008年 第2版 204页 26 cm 21元〔高职高专用书〕(G. F. P.)

08129 309-07197

全国高等学校英语应用能力考试全真模拟试题集 A 级

牛淑敏主编 考试命题研究组编著 2010年 第3版 225页 26 cm 21元〔高职高专用书〕(G. F. P.)

08130 309-07196

全国高等学校英语应用能力考试全真模拟试题集 B 级

牛淑敏主编 考试命题研究组编著 2010年 第3版 206页 26 cm 21元〔高职高专用书〕(G. F. P.)

08131 309-12418

新编高等学校英语应用能力考试全真模拟试题集 B 级

任荣军主编 2016年 135页 26 cm 25元 (G. F. P.)

08132 309-06815

全国高等学校英语应用能力考试解题技巧与真题集锦 B 级

杜晓芬主编 2009年 171页 26 cm 21元 (G. F. P.)

08133 309-07844

高等学校英语应用能力考试历年全真试题及解析 A 级

高等学校英语应用能力 A 级考试命题委员会编 2011年 152页 26 cm 24元 (P.)

08134 309-05016

高等学校英语应用能力考试应试技巧与分类详解 B 级

顾伯清 秦凯主编 2006年 178页 26 cm 21元〔PRETCO 辅导系列丛书〕(G. F. P.)

08135 309-10884

高等学校英语应用能力考试解题技巧及模块训练 B 级 上册

黄雪芳主编 2014年 221页 26 cm 30元 (G. F. P.)

08136 309-11256

高等学校英语应用能力考试解题技巧及模块训练 B 级 下册

黄雪芳 谭海梅主编 2015 年 215 页 26 cm 32 元 (G. F. P.)

08137 309-11791

高等学校英语应用能力考试解题技巧及模块训练 B 级 上册

黄雪芳 马晓丽主编 2015 年 第 2 版 144 页 26 cm 30 元 (G. F. P.)

08138 309-14852

高等学校英语应用能力考试解题技巧及模块训练 B 级 下册

黄雪芳 谭海梅主编 2020 年 修订版 215 页 26 cm 35 元 (G. P.)

08139 309-11517

高等学校英语应用能力考试模拟试题精编与详解 A 级

姜荷梅 牛淑敏主编 2015 年 185 页 26 cm 33 元 〔PRETCO 辅导系列丛书〕 (G. F. P.)

08140 309-11516

高等学校英语应用能力考试模拟试题精编与详解 B 级

牛淑敏 袁轶锋主编 2015 年 138 页 26 cm 29 元 〔PRETCO 辅导系列丛书〕 (G. F. P.)

08141 309-04987

高等学校英语应用能力考试应试指导与测试 A 级

姜荷梅主编 2006 年 284 页 29 cm 28 元 〔PRETCO 辅导系列丛书〕 (F. P.)

08142 309-05162

高等学校英语应用能力考试应试指导与测试 B 级

袁轶锋主编 2006 年 246 页 29 cm 26 元

〔PRETCO 辅导系列丛书〕 (F. P.)

08143 309-08500

全国高等学校英语应用能力考试模拟试题精编与详解 A 级

姜荷梅 牛淑敏 李长友主编 2012 年 167 页 26 cm 29 元 〔PRETCO 辅导系列丛书〕 (G. F. P.)

08144 309-08499

全国高等学校英语应用能力考试模拟试题精编与详解 B 级

牛淑敏 袁轶锋主编 2011 年 138 页 26 cm 28 元 〔PRETCO 辅导系列丛书〕 (G. F.)

08145 309-07605

全国高等学校英语应用能力考试活页历年真题与详解 A 级

考试命题研究组编著 2010 年 225 页 28 cm 26 元 (P.)

08146 309-07625

全国高等学校英语应用能力考试活页历年真题及详解 B 级

考试命题研究组编著 2010 年 204 页 28 cm 26 元 (P.)

08147 309-04893

全国高等学校英语应用能力考试全真模拟活页试题集

陈莉达等编著 2006 年 225 页 28 cm 20 元 (F. P.)

08148 309-06117

全国高等学校英语应用能力考试全真模拟活页试题集

考试命题研究组编著 2008 年 第 2 版 2 册 26 cm 21 元 (F. P.)

08149 309-07195
全国高等学校英语应用能力考试全真模拟活页试题集 A 级
考试命题研究组编著 2010 年 第 3 版 225 页 28 cm 21 元 (F. P.)

08150 309-04894
全国高等学校英语应用能力考试全真模拟活页试题集 B 级
考试命题研究组编著 2006 年 180 页 26 cm 18 元 (F. P.)

08151 309-06118
全国高等学校英语应用能力考试全真模拟活页试题集 B 级
考试命题研究组编著 2008 年 第 2 版 213 页 26 cm 21 元 (F. P.)

08152 309-07194
全国高等学校英语应用能力考试全真模拟活页试题集 B 级
考试命题研究组编著 2010 年 第 3 版 1 套 29 cm 21 元 (F. P.)

08153 309-07604
全国高等学校英语应用能力考试历年真题与详解 A 级
冷德军 张素芳主编 考试命题研究组编著 2010 年 225 页 26 cm 26 元 (G. F. P.)

08154 309-06246
全国高等学校英语应用能力考试历年真题及详解 B 级
郑晶等编著 2010 年 204 页 26 cm 21 元 (G. F. P.)

08155 309-13020
高等学校英语应用能力考试精讲精练 A 级
刘军主编 2017 年 218 页 26 cm 29 元 (G. P.)

08156 309-08489
高等学校英语应用能力考试模拟试题集 A 级
吕灿主编 2011 年 212 页 26 cm 26 元 (G. F. P.)

08157 309-08488
高等学校英语应用能力考试模拟试题集 B 级
吕灿主编 2011 年 196 页 26 cm 26 元 (G. F. P.)

08158 309-05906
高等学校英语应用能力考试应试指南
罗道茂总主编 2008 年 2 册 26 cm 50 元 (F. P.)

08159 309-07631
高等学校英语应用能力考试精编模拟试题集 B 级
任荣军主编 2010 年 145 页 26 cm 20 元 (G. F. P.)

08160 309-09223
高等学校英语应用能力考试全真模拟试卷 B 级
任荣军主编 2012 年 138 页 26 cm 22 元 (G. F. P.)

08161 309-10971
高等学校英语应用能力考试全真模拟试卷 B 级
任荣军主编 2014 年 第 2 版 136 页 26 cm 22 元 (G. F. P.)

08162 309-05407
高等学校英语应用能力考试全真模拟试

题集 A 级

沈金华 孙晓玲 付庆莲主编 2007 年 179 页 26 cm 28 元 (G. F. P.)

08163 309-10750

高等学校英语应用能力考试全真模拟试题集 A 级

沈金华 刘克静 杨红主编 2014 年 第 3 版 73 页 26 cm 29.80 元 (G. P.)

08164 309-04321

高等学校英语应用能力考试全真模拟试题集 B 级

王家勇主编 2005 年 第 2 版 224 页 23 cm 22 元 (G. F. P.)

08165 309-11650

高等学校英语应用能力考试新全真模拟试题集 A 级

沈金华 刘克静 杨红主编 2015 年 74 页 26 cm 29.80 元 (G. P.)

08166 309-11689

高等学校英语应用能力考试新全真模拟试题集 A 级

沈金华 孙晓玲主编 2015 年 166 页 26 cm 29 元 (G. P.)

08167 309-09470

高等学校英语应用能力考试历年真题解析 B 级 2007 年 12 月—2012 年 12 月

万田华总主编 严慧敏 刘园主编 2013 年 122 页 26 cm 28 元 (G. F. P.)

08168 309-11191

高等学校英语应用能力考试(PRETCO)真题模拟试卷 A 级

吴迪 田彬主编 2015 年 118 页 26 cm 29.50 元 〔PRETCO 辅导系列丛书〕(G. F. P.)

08169 309-11190

高等学校英语应用能力考试(PRETCO)真题模拟试卷 B 级

吴迪 田彬主编 2015 年 118 页 26 cm 29.50 元 〔PRETCO 辅导系列丛书〕(G. F. P.)

08170 309-06513

高等学校英语应用能力考试(PRETCO)真题、预测试卷二合一 A 级

吴迪 潘惠平主编 2009 年 118 页 26 cm 25 元 〔PRETCO 辅导系列丛书〕(G. F.)

08171 309-06514

高等学校英语应用能力考试(PRETCO)真题、预测试卷二合一 B 级

潘惠平 吴迪主编 2009 年 116 页 26 cm 25 元 〔PRETCO 辅导系列丛书〕(G. F. P.)

08172 309-07837

高等学校英语应用能力考试(PRETCO)真题、预测试卷二合一(全新版) A 级

吴迪 田彬主编 2011 年 118 页 26 cm 25 元 〔PRETCO 辅导系列丛书〕(G. F. P.)

08173 309-07835

高等学校英语应用能力考试(PRETCO)真题、预测试卷二合一(全新版) B 级

田彬 吴迪主编 2011 年 116 页 26 cm 25 元 〔PRETCO 辅导系列丛书〕(G. F. P.)

08174 309-06623

高等学校英语应用能力考试(PRETCO)最新历年真题详解 A 级

吴迪 潘惠平主编 2009 年 118 页 26 cm

25 元 〔PRETCO 辅导系列丛书〕(G. F. P.)

08175 309-06867

高等学校英语应用能力考试(PRETCO)最新历年真题详解 B 级

潘惠平 吴迪主编 2009 年 118 页 26 cm 25 元 〔PRETCO 辅导系列丛书〕(G. F. P.)

08176 309-07839

高等学校英语应用能力考试(PRETCO)最新历年真题详解(全新版)A 级

吴迪 田彬主编 2011 年 118 页 26 cm 25 元 〔PRETCO 辅导系列丛书〕(G. F. P.)

08177 309-07838

高等学校英语应用能力考试(PRETCO)最新历年真题详解(全新版)B 级

田彬 吴迪主编 2011 年 118 页 26 cm 25 元 〔PRETCO 辅导系列丛书〕(G. F. P.)

08178 309-08063

高等学校英语应用能力考前实训 A 级

张爱维主编 2011 年 227 页 26 cm 24 元 (G. F. P.)

08179 309-08064

高等学校英语应用能力考前实训 B 级

李志萍主编 2011 年 216 页 26 cm 22 元 (G. F. P.)

08180 309-11115

全国高等学校英语应用能力考试复习指南

丁小龙总主编 张清年 卢玲玲 黎春梅主编 2014 年 294 页 26 cm 38 元 (G. F. P.)

08181 309-12387

高等学校英语应用能力考试专项解题技巧及模块训练 B 级 上册

周淑珍 李瑞珍主编 2016 年 207 页 27 cm 32 元 (G. F. P.)

08182 309-12673

高等学校英语应用能力考试专项解题技巧及模块训练 B 级 下册

周淑珍 刘玉霞 屈婷婷主编 2017 年 275 页 26 cm 39 元 (G. F. P.)

08183 309-14499

高等学校英语应用能力考试专项解题技巧及模块训练 B 级 上册

周淑珍主编 2019 年 第 2 版 224 页 26 cm 38 元 (G. F. P.)

08184 309-15373

高等学校英语应用能力考试专项解题技巧及模块训练 B 级 下册

周淑珍主编 2020 年 修订版 247 页 26 cm 42 元 (P.)

08185 309-04972

英语正音读本

麦贤美主编 李康编绘 2006 年 116 页 21 cm 12 元 (G. F.)

08186 309-06094

英语正音读本

李康编著 2008 年 第 2 版 261 页 21 cm 20 元 (G. F. P.)

08187 309-14557

英语正音读本

李康著 2019年 第 3 版 289 页 21 cm 35 元 (G. F. P.)

08188　309-07639
英语语音简明教程
林桂敏　王欢　史凤春编著　2011 年　178 页　19 cm　22 元　(G. F. P.)

08189　309-05226
英语重音研究
杨云升著　(英) Andy Weeks 校　2006 年　382 页　21 cm　25 元　(G. F. P.)

08190　309-08244
美丽英文,天籁之声 英语气息朗读法
叶辉著　2011 年　88 页　23 cm　28 元　〔"天籁朗读"系列〕(G. F. P.)

08191　309-02320
新编国际音标快速拼读法
郑时恒　蒋品圭著　1999 年　82 页　19 cm　4 元　(G. P.)

08192　309-04985
新编国际音标快速拼读法
郑时恒　蒋品圭著　2006 年　第 2 版　185 页　21 cm　9 元　(G. F. P.)

08193　309-12570
新编国际音标快速拼读法
郑时恒　蒋品圭著　2016 年　第 3 版　186 页　21 cm　18 元　(G.)

08194　309-08291
科技英语演讲
(英) Sinclair Goodlad 著　梁玲译　2012 年　105 页　22 cm　10 元　(G. F. P.)

08195　309-05064
博学英语·英语演讲与辩论 演讲篇
高瑛　孙利民主编　2006 年　255 页　23 cm　20 元　〔复旦博学·英语系列〕(G. F. P.)

08196　309-05392
博学英语·英语演讲与辩论 辩论篇
孙利民　高瑛主编　2007 年　207 页　23 cm　20 元　〔复旦博学·英语系列〕(G. F. P.)

08197　309-07452
英语演讲教程
高瑛　孙利民　仇云龙主编　2010 年　252 页　23 cm　35 元　〔普通高等教育"十一五"国家级规划教材〕(G. F. P.)

08198　309-14234
通用学术英语演述教程
郑丽琦　谢逸轩主编　2019 年　132 页　26 cm　35 元　〔通用学术英语系列　蔡基刚总主编〕(G. F. P.)

08199　309-12919
公共演说实训教程
郑佩芸主编　2017 年　200 页　26 cm　36 元　(G. F. P.)

08200　309-06096
英汉词汇对比研究
蔡基刚著　2008 年　363 页　23 cm　30 元　〔复旦博学·语言学系列〕(G. F. P.)

08201　309-09621
三维英词
范家材著　翟象俊校　2013 年　634 页　22 cm　精装　50 元　(G. F. P.)

08202　309-10993
探寻神话 神话中的文化及英语词汇
冯蓉　张晓彤著　2014 年　302 页　21 cm　29.50 元　(G. F. P.)

08203　309-08734
词海茫茫 英语新词和词典之研究

高永伟著 2012年 361页 22 cm 28元〔攻玉文丛〕(G. F. P.)

08204 309-14641
托福雅思核心词汇理解性记忆
(加)林维龙 郑瑶菲编著 2019年 339页 21 cm 38元 (G. F. P.)

08205 309-02246
英汉和汉英语义结构对比
陆国强编著 1999年 332页 20 cm 20元 (G. F. P.)

08206 309-14923
英语词汇千词百链 全民版
屠皓民主编 2020年 242页 26 cm 29元〔139考研思维导图〕(G. P.)

08207 309-14924
英语词汇千词百链 屠龙版
屠皓民主编 2020年 347页 26 cm 65元〔139考研思维导图〕(G. P.)

08208 309-10042
基于语境维度的英汉情景喜剧幽默对比研究
徐真著 2013年 192页 22 cm 25元 (G. F. P.)

08209 309-00126
TOEFL词汇
俞耀生 丁廷敏编 1989年 501页 20 cm 6元〔复旦大学TOEFL教程之二〕(G. F.)

08210 309-01413
新编大学英语词汇试题集
王美娣编著 1994年 185页 19 cm 5元 (G. F.)

08211 309-11112
典以载道 文以传声 中国辞书学会双语词典专业委员会第十届年会暨学术研讨会论文集
赵翠莲主编 2015年 497页 23 cm 79.50元 (G. F. P.)

08212 309-00842
英语惯用语用法指南 英汉双解
(英)希顿(J. B. Heaton)(英)诺布尔(T. W. Noble)编著 庄智象 徐正虎译注 1992年 374页 20 cm 9.20元 (G. F.)

08213 309-02867
英语词汇学习 指导与实践
白人立 马秋武主编 2001年 323页 20 cm 15元 (G. F. P.)

08214 309-03150
大学英语易混淆词辨析
蔡基刚主编 2002年 307页 20 cm 14元 (G. F. P.)

08215 309-02661
21世纪大学英语词汇详解 第1册
曹鉴卿编著 2000年 396页 23 cm 29元〔21世纪大学英语教学与学习辅导丛书 核心版〕(G. F. P.)

08216 309-02793
21世纪大学英语词汇详解 第2册
曹鉴卿编著 2001年 347页 23 cm 29元 (G. F. P.)

08217 309-03179
21世纪大学英语词汇详解 第3册
曹鉴卿主编 2002年 296页 23 cm 26元〔21世纪大学英语教学与学习辅导丛书 核心版〕(G. F. P.)

08218 309-03619

21世纪大学英语词汇详解 第4册

曹鉴卿主编 2003年 393页 23 cm 30元 〔21世纪大学英语教学与学习辅导丛书〕(G. F. P.)

08219 309-02804

高校英语专业四级大纲词汇精讲与模拟测试

陈爱敏主编 2001年 911页 20 cm 34元 (G. F. P.)

08220 309-03402

高校英语专业四级(新大纲)词汇一点通

陈爱敏 李钟涛主编 2002年 303页 20 cm 15元 〔高校英语专业学习辅导系列〕(G. F. P.)

08221 309-02850

大学英语大纲词汇精解

陈恪清 许孟庚主编 2001年 735页 20 cm 30元 (G. F. P.)

08222 309-03530

英语词语趣读

陈锡麟 赵启敏编著 2003年 115页 18 cm 6元 〔"麻瓜"英语系列〕(G. P.)

08223 309-06591

2010年全国硕士研究生入学考试英语词汇手册

成芬 李雪主编 2009年 455页 26 cm 40元 〔全国硕士研究生入学考试辅导用书〕(G. F. P.)

08224 309-06698

在职攻读硕士学位全国联考英语考试词汇考点详注

成芬 云庚主编 2009年 298页 26 cm 30元 〔2009年在职攻读硕士学位全国联考英语考试辅导用书〕(G. F. P.)

08225 309-14262

通用学术英语词汇教程

杜方圆 李晓娟主编 2019年 162页 26 cm 35元 〔通用学术英语系列 蔡基刚总主编〕(G. F. P.)

08226 309-06592

挑战710·大学英语四级词汇必备

冯奇主编 2009年 644页 21 cm 29元 〔"挑战710"系列丛书〕(G. F. P.)

08227 309-03676

高职高专英语词汇必备

姜荷梅 陆建良主编 2003年 530页 20 cm 22元 〔PRETCO辅导系列丛书〕(G. P.)

08228 309-05257

医学英语词汇学

李定钧主编 2006年 233页 23 cm 28元 〔复旦博学·大学医学英语系列丛书〕(G. F. P.)

08229 309-06679

考博英语10000例词汇考点详注

李莉 唐淑华主编 2009年 489页 26 cm 48元 〔2010年全国博士研究生入学英语考试辅导用书〕(G. F. P.)

08230 309-07451

体育英语词汇手册

宁翠叶主编 2010年 398页 23 cm 30元 (G. F. P.)

08231 309-09672

英词拾趣 语言的游戏

(美)诺曼·杰曼(Norman German)著 翟象俊 高亚萍译 2013年 212页

28 cm 35 元 (G. F. P.)

08232 309-10325

新词的词汇化过程及其心理表征

乔晓妹著 2014 年 184 页 22 cm 20 元 (G. P.)

08233 309-02785

高校英语专业八级词汇精讲与练习

任裕海主编 2001 年 469 页 20 cm 23 元 (G. F. P.)

08234 309-02009

上海高等院校专科英语能力考试(PET)词汇例析手册

上海市教育委员会组编 1998 年 548 页 20 cm 18 元 (G. F. P.)

08235 309-06323

医学英语词汇速查手册

孙国栋主编 2008 年 332 页 19 cm 25 元 (G. F. P.)

08236 309-15084

医学英语术语实用教程

孙庆祥主编 2020 年 276 页 26 cm 72 元〔多维医学英语全国统编系列教材 孙庆祥总主编〕(G. F. P.)

08237 309-03180

CET-4 词汇特快直通车

王楚安主编 2002 年 350 页 20 cm 16 元 (G. F. P.)

08238 309-03854

英语常用词 100 个

魏孟勋 季义新编写 2004 年 152 页 19 cm 8 元〔"麻瓜"英语系列〕(G. F. P.)

08239 309-03381

全国大学英语四级考试词汇全解密

沃亚生 白根元主编 2002 年 514 页 23 cm 40 元〔大学英语词汇词典系列〕(G. F. P.)

08240 5627-0499

英语单词简捷记忆法

谢克宽 唐爱芳编 1999 年 564 页 19 cm 27 元 (G. F.)

08241 309-03506

雅思考试(IELTS)核心词汇突破

徐健 徐玉臣编著 2003 年 342 页 26 cm 30 元〔雅思攻略系列丛书〕(G. F. P.)

08242 309-05225

大学英语四级词汇 速记与自测

杨廷君 李跃平主编 2006 年 561 页 26 cm 40 元〔大学英语考试词汇词典系列〕(G. F. P.)

08243 309-03515

大学英语六级词汇速记与自测

杨廷君等主编 2003 年 289 页 26 cm 24 元〔大学英语考试词汇词典系列〕(G. F. P.)

08244 309-03368

专升本全国统考英语词汇必读

余高峰 华燕主编 2002 年 406 页 20 cm 19 元〔专升本英语考试系列〕(G. P.)

08245 309-11214

军校环境对大学生英语词汇学习策略的影响

袁沛 闫红菊著 2015 年 204 页 22 cm 30 元 (G. P.)

08246 309-05273

高等学校英语应用能力 A/B 级大学英语四级核心词汇手册
张云勤主编 2007 年 490 页 21 cm 28 元 (G. F. P.)

08247 309-03695
考研英语词汇必备
钟鸣编 2003 年 604 页 18 cm 26 元〔博闻考研系列〕(G. P.)

08248 309-02450
硕士研究生入学考试英语大纲词汇串联记忆手册
钟鸣编 2000 年 447 页 20 cm 22 元 (G. F. P.)

08249 309-09753
大学英语四六级词典
闵祖传 杨荣广 陈红莉主编 2013 年 652 页 21 cm 45 元 (G. F. P.)

08250 309-07610
大学英语四、六级词汇学习词典
田桂荣主编 2011 年 837 页 21 cm 精装 58 元 (G. F. P.)

08251 309-05060
英语常用核心词汇学习手册
白人立主编 2006 年 989 页 21 cm 39 元 (G. F. P.)

08252 309-03474
新英汉学科词汇 化学
方鸿辉主编 钮因尧等著 2002 年 360 页 15 cm 10 元 (G. F. P.)

08253 309-03453
新英汉学科词汇 生命科学
方鸿辉主编 张诗忠等著 2002 年 352 页 15 cm 10 元 (G. F. P.)

08254 309-03451
新英汉学科词汇 数学
方鸿辉主编 希塘等著 2002 年 276 页 15 cm 10 元 (G. F. P.)

08255 309-03342
新英汉学科词汇 物理
方鸿辉主编 洪晖等著 2002 年 346 页 15 cm 10 元 (G. F. P.)

08256 309-03452
新英汉学科词汇 信息技术
方鸿辉主编 张渔 范文渊编写 2003 年 304 页 14 cm 10 元 (G. P.)

08257 309-09057
英语迷津 相似词语辨析
卢思源编著 2012 年 第 2 版 473 页 21 cm 30 元〔英语学习·悦读系列〕(G. F. P.)

08258 309-00970
英语同音异义词
张兰青编著 1993 年 271 页 19 cm 6.30 元 (G. F.)

08259 309-01646
大学英语同义词词林
陈振东 金阳编著 1996 年 682 页 20 cm 24 元 (G. F. P.)

08260 309-03221
英语成语谚语趣读
陈锡麟编著 2002 年 148 页 18 cm 8 元 (G. P.)

08261 309-08980
英语一日一谚语
卢思源 姚昆群编著 2012 年 第 2 版 413 页 21 cm 30 元〔英语学习·悦读系列〕(G. F. P.)

08262 309-05490

英语习语整合处理法

王颖著 2007年 273页 21cm 20元 (G. F.)

08263 309-06129

新编汉英成语词典

席士敏编著 2008年 854页 21cm 精装 68元〔复旦版工具书〕(G. F. P.)

08264 309-03708

英汉对照常用英语谚语词典

邢志远 殷耀主编 2003年 424页 18cm 22元〔复旦金石词典系列〕(G. P.)

08265 309-03511

英语惯用语大词典

邢志远主编 2006年 1376页 27cm 精装 180元 (G. F. P.)

08266 309-06092

英汉双解美国习语词典

(美)亚当·马凯(Adam Makkai)(美)M. T.博特纳(美)J. E.盖茨主编 翟象俊主译 2008年 796页 21cm 精装 60元 (G. F. P.)

08267 309-01434

大学英语(精读)语法结构及写作表达 上册

贝聿建主编 1994年 252页 19cm 6元 (G. F.)

08268 309-01569

大学英语(精读)语法结构及写作表达 下册

贝聿建主编 1995年 304页 19cm 9元 (G. F.)

08269 309-03519

大学英语语法综合练习精义

陈敦金编著 2003年 261页 20cm 12元〔大学英语语法系列丛书〕(G. F. P.)

08270 309-04019

新编英语语法综合教程

陈敦金编著 2004年 418页 23cm 35元〔21世纪英语教材〕(G. F. P.)

08271 309-06504

英语语法基础教程

陈敦金编著 2009年 353页 23cm 32元〔高职高专英语专业教材系列〕(G. F. P.)

08272 309-03531

英语语法精讲

陈锡麟 赵启敏编著 2003年 253页 18cm 12元〔"麻瓜"英语系列〕(G. P.)

08273 309-09328

英语强调面面观

高学栋著 2013年 170页 21cm 18元 (G. F. P.)

08274 309-10177

英语语法实践指南解题指导

郭凤高编著 2013年 445页 26cm 45元 (G. F. P.)

08275 309-01289

现代英语表达与汉语对应

何刚强编著 1994年 145页 19cm 4元 (G. F.)

08276 309-00219

英语基本语法简表

华中一 王庚尧编 1989年 43页 19×26cm 1.50元 (G. F.)

08277 309-08708

新编简明英语文法教程

霍金根主编 2012年 298页 26cm 38元

08278 309-02715
大学英语实用语法
蒋秉章 邱屏编著 2000年 283页 20 cm 14元（G. F. P.）

08279 309-04596
简明高职高专英语语法教程
梁志华主编 2005年 181页 26 cm 16元（G. P.）

08280 309-03740
大学英语语法重点与练习
钱海韵 邵继荣主编 2003年 232页 20 cm 12元〔大学英语语法系列丛书〕（G. F. P.）

08281 309-01280
大学英语语法新编
孙靖编著 1994年 186页 19 cm 4.50元（G. F.）

08282 309-08347
大学英语语法精要
唐树良 王金柱主编 2011年 326页 23 cm 38元（G. F. P.）

08283 309-06108
英语语法与练习 上册
王超 许喆主编 2008年 291页 23 cm 30元〔涉外护理专业英语系列 毕向群总主编〕（G. F. P.）

08284 309-06109
英语语法与练习 下册
王超 许喆主编 2009年 191页 23 cm 20元〔涉外护理专业英语系列 毕向群总主编〕（G. F. P.）

08285 309-07776
21世纪大学实用英语语法教程
王懿 陈永捷主编 2011年 174页 23 cm 23元〔普通高等教育"十一五"国家级规划教材 21世纪大学实用英语系列教材 翟象俊、余建中、陈永捷总主编〕（G. F. P.）

08286 309-05363
21世纪大学英语语法 英语语法疑难问题详解
吴燮元编著 2007年 209页 23 cm 20元（G. F. P.）

08287 309-01303
大学英语语法精讲与练习
吴燮元编著 1994年 292页 19 cm 7元（G. F.）

08288 309-02107
大学英语语法精讲与练习
吴燮元编著 1998年 第2版（修订版） 339页 20 cm 14元〔大学英语学习指南〕（G. F. P.）

08289 309-04351
大学英语语法精讲与练习
吴燮元编著 2005年 第3版 333页 21 cm 15元〔大学英语学习指南〕（G. F. P.）

08290 309-01486
英语结构难题解析 大学英语四六级及托福测试实用指导
姚林生编注 1995年 391页 19 cm 10元（G. F.）

08291 309-02677
大学英语四级考试语法词汇考点精析
张国荣编著 2000年 288页 20 cm 13.80元〔大学英语学习指南〕（G. F. P.）

08292 309-15119

新编实用英语语法简明教程
周莉 郭小纯 杨青主编 2020 年 276 页 23 cm 38 元〔高职高专大学英语系列教材 张晓梅 胡兆欣总主编〕(G. P.)

08293 309-03869
趣味英语语法解惑指南与练习
赵岩编著 2004 年 354 页 21 cm 18 元〔复旦版工具书语法系列〕(G. F. P.)

08294 309-04635
高职高专英语语法与训练
朱丹江著 2005 年 310 页 23 cm 26 元 (G. F. P.)

08295 309-04779
新编英语语法综合教程练习册
陈敦金编著 2005 年 234 页 23 cm 16 元〔21 世纪英语教材〕(G. F. P.)

08296 309-01823
新编大学英语语法试题集
王美娣主编 1996 年 268 页 20 cm 10 元 (G. F. P.)

08297 309-05721
黄和斌语言学选论
黄和斌著 2007 年 325 页 21 cm 25 元〔南京师范大学外国语言文学学科博士生导师文库〕(G. F. P.)

08298 309-04450
实用英语语法词典
董宏乐主编 2005 年 266 页 19 cm 14 元〔复旦金石词典系列〕(G. F. P.)

08299 309-04550
现代英语惯用法词典
黄勇民编著 2006 年 1063 页 21 cm 精装 58 元 (G. F. P.)

08300 309-03224
英语动词语法
吴祖培著 2002 年 416 页 21 cm 20 元〔复旦版工具书语法系列〕(G. F. P.)

08301 309-03428
英语动词语法练习与答案
吴祖培著 2002 年 300 页 20 cm 15 元〔复旦版工具书语法系列〕(G. F. P.)

08302 309-03625
英语常用同义形容词辨析词典
黄勇民编著 2003 年 368 页 18 cm 21 元〔复旦金石词典系列〕(G. F. P.)

08303 309-03227
全国大学英语四、六级统考必考短语
顾伯清主编 柯欣等编写 2002 年 411 页 20 cm 19 元 (G. F. P.)

08304 309-05553
英语精选句型荟萃
陆国强 陆继东著 2007 年 381 页 21 cm 19 元 (G. F. P.)

08305 309-09204
英语惯用语块的认知习得研究
石洛祥著 2012 年 326 页 19 cm 25 元 (P.)

08306 309-08535
句法语用研究
熊学亮著 2012 年 269 页 22 cm 20 元〔攻玉文丛〕(G. F. P.)

08307 309-09897
论英语中进入 Pro-XP 的合并

徐浩著 2013年 433页 22 cm 28元 (G. P.)

08308 309-01295
大学英语常用词句型搭配
杨重鑫主编 1994年 502页 19 cm 9元 (G. F.)

08309 309-02444
大学英语常用词句型搭配
杨重鑫主编 2000年 修订版 575页 20 cm 22元〔大学英语学习指南〕(G. F. P.)

08310 309-05693
英语新闻写作
(美) John H. Noonan (美) Gene Mustain 等著 2007年 318页 23 cm 32元〔长江新闻传播丛书〕(G. F. P.)

08311 309-01383
大学生优秀英语作文选
(美) 林肯(Anna Lincoln)编 1994年 242页 20 cm 9元 (G. F. P.)

08312 309-01929
大学生优秀英语作文选
(美) 安娜·林肯(Anna Lincoln)编著 1997年 289页 20 cm 12元 (G. F. P.)

08313 309-04411
大学英语初级写作教程 英语段落写作法
蔡基刚 黄莺编著 2005年 249页 21 cm 13元 (G. F. P.)

08314 309-03622
大学英语高级写作教程(全新版) 英语五段作文法
蔡基刚编著 2003年 第2版 220页 20 cm 12元 (G. F. P.)

08315 309-03423
大学英语中级写作教程 英语十句作文法
蔡基刚编著 2003年 第3版 261页 20 cm 12元 (G. F. P.)

08316 309-04986
大学英语中级写作教程 英语十句作文法
蔡基刚编著 2006年 第4版 2007年第5版 313页 21 cm 15元〔英语写作系列丛书〕(G. F. P.)

08317 309-01721
十句作文法
蔡基刚编著 1996年 235页 20 cm 10元〔大学英语学习和应用技巧丛书〕(G. F. P.)

08318 309-02213
十句作文法
蔡基刚编著 1999年 第2版(修订版) 254页 20 cm 12元〔大学英语学习和应试技巧丛书〕(G. F. P.)

08319 309-02812
英汉写作对比研究
蔡基刚编著 2001年 317页 20 cm 16元 (G. F. P.)

08320 309-03800
英汉写作修辞对比
蔡基刚著 2003年 2006年第2版 460页 21 cm 18元 (G. F. P.)

08321 309-05947
英语回译作文法
蔡基刚 王薇编著 2008年 297页 21 cm 16元〔英语写作系列丛书〕(G. F. P.)

08322 309-03033
英语五段作文法

蔡基刚编著 2002年 219页 21 cm 12元
(G. F.)

08323 309-05242
英语五段作文法 大学英语高级写作教程
蔡基刚编著 2006年 第3版 285页 21 cm
15元〔英语写作系列丛书〕(G. F. P.)

08324 309-03548
英语写作与抽象名词表达
蔡基刚著 2003年 260页 20 cm 12元
(G. F. P.)

08325 309-02647
研究生英语写作
查国生编著 2000年 293页 20 cm 15元
(G. F. P.)

08326 309-03330
研究生英语写作
查国生著 2002年 310页 23 cm 30元
〔复旦博学·21世纪研究生英语系列教材〕(G. F. P.)

08327 309-05127
英语写作修辞学生用书
陈书鹏 毛立群 陈海龙主编 2006年 388页 28 cm 35元 (G. F. P.)

08328 309-03248
考研英语写作高分突破
董宏乐 汪洁编著 2002年 150页 23 cm 15元〔博闻考研系列〕(G. F. P.)

08329 309-11818
英语科技语篇中的隐喻功能与认知诠释
董宏乐 程寅著 2015年 221页 21 cm 25元〔人文系列〕(G. F. P.)

08330 309-06334
外贸英语单证与函电
法小鹰 胡敏主编 2008年 272页 23 cm 29元〔实用商务英语系列教材 刘超先主编〕(G. F. P.)

08331 309-12962
英文修辞
范家材著 2017年 429页 23 cm 58元
(G. F. P.)

08332 309-06355
英语写作快速提高教程
傅小明编著 2008年 169页 21 cm 15元
(G. F.)

08333 309-08016
向心理论在英语写作质量评价中的应用
洪明著 2011年 227页 21 cm 18元 (G. F. P.)

08334 309-06101
求职与留学英文交际
侯敞编著 2008年 375页 26 cm 35元
(G.)

08335 309-07696
国际商务函电写作与实践
胡进平等编著 2010年 250页 23 cm 29元〔21世纪大学行业英语系列〕(G. F. P.)

08336 309-07929
隐喻化中的源语概念影响 基于语料库的中国英语学习者隐喻表达研究
江静著 2011年 317页 21 cm 25元〔复旦大学外国语言文学博士文库〕(G. P.)

08337 309-02371
新闻英语写作与范文导读
江莘荑编写 1999年 400页 20 cm 19元

〔复旦版新闻业务丛书〕(G. F. P.)

08338 309-05528
21世纪大学实用英语写作教程
姜荷梅 林萍英主编 2007年 202页 23 cm 25元〔普通高等教育"十一五"国家级规划教材 21世纪大学实用英语 翟象俊 余建中 陈永捷总主编〕(G. F. P.)

08339 309-06688
研究生英语论文写作方法
姜秋霞主编 2009年 195页 23 cm 25元〔复旦博学·21世纪研究生英语系列教材〕(G. F. P.)

08340 309-03727
英语修辞简明教程
李树德 冯奇著 2003年 193页 23 cm 18元 (G. F. P.)

08341 309-11653
英语修辞简明教程
李树德著 2015年 第3版 256页 23 cm 28元〔大学英语拓展课程系列〕(G. F. P.)

08342 309-00451
外贸英文函电
李志远等编著 1989年 250页 19 cm 3.50元 (G. F.)

08343 309-06864
新潮大学实用英语阅读教程
梁丹编 2009年 241页 23 cm 30元〔普通高等院校"十一五"精品规划教材〕(P.)

08344 309-04608
新潮大学英语写作实务
刘源甫主编 新潮大学英语编写组编 2006年 241页 23 cm 25元〔高等学校大学

〔英语系列教材〕(G. F. P.)

08345 309-04897
研究生英语论文及应用文写作
陆效用主编 陈淇等编写 2006年 395页 23 cm 36元〔复旦博学·21世纪高等院校财务管理专业系列〕(G. F. P.)

08346 309-06638
商贸英语写作教程
吕晔 郭明静主编 2009年 203页 23 cm 22元 (G. F. P.)

08347 309-04627
新潮大学英语写作教程 上册
罗德芬总主编 王家勇 侯民吉 秦亚农主编 新潮大学英语编写组编 2005年 142页 23 cm 15元〔高等学校大学英语系列教材〕(G. F. P.)

08348 309-04706
新潮大学英语写作教程 下册
罗德芬总主编 殷克力 洪明 补爱华主编 新潮大学英语编写组编 2005年 125页 23 cm 15元〔高等学校大学英语系列教材〕(G. F. P.)

08349 309-07965
新潮大学英语写作教程 上册
新潮大学英语编写组编 2011年 第4版 1册 23 cm 32元 (　)

08350 309-07967
新潮大学英语写作教程 下册
新潮大学英语编写组编 2011年 第4版 1册 23 cm 32元 (　)

08351 309-05128
英语写作修辞教师用书

毛立群 陈书鹏 陈海龙主编 2006年 380页 28 cm 35元 (G. F. P.)

08352 309-08486
大学英语四级考试短文写作绿色通道
潘钧 韩晓波主编 2011年 198页 26 cm 26元 (G. F. P.)

08353 309-02707
英汉对照应用文实例汇编
秦世福主编 2001年 1151页 20 cm 精装 50元 (G. F. P.)

08354 309-00895
大学英语写作
邱东林 江宝玉编 1993年 206页 20 cm 4元 (G. F.)

08355 309-01322
大学英语写作
邱东林 江宝玉编 1993年 重印 206页 20 cm 5.50元 (G.)

08356 309-02260
新编大学英语写作
邱东林 谷红欣编著 1999年 230页 20 cm 10元 (G. F. P.)

08357 309-15232
21世纪大学英语应用型商务英语教程
任雪花主编 2020年 107页 26 cm 46元 (P.)

08358 309-06075
后现代主义与过程写作论 跨文化的辨析
沈惠忠著 2008年 276页 21 cm 20元 (G. F. P.)

08359 309-07708
挑战710·大学英语四六级写作高分突破
(澳) 沈惠忠 袁轶锋著 2011年 141页 26 cm 18元〔"挑战710"系列丛书〕(G. F. P.)

08360 309-15253
英语技术写作精要
陶友兰 谢敏 周全 李晓黎 程少武著 2020年 245页 26 cm 39元 (P.)

08361 309-04855
英语写作简明教程
王君华主编 2006年 2008年第2版 199页 23 cm 18元 (G. F. P.)

08362 309-05573
英语教学中的学术研究与写作
王林海 董洪学著 2007年 372页 23 cm 38元 (G. P.)

08363 309-07981
商务英语信函常见错句选析300例
王庆华 吴宝康编著 2011年 310页 23 cm 32元 (G. F. P.)

08364 309-06892
外贸函电简明教程
王悦 李桦主编 2009年 196页 23 cm 25元〔21世纪大学实用行业英语系列〕(G. F. P.)

08365 309-07379
国际商务英语信函及写作
吴宝康主编 2010年 315页 23 cm 32元〔复旦卓越·国际商务与管理系列教材〕(G. F. P.)

08366 309-09968
国际商务英语信函及写作
吴宝康主编 2013年 第2版 395页 23 cm

39.80 元〔复旦卓越·国际商务与管理系列教材〕(G. F. P.)

08367 309-05194
博学英语·英语写作教程 1
武月明主编 2006 年 164 页 23 cm 16 元〔复旦博学·英语系列〕(G. F. P.)

08368 309-05145
博学英语·英语写作教程 2
武月明主编 2006 年 285 页 23 cm 25 元〔复旦博学·英语系列〕(G. F. P.)

08369 309-05383
博学英语·英语写作教程 3
武月明主编 2007 年 220 页 23 cm 22 元〔复旦博学·英语系列〕(G. F. P.)

08370 309-05718
博学英语·英语写作教程 4
武月明主编 2007 年 233 页 23 cm 24 元〔复旦博学·英语系列〕(G. F. P.)

08371 309-03562
雅思考试(IELTS)学术类高分作文详解
徐健 徐玉臣编著 2003 年 176 页 26 cm 20 元〔雅思攻略系列丛书〕(G. F. P.)

08372 309-06417
研究生英语学术论文写作基础
杨炳钧主编 2009 年 248 页 23 cm 26 元〔复旦博学·研究生英语系列〕(G. F. P.)

08373 309-08301
科技英语写作
(加) 杨(Jen Tsi Yang)著 王多译 2012 年 150 页 22 cm 15 元 (G. F. P.)

08374 309-02242
大学英语四、六级考试写作指导
张国荣主编 1999 年 261 页 20 cm 12.50 元〔大学英语学习指南〕(G. F. P.)

08375 309-06155
英语写作基础教程
张惠华主编 2008 年 308 页 23 cm 30 元〔高职高专英语专业教材系列〕(G. F. P.)

08376 309-13756
体裁视角下的商务英语写作教材设计与编写
周文萱著 2018 年 244 页 21 cm 30 元 (G. F. P.)

08377 309-05159
商务英语写作
朱金花 臧庆华 Joel P. Bowman 主编 2006 年 293 页 26 cm 26 元〔商务英语系列〕(G. F. P.)

08378 309-08506
英语专业写作教学语料库建设与研究
邹申主编 2011 年 304 页 21 cm 30 元 (G. F. P.)

08379 309-13770
计算机化语言测试效度研究 基于证据的作文自动评分效度验证
高怀勇著 2018 年 331 页 23 cm 68 元 (G. F. P.)

08380 309-09929
大学英语写作教程
刘汝荣 刘泽海主编 2013 年 第 2 版 241 页 26 cm 32 元〔普通高等学校"十二五"精品规划教材〕(G. P.)

08381 309-06221
大学英语写作教程

潘钧 孔维斌主编 2008 年 181 页 23 cm 22 元 (G. F. P.)

08382 309-09785
大学英语写作教程
潘钧 韩晓波主编 2013 年 第 2 版 206 页 26 cm 26 元 (G. F. P.)

08383 309-07270
大学行业英语应用文写作
刘淑颖主编 2010 年 195 页 23 cm 29 元 (G. F. P.)

08384 309-09711
大学行业英语应用文写作
刘淑颖主编 2013 年 第 2 版 219 页 23 cm 32 元 (G. F. P.)

08385 309-04528
全国高等教育自学考试翻译辅导教程
鲍晓英 孙黎编写 2005 年 273 页 23 cm 26 元 (G. F. P.)

08386 309-04527
全国高等教育自学考试口译辅导教程
鲍晓英主编 袁捷 忻华编写 2005 年 210 页 23 cm 19 元〔全国高等教育自学考试系列〕(G. F. P.)

08387 309-02674
英汉·汉英段落翻译与实践
蔡基刚编著 2001 年 298 页 20 cm 15 元 (G. F. P.)

08388 309-03208
研究生英语应试翻译与写作指导
查国生编著 2002 年 131 页 26 cm 13 元 (G. F. P.)

08389 309-07228
修辞格翻译的语用学探解
陈科芳著 2010 年 218 页 21 cm 18 元 (G. F. P.)

08390 309-10105
口译研究的生态学途径
陈圣白著 2013 年 190 页 26 cm 35 元 (P.)

08391 309-06076
英语翻译基础教程
丁树德主编 2008 年 277 页 23 cm 26 元〔高职高专英语专业教材系列〕(G. F. P.)

08392 309-04170
实用英汉翻译
耿洪敏总主编 吴瑾瑾主编 2005 年 255 页 26 cm 25 元 (G. F. P.)

08393 309-12978
英语同声传译指津
管玉华著 2017 年 修订版 266 页 23 cm 40 元 (G. F. P.)

08394 309-03689
英汉口笔译技艺
何刚强编著 2003 年 228 页 20 cm 12 元 (G. F. P.)

08395 309-05983
基于汉英/英汉平行语料库的翻译共性研究
黄立波著 2007 年 256 页 21 cm 20 元 (G. F. P.)

08396 309-05073
21 世纪大学实用英语翻译教程
姜荷梅主编 2006 年 229 页 23 cm 25 元〔复旦卓越 普通高等教育"十一五"国家级规划教材〕(G. F. P.)

08397 309-11695
21世纪实用英语翻译教程
姜荷梅 黄亚军 梁琦慧主编 2015年 229页 23 cm 32元〔"十二五"职业教育国家规划教材 翟象俊 余建中 陈永捷 姜荷梅总主编〕(G. F. P.)

08398 309-07933
英汉互译渐进教程 学生用书
蒋洪新主编 彭长江册主编 2016年 343页 26 cm 49元〔英语专业系列教材〕(G. F. P.)

08399 309-03914
英语中级口译指南
康志峰主编 2004年 233页 26 cm 21元 (G. F. P.)

08400 309-04924
大学商贸英语翻译教程教学参考书
李朝 杨仲韬编著 2007年 186页 23 cm 25元 (G. F. P.)

08401 309-03671
实用商务英语翻译教程
李朝编著 2003年 2007年第2版 194页 23 cm 20元〔高等院校商务英语教材系列〕(G. F. P.)

08402 309-09297
基于语料库的欧化翻译研究
李颖玉著 2012年 235页 22 cm 25元〔人文学术〕(G. F. P.)

08403 309-12114
商务英语翻译
梁为祥 肖辉总主编 2016年 214页 23 cm 32元 (G. F. P.)

08404 309-05913
新理念商务英语专业翻译教程
梁为祥 李刚主编 2008年 190页 23 cm 23元 (G. F. P.)

08405 309-11017
文化图式翻译研究
刘明东著 2014年 152页 23 cm 25元 (G.)

08406 309-11718
新潮英语口译实用教程
庞宝坤主编 2015年 230页 26 cm 42元〔普通高等学校"十二五"精品规划教材〕(G. P.)

08407 309-06405
水浒传英译的语言与文化
孙建成著 2008年 310页 21 cm 20元 (G. F. P.)

08408 309-07956
赛珍珠《水浒传》翻译研究 后殖民理论的视角
唐艳芳著 2010年 301页 21 cm 22元 (G. F. P.)

08409 309-06224
论中国翻译教材建设之理论重构
陶友兰著 2008年 315页 20 cm 20元〔复旦大学外国语言文学博士文库〕(G. P.)

08410 309-03329
研究生英语翻译
陶友兰 查国生编著 2002年 281页 23 cm 28元〔复旦博学·21世纪研究生英语系列教材〕(G. F. P.)

08411 309-07101
唐诗三百首白话英语双译探索
王方路著 2010年 444页 21 cm 28元 (G. F.)

语言、文字·常用外国语   607

08412 309-13254
英汉互译教程
王建开编著 2017年 471页 23 cm 39元
(G. F. P.)

08413 309-14825
中国当代文学作品英译的出版与传播
王建开著 2020年 403页 21 cm 33元 (P.)

08414 309-10462
实用口译教程
吴燮元总主编 胡慧玲 童朝华主编 2014年 303页 26 cm 45元〔全新版21世纪大学英语系列〕(G. F. P.)

08415 309-08303
新21世纪大学英语应用文体翻译教程
吴燮元总主编 韩玉萍 钱纪芳主编 2011年 236页 23 cm 28元〔普通高等教育"十一五"国家级规划教材〕(G. F. P.)

08416 309-08342
英语口译教程
向丁丁 丁小龙编著 2011年 240页 23 cm 30元〔新21世纪大学英语选修课系列〕(G. F. P.)

08417 309-13638
英语口译教程
涂伶俐 丁小龙主编 2018年 第2版 221页 23 cm 38元 (G. F. P.)

08418 309-05938
英译《庄子》研究
徐来著 2008年 224页 21 cm 20元 (G. F. P.)

08419 309-03799
实用英汉口译教程
杨辉编著 2003年 108页 23 cm 10.80元 (G. F. P.)

08420 309-14119
实用英汉口译教程
杨辉 任远编著 2019年 第3版 182页 26 cm 32元 (G. F. P.)

08421 309-08037
英汉应用互译教程
姚中主编 2011年 281页 23 cm 30元 (G. F. P.)

08422 309-05265
研究生英语英汉互译教程 E-C & C-E translation course for graduates
曾道明 陶友兰主编 2006年 245页 23 cm 25元〔复旦博学·21世纪研究生英语选修课系列〕(G. F. P.)

08423 309-11162
新编大学英语翻译教程
曾剑平 叶卫华主编 2015年 245页 26 cm 32.80元〔信毅教材大系〕(G. F. P.)

08424 309-10093
论翻译中的说服因素 理论溯源与实例分析
张晓雪著 2013年 193页 22 cm 20元 (G. F. P.)

08425 309-09123
21世纪大学英语英汉互译教程
赵卫东主编 2012年 237页 30 cm 35元 (G. F. P.)

08426 309-07035
翻译教学与研究 第1辑
何刚强主编 2010年 135页 26 cm 20元 (G. F. P.)

08427 309-08193

翻译教学与研究 第 2 辑
何刚强主编 2011 年 152 页 26 cm 25 元
〔G. F. P.〕

08428 309-10954
中华汉英大词典 上册
陆谷孙主编 2015 年 1237 页 29 cm 精装 360 元 〔G. F. P.〕

08429 309-05508
英语为源语言词典编纂中的用户友善问题
吴晓真著 2007 年 185 页 21 cm 15 元 〔复旦大学外国语言文学博士文库〕 〔G. P.〕

08430 309-03138
21 世纪大学英语词汇教学词典
吴燮元 方飞雷主编 2002 年 373 页 23 cm 36 元 〔G. F. P.〕

08431 309-02659
大学英语疑难词词典
吴燮元 方飞雷主编 2000 年 618 页 20 cm 26 元 〔大学英语学习指南丛书〕〔G. F. P.〕

08432 309-01110
英汉、英美社会生活词典
杨宇光 黄关福编著 1994 年 549 页 20 cm 精装 22 元 〔G. F.〕

08433 309-01733
大学英语通用词汇词典
杨重鑫 周荣鑫主编 1996 年 351 页 19 cm 16 元 〔G. F. P.〕

08434 309-05832
英语词典学导论
姚喜明 张霖欣编著 2008 年 276 页 21 cm 18 元 〔G. F. P.〕

08435 309-03458
新世纪汉英分类词典
俞宝发主编 2003 年 1335 页 20 cm 精装 68 元 〔G. F. P.〕

08436 309-02823
21 世纪大学生英语词典
周方和等主编 2001 年 589 页 19 cm 28 元 〔大学英语学习指南〕〔G. F. P.〕

08437 309-02639
英语正误详解词典
周国珍等主编 2000 年 773 页 20 cm 精装 38 元 〔G. F. P.〕

08438 309-02088
大学英语词汇词典 1—6 级
周荣鑫等主编 1998 年 第 2 版 426 页 20 cm 19.80 元 〔大学英语学习指南〕 〔G. F. P.〕

08439 309-14124
英语词典历史评述
丁骏著 2019 年 261 页 21 cm 28 元 〔攻玉文丛〕〔G. F.〕

08440 309-02499
专门用途英语研究
陈莉萍著 2000 年 244 页 20 cm 16 元 〔跨文化交际与英语教育系列丛书〕〔G. F. P.〕

08441 309-00217
大学英语复习辅导手册
复旦大学《大学英语复习辅导手册》编写组编 1989 年 495 页 19 cm 4.45 元 〔G. F.〕

08442 309-01005
大学英语复习辅导手册

语言、文字·常用外国语　609

复旦大学《大学英语复习辅导手册》编写组编　1989年（1992年重印）　495页　19 cm　5.80元　(G. F.)

08443　309-01176
大学英语复习辅导手册
复旦大学《大学英语复习辅导手册》编写组编　1989年（1993年重印）　495页　19 cm　8.80元　(G.)

08444　309-02089
新概念英语（英语初阶）学习和应用指南
宋贤序主编　曹志霄　李华雪编著　1998年　371页　20 cm　14元　(G. F. P.)

08445　309-02148
大学英语六级考试辅导教材
夏国佐主编　1998年　293页　26 cm　21元　(G. F. P.)

08446　309-07814
英语教学研究与实践　实践唯物主义语言观与复杂理论
熊丽君　殷猛著　2011年　324页　26 cm　26元　(　)

08447　309-07188
中国英语测试体系研究
张艳莉著　2010年　246页　21 cm　18元　(G. F. P.)

08448　309-11488
当代美国语言教育政策发展研究
邹一戈著　2015年　354页　21 cm　32元　〔中国外语战略研究中心语言教育战略研究丛书　沈骑主编〕　(G. F. P.)

08449　309-01845
新概念英语2（实践与提高）学习和应用指南
邹家元　叶秀牧编著　1997年　319页　20 cm　14元　(G. F. P.)

08450　309-06874
中国英语教学探索与展望
（澳）沈惠忠　严筠主编　2009年　299页　21 cm　20元　(G. F.)

08451　309-04824
大学英语教学　回顾、反思和研究
蔡基刚著　2006年　414页　23 cm　32元　(G. F. P.)

08452　309-13356
生态视域下的大学英语教学改革研究
张英著　2017年　288页　21 cm　34元　(G. F. P.)

08453　309-07012
大学英语创新与发展　首届四大名校大学英语研讨会论文集
邱东林　季佩英主编　2010年　200页　23 cm　25元　(G. F. P.)

08454　309-02072
复旦大学英语水平考试大纲、样题及词汇表
复旦大学英语水平考试设计组编　1998年　425页　20 cm　16元　(G. F. P.)

08455　309-01977
上海高等院校专科英语能力考试（PET）大纲及样题
上海市教育委员会组编　1998年　129页　20 cm　11元　(G. F. P.)

08456　309-14246
新时代视野下专门用途英语教学研究40年回顾、反思与对策

蔡基刚著 2019年 328页 21 cm 38元 (G. F. P.)

08457 309-08589
应用语言学视角下的中国大学英语教学研究
蔡基刚著 2012年 333页 22 cm 25元 〔攻玉文丛〕(G. F. P.)

08458 309-10855
新英语课堂教学理论与实践
冯克明 张晨霞著 2014年 463页 23 cm 45元 (G. F. P.)

08459 309-10069
意识学习与学习策略的创新研究
李郁著 2013年 358页 22 cm 28元 ( )

08460 309-13284
英语专业教与学
陆丽英主编 2017年 178页 23 cm 28元 (G. F. P.)

08461 309-08901
学海拾贝 大学英语教学方法论的多视角研究
毛梅兰著 2012年 189页 21 cm 25元 〔攻玉文丛〕(G. F.)

08462 309-07522
实用英语学习策略与应试技巧
蒙诗茜著 2010年 155页 26 cm 20元 (G. F. P.)

08463 309-09006
英语学习策略
牛淑敏著 2012年 263页 22 cm 20元 (G. F.)

08464 309-08750
大学英语教育探索与实践
邱东林 季佩英 范烨主编 2012年 222页 23 cm 30元 (G. F. P.)

08465 309-13861
十年磨一剑 职业教育李氏英语十周年纪实
王军主编 2018年 186页 26 cm 56元 (G. F. P.)

08466 309-10485
中国大学英语学习中的语用、认知和策略研究
袁轶锋著 2014年 353页 22 cm 28元 (G. F. P.)

08467 309-15180
英语测试理论与实践
赵永生 巫奕君主编 2020年 401页 26 cm 59元 (P.)

08468 309-05270
计算机辅助语言教学理论与实践
顾佩娅等著 2006年 340页 23 cm 32元 〔英语语言教学前沿系列〕(G. F. P.)

08469 309-12499
网络环境下大学英语课程教学优化研究 基于佳木斯大学的实证研究
隋晓冰著 2016年 260页 21 cm 25元 (G. F. P.)

08470 309-06122
大学英语教学探索与实践 2008 论文集 2
《21世纪大学英语》编写组编 2008年 581页 21 cm 33元 (G. F. P.)

08471 309-03014
大学英语教学探索与实践 2006 年论文集
21世纪大学英语研究会编 2006年 352页 21 cm 20元 (G. F. P.)

08472 309-02937
21世纪大学英语教学论文集
蔡基刚主编 2001年 397页 20 cm 18元
(G. F.)

08473 309-04056
教学理论与实践新探索《21世纪大学英语》教学论文集(3)
蔡基刚主编 2004年 462页 20 cm 25元
〔21世纪大学英语教学论文集〕(G. F. P.)

08474 309-09894
英语教学理论与实践新探
季佩英 范烨主编 2013年 263页 22 cm 25元 (G. P.)

08475 309-03133
大学英语教学与研究论文集
刘明忠主编 2004年 471页 21 cm 20元
(G. F. P.)

08476 309-05386
大学英语教学探索与展望
邱东林 蔡基刚主编 2007年 323页 23 cm 35元 (G. F. P.)

08477 309-05578
中国高校英语教学与研究
尹扬帆主编 2007年 288页 26 cm 32元
(G. F. P.)

08478 309-15317
21世纪大学英语语音教程
郭玺平主编 2020年 350页 21 cm 49元
(P.)

08479 309-14517
中国大学生英语对比类口语语篇多维度研究
胡道华著 2019年 241页 23 cm 精装 78元〔上海政法学院建校三十五周年校庆系列丛书〕(G. F. P.)

08480 309-12483
英语语音入门教程
李国芬主编 2016年 78页 23 cm 20元
(G. F. P.)

08481 309-09699
新潮英语语音语调教程
刘明东主编 2013年 263页 23 cm 38元
〔普通高等学校"十二五"精品规划教材〕(G. P.)

08482 309-10043
基于语料库的中国理工科大学生英语口语教学与评估一体化研究
刘芹编著 2013年 233页 22 cm 18元
(G. F. P.)

08483 309-09079
新21世纪大学英语实用口语教程
吴燮元总主编 李汉强 夏芳主编 2012年 173页 23 cm 28元〔普通高等教育"十一五"国家级规划教材〕(G. F. P.)

08484 309-08426
大学英语语音教程
张宁宁著 2011年 203页 23 cm 30元
〔新21世纪大学英语选修课系列〕(G. F. P.)

08485 309-08768
国外听力教学和研究前沿
邱东林 杜方圆 李晓娟主编 2012年 230页 21 cm 30元 (G. F. P.)

08486 309-07264
英语词汇教学"石化"消解研究 基于兰盖克语法理论的分析

陈建生著 2010 年 280 页 21 cm 25 元
〔语言·翻译·文学研究系列丛书〕
(G. F.)

08487 309-08134
大学英语四、六级词汇重点突破
丁建辉 张国辉主编 2012 年 291 页 24 cm 40 元 (G. F. P.)

08488 309-12597
试听双重输入模式下的二语词汇习得
范烨著 2016 年 198 页 21 cm 25 元 (G. F. P.)

08489 309-12973
考研英语高分词汇
金程考研公共课教研中心编著 2017 年 489 页 28 cm 55 元 〔考研英语通关宝系列〕(G. F. P.)

08490 309-10822
全新版 21 世纪大学英语词汇手册 第 1 册
李婷主编 2014 年 246 页 23 cm 29.50 元 〔"十二五"普通高等教育本科国家级规划教材〕(G. F. P.)

08491 309-10921
全新版 21 世纪大学英语词汇手册 第 2 册
倪昆主编 2014 年 247 页 24 cm 29.50 元 〔"十二五"普通高等教育本科国家级规划教材〕(G. F. P.)

08492 309-10888
全新版 21 世纪大学英语词汇手册 第 3 册
郭宗娟主编 2014 年 254 页 23 cm 29.50 元 〔"十二五"普通高等教育本科国家级规划教材〕(G. F. P.)

08493 309-10922
全新版 21 世纪大学英语词汇手册 第 4 册
邓俊丹 倪昆主编 2014 年 271 页 23 cm 29.50 元 〔"十二五"普通高等教育本科国家规划教材〕(G. F. P.)

08494 309-14546
英语词汇图解与速记
刘辉主编 2019 年 291 页 26 cm 精装 139 元 〔139 考研思维导图〕(G. F. P.)

08495 309-07566
五元记忆法 大学英语四六级词汇速记宝典
沈昂著 2010 年 283 页 21 cm 19.80 元 (G.)

08496 309-08723
五元记忆法 大学英语四六级词汇速记宝典
沈昂著 2012 年 第 2 版 307 页 21 cm 25 元 (G. F. P.)

08497 309-11462
动态系统理论框架下的外语词汇长期发展
郑咏滟著 2015 年 186 页 21 cm 25 元 (G. F. P.)

08498 309-10393
PRETCO 语法实训练习册
陈式侯主编 2014 年 103 页 26 cm 22 元 〔PRETCO 辅导系列丛书〕(G. F. P.)

08499 309-08781
新新大学英语语法
李树德编著 2012 年 324 页 24 cm 38 元 (G. F. P.)

08500 309-07263
新潮实用英语语法教程
刘燕主编 2010 年 132 页 26 cm 26 元 (P.)

08501 309-13078

新潮实用英语语法教程

刘燕主编 2017年 第2版 140页 26 cm 32元〔"十二五"职业教育规划教材 新潮实用英语系列数字化教材〕(G.)

08502 309-08979

英语陷阱 你的英语又错了！

卢思源编著 2012年 第2版 307页 21 cm 25元〔英语学习·悦读系列〕(G. F. P.)

08503 309-08622

新21世纪大学英语语法教程

吴燮元编著 2012年 381页 23 cm 40元〔普通高等教育"十一五"国家级规划教材〕(G. F. P.)

08504 309-11779

语法-翻译教学法面面观

肖辉著 2015年 421页 21 cm 36元 (G. P.)

08505 309-03929

语法-翻译教学法研究

肖辉著 2004年 409页 21 cm 20元〔外国语言文学丛书〕(G. F.)

08506 309-10933

21世纪实用英语语法教程

翟象俊等总主编 王懿 陈永捷 梁霞册主编 2015年 171页 23 cm 28元〔"十二五"职业教育国家规划教材〕(G. F. P.)

08507 309-09121

高职高专英语语法简明教程

张伯敏主编 2012年 366页 23 cm 35元 (G. F. P.)

08508 309-11381

通用学术英语写作教程

蔡基刚著 2015年 204页 26 cm 36元〔通用学术英语系列〕(G. F. P.)

08509 309-09269

大学英语写作宝典 以读促写范例

陈和芬主编 2012年 151页 28 cm 32元 (G. F. P.)

08510 309-10216

大学英语写作网络教程

邓涛主编 2014年 214页 26 cm 38元 (G. F. P.)

08511 309-11917

21世纪实用英语写作教程

姜荷梅 林萍英 杨丽主编 2015年 209页 23 cm 32元〔"十二五"职业教育国家规划教材 翟象俊 余建中 陈永捷 姜荷梅总主编〕(G. F. P.)

08512 309-14176

大学英语实用文体写作教程

刘亦春 管阳阳主编 2019年 218页 28 cm 40元 (G. F. P.)

08513 309-08323

大学英语实用写作教程

刘泽海 刘汝荣主编 2013年 221页 26 cm 28.80元〔吉首大学"十二五"精品教材 大学英语精品课程系列教材〕(G. P.)

08514 309-10246

新潮大学英语新写译教程 上册

罗德芬总主编 刘岗 黄振羽主编 2016年 171页 26 cm 38.50元〔普通高等教育"十一五"国家级规划教材〕(G. P.)

08515 309-10674

新潮大学英语新写译教程 下册

罗德芬总主编 贾德江 补爱华 文巧平主编 2014年 148页 26 cm 35元〔普通高等教育"十一五"国家级规划教材〕(G. P.)

08516 309-09874
考研英语写作技巧精讲与高分突破
沈昂 汪中平主编 2013年 198页 26 cm 32元〔沈昂老师考研英语系列丛书〕(G. F. P.)

08517 309-08698
新21世纪大学英语应用文体写作教程
吴燮元总主编 钱纪芳 余姿主编 2012年 231页 23 cm 35元〔普通高等教育"十一五"国家级规划教材〕(G. F. P.)

08518 309-14509
大学英语四级写作教程
燕颀主编 2019年 172页 28 cm 38元 (G. F. P.)

08519 309-09233
新编大学英语写译教程
叶卫华 曾剑平主编 2012年 301页 26 cm 35元〔信毅教材大系〕(G. F. P.)

08520 309-10535
英语实用写作教程
张红主编 2014年 229页 23 cm 30元 (G. F. P.)

08521 309-14333
大学英语课堂协作写作研究
朱茜著 2019年 295页 21 cm 38元 (G. F. P.)

08522 309-13627
21世纪大学英语应用型新阅读教程 1
陈坚林 戴朝晖总主编 戴朝晖 余丽册主编 2020年 147页 28 cm 52元〔21世纪大学英语应用型系列教材〕(G. P.)

08523 309-13628
21世纪大学英语应用型新阅读教程 2
陈坚林 戴朝晖总主编 杨港、王维册主编 2020年 143页 28 cm 52元〔21世纪大学英语应用型系列教材〕(G. P.)

08524 309-15008
21世纪大学英语应用型新阅读教程 3
陈坚林 戴朝晖总主编 2020年 152页 26 cm 52元 (P.)

08525 309-15007
21世纪大学英语应用型新阅读教程 4
陈坚林 戴朝晖总主编 2020年 158页 26 cm 52元 (P.)

08526 309-08826
英语阅读的后方法教学模式研究
陈立青著 2012年 198页 21 cm 25元 (G. f. P.)

08527 309-10722
21世纪大学英语新阶梯阅读教程 1
崔敏 唐艳玲总主编 2014年 147页 26 cm 30元〔"十二五"普通高等教育本科国家级规划教材 新新大学英语系列〕(G. F. P.)

08528 309-10754
21世纪大学英语新阶梯阅读教程 2
崔敏 唐艳玲总主编 2014年 150页 26 cm 30元〔"十二五"普通高等教育本科国家级规划教材 新新大学英语系列〕(G. F. P.)

08529 309-10755
21世纪大学英语新阶梯阅读教程 3

崔敏 唐艳玲总主编 2014年 157页 26 cm 30元〔"十二五"普通高等教育本科国家级规划教材 新新大学英语系列〕(G. F. P.)

08530 309-10756

21世纪大学英语新阶梯阅读教程 4

崔敏 唐艳玲总主编 2014年 153页 26 cm 30元〔"十二五"普通高等教育本科国家级规划教材 新新大学英语系列〕(G. F. P.)

08531 309-11645

新视角大学英语阅读教程 1

崔敏 杨建木总主编 2015年 147页 26 cm 30元〔"十二五"普通高等教育本科国家级规划教材 新视角大学英语系列〕(G. F. P.)

08532 309-11646

新视角大学英语阅读教程 2

崔敏 杨建木总主编 2015年 150页 26 cm 30元〔"十二五"普通高等教育本科国家级规划教材 新视角大学英语系列〕(G. F. P.)

08533 309-11647

新视角大学英语阅读教程 3

崔敏 杨建木总主编 2015年 157页 26 cm 30元〔"十二五"普通高等教育本科国家级规划教材 新视角大学英语系列〕(G. F. P.)

08534 309-11648

新视角大学英语阅读教程 4

崔敏 杨建木总主编 2015年 153页 26 cm 30元〔"十二五"普通高等教育本科国家级规划教材 新视角大学英语系列〕(G. F. P.)

08535 309-12414

新视角大学英语阅读与翻译 1

崔敏 杨建木总主编 孙晓黎 李采主编 2016年 138页 26 cm 30元〔"十二五"普通高等教育本科国家级规划教材 新视角大学英语系列〕(G. F. P.)

08536 309-12415

新视角大学英语阅读与翻译 2

崔敏 杨建木总主编 刘歆 张亚红主编 2016年 140页 26 cm 30元〔"十二五"普通高等教育本科国家级规划教材 新视角大学英语系列〕(G. F. P.)

08537 309-12416

新视角大学英语阅读与翻译 3

崔敏 杨建木总主编 苗亚男 苏力志主编 2016年 130页 26 cm 30元〔"十二五"普通高等教育本科国家级规划教材 新视角大学英语系列〕(G. F. P.)

08538 309-12417

新视角大学英语阅读与翻译 4

崔敏 杨建木总主编 张志杰 张琦主编 2016年 130页 26 cm 30元〔"十二五"普通高等教育本科国家级规划教材 新视角大学英语系列 崔敏 杨建木总主编〕(G. F.)

08539 309-03749

21世纪大学英语快速阅读 第1、2册

冯奇 周明芳主编 2003年 172页 23 cm 18元〔21世纪大学英语教学与学习辅导丛书 核心版〕(G. F. P.)

08540 309-14896

21世纪大学英语读写教程教师参考书 第2册 第四版 A版

冯豫 范烨总主编 管阳阳 范烨 冯豫册

主编 2020年 310页 28 cm 72元〔"十二五"普通高等教育本科国家级规划教材 21世纪大学英语系列〕(G. F. P.)

08541 309-04339
21世纪大学英语快速阅读 第3、4册
冯奇 朱金花主编 2005年 297页 23 cm 26元〔21世纪大学英语教学与学习辅导丛书 核心版〕(G. F. P.)

08542 309-14894
21世纪大学英语读写教程教师参考书 第1册 第四版A版
冯豫 范烨总主编 王薇 范烨 冯豫册主编 2020年 286页 28 cm 68元〔"十二五"普通高等教育本科国家级规划教材 21世纪大学英语系列〕(G. P.)

08543 309-10267
大学英语快速阅读教程 第1册
甘莉萍总主编 甘莉萍主编 2014年 86页 28 cm 15元 (G. F. P.)

08544 309-10423
大学英语快速阅读教程 第2册
甘莉萍总主编 杜文主编 2014年 103页 28 cm 25元 (G. F. P.)

08545 309-10291
大学英语快速阅读教程 第3册
甘莉萍总主编 黄林主编 2014年 117页 26 cm 25元 (G. F. P.)

08546 309-10295
大学英语快速阅读教程 第4册
甘莉萍总主编 徐勇前主编 2014年 130页 28 cm 25元 (G. F. P.)

08547 309-14100
英美报刊选读教程
高永伟编著 2018年 243页 23 cm 36元 (G. F. P.)

08548 309-14158
英语阅读理论与策略概览
顾锡涛 张媛媛著 2019年 217页 22 cm 28元 (G. F. P.)

08549 309-15124
大学英语阅读实训
韩伟 许莉主编 2020年 225页 26 cm 54.60元 (G. P.)

08550 309-08346
大学英语快速阅读教程 第1册
黄中山主编 2011年 96页 26 cm 19.60元 (P.)

08551 309-08343
大学英语快速阅读教程 第2册
黄中山主编 2011年 104页 26 cm 19.60元 (P.)

08552 309-08333
大学英语快速阅读教程 第3册
黄中山主编 2011年 108页 26 cm 19.60元 (P.)

08553 309-08332
大学英语快速阅读教程 第4册
黄中山主编 2011年 120页 26 cm 19.60元 (P.)

08554 309-09871
英语戏剧选读与评析
姜萌萌 曾静主编 2013年 253页 26 cm 39元〔普通高等学校"十二五"精品规划教材〕(G. P.)

08555 309-12287

英语专业写作教程 A 篇
蒋洪新主编 王崇义册主编 2016年 205页 26 cm 36元〔英语专业系列教材〕(G. F. P.)

08556 309-12288

英语专业写作教程 B 篇
蒋洪新主编 王崇义册主编 2016年 171页 26 cm 32元〔英语专业系列教材〕(G. F. P.)

08557 309-11935

英语专业阅读教程 基础阅读
蒋洪新主编 刘宏 刘学明册主编 2015年 192页 26 cm 32元〔英语专业系列教材〕(G. F. P.)

08558 309-12322

英语专业阅读教程 评判阅读及写作
蒋洪新主编 刘金玲册主编 2016年 196页 26 cm 32元〔英语专业系列教材〕(G. F.)

08559 309-12043

英语专业阅读教程 文学阅读
蒋洪新主编 郑燕虹 蒋洪新册主编 2016年 130页 26 cm 29元〔英语专业系列教材〕(G. F. P.)

08560 309-11937

英语专业阅读教程 综合阅读
蒋洪新主编 刘宏 刘学明册主编 2015年 193页 26 cm 32元〔英语专业系列教材〕(G. F. P.)

08561 309-13012

大学英语长篇阅读 上册
雷晴岚主编 2017年 155页 26 cm 30元〔"十二五"普通高等教育本科规划教材系列 王健芳总主编〕(G. F. P.)

08562 309-13013

大学英语长篇阅读 下册
王健芳 谭小平主编 2017年 168页 26 cm 30元〔"十二五"普通高等教育本科规划教材系列 王健芳总主编〕(G. F. P.)

08563 309-14493

大学英语阅读教程
李玲玲主编 2019年 290页 23 cm 32元 (G. F. P.)

08564 309-10588

英语阅读与写作中级教程
励哲蔚主编 2014年 330页 26 cm 45元 (G. F. P.)

08565 309-11437

大学英语通识教程中西文化阅读 1
梁正宇 刘绍忠总主编 钱珏 陈继红主编 2015年 138页 26 cm 30元 (G. F. P.)

08566 309-11438

大学英语通识教程中西文化阅读 2
刘绍忠 梁正宇总主编 黄晓玲主编 2015年 136页 26 cm 30元 (G. F. P.)

08567 309-15303

英语阅读与写作初级教程
林渭芳 苗丽霞主编 2020年 317页 26 cm 58元 (P.)

08568 309-11444

大学英语通识教程中西文化阅读 3
梁正宇 刘绍忠总主编 杨军 梁正宇主编 2015年 139页 26 cm 30元 (G. F. P.)

08569 309-11445

大学英语通识教程中西文化阅读 4

刘绍忠 梁正宇总主编 黄宇元主编 2015年 138页 26 cm 30元 (G. F. P.)

08570 309-10320
新潮大学英语新阅读教程 第1册
罗德芬主编 2014年 175页 26 cm 36元 (P.)

08571 309-10579
新潮大学英语新阅读教程 第2册
罗德芬主编 2014年 180页 26 cm 36元 (P.)

08572 309-10748
新潮大学英语新阅读教程 第3册
罗德芬总主编 钟丽萍 王帅册主编 2014年 166页 26 cm 36元 〔普通高等教育"十一五"国家级规划教材〕(G. P.)

08573 309-10831
新潮大学英语新阅读教程 第4册
罗德芬总主编 潘卫民 范丽群册主编 2014年 186页 26 cm 36元 〔普通高等教育"十一五"国家级规划教材〕(G. P.)

08574 309-08882
21世纪大学新英语快速阅读技能训练
马文颖主编 2012年 133页 28 cm 28元 〔普通高等教育"十一五"国家级规划教材 21世纪大学新英语系列〕(G. F. P.)

08575 309-09582
全新版21世纪大学英语阅读教程1
毛立群 黎凡主编 2013年 253页 26 cm 35元 〔"十二五"普通高等教育本科国家级规划教材〕(G. F. P.)

08576 309-09579
全新版21世纪大学英语阅读教程2
毛立群 黎凡主编 2013年 269页 26 cm 38元 〔"十二五"普通高等教育本科国家级规划教材〕(G. F. P.)

08577 309-09580
全新版21世纪大学英语阅读教程3
毛立群 黎凡主编 2013年 301页 26 cm 38元 〔"十二五"普通高等教育本科国家级规划教材〕(G. F. P.)

08578 309-09581
全新版21世纪大学英语阅读教程4
毛立群 黎凡主编 2013年 314页 26 cm 40元 〔"十二五"普通高等教育本科国家级规划教材〕(G. F. P.)

08579 309-09752
大学英语阅读技巧与训练
闵祖传 孙媛 刘莹主编 2013年 195页 26 cm 30元 (G. F. P.)

08580 309-10730
英语国家概况
闵祖传编著 2014年 280页 21 cm 25元 (G. F. P.)

08581 309-10218
新潮大学英语新快速阅读教程 第1册
乔明选编 2014年 118页 26 cm 29元 (P.)

08582 309-10219
新潮大学英语新快速阅读教程 第2册
乔明选编 2014年 100页 26 cm 29元 (P.)

08583 309-10221
新潮大学英语新快速阅读教程 第3册
乔明选编 2014年 113页 26 cm 29元 (P.)

08584 309-10344

新潮大学英语新快速阅读教程 第4册
乔明选总主编 贾德江 陈伟莲册主编 2014年 119页 26 cm 29元〔普通高等教育"十一五"国家级规划教材〕(G. P.)

08585 309-09777
考研英语阅读解题思路和技巧精讲
沈昂 乐柯健主编 2013年 277页 26 cm 38元〔沈昂老师考研英语系列丛书〕(G. F. P.)

08586 309-09924
21世纪大学英语阶梯阅读教程 第1册
唐艳玲 杨建木总主编 2013年 125页 28 cm 28元〔普通高等教育"十二五"规划教材〕(G. F. P.)

08587 309-09925
21世纪大学英语阶梯阅读教程 第2册
唐艳玲 杨建木总主编 2013年 117页 28 cm 30元〔普通高等教育"十二五"规划教材〕(G. F. P.)

08588 309-09926
21世纪大学英语阶梯阅读教程 第3册
唐艳玲 杨建木总主编 2013年 119页 28 cm 30元〔普通高等教育"十二五"规划教材〕(G. F. P.)

08589 309-09927
21世纪大学英语阶梯阅读教程 第4册
唐艳玲 杨建木总主编 杨建木 卓杨册主编 2013年 128页 28 cm 32元〔普通高等教育"十二五"规划教材〕(G. F. P.)

08590 309-10195
21世纪大学新英语长篇阅读1
汪榕培 邹申总主编 2014年 150页 28 cm 35元〔"十二五"普通高等教育本科国家级规划教材〕(G. F. P.)

08591 309-10196
21世纪大学新英语长篇阅读2
汪榕培 邹申总主编 邬丽宏 方卫 王丰玮册主编 2014年 152页 26 cm 散页装 35元〔"十二五"普通高等教育本科国家级规划教材〕(G. F. P.)

08592 309-10197
21世纪大学新英语长篇阅读3
汪榕培 邹申总主编 2014年 168页 28 cm 35元〔"十二五"普通高等教育本科国家级规划教材〕(G. F. P.)

08593 309-10198
21世纪大学新英语长篇阅读4
汪榕培 邹申总主编 2014年 179页 28 cm 35元〔"十二五"普通高等教育本科国家级规划教材〕(G. P.)

08594 309-11271
21世纪大学新英语长篇阅读5
汪榕培 邹申总主编 2015年 180页 28 cm 38元〔"十二五"普通高等教育本科国家级规划教材〕(G. F. P.)

08595 309-10277
21世纪大学新英语快速阅读1
汪榕培 邹申总主编 2014年 第2版 154页 28 cm 35元〔"十二五"普通高等教育本科国家级规划教材〕(G. F. P.)

08596 309-10279
21世纪大学新英语快速阅读2
汪榕培 邹申总主编 2014年 第2版 149页 28 cm 35元〔"十二五"普通高等教育本科国家级规划教材〕(G. F. P.)

08597 309-10276

21世纪大学新英语快速阅读 3

汪榕培 邹申总主编 2014年 第2版 165页 28 cm 散页装 35元〔"十二五"普通高等教育本科国家级规划教材〕(G. F.)

08598 309-10278

21世纪大学新英语快速阅读 4

汪榕培 邹申总主编 2014年 第2版 175页 28 cm 散页装 35元〔"十二五"普通高等教育本科国家级规划教材〕(G. F. P.)

08599 309-12133

21世纪大学英语应用型长篇阅读 1

汪榕培 石坚 邹申总主编 章志萍 肖旭 李凌云册主编 2016年 138页 28 cm 40元〔"十二五"普通高等教育本科国家级规划教材〕(G. F. P.)

08600 309-12154

21世纪大学英语应用型长篇阅读 2

汪榕培 石坚 邹申总主编 2016年 142页 28 cm 散页装 40元〔"十二五"普通高等教育本科国家级规划教材〕(G. F. P.)

08601 309-12155

21世纪大学英语应用型长篇阅读 3

汪榕培 石坚 邹申总主编 2016年 1册 28 cm 散页装 40元〔"十二五"普通高等教育本科国家级规划教材 21世纪大学英语应用型系列教材〕(G. F. P.)

08602 309-12156

21世纪大学英语应用型长篇阅读 4

汪榕培 石坚 邹申总主编 2016年 149页 28 cm 40元〔"十二五"普通高等教育本科国家级规划教材〕(G. F. P.)

08603 309-10323

21世纪大学英语应用型阅读教程 1

汪榕培 石坚 邹申总主编 2014年 144页 28 cm 36元〔"十二五"普通高等教育本科国家级规划教材〕(G. F. P.)

08604 309-10430

21世纪大学英语应用型阅读教程 2

汪榕培 石坚 邹申总主编 2014年 162页 28 cm 36元〔"十二五"普通高等教育本科国家级规划教材〕(G. F. P.)

08605 309-10431

21世纪大学英语应用型阅读教程 3

汪榕培 石坚 邹申总主编 2014年 168页 28 cm 36元〔"十二五"普通高等教育本科国家级规划教材〕(G. F. P.)

08606 309-10432

21世纪大学英语应用型阅读教程 4

汪榕培 石坚 邹申总主编 2014年 178页 28 cm 36元〔"十二五"普通高等教育本科国家级规划教材〕(G. F. P.)

08607 309-11553

新21世纪大学英语长篇阅读 上册

王健芳总主编 2015年 220页 26 cm 37元〔"十二五"普通高等教育本科国家级规划教材〕(G. F.)

08608 309-11557

新21世纪大学英语长篇阅读 下册

王健芳总主编 2015年 212页 26 cm 37元〔"十二五"普通高等教育本科国家级规划教材〕(G. F.)

08609 309-08194

大学英语泛读教程 第1册

王亚光总主编 关慧册主编 2011年 158

页 28 cm 23 元 (G. F. P.)

08610 309-08192
大学英语泛读教程 第 2 册
王亚光总主编 徐晓红册主编 2011 年 182 页 28 cm 23 元 (G. F. P.)

08611 309-08213
大学英语泛读教程 第 3 册
王亚光总主编 阎立君册主编 2011 年 170 页 28 cm 23 元 (G. F.)

08612 309-08224
大学英语泛读教程 第 4 册
王亚光总主编 李田新册主编 2011 年 177 页 28 cm 23 元 (G. F. P.)

08613 309-09759
大学英语泛读教程 第 1 册
王亚光总主编 马晓菲主编 2013 年 第 2 版 159 页 28 cm 23 元 (G. F. P.)

08614 309-09760
大学英语泛读教程 第 2 册
王亚光总主编 冯彩霞主编 2013 年 第 2 版 181 页 28 cm 23 元 (G. F. P.)

08615 309-09761
大学英语泛读教程 第 3 册
王亚光总主编 张铌主编 2013 年 第 2 版 175 页 28 cm 23 元 (G. F. P.)

08616 309-09762
大学英语泛读教程 第 4 册
王亚光总主编 慈丽妍主编 2013 年 第 2 版 180 页 28 cm 23 元 (G. F. P.)

08617 309-10070
职场英语读写教程 1
吴松江总主编 2013 年 261 页 26 cm 34 元 (G. F. P.)

08618 309-13007
21 世纪大学英语(S 版)阅读教程(理工类) 1
阎黎明 邹灿册主编 2017 年 130 页 26 cm 30 元〔"十二五"普通高等教育本科国家级规划教材 翟象俊 段成总主编〕(G. F. P.)

08619 309-13008
21 世纪大学英语(S 版)阅读教程(理工类) 2
苗森 甘咏册主编 2017 年 134 页 26 cm 30 元〔"十二五"普通高等教育本科国家级规划教材 21 世纪大学英语(S 版)系列教材〕(G. F. P.)

08620 309-10731
21 世纪大学英语读写教程教师参考书 1
翟象俊等总主编 2014 年 第 3 版 163 页 28 cm 40 元 (G. F. P.)

08621 309-10948
21 世纪大学英语读写教程教师参考书 2
翟象俊等总主编 2014 年 第 3 版 180 页 28 cm 40 元〔"十二五"普通高等教育本科国家级规划教材〕(G. F. P.)

08622 309-11138
21 世纪大学英语读写教程教师参考书 3
翟象俊等总主编 2015 年 第 3 版 200 页 28 cm 40 元〔"十二五"普通高等教育本科国家级规划教材〕(G. F. P.)

08623 309-11155
21 世纪大学英语读写教程教师参考书 4
翟象俊等总主编 2015 年 第 3 版 220 页

28 cm 40 元〔"十二五"普通高等教育本科国家级规划教材〕(G. F. P.)

08624 309-09557

全新版 21 世纪大学英语读写教程 1
翟象俊 张增健 余建中总主编 2013 年 219 页 26 cm 35 元〔"十二五"普通高等教育本科国家级规划教材〕(G. F. P.)

08625 309-09559

全新版 21 世纪大学英语读写教程 2
翟象俊 张增健 余建中总主编 2013 年 212 页 26 cm 35 元〔"十二五"普通高等教育本科国家级规划教材〕(G. F. P.)

08626 309-09561

全新版 21 世纪大学英语读写教程 3
翟象俊 张增健 余建中总主编 2013 年 233 页 26 cm 35 元〔"十二五"普通高等教育本科国家级规划教材〕(G. F. P.)

08627 309-09563

全新版 21 世纪大学英语读写教程 4
翟象俊 张增健 余建中总主编 2013 年 249 页 26 cm 35 元〔"十二五"普通高等教育本科国家级规划教材〕(G. F. P.)

08628 309-09558

全新版 21 世纪大学英语读写教程教师参考书 1
翟象俊 张增健 余建中总主编 2013 年 358 页 26 cm 48 元〔"十二五"普通高等教育本科国家级规划教材〕(G. F. P.)

08629 309-09560

全新版 21 世纪大学英语读写教程教师参考书 2
翟象俊 张增健 余建中总主编 2013 年 376 页 26 cm 45 元〔"十二五"普通高等教育本科国家级规划教材〕(G. F. P.)

08630 309-09562

全新版 21 世纪大学英语读写教程教师参考书 3
翟象俊 张增健 余建中总主编 2013 年 398 页 26 cm 40 元〔"十二五"普通高等教育本科国家级规划教材〕(G. F. P.)

08631 309-09564

全新版 21 世纪大学英语读写教程教师参考书 4
翟象俊 张增健 余建中总主编 2013 年 416 页 26 cm 50 元〔"十二五"普通高等教育本科国家级规划教材〕(G. F. P.)

08632 309-09951

大学英语阅读教程 上册
张同乐 方传余主编 2013 年 279 页 23 cm 35 元〔大学英语拓展课程系列〕(G. F. P.)

08633 309-09985

大学英语阅读教程 下册
张同乐 方传余主编 2013 年 255 页 23 cm 35 元〔大学英语拓展课程系列〕(G. F. P.)

08634 309-11393

英语文海拾贝 50 题
张同乐著 2015 年 154 页 23 cm 28 元 (G. F. P.)

08635 309-06797

21 世纪大学新英语快速阅读
张增健 葛宝详主编 吴建蘅等编 2007 年 第 4 版 147 页 27 cm 18 元 (G. F. P.)

08636 309-08130

新 21 世纪大学英语快速阅读 4

张增健主编 张增健 吴建薇 程寅编 2011年 1册 28 cm 22元〔普通高等教育"十一五"国家级规划教材〕(G. F. P.)

08637 309-04751
21世纪大学英语快速阅读(全新版)第2册
张增健主编 张增健 吴建薇 程寅编写 2005年 100页 28 cm 散页装 15元〔普通高等教育国家级重点教材〕(G. F. P.)

08638 309-04880
21世纪大学英语快速阅读(全新版)第3册
张增健主编 2006年 111页 28 cm 15元 (F. P.)

08639 309-04944
21世纪大学英语快速阅读(全新版)第4册
张增健主编 2006年 144页 28 cm 15元 (F. P.)

08640 309-05878
21世纪大学英语快速阅读(新版系列)第5册
张增健主编 2008年 135页 28 cm 15元 (F. P.)

08641 309-10737
大学英语应用能力阅读教程
郑永梅主编 2014年 192页 26 cm 29.90元 (G. F. P.)

08642 309-10529
21世纪大学英语阅读进阶1
卓杨 刘凤侠总主编 2014年 139页 26 cm 30元〔"十二五"普通高等教育本科国家级规划教材 新新大学英语系列〕(G. F. P.)

08643 309-10644
21世纪大学英语阅读进阶2
卓杨 刘凤侠总主编 2014年 142页 26 cm 30元〔"十二五"普通高等教育本科国家级规划教材 新新大学英语系列〕(G. F. P.)

08644 309-10664
21世纪大学英语阅读进阶3
卓杨 刘凤侠总主编 2014年 154页 26 cm 30元〔"十二五"普通高等教育本科国家级规划教材 新新大学英语系列〕(G. F. P.)

08645 309-10667
21世纪大学英语阅读进阶4
卓杨 刘凤侠总主编 2014年 151页 26 cm 30元〔"十二五"普通高等教育本科国家级规划教材 新新大学英语系列〕(G. F. P.)

08646 309-07140
21世纪大学新英语读写译教程教学参考书1
邹申总主编 邱东林册主编 2010年 297页 28 cm 42元〔普通高等教育"十一五"国家级规划教材 21世纪大学新英语系列〕(G. F. P.)

08647 309-07141
21世纪大学新英语读写译教程教学参考书2
邹申总主编 陈永捷册主编 何琼等编写 2010年 308页 28 cm 45元〔21世纪大学新英语系列 普通高等教育"十一五"国家级规划教材〕(G. P.)

08648 309-07142
21世纪大学新英语读写译教程教学参考书3
邹申总主编 邱东林册主编 2010年 329

页 28 cm 45元〔普通高等教育"十一五"国家级规划教材 21世纪大学新英语系列〕(G. F. P.)

08649 309-07148
21世纪大学新英语读写译教程教学参考书4
邹申总主编 李战子册主编 2010年 378页 28 cm 48元〔普通高等教育"十一五"国家级规划教材 21世纪大学新英语系列〕(G. F. P.)

08650 309-07150
21世纪大学新英语读写译教程教学参考书5
邹申总主编 王美娣 (美) Vladimir Ostapowicz册主编 2011年 402页 28 cm 50元〔普通高等教育"十一五"国家级规划教材 21世纪大学新英语系列〕(G. F. P.)

08651 309-09594
21世纪大学新英语读写译教程教学参考书1
邹申总主编 邱东林册主编 2013年 第2版 284页 28 cm 45元〔"十二五"普通高等教育本科国家级规划教材〕(G. F. P.)

08652 309-09545
21世纪大学新英语读写译教程教学参考书2
邹申总主编 陈永捷册主编 2013年 第2版 304页 28 cm 46元〔"十二五"普通高等教育本科国家级规划教材〕(G. F. P.)

08653 309-09674
21世纪大学新英语读写译教程教学参考书3
邹申总主编 邱东林册主编 2013年 第2版 312页 28 cm 48元〔"十二五"普通高等教育本科国家级规划教材〕(G. F. P.)

08654 309-09876
21世纪大学新英语读写译教程教学参考书4
邹申总主编 李战子册主编 2013年 第2版 346页 28 cm 52元〔"十二五"普通高等教育本科国家级规划教材〕(G. F. P.)

08655 309-10445
21世纪大学新英语读写译教程教学参考书5
邹申总主编 王美娣 (美) Vladimir Ostapowicz册主编 2014年 第2版 401页 28 cm 65元〔"十二五"普通高等教育本科国家级规划教材〕(G. F. P.)

08656 309-08045
21世纪大学新英语快速阅读1
邹申 汪榕培 陶文好总主编 承雨 章志萍 王聿玮册主编 2011年 132页 28 cm 25元〔21世纪大学新英语系列〕(F. P.)

08657 309-08046
21世纪大学新英语快速阅读2
邹申 汪榕培 陶文好总主编 2011年 127页 28 cm 25元〔21世纪大学新英语系列〕(F. P.)

08658 309-08047
21世纪大学新英语快速阅读3
邹申等总主编 2011年 1册 28 cm 25元〔普通高等教育"十一五"国家级规划教材 21世纪大学新英语系列〕(G. F. P.)

08659 309-08051

21世纪大学新英语快速阅读 4

邹申 汪榕培 陶文好总主编 2011年 153页 28 cm 28元〔21世纪大学新英语系列〕(F. P.)

08660 309-08928

21世纪大学英语快速阅读

邹申等总主编 2012年 4册 28 cm 22元 (F.)

08661 309-09947

21世纪大学英语快速阅读 第1册

邹申等总主编 2013年 第2版 132页 28 cm 25元 (G. F. P.)

08662 309-09948

21世纪大学英语快速阅读 第2册

邹申等总主编 2013年 第2版 127页 28 cm 25元 (G. F. P.)

08663 309-09949

21世纪大学英语快速阅读 第3册

邹申等总主编 2013年 第2版 148页 28 cm 25元 (G. F. P.)

08664 309-09950

21世纪大学英语快速阅读 第4册

邹申等总主编 2013年 第2版 153页 28 cm 25元 (G. F. P.)

08665 309-10823

英语国家文化概况

董君主编 2014年 313页 23 cm 39元〔大学英语拓展系列教程丛书〕(G. F. P.)

08666 309-14562

博雅英语·听说教程 第1册

(美)David Antonio Medina 主编 2019年 145页 23 cm 50元〔博雅英语读写听说系列教程 吴松江总主编〕(G. F. P.)

08667 309-14815

博雅英语·听说教程 第2册

王冰主编 2020年 148页 23 cm 50元〔博雅英语读写听说系列教程 吴松江总主编〕(G.)

08668 309-15132

博雅英语·听说教程 第3册

王冰 肖传芬主编 2020年 136页 23 cm 50元〔博雅英语读写听说系列教程 吴松江总主编〕(G. P.)

08669 309-11383

通用学术英语综合教程

蔡基刚主编 2015年 285页 26 cm 40元〔通用学术英语系列〕(G. F. P.)

08670 309-14175

广西医科院校成人高等教育学士学位英语考试指南

曹治柳 吕晓敏主编 2019年 234页 26 cm 35元 (G. F. P.)

08671 309-09891

新潮研究生英语教程

陈福明主编 2013年 316页 26 cm 45元〔普通高等学校"十二五"精品规划教材〕(G. P.)

08672 309-10810

大学英语生活化教程 Ⅰ 学生用书

陈环主编 2014年 133页 26 cm 38元 (G. F. P.)

08673 309-10981

大学英语生活化教程 Ⅰ 综合练习

陈环主编 2014 年 130 页 26 cm 28 元 (G. F. P.)

08674 309-11638

大学英语生活化教程 Ⅱ 学生用书

龙晓明主编 2015 年 188 页 26 cm 42 元 (G. F. P.)

08675 309-11709

大学英语生活化教程 Ⅱ 综合练习

龙晓明主编 2015 年 121 页 26 cm 28 元 (G. F. P.)

08676 309-13046

大学英语生活化教程 Ⅰ 学生用书

陈环 龙晓明主编 2017 年 第 2 版 133 页 26 cm 42 元 (G. F. P.)

08677 309-13047

大学英语生活化教程 Ⅰ 综合练习

陈环 龙晓明主编 2017 年 第 2 版 132 页 26 cm 30 元 (G. F. P.)

08678 309-12145

大学英语生活化教程 Ⅱ 学生用书

陈环 龙晓明主编 2019 年 第 2 版 188 页 26 cm 45 元 (G. F. P.)

08679 309-14133

大学英语生活化教程 Ⅱ 综合练习

陈环 龙晓明主编 2019 年 第 2 版 121 页 26 cm 30 元 (G. F. P.)

08680 309-13838

21 世纪成教英语 1

陈洁 王璐主编 2018 年 253 页 23 cm 48 元〔21 世纪成教英语系列 竺蕊总主编〕(G. F. P.)

08681 309-13839

21 世纪成教英语 2

徐丽君主编 2018 年 208 页 23 cm 45 元〔21 世纪成教英语系列 竺蕊总主编〕(G. F. P.)

08682 309-13840

21 世纪成教英语 3

张益明 陈雪军 吴小琴主编 2018 年 283 页 23 cm 50 元〔21 世纪成教英语系列 竺蕊总主编〕(G. F. P.)

08683 309-14406

21 世纪成教英语 4

骆静华主编 2019 年 250 页 23 cm 50 元〔21 世纪成教英语系列 竺蕊总主编〕(G. F. P.)

08684 309-13841

21 世纪成教英语教师参考书 1

陈洁 王璐主编 2018 年 241 页 23 cm 50 元〔21 世纪成教英语系列 竺蕊总主编〕(G. F. P.)

08685 309-13842

21 世纪成教英语教师参考书 2

徐丽君主编 2018 年 266 页 23 cm 50 元〔21 世纪成教英语系列 竺蕊总主编〕(G. F. P.)

08686 309-13843

21 世纪成教英语教师参考书 3

张益明 陈雪军 吴小琴主编 2018 年 285 页 23 cm 50 元〔21 世纪成教英语系列 竺蕊总主编〕(G. F. P.)

08687 309-14407

21 世纪成教英语教师参考书 4

骆静华主编 2019 年 272 页 23 cm 50 元〔21 世纪成教英语系列 竺蕊总主编〕

08688 309-12157

21世纪实用英语(基础版)综合练习1

陈明娟主编 2016年 73页 26 cm 26元〔"十二五"职业教育国家规划教材 翟象俊等总主编〕(G. F. P.)

08689 309-12672

21世纪实用英语(基础版)综合练习2

陈明娟主编 2016年 75页 26 cm 26元〔"十二五"职业教育国家规划教材 翟象俊 陈永捷 余建中 陈明娟总主编〕(G. F. P.)

08690 309-13198

21世纪实用英语(基础版)综合练习3

陈明娟主编 2017年 113页 26 cm 26元〔"十二五"职业教育国家规划教材 翟象俊 陈永捷 余建中 陈明娟总主编〕(G. F. P.)

08691 309-13477

21世纪实用英语(基础版)综合练习4

陈明娟册主编 2018年 92页 26 cm 26元〔"十二五"职业教育国家规划教材 翟象俊 陈永捷 余建中 陈明娟总主编〕(G. F. P.)

08692 309-11770

高等学校英语应用能力AB级考试攻略

崔敏 杨建木总主编 吴丽丽 张琦主编 2015年 292页 26 cm 39元〔"十二五"普通高等教育本科国家级规划教材〕(G. F. P.)

08693 309-07783

21世纪大学实用英语(全新版)教学参考书1

董宏乐 万田华主编 2011年 405页 26 cm 50元〔普通高等教育"十一五"国家级规划教材 翟象俊 余建中 陈永捷总主编〕(G. F. P.)

08694 309-07851

21世纪大学实用英语(全新版)教学参考书2

翟象俊 陈永捷 余建中总主编 周明芳 李志萍 牛淑敏册主编 2011年 433页 26 cm 55元〔普通高等教育"十一五"国家级规划教材〕(G. F. P.)

08695 309-07850

21世纪大学实用英语(全新版)教学参考书3

董宏乐 阎红册主编 2012年 433页 26 cm 55元〔普通高等教育"十一五"国家级规划教材 21世纪大学实用英语(全新版)系列教材 翟象俊 余建中 陈永捷总主编 复旦卓越·英语系列〕(G. F. P.)

08696 309-09190

21世纪大学实用英语(全新版)教学参考书4

翟象俊 陈永捷 余建中总主编 袁轶锋 龙伯良册主编 2012年 433页 26 cm 55元〔普通高等教育"十五"国家级规划教材〕(G. F. P.)

08697 309-06077

21世纪大学实用英语学习指南1

段宇杰总主编 叶新册主编 2008年 180页 23 cm 18元 (G. F. P.)

08698 309-06525

21世纪大学实用英语学习指南2

段宇杰总主编 赵树册主编 2009年 181页 23 cm 18元 (G. F. P.)

08699 309-07327
21世纪大学实用英语学习指南 3
段宇杰总主编 程谷雨册主编 2012年 201页 23 cm 20元 (G. F. P.)

08700 309-07325
21世纪大学实用英语学习指南 4
段宇杰总主编 干诚册主编 2012年 177页 23 cm 20元 (G. F.)

08701 309-08261
公共英语课程教学重点与考试样卷
复旦大学继续教育学院组编 2011年 189页 26 cm 30元 (G. F. P.)

08702 309-11117
公共英语课程教学重点与考试样卷
复旦大学继续教育学院组编 2015年 第2版 256页 26 cm 35元 (G. F. P.)

08703 309-13793
大学基础英语 上册
傅冀耀主编 2018年 122页 26 cm 38元 (G. F. P.)

08704 309-14511
大学基础英语 上册
傅冀耀主编 2019年 修订版 192页 26 cm 45元 (G. F. P.)

08705 309-13794
大学基础英语 下册
傅冀耀主编 2018年 185页 26 cm 38元 (G. F. P.)

08706 309-14512
大学基础英语 下册
傅冀耀主编 2019年 修订本 218页 26 cm 45元 (G. F. P.)

08707 309-09705
21世纪大学英语自主学习导学 1
高菊霞总主编 秦伟主编 2013年 161页 28 cm 28元 (G. F. P.)

08708 309-09714
21世纪大学英语自主学习导学 2
高菊霞总主编 郑卉蓉主编 2013年 176页 28 cm 25元 (G. F. P.)

08709 309-09727
21世纪大学英语自主学习导学 3
高菊霞总主编 惠亚玲册主编 2013年 159页 28 cm 25元 (G. F. P.)

08710 309-07680
贵州省成人学士学位英语课程考试指南
《贵州省成人学士学位英语课程考试指南》编写组编 2010年 270页 23 cm 30元 (G. P.)

08711 309-11901
贵州省成人学士学位英语课程考试指南 2015修订版
《贵州省成人学士学位英语课程考试指南》编写组编 2015年 第2版 248页 23 cm 32元 (G. F. P.)

08712 309-10723
大学英语综合应用教程 第1册
贺春英总主编 赵海龙主编 2014年 470页 26 cm 39.80元 (G. F. P.)

08713 309-11570
大学英语综合应用教程 第1册
贺春英总主编 罗宇新主编 2015年 第2版 304页 26 cm 39.80元 (G. F. P.)

08714 309-10724

大学英语综合应用教程 第2册

贺春英总主编 宋安宁主编 2014年 413页 26 cm 39.80元 (G. F. P.)

08715 309-11571
大学英语综合应用教程 第2册

贺春英总主编 赵海龙主编 2015年 第2版 348页 26 cm 39.80元 (G. F. P.)

08716 309-14513
博雅英语·阅读教程 第1册

洪梅主编 2019年 254页 23 cm 55元〔博雅英语读写听说系列教程 吴松江总主编〕(G. F. P.)

08717 309-14739
博雅英语·阅读教程 第2册

洪梅主编 2019年 313页 23 cm 58元〔博雅英语读写听说系列教程 吴松江总主编〕(G. F. P.)

08718 309-15130
博雅英语·阅读教程 第3册

洪梅主编 2020年 227页 23 cm 55元〔博雅英语读写听说系列教程 吴松江总主编〕(G. P.)

08719 309-13014
新时代高职国际英语综合教程 上册

黄光芬总主编 黄光芬 刘宜册主编 程颖等编写 2019年 210页 26 cm 49元 (G. F. P.)

08720 309-13015
新时代高职国际英语综合教程 下册

黄光芬 刘宜主编 2020年 225页 26 cm 55元 (G. P.)

08721 309-12817
职场英语

黄雪芳 陈成主编 2017年 93页 26 cm 30元〔21世纪职业教育行业英语〕(G. F. P.)

08722 309-14045
职场英语

黄雪芳 陈成主编 2019年 第2版(修订版) 123页 26 cm 38元〔21世纪职业教育行业英语〕(G. F. P.)

08723 309-09149
研究生英语高级英语教师用书

黄莺主编 2012年 100页 24 cm 25元〔复旦博学·21世纪研究生英语系列教材〕(G. F. P.)

08724 309-13225
研究生英语高级英语教师用书

夏威主编 2017年 第2版 164页 23 cm 33元〔复旦博学·21世纪研究生英语系列〕(G. F. P.)

08725 309-09322
跨文化交际实用英语教程

黄育才主编 2013年 208页 26 cm 28元 (G. F. P.)

08726 309-14231
跨文化交际实用英语教程

黄育才主编 2019年 第2版 260页 26 cm 39元 (G. F. P.)

08727 309-09038
职场英语实训综合教程

霍静伟主编 2012年 370页 28 cm 48元 (G. F. P.)

08728 309-09378
21世纪大学实用行业英语综合教程

姜荷梅 叶利华主编 2013 年 288 页 26 cm 33 元 (G. F. P.)

08729 309-09474

21世纪大学实用行业英语综合教程教学参考书

姜荷梅 丁衍主编 2013 年 392 页 26 cm 45 元 (G. F. P.)

08730 309-09246

21世纪大学实用英语(全新版)基础教程教学参考书

姜荷梅 杜晓芬主编 2013 年 401 页 26 cm 50 元〔普通高等教育"十一五"国家级规划教材 翟象俊 余建中 陈永捷总主编〕(G. F. P.)

08731 309-12215

21世纪大学英语(S版)基础教程

姜荷梅 姜威主编 2016 年 261 页 26 cm 38 元〔"十二五"普通高等教育本科国家级规划教材 翟象俊 余建中 陈永捷总主编〕(G. F. P.)

08732 309-14726

21世纪实用英语(第2版)基础教程教学参考书

姜荷梅 林萍英 张筠册主编 2020 年 513 页 26 cm 85 元 (P.)

08733 309-10380

21世纪实用英语基础教程教学参考书

姜荷梅 王元媛 罗道茂主编 2014 年 2 册 26 cm 56 元〔"十二五"职业教育国家级规划教材 翟象俊等总主编 复旦大学·英语系列〕(G. F. P.)

08734 309-11508

大学英语统考进阶 第1册

李才主编 2015 年 169 页 26 cm 38 元〔现代远程和网络教育大学英语系列教材〕(G. F. P.)

08735 309-11978

大学英语统考进阶 第2册

李才主编 2015 年 185 页 26 cm 40 元〔现代远程和网络教育大学英语系列教材〕(G. F. P.)

08736 309-11852

大学英语统考进阶 第3册

李才主编 2015 年 175 页 26 cm 39 元〔现代远程和网络教育大学英语系列教材〕(G. F. P.)

08737 309-11765

前景大学英语(基础版)视听说教程

李桂兰 徐小贞总主编 2015 年 137 页 26 cm 39 元 (G. F. P.)

08738 309-11766

前景大学英语(基础版)视听说教程 1

李桂兰 徐小贞总主编 2015 年 132 页 26 cm 39 元 (G. F. P.)

08739 309-11767

前景大学英语(基础版)视听说教程 2

李桂兰 徐小贞总主编 2015 年 120 页 26 cm 39 元 (G. F. P.)

08740 309-11768

前景大学英语(基础版)视听说教程 3

李桂兰 徐小贞总主编 白雪 李妍妮 史冬梅册主编 2015 年 127 页 26 cm 39 元 (G. F. P.)

08741 309-11761

前景大学英语(基础版)综合教程

李桂兰 徐小贞总主编 2015 年 187 页 26 cm 40 元 (G. F. P.)

08742 309-11762
前景大学英语(基础版)综合教程 1
李桂兰 徐小贞总主编 2015 年 164 页 26 cm 40 元 (G. F. P.)

08743 309-11763
前景大学英语(基础版)综合教程 2
李桂兰 徐小贞总主编 2015 年 157 页 26 cm 40 元 (G. F. P.)

08744 309-11764
前景大学英语(基础版)综合教程 3
李桂兰 徐小贞总主编 2015 年 140 页 26 cm 40 元 (G. F. P.)

08745 309-08825
前景基础英语综合教程 1
李桂兰 徐小贞总主编 2012 年 187 页 26 cm 39 元〔复旦卓越·职业教育公共英语教材 普通高等教育"十一五"国家级规划教材〕(G. F. P.)

08746 309-13050
前景基础英语综合教程 1
李桂兰 徐小贞总主编 2017 年 第 2 版 185 页 26 cm 45 元〔复旦卓越·职业教育公共英语教材 职业教育国家级精品课程〕(G. F. P.)

08747 309-08856
前景基础英语综合教程 2
李桂兰 徐小贞总主编 2012 年 164 页 26 cm 39 元〔复旦卓越·职业教育公共英语教材 职业教育国家级精品课程〕(G. F. P.)

08748 309-13220
前景基础英语综合教程 2
李桂兰 徐小贞总主编 2017 年 第 2 版 166 页 26 cm 45 元〔复旦卓越·职业教育公共英语教材 职业教育国家级精品课程〕(G. F. P.)

08749 309-08859
前景基础英语综合教程 3
李桂兰 徐小贞总主编 2013 年 157 页 26 cm 39 元〔复旦卓越·职业教育公共英语教材 职业教育国家级精品课程〕(G. F. P.)

08750 309-13516
前景基础英语综合教程 3
李桂兰 徐小贞总主编 2018 年 第 2 版 155 页 26 cm 45 元〔复旦卓越·职业教育公共英语教材 职业教育国家级精品课程〕(G. F. P.)

08751 309-08862
前景基础英语综合教程 4
李桂兰 徐小贞总主编 2013 年 140 页 26 cm 39 元〔复旦卓越·职业教育公共英语教材 职业教育国家级精品课程〕(G. F. P.)

08752 309-13517
前景基础英语综合教程 4
李桂兰 徐小贞总主编 2019 年 第 2 版 146 页 26 cm 45 元〔复旦卓越·职业教育公共英语教材 职业教育国家级精品课程〕(G. F. P.)

08753 309-08828
前景基础英语综合教程教学参考书 1
李桂兰 徐小贞总主编 唐桂芬册主编 2012 年 313 页 26 cm 70 元〔复旦卓

越·职业教育公共英语教材 普通高等教育"十一五"国家级规划教材〕(G. F. P.)

08754 309-13051

前景基础英语综合教程教学参考书 1
李桂兰 徐小贞总主编 2017 年 第 2 版 317 页 26 cm 90 元〔复旦卓越·职业教育公共英语教材 职业教育国家级精品课程〕(G. F. P.)

08755 309-08857

前景基础英语综合教程教学参考书 2
李桂兰 徐小贞总主编 陈磊册主编 2012 年 268 页 26 cm 70 元〔复旦卓越·职业教育公共英语教材〕(G. F. P.)

08756 309-13221

前景基础英语综合教程教学参考书 2
李桂兰 徐小贞总主编 2017 年 第 2 版 270 页 26 cm 90 元〔复旦卓越·职业教育公共英语教材 职业教育国家级精品课程〕(G. F. P.)

08757 309-08860

前景基础英语综合教程教学参考书 3
李桂兰 徐小贞总主编 2013 年 267 页 26 cm 70 元〔复旦卓越·职业教育公共英语教材 职业教育国家级精品课程〕(G. F. P.)

08758 309-13518

前景基础英语综合教程教学参考书 3
李桂兰 徐小贞总主编 2018 年 第 2 版 261 页 26 cm 90 元〔复旦卓越·职业教育公共英语教材 职业教育国家级精品课程〕(G. F. P.)

08759 309-08863

前景基础英语综合教程教学参考书 4
李桂兰 徐小贞总主编 2013 年 256 页 26 cm 70 元〔复旦卓越·职业教育公共英语教材〕(G. F. P.)

08760 309-13519

前景基础英语综合教程教学参考书 4
李桂兰 徐小贞总主编 2019 年 第 2 版 272 页 26 cm 90 元〔复旦卓越·职业教育公共英语教材 职业教育国家级精品课程〕(G. F. P.)

08761 309-13131

21 世纪实用英语教学参考书(基础版)3
梁正溜 安桂芹册主编 2017 年 331 页 26 cm 59 元〔"十二五"职业教育国家规划教材 翟象俊等总主编〕(G. F. P.)

08762 309-12329

高职实用英语综合教程 上册
刘翀主编 2016 年 202 页 26 cm 40 元〔"十二五"职业教育规划教材〕(G. F. P.)

08763 309-12330

高职实用英语综合教程 下册
刘翀主编 2017 年 198 页 26 cm 40 元〔"十二五"职业教育规划教材〕(G. F. P.)

08764 309-12489

高职实用英语综合教程教学参考书 上册
刘翀主编 2016 年 160 页 26 cm 45 元〔"十二五"职业教育规划教材〕(G. F. P.)

08765 309-12756

高职实用英语综合教程教学参考书 下册
刘翀主编 2017 年 149 页 26 cm 45 元〔"十二五"职业教育规划教材〕(G. F. P.)

08766 309-10518

新潮基础英语 第 1 册

刘明东 彭宣红编 2014年 112页 26 cm 32元 （P.）

08767 309-10629
新潮基础英语 第2册
刘明东 彭宣红总主编 戴日新 夏钦册主编 2014年 136页 26 cm 36元〔普通高等学校"十二五"精品规划教材〕（G. P.）

08768 309-10421
新潮基础英语 第3册
刘明东 彭宣红编 2014年 172页 26 cm 36元 （P.）

08769 309-10580
新潮基础英语 第4册
刘明东 彭宣红总主编 蒋学军 邓晖册主编 2014年 160页 26 cm 36元〔普通高等学校"十二五"精品规划教材〕（G. P.）

08770 309-08005
新潮大学英语教师用书 第1册
沈金华 罗忠民主编 2011年 92页 26 cm 28元〔新潮大学英语系列教材 罗德芬总主编 普通高等学校"十二五"精品规划教材〕（G. P.）

08771 309-08110
新潮大学英语教师用书 第2册
罗德芬总主编 王永东 潘洞庭册主编 2011年 120页 26 cm 28元 （P.）

08772 309-08591
新潮大学英语教师用书 第3册
罗德芬主编 2011年 146页 26 cm 28元 （P.）

08773 309-08690
新潮大学英语教师用书 第4册
罗德芬总主编 稂建中 张珂册主编 2012年 132页 26 cm 28元〔普通高等教育"十一五"国家级规划教材〕（G. P.）

08774 309-07998
新潮大学英语综合教程 第1册
罗德芬主编 2011年 202页 26 cm 35元 （P.）

08775 309-08070
新潮大学英语综合教程 第2册
罗德芬总主编 王永东 潘洞庭册主编 2011年 212页 26 cm 35元〔普通高等学校"十二五"精品规划教材 新潮大学英语系列〕（G. P.）

08776 309-08590
新潮大学英语综合教程 第3册
罗德芬主编 2011年 224页 26 cm 38元 （P.）

08777 309-08691
新潮大学英语综合教程 第4册
罗德芬总主编 稂建中 张珂册主编 2014年 225页 26 cm 38元〔普通高等教育"十一五"国家级规划教材〕（G. P.）

08778 309-07648
新潮研究生英语听说教程
罗德芬总主编 2010年 174页 26 cm 32元 （P.）

08779 309-08603
新潮研究生英语综合练习与测试
罗德芬总主编 2012年 184页 26 cm 36元〔新潮研究生英语系列教材〕（P.）

08780 309-10882
大学英语进阶教程1

苗亚男总主编 关继东主编 2014年 182页 26 cm 28元（G. F. P.）

08781 309-10883

大学英语进阶教程 2

苗亚男总主编 鲍松彬主编 2014年 183页 26 cm 28元（G. F. P.）

08782 309-10927

大学英语进阶教程 3

苗亚男总主编 董建明主编 2014年 191页 26 cm 28元（G. F. P.）

08783 309-10928

大学英语进阶教程 4

苗亚男总主编 张旭主编 2014年 197页 26 cm 28元（G. F. P.）

08784 309-08751

21世纪大学英语测试课教程 1 词汇

闵祖传主编 2012年 262页 26 cm 35元〔21世纪大学英语测试系列〕（G. F. P.）

08785 309-08909

21世纪大学英语测试课教程 2 语法

龚嵘等主编 2012年 283页 26 cm 33元〔21世纪大学英语测试系列〕（G. F. P.）

08786 309-08908

21世纪大学英语测试课教程 3 分类讲解

张宇红主编 2012年 303页 26 cm 39元〔21世纪大学英语测试系列〕（G. F. P.）

08787 309-08910

21世纪大学英语测试课教程 4 模拟与真题

龚嵘等主编 2012年 234页 26 cm 33元〔21世纪大学英语测试系列〕（G. F. P.）

08788 309-06733

高等学校英语应用能力考试综合训练教程

沈金华总主编 2010年 348页 26 cm 39.80元（P.）

08789 309-08295

高等学校英语应用能力考试综合训练教程

沈金华总主编 杨丽华 谢劲暄 陈柜主编 2011年 第2版 338页 26 cm 38元〔普通高等学校"十二五"精品规划教材〕（G. P.）

08790 309-03992

21世纪大学实用英语教学参考书 第1册

翟象俊等总主编 顾伯清 周明芳册主编 2004年 509页 23 cm 45元〔21世纪大学实用英语系列教材〕（G. F. P.）

08791 309-04023

21世纪大学实用英语教学参考书 第2册

翟象俊 陈永捷 余建中总主编 周明芳 顾伯清 宋梅册主编 2004年 2册 23 cm 45元〔复旦卓越·英语系列〕（G. F. P.）

08792 309-04271

21世纪大学实用英语教学参考书 第3册

翟象俊 余建中 陈永捷总主编 宋梅 周明芳 顾伯清主编 2005年 2册 23 cm 50元〔复旦卓越·英语系列〕（G. F. P.）

08793 309-04274

21世纪大学实用英语教学参考书 第4册

翟象俊 陈永捷 余建中总主编 周明芳 顾伯清 宋梅册主编 2005年 2册 24 cm 50元（G. F. P.）

08794 309-14424

21世纪实用英语（第2版）教学参考书 2

宋梅 彭典贵 李娜册主编 2019年 第2版 472页 26 cm 85元〔"十二五"职

业教育国家规划教材 翟象俊 余建中 陈永捷 姜荷梅总主编〕(G. F. P.)

08795 309-13057
校园实用英语 1
宋倩倩 苏慧 黄月花主编 2017年 119页 26 cm 38元 (G. F. P.)

08796 309-13314
新体验职业英语 1
宿晶 李春萍主编 2017年 182页 26 cm 42元 (G. F. P.)

08797 309-13721
新体验职业英语 基础篇
孟琳 周育竹主编 2018年 290页 26 cm 52元 (G. P.)

08798 309-12386
高职高专英语学习指导手册
唐冰然 杨国 张靓主编 2016年 346页 26 cm 43元 (G. F. P.)

08799 309-08154
21世纪大学英语应用型综合教程 1
陶文好 邹申 汪榕培总主编 谢文婷 李蕾册主编 2011年 241页 28 cm 38元〔普通高等教育"十一五"国家级规划教材〕(G. F. P.)

08800 309-08155
21世纪大学英语应用型综合教程 2
陶文好 汪榕培 邹申总主编 崔艳丽 蔡秀国册主编 2012年 250页 28 cm 39元〔普通高等教育"十一五"国家级规划教材〕(G. F. P.)

08801 309-08156
21世纪大学英语应用型综合教程 3
汪榕培 石坚 邹申总主编 邬丽宏 王凯册主编 2012年 255页 28 cm 39元〔普通高等教育"十一五"国家级规划教材〕(G. F. P.)

08802 309-08157
21世纪大学英语应用型综合教程 4
汪榕培 石坚 邹申总主编 2013年 251页 28 cm 39元〔普通高等教育"十一五"国家级规划教材〕(G. F. P.)

08803 309-08927
21世纪大学英语应用型综合教程 1
汪榕培 陶文好 邹申总主编 谢文婷 李蕾册主编 2012年 241页 28 cm 38元 (G. F.)

08804 309-08926
21世纪大学英语应用型综合教程 2
汪榕培 陶文好 邹申总主编 崔艳丽 蔡秀国册主编 2012年 250页 28 cm 39元 (G. F.)

08805 309-08925
21世纪大学英语应用型综合教程 3
汪榕培 石坚 邹申总主编 邬丽宏 王凯册主编 2012年 255页 28 cm 39元 (G. F.)

08806 309-08924
21世纪大学英语应用型综合教程 4
汪榕培 石坚 邹申总主编 余芳 周嫚 陕雪梅册主编 2013年 251页 28 cm 39元〔21世纪大学英语应用型系列〕(G. F.)

08807 309-10299
21世纪大学英语应用型综合教程 1
汪榕培 石坚 邹申总主编 2014年 第2版

241页 28 cm 40元〔"十二五"普通高等教育本科国家级规划教材〕(G. F. P.)

08808 309-10271
21世纪大学英语应用型综合教程 2
汪榕培 石坚 邹申总主编 2014年 第2版 250页 28 cm 40元〔"十二五"普通高等教育本科国家级规划教材〕(G. F. P.)

08809 309-10312
21世纪大学英语应用型综合教程 3
汪榕培 石坚 邹申总主编 2014年 第2版 255页 28 cm 42元〔"十二五"普通高等教育本科国家级规划教材〕(G. F. P.)

08810 309-10270
21世纪大学英语应用型综合教程 4
汪榕培 石坚 邹申总主编 2014年 第2版 251页 28 cm 42元〔"十二五"普通高等教育本科国家级规划教材〕(G. F. P.)

08811 309-11986
21世纪大学英语应用型综合教程 基础级
汪榕培 石坚 邹申总主编 2016年 219页 28 cm 45元〔"十二五"普通高等教育本科国家级规划教材〕(G. F. P.)

08812 309-13499
21世纪大学英语应用型综合教程 1
汪榕培 石坚 邹申总主编 2018年 第3版 221页 28 cm 54元〔"十二五"普通高等教育本科国家级规划教材〕(G. F. P.)

08813 309-13530
21世纪大学英语应用型综合教程 2
汪榕培 石坚 邹申总主编 2018年 第3版 222页 28 cm 54元〔"十二五"普通高等教育本科国家级规划教材 21世纪大学英语应用型系列教材〕(G. F. P.)

08814 309-13531
21世纪大学英语应用型综合教程 3
汪榕培 石坚 邹申总主编 2018年 第3版 239页 28 cm 54元〔"十二五"普通高等教育本科国家级规划教材〕(G. F. P.)

08815 309-13532
21世纪大学英语应用型综合教程 4
汪榕培 石坚 邹申总主编 2018年 第3版 245页 28 cm 54元〔"十二五"普通高等教育本科国家级规划教材 21世纪大学英语应用型系列教材〕(G. F. P.)

08816 309-08158
21世纪大学英语应用型综合教程教学参考书 1
汪榕培 邹申 陶文好总主编 谢文婷 李蕾册主编 2011年 492页 28 cm 80元〔普通高等教育"十一五"国家级规划教材〕(G. F. P.)

08817 309-08159
21世纪大学英语应用型综合教程教学参考书 2
陶文好 汪榕培 邹申总主编 崔艳丽册主编 2012年 2册 28 cm 80元〔普通高等教育"十一五"国家级规划教材〕(G. F. P.)

08818 309-08160
21世纪大学英语应用型综合教程教学参考书 3
汪榕培 石坚 邹申总主编 邬丽宏 王凯册主编 2012年 2册 28 cm 80元〔普通高等教育"十一五"国家级规划教材〕(G. F. P.)

08819 309-08161
**21世纪大学英语应用型综合教程教学参

考书 4

汪榕培 石坚 邹申总主编 2013 年 2 册 28 cm 80 元〔普通高等教育"十一五"国家级规划教材〕(G. F. P.)

08820 309-10300

21 世纪大学英语应用型综合教程教学参考书 1

汪榕培 石坚 邹申总主编 2014 年 第 2 版 2 册 28 cm 80 元〔普通高等教育"十一五"国家级规划教材〕(G. F. P.)

08821 309-10272

21 世纪大学英语应用型综合教程教学参考书 2

汪榕培 石坚 邹申总主编 2014 年 第 2 版 2 册 28 cm 80 元〔"十二五"普通高等教育本科国家级规划教材〕(G. F. P.)

08822 309-10313

21 世纪大学英语应用型综合教程教学参考书 3

汪榕培 石坚 邹申总主编 2014 年 修订版 2 册 28 cm 80 元〔"十二五"普通高等教育本科国家级规划教材〕(G. F. P.)

08823 309-10269

21 世纪大学英语应用型综合教程教学参考书 4

汪榕培 石坚 邹申总主编 2014 年 第 2 版 2 册 28 cm 80 元〔"十二五"普通高等教育本科国家级规划教材〕(G. F. P.)

08824 309-11987

21 世纪大学英语应用型综合教程教学参考书 基础级

汪榕培 石坚 邹申总主编 2016 年 383 页 28 cm 100 元〔"十二五"普通高等教育本科国家级规划教材〕(G. F. P.)

08825 309-13500

21 世纪大学英语应用型综合教程教学参考书 1

汪榕培 石坚 邹申总主编 2018 年 第 3 版 404 页 28 cm 100 元〔"十二五"普通高等教育本科国家级规划教材〕(G. F. P.)

08826 309-13533

21 世纪大学英语应用型综合教程教学参考书 2

汪榕培 石坚 邹申总主编 2018 年 第 3 版 429 页 28 cm 100 元〔"十二五"普通高等教育本科国家级规划教材〕(G. F. P.)

08827 309-13534

21 世纪大学英语应用型综合教程教学参考书 3

汪榕培 石坚 邹申总主编 2018 年 第 3 版 491 页 28 cm 100 元〔"十二五"普通高等教育本科国家级规划教材 21 世纪大学英语应用型系列教材〕(G. F. P.)

08828 309-13535

21 世纪大学英语应用型综合教程教学参考书 4

汪榕培 石坚 邹申总主编 2019 年 第 3 版 504 页 28 cm 100 元〔"十二五"普通高等教育本科国家级规划教材 21 世纪大学英语应用型系列教材〕(G. F. P.)

08829 309-13873

大学英语能力进阶教程 1

王保艳主编 2018 年 243 页 26 cm 35 元 (G. F. P.)

08830 309-13874

大学英语能力进阶教程 2

李娜主编 2018 年 237 页 26 cm 35 元 (G. F. P.)

08831 309-13875

大学英语能力进阶教程 3

李丽主编　2018 年　236 页　26 cm　35 元
（G. F. P.）

08832 309-13872

大学英语能力进阶教程 4

周晓文主编　2018 年　237 页　26 cm　35 元
（G. F. P.）

08833 309-08954

新 21 世纪大学英语基础视听说教师参考书

王美娣（美）Vladimir Ostapowicz 主编　2012 年　231 页　23 cm　45 元〔普通高等教育"十一五"国家级规划教材〕（G. F. P.）

08834 309-07199

新潮实用英语教师用书 基础篇

新潮大学英语编写组编　2010 年　164 页　26 cm　40 元（P.）

08835 309-07206

新潮实用英语教师用书 第 1 册

王美娣总主编　2010 年　第 2 版　176 页　26 cm　48 元（P.）

08836 309-07077

新潮实用英语教师用书 第 2 册

王美娣总主编　2010 年　第 2 版　174 页　26 cm　48 元（P.）

08837 309-07384

新潮实用英语教师用书 第 3 册

王美娣总主编　2010 年　第 2 版　196 页　26 cm　48 元（P.）

08838 309-10158

新潮实用英语教师用书 第 1 册

王美娣（美）Vladimir Ostapowicz 总主编　王美娣　杨万菊　许建辉册主编　2013 年　第 3 版　160 页　26 cm　48 元〔普通高等教育"十一五"国家级规划教材〕（G. P.）

08839 309-10347

新潮实用英语教师用书 第 2 册

王美娣（美）Vladimir Ostapowicz 总主编　王美娣　江梅华　罗小玲册主编　2015 年　第 3 版　160 页　26 cm　48 元〔普通高等教育"十一五"国家级规划教材〕（G. P.）

08840 309-07201

新潮实用英语综合教程 基础篇

新潮大学英语编写组编　2010 年　178 页　26 cm　30 元（P.）

08841 309-07209

新潮实用英语综合教程 第 1 册

王美娣总主编　2010 年　第 2 版　212 页　26 cm　35 元（P.）

08842 309-07071

新潮实用英语综合教程 第 2 册

王美娣总主编　2010 年　第 2 版　214 页　26 cm　35 元（P.）

08843 309-07381

新潮实用英语综合教程 第 3 册

王美娣总主编　2010 年　第 2 版　216 页　26 cm　35 元（P.）

08844 309-10157

新潮实用英语综合教程 第 1 册

王美娣（美）Vladimir Ostapowicz 总主编　王美娣　彭宣红　蒋凌波册主编　2014 年　第 3 版　198 页　26 cm　39 元〔普通高等教育"十一五"国家级规划教材〕（G. P.）

08845 309-10345

新潮实用英语综合教程 第2册

王美娣 (美) Vladimir Ostapowicz 总主编 王美娣 戴日新 周新云册主编 2014年第3版 214页 26 cm 39元〔普通高等教育"十一五"国家级规划教材〕(G. P.)

08846 309-11418

新潮实用英语综合教程 第3册

王美娣 (美) Vladimir Ostapowicz 总主编 王美娣 姚济国 李奕册主编 2015年第3版 214页 26 cm 39元〔普通高等教育"十一五"国家级规划教材〕(G. P.)

08847 309-10433

实用大学英语综合教程 民族类 一级

王谋清总主编 马纳琴册主编 2014年 287页 26 cm 40元 (G. F. P.)

08848 309-10439

实用大学英语综合教程 民族类 基础级

王谋清总主编 赵冰册主编 2014年 285页 26 cm 40元 (G. F. P.)

08849 309-09974

实用大学英语综合教程 艺术类 基础级

王谋清总主编 于霞册主编 2013年 306页 26 cm 49元 (G. F. P.)

08850 309-10522

实用大学英语综合教程 艺术类 一级

王谋清总主编 冯蓉册主编 2014年 277页 26 cm 45元 (G. F. P.)

08851 309-10092

幼儿教师实用英语手册

王向东主编 2013年 132页 30 cm 23元〔全国学前教育专业(新课程标准)"十二五"规划教材〕(G. F. P.)

08852 309-10086

幼儿教师应用英语教程1

王向东主编 2013年 92页 30 cm 25元〔全国学前教育专业(新课程标准)"十二五"规划教材〕(G. F. P.)

08853 309-08549

新潮研究生英语综合教程

王永东 胡东平主编 2012年 第2版 161页 26 cm 34元〔新潮大学英语系列教材 罗德芬总主编 普通高等学校"十二五"精品规划教材〕(G. P.)

08854 309-08004

新潮大学英语应用技能培训教程

文巧平 徐畅贤主编 2013年 248页 23 cm 34元〔普通高等学校"十二五"精品规划教材〕(G. P.)

08855 309-11772

新编大学英语扩展教程1

吴建江主编 2015年 197页 26 cm 26元〔"十二五"普通高等教育本科国家级规划教材〕(G. F. P.)

08856 309-11773

新编大学英语扩展教程2

魏巍主编 2015年 207页 26 cm 27元〔"十二五"普通高等教育本科国家级规划教材〕(G. F. P.)

08857 309-11774

新编大学英语扩展教程3

王旭光主编 2015年 204页 26 cm 27元〔"十二五"普通高等教育本科国家级规划教材〕(G. F. P.)

08858 309-11775

新编大学英语扩展教程4

王颖主编 2015年 224页 26 cm 28元 〔"十二五"普通高等教育本科国家级规划教材〕(G. F. P.)

08859 309-12969
21世纪实用英语综合教程同步训练
辛恺 胡金玲 来守霞主编 2017年 129页 26 cm 30元 (G. F.)

08860 309-11000
福建省专升本大学英语考试指导用书
新知教育编写组编著 2014年 254页 26 cm 28元 (G. F. P.)

08861 309-08306
前景大学英语教学参考书 1
徐小贞总主编 张莹 刘建珠册主编 2011年 365页 26 cm 70元 (G. F. P.)

08862 309-08427
前景大学英语教学参考书 2
徐小贞总主编 朱立立 李琴美册主编 2011年 402页 26 cm 70元 (G. F. P.)

08863 309-08714
前景大学英语教学参考书 3
徐小贞总主编 程达军 朱立立册主编 2012年 359页 26 cm 70元 (G. F. P.)

08864 309-09396
前景大学英语教学参考书 4
徐小贞总主编 2013年 386页 26 cm 70元 (G. F. P.)

08865 309-08298
前景大学英语自主练习 1
徐小贞总主编 蒋剡 苏文秀册主编 2011年 118页 26 cm 25元 (G. F. P.)

08866 309-08429
前景大学英语自主练习 2
徐小贞总主编 周玉林 梁志芳册主编 2011年 119页 26 cm 25元 (G. F. P.)

08867 309-08710
前景大学英语自主练习 3
徐小贞总主编 刘建珠 张莹册主编 2012年 98页 26 cm 25元 (G. F. P.)

08868 309-09372
前景大学英语自主练习 4
徐小贞总主编 王美娣 (美)Vladimir Ostapowicz册主编 2013年 96页 26 cm 25元 (G. F. P.)

08869 309-08293
前景大学英语综合教程 1
徐小贞总主编 邹渝刚 周玉林册主编 2011年 199页 26 cm 38元 (G. F. P.)

08870 309-08430
前景大学英语综合教程 2
徐小贞总主编 苏文秀 刘建珠册主编 2011年 219页 26 cm 38元 (G. F. P.)

08871 309-08713
前景大学英语综合教程 3
徐小贞总主编 汪文格 周玉林 李长友册主编 2012年 201页 26 cm 38元 (G. F. P.)

08872 309-09395
前景大学英语综合教程 4
徐小贞总主编 王美娣 (美)Vladimir Ostapowicz册主编 2013年 224页 26 cm 39元 (G. F. P.)

08873 309-07910

前景实用英语教学参考书 1
徐小贞总主编 张莹 刘建珠册主编 2011年 365页 26 cm 60元〔复旦卓越·高职高专公共英语教材〕(G. F.)

08874 309-07906
前景实用英语教学参考书 2
徐小贞总主编 朱立立 李琴美册主编 2011年 402页 26 cm 70元〔复旦卓越·高职高专公共英语教材〕(G. F. P.)

08875 309-07903
前景实用英语教学参考书 3
徐小贞总主编 程达军 朱立立册主编 2012年 359页 26 cm 70元〔复旦卓越·高职高专公共英语教材〕(G. F. P.)

08876 309-08847
前景实用英语教学参考书 4
徐小贞总主编 2013年 386页 26 cm 70元〔复旦卓越·高职高专公共英语教材 职业教育国家级精品课程〕(G. F. P.)

08877 309-11769
前景实用英语练习册 1
徐小贞总主编 2015年 159页 26 cm 30元〔复旦卓越·高职高专公共英语教材〕(G. F. P.)

08878 309-12084
前景实用英语练习册 2
徐小贞总主编 2016年 139页 26 cm 30元〔复旦卓越·高职高专公共英语教材 普通高等教育"十一五"国家级规划教材〕(G. F. P.)

08879 309-11980
前景实用英语综合教程教学参考书 1
徐小贞总主编 2016年 第2版 395页 26 cm 100元〔复旦卓越·高职高专公共英语教材〕(G. F. P.)

08880 309-15033
前景实用英语综合教程教学参考书 1
徐小贞总主编 张莹 朱立立册主编 2020年 第3版 370页 26 cm 96元〔"复旦卓越"职业教育公共英语教材 职业教育国家级精品课程《前景实用英语》系列〕(G. P.)

08881 309-12167
前景实用英语综合教程教学参考书 2
徐小贞总主编 2016年 第2版 426页 26 cm 100元〔复旦卓越·高职高专公共英语教材〕(G. F. P.)

08882 309-15034
前景实用英语综合教程教学参考书 2
徐小贞总主编 2020年 第3版 402页 26 cm 96元 (P.)

08883 309-12170
前景实用英语综合教程教学参考书 3
徐小贞总主编 2016年 第2版 392页 26 cm 100元〔复旦卓越·高职高专公共英语教材〕(G. F. P.)

08884 309-14565
大学英语实训教程 第1册
严瑾主编 2019年 243页 26 cm 45元 (G. F. P.)

08885 309-14566
大学英语实训教程 第2册
郑艺主编 2019年 213页 26 cm 45元 (G. F. P.)

08886 309-14577

大学英语实训教程 第3册
宋微主编 2019年 250页 26 cm 45元（G. F. P.）

08887 309-14578
大学英语实训教程 第4册
孙雁主编 2019年 241页 26 cm 45元（G. F. P.）

08888 309-10171
高职高专英语应用能力考试策略分析与能力训练
杨高云 戴日新主编 2013年 250页 26 cm 38元（G. P.）

08889 309-09784
高职高专英语学习指南
杨国 唐冰然 张靓主编 2013年 334页 26 cm 39元（G. F. P.）

08890 309-14420
环球英语综合教程
杨姝 孙顺平编撰 2019年 288页 26 cm 66元〔"活力课堂"系列教材〕（G. F. P.）

08891 309-04638
21世纪大学英语基础教程教师用书
余建中主编 季佩英 张颖等编写 2005年 第2版 102页 28 cm 20元〔普通高等教育国家级重点教材〕（G. F. P.）

08892 309-11118
21世纪大学英语基础教程教师用书
余建中主编 2015年 第3版 102页 28 cm 30元〔"十二五"普通高等教育本科国家级规划教材〕（G. F. P.）

08893 309-04636
21世纪大学英语基础教程学生用书
余建中主编 复旦大学 上海大学主编 2005年 第2版 173页 28 cm 25元〔普通高等教育国家级重点教材〕（G. F. P.）

08894 309-11120
21世纪大学英语基础教程学生用书
余建中主编 2015年 第3版 173页 28 cm 28.80元〔"十二五"普通高等教育本科国家级规划教材〕（G. F. P.）

08895 309-12103
21世纪实用英语（基础版）综合教程1
余建中 陈永捷主编 2016年 162页 26 cm 38元〔"十二五"职业教育国家规划教材 翟象俊 余建中 陈永捷 陈明娟总主编〕（G. F. P.）

08896 309-12650
21世纪实用英语（基础版）综合教程2
陈永捷 余建中主编 2016年 164页 26 cm 38元〔"十二五"职业教育国家规划教材 翟象俊 陈永捷 余建中 陈明娟总主编〕（G. F. P.）

08897 309-13041
21世纪实用英语（基础版）综合教程3
余建中 姜荷梅 王俐俐册主编 2017年 193页 26 cm 39元〔"十二五"职业教育国家规划教材 翟象俊 陈永捷 余建中 陈明娟总主编〕（G. F. P.）

08898 309-13435
21世纪实用英语（基础版）综合教程4
余建中 张海洋册主编 2018年 197页 26 cm 39元〔"十二五"职业教育国家规划教材 翟象俊 陈永捷 余建中 陈明娟总主编〕（G. F. P.）

08899 309-09108

语言、文字·常用外国语   643

研究生高级英语
曾建彬 刘雯主编 2012年 222页 23 cm 35元〔复旦博学·21世纪研究生英语系列〕(G. F. P.)

08900 309-12812
研究生高级英语
曾建彬 刘雯 张宁宁主编 2017年 第2版 297页 23 cm 40元〔复旦博学·21世纪研究生英语系列〕(G. F. P.)

08901 309-08900
研究生英语
曾建彬 卢玉玲主编 2012年 215页 23 cm 30元〔复旦博学·21世纪研究生英语系列 教育部研究生推荐用书〕(G. F. P.)

08902 309-12348
研究生英语
曾建彬 卢玉玲 张宁宁主编 2016年 第2版 277页 24 cm 40元〔复旦博学·21世纪研究生英语系列〕(G. F. P.)

08903 309-08399
21世纪大学实用英语(S版)综合教程1
翟象俊等主编 2011年 456页 23 cm 49元〔复旦卓越·英语系列 普通高等教育"十一五"国家级规划教材 21世纪大学实用英语系列教材 翟象俊 余建中 陈永捷总主编〕(G. F. P.)

08904 309-08398
21世纪大学实用英语(S版)综合教程2
翟象俊等主编 2011年 274页 23 cm 32元〔复旦卓越·英语系列 普通高等教育"十一五"国家级规划教材 21世纪大学实用英语系列教材 翟象俊 余建中 陈永捷总主编〕(G. F. P.)

08905 309-07654
21世纪大学实用英语(U版)教学参考书1
翟象俊 余建中 陈永捷总主编 周明芳册主编 2010年 2册 23 cm 50元〔普通高等教育"十一五"国家级规划教材〕(G. F. P.)

08906 309-07655
21世纪大学实用英语(U版)教学参考书2
翟象俊 陈永捷 余建中总主编 周明芳册主编 2010年 2册 23 cm 50元〔复旦卓越·英语系列 普通高等教育"十一五"国家级规划教材〕(G. F. P.)

08907 309-07657
21世纪大学实用英语(U版)教学参考书3
宋梅 张德玉主编 2011年 2册 23 cm 53元〔普通高等教育"十一五"国家级规划教材 21世纪大学实用英语(U版)系列教材 翟象俊 余建中 陈永捷总主编 获上海普通高校优秀教材一等奖〕(G. F. P.)

08908 309-07658
21世纪大学实用英语(U版)教学参考书4
宋梅 尹苏主编 2011年 2册 23 cm 55元〔普通高等教育"十一五"国家级规划教材 21世纪大学实用英语(U版)系列教材 翟象俊 陈永捷 余建中总主编〕(G. F. P.)

08909 309-07656
21世纪大学实用英语(U版)综合教程1
翟象俊 余建中 陈永捷总主编 翟象俊等册主编 2010年 303页 23 cm 31元〔普通高等教育"十一五"国家级规划教材〕(G. F. P.)

08910 309-07653

21世纪大学实用英语(U版)综合教程2

翟象俊 陈永捷 余建中总主编 翟象俊等册主编 2010年 323页 23 cm 33元〔普通高等教育"十一五"国家级规划教材〕(G. F. P.)

08911 309-07660
21世纪大学实用英语(U版)综合教程3

翟象俊等主编 2011年 343页 23 cm 35元〔普通高等教育"十一五"国家级规划教材 21世纪大学实用英语 翟象俊 余建中 陈永捷总主编〕(G. F. P.)

08912 309-07661
21世纪大学实用英语(U版)综合教程4

翟象俊 陈永捷 余建中总主编 翟象俊等册主编 2011年 347页 23 cm 35元〔普通高等教育"十一五"国家级规划教材〕(G. F. P.)

08913 309-06738
21世纪大学实用英语(第2版)教学参考书 第1册

翟象俊 余建中 陈永捷总主编 王长虹 周明芳册主编 2009年 2册 23 cm 50元〔复旦卓越·英语系列 普通高等教育"十一五"国家级规划教材〕(G. F. P.)

08914 309-06826
21世纪大学实用英语(第2版)教学参考书 第2册

翟象俊 陈永捷 余建中总主编 周明芳 王敏 乔明文册主编 2009年 2册 23 cm 50元〔复旦卓越·英语系列 普通高等教育"十一五"国家级规划教材〕(G. F. P.)

08915 309-07029
21世纪大学实用英语(第2版)教学参考书 第3册

翟象俊 余建中 陈永捷总主编 徐群 傅冀耀册主编 2010年 2册 23 cm 50元〔复旦卓越·英语系列 普通高等教育"十一五"国家级规划教材〕(G. F. P.)

08916 309-07282
21世纪大学实用英语(第2版)教学参考书 第4册

宋梅 阎红主编 2010年 2册 23 cm 55元〔普通高等教育"十一五"国家级规划教材〕(G. F. P.)

08917 309-09263
21世纪大学实用英语(全新U版)教学参考书1

翟象俊 余建中 陈永捷总主编 李睿 王莹册主编 2012年 403页 26 cm 55元〔普通高等教育"十一五"国家级规划教材〕(G. F.)

08918 309-09261
21世纪大学实用英语(全新U版)综合教程1

翟象俊 刘利民主编 2012年 265页 26 cm 38元〔复旦卓越·英语系列 普通高等教育"十一五"国家级规划教材 翟象俊 余建中 陈永捷主编〕(G. F. P.)

08919 309-09244
21世纪大学实用英语(全新版)基础教程

翟象俊 余建中 陈永捷总主编 姜荷梅 杜晓芬册主编 2013年 261页 26 cm 36元〔复旦卓越·英语系列 普通高等教育"十一五"国家级规划教材〕(G. F. P.)

08920 309-07787
21世纪大学实用英语(全新版)综合教程1

翟象俊等主编 2011年 253页 26 cm 30

元〔普通高等教育"十一五"国家级规划教材 翟象俊、余建中、陈永捷总主编〕(G. F. P.)

08921 309-07853
21世纪大学实用英语(全新版)综合教程2
翟象俊等主编 2011年 269页 26 cm 32元〔普通高等教育"十一五"国家级规划教材 翟象俊 陈永捷 余建中总主编 复旦卓越·英语系列〕(G. F. P.)

08922 309-07852
21世纪大学实用英语(全新版)综合教程3
翟象俊等主编 2012年 261页 26 cm 38元〔普通高等教育"十一五"国家级规划教材 翟象俊 余建中 陈永捷总主编 复旦卓越·英语系列〕(G. F. P.)

08923 309-09115
21世纪大学实用英语(全新版)综合教程4
翟象俊等主编 2012年 268页 26 cm 38元〔普通高等教育"十一五"国家级规划教材 翟象俊 陈永捷 余建中总主编 复旦卓越·英语系列〕(G. F. P.)

08924 309-09633
21世纪大学英语(S版)综合教程1
翟象俊 余建中 陈永捷总主编 翟象俊 刘利民册主编 2013年 265页 26 cm 38元〔"十二五"普通高等教育本科国家级规划教材 21世纪大学英语(S版)系列教材〕(G. F. P.)

08925 309-09533
21世纪大学英语(S版)综合教程2
翟象俊 陈永捷 余建中总主编 余建中 程敏 黄涛册主编 2013年 288页 26 cm 38元〔"十二五"普通高等教育本科国家级规划教材 21世纪大学英语(S版)系列教材〕(G. F. P.)

08926 309-09796
21世纪大学英语(S版)综合教程3
翟象俊 余建中 陈永捷总主编 陈永捷 邓仕伦 王玫册主编 2013年 277页 26 cm 38元〔"十二五"普通高等教育本科国家级规划教材〕(G. F.)

08927 309-09800
21世纪大学英语(S版)综合教程4
翟象俊 陈永捷 余建中总主编 梁正溜 倪昆册主编 2013年 281页 26 cm 38元〔"十二五"普通高等教育本科国家级规划教材〕(G. F. P.)

08928 309-12384
21世纪大学英语(S版)基础教程教学参考书
翟象俊 余建中 陈永捷总主编 姜荷梅 苏文颖册主编 2016年 402页 26 cm 55元〔"十二五"普通高等教育本科国家级规划教材〕(G. F. P.)

08929 309-09634
21世纪大学英语(S版)教学参考书1
翟象俊 余建中 陈永捷总主编 李睿 王莹 黄涛册主编 2013年 403页 26 cm 55元〔"十二五"普通高等教育本科国家级规划教材〕(G. F. P.)

08930 309-09669
21世纪大学英语(S版)教学参考书2
翟象俊 陈永捷 余建中总主编 程敏 刘金玲册主编 2013年 447页 26 cm 55元〔"十二五"普通高等教育本科国家级规划教材〕(G. F. P.)

08931 309-09798

21世纪大学英语(S版)教学参考书 3

翟象俊 余建中 陈永捷总主编 李颖 蔡清华册主编 2013年 449页 26 cm 55元〔"十二五"普通高等教育本科国家级规划教材〕(G. F. P.)

08932 309-09801
21世纪大学英语(S版)教学参考书 4

翟象俊 陈永捷 余建中总主编 安桂芹 李晶 关景军册主编 2013年 449页 26 cm 55元〔"十二五"普通高等教育本科国家级规划教材〕(G. F. P.)

08933 309-12881
21世纪大学英语(S版)教学参考书 1

翟象俊 余建中 陈永捷总主编 余建中 常淑丽册主编 2018年 第2版 403页 26 cm 75元〔"十二五"普通高等教育本科国家级规划教材〕(G. F. P.)

08934 309-13486
21世纪大学英语(S版)教学参考书 2

翟象俊 陈永捷 余建中总主编 陈永捷 王军册主编 2018年 第2版 447页 26 cm 78元〔"十二五"普通高等教育本科国家级规划教材 21世纪大学英语(S版)系列教材〕(G. F. P.)

08935 309-13487
21世纪大学英语(S版)教学参考书 3

翟象俊 余建中 陈永捷总主编 翟象俊 刘春波 关景军册主编 2018年 第2版 449页 26 cm 78元〔"十二五"普通高等教育本科国家级规划教材 21世纪大学英语(S版)系列教材〕(G. F. P.)

08936 309-13498
21世纪大学英语(S版)教学参考书 4

翟象俊 陈永捷 余建中总主编 梁正溜 孙晓黎 王颖册主编 2018年 第2版 449页 26 cm 78元〔"十二五"普通高等教育本科国家级规划教材 21世纪大学英语(S版)系列教材〕(G. F. P.)

08937 309-11655
21世纪大学英语(S版)综合教程 1

翟象俊 余建中 陈永捷总主编 翟象俊 李志萍册主编 2018年 第2版 265页 26 cm 52元〔"十二五"普通高等教育本科国家级规划教材〕(G. F. P.)

08938 309-13484
21世纪大学英语(S版)综合教程 2

翟象俊 陈永捷 余建中总主编 余建中 程敏 程亚品册主编 2018年 第2版 292页 26 cm 55元〔"十二五"普通高等教育本科国家级规划教材〕(G. F. P.)

08939 309-13485
21世纪大学英语(S版)综合教程 3

翟象俊 余建中 陈永捷总主编 陈永捷 张云勤册主编 2018年 第2版 277页 26 cm 55元〔"十二五"普通高等教育本科国家级规划教材 21世纪大学英语(S版)系列教材〕(G. F. P.)

08940 309-13497
21世纪大学英语(S版)综合教程 4

翟象俊 陈永捷 余建中总主编 梁正溜 龙婷册主编 2018年 第2版 281页 26 cm 55元〔"十二五"普通高等教育本科国家级规划教材 21世纪大学英语(S版)系列教材〕(G. F. P.)

08941 309-14307
21世纪实用英语(第2版)综合教程 1

翟象俊等总主编 翟象俊 余建中 罗道茂册主编 2019年 第2版 250页 26 cm

52元〔"十二五"职业教育国家规划教材〕(G. F. P.)

08942 309-14724

21世纪实用英语(第2版)综合教程3

陈永捷 刘凤兴 仁荣军册主编 2019年第2版 291页 26 cm 55元〔"十二五"职业教育国家规划教材 翟象俊 余建中 陈永捷 姜荷梅总主编〕(G. F. P.)

08943 309-12346

21世纪实用英语(基础版)教学参考书1

翟象俊等总主编 梁正溜册主编 2016年 282页 26 cm 55元〔"十二五"职业教育国家规划教材〕(G. F. P.)

08944 309-12651

21世纪实用英语(基础版)教学参考书2

陈永捷 余建中 龙婷主编 2017年 290页 26 cm 55元〔"十二五"职业教育国家规划教材 21世纪实用英语(基础版)系列教材 满足21世纪对中职人才要求的英语立体化教材〕(G. P.)

08945 309-13436

21世纪实用英语(基础版)教学参考书4

翟象俊等总主编 梁正溜 周石勺册主编 2018年 366页 26 cm 75元〔"十二五"职业教育国家规划教材 21世纪实用英语(基础版)系列教材 满足21世纪对中职人才要求的英语立体化教材〕(G. F. P.)

08946 309-10376

21世纪实用英语基础教程

翟象俊等总主编 姜荷梅 林萍英 彭典贵册主编 2014年 263页 26 cm 38元〔"十二五"职业教育国家规划教材〕(G. F. P.)

08947 309-10377

21世纪实用英语教学参考书1

翟象俊 林速容 粟芳主编 2014年 2册 26 cm 56元〔"十二五"职业教育国家规划教材 翟象俊等总主编〕(G. F. P.)

08948 309-10371

21世纪实用英语教学参考书2

周明芳 余斌 杜晓芬主编 2014年 2册 26 cm 58.50元〔"十二五"职业教育国家规划教材 翟象俊等总主编〕(G. F. P.)

08949 309-10368

21世纪实用英语教学参考书3

董宏乐 敖登 梁华蓉主编 2015年 2册 26 cm 59元〔"十二五"职业教育国家规划教材 翟象俊等总主编〕(G. F. P.)

08950 309-10379

21世纪实用英语教学参考书4

宋梅 孟铁英 黎丹主编 2014年 2册 26 cm 59元〔"十二五"职业教育国家规划教材 翟象俊等总主编〕(G. F. P.)

08951 309-14359

21世纪实用英语教学参考书1

宋梅 张云勤 辛积庆主编 2019年 第2版 421页 26 cm 85元〔"十二五"职业教育国家规划教材 翟象俊等总主编〕(G. F. P.)

08952 309-14723

21世纪实用英语教学参考书3

董宏乐 张玲玲 王婧颖册主编 2020年第2版 478页 26 cm 85元〔"十二五"职业教育国家规划教材 翟象俊等总主编〕(G. P.)

08953 309-10382

21世纪实用英语综合教程 1

翟象俊等总主编 姜荷梅 池玫 龙婷册主编 2014年 251页 26 cm 39.80元〔"十二五"职业教育国家规划教材 复旦卓越·英语系列〕(G. F. P.)

08954 309-10372

21世纪实用英语综合教程 2

翟象俊等总主编 余建中 彭丽 周孟华册主编 2014年 273页 26 cm 39元〔"十二五"职业教育国家规划教材 复旦卓越·英语系列〕(G. F. P.)

08955 309-14376

21世纪实用英语综合教程 2

余建中 王朝晖 刘爽册主编 2019年 第2版 272页 26 cm 55元〔"十二五"职业教育国家规划教材经全国职业教育教材审定委员会审定 21世纪实用英语（第2版）系列教材〕(G. F. P.)

08956 309-10369

21世纪实用英语综合教程 3

翟象俊等总主编 陈永捷 李志萍 任荣军册主编 2014年 290页 26 cm 39.80元〔"十二五"职业教育国家规划教材 21世纪实用英语系列教材 满足21世纪对高校人才要求的英语立体化教材〕(G. F. P.)

08957 309-14727

21世纪实用英语综合教程

姜荷梅 王元媛 王莉娅册主编 2019年 第2版 321页 26 cm 55元〔"十二五"职业教育国家规划教材 翟象俊 余建中 陈永捷 姜荷梅总主编〕(G. F.)

08958 309-10378

21世纪实用英语综合教程 4

翟象俊等总主编 梁正溜 江晓东 窦争妍主编 2015年 291页 26 cm 39.80元〔"十二五"职业教育国家规划教材 翟象俊等总主编〕(G. F. P.)

08959 309-14721

21世纪实用英语综合教程 4

池玫 邓艳新 赵宇册主编 2019年 第2版 304页 26 cm 55元〔"十二五"职业教育国家规划教材 翟象俊 余建中 陈永捷 姜荷梅总主编〕(G. F.)

08960 309-13389

高等学校英语应用能力考试备考指南 A 级

张立新 韩艳会主编 2018年 265页 26 cm 35元〔高等学校英语应用能力考试备考丛书〕(G. F. P.)

08961 309-13315

高等学校英语应用能力考试备考指南 B 级

唐冰然 贾佳子主编 2017年 263页 26 cm 35元〔高等学校英语应用能力考试备考丛书〕(G. F. P.)

08962 309-14405

学术思辨英语

张清 田力男主编 2019年 246页 26 cm 45元〔21世纪EAP学术英语系列丛书 蔡基刚总主编〕(G. F. P.)

08963 309-10536

新潮大学英语新综合教程 第1册

张喜华总主编 王磊主编 2015年 203页 26 cm 39元〔普通高等学校"十二五"精品规划教材〕(G. P.)

08964 309-10539

新潮大学英语新综合教程 第2册

张喜华总主编 李伟娜册主编 2015年

204 页 26 cm 39 元〔普通高等学校"十一五"精品规划教材〕(G. P.)

08965 309-10628

新潮大学英语新综合教程 第3册

张喜华总主编 张喜华册主编 2015 年 212 页 26 cm 39 元〔普通高等学校"十二五"精品规划教材〕(G. P.)

08966 309-11450

新潮大学英语新综合教程 第4册

张喜华总主编 刘苏力册主编 2015 年 200 页 26 cm 39 元〔普通高等学校"十二五"精品规划教材〕(G. P.)

08967 309-09935

大学英语基础巩固教程

赵波主编 2013 年 170 页 23 cm 28 元 (G. F.)

08968 309-14555

博雅英语·写作教程 第1册

周春秀主编 2019 年 136 页 23 cm 50 元〔博雅英语读写听说系列教程 吴松江总主编〕(G. F. P.)

08969 309-14717

博雅英语·写作教程 第2册

周春秀主编 2019 年 142 页 23 cm 50 元〔博雅英语读写听说系列教程 吴松江总主编〕(G. F. P.)

08970 309-15128

博雅英语·写作教程 第3册

周春秀主编 2020 年 146 页 23 cm 50 元〔博雅英语读写听说系列教程 吴松江总主编〕(G. P.)

08971 309-10871

新潮通用学术英语综合教程

周红专 柳晓辉主编 2014 年 208 页 26 cm 38 元〔普通高等学校"十二五"精品规划教材〕(G. P.)

08972 309-07143

21世纪大学新英语读写译教程 1

邹申总主编 邱东林册主编 2010 年 164 页 28 cm 26 元〔普通高等教育"十一五"国家级规划教材 21世纪大学新英语系列〕(G. F. P.)

08973 309-07144

21世纪大学新英语读写译教程 2

邹申总主编 陈永捷册主编 何琼等编写 2010 年 176 页 28 cm 28 元〔21世纪大学新英语系列 普通高等教育"十一五"国家级规划教材〕(G. F. P.)

08974 309-07145

21世纪大学新英语读写译教程 3

邹申总主编 邱东林册主编 蔡基刚等编写 2010 年 188 页 28 cm 30 元〔21世纪大学新英语系列 普通高等教育"十一五"国家级规划教材〕(G. F. P.)

08975 309-07146

21世纪大学新英语读写译教程 4

邹申总主编 李战子册主编 2010 年 233 页 28 cm 33 元〔21世纪大学新英语系列 普通高等教育"十一五"国家级规划教材〕(G. F. P.)

08976 309-07147

21世纪大学新英语读写译教程 5

邹申总主编 王美娣 (美) Vladimir Ostapowicz 册主编 2011 年 237 页 28 cm 38 元〔普通高等教育"十一五"国家级规划教材〕(G. F. P.)

08977 309-09593

21世纪大学新英语读写译教程 1

邹申总主编 邱东林册主编 2013年 第2版 153页 28 cm 30元〔"十二五"普通高等教育本科国家级规划教材〕(G. F. P.)

08978 309-09544

21世纪大学新英语读写译教程 2

邹申总主编 陈永捷册主编 2013年 第2版 169页 28 cm 33元〔"十二五"普通高等教育本科国家级规划教材〕(G. F. P.)

08979 309-09673

21世纪大学新英语读写译教程 3

邹申总主编 邱东林册主编 2013年 第2版 181页 28 cm 36元〔"十二五"普通高等教育本科国家级规划教材〕(G. F. P.)

08980 309-09953

21世纪大学新英语读写译教程 4

邹申总主编 李战子册主编 2013年 第2版 215页 28 cm 42元〔"十二五"普通高等教育本科国家级规划教材〕(G. F. P.)

08981 309-10444

21世纪大学新英语读写译教程 5

邹申总主编 王美娣（美）Vladimir Ostapowicz册主编 2014年 第2版 237页 28 cm 48元〔"十二五"普通高等教育本科国家级规划教材〕(G. F. P.)

08982 309-02559

21世纪大学英语导读篇章分析与词句理解 第1册

蔡基刚主编 2000年 185页 23 cm 14元 (G. F. P.)

08983 309-02783

21世纪大学英语导读篇章分析与词句理解 第2册

蔡基刚主编 2001年 199页 23 cm 20元 (G. F. P.)

08984 309-02664

21世纪大学英语导读篇章分析与词句理解 第3册

蔡基刚主编 2000年 162页 23 cm 12.50元 (G. F. P.)

08985 309-02853

21世纪大学英语导读篇章分析与词句理解 第4册

蔡基刚主编 2001年 170页 23 cm 15元 (G. F. P.)

08986 309-10992

商务英语简明教程

陈丽萍主编 陈丽萍 赵阳 安之丹编写 2014年 438页 28 cm 50元 (G. F. P.)

08987 309-06519

在职攻读硕士学位全国联考英语考试阅读理解120篇精讲精练

成芬 云庚主编 2009年 324页 26 cm 35元〔2009年在职攻读硕士学位全国联考英语考试辅导用书〕(G. F. P.)

08988 309-06564

在职攻读硕士学位全国联考英语考试阅读理解、翻译与写作精讲精练

成芬 云庚主编 2009年 328页 26 cm 35元〔2009年在职攻读硕士学位全国联考英语考试辅导用书〕(G. F. P.)

08989 5627-0073

医学英语阅读课本 1

冯承洛主编 赵耐青等编写 1990年 280页 19 cm 1.90元〔高等医药院校试用

教材〕(G. F.)

08990 309-06577
研究生英语文献阅读
冯奇主编 2009 年 328 页 23 cm 33 元〔复旦博学·研究生英语系列〕(G. F. P.)

08991 309-14893
21 世纪大学英语读写教程 第 1 册(A 版)
冯豫 范烨总主编 范烨 冯豫册主编 2020 年 第 4 版 206 页 28 cm 45 元〔"十二五"普通高等教育本科国家级规划教材 21 世纪大学英语系列〕(G. P.)

08992 309-14895
21 世纪大学英语读写教程 第 2 册 第四版 A 版
冯豫 范烨总主编 吴晓真 范烨 冯豫册主编 2020 年 216 页 28 cm 48 元〔"十二五"普通高等教育本科国家级规划教材 21 世纪大学英语系列〕(G. P.)

08993 309-02493
21 世纪大学英语读写基础教程
复旦大学 上海交通大学主编 2000 年 225 页 23 cm 16.80 元〔普通高等教育"九五"国家级重点教材〕(G. F. P.)

08994 309-02496
21 世纪大学英语基础教程教师参考书
复旦大学 上海交通大学主编 2000 年 268 页 23 cm 26 元〔普通高等教育"九五"国家级重点教材〕(G. F. P.)

08995 309-02494
21 世纪大学英语听说基础教程
复旦大学 上海交通大学主编 2000 年 159 页 23 cm 11 元〔普通高等教育"九五"国家级重点教材〕(G. F. P.)

08996 9253.014
大学英语(阅读) 第 1 册
复旦大学外文系《大学英语》编写组编 1986 年 285 页 19 cm 1.20 元〔复旦大学教材〕(G. F.)

08997 309-00057
大学英语(阅读) 第 2 册
复旦大学外文系《大学英语》编写组编 1988 年 391 页 19 cm 1.80 元〔复旦大学教材〕(G. F.)

08998 309-14992
新时代大学英语 基础医学英语教程
付有龙 李宪美 李伟主编 2020 年 282 页 26 cm 55 元〔普通高等教育本科"十二五"规划教材〕(G. P.)

08999 309-01223
大学英语(阅读) 第 3 册
朱德逵等编写 1993 年 366 页 19 cm 11.50 元〔复旦大学教材 英语专业用〕(G.)

09000 309-01252
大学英语(阅读) 第 4 册
吴延迪等编写 1994 年 463 页 19 cm 15 元〔复旦大学教材 英语专业用〕(G. F.)

09001 309-15058
研究生英语读写教程 财经类
肖辉主编 2020 年 222 页 23 cm 39 元 (G. P.)

09002 309-01614
全国专业技术资格英语等级考试辅导教材 模拟试题
复旦大学专业技术资格英语等级考试辅导教材编写组编 1995 年 299 页 19 cm 12 元 (G. F. P.)

09003 309-01673

阅读理解 全国专业技术资格英语等级考试辅导教材

复旦大学专业技术资格英语等级考试辅导教材编写组编 1996 年 704 页 19 cm 18 元 (G. F. P.)

09004 309-07579

国际商务英语泛读 上册

高玉环主编 2010 年 135 页 23 cm 18 元 〔复旦卓越·国际商务与管理系列教材〕(G. F. P.)

09005 309-07603

国际商务英语泛读 下册

陈伟主编 2010 年 166 页 23 cm 20 元 〔复旦卓越·国际商务与管理系列教材〕(G. F. P.)

09006 309-05871

大学英语新四级阅读理解

龚俭青 吕晶晶主编 2008 年 306 页 21 cm 16 元 (G. F. P.)

09007 309-03592

高等学校英语应用能力考试阅读理解与全真试题

顾伯清 武丽玢主编 2003 年 200 页 26 cm 18 元 〔PRETCO 辅导系列丛书〕(G. F. P.)

09008 309-14022

儿童西方文化导读 Ⅰ

郭姮晏主编 范亚维 余一彦译 2018 年 99 页 26 cm 25 元 〔太湖大学堂丛书〕(G. P.)

09009 309-14023

儿童西方文化导读 Ⅱ

郭姮晏主编 范亚维 余一彦译 2018 年 92 页 26 cm 25 元 〔太湖大学堂丛书〕(G. P.)

09010 309-14024

儿童西方文化导读 Ⅲ

郭姮晏主编 范亚维 余一彦译 2018 年 107 页 26 cm 25 元 〔太湖大学堂丛书〕(G. P.)

09011 309-14025

儿童西方文化导读 Ⅳ

郭姮晏主编 范亚维 余一彦译 2018 年 93 页 26 cm 25 元 〔太湖大学堂丛书〕(G. P.)

09012 309-06814

高职高专英语分类快速阅读 100 篇

何东主编 2009 年 350 页 23 cm 29.50 元 (G. F. P.)

09013 309-08385

21 世纪大学生英语晨读菁华

姜荷梅 李翠主编 2011 年 231 页 21 cm 19 元 (G. F. P.)

09014 309-10284

英语报刊阅读教程

李丽君主编 2014 年 207 页 26 cm 30 元 〔全新版 21 世纪大学英语系列〕(G. F. P.)

09015 309-02955

英美报刊选读 上册

李泮池主编 2001 年 363 页 26 cm 34 元 (G. F. P.)

09016 309-02956

英美报刊选读 下册

李泮池主编 2001 年 420 页 26 cm 39 元

(G. F. P.)

09017 309-02446

研究生英语阅读
陆效用等主编 2000 年 502 页 20 cm 22 元 (G. F. P.)

09018 309-04108

新潮大学英语阅读教程 第 1 册
罗德芬总主编 罗德芬 王永东主编 2004 年 248 页 23 cm 19 元〔高等学校大学英语系列教材〕(G. F. P.)

09019 309-04008

新潮大学英语阅读教程 第 2 册
罗德芬总主编 沈金华 殷克力主编 2004 年 224 页 23 cm 19 元〔高等学校大学英语系列教材〕(G. F. P.)

09020 309-04109

新潮大学英语阅读教程 第 3 册
罗德芬总主编 刘飞兵 陈爱华主编 2004 年 241 页 23 cm 21 元〔高等学校大学英语系列教材〕(G. F. P.)

09021 309-04110

新潮大学英语阅读教程 第 4 册
罗德芬总主编 王赤军 罗忠民主编 2004 年 262 页 23 cm 23 元〔高等学校大学英语系列教材〕(G. F. P.)

09022 309-05667

新潮大学英语阅读教程 第 5 册
傅晓燕 何文举 王民健主编 新潮大学英语编写组编 2007 年 241 页 23 cm 22 元〔高等学校大学英语系列教材 普通高等学校"十一五"精品规划教材〕(G. F. P.)

09023 309-07287

新潮大学英语阅读教程 第 1 册
罗德芬总主编 2010 年 第 4 版 188 页 26 cm 32 元 (P.)

09024 309-07286

新潮大学英语阅读教程 第 2 册
罗德芬总主编 2010 年 第 4 版 200 页 26 cm 32 元 (P.)

09025 309-07285

新潮大学英语阅读教程 第 3 册
罗德芬总主编 2010 年 第 4 版 204 页 26 cm 32 元 (P.)

09026 309-07284

新潮大学英语阅读教程 第 4 册
罗德芬总主编 2010 年 第 4 版 204 页 26 cm 32 元 (P.)

09027 309-09061

新潮大学英语阅读教程 第 1 册
罗德芬总主编 罗德芬 胡东平 罗忠民册主编 2013 年 第 5 版 188 页 26 cm 34 元〔普通高等教育"十一五"国家级规划教材〕(G. P.)

09028 309-09066

新潮大学英语阅读教程 第 2 册
罗德芬总主编 罗德芬 郑际根 潘洞庭册主编 2012 年 第 5 版 199 页 26 cm 34 元〔普通高等教育"十一五"国家级规划教材〕(G. P.)

09029 309-09067

新潮大学英语阅读教程 第 3 册
罗德芬总主编 刘飞兵 谭福民 粮建中册主编 2012 年 第 5 版 204 页 26 cm 34 元〔普通高等教育"十一五"国家级规

划教材〕(G. P.)

09030 309-09068

新潮大学英语阅读教程 第4册

罗德芬总编 王永东 王帅 柳晓辉册主编 2012年 第5版 204页 26 cm 34元〔普通高等教育"十一五"国家级规划教材〕(G. P.)

09031 309-03555

21世纪大学英语快速阅读十技巧

马文颖编著 2003年 229页 23 cm 22元 (G. F. P.)

09032 309-06431

新编商务英语阅读教程

毛群英 朱冬梅 赵玉娟编著 2008年 529页 21 cm 30元〔通用财经类系列〕(G. F. P.)

09033 309-09683

新编商务英语阅读教程

毛群英 朱冬梅 陶丽萍编著 2013年 第2版 306页 21 cm 25元〔通用财经类系列〕(G. F. P.)

09034 309-08496

大学英语四级阅读与词汇

彭明娥编著 2011年 187页 26 cm 22元 (G. F. P.)

09035 309-02527

精读英语教程 英语专业一、二年级用 第1册

沈黎主编 2000年 183页 23 cm 18元 (G. F. P.)

09036 309-02766

精读英语教程 英语专业一、二年级用 第2册

沈黎主编 2000年 188页 23 cm 18.50元 (G. F. P.)

09037 309-03285

精读英语教程 英语专业一、二年级用 第3册

沈黎主编 2002年 225页 23 cm 19元 (G. F. P.)

09038 309-04868

精读英语教程 英语专业一、二年级用 第4册

沈黎主编 2006年 269页 24 cm 25元 (G. F. P.)

09039 309-03157

21世纪大学英语导读篇章分析与词句理解 基础教程

宋梅主编 2002年 128页 23 cm 12.80元〔21世纪大学英语教学与学习辅导丛书 核心版〕(G. F. P.)

09040 309-07679

新编商务英语阅读教程

唐慧 杨昌君主编 2011年 162页 26 cm 22元 (G. F. P.)

09041 309-03026

21世纪大学英语读写指南 第1册

唐依凡主编 2001年 141页 23 cm 14元〔21世纪大学英语读写指南丛书〕(G. F. P.)

09042 309-05510

高职高专实用英语读写教程 上册

万田华 彭奕主编 2007年 236页 23 cm 24元〔高职高专实用英语系列〕(G. F. P.)

09043 309-05512

高职高专实用英语读写教程 下册

李芳媛 毛忠英主编 2008年 255页 23 cm 28元〔高职高专实用英语系列 江峰总主编〕(G. F. P.)

09044 309-04579
全新大学英语四级考试阅读辅导教程
王定全 李鹏主编 2005 年 147 页 26 cm 16 元〔"挑战 710"系列丛书〕(G. F. P.)

09045 309-05497
英语阅读简明教程
王君华主编 2007 年 292 页 23 cm 25 元 (G. F. P.)

09046 309-06479
研究生英语读与写
王永祥 田星主编 Linell Davis 等编写 2009 年 341 页 24 cm 33 元〔复旦博学·研究生英语系列 辛斌总主编〕(G. F. P.)

09047 309-06403
国际商务英语教程(第三版)教师参考用书
邬性宏编著 2008 年 193 页 21 cm 20 元 (G. F. P.)

09048 309-13957
初级商务英语阅读
吴清主编 2018 年 185 页 26 cm 25 元〔复旦卓越·中高职贯通职业教育系列〕(G. F. P.)

09049 309-08397
英美影视与阅读
吴晓真编著 2011 年 216 页 23 cm 28 元〔影视与英美文化讨论系列教材 复旦大学精品课程〕(G. F. P.)

09050 309-02125
大学英语精读指导与训练 上册
吴燮元主编 1998 年 495 页 20 cm 18.80 元〔大学英语学习指南〕(G. F. P.)

09051 309-02253
大学英语精读指导与训练 下册
吴燮元主编 1999 年 551 页 20 cm 18 元〔大学英语学习指南〕(G. F. P.)

09052 309-05688
新潮大学英语快速阅读教程 第 1 册
乔明选主编 新潮大学英语编写组编 2007 年 156 页 23 cm 16 元〔高等学校大学英语系列教材〕(G. F.)

09053 309-05682
新潮大学英语快速阅读教程 第 2 册
沈金华主编 新潮大学英语编写组编 2007 年 129 页 23 cm 16 元〔高等学校大学英语系列教材〕(G. F.)

09054 309-05695
新潮大学英语快速阅读教程 第 3 册
王静主编 新潮大学英语编写组编 2007 年 150 页 23 cm 16 元〔高等学校大学英语系列教材〕(G. F.)

09055 309-05530
新潮大学英语快速阅读教程 第 4 册
乔明选总主编 贾德江册主编 2007 年 147 页 23 cm 16 元〔高等学校大学英语系列教材〕(G. F.)

09056 309-07266
新潮大学英语快速阅读教程 第 1 册
乔明选总主编 新潮大学英语编写组编 2011 年 第 2 版 118 页 26 cm 24 元〔普通高等学校"十一五"精品规划教材〕(G. P.)

09057 309-07276
新潮大学英语快速阅读教程 第 2 册
新潮大学英语编写组编 2011 年 第 2 版 100 页 26 cm 24 元〔普通高等学校

"十一五"精品规划教材〕(G. P.)

09058 309-07252
新潮大学英语快速阅读教程 第3册
新潮大学英语编写组编 2011年 第2版 113页 26 cm 24元〔普通高等学校"十一五"精品规划教材〕(G. P.)

09059 309-07288
新潮大学英语快速阅读教程 第4册
新潮大学英语编写组编 2011年 第2版 111页 26 cm 24元〔普通高等学校"十一五"精品规划教材〕(G. P.)

09060 309-03025
21世纪大学英语阅读教材 第1册
宣安 卞洁主编 2001年 196页 23 cm 18元〔21世纪大学英语教学与学习辅导丛书 核心版〕(G. F. P.)

09061 309-03609
21世纪大学英语阅读教材 第2册
卞洁 魏先军主编 2003年 206页 23 cm 20元〔21世纪大学英语教学与学习辅导丛书 核心版〕(G. F. P.)

09062 9253.003
主导英语 英汉对照 第1册
(英)亚历山大(L. G. Alexander)著 陈雄尚译 1983年 140页 26 cm 1.16元 (G. F.)

09063 9253.004
主导英语 英汉对照 第2册
(英)亚历山大(L. G. Alexander)著 陈雄尚译 1983年 6册 25 cm 1.16元 (G. F.)

09064 9253.005
主导英语 英汉对照 第3册
(英)L. G.亚历山大著 张德富等译注 1984年 131页 26 cm 1.60元 (G. F.)

09065 9253.006
主导英语 英汉对照 第4册
(英)L. G.亚历山大著 张德富等译注 1984年 62页 26 cm 1.60元 (G. F.)

09066 9253.007
主导英语 英汉对照 第5册
(英)L. G.亚历山大著 张德富等译注 1984年 125页 26 cm 1.69元 (G. F.)

09067 9253.008
主导英语 英汉对照 第6册
(英)L. G.亚历山大著 张德富等译注 1984年 125页 26 cm 1.80元 (G. F.)

09068 309-00047
主导英语 英汉对照 第1册
(英)亚历山大(L. G. Alexander)著 邹家元等译 1983年(1991年重印) 修订本 290页 26 cm 6.50元 (G. F.)

09069 309-00059
主导英语 英汉对照 第2册
(英)亚历山大(L. G. Alexander)著 郁明亮等译 1983年(1991年重印) 修订本 266页 26 cm 6.10元 (G. F.)

09070 309-00428
主导英语 英汉对照 第3册
(英)亚历山大(L. G. Alexander)著 张德富等译 1991年 191页 26 cm 4.65元 (G. F.)

09071 309-00429
主导英语 英汉对照 第4册
(英)亚历山大(L. G. Alexander)著 张德

富等译 1991年 修订本 193页 26 cm 4.65元（G. F.）

09072 309-00430
主导英语 英汉对照 第5册
（英）亚历山大（L. G. Alexander）等著 张德富等译 1991年 修订本 193页 26 cm 4.65元（G. F.）

09073 309-00431
主导英语 英汉对照 第6册
（英）亚历山大（L. G. Alexander）金斯伯里（R. H. Kingsbury）著 张德富等译 1991年 修订本 200页 26 cm 4.80元（G. F.）

09074 309-01090
主导英语 英汉对照 第6册
（英）亚历山大（L. G. Alexander）金斯伯里（R. H. Kingsbury）著 张德富等译 1991年（1993年重印）第1版修订版 200页 26 cm 7元（G. F.）

09075 309-01318
研究生英语精读 上册
杨永荟主编 雷烈江 曾道明 陆效用副主编 1994年 2册 21 cm 10.60元（G. F. P.）

09076 309-01788
研究生英语精读 下册
杨永荟主编 1996年 382页 20 cm 14元（G. F. P.）

09077 309-02000
大学英语考试强化训练 完形填空1—4级 改错5—6级
余建中丛书主编 徐惠忠 冯豫主编 1998年 242页 26 cm 16.50元（G. F. P.）

09078 309-01991
大学英语考试强化训练 词汇1—6级
余建中丛书主编 吴建蘅 蒋亚萍主编 1998年 206页 26 cm 16元（G. F. P.）

09079 309-01985
大学英语考试强化训练 语法与结构1—6级
余建中丛书主编 汪洪章 季佩英主编 1998年 265页 26 cm 18元（G. F. P.）

09080 309-02019
大学英语考试强化训练 阅读1—4级
余建中丛书主编 尤志文 俞济中主编 1998年 259页 26 cm 18元（G. F. P.）

09081 309-02010
大学英语考试强化训练 阅读5—6级
余建中丛书主编 王美娣 卢玉玲主编 1998年 262页 26 cm 18元（G. F. P.）

09082 309-00619
TOEFL 阅读理解
俞耀生 郁明亮主编 1991年 400页 20 cm 5.35元〔复旦大学TOEFL教程之四〕（G.）

09083 309-02456
博士生英语泛读
曾道明主编 2000年 426页 20 cm 18.50元〔上海研究生教育丛书〕（G. F. P.）

09084 309-01932
博士生英语精读
曾道明主编 1997年 442页 20 cm 16.20元（G. F. P.）

09085 309-01382
研究生英语泛读 上册
曾道明主编 1994年 343页 20 cm 11元

〔文科研究生丛书〕(G. F.)

09086 309-01728
研究生英语泛读 下册
曾道明主编 1996年 403页 20 cm 15元 〔文科研究生丛书〕(G. F.)

09087 309-07166
英文原著选读
曾建彬编著 2010年 278页 23 cm 28元 〔复旦博学·21世纪研究生英语系列教材〕(G. F. P.)

09088 309-07347
21世纪大学实用英语(第2版)扩展阅读
翟象俊 余建中 陈永捷总主编 翟象俊 余建中册主编 2010年 135页 23 cm 16元 〔复旦卓越·英语系列 普通高等教育"十一五"国家级规划教材〕(G. F. P.)

09089 309-02197
21世纪大学英语读写教程 第1册
翟象俊等编 1999年 347页 23 cm 19元 〔普通高等教育"九五"国家级重点教材〕(G. F. P.)

09090 309-02489
21世纪大学英语读写教程 第3册
翟象俊等主编 2000年 360页 23 cm 21元 〔普通高等教育"九五"国家级重点教材〕(G. F. P.)

09091 309-04573
21世纪大学英语读写教程 第1册
翟象俊 郑树棠 张增健主编 2005年 第2版 227页 28 cm 28元 〔普通高等教育国家级重点教材〕(G. F. P.)

09092 309-04820
21世纪大学英语读写教程 第2册
翟象俊 郑树棠 张增健主编 2005年 第2版 224页 28 cm 28元 〔普通高等教育国家级重点教材〕(G. F. P.)

09093 309-04926
21世纪大学英语读写教程 第3册
翟象俊 郑树棠 张增健主编 复旦大学 上海交通大学主编 2006年 第2版 245页 28 cm 30元 〔普通高等教育"十一五"国家级重点教材〕(G. F. P.)

09094 309-04929
21世纪大学英语读写教程 第4册
翟象俊 郑树棠 张增健主编 复旦大学 上海交通大学主编 2006年 第2版 278页 28 cm 30元 〔普通高等教育"十一五"国家级重点教材〕(G. F. P.)

09095 309-10587
21世纪大学英语读写教程 第1册
翟象俊等总主编 2014年 第3版 243页 28 cm 38元 (G. F. P.)

09096 309-10668
21世纪大学英语读写教程 第2册
翟象俊等总主编 2014年 第3版 226页 28 cm 38元 〔"十二五"普通高等教育本科国家级规划教材〕(G. F. P.)

09097 309-11139
21世纪大学英语读写教程 第3册
翟象俊等总主编 2015年 第3版 248页 28 cm 39元 〔"十二五"普通高等教育本科国家级规划教材〕(G. F. P.)

09098 309-11154
21世纪大学英语读写教程 第4册
翟象俊等总主编 2015年 第3版 282页

28 cm 39元〔"十二五"普通高等教育本科国家级规划教材〕(G. F. P.)

09099 309-07642
新21世纪大学英语阅读教程1
翟象俊 张增健 余建中总主编 毛立群 黎凡主编 2010年 279页 23 cm 35元〔普通高等教育"十一五"国家级规划教材〕(G. F. P.)

09100 309-08126
新21世纪大学英语阅读教程2
毛立群 黎凡主编 2011年 269页 23 cm 35元〔普通高等教育"十一五"国家级规划教材〕(G. F. P.)

09101 309-08176
新21世纪大学英语阅读教程3
毛立群 黎凡主编 2011年 301页 24 cm 35元〔普通高等教育"十一五"国家级规划教材〕(G. F. P.)

09102 309-08177
新21世纪大学英语阅读教程4
毛立群 黎凡主编 2011年 314页 23 cm 39元〔普通高等教育"十一五"国家级规划教材〕(G. F. P.)

09103 309-06540
研究生英语读与译
张向阳 张海洪主编 2009年 375页 23 cm 36元〔复旦博学·研究生英语系列 辛斌总主编〕(G. F. P.)

09104 309-06505
英语阅读基础教程1
张晓哲主编 2009年 269页 23 cm 29元〔高职高专英语专业教材系列〕(G. F. P.)

09105 309-07969
英语阅读基础教程3
张晓哲主编 2011年 318页 23 cm 30元〔高职高专英语专业教材系列〕(G. P.)

09106 309-04570
21世纪大学新英语快速阅读(全新版)
张增健主编 张增健 吴建蘅 程寅编写 2005年 108页 27 cm 15元 (F. P.)

09107 309-03137
21世纪大学英语阅读精选 第2册
张增健编著 2002年 188页 23 cm 18元〔21世纪大学英语教学与学习辅导丛书 核心版〕(G. F. P.)

09108 309-03477
21世纪大学英语阅读精选 第3册
张增健 吴建蘅编著 2002年 231页 23 cm 23元〔21世纪大学英语教学与学习辅导丛书 核心版〕(G. F. P.)

09109 309-03850
21世纪大学英语阅读精选 第4册
张增健 吴建蘅编著 2004年 238页 23 cm 20元〔21世纪大学英语教学与学习辅导丛书 核心版〕(G. F. P.)

09110 309-02938
大学生英语阅读精选 第1集
张增健编著 2001年 177页 23 cm 15元 (G. F. P.)

09111 309-08120
新21世纪大学英语快速阅读1
张增健主编 张增健 吴建蘅 程寅编 2011年 1册 28 cm 22元〔普通高等教育"十一五"国家级规划教材〕(G. F. P.)

09112 309-08179
新21世纪大学英语快速阅读 2
张增健主编 张增健 吴建蕻 程寅编写 2011年 1册 28 cm 25元 (F. P.)

09113 309-08178
新21世纪大学英语快速阅读 3
张增健主编 张增健 吴建蕻 程寅编写 2011年 1册 28 cm 22元 (F. P.)

09114 309-07939
英语阅读基础教程 2
章志萍 方卫 张晓哲主编 2011年 300页 23 cm 29元〔高职高专英语专业教材系列〕(G. F. P.)

09115 309-01550
大学英语泛读新编 上册
杨重鑫主编 1995年 322页 19 cm 10元 (G. F. P.)

09116 309-01551
大学英语泛读新编 下册
周荣鑫主编 1995年 296页 19 cm 9元 (G. P.)

09117 309-02156
大学英语泛读新编
杨重鑫 周荣鑫主编 1999年 第2版(修订版) 519页 20 cm 20元〔大学英语学习指南〕(G. F. P.)

09118 309-08344
新编英语报刊导读
朱锡明 汪翠珍 刘丽编著 2011年 235页 23 cm 30元〔新21世纪大学英语选修课系列〕(G. F. P.)

09119 309-02789
21世纪大学英语读写教程学习指要 1
庄德君主编 2001年 338页 26 cm 28元 (G. F. P.)

09120 309-03125
21世纪大学英语读写教程学习指要 2
庄德君主编 2002年 237页 26 cm 21元 (G. F. P.)

09121 309-03126
21世纪大学英语读写教程学习指要 3
庄德君主编 2002年 173页 26 cm 16元 (G. F. P.)

09122 309-01477
国际商务英语教程
邬性宏编著 1995年 366页 20 cm 10元 (G. F. P.)

09123 309-02868
国际商务英语教程
邬性宏编著 2001年 第2版 357页 20 cm 16元 (G. F. P.)

09124 309-04669
国际商务英语教程
邬性宏编著 2005年 第3版 435页 21 cm 18元 (G. F. P.)

09125 309-06969
读静思语,学英文 上册
张哲嘉编撰 2010年 274页 21 cm 22元〔证严上人作品系列〕(G. F. P.)

09126 309-06970
读静思语,学英文 下册
张哲嘉编撰 2010年 278页 21 cm 22元〔静思人文〕(G. F. P.)

09127 309-03979
职场定位沟通

(美) 居延安 (Yanan Ju) (美) 葛丽尼 (Glynis A. Fizgerald) 著 2004 年 2005 年第 2 版 240 页 23 cm 25 元〔复旦全英语读本丛书〕(G. F. P.)

09128 309-01790

法律英语

董世忠 赵建主编 上海市涉外法律人才培训中心组织编写 1997 年 428 页 26 cm 32 元〔上海九十年代紧缺人才培训工程系列教材〕(G. F. P.)

09129 309-04938

法律英语

董世忠 赵建主编 2006 年 第 2 版 674 页 23 cm 49 元〔复旦博学·法学系列〕(G. F. P.)

09130 309-09958

法律英语 双语法律文书的解释

(美) 陶博 (Preston M. Torbert) 著 2013 年 368 页 23 cm 45 元〔陶博法律英语系列〕(G. F. P.)

09131 309-04277

法律英语 中英双语法律文书制作

(美) 陶博 (Preston M. Torbert) 著 龚柏华编 2004 年 360 页 21 cm 25 元〔新编法学系列教材〕(G. F. P.)

09132 309-09186

法律英语 中英双语法律文书制作

(美) 陶博著 龚柏华编 2012 年 第 2 版 290 页 23 cm 38 元〔陶博法律英语系列〕(G. F. P.)

09133 309-06284

法律英语 中英双语法律文书中的句法歧义

(美) 陶博著 罗国强编 2008 年 307 页 23 cm 35 元〔陶博法律英语系列〕(G. F. P.)

09134 309-07389

法律英语 中英双语法律文书中的语义歧义

(美) 陶博 (Preston M. Torbert) 著 2010 年 380 页 23 cm 38 元〔陶博法律英语系列〕(G. F. P.)

09135 309-06779

英美报刊国际热点导读

李泮池主编 2009 年 236 页 26 cm 35 元 (G. F. P.)

09136 309-01462

跨国企业基础知识

陈锡镖编 1995 年 235 页 19 cm 7 元〔英汉对照经济知识丛书 第一辑〕(G. F. P.)

09137 309-00377

金融英语入门

倪元珠 邱连中编注 1990 年 313 页 19 cm 3.70 元〔英语注释读物〕(G.)

09138 309-04697

大学商务英语阅读教程

沈昂主编 2005 年 215 页 23 cm 22 元 (G. F. P.)

09139 309-00713

现代经济英语精读

邬性宏 倪元珠编 1991 年 414 页 20 cm 5.90 元 (G. F.)

09140 309-01052

现代经济英语精读

邬性宏 倪元珠编 1991 年 (1993 年重印) 414 页 20 cm 8.50 元 (G.)

09141 309-01475

国际金融 ABC

徐惠忠编 1995 年 200 页 19 cm 6 元〔英汉对照经济知识丛书 第一辑〕(G. F.)

09142 309-01516

中央银行与货币政策 英汉对照

薛万祥编 1995 年 213 页 19 cm 6.50 元〔英汉对照经济知识丛书 第一辑〕(G. F. P.)

09143 309-01450

商业银行经营 英汉对照

杨力编 1995 年 338 页 19 cm 9.50 元〔英汉对照经济知识丛书 第一辑〕(G. F. P.)

09144 309-01535

市场分析与预测

张军编 1995 年 222 页 18 cm 7 元〔英汉对照经济知识丛书〕(G. F. P.)

09145 309-01601

财务会计英语教程

吴金龙编著 1995 年 184 页 20 cm 10 元〔国际商务英语系列教材〕(G. F. P.)

09146 309-05012

商务英语沟通

(英)艾菲德·罗伯茨(Elfed Roberts)(英)菲利普·布鲁斯(Phillip Bruce)黄智颖编著 2006 年 262 页 21 cm 18 元 (G. F.)

09147 309-07743

商务英语沟通

(英)艾菲德·罗伯茨(Elfed Roberts)(英)菲利普·布鲁斯(Phillip Bruce)黄智颖编著 2011 年 第 2 版 219 页 23 cm 28 元 (G. F. P.)

09148 309-10443

商务英语沟通

(英)艾菲德·罗伯茨(Elfed Roberts)(英)菲利普·布鲁斯(Phillip Bruce)黄智颖编著 2014 年 第 3 版 241 页 23 cm 32 元〔商务沟通与案例系列〕(G. F. P.)

09149 309-01598

金融保险英语教程

贺瑛编著 1996 年 221 页 20 cm 9.50 元〔国际商务英语系列教材〕(G. F. P.)

09150 309-08984

英美文化概览

朱慧敏主编 2012 年 279 页 28 cm 38 元 (G. F. P.)

09151 309-07983

美国文化教程

王恩铭主编 2011 年 343 页 23 cm 35 元 (G. P.)

09152 309-14281

体育新闻报刊选读

张伟英 李在辉主编 2019 年 171 页 26 cm 35 元 (G. F. P.)

09153 309-04587

公共演讲 全球化视界

(美)本杰明·塞维奇(Benjamin Sevitch)著 2005 年 322 页 23 cm 30 元 (G. P.)

09154 309-09003

名人隽语

卢思源编著 2012 年 第 2 版 98 页 21 cm 12 元〔英语学习·悦读系列〕(G. F. P.)

09155 309-04858

博学英语·英美影视欣赏

黄际英 侯丹 王丽娟选编 2006 年 312

页 23 cm 30 元〔复旦博学·英语系列〕(G. F. P.)

09156 309-01531
中国古代故事精选集 汉英对照
史志南 奚亚夫编译 1997年 544页 20 cm 40元 (G. F. P.)

09157 309-01884
外国爱情名著选
翟象俊选编 计美娟等注释 1997年 631页 20 cm 精装 30元 (G. F. P.)

09158 309-07319
英文短篇小说阅读
张立芹主编 2010年 370页 23 cm 35元 (G. F. P.)

09159 309-10394
研究生英语散文选读
雍毅主编 2014年 171页 23 cm 28元〔复旦博学·21世纪研究生英语系列教材 21世纪复旦大学研究生教学用书〕(G. F. P.)

09160 309-08379
吉檀迦利
(印)泰戈尔著 付小明译 2011年 207页 19 cm 15元 (G. F. P.)

09161 309-06660
研究生英语文学欣赏
史志康主编 史志康 蒋花编著 2009年 256页 23 cm 30元〔复旦博学·研究生英语系列〕(G. F. P.)

09162 309-13467
英美文学史及经典作品选读 上册 英国文学
宋文玲主编 2018年 329页 26 cm 43元 (G. F. P.)

09163 309-13466
英美文学史及经典作品选读 下册 美国文学
宋文玲主编 2018年 287页 26 cm 39元 (G. F. P.)

09164 309-05877
英国文学选读
孙建 汪洪章 卢丽安主编 2008年 680页 26 cm 68元 (G. F. P.)

09165 309-05107
现代英国名家文选
徐燕谋 谢大任 周缵武编注 2006年 279页 23 cm 29元 (G. F. P.)

09166 309-08264
20篇英美现当代散文
陆谷孙等选编 2011年 260页 23 cm 32元 (G. F. P.)

09167 309-10149
美国文学选读
金文宁主编 2013年 355页 23 cm 40元〔美国文学经典作品选读 高等学校英语专业教材〕(G. F. P.)

09168 309-15231
美国文学选读 Reading America in Literature
叶如兰主编 2020年 英文版 382页 26 cm 58元 (P.)

09169 309-05758
美国文学选读
张冲主编 张冲 张琼 王爱萍选编注释 2008年 733页 26 cm 68元〔普通高等教育"十一五"国家级规划教材〕(G. F. P.)

09170 309 - 02556
美国名家散文选读 英汉对照
夏济安译 2000 年 511 页 20 cm 24 元
(G. F. P.)

09171 309 - 06736
实用艺术文化英语
卜爱萍 魏国富主编 2009 年 464 页 23 cm 45 元 (G. F. P.)

09172 309 - 12385
黄梅戏经典唱段 汉英对照本
朱忠焰译 2016 年 265 页 21 cm 30 元
(G. F. P.)

09173 309 - 06369
英美影视与文化
吴晓真编著 2008 年 161 页 23 cm 20 元
(G. F. P.)

09174 309 - 10287
中国文化英语教程
吉红卫主编 2014 年 239 页 26 cm 40 元
〔全新版 21 世纪大学英语系列〕(G. F. P.)

09175 309 - 15075
英语漫谈中国梦
王晓霞 李欣主编 2020 年 98 页 26 cm 42 元 (G. P.)

09176 309 - 05648
海南导游手册 英汉对照
万华 陈武现主编 2007 年 206 页 24 cm 25 元 〔中国导游英语系列〕(G. F. P.)

09177 309 - 06135
英美文化与国家概况
来安方著 2008 年 348 页 23 cm 35 元
〔复旦博学·英语系列〕(G. F. P.)

09178 309 - 14782
英美文化与国家概况
来安方著 2020 年 修订版 290 页 28 cm 59 元 (G. P.)

09179 309 - 05085
英语现代科技文献精读本 Ⅰ
华中一 陆栋 卢义民编著 2006 年 339 页 23 cm 35 元〔大学用书〕(G. F. P.)

09180 309 - 05836
英语现代科技文献精读本 Ⅱ
华中一 陆栋 卢义民编著 2008 年 439 页 23 cm 42 元〔大学用书〕(G. F. P.)

09181 309 - 11184
黄帝内经素问新译 中英对照
杨明山主译 2015 年 577 页 23 cm 精装 158 元 (G. F. P.)

09182 5627 - 0621
中华针灸特定穴疗法 汉英对照
吴耀持主编 2000 年 437 页 20 cm 30 元
(G. F.)

09183 309 - 06106
英语阅读教程 第 1 册
刘国全主编 2008 年 107 页 23 cm 20 元 〔涉外护理专业英语系列 毕向群总主编〕(G. F. P.)

09184 309 - 06107
英语阅读教程 第 2 册
刘国全主编 2008 年 111 页 23 cm 20 元 〔涉外护理专业英语系列 毕向群总主编〕(G. F. P.)

09185 309 - 06595
英语阅读教程 第 3 册

刘国全主编 2009年 126页 23 cm 16元〔涉外护理专业英语系列 毕向群总主编〕(G. F. P.)

09186 309-07036

英语阅读教程 第4册

刘国全主编 2010年 129页 23 cm 22元〔涉外护理专业英语系列 毕向群总主编〕(G. F. P.)

09187 309-03602

麻醉新概念 汉英对照

王景阳 夏丽珊主编 2003年 215页 20 cm 12元〔医学专业双语读物〕(G. F. P.)

09188 309-06639

港口与港市文化

毛立群 黎凡编著 2009年 276页 23 cm 30元〔大学生行业英语阅读教程系列丛书〕(G. F. P.)

09189 9253.012

现代科技英语选读

俞跃生 郁明亮编 1985年 98页 19 cm 0.65元 (G. F.)

09190 309-13844

21世纪大学英语应用型能力测试 第1册

本书编写组编 2018年 140页 23 cm 23.50元 (G. F. P.)

09191 309-13899

21世纪大学英语应用型能力测试 第2册

本书编写组编 2018年 138页 23 cm 23.50元 (G. F. P.)

09192 309-13845

21世纪大学英语应用型能力测试 第3册

本书编写组编 2018年 143页 23 cm 23.50元 (G. F. P.)

09193 309-13846

21世纪大学英语应用型能力测试 第4册

本书编写组编 2018年 128页 23 cm 23元 (G. F. P.)

09194 309-02796

全国公共英语等级考试(PETS)第四级模拟试卷

蔡基刚主编 2001年 189页 26 cm 19元 (G. F. P.)

09195 309-05380

高校英语专业四级考试预测试卷、真题二合一

陈爱敏主编 2007年 323页 26 cm 30元〔高校英语专业学习辅导系列〕(G. F. P.)

09196 309-12975

成人高等教育学士学位英语教程及考试指南

陈立群主编 2017年 216页 26 cm 40元 (G. F. P.)

09197 309-03229

21世纪大学英语教学测试 第1册

陈希文等主编 2002年 288页 23 cm 25元〔普通高等教育"九五"国家级重点教材〕(G. F. P.)

09198 309-06496

在职攻读硕士学位全国联考英语考试标准模拟考场

成芬 云庚主编 2009年 322页 26 cm 30元〔2009年在职攻读硕士学位全国联考英语考试辅导用书〕(G. F. P.)

09199 309-06572

在职攻读硕士学位全国联考英语考试词汇、语法与完形填空精讲精练

成芬 云庚主编 2009年 251页 26 cm 29元〔2009年在职攻读硕士学位全国联考英语考试辅导用书〕(G. F. P.)

09200 309-06565

在职攻读硕士学位全国联考英语考试历年试题解析

成芬 云庚主编 在职攻读硕士学位全国联考命题研究组编写 2009年 298页 26 cm 30元〔2009年在职攻读硕士学位全国联考英语考试辅导用书〕(G. F. P.)

09201 309-02636

21世纪大学英语学习辅导 第1册

程振远 冯凌琴等编著 2000年 260页 23 cm 19.50元 (G. F. P.)

09202 309-02784

21世纪大学英语学习辅导 第2册

程振远 冯凌琴等编著 2001年 219页 23 cm 20元 (G. F. P.)

09203 309-03247

21世纪大学英语学习辅导 第3册

冯凌琴 张建松等编著 2002年 283页 23 cm 26元 (G. F. P.)

09204 309-03010

21世纪大学英语读写教程同步诊断性测试手册 上册

范谊主编 2001年 1册 26 cm 14元〔21世纪大学英语教学与学习辅导丛书 核心版〕(G. F. P.)

09205 309-03269

21世纪大学英语读写教程同步诊断性测试手册 下册

范谊主编 2002年 92页 26 cm 10元〔21世纪大学英语教学与学习辅导丛书 核心版〕(G. F. P.)

09206 5627-0473

全国专业技术人员职称英语等级考试卫生类模拟试题集 一

冯承洛主编 刘兵等编写 1999年 第2版 241页 26 cm 28元 (G. F.)

09207 5627-0519

全国专业技术人员职称英语等级考试卫生类模拟试题集 二

梁正溜主编 孙庆祥等编写 1999年 第2版 213页 26 cm 25元 (G.)

09208 309-05423

大学通识英语练习册 1

(英)弗里(Mark Foley)(英)霍尔(Diane Hall)著 董宏乐等改编 2008年 101页 28 cm 20元〔大学通识英语系列教材〕(G. F. P.)

09209 309-05426

大学通识英语练习册 2

( )克莱尔(Antonia Clare)( )威尔逊(JJ Wilson)著 赵维莉等改编 2008年 101页 28 cm 20元〔大学通识英语系列教材〕(G. F. P.)

09210 309-05429

大学通识英语练习册 3

( )克莱尔(Antonia Clare)( )威尔逊(JJ Wilson)著 赵维莉等改编 2008年 101页 28 cm 20元〔大学通识英语系列教材〕(G. F. P.)

09211 309-05432

大学通识英语练习册 4

(英)弗里(Mark Foley)著 周明芳等改编 2008年 102页 28 cm 20元〔大学通识英语系列教材〕(G. P.)

09212 309-02199
21世纪大学英语练习册 第1册
复旦大学 上海交通大学主编 1999年 162页 23 cm 9.50元〔普通高等教育"九五"国家级重点教材〕(G. F. P.)

09213 309-02491
21世纪大学英语练习册 第3册
翟象俊等主编 2000年 208页 23 cm 12.80元〔普通高等教育"九五"国家级重点教材〕(G. F. P.)

09214 309-02914
21世纪大学英语单元测试与学习 1
顾伯清主编 2001年 242页 23 cm 20元〔21世纪大学英语教学与学习辅导丛书〕(G. F. P.)

09215 309-03115
21世纪大学英语单元测试与学习 2
顾伯清主编 2002年 273页 23 cm 25元〔21世纪大学英语教学与学习辅导丛书 核心版〕(G. F. P.)

09216 309-03223
21世纪大学英语单元测试与学习 3
顾伯清主编 2002年 287页 23 cm 25元〔21世纪大学英语教学与学习辅导丛书 核心版〕(G. F. P.)

09217 309-03612
21世纪大学英语单元测试与学习 4
顾伯清主编 2003年 236页 23 cm 21元〔21世纪大学英语教学与学习辅导丛书〕(G. F. P.)

09218 309-05321
大学英语四级考试最新题型剖析与最新实考试题
顾伯清主编 2007年 112页 26 cm 30元〔大学英语考试辅导系列〕(G. F. P.)

09219 309-03538
高等学校英语应用能力考试应试必读
顾伯清主编 2003年 161页 26 cm 15元〔PRETCO辅导系列丛书〕(G. P.)

09220 309-04586
高等学校英语应用能力考试应试必读 A级
顾伯清主编 2006年 第2版 221页 26 cm 28元〔PRETCO辅导系列丛书〕(G. F. P.)

09221 309-06057
高等学校英语应用能力考试应试必读 A级
顾伯清主编 2008年 第3版 238页 26 cm 32元〔PRETCO辅导系列丛书〕(G. F. P.)

09222 309-08078
高等学校英语应用能力考试应试必读 A级
顾伯清主编 2011年 第4版 195页 26 cm 32元〔PRETCO辅导系列丛书〕(G. F. P.)

09223 309-03582
高等学校英语应用能力考试综合测试
顾伯清主编 2003年 193页 26 cm 16元〔PRETCO辅导系列丛书〕(G. F. P.)

09224 309-03379
最新雅思(IELTS)考试笔试全真模拟题(学术类)
郭翔 李响 蔡斌编 2002年 216页 26 cm 19元〔成功之路系列丛书〕(G. F. P.)

09225 309-12383
全新版21世纪大学英语练习册 1

胡学文总主编 刘先珍 张宏国主编 2016年 179页 26 cm 28元〔"十二五"普通高等教育本科国家级规划教材 全新版21世纪大学英语系列〕(G. F. P.)

09226 309-12436

全新版21世纪大学英语练习册2

胡学文总主编 程洪珍 吴君主编 2016年 203页 26 cm 28元〔"十二五"普通高等教育本科国家级规划教材 全新版21世纪大学英语系列〕(G. F. P.)

09227 309-12437

全新版21世纪大学英语练习册3

胡学文总主编 江忆文 董宏程主编 2016年 207页 26 cm 28元〔"十二五"普通高等教育本科国家级规划教材 全新版21世纪大学英语系列〕(G. F. P.)

09228 309-12438

全新版21世纪大学英语练习册4

胡学文总主编 方传余 张虹主编 2016年 201页 26 cm 28元〔"十二五"普通高等教育本科国家级规划教材 全新版21世纪大学英语系列〕(G. F. P.)

09229 309-02708

全国公共英语等级考试(PETS)第二级模拟试卷

黄关福 徐志江编著 2001年 169页 26 cm 15元 (G. F. P.)

09230 309-05514

高职高专实用英语练习册 上册

江峰 袁礼生主编 2007年 167页 23 cm 25元〔高职高专实用英语系列〕(G. F. P.)

09231 309-05713

高职高专实用英语练习册 下册

江峰 黄卫军主编 2008年 172页 23 cm 17元〔高职高专实用英语系列 江峰总主编〕(G. F. P.)

09232 309-04428

21世纪大学实用英语基础教程综合练习

姜荷梅 戴莹册主编 2005年 140页 23 cm 15元〔复旦卓越·英语系列〕(G. F. P.)

09233 309-07382

21世纪大学实用英语基础教程综合练习

姜荷梅 戴莹主编 2010年 第2版 139页 23 cm 20元〔复旦卓越·英语系列 普通高等教育"十一五"国家级规划教材 21世纪大学实用英语系列教材 翟象俊 余建中 陈永捷总主编〕(G. F. P.)

09234 309-09247

21世纪大学实用英语(全新版)基础教程综合练习

姜荷梅 戴莹主编 2013年 113页 26 cm 23元〔普通高等教育"十一五"国家级规划教材 翟象俊 余建中 陈永捷总主编〕(G. F. P.)

09235 309-14725

21世纪实用英语(第2版)基础教程综合练习

姜荷梅 李歌 张艳芳册主编 2020年 119页 26 cm 30元〔"十二五"职业教育国家级规划教材 翟象俊等总主编〕(G. P.)

09236 309-10375

21世纪实用英语基础教程综合练习

姜荷梅 林萍英 周锋主编 2014年 120页 26 cm 26元〔"十二五"职业教育国家级规划教材 翟象俊等总主编〕(G. F. P.)

09237 309-05092

全国英语等级考试(PETS)第二级模拟试题集

蒋秉章 姜荷梅总主编 张虹等册主编 2006年 278页 26 cm 25元〔PETS全国英语等级考试系列用书〕(G. P.)

09238 309-05148

全国英语等级考试(PETS)第三级模拟试题集

蒋秉章 姜荷梅总主编 2006年 311页 26 cm 29.90元〔PETS全国英语等级考试系列用书〕(G. F. P.)

09239 309-05103

全国英语等级考试(PETS)第一级模拟试题集

解钢等主编 2006年 221页 26 cm 21元〔PETS全国英语等级考试系列用书〕(G. F. P.)

09240 309-03422

21世纪大学英语补充练习册 第1册

康志峰编著 2002年 155页 23 cm 15元 (G. F. P.)

09241 309-03136

大学英语四级考前冲刺

康志峰编著 2002年 208页 26 cm 20元〔全国大学英语四、六级统考指导丛书 大学英语测试系列〕(G. F. P.)

09242 309-03052

大学英语六级考前冲刺

康志峰编著 2002年 205页 26 cm 20元〔全国大学英语四、六级统考指导丛书 大学英语测试系列〕(G. F. P.)

09243 309-08827

前景基础英语自主练习 1

李桂兰 徐小贞总主编 唐桂芬主编 2012年 106页 26 cm 24元〔复旦卓越·职业教育公共英语教材 普通高等教育"十一五"国家级规划教材〕(G. F. P.)

09244 309-13077

前景基础英语自主练习 1

李桂兰 徐小贞总主编 2017年 第2版 134页 26 cm 32元〔复旦卓越·职业教育公共英语教材 职业教育国家级精品课程〕(G. F. P.)

09245 309-08858

前景基础英语自主练习 2

李桂兰 徐小贞总主编 2012年 115页 26 cm 24元〔复旦卓越·职业教育公共英语教材 职业教育国家级精品课程〕(G. F. P.)

09246 309-13249

前景基础英语自主练习 2

李桂兰 徐小贞总主编 2017年 第2版 147页 26 cm 32元〔复旦卓越·职业教育公共英语教材 职业教育国家级精品课程〕(G. F. P.)

09247 309-08861

前景基础英语自主练习 3

李桂兰 徐小贞总主编 2013年 95页 26 cm 25元〔复旦卓越·职业教育公共英语教材〕(G. F. P.)

09248 309-13520

前景基础英语自主练习 3

李桂兰 徐小贞总主编 2018年 第2版 135页 26 cm 32元〔复旦卓越·职业教育公共英语教材 职业教育国家级精品课程〕(G. F. P.)

09249 309-08864

前景基础英语自主练习 4

李桂兰 徐小贞总主编 2013年 95页 26 cm 25元〔复旦卓越·职业教育公共英语教材 职业教育国家级精品教材〕(G. F. P.)

09250 309-13521

前景基础英语自主练习 4

李桂兰 徐小贞总主编 2019年 第2版 133页 26 cm 32元〔复旦卓越·职业教育公共英语教材 职业教育国家级精品课程〕(G. F. P.)

09251 309-00531

高级英语应试技能训练 最新试题 2400 道

李庆等编著 1991年 636页 20 cm 7.80元 (G. F.)

09252 309-01436

高级英语应试技能训练 最新试题 2400 道

李庆等编著 1991年(1994年重印) 636页 20 cm 16元 (G. F.)

09253 309-06830

大学英语三级考试解题指南与真题集锦

林健主编 2009年 143页 26 cm 20元 (G. F. P.)

09254 309-08374

当代高职高专英语 A 级考试指导与全真训练

刘莉主编 2011年 238页 26 cm 29元 (G. F. P.)

09255 309-11423

新潮基础英语练习与测试 第1册

刘明东 陈栀主编 2015年 117页 26 cm 29元〔普通高等学校"十二五"精品规划教材〕(G. P.)

09256 309-11497

新潮基础英语练习与测试 第2册

刘明东 刘世文主编 2015年 116页 26 cm 29元〔普通高等学校"十二五"精品规划教材〕(G. P.)

09257 309-11449

新潮基础英语练习与测试 第3册

刘明东 刘慧主编 2015年 127页 26 cm 29元〔普通高等学校"十二五"精品规划教材〕(G. P.)

09258 309-11511

新潮基础英语练习与测试 第4册

刘明东主编 2015年 116页 26 cm 29元〔普通高等学校"十二五"精品规划教材〕(G. P.)

09259 309-02505

全国大学英语四级考试活页型题库

龙启明 周德敏主编 2000年 265页 26 cm 20元 (G. F. P.)

09260 309-05442

大学英语四级综合技能专项训练

罗德芬 王永东编 2007年 294页 26 cm 28元 (G. F. P.)

09261 309-07962

新潮大学英语练习与测试 第1册

罗德芬主编 2011年 124页 26 cm 22元 (P.)

09262 309-08121

新潮大学英语练习与测试 第2册

罗德芬总主编 王永东 潘洞庭册主编 2011年 144页 26 cm 22元〔普通高等教育"十一五"国家级规划教材〕(P.)

09263 309-08642

新潮大学英语练习与测试 第3册

罗德芬主编 2011年 158页 26 cm 26元〔普通高等教育"十一五"国家级规划教材〕(P.)

09264 309-08609

新潮大学英语练习与测试 第4册

罗德芬主编 2012年 170页 26 cm 26元〔普通高等教育"十一五"国家级规划教材〕(P.)

09265 309-08515

成人高等教育通用教材英语强化训练习题集 1—4册

骆静华主编 2011年 第3版 374页 23 cm 38元 (G. P.)

09266 309-05542

快捷之路 新题型 大学英语四级模拟试题及阅读训练

缪学主编 王伟等编写 2007年 340页 28 cm 29元 (G. F. P.)

09267 309-03152

大学英语四级考试全真模拟

彭小俊主编 2002年 180页 26 cm 17元〔大学英语测试系列〕(G. F. P.)

09268 309-02535

大学英语四级考试综合训练

荣君等主编 吴骏 黄大敏编写 2000年 161页 26 cm 14元 (G. F. P.)

09269 309-05284

大学英语四级技能训练教程综合模拟试题

沈金华 颜靖平主编 2006年 158页 26 cm 29元 (G. F. P.)

09270 309-09069

新编大学英语三级考试模拟试题汇编

沈银珍主编 2012年 153页 26 cm 28元 (G. F. P.)

09271 309-02458

21世纪大学英语测试 1

施英 程寅主编 2000年 219页 23 cm 18.50元 (G. F. P.)

09272 309-02781

21世纪大学英语测试 2

徐欣 施英主编 2001年 219页 23 cm 18.50元 (G. F. P.)

09273 309-03034

21世纪大学英语测试 3

徐欣 丁竹主编 2001年 229页 23 cm 20元〔21世纪大学英语教学与学习辅导丛书〕(G. F. P.)

09274 309-04145

21世纪大学英语测试 4

施英 徐欣主编 2004年 238页 23 cm 20元〔21世纪大学英语教学与学习辅导丛书 核心版〕(G. F. P.)

09275 309-03455

21世纪大学英语同步精讲 第1册

孙桂香主编 2002年 359页 23 cm 30元 (G. F. P.)

09276 309-03752

21世纪大学英语同步精讲 第2册

孙桂香主编 2003年 357页 26 cm 30元 (G. F. P.)

09277 309-04207

21世纪大学英语同步精讲 第3册

孙桂香主编 2004年 393页 23 cm 32元

(G. F. P.)

09278 309-06601

考博英语全国重点院校标准模拟试题

索玉柱 李莉 唐淑华主编 2009 年 353 页 26 cm 38 元〔2010 年全国博士研究生入学英语考试辅导用书〕(G. F. P.)

09279 309-02583

全国高等教育自学考试英语（一）模拟试题集

陶友兰 鲍晓英编著 2000 年 344 页 20 cm 14 元 (G. F. P.)

09280 309-02557

全国高等教育自学考试英语（二）模拟试题集

陶友兰编 2000 年 283 页 20 cm 12 元 (G. P.)

09281 309-06881

自学考试英语模拟试题集 一

万田华 皮燕萍主编 2009 年 363 页 21 cm 20 元 (G. F. P.)

09282 309-08165

21 世纪大学英语应用型自主练习 1

陶文好 邹申 汪榕培总主编 谢文婷 李蕾册主编 2011 年 109 页 28 cm 24 元〔普通高等教育"十一五"国家级规划教材〕(G. F. P.)

09283 309-08166

21 世纪大学英语应用型自主练习 2

陶文好 汪榕培 邹申总主编 孙捷 刘海霞册主编 2012 年 112 页 28 cm 25 元〔普通高等教育"十一五"国家级规划教材〕(G. F. P.)

09284 309-08162

21 世纪大学英语应用型自主练习 3

汪榕培 石坚 邹申总主编 邬丽宏 王凯册主编 2012 年 118 页 28 cm 25 元〔普通高等教育"十一五"国家级规划教材〕(G. F. P.)

09285 309-08163

21 世纪大学英语应用型自主练习 4

汪榕培 石坚 邹申总主编 2013 年 120 页 28 cm 25 元〔普通高等教育"十一五"国家级规划教材〕(G. F. P.)

09286 309-10425

21 世纪大学英语应用型自主练习 1

汪榕培 石坚 邹申总主编 2014 年 第 2 版 110 页 28 cm 28 元〔"十二五"普通高等教育本科国家级规划教材〕(G. F. P.)

09287 309-10426

21 世纪大学英语应用型自主练习 2

汪榕培 石坚 邹申总主编 2014 年 第 2 版 114 页 28 cm 28 元〔"十二五"普通高等教育本科国家级规划教材〕(G. F. P.)

09288 309-10427

21 世纪大学英语应用型自主练习 3

汪榕培 石坚 邹申总主编 2014 年 第 2 版 113 页 28 cm 28 元〔"十二五"普通高等教育本科国家级规划教材〕(G. F. P.)

09289 309-10428

21 世纪大学英语应用型自主练习 4

汪榕培 石坚 邹申总主编 2014 年 第 2 版 115 页 28 cm 28 元〔"十二五"普通高等教育本科国家级规划教材〕(G. F.)

09290 309-12005

21 世纪大学英语应用型自主练习 基础级

汪榕培 石坚 邹申主编 2016 年 104 页 28 cm 29 元〔"十二五"普通高等教育本科国家级规划教材〕(G. F. P.)

09291 309-13536
21 世纪大学英语应用型自主练习 1
汪榕培 石坚 邹申总主编 2018 年 第 3 版 133 页 28 cm 35 元〔"十二五"普通高等教育本科国家级规划教材 21 世纪大学英语应用型系列教材〕(G. F. P.)

09292 309-13537
21 世纪大学英语应用型自主练习 2
汪榕培 石坚 邹申总主编 2018 年 第 3 版 133 页 28 cm 35 元〔"十二五"普通高等教育本科国家级规划教材 21 世纪大学英语应用型系列教材〕(G. F. P.)

09293 309-13538
21 世纪大学英语应用型自主练习 3
汪榕培 石坚 邹申总主编 2018 年 第 3 版 135 页 28 cm 35 元〔"十二五"普通高等教育本科国家级规划教材 21 世纪大学英语应用型系列教材〕(G. F. P.)

09294 309-13539
21 世纪大学英语应用型自主练习 4
汪榕培 石坚 邹申总主编 2019 年 第 3 版 138 页 28 cm 35 元〔"十二五"普通高等教育本科国家级规划教材 21 世纪大学英语应用型系列教材〕(G. F. P.)

09295 309-07564
大学英语拓展训练 第 1 册
王爱民总主编 索明茹 赵丽娜主编 2010 年 178 页 26 cm 21 元 (G. F. P.)

09296 309-07809
大学英语拓展训练 第 2 册
王爱民总主编 宋俊秋 谢桂玲册主编 2011 年 161 页 26 cm 21 元 (G. F. P.)

09297 309-07836
大学英语拓展训练 第 3 册
王爱民总主编 李轶群 李艳辉册主编 2011 年 191 页 26 cm 25 元 (G. F.)

09298 309-07840
大学英语拓展训练 第 4 册
王爱民总主编 汪春娟 邹德刚册主编 2011 年 183 页 26 cm 24 元 (G. F. P.)

09299 309-09754
新编 21 世纪大学英语综合练习 第 1 册
王建富 池丽霞 杨伟超主编 2013 年 138 页 23 cm 22 元 (G. F. P.)

09300 309-09755
新编 21 世纪大学英语综合练习 第 2 册
王建富 王菁 杨伟超主编 2013 年 138 页 23 cm 22 元 (G. F. P.)

09301 309-09756
新编 21 世纪大学英语综合练习 第 3 册
杨伟超 赵娟 王建富主编 2013 年 133 页 23 cm 22 元 (G. F. P.)

09302 309-09757
新编 21 世纪大学英语综合练习 第 4 册
杨伟超 张莉 王建富主编 2013 年 140 页 23 cm 28 元 (G. F. P.)

09303 309-05046
新潮高职高专英语综合教程练习与测试 第 1 册
王美娣主编 2006 年 137 页 23 cm 15 元〔高职高专规划教材〕(G. F.)

09304 309-05272

新潮高职高专英语综合教程练习与测试 第2册

王美娣总主编 新潮大学英语编写组编 2007年 153页 23 cm 16元〔高职高专规划教材〕(G. F.)

09305 309-05612

新潮高职高专英语综合教程练习与测试 第3册

王美娣总主编 新潮大学英语编写组编 2007年 164页 23 cm 17元〔高职高专规划教材〕(G. F.)

09306 309-07200

新潮实用英语练习与测试 基础篇

新潮大学英语编写组编 2010年 74页 26 cm 15元 (P.)

09307 309-07208

新潮实用英语练习与测试 第1册

王美娣总主编 2010年 第2版 170页 26 cm 22元 (P.)

09308 309-07076

新潮实用英语练习与测试 第2册

王美娣总主编 2010年 第2版 182页 26 cm 22元 (P.)

09309 309-07385

新潮实用英语练习与测试 第3册

王美娣总主编 2010年 第2版 202页 26 cm 22元 (P.)

09310 309-10156

新潮实用英语练习与测试 第1册

王美娣 (美) Vladimir Ostapowicz 总主编 王美娣 刘晓芳 王华册主编 2014年 第3版 168页 26 cm 29元〔普通高等教育"十一五"国家级规划教材〕(G. P.)

09311 309-10346

新潮实用英语练习与测试 第2册

王美娣 (美) Vladimir Ostapowicz 总主编 王美娣 王芬 刘琢主编 2014年 第3版 180页 26 cm 29元〔普通高等教育"十一五"国家级规划教材〕(G. P.)

09312 309-08512

大学英语自主测试题 一级

王平主编 2011年 218页 26 cm 28元 (G. F. P.)

09313 309-11432

新潮实用英语练习与测试 第3册

王美娣 (美) Vladimir Ostapowicz 总主编 王美娣 刘慧 刘艳群册主编 2015年 第3版 203页 26 cm 29元〔普通高等教育"十一五"国家级规划教材〕(G. P.)

09314 309-08519

大学英语自主测试题 二级

王平主编 2011年 235页 26 cm 28元 (G. F. P.)

09315 309-08727

大学英语自主测试题 三级

王平主编 2012年 227页 26 cm 27元 (G. F. P.)

09316 309-08497

大学英语自主测试题 四级

王平主编 2011年 230页 26 cm 28元 (G. F. P.)

09317 309-03449

大学英语四级考试考优突破

王忠梁主编 2003年 219页 26 cm 21元〔大学英语测试系列〕(G. F. P.)

09318 309-03450
大学英语六级考试考优突破
王忠梁主编 2003年 237页 26 cm 23元〔大学英语测试系列〕(G. F. P.)

09319 309-02827
全国公共英语等级考试(PETS)第五级模拟考试
吴延迪等编著 2001年 199页 26 cm 17元 (G. F. P.)

09320 309-08221
21世纪大学英语学生自主学习"一课一练"测试题 基础级
谢职安主编 2011年 126页 23 cm 20元 (G. F. P.)

09321 309-08218
21世纪大学英语学生自主学习"一课一练"测试题 第1册
谢职安主编 2011年 128页 23 cm 20元 (G. F. P.)

09322 309-08217
21世纪大学英语学生自主学习"一课一练"测试题 第2册
牛洁珍主编 2011年 125页 23 cm 20元 (G. F. P.)

09323 309-08216
21世纪大学英语学生自主学习"一课一练"测试题 第3册
谢职安主编 2011年 176页 23 cm 23元 (G. F. P.)

09324 309-02594
21世纪大学英语学习指南 第1册 读写教程
徐广联等主编 2000年 302页 23 cm 22元〔21世纪大学英语教学与学习辅导丛书 核心版〕(G. F. P.)

09325 309-02842
21世纪大学英语学习指南 第2册 读写教程
徐广联 张绍华主编 2001年 254页 23 cm 22元 (G. F. P.)

09326 309-03298
21世纪大学英语学习指南 第3册 读写教程
徐广联 张绍华主编 2002年 270页 23 cm 24元〔21世纪大学英语教学与学习辅导丛书 核心版〕(G. F. P.)

09327 309-07908
前景实用英语自主练习 1
徐小贞总主编 蒋剡 苏文秀主编 2011年 118页 26 cm 24元〔复旦卓越·高职高专公共英语教材 徐小贞总主编〕(G. F.)

09328 309-07905
前景实用英语自主练习 2
徐小贞总主编 周玉林 梁志芳册主编 2011年 119页 26 cm 25元〔复旦卓越·高职高专公共英语教材〕(G. F. P.)

09329 309-07902
前景实用英语自主练习 3
徐小贞总主编 刘建珠 张莹册主编 2012年 98页 26 cm 26元〔复旦卓越·高职高专公共英语教材〕(G. F. P.)

09330 309-08846
前景实用英语自主练习 4
徐小贞总主编 王美娣 (美)Vladimir Ostapowicz册主编 2013年 96页 26 cm 25元〔复旦卓越·高职高专公

共英语教材〕(G. F. P.)

09331　309-12044

前景实用英语自主练习 1

徐小贞总主编　张璇　程达军册主编　2016年　第2版　142页　26 cm　30元〔复旦卓越·高职高专公共英语教材〕(G. F. P.)

09332　309-15085

前景实用英语自主练习 1

徐小贞总主编　张璇　文前国册主编　2020年　第3版　147页　26 cm　32元〔"复旦卓越"职业教育公共英语教材　职业教育国家级精品课程《前景实用英语》系列〕(G. P.)

09333　309-12166

前景实用英语自主练习 2

徐小贞总主编　2016年　第2版　148页　26 cm　30元〔复旦卓越·高职高专公共英语教材〕(G. F. P.)

09334　309-12169

前景实用英语自主练习 3

徐小贞总主编　2016年　第2版　137页　26 cm　30元〔复旦卓越·高职高专公共英语教材〕(G. F. P.)

09335　309-06569

考博英语全国重点院校真题汇编

薛美玲　李莉　唐淑华主编　2009年　297页　26 cm　35元〔2010年全国博士研究生入学英语考试辅导用书〕(G. F. P.)

09336　309-03369

专升本全国统考英语模拟全真试题精解

余高峰　华燕主编　2002年　184页　26 cm　18元〔专升本英语考试系列〕(G. F. P.)

09337　309-03550

专升本全国统考英语最新考题单项训练

余高峰等编著　2003年　164页　26 cm　15元〔专升本英语考试系列〕(G. F. P.)

09338　309-09262

21世纪大学实用英语(全新 U 版)综合练习 1

余建中　姜荷梅册主编　2012年　139页　26 cm　28元〔普通高等教育"十一五"国家级规划教材　21世纪大学实用英语(全新版)系列教材　翟象俊　余建中　陈永捷总主编　复旦卓越·英语系列〕(G. F. P.)

09339　309-07782

21世纪大学实用英语(全新版)综合练习 1

余建中　姜荷梅主编　2011年　140页　26 cm　25元〔普通高等教育"十一五"国家级规划教材　翟象俊　余建中　陈永捷总主编〕(G. F. P.)

09340　309-07849

21世纪大学实用英语(全新版)综合练习 2

余建中　姜荷梅主编　2011年　145页　26 cm　28元〔普通高等教育"十一五"国家级规划教材　翟象俊　余建中　陈永捷总主编　复旦卓越·英语系列〕(G. F. P.)

09341　309-07848

21世纪大学实用英语(全新版)综合练习 3

余建中　姜荷梅主编　2012年　147页　26 cm　28元〔普通高等教育"十一五"国家级规划教材　翟象俊　余建中　陈永捷总主编　复旦卓越·英语系列〕(G. F. P.)

09342　309-09033

21世纪大学实用英语(全新版)综合练习 4

余建中　董宏乐主编　2012年　136页　26 cm　28元〔普通高等教育"十一五"国家级规

划教材 翟象俊 陈永捷 余建中总主编 复旦卓越·英语系列〕(G. F. P.)

09343 309-06739
21世纪大学实用英语(第2版)综合练习 1
余建中 季佩英 宋梅主编 2009 年 163 页 23 cm 20 元〔普通高等教育"十一五"国家级规划教材 翟象俊 余建中 陈永捷总主编〕(G. F. P.)

09344 309-06827
21世纪大学实用英语(第2版)综合练习 2
余建中 季佩英 宋梅主编 2009 年 159 页 23 cm 20 元〔普通高等教育"十一五"国家级规划教材 翟象俊 余建中 陈永捷总主编〕(G. F. P.)

09345 309-07032
21世纪大学实用英语(第2版)综合练习 3
周明芳 黄莺主编 2010 年 169 页 23 cm 21 元〔普通高等教育"十一五"国家级规划教材 翟象俊 余建中 陈永捷总主编〕(G. F. P.)

09346 309-07281
21世纪大学实用英语(第2版)综合练习 4
黄莺 宋梅主编 2010 年 167 页 23 cm 22 元〔普通高等教育"十一五"国家级规划教材〕(G. F. P.)

09347 309-02495
21世纪大学英语基础教程练习册
余建中主编 2000 年 148 页 23 cm 10 元〔普通高等教育"九五"国家级重点教材〕(G. F. P.)

09348 309-04637
21世纪大学英语基础教程练习册
余建中主编 2005 年 第 2 版 88 页 28 cm 10 元〔普通高等教育国家级重点教材〕(G. F. P.)

09349 309-11119
21世纪大学英语基础教程练习册
余建中主编 2015 年 第 3 版 89 页 28 cm 20 元〔"十二五"普通高等教育本科国家级规划教材〕(G. F. P.)

09350 309-03586
教育硕士英语教程练习册 上册
余静娴主编 2003 年 294 页 23 cm 25 元〔在职硕士英语系列〕(G. F. P.)

09351 309-04071
教育硕士英语教程练习册 下册
余静娴主编 2004 年 284 页 23 cm 26 元〔在职硕士英语系列〕(G. F. P.)

09352 309-02755
全国公共英语等级考试(PETS)第三级模拟试卷
曾道明主编 2001 年 205 页 26 cm 18 元 (G. F. P.)

09353 309-06869
21世纪大学实用英语(U版)综合练习 1
翟象俊 余建中 陈永捷总主编 余建中 姜荷梅册主编 2009 年 170 页 23 cm 25 元〔复旦卓越·英语系列 普通高等教育"十一五"国家级规划教材〕(G. F. P.)

09354 309-07031
21世纪大学实用英语(U版)综合练习 2
翟象俊 陈永捷 余建中主编 余建中 林萍英册主编 2010 年 183 页 23 cm 26 元〔普通高等教育"十一五"国家级规划教材〕(G. F. P.)

09355 309-07529
21世纪大学实用英语(U版)综合练习 3
翟象俊 余建中 陈永捷总主编 余建中 姜荷梅册主编 2010年 209页 23 cm 28元〔复旦卓越·英语系列 普通高等教育"十一五"国家级规划教材〕(G. F. P.)

09356 309-07979
21世纪大学实用英语(U版)综合练习 4
余建中 姜荷梅主编 2011年 203页 23 cm 28元〔普通高等教育"十一五"国家级规划教材 21世纪大学实用英语(U版)系列教材 翟象俊 余建中 陈永捷总主编 获上海普通高校优秀教材一等奖〕(G. F. P.)

09357 309-06721
21世纪大学实用英语(第2版)综合教程 1
翟象俊等主编 2009年 299页 23 cm 30元〔普通高等教育"十一五"国家级规划教材 翟象俊 余建中 陈永捷总主编〕(G. F. P.)

09358 309-06825
21世纪大学实用英语(第2版)综合教程 2
翟象俊 陈永捷 余建中总主编 翟象俊等册主编 2009年 318页 23 cm 32元〔普通高等教育"十一五"国家级规划教材〕(G. F. P.)

09359 309-07033
21世纪大学实用英语(第2版)综合教程 3
翟象俊等主编 2010年 336页 23 cm 32元〔普通高等教育"十一五"国家级规划教材 翟象俊 余建中 陈永捷总主编〕(G. F. P.)

09360 309-07283
21世纪大学实用英语(第2版)综合教程 4
翟象俊等册主编 2010年 343页 23 cm 34元〔普通高等教育"十一五"国家级规划教材〕(G. F. P.)

09361 309-03990
21世纪大学实用英语综合教程 第1册
翟象俊等总主编 翟象俊等册主编 2004年 294页 23 cm 25元〔21世纪大学实用英语系列教材〕(G. F. P.)

09362 309-04021
21世纪大学实用英语综合教程 第2册
翟象俊等总主编 2004年 315页 23 cm 27元〔复旦卓越·英语系列〕(G. F. P.)

09363 309-04269
21世纪大学实用英语综合教程 第3册
翟象俊 余建中 陈永捷总主编 翟象俊等册主编 2005年 331页 23 cm 27元〔复旦卓越·英语系列〕(G. F. P.)

09364 309-04272
21世纪大学实用英语综合教程 第4册
翟象俊 陈永捷 余建中总主编 2005年 335页 23 cm 29元〔复旦卓越·英语系列〕(G. F. P.)

09365 309-03991
21世纪大学实用英语综合练习 第1册
翟象俊等总主编 余建中等册主编 2004年 168页 23 cm 15元〔21世纪大学实用英语系列教材〕(G. F. P.)

09366 309-04022
21世纪大学实用英语综合练习 第2册
翟象俊等总主编 余建中等册主编 2004年 155页 23 cm 15元〔复旦卓越·英语系列〕(G. F. P.)

09367 309-04270

21世纪大学实用英语综合练习 第3册

翟象俊 余建中 陈永捷总主编 宋梅 黄莺主编 2005年 169页 23 cm 16元〔复旦卓越·英语系列〕(G. F. P.)

09368 309-04273

21世纪大学实用英语综合练习 第4册

翟象俊 陈永捷 余建中总主编 黄莺 宋梅主编 2005年 167页 23 cm 16元〔复旦卓越·英语系列〕(G. F. P.)

09369 309-12389

21世纪大学英语(S版)基础教程综合练习

翟象俊 余建中 陈永捷总主编 姜荷梅 林萍英 喻颖册主编 2016年 174页 26 cm 26元〔"十二五"普通高等教育本科国家级规划教材〕(G. F. P.)

09370 309-12847

21世纪大学英语(S版)综合练习 1

翟象俊 余建中 陈永捷总主编 余建中 姜荷梅册主编 2017年 第2版 131页 26 cm 29元〔"十二五"普通高等教育本科国家级规划教材 21世纪大学英语(S版)系列教材〕(G. F.)

09371 309-12864

21世纪大学英语(S版)综合练习 2

翟象俊 陈永捷 余建中总主编 余建中 闵祖传 姜威册主编 2017年 第2版 141页 26 cm 29元〔"十二五"普通高等教育本科国家级规划教材 21世纪大学英语(S版)系列教材〕(G. F. P.)

09372 309-12865

21世纪大学英语(S版)综合练习 3

翟象俊 余建中 陈永捷总主编 余建中 姜荷梅 闵祖传册主编 2017年 第2版 154页 26 cm 29元〔"十二五"普通高等教育本科国家级规划教材 21世纪大学英语(S版)系列教材〕(G. F. P.)

09373 309-12866

21世纪大学英语(S版)综合练习 4

翟象俊 陈永捷 余建中总主编 余建中 姜荷梅册主编 2017年 第2版 153页 26 cm 29元〔"十二五"普通高等教育本科国家级规划教材〕(G. F. P.)

09374 309-04580

21世纪大学英语练习册 第1册

余建中主编 余建中 尤志文 冯豫编写 2005年 第2版 95页 28 cm 11元〔普通高等教育国家级重点教材〕(G. F. P.)

09375 309-04821

21世纪大学英语练习册 第2册

翟象俊 郑树棠 张增健主编 郑树棠 胡开宝册主编 2005年 第2版 120页 28 cm 12元〔普通高等教育国家级重点教材〕(G. F. P.)

09376 309-04927

21世纪大学英语练习册 第3册

翟象俊 郑树棠 张增健总主编 郑树棠 胡开宝册主编 2006年 第2版 124页 28 cm 15元〔普通高等教育"十一五"国家级重点教材〕(G. F. P.)

09377 309-04930

21世纪大学英语练习册 第4册

翟象俊 郑树棠 张增健主编 余建中册主编 2006年 第2版 113页 28 cm 15元〔普通高等教育"十一五"国家级重点教材〕(G. F. P.)

09378 309-10924

21世纪大学英语练习册 第1册
翟象俊 张增健总主编 冯豫册主编 2014年 第3版 97页 28 cm 25元〔"十二五"普通高等教育本科国家级规划教材〕(G. F. P.)

09379 309-10942
21世纪大学英语练习册 第2册
翟象俊 张增健总主编 冯豫册主编 2014年 第3版 142页 28 cm 25.50元〔"十二五"普通高等教育本科国家级规划教材〕(G. F. P.)

09380 309-10944
21世纪大学英语练习册 第3册
翟象俊 张增健总主编 冯豫 毛立群主编 2015年 第3版 151页 28 cm 25元〔"十二五"普通高等教育本科国家级规划教材〕(G. F. P.)

09381 309-10943
21世纪大学英语练习册 第4册
翟象俊 张增健总主编 余建中 毛立群主编 2015年 第3版 136页 28 cm 25元〔"十二五"普通高等教育本科国家级规划教材〕(G. F. P.)

09382 309-15307
21世纪大学英语练习册(第4版)第2册 A版
冯豫主编 2020年 98页 26 cm 25元 (P.)

09383 309-09635
21世纪大学英语(S版)综合练习1
翟象俊 余建中 陈永捷总主编 余建中 姜荷梅册主编 2013年 139页 26 cm 28元〔"十二五"普通高等教育本科国家级规划教材〕(G. F. P.)

09384 309-09534
21世纪大学英语(S版)综合练习2
翟象俊 陈永捷 余建中总主编 余建中 闵祖传 姜威册主编 2013年 153页 26 cm 28元〔"十二五"普通高等教育本科国家级规划教材 21世纪大学英语(S版)系列教材〕(G. F. P.)

09385 309-09799
21世纪大学英语(S版)综合练习3
翟象俊 余建中 陈永捷总主编 余建中 姜荷梅 闵祖传册主编 2014年 155页 26 cm 29元〔"十二五"普通高等教育本科国家级规划教材〕(G. F. P.)

09386 309-09802
21世纪大学英语(S版)综合练习4
翟象俊 陈永捷 余建中总主编 余建中 姜荷梅册主编 2013年 155页 26 cm 29元〔"十二五"普通高等教育本科国家级规划教材〕(G. F. P.)

09387 309-10373
21世纪实用英语综合练习1
翟象俊等总主编 余建中 袁平 沈银珍主编 2014年 137页 26 cm 29元〔"十二五"职业教育国家规划教材 复旦卓越·英语系列〕(G. F. P.)

09388 309-10370
21世纪实用英语综合练习2
余建中 李鹰 常淑丽主编 2014年 139页 26 cm 28元〔"十二五"职业教育国家规划教材 翟象俊等主编〕(G. F. P.)

09389 309-10367
21世纪实用英语综合练习3
周明芳 方芳 陈晓主编 2014年 159页 26 cm 28.50元〔"十二五"职业教育国

家规划教材 翟象俊等总主编〕(G. F. P.)

09390 309-10381

21 世纪实用英语综合练习 4

宋梅 周淑华 万田华主编 2015 年 158 页 26 cm 29.50 元〔"十二五"职业教育国家规划教材 翟象俊等总主编〕(G. F. P.)

09391 309-14719

21 世纪实用英语(第 2 版)综合练习 4

宋梅 南明芳 杨杰册主编 2020 年 156 页 26 cm 32 元 (P.)

09392 309-14358

21 世纪实用英语综合练习 1

翟象俊等总主编 董宏乐 龙婷 芦文辉册主编 2019 年 第 2 版 135 页 26 cm 32 元〔"十二五"职业教育国家规划教材 21 世纪实用英语(第 2 版)系列教材〕(G. F. P.)

09393 309-14425

21 世纪实用英语综合练习 2

董宏乐 黎瑛 辛琳册主编 2019 年 第 2 版 138 页 26 cm 32 元〔"十二五"职业教育国家规划教材 翟象俊等主编 21 世纪实用英语(第 2 版)系列教材 满足 21 世纪对高校人才要求的英语立体化教材〕(G. F. P.)

09394 309-14722

21 世纪实用英语综合练习 3

余建中 陈道胜 张严心册主编 2020 年 第 2 版 161 页 26 cm 32 元〔"十二五"职业教育国家规划教材 翟象俊等主编〕(G. P.)

09395 309-09575

全新版 21 世纪大学英语练习册 1

翟象俊 张增健 余建中总主编 2013 年 158 页 26 cm 25 元〔"十二五"普通高等教育本科国家级规划教材〕(G. F. P.)

09396 309-09576

全新版 21 世纪大学英语练习册 2

翟象俊 张增健 余建中总主编 2013 年 163 页 26 cm 25 元〔"十二五"普通高等教育本科国家级规划教材〕(G. F. P.)

09397 309-09577

全新版 21 世纪大学英语练习册 3

翟象俊 张增健 余建中总主编 2013 年 170 页 26 cm 26 元〔"十二五"普通高等教育本科国家级规划教材〕(G. F. P.)

09398 309-09578

全新版 21 世纪大学英语练习册 4

翟象俊 张增健 余建中总主编 2013 年 170 页 26 cm 26 元〔"十二五"普通高等教育本科国家级规划教材〕(G. F. P.)

09399 309-07113

新 21 世纪大学英语综合练习 1

翟象俊 张增健 余建中总主编 2010 年 158 页 23 cm 20 元〔新 21 世纪大学英语系列教材 普通高等教育"十一五"国家级规划教材〕(G. F. P.)

09400 309-07176

新 21 世纪大学英语综合练习 2

翟象俊 张增健 余建中总主编 季佩英 范烨册主编 2010 年 163 页 23 cm 22 元〔普通高等教育"十一五"国家级规划教材〕(G. F. P.)

09401 309-07175

新 21 世纪大学英语综合练习 3

季佩英 范烨主编 2011 年 170 页 23 cm

22 元〔普通高等教育"十一五"国家级规划教材 新21世纪大学英语 翟象俊 张增健 余建中总主编〕(G. F. P.)

09402 309-07183
新21世纪大学英语综合练习 4
翟象俊 张增健 余建中总主编 季佩英 范烨册主编 2011年 170页 23 cm 26元〔普通高等教育"十一五"国家级规划教材〕(G. F. P.)

09403 309-03810
新编大学英语六级考试实考试卷详解 1999—2003
张国荣主编 2003年 192页 26 cm 17元〔大学英语测试系列〕(G. F. P.)

09404 309-03429
最新大学英语四级考试实考试卷详解 1998—2002
张国荣主编 2002年 283页 26 cm 24元〔大学英语测试系列〕(G. F. P.)

09405 309-09078
英语难题解析
张同乐编著 2012年 443页 21 cm 30元 (G. F. P.)

09406 309-10537
新潮大学英语新练习与测试 第1册
张喜华总主编 韩甲祥主编 2015年 116页 26 cm 29元〔普通高等学校"十二五"精品规划教材〕(G. P.)

09407 309-10538
新潮大学英语新练习与测试 第2册
张喜华总主编 邓龙高主编 2015年 103页 26 cm 29元〔普通高等学校"十二五"精品规划教材〕(G. P.)

09408 309-11266
新潮大学英语新练习与测试 第3册
张喜华总主编 韩甲祥册主编 2015年 118页 26 cm 29元〔普通高等学校"十二五"精品规划教材〕(G. P.)

09409 309-11474
新潮大学英语新练习与测试 第4册
张喜华总主编 邓龙高主编 2015年 108页 26 cm 29元〔普通高等学校"十二五"精品规划教材〕(G. P.)

09410 309-02662
全国公共英语等级考试(PETS)第一级模拟试卷
张永安 张永年编著 2001年 168页 26 cm 15元 (G. F. P.)

09411 309-07013
21世纪大学英语四级测试强化训练模拟题 快速阅读
张增健主编 2010年 108页 28 cm 15元 (F. P.)

09412 309-03380
21世纪大学英语一级同步训练
张祝祥主编 2002年 175页 23 cm 18元 (G. F. P.)

09413 309-03542
21世纪大学英语二级同步训练
张祝祥主编 2003年 187页 23 cm 18元 (G. F. P.)

09414 309-03310
21世纪大学英语三级同步训练
张祝祥主编 2002年 179页 23 cm 17元 (G. F. P.)

09415 309-03552

21 世纪大学英语四级同步训练

张祝祥主编 2003 年 180 页 23 cm 18 元 (G. F. P.)

09416 309-03257

考研英语综合复习指导

钟鸣等编著 2002 年 422 页 23 cm 36 元〔博闻考研系列〕(G. F. P.)

09417 309-07138

21 世纪大学新英语练习册 2

邹申 陈永捷总主编 尹苏册主编 2010 年 125 页 28 cm 18 元〔21 世纪大学新英语系列 普通高等教育"十一五"国家级规划教材〕(G. F. P.)

09418 309-07139

21 世纪大学新英语练习册 3

邹申总主编 2010 年 124 页 28 cm 18 元〔21 世纪大学新英语系列 普通高等教育"十一五"国家级规划教材〕(G. F. P.)

09419 309-07149

21 世纪大学新英语练习册 4

邹申总主编 李战子册主编 2010 年 133 页 28 cm 20 元〔普通高等教育"十一五"国家级规划教材 21 世纪大学新英语系列〕(G. F. P.)

09420 309-07151

21 世纪大学新英语练习册 5

邹申总主编 王美娣（美）Vladimir Ostapowicz 册主编 2011 年 153 页 28 cm 25 元〔普通高等教育"十一五"国家级规划教材 21 世纪大学新英语系列〕(G. F. P.)

09421 309-07137

21 世纪大学新英语练习册 1

邹申总主编 邱东林册主编 2011 年 117 页 28 cm 18 元〔普通高等教育"十一五"国家级规划教材〕( )

09422 309-10215

21 世纪大学新英语练习册 1

邹申总主编 邱东林册主编 2014 年 第 2 版 117 页 28 cm 20 元〔"十二五"普通高等教育本科国家级规划教材 21 世纪大学新英语系列〕(G. F. P.)

09423 309-10306

21 世纪大学新英语练习册 2

邹申总主编 尹苏册主编 2014 年 第 2 版 141 页 28 cm 20 元〔"十二五"普通高等教育本科国家级规划教材 21 世纪大学新英语系列〕(G. F. P.)

09424 309-10217

21 世纪大学新英语练习册 3

邹申总主编 邱东林册主编 2014 年 第 2 版 146 页 29 cm 20 元〔"十二五"普通高等教育本科国家级规划教材 21 世纪大学新英语系列〕(G. F. P.)

09425 309-10298

21 世纪大学新英语练习册 4

邹申总主编 李战子册主编 2014 年 第 2 版 150 页 28 cm 22 元〔"十二五"普通高等教育本科国家级规划教材 21 世纪大学新英语系列〕(G. F. P.)

09426 309-10446

21 世纪大学新英语练习册 5

邹申总主编 王美娣（美）Vladimir Ostapowicz 册主编 2014 年 第 2 版 174 页 28 cm 29 元〔"十二五"普通高等教育本科国家级规划教材〕(G. F. P.)

09427 309-06432

大学英语四级考试讲座与真题

复旦大学四、六级考试真题研究组编
2009年 204页 26 cm 28元 (G. F. P.)

09428 309-02858

牛津商务英语教程(中国版) 成功会谈

(英) Jeremy Comfort 著 陈苏东等改编
2001年 116页 28 cm 20元 (G. F. P.)

09429 309-02882

牛津商务英语教程(中国版) 成功会谈(教师参考书)

(英) Jeremy Comfort 著 陈苏东等改编
2001年 45页 28 cm 10元 (F. P.)

09430 309-02841

牛津商务英语教程(中国版) 成功交际

(英) Jeremy Comfort 著 陈苏东等改编
2001年 110页 28 cm 20元 (G. F. P.)

09431 309-02880

牛津商务英语教程(中国版) 成功交际(教师参考书)

(英) Jeremy Comfort 著 陈苏东总改编
2001年 46页 28 cm 10元 (G. F. P.)

09432 309-02857

牛津商务英语教程(中国版) 成功谈判

(英) Jeremy Comfort 著 陈苏东等改编
2001年 128页 28 cm 20元 (G. F. P.)

09433 309-02884

牛津商务英语教程(中国版) 成功谈判教师参考书

(英) Jeremy Comfort 著 陈苏东等改编
2001年 59页 28 cm 10元 (G. F. P.)

09434 309-02847

牛津商务英语教程(中国版) 成功通话

(英) Jeremy Comfort 著 陈苏东总改编
2001年 123页 28 cm 20元 (G. F. P.)

09435 309-02879

牛津商务英语教程(中国版) 成功通话(教师参考书)

(英) Jeremy Comfort 著 陈苏东等改编
2001年 53页 28 cm 10元 (G. F. P.)

09436 309-02852

牛津商务英语教程(中国版) 成功演讲

(英) Jeremy Comfort 著 陈苏东等改编
2001年 115页 28 cm 20元 (G. F. P.)

09437 309-02885

牛津商务英语教程(中国版) 成功演讲教师参考书

(英) Jeremy Comfort 著 陈苏东等改编
2001年 46页 28 cm 10元 (G. F. P.)

09438 309-00300

美国英语听音新教程

(美) Joan Morley 主编 1990年 241页
19 cm 3元 (G. F.)

09439 309-02684

上班族英语会话 1

(美) Mary McSwain (美) Bonnie Morihara
著 2000年 458页 21 cm 48元〔最新当代英语课程系列〕(G. F. P.)

09440 309-02685

上班族英语会话 2

(美) Mary McSwain (美) Bonnie Morihara
著 2000年 515页 21 cm 34元〔最新当代英语课程系列〕(G. F. P.)

09441 309-02686

上班族英语会话 3
（美）Mary McSwain（美）Bonnie Morihara 著 2000 年 516 页 21 cm 48 元〔最新当代英语课程系列〕(G. F. P.)

09442 309-03031
最新活用英语会话精编 处事应急篇
（美）Mary McSwain（美）Bonnie Morihara 著 2001 年 516 页 21 cm 29 元 (G. F. P.)

09443 309-03029
最新活用英语会话精编 日常生活篇
（美）Mary McSwain（美）Bonnie Morihara 著 2001 年 458 页 21 cm 29 元 (G. F. P.)

09444 309-03030
最新活用英语会话精编 社交礼仪篇
（美）Mary McSwain（美）Bonnie Morihara 著 2001 年 515 页 21 cm 29 元 (G. F. P.)

09445 309-06541
21 世纪大学新英语视听说教程 1
白永权总主编 2009 年 139 页 28 cm 30 元〔21 世纪大学新英语系列〕(G. F.)

09446 309-06584
21 世纪大学新英语视听说教程 2
陈向京主编 2009 年 126 页 28 cm 30 元〔普通高等教育"十一五"国家级规划教材 21 世纪大学新英语系列 白永权总主编〕(G.)

09447 309-06635
21 世纪大学新英语视听说教程 3
郭海云总主编 李京平册主编 2009 年 176 页 28 cm 30 元〔普通高等教育"十一五"国家级规划教材〕(G.)

09448 309-06633
21 世纪大学新英语视听说教程 4
郭海云总主编 陈向京册主编 2009 年 135 页 28 cm 30 元〔普通高等教育"十一五"国家级规划教材〕(G.)

09449 309-07883
21 世纪大学新英语视听说教程 1
郭海云总主编 蒋学清册主编 2011 年 第 2 版 159 页 28 cm 33 元〔普通高等教育"十一五"国家级规划教材 21 世纪大学新英语系列〕(G. F. P.)

09450 309-07884
21 世纪大学新英语视听说教程 2
郭海云总主编 邵钦瑜册主编 2011 年 第 2 版 120 页 28 cm 33 元〔普通高等教育"十一五"国家级规划教材 21 世纪大学新英语系列〕(G. F. P.)

09451 309-07946
21 世纪大学新英语视听说教程 3
陈向京主编 2011 年 第 2 版 113 页 28 cm 33 元〔普通高等教育"十一五"国家级规划教材 21 世纪大学新英语系列 白永权总主编〕(G. F. P.)

09452 309-07949
21 世纪大学新英语视听说教程 4
郭海云总主编 李京平册主编 2011 年 第 2 版 124 页 28 cm 33 元〔普通高等教育"十一五"国家级规划教材 21 世纪大学新英语系列〕(G. F. P.)

09453 309-07951
21 世纪大学新英语视听说教程 5
陈向京主编 2011 年 第 2 版 108 页 28 cm 33 元〔普通高等教育"十一五"国家级规划教材 21 世纪大学新英语系列 白永权总主编〕(G. F. P.)

09454 309-14905

21世纪大学新英语视听说教程学生用书 2

李京平主编 2020年 第3版 147页 28 cm 48元〔"十二五"普通高等教育本科国家级规划教材 21世纪大学新英语视听说教程系列 白永权总主编〕(G. P.)

09455 309-14930

21世纪大学新英语视听说教程学生用书 3

陈向京 许梅主编 2020年 第3版 149页 28 cm 48元〔普通高等教育"十二五"本科国家级规划教材 21世纪大学新英语视听说教程系列 白永权总主编〕(G. P.)

09456 309-14932

21世纪大学新英语视听说教程学生用书 4

陈向京 卫朝霞主编 2020年 第3版 158页 28 cm 48元〔普通高等教育"十二五"本科国家级规划教材 21世纪大学新英语视听说教程系列 白永权总主编〕(G. P.)

09457 309-14857

21世纪大学新英语视听说教程学生用书 1

邵钦瑜主编 2020年 第3版 117页 28 cm 45元〔"十二五"普通高等教育本科国家级规划教材 21世纪大学新英语视听说教程系列 白永权总主编〕(G. P.)

09458 309-06102

实用英语口语教程 第1册

毕向群 李菊容主编 2008年 150页 23 cm 23元〔涉外护理专业英语系列 毕向群总主编〕(G. F. P.)

09459 309-06103

实用英语口语教程 第2册

毕向群 李菊容主编 2009年 189页 23 cm 25元〔涉外护理专业英语系列 毕向群总主编〕(G. F. P.)

09460 309-06821

物业管理英语口语

补爱华 陈培零编著 2009年 182页 23 cm 24元〔21世纪大学实用专业英语系列〕(G. F. P.)

09461 309-02394

全国大学英语四、六级统考指导 CET 口试

蔡基刚主编 1999年 197页 20 cm 10元 (G. F. P.)

09462 309-15251

零基础直达流利口语

蔡勇刚总主编 2020年 340页 26 cm 68元 (P.)

09463 309-07541

海南模拟导游实务英语教程

曹阳 孙博主编 2010年 238页 26 cm 28元 (G. F. P.)

09464 309-08104

21世纪实用英语口语教程 1

陈明娟总主编 陈文珊册主编 2011年 149页 23 cm 25元 (G. F. P.)

09465 309-11734

21世纪实用英语口语教程 1

陈明娟总主编 陈文珊册主编 2015年 第2版 149页 23 cm 29元〔复旦卓越·英语系列〕(G. F. P.)

09466 309-08243

21世纪实用英语口语教程 2

陈明娟总主编 谢永业册主编 2011年 159页 23 cm 25元〔复旦卓越·英语

系列〕(G. F. P.)

09467 309-11949
21 世纪实用英语口语教程 2
陈明娟总主编 谢永业册主编 2016 年 第 2 版 159 页 23 cm 29 元〔复旦卓越·英语系列〕(G. F. P.)

09468 309-08681
21 世纪实用英语口语教程 3
陈明娟总主编 陈文珊册主编 2012 年 164 页 23 cm 25 元〔复旦卓越·英语系列〕(G. F. P.)

09469 309-11735
21 世纪实用英语口语教程 3
陈明娟总主编 陈文珊册主编 2015 年 第 2 版 164 页 23 cm 29 元〔复旦卓越·英语系列〕(G. F. P.)

09470 309-08688
21 世纪实用英语口语教程 4
陈明娟总主编 陈明娟册主编 2012 年 169 页 23 cm 27 元〔复旦卓越·英语系列〕(G. F. P.)

09471 309-11950
21 世纪实用英语口语教程 4
陈明娟总主编 陈明娟册主编 2016 年 第 2 版 169 页 23 cm 28 元〔复旦卓越·英语系列〕(G. F. P.)

09472 309-06159
当代医学英语综合教程 Ⅰ 医学探索
陈社胜等主编 2008 年 270 页 23 cm 35 元〔复旦卓越·医学英语系列〕(G. F. P.)

09473 309-06914
当代医学英语综合教程 Ⅱ 关注健康
陈社胜等主编 2009 年 292 页 23 cm 38 元〔复旦卓越·医学英语系列〕(G. F. P.)

09474 309-08231
当代医学英语综合教程 Ⅲ 医学人文
陈社胜等主编 2011 年 318 页 23 cm 39 元〔复旦卓越·医学英语系列〕(G. F. P.)

09475 309-15042
叙事医学英语影像读写教程
陈社胜总主编 张宏斌等主编 2020 年 149 页 26 cm 42 元〔新医科英语"十三五"全国规划教材〕(G. P.)

09476 309-05247
医学英语视听说教程 Ⅰ 健康通识
陈社胜 戴月珍编著 2007 年 201 页 23 cm 30 元〔复旦博学·大学医学英语系列丛书〕(G. F. P.)

09477 309-05260
医学英语视听说教程 Ⅱ 医学教育与健康服务(含 CD-ROM 一张)
陈社胜 戴月珍编著 2007 年 232 页 23 cm 30 元 (F. P.)

09478 309-05261
医学英语视听说教程 Ⅲ 疾病预防与治疗
陈社胜 戴月珍编著 2007 年 217 页 23 cm 30 元〔复旦博学·大学医学英语系列丛书〕(G. F. P.)

09479 309-01206
商场情景英语
陈显钊主编 张翠英等编写 1994 年 284 页 20 cm 8.30 元 (G. F.)

09480 309-02936

研究生英语口语

程寅主编 2001年 297页 20 cm 15元（G. F. P.）

09481 309-06735

新编实用英语口语

党晨华主编 魏本超等编 2009年 243页 23 cm 25元（G. F. P.）

09482 309-02198

21世纪大学英语听说教程 第1册

复旦大学 上海交通大学主编 1999年 140页 23 cm 8.60元〔普通高等教育"九五"国家级重点教材〕（G. F. P.）

09483 309-02490

21世纪大学英语听说教程 第3册

翟象俊等主编 2000年 138页 23 cm 8.30元〔普通高等教育"九五"国家级重点教材〕（G. F. P.）

09484 309-11641

新视角大学英语听力教程1

高瑛 唐艳玲总主编 吴丽丽 张玉颖主编 2015年 118页 26 cm 30元〔"十二五"普通高等教育本科国家级规划教材 新视角大学英语系列〕（G. F. P.）

09485 309-11642

新视角大学英语听力教程2

高瑛 唐艳玲总主编 王颖 李宣颖主编 2015年 114页 26 cm 30元〔"十二五"普通高等教育本科国家级规划教材 新视角大学英语系列〕（G. F. P.）

09486 309-11643

新视角大学英语听力教程3

高瑛 唐艳玲总主编 孙晓黎 李采主编 2015年 128页 26 cm 30元〔"十二五"普通高等教育本科国家级规划教材 新视角大学英语系列〕（G. F. P.）

09487 309-11644

新视角大学英语听力教程4

高瑛 唐艳玲总主编 李漫 王落茹主编 2015年 142页 26 cm 30元〔"十二五"普通高等教育本科国家级规划教材 新视角大学英语系列〕（G. F. P.）

09488 309-08722

21世纪大学新英语视听说电影欣赏

郭海云主编 2012年 164页 28 cm 35元〔普通高等教育"十一五"国家级规划教材 21世纪大学新英语系列〕（G. F. P.）

09489 309-08721

21世纪大学新英语视听说电影欣赏教师参考书

郭海云主编 2012年 240页 28 cm 38元〔21世纪大学新英语系列 普通高等教育"十一五"国家级规划教材〕（G. F. P.）

09490 309-07295

21世纪大学新英语视听说基础教程

郭海云总主编 蒋学清主编 2010年 204页 28 cm 28元〔普通高等教育"十一五"国家级规划教材 21世纪大学新英语系列〕（G. F. P.）

09491 309-07294

21世纪大学新英语视听说基础教程教师参考书

郭海云总主编 蒋学清主编 2010年 272页 28 cm 33元〔普通高等教育"十一五"国家级规划教材 21世纪大学新英语系列〕（G. F. P.）

09492 309-01273

饭店情景英语

郭兆康主编 1991年(1994年重印) 452页 20 cm 9.90元 (P..)

09493 309-14379
21世纪大学英语口语初级教程教师用书

贺春英总主编 邹俊中册主编 2019年 180页 28 cm 48元〔"十二五"普通高等教育本科国家级规划教材 21世纪大学英语系列教材 翟象俊总主编〕(G. F. P.)

09494 309-14377
21世纪大学英语口语初级教程学生用书

贺春英总主编 彭楠册主编 2019年 178页 28 cm 48元〔"十二五"普通高等教育本科国家级规划教材 21世纪大学英语系列教材 翟象俊总主编〕(G. F. P.)

09495 309-14380
21世纪大学英语口语中级教程教师用书

贺春英总主编 赵海龙册主编 2019年 151页 28 cm 48元〔"十二五"普通高等教育本科国家级规划教材 21世纪大学英语系列教材 翟象俊总主编〕(G. F. P.)

09496 309-14378
21世纪大学英语口语中级教程学生用书

贺春英总主编 张泳册主编 2019年 148页 28 cm 48元〔"十二五"普通高等教育本科国家级规划教材 21世纪大学英语系列教材 翟象俊总主编〕(G. F. P.)

09497 309-09938
应用型大学英语口语教程

贺春英主编 2013年 268页 26 cm 40元 (G. F. P.)

09498 309-11948
应用型大学英语口语教程

贺春英主编 2016年 第2版 268页 26 cm 40元 (G. F. P.)

09499 309-13682
应用型大学英语口语教程

贺春英主编 2018年 第3版 286页 26 cm 45元 (G. F. P.)

09500 309-09931
应用型大学英语视听说教程 第1册

贺春英总主编 宋安宁 王美娣册主编 2013年 136页 26 cm 30元〔普通高等学校"十二五"精品规划教材〕(G. F. P.)

09501 309-09932
应用型大学英语视听说教程 第2册

贺春英总主编 郭磊 王美娣册主编 2013年 143页 26 cm 30元〔普通高等学校"十二五"精品规划教材〕(G. F. P.)

09502 309-09933
应用型大学英语视听说教程 第3册

贺春英总主编 杨迪 王美娣册主编 2013年 145页 26 cm 30元〔普通高等学校"十二五"精品规划教材〕(G. F. P.)

09503 309-09934
应用型大学英语视听说教程 第4册

贺春英总主编 彭楠 王美娣册主编 2013年 154页 26 cm 30元〔普通高等学校"十二五"精品规划教材〕(G. F. P.)

09504 309-09936
应用型大学英语视听说教程教师参考书 1—4册

贺春英总主编 薛东岩 赵一飞 王美娣主编 2013年 187页 26 cm 30元 (G. F. P.)

09505 309-14556

新闻英语听力教程
胡冰霞主编 2019年 162页 23 cm 35元 (G. F. P.)

09506 309-01220
新编美式惯用语听力理解
黄绍扬 黄哲编著 1993年 287页 20 cm 6.80元 (G. F.)

09507 309-01407
中级英语听能训练与测试
黄绍扬编著 1994年 140页 26 cm 6.50元〔中级英语系列丛书1〕(G. F.)

09508 309-01495
中级英语听能训练与测试2
黄绍扬编著 1995年 189页 26 cm 8.80元〔中级英语系列丛书1〕(G. F.)

09509 309-10383
21世纪实用英语视听说教程1
姜荷梅 徐旸 刘爽册主编 2014年 165页 26 cm 38元〔"十二五"职业教育国家规划教材〕(G. F. P.)

09510 309-10385
21世纪实用英语视听说教程2
梁正溜 陈曼倩 苏文颖主编 2014年 155页 26 cm 38元〔"十二五"职业教育国家规划教材 翟象俊等总主编〕(G. F. P.)

09511 309-10387
21世纪实用英语视听说教程3
梁正溜 王琪 谈永红册主编 2015年 167页 26 cm 38元〔"十二五"职业教育国家规划教材 翟象俊等总主编〕(G. F. P.)

09512 309-10389
21世纪实用英语视听说教程4
姜荷梅 徐旸 涂湘莹册主编 2014年 165页 26 cm 39元〔"十二五"职业教育国家规划教材 翟象俊等总主编〕(G. F. P.)

09513 309-10384
21世纪实用英语视听说教程教学参考书1
姜荷梅 徐旸 覃红主编 2014年 219页 26 cm 46元〔"十二五"职业教育国家规划教材 翟象俊等总主编〕(G. F. P.)

09514 309-10390
21世纪实用英语视听说教程教学参考书4
姜荷梅 徐旸 张玉琴主编 2015年 225页 26 cm 49元〔"十二五"职业教育国家规划教材 翟象俊等总主编〕(G. F. P.)

09515 309-13178
新潮大学英语听说综合教程 上册
蒋洪新总主编 谭福民册主编 2017年 168页 26 cm 42元〔普通高等学校"十三五"精品规划教材 新潮大学英语系列数字化教材〕(G. P.)

09516 309-13197
新潮大学英语听说综合教程 下册
蒋洪新总主编 李苗册主编 2017年 163页 26 cm 42元〔普通高等学校"十三五"精品规划教材 新潮大学英语系列数字化教材〕(G. P.)

09517 309-12379
英语专业口语教程1
蒋洪新主编 陈惠册主编 2016年 208页 26 cm 36元〔英语系列专业教材〕(G. F.)

09518 309-12380
英语专业口语教程2
蒋洪新主编 陈惠册主编 2016年 255页 26 cm 39元〔英语专业系列教材

(G. F. P.)

09519 309-07333

牛津商务英语教程(中国版·光盘版)成功会谈

(英)康福特(Jeremy Comfort)著 陈苏东总改编 陈苏东 韩冰本册改编 2010年 第2版 116页 28 cm 25元 (G. F. P.)

09520 309-07334

牛津商务英语教程(中国版·光盘版)成功通话

(英)康福特(Jeremy Comfort)著 陈苏东总改编 李平 张燕本册改编 2010年 第2版 123页 28 cm 25元 (G. F. P.)

09521 309-07335

牛津商务英语教程(中国版·光盘版)成功交际

(英)康福特(Jeremy Comfort)著 陈苏东总改编 李平 张翠萍本册改编 2010年 第2版 110页 28 cm 25元 (G. F. P.)

09522 309-07336

牛津商务英语教程(中国版·光盘版)成功谈判

(英)康福特(Jeremy Comfort)著 陈苏东总改编 王关富 宿玉荣本册改编 2010年 第2版 128页 28 cm 25元 (G. F. P.)

09523 309-07337

牛津商务英语教程(中国版·光盘版)成功演讲

(英)Jeremy Comfort著 陈苏东总改编 2010年 115页 27 cm 25元 (P.)

09524 309-02944

英语中级口译资格证书考试综合指南

康志峰主编 2001年 229页 26 cm 21元 〔21世纪上海紧缺人才培训工程教学辅导书〕(G. F. P.)

09525 309-08865

前景基础英语视听说教程1

李桂兰 徐小贞总主编 覃朗主编 2012年 137页 26 cm 36元 〔普通高等教育"十一五"国家级规划教材〕(G. F. P.)

09526 309-13048

前景基础英语视听说教程1

李桂兰 徐小贞总主编 2017年 第2版 139页 26 cm 42元 〔复旦卓越·职业教育公共英语教材 职业教育国家级精品课程〕(G. F. P.)

09527 309-08867

前景基础英语视听说教程2

李桂兰 徐小贞总主编 2012年 132页 26 cm 36元 〔复旦卓越·职业教育公共英语教材 职业教育国家级精品课程〕(G. F. P.)

09528 309-13222

前景基础英语视听说教程2

李桂兰 徐小贞总主编 2017年 第2版 132页 26 cm 42元 〔复旦卓越·职业教育公共英语教材 职业教育国家级精品课程〕(G. F. P.)

09529 309-08869

前景基础英语视听说教程3

李桂兰 徐小贞总主编 2013年 120页 26 cm 38元 〔复旦卓越·职业教育公共英语教材 职业教育国家级精品课程〕(G. F. P.)

09530 309-13522

前景基础英语视听说教程3

李桂兰 徐小贞总主编 2018 年 第 2 版 136 页 26 cm 42 元〔复旦卓越·职业教育公共英语教材 职业教育国家级精品课程〕(G. F. P.)

09531 309-08871

前景基础英语视听说教程 4

李桂兰 徐小贞总主编 2013 年 127 页 26 cm 39 元〔复旦卓越·职业教育公共英语教材 职业教育国家级精品教材〕(G. F. P.)

09532 309-13523

前景基础英语视听说教程 4

李桂兰 徐小贞总主编 2019 年 第 2 版 127 页 26 cm 42 元〔复旦卓越·职业教育公共英语教材 职业教育国家级精品课程〕(G. F. P.)

09533 309-08866

前景基础英语视听说教程教学参考书 1

李桂兰 徐小贞总主编 覃朗主编 2012 年 269 页 26 cm 70 元〔复旦卓越·职业教育公共英语教材〕(G. F. P.)

09534 309-13049

前景基础英语视听说教程教学参考书 1

李桂兰 徐小贞总主编 白雪主编 2017 年 第 2 版 281 页 26 cm 90 元〔复旦卓越·职业教育公共英语教材 职业教育国家级精品课程〕(G. F. P.)

09535 309-08868

前景基础英语视听说教程教学参考书 2

李桂兰 徐小贞总主编 2012 年 275 页 26 cm 70 元〔复旦卓越·职业教育公共英语教材 职业教育国家级精品课程〕(G. F. P.)

09536 309-13223

前景基础英语视听说教程教学参考书 2

李桂兰 徐小贞总主编 2017 年 第 2 版 289 页 26 cm 90 元〔复旦卓越·职业教育公共英语教材 职业教育国家级精品课程〕(G. F. P.)

09537 309-08870

前景基础英语视听说教程教学参考书 3

李桂兰 徐小贞总主编 2013 年 243 页 26 cm 70 元〔复旦卓越·职业教育公共英语教材 职业教育国家级精品课程〕(G. F. P.)

09538 309-13524

前景基础英语视听说教程教学参考书 3

李桂兰 徐小贞总主编 2018 年 第 2 版 291 页 26 cm 90 元〔复旦卓越·职业教育公共英语教材 职业教育国家级精品课程〕(G. P.)

09539 309-08872

前景基础英语视听说教程教学参考书 4

李桂兰 徐小贞总主编 2013 年 265 页 26 cm 70 元〔复旦卓越·职业教育公共英语教材 职业教育国家级精品课程〕(G. F. P.)

09540 309-13525

前景基础英语视听说教程教学参考书 4

李桂兰 徐小贞总主编 2019 年 第 2 版 307 页 26 cm 90 元〔复旦卓越·职业教育公共英语教材 职业教育国家级精品课程〕(G. F. P.)

09541 309-14224

当代医学英语综合教程 I 医学探索

陈社胜总主编 万艳等主编 2019 年 第 2 版 133 页 26 cm 36 元〔复旦博学·当

代医学英语系列 陈社胜总主编〕（G. F. P.）

09542 309-11505

当代医学英语综合教程 Ⅱ 关注健康
陈社胜总主编 曲丽娟 高峰主编 2015年 第2版 228页 26 cm 45元〔复旦博学·当代医学英语系列 陈社胜总主编〕（G. F. P.）

09543 309-13586

当代医学英语综合教程 Ⅲ 医学人文
陈社胜总主编 李岩 孙志楠主编 2018年 第2版 196页 26 cm 48元〔复旦博学·当代医学英语系列〕（G. F. P.）

09544 309-07606

医学英语口语教程
梁琦慧 邹德芳主编 2011年 166页 21 cm 22元（G. F. P.）

09545 309-11672

21世纪大学英语视听说教程 第1册
梁正溜主编 2015年 第3版 124页 28 cm 35元〔"十二五"普通高等教育本科国家级规划教材〕（G. F. P.）

09546 309-11728

21世纪大学英语视听说教程 第2册
梁正溜主编 2015年 第3版 154页 28 cm 38元〔"十二五"普通高等教育本科国家级规划教材〕（G. F. P.）

09547 309-11683

21世纪大学英语视听说教程教师参考书1
梁正溜主编 2015年 第3版 143页 28 cm 38元〔"十二五"普通高等教育本科国家级规划教材 21世纪大学英语系列〕（G. F. P.）

09548 309-11729

21世纪大学英语视听说教程教师参考书2
梁正溜主编 2015年 第3版 184页 28 cm 40元〔"十二五"普通高等教育本科国家级规划教材 21世纪大学英语系列〕（G. F. P.）

09549 309-12303

21世纪大学英语视听说教程教师参考书3
王美娣（美）Vladimir Ostapowicz主编 2016年 第3版 213页 28 cm 40元〔"十二五"普通高等教育本科国家级规划教材 21世纪大学英语系列〕（G. F. P.）

09550 309-12310

21世纪大学英语视听说教程教师参考书4
王美娣（美）Vladimir Ostapowicz主编 2016年 第3版 219页 26 cm 40元〔"十二五"普通高等教育本科国家级规划教材〕（G. F. P.）

09551 309-10386

21世纪实用英语视听说教程教学参考书2
梁正溜 李秀明 杜鹦主编 2014年 193页 26 cm 45元〔"十二五"职业教育国家规划教材 翟象俊等总主编〕（G. F. P.）

09552 309-10388

21世纪实用英语视听说教程教学参考书3
梁正溜 李思阳 程七品主编 2015年 203页 26 cm 45元〔"十二五"职业教育国家规划教材 翟象俊等总主编〕（G. F. P.）

09553 309-09567

全新版21世纪大学英语视听说教程1
梁正溜主编 2013年 92页 26 cm 30元〔"十二五"普通高等教育本科国家级规划教材〕（G. F. P.）

09554 309-09568

全新版21世纪大学英语视听说教程2

梁正溜主编 2013年 144页 26 cm 35元〔"十二五"普通高等教育本科国家级规划教材〕(G. F. P.)

09555 309-09569

全新版21世纪大学英语视听说教程3

王美娣（美）Vladimir Ostapowicz主编 2013年 145页 26 cm 30元〔"十二五"普通高等教育本科国家级规划教材〕(G. F. P.)

09556 309-09570

全新版21世纪大学英语视听说教程4

王美娣（美）Vladimir Ostapowicz主编 2013年 148页 26 cm 35元〔"十二五"普通高等教育本科国家级规划教材〕(G. F. P.)

09557 309-09571

全新版21世纪大学英语视听说教师参考书1

梁正溜主编 2013年 120页 26 cm 35元〔"十二五"普通高等教育本科国家级规划教材〕(G. F. P.)

09558 309-09572

全新版21世纪大学英语视听说教师参考书2

梁正溜主编 2013年 193页 26 cm 40元〔"十二五"普通高等教育本科国家级规划教材〕(G. F. P.)

09559 309-09573

全新版21世纪大学英语视听说教师参考书3

王美娣（美）Vladimir Ostapowicz主编 2013年 233页 26 cm 40元〔"十二五"普通高等教育本科国家级规划教材〕(G. F. P.)

09560 309-09574

全新版21世纪大学英语视听说教师参考书4

王美娣（美）Vladimir Ostapowicz主编 2013年 241页 26 cm 40元〔"十二五"普通高等教育本科国家级规划教材〕(G. F. P.)

09561 309-08326

新21世纪大学英语视听说教程1

梁正溜编著 2011年 101页 23 cm 30元〔普通高等教育"十一五"国家级规划教材〕(G. F. P.)

09562 309-08616

新21世纪大学英语视听说教程2

梁正溜编著 2012年 163页 23 cm 35元〔普通高等教育"十一五"国家级规划教材〕(G. F. P.)

09563 309-08405

新21世纪大学英语视听说教程3

王美娣（美）Vladimir Ostapowicz主编 2011年 166页 23 cm 35元〔普通高等教育"十一五"国家级规划教材〕(G. F.)

09564 309-08578

新21世纪大学英语视听说教程4

王美娣（美）Vladimir Ostapowicz主编 2012年 169页 23 cm 35元〔普通高等教育"十一五"国家级规划教材〕(G. F. P.)

09565 309-08324

新21世纪大学英语视听说教师参考书1

梁正溜编著 2011年 120页 23 cm 35元〔普通高等教育"十一五"国家级规划教材〕(G. F. P.)

09566 309-08615
新21世纪大学英语视听说教师参考书 2
梁正溜编著 2012年 193页 23 cm 40元〔普通高等教育"十一五"国家级规划教材〕(G. F. P.)

09567 309-08404
新21世纪大学英语视听说教师参考书 3
王美娣 (美) Vladimir Ostapowicz 主编 2011年 233页 23 cm 40元〔普通高等教育"十一五"国家级规划教材〕(G. F. P.)

09568 309-08588
新21世纪大学英语视听说教师参考书 4
王美娣 (美) Vladimir Ostapowicz 主编 2012年 241页 23 cm 40元〔新21世纪大学英语系列教材 普通高等教育"十一五"国家级规划教材〕(G. F. P.)

09569 309-06470
研究生英语视听说教程
林美玟等主编 2009年 89页 23 cm 18元〔复旦博学·研究生英语系列〕(G. F. P.)

09570 309-05140
新趋势大学英语·听说教程 第1册
刘宝才 陈望波主编 2006年 89页 23 cm 15元 (G. F. P.)

09571 309-05319
新趋势大学英语·听说教程 第2册
涂丽萍 李委清主编 2007年 105页 23 cm 18元 (G. F. P.)

09572 309-05291
新趋势大学英语·听说教程 第3册
唐斌 肖群主编 2006年 96页 23 cm 18元 (G. F. P.)

09573 309-05339
新趋势大学英语·听说教程 第4册
谢葆辉 黄利玲主编 2007年 110页 23 cm 18元 (G. F. P.)

09574 309-06481
商务英语口语 上册
刘超先总主编 2009年 214页 23 cm 29元〔实用商务英语系列教材〕(G. F. P.)

09575 309-06482
商务英语口语 下册
刘超先总主编 刘永红 陈友良册主编 2009年 220页 23 cm 28元〔实用商务英语系列教材〕(G. F. P.)

09576 309-04772
航海英语听说教程 船员生活口语
刘岗主编 2005年 229页 26 cm 23元〔航海类院校高职高专教材〕(G. F. P.)

09577 309-07864
航海英语听说教程 航员生活口语
刘岗著 2010年 209页 26 cm 28元〔普通高等教育"十一五"国家级规划教材 航海类院校高职高专教材〕(G. P.)

09578 309-07930
航海英语听说教程 驾驶员业务会话
刘岗主编 2010年 229页 26 cm 35元〔航海类院校高职高专教材〕(G. F. P.)

09579 309-02372
英语非常听力

刘国庆编著 1999年 238页 20 cm 11元 (G. F. P.)

09580 309-07079
中国大学生英语口语分析性评估体系的构建与效验
刘芹著 2010年 289页 21 cm 20元 (G. F. P.)

09581 309-05370
加速英语口语 第1册
刘艳 Anna Trott 段金惠主编 2007年 117页 23 cm 18元 (G. F.)

09582 309-07722
加速英语口语 第1册
刘艳等主编 2010年 第2版 129页 23 cm 20元〔云南省"十二五"规划教材〕(G. F. P.)

09583 309-05371
加速英语口语 第2册
刘艳 Anna Trott 段金惠主编 2007年 144页 23 cm 20元 (G. F.)

09584 309-07723
加速英语口语 第2册
刘艳等主编 2010年 第2版 161页 23 cm 22元〔云南省"十二五"规划教材〕(G. F. P.)

09585 309-09667
当代医学英语视听说教程 I 健康促进
龙芸 张淑卿主编 2013年 220页 26 cm 45元〔复旦博学·当代医学英语系列 高等院校专门用途英语教材〕(G. F. P.)

09586 309-09827
当代医学英语视听说教程 II 健康管理
宋军 苏柳燕主编 2013年 211页 26 cm 45元〔复旦博学·当代医学英语系列 高等院校专门用途英语教材陈社胜总主编〕(G. F. P.)

09587 309-09429
英语听力基础训练教程 第1册
陆翠华 匙为主编 2013年 第2版 386页 23 cm 45元〔涉外护理专业英语系列 毕向群总主编〕(G. F. P.)

09588 309-08498
实用英语自主听说 上册
罗道茂 黄国英总主编 杨健册主编 2011年 179页 23 cm 26元〔高职高专实用英语系列〕(G. F. P.)

09589 309-08593
实用英语自主听说 下册
罗道茂 黄国英总主编 欧昌清册主编 2011年 192页 23 cm 27元〔高职高专实用英语系列〕(G. F.)

09590 309-05908
新潮大学英语实用听说教程 第1册
罗德芬主编 2008年 225页 23 cm 32元〔高等学校大学英语系列教材〕(G. F. P.)

09591 309-05920
新潮大学英语实用听说教程 第2册
罗德芬主编 2008年 237页 23 cm 28元〔高等学校大学英语系列教材〕(G. F. P.)

09592 309-04604
医生诊疗英语会话
(匈)玛丽亚(Mária Györffy)原著 曾广翘中文版编译 2005年 339页 23 cm 32元 (G. F. P.)

09593 309-06890

21世纪职场英语1 电子信息类
邱立中主编 2009年 189页 23 cm 29元〔21世纪职场英语系列教材〕(G. F. P.)

09594 309-03925
英语交际能力与策略
苏承志主编 2004年 200页 23 cm 18元〔高校英语专业系列教材〕(G. F. P.)

09595 309-04745
医学英语术语学及应用
孙庆祥编著 2005年 317页 23 cm 36元〔复旦博学·大学医学英语系列丛书〕(G. F. P.)

09596 309-03140
雅思口语考试金典
陶莉主编 2002年 217页 26 cm 19元〔成功之路系列丛书〕(G. F. P.)

09597 309-08146
21世纪大学英语应用型视听说教程1
陶文好 邹申 汪榕培总主编 吕红波 李凌云册主编 2011年 171页 28 cm 35元〔普通高等教育"十一五"国家级规划教材〕(G. F. P.)

09598 309-08147
21世纪大学英语应用型视听说教程2
陶文好 汪榕培 邹申总主编 吕红波 李凌云册主编 2012年 166页 28 cm 38元〔普通高等教育"十一五"国家级规划教材〕(G. F. P.)

09599 309-08148
21世纪大学英语应用型视听说教程3
汪榕培 石坚 邹申总主编 张德玉等册主编 2012年 149页 28 cm 39元〔普通高等教育"十一五"国家级规划教材〕(G. F. P.)

09600 309-08149
21世纪大学英语应用型视听说教程4
汪榕培 石坚 邹申总主编 2013年 208页 28 cm 39元〔普通高等教育"十一五"国家级规划教材〕(G. F. P.)

09601 309-08923
21世纪大学英语应用型视听说教程1
汪榕培 陶文好 邹申总主编 吕红波 李凌云册主编 2012年 171页 28 cm 35元 (G. F.)

09602 309-08922
21世纪大学英语应用型视听说教程2
汪榕培 陶文好 邹申总主编 吕红波 李凌云册主编 2012年 166页 28 cm 38元 (G. F.)

09603 309-08921
21世纪大学英语应用型视听说教程3
汪榕培 石坚 邹申总主编 张德玉等册主编 2012年 149页 28 cm 38元 (G. F.)

09604 309-08920
21世纪大学英语应用型视听说教程4
汪榕培 石坚 邹申总主编 李修江 张德玉 陕雪梅主编 2013年 208页 28 cm 38元〔21世纪大学英语应用型系列〕(G. F.)

09605 309-08150
21世纪大学英语应用型视听说教程教学参考书1
陶文好 邹申 汪榕培总主编 吕红波 李凌云册主编 2011年 280页 28 cm 70元〔普通高等教育"十一五"国家级规划教材〕(G. F. P.)

09606 309-08151

21世纪大学英语应用型视听说教程教学参考书2

陶文好 汪榕培 邹申总主编 吕红波 李凌云册主编 2012年 287页 28 cm 70元〔普通高等教育"十一五"国家级规划教材〕(G. F. P.)

09607 309-01505

大学英语听力强化训练

汪梅琼 吴江编著 1995年 296页 20 cm 10元 (G. F. P.)

09608 309-10224

21世纪大学英语应用型视听说教程1

汪榕培 石坚 邹申总主编 2014年 第2版 171页 28 cm 39元〔"十二五"普通高等教育本科国家级规划教材〕(G. F. P.)

09609 309-10266

21世纪大学英语应用型视听说教程2

汪榕培 石坚 邹申总主编 2014年 第2版 166页 28 cm 39元〔"十二五"普通高等教育本科国家级规划教材〕(G. F. P.)

09610 309-10265

21世纪大学英语应用型视听说教程3

汪榕培 石坚 邹申总主编 2015年 第2版 149页 29 cm 42元〔"十二五"普通高等教育本科国家级规划教材〕(G. P.)

09611 309-10274

21世纪大学英语应用型视听说教程4

汪榕培 石坚 邹申总主编 2014年 第2版 208页 28 cm 39元〔"十二五"普通高等教育本科国家级规划教材〕(G. F. P.)

09612 309-12193

21世纪大学英语应用型视听说教程1

汪榕培 石坚 邹申总主编 2016年 第3版 171页 28 cm 45元〔"十二五"普通高等教育本科国家级规划教材〕(G. F. P.)

09613 309-12199

21世纪大学英语应用型视听说教程2

汪榕培 石坚 邹申总主编 2016年 第3版 166页 28 cm 45元〔"十二五"普通高等教育本科国家级规划教材〕(G. F. P.)

09614 309-12201

21世纪大学英语应用型视听说教程3

汪榕培 石坚 邹申总主编 2016年 第3版 149页 28 cm 45元〔"十二五"普通高等教育本科国家级规划教材〕(G. F. P.)

09615 309-12203

21世纪大学英语应用型视听说教程4

汪榕培 石坚 邹申总主编 2016年 第3版 208页 28 cm 45元〔"十二五"普通高等教育本科国家级规划教材〕(G. F. P.)

09616 309-13488

21世纪大学英语应用型视听说教程1

汪榕培 石坚 邹申总主编 2018年 第4版 134页 28 cm 52元〔"十二五"普通高等教育本科国家级规划教材 21世纪大学英语应用型系列教材〕(G. F. P.)

09617 309-13490

21世纪大学英语应用型视听说教程2

汪榕培 石坚 邹申总主编 2018年 第4版 142页 28 cm 52元〔"十二五"普通高等教育本科国家级规划教材 21世纪大学英语应用型系列教材〕(G. F. P.)

09618 309-13526

21世纪大学英语应用型视听说教程3

汪榕培 石坚 邹申总主编 2018年 第4

版 125 页 28 cm 52 元〔"十二五"普通高等教育本科国家级规划教材 21 世纪大学英语应用型系列教材〕(G. F. P.)

09619 309-13527
21 世纪大学英语应用型视听说教程 4
汪榕培 石坚 邹申总主编 2018 年 第 4 版 124 页 28 cm 52 元〔"十二五"普通高等教育本科国家级规划教材 21 世纪大学英语应用型系列教材〕(G. F. P.)

09620 309-08152
21 世纪大学英语应用型视听说教程教学参考书 3
汪榕培 石坚 邹申总主编 张德玉等册主编 2012 年 377 页 28 cm 80 元〔普通高等教育"十一五"国家级规划教材〕(G. F. P.)

09621 309-08153
21 世纪大学英语应用型视听说教程教学参考书 4
汪榕培 石坚 邹申总主编 2013 年 453 页 28 cm 80 元〔普通高等教育"十一五"国家级规划教材〕(G. F. P.)

09622 309-10225
21 世纪大学英语应用型视听说教程教学参考书 1
汪榕培 石坚 邹申总主编 2014 年 第 2 版 371 页 28 cm 80 元〔"十二五"普通高等教育本科国家级规划教材〕(G. F. P.)

09623 309-10264
21 世纪大学英语应用型视听说教程教学参考书 2
汪榕培 石坚 邹申总主编 2014 年 第 2 版 371 页 28 cm 80 元〔"十二五"普通高等教育本科国家级规划教材〕(G. F. P.)

09624 309-10268
21 世纪大学英语应用型视听说教程教学参考书 3
汪榕培 石坚 邹申总主编 2014 年 第 2 版 377 页 28 cm 80 元〔"十二五"普通高等教育本科国家级规划教材〕(G. F. P.)

09625 309-10273
21 世纪大学英语应用型视听说教程教学参考书 4
汪榕培 石坚 邹申总主编 2014 年 第 2 版 453 页 28 cm 80 元〔"十二五"普通高等教育本科国家级规划教材〕(G. F. P.)

09626 309-12194
21 世纪大学英语应用型视听说教程教学参考书 1
汪榕培 石坚 邹申总主编 2016 年 第 3 版 369 页 28 cm 100 元〔"十二五"普通高等教育本科国家级规划教材 21 世纪大学英语应用型系列教材〕(G. F. P.)

09627 309-12200
21 世纪大学英语应用型视听说教程教学参考书 2
汪榕培 石坚 邹申总主编 2016 年 第 3 版 369 页 28 cm 90 元〔"十二五"普通高等教育本科国家级规划教材〕(G. F. P.)

09628 309-12202
21 世纪大学英语应用型视听说教程教学参考书 3
汪榕培 石坚 邹申总主编 2016 年 第 3 版 377 页 28 cm 100 元〔"十二五"普通高等教育本科国家级规划教材〕(G. F. P.)

09629 309-12204
21 世纪大学英语应用型视听说教程教学参考书 4

汪榕培 石坚 邹申总主编 2016 年 第 3 版 449 页 28 cm 100 元〔"十二五"普通高等教育本科国家级规划教材 21 世纪大学英语应用型系列教材〕(G. F. P.)

09630 309-13489

21 世纪大学英语应用型视听说教程教学参考书 1

汪榕培 石坚 邹申总主编 2018 年 第 4 版 293 页 28 cm 100 元〔"十二五"普通高等教育本科国家级规划教材 21 世纪大学英语应用型系列教材〕(G. F. P.)

09631 309-13491

21 世纪大学英语应用型视听说教程教学参考书 2

汪榕培 石坚 邹申总主编 2018 年 第 4 版 299 页 28 cm 100 元〔"十二五"普通高等教育本科国家级规划教材 21 世纪大学英语应用型系列教材〕(G. F. P.)

09632 309-13528

21 世纪大学英语应用型视听说教程教学参考书 3

汪榕培 石坚 邹申总主编 2018 年 第 4 版 277 页 28 cm 100 元〔"十二五"普通高等教育本科国家级规划教材 21 世纪大学英语应用型系列教材〕(G. F. P.)

09633 309-13529

21 世纪大学英语应用型视听说教程教学参考书 4

汪榕培 石坚 邹申总主编 2018 年 第 4 版 289 页 28 cm 100 元〔"十二五"普通高等教育本科国家级规划教材 21 世纪大学英语应用型系列教材〕(G. F. P.)

09634 309-12223

21 世纪大学英语视听说教程 第 3 册

王美娣（美）Vladimir Ostapowicz 主编 2016 年 第 3 版 155 页 28 cm 35 元〔"十二五"普通高等教育本科国家级规划教材〕(G. F. P.)

09635 309-12309

21 世纪大学英语视听说教程 第 4 册

王美娣（美）Vladimir Ostapowicz 主编 2016 年 第 3 版 155 页 26 cm 35 元〔"十二五"普通高等教育本科国家级规划教材〕(G. F. P.)

09636 309-08407

大学英语四级考试听力 指津·实战

王美娣（美）Vladimir Ostapowicz 主编 2011 年 204 页 28 cm 29 元〔普通高等教育"十一五"国家级规划教材 21 世纪大学新英语系列〕(G. F. P.)

09637 309-09565

全新版 21 世纪大学英语基础视听说教程

王美娣（美）Vladimir Ostapowicz 主编 2013 年 159 页 26 cm 35 元〔"十二五"普通高等教育本科国家级规划教材〕(G. F. P.)

09638 309-09566

全新版 21 世纪大学英语基础视听说教师参考书

王美娣（美）Vladimir Ostapowicz 主编 2013 年 231 页 26 cm 45 元〔"十二五"普通高等教育本科国家级规划教材〕(G. F. P.)

09639 309-08955

新 21 世纪大学英语基础视听说教程

王美娣（美）Vladimir Ostapowicz 主编 2012 年 186 页 23 cm 35 元〔普通高等教育"十一五"国家级规划教材〕(G. F. P.)

09640 309-06734

新潮大学英语视听说教程 第1册

王美娣总主编 2010年 第2版 200页 26 cm 29元 (P.)

09641 309-06759

新潮大学英语视听说教程 第2册

王美娣总主编 2010年 第2版 200页 26 cm 29元 (P.)

09642 309-06761

新潮大学英语视听说教程 第3册

王美娣总主编 2010年 第2版 214页 26 cm 29元 (P.)

09643 309-06763

新潮大学英语视听说教程 第4册

王美娣总主编 2010年 第2版 220页 26 cm 29元 (P.)

09644 309-07703

新潮大学英语视听说教程 第1册

王美娣 (美) Vladimir Ostapowicz 总主编 王美娣 罗忠民 张喜华册主编 2011年 第3版 136页 26 cm 34元〔普通高等学校"十一五"精品规划教材〕(G. P.)

09645 309-07704

新潮大学英语视听说教程 第2册

王美娣 (美) Vladimir Ostapowicz 总主编 王美娣 粮建中 张平册主编 2011年 第3版 143页 26 cm 34元〔普通高等学校"十二五"精品规划教材〕(G. P.)

09646 309-07806

新潮大学英语视听说教程 第3册

王美娣 (美) Vladimir Ostapowicz 总主编 王美娣 刘明东 张萍册主编 2011年 第3版 145页 26 cm 34元〔普通高等学校"十一五"精品规划教材〕(G. P.)

09647 309-08023

新潮大学英语视听说教程 第4册

王美娣 (美) Vladimir Ostapowicz 总主编 王美娣 郑际根 汪国军册主编 2011年 第3版 154页 26 cm 34元〔普通高等学校"十一五"精品规划教材〕(G. P.)

09648 309-12786

新潮大学英语视听说教程 第1册

王美娣 (美) Vladimir Ostapowicz 总主编 王美娣 梁玉龙册主编 2017年 第4版 118页 26 cm 42元〔普通高等学校"十三五"精品规划教材 新潮大学英语系列数字化教材〕(G. P.)

09649 309-12787

新潮大学英语视听说教程 第2册

王美娣 (美) Vladimir Ostapowicz 总主编 王美娣 李幸册主编 2017年 第4版 126页 26 cm 42元〔普通高等学校"十三五"精品规划教材 新潮大学英语系列数字化教材〕(G. P.)

09650 309-12936

新潮大学英语视听说教程 第3册

王美娣 (美) Vladimir Ostapowicz 总主编 王美娣册主编 2017年 第4版 130页 26 cm 42元〔普通高等学校"十三五"精品规划教材 新潮大学英语系列数字化教材〕(G. P.)

09651 309-13021

新潮大学英语视听说教程 第4册

王美娣 (美) Vladimir Ostapowicz 总主编 王美娣册主编 2017年 第4版 130页 26 cm 42元〔普通高等学校"十三五"精品规划教材 新潮大学英语系列

数字化教材〕(G. P.)

09652 309-06840
新潮大学英语视听说教程教师用书
王美娣总主编 2009年 第2版 260页 26 cm 38元 (P.)

09653 309-07976
新潮大学英语视听说教程教师用书 第1—4册
王美娣（美）Vladimir Ostapowicz 总主编 2011年 第3版 187页 26 cm 38元〔普通高等学校"十一五"精品规划教材〕(G. P.)

09654 309-03999
新潮大学英语听说教程 第1册
王美娣主编 新潮大学英语编写组编 2004年 181页 23 cm 17元〔高等学校大学英语系列教材〕(G. F.)

09655 309-04126
新潮大学英语听说教程 第2册
王美娣主编 新潮大学英语编写组编 2004年 188页 23 cm 17元〔高等学校大学英语系列教材〕(G. F.)

09656 309-04239
新潮大学英语听说教程 第3册
王美娣主编 新潮大学英语编写组编 2004年 197页 23 cm 18元〔高等学校大学英语系列教材〕(G. F.)

09657 309-04393
新潮大学英语听说教程 第4册
王美娣主编 新潮大学英语编写组编 2005年 196页 23 cm 18元〔高等学校大学英语系列教材〕(G. F. P.)

09658 309-02139
研究生英语听力
王美娣 姜新荣编 1999年 391页 20 cm 16元 (G. F. P.)

09659 309-03178
研究生英语听力1
王美娣 吴建蘅编著 2002年 187页 23 cm 18元〔复旦博学·21世纪研究生系列教材〕(G. F. P.)

09660 309-11475
研究生英语听力1
王美娣（美）Vladimir Ostapowicz 主编 2015年 234页 23 cm 30元〔复旦博学·研究生英语系列〕(G. F. P.)

09661 309-03222
研究生英语听力2
王美娣 吴建蘅编著 2002年 162页 23 cm 15元〔复旦博学·21世纪研究生英语系列教材〕(G. F. P.)

09662 309-11476
研究生英语听力2
王美娣（美）Vladimir Ostapowicz 主编 2015年 223页 23 cm 30元〔复旦博学·研究生英语系列〕(G. F. P.)

09663 5627-0256
医学英语实用语法和翻译技巧
王重稼编著 1995年 793页 19 cm 精装 49元 (G. F.)

09664 309-15228
新选进阶大学英语视听说教程1
王琢丛书总主编 杨润秀总主编 王颖奕册主编 2020年 115页 25 cm 55元 (P.)

09665 309-12819

实用交际英语口语

向丁丁 季佩英主编 2017 年 131 页 23 cm 28 元 (G. F. P.)

09666 309-11487

大学英语听力基础训练

萧瑜 李才主编 2015 年 131 页 26 cm 28 元〔现代远程和网络教育大学英语系列教材〕(G. F. P.)

09667 309-14738

21 世纪大学英语视听高级教程

肖英主编 2020 年 213 页 28 cm 48 元〔"十二五"普通高等教育本科国家级规划教材〕(G. P.)

09668 309-11380

通用学术英语视听说教程

肖英著 2015 年 202 页 26 cm 35 元〔通用学术英语系列〕(G. F. P.)

09669 309-08621

高职英语视听说教程

肖英芳主编 2012 年 156 页 23 cm 25 元 (G. F. P.)

09670 309-09027

英语场景分类口语教程 第 1 册 校园生活

谢飒主编 2012 年 157 页 23 cm 25 元 (G. F. P.)

09671 309-04543

新潮大学英语口语教程

熊丽君主编 新潮大学英语编写组编 2006 年 2 册 23 cm 38 元〔高等学校大学英语系列教材〕(G. F.)

09672 309-06064

新潮大学英语口语教程 上册

熊丽君主编 新潮大学英语编写组编 2008 年 第 2 版 185 页 23 cm 23 元〔普通高等教育"十一五"国家级规划教材 高等学校大学英语系列教材〕(G. P.)

09673 309-08077

新潮大学英语口语教程 上册

熊丽君总主编 新潮大学英语编写组编 2011 年 第 3 版 162 页 26 cm 32 元〔普通高等教育"十一五"国家级规划教材 高等学校大学英语系列教材〕(G. P.)

09674 309-13005

新潮大学英语口语教程 上册

熊丽君总主编 柳晓辉主编 2017 年 第 4 版 146 页 26 cm 39 元〔普通高等教育"十一五"国家级规划教材 新潮大学英语系列数字化教材〕(G. P.)

09675 309-06086

新潮大学英语口语教程 下册

熊丽君主编 2008 年 第 2 版 185 页 23 cm 23 元〔普通高等教育"十一五"国家级规划教材 高等学校大学英语系列教材〕(G. P.)

09676 309-08103

新潮大学英语口语教程 下册

熊丽君总主编 柳晓辉册主编 2012 年 第 3 版 154 页 26 cm 34 元〔普通高等教育"十一五"国家级规划教材〕(G. P.)

09677 309-13166

新潮大学英语口语教程 下册

熊丽君总主编 柳晓辉主编 2017 年 第 4 版 154 页 26 cm 39 元〔普通高等教育"十一五"国家级规划教材 新潮大学英语系列数字化教材〕(G. P.)

09678 309-04053

考研英语听力高分突破

徐德明主编 2004年 132页 23 cm 15元 〔博闻考研系列〕(G. F. P.)

09679 309-01797

听力与听写

徐德明编著 1996年 183页 20 cm 8元 〔大学英语学习和应试技巧〕(G. F. P.)

09680 309-01611

经济英语听力教程

徐惠忠 孟俭编著 1996年 277页 20 cm 11.50元 〔国际商务英语系列教材〕(G. F. P.)

09681 309-08848

前景实用英语视听说教程 1

徐小贞总主编 张莹 李琴美册主编 2012年 111页 26 cm 35元 〔复旦卓越·高职高专公共英语教材 普通高等教育"十一五"国家级规划教材〕(G. F. P.)

09682 309-08850

前景实用英语视听说教程 2

徐小贞总主编 2013年 109页 26 cm 36元 〔复旦卓越·高职高专公共英语教材 职业教育国家级精品课程〕(G. F. P.)

09683 309-08852

前景实用英语视听说教程 3

徐小贞总主编 2013年 127页 26 cm 38元 〔复旦卓越·高职高专公共英语教材 职业教育国家级精品课程〕(G. F. P.)

09684 309-08854

前景实用英语视听说教程 4

徐小贞总主编 2014年 154页 26 cm 38元 〔复旦卓越·高职高专公共英语教材〕(G. F. P.)

09685 309-08849

前景实用英语视听说教程教学参考书 1

徐小贞总主编 张莹 李琴美主编 2012年 199页 26 cm 60元 〔复旦卓越·高职高专公共英语教材 普通高等教育"十一五"国家级规划教材〕(G. F. P.)

09686 309-08851

前景实用英语视听说教程教学参考书 2

徐小贞总主编 2013年 199页 26 cm 60元 〔复旦卓越·高职高专公共英语教材 职业教育国家级精品课程〕(G. F. P.)

09687 309-08853

前景实用英语视听说教程教学参考书 3

徐小贞总主编 2012年 223页 26 cm 60元 〔复旦卓越·高职高专公共英语教材 职业教育国家级精品课程〕(G. F. P.)

09688 309-08855

前景实用英语视听说教程教学参考书 4

徐小贞总主编 2014年 285页 26 cm 60元 〔复旦卓越·高职高专公共英语教材〕(G. F. P.)

09689 309-07909

前景实用英语综合教程 1

邹渝刚 周玉林主编 2011年 199页 26 cm 35元 〔复旦卓越·高职高专公共英语教材 徐小贞总主编〕(G. F. P.)

09690 309-07907

前景实用英语综合教程 2

徐小贞总主编 苏文秀 刘建珠 林桂敏册主编 2011年 219页 26 cm 36元 〔复旦卓越·高职高专公共英语教材〕(G. F. P.)

09691 309-07904

前景实用英语综合教程 3

徐小贞总主编 汪文格 周玉林册主编 2012年 201页 26 cm 38元〔复旦卓越·高职高专公共英语教材〕(G. F. P.)

09692 309-08845

前景实用英语综合教程 4

徐小贞总主编 王美娣（美）Vladimir Ostapowicz 册主编 2013年 224页 26 cm 39元〔复旦卓越·高职高专公共英语教材〕(G. F. P.)

09693 309-11979

前景实用英语综合教程 1

徐小贞总主编 2016年 第2版 211页 26 cm 45元〔复旦卓越·高职高专公共英语教材〕(G. F. P.)

09694 309-15031

前景实用英语综合教程 1

徐小贞总主编 邹渝刚等册主编 2020年 第3版 188页 26 cm 56元〔"复旦卓越"职业教育公共英语教材 职业教育国家级精品课程《前景实用英语》系列〕(G. P.)

09695 309-12165

前景实用英语综合教程 2

徐小贞总主编 2016年 第2版 232页 26 cm 45元〔复旦卓越·高职高专公共英语教材〕(G. F. P.)

09696 309-15032

前景实用英语综合教程 2

徐小贞总主编 2020年 第3版 201页 26 cm 56元 (P.)

09697 309-12168

前景实用英语综合教程 3

徐小贞总主编 2016年 第2版 210页 26 cm 45元〔复旦卓越·高职高专公共英语教材〕(G. F. P.)

09698 309-12644

情景喜剧英语视听说

徐真主编 2016年 236页 23 cm 32元 (G. P.)

09699 309-04585

21世纪大学英语基础视听说教程

徐钟 谢之君主编 2005年 130页 28 cm 25元〔普通高等教育国家级重点教材〕(G. F. P.)

09700 309-06578

大学实用英语视听说教程 1 学生用书

杨登新 孙德常 许广元总主编 孔娟 夏伟华主编 2009年 132页 23 cm 22元 (G. F. P.)

09701 309-06579

大学实用英语视听说教程 2 学生用书

杨登新 许广元 孙德常总主编 李萍 郑艳册主编 2009年 148页 23 cm 24元 (G. F. P.)

09702 309-06580

大学实用英语视听说教程 3 学生用书

杨登新 孙德常 许广元总主编 孙晓艳 李萍主编 2009年 150页 23 cm 24元 (G. F. P.)

09703 309-10692

新版实用英语视听说教程教师用书

杨登新 胡娜 郁文主编 2014年 351页 23 cm 48元 (G. F. P.)

09704 309-10693

新版实用英语视听说教程学生用书
杨登新 胡娜 郁文主编 2014 年 283 页 23 cm 39 元（G. F. P.）

09705 309-07105
新实用英语视听说教程 上册 学生用书
杨登新 袁敬之 孙晓艳总主编 孔娟 林凤梅册主编 2010 年 202 页 23 cm 28.50 元（G. F. P.）

09706 309-07132
新实用英语视听说教程 下册 学生用书
杨登新 袁敬之 孙晓艳总主编 辛恺 廉德刚册主编 2010 年 218 页 23 cm 29.50 元（G. F. P.）

09707 309-04433
博学英语·听说教程 1
杨凤珍总主编 高艳明册主编 2005 年 152 页 23 cm 18 元〔复旦博学·英语系列〕（G. F. P.）

09708 309-04810
博学英语·听说教程 2
杨凤珍总主编 刘岩 郑溟册主编 2005 年 150 页 23 cm 18 元〔复旦博学·英语系列〕（G. F. P.）

09709 309-04322
博学英语·听说教程 3
杨凤珍总主编 杨凤珍 曾添桂册主编 2005 年 183 页 23 cm 18 元〔复旦博学·英语系列〕（G. F. P.）

09710 309-04736
博学英语·听说教程 4
杨凤珍 曾添桂主编 2006 年 201 页 23 cm 18 元〔复旦博学·英语系列〕（G. F. P.）

09711 309-04890
博学英语·听说教程 5
杨凤珍主编 2006 年 162 页 23 cm 18 元〔复旦博学·英语系列〕（G. F. P.）

09712 309-04945
博学英语·听说教程 6
杨凤珍主编 2006 年 164 页 23 cm 18 元〔复旦博学·英语系列〕（G. F. P.）

09713 309-09009
博学英语·听说教程 1
杨凤珍总主编 高艳明册主编 2012 年 第 2 版 87 页 23 cm 20 元〔复旦博学·英语系列〕（G. F. P.）

09714 309-09010
博学英语·听说教程 2
杨凤珍总主编 曹月新册主编 2012 年 第 2 版 86 页 23 cm 25 元〔复旦博学·英语系列〕（G. F. P.）

09715 309-09051
博学英语·听说教程 3
杨凤珍总主编 杨凤珍册主编 2012 年 第 2 版 106 页 23 cm 25 元〔复旦博学·英语系列〕（G. F. P.）

09716 309-09052
博学英语·听说教程 4
杨凤珍总主编 杨凤珍册主编 2012 年 第 2 版 114 页 23 cm 25 元〔复旦博学·英语系列〕（G. F. P.）

09717 309-09081
博学英语·听说教程（第二版）教师参考书 1
杨凤珍总主编 高艳明册主编 2012 年 132 页 23 cm 25 元〔复旦博学·英语

系列〕(G. F. P.)

09718 309-09082
博学英语·听说教程(第二版)教师参考书 2
杨凤珍总主编 曹月新册主编 2012 年 119 页 23 cm 30 元〔复旦博学·英语系列〕(G. F. P.)

09719 309-09083
博学英语·听说教程(第二版)教师参考书 3
杨凤珍总主编 杨凤珍册主编 2012 年 163 页 23 cm 30 元〔复旦博学·英语系列〕(G. F. P.)

09720 309-09084
博学英语·听说教程(第二版)教师参考书 4
杨凤珍总主编 杨凤珍册主编 2012 年 177 页 23 cm 30 元〔复旦博学·英语系列〕(G. F. P.)

09721 309-09182
现代医学英语查房 第 1 册
杨明山主编 2012 年 260 页 23 cm 35 元 (G. F. P.)

09722 309-09183
现代医学英语查房 第 2 册
杨明山主编 2012 年 198 页 23 cm 28 元 (G. F. P.)

09723 309-09184
现代医学英语查房 第 3 册
杨明山主编 2012 年 225 页 23 cm 30 元 (G. F. P.)

09724 309-12485
职场英语口语实训教程
杨咏波主编 2016 年 305 页 26 cm 45 元 (G. F. P.)

09725 309-06396
白领职场英语
姚林生编著 2008 年 252 页 23 cm 28 元 (G. F. P.)

09726 309-11918
21 世纪大学英语视听说高级教程
余建中 葛宁主编 2016 年 190 页 26 cm 39 元〔"十二五"普通高等教育本科国家级规划教材〕(G. F. P.)

09727 309-11915
21 世纪大学英语视听说高级教程教学参考书
余建中等主编 2016 年 294 页 26 cm 45 元〔"十二五"普通高等教育本科国家级规划教材〕(G. F. P.)

09728 309-00232
TOEFL 听力理解
俞耀生 丁廷敏编 1989 年 465 页 20 cm 5.55 元〔复旦大学 TOEFL 教程之三〕(G. F.)

09729 309-08999
新潮实用英语视听说教程
曾莲英 王芸主编 2012 年 193 页 26 cm 38 元〔普通高等学校"十二五"精品规划教材〕(G. P.)

09730 309-09364
新潮医学英语实用手册
曾宪英编 2012 年 176 页 19 cm 19 元 (P.)

09731 309-07356
21 世纪大学实用英语视听说教程(U 版)基础级

翟象俊　余建中　陈永捷总主编　姜荷梅等册编著　2010年　149页　23 cm　28元〔普通高等教育"十一五"国家级规划教材〕(G.)

09732　309-07355

21世纪大学实用英语视听说教程(U版) 1

翟象俊　陈永捷　余建中总主编　梁正溜等编著　2010年　154页　23 cm　28元〔普通高等教育"十一五"国家级规划教材〕(G.)

09733　309-07354

21世纪大学实用英语视听说教程(U版) 2

翟象俊　余建中　陈永捷总主编　梁正溜等册编著　2010年　133页　23 cm　28元〔普通高等教育"十一五"国家级规划教材　21世纪大学实用英语(U版)系列教材〕(G. F. P.)

09734　309-07353

21世纪大学实用英语视听说教程(U版) 3

翟象俊　陈永捷　余建中总主编　姜荷梅等册编著　2010年　152页　23 cm　28元〔普通高等教育"十一五"国家级规划教材〕(G. F. P.)

09735　309-07366

21世纪大学实用英语视听说教程(U版)教学参考书 基础级

翟象俊　余建中　陈永捷总主编　姜荷梅等册编著　2010年　197页　23 cm　35元〔普通高等教育"十一五"国家级规划教材　获上海普通高校优秀教材一等奖〕(G. F. P.)

09736　309-07368

21世纪大学实用英语视听说教程(U版)教学参考书 1

翟象俊　陈永捷　余建中总主编　梁正溜编著　2010年　164页　23 cm　35元〔复旦卓越·英语系列　普通高等教育"十一五"国家级规划教材〕(G. F. P.)

09737　309-07367

21世纪大学实用英语视听说教程(U版)教学参考书 2

翟象俊　余建中　陈永捷总主编　梁正溜等册编著　2010年　163页　23 cm　35元〔普通高等教育"十一五"国家级规划教材　获上海普通高校优秀教材一等奖〕(G. F. P.)

09738　309-07364

21世纪大学实用英语视听说教程(U版)教学参考书 3

翟象俊　余建中　陈永捷总主编　姜荷梅等册编著　2010年　219页　23 cm　35元〔复旦卓越·英语系列　普通高等教育"十一五"国家级规划教材〕(G. F. P.)

09739　309-10404

21世纪大学英语(S版)视听说教程教学参考书 1

翟象俊　余建中　陈永捷总主编　2014年　223页　26 cm　49元〔"十二五"普通高等教育本科国家级规划教材〕(G. F. P.)

09740　309-10402

21世纪大学英语(S版)视听说教程教学参考书 2

翟象俊　陈永捷　余建中总主编　梁正溜　赵玉闪　李淑华册主编　2014年　201页　26 cm　49元〔"十二五"普通高等教育本科国家级规划教材〕(G. F. P.)

09741　309-10405

21世纪大学英语(S版)视听说教程教学

参考书 3

梁正溜 吕亮球主编 2015年 211页 26 cm 49元〔"十二五"普通高等教育本科国家级规划教材 翟象俊 余建中 陈永捷总主编〕(G. F. P.)

09742 309-10399

21世纪大学英语(S版)视听说教程教学参考书 4

姜荷梅 徐旸主编 2015年 219页 26 cm 49元〔"十二五"普通高等教育本科国家级规划教材 翟象俊 陈永捷 余建中总主编〕(G. F. P.)

09743 309-12649

21世纪大学英语(S版)视听说教程教学参考书 1

翟象俊 余建中 陈永捷总主编 姜荷梅 姜威册主编 2017年 第2版 251页 26 cm 53元〔"十二五"普通高等教育本科国家级规划教材〕(G. F. P.)

09744 309-12982

21世纪大学英语(S版)视听说教程教学参考书 2

翟象俊 陈永捷 余建中总主编 梁正溜 王萍 谭小平册主编 2017年 第2版 233页 26 cm 55元〔"十二五"普通高等教育本科国家级规划教材〕(G. F. P.)

09745 309-13129

21世纪大学英语(S版)视听说教程教学参考书 3

翟象俊 余建中 陈永捷总主编 梁正溜 江珊 丁智慧册主编 2017年 第2版 235页 26 cm 55元〔"十二五"普通高等教育本科国家级规划教材〕(G. F. P.)

09746 309-13455

21世纪大学英语(S版)视听说教程教学参考书 4

翟象俊 陈永捷 余建中总主编 姜荷梅 徐旸册主编 2018年 第2版 239页 26 cm 55元〔"十二五"普通高等教育本科国家级规划教材 21世纪大学英语(S版)系列教材〕(G. F. P.)

09747 309-04072

21世纪大学英语视听说教程 第1册

翟象俊总主编 邱东林册主编 2004年 151页 28 cm 25元〔普通高等教育"九五"国家级重点教材〕(G. F. P.)

09748 309-04542

21世纪大学英语视听说教程 第1册

翟象俊总主编 邱东林册主编 2005年 187页 28 cm 26元〔普通高等教育国家级重点教材〕(G. F. P.)

09749 309-04073

21世纪大学英语视听说教程 第2册

翟象俊总主编 徐钟 谢之君主编 2004年 167页 28 cm 28元〔普通高等教育"九五"国家级重点教材〕(G. F. P.)

09750 309-04544

21世纪大学英语视听说教程 第2册

翟象俊总主编 徐钟 谢之君册主编 2005年 156页 28 cm 29元〔普通高等教育国家级重点教材〕(G. F. P.)

09751 309-04074

21世纪大学英语视听说教程 第3册

翟象俊总主编 蒋学清册主编 2004年 210页 28 cm 30元〔普通高等教育"九五"国家级重点教材〕(G. F. P.)

09752 309-04609

21世纪大学英语视听说教程 第3册
翟象俊总主编 蒋学清册主编 2005年 140页 28 cm 30元〔普通高等教育国家级重点教材〕(G. F. P.)

09753 309-04075
21世纪大学英语视听说教程 第4册
翟象俊总主编 陈永捷册主编 2005年 210页 28 cm 30元〔普通高等教育"九五"国家级重点教材〕(G. F. P.)

09754 309-04611
21世纪大学英语视听说教程 第4册
翟象俊总主编 陈永捷册主编 2005年 187页 28 cm 30元〔普通高等教育国家级重点教材〕(G. F.)

09755 309-10406
21世纪大学英语(S版)视听说教程 1
翟象俊 余建中 陈永捷总主编 姜荷梅 娄萌 杨秋云册主编 2014年 163页 26 cm 38元〔"十二五"普通高等教育本科国家级规划教材〕(G. F. P.)

09756 309-10400
21世纪大学英语(S版)视听说教程 2
翟象俊 陈永捷 余建中总主编 梁正溜 谢志贤 文举册主编 2014年 155页 26 cm 38元〔"十二五"普通高等教育本科国家级规划教材〕(G. F. P.)

09757 309-10403
21世纪大学英语(S版)视听说教程 3
翟象俊 陈永捷 余建中总主编 梁正溜 徐玲 许朝阳册主编 2015年 167页 26 cm 38元〔"十二五"普通高等教育本科国家级规划教材 翟象俊 余建中 陈永捷总主编〕(G. F. P.)

09758 309-10398
21世纪大学英语(S版)视听说教程 4
翟象俊 陈永捷 余建中总主编 姜荷梅 徐旸册主编 2015年 155页 26 cm 39元〔"十二五"普通高等教育本科国家级规划教材 翟象俊 陈永捷 余建中总主编〕(G. F. P.)

09759 309-12648
21世纪大学英语(S版)视听说教程 1
翟象俊 陈永捷 余建中总主编 姜荷梅 杜晓芬主编 2017年 第2版 181页 26 cm 42元〔"十二五"普通高等教育本科国家级规划教材 翟象俊 余建中 陈永捷总主编〕(G. F. P.)

09760 309-12981
21世纪大学英语(S版)视听说教程 2
翟象俊 陈永捷 余建中总主编 梁正溜 池玫 杨劲松册主编 2017年 第2版 175页 26 cm 42元〔"十二五"普通高等教育本科国家级规划教材 翟象俊 余建中 陈永捷总主编〕(G. F. P.)

09761 309-13006
21世纪大学英语(S版)视听说教程 3
翟象俊 余建中 陈永捷总主编 梁正溜 宋倩倩册主编 2017年 第2版 175页 26 cm 42元〔"十二五"普通高等教育本科国家级规划教材〕(G. F. P.)

09762 309-12507
21世纪大学英语(S版)视听说教程 4
翟象俊 陈永捷 余建中总主编 姜荷梅 徐旸册主编 2018年 第2版 163页 26 cm 42元〔"十二五"普通高等教育本科国家级规划教材 21世纪大学英语(S版)系列教材〕(G. F. P.)

09763 309-09671

21世纪大学实用交际英语 上册

张静 张蕾主编 2013年 158页 23cm 36元（G.F.P.）

09764 309-09704

21世纪大学实用交际英语 下册

张静 程七品主编 2013年 158页 23cm 36元（G.F.P.）

09765 309-08892

21世纪大学新英语口语教程 上、下册

张同乐总主编 2012年 228页 28cm 39元〔普通高等教育"十一五"国家级规划教材 21世纪大学新英语系列〕（G.F.P.）

09766 309-11733

21世纪大学新英语口语教程 上、下册

张同乐总主编 2015年 第2版 266页 28cm 46元〔"十二五"普通高等教育本科国家级规划教材 21世纪大学新英语系列〕（G.F.P.）

09767 309-12612

大学英语口语教程 上、下册

张同乐 江秀丽主编 2016年 191页 28cm 32元（G.F.P.）

09768 309-08345

新潮专门用途英语口语

张喜华 王磊主编 2012年 294页 26cm 38元〔普通高等学校"十二五"精品规划教材〕（G.P.）

09769 309-11567

高职高专英语口语

张严心编著 2015年 260页 26cm 39元〔高职高专精品课系列〕（G.F.P.）

09770 309-10687

21世纪大学英语听力进阶1

赵靖岩 赵莹主编 2014年 118页 26cm 30元〔新新大学英语系列 "十二五"普通高等教育本科国家级规划教材 谢文义 佟成春总主编〕（G.F.）

09771 309-10684

21世纪大学英语听力进阶2

孙晓黎 张玉颖主编 2014年 114页 26cm 30元〔新新大学英语系列 "十二五"普通高等教育本科国家级规划教材 谢文义 佟成春总主编〕（G.F.P.）

09772 309-10685

21世纪大学英语听力进阶3

苏伟丽 曲喻鹏主编 2014年 128页 26cm 30元〔"十二五"普通高等教育本科国家级规划教材 谢文义 余成春总主编 新新大学英语系列〕（G.F.P.）

09773 309-10686

21世纪大学英语听力进阶4

邵飞 张琦主编 2014年 142页 26cm 30元〔新新大学英语系列 "十二五"普通高等教育本科国家级规划教材 谢文义 佟成春总主编〕（G.F.P.）

09774 309-02692

校园英语

郑敏丽主编 2006年 103页 21cm 9.80元〔校园口语丛书〕（G.F.P.）

09775 309-11909

基于网络书面实时交流的大学英语口语拓展教学研究

郑佩芸著 2015年 234页 21cm 32元（G.F.P.）

09776 309-07462

21世纪大学实用英语口语教程

郑愿华 王涛主编 2010年 162页 23 cm 15元〔普通高等教育"十一五"国家级规划教材〕(G. F. P.)

09777 309-13790

21世纪大学实用英语(第2版)口语教程 上册

郑愿华 王涛主编 2018年 152页 26 cm 38元〔普通高等院校"十二五"精品规划教材〕(G. F. P.)

09778 309-13791

21世纪大学实用英语(第2版)口语教程 下册

郑愿华 王涛主编 2018年 176页 26 cm 38元〔普通高等院校"十二五"精品规划教材〕(G. F. P.)

09779 309-04671

超越700·CET听力专项训练 四级、六级

周德明 尤志文 葛宁主编 2006年 2册 26 cm 28元 (G. F. P.)

09780 309-06477

研究生英语高级口语

周萍 周学群主编 2009年 159页 23 cm 18元〔复旦博学·研究生英语系列 辛斌总主编〕(G. F. P.)

09781 309-06780

畜牧兽医专业英语听力教程

周虚 王守宏主编 2009年 116页 23 cm 16元〔21世纪大学专业英语系列〕(G. F. P.)

09782 309-04593

大学商务英语听说教程

朱涛主编 2005年 199页 23 cm 22元 (G. F. P.)

09783 309-06542

21世纪大学新英语视听说教程教师参考书1

邵钦瑜主编 2009年 215页 28 cm 35元〔普通高等教育"十一五"国家级规划教材 21世纪大学新英语系列 白永权总主编〕(G. F.)

09784 309-14858

21世纪大学新英语视听说教程教师用书1

邵钦瑜主编 2020年 第3版 164页 28 cm 58元〔普通高等教育"十二五"本科国家级规划教材 21世纪大学新英语视听说教程系列 白永权总主编〕(G. P.)

09785 309-06634

21世纪大学新英语视听说教程教师参考书3

郭海云总主编 李京平册主编 2009年 278页 28 cm 35元〔普通高等教育"十一五"国家级规划教材 21世纪大学新英语系列〕(G. F.)

09786 309-07886

21世纪大学新英语视听说教程教师参考书1

郭海云总主编 蒋学清册主编 2011年 第2版 221页 28 cm 45元〔普通高等教育"十一五"国家级规划教材 21世纪大学新英语系列〕(G. F. P.)

09787 309-07881

21世纪大学新英语视听说教程教师参考书2

郭海云总主编 邵钦瑜册主编 2011年 第2版 181页 28 cm 40元〔普通高等教

育"十一五"国家级规划教材 21世纪大学新英语系列〕(G. F. P.)

09788 309-07947

21世纪大学新英语视听说教程教师参考书 3

白永权总主编 2011年 第2版 192页 28 cm 40元〔普通高等教育"十一五"国家级规划教材 21世纪大学新英语系列〕(G. F. P.)

09789 309-07948

21世纪大学新英语视听说教程教师参考书 4

郭海云总主编 李京平册主编 2011年 第2版 189页 28 cm 45元〔普通高等教育"十一五"国家级规划教材 21世纪大学新英语系列〕(G. F. P.)

09790 309-06585

21世纪大学新英语视听说教程教师参考书 2

陈向京主编 2009年 215页 28 cm 35元〔普通高等教育"十一五"国家级规划教材 21世纪大学新英语系列 白永权总主编〕(G. F.)

09791 309-06632

21世纪大学新英语视听说教程教师参考书 4

郭海云总主编 陈向京册主编 2009年 244页 28 cm 35元〔普通高等教育"十一五"国家级规划教材 21世纪大学新英语系列〕(G. F.)

09792 309-07950

21世纪大学新英语视听说教程教师参考书 5

陈向京主编 2011年 第2版 181页 28 cm 45元〔普通高等教育"十一五"国家级规划教材 21世纪大学新英语系列 白永权总主编〕(G. F. P.)

09793 309-14933

21世纪大学新英语视听说教程教师用书 4

陈向京 晏国莉主编 2020年 第3版 216页 28 cm 68元〔普通高等教育"十二五"本科国家级规划教材 21世纪大学新英语视听说教程系列 白永权总主编〕(G. P.)

09794 309-14931

21世纪大学新英语视听说教程教师用书 3

陈向京 李瑛主编 2020年 第3版 209页 28 cm 68元〔普通高等教育"十二五"本科国家级规划教材 21世纪大学新英语视听说教程系列 白永权总主编〕(G. P.)

09795 309-14903

21世纪大学新英语视听说教程教师用书 2

李京平主编 2020年 第3版 209页 28 cm 68元〔"十二五"普通高等教育本科国家级规划教材 21世纪大学新英语视听说教程系列 白永权总主编〕(G. P.)

09796 309-05348

21世纪大学实用英语视听说教程教学参考书 1

姜荷梅等编著 2007年 192页 23 cm 35元〔21世纪大学实用英语系列教材 普通高等教育"十一五"国家级规划教材〕(G. F. P.)

09797 309-05349

21世纪大学实用英语视听说教程教学参考书 2

梁正溜等编著 2007年 164页 23 cm 35

元〔普通高等教育"十一五"国家级规划教材〕(G. F. P.)

09798 309-05350
21世纪大学实用英语视听说教程教学参考书3
梁正溜等编著 2007年 163页 23 cm 35元〔普通高等教育"十一五"国家级规划教材〕(G. F. P.)

09799 309-05351
21世纪大学实用英语视听说教程教学参考书4
姜荷梅等编著 2007年 219页 23 cm 35元〔普通高等教育"十一五"国家级规划教材〕(G. F. P.)

09800 309-04631
21世纪大学英语视听说教程教学参考
复旦大学等主编 2005年 76页 28 cm 10元〔普通高等教育国家级重点教材〕(G. F. P.)

09801 309-13855
情境英语口语1 上
凌莉 黄艳彬主编 2018年 109页 23 cm 25元 (G. F. P.)

09802 309-13856
情境英语口语1 下
黄艳彬 凌莉主编 2018年 113页 23 cm 25元 (G. F. P.)

09803 309-13857
情境英语口语2 上
钟俊 苏妮娜主编 2018年 143页 23 cm 25元 (G. F. P.)

09804 309-13858
情境英语口语2 下
钟俊 杨蕊主编 2018年 151页 23 cm 25元 (G. F. P.)

09805 309-05344
21世纪大学实用英语视听说教程1
姜荷梅等编著 2007年 144页 23 cm 28元〔21世纪大学实用英语系列教材 普通高等教育"十一五"国家级规划教材〕(G. F. P.)

09806 309-05345
21世纪大学实用英语视听说教程2
梁正溜等编著 2007年 154页 23 cm 28元〔普通高等教育"十一五"国家级规划教材〕(G. F. P.)

09807 309-05346
21世纪大学实用英语视听说教程3
梁正溜等编著 2007年 133页 23 cm 28元〔普通高等教育"十一五"国家级规划教材〕(G. F. P.)

09808 309-05347
21世纪大学实用英语视听说教程4
姜荷梅等编著 2007年 152页 23 cm 28元 (F. P.)

09809 309-05511
高职高专实用英语听说教程 上册
李芳媛 章波主编 2007年 195页 23 cm 25元〔高职高专实用英语系列〕(G. F. P.)

09810 309-05513
高职高专实用英语听说教程 下册
万田华 龙婷主编 2008年 180页 23 cm 25元〔高职高专实用英语系列 江峰总主编〕(G. F. P.)

09811 309-05792

高职高专英语听力训练教程

罗道茂总主编 张翔宇 李义容主编 2007年 2册 23 cm 45元〔高职高专实用英语系列〕(G. F. P.)

09812 309-03694

北美英语口语背景知识词典

（美）Allyn Kelley 编著 林伟 郁文蕾翻译 2003年 350页 18 cm 21元〔复旦金石词典系列〕(G. F. P.)

09813 309-00435

基础德语

马静珠等编 1991年 464页 19 cm 3.80元〔复旦大学教材〕(G. F.)

09814 309-03063

德国高校入学德语考试指南

赵自力编著 2002年 253页 21 cm 14元〔求学海外系列丛书〕(G. F. P.)

09815 309-11101

中国日耳曼学 管窥与偶得

魏育青著 2015年 468页 22 cm 35元 (G. F. P.)

09816 309-05187

现代西班牙语实用手册

王留栓主编 王留栓 王晓燕 万素珍编著 2006年 337页 21 cm 精装 25元 (G. F. P.)

09817 309-11097

传承·对比·整合 俄汉语多维视角研究

姜宏著 2016年 384页 22 cm 30元〔攻玉文丛〕(G. F. P.)

09818 309-08487

现代俄语称呼语的结构 语用研究

汪吉著 2011年 189页 21 cm 20元〔人文学术〕(G. F. P.)

09819 309-10075

现代俄语中的独词语句

曾婷著 2013年 170页 22 cm 20元 (G. F. P.)

09820 309-12983

现代俄语中的独词语句

曾婷著 2017年 第2版 206页 22 cm 30元 (G. F. P.)

09821 309-10076

俄汉文学翻译变异研究

赵艳秋著 2013年 136页 22 cm 20元 (G. F. P.)

09822 309-03284

中日交流标准日本语自学辅导及同步训练 初级上册

李力主编 2002年 378页 20 cm 18元 (G. F. P.)

09823 309-03588

中日交流标准日本语自学辅导及同步训练 初级下册

李力主编 2003年 343页 20 cm 16元 (G. P.)

09824 309-06740

日本语学习随身手册

（日）藤原晴子 林子裕著 2009年 220页 15 cm 16元 (G.)

09825 309-06044

科技日语教程

王初文编著 2008年 220页 23 cm 28元〔21世纪大学日语教材系列〕(G. F. P.)

09826 309-04389
基础日语 1
徐敏民主编 2005 年 361 页 23 cm 28 元
〔21 世纪大学日语教材〕(G. F. P.)

09827 309-04390
基础日语 2
徐敏民主编 2005 年 359 页 23 cm 28 元
〔21 世纪大学日语教材〕(G. F. P.)

09828 309-05036
基础日语 3
徐敏民主编 2006 年 223 页 23 cm 20 元
〔21 世纪大学日语教材〕(G. F. P.)

09829 309-06196
基础日语 4
徐敏民主编 2008 年 176 页 23 cm 28 元
〔21 世纪大学日语教材〕(G. F. P.)

09830 309-07996
看动漫学日语
徐萍飞 王静波（日）小池生贵主编 2011 年 257 页 23 cm 32 元〔日语视听说能力训练丛书〕(G. F. P.)

09831 309-07999
看日剧学日语
徐萍飞 王静波（日）小池生贵主编 2011 年 287 页 23 cm 32 元〔日语视听说能力训练丛书〕(G. F. P.)

09832 309-05955
现代日本语学研究
徐萍飞 夏菊芬 陈梦然著 2008 年 283 页 21 cm 22 元 (G. F. P.)

09833 309-13411
日语名词的跨从句语法化研究
黄小丽著 2017 年 342 页 21 cm 38 元 (G. F. P.)

09834 309-09181
日本語の依頼文をめぐって
赵彦志著 2012 年 150 页 23 cm 18 元 (F. P.)

09835 309-09178
現代日本語依頼形の研究 形態論を中心に
赵彦志著 2012 年 252 页 23 cm 25 元 (F. P.)

09836 309-14144
认知语义学视角下的日语复合动词研究
杨晓敏著 2019 年 357 页 24 cm 85 元 (G. F. P.)

09837 309-08381
授受表达的中日对照研究 从中国学习者的角度来看
丁伟著 2011 年 281 页 21 cm 25 元〔人文学术〕(G. F. P.)

09838 309-02154
实用日汉翻译教程
许金生编著 1999 年 158 页 20 cm 10 元 (G. F. P.)

09839 309-07916
新界标日本语综合教程 1
徐敏民（日）丸山千歌主编 2013 年 509 页 26 cm 42 元 (G. F. P.)

09840 309-07919
新界标日本语综合教程 2
徐敏民（日）丸山千歌主编 2014 年 455 页 26 cm 58 元 (G. F. P.)

09841 309-07918

新界标日本语综合教程 3

徐敏民 丸山千歌主编 2015 年 351 页 26 cm 56 元 (G. F.)

09842 309-07915

新界标日本语综合教程 4

徐敏民（日）丸山千歌主编 2017 年 383 页 26 cm 58 元 (G. F. P.)

09843 309-06828

日语教学与研究论丛 日语教育与日本文学

张厚泉 钱晓波主编 2009 年 261 页 26 cm 30 元 (G. F. P.)

09844 309-09107

职场日语实训综合教程

李福贵主编 2012 年 415 页 23 cm 48 元 (G. F. P.)

09845 309-13833

新界标日本语综合教程教师用书 1

彭瑾 徐敏民主编 2018 年 226 页 26 cm 59 元 (G. F. P.)

09846 309-14185

新界标日本语综合教程教师用书 2

彭瑾 徐敏民主编 2019 年 264 页 26 cm 70 元 (G. F. P.)

09847 309-06295

楽しき古典

任常毅 张达 张圆圆编著 2008 年 172 页 21 cm 15 元 (G. F. P.)

09848 309-00152

日语广播课外读物

王延平 潘璐编注 1989 年 169 页 19 cm 2.60 元 (G. F.)

09849 309-04391

基础日语练习册 1

徐敏民主编 2005 年 110 页 23 cm 10 元〔21 世纪大学日语教材〕(G. F. P.)

09850 309-04392

基础日语练习册 2

徐敏民主编 2005 年 107 页 23 cm 10 元〔21 世纪大学日语教材〕(G. F. P.)

09851 309-05037

基础日语练习册 3

徐敏民主编 2006 年 118 页 23 cm 15 元〔21 世纪大学日语教材〕(G. F. P.)

09852 309-06262

基础日语练习册 4

徐敏民主编 2008 年 100 页 23 cm 16 元〔21 世纪大学日语教材〕(G. F. P.)

09853 309-07914

新界标日本语练习册 1

徐敏民（日）奥野由纪子主编 2014 年 274 页 26 cm 36 元 (G. F. P.)

09854 309-07913

新界标日本语练习册 2

徐敏民（日）奥野由纪子主编 2014 年 302 页 26 cm 38 元 (G. F. P.)

09855 309-07912

新界标日本语练习册 3

徐敏民 高村めぐみ主编 2015 年 272 页 26 cm 38 元 (G. F. P.)

09856 309-07911

新界标日本语练习册 4

徐敏民（日）金庭久美子主编 2017 年 268 页 26 cm 38 元 (G. F. P.)

09857 309-05117
日语听说入门 一
（日）坂本徹 王顼 张秀敏主编 2006 年 194 页 23 cm 18 元〔21 世纪大学日语教材〕(G. F. P.)

09858 309-05153
日语听说入门 二
（日）坂本徹 王顼 张秀敏主编 2006 年 168 页 23 cm 16 元〔21 世纪大学日语教材〕(G. F. P.)

09859 309-03253
宾馆服务基础日语
王宝珍主编 2002 年 567 页 20 cm 28 元〔21 世纪旅游管理丛书〕(G. F. P.)

09860 309-02147
饭店情景日语
王开沪主编 1998 年 331 页 20 cm 14 元 (G. F.)

09861 309-04218
饭店情景日语
王开沪主编 2004 年 第 2 版 547 页 20 cm 22 元〔21 世纪实用日语教材系列〕(G. F. P.)

09862 309-02878
饭店情景日语学习指南
王开沪主编 2001 年 194 页 20 cm 10 元 (G. F. P.)

09863 309-00150
日语生活会话
王延平选编 1988 年 161 页 19 cm 1.80 元 (G. F.)

09864 309-00831
日语生活会话
王延平选编 1988 年 重印 161 页 19 cm 2.80 元 (P..)

09865 309-00481
日语生活会话 续
王延平选编 1990 年 139 页 19 cm 2.90 元 (G. F.)

汉藏语系

09866 309-05972
汉藏语言研究
薛才德著 2008 年 308 页 23 cm 36 元 (G. F. P.)

09867 309-03427
汉泰关系词的时间层次
龚群虎著 2002 年 360 页 20 cm 20 元〔上海市社会科学博士文库 第四辑〕(G. F. P.)

阿尔泰语系

09868 309-11343
韩国语后缀源流考
姜银国著 2015 年 225 页 21 cm 25 元 (G. F. P.)

09869 309-11098
韩国语教育研究新视野
姜宝有 黄贤玉著 2015 年 348 页 21 cm 28 元 (G. F. P.)

文　学

文学理论

09870 309-11406
西马文论与中国当代文论建设
冯宪光著　2016年　283页　23 cm　45元
〔当代中国文艺学研究文库　朱立元 曾繁仁主编〕(G. F. P.)

09871 309-04133
文学概论讲义
老舍著　2004年　156页　21 cm　12元〔大师谈文学〕(G. F. P.)

09872 309-11397
文学理论 思辨与对话
李衍柱著　2016年　339页　24 cm　50元
〔当代中国文艺学研究文库　朱立元 曾繁仁主编〕(G. F. P.)

09873 309-03905

当代文艺问题十讲
钱谷融著　2004年　273页　21 cm　15元
〔名家专题精讲系列　第三辑〕(G. F. P.)

09874 309-11398
艺术的本性
王元骧著　2016年　286页　23 cm　45元
〔当代中国文艺学研究文库　朱立元 曾繁仁主编〕(G. F. P.)

09875 309-02051
文艺学导论
吴中杰著　1998年　修订本　398页　20 cm　16.80元〔高等学校文科教材〕(G. F.)

09876 309-03401
文艺学导论
吴中杰著　2002年　315页　23 cm　26元
〔复旦博学·文学系列〕(G. F.)

09877 309-06884

文艺学导论
吴中杰著 2010 年 第 4 版 314 页 23 cm 28 元〔复旦博学・文学系列・精华版 普通高等教育"十一五"国家级规划教材 新闻出版总署"十一五"国家重点图书〕(G. F. P.)

09878 10253.011
西方古今文论选
伍蠡甫主编 1984 年 495 页 21 cm 2 元 (G. F.)

09879 309-08958
在文学与神学的边界
杨慧林著 2012 年 289 页 23 cm 38 元〔当代中国比较文学研究文库〕(G. F. P.)

09880 309-11404
文艺学的反思与建构
张玉能著 2016 年 315 页 24 cm 50 元〔当代中国文艺学研究文库 朱立元 曾繁仁主编〕(G. F. P.)

09881 309-11403
形式之谜
赵毅衡著 2016 年 329 页 24 cm 50 元〔当代中国文艺学研究文库 朱立元 曾繁仁主编〕(G. F. P.)

09882 309-11405
走向现代性的新时期文论
朱立元著 2016 年 364 页 23 cm 55 元〔当代中国文艺学研究文库 朱立元 曾繁仁主编〕(G. F. P.)

09883 309-07807
迈向比较文学第三阶段
曹顺庆著 2011 年 189 页 23 cm 34 元〔当代中国比较文学研究文库〕(G. F. P.)

09884 309-04030
文艺学方法论
陈鸣树著 2004 年 第 2 版 378 页 23 cm 30 元〔复旦博学・文学系列〕(G. F. P.)

09885 309-10335
性别・城市・异邦 文学主题的跨文化阐释
陈晓兰著 2014 年 237 页 22 cm 38 元〔比较文学与世界文学学术文库〕(G. F. P.)

09886 309-11260
文学研究的现代性与跨文化比较宿命
陈跃红著 2015 年 266 页 23 cm 40 元〔当代中国比较文学研究文库〕(G. F. P.)

09887 309-10916
未名之匙
戴锦华著 2015 年 273 页 23 cm 40 元〔当代中国比较文学研究文库〕(G. F. P.)

09888 309-14177
从符号到系统 跨文化观察的方法
范劲著 2019 年 275 页 24 cm 45 元〔比较文学与世界文学学术文库〕(G. F. P.)

09889 309-12134
秘响旁通 比较诗学与对比文学
江弱水著 2016 年 281 页 22 cm 38 元〔比较文学与世界文学学术文库〕(G. F. P.)

09890 309-10843
跨学科视域中的比较文学
蒋述卓著 2015 年 311 页 23 cm 45 元〔当代中国比较文学研究文库〕(G. F. P.)

09891 309-03906
比较文学与比较文化十讲
乐黛云著 2004 年 213 页 21 cm 12 元

〔名家专题精讲系列 第三辑〕(G. F. P.)

09892 309-12210
西方文学经典与比较文学研究
李伟昉著 2016年 301页 22 cm 38元 〔比较文学与世界文学学术文库〕(G. F. P.)

09893 309-00037
现代意识与民族文化 比较文学研究文集
林秀清编 1987年 257页 20 cm 2.55元 (G. F.)

09894 309-07583
从比较文学到比较文化
刘象愚著 2011年 290页 23 cm 38元 〔当代中国比较文学研究文库〕(G. F. P.)

09895 309-10561
文贝：比较文学与比较文化 2014 No.1（总第11辑）
刘耘华主编 2014年 222页 23 cm 49.80元 (G. F. P.)

09896 309-11272
文贝：比较文学与比较文化 2014 No.2（总第12辑）
刘耘华 李奭学主编 2015年 236页 24 cm 38元 (G. F. P.)

09897 309-11861
文贝：比较文学与比较文化 2015 No.1（总第13辑）
刘耘华 李奭学主编 2015年 196页 24 cm 38元 (G. F. P.)

09898 309-12225
文贝：比较文学与比较文化 2015 No.2（总第14辑）
刘耘华 李奭学主编 2016年 225页 24 cm 38元 (G. F. P.)

09899 309-12573
文贝：比较文学与比较文化 2016 No.1（总第15辑）
刘耘华 姚申主编 2016年 158页 24 cm 38元 (G. F.)

09900 309-12789
文贝：比较文学与比较文化 2016 No.2（总第16辑）
刘耘华 姚申主编 2017年 203页 24 cm 38元 (G. F. P.)

09901 309-10334
中西文学与诗学关系的实证和诠释
刘耘华著 2014年 261页 22 cm 38元 〔比较文学与世界文学学术文库〕(G. F. P.)

09902 309-07317
比较文学与海外华文文学
饶芃子著 2011年 272页 23 cm 38元 〔当代中国比较文学研究文库〕(G. F. P.)

09903 309-04134
方法与实践 中外文学关系研究
宋炳辉著 2004年 320页 21 cm 18元 (G. F. P.)

09904 309-07737
沟通之道
孙景尧著 2011年 298页 23 cm 38元 〔当代中国比较文学研究文库〕(G. F. P.)

09905 309-09723
东西跨界与都市书写
王宏图著 2013年 299页 22 cm 30元 〔比较文学与世界文学学术文库〕(G. F. P.)

09906 309-07961

比较文学：理论思考与文学阐释

王宁著 2011 年 306 页 23 cm 40 元〔当代中国比较文学研究文库〕(G. F. P.)

09907 309-07155

比较文学与翻译研究

谢天振著 2011 年 306 页 23 cm 40 元〔当代中国比较文学研究文库〕(G. F. P.)

09908 309-11625

寻求中西文学的会通

杨莉馨著 2016 年 283 页 22 cm 38 元〔比较文学与世界文学学术文库〕(G. F. P.)

09909 309-09808

当代比较文学与方法论建构

杨乃乔 刘耘华 宋炳辉主编 2014 年 2 册 26 cm 180 元〔中国比较文学学会（CCLA）第十届年会暨国际学术研讨会论文集〕(G. F. P.)

09910 309-14470

中西文学艺术思潮及跨界思考 文学与美术、音乐、戏剧、电影的对话

杨乃乔主编 2020 年 672 页 23 cm 158 元 (G. F. P.)

09911 309-10441

文学·比较·侨易

叶隽著 2014 年 300 页 22 cm 38 元〔比较文学与世界文学学术文库〕(G. F. P.)

09912 309-06084

在中西文学间徜徉

张保宁著 2008 年 252 页 21 cm 20 元 (G. F. P.)

09913 309-09848

跨学科研究与跨文化诠释

张华著 2013 年 264 页 22 cm 30 元〔比较文学与世界文学学术文库〕(G. F. P.)

09914 309-09983

比较文学：人文之道

张沛著 2013 年 295 页 22 cm 30 元〔比较文学与世界文学学术文库〕(G. F. P.)

09915 309-09835

浪漫主义、文学理论与比较文学研究论稿

张旭春著 2013 年 303 页 22 cm 30 元〔比较文学与世界文学学术文库〕(G. F. P.)

09916 309-10771

理论、历史、都市 中西比较文学的跨学科视野

张英进著 2015 年 257 页 23 cm 40 元〔当代中国比较文学研究文库〕(G. F. P.)

09917 309-07569

反讽时代 形式论与文化批评

赵毅衡著 2011 年 280 页 23 cm 38 元〔当代中国比较文学研究文库〕(G. F. P.)

09918 309-10418

跨文化形象学

周宁著 2014 年 250 页 22 cm 38 元〔比较文学与世界文学学术文库〕(G. F. P.)

09919 309-09849

比较文学视野中的中日文化交流

周阅著 2013 年 290 页 22 cm 30 元〔比较文学与世界文学学术文库〕(G. F. P.)

09920 309-10036

文学政治学的创构 百年来文学与政治关系论争研究

刘锋杰 薛雯 尹传兰等著 2013 年 685

页 23 cm 90 元 (G. F. P.)

09921 309-11203
文学生态学 为了濒危的星球
苗福光著 2015 年 242 页 21 cm 25 元
(G. F. P.)

09922 309-11400
文学：精神之鼎与诗意家园
童庆炳著 2016 年 298 页 23 cm 50 元
〔当代中国文艺学研究文库 朱立元 曾繁仁主编〕(G. F. P.)

09923 309-04459
文艺心理学
朱光潜著 2005 年 322 页 21 cm 23 元
〔经典新读文学课堂 第二辑〕(G. F. P.)

09924 309-06529
文艺心理学
朱光潜著 2009 年 322 页 24 cm 29 元
(G. F. P.)

09925 309-13862
文学 2018 春夏卷
陈思和 王德威主编 2018 年 330 页 24 cm 68 元 (G. F. P.)

09926 309-14427
文学 2018 秋冬卷
陈思和 王德威主编 2019 年 292 页 24 cm 68 元 (G. F. P.)

09927 309-15112
文学 2019 春夏卷
陈思和 王德威主编 2020 年 298 页 24 cm 78 元 (G. F. P.)

09928 309-13691
复旦中文研究生论集 第 1 辑
陈引驰 朱刚主编 2018 年 216 页 23 cm 68 元 (G. F. P.)

09929 309-10465
文学话语与历史意识
方维规著 2015 年 284 页 23 cm 42 元
〔当代中国比较文学研究文库〕(G. F. P.)

09930 309-10978
天涯文学观察
刘伟 王圣主编 2014 年 317 页 23 cm 42 元 〔三亚学院学术文丛〕(G. F. P.)

09931 309-11395
理论的时空
钱中文著 2016 年 225 页 23 cm 40 元
〔当代中国文艺学研究文库 朱立元 曾繁仁主编〕(G. F. P.)

09932 309-08735
西方文论与比较诗学研究文集
汪洪章著 2012 年 279 页 22 cm 25 元
〔攻玉文丛〕(G. F. P.)

09933 309-03438
批评的考究
汪涌豪著 2003 年 348 页 21 cm 18 元
〔博雅文丛〕(G. F. P.)

09934 309-04461
一以当十
王朝闻著 2005 年 307 页 21 cm 19.80 元
〔经典新读文学课堂 第二辑〕(G. F. P.)

09935 309-07328
文坛忆事
徐俊西著 2010 年 495 页 24 cm 60 元
(G. F. P.)

09936 309-07936
文学：想象、记忆与经验
余华等著 2011 年 272 页 23 cm 28 元
(G. F. P.)

09937 309-06225
比较文学研究入门
张隆溪著 2008 年 164 页 20 cm 18 元
〔研究生·学术入门手册〕(G. F. P.)

09938 309-11396
文艺美学及文化美学
胡经之著 2016 年 324 页 23 cm 55 元
〔当代中国文艺学研究文库 朱立元 曾繁仁主编〕(G. F. P.)

09939 309-11399
审美意识的现代化
吴中杰著 2016 年 314 页 23 cm 50 元
〔当代中国文艺学研究文库 朱立元 曾繁仁主编〕(G. F. P.)

09940 309-11402
文艺美学的生态拓展
曾繁仁著 2016 年 281 页 23 cm 45 元
〔当代中国文艺学研究文库 朱立元 曾繁仁主编〕(G. F. P.)

09941 309-05638
作家创作心理猜测
刘建军著 2008 年 399 页 23 cm 38 元
(G. F. P.)

09942 5627-0419
医学科普创作
杨益主编 1998 年 242 页 20 cm 精装 16.50 元 (G. F.)

09943 309-00372
文学人物鉴赏辞典 中国文学之部
吴伟斌 张兵主编 1989 年 1 215 页 19 cm 精装 17.50 元 (G. F.)

09944 309-04460
文学风格例话
周振甫著 2005 年 263 页 21 cm 18.50 元
〔经典新读文学课堂 第二辑〕(G. F. P.)

09945 309-04089
语林采英
秦牧著 2004 年 226 页 21 cm 15 元〔经典新读文学课堂 第一辑〕(G. F. P.)

09946 309-05520
隐喻认知功能探索
谢之君编著 2007 年 187 页 24 cm 20 元
(G. F. P.)

09947 309-07162
幻想与现实 二十世纪科幻小说在中国的译介
姜倩著 2010 年 219 页 21 cm 18 元〔复旦大学外国语言文学博士文库〕(G. F.)

09948 309-06279
文学翻译中原作陌生化手法的再现研究
金兵著 2009 年 248 页 21 cm 25 元〔解放军外国语学院英语博士文库〕(G. F. P.)

09949 309-10442
翻译研究 从文本、语境到文化建构
廖七一著 2014 年 297 页 23 cm 49.80 元
〔人文学术 中国当代翻译研究文库 谢天振 王宁主编〕(G. F. P.)

09950 309-09987
文学史视野中的中国现代翻译文学 以作家翻译为中心
宋炳辉著 2013 年 206 页 22 cm 20 元
〔中外文学关系研究丛书 宋炳辉主编〕

(G. F. P.)

09951 309-14777
上海沦陷时期报刊翻译文学研究
王建丰著 2020年 282页 21 cm 56元〔福州大学跨文化话语研究系列一〕(G. F. P.)

09952 309-10413
比较文学、世界文学与翻译研究
王宁著 2014年 291页 23 cm 49.80元〔人文学术 中国当代翻译研究文库 谢天振 王宁主编〕(G. F. P.)

09953 309-09478
润物有声 谢天振教授七十华诞纪念文集
宋炳辉等主编 2013年 496页 23 cm 78元 (G. F. P.)

09954 309-10525
超越文本 超越翻译
谢天振著 2014年 253页 23 cm 49.80元〔人文学术 中国当代翻译研究文库 谢天振 王宁主编〕(G. F. P.)

09955 309-04495
诗论
艾青著 2005年 282页 21 cm 19.50元〔经典新读文学课堂 第二辑〕(G. F. P.)

09956 309-09810
跨媒体的诗学
严锋著 2013年 271页 22 cm 30元〔比较文学与世界文学学术文库〕(G. F. P.)

09957 309-13190
微电影编剧 观念与技法
龚金平著 2017年 231页 23 cm 35元 (G. F. P.)

09958 309-04090
写电影剧本的几个问题
夏衍著 2004年 188页 21 cm 12元〔经典新读文学课堂 第一辑〕(G. F. P.)

09959 309-07221
文本与视觉的互动 英美文学电影改编的理论与应用
张冲主编 2010年 352页 21 cm 25元 (G. F. P.)

09960 309-01872
心灵世界 王安忆小说讲稿
王安忆著 1997年 2007年第2版 371页 20 cm 16元〔通识教育·名校名师名课系列〕(G. F. P.)

09961 10253.013
报告文学的艺术
张德明著 1984年 356页 19 cm 1.48元〔复旦小丛书〕(G. F.)

09962 309-15281
散文写作教程
马骏编著 2020年 178页 21 cm 32元 (F. P.)

09963 309-11212
儿童文学教程
方卫平著 2015年 276页 30 cm 38元〔全国学前教育专业（新课程标准）"十二五"规划教材〕(G. F. P.)

09964 309-05664
儿童文学理论与实践
孔宝刚主编 2007年 152页 30 cm 25元〔复旦卓越·全国学前教育专业系列〕(G. F. P.)

09965 309-05039

学前儿童文学

李莹 肖育林主编 2006 年 231 页 30 cm 25 元〔复旦卓越·全国学前教育专业系列 全国学前教育专业系列教材 文化基础类〕(G.)

09966 309-06114

学前儿童文学

李莹 肖育林主编 2008 年 第 2 版 245 页 30 cm 28 元〔复旦卓越·全国学前教育专业系列〕(F. P.)

09967 309-10695

学前儿童文学

李莹 肖育林主编 2014 年 第 3 版 249 页 30 cm 32 元〔全国学前教育专业（新课程标准）"十二五"规划教材〕(G. F. P.)

09968 309-14855

学前儿童文学

李莹 肖育林主编 2020 年 第 4 版 252 页 30 cm 45 元〔全国学前教育专业（新课程标准）"十三五"规划教材 儿童文学·语言类〕(G. P.)

09969 309-11744

儿童文学的三大母题

刘绪源著 2015 年 第 4 版 330 页 21 cm 30 元 (G. F. P.)

09970 309-14939

儿童文学

翟云著 2020 年 308 页 26 cm 58 元〔全国小学教育专业"十三五"规划教材〕(G. P.)

09971 309-14560

文学语境视域下的女性主体性建构

李有亮著 2019 年 196 页 23 cm 精装 65 元〔上海政法学院建校三十五周年校庆系列丛书〕(G. F. P.)

09972 309-11401

建设"圆形"的文学批评

王先霈著 2016 年 291 页 23 cm 45 元〔当代中国文艺学研究文库 朱立元 曾繁仁主编〕(G. F. P.)

09973 309-14524

经典诵读 诗经 唐诗宋词

阎惠丽 孙文 雷娇娇主编 2019 年 106 页 21 cm 12.50 元〔高职院校规划教材·诵读系列〕(G. F. P.)

09974 309-14525

经典诵读 论语 古文

盛莉 左曲美 龙婧主编 2019 年 156 页 21 cm 12.50 元〔高职院校规划教材·诵读系列〕(G. F. P.)

09975 309-14526

经典诵读 元曲 现当代散文

陈琳 朱琦 苏国波主编 2019 年 135 页 21 cm 12.50 元〔高职院校规划教材·诵读系列〕(G. F. P.)

09976 309-14527

经典诵读 外国诗歌散文

陈穗蓉 吴红梅 褚立博主编 2019 年 138 页 21 cm 12.50 元〔高职院校规划教材·诵读系列〕(G. F. P.)

世界文学

09977 309-10669

女性与爱欲 古希腊与世界

陈戎女著 2014 年 270 页 22 cm 38 元〔比较文学与世界文学学术文库〕(G. F. P.)

09978 309-06535
经典与理论 上海大学中文系学术演讲录(Ⅱ)
陈晓兰编 2009 年 289 页 23 cm 36 元 (G. F. P.)

09979 309-07887
外国女性文学教程
陈晓兰主编 2011 年 353 页 23 cm 38 元〔复旦博学·文学系列·精华版〕(G. F.)

09980 309-11989
当代英语文学的多元视域
戴从容著 2016 年 309 页 22 cm 38 元〔比较文学与世界文学学术文库〕(G. F. P.)

09981 309-13652
近代德语文学中的政治和宗教片论
谷裕著 2018 年 263 页 22 cm 50 元〔比较文学与世界文学学术文库 张辉 宋炳辉主编〕(G. F. P.)

09982 309-08052
非常读法 趣谈西方文学名著中的法文化
郭建著 2011 年 264 页 21 cm 20 元〔著名中学师生推荐书系〕(G. F. P.)

09983 309-07901
阴性阅读 阳性写作
黄昱宁著 2011 年 289 页 19 cm 精装 26 元 (G. F. P.)

09984 309-13207
风格与幸福
(瑞典)霍拉斯·恩格道尔著 (瑞典)万之译 2017 年 342 页 21 cm 精装 48 元〔诺贝尔文学奖背后的文学〕(G. F. P.)

09985 309-10343
彼此的视界
季进著 2014 年 305 页 22 cm 38 元〔比较文学与世界文学学术文库〕(G. F. P.)

09986 309-14245
冷战与华语语系文学研究
金进著 2019 年 278 页 23 cm 68 元 (G. F. P.)

09987 309-07771
话语之径
李庆西著 2011 年 306 页 24 cm 34 元〔"三十年集"系列丛书 第二辑〕(G. F. P.)

09988 309-07550
21 世纪生活中的文化现象
(新西兰)林勇(Adam Lam)(新西兰)霍华德·麦克诺顿(Howard McNaughton)编 (新西兰)林勇(Adam Lam)陈运享 姜申译 2011 年 441 页 21 cm 28 元 (G. F. P.)

09989 309-09200
笔韵 他和她们诗的世界
陆士清著 2013 年 417 页 23 cm 48 元 (G. F. P.)

09990 309-03384
新视野 新开拓 第十二届世界华文文学国际学术研讨会论文集
陆士清主编 2002 年 499 页 20 cm 25 元 (G. F. P.)

09991 309-07992
华文流散文学论集
饶芃子著 2011 年 281 页 21 cm 20 元 (G. F. P.)

09992 309-06067
文学经典与当代人生
王晓明 董丽敏 孙晓忠著 2008 年 247

页 21 cm 20元〔通识教育·名校名师名课系列〕(G. F. P.)

09993 309-09744
文学鉴赏与解读
伊彩霞 吴薇主编 2013年 180页 30 cm 30元〔全国学前教育专业(新课程标准)"十二五"规划教材〕(G. F. P.)

09994 309-05074
实用语文·文学欣赏教程
尤冬克主编 2006年 256页 23 cm 25元〔复旦卓越·实用语文系列 普通高等教育"十五"国家级规划教材〕(G. F. P.)

09995 309-11067
当代西方文化批评理论名著研究
袁金刚主编 2014年 203页 23 cm 30元〔三亚学院学术文丛〕(G. F. P.)

09996 309-09188
从比较文学到世界文学
张隆溪著 2012年 194页 23 cm 30元〔当代中国比较文学研究文库〕(G. F. P.)

09997 309-15135
青年翻译家的肖像
包慧怡著 2020年 290页 19 cm 精装 58元 (G. F. P.)

09998 309-05754
傅俊文学选论
傅俊著 2007年 314页 21 cm 25元〔南京师范大学外国语言文学学科博士生导师文库〕(G. F. P.)

09999 309-10648
从国别文学走向世界文学
刘洪涛著 2014年 293页 22 cm 38元〔比较文学与世界文学学术文库〕(G. F. P.)

10000 309-14500
屠格涅夫论 漫话雄狮——托尔斯泰 浅谈屠格涅夫 叔子诗选与知非杂记
冒效鲁著译 冒怀科 李新梅整理 2019年 342页 24 cm 精装 98元 (G. F. P.)

10001 309-05815
姚君伟文学选论
姚君伟著 2007年 328页 21 cm 20元〔南京师范大学外国语言文学学科博士生导师文库〕(G. F. P.)

10002 309-05775
张杰文学选论
张杰著 2007年 316页 21 cm 25元〔南京师范大学外国语言文学学科博士生导师文库〕(G. F. P.)

10003 309-12917
越位之思与诗学空间
胡继华著 2017年 284页 22 cm 36元〔比较文学与世界文学学术文库〕(G. F. P.)

10004 309-07801
比较诗学与跨界立场
杨乃乔著 2011年 314页 23 cm 40元〔当代中国比较文学研究文库〕(G. F. P.)

10005 309-11677
中外文化诗学研究论集
刘松来 陶水平主编 2015年 535页 21 cm 42元〔江西师范大学当代形态文艺学研究中心文库 第二辑 赖大仁主编〕(G. F. P.)

10006 309-08940

现代小说还乡母题研究

何平著 2012年 227页 22 cm 22元 (G. F. P.)

10007 309-06604

小说与诗歌的艺术智慧

李其纲 徐芳著 2009年 349页 21 cm 22元 (G. F. P.)

10008 309-05829

人性的观照 世界小说名篇中的情态与性态

柳鸣九著 2008年 293页 23 cm 35元 (G. F. P.)

10009 309-05519

细读精典

马原著 2007年 412页 21 cm 25元〔通识教育·名校名师名课系列〕(G. F. P.)

10010 309-01400

20世纪世界女性小说珍赏

吴怡 许乃青编 1995年 394页 20 cm 12.50元 (G. F. P.)

10011 309-08190

詹宏志私房谋杀

詹宏志著 2012年 187页 21 cm 28元〔詹宏志作品集〕(G. F. P.)

10012 309-08191

侦探研究

詹宏志著 2012年 225页 21 cm 28元〔詹宏志作品集〕(G. F. P.)

10013 309-00705

小说鉴赏集

郑洛主编 1991年 347页 19 cm 3.20元〔师范生阅读丛书〕(G.)

10014 309-00487

世界名著情书鉴赏大观

田地人主编 1990年 938页 19 cm 14.50元 (G. F.)

10015 309-14339

幼儿文学精品赏读

方卫平主编 2019年 158页 30 cm 45元〔全国学前教育专业（新课程标准）"十三五"规划教材〕(G. F. P.)

10016 309-10970

幼儿文学作品赏析与写作指导

吕明主编 2014年 139页 30 cm 24.50元〔全国学前教育专业（新课程标准）"十二五"规划教材〕(G. F. P.)

10017 309-05941

点亮心灯 儿童文学经典伴读

韦苇编著 2008年 326页 30 cm 38元〔复旦卓越·全国学前教育专业系列〕(G.)

10018 309-06746

点亮心灯 儿童文学精典伴读

韦苇编著 2009年 第2版 246页 30 cm 30元〔复旦卓越·全国学前教育专业系列〕(G. P.)

10019 309-14003

点亮心灯 儿童文学精典伴读

韦苇编著 2019年 第3版 263页 30 cm 42元〔"十二五"职业教育国家规划教材 全国学前教育专业（新课程标准）"十三五"规划教材〕(G. F. P.)

10020 309-11573

世界童话史

韦苇著 2015年 第3版 183页 30 cm 30元〔全国学前教育专业（新课程标准）

"十二五"规划教材〕(G. F. P.)

10021 309-12097
《新约圣经》寓言故事的认知研究
王磊著 2016年 204页 21 cm 25元〔人文系列〕(G. F. P.)

10022 309-02595
世界文学史纲
蒋承勇主编 2000年 512页 23 cm 40元〔高等院校中文系本科教材〕(G. F.)

10023 309-03230
世界文学史纲
蒋承勇主编 2002年 第2版 510页 23 cm 46元〔高等院校中文系本科教材〕(G. F.)

10024 309-05891
世界文学史纲
蒋承勇主编 2008年 第3版 460页 23 cm 39元〔国家重点学科"比较文学与世界文学"研究系列〕(G. F. P.)

10025 309-14236
世界文学史纲
蒋承勇主编 2019年 第4版 458页 23 cm 68元〔复旦博学·外国文学系列〕(G. F. P.)

10026 309-04093
西洋文学通论
茅盾著 2004年 201页 21 cm 12元〔大师谈文学〕(G. F. P.)

10027 309-05637
当代西方最新文论教程
王岳川著 2008年 512页 23 cm 50元〔复旦博学·文学系列·精华版 新闻出版总署"十一五"国家重点图书〕(G. F. P.)

10028 309-13462
世界文学史
杨烈著 林骧华编 2018年 581页 24 cm 精装 95元〔复旦百年经典文库 第二辑〕(G. F. P.)

10029 309-09892
文学与思想史论稿
张辉著 2013年 308页 22 cm 30元〔比较文学与世界文学学术文库〕(G. F. P.)

10030 309-10466
比较古典学发凡
刘小枫著 2015年 239页 23 cm 40元〔当代中国比较文学研究文库〕(G. F. P.)

10031 309-06028
从东方到西方 20世纪中国文学与世界文学
孟长勇著 2007年 305页 21 cm 22元 (G. F. P.)

10032 309-04283
20世纪外国文学史
郑克鲁主编 2007年 2册 23 cm 88元〔外国文学系列教材〕(G. F. P.)

10033 309-03189
欧美自然主义文学的现代阐释
蒋承勇等著 2002年 293页 20 cm 15元 (G. F. P.)

10034 309-05003
二十世纪西方文论选读
乔国强主编 王松林等编写 2006年 2册 23 cm 68元 (G. F. P.)

10035 309-06599
20世纪外国文学作品选
郑克鲁编选 2009年 854页 23 cm 76元〔国家重点学科"比较文学与世界文学"

研究系列〕(G. F. P.)

10036 309-02224
外国文学作品选
郑克鲁编选 1999年 2册 20 cm 52元 (G. F.)

10037 309-06230
外国文学作品选
郑克鲁编选 2008年 第2版 786页 23 cm 59元 (G. F. P.)

10038 309-14235
外国文学作品选
郑克鲁编选 2019年 第3版 786页 23 cm 98元〔复旦博学·外国文学系列〕(G. F. P.)

10039 309-01829
爱心永存 发生在大洋彼岸的真实故事
赵振康编著 1997年 195页 20 cm 10元 (G. F.)

10040 309-04419
世纪讲坛 世纪讲坛精选本
张德明主编 2005年 405页 23 cm 36元 (G. F. P.)

10041 309-03436
人生三味
毓明编著 2003年 392页 20 cm 24元 (G. F.)

10042 309-12296
365夜·美德故事
刘畅译 2016年 225页 26 cm 58元〔世界经典儿童故事宝库〕(G. F. P.)

10043 309-12295
365夜·冒险故事
吕越平译 2016年 225页 26 cm 58元〔世界经典儿童故事宝库〕(G. F. P.)

10044 309-12298
365夜·男孩故事
孙昱译 2016年 227页 26 cm 58元〔世界经典儿童故事宝库〕(G. F. P.)

10045 309-12297
365夜·动物故事
童洁萍译 2016年 207页 26 cm 58元〔世界经典儿童故事宝库〕(G. F. P.)

10046 309-11572
藏梦 外国经典童诗选
韦苇等译 2015年 138页 23 cm 精装 39.80元 (G. F. P.)

10047 309-00508
世界童话故事精选
( )沃德(Tony Ward) 唐杰选编 盛国英 胡兰兰译 1991年 153页 19 cm 2元〔英汉对照配乐童话故事〕(G. F.)

10048 309-12299
365夜·女孩故事
徐洁译 2016年 228页 26 cm 58元〔世界经典儿童故事宝库〕(G. F. P.)

中国文学

10049 309-09251
中西都市文学比较研究
陈晓兰著 2012年 263页 22 cm 22元 (G. F. P.)

10050 309-00747
中国语言文学研究的现代思考
复旦大学中国语言文学研究所编 1991年

544 页 20 cm 9.50 元 (G. F.)

10051 309-14540
文学经典与现代人生
黄景春主编 2019 年 347 页 23 cm 52 元 (G. F. P.)

10052 309-09240
中国文学研究 第 19 辑
黄霖主编 教育部人文社会科学重点研究基地、复旦大学中国古代文学研究中心主办 2012 年 189 页 26 cm 28 元 (G. F. P.)

10053 309-09338
中国文学研究 第 20 辑
黄霖主编 教育部人文社会科学重点研究基地、复旦大学中国古代文学研究中心主办 2012 年 175 页 26 cm 28 元 (G. F. P.)

10054 309-09664
中国文学研究 第 21 辑
黄霖主编 教育部人文社会科学重点研究基地、复旦大学中国古代文学研究中心主办 2013 年 212 页 26 cm 32 元 (G. F. P.)

10055 309-10191
中国文学研究 第 22 辑
黄霖主编 教育部人文社会科学重点研究基地、复旦大学中国古代文学研究中心主办 2013 年 212 页 26 cm 28 元 (G. F. P.)

10056 309-10649
中国文学研究 第 23 辑
黄霖主编 教育部人文社会科学重点研究基地、复旦大学中国古代文学研究中心主办 2014 年 207 页 26 cm 38 元 (G. F. P.)

10057 309-11088
中国文学研究 第 24 辑
陈尚君主编 教育部人文社会科学重点研究基地、复旦大学中国古代文学研究中心主办 2014 年 194 页 26 cm 38 元 (G. F. P.)

10058 309-11319
中国文学研究 第 25 辑
黄霖主编 教育部人文社会科学重点研究基地、复旦大学中国古代文学研究中心主办 2015 年 206 页 26 cm 38 元 (G. F. P.)

10059 309-11862
中国文学研究 第 26 辑
黄霖主编 教育部人文社会科学重点研究基地、复旦大学中国古代文学研究中心主办 2015 年 220 页 26 cm 38 元 (G. F. P.)

10060 309-12404
中国文学研究 第 27 辑
黄霖主编 教育部人文社会科学重点研究基地、复旦大学中国古代文学研究中心主办 2016 年 200 页 26 cm 38 元 (G. F. P.)

10061 309-12643
中国文学研究 第 28 辑
陈尚君主编 教育部人文社会科学重点研究基地、复旦大学中国古代文学研究中心主办 2016 年 163 页 26 cm 38 元 (G. F. P.)

10062 309-13037
中国文学研究 第 29 辑
陈尚君主编 教育部人文社会科学重点研究基地、复旦大学中国古代文学研究中心主办 2017 年 219 页 26 cm 42 元 (G. F. P.)

10063 309-13510
中国文学研究 第 30 辑
陈尚君主编 教育部人文社会科学重点研

究基地、复旦大学中国古代文学研究中心主办 2018年 173页 26 cm 38元 (G. F. P.)

10064 309-13916
中国文学研究 第31辑
黄霖主编 教育部人文社会科学重点研究基地、复旦大学中国古代文学研究中心主办 2018年 170页 26 cm 40元 (G. F. P.)

10065 309-14489
中国文学研究 第32辑
教育部人文社会科学重点研究基地、复旦大学中国古代文学研究中心主办 陈尚君主编 2019年 174页 26 cm 45元 (G. F. P.)

10066 309-15315
中国文学研究 第33辑
教育部人文社会科学重点研究基地、复旦大学中国古代文学研究中心主办 陈尚君主编 2020年 198页 26 cm 58元 (G. F. P.)

10067 309-06808
审美体验的重建 文论体系的观念奠基
田义勇著 2010年 201页 21 cm 26元 (G. F. P.)

10068 309-12359
性别与视觉 百年中国影像研究
王政 吕新雨编著 2016年 366页 21 cm 38元〔"纪录·影像:海外与中国"丛书〕(G. F. P.)

10069 309-14666
动物文学概论
韦苇著 2020年 183页 24 cm 45元 (G. F. P.)

10070 309-07399
晚明以降才女的书写、阅读与旅行
(美)魏爱莲(Ellen Widmer)著 赵颖之译 2016年 337页 23 cm 49.80元 (G. F. P.)

10071 309-07100
比较文学与文化"变异体"研究
严绍璗著 2011年 316页 23 cm 40元〔当代中国比较文学研究文库〕(G. F. P.)

10072 309-00849
艺文随笔
喻蘅著 1992年 270页 20 cm 6元 (G. F.)

10073 309-09624
而译集
(美)约翰·厄普代克等著 林源译 2013年 152页 21 cm 15元 (G.)

10074 309-09750
古今与跨界 中国文学文化研究
陈建华著 2013年 393页 23 cm 48元 (G. F. P.)

10075 309-10765
文学经典与当代学术 上海大学中文系学术演讲录 Ⅲ
陈晓兰编 2015年 275页 23 cm 40元 (G. F. P.)

10076 309-07534
卿云集三编 复旦大学中文学科发展八十五周年纪念论文集
复旦大学中文系编 2010年 925页 21 cm 精装 75元 (G. F. P.)

10077 309-09216
中国文学再认识
杭州师范大学学术期刊社编 2012年 338页 21 cm 28元〔勤慎论丛〕(G. F. P.)

10078 309-08012

中法文学关系研究

孟华著 2011年 308页 23 cm 40元〔当代中国比较文学研究文库〕(G. F. P.)

10079 309-13565

城市变迁与文化记忆

朱红 许蔚编选 2018年 272页 24 cm 54元〔中国城市文学研究读本 历史卷 荣跃明主编〕(G. F. P.)

10080 309-05312

中国文学批评范畴及体系

汪涌豪著 2007年 756页 21 cm 38元〔复旦博学论丛 第一辑〕(G. F. P.)

10081 309-13080

中国文学批评范畴及体系

汪涌豪著 2017年 第2版 609页 24 cm 精装 125元 (G. F. P.)

10082 309-02939

中国文学批评史新编

王运熙 顾易生主编 2001年 2册 23 cm 88元〔复旦博学·文学史系列〕(G. F.)

10083 309-05644

中国文学批评史新编

王运熙 顾易生主编 2007年 第2版 2册 23 cm 88元〔复旦博学·文学系列 普通高等教育"十一五"国家级规划教材〕(G. F. P.)

10084 309-03417

中国现代文学批评史新编

许道明著 2002年 452页 23 cm 38元〔复旦博学·文学系列 普通高等教育"十五"国家级规划教材〕(G. F. P.)

10085 309-13616

中国文论通史

周兴陆著 2018年 575页 24 cm 128元〔21世纪复旦大学研究生教学用书〕(G. F. P.)

10086 309-05416

中国文学批评小史

周勋初著 2007年 194页 23 cm 25元 (G. F. P.)

10087 309-06582

中国人的心灵 三千年理智与情感

鲍鹏山著 2009年 379页 23 cm 38元 (G. F. P.)

10088 309-08776

东坡谈艺录

蔡国黄编著 2012年 274页 21 cm 25元 (G. F. P.)

10089 309-04403

从游士到儒士 汉唐士风与文风论稿

查屏球著 2005年 635页 21 cm 34元 (G. F. P.)

10090 309-12062

一孔斋论学集

陈伯海著 2016年 383页 23 cm 60元〔当代中国古代文学研究文库 傅璇琮 黄霖 罗剑波主编〕(G. F. P.)

10091 309-09351

文学史的文化叙事 中国文学演变论集

陈广宏著 2012年 311页 22 cm 26元 (G. F. P.)

10092 309-08625

欧阳修的文学与情感世界

陈湘琳著 2012年 348页 22 cm 36元

〔复旦宋代文学研究书系 王水照主编〕(G. F. P.)

10093 309-14468
历代经典诗文吟诵鉴赏读本
陈晓芸 马宾编著 2019 年 432 页 23 cm 56 元〔弘教系列教材〕(G. F. P.)

10094 309-03376
古典文学佛教溯缘十论
陈允吉著 2002 年 233 页 21 cm 14 元〔名家专题精讲系列〕(G. F. P.)

10095 309-14890
文话流变研究
慈波著 2020 年 395 页 23 cm 88 元 (G. F. P.)

10096 309-13865
读书·论志·考释·回眸 丁有国文集
丁有国著 2019 年 315 页 24 cm 精装 98 元 (G. F. P.)

10097 10253.010
中国古典文学丛考 第1辑
复旦大学中国语言文学系古典文学教研室 复旦大学中国语言文学研究所文学批评史研究室编 1985 年 421 页 19 cm 2.70 元 (G. F.)

10098 10253.031
中国古典文学丛考 第2辑
复旦大学古籍整理研究所等编 1987 年 384 页 20 cm 3.05 元 (G. F.)

10099 309-03231
古代文论研究的回顾与前瞻 复旦大学 2000 年国际学术会议论文集
复旦大学中国语言文学研究所主编 2002 年 574 页 21 cm 28 元 (G. F. P.)

10100 309-05143
王安石与北宋文学研究
高克勤著 2006 年 221 页 21 cm 18 元 (G. F. P.)

10101 309-04973
明代徽州文学研究
韩结根著 2006 年 534 页 21 cm 30 元 (G. F.)

10102 309-03374
人的觉醒与文学的自觉 兼论中日之异同
胡令远著 2002 年 235 页 20 cm 12 元 (G. F. P.)

10103 309-12253
先唐文学研究
胡旭著 2016 年 294 页 21 cm 35 元 (G. F. P.)

10104 309-02238
原人论
黄霖等著 2000 年 419 页 20 cm 20 元〔中国古代文学理论体系〕(G. F. P.)

10105 309-12055
唐音阁文萃
霍松林著 2016 年 426 页 23 cm 68 元〔当代中国古代文学研究文库 傅璇琮 黄霖 罗剑波主编〕(G. F. P.)

10106 309-09128
包公文学研究
李建明著 2012 年 356 页 22 cm 36 元 (G. F. P.)

10107 309-10068
海外晚清文学研究文选

李欧梵 季进选编 2016 年 412 页 22 cm 32 元〔苏州大学海外汉学研究丛书 王尧 季进主编〕(G. P.)

10108 309-02240
方法论
刘明今著 2000 年 566 页 20 cm 27 元〔中国古代文学理论体系〕(G. F. P.)

10109 10253.025
冯梦龙研究
陆树仑著 1987 年 162 页 20 cm 1.60 元 (G. F.)

10110 309-12058
因缘居存稿
罗宗强著 2016 年 390 页 23 cm 62 元〔当代中国古代文学研究文库 傅璇琮 黄霖 罗剑波主编〕(G. F. P.)

10111 309-13431
行乐·读画 明清名流画像题咏
毛文芳著 2020 年 307 页 23 cm 69 元 (G. F. P.)

10112 309-05072
中国古代文学地理形态与演变
梅新林著 2006 年 2 册 21 cm 65 元〔上海市社会科学博士文库 第七辑〕(G. F. P.)

10113 309-14576
文学与商人
邵毅平著 2019 年 306 页 19 cm 精装 45 元〔复旦小文库〕(G. F. P.)

10114 309-04566
中国文学中的商人世界
邵毅平著 2005 年 2007 年第 2 版 563 页 21 cm 30 元〔复旦博学论丛 第一辑〕(G. F. P.)

10115 309-11810
中国文学中的商人世界
邵毅平著 2016 年 第 3 版 503 页 22 cm 精装 60 元〔复旦学术文库〕(G. F. P.)

10116 309-12996
中国古代文学作品选
苏艳霞 李静主编 2017 年 385 页 26 cm 58 元〔全国小学教育专业"十三五"规划教材〕(G. F. P.)

10117 309-04448
《文心雕龙》与二十世纪西方文论
汪洪章著 2005 年 189 页 21 cm 15 元〔复旦大学外国语言文学博士文库〕(G. F. P.)

10118 309-03560
贾谊和西汉文学
汪耀明著 2003 年 224 页 20 cm 15 元 (G. F. P.)

10119 309-02239
范畴论
汪涌豪著 1999 年 650 页 20 cm 30 元〔中国古代文学理论体系〕(G. F. P.)

10120 309-05617
历代文话
王水照编 2007 年 10 册 21 cm 精装 800 元 (G. F. P.)

10121 309-02815
首届宋代文学国际研讨会论文集
王水照等编 2001 年 712 页 20 cm 30 元 (G. F. P.)

10122 309-03024

汉魏六朝唐代文学论丛 增补本
王运熙著 2002年 493页 20 cm 25元
〔复旦学人文库〕(G. F. P.)

10123 309-06993
谈中国古代文学的学习与研究
王运熙著 2010年 212页 23 cm 28元
〔复旦博学〕(G. F. P.)

10124 309-04244
中古文论要义十讲
王运熙著 2004年 211页 21 cm 12元
〔名家专题精讲系列 第四辑〕(G. F. P.)

10125 309-07561
金波涌处晓云开 庆祝顾易生教授八十五华诞文集
邬国平 汪涌豪主编 2010年 396页 23 cm 45元 (G. F. P.)

10126 309-05063
异域之眼 兴膳宏中国古典论集
(日)兴膳宏著 戴燕选译 2006年 395页 21 cm 28元 (G. F. P.)

10127 309-05739
文心雕龙精读
杨明著 2007年 215页 23 cm 28元〔汉语言文学原典精读系列 第一辑 普通高等教育"十一五"国家级规划教材〕(G. F. P.)

10128 309-12371
文心雕龙精读
杨明著 2016年 第2版 300页 24 cm 38元〔汉语言文学原典精读系列〕(G. F. P.)

10129 309-05311
宋代文学论稿
杨庆存著 2007年 413页 21 cm 28元
〔复旦博学论丛 第一辑〕(G. F. P.)

10130 309-12642
古苑寸思 姚汉荣先生文集
姚汉荣著 姚益心编 2016年 401页 24 cm 75元 (G. F. P.)

10131 309-14962
中国古代茶文学作品选读
叶国盛主编 2020年 138页 26 cm 40元
〔复旦卓越·应用型教材〕(G. F. P.)

10132 309-12063
滋兰斋文选
赵逵夫著 2016年 437页 23 cm 70元
〔当代中国古代文学研究文库 傅璇琮 黄霖 罗剑波主编〕(G. F. P.)

10133 309-13465
戏剧、小说与民间信仰 中国传统文学和文化的域外观照
赵晓寰著 2018年 374页 21 cm 38元
(G. F. P.)

10134 309-01510
明代中期文学演进与城市形态
郑利华著 1995年 212页 20 cm 14元
〔复旦大学博士丛书〕(G. F.)

10135 309-12056
钟山愚公拾金行踪
周勋初著 2016年 458页 23 cm 70元
〔当代中国古代文学研究文库 傅璇琮 黄霖 罗剑波主编〕(G. F. P.)

10136 309-14501
中国古代文学阐释学十讲
周裕锴著 2020年 397页 21 cm 精装

86 元 (G. F. P.)

10137 309-05252
八代传叙文学述论
朱东润著 2006 年 263 页 21 cm 18 元 〔火凤凰学术遗产丛书〕(G. F. P.)

10138 309-04069
经典常谈
朱自清著 2004 年 159 页 21 cm 12 元 〔经典新读文学课堂 第一辑〕(G. F. P.)

10139 309-06370
中国古代文学鉴赏论
左健著 2009 年 271 页 21 cm 25 元 (G. F. P.)

10140 309-03098
顾易生文史论集
顾易生著 2002 年 494 页 20 cm 25 元 〔复旦学人文库〕(G. F. P.)

10141 309-03437
传承与创新 中国古代文化研究
杨庆存著 2003 年 533 页 20 cm 30 元 (G. F. P.)

10142 309-03540
不京不海集
章培恒著 2012 年 609 页 25 cm 精装 80 元 (G. F. P.)

10143 309-14475
宋代文学探讨集续编
祝尚书著 2020 年 331 页 22 cm 66 元 〔四川大学古典文学研究丛书〕(G. F. P.)

10144 309-11142
薪火学刊 第 1 卷
薪火学刊编辑部编 2014 年 297 页 21 cm 32 元 (G. F. P.)

10145 309-12001
薪火学刊 第 2 卷
薪火学刊编辑部编 2015 年 320 页 21 cm 35 元 (G. F. P.)

10146 309-12625
薪火学刊 第 3 卷
薪火学刊编辑部编 2016 年 315 页 21 cm 35 元 (G. F.)

10147 309-13380
薪火学刊 第 4 卷
薪火学刊编辑部编 2017 年 313 页 21 cm 35 元 (G. F. P.)

10148 309-14036
薪火学刊 第 5 卷
薪火学刊编辑部编 2018 年 294 页 21 cm 48 元 (G. F. P.)

10149 309-14748
薪火学刊 第 6 卷
薪火学刊编辑部编 2019 年 282 页 21 cm 58 元 (G. F. P.)

10150 309-11202
文心雕龙译注疏辨
张灯著述 2015 年 2 册 22 cm 98 元 (G. F. P.)

10151 309-14536
宋元文学与文献论考
罗鹭著 2020 年 325 页 22 cm 65 元 〔四川大学古典文学研究丛书〕(G. F. P.)

10152 309-13082
文本的密码 社会语境中的宋代文学

（日）浅见洋二著 李贵 赵蕊蕊等译 2017年 311页 22 cm 39元〔日本汉学家"近世"中国研究丛书 朱刚 李贵主编〕(G. F. P.)

10153 309-12480
新宋学 第5辑
王水照 朱刚主编 2016年 362页 26 cm 78元 (G. F. P.)

10154 309-13149
新宋学 第6辑
王水照 朱刚主编 2017年 466页 26 cm 98元 (G. F. P.)

10155 309-13879
新宋学 第7辑
王水照 朱刚主编 2018年 422页 26 cm 98元 (G. F. P.)

10156 309-14539
新宋学 第8辑
王水照 朱刚主编 2019年 406页 26 cm 98元 (G. F. P.)

10157 309-14186
苏轼苏辙研究
朱刚著 2019年 472页 22 cm 精装 70元〔复旦宋代文学研究书系 第二辑 王水照主编〕(G. F. P.)

10158 309-09353
刘克庄的文学世界 晚宋文学生态的一种考察
侯体健著 2013年 356页 22 cm 28元〔复旦宋代文学研究书系 王水照主编〕(G. F. P.)

10159 309-09547
张居正秉政与晚明文学走向
刘建明著 2013年 211页 22 cm 22元 (G. F. P.)

10160 309-12057
稷下传习集
袁世硕著 2016年 277页 23 cm 50元〔当代中国古代文学研究文库 傅璇琮 黄霖 罗剑波主编〕(G. F. P.)

10161 309-10889
王韬与近现代文学转型
段怀清著 2015年 346页 22 cm 精装 35元〔"薪传"现代文学研究平台系列 陈思和 王德威主编〕(G. F. P.)

10162 309-15121
近世中国与日本汉文学
张淘著 2020年 366页 22 cm 78元 (G. F. P.)

10163 309-06016
前工业文明与中国文学
栾梅健著 2008年 327页 23 cm 35元 (G. F. P.)

10164 309-14498
跨文化的行者苏曼殊 一种语言符号学探索
唐珂著 2019年 302页 21 cm 48元 (G. F. P.)

10165 309-11054
西方思潮与中国近代文学
王韬著 2015年 338页 21 cm 34元〔中国近代文化转型与文学现代化丛书 栾梅健主编〕(G. F. P.)

10166 309-11301
报刊与中国文学的近代转型 1833—1911
张天星著 2015年 350页 21 cm 34元〔中国近代文化转型与文学现代化丛书

栾梅健主编〕(G. F. P.)

10167 309-12101
中国近代教育、文学的联动与互动
朱文华著 2015年 403页 21 cm 40元
〔中国近代文化转型与文学现代化丛书
栾梅健主编〕(G. F. P.)

10168 309-07406
千年文脉的接续与转化
陈平原著 2010年 171页 21 cm 20元
〔人文书系 陈平原主编〕(G. F. P.)

10169 309-08071
建构中国现代文学多元共生体系的新思考
陈思和 王德威主编 2011年 469页
23 cm 58元 (G. F. P.)

10170 309-07269
中国文学中的世界性因素
陈思和著 2011年 321页 23 cm 40元
〔当代中国比较文学研究文库〕(G. F. P.)

10171 309-15213
中国现代文学文献学十讲
陈子善著 2020年 451页 21 cm 精装
75元〔名家专题精讲系列 第七辑〕(G. F. P.)

10172 309-00675
张资平 人生的失败者
鄂基瑞 王锦园著 1991年 209页 19 cm
3.35元〔中国现代作家探索丛书〕
(G. F.)

10173 10253.020
中国新文学研究 第1辑
复旦大学中国语言文学研究所编 1986年
477页 20 cm 3.05元 (G. F.)

10174 309-06395
吴江沈氏文学世家研究
郝丽霞著 2009年 466页 21 cm 30元
(G. F. P.)

10175 309-04440
咀华集·咀华二集
李健吾著 2005年 187页 21 cm 12元
〔大师谈文学〕(G. F. P.)

10176 309-03371
中国现代文学与现代性十讲
李欧梵著 季进编 2002年 255页 21 cm
15元〔名家专题精讲系列〕(G. F. P.)

10177 309-11521
抒情中国文学的现代美国之旅 汉学家视角
李涛著 2015年 356页 21 cm 28元〔人
文系列〕(G. F. P.)

10178 309-10029
新世纪韩国的中国现当代文学研究
(韩)林春城 王光东编 2013年 330页
23 cm 38元 (G. F. P.)

10179 309-07022
沉思与反抗
林贤治著 2010年 264页 24 cm 30元
〔"三十年集"系列丛书 1978—2008〕
(G. F. P.)

10180 309-03969
百年文学十二谈
刘志荣主持 陈思和等讲谈 2004年 189
页 21 cm 12元 (G. F. P.)

10181 309-14776
批评的观念
任茹文著 2020年 259页 21 cm 40元
(G. F. P.)

10182 309-08755
视角与方法 现当代文学与文化研究
上海大学现当代文学学科编 2012 年 331 页 23 cm 38 元〔人文学术〕(G. F. P.)

10183 309-04103
抽象的抒情
沈从文著 2004 年 368 页 21 cm 16 元〔大师谈文学〕(G. F. P.)

10184 309-11309
书海拾珍 中国现代作家处女作初版本录
唐文一著 2016 年 285 页 21 cm 精装 35 元 (G. F. P.)

10185 309-05296
20 世纪中国文学与民间文化
王光东等著 2007 年 286 页 21 cm 20 元〔复旦博学论丛 第一辑〕(G. F. P.)

10186 309-11994
怎样现代,如何文学? 中国现代文学研究论集
王晓平著 2016 年 374 页 21 cm 35 元 (G. F. P.)

10187 309-06923
《中国现代文学研究丛刊》30 年精编 文学史研究·史料研究卷
吴福辉 温儒敏主编 《丛刊》编辑部主编 2009 年 2 册 26 cm 90 元 (G. F. P.)

10188 309-06924
《中国现代文学研究丛刊》30 年精编 作家作品研究卷
吴福辉 温儒敏主编 《丛刊》编辑部主编 2009 年 2 册 26 cm 90 元 (G. F. P.)

10189 309-04092
艺文私见
郁达夫著 2004 年 234 页 21 cm 14 元 (G. F. P.)

10190 309-04630
曾经存在
张芙鸣编 2006 年 386 页 21 cm 25 元〔复旦大学中文系教授荣休纪念文丛 吴立昌卷〕(G. F. P.)

10191 309-06331
20 世纪上半期中国文学的现代意识
张新颖著 2009 年 修订版 264 页 23 cm 32 元〔现代中国文学史论丛书〕(G. F. P.)

10192 309-04664
沈从文精读
张新颖著 2005 年 276 页 23 cm 27 元〔汉语言文学原典精读系列 第一辑〕(G. F. P.)

10193 309-12374
沈从文精读
张新颖著 2016 年 第 2 版 294 页 24 cm 38 元〔汉语言文学原典精读系列〕(G. F. P.)

10194 309-06340
文学课堂与文学研究
张业松著 2008 年 297 页 23 cm 30 元 (G. F. P.)

10195 309-14008
中国现当代作家作品论
赵昌伦著 2018 年 331 页 21 cm 38 元 (G. F. P.)

10196 309-13617
城市文学与时代症候
贾艳艳编选 2018 年 428 页 24 cm 72 元

〔中国城市文学研究读本 批评卷〕(G. F. P.)

10197 309 - 05582

五种形象

南帆著 2007 年 159 页 23 cm 15 元 (G. F. P.)

10198 309 - 13564

城市文学：知识、问题与方法

王进编选 2018 年 344 页 24 cm 68 元 〔中国城市文学研究读本 理论卷 荣跃明主编〕(G. F. P.)

10199 309 - 08824

春润集

吴福辉著 2012 年 264 页 24 cm 34 元 〔"三十年集"系列丛书 第二辑〕(G. F. P.)

10200 309 - 07938

丘东平研究资料

许翼心 揭英丽主编 2011 年 429 页 23 cm 68 元 (G. F. P.)

10201 309 - 13573

"文学城市"与主体建构

袁红涛编选 2018 年 459 页 24 cm 88 元 〔中国城市文学研究读本 地域卷〕(G. F. P.)

10202 309 - 06656

青年巴金及其文学视界

艾晓明著 2009 年 281 页 23 cm 30 元 〔巴金研究丛书 03〕(G. F. P.)

10203 309 - 02999

一个中国人的文学观 周作人的文艺思想

（英）卜立德（David Edward Pollard）著 陈广宏译 2001 年 202 页 20 cm 14 元 (G. F. P.)

10204 309 - 08476

巴金与《收获》研究

蔡兴水著 2011 年 422 页 23 cm 38 元 〔巴金研究丛书 09〕(G. F. P.)

10205 309 - 06655

巴金研究论稿

陈思和 李辉著 2009 年 446 页 23 cm 38 元 〔巴金研究丛书 01〕(G. F. P.)

10206 309 - 03968

谈话的岁月

陈思和主持 2004 年 279 页 21 cm 16 元 (G. F. P.)

10207 309 - 03373

中国当代文学关键词十讲

陈思和著 2002 年 293 页 21 cm 16 元 〔名家专题精讲系列〕(G. F. P.)

10208 309 - 11087

老舍的文学语言风格与发展 从小说词汇运用看八大风格特点

崔燕著 2015 年 203 页 23 cm 精装 38.80 元 (G. F. P.)

10209 309 - 08897

视野与方法 重构当代文学研究的版图

董丽敏主编 2012 年 290 页 23 cm 35 元 〔人文学术〕(G. F. P.)

10210 309 - 09677

巴金创作综论新编

辜也平著 2013 年 421 页 24 cm 40 元 〔巴金研究丛书 11〕(G. F. P.)

10211 309 - 11147

范小青文学年谱

何平编著 2015 年 139 页 19 cm 28.50 元 (G. F. P.)

10212 309-07507
钱锺书与现代西学
季进著 2011年 增订本 255页 22 cm 精装 25元 (G. F. P.)

10213 309-00262
中国现代文学的主潮
贾植芳主编 1990年 284页 20 cm 4.80元 (G. F.)

10214 309-07486
把文学还给文学史
旷新年著 2012年 249页 21 cm 22元 (G. F. P.)

10215 309-10552
莫言文学年谱
李桂玲编著 2014年 194页 19 cm 28.50元〔东吴学术年谱丛书〕(G. F. P.)

10216 309-08667
文学还能更好些吗
李建军著 2012年 236页 23 cm 30元 (G. F. P.)

10217 309-10764
阿来文学年谱
梁海编著 2014年 173页 19 cm 28.50元 (G. F. P.)

10218 309-11026
阎连科文学年谱
梁鸿编著 2014年 169页 19 cm 28.50元〔东吴学术年谱丛书 甲种:当代著名作家系列 林建法主编〕(G. F. P.)

10219 309-10802
文学与自由
林贤治著 2014年 199页 21 cm 精装 28元〔微阅读大系 林贤治作品 05〕(G. F. P.)

10220 309-14595
巴金创作艺术探究
刘福泉 王新玲著 2019年 221页 23 cm 75元〔巴金研究丛书〕(G. F. P.)

10221 309-11407
余华文学年谱
刘琳 王侃编著 2015年 187页 19 cm 28.50元〔东吴学术年谱丛书 甲种:当代著名作家系列 林建法主编〕(G. F. P.)

10222 309-05295
潜在写作 1949—1976
刘志荣著 2007年 449页 23 cm 38元〔现代中国文学史论丛书〕(G. F.)

10223 309-09663
张爱玲·鲁迅·沈从文 中国现代三作家论集
刘志荣著 2013年 243页 22 cm 精装 28元〔薪传现代文学研究平台系列〕(G.)

10224 309-00074
十年文学潮流 1976—1986
潘旭澜 王锦园主编 1988年 341页 20 cm 3.50元 (G. F.)

10225 309-12352
中国当代文学世俗性与革命性关系研究 1942—1965
任茹文著 2016年 258页 21 cm 35元 (G. F. P.)

10226 309-06654
巴金论
汪应果著 2009年 348页 23 cm 34元〔巴金研究丛书 02〕(G. F. P.)

10227 309-10819

翻译和阅读的政治

王侃著 2014年 299页 22 cm 30元 (G. F. P.)

10228 309-12060

走马塘集

王水照著 2016年 318页 23 cm 55元 〔当代中国古代文学研究文库 傅璇琮 黄霖 罗剑波主编〕(G. F. P.)

10229 309-06458

吴欢章学术文选

吴欢章著 2009年 700页 21 cm 49元 (G. F. P.)

10230 309-00678

沈从文 建筑人性神庙

吴立昌著 1991年 301页 19 cm 3.95元 〔中国现代作家探索丛书〕(G. F.)

10231 309-11807

翻译家巴金研究

向洪全著 2016年 222页 23 cm 35元 〔巴金研究丛书 17〕(G. F. P.)

10232 309-09245

媒介与文艺形态《文艺报》研究(1949—1966)

谢波著 2013年 198页 22 cm 20元 (G. F. P.)

10233 309-00797

梁实秋 传统的复归

徐静波著 1992年 241页 19 cm 3.80元 〔中国现代作家探索丛书〕(G. F.)

10234 309-10590

铁凝文学年谱

张光芒 王冬梅编著 2014年 195页 19 cm 28.50元 〔东吴学术年谱丛书〕(G. F. P.)

10235 309-10797

沈从文与二十世纪中国

张新颖著 2014年 141页 19 cm 28元 〔复旦小文库〕(G. F. P.)

10236 309-08059

实感经验与文学形式

张新颖 刘志荣著 2013年 177页 19 cm 精装 25元 (G.)

10237 309-06823

南方想象的诗学 论苏童的当代唯美写作

张学昕著 2009年 281页 23 cm 28元 (G. F. P.)

10238 309-10906

苏童文学年谱

张学昕编著 2015年 173页 19 cm 28.50元 〔东吴学术年谱丛书 甲种：当代著名作家系列 林建法主编〕(G. F. P.)

10239 309-02809

茅盾散论

钟桂松著 2001年 292页 20 cm 15元 (G. F. P.)

10240 309-03434

融合中的创造 夏衍与中外文化

周斌著 2003年 290页 20 cm 15元 (G. F. P.)

10241 309-07121

脚步集

陈思和著 2010年 343页 24 cm 35元 〔"三十年集"系列丛书 1978—2008〕(G. F. P.)

10242 309-15094

碌碌集

陈思和著 2020年 494页 22 cm 精装

68 元 (G. F. P.)

10243 309-08184
远去的文学时代
黄子平著 2011 年 349 页 24 cm 35 元
〔"三十年集"系列丛书 第二辑〕(G. F. P.)

10244 309-09688
当代形态文学批评
赖大仁 刘松来主编 2013 年 330 页 22 cm
25 元〔江西师范大学当代形态文艺学研究中心文库〕(G. F. P.)

10245 309-09984
对话时代的思与想
林建法著 2013 年 219 页 19 cm 精装
28 元 (G. F.)

10246 309-06894
中国当代作家面面观 文学的自觉
林建法主编 2010 年 2 册 26 cm 88 元
(G. F. P.)

10247 309-06653
新旧之变
孙郁著 2010 年 308 页 24 cm 34 元〔"三十年集"系列丛书 1978—2008〕(G. F. P.)

10248 309-07189
故事和讲故事
王安忆著 2011 年 259 页 22 cm 精装
25 元〔好书库〕(G. F. P.)

10249 309-08898
表达凸显立论 本科生优秀毕业论文精选集
王卓慈主编 2012 年 444 页 23 cm 42 元
〔露角文丛 张瑞年主编〕(G. F. P.)

10250 309-10053
精神中国 1976 年以后的文学求索
吴耀宗编 2013 年 272 页 23 cm 38 元
(G. F. P.)

10251 309-06179
苏州作家研究
徐国强 范培松主编 2008 年 284 页 23 cm
全套 180 元 (G. F.)
　苏州作家研究 范小青卷 徐国强 范培松主编
　　秦雯 邹启凤编著
　苏州作家研究 苏童卷 徐国强 范培松主编
　　程桂婷 陈凤阳编著
　苏州作家研究 叶弥卷 徐国强 范培松主编
　　张立 范嵘编著
　苏州作家研究 荆歌卷 徐国强 范培松主编
　　朱红梅 杨若虹编著
　苏州作家研究 金曾豪卷 徐国强 范培松主编
　　胡继明 李丽编著
　苏州作家研究 王一梅卷 徐国强 范培松主编
　　张颖 胡继明编著
　苏州作家研究 杨守松卷 徐国强 范培松主编
　　张厚刚 李奕诗编著
　苏州作家研究 车前子卷 徐国强 范培松主编
　　周国红 朱锦花编著
　苏州作家研究 朱文颖卷 徐国强 范培松主编
　　宋桂友 宋平编著

10252 309-09457
穿越叙述的窄门
张学昕著 2013 年 258 页 23 cm 38 元
(G. F. P.)

10253 309-00589
诗词曲鉴赏集
郑洛主编 1990 年 420 页 19 cm 3.90 元
〔师范生阅读丛书〕(F.)

10254 309-13096
文字禅与宋代诗学
周裕锴著 2017 年 240 页 21 cm 精装
45 元〔周裕锴禅学书系〕(G. F. P.)

10255 309-09379
制度、思想与文学的互动 北宋前期诗坛研究
成玮著 2013年 298页 22 cm 25元〔复旦宋代文学研究书系 王永照主编〕(G. F. P.)

10256 309-13752
青岩集
黄乃江著 2018年 288页 21 cm 46元 (G. F. P.)

10257 309-03062
中国诗史
(日)吉川幸次郎著 章培恒等译 2001年 378页 21 cm 19元 (G. F.)

10258 309-08586
中国诗史
(日)吉川幸次郎著 章培恒 骆玉明等译 2012年 339页 22 cm 28元 (G. F. P.)

10259 309-07636
中国近代诗歌史
马亚中著 2011年 545页 22 cm 36元 (G. F. P.)

10260 309-06188
20世纪中国新诗史
张新著 2009年 607页 21 cm 32元〔20世纪中国分体文学史研究丛书〕(G. F. P.)

10261 309-12614
学诗记
褚建君著 2017年 129页 19 cm 20元〔诗铎丛书〕(G. F. P.)

10262 309-04825
古典诗学会探
陈引驰等编 2006年 654页 21 cm 38元〔复旦大学中文系教授荣休纪念文丛 陈允吉卷〕(G. F. P.)

10263 309-13194
中国的恋歌 从《诗经》到李商隐
(日)川合康三著 郭晏如译 2017年 200页 19 cm 精装 35元〔复旦小文库〕(G. F. P.)

10264 309-12707
言志咏言,或同或异 略论汉英诗歌的异同
高嘉正 高菁著 2016年 354页 21 cm 38元〔人文系列〕(G. F. P.)

10265 309-14974
山水·审美·理趣
葛晓音著 2020年 137页 21 cm 36元 (G. F. P.)

10266 309-05953
汉字的魔方 中国古典诗歌语言学札记
葛兆光著 2008年 233页 21 cm 20元 (G. F. P.)

10267 309-11719
汉字的魔方 中国古典诗歌语言学札记
葛兆光著 2016年 229页 22 cm 精装 38元 (G. F. P.)

10268 309-12064
杏园陇人诗思
韩经太著 2016年 513页 23 cm 70元〔当代中国古代文学研究文库 傅璇琮 黄霖 罗剑波主编〕(G. F. P.)

10269 309-04087
诗歌欣赏
何其芳著 2004年 129页 21 cm 10元〔经典新读文学课堂 第一辑〕(G. F. P.)

10270 309-06625

10270 309-11794
台湾诗钟研究
黄乃江著 2009 年 302 页 21 cm 28 元
(G. F. P.)

10271 309-00584
古典诗词教学与写作
黄润苏著 1991 年 153 页 18 cm 2.65 元
(G. F.)

10272 309-02618
古葩今赏
黄玉峰主编 2000 年 222 页 25 cm 29 元
〔诗情画意系列 2〕(G. F. P.)

10273 309-01903
诗情画意
黄玉峰主编 1998 年 231 页 25 cm 28 元
(G. F. P.)

10274 309-05581
商人·商业·唐诗
姜革文著 2007 年 337 页 21 cm 30 元
(G. F. P.)

10275 309-09690
当代先锋诗歌研究
姜玉琴著 2013 年 322 页 22 cm 30 元
〔中外文学关系研究丛书 宋炳辉主编〕
(G. F. P.)

10276 309-01774
楚辞直解
(战国) 屈原著 陈子展撰述 1996 年 767 页 20 cm 精装 40 元 (G. F. P.)

10277 309-05964
诗歌 智慧的水珠
邵毅平著 2008 年 290 页 21 cm 22 元
〔智慧中国文学·春卷〕(G. F. P.)

10278 309-00521
历代赋论辑要
徐志啸编 1991 年 174 页 20 cm 3.25 元
(G. F.)

10279 309-09132
中国现代诗学论稿
许霆著 2012 年 382 页 22 cm 35 元 (G. F. P.)

10280 309-00976
古代山水诗名篇赏析
殷海国主编 1993 年 356 页 20 cm 7.50 元
(G. F.)

10281 309-05115
俞平伯论古诗词
俞平伯著 2006 年 226 页 21 cm 16 元
〔经典新读文学课堂 第三辑〕(G. F. P.)

10282 309-09354
符号与言谈 比较诗学的实践
张汉良著 2013 年 713 页 24 cm 精装 98 元 (G. P.)

10283 309-09369
绝版诗话 谈民国时期初版诗集
张建智著 2012 年 212 页 19 cm 精装 30 元 (G. F. P.)

10284 309-12560
绝版诗话二集
张建智著 2016 年 263 页 20 cm 精装 45 元 (G. F. P.)

10285 309-02021
风骚余韵论 中国现代文学背景下的旧体诗
朱文华著 1998 年 277 页 20 cm 12 元
(G. F. P.)

10286 309-14898

中古文学中的诗与史

张月 陈引驰编 2020年 272页 23 cm 62元〔复旦中华文明研究专刊〕(G. F. P.)

10287 309-02350

中华千古佳句辞典

胡奇光 强永华编著 1999年 790页 20 cm 精装 42元 (G. F. P.)

10288 309-05661

诗骚一百句

邵毅平解读 2007年 205页 19 cm 15元〔悦读经典小丛书〕(G. F. P.)

10289 309-11312

古诗文初阶

葛兆光著 2016年 137页 19 cm 精装 25元〔复旦小文库〕(G. F. P.)

10290 309-04733

西方前现代泛诗传统 以中国古代诗歌相关传统为参照系的比较研究

王云著 2005年 467页 21 cm 28元 (G. F. P.)

10291 309-10998

互文性视角下的中国古典诗歌英译研究

吴迪龙著 2015年 232页 21 cm 22元 (G.)

10292 309-08415

古诗的艺术魅力

曾敏之著 2011年 399页 21 cm 28元 (G. F. P.)

10293 309-05075

唐诗三百首全解

(清) 蘅塘退士编 赵昌平解 2006年 334页 25 cm 28元 (G. F. P.)

10294 309-13904

唐诗三百首全解 典藏版

(清) 蘅塘退士编 赵昌平解 2019年 2册 21 cm 精装 98元〔中华经典全解典藏〕(G. F. P.)

10295 309-05774

唐宋诗一百句

胡晓明解读 2007年 204页 19 cm 15元〔悦读经典小丛书〕(G. F. P.)

10296 309-09161

中唐至北宋的典范选择与诗歌因革

李贵著 2012年 346页 22 cm 28元〔复旦宋代文学研究书系 王水照主编〕(G. F. P.)

10297 309-06320

唐诗美学精读

李浩著 2009年 255页 23 cm 28元〔汉语言文学原典精读系列 普通高等教育"十一五"国家级规划教材〕(G. F. P.)

10298 309-06227

穿越唐诗宋词

李元洛原著 黄荣华 王希明编注 2008年 286页 21 cm 18元〔著名中学师生推荐书系〕(G. F. P.)

10299 309-15271

穿越唐诗宋词 李元洛散文精读

李元洛原著 黄荣华等编注 2020年 361页 21 cm 48元〔著名中学师生推荐书系〕(P.)

10300 309-03435

美丽古典

骆玉明编著 2003年 137页 18 cm 10.80元 (G. F. P.)

10301 309-12270
歌唇一世衔雨看 九世纪诗歌与伎乐文化研究
王凌靓华著 2016年 264页 21 cm 30元 (G. F. P.)

10302 309-06156
唐诗精读
王运熙主编 杨明 归青 杨焄注释 2008年 318页 21 cm 20元〔名校·名师·名课系列〕(G. F. P.)

10303 309-06860
唐代唱和诗研究
岳娟娟著 2014年 405页 21 cm 38元〔人文学术〕(G. F. P.)

10304 309-05245
唐代科举诗研究
郑晓霞著 2006年 412页 23 cm 48元〔上海市社会科学博士文库〕(G. F.)

10305 309-14984
唐宋诗歌与佛教文艺论集
朱刚著 2020年 332页 21 cm 65元 (G. F. P.)

10306 309-11357
宋诗话考
郭绍虞著 蒋凡编 2015年 367页 24 cm 精装 68元〔复旦百年经典文库〕(G. F. P.)

10307 309-08612
宋元明诗概说
（日）吉川幸次郎著 李庆 骆玉明等译 2012年 255页 22 cm 28元 (G. F. P.)

10308 309-05499
宋诗三百首全解
李梦生解 2007年 321页 25 cm 30元 (G. F. P.)

10309 309-08321
宋代禅僧诗辑考
朱刚 陈珏著 2012年 752页 23 cm 精装 88元 (G. F. P.)

10310 309-09513
苏轼"和陶诗"考论 兼及韩国"和陶诗"
金甫暻著 2013年 475页 22 cm 35元〔复旦宋代文学研究书系 王水照主编〕(G. F. P.)

10311 309-15051
南宋理宗朝诗坛研究
戴路著 2020年 312页 21 cm 精装 75元 (G. F. P.)

10312 309-10440
陆游诗歌传播、阅读研究
张毅著 2014年 218页 22 cm 25元 (G. F. P.)

10313 309-12937
明人诗话要籍汇编
陈广宏 侯荣川编校 2017年 10册 21 cm 精装 758元 (G. F. P.)

10314 309-13108
庙堂与江湖 宋代诗学的空间
（日）内山精也著 朱刚等译 2017年 309页 22 cm 39元〔日本汉学家"近世"中国研究丛书 朱刚 李贵主编〕(G. F. P.)

10315 309-06358
唐宋词传播方式研究
钱锡生著 2009年 283页 21 cm 22元 (G. F. P.)

10316 309-05335
宋词三百首全解
上彊村民编 蔡义江解 2007年 357页

25 cm 29.80元 (G. F. P.)

10317 309-06371
宋词三百首全解
上彊村民编 蔡义江解 2008年 第2版 357页 25 cm 35元 (G. F. P.)

10318 309-13836
宋词三百首全解 典藏版
上彊村民编 蔡义江解 2019年 2册 21 cm 精装 98元 〔中华经典全解典藏〕(G. F. P.)

10319 309-05654
词心笺评
邵祖平著 2007年 194页 21 cm 20元 〔火凤凰学术遗产丛书〕(G. F. P.)

10320 309-08395
词心笺评
邵祖平著 2011年 194页 21 cm 16元 〔中国文库 综合·普及类〕(G. F.)

10321 309-04462
词学通论
吴梅著 2005年 140页 21 cm 12.50元 〔经典新读文学课堂 第二辑〕(G. F. P.)

10322 309-14187
朝野与雅俗 宋真宗至高宗朝词坛生态与词体雅化研究
赵惠俊著 2019年 509页 22 cm 精装 72元 〔复旦宋代文学研究书系 第二辑 王水照主编〕(G. F. P.)

10323 309-09771
绝唱千秋 穿越元曲绝句
李元洛原著 孙彧 朱浩真编注 2013年 274页 21 cm 20元 〔著名中学师生推荐书系〕(G. F. P.)

10324 309-05337
元曲三百首全解
史良昭解 2007年 317页 25 cm 28元 (G. F. P.)

10325 309-06463
元曲三百首全解
史良昭解 2009年 第2版 317页 25 cm 32元 (G. F. P.)

10326 309-01101
寻求与超越 中国新诗形式批评
杜荣根著 1993年 253页 20 cm 9元 (G. F.)

10327 309-06025
季节轮换 "第三代"诗叙论
李振声著 2008年 修订版 238页 23 cm 28元 〔现代中国文学史论丛书〕(G. F. P.)

10328 309-03768
情动江海 心托明月 秦岭雪诗歌评论集
陆士清主编 2003年 379页 22 cm 20元 (G. F. P.)

10329 309-03441
浪漫现代
许道明编著 2003年 163页 18 cm 12.80元 (G. F. P.)

10330 309-04740
复旦诗派理论文集 1981—2005
许德民主编 2005年 343页 24 cm 50元 〔复旦诗派诗歌系列〕(G. F. P.)

10331 309-12099
中国新诗自由体音律论

许霆著 2016年 414页 24 cm 58元 (G. F. P.)

10332 309-05659
新诗一百句
张新颖解读 2007年 151页 19 cm 15元〔悦读经典小丛书〕(G. F. P.)

10333 309-06313
元杂剧选解
陈云发解 2008年 307页 25 cm 32元 (G. F.)

10334 309-12061
冷暖室论曲
黄天骥著 2016年 413页 23 cm 65元〔当代中国古代文学研究文库 傅璇琮 黄霖 罗剑波主编〕(G. F. P.)

10335 309-13502
诗人视野中的明清戏曲
江巨荣著 2018年 369页 23 cm 精装 86元〔新世纪戏曲研究文库 江巨荣主编〕(G. F. P.)

10336 309-13505
海外孤本晚明戏剧选集三种南戏散出考
李晓著 2018年 266页 23 cm 精装 68元〔新世纪戏曲研究文库 江巨荣主编〕(G. F. P.)

10337 309-00770
吴炳与粲花
于成鲲著 宜兴市政协文史资料委员会编 1991年 277页 19 cm 4.50元 (G.)

10338 309-11360
明清曲谈 戏曲笔谈
赵景深著 江巨荣编 2015年 374页 24 cm 精装 70元〔复旦百年经典文库〕(G. F. P.)

10339 309-05058
中国小说美学论稿
吴士余著 2006年 504页 21 cm 30元 (G. F. P.)

10340 309-04532
中国现代小说史
夏志清著 刘绍铭等译 2005年 504页 23 cm 60元〔99学术文库〕(G. F. P.)

10341 309-02874
宋辽金元小说史
张兵著 2001年 2007年第2版 305页 20 cm 15元〔复旦博学论丛 第一辑〕(G. F. P.)

10342 309-13719
中国古典小说序跋语篇之互文性研究
陈昕炜著 2018年 271页 21 cm 32元 (G. F. P.)

10343 10253.015
金瓶梅研究
《复旦学报》(社会科学报)编辑部编 1984年 389页 21 cm 2元〔高等院校社会科学学报论丛〕(G. F.)

10344 309-11433
金瓶梅研究 第11辑 第十届(兰陵)国际《金瓶梅》学术讨论会专辑
中国《金瓶梅》研究会(筹)编 2015年 514页 21 cm 42元 (G. F. P.)

10345 309-04234
古代小说与城市文化研究
葛永海著 2004年 431页 21 cm 24元〔上海市社会科学博士文库 第六辑〕(G. F. P.)

10346 309-12272
我们起跑在 20 世纪 80 年代
黄霖主编 2016 年 218 页 21 cm 精装 32 元 (G. F. P.)

10347 309-05929
二十世纪中国古代小说研究的视角与方法
黄毅 许建平著 2008 年 317 页 21 cm 25 元 (G. F. P.)

10348 309-09988
传奇小说与话本小说叙事比较
李桂奎著 2013 年 253 页 22 cm 28 元 〔人文学术〕(G. F. P.)

10349 309-08538
游金梦 骆玉明读古典小说
骆玉明著 2013 年 199 页 22 cm 精装 32 元 (G. F. P.)

10350 309-06989
隋唐小说研究
(日)内山知也著 查屏球编 (日)益西拉姆等译 2010 年 476 页 23 cm 48 元 (G. F. P.)

10351 309-04439
中国古典小说论集
聂绀弩著 2005 年 345 页 21 cm 16 元 〔大师谈文学〕(G. F. P.)

10352 309-14041
中国古代谐谑小说研究
乔孝冬著 2020 年 241 页 21 cm 46 元 (G. F. P.)

10353 309-05965
小说：洞达人性的智慧
邵毅平著 2008 年 211 页 21 cm 20 元 〔智慧中国文学·夏卷〕(G. F. P.)

10354 309-02483
中国古代小说与宗教
孙逊著 2000 年 288 页 20 cm 15 元 (G. F. P.)

10355 309-01292
晚清讽刺小说的讽刺艺术
(韩)吴淳邦著 1994 年 165 页 20 cm 8 元 (G. F.)

10356 309-11065
明末清初时事小说研究
许军著 2015 年 368 页 21 cm 35 元 (G. F. P.)

10357 309-13236
明清小说的生成与衍化
杨绪容著 2017 年 354 页 21 cm 30 元 (G. F. P.)

10358 309-03837
元明小说发展研究 以人物描写为中心
张勇著 2003 年 2007 年第 2 版 329 页 20 cm 18 元 〔上海市社会科学博士文库 第五辑〕(G. F. P.)

10359 309-09165
清末小说中的女性想象 1902—1911
周乐诗著 2012 年 374 页 22 cm 28 元 〔中外文学关系研究丛书 宋炳辉主编〕(G. F. P.)

10360 309-05461
红楼梦诗词曲赋全解
蔡义江著 2007 年 328 页 25 cm 32 元 (G. F. P.)

10361 309-06563
红楼梦精读
陈维昭著 2009 年 240 页 23 cm 28 元

〔汉语言文学原典精读系列 普通高等教育"十一五"国家级规划教材〕(G. F. P.)

10362 309-12372
红楼梦精读
陈维昭著 2016年 第2版 273页 24 cm 35元〔汉语言文学原典精读系列〕(G. F. P.)

10363 309-07457
红楼梦一百句
陈维昭解读 2010年 199页 19 cm 15元〔悦读经典小丛书〕(G. P.)

10364 309-06401
二十几岁读红楼1
郭甲子著 2009年 194页 21 cm 20元 (G. F. P.)

10365 309-12059
半砖园斋论红学索隐派
郭豫适著 2016年 283页 23 cm 50元〔当代中国古代文学研究文库 傅璇琮 黄霖 罗剑波主编〕(G. F. P.)

10366 309-05824
红楼细细读
罗书华著 2007年 491页 21 cm 29.80元 (G. F. P.)

10367 309-14610
隐喻修辞《红楼梦》语言新视野
沈杏轩著 2019年 361页 21 cm 58元〔福州大学跨文化话语研究系列一〕(G. F. P.)

10368 309-12267
红楼时注 空里流春二十年
宋剑雄著 2016年 356页 21 cm 38元 (G. F. P.)

10369 309-14953
她力量 红楼女性的生存之道
闫红著 2020年 177页 21 cm 48元 (G. F. P.)

10370 309-12851
《红楼梦》医话
严忠浩 张界红主编 2017年 239页 22 cm 48元〔读名著说健康丛书〕(G. F. P.)

10371 309-05300
红学何为
应必诚著 2006年 565页 24 cm 49元 (G. F. P.)

10372 309-10210
为红学一辩 红学为何,红学何为
应必诚著 2014年 174页 19 cm 精装 28元 (G. F. P.)

10373 309-04096
红楼梦研究
俞平伯著 2004年 253页 21 cm 16元〔经典新读文学课堂 第一辑〕(G. F. P.)

10374 309-06751
鲍鹏山新说水浒 李逵 鲁智深 宋江
鲍鹏山著 2009年 316页 23 cm 28元〔CCTV10百家讲坛〕(G. F. P.)

10375 309-10211
庙堂之高与江湖之远 重新评点《水浒传》
陈家琪著 2014年 373页 19 cm 精装 28元〔经世文库〕(G. F. P.)

10376 309-12852
医说《三国演义》
严忠浩 张界红主编 2017年 271页 22 cm 48元〔读名著说健康丛书〕(G. F. P.)

10377 309-13330
西游记研究
（日）太田辰夫著 王言译 2017 年 303 页 22 cm 42 元〔日本汉学家"近世"中国研究丛书 朱刚 李贵主编〕(G. F. P.)

10378 309-13081
世道人心说《西游》
肖能著 2017 年 216 页 19 cm 精装 30 元〔复旦小文库〕(G. F. P.)

10379 309-11231
《儿女英雄传》考论
李永泉著 2015 年 355 页 21 cm 32 元 (G. F. P.)

10380 309-14747
《世说新语》研究史论
刘强著 2019 年 438 页 24 cm 128 元 (G. F. P.)

10381 309-05551
世说新语精读
骆玉明著 2007 年 253 页 23 cm 25 元〔汉语言文学原典精读系列 第一辑〕(G. F. P.)

10382 309-12368
世说新语精读
骆玉明著 2016 年 第 2 版 330 页 24 cm 42 元〔汉语言文学原典精读系列〕(G. F. P.)

10383 309-12667
名士范儿《世说新语》与魏晋风度
肖能著 2017 年 173 页 21 cm 25 元 (G. F. P.)

10384 309-05223
四百年《西游记》学术史
竺洪波著 2006 年 425 页 23 cm 49.90 元〔上海市社会科学博士文库〕(G. F. P.)

10385 309-05678
革命与形式 茅盾早期小说的现代性展开
陈建华著 2007 年 288 页 23 cm 32 元 (G. F. P.)

10386 309-07420
当代小说阅读五种
陈思和著 2010 年 177 页 21 cm 20 元〔人文书系 陈平原主编〕(G. F. P.)

10387 309-09880
回到事物本身 重读"新写实"小说兼论 1990 年代文学转型
陈小碧著 2016 年 168 页 21 cm 20 元 (G. F. P.)

10388 309-11297
新世纪纪实小说研究
哈建军著 2015 年 238 页 21 cm 28 元〔社科系列〕(G. F. P.)

10389 309-09767
历史中诞生 1980 年代以来中国当代小说中的青年构形
金理著 2013 年 210 页 21 cm 25 元 (G. F. P.)

10390 309-06030
古龙一百句
孔庆东 庞书纬解读 2008 年 221 页 19 cm 15 元〔悦读经典小丛书〕(G. F. P.)

10391 309-08015
小说的建筑
梁海著 2011 年 240 页 23 cm 28 元 (G. F. P.)

10392 309-06645
张爱玲一百句
刘锋杰解读 2009 年 174 页 19 cm 15 元
〔悦读经典小丛书〕(G. F. P.)

10393 309-11804
巴金小说形式研究
田悦芳著 2016 年 278 页 23 cm 36 元
〔巴金研究丛书 16〕(G. F. P.)

10394 309-03773
现代中国小说十讲
王德威著 2003 年 393 页 21 cm 18 元
〔名家专题精讲系列〕(G. F. P.)

10395 309-07416
写实主义小说的虚构 茅盾,老舍,沈从文
王德威著 2011 年 338 页 22 cm 精装 28 元〔现代文学研究平台系列 陈思和 王德威主编〕(G. F. P.)

10396 309-12836
城乡关系视野中的新世纪小说创作
王光东著 2017 年 177 页 21 cm 32 元
〔城乡文化 文学关系研究文丛〕(G. F. P.)

10397 309-06339
都市漩流中的海派小说
吴福辉著 2009 年 262 页 23 cm 30 元 (G. F.)

10398 309-00587
丁玲小说研究
许华斌著 1990 年 227 页 19 cm 3.60 元 (G. F.)

10399 309-08352
巴金小说的生命体系
张民权著 2011 年 310 页 23 cm 32 元
〔巴金研究丛书 07〕(G. F. P.)

10400 309-15354
中国近现代小说中的时间问题研究
赵斌著 2020 年 259 页 23 cm 68 元 (F. P.)

10401 309-15215
中国当代小说 历史、想象与虚构
周少明 徐勇著 2020 年 250 页 21 cm 39 元 (F. P.)

10402 10253.004
台湾小说选讲
陆士清编 1983 年 2 册 21 cm 1.95 元 (G. F.)

10403 309-14518
文学翻译中的"动态阐释" 老舍长篇小说英译研究
夏天著 2019 年 319 页 21 cm 42 元 (G. F. P.)

10404 309-13558
《寒夜》研究资料选编
周立民 李秀芳 朱银宇编 2018 年 2 册 23 cm 148 元〔巴金研究丛书 20〕(G. F. P.)

10405 309-06434
文化生态视镜中的中国报告文学
丁晓原著 2008 年 299 页 21 cm 20 元 (G. F. P.)

10406 309-01473
汉魏六朝传记文学史稿
李祥年著 1995 年 199 页 20 cm 14 元
〔复旦大学博士丛书〕(G. F.)

10407 309-00381
全国地市县报好新闻好通讯选评 1987—1988

刘海贵主编 1989 年 395 页 19 cm 3.50 元 (G. F.)

10408 309-11358
中国传叙文学之变迁
朱东润著 陈尚君编 2015 年 385 页 24 cm 精装 72 元 〔复旦百年经典文库〕(G. F. P.)

10409 309-12600
中国传叙文学之变迁
朱东润著 陈尚君整理 2016 年 230 页 21 cm 28 元 (G. F.)

10410 309-06182
对联修辞艺术
赵奎生著 2008 年 415 页 21 cm 28 元 〔中国文化丛书〕(G. F. P.)

10411 309-11313
明清文人的小品世界
（日）大木康著 王言译 2015 年 209 页 21 cm 28 元 (G. F. P.)

10412 309-14926
苏轼散文研究史稿
江枰著 2020 年 2 册 23 cm 155 元 (G. F. P.)

10413 309-06553
汉魏六朝文选解
汪耀明选解 2009 年 249 页 25 cm 30 元 (G. F. P.)

10414 309-07161
清初散文论稿
张修龄著 2010 年 245 页 23 cm 30 元 (G. F. P.)

10415 309-14881
失落的文章学传统 古文辞通义
常方舟著 2020 年 337 页 23 cm 78 元 (G. F. P.)

10416 309-10849
伟大的捕风 周作人散文反抗性研究
朱晓江著 2015 年 238 页 22 cm 精装 28 元 〔"薪传"现代文学研究平台系列 陈思和 王德威主编〕(G. F. P.)

10417 309-06966
巴金《随想录》研究
胡景敏著 2010 年 341 页 23 cm 34 元 〔巴金研究丛书 04〕(G. F. P.)

10418 309-12290
文眼观世 中国当代精美短文选评
雍昕编著 缪晨插图 2016 年 358 页 21 cm 35 元 〔人文系列〕(G. F. P.)

10419 309-08360
巴金《随想录》论稿
周立民著 2011 年 372 页 23 cm 38 元 〔巴金研究丛书 05〕(G. F. P.)

10420 309-11031
《随想录》论稿
周立民著 2016 年 443 页 23 cm 精装 58 元 (G. F. P.)

10421 309-04091
中国歌谣
朱自清著 2004 年 203 页 21 cm 12 元 〔大师谈文学〕(G. F. P.)

10422 309-09187
金枝玉叶 比较神话学的中国视角
叶舒宪著 2012 年 301 页 23 cm 40 元 〔当代中国比较文学研究文库〕(G. F. P.)

10423 309-12857
冯梦龙《山歌》研究
（日）大木康著 2017年 247页 22 cm 35元〔日本汉学家"近世"中国研究丛书 朱刚 李贵主编〕(G. F. P.)

10424 309-08490
灯谜基本知识
钱振球编著 2011年 275页 23 cm 36元〔江苏省常熟职业教育中心校校本教材〕(G. F.)

10425 309-14103
中国儿童文学史
蒋风主编 2019年 513页 24 cm 88元〔儿童文学名家名著系列〕(G. F. P.)

10426 309-12575
儿童诗歌鉴赏与教学
李桂萍编著 2016年 126页 30 cm 25元〔全国学前教育专业（新课程标准）"十三五"规划教材〕(G. F. P.)

10427 309-14338
中国儿童文学史略 1916—1977
刘绪源著 2019年 241页 24 cm 45元〔儿童文学名家名著系列 复旦版〕(G. F. P.)

10428 309-13100
成长的身体维度 当代少儿文学的身体叙事
吴其南著 2017年 332页 21 cm 35元 (G. F.)

10429 309-11062
文学传统与中古道家佛家
陈引驰著 2015年 433页 23 cm 68元 (G.)

10430 309-04104
佛经文学研究论集
陈允吉主编 2004年 626页 21 cm 32元 (G. F.)

10431 309-13566
唐音佛教辨思录
陈允吉著 2018年 修订本 315页 22 cm 精装 45元 (G. F. P.)

10432 309-08377
中国文学发展史
刘大杰著 2011年 3册 21 cm 110元〔中国文库·文学类〕( )

10433 309-04250
简明中国文学史
骆玉明著 2004年 438页 23 cm 36元〔复旦博学·文学系列 21世纪重点教材〕(G. F. P.)

10434 309-13826
简明中国文学史 典藏版
骆玉明著 2018年 545页 23 cm 精装 78元 (G. F. P.)

10435 309-06051
文学与情感
骆玉明著 2010年 203页 21 cm 精装 25元〔"我们的国家"系列丛书 第一辑〕(G. F. P.)

10436 309-08587
中国文学史
（日）前野直彬主编 骆玉明 贺圣遂等译 2012年 248页 22 cm 28元 (G. F. P.)

10437 309-09787
视界与方法 中外文学关系研究
宋炳辉著 2013年 260页 22 cm 30元〔比较文学与世界文学学术文库〕(G. F. P.)

10438 309-12252

20 世纪中国比较文学简史

徐志啸著 2016 年 298 页 21 cm 30 元 〔复旦经典〕(G. F. P.)

10439 309-01489

中国文学史

章培恒 骆玉明主编 1996 年 3 册 20 cm 精装 68 元 (G. F. P.)

10440 309-01854

中国文学史

章培恒 骆玉明主编 1997 年 3 册 20 cm 58 元 (G. F. P.)

10441 309-05462

中国文学史新著

章培恒 骆玉明主编 2007 年 增订本 3 册 23 cm 108 元 〔教育部重点推荐大学文科教材〕(G. F.)

10442 309-08022

中国文学史新著

章培恒 骆玉明主编 2011 年 第 2 版 3 册 25 cm 128 元 〔教育部重点推荐大学文科教材〕(G. F. P.)

10443 309-05696

中国文学史品读

鲍鹏山著 2007 年 343 页 23 cm 34 元 (G. F. P.)

10444 309-04625

中国文学发展史

刘大杰著 2006 年 3 册 23 cm 78 元 (G. F. P.)

10445 309-08394

中国文学发展史

刘大杰著 2011 年 3 册 21 cm 65 元 〔中国文库 文学类〕(G.)

10446 309-12995

中国古代文学简史

苏艳霞 李静主编 2017 年 327 页 26 cm 48 元 〔全国小学教育专业"十三五"规划教材〕(G. F. P.)

10447 309-04040

中国古代文学史纲与名篇欣赏

杨焱林主编 2004 年 349 页 23 cm 29 元 〔21 世纪大学生素质教育系列教材〕(G. F. P.)

10448 309-01265

西汉文学思想

汪耀明著 1994 年 194 页 20 cm 10 元 (G. F.)

10449 309-06641

魏晋南北朝文学史研究入门

戴燕著 2009 年 167 页 21 cm 18 元 〔研究生·学术入门手册 第一辑〕(G. F. P.)

10450 309-13211

远游越山川 魏晋南北朝文学史研究论集

戴燕著 2017 年 322 页 24 cm 精装 68 元 〔复旦中文学术丛刊〕(G. F. P.)

10451 309-10135

唐宋文脉

夏秋著 2014 年 160 页 23 cm 33 元 (G. F. P.)

10452 309-09484

唐宋"古文运动"与士大夫文学

朱刚著 2013 年 426 页 22 cm 32 元 〔复旦宋代文学研究书系 王水照主编〕(G. F. P.)

10453 309-03008
竟陵派研究
陈广宏著 2006年 第2版 597页 21 cm 35元 (G. F. P.)

10454 10253.018
中国近代文艺思想论稿
叶易著 1985年 275页 19 cm 1.33元 (G. F.)

10455 309-14927
晚清白话文与启蒙读物
夏晓虹著 2020年 176页 21 cm 38元 (G. F. P.)

10456 309-07297
忏悔与越界 中国现代文学史研究
（日）坂井洋史著 2011年 348页 23 cm 38元〔现代中国文学史论丛书〕(G. F. P.)

10457 309-09541
史料与阐释 合刊本 2011卷
陈思和 王德威主编 2013年 401页 26 cm 60元 (G. F. P.)

10458 309-10059
史料与阐释 合刊本 2012卷
陈思和 王德威主编 2014年 429页 26 cm 70元 (G. F. P.)

10459 309-11893
史料与阐释 总第3期
陈思和 王德威主编 2015年 473页 26 cm 80元 (G. F. P.)

10460 309-12403
史料与阐释 总第4期
陈思和 王德威主编 2016年 467页 26 cm 80元 (G. F. P.)

10461 309-13036
史料与阐释 总第5期
陈思和 王德威主编 2017年 394页 26 cm 75元 (G. F. P.)

10462 309-14233
史料与阐释 总第6期
陈思和 王德威主编 2019年 268页 26 cm 60元 (G. F. P.)

10463 309-02357
中国当代文学史教程
陈思和主编 1999年 2014年第2版 436页 25 cm 35元〔复旦博学 普通高等教育"十五"国家级规划教材〕(G. F. P.)

10464 309-09164
从《新青年》到决澜社 中国现代先锋文艺研究(1919—1935)
胡荣著 2012年 199页 22 cm 20元〔中外文学关系研究丛书 宋炳辉主编〕(G. F. P.)

10465 309-09601
批评与想象
宋明炜著 2013年 248页 21 cm 精装 28元〔"薪传"现代文学研究平台系列 陈思和 王德威主编〕(G. F. P.)

10466 309-05849
中国现代文学史简编
唐弢主编 2008年 增订版 372页 23 cm 35元 (G. F. P.)

10467 309-04130
文学的消解与反消解 中国现代文学派别论争史论
吴立昌主编 2004年 488页 23 cm 25元〔复旦学人文库〕(G. F. P.)

10468 309-01805
中国现代文艺思潮史
吴中杰著 1996 年 346 页 20 cm 15 元
(G. F. P.)

10469 309-10329
中国现代文艺思潮史
吴中杰著 2014 年 第 2 版 427 页 23 cm 48 元〔复旦博学·文学系列 精华版〕
(G. F. P.)

10470 309-10241
白马湖作家群论稿
张堂锜著 2014 年 383 页 21 cm 30 元
(G. F. P.)

10471 309-06643
多元共生的中国文学的现代化历程
范伯群著 2009 年 276 页 23 cm 36 元
(G. F. P.)

10472 309-03264
开端与终结 现代文学史分期论集
章培恒 陈思和主编 2002 年 317 页 21 cm 16 元 (G. F. P.)

10473 309-06999
跟踪比较文学学科的复兴之路
乐黛云著 2011 年 330 页 23 cm 40 元〔当代中国比较文学研究文库〕(G. F. P.)

10474 309-01366
京派文学的世界
许道明著 1994 年 405 页 20 cm 14 元
(G. F.)

10475 309-04188
上海文学通史
邱明正主编 夏咸淳等著 2005 年 2 册 21 cm 66 元 (G. F. P.)

10476 309-02216
海派文学论
许道明著 1999 年 411 页 20 cm 17 元
(G. F. P.)

10477 309-06550
传统的终结 清代扬州学派文论研究
李贵生著 2009 年 235 页 23 cm 30 元
(G. F. P.)

10478 309-09432
台港澳文学教程新编
曹惠民主编 2013 年 327 页 23 cm 32 元〔复旦博学·文学系列·精华版〕(G. F. P.)

10479 309-08548
台湾当代文艺传媒《文讯》研究
廖斌著 2012 年 324 页 21 cm 30 元 (G. F. P.)

10480 309-00974
台湾文学新论
陆士清著 1993 年 355 页 20 cm 12 元
(G. F.)

10481 309-06497
当代生态问题的文学思考 台湾自然写作研究
孙燕华著 2009 年 440 页 21 cm 30 元
(G. F. P.)

10482 309-07402
月亮的寒光 鲁迅国民性批判文选
鲁迅著 摩罗 杨帆编选 2011 年 356 页 23 cm 38 元〔重新发现中国文丛 邓正来主编〕(G. F. P.)

10483 309-04200
阿 Q 正传·铸剑
鲁迅著 2004 年 273 页 21 cm 20 元〔99

经典文库 现代作家精选本〕(G.)

10484 309-06341
现代如何"拿来"鲁迅的思想与文学论集
高远东著 2009年 284页 23 cm 32元 (G. F. P.)

10485 309-07732
鲁迅思想录
林贤治编注 2011年 225页 21 cm 22元 〔一个人的鲁迅系列〕(G. F. P.)

10486 309-04828
鲁迅评传
曹聚仁著 2006年 403页 23 cm 38元 (G. F. P.)

10487 10253.027
鲁迅名篇问世以后
陈根生著 1986年 257页 19 cm 1.30元 (G. F.)

10488 309-07746
鲁迅论集
陈鸣树著 2011年 746页 24 cm 68元 (G. F. P.)

10489 10253.001
纪念鲁迅诞生一百周年论文集
复旦大学中国语言文学研究所鲁迅研究室编 1981年 363页 19 cm 0.90元 (G. F.)

10490 309-04679
鲁迅精读
郜元宝著 2005年 364页 23 cm 32元 〔汉语言文学原典精读系列 第一辑〕 (G. F. P.)

10491 309-12365
鲁迅精读
郜元宝著 2016年 第2版 375页 24 cm 45元 〔汉语言文学原典精读系列〕(G. F. P.)

10492 309-05660
鲁迅一百句
郜元宝解读 2007年 213页 19 cm 15元 〔悦读经典小丛书〕(G. F. P.)

10493 309-07733
一个人的爱与死
林贤治著 2011年 232页 21 cm 24元 〔一个人的鲁迅系列〕(G. F. P.)

10494 309-08211
中国小说史略疏识
鲁迅著 张兵 聂付生疏识 2012年 325页 24 cm 38元 (G. F. P.)

10495 309-05076
鲁迅的艺术世界
吴中杰著 2006年 454页 23 cm 48元 〔吴中杰鲁迅研究系列〕(G. F. P.)

10496 309-05077
吴中杰评点鲁迅诗歌散文
吴中杰编著 2006年 378页 24 cm 36元 (G. F. P.)

10497 309-03218
吴中杰评点鲁迅书信
吴中杰编著 2002年 2006年第2版 2册 20 cm 38元 (G. F. P.)

10498 309-03660
吴中杰评点鲁迅小说
吴中杰编著 2003年 2006年第2版 500页 20 cm 24元 (G. F. P.)

10499 309-02500

吴中杰评点鲁迅杂文

吴中杰编著 2000年 2006年第2版 2册 20 cm 48元 (G. F. P.)

10500 309-02530

中华千古名篇新编

祝振玉 沈思主编 2000年 540页 20 cm 精装 26元 (G. F. P.)

10501 309-01931

中国古代劝学名篇选注

朱关法编著 1998年 340页 20 cm 12元 (G. F. P.)

10502 309-12124

王安石全集 第1册

王水照主编 2016年 240页 21 cm 精装 48元 (G. F. P.)

10503 309-12125

王安石全集 第2册

王水照主编 2016年 754页 21 cm 精装 118元 (G. F. P.)

10504 309-12126

王安石全集 第3册

王水照主编 2016年 807页 21 cm 精装 128元 (G. F. P.)

10505 309-12129

王安石全集 第4册

王水照主编 2016年 302页 21 cm 精装 58元 (G. F. P.)

10506 309-12130

王安石全集 第5—7册

王水照主编 2016年 3册 21 cm 精装 278元 (G. F. P.)

10507 309-12127

王安石全集 第8册

王水照主编 2016年 691页 21 cm 精装 108元 (G. F. P.)

10508 309-12131

王安石全集 第9册

王水照主编 2016年 518页 21 cm 精装 82元 (G. F. P.)

10509 309-12132

王安石全集 第10册

王水照主编 2016年 393页 21 cm 精装 60元 (G. F. P.)

10510 309-10926

北磵文集

(宋)居简撰 2014年 影印本 588页 24 cm 98元 〔崇恩文化丛书 悟端主编〕(G. F. P.)

10511 309-11181

李雯集

(清)李雯撰 王启元整理 2017年 2册 22 cm 精装 128元 〔浦东历代要籍选刊〕(G. F. P.)

10512 309-10814

朱豹集 石英中集 朱察卿集

(明)石英中撰 (明)朱豹撰 (明)朱察卿撰 戎默整理 2015年 601页 22 cm 精装 98元 〔浦东历代要籍选刊〕(G. F. P.)

10513 309-11583

吴省钦集

(清)吴省钦撰 孙大鹏 闫凯蕾 张青周点校 浦东历代要籍选刊编纂委员会编 2016年 2册 21 cm 精装 178元 〔浦东历代要籍选刊〕(G. F. P.)

10514 309-11102
叶映榴集
（清）叶映榴撰 栾晓明整 2015 年 327 页 23 cm 精装 48 元〔浦东历代要籍选刊〕(G. F. P.)

10515 309-11096
周金然集
（清）周金然撰 金菊园整理 2016 年 2 册 21 cm 精装 178 元〔浦东当代要籍选刊〕(G. F. P.)

10516 10253.023
中国现代文学作品选 第 1 册
复旦大学中文系现代文学教研室编 1986 年 570 页 20 cm 3 元 (G. F.)

10517 10253.024
中国现代文学作品选 第 2 册
复旦大学中文系现代文学教研室编 1986 年 554 页 20 cm 2.90 元 (G. F.)

10518 10253.029
中国现代文学作品选 第 3 册
复旦大学中文系现代文学教研室编 1987 年 567 页 20 cm 3.15 元 (G. F.)

10519 10253.030
中国现代文学作品选 第 4 册
复旦大学中文系现代文学教研室编 1987 年 527 页 20 cm 2.95 元 (G. F.)

10520 309-10067
海外中国现代文学研究文选
孔海立 王尧选编 2014 年 342 页 21 cm 28 元〔苏州大学海外汉学研究丛书 王尧 季进主编〕(G. P.)

10521 309-01702
新编中国现代文学作品选
朱文华 许道明主编 1996 年 1 746 页 20 cm 66 元〔高等学校文科教材〕(G. F. P.)

10522 309-05050
送别·我在西湖出家的经过
李叔同著 2006 年 213 页 21 cm 16 元〔99 经典文库 现代作家精选本 第 2 辑〕(G. P.)

10523 309-07885
丘东平作品全集
丘东平著 2011 年 725 页 23 cm 98 元 (G. F. P.)

10524 11253.017
于右任辛亥文集
于右任著 傅德华编 1986 年 273 页 20 cm 2.30 元〔中国近现代思想文化史史料丛书〕(G. F.)

10525 309-02405
新编中国当代文学作品选
许道明 朱文华主编 2000 年 3 册 20 cm 60 元〔高等学校文科教材〕(G. F. P.)

10526 309-01504
曦园放歌 复旦大学学生散文诗歌集
郭建平等主编 1995 年 293 页 19 cm 8 元 (G. F. P.)

10527 309-01308
寻梦伊甸园 复旦大学第三届作家班作品集
周斌主编 1994 年 301 页 20 cm 15 元 (G. F.)

10528 309-00511
啊！少年中国
卞毓方著 1990 年 432 页 19 cm 5.50 元

〔青年文化修养丛书〕(G.)

10529 309-00911
世界尽头的秘密 达世新科学文艺作品选
达世新著 1992年 212页 20 cm 4.50元
(G. F.)

10530 309-06172
陈敬容诗文集
陈敬容著 罗佳明 陈俐编 2008年 741页 23 cm 75元 (G. F. P.)

10531 309-05047
绿衣人·伍子胥
冯至著 2006年 281页 21 cm 19.80元〔99经典文库 现代作家精选本 第2辑〕(G. P.)

10532 309-04713
巍巍学府文章焕 复旦作家作品选
梁永安主编 2005年 579页 23 cm 48元 (G. F. P.)

10533 309-07923
春晖回眸 1985—2010
陆康其 蒋伟勇主编 上海朱家角中学编 2011年 233页 24 cm 48元〔纪念上海市朱家角中学建校70周年系列丛书之一〕(G. F. P.)

10534 309-07065
我们的光华岁月 复旦作家班作品选
骆玉明 梁永安主编 2010年 533页 24 cm 精装 58元 (G. F. P.)

10535 309-08807
文学承载思想 本科生优秀文学创作集
马玉琛主编 2012年 345页 23 cm 38元〔露角文丛 张瑞年主编〕(G. F. P.)

10536 309-09072
飞白
毕汉辰著 2012年 268页 22 cm 25元 (G. F. P.)

10537 309-06378
浮想录
陈旭麓著 2008年 254页 22 cm 25元 (G. F. P.)

10538 309-08595
外婆桥与月亮船 一个中学生眼中的世界
方靖阳著 2012年 166页 22 cm 18元 (G. F. P.)

10539 309-03242
刘延陵诗文集
葛乃福编 2002年 382页 20 cm 18元 (G. F. P.)

10540 309-05259
蝴蝶为什么美丽 王蒙五十年创作精读
王蒙著 郜元宝 王军君选编 2007年 802页 23 cm 66元 (G. F. P.)

10541 309-12476
海曲诗钞
(清)冯金伯 黄协埙辑 陈旭东整理 2018年 1138页 22 cm 精装 168元〔浦东历代要籍选刊 李天纲主编〕(G. F. P.)

10542 309-00670
诗词名篇今译
吕震邦著 1991年 371页 19 cm 3.70元 (G. F.)

10543 309-02379
历代诗歌浅解
王运熙等选注 1999年 442页 19 cm 28元 (G. F. P.)

10544 10253.006
诗经直解
陈子展撰述 1983年 2册 21 cm 5.68元(平) 6.78(精) (G. F.)

10545 309-00610
诗经直解
陈子展撰述 1997年 1 220页 20 cm 精装 50元 (G. F. P.)

10546 309-11509
诗经直解
陈子展著 徐志啸编 2015年 710页 24 cm 精装 118元〔复旦百年经典文库〕(G. F. P.)

10547 309-02376
诗三百解题
陈子展撰述 2001年 1 272页 20 cm 58元〔火凤凰学术遗产丛书〕(G. F. P.)

10548 309-08757
兴于诗《诗经》选读
黄音编选 2012年 215页 22 cm 18元〔中华根文化·中学生读本 黄荣华主编〕(G. F. P.)

10549 309-09028
忠者之言《楚辞》选读
谭荣生编选 2012年 204页 22 cm 18元〔中华根文化·中学生读本 黄荣华主编〕(G. F. P.)

10550 309-00588
衢州历代诗选
傅春龄主编 1990年 249页 19 cm 4元〔衢州文史资料 第8辑〕(G. F.)

10551 309-14031
舒州天柱山诗词辑校注解
韩结根著 2019年 2册 21 cm 精装 280元 (G. F. P.)

10552 309-05814
千家诗全解
李梦生注译 2007年 162页 25 cm 20元 (G. F. P.)

10553 309-01050
律诗三百首今译
吕震邦 申修福著 1993年 839页 19 cm 18元〔中国古代诗词译丛〕(G. F.)

10554 309-00454
绝句三百首今译
申修福 吕震邦译 1990年 439页 19 cm 5元 (G. F.)

10555 309-02311
含英咀华 唐宋诗词吟诵
孙晶 苗田编著 1999年 143页 25 cm 30元 (G. F. P.)

10556 309-06271
东坡之诗 苏轼诗词文选译
任治稷译 2008年 190页 23 cm 25元 (G. F. P.)

10557 309-10015
张廉卿诗文注释
丁有国注释 2013年 2册 22 cm 120元 (G. F. P.)

10558 309-05336
婉约词全解
惠淇源编注 2007年 322页 25 cm 28元 (G. F. P.)

10559 309-05088

雨巷・我用残损的手掌
戴望舒著　2006 年　234 页　21 cm　17 元
〔99 经典文库　现代作家精选本　第 2
辑〕(G. F. P.)

10560　309-05049
红烛・死水
闻一多著　2006 年　265 页　21 cm　18.80 元
〔99 经典文库　现代作家精选本　第 2
辑〕(G. P.)

10561　309-08131
小诗萃
吴欢章编选　2011 年　286 页　19 cm　20 元
(G. F. P.)

10562　309-04194
再别康桥・云游
徐志摩著　2004 年　260 页　21 cm　18 元
〔99 经典文库　现代作家精选本〕(G.)

10563　309-02828
中国新诗 1916—2000
张新颖编选　2001 年　584 页　21 cm　25 元
(G. F.)

10564　309-08111
中国新诗 1916—2000
张新颖编选　2011 年　第 2 版　480 页　22 cm　32 元　(G. F. P.)

10565　309-13039
适庐诗词遗稿
章佩乙著　李汝铎　徐益章注释　2017 年　230 页　21 cm　30 元　(G. F.)

10566　309-01482
南怀瑾著作诗词辑录
南怀瑾著　练性乾编　1995 年　288 页　20 cm　11 元　(G. F. P.)

10567　309-06611
纸生活
阿固著　2009 年　231 页　24 cm　28 元〔逸尘谷诗丛〕(G. F. P.)

10568　309-08115
诗铎　第 1 辑
陈思和　胡中行主编　2011 年　432 页　23 cm　48 元　(G. F. P.)

10569　309-09093
诗铎　第 2 辑
陈思和　胡中行主编　2012 年　432 页　23 cm　48 元　(G. F. P.)

10570　309-10869
诗铎　第 3 辑
陈思和　胡中行主编　2014 年　456 页　23 cm　49 元　(G. F. P.)

10571　309-11929
诗铎　第 4 辑
陈思和　胡中行主编　2016 年　436 页　23 cm　48 元　(G. F. P.)

10572　309-04742
复旦诗派诗人诗集
许德民主编　2005 年　12 册　24 cm　全套 180 元〔复旦诗派诗歌系列　复旦诗派诗人诗集〕(G. F.)
　前世　陈先发著
　无法平息的悸动　杜立德著
　逝者如斯　傅亮著
　我是谁家喂养的孩子　郜晓琴著
　位于天边　李彬勇著
　镌刻的刀　刘原著
　绿色盈盈的太阳　裴高著

在包围、缅怀和恍然隔世中 施茂盛著
城市 2080 孙晓刚著
发生和选择 许德民著
神秘的声音来自何方 杨宇东著
诗的毒草和一只什么鸟 张海宁著

10573 10253.008
海星星 大学生抒情诗集
复旦诗社编 1983 年 200 页 17 cm 0.66 元 (G. F.)

10574 10253.036
太阳河
复旦诗社编 1987 年 258 页 19 cm 1.90 元 〔复旦大学生丛书〕(G. F.)

10575 309-11034
达庵诗集
黄福海撰 2014 年 59 页 21 cm 线装 68 元 (G. F.)

10576 309-06605
我的无眠便是你的灯
兰逸尘著 2009 年 281 页 24 cm 30 元 〔逸尘谷诗丛〕(G. F. P.)

10577 309-14239
诗画上海
李军主编 褚建君作诗 陆杰摄影 2019 年 273 页 23 cm 78 元 〔诗画中国大型丛书〕(G. F. P.)

10578 309-01143
郦达情诗
郦达著 1993 年 160 页 19 cm 5 元 (G. F.)

10579 309-09794
林同济诗词
林同济著 2013 年 3 册 29 cm 580 元 (　)

10580 309-07963
忍寒诗词歌词集
龙榆生著 2012 年 364 页 21 cm 精装 32 元 〔火凤凰学术遗产丛书〕(G. F. P.)

10581 309-12824
金粟轩纪年诗初集
南怀瑾著述 2017 年 268 页 21 cm 精装 48 元 〔太湖大学堂丛书〕(G. F. P.)

10582 309-07720
倾听 复旦学子歌词集
钱武杰主编 2011 年 292 页 19 cm 28 元 (G. F. P.)

10583 309-11886
爱，牵引着霞光
唐澜著 2016 年 402 页 23 cm 精装 55 元 (G. F. P.)

10584 309-11977
下饭的诗
王玎玲诗 何君怡 李筱萌画 2016 年 112 页 19 cm 30 元 (G. F. P.)

10585 309-09228
三十七首诗
王命前著 2012 年 68 页 19 cm 10 元 (G. F. P.)

10586 309-01008
征途放歌
夏桐郁著 1993 年 386 页 19 cm 14 元 (G. F.)

10587 309-04739
复旦诗派诗歌(前锋卷/经典卷) 1981—2005
许德民主编 2005 年 2 册 24 cm 150 元 〔复旦诗派诗歌系列〕(G. F.)

10588 309-04738
复旦诗社社长诗选 1981—2005
许德民主编 2005年 416页 24 cm 60元〔复旦诗派诗歌系列〕(G. F. P.)

10589 309-13161
诗·享生活
杨士军著 谭国恩书 2017年 237页 19 cm 40元〔燕曦诗丛〕(G. F. P.)

10590 309-06351
中国商人
月光经典著 2009年 205页 24 cm 28元〔逸尘谷诗丛〕(G. F. P.)

10591 309-13160
鹈鹕诗羽 陈志坚十年诗选
陈志坚著 2017年 209页 19 cm 40元〔燕曦诗丛〕(G. F. P.)

10592 309-14431
宣读你内心那最后一页
东荡子著 聂小雨编 2019年 170页 22 cm 32元〔复旦大学中文系高山流水文丛 陈引驰 梁永安主编〕(G. F. P.)

10593 309-09769
山水牧音
牧音著 2013年 125页 21 cm 16元(G. F. P.)

10594 309-08182
三月的雨
南衫著 2011年 275页 24 cm 42元(G. F. P.)

10595 309-14434
雪落心灵
舒洁著 2019年 494页 22 cm 78元〔复旦大学中文系高山流水文丛 陈引驰 梁永安主编〕(G. F. P.)

10596 309-04744
我心中的复旦
吴欢章 刘希涛主编 上海市杨浦区工会、复旦大学工会、上海新东宫文艺创作中心编 2005年 194页 21 cm 16元(G. F. P.)

10597 309-13990
桃花深处等你
原嶂著 2019年 293页 19 cm 36元(G. F. P.)

10598 309-10017
情怀中出没的幽灵 郑攀爱情诗选
郑攀著 2013年 169页 19 cm 30元(G. F. P.)

10599 309-10434
曦园恋歌
朱光甫著 2014年 2册 21 cm 58元(G. F. P.)

10600 309-14326
我只想透过你的爱来看世界
(澳)映霞著 2019年 171页 21 cm 30元(G. F. P.)

10601 309-10018
牧风而去 郑攀抒情诗选(2)
郑攀著 2013年 163页 19 cm 30元(G. F. P.)

10602 309-10010
自由穿行 郑攀抒情诗选(1)
郑攀著 2013年 175页 19 cm 30元(G. F. P.)

10603 309-11455

蔡旭散文诗五十年选
蔡旭著 2015 年 442 页 21 cm 36 元 (G. F. P.)

10604 309-09043
思念的经幡
小湖著 2012 年 324 页 22 cm 42 元 (G. F. P.)

10605 309-11478
桐花碎雨
小湖著 2015 年 355 页 22 cm 48 元 (G. F. P.)

10606 309-11894
新古体诗三百首
丁毅 范英梅编著 2015 年 319 页 21 cm 28 元 (G. F. P.)

10607 309-13162
紫晨词 1998—2016
李辉著 2017 年 206 页 19 cm 40 元〔燕曦诗丛〕(G. F. P.)

10608 309-13343
三国戏曲集成 第 1 卷 元代卷
胡世厚主编 2018 年 462 页 24 cm 精装 150 元 (G. F. P.)

10609 309-13344
三国戏曲集成 第 2 卷 明代卷
胡世厚主编 2018 年 400 页 24 cm 精装 130 元 (G. F. P.)

10610 309-13345
三国戏曲集成 第 3 卷 清代杂剧传奇卷
胡世厚主编 2018 年 2 册 24 cm 精装 360 元 (G. F. P.)

10611 309-13346
三国戏曲集成 第 4 卷 清代花部卷
胡世厚主编 2018 年 845 页 24 cm 精装 250 元 (G. F. P.)

10612 309-13347
三国戏曲集成 第 5 卷 晚清昆曲京剧卷
胡世厚主编 2018 年 1 067 页 24 cm 精装 320 元 (G. F. P.)

10613 309-13348
三国戏曲集成 第 6 卷 现代京剧卷
胡世厚主编 胡世厚校理 2018 年 3 册 24 cm 精装 640 元 (G. F. P.)

10614 309-13349
三国戏曲集成 第 7 卷 山西地方戏卷
胡世厚主编 2018 年 1 002 页 24 cm 精装 290 元 (G. F. P.)

10615 309-13350
三国戏曲集成 第 8 卷 当代卷
胡世厚主编 胡世厚校理 2018 年 2 册 24 cm 精装 360 元 (G. F. P.)

10616 309-09555
后六十种曲
朱恒夫主编 2013 年 10 册 22 cm 精装 800 元 (G. F. P.)

10617 309-14006
种子天堂
周涛编剧导演 2018 年 140 页 24 cm 58 元 (G. F. P.)

10618 309-12583
出埃及记
彭浩翔 卓韵芝 尹志文编剧 2017 年 199 页 20 cm 30 元〔彭浩翔电影剧本集〕(G. F. P.)

10619 309-12585
春娇与志明
彭浩翔 陆以心编剧 2017 年 449 页 20 cm 48 元〔彭浩翔电影剧本集〕(G. F. P.)

10620 309-12591
大丈夫
彭浩翔 叶念琛 李敏编剧 2017 年 311 页 20 cm 45 元〔彭浩翔电影剧本集〕(G. F. P.)

10621 309-12590
公主复仇记
彭浩翔 黄咏诗编剧 2017 年 243 页 20 cm 35 元〔彭浩翔电影剧本集〕(G. F. P.)

10622 309-12582
买凶拍人
彭浩翔 谷德昭编剧 2017 年 229 页 20 cm 40 元〔彭浩翔电影剧本集〕(G. F. P.)

10623 309-12587
破事儿
彭浩翔编剧 2017 年 195 页 20 cm 30 元〔彭浩翔电影剧本集〕(G. F. P.)

10624 309-12588
青春梦工场
彭浩翔 李栋全 深泽宽编剧 2017 年 314 页 20 cm 45 元〔彭浩翔电影剧本集〕(G. F. P.)

10625 309-12592
维多利亚一号
彭浩翔 曾国祥 尹志文编剧 2017 年 274 页 20 cm 40 元〔彭浩翔电影剧本集〕(G. F. P.)

10626 309-12581
伊莎贝拉
彭浩翔等编剧 2017 年 170 页 20 cm 30 元〔彭浩翔电影剧本集〕(G. F. P.)

10627 309-12584
志明与春娇
彭浩翔 麦曦茵编剧 2017 年 269 页 20 cm 45 元〔彭浩翔电影剧本集〕(G. F. P.)

10628 309-04771
终极对话
林罗华 李金声 杨文红主编 2005 年 330 页 21 cm 20 元 (G. F. P.)

10629 309-09916
元人杂剧选
姜丽华整理 2013 年 304 页 22 cm 30 元 (G. F. P.)

10630 309-00602
情急生智 中国古代奇异故事选
孙小力等编 1991 年 301 页 19 cm 3.10 元〔故事三千丛书〕(G.)

10631 309-11385
清世说新语校注
夏敬观撰 刘强校注 2015 年 379 页 21 cm 45 元 (G. F. P.)

10632 309-00778
城墙怪画 中国古代智慧故事选
刘康德 林海芬编 1992 年 361 页 19 cm 4.80 元〔故事三千丛书〕(G.)

10633 309-01079
出神入化 中国古代绝技故事选
孙小力 郑利华编 1993 年 453 页 19 cm 9.50 元〔故事三千丛书〕(G.)

10634 309-04195

呼兰河传·小城三月
萧红著 2004年 266页 21 cm 18元〔99经典文库 现代作家精选本〕(G.)

10635 309-04196
沉沦·春风沉醉的晚上
郁达夫著 2004年 257页 21 cm 18元〔99经典文库 现代作家精选本〕(G.)

10636 309-05043
夜深沉
张恨水著 2006年 428页 21 cm 29.90元〔99经典文库 现代作家精选本 第2辑〕(G. P.)

10637 309-04199
虹·幻灭
茅盾著 2004年 304页 21 cm 22元〔99经典文库 现代作家精选本〕(G.)

10638 309-05056
桥·桃园
废名著 2006年 279页 21 cm 19元〔99经典文库 现代作家精选本 第2辑〕(G. F. P.)

10639 309-05062
曼丽·象牙戒指
庐隐著 2006年 260页 21 cm 18元〔99经典文库 现代作家精选本 第2辑〕(G. P.)

10640 309-01566
海派小说精品
吴欢章主编 1996年 修订版 625页 20 cm 24元 (G. F. P.)

10641 309-04197
骆驼祥子·黑白李
老舍著 2004年 294页 21 cm 21元〔99经典文库 现代作家精选本〕(G.)

10642 309-04193
边城·雪晴
沈从文著 2004年 245页 21 cm 17.80元〔99经典文库 现代作家精选本〕(G.)

10643 309-09917
龙俪奇缘
徐光裕著 2013年 522页 22 cm 40元〔旺龙传奇 第1部〕(G. F. P.)

10644 309-14433
烽火美人
张秉毅著 2019年 174页 22 cm 35元〔复旦大学中文系高山流水文丛 陈引驰 梁永安主编〕(G. F. P.)

10645 309-13251
父子宰相 张英、张廷玉的政治人生
陈所巨 白梦著 2018年 2册 24 cm 118元 (G. F. P.)

10646 309-07296
雍正原理 一个皇帝的性情与治术
付松岩著 2010年 192页 24 cm 28元 (G. F. P.)

10647 309-01098
墨西哥之梦 小拿破仑美洲覆师记
金重远著 1993年 304页 19 cm 7.60元 (G. F.)

10648 309-00744
扬起青春的风帆 一个女革命者的足迹
吴慧著 1991年 143页 19 cm 2.40元 (G. F.)

10649 309-01857

鸦片风云
郑彭年著 1997 年 334 页 20 cm 15 元（G. F. P.）

10650 309-14436
博士彰文联的道德情操
凡一平著 2019 年 260 页 22 cm 45 元〔复旦大学中文系高山流水文丛 陈引驰 梁永安主编〕（G. F. P.）

10651 309-13001
最后的女权王朝
江觉迟著 2017 年 507 页 25 cm 68.80 元（G. F. P.）

10652 309-09227
丁香花开
李迎新著 2012 年 289 页 22 cm 23 元（G. F. P.）

10653 309-07435
赢在高考 北大女生高三备战实录
刘茪著 2010 年 218 页 21 cm 22 元（G. P.）

10654 309-11308
找一扇门出去
彭小玲著 2015 年 462 页 21 cm 29.50 元（G. F. P.）

10655 309-14437
红墙白玉兰
施玮著 2019 年 208 页 22 cm 38 元〔复旦大学中文系高山流水文丛 陈引驰 梁永安主编〕（G. F. P.）

10656 309-11420
大学生郭靖 纪念版
吴飞著 2015 年 190 页 21 cm 28 元（G. F. P.）

10657 309-08843
树屋
夏溪著 2012 年 422 页 21 cm 28 元（G. F. P.）

10658 309-12183
祺东的黄兴家医生
杨秉辉著 2016 年 280 页 21 cm 32 元〔医学科普纪实小说〕（G. F. P.）

10659 309-01174
荒野遇险 中国古代趣闻故事选
艾柏英编 1993 年 303 页 19 cm 6.80 元〔故事三千丛书〕（G. F.）

10660 309-00624
杜鹃啼归 大学生短篇小说集
德明编 1991 年 434 页 19 cm 4.05 元〔复旦大学生丛书 5〕（G.）

10661 309-05048
母亲·在医院中
丁玲著 2006 年 278 页 21 cm 19 元〔99 经典文库 现代作家精选本 第 2 辑〕（G. F. P.）

10662 309-07251
弄堂旧事
方瑞英著 2010 年 218 页 21 cm 20 元（G. F. P.）

10663 309-00558
台湾小说选讲新编
陆士清主编 1991 年 559 页 20 cm 8.30 元（G.）

10664 309-00261
海派小说选
吴欢章主编 1990 年 485 页 20 cm 6 元（G. F.）

10665 309-14435
走进古堡
萧声曼著 2019年 252页 22 cm 42元
〔复旦大学中文系高山流水文丛 陈引驰 梁永安主编〕(G. F. P.)

10666 309-13606
保卫科长莫有"病"
杨秉辉著 2018年 181页 21 cm 25元
〔医学科普小说〕(G. F. P.)

10667 309-07568
浦东故事 壹
晨钟暮鼓著 2010年 376页 21 cm 28元 (G. F. P.)

10668 309-08878
浦东故事 贰 姊妹兄弟
晨钟暮鼓著 2012年 415页 21 cm 32元 (G. F. P.)

10669 309-01305
凿壁偷光 中国古代发愤故事选
贺圣逮等编 1994年 310页 19 cm 7元
〔故事三千丛书〕(G. F.)

10670 309-01291
桃花人面 中国古代戏剧故事选
余世谦编 1994年 406页 19 cm 8.50元
〔故事三千丛书〕(G. F.)

10671 309-08899
金老师讲故事
金莳芳编著 2012年 135页 22 cm 25元 (G. F. P.)

10672 309-03356
黄土地 青春歌
本书编委会编 2002年 326页 20 cm 18元 (G. F. P.)

10673 309-01890
生命不败 董月玲纪实作品集
董月玲著 1997年 258页 20 cm 12元 (G. F. P.)

10674 5627-0494
医苑风采
杜寿强 王爱国主编 1999年 209页 20 cm 13.50元 (G. F.)

10675 10253.002
中国优秀报告文学选评
复旦大学中文系文学写作教研室编 1982年 2册 19 cm 1.85元 (G. F.)

10676 10253.019
中国优秀报告文学选评
复旦大学中文系文学写作教研室编 1986年 第2版 689页 20 cm 3.25元 (G. F.)

10677 309-00157
跨世纪的人 大学生报告文学集
傅文编 1989年 426页 19 cm 4元 (G. F.)

10678 309-02845
世纪回首 桂国强报告文学集
桂国强著 2001年 300页 20 cm 20元 (G. F. P.)

10679 309-00983
金牌是这样夺来的 第25届奥运会中国金牌选手大写真
国家体委宣传司编 1993年 143页 20 cm 3.50元 (G. F.)

10680 309-00968
华政人风采
华东政法学院宣传部编 1992年 238页 20 cm 6.20元 (G.)

10681 309-01163
叩开档案神秘之门
《上海档案工作》编辑部编 1993 年 353 页 20 cm 10.50 元 (G. F.)

10682 5627-0196
护理群英 记 90 年代上海市优秀护士
上海市卫生局党委宣传部编 1993 年 222 页 20 cm 5 元 (G.)

10683 309-01279
改革之星
沈金路 周锦熙主编 1994 年 422 页 20 cm 12 元 (G. F.)

10684 309-01658
五色梦华录
孙洪康主编 1996 年 337 页 20 cm 15 元 〔新民丛书〕(G. F.)

10685 309-01178
竹叶拂云 上海市长宁区优秀教育工作者风采录
王湘主编 1993 年 250 页 19 cm 5 元 (G. F.)

10686 309-02258
进军大上海
望阳著 1999 年 540 页 20 cm 25 元 (G. F. P.)

10687 309-01009
连心桥 上海冶金系统工会干部风采录
杨琼主编 1993 年 224 页 19 cm 9.50 元 (G. F.)

10688 309-01700
叶永烈纪实新作选
叶永烈著 1996 年 460 页 19 cm 22 元 (G.)

10689 309-00994
张德明报告文学选
张德明著 1993 年 475 页 20 cm 7.50 元 (G. F.)

10690 309-09717
追述
高云著 2013 年 471 页 21 cm 35 元 (G. F. P.)

10691 309-04018
血色流年
冀汸著 2004 年 315 页 21 cm 16 元 (G. F. P.)

10692 309-08687
剪剪春寒
梁世五著 2011 年 208 页 21 cm 20 元 〔信以为真系列之一〕(G.)

10693 309-13090
点迹
肖振忠著 2017 年 112 页 21 cm 46 元 (G. F. P.)

10694 309-11465
我与第二故乡
张永信编著 2015 年 409 页 21 cm 38 元 〔复旦大学校友会《复旦人》系列丛书 上医情怀〕(G. F. P.)

10695 309-02518
往事杂忆
朱伯康著 2000 年 293 页 20 cm 18 元 (G. F. P.)

10696 309-00822
繁荣序曲 1991 年的上海第二纺织机械厂
《繁荣序曲》编写组编 程正明等编写 1992 年 231 页 20 cm 精装 8.50 元 (G. F.)

10697 309-00945
大中华风采
王者梁主编 1992年 413页 20 cm 5.20元 (G. F.)

10698 309-01665
走近省市长 '95华东省市长热线纪实
陈文炳主编 1996年 274页 20 cm 18元 (G. F.)

10699 309-00768
风雨里程 献给为开发祖国煤田默默奉献的人们
程龙军 耿家强编著 1991年(1992年印) 184页 19 cm 3元 (G. F.)

10700 309-03202
大公报寰球特写选
大公报一百周年报庆丛书编辑小组编 2002年 465页 20 cm 23元〔大公报一百周年报庆丛书〕(G. F. P.)

10701 309-03198
大公报一百年头条新闻选
大公报一百周年报庆丛书编辑小组编 2002年 419页 20 cm 20元〔大公报一百周年报庆丛书〕(G. F. P.)

10702 309-03209
大公报一百年新闻案例选
大公报一百周年报庆丛书编辑小组编 2002年 317页 20 cm 16元〔大公报一百周年报庆丛书〕(G. F. P.)

10703 309-13440
东海儿女
董海仁编著 2017年 303页 21 cm 36元 (G. F.)

10704 309-11936
洋山港 盛东人
刘弘著 2015年 362页 23 cm 72元 (G. F. P.)

10705 309-01967
岁月·风景 潘真笔下的人物
潘真著 1998年 445页 20 cm 18元 (G. F. P.)

10706 309-01142
黄浦商业文化之光
上海市黄浦区商业委员会 上海人民广播电台编 1993年 191页 20 cm 6.50元 (G. F.)

10707 309-01716
从西藏明珠到东方明珠 中国长江流域证券市场采访录
《上海证券报》"中国经济长江行"采访团编 1996年 229页 20 cm 15元〔献给《上海证券报》创刊五周年〕(G. F. P.)

10708 309-05507
分享走过的路
王建敏著 2007年 315页 23 cm 28元〔新闻采访写作推荐读物〕(G. F. P.)

10709 309-08583
海上学人
吴中杰著 2012年 339页 23 cm 38元 (G. F. P.)

10710 309-00927
枫叶似火 上海市黄浦区优秀教师采风
谢俊后主编 1992年 214页 19 cm 3.50元 (G. F.)

10711 309-01615
徐根宝如是说
徐根宝著 夏荣强编选 1995年 276页

20 cm 18 元 (G. F. P.)

10712　309-03499

缤纷上海《大公报》记者写上海

杨祖坤主编　2003 年　358 页　20 cm　30 元 (G. F. P.)

10713　309-01852

环球：专业公关之路 来自中国环球公共关系公司的报告

叶茂康著　1997 年　185 页　20 cm　9 元 (G. F. P.)

10714　309-01942

商品房大战

叶永烈著　1997 年　357 页　20 cm　20 元 (G. F.)

10715　309-03666

黄海边轶事

叶玉成著　2003 年　183 页　20 cm　10 元 (G. F. P.)

10716　309-02203

杨浦楷模 上海市杨浦区红旗集体、先进标兵风采录

袁昌义主编　中共上海市杨浦区委宣传部组织编写　1999 年　179 页　20 cm　10 元 (G. F.)

10717　309-00236

今日论坛

仲富兰主编　上海人民广播电台编　1989 年　299 页　19 cm　3.95 元 (G. F.)

10718　309-02849

苍山如海 优秀新闻特稿选

朱国顺著　2001 年　403 页　20 cm　18 元 (G. F. P.)

10719　309-15164

医患共情 ICU 里的生死叙述

严晓慧著　2020 年　215 页　26 cm　58 元 (P.)

10720　309-09804

天地人心 上海市长宁区"凝聚力工程"建设 20 年纪实

文学报社　中共长宁区委组织部主编　2013 年　262 页　24 cm　32.80 元 (G. F. P.)

10721　309-14463

医学在左 慈善在右 一切为了孩子

徐虹主编　2019 年　147 页　24 cm　58 元 (G. F. P.)

10722　309-04482

不能忘却的历史 抗战亲历实录

贺圣遂　陈麦青编　2005 年　320 页　21 cm　20 元 (G. F. P.)

10723　309-11800

从梁村到山阴路

梁晓著　2015 年　362 页　24 cm　48 元 (G. F. P.)

10724　309-05183

企业与传媒：竞合之道 财富精英访谈录

李良荣主编　2006 年　465 页　23 cm　39.90 元〔新世纪传媒大视野〕(G. F. P.)

10725　309-04299

将帅商道 eTV《MBA 大讲堂》经典实战案例访谈录

吕焕斌主编　2004 年　285 页　24 cm　30 元 (G. F. P.)

10726　309-04346

我的民工兄弟

肖春飞等著　2005 年　285 页　23 cm　28 元 (G. F. P.)

10727　309-09155

选择自立 结缘光华 复旦大学"光华自立奖"人物访谈录
陈浩明 孙晓虹主编 2012 年 346 页 22 cm 34 元 (G. F. P.)

10728 309-03781
旦园枫红 复旦大学退离休教师"老有所为"纪实
方林虎 沈文龙主编 复旦大学退休教职工管理委员会 复旦大学退（离）休教师协会编 2003 年 441 页 20 cm 22 元 (G. F. P.)

10729 309-05767
心印复旦园
方林虎 陆昌祥主编 复旦大学退休教职工管理委员会等编 2007 年 516 页 21 cm 25 元 (G. F. P.)

10730 309-05188
为中国传媒业把脉 知名学者访谈录
李良荣主编 2006 年 373 页 23 cm 36 元 〔新世纪传媒大视野〕 (G. F. P.)

10731 309-06004
师道点亮医途
钱海红 鲁映青主编 2008 年 151 页 23 cm 20 元 (G. F. P.)

10732 309-08233
时代之问 当代文化名人的思考与呼唤
徐江善等著 2011 年 400 页 23 cm 42 元 (G. F. P.)

10733 309-09427
我的青春我的团 复旦大学研究生支教团支教纪实
周晔 高天主编 2013 年 270 页 22 cm 25 元 (G. F. P.)

10734 309-06959
征尘杂酒痕 《高山下的花环》拍片笔记
武珍年著 2011 年 251 页 24 cm 25 元 〔谢晋研究丛书〕 (G. F. P.)

10735 5627-0555
医苑文明
杜寿强主编 2000 年 288 页 20 cm 18 元 (G. F.)

10736 309-12949
大爱无疆 复旦大学附属眼耳鼻喉科医院医疗援助纪实
李华 汪志明主编 2017 年 280 页 23 cm 66 元 (G. F. P.)

10737 309-09170
人医仁医 打造医疗桃花源
林碧玉著 2012 年 227 页 21 cm 26 元 (G. F. P.)

10738 309-14530
荒原筑梦 克拉玛依城市工匠纪实一
申广志主编 2020 年 337 页 26 cm 68 元 (F. P.)

10739 309-15254
白衣战役为人群 复旦上医抗击新冠肺炎疫情纪实
张艳萍 徐军主编 2020 年 383 页 26 cm 98 元 (F. P.)

10740 309-07321
粮民 中国农村会消失吗？
爱新觉罗·蔚然著 2010 年 2 册 24 cm 48 元 (G. F. P.)

10741 309-09893
小偷回忆录
陈歆耕著 2013 年 修订版 225 页 21 cm

10742 309-03973

赤诚

杜寿强 王爱国主编 2004年 246页 20 cm 16元 (G. F.)

10743 309-03457

世相

徐锦江著 2003年 307页 20 cm 15元 (G. F. P.)

10744 309-09362

Hold住梦想，创业上海滩

许俊才 卢剑著 2013年 221页 22 cm 26元 (G. F. P.)

10745 309-04569

电视新闻直击 中国调查报道

朱涛 袁雷主编 2005年 395页 23 cm 29元〔中国媒体精彩版·上海电视台 (1/7) 特别版〕(G. F. P.)

10746 309-08880

古文大略

罗新璋编 2012年 修订本 250页 22 cm 25元 (G. F.)

10747 309-01901

晚明小品精粹

马美信编选 1997年 519页 20 cm 22元 (G. F. P.)

10748 309-05061

寄小读者·关于女人

冰心著 2006年 239页 21 cm 17元〔99经典文库 现代作家精选本 第2辑〕(G. P.)

10749 309-04467

佛佛道道

陈平原编 2005年 162页 19 cm 12元〔漫说文化丛书〕(G. F. P.)

10750 309-04468

神神鬼鬼

陈平原编 2005年 197页 19 cm 12元〔漫说文化丛书〕(G. F. P.)

10751 309-04469

生生死死

陈平原编 2005年 219页 19 cm 12元〔漫说文化丛书〕(G. F. P.)

10752 309-04471

闲情乐事

陈平原编 2005年 182页 19 cm 12元〔漫说文化丛书〕(G. F. P.)

10753 309-05055

手指·车厢社会

丰子恺著 2006年 268页 21 cm 18.80元〔99经典文库 现代作家精选本 第2辑〕(G. P.)

10754 309-01950

20世纪中国散文英华 京华卷

吴欢章 沙似鹏主编 哈九增等编选 1999年 559页 20 cm 22元 (G. F. P.)

10755 309-01949

20世纪中国散文英华 海上卷

吴欢章 沙似鹏主编 哈九增 陈伟娟编选 1997年 547页 20 cm 22元 (G. F. P.)

10756 309-01951

20世纪中国散文英华 江南·岭南卷

吴欢章 沙似鹏主编 黄乐琴编选 1998年 555页 20 cm 22元 (G. F. P.)

10757 309-01952
20世纪中国散文英华 巴蜀·荆楚卷
吴欢章 沙似鹏主编 潘颂德编选 1998年 521页 20 cm 21元 (G. F. P.)

10758 309-01953
20世纪中国散文英华 西部·北方卷
吴欢章 沙似鹏主编 顾国柱编选 1998年 496页 20 cm 21元 (G. F. P.)

10759 309-01954
20世纪中国散文英华 关外卷
吴欢章 沙似鹏主编 潘颂德编选 1997年 409页 20 cm 18元 (G. F. P.)

10760 309-02175
20世纪中国散文英华 台港澳卷
吴欢章 沙似鹏主编 葛乃福编选 1999年 487页 20 cm 20元 (G. F. P.)

10761 309-01955
20世纪中国散文英华 海外游子卷
吴欢章 沙似鹏主编 殷仪编选 1997年 473页 20 cm 20元 (G. F. P.)

10762 309-04472
男男女女
黄子平编 2005年 171页 19 cm 12元〔漫说文化丛书〕(G. F. P.)

10763 309-04441
我的日本印象
鲁迅 郭沫若 巴金等著 贾植芳 周立民选编 2005年 180页 21 cm 15元 (G. F. P.)

10764 309-04473
父父子子
钱理群编 2005年 173页 19 cm 12元〔漫说文化丛书〕(G. F. P.)

10765 309-04474
世故人情
钱理群编 2005年 156页 19 cm 12元〔漫说文化丛书〕(G. F. P.)

10766 309-04475
说东道西
钱理群编 2005年 171页 19 cm 12元〔漫说文化丛书〕(G. F. P.)

10767 309-04476
乡风市声
钱理群编 2005年 181页 19 cm 12元〔漫说文化丛书〕(G. F. P.)

10768 309-04198
想飞·巴黎的鳞爪
徐志摩著 2004年 264页 21 cm 18元〔99经典文库 现代作家精选本〕(G.)

10769 309-04191
乌篷船·上下身
周作人著 2004年 244页 21 cm 17.80元〔99经典文库 现代作家精选本〕(G.)

10770 309-04192
背影·匆匆
朱自清著 2004年 261页 21 cm 18元〔99经典文库 现代作家精选本〕(G.)

10771 309-06204
寻找灵魂的栖息地 朱自清散文精读
朱自清原著 陈爱平编注 2008年 196页 21 cm 16元〔著名中学师生推荐书系〕(G. P.)

10772 309-13310
美国印象 中国旅美游记选编(1912—1949)
陈晓兰编校 2018年 542页 23 cm 98元

〔城乡文化 文学关系研究文丛〕(G. F. P.)

10773 309-13809
南方的河流 鲍尔吉·原野散文精读
鲍尔吉·原野原著 葛琪琪 夏璐 王诣涵编注 2018年 173页 21 cm 26元〔著名中学师生推荐书系 黄荣华主编〕(G. F.)

10774 309-15270
南方的河流 鲍尔吉·原野散文精读
鲍尔吉·原野原著 葛琪琪 夏璐 王诣涵编注 2020年 219页 21 cm 38元〔著名中学师生推荐书系〕(P.)

10775 309-02031
雪冠 卞毓方散文选
卞毓方著 1998年 395页 20 cm 18元 (G. F. P.)

10776 309-12871
谢谢你在时间里看见我
曹荣琪著 2017年 394页 21 cm 45元 (G. F. P.)

10777 309-01821
喝午茶 米舒随笔选
曹正文著 1996年 314页 20 cm 15元 (G.)

10778 309-09878
图像与花朵
陈离著 2013年 277页 21 cm 25元 (G. F. P.)

10779 309-04470
读书读书
陈平原编 2005年 195页 19 cm 12元〔漫说文化丛书〕(G. F. P.)

10780 309-01589

寻找太阳城 西藏随笔
陈云等著 1996年 265页 20 cm 12元 (G. F.)

10781 309-03446
寻找太阳城 走近西藏
陈云等著 2003年 第2版 345页 20 cm 25元 (G. F. P.)

10782 309-01963
圣母院的钟声 法国纪胜
程曾厚著 1997年 392页 20 cm 18元〔海外文化之旅丛书〕(G. F. P.)

10783 309-08265
独自闲行
傅光明著 2016年 329页 22 cm 32元 (G. F. P.)

10784 309-06020
小批判集
郜元宝著 2008年 294页 21 cm 25元 (G. F. P.)

10785 10253.021
帆 大学生散文集
葛乃福等编 1985年 285页 19 cm 1.10元〔复旦大学生丛书 2〕(G. F.)

10786 10253.028
公今度杂文选集
公今度著 1987年 531页 18 cm 2.90元 (G. F.)

10787 309-01634
禅者的态度 洪丕谟随笔
洪丕谟著 1996年 317页 20 cm 14元 (G. F. P.)

10788 309-01871

南十字星空下 澳洲文化随笔
（澳）洪丕柱著 1997年 271页 20 cm 14元〔海外文化之旅丛书〕(G. F. P.)

10789 309-06609
南国学子美文
惠慧主编 2009年 188页 21 cm 20元 (G. F. P.)

10790 309-10120
荷香黄桥
江苏省作家协会 苏州市相城区黄桥街道办事处编 2013年 272页 22 cm 38元 (G. F. P.)

10791 309-01761
心路小识 江曾培随笔
江曾培著 1996年 329页 20 cm 15元 (G. F.)

10792 309-09319
拾叶小札
姜德明著 2013年 148页 21 cm 精装 25元 (G. F. P.)

10793 309-12187
余时书话
姜德明著 2016年 231页 21 cm 精装 35元 (G. F. P.)

10794 309-01458
温柔尘缘 姜丰随笔
姜丰著 1994年 239页 19 cm 8元 (G. F.)

10795 309-07405
莫问乡关
居延安著 2010年 248页 23 cm 30元 (G. F. P.)

10796 309-11252
我的村庄
蓝角著 2015年 213页 21 cm 32元 (G. F. P.)

10797 309-10528
点亮灵魂的灯
李汉荣原著 刘姝睿编注 2014年 179页 21 cm 18元〔著名中学师生推荐书系〕(G. F. P.)

10798 309-14341
点亮灵魂的灯
李汉荣原著 葛琪琪编注 2019年 196页 21 cm 29元〔著名中学师生推荐书系〕(G. F.)

10799 309-15272
点亮灵魂的灯 李汉荣散文精读
李汉荣原著 葛琪琪编注 2020年 249页 21 cm 42元〔著名中学师生推荐书系〕(P.)

10800 309-08810
李立群的人生风景
李立群著 2012年 247页 21 cm 精装 28元〔卿云馆〕(G. F. P.)

10801 309-10813
嫉俗
李炜著 于是译 2014年 276页 22 cm 28元 (G. F. P.)

10802 309-01973
幻视之真
李振声著 1998年 276页 20 cm 12.50元〔开卷文丛〕(G. F. P.)

10803 309-06208
人人皆可为国王 梁衡散文精读
梁衡原著 李郦编注 2008年 225页

21 cm 16 元〔著名中学师生推荐书系〕(G. F. P.)

10804 309-00717
老马咏叹调 林帆杂文散文自选集
林帆著 1991 年 309 页 19 cm 4.50 元 (G.)

10805 309-01813
绿三角 林景怡随笔
林景怡著 1996 年 238 页 20 cm 12 元 (G. F. P.)

10806 309-10812
她们
林贤治著 2014 年 217 页 21 cm 精装 28 元〔微阅读大系 林贤治作品 02〕(G. F. P.)

10807 309-10801
书的身世
林贤治著 2014 年 215 页 21 cm 精装 28 元〔微阅读大系 林贤治作品 06〕(G. F. P.)

10808 309-10800
远去的人
林贤治著 2014 年 210 页 21 cm 精装 28 元〔微阅读大系 林贤治作品 03〕(G. F. P.)

10809 309-06209
遥远的村庄 刘亮程散文精读
刘亮程原著 黄荣华编注 2008 年 257 页 21 cm 18 元〔著名中学师生推荐书系〕(G. P.)

10810 309-12030
遥远的村庄 刘亮程散文精读
刘亮程原著 黄荣华编注 2016 年 第 2 版 261 页 21 cm 29 元〔著名中学师生推荐书系〕(G. F. P.)

10811 309-15269
遥远的村庄 刘亮程散文精读
刘亮程原著 黄荣华编注 2020 年 327 页 21 cm 42 元〔著名中学师生推荐书系〕(P.)

10812 309-01971
向着光明地
刘如溪著 1998 年 246 页 20 cm 12 元〔开卷文丛〕(G. F. P.)

10813 309-14430
韩国姑姑
卢文丽著 2019 年 294 页 22 cm 48 元〔复旦大学中文系高山流水文丛 陈引驰 梁永安主编〕(G. F. P.)

10814 309-13360
三本书主义
卢新华著 2018 年 221 页 21 cm 28 元〔卢新华散文作品集〕(G. F. P.)

10815 309-08171
七彩云南行
路光远主编 2011 年 325 页 21 cm 25 元〔中光素质教育论丛〕(G. F. P.)

10816 309-01687
剑河的凝思 旅英散记
马伯英著 1996 年 287 页 20 cm 14 元〔海外文化之旅丛书〕(G. F. P.)

10817 309-01762
在天堂和地狱间徜徉 美国梦寻
孟蔚彦著 1996 年 369 页 20 cm 18 元〔海外文化之旅丛书〕(G. F.)

10818 309-01057
吟啸集 倪安和(佐人)杂文随笔选
倪安和著 1993年 260页 20 cm 7.20元
(G. F.)

10819 309-14432
保卫水稻
聂茂著 2019年 306页 22 cm 52元〔复旦大学中文系高山流水文丛 陈引驰 梁永安主编〕(G. F. P.)

10820 309-09034
眼光与定力
钱冠连著 2012年 146页 21 cm 25元
(G. F. P.)

10821 309-00758
路 乔忠芳散文集
乔忠芳著 1991年 194页 19 cm 3.80元
(G. F.)

10822 309-01979
德国：一个冬天之后的神话 旅德纪实
邱震海著 1997年 475页 20 cm 20元
〔海外文化之旅丛书〕(G. F. P.)

10823 309-11627
百年文华 铜仁幼儿师范高等专科学校(思南师范)师生作品选
冉贵生主编 2015年 309页 24 cm 58元
(G. F. P.)

10824 309-11311
马赛鱼汤
邵毅平著 2015年 148页 19 cm 精装 25元〔复旦小文库〕(G. F. P.)

10825 309-01815
浮生感悟 沈敖大随笔
沈敖大著 1996年 207页 20 cm 10元
(G. F.)

10826 309-09144
美与梦想之间 剑秋散文 Ⅱ
苏剑秋著 2012年 266页 21 cm 30元
(G. F. P.)

10827 309-09921
不曾出了轨道
孙小琪著 2013年 268页 21 cm 25元
(G. F. P.)

10828 309-07257
心向远方
孙小琪著 2010年 374页 21 cm 25元
(G. F. P.)

10829 309-02083
海盗的故乡 挪威风情
孙夜晓 韩晓玲著 1998年 332页 20 cm 16元〔海外文化之旅丛书〕(G. F. P.)

10830 309-11278
生命的风华
王端正著 2015年 177页 22 cm 35元
(G. F. P.)

10831 309-04276
王蒙读书
王蒙著 2005年 381页 21 cm 25元 (G. F. P.)

10832 309-06941
随风云掠过 王慕兰散文
王慕兰著 2009年 126页 21 cm 15元
(G. F. P.)

10833 309-12022
故国的城 故城的国
王韵宁著 2016年 287页 21 cm 38元
(G. F. P.)

10834 309-04770
吾爱吾土 吾爱吾友
吴谷平著 2006 年 217 页 21 cm 16 元
(G. F. P.)

10835 309-09852
写在心上的故事
吴欢章著 2013 年 277 页 21 cm 25 元
(G. F. P.)

10836 309-02395
阅读美丽 美文风景及感悟
吴欢章著 1999 年 249 页 20 cm 16 元
(G. F. P.)

10837 309-14920
何处望神州 夏坚勇散文精读
夏坚勇原著 王丽编注 2020 年 233 页 21 cm 38 元 (G. F. P.)

10838 309-01481
公今度杂文选续集
徐震著 1995 年 472 页 19 cm 12 元 (G. F.)

10839 309-15127
大地万物
严苏著 崔成雨绘 2020 年 275 页 21 cm 58 元 (F. P.)

10840 309-06191
我来过,我爱过 余光中散文精读
余光中原著 孙彧编注 2008 年 214 页 21 cm 16 元 〔著名中学师生推荐书系〕(G. P.)

10841 309-09045
足迹彼岸
喻干著 2012 年 325 页 25 cm 48 元 (G. F. P.)

10842 309-08460
人生一瞬
詹宏志著 2012 年 299 页 21 cm 28 元 〔詹宏志作品集〕(G. F. P.)

10843 309-01972
迷失者的行踪
张新颖著 1998 年 279 页 20 cm 12.50 元 〔开卷文丛〕(G. F. P.)

10844 309-00975
杏花春雨
章左声主编 1993 年 265 页 19 cm 6.80 元
(G.)

10845 309-06329
谈艺录
赵丽宏著 2009 年 397 页 23 cm 36 元
(G. F. P.)

10846 309-01862
往事并不苍老 一个50年代大学生的日记
赵熙德著 1997 年 488 页 20 cm 19 元
(G. F. P.)

10847 309-01739
莱茵河的涛声 旅欧散记
赵鑫珊著 1996 年 333 页 20 cm 16 元 〔海外文化之旅丛书〕(G. F. P.)

10848 309-01632
三重的爱 赵鑫珊随笔
赵鑫珊著 1996 年 300 页 20 cm 15 元
(G. F. P.)

10849 309-01976
赵鑫珊散文精选
赵鑫珊著 1997 年 565 页 20 cm 23 元
(G. F. P.)

10850 309-09622
流年碎影
周慧明著 2013年 274页 24 cm 36元
(G. F. P.)

10851 309-01764
最耐读的是人 周玉明名家采访随笔
周玉明著 1996年 392页 20 cm 18元
(G. F.)

10852 309-09225
谁是"谋杀"文学的"元凶" 陈歆耕文化随笔 2
陈歆耕著 2012年 263页 24 cm 35元
(G. F. P.)

10853 309-05452
画外余音
方成图文 2007年 328页 23 cm 32元
(G. F. P.)

10854 309-08785
过去心
芳菲著 2012年 290页 22 cm 28元
(G. F. P.)

10855 309-09375
一念间 我所体悟的慈济思惟
何日生著 2013年 225页 21 cm 26元
(G. F. P.)

10856 309-09693
胡金铨随笔
胡金铨著 2013年 297页 21 cm 精装 38元〔卿云馆 胡金铨作品与研究〕(G. F. P.)

10857 309-07438
黄生养雀记 杏坛真言之一
黄玉峰著 2011年 260页 22 cm 25元
〔复旦大学附属中学"大视野"教育书系〕(G. F. P.)

10858 309-09092
脉望夜谭
江晓原著 2012年 153页 22 cm 18元
(G. F. P.)

10859 309-08660
燕城杂记
姜德明著 2012年 223页 21 cm 精装 35元 (G. F. P.)

10860 309-09655
杂话生书
姜宏著 2013年 274页 22 cm 28元 (G. F. P.)

10861 309-12954
当关爱成为天使的羽翼 汾阳苑天使细语
李华等主编 2017年 158页 21 cm 56元
(G. F. P.)

10862 309-10155
沉思录 维也纳的后花园
李述鸿著 2014年 246页 21 cm 20元
〔李述鸿艺术随笔系列〕(G. F. P.)

10863 309-09042
玫瑰念珠
李述鸿著 2012年 306页 22 cm 28元
〔李述鸿艺术随笔系列〕(G. F. P.)

10864 309-10154
手绘我心 图说欧洲近代女画家
李述鸿著 2014年 165页 22 cm 20元
〔李述鸿艺术随笔系列〕(G. F. P.)

10865 309-09023
维也纳森林的故事
李述鸿著 2012年 278页 22 cm 25元
〔李述鸿艺术随笔系列〕(G. F. P.)

10866 309-12873
沧浪归元 纽约归来是故乡
李元红著 2017 年 238 页 23 cm 精装 46 元 (G. F. P.)

10867 309-11993
岁月凝红 纽约访学随笔
李元红著 2016 年 290 页 23 cm 38 元 (G. F. P.)

10868 309-08038
常人不悔
廖志添著 2011 年 447 页 21 cm 25 元 (G. F. P.)

10869 309-08729
靠近爱
林碧玉著 2012 年 202 页 21 cm 26 元 (G. F. P.)

10870 309-10811
盗火者
林贤治著 2014 年 203 页 21 cm 精装 28 元 〔微阅读大系 林贤治作品 01〕 (G. F. P.)

10871 309-11669
心灵四神汤
刘济雨著 2015 年 188 页 21 cm 26 元 (G. F. P.)

10872 309-04066
余墨集
陆谷孙著 2004 年 287 页 21 cm 16 元 (G. F.)

10873 309-13104
余墨集
陆谷孙著 2017 年 287 页 21 cm 精装 48 元 (G. F. P.)

10874 309-06465
余墨二集
陆谷孙著 2009 年 341 页 21 cm 25 元 (G. F. P.)

10875 309-13105
余墨二集
陆谷孙著 2017 年 341 页 21 cm 精装 48 元 (G. F. P.)

10876 309-13306
余墨三集
陆谷孙著 2018 年 470 页 21 cm 精装 58 元 (G. F. P.)

10877 309-07027
和圣人一起思考
牛耕著 2010 年 222 页 24 cm 25 元 (G. F. P.)

10878 309-15054
人生哪有那么多赢家
(美) 诺澄著 2020 年 275 页 21 cm 48 元 (G. P.)

10879 309-10024
世界与中国札记
任晓著 2013 年 298 页 22 cm 30 元 (G. F. P.)

10880 309-06900
晚霞随笔
盛祖嘉著 2009 年 167 页 21 cm 20 元 (G. F. P.)

10881 309-07480
唐辛子 IN 日本 有关教育、饮食和男女
唐辛子著 2010 年 248 页 21 cm 28 元 (G. F. P.)

文学·中国文学　787

10882　309-07350
当知识遇上信念
　王彬彬著　2012 年　290 页　21 cm　25 元
　(G. F. P.)

10883　309-11276
生命的承诺
　王端正著　2015 年　227 页　22 cm　35 元
　(G. F. P.)

10884　309-12042
呼喊在风中 一个博士生的返乡笔记
　王磊光著　2016 年　249 页　23 cm　35 元
　(G. F. P.)

10885　309-11061
编辑的微世界
　王联合著　2015 年　293 页　22 cm　28 元
　(G. F. P.)

10886　309-13417
医路修行
　吴彩军著　2018 年　246 页　24 cm　48 元
　(G. F. P.)

10887　309-02564
一年间《新闻报》的新闻故事
　吴谷平主编　2000 年　341 页　20 cm　18 元
　(G. F. P.)

10888　309-08632
复旦往事
　吴中杰著　2012 年　377 页　23 cm　42 元
　(G. F. P.)

10889　309-09152
曦园语丝
　吴中杰著　2012 年　424 页　23 cm　48 元
　(G. F. P.)

10890　309-09877
我就这样绽放自己 一个勇闯世界顶尖商学院女孩的精彩人生
　小荷著　2013 年　284 页　24 cm　32 元　(G. F. P.)

10891　309-12493
观知日本 一个中国人的东瀛履迹
　徐静波著　2016 年　189 页　19 cm　精装　30 元〔复旦小文库〕(G. F. P.)

10892　309-08960
现在是书几点零
　严锋著　2012 年　118 页　21 cm　15 元〔复旦版阅读小丛书 2〕(G. F. P.)

10893　309-11310
朋友是最后的故乡
　于坚著　2015 年　240 页　21 cm　30 元〔微阅读大系〕(G. F. P.)

10894　309-05396
死亡之吻
　余凤高著　2007 年　233 页　23 cm　25 元
　(G. F. P.)

10895　309-08088
敬畏历史
　虞云国著　2011 年　287 页　24 cm　30 元
　(G. F. P.)

10896　309-08461
绿光往事
　詹宏志著　2012 年　225 页　21 cm　28 元〔詹宏志作品集〕(G. F. P.)

10897　309-05641
情系俄罗斯 生活在俄罗斯朋友中间
　张添立著　2007 年　255 页　21 cm　25 元
　(G. F. P.)

10898 309-08767
读书这么好的事
张新颖著 2012 年 176 页 21 cm 15 元〔复旦版阅读小丛书 1〕(G. F. P.)

10899 309-06730
河东辑
止庵著 2010 年 352 页 24 cm 35 元〔"三十年集"系列丛书 1978—2008〕(G. F. P.)

10900 309-12343
年年三好三愿
释证严著 2017 年 251 页 21 cm 48.80 元〔静思法脉丛书〕(G. F. P.)

10901 309-03559
色彩小品
叶鹏著 2003 年 195 页 21 cm 12 元〔博雅文丛〕(G. F. P.)

10902 309-11785
四极日记
葛剑雄著 2016 年 427 页 21 cm 59.80 元 (G. F. P.)

10903 309-14423
四极日记
葛剑雄著 2019 年 2 册 21 cm 精装 98 元 (G. F. P.)

10904 309-08917
单车环球梦
江心静 林存青著 2012 年 363 页 21 cm 48 元〔梦想旅行系列〕(G. F. P.)

10905 309-10060
单车枫叶情 Forever young 纪念版
江心静 林存青著 2015 年 289 页 21 cm 48 元〔梦想旅行系列〕(G. F. P.)

10906 309-12626
《热河日记》纪行
(韩)金在原著 唐艳译 2016 年 477 页 22 cm 45 元〔复旦大学亚洲研究中心译丛〕(G. F. P.)

10907 309-09058
我只想和你去远方 非洲篇
老鼠皇帝 首席村妇著 2012 年 271 页 22 cm 32 元 (G. F. P.)

10908 309-08618
我只想和你去远方 印度篇
老鼠皇帝 首席村妇著 2012 年 222 页 22 cm 30 元 (G. F. P.)

10909 309-08617
我只想和你去远方 中东篇
老鼠皇帝 首席村妇著 2012 年 227 页 22 cm 30 元 (G. F. P.)

10910 309-03863
在天地间徜徉 我的世界之旅
孟蔚彦著 2004 年 244 页 23 cm 22 元 (G. F. P.)

10911 309-11174
哪座桥是剑桥?
潘卫民著 2015 年 276 页 21 cm 32 元 (G.)

10912 309-02902
无穷花盛开的江山 韩国纪游
邵毅平著 2001 年 358 页 20 cm 16 元〔海外文化之旅丛书〕(G. F. P.)

10913 309-09913
银发结伴游天下
(澳)萧虹 李崇厚著 2013 年 174 页 23 cm 48 元 (G. F. P.)

10914 309-09464
浮光掠影十六国 跟着名医走天下
杨秉辉著 2013 年 156 页 22 cm 25 元
(G. F. P.)

10915 309-13592
惊鸿一瞥十八国 跟着名医走天下
杨秉辉著 2018 年 143 页 22 cm 25 元
(G. F. P.)

10916 309-09908
三十二国走马看花 跟着名医走天下
杨秉辉著 2013 年 187 页 22 cm 25 元
〔浮光掠影十六国续集〕(G. F. P.)

10917 309-08472
书信世界里的赵清阁与老舍
傅光明著 2012 年 140 页 22 cm 18 元
(G. F. P.)

10918 309-07481
我们的事业是旅行 老鼠皇帝、首席村妇周游世界记 I
季乃刚 林亚著 2010 年 220 页 21 cm 29 元 (G. F. P.)

10919 309-07995
新留学时代的私人文档
陆波 彭英之著 2011 年 293 页 22 cm 28 元 (G. F. P.)

10920 309-01447
中华对联大典
龚联寿编著 1998 年 1 536 页 26 cm 精装 180 元 (G. F. P.)

10921 309-14184
坡芽歌书
马怀忠主编 马怀忠等英文翻译 2019 年 英文版 150 页 24 cm 30 元 (G. F. P.)

10922 309-01135
杨瑟岩传奇 清代江南名讼师
樊品儒 王峻主编 王峻等撰稿 1993 年 192 页 19 cm 5 元 (G. F.)

10923 309-02897
道教人物故事
陆林森编著 2001 年 261 页 20 cm 18 元 (G. F. P.)

10924 309-11856
不泯的童心 陈镒康作品集
贝品联 徐建国编 2015 年 828 页 26 cm 80 元 (G. F. P.)

10925 309-11412
贵州土家族儿歌选
安元奎编著 2015 年 167 页 21 cm 28 元 (G. F. P.)

10926 309-10392
幽默童诗 100 首
蒲华清文 吴庆渝图 2014 年 139 页 23 cm 精装 30 元 (G. F. P.)

10927 309-14799
儿歌万花筒
滕毓旭文 吴庆渝图 2020 年 101 页 23 cm 精装 45 元 (G. P.)

10928 309-10833
听梦 韦苇童诗集
韦苇文 唐筠图 2014 年 132 页 23 cm 精装 38 元 (G. F. P.)

10929 309-12688
飞吧,蒲公英
芮东莉 周斌文 田凤晴图 2017 年 31 页 19×26 cm 15 元 〔"点灯儿"自然观察绘本〕(G. F. P.)

10930 309-12687

奇怪的长相

芮东莉 任众文 簪倪图 2017年 31页 26 cm 15元〔"点灯儿"自然观察绘本〕(G. F. P.)

10931 309-12689

树林里的魔法师

芮东莉 郭江莉文 王玉娟图 2017年 31页 26 cm 15元〔"点灯儿"自然观察绘本〕(G. F. P.)

10932 309-08536

叶宝宝找妈妈

芮东莉 郑英女文 Polly图 2017年 31页 26 cm 15元〔"点灯儿"自然观察绘本〕(G. F. P.)

10933 309-07683

影子怪物

芮东莉 顾凌丽文 赵晓音图 2017年 31页 26 cm 15元〔"点灯儿"自然观察绘本〕(G. F. P.)

10934 309-11876

植物彩虹

芮东莉文 田凤晴图 2016年 31页 19×26 cm 15元〔自然观察绘本〕(G. P.)

10935 309-10055

旺仔成长日记 家庭礼仪篇

旺仔编著 2013年 1册 29 cm 28元(G. F. P.)

10936 309-10056

旺仔成长日记 社会礼仪篇

旺仔编著 2013年 1册 29 cm 24元(G. F. P.)

10937 309-10058

旺仔成长日记 校园礼仪篇

旺仔编著 2013年 1册 29 cm 28元(G. F. P.)

各国文学

10938 309-08086

东亚文学经典的对话与重读

王晓平著 2011年 314页 23 cm 40元〔当代中国比较文学研究文库〕(G. F. P.)

10939 309-07279

九云梦

(朝)金万重著 王文元译 2010年 186页 23 cm 20元(G. F. P.)

10940 309-06783

日本文学辞典 作家与作品

谭晶华主编 2013年 658页 21 cm 精装 68元〔文学辞典系列〕(G. F. P.)

10941 309-14873

日本歌道

(日)纪贯之等著 王向远选译 2020年 361页 21 cm 58元(G. F. P.)

10942 309-06737

东瀛悲歌 和歌中的菊与刀

早早著 2009年 220页 24 cm 28元(G. F. P.)

10943 309-13554

日本俳味

(日)正冈子规著 王向远 郭尔雅译 2018年 351页 21 cm 精装 45元〔日本味道〕(G. F. P.)

10944 309-09324

都市空间的叙事形态 日本近代小说文体研究

李征著 2012年 238页 22 cm 20元（G. F. P.）

10945 309-11110
安部公房小说研究
邹波著 2015年 357页 21 cm 精装 36元（G. F. P.）

10946 309-11896
日本文学作品选读
张文碧主编 2015年 497页 26 cm 58元（G. F. P.）

10947 309-14818
日本诗味
（日）虎关师炼（日）荻生徂徕等著 王向远选译 2020年 324页 21 cm 精装 58元（G. F. P.）

10948 10253.005
古今和歌集
（日）纪贯之著 1983年 224页 19 cm 0.64元（G. F.）

10949 309-05866
川端康成精品集
（日）川端康成著 叶渭渠 唐月梅译 2008年 368页 23 cm 35元〔名家名译〕（G. F. P.）

10950 309-05879
大江健三郎精品集
（日）大江健三郎著 郑民钦 杨炳辰译 2008年 314页 24 cm 30元〔名家名译〕（G. F. P.）

10951 309-09131
假面人物
（日）德田秋声著 侯为译 2012年 326页 21 cm 30元〔日本"私小说"精选集〕（G. F. P.）

10952 309-07760
诸神的微笑 芥川龙之介短篇小说选
（日）芥川龙之介著 小Q译 2011年 220页 19 cm 20元（G. F. P.）

10953 309-07762
放浪记
（日）林芙美子著 魏大海译 2011年 375页 21 cm 28元〔林芙美子小说集〕（G. F. P.）

10954 309-07749
浮云
（日）林芙美子著 吴菲译 2011年 275页 21 cm 26元〔林芙美子小说集 魏大海主编〕（G. P.）

10955 309-07761
晚菊
（日）林芙美子著 刘小俊译 2011年 287页 21 cm 26元〔林芙美子小说集〕（G. P.）

10956 309-05867
三岛由纪夫精品集
（日）三岛由纪夫著 唐月梅译 2008年 299页 23 cm 29元〔名家名译〕（G. F. P.）

10957 309-09129
棉被
（日）田山花袋著 魏大海 邵程亮 周祥仑译 2013年 290页 21 cm 28元〔日本"私小说"精选集〕（G. F. P.）

10958 309-09130
枯木风景
（日）宇野浩二等著 魏大海译 2013年

279 页 21 cm 28 元 (G. F. P.)

10959 309-05323
美的情愫
（日）东山魁夷著 唐月梅译 2008 年 265 页 24 cm 35 元 (G. F. P.)

10960 309-04438
对中国文化的乡愁
（日）青木正儿（日）吉川幸次郎等著 戴燕 贺圣遂选译 2005 年 272 页 21 cm 20 元 (G. F.)

10961 309-08579
对中国的乡愁
（日）青木正儿（日）吉川幸次郎等著 戴燕 贺圣遂选译 2012 年 第 2 版 258 页 21 cm 28 元 (G. F. P.)

10962 309-09556
马华文学
金进著 2013 年 312 页 23 cm 40 元 (G. F. P.)

10963 309-06433
《梨俱吠陀》精读
林太著 2008 年 247 页 24 cm 29 元〔史学原典精读系列 章清 张海英 陈新主编〕(G. F. P.)

10964 309-06965
历史话语的挑战者 库切四部开放性和对话性的小说研究
段枫著 2011 年 215 页 21 cm 20 元〔复旦大学外国语言文学博士文库〕(G. F. P.)

10965 309-13267
想象不可想象之事 库切的小说创作观及其后现代语境
段枫著 2017 年 198 页 21 cm 25 元 (G. F. P.)

10966 309-04597
欧美文学研究十论
方平著 2005 年 375 页 21 cm 22 元〔名家专题精讲系列 第五辑〕(G. F. P.)

10967 10253.007
西方四大批评家
（美）雷纳·威莱克（R. Wellek）著 林骧华译 1983 年 126 页 19 cm 0.42 元 (G. F.)

10968 309-06490
欧美文学名著导读
郑克鲁主编 2009 年 424 页 21 cm 28 元 (G. F. P.)

10969 309-10711
欧美文学名著导读
郑克鲁主编 2014 年 第 2 版 428 页 21 cm 32 元〔复旦经典〕(G. F. P.)

10970 309-03258
欧美现代文学史
何仲生 项晓敏主编 2002 年 469 页 23 cm 40 元〔高等院校中文系本科教材〕(G. F. P.)

10971 309-11783
俄罗斯文学 追寻心灵的自由
董晓著 2016 年 289 页 22 cm 38 元〔比较文学与世界文学学术文库〕(G. F. P.)

10972 309-06745
俄罗斯文学辞典 作家与作品
郑体武主编 2013 年 585 页 21 cm 精装 60 元〔文学辞典系列〕(G. F. P.)

10973 309-06991
言与思的越界 陀思妥耶夫斯基比较研究
田全金著 2010年 314页 21 cm 22元 (G. F. P.)

10974 309-00883
果戈里评论集
袁晚禾 陈殿兴编选 中国社会科学院外国文学研究所外国文学研究资料丛刊编辑委员会编 1993年 358页 20 cm 9元〔外国文学研究资料丛书 陈渊主编〕(G. F.)

10975 309-06703
论19世纪俄罗斯文学
智量著 2009年 430页 21 cm 25元 (G. F. P.)

10976 309-06018
布尔加科夫创作论
温玉霞著 2008年 230页 21 cm 18元 (G. F. P.)

10977 309-08629
现实与虚幻 维克多·佩列文后现代主义小说的艺术图景
李新梅著 2012年 222页 22 cm 20元〔人文学术〕(G. F. P.)

10978 309-06041
文本的多维视角分析与文学翻译《叶甫盖尼·奥涅金》的汉译研究
赵红著 2007年 273页 21 cm 20元 (G. F. P.)

10979 309-04094
俄国文学史及其他
瞿秋白著 2004年 211页 21 cm 12元〔大师谈文学〕(G. F. P.)

10980 309-06707
克里米亚的海岸 普希金精品集
(俄)普希金著 刘季星 李鸿简译 2009年 268页 24 cm 26元〔俄国五大家文选 贺雄飞主编〕(G. F.)

10981 309-06712
戴灰眼镜的人 屠格涅夫精品集
(俄)屠格涅夫著 刘季星译 2009年 264页 24 cm 25元〔俄国五大家文选 贺雄飞主编〕(G. F.)

10982 309-07759
脖子上的安娜 契诃夫短篇小说选
(俄)契诃夫著 曾婷译 2011年 234页 19 cm 20元 (G. F. P.)

10983 309-06709
小小的图景 陀思妥耶夫斯基精品集
(俄)费多尔·陀思妥耶夫斯基著 刘季星 李鸿简译 2009年 245页 24 cm 24元〔俄国五大家文选 贺雄飞主编〕(G. F.)

10984 309-06710
生命集 果戈理精品集
(俄)果戈理著 刘季星译 2009年 256页 24 cm 25元〔俄国五大家文选 贺雄飞主编〕(G. F.)

10985 309-06711
忏悔录 托尔斯泰精品集
(俄)列夫·托尔斯泰著 刘季星译 2009年 296页 24 cm 28元〔俄国五大家文选 贺雄飞主编〕(G. F.)

10986 309-05819
德语文学辞典 作家与作品
卫茂平主编 2010年 526页 21 cm 精装

50 元〔文学辞典系列 复旦金石词典系列〕(G. F. P.)

10987 10253.014
席勒
董问樵著 1984 年 249 页 19 cm 1.10 元 (G. F.)

10988 309-00028
《浮士德》研究
董问樵著 1987 年 254 页 21 cm 1.70 元 (G. F.)

10989 309-11374
《浮士德》研究 席勒
董问樵著 魏育青编 2015 年 361 页 24 cm 精装 68 元〔复旦百年经典文库〕(G. F. P.)

10990 10253.003
浮士德
(德)歌德(J. W. von Goethe)著 董问樵译 1982 年 695 页 21 cm 2.50 元(平) 3.30(精) (G. F.)

10991 309-01133
浮士德
(德)歌德(Johann Wolfgang von Goethe)著 董问樵译 1993 年 重印 695 页 20 cm 精装 25 元 (G. F.)

10992 309-02876
浮士德
(德)歌德著 董问樵译 2001 年 第 2 版 690 页 20 cm 精装 30 元〔外国文学名著经典〕(G. F. P.)

10993 309-07007
青年穆齐尔创作思想研究
吴勇立著 2010 年 239 页 21 cm 20 元〔复旦大学外国语言文学博士文库〕(G. F. P.)

10994 309-12605
跨文化背景下的北欧文学研究
孙建主编 2017 年 239 页 23 cm 35 元 (G. F. P.)

10995 309-14052
写于石头中 埃斯普马克自选诗五十首
(瑞典)谢尔·埃斯普马克著 (瑞典)万之译 2018 年 209 页 21 cm 精装 48 元〔诺贝尔文学奖背后的文学〕(G. F. P.)

10996 309-13367
尤斯塔·贝林的萨迦
(瑞典)塞尔玛·拉格洛夫著 王晔译 2018 年 423 页 21 cm 精装 56 元〔诺贝尔文学奖背后的文学〕(G. F. P.)

10997 309-09104
罗兹挽歌
(瑞典)史蒂夫·塞姆-桑德贝里著 王梦达译 2012 年 400 页 23 cm 40 元 (G. F. P.)

10998 309-12647
被选择的孩子
(瑞典)史蒂夫·桑得贝里(Steve Sem-Sandberg)著 王梦达译 2017 年 438 页 21 cm 36 元 (G. F. P.)

10999 309-14849
夜里什么会发光
(瑞典)莉娜·舒伯格文/图 王映红译 2020 年 1 册 29 cm 精装 48 元 (G. P.)

11000 309-14846
小澳的毛衣

文学·各国文学　795

（瑞典）乌丽卡·凯斯特文/图　王映红译　2020年　1册　29 cm　38元　(G. P.)

11001　309-14847

野蛮的邻居

（瑞典）乌丽卡·凯斯特文/图　王映红译　2020年　1册　29 cm　38元　(G. P.)

11002　309-14848

左右为难的刺猬

（瑞典）乌丽卡·凯斯特文/图　王映红译　2020年　1册　29 cm　38元　(G. P.)

11003　309-13784

好吃的苹果

（瑞典）约瑞尔·克里斯蒂娜·南丝隆德文（瑞典）克里斯蒂娜·迪格曼图　王映红译　2019年　1册　24 cm　精装　35元　(G. P.)

11004　309-13785

好玩的冬天

（瑞典）约瑞尔·克里斯蒂娜·南丝隆德文（瑞典）克里斯蒂娜·迪格曼图　王映红译　2019年　1册　24 cm　精装　35元　(G. P.)

11005　309-08791

跨文化的易卜生

孙建（挪威）弗洛德·赫兰德主编　2012年　502页　24 cm　80元　(G. P.)

11006　309-12930

北极光照耀桃花仑 一个挪威家族的中国情

（挪）达芬·霍博腾(Dagfinn Høybråten)著　刘春荣　蔡闻桐译　2017年　93页　23 cm　精装　35元　(G. P.)

11007　309-01593

神话·悲剧·《诗学》对古希腊诗学传统的重新认识

吕新雨著　1995年　158页　20 cm　10元〔复旦大学博士丛书〕(G. F. P.)

11008　309-08526

文本、文质、语境 英美文学探究

张琼著　2012年　352页　21 cm　22元〔攻玉文丛〕(G. F. P.)

11009　309-04594

英国文学辞典 作家与作品

孙建主编　2005年　530页　22 cm　精装　50元〔复旦金石词典系列〕(G. F. P.)

11010　10253.009

外国文学 莎士比亚专辑

陆谷孙主编　1984年　267页　19 cm　1.12元　(G. F.)

11011　309-04356

莎评简史

谈瀛洲著　2005年　232页　21 cm　15元〔复旦大学外国语言文学博士文库〕(G. F. P.)

11012　309-05899

19世纪英国文学选评

刘新民编著　2007年　278页　23 cm　28元　(G. F. P.)

11013　309-10706

返始咏叹调 克里斯蒂娜·罗塞蒂作品中的女性主体研究

徐莎著　2014年　243页　21 cm　35元　(G. P.)

11014　309-07259

诗化哲学 T. S.艾略特研究

江玉娇著　2010年　356页　21 cm　22元

(G. P.)

11015 309-04447

文本之外 由佩内洛普·菲茨杰拉德的小说及文学生涯看文学研究

卢丽安著 2005年 448页 21 cm 25元 (G. P.)

11016 309-14266

一个人·十四行 末之莎士比亚十四行诗笔记

末之著 2019年 355页 23 cm 68元 (G. F. P.)

11017 309-08559

文学操纵与时代阐释 英美诗歌的译介研究(1949—1966)

吴赟著 2012年 252页 21 cm 20元 〔人文学术〕(G. F. P.)

11018 309-08106

英国19世纪出版制度、阅读伦理与浪漫主义诗歌创作关系研究

张鑫著 2012年 219页 21 cm 20元 (G. F. P.)

11019 309-12233

英美现代戏剧思辨 语言·剧作·戏剧家

黄坚著 2016年 300页 21 cm 30元 (G.)

11020 309-04715

莎士比亚研究十讲

陆谷孙著 2005年 230页 21 cm 16元 〔名家专题精讲系列 第五辑〕(G. F. P.)

11021 309-13106

莎士比亚研究十讲

陆谷孙著 2017年 230页 21 cm 精装 48元 (G. F. P.)

11022 10253.022

莎士比亚 他的作品及其时代

索天章著 1986年 274页 20 cm 1.90元 (G. F.)

11023 309-08556

探究莎士比亚 文本·语境·互文

张冲著 2012年 328页 22 cm 25元 〔攻玉文丛〕(G. F. P.)

11024 309-04800

同时代的莎士比亚：语境、互文、多种视域 "莎士比亚在中国：回顾与展望"全国研讨会论文集 2004年12月16—19日·复旦大学

张冲主编 2005年 381页 21 cm 22元 (G. F. P.)

11025 309-03378

英美后现代主义小说叙述结构研究

胡全生著 2002年 272页 20 cm 15元 (G. F. P.)

11026 309-09724

当代英美女性主义类型小说研究

梅丽著 2013年 263页 21 cm 25元 (G. F. P.)

11027 309-08095

"双重意识"英国作家戴维·洛奇研究

欧荣等著 2011年 362页 21 cm 32元 (G. F. P.)

11028 309-14705

哈葛德小说在晚清：话语意义与西方认知

潘红著 2019年 491页 21 cm 98元 〔国家社科基金项目优秀成果 福州大学哲学社会科学学术专著出版资助计划项目 福州大学跨文化话语研究系列一〕(G. F. P.)

11029 309-06663

文学·各国文学　797

福尔斯小说的艺术自由主题

王卫新著　2009年　208页　21 cm　18元（G. F. P.）

11030　309-10575

伦理选择与价值评判 劳伦斯·达雷尔重奏小说研究

徐彬著　2014年　224页　21 cm　24元（G. F. P.）

11031　309-11149

迎合·改写·重构 塞缪尔·理查逊对理想绅士的塑造

杨岸青著　2015年　150页　21 cm　26元（G. P.）

11032　309-12311

迎合·改写·重构 塞缪尔·理查逊对理想绅士的塑造

杨岸青著　2016年　第2版　250页　21 cm　28元（G. P.）

11033　309-10837

文学的政治底稿 英美文学史论集

程巍著　2014年　302页　22 cm　38元〔比较文学与世界文学学术文库〕（G. F. P.）

11034　309-01657

莎士比亚精华

（英）莎士比亚著　杨烈等译　1996年　807页　20 cm　精装　38元（G. F. P.）

11035　309-08435

黄昏的故事 狄更斯短篇小说选

（英）狄更斯著　于睿寅译　2014年　230页　19 cm　28元（G. F. P.）

11036　309-07766

公主的生日 王尔德短篇小说选

（英）王尔德著　范桂芳译　2011年　249页　19 cm　20元（G. F. P.）

11037　309-08317

亚当·比德

（英）乔治·艾略特著　傅敬民译　2011年　486页　21 cm　30元（G. F. P.）

11038　309-08308

三十九级台阶

（英）约翰·巴肯著　吴苌弘　傅敬民译　2011年　363页　21 cm　25元（G. F. P.）

11039　309-05768

翟理斯汕广纪行 注释本

（英）翟理斯（Herbert Allen Giles）原著　黄秉炜编撰　2007年　121页　23 cm　20元（G. P.）

11040　309-14287

安婆婆有个鸟宝宝

（英）昆廷·布莱克（Quentin Blake）图文　张弘译　2019年　1册　29 cm　精装　48.90元〔3—6岁　国际安徒生大奖精选绘本　小读客经典童书馆 244〕（G. F.）

11041　309-14484

大的小的好的坏的小亲亲

（英）昆廷·布莱克（Quentin Blake）图文　张弘译　2019年　32页　28 cm　49.9元（　）

11042　309-14278

快乐的光脚丫先生

（英）昆廷·布莱克（Quentin Blake）图文　余治莹译　2019年　1册　29 cm　精装　48.90元〔3—6岁　国际安徒生大奖精选绘本　小读客经典童书馆 242〕（G. F.）

11043　309-14284

天使有支魔法笔

（英）昆廷·布莱克（Quentin Blake）图文 张弘译 2019年 1册 29 cm 精装 48.90元〔3—6岁 国际安徒生大奖精选绘本 小读客经典童书馆 243〕(G. F.)

11044 309-14703
我去了故事里的小岛

（英）昆廷·布莱克（Quentin Blake）图文 方素珍译 2019年 1册 29 cm 精装 49.90元〔小读客经典童书馆 254 3—6岁国际安徒生大奖精选绘本〕(G. F.)

11045 309-14277
小不点想当大骑士

（英）昆廷·布莱克（Quentin Blake）图文 常立译 2019年 1册 29 cm 精装 48.90元〔3—6岁 国际安徒生大奖精选绘本 小读客经典童书馆 245〕(G. F.)

11046 309-14534
笑到哼哼叫的童谣集

（英）昆廷·布莱克（Quentin Blake）图文 常立译 2019年 32页 28 cm 49.9元 ( )

11047 309-14701
有办法太太和古古怪怪自行车

（英）昆廷·布莱克（Quentin Blake）图文 余治莹译 2019年 1册 29 cm 精装 49.90元〔小读客经典童书馆 252 3—6岁国际安徒生大奖精选绘本〕(G. F.)

11048 309-14702
有办法太太和忙忙碌碌冲浪板

（英）昆廷·布莱克（Quentin Blake）图文 余治莹译 2019年 1册 29 cm 精装 49.90元〔小读客经典童书馆 251 3—6岁国际安徒生大奖精选绘本〕(G. F.)

11049 309-14700
有办法太太和破破烂烂小汽车

（英）昆廷·布莱克（Quentin Blake）图文 余治莹译 2019年 1册 29 cm 精装 49.90元〔小读客经典童书馆 253 3—6岁国际安徒生大奖精选绘本〕(G. F.)

11050 309-06281
时间十字架上的玫瑰 20 世纪爱尔兰大房子小说

陈丽著 2009年 259页 22 cm 25元〔解放军外国语学院英语博士文库〕(G. F. P.)

11051 309-08275
The Art of Scarcity: A Narratological Study of Samuel Beckett's Prose Trilogy

Liang Fang著 2011年 160页 21 cm 15元 (G. P.)

11052 309-09997
程抱一研究论文集

褚孝泉主编 2013年 229页 21 cm 25元 (G. F. P.)

11053 309-06644
左岸的巴黎

余中先著 2010年 248页 24 cm 30元〔"三十年集"系列丛书 1978—2008〕(G. F. P.)

11054 309-06029
玛格丽特·杜拉斯研究

户思社著 2007年 322页 21 cm 23元 (G. F. P.)

11055 309-05826
文字·传奇 法国现代经典作家与作品

袁筱一著 2008年 230页 21 cm 18元 (G. F. P.)

11056 309-03846
法兰西文学大师十论
柳鸣九著 2004年 402页 21 cm 21元
〔名家专题精讲系列 第三辑〕(G. F. P.)

11057 309-02829
法国诗选
程曾厚译 2001年 654页 20 cm 精装 35元〔外国文学名著经典〕(G. F. P.)

11058 309-04127
法国诗选
程曾厚译 2004年 第2版 533页 25 cm 58元 (G. F. P.)

11059 309-09889
繁星点点 都德短篇小说选
(法)都德著 朱燕译 2014年 212页 19 cm 28元 (G. F. P.)

11060 309-07763
橄榄园 莫泊桑短篇小说选
(法)莫泊桑著 朱燕译 2011年 240页 19 cm 20元 (G. F. P.)

11061 309-15023
悲惨世界
(法)维克多·雨果(Victor Hugo)著 郑克鲁译 2020年 1735页 21 cm 128元〔雨果小说全集〕(G. F. P.)

11062 309-15024
笑面人
(法)维克多·雨果(Victor Hugo)著 郑克鲁译 2020年 780页 21 cm 88元〔雨果小说全集〕(G. F. P.)

11063 309-14211
拔萝卜
(法)贝亚特丽斯·塔纳卡改写绘画 邢培健译 2019年 1册 14×20 cm 精装 28元〔"爱·智慧"世界著名民间故事 俄罗斯民间故事〕(G. F. P.)

11064 309-14213
甘吉尔数鳄鱼
(法)贝亚特丽斯·塔纳卡改写绘画 邢培健译 2019年 1册 14×20 cm 精装 28元〔"爱·智慧"世界著名民间故事 印度尼西亚民间故事〕(G. F. P.)

11065 309-14210
猫裁判
(法)贝亚特丽斯·塔纳卡改写绘画 邢培健译 2019年 1册 14×20 cm 精装 28元〔"爱·智慧"世界著名民间故事 日本民间故事〕(G. F. P.)

11066 309-14212
谁是大英雄
(法)贝亚特丽斯·塔纳卡改写绘画 邢培健译 2019年 1册 14×20 cm 精装 28元〔"爱·智慧"世界著名民间故事 非洲祖鲁族民间故事〕(G. F. P.)

11067 309-14209
有魔力的桶
(法)贝亚特丽斯·塔纳卡改写绘画 邢培健译 2019年 1册 14×20 cm 精装 28元〔"爱·智慧"世界著名民间故事 中国民间故事〕(G. F. P.)

11068 309-14773
主体·语言·他者 美国当代作家保罗·奥斯特研究
李金云著 2019年 305页 21 cm 42元 (G. F. P.)

11069 309-04957

矛盾情结与艺术模糊性 超越政治和族裔的美国华裔文学

张琼著 2006年 275页 21 cm 18元〔复旦大学外国语言文学博士文库〕(G. P.)

11070 309-04551

美国文学辞典 作家与作品

虞建华主编 2005年 515页 22 cm 精装 49元〔复旦金石词典系列〕(G. F. P.)

11071 309-06861

美国越南战争:从想象到幻灭 论美国越战叙事文学对越战的解构

胡亚敏著 2009年 301页 21 cm 25元〔解放军外国语学院英语博士文库〕(G. F. P.)

11072 309-05362

语言的铁幕 汤亭亭与美国的东方主义

林涧编著 2007年 407页 23 cm 45元 (G. F. P.)

11073 309-06916

从族裔声音到经典文学 美国华裔文学的文学性研究及主体反思

张琼著 2009年 360页 21 cm 25元〔复旦大学外国语言文学博士文库〕(G. F. P.)

11074 309-08981

美国东方主义的"中国话语" 赛珍珠中美跨国书写研究

朱骅著 2012年 394页 22 cm 34元〔人文学术〕(G. F. P.)

11075 309-04179

诗艺 美国现当代诗歌赏析

胡开杰编写 2005年 202页 26 cm 25元 (G. F. P.)

11076 309-10678

"重复"之美 威廉·斯潘诺斯的诗学研究

郑宇著 2015年 299页 22 cm 32元〔人文学术〕(G. F. P.)

11077 309-10988

从"我是谁?"到"我们是谁" 奥古斯特·威尔逊戏剧中的黑人身份认同研究

黄坚著 2014年 346页 21 cm 30元 (G.)

11078 309-11858

双重他者的声音 当代美国黑人女性戏剧家作品中的对话策略研究

黄坚著 2015年 268页 21 cm 28元 (G. F.)

11079 309-12147

《欲望号街车》的话语文体研究

张媛媛著 2016年 286页 21 cm 32元 (G. P.)

11080 309-13853

现实维度中的族裔性重构 路易斯·厄德里克作品研究

陈靓著 2018年 262页 21 cm 35元 (G. F. P.)

11081 309-08818

拼贴起来的黑玻璃 弗洛伊德精神分析视阈下的莫里森小说研究

田亚曼著 2012年 180页 21 cm 20元 (G. F. P.)

11082 309-09668

走出人类中心主义的藩篱 乔伊斯·卡罗尔·欧茨小说中的生态伦理思想研究

杨建玫著 2013年 248页 22 cm 20元 (G. F. P.)

11083 309-09373

安妮·普鲁生态思想研究

杨丽著 2012年 213页 22 cm 20元 (G. P.)

11084 309-14774
恶地与田园理想 美国大平原小说研究
杨丽著 2019年 255页 23 cm 50元 (G. F. P.)

11085 309-10460
简明美国文学史
杨仁敬著 2014年 827页 21 cm 48元 〔复旦经典〕(G. F. P.)

11086 309-05588
美国自然主义小说
张祝祥 杨德娟著 2007年 215页 21 cm 20元 (G. F.)

11087 309-07764
红魔假面舞会 爱伦·坡短篇小说选
(美)爱伦·坡著 刘晶译 2011年 221页 19 cm 20元 (G. F. P.)

11088 309-10123
空中骑兵 毕尔斯短篇小说选
(美)毕尔斯著 范桂芳译 2014年 239页 19 cm 28元 (G. F. P.)

11089 309-09991
牧师的黑面纱 霍桑短篇小说选
(美)霍桑著 黄晚译 2014年 205页 19 cm 28元 (G. F. P.)

11090 309-07758
黄金谷 杰克·伦敦短篇小说选
(美)杰克·伦敦著 何媛媛 李昂译 2011年 216页 19 cm 20元 (G. F. P.)

11091 309-08717
他是否还在人间 马克·吐温短篇小说选
(美)马克·吐温著 樊智强译 2012年 256页 19 cm 20元 (G. F. P.)

11092 309-07757
提线木偶 欧·亨利短篇小说选
(美)欧·亨利著 刘琳娟译 2011年 262页 19 cm 20元 (G. F. P.)

11093 309-08286
红色英勇勋章
(美)斯蒂芬·克莱恩著 慎丹丹译 2011年 318页 21 cm 20元 (G. F. P.)

11094 309-07765
末代佳人 菲茨杰拉德短篇小说选
(美)菲茨杰拉德著 廖音译 2011年 236页 19 cm 20元 (G. F. P.)

11095 309-10133
蝴蝶与坦克 海明威短篇小说选
(美)海明威著 高洁译 2014年 212页 19 cm 28元 (G. F. P.)

11096 309-07659
疯人院 勃朗特的神秘冒险
(美)劳拉·佐·罗兰(Laura Joh Rowland)著 廖英译 2011年 330页 21 cm 26元 (G. F. P.)

11097 309-07581
异香 勃朗特的神秘冒险
(美)劳拉·佐·罗兰(Laura Joh Rowland)著 陶磊译 2011年 375页 21 cm 26元 (G. F. P.)

11098 309-08090
天文学家
(美)劳伦斯·戈德斯通(Lawrence Goldstone)著 李宏昀译 2012年 372

页 21 cm 30 元 (G. F. P.)

11099 309-07475
王的阴谋
(美)菲利普·德波伊(Phillip Depoy)著 陈卓译 2010 年 368 页 21 cm 28 元 (G. F. P.)

11100 309-01166
电脑怪客
(美)海夫娜(K. Hafner)(美)马可夫(J. Markoff)著 尚青松译 1993 年 456 页 19 cm 10 元 (G. F.)

11101 309-07429
美国也荒唐 旅美二十年的非常经历
沈群著 2010 年 299 页 23 cm 32 元 (G. F. P.)

11102 309-10864
简单的快乐
(美)章珺著 2014 年 244 页 24 cm 32 元 (G. F. P.)

11103 309-05642
美国幽默故事
陆志仁编译 2007 年 269 页 21 cm 18 元 (G. F. P.)

11104 309-00056
拉丁美洲的"爆炸"文学
徐玉明编著 1987 年 151 页 19 cm 0.90 元 〔复旦小丛书〕(G. F.)

艺 术

11105 309-14515
21 世纪大学艺术英语综合教程教师用书 1
贺春英总主编 刘婧主编 2019 年 186 页 28 cm 65 元〔"十二五"普通高等教育本科国家级规划教材 21 世纪大学英语系列教材 翟象俊总主编〕(G. F. P.)

11106 309-14742
21 世纪大学艺术英语综合教程教师用书 2
贺春英总主编 贺春英册主编 2020 年 192 页 28 cm 69 元〔"十二五"普通高等教育本科国家级规划教材 21 世纪大学英语系列教材 翟象俊总主编〕(G. P.)

11107 309-09103
21 世纪大学艺术英语教程教师参考书 1
李秀清主编 2012 年 231 页 28 cm 33 元〔21 世纪大学英语系列〕(G. F. P.)

11108 309-09071
21 世纪大学艺术英语教程教师参考书 2
李秀清主编 2012 年 255 页 28 cm 36 元〔21 世纪大学英语系列〕(G. F. P.)

11109 309-09459
21 世纪大学艺术英语教程教师参考书 3
李秀清主编 2013 年 293 页 28 cm 40 元〔21 世纪大学英语系列〕(G. F. P.)

11110 309-09426
21 世纪大学艺术英语教程教师参考书 4
赵群 杜磊主编 2013 年 305 页 28 cm 40 元〔21 世纪大学英语系列〕(G. F. P.)

11111 309-14514
21 世纪大学艺术英语综合教程 1
贺春英总主编 王玉主编 2019 年 88 页 28 cm 29 元〔"十二五"普通高等教育本科国家级规划教材 21 世纪大学英语系列教材 翟象俊总主编〕(G. F. P.)

11112 309-14741

21世纪大学艺术英语综合教程 2

贺春英总主编 刘婧册主编 2020年 111页 28 cm 39元〔"十二五"普通高等教育本科国家级规划教材 21世纪大学英语系列 翟象俊总主编〕(G. P.)

11113 309-15154

21世纪大学艺术英语综合教程 3

贺春英总主编 贺春英册主编 2020年 111页 28 cm 45元〔"十二五"普通高等教育本科国家级规划教材 21世纪大学英语系列 翟象俊总主编〕(G. P.)

11114 309-09612

艺术英语阅读教程

黄德兰 胡寅主编 2013年 140页 28 cm 22元 (G. F. P.)

11115 309-10725

艺体类大学英语阅读教程 上册

贾兴蓉主编 2014年 105页 28 cm 22.50元 (G. F. P.)

11116 309-10742

艺体类大学英语阅读教程 下册

贾兴蓉主编 2014年 106页 28 cm 22.50元 (G. F. P.)

11117 309-09102

21世纪大学艺术英语教程 1

李秀清主编 2012年 161页 28 cm 25元〔21世纪大学英语系列〕(G. F. P.)

11118 309-09073

21世纪大学艺术英语教程 2

李秀清主编 2012年 182页 28 cm 28元〔21世纪大学英语系列〕(G. F. P.)

11119 309-09458

21世纪大学艺术英语教程 3

李秀清主编 2013年 200页 28 cm 30元〔21世纪大学英语系列〕(G. F. P.)

11120 309-09425

21世纪大学艺术英语教程 4

赵群 杜磊主编 2013年 202页 28 cm 30元〔21世纪大学英语系列〕(G. F. P.)

11121 309-05341

艺术英语

王玉华主编 2007年 147页 23 cm 25元 (G. F. P.)

11122 309-10958

艺术英语

周海燕主编 2014年 185页 23 cm 38元 (G. F. P.)

11123 309-12104

实用艺术英语手册

宋云 阚常娟 王玉华主编 2016年 289页 21 cm 25元 (G. F. P.)

艺术理论

11124 309-00418

艺术教程

哈九增主编 1990年 353页 21 cm 4.55元 (G. F.)

11125 309-02581

艺术教程

哈九增著 2000年 第2版 445页 20 cm 20元 (G. F. P.)

11126 309-05556

新编艺术概论

林少雄主编 2007年 202页 23 cm 25元

〔复旦博学·文学系列 普通高等教育"十一五"国家级规划教材〕(G. F. P.)

11127 309-04655
艺术哲学
王德峰著 2005年 252页 21 cm 18元〔哲学交叉学科系列丛书〕(G. F. P.)

11128 309-11456
艺术哲学
王德峰著 2015年 196页 23 cm 28元〔21世纪大学文科教材 复旦博学·哲学系列〕(G. F. P.)

11129 309-07688
公共艺术的逻辑及其社会场域
周成璐著 2010年 244页 21 cm 20元 (G. F. P.)

11130 309-10915
天涯艺术观察
陈博主编 2014年 451页 23 cm 65元〔三亚学院学术文丛〕(G. F. P.)

11131 309-10744
嘈杂的一 单义书写和单义环境
朱小禾著 2014年 275页 21 cm 32元 (G. F. P.)

11132 309-15142
美学与艺术欣赏
洪艳主编 2020年 220页 30 cm 56元 (G. F. P.)

11133 8253.004
伍蠡甫艺术美学文集
伍蠡甫著 1986年 509页 20 cm 3.65元 (G. F.)

11134 309-10050
美术鉴赏 西方美术卷
包礼祥 罗时武 张相森编著 2013年 199页 26 cm 30元〔信毅教材大系〕(G. F. P.)

11135 8253.003
丰子恺论艺术
丰子恺著 丰华瞻 戚志蓉编 1985年 372页 20 cm 2.55元〔美学与艺术评论丛书〕(G. F.)

11136 309-00136
新时期文艺学论争资料 1976—1985
复旦大学中文系资料室编 1988年 2册 26 cm 4.95元 (G. F.)

11137 309-04031
艺术欣赏纲要
黄保强主编 2004年 229页 23 cm 24元〔21世纪大学生素质教育系列教材〕(G. F. P.)

11138 309-14809
美术鉴赏十二讲
周永民编著 2020年 108页 29 cm 58元〔弘教系列教材〕(G. F. P.)

11139 309-15188
看！凡·高如是说
唐敏著 2020年 368页 21 cm 58元 (G. F. P.)

11140 309-03677
随兴居谈艺
陈麦青著 2003年 267页 21 cm 16元〔博雅文丛〕(G. F. P.)

11141 309-14599
20世纪探索剧场理论研究
梁燕丽著 2020年 修订本 400页 23 cm

11142 309-08840
中华艺术论丛 第11辑 中外戏剧互动研究专辑
朱恒夫 聂圣哲主编 2012年 411页 22 cm 30元（G. F. P.）

11143 309-10734
中华艺术论丛 第12辑 戏曲新论专辑
朱恒夫 聂圣哲主编 2014年 446页 22 cm 40元（G. F. P.）

11144 309-11064
中华艺术论丛 第13辑 明清艺术专辑
朱恒夫 聂圣哲主编 2015年 372页 22 cm 36元（G. F. P.）

11145 309-11716
中华艺术论丛 第14辑 戏曲音乐改革研究专辑
朱恒夫 聂圣哲主编 2015年 381页 22 cm 42元（G. F. P.）

11146 309-11910
中华艺术论丛 第15辑 钱南扬先生逸文专辑
朱恒夫 聂圣哲主编 2015年 382页 22 cm 40元（G. F. P.）

11147 309-10411
语言、空间与表演 安托南·阿尔托的残酷戏剧
郭斯嘉著 2014年 181页 21 cm 19元（G. F. P.）

11148 309-12663
"真相"的正·反·合 民初视觉文化研究
陈阳著 2017年 399页 21 cm 35元〔复旦博学文库〕（G. F. P.）

11149 309-13124
流动的图像 当代中国视觉文化再解读
（美）唐小兵著 2018年 382页 23 cm 精装 138元〔视觉与图像 01〕（G. F. P.）

11150 309-12278
艺术设计英语
王玉华 赵晖主编 2017年 第2版 161页 26 cm 36元〔21世纪职业教育行业英语〕（G. F. P.）

11151 309-13079
视觉现代性导引
王才勇著 2018年 160页 23 cm 精装 56元〔视觉与图像 02〕（G. F. P.）

11152 309-12152
设计色彩
廖晓刚著 2016年 79页 26 cm 38元〔应用技术类型高等学校规划教材〕（G. F. P.）

11153 309-13799
设计色彩学
王晓红 朱明主编 2018年 231页 26 cm 48元〔复旦博学·广告学系列〕（G. F. P.）

11154 309-05841
色彩与表现
王肖生等编著 2007年 118页 23 cm 32元〔复旦博学·广告学系列〕（G. F. P.）

世界各国艺术概况

11155 309-06003
莎乐美 历史和艺术
余凤高著 2008年 278页 23 cm 25元（G. F. P.）

11156 309-04737
艺术市场学概论

李万康编著 2005年 261页 23 cm 26元〔复旦卓越·21世纪管理学系列〕(G. F. P.)

11157 309-14505
中国近现代美术文献十讲
李超著述 2019年 495页 21 cm 精装 75元〔名家专题精讲 第六辑〕(G. F. P.)

绘　画

11158 309-15103
管理领域房树人图画心理分析
鞠强著 2020年 247页 26 cm 42元(G. F. P.)

11159 309-12803
中西绘画对览
薛小芬编著 2017年 239页 21 cm 30元(G. F. P.)

11160 309-14792
使不可见者可见 保罗·克利艺术研究
苏梦熙著 2020年 375页 21 cm 78元(G. F. P.)

11161 309-05090
名作的中国绘画史
江宏著 2006年 312页 23 cm 35元(G. F. P.)

11162 309-09029
书画与自然
李公明著 2012年 156页 21 cm 25元〔"我们的国家"系列丛书〕(G. F. P.)

11163 309-00667
中国古代绘画简史
童教英著 1991年 227页 19 cm 3.80元(G. F.)

11164 309-04235
元明清绘画研究十论
徐建融著 2004年 344页 21 cm 19元〔名家专题精讲系列 第四辑〕(G. F. P.)

11165 309-10200
抽象艺术文化论
许德民著 2013年 334页 26 cm 45元(G. F. P.)

11166 309-06459
中国抽象艺术学
许德民著 2009年 357页 25 cm 88元(G. F. P.)

11167 309-09681
幼儿教师美术技能训练
沈建洲主编 2013年 195页 30 cm 38元〔全国学前教育专业(新课程标准)"十二五"规划教材〕(G. F. P.)

11168 309-01898
鸟语花香 刘老师教中国画
刘华云编著 1997年 138页 19×26 cm 20元〔ETV家庭教师辅导丛书〕(G. F. P.)

11169 309-02078
水墨的诗情 从传统文人画到现代水墨画
舒士俊著 1998年 367页 20 cm 18元〔缪斯书系〕(G. F. P.)

11170 309-12886
谈艺录 中国画论研究 欧洲文论简史
伍蠡甫著 林骧华编 2017年 639页 24 cm 精装 105元〔复旦百年经典文库〕(G. F. P.)

11171 309-06547
中国画符号教学 花鸟篇

武千嶂编著 2009年 74页 30 cm 23元〔复旦卓越·全国学前教育专业系列〕(G. P.)

11172 309-06548
中国画符号教学 山水篇
武千嶂编著 2009年 86页 30 cm 25元〔复旦卓越·全国学前教育专业系列〕(G. P.)

11173 309-06000
近现代中国画教育史
顾平著 2008年 211页 23 cm 25元 (G. F. P.)

11174 309-13755
焦墨山水画研究
李伟光等著 2018年 217页 22 cm 35元〔区域文化与传播丛书 商娜红主编〕(G. F. P.)

11175 309-12407
承故纳新笔墨间 伍蠡甫艺术美学思想与山水画研究
汤胜天著 2016年 159页 22 cm 精装 25元 (G. F. P.)

11176 309-02076
架上的缪斯 油画艺术随想录
李超著 1998年 327页 20 cm 16元〔缪斯书系〕(G. P.)

11177 309-15060
简笔画技能与应用
丁昱东 刘丽颖主编 2020年 190页 30 cm 39元 (G. P.)

11178 309-12163
水彩插图全程教学
张育维 何次贤主编 2016年 182页 26 cm 58元〔应用技术类型高等学校规划教材〕(G. P.)

11179 309-14109
黑白木刻版画教程
洪广明编著 2018年 104页 29 cm 22元〔弘教系列教材〕(G. F. P.)

11180 309-13415
年画民俗文化及其传承与保护创新机制研究
张瑞民等著 2017年 262页 21 cm 40元 (G. F. P.)

11181 309-06014
动画场景设计
陈贤浩 王红江著 2008年 148页 25 cm 38元〔复旦博学·新世纪动画专业教程〕(G. F. P.)

11182 309-08585
动画场景设计
陈贤浩著 2014年 第2版 206页 25 cm 48元〔复旦博学·新世纪动画专业教程〕(G. F. P.)

11183 309-09407
动画角色设计
陈贤浩著 2013年 196页 25 cm 48元〔复旦博学·新世纪动画专业教程〕(G. F. P.)

11184 309-05218
动画概论
聂欣如著 2006年 277页 25 cm 30元〔复旦博学·新世纪动画专业教程〕(G. F. P.)

11185 309-06842
动画概论

聂欣如著 2009 年 第 2 版 279 页 25 cm 30 元 〔复旦博学·新世纪动画专业教程〕(G. F. P.)

11186 309-10301
动画概论
聂欣如著 2014 年 第 3 版 305 页 25 cm 39 元 〔复旦博学·新世纪动画专业教程〕(G. F. P.)

11187 309-14906
动画概论
聂欣如著 2020 年 第 4 版 314 页 25 cm 49 元 〔新世纪动画专业教程〕(G. P.)

11188 309-05860
动画创作与创意
彭玲著 2007 年 190 页 25 cm 22 元 〔复旦博学·新世纪动画专业教程〕(G. F. P.)

11189 309-06420
动画技法与原画设计
浦咏 浦稼祥编著 2008 年 211 页 25 cm 28 元 〔复旦博学·新世纪动画专业教程〕(G. F. P.)

11190 309-09506
儿童画理
魏明坤主编 2013 年 158 页 30 cm 35 元 〔全国学前教育专业(新课程标准)"十二五"规划教材〕(G. F. P.)

11191 309-12273
金亚秋院士绘画作品集
金亚秋著 2016 年 115 页 26×26 cm 精装 168 元 (G. F. P.)

11192 5627-0402
翰墨情谊 庆祝上海医科大学七十周年校庆书画展
1997 年 40 页 28 cm 40 元 (G.)

11193 309-09211
墨彩卿云 复旦四友书画作品集
邓廷毅等著 2012 年 122 页 29 cm 88 元 (G. F. P.)

11194 309-14253
丁祖敏书画
丁祖敏著 2019 年 89 页 28 cm 580 元 (G. F. P.)

11195 309-11411
坐究四荒 于学波复旦画展作品集
于学波著 2015 年 116 页 29 cm 精装 160 元 (G. F. P.)

11196 309-00532
现代幻像画 许德民幻像诗画集
许德民绘 1990 年 153 页 19 cm 精装 13.50 元 (G.)

11197 309-07769
杨秉辉世博场馆写生
杨秉辉画 2011 年 54 页 21 cm 20 元 (G. F. P.)

11198 309-14182
2018 复旦·木版水印版画艺术展作品集
倪建明主编 2019 年 50 页 29 cm 精装 78 元 (G. F.)

11199 309-02730
吃在中国 图集
端木翰卿著 王旭宇等漫画 潘建强 李怀英等译 2001 年 311 页 18×20 cm 28 元 (G. P.)

11200 309-05454
方成漫画精选
方成绘 2007年 152页 24 cm 25元 (G.)

11201 309-11808
今天,我会飞!
上海阿凡提卡通艺术有限公司编绘 2015年 57页 23 cm 15元〔阿凡提和小毛驴〕(G. F. P.)

11202 309-11802
你头上有只鸟!
上海阿凡提卡通艺术有限公司编绘 2015年 57页 23 cm 15元〔阿凡提和小毛驴〕(G. F. P.)

11203 309-11809
我们在一本书里!
上海阿凡提卡通艺术有限公司编绘 2015年 57页 23 cm 15元〔阿凡提和小毛驴〕(G. F. P.)

书法、篆刻

11204 309-06839
书法篆刻基础
孙中国 庆旭主编 2009年 180页 30 cm 22元〔复旦卓越·全国学前教育专业系列〕(G. F. P.)

11205 309-06218
名作的中国书法史
黄剑著 2008年 310页 23 cm 35元 (G. F. P.)

11206 309-03881
中国古代书画研究十论
谢稚柳著 2004年 305页 21 cm 22元〔名家专题精讲系列 第三辑〕(G. F. P.)

11207 309-03170
新编大学书法
洪丕谟 晏海林编著 2002年 2013年第2版 261页 23 cm 23元〔复旦博学·大学通用基础教材系列〕(G. F. P.)

11208 8253.005
历代书论选注
楼鉴明 洪丕谟编注 1987年 214页 20 cm 1.90元 (G. F.)

11209 309-08024
书法
魏明坤主编 2011年 202页 30 cm 30元〔复旦卓越·全国学前教育专业系列〕(G. P.)

11210 309-12000
书法的故事
周桂发编著 2015年 124页 21 cm 18元〔上海市民健康与人文系列读本〕(G. F. P.)

11211 8253.002
大学书法
祝敏申主编 1985年 316页 20 cm 2.15元 (G. F.)

11212 309-01181
大学书法
祝敏申主编 复旦大学分校中文系《大学书法》编写组编 1985年(1993年重印) 320页 20 cm 9元 (G. F. P.)

11213 309-08760
大学书法
祝敏申主编 2012年 第2版 285页 25 cm 58元 (G. F. P.)

11214 309-13767
书法心悟 沈兆新书法作品选集

沈兆新著 2018年 200页 29 cm 精装 128元 （G. F. P.）

11215 309-13621
毛笔字书写训练 以《勤礼碑》为例
冯臻著 2018年 86页 30 cm 20元〔全国学前教育专业（新课程标准）"十三五"规划教材〕（G. P.）

11216 309-02081
笔墨氤氲 书法的文化视野
胡传海著 1998年 326页 20 cm 16元〔缪斯书系〕（G. F. P.）

11217 309-06838
书写训练
庆旭 孙中国主编 2009年 117页 30 cm 20元〔复旦卓越·全国学前教育专业系列〕（G. P.）

11218 309-14391
中国书法艺术刍论 现代视角下的中国书法艺术
熊炘著 2019年 187页 21 cm 28元 （G. F. P.）

11219 309-09912
书法与绘画 插图本
徐建融著 梁信图 2013年 101页 21 cm 20元 （G. F. P.）

11220 309-11830
中华书法第一笔 1 秦简篇
俞法鑫 谭国恩编著 2015年 69页 29 cm 28元〔中国书法基础教程〕（G. F. P.）

11221 309-12795
中华书法第一笔 2 秦简篇
俞法鑫 谭国恩编著 2017年 128页 29 cm 32元〔中国书法基础教程〕（G. F. P.）

11222 309-12796
中华书法第一笔 3 秦简·楚简篇
俞法鑫 谭国恩编著 2017年 201页 29 cm 39元〔中国书法基础教程〕（G. F. P.）

11223 309-06009
首届于右任国际学术研讨会论文集
杨志刚主编 复旦大学文物与博物馆学系 复旦大学文化遗产研究中心 复旦大学于右任书法陈列馆编 2008年 326页 29 cm 60元〔复旦大学于右任书法陈列馆研究丛刊 1〕（G. F. P.）

11224 309-06462
大学行书教程
邱世鸿著 2009年 489页 24 cm 48元〔21世纪大学通用基础教材〕（G. F.）

11225 309-13559
硬笔楷体字书写训练
冯臻编著 2018年 118页 30 cm 26元〔全国学前教育专业（新课程标准）"十三五"规划教材 美术类〕（G. P.）

11226 309-14523
硬笔楷书基础训练教程
李晓光主编 2019年 132页 26 cm 28元〔全国小学教育专业"十三五"规划教材〕（G. F. P.）

11227 309-14522
硬笔楷书书写训练 图解版
梅军主编 2019年 102页 30 cm 36元〔全国学前教育专业（新课程标准）"十三五"规划教材〕（G. F. P.）

11228 309-01644

古文观止精品钢笔行书帖
钱沛云书 1996 年 300 页 20 cm 15 元
(G. F. P.)

11229 309-01561
教你写一手好字
钱沛云著 1995 年 211 页 19 cm 7 元
〔ETV 家庭教师辅导丛书〕(G. F. P.)

11230 309-01562
硬笔正楷行书字帖
钱沛云书 1995 年 168 页 19 cm 涂塑 5 元 (G. P.)

11231 309-00538
中国现代抒情诗钢笔字帖
徐技新等书 1990 年 152 页 19 cm 2.50 元
(G.)

11232 309-00754
赖宁日记钢笔字帖
徐庆元书 1992 年 78 页 19 cm 1.35 元
(G.)

11233 309-02856
百年文人墨迹 亦孚藏品
潘亦孚编著 2001 年 167 页 29 cm 180 元 (G. F. P.)

11234 309-11250
复旦学者书法鉴赏
周洪林 陈新华编著 2015 年 167 页 37 cm 精装 580 元 (G.)

11235 309-08541
百年风华 台湾何创时书法艺术基金会 复旦大学珍藏名家翰墨展
蔡达峰 何国庆主编 2011 年 143 页 30 cm 90 元 (G. F. P.)

11236 309-09232
陈翰彬书法选
陈翰彬著 2012 年 435 页 30 cm 98 元
(G. F.)

11237 309-08775
初中海草书千字文
初中海书 2012 年 144 页 38 cm 88 元
(G. F.)

11238 309-02404
洪丕谟书法集
洪丕谟书 1999 年 107 页 38 cm 精装 120 元 (G. P.)

11239 309-09786
梅琴斋书法春秋
焦琴声著 2013 年 216 页 29 cm 120 元
(G. F. P.)

11240 309-11463
高山仰止 旦复旦兮 "一代草圣"于右任先生逝世五十周年纪念展作品集
陆建松 顾小颖主编 2015 年 111 页 36 cm 精装 180 元 (G. F. P.)

11241 309-12743
唐金海自创诗联书法集 我手写我心
唐金海著 2017 年 156 页 36 cm 精装 180 元 (G. F. P.)

11242 309-12207
精美书法
张文贤编著 2016 年 230 页 21 cm 30 元
(G. F. P.)

11243 309-06524
周洪林书法集
周洪林著 2009 年 92 页 37 cm 精装 98 元 (G. F. P.)

11244 309-00458
乐峰陆忠中书法陶塑作品集 中英对照
乐峰书 陆忠中作 1989年 1册 26 cm 9.70元 (G.)

11245 309-00806
中国名诗百首行楷字帖
陶上谷书 1992年 120页 26 cm 5.50元 (G. F.)

雕 塑

11246 309-02077
城市的眼睛 世界景观雕塑漫谈
朱国荣著 1998年 227页 20 cm 12元 〔缪斯书系〕(G. F. P.)

摄影艺术

11247 309-06322
经典摄影艺术鉴赏
沈遥著 2009年 165页 26 cm 58元 (G. F. P.)

11248 309-00638
摄影艺术构图
马棣麟著 1991年 239页 20 cm 3元 〔电视业务系列丛书〕(G. F.)

11249 309-01047
摄影艺术构图
马棣麟著 1991年(1993年重印) 239页 20 cm 5元 〔电视业务系列丛书〕(G.)

11250 309-01333
摄影艺术构图
马棣麟著 1991年(1993年重印) 239页 20 cm 5.30元 〔电视业务系列丛书〕(G.)

11251 309-05377
摄影的魅力与构图
张禾金著 2007年 207页 21 cm 32元 (G. F. P.)

11252 7253.013
摄影基础教程
复旦大学新闻系新闻摄影教研组编 1985年 512页 19 cm 2.20元 〔新闻学基础教材丛书〕(G. F.)

11253 309-01244
摄影基础教程
复旦大学新闻系新闻摄影教研组编 1985年(1993年重印) 512页 19 cm 8.50元 〔新闻学基础教材丛书〕(G. F.)

11254 309-00364
摄影技艺教程
颜志刚著 1990年 500页 20 cm 6.50元 (G. F.)

11255 309-01068
摄影技艺教程
颜志刚著 1993年 500页 20 cm 8.8元 ( )

11256 309-01347
摄影技艺教程
颜志刚著 1994年 第2版 1997年第3版 637页 20 cm 12.70元 (G. F.)

11257 309-02516
摄影技艺教程
颜志刚著 2000年 第4版 576页 20 cm 25元 (G. F. P.)

11258 309-06437
摄影技艺教程
颜志刚著 2009年 第6版 408页 23 cm

29 元〔复旦博学〕(G. F. P.)

11259 309-09490
摄影技艺教程
颜志刚著 2013 年 第 7 版 421 页 23 cm 36 元〔复旦博学〕(G. F. P.)

11260 309-14057
摄影技艺教程
颜志刚著 2018 年 第 8 版 339 页 23 cm 40 元〔复旦博学〕(G. F. P.)

11261 309-08009
广告摄像教程
韩振雷著 2011 年 206 页 26 cm 48 元〔复旦博学·广告学系列〕(G. F. P.)

11262 309-05021
广告摄影教程
王天平编著 2006 年 2010 年第 2 版 189 页 25 cm 48 元〔复旦博学·广告学系列〕(G. F. P.)

11263 309-14345
广告摄影教程
王天平编著 2019 年 第 3 版 199 页 25 cm 58 元〔复旦博学·广告学系列〕(G. F. P.)

11264 309-00550
旅途摄影
曹宠 张颖编著 1991 年 120 页 19 cm 2.50 元 (G.)

11265 309-12543
旅游摄影
金定根主编 2016 年 103 页 21 cm 15 元〔"60 岁开始读"科普教育丛书〕(G. F. P.)

11266 309-05607
当代新闻摄影教程
李培林主编 2007 年 301 页 25 cm 34 元〔新闻与传播学系列教材 新世纪版〕(G. F. P.)

11267 309-05804
我所理解的新闻摄影
张蔚飞著 2007 年 316 页 23 cm 39 元 (G. F. P.)

11268 309-09944
汤钊猷三代影选
汤钊猷 汤特年 汤星阳著 2013 年 159 页 26×27 cm 精装 168 元 (G. F. P.)

11269 309-08020
汤钊猷摄影随想
汤钊猷著 2011 年 162 页 25×26 cm 精装 168 元 (G. F. P.)

11270 309-05842
汤钊猷摄影小品
汤钊猷摄 2008 年 93 页 25×26 cm 精装 100 元 (G. F.)

11271 309-14362
汤钊猷影集 人文篇 国内
汤钊猷著 2019 年 199 页 25×26 cm 精装 188 元 (G. F. P.)

11272 309-15239
汤钊猷影集 人文篇 国外
汤钊猷著 2020 年 273 页 25 cm 精装 238 元 (F. P.)

11273 309-13188
人文崇左 广西崇左市《花山魂》系列摄影画册
广西崇左市《花山魂》系列画册编委会编 2017 年 94 页 28×28 cm 精装 56 元

(G. F. P.)

11274 309-13189

山水崇左 广西崇左市《花山魂》系列摄影画册

广西崇左市《花山魂》系列画册编委会编 2017年 94页 28×28 cm 精装 56元 (G. F. P.)

11275 309-08285

纵横光影 一个医生眼中的世界

姜宏著 2011年 172页 24 cm 精装 98元 (G. F. P.)

11276 309-14617

黑白灰 张力奋纪实摄影集

张力奋著 2019年 133页 29 cm 精装 198元〔复旦大学新闻学院教授学术丛书〕(G. F. P.)

11277 309-13187

白头叶猴 广西崇左市《花山魂》系列摄影画册

广西崇左市《花山魂》系列画册编委会编 2017年 72页 28×28 cm 精装 48元 (G. F. P.)

11278 309-13244

弄岗凤翎 广西崇左市《花山魂》系列摄影画册

广西崇左市《花山魂》系列画册编委会编 2017年 74页 28×28 cm 精装 48元 (G. F. P.)

11279 309-14165

羽之境

祁骥程著 2019年 358页 26 cm 精装 400元 (G. F. P.)

工艺美术

11280 309-10168

元明工艺美术风格流变 以青花瓷为主线

赵琳著 2014年 231页 24 cm 48元 (G. F. P.)

11281 309-10252

九十三个愿望

李富娜著 杨林伟译 2014年 188页 23 cm 39元 (G. F. P.)

11282 309-13830

幼儿园美术与手工设计图库

幼师口袋著 2018年 247页 26 cm 158元 (G. F. P.)

11283 309-03252

现代广告设计

王肖生编著 2002年 188页 23 cm 48元〔复旦博学·广告学系列〕(G. F. P.)

11284 309-12506

设计、文化与现代性 陈之佛设计实践研究(1918—1937)

李华强著 2016年 446页 23 cm 65元 (G. F. P.)

11285 309-09347

静思语真善美花道

释德普编著 2013年 149页 26 cm 48元〔证严上人著作·静思法脉丛书〕(G. F. P.)

11286 309-04778

会展设计

王肖生等编著 2005年 144页 24 cm 38元〔复旦卓越·21世纪会展系列教材〕(G. F. P.)

11287 309-10637

会展设计

王肖生等编著 2014年 第2版 141页 26 cm 39.80元〔复旦卓越·21世纪会

展系列教材 "十二五"职业教育国家规划教材〕(G. F. P.)

11288 309-14081
紫砂正脉
鲍峰岩著 2019年 277页 26 cm 精装 260元 (G. F. P.)

11289 309-12874
巧手生花
吴虹著 2017年 74页 26 cm 26元 (G. F. P.)

音 乐

11290 309-14274
音乐课程与教学论
单建鑫 任志宏编著 2019年 290页 23 cm 68元 (G. F. P.)

11291 309-11681
幼儿教师音乐素养
郑少文著 2015年 131页 30 cm 22元 〔全国学前教育专业(新课程标准)"十二五"规划教材〕(G. F. P.)

11292 309-09728
成于乐《乐记》《声无哀乐论》选读
黄荣华 尹胜娟编选 2013年 124页 22 cm 16元 〔中华根文化·中学生读本 黄荣华主编〕(G. F. P.)

11293 309-12793
音乐基础
罗娟主编 2017年 288页 30 cm 45元 〔全国学前教育专业(新课程标准)"十三五"规划教材〕(G. F. P.)

11294 309-14337
拍拍生活的节奏 奥尔夫语言、声势与乐器组合
李飞飞著 2019年 53页 24 cm 28元 (G. F. P.)

11295 309-02040
乐海絮语 音乐艺术鉴赏录
林华著 1998年 457页 20 cm 20元 〔缪斯书系〕(G. F. P.)

11296 309-05151
音乐鉴赏教程
余甲方主编 2006年 241页 29 cm 28元 〔普通高校艺术教育教材系列〕(G. F. P.)

11297 309-09833
音乐鉴赏
张唯佳主编 2014年 152页 26 cm 30元 〔复旦卓越·育兴系列教材〕(G. F. P.)

11298 309-14076
音乐鉴赏十五讲
袁平编著 2019年 162页 23 cm 29元 〔弘教系列教材〕(G. F. P.)

11299 309-14657
胜浦山歌 一个吴歌歌种的定点考察
王小龙 李恩忠著 2020年 364页 23 cm 128元 (G. F. P.)

11300 309-10643
赣东北民间音乐研究
袁平著 2014年 160页 23 cm 26元 (G. F. P.)

11301 309-12428
简明中国古代音乐史
余甲方著 2017年 408页 23 cm 精装 68元 (G. F. P.)

11302 309-14400
摩登的吟唱与声音媒介的嬗变 民国都市流

行歌曲唱片研究初论

桂强著 2019年 343页 21 cm 48元 (G. F. P.)

11303 309-07751

音乐像座巴别塔 1870—1914 年间欧洲的音乐与文化

迪迪埃·法兰克福著 郭昌京译 2011年 422页 23 cm 42元〔畅销文库〕(G. F.)

11304 309-12925

乐理基础

秦岭 滕菲主编 2017年 177页 30 cm 29元〔全国学前教育专业(新课程标准)"十三五"规划教材〕(G. F. P.)

11305 309-12467

乐理 视唱 练耳简明教程

王瑞俊 赵霞主编 2016年 146页 30 cm 25元〔全国学前教育专业(新课程标准)"十三五"规划教材〕(G. F. P.)

11306 309-14225

乐理习题集

侯德炜 孙栗原 鞠晓晨编著 2019年 138页 30 cm 25元〔全国学前教育专业(新课程标准)"十三五"规划教材〕(G. F. P.)

11307 309-12878

视唱练耳基础

秦岭 詹平主编 2017年 232页 30 cm 35元〔全国学前教育专业(新课程标准)"十三五"规划教材〕(G. F. P.)

11308 309-07928

儿童歌曲创编入门教程

刘升智主编 2011年 105页 30 cm 20元〔复旦卓越·全国学前教育专业系列 艺体类〕(G. P.)

11309 309-04488

幼儿歌曲创编

马成 王炳文主编 2005年 109页 30 cm 16元〔复旦卓越·全国学前教育专业系列〕(G.)

11310 309-07727

幼儿歌曲创编

马成 王炳文主编 2011年 第2版 140页 30 cm 20元 (P.)

11311 309-13561

幼儿歌曲创编

王炳文 马成主编 2018年 第3版 132页 30 cm 28元〔全国学前教育专业(新课程标准)"十三五"规划教材〕(G. P.)

11312 309-12356

声乐基础

夏志刚主编 2017年 202页 30 cm 32元〔全国学前教育专业(新课程标准)"十三五"规划教材〕(G. F. P.)

11313 309-09646

学前弹唱培训教程 线·简对照

苗凤君 聂翔主编 2013年 211页 30 cm 28元〔全国学前教育专业(新课程标准)"十二五"规划教材〕(G. F. P.)

11314 309-14964

歌唱

吕媚媚主编 2020年 153页 30 cm 35元 (G. P.)

11315 309-13697

新幼儿歌曲弹唱

侯德炜 冯玲 孙栗原编著 2018年 206页 30 cm 35元〔全国学前教育专业(新课程标准)"十三五"规划教材 音乐

舞蹈体育类〕(G. P.)

11316 309-04516
幼儿歌曲钢琴即兴伴奏法
侯德炜 赵木主编 2005年 164页 30 cm 20元〔复旦卓越·全国学前教育专业系列〕(G.)

11317 309-07573
幼儿歌曲钢琴即兴伴奏法
侯德炜 赵木主编 2011年 第2版 174页 30 cm 22元〔复旦卓越·全国学前教育专业系列〕(G. P.)

11318 309-13494
幼儿歌曲钢琴即兴伴奏法
侯德炜 赵木主编 2018年 第3版 174页 30 cm 33元〔全国学前教育专业（新课程标准）"十三五"规划教材 音乐舞蹈体育类〕(G. P.)

11319 309-04517
钢琴基础1
李和平主编 2005年 131页 30 cm 18元〔复旦卓越·全国学前教育专业系列〕(G. P.)

11320 309-05534
钢琴基础2
李和平主编 2007年 134页 30 cm 18元〔复旦卓越·全国学前教育专业系列〕(G. P.)

11321 309-06243
钢琴基础3
李和平主编 2008年 169页 30 cm 22元〔复旦卓越·全国学前教育专业系列〕(G. P.)

11322 309-07588
钢琴基础1
李和平主编 2011年 第2版 126页 30 cm 18元〔复旦卓越·全国学前教育专业系列 全国学前教育专业系列教材 艺体类〕(G. P.)

11323 309-09644
钢琴基础2
李和平主编 2013年 第2版 151页 30 cm 20元〔全国学前教育专业（新课程标准）"十二五"规划教材〕(G. F. P.)

11324 309-10712
钢琴基础3
李和平主编 2016年 第2版 151页 30 cm 25元〔教育部"十二五"职业教育国家规划教材 全国学前教育专业（新课程标准）"十二五"规划教材 艺术类书目〕(G. F. P.)

11325 309-11619
钢琴基础1
李和平主编 2016年 第3版 137页 30 cm 20元〔全国学前教育专业（新课程标准）"十二五"规划教材〕(G. F.)

11326 309-13365
钢琴基础2
李和平主编 2018年 第3版 160页 30 cm 28元〔"十二五"职业教育国家规划教材 全国学前教育专业（新课程标准）"十三五"规划教材〕(G. P.)

11327 309-14318
钢琴基础1
李和平主编 2019年 第4版 137页 30 cm 30元〔"十二五"职业教育国家规划教材 全国学前教育专业（新课程标准）"十三五"规划教材〕(G. F. P.)

11328 309-12670

钢琴教师 99 问

(美)茅为蕙著 2017年 145页 19 cm 精装 35元 (G. F. P.)

11329 309-06198

钢琴即兴弹唱教程

潘如仪 陈云华主编 2008年 179页 30 cm 20元〔复旦卓越·全国学前教育专业系列〕(G. P.)

11330 309-10713

钢琴即兴弹唱教程

陈云华 潘如仪主编 2015年 第2版 200页 30 cm 28元〔"十二五"职业教育国家规划教材 全国学前教育专业(新课程标准)"十二五"规划教材〕(G. F. P.)

11331 309-14319

钢琴即兴弹唱教程

陈云华 潘如仪主编 2019年 第3版 197页 30 cm 32元〔"十二五"职业教育国家规划教材 全国学前教育专业(新课程标准)"十三五"规划教材 音乐舞蹈体育类〕(G. F. P.)

11332 309-13611

钢琴教程 课时制 1

沈佩瑶主编 2018年 150页 30 cm 30元〔全国学前教育专业(新课程标准)"十三五"规划教材 音乐舞蹈体育类〕(G. P.)

11333 309-13609

钢琴教程 课时制 2

沈佩瑶主编 2018年 178页 30 cm 33元〔全国学前教育专业(新课程标准)"十三五"规划教材 音乐舞蹈体育类〕(G. P.)

11334 309-10089

幼儿歌曲实用简谱伴奏

王向东 袁星光主编 2013年 126页 30 cm 22元〔全国学前教育专业(新课程标准)"十二五"规划教材〕(G. F. P.)

11335 309-11634

学前教育钢琴即兴伴奏教程

夏志刚主编 2015年 196页 30 cm 28元〔全国学前教育专业(新课程标准)"十二五"规划教材〕(G. F. P.)

11336 309-10856

幼儿教师钢琴基础

夏志刚主编 2014年 240页 30 cm 35元〔全国学前教育专业(新课程标准)"十二五"规划教材〕(G. F. P.)

11337 309-14193

幼儿教师钢琴基础

夏志刚主编 2019年 第2版 242页 30 cm 39元〔全国学前教育专业(新课程标准)"十三五"规划教材 音乐舞蹈体育类〕(G. F. P.)

11338 309-09604

幼儿歌曲钢琴伴奏谱 108 首 线·简对照

于萍 张根生主编 2014年 209页 30 cm 28元〔全国学前教育专业(新课程标准)"十二五"规划教材〕(G. F. P.)

11339 309-10996

钢琴伴奏实用教程

张根生 王彤主编 2015年 160页 30 cm 25元〔全国学前教育专业(新课程标准)"十二五"规划教材〕(G. F. P.)

11340 309-01595

手风琴 我们的好伙伴

蔡福华编著 1995年 185页 26 cm 14元

〔ETV 家庭教师辅导丛书〕(G. P.)

11341 309-13385
趣味打击乐教程
谢燕慧编著 2018 年 163 页 26 cm 45 元 〔复旦版艺术教育指导丛书〕(G. F. P.)

11342 309-14810
箫笛演奏教程
王展才 彭先知主编 2020 年 159 页 30 cm 35 元 〔音乐舞蹈体育类〕(G. P.)

11343 309-10534
潇湘水云及其联想 马如骥古琴文集
马如骥著 2015 年 463 页 24 cm 65.50 元 (G. F. P.)

11344 309-04540
战火中的歌声 抗战歌曲百首回顾
高天 昊晟编著 2005 年 164 页 26 cm 20 元 (G. F.)

11345 309-12508
蒲公英
潘行紫旻作曲 李皓作词 2016 年 11 页 30 cm 10 元 〔ECHO 合唱单行本系列〕(G. F. P.)

11346 309-08118
中外幼儿歌曲荟萃(210 首)
任秀岭 牟艳霞主编 2011 年 137 页 30 cm 22 元 (G. P.)

11347 309-11348
中外幼儿歌曲荟萃(210 首)
任秀岭 牟艳霞主编 2015 年 第 2 版 147 页 30 cm 32 元 〔全国学前教育专业(新课程标准)"十二五"规划教材〕(G. F. P.)

11348 309-14194
中外幼儿歌曲荟萃(210 首)
任秀岭 牟艳霞主编 2019 年 第 3 版 146 页 30 cm 35 元 〔全国学前教育专业(新课程标准)"十三五"规划教材 音乐舞蹈体育类〕(G. F. P.)

舞 蹈

11349 309-09076
实用舞蹈作品教程
谢琼主编 2012 年 113 页 30 cm 35 元 〔全国学前教育专业(新课程标准)"十二五"规划教材〕(G. P.)

11350 309-14629
中国舞 幼儿篇 一级
李晓燕 谢琼主编 2019 年 51 页 21×28 cm 35 元 〔星海音乐学院社会艺术水平考级全国通用教材〕(G. F. P.)

11351 309-14631
中国舞 幼儿篇 二级
谢琼 李晓燕主编 2019 年 53 页 21×28 cm 35 元 〔星海音乐学院社会艺术水平考级全国通用教材〕(G. F. P.)

11352 309-15143
中国舞 青年篇 11—12 级
李晓燕 谢琼主编 2020 年 236 页 28 cm 68 元 〔星海音乐学院社会艺术水平考级全国通用教材〕(G. P.)

11353 309-11715
时尚操舞
曹蓓娟主编 2015 年 110 页 26 cm 32 元 〔休闲体育与艺术系列〕(G. F. P.)

11354 309-02361

体育舞蹈的理论与实践

吴谋 张海莉主编 1999年 366页 20 cm 24元（G. F. P.）

戏剧、曲艺、杂技艺术

11355 309-11083

儿童戏剧的多元透视

陈世明等著 2014年 270页 24 cm 59元（G. F. P.）

11356 309-11652

儿童戏剧教育的理论与实务

林玫君著 2015年 167页 30 cm 30元〔全国学前教育专业（新课程标准）"十二五"规划教材〕（G. F. P.）

11357 309-14373

儿童戏剧教育概论

林玫君著 2019年 270页 24 cm 58元〔儿童戏剧教育系列〕（G. F. P.）

11358 309-13430

儿童戏剧教育活动指导 童谣及故事的创意表现

林玫君著 2018年 178页 24 cm 45元〔儿童戏剧教育系列〕（G. P.）

11359 309-12110

儿童戏剧教育活动指导 肢体与声音口语的创意表现

林玫君著 2016年 219页 24 cm 35元〔儿童戏剧教育系列〕（G. F. P.）

11360 309-12695

戏剧认知导论

张生泉著 2017年 392页 23 cm 68元（G. F. P.）

11361 309-02080

戏剧交响 演剧艺术撷萃

顾春芳著 1998年 423页 20 cm 20元〔缪斯书系〕（G. F. P.）

11362 309-05921

剧史考论

江巨荣著 2008年 430页 21 cm 28元（G. F. P.）

11363 309-06438

中国戏剧史研究入门

康保成著 2009年 249页 21 cm 22元〔研究生·学术入门手册 第一辑〕（G. F. P.）

11364 309-14537

戏曲展演、权力景观与文化事象

丁淑梅著 2020年 329页 23 cm 精装 82元（G. F. P.）

11365 309-03975

宋元戏曲史疏证

王国维撰 马美信疏证 2004年 234页 23 cm 25元〔文学名作精讲系列〕（G. F. P.）

11366 309-13798

从礼乐到演剧 明代复古乐思潮的消长

李舜华著 2018年 357页 23 cm 精装 82元〔新世纪戏曲研究文库 江巨荣主编〕（G. F. P.）

11367 309-13674

清代散见戏曲史料研究

赵兴勤著 2018年 347页 23 cm 精装 78元〔新世纪戏曲研究文库 江巨荣主编〕（G. F. P.）

11368 309-13620

清末民初戏剧传播研究
朱崇志著 2018年 272页 23 cm 精装 66元〔新世纪戏曲研究文库 江巨荣主编〕(G. F. P.)

11369 309-10893
韩国的传统戏剧
（韩）田耕旭著（韩）文盛哉译 2014年 460页 23 cm 65元 (G. F. P.)

11370 309-09976
改变方向 影视戏剧指导演员实用方法
（美）丽诺·德蔻芬(Lenore DeKoven)著 焦晓菊 羿曼译 2013年 237页 21 cm 38元 (G. F. P.)

11371 309-14226
幼儿戏剧教程
瞿亚红 吴晓云主编 2019年 146页 30 cm 35元〔全国学前教育专业（新课程标准）"十三五"规划教材 儿童文学·语言类〕(G. F. P.)

11372 309-15322
剧场管理 艺术学理论的新视界
黄昌勇主编 董峰 方军副主编 2020年 441页 26 cm 118元 (P.)

11373 309-10033
中国戏曲故事
陈维昭编著 2015年 86页 21 cm 18元〔上海市民健康与人文系列读本〕(G. F. P.)

11374 309-13622
戏曲：批评与立场
刘祯著 2018年 300页 23 cm 精装 70元〔新世纪戏曲研究文库 江巨荣主编〕(G. F. P.)

11375 309-13150
民国年间上海戏曲唱片研究
赵炳翔著 2018年 396页 23 cm 精装 88元〔新世纪戏曲研究文库 江巨荣主编〕(G. F. P.)

11376 309-14342
中国戏曲纵横新论
周锡山著 2019年 254页 24 cm 精装 62元〔新世纪戏曲研究文库 江巨荣主编〕(G. F. P.)

11377 309-10646
香港话剧史 1907—2007
梁燕丽著 2015年 623页 21 cm 68元〔卿云馆〕(G. F. P.)

11378 309-04728
上海文化名片 上海越剧院建院五十周年纪念画册
黄德君主编 上海越剧院编 2005年 200页 29 cm 精装 168元 (G. F.)

11379 309-13711
桂南前戏剧形态"跳岭头"研究
周永忠著 2018年 298页 22 cm 35元〔区域文化与传播丛书 商娜红主编〕(G. F. P.)

电影、电视艺术

11380 309-02104
影视技艺
（美）琳恩·格劳丝(Lynne Gross)（美）拉雷·沃德(Larry Ward)著 庄菊池译 1998年 337页 26 cm 31元〔影视艺术技术丛书〕(G. F. P.)

11381 309-00540

影视基础

曹家正等编 1990年 89页 19 cm 1元 (G. F.)

11382 309-05554
电影阅读方法与实例

葛颖著 2007年 231页 25 cm 30元〔复旦博学·当代电影学教程 金冠军主编〕(G. F. P.)

11383 309-07932
电影语言学导论

贾磊磊著 2011年 247页 23 cm 30元〔复旦博学·当代电影学教程 金冠军主编〕(G. F. P.)

11384 309-06903
电视艺术教程

蓝凡著 2009年 242页 23 cm 28元〔复旦博学·当代广播电视教程 新世纪版〕(G. F. P.)

11385 309-09047
电影的语言 影像构成及语法修辞

聂欣如著 2012年 415页 24 cm 52元 (G. F. P.)

11386 309-14622
类型电影原理

聂欣如著 2019年 423页 23 cm 78元 (G. F. P.)

11387 309-14817
类型电影原理教程

聂欣如著 2020年 300页 23 cm 48元〔复旦博学·当代电影学教程〕(G. F. P.)

11388 309-07280
电影经纬 影像空间与文化全球主义

孙绍谊著 2010年 285页 24 cm 38元〔海上电影学人文丛〕(G. F. P.)

11389 309-04210
电视：艺术与技术

张成华 赵国庆编著 2004年 326页 21 cm 15元〔新闻传播学通用教材〕(G. F. P.)

11390 309-08478
影像文化通论

张振华著 2012年 381页 21 cm 28元 (G. F. P.)

11391 309-08663
中国电影的传统与创新

周斌著 2012年 396页 23 cm 40元 (G. F. P.)

11392 309-07001
影像审美与文化阐释

金丹元著 2009年 284页 24 cm 38元〔海上电影学人文丛〕(G. F. P.)

11393 309-04397
银色印记 上海影人创作文选

吕晓明 李亦中主编 上海市文学艺术界联合会 上海电影家协会编 2005年 326页 25 cm 45元 (G. F. P.)

11394 309-04398
银色印记 上海影人理论文选

吕晓明 李亦中主编 上海市文学艺术界联合会 上海电影家协会编 2005年 392页 25 cm 55元〔献给中国电影百年华诞(1905—2005)〕(G. F. P.)

11395 309-06023
电影美学导论

金丹元著 2008年 316页 25 cm 35元〔复旦博学·当代电影学教程 金冠军

主编〕(G. F. P.)

11396 309-11565
中国"影戏美学"的知识阐释
吴迎君著 2015年 243页 21 cm 38元
〔"迷影"丛书〕(G. F. P.)

11397 309-08099
类型电影教程
郝建著 2011年 410页 23 cm 40元〔博学·当代电影学教程〕(G. F. P.)

11398 309-06372
电视剧艺术形态
严前海著 2009年 223页 23 cm 28元
〔广播电视编导专业系列〕(G. F. P.)

11399 309-05732
纪实与虚构 中国当代社会转型语境下的电视剧生产
张涛甫著 2007年 197页 21 cm 16元
〔新闻传播学术原创系列〕(G. F. P.)

11400 309-12479
光影之魅 电影鉴赏的方法与实践
龚金平著 2016年 351页 23 cm 48元
〔上海市精品课程《影视剧艺术》(2014)配套教材〕(G. F. P.)

11401 309-09692
胡金铨谈电影
胡金铨著 胡维尧编 2013年 283页 21 cm 精装 38元〔胡金铨作品与研究〕(G. F. P.)

11402 309-07628
戏缘
黄爱玲著 2011年 262页 21 cm 28元
〔"迷影"丛书〕(G. F. P.)

11403 309-06981
华语电影与泛亚实践
聂伟著 2010年 285页 26 cm 38元〔海上电影学人文丛〕(G. F. P.)

11404 309-12890
经典儿童电影赏析
史壹可主编 2017年 228页 30 cm 38元
〔全国学前教育专业(新课程标准)"十三五"规划教材〕(G. F. P.)

11405 309-02032
恍惚的世界 200部电影中的精神疾病案例分析
舒伟洁 昂秋青著 1998年 424页 20 cm 20元 (G. F. P.)

11406 309-10081
新纪录 批评性导论
(英)斯特拉·布鲁兹(Stella Bruzzi)著 吴畅畅译 2013年 354页 21 cm 35元
〔"纪录·影像:海外与中国"丛书 第一辑 吕新雨主编〕(G. F. P.)

11407 309-13404
二十一世纪西方电影思潮
孙绍谊著 2018年 296页 21 cm 48元 (G. F. P.)

11408 309-00719
银海探珠 全国微型影评选讲
白莲主编 1991年 275页 19 cm 2.95元 (F.)

11409 309-15214
中国新时期以来的类型电影
龚金平著 2020年 191页 23 cm 49元 (G. F. P.)

11410 309-10572
诗人导演费穆

黄爱玲编 2015年 420页 21 cm 精装 58元 (G. F. P.)

11411 309-06715
中国当代电影中的纪实现实主义
姜丰著 2010年 293页 21 cm 22元 (G. P.)

11412 309-04764
映像中国
焦雄屏著 2005年 330页 23 cm 36元〔影·响〕(G. F. P.)

11413 309-07338
许鞍华说许鞍华
邝保威编 2010年 427页 21 cm 28元〔"迷影"丛书〕(G. F. P.)

11414 309-13093
许鞍华说许鞍华
邝保威编 2017年 第2版 532页 20 cm 48元〔卿云馆〕(G. F. P.)

11415 309-10172
台湾电影的声音
林文淇 王玉燕主编 2014年 309页 21 cm 38元〔"迷影"丛书〕(G. F. P.)

11416 309-04802
香港电影新浪潮
石琪著 2006年 458页 23 cm 45元〔影·响〕(G. F. P.)

11417 309-07468
香港电影血与骨
汤祯兆著 2010年 311页 21 cm 26元〔"迷影"丛书〕(G. F. P.)

11418 309-08444
阴阳界 胡金铨的电影世界
吴迎君著 2011年 369页 21 cm 精装 35元〔卿云馆〕(G. F. P.)

11419 309-09450
杨德昌
(美)约翰·安德森著 侯弋飏译 2013年 218页 21 cm 精装 38元 (G. F. P.)

11420 309-10397
无人是孤岛 侯孝贤的电影世界
(美)詹姆斯·乌登著 黄文杰译 2014年 358页 21 cm 精装 38元〔卿云馆〕(G. F. P.)

11421 309-10034
杜琪峰与香港动作电影
张建德著 黄渊译 2013年 301页 21 cm 38元 (G. F. P.)

11422 309-10879
胡金铨与《侠女》
(新加坡)张建德著 张汉辉译 2014年 226页 22 cm 精装 38元〔卿云馆 胡金铨作品与研究〕(G. F. P.)

11423 309-07692
香港新浪潮电影
卓伯棠著 2011年 359页 21 cm 28元〔"迷影"丛书〕(G. F. P.)

11424 309-07083
华语电影 理论、历史和美学
陈犀禾著 2010年 266页 24 cm 35元〔海上电影学人文丛〕(G. F.)

11425 309-09939
城市一代 世纪之交的中国电影与社会
张真编 2013年 370页 21 cm 35元〔"纪录·影像:海外与中国"丛书 吕新雨主

编〕(G. F. P.)

11426 309-14988
艺苑耕耘录
周斌著 2020年 392页 24 cm 75元 (G. F. P.)

11427 309-10054
日本电影大师
(美)奥蒂·波克著 张汉辉译 2014年 565页 21 cm 48元 (G. F. P.)

11428 309-10935
成濑巳喜男的电影 女性与日本现代性
(加)凯瑟琳·罗素著 张汉辉译 2014年 563页 21 cm 48元〔卿云馆〕(G. F. P.)

11429 309-06817
动画大师宫崎骏
杨晓林著 2009年 248页 24 cm 28元 (G. F. P.)

11430 309-10885
欧洲电影类型 历史、经典与叙事
(加)张晓凌 (加)詹姆斯·季南著 2014年 2册 21 cm 108元 (G. F. P.)

11431 309-09077
精选当代美国电影赏析
张菊芳 许明珠 杨宇威著 2012年 206页 26 cm 33元 (G. F. P.)

11432 309-08746
好莱坞电影类型 历史、经典与叙事
(加)张晓凌 (加)詹姆斯·季南(James Keenan)著 2012年 2册 21 cm 58元〔"迷影"丛书〕(G. F. P.)

11433 309-06180
外国电影史教程
黄文达主编 2008年 331页 25 cm 35元〔复旦博学·当代电影学教程 金冠军主编〕(G. F. P.)

11434 309-10656
世界电影史 第1卷
(英)杰弗里·诺维尔-史密斯(Geoffrey Nowell-Smith)主编 杨击译 2015年 419页 22 cm 软精装 48元 (G. F. P.)

11435 309-11104
世界电影史 第2卷
(英)杰弗里·诺维尔-史密斯(Geoffrey Nowell-Smith)主编 焦晓菊译 2015年 520页 21 cm 49元 (G. F. P.)

11436 309-11105
世界电影史 第3卷
(英)杰弗里·诺维尔-史密斯(Geoffrey Nowell-Smith)主编 焦晓菊译 2015年 626页 21 cm 50元 (G. F. P.)

11437 309-07467
迷影文化史
李洋著 2010年 360页 21 cm 28元〔"迷影"丛书〕(G. F. P.)

11438 309-02079
银色的梦 电影美学百年回眸
孟涛著 1998年 384页 20 cm 19元〔缪斯书系〕(G. F. P.)

11439 309-05459
新编西方电影简明教程
潘天强著 2007年 244页 23 cm 26元〔复旦博学·文学系列 普通高等教育"十一五"国家级规划教材〕(G. F. P.)

11440 309-04843

影 300

斜江明主编 2006 年 343 页 23 cm 36 元〔影·响〕(G. F. P.)

11441 309-15133
中国电影在中亚的跨文化传播研究
胡凯著 2020 年 296 页 21 cm 40 元 (G. F. P.)

11442 309-04817
台湾电影三十年
宋子文编著 2006 年 304 页 23 cm 35 元〔影·响〕(G. F.)

11443 309-07601
中国科教电影发展史
杨力 高广元 朱建中著 2010 年 412 页 26 cm 58 元 (G. F. P.)

11444 309-12023
日本电影史 1896—2005
(日) 佐藤忠男著 应雄主译 靳丽芳等译 2016 年 3 册 21 cm 精装 188 元〔卿云馆〕(G. F. P.)

11445 309-13688
宝莱坞电影史
(英) 米希尔·玻色著 黎力译 2018 年 467 页 23 cm 98 元〔卿云馆〕(G. F. P.)

11446 309-03761
西方电影简明教程
潘天强著 2003 年 241 页 23 cm 24 元〔复旦博学·文学系列〕(G. F.)

11447 309-07167
苏俄电影教程
吴小丽 张成杰著 2010 年 219 页 23 cm 28 元〔复旦博学·当代电影学教程 金冠军主编〕(G. F. P.)

11448 309-12709
美国电视动画研究及其对中国动画的启示
徐坤著 2016 年 475 页 21 cm 40 元〔传播学研究书系〕(G. F. P.)

11449 309-02103
影视导演
(美) 阿伦·A.阿莫尔 (Alan A. Armer) 著 石川 李涛译 1998 年 295 页 26 cm 28 元〔影视艺术技术丛书〕(G. F. P.)

11450 309-07935
谢晋电影 中国语境与范式建构
金冠军 聂伟主编 2011 年 437 页 24 cm 48 元〔谢晋研究丛书〕(G. F. P.)

11451 309-10363
第六代导演研究
聂伟主编 2014 年 250 页 21 cm 28 元〔杭州师范大学学报栏目丛书 朱晓江主编〕(G. F. P.)

11452 309-10473
恋影年华：全球视野中的话语景观 大陆、香港、台湾青年电影导演创作与传播
钱春莲 邱宝林著 2014 年 376 页 22 cm 32 元 (G. F. P.)

11453 309-07643
严浩电影讲座
卓伯棠主编 2011 年 264 页 21 cm 26 元〔"迷影"丛书〕(G. P.)

11454 309-08263
戏剧浮生 黎耀祥论演技与人生
黎耀祥著 2011 年 193 页 23 cm 35 元 (G. F. P.)

11455 309-00727

电视照明

陈振良著 1991年 364页 20 cm 6元〔电视业务系列丛书〕(G.)

11456 309-01228

电视照明

陈振良著 1991年(1993年重印) 364页 20 cm 9元〔电视业务系列丛书〕(G. F.)

11457 309-02102

影视照明

(美)戴维·维拉(Dave Viera)著 方捻方针译 1998年 327页 26 cm 32元〔影视艺术技术丛书〕(G. F. P.)

11458 309-14644

故事创作教程

马骏著 2019年 241页 21 cm 36元〔影视编导辅导系列教材〕(G. F. P.)

11459 309-12740

引人入胜的策略 影片建构教程

(美)诺曼·荷林著 胡东雁译 2017年 229页 23 cm 48元 (G. F. P.)

11460 309-08128

当代电视摄影制作 观念与方法

黄匡宇著 2011年 380页 24 cm 38元〔复旦博学·当代广播电视教程 新世纪版〕(G. F. P.)

11461 309-04546

当代电视摄影制作教程

黄匡宇著 2005年 418页 23 cm 39元〔复旦博学·当代广播电视教程 新世纪版〕(G. F. P.)

11462 309-07548

影视剪辑

聂欣如著 2011年 276页 23 cm 38元〔复旦博学·当代电影学教程 金冠军主编〕(G. F. P.)

11463 309-09201

影视剪辑

聂欣如著 2012年 第2版 282页 23 cm 38元〔复旦博学·当代电影学教程〕(G. F. P.)

11464 309-10027

影视媒体包装

李昆主编 2013年 184页 26 cm 48元〔复旦卓越·育兴系列教材〕(G. F. P.)

11465 309-05068

电视制片管理学

王甫 吴丰军著 2006年 412页 23 cm 39元〔复旦博学·当代广播电视教程 新世纪版 孟建主编〕(G. F. P.)

11466 309-05262

频道先锋 电视频道运营攻略

王彩平 池建新 李洁著 2006年 264页 23 cm 32元 (G. F. P.)

11467 309-04592

电视观众心理学

金维一著 2005年 285页 23 cm 28元 (G. F. P.)

11468 309-09500

华语电影与中国戏曲

邵雯艳著 2013年 221页 22 cm 28元 (G. F. P.)

11469 309-05144

纪录片编导与制作

(美)艾伦·罗森塔尔(Alan Rosenthal)著

张文俊译 2006年 289页 25 cm 36元〔复旦博学·国外经典影视教程 金冠军 陈犀禾主编〕(G. F. P.)

11470 309-05469
纪录片解析
陈国钦主编 2007年 264页 23 cm 28元〔广播电视编导专业系列教材〕(G. F. P.)

11471 309-00376
新闻杂志电影艺术创作
顾泉雄著 1989年 175页 20 cm 3.70元 (G. F.)

11472 309-07207
纪录片概论
聂欣如著 2010年 330页 23 cm 35元〔复旦博学·当代广播电视教程 新世纪版〕(G. F. P.)

11473 309-06982
纪录片研究
聂欣如著 2010年 469页 24 cm 58元 (G. F. P.)

11474 309-02680
电视纪录片 艺术、手法与中外观照
石屹著 2000年 352页 23 cm 28.50元〔21世纪广播电视业务前瞻丛书〕(G. F. P.)

11475 309-09138
纪录片解读
石屹著 2012年 443页 23 cm 49元〔复旦博学·当代广播电视教程 新世纪版〕(G. F. P.)

11476 309-13481
民族影像与国家形象塑造 中国少数民族题材纪录片研究(1979—)
王华著 2018年 408页 21 cm 45元〔新闻传播学术原创系列〕(G. F. P.)

11477 309-13703
电影字幕英汉翻译理论的对比性研究 以15部流行动画电影双语字幕为例
金卓著 2018年 463页 21 cm 55元 (G. F. P.)

11478 309-06141
影视动画艺术鉴赏
李建强等著 2008年 178页 25 cm 25元〔新世纪动画专业教程〕(G. F. P.)

11479 309-12164
什么是动画
聂欣如著 2016年 357页 24 cm 48元 (G. F. P.)

11480 309-06321
动画电影语言的技巧与运用
强小柏著 2008年 181页 25 cm 25元〔新世纪动画专业教程〕(G. F. P.)

11481 309-09163
好莱坞动画电影导论
杨晓林等著 2012年 296页 25 cm 38元〔新世纪动画专业教程〕(G. F. P.)

11482 309-08666
电影产业概论
金冠军 王玉明编著 2012年 343页 23 cm 38元〔复旦博学·当代电影学教程 金冠军主编〕(G. F. P.)

11483 309-09610
中国电影、电视剧和话剧发展研究报告 2012卷
周斌主编 2013年 368页 24 cm 48元 (G. F. P.)

11484 309-10690
中国电影、电视剧和话剧发展研究报告 2013卷
周斌主编 上海影视戏剧理论研究会编 2014年 401页 24 cm 49.50元 (G. F. P.)

11485 309-11464
中国电影、电视剧和话剧发展研究报告 2014卷
周斌主编 上海影视戏剧理论研究会 复旦大学电影艺术研究中心编 2015年 427页 24 cm 52元 (G. F. P.)

11486 309-12304
中国电影、电视剧和话剧发展研究报告 2015卷
周斌主编 上海影视戏剧理论研究会 复旦大学电影艺术研究中心编 2016年 404页 24 cm 52元 (G. F. P.)

11487 309-13234
中国电影、电视剧和话剧发展研究报告 2016卷
周斌主编 上海影视戏剧理论研究会 复旦大学电影艺术研究中心编 2017年 408页 24 cm 52元 (G. F. P.)

11488 309-13950
中国电影、电视剧和话剧发展研究报告 2017卷
周斌主编 上海影视戏剧理论研究会 复旦大学电影艺术研究中心编 2018年 415页 24 cm 78元 (G. F. P.)

11489 309-14647
中国电影、电视剧和话剧发展研究报告 2018卷
周斌主编 上海影视戏剧理论研究会 复旦大学电影艺术研究中心编 2019年 387页 24 cm 98元 (G. F. P.)

11490 309-03729
冲突·和谐：全球化与亚洲影视 第二届中国影视高层论坛
孟建等主编 2003年 413页 23 cm 36元 (G. F. P.)

11491 309-04436
好莱坞启示录
周黎明著 2005年 285页 23 cm 35元 〔影·响〕(G. F.)

11492 309-06954
好莱坞启示录
周黎明著 2010年 第2版 322页 24 cm 35元 (G. F. P.)

历史、地理

史学理论

11493 309-03523
史学导论
姜义华 瞿林东 赵吉惠著 2003 年 334 页 23 cm 29 元〔复旦博学·史学系列 普通高等教育"十五"国家级规划教材〕(G. F. P.)

11494 309-06896
史学导论
姜义华 瞿林东 赵吉惠著 2010 年 第 2 版 315 页 23 cm 32 元〔复旦博学·史学系列〕(G. F. P.)

11495 309-13672
史学导论
姜义华 瞿林东著 2018 年 第 3 版 322 页 23 cm 38 元〔复旦博学·史学系列 普通高等教育"十一五"国家级规划教材〕(G. F. P.)

11496 309-05359
兰克史学研究
易兰著 2006 年 354 页 23 cm 35 元〔上海市社会科学博士文库〕(G. F.)

11497 309-14745
近代以来中外史学交流史
张广智主编 2020 年 1 249 页 22 cm 精装 250 元 (F. P.)

11498 309-05771
外国史学名著导读
赵立行主编 2007 年 297 页 23 cm 30 元〔复旦博学·史学系列〕(G. F. P.)

11499 309-14348
历史学与人类学 20 世纪西方历史人类学的理论与实践
陆启宏著 2019 年 218 页 24 cm 58 元

(G. F. P.)

11500 309-09215
散焦的历史图像
杭州师范大学学术期刊社编 2012 年 283 页 21 cm 28 元〔勤慎论丛〕(G. F. P.)

11501 309-14942
历史与宗教之间
蒲慕州著 2020 年 246 页 21 cm 40 元 (G. F. P.)

11502 309-11426
多维的历史 纪念历史学家金重远先生
朱学勤 丁建定 张勇安主编 2015 年 291 页 23 cm 40 元 (G. F. P.)

11503 309-04710
切问集 复旦大学历史系建系八十周年论文集
复旦大学历史系编 2005 年 2 册 21 cm 150 元 (G. F. P.)

11504 309-08238
我们是谁
韩昇 李辉主编 2011 年 210 页 21 cm 20 元〔历史人类学丛书〕(G. F. P.)

11505 309-06854
读史的智慧
姚大力著 2010 年 316 页 23 cm 32 元 (G. F. P.)

11506 309-11805
读史的智慧
姚大力著 2016 年 第 2 版 412 页 22 cm 精装 45 元〔复旦文库〕(G. F. P.)

11507 309-04238
历史哲学引论
张耕华著 2004 年 183 页 23 cm 20 元 (G. F. P.)

11508 309-06902
历史哲学引论
张耕华著 2009 年 第 2 版 250 页 23 cm 28 元〔复旦博学·史学系列〕(G. F. P.)

11509 309-04085
历史哲学
庄国雄等著 2004 年 291 页 20 cm 20 元〔哲学交叉学科系列丛书〕(G. F. P.)

11510 309-04201
当代西方历史哲学读本 1967—2002
陈新主编 2004 年 364 页 23 cm 34 元 (G. F. P.)

11511 309-06706
社会简史 现代世界的诞生
(英) 玛丽·伊万丝 (Mary Evans) 著 曹德骏 张荣建 徐永安译 2010 年 178 页 23 cm 22 元〔博学译丛〕(G. F. P.)

11512 309-09715
历史学英语
王绍梅主编 2013 年 199 页 26 cm 35 元〔21 世纪 EAP 学术英语系列丛书 蔡基刚总主编〕(G. F. P.)

11513 309-09331
新文化史 历史学的"文化转向"
周兵著 2012 年 259 页 22 cm 28 元〔西方思想文化史研究丛书 第一辑〕(G. F. P.)

11514 309-08000
辨"砖"识"屋" 史料解析入门
王长芬编著 2011 年 116 页 22 cm 12 元〔文化主题轴综合课程系列教材〕(G. F. P.)

11515 309-11363
西方史学史散论
耿淡如著 张广智编 2015年 348页 24 cm 精装 68元〔复旦百年经典文库〕(G. F. P.)

11516 309-09731
克丽奥的东方形象 中国学人的西方史学观
张广智著 2013年 301页 22 cm 30元〔复旦·西方思想文化史研究丛书〕(G. F. P.)

11517 309-02365
西方史学史
张广智主著 张广智 陈新撰稿 2000年 380页 23 cm 29元〔面向21世纪课程教材〕(G. F. P.)

11518 309-04055
西方史学史
张广智主著 2004年 第2版 402页 23 cm 35元〔复旦博学·史学系列〕(G. F. P.)

11519 309-07060
西方史学史
张广智主编 2010年 第3版 393页 23 cm 38元〔复旦博学·史学系列〕(G. F. P.)

11520 309-13571
西方史学史
张广智主著 2018年 第4版 447页 23 cm 45元〔普通高等教育"十一五"国家级规划教材 复旦博学·史学系列〕(G. F. P.)

11521 309-08229
西方史学通史 第1卷 导论
张广智主编 张广智著 2011年 270页 23 cm 36元 (G. F. P.)

11522 309-08280
西方史学通史 第2卷 古代时期 荷马时代至公元5世纪
张广智主编 吴晓群著 2011年 340页 23 cm 42元 (G. F. P.)

11523 309-08312
西方史学通史 第3卷 中世纪时期 公元5世纪至14世纪初
张广智主编 赵立行著 2011年 308页 23 cm 38元 (G. F. P.)

11524 309-08327
西方史学通史 第4卷 近代时期 14世纪初至18世纪
张广智主编 李勇著 2011年 368页 23 cm 46元 (G. F. P.)

11525 309-08447
西方史学通史 第5卷 近代时期 19世纪
张广智主编 易兰著 2011年 372页 23 cm 46元 (G. F. P.)

11526 309-08420
西方史学通史 第6卷 现当代时期 19世纪末至今
张广智主编 周兵 张广智 张广勇著 2011年 348页 23 cm 45元 (G. F. P.)

11527 309-11368
古代研究的史料问题 五十年甲骨文发现的总结 五十年甲骨学论著目 殷墟发掘
胡厚宣著 胡振宇编 2015年 488页 24 cm 精装 90元〔复旦百年经典文库〕(G. F.)

11528 309-12498
殷墟发掘
胡厚宣著 2017年 241页 21 cm 35元 (G. F. P.)

11529 309-11550
中国史学史讲义稿
朱维铮著 廖梅 姜鹏整理 2015年 374页 23 cm 58元 (G. F. P.)

11530 309-11551
朱维铮史学史论集
朱维铮著 2015年 274页 21 cm 精装 35元 (G. F.)

11531 309-03714
近代中国史学十论
罗志田著 2003年 318页 21 cm 16元 〔名家专题精讲系列 第二辑〕(G. F. P.)

11532 309-07404
近代中国的史家与史学
王泛森著 2010年 187页 21 cm 20元 〔人文书系 陈平原主编〕(G. F. P.)

11533 309-00162
克丽奥之路 历史长河中的西方史学
张广智著 1989年 329页 19 cm 2.50元 〔学苑丛书〕(G. F.)

11534 309-01645
现代西方史学
张广智 张广勇著 1996年 395页 20 cm 20元 (G. F. P.)

11535 309-11837
小阿瑟·施莱辛格史学思想研究
谈丽著 2015年 320页 21 cm 28元 〔西方思想文化史研究丛书〕(G. F. P.)

世界史

11536 309-06967
英汉历史
胡志勇主编 2010年 604页 15 cm 18元 〔新学科术语小词典〕(G. F. P.)

11537 309-07290
西方文明史读本
(美)丹尼斯·舍尔曼(Dennis Sherman)著 赵立行译 2010年 506页 26 cm 48元 〔大学译丛系列〕(G. F. P.)

11538 309-07482
"野人":人类文明的镜像
聂建睿著 2011年 249页 23 cm 28元 (G. F. P.)

11539 309-05568
世界文明史讲稿
赵立行著 2007年 478页 21 cm 28元 (G. F. P.)

11540 309-12484
世界文明史讲稿
赵立行著 2017年 第2版 524页 21 cm 38元 (G. F. P.)

11541 309-07537
古代文明 你需要知道的超过3000个基本事实
(英)保罗·巴恩(Paul Bahn)著 项秋伟译 2011年 140页 18 cm 精装 18元 〔口袋里的百科 07〕(G. F. P.)

11542 309-00065
中西文化新认识
马勇等编 1988年 255页 21 cm 2.60元 (G. F.)

11543 309-05854
史与诗 世界诸文明的历史书写
复旦大学历史系编 2007年 348页 23 cm 36元 〔复旦史学集刊 第二辑〕(G. F. P.)

11544 309-09168
世界历史的秘密 关于历史艺术与历史科学的著作选
(德) 列奥波德·冯·兰克著 易兰译 2012年 404页 23 cm 48元〔西方经济社会思想名著译丛〕(G. F. P.)

11545 309-07256
寻找他山的历史
钱乘旦著 2010年 302页 24 cm 34元〔"三十年集"系列丛书 1978—2008〕(G. F. P.)

11546 309-00576
世界史论文集
上海世界史学会编 1990年 351页 20 cm 6.50元 (F.)

11547 309-11364
中外历史论集
周谷城著 姜义华编 2015年 513页 24 cm 精装 92元〔复旦百年经典文库〕(G. F. P.)

11548 309-06032
100个历史谜案
(美) 里克·拜尔著 顾韶阳译 2008年 202页 19 cm 22元〔美国历史频道经典100揭密系列 1〕(G. P.)

11549 309-13701
全景世界史
(日) 羽田正总主编 (日) 伊野孝行绘画 2018年 5册 30 cm 精装 248元 (G. F. P.)

11550 309-04646
世界古代中世纪史
黄洋 赵立行 金寿福著 2005年 413页 23 cm 35元〔复旦博学·史学系列〕(G. F. P.)

11551 309-08181
波斯帝国史
(伊朗) 阿卜杜·侯赛因·扎林库伯著 张鸿年译 2011年 454页 23 cm 48元〔99经典文库〕(G. F.)

11552 309-01465
古代希腊土地制度研究
黄洋著 1995年 245页 20 cm 20元〔复旦大学博士丛书〕(G. F.)

11553 309-04296
奥林匹斯山之巅 破译古希腊神话故事
(美) 斯蒂芬·伯特曼 (Stephen Bertman) 著 韩松译 2005年 253页 21 cm 18元〔99经典文库〕(G.)

11554 309-00096
世界近代史应试指南
陈旻等编写 1988年 113页 19 cm 1.80元 (G. F.)

11555 309-02814
百年激荡 记录世界100年的图文精典
关鸿主编 顾训中卷主编 2001年 527页 20 cm 42元 (G. F. P.)

11556 309-02364
20世纪的世界 百年历史回溯
金重远主编 2000年 2册 23 cm 85元〔面向21世纪课程教材〕(G. F. P.)

11557 309-03820
世界现当代史
金重远等著 2004年 460页 23 cm 39元 (G. F. P.)

11558 309-12239
博学杯·2015 纪念世界反法西斯战争胜利70周年高中生获奖论文集

吴坚 李峻 陈雁主编 2016 年 357 页 21 cm 32 元〔中学生看历史丛书〕(G. F. P.)

11559 309-01527
战后世界史
金重远主编 1995 年 481 页 20 cm 18 元 (G. F. P.)

11560 309-12655
民族志中的女性经验
张晓佳著 2017 年 300 页 21 cm 30 元 (G. F. P.)

11561 309-07305
两块碑的故事 犹太智慧故事漫画
贺雄飞编著 2010 年 181 页 24 cm 24 元〔贺雄飞研犹书系〕(G. F. P.)

中国史

11562 309-04797
中国通史教程 第1卷 先秦两汉时期
姜义华主编 刘泽华本卷主编 陈雍等本卷编撰 2005 年 475 页 23 cm 38 元〔面向 21 世纪课程教材〕(G. F. P.)

11563 309-04799
中国通史教程 第3卷 元明清时期
姜义华主编 陈支平 陈春声卷主编 王颋等编撰 2006 年 402 页 23 cm 35 元〔面向 21 世纪课程教材 普通高等教育"十一五"国家级规划教材〕(G. F. P.)

11564 11253.023
中国通史
徐连达等编 1986 年 466 页 20 cm 2.60 元〔复旦大学教材〕(G. F.)

11565 309-05091
中华文化
曹顺庆主编 2006 年 458 页 23 cm 42 元 (G. F. P.)

11566 309-12491
中国文化概论
陈剑峰 岳小颖编著 2017 年 161 页 23 cm 35 元〔认知中国系列〕(G. P.)

11567 309-13116
中国民间文化
陈校编著 2017 年 169 页 23 cm 35 元〔认知中国系列〕(G. F. P.)

11568 309-06085
海上丝绸之路历险记
戴之昂著 2008 年 154 页 21 cm 16 元 (G. F. P.)

11569 309-08349
中国传统文化概观
邓红学 熊伟业主编 2011 年(2017 年重印) 265 页 23 cm 28 元 (G. F. P.)

11570 11253.006
中国文化研究集刊 第1辑
丁守和 方行主编 1984 年 483 页 20 cm 2.08 元 (G. F.)

11571 11253.008
中国文化研究集刊 第2辑
丁守和 方行主编 1985 年 369 页 20 cm 2.45 元 (G. F.)

11572 11253.012
中国文化研究集刊 第3辑
复旦大学历史系中国思想文化史研究室编辑 1986 年 525 页 20 cm 3.35 元 (G. F.)

11573 11253.020
中国文化研究集刊 第4辑
中国社会科学院近代研究所近代文化史研究室编辑 1987年 442页 20 cm 3.10元 (G. F.)

11574 11253.021
中国文化研究集刊 第5辑
丁守和主编 1987年 545页 20 cm 3.45元 (G. F.)

11575 309-06940
越南汉文燕行文献集成
复旦大学文史研究院 越南汉喃研究院合编 2010年 25册 26 cm 15 000元 (F.)

11576 309-05004
古代中国文化讲义
葛兆光著 2006年 214页 23 cm 25元 〔复旦博学·精品系列〕(G. F. P.)

11577 309-09333
古代中国文化讲义
葛兆光著 2012年 第2版 212页 23 cm 25元 (G. F. P.)

11578 309-12088
世界文明视阈下的中华文明
姜义华著 2016年 144页 21 cm 20元 〔国家大事丛书〕(G. F. P.)

11579 309-11090
走进中国文化
陆岩军编著 2015年 268页 24 cm 45元 (G. F. P.)

11580 309-03712
传统十论 本土社会的制度、文化及其变革
秦晖著 2003年 404页 21 cm 18元 〔名家专题精讲系列 第二辑〕(G. F. P.)

11581 309-01282
中国传统文化精华
裘仁 林骧华主编 1995年 989页 20 cm 精装 28元 (G. F. P.)

11582 309-10630
丝绸之路古史漫谈
芮传明编著 2015年 86页 21 cm 18元 〔上海市民健康与人文系列读本〕(G. F. P.)

11583 309-06449
丝绸之路研究入门
芮传明著 2009年 178页 21 cm 18元 〔研究生·学术入门手册 第一辑〕(G. F. P.)

11584 309-10340
中国传统文化概观
孙丽青 邵艺编著 2014年 208页 23 cm 22元 (G. F. P.)

11585 309-04406
侠的人格与世界
汪涌豪 陈广宏著 2005年 382页 21 cm 22元 (G. F. P.)

11586 309-02877
中国游侠史
汪涌豪著 2001年 2005年第2版 373页 20 cm 20元 (G. F. P.)

11587 309-12599
中国文化符号解读
吴畏编著 2017年 205页 26 cm 50元 (G. F. P.)

11588 309-03829
中日文化与政治经济论 依田憙家先生古稀纪念论文集
徐静波等主编 2003年 524页 20 cm 28

元 (G. F. P.)

11589 309-01619
中外文化交流记趣
徐振保著 1996 年 339 页 20 cm 15 元 (G. F.)

11590 309-03817
中国传统文化概论
薛明扬主编 2003 年 3 册 22 cm 精装 98 元 (G. F. P.)

11591 309-08129
潘雨廷先生谈话录
张文江记述 2012 年 454 页 24 cm 60 元 (G. F. P.)

11592 309-04600
文化的迷宫 后轴心时代的中国历史探秘
张远山著 2005 年 254 页 21 cm 18 元 (G. F. P.)

11593 309-01866
中国历史文化区域研究
周振鹤主著 1997 年 375 页 20 cm 20 元 (G. F. P.)

11594 309-13860
中国传统文学文化
马海 高山主编 2018 年 233 页 23 cm 35 元〔高等医学院校人文教育教材〕(G. F. P.)

11595 309-09514
儿童中国文化导读 1
郭姮晏主编 2013 年 102 页 26 cm 15 元〔太湖大学堂丛书〕(G. F. P.)

11596 309-09515
儿童中国文化导读 2
郭姮晏主编 2013 年 104 页 26 cm 15 元〔太湖大学堂丛书〕(G. F. P.)

11597 309-09516
儿童中国文化导读 3
郭姮晏主编 2013 年 86 页 26 cm 15 元〔太湖大学堂丛书〕(G. F. P.)

11598 309-09517
儿童中国文化导读 4
郭姮晏主编 2013 年 111 页 26 cm 15 元〔太湖大学堂丛书〕(G. F. P.)

11599 309-09518
儿童中国文化导读 5
郭姮晏主编 2013 年 96 页 26 cm 15 元〔太湖大学堂丛书〕(G. F. P.)

11600 309-09519
儿童中国文化导读 6
郭姮晏主编 2013 年 113 页 26 cm 15 元〔太湖大学堂丛书〕(G. F. P.)

11601 309-09520
儿童中国文化导读 7
郭姮晏主编 2013 年 100 页 26 cm 15 元〔太湖大学堂丛书〕(G. F. P.)

11602 309-09521
儿童中国文化导读 8
郭姮晏主编 2013 年 105 页 26 cm 15 元〔太湖大学堂丛书〕(G. F. P.)

11603 309-09522
儿童中国文化导读 9
郭姮晏主编 2013 年 110 页 26 cm 15 元〔太湖大学堂丛书〕(G. F. P.)

11604 309-09523
儿童中国文化导读 10

郭姮晏主编 2013年 104页 26 cm 15元
〔太湖大学堂丛书〕(G. F. P.)

11605 309-09524
儿童中国文化导读 11
郭姮晏主编 2013年 105页 26 cm 15元
〔太湖大学堂丛书〕(G. F. P.)

11606 309-09525
儿童中国文化导读 12
郭姮晏主编 2013年 74页 26 cm 15元
〔太湖大学堂丛书〕(G. F. P.)

11607 309-09526
儿童中国文化导读 13
郭姮晏主编 2013年 69页 26 cm 15元
〔太湖大学堂丛书〕(G. F. P.)

11608 309-09527
儿童中国文化导读 14
郭姮晏主编 2013年 96页 26 cm 15元
〔太湖大学堂丛书〕(G. F. P.)

11609 309-09528
儿童中国文化导读 15
郭姮晏主编 2013年 88页 26 cm 15元
〔太湖大学堂丛书〕(G. F. P.)

11610 309-09529
儿童中国文化导读 16
郭姮晏主编 2013年 79页 26 cm 15元
〔太湖大学堂丛书〕(G. F. P.)

11611 309-09530
儿童中国文化导读 17
郭姮晏主编 2013年 83页 26 cm 15元
〔太湖大学堂丛书〕(G. F. P.)

11612 309-09531
儿童中国文化导读 18
郭姮晏主编 2013年 69页 26 cm 15元
〔太湖大学堂丛书〕(G. F. P.)

11613 309-11035
儿童中国文化导读 1
郭姮晏(Sami Kuo)主编 2015年 第2版 132页 26 cm 20元 〔太湖大学堂丛书〕(G. F. P.)

11614 309-11036
儿童中国文化导读 2
郭姮晏(Sami Kuo)主编 2015年 第2版 133页 26 cm 20元 〔太湖大学堂丛书〕(G. F. P.)

11615 309-11037
儿童中国文化导读 3
郭姮晏(Sami Kuo)主编 2015年 第2版 90页 26 cm 20元 〔太湖大学堂丛书〕(G. F. P.)

11616 309-11038
儿童中国文化导读 4
郭姮晏(Sami Kuo)主编 2015年 第2版 112页 26 cm 20元 〔太湖大学堂丛书〕(G. F. P.)

11617 309-11039
儿童中国文化导读 5
郭姮晏(Sami Kuo)主编 2015年 第2版 89页 26 cm 20元 〔太湖大学堂丛书〕(G. F. P.)

11618 309-11040
儿童中国文化导读 6
郭姮晏(Sami Kuo)主编 2015年 第2版 105页 26 cm 20元 〔太湖大学堂丛书〕(G. F. P.)

11619 309-11041

儿童中国文化导读 7

郭姮晏(Sami Kuo)主编 2015 年 第 2 版 104 页 26 cm 20 元〔太湖大学堂丛书〕(G. F. P.)

11620 309-11042

儿童中国文化导读 8

郭姮晏(Sami Kuo)主编 2015 年 第 2 版 97 页 26 cm 20 元〔太湖大学堂丛书〕(G. F. P.)

11621 309-11043

儿童中国文化导读 9

郭姮晏(Sami Kuo)主编 2015 年 第 2 版 115 页 26 cm 20 元〔太湖大学堂丛书〕(G. F. P.)

11622 309-11044

儿童中国文化导读 10

郭姮晏(Sami Kuo)主编 2015 年 第 2 版 132 页 26 cm 20 元〔太湖大学堂丛书〕(G. P.)

11623 309-11045

儿童中国文化导读 11

郭姮晏(Sami Kuo)主编 2015 年 第 2 版 116 页 26 cm 20 元〔太湖大学堂丛书〕(G. F. P.)

11624 309-11046

儿童中国文化导读 12

郭姮晏(Sami Kuo)主编 2015 年 第 2 版 94 页 26 cm 20 元〔太湖大学堂丛书〕(G. F. P.)

11625 309-11047

儿童中国文化导读 13

郭姮晏(Sami Kuo)主编 2015 年 第 2 版 74 页 26 cm 20 元〔太湖大学堂丛书〕(G. F. P.)

11626 309-11048

儿童中国文化导读 14

郭姮晏(Sami Kuo)主编 2015 年 第 2 版 104 页 26 cm 20 元〔太湖大学堂丛书〕(G. F. P.)

11627 309-11049

儿童中国文化导读 15

郭姮晏(Sami Kuo)主编 2015 年 第 2 版 123 页 26 cm 20 元〔太湖大学堂丛书〕(G. F. P.)

11628 309-11050

儿童中国文化导读 16

郭姮晏(Sami Kuo)主编 2015 年 第 2 版 91 页 26 cm 20 元〔太湖大学堂丛书〕(G. F. P.)

11629 309-11051

儿童中国文化导读 17

郭姮晏(Sami Kuo)主编 2015 年 第 2 版 94 页 26 cm 20 元〔太湖大学堂丛书〕(G. F. P.)

11630 309-11052

儿童中国文化导读 18

郭姮晏(Sami Kuo)主编 2015 年 第 2 版 77 页 26 cm 20 元〔太湖大学堂丛书〕(G. F. P.)

11631 309-11946

中华优秀传统文化入门

鲁学军编写 2016 年 134 页 21 cm 20 元 (G. F. P.)

11632 309-13493

中华优秀传统文化入门

鲁学军编著 2018年 第2版 235页 21 cm
28元〔高职高专教学用书〕(G. F. P.)

11633 309-13970
漫谈中国文化 企管、国学、金融
南怀瑾著述 2019年 195页 23 cm 26元
〔太湖大学堂丛书〕(G. F. P.)

11634 309-15070
交流与互鉴 佛教与中印文化关系论集
王邦维著 2020年 206页 21 cm 38元
(G. F. P.)

11635 309-05417
走出中世纪
朱维铮著 2007年 增订本 397页 21 cm
25元 (G. F. P.)

11636 309-06717
走出中世纪
朱维铮著 2009年 第2版 397页 21 cm
27元〔中国文库 史学类〕(G. F.)

11637 309-05928
走出中世纪二集
朱维铮著 2008年 322页 21 cm 28元
(G. F. P.)

11638 309-03696
九州学林 2003 秋季(创刊号)
郑培凯主编 2003年 366页 21 cm 25元
(G. F. P.)

11639 309-04241
九州学林 2004 夏季二卷二期(总第4期)
郑培凯主编 2004年 354页 21 cm 25元
(G. P.)

11640 309-04357
九州学林 2004 冬季二卷四期(总第6期)
郑培凯主编 2005年 335页 21 cm 25元
(G. F. P.)

11641 309-04530
九州学林 2005 春季三卷一期(总第7期)
郑培凯主编 2005年 366页 21 cm 25元
(G. F. P.)

11642 309-04915
九州学林 2005 秋季三卷三期(总第9期)
郑培凯主编 2006年 283页 21 cm 20元
(G. F. P.)

11643 309-04916
九州学林 2005 冬季三卷四期(总第10期)
郑培凯主编 2006年 263页 21 cm 20元
(G. F. P.)

11644 309-03928
九州学林 2006 春季四卷一期(总第11期)
郑培凯主编 2006年 349页 21 cm 20元
(G. F. P.)

11645 309-04151
九州学林 2006 秋季四卷三期(总第13期)
郑培凯主编 2007年 312页 21 cm 25元
(G. F. P.)

11646 309-04562
九州学林 2007 夏季五卷二期(总第16期)
郑培凯主编 2008年 246页 20 cm 25元
(G. F. P.)

11647 309-04767
史记精读
陈正宏著 2005年 248页 23 cm 26元
〔汉语言文学原典精读系列 第一辑〕
(G. F. P.)

11648 309-12366
史记精读

陈正宏著 2016年 第2版 261页 24 cm 32元〔汉语言文学原典精读系列〕(G. F. P.)

11649 309-05662
史记一百句
陈正宏解读 2007年 172页 19 cm 15元〔悦读经典小丛书〕(G. F. P.)

11650 309-02687
广史记订补
李笠遗著 李继芬整理 2001年 368页 20 cm 25元〔火凤凰学术遗产丛书〕(G. F. P.)

11651 309-13745
《史记志疑》研究
孙晓磊著 2018年 304页 21 cm 50元 (G. F. P.)

11652 309-11667
司马迁和他的《史记》
姚大力著 2016年 226页 19 cm 精装 35元〔复旦小文库〕(G. F. P.)

11653 309-08268
隐权力2 中国传统社会的运行游戏
吴钩著 2011年 253页 23 cm 30元 (G. F. P.)

11654 309-06366
潜规则 中国历史中的真实游戏
吴思著 2009年 修订版 272页 24 cm 28元 (G. F. P.)

11655 309-07875
我想重新解释历史 吴思访谈录
吴思著 2011年 305页 21 cm 28元 (G. F. P.)

11656 309-10170
中国的诞生
中和著 2013年 264页 23 cm 32元 (G. F. P.)

11657 309-14740
中国的诞生
中和著 2020年 修订版 294页 23 cm 58元 (G. F. P.)

11658 309-03377
域外中国学十论
葛兆光著 2002年 191页 21 cm 12元〔名家专题精讲系列〕(G. F. P.)

11659 309-08223
另一种声音 海外汉学访谈录
季进著 2011年 213页 23 cm 28元〔苏州大学海外汉学研究丛书〕(G. F. P.)

11660 309-08201
下江南 苏州大学海外汉学演讲录
王尧 季进编 2011年 327页 23 cm 38元〔人文学术〕(G. F. P.)

11661 309-02277
汉学论丛 第2辑
朱立元 陈光磊主编 1999年 295页 20 cm 18元 (G. F. P.)

11662 309-06178
复旦汉学论丛 第6辑
朱永生等编著 2008年 312页 26 cm 32元 (G. F. P.)

11663 309-07044
复旦汉学论丛 第7辑
朱永生主编 2010年 237页 26 cm 36元 (G. F. P.)

11664 309-09434
复旦汉学论丛 第8辑
吴中伟主编 2013年 124页 26 cm 28元
(G. F. P.)

11665 309-12012
复旦汉学论丛 第9辑
吴中伟主编 2015年 158页 26 cm 35元
(G. F. P.)

11666 309-13359
复旦汉学论丛 第10辑
吴中伟主编 2017年 141页 26 cm 36元
(G. F. P.)

11667 309-15219
复旦汉学论丛 第11辑
吴中伟主编 2020年 222页 26 cm 68元
(G. F. P.)

11668 309-05146
中日学者中国学论文集 中岛敏夫教授汉学研究五十年志念文集
刘柏林 胡令远编 2006年 834页 21 cm 精装 60元 (G. F. P.)

11669 309-09654
朗宓榭汉学文集
徐艳主编 2013年 362页 23 cm 精装 60元 (G. F. P.)

11670 309-08003
汉制造 古代中国的少年性情
贾涤非著 2011年 205页 24 cm 26元
(G. F. P.)

11671 309-14271
读史识中华
李峻等著 2019年 129页 21 cm 25元
〔国家大事丛书〕(G. F. P.)

11672 309-02029
国史概要
樊树志著 1998年 494页 20 cm 23元
(G. F.)

11673 309-02481
国史概要
樊树志著 2000年 第2版 421页 23 cm 35元〔上海市普通高校"九五"重点教材〕(G. F. P.)

11674 309-03871
国史概要
樊树志著 2004年 第3版 443页 23 cm 36元〔复旦博学·史学系列〕(G. F. P.)

11675 309-07190
国史概要
樊树志著 2010年 第4版 409页 23 cm 38元〔复旦博学·史学系列〕(G. F. P.)

11676 309-13640
国史概要 二十周年纪念版
樊树志著 2018年 465页 24 cm 65元
(G. F. P.)

11677 309-05563
国史精讲
樊树志著 2007年 341页 21 cm 25元
〔通识教育·名校名师名课系列〕(G. F. P.)

11678 309-03663
中国古代文明十讲
李学勤著 2003年 270页 21 cm 16元
〔名家专题精讲系列 第二辑〕(G. F. P.)

11679 309-04500
古代中国：传统与变革
复旦大学历史系编 2005年 415页 23 cm

32 元〔复旦史学集刊 第一辑〕(G. F. P.)

11680 309-13031
古代中国与皇帝祭祀
（日）金子修一著 肖圣中 吴思思 王曹杰译 2017 年 252 页 23 cm 45 元〔日本学者古代中国研究丛刊 徐冲主编〕(G. F. P.)

11681 309-09720
构想帝国 古代中国与古罗马比较研究
（德）穆启乐（德）闵道安主编 李荣庆 刘宏照等译 2013 年 406 页 24 cm 68 元 (G. F. P.)

11682 309-04581
中国中古史研究十论
荣新江著 2005 年 287 页 21 cm 18 元〔名家专题精讲系列 第五辑〕(G. F. P.)

11683 309-10240
中国的自由传统
吴钩著 2014 年 237 页 21 cm 精装 35 元〔微阅读大系〕(G. F. P.)

11684 309-11369
古史新探
杨宽著 2016 年 564 页 24 cm 精装 115 元〔复旦百年经典文库 第二辑〕(G. F. P.)

11685 309-04883
先秦史十讲
杨宽著 2006 年 456 页 21 cm 28 元〔名家专题精讲系列 第五辑〕(G. F. P.)

11686 309-06843
历史与文化
樊树志著 2010 年 204 页 21 cm 精装 25 元〔"我们的国家"系列丛书 第一辑〕(G. F. P.)

11687 309-11172
傅逊集
（明）傅逊撰 孙大鹏 袁雯君整理 2015 年 833 页 22 cm 精装 168 元〔浦东历代要籍选刊〕(G. F. P.)

11688 309-10878
洪亮吉《左传诂》研究
郭鹏飞著 2014 年 282 页 22 cm 24 元 (G. F. P.)

11689 309-02469
国语直解
来可泓撰 2000 年 940 页 20 cm 精装 46 元〔直解丛书〕(G. F. P.)

11690 309-09059
春秋大义《春秋》三传选读
王琳妮编选 2013 年 239 页 22 cm 20 元〔中华根文化·中学生读本 黄荣华主编〕(G. F. P.)

11691 309-09100
"诸侯"美政《国语》选读
詹前编选 2013 年 213 页 22 cm 18 元〔中华根文化·中学生读本 黄荣华主编〕(G. F. P.)

11692 309-08814
战国争雄《战国策》选读
石莉编选 2013 年 221 页 22 cm 20 元〔中华根文化·中学生读本 黄荣华主编〕(G. F. P.)

11693 309-00926
汉唐史论集
赵克尧著 1993 年 310 页 20 cm 9.50 元

(G. F.)

11694 309-12435
未央宫 沉重的帝国
周树山著 2016年 266页 24 cm 36元 (G. F. P.)

11695 309-13263
三国志专名研究
何凌霞著 2017年 292页 21 cm 35元 (G. F. P.)

11696 309-00852
三秦史
洪涛著 1992年 147页 20 cm 3.60元 (G. F.)

11697 309-03060
唐朝文化史
徐连达著 2003年 514页 21 cm 精装 28元 (G. F. P.)

11698 309-14412
唐代北方问题与国际秩序
（日）石见清裕著 胡鸿译 2019年 441页 23 cm 75元〔日本学者古代中国研究丛刊 徐冲主编〕(G. F. P.)

11699 309-14941
大唐气象 制度、家庭与社会
张国刚著 2020年 162页 21 cm 38元 (G. F. P.)

11700 309-04899
旧五代史新辑会证
陈尚君辑纂 2005年 12册 21 cm 380元 (G. F. P.)

11701 309-08089
韩国汉文燕行文献选编
复旦大学文史研究院（韩）成均馆大学东亚学术院大东文化研究院合编 2011年 影印本 30册 26 cm 精装 18 000元 (G. F. P.)

11702 309-14142
传播、书写与想象 明清文化视野中的西方
宋刚主编 2019年 214页 23 cm 45元 (G. F.)

11703 309-08319
晚明汉文西学经典 编译、诠释、流传与影响
邹振环著 2011年 423页 23 cm 40元 (G. F. P.)

11704 309-14265
河山有誓 明清之际江南士人的生活世界
冯贤亮著 2019年 318页 24 cm 65元 (G. F. P.)

11705 309-10074
行观中国 日本使节眼中的明代社会
朱莉丽著 2013年 291页 22 cm 28元〔亚洲艺术、宗教与历史研究丛书〕(G. F. P.)

11706 309-03746
晚明史 1573—1644
樊树志著 2003年 2册 22 cm 精装 60元 (G. F. P.)

11707 309-10564
晚明史 1573—1644 上
樊树志著 2015年 第2版 556页 24 cm 精装 98元 (G. F. P.)

11708 309-11135
晚明史 1573—1644 下
樊树志著 2015年 第2版 520页 24 cm 精装 98元 (G. F. P.)

11709 309-10962
袖中东海一编开 域外文献与清代社会史研究论稿
王振忠著 2015年 473页 23 cm 58元 (G. F. P.)

11710 309-14179
危机与变局 大清史事
吴士余著 2019年 253页 21 cm 精装 52元 (G. F. P.)

11711 309-06532
中国近现代史纲要教学导论
宋进主编 王刚等撰稿 2009年 374页 21 cm 25元〔上海高校思想政治理论课建设研究丛书〕(G. F. P.)

11712 309-10016
中国近现代史纲要难点解析
杜艳华主编 2013年 281页 23 cm 36元〔复旦大学思想政治理论课教学改革丛书〕(G. F. P.)

11713 309-00052
中国革命史教程
复旦大学马列主义理论教学部中国革命史教研室编 1987年 547页 19 cm 2.60元 (G. F.)

11714 309-00320
中国革命史学习指导
广西大学马列主义教研室编 1989年 122页 20 cm 1.96元 (G. F.)

11715 5627-0000|11496.1
中国革命史简编
刘本仁主编 1987年 322页 19 cm 2元 (G.)

11716 5627-0023
中国革命史
刘本仁主编 1989年 297页 20 cm 3.30元 (G. F.)

11717 309-10237
中国近代史讲座 1840—1949
钱昌明编著 2014年 192页 26 cm 35元〔上海开放大学老年高等专科教育基础课教材〕(G. F. P.)

11718 309-00437
中国革命史
朱波主编 1989年 412页 19 cm 3.95元 (G.)

11719 5627-0326
中国革命史
叶根发 赵子川主编 1996年 第2版 295页 19 cm 10.90元 (G. F.)

11720 309-07427
变动时代的文化履迹
罗志田著 2010年 157页 21 cm 20元〔人文书系〕(G. F. P.)

11721 11253.005
近代中国资产阶级研究
复旦大学历史系编 1984年 576页 19 cm 1.90元 (G. F.)

11722 11253.011
近代中国资产阶级研究 续辑
复旦大学历史系等编 1986年 533页 20 cm 3.35元 (G. F.)

11723 309-11189
同文书史 从韩国汉文文献看近世中国
王鑫磊著 2015年 289页 22 cm 32元〔亚洲艺术、宗教与历史研究丛书〕(G. F. P.)

11724 309-06476
全息史观与近代城市社会生活
忻平著 2009年 395页 23 cm 48元 (G. F. P.)

11725 309-00176
中国近代史应试指南
夏林根编 1989年 197页 19 cm 2.75元 (G.)

11726 309-14663
晚清史
戴鞍钢著 2020年 518页 24 cm 精装 98元 (G. F. P.)

11727 309-01940
甲申甲午风云
郑彭年著 1997年 394页 20 cm 18元 (G. F. P.)

11728 309-11170
近代日本对华军事谍报体系研究 1868—1937
许金生著 2015年 422页 23 cm 68元 (G. F. P.)

11729 309-11270
义和团战争的国际舆论研究 1900—1901
王樊一婧著 2015年 209页 22 cm 30元 〔传播学研究书系〕(G. F. P.)

11730 11253.001
论清末民初中国社会
蔡尚思等著 1983年 366页 19 cm 1.30元 (G. F.)

11731 309-01202
中国现代化问题 一个多方位的历史探索
汪熙 (美) 魏斐德 (Frederic Wakeman) 主编 1994年 417页 20 cm 22元 〔中美关系研究丛书 12 汪熙主编〕(G. F.)

11732 309-00483
共产国际与中国革命关系史研究荟萃
翟作君主编 吴小松副主编 1990年 347页 20 cm 4.50元 ( )

11733 309-02746
百年激荡 记录中国100年的图文精典
李逊主编 2001年 473页 23 cm 38元 (G. F. P.)

11734 309-10118
书信与日记里的新文化运动现场
方军著 2013年 194页 22 cm 20元 (G. F. P.)

11735 309-14197
五四细节
陈占彪著 2019年 231页 21 cm 48元 (G. F. P.)

11736 11253.010
五卅运动
傅道慧著 1985年 297页 19 cm 1.18元 〔复旦小丛书〕(G. F.)

11737 309-12671
广西抗战文化史料汇编 第3辑 社会民生纪事卷
万忆等编著 2017年 305页 22 cm 35元 〔区域文化与传播丛书 商娜红主编〕(G. F. P.)

11738 309-02268
汉奸丑史
贺圣遂 陈麦青编选 1999年 369页 20 cm 18元 〔不应忘却的历史 抗战实录 3〕(G. F. P.)

11739 309-02177
沦陷痛史

贺圣遂 陈麦青编选 1999 年 2 册 20 cm 32 元〔不应忘却的历史 抗战实录 2〕(G. F. P.)

11740 309-02157
卫国血史
贺圣遂 陈麦青编选 1999 年 3 册 20 cm 54 元〔不应忘却的历史 抗战实录 1〕(G. F. P.)

11741 309-12920
北美藏中国抗日战争历史档案文献提要
王成志等编 2017 年 431 页 23 cm 78 元 (G. F. P.)

11742 309-13143
无声的炸弹 传单上的抗日战争
许金生著 2017 年 290 页 21 cm 28 元 (G. F. P.)

11743 11253.024
汪精卫汉奸政权的兴亡 汪伪政权史研究论集
复旦大学历史系中国现代史研究室编 1987 年 481 页 20 cm 3.55 元 (G. F.)

11744 309-05093
1950 年代的中国
吴景平 徐思彦主编 2006 年 470 页 21 cm 29 元〔复旦史学专刊 第二辑〕(G. F. P.)

11745 309-11919
湘西民族文化外译理论与实践研究
刘汝荣著 2015 年 267 页 23 cm 35 元 (G. P.)

11746 309-12788
"发现"欧洲《世界广说》欧洲部分译注与研究
魏毅著 2017 年 368 页 21 cm 38 元〔复旦博学文库〕(G. F. P.)

11747 309-10180
白山黑水 满族传播研究
汤景泰著 2014 年 215 页 23 cm 30 元〔复旦大学新闻传播与媒介化社会研究国家哲学社会科学创新基地成果丛书 中国少数民族传播研究系列 刘海贵总主编〕(G. F. P.)

11748 309-10751
凤尾竹楼 傣族传播研究
柳盈莹著 2014 年 206 页 23 cm 32 元〔复旦大学新闻传播与媒介化社会研究国家哲学社会科学创新基地成果丛书 中国少数民族传播研究系列 刘海贵总主编〕(G. F. P.)

11749 309-13110
自然、神性与美 现代语境中的纳西族审美精神研究
陈正勇著 2017 年 307 页 22 cm 38 元 (G. F. P.)

11750 309-12108
土风巴韵 土家族传播研究
庹继光 李缨 庹继华著 2016 年 296 页 23 cm 45 元〔复旦大学新闻传播与媒介化社会研究国家哲学社会科学创新基地成果丛书 中国少数民族传播研究系列 刘海贵总主编〕(G. F. P.)

11751 309-15191
16—18 世纪喀尔喀蒙古政治社会体制研究
齐光著 2020 年 404 页 21 cm 88 元 (G. F. P.)

11752 309-06177
中国地方志精读
戴鞍钢著 2008 年 194 页 23 cm 25 元

〔史学原典精读系列 章清 张海英 陈新主编〕(G. F. P.)

11753 309-00901
方志学
黄苇等著 1993年 910页 20 cm 软精 26元 (G. F.)

11754 309-00902
方志学
黄苇等著 1993年 910页 20 cm 精装 29元 (G. F.)

11755 309-14658
质庵书稿两种
(清)朱一新著 唐元发整理 2019年 627页 21 cm 120元 (G. F. P.)

11756 309-07419
隋唐长安 性别、记忆及其他
荣新江著 2010年 163页 21 cm 22元 〔人文书系 陈平原主编〕(G. F. P.)

11757 309-12325
变化中的明清江南社会与文化
复旦大学历史系编 2016年 404页 24 cm 55元 〔复旦史学集刊 第五辑〕(G. F. P.)

11758 309-09214
吴越文明与文物
杭州师范大学学术期刊社编 2012年 203页 21 cm 20元 〔勤慎论丛〕(G. F. P.)

11759 309-08503
明清以来江南城市发展与文化交流
邹振环 黄敬斌执行主编 2011年 404页 24 cm 45元 〔中国金融史集刊 第四辑〕(G. F. P.)

11760 309-01077
日本学者论上海史
(日)古厩忠夫等著 1993年 217页 19 cm 10元 (F.)

11761 309-00751
论上海研究
黄美真主编 上海研究中心编 1991年 188页 20 cm 9.60元 (G. F.)

11762 309-06412
想象的城市 文学、电影和视觉上海(1927—1937)
孙绍谊著 2009年 281页 23 cm 38元 (G.)

11763 309-07490
上海1908
夏伯铭编译 2011年 322页 29 cm 精装 98元 〔上海旧事系列 徐迪旻主编〕(G. F. P.)

11764 309-00735
申城旧狱 上海滩十大名案
辛子牛主编 1991年 163页 19 cm 2.50元 (G. F.)

11765 309-01038
上海谭
姚秉楠等主编 1993年 5册 19 cm 24元 (G. F.)

11766 309-11168
留史存真 近现代上海闵行历史与档案典藏
上海市闵行区档案馆编 2015年 314页 23 cm 58元 〔上海市闵行区档案馆馆藏推介系列丛书〕(G. F. P.)

11767 309-01029
外冈志

上海市嘉定县外冈乡志办公室编 1993年 389页 26 cm 20元 (G.)

11768 309-12123
15—20世纪江苏海岸盐作地理与人地关系变迁
鲍俊林著 2016年 342页 21 cm 38元 〔复旦博学文库〕(G. F. P.)

11769 309-00473
徐州百年大事记
董献吉等编著 1989年 481页 21 cm 4.95元 (G. F.)

11770 309-04261
清初扬州文化
(美)梅尔清(Tobie Meyer-Fong)著 朱修春译 2004年 250页 21 cm 20元 〔国家清史编纂委员会·编译丛刊〕(G. F. P.)

11771 309-00948
太仓县地方志 税务志
太仓县税务局 太仓县税务学会编 1992年 271页 26 cm 精装 25元 (G.)

11772 309-08057
徽学研究入门
王振忠著 2011年 254页 21 cm 20元 〔研究生·学术入门手册 第一辑〕(G. F. P.)

11773 309-14418
徽学研究十讲
王振忠著 2019年 285页 21 cm 精装 65元 〔名家专题精讲系列〕(G. F. P.)

11774 309-12254
明清宁国府区域格局与社会变迁
李甜著 2016年 348页 21 cm 32元 〔复旦博学文库〕(G. F. P.)

11775 309-13619
乡国之际 晚清温州府士人与地方知识转型
徐佳贵著 2018年 559页 21 cm 92元 〔复旦博学文库〕(G. F. P.)

11776 309-12519
北界村的背影 民国嵊泗文献汇辑
嵊泗海洋文化研究会编 2016年 2册 23 cm 精装 188元 (G. F. P.)

11777 309-07731
吉安地区志
陈阜东主编 2010年 6册 28 cm 精装 980元 (G. F.)

11778 309-01455
湖南历史文化地理研究
张伟然著 1995年 243页 20 cm 15元 〔复旦大学博士丛书〕(G. F.)

亚洲史

11779 309-05752
迎接亚洲发展的新时代 2007复旦-北大亚洲学论坛特辑
《迎接亚洲发展的新时代》编委会编 2007年 367页 23 cm 40元 〔亚洲研究集刊 第三辑〕(G. F. P.)

11780 309-03845
呼吸历史 对亚太区域的人文思考
(日)寺岛实郎著 徐静波 沈中琦译 2004年 196页 20 cm 12元 (G. F. P.)

11781 309-04844
古代中国：东亚世界的内在交流
韩昇主编 2005年 433页 21 cm 24元

〔复旦史学专刊 第一辑〕(G. F.)

11782 309-10206
东亚文明 共振与更生
胡令远 徐静波 庞志春主编 2013年 354页 23 cm 45元 〔复旦大学日本研究丛书〕(G. F. P.)

11783 309-06510
东亚世界形成史论
韩昇著 2009年 357页 23 cm 38元 (G. F. P.)

11784 309-10569
那时今日 透过事件解读韩国现代史
(韩)朴泰均著 许萌 邢丽菊译 2014年 283页 22 cm 30元 〔复旦大学亚洲研究中心译丛〕(G. F. P.)

11785 309-12640
韩国现代史 十个代表性事件的深度解读
(韩)朴泰均著 邢丽菊 张柳雅译 2018年 224页 22 cm 35元 〔复旦大学亚洲研究中心译丛〕(G. F. P.)

11786 309-00824
日本史辞典
吴杰主编 1992年 918页 20 cm 精装 35元 (G. F.)

11787 309-00237
日本通史
赵建民 刘予苇主编 1989年 504页 20 cm 6.55元 (G. F.)

11788 309-11386
东洋文化史研究
(日)内藤湖南著 林晓光译 2016年 266页 23 cm 48元 〔日本学者古代中国研究丛刊 徐冲主编 复旦大学历史学系编〕(G. F. P.)

11789 309-07549
日本历史与文化研究 复旦大学日本研究中心成立20周年纪念文集
徐静波主编 2010年 375页 21 cm 30元 〔日本研究丛书〕(G. F. P.)

非洲史

11790 309-03812
永恒的辉煌 古代埃及文明
金寿福著 2003年 173页 26 cm 40元 (G. F. P.)

欧洲史

11791 309-13670
贸易与政治 解读大卫·休谟的《英国史》
魏佳著 2018年 216页 23 cm 58元 (G. F. P.)

11792 309-02007
自然的法则 近代"革命"观念的一个解读
肖巍著 1998年 280页 20 cm 15元 (G. F. P.)

11793 309-11664
探索法国
(英)格雷厄姆·罗布(Graham Robb)著 王梦达译 2016年 378页 24 cm 58元 (G. F. P.)

11794 309-04097
20世纪的法兰西
金重远著 2004年 576页 21 cm 精装 30元 〔献给复旦大学一百周年校庆〕(G. F. P.)

11795 309-09596
人的权利
（美）托马斯·潘恩著 戴炳然译 2013年 200页 23 cm 30元〔西方经济社会思想名著译丛 第二辑〕(G. F. P.)

美洲史

11796 309-04827
自由的历程 美利坚图史
（美）乔伊·哈克姆(Joy Hakim)著 焦晓菊译 2006年 406页 27 cm 68元〔美国丛书〕(G. F. P.)

11797 309-11095
自由的历程 美利坚图史
（美）乔伊·哈克姆(Joy Hakim)著 焦晓菊译 2015年 第2版 403页 26 cm 52元 (G. F. P.)

11798 309-08307
America In The Past
吴军赞 朱葵 秦岭编著 2011年 160页 21 cm 20元 (G. P.)

11799 309-02905
美国的诞生
赵晓兰著 2001年 218页 20 cm 12元 (G. F. P.)

11800 309-08647
改变美国的十天
（美）史蒂文·吉隆(Steven M. Gillon)著 邵杜罔译 2012年 228页 21 cm 30元 (G. F. P.)

11801 309-05395
美国国父们留下了什么？
（美）斯科特·索普(Scott Thorpe)著 杨小辉译 2008年 238页 23 cm 28元〔美国丛书〕(G. F. P.)

11802 309-01642
拉丁美洲文化概论
刘文龙著 1996年 359页 20 cm 15元 (G. F. P.)

11803 309-01825
玛雅文化 论玛雅与华夏文化同源
胡春洞著 1997年 166页 20 cm 10元 (G. F. P.)

传 记

11804 309-00878
传记通论
朱文华著 1993年 269页 20 cm 4.50元 (G. F.)

11805 309-00373
世界思想家列传
（英）德波诺(E. de Pono)著 高健民等译 1990年 205页 19 cm 3.70元 (G. F.)

11806 309-08479
出版的品质
贺圣遂 姜华主编 2012年 290页 22 cm 25元 (G. F. P.)

11807 309-04995
世界百年报人
郑贞铭著 2006年 280页 23 cm 28元 (G. F. P.)

11808 309-04591
世界明星主持人
徐德仁著 2005年 238页 23 cm 24元〔中外名主持系列 外国篇〕(G. F. P.)

11809 309-04328
名家 名论 名译
张经浩 陈可培主编 2005年 345页 21 cm 18元 (G. F. P.)

11810 309-11282
100位大艺术家 从安吉利科到沃霍尔的视觉之旅
(英)夏洛特·格林斯著 李健 翁再红译 2015年 201页 24 cm 精装 68元 (G. F. P.)

11811 309-07818
世界动画大师
廖海波著 2011年 238页 25 cm 35元 〔复旦博学·新世纪动画专业教程〕(G. F. P.)

11812 309-10595
物理大师的追寻 追随物理学家足迹 探寻大师成功心路
王炎森编著 2015年 153页 22 cm 20元 〔复旦光华青少年文库 科学素养系列〕(G. F. P.)

11813 309-07986
明朝大人物 皇帝、权臣、佞幸及其他
樊树志著 2011年 290页 24 cm 32元 (G. F. P.)

11814 309-13815
博学杯·2016—2017 海上的记忆与寻踪
李峻 叶朝良 张敏霞主编 2018年 414页 21 cm 48元 〔中学生看历史丛书〕(G. F. P.)

11815 309-10094
裱糊匠
王开林著 2014年 154页 21 cm 精装 22元 〔微阅读系列 王开林晚晴民国人物系列 6〕(G. F. P.)

11816 309-09843
狂人
王开林著 2013年 178页 21 cm 精装 20元 〔微阅读大系〕(G. F. P.)

11817 309-09840
隐士
王开林著 2013年 181页 21 cm 精装 20元 〔微阅读大系〕(G. F. P.)

11818 309-10129
现状与未来 档案典藏机构与近代中国人物
吴景平主编 2014年 277页 23 cm 40元 〔复旦-胡佛近代中国人物与档案文献研究系列〕(G. F. P.)

11819 309-01895
复旦大学档案馆馆藏名人手札选 1905—1949
《复旦大学档案馆馆藏名人手札选》编辑委员会编 1997年 278页 28 cm 精装 120元 (G. F. P.)

11820 309-04421
复旦大学档案馆馆藏名人手札选 续集
徐忠主编 2005年 237页 29 cm 精装 120元 (G. F.)

11821 309-07262
复旦英烈传
桂永浩主编 2010年 312页 21 cm 26元 (G. F. P.)

11822 309-09882
先生
王开林著 2013年 146页 21 cm 精装 20元 〔微阅读大系〕(G. F. P.)

11823 309-09706
民国人物的再研究与再评价
吴景平主编 2013 年 409 页 23 cm 45 元 〔复旦-胡佛近代中国人物与档案文献研究系列〕(G. F. P.)

11824 309-01216
中共党史人物研究荟萃
朱敏彦主编 1993 年 546 页 20 cm 15 元 (G. F.)

11825 309-14697
成蹊集 葛剑雄先生从教五十五年志庆论文集
本书编委会编 2019 年 541 页 24 cm 精装 155 元 (G. F. P.)

11826 309-04452
复旦的星空
鄂基瑞 燕爽主编 2005 年 537 页 23 cm 40 元 〔献给复旦大学一百周年校庆〕(G. F. P.)

11827 309-01506
复旦学子
复旦大学校友联络处编 1995 年 526 页 20 cm 20 元 (G. F. P.)

11828 309-04652
在浙复旦学子风采录
胡祖光 毛江森主编 复旦大学杭州校友会 上海医科大学浙江校友联谊会编 2005 年 275 页 21 cm 20 元 (G. F. P.)

11829 309-02316
情话 寻找历史的诗情
萧关鸿著 1999 年 337 页 20 cm 18 元 (G. F. P.)

11830 309-04712
巍巍上庠 百岁星辰 复旦百岁校友见证中国百年
周桂发主编 2005 年 312 页 23 cm 35 元 (G. F. P.)

11831 309-03878
东方封面 激扬历史的人物
江潜主编 2004 年 288 页 23 cm 25 元 (G. F. P.)

11832 309-08215
上海高校英烈谱
周桂发主编 2011 年 358 页 22 cm 30 元 (G. F. P.)

11833 309-14118
世世代代中国梦 瞿世镜先生口述历史
葛涛 石冬旭编著 2019 年 191 页 24 cm 精装 56 元 〔上海社会科学院院庆 60 周年口述系列丛书〕(G. F. P.)

11834 309-13028
徽州宗族研究译文集
胡学文辑 2017 年 195 页 21 cm 25 元 (G. F. P.)

11835 309-07741
郭沫若家世
廖久明主编 2010 年 305 页 24 cm 38 元 (G. F. P.)

11836 309-06398
中国宗族史研究入门
钱杭著 2009 年 230 页 21 cm 20 元 〔研究生·学术入门手册 第一辑〕(G. F. P.)

11837 309-08362
宗族的世系学研究
钱杭著 2011 年 272 页 23 cm 32 元 (G. F. P.)

历史、地理·传记　855

11838　309－00090

中国历代思想家传记汇诠 先秦-两汉分册

王蘧常主编　1989 年　563 页　20 cm　4 元
〔中国思想史教学参考资料〕(G. F.)

11839　309－00091

中国历代思想家传记汇诠 魏晋-北宋分册

王蘧常主编　1988 年　627 页　20 cm　4.40 元
〔中国思想史教学参考资料〕(G. F.)

11840　309－00092

中国历代思想家传记汇诠 南宋-近代分册

王蘧常主编　1988 年　479 页　20 cm　2.90 元
〔中国思想史教学参考资料〕(G. F.)

11841　309－01033

中国历代思想家传记汇诠 上册

王蘧常主编　1993 年　2 册　20 cm　精装 22 元〔中国思想史教学参考资料〕(G. F.)

11842　309－01034

中国历代思想家传记汇诠 下册

王蘧常主编　1993 年　重印　2 册　20 cm　精装　42 元〔中国思想史教学参考资料〕(G. F.)

11843　309－14114

中国欧洲一体化研究的拓荒者 伍贻康先生口述历史

徐涛编著　2020 年　208 页　24 cm　精装　59 元 (G. F. P.)

11844　309－13004

思想之自由乃我毕生不渝之追求 夏禹龙先生口述历史

葛涛编著　2017 年　131 页　24 cm　精装　39 元〔上海社会科学院院庆 60 周年口述系列丛书〕(G. F. P.)

11845　309－01930

我读南怀瑾

练性乾著　1997 年　448 页　20 cm　18 元 (G. F. P.)

11846　309－11965

我读南怀瑾

练性乾著　2016 年　第 2 版　367 页　23 cm　48 元〔太湖大学堂丛书〕(G. F. P.)

11847　309－11848

他化作了天边那朵白云 怀念俞吾金教授

汪行福　林晖　鲁绍臣编　2015 年　188 页　24 cm　35 元 (G. F. P.)

11848　309－10904

韩信文化旅游

崔沛泉主编　2014 年　213 页　26 cm　35 元〔复旦卓越·21 世纪旅游管理系列　江苏省职业技术教育学会 2013—2014 年度职业教育研究立项课题：职教课改背景下韩信文化校本课程开发研究成果〕(G. F. P.)

11849　309－14255

我们的父亲母亲 杨逸麟和罗小平画传

杨杰东等编著　2019 年　277 页　29 cm　精装　198 元 (G. F. P.)

11850　309－14956

张震东将军纪念文集

傅德华　程汉林主编　张继明　张洪光　张迎编　2020 年　237 页　29 cm　精装　128 元 (G. F. P.)

11851　309－14254

抗战老兵林子明画传

林子明口述　傅德华等整理　2019 年　220 页　29 cm　精装　198 元〔红色人物传记

丛书 01〕(G. F. P.)

11852 309-06200
情牵永刚 复旦大学宣传学习杰出校友方永刚活动纪实
萧思健 周桂发主编 2008 年 235 页 23 cm 25 元 (G. F. P.)

11853 309-02359
盛宣怀档案名人手札选
上海图书馆历史文献研究所编 1999 年 280 页 29 cm 精装 298 元 (G. F. P.)

11854 309-11317
耕耘 回忆王定一图文集
上海市工业合作联社编 2015 年 168 页 23 cm 75 元 (G. F. P.)

11855 309-12292
上下人生 两代创业者的人生对话
黄建南 邱学凡著 2016 年 176 页 23 cm 36 元 (G. F. P.)

11856 309-08445
中国 ShEO："她时代"下的商界女性素描
李秀娟著 2012 年 238 页 24 cm 35 元 〔中欧经管系列〕(G. F. P.)

11857 309-12554
因为山在那里 从 500 强走出的博士
任拴平著 2016 年 255 页 24 cm 50 元 (G. F. P.)

11858 309-02037
陈沂家书 1958—1979
陈沂等撰 1998 年 400 页 20 cm 18 元 (G. F. P.)

11859 309-01385
奠基者的风采
陈亦冰主编 1994 年 199 页 19 cm 6 元 (G. F.)

11860 309-01493
陈望道传
邓明以著 1995 年 326 页 20 cm 15 元 〔复旦名人春秋丛书〕(G. F.)

11861 309-04323
陈望道传
邓明以著 2005 年 第 2 版 344 页 23 cm 34 元 〔复旦大学校长传记系列〕(G. F.)

11862 7253.001
邹韬奋年谱
复旦大学新闻系研究室编 1982 年 172 页 19 cm 0.62 元 (G. F.)

11863 309-01771
南怀瑾的理念
(美) 侯承业 (Michael Hou) 著 1996 年 153 页 20 cm 8 元 (G. F.)

11864 309-14919
中国气脉
任火著 2020 年 271 页 21 cm 36 元 (G. F. P.)

11865 309-01342
节目主持人的歌 上海人民广播电台
王幼涛 徐德仁编 1994 年 185 页 19 cm 9.50 元 (G. F.)

11866 309-00949
复旦大学教授录
王增藩主编 1992 年 571 页 20 cm 13.40 元 (G. F. P.)

11867 309-01503
复旦大学教授录 续一

王增藩主编 1995年 198页 20 cm 10元
(G. F. P.)

11868 309-01171
樟叶流香 上海市黄浦区教师形象 100 例
徐家正主编 1993年 275页 19 cm 4.80元
(G. F.)

11869 309-00743
胡适 开风气的尝试者
朱文华著 1992年 227页 19 cm 2.50元
〔中国现代作家探索丛书〕(G. F.)

11870 309-07442
难以道别的曾容
黄玉峰主编 2010年 211页 22 cm 22元
(G. F. P.)

11871 309-02658
近二十年文化热点人物述评
骆玉明编著 2000年 536页 20 cm 25元
(G. F. P.)

11872 309-14311
胡适研究十论
耿云志著 2019年 436页 22 cm 精装 75元〔名家专题精讲系列 第六辑〕(G. F. P.)

11873 309-03187
识荆记
何倩著 2002年 341页 20 cm 18元 (G. F. P.)

11874 309-09456
史量才与《申报》的发展
傅德华 庞荣棣 杨继光主编 2013年 258页 22 cm 30元 (G. F. P.)

11875 309-15109
柳溥庆传奇人生

陈发奎等编著 2020年 354页 26 cm 50元 (P.)

11876 309-11379
我的新闻人生
丁法章著 2015年 533页 24 cm 58元
(G. F. P.)

11877 309-10013
复旦名师剪影 文理卷
复旦大学关心下一代工作委员会 复旦大学老教授协会 复旦大学党委宣传部编 2013年 455页 24 cm 60元 (G. F. P.)

11878 309-10014
复旦名师剪影 医学卷
复旦大学关心下一代工作委员会 复旦大学老教授协会 复旦大学党委宣传部编 2013年 275页 24 cm 40元 (G. F. P.)

11879 309-10150
复旦名师剪影 综合卷
复旦大学关心下一代工作委员会 复旦大学老教授协会 复旦大学党委宣传部编 2013年 690页 24 cm 88元 (G. F. P.)

11880 309-04486
同爱共辉 袁缉辉、王爱珠教授执教 50 年暨金婚纪念
宋路霞等编著 2005年 276页 23 cm 30元 (G. F. P.)

11881 309-14880
追望大道 陈望道画传
陈光磊 陈振新著 2020年 244页 26 cm 精装 158元 (G. F. P.)

11882 309-08520
民国山东四大教育家研究

马德坤 张晓兰著 2011年 216页 21 cm 18元 (G. F. P.)

11883 309-04497
李登辉传
钱益民著 2005年 332页 23 cm 32元〔复旦大学校长传记系列〕(G. F. P.)

11884 309-09881
大师
王开林著 2013年 221页 21 cm 精装 24元〔微阅读大系〕(G. F. P.)

11885 309-04498
马相伯传略
朱维铮等著 2005年 312页 23 cm 30元〔复旦大学校长传记系列〕(G. F. P.)

11886 309-12324
东水惠泽
王方华 芮明杰 何志毅主编 2016年 203页 23 cm 78元 (G. F. P.)

11887 309-02457
群星璀璨 上海市高等院校劳动模范集
中国教育工会上海市委员会编 1999年 149页 29 cm 精装 240元 (G. F.)

11888 309-09553
千秋巨笔 一代宗师 纪念陈望道先生诞辰120周年
陈立民 萧思健主编 2013年 527页 25 cm 78元 (G. F. P.)

11889 309-02648
中国科技的基石 叶企孙和科学大师们
虞昊 黄延复著 2000年 590页 20 cm 精装 36元 (G. F. P.)

11890 309-06278
中国科技的基石 叶企孙和科学大师们
虞昊 黄延复著 2008年 第2版 515页 22 cm 精装 36元 (G. F. P.)

11891 309-04991
陈望道先生纪念集
张岚 王锡荣主编 上海鲁迅纪念馆编 2006年 547页 21 cm 35元〔上海鲁迅纪念馆《朝华文库》纪念丛书〕(G. F. P.)

11892 309-05706
我心目中的好老师
陈立民主编 2007年 336页 23 cm 36元 (G. F. P.)

11893 309-07555
名师名流 复旦大学中文学科发展八十五周年纪念文集
陈思和 周斌主编 2010年 2册 23 cm 88元 (G. F. P.)

11894 309-08904
师道 口述历史中的复旦名师文化
陈雁主编 复旦大学文化建设委员会编 2012年 433页 22 cm 30元 (G. F. P.)

11895 309-12049
真性情·真学问 怀念邓正来先生
邓正来学术基金会编 2016年 353页 26 cm 精装 98元 (G. F. P.)

11896 309-14364
生命中的珍藏
刁承湘著 2019年 222页 21 cm 28元 (G. F. P.)

11897 309-11829
复旦大学计算机科学技术学院退休教师工作回忆录

历史、地理·传记   859

复旦大学计算机科学技术学院编 2015 年 247 页 23 cm 35 元 (G. F. P.)

11898 309-11409
世纪学人蔡尚思
傅德华 周桂发 施宣圆主编 中共德化县委宣传部 复旦大学历史系编 2015 年 266 页 26 cm 40 元 (G. F. P.)

11899 309-12562
陈鸣树先生纪念集
黄昌勇主编 2016 年 222 页 23 cm 50 元 (G. F. P.)

11900 309-13808
博学笃行 福家报国 杨福家传
霍四通著 2018 年 388 页 24 cm 精装 98 元〔复旦大学校长传记系列〕(G. F. P.)

11901 309-14960
国球之"摇篮" 上海乒乓名将访谈录
金大陆 吴四海编 2020 年 2 册 23 cm 198 元 (G. F. P.)

11902 309-07253
洋墨水 老海归留美 4 部曲
吴家玮著 2010 年 389 页 21 cm 28 元 (G. F. P.)

11903 309-06616
"永不毕业"的世纪学人蔡尚思 蔡尚思先生诞辰 105 周年逝世一周年思慕集
周桂发 施宣圆 傅德华主编 复旦大学文化建设办公室 复旦大学历史系编 2009 年 144 页 26 cm 20 元 (G. F. P.)

11904 309-04680
流动的乐章 复旦大学博士后风采录
周鲁卫 顾云深 顾美娟主编 2005 年 362 页 23 cm 35 元 (G. F. P.)

11905 309-09335
师道无言
周茂清 过聚荣主编 2012 年 144 页 23 cm 58 元 (G. F. P.)

11906 309-14977
胡裕树先生 100 周年诞辰纪念文集
卢英顺 陈振宁主编 2020 年 445 页 21 cm 68 元 (G. F. P.)

11907 309-13256
陆谷孙先生纪念文集
复旦大学外文学院编 2017 年 275 页 26 cm 精装 99 元 (G. F. P.)

11908 309-07428
郑子瑜先生纪念集
宗廷虎 梁通主编 2010 年 252 页 23 cm 30 元 (G. F. P.)

11909 309-01809
心中的坟 致友人的信
戴厚英遗著 1996 年 171 页 20 cm 10 元 (G. F. P.)

11910 309-14116
要做明白人 邱明正先生口述历史
高俊编著 2019 年 198 页 24 cm 精装 58 元〔上海社会科学院院庆 60 周年口述系列丛书〕(G. F. P.)

11911 309-01240
钟惺年谱
陈广宏著 1993 年 252 页 20 cm 21 元〔新编明人年谱丛刊〕(G. F. P.)

11912 309-01241

康海年谱
韩结根著 1993年 268页 20 cm 22元〔新编明人年谱丛刊〕(G. F. P.)

11913 309-01242
李东阳年谱
钱振民著 1995年 308页 20 cm 25元〔新编明人年谱丛刊〕(G. F. P.)

11914 309-01238
王世贞年谱
郑利华著 1993年 354页 20 cm 25元〔新编明人年谱丛刊〕(G. F. P.)

11915 309-00711
朱光潜 从迷途到通径
朱式蓉 许道明著 1991年 296页 19 cm 4.60元〔中国现代作家探索丛书〕(G. F.)

11916 309-06680
鲁迅三兄弟
朱正著 2010年 335页 23 cm 38元 (F. P.)

11917 309-12877
生态文明与陶渊明研究 2015年陶渊明研究暨生态文明国际学术研讨会论文集
刘松来主编 2017年 378页 22 cm 42元〔当代形态文艺学研究中心文库 第三辑 赖大仁主编〕(G. F. P.)

11918 309-09873
庙堂与山林之间 谢灵运的心路历程与诗歌创作
吴冠文 陈文彬著 2013年 380页 22 cm 30元 (G. F. P.)

11919 309-09374
天生我材必有用 黄玉峰说李白
黄玉峰著 2013年 252页 21 cm 22元〔中学生必读的5位中国大诗人〕(G. F. P.)

11920 309-09148
诗圣是怎样炼成的 黄玉峰说杜甫
黄玉峰著 2012年 202页 21 cm 18元〔中学生必读的5位中国大诗人〕(G. F. P.)

11921 309-12511
白居易与《庄子》
鲍鹏山著 2017年 260页 22 cm 精装 32元〔复旦文库〕(G. F. P.)

11922 309-13420
许浑生平及诗歌传播研究
张红著 2018年 279页 21 cm 39元 (G. F. P.)

11923 309-09154
千古风流人物 黄玉峰说苏轼
黄玉峰著 2012年 224页 21 cm 20元〔中学生必读的5位中国大诗人〕(G. F. P.)

11924 309-05801
李白精讲
王运熙等著 2008年 210页 21 cm 15元〔名校·名师·名课系列〕(G. F. P.)

11925 309-11743
杨慎与杨门诸子研究
姜晓霞著 2015年 260页 22 cm 32元 (G. F. P.)

11926 309-08778
杨循吉研究
李祥耀著 2012年 248页 22 cm 26元 (G. F. P.)

11927 309-13656
汤显祖及明代戏曲家研究
吴书荫著 2018年 420页 23 cm 精装

92 元〔新世纪戏曲研究文库 江巨荣主编〕(G. F. P.)

11928 309 - 10848
汪懋麟年谱
胡春丽著 2014 年 443 页 22 cm 36.50 元 (G. F. P.)

11929 309 - 08203
郁达夫传
方忠著 2012 年 233 页 22 cm 精装 22 元〔中国文化名人传记丛书〕(G. P.)

11930 309 - 07386
萧红传
葛浩文著 2011 年 174 页 22 cm 精装 20 元〔中国文化名人传记丛书〕(G. F. P.)

11931 309 - 04711
日月光华同灿烂 复旦作家的足迹
梁永安主编 2005 年 580 页 23 cm 48 元 (G. F. P.)

11932 309 - 07735
反抗者鲁迅
林贤治著 2011 年 246 页 21 cm 24 元〔一个人的鲁迅系列〕(G. F. P.)

11933 309 - 07730
鲁迅的最后十年
林贤治著 2011 年 223 页 21 cm 22 元〔一个人的鲁迅系列〕(G. F. P.)

11934 309 - 07387
与周氏兄弟相遇
钱理群著 2010 年 154 页 21 cm 20 元〔人文书系 陈平原主编〕(G. F. P.)

11935 309 - 07104
徐志摩传

宋炳辉著 2011 年 248 页 21 cm 精装 22 元〔中国文化名人传记丛书〕(G. F. P.)

11936 309 - 13428
荒野中的呼喊者 鲁迅图传
吴中杰著 2018 年 246 页 23 cm 35 元 (G. F. P.)

11937 309 - 06213
鲁迅传
吴中杰著 2008 年 467 页 23 cm 42 元〔吴中杰鲁迅研究系列〕(G. F. P.)

11938 309 - 04341
鲁迅画传
吴中杰著 2005 年 211 页 24 cm 精装 32 元 (G. F. P.)

11939 309 - 05288
无数人们与无穷远方 鲁迅与左翼
张宁著 2006 年 215 页 23 cm 30 元〔上海市社会科学博士文库〕(G. F. P.)

11940 309 - 11801
诗心不会老去
李振声著 2016 年 311 页 21 cm 28 元 (G. F. P.)

11941 309 - 08067
鲁迅的抬棺人 鲁迅后传
吴中杰著 2011 年 592 页 23 cm 58 元〔吴中杰鲁迅研究系列〕(G. F. P.)

11942 309 - 09433
平江不肖生研究专辑
曾平原 何林福主编 2013 年 356 页 22 cm 36 元 (G. F. P.)

11943 309 - 07585
老舍与中国现代知识分子命运

傅光明著 2011年 226页 22 cm 精装 25元〔现代文学研究平台系列 陈思和 王德威主编〕(G. F. P.)

11944 309-06444
老舍之死口述实录
傅光明 郑实采写 2009年 429页 23 cm 38元 (G. F. P.)

11945 309-09241
周作人 中国现代性的另类选择
(英) 苏文瑜著 康凌译 2013年 366页 22 cm 32元 (G. F. P.)

11946 309-04533
傅雷画传
叶永烈著 2005年 242页 23 cm 29.80元 (G. F. P.)

11947 309-12402
前期创造社同人自传文本研究 以郭沫若、郁达夫、张资平为中心
刘海霞著 2016年 280页 21 cm 28元〔人文系列〕(G. F. P.)

11948 309-08473
英语世界的郭沫若研究
杨玉英著 2011年 413页 22 cm 32元〔人文学术〕(G. F. P.)

11949 309-07103
丁玲传
丁言昭著 2011年 281页 22 cm 精装 25元〔中国文化名人传记丛书〕(G. F. P.)

11950 309-05457
胡风家书
晓风选编 2007年 490页 21 cm 35元 (G. F. P.)

11951 309-04342
茅盾画传
钟桂松著 2005年 184页 23 cm 精装 30元 (G. F. P.)

11952 309-08577
性情与担当 茅盾的矛盾人生
钟桂松著 2011年 259页 22 cm 精装 28元 (G. F. P.)

11953 309-07106
端木蕻良传
孔海立著 2011年 220页 22 cm 精装 22元〔中国文化名人传记丛书〕(G. F. P.)

11954 309-02296
天才奇女张爱玲
于青著 2000年 333页 20 cm 18元 (G. F. P.)

11955 309-07455
钱锺书传 营造巴比塔的智者
张文江著 2011年 171页 22 cm 精装 20元〔中国文化名人传记丛书〕(G. F. P.)

11956 309-09609
巴金论集
(日) 坂井洋史著 2013年 271页 23 cm 32元〔巴金研究丛书 06〕(G. F. P.)

11957 309-11030
巴金晚年思想研究论稿
陈思和著 2015年 341页 22 cm 精装 36元 (G.)

11958 309-07989
贾植芳先生纪念集
陈思和主编 2011年 745页 26 cm 98元 (G. F. P.)

历史、地理·传记 863

11959 309-11024

巴金与日本作家

陈喜儒著 2015年 267页 23 cm 38元〔巴金研究丛书 14〕(G. F. P.)

11960 309-13433

沧海一粟 九旬奇翁忆往录

陈云庵著 2018年 341页 23 cm 55元 (G. F. P.)

11961 309-12512

巴金研究回眸

李存光著 2016年 601页 23 cm 66元〔巴金研究丛书 18〕(G. F. P.)

11962 309-08619

呼喊与耳语之间 林贤治访谈录

林贤治 陈志红等著 2012年 217页 24 cm 32元 (G. F. P.)

11963 309-08036

曾敏之评传 敢遣春温上笔端

陆士清著 2011年 427页 23 cm 42元 (G. F. P.)

11964 309-11020

永远的巴金

陆正伟著 2015年 554页 23 cm 58元〔巴金研究丛书 13〕(G. F. P.)

11965 309-09730

万金集 来自巴金的家书

马小弥述 2013年 154页 23 cm 32元〔巴金研究丛书 10〕(G. F. P.)

11966 309-12531

黑暗之光 巴金的世纪守望

(日)山口守著 2017年 394页 23 cm 60元〔巴金研究丛书〕(G. F. P.)

11967 309-04081

一个中国知识分子的肖像 贾植芳画传

宋炳辉编著 2004年 122页 23 cm 精装 30元 (G. F. P.)

11968 309-08471

巴金与现代出版

孙晶著 2011年 279页 23 cm 30元〔巴金研究丛书 08〕(G. F. P.)

11969 309-11468

巴金与安那其主义

(日)樋口进(Higuchi Susumu)著 (日)近藤光雄(Kondo Mitsuo)译 2016年 348页 23 cm 38元〔巴金研究丛书 15 陈思和 周立民主编〕(G. F. P.)

11970 309-13779

在"学"与"思"的旅途中 陈伯海先生口述历史

徐俪成 高俊编著 2018年 167页 24 cm 精装 49元〔上海社会科学院院庆60周年口述系列丛书〕(G. F. P.)

11971 309-10124

青青者忆

杨苡著 2013年 129页 23 cm 28元〔巴金研究丛书 12〕(G. F. P.)

11972 309-01237

祝允明年谱

陈麦青著 1996年 187页 20 cm 18元〔新编明人年谱丛刊〕(G. F. P.)

11973 309-01239

沈周年谱

陈正宏著 1993年 310页 20 cm 23元〔新编明人年谱丛刊〕(G. F. P.)

11974 309-01243
杨维祯年谱
孙小力著 1997年 321页 20 cm 25元
〔新编明人年谱丛刊〕(G. F. P.)

11975 309-03263
丹青琴韵 海上艺术家追踪
高天著 2003年 324页 21 cm 16元〔博雅文丛〕(G. F. P.)

11976 309-13591
十个上海画家的四十年
黄跃民 邵静 程劲松著 2018年 183页 25 cm 68元 (F. P.)

11977 309-12475
冯氏画识二种
(清)冯金伯撰 陈旭东 朱莉莉 赖文婷点校 2018年 560页 22 cm 精装 68元〔浦东历代要籍选刊〕(G. F. P.)

11978 309-07745
长天眉月
何雨著文 2010年 113页 29 cm 精装 88元〔中国影响·温州大家 艺术卷〕(G. F. P.)

11979 309-07128
笔墨人生 书法家徐伯清传
缪克构 杨莹雪著 2010年 93页 29 cm 精装 88元〔中国影响·温州大家〕(G. F. P.)

11980 309-09166
一起走过的日子
胡伟立著 2012年 316页 21 cm 精装 38元 (G. F. P.)

11981 309-02751
吟啸菊坛 大写尚长荣
陈云发著 2001年 490页 20 cm 26元 (G. F. P.)

11982 309-12638
愤世嫉俗 杨德昌和他的电影
黄文杰著 2017年 401页 21 cm 48元 (G. F. P.)

11983 309-02716
汤氏人家 汤晓丹和他的两个儿子
蓝为洁著 2000年 365页 20 cm 22元 (G. F. P.)

11984 309-04556
汤晓丹的银色旅情
蓝为洁著 2005年 372页 21 cm 25元 (G. F. P.)

11985 309-06353
谢晋画传 纪念珍藏版
上海谢晋影视科技有限公司 上海大学谢晋电影博物馆主编 唐宁撰稿 2008年 272页 25 cm 68元 (G. P.)

11986 309-09346
武侠大宗师 张彻
魏君子主编 2012年 468页 21 cm 精装 48元〔卿云馆〕(G. F. P.)

11987 309-08418
专科化时代的通才 1920—1940年代的张荫麟
朱潇潇著 2011年 288页 21 cm 26元〔人文学术〕(G. F. P.)

11988 309-09489
怀真集 朱维铮先生纪念文集
复旦大学历史学系编 2013年 490页 26 cm 精装 150元 (G. F. P.)

11989 309-13896

历史、地理·传记 865

浩志文博 坤舆甲骨 吴浩坤先生纪念文集
　　傅德华 周桂发主编 2018年 355页 26 cm
　　精装 120元（G. F. P.）

11990 309-13338
生命不息 求索不止 汪熙先生纪念文集
　　傅德华 吴心伯 金光耀编 2017年 231页
　　26 cm 精装 80元（G. F. P.）

11991 309-01948
华罗庚传
　　顾迈南著 1997年 392页 20 cm 18元
　　（G. F. P.）

11992 309-02132
赵祖康 中国公路泰斗
　　陶柏康著 1998年 259页 20 cm 14元
　　（G. F.）

11993 309-00386
临沂地区专业技术拔尖人才名录
　　于学田 宋德祥主编 1989年 246页 19 cm
　　4.10元（G.）

11994 309-12497
复旦大学的何梁何利之路
　　刘承功主编 2016年 167页 21 cm 18元
　　（G. F. P.）

11995 309-07870
吴承洛与中国近代化进程
　　吴淼著 2011年 217页 21 cm 22元〔人
　　文学术〕（G. F. P.）

11996 309-03575
科学巨擘 院士风采录
　　孙登龙主编 上海市杨浦区政协学习和文
　　史资料委员会编 2003年 354页 20 cm
　　18元〔杨浦文史资料 第五辑〕（G. F. P.）

11997 309-11431
卢鹤绂传
　　蔡沐禅 刘忠坤著 2015年 204页 23 cm
　　33元（G. F. P.）

11998 309-03950
卢鹤绂侧影
　　（美）古江编著 2004年 182页 25 cm 精
　　装 40元（G. F. P.）

11999 309-08442
卢鹤绂侧影
　　（美）古江编著 2011年 第2版 185页
　　25 cm 精装 40元（G. F. P.）

12000 309-10554
卢鹤绂院士百年诞辰纪念文集
　　周桂发主编 2014年 393页 26 cm 精装
　　80元（G. F. P.）

12001 309-04457
奋斗的历程 谷超豪文选
　　谷超豪著 2005年 286页 25 cm 精装
　　60元（G. F. P.）

12002 309-02977
文章道德仰高风 庆贺苏步青教授百岁华诞
文集
　　谷超豪等主编 2001年 410页 25 cm 精
　　装 60元（G. F. P.）

12003 309-07752
华中一教授纪念文集
　　顾昌鑫主编 2010年 299页 26 cm 精装
　　98元（G. F. P.）

12004 309-07900
共和国教育家 谢希德
　　王增藩 刘月著 2011年 242页 21 cm

精装 28元（G. F. P.）

12005 309-04418
苏步青传
王增藩著 2005年 389页 23 cm 35元
〔复旦大学校长传记系列〕（G. F. P.）

12006 309-04519
谢希德传
王增藩 刘志祥著 2005年 331页 23 cm 32元〔复旦大学校长传记系列〕（G. F. P.）

12007 309-06154
仁者寿 谈家桢百岁璀璨人生
赵寿元 金力主编 2008年 382页 25 cm 精装 60元（G. F. P.）

12008 309-13629
钟扬纪念文选
本书编委会编 2018年 375页 24 cm 78元（G. F. P.）

12009 309-06258
世纪谈家桢 百年遗传学 谈家桢百岁寿辰纪念画册
复旦大学遗传学研究所 遗传工程国家重点实验室 复旦大学生命科学学院编 2008年 107页 29 cm 精装 80元（G. F. P.）

12010 309-13723
那朵盛开的藏波罗花 钟扬小传
梁永安著 2018年 223页 23 cm 32元（G. F. P.）

12011 309-10031
谈家桢与大学科研
谈向东著 2013年 118页 26 cm 36元（G. F. P.）

12012 309-10913
一代造币专家陈宏阁
陈发奎编著 2014年 283页 24 cm 58元（G. F. P.）

12013 309-13200
砥砺前行 采撷的记忆
金亚秋著 2017年 298页 23 cm 精装 80元（G. F. P.）

12014 309-10463
吴浩青院士百年诞辰纪念
杨家润 余爱水主编 2014年 164页 25×26 cm 精装 168元（G. F. P.）

12015 309-09236
厚德尚学 精医济世
复旦大学附属儿科医院编纂委员会编 2012年 370页 23 cm 68元〔复旦大学附属儿科医院院庆六十周年丛书〕（G. F. P.）

12016 309-14603
拓医学路 逐中国梦 陈灏珠传
金雪娟 陈超怡著 2019年 365页 25 cm 196元（G. F. P.）

12017 309-09312
正谊明道 上医院士如是说
彭裕文 桂永浩主编 2012年 269页 23 cm 38元（G. F. P.）

12018 309-13304
正谊明道 上医院士如是说 第2辑
桂永浩 彭裕文主编 2017年 130页 24 cm 40元（G. F. P.）

12019 5627-0400
沈克非教授百年诞辰纪念文集
石美鑫等主编 1997年 147页 26 cm 46元（G. F.

12020 309-01843

东方名医与上海特色门诊

东方电视台《健康天地》节目组编 1997 年 252 页 20 cm 10 元 (G. F. P.)

12021 309-05517

颜福庆传

钱益民 颜志渊著 2007 年 294 页 23 cm 35 元〔复旦大学校史丛书〕(G. F. P.)

12022 309-07682

颜福庆传

钱益民 颜志渊著 张强译 2011 年 英文版 332 页 23 cm 48 元 (G. P.)

12023 309-04330

朱恒璧传

王士良编著 2005 年 157 页 23 cm 18 元〔复旦大学校长传记系列〕(G. F. P.)

12024 309-06274

玉汝于成 熊汝成教授百年诞辰纪念集

王玉琦主编 2008 年 130 页 26 cm 78 元 (G. F. P.)

12025 309-05506

钟灵毓秀 华山医院专家录

复旦大学附属、中国红十字会华山医院编 2007 年 497 页 24 cm 68 元 (G. F. P.)

12026 309-09285

走进护士

方瑞英著 2012 年 191 页 21 cm 18 元 (G. F. P.)

12027 309-13376

上医人 上医情

桂永浩 章晓野主编 2017 年 291 页 21 cm 38 元〔复旦人系列丛书〕(G. F. P.)

12028 309-11378

风华正茂 中国心血管学界青年医师的真实记录

荆志成 张澄主编 2015 年 226 页 24 cm 68 元 (G. F. P.)

12029 309-10091

阿万仓的上医人 王万青

刘青撰 2013 年 155 页 21 cm 22 元 (G. F. P.)

12030 309-09305

生命的守护者 医学大家 一

肖飞主编 2013 年 512 页 22 cm 60 元〔医患和谐丛书〕(G. F. P.)

12031 309-08581

顺理成章 一个流行病学工作者从医 60 年的记录

俞顺章著 2011 年 160 页 29 cm 125 元 (G. F. P.)

12032 309-01918

于右任传

许有成 徐晓彬著 1997 年 294 页 20 cm 16 元 (G. F. P.)

12033 309-08780

中华三祖

宫力行编著 2012 年 96 页 21 cm 15 元 (G. F. P.)

12034 309-06220

吉安宰相

陈阜东编著 2009 年 277 页 21 cm 20 元 (G. F. P.)

12035 309-01236

杨士奇年谱

胡令远著 1993 年 237 页 21 cm 20 元〔新编明人年谱丛刊〕(F.)

12036 309-09485

正能量@曾国藩 一个做大事不做大官的典范

林乾著 2013年 246页 24 cm 29元〔清史专家林乾系列〕(G. F. P.)

12037 309-12933

孙中山革命人生图志

陈蓝荪编著 2017年 429页 26 cm 70元 (G. F. P.)

12038 309-15217

伍蠡甫先生120周年诞辰纪念文集

复旦大学外国语言文学学院编 2020年 489页 24 cm 精装 150元〔复旦大学外国语言文学学院致敬大师系列〕(G. F. P.)

12039 309-15306

毛中玉烈士诞辰100周年纪念文集

毛维青编著 2020年 200页 26 cm 精装 108元 (F. P.)

12040 309-05681

陈同生画传

王尧基 陈淮淮编著 2007年 233页 23 cm 28元〔复旦大学校史丛书〕(G. F. P.)

12041 309-07234

风云际会 宋子文与外国人士会谈记录

吴景平 郭岱君主编 2010年 610页 23 cm 65元〔复旦-胡佛近代中国人物与档案文献研究系列〕(G. F. P.)

12042 309-07261

宋子文生平与资料文献研究

吴景平主编 2010年 399页 23 cm 45元〔复旦-胡佛近代中国人物与档案文献研究系列〕(G. F. P.)

12043 309-05958

宋子文与他的时代

吴景平 郭岱君编著 2008年 中英文本 163页 29 cm 精装 88元〔复旦-胡佛近代中国人物与档案文献研究系列〕(G. F. P.)

12044 309-06833

宋子文与外国人士往来函电稿 1940—1942

吴景平 林孝庭主编 2009年 542页 23 cm 54元〔复旦-胡佛近代中国人物与档案文献研究系列〕(G. F. P.)

12045 309-05944

宋子文与战时中国 1937—1945

吴景平主编 2008年 300页 23 cm 35元〔复旦-胡佛近代中国人物与档案文献研究系列〕(G. F. P.)

12046 309-05956

宋子文驻美时期电报选 1940—1943

吴景平 郭岱君编 2008年 571页 23 cm 55元〔复旦-胡佛近代中国人物与档案文献研究系列〕(G. F. P.)

12047 309-07348

战时岁月 宋子文与外国人士往来函电稿新编

吴景平 林孝庭主编 2010年 505页 23 cm 54元〔复旦-胡佛近代中国人物与档案文献研究系列〕(G. F. P.)

12048 309-07634

瞿树滋纪念文集

王兴相主编 中共南通市通州区委党史工作办公室编 2010年 280页 26 cm 52元 (G. F. P.)

12049 309-07203

求真·思索·笃信 冯烜旻同学文汇

冯耀增 忻鼎荄 陈佳昀编 2010 年 229 页 21 cm 20 元 (G. F. P.)

12050 309-07016
红颜祸水 倾国倾城的美丽谎言
陈建华 李思涯著 2010 年 273 页 24 cm 28 元 (G. F. P.)

12051 309-08234
亚洲教父 香港、东南亚的金钱和权力
（美）乔·史塔威尔（Joe Studwell）著 史钰军译 2011 年 298 页 23 cm 36 元〔汉唐阳光系列〕(G. F.)

12052 309-11923
孙正义秘录
（日）大下英治著（日）伊藤实千代 李世彦译 2016 年 338 页 21 cm 35 元 (G. F. P.)

12053 309-05017
东山再起 七十七岁开始的新航程
（日）和田一夫著 徐静波 颜慧译 2006 年 180 页 21 cm 15 元 (G. F. P.)

12054 309-03196
我的诺贝尔之路
（日）白川英树著 王生龙 李春艳译 2002 年 95 页 21 cm 8 元 (G. F. P.)

12055 309-05586
郑子瑜传稿
毛策著 2007 年 220 页 23 cm 30 元 (G. F. P.)

12056 309-00371
戈尔巴乔夫与改革
朱文忠等著 1989 年 189 页 19 cm 2.20 元 (G. F.)

12057 309-00013
一个非政治家的政治生活 回忆维尔纳·海森伯
（德）海森伯著 王福山译 1987 年 181 页 19 cm 1.40 元 (G. F.)

12058 309-08079
茨威格画传
高中甫编著 2011 年 193 页 24 cm 25 元 (G. F.)

12059 309-14744
大文豪 小故事
杨建玫编著 2020 年 327 页 21 cm 38 元 (G. F. P.)

12060 309-10838
科学从此成为科学 牛顿的生平与工作
吴以义著 2014 年 193 页 22 cm 28 元〔西方思想文化史研究丛书〕(G. F. P.)

12061 309-06046
泊下的记忆 利物浦老上海海员口述史
沈关宝 李聆著 2008 年 391 页 21 cm 28 元 (G. F. P.)

12062 309-11635
程抱一 走向生命开放的旅程
（法）贝尔多（Madeleine Bertaud）著 李佳颖译 2016 年 161 页 26 cm 25 元 (G. F. P.)

12063 309-10407
权力掮客 玩转华盛顿和华尔街的格林斯潘
（美）弗雷德里克·希恩（Frederick J. Sheehan）著 樊智强译 2014 年 302 页 24 cm 39 元 (G. F. P.)

12064 309-04629
爱德华·R.默罗和美国广播电视新闻业

的诞生

（美）Bob Edwards 著　周培勤译　2005 年　174 页　23 cm　18 元〔中外名主持系列外国篇〕(G. F. P.)

12065　309-09684

对话比利·怀尔德

（美）卡梅伦·克罗著　张衍译　2013 年　450 页　21 cm　精装　48 元 (G. F. P.)

12066　309-01846

吴健雄 物理科学的第一夫人

江才健著　1997 年　370 页　20 cm　22 元 (G. F. P.)

12067　309-02174

鲍林 20 世纪的科学怪杰

（美）托马斯·哈格著　周仲良等译　1999 年　663 页　20 cm　28 元 (G. F. P.)

12068　309-01824

杨振宁传

徐胜蓝　孟东明编著　1997 年　368 页　20 cm　18 元 (G. F. P.)

12069　309-14192

冯·卡门 航空航天时代的科学奇才

（美）冯·卡门（美）李·埃德森著　曹开成译　2019 年　451 页　23 cm　58 元 (G. F. P.)

12070　5627-0297

组装人 一位移植外科医生的回忆录

（美）托马斯·E. 斯塔泽（Thomas E. Starzl）著　郭北海译　1996 年　341 页　20 cm　精装　98 元 (G. F.)

12071　309-01602

蒋介石的美国顾问 欧文·拉铁摩尔回忆录

（日）矶野富士子整理　吴心伯译　1996 年　269 页　20 cm　16 元〔中美关系研究丛书 14　汪熙主编〕(G. F. P.)

12072　309-01957

传奇式游击英雄 切·格瓦拉

陈才兴　刘文龙编著　1997 年　320 页　20 cm　16 元 (G. F.)

12073　309-11072

梅西：选择相信

（阿根廷）马丁·卡苏洛著　徐明锋　宣峰译　2015 年　322 页　29 cm　95 元 (G. F. P.)

12074　309-11167

梅西：选择相信

（阿根廷）马丁·卡苏洛（Martin Casullo）著　徐明锋　宣峰中译　2015 年　322 页　29 cm　精装　298 元 (G. F. P.)

文物考古

12075　309-04032

考古学理论

陈淳编著　2004 年　284 页　23 cm　28 元 (G. F. P.)

12076　309-08269

考古好玩

高蒙河著　2011 年　271 页　24 cm　29 元 (G. F. P.)

12077　309-10307

复旦大学文物与博物馆学系论文选集 1

朱顺龙主编　复旦大学文物与博物馆学系编　2014 年　304 页　26 cm　52 元 (G. F. P.)

12078　309-03018

追寻中华古代文明的踪迹 李学勤先生学术

活动五十年纪念文集
《李学勤先生学术活动五十年纪念文集》
　编委会主编　2002 年　523 页　26 cm　60
　元　(G. F. P.)

12079　309－14811
中国新石器时代至青铜时代生业研究
　袁靖主编　2019 年　273 页　24 cm　55 元
　(G. F. P.)

12080　309－15297
中国新石器时代考古讲义
　袁靖主编　2020 年　278 页　26 cm　68 元
　(F. P.)

12081　309－13589
中国科技考古导论
　袁靖著　2018 年　251 页　24 cm　40 元〔复
　旦科技考古文库〕(G. F. P.)

12082　309－14634
中国科技考古讲义
　袁靖主编　2019 年　229 页　24 cm　45 元
　〔复旦科技考古文库〕(G. F. P.)

12083　309－14134
中国科技考古纵论
　袁靖主编　2019 年　197 页　24 cm　40 元
　〔复旦科技考古文库〕(G. F. P.)

12084　309－11992
汉代灯具研究
　麻赛萍著　2016 年　324 页　21 cm　32 元
　〔人文系列〕(G. F. P.)

12085　309－12255
铜鼓文化与现代设计
　贾朝红　张茹编著　2016 年　234 页　22 cm
　30 元〔区域文化与传播丛书　商娜红主
　编〕(G. F. P.)

12086　309－05356
先秦货币文构形无理性趋向研究
　陶霞波著　2006 年　481 页　23 cm　48 元
　〔上海市社会科学博士文库〕(G. F.)

12087　309－14759
中国初期国家形成的考古学研究 陶器研究
的新视角
　秦小丽著　2019 年　508 页　24 cm　98 元
　(G. F. P.)

12088　309－05479
丝绸之路上的古代玻璃研究 2004 年乌鲁木
齐中国北方古玻璃研讨会和 2005 年上海国际玻
璃考古研讨会论文集
　干福熹主编　2007 年　242 页　26 cm　45 元
　(G. F. P.)

12089　309－05313
出土文献与古文字研究 第 1 辑
　复旦大学出土文献与古文字研究中心编
　2006 年　347 页　23 cm　45 元　(G. F. P.)

12090　309－06201
出土文献与古文字研究 第 2 辑
　复旦大学出土文献与古文字研究中心编
　2008 年　391 页　29 cm　65 元　(G. F. P.)

12091　309－07258
出土文献与古文字研究 第 3 辑
　刘钊主编　2010 年　513 页　29 cm　80 元
　(G. F. P.)

12092　309－04240
中国出土古文献十讲
　裘锡圭著　2004 年　423 页　21 cm　22 元
　〔名家专题精讲系列　第四辑〕(G. F. P.)

12093 309-11996
贞石诠唐
陈尚君著 2016年 468页 23 cm 精装 88元〔复旦中文学术丛刊〕(G. F. P.)

12094 309-10234
上海道教碑刻资料集
潘明权 柴志光编 2014年 405页 21 cm 34元〔上海佛道教资料丛书 2〕(G. F. P.)

12095 309-10228
上海佛教碑刻资料集
潘明权 柴志光编 2014年 2册 22 cm 80元〔上海佛道教资料丛书 1〕(G. F. P.)

12096 309-11657
顾祠 顾炎武与晚清士人政治人格的重塑
段志强著 2015年 320页 22 cm 38元〔亚洲艺术、宗教与历史研究丛书〕(G. F. P.)

12097 309-13199
从历史走向未来 亚太地区历史遗产与文化景观保护之路
杜晓帆主编 2017年 353页 24 cm 68元 (G. F. P.)

12098 309-12943
东亚纸质文物保护与传统造纸 第六届东亚纸张保护学术研讨会论文集
杜晓帆 庄立臻主编 2017年 355页 24 cm 65元 (G. F. P.)

风俗习惯

12099 309-02116
错误的礼仪
沈骊编著 1999年 222页 20 cm 11元〔错误系列 1〕(G. F.)

12100 309-10140
现代社会中的民俗传统
(芬)帕卡·哈卡米斯(Pekka Hakamies) 孙健 (丹)易德波(Vibeke Børdahl)主编 2013年 225页 22 cm 20元 (G. P.)

12101 309-07322
礼仪宝典
王群主编 2010年 980页 26 cm 精装 200元 (G. F. P.)

12102 309-09109
礼制与风俗
叶国良著 2012年 189页 21 cm 25元〔"我们的国家"系列丛书〕(G. F. P.)

12103 309-08259
风俗与信仰
仲富兰著 2012年 177页 21 cm 25元〔"我们的国家"系列丛书〕(G. F. P.)

12104 309-10480
中国民俗学通论 第1卷 民俗文化论
仲富兰著 2015年 273页 24 cm 58元 (G. F. P.)

12105 309-10729
中国民俗学通论 第2卷 民俗传播论
仲富兰著 2015年 276页 23 cm 58元 (G. F. P.)

12106 309-10790
中国民俗学通论 第3卷 民俗资源论
仲富兰著 2015年 284页 23 cm 58元 (G. F. P.)

12107 309-12070
中国民俗故事
苗青 姚霏编著 2015年 93页 21 cm 18元〔上海市民健康与人文系列读本〕(G. F. P.)

12108 309-08241
中华饮食风俗教程
陈忠明 陈澄 潘雅燕主编 2011年 150页 26 cm 20元〔复旦卓越·21世纪烹饪与营养系列〕(G. F. P.)

12109 309-14051
华礼人 文化认同的再思考
丁敏著 2019年 301页 21 cm 精装 68元〔理想中国丛书〕(G. F. P.)

12110 309-02671
文明礼貌 100 题
上海市精神文明建设委员会办公室 上海远程教育集团编 2000年 155页 19 cm 8元 (G. F. P.)

12111 309-10745
新天下之化 明初礼俗改革研究
张佳著 2014年 350页 22 cm 32元〔亚洲艺术、宗教与历史研究丛书〕(G. F. P.)

12112 309-08416
三礼研究入门
彭林著 2012年 255页 21 cm 20元〔研究生·学术入门手册〕(G. F. P.)

12113 309-09013
立于礼 "三礼"选读
司保峰编选 2013年 281页 22 cm 22元〔中华根文化·中学生读本 黄荣华主编〕(G. F. P.)

12114 309-14263
江永礼学研究 以《礼书纲目》为中心
苏正道著 2019年 291页 22 cm 50元 (G. F. P.)

12115 309-11902

12115 309-11902 (continued)
亲属称谓漫谈
严修编著 2015年 68页 21 cm 18元〔上海市民健康与人文系列读本〕(G. F. P.)

12116 309-13083
近代英国礼貌变革研究
曲卫国著 2017年 549页 21 cm 38元 (G. F. P.)

地　理

12117 309-04148
人生地理学
（日）牧口常三郎著 陈莉 易凌峰译 2004年 276页 21 cm 40元 (G. F. P.)

12118 11253.013
历史地理研究
复旦大学中国历史地理研究所编 1986年 433页 19 cm 3.40元 (G. F.)

12119 309-00400
历史地理研究 2
复旦大学中国历史地理研究所编 1990年 407页 20 cm 6.50元 (G. F.)

12120 309-07054
历史地理研究 3
复旦大学历史地理研究中心编 2010年 337页 24 cm 38元 (G. F. P.)

12121 309-08002
跟着环球游画看世界
杨云平编著 2011年 184页 22 cm 28元〔文化主题轴综合课程系列教材〕(G. F. P.)

12122 309-08271
背包地理
金维一著 2011年 320页 22 cm 34元

12123 309-09763
背包地理
金维一著 2013年 第2版 306页 22 cm
38元 (G. F. P.)

12124 309-09167
环球精华自助游
本书编写组编 2012年 919页 21 cm 40
元 (G. F. P.)

12125 309-10953
明清时期辽宁、冀东地区历史地理研究 以
《燕行录》资料为中心
(韩) 黄普基著 2014年 222页 22 cm 28
元 (G. F. P.)

12126 309-00223
上海词典
《上海词典》编委会编 1989年 622页 26 cm
精装 29元 (G. F.)

12127 309-09413
静安地名追踪
上海市静安区规划和土地管理局组编
2013年 152页 22 cm 29元 (G. F. P.)

12128 309-00539
无锡词典
《无锡词典》编委会编 1990年 597页 19 cm
29元 (G. F.)

12129 309-04048
本色苏州
谭亚新编文 何寒珉摄 2004年 160页
21 cm 精装 38元 (　)

12130 309-10761

歙县里东乡传统农村社会
柯灵权著 2014年 369页 22 cm 36.50元
〔徽州传统社会丛书（法）劳格文 王振
忠主编〕(G. F. P.)

12131 309-08521
徽州传统村落社会 白杨源
吴正芳著 2011年 321页 22 cm 28元
〔徽州传统社会丛书（法）劳格文 王振
忠主编〕(G. F. P.)

12132 309-09946
徽州传统村落社会 许村
许骥著 2013年 571页 22 cm 55元〔徽
州传统社会丛书（法）劳格文 王振忠
主编〕(G. F. P.)

12133 309-07590
近世浙江文化地理研究
朱海滨著 2011年 407页 21 cm 26元
(G. F. P.)

12134 309-01565
温州词典
《温州词典》编委会编 1995年 675页
26 cm 精装 120元 (G. F. P.)

12135 309-00879
宁波词典
张嘉梁 王经纬主编《宁波词典》编委会
编 1992年 542页 26 cm 精装 50元
(G. F.)

12136 309-00507
可爱的家乡 绍兴
浙江省绍兴县教育委员会编 1990年 155
页 19 cm 1.20元〔爱国主义教育读物〕
(G. F.)

12137 309-00783

中国的休斯敦 西昌揽异
周英仪著 1992年 179页 19 cm 4.35元（G. F.）

12138 309-06844
疆域与人口
葛剑雄著 2010年 174页 21 cm 精装 25元〔"我们的国家"系列丛书 第一辑〕（G. F. P.）

12139 309-13676
十六国疆域与政区研究
魏俊杰著 2018年 560页 22 cm 85元（G. F. P.）

12140 309-15267
中国近现代行政区域划界研究
徐建平著 2020年 380页 21 cm 65元（G. F. P.）

12141 309-02230
走向市场经济 中国行政区与经济区的关系及其整合
周克瑜著 1999年 269页 20 cm 16元〔上海市社会科学博士文库 第一辑〕（G. F. P.）

12142 309-05593
中国行政区划通史 总论 先秦卷
周振鹤主编 周振鹤 李晓杰著 2009年 686页 23 cm 精装 85元（G. F. P.）

12143 309-11161
中国行政区划通史 秦汉卷
周振鹤主编 周振鹤 李晓杰 张莉著 2016年 1 174页 24 cm 精装 165元（G. F. P.）

12144 309-10429
中国行政区划通史 三国两晋南朝卷
周振鹤主编 胡阿祥 孔祥军 徐成著 2014年 2册 23 cm 精装 230元（G. F. P.）

12145 309-11163
中国行政区划通史 十六国北朝卷
周振鹤主编 牟发松 毋有江 魏俊杰著 2016年 1 157页 23 cm 精装 165元（G. F. P.）

12146 309-05597
中国行政区划通史 隋代卷
周振鹤主编 施和金著 2009年 577页 23 cm 精装 75元（G. F. P.）

12147 309-05598
中国行政区划通史 唐代卷
周振鹤主编 郭声波著 2012年 2册 23 cm 精装 200元（G. F. P.）

12148 309-10523
中国行政区划通史 五代十国卷
周振鹤主编 李晓杰著 2014年 1 133页 23 cm 精装 160元（G. F. P.）

12149 309-05599
中国行政区划通史 宋西夏卷
周振鹤主编 李昌宪著 2007年 800页 23 cm 精装 98元（G. F. P.）

12150 309-05600
中国行政区划通史 辽金卷
周振鹤主编 余蔚著 2012年 959页 23 cm 精装 125元（G. F. P.）

12151 309-05601
中国行政区划通史 元代卷
周振鹤主编 李治安 薛磊著 2009年 376页 23 cm 精装 50元（G. F. P.）

12152 309-05602

中国行政区划通史 明代卷
周振鹤主编 郭红 靳润成著 2007年 839页 23cm 精装 105元 (G. F. P.)

12153 309-05603
中国行政区划通史 清代卷
周振鹤主编 傅林祥等著 2013年 793页 23cm 精装 115元 (G. F. P.)

12154 309-05604
中国行政区划通史 中华民国卷
周振鹤主编 傅林祥 郑宝恒著 2007年 797页 23cm 精装 98元 (G. F. P.)

12155 309-12696
中国行政区划通史 总论 先秦卷
周振鹤主编 周振鹤 李晓杰著 2017年 第2版 690页 24cm 精装 120元 (G. F. P.)

12156 309-12967
中国行政区划通史 秦汉卷
周振鹤主编 周振鹤 李晓杰 张莉著 2017年 第2版 2册 24cm 精装 198元 (G. F. P.)

12157 309-12680
中国行政区划通史 三国两晋南朝卷
周振鹤主编 胡阿祥 孔祥军 徐成著 2017年 第2版 2册 23cm 精装 260元 (G. F. P.)

12158 309-12968
中国行政区划通史 十六国北朝卷
周振鹤主编 牟发松 毋有江 魏俊杰著 2017年 第2版 2册 24cm 精装 220元 (G. F. P.)

12159 309-12697
中国行政区划通史 隋代卷
周振鹤主编 施和金著 2017年 第2版 577页 24cm 精装 100元 (G. F. P.)

12160 309-12698
中国行政区划通史 唐代卷
周振鹤主编 郭声波著 2017年 第2版 2册 24cm 精装 230元 (G. F. P.)

12161 309-12681
中国行政区划通史 五代十国卷
周振鹤主编 李晓杰著 2017年 第2版 2册 24cm 精装 195元 (G. F. P.)

12162 309-12699
中国行政区划通史 宋西夏卷
周振鹤主编 李昌宪著 2017年 第2版 801页 24cm 精装 130元 (G. F. P.)

12163 309-12700
中国行政区划通史 辽金卷
周振鹤主编 余蔚著 2017年 第2版 959页 24cm 精装 160元 (G. F. P.)

12164 309-12701
中国行政区划通史 元代卷
周振鹤主编 李治安 薛磊著 2017年 第2版 377页 24cm 精装 75元 (G. F. P.)

12165 309-12702
中国行政区划通史 明代卷
周振鹤主编 郭红 靳润成著 2017年 第2版 967页 24cm 精装 165元 (G. F. P.)

12166 309-12703
中国行政区划通史 清代卷
周振鹤主编 傅林祥等著 2017年 第2版 795页 24cm 精装 130元 (G. F. P.)

12167 309-12704
中国行政区划通史 中华民国卷

周振鹤主编 傅林祥 郑宝恒著 2017 年 第 2 版 800 页 24 cm 精装 130 元 (G. F. P.)

12168 309-14696
山海文明：跨学科的视角 第一届山海文明高峰论坛论文集
张先清主编 2019 年 244 页 23 cm 80 元 (G. F. P.)

12169 11253.016
水经注通检今释
赵永复编 1985 年 161 页 26 cm 1.90 元 (G. F.)

12170 309-12405
水经注校笺图释 渭水流域诸篇
李晓杰主编 2017 年 2 册 29 cm 精装 398 元 (G. F. P.)

12171 12253.001
黄河史论丛
谭其骧编 1986 年 250 页 20 cm 2.10 元 (G. F.)

12172 309-12710
中国古代的聚落与地方行政
（日）池田雄一著 郑威译 2017 年 650 页 23 cm 85 元〔日本学者古代中国研究丛刊 徐冲主编〕(G. F. P.)

12173 309-09586
琉球王国汉文文献集成
（日）高津孝 陈捷主编 2013 年 影印本 36 册 26 cm 精装 18 000 元 (G. F.)

12174 309-04326
长江下游考古地理
高蒙河著 2005 年 343 页 21 cm 22 元 (G. F. P.)

12175 309-06961
后而立集
葛剑雄著 2010 年 281 页 24 cm 32 元〔"三十年集"系列丛书 1978—2008〕(G. F. P.)

12176 309-12735
丝路古史散论
芮传明著 2017 年 394 页 22 cm 精装 45 元〔复旦文库〕(G. F. P.)

12177 309-07110
长水声闻
周振鹤著 2010 年 314 页 24 cm 34 元〔"三十年集"系列丛书 1978—2008〕(G. F. P.)

12178 309-13094
历史地理 第 35 辑
《历史地理》编辑委员会编 2017 年 196 页 26 cm 65 元 (G. F. P.)

12179 309-13569
历史地理 第 36 辑
《历史地理》编辑委员会编 2018 年 325 页 26 cm 88 元 (G. F. P.)

12180 309-13948
历史地理 第 37 辑
《历史地理》编辑委员会编 2018 年 204 页 26 cm 70 元 (G. F. P.)

12181 309-14085
历史地理 第 38 辑
《历史地理》编辑委员会编 2019 年 360 页 26 cm 88 元 (G. F. P.)

12182 309-13753
中国历史地理评论 第 2 辑
钱杭主编 2018 年 340 页 23 cm 68 元

(G. F. P.)

12183 309-11367
长水粹编
谭其骧著 葛剑雄编 2015 年 479 页 24 cm 精装 88 元〔复旦百年经典文库〕(G. F. P.)

12184 309-14456
中国历史地理十讲
邹逸麟著 2019 年 362 页 21 cm 精装 68 元〔名家专题精讲系列 第六辑〕(G. F. P.)

12185 309-10640
消失的南京旧景
黄强编著 2014 年 191 页 21 cm 30 元 (G. F. P.)

12186 309-15027
徐家汇源
方世忠主编 2020 年 335 页 26 cm 精装 128 元 (P.)

12187 309-03130
上海城隍庙大观
桂国强主编 2002 年 276 页 21 cm 15 元 (G. F. P.)

12188 309-02807
上海都市导游
戴松年 殷明发主编 2001 年 415 页 20 cm 29 元〔旅游培训教材〕(G. F. P.)

12189 309-02521
吃玩大上海
洪丕谟著 2000 年 428 页 20 cm 20 元 (G. F. P.)

12190 309-02136
江南名镇朱家角
姚元祥主编 朱家角镇人民政府青浦县地方办公室编 1998 年 96 页 19 cm 10 元〔青浦旅游丛书 3〕(G. F.)

12191 309-02753
畅游日本 最新旅游指南
媒体新日中编辑室编著 2001 年 139 页 20 cm 28 元 (G. F. P.)

12192 309-10645
走近西非
潘卫民主编 2014 年 306 页 22 cm 28.50 元 (G. F. P.)

12193 309-07701
俄罗斯国情简明教程
赵世锋编著 2011 年 321 页 23 cm 50 元〔人文学术〕(G. F. P.)

12194 309-12619
走近黑山
吴迪龙 张志武 付臻编译 2017 年 322 页 21 cm 32 元 (G. F.)

12195 309-06943
新西兰 历史、民族与文化
赵晓寰 乔雪瑛著 2009 年 274 页 21 cm 29 元 (G. F. P.)

12196 309-05439
依然神秘 一位中国著名记者眼中的"另类"美国
朱幸福著 2007 年 382 页 21 cm 28 元 (G. F. P.)

12197 309-00173
上海酒店导游图 中英文对照
上海市测绘院编制 1988 年 1 幅 52×76 cm (G.)

自然科学总论

自然科学理论与方法论

12198 309-05263
当代科学技术哲学导论
陈其荣著 2006年 694页 23 cm 68元
〔21世纪复旦大学研究生教学用书〕(G. F. P.)

12199 309-04037
自然哲学
陈其荣著 2004年 271页 20 cm 18元
〔哲学交叉学科系列丛书〕(G. F. P.)

12200 309-02817
自然哲学的演化
金尚年编著 2001年 332页 20 cm 18元
(G. F. P.)

12201 309-06545
自然、技术与历史
孙大鹏著 2009年 189页 21 cm 18元
(G. F. P.)

12202 309-08425
现代技术的谱系
王志伟著 2011年 229页 21 cm 22元
〔人文学术〕(G. F. P.)

12203 309-11518
科学实在论导论
魏洪钟著 2015年 253页 21 cm 精装 35元〔当代哲学问题研读指针丛书 逻辑和科技哲学系列 张志林 黄翔主编〕(G. F. P.)

12204 309-07373
生存论境域中的科学 马克思科学观研究
徐志宏著 2010年 209页 21 cm 20元
(G. F. P.)

12205 309-10977
亥姆霍兹与现代西方科学哲学的发展

许良著 2014年 258页 23 cm 36元 (G. F. P.)

12206 309-04039
技术哲学
许良著 2004年 285页 20 cm 20元〔哲学交叉学科系列丛书〕(G. F. P.)

12207 309-11229
科学合理性
张志林著 2015年 311页 21 cm 精装 38元〔当代哲学问题研读指针丛书 逻辑和科技哲学系列 张志林 黄翔主编〕(G. F. P.)

12208 309-03987
科学哲学
周林东著 2004年 255页 20 cm 18元〔哲学交叉学科系列丛书〕(G. F. P.)

12209 309-01457
自然辩证法导论 自然论、科学论和方法论的新综合
陈其荣著 1995年 505页 20 cm 18元〔理科研究生丛书〕(G. F.)

12210 5627-0055
自然辩证法概论
宋传玉等主编 1990年 408页 20 cm 4.50元 (G. F.)

12211 309-09435
科学革命的历史分析 库恩与他的理论
吴以义著 2013年 220页 22 cm 28元〔西方思想文化史研究丛书〕(G. F. P.)

12212 309-02331
文艺复兴时期的人与自然
(美)艾伦·G.狄博斯(Allen G. Debus)著 周雁翎译 2000年 201页 22 cm 17元〔剑桥科学史丛书〕(G. F. P.)

12213 309-08624
科学精英是如何造就的 从STS的观点看诺贝尔自然科学奖
陈其荣 廖文武著 2011年 360页 23 cm 精装 48元 (G. F. P.)

12214 309-04252
科学时代 20世纪科学家的探索与成就
(美)杰拉德·皮尔(Gerard Piel)著 潘笃武译 2004年 436页 22 cm 精装 30元 (G. F. P.)

12215 309-02330
近代科学的建构 机械论与力学
(美)理查德·S.韦斯特福尔(Richard S. Westfall)著 彭万华译 2000年 190页 22 cm 16元〔剑桥科学史丛书〕(G. F. P.)

12216 309-02337
技术发展简史
(美)乔治·巴萨拉(George Basalla)著 周光发译 2000年 288页 21 cm 22.50元〔剑桥科学史丛书〕(G. F. P.)

12217 309-06910
技术与发明
江晓原著 2010年 173页 21 cm 精装 25元〔"我们的国家"系列丛书 第一辑〕(G. F. P.)

12218 309-03662
科学史十论
席泽宗著 2003年 243页 21 cm 14元〔名家专题精讲系列 第二辑〕(G. F. P.)

12219 309-02332

科学与启蒙运动
（美）托马斯·L.汉金斯（Thomas L. Hankins）著 任定成 张爱珍译 2000年 235页 22cm 20元〔剑桥科学史丛书〕(G. F. P.)

12220 309-02338
俄罗斯和苏联科学简史
（英）洛伦·R.格雷厄姆著 叶式辉 黄一勤译 2000年 387页 22cm 29.50元〔剑桥科学史丛书〕(G. F. P.)

自然科学概况、现状、进展

12221 309-00892
硅谷夜谈 华中一高技术科普作品选集
华中一著 1992年 147页 20cm 3.50元 (G. F.)

12222 309-01172
现代科学技术概论
李继宗主编 倪光炯等编写 1994年 540页 20cm 15元 (G. F.)

12223 309-08040
100个科学谜案
（美）里克·拜尔著 顾庆阳 顾韶阳译 2011年 203页 19cm 24元〔美国历史频道经典100揭密系列3〕(G.)

12224 309-02473
通向科学家之路 科技创新例话
赵传栋编著 2000年 434页 20cm 18元〔知识创新系列〕(G. F. P.)

自然科学研究方法

12225 13253.025
科学技术统计 对研究和实验发展活动进行调查的推荐标准规范
经济合作和发展组织编 俞胜弟译 1985年 93页 20cm 0.80元 (G.)

自然科学教育与普及

12226 309-04076
走近科学与技术
黄保强主编 2004年 276页 23cm 27元〔21世纪大学生素质教育系列教材〕(G. F. P.)

12227 13253.051
自然科学基础
李继宗 戚进勤主编 1987年 294页 20cm 1.95元 (G. F.)

12228 309-10084
幼儿教师自然科学教程 生物地理分册
王向东主编 2013年 156页 30cm 26元〔全国学前教育专业（新课程标准）"十二五"规划教材〕(G. F. P.)

12229 309-10314
幼儿教师自然科学教程 物理化学二分册
王向东主编 2014年 132页 30cm 26元〔全国学前教育专业（新课程标准）"十二五"规划教材〕(G. F. P.)

12230 309-10085
幼儿教师自然科学教程 物理化学一分册
王向东主编 2013年 131页 30cm 25元〔全国学前教育专业（新课程标准）"十二五"规划教材〕(G. F. P.)

12231 309-02612
头脑风暴
华中一著 2000年 273页 21cm 15元 (G. F. P.)

12232 309-01769

阿爸教现代科技

黄玉峰等主编 1996年 668页 20 cm 精装 30元〔"阿爸教"丛书〕(G. F. P.)

12233 309-13282

科技新知

雷仕湛 薛慧彬编著 2017年 123页 21 cm 15元〔"60岁开始读"科普教育丛书〕(G. F. P.)

自然科学丛书、文集、连续性出版物

12234 309-05413

吴立德学术论文选

吴立德著 2007年 424页 23 cm 48元〔复旦学人文库〕(G. F.)

12235 309-03043

旅英学人谈科技热点

周午纵主编 2001年 369页 21 cm 18元 (G. F. P.)

系统科学

12236 309-13969

系统动力学入门

(奥) 陶在朴著 2018年 294页 26 cm 38元 (G. F. P.)

数理科学和化学

数　学

12237　309-01007
基础数学　内容方法与简史
赵庆余　徐五光主编　1993年　756页　21 cm　14元（　）

12238　309-06705
实用数学　上册
张圣勤　孙福兴主编　2009年　331页　23 cm　35元〔普通高等教育"十一五"国家级规划教材　复旦卓越·数学系列　高等职业技术院校教材〕(G. F. P.)

12239　309-07058
实用数学　下册　工程类
张圣勤　叶迎春主编　王星　孙卫平　孙福兴编著　2010年　241页　23 cm　28元〔普通高等教育"十一五"国家级规划教材　高等职业技术院校教材　复旦卓越·数学系列〕(G. F. P.)

12240　309-07224
实用数学　下册　经管类
张圣勤　应惠芬主编　应惠芬等编著　2010年　183页　23 cm　23元〔普通高等教育"十一五"国家级规划教材　高等职业技术院校教材　复旦卓越·数学系列〕(G. F. P.)

12241　309-10768
实用数学　工程类
张圣勤　孙福兴　叶迎春主编　孙卫平　沈剑华　金建光编著　2015年　372页　21 cm　42元〔"十二五"职业教育国家规划教材　复旦卓越·数学系列〕(G. F. P.)

12242　309-10770
实用数学　经管类
张圣勤　孙福兴　应惠芬主编　许燕频　沈剑华　金建光编著　2015年　322页　23 cm

39元〔"十二五"职业教育国家规划教材 复旦卓越·数学系列〕(G. F. P.)

12243 309-04453
数学与知识的探求
(美) M.克莱因(Morris Kline)著 刘志勇译 2005年 294页 22 cm 21元〔西方数学文化理念传播译丛〕(G. F. P.)

12244 309-12394
数学与知识的探求
(美) M.克莱因著 刘志勇译 2016年 第2版 289页 21 cm 24元〔西方数学文化理念传播译丛〕(G. F. P.)

12245 309-04259
后现代思想的数学根源
(加) 弗拉第米尔·塔西奇著 蔡仲 戴建平译 2005年 260页 22 cm 20元〔西方数学文化理念传播译丛〕(G. F. P.)

12246 309-08916
数学大震动
胡岩生著 2012年 127页 19 cm 20元 (G. F. P.)

12247 309-06460
数学哲学 对数学的思考
(美) 斯图尔特·夏皮罗(Stewart Shapiro)著 郝兆宽 杨睿之译 2009年 318页 21 cm 26元〔西方数学文化理念传播译丛〕(G. F. P.)

12248 309-07249
现实世界的数学视角与思维
谭永基 俞红编著 2010年 390页 21 cm 30元〔复旦通识系列〕(G. F. P.)

12249 309-05397

证明与反驳 数学发现的逻辑
(英) 伊姆雷·拉卡托斯(Imre Lakatos)著 方刚 兰钊译 2007年 193页 22 cm 15元〔西方数学文化理念传播译丛〕(G. F. P.)

12250 309-13073
数学文化赏析
张文俊编 2017年 276页 26 cm 46元〔普通高等学校"十三五"精品规划教材〕(G. P.)

12251 13253.043
美国数学的现在和未来
周仲良 郭镜明译 1986年 132页 19 cm 1.20元 (G. F.)

12252 309-10090
幼儿教师数学应用赏析
王向东主编 2013年 99页 30 cm 20元〔全国学前教育专业(新课程标准)"十二五"规划教材〕(G. F. P.)

12253 309-06111
数学同步练习
孔宝刚主编 2008年 210页 30 cm 24元〔复旦卓越·全国学前教育专业系列〕(G. P.)

12254 309-04454
什么是数学 对思想和方法的基本研究
(美) R.柯朗(Richard Courant) (美) H.罗宾(Herbert Robbins)著 左平 张饴慈译 2005年 584页 22 cm 37元〔西方数学文化理念传播译丛〕(G. F. P.)

12255 309-08623
什么是数学 对思想和方法的基本研究
(美) R.柯朗(R. Courant) (美) H.罗宾

（H. Robbing）著 左平 张饴慈译 2012年 第3版 588页 21 cm 43元〔西方数学文化理念传播译丛〕(G. F. P.)

12256 309-12810
什么是数学 对思想和方法的基本研究
（美）R.柯朗（Richard Courant）（美）H.罗宾著（美）I.斯图尔特修订 左平 张饴慈译 2017年 第4版 582页 22 cm 49元 (G. F. P.)

12257 309-15067
《什么是数学》习题解析
李红主编 2020年 253页 22 cm 40元 (G. F. P.)

12258 309-13647
问题解决和数学智慧
尚强 胡炳生著 2018年 218页 21 cm 24元 (G. F. P.)

12259 309-11070
戴宏图数学论文集
戴鸿柱 戴小宽编 2014年 283页 23 cm 精装 75元 (G. F. P.)

12260 309-03489
李训经数学论文选
李训经著 2003年 512页 23 cm 48元〔复旦学人文库〕(G. F. P.)

12261 309-14573
任福尧数学论文选
任福尧著 2019年 516页 23 cm 80元 (G. F. P.)

12262 309-01693
图形函数计算器 CASIO fx-9700GH 型
忻重义编 1996年 66页 19 cm 5元〔上海教育电视台电视讲座〕(G. F.)

12263 309-03904
西方文化中的数学
（美）M.克莱因著 张祖贵译 2004年 477页 22 cm 30元〔西方数学文化理念传播译丛〕(G. F. P.)

12264 309-06382
数学恩仇录 数学家的十大论战
（美）哈尔·赫尔曼（Hal Hellman）著 范伟译 2009年 294页 22 cm 28元〔西方数学文化理念传播译丛〕(G. F. P.)

12265 309-05982
高观点下的初等数学 第1卷 算术 代数 分析 第2卷 几何 第3卷 精确数学与近似数学
（德）菲利克斯·克莱因著（第1、2卷）舒湘芹 陈义章 杨钦樑译（第3卷）吴大任 陈䶮译 2008年 3册 21 cm 68元〔西方数学文化理念传播译丛〕(G. F. P.)

12266 309-02591
初等数学 上册
邵师生主编 2000年 2册 20 cm 13元〔高等职业技术院校教材 数学 张圣勤 史历总主编〕(G. F. P.)

12267 309-02592
初等数学 下册
侯新华主编 2000年 231页 21 cm 13元〔高等职业技术院校教材 数学 张圣勤 史历总主编〕(G. F. P.)

12268 309-00583
大学珠算
张雪芬编著 1990年 193页 19 cm 3.30元 (G. F.)

12269 309-00202
珠算习题集
张方镇等编 1988年 276页 27 cm 3.95元 (G.)

12270 13253.035
大学数学
(美)E.克拉默 舒五昌 周仲良编译 1987年 699页 20 cm 4.65元 (G. F.)

12271 309-03693
高等数学 1 微积分练习与检索
贝时春等编著 2003年 411页 20 cm 20元〔全国高等教育自学考试练习与检索丛书〕(G. F. P.)

12272 309-02523
高等数学 2 线性代数与概率统计
复旦大学计算机科学系等主编 徐诚浩册主编 2000年 197页 26 cm 20元〔全国高等教育自学考试指导与训练〕(G. F. P.)

12273 309-04966
高等数学
陈志敏 胡成龙主编 2006年 2册 23 cm 46元〔新锐丛书 21世纪高职高专规划教材〕(G. F.)

12274 309-06768
高等数学
陈志敏主编 2010年 第2版 370页 23 cm 46元 (P.)

12275 309-08361
高等数学
崔瑞刚主编 2011年 316页 26 cm 45元 (P.)

12276 309-02369
高等数学 财 I
复旦大学成人教育学院培训部等主编 1999年 270页 26 cm 21元〔全国高等教育自学考试指导与训练〕(G. F. P.)

12277 309-02406
高等数学 2 线性代数与概率统计
复旦大学计算机科学系等主编 徐诚浩编 2000年 326页 26 cm 26元〔自学考试指导教材〕(G. F. P.)

12278 309-00024
高等数学
高汝熹编著 1988年 400页 20 cm 2.55元〔经济和管理类专业用〕(G. F.)

12279 309-09135
高等数学培优教程
高胜哲 张立石主编 2012年 223页 23 cm 30元〔普通高等学校"十二五"精品规划教材〕(G. P.)

12280 309-10832
高等数学简明教程
郭游瑞 徐应祥主编 2014年 362页 26 cm 45元〔普通高等学校"十二五"精品规划教材〕(G. P.)

12281 309-12910
考研数学二十讲 2018 版
贺金陵主编 2017年 402页 26 cm 58元〔考研直通车系列〕(G. F. P.)

12282 309-02607
文科高等数学
华宣积等编著 2000年 2006年第2版 322页 23 cm 26元〔普通高等教育"十一五"国家级规划教材 复旦博学·数学系列〕(G. F. P.)

12283 309-04951

高等数学

黄立宏等主编 2006年 2008年修订版 2册 23 cm 49元〔新锐丛书 21世纪高等学校教材〕(G. F. P.)

12284 309-07274

高等数学 上册

黄立宏主编 2010年 第3版 292页 23 cm 34元 (P.)

12285 309-07275

高等数学 下册

黄立宏主编 2010年 第3版 264页 23 cm 34元 (P.)

12286 309-10541

高等数学 上册

黄立宏主编 2014年 第4版 299页 23 cm 精装 36.80元〔普通高等学校"十二五"精品规划教材 国家级精品课程教材〕(G. P.)

12287 309-10542

高等数学 下册

黄立宏主编 2014年 第4版 278页 23 cm 精装 35.80元〔普通高等学校"十二五"精品规划教材 国家级精品课程教材〕(G. P.)

12288 309-11507

高等数学 上册

黄立宏主编 2017年 第5版 281页 26 cm 48元〔普通高等学校"十三五"精品规划教材 国家级精品课程教材 新经度〕(G. P.)

12289 309-10259

高等数学 下册

黄立宏主编 2017年 第5版 259页 26 cm 48元〔普通高等学校"十三五"精品规划教材 国家级精品课程教材 新经度〕(G. P.)

12290 309-11673

考研数学高分复习全书

金程考研公共课教研中心编著 2015年 439页 30 cm 55元〔考研通关宝系列丛书〕(G. F. P.)

12291 309-07515

高等数学同步辅导与复习提高 上册

金路 徐惠平编 2010年 242页 23 cm 28元〔普通高等教育"十一五"国家级规划教材配套教辅〕(G. F. P.)

12292 309-09508

高等数学同步辅导与复习提高 上册

金路 徐惠平编 2013年 第2版 283页 24 cm 32元〔普通高等教育"十一五"国家级规划教材配套教辅〕(G. F. P.)

12293 309-07514

高等数学同步辅导与复习提高 下册

金路 徐惠平编 2010年 303页 23 cm 35元〔普通高等教育"十一五"国家级规划教材配套教辅〕(G. F. P.)

12294 309-09592

高等数学同步辅导与复习提高 下册

金路 徐惠平编 2013年 第2版 336页 23 cm 38元〔普通高等教育"十一五"国家级规划教材配套教辅〕(G. F. P.)

12295 309-13655

高等数学同步辅导与复习提高

金路 徐惠平编 2018年 第3版 662页 23 cm 80元 (G. F. P.)

12296 309-05759
高等数学学习指导
黎国玲主编 湖南工学院数学教研室编 2007年 2册 23 cm 35元〔新锐丛书 21世纪高等学校教材〕(G. F. P.)

12297 309-05934
大学文科数学
李成福主编 2008年 228页 23 cm 28元〔普通高等学校"十一五"精品规划教材〕(G. P.)

12298 309-08832
高等数学 上册
廖新元主编 2012年 310页 23 cm 37元〔普通高等学校"十二五"精品规划教材〕(G. P.)

12299 309-08911
高等数学 下册
陈明主编 2012年 259页 23 cm 34元〔普通高等学校"十二五"精品规划教材〕(G. P.)

12300 309-10804
高等数学 上册
廖新元主编 2015年 第2版 339页 23 cm 44元〔普通高等学校"十二五"精品规划教材〕(G. P.)

12301 309-10792
高等数学 下册
陈明主编 2015年 第2版 270页 23 cm 38元〔普通高等学校"十二五"精品规划教材〕(G. P.)

12302 309-06822
高等数学(经管类)
林伟初 郭安学主编 2009年 2册 23 cm 56元 (P.)

12303 309-09551
高等数学(经管类) 上册
林伟初 郭安学主编 2013年 第2版 247页 23 cm 36元〔普通高等学校"十一五"精品规划教材〕(G. P.)

12304 309-09552
高等数学(经管类) 下册
林伟初 郭安学主编 2013年 第2版 197页 23 cm 30元〔普通高等学校"十一五"精品规划教材〕(G. P.)

12305 309-13202
高等数学 上册
罗辉 庄容坤主编 2017年 221页 26 cm 39元〔普通高等学校"十三五"精品规划教材〕(G. P.)

12306 309-11710
高等数学同步学习指导 上册
罗辉 庄容坤主编 2015年 301页 23 cm 42元 (G. P.)

12307 309-11916
高等数学同步学习指导 下册
罗辉 庄容坤主编 2016年 299页 23 cm 42元 (G. P.)

12308 309-07450
数字 你需要知道的超过2000个基本事实
(英)马克·弗莱瑞(Mark Frary)著 徐震译 2011年 124页 18 cm 精装 18元〔口袋里的百科 03〕(G. F. P.)

12309 309-11525
高等数学 上册
秦斌 李成群主编 2015年 232页 23 cm

38 元〔应用技术类型高等学校规划教材〕(G. P.)

12310 309-11544
高等数学 下册
秦斌 李成群主编 2015 年 162 页 23 cm 34 元〔应用技术类型高等学校规划教材〕(G. P.)

12311 309-01710
高等数学讲义
秦曾复 余跃年编著 1996 年 766 页 20 cm 25 元 (G. F.)

12312 309-01509
高等数学
任国臣主编 1995 年 2 册 20 cm 24 元 (G. F.)

12313 309-05619
高等数学
宋礼民 杜洪艳主编 2008 年 2 册 23 cm 48 元 (F. P.)

12314 309-01470
高等数学
孙芳烈等编著 1995 年 462 页 20 cm 15 元〔成人教育使用教材〕(G. F.)

12315 309-03445
高等数学 网络教育专升本考试辅导
童裕孙等主编 2002 年 259 页 26 cm 26 元 (G. F. P.)

12316 309-12501
高等数学 下册
王锋主编 2017 年 223 页 26 cm 36 元〔普通高等学校"十二五"精品规划教材〕(G. P.)

12317 309-13317
高等数学
王刚 熊力主编 2017 年 185 页 23 cm 39 元〔高等职业院校公共基础课教材 复旦卓越·数学系列〕(G. F. P.)

12318 309-05589
高等数学
王国政主编 2007 年 2 册 23 cm 52 元〔新锐丛书 21 世纪高等学校教材〕(G. F. P.)

12319 309-09805
高等数学 上册
王中兴 刘新和主编 2013 年 277 页 23 cm 34 元〔普通高等学校"十二五"精品规划教材〕(G. P.)

12320 309-09855
高等数学 下册
王中兴 刘新和主编 2013 年 350 页 23 cm 34 元〔普通高等学校"十二五"精品规划教材〕(G. P.)

12321 309-15100
高等数学一点通 讲故事,学高数
闻彬著 2020 年 264 页 26 cm 59.80 元 (G. P.)

12322 309-13740
复旦先导讲义 数理基础与程序设计
谢锡麟等编著 2018 年 236 页 26 cm 45 元〔复旦书院教育系列丛书〕(G. P.)

12323 309-04762
高等数学
杨爱珍 叶玉全编著 上海财经大学应用数学系主编 2005 年 319 页 23 cm 29 元〔大学经济数学学习方法指导丛书〕(G. F. P.)

12324 309-14627
高等数学超详解 基础版
杨超 张健 靳阳主编 2019年 366页 26 cm 59元〔139考研数学高分系列〕(G. F. P.)

12325 309-14532
高等数学
杨光昊 李伟 芦艺主编 2019年 151页 23 cm 32元〔高等职业院校公共基础课教材 复旦卓越·数学系列〕(G. F. P.)

12326 309-13246
高等数学 上册
杨渭清主编 2017年 242页 26 cm 42元〔普通高等学校"十三五"精品规划教材〕(G. P.)

12327 309-13447
高等数学 下册
杨渭清主编 2018年 224页 23 cm 38元〔新锐丛书〕( )

12328 309-12799
高等数学课程学习指导
杨志忠等主编 2017年 175页 26 cm 30元〔普通高等学校"十三五"精品规划教材〕(G. P.)

12329 309-00016
高等数学与数学分析 方法导引
姚允龙编著 1988年 297页 20 cm 2.10元〔大学数学学习指导〕(G. F.)

12330 309-10919
高等数学 上册
余达锦编著 2014年 277页 26 cm 38元〔信毅教材大系〕(G. F. P.)

12331 309-10920
高等数学 下册
余达锦编著 2014年 318页 26 cm 42元〔信毅教材大系〕(G. F. P.)

12332 309-12922
高等数学 上册
余达锦编著 2017年 第2版 294页 26 cm 48元〔信毅教材大系·通识系列〕(G. F. P.)

12333 309-12923
高等数学 下册
余达锦编著 2017年 第2版 334页 26 cm 52元〔信毅教材大系·通识系列〕(G. F. P.)

12334 309-09020
高等数学 上册
余德治 张月莲主编 2014年 193页 23 cm 32元〔普通高等学校"十二五"精品规划教材〕(G. P.)

12335 309-09235
高等数学 下册
杨家兴编 2012年 161页 23 cm 32元 (P.)

12336 309-02576
高等数学
张圣勤 史历总主编 2000年 386页 20 cm 20元〔高等职业技术院校教材〕(G. F. P.)

12337 309-06499
高等数学学习指导(理工类)
张圣勤主编 2009年 301页 26 cm 29元〔"十一五"高等数学辅导教材〕(G. F. P.)

12338 309-06704
实用数学练习册 上册
张圣勤 孙福兴 王星编 2009年 86页

26 cm 10元〔普通高等教育"十一五"国家级规划教材配套教学用书 高等职业技术院校教材配套教学用书 复旦卓越·数学系列〕(G. F. P.)

12339 309-07057

实用数学练习册 下册 工程类

张圣勤等编 2010年 80页 26 cm 10元〔普通高等教育"十一五"国家级规划教材配套教学用书 复旦卓越·数学系列 高等职业技术院校教材配套教学用书〕(G. F. P.)

12340 309-07227

实用数学练习册 下册 经管类

张圣勤等编 2010年 68页 26 cm 9元〔普通高等教育"十一五"国家级规划教材配套教学用书 复旦卓越·数学系列 高等职业技术院校教材配套教学用书〕(G. F. P.)

12341 309-10769

实用数学练习册 工程类

张圣勤等编 2015年 99页 26 cm 15元〔"十二五"职业教育国家规划教材配套教学用书 复旦卓越·数学系列〕(G. F. P.)

12342 309-10767

实用数学练习册 经管类

张圣勤等编 2015年 97页 26 cm 15元〔"十二五"职业教育国家规划教材配套教学用书 复旦卓越·数学系列〕(G. F. P.)

12343 309-05086

数学 基础版

柳斌主编 2006年 208页 20 cm 18元 (G. P.)

12344 309-03158

高等数学

张万国编著 复旦大学数学系主编 2002年 2007年第2版 310页 24 cm 29元〔大学数学学习方法指导丛书 第Ⅰ辑〕(G. F. P.)

12345 309-08563

高等数学

张万国编 2011年 329页 23 cm 45元 (G. F. P.)

12346 309-12445

高等数学 上册

张雪霞主编 2016年 288页 26 cm 42.80元〔普通高等学校"十二五"精品规划教材 大学数学基础教材〕(G. F. P.)

12347 309-12460

高等数学 下册

张雪霞主编 2016年 246页 26 cm 39.80元〔普通高等学校"十二五"精品规划教材 大学数学基础教材〕(G. F. P.)

12348 309-10698

高等数学 上册

赵立军 宋杰 黄端山主编 2014年 243页 23 cm 36元〔普通高等学校"十二五"精品规划教材〕(G. F. P.)

12349 309-10699

高等数学 下册

赵立军 宋杰 黄端山主编 2014年 222页 23 cm 34元〔普通高等学校"十二五"精品规划教材〕(G. F. P.)

12350 309-13054

高等数学 上册

赵立军总主编 宋杰 吴奇峰 黄端山主编

2017年 第2版 207页 26 cm 38元〔普通高等学校"十三五"精品规划教材〕(G. P.)

12351 309-13141
高等数学 下册
赵立军总主编 宋杰 吴奇峰 黄端山主编 2017年 第2版 181页 26 cm 32元〔普通高等学校"十三五"精品规划教材〕(G. P.)

12352 309-12336
高等数学 基础版
赵立军 吴奇峰 宋杰主编 2016年 272页 26 cm 42元 (G. P.)

12353 309-12423
高等数学 上册
赵玉亮主编 2017年 257页 26 cm 39元〔普通高等学校"十二五"精品规划教材〕(G. P.)

12354 309-06500
高等数学学习指导(经管类)
朱泰英主编 2009年 264页 26 cm 28元〔"十一五"高等数学辅导教材〕(G. F. P.)

12355 309-00326
高等数学
朱学炎等编 1990年 433页 20 cm 3.30元〔生物和化学类专业用〕(G. F.)

12356 309-06387
数学实验与数学建模
张圣勤主编 2008年 160页 26 cm 19元〔普通高等院校数学实验教材〕(G. F. P.)

12357 309-14764
考前必做100题
杨超主编 2019年 108页 26 cm 49元〔139考研数学高分系列〕(G. F. P.)

12358 309-07441
高等数学同步训练
高胜哲主编 2010年 204页 26 cm 22元 (P.)

12359 309-10752
高等数学同步训练(同济大学版) 上册
刘亚威 胡国全 蒋伟主编 2014年 88页 23 cm 13.80元〔普通高等学校"十二五"精品规划教材〕(G. P.)

12360 309-11158
高等数学同步训练(同济大学版) 下册
刘亚威 胡国全 蒋伟主编 2015年 85页 23 cm 13.80元〔普通高等学校"十二五"精品规划教材〕(G. P.)

12361 309-09647
高等数学习题及习题集精解
杨爱珍等编 2013年 425页 26 cm 48元 (G. F. P.)

12362 309-13323
高等数学习题及习题集精解
杨爱珍等编 2017年 第2版 428页 26 cm 58元 (G. F. P.)

12363 309-14980
考研数学必做习题库 概率论与数理统计篇
杨超 朱祥和主编 2020年 322页 26 cm 69元〔139高分系列〕(G. P.)

12364 309-14588
考研数学必做习题库 高等数学篇
杨超 张健主编 2019年 472页 26 cm 139元〔139考研数学高分系列〕(G. F. P.)

12365 309-15047

考研数学必做习题库 线性代数篇

杨超主编 2020年 372页 26 cm 79元〔139高分系列〕(G. P.)

12366 309-13514

考研数学必做真题库 数学一

杨超 靳阳主编 2020年 200页 26 cm 79元〔139高分系列〕(P.)

12367 309-13574

考研数学必做真题库 数学二

杨超 靳阳主编 2020年 200页 26 cm 79元〔139高分系列〕(P.)

12368 309-13515

考研数学必做真题库 数学三

杨超 靳阳主编 2020年 200页 26 cm 79元〔139高分系列〕(P.)

12369 309-14900

考研数学三大计算

杨超主编 2020年 169页 26 cm 39元〔139高分系列〕(G. P.)

12370 309-14531

高等数学练习册

杨光昊 李伟 芦艺主编 王雪娇等编著 2019年 168页 26 cm 19.80元〔高等职业院校公共基础课教材 复旦卓越·数学系列〕(G. F. P.)

12371 309-00668

数理逻辑的思想和方法

昂扬编著 1991年 230页 20 cm 2.50元 (G. F.)

12372 309-11025

数理逻辑 证明及其限度

郝兆宽 杨睿之 杨跃著 2014年 249页 24 cm 36元〔逻辑与形而上学教科书系列〕(G. F. P.)

12373 309-14568

数理逻辑 证明及其限度

郝兆宽 杨睿之 杨跃著 2020年 第2版 272页 26 cm 49元〔逻辑与形而上学教科书系列〕(F. P.)

12374 309-12658

作为哲学的数理逻辑

杨睿之著 2016年 218页 24 cm 32元〔逻辑与形而上学教科书系列〕(G. F. P.)

12375 309-04237

半符号逻辑 传统逻辑与符号逻辑的桥梁

张霭珠著 2004年 219页 23 cm 20元 (G. F. P.)

12376 309-14018

递归论 算法与随机性基础

郝兆宽 杨睿之 杨跃著 2018年 207页 24 cm 39元〔逻辑与形而上学教科书系列〕(G. F. P.)

12377 309-12807

Basic and improvement of MCM & ICM

库在强(Zaiqiang Ku)编 2017年 216页 23 cm 36元 (G.)

12378 309-01752

数学模型

谭永基 俞文鮆编著 1997年 412页 20 cm 16元〔大学应用数学丛书〕(G. F.)

12379 309-04306

数学模型

谭永基 蔡志杰 俞文鮆编著 2005年 390

页 23 cm 38 元〔复旦博学·数学系列〕(G. F.)

12380 309-07833
数学模型
谭永基 蔡志杰编著 2011 年 第 2 版 415 页 23 cm 42 元〔复旦博学·数学系列〕(G. F. P.)

12381 309-14289
数学模型
谭永基 蔡志杰编著 2019 年 第 3 版 428 页 23 cm 48 元〔复旦博学·数学系列 普通高等教育"十一五"国家级规划教材〕(G. F. P.)

12382 309-14019
初等模型论
姚宁远著 2018 年 238 页 24 cm 36 元〔逻辑与形而上学教科书系列〕(F.)

12383 309-10710
集合论 对无穷概念的探索
郝兆宽 杨跃著 2014 年 246 页 24 cm 35 元〔逻辑与形而上学教科书系列〕(G. F. P.)

12384 309-06185
高等代数
上海财经大学应用数学系主编 2008 年 277 页 23 cm 32 元〔复旦博学·数学系列 高等院校精品课程教材〕(G. F. P.)

12385 309-03169
高等代数
姚慕生编著 复旦大学数学系主编 2002 年 2007 年第 2 版 328 页 23 cm 31 元〔大学数学学习方法指导丛书 第Ⅰ辑〕(G. F. P.)

12386 309-11776
高等代数
姚慕生 谢启鸿编著 复旦大学数学科学学院主编 2015 年 第 3 版 535 页 23 cm 68 元〔大学数学学习方法指导丛书〕(G. F. P.)

12387 309-02184
高等代数学
姚慕生编著 1999 年 411 页 20 cm 18 元 (G. F. P.)

12388 309-03541
高等代数学
姚慕生编著 2003 年 357 页 23 cm 35 元〔普通高等教育"十五"国家级规划教材〕(G. F. P.)

12389 309-05963
高等代数学
姚慕生 吴泉水编著 2008 年 第 2 版 396 页 23 cm 45 元〔复旦博学·数学系列 普通高等教育"十一五"国家级规划教材〕(G. F. P.)

12390 309-10989
高等代数学
姚慕生 吴泉水 谢启鸿编著 2014 年 第 3 版 463 页 23 cm 59 元〔复旦博学·数学系列 普通高等教育"十二五"国家级规划教材〕(G. F. P.)

12391 309-13172
线性代数
段复建主编 2017 年 194 页 26 cm 36 元〔普通高等学校"十三五"精品规划教材〕(G. P.)

12392 309-05314

线性代数

费伟劲主编 2007 年 255 页 23 cm 25 元〔21 世纪高等学校经济数学教材〕(G. F. P.)

12393 309-08784
线性代数

费伟劲主编 2012 年 第 2 版 252 页 23 cm 30 元〔21 世纪高等学校经济数学教材〕(G. F. P.)

12394 309-11209
线性代数

郝志峰编著 2015 年 184 页 23 cm 29.50 元〔普通高等学校"十二五"精品规划教材 大学数学基础教材〕(G. P.)

12395 309-12829
线性代数

郝志峰编著 2017 年 第 2 版 171 页 26 cm 39.80 元〔普通高等学校"十三五"精品规划教材 大学数学基础教材 新经度〕(G. P.)

12396 309-08076
线性代数同步辅导与复习提高

金路编 2011 年 289 页 23 cm 33 元〔普通高等教育"十一五"国家级规划教材配套教辅〕(G. F. P.)

12397 309-10853
线性代数同步辅导与复习提高

金路编 2014 年 第 2 版 300 页 23 cm 38 元〔普通高等教育"十一五"国家级规划教材配套教辅〕(G. F. P.)

12398 309-09022
线性代数学习指导

李梵蓓 刘万霞 王瑞莲主编 2013 年 188 页 23 cm 28 元〔普通高等学校"十二五"精品规划教材〕(G. P.)

12399 309-08759
线性代数同步学习指导

李桂贞 陈益智主编 2016 年 191 页 23 cm 29.50 元 (G. P.)

12400 309-05653
线性代数

李建平 全志勇主编 2007 年 206 页 23 cm 22 元〔新锐丛书 高等学校经管类数学系列教材〕(G. F. P.)

12401 309-12727
线性代数

李俊锋主编 2017 年 207 页 23 cm 35 元〔普通高等学校"十三五"精品规划教材〕(G. P.)

12402 309-10702
线性代数

李晓培 齐春燕 邱建军主编 2014 年 203 页 23 cm 28 元〔普通高等学校"十二五"精品规划教材〕(G. F. P.)

12403 309-04955
线性代数

刘金旺 夏学文主编 2006 年 2008 年修订版 206 页 23 cm 19 元〔新锐丛书 21 世纪高等学校教材〕(G. F. P.)

12404 309-12473
线性代数

刘金旺 李冬梅主编 2016 年 第 3 版 184 页 26 cm 35 元〔普通高等学校"十三五"精品规划教材〕(G. P.)

12405 309-01441

线性代数

陆吉祥 王宁生主编 1995 年 210 页 20 cm 7 元 (G. F.)

12406　309-12502
线性代数

吕志伟 卢凤梅主编 2017 年 173 页 26 cm 29 元〔普通高等学校"十二五"精品规划教材〕(G. P.)

12407　309-08831
线性代数

乔节增 李梵蓓主编 2012 年 209 页 23 cm 32 元〔普通高等学校"十二五"精品规划教材〕(G. P.)

12408　309-07345
线性代数

谭琼华编 2010 年 178 页 26 cm 26 元 (P.)

12409　309-12726
线性代数

谭琼华主编 2017 年 第 2 版 197 页 23 cm 35 元〔普通高等学校"十三五"精品规划教材〕(G. F. P.)

12410　13253.026
线性代数 方法导引

屠伯埙编著 1986 年 267 页 20 cm 1.80 元〔数学学习指导〕(G. F.)

12411　309-15255
线性代数一点通 讲故事 学线代

闻彬编著 2020 年 139 页 26 cm 39.80 元 (G. F. P.)

12412　309-05054
线性代数

万勇 李兵主编 2006 年 239 页 23 cm 22 元〔新锐丛书 21 世纪高等学校教材〕(G. F. P.)

12413　309-07114
线性代数

万勇 李兵编 2013 年 修订版 230 页 26 cm 29.80 元 (P.)

12414　309-07072
线性代数

熊维玲主编 2010 年 166 页 23 cm 28 元〔普通高等学校"十一五"精品规划教材〕(P.)

12415　309-12948
线性代数

熊维玲主编 2017 年 第 2 版 168 页 26 cm 29.80 元〔普通高等学校"十三五"精品规划教材〕(G. P.)

12416　309-08605
线性代数

徐诚浩编著 2011 年 165 页 23 cm 25 元〔成人高等教育教材〕(G. F. P.)

12417　309-14838
线性代数

杨超 姜晓千主编 2020 年 214 页 26 cm 55 元〔139 考研数学高分系列〕(G. F. P.)

12418　309-04225
线性代数

姚慕生编著 复旦大学数学系主编 2004 年 246 页 23 cm 25 元〔大学数学学习方法指导丛书 第 III 辑〕(G. F. P.)

12419　309-04956
线性代数

张从军等编著 2006年 300页 23 cm 29元〔复旦博学·经济数学系列〕(G. F.)

12420 309-07485
线性代数
张从军等编著 2010年 第2版 300页 23 cm 30元〔复旦博学·经济数学系列〕(G. F. P.)

12421 309-08292
线性代数
张丽梅主编 2012年 173页 23 cm 29元〔普通高等学校"十二五"精品规划教材〕(G. P.)

12422 309-04763
线性代数
张远征编著 上海财经大学应用数学系主编 2005年 154页 23 cm 14.50元〔大学经济数学学习方法指导丛书〕(G. F. P.)

12423 309-09648
线性代数
赵立军主编 2013年 160页 23 cm 28元〔普通高等学校"十二五"精品规划教材〕(G. P.)

12424 309-09649
线性代数学习指导及习题解析
赵立军主编 2013年 150页 23 cm 24元〔普通高等学校"十二五"精品规划教材〕(G. P.)

12425 309-05378
线性代数学习指导
赵雨清 吴建国主编 2007年 329页 23 cm 26元〔新锐丛书 21世纪高等学校教材〕(G. F. P.)

12426 309-03916
线性代数与解析几何
郑广平等编著 2004年 301页 23 cm 28元〔复旦博学·数学系列〕(G. F. P.)

12427 309-06809
线性代数
周勇 朱砾主编 2010年 206页 23 cm 29.50元 (P.)

12428 309-08069
线性代数同步训练
张丽梅编 2011年 160页 26 cm 20元 (P.)

12429 309-04932
线性代数与解析几何习题集解析
郑广平编著 2006年 298页 23 cm 27元 (G. F. P.)

12430 309-01416
李群基础
黄宣国著 1995年 245页 20 cm 17元〔理科研究生丛书〕(G. F. P.)

12431 309-05465
李群基础
黄宣国编著 2007年 第2版 249页 23 cm 26元〔研究生教学用书〕(G. F.)

12432 309-00402
抽象代数 方法导引
徐诚浩编著 1989年 186页 20 cm 1.70元〔汕头大学学术丛书〕(G. F.)

12433 309-02096
抽象代数学
姚慕生编 1998年 235页 20 cm 10元 (G. F. P.)

12434 13253.031

古典数学难题与伽罗瓦理论

徐诚浩编著 1986 年 155 页 20 cm 1.35 元 (G. F.)

12435 309-13685

初等数论

李同贤编著 2018 年 156 页 26 cm 30 元〔全国小学教育专业"十三五"规划教材〕(G. F. P.)

12436 309-09001

离散数学

李刚主编 2012 年 404 页 23 cm 48 元〔普通高等学校"十二五"精品规划教材〕(G. P.)

12437 309-00362

离散数学 方法导引

李为鉴编著 1990 年 300 页 20 cm 2.55 元〔大学数学学习指导〕(G. F.)

12438 309-12083

离散数学

李晓培 陈小亘主编 2016 年 232 页 26 cm 38 元〔普通高等学校"十二五"精品规划教材〕(G. F. P.)

12439 309-00058

离散数学

刘光奇编著 1988 年 410 页 20 cm 2.85 元〔大学应用数学丛书〕(G. F.)

12440 309-03124

离散数学与最优决策

庄义大编著 2002 年 382 页 20 cm 20 元〔21 世纪复旦大学研究生教学用书〕(G. F. P.)

12441 309-00133

简明数学分析

欧阳光中编著 1988 年 522 页 20 cm 4.15 元〔大学应用数学丛书〕(G. F.)

12442 309-00826

数学分析

欧阳光中 姚允龙编著 1993 年 2 册 20 cm 21.50 元 (G. F.)

12443 309-03570

数学分析

欧阳光中等编著 2003 年 2 册 23 cm 68 元〔复旦博学·数学系列〕(G. F. P.)

12444 309-03118

数学分析

姚允龙编著 复旦大学数学系主编 2002 年 2007 年第 2 版 372 页 23 cm 35 元〔大学数学学习方法指导丛书 第 I 辑〕(G. F. P.)

12445 309-12959

公共微积分及其应用

鲍兰平主编 2017 年 273 页 26 cm 46 元〔普通高等学校"十三五"精品规划教材〕(G.)

12446 309-12408

高职实用微积分基础

解顺强编著 2016 年 249 页 26 cm 39 元〔高职高专精品课系列〕(G. F. P.)

12447 309-14672

高职实用微积分基础

解顺强编著 2019 年 第 2 版 259 页 26 cm 49 元〔高职高专精品课系列〕(G. F. P.)

12448 309-13406

微积分讲稿 高维微积分

谢锡麟编著 2017年 614页 26 cm 80元 (G. F. P.)

12449 309-12033
微积分讲稿 一元微积分
谢锡麟编著 2015年 459页 26 cm 60元 (G. F. P.)

12450 309-09208
微积分学习指导
杨芳 高菲菲 李琳琳主编 2012年 231页 23 cm 35元〔普通高等学校"十二五"精品规划教材〕(G. P.)

12451 309-04801
微积分概念发展史
(美)卡尔·B.波耶(Carl B. Boyer)著 唐生译 2007年 320页 22 cm 28元〔西方数学文化理念传播译丛〕(G. F. P.)

12452 309-13265
微积分同步训练
魏淑清主编 2017年 180页 26 cm 30元 (G. P.)

12453 13253.040
直说微积分 是何物？有何用？
项武义编著 1986年 140页 20 cm 0.95元 (G. F.)

12454 309-05136
实分析与泛函分析
复旦大学数学科学学院主编 徐胜芝编著 2006年 553页 23 cm 50元〔大学数学学习方法指导丛书 第Ⅱ辑〕(G. F. P.)

12455 309-14466
测度论与实分析基础
杨寿渊编著 2019年 233页 26 cm 38元〔信毅教材大系·通识系列〕(G. F. P.)

12456 309-14503
复变函数
戴滨林 杨世海主编 2019年 212页 23 cm 35元〔复旦博学·数学系列〕(G. F. P.)

12457 309-11349
复变函数与积分变换
郝志峰编著 2015年 230页 23 cm 34元〔普通高等学校"十二五"精品规划教材〕(G. P.)

12458 309-11549
复变函数与积分变换
刘进波主编 2015年 197页 23 cm 34元〔普通高等学校"十二五"精品规划教材〕(G. P.)

12459 309-05412
复变函数与积分变换
马柏林 李丹衡 晏华辉主编 2007年 229页 23 cm 26元〔新锐丛书 21世纪高等学校教材〕(G. F. P.)

12460 309-09327
复变函数与积分变换
马柏林 李丹衡 晏华辉主编 2015年 第3版 227页 23 cm 36元 (P.)

12461 309-01958
复解析动力系统
任福尧主编 邱维元等编著 1997年 364页 20 cm 15元 (G. F.)

12462 309-01278
应用复分析
任福尧编著 1993年 370页 20 cm 12元〔大学应用数学丛书〕(G. F.)

12463 309-01478

复变函数
孙利祥主编 1995年 258页 20 cm 9元 (G. F.)

12464 309-09928
复变函数
杨艺芳 付瑞琴 雷发社编 2013年 242页 23 cm 35元〔普通高等学校"十二五"精品规划教材〕(G. P.)

12465 309-09870
复变函数与积分变换
赵辉主编 2013年 177页 23 cm 32元〔普通高等学校"十二五"精品规划教材〕(G. P.)

12466 309-09016
一类离散HJB方程的数值解法
邹战勇编 2012年 135页 26 cm 24元 (P.)

12467 309-00695
应用常微分方程
金福临等编著 1991年 398页 20 cm 5.50元〔大学应用数学丛书〕(G. F.)

12468 309-05590
常微分方程
楼红卫 林伟编著 2007年 252页 23 cm 25元〔复旦博学·数学系列〕(G. F. P.)

12469 309-00626
常微分方程 方法导引
阮炯编著 1991年 289页 20 cm 3.10元〔大学数学学习指导丛书〕(G. F.)

12470 309-07444
常微分方程
张晓梅 张振宇 迟东璇主编 2010年 240页 23 cm 28元〔21世纪高等学校经济数学教材〕(G. F. P.)

12471 309-12224
常微分方程
张晓梅 张振宇 张立柱主编 2016年 第2版 313页 23 cm 69元〔21世纪高等学校经济数学教材〕(G. F. P.)

12472 309-00061
偏微分方程近代方法
陈恕行 洪家兴编著 1988年 158页 19 cm 0.95元〔大学数学丛书〕(G. F.)

12473 309-08537
偏微分方程
张振宇 张立柱编著 2011年 257页 23 cm 35元〔复旦博学·数学系列 高等院校精品课程教材〕(G. F. P.)

12474 309-00350
椭圆型方程组理论和边值问题
李明忠等编著 1990年 502页 20 cm 4元〔理科研究生丛书 李大潜主编〕(G. F.)

12475 309-10990
算子理论基础
郭坤宇编著 2014年 205页 23 cm 35元〔复旦大学数学研究生教学用书〕(G. F. P.)

12476 309-08368
An Introduction to Abstract Algebra
李晓培 段樱桃主编 2011年 139页 26 cm 28元 (P.)

12477 309-03765
泛函分析教程
童裕孙编著 2003年 2008年第2版 288页 23 cm 29元〔研究生教学用书〕(G. F. P.)

12478 309-10039
积分变换与场论
梁锦锦 刘孝艳 王可升编 2013年 243页 23 cm 35元〔普通高等学校"十二五"精品规划教材〕(G. P.)

12479 309-00562
应用几何教程
苏步青 华宣积编著 1990年 270页 20 cm 2.30元〔大学应用数学丛书〕(G. F.)

12480 309-08756
应用几何教程
苏步青 华宣积编著 2012年 第2版 255页 23 cm 32元〔复旦博学·数学系列〕(G. F. P.)

12481 309-04012
空间解析几何
黄宣国编著 2004年 180页 23 cm 17元〔复旦博学·数学系列〕(G. F. P.)

12482 309-14238
空间解析几何
黄宣国编著 2019年 第2版 199页 23 cm 29元〔复旦博学·数学系列〕(G. F. P.)

12483 309-03628
空间解析几何与微分几何
黄宣国编著 复旦大学数学系主编 2003年 423页 23 cm 39元〔大学数学学习方法指导丛书 第Ⅱ辑〕(G. F. P.)

12484 309-10980
现代张量分析及其在连续介质力学中的应用
谢锡麟著 2014年 541页 26 cm 70元 (G. F. P.)

12485 309-12987
微分几何十六讲
黄宣国编著 2017年 289页 23 cm 36元〔21世纪复旦大学研究生教学用书 复旦大学数学研究生教学用书〕(G. F. P.)

12486 13253.046
古典几何学
项武义编著 1986年 227页 19 cm 1.30元〔大学数学丛书〕(G. F.)

12487 309-07673
黎曼几何讲义
忻元龙编著 2010年 187页 23 cm 25元〔研究生教学用书〕(G. F. P.)

12488 309-10991
代数曲线
杨劲根编著 2014年 171页 23 cm 29元〔21世纪复旦大学研究生教学用书 复旦大学数学研究生教学用书〕(G. F. P.)

12489 13253.037
拓扑学初步
苏步青著 1986年 78页 20 cm 0.70元 (G. F.)

12490 309-05279
概率论与数理统计
车荣强主编 2007年 249页 23 cm 25元〔21世纪高等学校经济数学教材〕(G. F. P.)

12491 309-08816
概率论与数理统计
车荣强主编 2012年 第2版 250页 23 cm 30元〔21世纪高等学校经济数学教材〕(G. F. P.)

12492 309-12335
概率论与数理统计
陈国华等主编 2016年 241页 26 cm 39.80元〔普通高等学校"十二五"精品规划教材〕(G. P.)

12493 309-09507
概率论与数理统计
程立正 罗兰兰主编 2013年 238页 23 cm 35元〔普通高等学校"十二五"精品规划教材〕(G. P.)

12494 309-13213
概率论与数理统计
程立正等主编 2017年 第2版 216页 23 cm 36元〔新锐丛书〕( )

12495 309-03613
概率论与数理统计
复旦大学数学系主编 李贤平等编著 2003年 474页 23 cm 45元〔大学数学学习方法指导丛书 第Ⅰ辑〕(G. F. P.)

12496 309-04950
概率论与数理统计
韩旭里 谢永钦主编 2006年 257页 23 cm 24元〔新锐丛书 21世纪高等学校教材〕(G. F. P.)

12497 309-11877
概率论与数理统计
韩旭里 谢永钦主编 2016年 第3版 261页 23 cm 38元〔普通高等学校"十二五"精品规划教材 国家级精品课程教材〕(G. F. P.)

12498 309-10868
概率论与数理统计学习指导
蒋辉 潘庆年主编 2014年 297页 23 cm 38元〔普通高等学校"十二五"精品规划教材〕(G. P.)

12499 309-05683
概率论与数理统计
李亚琼 黄立宏主编 2007年 403页 23 cm 35元〔新锐丛书 高等学校经管类数学系列教材〕(G. F. P.)

12500 309-11127
概率论与数理统计
梁小林 谢永钦主编 2015年 第2版 274页 23 cm 36.80元〔普通高等学校"十二五"精品规划教材〕(G. P.)

12501 309-08290
概率论与数理统计
廖茂新 廖基定主编 2012年 265页 23 cm 34元〔普通高等学校"十二五"精品规划教材〕(G. P.)

12502 309-01538
概率论与数理统计
廖玉麟主编 易昆南等编写 1995年 390页 20 cm 12元 (G. F.)

12503 309-05881
让数据告诉你
陆立强编著 2008年 193页 23 cm 20元〔复旦博学·数学系列〕(G. F. P.)

12504 309-13072
概率论与数理统计
彭国强 刘先霞 彭豪主编 2017年 271页 23 cm 45元〔普通高等学校"十三五"精品规划教材〕(G. P.)

12505 309-08094
概率论与数理统计

王学民编著 2011年 268页 23 cm 29元〔复旦卓越·经济学系列〕(G. F. P.)

12506 309-07352
概率论与数理统计
谢永钦 梁小林主编 2012年 275页 23 cm 34元 (G. P.)

12507 309-14572
概率论与数理统计
杨超主编 2019年 329页 26 cm 59元〔139考研数学高分系列〕(G. F. P.)

12508 309-05278
概率论与数理统计
张从军等编著 2006年 357页 23 cm 34元〔复旦博学·经济数学系列〕(G. F. P.)

12509 309-08475
概率论与数理统计
张从军等编著 2011年 第2版 358页 23 cm 36元〔复旦博学·经济数学系列〕(G. F. P.)

12510 309-08602
概率论与数理统计同步训练
张立石主编 2013年 1册 23 cm 20元〔普通高等学校"十二五"精品规划教材〕(G. P.)

12511 309-04761
概率论与数理统计
张晓梅 钱晓明编著 上海财经大学应用数学系主编 2005年 115页 23 cm 12元〔大学经济数学学习方法指导丛书〕(G. F. P.)

12512 309-11578
概率论与数理统计
赵辉主编 2015年 263页 23 cm 39.50元〔普通高等学校"十二五"精品规划教材〕(G. F. P.)

12513 309-02963
概率论与管理统计基础
周概容主编 2001年 431页 20 cm 22元〔工商管理硕士(MBA)教材〕(G. F. P.)

12514 309-12047
高职实用概率统计
陈顿主编 2016年 100页 26 cm 20元〔高职高专精品课系列〕(G. F. P.)

12515 309-00130
现代概率论基础
汪嘉冈编著 1988年 176页 20 cm 1.20元 (G. F.)

12516 309-04555
现代概率论基础
汪嘉冈编著 2005年 第2版 198页 23 cm 20元〔研究生教学用书〕(G. F. P.)

12517 309-04567
概率论
应坚刚 何萍编著 2005年 164页 23 cm 16元〔复旦博学·数学系列〕(G. F. P.)

12518 309-12461
概率论
应坚刚 何萍编著 2016年 第2版 201页 23 cm 27元〔复旦博学·数学系列〕(G. F. P.)

12519 309-12568
随机分析引论
钱忠民 应坚刚编著 2017年 154页 23 cm 26元〔21世纪复旦大学研究生教学用

12520 309-04343
随机过程基础
应坚刚 金蒙伟编著 2005 年 237 页 23 cm 24 元〔21 世纪复旦大学研究生教学用书〕(G. F. P.)

12521 309-12558
随机过程基础
应坚刚 金蒙伟编著 2017 年 第 2 版 288 页 24 cm 37 元〔21 世纪复旦大学研究生教学用书 复旦大学数学研究生教学用书〕(G. F. P.)

12522 309-06880
应用时间序列分析
王黎明 王连 杨楠编著 2009 年 287 页 23 cm 32 元〔复旦博学·21 世纪高校统计学专业教材系列〕(G. F. P.)

12523 309-04836
数理统计讲义
郑明 陈子毅 汪嘉冈编著 2006 年 266 页 23 cm 25 元〔复旦博学·数学系列〕(G. F. P.)

12524 309-06058
应用回归分析
王黎明 陈颖 杨楠编著 2008 年 295 页 23 cm 32 元〔复旦博学·21 世纪高校统计学专业教材系列〕(G. F. P.)

12525 309-13733
应用回归分析
王黎明 陈颖 杨楠编著 2018 年 第 2 版 299 页 23 cm 39 元〔复旦博学·21 世纪高校统计学专业教材系列〕(G. F. P.)

12526 309-08907
运筹学
陈建华主编 2012 年 253 页 26 cm 34 元〔普通高等学校"十二五"精品规划教材〕(G. P.)

12527 309-04865
运筹学方法与模型
傅家良主编 李枫等编著 2006 年 476 页 26 cm 45 元 (G. F. P.)

12528 309-10342
运筹学方法与模型
傅家良编著 2014 年 第 2 版 466 页 26 cm 56 元 (G. F. P.)

12529 13253.054
实用运筹学
魏国华等编著 1987 年 486 页 20 cm 3.10 元 (G. F.)

12530 309-01193
实用运筹学
魏国华等编著 1987 年(1993 年重印) 486 页 21 cm 18 元 (G. F.)

12531 309-00534
实用运筹学
魏国华等编著 1987 年(1990 年重印) 486 页 20 cm 6 元 (G. F.)

12532 309-00604
非线性规划
陈开明编著 1991 年 309 页 20 cm 3.30 元〔大学应用数学丛书〕(G. F.)

12533 309-08373
最优化基础理论与方法
王燕军 梁治安编著 2011 年 137 页 23 cm

21元〔复旦博学·数学系列 高等院校精品课程教材〕(G. F. P.)

12534 309-13987
最优化基础理论与方法
王燕军 梁治安 崔雪婷编著 2018年 第2版 169页 23 cm 29元〔复旦博学·数学系列 高等院校精品课程教材〕(G. F. P.)

12535 309-00124
最优控制理论基础
(苏)格姆克列里兹(Р. В. Гамкрелидзе)著 姚允龙等译 1988年 154页 20 cm 1.05元 (G. F.)

12536 309-00143
多格子方法
曹志浩编著 1989年 196页 20 cm 1.55元 (G. F.)

12537 309-06272
数值计算方法
韩旭里主编 2008年 246页 23 cm 29元〔新锐丛书 普通高等学校"十一五"精品规划教材〕(G. F. P.)

12538 309-00702
数值数学和计算
(美)切尼(Ward Cheney) (美)金凯德(David Kincaid)著 薛密译 1991年 623页 20 cm 12元 (G. F.)

12539 309-03226
差分方程和常微分方程
阮炯编著 复旦大学数学系主编 2002年 287页 23 cm 27元〔大学数学学习方法指导丛书 第Ⅰ辑〕(G. F. P.)

12540 309-01682
数值逼近
蒋尔雄 赵风光编著 1996年 268页 20 cm 12元〔计算数学丛书〕(G. F. P.)

12541 309-06133
数值逼近
蒋尔雄 赵风光 苏仰锋编著 2008年 第2版 253页 23 cm 32元〔复旦博学 普通高等教育"十一五"国家级规划教材〕(G. F. P.)

12542 309-01592
数值线性代数
曹志浩编著 1996年 258页 20 cm 12.50元〔计算数学丛书〕(G. F.)

12543 309-10786
微分方程数值解
陈文斌等编著 2014年 307页 23 cm 38元〔复旦博学·数学系列〕(G. F. P.)

12544 309-02114
微分方程数值解法
李立康等编著 1999年 459页 20 cm 18元〔计算数学丛书〕(G. F. P.)

12545 309-02593
应用数学
史历主编 岳中玉 吴羽萍副主编 2000年 345页 21 cm 18元〔高等职业技术院校教材 张圣勤 史历总主编〕(P..)

12546 309-06795
应用数学 上册
焦光利主编 2009年 331页 23 cm 35元〔复旦卓越·数学系列〕(G. F. P.)

12547 309-07056
应用数学 下册 工程类

焦光利主编 2010 年 241 页 23 cm 28 元
〔复旦卓越·数学系列 高等职业技术院校教材〕(G. F. P.)

12548 309-03561
应用数学基础
李国莹等编著 2003 年 344 页 23 cm 35 元 (G. F. P.)

12549 309-06796
应用数学练习册 上册
焦光利编 2009 年 86 页 26 cm 10 元
〔复旦卓越·数学系列 高等职业技术院校教材配套教学用书〕(G. F. P.)

12550 309-07055
应用数学练习册 下册 工程类
焦光利编 2010 年 80 页 26 cm 10 元
〔复旦卓越·数学系列 高等职业技术院校教材配套教学用书〕(G. F. P.)

力 学

12551 309-00192
基础力学
陈守吉 罗惟德编 1989 年 337 页 20 cm 2.80 元 〔大学应用教学丛书〕(G. F.)

12552 309-02786
力学与现代生活
丁光宏编著 2001 年 126 页 23 cm 13.50 元 (G. F. P.)

12553 309-06024
力学与现代生活
丁光宏 王盛章编著 2008 年 第 2 版 133 页 23 cm 18 元 (G. F. P.)

12554 309-00334
力学 上册
郑永令 贾起民编著 1989 年 324 页 20 cm 2.70 元 〔普通物理学教程丛书〕(G. F.)

12555 309-00491
力学 下册
郑永令 贾起民编著 1990 年 442 页 20 cm 3.55 元 〔普通物理学教程丛书〕(G. F.)

12556 309-00954
力学 上册
郑永令 贾起民编著 1989 年(1992 年重印) 324 页 20 cm 5 元 〔普通物理学教程丛书〕(G. F.)

12557 309-00955
力学 下册
郑永令 贾起民编著 1990 年(1992 年重印) 442 页 20 cm 6.60 元 〔普通物理学教程丛书〕(G. F.)

12558 309-01363
力学 上册
郑永令 贾起民编著 1989 年(1994 年重印) 325 页 20 cm 7.40 元 〔普通物理学教程丛书〕(G. F.)

12559 309-01364
力学 下册
郑永令 贾起民编著 1990 年(1997 年重印) 430 页 20 cm 9.50 元 〔普通物理学教程丛书〕(G. F.)

12560 309-08401
力学与人类生活
王盛章 丁光宏编著 2012 年 100 页 23 cm 12 元 〔复旦光华青少年文库〕(G. F. P.)

12561 309-00577

华东计算力学论文选集
马文华等主编 1990年 346页 26 cm 20元 (G. F.)

12562 13253.044
经典力学
金尚年编著 1987年 484页 20 cm 3.10元 〔理论物理学基础教程丛书〕(G. F.)

12563 309-04331
王文亮学术论文选
王文亮著 2005年 422页 23 cm 48元 〔复旦学人文库〕(G. F. P.)

12564 13253.020
结构振动与动态子结构方法
王文亮 杜作润编著 1985年 483页 26 cm 6.65元 (G. F.)

12565 309-01023
结构动力学
王文亮等编著 1993年 454页 20 cm 16元 (G. F.)

12566 309-00166
流体力学
叶敬棠等编著 1989年 626页 20 cm 4.90元 (G. F.)

12567 309-00474
基础流体实验
徐有恒 穆晟编著 1990年 261页 26 cm 3.70元 (G. F.)

12568 309-00512
水波引论
陶明德编著 1990年 347页 20 cm 2.85元 (G. F.)

12569 309-08552
水波动力学基础
吴云岗 陶明德编著 2011年 294页 23 cm 35元 (G. F. P.)

12570 309-05202
复杂性和临界状态
(英) Kim Christensen, Nicholas R. Moloney 著 2006年 英文影印版 408页 23 cm 45元 (G. F. P.)

物理学

12571 309-01394
波动理论
(俄) М.Б.维诺格拉多娃等著 王珊编译 1995年 408页 20 cm 15元 (G. F.)

12572 309-10148
大学物理学 上册
范仰才主编 2016年 247页 26 cm 39元 〔普通高等学校"十二五"规划教材〕(G. F. P.)

12573 309-12319
大学物理学 下册
范仰才主编 2016年 231页 26 cm 38元 〔普通高等学校"十二五"规划教材〕(G. F. P.)

12574 309-11851
大学物理 上册
匡乐满主编 2015年 226页 26 cm 38元 〔普通高等学校"十二五"精品规划教材〕(G. P.)

12575 309-11890
大学物理 下册
匡乐满主编 2015年 240页 26 cm 42元

〔普通高等学校"十二五"精品规划教材〕(G. P.)

12576 309-12768
大学物理学学习指导
匡乐满主编 2017年 193页 26 cm 32元 〔普通高等学校"十三五"精品规划教材〕(G. P.)

12577 309-03590
大学物理核心概念和题例详解
梁励芬 蒋平编著 2003年 354页 26 cm 35元 (G. F. P.)

12578 309-03267
大学物理简明教程
梁励芬 蒋平编著 2002年 517页 26 cm 48元 (G. F. P.)

12579 309-03958
大学物理简明教程
梁励芬 蒋平编著 2004年 第2版 614页 23 cm 55元 〔复旦博学·物理学系列 21世纪重点教材〕(G. F. P.)

12580 309-07880
大学物理简明教程
梁励芬 蒋平编著 2011年 第3版 662页 23 cm 68元 〔复旦博学·物理学系列〕(G. F. P.)

12581 309-09726
大学物理简明教程
廖红 赵黎主编 2013年 352页 23 cm 43元 〔普通高等学校"十二五"精品规划教材〕(G. P.)

12582 309-07273
大学计算机基础实践教程
刘相滨主编 2011年 137页 26 cm 28元 〔普通高等学校"十二五"精品规划教材〕(G. P.)

12583 309-12195
大学物理简明教程
匡乐满主编 2016年 301页 26 cm 48元 〔普通高等学校"十二五"精品规划教材〕(G. F. P.)

12584 309-02074
改变世界的物理学
倪光炯等编著 1998年 479页 20 cm 18元 〔国家教委重点教材 上海市教委重点教材〕(G. F. P.)

12585 309-02437
改变世界的物理学
倪光炯等编著 1999年 第2版 429页 23 cm 28元 〔面向21世纪课程教材〕(G. F. P.)

12586 309-05365
改变世界的物理学
倪光炯等编著 2007年 第3版 350页 23 cm 32元 〔面向21世纪课程教材 普通高等教育"十一五"国家级规划教材〕(G. F. P.)

12587 309-11258
改变世界的物理学
倪光炯等编著 2015年 第4版 360页 23 cm 42元 〔面向21世纪课程教材 普通高等教育"十一五"国家级规划教材〕(G. F. P.)

12588 309-07092
大学物理学 第1册
唐立军 黄祖洪主编 2010年 344页 23 cm

34 元 （P.）

12589　309-07075

大学物理学 第2册

唐立军 黄祖洪主编 2010年 306页 23 cm 32元 （P.）

12590　309-07082

大学物理学 第3册

唐立军 黄祖洪主编 2010年 320页 23 cm 32元 （P.）

12591　309-05024

大学物理学

汪晓元主编 2006年 2册 23 cm 54元〔新锐丛书 21世纪高等学校教材〕（G. F. P.）

12592　309-08310

大学物理学 上册

汪晓元主编 2012年 第2版 331页 23 cm 34元〔普通高等学校"十二五"精品规划教材〕（G. P.）

12593　309-08372

大学物理学 下册

汪晓元主编 2012年 第2版 344页 23 cm 36元〔普通高等学校"十二五"精品规划教材〕（G. P.）

12594　309-11156

大学物理学 上册

汪晓元主编 2015年 第3版 321页 23 cm 39元〔普通高等学校"十二五"精品规划教材〕（G. F. P.）

12595　309-11175

大学物理学 下册

汪晓元主编 2015年 第3版 330页 23 cm 39元〔普通高等学校"十二五"精品规划教材〕（G. F. P.）

12596　309-05104

大学物理学学习指导

汪晓元主编 2006年 239页 23 cm 21元〔新锐丛书 21世纪高等学校教材〕（G. F. P.）

12597　309-08289

大学物理学学习指导

汪晓元主编 2013年 第2版 207页 23 cm 29元 （P.）

12598　309-09234

物理学 上册

杨晓峰 许丽萍主编 2013年 345页 23 cm 36元〔普通高等学校"十二五"精品规划教材〕（G. P.）

12599　309-09411

物理学 下册

杨晓峰 许丽萍主编 2013年 316页 23 cm 36元〔普通高等学校"十二五"精品规划教材〕（G. P.）

12600　309-11178

物理学 上册

杨晓峰 许丽萍主编 2015年 第2版 333页 23 cm 42元〔普通高等学校"十二五"精品规划教材〕（G. P.）

12601　309-11171

物理学 下册

许丽萍等主编 2018年 第2版 312页 23 cm 42元〔新锐丛书 21世纪高等学校教材〕（ ）

12602　309-05087

物理
张廷刚主编 2006年 230页 26 cm 22元
〔21世纪中职教育新编系列教材〕(G.)

12603 309-00617
近代物理 上册
郑广垣编著 1991年 360页 20 cm 3.80元
(G. F.)

12604 309-07712
软物质物理导论
周鲁卫编著 2011年 262页 23 cm 32元
(G. P.)

12605 13253.003
近代物理学史研究
王福山主编 1983年 228页 21 cm 1.04元
(G. F.)

12606 13253.028
近代物理学史研究 2
王福山主编 1986年 206页 20 cm 1.85元
(G. F.)

12607 309-02333
19世纪物理学概念的发展 能量、力和物质
(英) 彼德·迈克尔·哈曼(P. M. Harman)著 龚少明译 2000年 184页 22 cm 16元 〔剑桥科学史丛书〕(G. F. P.)

12608 309-02329
中世纪的物理科学思想
(美) 爱德华·格兰特著 郝刘祥译 2000年 150页 22 cm 13.50元 〔剑桥科学史丛书〕(G. F. P.)

12609 309-15149
新编大学物理实验报告册
柴爱华著 2020年 112页 26 cm 29元 (P.)

12610 309-12363
大学物理实验
褚润通主编 2016年 361页 26 cm 49.80元 〔普通高等学校"十二五"精品规划教材〕(G. P.)

12611 309-01553
近代物理实验
戴乐山 戴道宣主编 1995年 242页 26 cm 18元 (G. F. P.)

12612 309-12831
大学物理实验
杜保立主编 2017年 298页 26 cm 48元 〔普通高等学校"十三五"精品规划教材〕(G. P.)

12613 309-15148
新编大学物理实验教程
戈迪著 2020年 228页 26 cm 39元 (G. F. P.)

12614 309-00078
大学物理实验
贾玉润等主编 1987年 366页 27 cm 3.95元 〔普通物理学教程丛书〕(G. F.)

12615 309-04024
设计性研究性物理实验教程
沈元华主编 2004年 141页 23 cm 16元 〔复旦博学·物理学系列 21世纪重点教材〕(G. F. P.)

12616 309-06453
大学物理实验学习指导
史苏佳等编著 2009年 2012年第2版 160页 23 cm 20元 (G. F. P.)

12617 309-05715

大学物理实验
唐贵平 何兴 王晓平主编 2007年 225页 26 cm 26元〔新锐丛书〕(G. F. P.)

12618 309-12337
普通物理实验
王青 朱维君主编 2016年 341页 26 cm 48元 (G. P.)

12619 309-12832
大学物理实验
杨有贞 曾建成主编 2017年 211页 26 cm 32元 (G. P.)

12620 309-09017
大学物理实验
赵黎 王丰主编 2012年 301页 26 cm 36.50元 (P.)

12621 309-09910
大学物理实验
赵黎 王丰主编 2013年 第2版 295页 26 cm 38元〔普通高等学校"十二五"精品规划教材〕(G. P.)

12622 309-13130
大学物理实验
赵黎 王丰主编 2017年 第3版 303页 26 cm 39.80元〔普通高等学校"十三五"精品规划教材〕(G. P.)

12623 309-12767
大学物理实验
朱道云 周誉昌 吴肖主编 2017年 241页 26 cm 36元〔普通高等学校"十三五"精品规划教材〕(G. P.)

12624 309-12675
大学物理实验报告
朱道云 冯军勤主编 2017年 130页 26 cm 24元〔普通高等学校"十三五"精品规划教材〕(G. F. P.)

12625 309-07879
大学物理简明教程习题详解
梁励芬 蒋平编著 2011年 362页 26 cm 42元 (G. F. P.)

12626 309-13496
NEW物理启蒙 我们的看听触感
关大勇 吴于人主编 2018年 4册 30 cm 99元〔未来科学家培养计划 科学启蒙·探索·研究系列〕(G. P.)

12627 309-13352
NEW物理探索 走近力声光电磁
关大勇 吴于人主编 2018年 4册 30 cm 89元〔未来科学家培养计划 科学启蒙·探索·研究系列〕(G. F. P.)

12628 309-03623
数学物理方程
陈恕行等编著 2003年 191页 23 cm 18元〔大学数学学习方法指导丛书 第Ⅱ辑〕(G. F. P.)

12629 309-00578
数学物理方程 方法导引
陈恕行 秦铁虎编著 1991年 268页 20 cm 2.90元〔大学数学学习指导〕(G. F.)

12630 309-07484
计算物理学
顾昌鑫主编 顾昌鑫 朱允伦 丁培柱编著 2010年 445页 23 cm 49元〔普通高等教育"十一五"国家级规划教材〕(G. F. P.)

12631 309-00026

计算物理学

张开明 顾昌鑫编著 1987年 262页 20 cm 1.75元 (G. F.)

12632 309-00064
数学物理方法

胡嗣柱 倪光炯编著 1989年 554页 20 cm 4.40元 〔理论物理学基础教程丛书〕(G. F.)

12633 309-15150
广义相对论导论

(意)卡西莫·斑比著 周孟磊译 2020年 248页 26 cm 59元 〔21世纪复旦大学研究生教学用书〕(G. F. P.)

12634 309-05205
现代量子光学基础

(英)Vlatko Vedral著 2006年 英文影印版 236页 23 cm 25元 (G. F. P.)

12635 309-02466
高等量子力学

倪光炯 陈苏卿编著 2000年 524页 20 cm 28元 〔上海研究生教育丛书〕(G. F. P.)

12636 309-03836
高等量子力学

倪光炯 陈苏卿著 2004年 第2版 491页 23 cm 42元 〔研究生教学用书〕(G. F. P.)

12637 309-04013
高等量子力学

苏汝铿 王斌主编 2004年 英文版 244页 23 cm 30元 (G. P.)

12638 309-01831
量子力学

苏汝铿编著 1997年 657页 20 cm 20元 〔理论物理学基础教程丛书〕(G. F. P.)

12639 309-09700
量子信息概论

张登玉主编 2013年 159页 23 cm 35元 〔普通高等学校"十二五"精品规划教材〕(G. P.)

12640 309-05466
量子力学的物理基础和哲学背景

金尚年编著 2007年 150页 22 cm 15元 〔21世纪复旦大学研究生教学用书〕(G. F. P.)

12641 13253.009
哥本哈根学派量子论考释

卢鹤绂著 1984年 183页 21 cm 1.68元 (G. F.)

12642 309-04217
量子场论

徐建军编著 2004年 英文版 204页 23 cm 25元 (G. P.)

12643 309-07087
现代热力学 基于扩展卡诺定理

王季陶著 2010年 301页 23 cm 精装 48元 (G. F. P.)

12644 309-04666
现代热力学及热力学学科全貌

王季陶著 2005年 223页 23 cm 精装 39元 〔献给复旦大学一百周年校庆〕(G. F. P.)

12645 309-05201
统计力学论题

(英)Brian Cowan著 2006年 英文影印版 338页 23 cm 35元 (G. P.)

12646 309-05488
高等统计物理 英文
戴显熹编著 2007年 332页 23 cm 38元 (P.)

12647 309-00413
统计物理学
苏汝铿编著 1990年 584页 20 cm 4.60元〔理论物理学基础教程丛书〕(G. F.)

12648 309-05200
平衡统计物理学
(加) Michael Plischke (加) Birger Bergersen 著 2006年 第2版(英文影印版) 540页 23 cm 50元 (G. F. P.)

12649 309-00120
非平衡态统计力学
( ) 贝尔斯卡(R. Balescu)原著 龚少明编译 1989年 460页 20 cm 3.45元 (G. F.)

12650 309-01773
关联统计动力学
陆全康 蔡诗东著 1997年 348页 26 cm 精装 28元 (G. F. P.)

12651 309-01613
光学 上册
潘笃武等编著 1997年 376页 20 cm 12元〔普通物理学教程丛书〕(G. F. P.)

12652 309-01902
光学 下册
潘笃武等编著 1997年 368页 20 cm 12元〔普通物理学教程丛书〕(G. F. P.)

12653 309-11269
现代X光物理原理
(丹) 尼尔森(Jens Als-Nielsen) (英) 麦克莫罗(Des McMorrow)著 封东来译 2015年 306页 26 cm 89元 (G. F. P.)

12654 309-12618
几何光学与视觉光学
(美) 蒋百川编著 2016年 118页 26 cm 25元 (G. F. P.)

12655 309-01791
凝聚态光学性质的研究和进展
陈良尧 褚君浩 邬建根编 1996年 165页 26 cm 60元 (F.)

12656 309-01262
物理光学实验
杨之昌 马秀芳编著 1993年 359页 20 cm 11元 (G. F.)

12657 309-04741
非线性光学
钱士雄 朱荣毅编著 2005年 英文版 292页 23 cm 32元 (G. P.)

12658 309-02953
非线性光学 原理与进展
钱士雄 王恭明编著 2001年 579页 26 cm 56元 (G. F. P.)

12659 13253.053
电磁学 上册
贾起民 郑永令编著 1987年 432页 20 cm 3.10元〔普通物理学教程丛书〕(G. F.)

12660 13253.060
电磁学 下册
贾起民 郑永令编著 1987年 391页 20 cm 2.80元〔普通物理学教程丛书〕(G. F.)

12661 309-01530

复杂系统中的电磁波
金亚秋主编 1995 年 346 页 26 cm 30 元 (G. F. P.)

12662 309-02520
电磁散射信息与定量遥感
金亚秋著 2000 年 457 页 30 cm 精装 58 元 (G. F. P.)

12663 13253.019
经典电动力学
蔡圣善 朱耘编著 1985 年 623 页 20 cm 4.90 元〔理论物理学基础教程丛书〕(G. F.)

12664 309-01669
气体放电物理
徐学基 诸定昌编著 1996 年 370 页 20 cm 15 元 (G. F. P.)

12665 309-00930
电子光学
华中一 顾昌鑫编著 1992 年 599 页 20 cm 6.10 元 (G. F.)

12666 309-03640
凝聚态物理专题
叶令 彭向阳编著 2003 年 178 页 23 cm 23 元〔复旦博学〕(G. F. P.)

12667 309-00036
分子束外延和异质结构
(美)张立纲 (联邦德国)普洛格(K. Ploog)编 复旦大学表面物理研究室译 1988 年 628 页 20 cm 4.15 元 (G. F.)

12668 309-02534
固体物理简明教程
蒋平 徐至中编著 2000 年 371 页 26 cm 36 元〔上海市普通高校"九五"重点教材〕(G. F. P.)

12669 309-05785
固体物理简明教程
蒋平 徐至中编著 2007 年 第 2 版 397 页 26 cm 45 元〔普通高等教育"十五"国家级规划教材〕(G. F. P.)

12670 309-02028
固体能带理论
谢希德 陆栋主编 1998 年 2007 年第 2 版 360 页 26 cm 精装 30 元 (G. F. P.)

12671 309-01379
实验脉冲核磁共振
(美) Eiichi Fukushima (美) Stephen B. W. Roeder 著 童瑜晔等译 1995 年 402 页 20 cm 20 元 (G. F.)

12672 309-04168
表面物理与表面分析
丁训民 杨新菊 王迅编著 2004 年 英文版 290 页 24 cm 32 元 (G. P.)

12673 309-00352
上海高 TC 超导体研究论文选编 1987—1988
金汴骏 钱永嘉主编 1989 年 185 页 26 cm 10 元 (G. F.)

12674 309-01314
热学
李洪芳编著 1994 年 525 页 20 cm 16 元〔普通物理学教程丛书〕(G. F.)

12675 309-00104
分子结构习题
(英)布伦(G. J. Bullen) (英)格林斯莱

德(D. J. Greenslade)主编 吴征铠等译校 1992年 619页 20 cm 18元 (G. F.)

12676 309-01313
原子核物理
杨福家等著 1993年 423页 20 cm 15元 (G. F.)

12677 309-03114
原子核物理
杨福家等著 2002年 第2版 423页 21 cm 22元 (G. F.)

12678 309-00755
超对称物理导论
李新洲 徐建军编著 1992年 294页 20 cm 7.50元 (G. F.)

化　学

12679 309-01999
化学与人类
刘旦初编 1998年 271页 20 cm 12.80元〔综合知识系列教材〕(G. F. P.)

12680 309-02448
化学与人类
刘旦初著 2000年 第2版 273页 23 cm 22元 (G. F. P.)

12681 309-05561
化学与人类
刘旦初著 2007年 第3版 338页 23 cm 35元〔普通高等教育"十一五"国家级规划教材〕(G. F. P.)

12682 309-00299
固体化学及其应用
(美)韦斯特(A. R. West)著 苏勉曾等译 1989年 542页 26 cm 6元 (G. F.)

12683 309-02597
实用化学基础
许文英主编 2000年 251页 20 cm 13.50元〔高等职业技术院校教材〕(G. F. P.)

12684 309-00069
化学中的电子计算机程序编排入门
(美)伊森豪尔(T. L. Isenhour)(美)裘斯(P. C. Jurs)著 刘旦初 龙英才译 1989年 269页 26 cm 3.50元 (G. F.)

12685 309-04874
普通化学实验
沈建中等编著 2006年 181页 26 cm 18元〔高等学校教材〕(G. F. P.)

12686 309-02598
实用化学基础实验
许文英 龙凌主编 2000年 49页 20 cm 3.50元〔高等职业技术院校教材 化学〕(G. F. P.)

12687 309-10809
化学就在你身旁
刘旦初编著 2015年 198页 22 cm 20元〔复旦光华青少年文库 科学素养系列〕(G. F. P.)

12688 309-13279
生活化学
刘旦初编著 2017年 111页 21 cm 15元〔"60岁开始读"科普教育丛书〕(G. F. P.)

12689 309-14090
无机化学专题教学研究
张文广编著 2019年 140页 23 cm 32元〔弘教系列教材〕(G. F. P.)

12690 309-11680
无机及分析化学
赵梅主编 2015 年 169 页 26 cm 40 元 〔医药高职高专院校药学教材〕(G. F. P.)

12691 309-01276
无机化学实验 高年级用
金若水 邵翠琪编 1993 年 157 页 20 cm 4 元 (G. F.)

12692 309-06112
无机化学与化学分析实验
赵滨等编 2008 年 240 页 26 cm 28 元 〔高等学校教材〕(G. F. P.)

12693 309-10238
生命中的化学元素
朱万森著 2014 年 374 页 23 cm 48 元 (G. F. P.)

12694 309-00464
无机化合物性质的规律性
陈与德 章惠农编著 1991 年 125 页 20 cm 1.15 元 (G. F.)

12695 309-05042
无机化合物的电子光谱和振动光谱
庞震著 2006 年 134 页 23 cm 18 元 〔21 世纪复旦大学研究生教学用书〕(G. F. P.)

12696 309-00118
有机化学复习指南
黄乃聚编著 1991 年 420 页 20 cm 7.35 元 (G. F.)

12697 309-00535
有机化学实验
谷珉珉等编著 1991 年 422 页 26 cm 14 元 (G. F.)

12698 309-13914
有机化学实验与问题解答
胡昕 彭化南 计从斌编著 2018 年 194 页 23 cm 35 元 〔弘教系列教材〕(G. F. P.)

12699 309-05131
大学有机化学实验
李妙葵等编著 2006 年 208 页 26 cm 22 元 〔高等学校教材〕(G. P.)

12700 309-08792
基于图表素材的有机化学教学
郑大贵编著 2012 年 124 页 26 cm 18 元 (G. F. P.)

12701 13253.033
有机化合物系统鉴定法 实验室手册
(美) 施里纳(R. L. Shriner)等著 丁新腾等译 1987 年 474 页 26 cm 5.35 元 (G. F.)

12702 309-01315
高分子化学
复旦大学高分子科学系编著 1995 年 434 页 26 cm 30 元 (G. F.)

12703 309-02026
高分子科学的近代论题
江明 府寿宽编 1998 年 291 页 26 cm 40 元 (G. F. P.)

12704 309-01744
高分子实验技术
复旦大学高分子科学系、高分子科学研究所编著 1996 年 第 2 版(修订版) 374 页 26 cm 25 元 (G. F. P.)

12705 13253.002
高分子实验技术
复旦大学化学系高分子教研组编 1983 年

407 页 21 cm 1.65 元 (G. F.)

12706 309-01361
高分子科学中的 Monte Carlo 方法
杨玉良 张红东著 1993 年 307 页 20 cm 15 元 (G. F.)

12707 13253.001
高分子物理
何曼君等编 1983 年 346 页 25 cm 2.56 元 (G. F.)

12708 309-00468
高分子物理
何曼君等编 1990 年 462 页 26 cm 6.15 元 (G. F.)

12709 309-00733
高分子物理
何曼君等编 1990 年(1991 年重印) 462 页 26 cm 9.80 元 (G. F.)

12710 309-01330
高分子物理
何曼君等编 1990 年(1993 年重印) 修订版 462 页 26 cm 17 元 (G. F. P.)

12711 309-05415
高分子物理
何曼君等编著 2007 年 第 3 版 339 页 26 cm 35 元〔复旦博学・高分子科学系列〕(G. F. P.)

12712 309-00741
高分子光化学原理及应用
李善君等编著 1993 年 2003 年第 2 版 464 页 20 cm 10 元〔21 世纪复旦大学研究生教学用书〕(G. F. P.)

12713 309-06345
物理化学学习指导
范康年主编 2008 年 第 2 版 429 页 26 cm 49 元 (G. F. P.)

12714 309-01606
物理化学学习指导 含结构化学
范康年 邓景发主编 1996 年 397 页 26 cm 20 元 (G. F.)

12715 309-09814
物理化学
李元高主编 2013 年 287 页 26 cm 40 元 (G. F. P.)

12716 309-00910
基础物理化学
(美) 穆尔(Walter J. Moore)著 江逢霖等译 1992 年 549 页 26 cm 9.50 元 (G. F.)

12717 309-00253
数理化学与胶体化学实验
刘衍光主编 1989 年 279 页 20 cm 2.15 元 (G. F.)

12718 309-00288
量子化学原理
江逢霖编著 1990 年 342 页 20 cm 2.85 元 (G. F.)

12719 309-00119
化学热力学 经典化学热力学的统计探讨
(美) 纳希(L. K. Nash)著 谢高阳等译 1989 年 189 页 20 cm 1.55 元 (G. F.)

12720 309-00015
多相催化反应动力学
(美) 布达(M. Boudart) (法) 吉加-姆阿达苏(G. Djéga-Mariadassou)著 高滋等译 1988 年 199 页 21 cm 1.75 元 (G. F.)

12721 309-01879
多相催化原理
刘旦初编 1997年 241页 20 cm 16元 (G. F. P.)

12722 13253.014
催化动力学分析法
祝大昌等译 1984年 218页 19 cm 1元〔分析化学译丛〕(G. F.)

12723 309-12241
固体酸催化
(日)服部英(Hideshi Hattori)(日)小野嘉夫(Yoshio Ono)著 高滋 乐英红 华伟明译 2016年 309页 26 cm 精装 68元 (G. F. P.)

12724 309-09535
固体碱催化
(日)小野嘉夫(Yoshio Ono)(日)服部英(Hideshi Hattori)著 高滋 乐英红 华伟明译 2013年 354页 26 cm 精装 65元 (G. F. P.)

12725 309-00794
应用电化学
(苏)库特利雅夫采夫(Н.Т.Кудрявцев)等著 陈国亮等译 1992年 496页 20 cm 11元 (G. F.)

12726 13253.036
分析化学中的计算与习题
(美)Q. Fernando (美)M. D. Ryan著 宋沅译 1986年 235页 20 cm 1.70元 (G. F.)

12727 309-01259
分析化学
杜岱春编著 1993年 366页 26 cm 18元〔生物学和医学类专业用〕(G. F.)

12728 13253.015
定量分析
陶增宁编 1985年 428页 20 cm 3.10元 (G. F.)

12729 309-00965
定量分析化学实验教程
柴华丽等编著 1993年 279页 20 cm 8元 (G. F.)

12730 13253.016
无机痕量分析中的分离和预浓集方法
毛家骏等编译 1985年 746页 20 cm 5.25元 (G. F.)

12731 309-00089
异配位体络合物和异金属络合物及其在分析化学中的应用
(苏)А.Т.皮里品柯(А.Т.Пилиненко)(苏)М.М.塔纳那依柯(М.М.Тананайко)著 陈国亮等译 1988年 274页 20 cm 1.80元 (G. F.)

12732 13253.011
痕量元素的萃取分离与分光光度法测定
(苏)索洛托夫等著 汪乃兴等译 1984年 234页 19 cm 1.06元〔分析化学译丛〕(G. F.)

12733 13253.017
仪器分析实验
复旦大学化学系《仪器分析实验》编写组编 1986年 247页 20 cm 1.90元 (G. F.)

12734 309-00086
仪器分析实验
复旦大学《仪器分析实验》编写组编 1988

年 修订版 317 页 21 cm 11 元 (F.)

12735 309-01210
仪器分析实验
《仪器分析实验》编写组编 1988 年（1993 年重印） 317 页 20 cm 11 元 (G. F.)

12736 309-05887
仪器分析实验
吴性良 朱万森主编 2008 年 第 2 版 252 页 26 cm 30 元〔高等学校教材〕(G. F. P.)

12737 309-13552
仪器分析实验
陈宗保等编著 2018 年 105 页 23 cm 25 元〔弘教系列教材〕(G. F. P.)

12738 5627-0143
近代仪器分析基础与方法
陆明廉 张叔良主编 吾敏之等编写 1993 年 291 页 26 cm 24.70 元 (G. F.)

12739 309-03217
高等结构分析
马礼敦主编 2002 年 444 页 26 cm 45 元〔21 世纪复旦大学研究生教学用书〕(G. F. P.)

12740 13253.004
仪器分析
朱世盛编 1983 年 440 页 21 cm 2.09 元 (G. F.)

12741 309-00934
电化学中的仪器方法
英国南安普顿电化学小组著 柳厚田等译 1992 年 461 页 20 cm 14 元 (G. F.)

12742 309-00097
表面分析
华中一 罗维昂编著 1989 年 294 页 20 cm 2.50 元 (G. F.)

12743 309-03123
原子光谱分析
邱德仁编著 2002 年 378 页 21 cm 20 元〔21 世纪复旦大学研究生教学用书 分析化学丛书〕(G. F.)

12744 13253.022
分子发光分析法 荧光法和磷光法
祝大昌等译 1985 年 266 页 19 cm 1.60 元 (G. F.)

12745 309-00891
无机质谱法
（比）亚当斯(F. Adams)等编著 祝大昌译 1993 年 391 页 20 cm 12.70 元 (G. F.)

12746 309-03862
现代色谱分析
张祥民编著 2004 年 292 页 23 cm 27 元〔分析化学丛书〕(G. F. P.)

晶体学

12747 309-05208
有用的准晶体
（法）Jean-Marie Dubois 著 2006 年 英文影印版 504 页 23 cm 50 元 (G. F. P.)

天文学、地球科学

天文学

12748 309-04242
社会天文学史十讲
黄一农著 2004 年 311 页 21 cm 18 元
〔名家专题精讲系列 第四辑〕(G. F. P.)

12749 309-07449
天文 你需要知道的超过 3000 个基本事实
(英) 迈克·费里恩(Mike Flynn)著 陈伊译 2011 年 141 页 18 cm 精装 18 元
〔口袋里的百科 09〕(G. F. P.)

12750 309-14620
我知道天上的星星有几颗!
(美) 赛斯·菲斯曼(Seth Fishman)文 (英) 伊莎贝尔·格林伯格(Isabel Greenberg)图 2019 年 1 册 26 cm 精装 49.90 元 〔小读客经典童书馆 227〕(G. F.)

12751 309-05204
天体光谱学 天体光谱学的原子分子物理学导论
(英) Jonathan Tennyson 著 2006 年 英文影印版 204 页 23 cm 22 元 (G. F. P.)

12752 309-05210
理解宇宙 从夸克到宇宙学
(美) Don Lincoln 著 2006 年 英文影印版 592 页 23 cm 50 元 (G. F. P.)

12753 309-12794
粒子宇宙学导论 宇宙学标准模型及其未解之谜
(意) 卡西莫·斑比 (俄) 艾·迪·多戈夫著 蔡一夫 林春山 皮石译 2017 年 181 页 26 cm 49 元 〔21 世纪复旦大学研究生教学用书〕(G. F. P.)

12754 309-02870
宇宙七大奇观
(英) J·V.纳利卡(Jayant V. Narlikar)著 潘笃武 罗振华译 2001 年 317 页

20 cm 18元〔复旦科普译丛〕(G. F. P.)

12755 309-08189
宇宙是怎样来的?
(澳)黄有光著 2011年 182页 21 cm 22元 (G. F. P.)

12756 309-04918
最动人的世界史 我们的起源之谜
(法)于贝尔·雷弗等著 吴岳添译 2006年 159页 19 cm 15元 (G.)

12757 309-08903
穿越时间可能吗? PK《时间简史》
张操著 2012年 167页 20×21 cm 35元 (G. F. P.)

12758 309-14607
宇宙大爆炸 绘本版
(美)卡伦·福克斯文 (美)南希·戴维斯图 2020年 1册 19×26 cm 精装 46.90元〔小读客经典童书馆 228 小读客童书 3—8岁〕(G.)

12759 309-07535
地球 你需要知道的超过2000个基本事实
(英)麦可·布莱特(Michael Bright)著 马斌译 2011年 140页 18 cm 精装 18元〔口袋里的百科 04〕(G. F. P.)

12760 309-08994
汉语日历
(日)兴膳宏著 陈广宏 潘德宝译 2012年 247页 22 cm 24元 (G. F. P.)

地球物理学

12761 309-09996
遥感边值约束的深大断裂数值模拟

马超著 2013年 220页 23 cm 29元 (G. F. P.)

12762 309-14366
历史时期火山喷发与中国气候研究
费杰著 2019年 193页 21 cm 40元〔复旦史地丛刊〕(G. F. P.)

12763 309-08798
水的科学与健康
阮国洪编著 2012年 274页 21 cm 26元 (G. F. P.)

大气科学(气象学)

12764 309-07447
气候 你需要知道的超过3000个基本事实
(英)麦可·布莱特(Michael Bright)著 郑诗雨译 2011年 140页 18 cm 精装 18元〔口袋里的百科 05〕(G. F. P.)

12765 309-05281
清代云南季风气候与天气灾害研究
杨煜达著 2006年 462页 23 cm 48元〔上海市社会科学博士文库〕(G. F.)

地质学

12766 309-00775
板块构造学与造山运动——特提斯例析 中国石油天然气总公司杭州石油地质研究所译文集
(土耳其)森格(A. M. Celâl Şengör)著 丁晓等译 1992年 182页 26 cm 精装 12元 (G.)

海洋学

12767 309-02767
海洋 新世纪的希望

查德根等编著 2001年 255页 20 cm 12元〔新世纪丛书〕(G. F. P.)

12768 309-00336
海洋开发的今天和明天
陈国新主编 1990年 222页 19 cm 2.55元
(G. F.)

12769 309-09605
2012年上海海洋科技与经济推进研讨会论文集
陈蓝荪编著 2013年 164页 26 cm 20元
(G. F. P.)

12770 309-11416
深海海底资源勘探开发法研究
张梓太 沈灏 张闻昭著 2015年 343页 21 cm 35元 (G. F. P.)

自然地理学

12771 309-02237
黄淮关系及其演变过程研究 黄河长期夺淮期间淮北平原湖泊、水系的变迁和背景
韩昭庆著 1999年 243页 20 cm 15元〔上海市社会科学博士文库 第一辑〕
(G. F. P.)

生 物 科 学

生物科学的理论与方法

12772 309 - 02334
19 世纪的生物学和人学
（美）威廉·科尔曼(William Coleman)著 严晴燕译 2000 年 312 页 22 cm 18.50 元〔剑桥科学史丛书〕(G. F. P.)

生物科学的研究方法、技术

12773 309 - 00397
生物科学摄影技术
傅文瑜编著 1990 年 164 页 19 cm 1.30 元 (G. F.)

普通生物学

12774 309 - 02336
20 世纪的生命科学史
（美）加兰·E.艾伦(Garland E. Allen)著 田洺译 2000 年 297 页 22 cm 22 元〔剑桥科学史丛书〕(G. F. P.)

12775 309 - 02231
生命的视窗
赖立辉等著 1999 年 291 页 20 cm 13.50 元〔21 世纪生命科学前沿话题〕(G. F. P.)

12776 309 - 02261
生命的守望
赖立辉等著 1999 年 229 页 20 cm 10.50 元〔21 世纪生命科学前沿话题〕(G. F. P.)

12777 309 - 06747
行为与进化 人类和动植物行为的奥秘
李难编著 2009 年 197 页 23 cm 22 元 (G. F. P.)

12778 5627 - 0342
生命科学的历史与哲学思考
刘学礼著 1998 年 384 页 20 cm 28 元

(G. F.)

12779 309-05184
生物学
贺永琴主编 2006 年 225 页 30 cm 35 元 〔复旦卓越·全国学前教育专业系列〕(G. P.)

12780 5627-0431
趣味盎然的生命世界
刘学礼著 1998 年 228 页 20 cm 15.50 元 (G. F.)

12781 309-05787
系统生物学的理论、方法和应用
(德) 柯利普(E. Klipp)等原著 贺福初 杨芃原 朱云平主译 2007 年 350 页 27 cm 精装 56 元 (G. F. P.)

12782 309-07299
外来种与进化 外来植物、动物、微生物及与其相互作用土著物种的进化生态学
(美) George W. Cox 著 李博等译 2010 年 337 页 23 cm 54 元 〔复旦大学进化生物学丛书〕(G. F. P.)

12783 309-11228
自然选择的单位与层次
黄翔著 2015 年 194 页 21 cm 精装 30 元 〔当代哲学问题研读指针丛书 逻辑和科技哲学系列 张志林 黄翔主编〕(G. F. P.)

12784 309-14579
神奇的大自然物种 大海雀、矛尾鱼、犰狳、西红柿
唐先华等著 2019 年 108 页 24 cm 42 元 (G. F. P.)

12785 309-09836

演化、设计、心灵和道德 新达尔文主义哲学基础探微
徐英瑾著 2013 年 289 页 23 cm 38 元 (G. F. P.)

12786 309-01275
普通生态学 原理、方法和应用
郑师章等编著 1994 年 434 页 26 cm 25 元 (G. F. P.)

细胞生物学

12787 309-06343
医学细胞生物学
高志芹主编 2008 年 203 页 23 cm 26 元 〔普通高等教育"十一五"国家级规划教材医学细胞生物学配套教材〕(G. F. P.)

12788 5627-0085
医学细胞生物学
李采娟主编 1992 年(1995 年重印) 181 页 26 cm 5.20 元 (G. F.)

12789 309-09460
细胞生物学
李瑶 吴超群 沈大棱主编 2013 年 第 2 版 327 页 26 cm 88 元 〔双语教材〕(G. P.)

12790 309-04903
细胞生物学
沈大棱 吴超群主编 2006 年 381 页 26 cm 45 元 〔双语教材〕(G. F. P.)

12791 5627-0457
医学细胞生物学
左伋 黎立瑾主编 1999 年 第 2 版 169 页 26 cm 19.80 元 (G. F.)

12792 309-03276

医学细胞生物学

左伋 黎立瑾主编 1999年 第2版重印 169页 26 cm 19.80元〔面向21世纪高等医药院校教材〕(F.)

12793 309-04010

医学细胞生物学

吴青锋 左伋主编 2004年 第3版 181页 26 cm 35元〔复旦博学·基础医学系列〕(G. F. P.)

12794 309-04840

医学细胞生物学

左伋 刘雯主编 2006年 240页 23 cm 25元〔医学研究生入学考试精要丛书 彭裕文总主编〕(G. F. P.)

12795 309-05930

医学细胞生物学

左伋主编 2008年 第4版 203页 26 cm 35元〔复旦博学·基础医学 普通高等教育"十一五"国家级规划教材〕(G. F. P.)

12796 309-11467

医学细胞生物学

左伋 郭锋主编 2015年 第5版 238页 26 cm 45元〔复旦博学·基础医学系列〕(G. F. P.)

12797 309-10077

医学细胞生物学

左伋主编 2016年 264页 26 cm 78.80元〔基础医学本科核心课程系列教材 汤其群总主编〕(G. F. P.)

12798 5627-0361

细胞与分子生物学基础实验指导

蒋伟宏等主编 1997年 44页 26 cm 6元 (G.)

12799 309-03636

细胞与分子生物学基础实验指导

蒋伟宏等主编 1997年(2003年重印) 44页 26 cm 6元 (G. F. P.)

12800 309-06315

医学细胞与遗传学实验教程

刘雯主编 2008年 158页 23 cm 21元 (G. F. P.)

12801 309-15145

医学细胞与遗传学实验教程

杨玲 刘雯主编 于文静等编写 2020年 第2版 206页 26 cm 58元〔基础医学实验课程系列教材〕(G. F. P.)

12802 309-05720

医学细胞生物学与医学遗传学实验

肖福英 蒋林彬主编 2007年 108页 23 cm 15元〔高等医药院校配套教材〕(G. F. P.)

12803 5627-0563

细胞超微结构与电镜技术 分子细胞生物学基础

凌诒萍 俞彰主编 2000年 126页 26 cm 21元〔上海普通高校"九五"重点教材〕(G. F. P.)

12804 309-03842

细胞超微结构与电镜技术 分子细胞生物学基础

凌诒萍 俞彰主编 2004年 第2版 179页 26 cm 19元〔复旦博学·基础医学系列〕(G. F. P.)

12805 309-01612

细胞生物学实验

蒋亚林等编著 1996年 235页 20 cm 11元 (G. F. P.)

遗传学

12806 13253.027
摩尔根传 1866-1945
（美）夏因（美）罗贝尔著 庚镇城译 1986年 183页 19 cm 1.20元 (G. F.)

12807 309-06976
英汉基因和基因组专业词汇
赵寿元编 2010年 695页 21 cm 精装 38元 (G. F. P.)

12808 309-13920
进化基因组学的统计理论与方法
（美）谷迅著 苏志熙等译 2019年 258页 23 cm 48元〔复旦大学进化生物学丛书〕(G. F. P.)

生理学

12809 5627-0126
生理学
龚茜玲 钱梓文主编 朱大年等编写 1992年 第2版 368页 26 cm 6.10元〔高等医药院校教材〕(G. F.)

12810 5627-0010
生理学
何菊人 陈子彬主编 1988年 413页 26 cm 4.40元〔高等医药院校教材〕(G. F.)

12811 309-04672
生理学
陆利民 卢宁 李莉主编 2005年 277页 23 cm 28元〔医学研究生入学考试精要丛书 彭裕文总主编〕(G. F. P.)

12812 309-12053
生理学
陆利民 王锦主编 2016年 385页 26 cm 85元〔基础医学本科核心课程系列教材 汤其群总主编〕(G. F. P.)

12813 309-04334
生理学
姚泰主编 2005年 590页 26 cm 68元〔复旦博学·基础医学系列 普通高等教育"十五"国家级规划教材 七年制临床医学专业用教材〕(G. F. P.)

12814 309-06280
生理学
朱大年主编 2008年 320页 26 cm 39元〔普通高等教育"十一五"国家级规划教材 复旦卓越·高等职业教育医学基础课教材〕(G. F. P.)

12815 309-11454
生理学
朱大年 郭瑛主编 2015年 第2版 311页 26 cm 39.50元〔"十二五"职业教育国家规划教材 复旦卓越·高等职业教育医学基础课教材〕(G. F. P.)

12816 5627-0496
英汉汉英生理学词汇
陈国治主编 2000年 716页 19 cm 精装 38.50元 (G. F.)

12817 309-01452
长寿的猜想与探讨
蒋松柏 李兆云著 1994年 174页 26 cm 16元 (G. F.)

12818 309-00774
神经生物学
（美）谢泼德（Gordon M. Shepherd）著 蔡

南山等编译 1992 年 第 2 版 469 页 26 cm 8.25 元 (G. F.)

12819 5627-0068
神经生物学
许绍芬主编 1990 年 345 页 26 cm 4.45 元 (G. F.)

12820 5627-0484
神经生物学
许绍芬主编 1999 年 第 2 版 520 页 26 cm 60 元 (G. F.)

12821 309-03873
神经生物学
许绍芬主编 1999 年(2004 年重印) 第 2 版 520 页 26 cm 60 元 (G. F.)

12822 309-00828
定量生物电学
(美) 普朗西 (Robert Plonsey) 著 巴尔 (Roger C. Barr) 著 江志裕等译 1992 年 315 页 20 cm 7.95 元 (G. F.)

12823 309-05040
电生理学基础
(德) 沃尔夫冈·施瓦茨 (W. Schwarz) (德) 约格·雷迪根 (J. Rettinger) 著 丁光宏 顾全保主译 2006 年 第 2 版 166 页 21 cm 25 元 〔21 世纪复旦大学研究生教学用书〕(G. F. P.)

12824 5627-0551
造血调控
吴祖泽等主编 2000 年 293 页 26 cm 精装 75 元 (G. F. P.)

生物化学

12825 309-03288
生物化学
查锡良主编 2002 年 210 页 26 cm 24 元 〔医学高等职业教育教材〕(G. F. P.)

12826 309-04746
生物化学
查锡良 申宗侯主编 2005 年 215 页 23 cm 22 元 〔医学研究生入学考试精要丛书 彭裕文总主编〕(G. F. P.)

12827 309-06242
生物化学
查锡良主编 2008 年 第 2 版 274 页 26 cm 39 元 〔普通高等教育"十一五"国家级规划教材 复旦卓越·高等职业教育医学基础课教材〕(G. F. P.)

12828 5627-0478
医学生物化学
陈诗书等主编 孔良曼等编写 1999 年 329 页 26 cm 32 元 〔高等医学院校教材〕(G. F.)

12829 309-03251
医学生物化学
陈诗书 孔良曼 章有章主编 1999 年(2002 年重印) 329 页 26 cm 32 元 〔面向 21 世纪高等医药院校教材〕(G. F.)

12830 13253.006
生物无机化学原理
(英) 费旁 (A. M. Fiabane) (英) 威廉斯 (D. R. Williams) 著 黄仲贤 徐息良译 1984 年 130 页 19 cm 0.70 元 (G. F.)

12831 5627-0271
医用生物化学
李茂深主编 朱运松等编写 1996 年 230 页 26 cm 28 元 (G. F.)

12832 5627-0008
生物化学多选题题解
刘秉文 冯宗忱主编 1988年 576页 19 cm 4.20元 〔基础医学多选题题解汇编〕(G. F.)

12833 309-13181
现代组织化学原理及技术
刘颖 朱虹光主编 2017年 第3版 303页 26 cm 88元 (G. F. P.)

12834 309-04047
生物化学考试指南
孙琦 殷嫦嫦主编 2004年 237页 20 cm 15元 〔医学高等职业教育教辅丛书〕(G. F. P.)

12835 309-11703
生物化学与分子生物学
汤其群主编 2015年 403页 26 cm 88元 〔基础医学本科核心课程系列教材〕(G. F. P.)

12836 309-00093
生物化学 上册
(美)佐贝(G. Zubay)主编 曹凯鸣等译 1989年 560页 26 cm 7.05元 (G. F.)

12837 309-00172
生物化学 下册
(美)佐贝(G. Zubay)主编 曹凯鸣等译 1989年 478页 26 cm 6元 (G. F.)

12838 309-00829
生物化学 上册
(美)佐贝(G. Zubay)主编 曹凯鸣等译 1989年(2005年重印) 560页 26 cm 12.20元 (F.)

12839 309-00830
生物化学 下册
(美)佐贝(G. Zubay)主编 曹凯鸣等译 1989年(2005年重印) 478页 26 cm 10.50元 (F.)

12840 309-04128
基础生物化学实验
白玲 黄健主编 2004年 177页 23 cm 18元 〔高等医药院校配套教材〕(G. F. P.)

12841 309-05895
基础生物化学实验
白玲 霍群主编 2008年 第2版 175页 23 cm 24元 〔高等医药院校配套教材〕(G. F. P.)

12842 7253.006
生物化学实验技术教程
蔡武城等编著 1983年 267页 21 cm 1.15元 (G. F.)

12843 309-08207
生物化学与分子生物学实验指导
费正主编 2012年 121页 23 cm 32元 〔研究型大学药学实验系列教材〕(G. F.)

12844 5627-0319
生物化学目标教学习题精选
费敬文主编 1996年(1997年重印) 210页 19 cm 7.80元 (G. F.)

12845 5627-0132
生物化学习题集
费敬文主编 1992年 224页 19 cm 4.20元 〔供中等卫生学校及初、中级医务人员用〕(G. F.)

12846 7253.007
生物化学习题分析与解答

顾其敏等著 1984年 187页 19 cm 0.80元 （G. F.）

12847 13253.062
ZUBAY 生物化学解题指导
（美）海门威（C. Hemenway）等著 孙崇荣等译 1987年 207页 26 cm 2.30元（G.）

12848 5627-0272
生物化学多选题及题解
刘秉文 冯宗忱主编 1996年 第2版 383页 19 cm 13.20元 （G. F.）

12849 309-05203
统计物理和蛋白质折叠讲义
（美）黄克逊（Kerson Huang）2006年 英文影印版 160页 23 cm 18元 （G. F. P.）

12850 309-00564
蛋白质化学导论
孙崇荣 李玉民编著 1991年 256页 26 cm 4.65元 （G. F.）

12851 309-00676
核酸化学导论
曹凯鸣等编著 1991年 258页 26 cm 4.75元 （G. F.）

12852 309-00978
核酸化学导论
曹凯鸣等编著 1991年（1992年重印）258页 26 cm 7.30元 （G. F.）

12853 309-08547
通往双螺旋之路 DNA 的发现
（美）罗伯特·奥尔贝（Robert Olby）著 赵寿元 诸民家译 2012年 581页 22 cm 48元 （G. F. P.）

12854 5627-0354
糖复合物的结构和功能
陈惠黎主编 1997年 341页 26 cm 45.90元 （G.）

12855 309-02888
生命与脂肪
卡萝琳·M.庞德（Caroline M. Pond）著 俞宝发等译 2001年 384页 20 cm 20元〔复旦科普译丛 生命科学〕（G. F. P.）

12856 309-02574
酶学
陈石根 周润琦编著 2001年 415页 26 cm 41元 （G. F. P.）

12857 5627-0005
酶组织细胞化学技术
（日）小川和朗 （日）中根一穗主编 钟慈声译 1989年 174页 26 cm 8元 （G. F.）

生物物理学

12858 309-00485
生物物理学实验
张志鸿 刘文龙主编 1991年 246页 20 cm 2.50元 （G. F.）

12859 13253.023
现代物理学与生物学概论
（苏）伏尔更斯坦（M.B.Волвкенштейн）著 龚少明译 1985年 180页 19 cm 1.30元 （G. F.）

12860 13253.024
心血管流体力学
柳兆荣编著 1986年 357页 20 cm 2.55元 （G. F.）

分子生物学

12861 5627-0442
生物大分子的结构和功能
陈惠黎主编 1999年 528页 26 cm 58元
〔研究生系列教材〕(G. F.)

12862 5627-0475
生物大分子的结构和功能
陈惠黎主编 1999年 528页 26 cm 精装 75元〔研究生系列教材〕(G. F.)

12863 5627-0244
医学细胞与分子生物学
陈诗书 汤雪明主编 1995年 589页 26 cm 精装 39.50元 (G. F.)

12864 309-00292
分子生物学导论
(美)弗雷费尔德(D. Freifelder)著 刘承健 蔡武城译 1989年 225页 26 cm 3.35元 (G. F.)

12865 309-06186
分子生物学技术
潘銮凤主编 2008年 292页 26 cm 42元〔复旦博学·基础医学〕(G. F. P.)

12866 309-04830
分子医学导论
宋后燕主编 2006年 277页 26 cm 37元〔复旦博学·基础医学系列 面向21世纪高等医药院校教材〕(G. F. P.)

12867 5627-0463
分子外科与基因治疗
唐镇生主编 1999年 261页 20 cm 精装 48元 (G. F. P.)

12868 309-04634
医学分子细胞生物学
左伋主编 2005年 513页 26 cm 58元〔复旦博学·基础医学系列〕(G. F. P.)

12869 309-00179
分子生物学基本实验方法
(美)戴维斯(L. G. Davis)等著 张钰等译 1989年 395页 20 cm 3.25元 (G. F.)

12870 309-01997
医学分子遗传学
卢大儒等主编 1998年 675页 20 cm 28元〔遗传学丛书〕(G. F. P.)

12871 309-00121
分子遗传学
盛祖嘉 沈仁权编著 1988年 431页 20 cm 3元〔遗传学丛书〕(G. F.)

12872 5627-0034
医用分子遗传学
宋后燕 朱运松主编 1990年 228页 26 cm 3元〔高等医学院校研究生教材〕(G. F.)

12873 309-03738
医用分子遗传学
宋后燕 朱运松主编 2003年 第2版 293页 26 cm 32元〔复旦博学·基础医学系列〕(G. F. P.)

12874 309-06042
计算分子进化
(英)杨子恒著 钟扬等译 2008年 364页 23 cm 58元〔复旦大学进化生物学丛书〕(G. F. P.)

12875 309-02319
基因工程实验技术教程

盛小禹编著 1999年 291页 20 cm 14元
〔遗传学丛书〕(G. F. P.)

12876 309-02830
基因天堂
徐天宏著 2001年 208页 20 cm 10元
(G. F. P.)

12877 309-04667
功能基因组时期的复旦大学遗传学科 遗传工程国家重点实验室年报 2003—2004
复旦大学遗传工程国家重点实验室编 2005年 195页 26 cm 22元 (F. P.)

12878 309-03783
迈向21世纪的复旦大学遗传学科 遗传工程国家重点实验室年报
复旦大学遗传工程国家重点实验室编 2003年 116页 26 cm 13元 (G. F. P.)

12879 309-00325
英汉遗传工程词典
赵寿元 唐炜良编译 1989年 229页 19 cm 3.30元 (G. F.)

12880 309-02178
英汉遗传工程词典
赵寿元主编 1999年 第2版(增订版) 414页 20 cm 20元 (G. F. P.)

12881 309-03632
英汉遗传工程词典
赵寿元主编 2003年 第3版 524页 20 cm 28元 (G. F. P.)

生物工程学(生物技术)

12882 13253.029
生物工程的现状和展望
李致勋编著 1986年 69页 19 cm 0.60元 (G. F.)

12883 309-02889
现代生物技术及其产业化
罗明典著 2001年 281页 20 cm 15元 (G. F. P.)

12884 309-06614
生物数据整合与挖掘
朱扬勇 熊赟著 2009年 240页 23 cm 39元 (G. F. P.)

微生物学

12885 13253.038
今日的微生物学
焦瑞身主编 1987年 293页 19 cm 1.60元 (G. F.)

12886 309-00548
今日的微生物学 第2集
焦瑞身等编 1990年 133页 20 cm 3元 (G. F.)

12887 309-00268
普通微生物学
(德) 施莱杰(H. G. Schlegel)著 陆卫平等译 1990年 545页 20 cm 4.40元 (G. F.)

12888 5627-0078
现代微生物学
闻玉梅 陆德源主编 1991年 230页 26 cm 3.05元 (G. F.)

12889 309-01102
微生物学实验技术教程
宋大新等主编 1993年 355页 20 cm 11.30元 (G. F.)

12890 309-00988

微生物学实验教程

祖若夫等编著 1993年 296页 20 cm 5.50元 (G. F.)

12891 309-00433

微生物遗传学导论

陈永青 王文华编著 1990年 259页 20 cm 2.25元 〔遗传学丛书〕(G. F.)

12892 309-01192

微生物遗传学综述文集

盛祖嘉 陈永青主编 1993年 250页 26 cm 25元 (G. F.)

12893 13253.052

微生物生理学

程皆能等编著 1987年 234页 26 cm 2.60元 (G. F.)

12894 309-00131

微生物生态入门

（日）服部勉著 谭惠慈 吴人坚译 1988年 107页 19 cm 0.80元 (G. F.)

12895 309-00952

微生物生态入门

（日）服部勉著 谭惠慈 吴人坚译 1988年（1992年重印）107页 19 cm 1.40元 (G. F.)

12896 309-00545

微生物分类学

张纪忠主编 黄静娟等编写 1990年 428页 26 cm 5.80元 (G. F.)

12897 309-00691

病毒手册

牛宏舜等编 1992年 957页 20 cm 19元 (G. F.)

12898 5627-0604

分子免疫学

余传霖 熊思东主编 2001年 1402页 26 cm 精装 160元 (G. F. P.)

植物学

12899 309-13623

钟扬文选

钟扬著 本书编委会编 2018年 399页 24 cm 78元 (G. F. P.)

12900 309-00247

植物体细胞遗传学

张冬生编著 1989年 235页 20 cm 2.10元 〔遗传学丛书〕(G. F.)

12901 309-07226

土仓 华中山区食用植物的民族植物学研究

吴旭著 2010年 244页 21 cm 32元 (G. F. P.)

12902 309-11234

复旦校园植物图志

李辉 周晔主编 2015年 254页 24 cm 58元 (G. F. P.)

12903 309-01418

黄山植物

胡嘉琪 梁师文主编 金晓辉等摄影 1996年 601页 26 cm 精装 68元 (G. F. P.)

12904 309-13038

江西武夷山植物野外实习手册

徐卫红主编 2017年 394页 21 cm 62.50元 〔弘教系列教材〕(G. F. P.)

12905 309-10982
甘草属（Glycyrrhiza L.）分类系统与实验生物学研究
李学禹 陆嘉惠主编 2015年 404页 26 cm 精装 78元 (G. F. P.)

12906 309-10483
身边的药用植物
赵志礼编著 2014年 44页 22 cm 16.50元〔中小学生中医药科普读物〕(G. F. P.)

12907 309-08208
药用植物学与生物学实验指导
黄建明 康云主编 2012年 125页 23 cm 32元〔研究型大学药学实验系列教材〕(G. F.)

动物学

12908 309-00706
基础动物学
顾宏达等编著 1992年 490页 26 cm 8.50元 (G. F.)

12909 309-10721
动物学
谢桂林 杜东书主编 2014年 335页 26 cm 49.80元〔高等院校教材〕(G. F. P.)

12910 309-07412
实验动物学基础与技术
杨斐 胡樱编著 2010年 526页 26 cm 80元〔卫生部"十一五"规划教材 复旦博学·基础医学〕(G. F. P.)

12911 309-14547
实验动物学基础与技术
杨斐 胡樱编著 2019年 第2版 375页 26 cm 80元〔基础医学实验课程系列教材〕(G. F. P.)

12912 309-03742
简明实验动物学
杨萍主编 2003年 159页 23 cm 15元〔上海医学实验动物管理委员会推荐实验动物和动物实验人员培训教材〕(G. F. P.)

12913 13253.021
脊椎动物标本制作
唐子英等著 1985年 196页 20 cm 1.40元 (G. F.)

12914 309-00789
脊椎动物标本制作
唐子英等著 1985年（1992年重印） 196页 19 cm 3.85元 (G. F.)

12915 309-14708
江西武夷山动物生物学野外实习手册
罗朝晖 王艾平主编 罗朝晖等编著 2020年 307页 21 cm 60元〔弘教系列教材 罗朝晖 王艾平主编〕(G. P.)

12916 309-11290
动物的交流
（韩）朴保荣文 （韩）黄美宣图 2015年 29页 25 cm 精装 35元〔动物的秘密系列 7〕(G. F. P.)

12917 309-11286
动物的脚
（韩）朴保荣文 （韩）赵美爱图 2015年 29页 25 cm 精装 35元〔动物的秘密系列 3〕(G. F. P.)

12918 309-11285
动物的尾巴

（韩）赵载恩文（韩）宋永旭图 2015 年 21 页 25 cm 精装 35 元〔动物的秘密系列 2〕(G. F. P.)

12919 309-11288
动物的自我保护
（韩）郑雪娥文（韩）惠敬图 2015 年 29 页 25 cm 精装 35 元〔动物的秘密系列 5〕(G. F. P.)

12920 309-11284
动物的蛋和卵
（韩）安修妍文（韩）李宗均图 2015 年 17 页 25 cm 精装 35 元〔动物的秘密系列 1〕(G. F. P.)

12921 309-03061
比较组织学彩色图谱
周光兴著 2002 年 235 页 26 cm 精装 78 元 (G. F. P.)

12922 309-11287
动物的家
（韩）求贤珍文（韩）李仁化图 2015 年 21 页 25 cm 精装 35 元〔动物的秘密系列 4〕(G. F. P.)

12923 309-11289
动物和植物如何过冬
（韩）金成恩文（韩）潘定嫄图 2015 年 25 页 25 cm 精装 35 元〔动物的秘密系列 6〕(G. F. P.)

12924 309-11291
动物的共生
（韩）金美爱文（韩）金理祚图 2015 年 21 页 25 cm 精装 35 元〔动物的秘密系列 8〕(G. F. P.)

12925 309-00760
上海地区的国家保护动物
黄正一等编著 1991 年 220 页 20 cm 3.50 元 (G. F.)

12926 309-02006
中国特产的爬行动物
黄正一等编著 宗志新 曹末元摄影 1998 年 116 页 26 cm 精装 30 元 (G. F. P.)

12927 309-00967
上海鸟类资源及其生境
黄正一等著 1993 年 244 页 20 cm 7.50 元 (G. F.)

12928 309-07168
鸟类的迁徙之旅 候鸟的卫星追踪
（日）樋口广芳著 关鸿亮 华宁 周璟男译 2010 年 239 页 19 cm 25 元 (G. F. P.)

12929 309-01487
中国啮齿类
黄文几等著 1995 年 308 页 26 cm 20 元 (G. F. P.)

12930 13253.007
猕猴世家
刘咸编著 1984 年 70 页 19 cm 0.44 元 (G. F.)

昆虫学

12931 309-00671
昆虫生态学实验
吴千红等编著 1991 年 271 页 20 cm 2.95 元 (G. F.)

12932 13253.008
昆虫形态分类学
忻介六等编著 1985 年 447 页 26 cm 5.90

12933 309-00003
果蝇实验手册
(美) R. O. 弗拉格著 朱定良译 1987年 51页 19 cm 0.40元 (G. F.)

人类学

12934 309-06637
骗局、神话与奥秘 考古学中的科学与伪科学
(美) 肯尼思·L. 费德 (Kenneth L. Feder) 著 陈淳译 2010年 370页 23 cm 36元〔博学译丛〕(G. F. P.)

12935 309-04919
最动人的人类史 地球如何变成人类家园
(法) 安德烈·朗加内等著 蒋梓骅 王岩译 2006年 168页 19 cm 15元 (G.)

12936 309-07003
裸猿
(英) 德斯蒙德·莫利斯 (D. Morris) 著 何道宽译 2010年 271页 21 cm 精装 30元〔裸猿三部曲〕(G. F. P.)

12937 309-04430
中国西北地区古代居民种族研究
韩康信 谭婧泽 张帆著 2005年 293页 27 cm 精装 48元 (G. F. P.)

12938 309-08334
正常人体结构
雷良蓉 向宇主编 2011年 264页 26 cm 39元〔湖北高校"十二五"规划教材 高职医学专业系列〕(G. F. P.)

12939 309-11686
正常人体结构
雷良蓉 向宇主编 2015年 第2版 296页 26 cm 46元〔高职医学专业系列〕(G. F. P.)

12940 309-03807
伦理观解读人类基因组
(英) 让-弗朗西斯·马蒂 (Jean-François Mattei) 编著 申宗侯 瞿涤主译 2004年 172页 20 cm 11元〔复旦科普译丛〕(G. F. P.)

12941 309-01736
人类遗传学概论
赵寿元等编著 1996年 350页 20 cm 15元〔遗传学丛书〕(G. F.)

12942 309-03163
克隆一个你 趣味话基因
高峰等编 2002年 136页 20 cm 10元 (G. F. P.)

12943 309-02864
基因神话揭谜
(美) 露丝·哈伯德 (Ruth Hubbard) (美) 埃利加·沃尔德 (Elijah Wald) 著 陈建华等译 2001年 255页 20 cm 14元〔复旦科普译丛 生命科学〕(G. F. P.)

12944 13253.030
发育之谜 发育生物学入门
(日) 冈田节人著 谢厚祥译 1986年 123页 19 cm 0.85元 (G. F.)

医药、卫生

一般理论

12945 5627-0324
医学技术评估
陈洁主编 1996年 221页 20 cm 10.80元 (G. F.)

12946 5627-0545
红十字理论和实践
袁惠章 田永波主编 2000年 338页 26 cm 20元 (F.)

12947 309-14867
医学导论
董健 钱睿哲主编 2020年 232页 26 cm 58元〔复旦大学上海医学院人文医学核心课程系列教材 桂永浩总主编〕(G. F. P.)

12948 5627-0127
医学伦理学教程
曹开宾等主编 1992年 298页 19 cm 4.90元 (G. F.)

12949 5627-0447
医学伦理学教程
曹开宾等主编 1998年 第2版 240页 20 cm 12.90元 (G. F.)

12950 309-03094
医学伦理学教程
曹开宾 邱世昌 樊民胜主编 1998年（2002年重印）240页 20 cm 15元 (P..)

12951 309-04086
医学伦理学教程
曹开宾 邱世昌 樊民胜主编 2004年 第3版 233页 23 cm 26元〔复旦博学·卫生事业管理系列〕(G. F. P.)

12952 309-09344
实用医疗语言学
曹石珠 唐伟军主编 2012年 147页 23 cm 28元〔普通高等学校"十二五"精品规划教材〕(G. P.)

12953 5627-0030
医学美学
丁蕙孙主编 1989年 169页 19 cm 1.15元 (G.)

12954 5627-0161
医学人口学
高尔生主编 1993年 224页 26 cm 12元〔高等医药院校自编教材〕(G.)

12955 309-14865
医学与历史
高晞主编 2020年 271页 26 cm 68元〔复旦大学上海医学院人文医学核心课程系列教材 桂永浩总主编〕(G. F. P.)

12956 309-04165
医学人口学
高尔生 吴擢春主编 2004年 第2版 273页 26 cm 28元〔复旦博学·公共卫生与预防医学系列〕(G. F. P.)

12957 5627-0032
社会医学
顾杏元 龚幼龙主编 王均乐等编 1990年 153页 26 cm 2.25元〔高等医药院校教材〕(G. F.)

12958 5627-0185
社会医学
严启之等主编 1993年 132页 26 cm 5元〔中等卫生学校教材〕(G.)

12959 309-04781
社会医学
龚幼龙 严非主编 2005年 第2版 269页 26 cm 30元〔复旦博学·公共卫生与预防医学系列〕(G. F. P.)

12960 309-06946
社会医学
龚幼龙 严非主编 2009年 第3版 375页 26 cm 48元〔复旦博学·公共卫生与预防医学系列 普通高等教育"十一五"国家级规划教材〕(G. F. P.)

12961 309-11103
规划在卫生系统中的运用
黄葭燕编著 2014年 199页 23 cm 36.80元 (G. F. P.)

12962 309-08494
医学伦理学教程
瞿晓敏主编 2011年 第4版 229页 23 cm 38元〔卫生事业管理系列〕(G. F. P.)

12963 309-13320
医学人文素质 案例版
毛春 高其文主编 2017年 248页 26 cm 37元 (G. F. P.)

12964 309-14805
医学人文导论
汤其群 孙向晨主编 2020年 268页 26 cm 68元 (G. F. P.)

12965 309-13159
医学与人文交响曲
闻玉梅 彭裕文主编 2017年 242页 24 cm 58.50元〔智慧树通识教育系列〕(G. F. P.)

12966 309-14868

医学社会学
徐丛剑 严非主编 2020 年 282 页 26 cm 68 元〔复旦大学上海医学院人文医学核心课程系列教材 桂永浩总主编〕(G. F. P.)

12967 5627-0183
外国医德史
周俊 何兆雄主编 1994 年 292 页 20 cm 17.60 元 (G. F.)

12968 309-06376
生命伦理中的知情同意
朱伟著 2009 年 228 页 21 cm 20 元 (G. F. P.)

12969 309-02335
19 世纪医学科学史
(英) 威廉·F. 拜纳姆 (Willian F. Bynum) 著 曹珍芬译 2000 年 430 页 22 cm 32 元〔剑桥科学史丛书〕(G. F. P.)

12970 309-07250
疾病阅读史
余凤高著 2010 年 226 页 21 cm 20 元 (G. F. P.)

12971 5627-0012
中外医学教育史
朱潮主编 1988 年 510 页 20 cm 3.20 元 (G. F.)

12972 309-07193
中古时期的医者与病者
范家伟著 2010 年 338 页 23 cm 38 元 (G. F. P.)

12973 5627-0011
中国医德史
何兆雄主编 1988 年 343 页 19 cm 2.20 元〔高等医药院校教材〕(G. F.)

12974 309-05853
生命史学 从医疗看中国历史
李建民著 2008 年 378 页 24 cm 42 元 (G. F. P.)

12975 309-08657
我们的国家：中医与中药
李其忠著 2012 年 170 页 21 cm 25 元〔"我们的国家"系列丛书〕(G. F. P.)

现状与发展

12976 309-14949
上海市医药卫生系统科研成果选编 2018
金春林主编 2020 年 230 页 26 cm 80 元 (F. P.)

医学研究方法

12977 309-05968
功能学科实验教程
杨轶群 曹银祥主编 2008 年 211 页 23 cm 27 元 (G. F. P.)

12978 5627-0044
人类疾病动物模型
(美) 琼斯 (J. C. Jones) 主编 程鸿主译 1989 年 629 页 20 cm 精装 8.20 元 (G. F.)

12979 5627-0015
人类疾病动物模型
(美) 琼斯 (J. C. Jones) 主编 程鸿主译 1989 年 629 页 20 cm 精装 4.85 元 (G. F.)

12980 309-09295
医学实验动物学

周光兴主编 2012年 276页 26 cm 48元
〔21世纪复旦大学研究生教学用书〕(G. F. P.)

12981 5627-0669
Internet新进展及医学信息应用
徐一新等主编 2001年 333页 26 cm 36元 (G. F. P.)

12982 5627-0658
医学研究生教育实践论
刁承湘编著 2001年 260页 20 cm 16元 (G. F. P.)

12983 5627-0061
医学考试的理论与实践
梅人朗 李春昌主编 1990年 295页 19 cm 2.90元 (G.)

12984 5627-0174
中外医学教育比较
梅人朗主编 1993年 320页 26 cm 25元 (G. F.)

12985 309-13661
临床医学"5+3"模式的构建与实践
汪玲等著 2018年 454页 24 cm 78元 (G. F. P.)

12986 309-07453
国外医学教育 发展与改革
汪青 梅人朗主编 2010年 364页 21 cm 30元 (G. F.)

12987 5627-0084
江西医学教育史
张兴荣 章远庆主编 马隄等编写 1990年 324页 19 cm 4元 (G.)

12988 5627-0115
医学教育资料选编 十一 1988.7—1989.6
中华人民共和国卫生部教育司编 1992年 230页 26 cm 10.50元 (G. F.)

12989 5627-0116
医学教育资料选编 十二 1989.7—1990.6
中华人民共和国卫生部教育司编 1992年 239页 26 cm 10.80元 (G. F.)

12990 5627-0147
医学教育资料选编 十三 1990.7—1991.6
中华人民共和国卫生部教育司编 1993年 412页 26 cm 18元 (G. F.)

12991 5627-0187
医学教育资料选编 十四 1991.7—1992.6
中华人民共和国卫生部教育司编 1994年 372页 26 cm 29元 (G. F.)

12992 5627-0237
医学教育资料选编 十五 1992.7—1993.6
中华人民共和国卫生部教育司编 1994年 169页 26 cm 23.80元 (G. F.)

12993 5627-0375
医学教育资料选编 十六 1993.7—1994.6
中华人民共和国卫生部教育司编 1997年 429页 26 cm 55元 (G. F.)

12994 5627-0355
医学教育资料选编 十七 1994.7—1995.6
中华人民共和国卫生部科技教育司编 1997年 344页 26 cm 47元 (G. F.)

12995 5627-0260
创一流医科大学 卫生部创建和实施"211工程"辑录
刘海林 于修成主编 1995年 252页 20 cm 12.80元 (G. F.)

12996 5627-0238
创建世界一流医科大学研究
梅人朗等主编 刁承湘等撰写 1994年 189页 19 cm 9.80元 (G. F.)

12997 309-04756
上海医科大学图志 1927—2000
彭裕文主编 2005年 126页 28×28 cm 120元 (G. F.)

12998 5627-0155
高等医学教育管理的理论与实践
丘祥兴主编 1993年 390页 20 cm 6.85元 (G. F.)

12999 309-04480
上海医科大学志 1927—2000
《上海医科大学志》编纂委员会编 2005年 1 080页 29 cm 精装 150元 (G. F. P.)

13000 309-13196
医学人文英语一课一练 上册
李朝东 吴晓明主编 2017年 100页 26 cm 29元〔医学人文英语系列教材 杨劲松 罗永胜总主编〕(G. F. P.)

13001 309-13478
医学人文英语一课一练 下册
黄晓彬 宁康健主编 2018年 100页 26 cm 29元〔医学人文英语系列教材 杨劲松 罗永胜总主编〕(G. F. P.)

13002 309-12749
医学英语(基础医学)参考用书
孙庆祥主编 2017年 113页 26 cm 32元〔全国大学医学英语统编系列教材〕(G. F. P.)

13003 309-10484
医学英语(临床医学)参考用书
孙庆祥主编 2014年 162页 26 cm 29元〔全国大学医学英语统编系列教材〕(G. F. P.)

13004 309-09695
21世纪大学公共医学英语教学参考书 上册
赵贵旺主编 2013年 139页 28 cm 20元〔普通高等教育"十一五"国家级规划教材 21世纪大学英语系列〕(G. F. P.)

13005 309-09694
21世纪大学公共医学英语教学参考书 下册
赵贵旺主编 2013年 151页 28 cm 25元〔普通高等教育"十一五"国家级规划教材 21世纪大学英语系列〕(G. F. P.)

13006 309-14957
医学英语(社会医学)
蔡和兵 孙庆祥 刘超主编 2020年 157页 26 cm 42元〔多维医学英语全国统编系列教材〕(G. P.)

13007 309-13174
医学人文英语 上册
高玮 张俐华主编 2017年 215页 26 cm 45元〔医学人文英语系列教材 杨劲松 罗永胜总主编〕(G. F. P.)

13008 309-14564
医学人文英语 上册
陈英 晋桂清主编 2019年 第2版 258页 26 cm 58元〔医学人文英语系列教材 杨劲松 罗永胜总主编〕(G. F. P.)

13009 309-13476
医学人文英语 下册
宁静 冯建明主编 2018年 204页 26 cm 45元〔医学人文英语系列教材 杨劲松 罗永胜总主编〕(G. F. P.)

13010 309-14864

医学人文英语 下册

陈英 晋桂清主编 2020年 第2版 231页 26 cm 58元〔医学人文英语系列教材 杨劲松 张桥英总主编〕(G. P.)

13011 309-14959

医学人文英语 下册 一课一练

陈雨宇 李朝东主编 2020年 第2版 98页 26 cm 35元〔医学人文英语系列教材 杨劲松 张桥英总主编〕(G. P.)

13012 309-10183

综合医学英语教程

梁正溜主编 2014年 2册 26 cm 48元 (G. F. P.)

13013 309-15079

综合医学英语教程

梁正溜 肖英编著 2020年 第2版 206页 26 cm 68元 (P.)

13014 309-08607

医学基础英语学生用书

林速容主编 2012年 220页 26 cm 35元〔复旦卓越·高职高专英语教材 前景行业英语系列教材〕(G. F. P.)

13015 309-10162

医学基础英语学生用书

林速容主编 2013年 第2版 319页 26 cm 42元〔复旦卓越·高职高专英语教材 前景行业英语系列教材〕(G. F. P.)

13016 309-09497

医学基础英语自主练习

林速容主编 2013年 126页 26 cm 29元〔复旦卓越·高职高专英语教材 前景行业英语系列教材〕(G. F. P.)

13017 309-11322

医学英语

林速容主编 2016年 199页 26 cm 35元〔21世纪职业教育行业英语〕(G. F. P.)

13018 309-08212

当代医学新视野——医学与英语影像阅读 Ⅰ

凌秋虹等主编 2011年 312页 23 cm 44元〔复旦博学·当代医学英语系列 陈社胜总主编〕(G. F. P.)

13019 309-09056

当代医学新视野——医学与英语影像阅读 Ⅱ

凌秋虹等主编 2012年 307页 23 cm 44元〔复旦博学·当代医学英语系列 陈社胜总主编〕(G. F. P.)

13020 309-10305

当代医学新视野——医学与英语影像阅读 Ⅲ

凌秋虹 曲丽娟 吴静主编 2014年 306页 23 cm 45元〔复旦博学·当代医学英语系列 陈社胜总主编〕(G. F. P.)

13021 309-10826

西医英语基础教程

刘明 程前光 韦建辉主编 2014年 283页 26 cm 39.80元〔实用医学英语系列教材 刘有 童瑶（美）郝吉顺总主编〕(G. F. P.)

13022 309-08700

创新实用医院英语

史冬梅主编 2012年 233页 23 cm 32元〔普通高等教育"十一五"国家级规划教材〕(G. F. P.)

13023 309-09053

实用医学英语写作

孙庆祥 唐伟 王申英主编 2012 年 289 页 24 cm 42.70 元〔复旦博学·大学医学英语系列丛书〕(G. F. P.)

13024 309-11866

医学英语(基础医学)

孙庆祥主编 2015 年 222 页 26 cm 33 元〔全国大学医学英语统编系列教材〕(G. F. P.)

13025 309-14312

医学英语(基础医学)

孙庆祥 凌秋虹 袁福主编 2019 年 198 页 26 cm 52 元〔多维医学英语全国统编系列教材 孙庆祥总主编〕(G. F. P.)

13026 309-09735

医学英语(临床医学)

孙庆祥主编 2013 年 357 页 26 cm 49 元〔全国大学医学英语统编系列教材〕(G. F. P.)

13027 309-13737

医学英语(临床医学)

孙庆祥总主编 孙庆祥 陈迎 蔡和兵册主编 2018 年 288 页 26 cm 68 元〔多维医学英语全国统编系列教材〕(G. F. P.)

13028 309-14173

实用医学英语教程

王翠莲 李东主编 2019 年 234 页 23 cm 43 元 (G. F. P.)

13029 309-08993

医学英语新教程 上册

王兰英 王玉安主编 2012年 262 页 23 cm 33 元〔供全国医学院校使用〕(G. F. P.)

13030 309-09431

医学英语新教程 下册

王兰英 王玉安主编 2013 年 263 页 23 cm 33 元〔供全国医学院校使用〕(G. F. P.)

13031 309-10834

医护英语

吴雷达主编 2014 年 248 页 26 cm 40 元 (G. F. P.)

13032 309-11323

医护英语

吴雷达主编 2015 年 175 页 26 cm 35 元〔21 世纪职业教育行业英语〕(G. F. P.)

13033 309-09701

新潮医学英语阅读教程

肖志红主编 2013 年 242 页 26 cm 35 元〔普通高等学校"十二五"精品规划教材〕(G. P.)

13034 309-12381

新潮医学英语实用学习手册

杨红 曾宪英主编 2016 年 295 页 19 cm 32 元 (G. P.)

13035 309-11724

当代医学英语微课程 健康与社会

于洋 龙芸主编 2015 年 342 页 26 cm 65 元〔复旦博学·当代医学英语系列 陈社胜总主编〕(G. F. P.)

13036 309-12257

当代医学英语微课程 医学文化问题与争议

戴月珍 于洋主编 2016 年 329 页 26 cm 62 元〔复旦博学·当代医学英语系列〕(G. F. P.)

13037 309-12764

当代医学英语微课程 临床医疗问题与对策

任宁 薛英利主编 2017年 315页 26 cm 65元〔复旦博学·当代医学英语系列〕(G. F. P.)

13038 309-12945
当代医学英语微课程 医学发展与人文关怀
杨克西 张宏斌主编 2017年 311页 26 cm 62元〔复旦博学·当代医学英语系列 陈社胜总主编〕(G. F. P.)

13039 309-13751
当代医学英语微课程 医学技术与健康服务
瞿平 师旭亮 杨克西主编 2018年 255页 26 cm 60元〔复旦博学·当代医学英语系列 陈社胜总主编〕(G. F. P.)

13040 309-11712
实用医学英语教程
张建佳 李建中主编 2015年 203页 26 cm 39元〔应用技术类型高等学校规划教材〕(G. P.)

13041 309-09119
21世纪大学公共医学英语 上册
赵贵旺主编 2012年 220页 28 cm 30元〔普通高等教育"十一五"国家级规划教材 21世纪大学英语系列〕(G. F. P.)

13042 309-09463
21世纪大学公共医学英语 下册
赵贵旺主编 2013年 212页 28 cm 30元〔普通高等教育"十一五"国家级规划教材 21世纪大学英语系列〕(G. F. P.)

13043 309-06263
神经内外科学
陈生弟 赵卫国 黄峰平主编 2008年 529页 23 cm 68元〔医学试题精编丛书〕(G. F. P.)

13044 309-05191
诊断学
傅志君主编 毛悦时等编写 2006年 359页 23 cm 39元〔医学试题精编丛书〕(G. F. P.)

13045 309-05098
医学心理学与精神医学
季建林主编 2006年 289页 23 cm 35元〔医学试题精编丛书〕(G. F. P.)

13046 309-04784
临床科研设计方法 临床流行病学
林果为主编 2006年 250页 23 cm 27元〔医学试题精编丛书〕(G. F. P.)

13047 309-05026
解剖学
彭裕文 罗宝国 郑黎明主编 丁文龙等编写 2006年 305页 23 cm 35元〔医学试题精编丛书〕(G. F. P.)

13048 309-05998
中医药学及中西医结合临床
王兴娟主编 2008年 130页 23 cm 16元〔医学试题精编丛书〕(G. F. P.)

13049 309-06364
卫生统计学
赵耐青主编 2009年 199页 23 cm 24元〔医学试题精编丛书〕(G. F. P.)

13050 5627-0191
生命科学浅说
上海医科大学编 1993年 64页 19 cm 2元〔献给'93上海科技节〕(G. F.)

13051 5627-0007
医事问答

杨秉辉编著 1988年 153页 19 cm 1.25元（G. F.）

13052 5627-0111
医事问答 2
杨秉辉等编著 1992年 203页 19 cm 2.30元（G. F.）

13053 309-06586
百姓医典 珍藏版
姚泰 杨秉辉 郭慕依主编 2010年 780页 20 cm 精装 58元（G. F. P.）

13054 309-05728
医学"软件" 医教研与学科建设随想
汤钊猷著 2007年 296页 23 cm 精装 75元（G. F. P.）

13055 309-14288
医路聆听 "叙事医学"同辈教育读本
吴韬主编 2019年 272页 21 cm 38元（G. F. P.）

13056 309-10862
财务科长范得"痔" 医学教授告诉你看病的学问
杨秉辉著 2014年 168页 22 cm 25元〔医疗科普小说〕（G. F. P.）

13057 5627-0395
上海医科大学校庆七十周年论文汇编
姚泰主编 1997年 353页 26 cm 48.50元（G.）

13058 5627-0449
医学生常用英语词汇
王申生等主编 1998年 246页 19 cm 14元（G. F.）

13059 5627-0112

中国农村初级卫生保健适宜技术与基本药物手册
陈龙主编 1991年 375页 20 cm 6.50元〔全国"星火计划"丛书〕（G. F.）

13060 5627-0198
开业医生手册
李水根 庞水定主编 1994年 758页 20 cm 精装 30元（G.）

13061 5627-0014
乡村医生手册
石美鑫等主编 1989年 604页 19 cm 7元〔全国"星火计划"丛书〕（F.）

13062 5627-0017
乡村医生手册
石美鑫等主编 1989年 604页 19 cm 精装 10元〔全国"星火计划"丛书〕（G. F.）

预防医学、卫生学

13063 5627-0470
临床预防医学
傅华 叶葶葶主编 1999年 354页 26 cm 37元（G. F.）

13064 309-04878
临床预防医学
傅华 叶葶葶主编 2006年 354页 26 cm 37元（G. F. P.）

13065 309-10202
临床预防医学
傅华主编 2014年 第2版 458页 26 cm 70元〔复旦博学·公共卫生与预防医学系列〕（G. F. P.）

13066 309-04976

预防医学

傅华主编 王文军等编写 2006 年 253 页 23 cm 28 元〔医学试题精编丛书〕(G. F. P.)

13067 309-03092
社会医学

顾杏元 龚幼龙主编 1990 年(2004 年重印) 153 页 26 cm 16 元 (P..)

13068 309-14861
21 世纪暴露科学 愿景与策略

(美)国家科学院国家研究咨询委员会编著 2020 年 195 页 23 cm 65 元 (G. F. P.)

13069 309-03532
卫生经济学

胡善联主编 2003 年 416 页 23 cm 40 元〔复旦博学·公共卫生硕士系列〕(G. F. P.)

13070 309-08183
预防医学

邵爱玉 张晶主编 冯玉荣等编写 2011 年 299 页 26 cm 43 元〔复旦卓越·医学职业教育教材〕(G. F. P.)

13071 309-08357
预防医学

张勤国 涂旭东 刘小平主编 2011 年 256 页 26 cm 37 元〔湖北高校"十二五"规划教材 高职医学专业系列〕(G. F. P.)

13072 309-03350
卫生学

宋伟民主编 2002 年 354 页 26 cm 38 元〔面向 21 世纪高等医药院校教材〕(G. F. P.)

13073 5627-0230
预防医学

邵靖方 严启之主编 1994 年(1995 年重印) 301 页 26 cm 12 元 (G. F.)

13074 309-03826
社区大众医学

孙晓明 孙国武主编 2004 年 401 页 28 cm 精装 108 元 (G. F. P.)

13075 309-06053
卫生经济分析

田文华 刘保海主编 2008 年 244 页 23 cm 23 元〔卫生事业管理系列〕(G. F. P.)

13076 309-11529
预防医学

涂旭东 叶泽秀 朱晓江主编 2015 年 第 2 版 277 页 26 cm 44 元〔高职医学专业系列〕(G. F. P.)

13077 309-07417
社区伤害预防和安全促进理论与实践

王书梅著 2010 年 196 页 23 cm 30 元 (G. F. P.)

13078 309-10799
公共卫生英语教程

王学功 赵昶昕主编 2014 年 256 页 23 cm 39.80 元〔大学医用英语系列教材〕(G. F. P.)

13079 309-06531
卫生项目评价学

吴擢春主编 2009 年 232 页 26 cm 32 元〔复旦博学·公共卫生与预防医学系列〕(G. F. P.)

13080 309-10845
预防医学导论

夏昭林主编 2014 年 370 页 26 cm 58 元〔预防医学国家级教学团队教材〕(G. F. P.)

13081 5627-0456
社区卫生与实践
严启之主编 1998 年 262 页 19 cm 12.80 元〔社区卫生实习教材〕(G. F.)

13082 309-09994
卫生经济学专题研究
俞卫主编 2013 年 375 页 23 cm 50 元 (G. F. P.)

13083 309-03777
公共卫生硕士(MPH)专业学位入学考试大纲与习题
赵根明等编著 2003 年 289 页 23 cm 28 元 (G. F. P.)

13084 5627-0227
卫生研究方法学 研究方法培训指南
黄敬亨等译 1995 年 163 页 26 cm 16.20 元 (G. F.)

13085 5627-0099
健康教育学
黄敬亨主编 王文英等编写 1991 年 182 页 26 cm 3.18 元〔高等医药院校教材〕(G.)

13086 5627-0131
健康教育学
黄敬亨主编 王文英等编写 1992 年 第 2 版 181 页 26 cm 4.10 元〔高等医药院校教材〕(G. F.)

13087 5627-0392
健康教育学
黄敬亨主编 1997 年 210 页 26 cm 23 元〔高等医药院校教材〕(G. F.)

13088 309-03096
健康教育学
黄敬亨主编 2002 年 210 页 26 cm 23 元 ( )

13089 309-03529
健康教育学
黄敬亨主编 2003 年 第 3 版 2006 年第 4 版 261 页 26 cm 28 元〔复旦博学·公共卫生与预防医学系列〕(G. F. P.)

13090 309-05449
健康教育学
黄敬亨主编 2007 年 200 页 23 cm 24 元〔医学试题精编丛书〕(G. F. P.)

13091 309-07744
健康教育学
黄敬亨 邢育健主编 2011 年 第 5 版 390 页 26 cm 50 元〔复旦博学·公共卫生与预防医学系列〕(G. F. P.)

13092 5627-0665
《预防医学》试题与题解
傅华主编 2001 年 204 页 21 cm 10.50 元〔教学参考丛书〕(G. F. P.)

13093 5627-0421
《预防医学》导读与题解
严启之主编 1999 年 373 页 19 cm 16 元 (G. F.)

13094 5627-0076
健康教育读本
黄荣魁主编 1990 年 377 页 19 cm 3.70 元 (G. F.)

13095 5627-0096
健康教育读本 饮食从业人员卫生篇
黄荣魁主编 1991年 161页 19 cm 3.70元 (F.)

13096 5627-0095
健康教育读本 中老年保健篇
黄荣魁主编 1991年 126页 19 cm 1.60元 (G.)

13097 5627-0124
农村健康教育读本
孙翠娣主编 田永波等编写 1992年 131页 19 cm 1.60元 (G.)

13098 5627-0233
农民健康教育读本
祖光怀等编 1994年(1995年重印) 143页 19 cm 2.90元 〔中国健康教育丛书〕(G. F.)

13099 5627-0039
为人类健康的四十年 1948—1988
顾学箕 陈龙主编 1989年 146页 19 cm 1.70元 (G. F.)

13100 309-08686
青少年工作指南 基层卫生工作者参考手册
世界卫生组织编 谭晖 钱序 陶芳标主译 2012年 184页 21 cm 60元 (G. F. P.)

13101 5627-0047
卫生标准进展
梁友信 顾祖维主编 1989年 156页 26 cm 1.75元 (G. F.)

13102 309-10666
卫生分析化学
周颖主编 2014年 290页 26 cm 46元 〔预防医学国家级教学团队教材〕(G. F. P.)

13103 309-13470
公共卫生监测 理论与实践
(美)丽莎·M.李等主编 顾沈兵主译 2018年 401页 24 cm 98元 (G. F. P.)

13104 309-03674
卫生检验基础
郑力行主编 2003年 317页 23 cm 32元 〔复旦博学·公共卫生硕士系列 21世纪复旦大学研究生教学用书〕(G. F. P.)

13105 309-14563
环境卫生学
宋伟民 赵金镯主编 2019年 320页 26 cm 58元 〔预防医学国家级教学团队教材〕(G. F. P.)

13106 309-12397
电解水的临床应用与探索
王豫廉编著 2016年 135页 26 cm 40元 (G. F. P.)

13107 309-13567
增权型公共卫生实践
(丹)格兰·莱文拉克(Glenn Laverack)著 傅华主译 2018年 124页 23 cm 30元 (G. F. P.)

13108 5627-0092
公共场所卫生学
张利伯主编 1991年 278页 26 cm 6.20元 (G. F.)

13109 309-07458
社区现场调查技术
许国章 张涛主编 2010年 324页 21 cm 25元 (G. F. P.)

13110 309-05571
农村(社区)公共卫生联络员培训手册
许国章 干爱玲主编 2007年 242页 21 cm 16元 (G. F. P.)

13111 5627-0552
旅游保健手册
扎西 温志大主编 2000年 197页 19 cm 精装 15元 (G. F.)

13112 5627-0213
Occupational health and preventive medicine
Lu Pei-lian, Ye Ting-ting, Fu Hua 编 1994年 205页 26 cm (G.)

13113 5627-0262
职工健康保护与健康促进
顾学箕 胡景虎主编 1995年 281页 19 cm 14.90元 (G. F.)

13114 309-11091
职业卫生与职业医学
金泰廙等主编 2015年 299页 26 cm 49元〔预防医学国家级教学团队教材〕(G. F. P.)

13115 5627-0145
工业企业健康教育读本
谢谷芬主编 丁美琪等编写 1992年 134页 19 cm 1.90元 (G.)

13116 309-03420
职业卫生知识题集
郭常义 吴世达主编 2002年 171页 20 cm 12元〔企业健康促进培训教材〕(G. F. P.)

13117 309-10415
国外职业健康风险评估指南
丁钢强 张美辨主编 2014年 246页 26 cm 50元 (G. F. P.)

13118 309-03419
健康促进基础读本
卢伟 陈玮主编 2002年 163页 20 cm 12元〔企业健康促进培训教材〕(G. F. P.)

13119 309-06293
职业紧张评估方法与早期健康效应
戴俊明著 2008年 200页 21 cm 15元 (G. F. P.)

13120 309-08601
铅酸蓄电池企业的职业性铅危害与防治
金玫华主编 2011年 95页 21 cm 21元 (G. F. P.)

13121 5627-0093
学习《上海市尘肺病防治实施暂行办法》问答
上海市卫生局工业卫生处编 1991年 77页 19 cm 1元 (G.)

13122 309-10109
光的保健与防护
雷仕湛 陈刚主编 2013年 235页 23 cm 30元 (G. F. P.)

13123 309-14397
饮食、卫生与安全 上册
白晨 王淑珍编著 2019年 203页 24 cm 30元〔上海老年教育 上海市老年教育普及教材 上海市学习型社会建设与终身教育促进委员会办公室〕(G. F. P.)

13124 309-14415
饮食、卫生与安全 下册
白晨 王淑珍编著 2019年 154页 24 cm

30 元〔上海老年教育 上海市老年教育普及教材 上海市学习型社会建设与终身教育促进委员会办公室〕(G. F. P.)

13125　309-04317
营养与食品安全
郭红卫主编　2005 年　409 页　23 cm　43 元〔复旦博学·公共卫生硕士系列〕(G. F. P.)

13126　309-06409
营养与食品安全宝典
郭红卫主编　2009 年　199 页　23 cm　26 元 (G. F. P.)

13127　309-07448
现代营养学
蔡威　邵玉芬主编　2010 年　1 175 页　26 cm　精装　286 元〔新闻出版总署"十一五"国家重点图书〕(G. F. P.)

13128　309-03348
医学营养学
郭红卫主编　2002 年　214 页　26 cm　24 元〔面向 21 世纪高等医药院校教材〕(G. F. P.)

13129　309-06511
医学营养学
郭红卫主编　2009 年　第 2 版　235 页　26 cm　30 元〔复旦博学·公共卫生与预防医学系列〕(G. F. P.)

13130　309-08894
营养与食品卫生学
厉曙光主编　2012 年　284 页　26 cm　46 元〔预防医学国家级教学团队教材〕(G. F. P.)

13131　5627-0288
什么是营养
邵玉芬编著　1995 年　120 页　19 cm　7.20 元〔营养丛书〕(G. F.)

13132　309-11226
营养与膳食
孙建琴主编　2015 年　292 页　26 cm　49 元〔全国高等医药院校护理系列教材〕(G. F. P.)

13133　309-02123
错误的减肥
杨淑慧编著　1999 年　165 页　20 cm　9 元〔错误系列 8〕(G. F.)

13134　5627-0606
糖与营养和健康 对近期研究结果的评价
（ ）Michael Gurr 著　刘兆平译　2001 年　23 页　21×21 cm　8 元〔国际生命科学学会欧洲分会系列简明专著〕(G. P.)

13135　309-08245
食品营养、安全与生活
陈沁　张文举　张娟编著　2012 年　110 页　23 cm　12 元〔复旦光华青少年文库〕(G. F. P.)

13136　309-13585
城市生活中的食品营养与安全
丛健编著　上海百万在岗人员学力提升行动计划办公室主编　2018 年　237 页　21 cm　32 元〔上海百万在岗人员学力提升读本〕(G. F. P.)

13137　309-11863
食品与营养读本
薛琨主编　2015 年　121 页　21 cm　20 元〔上海市进城务工人员技能文化培训系列读本　二期　上海市进城务工人员技能文化培训工作领导小组办公室　上海

市学习型社会建设服务指导中心办公室主编〕(G. F. P.)

13138 5627-0469
食物、营养与癌症预防
陈君石 闻芝梅主译 1999 年 787 页 26 cm 精装 108 元 (G. F.)

13139 5627-0294
肥胖者与营养
丁应锷 李明岳编著 1995 年 75 页 19 cm 5.50 元〔营养丛书〕(G. F.)

13140 309-14009
食品营养卫生与健康
龚花兰主编 2019 年 238 页 24 cm 32 元〔复旦卓越·21 世纪酒店管理系列〕(G. F.)

13141 309-07934
饮食营养与安全
林玉桓 王丽梅主编 2011 年 307 页 26 cm 35 元〔复旦卓越·21 世纪烹饪与营养系列〕(G. F. P.)

13142 5627-0683
疾病与营养 营养的疾病与疾病的营养
严哲 毛孙忠编著 2001 年 192 页 20 cm 12 元 (G. F. P.)

13143 309-08032
营养与健康
于康编著 2011 年 167 页 22 cm 18 元〔复旦·健康系列〕(G. F. P.)

13144 309-06406
女人美丽从营养开始
厉曙光著 2009 年 141 页 23 cm 20 元〔健康 cool 新女性系列丛书〕(G. F. P.)

13145 5627-0120
孕产妇营养及四季食谱
邵玉芬 孙纪东编著 1992 年 重印 262 页 19 cm 3.90 元 (G. F.)

13146 5627-0504
孕产妇营养及四季食谱
邵玉芬 潘季芬主编 1999 年 第 2 版 297 页 19 cm 17.50 元 (G. F.)

13147 309-05570
孕产妇营养及四季食谱
邵玉芬主编 2007 年 第 3 版 280 页 21 cm 18 元 (G. F. P.)

13148 5627-0289
孕妇、乳母与营养
盛丹菁编著 1995 年 108 页 19 cm 6.60 元〔营养丛书〕(G. F.)

13149 5627-0633
小儿营养
郭志平编著 2001 年 96 页 19 cm 5.50 元〔21 世纪家庭保健丛书〕(G. P.)

13150 5627-0291
青少年与营养
姜明编著 1995 年 127 页 19 cm 7.40 元〔营养丛书〕(G. F.)

13151 309-07314
0—3 岁婴幼儿营养与喂养
蒋一方主编 2011 年 197 页 30 cm 29.80 元〔复旦卓越·全国 0—3 岁婴幼儿早期教育系列〕(G. P.)

13152 5627-0290
儿童与营养
刘湘云编著 1995 年 142 页 19 cm 7.80 元

〔营养丛书〕(G. F.)

13153 309-07152
学前营养学
刘迎接 贺永琴主编 2010 年 152 页 30 cm 18 元〔复旦卓越·全国学前教育专业系列〕(G. F. P.)

13154 5627-0169
婴幼儿喂养
许积德等编著 1993 年(1996 年重印) 55 页 19 cm 1.80 元〔专家门诊咨询丛书〕(G. F.)

13155 309-09179
老年营养学
(美) Melissa Bernstein (美) Ann Schmidt Luggen 原著 孙建琴等主译 2012 年 369 页 26 cm 58 元 (G. F. P.)

13156 309-02168
老年营养与食疗
柳启沛主编 1999 年 188 页 20 cm 8 元〔空中老年人大学系列教材〕(G. F.)

13157 309-11872
舌尖上的健康
王晓黎主编 2016 年 94 页 23 cm 30 元〔上海市社区教育系列教材 健康生活类教材 谢长勇主编〕(G. F.)

13158 5627-0292
老年人与营养
翁德立编著 1995 年 117 页 19 cm 7.20 元〔营养丛书〕(G. F.)

13159 5627-0021
饮食从业人员卫生培训手册
张维兰 姜培珍主编 1988 年 181 页 19 cm 1.45 元 (G.)

13160 309-04152
饮食宜忌手册
戴豪良编著 2004 年 479 页 18 cm 23 元 (G. F. P.)

13161 309-10787
食品卫生读本
薛琨主编 2014 年 87 页 21 cm 20 元〔上海市进城务工人员技能文化培训系列读本 上海市进城务工人员技能文化培训工作领导小组办公室 上海市学习型社会建设服务指导中心办公室主编〕(G. F. P.)

13162 309-13319
小细菌 大健康 现代社会慢病微生态健康管理
陈坚 张俊杰主编 2017 年 221 页 23 cm 42 元 (G. F. P.)

13163 309-08613
生命发展保健
陈淑英 许方蕾 叶萌主编 2012 年 215 页 26 cm 38 元〔复旦卓越·医学职业教育教材 护理专业系列创新教材 沈小平总主编〕(G. F. P.)

13164 309-07821
健康隐性杀手
戴稼禾编著 2011 年 219 页 19 cm 14.80 元 (G. F. P.)

13165 309-11879
如何进行健康自我管理
丁永明 彭伟霞编著 2015 年 90 页 21 cm 18 元〔上海市民健康与人文系列读本〕(G. F. P.)

13166 309-06818

健康自我管理活动指南
傅华 傅东波 丁永明编著 2009 年 183 页 23 cm 24 元 (G. F. P.)

13167 309-06816
健康自我管理手册
傅华 李光耀主编 2009 年 104 页 23 cm 14 元 (G. F. P.)

13168 309-03778
远离亚健康 白领职场人群必读
傅善来主编 2003 年 250 页 19 cm 12 元〔健康每一天 赢在每一天〕(G. F. P.)

13169 309-11503
健康与养生读本
顾沈兵主编 2015 年 93 页 21 cm 20 元〔上海市进城务工人员技能文化培训系列读本 二期 上海市进城务工人员技能文化培训工作领导小组办公室 上海市学习型社会建设服务指导中心办公室主编〕(G. F. P.)

13170 309-03164
光速节奏与生命保健
李玉玺编著 2002 年 284 页 19 cm 15 元〔科学与健康文库〕(G. F. P.)

13171 309-14171
健康生活通识 上册
梁小栋 肖燕 于洋主编 2019 年 105 页 26 cm 28 元〔复旦博学·当代医学英语系列 陈社胜总主编〕(G. F. P.)

13172 309-14172
健康生活通识 下册
黎亮 和霁晓 张聪主编 2019 年 105 页 26 cm 28 元〔复旦博学·当代医学英语系列 陈社胜总主编〕(G. F. P.)

13173 309-08127
健康一家人
毛颂赞编著 2011 年 299 页 21 cm 26 元〔复旦·健康系列〕(G. F. P.)

13174 309-14398
行为健康照护模拟追踪
美国联合委员会资源部编著 华润 JCI 医院管理研究院译 2019 年 修订版 49 页 29 cm 85 元〔华润 JCI 医院管理研究院质量和安全系列译著〕(G. F. P.)

13175 309-05874
洪昭光"健康圣经"大颠覆
潘朝曦著 2008 年 300 页 23 cm 30 元 (G. F. P.)

13176 309-12661
为健康把脉 医学专家如是说
潘肖珏 李珏主编 "拐"个医生做朋友：789 的健康吧 张丽珍主编 2016 年 374 页 19 cm 48 元〔粉玫瑰健康丛书〕(G. F. P.)

13177 309-08060
生活与保健
施榕主编 2011 年 147 页 22 cm 18 元〔复旦·健康系列〕(G. F. P.)

13178 309-01485
脑的保健
施裕森著 1995 年 253 页 19 cm 7.80 元〔名医话保健丛书〕(G. F.)

13179 309-03851
现代健康提醒
王昌源编著 2004 年 271 页 18 cm 14 元〔实用保健系列〕(G. F. P.)

13180 309-07501
健康从哪里来
杨秉辉著 2011年 215页 21 cm 20元
(G. F. P.)

13181 5627-0684
知识就是健康 家庭保健必读
杨秉辉主编 2001年 280页 24 cm 精装 40元 (G. F. P.)

13182 309-11676
如何做健康长者
杨玉明 唐旻华编 2015年 156页 21 cm 26元〔今天如何做长者〕(G. F. P.)

13183 309-03732
活到100岁
高慎盈主编 2003年 370页 20 cm 16元〔《解放周末》系列 媒体走向生活·健康〕(G. F. P.)

13184 309-10174
中小学生四季保健
李其忠主编 2014年 121页 22 cm 25元〔中小学生中医药科普读物〕(G. F. P.)

13185 309-12332
家庭保健科普画册 "新家庭计划"指南
上海市嘉定区卫生和计划生育委员会 上海市人口和家庭计划指导服务中心组编 2016年 69页 17 cm 28元 (G. F. P.)

13186 309-02690
年轻10岁"快步"健康法
(日)石冢忠雄著 郑美松 刘春发译 2000年 157页 20 cm 10元〔珍爱生命系列〕(G. F. P.)

13187 309-04913
人到中年话保健
高慎盈主编 2006年 284页 21 cm 13元〔《解放周末》系列 媒体走向生活·健康〕(G. F. P.)

13188 5627-0572
自我保健指南
杨秉辉主编 2001年 878页 20 cm 精装 45元 (G. F. P.)

13189 5627-0146
实用长寿知识 老年必读
段勋令编著 1993年(1997年重印) 188页 19 cm 3.80元 (G. F.)

13190 309-04914
人生60才开始
高慎盈主编 2006年 276页 21 cm 12元〔《解放周末》系列 媒体走向生活·健康〕(G. F. P.)

13191 5627-0181
中老年自我保健
顾学箕主编 上海医科大学退休教师协会编 1993年 250页 19 cm 5.80元 (G. F.)

13192 309-01414
长寿的奥秘 祛病延年1000法
刘康德 林海芬编 1995年 476页 20 cm 15元 (G. F.)

13193 309-09589
长寿话题百篇
毛颂赞编著 2013年 219页 22 cm 39.80元〔复旦·健康系列〕(G. F. P.)

13194 309-12327
漫话长寿
毛颂赞编著 2016年 225页 21 cm 38元

〔复旦·健康系列〕(G. F. P.)

13195　309-12541
运动健身
沈勋章　宋闪编著　2016 年　111 页　21 cm　15 元〔"60 岁开始读"科普教育丛书〕(G. F. P.)

13196　309-13023
自然生命　健康养生　老年生存教育选本
王伯军选编　2017 年　144 页　21 cm　25 元〔老年生命教育系列〕(G. F. P.)

13197　309-11873
老年生活的健康智慧
王芳主编　2016 年　72 页　23 cm　30 元〔上海市社区教育系列教材　健康生活类教材　谢长勇主编〕(G. F.)

13198　5627-0359
中老年自我保健
王洪复主编　1997 年　292 页　20 cm　11.90 元　(G. F.)

13199　5627-0407
中老年自我保健
王洪复主编　1997 年　292 页　20 cm　精装　14.80 元　(G. F.)

13200　309-09872
新编老年实用保健
王世豪编著　2013 年　194 页　26 cm　35 元〔新世纪老年课堂系列教材〕(G. F. P.)

13201　309-09142
中老年健身与养生教程
肖焕禹　徐本力编著　2012 年　171 页　26 cm　35 元〔竞攀系列教材〕(G. F. P.)

13202　309-13281
中医养老
肖梅华编著　2017 年　117 页　21 cm　15 元〔"60 岁开始读"科普教育丛书〕(G. F. P.)

13203　309-09884
老年保健
许方蕾　戴蕙萍　姚丽文主编　2013 年　318 页　26 cm　52 元〔全国高等学校教材　供高职高专护理专业用〕(G. F. P.)

13204　309-12400
老年人力量锻炼方法与实践
张春华主编　2016 年　135 页　26 cm　36 元〔休闲体育与艺术系列〕(G. F. P.)

13205　309-01671
老年卫生保健　上册
朱汉民主编　1996 年　213 页　19 cm　8 元〔空中老年人大学系列教材　上海电视讲座配套教材〕(G. F. P.)

13206　309-01757
老年卫生保健　下册
朱汉民主编　1996 年　230 页　19 cm　8 元〔空中老年人大学系列教材〕(G. F. P.)

13207　309-11514
现代老年人养生保健指南
朱明德著　2015 年　177 页　24 cm　30 元〔上海市老年教育普及教材〕(G. F. P.)

13208　309-13397
自然生命　健康养生　老年生存教育读本
朱明德编著　2017 年　83 页　21 cm　25 元〔老年生命教育系列〕(G. F. P.)

13209　309-11675
如何做快乐长者

宋其辉 卢玉娟编 2015年 144页 21 cm 26元〔今天如何做长者〕(G. F. P.)

13210 309-11842
十万个为什么(老年版) 延缓衰老
张卫东 陶红亮编著 2015年 110页 21 cm 15元〔十万个为什么〕(G. F. P.)

13211 309-11906
如何应对慢性疲劳综合征
高俊岭 陶沙编著 2015年 69页 21 cm 18元〔上海市民健康与人文系列读本〕(G. F. P.)

13212 309-11895
如何戒烟
郑频频编著 2015年 87页 21 cm 18元〔上海市民健康与人文系列读本〕(G. F. P.)

13213 5627-0306
人口与生殖健康教育读本
高尔生 吴擢春主编 1996年 139页 19 cm 6.40元〔中国健康教育丛书〕(G. F.)

13214 309-03654
婚前婚后性保健
吴愉 姚中本编著 2003年 167页 21 cm 9元〔生命·阳光·保健丛书〕(G. F. P.)

13215 5627-0573
实用婚前保健技术指导
姚中本主编 2000年 349页 20 cm 16元 (G. F.)

13216 309-03467
新编实用婚育保健技术指导
姚中本主编 2003年 413页 20 cm 22元 (G. F. P.)

13217 309-03624
青春期性保健
王书梅主编 2003年 177页 21 cm 10.80元〔生命·阳光·保健丛书〕(G. F. P.)

13218 309-10145
现代计划生育学
程利南 车焱主编 2014年 578页 26 cm 精装 130元〔上海市"十二五"重点图书〕(G. F. P.)

13219 309-10847
优生咨询与指导
陈雅芳总主编 严碧芳 蒋梅珠编著 2014年 120页 30 cm 23元〔全国学前教育专业(新课程标准)"十二五"规划教材〕(G. F. P.)

13220 5627-0528
常用避孕节育方法指导
苏昭仪等编著 2000年 160页 20 cm 10元 (G. F.)

13221 309-04329
意外妊娠的预防及其处理
程利南 徐晋勋编著 2005年 237页 21 cm 16元〔生命·阳光·保健丛书〕(G. F. P.)

13222 5627-0492
哺乳与产后避孕行为研究
高尔生等主编 1999年 181页 26 cm 40元 (G. F.)

13223 5627-0137
新型抗早孕药物 米非司酮的临床应用
林中明 贺昌海主编 高尔生等编写 1992年 73页 19 cm 2元 (G. F.)

13224 309-06125
促进妇幼卫生发展的策略研究
吕军 郝模著 2008年 280页 21 cm 20元 (G. F. P.)

13225 309-03797
妇幼卫生概论
钱序主编 2003年 239页 23 cm 24元〔复旦博学·公共卫生硕士系列 21世纪复旦大学研究生教学用书〕(G. F. P.)

13226 309-09239
母婴保健指导
俞芸 王利峰主编 2012年 133页 21 cm 26元〔母婴保健系列〕(G. F. P.)

13227 309-07118
妇儿优先
《健康让生活更精彩——走进世博》编辑委员会编 2010年 101页 21 cm 16元〔健康让生活更精彩——走进世博〕(G. F. P.)

13228 309-12604
中国促进母婴安全和儿童营养的案例研究
钱序主编 2017年 199页 26 cm 55元 (G. F. P.)

13229 5627-0637
妇女保健新编
华嘉增主编 2001年 271页 26 cm 27.50元 (G. F. P.)

13230 309-04561
妇女保健新编
华嘉增主编 2005年 第2版 250页 26 cm 40元 (G. F. P.)

13231 309-08083
现代妇女保健学
华嘉增 朱丽萍主编 2011年 661页 26 cm 精装 120元〔上海市"十二五"重点图书〕(G. F. P.)

13232 309-07808
我们该把自己交给谁?
潘肖珏著 2011年 290页 24 cm 30元 (G. P.)

13233 309-08376
我们该把自己交给谁?
潘肖珏著 2011年 第2版 297页 24 cm 36元 (G. F. P.)

13234 309-10839
0—3岁儿童保健与营养
陈雅芳总主编 许环环主编 2014年 121页 30 cm 22元〔全国学前教育专业(新课程标准)"十二五"规划教材〕(G. F. P.)

13235 309-01372
蹦蹦跳跳 0—6岁婴幼儿运动能力发展与体格锻炼
韩棣华主编 1995年 493页 20 cm 18元 (G.)

13236 309-07313
0—3岁婴幼儿保育
金扣干 文春玉主编 2012年 211页 30 cm 37元〔复旦卓越·全国0—3岁婴幼儿早期教育系列〕(G. P.)

13237 309-09117
0—3岁婴幼儿的保育与教育
孔宝刚 盘海鹰主编 2012年 214页 30 cm 28元〔全国学前教育专业(新课程标准)"十二五"规划教材〕(G. P.)

13238 309-07847

0—3 岁婴幼儿保健护理

曲艳杰主编 2011 年 121 页 30 cm 20 元〔复旦卓越·全国学前教育专业系列〕(G. F. P.)

13239 309-15162
0—3 岁婴幼儿保健

童连主编 2020 年 157 页 30 cm 36 元〔全国早期教育专业"十三五"规划教材 复旦版早期教育专业系列教材〕(G. F. P.)

13240 309-03414
亲亲好宝贝 年轻父母育儿指南

唐建华编著 2003 年 250 页 19 cm 12 元〔健康每一天 赢在每一天〕(G. F. P.)

13241 309-14767
0—3 岁婴幼儿照护与保育

徐千惠主编 2020 年 148 页 30 cm 45 元〔复旦版早期教育专业系列教材〕(G. F. P.)

13242 5627-0486
婴幼儿保健

姚佩华编著 1999 年 116 页 19 cm 7.80 元〔妇幼保健普及丛书〕(G.)

13243 309-08986
0—3 岁婴幼儿科学养育入户指导手册

金雪萍主编 2012 年 131 页 19 cm 25 元〔人口早期发展系列科普丛书〕(G. F. P.)

13244 309-14004
母乳喂养图册

（美）芭芭拉·威尔逊-克莱（美）凯·库佛著 饶琳 黄娟主译 2019 年 270 页 26 cm 80 元 (G. F. P.)

13245 309-12934
科学育儿科普画册"新家庭计划"指南

国家人口计生委计划生育药具重点实验室 上海市人口和家庭计划指导服务中心组编 沃乐柳主编 马帅政绘 2017 年 75 页 17 cm 28 元 (G. F. P.)

13246 309-07411
学前保健学

金扣干主编 2011 年 168 页 30 cm 22 元〔复旦卓越·全国学前教育专业系列〕(G. F. P.)

13247 309-09747
学前儿童卫生与保育

史慧静主编 2013 年 218 页 30 cm 33 元〔全国学前教育专业（新课程标准）"十二五"规划教材〕(G. F. P.)

13248 309-12452
学前儿童卫生学

代晓明 谭文 喻正莹主编 2016 年 173 页 30 cm 29 元〔全国学前教育专业（新课程标准）"十三五"规划教材〕(G. F. P.)

13249 309-14986
学前儿童卫生学

代晓明 谭文主编 2020 年 第 2 版 202 页 30 cm 45 元〔全国学前教育专业（新课程标准）"十三五"规划教材〕(G. F. P.)

13250 309-04503
学前卫生学

麦少美主编 2005 年 149 页 30 cm 15 元〔复旦卓越·全国学前教育专业系列〕(G. P.)

13251 309-06878
学前卫生学

麦少美 高秀欣主编 2009 年 第 2 版 151

页 30 cm 18元〔复旦卓越·全国学前教育专业系列〕(G. F. P.)

13252 309-14401
学前儿童卫生保健实践教程
盘海鹰主编 2019年 202页 30 cm 38元〔全国学前高等职业教育规划教材〕(G. F. P.)

13253 309-10824
儿童青少年卫生学
史慧静主编 2014年 299页 26 cm 59元〔预防医学国家级教学团队教材〕(G. F. P.)

13254 309-07233
医学教授谈营养与儿童少年的生长发育
史奎雄 蒋学之主编 2010年 148页 23 cm 22元 (G. F. P.)

13255 5627-0263
基础流行病学
(新西兰) R. Beaglehole 等原著 李敏江等译 1995年 192页 20 cm 8.90元 (G. F.)

13256 309-03543
流行病学基础
姜庆五主编 2003年 192页 23 cm 22元〔复旦博学·公共卫生硕士系列〕(G. F.)

13257 309-08683
流行病学模型
姜庆五 陈启明 周艺彪编著 2012年 554页 26 cm 88元 (G. F. P.)

13258 5627-0537
现代临床流行病学
林果为 沈福民主编 2000年 295页 26 cm 30元〔上海研究生教育用书〕(G. F. P.)

13259 309-03183
现代临床流行病学
林果为 沈福民主编 2000年(2004年重印) 295页 26 cm 30元〔复旦博学临床医学系列 普通高等教育"十一五"国家级规划教材〕(G. F. P.)

13260 309-10448
现代临床流行病学
林果为 王小钦 陈世耀主编 2014年 第3版 323页 26 cm 58元〔普通高等教育"十一五"国家级规划教材 复旦博学·临床医学系列〕(G. F. P.)

13261 309-07817
流行病学基础
徐飚主编 2011年 第2版 306页 23 cm 45元〔公共卫生硕士(MPH)系列教材 姜庆五总主编〕(G. F. P.)

13262 309-05675
流行病学原理
徐飚主编 2007年 425页 26 cm 49元〔复旦博学·公共卫生与预防医学系列 卫生部"十一五"规划教材〕(G. F. P.)

13263 309-11208
流行病学案例分析
徐望红主编 2015年 126页 26 cm 28元〔预防医学教学参考系列〕(G. F. P.)

13264 309-15064
流行病学常识与解读
徐望红著 2020年 228页 26 cm 45元 (G. F. P.)

13265 309-06523
流行病学与计算机应用
俞顺章 姜庆五主编 2011年 400页 26 cm

70 元 (G. F. P.)

13266 309-05535
流行病学方法与模型
姜庆五 陈启明编著 2007 年 494 页 26 cm 68 元 (G. F. P.)

13267 5627-0660
流行病学原理与方法
沈福民主编 2001 年 332 页 26 cm 38 元 〔上海研究生教育用书〕(G. F. P.)

13268 5627-0523
流行病学简明教程
俞顺章主编 1999 年 434 页 19 cm 23 元 (G. F.)

13269 5627-0091
临床流行病学论文集 1
朱世能 林果为主编 王吉耀等编 1991 年 313 页 26 cm 15 元 (G. F.)

13270 5627-0451
生殖健康流行病学研究方法
(美) P. A. 温格 (Phyllis A. Wingo) 等编 高尔生等译校 1998 年 223 页 26 cm 47 元 (G. F.)

13271 5627-0602
临床流行病学
郝培良主编 2000 年 297 页 26 cm 34.50 元 〔山东省教育委员会"九五"立项教材〕(G. F.)

13272 309-09791
上海市长宁区居民伤害流行状况及预防报告 2007—2011 年
夏庆华 胡越主编 2013 年 153 页 23 cm 30 元 (G. F. P.)

13273 309-10310
输入性传染病的发现与防控
许国章主编 2014 年 269 页 21 cm 28 元 (G. F. P.)

13274 309-13608
新发及再发传染病预防与控制
袁政安主编 2018 年 228 页 26 cm 86 元 (G. F. P.)

13275 309-07460
实用病媒生物防制技术
许国章 白勇主编 2010 年 400 页 21 cm 31 元 (G. F. P.)

13276 309-04829
实用免疫预防
许国章 张学军主编 2006 年 210 页 21 cm 15 元 (G. F. P.)

13277 5627-0598
国际卫生病媒控制
世界卫生组织编 丁鲁民 周启明译 2000 年 149 页 26 cm 28 元 (G. F.)

13278 5627-0234
除四害简明教程
袁惠章主编 1994 年 255 页 19 cm 11.80 元 (G.)

13279 5627-0345
国境卫生检疫报验员实用手册
陈心尧等主编 1996 年 228 页 20 cm 25 元 (G. F.)

13280 5627-0164
国境口岸传染病监测优秀论文集
顾金祥主编 1993 年 154 页 26 cm 9.80 元 (G.)

13281 309-13953
报检实务
金朵主编 2019年 222页 26 cm 32元〔复旦卓越·中高职贯通职业教育系列〕(G. F. P.)

13282 309-08484
消毒方法与应用
沈伟主编 2011年 174页 21 cm 20元 (G. F. P.)

13283 309-03823
现代家庭消毒指南
张宏伟 顾春英主编 2004年 145页 18 cm 9元〔实用保健系列〕(G. F. P.)

13284 309-08684
高原分子医学
李文华 刘忠 袁东亚主编 2011年 193页 23 cm 39元 (G. F. P.)

13285 5627-0474
卫生资源利用综合效益及其评价方法
蔡辉编著 1999年 179页 20 cm 28.60元 (G. F.)

13286 309-03682
卫生监督
达庆东 戴金增主编 2003年 363页 23 cm 38元〔复旦博学·公共卫生硕士系列〕(G. F. P.)

13287 309-03641
公共卫生突发事件的应急处理
许国章 王仁元主编 2003年 263页 20 cm 15元 (G. P.)

13288 309-03954
卫生管理运筹学
薛迪主编 2004年 352页 23 cm 36元〔复旦博学·卫生事业管理系列〕(G. F. P.)

13289 309-06071
卫生管理运筹学
薛迪主编 2008年 第2版 406页 23 cm 48元〔复旦博学·卫生事业管理系列 普通高等教育"十一五"国家级规划教材〕(G. F. P.)

13290 5627-0109
卫生监督体系研究
袁惠章主编 1991年 208页 20 cm 4.50元 (G. F.)

13291 309-08637
风险感知、社会学习与范式转移 突发性公共卫生事件引发的政策变迁
张毅强著 2011年 313页 21 cm 25元〔公共管理与公共政策丛书〕(G. F. P.)

13292 309-10409
卫生监督伦理问题研究
上海市卫生局卫生监督所编 2014年 181页 24 cm 35元 (G. F. P.)

13293 309-14884
医患沟通临床实践
陈世耀 马昕主编 2020年 94页 26 cm 35元〔复旦大学上海医学院人文医学核心课程系列教材 桂永浩总主编〕(G. F. P.)

13294 309-13326
上海市住院医师规范化培训实施效果评估
黄霞燕著 2017年 178页 23 cm 43元 (G. F. P.)

13295 5627-0043
医生心理学
霍仲厚等编著 1990年 275页 19 cm 3

元 (G.)

13296 5627-0576
健康教育与初级卫生保健
陈娟 朱亚南主编 2000年 202页 26 cm 19.80元 (G. F.)

13297 309-14954
老龄健康问题全球纵览
陈社胜总主编 曾祥发等主编 2020年 174页 26 cm 42元〔新医科英语"十三五"全国规划教材〕(G. F. P.)

13298 309-08474
管理你的健康
(美)戴尔·B.哈恩(Dale B. Hahn)(美)韦恩·A.佩恩(Wayne A. Payne)(美)艾伦·B.卢卡斯(Ellen B. Lucas)著 傅华 李洋主译 2011年 365页 26 cm 50元 (G. F. P.)

13299 309-13303
健康教育处方集
丁园主编 2018年 129页 21 cm 32元 (G. F. P.)

13300 309-03725
现代健康促进理论与实践
傅华 李枫主编 2003年 463页 23 cm 46元〔复旦博学·公共卫生硕士系列 21世纪复旦大学研究生教学用书〕(G. F. P.)

13301 309-14157
健康教育文案写作
顾沈兵主编 2019年 165页 26 cm 50元〔健康传播材料制作系列丛书 顾沈兵总主编〕(G. F. P.)

13302 309-15286
健康心动 你问我答
钱菊英主编 2020年 171页 21 cm 50元 (G. F. P.)

13303 5627-0603
市民健康行为指南
胡锦华主编 2000年 164页 19 cm 5.50元〔健康促进丛书〕(G. F.)

13304 309-15076
健康随笔
胡锦华著 2020年 309页 21 cm 68元 (G. F. P.)

13305 5627-0235
渔民健康教育读本
梅亦珩主编 1995年 121页 19 cm 3.90元〔中国健康教育丛书〕(G. F.)

13306 5627-0110
健康促进与健康教育计划的评价
(美)温泽(R. A. Windsor)等著 胡伟民等译 1991年 286页 20 cm 5.50元 (G. F.)

13307 5627-0173
健康教育处方集
杨秉辉主编 1993年 126页 21 cm 7元 (G. F.)

13308 309-09883
健康行为与健康教育
余金明主编 2013年 264页 26 cm 45元〔预防医学国家级教学团队教材〕(G. F. P.)

13309 309-14612
现代健康教育学
余金明 姜庆五主编 2019年 673页 26 cm 精装 258元 (G. F.)

13310 309-14613
现代健康教育学
余金明 姜庆五主编 2019年 673页 26 cm 158元 (G. F. P.)

13311 309-07869
健康促进理论与实践
郑频频 史慧静主编 2011年 第2版 297页 23 cm 48元〔公共卫生硕士(MPH)系列教材 姜庆五总主编〕(G. F. P.)

13312 5627-0240
健康促进计划设计
(加)格林(Lawernce W. Green)(美)M. W. 克鲁特(Marshall W. Kreuter)著 黄敬亨等译 1994年 299页 20 cm 16.40元 (G. F.)

13313 309-05760
实用卫生监督
肖国兵 干爱玲主编 2007年 512页 21 cm 33元 (G. F. P.)

13314 309-06554
规范体格检查与病史书写双语手册
傅志君 石虹主编 2009年 中英文本 168页 18 cm 15元 (G. F. P.)

13315 309-12539
健康体检
熊立凡编著 2016年 117页 21 cm 15元〔"60岁开始读"科普教育丛书〕(G. F. P.)

13316 309-03357
现场调查技术
詹绍康主编 2003年 290页 23 cm 30元〔复旦博学·公共卫生硕士系列〕(G. F.)

13317 309-07109
现场调查技术
詹绍康主编 2010年 第2版 348页 23 cm 48元〔公共卫生硕士(MPH)系列教材 姜庆五总主编〕(G. F. P.)

13318 5627-0611
卫生研究中样本含量的确定
(美)Stantly Lemeshow等著 周利锋 高尔生主译 2001年 211页 26 cm 40元 (G. F.)

13319 309-03448
卫生统计学方法
曹素华主编 2003年 268页 23 cm 28元〔复旦博学·公共卫生硕士系列〕(G. F. P.)

13320 5627-0610
医用SAS统计分析
金丕焕等主编 2000年 206页 26 cm 27元 (G. F.)

13321 309-03095
医用SAS统计分析
金丕焕 苏炳华主编 贺佳 邓伟等编 2000年 重印 206页 26 cm 27元〔面向21世纪高等医药院校教材〕(F.)

13322 309-03278
医用统计方法
金丕焕主编 1993年(2002年重印) 535页 26 cm 52元〔面向21世纪高等医药院校教材〕(G. F.)

13323 5627-0071
医用统计方法
金丕焕主编 1993年 535页 26 cm 25元 (G. F.)

13324 309-03653

医用统计方法

金丕焕主编 2003年 第2版 659页 26 cm 65元〔复旦博学·公共卫生与预防医学系列〕(G. F. P.)

13325 309-06530
医用统计方法

金丕焕 陈峰主编 2009年 第3版 761页 26 cm 98元〔复旦博学·公共卫生与预防医学系列 普通高等教育"十一五"国家级规划教材〕(G. F. P.)

13326 5627-0521
医学统计学

沈毅 严曰树主编 1999年 162页 26 cm 22元〔成人医学教育教材〕(G. F.)

13327 309-03154
医学统计学

沈毅 严曰树主编 2005年 162页 26 cm 22元 (F.)

13328 309-06255
卫生统计与流行病学实践教程

施榕主编 2008年 198页 26 cm 26元〔复旦卓越·医学职业教育教材〕(G. F. P.)

13329 309-09554
医院统计学

王美筠主编 2013年 93页 26 cm 26元〔复旦卓越·医学职业教育教材 卫生技术与护理专业系列创新教材 沈小平总主编〕(G. F. P.)

13330 309-07181
实用卫生统计

许国章主编 2010年 307页 21 cm 21元 (G. F. P.)

13331 309-06960
医学统计学基础

余金明 凌莉主编 2009年 第2版 347页 23 cm 48元〔公共卫生硕士(MPH)系列教材〕(G. F. P.)

13332 309-10182
医学数据分析

赵耐青 尹平主编 2014年 287页 23 cm 45元〔公共卫生硕士(MPH)系列教材 姜庆五总主编〕(G. F. P.)

13333 309-03103
卫生统计学习题

詹绍康主编 2002年 310页 21 cm 20元〔医学教学参考丛书〕(G. F. P.)

13334 309-05846
人群自报健康水平与分布研究

刘宝著 2007年 195页 23 cm 28元 (G. F. P.)

13335 309-07304
基层疾病预防控制项目、流程和绩效考核

罗力 苏海军 谈佳弟主编 2010年 132页 23 cm 20元 (G. F. P.)

13336 309-12838
上海市失智老人康复服务需求及社会支持体系

苌凤水著 2017年 272页 21 cm 42元〔复旦大学中国残疾问题研究中心文库 吕军 季敏主编〕(G. F. P.)

13337 309-06848
改善流动人口卫生保健服务利用的策略研究

陈刚著 2009年 410页 21 cm 28元 (G. F. P.)

13338 309-05255

卫生服务评价

陈英耀主编 2007年 305页 23 cm 35元〔复旦博学·卫生事业管理系列〕（G. F. P.）

13339 309-05808

世界主要医疗保障制度模式绩效比较

丁纯著 2009年 第2版 432页 21 cm 28元（G. F.）

13340 309-03308

卫生服务研究

龚幼龙主编 2002年 389页 23 cm 38元〔复旦博学·公共卫生硕士系列〕（G. F. P.）

13341 5627-0454

中国贫困农村医疗保健制度社会干预试验研究

顾杏元主编 1998年 92页 26 cm 28元（G. F. P.）

13342 309-04080

中医药社区卫生服务培训教程

郭怀保主编 2004年 288页 25 cm 32元（G. F. P.）

13343 309-14164

健康服务资源空间规划理论和方法

罗力著 2020年 278页 26 cm 98元（G. F. P.）

13344 309-12853

医疗服务中的失效模式及效应分析 前瞻性风险降低方法

美国医疗机构联合委员会国际部 美国医疗机构联合委员会资源部编著 华润JCI医院管理研究院译 郦忠 蒋宋怡主译 2017年 112页 29 cm 97元〔华润JCI医院管理研究院质量和安全系列译著〕（G. F. P.）

13345 309-04753

医疗服务品牌营销

沈蕾 曹建文主编 方丽萍等编写 2007年 167页 23 cm 18元〔复旦博学·卫生事业管理系列〕（G. F. P.）

13346 309-05027

上海城乡中医药社区卫生服务需求与利用研究

施永兴主编 2006年 248页 26 cm 28元（G. F. P.）

13347 309-03946

小康社会社区卫生服务发展策略

王光荣 龚幼龙主编 2004年 602页 25 cm 62元（G. F. P.）

13348 309-06127

社区卫生与保健

王晓明 沈文娟主编 2008年 171页 26 cm 25元〔复旦卓越·21世纪中等职业教育护理系列教材〕（G. F. P.）

13349 309-10304

城市社区卫生服务中心信息化建设与评价

武桂英 彭德荣主编 2014年 246页 21 cm 26元（G. F. P.）

13350 309-11199

新型农村合作医疗住院补偿的影响因素

谢慧玲 王颢 程晓明著 2015年 94页 23 cm 28元（G. F. P.）

13351 309-13132

医疗保障学

许苹 马玉琴主编 2017年 267页 24 cm

45元〔军队卫生与勤务系列〕(G. F. P.)

13352 309-14707
卫生服务研究
严非 王伟主编 2020年 第2版 290页 26 cm 66元〔预防医学国家级教学团队教材〕(G. F. P.)

13353 5627-0123
职工医疗制度改革研究
周海洋主编 1992年 242页 19 cm 5元 (G. F.)

13354 5627-0587
社区卫生服务与管理手册
鲍勇等主编 2000年 368页 20 cm 25元 (G. F. P.)

13355 309-03394
社区卫生服务实用手册
李惠娟 季正明主编 2002年 460页 19 cm 26元 (G. F. P.)

13356 309-12854
医疗服务中的绩效测量工具 快速参考指南
美国医疗机构联合委员会资源部编著 华润JCI医院管理研究院译 郦忠 蒋宋怡主译 2017年 第2版 95页 29 cm 87元〔华润JCI医院管理研究院质量和安全系列译著〕(G. F. P.)

13357 309-11334
社区卫生服务政策法律知识手册
潘毅慧 达庆东 施永兴主编 2015年 第3版 382页 21 cm 39元 (G. F. P.)

13358 309-07437
社区卫生服务政策法律知识手册
王光荣 达庆东 施永兴主编 2010年 第2版 326页 21 cm 28元 (G. F. P.)

13359 309-08968
民营医院管理实践
郭龙著 2012年 141页 26 cm 28元 (G. F. P.)

13360 309-13369
医见如故
董枫主编 2017年 151页 24 cm 50元 (G. F. P.)

13361 309-03498
现代医院管理
曹建文主编 2003年 263页 23 cm 28元〔复旦博学·公共卫生硕士系列〕(G. F. P.)

13362 5627-0594
医院管理学
董恒进主编 田文华等编写 2000年 369页 26 cm 42元 (G. F. P.)

13363 309-03255
医院管理学
董恒进主编 田文华等编写 2000年(2002年重印) 369页 26 cm 42元〔基础医学系列〕(P..)

13364 309-04219
医院管理学
董恒进 曹建文主编 2004年 第2版 367页 23 cm 40元〔复旦博学·卫生事业管理系列〕(G. F. P.)

13365 309-07045
医院管理学
曹建文 刘越泽主编 2010年 第3版 409页 23 cm 48元〔复旦博学·卫生事业管理系列 普通高等教育"十一五"国家

级规划教材〕(G. F. P.)

13366 309-11126
临床路径管理策划与实施
顾建钧 王家瑜主编 上海市浦东新区医学会 上海市东方医院 同济大学附属东方医院编 2014年 186页 26 cm 40元 (G. F. P.)

13367 309-05766
医院形象与危机公关 复旦大学附属儿科医院经典案例评论
桂永浩 孟建主编 2007年 267页 23 cm 38元 (G. F. P.)

13368 309-14267
法国现代卫生体系概论 医院管理与医院改革
(法)吉尔·杜阿迈尔(Gilles Duhamel) 雷萍 于广军编著 2019年 155页 26 cm 36元 (G. F. P.)

13369 309-07393
中国公立医院改革 关注运行机制和制度环境
罗力著 2010年 194页 23 cm 32元〔复旦卫管文库丛书〕(G. F. P.)

13370 309-15028
联合委员会国际部医院评审标准(含学术型医学中心医院标准)
美国联合委员会国际部编著 华润JCI医院管理研究院编译 郦忠 张晨曦 熊杰主译 2020年 320页 29 cm 168元〔华润JCI医院管理研究院质量和安全系列译著〕(G. F. P.)

13371 309-13230
医院评审检查指南
美国医疗机构联合委员会资源部编著 华润JCI医院管理研究院译 郦忠 窦文

杉主译 2017年 88页 29 cm 86元〔华润JCI医院管理研究院质量和安全系列译著〕(G. F. P.)

13372 309-03935
公立医院改制与投融资实务
王力扬著 2004年 200页 23 cm 30元 (G. F. P.)

13373 309-06669
医院管理理论与方法
薛迪主编 2010年 353页 23 cm 46元〔公共卫生硕士(MPH)系列教材 姜庆五总主编〕(G. F. P.)

13374 309-14099
中国公立医院安全文化、临床路径实施与医疗质量的关联机制研究
薛迪主编 2019年 220页 26 cm 40元 (G. F. P.)

13375 309-08558
中国公立医院战略、文化与绩效
薛迪等著 2011年 221页 23 cm 35元 (G. F. P.)

13376 309-12935
高级医院管理学
张鹭鹭 栗美娜主编 2017年 第3版 490页 25 cm 75元〔军队卫生与勤务系列〕(G. F. P.)

13377 309-13099
研究型医院 二类卫生资源配置与转化
张鹭鹭 丁陶主编 2017年 211页 24 cm 40元〔军队卫生与勤务系列〕(G. F. P.)

13378 309-12891
医疗环境追踪法手册
美国医疗机构联合委员会资源部编著 郦

忠 蒋宋怡主译 华润 JCI 医院管理研究院译 2017 年 113 页 29 cm 87 元〔华润 JCI 医院管理研究院质量和安全系列译著〕(G. F. P.)

13379 309-10753
医院后勤院长实用操作手册
诸葛立荣主编 复旦医院后勤管理研究院编 2014 年 264 页 26 cm 46 元 (G. F. P.)

13380 309-13648
医院后勤院长实用操作手册
诸葛立荣主编 2018 年 第 2 版 355 页 26 cm 98 元 (G. F. P.)

13381 5627-0192
医疗卫生领域中的成本—效益分析方法
程晓明编著 1994 年 206 页 19 cm 8.60 元 (G. F.)

13382 309-09831
医院绩效管理
薛迪 吕军主编 2013 年 195 页 23 cm 35 元〔21 世纪复旦大学研究生教学用书 复旦博学·卫生事业管理系列〕(G. F. P.)

13383 309-03491
卫生事业财务管理概论
杨云卯编著 2003 年 117 页 20 cm 8 元 (G. F. P.)

13384 309-08567
医患交流手册
(英) 彼得·泰特(Peter Tate)著 潘志刚 刘化驰译 2011 年 137 页 21 cm 20 元 (G. F. P.)

13385 309-05940
病种管理新模式研究
黄葭燕著 2008 年 177 页 23 cm 23 元 (G. F. P.)

13386 309-05081
医院感染学
居丽雯 胡必杰主编 2006 年 233 页 26 cm 28 元〔复旦博学·公共卫生与预防医学系列〕(G. F. P.)

13387 5627-0337
病案书写指导手册
林建华主编 1996 年 275 页 19 cm 12.90 元 (G. F.)

13388 309-12896
医院感染学
郑英杰主编 2017 年 269 页 26 cm 43 元〔预防医学国家级教学团队教材〕(G. F. P.)

13389 309-14122
APIC/JCR 医院感染预防与控制工作手册
美国医疗机构联合委员会资源部(JCR) 美国感染控制专业人员协会(APIC)编著 华润 JCI 医院管理研究院译 郦忠 蒋宋怡 熊杰主译 2018 年 190 页 29 cm 125 元〔华润 JCI 医院管理研究院质量和安全系列译著〕(G. F. P.)

13390 309-10142
现代医院门诊管理指南
朱会耕 沈平主编 2014 年 249 页 21 cm 29 元 (G. F. P.)

13391 309-13111
医疗质量持续改进案例精选 复旦大学附属中山医院 80 周年院庆文集
高鑫主编 2017 年 571 页 26 cm 158 元 (G. F. P.)

13392 309-12867

医疗服务中的绩效测量数据管理

美国医疗机构联合委员会资源部编著 郦忠 蒋宋怡主译 华润JCI医院管理研究院译 2017年 第2版 98页 29 cm 87元〔华润JCI医院管理研究院质量和安全系列译著〕(G. F. P.)

13393 309-14367

优化患者流 提升可及性、质量和安全的高级策略

(美)尤金·利特维克(Eugene Litvak)主编 华润JCI医院管理研究院译 2019年 155页 29 cm 125元〔华润JCI医院管理研究院质量和安全系列译著〕(G. F. P.)

13394 309-09294

儿科医院志

复旦大学附属儿科医院编纂委员会编 2012年 444页 28 cm 92元〔复旦大学附属儿科医院院庆六十周年丛书〕(G. F. P.)

13395 5627-0186

院前急救区域规划指导手册

于宗河等主编 1993年 98页 19 cm 3.50元 (G. F.)

13396 309-05962

上海市老年护理医院服务现状与政策研究

施永兴主编 2008年 223页 26 cm 36元 (G. F. P.)

13397 309-14844

公共卫生问题全球纵览

戴玥赟等主编 2020年 175页 26 cm 42元〔新医科英语"十三五"全国规划教材〕(G. F. P.)

13398 309-13273

岁月如歌 中山如炬 复旦大学附属中山医院建院80周年志

本书编纂委员会编 2018年 907页 29 cm 精装 208元 (G. F. P.)

13399 309-04388

仁术济世 上海第一家西医医院的百年故事

陈佩 范关荣主编 2010年 275页 25 cm 36元〔今日原创丛书〕(G. F. P.)

13400 5627-0057

问病寻医二百家 全国大中医院医疗特色大观

陈小元等主编 1992年 307页 19 cm 5元 (G. F.)

13401 309-05471

光荣与梦想 华山医院百年纪事

复旦大学附属、中国红十字会华山医院编 2007年 249页 24 cm 40元 (G. F. P.)

13402 309-03120

新编上海就医指南

郭跃 蔡岚编著 2002年 321页 19 cm 16元〔科学与健康文库〕(G. F. P.)

13403 309-11878

基本医疗卫生服务购买理论与实践

胡敏著 2015年 192页 23 cm 42元 (G. F. P.)

13404 309-11640

悬壶济乱世 医疗改革者如何于战乱与疫情中建立起中国现代医疗卫生体系(1928—1945)

(美)华璋(John R. Watt)著 叶南译 2015年 291页 23 cm 60元 (G. F. P.)

13405 309-14098

"一带一路"沿线重点国家卫生合作需求

评估及合作策略研究 以越南、老挝为例
黄葭燕著 2019年 171页 23 cm 45元（G. F. P.）

13406 5627-0211
中国卫生国情
黄永昌主编 1994年 509页 20 cm 19.90元（G. F.）

13407 309-07120
健康上海
《健康让生活更精彩——走进世博》编辑委员会编 2010年 173页 21 cm 26元〔健康让生活更精彩——走进世博〕（G. F. P.）

13408 309-07119
平安上海
《健康让生活更精彩——走进世博》编辑委员会编 2010年 174页 21 cm 26元〔健康让生活更精彩——走进世博〕（G. F. P.）

13409 309-09942
一体化管理 镇村卫生机构管理模式研究
刘宝著 2013年 135页 23 cm 22元（G. F. P.）

13410 309-09973
危机管理 突发公共卫生事件应急处置问题与策略
孙梅著 2013年 216页 23 cm 32元〔复旦卫管文库〕（G. F. P.）

13411 309-14153
医疗联合体绩效评估
田文华 龙俊睿著 2019年 172页 26 cm 60元（G. F. P.）

13412 5627-0072
2000年上海卫生发展战略研究
王立本主编 1990年 538页 20 cm 14.90元（G. F.）

13413 309-06365
工作和生活环境突发健康危害事件百例剖解
吴凡 郭常义主编 2008年 442页 21 cm 28元（G. F. P.）

13414 309-15261
当下与未来
吴凡 汪玲著 2020年 399页 24 cm 118元（G. F. P.）

13415 309-13313
全球卫生治理视角下的中国经验与策略
杨肖光 陈文主编 2017年 129页 23 cm 40元〔全球卫生绿皮书〕（G. F.）

13416 309-12462
复合型公共卫生人才培养论纲
尹冬梅著 2016年 198页 21 cm 32元〔医学系列〕（G. F. P.）

13417 5627-0103
卫生发展战略研究理论与实践
袁惠章主编 1991年 225页 20 cm 8.70元（G. F.）

13418 309-09546
城市化进程中解决卫生保健新问题 政府作用的案例研究
詹绍康 许速 程佳主编 2013年 265页 21 cm 30元（G. F. P.）

13419 309-05719
跨世纪的辉煌 中山医院志
《中山医院志》编纂委员会编 2007年 817

页 26 cm 精装 112 元 (G. F. P.)

13420 309-13370
地理信息系统与公共卫生
周艺彪主编 2017 年 306 页 26 cm 88 元 (G. F. P.)

13421 5627-0242
中国医药卫生科研机构及高级人员名录
薛志福等主编 1995 年 404 页 28 cm 65 元 (G. F.)

13422 309-05733
我与中山 中山医院建院 70 周年征文集
王玉琦主编 2007 年 369 页 23 cm 48 元 (G. F. P.)

13423 309-13388
卫生发展与健康保障纵横谈
周寿祺编著 2018 年 286 页 24 cm 68 元〔中国当代卫生管理名家经典论丛〕(G. F. P.)

13424 309-13424
西藏自治区卫生服务调查与体系建设研究报告
欧珠罗布主编 2018 年 266 页 24 cm 精装 65 元 (G. F. P.)

13425 309-11012
卫生服务监管 抑或是提高绩效的妙药良方
(英) Kieran Walshe 著 陈刚 张帆主译 上海卫生监督研究中心译 2014 年 216 页 21 cm 35 元〔他山之石系列〕(G. F. P.)

13426 309-11028
美国卫生服务监管概述 复杂 对抗 妥协
(美) Robert I. Field 著 陈刚 张帆主译 上海卫生监督研究中心译 2014 年 300 页 21 cm 40 元〔他山之石系列〕(G. F. P.)

中国医学

13427 309-14552
中国医药学教程
蔡定芳 董竞成主编 2019 年 382 页 26 cm 80 元〔复旦博学·临床医学系列〕(G. F. P.)

13428 309-13637
中国中医药服务贸易政策研究
胡凡 王秀兰著 2018 年 206 页 21 cm 25 元 (G. F. P.)

13429 5627-0269
中医学
沈自尹主编 1995 年 535 页 26 cm 33.50 元 (G. F.)

13430 5627-0332
中医学
唐辰龙主编 王佩芳等编写 1996 年 433 页 26 cm 38 元 (G. F.)

13431 309-03510
中医药学
王文健主编 2003 年 393 页 26 cm 45 元〔复旦博学·临床医学系列〕(G. F. P.)

13432 309-08738
中医药学
王文健主编 2012 年 第 2 版 305 页 26 cm 45 元〔复旦博学·临床医学系列〕(G. F. P.)

13433 5627-0163
融汇中西医诊治精华的理论与实践
戴豪良等编写 1993 年 358 页 20 cm 12

元 (G. F.)

13434 309-09332
西医的某些困惑 中医的启示
段晏明 王绮美主编 2013年 150页 23 cm 30元 (G. F. P.)

13435 309-10308
中西医结合实用英语阅读教程
刘殿刚 程井军 黄必胜主编 2014年 252页 26 cm 35元 (G. F. P.)

13436 5627-0312
中西医结合学
于尔辛主编 1996年 203页 26 cm 20元 (G. F.)

13437 309-11621
老年人学中医文化 中医药掌故趣谈
孙文钟主编 2015年 88页 24 cm 26元 〔上海市老年教育普及教材〕(G. F. P.)

13438 309-10294
中医教育忧思录 国医大师十老访谈实录
王群 夏文芳主编 2014年 207页 22 cm 28元 (G. F. P.)

13439 5627-0452
中医试题汇编
王兴娟 陈健民主编 1999年 117页 19 cm 8.50元 (G. F.)

13440 309-03066
中医试题汇编
王兴娟 陈健民主编 2002年 117页 19 cm 8元 (P..)

13441 309-10665
中医药掌故趣谈
孙文钟主编 2014年 150页 22 cm 28元 〔中小学生中医药科普读物〕(G. F. P.)

13442 309-08273
中医经典诵读
陈福春主编 2011年 321页 21 cm 29.80元 (G. F. P.)

13443 309-13545
丹溪心法类集
(明)杨珣撰 2018年 影印本 4册 32 cm 线装 980元 〔上海中医药大学图书馆藏珍本古籍丛刊 段逸山主编〕(G. P.)

13444 309-03852
医古文基础
刘振民 钱超尘主编 2004年 348页 26 cm 38元 〔复旦博学·基础医学系列〕(G. F. P.)

13445 309-13513
杏林碎叶 王庆其医文集
王庆其著 2018年 342页 23 cm 68元 (G. F. P.)

13446 309-09709
精编常用中医英语字典
杨明山主编 2013年 444页 22 cm 精装 55元 (G. F. P.)

13447 309-11662
社区中医预防保健服务理论与实践
潘毅慧 陆庆荣主编 2015年 348页 26 cm 56元 (G. F. P.)

13448 309-00765
道家养生术
陈耀庭等编 1992年 666页 20 cm 11.30元 (G. F.)

13449 309-01226
道家养生术
陈耀庭等编 1992年(1993年重印) 666页 20 cm 14.50元 (G.)

13450 309-01227
道家养生术
陈耀庭等编 1992年(1993年重印) 666页 20 cm 精装 20元 (G.)

13451 309-02388
中医保健新视界
戴君强著 2000年 195页 20 cm 10元〔珍爱生命系列〕(G. F. P.)

13452 309-06126
寿星养生经
段勋令编著 2008年 307页 21 cm 20元 (G. F. P.)

13453 309-03132
现代养生益寿要诀
段勋令编著 2002年 308页 19 cm 16元〔实用保健系列〕(G. F. P.)

13454 309-12433
中医减肥一本通
华焱坤编著 2016年 136页 21 cm 26元 (G. F. P.)

13455 309-08365
中华养生一百句
李其忠 王颖晓主编 2011年 110页 19 cm 15元〔悦读经典小丛书〕(G. F. P.)

13456 309-09902
中医体质养生指南
李其忠主编 2013年 181页 21 cm 20元 (G. F. P.)

13457 309-11082
养生话题百篇
毛颂赞编著 2015年 219页 22 cm 39.80元〔复旦·健康系列〕(G. F. P.)

13458 309-09088
人天合一 自然养生 潘肖珏微表达
潘肖珏编著 2012年 166页 23 cm 36元 (G. F. P.)

13459 309-03027
易老与养生
潘雨廷著 2001年 305页 20 cm 20元〔火凤凰学术遗产丛书〕(G. F. P.)

13460 309-11815
如何四季养生
尉敏琦 黄晓霞编著 2015年 75页 21 cm 18元〔上海市民健康与人文系列读本〕(G. F. P.)

13461 309-13270
中医健康养生100问
张慧 杨建梅著 2017年 74页 21 cm 10元 (G. F. P.)

13462 309-12080
中医功法养生
曹仁发主编 上海市老教授协会 上海中医药大学老教授协会编著 2016年 220页 21 cm 27元〔沪上中医名家养生保健指南丛书〕(G. F. P.)

13463 309-00709
动意功必读
郭志辰著 1991年 346页 20 cm 6.50元 (G. F.)

13464 309-01091
动意功必读

医药、卫生·中国医学　973

郭志辰著　1991 年（1995 年重印）346 页　20 cm　10 元　(G.)

13465　309-00595
气功心法
孔宪德著　1990 年　204 页　20 cm　3.50 元　(G. F.)

13466　309-01080
气功心法
孔宪德著　1992 年（1993 年重印）204 页　20 cm　6.50 元　(G.)

13467　309-01208
静坐修道与长生不老
南怀瑾著　1994 年　194 页　20 cm　7 元　(G. F. P.)

13468　309-03327
静坐修道与长生不老
南怀瑾著　2002 年　第 2 版　194 页　21 cm　13 元　(G. F. P.)

13469　309-11599
静坐修道与长生不老
南怀瑾著述　2016 年　第 3 版　150 页　23 cm　28 元〔太湖大学堂丛书〕(G. F. P.)

13470　309-08990
回春功　下册
沈新炎编著　2012 年　334 页　23 cm　55 元　(G. F. P.)

13471　309-09452
中医学基础
邹军主编　2013 年　296 页　26 cm　60 元〔竞攀系列〕(G. F. P.)

13472　309-14349
小言黄帝内经与生命科学
南怀瑾著述　2020 年　162 页　23 cm　25 元〔太湖大学堂丛书〕(G. F. P.)

13473　309-09766
《黄帝内经》养生要诀
王世豪编著　2013 年　127 页　26 cm　30 元〔新世纪老年课堂系列教材〕(G. F. P.)

13474　309-10232
身边的《黄帝内经》
周国琪主编　2014 年　90 页　22 cm　18.50 元〔中小学生中医药科普读物〕(G. F. P.)

13475　309-10696
《黄帝内经》文化专题研究
王庆其主编　王庆其等编写　2014 年　298 页　23 cm　45 元　(G. F. P.)

13476　309-13546
素问钞补正
（明）丁瓒撰　2018 年　影印本　2 册　32 cm　线装　460 元〔上海中医药大学图书馆藏珍本古籍丛刊　段逸山主编〕(G. P.)

13477　309-09737
伤寒微悟
张祥风编著　王丽君整理　2013 年　175 页　21 cm　28 元　(G. F. P.)

13478　309-11201
金匮微悟
张祥风编著　汤百艳整理　2015 年　194 页　21 cm　35 元　(G. F. P.)

13479　309-12077
准妈妈的经络养生
黄琴峰主编　上海市老教授协会　上海中医药大学老教授协会编著　2016 年　235 页　21 cm　28 元〔沪上中医名家养生保

健指南丛书〕(G. F. P.)

13480 5627-0210
针灸经络图解
李爱芳编著 1994年(1996年重印) 152页 19 cm 4.90元 (G.)

13481 309-12075
白领人士的经络养生
吴焕淦主编 上海市老教授协会 上海中医药大学老教授协会编著 2016年 167页 21 cm 21元〔沪上中医名家养生保健指南丛书〕(G. F. P.)

13482 309-10482
经络的世界
徐平主编 2014年 59页 22 cm 18元〔中小学生中医药科普读物〕(G. F. P.)

13483 5627-0201
新编经穴解剖图
严振国等编著 薛珠绘 1994年 61页 19×26 cm 12元 (G. F.)

13484 5627-0327
新编针灸腧穴挂图
严振国主编 李承建等绘 1996年 96页 26 cm 29.80元 (G. F.)

13485 309-13548
重刊巢氏诸病源候总论
(隋)巢元方撰 2018年 影印本 6册 32 cm 线装 1500元〔上海中医药大学图书馆藏珍本古籍丛刊 段逸山主编〕(G. P.)

13486 309-00575
壶天散记
李浩然著 1990年 406页 20 cm 7元 (G.)

13487 309-14731
东垣先生此事难知集
(元)王好古撰 2019年 影印本 236页 26 cm 精装 480元〔上海中医药大学图书馆藏珍本中医古籍丛刊 第二辑 段逸山主编〕( )

13488 309-10420
带你领略中医诊病奥秘
何建成主编 2014年 111页 22 cm 19.80元〔中小学生中医药科普读物〕(G. F. P.)

13489 309-14732
图注脉诀辨真
(明)张世贤注 2019年 影印本 340页 26 cm 精装 650元〔上海中医药大学图书馆藏珍本中医古籍丛刊 第二辑 段逸山主编〕( )

13490 309-08135
中医适宜技术与协定处方
陈福春主编 胡纷纷 陈军华绘图 2011年 288页 21 cm 28元 (G. F. P.)

13491 5627-0036
活血化瘀研究新编
姜春华主编 1990年 565页 20 cm 4.45元 (G. F.)

13492 5627-0018
活血化瘀文摘专集 1949—1986
唐文华主编 于尔辛等编 1989年 767页 26 cm 18元 (G. F.)

13493 5627-0313
实用推拿保健学
范立伟编著 1996年 292页 19 cm 14.90元 (G. F.)

13494 309-15108

中国保健推拿纲要

范立伟著 2020年 278页 21 cm 48元 (G. F. P.)

13495 309-10530

小小推拿师

陆萍主编 2014年 96页 22 cm 19元 〔中小学生中医药科普读物〕(G. F. P.)

13496 309-12079

中医手法养生

严隽陶主编 上海市老教授协会 上海中医药大学老教授协会编著 2016年 216页 21 cm 26元〔沪上中医名家养生保健指南丛书〕(G. F. P.)

13497 309-12078

常见小儿病的推拿预防和护养

金义成主编 上海市老教授协会 上海中医药大学老教授协会编著 2016年 129页 21 cm 18元〔沪上中医名家养生保健指南丛书〕(G. F. P.)

13498 309-10066

临床实用微创埋线技术

孙文善主编 2013年 262页 23 cm 45元 (G. F. P.)

13499 309-12537

中华埋线名医百家精粹

孙文善主编 2016年 260页 26 cm 精装 80元 (G. F. P.)

13500 309-03626

实用临床针灸推拿学

夏治平 吉传旺主编 2003年 900页 26 cm 精装 118元 (G.)

13501 5627-0300

针灸学

严君白主编 1996年 205页 26 cm 20.60元 (G. F.)

13502 5627-0351

实用临床针灸学

张晔主编 1998年 548页 26 cm 精装 75元 (G. F.)

13503 309-12076

常见老年病的针灸推拿预防和护养

赵粹英主编 上海市老教授协会 上海中医药大学老教授协会编著 2016年 240页 21 cm 29元〔沪上中医名家养生保健指南丛书〕(G. F. P.)

13504 309-12073

中风病针灸推拿预防和护养

陈汉平主编 上海市老教授协会 上海中医药大学老教授协会编著 2016年 133页 21 cm 17.50元〔沪上中医名家养生保健指南丛书〕(G. F. P.)

13505 309-12639

潘老师食疗手册 康复十年大揭秘

潘肖珏 曹琳编著 扭动经络开关：小毛小病来自救 杨戟主编 2016年 279页 19 cm 86元〔粉玫瑰健康丛书〕(G. F. P.)

13506 309-06922

中华吃法 中国人的饮食智慧

戴豪良著 2010年 332页 21 cm 23元 (G. F. P.)

13507 5627-0138

药膳与健康

孟仲法等编写 1992年 375页 19 cm 8.90元 (G. F.)

13508 309-11696

眼耳鼻喉科常见疾病的食疗保健

孙兴怀 张重华 席淑新主编 2015 年 218 页 21 cm 10 元 (G. F. P.)

13509 5627-0177

海鲜野味与祛病健身

汤宽泽编 1993 年 394 页 20 cm 12 元 (G. F.)

13510 5627-0304

中医专家谈营养

唐辰龙编著 1995 年 113 页 19 cm 7.60 元〔营养丛书〕(G. F.)

13511 309-06581

中老年合理饮食与食疗

王劲著 2009 年 140 页 23 cm 18 元 (G. F. P.)

13512 309-10964

保健食疗中药

吴国忠 薛文隽主编 2014 年 173 页 23 cm 88 元 (G. F. P.)

13513 309-08969

家庭实用养生食疗

吴国忠 薛文隽主编 2012 年 151 页 23 cm 90 元 (G. F. P.)

13514 309-11888

如何食疗

吴国忠 吴天苏编著 2015 年 103 页 21 cm 18 元〔上海市民健康与人文系列读本〕(G. F. P.)

13515 309-06845

现代中国における医食同源思想とその展开

张文碧著 2009 年 492 页 21 cm 30 元 (G. F. P.)

13516 309-11821

中医食疗养生学

朱伟群 王彭龄主编 2015 年 158 页 26 cm 38 元〔应用技术类型高等学校规划教材〕(G.)

13517 309-01585

人类自然康复之路 中华老子道德信息技术与祛病健身

赵淑珍编著 1995 年 196 页 20 cm 10.80 元 (G. F.)

13518 309-06626

传统康复治疗学

高莉萍 邱波主编 2009 年 290 页 26 cm 35 元〔卫生职业教育康复治疗技术专业教材〕(G. F. P.)

13519 309-13175

骨科出院病人中医调养

王明海 王军主编 2017 年 149 页 21 cm 20 元〔出院病人健康教育与中医调养丛书 孙文善总主编〕(G. F. P.)

13520 309-11345

中医护理

张雅丽主编 2015 年 432 页 26 cm 75 元〔全国高等医药院校护理系列教材〕(G. F. P.)

13521 309-08382

中医专科专病护理

张雅丽主编 2011 年 335 页 26 cm 48.80 元〔复旦卓越〕(G. F. P.)

13522 309-08495

新编中医护理学

周文琴 张翠娣主编 2011年 268页 26 cm 39.80元〔复旦卓越·医学职业教育教材 护理专业系列创新教材 沈小平总主编〕(G. F. P.)

13523　5627-0226
吴安庆医案医论选
吴安庆著 1994年 280页 19 cm 9.80元 (G.)

13524　309-14331
宝中堂医案集
石晓兰 韩建宏主编 2019年 342页 24 cm 98元〔上海市名中医范忠泽新加坡临床医案精粹〕(G. F. P.)

13525　309-13472
张祥风医案
张祥风著 田双林 张游华 王丽君整理 2018年 339页 21 cm 68元 (G. F. P.)

13526　309-14735
内外伤辨
(金)李杲撰 2019年 影印本 3册 32 cm 函装 380元〔上海中医药大学图书馆藏珍本中医古籍丛刊 第二辑 段逸山主编〕( )

13527　309-13277
内科出院病人中医调养
王余民 封燕婷主编 2018年 249页 21 cm 25元〔出院病人健康教育与中医调养丛书 孙文善总主编〕(G. F. P.)

13528　309-09817
常见风湿病的中医预防和护养
陈湘君主编 上海市老教授协会 上海中医药大学老教授协会编著 2013年 171页 21 cm 20元〔沪上中医名家养生保健指南丛书〕(G. F. P.)

13529　309-12071
常见血液病的中医预防和护养
黄振翘主编 上海市老教授协会 上海中医药大学老教授协会编著 2016年 153页 21 cm 19.50元〔沪上中医名家养生保健指南丛书〕(G. F. P.)

13530　309-09818
常见肺系疾病的中医预防和护养
吴银根主编 上海市老教授协会 上海中医药大学老教授协会编著 2013年 152页 21 cm 15元〔沪上中医名家养生保健指南丛书〕(G. F. P.)

13531　309-09826
常见脾胃疾病的中医预防和护养
马贵同主编 上海市老教授协会 上海中医药大学老教授协会编著 2013年 112页 21 cm 15元〔沪上中医名家养生保健指南丛书〕(G. F. P.)

13532　5627-0274
肝胆肾结石与溶石疗法
沈明兴主编 1995年 151页 19 cm 6.50元 (G. F.)

13533　5627-0458
肝胆肾结石与溶石疗法
沈明兴主编 1999年 第2版 259页 19 cm 15元 (G. F. P.)

13534　309-06877
肝胆肾结石与溶石疗法
沈明兴主编 2009年 第3版 255页 21 cm 20元 (G. F. P.)

13535　309-09816

常见肝胆疾病的中医预防和护养
王育群主编 上海市老教授协会 上海中医药大学老教授协会编著 2013年 157页 21 cm 15元〔沪上中医名家养生保健指南丛书〕(G. F. P.)

13536 309-09825
常见肾系疾病的中医预防和护养
陈以平主编 上海市老教授协会 上海中医药大学老教授协会编著 2013年 185页 21 cm 20元〔沪上中医名家养生保健指南丛书〕(G. F. P.)

13537 309-09815
常见心脑疾病的中医预防和护养
林钟香主编 上海市老教授协会 上海中医药大学老教授协会编著 2013年 188页 21 cm 20元〔沪上中医名家养生保健指南丛书〕(G. F. P.)

13538 309-10255
饮食革命 心血管疾病的预防与逆转
(美)小考德威尔·埃塞斯廷著 朱金武译 2014年 385页 23 cm 49元 (G. F. P.)

13539 5627-0268
现代中医内分泌病学
谌剑飞主编 1995年 290页 26 cm 25.60元 (G. F.)

13540 309-12939
外科出院病人中医调养
蔡元坤 齐翀主编 2017年 176页 21 cm 20元〔出院病人健康教育与中医调养丛书 孙文善总主编〕(G. F. P.)

13541 309-14734
新刊秘授外科百效全书
(明)龚居中编 2019年 影印本 308页 26 cm 精装 560元〔上海中医药大学图书馆藏珍本中医古籍丛刊 第二辑 段逸山主编〕( )

13542 309-09823
常见中医外科疾病的预防和护养
唐汉钧主编 上海市老教授协会 上海中医药大学老教授协会编著 2013年 214页 21 cm 20元〔沪上中医名家养生保健指南丛书〕(G. F. P.)

13543 309-13684
妇产科出院病人中医调养
许金玉主编 2018年 113页 21 cm 20元〔出院病人健康教育与中医调养丛书 孙文善总主编〕(G. F. P.)

13544 309-09819
常见妇科疾病的中医预防和护养
李祥云主编 上海市老教授协会 上海中医药大学老教授协会编著 2013年 129页 21 cm 15元〔沪上中医名家养生保健指南丛书〕(G. F. P.)

13545 309-12974
儿科出院病人中医调养
王虹 王大连主编 2017年 150页 21 cm 20元〔出院病人健康教育与中医调养丛书 孙文善总主编〕(G. F. P.)

13546 309-13778
肿瘤科出院病人中医调养
马伊磊 郑鸿主编 2018年 153页 21 cm 20元〔出院病人健康教育与中医调养丛书 孙文善总主编〕(G. F. P.)

13547 309-03497
癌症扶正培本治疗学
潘明继编著 2003年 503页 20 cm 精装

35 元 (G. F. P.)

13548 309-09824
常见肿瘤的中医预防和护养
徐振晔主编 上海市老教授协会 上海中医药大学老教授协会编著 2013 年 194 页 21 cm 20 元〔沪上中医名家养生保健指南丛书〕(G. F. P.)

13549 309-09820
常见骨伤疾病的中医预防和护养
施杞主编 上海市老教授协会 上海中医药大学老教授协会编著 2013 年 220 页 21 cm 25 元〔沪上中医名家养生保健指南丛书〕(G. F. P.)

13550 309-12074
常见脊柱病的针灸推拿预防和护养
施杞主编 上海市老教授协会 上海中医药大学老教授协会编著 2016 年 160 页 21 cm 20 元〔沪上中医名家养生保健指南丛书〕(G. F. P.)

13551 309-09822
常见耳鼻咽喉疾病的中医预防和护养
刘福官主编 上海市老教授协会 上海中医药大学老教授协会编著 2013 年 202 页 21 cm 20 元〔沪上中医名家养生保健指南丛书〕(G. F. P.)

13552 5627-0472
喉科启承 张赞臣经验精粹
张重华主编 1999 年 206 页 19 cm 19.80 元 (G. F.)

13553 309-09821
常见眼部疾病的中医预防和护养
朱炜敏主编 上海市老教授协会 上海中医药大学老教授协会编著 2013 年 147 页 21 cm 15 元〔沪上中医名家养生保健指南丛书〕(G. F. P.)

13554 309-12072
常见男性病的中医预防和护养
周家乐主编 上海市老教授协会 上海中医药大学老教授协会编著 2016 年 176 页 21 cm 22 元〔沪上中医名家养生保健指南丛书〕(G. F. P.)

13555 309-04352
中草药生物技术
唐克轩主编 2005 年 481 页 26 cm 精装 72 元 (G. F. P.)

13556 309-09828
本草质问
(琉球)吴继志撰 2013 年 珍藏版 1 函 4 册 31 cm 线装 1 500 元 (P..)

13557 309-04062
中药分子鉴定
邵鹏柱 曹晖主编 2004 年 329 页 23 cm 精装 44 元 (G. F. P.)

13558 309-08933
药食两用植物
张燕 张洪斌编著 2012 年 221 页 22 cm 25 元 (G. F. P.)

13559 5627-0645
中国药用石斛彩色图谱
包雪声等主编 2001 年 130 页 30 cm 78 元 (G. F. P.)

13560 309-13615
中国药用石斛彩色图谱
包雪声 顺庆生 陈立钻主编 2018 年 130 页 30 cm 78 元 (G. F. P.)

13561 5627-0216
灵芝的研究 一
朱世能（日）森昌夫主编 1994 年 346 页 26 cm 精装 55 元 (G. F.)

13562 309-12396
海洋星虫 来自海洋深处的神秘海药
沈先荣主编 2016 年 246 页 21 cm 40 元 (G. F. P.)

13563 5627-0394
常用中草药不良反应及其防治
竺叶青主编 1998 年 408 页 19 cm 精装 19.50 元 (G.)

13564 309-03332
中成药的药理与应用
邹节明 张家铨编著 2003 年 816 页 20 cm 精装 48 元 (G. F. P.)

13565 309-13215
通脉养心丸药物经济学评价研究
程晓明主编 2017 年 197 页 21 cm 32 元 (G. F. P.)

13566 309-12398
方剂学彩图速记手册
孙鼎主编 2016 年 110 页 19 cm 22 元 (G. F. P.)

13567 309-14733
祖剂
（明）施沛编 2019 年 影印本 448 页 26 cm 精装 860 元〔上海中医药大学图书馆藏珍本中医古籍丛刊 第二辑 段逸山主编〕( )

13568 309-12081
膏方别裁
徐敏华主编 上海市老教授协会 上海中医药大学老教授协会编著 2016 年 349 页 21 cm 40 元〔沪上中医名家养生保健指南丛书〕(G. F. P.)

13569 309-13547
新刻全补医方便懦
（金）李杲撰 2018 年 影印本 3 册 32 cm 线装 690 元〔上海中医药大学图书馆藏珍本古籍丛刊 段逸山主编〕(G. P.)

13570 309-13549
局方发挥
（元）朱震亨撰 2018 年 影印本 1 册 32 cm 线装 260 元〔上海中医药大学图书馆藏珍本古籍丛刊 段逸山主编〕(G. P.)

基础医学

13571 309-06095
基础医学导论
毛昌淳主编 2008 年 203 页 26 cm 30 元〔复旦卓越·医学职业教育教材〕(G. F. P.)

13572 309-09185
综合医学基础 各论一
吴国忠主编 2012 年 192 页 26 cm 72 元〔供高职高专护理专业用〕(G. F. P.)

13573 309-09402
综合医学基础 各论三
吴国忠主编 2013 年 207 页 26 cm 72 元〔供高职高专护理专业第一学年用 2010 年度上海市教委重点课程项目 2011 年度上海市教委教育科学研究基金资助〕(G. F. P.)

13574 309-09401
综合医学基础 各论二

吴国忠主编 2013年 218页 26 cm 72元〔供高职高专护理专业第一学年用 2010年度上海市教委重点课程项目 2011年上海市教委教育科学研究基金资助〕(G. F. P.)

13575 309-09004
综合医学基础 总论部分
吴国忠主编 2012年 165页 26 cm 65元〔供高职高专护理专业第一学年用〕(G. F. P.)

13576 309-09776
综合医学基础实训指导
杨智昉 吴国忠主编 2013年 170页 26 cm 68元〔供高职高专护理专业用〕(G. F. P.)

13577 309-09172
综合医学基础习题
包辉英 吴国忠主编 2012年 192页 26 cm 35元〔供高职高专护理专业用〕(G. F. P.)

13578 309-14866
医学人类学
左伋主编 2020年 154页 26 cm 40元〔复旦大学上海医学院人文医学核心课程系列教材 桂永浩总主编〕(G. F. P.)

13579 309-09487
医用高等数学
廖新元编 2013年 368页 23 cm 45元 (P.)

13580 5627-0445
临床计量医学
周怀梧 孙伟民主编 1999年 163页 26 cm 17元 (G. F. P.)

13581 5627-0422
实用医学多因素统计方法
曹素华主编 孙伟民等编写 1998年 230页 26 cm 27元 (G. F. P.)

13582 5627-0298
医学统计学及其软件包
苏炳华主编 1996年 374页 26 cm 60元 (G. F.)

13583 309-13454
激光医疗技术
陈刚 雷仕湛主编 2018年 307页 23 cm 45元 (G. F. P.)

13584 5627-0378
医用物理实验
葛炜主编 1997年 148页 26 cm 15元 (G. F.)

13585 309-00029
离子选择电极在生物医学分析中的应用
(美)索尔斯基著 杜岱春译 1987年 84页 19 cm 0.60元〔分析化学译丛〕(G. F.)

13586 309-05639
生物学前沿技术在医学研究中的应用
马端主编 2007年 410页 26 cm 精装 58元 (G. F. P.)

13587 309-03569
生物医学测量与仪器
王保华主编 2003年 354页 26 cm 38元 (G. F. P.)

13588 309-06450
生物医学测量与仪器
王保华主编 2009年 第2版 432页 26 cm 56元〔复旦博学·生物医学工程〕(G. F. P.)

13589 5627-0340

一氧化氮的生物医学

钟慈声 孙安阳主编 1997 年 410 页 26 cm 精装 49.90 元 (G. F.)

13590 309-06642

假肢与矫形器技术

肖晓鸿主编 2009 年 513 页 26 cm 58 元〔卫生职业教育康复治疗技术专业教材〕(G. F. P.)

13591 309-12113

假肢与矫形器技术

肖晓鸿主编 2016 年 第 2 版 492 页 26 cm 59 元〔卫生职业教育康复治疗技术专业教材 全国职业教育康复治疗技术专业"十二五"规划系列教材〕(G. F. P.)

13592 309-05569

人体基础(上册)正常人体基础(下册)人体疾病基础

鲍建瑛主编 2008 年 2 册 26 cm 60 元〔复旦卓越·21 世纪中等职业教育护理系列教材〕(G. F. P.)

13593 309-06744

正常人体学

鲍建瑛主编 2009 年 374 页 26 cm 48 元〔复旦卓越·21 世纪中等职业教育护理系列教材〕(G. F. P.)

13594 309-08651

异常人体结构与功能

江桃桃 周春明主编 2012 年 251 页 26 cm 40 元〔湖北高校"十二五"规划教材 高职医学专业系列〕(G. F. P.)

13595 309-11530

异常人体结构与功能

江桃桃 熊水香 陈安明主编 2016 年 第 2 版 300 页 26 cm 48 元〔湖北高校"十三五"规划教材 高职医学专业系列〕(G. F. P.)

13596 5627-0172

中国人胚胎发育时序与畸胎预防

谷华运主编 1993 年 250 页 20 cm 23 元 (G. F.)

13597 309-03953

医学助孕 试管婴儿

石林特 王永卫编著 2004 年 268 页 21 cm 16 元〔生命·阳光·保健丛书〕(G. F. P.)

13598 309-12601

辅助生殖技术临床手册 IVI 中心临床决策及路径

(西)何塞·雷默依(José Remohí)等编著 师娟子主译 2016 年 374 页 21 cm 46 元 (G. F. P.)

13599 309-09421

精液质量与生殖健康

高尔生主编 2013 年 649 页 26 cm 198 元 (G. F. P.)

13600 5627-0277

解剖学与组织学学习指导与练习

陈瑞玲主编 1995 年 92 页 19 cm 5.40 元 (G. F.)

13601 309-05927

解剖学标本制作技术

戴正寿主编 2008 年 322 页 26 cm 68 元 (G. F. P.)

13602 5627-0616

系统解剖学学习指导

韩卉主编 2000 年 282 页 26 cm 28.50 元

〔高等医药院校统编教材学习指导丛书〕(G. F.)

13603 309-04139
人体解剖学考试指南
江会勇 武有祯主编 2004年 331页 20 cm 18元〔医学高等职业教育教辅丛书〕(G. F.)

13604 5627-0443
人体解剖学学习指导
刘才栋等主编 刘燕等编写 1999年 171页 26 cm 14元 (G. F.)

13605 309-03469
人体解剖学学习指导
刘才栋等主编 丁忠良等编写 2003年 第2版 178页 26 cm 18元 (G. F. P.)

13606 309-04626
人体解剖学
彭裕文主编 2005年 366页 23 cm 38元〔医学研究生入学考试精要丛书 彭裕文主编〕(G. F. P.)

13607 5627-0215
人体解剖学
钱佩德主编 1994年 332页 26 cm 18元 (G. F.)

13608 5627-0349
实用人体断层解剖学
沈宗文编著 1997年 258页 26 cm 29元 (G. F. P.)

13609 5627-0381
解剖学及组织胚胎学教学目标与达标检测
宋永春主编 1997年 101页 26 cm 8元〔中等卫生学校辅助教材〕(G.)

13610 5627-0367
人体系统解剖学
朱治远等主编 1997年 338页 26 cm 28元 (G. F.)

13611 309-04316
人体系统解剖学
王海杰等主编 朱治远绘图 2005年 第2版 316页 26 cm 48元〔复旦博学·基础医学系列〕(G. F. P.)

13612 309-05839
人体系统解剖学
王海杰主编 朱治远绘画 2008年 第3版 329页 26 cm 48元〔普通高等教育"十一五"国家级规划教材 复旦博学·基础医学〕(G. F. P.)

13613 309-11440
人体系统解剖学
王海杰主编 2015年 第4版 329页 26 cm 68元〔复旦博学·基础医学〕(G. F.)

13614 5627-0162
局部解剖学
于彦铮等编写 1993年 226页 26 cm 14.75元 (G. F.)

13615 309-03680
局部解剖学
于彦铮等编写 1993年 226页 26 cm 18元 (F.)

13616 309-04730
局部解剖学
于彦铮主编 2005年 270页 26 cm 45元〔复旦博学·基础医学系列〕(G. F. P.)

13617 309-12054

局部解剖学

李文生主编 2016 年 253 页 26 cm 62 元 〔基础医学本科核心课程系列教材 汤其群总主编〕(G. F. P.)

13618 309-11622
系统解剖学

张红旗主编 2015 年 363 页 26 cm 78 元 〔基础医学本科核心课程系列教材〕(G. F. P.)

13619 309-05911
人体解剖学

郑黎明主编 2008 年 372 页 26 cm 45 元 〔普通高等教育"十一五"国家级规划教材 复旦卓越·高等职业教育医学基础课教材〕(G. F. P.)

13620 5627-0247
影像解剖学

朱元业主编 韩继新绘图 1995 年 180 页 26 cm 15 元 (G. F.)

13621 309-06968
新编解剖组胚学实验教程

陈光忠 张惠铭 林迣苍主编 2010 年 168 页 26 cm 49 元 〔复旦卓越·医学职业教育教材〕(G. F. P.)

13622 5627-0453
解剖学多选题

彭裕文等主编 1999 年 379 页 19 cm 13.50 元 (G. F.)

13623 5627-0609
解剖学试题与题解

彭裕文等主编 2001 年 第 2 版 193 页 20 cm 11.50 元 〔教学参考丛书〕(G. F.)

13624 5627-0465
系统解剖学复习自测题集

张凤真主编 1999 年 138 页 26 cm 15 元 (G. F.)

13625 309-04933
英汉人体解剖学词典

王海杰主编 2006 年 345 页 26 cm 40 元 〔双语教学配套丛书〕(G. F. P.)

13626 309-05505
实用心脏解剖学

王海杰 谭玉珍主编 2007 年 275 页 27 cm 精装 98 元 (G. F. P.)

13627 309-03119
神经解剖学

蒋文华主编 2002 年 470 页 26 cm 65 元 〔复旦博学·基础医学系列〕(G. F. P.)

13628 5627-0158
眼的解剖组织学及其临床应用

倪迵编著 1993 年 336 页 19 cm 13.20 元 (G. F.)

13629 309-08132
人体局部解剖学

王德广 王海杰主编 2011 年 第 2 版 193 页 26 cm 42 元 〔复旦博学·基础医学〕(G. F. P.)

13630 309-13052
人体局部解剖学

王德广 王海杰主编 2017 年 第 3 版 189 页 26 cm 58 元 〔复旦博学·基础医学〕(G. F. P.)

13631 5627-0368
人体局部解剖学

朱治远等主编 1997 年 189 页 26 cm 17

元 (G. F.)

13632 309-06664
功能解剖生理学
卫芳盈主编 2009年 476页 26 cm 58元〔卫生职业教育康复治疗技术专业教材〕(G. F. P.)

13633 309-03360
人体解剖生理学
朱大年 郑黎明主编 2002年 505页 26 cm 48元〔医学高等职业教育教材〕(G. F. P.)

13634 5627-0063
组织学图解
李福祥 孙宝田主编 1990年 324页 26 cm 12元 (G. F.)

13635 309-14885
医学组织透明化三维成像
冯昇主编 2020年 237页 27 cm 98元〔基础医学实验课程系列教材〕(G. F. P.)

13636 5627-0377
组织学与胚胎学习题和题解
成令忠主编 1997年 472页 19 cm 15.50元 (G. F.)

13637 309-04384
英汉组织学与胚胎学词典
谭玉珍 唐军民主编 2005年 272页 26 cm 36元〔双语教学配套丛书〕(G. F. P.)

13638 309-04786
组织胚胎学
周国民 钟翠平主编 2005年 267页 23 cm 28元〔医学研究生入学考试精要丛书 彭裕文总主编〕(G. F. P.)

13639 309-03177
人体细胞生物学和医学遗传学试题与题解
刘雯等主编 2002年 225页 20 cm 13.50元〔医学教学参考丛书〕(G. F. P.)

13640 309-04204
生理学考试指南
张敏主编 2005年 250页 21 cm 15元〔医学高等职业教育教辅丛书〕(G. F. P.)

13641 309-08337
正常人体功能
赵汉芬 许劲雄 马平主编 2011年 373页 26 cm 58元〔湖北高校"十二五"规划教材 高职医学专业系列〕(G. F. P.)

13642 309-11531
正常人体功能
许劲雄 马平主编 2015年 第2版 429页 26 cm 64元〔高职医学专业系列〕(G. F. P.)

13643 309-03048
生理学概要
朱大年 陆利民主编 2002年 207页 26 cm 25元〔面向21世纪高等医药院校教材〕(G. F. P.)

13644 5627-0248
生理学多选题和题解 附名词解释题和问答题
韩济生主编 1995年 第2版 534页 19 cm 15.50元 (G. F.)

13645 5627-0001
生理学多选题汇编
韩济生 姚承禹主编 1987年 318页 19 cm 2.95元〔供高等医学院校医学专业本科生自学用〕(G. F.)

13646 309-01937
血液动力学原理和方法
柳兆荣 李惜惜著 1997 年 466 页 20 cm 精装 20 元 （G. F. P.）

13647 5627-0027
呼吸调节生理进展
陈子彬 刘磊编 1989 年 413 页 19 cm 2.60 元 （G. F.）

13648 309-06650
现代肾脏生理与临床
林善锬主编 2009 年 724 页 26 cm 精装 110 元 （G. F. P.）

13649 5627-0502
现代神经内分泌学
谢启文主编 1999 年 472 页 26 cm 精装 108 元 （G. F. P.）

13650 5627-0156
中国人标准骨龄及应用 顾氏图谱
顾光宁 吴晓钟著 1993 年 125 页 19 cm 6.50 元 （G. F.）

13651 309-12095
医学神经生物学
孙凤艳主编 2016 年 312 页 26 cm 86 元 〔基础医学本科核心课程系列教材 汤其群总主编〕（G. F. P.）

13652 309-00556
神经系统生理学
唐仲良等编著 1991 年 453 页 26 cm 7.70 元 （G. F.）

13653 309-01396
怎样使你的孩子更聪明 左右脑开发的奥秘
胡庆雯 李时明编著 1994 年 194 页 19 cm 5 元 （G. F.）

13654 309-07526
大脑 你需要知道的超过 3000 个基本事实
（英）克里斯多佛·史传奇（Christopher M. Strange）著 项秋伟译 2011 年 122 页 18 cm 精装 18 元 〔口袋里的百科 02〕（G. F. P.）

13655 309-03876
神经肽
谢启文主编 2004 年 517 页 26 cm 76 元 （G. F. P.）

13656 309-01556
人体特异功能的实验研究与诱发训练
复旦大学电子工程系人体信息科学研究组编 1995 年 2008 年第 2 版 139 页 20 cm 10 元 （G. F. P.）

13657 5627-0056
视网膜
（美）道林（J. E. Dowling）著 吴淼鑫 杨雄里译 1989 年 188 页 26 cm 7.50 元 （G. F.）

13658 5627-0495
生殖健康研究新方向 人类生殖研究发展和研究培训特别规划署双年度报告 1996—1997
（美）J.卡恩拿（J. Kahnna）（美）P. F. A. V.卢克（P. F. A. Van Look）主编 世界卫生组织编 高尔生 楼超华总译校 1999 年 119 页 26 cm 50 元 （G. F.）

13659 309-03614
儿童性早熟与青春期延迟
蔡德培编著 2003 年 118 页 21 cm 8 元 〔生命·阳光·保健丛书〕（G. F. P.）

13660 309-15187

儿童性早熟与青春期延迟

蔡德培编著 2020年 第2版 100页 21 cm 25元 (G. F. P.)

13661 309-06142

生殖免疫学

李大金主编 2008年 301页 26 cm 42元〔普通高等教育"十一五"国家级规划教材 复旦博学·临床医学系列〕(G. F. P.)

13662 5627-0569

小儿体格生长发育

顾菊美 黄红编著 2000年 95页 19 cm 5.50元〔21世纪家庭保健丛书 儿科系列〕(G. F.)

13663 5627-0022

中学生青春期问题100例

朱维炳主编 1988年 147页 19 cm 1.05元 (F.)

13664 5627-0222

人类衰老学

王永雁等主编 马瑾瑜等编写 1995年 433页 20 cm 28.50元 (G. F.)

13665 309-02894

衰老问题探密 衰老与死亡的生物学基础

(美)威廉·R.克拉克(William R. Clark)著 许宝孝译 2001年 238页 20 cm 16元〔复旦科普译丛〕(G. F. P.)

13666 5627-0352

病理学教学目标与达标检测

曹建新主编 1997年 221页 26 cm 14.80元〔供护理、社区医学等专业用〕(G. F.)

13667 5627-0236

病理学

郭慕依 叶诸榕主编 马瑾瑜等编写 1994年 232页 26 cm 22.90元 (G. F.)

13668 5627-0614

病理学

郭慕依 叶诸榕主编 2001年 第2版 264页 26 cm 39元〔上海普通高校"九五"重点教材〕(G. F.)

13669 309-04729

病理学

郭慕依主编 2005年 第3版 351页 26 cm 68元〔复旦博学·基础医学系列 普通高等教育"十五"国家级规划教材〕(G. F. P.)

13670 309-08739

实用尸检病理学

郭慕依著 2012年 284页 29 cm 精装 220元 (G. F. P.)

13671 309-03470

病理学

许祖德 陈增良主编 2003年 174页 26 cm 20元〔医学高等职业教育教材〕(G. F. P.)

13672 309-04678

病理学

许祖德主编 2005年 242页 23 cm 25元〔医学研究生入学考试精要丛书 彭裕文主编〕(G. F. P.)

13673 309-06055

病理学

许祖德 陈增良主编 2008年 第2版 231页 26 cm 35元〔普通高等教育"十一五"国家级规划教材 复旦卓越·高等

职业教育医学基础课教材〕(G. F. P.)

13674 309-05168
病理学
张志刚主编　许祖德等编写　2006 年　208 页　23 cm　25 元〔医学试题精编丛书〕(G. F. P.)

13675 309-10709
病理学
张志刚　仇容主编　2015 年　第 3 版　263 页　26 cm　69 元〔复旦卓越·高等职业教育医学基础课教材"十二五"职业教育国家规划教材〕(G. F. P.)

13676 309-11623
病理学
张志刚　朱虹光主编　2016 年　357 页　26 cm　88 元〔基础医学本科核心课程系列教材　汤其群总主编〕(G. F. P.)

13677 309-06362
新编病理学实验教程
张惠铭　陈光忠　李艾鹏主编　2009 年　179 页　26 cm　49 元〔复旦卓越·医学职业教育教材〕(G. F. P.)

13678 309-09210
病理学实验教程
张志刚　刘颖主编　2012 年　143 页　26 cm　37 元〔面向 21 世纪高等医药院校教材　复旦博学·基础医学〕(G. F. P.)

13679 309-03849
病理学考试指南
曹建新主编　2004 年　409 页　20 cm　23 元〔医学高等职业教育教辅丛书〕(G. F. P.)

13680 5627-0364
病理学多选题
郭慕依等主编　1997 年　199 页　19 cm　8.50 元 (G. F.)

13681 309-04280
实验病理学彩色图谱
周光兴等编著　2005 年　241 页　26 cm　158 元〔医学图谱系列〕(G. F.)

13682 5627-0613
组织病理学彩色图谱
郭慕依主编　2001 年　148 页　29 cm　精装　65 元〔上海普通高校九五重点教材系列书〕(G. F. P.)

13683 5627-0033
病理生理学
蒋仲荪主编　1989 年　332 页　26 cm　3.60 元〔高等医药院校教材〕(G. F.)

13684 309-03295
病理生理学
钱睿哲主编　2002 年　153 页　26 cm　18 元〔面向 21 世纪高等医药院校教材〕(G. F. P.)

13685 309-05114
病理生理学
王家富　钱睿哲主编　2006 年　448 页　23 cm　48 元〔医学试题精编丛书〕(G. F. P.)

13686 309-04648
病理生理学
殷莲华　钱睿哲主编　2005 年　303 页　23 cm　32 元〔医学研究生入学考试精要丛书　彭裕文总主编〕(G. F.)

13687 309-10795
病理生理学 疾病探究

李永渝 周平主编 2014年 176页 26 cm 40元 (G. F. P.)

13688 309-11723
病理生理学
陈思锋 钱睿哲主编 2015年 212页 26 cm 52元〔复旦博学·基础医学本科核心课程系列教材〕(G. F. P.)

13689 309-04534
病理生理学
金惠铭主编 2005年 424页 26 cm 59元〔复旦博学·基础医学系列 普通高等教育"十五"国家级规划教材〕(G. F.)

13690 309-07459
病理生理学
金惠铭主编 2010年 第2版 419页 26 cm 59元〔复旦博学·基础医学〕(G. F. P.)

13691 309-07096
高级临床病理生理学
金惠铭 陈思锋主编 2010年 231页 26 cm 45元〔复旦博学〕(G. F. P.)

13692 5627-0516
临床病理生理学
上海市教育委员会组编 金惠铭主编 1999年 304页 26 cm 34元〔高等医药院校教材 上海普通高校"九五"重点教材〕(G. F.)

13693 309-05325
疾病探究
殷莲华 李永渝 周平主编 2007年 219页 26 cm 28元 (G. F. P.)

13694 5627-0002
病理生理学多选题题解
尢家骏主编 1988年 509页 19 cm 3.60元〔供高等医学院校医学专业用〕(G. F.)

13695 5627-0122
病理生理学多选题题解 附名词解释题和问答题
尢家骏主编 1992年 第2版 572页 19 cm 7.50元〔供高等医学院校医学专业用〕(G. F.)

13696 5627-0399
病理生理学试题和题解
孔宪寿主编 1997年 692页 20 cm 21.50元〔供高等医学院校各专业用〕(G. F.)

13697 5627-0634
病理生理学试题与题解
殷莲华主编 2001年 181页 20 cm 9.50元〔教学参考丛书〕(G. F. P.)

13698 5627-0433
Contemporary pathophysiology
孔宪寿(Kong Xianshou)主编 1998年 413页 26 cm (G.)

13699 5627-0446
临床病理组织与免疫组化诊断学
陈尚采 孙曼罗编著 1999年 574页 26 cm 精装 148元 (G. F. P.)

13700 309-07504
人体疾病基础
鲍建瑛主编 2010年 168页 26 cm 22元〔复旦卓越·21世纪中等职业教育护理系列教材〕(G. F. P.)

13701 5627-0013
微生物学与免疫学多选题题解
陈仁 闻玉梅主编 1988年 157页 19 cm

1.45 元〔供高等医学院校医学专业用〕(G. F.)

13702 5627-0578
医学微生物学
钱利生主编 2000 年 263 页 26 cm 30 元 (G. F.)

13703 309-03627
医学微生物学
钱利生主编 2003 年 第 2 版 287 页 26 cm 32 元〔复旦博学·基础医学系列〕(G. F. P.)

13704 309-03151
精编现代医学微生物学
闻玉梅主编 2002 年 358 页 26 cm 39 元〔复旦博学·基础医学系列〕(G. F. P.)

13705 5627-0437
现代医学微生物学
闻玉梅主编 1999 年 1345 页 26 cm 精装 230 元 (G. F.)

13706 309-12096
医学微生物学
袁正宏主编 2016 年 378 页 26 cm 85 元〔基础医学本科核心课程系列教材 汤其群总主编〕(G. F. P.)

13707 309-11736
医学微生物实验学
何汉江 方会龙 杨志英主编 2015 年 135 页 26 cm 38 元〔应用技术类型高等学校规划教材〕(G. P.)

13708 5627-0223
医学微生物学与免疫学多选题及题解
张维等主编 王文风等编写 1994 年 182 页 19 cm 5 元 (F.)

13709 309-10185
微生物与感染研究荟萃
闻玉梅 袁正宏主编 2014 年 301 页 29 cm 精装 68 元 (G. F. P.)

13710 309-04598
医学分子病毒学纲要
闻玉梅等编著 2005 年 英文版 188 页 23 cm 28 元 (G. P.)

13711 5627-0254
医学分子病毒学及其应用
闻玉梅主编 田慕贞等编写 1995 年 212 页 26 cm 28.50 元 (G. F.)

13712 5627-0016
厌氧菌及其感染
陈聪敏 王文风编著 1989 年 284 页 26 cm 3.70 元 (G. F.)

13713 309-05848
酪酸梭菌 肠道健康的卫士
李雄彪 马庆英 崔云龙著 2008 年 358 页 21 cm 45 元 (G. F. P.)

13714 5627-0623
临床真菌学
秦启贤主编 2001 年 683 页 26 cm 精装 126 元 (G. F. P.)

13715 309-11722
人体寄生虫学
程训佳主编 2015 年 348 页 26 cm 80 元〔基础医学本科核心课程系列教材〕(G. F. P.)

13716 5627-0387
现代医学免疫学
余传霖等主编 1998 年 1 411 页 26 cm

2 207 元 (G. F. P.)

13717 309-03535
免疫学与病原生物学
储以微主编 2003 年 308 页 26 cm 32 元〔医学高等职业教育教材〕(G. F. P.)

13718 309-06065
免疫学与病原生物学
储以微主编 2008 年 第 2 版 397 页 26 cm 49 元〔普通高等教育"十一五"国家级规划教材 复旦卓越·高等职业教育医学基础课教材〕(G. F. P.)

13719 309-11534
免疫与病原生物
韩乐云 熊操主编 2016 年 第 2 版 331 页 26 cm 58 元〔湖北高校"十三五"规划教材 高职医学专业系列〕(G. F. P.)

13720 5627-0353
医学免疫学
何球藻 吴厚生主编 1997 年 228 页 26 cm 23.80 元 (G. F.)

13721 309-11721
医学免疫学
储以微主编 2015 年 293 页 26 cm 72 元〔基础医学本科核心课程系列教材〕(G. F. P.)

13722 309-04657
临床免疫学
李大金主编 2005 年 558 页 26 cm 72 元〔复旦博学·临床医学系列〕(G. F. P.)

13723 5627-0052
医学基础免疫学
林飞卿等主编 马宝骊等编撰 1990 年 383 页 26 cm 5.15 元〔高等医药院校教材〕(G. F.)

13724 5627-0121
医学基础免疫学
林飞卿等主编 1992 年(1995 年重印) 383 页 26 cm 7.90 元 (G. F.)

13725 309-04140
免疫学与病原生物学考试指南
刘瑞梓 郭奕芳主编 2004 年 322 页 20 cm 18 元〔医学高等职业教育教辅丛书〕(G. F. P.)

13726 309-08656
免疫与病原生物
许正敏 韩乐云 叶泽秀主编 2012 年 288 页 26 cm 45 元〔湖北高校"十二五"规划教材 高职高专专业系列〕(G. F. P.)

13727 309-14843
医学免疫学实验原理和技术
储以微 陆青主编 2020 年 144 页 26 cm 48 元 (G. F. P.)

13728 5627-0299
免疫化学
江世益 张鲁雁编著 1996 年 181 页 26 cm 15.60 元 (G. F.)

13729 5627-0094
医学遗传学
陈秀珍 左伋主编 严明仁等编写 1991 年 216 页 20 cm 3.20 元 (G. F.)

13730 309-03067
医学遗传学
左伋 张克雄主编 1998 年 第 2 版(2003 年重印) 264 页 21 cm 26 元〔面向 21

世纪高等医药院校教材〕(P..)

13731 5627-0081
临床遗传学
邱维勤 周焕庚主编 1992年 428页 26 cm 16.50元 (G. F.)

13732 5627-0562
遗传医学
韦昌谦 曹新主编 2000年 423页 26 cm 54元 (G. F. P.)

13733 5627-0413
医学遗传学
左伋 张克雄主编 1998年 第2版 264页 26 cm 20元 (G. F.)

13734 309-03692
医学遗传学
刘雯 左伋主编 2003年 第3版 260页 26 cm 34元〔复旦博学·基础医学系列〕(G. F. P.)

13735 309-11624
医学遗传学
左伋 蓝斐主编 2015年 269页 26 cm 65元〔复旦博学·基础医学本科核心课程系列教材〕(G. F. P.)

13736 309-10292
遗传医学进展
左伋 刘晓宇主编 2014年 216页 26 cm 48元〔21世纪复旦大学研究生教学用书〕(G. F. P.)

13737 5627-0380
医学遗传学学习指导与练习
王雄国主编 1997年 142页 19 cm 6元 (F.)

13738 309-02862
基因治疗 21世纪分子医学的希望和问题
(美) 威廉·R.克拉克 (William R. Clark) 著 邵承工 蔡武城译 2001年 236页 20 cm 15元〔复旦科普译丛 生命科学〕(G. F. P.)

13739 5627-0653
医学心理学
季建林主编 2001年 第3版 329页 26 cm 28元〔高等教育面向21世纪课程教材〕(G. F. P.)

13740 309-03093
医学心理学
季建林主编 2001年 第3版重印 (2002年重印) 329页 26 cm 28元〔面向21世纪高等医药院校教材〕(F.)

13741 309-04479
医学心理学
季建林主编 2005年 第4版 391页 26 cm 38元〔复旦博学·临床医学系列 普通高等教育"十五"国家级规划教材〕(G. F. P.)

13742 309-14971
医学心理学
季建林主编 2020年 380页 26 cm 80元〔复旦大学上海医学院人文医学核心课程系列教材 桂永浩总主编〕(G. F. P.)

13743 309-14611
行为医疗服务中的文档记录 护理、治疗或服务指南
美国医疗机构联合委员会资源部编著 郦忠 张晨曦主译 2019年 180页 29 cm 160元〔华润JCI医院管理研究院质量和安全系列译著〕(G. F. P.)

13744 5627-0330
行为医学概论
谢启文主编 1996年 295页 20 cm 14.50元 (G. F.)

13745 5627-0029
医学心理学
徐俊冕编写 1990年(1995年重印) 225页 26 cm 3.05元 (G. F.)

13746 5627-0302
医学心理学
徐俊冕等编写 1996年 第2版 254页 26 cm 17元 (G. F.)

13747 309-03294
医学心理学和精神病学试题与题解
季建林 凌政主编 2002年 206页 20 cm 13.50元 〔医学教学参考丛书〕(G. F. P.)

13748 309-10782
身心健康读本
顾沈兵主编 2014年 130页 21 cm 20元 〔上海市进城务工人员技能文化培训系列读本 上海市进城务工人员技能文化培训工作领导小组办公室 上海市学习型社会建设服务指导中心办公室主编〕(G. F.)

13749 5627-0160
精神卫生学
郭莲舫 张明园主编 1993年 219页 20 cm 4.05元 〔健康租金与健康教育书系 萧俊 黄敬亨主编〕(G. F.)

13750 309-04297
谁需要心理医生？ 激发式心理治疗在行动
(荷)杰弗里·维因伯格(Jeffrey Wijnberg)著 韩松译 2005年 153页 19 cm 12.50元 〔99 优质生活〕(G.)

13751 309-11875
家庭心理健康 70 问
刘伟志主编 2016年 133页 23 cm 30元 〔上海市社区教育系列教材 健康生活类教材 谢长勇主编〕(G. F.)

13752 309-05169
心灵深呼吸
陆志仁编著 2006年 221页 19 cm 15元 (G. F. P.)

13753 5627-0265
实用心理健康咨询
田永波主编 陈斌等编著 1995年 174页 19 cm 8.50元 (G. F.)

13754 5627-0270
医学心理咨询方法
徐俊冕著 1995年 262页 19 cm 12.40元 (G. F.)

13755 309-04185
森田式心理咨询 处理心理危机的生活智慧
(日)增野肇著 南达元译 2004年 171页 20 cm 13元 (G. F. P.)

13756 309-04173
心境健康人长寿
周靖竹著 2004年 287页 20 cm 15元 〔媒体走向生活·健康〕(G. F. P.)

临床医学

13757 309-04408
临床决策分析 哈佛版
(美)Milton C. Weinstein 等编著 曹建文主译 2005年 307页 23 cm 35元 〔复

旦博学·卫生事业管理系列〕(G. F. P.)

13758 309-08645

当代医学英汉笔译与口译教程

陈社胜等编著 2012年 119页 23 cm 20元〔复旦卓越·医学英语系列〕(G. F. P.)

13759 309-08697

医学英语听力综合教程 Ⅰ 公共健康新识

戴月珍编著 2012年 202页 23 cm 32元〔复旦卓越·医学英语系列〕(G. F. P.)

13760 309-09675

医学英语听力综合教程 Ⅱ 医疗服务新思路

戴月珍编著 2013年 230页 23 cm 36元〔复旦卓越·医学英语系列〕(G. F. P.)

13761 5627-0135

临床预防的原理与方法

戴志澄等编著 1992年 475页 19 cm 9.40元 (G. F.)

13762 309-09307

全科医师临床培训教材

顾勇主编 2013年 507页 26 cm 98元〔复旦博学·临床医学系列〕(G. F. P.)

13763 309-06619

临床医学基础

胡忠亚主编 2009年 320页 26 cm 39元〔卫生职业教育康复治疗技术专业教材〕(G. F. P.)

13764 309-09863

临床医学英语教程

皇甫希才 李睿泽主编 2013年 293页 23 cm 43元〔大学医用英语系列教材〕(G. F. P.)

13765 309-14383

迷你临床考核 从理论到实践

李剑主编 2019年 186页 19 cm 58元〔住培医师成长系列读本〕(G. F. P.)

13766 309-04884

名医大会诊

林罗华 陶丽娟 杨文红主编《名医大会诊》节目组编 2006年 245页 21 cm 18元 (G. F. P.)

13767 309-09120

医学英语论文摘要阅读与写作

刘彦哲主编 2012年 214页 23 cm 32.80元〔复旦卓越·医学英语系列〕(G. F. P.)

13768 309-11870

医生教你活到99

邱慧颖 胡琛主编 2016年 119页 23 cm 30元〔上海市社区教育系列教材 健康生活类教材 谢长勇主编〕(G. F.)

13769 309-09632

临床职业交际英语

史冬梅主编 2013年 156页 23 cm 32元〔复旦卓越·当代医学英语系列〕(G. F. P.)

13770 309-06384

家庭医生

孙晓明 孙国武主编 2009年 376页 28 cm 58元 (G. F. P.)

13771 309-10791

临床疾病概要

王改芹 詹华祖主编 2014年 第2版 413页 26 cm 59元〔卫生职业教育康复治疗技术专业教材〕(G. F. P.)

13772 309-06659
临床疾病概要
詹华祖主编 2009 年 397 页 26 cm 48 元〔卫生职业教育康复治疗技术专业教材〕(G. F. P.)

13773 309-09890
国内外慢性病防控策略及借鉴
徐望红主编 2013 年 129 页 22 cm 20 元 (G. F. P.)

13774 309-04847
全科医学导论
杨秉辉 祝墡珠主编 王健等编写 2006 年 303 页 26 cm 37 元〔复旦博学·临床医学系列 普通高等教育"十五"国家级规划教材〕(G. F. P.)

13775 309-15153
感染病学
张文宏 王明贵主编 2020 年 405 页 26 cm 88 元〔复旦博学·临床医学系列〕(G. F. P.)

13776 5627-0527
临床经济学
陈洁主编 1999 年 263 页 26 cm 30 元 (G. F.)

13777 5627-0042
实用临床心理医学
忻志鹏主编 1991 年(1995 年重印) 362 页 20 cm 5 元 (G. F.)

13778 309-04485
临床医学研究设计和数据分析
赵耐青主编 2005 年 352 页 26 cm 45 元〔复旦博学·公共卫生与预防医学系列 21 世纪复旦大学研究生教学用书〕(G. F. P.)

13779 309-12763
临床试验原理
金丕焕编著 2017 年 192 页 21 cm 38 元 (G. F. P.)

13780 5627-0134
疾病数据的管理和分析 Epi Info 软件使用手册(5.00 版本)
(美)迪安(A. G. Dean)等编著 俞顺章 俞国培主译 1992 年 301 页 20 cm 8.30 元 (G. F.)

13781 309-15194
感染病学习题精选
张文宏 王明贵主编 2020 年 266 页 26 cm 58 元〔复旦博学·临床医学系列〕(G. F. P.)

13782 5627-0362
临床袖珍手册 中医内科
蔡淦主编 1997 年 292 页 19 cm 11.60 元 (G. F.)

13783 5627-0560
临床袖珍手册 中医内科
蔡淦主编 2000 年 第 2 版 284 页 19 cm 精装 20 元 (G. F.)

13784 5627-0141
临床袖珍手册 内科
戴瑞鸿主编 1992 年(1995 年重印) 371 页 18 cm 8.30 元〔临床医生丛书〕(G. F.)

13785 5627-0485
临床袖珍手册 内科
戴瑞鸿 林庚金主编 1999 年 第 2 版 541 页 18 cm 精装 29.80 元 (G. F.)

13786 5627-0273

临床袖珍手册 儿科

樊绍曾主编 1995年 408页 18 cm 13.90元 （G. F.）

13787 5627-0536

临床袖珍手册 儿科

樊绍曾主编 2000年 第2版 365页 19 cm 精装 22元 （G. F.）

13788 5627-0366

临床袖珍手册 骨科与手外科

顾玉东 张志玉主编 1997年 550页 19 cm 22元 （G.）

13789 5627-0567

临床袖珍手册 骨科与手外科

顾玉东 俞永林主编 2000年 第2版 473页 19 cm 精装 29.50元 （G. F.）

13790 309-03533

临床袖珍手册 汉英对照 简明病历书写手册

郭航远编著 2003年 368页 19 cm 精装 22元 （G. F. P.）

13791 309-03488

临床袖珍手册 简明临床鉴别诊断手册

郭航远编著 2003年 185页 19 cm 精装 11元 （G. F. P.）

13792 309-03261

临床袖珍手册 简明临床心电图手册

郭航远编著 2002年 142页 19 cm 精装 11.80元 （G. F. P.）

13793 309-03297

临床袖珍手册 临床护士值班手册

郭航远 叶志弘主编 2002年 352页 19 cm 精装 20元 （G. F. P.）

13794 5627-0646

临床袖珍手册 临床医师值班手册

郭航远 洪德飞主编 2001年 245页 19 cm 精装 15元 （G. F. P.）

13795 309-03219

临床袖珍手册 心血管疾病临床用药指南

郭航远 陆颖理编著 2002年 203页 19 cm 精装 13.80元 〔供临床医师、社区医师、护士使用〕 （G. F. P.）

13796 309-03022

临床袖珍手册 泌尿外科

何家扬主编 2001年 314页 19 cm 精装 18元 （G. F. P.）

13797 5627-0543

临床袖珍手册 抗感染化学治疗

何礼贤等主编 2000年 340页 19 cm 精装 22元 （G. F.）

13798 5627-0546

临床袖珍手册 肛肠病诊治

李省吾编著 2000年 202页 19 cm 精装 14.80元 （G. F.）

13799 5627-0286

临床袖珍手册 口腔

李学祥主编 张孟殷等编写 1996年 295页 19 cm 12.50元 （G. F.）

13800 5627-0558

临床袖珍手册 口腔科

李学祥主编 2000年 第2版 257页 19 cm 精装 19元 （G. F.）

13801 5627-0275

临床袖珍手册 麻醉

梁伟民 潘银英主编 朱伟强等编写 1995

年 316 页 19 cm 12.30 元 (G. F.)

13802 5627-0553
临床袖珍手册 麻醉
梁伟民主编 2000 年 第 2 版 309 页 19 cm 精装 22 元 (G. F.)

13803 5627-0541
临床袖珍手册 皮肤科
廖康煌主编 2000 年 第 2 版 295 页 19 cm 精装 20 元〔临床医生丛书〕(G. F.)

13804 5627-0232
临床袖珍手册 中医外科
马绍尧主编 1994 年(1996 年重印) 216 页 19 cm 6.90 元 (G.)

13805 5627-0622
临床袖珍手册 中医外科
马绍尧主编 2001 年 第 2 版 250 页 19 cm 精装 16 元 (G. F. P.)

13806 5627-0481
临床袖珍手册 实验诊断
梅振武主编 1999 年 424 页 19 cm 精装 26.80 元 (G. F.)

13807 309-03210
临床袖珍手册 外科
倪泉兴主编 2002 年 第 2 版 441 页 18 cm 精装 27 元 (G. F. P.)

13808 5627-0582
临床袖珍手册 急症急救
秦桂玺 秦雪梅编著 2000 年 289 页 18 cm 精装 20.50 元 (G. F.)

13809 5627-0218
临床袖珍手册 妇产科
盛丹菁主编 1994 年 279 页 19 cm 6.20 元 (G. F.)

13810 5627-0557
临床袖珍手册 妇产科
盛丹菁主编 2000 年 第 2 版 338 页 19 cm 精装 22 元 (G.)

13811 5627-0405
临床袖珍手册 针灸学
施炳培主编 1998 年 373 页 19 cm 15 元 (G. F.)

13812 5627-0627
临床袖珍手册 针灸学
施炳培主编 2001 年 第 2 版 383 页 19 cm 精装 24 元 (G. F. P.)

13813 5627-0301
临床袖珍手册 中成药
施赛珠主编 1995 年 270 页 19 cm 12.80 元 (G. F.)

13814 5627-0139
临床袖珍手册 皮肤科
王侠生主编 1992 年 194 页 19 cm 4.60 元〔临床医生丛书〕(G. F.)

13815 5627-0243
临床袖珍手册 耳鼻喉科
王正敏主编 1995 年(1996 年重印) 203 页 19 cm 6.20 元 (G. F.)

13816 5627-0561
临床袖珍手册 耳鼻喉科
王正敏 迟放鲁主编 2000 年 第 2 版 269 页 18 cm 精装 19 元 (G. F.)

13817 5627-0231
临床袖珍手册 外科

吴树强主编 1995年 460页 19 cm 9.90元 (G. F.)

13818 5627-0534
临床袖珍手册 性病诊治
谢瑞亭 季海生主编 1999年 201页 19 cm 精装 13.80元 (G. F.)

13819 5627-0318
临床袖珍手册 烧伤
许伟石主编 1996年 350页 19 cm 13.90元 (G. F.)

13820 5627-0279
临床袖珍手册 神经内科
姚景莉主编 李乃忠等编写 1995年 205页 19 cm 8.20元 (G. F.)

13821 5627-0647
临床袖珍手册 神经内科
姚景莉主编 2001年 第2版 207页 19 cm 精装 13.80元 (G. F. P.)

13822 5627-0580
临床袖珍手册 中医儿科
张帆主编 2001年 205页 19 cm 精装 16元 (G. F. P.)

13823 5627-0219
临床袖珍手册 神经外科
周良辅主编 1994年 386页 19 cm 8.90元 (F.)

13824 5627-0636
临床袖珍手册 神经外科
周良辅主编 2001年 第2版 425页 19 cm 精装 28元 (G. F. P.)

13825 309-09306
全科医师临床操作手册
顾勇主编 2013年 253页 21 cm 26元 (G. F. P.)

13826 309-03683
新编诊断学基础
林果为 俞茂华主编 2003年 429页 26 cm 45元〔复旦博学·临床医学系列〕(G. F. P.)

13827 5627-0583
诊断学试题与题解
傅志君主编 2000年 363页 20 cm 19.80元〔教学参考丛书〕(G. F.)

13828 309-03274
诊断学试题与题解
傅志君主编 王文平等编 2000年 重印 363页 21 cm 19.80元〔教学参考丛书〕(F.)

13829 5627-0532
诊断学多选题
王申生 俞茂华主编 1999年 153页 19 cm 7.50元 (G. F.)

13830 309-13351
上医治未病 上医人送瘟神、降疫魔、讲卫生的历程
俞顺章主编 2017年 301页 24 cm 80元 (G. F. P.)

13831 5627-0612
疼痛的基础与临床
江澄川等主编 2001年 523页 26 cm 精装 70元 (G. F. P.)

13832 309-12632
疼痛科疾病漫谈
郑拥军 王晓雷 韩奇主编 2017年 83页 21 cm 25元〔医学系列〕(G. F. P.)

13833 309-03390

慢性病患者如何过上健康幸福的生活

傅华 傅东波编著 2002年 229页 26 cm 22元〔慢性病自我管理丛书〕(G. F. P.)

13834 309-06363

社区非传染性慢性病患者自我预防与控制管理指导丛书

王光荣 武桂英总主编 2008年 6册 19 cm 58元 (G. F. P.)

社区医生慢性非传染性疾病综合防治理论与管理 王光荣 武桂英主编

社区糖尿病患者自我预防与控制管理手册 武桂英 沈伟珍编著

社区高血压病患者自我预防与控制管理手册 李哲 赵新平 彭德荣编著

社区慢性阻塞性肺病患者自我预防与控制管理手册 王伟 周洲 徐忠敏编著

社区骨质疏松症患者自我预防与控制管理手册 邓伟 田国栋 夏长春编著

社区骨关节炎患者自我预防与控制管理手册 姚有华 熊建菁 周琴编著

13835 309-12895

隧道内镜治疗学

徐美东 周平红 姚礼庆主编 2017年 206页 26 cm 140元〔整合内镜治疗学系列丛书〕(G. F. P.)

13836 309-12186

现代医学影像学

冯晓源主编 2016年 2册 26 cm 精装 458元 (G. F. P.)

13837 309-04677

现代医学影像学进展

冯晓源主编 2005年 373页 26 cm 43元〔复旦博学·临床医学系列 献给复旦大学一百周年校庆〕(G. F. P.)

13838 309-07246

医学图像处理

聂生东 邱建峰 郑建立主编 2010年 282页 26 cm 38元〔面向21世纪课程教材〕(G. F. P.)

13839 309-14768

医学图像倾斜校正、插值和配准方法

潘梅森著 2019年 255页 23 cm 38元 (G. F. P.)

13840 5627-0322

医学影像学诊断报告书书写手册 汉英对照

沈天真 陈星荣主编 1996年 221页 26 cm 49.90元 (G. F.)

13841 5627-0082

影像诊断学

王快雄主编 1991年(1995年重印) 367页 26 cm 8.24元 (G. F.)

13842 5627-0315

影象诊断学多选题

陈星荣主编 冯晓源等编写 1996年 115页 19 cm 6.80元 (G. F.)

13843 309-03262

医学影像学试题与题解

冯晓源主编 2002年 172页 20 cm 9.80元〔医学教学参考丛书〕(G. F.)

13844 5627-0188

经颅多普勒检测与临床

顾慎为编著 1993年 97页 26 cm 25元 (G. F.)

13845 5627-0626

经颅多普勒检测与临床

顾慎为编著 2001年 第2版 150页 26 cm 36元 (G. F. P.)

13846 309-03934
经颅多普勒检测与临床
顾慎为编著 2007年 第2版重印 150页 26 cm 36元 (F.)

13847 5627-0415
中国超声诊断四十年
钮祖辉主编 1998年 322页 26 cm 45元 (G. F.)

13848 309-03156
超声诊断学选择题与题解
黄福光主编 2002年 230页 21 cm 14元〔医学教学参考丛书〕(G. F. P.)

13849 309-12206
高时间分辨功能成像
杨可人著 2016年 186页 26 cm 49元 (G. P.)

13850 5627-0556
体部磁共振成像
周康荣 陈祖望主编 2000年 1356页 28 cm 精装 460元 (G. F. P.)

13851 309-05970
体部磁共振成像
周康荣 陈祖望主编 2017年 1356页 29 cm 精装 580元 (G.)

13852 5627-0642
现代内镜学
刘厚钰 姚礼庆主编 2001年 539页 26 cm 精装 120元 (G. F. P.)

13853 5627-0540
实用离心实验方法
潘銮凤 李丽春主编 2000年 89页 19 cm 9元 (G. F. P.)

13854 5627-0064
医检有机化学
王惠宁 王丽平主编 王翀等编写 1990年 444页 26 cm 9.50元 (G. F.)

13855 5627-0591
实用诊断酶学
王坤 施前编著 2000年 第2版 539页 26 cm 精装 78元 (G. F.)

13856 5627-0339
现代临床生物化学
朱明德主编 1996年 329页 26 cm 精装 41.50元 (G. F. P.)

13857 5627-0257
临床真菌检验
王家俊编著 1995年 358页 19 cm 14.40元 (G. F.)

13858 5627-0334
临床误诊分析
陈声琼编著 1996年 195页 19 cm 8.80元 (G. F.)

13859 5627-0264
实用治疗学
丁训杰主编 1995年 358页 26 cm 27元 (G. F. P.)

13860 309-04912
中西医结合临床
王文健主编 2006年 237页 26 cm 26元〔复旦博学·临床医学系列〕(G. F. P.)

13861 309-11588
老年人合理用药
董文哲 吴国忠编著 2015年 85页 24 cm 26元〔上海市老年教育普及教材〕(G. F. P.)

13862 309-11814
如何合理用药
董文哲编著 2015年 89页 21 cm 18元〔上海市民健康与人文系列读本〕(G. F. P.)

13863 309-11841
十万个为什么(老年版)安全用药
李中东编著 2015年 105页 21 cm 15元〔十万个为什么〕(G. F. P.)

13864 309-05742
西藏常见病用药手册
周惠英 王聚乐主编 2007年 425页 21 cm 30元 (G. F. P.)

13865 5627-0200
抗菌药物临床应用新编
汪复主编 1994年(1995年重印) 337页 19 cm 8.80元 (G. F.)

13866 309-00982
红外医疗技术
姚鼎山主编 1993年 236页 19 cm 9元 (F.)

13867 309-06699
物理治疗学
张绍岚主编 2009年 417页 26 cm 49元〔卫生职业教育康复治疗技术专业教材〕(G. F. P.)

13868 5627-0659
成分输血指南
曹峻主译 2001年 171页 20 cm 25元 (G. F. P.)

13869 5627-0667
临床输血学多选题及题解
李志强编著 2001年 192页 20 cm 12.80元〔教学参考丛书〕(G. F. P.)

13870 309-14709
细胞治疗临床研究
刘保池 朱焕章主编 2019年 447页 26 cm 160元 (G. F. P.)

13871 309-14295
脐带血造血干细胞移植与伦理原则
吴德沛 马强 章毅主编 2019年 323页 24 cm 精装 88元 (G. F. P.)

13872 309-08703
临床营养学
蔡威主编 2012年 332页 26 cm 52元〔复旦博学·临床医学系列〕(G. F. P.)

13873 5627-0295
胃肠肝胆病人与营养
丁民谋 周小寒编著 1995年 98页 19 cm 6.90元〔营养丛书〕(G. F.)

13874 5627-0087
临床静脉营养
黄德骧等主编 唐伟勇等编著 1994年 206页 19 cm 8.80元 (G. F.)

13875 5627-0296
手术病人与营养
黄德骧 章卫国编著 1995年 104页 19 cm 6.50元〔营养丛书〕(G. F.)

13876 309-03325
临床营养基础
(捷克)索博特卡(Luboš Sobotka)主编 蔡威译 2002年(2007年重印) 272页 21 cm 22元〔欧洲肠外和肠内营养学会继续教育专用课本〕(G. F. P.)

13877 309-04981
实用临床营养学
吴国豪著 2006 年 496 页 26 cm 精装 78 元 (G. F. P.)

13878 5627-0666
血液透析血管通路的理论与实践
叶朝阳主编 2001 年 358 页 20 cm 精装 28 元 (G. F. P.)

13879 309-07546
血液透析血管通路技术与临床应用
叶朝阳主编 2010 年 第 2 版 310 页 26 cm 精装 182 元 (G. F.)

13880 5627-0259
呼吸机临床应用手册
陈少贤编著 1995 年 205 页 19 cm 10.50 元 (G. F.)

13881 309-11574
老年人急救护理
程云主编 2015 年 86 页 24 cm 26 元 〔上海市老年教育普及教材〕(G. F. P.)

13882 5627-0133
急诊医学
丁训杰等编写 1992 年（1995 年重印） 119 页 26 cm 4.40 元 (G. F.)

13883 5627-0441
实用急救学
何梦乔等主编 1998 年 399 页 26 cm 40 元 (G. F. P.)

13884 309-03526
实用急救学
何梦乔等主编 2003 年（2004 年重印） 399 页 26 cm 42 元 〔面向 21 世纪高等医药院校教材〕(G. F.)

13885 309-11813
如何让生活更安全
胡旭东编著 2015 年 89 页 21 cm 18 元 〔上海市民健康与人文系列读本〕(G. F. P.)

13886 309-02121
错误的急救
黄志明 纪慧兰编著 1999 年 209 页 20 cm 11 元 〔错误系列 6〕(G. F.)

13887 309-10401
重症监护培训手册
世界卫生组织(WHO)编著 卢洪洲 张志勇主译 2014 年 113 页 26 cm 26 元 〔WHO 指定培训教材〕(G. F. P.)

13888 309-03396
急诊医学
杨涵铭 曹同瓦主编 2003 年 第 2 版 166 页 26 cm 17 元 〔复旦博学·临床医学系列〕(G. F. P.)

13889 309-06203
急诊医学
杨涵铭 曹同瓦主编 2008 年 第 3 版 369 页 26 cm 48 元 〔复旦博学·临床医学系列 普通高等教育"十一五"国家级规划教材〕(G. F. P.)

13890 309-12989
四次地震应急医学救援实证分析
张鹭鹭主编 2017 年 229 页 24 cm 39 元 〔军队卫生与勤务系列〕(G. F. P.)

13891 5627-0153
现场急救手册

邵浩奇主编 1993年 170页 13 cm 精装 2.60元 (G.)

13892 309-11541
实用现场急救手册
徐惠梁 王家瑜著 2015年 205页 21 cm 30元 (G. F. P.)

13893 5627-0303
急诊规范与程序
黄德铭 施寿康主编 王传军等编写 1995年 345页 19 cm 13.50元 (G. F. P.)

13894 309-05798
临床护理实践
陈淑英 戴慰萍 蒋红主编 2007年 398页 26 cm 48元〔复旦博学·护理系列〕(G. F. P.)

13895 309-05232
现代实用护理学
陈淑英 阮洪 程云主编 2007年 1532页 26 cm 精装 218元 (G. F. P.)

13896 309-03652
临床护理教程
戴宝珍 余剑珍主编 2003年 370页 26 cm 38元 (G. F. P.)

13897 309-06386
临床护理教程
钱晓路 余剑珍主编 2009年 第2版 423页 26 cm 52元〔复旦卓越·医学职业教育教材〕(G. F. P.)

13898 5627-0278
实用症状护理学
杨英华 戴宝珍主编 钱晓路等编写 1996年 237页 26 cm 16.90元 (G. F. P.)

13899 309-04605
实用症状护理学
戴宝珍主编 2005年 第2版 245页 26 cm 28元〔复旦博学·护理系列〕(G. F. P.)

13900 309-05651
循证护理的理论与实践
胡雁 李晓玲主编 2007年 489页 26 cm 58元〔复旦博学·护理系列 卫生部"十一五"规划教材〕(G. F. P.)

13901 309-11702
实用护理技术
黄红玉 李春艳主编 2015年 281页 26 cm 48元〔应用技术类型高等学校规划教材〕(G.)

13902 309-11346
护理学导论
姜安丽主编 2015年 168页 26 cm 32.50元〔全国高等医药院校护理系列教材〕(G. F. P.)

13903 5627-0325
新编护理学
（日）鎌田ミツ子 陈淑英主编 1997年 605页 26 cm 精装 64元 (G. F.)

13904 309-08655
基础护理技术
廖文玲 曾庆兰主编 2012年 255页 26 cm 40元〔湖北高校"十二五"规划教材 高职医学专业系列〕(G. F. P.)

13905 309-11535
基础护理技术
廖文玲 罗琼主编 2015年 第2版 290页 26 cm 46元〔高职医学专业系列〕(G. F. P.)

13906 5627-0128
现代护理学
(日)铃木美惠子 陈淑英主编 1992年 500页 26 cm 22元 (G. F.)

13907 309-08962
医护英语网络读写教程
罗世军 沈小平主编 2012年 222页 26 cm 39.80元〔复旦卓越·医学职业教育教材 护理专业系列创新教材 沈小平总主编〕(G. F. P.)

13908 309-14438
职业护理英语
马颖 金哲浩 朱旭主编 2019年 132页 26 cm 34元 (G. F. P.)

13909 309-08304
护理学基础
钱晓路主编 2011年 426页 26 cm 58元〔卫生部"十一五"规划教材 复旦博学·护理系列〕(G. F. P.)

13910 309-13483
新编当代护理学
沈小平等主编 2018年 2册 26 cm 精装 550元 (G. F. P.)

13911 309-09775
循证护理
(美)沈小平(美)Elizabeth Barker 郎思旭主编 2013年 127页 26 cm 35元〔复旦卓越·医学职业教育教材 卫生技术与护理专业系列创新教材 沈小平总主编〕(G. F. P.)

13912 309-08783
新编护理学基础
石琴 施雁 戴琳峰主编 2012年 395页 26 cm 69.80元〔复旦卓越·医学职业教育教材 护理专业系列创新教材 沈小平总主编〕(G. F. P.)

13913 309-09631
护理职业交际英语
史冬梅主编 2013年 117页 23 cm 25元〔复旦卓越·当代医学英语系列〕(G. F. P.)

13914 309-10285
护理礼仪与人际沟通
唐庆蓉 徐建鸣 叶萌主编 2014年 254页 26 cm 68元〔复旦卓越·医学职业教育教材 卫生技术与护理专业系列创新教材 沈小平总主编〕(G. F. P.)

13915 309-14330
护者仁心 叙事传情
唐庆蓉 郑泓主编 2019年 177页 21 cm 35元 (G. F. P.)

13916 309-07859
基础护理技术
王静主编 2011年 260页 26 cm 36元〔全国示范性职业院校教改教材〕(G. F. P.)

13917 309-11347
基础护理
徐筱萍 赵慧华主编 2015年 408页 26 cm 58元〔全国高等医药院校护理系列教材〕(G. F. P.)

13918 309-10659
多元文化与护理
叶萌(美)Adeline Nyamathi 王骏主编 2014年 246页 26 cm 58元〔复旦卓越·医学职业教育教材 卫生技术与护

理专业系列创新教材 沈小平总主编〕(G. F. P.)

13919 309-11132
新编护理学基础实训指导
叶萌 石琴 胡三莲主编 2015年 141页 26 cm 38元〔复旦卓越·医学职业教育教材 卫生技术与护理专业系列创新教材 沈小平总主编〕(G. F. P.)

13920 309-03977
现代医院护理管理学
叶文琴 朱建英主编 2004年 440页 26 cm 55元 (G. F. P.)

13921 309-10844
护理技能临床案例分析
张美琴主编 2014年 196页 26 cm 38元〔全国高等医药院校护理系列教材〕(G. F. P.)

13922 309-11938
临床护理案例教学与试题集
张雅丽主编 2015年 287页 26 cm 45元 (G. F. P.)

13923 309-05271
护理伦理学
瞿晓敏主编 2007年 205页 27 cm 25元〔复旦博学·护理系列〕(G. F. P.)

13924 309-11222
护理管理
叶文琴主编 2015年 212页 26 cm 40元〔全国高等医药院校护理系列教材〕(G. F. P.)

13925 5627-0249
基础护理学考题解
陈维英主编 丁言雯等编写 1995年(1997年重印) 282页 19 cm 9元 (G. F. P.)

13926 309-04758
护理学基础考题解
钱晓路 余剑珍主编 2005年 502页 19 cm 29元 (G. F. P.)

13927 309-09488
新编护理学基础考题解
钱晓路 李晓松主编 2013年 639页 18 cm 45元〔医学护理专业教辅系列丛书〕(G. F. P.)

13928 309-14813
新编基础护理学考题解析
杨蕾 邱智超 张默主编 2020年 355页 26 cm 75元 (G. F. P.)

13929 309-10901
护理学基础习题集
张美琴主编 2014年 260页 26 cm 40元〔全国高等医药院校护理系列教材〕(G. F. P.)

13930 309-13308
用情呵护生命 复旦大学附属华山医院护士文集
丁强 顾小萍主编 2017年 247页 23 cm 66元〔新百年华山文化系列丛书 5〕(G. F. P.)

13931 309-09274
用心守护生命 复旦大学附属华山医院护士文集
丁强 顾小萍主编 2012年 192页 23 cm 80元〔新百年华山文化系列丛书 4〕(G. F. P.)

13932 309-07005
临床护理常规

蒋红 高秋韵主编 2010 年 575 页 26 cm 82 元 (G. F. P.)

13933 309-04977
临床护理技术规范
蒋红 王树珍主编 2006 年 231 页 26 cm 33 元 (G. F. P.)

13934 309-14983
学生健康素养评估指标体系研究
傅华等著 2020 年 382 页 26 cm 78 元 (F. P.)

13935 5627-0194
护理心理学
梁光霞主编 1993 年 112 页 26 cm 5.60 元 (G.)

13936 5627-0280
护理心理学
梁光霞主编 1995 年 第2版 128 页 26 cm 10.40 元 (G. F.)

13937 5627-0520
护理心理学
梁光霞主编 1999 年 第3版 93 页 26 cm 10 元 (G. F.)

13938 309-03524
护理心理学
梁光霞主编 2006 年 93 页 26 cm 10 元 (P..)

13939 5627-0429
健康评估
刘咸璋主编 上海市教育委员会组编 1998 年 404 页 26 cm 35 元〔上海普通高校"九五"重点教材〕(G. F. P.)

13940 309-03287
健康评估
刘咸璋主编 2004 年 404 页 26 cm 40 元〔面向21世纪高等医药院校教材〕(F.)

13941 309-11239
护理心理
刘晓虹主编 2015 年 239 页 26 cm 40 元〔全国高等医药院校护理系列教材〕(G. F. P.)

13942 309-08937
健康评估
吕建中主编 2012 年 266 页 26 cm 42 元〔复旦卓越·护理专业项目式教学教材〕(G. F. P.)

13943 309-05905
健康评估
吕探云 王蓓玲主编 王君俏等编写 2008 年 300 页 26 cm 38 元〔复旦博学·护理系列〕(G. F. P.)

13944 309-07242
《健康评估》学习指导与习题
吕探云主编 2010 年 374 页 26 cm 58 元〔复旦博学·护理系列〕(G. F. P.)

13945 309-05806
健康评估
王杨 钱爱群 吴红宇主编 2007 年 192 页 26 cm 23 元〔复旦卓越·21世纪中等职业教育护理系列教材〕(G. F. P.)

13946 5627-0466
临床实用心理护理
徐俊冕主编 1999 年 186 页 20 cm 10 元 (G. F.)

13947 309-08652

健康评估

徐新娥 赵远方主编 2012年 274页 26 cm 42元〔湖北高校"十二五"规划教材 高职医学专业系列〕(G. F. P.)

13948 309-11533
健康评估

徐新娥 赵远芳主编 2015年 第2版 341页 26 cm 53元〔高职医学专业系列〕(G. F. P.)

13949 309-07358
新编健康评估

张雅丽 陈淑英 郭荣珍主编 2011年 336页 26 cm 48元〔复旦卓越·医学职业教育教材 护理专业系列创新教材 沈小平总主编〕(G. F. P.)

13950 309-11339
健康评估

章雅青 丁磊主编 2015年 350页 26 cm 55.50元〔全国高等医药院校护理系列教材〕(G. F. P.)

13951 309-06005
人际沟通交流技巧

周丽君主编 2008年 56页 26 cm 10元〔复旦卓越·21世纪中等职业教育护理系列教材〕(G. F. P.)

13952 309-09952
健康评估考题解

王骏 陈淑英 林彬主编 2013年 309页 26 cm 49元 (G. F. P.)

13953 309-07344
基本护理技术

余剑珍 张美琴主编 2010年 369页 26 cm 50元〔复旦卓越·21世纪中等职业教育护理系列教材〕(G. F. P.)

13954 309-09662
现代中西医护理操作技能

张雅丽主编 2013年 453页 21 cm 42元 (G. F. P.)

13955 309-08779
临床护理技术操作规范

蒋红 高秋韵 顾妙娟主编 2012年 第2版 289页 26 cm 43元 (G. F. P.)

13956 309-05813
急救护理

陈宏星主编 2007年 179页 26 cm 22元〔复旦卓越·21世纪中等职业教育护理系列教材〕(G. F. P.)

13957 309-11293
急危重症护理

席淑华 卢根娣主编 2015年 238页 26 cm 42元〔全国高等医药院校护理系列教材〕(G. F. P.)

13958 309-07640
新编急救护理学

许方蕾 陈淑英 吴敏主编 2011年 276页 26 cm 44.80元〔复旦卓越·医学职业教育教材 护理专业系列创新教材 沈小平总主编〕(G. F. P.)

13959 309-11194
静脉血管通路护理实践指南

陈海燕 钱培芬主编 2016年 101页 21 cm 22元 (G. F. P.)

13960 309-03743
社区护理

冯正仪主编 2003年 319页 26 cm 32元

〔复旦博学·护理系列〕(G. F.)

13961 309-07046
社区护理
冯正仪主编 2010年 第2版 323页 26 cm 46元〔复旦博学·护理系列 普通高等教育"十一五"国家级规划教材〕(G. F. P.)

13962 309-13946
社区护理管理概引
顾建钧 李明 刘薇群主编 2018年 283页 26 cm 45元 (G. F. P.)

13963 309-11591
居家护理实务
梁鸿 王君俏 钱晓路主编 2020年 208页 26 cm 50元 (F. P.)

13964 309-11294
社区护理
刘薇群 杨颖华主编 2015年 293页 26 cm 48元〔全国高等医药院校护理系列教材〕(G. F. P.)

13965 309-11192
社区护理
施榕主编 2016年 275页 26 cm 38.50元 (G. F. P.)

13966 309-14793
社区特色专科护理实践范例 优质服务基层行
王澎 郭璐璐 刘薇群主编 2020年 154页 24 cm 40元 (G. F. P.)

13967 309-05051
老年介护教程
熊仿杰 袁惠章主编 2006年 259页 26 cm 30元〔复旦博学·护理系列〕(G. F. P.)

13968 309-14152
实用腹膜透析护理
曹艳佩 邢小红 黄晓敏主编 2019年 209页 21 cm 40元 (G. F. P.)

13969 5627-0490
内科护理学临床实习指南
陈淑英 陈雪峰主编 1999年 319页 26 cm 26.50元 (G. F.)

13970 309-08331
内科护理
龚家炳 彭林峰主编 2011年 371页 26 cm 56元〔湖北高校"十二五"规划教材〕(G. F. P.)

13971 309-11685
内科护理
龚家炳 孔令瑜主编 2015年 第2版 448页 26 cm 65元〔高职医学专业系列〕(G. F. P.)

13972 5627-0370
内科护理学教学目标与达标检测
黄俭强 王倩萍主编 1997年 196页 26 cm 13.50元〔中等卫生学校辅助教材〕(G.)

13973 5627-0479
实用老年护理学
毛丽娟 戴宝珍主编 1999年 226页 26 cm 30元 (G. F. P.)

13974 309-11336
内科护理
施雁 张佩雯主编 2015年 372页 26 cm 62元〔全国高等医药院校护理系列教材〕(G. F. P.)

13975 309-11315
消化内镜微创护理学
王萍 徐建鸣主编 2015年 234页 26 cm 180元 (G. F. P.)

13976 309-04318
传染病护理学考题解
陈淑英 黄钰祥 吴敏主编 王绍伟等编写 2005年 385页 19 cm 22元 (G. F. P.)

13977 309-07063
新编内科护理学考题解
陈淑英 王杨 许方蕾主编 2010年 729页 19 cm 45元〔医学护理专业教辅系列丛书〕(G. F. P.)

13978 5627-0397
内科护理学考题解
刘卓宝 陈淑英主编 1997年 第3版 759页 19 cm 24元 (G. F.)

13979 5627-0525
内科护理学考题解
刘卓宝 陈淑英主编 1999年 第4版 626页 19 cm 25元 (G. F.)

13980 309-04220
内科护理学考题解
刘卓宝等主编 2004年 第5版 611页 18 cm 32元 (G. F. P.)

13981 309-14347
新编内科护理学考题解析
王骏 刘芹 许方蕾主编 2019年 435页 26 cm 85元〔护理专业教辅系列丛书〕(G. F. P.)

13982 309-11338
传染病护理
蒋红 鲍美娟主编 2016年 288页 26 cm 48.50元〔全国高等医药院校护理系列教材〕(G. F. P.)

13983 309-12547
血管疾病临床护理案例分析
景在平 李海燕 莫伟主编 2016年 472页 26 cm 75元〔全国高等医药院校护理系列教材〕(G. F. P.)

13984 309-14621
血管疾病临床护理案例分析
李海燕 陆清声 莫伟主编 2019年 第2版 538页 26 cm 98元〔全国高等医药院校护理系列教材〕(G. F. P.)

13985 309-14294
淋巴水肿护理案例分享
王静 钟献满主编 2019年 93页 26 cm 50元 (G. F. P.)

13986 309-11241
老年护理
程云主编 2016年 180页 26 cm 32.50元〔全国高等医药院校护理系列教材〕(G. F. P.)

13987 309-08572
老年介护简明读本
马强 熊仿杰主编 2012年 208页 21 cm 20元 (G. F. P.)

13988 309-05035
神经外科围手术期的临床护理
蒋红主编 2006年 178页 27 cm 28元 (G. F. P.)

13989 309-07895
新编外科护理学

蒋红 陈海燕主编 2011年 643页 26 cm 89.80元〔复旦卓越·医学职业教育教材 护理专业系列创新教材〕(G. F. P.)

13990 309-07212
神经外科护士临床常见问题与解答
郎黎薇主编 2010年 187页 26 cm 29元 (G. F. P.)

13991 309-09475
神经外科临床护理实践
郎黎薇主编 2013年 168页 26 cm 30元 (G. F. P.)

13992 309-12513
神经外科亚专科护理
郎黎薇主编 2016年 246页 26 cm 42元 (G. F. P.)

13993 309-08336
外科护理
倪洪波 王新祥主编 2011年 335页 26 cm 50元〔湖北高校"十二五"规划教材 高职医学专业系列〕(G. F. P.)

13994 309-11532
外科护理
倪洪波 刘飞 王文勇主编 2015年 第2版 400页 26 cm 59元〔高职医学专业系列〕(G. F. P.)

13995 309-06725
手外科围手术期护理
孙晓春 李文婕 刘伟萍主编 2009年 134页 26 cm 28元 (G. F. P.)

13996 309-14325
伤口照护知多少
王静主编 2019年 97页 21 cm 30元 (G. F. P.)

13997 309-06527
现代内镜护理学
王萍 姚礼庆主编 2009年 365页 26 cm 75元 (G. F. P.)

13998 309-14243
常见伤口解析与护理
徐洪莲 王静主编 2019年 419页 26 cm 150元 (G. F. P.)

13999 309-11240
外科护理
叶志霞 皮红英 周兰姝主编 2016年 408页 26 cm 65.50元〔全国高等医药院校护理系列教材〕(G. F. P.)

14000 309-14388
新编外科护理学考题解析
蔡晶晶 周一峰 张颖主编 2019年 408页 26 cm 85元〔护理专业教辅系列丛书〕(G. F. P.)

14001 309-04954
外科护理学考题解
蔡孙源主编 2006年 503页 19 cm 30元 (G. F. P.)

14002 5627-0245
外科学及护理考题解
颜鸿斌主编 1995年 354页 19 cm 10.50元 (G. F.)

14003 309-11340
妇产科护理
黄群 姜梅主编 2015年 307页 26 cm 46元〔全国高等医药院校护理系列教材〕(G. F. P.)

14004 309-10642

新编妇产科护理学
叶萌 黄群 吴文燕主编 2014 年 336 页 26 cm 69 元〔复旦卓越·医学职业教育教材 卫生技术与护理专业系列创新教材 沈小平总主编〕(G. F. P.)

14005 309-04852
妇产科护理学考题解
戴鸿英主编 2006 年 510 页 19 cm 32 元 (G. F. P.)

14006 5627-0088
儿科护理指导
江忆芳等编写 1992 年 144 页 19 cm 2.60 元 (G. F.)

14007 309-11337
儿科护理
楼建华主编 2016 年 348 页 26 cm 58 元〔全国高等医药院校护理系列教材〕(G. F. P.)

14008 309-07816
儿科护理规范与实践指南
张玉侠主编 2011 年 344 页 26 cm 48 元〔复旦卓越·医学职业教育教材〕(G. F. P.)

14009 309-08834
新编儿科护理学
张玉侠 钱培芬 胡渊英主编 2013 年 324 页 26 cm 58 元〔复旦卓越·医学职业教育教材 护理专业系列创新教材〕(G. F. P.)

14010 309-09670
新编儿科护理学考题解
陈颖 张静芬主编 2013 年 483 页 19 cm 40 元〔医学护理专业教辅系列丛书〕(G. F. P.)

14011 309-04811
儿科护理学考题解
张静芬主编 2005 年 472 页 19 cm 29 元 (G. F. P.)

14012 309-11341
精神科护理
曹新妹主编 2015 年 283 页 26 cm 52 元〔全国高等医药院校护理系列教材〕(G. F. P.)

14013 309-05757
心理与精神护理
甘志骅主编 2007 年 178 页 26 cm 22 元〔复旦卓越·21 世纪中等职业教育护理系列教材〕(G. F. P.)

14014 309-12960
精神健康护理学
贾守梅 郭瑛主编 2017 年 386 页 26 cm 63 元〔复旦博学·护理系列〕(G. F. P.)

14015 309-14042
神经科临床护理案例精选
蒋红 任学芳 黄莺主编 2018 年 340 页 26 cm 68 元 (G. F. P.)

14016 309-11143
新编精神科护理学
施忠英 陶凤瑛主编 2015 年 271 页 26 cm 68 元〔复旦卓越·医学职业教育教材 卫生技术与护理专业系列创新教材 沈小平总主编〕(G. F. P.)

14017 309-14912
谈"欣"解"忧"话心境
占归来主编 2020 年 237 页 21 cm 36 元〔精中小哥哥系列科普 上海市徐汇区医学高峰学科建设项目(心境障碍专

科)〕(G. F. P.)

14018 309-11295
眼耳鼻喉科护理
席淑新主编 2015年 297页 26 cm 48元〔全国高等医药院校护理系列教材〕(G. F. P.)

14019 309-03859
口腔护理学
赵佛容主编 2004年 444页 26 cm 43元〔复旦博学·护理系列 普通高等教育"十五"国家规划教材〕(G. F. P.)

14020 309-06686
口腔护理学
赵佛容主编 2009年 第2版 344页 26 cm 46元〔复旦博学·护理系列〕(G. F. P.)

14021 309-12679
口腔护理学
赵佛容主编 2017年 第3版 350页 26 cm 56元〔普通高等教育"十一五"国家级规划教材 复旦博学·护理系列〕(G. F. P.)

14022 309-06726
《口腔护理学》学习指导与习题
赵佛容主编 2009年 87页 21 cm 8元(G. F. P.)

14023 309-12814
《口腔护理学》学习指导与习题
赵佛容主编 2017年 第3版 103页 21 cm 13元(G. F. P.)

14024 309-11428
临终关怀学概论
施永兴主编 2015年 624页 26 cm 106元〔成人教育临终关怀岗位执业资格培训教材〕(G. F. P.)

14025 309-11714
老年人的临终关怀
程云主编 2015年 82页 24 cm 26元〔上海市老年教育普及教材〕(G. F. P.)

14026 309-04531
新编康复医学
胡永善主编 2005年 267页 26 cm 36元〔复旦博学·临床医学系列〕(G. F. P.)

14027 309-06684
作业治疗学
刘梅花主编 2009年 164页 26 cm 21元〔卫生职业教育康复治疗技术专业教材〕(G. F. P.)

14028 309-06665
康复功能评定学
王安民主编 2009年 260页 26 cm 32元〔卫生职业教育康复治疗技术专业教材〕(G.)

14029 309-06685
临床康复学
邢本香 李贻能主编 2009年 370页 26 cm 45元〔卫生职业教育康复治疗技术专业教材〕(G. F. P.)

14030 309-06621
康复医学概论
杨毅主编 2009年 136页 26 cm 17元〔卫生职业教育康复治疗技术专业教材〕(G. F. P.)

14031 309-07615
康复医学岗位培训教程
俞卓伟 季敏主编 2010年 212页 26 cm

70 元 (G. F. P.)

14032 309-06648
康复心理学
朱红华主编 2009 年 189 页 26 cm 25 元〔卫生职业教育康复治疗技术专业教材〕(G. F. P.)

14033 309-12314
康复心理学
朱红华 温优良主编 2017 年 第 2 版 226 页 26 cm 42 元〔卫生职业教育康复治疗技术专业教材 全国职业教育康复治疗技术专业"十二五"规划系列教材〕(G. F. P.)

14034 309-14150
求医先求己
陈松鹤著 2019 年 398 页 21 cm 38 元 (G. F. P.)

内科学

14035 309-10994
内科实习原则
(美)廖慕理 陈梁著 2014 年 250 页 19 cm 36 元〔美国医学教育宝典〕(G. F. P.)

14036 309-03516
临床内科学 新进展、新技术、新理论
王吉耀主编 2003 年 321 页 26 cm 36 元〔复旦博学·临床医学系列〕(G. F. P.)

14037 309-06944
临床内科学 新进展、新技术、新理论
王吉耀主编 2009 年 第 2 版 268 页 26 cm 35 元〔复旦博学·临床医学系列〕(G. F. P.)

14038 309-04216
临床内科学 新进展、新技术、新理论(续集)
王吉耀主编 2004 年 358 页 26 cm 40 元〔复旦博学·临床医学系列〕(G. F.)

14039 309-04663
内科学
王吉耀主编 丁小强等编写 2005 年 373 页 23 cm 38 元〔医学研究生入学考试精要丛书 彭裕文总主编〕(G. F. P.)

14040 309-06560
内科学
王吉耀主编 2009 年 310 页 23 cm 36 元〔医学试题精编丛书〕(G. F. P.)

14041 309-09830
内科学
王吉耀主编 2013 年 372 页 26 cm 60 元〔住院医师规范化培训教材〕(G. F. P.)

14042 5627-0356
内科学应用多选题
蔡则骥主编 1997 年 868 页 19 cm 28 元 (G. F.)

14043 5627-0252
内科学多选题
戴瑞鸿 林果为主编 1995 年 495 页 19 cm 13.80 元 (G. F.)

14044 5627-0225
内科学考题解
王盛宗 陈淑英主编 1994 年 重印 438 页 19 cm 9.80 元 (G. F.)

14045 5627-0003
内科学及护理考题解
张审恭 刘卓宝 陈淑英编 1988 年 357 页 19 cm 2.80 元〔内科学及护理教学

参考书〕(G. F.)

14046 5627-0214
内科学及护理考题解
张审恭等主编 1997年 第2版 546页 18 cm 17.90元 (G.)

14047 5627-0080
传染病学
戴自英 徐肇玥主编 1991年 362页 26 cm 6元〔供医学、卫生、法医、护理、卫生管理专业用〕(G. F.)

14048 5627-0372
传染病学
徐肇玥主编 1997年 第2版 307页 26 cm 26元〔供医学、卫生、法医、护理、卫生管理专业用〕(G. F.)

14049 309-03722
传染病学
翁心华 张婴元主编 2003年 第3版 375页 26 cm 39元〔复旦博学·临床医学系列〕(G. F. P.)

14050 309-06059
传染病学
翁心华 施光峰主编 2008年 264页 23 cm 35元〔医学试题精编丛书〕(G. F. P.)

14051 309-06375
传染病学
翁心华 张婴元主编 2009年 第4版 402页 26 cm 53元〔普通高等教育"十一五"国家级规划教材 复旦博学·临床医学系列〕(G. F. P.)

14052 5627-0363
现代感染病学

翁心华等主编 1998年 1235页 26 cm 精装 180元 (G. F.)

14053 5627-0241
传染病学多选题
石尧忠等编著 1994年（1996年重印） 245页 19 cm 7.40元 (G. F.)

14054 309-03779
传染病学试题与题解
翁心华 张婴元主编 2003年 第2版 232页 20 cm 12.70元〔医学教学参考丛书〕(G. F. P.)

14055 309-09175
实用传染病检测技术
许国章 董红军主编 2012年 342页 21 cm 28.50元 (G. F. P.)

14056 309-07533
流行性感冒
卢洪洲 张志勇主编 2010年 202页 26 cm 33元 (G. F. P.)

14057 5627-0159
乙型肝炎防治
任西根等编著 1993年 174页 19 cm 4.50元 (G. F.)

14058 5627-0542
乙型肝炎的防治
王吉耀 袁和俊编著 2000年 182页 19 cm 10元〔21世纪家庭保健丛书 消化系列〕(G. F.)

14059 309-03211
乙型肝炎的防治
王吉耀 袁和俊编著 2000年（2002年重印） 182页 19 cm 10元〔21世纪家庭

保健丛书〕(P..)

14060 5627-0589
甲型、丙型、戊型肝炎的防治
张顺财编著 2000年 125页 19 cm 7.50元
〔21世纪家庭保健丛书 消化系列〕
(G. F.)

14061 5627-0048
乙型肝炎及其免疫预防
李敏江 陈寿阳主编 1989年 27页 19 cm
0.45元 (G.)

14062 309-12026
艾滋病性病防治
杜占森主编 2016年 275页 26 cm 60元
(G. F. P.)

14063 5627-0526
艾滋病防治手册
康来仪等主编 1999年 436页 19 cm 精装 24元 (G. F.)

14064 309-05885
艾滋病防治学
康来仪 潘孝彰主编 2008年 530页 26 cm 精装 76元 (G. F. P.)

14065 309-04782
艾滋病的"社会免疫"
高燕宁主编 2005年 474页 23 cm 48元
〔复旦大讲堂系列〕(G. F. P.)

14066 309-14151
警示性健康教育与艾滋病的预防
卓家同著 2019年 133页 21 cm 20元
〔艾滋病预防健康教育丛书〕(G. F. P.)

14067 309-12399
现代真菌病学
廖万清 吴绍熙主编 2017年 489页 26 cm 精装 398元 (G. F. P.)

14068 14253.001
临床真菌病学
王高松编 1986年 359页 20 cm 2.90元 (G. F.)

14069 309-03993
结核病防治新进展
肖和平主编 2004年 513页 26 cm 精装 76元 (G. F. P.)

14070 5627-0584
结核病的防治
张天嵩 韩镭编著 2000年 138页 19 cm 7.50元 〔21世纪家庭保健系列丛书〕
(G. F.)

14071 309-02170
结核病临床手册
(美)安托尼·海瑞斯 (美)德莫特·马赫著 (美)默昆德·奥普勒加改编 肖和平等译 1999年 196页 19 cm 10元
(G. F.)

14072 309-12892
湖州市疟疾防治史
韩建康 张鹏主编 2017年 219页 21 cm 39元 (G. F. P.)

14073 309-03637
血吸虫病防治理论与实践
袁鸿昌等主编 2003年 323页 20 cm 18元 (G. F. P.)

14074 309-13831
战争与血吸虫病 赤壁之战、湘军与瘟疫探奇研判
李友松 周艺彪主编 2018年 144页 23 cm

38元〔中国血吸虫病流行史丛书 姜庆五总主编〕(G. F. P.)

14075 309-04979
身边的威胁 漫谈人兽共患病
许兰文 杨斐主编 胡樱等编写 2006年 182页 21 cm 12元 (G. F. P.)

14076 309-14346
心血管专科培训大查房病例集 第1卷
葛均波 霍勇总主编 钱菊英主编 2019年 210页 21 cm 60元〔心脏大师成长之路〕(G. F. P.)

14077 309-10578
知心 中国心血管内科发展历程
葛均波 霍勇主编 2014年 337页 24 cm 68元〔心路医路系列丛书〕(G. F. P.)

14078 309-10099
老年人心血管疾病100问
上海市学习型社会建设与终身教育促进委员会办公室编 2013年 86页 24 cm 20元〔老年人常见病100问系列〕(G. F. P.)

14079 5627-0107
临床心脏病学
(美)索科洛夫(Maurice Sokolov)等著 陈灏珠译 1992年 493页 26 cm 22元 (G. F.)

14080 309-11425
心内科诊疗精萃
王志敬著 2015年 747页 26 cm 精装 228元 (G. F. P.)

14081 309-11223
凝岁月于心 上册
韩雅玲 霍勇主编 2015年 247页 24 cm 68元 (G. F. P.)

14082 309-11318
凝岁月于心 下册
韩雅玲 霍勇主编 2015年 237页 24 cm 68元 (G. F. P.)

14083 309-04079
临床超声心动图新技术
舒先红主编 2004年 313页 26 cm 精装 160元〔医学图谱系列〕(G. F.)

14084 309-15002
心血管影像学测量
袁明远 宁忠平 李新明主编 2020年 213页 26 cm 精装 188元 (F. P.)

14085 309-03358
常见心电图的诊断与鉴别诊断图谱
李高平 李景霞主编 2002年 164页 19×26 cm 20元 (G. F. P.)

14086 309-06588
超声心动图疑难杂症的诊断
舒先红主编 2009年 267页 26 cm 精装 148元〔医学图谱系列〕(G. F. P.)

14087 309-10963
中华冠脉之旅 记中国心血管介入学科发展历程
霍勇主编 2014年 258页 24 cm 68元〔心路医路系列丛书〕(G. F. P.)

14088 309-07724
现代心脏病学
葛均波主编 2011年 926页 26 cm 精装 550元〔新闻出版总署"十一五"国家重点图书〕(G. F. P.)

14089 309-05672

你能战胜心脏病 怎样打败美国头号杀手

(美)利斯特·索瓦齐(Lester R. Sauvage)著 施群译 2007年 第3版 288页 21 cm 18元 (G. F. P.)

14090 309-05327

心脏医学全接触

罗鹰瑞 杨清源合著 2007年 296页 23 cm 32元 (G. F.)

14091 309-13706

心脏医学全接触

罗鹰瑞 杨清源著 2018年 第2版 308页 23 cm 精装 78元 (G. F. P.)

14092 309-08888

现代心脏病学进展 2012

葛均波 方唯一 沈卫峰主编 2012年 513页 30 cm 90元 (G. F. P.)

14093 309-09698

现代心脏病学进展 2013

葛均波 方唯一 沈卫峰主编 2013年 405页 30 cm 70元 (G. F. P.)

14094 309-10663

现代心脏病学进展 2014

葛均波 方唯一 沈卫峰主编 2014年 353页 30 cm 65元 (G. F. P.)

14095 5627-0285

简明心脏病治疗学

李振波等主编 1995年 245页 19 cm 15元 (G. F.)

14096 309-03615

心脏病人的家庭康复

祝墡珠主编 2003年 206页 20 cm 13元

〔慢性病家庭康复丛书〕(G. F.)

14097 5627-0663

冠心病的防治

江涛 于金霞编著 2001年 151页 19 cm 8元〔21世纪家庭保健丛书〕(G. F. P.)

14098 5627-0157

微循环与休克

金惠铭编著 1993年 145页 19 cm 7.50元 (G. F.)

14099 309-09795

心力衰竭诊疗新理念

李纪明编著 2013年 202页 23 cm 35元 (G. F. P.)

14100 309-03672

实用临床心律失常诊断和治疗指南

鲁端 黄元铸主编 2003年 500页 26 cm 精装 62元 (G. F. P.)

14101 5627-0098

病毒性心肌炎

杨英珍主编 1991年 139页 20 cm 3.90元 (G.)

14102 5627-0176

血管内皮细胞与疾病

盛民立主编 刘建文等编著 1993年 214页 20 cm 12元 (G. F.)

14103 309-00312

冠心病监护手册

(澳)亨特(D. Hunt)等著 包世宏等编译 1990年 559页 20 cm 8元 (G. F.)

14104 309-14807

康康话健康 再见"蚯蚓腿"

职康康等主编 2019年 177页 20 cm 58

元 (P.)

14105 5627-0579
高血压病的防治
崔儒涛 庞凤东编著 2000年 140页 19 cm 7.50元〔21世纪家庭保健丛书〕(G. F.)

14106 309-03813
高血压自我管理指南
傅东波 傅华编著 2003年 103页 26 cm 10.80元〔慢性病自我管理丛书〕(G. F. P.)

14107 309-09086
高血压自我管理
傅华等著 2012年 第2版 142页 23 cm 22元〔慢性病自我管理丛书〕(G. F. P.)

14108 309-12837
高血压防治 绘画本
顾沈兵主编 蔡康非绘画 2017年 32页 19×21 cm 20元〔慢病防治绘画本系列丛书〕(G. F. P.)

14109 309-10551
家庭医生高血压病管理 理论和实践
赵新平 张引主编 2014年 186页 22 cm 25元 (G. F. P.)

14110 309-14899
淋巴水肿综合消肿护理指引
王静主编 2020年 279页 26 cm 120元 (G. F. P.)

14111 5627-0118
实用血液病学
丁训杰等主编 1992年 685页 26 cm 31元 (G. F.)

14112 309-09048
现代临床血液病学
林果为等主编 2013年 1 945页 26 cm 精装 450元 (G. F. P.)

14113 5627-0491
现代血液病输血疗法
李志强编著 1999年 420页 20 cm 精装 36元 (G. F. P.)

14114 5627-0632
贫血的防治
李志强编著 2001年 181页 19 cm 9.10元〔21世纪家庭保健丛书〕(G. F. P.)

14115 309-06367
溶血性疾病
李津婴 万树栋主编 2008年 354页 26 cm 精装 59元 (G. F. P.)

14116 309-09978
现代呼吸病学
白春学 蔡柏蔷 宋元林主编 2014年 1 046页 26 cm 精装 280元 (G. F. P.)

14117 309-05482
呼吸系统疾病的细胞和分子生物学
何礼贤 瞿介明 胡必杰主编 2007年 458页 26 cm 精装 68元 (G. F. P.)

14118 309-10095
老年人呼吸系统疾病100问
上海市学习型社会建设与终身教育促进委员会办公室编 2013年 88页 24 cm 20元〔老年人常见病100问系列〕(G. F. P.)

14119 5627-0350
实用胸膜疾病学
张敦华主编 1997年 321页 26 cm 51.80元 (G. F. P.)

14120 5627-0656
哮喘的防治
要全保 王冬青编著 2001年 121页 19 cm 7元〔21世纪家庭保健丛书〕(G. F. P.)

14121 5627-0329
肺部感染性疾病
何礼贤主编 王葆青等编写 1996年(1997年重印) 370页 26 cm 33元 (G.)

14122 5627-0336
肺部感染性疾病
何礼贤主编 李锡莹主审 1996年 370页 27 cm 46元 (F.)

14123 309-03635
科学预防"非典"手册
上海市科普工作联席会议办公室 复旦大学公共卫生学院编著 2003年 52页 14 cm 2元 (G. P.)

14124 309-03621
专家教你防"非典" 防治传染性非典型肺炎100问
翁心华等编著 2003年 74页 18 cm 6元 (G. F. P.)

14125 309-14877
2019冠状病毒病 从基础到临床
张文宏主编 王新宇等编写 2020年 345页 24 cm 88元 (G. F. P.)

14126 309-14862
对新型冠状病毒肺炎说"不"
赵静主编 2020年 117页 21 cm 36元 (G. F. P.)

14127 309-14982
战"疫"铭记 中华童诗童画选
张锦江主编 2020年 247页 21 cm 40元 (G. F. P.)

14128 309-04690
急性呼吸窘迫综合征
白春学 孙波主编 2005年 364页 26 cm 精装 52元 (G. F. P.)

14129 309-08370
酸相关性疾病
樊晓明主编 2011年 258页 26 cm 40元 (G. F. P.)

14130 5627-0224
临床消化系病
林庚金主编 王恭宪等编写 1994年 414页 26 cm 精装 29元 (G. F.)

14131 5627-0343
消化病新概念
林庚金主编 王国清等编写 1997年 397页 26 cm 精装 45元 (G. F.)

14132 309-09039
消化内镜诊疗病人须知
王萍 蔡贤黎主编 2012年 116页 21 cm 45元 (G. F. P.)

14133 309-12216
消化内镜诊疗辅助技术配合流程
王萍 徐建鸣主编 2016年 202页 26 cm 72元 (G. F. P.)

14134 309-06506
内镜黏膜下剥离术
姚礼庆 周平红主编 2009年 384页 26 cm 精装 178元 (G. F. P.)

14135 309-15301
消化内镜治疗学
周平红 钟芸诗 姚礼庆主编 2020年 144

页 26 cm 90 元〔复旦大学上海医学院研究生教材〕(G. F. P.)

14136 5627-0101
腹部疾病超声诊断
朱世亮等主编 1992 年（1995 年重印）422 页 26 cm 19.50 元 (G. F. P.)

14137 5627-0592
溃疡病的防治
沈锡中 刘韬韬编著 2000 年 133 页 19 cm 7.80 元〔21 世纪家庭保健丛书 消化系列〕(G. F.)

14138 5627-0599
胃炎的防治
陈世耀 刘天舒编著 2000 年 136 页 19 cm 7.50 元〔21 世纪家庭保健丛书 消化系列〕(G. F.)

14139 5627-0574
腹泻的防治
石碧坚 刘红春编著 2000 年 168 页 19 cm 9 元〔21 世纪家庭保健丛书〕(G. F.)

14140 5627-0596
便秘的防治
杨蕊敏编著 2000 年 83 页 19 cm 5.30 元〔21 世纪家庭保健丛书 消化系列〕(G. F.)

14141 309-10096
老年人肝胆胰脾疾病 100 问
上海市学习型社会建设与终身教育促进委员会办公室编 2013 年 123 页 24 cm 20 元〔老年人常见病 100 问系列〕(G. F. P.)

14142 309-05494
现代肝病诊断与治疗
王吉耀主编 2007 年 440 页 26 cm 65 元 (G. F. P.)

14143 5627-0493
现代肝病治疗 理论与进展
王吉耀主编 1999 年 360 页 26 cm 精装 49.80 元 (G. F.)

14144 309-11151
肝纤维化研究前沿
樊晓明 俞富军主编 2015 年 211 页 26 cm 45 元 (G. F. P.)

14145 5627-0652
肝硬化的防治
王吉耀 刘建军编著 2001 年 120 页 19 cm 6.60 元〔21 世纪家庭保健丛书 消化系列〕(G. F. P.)

14146 5627-0554
脂肪肝
范建高 曾民德主编 2000 年 269 页 26 cm 精装 35 元〔医学菁华丛书〕(G. F. P.)

14147 5627-0597
脂肪肝的防治
范建高 王国良编著 2000 年 142 页 19 cm 8 元〔21 世纪家庭保健丛书 消化系列〕(G. F.)

14148 5627-0590
胆道疾病的防治
傅志君编著 2000 年 83 页 19 cm 5.50 元〔21 世纪家庭保健丛书 消化系列〕(G. F.)

14149 309-04464
胆道疾病介入放射学
王小林主编 2005 年 317 页 27 cm 精装 78 元 (G. F. P.)

14150 5627-0600
胰腺疾病的防治
王兴鹏 徐敏编著 2000年 108页 19 cm 6元〔21世纪家庭保健丛书 消化系列〕(G. F.)

14151 5627-0657
内分泌代谢急症学
宋慧玲主编 2001年 330页 20 cm 29元 (G. F. P.)

14152 309-03909
内分泌代谢疾病与肾脏
张秀珍 李素主编 2004年 221页 26 cm 28元 (G. F. P.)

14153 309-03824
甲状腺疾病的最新防治
陈福春编著 2004年 182页 19 cm 10元〔21世纪家庭保健丛书〕(G. P.)

14154 309-10338
胸腺疾病的诊断与外科治疗
（希）Kyriakos Anastasiadis（英）Chandi Ratnatunga著 丁建勇译 2014年 196页 21 cm 28元 (G. F. P.)

14155 5627-0365
糖尿病病人的自我保健与长寿之道
段勋令编著 1997年 重印 130页 19 cm 7元 (G. F.)

14156 309-08934
糖尿病自我管理
傅华等著 2012年 104页 23 cm 18元〔慢性病自我管理丛书〕(G. F. P.)

14157 309-10566
糖尿病小屋
郭跃武 孙向彤主编 2014年 152页 23 cm 36元〔上海人民广播电台《活到100岁》节目系列丛书〕(G. F. P.)

14158 5627-0625
糖尿病的防治
俞茂华 叶红英主编 2001年 160页 19 cm 8.50元〔21世纪家庭保健丛书〕(G. F. P.)

14159 5627-0559
现代糖尿病学
朱禧星主编 2000年 399页 26 cm 精装 82元 (G. F. P.)

14160 309-12706
区域性糖尿病分级管理路径及操作手册
周勇 严健主编 2017年 181页 26 cm 48元 (G. F. P.)

14161 5627-0518
糖尿病的饮食治疗
冯正仪 陈衔城编著 1999年 117页 20 cm 26元 (G. F.)

14162 5627-0672
糖尿病的饮食治疗
冯正仪 陈衔城编著 2002年 第2版 113页 21 cm 8.50元 (G. F. P.)

14163 309-05969
糖尿病的饮食治疗
冯正仪 陈衔城编著 2008年 第2版 113页 21 cm 12元 (G. F. P.)

14164 5627-0529
实用糖尿病饮食治疗和运动疗法手册
俞茂华 刘景芳编著 1999年 149页 18 cm 10元 (G. F.)

14165 5627-0281
糖尿病的饮食治疗和运动疗法
俞茂华编著 1995 年 49 页 19 cm 6.90 元 (G. F.)

14166 5627-0440
糖尿病慢性并发症
沈稚舟等主编 1999 年 325 页 26 cm 精装 42 元 (G. F. P.)

14167 5627-0344
实用妇科内分泌学
李涌弦 于传鑫主编 1997 年 365 页 26 cm 精装 54 元 (G. F. P.)

14168 309-03865
实用妇科内分泌学
于传鑫 李涌弦主编 2004 年 第 2 版 561 页 26 cm 精装 75 元 (G. F. P.)

14169 309-15193
代谢分子医学导论
汤其群 马端主编 2020 年 175 页 26 cm 78 元 (G. F. P.)

14170 309-07064
远离痛风并不难 痛风健康指南
张明主编 2010 年 158 页 23 cm 26 元 (G. F. P.)

14171 309-11620
老年慢性病的自我管理 上册
傅华 丁永明编著 2015 年 85 页 24 cm 26 元〔上海市老年教育普及教材〕(G. F. P.)

14172 309-11651
老年慢性病的自我管理 下册
傅华主编 2015 年 84 页 24 cm 26 元〔上海市老年教育普及教材〕(G. F. P.)

14173 309-06973
老年人群疾病与医疗保障
尚汉冀 段俊丽主编 2009 年 283 页 25 cm 32 元 (G. F. P.)

14174 309-07509
老年医学概论
郑松柏 朱汉民主编 2010 年 388 页 26 cm 56 元〔复旦博学·临床医学系列〕(G. F. P.)

14175 309-11251
漫话风湿
栗占国主编 2015 年 308 页 24 cm 78 元〔心路医路系列丛书〕(G. F. P.)

14176 309-10531
风湿病问答集锦
肖飞主编 2014 年 391 页 21 cm 40 元〔医患和谐丛书〕(G. F. P.)

14177 309-03290
风湿免疫性疾病及其肾脏表现
赵学智主编 2002 年 409 页 20 cm 精装 28 元 (G. F. P.)

14178 309-11934
中国风湿病图谱 类风湿关节炎分册
张奉春 肖飞主编 2016 年 185 页 29 cm 精装 98.50 元 (G. F. P.)

14179 309-13906
中国风湿病图谱 系统性红斑狼疮分册
张奉春 曾小峰 帅宗文主编 2018 年 227 页 29 cm 精装 228 元 (G. P.)

14180 309-13272
类风湿关节炎基础与临床进展
张奉春主编 2017 年 245 页 29 cm 精装

188 元 (G. F. P.)

14181 5627-0477
红斑狼疮的防治
秦万章主编 1999 年 265 页 19 cm 15.50 元〔皮肤病防治丛书〕(G. F.)

14182 309-13271
高原特色病例精选集
狄建忠等主编 2017 年 195 页 26 cm 68 元 (G. F. P.)

14183 309-14113
高原特色病例精选集 2018
狄建忠等主编 2018 年 280 页 26 cm 150 元 (G. F. P.)

14184 309-14264
高原特色病例精选集 2019
狄建忠 巴桑次仁 石荔主编 2019 年 266 页 26 cm 180 元 (G. F. P.)

14185 5627-0246
急性化学物中毒救援手册
任引津 张寿林主编 卫生部卫生监督司组织编写 1994 年 652 页 19 cm 15 元 (G.)

14186 309-08369
急性化学物中毒防治指南 化工园区篇
寿勇明主编 2011 年 166 页 21 cm 14 元 (G. F. P.)

14187 309-07223
常见化学物急性中毒现场防控手册
贾晓东 郭常义 吴凡主编 2010 年 52 页 19 cm 10 元 (G. F. P.)

14188 309-04785
化学物急性中毒救治与监控
金锡鹏 夏昭林 汪严华主编 2005 年 372 页 23 cm 40 元〔公共卫生安全与应急处置系列〕(G. F. P.)

14189 5627-0204
古今食物中毒冤案
丁正琪等编著 1993 年 175 页 19 cm 6 元 (G. F.)

14190 309-04837
食源性疾病防制与应急处置
金培刚 丁钢强 顾振华主编 2006 年 511 页 23 cm 55 元〔公共卫生安全与应急处置系列〕(G. F. P.)

14191 5627-0255
职业病临床指南
王培安等主编 1995 年 735 页 20 cm 精装 52 元 (G. F. P.)

14192 5627-0206
职业病·中毒·物理损伤诊疗手册
丁钺 倪为民主编 1994 年 611 页 20 cm 22.80 元 (G.)

外科学

14193 309-05282
外科学
蔡端 王炳生 张元芳主编 2006 年 590 页 23 cm 60 元〔医学研究生入学考试精要丛书 彭裕文总主编〕(G. F. P.)

14194 309-10330
一般外科的常见问题 英文
韩少良 李文峰主编 2014 年 710 页 27 cm 98 元 (G. P.)

14195 309-03121

现代外科学
石美鑫 张延龄主编 2002年 2册 26 cm 精装 299元 (G. F. P.)

14196 5627-0565
临床外科学
吴肇汉 王国民主编 2000年 352页 26 cm 39.50元〔上海普通高校"九五"重点教材〕(G. F. P.)

14197 5627-0217
外科学多选题
张延龄主编 1994年 598页 19 cm 13.80元 (G. F.)

14198 5627-0357
外科学应用多选题
张轶斌主编 1997年 757页 19 cm 24.30元 (G. F.)

14199 309-05283
外科临床体验集粹
吴邦杰著 2006年 205页 21 cm 20元 (G. F. P.)

14200 309-03277
外科临床手册
顾树南等主编 2002年 471页 18 cm 26元 (G. F. P.)

14201 309-13168
普外科、肿瘤外科医师值班手册
韩少良编著 2017年 287页 26 cm 55元 (G. F. P.)

14202 309-14963
社区中西医外科适宜诊疗技术手册
朱吉 马恰恰主编 2020年 138页 23 cm 35元 (G. F. P.)

14203 5627-0341
实用外科病理学
陈忠年等主编 马小葵等编写 1997年 788页 26 cm 精装 146.60元 (G. F. P.)

14204 309-13961
"救"在一瞬间 心肺复苏与创伤急救
田建广 朱勤忠主编 2018年 290页 26 cm 40元 (G. F. P.)

14205 5627-0417
麻醉意外急救手册
胡国昌 王多友主编 1998年 178页 19 cm 9.20元 (G. F.)

14206 309-10030
心路医路 生命在沉睡中苏醒
于布为主编 2013年 256页 24 cm 68元〔心路医路系列丛书〕(G. F. P.)

14207 5627-0531
显微外科基本理论与操作
顾玉东主编 2000年 159页 26 cm 22元 (G. F.)

14208 309-07878
显微外科基本理论与操作
顾玉东主编 2011年 第2版 215页 26 cm 55元 (G. F. P.)

14209 309-13151
外科微创手术基础与临床应用进展
钦伦秀主编 2017年 194页 26 cm 48元 (G. F. P.)

14210 5627-0333
显微外科手术图解
顾玉东 洪光祥主编 1997年 493页 26 cm 精装 64元 (G. F. P.)

14211 309-04260

外科手术并发症的预防和处理

秦新裕 姚礼庆主编 2005年 867页 26 cm 精装 156元（G. F.）

14212 309-13795

脂肪整形必须知道的99个问题

刘天一主编 2018年 126页 21 cm 30元〔整形美容科普系列丛书〕（G. F. P.）

14213 309-14180

美容应用解剖

乔梅主编 2019年 214页 26 cm 56元〔全国现代学徒制医学美容技术专业"十三五"规划教材〕（G. F. P.）

14214 309-06847

移植血管的发展和应用

施群著 2009年 197页 26 cm 精装 32元（G. F. P.）

14215 309-08716

移植血管的实验研究与临床应用

施群著 2012年 292页 26 cm 精装 100元（G. F. P.）

14216 309-14561

美容仪器应用

杨国峰 贾建鸿 叶秋玲主编 2019年 111页 26 cm 42元〔全国现代学徒制医学美容技术专业"十三五"规划教材〕（G. F. P.）

14217 5627-0228

创伤医疗急救规程

陈铮主编 云阔等编写 1995年 211页 19 cm 9.80元（G.）

14218 309-10275

损伤与疾病

范利华 吴军 牛伟新主编 2014年 639页 26 cm 168元（G. F. P.）

14219 309-03747

烧伤疑难杂症

陈玉林主编 2003年 352页 20 cm 精装 20元（G. F. P.）

14220 309-03894

现代功能神经外科学

江澄川等主编 2004年 747页 26 cm 精装 118元（G. F. P.）

14221 309-10044

赫尔辛基显微神经外科学的基础与技巧

（芬）莱赫奇卡（Martin Lehecka）（芬）拉克索（Aki Laakso）（芬）赫内斯涅米（Juha Hernesniemi）原著 毛颖主译 2014年 261页 26 cm 精装 168元（G. F. P.）

14222 309-11160

生命中枢的托付 神经外科就诊手册

李世亭 郑学胜主编 2015年 161页 21 cm 30元（G. F. P.）

14223 309-14191

内镜导航微创神经外科手术学

张晓彪 李文生主编 2019年 209页 26 cm 精装 248元（G. F. P.）

14224 309-03101

现代神经外科学

周良辅主编 2001年 1304页 26 cm 精装 180元（G. F. P.）

14225 309-10947

现代神经外科学

周良辅主编 2015 年 第 2 版 1 550 页 26 cm 精装 598 元 (G. F. P.)

14226 5627-0401

神经外科手术图解

周良辅主编 1998 年 513 页 26 cm 精装 61 元 (G. F.)

14227 309-05180

中国远古开颅术

韩康信 谭婧泽 何传坤著 2007 年 98 页 22 cm 精装 12 元 (G. F. P.)

14228 5627-0136

臂丛神经损伤与疾病的诊治

顾玉东著 1992 年 342 页 26 cm 精装 50 元〔手功能重建丛书〕(G. F.)

14229 5627-0607

臂丛神经损伤与疾病的诊治

顾玉东著 2001 年 第 2 版 488 页 26 cm 精装 96 元〔手功能重建丛书〕(G. F. P.)

14230 5627-0220

心肺复苏术 普及培训规程

王一镗主编 1994 年 54 页 19 cm 1.50 元 (G. F.)

14231 309-13332

胸部整形必须知道的 66 个问题

刘天一主编 卢佳士绘图 2017 年 93 页 21 cm 28 元〔整形美容科普系列丛书〕(G. F. P.)

14232 309-12293

单操作孔胸腔镜肺叶肺段切除手术图谱

陈晓峰 王邵华主编 马勤运等编写 2016 年 170 页 26 cm 精装 170 元 (G. F. P.)

14233 309-13307

若初,早安！ 漫话乳腺健康

陈嘉健编著 2017 年 177 页 21 cm 48 元 (G. F. P.)

14234 309-03591

再显女性美 防治女性乳腺疾病

陈君雪主编 王红等编写 2003 年 135 页 18 cm 7 元〔健康每一天 赢在每一天〕(G. F. P.)

14235 309-06472

爱我乳房 乳腺疾病的预防

张明 周敏著 2009 年 128 页 23 cm 20 元〔健康 cool 新女性系列丛书〕(G. P.)

14236 5627-0250

乳房外科学

朱锡琪 李玉珠主编 1995 年 271 页 20 cm 10.80 元 (G. F.)

14237 309-04228

腹腔镜手术学

宋广来 巢志复主编 2004 年 456 页 26 cm 精装 240 元〔医学图谱系列〕(G. F. P.)

14238 309-06251

小肠疾病的外科治疗

韩少良主编 2008 年 563 页 26 cm 精装 108 元 (G. F. P.)

14239 309-13724

结直肠肿瘤腹腔镜手术学 新理念,新技术

李心翔主编 2018 年 269 页 26 cm 精装 180 元 (G. F. P.)

14240 309-05334

实用肝移植 300 问

樊嘉 周俭 徐泱主编 2007 年 153 页 23 cm 32 元 (G. F. P.)

14241 309-03571

小切口胆囊切除术

蔡珍福 顾树南主编 2003年 122页 19 cm 8元 (G. F. P.)

14242 309-12307

现代胆道外科学

顾树南主编 2017年 1 007页 26 cm 精装 350元 (G. F. P.)

14243 5627-0423

四肢的显微外科修复

顾玉东著 1998年 212页 26 cm 精装 69元〔手工能重建丛书〕(G. F. P.)

14244 5627-0287

手的修复与再造

顾玉东著 1995年 277页 26 cm 精装 71.70元〔手功能重建丛书〕(G. F. P.)

14245 5627-0468

手外科手术学

顾玉东等主编 1999年 908页 26 cm 精装 168元 (G. F.)

14246 309-03670

手外科手术学

顾玉东等主编 1999年(2003年重印) 908页 26 cm 精装 168元 (G. F.)

14247 309-06692

手外科手术学

顾玉东 王澍寰 侍德主编 2010年 第2版 1 060页 26 cm 精装 350元 (G. F.)

14248 309-12929

现代手外科手术学

顾玉东 王澍寰 侍德主编 2018年 972页 26 cm 精装 650元 (G. F. P.)

14249 309-05289

内镜在手外科的应用

徐建光 史其林主编 2007年 209页 27 cm 110元 (G. F. P.)

14250 309-05731

实用足踝外科手术学 手术示范视频

（美）Roger A. Mann （美）Michael J. Coughlin著 陈隆恩 俞光荣 张长青主译 2007年 281页 26 cm 精装 108元 (G. F. P.)

14251 309-14112

术说糖尿病

狄建忠 励丽主编 2018年 195页 21 cm 80元 (G. F. P.)

14252 309-06174

现代骨科学

陈峥嵘主编 2010年 1077页 26 cm 精装 180元〔上海市"十一五"重点图书〕(G. F. P.)

14253 309-10137

"骨"往今来

王岩主编 2013年 242页 24 cm 68元〔心路医路系列丛书〕(G. F. P.)

14254 5627-0483

骨科康复医学

范振华主编 1999年 313页 26 cm 精装 58元 (G. F. P.)

14255 309-13973

社区骨质疏松症防治手册

程群 郑松柏主编 2019年 328页 21 cm 42元 (G. F. P.)

14256 309-13335

轻轻松松好腰腿

上海体适能培训学院编著 2017 年 156 页 23 cm 38 元（G. P.）

14257 309-12762
我的颈肩我做主
上海体适能培训学院编著 2017 年 174 页 23 cm 38 元（G. F. P.）

14258 309-03780
颈椎外科围手术期处理学
史建刚 周许辉主编 2003 年 383 页 27 cm 精装 49 元（G. F. P.）

14259 5627-0601
颈椎病的防治
王拥军等编著 2000 年 153 页 19 cm 8.80 元〔21 世纪家庭保健丛书〕（G. F.）

14260 309-06407
远离颈椎病
俞永林著 2009 年 164 页 23 cm 22 元〔健康 cool 新女性系列丛书〕（G. F. P.）

14261 309-04911
脊柱外科手术图谱
（美）Haward S. An（美）Lee H. Riley Ⅲ 主编（美）Carole Russell Hilmer 绘图 阎作勤 董健 姚振均主译 2006 年 364 页 26 cm 精装 198 元（G. F. P.）

14262 309-03104
O'Connor 关节镜外科学
（美）Heshmat Shahriaree 著 陈峥嵘主译 2001 年 第 2 版 657 页 26 cm 精装 180 元（G. F. P.）

14263 5627-0641
骨科修复重建手术学
侍德著 2001 年 490 页 26 cm 精装 80 元（G. F. P.）

14264 309-03889
人工膝关节 理论基础与临床应用
王慰年编著 2004 年 352 页 26 cm 精装 48 元（G. F. P.）

14265 309-10097
老年人泌尿外科疾病 100 问
上海市学习型社会建设与终身教育促进委员会办公室编 2013 年 101 页 24 cm 20 元〔老年人常见病 100 问系列〕（G. F. P.）

14266 309-14636
从"难言之隐"到"心头敞亮" 泌尿外科行医札记
王伟编著 2019 年 193 页 21 cm 38 元（G. F. P.）

14267 5627-0426
尿石防治
何家扬主编 1998 年 111 页 19 cm 6.90 元（G. F.）

14268 309-05455
肾活检病理学
郭慕依著 2007 年 242 页 30 cm 精装 170 元（G. F. P.）

14269 309-07010
肾脏疾病的特色治疗
周全荣主编 2010 年 233 页 21 cm 20 元（G. F. P.）

14270 5627-0549
肾炎的防治
崔儒涛编著 2000 年 130 页 19 cm 7.50 元〔21 世纪家庭保健丛书〕（G. F.）

14271 5627-0618

14271

膀胱疾病的防治

何家扬主编 2000年 217页 19 cm 12元
〔21世纪家庭保健丛书〕(G. F.)

14272 309-03945

男性病与性保健

陈廷编著 2004年 226页 21 cm 14.80元
〔生命·阳光·保健丛书〕(G. F. P.)

14273 5627-0522

前列腺疾病防治

何家扬主编 1999年 176页 19 cm 10元
(G. F.)

14274 5627-0168

前列腺增生症

姚德鸿编著 1993年(1996年重印) 70页
19 cm 2.10元 〔专家门诊咨询丛书〕
(G. F.)

14275 5627-0461

男科学手册

美国男科学会编著 赵伟鹏等译 1999年
146页 20 cm 16元 (G. F.)

14276 309-03415

做个好男人 男子性保健释疑

姚德鸿编著 2003年 262页 19 cm 12元
〔健康每一天 赢在每一天〕(G. F. P.)

14277 5627-0195

阳痿症的自我诊断与治疗

张敏建 郁啸仑编著 1993年 144页 19 cm
4.30元 (G. F.)

14278 309-04402

现代泌尿外科理论与实践

叶敏 张元芳主编 2005年 570页 26 cm
精装 73元 (G. F. P.)

14279 309-03312

现代泌尿外科和男科学

张元芳主编 2003年 691页 26 cm 精装
88元 (G. F. P.)

14280 309-03492

泌尿生殖系统血管外科手术图解

巢志复主编 2003年 267页 26 cm 精装
39元 (G. F. P.)

妇产科学

14281 309-04748

妇产科学

丰有吉 李笑天 何晓明主编 2005年 313
页 23 cm 32元〔医学研究生入学考试
精要丛书 彭裕文主编〕(G. F. P.)

14282 5627-0414

现代妇产科学

郑怀美主编 1998年 609页 26 cm 精装
88元 (G. F. P.)

14283 5627-0229

妇产科学多选题

张惜阴主编 1994年(1995年重印) 107
页 19 cm 3.80元 (G. F.)

14284 5627-0346

妇产科学应用多选题

朱关珍主编 1997年 375页 19 cm 15.90
元 (G. F.)

14285 5627-0317

妇产科病理学

陈忠年等主编 于传鑫等编写 1996年
383页 26 cm 精装 118元 (G. F.)

14286 5627-0631

妇科与围产常见病病理取材及诊断
刘伯宁 杜心谷主编 孙剑英等编写 2001年 151页 20 cm 14元 (G. F. P.)

14287 5627-0635
实用妇科内镜学
林金芳等主编 2001年 507页 26 cm 精装 88元 (G. F.)

14288 309-04181
实用妇科内镜学
林金芳 冯缵冲 丁爱华主编 2004年 507页 26 cm 精装 98元 (G. F.)

14289 309-06379
妇科内分泌疾病治疗学
于传鑫 李儒芝主编 2009年 561页 20 cm 40元 〔妇产科临床诊疗丛书〕(G. F. P.)

14290 5627-0488
更年期保健
徐正仪编著 1999年 133页 19 cm 8元 〔妇幼保健普及丛书〕(G. F.)

14291 309-03324
良性子宫出血性疾病的治疗
隋龙 施永鹏主编 2002年 151页 26 cm 22元 (G. F. P.)

14292 309-07831
新编不孕不育治疗学
冯缵冲主编 2011年 324页 21 cm 30元 〔妇产科临床诊疗丛书〕(G. F. P.)

14293 309-03794
不孕不育现代诊治技术
贺昌海主编 2003年 224页 26 cm 25元 (G. F. P.)

14294 309-09156
怀孕那点事 生殖医学专家为不孕症支招
杨帆主编 王昕等编写 2012年 315页 21 cm 30元 (G. F. P.)

14295 5627-0408
人绝经期促性腺激素的临床应用
邵敬于主编 冯缵冲等编写 1998年 157页 19 cm 10.70元 (G.)

14296 5627-0471
实用宫腔镜学
冯缵冲 邵敬于主编 1999年 159页 26 cm 32元 (G. F. P.)

14297 309-12478
卵巢过度刺激综合征的诊断与治疗
孙静 邵敬于主编 2018年 549页 26 cm 148元 (G. F. P.)

14298 309-05231
人类诱发排卵
邵敬于主编 2006年 499页 26 cm 精装 68元 (G. F. P.)

14299 309-10527
流产女性营养与健康
邵玉芬 尤俊 王琳主编 2014年 208页 22 cm 22.50元 (G. F. P.)

14300 5627-0140
妊娠期高血压综合征 世界卫生组织妇幼保健地区间协作研究报告
卓晶如译 1992年 97页 19 cm 5元 (G. F.)

14301 309-08419
妊娠与皮肤性病
李东宁 耿承芳主编 2011年 405页 21 cm

40元〔皮肤病临床诊疗丛书〕(G. F. P.)

14302 5627-0503
产科出血性疾病
符继红等主编 1999年 180页 26 cm 21元 (G. F. P.)

14303 309-12119
二宝来了，你准备好了吗 两孩生养教全攻略
段涛主编 2016年 209页 22 cm 36元 (G. F. P.)

14304 309-09384
健康好孕一本通 资深保健专家为您提供孕产期全程权威指导
华嘉增 朱丽萍主编 王丽萍等编写 2013年 186页 21 cm 50元 (G. F. P.)

14305 309-06851
孕育宝典
《欢恩宝丛书》编委会编 2009年 196页 23 cm 30元〔欢恩宝丛书·蓝绿孕育系列〕(G. P.)

14306 5627-0487
怀孕分娩与保健
陆贤香编著 1999年 159页 19 cm 9.80元〔妇幼保健普及丛书〕(G. F.)

14307 309-13604
孕前、产前保健与婴儿喂养实用指南
蒋泓主编 2018年 115页 23 cm 35元 (G. F. P.)

14308 309-13717
医疗服务中的根因分析法 工具与技术
美国医疗机构联合委员会 美国医疗机构联合委员会资源部 美国医疗机构联合委员会国际部编著 郦忠 张晨曦主译（日）伊野孝行绘画 2018年 135页 29 cm 108元〔华润JCI医院管理研究院质量和安全系列译著〕(G. F. P.)

儿科学

14309 5627-0450
儿科临床与检验
顾兆坤 顾可梁主编 1999年 449页 26 cm 精装 47元 (G. F.)

14310 309-04765
儿科学
桂永浩主编 2005年 372页 23 cm 38元〔医学研究生入学考试精要丛书 彭裕文总主编〕(G. F. P.)

14311 309-05150
儿科学
黄国英主编 丁艳华等编写 2006年 303页 23 cm 35元〔医学试题精编丛书〕(G. F. P.)

14312 309-13972
社区儿科常见疾病诊治指南
黄国英 黄陶承 王艺主编 2019年 110页 26 cm 40元 (G. F. P.)

14313 5627-0070
儿科学
刘湘云主编 马伴吟等编写 1992年 479页 26 cm 7.85元〔高等医药院校教材〕(G. F.)

14314 5627-0564
儿科学
宁寿葆主编 2000年 第2版 487页 26 cm 52元〔上海普通高校"九五"重点教材〕(G. F.)

14315　309-03920
现代实用儿科学
宁寿葆主编　马伴吟等编写　2004年　1153页　26 cm　精装　150元（G. F. P.）

14316　309-05770
儿科临床新理论与实践
杨思源主编　2007年　266页　23 cm　35元（G. F. P.）

14317　309-14750
儿童医生说 上海市儿童医院儿童健康科普
于广军主编　2020年　232页　24 cm　50元（G. F. P.）

14318　309-10000
学前儿童常见疾病
张劲松主编　2013年　120页　30 cm　23元〔教育部"十二五"职业教育国家规划教材〕（G. F. P.）

14319　5627-0593
儿科学高级教程
朱启镕主编　2000年　296页　26 cm　39.50元（G. F.）

14320　5627-0358
儿科学应用多选题
樊绍曾主编　1997年　328页　19 cm　11.40元（G. F.）

14321　309-03069
儿科学试题与题解
黄国英主编　2002年　225页　21 cm　15元〔医学教学参考丛书〕（G. F. P.）

14322　5627-0221
儿科学多选题
孙道开　郭怡清编写　1994年　354页　19 cm　8.80元（G. F.）

14323　5627-0347
儿科疾病诊疗标准
李兴华　王荣国主编　1997年　417页　20 cm　27.90元（G. F.）

14324　5627-0570
小儿意外伤害急救与预防接种
蔡汝刚　陶素蝶编著　2000年　71页　19 cm　4.60元〔21世纪家庭保健丛书　儿科系列〕（G. F.）

14325　309-11245
儿童急诊与重症医学临床技术
陆国平主编　2016年　412页　26 cm　精装　240元（G. F. P.）

14326　309-08010
儿童心脏学
沈庆村　吴美环主编　2011年　434页　26 cm　85元（G. F. P.）

14327　5627-0166
小儿反复呼吸道感染
张廷熹编著　1993年　58页　19 cm　1.80元〔专家门诊咨询丛书〕（G. F.）

14328　5627-0396
小儿呼吸急救
孙波等主编　1997年　350页　19 cm　13元（G. F.）

14329　309-05333
临床小儿外科学 新进展、新理论、新技术
肖现民主编　2007年　544页　26 cm　精装　78元（G. F. P.）

14330　309-03053
小儿外科常见病防治
许积德主编　2002年　81页　19 cm　6元

〔21 世纪家庭保健丛书〕(G. F. P.)

14331 309-05326
中国出生缺陷的疾病负担和预防策略的经济学评价
陈英耀著 2007 年 239 页 23 cm 28 元 (G. F. P.)

14332 309-08836
儿童肾脏和尿路疾病面面观
徐虹主编 2012 年 101 页 19 cm 6 元 (G. F. P.)

肿瘤学

14333 309-03611
现代小儿肿瘤学
高解春 王耀平主编 2003 年 840 页 26 cm 精装 118 元 (G. F. P.)

14334 309-14154
肿瘤防治 绘画本
顾沈兵主编 2019 年 26 页 19×21 cm 20 元 (G. F. P.)

14335 309-04606
肿瘤学
蒋国梁 杜祥主编 2005 年 350 页 23 cm 36 元〔医学研究生入学考试精要丛书 彭裕文主编〕(G. F. P.)

14336 309-09982
为什么数百万癌症患者得以生存 科学的成功
(英) 劳伦·佩科里诺 (Lauren Pecorino) 著 傅华 龙江主译 2013 年 153 页 21 cm 18 元 (G. F. P.)

14337 5627-0654

癌症预防与康复
刘积良 王坤编著 2001 年 332 页 20 cm 19.80 元 (G. F. P.)

14338 309-03691
癌症,我们应该了解什么? 献给癌症患者及其亲友的综合指南
(加) 罗伯特·巴克曼 (Robert Buckman) 著 许俊才主译 2003 年 469 页 20 cm 27 元 (G. F. P.)

14339 309-14416
肿瘤医学
邵志敏 沈镇宙 郭小毛主编 2019 年 2 册 26 cm 精装 980 元 (G. F. P.)

14340 5627-0149
现代肿瘤学
汤钊猷主编 1993 年 1 208 页 26 cm 精装 90 元 (G. F.)

14341 5627-0539
现代肿瘤学
汤钊猷主编 2000 年 第 2 版 1 507 页 26 cm 精装 215 元 (G. F.)

14342 309-03568
现代肿瘤学
汤钊猷主编 2000 年 第 2 版 1 507 页 26 cm 215 元 (F.)

14343 309-08096
现代肿瘤学
汤钊猷主编 2011 年 第 3 版 1 872 页 26 cm 精装 668 元 (G. F. P.)

14344 309-12976
癌症面面观
万鸿尧主编 2017 年 211 页 23 cm 40 元

〔洛伊克巴德年轻化产业集团科普丛书〕(G. F. P.)

14345 5627-0258
癌症能治愈
徐昌文主编 1995年 142页 19 cm 5.80元 (G. F.)

14346 5627-0482
癌症探秘
许良中著 1999年 172页 19 cm 10元〔大众抗癌知识丛书〕(G. F.)

14347 309-03667
癌的早期发现
杨秉辉主编 2003年 345页 26 cm 40元〔中国抗癌协会系列出版物〕(G. F. P.)

14348 309-11874
警惕,身体发出的癌症信号
姚厚山 胡志前主编 2016年 67页 23 cm 30元〔上海市社区教育系列教材 健康生活类教材 谢长勇主编〕(G. F.)

14349 309-04520
恶性肿瘤的诊断与综合治疗
姚阳主编 2005年 570页 27 cm 精装 75元 (G. F. P.)

14350 309-14970
癌症并发论
周武编著 2020年 89页 21 cm 50元 (G. F. P.)

14351 5627-0624
肿瘤基础理论
朱世能 陆世伦主编 2000年 第2版 415页 26 cm 49元〔上海研究生教育用书〕(G. F.)

14352 309-04417
临床肿瘤学概论
朱雄增 蒋国梁主编 2005年 239页 23 cm 38元〔复旦博学·临床医学系列 普通高等教育"十五"国家级规划教材〕(G. F. P.)

14353 309-09363
临床肿瘤学概论
蒋国梁 朱雄增主编 朱雄增等编写 2013年 第2版 215页 26 cm 45元〔复旦博学·临床医学系列〕(G. F. P.)

14354 309-12856
肿瘤流行病学
徐望红主编 2017年 327页 26 cm 55元 (G. F. P.)

14355 309-11244
肿瘤转移 生物学基础与治疗
(美)大卫·莱登(David Lyden)(美)丹尼·R.韦尔奇(Danny R. Welch)(英)贝瑟·塞拉(Bethan Psaila)著 钦伦秀主译 2015年 500页 29 cm 精装 380元 (G. F. P.)

14356 309-11812
肿瘤科常见诊疗问题问答 胡夕春医生查房实录
胡夕春主编 2015年 218页 21 cm 40元 (G. F. P.)

14357 309-14913
基层医师肿瘤姑息治疗手册
闵大六 孙元珏 林峰主编 2020年 247页 19 cm 58元 (P.)

14358 5627-0664
得了癌症怎么办?
陈健民主编 2001年 300页 20 cm 16元

(G. F. P.)

14359 309-03102
新英汉肿瘤学词汇
许良中主编 2002年 159页 19 cm 12元
(G. F. P.)

14360 309-12556
恶性肿瘤生物样本库标准操作流程
杜祥 孙孟红主编 2016年 179页 26 cm 60元 (G. F. P.)

14361 5627-0379
实用肿瘤病理方法学
许良中主编 1997年 776页 26 cm 精装 108元 (G. F. P.)

14362 5627-0074
癌基因
( )皮门特尔(E. Pimentel)著 贾立斌译 1990年 415页 20 cm 7.50元 (G. F.)

14363 5627-0323
病毒肿瘤学
孔宪寿等主编 1996年 312页 26 cm 35.80元 (G. F.)

14364 5627-0308
白血病病毒、艾滋病病毒、癌基因
郑葆芬主编 马继延等编写 1996年 169页 26 cm 19.90元 (G. F.)

14365 309-12481
胶质瘤临床医生使用手册
毛颖 江涛主编 2016年 285页 21 cm 36元〔临床神经外科口袋书系列〕(G. F. P.)

14366 309-11552
ISO15189病理与实践
杜祥主编 2015年 141页 21 cm 48元 (G. F. P.)

14367 5627-0619
癌症化学治疗的毒副反应及其处理
韩少良 邵永孚编著 2001年 313页 26 cm 精装 41元 (G. F. P.)

14368 5627-0581
现代放射肿瘤学
刘泰福主编 2001年 607页 26 cm 精装 98元 (G. F. P.)

14369 5627-0608
儿童肿瘤放射治疗学
王国民主编 2000年 259页 26 cm 40元 (G. F.)

14370 309-05741
儿童肿瘤放射治疗学
王国民主编 2007年 第2版 343页 26 cm 精装 48元 (G. F. P.)

14371 309-04227
肿瘤三维适形与束流调强放射治疗学
王国民主编 2005年 317页 26 cm 精装 88元 (G. F.)

14372 309-13289
临床肿瘤放射治疗学
吴开良主编 2017年 602页 26 cm 精装 356元 (G. F. P.)

14373 309-03128
肿瘤放射治疗250问
曾昭冲编著 2002年 207页 19 cm 12.60元〔21世纪家庭保健丛书〕(G. F. P.)

14374 5627-0067
肿瘤放射治疗增敏药物的研究与应用

郑秀龙 金一尊主编 1990年 227页 20 cm 1.95元（G. F.）

14375 309-04404
新编放射治疗学
周道安主编 2005年 235页 23 cm 28元〔复旦博学·临床医学系列〕（G. F.）

14376 309-06964
新编放射治疗学
周道安等主编 2010年 第2版 422页 26 cm 49.80元〔复旦博学·临床医学系列〕（G. F. P.）

14377 309-13333
实用肿瘤外科学
邵志敏主编 2018年 862页 26 cm 128元（G. F. P.）

14378 309-03838
实用癌症外科学
谢大业等主编 2004年 455页 26 cm 精装 58元（G. F. P.）

14379 309-08137
常见恶性肿瘤的多学科综合诊断和治疗
蒋国梁 叶定伟 李进主编 2011年 471页 26 cm 90元（G. F. P.）

14380 5627-0293
肿瘤病人与营养
于尔辛编著 1995年（1997年重印） 124页 19 cm 7.30元〔营养丛书〕（G. F.）

14381 5627-0416
肿瘤伴发性综合征
蒋国梁主编 1998年 231页 20 cm 15.80元（G. F.）

14382 5627-0411
白血病、多发性骨髓瘤和恶性淋巴瘤
袁弥满 陈新编著 1998年 89页 19 cm 5.70元〔常见病问答丛书〕（G. F.）

14383 309-05186
实用胸部肿瘤放射治疗学
钱浩 吴开良主编 2007年 465页 27 cm 精装 75元（G. F.）

14384 309-13280
肺癌防范
赵晓刚编著 2017年 115页 21 cm 15元〔"60岁开始读"科普教育丛书〕（G. F. P.）

14385 309-06714
新编肺癌综合治疗学
周道安等主编 2009年 443页 26 cm 52元（G. F. P.）

14386 5627-0410
肺癌
廖美琳编著 1998年 114页 19 cm 6.70元〔常见病问答丛书〕（G. F.）

14387 5627-0391
肺癌现代治疗
廖美琳主编 1998年 380页 20 cm 精装 21元（G. F.）

14388 309-05489
腹盆部肿瘤放射治疗学
曾昭冲主编 2007年 613页 26 cm 精装 98元（G. F. P.）

14389 309-08761
消化内镜切除术
周平红 姚礼庆主编 2012年 609页 26 cm 精装 298元（G. F. P.）

14390 5627-0412
食管癌与贲门癌
仇德惠等编著 1998年 95页 19cm 6元〔常见病问答丛书〕(G. F.)

14391 309-06429
胃癌的早期防治
陈世耀 刘天舒 马丽黎编著 2009年 55页 23cm 22元 (G. P.)

14392 309-07927
现代胃肠道肿瘤诊疗学
秦新裕 姚礼庆 陆维祺主编 2011年 627页 26cm 精装 290元 (G. F. P.)

14393 5627-0389
胃癌
吴云林 陈金联编著 1998年 99页 18cm 6.20元〔常见病问答丛书〕(G. F.)

14394 5627-0630
胃底贲门区域癌的临床治疗
韩少良 邵永孚编著 2001年 215页 26cm 精装 33.50元〔医家菁华丛书〕(G. F. P.)

14395 5627-0077
直肠癌
(法)杜布瓦(J. B. Dubois)等著 顾胜德编译 1990年 165页 20cm 6.30元 (G. F.)

14396 309-09361
大肠癌早诊早治
姚礼庆 钟芸诗 胡健卫主编 2013年 171页 21cm 55元 (G. F. P.)

14397 309-11002
肠路漫漫 上下求索结直肠癌诊治之路
张苏展主编 2015年 301页 24cm 68元 (G. F.)

14398 5627-0382
大肠癌
莫善兢 蔡宏编著 1997年 106页 19cm 6.90元〔常见病问答丛书〕(G. F.)

14399 309-12557
腹膜恶性肿瘤围手术期化疗及腹膜切除术
(日)米村豊主编 罗奋译 2016年 156页 29cm 148元 (G. F. P.)

14400 309-11255
肝愿共守
樊嘉主编 2015年 330页 24cm 68元 (G. F. P.)

14401 5627-0644
实用肝胆肿瘤外科学
马曾辰 吴志全主编 2001年 342页 26cm 精装 68元 (G. F. P.)

14402 309-06932
激流勇进 汤钊猷从事肝癌研究40年,进入医界60年 李其松进入医界60年
汤钊猷自编 2009年 189页 29cm 精装 150元 (G. F. P.)

14403 5627-0086
原发性肝癌的研究与进展
汤钊猷 杨秉辉主编 1990年 359页 20cm 7.50元 (G. F.)

14404 309-06933
严谨进取 走向世界 复旦大学肝癌研究所建所40周年
复旦大学肝癌研究所主编 2009年 289页 29cm 精装 120元 (G. F. P.)

14405 309-14804

开拓创新 砥砺奋进 复旦大学肝癌研究所建所50周年
复旦大学肝癌研究所主编 2019年 256页 29 cm 精装 180元 (G. F. P.)

14406 5627-0384
肝癌
杨秉辉 任正刚编著 1998年 124页 19 cm 7.30元 〔常见病问答丛书〕(G. F.)

14407 309-12115
泌尿及生殖系统恶性肿瘤120问
王国民主编 2016年 146页 21 cm 35元 (G. F. P.)

14408 309-14883
泌尿及生殖系统常见恶性肿瘤防治120问与答
王国民主编 2020年 194页 24 cm 48元 (G. F. P.)

14409 5627-0390
泌尿及男性生殖系恶性肿瘤
王国民 孙立安编著 1998年 92页 19 cm 6.20元 〔常见病问答丛书〕(G. F.)

14410 5627-0144
临床妇科肿瘤学
张惜阴主编 1993年（1994年重印）351页 26 cm 20元 (G. F.)

14411 309-03275
临床妇科肿瘤学
张惜阴主编 2002年 第2版 483页 26 cm 精装 68元 (G. F. P.)

14412 5627-0385
宫颈癌、宫体癌与卵巢恶性肿瘤
盛丹菁编著 1997年 117页 19 cm 6.90元 〔常见病问答丛书〕(G. F.)

14413 5627-0170
宫颈癌
盛丹菁著 1993年 49页 19 cm 1.70元 〔专家门诊咨询丛书〕(G. F.)

14414 5627-0104
乳腺癌防治与自我检查
金宗浩著 1992年 110页 20 cm 4元 (G. F.)

14415 309-12546
精准医学时代的乳腺肿瘤学
邵志敏 余科达主编 2016年 462页 26 cm 精装 155元 (G. F. P.)

14416 309-13252
乳腺原位癌
邵志敏 沈镇宙主编 2017年 315页 26 cm 精装 140元 (G. F. P.)

14417 309-11811
乳腺肿瘤多学科综合治疗疑难病例讨论精选
邵志敏 沈镇宙主编 2015年 265页 26 cm 68元 (G. F. P.)

14418 309-09945
乳腺肿瘤学
邵志敏 沈镇宙 徐兵河主编 2013年 944页 26 cm 精装 480元 (G. F. P.)

14419 309-13792
乳腺肿瘤学
邵志敏 沈镇宙 徐兵河主编 2018年 第2版 1196页 26 cm 精装 600元 (G. F. P.)

14420 309-10979
关爱 自信 沈镇宙教授谈乳腺癌
沈镇宙主编 2014年 165页 21 cm 25元

(G. F. P.)

14421 5627-0383

乳腺癌

沈镇宙 韩企夏编著 1998年 95页 19 cm 6.20元〔常见病问答丛书〕(G. F.)

14422 5627-0498

乳腺病理学

许良中主编 1999年 401页 26 cm 精装 86元 (G. F. P.)

14423 309-11932

软组织肉瘤诊治中国专家共识 2015年版

师英强 姚阳主编 中国抗癌协会肉瘤专业委员会 中国临床肿瘤学会著 2015年 85页 21 cm 16元 (G. F. P.)

14424 5627-0117

蝶窦与垂体瘤 经蝶窦垂体瘤切除手术

陆书昌等主编 1992年 142页 19 cm 4元 (G.)

14425 5627-0661

脑膜瘤

万经海等主编 2002年 284页 26 cm 精装 42元 (G. F. P.)

14426 309-14619

皮肤及肢端恶性黑色素瘤外科诊治中国专家共识

陈勇 李涛 杨吉龙主编 2019年 96页 21 cm 32元 (G. F. P.)

14427 309-06043

临床耳鼻咽喉头颈肿瘤学

周梁 董频主编 2008年 345页 26 cm 精装 98元 (G. F. P.)

14428 5627-0386

鼻咽癌

朱家珠等编著 1997年 92页 19 cm 6.20元〔常见病问答丛书〕(G. F.)

神经病学与精神病学

14429 5627-0208

神经病学精神医学多选题

秦震 施慎逊主编 1994年 141页 19 cm 4.20元 (G. F.)

14430 309-07739

神经流行病学

洪震 丁玎 江澄川主编 2011年 350页 23 cm 51元 (G. F. P.)

14431 5627-0455

临床神经疾病学

蒋雨平主编 1999年 687页 26 cm 精装 82元 (G. F. P.)

14432 5627-0069

神经病学

刘道宽 汪无级主编 吕传真等编写 1991年 重印 211页 26 cm 2.85元〔高等医药院校教材〕(G. F.)

14433 5627-0586

神经病学

秦震主编 2000年 第2版 196页 26 cm 24元 (G. F.)

14434 309-03801

神经病学试题与题解

蒋雨平主编 2004年 174页 20 cm 10元〔医学教学参考丛书〕(G. F. P.)

14435 309-07586

脑健康百问

张立强主编 2010年 260页 19 cm 17.80元〔健康教育系列〕(G. F. P.)

14436 309-05574

现代癫痫学

洪震 江澄川主编 2007年 495页 26 cm 精装 78元 (G. F. P.)

14437 309-03508

颞叶癫痫

江澄川等主编 2003年 284页 26 cm 精装 38元 (G. F. P.)

14438 5627-0360

实用癫痫学

瞿治平 俞丽云主编 1997年 280页 20 cm 精装 20.80元 (G. F. P.)

14439 309-13958

脑卒中防治 绘画本

顾沈兵主编 2019年 28页 19×21 cm 20元 (G. F. P.)

14440 309-08068

脑血管病的经颅超声疗法

郎鸿志主编 2011年 第2版 209页 23 cm 35元 (G. F. P.)

14441 309-10852

脑血管病的经颅超声疗法

郎鸿志主编 2014年 第3版 243页 24 cm 精装 48元 (G. F. P.)

14442 5627-0152

中风预防与康复

郑洁皎主编 1993年 205页 19 cm 6元 (G.)

14443 309-14161

脑卒中合并冠心病运动康复

杨坚 李擎 朱福主编 2019年 261页 21 cm 88元 (G. F. P.)

14444 309-07626

脑卒中康复分级训练指导

郑洁皎 俞卓伟主编 2010年 86页 19 cm 50元〔社区康复系列指导丛书〕(G. F. P.)

14445 309-12171

康复是一缕阳光 一位脑卒中患者的康复之路

朱玉连主编 2016年 158页 24 cm 46元 (G. F. P.)

14446 5627-0500

周围神经卡压性疾病

陈德松 曹光富主编 1999年 196页 26 cm 精装 38元 (G. F. P.)

14447 309-03930

临床实用神经肌电图诊疗技术

张凯莉 徐建光主编 2004年 228页 26 cm 32元 (G. F. P.)

14448 309-09301

微血管减压术治疗三叉神经痛 临床病例荟萃

李世亭 于炎冰主编 2012年 220页 26 cm 精装 220元〔颅神经疾病外科诊疗学丛书〕(G. F. P.)

14449 309-06034

上肢神经损伤的康复 自我训练及家庭护理

周俊明 徐文东 张丽银主编 2008年 53页 21 cm 15元 (G. F. P.)

14450 5627-0628

小儿脑瘫的防治

施炳培编著 2001年 247页 19 cm 13.50元〔21世纪家庭保健丛书〕(G. F. P.)

14451 5627-0517
精神医学进修讲座
顾牛范 王祖承主编 1999年 第3版 410页 26 cm 42元 (G. F. P.)

14452 5627-0045
精神医学进修讲座
夏镇夷等主编 王善澄等编著 1989年 391页 26 cm 5元 (G. F.)

14453 5627-0566
精神医学新概念
江开达主编 2000年 236页 26 cm 32元 (G. F.)

14454 309-03955
精神医学新概念
江开达主编 2004年 第2版 295页 26 cm 33元〔复旦博学·临床医学系列〕(G. F. P.)

14455 309-08008
精神医学和精神医疗 从临床到社区
(日)浅井邦彦著 王祖承主译 2011年 224页 21 cm 22元 (G. F. P.)

14456 5627-0524
精神科综合征
王祖承等编写 1999年 283页 21 cm 精装 21元 (G. F. P.)

14457 5627-0205
精神医学
徐韬园主编 1994年 106页 26 cm 5.80元 (G. F.)

14458 309-03091
精神医学
徐韬园主编 2005年 109页 26 cm 12元 (F.)

14459 309-03717
精神医学
季建林主编 2003年 344页 26 cm 36元〔复旦博学·临床医学系列〕(G. F.)

14460 309-06871
精神医学
季建林 吴文源主编 2009年 第2版 426页 26 cm 50元〔普通高等教育"十一五"国家级规划教材 复旦博学·临床医学系列〕(G. F. P.)

14461 5627-0535
现代精神医学
徐韬园主编 杨德森等编写 2000年 450页 26 cm 精装 88元 (G. F. P.)

14462 309-05954
回归自我 精神心理临床札记
袁根清著 2008年 217页 23 cm 25元 (G. F. P.)

14463 5627-0282
精神疾病社区防治管理康复手册
张明园主编 瞿光亚等编写 1995年 279页 19 cm 9.70元 (G. F.)

14464 309-10437
心灵回归之路
赵靖平主编 2014年 216页 24 cm 68元〔心路医路系列丛书〕(G. F. P.)

14465 5627-0202
精神科疑难病例鉴析
郑瞻培等编著 1994年 369页 19 cm

11.60元 (G. F.)

14466 5627-0544
精神科疑难病例鉴析
郑瞻培主编 2000年 第2版 368页 20 cm 20元 (G. F. P.)

14467 5627-0489
精神病的中西医结合研究
黄跃东编著 1999年 240页 19 cm 29.80元 (G. P.)

14468 309-00313
催眠法入门
（日）守部昭夫著 许金生译 1990年 154页 19 cm 2.15元〔复旦小丛书 人生智慧之辑〕(G. F.)

14469 309-06918
德建身心疗法专业手册
陈瑞燕著 2009年 158页 21 cm 20元 (G. F. P.)

14470 5627-0406
让心中的太阳发光 心理疾病患者的自助方法
徐俊冕著 1997年 135页 19 cm 8元 (G. F.)

14471 5627-0165
老年性痴呆
郭莲舫编著 1993年(1996年重印) 57页 19 cm 1.80元〔专家门诊咨询丛书〕(G. F.)

14472 5627-0374
Alzheimer病诊断和治疗的新进展
肖世富等译 1997年 173页 20 cm 24.30元 (G. F.)

14473 309-05888
脑老化与老年痴呆 第2卷 脑老化科学
郑观成主编 2008年 526页 21 cm 35元 (G. F. P.)

14474 5627-0615
精神分裂症的防治
罗星光 左玲俊编著 2000年 172页 19 cm 9.50元〔21世纪家庭保健丛书〕(G. F.)

14475 5627-0310
精神分裂症
朱紫青著 1996年 88页 19 cm 5元〔专家门诊咨询丛书〕(G. F.)

14476 5627-0307
抑郁症
郑瞻培编著 1995年(1996年重印) 63页 19 cm 4.60元〔专家门诊咨询丛书〕(G. F.)

14477 5627-0649
抑郁症的防治
左玲俊 罗星光编著 2001年 216页 19 cm 11元〔21世纪家庭保健丛书〕(G. F. P.)

14478 309-03068
自觉和领悟之路 奉献给因患神经症而烦恼的人们
（日）森田正马著（日）水谷启二编 王祖承等译 2002年 244页 21 cm 16元 (G. F. P.)

14479 5627-0309
神经症
萧泽萍编著 1996年 56页 19 cm 4.50元〔专家门诊咨询丛书〕(G. F.)

14480 309-06408
让你一觉睡到天亮
徐建著 2009年 156页 23 cm 20元〔健

康cool新女性系列丛书〕(G. F. P.)

14481 5627-0167
儿童多动症
郭莲舫编著 1993年(1996年重印) 63页 19 cm 2.10元〔专家门诊咨询丛书〕(G.)

14482 309-11797
自闭症整合干预
杨广学 王芳著 2015年 294页 24 cm 39元〔自闭症前沿研究丛书〕(G. F. P.)

14483 309-12552
自闭症问题行为干预
(日)园山繁树 裴虹主编 2016年 149页 24 cm 30元〔自闭症前沿研究丛书〕(G. F. P.)

皮肤病学与性病学

14484 309-04607
皮肤性病学
翁孟武主编 2005年 347页 23 cm 36元〔医学研究生入学考试精要丛书 彭裕文主编〕(G. F. P.)

14485 5627-0203
皮肤病学
王侠生等编写 上海医科大学皮肤病学教研室编 1993年 修订版 159页 26 cm 5.10元〔高等医学院校教材〕(G. F.)

14486 309-03215
小儿皮肤病的防治
吴惠琍编著 2002年 110页 19 cm 7元〔21世纪家庭保健丛书〕(G. F. P.)

14487 5627-0090
皮肤病学
杨国亮主编 1992年 970页 26 cm 精装 60元 (G. F.)

14488 5627-0284
现代皮肤病学
杨国亮 王侠生主编 1996年 1226页 26 cm 精装 218元 (G. F. P.)

14489 309-05796
皮肤病诊断与鉴别诊断
翁孟武主编 2007年 513页 21 cm 40元〔皮肤病临床诊疗丛书〕(G. F. P.)

14490 309-12189
皮肤镜图谱
(美)阿什法克·A.马尔古布(Ashfaq A. Marghoob)(西)何塞普·马尔韦海(Josep Malvehy)(瑞士)拉尔夫·P.布劳恩(Ralph P. Braun)著 徐峰 周城主译 2016年 第2版 402页 29 cm 精装 356元 (G. F. P.)

14491 309-06130
皮肤激光医学与美容
卢忠主编 2008年 316页 21 cm 23元〔皮肤病临床诊疗丛书〕(G. F. P.)

14492 309-12940
上海市麻风学学科史
陈家琨 秦环龙主编 2017年 101页 24 cm 精装 98元 (G. F. P.)

14493 5627-0547
荨麻疹的防治
贾明华主编 2000年 205页 19 cm 12元〔皮肤病防治丛书〕(G. F.)

14494 5627-0369
银屑病防治

秦万章主编 1997年 152页 19 cm 7.80元
(G. F.)

14495 309-14454
银屑病的生物制剂治疗
张耀华著 2019年 198页 24 cm 85元
(G. F. P.)

14496 5627-0476
性传播疾病的防治
温海主编 1999年 228页 19 cm 12.80元
〔皮肤病防治丛书〕(G. F.)

耳鼻咽喉科学

14497 5627-0650
小儿听力保健及耳鼻喉科疾病的防治
王穗芬编著 2001年 142页 19 cm 7.50元
〔21世纪家庭保健丛书〕(G. F. P.)

14498 5627-0267
临床耳鼻咽喉科学
王正敏主编 1996年 290页 26 cm 21.80元 〔供继续教学用〕(G. F. P.)

14499 309-03142
现代耳鼻咽喉头颈外科学
黄鹤年主编 2003年 815页 26 cm 精装 88元 (G. F. P.)

14500 5627-0148
助听器选配
王正敏等编著 1994年 130页 19 cm 9.80元 (G. F.)

14501 5627-0585
鼻和鼻窦显微外科学
陈文文 钱炜编著 2000年 86页 20 cm 精装 25元 (G. F. P.)

14502 309-14961
你不知道的鼻炎秘密
庞宇峰主编 2020年 103页 21 cm 38元
(G. F. P.)

14503 309-13434
鼻部整形必须知道的99个问题
刘天一主编 2018年 128页 21 cm 30元
〔整形美容科普系列丛书〕(G. F. P.)

14504 5627-0075
声图及其在喉科的临床应用
郭志祥编著 1991年 151页 19 cm 5元
(G. F.)

14505 5627-0049
临床音声学
王鹏万著 1989年 107页 19 cm 0.65元
(G.)

眼科学

14506 309-11210
超声生物显微镜
陈倩 孙兴怀主编 2015年 219页 24 cm 100元 〔眼科新技术应用丛书〕(G. F. P.)

14507 309-06834
实用眼科临床病理
陈荣家 毕颖文著 2009年 168页 23 cm 92元 〔眼科诊治图谱与精要丛书〕(G. F. P.)

14508 5627-0009
眼科学
郭秉宽主编 1988年 203页 26 cm 2.25元
〔高等医药院校教材〕(G. F.)

14509 5627-0178
眼科学

陈钦元等主编 王文吉等编写 1993年 第2版 212页 26 cm 6.35元 (G. F.)

14510 309-10114
眼科微缩指南 365天 日进一智
马晓萍 袁非主编 2014年 373页 21 cm 55元 (G. F. P.)

14511 309-12897
眼科住院医师规范化培训教材
孙兴怀 卢奕主编 2017年 639页 26 cm 120元 (G. F. P.)

14512 309-03149
眼科学和耳鼻咽喉科学试题与题解
孙兴怀 郑春泉主编 王德辉等编写 2002年 214页 21 cm 13元 〔医学教学参考丛书〕(G. F. P.)

14513 5627-0338
眼耳鼻咽喉科学多选题
王文吉等主编 1996年 173页 19 cm 7.90元 (G. F.)

14514 5627-0432
青少年视力保健手册
褚仁远等主编 1998年 92页 19 cm 7.90元 (G.)

14515 309-13228
护眼锦囊小妙计
史慧静 郭锦萍主编 2017年 39页 26 cm 20元 〔儿童健康行为绘本〕(G. P.)

14516 309-06558
眼表活体共聚焦显微镜
徐建江 乐琦骅主编 2009年 241页 23 cm 100元 〔眼科新技术应用丛书〕(G. F. P.)

14517 309-11793
OCT 血管成像和 en face OCT 图谱
王敏主编 2015年 205页 26 cm 100元 〔眼科新技术应用丛书〕(G. F. P.)

14518 309-11905
OCT 血管成像和 en face OCT 图谱
王敏主编 2015年 205页 26 cm 精装 120元 〔眼科新技术应用丛书〕(G. F. P.)

14519 309-10670
光动力学治疗在眼科中的应用
张勇进 刘卫主编 2015年 80页 23 cm 50元 〔眼科新技术应用丛书〕(G. F. P.)

14520 309-08740
了解青光眼 战胜青光眼
孙兴怀 孔祥梅主编 2012年 107页 19 cm 10元 (G. F. P.)

14521 309-12016
了解青光眼 战胜青光眼
孙兴怀 孔祥梅主编 2015年 第2版 211页 21 cm 13元 (G. F. P.)

14522 5627-0150
急性出血性结膜炎 红眼病
吴家驹主编 1993年 171页 19 cm 6.20元 (G. F.)

14523 5627-0462
视光学手册
(美) I. M.鲍瑞什 (Irvin M. Borish) (英) E.格瑞斯达尔 (Elaine Grisdale) 编著 陈雄编译 1999年 148页 26 cm 精装 78元 (G. F.)

14524 309-05863
近视·近视眼·近视眼病

汪芳润 尹忠贵主编 2008年 211页 26 cm 28元（G. F. P.）

14525 309-14808
近视防控，你我知多少
瞿小妹 孙兴怀主编 2020年 116页 20 cm 45元（F. P.）

14526 5627-0321
近视眼
汪芳润编著 1996年 363页 26 cm 精装 42.90元（G. F. P.）

14527 309-14841
大眼睛的秘密 青少年近视眼防控科普漫画
张镭 杜雯荟主编 2020年 101页 21 cm 28元〔科科和阿噗科普漫画〕（G. P.）

14528 309-14828
RGP及角膜塑形镜取戴与护理指南
瞿小妹 刘文华主编 2020年 22页 15 cm 28元（G. F. P.）

14529 309-12828
眼部整形必须知道的99个问题
刘天一主编 2017年 103页 21 cm 28元〔整形美容科普系列丛书〕（G. F. P.）

14530 309-07563
飞秒激光、LASEK/Epi-LASIK及ICL手术
周行涛 王晓瑛 褚仁远主编 2010年 221页 23 cm 100元〔眼科新技术应用丛书〕（G. F. P.）

14531 5627-0571
小儿眼保健
李俊编著 2000年 135页 19 cm 7.20元〔21世纪家庭保健丛书 儿科系列〕（G. F.）

口腔科学

14532 309-10973
口腔医学
俞立英 朱亚琴 邹德荣主编 2014年 382页 26 cm 70元〔住院医师规范化培训教材〕（G. F. P.）

14533 309-06124
临床口腔医学 新进展、新技术、新理论
俞立英主编 2008年 305页 26 cm 42元〔复旦博学·临床医学系列〕（G. F. P.）

14534 309-03065
口腔学多选项题
黄爱玉主编 2002年 93页 19 cm 6元（P..）

14535 5627-0438
口腔学多选题
黄爱玉主编 1998年 93页 19 cm 5.40元（G. F.）

14536 309-03679
口腔临床免疫学
郭伟主编 2003年 193页 26 cm 20元〔复旦博学·临床医学系列〕（G. F. P.）

14537 309-04070
口腔颌面疾患的MRI诊断学
（日）岛原政司 姜晓钟主编 2004年 172页 26 cm 68元〔医学图谱系列〕（G. P.）

14538 5627-0151
牙科pd操作基础与临床
林自强等编写 1993年 101页 26 cm 21.50元（G. F.）

14539 309-08117

微血管减压术治疗面肌痉挛 临床病例荟萃

李世亭 仲骏主编 2011年 221页 26 cm 精装 220元 〔颅神经疾病外科诊疗学丛书〕(G. F.)

特种医学

14540 5627-0037

介入放射学

陈星荣等主编 1989年 183页 26 cm 精装 15元 (G. F.)

14541 309-13572

核医学质量控制与管理

刘兴党 顾兆祥主编 2018年 167页 26 cm 42元 (G. F. P.)

14542 309-04353

临床核医学诊疗要览

刘兴党等主编 邓守真等编写 2005年 145页 26 cm 33元 (G. F. P.)

14543 5627-0105

中枢神经系统计算机体层摄影(CT)和磁共振成像(MRI)

沈天真 陈星荣主编 1992年 317页 26 cm 精装 56元 (G. F.)

14544 5627-0207

全身CT和MRI

陈星荣等主编 1994年 885页 28 cm 精装 220元 (G. F.)

14545 309-03936

CT检查技术学

王鸣鹏主编 2004年 459页 26 cm 精装 68元 (G. F. P.)

14546 309-13817

医用CT技术及设备

姚旭峰 李占峰主编 2018年 150页 26 cm 38元 〔21世纪医学影像专业教材〕(G. F.)

14547 309-15001

医用CT技术及设备实验教程

姚旭峰 廉世俊 范一峰主编 2020年 133页 26 cm 32元 〔21世纪医学影像专业教材〕(G. F. P.)

14548 5627-0448

螺旋CT

周康荣主编 1998年 306页 26 cm 精装 108元 (G. F. P.)

14549 309-03940

螺旋CT

周康荣主编 2004年 306页 26 cm 精装 128元 (F.)

14550 5627-0314

实用核医学显象技术

方瑞英编著 1996年 294页 20 cm 21.90元 (G. F.)

14551 5627-0328

胸部颈面部CT

周康荣主编 1996年 334页 26 cm 精装 136元 (G. F. P.)

14552 309-03553

胸部颈面部CT

周康荣主编 2003年 334页 27 cm 136元 ( )

14553 5627-0568

胸部疾病放射诊断学

(德)Sebastian Lange著 季斌译 2000年

362 页 29 cm 精装 130 元 (G. F. P.)

14554 5627-0435
腹部介入放射学
王建华等主编 王小林编写 1998 年 210 页 26 cm 精装 58 元 (G. F. P.)

14555 5627-0190
腹部 CT
周康荣主编 1993 年 340 页 26 cm 精装 108 元 (G. F. P.)

14556 309-07728
腹部 CT 诊断学
周康荣 严福华 曾蒙苏主编 2011 年 1073 页 26 cm 精装 350 元 (G. F. P.)

14557 309-08258
频域光学相干视网膜断层扫描仪
姜春晖主编 2011 年 230 页 23 cm 100 元〔眼科新技术应用丛书〕(G. F. P.)

14558 309-09481
眼前节光学相干断层扫描
徐建江 乐琦骅主编 2013 年 198 页 23 cm 100 元〔眼科新技术应用丛书〕(G. F. P.)

14559 5627-0283
实用口腔颌面 X 线诊断学
黄培喆等编著 1996 年 145 页 26 cm 精装 56 元 (G. F.)

14560 5627-0119
核药学基础
朱桐等主编 1992 年 200 页 26 cm 3.40 元 (G. F.)

14561 309-03127
核药学概论
朱建华 沈鸣华主编 2002 年 165 页 26 cm 25 元〔复旦博学·基础医学系列〕(G. F. P.)

14562 5627-0108
电离辐射损伤基础与临床
金为翘 王洪复主编 山根兴等编著 1992 年 321 页 26 cm 15 元 (G. F.)

14563 309-12966
军队抗震救灾卫勤保障 基于两次地震与一次演习
张鹭鹭 杜国福 刘源主编 2017 年 308 页 24 cm 52 元〔军队卫生与勤务系列〕(G. F. P.)

14564 5627-0100
运动医学
范振华 浦钧宗主编 1991 年 185 页 26 cm 3.18 元〔高等医学院校教材〕(G. F.)

14565 5627-0588
体坛"黑客"兴奋剂
汪宗俊主编 2000 年 189 页 18 cm 11 元 (G.)

14566 309-11225
表面肌电在体育中的应用
李玉章编著 2015 年 267 页 26 cm 65 元 (G. F. P.)

药 学

14567 309-11737
应用型本科药学综合实验指导
张辉 王彬主编 2015 年 161 页 26 cm 38 元〔应用技术类型高等学校规划教材〕(G.)

14568 309-01235
1993 PSP International Symposium: anthology of theses and abstracts
Qing-yao Yang, Chi-yi Kwok 编 1993 年 321 页 26 cm (G. F.)

14569 5627-0079
药物动力学
奚念朱主编 1990 年 152 页 26 cm 2.10 元 (G. F.)

14570 309-11880
药物化学
周淑琴主编 2015 年 285 页 26 cm 68 元〔医药高职高专院校药学教材〕(G. F. P.)

14571 309-11224
药物化学学习指导
周淑琴主编 2015 年 141 页 26 cm 38 元〔医药高职高专院校药学教材〕(G. F. P.)

14572 309-10880
药用基础化学实训指导
周淑琴主编 2014 年 143 页 26 cm 28 元〔医药高职高专院校药学教材〕(G. F. P.)

14573 309-08639
药物化学实验指导
王洋主编 2012 年 111 页 23 cm 32 元〔研究型大学药学实验系列教材〕(G. F. P.)

14574 309-10825
药用有机化学
周淑琴主编 2014 年 242 页 26 cm 38 元〔医药高职高专院校药学教材〕(G. F. P.)

14575 5627-0530
现代生化药物与基因工程药物分析
陈执中 章月华编著 2000 年 210 页 26 cm 精装 36 元 (G. F. P.)

14576 5627-0595
药物分析与研究
梁云爱著 2000 年 369 页 27 cm 58 元 (F.)

14577 309-08246
药物分析实验指导
梁建英 段更利 郁韵秋编著 2012 年 111 页 23 cm 32 元〔研究型大学药学实验系列教材〕(G. F.)

14578 5627-0058
生药学
苏中武 乔传卓主编 1989 年 462 页 26 cm 10 元〔供药学、中药专业用〕(G. F.)

14579 5627-0024
生药学实验指导
施大文主编 1989 年 133 页 26 cm 1.85 元 (G.)

14580 309-08228
药剂学实验指导
方晓玲主编 2012 年 101 页 23 cm 32 元〔研究型大学药学实验系列教材〕(G. F.)

14581 309-10189
静脉用药调配中心(室)教程
刘新春 米文杰 王锦宏主编 2014 年 470 页 26 cm 68 元 (G. F. P.)

14582 309-06904
国家基本药物政策研究
叶露著 2009 年 120 页 23 cm 20 元 (G. F. P.)

14583 309-10573
医院药学部流程管理

张健 廖勇凯编著 2014 年 169 页 26 cm 35 元〔惠宏医管丛书〕(G. F. P.)

14584 309-12855
高警讯药品 安全性提高策略
美国医疗机构联合委员会资源部编著 华润 JCI 医院管理研究院译 郦忠 蒋宋怡主译 2017 年 95 页 29 cm 87 元〔华润 JCI 医院管理研究院质量和安全系列译著〕(G. F. P.)

14585 309-08335
药理学
何涛 李伟主编 2011 年 265 页 26 cm 40 元〔湖北高校"十二五"规划教材 高职医学专业系列〕(G. F. P.)

14586 309-11536
药理学
何涛 刘金义 刘晓菊主编 2015 年 第 2 版 308 页 26 cm 48 元〔高职医学专业系列〕(G. F. P.)

14587 309-11727
药理学
黄志力主编 2016 年 454 页 26 cm 89 元〔基础医学本科核心课程系列教材 汤其群总主编〕(G. F. P.)

14588 309-04563
药理学
李端主编 2005 年 579 页 26 cm 68 元〔复旦博学·基础医学系列 普通高等教育"十五"国家级规划教材〕(G. F. P.)

14589 309-03476
药理学
鲁映青 贡沁燕主编 2003 年 272 页 26 cm 30 元〔医学高等职业教育教材〕(G. F. P.)

14590 309-06400
药理学
鲁映青 俞月萍主编 2009 年 第 2 版 372 页 26 cm 48 元〔普通高等教育"十一五"国家级规划教材 复旦卓越·高等职业教育医学基础课教材〕(G. P.)

14591 309-05702
药理学
姚明辉 鲁映青主编 2007 年 382 页 23 cm 40 元〔临床和基础医学精要与考题丛书〕(G. F. P.)

14592 309-10592
药理学
俞月萍 杨素荣主编 2015 年 第 3 版 383 页 26 cm 58 元〔"十二五"职业教育国家规划教材 复旦卓越·高等职业教育医学基础课教材〕(G. F. P.)

14593 309-04067
药理学考试指南
俞月萍主编 2004 年 281 页 20 cm 16 元〔医学高等职业教育教辅丛书〕(G. F. P.)

14594 5627-0393
药理学多选题
姚明辉 贡沁燕主编 1998 年 233 页 18 cm 8.80 元 (G. F.)

14595 309-02863
神奇的分子 药物是如何起作用的
(英) 苏珊·奥尔德里奇(Susan Aldridge) 著 黄曜 牛国兴译 2001 年 320 页 20 cm 17 元〔复旦科普译丛〕(G. F. P.)

14596 5627-0053
生物合成药物学
褚志义主编 1991 年 388 页 26 cm 6.45 元

〔医药院校和理工科大学有关制药专业教材〕(G. F.)

14597 309-03880
生化药理学
潘家祜 江明华主编 2004年 273页 26 cm 30元〔面向21世纪高等医药院校教材〕(G. F. P.)

14598 5627-0051
免疫药理学
张罗修主编 庄庆琪等编写 1990年 221页 26 cm 3.15元〔高等医药院校教材〕(G. F.)

14599 5627-0083
临床药理学
王永铭 李端主编 宋涛能等编写 1991年 240页 26 cm 4.05元〔高等医药院校教材〕(G. F.)

14600 5627-0467
临床药理学
王永铭 李端主编 1999年 第2版 283页 26 cm 35元〔高等医药院校教材〕(G. F.)

14601 309-04002
临床药理学
王永铭 李端主编 2004年 第3版 314页 26 cm 38元〔复旦博学·临床医学系列〕(G. F. P.)

14602 5627-0548
临床不合理用药
杨毓瑛等主编 2000年 181页 19 cm 12元 (G. F. P.)

14603 309-04264
临床试验
金丕焕 邓伟编著 2004年 128页 26 cm 16元〔复旦博学·公共卫生与预防医学系列 21世纪复旦大学研究生教学用书〕(G. F. P.)

14604 5627-0065
世界药物指南
国家医药管理局医药工业情报中心站 国际医药服务公司编 1990年 267页 26 cm 9.50元 (G. F.)

14605 309-05933
药物应用护理
吴国忠主编 2008年 197页 26 cm 24元〔复旦卓越·21世纪中等职业教育护理系列教材〕(G. F. P.)

14606 309-03392
谁给我吃药？
许俊才 赵鹏飞主编 2002年 164页 20 cm 12元 (G. F. P.)

14607 309-03129
现代自我用药与就医必备
杨永年主编 2002年(2003年重印) 331页 19 cm 16元〔实用保健系列〕(G. F. P.)

14608 5627-0439
医学生药物手册
陈少贤编著 1998年 486页 19 cm 21元 (G. F.)

14609 309-01616
临床实用药物及其药理基础
唐迪生 毛娟虹编著 1996年 2004年第2版 507页 26 cm 40元 (G. F. P.)

14610 5627-0376

新编临床药物手册
王宏图 张静华主编 1998年 951页 19 cm
精装 39元〔药物名中英对照〕(G.)

14611 309-06087
实用临床药物
余细勇 杨敏主编 2009年 808页 26 cm
精装 128元 (G. F. P.)

14612 309-03724
性激素的临床应用
邵敬于主编 2003年 494页 20 cm 28元
(G. F. P.)

14613 5627-0577
感染性疾病与抗微生物治疗
汪复主编 2000年 第2版 359页 20 cm
20元 (G. F. P.)

14614 309-05390
感染性疾病与抗微生物治疗
汪复主编 2007年 第2版 359页 21 cm
24元 (G. F. P.)

14615 309-06231
感染性疾病与抗微生物治疗
汪复主编 2008年 第3版 501页 21 cm
35元 (G. F. P.)

14616 309-15161
感染性疾病与抗微生物治疗
王明贵主编 2020年 第4版 305页 26 cm
68元 (G. F. P.)

14617 309-01248
PSP 国际学术研讨会论文及论文摘要集 1993
杨庆尧 郭次仪主编 1993年 256页 26 cm
200元 (G.)

14618 309-12928
临床研究协调员工作指南
刘燕飞 胡夕春主编 2017年 91页 21 cm
22元 (G. F. P.)

14619 5627-0418
免疫药物研究与临床应用
张罗修主编 1998年 189页 26 cm 22元
(G. F. P.)

14620 5627-0409
氟他胺的药理和临床应用 兼论抗良性前列腺增生
李端主编 1997年 74页 19 cm 5.90元
(G. F.)

14621 5627-0184
促性腺激素释放激素及其类似物在妇产科的应用
陆湘云主编 1994年 137页 19 cm 5.40元
(G. F.)

14622 309-04952
皮肤科用药及其药理
王侠生主编 2006年 866页 19 cm 精装
50元〔皮肤病临床诊疗丛书〕(G. F. P.)

14623 13253.041
遗传毒理学原理
(美)布鲁西克(D. Brusick)著 吕群等译
1987年 269页 20 cm 1.80元 (G. F.)

14624 309-03383
毒理学基础
金泰廙主编 2003年 270页 23 cm 28元
〔复旦博学·公共卫生硕士系列〕(G. F. P.)

14625 309-09304
毒理学原理和方法
金泰廙主编 2012年 529页 26 cm 88元

〔21世纪复旦大学研究生教学用书 供预防医学类专业研究生用〕(G. F. P.)

14626 309-04189
现代毒理学
金泰廙主编 2004年 166页 26 cm 18元 〔复旦博学·公共卫生与预防医学系列〕(G. F. P.)

14627 309-05869
基础毒理学
周志俊主编 2008年 284页 26 cm 35元 〔复旦博学·公共卫生与预防医学系列 普通高等教育"十一五"国家级规划教材〕(G. F. P.)

14628 309-10859
基础毒理学
周志俊主编 2014年 第2版 299页 26 cm 48元 〔普通高等教育"十一五"国家级规划教材 预防医学国家级教学团队教材〕(G. F. P.)

14629 309-10972
21世纪毒性测试 愿景与策略
国家科学院国家研究咨询委员会编著 屈卫东 郑玉新 陈雯主译 2014年 122页 23 cm 精装 65元 (G. F. P.)

农业科学

农业科学技术研究

14630 309-14396
农科英语阅读教程
李承兴 赵薇主编 2019年 110页 28 cm 38元〔21世纪职业教育行业英语〕(G. F. P.)

14631 309-09957
农林英语
辛琳 魏东霞主编 2013年 169页 23 cm 26元〔21世纪大学实用行业英语系列〕(G. F. P.)

农业基础科学

14632 309-10326
肥料中三聚氰胺的检测方法及其迁移转化研究
孙明星等编著 2014年 134页 21 cm 18元 (G. F. P.)

14633 309-00467
城市垃圾堆肥原理与工艺
陈世和 张所明编著 1990年 215页 19 cm 2.45元 (G. F.)

植物保护

14634 13253.056
昆虫卵巢发育与害虫预测预报
李汝铎等编著 1987年 125页 19 cm 1.05元 (G. F.)

14635 309-00132
应用蜱螨学
忻介六编著 1989年 222页 26 cm 3.30元 (G. F.)

14636 309-01734
褐飞虱及其种群管理

李汝铎等主编 1996年 334页 26 cm 52元 (G. F. P.)

14637 309-01617
生物防治中的螨类 图示检索手册
(以) Uri Gerson (美) Robert L. Smiley 著 梁来荣等译 1996年 209页 20 cm 12元 (G. F. P.)

农作物

14638 309-14551
亚麻籽营养＋美味
孙建琴主编 2019年 184页 24 cm 45元 (G. F. P.)

园　艺

14639 309-07978
家庭养花与园艺疗法
周晓容编著 2011年 99页 29 cm 33元 〔新世纪老年课堂系列教材〕(G. F. P.)

14640 309-00745
漳州水仙花
朱振民主编 1991年 108页 26 cm 精装 13.50元 (G. F.)

林　业

14641 309-07544
长江中下游湿地自然保护区有效管理十佳案例分析
陈家宽 雷光春 王学雷主编 2010年 190页 29 cm 55元 (G. F. P.)

14642 309-11981
江西鄱阳湖国家级自然保护区第二次科学考察报告
金斌松 李琴 刘观华主编 2016年 171页 29 cm 35元 (G. F. P.)

14643 309-10194
江西鄱阳湖国家级自然保护区自然资源 2012—2013年监测报告
刘观华 金杰锋主编 2013年 134页 29 cm 28元 (G. F. P.)

14644 309-13553
江西鄱阳湖国家级自然保护区自然资源 2013—2014年监测报告
刘观华 詹慧英主编 2018年 170页 29 cm 35元 (G. F. P.)

14645 309-13452
江西鄱阳湖国家级自然保护区自然资源 2014—2015年监测报告
刘观华 余定坤主编 2018年 165页 29 cm 35元 (G. F. P.)

14646 309-08668
江西鄱阳湖国家级保护区自然资源2010年监测年报
朱奇 刘观华 吴建东主编 2012年 137页 29 cm 28元 (G. F. P.)

14647 309-09453
江西鄱阳湖国家级保护区自然资源2011—2012年监测报告
朱奇 刘观华 金杰锋主编 2013年 101页 29 cm 20元 (F. P.)

畜牧、动物医学、狩猎、蚕、蜂

14648 309-00848
花粉营养成分与花粉资源利用
王开发等著 1993年 97页 26 cm 6.20元 (G. F.)

水产、渔业

14649 309-05406
东海区渔业资源及其可持续利用
张秋华等编著 2007年 730页 30 cm 精装 198元 (G. F. P.)

14650 309-03893
渔业水域生态环境保护和管理
张秋华主编 2004年 500页 20 cm 38元 (G. F.)

工 业 技 术

机构、团体、会议

14651 309-13114
通用工程英语听说教程 上册
黄坚主编 2017年 154页 26 cm 39元〔普通高等学校"十三五"精品规划教材 英语数字化教材〕(G. P.)

14652 309-13144
通用工程英语听说教程 下册
吴迪龙主编 2017年 154页 26 cm 39元〔普通高等学校"十三五"精品规划教材 英语数字化教材〕(G. P.)

一般工业技术

14653 309-09253
工程学英语
高军主编 杨晋 郭霞 马瑛编著 2012年 199页 26 cm 35元〔21世纪EAP学术英语系列丛书 蔡基刚总主编〕(G. F. P.)

14654 309-10932
现代工程数学
王建军编著 2014年 429页 23 cm 58.50元〔电子学基础系列〕(G. F. P.)

14655 309-08249
工程数学基础
吴建春 王彦军 杜忠佩编著 2011年 311页 26 cm 38元〔复旦卓越·普通高等教育21世纪规划教材·工程类、经济类〕(G. F. P.)

14656 309-05707
工程数学 线性代数与概率统计
周勇等编 2007年 325页 23 cm 38元〔湖南省高等院校21世纪课程教材〕(G. F. P.)

14657 309-01756

中国工业与应用数学学会第四次大会论文集 CSIAM'96
曾庆存 李大潜主编 1996 年 712 页 26 cm 180 元 (G. F.)

14658 309-10166
产品可用性研究方法
李宏汀 王笃明 葛列众著 2013 年 325 页 22 cm 26 元〔应用心理学书系〕(G. F. P.)

14659 309-07255
工程力学
吴世平 赵曼主编 2010 年 345 页 25 cm 38 元〔复旦卓越·普通高等教育 21 世纪规划教材·机类、近机类〕(G. F. P.)

14660 309-01039
工程流体力学导论及其应用
胡正瑗编著 1992 年 263 页 19 cm 6 元 (G.)

14661 309-00568
实用人体工程学
(日) 小原二郎著 康明瑶 段有瑞译 1991 年 227 页 19 cm 3.90 元〔复旦小丛书 人生智慧之辑〕(G.)

14662 309-12972
工程图识读与绘制习题集
陈燕 余启志主编 2017 年 207 页 19×26 cm 25 元〔复旦卓越·高职高专 21 世纪规划教材·互联网＋教材 配套 VR 等电子素材〕(G. F. P.)

14663 309-12645
工程图识读与绘制
余启志 陈燕 陈丹晔主编 2016 年 258 页 26 cm 33 元〔复旦卓越·高职高专 21 世纪规划教材〕(G. F. P.)

14664 309-00360
表面与薄膜分析基础
(美) 费尔德曼 (L. C. Feldman) (美) 迈耶 (J. M. Mayer) 著 严燕来 蒋平译 1989 年 403 页 20 cm 3.35 元 (G. F.)

14665 309-03050
材料物理基础
宗祥福 翁渝民编著 2001 年 787 页 26 cm 75 元 (G. F. P.)

14666 309-05206
纳米技术原理 微系统中基于分子的凝聚态研究
(美) G. Ali Mansoori 著 2006 年 英文影印版 360 页 23 cm 40 元 (G. F. P.)

14667 309-02798
高分子世界
平郑骅 汪长春编著 2001 年 255 页 23 cm 24 元 (G. F. P.)

14668 309-13269
磁性微纳米材料在蛋白质组学中的应用
邓春晖 陈和美著 2017 年 482 页 26 cm 精装 138 元 (G. F.)

14669 309-05207
玻璃质材料和无序固体 它们的统计力学导论
(德) Kurt Binder (法) Walter Kob 2006 年 英文影印版 456 页 23 cm 45 元 (G. P.)

14670 309-12833
弹性材料抗冲蚀理论及应用
郭源君编著 2017 年 137 页 23 cm 25 元 (G. P.)

14671 309-04642

有机电致发光材料与器件导论
黄春辉 李富友 黄维著 2005 年 446 页 23 cm 精装 60 元 (G. F. P.)

14672 309-14481
气流粉碎过程的混沌控制及仿真
崔岩 孙观 何宏骏著 2019 年 188 页 23 cm 25 元 (G. F.)

14673 309-14712
当代工业遗产保护与利用研究 聚焦三线建设工业遗产
吕建昌主编 2020 年 509 页 23 cm 128 元 (G. F. P.)

14674 309-13930
锚定效应 包装设计中的品牌呈现与数字尺度
沈玢著 2018 年 146 页 23 cm 35 元〔"望道"新闻传播学术原创丛书〕(G. P.)

14675 309-01686
空调器安装培训教材
上海市劳动局组编 徐德胜编著 1996 年 249 页 26 cm 25 元〔上海教育电视台电视讲座〕(G. F. P.)

14676 13253.012
复旦大学电真空实验室真空技术三十年集
华中一主编 1985 年 175 页 26 cm 2.30 元 (G. F.)

14677 309-00573
电视摄像
迟进军著 1990 年 188 页 20 cm 3.50 元〔电视业务系列丛书〕(G. F.)

14678 309-01084
电视摄像
迟进军著 1990 年(1993 年重印) 188 页 20 cm 5 元〔电视业务系列丛书〕(G. F.)

14679 309-01287
照相化学
江逢霖 谢璎编著 1994 年 242 页 20 cm 18 元 (G. F.)

14680 309-03892
数码摄影教程
颜志刚编著 2004 年 444 页 20 cm 22 元〔复旦博学〕(G. F. P.)

金属学与金属工艺

14681 309-07815
金工实习
金捷主编 2011 年 286 页 25 cm 35 元〔复旦卓越·普通高等教育 21 世纪规划教材·机械类、近机械类〕(G. F. P.)

14682 309-11479
机械加工设备
沈志雄 徐福林主编 2015 年 212 页 23 cm 27 元〔复旦卓越·普通高等教育 21 世纪规划教材·机械类〕(G. F. P.)

14683 309-05532
机床电气控制
郑德明 孙雪镠 王海柱主编 2007 年 289 页 26 cm 29 元〔21 世纪中等职业教育电类专业系列〕(G. F. P.)

14684 309-14442
机床电气控制
郑德明 孙雪镠 王海柱主编 2019 年 第 2 版 412 页 26 cm 40 元〔21 世纪中等职业教育电类专业系列〕(G. F. P.)

14685 309-09270

金属切削原理与数控机床刀具

沈志雄 徐福林主编 2012年 163页 23 cm 23元〔复旦卓越·普通高等教育21世纪规划教材·机械类、近机械类〕(G. F. P.)

14686 309-05005
数控车床编程与操作

数控技能教材编写组编 2006年 321页 23 cm 29元〔复旦卓越·21世纪数控技术应用系列 职业技能鉴定中心推荐教材 职业院校数控相关专业实践型教材 数控技术应用专业领域技能型紧缺人才培训教材〕(G. F. P.)

14687 309-14829
数控车编程与加工实训教程

王超主编 2020年 286页 23 cm 55元 (G. F. P.)

14688 309-09679
数控车削技术

徐福林 林军红主编 2013年 315页 26 cm 41元〔复旦卓越·普通高等教育21世纪规划教材·数控类〕(G. F. P.)

14689 309-07222
数控机床与应用

苏宏志 杨辉主编 2010年 169页 25 cm 20元〔复旦卓越·高职高专21世纪规划教材·数控类〕(G. F. P.)

14690 309-11524
数控加工工艺与编程

徐福林 周立波主编 2015年 376页 26 cm 48元〔复旦卓越·普通高等教育21世纪规划教材·机械类〕(G. F. P.)

14691 309-09510
数控机床故障诊断与维修

李敬岩主编 2013年 304页 25 cm 38元〔复旦卓越·普通高等教育21世纪规划教材·数控类〕(G. F. P.)

14692 309-13687
激光智能制造技术

雷仕湛 闫海生 张群莉编著 2018年 441页 24 cm 58元 (G. P.)

14693 309-14039
模具材料选用及表面修复技术

简发萍主编 2018年 154页 26 cm 25元〔复旦卓越·高职高专21世纪规划教材·机械类、近机械类〕(G. F. P.)

14694 309-08248
模具制造

乔建华 张秀清主编 2011年 215页 25 cm 28元〔复旦卓越·职业教育21世纪规划教材·模具类〕(G. F. P.)

14695 309-09147
互换性与测量技术

靳岚主编 2012年 209页 25 cm 28元〔复旦博学·普通高等教育21世纪教材·机类、近机类〕(G. F. P.)

14696 309-07298
公差配合与测量技术

乔建华 张秀清主编 2010年 234页 25 cm 26元〔复旦卓越·高等教育21世纪规划教材·机类、近机类〕(G. F. P.)

14697 309-09293
公差配合与测量技术

石岚主编 2012年 235页 24 cm 32元〔复旦卓越·高职高专21世纪规划教材·机类、近机类〕(G. F. P.)

14698 309-10652

公差配合与测量技术

石岚主编 2014年 第2版 238页 25 cm 32元〔"十二五"职业教育国家规划教材 复旦卓越·高职高专21世纪规划教材·机械类、近机械类〕(G. F. P.)

14699 309-13322

公差配合与测量技术

石岚主编 2017年 第3版 238页 25 cm 38元〔"十二五"职业教育国家规划教材〕(G. F. P.)

14700 309-07877

互换性与测量技术

石岚主编 2011年 204页 25 cm 24元〔复旦卓越·高职高专21世纪规划教材·机类、近机类〕(G. P.)

14701 309-10251

公差配合与技术测量实训教程

易磊主编 2014年 56页 23 cm 8元〔复旦卓越·高职高专21世纪规划教材·机械类、近机械类〕(G. F. P.)

机械、仪表工业

14702 309-10417

机械工程专业英语

崔岩主编 2014年 136页 23 cm 22元〔复旦卓越·普通高等教育21世纪规划教材·机械类、近机械类〕(G. F. P.)

14703 309-13016

机电工程英语

孔娟 李晓冉主编 2018年 142页 26 cm 39元〔21世纪职业教育行业英语〕(G. P.)

14704 309-09406

机电专业英语

马利平 李绍鹏主编 2013年 121页 23 cm 17元〔复旦卓越·普通高等学校21世纪规划教材·机械类、近机械类〕(G. F. P.)

14705 309-08210

机械基础

蔡璇主编 2011年 318页 26 cm 38元〔复旦卓越·职业教育21世纪规划教材·机械类、近机械类〕(G. F. P.)

14706 309-07051

机械基础

石岚 李纯彬主编 2010年 303页 25 cm 31元〔复旦卓越·高职高专21世纪规划教材·近机类、非机类〕(G. F. P.)

14707 309-08883

机械基础

石岚主编 2012年 322页 25 cm 40元〔高职高专21世纪规划教材·近机类、非机类〕(G. F. P.)

14708 309-10660

机械基础

石岚主编 2014年 第2版 322页 25 cm 41元〔"十二五"职业教育国家规划教材 复旦卓越·高职高专21世纪规划教材〕(G. F. P.)

14709 309-13321

机械基础

石岚主编 2017年 第3版 323页 25 cm 45元〔"十二五"职业教育国家规划教材〕(G. F. P.)

14710 309-07306

机械基础

14711 309-09962

机械基础实验指导

杨清遗 陈若莹主编 2013年 280页 26 cm 42元〔普通高等学校"十二五"精品规划教材〕(G. P.)

14712 309-00317

基本机构分析与综合

严家杰著 1989年 105页 26 cm 2.80元 (G.)

14713 309-07156

SolidWorks 项目教程

姜海军主编 2010年 249页 25 cm 28元〔复旦卓越·高职高专21世纪规划教材·CAD CAM 系列〕(G. F. P.)

14714 309-07694

机械设计

钱袁萍 陆峰主编 2010年 277页 25 cm 33元〔复旦卓越·普通高等学校21世纪规划教材·机类、近机类〕(G. F. P.)

14715 309-10651

机械设计

钱袁萍主编 2014年 第2版 280页 25 cm 39元〔复旦卓越·普通高等教育21世纪规划教材·机械类、近机械类"十二五"职业教育国家规划教材〕(G. F. P.)

14716 309-07341

机械设计基础

上官同英 熊娟主编 2010年 311页 25 cm 38元〔复旦卓越·高职高专21世纪规划教材·机类、近机类〕(G. F. P.)

14717 309-01704

机械设计 AutoCAD

吴永贵 丁亚军编著 1996年 266页 26 cm 24元〔CAD 应用系列丛书〕(G. F. P.)

14718 309-07230

机械设计课程设计

熊娟 阳尧端主编 2010年 198页 26 cm 25元〔复旦卓越·高职高专21世纪规划教材·机类、近机类〕(G. F. P.)

14719 309-14589

机械本体结构设计及应用

张蕊华 周红明主编 2019年 92页 23 cm 50元 (G. F. P.)

14720 309-10655

Pro/Engineer 案例教程与实训 Pro/Engineer 6.0 Wildfire 版

诸小丽 韦余苹主编 2015年 309页 26 cm 38元〔复旦卓越·普通高等教育21世纪规划教材〕(G. F. P.)

14721 309-07754

机械制图

李绍鹏 刘冬敏主编 2011年 255页 25 cm 31元〔复旦卓越·普通高等教育21世纪规划教材·机类、近机类〕(G. F. P.)

14722 309-10757

机械制图与 AutoCAD

李志明主编 2014年 257页 25 cm 33.80元〔复旦卓越·普通高等教育21世纪规划教材·机械类、近机械类〕(G. F. P.)

14723 309-10657

制图测绘与 CAD 实训

刘立平主编 2015年 263页 25 cm 36元〔"十二五"职业教育国家规划教材 复

旦卓越·普通高等教育 21 世纪规划教材·机械类、近机械类〕(G. F. P.)

14724 309-07899
工程技术语言应用
诸小丽主编 2011 年 389 页 26 cm 48 元〔复旦卓越·普通高等教育 21 世纪规划教材·CAD CAM 系列 机械制图 CAD 制图 Pro E 建模配套教材 省级重点教材立项〕(G. F. P.)

14725 309-07647
机械制图习题集
刘冬敏主编 2011 年 115 页 19×26 cm 28 元〔复旦卓越·普通高等教育 21 世纪规划教材·机类、近机类〕(G. F. P.)

14726 309-11921
机械制图与 AutoCAD 习题集
易磊 李志明主编 2016 年 63 页 19×26 cm 12 元〔复旦卓越·普通高等教育 21 世纪规划教材·机械类、近机械类〕(G. F. P.)

14727 309-09998
机械图的识读与零件测绘
吴承恩 邓宇编著 2013 年 406 页 26 cm 48 元〔面向 21 世纪高端技能型专门人才培养系列〕(G. F. P.)

14728 309-08941
机械零件的识图与测绘
徐向红主编 2012 年 444 页 26 cm 46 元〔复旦卓越·高职高专 21 世纪规划教材·机械类、近机械类〕(G. F. P.)

14729 309-08943
机械零件的识图与测绘习题集
徐向红主编 2012 年 114 页 19×26 cm 30 元〔复旦卓越·高职高专 21 世纪规划教材·机械类、近机械类〕(G. F. P.)

14730 309-11253
液压与气动技术
陈燕春主编 2015 年 249 页 26 cm 32 元〔复旦卓越·高职高专 21 世纪规划教材〕(G. F. P.)

14731 309-08584
液压与气动技术
谢亚青 郝春玲主编 2011 年 181 页 25 cm 22 元〔复旦卓越·普通高等教育 21 世纪规划教材·机械类、近机械类〕(G. F. P.)

14732 309-07052
机械制造技术与项目训练
金捷 刘晓菡主编 2010 年 374 页 25 cm 35 元〔复旦卓越·高职高专 21 世纪规划教材·近机类、机械类〕(G. F. P.)

14733 309-14148
机械制造工艺
徐福林 包幸生主编 2019 年 194 页 26 cm 28 元〔复旦卓越·高职高专 21 世纪规划教材〕(G. F. P.)

14734 5627-0114
中国射线防护器材的生产与管理
张丹枫等主编 1991 年 345 页 20 cm 21 元 (G.)

14735 309-06835
眼前节全景仪
周行涛 褚仁远主编 2009 年 240 页 23 cm 100 元〔眼科新技术应用丛书〕(G. F. P.)

14736 309-07395

药用仪器分析
陈群力主编 2015 年 186 页 26 cm 55 元
〔医药高职高专院校药学教材〕(G. F. P.)

能源与动力工程

14737 309-12487
能源科技史教程
焦娅敏 张贵红主编 2016 年 243 页 26 cm 36 元 (G. F. P.)

14738 309-14911
世界能源史中的中国 诞生、演变、利用及其影响
朱荫贵 杨大庆编 2020 年 428 页 23 cm 80 元〔复旦中华文明研究专刊〕(G. F. P.)

14739 309-09469
效率视角下的中国节能减排问题研究
王群伟 周德群 周鹏著 2013 年 254 页 21 cm 24 元 (G. F. P.)

14740 309-12184
优化策略及其热能工程应用
李振哲等著 2016 年 117 页 26 cm 38 元 (G. P.)

14741 309-00607
内燃机配气凸轮机构设计与计算软件 FDCAM1.00 版用户手册
尚汉冀等编 1990 年 46 页 20 cm 5 元 (G.)

14742 309-00035
内燃机配气凸轮机构 设计与计算
尚汉冀著 1988 年 232 页 20 cm 1.50 元 (G. F.)

14743 309-00072
叶轮机械三元流动与准正交面法
忻孝康等编著 1988 年 251 页 20 cm 1.65 元 (G. F.)

原子能技术

14744 309-05209
加速器物理学
(美) S. Y. Lee 著 2006 年 第 2 版(英文影印版) 596 页 23 cm 50 元 (G. F. P.)

14745 309-02768
同步辐射应用概论
马礼敦 杨福家主编 2001 年 513 页 26 cm 精装 64 元〔上海研究生教育丛书〕(G. F. P.)

14746 13253.039
离子束分析
杨福家 赵国庆主编 1985 年 158 页 26 cm 2.45 元 (G. F.)

14747 309-08006
"核"来不怕 正确应对核辐射
吴锦海 顾乃谷主编 2011 年 70 页 19 cm 10 元 (G. F. P.)

14748 309-04063
核(放射)突发事件应急处置
顾乃谷 吴锦海主编 2004 年 173 页 23 cm 22 元〔公共卫生安全与应急处置系列〕(G. F. P.)

14749 5627-0066
辐射研究与辐射工艺学术论文集
辐射研究与辐射工艺学报编委会编 1990 年 124 页 26 cm 4.50 元 (G. F.)

电工技术

14750 309-12953

动手做 电工电子实验指导书

符庆编著 2017年 第2版 142页 23 cm 18元〔复旦卓越·普通高等教育21世纪规划教材〕(G. F. P.)

14751 309-08257
动手做电工电子实验指导书

符庆主编 2011年 113页 23 cm 13元〔复旦卓越·普通高等教育21世纪规划教材·电子类、非电子类〕(G. F. P.)

14752 309-00225
教材教法概论

程啸飞 吴建昌主编 1989年 354页 19 cm 3.40元〔中等专业学校、技工学校和职业中学电类课程教材教〕(G. F.)

14753 309-12781
电力英语口语教程

李丽君主编 2017年 238页 26 cm 38元〔21世纪大学ESP行业英语系列〕(G. F. P.)

14754 309-11778
电力综合英语

苗亚男 庞琛主编 2015年 139页 23 cm 25元〔21世纪大学行业英语系列〕(G. F. P.)

14755 309-11671
电工学 上册

苏成悦主编 2015年 244页 23 cm 38元〔普通高等学校"十二五"精品规划教材〕(G. P.)

14756 309-12424
电工学 下册

苏成悦主编 2016年 270页 23 cm 42元〔普通高等学校"十二五"精品规划教材〕(G. P.)

14757 309-07216
电工电子技术与技能

王宝根主编 2010年 302页 26 cm 35元〔中等职业教育课程改革国家规划新教材·电工电子系列 非电类多学时〕(G. P.)

14758 309-07397
电工电子技术与技能练习

王宝根 王于州主编 2010年 96页 26 cm 12元〔中等职业教育课程改革国家规划新教材配套教学用书·电工电子系列〕(G. P.)

14759 309-12818
电力英语阅读教程

王欣主编 2017年 294页 26 cm 38元〔21世纪电力专门用途英语(ESP)系列 复旦大学出版社规划教材 赵玉闪总主编〕(G. F. P.)

14760 309-12728
电力英语听力教程

余青兰主编 2017年 163页 26 cm 30元〔21世纪电力专门用途英语(ESP)系列 赵玉闪总主编〕(G. F. P.)

14761 309-14482
电力英语泛读教程

张倩主编 2019年 230页 26 cm 40元〔21世纪电力专门用途英语(ESP)系列 复旦大学出版社规划教材 赵玉闪总主编〕(G. F. P.)

14762 309-13439
电力英语实务教程

张倩主编 2018年 215页 26 cm 35元〔21世纪电力专门用途英语(ESP)系列

复旦大学出版社规划教材 赵玉闪总主编〕(G. P.)

14763 309-05526
电工工艺技术
周惠莉主编 2007年 183页 26 cm 21元〔21世纪中等职业教育电类专业系列〕(G. F.)

14764 309-10290
电工技术基础与技能练习（实验）
俞雅珍主编 2014年 82页 26 cm 12元〔中等职业教育课程改革国家规划新教材配套教学用书〕(G. F. P.)

14765 309-00710
电工基础
吴铁才 杨林根编著 1991年 355页 26 cm 8.90元〔高等工程专科学校试用教材〕(G.)

14766 309-00102
电工技术基础 上册
徐雪全主编 1988年 298页 20 cm 3元〔应用电子技术大专系列教材〕(G. F.)

14767 309-08964
电路基础
徐进 朱汉敏主编 2012年 258页 25 cm 32元〔复旦卓越·普通高等教育21世纪规划教材·电类、信息类〕(G. F. P.)

14768 309-00599
电路参数的容差分析与设计
凌燮亭著 1991年 179页 20 cm 精装 8元 (G. F.)

14769 309-11661
电机及拖动
王长全 宁玉红编著 2015年 180页 26 cm 35元〔高职高专精品课系列〕(G. F. P.)

14770 309-09321
PLC与单片机应用技术
易磊 黄鹏主编 2012年 239页 25 cm 31元〔复旦卓越·普通高等教育21世纪规划教材〕(G. F. P.)

14771 309-01117
新型化学电源导论
李国欣主编 1992年 594页 20 cm 6元 (G. F.)

14772 309-11566
电力拖动与变频器应用
宋合志主编 2015年 194页 26 cm 36元〔高职高专精品课系列〕(G. F.)

14773 309-02445
光源与照明
(英)J. R.柯顿(J. R. Coaton) (英)A. M.马斯登(A. M. Marsden)主编 陈大华等译 2000年 459页 26 cm 38元 (G. F. P.)

14774 309-13239
光源原理与设计
郭睿倩主编 复旦大学电光源研究所（光源与照明工程系）国家半导体照明工程研发及产业联盟编著 2017年 第3版 521页 26 cm 精装 158元〔半导体光源（LED，OLED）及照明设计丛书〕(G. F. P.)

14775 309-00827
光源与照明
(英)卡意莱斯(M. A. Cayless) (英)马斯登(A. M. Marsden)著 陈大华等译

1992年 395页 26 cm 15.30元 (G. F.)

14776 309-01162
光源原理与设计
周太明编著 1993年 411页 26 cm 18元 (G. F.)

14777 309-05244
光源原理与设计
周太明 周详 蔡伟新编著 2006年 第2版 511页 26 cm 精装 72元 (G. F. P.)

14778 309-02989
电气照明设计
周太明等编著 2001年 400页 26 cm 38元 (G. F. P.)

14779 309-04050
高效照明系统设计指南
周太明等编著 2004年 521页 23 cm 48元〔绿色照明丛书〕(G. F. P.)

14780 309-00159
电光源工艺 上册
方道腴 蔡祖泉编著 1988年 321页 20 cm 3.50元 (G. F.)

14781 309-00835
电光源工艺 上册
方道腴 蔡祖泉编著 1988年(1992年重印) 323页 20 cm 5.85元 (G. F.)

14782 309-00600
电光源工艺 下册
方道腴 蔡祖泉编著 1991年 396页 20 cm 5.90元 (G.)

14783 309-00125
电光源原理引论
蔡祖泉等编著 1988年 335页 20 cm 2.70元 (G. F.)

14784 309-06754
LVD无极灯
陈育明等编著 2009年 223页 23 cm 精装 42元 (G. F. P.)

14785 309-00569
灯用荧光粉的工艺和理论
(美) 巴特勒(K. H. Butler)著 周太明等译 1990年 489页 20 cm 9.80元 (G.)

14786 309-02039
跨世纪的家用电器
凌力等编著 1998年 192页 20 cm 9元〔新世纪丛书〕(G. F. P.)

14787 309-00642
常用无线电仪器和器件手册
张加珍等编 1991年 227页 26 cm 8.40元〔无线电实验丛书〕(G. F.)

电子技术、通信技术

14788 309-04412
模拟电子学基础
陈光梦编著 2005年 314页 23 cm 32元〔电子学基础系列〕(G. F. P.)

14789 309-06858
模拟电子学基础
陈光梦编著 2009年 第2版 325页 23 cm 38元〔电子学基础系列〕(G. F. P.)

14790 309-06484
电子技术基础
司淑梅主编 2009年 262页 26 cm 29元 (G. F. P.)

14791 309-04856
模拟电子学基础学习指导与教学参考
王勇编著 2006 年 175 页 23 cm 20 元 〔电子学基础系列〕（G. F. P.）

14792 309-05509
电子工艺技术
俞雅珍主编 2007 年 248 页 26 cm 27 元 〔21 世纪中等职业教育电类专业系列〕（G. F. P.）

14793 309-07217
电子技术基础与技能
俞雅珍主编 2010 年 222 页 26 cm 26 元 〔中等职业教育课程改革国家规划新教材·电气电力类〕（G. F. P.）

14794 309-07398
电子技术基础与技能练习（实验）
俞雅珍 黄艳飞编 2012 年 74 页 26 cm 10 元 〔中等职业教育课程改革国家规划新教材配套教学用书〕（G. F. P.）

14795 309-07394
电子技术基础与技能实训指导
俞雅珍主编 2010 年 127 页 26 cm 15 元 〔中等职业教育课程改革国家规划教材配套教学用书·电工电子系列〕（G. P.）

14796 309-00641
近代无线电实验
陈瑞涛等编 1991 年 116 页 26 cm 2.45 元 〔无线电实验丛书〕（G. F.）

14797 309-04098
近代无线电实验
陆起涌等编 2004 年 150 页 23 cm 16 元 〔电子学基础系列〕（G. F. P.）

14798 309-00081
毫米波技术
蔡树榛编著 1988 年 344 页 20 cm 2.20 元 （G. F.）

14799 309-04106
电子系统设计
俞承芳主编 宋万年等编著 2004 年 389 页 23 cm 39 元 〔电子学基础系列〕（G. F. P.）

14800 309-04025
电子材料实验
宗祥福 李川主编 2004 年 223 页 23 cm 26 元 〔复旦博学·材料科学系列〕（G. F. P.）

14801 309-00853
红外辐射加热技术
汤定元编著 1992 年 168 页 19 cm 3.80 元 （G. F.）

14802 309-00082
激光漫谈
伍长征等编著 1988 年 232 页 19 cm 1.25 元 （G. F.）

14803 309-12548
中国激光史录
雷仕湛等编著 2016 年 457 页 21 cm 38 元 （G. F. P.）

14804 309-08226
光束的力与未来生活
雷仕湛 薛慧彬 马沂编著 2012 年 72 页 23 cm 10 元 〔复旦光华青少年文库〕（G. F. P.）

14805 309-00193
激光物理学

伍长征等编著 1989年 556页 20 cm 3.50元 〔近代光学丛书〕(G. F.)

14806 309-03544
固态电子学基础
(美)萨支唐(Chih-Tang Sah)阮刚等译 2003年 616页 26 cm 精装 68元 (G. F. P.)

14807 309-08144
半导体器件原理
黄均鼐 汤庭鳌 胡光喜编著 2011年 375页 26 cm 48元 〔复旦博学·微电子学系列〕(G. F. P.)

14808 309-00492
双极型与MOS半导体器件原理
黄均鼐 汤庭鳌编著 1990年 445页 20 cm 3.40元 (G. F.)

14809 309-05655
薄膜晶体管(TFT)阵列制造技术
谷至华编著 2007年 411页 23 cm 45元 (G. F. P.)

14810 309-00708
半导体发光材料和器件
方志烈编著 1992年 386页 20 cm 8.50元 (G. F.)

14811 309-04363
微电子材料与制程
陈力俊主编 2005年 613页 23 cm 68元 (G. F. P.)

14812 309-05364
集成电路工艺和器件的计算机模拟 IC TCAD技术概论
阮刚编著 2007年 305页 23 cm 36元 〔复旦博学·微电子学系列〕(G. F. P.)

14813 13253.048
集成数字电路的逻辑设计
雍新生编 1987年 461页 20 cm 2.45元 (G. F.)

14814 309-03345
MOS集成电路的分析与设计
邵丙铣 郑国祥编著 2002年 245页 26 cm 26元 (G. F. P.)

14815 309-00068
超大规模集成电路电镜分析
R. B. Marcus, T. T. Sheng著 宗祥福 吴新仁译 1989年 162页 20 cm 1.55元 (G. F.)

14816 309-09617
射频/微波功率新型器件导论
黄伟等著 2013年 204页 22 cm 20元 (G. F. P.)

14817 309-04082
模拟与数字电路实验
宋万年等编著 2004年 174页 23 cm 18元 〔电子学基础系列〕(G. F. P.)

14818 309-09473
模拟与数字电路实验
王勇主编 2013年 192页 23 cm 25元 〔电子学基础系列〕(G. F. P.)

14819 309-04374
模拟与数字电路基础实验
孔庆生 俞承芳主编 沈云虎 刘效群编著 2005年 237页 23 cm 25元 〔电子学基础系列〕(G. F. P.)

14820 309-10905
模拟与数字电路基础实验
孔庆生编著 2014年 240页 23 cm 35元

〔电子学基础系列〕(G. F. P.)

14821 309-00500
模拟电子线路实验
陆廷璋等编 1990 年 167 页 26 cm 2.60 元 〔无线电实验丛书 3〕(G.)

14822 309-07868
高频电路基础
陈光梦编著 2011 年 401 页 23 cm 45 元 〔复旦博学·电子学基础系列〕(G. F. P.)

14823 309-12045
高频电路基础
陈光梦编著 2016 年 第 2 版 477 页 23 cm 59 元 〔电子学基础系列〕(G. F. P.)

14824 309-00239
计算机辅助电路设计
潘明德编著 1989 年 235 页 20 cm 1.55 元 (G. F.)

14825 309-10025
模拟电子学基础与数字逻辑基础学习指南
王勇 陈光梦编著 2013 年 323 页 24 cm 42 元 〔电子学基础系列〕(G. F. P.)

14826 309-00349
自适应滤波器
(英) 科恩(C. F. N. Cowan) (英) 格兰特 (P. M. Grant) 主编 邵祥义等译 1990 年 318 页 20 cm 2.50 元 (G.)

14827 309-00105
MOS 运算放大器 原理、设计与应用
李联编著 1988 年 235 页 26 cm 2.50 元 (G. F.)

14828 309-00471
脉冲与数字电路实验教程
陈振新等编 1990 年 227 页 26 cm 3.35 元 〔无线电实验丛书〕(G. F.)

14829 309-02105
当代传媒新技术
张文俊编著 1998 年 378 页 26 cm 34 元 〔影视艺术技术丛书〕(G. F. P.)

14830 309-00854
信号和通信系统
包闻亮 鲍风编著 1993 年 270 页 26 cm 5.75 元 (G. F.)

14831 309-01344
信号和通信系统
包闻亮 鲍风编著 1993 年 重印 270 页 26 cm 11 元 (G. F.)

14832 309-12234
信号与系统 Matlab 版
雷大军 姚敏 黄健全主编 2016 年 311 页 26 cm 48 元 〔应用技术类型高等学校规划教材〕(G. P.)

14833 309-03108
《信号与系统》同步指导 理论、方法与题解
李锋编著 2002 年 170 页 26 cm 20 元 〔全国高等教育自学考试指导丛书〕(G. F. P.)

14834 309-03711
现代信号处理理论和方法
汪源源编著 2003 年 226 页 26 cm 22 元 〔21 世纪复旦大学研究生教学用书〕(G. F. P.)

14835 309-11845
Hilbert-Huang 变换及其在信号处理中的应用

蔡剑华著　2016 年　238 页　23 cm　36 元
　（G.）

14836　309-00779

数字信号处理

周耀华　汪凯仁编著　1992 年　295 页　26 cm
　10.80 元　（G. F.）

14837　309-01343

数字信号处理

周耀华　汪凯仁编著　1992 年（1993 年重
　印）295 页　26 cm　16 元　（G. F.）

14838　309-07351

数字声学设计

张莹编著　2010 年　418 页　25 cm　39 元
　〔现代传媒技术实验教材系列〕（G. F. P.）

14839　309-06612

录音应用基础

徐恩惠编著　2009 年　275 页　25 cm　32 元
　〔现代传媒技术实验教材系列〕（G. F. P.）

14840　309-01151

音响技术

岑美君　俞承芳编著　1994 年　205 页　20 cm
　5.50 元　〔电视系列丛书〕（G. F.）

14841　309-02293

音响技术

岑美君　俞承芳编著　1999 年　第 2 版　284 页
　20 cm　14 元　〔电视系列丛书〕（G. F. P.）

14842　309-01795

网络通信

陶安顺编著　1997 年　257 页　26 cm　22 元
　〔现代通信丛书〕（G. F. P.）

14843　309-01476

通信电缆线路及常见故障

张思连编著　1995 年　382 页　20 cm　18.30
　元　（G. F.）

14844　309-14065

网络空间攻与防

汪晓风著　2018 年　115 页　21 cm　20 元
　〔国家大事丛书〕（G. F. P.）

14845　309-03071

新世纪的宽带网络

凌力编著　2002 年　164 页　21 cm　9 元
　〔新世纪丛书〕（G. F. P.）

14846　309-11150

现代无线通信系统盲处理技术新进展 基于智能算法

阮秀凯等著　2015 年　203 页　26 cm　39 元
　〔上海市"十二五"重点图书〕（G. F. P.）

14847　309-11970

IEEE 802.11e 无线网络中的跨层自适应视频传输研究

万征著　2015 年　139 页　23 cm　29 元　〔信
　毅学术文库〕（G. F. P.）

14848　309-00004

光纤理论与测量

周树同编译　1988 年　261 页　20 cm　1.70 元
　（G. F.）

14849　309-02354

光纤通信

唐棣芳主编　1999 年　122 页　26 cm　18 元
　〔现代通信丛书〕（G. F. P.）

14850　309-11493

基于 Android 平台的移动终端应用开发实践

何福贵编著 2015年 221页 26 cm 39元〔高职高专精品课系列〕(G. F. P.)

14851 309-12542
玩转手机
张威编著 2016年 127页 21 cm 15元〔"60岁开始读"科普教育丛书〕(G. F. P.)

14852 309-13423
智慧老人·沟通
葛卫华主编 2018年 92页 25 cm 128元 (G. F. P.)

14853 309-00361
电视与录像
岑美君编著 1989年 239页 20 cm 3.70元 (G. F.)

14854 309-01800
电视新技术
吴龙生 吴霄麟编著 1997年 206页 20 cm 12.50元〔电视系列丛书〕(G. F. P.)

14855 309-02153
卫星电视
吴立勋编著 1998年 135页 20 cm 7.80元〔电视系列丛书〕(G. F. P.)

14856 309-05544
磁记录理论
(美) H. Neal Bertram 著 车晓东 廖嘉霖 金庆原等译 2007年 304页 23 cm 45元 (G. F. P.)

14857 309-14769
音频音乐与计算机的交融 音频音乐技术
李伟主编 2019年 468页 30 cm 88元 (G. F. P.)

14858 309-01597

彩色电视摄像机与录像机
徐梅林 王绥祥编著 1995年(1996年印) 212页 20 cm 9.50元〔电视系列丛书〕(G. F. P.)

14859 309-05865
数字电视摄像技术
赵成德编著 2007年 280页 25 cm 30元〔现代传媒技术实验教材系列〕(G. F. P.)

14860 309-08658
数字电视摄像技术
赵成德 赵巍编著 2012年 第2版 348页 26 cm 38元〔现代传媒技术实验教材系列〕(G. F. P.)

14861 309-01839
有线电视
岑美君 俞承芳编著 1997年 173页 20 cm 9元〔电视系列丛书〕(G. F. P.)

14862 309-01544
应用电视
孙肇敏编著 1995年 247页 20 cm 10元〔电视系列丛书〕(G. F. P.)

自动化技术、计算机技术

14863 309-00134
计算机应用中的控制理论
李训经等编著 1987年(1988年印) 237页 19 cm 1.30元〔大学数学丛书〕(G. F.)

14864 309-13562
时滞复杂系统动力学 从神经网络到复杂网络
卢文联等著 2018年 210页 23 cm 精装 58元 (G. F. P.)

14865 309-01472

知识库系统原理及其应用

曹文君编著 1995 年 333 页 20 cm 12 元
（G. F. P.）

14866 309-06777

面向多 Agent 系统的辩论协商研究

黄河笑编著 2009 年 125 页 21 cm 10 元
（G. F. P.）

14867 309-01041

人工神经网络的模型及其应用

张立明编著 1993 年 237 页 26 cm 7.50 元
（G. F.）

14868 309-01376

人工神经网络的模型及其应用

张立明编著 1993 年（1994 年重印）237 页 26 cm 11.60 元 （G. F.）

14869 309-14248

人工智能 3.0 大智若愚

高奇琦等著 2019 年 200 页 21 cm 25 元〔国家大事丛书〕（G. F. P.）

14870 309-01993

可编程逻辑器件的原理与应用

陈光梦编著 1998 年 95 页 26 cm 13.20 元
（G. F.）

14871 309-13551

3D 建模与成型 E-SUN 机器人

吴强主编 2018 年 193 页 26 cm 70 元〔3D 建模与成型系列丛书〕（G. P.）

14872 309-01353

机器人

周新伦 关绮玲编著 1994 年 124 页 20 cm 4.20 元〔新世纪丛书〕（G. F.）

14873 309-15092

工业机器人现场操作与编程案例教程（FANUC）

左湘 李志谦 熊哲立主编 2020 年 258 页 26 cm 活页夹 49 元〔职业教育校企双元育人教材系列 全国现代学徒制专家指导委员会指导〕（G. P.）

14874 309-11515

非线性系统 Hopf 分岔反馈控制

刘素华著 2015 年 135 页 23 cm 20 元
（G. F. P.）

14875 309-01405

单片微机控制技术

涂时亮 张友德编著 1994 年 394 页 26 cm 18 元 （G. F.）

14876 309-02247

计算机与信息处理

曹邦伟 高传善编著 1999 年 187 页 26 cm 16.80 元〔计算机应用基础教程丛书 面向 21 世纪高校教材〕（G. F. P.）

14877 309-01745

计算机与信息处理基础

曹邦伟等编著 1996 年（1997 年重印）269 页 20 cm 12 元〔高校非计算机专业计算机教程丛书〕（G. F.）

14878 309-09844

大学计算机基础

陈一明 吴良海编 2013 年 334 页 26 cm 39.50 元 （P.）

14879 309-13055

大学计算机基础

陈一明 吴良海主编 2017 年 第 2 版 336 页 26 cm 49.50 元〔普通高等学校"十三五"精品规划教材〕（G. P.）

14880 309-13146

计算机应用基础上机指导 Windows 7＋Office 2010

范治国 徐杰主编 2017年 134页 26 cm 23.50元〔21世纪职业教育立体化精品教材〕(G. F.)

14881 309-07172

湖南省高等学校计算机水平等级考试过关训练教程

冯丁武 张奋主编 2010年 286页 26 cm 32元 (P.)

14882 309-02263

计算机原理 计算机信息管理专业

复旦大学成人教育学院等主编 1999年 249页 26 cm 20元〔全国高等教育自学考试指导与训练〕(G. F. P.)

14883 309-06773

大学计算机基础教程

高守平 龚德良 王海文主编 2010年 304页 26 cm 35元 (P.)

14884 309-09857

大学计算机基础教程

高守平 龚德良 王海文主编 2013年 第2版 304页 26 cm 38元〔普通高等学校"十二五"精品规划教材〕(G. P.)

14885 309-06752

大学计算机基础实验教程

高守平 龚德良 王海文主编 2010年 166页 26 cm 20元 (P.)

14886 309-09841

大学计算机基础实验教程

高守平编 2013年 第2版 144页 26 cm 28元 (P.)

14887 309-06807

计算机等级考试指导与过关训练教程

龚德良 高守平 王海文主编 2010年 326页 26 cm 36元 (P.)

14888 309-08019

大学计算机基础实用教程

龚花兰主编 2011年 337页 25 cm 42元〔复旦卓越·普通高等教育21世纪规划教材 非计算机类 教学练＆教学做 全国成人大学计算机等级考试实用教程 全国计算机等级考试(一级)参考教程〕(G. F. P.)

14889 309-07681

贵州省成人学士学位计算机课程考试指南

《贵州省成人学士学位计算机课程考试指南》编写组编 2010年 167页 23 cm 20元 (G. P.)

14890 309-11860

贵州省成人学士学位计算机课程考试指南 2015修订版

《贵州省成人学士学位计算机课程考试指南》编写组编 2015年 第2版 162页 23 cm 21元 (G. F. P.)

14891 309-07693

计算机网络

胡小强 李艳主编 2011年 260页 26 cm 32元 (P.)

14892 309-08316

大学计算机基础与应用实践教程

刘琴 李东方 胡光主编 王永全等编写 2011年 277页 26 cm 36元〔复旦博学·大学公共课系列 21世纪高等院校计算机基础教育课程体系规划教材〕(G. F. P.)

14893 309-10776

大学计算机基础与应用实践教程

刘琴 李东方 胡光主编 2014年 第2版 275页 26 cm 36元〔复旦博学·大学公共课系列 21世纪高等院校计算机基础教育课程体系规划教材〕(G. F. P.)

14894 309-07272

大学计算机基础

刘相滨主编 2010年 320页 26 cm 36元 (P.)

14895 309-10672

大学计算机基础

刘相滨 汪永琳主编 2014年 第2版 293页 26 cm 42元〔普通高等学校"十二五"精品规划教材〕(G. P.)

14896 309-10697

大学计算机基础实践教程

刘相滨 汪永琳主编 2014年 第2版 137页 26 cm 29元〔普通高等学校"十二五"精品规划教材〕(G. P.)

14897 309-06289

计算机专业基础综合复习指南

上海恩波学校 上海翔高教育计算机统考命题研究中心暨培训中心编著 2008年 531页 26 cm 68元〔2009年全国计算机科学与技术学科硕士研究生招生联考〕(G. F. P.)

14898 309-02382

信息技术应用基础

上海市计算机应用能力考核办公室编 1999年 276页 26 cm 28元〔"上海紧缺人才培训工程"教学系列丛书〕(G. P.)

14899 309-03205

信息技术应用基础

上海市计算机应用能力考核办公室编 2002年 第2版 265页 26 cm 38元〔"上海紧缺人才培训工程"教学系列丛书〕(G. F. P.)

14900 309-04703

信息技术应用基础 2005版

俞时权主编 上海市计算机应用能力考核办公室编 2005年 267页 26 cm 38元〔"上海紧缺人才培训工程"教学系列丛书〕(G. F. P.)

14901 309-12567

计算机基础案例教程

石敏力编写 2017年 260页 26 cm 46元 (P.)

14902 309-09019

计算机公共基础

唐新国主编 2012年 316页 26 cm 39.50元 (P.)

14903 309-10749

计算机基础操作

唐新国主编 2014年 301页 26 cm 39.50元〔普通高等学校"十二五"精品规划教材〕(G. P.)

14904 309-06756

计算机应用基础实训教程

王民意 文平耿主编 2010年 154页 26 cm 19元 (P.)

14905 309-03716

大学计算机信息科技教程

吴立德主编 赵子正等编著 2003年 2007年第2版 471页 23 cm 45元〔复旦博学·大学计算机公共课系列〕(G. F. P.)

14906 309-03728
大学计算机信息科技实验指导
吴立德主编 沈建蓉等编著 2003 年 2007 年第 2 版 268 页 23 cm 33 元〔复旦博学·大学计算机公共课系列〕(G. F. P.)

14907 309-06764
计算机学科专业基础综合复习指南 2010
上海恩波学校 上海翔高教育计算机统考命题研究中心暨培训中心编著 2009 年 550 页 26 cm 70 元〔2010 年全国计算机科学与技术学科硕士研究生招生联考〕(G. F. P.)

14908 309-07439
计算机学科专业基础综合复习指南 2011
上海恩波学校计算机统考命题研究中心暨培训中心 上海翔高教育计算机统考命题研究中心暨培训中心编著 2010 年 573 页 26 cm 71 元〔2011 年全国硕士研究生入学统一考试辅导用书〕(G. F. P.)

14909 309-08359
计算机学科专业基础综合复习指南 2012
翔高教育计算机统考命题研究中心暨培训中心编 2011 年 第 4 版 569 页 26 cm 75 元〔2012 年全国硕士研究生入学统一考试辅导用书〕(G. F. P.)

14910 309-09055
计算机学科专业基础综合复习指南 2013
翔高教育计算机教学研究中心编 2012 年 第 5 版 572 页 26 cm 75 元〔2013 年全国硕士研究生入学统一考试辅导用书〕(G. F. P.)

14911 309-09896
计算机学科专业基础综合复习指南 2014
翔高教育计算机教学研究中心编 2013 年 第 6 版 469 页 26 cm 60 元〔2014 年全国硕士研究生入学统一考试辅导用书〕(G. F. P.)

14912 309-01608
潇洒玩电脑
谢磊等编 1996 年 225 页 26 cm 16 元 (G. F. P.)

14913 309-11561
信息技术应用基础
谢忠新 左葵主编 2015 年 280 页 30 cm 45 元〔全国学前教育专业(新课程标准)"十二五"规划教材〕(G. F. P.)

14914 309-08682
计算机数学基础
杨树清编 2012 年 250 页 26 cm 36 元 (P.)

14915 309-09793
大学计算机基础
杨焱林主编 2013 年 第 2 版 305 页 26 cm 38 元〔普通高等学校"十二五"精品规划教材〕(G. P.)

14916 309-09783
大学计算机基础习题与上机指导
杨焱林主编 2013 年 第 2 版 145 页 26 cm 28 元〔普通高等学校"十二五"精品规划教材〕(G. P.)

14917 309-13074
实用计算机技术
曾建成主编 2017 年 289 页 26 cm 46 元〔普通高等学校精品规划教材〕(G. P.)

14918 309-05022
信息技术基础教程
张莉主编 于海涛等编写 2006 年 292 页

30 cm 36 元〔复旦卓越·全国学前教育专业系列〕(G. F. P.)

14919 309-00099
程序员级硬件知识
张然等编著 1988 年 128 页 20 cm 2 元〔软件人员水平考试辅导教材〕(G. F.)

14920 309-00216
高级程序员级计算机系统知识
张然等编著 1989 年 182 页 20 cm 3 元〔软件人员水平考试辅导教材〕(G. F.)

14921 309-04576
高级计算机程序基础
周麟祥编著 2005 年 英文版 368 页 24 cm 45 元 (G. P.)

14922 309-01213
计算机应用初步习题分析与解答
高传善等编 1993 年 137 页 20 cm 4.40 元〔高校非计算机专业计算机等级考试教材丛书〕(G. F.)

14923 309-01643
1992—1994 高校非计算机专业计算机等级考试(一级)试题详解
李应华编 1996 年 168 页 19 cm 8 元 (G. F.)

14924 309-06898
计算机学科专业基础综合模拟试卷 2010
上海恩波学校 上海翔高教育计算机统考命题研究中心编著 2009 年 133 页 26 cm 20 元〔2010 年全国计算机科学与技术学科硕士研究生招生联考〕(G. F. P.)

14925 309-07621
计算机学科专业基础综合模拟试卷 2011
上海翔高教育 南京恩波学校计算机统考命题研究中心暨培训中心编著 2010 年 128 页 26 cm 20 元〔2011 年全国硕士研究生入学统一考试辅导用书〕(G. F. P.)

14926 309-08508
计算机学科专业基础综合模拟试卷 2012
翔高教育计算机统考命题研究中心暨培训中心编 2011 年 195 页 26 cm 26 元〔2012 年全国硕士研究生入学统一考试辅导用书〕(G. F. P.)

14927 309-09279
计算机学科专业基础综合模拟试卷 2013
翔高教育计算机教学研究中心编 2012 年 第 4 版 201 页 26 cm 26 元〔2013 年全国硕士研究生入学统一考试辅导用书〕(G. F. P.)

14928 309-06799
计算机学科专业基础综合习题精编 2010
上海恩波学校 上海翔高教育计算机统考命题研究中心编著 2009 年 429 页 26 cm 55 元〔2010 年全国计算机科学与技术学科硕士研究生招生联考〕(G. F. P.)

14929 309-07597
计算机学科专业基础综合习题精编 2011
上海翔高教育计算机统考命题研究中心暨培训中心 南京恩波学校计算机统考命题研究中心暨培训中心编 2010 年 464 页 26 cm 56 元〔2011 年全国硕士研究生入学统一考试辅导用书〕(G. F. P.)

14930 309-08358
计算机学科专业基础综合习题精编 2012
翔高教育计算机统考命题研究中心暨培训

中心编 2011年 第3版 430页 26 cm 54元〔2012年全国硕士研究生入学统一考试辅导用书〕(G. F. P.)

14931 309-09139
计算机学科专业基础综合习题精编 2013
翔高教育计算机教学研究中心编 2012年 436页 26 cm 54元〔2013年全国硕士研究生入学统一考试辅导用书〕(G. F. P.)

14932 309-09955
计算机学科专业基础综合习题精编 2014
翔高教育计算机教学研究中心编 2013年 第5版 408页 26 cm 54元〔2014年全国硕士研究生入学统一考试辅导用书〕(G. F. P.)

14933 309-01633
高校非计算机专业计算机等级考试(二级)试题分类详解 1992—1995
王春森等编 1996年 282页 26 cm 20元 (G. F.)

14934 309-08294
计算机学科专业基础综合真题详解 2012
翔高教育计算机统考命题研究中心暨培训中心编 2011年 165页 26 cm 26元〔2012年全国硕士研究生入学统一考试辅导用书〕(G. F. P.)

14935 309-09112
计算机学科专业基础综合真题详解 2013
翔高教育计算机教学研究中心编 2012年 第2版 193页 26 cm 25元〔2013年全国硕士研究生入学统一考试辅导用书〕(G. F. P.)

14936 309-10045
计算机学科专业基础综合真题详解及模拟试卷 2014
翔高教育计算机教学研究中心编 2013年 290页 26 cm 39元〔2014年全国硕士研究生入学统一考试辅导用书〕(G. F. P.)

14937 309-01526
计算机应用能力(中级)考试指南
赵龙强 王芳编著 1995年 216页 26 cm 15元 (G. F. P.)

14938 309-10995
计算机组装与维护案例教程
沈平 唐新国主编 2014年 232页 26 cm 36元〔普通高等学校"十二五"精品规划教材〕(G. P.)

14939 13253.018
计算机算法 设计和分析引论
(美)萨拉·巴斯(S. Baase)著 朱洪等译 1985年 354页 20 cm 2.05元 (G. F.)

14940 309-00807
中国高校数学和统计软件库(CUMSS)数值软件的研究与开发
施吉林等编著 1992年 132页 19 cm 16元 (G. F.)

14941 309-01341
计算机系统结构和 RISC 设计
洪志良编译 1994年 232页 26 cm 14元 (G. F.)

14942 309-02155
计算机组成
王德新 王志康编著 1999年 332页 26 cm 25元 (G. F. P.)

14943 309-02660
计算机组成实验

赵志英等编写 2000 年 208 页 26 cm 21 元〔计算机实验指导丛书〕(G. F. P.)

14944 309-01789
计算机组成原理实验
赵志英编 1996 年 199 页 26 cm 15 元〔计算机实验指导丛书〕(G. F. P.)

14945 309-01620
电脑病毒的防治
李大学 张义兰编著 1996 年 255 页 26 cm 19 元〔家用电脑应用丛书〕(G. F. P.)

14946 309-00229
计算机基础 FORTRAN77 程序设计
钱乐秋 赵文耕编 1989 年 416 页 20 cm 5 元〔大学应用数学丛书〕(G. F.)

14947 309-01258
计算机常用软件与操作
上海中专计算机协作组编 1993 年 重印 238 页 26 cm 9.80 元〔计算机操作技能培训教材〕(G. F.)

14948 309-01974
计算机常用软件与操作
柳伟钧主编 上海市中专计算机协作组编 1998 年 第 2 版 234 页 26 cm 18.80 元 (G. F. P.)

14949 309-00123
数据结构
施伯乐等编 1988 年 365 页 20 cm 2.55 元 (G. F.)

14950 309-00445
数据结构
施伯乐等编 1988 年(1992 年印) 365 页 20 cm 4.8 元 ( )

14951 309-01331
数据结构
施伯乐等编 1988 年(1993 年印) 365 页 20 cm 9 元 (G. F.)

14952 309-00649
单片微机 MCS-96/98 实用子程序
涂时亮 姚志石著 1991 年 308 页 20 cm 4.30 元 (G. F.)

14953 309-00098
程序员级软件知识
张然等编著 1988 年 246 页 20 cm 3 元〔软件人员水平考试辅导教材〕(G. F.)

14954 309-00438
高级程序员级软件知识
张然等编著 1990 年 373 页 20 cm 5.40 元〔软件人员水平考试辅导教材〕(G. F.)

14955 309-00215
MCS-51 单片微机实用子程序及其应用
张友德等编著 1988 年 375 页 20 cm 4.50 元 (G.)

14956 309-01004
计算机软件技术基础
赵文庆编著 1993 年 222 页 26 cm 12.60 元 (G. F.)

14957 309-01367
计算机软件资格和水平考试试题分类详解 1990—1993
高传善等编 1994 年 2 册 26 cm 34 元 (G. F.)

14958 309-02141
国际大学生程序设计竞赛试题解析
王建德 柴晓路编著 1999 年 285 页 26 cm

25 元 (G. F. P.)

14959 309-02223
程序设计 计算机信息管理专业
复旦大学成人教育学院培训部等主编 1999 年 290 页 26 cm 22 元〔全国高等教育自学考试指导与训练〕(G. F. P.)

14960 309-09990
程序设计基础实践教程
陈海建主编 2014 年 276 页 26 cm 40 元 (G. F. P.)

14961 309-12845
STEAM 之创意编程思维 Scratch 精英版
居晓波等著 2017 年 96 页 30 cm 32 元〔天才密码 STEAM 之创意编程思维系列丛书〕(G. F. P.)

14962 309-13299
STEAM 之创意编程思维 Scratch 智慧版
居晓波著 2017 年 158 页 30 cm 56 元〔天才密码 STEAM 之创意编程思维系列丛书〕(G. F. P.)

14963 309-12986
STEAM 之创意编程思维 Scratch Jr 精灵版
叶天萍著 2017 年 2 册 21×30 cm 68 元〔天才密码 STEAM 之创意编程思维系列丛书〕(G. F. P.)

14964 309-01408
数据结构教程
蔡子经 施伯乐编著 1994 年 251 页 26 cm 14 元 (G. F. P.)

14965 309-08164
数据结构教程
施伯乐主编 2011 年 263 页 26 cm 35 元〔普通高等教育"十一五"国家级规划教材〕(G. F. P.)

14966 309-08694
数据索引与数据组织模型及其应用
胡运发著 2012 年 204 页 26 cm 30 元 (G. F. P.)

14967 309-10223
Access 数据库应用技术
蒋加伏编 2014 年 第 2 版 301 页 26 cm 42 元 (P.)

14968 309-10222
Access 数据库应用技术实验指导与习题选解
蒋加伏编 2014 年 第 2 版 130 页 26 cm 28 元 (P.)

14969 309-00188
微型机数据库及其应用
李大学 张义兰编著 1989 年 287 页 26 cm 6.50 元 (G. F.)

14970 309-15308
区块链技术基础与实践
刘百祥 阚海斌编著 2020 年 192 页 26 cm 39 元〔上海市高等学校信息技术水平考试参考教材〕(G. F. P.)

14971 309-01327
微型机数据库及其应用
李大学 张义兰编著 1989 年(1993 年重印) 287 页 26 cm 12 元 (G.)

14972 309-15256
数据库应用技术项目化教程
梁修荣 李昌弘主编 2020 年 296 页 26 cm 49 元 (P.)

14973 309-03580

数据库与智能数据分析 技术、实践与应用

施伯乐 朱扬勇编著 2003年 210页 26 cm 25元〔21世纪复旦大学研究生教学用书〕(G. F. P.)

14974 309-06956

数据学

朱扬勇 熊赟著 2009年 131页 23 cm 22元 (G. F. P.)

14975 309-08643

程序设计基础与实验教程

陈一明 吴良海主编 2012年 372页 26 cm 43元 (P.)

14976 309-07779

Access 数据库应用技术实验指导与习题选解

蒋加伏主编 2011年 138页 26 cm 19元〔普通高等学校"十一五"精品规划教材〕(P..)

14977 309-06466

Visual FoxPro 程序设计与数据库应用基础教程

刘相滨 张奋主编 2009年 279页 26 cm 33元〔普通高等学校"十一五"精品规划教材〕(G. P.)

14978 309-10220

Visual FoxPro 程序设计与数据库应用基础教程

刘相滨 汪永琳主编 2014年 第3版 286页 26 cm 42元〔普通高等学校"十二五"精品规划教材〕(P.)

14979 309-06467

Visual FoxPro 程序设计与数据库应用实践教程

刘相滨 高守平主编 2009年 174页 26 cm 21元〔普通高等学校"十一五"精品规划教材〕(G. P.)

14980 309-11075

Visual FoxPro 程序设计与数据库应用实践教程

刘相滨 高守平主编 2015年 第3版 193页 26 cm 32元〔普通高等学校"十二五"精品规划教材〕(G. P.)

14981 309-02971

Visual FoxPro 6.0 及其应用

肖诩主编 2001年 294页 26 cm 34元 (G. F. P.)

14982 309-07777

Visual FoxPro 数据库教程

谢膺白主编 2011年 344页 26 cm 38元 (P.)

14983 309-06402

电脑游戏策划与设计 Virtools 简明教程

王立群 李红松主编 罗建勤 张默撰稿 2008年 233页 25 cm 35元〔复旦博学·新世纪动画专业教程〕(G. F. P.)

14984 309-11010

软件工程 方法与实践

赵文耘等著 2014年 372页 26 cm 59元〔21世纪复旦大学研究生教学用书〕(G. F. P.)

14985 309-01858

软件开发方法

陈增荣编著 1997年 209页 26 cm 16元 (G. F. P.)

14986 309-05626

思快客初级教程
王政国主编 2007 年 100 页 30 cm 25 元 〔少儿智力开发电脑软件教材〕(G. P.)

14987 309 - 13997
基于 Agent 的劝说模型及系统
伍京华著 2018 年 115 页 24 cm 39 元 (G. F. P.)

14988 309 - 02820
高级语言程序设计
夏宽理编 2001 年 181 页 26 cm 20 元 〔全国高等教育自学考试指导与训练〕(G. F. P.)

14989 309 - 10738
函数式 F♯语言程序设计
黎升洪主编 2014 年 370 页 26 cm 58 元 〔信毅教材大系〕(G. F. P.)

14990 309 - 14646
Java 程序设计项目化教程
范凌云 兰伟 杨东主编 2020 年 564 页 27 cm 79 元 〔项目化教程系列教材 电子信息类〕(G. F. P.)

14991 309 - 00863
TRUE BASIC 语言程序设计基础
曹文君等编 1992 年 458 页 20 cm 7.20 元 〔高校非计算机专业计算机等级考试教材丛书〕(G.)

14992 309 - 01124
TRUE BASIC 语言程序设计基础
曹文君等编 1992 年(1994 年重印) 458 页 20 cm 12 元 〔高校非计算机专业计算机等级考试教材丛书〕(G. F.)

14993 309 - 07070

大学 VB.NET 程序设计实践教程
沈建蓉 夏耘主编 2010 年 第 3 版 319 页 26 cm 37 元 〔复旦博学·大学公共课系列〕(G. F. P.)

14994 309 - 01293
TRUE BASIC 语言习题分析与解答
曹文君等编著 1994 年 322 页 20 cm 9.40 元 〔高校非计算机专业计算机等级考试教材丛书〕(G. F.)

14995 309 - 15334
C 语言设计项目化教程
陈帅华 韩亚军 张建平主编 2020 年 230 页 26 cm 49 元 〔项目化教程系列教材〕(P.)

14996 309 - 09206
C 语言程序设计教程
杜红燕 刘华富主编 2012 年 251 页 26 cm 36 元 〔普通高等学校"十二五"精品规划教材〕(G. P.)

14997 309 - 07678
C 语言程序设计
李峰编 2011 年 290 页 26 cm 35 元 (P.)

14998 309 - 07557
C 语言程序设计
李峰编 2015 年 第 2 版 337 页 26 cm 45 元 (F. P.)

14999 309 - 07721
C 语言程序设计上机指导与习题选解
李峰 谢中科主编 2011 年 192 页 26 cm 28 元 (P.)

15000 309 - 11951
C 语言程序设计上机指导与习题选解

李峰 谢中科主编 2015年 第2版 184页 26 cm 32元〔普通高等学校"十二五"精品规划教材〕(G. P.)

15001 309-07073
C语言程序设计
孟爱国主编 2010年 272页 26 cm 34元 (P.)

15002 309-07090
C语言程序设计上机指导与习题选解
孟爱国主编 2010年 198页 26 cm 24元 (P.)

15003 309-01727
C程序设计实例详解
夏宽理编著 1996年 295页 26 cm 22元 (G. F. P.)

15004 309-01780
C语言程序设计与数据结构
夏宽理 王春森编著 1997年 376页 20 cm 16元〔高校非计算机专业计算机教程丛书〕(G. F. P.)

15005 309-01346
C语言与程序设计
夏宽理编著 1994年 298页 26 cm 15元 (G. F.)

15006 309-02575
程序设计
夏宽理 王春森编著 2000年 362页 26 cm 40元 (G. F. P.)

15007 309-06089
大学程序设计(C)实践手册
夏耘 吉顺如 王学光主编 2008年 254页 26 cm 33元〔复旦博学·大学公共课系列〕(G. F. P.)

15008 309-09207
C语言项目化实践教程
肖波安 刘华富主编 2012年 249页 26 cm 36元〔普通高等学校"十二五"精品规划教材〕(G. P.)

15009 309-00861
C语言程序设计基础
徐君毅等编 1992年(1993年重印) 297页 20 cm 6.10元〔高校非计算机专业计算机等级考试教材丛书〕(G. F.)

15010 309-01123
C语言程序设计基础
徐君毅等编 1992年(1993年重印) 297页 20 cm 8.20元〔高校非计算机专业计算机等级考试教材丛书〕(G. F.)

15011 309-01148
C语言应用程序设计
徐君毅等编 1993年 306页 26 cm 15元 (G. F.)

15012 13253.058
实用C语言
徐君毅 于玉 罗文化编著 1987年 253页 21 cm 2元 (F.)

15013 309-00530
实用C语言
徐君毅 于玉 罗文化编著 1987年(1992年重印) 253页 21 cm 3.80元 (F.)

15014 309-01092
实用C语言
徐君毅等编著 1987年(1993年重印) 253页 21 cm 7元 (G. F.)

15015 309-09015

C 语言程序设计与系统开发
张明 祁建宏主编 2013 年 351 页 26 cm 43 元〔普通高等学校"十二五"精品规划教材〕(G. P.)

15016 309-02689
C 语言程序设计新捷径
周启海 丁庆等著 2000 年 382 页 26 cm 35 元 (G. F. P.)

15017 309-01304
C 语言习题分析与解答
徐君毅等编 1994 年 271 页 20 cm 8.20 元〔高校非计算机专业计算机等级考试教材丛书〕(G. F.)

15018 309-10100
C＋＋编程 面向问题的设计方法
李刚主编 2013 年 657 页 26 cm 76 元〔信毅教材大系〕(G. F. P.)

15019 309-00862
COBOL 语言程序设计基础
黄德利等编 1992 年 327 页 20 cm 5.40 元〔高校非计算机专业计算机等级考试教材丛书〕(G. F.)

15020 309-01134
COBOL 语言程序设计基础
黄德利等编 1992 年（1993 年重印）327 页 20 cm 8.90 元〔高校非计算机专业计算机等级考试教材丛书〕(G. F.)

15021 13253.013
CROMEMCO 微型计算机 COBOL 程序设计
罗文化编著 1984 年 250 页 25 cm 2.34 元 (G. F.)

15022 309-01221
COBOL 语言习题分析与解答
黄德利等编 1993 年 191 页 20 cm 6 元〔高校非计算机专业计算机等级考试教材丛书〕(G. F.)

15023 309-00864
FORTRAN 77 语言程序设计基础
钱乐秋等编 1992 年 327 页 20 cm 4.70 元〔高校非计算机专业计算机等级考试教材丛书〕(G. F.)

15024 309-01122
FORTRAN 77 语言程序设计基础
钱乐秋等编 1992 年（1993 年重印）327 页 20 cm 8.80 元〔高校非计算机专业计算机等级考试教材丛书〕(G. F.)

15025 309-01269
FORTRAN 77 语言习题分析与解答
钱乐秋等编著 1994 年 273 页 20 cm 8.20 元〔高校非计算机专业计算机等级考试教材丛书〕(G. F.)

15026 309-01779
FORTRAN 语言程序设计与数值计算
钱乐秋等编著 1997 年 407 页 20 cm 19 元〔高校非计算机专业计算机教程丛书〕(G. F. P.)

15027 309-01869
中文 Visual FoxPro 基础教程
上海新泰新技术公司 上海电视大学编 1997 年 100 页 26 cm 12 元〔微软公司授权培训中心系列丛书〕(G. F. P.)

15028 309-01874
FoxPro 及其应用
肖诩主编 上海市中专计算机协作组编

1997 年 440 页 19 cm 32 元 (G. F.)

15029 309-01651

FoxPro 2.6 for Windows 应用速成

俞一峻编著 1996 年 331 页 26 cm 49 元 (G. F. P.)

15030 309-01409

FoxBASE＋数据库及其应用

张义兰 李大学编著 1995 年 226 页 26 cm 15 元〔家用电脑应用丛书〕(G. F. P.)

15031 309-01659

FoxPro 2.6 for Windows 程序设计

周诚彪 俞一峻编著 1996 年 285 页 26 cm 25 元 (G. F. P.)

15032 309-01777

数据库基础 FoxPro for Windows

周天爵 沈建蓉编著 1997 年 367 页 20 cm 16 元〔高校非计算机专业计算机教程丛书〕(G. F. P.)

15033 309-14323

MATLAB 基础教程

王勇编著 2019 年 121 页 26 cm 28 元 (G. F. P.)

15034 13253.042

PASCAL 程序设计

夏宽理编 1986 年 396 页 20 cm 2.60 元 (G. F.)

15035 309-00252

PASCAL 程序设计

夏宽理编 1986 年（1992 年印）396 页 20 cm 4.9 元（ ）

15036 309-00860

PASCAL 语言程序设计基础

招兆铿等编 1992 年 373 页 20 cm 6.10 元〔高校非计算机专业计算机等级考试教材丛书〕(G. F.)

15037 309-01121

PASCAL 语言程序设计基础

招兆铿等编 1992 年（1994 年重印）373 页 20 cm 9.90 元〔高校非计算机专业计算机等级考试教材丛书〕(G.)

15038 309-01296

PASCAL 语言习题分析与解答

招兆铿等编 1994 年 279 页 20 cm 8 元〔高校非计算机专业计算机等级考试教材丛书〕(G. F.)

15039 309-11197

程序设计基础

陈一明 吴良海主编 2015 年 302 页 26 cm 43 元〔普通高等学校"十二五"精品规划教材〕(G. P.)

15040 309-08641

Visual Basic 程序设计教程

解亚利 王永玲 秦光洁等编著 2012 年 313 页 26 cm 35 元〔普通高等学校"十二五"精品规划教材〕(G. P.)

15041 309-04849

大学 VB 程序设计实践教程

沈建蓉 单贵主编 王一等编写 2006 年 2007 年第 2 版 363 页 26 cm 43 元〔复旦博学·大学计算机公共课系列〕(G. F. P.)

15042 309-03323

Visual Basic 6.0 及其应用

肖诩主编 2002 年 409 页 26 cm 40 元〔高职高专计算机教材〕(G. F. P.)

15043 309-07982
Visual Basic 程序设计教程
张林峰主编 2011 年 影印本 290 页 26 cm 36 元〔普通高等学校"十二五"精品规划教材〕(G. P.)

15044 309-08017
Visual Basic 程序设计实践教程
张林峰主编 2011 年 216 页 26 cm 28 元 (P.)

15045 13253.057
汇编语言程序设计 (PDP—11)
王世业编著 1987 年 287 页 26 cm 3.15 元 (G. F.)

15046 309-07497
编译原理
李劲华 丁洁玉主编 2010 年 304 页 26 cm 35 元 (P.)

15047 309-10577
编译原理
李劲华 丁洁玉 王奕主编 2014 年 第 2 版 311 页 26 cm 48 元〔"十二五"普通高等教育本科国家级规划教材〕(G. P.)

15048 309-01599
中文 Windows 3.1 使用指导
白雪峰等编著 1995 年 253 页 26 cm 18 元〔办公用软件使用指导丛书〕(G. F. P.)

15049 309-01848
中文 Windows 3.2 使用指导
白雪峰 陈建平编著 1997 年 276 页 26 cm 24 元〔办公用软件使用指导丛书〕(G. F. P.)

15050 309-02313
计算机操作系统基础 中文 Windows 98
曹邦伟等编著 1999 年 256 页 26 cm 21.80 元〔计算机应用基础教程丛书 面向 21 世纪高校教材〕(G. F. P.)

15051 309-01763
微机操作系统基础 DOS 和 Windows
曹文君等编著 1996 年 309 页 20 cm 14 元〔高校非计算机专业计算机教程丛书〕(G. F. P.)

15052 309-00062
软件工作的科学管理
(美) 麦克卢尔 (C. L. McClure) 著 谢铭培译 1988 年 170 页 20 cm 1.15 元 (G. F.)

15053 309-01810
中文 Windows 95 基础教程
上海新泰新技术公司 上海电视大学编 1996 年(1997 年重印) 91 页 26 cm 11 元〔微软公司授权培训中心系列丛书〕(G. F. P.)

15054 309-01647
DOS6.3 使用指南
杨宁 金立鑫主编 1996 年 334 页 26 cm 22 元 (G. F. P.)

15055 309-01386
MS‐DOS 6.2 使用手册
李其林等编 1994 年 227 页 21 cm 7.50 元 (F.)

15056 309-08175
UNIX 和计算机软件技术基础
赵文庆编著 2011 年 328 页 26 cm 42 元〔复旦博学·微电子学系列〕(G. F. P.)

15057 309-01775
电子表格处理基础 Excel for Windows

黄汉文编著 1996年(1997年重印) 235页 20 cm 11元〔高校非计算机专业计算机教程丛书〕(G. F. P.)

15058 309-01941
计算机应用教程 中文 Excel 7.0
上海市计算机应用能力考核办公室编 1997年 188页 26 cm 20元〔"90年代上海紧缺人才培训工程"教学系列丛书〕(G. F. P.)

15059 309-01814
中文 Excel 5.0 基础教程
上海新泰新技术公司 上海电视大学编 1996年 146页 26 cm 14元〔微软公司授权培训中心系列丛书〕(G. F. P.)

15060 309-02373
电子表格处理基础 中文 Excel 97
沈建蓉编著 1999年 196页 26 cm 17.80元〔计算机应用基础教程丛书 面向21世纪高校教材〕(G. F. P.)

15061 309-01656
中文 Excel 5.0 使用指导
沈晴 吴敏编著 1996年 244页 26 cm 18元〔办公用软件使用指导丛书〕(G. F. P.)

15062 309-13918
计算机办公应用进阶教程
冯桂尔主编 2018年 264页 26 cm 35元 (G. F. P.)

15063 309-04831
办公自动化综合应用技术
吴于适主编 王珏等编撰 上海市计算机应用能力考核办公室编 2005年 325页 26 cm 45元〔"上海紧缺人才培训工程"教学系列丛书〕(G. F. P.)

15064 309-01856
卡西欧 fx-82SX 函数计算器讲座辅导教材
忻重义编 1997年 64页 19 cm 3元〔上海教育电视台电视讲座〕(G. P.)

15065 309-03874
数字逻辑基础
陈光梦编著 2004年 2007年第2版 320页 23 cm 32元〔电子学基础系列〕(G. F. P.)

15066 309-06919
数字逻辑基础
陈光梦编著 2009年 第3版 335页 23 cm 39元〔电子学基础系列 普通高等教育"十一五"国家级规划教材〕(G. F. P.)

15067 309-04034
数字逻辑基础学习指导与教学参考
陈光梦 王勇编著 2004年 140页 23 cm 16元〔电子学基础系列〕(G. F. P.)

15068 309-01802
可编程逻辑器件设计
黄均鼐等编著 1997年 349页 26 cm 28元〔CAD 应用系列丛书〕(G. F. P.)

15069 309-04320
Z8 Encore! 八位微控制器原理、应用及技术手册
董伯明主编 黎秉志等翻译 2005年 496页 26 cm 48元 (G. F. P.)

15070 309-13312
智能终端应用
李澎淞编著 上海百万在岗人员学力提升行动计划办公室主编 2018年 148页 21 cm 32元〔上海百万在岗人员学力

15071 309-01411

微机操作员教程

白雪峰 江峰编 1994 年 182 页 26 cm 11 元 (G. F.)

15072 309-01939

微机操作员教程

李飞锋 白雪峰编著 1997 年 第 2 版 262 页 26 cm 22 元 (G. F. P.)

15073 309-01558

微机与单片机原理及应用

上海中专计算机协作组编 1995 年 454 页 26 cm 25 元 (G. F. P.)

15074 309-04375

微机系统与接口实验

俞承芳主编 虞惠华 杨翠微编著 2005 年 330 页 23 cm 33 元 〔电子学基础系列〕(G. F. P.)

15075 309-00632

微机原理与应用实验

俞承芳编 1991 年 200 页 26 cm 7.50 元 〔无线电实验丛书〕(G.)

15076 309-01086

微机原理与应用实验

俞承芳编 1991 年(1993 年重印) 200 页 26 cm 9.40 元 〔无线电实验丛书〕(G.)

15077 309-01426

电脑操作与使用

张义兰编著 1994 年 133 页 26 cm 9 元 〔家用电脑应用丛书〕(G. F.)

15078 309-00404

接口与通信

高传善等编著 1989 年 436 页 26 cm 10 元 (G. F.)

15079 309-01328

接口与通信

高传善等编著 1989 年(1993 年重印) 436 页 26 cm 17 元 (G. F.)

15080 309-02346

微型计算机维护和维修技术

褚文奎主编 1999 年 186 页 26 cm 18 元 (G. F. P.)

15081 309-01438

电脑维护与维修

李大学 沈学峰编著 1994 年(1997 年重印) 207 页 26 cm 13.50 元 〔家用电脑应用丛书〕(G. F.)

15082 309-02252

电脑维护与维修

李大学 沈学峰编著 1999 年 第 2 版 308 页 26 cm 25 元 〔家用电脑应用丛书〕(G. F. P.)

15083 309-03915

Extended Abstracts of the Fourth International Workshop on Junction Technology

复旦大学微电子学系编 2004 年 364 页 26 cm 55 元 (P.)

15084 309-00731

MC6805 单片机原理、应用及技术手册

陈章龙 涂时亮编 1991 年(1992 年重印) 309 页 26 cm 15 元 〔Motorola 单片机开发应用丛书〕(G. F.)

15085 309-01025

Motorola 单片机接口技术手册

陈章龙 韩光编 1993 年 398 页 26 cm 19.50 元〔Motorola 单片机开发应用丛书〕(G. F.)

15086 309-01794

东芝单片机应用指南

复旦大学计算机科学系微机实验室编 1996 年 136 页 26 cm 20 元〔单片机系列丛书〕(G. F. P.)

15087 309-00563

C51 交叉编译系统 单片机的新型开发工具

顾天柱 陈巳康编著 1990 年 174 页 19 cm 2.90 元 (G.)

15088 309-07980

单片机工程应用技术

黄英主编 2011 年 345 页 25 cm 42 元〔复旦卓越·普通高等教育 21 世纪规划教材·电子类、机电类、项目驱动〕(G. F. P.)

15089 309-10654

单片机工程应用技术

黄英 刘恩华主编 2014 年 第 2 版 344 页 25 cm 43 元〔"十二五"职业教育国家规划教材 复旦卓越·普通高等教育 21 世纪规划教材·电子类、机械类、项目驱动〕(G. F. P.)

15090 309-13699

单片机应用技术

黄英 王晓兰主编 2018 年 第 3 版 344 页 25 cm 45 元〔"十二五"职业教育国家规划教材 首届全国机械行业职业教育精品教材〕(G.)

15091 309-01286

Motorola 单片机应用指南

美国 Motorola 公司亚太区总部选编 复旦大学计算机科学系微机室编译 1994 年 89 页 26 cm 7 元 (G. F.)

15092 309-02366

NS 公司新型 COP8 单片机应用指南

美国国家半导体公司选编 复旦大学计算机科学系编译 1999 年 181 页 26 cm 20 元〔单片机系列丛书〕(G. F. P.)

15093 309-01740

日立单片机应用指南

日立亚洲(香港)有限公司选编 复旦大学计算机科学系微机室编译 1996 年 223 页 26 cm 25 元〔单片机系列丛书〕(G. F. P.)

15094 309-01960

三菱单片机应用指南

三菱电机株式会社选编 复旦大学计算机科学系编译 1997 年 172 页 26 cm 20 元 (G. F. P.)

15095 309-00935

M68HC11 单片机原理、应用及技术手册

涂时亮主编 1992 年 398 页 26 cm 19.50 元〔Motorola 单片机开发应用丛书〕(G. F.)

15096 309-00715

SICE 通用单片机仿真器及其应用

涂时亮等编 1991 年 270 页 26 cm 9.50 元 (G.)

15097 309-01114

SICE 通用单片机仿真器及其应用

涂时亮等编 1991 年 222 页 26 cm 12.30 元 (F.)

15098 309-00515

单片微机 MCS-51 用户手册

涂时亮 张友德编译 1990 年（1992 年重印）392 页 26 cm 10 元（G. F.）

15099 309-14640

学做一体单片机项目开发教程

万松峰主编 2019 年 171 页 23 cm 28 元〔复旦卓越·普通高等教育 21 世纪规划教材〕（G. F. P.）

15100 309-01557

单片机接口技术

王修才 刘祖望编著 1995 年 183 页 26 cm 14 元（G. F. P.）

15101 309-07202

单片机应用与开发（入门）

吴强编著 2010 年 191 页 26 cm 26 元〔复旦大学附属中学"大视野"教育书系〕（G. F. P.）

15102 13253.045

MCS-48 单片微型计算机实用子程序

姚志石 涂时亮编 1986 年 288 页 20 cm 2.60 元（G. F.）

15103 309-02676

亿恒科技（西门子）单片机应用指南

亿恒科技选编 复旦大学计算机科学系编译 2000 年 260 页 26 cm 25 元（G. F. P.）

15104 309-02954

M68HC08 系列单片机原理与应用 嵌入式系统初步

张友德等编著 2001 年 306 页 26 cm 32 元〔嵌入式系统系列丛书〕（G. F. P.）

15105 309-00776

单片微型机原理、应用与实践

张友德等编 1992 年 567 页 26 cm 14.80 元（G. F.）

15106 309-01329

单片微型机原理、应用与实践

张友德等编 1992 年（1993 年重印）567 页 26 cm 24 元（G.）

15107 309-01067

单片微型机原理、应用与实验

张友德等编 1992 年（1993 年重印）567 页 26 cm 19 元（G. F.）

15108 309-01707

单片微型机原理、应用与实验

张友德等编 1996 年 第 2 版（修订版）390 页 26 cm 30 元（G. P.）

15109 309-02645

单片微型机原理、应用与实验

张友德等编 2000 年 第 3 版 371 页 26 cm 34 元（G. F. P.）

15110 309-05149

单片微型机原理、应用与实验

张友德 赵志英 涂时亮编著 2006 年 第 5 版 344 页 26 cm 36 元（G. F. P.）

15111 309-08693

单片微型机原理、应用与实验 A51 版

张友德 涂时亮 赵志英编著 2012 年 338 页 26 cm 36 元（G. F. P.）

15112 309-07651

单片微型机原理、应用与实验 C51 版

张友德 涂时亮 赵志英编著 2010 年 316 页 26 cm 36 元（G. F. P.）

15113 309-06166

单片微型机原理、应用与实验学习指导与教学参考

张友德编著 2008年 195页 23 cm 20元 (G. F. P.)

15114 309-00989

8096/8098单片机原理及应用

朱晓强 姚志石编著 1993年 404页 26 cm 17.80元 (G. F.)

15115 309-01040

MCS-51单片机实验指导

张友德 杨胜球编 1993年 149页 26 cm 8.20元〔计算机实验指导丛书〕(G. F.)

15116 309-01152

单片机型Z80系列控制器技术手册

Zilog公司编 1993年 英文版 425页 26 cm 20元〔单片机系列丛书〕(G. F.)

15117 309-01285

Z8单片机原理、应用及技术手册

董伯明编译 1994年 512页 26 cm 28元〔单片机系列丛书〕(G. F.)

15118 309-00740

MC68HC05单片机原理、应用及技术手册

涂时亮主编 1991年(1992年重印) 383页 26 cm 17.90元〔Motorola单片机开发应用丛书〕(G. F.)

15119 309-01511

SAMSUNG(三星)单片机原理及应用

朱晓强编著 1995年 384页 26 cm 22元〔单片机系列丛书〕(G. F.)

15120 309-05298

第一届国际网络架构和服务模型会议论文集 Proceedings of the First International Workshop on Network Architecture and Service Models

Chai-Keong Toh 薛向阳 王新编 British Computer Sociaty(BCS)主办 2006年 198页 30 cm 100元 (G. F.)

15121 309-02378

多媒体系统原理及其应用

曹文君编著 1999年 170页 26 cm 20元 (G. F. P.)

15122 309-03012

Neural Information Precessing: ICONIP2001 proceedings

Liming Zhang, Fanji Gu编 2001年 3册 30 cm (G.)

15123 309-06755

计算机应用基础教程

鲍祖尚 谢勇主编 2009年 252页 26 cm 30元〔高职高专"十一五"精品规划教材〕(P.)

15124 309-01260

计算机应用基础教程

陈金海等编 1993年 420页 26 cm 20元〔高校非计算机专业计算机等级考试教材丛书〕(G. F.)

15125 309-13145

计算机应用基础 Windows 7+Office 2010

范治国 徐杰主编 2017年 260页 26 cm 36.50元〔21世纪职业教育立体化精品教材〕(G. F.)

15126 309-03328

新编计算机应用基础实验指导书

冯斌主编 2002年 165页 26 cm 15元〔面向21世纪高校教材〕(G. P.)

15127 309-02283
计算机应用基础
复旦大学成人教育学院培训部等主编 1999年 228页 26 cm 19元〔全国高等教育自学考试指导与训练〕(G. F. P.)

15128 309-00859
计算机应用初步
高传善等编 1992年 192页 20 cm 3元〔高校非计算机专业计算机等级考试教材丛书〕(G. F.)

15129 309-01125
计算机应用初步
高传善等编 1993年 重印 192页 20 cm 5.60元〔高校非计算机专业计算机等级考试教材丛书〕(G. F.)

15130 309-01543
计算机应用初步
高传善等编 1995年 第2版(修订本) 296页 20 cm 11.50元〔高校非计算机专业计算机等级考试教材丛书〕(G. F. P.)

15131 309-05583
大学计算机应用基础案例与实践
金惠芳 李东方 徐国平主编 牛炎等编写 2007年 215页 26 cm 30元〔复旦博学·大学公共课系列〕(G. F. P.)

15132 309-06455
大学计算机应用基础案例与实践
金惠芳 李东方 徐国平主编 2009年 第2版 276页 26 cm 35元〔复旦博学·大学公共课系列〕(G. F. P.)

15133 309-01406
微机应用简明教程
孔祥秋编著 1994年 154页 26 cm 8.50元(G. F.)

15134 309-09963
计算机应用基础
卢新予总主编 朱景立主编 2013年 211页 30 cm 34元〔全国学前教育专业(新课程标准)"十二五"规划教材〕(G. F. P.)

15135 309-01139
计算机应用基础实验与练习
芮廷先编 1993年 199页 20 cm 6元〔高校非计算机专业计算机等级考试教材丛书〕(G. F.)

15136 309-00780
计算机应用综合知识
沙新时编著 1992年 549页 20 cm 12.80元〔软件人员水平考试辅导教材〕(G. F.)

15137 309-02090
计算机应用简明教程
上海市计算机应用能力考核办公室编 1998年 193页 26 cm 20元〔"上海紧缺人才培训工程"教学系列丛书〕(G. F. P.)

15138 309-02688
计算机应用教程 Access 2000
上海市计算机应用能力考核办公室编 2001年 209页 26 cm 23元〔"上海紧缺人才培训工程"教学系列丛书〕(G. F. P.)

15139 309-02991
计算机应用教程 Linux 基础
上海市计算机应用能力考核办公室编 2001年 181页 26 cm 22元〔"上海紧缺人才培训工程"教学系列丛书〕(G. F. P.)

15140 309-02254
计算机应用教程 Visual Basic 6.0 基础
上海市计算机应用能力考核办公室编 2000年(2001年重印) 289页 26 cm 29元〔"上海紧缺人才培训工程"教学系列丛书〕(G. F. P.)

15141 309-02024
计算机应用教程 中文 Windows 95
上海市计算机应用能力考核办公室编 1998年 122页 26 cm 15元〔"上海紧缺人才培训工程"教学系列丛书〕(G. F. P.)

15142 309-02133
计算机应用教程 中文 Word 97
上海市计算机应用能力考核办公室编 1998年 92页 26 cm 12元〔"上海紧缺人才培训工程"教学系列丛书〕(G. F. P.)

15143 309-01883
计算机应用教程 中文 Word 7.0
上海市计算机应用能力考核办公室编 1997年 109页 26 cm 15元〔"90年代上海紧缺人才培训工程"教学系列丛书〕(G. F. P.)

15144 309-02975
计算机应用教程 Windows NT 管理
上海市计算机应用能力考核办公室编 2001年 173页 26 cm 20元〔"上海紧缺人才培训工程"教学系列丛书〕(G. F. P.)

15145 309-02063
计算机应用基础
上海市职业技术教育课程改革与教材建设委员会编 1998年 263页 26 cm 20元〔中等职业技术学校教材 试用本〕(G. F. P.)

15146 309-10716
计算机应用基础
王红霞 薛保菊主编 2014年 295页 26 cm 42元〔普通高等学校"十二五"精品规划教材〕(G. P.)

15147 309-10165
新编幼师计算机应用基础
王向东主编 2014年 176页 30 cm 29元〔全国学前教育专业(新课程标准)"十二五"规划教材〕(G. F. P.)

15148 309-13743
计算机应用基础项目式教程
张莉 孙培锋主编 2018年 185页 30 cm 30元〔全国学前教育专业(新课程标准)"十三五"规划教材〕(G. F. P.)

15149 309-01892
计算机应用教程 PowerPoint 4.0
上海市计算机应用能力考核办公室编 1997年 129页 26 cm 16元〔"90年代上海紧缺人才培训工程"教学系列丛书〕(G. F. P.)

15150 309-02284
计算机应用教程 中文 PowerPoint 97
上海市计算机应用能力考核办公室编 1999年 131页 26 cm 15元〔"上海紧缺人才培训工程"教学系列丛书〕(G. F. P.)

15151 309-02286
计算机应用教程 多媒体基础
上海市计算机应用能力考核办公室编 1999年 327页 26 cm 30元〔"上海紧

缺人才培训工程"教学系列丛书〕(G. F. P.)

15152　309-02062
计算机应用基础实验指导
上海市职业技术教育课程改革与教材建设委员会编　1998年　194页　26 cm　25元〔中等职业技术学校教材　试用本〕(G. P.)

15153　309-02663
《计算机应用基础教程丛书》实验指导
赵子正等编著　2000年　117页　26 cm　18元 (G. F. P.)

15154　309-01672
中文之星 2.0+使用指导
陈信　黄雁鹏编著　1996年　239页　26 cm　20元〔办公用软件使用指导丛书〕(G. F. P.)

15155　309-01439
电脑写作
李大学　周娅编　1995年　231页　26 cm　17元〔家用电脑应用丛书〕(G. F. P.)

15156　309-01808
中文 Word 6.0 基础教程
上海新泰新技术公司　上海电视大学编　1996年(1997年重印)　103页　26 cm　12元〔微软公司授权培训中心系列丛书〕(G. F. P.)

15157　309-02068
多媒体应用基础
沈美琴主编　上海市中专计算机协作组编　1998年　251页　26 cm　18元 (G. F. P.)

15158　309-01725
中文 Word 6.0 使用指导
孙未未等编著　1996年　200页　26 cm　18元〔办公室软件使用指导丛书〕(G. F. P.)

15159　309-01720
UCDOS 5.0 与 WPS 使用指导
王欢编著　1996年　247页　26 cm　20元〔办公用软件使用指导丛书〕(G. F. P.)

15160　309-01886
电脑打字
王欢等编　1997年　第2版(修订本)　243页　26 cm　18元 (G. F. P.)

15161　309-01281
电脑打字
黄乐等编　1994年　197页　26 cm　10元 (G. F.)

15162　309-01881
大规模中文文本处理
吴立德等著　1997年　170页　26 cm　15元 (G. F. P.)

15163　309-01772
计算机文字处理基础 Word for Windows
赵一鸣编著　1996年　217页　20 cm　10元〔高校非计算机专业计算机教程丛书〕(G. F. P.)

15164　309-02368
计算机文字处理基础 中文 Word 97
赵一鸣编著　1999年　174页　26 cm　16.80元〔计算机应用基础教程丛书　面向21世纪高校教材〕(G. F. P.)

15165　309-02383
王码简明教程 '98
王永民著　1999年　131页　26 cm　15元 (G. F. P.)

15166 309-00858

计算机绘图与辅助设计基础

江涛主编 1992年(1993年重印) 306页 26 cm 9.40元 (G. F.)

15167 309-01326

计算机绘图与辅助设计基础

江涛主编 1992年(1994年重印) 306页 26 cm 12元 (G.)

15168 309-01554

电脑屏幕英语释义

李大学等编 1995年 231页 26 cm 17元 〔家用电脑应用丛书〕(G. F. P.)

15169 309-01760

三维动画制作与应用

卢皓编著 1996年 151页 26 cm 14元 〔CAD应用系列丛书〕(G. F. P.)

15170 309-00931

计算机图示学原理和方法

罗振东 廖光裕编著 1993年 400页 26 cm 19元 (G. F.)

15171 309-01778

计算机图形学基础 AutoCAD for Windows

吴霭成编著 1997年 343页 20 cm 16元 〔高校非计算机专业计算机教程丛书〕(G. F. P.)

15172 309-01377

计算机视觉

吴立德著 1993年 246页 20 cm 10元 (G. F.)

15173 309-07805

科学计算与数学建模

郑洲顺著 2011年 364页 26 cm 48元 (P.)

15174 309-06342

3DS MAX 网络游戏角色 专业制作详解

王立群主编 张雷撰稿 2008年 177页 25 cm 45元 〔新世纪动画专业教程〕(G. F. P.)

15175 309-06131

三维动画设计

徐亚非主编 孔荀 张永昶 潘大圣编著 2008年 188页 25 cm 25元 〔复旦博学·新世纪动画专业教程〕(G. F.)

15176 309-12300

图像阈值化及其在目标分割中的应用研究

聂方彦著 2016年 183页 23 cm 29元 (G. P.)

15177 309-15101

网店视觉设计与应用

王子建 蔡静怡主编 2020年 238页 26 cm 活页夹 49元 〔电子商务专业校企双元育人教材系列 全国现代学徒制工作专家指导委员会指导〕(G. P.)

15178 309-13877

Photoshop CS6 基础教程

汤莉主编 2018年 261页 26 cm 38元 (G. F. P.)

15179 309-10653

Flash CS6 项目驱动"教学做"案例教程

龚花兰主编 2014年 第2版 301页 25 cm 45元 〔复旦卓越·普通高等教育21世纪规划教材 "十二五"职业教育国家规划教材〕(G. F. P.)

15180 309-14798

Flash CS6 项目驱动"教学做"案例教程

龚花兰主编 2019年 第3版 300页 25 cm 46元 〔"十二五"职业教育国家规划教

15181 309-09141

中文 Flash CS5 项目驱动"教学做"案例教程

龚花兰主编　2012 年　299 页　25 cm　42 元〔复旦卓越・高职高专 21 世纪十二五规划教材〕(G. F. P.)

15182 309-08465

三维角色动画设计与制作

薛航著　2011 年　264 页　25 cm　42 元〔复旦博学・新世纪动画专业教程〕(G. F. P.)

15183 309-05154

AutoCAD 简明教程

陈玉莲主编　2006 年　314 页　26 cm　28 元〔21 世纪中职教育新编系列教材〕(G. F. P.)

15184 309-01568

CAD 技术应用

梁晓俐主编　1999 年　313 页　26 cm　24.60 元（　）

15185 309-03484

CAD 绘图技术实验教程

谈蓓月等编著　2003 年　270 页　26 cm　28 元　(G. F. P.)

15186 309-00306

VLSI 计算机辅助设计理论和方法

唐璞山主编　1990 年　403 页　26 cm　5.45 元　(G. F.)

15187 309-02470

AutoCAD 2000 实用教程

吴永贵等编著　2000 年　276 页　26 cm　35 元　(G. F. P.)

15188 309-01933

计算机辅助设计教程

仲梁维等编著　1997 年　255 页　26 cm　22 元〔CAD 应用系列丛书〕(G. F.)

15189 309-12912

留声机 电影 打字机

（德）弗里德里希・基特勒（Friedrich Kittler）著　邢春丽译　2017 年　373 页　21 cm　48 元〔美学与文化批评译丛　周宪主编〕(G. F. P.)

15190 309-01471

Super SICE 通用单片机仿真器及其应用

涂时亮等编　1995 年　246 页　26 cm　17 元 (G. F. P.)

15191 5627-0059

dBASEⅢ 简明教程 汉字 dBASE 在管理中的应用

边善裕主编　1989 年（1991 年重印）　204 页　26 cm　4.80 元　(G. F.)

15192 309-01990

数据库与 WWW

李松年等编著　1998 年　193 页　26 cm　18 元〔建网与用网丛书〕(G. F. P.)

15193 309-02990

计算机网络基本原理同步训练

鲍振东主编　2001 年　133 页　26 cm　15 元〔全国成人高教自考指导丛书〕(G. F. P.)

15194 309-01689

Internet 实用指南

高传善　曹邦伟编著　1996 年　181 页　26 cm　15 元　(G. F. P.)

15195 309-01393

计算机网络教程

高传善等主编 1994 年（1995 年重印） 313 页 26 cm 18 元 (G. F. P.)

15196 309-01776

网络基础与电子邮件

高传善 曹邦伟编著 1997 年 311 页 20 cm 14 元〔高校非计算机专业计算机教程丛书〕(G. F. P.)

15197 309-13689

网络空间导论

李良荣 方师师主编 2018 年 202 页 23 cm 38 元〔网络与新媒体传播核心教材系列 尹明华 刘海贵主编〕(G. F. P.)

15198 309-02008

主页（Homepage）制作

梁瑾等编著 1998 年 207 页 26 cm 20 元〔建网与用网丛书〕(G. F. P.)

15199 309-02356

Internet 搜索引擎指南

陆吉林 杨建芳编著 1999 年 116 页 26 cm 12 元 (G. F. P.)

15200 309-14648

计算机网络基础项目化教程

罗群 刘振栋主编 2020 年 193 页 26 cm 39 元〔项目化教程系列教材 电子信息类〕(G. P.)

15201 309-02312

动态 HTML，从入门到精通

沈一飞编著 1999 年 226 页 26 cm 22 元 (G. F. P.)

15202 309-06165

电脑网络英汉精解

汤毅坚（George Y. Tang）编著 2008 年 中英文本 480 页 23 cm 45 元 (G. F. P.)

15203 309-01980

家用电脑上网

吴承荣等编著 1998 年 219 页 26 cm 22 元〔建网与用网丛书〕(G. F. P.)

15204 5627-0497

信息网络基础及其医学应用

徐一新主编 丁石藤等编写 1999 年 237 页 26 cm 30 元 (G. F. P.)

15205 309-02064

Internet 信息查询技巧和 WWW 应用

于建华等编著 1999 年 198 页 26 cm 18 元〔建网与用网丛书〕(G. F. P.)

15206 309-13594

网络社群的崛起 基于国家、社会、技术互动视角的研究

张华著 2018 年 244 页 21 cm 32 元〔复旦博学文库 兰大新闻学术文库〕(G. F. P.)

15207 309-02979

计算机网络基础及网页制作教程

仲梁维等编著 2001 年 208 页 26 cm 25 元 (G. F. P.)

15208 309-08116

"网"事知多少 网络心理与成瘾解析

王芳编著 2011 年 85 页 19 cm 10 元 (G. F. P.)

15209 309-09867

网络安全技术与实例

李敏 卢跃生主编 2013 年 214 页 26 cm 42 元〔复旦卓越·育兴系列教材〕(G. F. P.)

15210 309-13205
黑客 网络社会的流浪者
叶冲著 2017年 301页 23 cm 45元〔传播与国家治理研究丛书〕(G. F. P.)

15211 309-11711
计算机网络实训教程
于芳 卓尚清主编 2015年 207页 26 cm 38元〔应用技术类型高等学校规划教材〕(G. P.)

15212 309-06895
智能化网站
王有为著 2009年 266页 21 cm 20元 (G. F. P.)

15213 309-09868
网页制作
何婕 白小燕主编 2013年 252页 26 cm 45元〔复旦卓越·育兴系列教材〕(G. F. P.)

15214 309-15201
网页设计与制作项目化教程
王瑶 韩亚军主编 2020年 230页 26 cm 49元〔项目化教程系列教材 电子信息类〕(G. F. P.)

15215 309-08765
让你一学就会的英语邮件写作法
(日)三井物产人力资源有限公司研修事业本部主编（日）钻石株式会社编 谭媛媛译 2012年 271页 19 cm 28元〔99快乐学习〕(G. F. P.)

15216 309-01975
客户/服务器数据库应用开发
朱扬勇 凌力编著 1997年 229页 26 cm 22元 (G. F. P.)

15217 309-02601
Internet 基础教程
陈晓弦主编 2000年 197页 26 cm 22元 (G. F. P.)

15218 309-03733
网络使用基础
马德云主编 2003年 148页 23 cm 16元 (G. F. P.)

15219 309-02672
对话与梦想 上海交大点击中国十大网站
谢海光等主编 2000年 484页 20 cm 25元 (G. F. P.)

15220 309-05875
网站设计与开发
周耿编著 2008年 200页 26 cm 25元〔复旦卓越·21世纪电子商务系列〕(G. F. P.)

化学工业

15221 309-03501
工业分析化学
邱德仁编著 2003年 296页 23 cm 28元〔分析化学丛书〕(G. F. P.)

15222 309-01588
气雾剂技术
蒋国民主编 1995年 678页 20 cm 35元 (G. F. P.)

15223 309-11697
药物制剂技术
熊野娟主编 2015年 272页 26 cm 58元〔医药高职高专院校药学教材〕(G. F. P.)

15224 309-11302
纳米生物制药领域的创新绩效评价与机

理研究

赵清俊著 2015年 276页 21 cm 29元〔复旦博学文库〕(G. F. P.)

15225 309-12660

现代电泳涂装百科全书

刘薇薇主编 2016年 336页 26 cm 52元 (G. F. P.)

15226 309-14321

美容化妆品基础

冯小军主编 2019年 189页 26 cm 38元〔全国现代学徒制医学美容技术专业"十三五"规划教材〕(G. F. P.)

15227 309-15063

化妆造型实用技术

黄笑 章益主编 2020年 162页 26 cm 活页夹 46元〔全国现代学徒制医学美容技术专业"十三五"规划教材〕(G. P.)

轻工业、手工业、生活服务业

15228 309-14915

食品专业基础实验

范俐主编 2020年 137页 26 cm 36元〔复旦卓越·应用型教材〕(G. P.)

15229 309-12750

食品接触材料及制品质量安全实务 上 总论、塑料类、橡胶类分册

上海市质量技术监督局编 2016年 302页 26 cm 48元〔食品接触材料及制品质量安全实务系列丛书〕(G. F. P.)

15230 309-12751

食品接触材料及制品质量安全实务 中 金属搪瓷类、玻璃陶瓷类、植物源性类分册

上海市质量技术监督局编 2016年 300页 26 cm 48元〔食品接触材料及制品

质量安全实务系列丛书〕(G. F. P.)

15231 309-12752

食品接触材料及制品质量安全实务 下 涂料类、洗涤剂消毒剂类、其他类分册

上海市质量技术监督局编 2016年 278页 26 cm 45元〔食品接触材料及制品质量安全实务系列丛书〕(G. F. P.)

15232 309-14914

食品分析实验

姜咸彪主编 2020年 119页 26 cm 36元〔复旦卓越·应用型教材〕(G. F. P.)

15233 309-08266

微生物检验检测

王鸿 陈瑞玲主编 2011年 117页 26 cm 25元〔复旦卓越·21世纪烹饪与营养系列〕(G. F. P.)

15234 309-12034

"三高"人群如何选择保健食品?

上海市消费者权益保护委员会编 2016年 80页 21 cm 28元〔"小蓝帽"消费微课堂丛书〕(G. F. P.)

15235 13253.049

酵母菌生物学

(英)贝里(D. R. Berry)著 楼纯菊 徐士菊译 1987年 75页 19 cm 0.55元 (G. F.)

15236 5627-0510

美食美酒百例经典

晨曦 江澜主编 1999年 140页 20 cm 10.20元〔美食家健康小丛书〕(G. F.)

15237 5627-0511

美食茶水百例经典

晨曦 江澜主编 1999年 215页 20 cm

13.60 元〔美食家健康小丛书〕(G. F.)

15238　5627-0515
美食冷饮百例经典
晨曦　江澜主编　1999 年　109 页　20 cm　8.90 元〔美食家健康小丛书〕(G. F.)

15239　309-06282
古典木器精气神
赵祖武著　2008 年　157 页　23 cm　35 元 (G. F. P.)

15240　309-12482
3D 打印创意实践
曹晓明主编　2016 年　202 页　26 cm　70 元 (G. F. P.)

15241　309-13659
玉石神话信仰与华夏精神
叶舒宪著　2019 年　550 页　23 cm　精装 98 元〔中国文学人类学理论与方法研究系列丛书〕(G. F. P.)

15242　309-08568
首饰英语
白玥容主编　2012 年　157 页　23 cm　28 元〔21 世纪大学实用行业英语系列〕(G. F. P.)

15243　309-12276
首饰英语
白玥容主编　2016 年　第 2 版　143 页　26 cm　32 元〔"十二五"职业教育国家规划教材　21 世纪职业教育行业英语〕(G. F. P.)

15244　309-12082
服饰的故事
赵冬梅编著　2016 年　85 页　21 cm　18 元〔上海市民健康与人文系列读本〕(G. F. P.)

15245　309-14660
云端设计
段然著　2019 年　177 页　21 cm　24 元〔东华文库〕(G. F. P.)

15246　309-01730
电脑服装设计
朱辉等编著　1996 年　196 页　26 cm　16.80 元〔CAD 应用系列丛书〕(G. F. P.)

15247　309-13607
宋美龄与海派旗袍的海安密码
陈盾著　2018 年　114 页　19 cm　22 元 (G. F. P.)

15248　309-08066
中国饮食文化史
马健鹰编著　2011 年　141 页　26 cm　20 元〔复旦卓越・21 世纪烹饪与营养系列〕(G. F. P.)

15249　309-05730
餐桌的对面　介绍当今日本人饮食生活中的真实故事
西日本新闻社原作　魏长年　韦庆军　王继伟翻译　2007 年　87 页　21 cm　8 元 (G. F.)

15250　309-10088
饮食文化导论
陈苏华主编　2013 年　494 页　26 cm　50 元〔复旦卓越・21 世纪烹饪与营养系列〕(G. F. P.)

15251　309-08599
中华饮食文化
都大明著　2011 年　386 页　26 cm　45 元〔复旦卓越・21 世纪烹饪与营养系列〕(G. F. P.)

15252　309-12029

美食的故事

高成鸢著 2015年 69页 21 cm 18元〔上海市民健康与人文系列读本〕(G. F. P.)

15253 309-09862
饮食与文化

高成鸢著 2013年 178页 21 cm 25元〔"我们的国家"系列丛书〕(G. F. P.)

15254 309-13555
日本茶味

（日）奥田正造（日）柳宗悦等著 王向远选译 2018年 324页 21 cm 精装 48元〔日本味道〕(G. F. P.)

15255 309-14188
民国报刊中的蒙顶山茶

傅德华 杨忠主编 2019年 影印本 442页 26 cm 200元 (G. F. P.)

15256 309-14135
茶道经

紫晨著 2019年 149页 20 cm 精装 68元 (G. F. P.)

15257 309-15163
武夷茶种

张渤 王飞权主编 2020年 150页 24 cm 精装 68元〔武夷研茶系列〕(G. P.)

15258 309-15065
武夷红茶

张渤 卢莉主编 2020年 164页 24 cm 精装 68元〔武夷研茶系列〕(G. P.)

15259 309-15205
武夷岩茶

张渤 王芳主编 2020年 185页 26 cm 精装 68元〔武夷研茶系列〕(P.)

15260 309-11871
饮酒文化与健康

鲁娟主编 2016年 106页 23 cm 30元〔上海市社区教育系列教材 健康生活类教材 谢长勇主编〕(G. F.)

15261 309-15113
酒杯里的风景 酒的精神分析

周鼎安著 2020年 328页 21 cm 45元 (F. P.)

15262 309-12280
烹饪英语

韩琳 柴睿主编 2018年 122页 26 cm 39元〔21世纪职业教育行业英语〕(G. P.)

15263 309-08262
烹饪化学

黄刚平主编 2011年 182页 26 cm 25元〔复旦卓越·21世纪烹饪与营养系列〕(G. F. P.)

15264 309-11213
烹饪工艺学

史万震 陈苏华主编 2015年 326页 26 cm 45元〔复旦卓越·21世纪烹饪与营养系列〕(G. F. P.)

15265 309-08232
烹饪原料学

冯胜文主编 2011年 388页 26 cm 40元〔复旦卓越·21世纪烹饪与营养系列〕(G. F. P.)

15266 5627-0509
美食豆类百例经典

晨曦 江澜主编 1999年 203页 20 cm 13元〔美食家健康小丛书〕(G. F.)

15267 5627-0513

美食花卉百例经典

晨曦 江澜主编 1999年 158页 20cm 10.80元〔美食家健康小丛书〕(G. F.)

15268 5627-0512
美食水果百例经典

晨曦 江澜主编 1999年 184页 20cm 12.10元〔美食家健康小丛书〕(G. F.)

15269 309-10472
41道健康素食轻松煮

慈济志工团队编著 2014年 107页 21cm 30元〔善粮创意料理系列 1〕(G. F. P.)

15270 309-11632
淮扬名点制作

丁玉勇 张丽 赵翠云主编 2015年 135页 29cm 38元〔复旦卓越·21世纪烹饪与营养系列 国家骨干校建设成果〕(G. F. P.)

15271 5627-0507
美食米粥百例经典

晨曦 江澜主编 1999年 240页 20cm 14.50元〔美食家健康小丛书〕(G. F.)

15272 5627-0508
美食菜肴百例经典

晨曦 江澜主编 1999年 138页 20cm 10元〔美食家健康小丛书〕(G. F.)

15273 5627-0514
美食调料百例经典

晨曦 江澜主编 1999年 264页 20cm 15.60元〔美食家健康小丛书〕(G. F.)

15274 5627-0506
美食饭肴百例经典

晨曦 江澜主编 1999年 169页 20cm 11.30元〔美食家健康小丛书〕(G. F.)

15275 309-12021
婴幼儿营养与配餐

丁春锁 孙莹主编 2016年 139页 30cm 30元〔全国学前教育专业(新课程标准)"十二五"规划教材〕(G. F. P.)

15276 309-12395
中国名菜 大淮扬风味制作

陈苏华主编 2016年 364页 26cm 48元〔复旦卓越·21世纪烹饪与营养系列〕(G. F. P.)

15277 309-11927
淮扬名菜制作

丁玉勇 贾永康 卞志敏主编 2015年 232页 26cm 35元〔复旦卓越·21世纪烹饪与营养系列〕(G. F. P.)

15278 309-14483
鸡尾酒地方化创意调制

张志荣 陈剑宇编著 2019年 248页 23cm 36元〔弘教系列教材〕(G. F. P.)

15279 309-08123
烹饪设备器具

曹仲文主编 2011年 267页 26cm 35元〔复旦卓越·21世纪烹饪与营养系列〕(G. F. P.)

15280 309-12361
休闲宴会设计理论、方法和案例

潘雅芳主编 2016年 222页 26cm 42元〔复旦卓越·21世纪酒店管理系列〕(G. F. P.)

15281 309-02124
错误的美容保养

潘锡凤等编著 1999年 179页 20cm 9元〔错误系列 9〕(G. F.)

15282 309-14322
美容实用英语
付明明主编 2019年 134页 26 cm 32元〔全国现代学徒制医学美容技术专业"十三五"规划教材〕(G. F. P.)

15283 309-14181
美容美体技术
申泽宇 吴琼主编 2019年 178页 26 cm 38元〔全国现代学徒制医学美容技术专业"十三五"规划教材〕(G. F. P.)

15284 309-14250
中医美容技术
孙晶 梁菁主编 2019年 236页 26 cm 48元〔全国现代学徒制医学美容技术专业"十三五"规划教材〕(G. F. P.)

15285 309-12294
女性美容面面观
于惠青编著 2016年 193页 21 cm 30元 (G. F. P.)

15286 309-08492
吃到饱减肥 杜坎纤食瘦身法
(法)杜坎著 陈丽卿 李毓真译 2011年(2017年重印) 266页 19 cm 25元〔99畅销文库〕(G.)

15287 309-13636
吃到饱减肥 杜坎纤食瘦身法
(法)皮埃尔·杜坎著 陈丽卿 李毓真译 2018年 250页 21 cm 35元〔99读书人〕(G. F.)

15288 309-13448
40岁后吃不胖的秘诀
(日)济阳高穗著 殷雷译 2018年 167页 21 cm 39元 (G. P.)

15289 309-01250
家庭安全百要
罗晋辉编著 1994年 195页 19 cm 4.90元〔家政百事通丛书〕(G. F.)

15290 309-02119
错误的家事偏方
王丽琴编著 1999年 181页 20 cm 9元〔错误系列 4〕(G. F.)

15291 309-15102
家庭管理心理学
鞠强主编 2020年 277页 26 cm 48元 (G. P.)

15292 309-09418
新家庭计划 吉林省家庭发展读本
汝小美 牛继东 付友和主编 2016年 153页 23 cm 30元 (G. F. P.)

15293 309-12617
新家庭计划 上海家庭发展读本
巫茜主编 2016年 180页 23 cm 30元 (G. P.)

15294 309-13464
社会生命 幸福养心 老年生活教育读本
顾沈兵主编 2017年 94页 21 cm 25元〔老年生命教育系列〕(G. F. P.)

15295 309-13024
社会生命 幸福养心 老年生活教育选本
王伯军选编 2017年 137页 21 cm 25元〔老年生命教育系列〕(G. P.)

建筑科学

15296 309-07872
中外建筑文化
徐公芳主编 2011年 209页 26 cm 35元

〔高职高专人文素质教育教材〕(G. F. P.)

15297 309-09065
中国古典建筑思想四论
陈徽著 2012年 188页 22 cm 20元 (G. F. P.)

15298 309-03970
中国古代建筑十论
傅熹年著 2004年 355页 21 cm 20元 〔名家专题精讲系列 第三辑〕(G. F. P.)

15299 309-12086
建筑的故事
王振复编著 2015年 122页 21 cm 18元 〔上海市民健康与人文系列读本〕(G. F. P.)

15300 309-11387
建筑工程英语
孔娟 郁文主编 2015年 196页 26 cm 36元 〔21世纪职业教育行业英语〕(G. F. P.)

15301 309-06192
中西建筑美学比较论纲
刘月著 2008年 171页 21 cm 15元 (G. F. P.)

15302 309-02803
人居文化 中国建筑个体形象
王振复 杨敏芝著 2001年 210页 20 cm 12元 〔缪斯书系 华夏宫室〕(G. F. P.)

15303 309-02800
大地上的"宇宙" 中国建筑文化理念
王振复著 2001年 205页 20 cm 12元 〔缪斯书系 华夏宫室〕(G. F. P.)

15304 309-02801
宫室之魂 儒道释与中国建筑文化
王振复著 2001年 230页 20 cm 13元 〔缪斯书系 华夏宫室〕(G. F. P.)

15305 309-02802
中华意匠 中国建筑基本门类
王振复著 2001年 231页 20 cm 13元 〔缪斯书系 华夏宫室〕(G. F. P.)

15306 309-04166
住宅照明
李福生 陈育明编著 2004年 144页 23 cm 16.80元 〔绿色照明丛书〕(G. F. P.)

15307 309-04172
商店照明
陆燕 姚梦明编著 2004年 164页 23 cm 17元 〔绿色照明丛书〕(G. F. P.)

15308 309-04051
学校照明
屠其非 徐蔚编著 2004年 170页 23 cm 17元 〔绿色照明丛书〕(G. F. P.)

15309 309-04304
办公室照明
姚梦明 陆燕编著 2005年 153页 23 cm 18元 〔绿色照明丛书〕(G. F. P.)

15310 309-04052
餐馆照明
周莉 袁樵编著 2004年 121页 23 cm 13.80元 〔绿色照明丛书〕(G. F. P.)

15311 309-12018
照明设计 从传统光源到LED
周太明等编著 2015年 575页 26 cm 精装 168元 〔半导体光源(LED,OLED)及照明设计丛书〕(G. F. P.)

15312 309-09972

实用建筑工程测量

韩永光 周秋平主编 2013年 203页 26 cm 25元〔面向21世纪高端技能型专门人才培养系列〕(G. F. P.)

15313 309-01938

智能大厦

李晶 李毓麟编著 1997年 219页 26 cm 20元〔现代通信丛书〕(G. F. P.)

15314 309-07725

房屋建筑学

曾桂香 陈爱玖主编 2010年 383页 25 cm 45元〔复旦卓越·普通高等教育21世纪规划教材·建筑类〕(G. F. P.)

15315 309-13818

博物馆设计 故事、语调及其他

(英)杰克·洛曼 凯瑟琳·古德诺编 吴蘅译 2018年 190页 23 cm 38元〔博物馆研究书系 第一辑〕(G. F. P.)

15316 309-14656

博物馆建造及展览工程管理

陆建松著 2019年 815页 23 cm 248元 (G. F. P.)

15317 309-10201

上海高校建筑文化

周桂发 朱大章 章华明主编 2014年 262页 23 cm 50元 (G. F. P.)

15318 309-13738

医疗设施的规划、设计与建造

美国医疗机构联合委员会资源部编著 郦忠 乡志忠 窦文彬主译 华润JCI医院管理研究院译 2018年 116页 29 cm 106元〔华润JCI医院管理研究院质量和安全系列译著〕(G. F. P.)

15319 309-10639

上海工业遗产的保护与再利用研究

宋颖著 2014年 171页 22 cm 22元 (G. F. P.)

15320 309-07830

建筑力学

李孝军主编 2011年 256页 25 cm 31元〔复旦卓越·普通高等教育21世纪规划教材·建筑类〕(G. F. P.)

15321 309-09509

建设工程监理概论

王照雯主编 2013年 277页 25 cm 35元〔复旦卓越·普通高等教育21世纪规划教材·建筑类〕(G. F. P.)

15322 309-08027

工程招投标与合同管理

刘冬学 宋晓东主编 2011年 227页 23 cm 27元〔复旦卓越·普通高等教育21世纪规划教材·建筑类、工程管理类〕(G. F. P.)

15323 309-05753

工程造价与管理

李惠强主编 2007年 360页 23 cm 35元〔复旦博学·21世纪工程管理系列〕(G. F. P.)

15324 309-06994

建设工程成本计划与控制

李惠强主编 2009年 313页 26 cm 35元〔普通高等教育"十一五"国家级规划教材 复旦博学·21世纪工程管理系列〕(G. F. P.)

15325 309-11328

工程造价英语
杨登新 李君玲 胡娜编著 2016年 140页 26 cm 32元〔21世纪职业教育行业英语〕(G. F. P.)

15326 309-14685
建筑防火与逃生
殷乾亮 李明 周早弘主编 2020年 224页 26 cm 48元〔复旦博学〕(G. F. P.)

15327 309-05196
现代城市规划与管理
卢新海 张军编著 2006年 302页 23 cm 30元〔复旦博学·MPA(公共管理硕士)系列〕(G. F. P.)

15328 309-10565
营国 城市规划建设管理实践与思考
周峰越著 2014年 369页 25 cm 49元 (G. F. P.)

15329 309-14259
地理媒介 网络化城市与公共空间的未来
(澳)斯科特·麦夸尔(Scott McQuire)著 潘霁译 2019年 180页 23 cm 45元〔传播与中国译丛 城市传播系列 孙玮主编〕(G. F. P.)

15330 309-07665
大城市空间结构减载的经济学研究 以上海为例
张伊娜著 2010年 218页 21 cm 22元 (F.)

15331 309-10435
城市供水系统风险评估模型研究
叶春明 李永林著 2015年 257页 21 cm 26元 (G. F. P.)

15332 309-12250
消防安全案例分析 真题精析＋标准预测(一级注册消防工程师)
注册消防工程师资格考试命题研究中心编 2017年 108页 26 cm 36元 ( )

15333 309-12244
消防安全技术实务 真题精析＋标准预测(一级注册消防工程师)
注册消防工程师资格考试命题研究中心编 2017年 172页 26 cm 36元 ( )

15334 309-12245
消防安全技术综合能力 真题精析＋标准预测(一级注册消防工程师)
注册消防工程师资格考试命题研究中心编 2017年 188页 26 cm 36元 ( )

水利工程

15335 309-10022
水利英语
高小姣 李晓琳主编 2013年 183页 26 cm 35元〔复旦卓越·高职高专英语教材前景行业英语系列教材〕(G. F. P.)

15336 309-11331
水利英语
杨登新 李婧主编 2015年 155页 26 cm 32元〔21世纪职业教育行业英语〕(G. F. P.)

15337 309-13765
水利英语
杨登新 李婧主编 2018年 第2版 163页 26 cm 39元〔21世纪职业教育行业英语〕(G. F. P.)

15338 309-09503

中国跨界水资源利用和保护法律问题研究
何艳梅著 2013 年 232 页 23 cm 34 元
〔上海政法学院学术文库 经济法学系列〕(G. F. P.)

15339 309-15361
基于数据挖掘的水政监察管理系统的设计
陈潇潇著 2020 年 190 页 21 cm 58 元 (P.)

15340 309-13729
上海市防汛工作手册
王梦江主编 上海市防汛指挥部办公室编著 2018 年 604 页 21 cm 精装 100 元 (G. F. P.)

交通运输

铁路运输

15341 309-09282
城市轨道交通英语阅读教程
胡平主编 2012年 162页 28 cm 26元
〔卓越工程师大学英语阅读系列教材〕
(G. F. P.)

15342 309-14994
轨道车辆振动与控制
周劲松著 2020年 256页 26 cm 85元
(G. F. P.)

公路运输

15343 309-09915
罗英文集
罗英著 林慈整理 2013年 502页 23 cm
78元 (G. F. P.)

15344 309-09290

汽车工程英语阅读教程
费及竟主编 2012年 162页 28 cm 26元
〔卓越工程师大学英语阅读系列教材〕
(G. F. P.)

15345 309-08699
汽车应用英语
梁华蓉主编 2012年 146页 23 cm 28元
〔21世纪大学实用行业英语系列〕(G. F. P.)

15346 309-05737
汽车文化
龚箭 陈恒华主编 2007年 140页 26 cm
29元〔复旦卓越·21世纪汽车类职业教育教材〕(G. F. P.)

15347 309-05790
汽车机械常识
陈海明 高建平主编 2007年 271页 26 cm
28元〔复旦卓越·21世纪汽车类职业

教育教材〕(G. F. P.)

15348 309-05797

汽车结构与拆装 上册

蒋勇主编 2007年 277页 26 cm 28元〔复旦卓越·21世纪汽车类职业教育教材〕(G. F. P.)

15349 309-06113

汽车结构与拆装 下册

蒋勇主编 2008年 167页 26 cm 20元〔复旦卓越·21世纪汽车类职业教育教材〕(G. F. P.)

15350 309-09772

汽车结构与拆装 上册

蒋勇主编 2013年 第2版 246页 26 cm 32元〔复旦卓越·21世纪汽车类职业教育教材〕(G. F. P.)

15351 309-10469

汽车结构与拆装 下册

蒋勇主编 2014年 第2版 170页 26 cm 32元〔复旦卓越·21世纪汽车类职业教育教材〕(G. F. P.)

15352 309-09140

汽车机械基础

谢颂京 黄象珊主编 2012年 272页 25 cm 35元〔复旦卓越·普通高等教育21世纪规划教材·汽车类〕(G. F. P.)

15353 309-05656

汽车电工电子技术应用

王宝根主编 2007年 263页 26 cm 26元〔复旦卓越·21世纪汽车类职业教育教材〕(G. F. P.)

15354 309-08725

汽车电气

杨洪坤主编 2012年 247页 25 cm 31元〔复旦卓越·高等职业教育21世纪规划教材·汽车类〕(G. F. P.)

15355 309-05723

汽车使用与日常养护

戴良鸿主编 2007年 203页 26 cm 20元〔复旦卓越·21世纪汽车类职业教育教材〕(G. F. P.)

15356 309-12240

汽车使用与日常养护

戴良鸿主编 2016年 第2版 189页 26 cm 28元〔复旦卓越·21世纪汽车类职业教育教材〕(G. F. P.)

15357 309-12527

机动车驾驶员陪驾教练实训教程

上海云培信息技术有限公司编 2017年 273页 19 cm 22元 (G. F. P.)

15358 309-09778

汽车保养

康坚主编 2013年 204页 26 cm 28元〔复旦卓越·21世纪汽车类职业教育教材 李文亮 陈云富主编 国家中等职业教育改革发展示范校汽车运用维修专业实训教材〕(G. F. P.)

15359 309-07622

中职学校创新型汽修实训体系建设

毛叔平主编 2010年 248页 26 cm 精装38元 (G. F. P.)

15360 309-10521

汽车总线控制模块的检修

毛叔平主编 2014年 186页 30 cm 68元〔复旦卓越·21世纪汽车类职业教育

教材〕(G. F. P.)

15361 309-08742
汽车底盘机械系统检修
沈沉 张丽丽主编 2012年 243页 25 cm 32元〔复旦卓越·普通高等教育21世纪规划教材〕(G. F. P.)

15362 309-06713
汽车电器设备结构与维修
王宝根 王惠军主编 2009年 316页 26 cm 32元〔复旦卓越·21世纪汽车类职业教育教材〕(G. F. P.)

15363 309-09768
汽车发动机电控系统故障诊断与维修
司凌云主编 2013年 172页 26 cm 25元〔复旦卓越·21世纪汽车类职业教育教材 李文亮 陈云富主编 国家中等职业教育改革发展示范校汽车运用维修专业实训教材〕(G. F. P.)

15364 309-08082
二手车鉴定评估
李亚莉 郝萍主编 2011年 261页 25 cm 30元〔复旦卓越·职业教育21世纪规划教材·汽车类〕(G. F. P.)

15365 309-12875
二手车鉴定评估
李亚莉主编 2017年 第2版 282页 26 cm 38元〔复旦卓越·21世纪汽车类职业教育教材〕(G. F. P.)

15366 309-09381
汽车检测技术
张子成主编 2013年 181页 25 cm 23元

〔复旦卓越·普通高等教育21世纪规划教材·汽车类〕(G. F. P.)

15367 309-10785
交通安全读本
姜节安 王君芳 施轶主编 2014年 91页 21 cm 20元〔上海市进城务工人员技能文化培训系列读本 上海市进城务工人员技能文化培训工作领导小组办公室 上海市学习型社会建设服务指导中心办公室主编〕(G. F. P.)

15368 309-15359
车牌定位、倾斜校正和分割方法研究
潘梅森著 2020年 267页 21 cm 58元(P.)

15369 309-04305
道路照明
汪建平 邓云塘 钱公权编著 2005年 229页 23 cm 25元〔绿色照明丛书〕(G. F. P.)

15370 309-10815
停车产业发展与运营管理模式
江亚南著 2014年 170页 23 cm 30元〔三亚学院学术文丛〕(G. F. P.)

水路运输

15371 309-12530
航海类实用面试英语
陈丽丽主编 2016年 第2版 291页 23 cm 39元 (G. F. P.)

15372 309-10820
航海类实用面试英语 甲板部及轮机部
陈丽丽 刘同玲主编 2014年 308页 23 cm 42元 (G. F. P.)

航空、航天

航　空

15373　309-09291
民用航空英语阅读教程
马德忠主编　2012年　158页　28 cm　26元
〔卓越工程师大学英语阅读系列教材〕
(G. F. P.)

15374　309-13329
航空航天临床心理学
(美)雷蒙德·E.金(Raymond E. King)著　马海鹰主译　2019年　105页　23 cm　52元　(G. F. P.)

航天(宇宙航行)

15375　309-14788
中国火箭人 人才高度成就事业高度
彭剑锋　王伟主编　2020年　268页　23 cm　68元　(G. P.)

15376　309-02714
航天 人类史上的辉煌篇章
张乐臣　陈泽加编著　2000年　175页　20 cm　10元　〔新世纪丛书〕(G. F. P.)

15377　309-10187
太空安全问题研究
何奇松著　2014年　324页　21 cm　25元
(G. F. P.)

环境科学、安全科学

环境科学理论

15378 309-08627
中国环境政策工具的实施效果与优化选择
杨洪刚著 2011年 262页 21 cm 20元 〔公共管理与公共政策丛书〕(G. F. P.)

环境保护宣传教育及普及

15379 309-09222
环境学英语
贺灿文主编 2012年 204页 26 cm 35元 〔21世纪EAP学术英语系列丛书 蔡基刚总主编〕(G. F. P.)

15380 309-10784
环境保护读本
李登新主编 2014年 121页 21 cm 20元 〔上海市进城务工人员技能文化培训系列读本 上海市进城务工人员技能文化培训工作领导小组办公室 上海市学习型社会建设服务指导中心办公室主编〕(G. F. P.)

15381 309-06852
环保 生存之道
杨士军 王德耀主编 2009年 186页 26 cm 24元 〔复旦大学附属中学"大视野"教育书系 谢应平 王德耀总主编〕(G. F. P.)

15382 309-11687
环保 生存之道
杨士军 王德耀主编 2015年 第2版 193页 26 cm 29元 (G. F. P.)

环境科学基础理论

15383 309-00753
环境科学基础
陈国新主编 1992年 287页 19 cm 5元 (G. F.)

15384 309-01109

环境科学基础

陈国新主编 1992年(1993年印) 287页 19 cm 6.8元 ( )

15385 309-01768

环境化学导论

俞誉福等编著 1997年 409页 26 cm 30元 (G. F. P.)

15386 309-04292

城市地质环境的经济学分析

陈华文著 2004年 215页 21 cm 15元 〔黄皮书系列〕(G. P.)

15387 309-07088

环境利益论

严法善 刘会齐著 2010年 360页 22 cm 26元 〔新时期利益关系丛书〕(G. F. P.)

15388 309-04681

环境经济学前沿

(挪威)毕哲浩特(Olav Bjerkholt) 彭希哲 (Xizhe Peng)著 2005年 306页 24 cm 30元 〔复旦博学·经济学系列〕(G. F. P.)

15389 309-03730

环境经济学概论

严法善编著 2003年 314页 20 cm 16元 〔新编经济学系列教材〕(G. F. P.)

15390 309-05352

环境经济学教程

张真 戴星翼编著 2007年 264页 23 cm 28元 〔复旦博学·经济学系列〕(G. F. P.)

社会与环境

15391 309-12069

城市环境与生态读本

李登新编著 2015年 108页 21 cm 20元 〔上海市进城务工人员技能文化培训系列读本 二期 上海市进城务工人员技能文化培训工作领导小组办公室 上海市学习型社会建设服务指导中心办公室主编〕(G. F. P.)

15392 309-10361

河西走廊人居环境与各民族和谐发展研究

纳日碧力戈主编 2014年 151页 23 cm 25元 (G. F. P.)

15393 309-08302

城市生态学

王祥荣编著 2011年 407页 26 cm 59元 〔普通高等教育"十一五"国家级规划教材〕(G. F. P.)

15394 309-07954

工频电场磁场与健康

周建国主编 2011年 155页 22 cm 20元 〔复旦·健康系列〕(G. F. P.)

15395 309-07695

先秦时期的三峡人居环境

潘碧华著 2011年 231页 22 cm 20元 〔人文系列〕(G. F. P.)

15396 309-13863

环境可持续发展的协同效益研究

蒋平著 2018年 230页 21 cm 38元 (G. F. P.)

15397 309-02004

通向可持续发展的道路 中国人口、资源与环境的协调发展研究

朱国宏主编 1998年 274页 20 cm 16元 (G. F. P.)

环境保护管理

15398 309-08575
区域生态认证 可持续发展的市场化路径
景杰著 2011年 222页 21cm 18元 (G. F. P.)

15399 309-12087
家园的治理
戴星翼著 2016年 180页 21cm 20元 〔国家大事丛书〕 (G. F. P.)

15400 309-11003
太湖流域人口与生态环境的变迁及社会影响研究 1851—2005
张根福 冯贤亮 岳钦韬著 2014年 331页 23cm 48元 (G. F. P.)

15401 309-07117
绿色上海
《健康让生活更精彩——走进世博》编辑委员会编 2010年 82页 21cm 15元 〔健康让生活更精彩——走进世博〕 (G. F. P.)

15402 309-12693
东亚区域环境公共产品供给研究 以日本环境外交为例
黄昌朝著 2017年 348页 21cm 38元 (G. F. P.)

15403 309-09111
物质流分析 可持续发展的测量工具
吴开亚著 2012年 261页 23cm 35元 〔公共管理与公共政策学术前沿〕 (G. F. P.)

灾害及其防治

15404 309-04038
世界重大灾害事件记事
周志俊 金锡鹏主编 2004年 229页 23cm 28元 〔公共卫生安全与应急处置系列〕 (G. F. P.)

15405 309-06110
禳灾与减灾 秦汉社会自然灾害应对制度的形成
段伟著 2008年 369页 21cm 26元 (G. F. P.)

15406 5627-0004
灾难性环境事故
张照寰 薛寿征主编 1988年 116页 19cm 0.68元 (G.)

环境污染及其防治

15407 5627-0193
环境与生殖
王筱兰等主编 1994年 319页 26cm 31.30元 (G. F.)

15408 13253.010
环境污染与人体保健
俞誉福 毛家骏编著 1985年 272页 19cm 1.35元 (G. F.)

15409 309-08030
中国人口、消费与碳排放研究
朱勤著 2011年 230页 23cm 38元 〔公共管理与公共政策学术前沿〕 (G. F. P.)

15410 309-14860
大气 PM2.5 与健康
赵金镯著 2020年 180页 23cm 40元 (G. F. P.)

15411 309-10899
长三角跨界水污染防治法律协调机制研究
陈坤著 2014年 172页 23cm 30元 (G. F. P.)

15412 309-05342

越界水污染规制 对中国跨行政区流域污染的考察

曾文慧著 2007年 299页 21 cm 20元〔黄皮书系列〕(G. F. P.)

15413 309-05587

我国流域跨界水污染纠纷协调机制研究 以淮河流域为例

赵来军著 2007年 186页 21 cm 15元 (G. F. P.)

15414 309-11969

蓝藻水华相关因素识别、预测与治理

黄炜 赵来军著 2015年 173页 21 cm 20元 (G. F. P.)

15415 309-06567

我国湖泊流域跨行政区水环境协同管理研究 以太湖流域为例

赵来军著 2009年 204页 21 cm 12元 (G. F. P.)

15416 309-13122

海上溢油生态损害的经济补偿研究

吴清峰著 2017年 190页 23 cm 28元 (G. F. P.)

15417 309-01045

环境放射性概论

俞誉福编著 1993年 392页 20 cm 7.10元 (G. F.)

15418 309-15206

固体废物处理与处置

杨治广主编 2020年 418页 26 cm 68元〔复旦卓越 环境管理系列〕(G. P.)

15419 309-07804

我国节能与低碳的交易市场机制研究

刘婧著 2010年 244页 21 cm 20元〔发展方式转型与节能减排系列丛书〕(G. F. P.)

安全科学

15420 309-09370

焊接行业工作场所职业安全卫生检查手册

贾晓东 刘美霞 杨凤主编 2013年 97页 19 cm 12元〔中小企业职业安全卫生防护手册系列丛书〕(G. F.)

15421 309-09371

喷涂行业工作场所职业安全卫生检查手册

贾晓东 杨凤 刘美霞主编 2013年 74页 19 cm 12元〔中小企业职业安全卫生防护手册系列丛书〕(G. F.)

15422 309-13283

安全出行

孔曦 张林森编著 2017年 93页 21 cm 15元〔"60岁开始读"科普教育丛书〕(G. F. P.)

综合性图书

丛 书

15423 309-13403
徽州民间珍稀文献集成
王振忠主编 吴敏编 2018年 影印本 30册 29 cm 精装 25 000元 (G. F. P.)

15424 309-07889
国学经典选读 大学·中庸·三字经
陈虹岩主编 2011年 249页 30 cm 35元〔复旦卓越·全国学前教育专业系列〕(G. P.)

15425 309-06952
国学导论
吴通福主编 2013年 331页 26 cm 40元〔信毅教材大系〕(G. F. P.)

15426 309-11362
中国经学史论著选编
周予同著 邓秉元编 2015年 583页 24 cm 精装 98元〔复旦百年经典文库〕(G. F. P.)

15427 309-03363
中国经学史十讲
朱维铮著 2002年 295页 21 cm 16元〔名家专题精讲系列〕(G. F. P.)

15428 309-10703
近代国学教育思想研究
李成军著 2014年 245页 21 cm 35元 (G. F. P.)

百科全书、类书

15429 309-07487
环宇搜闻 你需要知道的超过3999个基本事实
(英)利瓦伊(J. Levy)著 黄升晖译 2011年 148页 21 cm 精装 18元〔口袋里的百科〕(P.)

15430 309-07456

国家 你需要知道的超过 2999 个基本事实

（英）史密斯（D. Smith）著 徐金柱译 2011 年 140 页 21 cm 18 元〔口袋里的百科〕(P.)

15431 309-09970

科学外史

江晓原著 2013 年 307 页 22 cm 精装 48 元〔经世文库〕(G. F. P.)

15432 309-10794

科学外史 Ⅱ

江晓原著 2014 年 299 页 22 cm 精装 48 元〔经世文库〕(G. F. P.)

15433 309-03673

学者有约 在好奇心中成长

刘娴等主编 《上海中学生报》编 2003 年 218 页 20 cm 12 元 (G. F. P.)

15434 309-07538

科学无极限 你需要知道的超过 2000 个基本事实

（英）迈克·费里恩（Mike Flynn）著 王琳琳 凌云飞译 2011 年 139 页 18 cm 精装 18 元〔口袋里的百科 08〕(G. F. P.)

论文集、全集、选集、杂著

15435 309-14746

复旦大学图书馆藏古籍稿抄珍本 第一辑

陈思和 严峰主编 2020 年 影印本 30 册 30 cm 精装 28 000 元 (G. F.)

15436 309-05533

上海图书馆未刊古籍稿本

《上海图书馆未刊古籍稿本》编辑委员会编 2008 年 影印本 60 册 30 cm 精装 45 000 元 (G. F.)

15437 309-13030

书院的理念与探索 复旦大学书院讲演录

吴晓明主编 2017 年 254 页 26 cm 精装 98 元 (G. F. P.)

15438 309-14365

书院的理念与探索 复旦大学书院讲演录 Ⅱ

吴晓明主编 2019 年 269 页 26 cm 精装 98 元 (G. F. P.)

15439 309-03981

复旦大讲堂 第 1 辑

周桂发 周筱赟编 2004 年 227 页 23 cm 22 元〔思近而问切志笃而学博 献给复旦大学一百周年校庆〕(G. F. P.)

15440 309-13991

薛文清《读书录读书续录》导读

（明）薛瑄撰 张旭辉 孙大鹏整理并导读 2018 年 411 页 21 cm 58 元 (G. F. P.)

15441 309-14111

卢弼著作集

傅杰主编 卢弼著 2019 年 6 896 页 26 cm 精装 7 500 元〔近代学术集林〕(F. P.)

15442 309-14206

吴士鉴著作集

傅杰主编 吴士鉴著 2019 年 15 020 页 26 cm 精装 18 000 元〔近代学术集林〕(F. P.)

15443 309-14360

夏敬观著作集

傅杰主编 夏敬观著 2019 年 6 040 页 25 cm 精装 7 600 元〔近代学术集林〕(P.)

15444 309-14361
徐昂著作集
傅杰主编 徐昂著 2019年 2808页 25 cm 精装 3100元〔近代学术集林〕(P.)

15445 309-14202
章钰著作集
傅杰主编 章钰著 2019年 4756页 26 cm 精装 5400元〔近代学术集林〕(F. P.)

15446 309-14203
朱启钤著作集
傅杰主编 朱启钤著 2020年 8688页 24 cm 精装 9980元〔近代学术集林〕(G.)

15447 309-14897
薛学潜著作集
傅杰主编 薛学潜著 2020年 影印本 3252页 24 cm 精装 3980元〔近代学术集林〕(G.)

15448 309-10772
黄体仁集
(明)黄体仁撰 杜怡顺整理 2014年 311页 22 cm 精装 32元〔浦东历代要籍选刊〕(G. F. P.)

15449 309-13392
方苞全集
彭林 严佐之主编 2018年 13册 21 cm 精装 1580元 (G. F. P.)

15450 309-03058
利玛窦中文著译集
(意)利玛窦著 朱维铮主编 2001年 802页 21 cm 58元 (G. F. P.)

15451 309-04583
智高无上 当我啃完大英百科全书
(美)A. J.雅各布(A. J. Jacobs)著 江天帆译 2005年 414页 21 cm 29元〔99畅销文库〕(G.)

年鉴、年刊

15452 5627-0089
上海医科大学年鉴1990
汤钊猷 萧俊主编 1990年 180页 26 cm 精装 18元 (G.)

15453 5627-0276
上海医科大学年鉴1994
姚泰主编 1995年 内部发行 289页 26 cm 精装 (G. F.)

15454 5627-0638
上海医科大学年鉴1998
姚泰主编 2001年 312页 26 cm 精装 160元 (G. F.)

15455 5627-0640
上海医科大学年鉴1999
姚泰主编 2001年 197页 26 cm 精装 92元 (G. F.)

15456 5627-0639
复旦大学医学院年鉴2000
王卫平主编 2001年 179页 26 cm 精装 90元 (G. F.)

15457 309-05405
复旦大学年鉴2006 2007 2008 2009
复旦大学年鉴编纂委员会编 刘季平 周亚主编 2007—2010年 4册 29 cm 精装 全套672元 (G. F. P.)

15458 309-07824

复旦大学年鉴 2010

复旦大学年鉴编纂委员会编 刘季平 周亚主编 2011年 453页 29 cm 精装 168元（G. F. P.）

15459 309-09011

复旦大学年鉴 2011

复旦大学年鉴编纂委员会编 李倩 周亚主编 2012年 451页 29 cm 精装 168元（G. F. P.）

15460 309-09770

复旦大学年鉴 2012

复旦大学年鉴编纂委员会编 刘承功主编 2013年 463页 29 cm 精装 168元（G. F. P.）

15461 309-10736

复旦大学年鉴 2013

复旦大学年鉴编纂委员会编 周立志主编 2014年 481页 29 cm 精装 168元（G. F. P.）

15462 309-11945

复旦大学年鉴 2014

复旦大学年鉴编纂委员会编 周立志主编 2016年 512页 29 cm 精装 168元（G. F. P.）

15463 309-12869

复旦大学年鉴 2015

复旦大学年鉴编纂委员会编 周立志主编 2017年 523页 29 cm 精装 168元（G. F. P.）

15464 309-13305

复旦大学年鉴 2016

复旦大学年鉴编纂委员会编 周立志主编 2018年 525页 29 cm 精装 168元（G. F. P.）

15465 309-14590

复旦大学年鉴 2017

复旦大学年鉴编纂委员会编 周立志主编 2020年 553页 29 cm 精装 168元（G. P.）

15466 309-00738

上海市机电产品出口年鉴 1991

明志澄主编 1991年 751页 26 cm 精装 120元（G. F.）

15467 309-01118

上海市机电产品出口年鉴 1993

明志澄 袁海君主编 1993年 636页 26 cm 精装 180元（G. F.）

15468 309-13278

施璐德年鉴 2016

施璐德亚洲有限公司编 2017年 209页 26 cm 68元（G. F. P.）

15469 309-13708

施璐德年鉴 2017

施璐德亚洲有限公司编 2018年 287页 26 cm 88元（G. F. P.）

15470 309-14353

施璐德年鉴 2018

施璐德亚洲有限公司编 2019年 222页 26 cm 88元（G. F. P.）

15471 309-08752

中国证券业年鉴 2011（总第 19 期）

中国证券业年鉴编辑委员会编 徐明 李辉主编 2012年 3册 29 cm 精装 1 980元（G. F.）

15472 309-09587

中国证券业年鉴 2012（总第 20 期）

中国证券业年鉴编辑委员会编 2013年 3

册 29 cm 精装 1980 元（G. F.）

15473 309-10458
中国证券业年鉴 2013（总第 21 期）
中国证券业年鉴编辑委员会编 2014 年 3 册 29 cm 精装 1980 元（G.）

15474 309-11430
中国证券业年鉴 2014（总第 22 期）
中国证券业年鉴编辑委员会编 2015 年 3 册 29 cm 精装 1980 元（G. F.）

15475 309-12261
中国证券业年鉴 2015（总第 23 期）
中国证券业年鉴编辑委员会编 2016 年 3 册 29 cm 精装 1980 元（G. F.）

15476 309-13034
中国证券业年鉴 2016（总第 24 期）
中国证券业年鉴编辑委员会编 2017 年 3 册 29 cm 精装 1980 元（G. F.）

15477 309-14026
中国证券业年鉴 2017（总第 25 期）
中国证券业年鉴编辑委员会编 2018 年 3 册 29 cm 精装 1980 元（G. F.）

15478 309-00909
嵊泗年鉴 1986—1990
浙江省嵊泗县地方志编纂委员会编 1992 年 323 页 26 cm 精装 52 元（G.）

图书报刊目录、文摘、索引

15479 309-06021
四库提要精读
陈尚君 张金耀主撰 2008 年 455 页 23 cm 45 元〔汉语言文学原典精读系列 普通高等教育"十一五"国家级规划教材〕（G. F. P.）

15480 309-02222
古华书萃
上海市奉贤县档案馆编 1999 年 343 页 20 cm 25 元（G. F.）

15481 309-07342
中国语言文学本科必读书目
王晓明主编 2010 年 393 页 23 cm 38 元〔复旦博学·文学系列·精华版 新闻出版总署"十一五"国家重点图书〕（G. F. P.）

15482 309-06788
中国学术名著提要（合订本）第 1 卷 先秦两汉编 魏晋南北朝编
中国学术名著提要编委会编 2019 年 770 页 27 cm 精装 250 元（G. F. P.）

15483 309-06789
中国学术名著提要（合订本）第 2 卷 隋唐五代编
中国学术名著提要编委会编 2019 年 575 页 28 cm 精装 185 元（G. F. P.）

15484 309-06790
中国学术名著提要（合订本）第 3 卷 宋辽金元编
中国学术名著提要编委会编 2019 年 974 页 27 cm 精装 310 元（G. F. P.）

15485 309-06791
中国学术名著提要（合订本）第 4 卷 明代编
中国学术名著提要编委会编 2019 年 610 页 28 cm 精装 210 元（G. F. P.）

15486 309-06792
中国学术名著提要（合订本）第 5 卷 清代编
中国学术名著提要编委会编 2019 年 2

册 27 cm 精装 450 元 (G. F. P.)

15487 309-06793
中国学术名著提要（合订本）第 6 卷 民国编
中国学术名著提要编委会编 2019 年 2 册 27 cm 精装 395 元 (G. F. P.)

15488 309-00857
中国学术名著提要 语言文字卷
周谷城 胡裕树主编 语言文字编委会编 1992 年 642 页 20 cm 精装 20 元 (G. F. P.)

15489 309-00937
中国学术名著提要 哲学卷
周谷城 潘富恩主编 1992 年 1 020 页 20 cm 精装 32 元 (G. F. P.)

15490 309-01212
中国学术名著提要 历史卷
周谷城 姜义华主编 1994 年 756 页 20 cm 精装 25 元 (G. F. P.)

15491 309-01245
中国学术名著提要 经济卷
周谷城 叶世昌主编 1994 年 836 页 20 cm 精装 27 元 (G. F. P.)

15492 309-01494
中国学术名著提要 政治法律卷
周谷城主编 叶孝信卷主编 1996 年 723 页 20 cm 精装 35 元 (G. F. P.)

15493 309-01528
中国学术名著提要 艺术卷
周谷城主编 蒋孔阳 高若海卷主编 1996 年 1 035 页 20 cm 精装 48 元 (G. F. P.)

15494 309-01540
中国学术名著提要 科技卷
周谷城主编 徐余麟卷主编 1996 年 880 页 20 cm 精装 40 元 (G. F. P.)

15495 309-01552
中国学术名著提要 教育卷
周谷城主编 张瑞璠 金一鸣卷主编 1996 年 672 页 20 cm 精装 33 元 (G. F. P.)

15496 309-01683
中国学术名著提要 宗教卷
周谷城主编 陈士强卷主编 1997 年 1 204 页 20 cm 精装 54 元 (G. F. P.)

15497 309-02291
中国学术名著提要 文学卷
周谷城主编 陈正宏 章培恒卷主编 1999 年 849 页 20 cm 精装 42 元 (G. F. P.)

15498 309-13823
复旦大学图书馆馆藏古籍善本图录
复旦大学图书馆编 2018 年 影印本 109 页 29 cm 精装 98 元 (G. F. P.)

15499 309-01443
嘉业堂藏书志
缪荃孙等撰 吴格整理点校 1997 年 1 411 页 20 cm 精装 80 元 (G. F. P.)

15500 11253.014
梁启超著述系年
李国俊编 1986 年 265 页 19 cm 1.55 元 〔中国近现代思想文化史史料丛书〕(G. F.)

15501 309-00729
中国期刊文献检索工具大全 1949—1989
吴嘉敏主编 1991 年 1 031 页 20 cm 20 元 (G. F.)

15502 309-01075

复旦大学教职员著译书目 文科分册
复旦大学教务处、图书馆编 1993 年 276 页 20 cm 10 元 (G. F.)

15503 309-01395
复旦大学教职员著译书目 理科分册
复旦大学教务处、图书馆编 1995 年 158 页 20 cm 6 元 (G. F.)

15504 10253.033
中国现代美学论著译著提要
蒋红等编著 1987 年 399 页 20 cm 2.60 元〔美学与艺术评论丛书〕(G. F.)

15505 5627-0398
医学核心期刊指南
卢黛琳主编 1997 年 186 页 26 cm 28 元 (G. F.)

15506 309-02485
学苑撷英 复旦大学哲学社会科学获奖著作简介
秦绍德主编 2000 年 430 页 20 cm 20 元 (G. F. P.)

15507 309-03937
CSSCI(2003)源期刊指南
徐剑 李振全编著 2004 年 351 页 26 cm 98 元 (G. F. P.)

15508 309-04395
150 年中美关系史论著目录 1823—1990
汪熙 (日) 田尻利主编 2005 年 603 页 26 cm 精装 100 元〔中美关系研究丛书 23 汪熙主编〕(G. F.)

15509 309-06346
中国新闻传播学图书精介
周伟明主编 叶翠娣 王海英编选 2008 年 648 页 21 cm 39 元 (G. F. P.)

15510 309-07630
巴金研究文献题录 1922—2009
李存光编 2011 年 984 页 26 cm 精装 98 元〔巴金研究丛书〕(G. F. P.)

15511 4253.013
世界经济论文篇目分类索引 1978—1983.4
复旦大学世界经济系资料室编 1985 年 318 页 21 cm 2.75 元 (G. F.)

15512 11253.025
世界通史论文资料索引 1949 年—1984 年 上册 总论·古代史·中世纪史
复旦大学历史系资料室等合编 1987 年 145 页 26 cm 2.10 元 (G. F.)

15513 309-00137
世界通史论文资料索引 1949 年—1984 年 中册 近代史
复旦大学历史系资料室等合编 1988 年 237 页 26 cm 2.30 元 (G. F.)

15514 309-00138
世界通史论文资料索引 1949 年—1984 年 下册 现代史
复旦大学历史系资料室等编 1988 年 257 页 26 cm 2.50 元 (G. F.)

15515 11253.002
五十二种文史资料篇目分类索引 创刊号—1981 年
复旦大学历史系资料室编 1982 年 264 页 26 cm 1.70 元 (G. F.)

Catalogue of Fudan University Press

复旦大学出版社总书目

(1980—2020)

龙向洋 主编

III
索引

复旦大学出版社

书名笔画索引

字头笔画检字表

	〇画	下	1164	廿	1182	父	1209
		大	1164	艺	1182	今	1209
		与	1171	五	1182	分	1209
	一画	万	1171	不	1182	公	1209
		上	1171	太	1183	仓	1211
		小	1175	区	1183	月	1211
一	1154	口	1176	历	1183	风	1211
乙	1156	山	1176	友	1184	丹	1212
	二画	千	1176	尤	1184	乌	1212
		川	1177	匹	1184	凤	1212
二	1156	亿	1177	车	1184	六	1212
丁	1156	个	1177	巨	1184	文	1212
十	1156	凡	1177	牙	1184	方	1214
厂	1157	夕	1177	戈	1184	为	1214
七	1157	广	1177	比	1184	计	1214
人	1157	义	1178	互	1185	认	1216
入	1159	卫	1178	切	1185	心	1217
八	1159	女	1178	少	1185	尹	1218
九	1159	飞	1179	日	1185	引	1218
儿	1160	习	1179	中	1186	孔	1218
几	1161	马	1179	内	1204	巴	1218
了	1161	乡	1180	水	1205	办	1218
力	1162			贝	1205	以	1218
	三画		四画	手	1205	邓	1219
				牛	1206	双	1219
		丰	1180	毛	1206	书	1219
		王	1180	气	1206	幻	1219
三	1162	开	1180	长	1206		
于	1162	天	1181	仁	1207		五画
干	1162	夫	1181	什	1207		
亏	1162	元	1181	化	1207	玉	1219
土	1162	无	1181	反	1207	未	1219
士	1163	专	1182	介	1207	末	1219
工	1163	云		从	1207	示	1220

击	1220	代	1229	圣	1236	死	1248
打	1220	仪	1229	对	1237	成	1248
巧	1220	白	1229	台	1237	轨	1249
正	1220	他	1229	矛	1237	迈	1249
功	1220	用	1229	母	1237	贞	1249
去	1220	印	1230	幼	1237	师	1249
甘	1220	乐	1230	丝	1241	光	1249
世	1220	句	1230			当	1249
艾	1221	犯	1230	**六画**		早	1252
古	1221	外	1230			曲	1252
节	1222	冬	1231	刑	1241	团	1252
本	1222	鸟	1231	动	1241	同	1252
术	1222	包	1231	吉	1241	吕	1252
可	1222	主	1231	托	1241	吃	1252
左	1223	市	1232	考	1242	因	1252
布	1223	立	1232	老	1242	岁	1252
龙	1223	冯	1232	执	1243	帆	1252
平	1223	玄	1233	扫	1243	回	1252
东	1223	兰	1233	地	1243	网	1252
卡	1224	半	1233	场	1243	年	1253
北	1224	汇	1233	扬	1243	朱	1253
卢	1224	头	1233	共	1243	先	1253
业	1224	汉	1233	亚	1244	舌	1254
旧	1224	宁	1234	机	1244	竹	1254
归	1224	写	1234	权	1245	伟	1254
旦	1224	让	1234	过	1245	传	1254
叶	1224	礼	1234	再	1245	休	1255
甲	1224	永	1234	协	1245	伍	1255
申	1224	司	1234	西	1245	优	1255
电	1224	尼	1235	压	1246	仲	1255
田	1226	民	1235	厌	1246	任	1255
史	1226	弘	1235	在	1246	伤	1255
叩	1227	出	1235	有	1247	价	1255
另	1227	加	1236	百	1247	伦	1255
四	1227	皮	1236	存	1248	华	1255
生	1227	边	1236	而	1248	自	1256
失	1229	孕	1236	达	1248	伊	1256
丘	1229	发	1236	列	1248	血	1256

向	1256	讲	1269	远	1274	坚	1282		
后	1257	军	1269	运	1274	时	1282		
行	1257	祁	1269	技	1274	吴	1283		
全	1257	许	1269	找	1274	助	1283		
会	1262	论	1269	批	1274	县	1283		
合	1263	农	1270	走	1274	足	1283		
企	1263	设	1270	赤	1275	邮	1283		
众	1264	访	1270	孝	1275	男	1283		
创	1264	寻	1270	均	1275	员	1283		
杂	1265	那	1271	抑	1275	听	1283		
凤	1265	导	1271	投	1275	吟	1283		
危	1265	异	1271	抗	1276	吹	1283		
各	1265	孙	1271	护	1276	别	1284		
名	1265	阳	1271	志	1276	财	1284		
多	1266	收	1271	声	1276	针	1284		
争	1266	阶	1271	把	1276	告	1284		
色	1266	阴	1271	报	1276	我	1284		
冲	1266	如	1271	抒	1277	乱	1286		
庄	1266	妇	1272	花	1277	利	1286		
亦	1266	好	1272	苍	1277	私	1286		
刘	1266	她	1272	严	1277	体	1286		
交	1266	戏	1272	劳	1277	何	1287		
产	1267	羽	1272	克	1277	作	1287		
决	1267	观	1272	苏	1277	低	1287		
亥	1267	牟	1272	杜	1278	你	1287		
充	1267	欢	1272	材	1278	住	1287		
问	1267	买	1272	杏	1278	位	1287		
并	1267	红	1273	极	1278	伴	1287		
关	1267	约	1273	李	1278	身	1288		
灯	1267	纪	1273	杨	1278	佛	1288		
江	1267			求	1278	近	1288		
汤	1268	**七画**		更	1279	返	1288		
忏	1268			吾	1279	余	1288		
兴	1268	寿	1273	两	1279	希	1289		
宇	1268	弄	1273	医	1279	坐	1289		
守	1269	玛	1273	励	1282	含	1289		
字	1269	形	1273	连	1282	肝	1289		
安	1269	进	1274	步	1282	肠	1289		

龟	1289	初	1294	拉	1306	固	1318
兔	1289	社	1295	幸	1306	忠	1318
狂	1289	识	1297	招	1306	咀	1318
卵	1289	诉	1297	坡	1306	呱	1318
邹	1289	诊	1297	昔	1306	呼	1318
迎	1289	词	1297	茗	1306	罗	1318
饭	1289	译	1297	英	1306	图	1318
饮	1290	君	1298	范	1310	钓	1319
系	1290	灵	1298	直	1310	制	1319
言	1290	尿	1298	茅	1310	知	1319
应	1290	局	1298	林	1310	牧	1319
冷	1291	改	1298	板	1310	物	1319
序	1291	张	1298	松	1310	和	1320
辛	1291	陆	1299	枫	1311	季	1320
闲	1291	阿	1299	构	1311	供	1320
灼	1291	陈	1299	画	1311	使	1320
汪	1291	妙	1299	事	1311	侠	1320
沙	1291	妊	1299	雨	1311	侦	1320
汽	1291	忍	1299	郁	1311	侗	1320
沃	1292	鸡	1299	奇	1311	货	1320
沦	1292	纳	1299	奋	1312	依	1321
泛	1292	纵	1299	欧	1312	质	1321
沧	1292	纸	1299	垄	1312	征	1321
沟	1292			转	1312	往	1321
没	1292	**八画**		软	1312	彼	1321
沪	1292			鸢	1313	所	1321
沈	1292	玩	1300	非	1313	金	1321
沉	1292	环	1300	卓	1313	爸	1323
怀	1292	武	1300	肾	1313	采	1323
快	1292	青	1300	旺	1313	受	1323
完	1293	现	1301	果	1313	乳	1323
宋	1293	玫	1305	昆	1313	贫	1323
宏	1293	表	1305	国	1313	肺	1323
灾	1293	规	1305	咕	1317	肿	1323
良	1293	拓	1306	畅	1317	朋	1324
证	1293	拔	1306	明	1317	股	1324
启	1294	抽	1306	易	1317	肥	1324
评	1294	拍	1306	典	1318	服	1324

周	1324	孟	1335	药	1343	选	1351
变	1325	函	1335	标	1344	适	1351
京	1325	驾	1335	枯	1344	香	1351
夜	1325	参	1335	查	1344	种	1351
庙	1325	艰	1335	相	1344	科	1351
废	1325	线	1335	柳	1344	重	1352
净	1325	组	1336	树	1344	复	1353
放	1325	细	1336	要	1344	笃	1355
郑	1325	终	1337	郦	1344	便	1355
单	1325	驻	1337	研	1344	顺	1355
法	1326	经	1337	厚	1345	修	1356
河	1327			面	1345	保	1356
泊	1327	**九画**		残	1345	促	1356
泡	1327			轻	1346	俄	1356
注	1327	春	1338	鸦	1346	俗	1357
泌	1327	玻	1338	背	1346	信	1357
波	1327	毒	1338	战	1346	泉	1357
治	1327	持	1339	点	1346	侵	1357
性	1328	项	1339	临	1346	追	1358
学	1328	城	1339	哇	1348	衍	1358
宝	1330	政	1339	显	1348	律	1358
宗	1330	赵	1341	冒	1349	很	1358
定	1330	拾	1341	映	1349	叙	1358
审	1330	挑	1341	星	1349	俞	1358
官	1331	指	1341	胃	1349	剑	1358
空	1331	拼	1341	贵	1349	食	1358
实	1331	拯	1341	虹	1349	胆	1358
试	1333	革	1341	思	1349	胜	1358
诗	1333	带	1341	品	1349	脉	1358
房	1334	草	1342	哈	1350	胎	1359
诚	1334	茶	1342	哪	1350	狮	1359
视	1334	荀	1342	骨	1350	独	1359
话	1334	茨	1342	幽	1350	贸	1359
建	1334	荒	1342	钟	1350	急	1359
录	1335	荨	1342	钢	1350	将	1359
居	1335	故	1342	看	1350	庭	1359
弦	1335	胡	1342	氟	1351	疯	1359
承	1335	南	1342	怎	1351	咨	1359

亲	1359	绘	1368	砥	1371	胶	1374
音	1359	给	1368	破	1371	脑	1374
帝	1360	骆	1368	原	1371	卿	1374
施	1360	绝	1368	逐	1371	留	1375
差	1360	统	1368	顾	1371	恋	1375
养	1360			致	1371	衰	1375
美	1360	**十画**		监	1371	高	1375
送	1362			党	1371	郭	1382
类	1362	耕	1369	哮	1371	席	1382
迷	1362	珠	1369	哺	1371	准	1382
前	1362	班	1369	畔	1371	病	1382
首	1364	素	1369	啊	1371	疾	1382
总	1364	损	1369	圆	1371	疼	1382
洪	1364	都	1369	钱	1372	脊	1382
测	1364	哲	1369	铁	1372	效	1382
活	1364	逝	1369	铅	1372	离	1382
洋	1365	热	1369	特	1372	唐	1383
恍	1365	恐	1369	造	1372	瓷	1383
宣	1365	壶	1369	积	1372	资	1383
宫	1365	莱	1369	秘	1372	站	1384
宪	1365	莫	1369	透	1372	竞	1384
突	1365	荷	1370	笔	1372	旁	1384
穿	1365	晋	1370	笑	1372	旅	1384
客	1365	恶	1370	债	1372	畜	1384
冠	1365	莎	1370	倾	1372	阅	1384
语	1365	真	1370	倪	1372	兼	1384
祖	1366	桂	1370	俯	1372	烧	1384
神	1366	档	1370	健	1373	递	1384
祝	1367	桐	1370	射	1373	涛	1385
说	1367	桥	1370	徐	1373	浦	1385
退	1367	桃	1370	殷	1373	酒	1385
孩	1367	格	1370	般	1373	涉	1385
除	1367	校	1370	航	1374	消	1385
院	1367	核	1370	爱	1374	涅	1385
姚	1367	哥	1371	胰	1374	浩	1385
架	1367	速	1371	脂	1374	海	1385
勇	1367	贾	1371	胸	1374	浮	1386
结	1367	夏	1371	脐	1374	流	1386

润	1386	掘	1391	移	1397	淋	1401
浪	1386	掇	1391	符	1397	渐	1401
悦	1386	职	1391	第	1398	混	1401
家	1387	基	1391	做	1398	淮	1402
宾	1387	聆	1393	伤	1398	渔	1402
请	1387	著	1393	偶	1398	液	1402
朗	1387	黄	1393	停	1398	深	1402
诸	1387	菲	1393	偏	1398	婆	1402
读	1387	菊	1393	假	1398	梁	1402
袖	1387	营	1393	得	1398	情	1402
被	1387	萧	1393	欲	1398	惊	1402
课	1387	萨	1393	彩	1398	惯	1402
谁	1387	梦	1393	领	1398	寄	1402
调	1388	梅	1394	脚	1399	寂	1402
谈	1388	救	1394	脖	1399	密	1402
剧	1388	票	1394	猜	1399	谋	1402
娱	1388	硅	1394	猎	1399	谚	1403
通	1388	硕	1394	猫	1399	屠	1403
能	1388	聋	1394	猕	1399	弹	1403
难	1388	盛	1394	祭	1399	隋	1403
预	1388	雪	1394	毫	1399	随	1403
继	1389	辅	1394	烹	1399	蛋	1403
		虚	1394	麻	1399	隐	1403
十一画		常	1394	痕	1399	婚	1403
		眼	1395	康	1399	婉	1403
球	1389	悬	1395	盗	1399	颈	1403
理	1389	野	1395	章	1399	绩	1403
琉	1389	曼	1395	竟	1400	维	1403
域	1389	晚	1395	商	1400	综	1403
排	1389	唯	1396	望	1401	绿	1404
推	1389	逻	1396	阎	1401		
埠	1389	崇	1396	阐	1401	**十二画**	
授	1389	婴	1396	粒	1401		
教	1389	铜	1397	断	1401	琴	1404
培	1390	银	1397	剪	1401	越	1404
接	1390	矫	1397	焊	1401	超	1404
控	1390	甜	1397	烽	1401	提	1405
探	1390	梨	1397	清	1401	博	1405

揭	1406	程	1409	编	1413	蛾	1416
喜	1406	稀	1409	骗	1413	嵊	1416
彭	1406	税	1409			错	1416
斯	1406	等	1410	**十三画**		锚	1417
期	1406	策	1410			锦	1417
联	1406	傅	1410	瑜	1413	辞	1417
散	1406	集	1410	摄	1413	简	1417
葡	1406	焦	1410	填	1413	催	1417
敬	1406	储	1410	鼓	1413	微	1417
蒋	1406	奥	1410	蓝	1413	遥	1418
韩	1406	循	1410	蒲	1413	腹	1418
朝	1406	舒	1410	蒙	1413	詹	1418
棒	1407	鲁	1410	献	1414	鲍	1418
植	1407	猴	1410	楚	1414	解	1418
森	1407	童	1410	想	1414	廉	1419
棉	1407	善	1411	楞	1414	新	1419
椭	1407	普	1411	概	1414	意	1431
硬	1407	奠	1411	裘	1414	雍	1431
雄	1407	道	1411	赖	1414	粮	1431
雅	1407	曾	1411	酪	1414	数	1431
悲	1407	港	1411	感	1414	慈	1432
紫	1407	湖	1411	碌	1415	满	1432
凿	1407	湘	1411	零	1415	滇	1433
辉	1407	温	1411	辐	1415	溶	1433
掌	1407	溃	1412	输	1415	裱	1433
暑	1407	游	1412	频	1415	裸	1433
最	1407	滋	1412	鉴	1415	福	1433
量	1408	愤	1412	嘟	1415	群	1433
喷	1408	寒	1412	嗝	1415	嫉	1434
景	1408	富	1412	歇	1415	缤	1434
遗	1408	寓	1412	暗	1415		
喝	1408	遍	1412	照	1415	**十四画**	
喉	1408	祺	1412	畸	1415		
喻	1408	禅	1412	跨	1415	静	1434
黑	1408	谢	1412	跳	1416	嘉	1434
销	1409	强	1412	路	1416	赫	1434
短	1409	媒	1412	跟	1416	聚	1434
智	1409	婺	1413	蜈	1416	蔡	1434

模	1434	翟	1438			徽	1443
榕	1434	熊	1439	十六画		癌	1443
歌	1434					赢	1443
醉	1435	十五画		颗	1441	濮	1443
酶	1435			燕	1441	臂	1443
酸	1435	慧	1439	薛	1441		
碳	1435	撒	1439	薪	1441	十八画	
磁	1435	趣	1439	薄	1441		
愿	1435	撞	1439	翰	1441	瞿	1443
嘈	1435	增	1439	整	1441	蹦	1443
赚	1435	聪	1439	融	1441	翻	1443
舞	1435	樟	1439	霍	1441		
算	1435	橄	1439	餐	1441	十九画	
管	1435	影	1439	器	1441		
箫	1437	踢	1439	镜	1441	警	1444
舆	1437	蝶	1439	篮	1442	巅	1444
鼻	1437	蝴	1440	儒	1442	疆	1444
膀	1437	墨	1440	歙	1442		
疑	1437	镇	1440	雕	1442	二十画	
膏	1437	镌	1440	凝	1442		
腐	1437	靠	1440	辨	1442	曦	1444
端	1437	稷	1440	辩	1442	巍	1444
精	1437	黎	1440	糖	1442	魔	1444
潇	1438	德	1440	激	1442		
漫	1438	熟	1440			二十一画	
漳	1438	摩	1440	十七画			
滴	1438	颜	1440			赣	1444
演	1438	遴	1440	戴	1442	襄	1444
慢	1438	鹌	1440	藏	1443		
赛	1438	潜	1440	螺	1443	二十四画	
褐	1438	澳	1440	魏	1443		
隧	1438	潘	1440	繁	1443	衢	1444

○画

编号	书名
309-06032	100个历史谜案 / 11548
309-06033	100个战争悬案 / 02309
309-08040	100个科学谜案 / 12223
309-11282	100位大艺术家 从安吉利科到沃霍尔的视觉之旅 / 11810
309-11283	100位大哲学家 从泰勒到蒯因的思想之旅 / 00120
309-04395	150年中美关系史论著目录 1823—1990 / 15508
309-12123	15—20世纪江苏海岸盐作地理与人地关系变迁 / 11768
309-15191	16—18世纪喀尔喀蒙古政治社会体制研究 / 11751
309-14291	1900—1928年天津金融风潮研究 以货币发行为分析中心 / 04820
309-01913	1937—1945 日本在中国沦陷区的经济掠夺 / 02737
309-00757	1949年以来中国的经济政策,理论与改革 / 02602
309-05093	1950年代的中国 / 11744
309-02335	19世纪医学科学史 / 12969
309-05899	19世纪英国文学选评 / 11012
309-02333	19世纪物理学概念的发展 能量、力和物质 / 12607
309-02334	19世纪的生物学和人学 / 12772
309-02875	2002年最新全国硕士生入学考试政治理论课复习脉络图表 2002年 / 01280
309-06928	2010年迎世博健康素养邮票周历 / 05505
309-14877	2019冠状病毒病 从基础到临床 / 14125
309-12858	20世纪30—40年代中国的农村生活 对云南高峣的社区研究 / 01614
309-09300	20世纪90年代西方大众传播学研究 / 05084
309-06331	20世纪上半期中国文学的现代意识〔修订版〕/ 10191
309-12252	20世纪中国比较文学简史 / 10438
309-05296	20世纪中国文学与民间文化 / 10185
309-03668	20世纪中国美学研究 / 00459
309-01952	20世纪中国散文英华 巴蜀·荆楚卷 / 10757
309-01954	20世纪中国散文英华 关外卷 / 10759
309-01949	20世纪中国散文英华 海上卷 / 10755
309-01955	20世纪中国散文英华 海外游子卷 / 10761
309-01951	20世纪中国散文英华 江南·岭南卷 / 10756
309-01950	20世纪中国散文英华 京华卷 / 10754
309-02175	20世纪中国散文英华 台港澳卷 / 10760
309-01953	20世纪中国散文英华 西部·北方卷 / 10758
309-06188	20世纪中国新诗史 / 10260
309-02973	20世纪中国新闻学与传播学 传播学卷 / 05100
309-02994	20世纪中国新闻学与传播学 理论新闻学卷 / 05102
309-04350	20世纪中国新闻学与传播学 台湾新闻传播事业卷 / 05103
309-02871	20世纪中国新闻学与传播学 新闻史学史卷 / 05099
309-02974	20世纪中国新闻学与传播学 宣传学和舆论学卷 / 05101
309-02855	20世纪中国新闻学与传播学 应用新闻学卷 / 05098
309-01400	20世纪世界女性小说珍赏 / 10010
309-04283	20世纪外国文学史 / 10032
309-06599	20世纪外国文学作品选 / 10035
309-03466	20世纪传播学经典文本 / 05013

309-00450	20世纪初的西方经济学 / 02537	309-02823	21世纪大学生英语词典 / 08436
309-02364	20世纪的世界 百年历史回溯 / 11556	309-08385	21世纪大学生英语晨读菁华 / 09013
309-02336	20世纪的生命科学史 / 12774	309-03380	21世纪大学英语一级同步训练 / 09412
309-04097	20世纪的法兰西 / 11794	309-03542	21世纪大学英语二级同步训练 / 09413
309-14599	20世纪探索剧场理论研究〔修订本〕/ 11141	309-03310	21世纪大学英语三级同步训练 / 09414
309-08264	20篇英美现当代散文 / 09166	309-03552	21世纪大学英语四级同步训练 / 09415
309-09102	21世纪大学艺术英语教程 1 / 11117	309-07013	21世纪大学英语四级测试强化训练模拟题 快速阅读 / 09411
309-09073	21世纪大学艺术英语教程 2 / 11118	309-10406	21世纪大学英语(S版)视听说教程 1 / 09755
309-09458	21世纪大学艺术英语教程 3 / 11119	309-12648	21世纪大学英语(S版)视听说教程 1〔第2版〕/ 09759
309-09425	21世纪大学艺术英语教程 4 / 11120	309-10400	21世纪大学英语(S版)视听说教程 2 / 09756
309-09103	21世纪大学艺术英语教程教师参考书 1 / 11107	309-12981	21世纪大学英语(S版)视听说教程 2〔第2版〕/ 09760
309-09071	21世纪大学艺术英语教程教师参考书 2 / 11108	309-10403	21世纪大学英语(S版)视听说教程 3 / 09757
309-09459	21世纪大学艺术英语教程教师参考书 3 / 11109	309-13006	21世纪大学英语(S版)视听说教程 3〔第2版〕/ 09761
309-09426	21世纪大学艺术英语教程教师参考书 4 / 11110	309-10398	21世纪大学英语(S版)视听说教程 4 / 09758
309-14514	21世纪大学艺术英语综合教程 1 / 11111	309-12507	21世纪大学英语(S版)视听说教程 4〔第2版〕/ 09762
309-14741	21世纪大学艺术英语综合教程 2 / 11112	309-10404	21世纪大学英语(S版)视听说教程教学参考书 1 / 09739
309-15154	21世纪大学艺术英语综合教程 3 / 11113	309-12649	21世纪大学英语(S版)视听说教程教学参考书 1〔第2版〕/ 09743
309-14515	21世纪大学艺术英语综合教程教师用书 1 / 11105	309-10402	21世纪大学英语(S版)视听说教程教学参考书 2 / 09740
309-14742	21世纪大学艺术英语综合教程教师用书 2 / 11106	309-12982	21世纪大学英语(S版)视听说教程教学参考书 2〔第2版〕/ 09744
309-09119	21世纪大学公共医学英语 上册 / 13041	309-10405	21世纪大学英语(S版)视听说教程教学参考书 3 / 09741
309-09463	21世纪大学公共医学英语 下册 / 13042	309-13129	21世纪大学英语(S版)视听说教程
309-09695	21世纪大学公共医学英语教学参考书 上册 / 13004		
309-09694	21世纪大学公共医学英语教学参考书 下册 / 13005		

	教学参考书 3〔第 2 版〕/ 09745		3 / 09385
309-10399	21世纪大学英语(S版)视听说教程教学参考书 4 / 09742	309-12865	21世纪大学英语(S版)综合练习 3〔第 2 版〕/ 09372
309-13455	21世纪大学英语(S版)视听说教程教学参考书 4〔第 2 版〕/ 09746	309-09802	21世纪大学英语(S版)综合练习 4 / 09386
309-13007	21世纪大学英语(S版)阅读教程(理工类) 1 / 08618	309-12866	21世纪大学英语(S版)综合练习 4〔第 2 版〕/ 09373
309-13008	21世纪大学英语(S版)阅读教程(理工类) 2 / 08619	309-09633	21世纪大学英语(S版)综合教程 1 / 08924
309-09634	21世纪大学英语(S版)教学参考书 1 / 08929	309-11655	21世纪大学英语(S版)综合教程 1〔第 2 版〕/ 08937
309-12881	21世纪大学英语(S版)教学参考书 1〔第 2 版〕/ 08933	309-09533	21世纪大学英语(S版)综合教程 2 / 08925
309-09669	21世纪大学英语(S版)教学参考书 2 / 08930	309-13484	21世纪大学英语(S版)综合教程 2〔第 2 版〕/ 08938
309-13486	21世纪大学英语(S版)教学参考书 2〔第 2 版〕/ 08934	309-09796	21世纪大学英语(S版)综合教程 3 / 08926
309-09798	21世纪大学英语(S版)教学参考书 3 / 08931	309-13485	21世纪大学英语(S版)综合教程 3〔第 2 版〕/ 08939
309-13487	21世纪大学英语(S版)教学参考书 3〔第 2 版〕/ 08935	309-09800	21世纪大学英语(S版)综合教程 4 / 08927
309-09801	21世纪大学英语(S版)教学参考书 4 / 08932	309-13497	21世纪大学英语(S版)综合教程 4〔第 2 版〕/ 08940
309-13498	21世纪大学英语(S版)教学参考书 4〔第 2 版〕/ 08936	309-14378	21世纪大学英语口语中级教程学生用书 / 09496
309-12215	21世纪大学英语(S版)基础教程 / 08731	309-14380	21世纪大学英语口语中级教程教师用书 / 09495
309-12384	21世纪大学英语(S版)基础教程教学参考书 / 08928	309-14377	21世纪大学英语口语初级教程学生用书 / 09494
309-12389	21世纪大学英语(S版)基础教程综合练习 / 09369	309-14379	21世纪大学英语口语初级教程教师用书 / 09493
309-09635	21世纪大学英语(S版)综合练习 1 / 09383	309-03455	21世纪大学英语同步精讲 第 1 册 / 09275
309-12847	21世纪大学英语(S版)综合练习 1〔第 2 版〕/ 09370	309-03752	21世纪大学英语同步精讲 第 2 册 / 09276
309-09534	21世纪大学英语(S版)综合练习 2 / 09384	309-04207	21世纪大学英语同步精讲 第 3 册 / 09277
309-12864	21世纪大学英语(S版)综合练习 2〔第 2 版〕/ 09371	309-09705	21世纪大学英语自主学习导学 1 / 08707
309-09799	21世纪大学英语(S版)综合练习	309-09714	21世纪大学英语自主学习导学 2 /

	08708		3 / 08601
309-09727	21世纪大学英语自主学习导学 3 / 08709	309-12156	21世纪大学英语应用型长篇阅读 4 / 08602
309-02559	21世纪大学英语导读篇章分析与词句理解 第1册 / 08982	309-12005	21世纪大学英语应用型自主练习 基础级 / 09290
309-02783	21世纪大学英语导读篇章分析与词句理解 第2册 / 08983	309-08165	21世纪大学英语应用型自主练习 1 / 09282
309-02664	21世纪大学英语导读篇章分析与词句理解 第3册 / 08984	309-10425	21世纪大学英语应用型自主练习 1〔第2版〕 / 09286
309-02853	21世纪大学英语导读篇章分析与词句理解 第4册 / 08985	309-13536	21世纪大学英语应用型自主练习 1〔第3版〕 / 09291
309-03157	21世纪大学英语导读篇章分析与词句理解 基础教程 / 09039	309-08166	21世纪大学英语应用型自主练习 2 / 09283
309-09924	21世纪大学英语阶梯阅读教程 第1册 / 08586	309-10426	21世纪大学英语应用型自主练习 2〔第2版〕 / 09287
309-09925	21世纪大学英语阶梯阅读教程 第2册 / 08587	309-13537	21世纪大学英语应用型自主练习 2〔第3版〕 / 09292
309-09926	21世纪大学英语阶梯阅读教程 第3册 / 08588	309-08162	21世纪大学英语应用型自主练习 3 / 09284
309-09927	21世纪大学英语阶梯阅读教程 第4册 / 08589	309-10427	21世纪大学英语应用型自主练习 3〔第2版〕 / 09288
309-10687	21世纪大学英语听力进阶 1 / 09770	309-13538	21世纪大学英语应用型自主练习 3〔第3版〕 / 09293
309-10684	21世纪大学英语听力进阶 2 / 09771	309-08163	21世纪大学英语应用型自主练习 4 / 09285
309-10685	21世纪大学英语听力进阶 3 / 09772	309-10428	21世纪大学英语应用型自主练习 4〔第2版〕 / 09289
309-10686	21世纪大学英语听力进阶 4 / 09773	309-13539	21世纪大学英语应用型自主练习 4〔第3版〕 / 09294
309-02198	21世纪大学英语听说教程 第1册 / 09482	309-08146	21世纪大学英语应用型视听说教程 1 / 09597
309-02490	21世纪大学英语听说教程 第3册 / 09483	309-08923	21世纪大学英语应用型视听说教程 1 / 09601
309-02494	21世纪大学英语听说基础教程 / 08995	309-10224	21世纪大学英语应用型视听说教程 1〔第2版〕 / 09608
309-12133	21世纪大学英语应用型长篇阅读 1 / 08599	309-12193	21世纪大学英语应用型视听说教程 1〔第3版〕 / 09612
309-12154	21世纪大学英语应用型长篇阅读 2 / 08600	309-13488	21世纪大学英语应用型视听说教程 1〔第4版〕 / 09616
309-12155	21世纪大学英语应用型长篇阅读	309-08922	21世纪大学英语应用型视听说教程

	2 / 09602		教学参考书 2〔第 2 版〕/ 09623
309-08147	21世纪大学英语应用型视听说教程 2 / 09598	309-12200	21世纪大学英语应用型视听说教程教学参考书 2〔第 3 版〕/ 09627
309-10266	21世纪大学英语应用型视听说教程 2〔第 2 版〕/ 09609	309-13491	21世纪大学英语应用型视听说教程教学参考书 2〔第 4 版〕/ 09631
309-12199	21世纪大学英语应用型视听说教程 2〔第 3 版〕/ 09613	309-08152	21世纪大学英语应用型视听说教程教学参考书 3 / 09620
309-13490	21世纪大学英语应用型视听说教程 2〔第 4 版〕/ 09617	309-10268	21世纪大学英语应用型视听说教程教学参考书 3〔第 2 版〕/ 09624
309-08148	21世纪大学英语应用型视听说教程 3 / 09599	309-12202	21世纪大学英语应用型视听说教程教学参考书 3〔第 3 版〕/ 09628
309-08921	21世纪大学英语应用型视听说教程 3 / 09603	309-13528	21世纪大学英语应用型视听说教程教学参考书 3〔第 4 版〕/ 09632
309-10265	21世纪大学英语应用型视听说教程 3〔第 2 版〕/ 09610	309-08153	21世纪大学英语应用型视听说教程教学参考书 4 / 09621
309-12201	21世纪大学英语应用型视听说教程 3〔第 3 版〕/ 09614	309-10273	21世纪大学英语应用型视听说教程教学参考书 4〔第 2 版〕/ 09625
309-13526	21世纪大学英语应用型视听说教程 3〔第 4 版〕/ 09618	309-12204	21世纪大学英语应用型视听说教程教学参考书 4〔第 3 版〕/ 09629
309-08149	21世纪大学英语应用型视听说教程 4 / 09600	309-13529	21世纪大学英语应用型视听说教程教学参考书 4〔第 4 版〕/ 09633
309-08920	21世纪大学英语应用型视听说教程 4 / 09604	309-10323	21世纪大学英语应用型阅读教程 1 / 08603
309-10274	21世纪大学英语应用型视听说教程 4〔第 2 版〕/ 09611	309-10430	21世纪大学英语应用型阅读教程 2 / 08604
309-12203	21世纪大学英语应用型视听说教程 4〔第 3 版〕/ 09615	309-10431	21世纪大学英语应用型阅读教程 3 / 08605
309-13527	21世纪大学英语应用型视听说教程 4〔第 4 版〕/ 09619	309-10432	21世纪大学英语应用型阅读教程 4 / 08606
309-08150	21世纪大学英语应用型视听说教程教学参考书 1 / 09605	309-13844	21世纪大学英语应用型能力测试 第 1 册 / 09190
309-10225	21世纪大学英语应用型视听说教程教学参考书 1〔第 2 版〕/ 09622	309-13899	21世纪大学英语应用型能力测试 第 2 册 / 09191
309-12194	21世纪大学英语应用型视听说教程教学参考书 1〔第 3 版〕/ 09626	309-13845	21世纪大学英语应用型能力测试 第 3 册 / 09192
309-13489	21世纪大学英语应用型视听说教程教学参考书 1〔第 4 版〕/ 09630	309-13846	21世纪大学英语应用型能力测试 第 4 册 / 09193
309-08151	21世纪大学英语应用型视听说教程教学参考书 2 / 09606	309-15232	21世纪大学英语应用型商务英语教程 / 08357
309-10264	21世纪大学英语应用型视听说教程	309-11986	21世纪大学英语应用型综合教程 基

	础级 / 08811		学参考书 1〔第3版〕/ 08825
309-08154	21世纪大学英语应用型综合教程 1 / 08799	309-08159	21世纪大学英语应用型综合教程教学参考书 2 / 08817
309-08927	21世纪大学英语应用型综合教程 1 / 08803	309-10272	21世纪大学英语应用型综合教程教学参考书 2〔第2版〕/ 08821
309-10299	21世纪大学英语应用型综合教程 1〔第2版〕/ 08807	309-13533	21世纪大学英语应用型综合教程教学参考书 2〔第3版〕/ 08826
309-13499	21世纪大学英语应用型综合教程 1〔第3版〕/ 08812	309-08160	21世纪大学英语应用型综合教程教学参考书 3 / 08818
309-08155	21世纪大学英语应用型综合教程 2 / 08800	309-10313	21世纪大学英语应用型综合教程教学参考书 3〔修订版〕/ 08822
309-08926	21世纪大学英语应用型综合教程 2 / 08804	309-13534	21世纪大学英语应用型综合教程教学参考书 3〔第3版〕/ 08827
309-10271	21世纪大学英语应用型综合教程 2〔第2版〕/ 08808	309-08161	21世纪大学英语应用型综合教程教学参考书 4 / 08819
309-13530	21世纪大学英语应用型综合教程 2〔第3版〕/ 08813	309-10269	21世纪大学英语应用型综合教程教学参考书 4〔第2版〕/ 08823
309-08925	21世纪大学英语应用型综合教程 3 / 08805	309-13535	21世纪大学英语应用型综合教程教学参考书 4〔第3版〕/ 08828
309-08156	21世纪大学英语应用型综合教程 3 / 08801	309-13627	21世纪大学英语应用型新阅读教程 1 / 08522
309-10312	21世纪大学英语应用型综合教程 3〔第2版〕/ 08809	309-13628	21世纪大学英语应用型新阅读教程 2 / 08523
309-13531	21世纪大学英语应用型综合教程 3〔第3版〕/ 08814	309-15008	21世纪大学英语应用型新阅读教程 3 / 08524
309-08924	21世纪大学英语应用型综合教程 4 / 08806	309-15007	21世纪大学英语应用型新阅读教程 4 / 08525
309-08157	21世纪大学英语应用型综合教程 4 / 08802	309-08928	21世纪大学英语快速阅读 / 08660
309-10270	21世纪大学英语应用型综合教程 4〔第2版〕/ 08810	309-03749	21世纪大学英语快速阅读 第1、2册 / 08539
309-13532	21世纪大学英语应用型综合教程 4〔第3版〕/ 08815	309-09947	21世纪大学英语快速阅读 第1册〔第2版〕/ 08661
309-11987	21世纪大学英语应用型综合教程教学参考书 基础级 / 08824	309-09948	21世纪大学英语快速阅读 第2册〔第2版〕/ 08662
309-08158	21世纪大学英语应用型综合教程教学参考书 1 / 08816	309-04339	21世纪大学英语快速阅读 第3、4册 / 08541
309-10300	21世纪大学英语应用型综合教程教学参考书 1〔第2版〕/ 08820	309-09949	21世纪大学英语快速阅读 第3册〔第2版〕/ 08663
309-13500	21世纪大学英语应用型综合教程教	309-09950	21世纪大学英语快速阅读 第4册〔第2版〕/ 08664

309-03555	21世纪大学英语快速阅读十技巧 / 09031	309-02784	21世纪大学英语学习辅导 第2册 / 09202
309-04751	21世纪大学英语快速阅读（全新版）第2册 / 08637	309-03247	21世纪大学英语学习辅导 第3册 / 09203
309-04880	21世纪大学英语快速阅读（全新版）第3册 / 08638	309-08221	21世纪大学英语学生自主学习"一课一练"测试题 基础级 / 09320
309-04944	21世纪大学英语快速阅读（全新版）第4册 / 08639	309-08218	21世纪大学英语学生自主学习"一课一练"测试题 第1册 / 09321
309-05878	21世纪大学英语快速阅读（新版系列）第5册 / 08640	309-08217	21世纪大学英语学生自主学习"一课一练"测试题 第2册 / 09322
309-03422	21世纪大学英语补充练习册 第1册 / 09240	309-08216	21世纪大学英语学生自主学习"一课一练"测试题 第3册 / 09323
309-02661	21世纪大学英语词汇详解 第1册 / 08215	309-11918	21世纪大学英语视听说高级教程 / 09726
309-02793	21世纪大学英语词汇详解 第2册 / 08216	309-11915	21世纪大学英语视听说高级教程教学参考书 / 09727
309-03179	21世纪大学英语词汇详解 第3册 / 08217	309-04072	21世纪大学英语视听说教程 第1册 / 09747
309-03619	21世纪大学英语词汇详解 第4册 / 08218	309-04542	21世纪大学英语视听说教程 第1册 / 09748
309-03138	21世纪大学英语词汇教学词典 / 08430	309-11672	21世纪大学英语视听说教程 第1册〔第3版〕 / 09545
309-09123	21世纪大学英语英汉互译教程 / 08425	309-04073	21世纪大学英语视听说教程 第2册 / 09749
309-02914	21世纪大学英语单元测试与学习 1 / 09214	309-04544	21世纪大学英语视听说教程 第2册 / 09750
309-03115	21世纪大学英语单元测试与学习 2 / 09215	309-11728	21世纪大学英语视听说教程 第2册〔第3版〕 / 09546
309-03223	21世纪大学英语单元测试与学习 3 / 09216	309-04074	21世纪大学英语视听说教程 第3册 / 09751
309-03612	21世纪大学英语单元测试与学习 4 / 09217	309-04609	21世纪大学英语视听说教程 第3册 / 09752
309-02594	21世纪大学英语学习指南 第1册 读写教程 / 09324	309-12223	21世纪大学英语视听说教程 第3册〔第3版〕 / 09634
309-02842	21世纪大学英语学习指南 第2册 读写教程 / 09325	309-04075	21世纪大学英语视听说教程 第4册 / 09753
309-03298	21世纪大学英语学习指南 第3册 读写教程 / 09326	309-04611	21世纪大学英语视听说教程 第4册 / 09754
309-02636	21世纪大学英语学习辅导 第1册 / 09201	309-12309	21世纪大学英语视听说教程 第4册〔第3版〕 / 09635

309-11683	21世纪大学英语视听说教程教师参考书 1〔第 3 版〕/ 09547		汇 / 08784
309-11729	21世纪大学英语视听说教程教师参考书 2〔第 3 版〕/ 09548	309-08909	21世纪大学英语测试课教程 2 语法 / 08785
309-12303	21世纪大学英语视听说教程教师参考书 3〔第 3 版〕/ 09549	309-08908	21世纪大学英语测试课教程 3 分类讲解 / 08786
309-12310	21世纪大学英语视听说教程教师参考书 4〔第 3 版〕/ 09550	309-08910	21世纪大学英语测试课教程 4 模拟与真题 / 08787
309-04631	21世纪大学英语视听说教程教学参考 / 09800	309-05363	21世纪大学英语语法 英语语法疑难问题详解 / 08286
309-14738	21世纪大学英语视听高级教程 / 09667	309-15317	21世纪大学英语语音教程 / 08478
		309-10529	21世纪大学英语阅读进阶 1 / 08642
309-02199	21世纪大学英语练习册 第 1 册 / 09212	309-10644	21世纪大学英语阅读进阶 2 / 08643
309-04580	21世纪大学英语练习册 第 1 册〔第 2 版〕/ 09374	309-10664	21世纪大学英语阅读进阶 3 / 08644
309-10924	21世纪大学英语练习册 第 1 册〔第 3 版〕/ 09378	309-10667	21世纪大学英语阅读进阶 4 / 08645
309-04821	21世纪大学英语练习册 第 2 册〔第 2 版〕/ 09375	309-03025	21世纪大学英语阅读教材 第 1 册 / 09060
309-10942	21世纪大学英语练习册 第 2 册〔第 3 版〕/ 09379	309-03609	21世纪大学英语阅读教材 第 2 册 / 09061
309-02491	21世纪大学英语练习册 第 3 册 / 09213	309-03137	21世纪大学英语阅读精选 第 2 册 / 09107
309-04927	21世纪大学英语练习册 第 3 册〔第 2 版〕/ 09376	309-03477	21世纪大学英语阅读精选 第 3 册 / 09108
309-10944	21世纪大学英语练习册 第 3 册〔第 3 版〕/ 09380	309-03850	21世纪大学英语阅读精选 第 4 册 / 09109
309-04930	21世纪大学英语练习册 第 4 册〔第 2 版〕/ 09377	309-03026	21世纪大学英语读写指南 第 1 册 / 09041
309-10943	21世纪大学英语练习册 第 4 册〔第 3 版〕/ 09381	309-02197	21世纪大学英语读写教程 第 1 册 / 09089
309-15307	21世纪大学英语练习册(第 4 版) 第 2 册 A 版 / 09382	309-04573	21世纪大学英语读写教程 第 1 册〔第 2 版〕/ 09091
309-02458	21世纪大学英语测试 1 / 09271	309-10587	21世纪大学英语读写教程 第 1 册〔第 3 版〕/ 09095
309-02781	21世纪大学英语测试 2 / 09272	309-14893	21世纪大学英语读写教程 第 1 册(A 版)〔第 4 版〕/ 08991
309-03034	21世纪大学英语测试 3 / 09273	309-04820	21世纪大学英语读写教程 第 2 册〔第 2 版〕/ 09092
309-04145	21世纪大学英语测试 4 / 09274		
309-08751	21世纪大学英语测试课教程 1 词	309-10668	21世纪大学英语读写教程 第 2 册〔第 3 版〕/ 09096

书号	书名 / 编号
309-14895	21世纪大学英语读写教程 第2册 第四版A版 / 08992
309-02489	21世纪大学英语读写教程 第3册 / 09090
309-04926	21世纪大学英语读写教程 第3册〔第2版〕/ 09093
309-11139	21世纪大学英语读写教程 第3册〔第3版〕/ 09097
309-04929	21世纪大学英语读写教程 第4册〔第2版〕/ 09094
309-11154	21世纪大学英语读写教程 第4册〔第3版〕/ 09098
309-03010	21世纪大学英语读写教程同步诊断性测试手册 上册 / 09204
309-03269	21世纪大学英语读写教程同步诊断性测试手册 下册 / 09205
309-02789	21世纪大学英语读写教程学习指要1 / 09119
309-03125	21世纪大学英语读写教程学习指要2 / 09120
309-03126	21世纪大学英语读写教程学习指要3 / 09121
309-10731	21世纪大学英语读写教程教师参考书1〔第3版〕/ 08620
309-10948	21世纪大学英语读写教程教师参考书2〔第3版〕/ 08621
309-11138	21世纪大学英语读写教程教师参考书3〔第3版〕/ 08622
309-11155	21世纪大学英语读写教程教师参考书4〔第3版〕/ 08623
309-14894	21世纪大学英语读写教程教师参考书 第1册 第四版A版 / 08542
309-14896	21世纪大学英语读写教程教师参考书 第2册 第四版A版 / 08540
309-02493	21世纪大学英语读写基础教程 / 08993
309-02200	21世纪大学英语教师参考书 第1册 / 07850
309-04574	21世纪大学英语教师参考书 第1册〔第2版〕/ 07987
309-04822	21世纪大学英语教师参考书 第2册〔第2版〕/ 07988
309-02492	21世纪大学英语教师参考书 第3册 / 07851
309-04928	21世纪大学英语教师参考书 第3册〔第2版〕/ 07989
309-04931	21世纪大学英语教师参考书 第4册〔第2版〕/ 07990
309-02937	21世纪大学英语教学论文集 / 08472
309-03229	21世纪大学英语教学测试 第1册 / 09197
309-04585	21世纪大学英语基础视听说教程 / 09699
309-04636	21世纪大学英语基础教程学生用书〔第2版〕/ 08893
309-11120	21世纪大学英语基础教程学生用书〔第3版〕/ 08894
309-02495	21世纪大学英语基础教程练习册 / 09347
309-04637	21世纪大学英语基础教程练习册〔第2版〕/ 09348
309-11119	21世纪大学英语基础教程练习册〔第3版〕/ 09349
309-04638	21世纪大学英语基础教程教师用书〔第2版〕/ 08891
309-11118	21世纪大学英语基础教程教师用书〔第3版〕/ 08892
309-02496	21世纪大学英语基础教程教师参考书 / 08994
309-10722	21世纪大学英语新阶梯阅读教程1 / 08527
309-10754	21世纪大学英语新阶梯阅读教程2 / 08528
309-10755	21世纪大学英语新阶梯阅读教程3 / 08529
309-10756	21世纪大学英语新阶梯阅读教程4 / 08530
309-09378	21世纪大学实用行业英语综合教程 / 08728

309-09474	21世纪大学实用行业英语综合教程教学参考书 / 08729	309-09262	21世纪大学实用英语(全新U版)综合练习 1 / 09338
309-09671	21世纪大学实用交际英语 上册 / 09763	309-09261	21世纪大学实用英语(全新U版)综合教程 1 / 08918
309-09704	21世纪大学实用交际英语 下册 / 09764	309-07783	21世纪大学实用英语(全新版)教学参考书 1 / 08693
309-08399	21世纪大学实用英语(S版)综合教程 1 / 08903	309-07851	21世纪大学实用英语(全新版)教学参考书 2 / 08694
309-08398	21世纪大学实用英语(S版)综合教程 2 / 08904	309-07850	21世纪大学实用英语(全新版)教学参考书 3 / 08695
309-07654	21世纪大学实用英语(U版)教学参考书 1 / 08905	309-09190	21世纪大学实用英语(全新版)教学参考书 4 / 08696
309-07655	21世纪大学实用英语(U版)教学参考书 2 / 08906	309-09244	21世纪大学实用英语(全新版)基础教程 / 08919
309-07657	21世纪大学实用英语(U版)教学参考书 3 / 08907	309-09246	21世纪大学实用英语(全新版)基础教程教学参考书 / 08730
309-07658	21世纪大学实用英语(U版)教学参考书 4 / 08908	309-09247	21世纪大学实用英语(全新版)基础教程综合练习 / 09234
309-06869	21世纪大学实用英语(U版)综合练习 1 / 09353	309-07782	21世纪大学实用英语(全新版)综合练习 1 / 09339
309-07031	21世纪大学实用英语(U版)综合练习 2 / 09354	309-07849	21世纪大学实用英语(全新版)综合练习 2 / 09340
309-07529	21世纪大学实用英语(U版)综合练习 3 / 09355	309-07848	21世纪大学实用英语(全新版)综合练习 3 / 09341
309-07979	21世纪大学实用英语(U版)综合练习 4 / 09356	309-09033	21世纪大学实用英语(全新版)综合练习 4 / 09342
309-07656	21世纪大学实用英语(U版)综合教程 1 / 08909	309-07787	21世纪大学实用英语(全新版)综合教程 1 / 08920
309-07653	21世纪大学实用英语(U版)综合教程 2 / 08910	309-07853	21世纪大学实用英语(全新版)综合教程 2 / 08921
309-07660	21世纪大学实用英语(U版)综合教程 3 / 08911	309-07852	21世纪大学实用英语(全新版)综合教程 3 / 08922
309-07661	21世纪大学实用英语(U版)综合教程 4 / 08912	309-09115	21世纪大学实用英语(全新版)综合教程 4 / 08923
309-07462	21世纪大学实用英语口语教程 / 09776	309-05576	21世纪大学实用英语导学 1 / 07945
309-05528	21世纪大学实用英语写作教程 / 08338	309-05861	21世纪大学实用英语导学 2 / 07946
309-09263	21世纪大学实用英语(全新U版)教学参考书 1 / 08917	309-05577	21世纪大学实用英语导学 3 / 07947

书号	书名	书号	书名
309-05862	21世纪大学实用英语导学 4 / 07948	309-05351	21世纪大学实用英语视听说教程教学参考书 4 / 09799
309-06077	21世纪大学实用英语学习指南 1 / 08697	309-07776	21世纪大学实用英语语法教程 / 08285
309-06525	21世纪大学实用英语学习指南 2 / 08698	309-03992	21世纪大学实用英语教学参考书 第1册 / 08790
309-07327	21世纪大学实用英语学习指南 3 / 08699	309-04023	21世纪大学实用英语教学参考书 第2册 / 08791
309-07325	21世纪大学实用英语学习指南 4 / 08700	309-04271	21世纪大学实用英语教学参考书 第3册 / 08792
309-05344	21世纪大学实用英语视听说教程 1 / 09805	309-04274	21世纪大学实用英语教学参考书 第4册 / 08793
309-05345	21世纪大学实用英语视听说教程 2 / 09806	309-04427	21世纪大学实用英语基础教程 / 07867
309-05346	21世纪大学实用英语视听说教程 3 / 09807	309-04429	21世纪大学实用英语基础教程教学参考书 / 07869
309-05347	21世纪大学实用英语视听说教程 4 / 09808	309-04428	21世纪大学实用英语基础教程综合练习 / 09232
309-07356	21世纪大学实用英语视听说教程(U版) 基础级 / 09731	309-07382	21世纪大学实用英语基础教程综合练习〔第2版〕/ 09233
309-07355	21世纪大学实用英语视听说教程(U版) 1 / 09732	309-13790	21世纪大学实用英语(第2版)口语教程 上册 / 09777
309-07354	21世纪大学实用英语视听说教程(U版) 2 / 09733	309-13791	21世纪大学实用英语(第2版)口语教程 下册 / 09778
309-07353	21世纪大学实用英语视听说教程(U版) 3 / 09734	309-07347	21世纪大学实用英语(第2版)扩展阅读 / 09088
309-07366	21世纪大学实用英语视听说教程(U版)教学参考书 基础级 / 09735	309-07461	21世纪大学实用英语(第2版)导学 1 / 07949
309-07368	21世纪大学实用英语视听说教程(U版)教学参考书 1 / 09736	309-07531	21世纪大学实用英语(第2版)导学 2 / 07950
309-07367	21世纪大学实用英语视听说教程(U版)教学参考书 2 / 09737	309-07470	21世纪大学实用英语(第2版)导学 3 / 07951
309-07364	21世纪大学实用英语视听说教程(U版)教学参考书 3 / 09738	309-07676	21世纪大学实用英语(第2版)导学 4 / 07952
309-05348	21世纪大学实用英语视听说教程教学参考书 1 / 09796	309-06738	21世纪大学实用英语(第2版)教学参考书 第1册 / 08913
309-05349	21世纪大学实用英语视听说教程教学参考书 2 / 09797	309-06826	21世纪大学实用英语(第2版)教学参考书 第2册 / 08914
309-05350	21世纪大学实用英语视听说教程教学参考书 3 / 09798	309-07029	21世纪大学实用英语(第2版)教学参考书 第3册 / 08915

309-07282	21世纪大学实用英语(第2版)教学参考书 第4册 / 08916	309-05886	21世纪大学实用旅游英语 第1册 / 03808
309-07380	21世纪大学实用英语(第2版)基础教程 / 07868	309-07136	21世纪大学实用旅游英语 第2册 / 03809
309-07383	21世纪大学实用英语(第2版)基础教程教学参考书 / 07870	309-09864	21世纪大学旅游英语视听说综合教程 / 03807
309-06739	21世纪大学实用英语(第2版)综合练习 1 / 09343	309-06787	21世纪大学商务英语综合教程 第1册 / 07892
309-06827	21世纪大学实用英语(第2版)综合练习 2 / 09344	309-06543	21世纪大学商务英语综合教程 第2册 / 07893
309-07032	21世纪大学实用英语(第2版)综合练习 3 / 09345	309-07645	21世纪大学商务英语综合教程 第3册 / 07894
309-07281	21世纪大学实用英语(第2版)综合练习 4 / 09346	309-07571	21世纪大学商务英语综合教程 第4册 / 07895
309-06721	21世纪大学实用英语(第2版)综合教程 1 / 09357	309-06786	21世纪大学商务英语综合教程教师参考书 第1册 / 07896
309-06825	21世纪大学实用英语(第2版)综合教程 2 / 09358	309-06544	21世纪大学商务英语综合教程教师参考书 第2册 / 07897
309-07033	21世纪大学实用英语(第2版)综合教程 3 / 09359	309-07646	21世纪大学商务英语综合教程教师参考书 第3册 / 07898
309-07283	21世纪大学实用英语(第2版)综合教程 4 / 09360	309-07574	21世纪大学商务英语综合教程教师参考书 第4册 / 07899
309-03991	21世纪大学实用英语综合练习 第1册 / 09365	309-08892	21世纪大学新英语口语教程 上、下册 / 09765
309-04022	21世纪大学实用英语综合练习 第2册 / 09366	309-11733	21世纪大学新英语口语教程 上、下册〔第2版〕 / 09766
309-04270	21世纪大学实用英语综合练习 第3册 / 09367	309-10195	21世纪大学新英语长篇阅读 1 / 08590
309-04273	21世纪大学实用英语综合练习 第4册 / 09368	309-10196	21世纪大学新英语长篇阅读 2 / 08591
309-03990	21世纪大学实用英语综合教程 第1册 / 09361	309-10197	21世纪大学新英语长篇阅读 3 / 08592
309-04021	21世纪大学实用英语综合教程 第2册 / 09362	309-10198	21世纪大学新英语长篇阅读 4 / 08593
309-04269	21世纪大学实用英语综合教程 第3册 / 09363	309-11271	21世纪大学新英语长篇阅读 5 / 08594
309-04272	21世纪大学实用英语综合教程 第4册 / 09364	309-06797	21世纪大学新英语快速阅读〔第4版〕 / 08635
309-05073	21世纪大学实用英语翻译教程 / 08396	309-08045	21世纪大学新英语快速阅读 1 / 08656

309-10277	21世纪大学新英语快速阅读 1〔第 2 版〕/ 08595	309-07946	21世纪大学新英语视听说教程 3〔第 2 版〕/ 09451
309-08046	21世纪大学新英语快速阅读 2 / 08657	309-06633	21世纪大学新英语视听说教程 4 / 09448
309-10279	21世纪大学新英语快速阅读 2〔第 2 版〕/ 08596	309-07949	21世纪大学新英语视听说教程 4〔第 2 版〕/ 09452
309-08047	21世纪大学新英语快速阅读 3 / 08658	309-07951	21世纪大学新英语视听说教程 5〔第 2 版〕/ 09453
309-10276	21世纪大学新英语快速阅读 3〔第 2 版〕/ 08597	309-14857	21世纪大学新英语视听说教程学生用书 1〔第 3 版〕/ 09457
309-08051	21世纪大学新英语快速阅读 4 / 08659	309-14905	21世纪大学新英语视听说教程学生用书 2〔第 3 版〕/ 09454
309-10278	21世纪大学新英语快速阅读 4〔第 2 版〕/ 08598	309-14930	21世纪大学新英语视听说教程学生用书 3〔第 3 版〕/ 09455
309-04570	21世纪大学新英语快速阅读（全新版）/ 09106	309-14932	21世纪大学新英语视听说教程学生用书 4〔第 3 版〕/ 09456
309-08882	21世纪大学新英语快速阅读技能训练 / 08574	309-14858	21世纪大学新英语视听说教程教师用书 1〔第 3 版〕/ 09784
309-08363	21世纪大学新英语学习指南 1 / 07912	309-14903	21世纪大学新英语视听说教程教师用书 2〔第 3 版〕/ 09795
309-08356	21世纪大学新英语学习指南 2 / 07913	309-14931	21世纪大学新英语视听说教程教师用书 3〔第 3 版〕/ 09794
309-08364	21世纪大学新英语学习指南 3 / 07914	309-14933	21世纪大学新英语视听说教程教师用书 4〔第 3 版〕/ 09793
309-08355	21世纪大学新英语学习指南 4 / 07915	309-06542	21世纪大学新英语视听说教程教师参考书 1 / 09783
309-08722	21世纪大学新英语视听说电影欣赏 / 09488	309-07886	21世纪大学新英语视听说教程教师参考书 1〔第 2 版〕/ 09786
309-08721	21世纪大学新英语视听说电影欣赏教师参考书 / 09489	309-06585	21世纪大学新英语视听说教程教师参考书 2 / 09790
309-06541	21世纪大学新英语视听说教程 1 / 09445	309-07881	21世纪大学新英语视听说教程教师参考书 2〔第 2 版〕/ 09787
309-07883	21世纪大学新英语视听说教程 1〔第 2 版〕/ 09449	309-06634	21世纪大学新英语视听说教程教师参考书 3 / 09785
309-06584	21世纪大学新英语视听说教程 2 / 09446	309-07947	21世纪大学新英语视听说教程教师参考书 3〔第 2 版〕/ 09788
309-07884	21世纪大学新英语视听说教程 2〔第 2 版〕/ 09450	309-06632	21世纪大学新英语视听说教程教师参考书 4 / 09791
309-06635	21世纪大学新英语视听说教程 3 / 09447	309-07948	21世纪大学新英语视听说教程教师参考书 4〔第 2 版〕/ 09789

| 309-07950 | 21世纪大学新英语视听说教程教师参考书 5〔第2版〕/ 09792
| 309-07295 | 21世纪大学新英语视听说基础教程 / 09490
| 309-07294 | 21世纪大学新英语视听说基础教程教师参考书 / 09491
| 309-07137 | 21世纪大学新英语练习册 1 / 09421
| 309-10215 | 21世纪大学新英语练习册 1〔第2版〕/ 09422
| 309-07138 | 21世纪大学新英语练习册 2 / 09417
| 309-10306 | 21世纪大学新英语练习册 2〔第2版〕/ 09423
| 309-07139 | 21世纪大学新英语练习册 3 / 09418
| 309-10217 | 21世纪大学新英语练习册 3〔第2版〕/ 09424
| 309-07149 | 21世纪大学新英语练习册 4 / 09419
| 309-10298 | 21世纪大学新英语练习册 4〔第2版〕/ 09425
| 309-07151 | 21世纪大学新英语练习册 5 / 09420
| 309-10446 | 21世纪大学新英语练习册 5〔第2版〕/ 09426
| 309-07143 | 21世纪大学新英语读写译教程 1 / 08972
| 309-09593 | 21世纪大学新英语读写译教程 1〔第2版〕/ 08977
| 309-07144 | 21世纪大学新英语读写译教程 2 / 08973
| 309-09544 | 21世纪大学新英语读写译教程 2〔第2版〕/ 08978
| 309-07145 | 21世纪大学新英语读写译教程 3 / 08974
| 309-09673 | 21世纪大学新英语读写译教程 3〔第2版〕/ 08979
| 309-07146 | 21世纪大学新英语读写译教程 4 / 08975

| 309-09953 | 21世纪大学新英语读写译教程 4〔第2版〕/ 08980
| 309-07147 | 21世纪大学新英语读写译教程 5 / 08976
| 309-10444 | 21世纪大学新英语读写译教程 5〔第2版〕/ 08981
| 309-07140 | 21世纪大学新英语读写译教程教学参考书 1 / 08646
| 309-09594 | 21世纪大学新英语读写译教程教学参考书 1〔第2版〕/ 08651
| 309-07141 | 21世纪大学新英语读写译教程教学参考书 2 / 08647
| 309-09545 | 21世纪大学新英语读写译教程教学参考书 2〔第2版〕/ 08652
| 309-07142 | 21世纪大学新英语读写译教程教学参考书 3 / 08648
| 309-09674 | 21世纪大学新英语读写译教程教学参考书 3〔第2版〕/ 08653
| 309-07148 | 21世纪大学新英语读写译教程教学参考书 4 / 08649
| 309-09876 | 21世纪大学新英语读写译教程教学参考书 4〔第2版〕/ 08654
| 309-07150 | 21世纪大学新英语读写译教程教学参考书 5 / 08650
| 309-10445 | 21世纪大学新英语读写译教程教学参考书 5〔第2版〕/ 08655
| 309-11882 | 21世纪中国大陆适度人口研究 / 01056
| 309-05126 | 21世纪中职教育新编系列教材 英语 / 07112
| 309-07550 | 21世纪生活中的文化现象 / 09988
| 309-13838 | 21世纪成教英语 1 / 08680
| 309-13839 | 21世纪成教英语 2 / 08681
| 309-13840 | 21世纪成教英语 3 / 08682
| 309-14406 | 21世纪成教英语 4 / 08683
| 309-13841 | 21世纪成教英语教师参考书 1 / 08684
| 309-13842 | 21世纪成教英语教师参考书 2 / 08685

编号	书名
309-13843	21世纪成教英语教师参考书 3 / 08686
309-14407	21世纪成教英语教师参考书 4 / 08687
309-05401	21世纪华语新词语词典 / 07699
309-04424	21世纪全球政治范式 / 01402
309-14639	21世纪国外政党政治研究 理论、前沿与情势 / 01412
309-07004	21世纪法律英语 上册〔第3版〕/ 07843
309-07009	21世纪法律英语 下册〔第3版〕/ 07844
309-08104	21世纪实用英语口语教程 1 / 09464
309-11734	21世纪实用英语口语教程 1〔第2版〕/ 09465
309-08243	21世纪实用英语口语教程 2 / 09466
309-11949	21世纪实用英语口语教程 2〔第2版〕/ 09467
309-08681	21世纪实用英语口语教程 3 / 09468
309-11735	21世纪实用英语口语教程 3〔第2版〕/ 09469
309-08688	21世纪实用英语口语教程 4 / 09470
309-11950	21世纪实用英语口语教程 4〔第2版〕/ 09471
309-11917	21世纪实用英语写作教程 / 08511
309-10383	21世纪实用英语视听说教程 1 / 09509
309-10385	21世纪实用英语视听说教程 2 / 09510
309-10387	21世纪实用英语视听说教程 3 / 09511
309-10389	21世纪实用英语视听说教程 4 / 09512
309-10384	21世纪实用英语视听说教程教学参考书 1 / 09513
309-10386	21世纪实用英语视听说教程教学参考书 2 / 09551
309-10388	21世纪实用英语视听说教程教学参考书 3 / 09552
309-10390	21世纪实用英语视听说教程教学参考书 4 / 09514
309-10933	21世纪实用英语语法教程 / 08506
309-10377	21世纪实用英语教学参考书 1 / 08947
309-14359	21世纪实用英语教学参考书 1〔第2版〕/ 08951
309-10371	21世纪实用英语教学参考书 2 / 08948
309-10368	21世纪实用英语教学参考书 3 / 08949
309-14723	21世纪实用英语教学参考书 3〔第2版〕/ 08952
309-10379	21世纪实用英语教学参考书 4 / 08950
309-13131	21世纪实用英语教学参考书(基础版) 3 / 08761
309-12346	21世纪实用英语(基础版)教学参考书 1 / 08943
309-12651	21世纪实用英语(基础版)教学参考书 2 / 08944
309-13436	21世纪实用英语(基础版)教学参考书 4 / 08945
309-12157	21世纪实用英语(基础版)综合练习 1 / 08688
309-12672	21世纪实用英语(基础版)综合练习 2 / 08689
309-13198	21世纪实用英语(基础版)综合练习 3 / 08690
309-13477	21世纪实用英语(基础版)综合练习 4 / 08691
309-12103	21世纪实用英语(基础版)综合教程 1 / 08895
309-12650	21世纪实用英语(基础版)综合教程 2 / 08896
309-13041	21世纪实用英语(基础版)综合教程 3 / 08897
309-13435	21世纪实用英语(基础版)综合教程

	4 / 08898
309-10376	21世纪实用英语基础教程 / 08946
309-10380	21世纪实用英语基础教程教学参考书 / 08733
309-10375	21世纪实用英语基础教程综合练习 / 09236
309-14424	21世纪实用英语(第2版)教学参考书 2〔第2版〕/ 08794
309-14726	21世纪实用英语(第2版)基础教程教学参考书 / 08732
309-14725	21世纪实用英语(第2版)基础教程综合练习 / 09235
309-14719	21世纪实用英语(第2版)综合练习 4 / 09391
309-14307	21世纪实用英语(第2版)综合教程 1〔第2版〕/ 08941
309-14724	21世纪实用英语(第2版)综合教程 3〔第2版〕/ 08942
309-10373	21世纪实用英语综合练习 1 / 09387
309-14358	21世纪实用英语综合练习 1〔第2版〕/ 09392
309-10370	21世纪实用英语综合练习 2 / 09388
309-14425	21世纪实用英语综合练习 2〔第2版〕/ 09393
309-10367	21世纪实用英语综合练习 3 / 09389
309-14722	21世纪实用英语综合练习 3〔第2版〕/ 09394
309-10381	21世纪实用英语综合练习 4 / 09390
309-14727	21世纪实用英语综合教程〔第2版〕/ 08957
309-10382	21世纪实用英语综合教程 1 / 08953
309-10372	21世纪实用英语综合教程 2 / 08954
309-14376	21世纪实用英语综合教程 2〔第2版〕/ 08955
309-10369	21世纪实用英语综合教程 3 / 08956
309-10378	21世纪实用英语综合教程 4 / 08958
309-14721	21世纪实用英语综合教程 4〔第2版〕/ 08959
309-12969	21世纪实用英语综合教程同步训练 / 08859
309-11695	21世纪实用英语翻译教程 / 08397
309-10972	21世纪毒性测试 愿景与策略 / 14629
309-02462	21世纪怎样当领导 美国百家老总如是说 / 03241
309-06890	21世纪职场英语 1 电子信息类 / 09593
309-14861	21世纪暴露科学 愿景与策略 / 13068
309-02711	"3+X"高考备考热点丛书 文科综合 / 06306
309-02722	"3+X"高考备考热点丛书 英语 / 06308
309-02713	"3+X"高考备考热点丛书 语文 / 06307
309-02770	"3+X"高考备考热点丛书 理科综合 物理、化学、生物 / 06310
309-02769	"3+X"高考备考热点丛书 数学 / 06309
309-02706	"3+X"高考新题典新题型 历史 / 06314
309-02774	"3+X"高考新题典新题型 化学 / 06315
309-02724	"3+X"高考新题典新题型 英语 / 06313
309-02773	"3+X"高考新题典新题型 物理 / 06317
309-02771	"3+X"高考新题典新题型 政治 / 06311
309-02726	"3+X"高考新题典新题型 语文 / 06312
309-02772	"3+X"高考新题典新题型 数学 / 06316

编号	书名 / 序号
309-12299	365夜·女孩故事 / 10048
309-12297	365夜·动物故事 / 10045
309-12298	365夜·男孩故事 / 10044
309-12295	365夜·冒险故事 / 10043
309-12296	365夜·美德故事 / 10042
309-06342	3DS MAX 网络游戏角色 专业制作详解 / 15174
309-12482	3D打印创意实践 / 15240
309-11472	3D物流管理模拟实训教程 / 03064
309-13551	3D建模与成型 E-SUN 机器人 / 14871
309-12442	3分钟健身 21天塑造全新的你 / 07316
309-13448	40岁后吃不胖的秘诀 / 15288
309-10472	41道健康素食轻松煮 / 15269
309-06304	6 Sigma实践法 绿带必备之基本手法 / 03330
309-12446	700名师的秘密书单 一年级—九年级 / 06409
309-06948	710分大学英语四级考试模拟训练 / 08116
309-07897	710分大学英语四级考试模拟训练〔第2版〕 / 08117
309-09062	710分大学英语四级考试模拟训练〔第3版〕 / 08118
309-05438	7天快速提高智商 智力训练与测试大全 / 05605
309-00989	8096 / 8098单片机原理及应用 / 15114
309-01994	80年代以来的南北货币金融关系 / 04699
309-09202	90天调出幸福颜色 / 00550
309-10223	Access数据库应用技术〔第2版〕 / 14967
309-07779	Access数据库应用技术实验指导与习题选解 / 14976
309-10222	Access数据库应用技术实验指导与习题选解〔第2版〕 / 14968
5627-0374	Alzheimer病诊断和治疗的新进展 / 14472
309-08307	America In The Past / 11798
309-08368	An Introduction to Abstract Algebra / 12476
309-01235	1993 PSP International Symposium: anthology of theses and abstracts / 14568
309-14122	APIC / JCR医院感染预防与控制工作手册 / 13389
309-02470	AutoCAD 2000 实用教程 / 15187
309-05154	AutoCAD简明教程 / 15183
309-12807	Basic and improvement of MCM & ICM / 12377
309-00563	C51交叉编译系统 单片机的新型开发工具 / 15087
309-01568	CAD技术应用 / 15184
309-03484	CAD绘图技术实验教程 / 15185
309-03180	CET-4词汇特快直通车 / 08237
309-02723	CIF和FOB合同 / 02285
309-01423	CIS:中国企业形象战略 / 03506
309-07424	CIS策划教程 / 03087
309-01221	COBOL语言习题分析与解答 / 15022
309-00862	COBOL语言程序设计基础 / 15019
309-01134	COBOL语言程序设计基础〔重印本〕 / 15020
5627-0433	Contemporary pathophysiology / 13698
13253.013	CROMEMCO微型计算机 COBOL 程序设计 / 15021
309-03937	CSSCI(2003)源期刊指南 / 15507
309-03936	CT检查技术学 / 14545
309-01346	C语言与程序设计 / 15005
309-01304	C语言习题分析与解答 / 15017
309-15334	C语言设计项目化教程 / 14995
309-01148	C语言应用程序设计 / 15011
309-09207	C语言项目化实践教程 / 15008
309-07073	C语言程序设计 / 15001
309-07678	C语言程序设计 / 14997

309-07557	C语言程序设计〔第2版〕/ 14998	309-01269	FORTRAN 77 语言习题分析与解答 / 15025
309-09015	C语言程序设计与系统开发 / 15015	309-00864	FORTRAN 77 语言程序设计基础 / 15023
309-01780	C语言程序设计与数据结构 / 15004	309-01122	FORTRAN 77 语言程序设计基础〔重印本〕/ 15024
309-07090	C语言程序设计上机指导与习题选解 / 15002	309-01779	FORTRAN语言程序设计与数值计算 / 15026
309-07721	C语言程序设计上机指导与习题选解 / 14999	309-01409	FoxBASE＋数据库及其应用 / 15030
309-11951	C语言程序设计上机指导与习题选解〔第2版〕/ 15000	309-01651	FoxPro 2.6 for Windows 应用速成 / 15029
309-09206	C语言程序设计教程 / 14996	309-01659	FoxPro 2.6 for Windows 程序设计 / 15031
309-01123	C语言程序设计基础〔重印本〕/ 15010	309-01874	FoxPro及其应用 / 15028
309-00861	C语言程序设计基础〔重印本〕/ 15009	309-04142	GCT新奇迹 英语应试教程 / 06966
309-02689	C语言程序设计新捷径 / 15016	309-04143	GCT新奇迹 语文应试教程 / 06965
309-01727	C程序设计实例详解 / 15003	309-04149	GCT新奇迹 逻辑应试教程 / 06964
309-10100	C＋＋编程 面向问题的设计方法 / 15018	309-04129	GCT新奇迹 数学应试教程 / 06967
5627-0059	dBASEⅢ简明教程 汉字dBASE在管理中的应用〔重印本〕/ 15191	309-11845	Hilbert-Huang变换及其在信号处理中的应用 / 14835
309-01647	DOS6.3使用指南 / 15054	309-09362	Hold住梦想,创业上海滩 / 10744
309-12991	English for international purposes / 08062	309-05229	HR管理标杆 世界知名企业人力资源管理最优实践 / 03490
309-09368	ERP理论与实践 / 03216	309-09842	IAS:快速事业发展方案 / 00558
309-12038	EXCEL在财务会计中的应用 / 02952	309-06859	IBM、MBA与吃角子老虎 / 03133
309-03915	Extended Abstracts of the Fourth International Workshop on Junction Technology / 15083	309-11970	IEEE 802.11e 无线网络中的跨层自适应视频传输研究 / 14847
309-03841	e路伴你行 互联网与青少年道德教育 / 05583	309-01689	Internet实用指南 / 15194
309-08748	FDI的知识转移与溢出效应 基于产业集群视角的研究 / 04798	309-02064	Internet信息查询技巧和WWW应用 / 15205
309-10653	Flash CS6 项目驱动"教学做"案例教程〔第2版〕/ 15179	309-03454	Internet航运信息检索 / 05464
		309-02601	Internet基础教程 / 15217
		309-02356	Internet搜索引擎指南 / 15199
		5627-0669	Internet新进展及医学信息应用 / 12981
309-14798	Flash CS6 项目驱动"教学做"案例教程〔第3版〕/ 15180	309-06239	ISO10015培训质量管理 / 03289
		309-11552	ISO15189病理与实践 / 14366
		309-08107	IT英语 上册 / 07837

书号	书名
309-08985	IT 英语 下册 / 07838
309-14646	Java程序设计项目化教程 / 14990
309-06010	KIBS知识员工的开发 以上海KIBS知识员工为例 / 03261
309-02112	K 线大法 / 04584
309-06754	LVD无极灯 / 14784
309-02954	M68HC08系列单片机原理与应用 嵌入式系统初步 / 15104
309-00935	M68HC11单片机原理、应用及技术手册 / 15095
309-14323	MATLAB基础教程 / 15033
309-05437	MBA、MPA、MPAcc、GCT 逻辑推理高效思维技法与训练指导 / 06912
309-05436	MBA、MPA、MPAcc、GCT 逻辑题典 真题分类精解与模拟试题 / 06911
309-10829	MBA、MPA、MPAcc 管理类联考综合能力全程一本通 / 06913
309-13680	MBA、MPA、MTA、MAPcc 管理类联考 数学习题集 / 06918
309-12444	MBA、MPA、MTA、MPAcc 管理类联考 逻辑分册 / 06914
309-13678	MBA、MPA、MTA、MPAcc 管理类联考 逻辑分册〔第2版〕 / 06915
309-12265	MBA、MPA、MTA、MPAcc 管理类联考 数学分册 / 06916
309-11846	MBA面试高分秘籍 / 06919
309-03753	MBA联考 300 分奇迹 2004 年全国工商管理硕士研究生入学考试模拟试卷 管理模拟试卷 / 06923
309-03900	MBA联考 300 分奇迹 2005 年 MBA联考习题精编 管理模拟试卷 / 06922
309-03896	MBA联考 300 分奇迹 写作分册〔第6版〕 / 06924
309-04947	MBA联考 300 分奇迹 写作分册〔第7版〕 / 06925
309-02569	MBA联考 300 分奇迹 英语分册 / 06931
309-03337	MBA联考 300 分奇迹 英语分册〔第3版〕 / 06932
309-03895	MBA联考 300 分奇迹 英语分册 / 06935
309-04946	MBA联考 300 分奇迹 英语分册〔第7版〕 / 06936
309-02869	MBA联考 300 分奇迹 英语分册 笔试部分〔第2版〕 / 06933
309-02951	MBA联考 300 分奇迹 英语分册 听力部分〔第2版〕 / 06934
309-02568	MBA联考 300 分奇迹 语文与逻辑分册 / 06926
309-02859	MBA联考 300 分奇迹 语文分册〔第2版〕 / 06920
309-03338	MBA联考 300 分奇迹 语文分册〔第3版〕 / 06921
309-04414	MBA联考 300 分奇迹 兼作 MBA、MPA、MPAcc、GCT 解题指导 逻辑真题分类精解 / 06941
309-04949	MBA联考 300 分奇迹 兼作 MBA、MPA、MPAcc、GCT 解题指导 逻辑真题分类精解〔第2版〕 / 06942
309-02872	MBA联考 300 分奇迹 逻辑分册〔第2版〕 / 06943
309-03339	MBA联考 300 分奇迹 逻辑分册〔第3版〕 / 06944
309-03897	MBA联考 300 分奇迹 逻辑分册〔第5版〕 / 06945
309-04442	MBA联考 300 分奇迹 逻辑分册〔第6版〕 / 06946
309-04948	MBA联考 300 分奇迹 逻辑分册〔第7版〕 / 06947
309-02567	MBA联考 300 分奇迹 数学分册 / 06937
309-02881	MBA联考 300 分奇迹 数学分册〔第2版〕 / 06938
309-03341	MBA联考 300 分奇迹 数学分册〔第3版〕 / 06939
309-03899	MBA联考 300 分奇迹 数学分册〔第5版〕 / 06940
309-02570	MBA联考 300 分奇迹 管理分册 / 06929

索书号	书名 / 登录号
309-02887	MBA联考300分奇迹 管理分册〔第2版〕/ 06927
309-03340	MBA联考300分奇迹 管理分册〔第3版〕/ 06928
309-03898	MBA联考300分奇迹 管理分册 2005〔第5版〕/ 06930
309-00731	MC6805单片机原理、应用及技术手册〔重印本〕/ 15084
309-00740	MC68HC05单片机原理、应用及技术手册〔重印本〕/ 15118
13253.045	MCS-48 单片微型计算机实用子程序 / 15102
309-01040	MCS-51单片机实验指导 / 15115
309-00215	MCS-51单片微机实用子程序及其应用 / 14955
309-00105	MOS运算放大器 原理、设计与应用 / 14827
309-03345	MOS集成电路的分析与设计 / 14814
309-01286	Motorola单片机应用指南 / 15091
309-01025	Motorola单片机接口技术手册 / 15085
309-01386	MS-DOS 6.2使用手册 / 15055
309-03527△	MS & EMS——制造业服务业的新起点 / 04244
309-03012	Neural Information Precessing: ICONIP2001 proceedings / 15122
309-13496	NEW物理启蒙 我们的看听触感 / 12626
309-13352	NEW物理探索 走近力声光电磁 / 12627
309-02366	NS公司新型COP8 单片机应用指南 / 15092
5627-0213	Occupational health and preventive medicine / 13112
309-03104	O'Connor关节镜外科学〔第2版〕/ 14262
309-11793	OCT血管成像和en face OCT 图谱 / 14517
309-11905	OCT血管成像和en face OCT 图谱 / 14518
309-01296	PASCAL语言习题分析与解答 / 15038
309-00860	PASCAL语言程序设计基础 / 15036
309-01121	PASCAL语言程序设计基础〔重印本〕/ 15037
13253.042	PASCAL程序设计 / 15034
309-00252	PASCAL程序设计〔重印本〕/ 15035
309-13877	Photoshop CS6 基础教程 / 15178
309-09321	PLC与单片机应用技术 / 14770
309-10393	PRETCO语法实训练习册 / 08498
309-10655	Pro / Engineer案例教程与实训 Pro / Engineer 6.0 Wildfire版 / 14720
309-01248	PSP国际学术研讨会论文及论文摘要集 1993 / 14617
309-03260	Re:造工作 / 03130
309-14828	RGP及角膜塑形镜取戴与护理指南 / 14528
309-11207	R软件入门与基础 / 00888
309-01511	SAMSUNG(三星)单片机原理及应用 / 15119
309-06047	SAS数据分析系统教程 / 00885
309-00715	SICE通用单片机仿真器及其应用 / 15096
309-01114	SICE通用单片机仿真器及其应用 / 15097
309-07156	SolidWorks项目教程 / 14713
309-12986	STEAM之创意编程思维 Scratch Jr 精灵版 / 14963
309-12845	STEAM之创意编程思维 Scratch 精英版 / 14961
309-13299	STEAM之创意编程思维 Scratch 智慧版 / 14962
309-01471	Super SICE通用单片机仿真器及其应用 / 15190
309-06494	TEM-4客观试题效度研究 / 08068

编号	书名
309-08275	The Art of Scarcity: A Narratological Study of Samuel Beckett's Prose Trilogy / 11051
5627-0444	The handbook of laws & regulations on biological and pharmaceutical intellectual property rights protection / 02000
309-13022	TID之翻开课本做模型 / 06195
9253.020	TOEFL考试指导 / 08006
309-00100	TOEFL考试指导〔重印本〕/ 08007
309-00232	TOEFL听力理解 / 09728
309-00126	TOEFL词汇 / 08209
309-00619	TOEFL阅读理解 / 09082
309-01293	TRUE BASIC 语言习题分析与解答 / 14994
309-00863	TRUE BASIC 语言程序设计基础 / 14991
309-01124	TRUE BASIC 语言程序设计基础〔重印本〕/ 14992
309-01720	UCDOS 5.0 与 WPS 使用指导 / 15159
309-08175	UNIX和计算机软件技术基础 / 15056
309-03323	Visual Basic 6.0 及其应用 / 15042
309-08017	Visual Basic 程序设计实践教程 / 15044
309-07982	Visual Basic 程序设计教程〔影印本〕/ 15043
309-08641	Visual Basic 程序设计教程 / 15040
309-02971	Visual FoxPro 6.0 及其应用 / 14981
309-06467	Visual FoxPro 程序设计与数据库应用实践教程 / 14979
309-11075	Visual FoxPro 程序设计与数据库应用实践教程〔第3版〕/ 14980
309-06466	Visual FoxPro 程序设计与数据库应用基础教程 / 14977
309-10220	Visual FoxPro 程序设计与数据库应用基础教程〔第3版〕/ 14978
309-07777	Visual FoxPro 数据库教程 / 14982
309-11076	VIS设计实务 / 03200
309-00306	VLSI计算机辅助设计理论和方法 / 15186
309-10679	Web2.0时代的网络民意 表达与限制 / 01408
309-04042	WTO与中国对外贸易 / 04173
309-03354	WTO与中国关税 / 04174
309-06290	WTO法律规则〔英文版〕/ 01844
309-14393	WTO裁决执行的法律机理与中国实践研究 / 04180
309-05112	WTO概览 / 04175
309-06017	WTO概览〔第2版〕/ 04176
309-04320	Z8 Encore! 八位微控制器原理、应用及技术手册 / 15069
309-01285	Z8单片机原理、应用及技术手册 / 15117
13253.062	ZUBAY生物化学解题指导 / 12847

一画

一

编号	书名
309-14266	一个人·十四行 末之莎士比亚十四行诗笔记 / 11016
309-07733	一个人的爱与死 / 10493
309-02999	一个中国人的文学观 周作人的文艺思想 / 10203
309-04081	一个中国知识分子的肖像 贾植芳画传 / 11967
309-00013	一个非政治家的政治生活 回忆维尔纳·海森伯 / 12057
309-13443	一个美国媒体人的自白 / 05239
309-00070	一分钟经理技巧 / 03080
309-01056	一分钟管理 / 03110
309-12062	一孔斋论学集 / 10090
309-04461	一以当十 / 09934
309-02908	一本通 H 版语文·数学(一年级第一学期)/ 06214
309-03074	一本通 H 版语文·数学(一年级第二学期)/ 06215
309-02910	一本通 H 版语文·数学(二年级第

	一学期）/ 06216		一学期）/ 06230
309-03076	一本通 H 版语文·数学（二年级第二学期）/ 06217	309-03077	一本通 S 版语文·数学（三年级第二学期）/ 06231
309-02918	一本通 H 版语文·数学（三年级第一学期）/ 06218	309-02919	一本通 S 版语文·数学·英语（四年级第一学期）/ 06232
309-03078	一本通 H 版语文·数学（三年级第二学期）/ 06219	309-03079	一本通 S 版语文·数学·英语（四年级第二学期）/ 06233
309-02920	一本通 H 版语文·数学·英语（四年级第一学期）/ 06220	309-02921	一本通 S 版语文·数学·英语（五年级第一学期）/ 06234
309-03080	一本通 H 版语文·数学·英语（四年级第二学期）/ 06221	309-03081	一本通 S 版语文·数学·英语（五年级第二学期）/ 06235
309-02922	一本通 H 版语文·数学·英语（五年级第一学期）/ 06222	309-02924	一本通 S 版语文·数学·英语（六年级第一学期）/ 06236
309-03082	一本通 H 版语文·数学·英语（五年级第二学期）/ 06223	309-03083	一本通 S 版语文·数学·英语（六年级第二学期）/ 06237
309-02923	一本通 H 版语文·数学·英语（六年级第一学期）/ 06224	309-02925	一本通 S 版语文·数学·英语（七年级第一学期）/ 06620
309-03084	一本通 H 版语文·数学·英语（六年级第二学期）/ 06225	309-03085	一本通 S 版语文·数学·英语（七年级第二学期）/ 06621
309-02926	一本通 H 版语文·数学·英语（七年级第一学期）/ 06614	309-02927	一本通 S 版语文·数学·英语（八年级第一学期）/ 06622
309-03086	一本通 H 版语文·数学·英语（七年级第二学期）/ 06615	309-03087	一本通 S 版语文·数学·英语（八年级第二学期）/ 06623
309-02928	一本通 H 版语文·数学·英语（八年级第一学期）/ 06616	309-02929	一本通 S 版语文·数学·英语（九年级第一学期）/ 06624
309-03088	一本通 H 版语文·数学·英语（八年级第二学期）/ 06617	309-03089	一本通 S 版语文·数学·英语（九年级第二学期）/ 06625
309-02930	一本通 H 版语文·数学·英语（九年级第一学期）/ 06618	309-10913	一代造币专家陈宏阁 / 12012
		309-02564	一年间《新闻报》的新闻故事 / 10887
309-03090	一本通 H 版语文·数学·英语（九年级第二学期）/ 06619	309-10281	"一＋名"式双音节词的词汇化和语法化及相关问题研究 / 07607
309-02907	一本通 S 版语文·数学（一年级第一学期）/ 06226	309-10503	一次恐怖之旅 / 05938
309-03073	一本通 S 版语文·数学（一年级第二学期）/ 06227	309-09942	一体化管理 镇村卫生机构管理模式研究 / 13409
309-02909	一本通 S 版语文·数学（二年级第一学期）/ 06228	309-03664	一国两制下的中国区际司法协助 / 02231
309-03075	一本通 S 版语文·数学（二年级第二学期）/ 06229	309-09375	一念间 我所体悟的慈济思惟 / 10855
		309-13854	"一带一路"投资的国际法 / 02270
309-02917	一本通 S 版语文·数学（三年级第	309-13783	"一带一路"法律实务 / 01980

| 309-14917 | "一带一路"沿线国家投资环境研究 / 03508
| 309-14098 | "一带一路"沿线重点国家卫生合作需求评估及合作策略研究 以越南、老挝为例 / 13405
| 309-00523 | "一点突破法"探索 / 06185
| 309-12958 | 一秒钟和一辈子 / 00670
| 309-01074 | 一种特殊关系的形成 1914年前的美国与中国 / 01786
| 309-09016 | 一类离散HJB方程的数值解法 / 12466
| 309-10498 | 一起去寻宝 / 05958
| 309-10615 | 一起去郊游 / 05930
| 309-09166 | 一起走过的日子 / 11980
| 5627-0340 | 一氧化氮的生物医学 / 13589
| 309-10330 | 一般外科的常见问题 英文 / 14194
| 309-07793 | 一毂集 / 00806

乙

| 5627-0048 | 乙型肝炎及其免疫预防 / 14061
| 5627-0159 | 乙型肝炎防治 / 14057
| 5627-0542 | 乙型肝炎的防治 / 14058
| 309-03211 | 乙型肝炎的防治〔重印本〕/ 14059

二画

二

| 309-04011 | 二十一世纪亚洲发展之路《亚洲研究集刊》创刊号 / 01686
| 309-13404 | 二十一世纪西方电影思潮 / 11407
| 309-06401 | 二十几岁读红楼 1 / 10364
| 309-05929 | 二十世纪中国古代小说研究的视角与方法 / 10347
| 309-12306 | 二十世纪中国佛教的两次复兴 / 00704
| 309-05003 | 二十世纪西方文论选读 / 10034
| 309-00001 | 二十世纪西方美学名著选 上册 / 00431
| 309-00002 | 二十世纪西方美学名著选 下册 / 00432
| 309-02577 | 二十世纪西方美学经典文本 第1卷 世纪初的新声 / 00471
| 309-02578 | 二十世纪西方美学经典文本 第2卷 回归存在之源 / 00472
| 309-02579 | 二十世纪西方美学经典文本 第3卷 结构与解放 / 00473
| 309-02580 | 二十世纪西方美学经典文本 第4卷 后现代景观 / 00474
| 309-13601 | 二十世纪戏曲文献学述略 / 05495
| 309-02206 | 二十世纪哲学经典文本 序卷 二十世纪西方哲学的先驱者 / 00122
| 309-02207 | 二十世纪哲学经典文本 欧洲大陆哲学卷 / 00123
| 309-02209 | 二十世纪哲学经典文本 西方马克思主义卷 / 00125
| 309-02208 | 二十世纪哲学经典文本 英美哲学卷 / 00124
| 309-02210 | 二十世纪哲学经典文本 中国哲学卷 / 00126
| 309-09191 | 二元修辞学 / 07467
| 309-08082 | 二手车鉴定评估 / 15364
| 309-12875 | 二手车鉴定评估〔第2版〕/ 15365
| 309-14602 | 二宝来了,老年人如何与孙辈相处 / 01005
| 309-12119 | 二宝来了,你准备好了吗 两孩生养教全攻略 / 14303
| 309-09157 | 二语习得中的个体差异 外语学能与工作记忆 / 07412

丁

| 309-00587 | 丁玲小说研究 / 10398
| 309-07103 | 丁玲传 / 11949
| 309-09227 | 丁香花开 / 10652
| 309-14253 | 丁祖敏书画 / 11194
| 309-04675 | 丁淦林文集 / 05134

十

| 309-13963 | 十七世纪法国的权力与文学 以黎塞

	留主政时期为例 / 01706		10803
309-00375	十九世纪西方美学名著选 德国卷 / 00433	309-01518	人力资源开发与管理 / 02993
309-00248	十九世纪西方美学名著选 英法美卷 / 00434	309-02159	人力资源开发与管理〔第2版〕/ 02994
309-11841	十万个为什么(老年版) 安全用药 / 13863	309-04180	人力资源开发与管理〔第3版〕/ 02995
309-11843	十万个为什么(老年版) 理财顾问 / 04555	309-10867	人力资源开发与管理〔第4版〕/ 02996
309-11844	十万个为什么(老年版) 旅游攻略 / 03811	309-13700	人力资源开发与管理〔第5版〕/ 02997
309-11842	十万个为什么(老年版) 延缓衰老 / 13210	309-02834	人力资源开发与管理教学案例精选 / 02998
309-11840	十万个为什么(老年版) 阳光心理 / 00544	309-10254	人力资源市场服务业务经办实务 / 03014
309-13591	十个上海画家的四十年 / 11976	309-09259	人力资源治理经济学 / 02983
309-13676	十六国疆域与政区研究 / 12139	309-07575	人力资源经理胜任特征模型构建及影响因素分析 / 02990
309-01721	十句作文法 / 08317	309-05552	人力资源战略与规划 / 03028
309-02213	十句作文法〔第2版修订版〕/ 08318	309-13010	人力资源战略与规划〔第2版〕/ 03029
309-00074	十年文学潮流 1976—1986 / 10224	309-04362	人力资源总监 人力资源管理创新 / 03285
309-07558	十年铸剑 我的办学心路与感悟 / 07075	309-08975	人力资源总监 人力资源管理创新〔第2版〕/ 03286
309-13861	十年磨一剑 职业教育李氏英语十周年纪实 / 08465	309-10134	人力资源统计实务 / 02980

厂

309-00304	厂内银行教程 / 03738	309-05374	人力资源管理〔第2版〕/ 03005
309-09250	厂部长培训手册 / 03305	309-06168	人力资源管理〔第3版〕/ 03006
		309-10366	人力资源管理〔第4版〕/ 03007
		309-13336	人力资源管理 / 03004

七

309-02791	七世纪至十九世纪中国的知识、思想与信仰 中国思想史(第2卷) / 00132	309-07192	人力资源管理 全球化背景下的思考与应用 / 02988
309-02011	七世纪前中国的知识、思想与信仰世界 中国思想史(第1卷) / 00131	309-13694	人力资源管理学习精要 基于人工智能的方法 第1辑 / 03027
309-00116	七届人大会议文件学习辅导材料 / 01489	309-04694	人力资源管理实务 / 02992
309-08171	七彩云南行 / 10815	309-07157	人力资源管理案例与练习 / 02989
		309-06589	人力资源管理教学案例精选 / 03009
		309-04907	人力资源管理教程 / 03011

人

		309-13868	人力资源管理教程〔第2版〕/ 03012
309-06208	人人皆可为国王 梁衡散文精读 /	309-10006	人力资源管理基础技能训练 / 03023

书号	书名
309-09746	人力资源管理综合技能训练 / 03024
309-03808	人力资源管理概论 / 02999
309-07898	人力资源管理概论〔第2版〕/ 03000
309-13964	人力资源管理概论〔第3版〕/ 03001
309-01041	人工神经网络的模型及其应用 / 14867
309-01376	人工神经网络的模型及其应用〔重印本〕/ 14868
309-14248	人工智能3.0 大智若愚 / 14869
309-14664	人工智能领域的专利申请及保护 / 05538
309-03889	人工膝关节 理论基础与临床应用 / 14264
309-10596	人才与人文 一个人才工作者的实践和思考〔增订版〕/ 01244
309-13955	人才管理"三能"模式 打造组织人才能力供应链 / 03253
309-03554	人大代表工作手册 / 01491
309-08534	人大代表履职简明手册 / 01490
309-05256	人大代表履职简明读本 / 01488
309-00684	人口与生育 / 01043
5627-0306	人口与生殖健康教育读本 / 13213
309-00174	人口生态学 / 01040
4253.006	人口问题与理论 / 01038
309-00144	人口统计学 / 01041
309-03681	人口 疾病 保险 / 04899
309-09088	人天合一 自然养生 潘肖珏微表达 / 13458
309-08745	人文千秋 / 00755
309-08098	人文沥金 / 00844
309-11753	人文金桥 上海金桥经济技术开发区文化创新的实践与探索 / 04956
309-09243	人文学概论 / 00739
309-13188	人文崇左 广西崇左市《花山魂》系列摄影画册 / 11273
309-04914	人生60才开始 / 13190
309-08460	人生一瞬 / 10842
309-03436	人生三味 / 10041
309-04148	人生地理学 / 12117
309-07479	人生经济学 时间·空间·人与人之间 / 00694
309-15054	人生哪有那么多赢家 / 10878
5627-0130	人生哲学 / 00410
309-04005	人生哲学 / 00405
309-00488	人生哲理 / 00406
309-00677	人生笔谈 / 00409
309-12102	人民币发行与人民币汇率 / 04377
309-11889	人民币发行方式转轨研究 由买外汇转向买国债 / 04376
309-02273	人民币自由兑换和资本管制 / 04794
309-04982	人民币实际汇率研究 / 04802
309-01636	人地关系论 中国人口与土地关系问题的系统研究 / 01062
309-12011	人权的立法保障 / 01858
309-07476	人有二十难 / 00695
309-09170	人医仁医 打造医疗桃花源 / 10737
309-04312	人员测评与选拔 / 03275
309-07038	人员测评与选拔〔第2版〕/ 03276
309-11708	人员测评与选拔〔第3版〕/ 03277
309-11079	人员测评理论与技术 / 01243
5627-0367	人体系统解剖学 / 13610
309-04316	人体系统解剖学〔第2版〕/ 13611
309-05839	人体系统解剖学〔第3版〕/ 13612
309-11440	人体系统解剖学〔第4版〕/ 13613
309-07318	人体词语语义研究 / 07569
5627-0368	人体局部解剖学 / 13631
309-08132	人体局部解剖学〔第2版〕/ 13629
309-13052	人体局部解剖学〔第3版〕/ 13630
309-03177	人体细胞生物学和医学遗传学试题与题解 / 13639
309-14870	人体损伤的伤残评定 50个实例评残策略 / 01956
309-01556	人体特异功能的实验研究与诱发训练〔第2版〕/ 13656
309-07504	人体疾病基础 / 13700
309-05569	人体基础（上册）正常人体基础（下册）

	人体疾病基础 / 13592	309-06997	人类动物园 / 00966
309-11722	人体寄生虫学 / 13715	309-01585	人类自然康复之路 中华老子道德信息技术与祛病健身 / 13517
309-03360	人体解剖生理学 / 13633		
5627-0215	人体解剖学 / 13607	309-05231	人类诱发排卵 / 14298
309-04626	人体解剖学 / 13606	5627-0222	人类衰老学 / 13664
309-05911	人体解剖学 / 13619	5627-0044	人类疾病动物模型 / 12978
309-04139	人体解剖学考试指南 / 13603	5627-0015	人类疾病动物模型 / 12979
5627-0443	人体解剖学学习指导 / 13604	309-01736	人类遗传学概论 / 12941
309-03469	人体解剖学学习指导〔第2版〕/ 13605	5627-0408	人绝经期促性腺激素的临床应用 / 14295
309-06190	人身伤害的法医学鉴定 / 02173	309-05846	人群自报健康水平与分布研究 / 13334
309-13479	人身伤害的法医学鉴定〔第2版〕/ 02174		

入

309-07785	人间学术 / 00812	309-06207	"入世"后中美经贸法律纠纷案例评析 / 02101
309-14879	人际传播 知识图景与前沿实践 / 00905		
309-12196	人际传播36计 / 00908	309-02465	入党培训教程 / 01359
309-11725	人际传播研究手册 / 04993		

八

309-10779	人际交往读本 / 00906	309-08614	八大人觉经 / 00660
309-09383	人际关系管理实务 / 01095	309-05252	八代传叙文学述论 / 10137
309-12952	人际关系管理实务〔第2版〕/ 01096	309-02422	八仙斗大鳄 吕洞宾弄潮香江看汇海 / 04649
309-06005	人际沟通交流技巧 / 13951		

九

309-10147	人事测评 / 03290	309-10252	九十三个愿望 / 11281
309-13940	人事测评与选拔 理论与技术 / 01323	309-00887	九十年代企业改革与发展 / 03498
309-11659	人事档案管理实务 / 05516	309-07279	九云梦 / 10939
309-14413	人事档案管理实务〔第2版〕/ 05517	309-03696	九州学林 2003 秋季（创刊号）/ 11638
309-08543	人事管理经济学 / 01326		
309-04913	人到中年话保健 / 13187	309-04241	九州学林 2004 夏季二卷二期（总第4期）/ 11639
309-00748	人物报道写作 / 05193		
309-09596	人的权利 / 11795	309-04357	九州学林 2004 冬季二卷四期（总第6期）/ 11640
309-03374	人的觉醒与文学的自觉 兼论中日之异同 / 10102		
		309-04530	九州学林 2005 春季三卷一期（总第7期）/ 11641
309-05829	人性的观照 世界小说名篇中的情态与性态 / 10008		
		309-04915	九州学林 2005 秋季三卷三期（总第9期）/ 11642
309-07423	人性的复苏 国民性批判的起源与反思 / 01237		
309-02803	人居文化 中国建筑个体形象 / 15302	309-04916	九州学林 2005 冬季三卷四期（总第10
309-07436	"人"是怎么不见的 杏坛真言之二 / 06331		

	期）/ 11643	309-09517	儿童中国文化导读 4 / 11598
309-03928	九州学林 2006 春季四卷一期（总第 11 期）/ 11644	309-11038	儿童中国文化导读 4〔第 2 版〕/ 11616
309-04151	九州学林 2006 秋季四卷三期（总第 13 期）/ 11645	309-09518	儿童中国文化导读 5 / 11599
309-04562	九州学林 2007 夏季五卷二期（总第 16 期）/ 11646	309-11039	儿童中国文化导读 5〔第 2 版〕/ 11617

儿

		309-09519	儿童中国文化导读 6 / 11600
309-11231	《儿女英雄传》考论 / 10379	309-11040	儿童中国文化导读 6〔第 2 版〕/ 11618
309-12974	儿科出院病人中医调养 / 13545	309-09520	儿童中国文化导读 7 / 11601
309-11337	儿科护理 / 14007	309-11041	儿童中国文化导读 7〔第 2 版〕/ 11619
309-07816	儿科护理规范与实践指南 / 14008	309-09521	儿童中国文化导读 8 / 11602
309-04811	儿科护理学考题解 / 14011	309-11042	儿童中国文化导读 8〔第 2 版〕/ 11620
5627-0088	儿科护理指导 / 14006	309-09522	儿童中国文化导读 9 / 11603
309-09294	儿科医院志 / 13394	309-11043	儿童中国文化导读 9〔第 2 版〕/ 11621
5627-0070	儿科学 / 14313	309-09523	儿童中国文化导读 10 / 11604
5627-0564	儿科学〔第 2 版〕/ 14314	309-11044	儿童中国文化导读 10〔第 2 版〕/ 11622
309-04765	儿科学 / 14310	309-09524	儿童中国文化导读 11 / 11605
309-05150	儿科学 / 14311	309-11045	儿童中国文化导读 11〔第 2 版〕/ 11623
5627-0221	儿科学多选题 / 14322	309-09525	儿童中国文化导读 12 / 11606
5627-0358	儿科学应用多选题 / 14320	309-11046	儿童中国文化导读 12〔第 2 版〕/ 11624
309-03069	儿科学试题与题解 / 14321	309-09526	儿童中国文化导读 13 / 11607
5627-0593	儿科学高级教程 / 14319	309-11047	儿童中国文化导读 13〔第 2 版〕/ 11625
5627-0450	儿科临床与检验 / 14309	309-09527	儿童中国文化导读 14 / 11608
309-05770	儿科临床新理论与实践 / 14316	309-11048	儿童中国文化导读 14〔第 2 版〕/ 11626
5627-0347	儿科疾病诊疗标准 / 14323	309-09528	儿童中国文化导读 15 / 11609
5627-0290	儿童与营养 / 13152	309-11049	儿童中国文化导读 15〔第 2 版〕/ 11627
309-10910	儿童艺术启蒙与指导 0-3 岁 / 05979	309-09529	儿童中国文化导读 16 / 11610
309-09514	儿童中国文化导读 1 / 11595	309-11050	儿童中国文化导读 16〔第 2 版〕/ 11628
309-11035	儿童中国文化导读 1〔第 2 版〕/ 11613		
309-09515	儿童中国文化导读 2 / 11596		
309-11036	儿童中国文化导读 2〔第 2 版〕/ 11614		
309-09516	儿童中国文化导读 3 / 11597		
309-11037	儿童中国文化导读 3〔第 2 版〕/ 11615		

309-09530	儿童中国文化导读 17 / 11611			科普 / 14317
309-11051	儿童中国文化导读 17〔第2版〕/ 11629		309-13998	儿童社会情绪发展指导 0—6岁 / 00507
309-09531	儿童中国文化导读 18 / 11612		309-10836	儿童玩具与游戏 0—3岁 / 06094
309-11052	儿童中国文化导读 18〔第2版〕/ 11630		309-10824	儿童青少年卫生学 / 13253
309-14939	儿童文学 / 09970		309-09506	儿童画理 / 11190
309-11744	儿童文学的三大母题〔第4版〕/ 09969		309-08836	儿童肾脏和尿路疾病面面观 / 14332
309-05664	儿童文学理论与实践 / 09964		5627-0605	儿童的心理行为发展和障碍 / 00515
309-11212	儿童文学教程 / 09963		5627-0608	儿童肿瘤放射治疗学 / 14369
309-08010	儿童心脏学 / 14326		309-05741	儿童肿瘤放射治疗学〔第2版〕/ 14370
309-12690	儿童心理发展 0—3岁 / 00531		309-03614	儿童性早熟与青春期延迟 / 13659
309-10835	儿童心理发展与潜能开发 0—3岁 / 00516		309-15187	儿童性早熟与青春期延迟〔第2版〕/ 13660
309-12985	儿童心理行为发展评估 0—6岁 / 00508		309-12575	儿童诗歌鉴赏与教学 / 10426
309-01177	儿童电视英语系列教程 / 05875		309-12887	儿童保育指导方案 0—3岁 / 05775
309-10846	儿童动作发展与训练 0—3岁 / 05671		309-10839	儿童保健与营养 0—3岁 / 13234
309-14022	儿童西方文化导读 Ⅰ / 09008		309-11245	儿童急诊与重症医学临床技术 / 14325
309-14023	儿童西方文化导读 Ⅱ / 09009		309-10908	儿童亲子活动设计与指导 0—3岁 / 05763
309-14024	儿童西方文化导读 Ⅲ / 09010			
309-14025	儿童西方文化导读 Ⅳ / 09011		309-15078	儿童室内外游戏 50 例(A) / 06109
309-15021	儿童自然游戏活动 50 例 / 06100		309-15061	儿童室内外游戏 50 例(B) / 06110
309-13605	儿童行为观察与指导 / 00510		309-10850	儿童语言与交往 0—3岁 / 05813
309-08031	儿童行为观察与研究 / 00520		309-10909	儿童教养 0—3岁 / 05762
309-15020	儿童创意美食 DIY50 例 / 06107		309-07928	儿童歌曲创编入门教程 / 11308
5627-0167	儿童多动症〔重印本〕/ 14481		309-14799	儿歌万花筒 / 10927
309-11083	儿童戏剧的多元透视 / 11355		309-08809	儿歌弹唱教程 / 06014
309-11652	儿童戏剧教育的理论与实务 / 11356		309-11410	儿歌弹唱教程〔第2版〕/ 06015
309-13430	儿童戏剧教育活动指导 童谣及故事的创意表现 / 11358		309-13747	儿歌弹唱教程〔第3版〕/ 06016
			几	
309-12110	儿童戏剧教育活动指导 肢体与声音口语的创意表现 / 11359		309-12618	几何光学与视觉光学 / 12654
			了	
309-14373	儿童戏剧教育概论 / 11357		309-08740	了解青光眼 战胜青光眼 / 14520
309-11748	儿童运动娱乐指导百科 0—5岁 / 06106		309-12016	了解青光眼 战胜青光眼〔第2版〕/ 14521
309-14750	儿童医生说 上海市儿童医院儿童健康			

力

309-00334　力学 上册 / 12554
309-00954　力学 上册〔重印本〕/ 12556
309-01363　力学 上册〔重印本〕/ 12558
309-00491　力学 下册 / 12555
309-00955　力学 下册〔重印本〕/ 12557
309-01364　力学 下册〔重印本〕/ 12559
309-08401　力学与人类生活 / 12560
309-02786　力学与现代生活 / 12552
309-06024　力学与现代生活〔第2版〕/ 12553

三画

三

309-09908　三十二国走马看花 跟着名医走天下 / 10916
309-09228　三十七首诗 / 10585
309-08029　三十七道品讲义 上册 / 00696
309-07942　三十七道品讲义 下册 / 00697
309-07941　三十七道品偈诵释义 / 00587
309-08308　三十九级台阶 / 11038
309-03776△　三十六计与现代企业经营 / 02547
309-07477　三十功名尘与土 / 00565
309-06381　三十年间有与无 / 01479
309-09162　三十年社会与文化思潮 / 01351
309-08182　三月的雨 / 10594
309-13360　三本书主义 / 10814
309-08416　三礼研究入门 / 12112
309-11021　三亚旅游研究 / 03856
309-09716　三字经〔英译本〕/ 07743
309-05867　三岛由纪夫精品集 / 10956
309-13343　三国戏曲集成 第1卷 元代卷 / 10608
309-13344　三国戏曲集成 第2卷 明代卷 / 10609
309-13345　三国戏曲集成 第3卷 清代杂剧传奇卷 / 10610
309-13346　三国戏曲集成 第4卷 清代花部卷 / 10611
309-13347　三国戏曲集成 第5卷 晚清昆曲京剧卷 / 10612
309-13348　三国戏曲集成 第6卷 现代京剧卷 / 10613
309-13349　三国戏曲集成 第7卷 山西地方戏卷 / 10614
309-13350　三国戏曲集成 第8卷 当代卷 / 10615
309-13263　三国志专名研究 / 11695
309-01632　三重的爱 赵鑫珊随笔 / 10848
309-12577　三重绳索 心灵、身体与世界 / 00349
309-00852　三秦史 / 11696
309-12034　"三高"人群如何选择保健食品？/ 15234
309-02018　三资企业管理 / 03434
309-01266　三资企业管理学 / 03544
309-01960　三菱单片机应用指南 / 15094
309-06131　三维动画设计 / 15175
309-01760　三维动画制作与应用 / 15169
309-08465　三维角色动画设计与制作 / 15182
309-09621　三维英词 / 08201
309-04298　三题集 / 01432

于

309-01918　于右任传 / 12032
11253.017　于右任辛亥文集 / 10524

干

309-08789　干部国家 一种支撑和维系中国党建国家权力结构及其运行的制度 / 01382
309-09981　干部素养是如何炼成的 一个干部教育工作者的实践和思考 / 01530

亏

309-04423　亏损上市公司实证研究 / 03579

土

309-05537　土木建筑英语 / 07822
309-07226　土仓 华中山区食用植物的民族植物学

	研究 / 12901
309-12108	土风巴韵 土家族传播研究 / 11750
309-02691	土地与经济发展 理论分析与中国实证 / 03706
309-02169	土地市场运行理论研究 / 03686
309-07171	土地估价 / 03688
309-08145	土地法学 / 02131
309-04319	土地承包经营权的物权法分析 / 02132
309-00351	土地革命战争初期若干问题 / 01363
309-08842	土地租佃契约理论研究 对1949—2009年中国农业绩效的考察 / 03698
309-07709	土地资源学 / 03683
309-08462	土地资源学 / 03684
309-14455	土地资源学〔第2版〕/ 03685
309-04589	土地资源管理学 / 03705
309-10242	土地管理概论 / 03697
309-08042	土地整理 / 03687

士

309-13878	士人身份与南宋诗文研究 / 01674
309-14228	士人身份与南宋诗文研究 / 01675

工

309-09334	工人政治 / 01607
309-03501	工业分析化学 / 15221
309-15092	工业机器人现场操作与编程案例教程（FANUC）/ 14873
309-00582	工业会计学 / 03739
309-00423	工业会计概论 / 03737
309-00594	工业企业车间管理学 / 03736
309-00421	工业企业运行与管理 / 03730
309-00906	工业企业经济活动分析 / 03741
4253.003	工业企业经营管理学 上册 / 03726
4253.004	工业企业经营管理学 下册 / 03727
5627-0145	工业企业健康教育读本 / 13115
309-00499	工业企业管理导论 / 03728
309-00947	工业企业管理导论〔第2版〕/ 03729
309-00574	工业企业管理原理与方法 / 03723
309-01335	工业企业管理原理与方法〔重印本〕/ 03724
309-06184	工业实验室的社会运行 / 02775
309-08554	工会管理理论与实务 / 01393
309-03949	工作分析 / 03020
309-06889	工作分析〔第2版〕/ 03021
309-14309	工作分析〔第3版〕/ 03022
309-08209	工作分析 基本原理、方法与实践 / 03025
309-13819	工作分析 基本原理、方法与实践〔第2版〕/ 03026
309-06365	工作和生活环境突发健康危害事件百例剖解 / 13413
309-00592	工商行政管理与行政诉讼 / 02227
309-11069	工商管理类核心课程案例精选 / 02771
309-09837	"工商融合"复合型人才培养模式的探索与实践 / 02772
309-07255	工程力学 / 14659
309-07899	工程技术语言应用 / 14724
309-08027	工程招投标与合同管理 / 15322
309-12645	工程图识读与绘制 / 14663
309-12972	工程图识读与绘制习题集 / 14662
309-09253	工程学英语 / 14653
309-05529	工程经济学 / 02504
309-14969	工程经济学 / 02502
309-05781	工程项目投资与融资 / 03614
309-08240	工程项目投资与融资〔第2版〕/ 03615
309-04431	工程保险理论与实务 / 04909
309-05753	工程造价与管理 / 15323
309-11328	工程造价英语 / 15325
309-01039	工程流体力学导论及其应用 / 14660
309-05707	工程数学 线性代数与概率统计 / 14656
309-08249	工程数学基础 / 14655
309-07954	工频电场磁场与健康 / 15394

下

309-07858	下义关系的认知语义研究	/ 07452
309-08201	下江南 苏州大学海外汉学演讲录	/ 11660
309-11977	下饭的诗	/ 10584

大

309-12591	大丈夫	/ 10620
309-00945	大中华风采	/ 10697
309-14860	大气 PM2.5 与健康	/ 15410
309-03198	大公报一百年头条新闻选	/ 10701
309-03214	大公报一百年社评选	/ 01430
309-03209	大公报一百年新闻案例选	/ 10702
309-03202	大公报寰球特写选	/ 10700
309-14744	大文豪 小故事	/ 12059
309-06697	大方广佛华严经入不思议解脱境界普贤行愿品讲记	/ 00598
309-06636	大方广圆觉修多罗了义经讲记	/ 00599
309-15127	大地万物	/ 10839
309-02800	大地上的"宇宙"中国建筑文化理念	/ 15303
309-09881	大师	/ 11884
309-10193	大自在月正理宝的《新正理哲学体系及其术语简释》导论、文本与译注	/ 00300
309-05840	大众文化理论〔第2版〕	/ 04922
309-00309	大众传播社会学	/ 05088
309-06350	大众传播通论	/ 05082
309-09590	大众经济学	/ 02393
309-05879	大江健三郎精品集	/ 10950
309-09780	大时代的旁白	/ 01434
309-00497	大佛顶首楞严经浅释	/ 00622
5627-0382	大肠癌	/ 14398
309-09361	大肠癌早诊早治	/ 14396
309-01387	大亨闪亮事	/ 03486
309-01388	大亨御人术	/ 03109
309-01881	大规模中文文本处理	/ 15162
309-04463	大转折时代的企业经济学	/ 03131
309-14443	大国治理与公共政策变迁 中国的问题与经验	/ 01512
309-11520	大国治道 中国特色社会主义战略布局的理论视域	/ 01470
309-14484	大的小的好的坏的小亲亲	/ 11041
309-07070	大学 VB. NET 程序设计实践教程〔第3版〕	/ 14993
309-04849	大学 VB 程序设计实践教程〔第2版〕	/ 15041
309-05935	大学人文讲义	/ 00743
309-10997	大学人的大学畅想 我心中的理想大学	/ 07080
309-11666	《大学》广义	/ 00188
309-06750	大学之门 由此开启	/ 06988
309-00140	大学马克思主义原理教程	/ 00011
309-11867	大学文化视野中的校园广告	/ 06841
309-05934	大学文科数学	/ 12297
309-06491	大学:为了学生与社会	/ 06888
309-05583	大学计算机应用基础案例与实践	/ 15131
309-06455	大学计算机应用基础案例与实践〔第2版〕	/ 15132
309-03728	大学计算机信息科技实验指导〔第2版〕	/ 14906
309-03716	大学计算机信息科技教程〔第2版〕	/ 14905
309-07272	大学计算机基础	/ 14894
309-09844	大学计算机基础	/ 14878
309-09793	大学计算机基础〔第2版〕	/ 14915
309-10672	大学计算机基础	/ 14895
309-13055	大学计算机基础〔第2版〕	/ 14879
309-08316	大学计算机基础与应用实践教程	/ 14892
309-10776	大学计算机基础与应用实践教程〔第2版〕	/ 14893
309-09783	大学计算机基础习题与上机指导〔第2版〕	/ 14916

索引号	书名 / 编号
309-08019	大学计算机基础实用教程 / 14888
309-06752	大学计算机基础实验教程 / 14885
309-09841	大学计算机基础实验教程〔第2版〕/ 14886
309-10697	大学计算机基础实践教程〔第2版〕/ 14896
309-06773	大学计算机基础教程 / 14883
309-09857	大学计算机基础教程〔第2版〕/ 14884
309-04249	大学心理健康教育 / 00537
8253.002	大学书法 / 11211
309-01181	大学书法〔重印本〕/ 11212
309-08760	大学书法〔第2版〕/ 11213
309-07554	大学生人文与科学素质教育读本 高职高专版 / 06840
309-01759	大学生人生道德引论 / 06857
309-01560	大学生心理与调适 / 00538
309-04061	大学生心理卫生 / 00542
309-09923	大学生心理健康指导 / 05601
309-07511	大学生心理健康教育 / 00541
309-09811	大学生心理健康教育〔第2版〕/ 00540
309-12410	大学生心理健康教育〔第3版〕/ 00536
309-10788	大学生心理健康教育与课程设计 / 05602
309-05558	大学生心理健康教程 / 00539
309-13255	大学生生命与心理健康教育 / 00099
309-12775	大学生生命教育引论 / 00094
309-11306	大学生生涯规划与发展 / 07005
309-12705	大学生礼仪修养 / 06989
309-00181	大学生成才修养 / 06868
309-01383	大学生优秀英语作文选 / 08311
309-01929	大学生优秀英语作文选 / 08312
309-14682	大学生创业基础 / 07007
309-12761	大学生创业基础 知行合一学创业 / 07010
309-12382	大学生安全教育 / 06855
309-04901	大学生如何进行生涯规划 / 07014
309-13191	大学生体育与卫生健康教育教程 / 07279
309-13163	大学生体育与健康 / 07276
309-02938	大学生英语阅读精选 第1集 / 09110
309-11125	大学生学业心理报告 / 05597
309-00653	大学生思想政治工作100例 / 06869
309-08341	大学生思想政治理论课实践教育 / 06863
309-09209	大学生思想政治理论课实践教育记录手册 / 06864
309-09550	大学生思想政治理论教育读本 / 06862
309-04554	大学生思想道德修养案例解读 / 06878
309-01378	大学生活导论 / 06847
309-09656	大学生党课教程 / 01378
5627-0266	大学生健康教育读本 / 05649
5627-0430	大学生健康教育读本〔第2版〕/ 05650
309-03291	大学生健康教育读本〔第3版〕/ 05651
309-11420	大学生郭靖 纪念版 / 10656
309-10891	大学生职业生涯与发展规划 / 07016
309-12932	大学生职业生涯发展与规划 / 07015
309-06001	大学生职业生涯发展与管理 / 07001
309-11757	大学生职业生涯导论 / 07003
309-13867	大学生职业生涯导论〔第2版〕/ 07004
309-09094	大学生职业生涯规划 / 06999
309-13208	大学生职业生涯规划 / 07002
309-08596	大学生职业生涯规划与发展 / 06997
309-05621	大学生职业生涯规划与就业指导 / 07013
309-06254	大学生职业生涯规划与管理 / 07017
309-14729	大学生职业发展与就业指导 / 07008
309-10249	大学生就业与创业的理论指导 / 07011

编号	书名 / 编号
309-08270	大学生就业与创业指导 / 07012
309-12741	大学生就业指导 / 07006
309-07343	大学生就业指南 / 07018
309-02931	大学外语教学与研究 / 07805
7253.016	大学写作 / 07633
309-00043	大学写作〔重印本〕 / 07634
309-01126	大学写作 / 07635
309-06803	大学写作新编 / 07636
309-00164	大学出版工作研究 / 05407
309-05131	大学有机化学实验 / 12699
5627-0505	大学后英语 / 07832
309-06462	大学行书教程 / 11224
309-07270	大学行业英语应用文写作 / 08383
309-09711	大学行业英语应用文写作〔第2版〕 / 08384
309-03665	大学军事理论教程〔第3版〕 / 02307
309-10471	大学军事理论教程〔第4版〕 / 02308
309-06097	大学体育 / 07274
309-04167	大学体育教程 / 07277
309-09075	大学应用语文 / 07722
309-11452	大学应用语文教程 上册 / 07726
309-11453	大学应用语文教程 下册 / 07727
309-03423	大学英语中级写作教程 英语十句作文法〔第3版〕 / 08315
309-04986	大学英语中级写作教程 英语十句作文法 / 08316
309-06830	大学英语三级考试解题指南与真题集锦 / 09253
309-02242	大学英语四、六级考试写作指导 / 08374
309-07610	大学英语四、六级词汇学习词典 / 08250
309-08134	大学英语四、六级词汇重点突破 / 08487
309-09753	大学英语四六级词典 / 08249
309-03440	大学英语四级专家授课笔记 / 08071
309-14509	大学英语四级写作教程 / 08518
309-13449	大学英语四级考试分类讲解 / 08115
309-03449	大学英语四级考试考优突破 / 09317
309-03152	大学英语四级考试全真模拟 / 09267
309-06432	大学英语四级考试讲座与真题 / 09427
309-11637	大学英语四级考试攻略 / 08104
309-08407	大学英语四级考试听力 指津·实战 / 09636
309-02892	大学英语四级考试指南 / 08089
309-03480	大学英语四级考试指南 1 听力理解分册〔第2版〕 / 08090
309-03481	大学英语四级考试指南 2 词汇用法分册〔第2版〕 / 08091
309-03563	大学英语四级考试指南 3 语法结构分册〔第2版〕 / 08092
309-03564	大学英语四级考试指南 4 阅读理解与完形填空分册〔第2版〕 / 08093
309-03565	大学英语四级考试指南 5 短文写作分册〔第2版〕 / 08094
309-02677	大学英语四级考试语法词汇考点精析 / 08291
309-02135	大学英语四级考试辅导教材 / 08064
309-03122	大学英语四级考试辅导教程 / 08065
309-04953	大学英语四级考试辅导新教程 / 08097
309-02535	大学英语四级考试综合训练 / 09268
309-05321	大学英语四级考试最新题型剖析与最新实考试题 / 09218
309-08486	大学英语四级考试短文写作绿色通道 / 08352
309-05246	大学英语四级考试新题型指南 / 08084
309-03136	大学英语四级考前冲刺 / 09241
309-05284	大学英语四级技能训练教程综合模拟试题 / 09269

309-05225	大学英语四级词汇 速记与自测 / 08242		2版〕/ 08678
309-02511	大学英语四级统考快速训练 短文写作 / 08099	309-11709	大学英语生活化教程 Ⅱ 综合练习 / 08675
309-02512	大学英语四级统考快速训练 口语测试 / 08066	309-14133	大学英语生活化教程 Ⅱ 综合练习〔第2版〕/ 08679
309-02508	大学英语四级统考快速训练 听力测试 / 08069	309-00895	大学英语写作 / 08354
		309-01322	大学英语写作〔重印本〕/ 08355
309-02509	大学英语四级统考快速训练 语言知识 / 08073	309-10216	大学英语写作网络教程 / 08510
		309-09269	大学英语写作宝典 以读促写范例 / 08509
309-02510	大学英语四级统考快速训练 阅读理解 / 08067	309-06221	大学英语写作教程 / 08381
309-08496	大学英语四级阅读与词汇 / 09034	309-09929	大学英语写作教程〔第2版〕/ 08380
309-05442	大学英语四级综合技能专项训练 / 09260	309-09785	大学英语写作教程〔第2版〕/ 08382
309-10700	大学英语四级新题型考试必备 / 08110	309-02000	大学英语考试强化训练 完形填空 1-4级 改错 5-6级 / 09077
309-03450	大学英语六级考试考优突破 / 09318	309-01991	大学英语考试强化训练 词汇 1-6级 / 09078
309-02148	大学英语六级考试辅导教材 / 08445	309-01985	大学英语考试强化训练 语法与结构 1-6级 / 09079
309-03052	大学英语六级考前冲刺 / 09242		
309-03515	大学英语六级词汇速记与自测 / 08243	309-02019	大学英语考试强化训练 阅读 1-4级 / 09080
309-06937	大学英语六级综合改错 100 篇 / 08098	309-02010	大学英语考试强化训练 阅读 5-6级 / 09081
309-02850	大学英语大纲词汇精解 / 08221	309-01646	大学英语同义词词林 / 08259
309-12612	大学英语口语教程 上、下册 / 09767	309-08512	大学英语自主测试题 一级 / 09312
309-13012	大学英语长篇阅读 上册 / 08561	309-08519	大学英语自主测试题 二级 / 09314
309-13013	大学英语长篇阅读 下册 / 08562	309-08727	大学英语自主测试题 三级 / 09315
309-10810	大学英语生活化教程 Ⅰ 学生用书 / 08672	309-08497	大学英语自主测试题 四级 / 09316
		309-03549	大学英语(全新版)综合教程导学 第1册 / 07848
309-13046	大学英语生活化教程 Ⅰ 学生用书〔第2版〕/ 08676	309-07012	大学英语创新与发展 首届四大名校大学英语研讨会论文集 / 08453
309-10981	大学英语生活化教程 Ⅰ 综合练习 / 08673	309-10882	大学英语进阶教程 1 / 08780
		309-10883	大学英语进阶教程 2 / 08781
309-13047	大学英语生活化教程 Ⅰ 综合练习〔第2版〕/ 08677	309-10927	大学英语进阶教程 3 / 08782
		309-10928	大学英语进阶教程 4 / 08783
309-11638	大学英语生活化教程 Ⅱ 学生用书 / 08674	309-11487	大学英语听力基础训练 / 09666
		309-01505	大学英语听力强化训练 / 09607
309-12145	大学英语生活化教程 Ⅱ 学生用书〔第	309-10737	大学英语应用能力阅读教程 / 08641

309-08194	大学英语泛读教程 第1册 / 08609	309-07840	大学英语拓展训练 第4册 / 09298
309-09759	大学英语泛读教程 第1册〔第2版〕/ 08613	309-03150	大学英语易混淆词辨析 / 08214
309-08192	大学英语泛读教程 第2册 / 08610	309-14176	大学英语实用文体写作教程 / 08512
309-09760	大学英语泛读教程 第2册〔第2版〕/ 08614	309-08323	大学英语实用写作教程 / 08513
309-08213	大学英语泛读教程 第3册 / 08611	309-02715	大学英语实用语法 / 08278
309-09761	大学英语泛读教程 第3册〔第2版〕/ 08615	309-14565	大学英语实训教程 第1册 / 08884
309-08224	大学英语泛读教程 第4册 / 08612	309-14566	大学英语实训教程 第2册 / 08885
309-09762	大学英语泛读教程 第4册〔第2版〕/ 08616	309-14577	大学英语实训教程 第3册 / 08886
309-02156	大学英语泛读新编〔第2版修订版〕/ 09117	309-14578	大学英语实训教程 第4册 / 08887
309-01550	大学英语泛读新编 上册 / 09115	309-00217	大学英语复习辅导手册 / 08441
309-01551	大学英语泛读新编 下册 / 09116	309-01005	大学英语复习辅导手册〔重印本〕/ 08442
309-08346	大学英语快速阅读教程 第1册 / 08550	309-01176	大学英语复习辅导手册〔重印本〕/ 08443
309-10267	大学英语快速阅读教程 第1册 / 08543	309-06452	大学英语测试课教程〔第2版〕/ 08001
309-08343	大学英语快速阅读教程 第2册 / 08551	309-03740	大学英语语法重点与练习 / 08280
309-10423	大学英语快速阅读教程 第2册 / 08544	309-03519	大学英语语法综合练习精义 / 08269
309-08333	大学英语快速阅读教程 第3册 / 08552	309-01280	大学英语语法新编 / 08281
309-10291	大学英语快速阅读教程 第3册 / 08545	309-01303	大学英语语法精讲与练习 / 08287
309-08332	大学英语快速阅读教程 第4册 / 08553	309-02107	大学英语语法精讲与练习〔第2版修订版〕/ 08288
309-10295	大学英语快速阅读教程 第4册 / 08546	309-04351	大学英语语法精讲与练习〔第3版〕/ 08289
309-04411	大学英语初级写作教程 英语段落写作法 / 08313	309-08347	大学英语语法精要 / 08282
309-02088	大学英语词汇词典 1-6级〔第2版〕/ 08438	309-08426	大学英语语音教程 / 08484
309-07564	大学英语拓展训练 第1册 / 09295	309-11508	大学英语统考进阶 第1册 / 08734
309-07809	大学英语拓展训练 第2册 / 09296	309-11978	大学英语统考进阶 第2册 / 08735
309-07836	大学英语拓展训练 第3册 / 09297	309-11852	大学英语统考进阶 第3册 / 08736
		309-03622	大学英语高级写作教程(全新版) 英语五段作文法〔第2版〕/ 08314
		9253.014	大学英语(阅读) 第1册 / 08996
		309-00057	大学英语(阅读) 第2册 / 08997
		309-01223	大学英语(阅读) 第3册 / 08999
		309-01252	大学英语(阅读) 第4册 / 09000
		309-09752	大学英语阅读技巧与训练 / 08579
		309-15124	大学英语阅读实训 / 08549

309-14493	大学英语阅读教程 / 08563	309-11571	大学英语综合应用教程 第2册〔第2版〕/ 08715
309-09951	大学英语阅读教程 上册 / 08632	309-05871	大学英语新四级阅读理解 / 09006
309-09985	大学英语阅读教程 下册 / 08633	309-10188	大学英语新四级模拟与指导 / 08106
309-14333	大学英语课堂协作写作研究 / 08521	309-02659	大学英语疑难词词典 / 08431
309-01733	大学英语通用词汇词典 / 08433	309-00296	大学英语(精读) 第1册 / 08021
309-11437	大学英语通识教程中西文化阅读 1 / 08565	309-00297	大学英语(精读) 第2册 / 08022
309-11438	大学英语通识教程中西文化阅读 2 / 08566	309-00832	大学英语(精读) 第3册 / 08023
309-11444	大学英语通识教程中西文化阅读 3 / 08568	309-01261	大学英语(精读) 第4册 / 08024
309-11445	大学英语通识教程中西文化阅读 4 / 08569	309-01060	大学英语(精读)一级测试 / 08028
		309-00723	大学英语(精读)一级测试 / 08027
309-13873	大学英语能力进阶教程 1 / 08829	309-01334	大学英语(精读)一级测试〔重印本〕/ 08029
309-13874	大学英语能力进阶教程 2 / 08830	309-01061	大学英语(精读)二级测试 / 08031
309-13875	大学英语能力进阶教程 3 / 08831	309-00724	大学英语(精读)二级测试 / 08030
309-13872	大学英语能力进阶教程 4 / 08832	309-01284	大学英语(精读)二级测试〔重印本〕/ 08032
309-02265	大学英语能力培养与四、六级备考 / 08010	309-01062	大学英语(精读)三级测试 / 08034
309-08750	大学英语教育探索与实践 / 08464	309-00725	大学英语(精读)三级测试 / 08033
309-04824	大学英语教学 回顾、反思和研究 / 08451	309-01336	大学英语(精读)三级测试〔重印本〕/ 08035
309-03133	大学英语教学与研究论文集 / 08475	309-00726	大学英语(精读)四级测试 / 08036
309-03014	大学英语教学探索与实践 2006年论文集 / 08471	309-01337	大学英语(精读)四级测试〔重印本〕/ 08038
309-06122	大学英语教学探索与实践 2008论文集 2 / 08470	309-01063	大学英语(精读)四级测试 / 08037
309-05386	大学英语教学探索与展望 / 08476	309-00938	大学英语(精读)五级测试 / 08039
309-09935	大学英语基础巩固教程 / 08967	309-01022	大学英语(精读)六级测试 / 08051
309-01295	大学英语常用词句型搭配 / 08308	309-02125	大学英语精读指导与训练 上册 / 09050
309-02444	大学英语常用词句型搭配〔修订版〕/ 08309	309-02253	大学英语精读指导与训练 下册 / 09051
309-10723	大学英语综合应用教程 第1册 / 08712	309-01434	大学英语(精读)语法结构及写作表达 上册 / 08267
309-11570	大学英语综合应用教程 第1册〔第2版〕/ 08713	309-01569	大学英语(精读)语法结构及写作表达 下册 / 08268
309-10724	大学英语综合应用教程 第2册 / 08714	309-01964	大学直解 中庸直解 / 00182
		309-11851	大学物理 上册 / 12574
		309-11890	大学物理 下册 / 12575
		309-05024	大学物理学 / 12591

309-08310	大学物理学 上册〔第2版〕/ 12592		两国透视 / 07093
309-11156	大学物理学 上册〔第3版〕/ 12594	309-06578	大学实用英语视听说教程 1 学生用书 / 09700
309-10148	大学物理学 上册 / 12572		
309-08372	大学物理学 下册〔第2版〕/ 12593	309-06579	大学实用英语视听说教程 2 学生用书 / 09701
309-11175	大学物理学 下册〔第3版〕/ 12595	309-06580	大学实用英语视听说教程 3 学生用书 / 09702
309-12319	大学物理学 下册 / 12573		
309-07092	大学物理学 第1册 / 12588	309-02328	大学政治理论课复习脉络图表 / 01283
309-07075	大学物理学 第2册 / 12589		
309-07082	大学物理学 第3册 / 12590	309-01301	大学思想道德修养〔重印本〕/ 06870
309-05104	大学物理学学习指导 / 12596	309-02487	大学语文 / 07733
309-08289	大学物理学学习指导〔第2版〕/ 12597	309-11679	大学语文〔第2版〕/ 07734
		309-13741	大学语文 / 07740
309-12768	大学物理学学习指导 / 12576	309-03439	大学语文 网络教育专升本考试辅导 / 07736
309-00078	大学物理实验 / 12614		
309-05715	大学物理实验 / 12617	309-06800	大学语文 阅读与写作新版 / 07735
309-09017	大学物理实验 / 12620	309-03648	大学语文（专科）练习与检索 / 07505
309-09910	大学物理实验〔第2版〕/ 12621		
309-12363	大学物理实验 / 12610	309-11547	大学语文实用教程 / 07725
309-12831	大学物理实验 / 12612	309-05541	大学语文实验教程 / 07731
309-12767	大学物理实验 / 12623	309-11484	大学语文实验教程〔第2版〕/ 07732
309-12832	大学物理实验 / 12619	309-06781	大学语文读本〔第2版〕/ 07723
309-13130	大学物理实验〔第3版〕/ 12622	309-10872	大学语文读本〔第3版〕/ 07724
309-12675	大学物理实验报告 / 12624	309-14766	大学语文教程 / 07730
309-06453	大学物理实验学习指导〔第2版〕/ 12616	309-04656	大学语文新编 / 07501
		309-00583	大学珠算 / 12268
309-03590	大学物理核心概念和题例详解 / 12577	309-05422	大学通识英语学生用书 1 / 07812
309-03267	大学物理简明教程 / 12578	309-05425	大学通识英语学生用书 2 / 07813
309-03958	大学物理简明教程〔第2版〕/ 12579	309-05428	大学通识英语学生用书 3 / 07814
309-07880	大学物理简明教程〔第3版〕/ 12580	309-05431	大学通识英语学生用书 4 / 07815
309-09726	大学物理简明教程 / 12581	309-05423	大学通识英语练习册 1 / 09208
309-12195	大学物理简明教程 / 12583	309-05426	大学通识英语练习册 2 / 09209
309-07879	大学物理简明教程习题详解 / 12625	309-05429	大学通识英语练习册 3 / 09210
309-08770	大学的财富管理 从耶鲁到复旦 / 07021	309-05432	大学通识英语练习册 4 / 09211
		309-05424	大学通识英语教师用书 1 / 07863
309-13463	大学的道与治 / 06828	309-05427	大学通识英语教师用书 2 / 07864
309-08942	大学学习学 / 06903	309-05430	大学通识英语教师用书 3 / 07865
309-08531	大学学术职业与教师发展（FD）美日	309-05433	大学通识英语教师用书 4 / 07866

| 309-05782 | 大学教育与科学发展战略研究 理论探索与案例分析 / 07033
| 309-13793 | 大学基础英语 上册 / 08703
| 309-14511 | 大学基础英语 上册〔修订版〕/ 08704
| 309-13794 | 大学基础英语 下册 / 08705
| 309-14512 | 大学基础英语 下册〔修订本〕/ 08706
| 309-04593 | 大学商务英语听说教程 / 09782
| 309-04697 | 大学商务英语阅读教程 / 09138
| 309-04548 | 大学商务英语谈判教程 / 07862
| 309-04922 | 大学商贸英语经贸专业教程 / 07904
| 309-04923 | 大学商贸英语经贸专业教程教学参考书 / 07905
| 309-05705 | 大学商贸英语谈判教程〔第2版〕/ 07861
| 309-05614 | 大学商贸英语商务专业教程教学参考书 / 07871
| 309-04924 | 大学商贸英语翻译教程教学参考书 / 08400
| 309-06089 | 大学程序设计(C)实践手册 / 15007
| 309-00907 | 大学新生导引 / 06867
| 13253.035 | 大学数学 / 12270
| 309-10976 | 大学管理报告 三亚学院大学管理论文集 / 06995
| 7253.009 | 大学管理概论 / 06992
| 309-03901 | 大城市人口分布变动与郊区化研究 以上海为例 / 01042
| 309-07665 | 大城市空间结构减载的经济学研究 以上海为例 / 15330
| 309-14763 | 大狮子和小老鼠 / 05932
| 309-05945 | 大都市社区治理研究 以上海为例 / 01648
| 309-10961 | 大都市政府结构扁平化研究 以上海市为例 / 01649
| 309-06683 | 大乘百法明门论讲记 / 00597
| 309-03938 | 大航海时代 大学生学术科技创新 / 06836
| 309-12949 | 大爱无疆 复旦大学附属眼耳鼻喉科医院医疗援助纪实 / 10736
| 309-07526 | 大脑 你需要知道的超过3000个基本事实 / 13654
| 309-08085 | 大脑与市场的科学协调 基于国际社会的自由市场经济的思考 / 02333
| 309-09607 | 大脑、领导力及其一致性 人类联盟的出现 / 01193
| 309-14941 | 大唐气象 制度、家庭与社会 / 11699
| 309-03527△ | "大通关"——提高上海通关效率 / 04244
| 309-14841 | 大眼睛的秘密 青少年近视眼防控科普漫画 / 14527
| 309-10052 | 大清帝国时期蒙古的政治与社会 以阿拉善和硕特部研究为中心 / 01664
| 309-12312 | 大数据时代的金融 金融管理系统数据挖掘的研究与效用 / 04505
| 309-01255 | 大潮文丛 经济·文化 第1辑 / 00865
| 309-01312 | 大潮文丛 经济·文化 第2辑 / 00866
| 309-01384 | 大潮文丛 经济·文化 第3辑 / 00867

与

| 309-02162 | 与历史同行 复旦大学哲学社会科学研究的回顾与展望(1978—1998) / 00832
| 309-14837 | 与幼儿对话 这样说,孩子更开心 / 05754
| 309-06806 | 与地球共生息 100个疼惜地球的思考和行动 / 00671
| 309-08633 | 与地球共生息 100个疼惜地球的思考和行动〔第2版〕/ 00672
| 309-07099 | 与时代同行 / 00803
| 309-03272 | 与时俱进的理论探索 / 01373
| 309-07387 | 与周氏兄弟相遇 / 11934

万

| 309-09730 | 万金集 来自巴金的家书 / 11965

上

| 309-12292 | 上下人生 两代创业者的人生对话 / 11855
| 309-13416 | 上市公司年报编制与披露指南 / 03587

309-04344	上市公司财务报表分析 / 03439		309-07490	上海1908 / 11763
309-08938	上市公司财务报表分析 / 03451		309-03527△	上海——21世纪跨国采购中心 / 04244
309-01359	上市公司规范化管理 / 03445		309-10639	上海工业遗产的保护与再利用研究 / 15319
309-14196	上市公司典型违规案例剖析 2018年度 / 03575		309-12495	上海工商外国语职业学院职教改革论丛 上册 / 07118
309-14871	上市公司典型违规案例剖析 2019年度 / 03576		11253.004	上海大学史料 / 07059
309-11141	上市公司治理溢价检验及其形成机制研究 / 03583		309-03806	上海大学生发展报告 2002—2003 / 06990
309-13376	上医人 上医情 / 12027		5627-0072	上海卫生发展战略研究 2000年 / 13412
309-13351	上医治未病 上医人送瘟神、降疫魔、讲卫生的历程 / 13830		309-04728	上海文化名片 上海越剧院建院五十周年纪念画册 / 11378
309-05691	上医情怀 / 07046		309-04188	上海文学通史 / 10475
309-03502	上证研究 2002年第1辑 / 04775		309-07163	上海世博会园区工作人员读本 / 05448
309-03503	上证研究 2002年第2辑 / 04776		309-06836	上海世博会园区志愿者读本 / 01034
309-03504	上证研究 2002年第3辑 / 04777		309-00967	上海鸟类资源及其生境 / 12927
309-03642	上证研究 2003年第1辑 / 04778		309-13508	上海市人力资源管理师三级考试辅导书 / 03255
309-03643	上证研究 2003年第2辑 / 04779		309-09385	上海市人大常委会工作制度汇编 1 / 01492
309-03645	上证研究 2003年 法制专辑 / 04780		309-09386	上海市人大常委会工作制度汇编 2 / 01493
309-03644	上证研究 2003年 指数专辑 / 04781		309-09387	上海市人大常委会工作制度汇编 3 / 01494
309-03967	上证研究 2004年 ETF专辑 / 04782		309-09388	上海市人大常委会工作制度汇编 4 / 01495
309-03964	上证研究 2004年第1辑 / 04783		309-09389	上海市人大常委会工作制度汇编 5 / 01496
309-03965	上证研究 2004年第2辑 / 04784		309-02797	上海市"三校生"高考英语测试指南 / 06634
309-03966	上证研究 2004年第3辑 / 04785		309-14653	上海市区办高校教育质量年度报告 2019年 / 07036
309-04682	上证研究 2005年第1辑 / 04786		309-15152	上海市中心城区社区治理体系建构探索 / 01626
309-04683	上证研究 2005年第2辑 / 04787		309-01691	上海市中学生计算机等级考试辅导
309-04684	上证研究 2005年第3辑 / 04788			
309-04686	上证研究 2005年 法制专辑 / 04789			
309-04685	上证研究 2005年 权证专辑 / 04790			
309-06034	上肢神经损伤的康复 自我训练及家庭护理 / 14449			
309-13977	上饶师范学院校史 / 07108			
309-08320	上帝之城 / 00731			
309-03468	"上帝"让温州人发财 温州创业文化启示录 / 03596			
309-02684	上班族英语会话 1 / 09439			
309-02685	上班族英语会话 2 / 09440			
309-02686	上班族英语会话 3 / 09441			

	讲座 一级分册〔修订第 2 版〕／06762	309-13118	上海市居民创业状况调查报告 2016 年度／01618
309-01688	上海市中学生计算机等级考试辅导讲座 二级分册〔修订第 2 版〕／06763	309-13642	上海市居民创业状况调查报告 2017 年度／01619
309-09791	上海市长宁区居民伤害流行状况及预防报告 2007—2011 年／13272	309-05864	上海市残疾人康复事业创新实践／01643
309-04833	上海市书刊发行业协会发行纪程／05434	309-10362	上海市重大经济决策咨询报告选 来自复旦发展研究院的报告／02712
309-06978	上海市世博会城市志愿服务站点志愿者读本／02574	309-13290	《上海市食品安全条例》释义／02246
309-12838	上海市失智老人康复服务需求及社会支持体系／13336	309-13340	上海市高考作文评析 2017 年／06436
		309-14698	上海市高考作文评析 2019 年／06437
309-05962	上海市老年护理医院服务现状与政策研究／13396	309-01629	上海市高考试题汇析 附全国高考部分试题 1994—1995／06303
309-00738	上海市机电产品出口年鉴 1991／15466	7253.010	上海市高等教育自学考试公共课程考试大纲汇编〔重印本〕／07159
309-01118	上海市机电产品出口年鉴 1993／15467	7253.019	上海市高等教育自学考试法律专业课程试题和答案要点／01810
309-08018	上海市会计从业资格统一考试应试指南及经典题解 2011 年 财经法规与会计职业道德／02828	7253.012	上海市高等教育自学考试试题及答案要点 理工、财经分册 1984 年（上半年）／06904
309-08021	上海市会计从业资格统一考试应试指南及经典题解 2011 年 会计基础／02839	7253.011	上海市高等教育自学考试试题及答案要点 文科、外语分册 1984 年（上半年）／06905
309-08628	上海市企业信息化与工业化融合实践与探索／03777	7253.015	上海市高等教育自学考试试题及答案要点 文科、外语分册 1984 年（下半年）／06906
309-13729	上海市防汛工作手册／15340		
309-14949	上海市医药卫生系统科研成果选编 2018／12976	309-00894	上海市高等教育自学考试复旦大学考生必读／07057
309-13326	上海市住院医师规范化培训实施效果评估／13294	7253.018	上海市高等教育自学考试统计专业课程试题和答案要点／06907
309-13341	上海市初中毕业统一学业考试作文评析 2017 年／06434	309-12940	上海市麻风学学科史／14492
309-14699	上海市初中毕业统一学业考试作文评析 2019 年／06435	309-12784	上海市普通高中学业水平合格性考试试题及答案要点汇编 2016—2017 年 高中年级／06382
309-08654	《上海市实施〈中华人民共和国食品安全法〉办法》解读／02245	309-14692	上海市普通高等学校面向应届中等职业学校毕业生招生统一文化考试考试说明 2020 年 语文·数学·外语／06286
309-06749	上海市居民创业状况调查报告 2008 年度／01621		
309-09224	上海市居民创业状况调查报告 2011 年度／01622	309-11200	上海民营经济 2014／02638
		309-12048	上海民营经济 2015／02639

309-12778	上海民营经济 2016 / 02640		309-04898	上海私营金融业研究 1949—1952 / 04738
309-13468	上海民营经济 2017 / 02641		309-10228	上海佛教碑刻资料集 / 12095
309-14889	上海民营经济 2018 / 02642		309-00980	上海近代报刊史论 / 05294
309-01500	上海发展报告 跨世纪的上海经济 / 02709		309-10533	上海近代报刊史论〔第2版〕/ 05295
309-13058	上海发展绿色金融的路径研究 / 04807		309-14777	上海沦陷时期报刊翻译文学研究 / 09951
4253.020	上海对外经济调查 / 02708		309-01131	上海证券市场 1992 上市公司 / 04797
309-09194	上海地区方言调查研究 / 07706		309-01161	上海证券交易所 1992 年年报 / 04811
309-00760	上海地区的国家保护动物 / 12925		309-01410	上海证券交易所上市公司年度报告 1993 / 03586
5627-0189	上海地区档案馆信息指南 / 05518		309-05729	上海社区发展研究〔英文版〕/ 01628
309-01600	上海机电产品投资指南 / 03760		309-00223	上海词典 / 12126
309-02873	上海当代新闻史 / 05318		309-04349	上海软件构件化发展研究报告 2003—2004 / 03768
309-10547	上海自贸区背景下的服务贸易发展研究 / 04241		309-14770	上海国土空间规划与土地资源管理优秀成果选编 / 02739
309-10532	上海自贸区解读 / 04243		309-09899	上海国际再保险中心的形成模式和发展对策研究 / 04913
309-14529	上海全球城市人才资源开发与流动战略研究 / 01247		309-08253	上海国际金融中心形成路径研究 兼析金融中心的城市特征及城市纷争 / 04808
309-01016	上海产业发展战略研究 / 03594		309-05533	上海图书馆未刊古籍稿本〔影印本〕/ 15436
309-05217	上海论坛文集 2005 年 能源卷 IT 卷 金融卷 / 03782		309-04719	上海金融中心地位的变迁 / 04816
5627-0404	上海医科大学七十年 / 07070		309-01030	上海法制发展战略研究 / 02243
5627-0403	上海医科大学七十年 校友回忆录 / 07071		309-05027	上海城乡中医药社区卫生服务需求与利用研究 / 13346
5627-0089	上海医科大学年鉴 1990 / 15452		309-03130	上海城隍庙大观 / 12187
5627-0276	上海医科大学年鉴 1994〔内部发行〕/ 15453		309-06953	上海保险业发展研究 2006—2009 / 04914
5627-0638	上海医科大学年鉴 1998 / 15454		309-09537	上海都市开放性景区建设理论与实践 / 03677
5627-0640	上海医科大学年鉴 1999 / 15455		309-02807	上海都市导游 / 12188
309-04481	上海医科大学纪事 1927—2000 / 07064		309-00352	上海高 TC 超导体研究论文选编 1987—1988 / 12673
309-04480	上海医科大学志 1927—2000 / 12999		309-12065	上海高校出版方略 / 05430
309-04756	上海医科大学图志 1927—2000 / 12997			
5627-0395	上海医科大学校庆七十周年论文汇编 / 13057			
309-14078	上海财经大学 801 经济学考研真题详解 2001—2018 / 02369			
309-00679	上海财经大学总务管理制度 / 04257			

309-08215	上海高校英烈谱 / 11832
309-10201	上海高校建筑文化 / 15317
309-06502	上海高校思想政治理论课教师队伍建设研究报告 / 06852
309-01977	上海高等院校专科英语能力考试(PET)大纲及样题 / 08455
309-02001	上海高等院校专科英语能力考试(PET)习题解析与练习 / 07917
309-02009	上海高等院校专科英语能力考试(PET)词汇例析手册 / 08234
309-12659	上海高龄者友好小区满意度、自我效能、主观幸福感关系研究 以WHO高龄友好指标为例 / 01639
309-02353	上海旅游高等专科学校志 / 03841
309-00173	上海酒店导游图 中英文对照 / 12197
309-09605	上海海洋科技与经济推进研讨会论文集 2012年 / 12769
309-09021	上海推进农村集体经济组织产权制度改革集锦 / 03702
309-01655	上海教育卫生系统党的建设研究 / 01389
309-00182	上海教育发展战略研究 / 05668
309-14027	上海第一届村土地利用规划优秀案例汇编 / 03700
309-12235	上海商业发展报告 2015 / 04106
309-13458	上海商业发展报告 2016 / 04107
309-13644	上海商业发展报告 2017 / 04108
309-14753	上海商业发展报告 2018 / 04109
309-10410	上海商业报告 2013 / 04105
309-10234	上海道教碑刻资料集 / 12094
309-01726	上海新闻史 1850—1949 / 05310
309-10416	上海新闻史 1850—1949〔第2版〕 / 05311
309-01038	上海谭 / 11765

小

5627-0166	小儿反复呼吸道感染 / 14327
309-03053	小儿外科常见病防治 / 14330
309-03215	小儿皮肤病的防治 / 14486
5627-0650	小儿听力保健及耳鼻喉科疾病的防治 / 14497
5627-0569	小儿体格生长发育 / 13662
5627-0396	小儿呼吸急救 / 14328
5627-0628	小儿脑瘫的防治 / 14450
5627-0633	小儿营养 / 13149
5627-0571	小儿眼保健 / 14531
5627-0570	小儿意外伤害急救与预防接种 / 14324
309-06709	小小的图景 陀思妥耶夫斯基精品集 / 10983
309-10530	小小推拿师 / 13495
309-14277	小不点想当大骑士 / 11045
309-03571	小切口胆囊切除术 / 14241
309-10515	小丑鱼和海葵 / 05966
309-04221	小企业会计 核算方法与税收筹划 / 03422
309-04895	小企业会计电算化 / 03426
309-01987	小企业经营之道 / 03419
309-02196	小企业集群研究 / 03420
309-06020	小批判集 / 10784
309-06251	小肠疾病的外科治疗 / 14238
309-14349	小言黄帝内经与生命科学 / 13472
309-11837	小阿瑟·施莱辛格史学思想研究 / 11535
309-11854	小学书法教程 1 / 06260
309-11855	小学书法教程 2 / 06261
309-11853	小学书法教程 3 / 06262
309-09403	小学生同义词近义词反义词多音多义字词典 彩色版 / 06199
309-09348	小学生全笔顺同义词近义词反义词组词造句词典 彩色版 / 06205
309-09393	小学生多功能成语词典 彩色版 / 06198
309-09394	小学生多功能字典 彩色版 / 06202
309-09430	小学生多功能词典 彩色版 / 06201
309-09365	小学生多功能英汉词典 彩色版 / 06211

编号	书名
309-09627	小学生多功能英汉词典 彩色版 / 06212
309-09366	小学生英汉汉英词典 彩色版 / 06213
309-13355	小学生国防教育简明读本 / 06179
309-09408	小学生组词造句搭配词典 彩色版 / 06200
309-09325	小学生谚语歇后语惯用语词典 彩色版 / 06203
309-15013	小学英语教学设计 / 06190
309-14519	小学英语教学技能实训 / 06191
309-03347	小学英语强化读本 / 06248
309-12779	小学图画书主题赏读与教学 / 06206
309-00478	小学语文单元学习目标与形成性测试 12 / 06188
309-14275	小学语文教学设计 / 06187
309-07866	小学语文教学技能导练 / 06189
309-14314	小学语文教学技能实训 / 06186
309-14904	小学教育基础 / 06178
309-12859	小学啦啦操基础教程 / 06266
309-09284	小学数学公式定律手册 彩色版 / 06250
309-14403	小学数学课程与教学 / 06194
309-14160	小学数学教学设计 / 06192
309-07890	小学数学教学技能导练 / 06193
309-08131	小诗萃 / 10561
309-13319	小细菌 大健康 现代社会慢病微生态健康管理 / 13162
309-06604	小说与诗歌的艺术智慧 / 10007
309-08015	小说的建筑 / 10391
309-05965	小说:洞达人性的智慧 / 10353
309-00705	小说鉴赏集 / 10013
309-11477	小莉老师教你5秒钟玩转SAT语法 / 06723
309-09893	小偷回忆录〔修订版〕/ 10741
309-03946	小康社会社区卫生服务发展策略 / 13347
309-12162	小微企业股权激励 / 03580
309-12093	小微企业管理 / 03423
309-10604	小橡子长大了 / 05907
309-14846	小澳的毛衣 / 11000
309-10598	小魔女和图图 / 05919
309-10508	小魔法师来来 / 05967

口

编号	书名
309-05307	口才决定人生 / 07444
309-07520	口才基础 / 07419
309-10105	口译研究的生态学途径 / 08390
309-07556	口语传播 / 04995
309-03859	口腔护理学 / 14019
309-06686	口腔护理学〔第2版〕/ 14020
309-12679	口腔护理学〔第3版〕/ 14021
309-06726	《口腔护理学》学习指导与习题 / 14022
309-12814	《口腔护理学》学习指导与习题〔第3版〕/ 14023
309-10973	口腔医学 / 14532
309-03065	口腔学多选项题 / 14534
5627-0438	口腔学多选题 / 14535
309-03679	口腔临床免疫学 / 14536
309-04070	口腔颌面疾患的MRI诊断学 / 14537

山

编号	书名
309-14974	山水·审美·理趣 / 10265
309-09769	山水牧音 / 10593
309-13189	山水崇左 广西崇左市《花山魂》系列摄影画册 / 11274
309-05498	山东省高职高专英语应用能力考试复习指导 / 07953
309-14696	山海文明:跨学科的视角 第一届山海文明高峰论坛论文集 / 12168

千

编号	书名
309-09154	千古风流人物 黄玉峰说苏轼 / 11923
309-07406	千年文脉的接续与转化 / 10168
309-01664	千字文阅读与训练 / 06423

千

309-02431　千字文阅读与训练　新编本〔修订本〕／06424
309-09553　千秋巨笔　一代宗师　纪念陈望道先生诞辰120周年／11888
309-05814　千家诗全解／10552
309-02514　千禧之播　第五届中国名校大学生辩论邀请赛纪实／07433

川

309-05866　川端康成精品集／10949

亿

309-02676　亿恒科技（西门子）单片机应用指南／15103

个

309-08976　个人主义与经济秩序／02544
309-00039　个体工商业户纳税知识／04323
309-14952　个案全过程新论　以集中审理为中心／01930

凡

309-07268　凡人可成佛　菩萨五十二位阶讲记／00682

夕

309-09126　夕阳新曲／01982

广

309-15150　广义相对论导论／12633
309-08805　广东省"十二五"人口发展战略研究／01058
309-08804　广东省"十二五"人口发展战略研究／01057
309-12777　广东省普通话水平测试专用教材2017版／07527
309-04708　广电媒介产业经营新论／05394
309-02687　广史记订补／11650
309-12671　广西抗战文化史料汇编　第3辑　社会民生纪事卷／11737
309-14175　广西医科院校成人高等教育学士学位英语考试指南／08670
309-03472　广告文案写作教程／03978
309-04759　广告文案写作教程〔第2版〕／03979
309-02204　广告文稿策略　策划、创意与表现／03999
309-12118　广告传播引论／04006
309-13938　广告传播政治经济学批判／04015
309-05924　广告伦理学／00390
309-06742　广告创意战略／04002
309-06824　广告创意思维教程／04013
309-03199　广告运作策略／04017
309-06899　广告运作策略〔第2版〕／04018
309-04841　广告英语教程／08002
309-03784　广告法规管理〔第2版〕／02121
309-03789　广告学原理／04003
309-05852　广告学原理〔第2版〕／04004
309-06268　广告实验教程／04014
309-05670　广告视觉文化批判／03997
309-06197　广告经营与管理／04021
309-03395　广告案例教程　趋势与战略〔第2版〕／03980
309-07443　广告案例教程　如何创建品牌资产〔第3版〕／03981
309-03771　广告调查与效果评估／03977
309-02115　广告策划创意学／03994
309-03574　广告策划创意学〔第2版〕／03995
309-05618　广告策划创意学〔第3版〕／03996
309-03751　广告媒体策划／03990
309-08009　广告摄像教程／11261
309-05021　广告摄影教程〔第2版〕／11262
309-14345　广告摄影教程〔第3版〕／11263
309-02299　广告精要　Ⅰ　原理与方法／04007
309-02300　广告精要　Ⅱ　创意与制作／04008
309-02301　广告精要　Ⅲ　计划与管理／04009
309-06414　广播节目编辑与数字音频制作技术／05353
309-07540　广播电视专业英语教程／07842

编号	书名 / 编号
309-05492	广播电视评论教程 / 05361
309-08034	广播电视现代管理概论 / 05351
309-01311	广播电视高等教育评估的实践与探索 / 07192
309-00040	广播电视概论 / 05340
309-01189	广播电视概论 / 05341
309-05129	广播电视新闻学 / 05333
309-01947	广播评论 功能、选题与语言艺术 / 05362

义

编号	书名 / 编号
309-08830	义者之言《孟子》选读 / 00215
309-11270	义和团战争的国际舆论研究 1900—1901 / 11729

卫

编号	书名 / 编号
309-10666	卫生分析化学 / 13102
309-13388	卫生发展与健康保障纵横谈 / 13423
5627-0103	卫生发展战略研究理论与实践 / 13417
309-03491	卫生事业财务管理概论 / 13383
309-05255	卫生服务评价 / 13338
309-03308	卫生服务研究 / 13340
309-14707	卫生服务研究〔第2版〕/ 13352
309-11012	卫生服务监管 抑或是提高绩效的妙药良方 / 13425
5627-0113	卫生法学 / 02001
5627-0311	卫生法学纲要 / 02002
5627-0550	卫生法学纲要〔第2版〕/ 02003
309-03995	卫生法学纲要〔第3版〕/ 02004
309-07856	卫生法学纲要〔第4版〕/ 02005
309-10895	卫生法学纲要〔第5版〕/ 02006
5627-0501	卫生法学教程 / 02011
309-03350	卫生学 / 13072
309-06053	卫生经济分析 / 13075
309-03532	卫生经济学 / 13069
309-09994	卫生经济学专题研究 / 13082
309-06531	卫生项目评价学 / 13079
5627-0047	卫生标准进展 / 13101
5627-0611	卫生研究中样本含量的确定 / 13318
5627-0227	卫生研究方法学 研究方法培训指南 / 13084
309-06255	卫生统计与流行病学实践教程 / 13328
309-06364	卫生统计学 / 13049
309-03103	卫生统计学习题 / 13333
309-03448	卫生统计学方法 / 13319
309-03682	卫生监督 / 13286
309-10409	卫生监督伦理问题研究 / 13292
5627-0109	卫生监督体系研究 / 13290
5627-0474	卫生资源利用综合效益及其评价方法 / 13285
309-03674	卫生检验基础 / 13104
309-03954	卫生管理运筹学 / 13288
309-06071	卫生管理运筹学〔第2版〕/ 13289
309-02157	卫国血史 / 11740
309-02153	卫星电视 / 14855

女

编号	书名 / 编号
309-05925	女人可以不得病 我的康复之路 / 00548
309-06436	女人可以不得病 我的康复之路〔第2版〕/ 00549
309-06406	女人美丽从营养开始 / 13144
309-12188	女权主义在中国的翻译历程 / 01398
309-11439	女性力量健身法 / 07319
309-10669	女性与爱欲 古希腊与世界 / 09977
309-05769	女性主义研究方法〔中英文本〕/ 01017
309-11898	女性主义科学哲学 / 01018
309-12294	女性美容面面观 / 15285
309-08309	女性领导力研究 / 01192
309-12342	女神与吉祥草 证严上人说故事2 / 00584

飞

309-09072　飞白 / 10536
309-12688　飞吧,蒲公英 / 10929
309-07563　飞秒激光、LASEK/Epi-LASIK 及 ICL 手术 / 14530

习

309-14830　习以为常 手机传播的社会嵌入 / 05043

马

309-05794　马广惠语言学选论 / 07394
309-09556　马华文学 / 10962
309-12181　马克思人的全面发展思想及其当代发展研究 / 01436
309-10759　马克思主义与西方新制度经济理论比较研究 / 02349
309-01652　马克思主义发展经济学若干思考 / 02346
309-04643　马克思主义评论 第1辑 / 00019
309-01699　马克思主义社会思想史 / 00043
309-04293　马克思主义制度经济学 理论体系·比较研究·应用分析 / 02350
309-00681　马克思主义法学导论 / 01839
309-01403　马克思主义经济思想史研究 / 02546
309-07098　马克思主义经济哲学及其当代意义 / 02362
309-00804　马克思主义政治学 / 01265
309-12121　马克思主义政治经济学的学习和发展 / 02361
309-02621　马克思主义政治经济学原理 / 02353
309-02637　马克思主义政治经济学原理 / 02347
1253.001　马克思主义研究的几个问题 / 00007
309-13235　马克思主义哲学中国化的历程 / 00297
309-00554　马克思主义哲学导论 实践的唯物主义 / 00083
309-00520　马克思主义哲学的理论与历史 / 00084
309-02477　马克思主义哲学的理论与历史〔第2版修订版〕/ 00085
309-02046　马克思主义哲学原理 / 00079
309-02649　马克思主义哲学原理 / 00081
309-02619　马克思主义哲学原理 / 00078
309-02903　马克思主义哲学原理〔第2版〕/ 00080
309-03656　马克思主义哲学原理练习与检索 / 00082
309-01263　马克思主义原理教程 / 00012
309-00416　马克思主义原理简明教程 / 00017
309-06613　马克思主义理论学科建设研究 / 00018
309-12921　马克思主义基本原理概论及真题解析 / 00003
309-11421　马克思主义基本原理概论难点解析 / 00014
309-06229　马克思主义基本原理概论教学论纲 / 00008
309-04689　马克思主义基础理论 / 00015
309-13912　马克思主义新闻观百问百答 / 00050
309-14655　马克思主义新闻观典型案例分析 / 00048
309-12213　马克思主义新闻观读本 / 00049
309-03413　马克思主义新闻经典教程 / 05118
309-06534　马克思主义新闻经典教程〔第2版〕/ 05119
309-03630　马克思主义新闻思想概论 / 00047
309-13686　马克思自由和解放思想研究 / 00044
309-14751　马克思劳动批判理论视域下的社会经济正义问题研究 / 02356
309-11006　马克思的经济危机理论 本源、拓展及当代意蕴 / 02463
309-10419　马克思政治社会化思想研究 / 00042
309-09380　马克思政治经济学批判的哲学意义 鲍德里亚的批判及其回应 / 02352
309-00687　马克思 恩格斯 列宁报刊理论与实践 / 00064
309-13811　马来西亚槟城大伯公文化艺术研

	究 / 01578
309-04498	马相伯传略 / 11885
309-01529	马相伯集 / 00762
309-13243	马钰研究 / 00715
309-11311	马赛鱼汤 / 10824

乡

309-11004	乡土三亚 / 03718
309-04476	乡风市声 / 10767
5627-0017	乡村医生手册 / 13062
5627-0014	乡村医生手册 / 13061
309-15332	乡村旅游中游客导向的乡村性研究 / 03850
309-04870	乡村基督教的组织特征及其社会结构性位秩 华南Y县X镇基督教教会组织研究 / 00728
309-13619	乡国之际 晚清温州府士人与地方知识转型 / 11775
309-00241	乡镇财政实用会计 / 03689
309-00820	乡镇领导与管理概要 / 03713

四画

丰

8253.003	丰子恺论艺术 / 11135

王

309-04287	王中文集 / 05146
309-04331	王文亮学术论文选 / 12563
309-01238	王世贞年谱 / 11914
309-05143	王安石与北宋文学研究 / 10100
309-12124	王安石全集 第1册 / 10502
309-12125	王安石全集 第2册 / 10503
309-12126	王安石全集 第3册 / 10504
309-12129	王安石全集 第4册 / 10505
309-12130	王安石全集 第5—7册 / 10506
309-12127	王安石全集 第8册 / 10507
309-12131	王安石全集 第9册 / 10508
309-12132	王安石全集 第10册 / 10509
309-05001	王者归来 第十届中国名校大学生辩论邀请赛纪实 / 07438
309-02383	王码简明教程 '98 / 15165
309-07475	王的阴谋 / 11099
309-15038	王学与晚明师道复兴运动〔增订本〕/ 00284
309-11081	王振复自选集 / 00475
309-04276	王蒙读书 / 10831
309-10889	王韬与近现代文学转型 / 10161

开

309-02644	开口说 洋洋学英语幼儿用书 第1册 / 05820
309-02703	开口说 洋洋学英语幼儿用书 第2册 / 05821
309-02780	开口说 洋洋学英语幼儿用书 第3册 / 05822
309-02640	开口说 洋洋学英语指导用书 第1册 / 05823
309-02682	开口说 洋洋学英语指导用书 第2册 / 05824
309-02779	开口说 洋洋学英语指导用书 第3册 / 05825
309-13986	开天辟地 中华创世神话考述 / 00575
5627-0198	开业医生手册 / 13060
309-14117	开启团队合作学习模式 / 06898
309-14804	开拓创新 砥砺奋进 复旦大学肝癌研究所建所50周年 / 14405
309-14558	开拓新边疆 世界资源格局是如何转换的？/ 02582
309-12685	开放发展的社会主义政治经济学 / 02611
309-12222	开放式创新 创新方法论之新语境 / 03307
309-14673	开放远程学习新技术应用 / 07194
309-02227	开放利益论 中国对外开放的经济利益分析 / 02686
309-04294	开放条件下的宏观金融稳定与安全

	姜波克文选 / 04719	309-10937	天涯哲学文存 / 00068
309-02275	开放经济下的货币市场调控 / 04750		

夫

309-02276	开放经济下的政策搭配 / 04711	309-12420	夫妻之道 / 00988
309-11018	开放教育的探索 / 07186		
309-11114	开放教育 服务终身 云南开放大学试点建设论文选集 二 / 07180		

元

309-11481	开始你的旅程 学生工作者从业指南 / 06985	309-09916	元人杂剧选 / 10629
309-03264	开端与终结 现代文学史分期论集 / 10472	309-05337	元曲三百首全解 / 10324
		309-06463	元曲三百首全解〔第2版〕/ 10325

天

309-10616	天才小钓手 / 05927	309-06313	元杂剧选解 / 10333
309-05468	天才还是疯子 / 00555	309-10168	元明工艺美术风格流变 以青花瓷为主线 / 11280
309-02296	天才奇女张爱玲 / 11954	309-03837	元明小说发展研究 以人物描写为中心〔第2版〕/ 10358
309-11832	天下没有难做的老板 拥抱互动4.0 / 03926	309-04235	元明清绘画研究十论 / 11164
309-11071	天子文书·政令·信息沟通 以两汉魏晋南北朝为中心 / 01658	309-11085	元政治学概述 / 01269

无

309-07449	天文 你需要知道的超过3000个基本事实 / 12749	309-10397	无人是孤岛 侯孝贤的电影世界 / 11420
309-08090	天文学家 / 11098	309-10582	《无边庄严会》密意 / 00652
309-09374	天生我材必有用 黄玉峰说李白 / 11919	309-11680	无机及分析化学 / 12690
309-09804	天地人心 上海市长宁区"凝聚力工程"建设20年纪实 / 10720	309-05042	无机化合物的电子光谱和振动光谱 / 12695
309-03911	天地之间 林同济文集 / 00760	309-00464	无机化合物性质的规律性 / 12694
309-05204	天体光谱学 天体光谱学的原子分子物理学导论〔英文影印版〕/ 12751	309-06112	无机化学与化学分析实验 / 12692
		309-14090	无机化学专题教学研究 / 12689
309-14284	天使有支魔法笔 / 11043	309-01276	无机化学实验 高年级用 / 12691
309-10915	天涯艺术观察 / 11130	309-00891	无机质谱法 / 12745
309-10978	天涯文学观察 / 09930	13253.016	无机痕量分析中的分离和预浓集方法 / 12730
309-10863	天涯法律评论 第1辑 / 01811	309-03037	无网不胜 网络传播与战争 / 02318
309-07811	天涯学刊 2010年第1辑 总第1辑 / 00829	3253.003	无产阶级革命家论德育 / 00001
309-08437	天涯学刊 2011年第1辑 总第2辑 / 00830	309-14464	无形的广告 消费主义、文化宰制和权力关系 / 04016
309-10319	天涯学刊 总第3辑 生态文明专辑 / 00831	309-04808	无形资产评估 / 02766
		309-05065	无形资产统计 / 02785
		309-04804	无形资产概论 / 03334
		309-04942	无形资产管理 / 03333

309-13143	无声的炸弹 传单上的抗日战争 / 11742	
309-02902	无穷花盛开的江山 韩国纪游 / 10912	
309-04742△	无法平息的悸动 / 10572	
309-11148	无籽西瓜 / 00659	
309-07619	无量义经 / 00623	
309-10209	无量义经偈颂 / 00620	
309-10618	无赖猫和小不点 / 05928	
309-01750	无锡市金融志 / 04812	
309-00539	无锡词典 / 12128	
309-05288	无数人们与无穷远方 鲁迅与左翼 / 11939	

专

309-02499	专门用途英语研究 / 08440	
309-03368	专升本全国统考英语词汇必读 / 08244	
309-03550	专升本全国统考英语最新考题单项训练 / 09337	
309-03369	专升本全国统考英语模拟全真试题精解 / 09336	
309-01607	专利的取得与保护 专利法原理与实务 / 02024	
309-01677	专利实践问答 / 05535	
309-05286	专利联盟 战略联盟研究的新领域 / 05537	
309-08418	专科化时代的通才 1920—1940年代的张荫麟 / 11987	
309-03621	专家教你防"非典"防治传染性非典型肺炎100问 / 14124	

云

309-14660	云端设计 / 15245	

廿

309-13937	廿一世纪初的前言后语 上册 / 05663	
309-14047	廿一世纪初的前言后语 下册 / 05664	
309-15026	廿年磨一剑 我的办学心路与感悟 / 00813	

艺

309-04092	艺文私见 / 10189	
309-00849	艺文随笔 / 10072	
309-04737	艺术市场学概论 / 11156	
309-12278	艺术设计英语〔第2版〕/ 11150	
309-05341	艺术英语 / 11121	
309-10958	艺术英语 / 11122	
309-09612	艺术英语阅读教程 / 11114	
309-11398	艺术的本性 / 09874	
309-04031	艺术欣赏纲要 / 11137	
309-04655	艺术哲学 / 11127	
309-11456	艺术哲学 / 11128	
309-00418	艺术教程 / 11124	
309-02581	艺术教程〔第2版〕/ 11125	
309-10725	艺体类大学英语阅读教程 上册 / 11115	
309-10742	艺体类大学英语阅读教程 下册 / 11116	
309-14988	艺苑耕耘录 / 11426	

五

11253.002	五十二种文史资料篇目分类索引 创刊号-1981年 / 15515	
309-07566	五元记忆法 大学英语四六级词汇速记宝典 / 08495	
309-08723	五元记忆法 大学英语四六级词汇速记宝典〔第2版〕/ 08496	
11253.010	五卅运动 / 11736	
309-00489	五四时期思想史论 / 00290	
309-14197	五四细节 / 11735	
309-01658	五色梦华录 / 10684	
309-06649	五项修炼与教师发展 转变教师思维方式的艺术与技巧 / 06810	
309-05582	五种形象 / 10197	

不

309-09964	不由自主的资产阶级 近代早期欧洲	

的精英斗争与经济转型 / 01355

309-03794　不孕不育现代诊治技术 / 14293

309-02180　不安的太阳　中国第一代独生子女心理探索 / 00512

309-03540　不京不海集 / 10142

309-11856　不泯的童心　陈镒康作品集 / 10924

309-14695　不宠无惊过一生　李叔同与丰子恺 / 00713

309-09992　不倦的追求　复旦二附中教师论文案例选 / 06272

309-12264　不被洞察的权利　互联网精准广告与消费者隐私保护研究 / 01917

309-04482　不能忘却的历史　抗战亲历实录 / 10722

309-13673　不确定世界中人的生存　论鲍曼之"流动的现代性" / 00329

309-09921　不曾出了轨道 / 10827

309-02865　不懈追求　复旦大学出版社建社20周年论文集 / 05431

太

309-00948　太仓县地方志　税务志 / 11771

309-04917　太平洋上不太平　后冷战时代的美国亚太安全战略 / 01807

309-07609　太阳的朗照　梁启超国民性研究文选 / 01236

10253.036　太阳河 / 10574

309-02290　太极拳动力的科学 / 07310

309-10187　太空安全问题研究 / 15377

309-11003　太湖流域人口与生态环境的变迁及社会影响研究　1851-2005 / 15400

区

309-15308　区块链技术基础与实践 / 14970

309-08575　区域生态认证　可持续发展的市场化路径 / 15398

309-14790　区域成人高校完善终身教育大平台的实践研究 / 07160

309-04720　区域合作通论　理论·战略·行动 / 02591

309-09336　区域创新、创业与经济增长 / 02695

309-14452　区域治理的逻辑　长江三角洲政府合作的理论与实践 / 01499

309-12706　区域性糖尿病分级管理路径及操作手册 / 14160

309-05053　区域贸易协议下汽车贸易和投资效应 / 04190

309-02441　区域教育可持续发展研究　第3辑 / 05667

历

309-00958　历史 / 07155

309-07955　历史　直击A级——高中学业水平考试 / 06735

309-08709　历史　直击A级——高中学业水平考试〔第2版〕/ 06736

309-10327　历史　直击A级——高中学业水平考试〔第3版〕/ 06737

309-06843　历史与文化 / 11686

309-13732　历史与现代国家 / 01294

309-14942　历史与宗教之间 / 11501

309-00580　历史上的智谋 / 02315

309-13995　历史之谜的理论解答 / 00010

309-09767　历史中诞生　1980年代以来中国当代小说中的青年构形 / 10389

309-13098　历史文献研究丛稿　甲集 / 00798

309-13557　历史文献研究丛稿　乙集 / 00799

309-13094　历史地理　第35辑 / 12178

309-13569　历史地理　第36辑 / 12179

309-13948　历史地理　第37辑 / 12180

309-14085　历史地理　第38辑 / 12181

11253.013　历史地理研究 / 12118

309-00400　历史地理研究　2 / 12119

309-07054　历史地理研究　3 / 12120

309-14366　历史时期火山喷发与中国气候研究 / 12762

309-15018　历史、社会与制度变迁 / 01650

309-00585　历史·国情·现代化 / 01437

编号	书名 / 页码
309-14037	历史的肉身 《路德维希·费尔巴哈和德国古典哲学的终结》当代解读 / 00038
309-00843	历史的经验 / 01206
309-01661	历史的经验〔第2版〕/ 01207
309-03239	历史的经验〔第3版〕/ 01208
309-11607	历史的经验〔第4版〕/ 01209
309-13127	历史的经验 / 01210
309-13891	历史的经验 / 01211
309-02295	历史性课题 国有企业改革探析 / 03527
309-14348	历史学与人类学 20世纪西方历史人类学的理论与实践 / 11499
309-09715	历史学英语 / 11512
309-06965	历史话语的挑战者 库切四部开放性和对话性的小说研究 / 10964
309-09480	历史:思辨与实践 论马克思与黑格尔历史观念的基本差别 / 00090
309-12258	历史语篇的语言变化 系统功能语言学和语料库视角 / 07353
309-04085	历史哲学 / 11509
309-04238	历史哲学引论 / 11507
309-06902	历史哲学引论〔第2版〕/ 11508
309-13999	历史课标解析与史料研习 国家制度与社会治理 / 06349
309-13945	历史课标解析与史料研习 经济与社会生活 / 06348
309-13781	历史课标解析与史料研习 世界古代近代史 / 06350
309-13725	历史课标解析与史料研习 世界现代史 / 06345
309-14554	历史课标解析与史料研习 文化交流与传播 / 06341
309-13257	历史课标解析与史料研习 中国古代史 / 06352
309-13978	历史课标解析与史料研习 中国近现代史 / 06342
309-14737	历史、理论与经验 / 01277
309-05617	历代文话 / 10120
8253.005	历代书论选注 / 11208
309-02379	历代诗歌浅解 / 10543
309-14468	历代经典诗文吟诵鉴赏读本 / 10093
309-00521	历代赋论辑要 / 10278

友

| 309-12713 | 友善乐群 / 01603 |

尤

| 309-13367 | 尤斯塔·贝林的萨迦 / 10996 |

匹

| 309-12510 | 匹兹堡问学录 围绕《使之清晰》与布兰顿的对谈 / 00350 |
| 309-13777 | 匹兹堡学派研究 塞拉斯、麦克道威尔、布兰顿 / 00352 |

车

| 309-15359 | 车牌定位、倾斜校正和分割方法研究 / 15368 |

巨

| 309-00635 | 巨大的转变 美国与东亚 / 01789 |
| 309-01922 | 巨大的转变 美国与东亚〔第2版〕/ 01790 |

牙

| 5627-0151 | 牙科pd操作基础与临床 / 14538 |

戈

| 309-00371 | 戈尔巴乔夫与改革 / 12056 |

比

309-04839	比较公务员制度 / 01410
309-09983	比较文学:人文之道 / 09914
309-03906	比较文学与比较文化十讲 / 09891
309-07100	比较文学与文化"变异体"研究 / 10071
309-07317	比较文学与海外华文文学 / 09902

309-07155	比较文学与翻译研究 / 09907	309-13677	互联网金融理论与案例分析 / 04504
309-10413	比较文学、世界文学与翻译研究 / 09952	309-02980	互联网媒体与网络新闻业务 / 05044
309-09849	比较文学视野中的中日文化交流 / 09919	309-14909	互联网新闻制作 新媒体内容创作与运营实训教程 / 05147
309-06225	比较文学研究入门 / 09937	309-14096	互联营销的独门秘籍 你的特级私教 / 03925
309-07961	比较文学：理论思考与文学阐释 / 09906		

切

309-04710	切问集 复旦大学历史系建系八十周年论文集 / 11503

309-10466	比较古典学发凡 / 10030		
309-04499	比较财政学 / 04271		
309-07801	比较诗学与跨界立场 / 10004		
309-03061	比较组织学彩色图谱 / 12921		

少

309-00514	比较经济发展 / 02363	309-10316	少年梦 中国梦 上海市实验性示范性高中"松江二中杯""我与中国梦"征文活动优秀文选 / 07753
309-01833	比较经济学 / 02366		
309-00079	比较经济学导论 / 02364		
309-02249	比较经济模式 关于计划与市场的经济理论 / 02424	309-00867	少林气功瑰宝 内劲一指禅 / 07312

日

309-00893	比较政府体制 / 01700	309-07892	日元升值的命运 一个经济学家21世纪的再解析 / 04381
309-04147	比较税制 / 04309		
309-06794	比较税制〔第2版〕/ 04310	309-15093	日月光华 力学笃行 上海市复旦中学教师教育教学论文集 / 06270
309-09967	比较税制〔第3版〕/ 04311		

互

309-10998	互文性视角下的中国古典诗歌英译研究 / 10291	309-04711	日月光华同灿烂 复旦作家的足迹 / 11931
		309-08422	日本女人的爱情武士道 / 00984
309-07877	互换性与测量技术 / 14700	309-00886	日本天皇 / 01693
309-09147	互换性与测量技术 / 14695	309-07549	日本历史与文化研究 复旦大学日本研究中心成立20周年纪念文集 / 11789
309-14106	互联网与全球传播 理论与案例 / 05055		
309-02886	互联网与思想政治工作实务 / 01592	309-11896	日本文学作品选读 / 10946
309-03184	互联网与思想政治工作案例 / 01591	309-06783	日本文学辞典 作家与作品 / 10940
309-02710	互联网与思想政治工作概论 / 01589	309-10054	日本电影大师 / 11427
309-10877	互联网上的公众表达 / 05081	309-12023	日本电影史 1896—2005 / 11444
309-14910	互联网传播治理 理论探讨与国际经验 / 05035	309-00824	日本史辞典 / 11786
		309-01160	日本企业的活力 / 03598
309-14384	互联网行业反垄断问题研究 / 02119	309-01609	日本社会保障制度 兼论中国社会保障制度改革 / 01695
309-08560	互联网环境下企业网络营销渠道选择研究 / 03358	309-06629	日本现代农村建设研究 / 03721
309-14414	互联网＋物流配送 / 03070	309-04651	日本货币政策问题研究 兼析20世纪90年代后日本经济和货币政策 / 04380

309-04380	日本的民法解释学 / 02259		309-13411	日语名词的跨从句语法化研究 / 09833
309-01514	日本的资本主义 以战败为契机的战后经济发展 / 02748		309-05117	日语听说入门 一 / 09857
309-06088	日本的银行兼并与经营 / 04828		309-05153	日语听说入门 二 / 09858
309-09267	日本泡沫经济与美国次贷危机的比较 基于金融体系视角的分析 / 04829		309-06828	日语教学与研究论丛 日语教育与日本文学 / 09843
309-01077	日本学者论上海史 / 11760		309-07671	日常生活审美化批判 / 00477
309-14818	日本诗味 / 10947		309-06015	日常实用商务英语手册 / 07969

中

309-07559	日本经济与中日经济关系研究 复旦大学日本研究中心成立20周年纪念文集 / 02749
309-01425	日本政府在经济现代化过程中的作用 / 02746
309-07552	日本政治与外交转型研究 复旦大学日本研究中心成立20周年纪念文集 / 01692
309-13555	日本茶味 / 15254
309-09181	日本語の依頼文をめぐって / 09834
309-06740	日本语学习随身手册 / 09824
309-13554	日本俳味 / 10943
309-08906	日本留学指南 / 07085
309-09751	日本留学指南〔第2版〕/ 07086
309-10732	日本留学指南〔第3版〕/ 07087
309-00237	日本通史 / 11787
309-01435	日本最大企业100家 / 03599
309-14873	日本歌道 / 10941
309-01740	日立单片机应用指南 / 15093
309-07662	日知录一百句 / 00288
9253.001	日语 初级班 / 07187
309-00846	日语 初级班〔修订版〕/ 07190
9253.009	日语 中级班 / 07188
309-00977	日语 中级班 上海市业余外语广播讲座〔重印本〕/ 07191
9253.015	日语 进修班 / 07189
309-00152	日语广播课外读物 / 09848
309-00150	日语生活会话 / 09863
309-00831	日语生活会话〔重印本〕/ 09864
309-00481	日语生活会话 续 / 09865

309-04376	中小企业现场管理与开发 理论与实务 / 03425
309-04809	中小企业国际化 理论探讨与经营实践 / 03541
309-06772	中小企业股权融资攻略 / 03573
309-03181	中小企业信息化指南 BKD123教程 / 03421
309-04174	中小企业管理 / 03424
309-02683	中小报业营销管理 / 05220
309-10174	中小学生四季保健 / 13184
309-03581	中小学多媒体课件创作案例精讲 数学、物理、化学 / 06323
309-03606	中小学多媒体课件创作案例精讲 数学、物理、化学 / 06324
309-02978	中小学英语学业水平等级考试模拟试卷 一级 / 06466
309-03105	中小学英语学业水平等级考试模拟试卷 二级合格 / 06467
309-03207	中小学英语学业水平等级考试模拟试卷 二级优秀 / 06468
309-02145	中小学英语等级考试模拟试卷 一级 / 06463
309-02142	中小学英语等级考试模拟试卷 二级 / 06464
309-02705	中小学英语等级考试模拟试卷 三级 / 06465
309-03829	中日文化与政治经济论 依田憙家先生古稀纪念论文集 / 11588
309-03284	中日交流标准日本语自学辅导及同

309-03588	中日交流标准日本语自学辅导及同步训练 初级上册 / 09822		定与发展研究 / 04831
	中日交流标准日本语自学辅导及同步训练 初级下册 / 09823	309-01516	中央银行与货币政策 英汉对照 / 09142
309-05146	中日学者中国学论文集 中岛敏夫教授汉学研究五十年志念文集 / 11668	309-05373	中央银行学 / 04469
		309-09467	中央银行学〔第2版〕/ 04470
309-07920	中日建交再研究 以日本田中政权对华建交决策为中心 / 01768	309-06507	中央银行学学习指导 / 04471
		309-03723	中央银行学教程 / 04472
309-01459	中日统计调查比较研究 / 00883	309-10647	中央银行学教程〔第2版〕/ 04473
309-05625	中日韩自由贸易区贸易效果的实证分析 / 04225	309-02355	中央银行概论 / 04467
		309-06812	中央银行概论〔第2版〕/ 04468
309-12073	中风病针灸推拿预防和护养 / 13504	309-12323	中印关系研究的视野与前景 / 01769
5627-0152	中风预防与康复 / 14442	309-07873	中外人文经典 / 00744
309-01656	中文 Excel 5.0 使用指导 / 15061	309-04891	中外大学组织变革 / 07032
309-01814	中文 Excel 5.0 基础教程 / 15059	309-06700	中外广告史新编 / 04000
309-09141	中文 Flash CS5 项目驱动"教学做"案例教程 / 15181	309-04478	中外广播电视史 / 05389
		309-06090	中外广播电视史〔第2版〕/ 05390
309-01869	中文 Visual FoxPro 基础教程 / 15027	309-12441	中外广播电视史〔第3版〕/ 05391
309-01599	中文 Windows 3.1 使用指导 / 15048	309-11364	中外历史论集 / 11547
309-01848	中文 Windows 3.2 使用指导 / 15049	309-01619	中外文化交流记趣 / 11589
309-01810	中文 Windows 95 基础教程〔重印本〕/ 15053	309-11677	中外文化诗学研究论集 / 10005
		309-08118	中外幼儿歌曲荟萃（210 首）/ 11346
309-01725	中文 Word 6.0 使用指导 / 15158	309-11348	中外幼儿歌曲荟萃（210 首）〔第2版〕/ 11347
309-01808	中文 Word 6.0 基础教程〔重印本〕/ 15156	309-14194	中外幼儿歌曲荟萃（210 首）〔第3版〕/ 11348
309-01672	中文之星 2.0+使用指导 / 15154		
309-07944	中文本科学术论文写作指导 / 07642	309-01747	中外合资经营企业管理教程 / 03432
309-05680	中文应用写作 / 07650	309-00737	中外合资经营企业管理概论 / 03429
309-08375	中文应用写作教程 / 07647	309-01108	中外合资经营企业管理概论〔重印本〕/ 03430
309-09779	中文应用写作教程新编 / 07721		
309-14300	中文的中文性研究 / 07511	309-01298	中外合资经营企业管理概论〔重印本〕/ 03431
309-11068	中文教学 全球化语境下的挑战 / 07763		
309-02329	中世纪的物理科学思想 / 12608	309-00333	中外企业财务 / 03367
309-14650	中世纪哲学十讲 / 00127	309-00612	中外企业财务〔重印本〕/ 03368
309-04244	中古文论要义十讲 / 10124	309-01097	中外企业财务 / 03369
309-14898	中古文学中的诗与史 / 10286	309-01631	中外企业财务〔第2版〕/ 03370
309-07193	中古时期的医者与病者 / 12972	309-00972	中外名言分类大辞典 / 07455
309-10243	中古近代汉语语法研究述要 / 07598	309-01943	中外名言分类大辞典〔第2版〕/ 07456
309-06447	中东欧转型国家金融银行业开放、稳		

309-15069	中外名家谈翻译 / 07473		309-03404	中西方新闻传播 冲突·交融·共存 / 05243
5627-0174	中外医学教育比较 / 12984		5627-0312	中西医结合学 / 13436
5627-0012	中外医学教育史 / 12971		309-10308	中西医结合实用英语阅读教程 / 13435
309-07872	中外建筑文化 / 15296		309-04912	中西医结合临床 / 13860
309-08749	中外校史编纂要览 / 05661		309-01338	中西法律文化通论 / 01862
309-09615	中外教育名言新编 / 05546		309-01708	中西学术 2 / 00843
309-10487	中外职业教育体系建设与制度改革比较研究 / 07119		309-06192	中西建筑美学比较论纲 / 15301
309-09422	中外商务传播案例经典 品牌·创意·精解 / 04029		309-12803	中西绘画对览 / 11159
309-05310	中外新闻传播思想史导论 / 05240		309-09251	中西都市文学比较研究 / 10049
309-02749	中考化学冲刺 / 06794		309-03332	中成药的药理与应用 / 13564
309-04960	中考现代文阅读 精选篇目64 / 06408		309-02454	中华人民共和国民法史 / 02167
309-02738	中考英语冲刺 / 06667		309-13337	中华人民共和国民法总则（中英对照） / 02172
309-02225	中考英语能力测试 / 06695		309-08780	中华三祖 / 12033
309-02748	中考物理冲刺 / 06788		309-02530	中华千古名篇新编 / 10500
309-04925	中考金手指 2006年 / 06319		309-02350	中华千古佳句辞典 / 10287
309-02750	中考语文冲刺 / 06403		309-12142	中华之根 上海市实验性示范性高中"控江中学杯·我与中华传统文化"主题征文优秀文选 / 07750
309-02436	中考语文阅读与作文解题指导 / 06394		309-08840	中华艺术论丛 第11辑 中外戏剧互动研究专辑 / 11142
309-02747	中考数学冲刺 / 06754		309-10734	中华艺术论丛 第12辑 戏曲新论专辑 / 11143
5627-0181	中老年自我保健 / 13191		309-11064	中华艺术论丛 第13辑 明清艺术专辑 / 11144
5627-0359	中老年自我保健 / 13198		309-11716	中华艺术论丛 第14辑 戏曲音乐改革研究专辑 / 11145
5627-0407	中老年自我保健 / 13199		309-11910	中华艺术论丛 第15辑 钱南扬先生逸文专辑 / 11146
309-06581	中老年合理饮食与食疗 / 13511		309-05091	中华文化 / 11565
309-09142	中老年健身与养生教程 / 13201		309-11830	中华书法第一笔 1 秦简篇 / 11220
309-01216	中共党史人物研究荟萃 / 11824		309-12795	中华书法第一笔 2 秦简篇 / 11221
309-14824	中西文化之鉴 / 04931		309-12796	中华书法第一笔 3 秦简·楚简篇 / 11222
309-10348	中西文化比较与会通研究 / 04934		309-10954	中华汉英大词典 上册 / 08428
5627-0575	中西文化中的生死观 / 00102		309-01447	中华对联大典 / 10920
309-15252	中西文化实用教程 / 04933		309-07248	中华成语词典 / 07583
309-14252	中西文化实用教程 上册 / 04932			
309-04582	中西文化研究十论 / 04935			
309-00065	中西文化新认识 / 11542			
309-10334	中西文学与诗学关系的实证和诠释 / 09901			
309-14470	中西文学艺术思潮及跨界思考 文学与美术、音乐、戏剧、电影的对话 / 09910			

309-07666	中华成语词典（大字本）／07584		309-02479	中级英语测试指导 高考英语上海卷试题汇析 2000 版 ／ 06555
309-06922	中华吃法 中国人的饮食智慧 ／ 13506		309-03112	中级英语测试指导 高考英语上海卷试题汇析 2002 版 ／ 06556
309-11946	中华优秀传统文化入门 ／ 11631		309-03518	中级英语测试指导 高考英语上海卷试题汇析 2003 版 ／ 06557
309-13493	中华优秀传统文化入门〔第 2 版〕／ 11632		309-03855	中级英语测试指导 高考英语上海卷试题汇析 2004 版 ／ 06558
5627-0621	中华针灸特定穴疗法 汉英对照 ／ 09182		309-04354	中级英语测试指导 高考英语上海卷试题汇析 2005 版 ／ 06559
309-08241	中华饮食风俗教程 ／ 12108		309-04869	中级英语测试指导 高考英语上海卷试题汇析 2006 版 ／ 06560
309-08599	中华饮食文化 ／ 15251		309-05375	中级英语测试指导 高考英语上海卷试题汇析 2007 版 ／ 06561
309-01828	中华法系研究 ／ 01870		309-05898	中级英语测试指导 高考英语上海卷试题汇析 2008 版 ／ 06562
309-03007	中华学生古汉语词典 ／ 06393		309-06377	中级英语测试指导 高考英语上海卷试题汇析 2009 版 ／ 06563
309-08365	中华养生一百句 ／ 13455		309-07059	中级英语测试指导 高考英语上海卷试题汇析 2010 版 ／ 06564
309-10963	中华冠脉之旅 记中国心血管介入学科发展历程 ／ 14087		309-07750	中级英语测试指导 高考英语上海卷试题汇析 2011 版 ／ 06565
309-12537	中华埋线名医百家精粹 ／ 13499		309-08661	中级英语测试指导 高考英语上海卷试题汇析 2012 版 ／ 06566
309-11668	中华朗诵 四 朗诵，居高声远 ／ 07424		309-09454	中级英语测试指导 高考英语上海卷试题汇析 2013 版 ／ 06567
309-12349	中华朗诵 五 朗诵，居高声远 ／ 07425		309-10208	中级英语测试指导 高考英语上海卷试题汇析 2014 版 ／ 06568
309-02802	中华意匠 中国建筑基本门类 ／ 15305		309-11193	中级英语测试指导 高考英语上海卷试题汇析 2015 版 ／ 06569
309-10949	中级投资学 ／ 04540		309-12036	中级英语测试指导 高考英语上海卷试题汇析 2016 版 ／ 06570
309-04885	中级财务会计 ／ 02936		309-12780	中级英语测试指导 高考英语上海卷试题汇析 2017 版〔第 2 版〕／ 06571
309-04717	中级财务会计〔第 2 版〕／ 02946			
309-07388	中级财务会计〔第 3 版〕／ 02947		309-13441	中级英语测试指导 高考英语上海卷题型汇析 2018 版 ／ 06572
309-12776	中级财务会计〔第 4 版〕／ 02948			
309-14421	中级财务会计 营利企业、政府与非营利组织中级会计 ／ 02935		309-14075	中级英语测试指导 高考英语上海卷题型汇析 2019 版 ／ 06573
309-06215	中级财务会计教程 ／ 02937		309-14784	中级英语测试指导 高考英语上海卷题型汇析 2020 版 ／ 06574
309-11704	中级财务会计教程〔第 2 版〕／ 02938			
309-04705	中级财务管理 ／ 03360			
309-05805	中级财务管理〔第 2 版〕／ 03361			
309-01407	中级英语听能训练与测试 ／ 09507			
309-01495	中级英语听能训练与测试 2 ／ 09508			
309-00920	中级英语实用测试 ／ 06674			
309-03160	中级英语测试和语法练习〔第 2 版〕／ 06492			
309-01837	中级英语测试和语法练习 学生英语重点·难点·疑点汇释 ／ 06499			
309-02228	中级英语测试指导 高考英语上海卷试题汇析 1999 版 ／ 06554			

编号	书名 / 编号
309-03407	中级英语测试指导 高考英语试题单项练习和样卷精选汇编 / 06575
309-04936	中级英语测试指导 高考英语试题单项练习精选汇编 / 06576
309-04935	中级英语测试指导 高考英语试题样卷精选汇编 / 06577
309-06226	中级英语测试指导 高考英语试题样卷精选汇编〔第2版〕/ 06578
309-08408	中级英语测试指导 高考英语试题样卷精选汇编〔第3版〕/ 06579
309-03382	中级英语测试指导 高考英语听力单项练习汇编 2000—2002年 / 06553
309-05306	中级英语测试指导 高考英语语法新视角 / 06580
309-08744	中级英语测试指导 高考英语语法新视角〔第2版〕/ 06581
309-14593	中级国际贸易 理论与实证 / 04130
309-08382	中医专科专病护理 / 13521
5627-0304	中医专家谈营养 / 13510
309-12079	中医手法养生 / 13496
309-12080	中医功法养生 / 13462
309-11345	中医护理 / 13520
309-09902	中医体质养生指南 / 13456
309-09707	中医英语基础教程 / 07888
5627-0269	中医学 / 13429
5627-0332	中医学 / 13430
309-09452	中医学基础 / 13471
5627-0452	中医试题汇编 / 13439
309-03066	中医试题汇编 / 13440
309-08273	中医经典诵读 / 13442
309-04080	中医药社区卫生服务培训教程 / 13342
309-03510	中医药学 / 13431
309-08738	中医药学〔第2版〕/ 13432
309-05998	中医药学及中西医结合临床 / 13048
309-10665	中医药掌故趣谈 / 13441
309-08135	中医适宜技术与协定处方 / 13490
309-02388	中医保健新视界 / 13451
309-11821	中医食疗养生学 / 13516
309-13281	中医养老 / 13202
309-14250	中医美容技术 / 15284
309-13270	中医健康养生100问 / 13461
309-10294	中医教育忧思录 国医大师十老访谈实录 / 13438
309-12433	中医减肥一本通 / 13454
309-09323	中间团体与中国现代民族国家的构建 1901—1937 / 01681
5627-0105	中枢神经系统计算机体层摄影(CT)和磁共振成像(MRI) / 14543
309-13164	中欧语言接触的先声 闽南语与卡斯蒂里亚语初接触 / 07710
309-08445	中国 ShEO:"她时代"下的商界女性素描 / 11856
309-14074	中国二元经济发展中的经济增长和收入分配 / 02671
309-08256	中国人 / 01235
309-04302	中国人口史 / 01052
309-04303	中国人口史 / 01053
309-03520	中国人口史 第1卷 导论、先秦至南北朝时期 / 01046
309-04302△	中国人口史 第1卷 导论、先秦至南北朝时期 / 01052
309-04303△	中国人口史 第1卷 导论、先秦至南北朝时期 / 01053
309-03161	中国人口史 第2卷 隋唐五代时期 / 01047
309-04302△	中国人口史 第2卷 隋唐五代时期 / 01052
309-04303△	中国人口史 第2卷 隋唐五代时期 / 01053
309-02606	中国人口史 第3卷 辽宋金元时期 / 01048
309-04302△	中国人口史 第3卷 辽宋金元时期 / 01052
309-04303△	中国人口史 第3卷 辽宋金元时期 / 01053
309-02524	中国人口史 第4卷 明时期 / 01049
309-04302△	中国人口史 第4卷 明时期 / 01052

编号	书名
309-04303△	中国人口史 第4卷 明时期 / 01053
309-02775	中国人口史 第5卷 清时期 / 01050
309-04302△	中国人口史 第5卷 清时期 / 01052
309-04303△	中国人口史 第5卷 清时期 / 01053
309-02943	中国人口史 第6卷 1910—1953年 / 01051
309-04303△	中国人口史 第6卷 1910—1953年 / 01053
309-04302△	中国人口史 第6卷 1910—1953年 / 01052
309-08030	中国人口、消费与碳排放研究 / 15409
309-11926	中国"人文主义"的概念史 1901—1932 / 00397
309-06062	中国人文社会科学三十年 回顾与前瞻 / 00741
309-07123	中国人寿与健康保险市场研究 / 04901
309-06582	中国人的心灵 三千年理智与情感 / 10087
309-01603	中国人的美国观 一个历史的考察 / 01713
5627-0156	中国人标准骨龄及应用 顾氏图谱 / 13650
5627-0172	中国人胚胎发育时序与畸胎预防 / 13596
309-14103	中国儿童文学史 / 10425
309-14338	中国儿童文学史略 1916—1977 / 10427
309-01799	中国三资企业研究 / 03546
309-01756	中国工业与应用数学学会第四次大会论文集 CSIAM'96 / 14657
309-07158	中国工业生产力"数量革命"的证据与阐释 / 03750
309-11300	中国工业低碳发展中金融的贡献与效率研究 / 03755
309-14363	中国工业结构升级的动因分析 理论和实证 / 03752
309-00904	中国工商企业名录 '92版 / 03495
309-01140	中国工商企业名录 '93版 / 03496
309-01580	中国工商企业名录 '95版 / 03497
309-03362	中国大学十讲 / 07081
309-07079	中国大学生英语口语分析性评估体系的构建与效验 / 09580
309-14517	中国大学生英语对比类口语语篇多维度研究 / 08479
309-10485	中国大学英语学习中的语用、认知和策略研究 / 08466
309-03442	中国上市公司成败实证研究 / 03561
309-05447	中国上市公司股权再融资价值研究 / 03578
309-04258	中国上市公司股权结构及其优化 / 03563
309-03618	中国上市公司资本结构研究 / 03585
309-13869	中国上市物业服务企业价值创新研究报告 2018 / 03662
309-14662	中国上市物业服务企业价值创新研究报告 2019 / 03663
309-14298	中国(上海)自由贸易试验区金融开放创新报告 2013—2018 / 04809
309-10331	中国(上海)自由贸易试验区法律法规政策汇编 中英文 / 02247
309-13774	中国小学史〔修订本〕 / 07530
309-08211	中国小说史略疏识 / 10494
309-05058	中国小说美学论稿 / 10339
309-07084	中国个人所得税制度 / 04339
309-08620	中国广电产业空间发展研究 / 05393
309-07719	中国义务教育支出绩效评价研究 / 05665
5627-0211	中国卫生国情 / 13406
5627-0251	中国卫生法规史料选编 1912—1949.9 / 02022
309-04668	中国马克思主义概论 / 00016
309-02560	中国开放经济下的非均衡经济 结构性分析 / 02652
309-08884	中国云南消防改革与发展论坛 2011年 公共治理视域中的消防社会管理创新 / 01562

309-01866	中国历史文化区域研究 / 11593		司治理 / 03567
309-14456	中国历史地理十讲 / 12184	309-05237	中国公司治理报告 2006 国有控股上市公司治理 / 03568
309-13753	中国历史地理评论 第2辑 / 12182	309-05799	中国公司治理报告 2007 利益相关者与公司社会责任 / 03569
309-03776△	中国历代工商业与经营管理思想 / 02547	309-06283	中国公司治理报告 2008 透明度与信息披露 / 03570
309-01863	中国历代名案集成 / 02255	309-06778	中国公司治理报告 2009 控制权市场与公司治理 / 03571
309-01033	中国历代思想家传记汇诠 上册 / 11841	309-06347	中国公共关系发展报告蓝皮书 2007—2008 / 00945
309-01034	中国历代思想家传记汇诠 下册〔重印本〕/ 11842	309-08977	中国公共政策过程中利益集团的行动逻辑 / 01420
309-00092	中国历代思想家传记汇诠 南宋—近代分册 / 11840	309-03872	中国公共部门财力研究 / 04320
309-00091	中国历代思想家传记汇诠 魏晋—北宋分册 / 11839	309-04254	中国公债学说精要 / 04342
309-00090	中国历代思想家传记汇诠 先秦—两汉分册 / 11838	309-09219	中国风险投资创新与探索研究 / 04746
309-00571	中国历代语言学家评传 / 07513	309-11934	中国风湿病图谱 类风湿关节炎分册 / 14178
309-11101	中国日耳曼学 管窥与偶得 / 09815	309-13906	中国风湿病图谱 系统性红斑狼疮分册 / 14179
309-04581	中国中古史研究十论 / 11682	309-08606	中国文化产业综述 / 04950
309-13637	中国中医药服务贸易政策研究 / 13428	309-01578	中国文化泛言 / 04941
309-11267	中国中档饭店企业竞争力研究 / 04077	309-11614	中国文化泛言〔第2版〕/ 04942
309-14919	中国气脉 / 11864	309-13828	中国文化泛言 / 04943
309-13165	中国化人才心理测评 / 01241	309-13893	中国文化泛言 / 04944
309-05443	中国公文发展简史 / 07654	309-10287	中国文化英语教程 / 09174
309-10984	中国公立大学法人治理结构研究 以A大学为例 / 07037	11253.006	中国文化研究集刊 第1辑 / 11570
309-14099	中国公立医院安全文化、临床路径实施与医疗质量的关联机制研究 / 13374	11253.008	中国文化研究集刊 第2辑 / 11571
		11253.012	中国文化研究集刊 第3辑 / 11572
		11253.020	中国文化研究集刊 第4辑 / 11573
309-07393	中国公立医院改革 关注运行机制和制度环境 / 13369	11253.021	中国文化研究集刊 第5辑 / 11574
309-08558	中国公立医院战略、文化与绩效 / 13375	309-12599	中国文化符号解读 / 11587
		309-12491	中国文化概论 / 11566
309-03769	中国公司治理报告 2003 / 03565	309-13616	中国文论通史 / 10085
309-04205	中国公司治理报告 2004 董事会独立性与有效性 / 03566	309-07269	中国文学中的世界性因素 / 10170
		309-04566	中国文学中的商人世界〔第2版〕/ 10114
309-04701	中国公司治理报告 2005 民营上市公	309-11810	中国文学中的商人世界〔第3版〕/

	10115	309-11361	中国古代土地关系史稿 / 03719
309-01489	中国文学史 / 10439	309-02483	中国古代小说与宗教 / 10354
309-01854	中国文学史 / 10440	309-03663	中国古代文明十讲 / 11678
309-08587	中国文学史 / 10436	309-04040	中国古代文学史纲与名篇欣赏 / 10447
309-05696	中国文学史品读 / 10443	309-05072	中国古代文学地理形态与演变 / 10112
309-05462	中国文学史新著〔增订本〕/ 10441	309-12996	中国古代文学作品选 / 10116
309-08022	中国文学史新著〔第2版〕/ 10442	309-14501	中国古代文学阐释学十讲 / 10136
309-04625	中国文学发展史 / 10444	309-06370	中国古代文学鉴赏论 / 10139
309-08377	中国文学发展史 / 10432	309-12995	中国古代文学简史 / 10446
309-08394	中国文学发展史 / 10445	309-07842	中国古代文章学的成立与展开 中国古代文章学论集 / 07624
309-09216	中国文学再认识 / 10077	309-14944	中国古代文章学的形态与体系 中国古代文章学四集 / 07627
309-05416	中国文学批评小史 / 10086	309-10741	中国古代文章学的衍化与异形 中国古代文章学二集 / 07625
309-02939	中国文学批评史新编 / 10082	309-12802	中国古代文章学的阐释与建构 中国古代文章学三集 / 07626
309-05644	中国文学批评史新编〔第2版〕/ 10083	2253.007	中国古代认识论史略 / 00140
309-05312	中国文学批评范畴及体系 / 10080	309-01931	中国古代劝学名篇选注 / 10501
309-13080	中国文学批评范畴及体系〔第2版〕/ 10081	309-03881	中国古代书画研究十论 / 11206
309-09240	中国文学研究 第19辑 / 10052	309-04848	中国古代行政制度史 / 01659
309-09338	中国文学研究 第20辑 / 10053	309-04863	中国古代农村土地所有权与使用权关系 制度思想演进的历史考察 / 03699
309-09664	中国文学研究 第21辑 / 10054	309-03959	中国古代典籍十讲 / 05489
309-10191	中国文学研究 第22辑 / 10055	309-12710	中国古代的聚落与地方行政 / 12172
309-10649	中国文学研究 第23辑 / 10056	309-14736	中国古代治国理财经典阐释 / 04351
309-11088	中国文学研究 第24辑 / 10057	309-03970	中国古代建筑十论 / 15298
309-11319	中国文学研究 第25辑 / 10058	309-00426	中国古代经济管理思想 / 02551
309-11862	中国文学研究 第26辑 / 10059	309-01214	中国古代政治与行政制度 / 01655
309-12404	中国文学研究 第27辑 / 10060	309-14962	中国古代茶文学作品选读 / 10131
309-12643	中国文学研究 第28辑 / 10061	309-01531	中国古代故事精选集 汉英对照 / 09156
309-13037	中国文学研究 第29辑 / 10062	2253.003	中国古代美学史研究 / 00453
309-13510	中国文学研究 第30辑 / 10063	309-07635	中国古代语言学史 / 07354
309-13916	中国文学研究 第31辑 / 10064		
309-14489	中国文学研究 第32辑 / 10065		
309-15315	中国文学研究 第33辑 / 10066		
309-14788	中国火箭人 人才高度成就事业高度 / 15375		
309-14391	中国书法艺术刍论 现代视角下的中国书法艺术 / 11218		
309-03805	中国世界遗产管理体系研究 / 03844		

编号	书名 / 编号
309-00667	中国古代绘画简史 / 11163
309-14143	中国古代阐释学研究 / 00119
309-14041	中国古代谐谑小说研究 / 10352
309-02732	中国古近代金融史 / 04815
309-04439	中国古典小说论集 / 10351
309-13719	中国古典小说序跋语篇之互文性研究 / 10342
10253.010	中国古典文学丛考 第1辑 / 10097
10253.031	中国古典文学丛考 第2辑 / 10098
309-09065	中国古典建筑思想四论 / 15297
309-08450	中国本土企业人力资源管理典型案例解析 / 03281
309-09610	中国电影、电视剧和话剧发展研究报告 2012卷 / 11483
309-10690	中国电影、电视剧和话剧发展研究报告 2013卷 / 11484
309-11464	中国电影、电视剧和话剧发展研究报告 2014卷 / 11485
309-12304	中国电影、电视剧和话剧发展研究报告 2015卷 / 11486
309-13234	中国电影、电视剧和话剧发展研究报告 2016卷 / 11487
309-13950	中国电影、电视剧和话剧发展研究报告 2017卷 / 11488
309-14647	中国电影、电视剧和话剧发展研究报告 2018卷 / 11489
309-15133	中国电影在中亚的跨文化传播研究 / 11441
309-08663	中国电影的传统与创新 / 11391
309-11550	中国史学史讲义稿 / 11529
309-14354	中国央地关系 历史、演进及未来 / 01502
309-14916	中国生产性服务业发展与开放 理论、实证与战略 / 04103
309-10365	中国代际收入流动性的实证研究 经济机制与公共政策 / 02680
309-01149	中国外经贸大全 / 04206
309-09286	中国外语教学探索与研究 理论与实践 / 07808
309-07825	中国市场领导力 100位经理人的实战告白 / 03509
309-13116	中国民间文化 / 11567
309-13813	中国民间故事 讲述、表演与讨论 / 07789
309-10480	中国民俗学通论 第1卷 民俗文化论 / 12104
309-10729	中国民俗学通论 第2卷 民俗传播论 / 12105
309-10790	中国民俗学通论 第3卷 民俗资源论 / 12106
309-12070	中国民俗故事 / 12107
309-04240	中国出土古文献十讲 / 12092
309-05326	中国出生缺陷的疾病负担和预防策略的经济学评价 / 14331
309-05113	中国出版产业论稿 / 05426
309-06435	中国加工贸易研究 / 04222
309-09686	中国发展与亚洲的未来 / 02667
309-10570	中国对外传播的客居受众效果研究 / 05300
309-02826	中国对外直接投资的实证研究及国际比较 / 04795
309-10119	中国对外贸易 / 04199
309-05722	中国对外贸易中的生态要素流分析 从生态经济学视角看贸易与环境问题 / 02498
309-08247	中国对外贸易的能源环境影响 基于隐含流的研究 / 04196
309-07185	中国式分权与地方政府行为 探索转变发展模式的制度性框架 / 04317
309-02218	中国老股票 / 04692
309-13630	中国地区比较新闻史 / 05305
309-00964	中国地区产业结构分析 / 02698
309-06177	中国地方志精读 / 11752
309-01806	中国地方政府经济行为分析 / 02700
309-09313	中国地方政府绩效评估研究 基于广义模糊综合评价模型的分析 / 01498
309-09722	中国共产党与国家建设 以统一战线为视角 / 01451

309-12628	中国共产党现代化理论创新史 论点与文献 / 01364		05272
309-14615	中国共产党国家安全思想研究 / 01557	309-03234	中国传播学 反思与前瞻 / 05017
309-09268	中国共产党金融思想研究 / 04824	309-04699	中国传播学评论 第1辑 / 05018
309-06971	中国共产党政党文化研究 / 01358	309-05399	中国传播学评论 第2辑 / 05019
309-04430	中国西北地区古代居民种族研究 / 12937	309-06391	中国传播学评论 第3辑 媒介素养专辑 / 05020
309-15215	中国当代小说 历史、想象与虚构 / 10401	309-06972	中国传播学评论 第4辑 传播媒介与社会空间特辑 / 05021
309-12352	中国当代文学世俗性与革命性关系研究 1942—1965 / 10225	309-09377	中国传播学评论 第5辑 交往与沟通：变迁中的城市 / 05022
309-02357	中国当代文学史教程〔第2版〕/ 10463	309-11928	中国传播学评论 第6辑 新传播与新关系：中国城乡变迁 / 05023
309-03373	中国当代文学关键词十讲 / 10207	309-13148	中国传播学评论 第7辑 城市传播：地理媒介、时空重组与社会生活 / 05024
309-14825	中国当代文学作品英译的出版与传播 / 08413	309-01919	中国优秀公关案例选评 2 第二届中国最佳公关案例大赛获奖案例集 / 00920
309-06715	中国当代电影中的纪实现实主义 / 11411	309-02292	中国优秀公关案例选评 3 第三届中国最佳公关案例大赛获奖案例集 / 00921
309-06894	中国当代作家面面观 文学的自觉 / 10246	309-02940	中国优秀公关案例选评 4 / 00922
309-03536	中国当代理论新闻学 / 05104	309-01420	中国优秀公关案例选评 首届中国最佳公关案例大赛获奖案例集 / 00919
309-11782	中国网民网络信息隐私认知与隐私保护行为研究 / 02171	10253.002	中国优秀报告文学选评 / 10675
309-05803	中国网络传播研究 （总）第1卷第1辑（2007）/ 05011	10253.019	中国优秀报告文学选评〔第2版〕/ 10676
309-05974	中国先秦国家间政治思想选读 / 01341	309-13056	中国华文教育政策历史研究 语言规划理论透视 / 07195
309-11358	中国传叙文学之变迁 / 10408	309-01048	中国华东对外经济贸易 / 04240
309-12600	中国传叙文学之变迁 / 10409	309-05593	中国行政区划通史 总论 先秦卷 / 12142
309-03817	中国传统文化概论 / 11590	309-12696	中国行政区划通史 总论 先秦卷〔第2版〕/ 12155
309-08349	中国传统文化概观〔重印本〕/ 11569		
309-10340	中国传统文化概观 / 11584	309-11161	中国行政区划通史 秦汉卷 / 12143
309-01282	中国传统文化精华 / 11581	309-12967	中国行政区划通史 秦汉卷〔第2版〕/ 12156
309-13860	中国传统文学文化 / 11594		
309-14996	中国传统法律文化精讲 / 01867	309-10429	中国行政区划通史 三国两晋南朝卷 / 12144
309-06079	中国传媒业的战略转型 以沿海省会城市平面媒体为案例 / 05245		
309-04120	中国传媒经济研究 1949—2004 /	309-12680	中国行政区划通史 三国两晋南朝卷

		〔第 2 版〕/ 12157	309 - 02596	中国企业发展的战略选择 / 03511
309 - 05597	中国行政区划通史 隋代卷 / 12146		309 - 05174	中国企业年金财务问题研究 / 04908
309 - 12697	中国行政区划通史 隋代卷〔第 2 版〕/ 12159		309 - 13917	中国企业伦理管理与社会责任研究 / 03201
309 - 05598	中国行政区划通史 唐代卷 / 12147		309 - 01012	中国企业学导论 / 03494
309 - 12698	中国行政区划通史 唐代卷〔第 2 版〕/ 12160		309 - 10593	中国企业品牌国际化实证研究 / 03507
309 - 11163	中国行政区划通史 十六国北朝卷 / 12145		309 - 10459	中国企业领导力 / 03521
			309 - 01712	中国企业集团论 / 03543
309 - 12968	中国行政区划通史 十六国北朝卷〔第 2 版〕/ 12158		309 - 12915	中国企业跨境并购成败和绩效对比研究 / 03503
309 - 10523	中国行政区划通史 五代十国卷 / 12148		309 - 03513	中国企业:新起点上的突破 / 03529
			309 - 00806	中国名诗百首行楷字帖 / 11245
309 - 12681	中国行政区划通史 五代十国卷〔第 2 版〕/ 12161		309 - 12395	中国名菜 大淮扬风味制作 / 15276
			309 - 08736	中国交通史话 / 03785
309 - 05599	中国行政区划通史 宋西夏卷 / 12149		309 - 01737	中国产业结构成因与转换 / 02631
			309 - 11365	中国问题的分析 荒谬集 / 01680
309 - 12699	中国行政区划通史 宋西夏卷〔第 2 版〕/ 12162		309 - 08044	中国农村公共政策 政策执行的实证研究 / 03693
309 - 05600	中国行政区划通史 辽金卷 / 12150		5627 - 0112	中国农村初级卫生保健适宜技术与基本药物手册 / 13059
309 - 12700	中国行政区划通史 辽金卷〔第 2 版〕/ 12163		309 - 14342	中国戏曲纵横新论 / 11376
309 - 05601	中国行政区划通史 元代卷 / 12151		309 - 10033	中国戏曲故事 / 11373
309 - 12701	中国行政区划通史 元代卷〔第 2 版〕/ 12164		309 - 06438	中国戏剧史研究入门 / 11363
			309 - 05180	中国远古开颅术 / 14227
309 - 05602	中国行政区划通史 明代卷 / 12152		309 - 07845	中国技能短缺治理 / 01245
309 - 12702	中国行政区划通史 明代卷〔第 2 版〕/ 12165		309 - 00720	中国报纸的理论与实践 / 05221
			309 - 09696	中国村镇银行可持续发展研究 / 04735
309 - 05603	中国行政区划通史 清代卷 / 12153		5627 - 0242	中国医药卫生科研机构及高级人员名录 / 13421
309 - 12703	中国行政区划通史 清代卷〔第 2 版〕/ 12166		309 - 14552	中国医药学教程 / 13427
309 - 05604	中国行政区划通史 中华民国卷 / 12154		5627 - 0011	中国医德史 / 12973
			309 - 10257	中国县级财政压力研究 / 04344
309 - 12704	中国行政区划通史 中华民国卷〔第 2 版〕/ 12167		309 - 13880	中国财产法史 / 02178
			309 - 00240	中国财经教学计划研讨会纪要 世界银行中国大学第二个发展项目 / 04273
309 - 10563	中国行政诉讼法专题 / 02225			
309 - 08571	中国行政法专题 / 01993			
309 - 02084	中国会计案例选 / 03518		309 - 12765	中国财政史十六讲 基于财政治学的历史重撰 / 04349
309 - 01711	中国企业文化的系统研究 / 03154			

编号	书名
309-11169	中国:我们的敌人? 一位(美国)将军的故事 / 01771
309-06767	中国佛学之精神 / 00703
309-01706	中国佛教发展史略 / 00705
309-11603	中国佛教发展史略〔第2版〕/ 00706
309-11094	中国近三百年学术史 / 00287
309-10117	中国近三百年疑古思潮史纲 / 00139
309-11177	中国近世地方社会中的宗教与国家 / 00573
309-11850	中国近代大学职能演化与教师发展 / 07084
10253.018	中国近代文艺思想论稿 / 10454
309-10237	中国近代史讲座 1840—1949 / 11717
309-00176	中国近代史应试指南 / 11725
309-02158	中国近代市场经济思想 / 02552
309-07632	中国近代行政领导思想研究 / 01347
309-14480	中国近代金融史十讲 / 04821
309-07636	中国近代诗歌史 / 10259
11253.018	中国近代经济史论 / 02734
309-12101	中国近代教育、文学的联动与互动 / 10167
309-11701	中国近代博士教育史 以震旦大学法学博士教育为中心 / 06971
309-02243	中国近代新闻法制史论 / 02016
309-03017	中国近代群己观变革探析 / 00904
309-03225	中国近百年政治史 1840—1926 / 01652
309-05633	中国近百年政治史 1840—1926 / 01653
309-05634	中国近百年政治史 1840—1926〔再版本〕/ 01654
309-15354	中国近现代小说中的时间问题研究 / 10400
309-10016	中国近现代史纲要难点解析 / 11712
309-06532	中国近现代史纲要教学导论 / 11711
309-15267	中国近现代行政区域划界研究 / 12140
309-14505	中国近现代美术文献十讲 / 11157
309-08066	中国饮食文化史 / 15248
309-08752	中国证券业年鉴 2011(总第19期) / 15471
309-09587	中国证券业年鉴 2012(总第20期) / 15472
309-10458	中国证券业年鉴 2013(总第21期) / 15473
309-11430	中国证券业年鉴 2014(总第22期) / 15474
309-12261	中国证券业年鉴 2015(总第23期) / 15475
309-13034	中国证券业年鉴 2016(总第24期) / 15476
309-14026	中国证券业年鉴 2017(总第25期) / 15477
309-11912	中国证券市场的金融约束政策效应研究 / 04757
309-14759	中国初期国家形成的考古学研究 陶器研究的新视角 / 12087
309-13210	中国社区服务产业发展研究报告 2017 整合·转型·新生态 / 04104
309-05160	中国社会主义发展概论 从毛泽东思想、邓小平理论到"三个代表"重要思想 / 01468
309-00301	中国社会主义建设 / 01459
309-00425	中国社会主义建设百题 / 01453
309-00673	中国社会主义建设辅助教材 / 01457
5627-0025	中国社会主义建设概论 / 01456
309-10073	中国社会主流意识形态的建构与变迁 以1949—2008年《人民日报》社论为例 / 01349
309-10107	中国社会转型时期社会保障法律制度研究 / 02141
309-02712	中国社会变迁 反观与前瞻 / 01615
309-09412	中国社会政治分析 / 01340
309-08514	中国社会科学论丛 2011年3月(总第34期)春季卷 / 00860
309-08582	中国社会科学论丛 2011年6月(总第35期)夏季卷 / 00861
309-08565	中国社会科学论丛 2011年9月(总

			36期)秋季卷 / 00862	
309-08555	中国社会科学论丛 2011年12月(总第37期)冬季卷 / 00863		309-10329	中国现代文艺思潮史〔第2版〕/ 10469
309-09089	中国社会科学论丛 2012年3月(总第38期)春季卷 / 00864		309-03371	中国现代文学与现代性十讲 / 10176
			309-15213	中国现代文学文献学十讲 / 10171
309-06388	中国社会科学辑刊 2008年12月(总第25期)冬季卷 / 00851		309-05849	中国现代文学史简编〔增订版〕/ 10466
			309-03417	中国现代文学批评史新编 / 10084
309-06562	中国社会科学辑刊 2009年3月(总第26期)春季卷 / 00852		10253.023	中国现代文学作品选 第1册 / 10516
			10253.024	中国现代文学作品选 第2册 / 10517
309-06678	中国社会科学辑刊 2009年6月(总第27期)夏季卷 / 00853		10253.029	中国现代文学作品选 第3册 / 10518
			10253.030	中国现代文学作品选 第4册 / 10519
309-06882	中国社会科学辑刊 2009年9月(总第28期)秋季卷 / 00854		309-00262	中国现代文学的主潮 / 10213
			309-06923	《中国现代文学研究丛刊》30年精编 文学史研究·史料研究卷 / 10187
309-06996	中国社会科学辑刊 2009年12月(总第29期)冬季卷 / 00855		309-06924	《中国现代文学研究丛刊》30年精编 作家作品研究卷 / 10188
309-07205	中国社会科学辑刊 2010年3月(总第30期)春季卷 中国深度研究 / 00856		309-00538	中国现代抒情诗钢笔字帖 / 11231
			309-09132	中国现代诗学论稿 / 10279
309-07425	中国社会科学辑刊 2010年6月(总第31期)夏季卷 / 00857		10253.033	中国现代美学论著译著提要 / 15504
			309-01120	中国现代语言计划的理论和实践 / 07540
309-07608	中国社会科学辑刊 2010年9月(总第32期)秋季卷 中国经验与发展 / 00858		309-00055	中国现代哲学原著选 / 00291
			309-11124	中国现代管理理论文要 / 01091
309-08025	中国社会科学辑刊 2010年12月(总第33期)冬季卷 重新认识中国 / 00859		309-14008	中国现当代作家作品论 / 10195
			309-03265	中国现当代新闻业务史导论 / 05316
309-01000	中国社会保险制度改革 / 04891		309-00472	中国现阶段私营经济探索 / 02643
309-05872	中国社会调查史 / 01613		309-13362	中国现象的政治经济学 / 03533
309-03268	中国改革开放与世界经济 余开祥文集 / 02633		309-06459	中国抽象艺术学 / 11166
309-04864	中国纺织建设公司研究 1945—1950 / 03773		309-11759	中国英汉双语教育研究 现状与规划 / 05589
309-08627	中国环境政策工具的实施效果与优化选择 / 15378		309-07188	中国英语测试体系研究 / 08447
			309-06874	中国英语教学探索与展望 / 08450
309-06132	中国武术传播论 / 07309		309-06547	中国画符号教学 花鸟篇 / 11171
309-11205	中国武术段位制高校教程 / 07308		309-06548	中国画符号教学 山水篇 / 11172
309-04532	中国现代小说史 / 10340		309-14114	中国欧洲一体化研究的拓荒者 伍贻康先生口述历史 / 11843
309-01202	中国现代化问题 一个多方位的历史探索 / 11731			
309-02176	中国现代化进程中的犯罪研究 / 01939		309-08033	中国转型期城市贫困与社会政策 / 02685
309-01805	中国现代文艺思潮史 / 10468		309-04001	中国非公募资产(基金)营运和管理

	研究 / 04728	309-07525	中国的疼痛 国民性批判与文化政治学困境 / 01231
309-03409	中国非寿险保险公司的偿付能力研究 / 04894	309-01404	中国的海外移民 一项国际迁移的历史研究 / 01063
309-05355	中国国际关系理论研究 / 01743	309-04613	中国金融产业地图 2005 / 04709
309-12880	中国国际话语权构建 理论、现状和路径 / 01764	309-03486	中国金融体制改革焦点问题研究 / 04718
309-07472	中国国际新创企业成长研究 / 03591	309-03944	中国金融体制的改革与发展 / 04714
309-06785	中国国家形象的塑造和传播 / 01415	309-02522	中国金融改革的理论与实践 / 04713
309-04792	中国图书发行史 / 05435	309-06373	中国金融制度变迁研究 / 04819
309-03678	中国知识分子十论 / 01609	5627-0454	中国贫困农村医疗保健制度社会干预试验研究 / 13341
309-11435	中国知识分子十论〔修订版〕/ 01610	309-01581	中国股市遭遇激情 / 04754
309-02165	中国知识分子的美国观 1943—1953 / 01712	309-01354	中国股份公司实务 / 03584
309-11014	中国和平发展论坛论文集 / 01419	309-12692	中国服务业发展动因研究 结构转型和产业关联的双重视角 / 04053
309-10160	中国侦查体制演进研究 基于现代诉讼法治的视角 / 02203	309-09483	中国服务贸易报告 2011 视听服务贸易专题研究 / 04223
309-02098	中国货币供给机制转轨研究 / 04378	309-02934	中国法制史 / 02251
309-02059	中国货币政策的金融传导 / 04370	309-03144	中国法制史 / 02252
309-14067	中国货币政策调控机制转型及理论研究 / 04371	309-06389	中国法制史〔第2版〕/ 02253
309-09710	中国货币政策绩效研究 基于社会福利角度的考察 / 04375	309-13327	中国法制史〔第3版〕/ 02254
309-01584	中国货币需求分析 货币需求函数中的规模变量问题研究 / 04368	309-03815	中国法律思想史 / 01871
		309-05735	中国法律思想史 / 01868
309-01995	中国货币需求的微观基础研究 / 04369	309-13639	中国法律思想史〔第2版〕/ 01869
		309-04687	中国法律概论 / 01973
309-08172	中国的不平等条约 国耻与民族历史叙述 / 01779	309-01011	中国沿海经济研究 / 02696
309-00783	中国的休斯敦 西昌揽异 / 12137	309-05985	中国注册会计师执业准则释疑 / 02915
309-10240	中国的自由传统 / 11683	309-01552	中国学术名著提要 教育卷 / 15495
309-10170	中国的诞生 / 11656	309-01245	中国学术名著提要 经济卷 / 15491
309-14740	中国的诞生〔修订版〕/ 11657	309-01540	中国学术名著提要 科技卷 / 15494
309-10311	中国的贸易开放、产业升级与就业结构研究 / 04203	309-01212	中国学术名著提要 历史卷 / 15490
		309-02291	中国学术名著提要 文学卷 / 15497
309-15293	中国的美学问题 / 00452	309-01528	中国学术名著提要 艺术卷 / 15493
309-13194	中国的恋歌 从《诗经》到李商隐 / 10263	309-00857	中国学术名著提要 语言文字卷 / 15488

309-00937	中国学术名著提要 哲学卷 / 15489		路径研究 / 02610
309-01494	中国学术名著提要 政治法律卷 / 15492	309-01392	中国经济改革 问题与前景 / 02632
309-01683	中国学术名著提要 宗教卷 / 15496	309-14902	中国经济思想史与道路自信 / 02549
309-06788	中国学术名著提要(合订本) 第1卷 先秦两汉编 魏晋南北朝编 / 15482	309-12120	中国经济结构再平衡与长期增长 / 02644
309-06789	中国学术名著提要(合订本) 第2卷 隋唐五代编 / 15483	309-01571	中国经济特区研究 / 02726
		309-07186	中国经济竞争力的国际贸易环境研究 / 04197
309-06790	中国学术名著提要(合订本) 第3卷 宋辽金元编 / 15484	309-05156	中国经济增长 制度、结构、福祉 / 02672
309-06791	中国学术名著提要(合订本) 第4卷 明代编 / 15485	309-01036	中国经济增长分析 / 02670
309-06792	中国学术名著提要(合订本) 第5卷 清代编 / 15486	309-10477	中国城市底层群体研究 / 01571
		309-13780	中国城市基层治理研究读本 / 01503
309-06793	中国学术名著提要(合订本) 第6卷 民国编 / 15487	309-14015	中国政治文明的探索 / 01414
309-09037	中国学前教师专业标准岗位达标实训 / 05793	309-13138	中国政治思想史 古代部分 / 01339
		309-12098	中国政治科学年度评论 2013—2014 / 01428
309-07551	中国宗教、学术与思想散论 / 00756		
309-06398	中国宗族史研究入门 / 11836	309-14490	中国政治科学年度评论 2015—2016 / 01429
309-08844	中国实现和谐消费的理论与实证研究 / 03757	5627-0023	中国革命史 / 11716
309-03062	中国诗史 / 10257	309-00437	中国革命史 / 11718
309-08586	中国诗史 / 10258	5627-0326	中国革命史〔第2版〕 / 11719
309-04590	中国房地产产业地图 2005 / 03660	309-00320	中国革命史学习指导 / 11714
309-06676	中国房地产金融制度创新研究 基于REITs理论的探讨 / 04742	309-00052	中国革命史教程 / 11713
		5627-0000|11496.1	中国革命史简编 / 11715
309-08339	中国居民消费前沿问题研究 / 02691	5627-0645	中国药用石斛彩色图谱 / 13559
309-03363	中国经学史十讲 / 15427	309-13615	中国药用石斛彩色图谱 / 13560
309-11362	中国经学史论著选编 / 15426	309-01927	中国标准行政公文 / 07656
309-12355	中国经济 / 02604	309-08284	中国省级人大预算监督制度研究 / 04346
309-05671	中国经济与传媒评论 第1卷 创意与传媒 / 05283	309-02992	中国思想史 / 00134
309-04623	中国经济史 / 02728	309-06718	中国思想史 / 00135
309-04649	中国经济安全的国家战略选择 / 02649	309-09024	中国思想史〔第2版〕 / 00136
		309-02442	中国思想研究法 / 00141
309-15088	中国经济两重性和相容性研究 改革开放的方法论探索 / 02661	309-11366	中国思想研究法 中国礼教思想史 / 00142
309-08142	中国经济低碳化的政策体系与产业	309-14634	中国科技考古讲义 / 12082

309-13589	中国科技考古导论 / 12081	309-14071	中国特色社会主义政治经济学的新发展 / 02619
309-14134	中国科技考古纵论 / 12083	309-09002	中国特色社会主义核心价值观的历史形成 / 01462
309-02648	中国科技的基石 叶企孙和科学大师们 / 11889	309-15277	中国特色社会主义理论与实践研究专题教学讲稿 / 01439
309-06278	中国科技的基石 叶企孙和科学大师们〔第2版〕/ 11890	309-07644	中国特色的经济转型 / 02637
309-02288	中国科技法学 / 02023	309-08902	中国特色的语言学研究 程雨民先生85岁诞辰学术思想研讨会论文集 / 07400
309-07601	中国科教电影发展史 / 11443	309-02006	中国特产的爬行动物 / 12926
309-03811	中国保险业发展战略研究 / 04892	309-12263	中国特点的对口支援制度研究 政府间网络视角 / 02694
309-11998	中国保险业后发优势探索 / 04889	309-06385	中国健康保险与医疗保障体系改革统计分析研究 / 04900
309-05274	中国保险业的机遇与挑战 精算师看未来 / 04888	5627-0114	中国射线防护器材的生产与管理 / 14734
309-15108	中国保健推拿纲要 / 13494	309-14851	中国航空航天产业发展模式转变的实证研究 / 03765
309-12604	中国促进母婴安全和儿童营养的案例研究 / 13228	309-05578	中国高校英语教学与研究 / 08477
309-03996	中国信用建设法律法规汇编 / 02060	309-00807	中国高校数学和统计软件库(CUMSS)数值软件的研究与开发 / 14940
309-05845	中国美学史资料选编 / 00455	309-08773	中国高等教育中影响外语教师教学动机因素研究 / 07806
309-03843	中国美学史教程 / 00454	309-11307	中国高等教育制度变迁及创新研究 / 07042
309-06336	中国美学思想史 / 00456	309-13237	中国高端服务业发展驱动因素研究 / 04055
309-05628	中国语文 / 07503	309-13115	中国竞赛表演业政策研究 / 07287
309-06857	中国语文〔第2版〕/ 07504	309-00940	中国旅游文化 / 03840
309-11798	中国语文教育思想简史 / 07711	309-06865	中国酒店管理模式 / 04073
309-07342	中国语言文学本科必读书目 / 15481	309-10952	中国海关史十六讲 / 04220
309-00747	中国语言文学研究的现代思考 / 10050	309-11991	中国家风故事 / 00421
309-04721	中国语言学史 / 07514	309-14670	中国家族上市企业股利政策研究 基于家族特殊资产的视角 / 03548
309-14441	中国哲学史十讲 / 00137	309-14145	中国家族办公室管理前沿 / 03554
309-00951	中国哲学史简明教程 / 00130	309-11188	中国调查史 / 01612
309-12595	中国索引 第1辑 / 05480	11253.023	中国通史 / 11564
309-13109	中国索引 第2辑 / 05481	309-04797	中国通史教程 第1卷 先秦两汉时期 / 11562
309-13373	中国索引 第3辑 / 05482		
309-13726	中国索引 第4辑 / 05483		
309-14132	中国索引 第5辑 / 05484		
309-14538	中国索引 第6辑 / 05485		
309-14874	中国索引 第7辑 / 05486		
309-15068	中国索引 第8辑 / 05487		
309-13968	中国特色社会主义经济理论教程 / 02612		

| 309-04799 | 中国通史教程 第3卷 元明清时期 / 11563
| 309-10546 | 中国教育史话 / 05670
| 309-01487 | 中国啮齿类 / 12929
| 309-06351 | 中国商人 / 10590
| 309-07770 | 中国商事仲裁机构现状与发展趋势研究 / 02230
| 309-09652 | 中国绿色经济发展研究 / 02675
| 5627-0415 | 中国超声诊断四十年 / 13847
| 309-00729 | 中国期刊文献检索工具大全 1949—1989 / 15501
| 309-09859 | 中国期货市场的信息结构及其风险管理研究 / 04791
| 309-03646 | 中国最佳公共关系案例选评 5 / 00923
| 309-10940 | 中国智慧 邓小平与中国特色社会主义 / 01472
| 309-04845 | 中国税制 / 04326
| 309-06173 | 中国税制〔第3版〕/ 04327
| 309-08493 | 中国税制〔第4版〕/ 04328
| 309-11236 | 中国税制〔第5版〕/ 04329
| 309-12676 | 中国税制〔第6版〕/ 04330
| 309-14985 | 中国税制〔第7版〕/ 04331
| 309-03847 | 中国税制练习与检索 / 04332
| 309-06856 | 中国道家之精神 / 00233
| 309-13242 | 中国道教史研究入门 / 00716
| 309-01705 | 中国道教发展史略 / 00717
| 309-11604 | 中国道教发展史略〔第2版〕/ 00718
| 309-09620 | 中国道路大家谈 / 01474
| 309-04734 | 中国游仙文化 / 00578
| 309-02877 | 中国游侠史〔第2版〕/ 11586
| 309-06873 | 中国禅学研究入门 / 00628
| 309-13097 | 中国禅宗与诗歌 / 00648
| 309-13422 | 中国媒介与传播景观 国际双硕士项目学生的视野 / 05282
| 309-14494 | 中国媒体产业20年 创新与融合 / 05290
| 309-03960 | 中国媒体投资 理论和案例 / 04747
| 309-00231 | 中国编辑史 / 05436

| 309-03919 | 中国编辑史〔第2版〕/ 05437
| 309-09503 | 中国跨界水资源利用和保护法律问题研究 / 15338
| 309-12236 | 中国新三板资本市场研究 2015年 / 04756
| 10253.020 | 中国新文学研究 第1辑 / 10173
| 309-15297 | 中国新石器时代考古讲义 / 12080
| 309-14811 | 中国新石器时代至青铜时代生业研究 / 12079
| 309-15214 | 中国新时期以来的类型电影 / 11409
| 309-02828 | 中国新诗 1916—2000 / 10563
| 309-08111 | 中国新诗 1916—2000〔第2版〕/ 10564
| 309-12099 | 中国新诗自由体音律论 / 10331
| 309-11140 | 中国新型工业化与新型城镇化研究 基于中部六省的视角 / 03753
| 309-06146 | 中国新闻史新修 / 05307
| 309-07819 | 中国新闻传播史 1978—2008 / 05319
| 309-06346 | 中国新闻传播学图书精介 / 15509
| 309-05353 | 中国新闻传播学研究最新报告 2006 / 05256
| 309-05783 | 中国新闻传播学研究最新报告 2007 / 05257
| 309-06241 | 中国新闻传播学研究最新报告 2008 / 05258
| 309-06784 | 中国新闻传播学研究最新报告 2009 / 05259
| 309-07517 | 中国新闻传播学研究最新报告 2010 / 05260
| 309-08468 | 中国新闻传播学研究最新报告 2011 / 05261
| 309-09193 | 中国新闻传播学研究最新报告 2012 / 05262
| 309-10127 | 中国新闻传播学研究最新报告 2013 / 05263
| 309-10966 | 中国新闻传播学研究最新报告 2014 / 05264
| 309-11930 | 中国新闻传播学研究最新报告 2015 / 05265

309-12611	中国新闻传播学研究最新报告 2016 / 05266	309-08562	中国管理研究与实践 复旦管理学杰出贡献奖获奖者代表成果集 2010 / 01133
309-13421	中国新闻传播学研究最新报告 2017 / 05267	309-10040	中国管理研究与实践 复旦管理学杰出贡献奖获奖者代表成果集 2011 / 01134
309-14056	中国新闻传播学研究最新报告 2018 / 05268	309-10985	中国管理研究与实践 复旦管理学杰出贡献奖获奖者代表成果集 2012 / 01135
309-14780	中国新闻传播学研究最新报告 2019 / 05269	309-11670	中国管理研究与实践 复旦管理学杰出贡献奖获奖者代表成果集 2013 / 01136
309-02571	中国新闻事业发展史 / 05303	309-11967	中国管理研究与实践 复旦管理学杰出贡献奖获奖者代表成果集 2014 / 01137
309-06410	中国新闻事业发展史〔第2版〕/ 05304	309-12563	中国管理研究与实践 复旦管理学杰出贡献奖获奖者代表成果集 2015 / 01138
309-08485	中国新闻采访写作学〔第2版〕/ 05167	309-13459	中国管理研究与实践 复旦管理学杰出贡献奖获奖者代表成果集 2016 / 01139
309-05791	中国新闻采访写作教程 / 05166	309-13821	中国管理研究与实践 复旦管理学杰出贡献奖获奖者代表成果集 2017 / 01140
309-13870	中国新能源物流车发展报告 2018版 / 03763	309-11565	中国"影戏美学"的知识阐释 / 11396
309-14783	中国新能源物流车发展报告 2019版 / 03764	309-06260	中国儒学之精神 / 00172
309-05434	中国煤电产业链纵向安排与经济规制研究 / 03758	309-12548	中国激光史录 / 14803
309-04091	中国歌谣 / 10421	309-08012	中法文学关系研究 / 10078
309-14629	中国舞 幼儿篇 一级 / 11350	309-11781	中学历史文献读本 / 06731
309-14631	中国舞 幼儿篇 二级 / 11351	309-00494	中学历史学习方法指导 / 06730
309-15143	中国舞 青年篇 11—12级 / 11352	309-13444	中学化学教学设计 方法与实践 / 06370
309-05227	中国管理学 / 01085	309-02221	中学生心理保健 / 00533
309-08509	中国管理学发展进程 1978—2008 / 01086	309-02360	中学生生活导引 / 06811
309-07820	中国管理研究与实践 复旦管理学杰出贡献奖获奖者代表成果集 2006 / 01129	309-02188	中学生作文快捷通 / 06439
309-07600	中国管理研究与实践 复旦管理学杰出贡献奖获奖者代表成果集 2007 / 01130	5627-0022	中学生青春期问题100例 / 13663
309-07691	中国管理研究与实践 复旦管理学杰出贡献奖获奖者代表成果集 2008 / 01131	309-03292	中学生英语写作纠错与实例 / 06483
309-08532	中国管理研究与实践 复旦管理学杰出贡献奖获奖者代表成果集 2009 / 01132	309-02584	中学生怎样写科研小论文 / 06414

5627-0050	中学生保健手册 / 05643			比较研究 / 01998
7253.004	中学生理卫生辅导提要 / 06801		309-14162	中美关系中的网络政治研究 / 01772
309-01345	中学生眼中的大千世界 青少年自我修养ABC / 06814		309-01058	中美关系史上的一次曲折 从巴黎和会到华盛顿会议 / 01795
309-08782	中学英汉双解多功能学习词典 / 06587		309-01924	中美关系史上的一次曲折 从巴黎和会到华盛顿会议〔第2版〕/ 01796
309-14174	中学英汉双解多功能学习词典 便携本 / 06588		11253.015	中美关系史论丛 / 01799
309-02702	中学英语口语 / 06537		309-00228	中美经济关系 现状与前景 / 02688
309-02652	中学英语词汇手册 / 06551		309-10131	中美混合修辞的崛起 兼读中式签语饼 / 07465
309-02071	中学英语词典 / 06550		309-06908	中美跨国税务问答 / 04354
309-01676	中学英语语法 / 06641		309-04490	中美新闻传媒比较 生态·产业·实务 / 05274
309-02935	中学英语语法〔第2版〕/ 06642		309-10303	中值市场杠杆融资 专为中国同行介绍 / 04835
309-02137	中学英语语法 初中〔重印本〕/ 06643		309-04963	中高级公共经济学 / 02512
309-04501	中学英语语法 初中〔第2版〕/ 06644		309-09161	中唐至北宋的典范选择与诗歌因革 / 10296
309-07896	中学英语语法 初中〔第3版〕/ 06645		309-04842	中资港股全攻略 / 03564
309-14999	中学英语语法 初中〔第4版〕/ 06646		309-09745	中职英语词汇通 / 06718
309-07235	中学英语语法 高中〔第3版〕/ 06647		309-07622	中职学校创新型汽修实训体系建设 / 15359
309-10455	中学英语语法 高中〔第4版〕/ 06648		309-11099	中韩双语及翻译研究 / 07520
309-12813	中学英语语法 高中〔第5版〕/ 06649			
309-02440	中学英语惯用法手册〔修订本〕/ 06696			**内**
7253.002	中学物理课程复习辅导提要 / 06772		5627-0657	内分泌代谢急症学 / 14151
309-00178	中学政治常识学习指南 / 06326		309-03909	内分泌代谢疾病与肾脏 / 14152
309-00899	中学数学文集 / 06360		309-14735	内外伤辨〔影印本〕/ 13526
309-02970	中学数学实用手册 初中版 / 06749		309-13277	内科出院病人中医调养 / 13527
309-06052	中学数学建模与赛题集锦 / 06743		309-08331	内科护理 / 13970
309-10467	中学数学建模与赛题集锦〔第2版〕/ 06744		309-11336	内科护理 / 13974
309-04352	中草药生物技术 / 13555		309-11685	内科护理〔第2版〕/ 13971
309-04062	中药分子鉴定 / 13557		5627-0397	内科护理学考题解〔第3版〕/ 13978
309-01574	中美日三国高等教育比较研究 / 07031		5627-0525	内科护理学考题解〔第4版〕/ 13979
309-06422	中、美、日企业内部控制实务 化外部监管压力为内部发展动力 / 03510		309-04220	内科护理学考题解〔第5版〕/ 13980
309-08935	中美文化与交际 / 04954		5627-0490	内科护理学临床实习指南 / 13969
309-13705	中美文化透视与思辨 / 04965		5627-0370	内科护理学教学目标与达标检测 / 13972
309-09959	中美外资并购国家安全审查体系的			

309-04663	内科学 / 14039		309-02078	水墨的诗情 从传统文人画到现代水墨画 / 11169
309-06560	内科学 / 14040			
309-09830	内科学 / 14041			**贝**
5627-0003	内科学及护理考题解 / 14045		309-00033	贝克莱思想新探 / 00324
5627-0214	内科学及护理考题解〔第2版〕/ 14046		309-14476	贝倍园 童玩幼儿英语 basic 1—5 / 05838
5627-0225	内科学考题解〔重印本〕/ 14044		309-14220	贝倍园 童玩幼儿英语 basic 6—10 / 05839
5627-0252	内科学多选题 / 14043		309-14477	贝倍园 童玩幼儿英语 level 1 1—5 / 05840
5627-0356	内科学应用多选题 / 14042			
309-10994	内科实习原则 / 14035		309-14221	贝倍园 童玩幼儿英语 level 1 6—10 / 05841
309-04789	内部会计控制制度设计 / 02973			
309-11690	内部控制设计与评价 / 03195		309-14478	贝倍园 童玩幼儿英语 level 2 1—5 / 05842
309-04622	内部控制案例 / 02974			
309-02986	内容与形式关系的修辞学思考 / 07463		309-14222	贝倍园 童玩幼儿英语 level 2 6—10 / 05843
309-05289	内镜在手外科的应用 / 14249		309-14479	贝倍园 童玩幼儿英语 level 3 1—5 / 05844
309-14191	内镜导航微创神经外科手术学 / 14223			
309-06506	内镜黏膜下剥离术 / 14134		309-14223	贝倍园 童玩幼儿英语 level 3 6—10 / 05845
309-00035	内燃机配气凸轮机构 设计与计算 / 14742			**手**
309-00607	内燃机配气凸轮机构设计与计算软件 FDCAM1.00 版用户手册 / 14741		309-08718	手工应用教程 / 06066
			309-13739	手工应用教程〔第2版〕/ 06067
	水		309-13059	手工纸艺教程 / 06080
309-12027	水产品冷链物流中心区位选择与评价研究 / 04101		309-10354	手工教程 / 06073
			309-04510	手工基础教程 / 06063
309-10022	水利英语 / 15335		309-09505	手工基础教程〔第3版〕/ 06064
309-11331	水利英语 / 15336		309-06160	手工基础教程 彩色〔第2版〕/ 06065
309-13765	水利英语〔第2版〕/ 15337		309-01595	手风琴 我们的好伙伴 / 11340
309-08798	水的科学与健康 / 12763		5627-0296	手术病人与营养 / 13875
309-00512	水波引论 / 12568		5627-0468	手外科手术学 / 14245
309-08552	水波动力学基础 / 12569		309-03670	手外科手术学〔重印本〕/ 14246
309-12405	水经注校笺图释 渭水流域诸篇 / 12170		309-06692	手外科手术学〔第2版〕/ 14247
11253.016	水经注通检今释 / 12169		309-06725	手外科围手术期护理 / 13995
309-06405	水浒传英译的语言与文化 / 08407		309-04009	手纹科学 / 01946
309-12163	水彩插图全程教学 / 11178		5627-0287	手的修复与再造 / 14244
			309-05055	手指·车厢社会 / 10753

309-10154	手绘我心 图说欧洲近代女画家 / 10864			

牛

309-13695	牛爸思维训练 二年级 / 06251
309-14297	牛爸思维训练 三年级 / 06252
309-14296	牛爸思维训练 四年级 / 06253
309-13848	牛爸思维训练 五年级 / 06254
309-02600	牛津英语词汇手册 高中一年级上 / 06608
309-02858	牛津商务英语教程(中国版) 成功会谈 / 09428
309-02882	牛津商务英语教程(中国版) 成功会谈(教师参考书) / 09429
309-02841	牛津商务英语教程(中国版) 成功交际 / 09430
309-02880	牛津商务英语教程(中国版) 成功交际(教师参考书) / 09431
309-02857	牛津商务英语教程(中国版) 成功谈判 / 09432
309-02884	牛津商务英语教程(中国版) 成功谈判教师参考书 / 09433
309-02847	牛津商务英语教程(中国版) 成功通话 / 09434
309-02879	牛津商务英语教程(中国版) 成功通话(教师参考书) / 09435
309-02852	牛津商务英语教程(中国版) 成功演讲 / 09436
309-02885	牛津商务英语教程(中国版) 成功演讲教师参考书 / 09437
309-07333	牛津商务英语教程(中国版·光盘版) 成功会谈〔第2版〕 / 09519
309-07335	牛津商务英语教程(中国版·光盘版) 成功交际〔第2版〕 / 09521
309-07336	牛津商务英语教程(中国版·光盘版) 成功谈判〔第2版〕 / 09522
309-07334	牛津商务英语教程(中国版·光盘版) 成功通话〔第2版〕 / 09520
309-07337	牛津商务英语教程(中国版·光盘版) 成功演讲 / 09523

毛

309-15306	毛中玉烈士诞辰100周年纪念文集 / 12039
309-03690	毛泽东口述传 英汉对照 / 00002
309-00722	毛泽东经济思想研究 / 00058
309-01099	毛泽东经济思想研究〔重印本〕 / 00059
309-09678	毛泽东思想和中国特色社会主义理论体系概论难点解析 / 00056
309-06693	毛泽东思想和中国特色社会主义理论体系概论教学有效性研究 / 00057
309-02585	毛泽东思想概论 / 00055
309-02562	毛泽东思想概论 / 00054
309-13621	毛笔字书写训练 以《勤礼碑》为例 / 11215

气

309-00595	气功心法 / 13465
309-01080	气功心法〔重印本〕 / 13466
309-01669	气体放电物理 / 12664
309-07447	气候 你需要知道的超过3000个基本事实 / 12764
309-13805	气候变化语境中的环境司法与行政 / 02269
309-14481	气流粉碎过程的混沌控制及仿真 / 14672
309-01588	气雾剂技术 / 15222

长

309-05711	长三角人口发展战略研究 / 01061
309-10704	长三角经济社会协同发展与区域治理体系优化 / 02706
309-15324	长三角城市发展报告 2019 长三角中小城市发展活力 / 03672
309-10899	长三角跨界水污染防治法律协调机制研究 / 15411
309-07745	长天眉月 / 11978
309-07110	长水声闻 / 12177

309-11367	长水粹编 / 12183		309-10840	化纤·材料·人生 / 07045
309-10705	长江三角洲区域治理的理论与实践 / 02704		309-00963	化学 / 07154
			309-09588	化学 直击A级——高中学业水平考试 / 06798
309-04420	长江三角洲产业地图 2005 / 02705		309-01999	化学与人类 / 12679
309-04326	长江下游考古地理 / 12174		309-02448	化学与人类〔第2版〕/ 12680
309-07544	长江中下游湿地自然保护区有效管理十佳案例分析 / 14641		309-05561	化学与人类〔第3版〕/ 12681
			309-00069	化学中的电子计算机程序编排入门 / 12684
309-01582	长江流域经济发展报告 1990—1994 / 02703		309-04785	化学物急性中毒救治与监控 / 14188
309-07231	长寿·夭折·涅槃 文化视角下的中国企业管理 / 03517		309-00119	化学热力学 经典化学热力学的统计探讨 / 12719
309-01452	长寿的猜想与探讨 / 12817		309-12993	化学教学论实验指导 / 06371
309-01414	长寿的奥秘 祛病延年1000法 / 13192		309-10809	化学就在你身旁 / 12687
309-09589	长寿话题百篇 / 13193			**反**
309-14943	长治与久安 / 01663		309-09651	反不正当竞争法理解适用与修改完善 / 02122
309-03566	长袖善舞 商务管理实录 / 03352			
309-13835	长期护理保险的理论与实践 / 04904		309-07569	反讽时代 形式论与文化批评 / 09917
	仁		309-07735	反抗者鲁迅 / 11932
309-04388	仁术济世 上海第一家西医医院的百年故事 / 13399		309-08028	反垄断法实施中的相关市场界定研究 / 01896
309-08787	仁者之言《论语》选读 / 00208		309-14693	反思与成长 幼儿园教师自我管理案例及评析 / 06139
309-06154	仁者寿 谈家桢百岁璀璨人生 / 12007		309-07410	反思的年代 / 00835
	什		309-09860	反洗钱法律文献比较与解析 / 01893
309-12164	什么是动画 / 11479		309-14101	反洗钱理论与实务 / 02070
5627-0288	什么是营养 / 13131		309-05978	反洗钱基础教程 / 02208
309-04454	什么是数学 对思想和方法的基本研究 / 12254		309-01417	反通货膨胀 政府、企业、个人的对策选择 / 04362
309-08623	什么是数学 对思想和方法的基本研究〔第3版〕/ 12255		309-09838	反基础公理的模型研究 / 00374
309-12810	什么是数学 对思想和方法的基本研究〔第4版〕/ 12256			**介**
			5627-0037	介入放射学 / 14540
309-15067	《什么是数学》习题解析 / 12257			**从**
	化		309-12144	从一元到多元 寡头的反垄断法规制 / 01898
309-09196	化工物流服务供应链运营研究 / 03054			
309-15063	化妆造型实用技术 / 15227		309-13199	从历史走向未来 亚太地区历史遗产与

		文化景观保护之路 / 12097	309-10648	从国别文学走向世界文学 / 09999
309-07583		从比较文学到比较文化 / 09894	309-15114	从罗尔斯到德沃金 基于契约主义的西方权利观嬗变 / 00331
309-09188		从比较文学到世界文学 / 09996	309-08392	从金融史再出发 银行社会责任溯源 / 04817
309-11839		从中共党史学治国理政 第一届全国大学生治国理政论坛精萃 / 01367	309-11299	从政府投资行为到政府投资制度 结构主义的映射 / 02105
309-12532		从中共党史学治国理政 第二届治国理政大学生论坛精粹 / 01368	309-11868	从相互隔绝到战略合作 建交后中韩政治经济关系的演化 / 01785
309-13206		从中共党史学治国理政 第三届治国理政全国大学生论坛精粹 / 01369	309-00553	从容应付 5 分钟成功推销课程 / 03944
309-14002		从中共党史学治国理政 第四届治国理政大学生论坛精粹 / 01370	309-08267	从诺奖得主到凡夫俗子的经济学谬误 / 02399
309-14292		从中共党史学治国理政 第五届治国理政大学生论坛精粹 / 01371	309-14636	从"难言之隐"到"心头敞亮" 泌尿外科行医札记 / 14266
309-15262		从中共党史学治国理政 第六届治国理政全国大学生论坛精粹 / 01473	309-10111	从排斥到借鉴 新民主主义革命时期中国共产党对主要社会思潮的认识和态度 / 01348
309-14028		从分营到融合 中国广电业与电信业的公共服务研究 / 05397	309-13371	从职场小白到团队老大 职场基本思维 / 00995
309-06028		从东方到西方 20 世纪中国文学与世界文学 / 10031	309-14177	从符号到系统 跨文化观察的方法 / 09888
309-05609		从叶利钦到普京 俄罗斯经济转型启示 / 02756	309-06916	从族裔声音到经典文学 美国华裔文学的文学性研究及主体反思 / 11073
309-13782		从"外来妹"到"外来媳" 婚姻移民的城市适应过程研究 / 01574	309-11800	从梁村到山阴路 / 10723
309-13798		从礼乐到演剧 明代复古乐思潮的消长 / 11366	309-08707	从"随势"到"谋势" 中国的国际取向与战略选择 / 01763
309-01716		从西藏明珠到东方明珠 中国长江流域证券市场采访录 / 10707	309-07715	从综观经济学到生物学 / 02435
309-13908		从同意到公共理由 政治正当性的来源及其发展研究 / 01270	309-10041	从善分到善合 农民专业合作社研究 / 03703
309-02573		从冲突走向融通 晚明至清中叶审美意识嬗变论 / 00457	309-04403	从游士到儒士 汉唐士风与文风论稿 / 10089
309-08417		从苏维埃到人民代表大会制 中国共产党关于现代代议制的构想与实践 / 01487	309-14073	从割裂到融合 中国城乡经济关系演变的政治经济学 / 03649
309-10988		从"我是谁?"到"我们是谁" 奥古斯特·威尔逊戏剧中的黑人身份认同研究 / 11077	309-09164	从《新青年》到决澜社 中国现代先锋文艺研究(1919—1935) / 10464
309-08205		从直接管制到民主协商 长江流域水污染防治立法协调与法制环境建设研究 / 02151	309-09906	从数字电视到互联网电视 媒介政策范式及其转型 / 05332
			309-10594	从翻译出发 翻译与翻译研究 / 07482

父

309-13251　父子宰相 张英、张廷玉的政治人生 / 10645
309-04473　父父子子 / 10764
309-12316　父母恩重难报经 / 00420

今

309-12955　今天让科学做什么？ / 05522
309-11808　今天，我会飞！ / 11201
9253.019　今日汉语 第1册 / 07785
9253.023　今日汉语 第2册 / 07786
9253.024　今日汉语 第3册 / 07787
9253.027　今日汉语 第4册 / 07788
309-00183　《今日汉语》汉字练习 第1册 / 07755
309-00184　《今日汉语》汉字练习 第2册 / 07756
309-00185　《今日汉语》汉字练习 第3册 / 07757
309-00410　《今日汉语》词汇总表 / 07754
309-00439　《今日汉语》课外练习 第1册 / 07758
309-00440　《今日汉语》课外练习 第2册 / 07759
309-00441　《今日汉语》课外练习 第3册 / 07760
309-00050　《今日汉语》教师手册 第1册 / 07548
309-00053　《今日汉语》教师手册 第2册 / 07549
309-00054　《今日汉语》教师手册 第3册 / 07550
309-00236　今日论坛 / 10717
13253.038　今日的微生物学 / 12885
309-00548　今日的微生物学 第2集 / 12886

分

309-06194　分工与产业结构发展 从制造经济到服务经济 / 03742
309-00292　分子生物学导论 / 12864
309-06186　分子生物学技术 / 12865
309-00179　分子生物学基本实验方法 / 12869
5627-0463　分子外科与基因治疗 / 12867
13253.022　分子发光分析法 荧光法和磷光法 / 12744
309-00036　分子束外延和异质结构 / 12667

309-04830　分子医学导论 / 12866
5627-0604　分子免疫学 / 12898
309-00104　分子结构习题 / 12675
309-00121　分子遗传学 / 12871
309-01259　分析化学 / 12727
13253.036　分析化学中的计算与习题 / 12726
309-14922　分析师的角逐与突围 / 04769
309-05507　分享走过的路 / 10708
309-03406　分享利益论 兼析在我国的发展与运用 / 02409
309-03240　分类数据的统计分析及SAS编程 / 00886

公

10253.028　公今度杂文选集 / 10786
309-01481　公今度杂文选续集 / 10838
309-07289　公允价值会计舞弊 新全球风险与侦查技术 / 02891
309-14260　公正财富年度报告 2018 / 02682
309-14787　公正财富年度报告 2019 / 02683
309-04861　公平竞争与市场经济 / 03931
309-07301　公务与事务文书写作规范 / 07674
309-02013　公务文书写作教程 / 07660
309-02988　公务文书写作教程〔第2版〕 / 07661
309-07130　公务文书写作教程〔第4版〕 / 07662
309-07766　公主的生日 王尔德短篇小说选 / 11036
309-12590　公主复仇记 / 10621
309-03935　公立医院改制与投融资实务 / 13372
309-02298　公司内务管理精要 / 03453
309-13769　公司代表人制度研究 / 03562
309-05381　公司伦理与企业文化 / 03460
309-01717　公司会计 / 03443
309-01801　公司创业文书 创办公司必备蓝本 / 03454
309-14385　公司投资学 / 03414
309-01626　公司财务 / 03458
309-02438　公司财务 / 03452

309-02604	公司制与国有企业再生 / 03530		309-02531	公共行政学经典文选〔英文版〕/ 01308
309-01653	公司的设立与运作 公司法与企业改制实务 / 02114		309-06285	公共行政理论 / 01305
309-02235	公司的控制权结构 / 03459		309-12528	公共危机与政府治理 / 01555
309-04934	公司金融 / 03462		309-06418	公共关系 / 00917
309-08328	公司金融〔第2版〕/ 03463		309-05575	公共关系 历史经典与当代杰作 / 00915
309-09277	公司金融 / 03464		309-08222	公共关系本质 / 00914
309-11699	公司金融〔第3版〕/ 03465		309-09046	公共关系史 17—20世纪 / 00959
309-13186	公司金融 / 03455		309-03782	公共关系写作教程 / 07673
309-13587	公司金融〔第4版〕/ 03466		309-10236	公共关系评论 第1辑 / 00964
309-13932	公司金融案例 / 03456		309-00368	公共关系学 / 00934
309-14752	公司金融案例 第2辑 / 03457		309-01141	公共关系学 / 00935
309-02679	公司法 / 02106		309-02987	公共关系学〔第2版〕/ 00936
309-11569	公司法政治学研究初论 / 01920		309-04385	公共关系学〔第3版〕/ 00937
309-05809	公司治理、多元化与企业绩效 / 03438		309-06066	公共关系学〔第4版〕/ 00938
309-06303	公司标准化实践法 / 03461		309-09638	公共关系学〔第5版〕/ 00939
309-08173	公司信用管理 / 04515		309-12492	公共关系学 / 00948
309-04904	公司理财 / 03449		309-03213	公共关系学习题集 / 00962
309-05734	公司理财学习指导 / 03450		309-04696	公共关系学教程〔第2版〕/ 00949
309-04900	公司税务管理 程序正义、风险和案例 / 04336		309-02795	公共关系学辅导题典 / 00925
309-13761	公民生态权利研究 / 01902		309-02605	公共关系学新论 / 00946
309-14844	公共卫生问题全球纵览 / 13397		309-01421	公共关系实务 案例分析 / 00913
309-10799	公共卫生英语教程 / 13078		309-07687	公共关系案例〔第7版〕/ 00932
309-03641	公共卫生突发事件的应急处理 / 13287		309-01925	公共关系案例教程 / 00941
309-13470	公共卫生监测 理论与实践 / 13103		309-00837	公共关系调查 / 00960
309-03777	公共卫生硕士(MPH)专业学位入学考试大纲与习题 / 13083		309-01229	公共关系调查〔重印本〕/ 00961
309-07688	公共艺术的逻辑及其社会场域 / 11129		309-08261	公共英语课程教学重点与考试样卷 / 08701
309-11587	公共议题的媒介图景 医疗卫生报道研究 / 05255		309-11117	公共英语课程教学重点与考试样卷〔第2版〕/ 08702
5627-0092	公共场所卫生学 / 13108		309-09264	公共事业管理 / 01295
309-13710	公共行政的改革、创新与现代化 / 01304		309-11693	公共服务动机、繁文缛节与组织绩效关系研究 / 01631
309-02488	公共行政学 / 01306		309-08702	公共经济与管理案例 / 02513
309-05843	公共行政学〔第3版〕/ 01307		309-02764	公共经济学 / 02507
			309-05703	公共经济学〔第2版〕/ 02508
			309-10959	公共经济学 / 02511

309-03770	公共经济学导引与案例 / 02509		309-06091	公关语言教程 / 00940
309-01767	公共经济学教程 / 02510		309-01339	公关策划学 / 01001
309-09160	公共政策与公共服务 / 01426		2253.019	公孙龙子论疏 / 00262
309-04212	公共政策分析 / 01262		309-02816	公证与律师制度 / 01934
309-08970	公共政策分析与评估 / 01248		309-11688	公法视野中的自治理性 / 01582
309-12017	公共政策学 / 01315		309-10251	公差配合与技术测量实训教程 / 14701
309-13771	公共政策学 / 01314		309-07298	公差配合与测量技术 / 14696
309-00652	公共政策学导论 / 01249		309-09293	公差配合与测量技术 / 14697
309-05330	公共部门人力资源管理 / 01325		309-10652	公差配合与测量技术〔第2版〕/ 14698
309-12745	公共部门人力资源管理 / 01321		309-13322	公差配合与测量技术〔第3版〕/ 14699
309-14058	公共部门人力资源管理 / 01324			
309-11713	公共部门财务会计 / 04296			**仓**
309-06048	公共部门绩效评估 / 01318			
309-07689	公共教育改革 利益与博弈 / 05660		309-04647	仓储与配送管理 / 03074
309-05178	公共基础知识〔第2版〕/ 01535		309-07862	仓储与配送管理 / 03072
309-12959	公共微积分及其应用 / 12445		309-11496	仓储与配送管理〔第2版〕/ 03073
309-05458	公共管理 中国的探索 / 01507			**月**
309-03853	公共管理(MPA)简明读本 / 01303			
309-09472	公共管理英语 / 01300		309-10614	月亮国·星星国 / 05893
309-04769	公共管理的经济学基础分析 / 01310		309-07402	月亮的寒光 鲁迅国民性批判文选 / 10482
309-04905	公共管理学 / 01311			
309-08829	公共管理学〔第2版〕/ 01312			**风**
309-04587	公共演讲 全球化视界 / 09153			
309-12919	公共演说实训教程 / 08199		309-07234	风云际会 宋子文与外国人士会谈记录 / 12041
309-11216	公众及其问题 / 00910		309-05214	风云突变的时代 一个西班牙记者眼中的俄罗斯 / 01702
309-13471	公众参与犯罪治理之市场化途径 / 01938		309-11378	风华正茂 中国心血管学界青年医师的真实记录 / 12028
309-05125	公关与礼仪 / 00950		309-00768	风雨里程 献给为开发祖国煤田默默奉献的人们〔重印本〕/ 10699
309-00836	公关心理学 / 00954		309-08259	风俗与信仰 / 12103
309-01204	公关心理学〔重印本〕/ 00955		309-05382	风险(创业)资本市场研究 / 04772
309-01317	公关心理学〔第2版〕/ 00956		309-08680	风险投资发展国际经验研究 / 04543
309-03283	公关心理学〔第3版〕/ 00957		309-05837	风险投资导论 科技企业创业与风险投资 / 04542
309-07492	公关心理学〔第4版〕/ 00958			
309-01112	公关示范 / 03228			
309-02363	公关员职业培训与鉴定教材 / 00924			
309-01703	公关实务教程 / 00926			
309-02049	公关实务教程〔第2版〕/ 00927			
309-04399	公关经理教程 / 03235			

309-04394	风险投资国际化 / 04518		309-06529	文艺心理学 / 09924
309-03416	风险投资战略 / 03393		309-04030	文艺学方法论〔第2版〕/ 09884
309-11185	风险投资增值服务研究 理论与实务 / 04544		309-02051	文艺学导论〔修订本〕/ 09875
			309-03401	文艺学导论 / 09876
309-03186	风险利益论 兼析在风险投资等领域的运用 / 01205		309-06884	文艺学导论〔第4版〕/ 09877
			309-11404	文艺学的反思与建构 / 09880
309-10181	风险社会的责任分配初探 / 00890		309-02331	文艺复兴时期的人与自然 / 12212
309-01724	风险的投保与理赔 保险法原理与实务 / 02038		309-11396	文艺美学及文化美学 / 09938
			309-11402	文艺美学的生态拓展 / 09940

309-08637　风险感知、社会学习与范式转移 突发性公共卫生事件引发的政策变迁 / 13291

309-04257　风险管理 原理与方法 / 03140
309-13207　风格与幸福 / 09984
309-03290　风湿免疫性疾病及其肾脏表现 / 14177
309-10531　风湿病问答集锦 / 14176
309-02021　风骚余韵论 中国现代文学背景下的旧体诗 / 10285

丹

309-03263　丹青琴韵 海上艺术家追踪 / 11975
309-13545　丹溪心法类集〔影印本〕/ 13443

乌

309-01448　乌拉圭回合多边贸易谈判成果 英汉对照 / 04182
309-04191　乌篷船·上下身 / 10769

凤

309-10751　凤尾竹楼 傣族传播研究 / 11748

六

309-07620　六十,金色的回忆 复旦大学附属中学校友感思录 / 06827

文

309-00063　文子要诠 / 00258
309-04459　文艺心理学 / 09923

309-10561　文贝:比较文学与比较文化 2014 No. 1(总第11辑) / 09895
309-11272　文贝:比较文学与比较文化 2014 No. 2(总第12辑) / 09896
309-11861　文贝:比较文学与比较文化 2015 No. 1(总第13辑) / 09897
309-12225　文贝:比较文学与比较文化 2015 No. 2(总第14辑) / 09898
309-12573　文贝:比较文学与比较文化 2016 No. 1(总第15辑) / 09899
309-12789　文贝:比较文学与比较文化 2016 No. 2(总第16辑) / 09900

309-13730　文化与社会的媒介化 / 05056
309-00370　文化户实用手册 / 05439
309-06434　文化生态视镜中的中国报告文学 / 10405
309-06011　文化产业创意与策划 / 04939
309-11066　文化产业论文集 / 04952
309-05101　文化产业导论 / 04937
309-08939　文化利益论 / 04948
309-11017　文化图式翻译研究 / 08405
309-04600　文化的迷宫 后轴心时代的中国历史探秘 / 11592
309-08704　文化育人之道 / 06842
309-10553　文化视野下的旅游业 / 03842
309-06143　文化视野中的科学 / 05524
309-04832　文化研究导论 / 04923
309-10983　文化研究导论〔第2版〕/ 04924
309-05835　文化研究概论 / 04936
309-07734　文化战略 / 04938

309-13992	文化框架 美国主流媒体中的"中国制造" / 05326	309-07565	文明之双翼 关于科学精神与人文精神的对话 / 05527
309-13660	文化效应、空间竞争力与旅游业中国式发展 / 03847	309-02671	文明礼貌100题 / 12110
309-00432	文化娱乐与文化修养词典 / 04926	309-13760	"文明的个体"弗吉尼亚·伍尔夫和布鲁姆斯伯里文化团体研究 / 04964
309-12747	文化提升国家质量 中国发展的使命 / 04940	309-07772	文明就是讲道理 / 00795
309-06576	文化遗产研究集刊 4 / 05499	309-13862	文学 2018 春夏卷 / 09925
309-09005	文化遗产研究集刊 5 / 05500	309-14427	文学 2018 秋冬卷 / 09926
309-09803	文化遗产研究集刊 6 / 05501	309-15112	文学 2019 春夏卷 / 09927
309-11501	文化遗产研究集刊 7 / 05502	309-00372	文学人物鉴赏辞典 中国文学之部 / 09943
309-13027	文化遗产研究集刊 8 / 05503	309-13728	文学人类学新论 学科交叉的两大转向 / 01238
309-07047	文化翻译论 / 07475	309-10802	文学与自由 / 10219
309-04448	《文心雕龙》与二十世纪西方文论 / 10117	309-09892	文学与思想史论稿 / 10029
309-11202	文心雕龙译注疏辨 / 10150	309-14576	文学与商人 / 10113
309-05739	文心雕龙精读 / 10127	309-06051	文学与情感 / 10435
309-12371	文心雕龙精读〔第2版〕 / 10128	309-10441	文学·比较·侨易 / 09911
309-07221	文本与视觉的互动 英美文学电影改编的理论与应用 / 09959	309-04460	文学风格例话 / 09944
309-04447	文本之外 由佩内洛普·菲茨杰拉德的小说及文学生涯看文学研究 / 11015	309-09351	文学史的文化叙事 中国文学演变论集 / 10091
309-08526	文本、文质、语境 英美文学探究 / 11008	309-09987	文学史视野中的中国现代翻译文学 以作家翻译为中心 / 09950
309-06041	文本的多维视角分析与文学翻译 《叶甫盖尼·奥涅金》的汉译研究 / 10978	309-11203	文学生态学 为了濒危的星球 / 09921
		309-11062	文学传统与中古道家佛家 / 10429
		309-08667	文学还能更好些吗 / 10216
309-13082	文本的密码 社会语境中的宋代文学 / 10152	309-09229	文学的边界 语言符号的考察 / 07343
309-13398	文华至尚 复旦大学出版社成立三十五周年纪念文集 / 05432	309-10837	文学的政治底稿 英美文学史论集 / 11033
309-13250	文字纠错3000例 / 05414	309-04130	文学的消解与反消解 中国现代文学派别论争史论 / 10467
309-05826	文字·传奇 法国现代经典作家与作品 / 11055	309-10465	文学话语与历史意识 / 09929
		309-08807	文学承载思想 本科生优秀文学创作集 / 10535
309-13096	文字禅与宋代诗学 / 10254	309-06067	文学经典与当代人生 / 09992
309-07328	文坛忆事 / 09935	309-10765	文学经典与当代学术 上海大学中文系学术演讲录 Ⅲ / 10075
309-00777	文言文读练指导 / 06406		
309-03023	文苑集萃 复旦大学文科学术年刊2000年卷 / 00839	309-14540	文学经典与现代人生 / 10051
		309-13573	"文学城市"与主体建构 / 10201

309-10036	文学政治学的创构 百年来文学与政治关系论争研究 / 09920		309-04134	方法与实践 中外文学关系研究 / 09903
			309-02240	方法论 / 10108
309-11260	文学研究的现代性与跨文化比较宿命 / 09886			

为

309-14560	文学语境视域下的女性主体性建构 / 09971
309-06340	文学课堂与文学研究 / 10194
309-11397	文学理论 思辨与对话 / 09872
309-07936	文学:想象、记忆与经验 / 09936
309-04133	文学概论讲义 / 09871
309-09744	文学鉴赏与解读 / 09993
309-11400	文学:精神之鼎与诗意家园 / 09922
309-08559	文学操纵与时代阐释 英美诗歌的译介研究(1949—1966) / 11017
309-14518	文学翻译中的"动态阐释" 老舍长篇小说英译研究 / 10403
309-06279	文学翻译中原作陌生化手法的再现研究 / 09948
309-14890	文话流变研究 / 10095
309-06929	文星璀璨 北宋嘉祐二年贡举考论 / 01673
309-02607	文科高等数学〔第2版〕/ 12282
309-11279	文殊师利二经密意 / 00651
309-01989	文病诊疗所 / 06419
309-12290	文眼观世 中国当代精美短文选评 / 10418
309-02977	文章道德仰高风 庆贺苏步青教授百岁华诞文集 / 12002
309-11359	文献学讲义 / 05488

方

309-05454	方成漫画精选 / 11200
309-00902	方志学 / 11754
309-00901	方志学 / 11753
309-04659	方针管理 / 03137
309-12271	方言接触论稿 / 07494
309-13392	方苞全集 / 15449
309-12398	方剂学彩图速记手册 / 13566
309-02700	方法与作文 / 06428

5627-0039	为人类健康的四十年 1948—1988 / 13099
309-04535	为了夕阳红 老年学研究文集 / 01016
309-08551	为了每位学生的卓越发展 上海市进才实验学校创设教育情境新探索 / 06274
309-03443	为了祖国的明天 复旦大学地下党领导群众斗争史料集 / 01362
309-05188	为中国传媒业把脉 知名学者访谈录 / 10730
309-09982	为什么数百万癌症患者得以生存 科学的成功 / 14336
309-10210	为红学一辩 红学为何,红学何为 / 10372
309-05527	为官僚制正名 一场公共行政的辩论 / 01733
309-07122	为政之道 复旦大学中国地市党政干部论坛讲演录 / 01435
309-12661	为健康把脉 医学专家如是说 / 13176

计

309-12774	计量经济学 / 02802
309-00095	计量经济学 理论、方法和模型 / 02809
309-00613	计量经济学 理论、方法和模型〔重印本〕/ 02810
309-00686	计量经济学教程 / 02778
309-04223	计量经济学教程 / 02780
309-09260	计量经济学教程 / 02779
309-06042	计算分子进化 / 12874
309-02247	计算机与信息处理 / 14876
309-01745	计算机与信息处理基础〔重印本〕/ 14877
309-06289	计算机专业基础综合复习指南 / 14897

309-13770	计算机化语言测试效度研究 基于证据的作文自动评分效度验证 / 08379	309-02254	计算机应用教程 Visual Basic 6.0 基础〔重印本〕/ 15140
309-09019	计算机公共基础 / 14902	309-02975	计算机应用教程 Windows NT 管理 / 15144
309-01772	计算机文字处理基础 Word for Windows / 15163	309-02286	计算机应用教程 多媒体基础 / 15151
309-02368	计算机文字处理基础 中文 Word 97 / 15164	309-01941	计算机应用教程 中文 Excel 7.0 / 15058
309-13918	计算机办公应用进阶教程 / 15062	309-02284	计算机应用教程 中文 PowerPoint 97 / 15150
309-00149	计算机在经济统计和文字档案中的应用 / 02781	309-02024	计算机应用教程 中文 Windows 95 / 15141
309-00953	计算机在经济统计和文字档案中的应用〔重印本〕/ 02782	309-01883	计算机应用教程 中文 Word 7.0 / 15143
309-07693	计算机网络 / 14891	309-02133	计算机应用教程 中文 Word 97 / 15142
309-11711	计算机网络实训教程 / 15211	309-02063	计算机应用基础 / 15145
309-01393	计算机网络教程〔重印本〕/ 15195	309-02283	计算机应用基础 / 15127
309-02990	计算机网络基本原理同步训练 / 15193	309-09963	计算机应用基础 / 15134
309-02979	计算机网络基础及网页制作教程 / 15207	309-10716	计算机应用基础 / 15146
309-14648	计算机网络基础项目化教程 / 15200	309-13145	计算机应用基础 Windows 7 + Office 2010 / 15125
309-05640	计算机会计基础 / 02893	309-13146	计算机应用基础上机指导 Windows 7 + Office 2010 / 14880
309-01341	计算机系统结构和 RISC 设计 / 14941	309-06756	计算机应用基础实训教程 / 14904
309-00134	计算机应用中的控制理论〔重印本〕/ 14863	309-01139	计算机应用基础实验与练习 / 15135
309-00859	计算机应用初步 / 15128	309-02062	计算机应用基础实验指导 / 15152
309-01125	计算机应用初步〔重印本〕/ 15129	309-13743	计算机应用基础项目式教程 / 15148
309-01543	计算机应用初步〔第2版修订本〕/ 15130	309-01260	计算机应用基础教程 / 15124
309-01213	计算机应用初步习题分析与解答 / 14922	309-06755	计算机应用基础教程 / 15123
309-01526	计算机应用能力（中级）考试指南 / 14937	309-02663	《计算机应用基础教程丛书》实验指导 / 15153
309-02688	计算机应用教程 Access 2000 / 15138	309-00780	计算机应用综合知识 / 15136
309-02991	计算机应用教程 Linux 基础 / 15139	309-02090	计算机应用简明教程 / 15137
309-01892	计算机应用教程 PowerPoint 4.0 / 15149	309-01004	计算机软件技术基础 / 14956
		309-01723	计算机软件的版权与保护 计算机软件保护条例应用 / 01904

书号	书名 / 条目号
309-01367	计算机软件资格和水平考试试题分类详解 1990—1993 / 14957
309-00931	计算机图示学原理和方法 / 15170
309-01778	计算机图形学基础 AutoCAD for Windows / 15171
309-06799	计算机学科专业基础综合习题精编 2010 / 14928
309-07597	计算机学科专业基础综合习题精编 2011 / 14929
309-08358	计算机学科专业基础综合习题精编 2012〔第3版〕 / 14930
309-09139	计算机学科专业基础综合习题精编 2013 / 14931
309-09955	计算机学科专业基础综合习题精编 2014〔第5版〕 / 14932
309-06764	计算机学科专业基础综合复习指南 2010 / 14907
309-07439	计算机学科专业基础综合复习指南 2011 / 14908
309-08359	计算机学科专业基础综合复习指南 2012〔第4版〕 / 14909
309-09055	计算机学科专业基础综合复习指南 2013〔第5版〕 / 14910
309-09896	计算机学科专业基础综合复习指南 2014〔第6版〕 / 14911
309-08294	计算机学科专业基础综合真题详解 2012 / 14934
309-09112	计算机学科专业基础综合真题详解 2013〔第2版〕 / 14935
309-10045	计算机学科专业基础综合真题详解及模拟试卷 2014 / 14936
309-06898	计算机学科专业基础综合模拟试卷 2010 / 14924
309-07621	计算机学科专业基础综合模拟试卷 2011 / 14925
309-08508	计算机学科专业基础综合模拟试卷 2012 / 14926
309-09279	计算机学科专业基础综合模拟试卷 2013〔第4版〕 / 14927
309-05629	计算机审计 / 02969
309-01377	计算机视觉 / 15172
309-02155	计算机组成 / 14942
309-02660	计算机组成实验 / 14943
309-01789	计算机组成原理实验 / 14944
309-10995	计算机组装与维护案例教程 / 14938
309-00858	计算机绘图与辅助设计基础〔重印本〕 / 15166
309-01326	计算机绘图与辅助设计基础〔重印本〕 / 15167
309-02263	计算机原理 计算机信息管理专业 / 14882
309-00229	计算机基础 FORTRAN77程序设计 / 14946
309-12567	计算机基础案例教程 / 14901
309-10749	计算机基础操作 / 14903
309-00239	计算机辅助电路设计 / 14824
309-01933	计算机辅助设计教程 / 15188
309-10941	计算机辅助审计 基于鼎信诺审计系统 / 02968
309-05270	计算机辅助语言教学理论与实践 / 08468
309-01258	计算机常用软件与操作〔重印本〕 / 14947
309-01974	计算机常用软件与操作〔第2版〕 / 14948
309-03168	计算机程序设计 / 06765
309-06807	计算机等级考试指导与过关训练教程 / 14887
309-08682	计算机数学基础 / 14914
13253.018	计算机算法 设计和分析引论 / 14939
309-02313	计算机操作系统基础 中文Windows 98 / 15050
309-00026	计算物理学 / 12631
309-07484	计算物理学 / 12630

认

309-02128	认识欧元 / 04383
309-15118	认知口译学 / 07474
309-11424	认知汉语语法 / 07610

309-11831	认知成见 / 00368	309-08322	心宽念纯 追求美善人生〔第 2 版〕/ 00680
309-06335	认知词汇学概论 / 07446	309-05757	心理与精神护理 / 14013
309-13901	认知革命 数字生存时代的管理 / 01080	309-11522	心理年龄与成长智慧 / 00498
309-14144	认知义学视角下的日语复合动词研究 / 09836	309-07521	心理学专业基础综合习题精编 2011 / 00493
309-07677	认知语言学与汉语研究 / 07349	309-08428	心理学专业基础综合习题精编 2012〔第 2 版〕/ 00494
309-06314	认知语言学导论 第 2 版 / 07348	309-09275	心理学专业基础综合习题精编 2013〔第 3 版〕/ 00495
309-12066	认知语言学视域下的汉语研究和习得 / 07506	309-07519	心理学专业基础综合复习指南 2011 / 00487

心

		309-08443	心理学专业基础综合复习指南 2012〔第 2 版〕/ 00488
309-09795	心力衰竭诊疗新理念 / 14099	309-09195	心理学专业基础综合复习指南 2013〔第 3 版〕/ 00489
309-01809	心中的坟 致友人的信 / 11909		
309-11425	心内科诊疗精萃 / 14080	309-08311	心理学专业基础综合真题详解 2012 / 00496
309-05767	心印复旦园 / 10729	309-09116	心理学专业基础综合真题详解 2013〔第 2 版〕/ 00497
309-14346	心血管专科培训大查房病例集 第 1 卷 / 14076	309-07562	心理学专业基础综合模拟试卷 2011 / 00490
13253.024	心血管流体力学 / 12860		
309-15002	心血管影像学测量 / 14084	309-08438	心理学专业基础综合模拟试卷 2012〔第 2 版〕/ 00491
309-07257	心向远方 / 10828		
309-07323	心灵十境 菩萨十地 / 00588	309-09276	心理学专业基础综合模拟试卷 2013〔第 3 版〕/ 00492
309-01872	心灵世界 王安忆小说讲稿〔第 2 版〕/ 09960		
		309-09989	心理学英语 / 00484
309-11669	心灵四神汤 / 10871	309-02016	心理学的研究方法与应用 / 00485
309-10437	心灵回归之路 / 14464	309-07786	心理学经典读本 / 00481
309-12105	心灵的故乡 静思精舍巡礼 / 00653	5627-0348	心理学概论 / 00483
309-02012	心灵的秩序 道德哲学理论与实践 / 00375	309-08424	心理学概论 / 00480
309-05169	心灵深呼吸 / 13752	309-05158	心理咨询和心理治疗的伦理学问题 / 01187
5627-0220	心肺复苏术 普及培训规程 / 14230	309-03301	心理素质的养成与训练 / 00554
309-04325	心经与生活智慧 / 00581	309-03974	心理哲学 / 00486
309-04324	心经与现代管理 / 03106	309-10486	心理档案 / 07347
309-05327	心脏医学全接触 / 14090	309-01559	心域探步 / 00971
309-13706	心脏医学全接触〔第 2 版〕/ 14091	309-05922	心智管理导论 / 03095
309-03615	心脏病人的家庭康复 / 14096	309-01761	心路小识 江曾培随笔 / 10791
309-02005	心海引航 青少年心理辅导 / 00534		
309-06526	心宽念纯 追求美善人生 / 00679		

心

| 309-10030 | 心路医路 生命在沉睡中苏醒 / 14206 |
| 309-04173 | 心境健康人长寿 / 13756 |

尹

| 309-04112 | 尹鸿自选集 媒介图景·中国影像 / 05144 |

引

| 309-12740 | 引人入胜的策略 影片建构教程 / 11459 |

孔

309-00409	孔子 周秦汉晋文献集 / 00210
309-00408	孔子 周秦汉晋文献集 / 00209
309-13967	孔教运动的观念想象 中国政教问题再思 / 01345

巴

309-11080	巴拉萨-萨缪尔森效应研究 / 04566
309-11024	巴金与日本作家 / 11959
309-11468	巴金与安那其主义 / 11969
309-08476	巴金与《收获》研究 / 10204
309-08471	巴金与现代出版 / 11968
309-11804	巴金小说形式研究 / 10393
309-08352	巴金小说的生命体系 / 10399
309-14595	巴金创作艺术探究 / 10220
309-09677	巴金创作综论新编 / 10210
309-06654	巴金论 / 10226
309-09609	巴金论集 / 11956
309-07630	巴金研究 文献题录 1922—2009 / 15510
309-12512	巴金研究回眸 / 11961
309-06655	巴金研究论稿 / 10205
309-11030	巴金晚年思想研究论稿 / 11957
309-08360	巴金《随想录》论稿 / 10419
309-06966	巴金《随想录》研究 / 10417

办

309-01488	办公自动化 / 01154
309-01891	办公自动化〔第2版〕 / 01155
309-02340	办公自动化〔第3版〕 / 01156
309-03174	办公自动化〔第4版〕 / 01157
309-07165	办公自动化〔第6版〕 / 01159
309-09909	办公自动化〔第7版〕 / 01160
309-04275	办公自动化 2005版 / 01158
309-01692	办公自动化上机实验指导〔重印本〕 / 01161
309-01920	办公自动化上机实验指导〔第2版〕 / 01162
309-02349	办公自动化上机实验指导〔第3版〕 / 01163
309-01841	办公自动化软件操作 / 01169
309-09832	办公自动化实训 / 01150
309-11546	办公自动化实训教程〔第2版〕 / 01168
309-09869	办公自动化实践指导 / 01167
309-01816	办公自动化试题汇编 / 01170
309-02060	办公自动化试题汇编〔第2版〕 / 01171
309-08665	办公自动化教程 / 01166
309-04831	办公自动化综合应用技术 / 15063
309-03528	办公室实务 / 01151
309-06533	办公室实务〔第2版〕 / 01152
309-10139	办公室实务〔第3版〕 / 01153
309-04304	办公室照明 / 15309
309-02269	办公室管理 / 01164
309-08491	办学之道 上海理工大学历任领导访问实录 / 07063
309-09598	办案现场 《东方大律师》办案实录 / 01985

以

309-08092	以权利看待发展 中国农村变迁中的风险治理及规则重构 / 00979
309-03658	以学生发展为本 复旦附小教学论文与教案精选 / 06180
309-05299	"以学生发展为本"再实践 复旦附小教育教学论文与教案精选 / 06181

309-12218	以案说法 公司运作常见法律问题 / 02111		年社庆员工文集 / 05408
		309-10118	书信与日记里的新文化运动现场 / 11734

邓

309-01497	邓小平社会主义思想研究 / 01455
309-02478	邓小平经济理论研究 续篇 / 00063
309-02468	邓小平理论概论 / 00060
309-03001	邓小平理论概论 / 00061
309-03647	邓小平理论概论练习与检索 / 00062

双

309-08732	双边投资条约与中国能源投资安全 / 02127
309-00492	双极型与MOS半导体器件原理 / 14808
309-09101	双轮驱动 中国未来十年发展的战略选择 / 01417
309-07434	"双面人"手记 / 05428
309-11858	双重他者的声音 当代美国黑人女性戏剧家作品中的对话策略研究 / 11078
309-08095	"双重意识"英国作家戴维·洛奇研究 / 11027
309-05167	双语词典的翻译研究 / 07480

书

309-01719	书人论语 复旦大学出版社建社15周年论文集 / 05406
309-06838	书写训练 / 11217
309-06008	书林札记 / 00848
309-06181	书林清话 / 05490
309-09029	书画与自然 / 11162
309-10801	书的身世 / 10807
309-08024	书法 / 11209
309-09912	书法与绘画 插图本 / 11219
309-13767	书法 心悟 沈兆新书法作品选集 / 11214
309-12000	书法的故事 / 11210
309-06839	书法篆刻基础 / 11204
309-08664	书香飘过三十年 复旦大学出版社三十

309-10118	书信与日记里的新文化运动现场 / 11734
309-08472	书信世界里的赵清阁与老舍 / 10917
309-13030	书院的理念与探索 复旦大学书院讲演录 / 15437
309-14365	书院的理念与探索 复旦大学书院讲演录 II / 15438
309-11309	书海拾珍 中国现代作家处女作初版本录 / 10184

幻

309-01973	幻视之真 / 10802
309-07162	幻想与现实 二十世纪科幻小说在中国的译介 / 09947
309-09302	幻影公众 / 01719
309-10842	幻影注意力 基于眼动实验的植入式广告效果研究 / 03998

五画

玉

309-13659	玉石神话信仰与华夏精神 / 15241
309-06274	玉汝于成 熊汝成教授百年诞辰纪念集 / 12024

未

309-12435	未央宫 沉重的帝国 / 11694
309-10916	未名之匙 / 09887
309-13374	未来的城镇化道路 / 03651
309-11698	未来就绪的信息系统架构 / 04978
309-04211	未完成的历史 中国新闻改革前沿 / 05249

末

309-07765	末代佳人 菲茨杰拉德短篇小说选 / 11094

示

309-11568　示范城市服务外包产业发展战略选择研究 以南昌市为例 ／ 04054

击

309-10793　击剑运动项目特征 ／ 07321
309-12572　击剑竞赛组织与裁判法指导 ／ 07320

打

309-03983　打开一扇窗 自己往外看 解码社团情结、学生干部、社会兼职 ／ 06987
309-01970　打网球的基本要领 ／ 07305
309-02552　打造金饭碗 台湾管理专家经验谈 ／ 03081
309-11390　打通亲子的任督二脉 ／ 07223

巧

309-12874　巧手生花 ／ 11289
309-02554　巧用阿Q定律 台湾管理专家经验谈 ／ 03127

正

309-09382　正义伦理与价值秩序 古典实践哲学的思路 ／ 00144
309-13387　正在席卷日本的金融革命及其斗士们 ／ 04827
309-13302　正面人物报道宣传效果研究 ／ 05169
309-14032　正统谋略学汇编〔影印本〕／ 00259
309-09212　正谊明道 上医院士如是说 ／ 12017
309-13304　正谊明道 上医院士如是说 第2辑 ／ 12018
309-09485　正能量@曾国藩 一个做大事不做大官的典范 ／ 12036
309-08337　正常人体功能 ／ 13641
309-11531　正常人体功能〔第2版〕／ 13642
309-06744　正常人体学 ／ 13593
309-08334　正常人体结构 ／ 12938
309-11686　正常人体结构〔第2版〕／ 12939

309-12536　正蒙学堂 ／ 07746

功

309-05968　功能学科实验教程 ／ 12977
309-14473　功能语言学视角下的多模态语篇分析 ／ 07339
309-04667　功能基因组时期的复旦大学遗传学科 遗传工程国家重点实验室年报 2003—2004 ／ 12877
309-06664　功能解剖生理学 ／ 13632

去

309-13584　去网吧 城市青年的日常生活与社会交往 ／ 00912

甘

309-14213　甘吉尔数鳄鱼 ／ 11064
309-10982　甘草属(Glycyrrhiza L.)分类系统与实验生物学研究 ／ 12905

世

309-14118　世世代代中国梦 瞿世镜先生口述历史 ／ 11833
309-01666　世纪之辩 首届中国名校大学生辩论邀请赛纪实〔重印本〕／ 07429
309-02845　世纪回首 桂国强报告文学集 ／ 10678
309-04419　世纪讲坛 世纪讲坛精选本 ／ 10040
309-11409　世纪学人蔡尚思 ／ 11898
309-10798　世纪流向 ／ 01679
309-06258　世纪谈家桢 百年遗传学 谈家桢百岁寿辰纪念画册 ／ 12009
309-07921　世事如棋局局新 二十一世纪初中美关系的新格局 ／ 01774
309-04474　世故人情 ／ 10765
309-03457　世相 ／ 10743
309-05230　世界十大人性哲学 ／ 00396
4253.022　世界大公司一百家 ／ 03491
309-00235　世界大银行50家 ／ 04697
309-10024　世界与中国札记 ／ 10879

索引号	书名 / 页码
309-09168	世界历史的秘密 关于历史艺术与历史科学的著作选 / 11544
309-05568	世界文明史讲稿 / 11539
309-12484	世界文明史讲稿〔第2版〕/ 11540
309-12088	世界文明视阈下的中华文明 / 11578
309-13462	世界文学史 / 10028
309-02595	世界文学史纲 / 10022
309-03230	世界文学史纲〔第2版〕/ 10023
309-05891	世界文学史纲〔第3版〕/ 10024
309-14236	世界文学史纲〔第4版〕/ 10025
309-04646	世界古代中世纪史 / 11550
309-10656	世界电影史 第1卷 / 11434
309-11104	世界电影史 第2卷 / 11435
309-11105	世界电影史 第3卷 / 11436
309-00576	世界史论文集 / 11546
309-05808	世界主要医疗保障制度模式绩效比较〔第2版〕/ 13339
309-07818	世界动画大师 / 11811
309-04995	世界百年报人 / 11807
309-10204	世界各国宝钞鉴赏 / 04363
309-00487	世界名著情书鉴赏大观 / 10014
309-00911	世界尽头的秘密 达世新科学文艺作品选 / 10529
309-00096	世界近代史应试指南 / 11554
309-03820	世界现当代史 / 11557
309-04591	世界明星主持人 / 11808
309-14369	"世界"的失落与重拾 一个分析实用主义的探讨 / 00106
309-01277	世界的博物馆 / 05511
309-05997	世界经济与中国 葛霖生文集 / 02553
309-02342	世界经济发展历史纲要 / 02598
4253.013	世界经济论文篇目分类索引 1978—1983.4 / 15511
309-05547	世界经济学 / 02564
309-07617	世界经济学〔第2版〕/ 02565
309-08525	世界经济研究报告 2010 / 02554
309-09352	世界经济研究报告 2011 / 02555
309-02848	世界经济新论 / 02556
309-06050	世界经济新论〔第2版〕/ 02557
309-15035	世界经济新论〔第3版〕/ 02558
309-03430	世界经济新论习题指南 / 02573
309-13952	世界城市（上海）文化论坛演讲录 2012—2015 / 00978
5627-0065	世界药物指南 / 14604
309-00373	世界思想家列传 / 11805
309-04038	世界重大灾害事件记事 / 15404
309-03045	世界贸易体制 国际经济关系的法律与政策 / 04178
309-07409	世界竞争力报告 2009—2010 / 02584
309-08801	世界竞争力报告 2010—2011 / 02585
11253.025	世界通史论文资料索引 1949年—1984年 上册 总论·古代史·中世纪史 / 15512
309-00137	世界通史论文资料索引 1949年—1984年 中册 近代史 / 15513
309-00138	世界通史论文资料索引 1949年—1984年 下册 现代史 / 15514
309-14911	世界能源史中的中国 诞生、演变、利用及其影响 / 14738
309-11573	世界童话史〔第3版〕/ 10020
309-00508	世界童话故事精选 / 10047
309-12040	世界强势语言的产生 / 07327
309-07020	世界新秩序 / 01748
309-14747	《世说新语》研究史论 / 10380
309-05551	世说新语精读 / 10381
309-12368	世说新语精读〔第2版〕/ 10382
309-05567	世博会与国际大都市的发展 / 03646
309-13081	世道人心说《西游》/ 10378

艾

5627-0526	艾滋病防治手册 / 14063
309-05885	艾滋病防治学 / 14064
309-04782	艾滋病的"社会免疫" / 14065
309-12026	艾滋病性病防治 / 14062

古

| 309-09750 | 古今与跨界 中国文学文化研究 / 10074 |

10253.005	古今和歌集 / 10948		309-07339	古汉语语法讲义 / 07601
5627-0204	古今食物中毒冤案 / 14189		309-02222	古华书萃 / 15480
309-08880	古文大略〔修订本〕/ 10746		309-12642	古苑寸思 姚汉荣先生文集 / 10130
309-12594	古文字与汉语历史比较音韵学 / 07567		13253.046	古典几何学 / 12486
309-01644	古文观止精品钢笔行书帖 / 11228		309-06282	古典木器精气神 / 15239
309-13951	古文课《古文观止》选讲 / 07745		309-03376	古典文学佛教溯缘十论 / 10094
309-06030	古龙一百句 / 10390		309-00584	古典诗词教学与写作 / 10271
309-11369	古史新探 / 11684		309-04825	古典诗学会探 / 10262
309-04234	古代小说与城市文化研究 / 10345		13253.031	古典数学难题与伽罗瓦理论 / 12434
309-00976	古代山水诗名篇赏析 / 10280		309-11312	古诗文初阶 / 10289
309-13031	古代中国与皇帝祭祀 / 11680		309-08415	古诗的艺术魅力 / 10292
309-05004	古代中国文化讲义 / 11576		309-12434	古陶瓷修复研究 / 05506
309-09333	古代中国文化讲义〔第2版〕/ 11577		309-08800	古陶瓷修复基础 / 05507
309-04844	古代中国:东亚世界的内在交流 / 11781		309-02618	古葩今赏 / 10272

节

309-04500	古代中国:传统与变革 / 11679		309-05480	节目主持人传播 / 05364
309-03737	古代中国经济思想史 / 02550		309-01342	节目主持人的歌 上海人民广播电台 / 11865
309-03231	古代文论研究的回顾与前瞻 复旦大学2000年国际学术会议论文集 / 10099		309-06031	节目主持语言智略 / 05366
309-07537	古代文明 你需要知道的超过3000个基本事实 / 11541		309-14728	节事资源与旅游产业的创意融合 / 03848
309-05193	古代汉语教学参考与训练 / 07531		309-14998	节奏之哲学笔记 / 00067
309-00449	古代汉语教程 / 07534		309-07800	节俭的发展 / 03756

本

309-01194	古代汉语教程〔重印本〕/ 07535		309-12630	本土智慧 全球化企业与中国策略 / 03189
309-02476	古代汉语教程〔第2版修订版〕/ 07536		309-04048	本色苏州 / 12129
309-04650	古代汉语教程〔重订本第3版〕/ 07537		309-09828	本草质问〔珍藏版〕/ 13556

术

309-15111	古代汉语教程〔第4版〕/ 07538		309-14112	术说糖尿病 / 14251
309-01465	古代希腊土地制度研究 / 11552			

可

309-11368	古代研究的史料问题 五十年甲骨文发现的总结 五十年甲骨学论著 殷墟发掘 / 11527		309-09685	可持续发展进行时 基于马克思主义的探讨 / 02626
309-03776	古代管理智慧与现代经营艺术 1—3 / 02547		309-00507	可爱的家乡 绍兴 / 12136
309-04206	古代管理智慧与现代经营艺术 4—6 / 02548			

可

309-01802　可编程逻辑器件设计 / 15068
309-01993　可编程逻辑器件的原理与应用 / 14870

左

309-14848　左右为难的刺猬 / 11002
309-02819　左右未来 美国国会的制度创新和决策行为 / 01718
309-01427　左右逢源 高中数学解题思路 / 06747
309-06644　左岸的巴黎 / 11053

布

309-06018　布尔加科夫创作论 / 10976
309-14967　布偶贴小剧场·边玩边唱作品集 / 05810
309-14968　布偶贴小剧场·制作与表演 / 05811

龙

309-12409　龙头企业与农户渠道行为研究 / 03710
309-11281　龙树二论密意 / 00621
309-09917　龙俪奇缘 / 10643

平

309-12805　平台链接 生态圈与大数据应用 / 03190
309-09433　平江不肖生研究专辑 / 11942
309-07119　平安上海 / 13408
309-05200　平衡统计物理学〔第 2 版英文影印版〕/ 12648

东

309-05017　东山再起 七十七岁开始的新航程 / 12053
309-12324　东水惠泽 / 11886
309-01843　东方名医与上海特色门诊 / 12020
309-03878　东方封面 激扬历史的人物 / 11831
309-09399　东方琉璃·药师佛大愿《药师经》讲记 / 00617
309-02421　东方情商 中国古代交际艺术 / 00902
309-05404　东方管理评论 第 1 辑 / 01144
309-06019　东方管理评论 第 2 辑 / 01145
309-04727　东方管理学 / 01084
309-05988　东方管理案例精选 一 / 03512
309-07616　东方管理案例精选 二 / 03513
309-05197　东方精英大讲堂 领先与创新专题 / 03157
309-05418　东北地区经济转轨机理研究 一个制度演化的视角 / 02701
309-12693　东亚区域环境公共产品供给研究 以日本环境外交为例 / 15402
309-10206　东亚文明 共振与更生 / 11782
309-08086　东亚文学经典的对话与重读 / 10938
309-06510　东亚世界形成史论 / 11783
309-04584　东亚发展模式与区域合作 / 02745
309-06069　东亚共同体建设的理论与实践 / 02592
309-01294　东亚企业经营 / 03597
309-12943　东亚纸质文物保护与传统造纸 第六届东亚纸张保护学术研讨会论文集 / 12098
309-06671　东亚的王权与政治思想 儒学文化研究的回顾与展望 / 01352
309-11575　东亚政治文化与民主转型 / 01690
309-14230　东亚跨国自我认同 当代在华日本人社会的人类学研究 / 01696
309-01794　东芝单片机应用指南 / 15086
309-09723　东西跨界与都市书写 / 09905
309-06137　东吴财经商学评论 2007 卷 / 02400
309-06271　东坡之诗 苏轼诗词文选译 / 10556
309-08776　东坡谈艺录 / 10088
309-14731　东垣先生此事难知集〔影印本〕/ 13487
309-11386　东洋文化史研究 / 11788
309-13440　东海儿女 / 10703
309-05406　东海区渔业资源及其可持续利用 / 14649
309-01654　东盟经济的地壳变动 面向 21 世纪的

次区域经济圈的形成 / 02596

309-06737　东瀛悲歌 和歌中的菊与刀 / 10942

卡

309-01856　卡西欧 fx-82SX 函数计算器讲座辅导教材 / 15064

北

309-12930　北极光照耀桃花仑 一个挪威家族的中国情 / 11006
309-14232　北宋翰林学士与文学研究 / 01668
309-07232　北欧福利国家 / 01705
309-14089　北京市常住外来人口养老基金收支测算研究 / 04341
309-12519　北界村的背影 民国嵊泗文献汇辑 / 11776
309-03694　北美英语口语背景知识词典 / 09812
309-12920　北美藏中国抗日战争历史档案文献提要 / 11741
309-05123　北洋时期的中国外交 / 01778
309-10926　北碚文集〔影印本〕/ 10510

卢

309-14111　卢弼著作集 / 15441
309-11431　卢鹤绂传 / 11997
309-03950　卢鹤绂侧影 / 11998
309-08442　卢鹤绂侧影〔第 2 版〕/ 11999
309-10554　卢鹤绂院士百年诞辰纪念文集 / 12000

业

309-06123　业绩评价指标的采用与后果 基于我国企业的实证研究 / 03215

旧

309-04899　旧五代史新辑会证 / 11700
309-07229　《旧约》中的民俗 / 00727
309-14495　旧学新知 全球化下的传播比较研究 / 05140

归

309-03426　归核化战略 / 03184

旦

309-03781　旦园枫红 复旦大学退离休教师"老有所为"纪实 / 10728

叶

309-01700　叶永烈纪实新作选 / 10688
309-00072　叶轮机械三元流动与准正交面法 / 14743
309-08536　叶宝宝找妈妈 / 10932
309-11102　叶映榴集 / 10514

甲

309-01940　甲申甲午风云 / 11727
309-03824　甲状腺疾病的最新防治 / 14153
5627-0589　甲型、丙型、戊型肝炎的防治 / 14060

申

309-05663　申论 / 07671
309-06212　申论 / 07672
309-14618　申论思维解码 精要 / 01175
309-05746　申论真题范文解析 / 07683
309-09492　《申报》(1872—1949) 体育报道研究 / 05312
309-08662　《申》报对策 / 05296
309-00735　申城旧狱 上海滩十大名案 / 11764

电

309-11750　电力企业文化理论与实践 / 03766
309-11566　电力拖动与变频应用 / 14772
309-12781　电力英语口语教程 / 14753
309-12728　电力英语听力教程 / 14760
309-14482　电力英语泛读教程 / 14761
309-13439　电力英语实务教程 / 14762
309-12818　电力英语阅读教程 / 14759

309-15123	电力英语基础教程 / 07936	309-04959	电子商务供需链财务管理 / 03357
309-11778	电力综合英语 / 14754	309-06072	电子商务的物流管理 / 03915
309-05526	电工工艺技术 / 14763	309-13822	电子商务案例分析 双语 / 03901
309-07216	电工电子技术与技能 / 14757	309-11249	电子商务基础 / 03918
309-07397	电工电子技术与技能练习 / 14758	309-06774	电子商务基础实训指导 / 03919
309-00102	电工技术基础 上册 / 14766	309-02503	电子商务概论 / 03912
309-10290	电工技术基础与技能练习（实验）/ 14764	309-04872	电子商务概论〔第2版〕/ 03907
		309-08371	电子商务概论 / 03908
309-11671	电工学 上册 / 14755	309-08890	电子商务概论 / 03902
309-12424	电工学 下册 / 14756	309-10422	电子商务概论〔第2版〕/ 03909
309-00710	电工基础 / 14765	309-15166	电子商务数据分析与应用（活页）/ 03900
309-05509	电子工艺技术 / 14792		
309-06911	电子工程与通信技术专业英语 学生用书 / 07944	309-05052	电子商务模式 / 03913
		309-07994	电子商务模式〔第2版〕/ 03914
309-00930	电子光学 / 12665	309-02966	电子商务管理 / 03897
309-06484	电子技术基础 / 14790	309-01398	电子游戏机原理及维修方法 / 07324
309-07217	电子技术基础与技能 / 14793	309-08255	电子媒介人的崛起 社会的媒化及人与媒介关系的嬗变 / 05059
309-07394	电子技术基础与技能实训指导 / 14795		
309-07398	电子技术基础与技能练习（实验）/ 14794	309-04896	电子媒体导论 an introduction to modern electronic media / 05025
		309-02989	电气照明设计 / 14778
309-04025	电子材料实验 / 14800	309-00934	电化学中的仪器方法 / 12741
309-04106	电子系统设计 / 14799	309-05040	电生理学基础〔第2版〕/ 12823
309-01775	电子表格处理基础 Excel for Windows〔重印本〕/ 15057	309-11661	电机及拖动 / 14769
		309-00159	电光源工艺 上册 / 14780
309-02373	电子表格处理基础 中文 Excel 97 / 15060	309-00835	电光源工艺 上册〔重印本〕/ 14781
		309-00600	电光源工艺 下册 / 14782
309-03978	电子金融学 / 04506	309-00125	电光源原理引论 / 14783
309-06448	电子金融学〔第2版〕/ 04507	309-00361	电视与录像 / 14853
309-06819	电子政务 / 01320	309-14794	电视广告创意 / 04012
309-08081	电子政务 / 01319	309-06897	电视专题与专栏 当代电视实务教程〔第2版〕/ 05343
309-11939	电子政府新论 / 01316		
309-04992	电子商务 / 03904	309-14139	电视专题与专栏 当代电视实务教程〔第3版〕/ 05344
309-05957	电子商务〔第2版〕/ 03905		
309-10876	电子商务〔第3版〕/ 03906	309-04210	电视:艺术与技术 / 11389
309-13457	电子商务导论 / 03895	309-06903	电视艺术教程 / 11384
309-15199	电子商务运营实战技能 / 03921	309-03482	电视文化传播导论 / 05349
309-12755	电子商务物流 / 03923	309-05137	电视文化的观念 / 05339

编号	书名 / 序号
309-10746	电视节目主持人品牌研究 / 05365
309-10008	电视节目形态 创新的观点 / 05373
309-01268	电视节目制作基础 / 05374
309-02310	电视节目制作基础〔第2版〕/ 05375
309-05008	电视节目策划学 / 05377
309-08974	电视节目策划学〔第2版〕/ 05378
309-15125	电视节目策划学〔第3版〕/ 05379
309-04592	电视观众心理学 / 11467
309-02680	电视纪录片 艺术、手法与中外观照 / 11474
309-01694	电视时代 中国电视新闻传播 / 05338
309-02101	电视现场制作 / 05380
309-05068	电视制片管理学 / 11465
309-00674	电视制作 技巧·艺术·训练 / 05385
309-01332	电视制作 技巧·艺术·训练〔重印本〕/ 05386
309-02100	电视制作基础 / 05376
309-06372	电视剧艺术形态 / 11398
309-06206	电视深度报道教程 / 05352
309-00551	电视编辑 / 05355
309-01085	电视编辑 / 05356
309-00573	电视摄像 / 14677
309-01084	电视摄像〔重印本〕/ 14678
309-00727	电视照明 / 11455
309-01228	电视照明〔重印本〕/ 11456
309-01800	电视新技术 / 14854
309-04569	电视新闻直击 中国调查报道 / 10745
309-01281	电脑打字 / 15161
309-01886	电脑打字〔第2版修订本〕/ 15160
309-01439	电脑写作 / 15155
309-06165	电脑网络英汉精解〔中英文本〕/ 15202
309-01730	电脑服装设计 / 15246
309-01166	电脑怪客 / 11100
309-01554	电脑屏幕英语释义 / 15168
309-01620	电脑病毒的防治 / 14945
309-01438	电脑维护与维修〔重印本〕/ 15081
309-02252	电脑维护与维修〔第2版〕/ 15082
309-06402	电脑游戏策划与设计 Virtools简明教程 / 14983
309-01426	电脑操作与使用 / 15077
5627-0108	电离辐射损伤基础与临床 / 14562
309-15147	电商新媒体应用（活页）/ 05072
309-00599	电路参数的容差分析与设计 / 14768
309-08964	电路基础 / 14767
309-12397	电解水的临床应用与探索 / 13106
13253.053	电磁学 上册 / 12659
13253.060	电磁学 下册 / 12660
309-02520	电磁散射信息与定量遥感 / 12662
309-00663	电算化会计 / 02899
309-01191	电算化会计 / 02900
309-08666	电影产业概论 / 11482
309-13703	电影字幕英汉翻译理论的对比性研究 以15部流行动画电影双语字幕为例 / 11477
309-09047	电影的语言 影像构成及语法修辞 / 11385
309-07280	电影经纬 影像空间与文化全球主义 / 11388
309-06023	电影美学导论 / 11395
309-07932	电影语言学导论 / 11383
309-05554	电影阅读方法与实例 / 11382

田

编号	书名 / 序号
309-12209	田子坊是如何可能 行动者的空间实践视角 / 00976
309-13796	田径英语 / 07296
309-00823	田野的希望 改革发展中的上海农村成人教育 / 07181
309-12031	田野调查技术手册 / 01029
309-14596	田野调查技术手册 / 01030

史

编号	书名 / 序号
309-05854	史与诗 世界诸文明的历史书写 / 11543
309-05662	史记一百句 / 11649
309-13745	《史记志疑》研究 / 11651

309-04767	史记精读 / 11647		309-13898	四重证据法研究 / 01239	
309-12366	史记精读〔第 2 版〕/ 11648		309-05105	四维股票、期货技术详解 / 04594	
309-08113	史学之魂 当代西方马克思主义史学研究 / 00118		309-08504	四联总处与战时西南地区经济 / 04823	
309-03523	史学导论 / 11493				
309-06896	史学导论〔第 2 版〕/ 11494		**生**		
309-13672	史学导论〔第 3 版〕/ 11495		309-03880	生化药理学 / 14597	
309-09541	史料与阐释 合刊本 2011 卷 / 10457		309-04469	生生死死 / 10751	
309-10059	史料与阐释 合刊本 2012 卷 / 10458		309-07373	生存论境域中的科学 马克思科学观研究 / 12204	
309-11893	史料与阐释 总第 3 期 / 10459		309-07697	生死皆自在 / 00699	
309-12403	史料与阐释 总第 4 期 / 10460		309-06228	生·死·爱 汶川地震对话录 / 01575	
309-13036	史料与阐释 总第 5 期 / 10461		309-00271	生产力与经济规律 / 02470	
309-14233	史料与阐释 总第 6 期 / 10462		309-14715	生产与运作管理 / 03299	
309-09456	史量才与《申报》的发展 / 11874		309-01998	生产与运营管理 制造业和服务业 / 03296	
叩			309-07094	生产与运营管理 制造业与服务业〔第 3 版〕/ 03297	
309-01163	叩开档案神秘之门 / 10681		309-09197	生产与运营管理 制造业与服务业(第 3 版)学习指导 / 03298	
另			309-03200	生产与运营管理案例精选 / 03488	
309-08223	另一种声音 海外汉学访谈录 / 11659		309-06287	生产现场优化管理 / 03295	
309-06741	另一种理想主义 / 01611		309-09249	生产性服务业创新问题研究 基于产业链协同创新的视角 / 03762	
309-08989	另类胡塞尔 先验现象学的视野 / 00108		309-08564	生产性服务业创新集群内企业间协调机制研究 / 04058	
四			4253.014	生产资料社会所有制 / 02469	
309-12315	四十二章经 / 00586		309-02303	生产管理精要 / 03300	
309-07489	四万万顾客 / 03875		309-12877	生态文明与陶渊明研究 2015 年陶渊明研究暨生态文明国际学术研讨会论文集 / 11917	
309-06628	四圣谛讲记 / 00601				
309-05223	四百年《西游记》学术史 / 10384		309-04383	生态伦理与生态美学 / 00395	
309-14570	四百年灯火阑珊 / 00181		309-13356	生态视域下的大学英语教学改革研究 / 08452	
309-12989	四次地震应急医学救援实证分析 / 13890		309-01270	生态经济持续发展的抉择 中国南方地区经济发展、人口、资源、环境综合分析及对策研究 / 02697	
309-11785	四极日记 / 10902				
309-14423	四极日记 / 10903				
309-06021	四库提要精读 / 15479				
309-11742	四季科学乐园 幼儿趣味科学实验 / 05885		309-02558	生态城市建设的原理和途径 兼析上海市的现状和发展 / 03676	
5627-0423	四肢的显微外科修复 / 14243				

书号	书名 / 编号
309-09482	生态、信息与社会伦理问题研究 / 00423
309-09176	生态旅游 理论与实践 / 03837
13253.029	生物工程的现状和展望 / 12882
5627-0475	生物大分子的结构和功能 / 12862
5627-0442	生物大分子的结构和功能 / 12861
13253.006	生物无机化学原理 / 12830
309-03288	生物化学 / 12825
309-04746	生物化学 / 12826
309-06242	生物化学〔第2版〕/ 12827
309-00093	生物化学 上册 / 12836
309-00829	生物化学 上册〔重印本〕/ 12838
309-00172	生物化学 下册 / 12837
309-00830	生物化学 下册〔重印本〕/ 12839
309-11703	生物化学与分子生物学 / 12835
309-08207	生物化学与分子生物学实验指导 / 12843
7253.007	生物化学习题分析与解答 / 12846
5627-0132	生物化学习题集 / 12845
5627-0319	生物化学目标教学习题精选〔重印本〕/ 12844
309-04047	生物化学考试指南 / 12834
5627-0272	生物化学多选题及题解〔第2版〕/ 12848
5627-0008	生物化学多选题题解 / 12832
7253.006	生物化学实验技术教程 / 12842
5627-0053	生物合成药物学 / 14596
309-01617	生物防治中的螨类 图示检索手册 / 14637
309-11057	生物技术低碳化发展的法律保障制度研究 / 02154
309-03569	生物医学测量与仪器 / 13587
309-06450	生物医学测量与仪器〔第2版〕/ 13588
309-00485	生物物理学实验 / 12858
309-05184	生物学 / 12779
309-05639	生物学前沿技术在医学研究中的应用 / 13586
309-00397	生物科学摄影技术 / 12773
309-06614	生物数据整合与挖掘 / 12884
309-02888	生命与脂肪 / 12855
309-01890	生命不败 董月玲纪实作品集 / 10673
309-13338	生命不息 求索不止 汪熙先生纪念文集 / 11990
309-11160	生命中枢的托付 神经外科就诊手册 / 14222
309-10238	生命中的化学元素 / 12693
309-14364	生命中的珍藏 / 11896
309-05853	生命史学 从医疗看中国历史 / 12974
309-08613	生命发展保健 / 13163
309-06376	生命伦理中的知情同意 / 12968
309-06205	生命体验与语文学习 / 06330
309-11278	生命的风华 / 10830
309-13966	生命的关怀 汪堂家伦理学文集 / 00404
309-09305	生命的守护者 医学大家 一 / 12030
309-02261	生命的守望 / 12776
309-02231	生命的视窗 / 12775
309-11276	生命的承诺 / 10883
309-10353	生命科学 / 06799
309-12942	生命科学〔第2版〕/ 06800
5627-0342	生命科学的历史与哲学思考 / 12778
5627-0191	生命科学浅说 / 13050
309-06710	生命集 果戈理精品集 / 10984
5627-0058	生药学 / 14578
5627-0024	生药学实验指导 / 14579
309-07789	生活与思考 / 00805
309-08060	生活与保健 / 13177
309-12068	生活中的心理学 / 00479
309-12237	生活中的法律 / 01975
309-08072	生活中的法律智慧 东方大律师解答法律咨询 / 01977
309-02097	生活中的经济学 / 02336
309-11738	生活中的经济学 / 02332
309-12067	生活中的管理学 / 01079
309-13279	生活化学 / 12688
309-10227	生活在城市 浦东共青团服务来沪青年的实践与探索 / 01392

309-08389	"生活"的发现与历史唯物主义的形成 《德意志意识形态》研究 / 00022		309-00086	仪器分析实验〔修订版〕/ 12734
			309-05887	仪器分析实验〔第2版〕/ 12736
309-07700	生活的智慧 / 00698		309-13552	仪器分析实验 / 12737

5627-0010	生理学 / 12810
5627-0126	生理学〔第2版〕/ 12809
309-04334	生理学 / 12813
309-04672	生理学 / 12811
309-06280	生理学 / 12814
309-11454	生理学〔第2版〕/ 12815
309-12053	生理学 / 12812
309-04204	生理学考试指南 / 13640
5627-0001	生理学多选题汇编 / 13645
5627-0248	生理学多选和题解 附名词解释题和问答题〔第2版〕/ 13644
309-03048	生理学概要 / 13643
309-06142	生殖免疫学 / 13661
5627-0495	生殖健康研究新方向 人类生殖研究发展和研究培训特别规划署双年度报告 1996—1997 / 13658
5627-0451	生殖健康流行病学研究方法 / 13270

失

309-14881	失落的文章学传统 古文辞通义 / 10415

丘

309-07885	丘东平作品全集 / 10523
309-07938	丘东平研究资料 / 10200

代

309-15193	代谢分子医学导论 / 14169
309-10991	代数曲线 / 12488

仪

13253.004	仪器分析 / 12740
13253.017	仪器分析实验 / 12733
309-01210	仪器分析实验〔重印本〕/ 12735

白

309-10180	白山黑水 满族传播研究 / 11747
309-10241	白马湖作家群论稿 / 10470
309-13187	白头叶猴 广西崇左市《花山魂》系列摄影画册 / 11277
5627-0411	白血病、多发性骨髓瘤和恶性淋巴瘤 / 14382
5627-0308	白血病病毒、艾滋病病毒、癌基因 / 14364
309-15254	白衣战役为人群 复旦上医抗击新冠肺炎疫情纪实 / 10739
309-12511	白居易与《庄子》/ 11921
309-07792	白鸥三十载 / 00746
309-10513	白雪亮晶晶 / 05940
309-04588	白银与近代中国经济 1890—1935 / 04379
309-12075	白领人士的经络养生 / 13481
309-11305	白领犯罪与社会控制 / 02205
309-01389	白领成功路 / 03107
309-01391	白领沼泽地 / 03108
309-06396	白领职场英语 / 09725

他

309-11848	他化作了天边那朵白云 怀念俞吾金教授 / 11847
309-10144	他们为什么辍学？聆听电大英语专业辍学生的心声 / 07193
309-08717	他是否还在人间 马克·吐温短篇小说选 / 11091

用

4253.010	用于计划决策的技术预测 / 01214
309-09274	用心守护生命 复旦大学附属华山医院护士文集 / 13931
309-09829	用心祝福〔增订版〕/ 00403

309-13308	用情呵护生命 复旦大学附属华山医院护士文集 / 13930			学 / 12782
		309-08402	外轮理货英语 / 08005
印		309-07887	外国女性文学教程 / 09979
309-00230	印度佛教史概说 / 00708	10253.009	外国文学 莎士比亚专辑 / 11010
309-15098	印度佛教史概说 / 00709	309-02224	外国文学作品选 / 10036
		309-06230	外国文学作品选〔第2版〕/ 10037
乐		309-14235	外国文学作品选〔第3版〕/ 10038
309-00458	乐峰陆忠中书法陶塑作品集 中英对照 / 11244	309-06180	外国电影史教程 / 11433
		309-05771	外国史学名著导读 / 11498
309-02040	乐海絮语 音乐艺术鉴赏录 / 11295	309-09311	外国民商法 / 01906
309-14225	乐理习题集 / 11306	309-02651	外国民商法导论 / 01907
309-04518	乐理 视唱 练耳 / 05998	309-00366	外国民商法概论 / 01908
309-07587	乐理 视唱 练耳〔第2版〕/ 05999	5627-0183	外国医德史 / 12967
309-10707	乐理 视唱 练耳〔第3版〕/ 06000	309-02846	外国法制史 / 01872
309-14317	乐理 视唱 练耳〔第4版〕/ 06001	309-03259	外国法制史 / 01873
309-12467	乐理 视唱 练耳简明教程 / 11305	309-07135	外国法制史〔第2版〕/ 01874
309-12925	乐理基础 / 11304	309-08576	外国法制史〔第3版〕/ 01875
309-01129	乐清县财政税务志 / 04348	309-03764	外国法律制度导论 / 01859
309-06295	楽しき古典 / 09847	309-01884	外国爱情名著选 / 09157
		309-00838	外国谍报辞典 / 01411
句		309-00541	外国婚姻家庭法资料选编 / 01919
309-08535	句法语用研究 / 08306	309-04124	外国新闻传播史导论 / 05237
		309-05724	外国新闻传播史导论〔第2版〕/ 05238
犯		309-03527	外经贸发展研究丛书 第一辑 / 04244
309-08367	犯罪现场勘查案解 / 01945	309-01587	外经贸英语 复习与测试 / 07875
309-06512	犯罪学 / 01936	309-04260	外科手术并发症的预防和处理 / 14211
外		309-12939	外科出院病人中医调养 / 13540
309-01029	外冈志 / 11767	309-08336	外科护理 / 13993
309-06930	外汇风险管理战略 / 03392	309-11532	外科护理〔第2版〕/ 13994
309-02126	外汇业务案例选 / 04565	309-11240	外科护理 / 13999
309-02423	外汇托福 曹国舅独家秘术 / 04647	309-04954	外科护理学考题解 / 14001
309-07857	外汇冷投资 / 04648	309-05282	外科学 / 14193
309-07510	外向型经济视角下的知识产权 / 02183	5627-0245	外科学及护理考题解 / 14002
		5627-0217	外科学多选题 / 14197
309-07299	外来种与进化 外来植物、动物、微生物及与其相互作用土著物种的进化生态	5627-0357	外科学应用多选题 / 14198
		309-03277	外科临床手册 / 14200

309-05283	外科临床体验集粹 / 14199			
309-13151	外科微创手术基础与临床应用进展 / 14209			

309-05283	外科临床体验集粹 / 14199
309-13151	外科微创手术基础与临床应用进展 / 14209
309-10887	外贸 SOHO 创业新招数 / 04145
309-08905	外贸业务实操 / 04154
309-11109	外贸网络营销 / 04152
309-00451	外贸英文函电 / 08342
309-05900	外贸英语 / 07885
309-06334	外贸英语单证与函电 / 08330
309-07277	外贸英语函电〔第2版〕/ 04192
309-10548	外贸英语函电〔第3版〕/ 04193
309-13087	外贸英语函电〔第4版〕/ 04194
309-05379	外贸英语函电 双语 / 04191
309-10322	外贸单证实务 / 04168
309-06892	外贸函电简明教程 / 08364
309-10720	外贸客户开发、跟进与维护 / 04169
309-00633	外贸漫笔 / 04204
309-01649	外贸漫笔 续篇 / 04205
309-14082	外语类网络在线课程建设及综合评价的理论和方法 兼评四套大学英语网络视听说教学系统 / 07803
309-13209	外语教育政策价值国际比较研究 / 07809
309-08841	外语教育政策制定与实施研究 / 07807
309-05400	外语教学与研究论丛 / 07804
309-11116	外资银行对中国银行业的战略投资 原因和后果 / 04730
309-07707	外资银行在东道国的信贷偏好 兼论中国商业银行的跨国发展战略 / 04731
309-03487	外商投资企业转让定价研究 / 03433
309-13288	外商直接投资对中国种业影响研究 / 03716
309-08595	外婆桥与月亮船 一个中学生眼中的世界 / 10538
309-10677	外滩金融集聚带建设理论与实践 / 04806

冬

309-13357	冬奥会项目英语 / 07284

鸟

309-07168	鸟类的迁徙之旅 候鸟的卫星追踪 / 12928
309-01898	鸟语花香 刘老师教中国画 / 11168

包

309-09128	包公文学研究 / 10106
309-10258	包容与互洽 产学研合作中政府与市场作用机制研究 / 06838

主

309-08720	主引多元意见的协商讨论 美国"社会研究"课程教师的课堂话语分析 / 07090
309-10543	主权债务与金融危机 这次将不同于以往？ / 04276
309-02008	主页（Homepage）制作 / 15198
9253.003	主导英语 英汉对照 第1册 / 09062
309-00047	主导英语 英汉对照 第1册〔修订本〕/ 09068
9253.004	主导英语 英汉对照 第2册 / 09063
309-00059	主导英语 英汉对照 第2册〔修订本〕/ 09069
9253.005	主导英语 英汉对照 第3册 / 09064
309-00428	主导英语 英汉对照 第3册〔修订本〕/ 09070
9253.006	主导英语 英汉对照 第4册 / 09065
309-00429	主导英语 英汉对照 第4册〔修订本〕/ 09071
9253.007	主导英语 英汉对照 第5册 / 09066
309-00430	主导英语 英汉对照 第5册〔修订本〕/ 09072
9253.008	主导英语 英汉对照 第6册 / 09067
309-01090	主导英语 英汉对照 第6册〔第1版修订版〕/ 09074
309-00431	主导英语 英汉对照 第6册〔修订本〕/

编号	书名 / 序号
	09073
309-14773	主体·语言·他者 美国当代作家保罗·奥斯特研究 / 11068
309-07924	主张 郎遥远锐评中国 / 01433
309-05943	主流观念与政策变迁的政治经济学 / 02538

市

309-06299	市长之道 复旦大学中国市长论坛讲演录 / 03648
5627-0603	市民健康行为指南 / 13303
309-01535	市场分析与预测 / 09144
309-08340	市场规制法律问题研究 / 02118
309-14368	市场制度深化与产业结构变迁 / 03077
309-08516	市场的伦理 / 00392
309-00596	市场变动与国民经济总体运行 上海市场变化研究报告 / 04110
309-01440	市场学 / 03932
309-03064	市场经济与广播电视管理 / 05350
309-01996	市场经济与中国农业 问题与前景 / 03695
309-03433	市场经济与商业伦理 / 04050
309-04723	市场经济法律教程 / 02091
309-06909	市场经济法律教程〔第4版〕/ 02092
309-10896	市场经济法律教程〔第5版〕/ 02093
309-13384	市场经济法律教程〔第6版〕/ 02094
309-14854	市场经济法律教程〔第7版〕/ 02095
309-01579	市场经济法律基础 / 02096
309-06446	市场调查 / 03971
309-10003	市场调查与预测 / 03970
309-10360	市场调查与预测习题册 / 03972
309-03232	市场调查教程 / 03969
309-06119	市场调查教程〔第2版〕/ 03968
309-03054	市场营销创新 / 03964
309-13266	市场营销英语 / 03962
309-01904	市场营销学 / 03938
309-02811	市场营销学 / 03937
309-02709	市场营销学〔第2版〕/ 03939
309-03921	市场营销学 / 03940
309-09000	市场营销学 / 03948
309-11022	市场营销学〔第5版〕/ 03941
309-14087	市场营销学〔第6版〕/ 03942
309-04494	市场营销学 学习指导·同步训练〔第2版〕/ 03943
309-12333	市场营销学 原理与实践 / 03945
309-05315	市场营销学实训 实践课业指导 / 03959
309-04557	市场营销学教程 / 03957
309-10591	市场营销学教程〔第2版〕/ 03958
309-01113	市场营销学概论 / 03928
309-04158	市场营销学概论 / 03933
309-05102	市场营销案例与实务 / 03961
309-08013	市场营销案例与实务〔第2版〕/ 03952
309-02045	市场营销教学案例精选 / 03934
309-02968	市场营销管理 定位·联盟·策略 / 03956
309-02960	市场精灵 网络传播与广告 / 04020
309-11705	市殇 中国房地产企业价值环境分析 / 03661

立

309-09013	立于礼 "三礼"选读 / 12113
309-02215	立志·修身·治学 中外名家名句精选 / 00426
309-08889	立足国际视野,加强语言教学研究 第二届全国语言教育研讨会暨国际汉语教育专题研讨会论文集 / 07396
309-09099	立法缺位状态下的基本权利 / 01880
309-06829	立宪主义语境下宪法与民法的关系 / 01881

冯

309-12475	冯氏画识二种 / 11977
309-14192	冯·卡门 航空航天时代的科学奇才 / 12069

309-12857	冯梦龙《山歌》研究 / 10423		309-12100	汉代郡县制的展开 / 01662
10253.025	冯梦龙研究 / 10109		309-10004	汉字百味 / 07566

玄

309-05884　玄意幽远 魏晋思想、文化与人生 / 00271

兰

309-05359　兰克史学研究 / 11496
309-10641　兰馥文芳 校园兰文化教程 / 07104
309-12589　兰馥文芳 校园兰文化教程〔第2版〕/ 07105

半

309-10900　半个世纪的足迹 复旦大学国际政治系建系五十周年纪念文集 / 07054
309-04400　"半自主"国会与台湾问题 美国国会外交行为模式 / 01808
309-00708　半导体发光材料和器件 / 14810
309-08144　半导体器件原理 / 14807
309-12059　半砖园斋论红学索隐派 / 10365
309-04237　半符号逻辑 传统逻辑与符号逻辑的桥梁 / 12375

汇

309-14711　汇率机制 具有自动平衡机制的交互盯住国际汇率体系研究 / 04558
309-10955　汇率调整与制造业产业升级 / 04800
309-02582　汇率理论和政策研究 / 04557
309-13085　汇善汇美 社会主义核心价值观（徐汇）市民读本 / 01471
13253.057　汇编语言程序设计（PDP—11）/ 15045

头

309-02612　头脑风暴 / 12231

汉

309-11992　汉代灯具研究 / 12084
309-12100　汉代郡县制的展开 / 01662
309-10004　汉字百味 / 07566
309-13965　汉字形义与中华传统文化 以社会主义核心价值观二十四个汉字为例 / 07561
309-11739　汉字的故事 / 07563
309-07780　汉字的智慧 / 07559
309-05953　汉字的魔方 中国古典诗歌语言学札记 / 10266
309-11719　汉字的魔方 中国古典诗歌语言学札记 / 10267
309-01605　汉字拾趣 / 07564
309-03249　汉字拾趣〔第2版〕/ 07565
309-02268　汉奸丑史 / 11738
4253.015　汉英对照西方会计 第1册 / 02833
309-01158　汉英对照西方会计 第1册〔重印本〕/ 02834
309-01323　汉英对照西方会计 第1册〔重印本〕/ 02835
4253.024　汉英对照西方会计 第2册 / 02836
309-01324　汉英对照西方会计 第2册〔重印本〕/ 02838
309-01159　汉英对照西方会计 第2册〔重印本〕/ 02837
309-03821　汉英体育分类词典 / 07239
309-02381　汉英·英汉广告写作词典 / 04001
309-10391　汉英语气系统对比研究 / 07605
309-08003　汉制造 古代中国的少年性情 / 11670
309-02277　汉学论丛 第2辑 / 11661
309-02427　汉钟离小试牛刀 外汇买卖 / 04643
309-03547　汉语与中国文化 / 07509
309-05838　汉语与中国文化〔第2版〕/ 07510
309-02916　汉语与华人社会 / 07508
309-11995　汉语历史语言学的传承与发展 张永言先生从教六十五周年纪念文集 / 07516
309-00997　汉语历史语法要略 / 07597
309-08994　汉语日历 / 12760
309-02391　汉语水平考试技巧 初、中等 / 07784
309-08482　汉语动结式的整合与历时演变 / 07595

编号	书名 / 页码
309-07247	汉语成语小词典 / 07577
309-00866	汉语成语分类辞典〔重印本〕/ 07580
9253.028	汉语成语分类辞典 / 07581
309-04449	汉语光杆名词词组语义及语用特点研究 / 07766
309-12602	汉语同源词大典 / 07590
309-13602	汉语名名复合词语义认知研究 / 07613
309-03617	汉语字基语法 语素层造句的理论和实践 / 07592
309-13797	汉语别史 中国新文学的语言问题〔增订本〕/ 07512
309-01625	汉语现代音韵学 / 07551
309-08795	汉语现代音韵学〔第2版〕/ 07552
309-12122	汉语的小句与句子 / 07617
309-14136	汉语话语标记的语用功能与历时演变 / 07500
309-09595	汉语将来时助动词研究 默认语义学模式 / 07615
309-04484	汉语音韵学讲义 / 07553
309-09764	汉语测试与评估 / 07761
309-13541	汉语积极修辞的认知研究 / 07623
309-03427	汉泰关系词的时间层次 / 09867
309-00926	汉唐史论集 / 11693
309-10229	汉意委婉语对比研究 / 07588
309-05972	汉藏语言研究 / 09866
309-06553	汉魏六朝文选解 / 10413
309-01473	汉魏六朝传记文学史稿 / 10406
309-03024	汉魏六朝唐代文学论丛 增补本 / 10122

宁

309-07726	宁波近代法制变迁研究 / 02249
309-00879	宁波词典 / 12135

写

309-14052	写于石头中 埃斯普马克自选诗五十首 / 10995
309-04090	写电影剧本的几个问题 / 09958
309-09852	写在心上的故事 / 10835
309-04409	写作与翻译专项训练 / 06700
5627-0006	写作实践指导 / 07639
309-14313	写作教程 / 07638
309-07416	写实主义小说的虚构 茅盾，老舍，沈从文 / 10395

让

5627-0406	让心中的太阳发光 心理疾病患者的自助方法 / 14470
309-08765	让你一学就会的英语邮件写作法 / 15215
309-06408	让你一觉睡到天亮 / 14480
309-03046	让孩子学会研究 小学生探究性学习实践指导 / 06182
309-05881	让数据告诉你 / 12503

礼

309-15177	礼之退隐 近代中国刑律变动及其思想争论 / 02258
309-07322	礼仪宝典 / 12101
309-09109	礼制与风俗 / 12102
309-12561	礼和天下 传统东亚秩序的长稳定 / 01801

永

309-06616	"永不毕业"的世纪学人蔡尚思 蔡尚思先生诞辰105周年逝世一周年思慕集 / 11903
309-11020	永远的巴金 / 11964
309-02415	永远的绿叶情 上海教育电视台六年回顾 / 05399
309-03812	永恒的辉煌 古代埃及文明 / 11790

司

309-11667	司马迁和他的《史记》/ 11652
309-01803	司法伦理学 / 01933
309-00898	司法行政管理学 / 02232
5627-0371	司法精神医学基础 / 01955

5627-0316	司法精神鉴定的疑难问题及案例 / 01954	309-14188	民国报刊中的蒙顶山茶〔影印本〕/ 15255

尼

309-09846　尼采的视角主义 / 00315

民

309-12868　民元时期的新闻业 一个剖面的研究 / 05317
309-10902　民办大学的"正常民办" 陆丹谈话录 / 07025
309-07970　民办大学的"出世计划" / 07024
309-11745　民办大学的理念 / 07023
309-10892　民办大学研究报告 / 07027
309-06716　民生与家计 清初至民国时期江南居民的消费 / 02732
309-10332　民生话语与权力博弈 住房改革报道研究 / 05250
309-09291　民用航空英语阅读教程 / 15373
309-06162　民主与现代国家的成长 / 01334
309-09907　民主别论 / 01480
309-02201　民主法制与人大制度 / 01482
309-11559　民主治理、制度变迁与福利 2015年比较政治发展报告 / 01406
309-12815　民主恳谈 中国基层协商民主的温岭实践 / 01501
309-10453　民主管理与企业文化建设训练 / 03294
309-06068　民间法 / 01983
309-03021　民间高等教育投资的跨学科研究 / 07026
309-12496　民事诉讼法〔第3版〕/ 02216
309-02666　民事诉讼法学 / 02215
309-03479　民事诉讼法学〔第2版〕/ 02217
309-09706　民国人物的再研究与再评价 / 11823
309-08520　民国山东四大教育家研究 / 11882
309-13150　民国年间上海戏曲唱片研究 / 11375

309-13002　民国初期大学制度研究 1912—1927 / 07083
309-04980　民国商事立法研究 / 02197
309-03879　民法学 / 02163
309-11720　民法学〔第2版〕/ 02164
309-02033　民法总论 / 01912
309-04161　民法总论〔第2版〕/ 01913
309-02443　民法哲学论稿 / 01909
309-07015　民法哲学论稿〔第2版〕/ 01910
309-00038　民法教程 / 02162
309-11327　民航服务英语 / 03793
309-05912　民营企业发展风险对策 识别、防范、化解 / 03552
309-08968　民营医院管理实践 / 13359
309-03802　民营银行 台湾的实践与内地的探索 / 04736
309-02347　民商法新论 / 02168
309-00406　民族发展经济学 / 02725
309-12655　民族志中的女性经验 / 11560
309-09468　民族健身操教程 / 07314
309-12586　民族救亡与复兴视野下的上海金融业 / 04822
309-13481　民族影像与国家形象塑造 中国少数民族题材纪录片研究（1979— ）/ 11476

弘

309-15268　弘武实用英语 第一册（含学习指导）/ 07873

出

309-05313　出土文献与古文字研究 第1辑 / 12089
309-06201　出土文献与古文字研究 第2辑 / 12090
309-07258　出土文献与古文字研究 第3辑 / 12091

309-04088	出口成章 / 06197
309-10625	出什么事会糟了呢 / 05898
309-14580	出版业的核心与边缘 / 05424
309-06443	出版产业散论 / 05409
309-07210	出版问道十五年 / 05429
309-05559	出版论稿 / 05425
309-08479	出版的品质 / 11806
309-01079	出神入化 中国古代绝技故事选 / 10633
309-12583	出埃及记 / 10618

加

309-02976	加入WTO后的中国对外贸易战略 / 04177
309-10939	加快推进上海残疾人同步小康进程研究 2011—2013年度上海市残疾人工作调研报告(论文)汇编 / 01644
309-05370	加速英语口语 第1册 / 09581
309-07722	加速英语口语 第1册〔第2版〕 / 09582
309-05371	加速英语口语 第2册 / 09583
309-07723	加速英语口语 第2册〔第2版〕 / 09584
309-05209	加速器物理学〔第2版英文影印版〕 / 14744
309-13300	加拿大国庆节的诞生与发展 1867—1942 / 01707

皮

309-14619	皮肤及肢端恶性黑色素瘤外科诊治中国专家共识 / 14426
309-04607	皮肤性病学 / 14484
309-04952	皮肤科用药及其药理 / 14622
309-05796	皮肤病诊断与鉴别诊断 / 14489
5627-0090	皮肤病学 / 14487
5627-0203	皮肤病学〔修订版〕 / 14485
309-12189	皮肤镜图谱〔第2版〕 / 14490
309-06130	皮肤激光医学与美容 / 14491

边

309-04193	边城·雪晴 / 10642
309-15017	边界、权威与合法性 中国语境下的新闻职业话语研究 / 05094
309-07372	边缘与之间 / 04925

孕

5627-0120	孕产妇营养及四季食谱〔重印本〕 / 13145
5627-0504	孕产妇营养及四季食谱〔第2版〕 / 13146
309-05570	孕产妇营养及四季食谱〔第3版〕 / 13147
5627-0289	孕妇、乳母与营养 / 13148
309-06851	孕育宝典 / 14305
309-13604	孕前、产前保健与婴儿喂养实用指南 / 14307

发

309-04742△	发生和选择 / 10572
309-08227	发行中介声誉、IPO抑价及滞后效应 基于中小板市场的实证研究 / 04764
309-12788	"发现"欧洲 《世界广说》欧洲部分译注与研究 / 11746
13253.030	发育之谜 发育生物学入门 / 12944
309-04984	发展与落差 近代中国东西部经济发展进程比较研究(1840—1949) / 02730
309-06426	发展中大国的竞争 中国和印度谁将胜出 / 02627
309-04407	发展中国的十大课题 / 02666
309-01468	发展中国家贸易发展战略研究 / 04172
309-08796	发展社区老年教育与建设学习型城市研究 / 07203
309-02563	发展经济学 从贫困迈向富裕 / 02481
309-13816	发展政治学 / 01261

圣

309-01963	圣母院的钟声 法国纪胜 / 10782
309-05658	圣经一百句 / 00724
309-06862	《圣经》汉译的文化资本解读 / 00721

309-00799	圣经典故辞典 / 00725		309-09984	对话时代的思与想 / 10245
309-01944	圣经典故辞典 英汉对照〔第 2 版〕/ 00726		309-01215	对南亚国家贸易指南 / 04228
309-06080	《圣经》的文化解读 / 00722		309-01253	对独联体国家贸易指南 / 04233
309-13086	圣经造就美国 / 00733		309-01254	对美国、加拿大贸易指南 / 04239
309-07513	《圣经》精读 / 00723		309-06182	对联修辞艺术 / 10410
			309-01145	对港澳台地区贸易指南 / 04224
			309-14862	对新型冠状病毒肺炎说"不" / 14126

对

309-01146	对大洋洲国家贸易指南 / 04234
309-01100	对日本国贸易指南 / 04226
309-01203	对中东地区贸易指南 / 04229
309-04438	对中国文化的乡愁 / 10960
309-08579	对中国的乡愁〔第 2 版〕/ 10961
309-01251	对东欧国家贸易指南 / 04232
309-01111	对东南亚与韩国贸易指南 / 04227
309-04445	对外汉语教学语法 / 07765
309-04425	对外汉语教学概论 / 07764
309-00267	对外经济贸易实用大全 / 04119
309-00549	对外经济贸易实用大全 / 04120
309-01081	对外经济贸易实用大全〔修订本〕/ 04121
309-01549	对外经济贸易实用大全〔第 3 版〕/ 04122
309-00690	对外经济贸易案例分析 / 02128
309-01107	对外经济贸易案例分析〔重印本〕/ 02129
309-01507	对外经济贸易新规范 / 04207
309-07050	对抗式刑事审判的起源 / 01932
309-08075	对抗语文 让孩子读到世界上最好的文字 / 06207
309-11292	对抗语文 让孩子读到世界上最好的文字〔第 2 版〕/ 06208
309-01217	对拉美国家贸易指南 / 04238
309-01136	对欧共体国家贸易指南 / 04231
309-01128	对非洲国家贸易指南 / 04230
309-02672	对话与梦想 上海交大点击中国十大网站 / 15219
309-09684	对话比利·怀尔德 / 12065

台

309-10514	台风就要来了 / 05965
309-09432	台港澳文学教程新编 / 10478
10253.004	台湾小说选讲 / 10402
309-00558	台湾小说选讲新编 / 10663
309-00974	台湾文学新论 / 10480
309-04817	台湾电影三十年 / 11442
309-10172	台湾电影的声音 / 11415
309-08548	台湾当代文艺传媒《文讯》研究 / 10479
309-06625	台湾诗钟研究 / 10270
309-03587	台湾复旦校友忆母校 / 07062

矛

309-04957	矛盾情结与艺术模糊性 超越政治和族裔的美国华裔文学 / 11069

母

309-14004	母乳喂养图册 / 13244
309-05048	母亲·在医院中 / 10661
309-09239	母婴保健指导 / 13226

幼

309-13669	幼儿手指技能游戏 / 06111
309-10970	幼儿文学作品赏析与写作指导 / 10016
309-14339	幼儿文学精品赏读 / 10015
309-14395	幼儿行为观察与分析 / 00529
309-14850	幼儿行为观察与评价 / 00509

309-12470	幼儿合作性游戏棋 配备、设计制作与应用 / 06099	309-06232	幼儿园组织与管理 / 06164
		309-10233	幼儿园组织与管理〔第2版〕/ 06165
309-12521	幼儿创意画 上 小班 / 06044	309-06134	幼儿园保教实习指导 / 06154
309-12522	幼儿创意画 上 中班 / 06045	309-09603	幼儿园保教实习指导〔第2版〕/ 06155
309-12523	幼儿创意画 上 大班 / 06046		
309-12790	幼儿创意画 下 小班 / 06047	309-13582	幼儿园保教实习指导〔第3版〕/ 06156
309-12791	幼儿创意画 下 中班 / 06048		
309-12792	幼儿创意画 下 大班 / 06049	309-14063	幼儿园音乐游戏设计与指导 / 05985
309-14226	幼儿戏剧教程 / 11371	309-13830	幼儿园美术与手工设计图库 / 11282
309-14474	幼儿运动分解教学 / 06096	309-08973	幼儿园班级管理 / 06172
309-13928	幼儿园工作流程图解 / 06176	309-13748	幼儿园班级管理应用教程 / 06173
309-14987	幼儿园区域环创指导 / 06171	309-14005	幼儿园班级管理案例分析 / 06167
309-10550	幼儿园手工制作 / 06082	309-09308	幼儿园家长工作指导 / 06157
309-13203	幼儿园创意美术主题活动方案 上学期 / 06042	309-11730	幼儿园家长工作指导〔第2版〕/ 06158
309-13204	幼儿园创意美术主题活动方案 下学期 / 06043	309-14216	幼儿园课程与教学问答50例 / 05750
309-08084	幼儿园多媒体课件设计与制作基础 / 05976	309-11211	幼儿园课程概论 / 05743
		309-14765	幼儿园课程概论〔第2版〕/ 05744
309-10083	幼儿园园本玩具设计与开发 / 06134	309-14569	幼儿园教师专业伦理 / 06136
		309-09986	幼儿园教师英语教育技能阶梯训练 / 05815
309-12277	幼儿园园本玩具的设计与开发〔第2版〕/ 06135		
		309-12913	幼儿园教师资格考试面试技巧与实战演练 / 06140
309-07958	幼儿园体育活动设计与指导 / 06112		
309-13654	幼儿园体育活动设计与指导〔第2版〕/ 06113	309-14616	幼儿园教师资格考试面试指导与演练 / 06153
309-15104	幼儿园应用文写作指导 / 05680	309-14256	幼儿园教师资格证考试写作辅导十讲 / 07655
309-14340	幼儿园社会体验课程设计22例 "小钟娃"社会体验课程构建 / 05902		
		309-10355	幼儿园教育环境创设 / 06166
309-14215	幼儿园环境创设 / 06159	309-10356	幼儿园教育活动设计 / 05753
309-09476	幼儿园单元主题教育活动 托班 / 05737	309-13651	幼儿园教育活动设计与实训 / 05748
		309-08978	幼儿园教育活动设计与指导 综合版 / 05751
309-09616	幼儿园单元主题教育活动 小班 / 05738		
		309-11887	幼儿园教育活动设计与指导 综合版〔第2版〕/ 05752
309-08220	幼儿园单元主题教育活动 中班 / 05739		
		309-13060	幼儿园教育活动设计与课例 / 05747
309-04511	幼儿园实用手工 / 06069	309-13613	幼儿园教学与管理实用表格大全 / 05755
309-06210	幼儿园实用手工 彩色〔第2版〕/ 06070		
		309-15140	幼儿园探究活动案例 / 05740

309-13645	幼儿园职业情境英语 上册 / 05829		309-13598	幼儿科学教育 科学素养与活动实训 / 05756
309-13766	幼儿园职业情境英语 下册 / 05830		309-09199	幼儿律动 / 06040
309-14445	幼儿园常见事故责任认定与防范 / 02156		309-11741	幼儿音乐赏析 / 06017
309-12889	幼儿园游戏设计与指导 / 06118		309-09174	幼儿音乐游戏课例集 / 05984
309-14469	幼儿园游戏活动实训手册 / 06104		309-08802	幼儿美术欣赏与创作指导 / 06051
309-13742	幼儿园游戏活动实践指导 / 06103		309-12412	幼儿美术欣赏与创作指导〔第2版〕/ 06052
309-10728	幼儿园游戏精编 1 / 06130		309-12772	幼儿美术教育 / 06092
309-10743	幼儿园游戏精编 2 / 06131		309-13061	幼儿活动评价手册 / 05795
309-12956	幼儿园游泳课程研究 / 06132		309-13065	幼儿活动指导手册 上 3—4 岁 / 05796
309-13925	幼儿玩彩墨 小班 / 06079			
309-13926	幼儿玩彩墨 中班 / 06077		309-13066	幼儿活动指导手册 上 4—5 岁 / 05797
309-13927	幼儿玩彩墨 大班 / 06078		309-13067	幼儿活动指导手册 上 5—6 岁 / 05798
309-14010	幼儿英语文学作品赏析与应用 / 05828			
309-07445	幼儿英语教育活动指导 / 05874		309-15347	幼儿语言教育活动设计与指导 / 05827
309-10350	幼儿英语教育活动指导〔第2版〕/ 05876		309-13653	幼儿绘画活动指导 线条·图形·色彩·构图 / 06059
309-12850	幼儿英语教育活动指导与实训 / 05814		309-08439	幼儿教师人文素质教程 / 05557
309-14471	幼儿英语游戏活动指导与实训 / 05835		309-13062	幼儿教师工作手册 上 3—4 岁 / 05799
309-11580	幼儿图画书主题赏读与教学 / 05836		309-13063	幼儿教师工作手册 上 4—5 岁 / 05800
309-14126	幼儿线描画练习手册 小班上 / 06053		309-13064	幼儿教师工作手册 上 5—6 岁 / 05801
309-14127	幼儿线描画练习手册 小班下 / 06054		309-05067	幼儿教师口语训练教程 / 07717
309-14128	幼儿线描画练习手册 中班上 / 06055		309-09865	幼儿教师口语训练教程〔第2版〕/ 07718
309-14129	幼儿线描画练习手册 中班下 / 06056		309-14856	幼儿教师口语训练教程〔第3版〕/ 07719
309-14130	幼儿线描画练习手册 大班上 / 06057		309-11682	幼儿教师心理健康教育活动设计 / 05599
309-14131	幼儿线描画练习手册 大班下 / 06058		309-05669	幼儿教师礼仪基础教程 / 06147
309-11056	幼儿科学小实验 生物化学分册 / 05920		309-09999	幼儿教师礼仪基础教程〔第2版〕/ 06148
309-11055	幼儿科学小实验 物理分册 / 05921		309-14888	幼儿教师礼仪基础教程〔第3版〕/ 06149

书号	书名
309-10084	幼儿教师自然科学教程 生物地理分册 / 12228
309-10085	幼儿教师自然科学教程 物理化学一分册 / 12230
309-10314	幼儿教师自然科学教程 物理化学二分册 / 12229
309-14105	幼儿教师讲故事技巧 / 05837
309-13501	幼儿教师形体训练 / 07297
309-10086	幼儿教师应用英语教程 1 / 08852
309-09080	幼儿教师实用英语口语 初级 / 05831
309-12848	幼儿教师实用英语口语 初级〔第2版〕/ 05833
309-08957	幼儿教师实用英语口语 中级 / 05832
309-13401	幼儿教师实用英语口语 高级 / 05834
309-10092	幼儿教师实用英语手册 / 08851
309-11491	幼儿教师实用语文 / 05931
309-10856	幼儿教师钢琴基础 / 11336
309-14193	幼儿教师钢琴基础〔第2版〕/ 11337
309-11681	幼儿教师音乐素养 / 11291
309-09681	幼儿教师美术技能训练 / 11167
309-06875	幼儿教师语文素养 / 07737
309-09703	幼儿教师语文素养〔第2版〕/ 07738
309-10087	幼儿教师语言表达技能训练教程 / 07502
309-11394	幼儿教师说课技能训练 / 05746
309-14357	幼儿教师资格证考试 即兴伴奏与弹唱实训教程 / 06146
309-10821	幼儿教师朗诵技能训练 / 07443
309-09064	幼儿教师教育技能综合训练教程 / 06143
309-09853	幼儿教师职业道德 / 06144
309-13599	幼儿教师职业道德〔第2版〕/ 06145
309-10126	幼儿教师基本素养 / 06142
309-10090	幼儿教师数学应用赏析 / 12252
309-13216	幼儿教师数学基础 / 05975
309-09903	幼儿教师舞蹈技能训练 / 06018
309-09961	幼儿教育法规与政策 / 02012
309-12902	幼儿教育法规与政策〔第2版〕/ 02013
309-11940	幼儿教育法制案例分析 / 02021
309-08982	幼儿基本体操教程 / 06119
309-12459	幼儿基本体操教程〔第2版〕/ 06120
309-13996	幼儿常见问题行为与矫正 / 00527
309-13068	幼儿游戏材料包 上 3—4岁 / 06125
309-13069	幼儿游戏材料包 上 4—5岁 / 06126
309-13070	幼儿游戏材料包 上 5—6岁 / 06127
309-12010	幼儿数字草书书法教程 / 06076
309-04488	幼儿歌曲创编 / 11309
309-07727	幼儿歌曲创编〔第2版〕/ 11310
309-13561	幼儿歌曲创编〔第3版〕/ 11311
309-10089	幼儿歌曲实用简谱伴奏 / 11334
309-09604	幼儿歌曲钢琴伴奏谱108首 线·简对照 / 11338
309-04516	幼儿歌曲钢琴即兴伴奏法 / 11316
309-07573	幼儿歌曲钢琴即兴伴奏法〔第2版〕/ 11317
309-13494	幼儿歌曲钢琴即兴伴奏法〔第3版〕/ 11318
309-11152	幼儿歌曲弹唱与舞蹈编配 / 06006
309-11263	幼儿歌曲弹唱指导 线·简对照 / 05986
309-13560	幼儿歌曲弹唱指导 线·简对照〔第2版〕/ 05987
309-05738	幼儿歌舞创编实用教程 / 05994
309-09641	幼儿歌舞创编实用教程〔第2版〕/ 05995
309-09680	幼儿舞蹈创作实用教程 / 06037
309-13324	幼儿舞蹈创作实用教程〔第2版〕/ 06038
309-14080	幼儿舞蹈教师职业能力培训教程 / 06019
309-13980	幼小衔接出真招 / 05774
309-12984	幼小衔接期幼儿园科学活动设计与实施 新教材大班科学活动方案汇编 / 05888
309-10395	幼师生人际沟通与礼仪指南 / 06141

309-05673　幼师生职业规划与就业指导 / 07100
309-00103　幼学故事琼林 / 07742

丝

309-05479　丝绸之路上的古代玻璃研究 2004年乌鲁木齐中国北方古玻璃研讨会和2005年上海国际玻璃考古研讨会论文集 / 12088
309-10630　丝绸之路古史漫谈 / 11582
309-06449　丝绸之路研究入门 / 11583
309-12735　丝路古史散论 / 12176
309-14381　丝路和弦 全球化视野下的中国航海历史与文化 / 03792

六画

刑

309-00187　刑事犯罪实例解析 / 02207
309-03840　刑事司法程序的一般理论 / 01931
309-06901　刑事证据规则研究 / 02223
309-02788　刑事诉讼法学 / 02221
309-03282　刑事诉讼法学 / 02222
309-08440　刑事法治视野中的商业秘密保护 以刑事保护为中心 / 01925
309-03038　刑法学 / 02201
309-03192　刑法学 / 02198
309-06352　刑法学〔第2版〕 / 02199
309-12039　刑法学〔第3版〕 / 02200
309-05243　刑法案例教程 / 02204

动

309-12953　动手做 电工电子实验指导书〔第2版〕 / 14750
309-08257　动手做电工电子实验指导书 / 14751
309-11649　动词的语义指向对代词句内回指的制约 / 07460
309-06817　动画大师宫崎骏 / 11429
309-06321　动画电影语言的技巧与运用 / 11480
309-06014　动画场景设计 / 11181

309-08585　动画场景设计〔第2版〕 / 11182
309-05860　动画创作与创意 / 11188
309-06420　动画技法与原画设计 / 11189
309-09407　动画角色设计 / 11183
309-05218　动画概论 / 11184
309-06842　动画概论〔第2版〕 / 11185
309-10301　动画概论〔第3版〕 / 11186
309-14906　动画概论〔第4版〕 / 11187
309-02312　动态HTML,从入门到精通 / 15201
309-11462　动态系统理论框架下的外语词汇长期发展 / 08497
309-09725　动态环境中基于风险的企业战略控制 / 03208
309-14666　动物文学概论 / 10069
309-11289　动物和植物如何过冬 / 12923
309-11291　动物的共生 / 12924
309-11288　动物的自我保护 / 12919
309-11290　动物的交流 / 12916
309-11285　动物的尾巴 / 12918
309-11287　动物的家 / 12922
309-11286　动物的脚 / 12917
309-11284　动物的蛋和卵 / 12920
309-10721　动物学 / 12909
309-00709　动意功必读 / 13463
309-01091　动意功必读〔重印本〕 / 13464

吉

309-07731　吉安地区志 / 11777
309-06220　吉安宰相 / 12034
309-08379　吉檀迦利 / 09160

托

5627-0154　托儿所保健与教养 / 06160
309-09920　托马斯·库恩 / 00348
309-11001　托业桥(TOEIC Bridge)考试指南 / 08060
309-13693　托业桥(TOEIC Bridge)考试指南〔第2版〕 / 08061

309-14641	托福雅思核心词汇理解性记忆 / 08204			题 / 09278
			309-06569	考博英语全国重点院校真题汇编 / 09335

考

309-01020	考一考你的读写能力 / 06398
309-08269	考古好玩 / 12076
309-04032	考古学理论 / 12075
309-10046	考问新闻史 / 05309
309-09874	考研英语写作技巧精讲与高分突破 / 08516
309-03248	考研英语写作高分突破 / 08328
309-04053	考研英语听力高分突破 / 09678
309-03695	考研英语词汇必备 / 08247
309-12973	考研英语高分词汇 / 08489
309-09777	考研英语阅读解题思路和技巧精讲 / 08585
309-03257	考研英语综合复习指导 / 09416
309-03741	考研政治辅导 2004年 / 01279
309-12910	考研数学二十讲 2018版 / 12281
309-14900	考研数学三大计算 / 12369
309-14980	考研数学必做习题库 概率论与数理统计篇 / 12363
309-14588	考研数学必做习题库 高等数学篇 / 12364
309-15047	考研数学必做习题库 线性代数篇 / 12365
309-13514	考研数学必做真题库 数学一 / 12366
309-13574	考研数学必做真题库 数学二 / 12367
309-13515	考研数学必做真题库 数学三 / 12368
309-11673	考研数学高分复习全书 / 12290
309-14764	考前必做100题 / 12357
309-10163	考验 证严法师面对挑战的智慧 / 00658
309-06679	考博英语10000例词汇考点详注 / 08229
309-06601	考博英语全国重点院校标准模拟试

309-06598	考博英语词汇、语法与完形填空精讲精练 / 07834
309-06520	考博英语阅读理解、翻译与写作精讲精练 / 07835
309-06495	考博英语综合辅导教程 / 07921

老

309-05477	老子一百句 / 00236
309-01695	老子他说 / 00240
309-01696	老子他说 / 00241
309-03238	老子他说〔第2版〕 / 00242
309-11605	老子他说〔第3版〕 / 00243
309-13126	老子他说 / 00244
309-13887	老子他说 / 00245
309-13936	老子他说续集 / 00246
309-11382	老子论 / 00247
309-11630	老子我说 / 00234
309-01969	老子直解 / 00235
309-00717	老马咏叹调 林帆杂文散文自选集 / 10804
309-12400	老年人力量锻炼方法与实践 / 13204
5627-0292	老年人与营养 / 13158
309-10099	老年人心血管疾病100问 / 14078
309-14155	老年人心理健康 / 00545
309-01840	老年人权益的法律保障 / 02032
309-11588	老年人合理用药 / 13861
309-10096	老年人肝胆胰脾疾病100问 / 14141
309-10095	老年人呼吸系统疾病100问 / 14118
309-11714	老年人的临终关怀 / 14025
309-10097	老年人泌尿外科疾病100问 / 14265
309-11621	老年人学中医文化 中医药掌故趣谈 / 13437
309-11574	老年人急救护理 / 13881
309-14156	老年人旅游保健 / 07323
309-06973	老年人群疾病与医疗保障 / 14173

309-01671	老年卫生保健 上册 / 13205			
309-01757	老年卫生保健 下册 / 13206		扫	
309-05051	老年介护教程 / 13967		309-09613	扫叶山房史研究 / 05433
309-08572	老年介护简明读本 / 13987		地	
309-11873	老年生活的健康智慧 / 13197			
309-00087	老年问题纵横谈 / 01008		309-05834	地方人大预算审查监督简明读本 / 04347
309-11241	老年护理 / 13986			
309-07509	老年医学概论 / 14174		309-05823	地方本科院校创办优质教育的探索与实践 / 06889
309-07377	老年利益论 / 01010			
309-01749	老年社会心理 / 00547		309-05234	地方利益论 / 02693
5627-0165	老年性痴呆〔重印本〕/ 14471		309-10675	地方国有企业中层管理者绩效考核体系研究 / 03537
309-01709	老年经济学 / 01014			
309-09884	老年保健 / 13203		309-15066	地方金融监管法律问题研究 / 02039
309-11554	老年教育的实践与思考 上海老年大学论文集(2010—2014年) / 07204		309-15099	地方高校应用型人才培养的研究与实践 / 06834
309-02168	老年营养与食疗 / 13156		309-07535	地球 你需要知道的超过2000个基本事实 / 12759
309-09179	老年营养学 / 13155		309-00959	地理 / 07153
309-11620	老年慢性病的自我管理 上册 / 14171		309-07215	地理 直击A级——高中学业水平考试 / 06732
309-11651	老年慢性病的自我管理 下册 / 14172		309-08043	地理 直击A级——高中学业水平考试〔修订本〕/ 06733
309-15041	老张考研政治 飞跃80分 / 01284			
309-07585	老舍与中国现代知识分子命运 / 11943		309-08711	地理 直击A级——高中学业水平考试〔第3版〕/ 06734
309-06444	老舍之死口述实录 / 11944		309-13370	地理信息系统与公共卫生 / 13420
309-11087	老舍的文学语言风格与发展 从小说词汇运用看八大风格特点 / 10208		309-14259	地理媒介 网络化城市与公共空间的未来 / 15329
5627-0480	老龄化与老年医学新进展 1999 / 01007		场	
309-00692	老龄化对中国的挑战 / 01638		309-10956	场外金融衍生产品法律监管研究 / 02048
309-08527	老龄化进程中的中国汇率政策 / 01006		扬	
309-11865	老龄化社会的老年素质教育 / 07202		309-00744	扬起青春的风帆 一个女革命者的足迹 / 10648
4253.026	老龄问题 / 01012			
309-14954	老龄健康问题全球纵览 / 13297		共	
执				
4253.029	执行税收法令 严肃财经纪律 税收检查400例 / 02034		309-13511	共生经济(1962—1982) 人民公社时期的农业经营 / 03712

309-11351	共生翻译学建构 / 07477
309-14934	共同利益论 Common Interest Theory〔英文版〕/ 02578
309-14628	共同利益论 基于国际经济视角 / 02577
309-03790	共同基金 / 04621
309-13088	共创伟大公司 成长型组织 / 03520
3253.001	共产主义在实践中 / 01266
309-00483	共产国际与中国革命关系史研究荟萃 / 11732
309-04618	共识建导法 从个人创造力到集体行动 / 01217
309-06374	共青团工作项目管理 / 01390
309-05856	共和与自由 美国近代新闻史研究 / 05329
309-07900	共和国教育家 谢希德 / 12004
309-12684	共享发展的社会主义政治经济学 / 02617

亚

309-13375	亚太大棋局 急剧变化的亚太与我国的亚太方略 / 02593
309-08317	亚当·比德 / 11037
309-07664	亚洲:文化交流与价值阐释 / 04958
309-06195	亚洲产业发展与企业发展战略 / 02741
309-09687	亚洲的发展 突破约束 / 02743
309-12275	亚洲的责任 创新合作模式 / 01683
309-09315	亚洲的现代化道路 历史与经验 / 01685
309-13618	亚洲的挑战 迈向命运共同体 / 01687
309-10479	亚洲的智慧 多元文明的统一与发展 / 01688
309-10562	亚洲的智慧 区域一体化和可持续发展的探索 / 01689
309-11417	亚洲经济转型 制度设计与战略调整 / 02744
309-08234	亚洲教父 香港、东南亚的金钱和权力 / 12051

| 309-09749 | 亚振年志 / 03774 |
| 309-14551 | 亚麻籽营养+美味 / 14638 |

机

309-13016	机电工程英语 / 14703
309-09406	机电专业英语 / 14704
309-06841	机电英语 / 07954
309-12527	机动车驾驶员陪驾教练实训教程 / 15357
309-05902	机会交易法 / 04628
309-02528	机会利益论 兼析其在金融体系中的应用 / 02408
309-05532	机床电气控制 / 14683
309-14442	机床电气控制〔第2版〕/ 14684
309-04335	机构投资者发展研究 / 04744
309-10417	机械工程专业英语 / 14702
309-14589	机械本体结构设计及应用 / 14719
309-11479	机械加工设备 / 14682
309-07694	机械设计 / 14714
309-10651	机械设计〔第2版〕/ 14715
309-01704	机械设计 AutoCAD / 14717
309-07230	机械设计课程设计 / 14718
309-07341	机械设计基础 / 14716
309-09998	机械图的识读与零件测绘 / 14727
309-07754	机械制图 / 14721
309-10757	机械制图与 AutoCAD / 14722
309-11921	机械制图与 AutoCAD 习题集 / 14726
309-07647	机械制图习题集 / 14725
309-14148	机械制造工艺 / 14733
309-07052	机械制造技术与项目训练 / 14732
309-07306	机械基础 / 14710
309-07051	机械基础 / 14706
309-08210	机械基础 / 14705
309-08883	机械基础 / 14707
309-10660	机械基础〔第2版〕/ 14708
309-13321	机械基础〔第3版〕/ 14709
309-09962	机械基础实验指导 / 14711

309-08941	机械零件的识图与测绘 / 14728	309-05011	西中文明比照〔英文版〕/ 04927
309-08943	机械零件的识图与测绘习题集 / 14729	309-05904	西中文明比照〔第2版英文版〕/ 04928
309-01353	机器人 / 14872	309-07543	西中文明比照〔第3版英文版〕/ 04929

权

309-06483	权力玩家 中国历史上的大阴谋 / 01657	309-13810	西中文明比照〔第4版英文版〕/ 04930
309-10407	权力掮客 玩转华盛顿和华尔街的格林斯潘 / 12063	309-05950	西方马克思主义前沿问题二十讲 / 00116
309-04943	权利的轨迹 大转折时代的政治经济学 / 02343	309-03036	西方公共行政案例 / 01309
309-07532	权变中国人力资源管理 / 03515	309-03904	西方文化中的数学 / 12263
309-03827	权威政治 国际独裁现象研究 / 01288	309-08735	西方文论与比较诗学研究文集 / 09932
309-04177	权益证券定价方法 / 04623	309-07290	西方文明史读本 / 11537
309-12540	权益保障 / 02158	309-12210	西方文学经典与比较文学研究 / 09892
309-09676	权益类证券定价方法 / 04622	10253.011	西方古今文论选 / 09878

过

309-08785	过去心 / 10854	309-14044	西方古典学辑刊 第1辑 赫尔墨斯颂诗 / 00304
309-12770	过关 实心·实做·好人生 / 00662	309-14791	西方古典学辑刊 第2辑《安提戈涅》里的合唱歌 / 00305

再

		309-03761	西方电影简明教程 / 11446
309-04194	再别康桥·云游 / 10562	309-02365	西方史学史 / 11517
309-03591	再显女性美 防治女性乳腺疾病 / 14234	309-04055	西方史学史〔第2版〕/ 11518
		309-07060	西方史学史〔第3版〕/ 11519
309-08481	再保险精算问题研究 / 04885	309-13571	西方史学史〔第4版〕/ 11520
309-14761	再造与自塑 上海青年工人研究(1949—1965) / 01608	309-11363	西方史学史散论 / 11515
		309-08229	西方史学通史 第1卷 导论 / 11521
		309-08280	西方史学通史 第2卷 古代时期 荷马时代至公元5世纪 / 11522

协

309-09404	协力促改革 秦绍德同志在复旦大学的讲话 / 07078	309-08312	西方史学通史 第3卷 中世纪时期 公元5世纪至14世纪初 / 11523
309-12683	协调发展的社会主义政治经济学 / 02613	309-08327	西方史学通史 第4卷 近代时期 14世纪初至18世纪 / 11524
		309-08447	西方史学通史 第5卷 近代时期 19世纪 / 11525

西

309-11406	西马文论与中国当代文论建设 / 09870	309-08420	西方史学通史 第6卷 现当代时期 19世纪末至今 / 11526
		10253.007	西方四大批评家 / 10967

309-07180	西方财政思想史 / 04314		309-00022	西欧各国经济 / 02759	
309-14624	西方财政思想史十六讲 基于财政政治学的理论探源 / 04313		309-04093	西洋文学通论 / 10026	
309-00761	西方宏观经济学导论 / 02436		309-12211	西洋哲学小史 宇宙发展史概论 / 00302	
309-03256	西方社会学文选〔英文版〕/ 00898		309-14592	西部儿童外语能力发展的语言文化生态建构 / 07802	
309-01461	西方社会思想史 / 00895				
309-07131	西方社会思想史〔第3版〕/ 00896		309-03903	西部企业跨国经营 理论与战略 / 03588	
309-02667	西方国际金融学英语精粹文选 / 04668		309-03948	西部企业跨国经营 实用指南 / 03589	
309-00318	西方国际贸易新理论 / 04131		309-13330	西游记研究 / 10377	
309-04639	西方法律思想史 / 01865		309-13424	西藏自治区卫生服务调查与体系建设研究报告 / 13424	
309-06810	西方法律思想史〔第2版〕/ 01866				
309-09790	西方学习型社会 实践与原理 / 07205		309-05742	西藏常见病用药手册 / 13864	
2253.001	西方学者论《1844年经济学-哲学手稿》/ 00020		**压**		
309-09807	西方经济学学习指南与习题集 / 02367		309-11422	压力重重的大学 校园心理健康危机与应对 / 05600	
309-04358	西方经济学说史 从市场经济视角的考察 / 02530		309-07798	压在纸背的心情 / 00748	
309-08987	西方经济学说史 从市场经济视角的考察〔第2版〕/ 02531		309-10253	压缩与叠加 1978年以来中国城市化与"生产政治"演化的独特路径 / 03655	
309-12678	西方经济学说史 从市场经济视角的考察〔第3版〕/ 02532		**厌**		
309-02182	西方政治学说史 / 01354		5627-0016	厌氧菌及其感染 / 13712	
309-11054	西方思潮与中国近代文学 / 10165		**在**		
309-04733	西方前现代泛诗传统 以中国古代诗歌相关传统为参照系的比较研究 / 10290		309-07843	在上海做公关 上海公关业15位成功人士的10年心路 / 00951	
309-00873	西方商业银行的经营与管理 / 04465		309-03863	在天地间徜徉 我的世界之旅 / 10910	
309-01412	西方商业银行的经营与管理〔重印本〕/ 04466		309-01762	在天堂和地狱间徜徉 美国梦寻 / 10817	
309-01424	西方混合经济体制研究 / 02576		309-06084	在中西文学间徜徉 / 09912	
309-01893	西方新闻事业概论 / 05230		309-07802	在风中流亡的诗与思想史 / 00759	
309-05007	西方新闻事业概论〔第3版〕/ 05231		309-08958	在文学与神学的边界 / 09879	
309-01265	西汉文学思想 / 10448		309-04742△	在包围、缅怀和恍然隔世中 / 10572	
309-10826	西医英语基础教程 / 13021		309-07560	在华日企的本地化研究 / 03545	
309-09332	西医的某些困惑 中医的启示 / 13634		309-05220	在华跨国公司绩效管理 / 03474	
309-04612	西欧企业管理与信息处理系统结合方式 / 03605		309-06038	在体验中成长 小班上 / 05715	
			309-06039	在体验中成长 中班上 / 05716	

309-06040	在体验中成长 大班上 / 05717		309-14702	有办法太太和忙忙碌碌冲浪板 / 11048
309-06037	在体验中成长：幼儿园及家庭综合教育资源 托班 上 / 05714		309-14700	有办法太太和破破烂烂小汽车 / 11049
309-13779	在"学"与"思"的旅途中 陈伯海先生口述历史 / 11970		309-05208	有用的准晶体〔英文影印版〕/ 12747
309-07133	在组织变革期点燃承诺 经理人手册 / 03239		13253.033	有机化合物系统鉴定法 实验室手册 / 12701
309-11726	在革命与现代化之间 关于党治国家的一个观察与讨论 / 01365		309-00535	有机化学实验 / 12697
2253.005	在美学研究的道路上 / 00439		309-13914	有机化学实验与问题解答 / 12698
309-04652	在浙复旦学子风采录 / 11828		309-00118	有机化学复习指南 / 12696
309-00694	在理想与现实之间 中国社会主义之路 / 01460		309-04642	有机电致发光材料与器件导论 / 14671
309-12623	在探究中成长 幼儿园科学教育案例精选 / 05925		309-09797	有些隐喻为什么不可能？物性形容词认知语义拓展的限制与动因 / 07461
309-06565	在职攻读硕士学位全国联考英语考试历年试题解析 / 09200		309-01501	有的放矢 / 06325
309-06698	在职攻读硕士学位全国联考英语考试词汇考点详注 / 08224		309-01839	有线电视 / 14861
309-06572	在职攻读硕士学位全国联考英语考试词汇、语法与完形填空精讲精练 / 09199		309-04175	有效管理IT投资 指导企业如何有效管理信息系统实施 / 03165
309-06496	在职攻读硕士学位全国联考英语考试标准模拟考场 / 09198		309-14209	有魔力的桶 / 11067

百

309-06519	在职攻读硕士学位全国联考英语考试阅读理解 120 篇精讲精练 / 08987
309-06564	在职攻读硕士学位全国联考英语考试阅读理解、翻译与写作精讲精练 / 08988
309-06593	在职攻读硕士学位全国联考英语考试综合辅导教程 / 07836
309-05343	在崛起与衰退之间 一个日本学者对中国改革开放的思考 / 02664

有

309-05084	有了博士学位还不够 科海沉浮指南 / 05530
309-14701	有办法太太和古古怪怪自行车 / 11047

309-14796	百年友邦正年轻 / 04895
309-04614	百年中国女权思潮研究 / 01397
309-07400	百年风云巴尔干 / 01757
309-08541	百年风华 台湾何创时书法艺术基金会复旦大学珍藏名家翰墨展 / 11235
309-02856	百年文人墨迹 亦孚藏品 / 11233
309-11627	百年文华 铜仁幼儿师范高等专科学校（思南师范）师生作品选 / 10823
309-03969	百年文学十二谈 / 10180
309-02082	百年收藏 20世纪中国民间收藏风云录 / 05497
309-04755	百年复旦 1905—2005 / 07067
309-13540	百年圆梦 振兴中华我有责任 上海市实验性示范性高中"大境中学杯·学生学习十九大精神"主题征文优秀文选 / 06276
309-02814	百年激荡 记录世界100年的图文精典 / 11555

309-02746	百年激荡 记录中国100年的图文精典 / 11733		练习题集 1—4册〔第3版〕/ 09265
309-09106	百呼柏应 柏万青巧断家事100例 / 02219	309-09728	成于乐《乐记》《声无哀乐论》选读 / 11292
309-06586	百姓医典 珍藏版 / 13053	309-04619	成于众志 用建导参与方法迎接企业变革的挑战 / 03098
309-03424	百辩成才 第七届中国名校大学生辩论邀请赛纪实 / 07434	309-15146	成之不已 孔子的成德之学 / 00211

存

		309-01302	成长与烦恼 青少年心理咨询手记 / 00535
309-09499	存在与超越 海德格尔与西哲汉译问题 / 00317	309-14683	成长动能 构建组织与人才管理体系 / 03260
309-08799	存在主义 / 00101	309-13399	成长有礼 / 00504
309-11884	存有的光环 马塞尔思想研究 / 00334	309-13100	成长的身体维度 当代少儿文学的身体叙事 / 10428

而

309-09624	而译集 / 10073	309-14237	成长的快乐与烦恼 成长心理学精要 / 00499

达

		309-15264	成长的法律烦恼 / 01981
		5627-0659	成分输血指南 / 13868
309-08794	达者之言《庄子》选读 / 00253	309-11274	成为孩子的伯乐 / 07219
309-11034	达庵诗集 / 10575	309-04327	成功心理素质训练 引领人生路 / 00561

列

		309-14485	成功国际商务沟通 / 04123
309-12899	列子臆说 上册 / 00248	309-03270	成功的6P真言 / 00557
309-12999	列子臆说 中册 / 00249	309-04854	成功的十年 / 07072
309-13000	列子臆说 下册 / 00250	309-04336	成功的企业信息化 上海市信息化示范企业的十大案例研究 / 03593
309-00042	列宁的帝国主义理论与当代政治经济学的发展 / 02459	309-03902	成功新起点 肩负新领导角色 / 03243

死

		309-11548	成本会计 / 02921
309-05396	死亡之吻 / 10894	309-04814	成本会计 以管理控制为核心 / 02922
		309-08185	成本会计 以管理控制为核心〔第2版〕/ 02923

成

		309-12694	成本会计学 / 02916
		309-05391	成本管理会计 / 02917
309-14635	成人之思 与大学生谈人的修养 / 06880	309-07069	成本管理会计〔第2版〕/ 02918
309-01842	成人高校公共英语课程考试模拟试题解析 / 08050	309-10631	成本管理会计〔第3版〕/ 02919
		309-13071	成本管理会计 / 02924
309-12975	成人高等教育学士学位英语教程及考试指南 / 09196	309-13219	成本管理会计〔第4版〕/ 02920
		309-05118	成语小词典 / 07582
		309-11694	成语纠正误解三百例 / 07585
309-08515	成人高等教育通用教材英语强化训	309-05993	成语教程 / 07790

309-02410	成唯识论直解 / 00624	309-01902	光学 下册 / 12652
309-10935	成濑巳喜男的电影 女性与日本现代性 / 11428	309-05471	光荣与梦想 华山医院百年纪事 / 13401
309-14697	成蹊集 葛剑雄先生从教五十五年志庆论文集 / 11825	309-03164	光速节奏与生命保健 / 13170
		309-00827	光源与照明 / 14775
		309-02445	光源与照明 / 14773

轨

309-14994	轨道车辆振动与控制 / 15342	309-01162	光源原理与设计 / 14776
		309-05244	光源原理与设计〔第2版〕/ 14777
		309-13239	光源原理与设计〔第3版〕/ 14774
		309-12479	光影之魅 电影鉴赏的方法与实践 / 11400

迈

309-03783	迈向21世纪的复旦大学遗传学科 遗传工程国家重点实验室年报 / 12878		

当

309-01880	迈向一流 报刊上的复旦大学 / 07058	309-15261	当下与未来 / 13414
309-07807	迈向比较文学第三阶段 / 09883	309-10739	当代儿童文化新论 "海峡两岸儿童文化教育与研究高峰论坛"论文集锦 / 06269
309-03410	迈向健康 中小学健康教育与健康促进指南 / 05652	309-14712	当代工业遗产保护与利用研究 聚焦三线建设工业遗产 / 14673

贞

309-11996	贞石诠唐 / 12093	309-13735	当代大学生马克思主义信仰教育研究 / 06859

师

309-12538	师说高中数学拓展课 / 06367	309-07420	当代小说阅读五种 / 10386
309-08904	师道 口述历史中的复旦名师文化 / 11894	309-08653	当代广播电视学 / 05334
		309-03155	当代广播电视概论 / 05336
		309-07784	当代广播电视概论〔第2版〕/ 05337
309-09335	师道无言 / 11905	309-02737	当代广播电视新闻学 / 05348
309-06004	师道点亮医途 / 10731	309-04707	当代广播电视播音主持 / 05367
		309-06392	当代广播电视播音主持〔第2版〕/ 05368

光

309-10670	光动力学治疗在眼科中的应用 / 14519	309-11581	当代艺术与美国儿童美术教育 / 06050
309-06012	光华文存《复旦学报》(社会科学版)复刊30周年论文精选 / 00822	309-09808	当代比较文学与方法论建构 / 09909
309-01868	光华灿烂复旦园 大学城的风采和魅力 / 07061	309-09975	当代中国公共行政的组织基础 组织社会学视野的分析 / 01504
309-02354	光纤通信 / 14849	309-02482	当代中国公共政策 / 01422
309-00004	光纤理论与测量 / 14848	309-06931	当代中国公共政策〔第2版〕/ 01423
309-08226	光束的力与未来生活 / 14804	309-04068	当代中国外交 / 01761
309-10109	光的保健与防护 / 13122	309-06471	当代中国外交〔第2版〕/ 01762
		309-00990	当代中国行政 / 01505
309-01613	光学 上册 / 12651	309-04803	当代中国农村公共政策研究 / 03692

编号	书名 / 编号
309-08580	当代中国社会政策 / 01421
309-07469	当代中国金融转型的回顾与反思 / 04826
309-04313	当代中国经济与经济学研究 徐桂华文集 / 02624
309-10048	当代中国政治 对中国特色的现代化发展模式的新解读 / 01464
309-02164	当代中国政治制度 / 01484
309-07414	当代中国政治思潮 / 01342
309-00784	当代中国美学新学派 蒋孔阳美学思想研究 / 00458
309-06161	当代中国都市父母教养现状与反思 / 07213
309-05786	当代中国哲学 / 00292
309-07570	当代中国基层制度个案研究 / 01497
309-00601	当代中国廉政法制 / 01996
309-03286	当代中美贸易 1972—2001 / 04236
2253.010	当代分析哲学 / 00110
309-10146	当代公民身份理论研究 / 01877
309-03905	当代文艺问题十讲 / 09873
309-01753	当代办报策略与新闻采写艺术 / 05222
309-00616	当代世界广播电视 / 05388
5627-0533	当代世界经济与政治 / 01403
309-02343	当代世界经济与政治 / 01400
309-01156	当代世界政治经济与国际关系 / 01399
309-08296	当代电视节目类型教程 / 05383
309-04364	当代电视实务教程 / 05342
309-05831	当代电视编辑教程 / 05357
309-07127	当代电视编辑教程〔第2版〕/ 05358
309-15197	当代电视编辑教程〔第3版〕/ 05359
309-08128	当代电视摄影制作 观念与方法 / 11460
309-04546	当代电视摄影制作教程 / 11461
309-07019	当代电视新闻采访教程 / 05360
309-06977	当代电视新闻学 / 05335
309-06497	当代生态问题的文学思考 台湾自然写作研究 / 10481
309-02719	当代汉语词语的共时状况及其嬗变 90年代中国大陆、香港、台湾汉语词语现状研究 / 07572
309-00943	当代写作学 / 07640
309-03598	当代对外传播 / 05299
309-12504	当代台湾报纸文艺副刊史研究 / 05320
309-00234	当代老年社会学 / 01011
309-04201	当代西方历史哲学读本 1967—2002 / 11510
309-11067	当代西方文化批评理论名著研究 / 09995
309-04965	当代西方财经报道 / 05152
309-02851	当代西方国际关系理论 / 01739
309-13632	当代西方国际关系理论〔第2版〕/ 01740
309-00882	当代西方法哲学主要流派 / 01855
309-01567	当代西方经济学流派〔第2版〕/ 02534
309-05882	当代西方经济学流派〔第3版〕/ 02535
309-10830	当代西方经济学流派〔第4版〕/ 02536
309-05637	当代西方最新文论教程 / 10027
309-05816	当代西方新闻报道规范 采编标准及案例精解 / 05323
309-03631	当代西方新闻媒体 / 05228
309-06947	当代西方新闻媒体〔第2版〕/ 05229
309-05504	当代西方管理学流派 / 01128
309-09690	当代先锋诗歌研究 / 10275
309-02105	当代传媒新技术 / 14829
309-06149	当代形而上学导论 / 00093
309-09688	当代形态文学批评 / 10244
309-07278	当代护理英语教程 Ⅰ 护理学概览 / 07839
309-08480	当代护理英语教程 Ⅱ 常见疾病护理 / 07840
309-10586	当代护理英语教程 Ⅲ 专科护理 / 07841

309-05189	当代报刊编辑艺术 / 05207	309-09724	当代英美女性主义类型小说研究 / 11026
309-08645	当代医学英汉笔译与口译教程 / 13758	309-11989	当代英语文学的多元视域 / 09980
309-09667	当代医学英语视听说教程 Ⅰ 健康促进 / 09585	309-02587	当代国外马克思主义评论 第1辑 / 00004
309-09827	当代医学英语视听说教程 Ⅱ 健康管理 / 09586	309-02941	当代国外马克思主义评论 第2辑 / 00005
309-06159	当代医学英语综合教程 Ⅰ 医学探索 / 09472	309-03307	当代国外马克思主义评论 第3辑 / 00006
309-14224	当代医学英语综合教程 Ⅰ 医学探索〔第2版〕/ 09541	309-01492	当代国际公共关系 / 01745
309-06914	当代医学英语综合教程 Ⅱ 关注健康 / 09473	309-02106	当代国际公共关系〔第2版〕/ 01746
309-11505	当代医学英语综合教程 Ⅱ 关注健康〔第2版〕/ 09542	309-01746	当代国际关系 / 01751
309-08231	当代医学英语综合教程 Ⅲ 医学人文 / 09474	309-10143	当代国际关系史 / 01760
309-13586	当代医学英语综合教程 Ⅲ 医学人文〔第2版〕/ 09543	309-01765	当代国际关系学导论 / 01742
309-11724	当代医学英语微课程 健康与社会 / 13035	309-06148	当代知识论 / 05528
309-12764	当代医学英语微课程 临床医疗问题与对策 / 13037	309-02675	当代货币金融理论 / 04407
309-12945	当代医学英语微课程 医学发展与人文关怀 / 13038	309-05263	当代科学技术哲学导论 / 12198
309-13751	当代医学英语微课程 医学技术与健康服务 / 13039	309-13396	当代修辞学的多元阐释 "望道修辞学论坛"论文集萃 第2辑 / 07469
309-12257	当代医学英语微课程 医学文化问题与争议 / 13036	309-02099	当代美国电视 / 05403
309-08212	当代医学新视野——医学与英语影像阅读 Ⅰ / 13018	309-02831	当代美国保险 / 04918
309-09056	当代医学新视野——医学与英语影像阅读 Ⅱ / 13019	309-11488	当代美国语言教育政策发展研究 / 08448
309-10305	当代医学新视野——医学与英语影像阅读 Ⅲ / 13020	309-12185	当代美学 / 00436
309-00998	当代社会主义若干问题综论 / 01291	309-08374	当代高职高专英语 A 级考试指导与全真训练 / 09254
309-11459	当代青年工作的价值导向研究 / 01394	309-05749	当代跨国公司新理论 / 03479
309-02110	当代青年心理学 / 00543	309-01916	当代新闻写作 / 05195
		309-03917	当代新闻写作〔第2版〕/ 05196
		309-13102	当代新闻报道教程〔第2版〕/ 05160
		309-05584	当代新闻评论 / 05191
		309-09337	当代新闻评论教程〔第5版〕/ 05181
		309-01861	当代新闻采访 / 05176
		309-02085	当代新闻编辑 / 05215
		309-05607	当代新闻摄影教程 / 11266
		309-12954	当关爱成为天使的羽翼 汾阳苑天使细语 / 10861

309-00073	当好"管理舞台"上的"导演" 用才艺术谈 / 01240		309-08492	吃到饱减肥 杜坎纤食瘦身法〔重印本〕/ 15286
309-07350	当知识遇上信念 / 10882		309-13636	吃到饱减肥 杜坎纤食瘦身法 / 15287
4253.005	当前世界经济的政策动向 / 02575			

早

309-08965	早期制度史讲义 / 01876
309-03757	早稻田与现代美国政治学 / 01353

曲

309-02179	曲折的历程 中美建交20年 / 01797

团

309-12821	团队中变革型领导风格对员工组织公民行为的影响机制研究 / 03245
309-12652	团团圆圆话台湾 / 01478

同

309-11189	同文书史 从韩国汉文文献看近世中国 / 11723
309-09405	同心谋发展 王生洪同志在复旦大学的文集 / 07079
309-02768	同步辐射应用概论 / 14745
309-04800	同时代的莎士比亚:语境、互文、多种视域 "莎士比亚在中国:回顾与展望"全国研讨会论文集 2004年12月16—19日·复旦大学 / 11024
309-04962	同性恋健康干预 / 00989
309-04486	同爱共辉 袁缉辉、王爱珠教授执教50年暨金婚纪念 / 11880
309-15181	同等学力人员申请硕士学位英语水平全国统一考试指南 / 08101

吕

309-05701	吕俊翻译学选论 / 07491

吃

309-02730	吃在中国 图集 / 11199
309-02521	吃玩大上海 / 12189

因

309-12554	因为山在那里 从500强走出的博士 / 11857
309-07545	因明大疏校释、今译、研究 / 00364
309-02266	因明正理门论直解 / 00365
309-12058	因缘居存稿 / 10110

岁

309-01967	岁月·风景 潘真笔下的人物 / 10705
309-13273	岁月如歌 中山如炬 复旦大学附属中山医院建院80周年志 / 13398
309-11993	岁月凝红 纽约访学随笔 / 10867

帆

10253.021	帆 大学生散文集 / 10785

回

309-06298	回归生活 幼儿园教育活动案例及评析 / 05784
309-12849	回归生活 幼儿园教育活动案例及评析〔第2版〕/ 05785
309-05954	回归自我 精神心理临床札记 / 14462
309-03309	回归真实的存在 王船山哲学的阐释〔第2版〕/ 00289
309-10773	回归清净本性 今昔故事 / 00664
309-09880	回到事物本身 重读"新写实"小说兼论1990年代文学转型 / 10387
309-08990	回春功 下册 / 13470
309-05483	回首老上医 / 07060
309-08528	回顾与瞻望 辅导员队伍"再建设"初探 / 06982
309-13959	回望母校 / 07107

网

309-02900	网上公共关系 / 00947

309-11908	网上贸易中心研究 演化路径、形成机理及运行机制 / 03896	309-14065	网络空间攻与防 / 14844
309-15201	网页设计与制作项目化教程 / 15214	309-02962	网络经济的禅 e时代的成功方略 / 02506
309-09868	网页制作 / 15213	309-11803	网络战略 美国国家安全新支点 / 01736
309-08116	"网"事知多少 网络心理与成瘾解析 / 15208	309-04078	网络信息优化传播导论 / 05032
309-02030	网罗金钱 Internet淘金术 / 04036	309-01795	网络通信 / 14842
309-15101	网店视觉设计与应用 / 15177	309-03459	网络教育专升本考试辅导 大学英语 / 07161
309-15184	网店客户服务与管理 / 03922	309-01776	网络基础与电子邮件 / 15196
309-13712	网络与新媒体财经报道 / 05171	309-02701	网络营销基础 网站策划与网上营销 / 03910
309-07803	网络广告品行为供应链研究 / 03976	309-05627	网络新闻编辑学 / 05208
309-12107	网络开店读本 / 03924	309-08631	网络新闻编辑学〔第2版〕/ 05209
309-11796	网络文化产业 协同创新与治理现代化 / 04946	309-05875	网站设计与开发 / 15220
309-02185	网络计划技术 / 02825	309-07516	网球学与练 / 07304
309-06921	网络民意与公共决策 权利和权力的对话 / 01424	309-12549	网球教学与练习 / 07306

年

309-13913	网络传播法规与伦理教程 / 02159	309-12343	年年三好三愿 / 10900
309-05221	网络传播法规与道德教程 / 02007	309-13415	年画民俗文化及其传承与保护创新机制研究 / 11180
309-02844	网络传播概论 / 05002	309-02690	年轻10岁"快步"健康法 / 13186
309-06078	网络传播概论新编 / 05061	309-10082	年度捐赠的革新 十项已取得成效的尝试 / 07092
309-09867	网络安全技术与实例 / 15209		
309-08608	网络时代的社会资本 理论分析与经验考察 / 02430		

朱

309-05236	网络财务报告 论XBRL的理论框架及技术 / 02890	309-05762	朱子一百句 / 00277
309-13594	网络社群的崛起 基于国家、社会、技术互动视角的研究 / 15206	309-11885	朱子大传 "性"的救赎之路〔增订版〕/ 00278
309-12499	网络环境下大学英语课程教学优化研究 基于佳木斯大学的实证研究 / 08469	309-00711	朱光潜 从迷途到通径 / 11915
		309-14203	朱启钤著作集〔影印本〕/ 15446
309-03733	网络使用基础 / 15218	309-02434	朱国宏学术随想 / 00850
309-03963	网络金融 / 04508	309-04330	朱恒璧传 / 12023
309-11033	网络金融〔第2版〕/ 04509	309-10814	朱豹集 石英中集 朱察卿集 / 10512
309-11457	网络金融生态圈 / 03603	309-11551	朱维铮史学史论集 / 11530
309-10102	网络金融生态圈 SBI集团发展历程 / 03602		

先

309-13689	网络空间导论 / 15197	309-09882	先生 / 11822

编号	书名
309-12909	先者生存 优势富集效应 / 02391
309-04883	先秦史十讲 / 11685
309-07695	先秦时期的三峡人居环境 / 15395
309-05356	先秦货币文构形无理性趋向研究 / 12086
309-06925	先秦诸子思想研究 / 00151
309-12253	先唐文学研究 / 10103

舌

编号	书名
309-11872	舌尖上的健康 / 13157

竹

编号	书名
309-01178	竹叶拂云 上海市长宁区优秀教育工作者风采录 / 10685

伟

编号	书名
309-10849	伟大的捕风 周作人散文反抗性研究 / 10416
309-14803	伟大复兴之路 经济学人眼中的中国发展70年 / 02668

传

编号	书名
309-08701	传习录一百句 / 00282
309-07508	《传习录》精读 / 00281
309-00878	传记通论 / 11804
309-04834	传者图像 新闻专业主义的建构与消解 / 05107
309-09988	传奇小说与话本小说叙事比较 / 10348
309-01957	传奇式游击英雄 切·格瓦拉 / 12072
309-14521	传学的哲思 / 04994
309-03437	传承与创新 中国古代文化研究 / 10141
309-11097	传承·对比·整合 俄汉语多维视角研究 / 09817
309-13895	传承密码 东西方家族企业传承与治理 / 03436
309-11338	传染病护理 / 13982
309-04318	传染病护理学考题解 / 13976
5627-0080	传染病学 / 14047
5627-0372	传染病学〔第2版〕/ 14048
309-03722	传染病学〔第3版〕/ 14049
309-06059	传染病学 / 14050
309-06375	传染病学〔第4版〕/ 14051
5627-0241	传染病学多选题〔重印本〕/ 14053
309-03779	传染病学试题与题解〔第2版〕/ 14054
309-03712	传统十论 本土社会的制度、文化及其变革 / 11580
309-10019	传统文化与教师教育 / 05638
309-08726	传统市场与电子市场并存下的供应链决策研究 / 03055
309-13947	传统技艺与现代科技 东亚文化遗产保护学会第六次国际学术研讨会文集 / 04959
309-06550	传统的终结 清代扬州学派文论研究 / 10477
309-00791	传统变革与挑战 改革开放后的中国农村人口问题 / 01059
309-06626	传统康复治疗学 / 13518
309-08140	传教士中文报刊史 / 05313
309-12911	传媒对经济危机的影响作用研究 / 05042
309-05677	传媒产业经济学导论 / 05075
309-05305	传媒并购新论 / 05226
309-12471	传媒英语 / 05038
309-11899	传媒经济研究 发展与未来 / 05073
309-05023	传媒资本运营 / 05273
309-04387	传媒竞争力 中国媒体发展核心方略 / 05241
309-14449	传播与中国受众 / 05285
309-05082	传播·文化·社会 英国大众传播理论透视 / 05324
309-14142	传播、书写与想象 明清文化视野中的西方 / 11702
309-14582	传播的交叉分析 政经与性别研究 / 02323
309-10104	传播的社区 社区构成与组织的传播研究 / 05085

309-03825	传播学研究理论与方法 / 04988
309-06211	传播学研究理论与方法〔第 2 版〕/ 04989
309-01590	传播学原理 / 05000
309-06694	传播学原理〔第 2 版〕/ 05001
309-05800	传播政治经济学英文读本 / 04987
309-04793	传播政策 传播在企业中的系统运用 / 03223
309-06695	传播研究方法 / 05009
309-07668	传播研究方法 / 05008
309-12653	传播研究量表手册 Ⅰ / 04992
309-06326	传播概念·Agenda-Setting 中英双语 / 04983
309-06327	传播概念·Information 中英双语 / 04984
309-06328	传播概念·Pornography 中英双语 / 04985
309-06325	传播概念·Public Opinion 中英双语 / 04982

休

309-11391	休闲体育课程体系建设研究 / 07275
309-12361	休闲宴会设计理论、方法和案例 / 15280

伍

309-05212	伍柏麟文集 / 02401
8253.004	伍蠡甫艺术美学文集 / 11133
309-15217	伍蠡甫先生120周年诞辰纪念文集 / 12038

优

309-14367	优化患者流 提升可及性、质量和安全的高级策略 / 13393
309-12184	优化策略及其热能工程应用 / 14740
309-10847	优生咨询与指导 / 13219

仲

309-15156	仲裁司法审查机制研究 / 02229

任

309-14573	任福尧数学论文选 / 12261

伤

309-14325	伤口照护知多少 / 13996
309-09737	伤寒微悟 / 13477

价

309-08448	价格涨跌幅限制制度对证券市场的影响研究 / 04611
309-03793	价值发展论 / 02427
309-09415	价值的创造与传递 对中国网络团购商业模式的探索 / 03927

伦

309-03807	伦理观解读人类基因组 / 12940
309-06266	伦理学与人生 / 00381
309-05216	伦理学与现实生活 应用伦理学引论 / 00385
309-06189	伦理学导论 / 00380
309-10575	伦理选择与价值评判 劳伦斯·达雷尔重奏小说研究 / 11030

华

309-02134	华人在蔗糖之国——古巴 / 01579
309-07752	华中一教授纪念文集 / 12003
309-07992	华文流散文学论集 / 09991
309-00577	华东计算力学论文选集 / 12561
309-00922	华东科学基金管理研究 / 05542
309-14051	华礼人 文化认同的再思考 / 12109
309-01948	华罗庚传 / 11991
309-00968	华政人风采 / 10680
309-07083	华语电影 理论、历史和美学 / 11424
309-09500	华语电影与中国戏曲 / 11468
309-06981	华语电影与泛亚实践 / 11403
309-13353	华夏传播新探 一种跨文化比较视角 / 05306

309-05020	华商管理学 / 03244	309-11228	自然选择的单位与层次 / 12783

自

		13253.051	自然科学基础 / 12227
		309-00506	自然美系统 / 00435
309-04827	自由的历程 美利坚图史 / 11796	309-13110	自然、神性与美 现代语境中的纳西族审美精神研究 / 11749
309-11095	自由的历程 美利坚图史〔第2版〕/ 11797	309-04037	自然哲学 / 12199
309-06187	自由的伦理 / 01331	309-02817	自然哲学的演化 / 12200
309-08055	自由的逻辑 进步时代美国新闻业的转型 / 05331	309-01457	自然辩证法导论 自然论、科学论和方法论的新综合 / 12209
309-10161	自由贸易区的原产地规则问题研究 / 02282	5627-0055	自然辩证法概论 / 12210
309-10010	自由穿行 郑攀抒情诗选(1) / 10602	309-12712	自强不息 / 01604

伊

309-07116	自主创新与立法保障 比较与借鉴 / 02186		
309-12961	自闭症儿童心理发展与教育 / 07199	309-12581	伊莎贝拉 / 10626
309-12212	自闭症儿童教育与指导 / 07198	309-05360	伊朗伊斯兰革命及其世界影响 / 01699
309-12552	自闭症问题行为干预 / 14483		
309-11797	自闭症整合干预 / 14482		

血

309-01454	自我的觉悟 论笛卡尔与胡塞尔的自我学说 / 00330	309-03637	血吸虫病防治理论与实践 / 14073
5627-0572	自我保健指南 / 13188	309-04018	血色流年 / 10691
309-06881	自学考试英语模拟试题集 一 / 09281	309-01937	血液动力学原理和方法 / 13646
309-00349	自适应滤波器 / 14826	309-07546	血液透析血管通路技术与临床应用〔第2版〕/ 13879
309-03068	自觉和领悟之路 奉献给因患神经症而烦恼的人们 / 14478	5627-0666	血液透析血管通路的理论与实践 / 13878
309-06264	自然 双语 / 06255	5627-0176	血管内皮细胞与疾病 / 14102
309-13397	自然生命 健康养生 老年生存教育读本 / 13208	309-12547	血管疾病临床护理案例分析 / 13983
309-13023	自然生命 健康养生 老年生存教育选本 / 13196	309-14621	血管疾病临床护理案例分析〔第2版〕/ 13984

向

309-14149	自然主义与存在论 1974年约翰·杜威讲座 / 00342		
309-06545	自然、技术与历史 / 12201	309-12806	向上的力量 上海市杨浦区中小学生"社会主义核心价值观"读本 / 06277
309-02805	自然灾害与中国社会历史结构 / 01606	309-12806△	向上的力量 小学分册 童谣集 / 06277
309-09741	自然垄断产业规制改革的国际比较 对电信业的分析 / 03858	309-12806△	向上的力量 初中分册 故事集 / 06277
309-02007	自然的法则 近代"革命"观念的一个解读 / 11792	309-12806△	向上的力量 高中分册 课本剧集 / 06277

书名笔画索引·六画·华自伊血向后行全 1257

309-08753	向父辈致敬 纪念中国共产党成立九十周年文集 / 01360		10111
309-08016	向心理论在英语写作质量评价中的应用 / 08333	309-10074	行观中国 日本使节眼中的明代社会 / 11705
309-14716	向死而生 最大化创业失败的价值 / 03017	309-02810	行里淘金 新世纪股市投资行业机会 / 04758
309-01971	向着光明地 / 10812	309-03912	行政人的德性与实践 / 00387

后

309-12085	后人口转变 / 01060	309-00139	行政生态分析 / 01301
309-14048	后土为社 社区意识的共历时态与影响因素研究 / 01624	309-06849	行政处罚案例评析 / 01997
309-09555	后六十种曲 / 10616	309-05014	行政伦理 美国的理论与实践 / 00388
309-03941	后发优势与区域发展 / 02485	309-08441	行政伦理两难的深度案例分析 / 00386
309-06961	后而立集 / 12175	309-03834	行政诉讼法学 / 02224
309-06075	后现代主义与过程写作论 跨文化的辨析 / 08358	309-11636	行政诉讼法律法规、司法解释与案例汇编 / 02226
309-14327	后现代政治话语 新实用主义与后马克思主义 / 00103	309-00581	行政法与行政诉讼法概论 / 01992
309-04259	后现代思想的数学根源 / 12245	309-02599	行政法学 / 01885
309-07706	后京都时代的对外贸易 / 04200	309-02761	行政法学〔第2版〕/ 01884
309-00630	后勤服务与职业道德 / 07020	309-03818	行政法学 / 01882

行

309-06747	行为与进化 人类和动植物行为的奥秘 / 12777	309-03117	行政法总论 / 01994
309-14611	行为医疗服务中的文档记录 护理、治疗或服务指南 / 13743	309-05977	行政法案例教程 / 01995
5627-0330	行为医学概论 / 13744	309-05142	行政法概论 / 01991
309-04547	行为金融学〔第2版〕/ 04422	309-02961	行政学原理 / 01299
309-03772	行为经济学 理论与应用 / 02524	309-09316	行政学基础 / 01313
309-00704	行为科学基础 / 00738	309-00383	行政学概要 / 01302
309-14398	行为健康照护模拟追踪〔修订版〕/ 13174	309-05177	行政职业能力测验〔第2版〕/ 01536
309-00117	行业协会概论 / 02770	309-05195	行政职业能力测验试题集 强化训练·真题精解 / 01537
309-03411	行业选择战略 / 03194	309-14606	行政职业能力测验高分解码 精要 / 01526
309-08790	行业重构进程中的证券公司股权优化研究 / 04737	309-03634	行政道德文选〔英文版〕/ 01409
309-13431	行乐·读画 明清名流画像题咏 /		

全

		5627-0207	全身CT和MRI / 14544
		309-01743	全国1997年工商管理硕士生入学考试考试大纲和考试指南 '97MBA联考 / 02774
		309-03227	全国大学英语四、六级统考必考短语 / 08303
		309-02394	全国大学英语四、六级统考指导

	CET 口试 / 09461	309-02657	全国成人高考指导与训练 地理 / 07124
309-03381	全国大学英语四级考试词汇全解密 / 08239	309-02091	全国成人高考指导与训练 地理 '99版 / 07122
309-02505	全国大学英语四级考试活页型题库 / 09259	309-02325	全国成人高考指导与训练 地理 2000年版 / 07123
309-01792	全国大学英语四级统考模拟试题 / 08100	309-03005	全国成人高考指导与训练 地理 新大纲〔第2版〕/ 07125
309-01860	全国大学英语六级统考模拟试题 / 08044	309-03387	全国成人高考指导与训练 英语 新编本 / 07138
5627-0473	全国专业技术人员职称英语等级考试卫生类模拟试题集 一〔第2版〕/ 09206	309-04003	全国成人高考指导与训练 英语 新编本〔第2版〕/ 07139
5627-0519	全国专业技术人员职称英语等级考试卫生类模拟试题集 二〔第2版〕/ 09207	309-02653	全国成人高考指导与训练 政治 / 07148
309-01614	全国专业技术资格英语等级考试辅导教材 模拟试题 / 09002	309-03002	全国成人高考指导与训练 政治〔第2版〕/ 07149
309-00316	全国历届中考作文精选导评 / 06328	309-02087	全国成人高考指导与训练 政治 '99版 / 07146
309-02662	全国公共英语等级考试(PETS)第一级模拟试卷 / 09410	309-02323	全国成人高考指导与训练 政治 2000年版 / 07147
309-02708	全国公共英语等级考试(PETS)第二级模拟试卷 / 09229	309-02654	全国成人高考指导与训练 语文 / 07142
309-02755	全国公共英语等级考试(PETS)第三级模拟试卷 / 09352	309-03003	全国成人高考指导与训练 语文〔第2版〕/ 07143
309-02796	全国公共英语等级考试(PETS)第四级模拟试卷 / 09194	309-02093	全国成人高考指导与训练 语文 '99版 / 07140
309-02827	全国公共英语等级考试(PETS)第五级模拟考试 / 09319	309-02327	全国成人高考指导与训练 语文 2000年版 / 07141
309-00381	全国地市县报好新闻好通讯选评 1987—1988 / 10407	309-03386	全国成人高考指导与训练 语文 新编本 / 07144
309-02656	全国成人高考指导与训练 历史 / 07128	309-03918	全国成人高考指导与训练 语文 新编本〔第2版〕/ 07145
309-03006	全国成人高考指导与训练 历史〔第2版〕/ 07129	309-02655	全国成人高考指导与训练 数学 / 07133
309-02092	全国成人高考指导与训练 历史 '99版 / 07126	309-03004	全国成人高考指导与训练 数学〔第2版〕/ 07134
309-02324	全国成人高考指导与训练 历史 2000年版 / 07127	309-02094	全国成人高考指导与训练 数学 '99版 / 07131
309-03388	全国成人高考指导与训练 历史地理综合 新编本 / 07130	309-02326	全国成人高考指导与训练 数学 2000年版 / 07132

309-03385	全国成人高考指导与训练 数学 新编本 / 07135		真模拟活页试题集 / 08147
309-00427	全国成人高考指导与训练 数学 新编本〔第2版〕 / 07136	309-06117	全国高等学校英语应用能力考试全真模拟活页试题集〔第2版〕 / 08148
309-04279	全国成人高考指导与训练 数学 新编本〔第2版〕 / 07137	309-07195	全国高等学校英语应用能力考试全真模拟活页试题集 A级〔第3版〕 / 08149
309-02822	全国成人高考复习精编 地理 / 07121		
309-05264	全国英语等级考试(PETS)第一级教材 / 08074	309-04894	全国高等学校英语应用能力考试全真模拟活页试题集 B级 / 08150
309-05103	全国英语等级考试(PETS)第一级模拟试题集 / 09239	309-06118	全国高等学校英语应用能力考试全真模拟活页试题集 B级〔第2版〕 / 08151
309-05241	全国英语等级考试(PETS)第二级教材 / 08075	309-07194	全国高等学校英语应用能力考试全真模拟活页试题集 B级〔第3版〕 / 08152
309-05092	全国英语等级考试(PETS)第二级模拟试题集 / 09237		
309-05308	全国英语等级考试(PETS)第三级教材 / 08076	309-11115	全国高等学校英语应用能力考试复习指南 / 08180
309-05148	全国英语等级考试(PETS)第三级模拟试题集 / 09238	309-07605	全国高等学校英语应用能力考试活页历年真题与详解 A级 / 08145
309-11717	全国高等学校英语应用能力考试专用教材 B级 / 08085	309-07625	全国高等学校英语应用能力考试活页历年真题及详解 B级 / 08146
309-07604	全国高等学校英语应用能力考试历年真题与详解 A级 / 08153	309-06815	全国高等学校英语应用能力考试解题技巧与真题集锦 B级 / 08132
309-06246	全国高等学校英语应用能力考试历年真题及详解 B级 / 08154	309-08500	全国高等学校英语应用能力考试模拟试题精编与详解 A级 / 08143
309-04552	全国高等学校英语应用能力考试全真模拟试题集 A级 / 08125	309-08499	全国高等学校英语应用能力考试模拟试题精编与详解 B级 / 08144
309-06115	全国高等学校英语应用能力考试全真模拟试题集 A级〔第2版〕 / 08127	309-04527	全国高等教育自学考试口译辅导教程 / 08386
309-07197	全国高等学校英语应用能力考试全真模拟试题集 A级〔第3版〕 / 08129	309-02557	全国高等教育自学考试英语（二）模拟试题集 / 09280
309-04553	全国高等学校英语应用能力考试全真模拟试题集 B级 / 08126	309-02583	全国高等教育自学考试英语（一）模拟试题集 / 09279
309-06116	全国高等学校英语应用能力考试全真模拟试题集 B级〔第2版〕 / 08128	309-04528	全国高等教育自学考试翻译辅导教程 / 08385
309-07196	全国高等学校英语应用能力考试全真模拟试题集 B级〔第3版〕 / 08130	5627-0460	全国职称英语等级考试卫生类模拟试题集 一 / 08019
309-04893	全国高等学校英语应用能力考试全	5627-0459	全国职称英语等级考试卫生类模拟试题集 二 / 08020
		309-06587	全国硕士研究生入学考试历年真题

	精解 2010年 数学一 / 06961		策略 / 13415
309-06617	全国硕士研究生入学考试历年真题精解 2010年 数学二 / 06962	309-14138	全球化与行业变迁视野下的金融风险防控 / 04712
309-06597	全国硕士研究生入学考试历年真题精解 2010年 数学三 / 06963	309-08049	全球化与低生育率 中国的选择 / 01054
309-06590	全国硕士研究生入学考试历年真题精解 2010年 英语分册 / 06958	309-08886	全球化、亚洲区域主义与中国的和平发展 / 01800
309-06610	全国硕士研究生入学考试历年真题精解 2010年 政治分册 / 06969	309-05456	全球化华文媒体的发展和机遇 第四届世界华文传媒与华夏文明传播国际学术研讨会论文集 / 05079
309-06591	全国硕士研究生入学考试英语词汇手册 / 08223	309-08887	全球化时代的人口与城市发展 / 01045
309-06573	全国硕士研究生入学考试英语辅导教程 2010年 / 07833	309-04853	全球化时代的中国治理 中国应对东亚金融危机的政治分析 / 04752
309-06571	全国硕士研究生入学考试辅导教程 2010年 数学分册 / 06959	309-02555	全球化时代的国际关系 / 01753
309-06498	全国硕士研究生入学考试辅导教程 2010年 数学分册(经济类) / 06960	309-06509	全球化时代的国际关系〔第2版〕/ 01754
309-06798	全国硕士研究生入学考试辅导教程 2010年 政治分册 / 06968	309-15198	全球化时代的国际关系〔第3版〕/ 01755
309-04337	全国普通高等学校招生统一考试上海卷考试手册 2005年 / 06285	309-04121	全球化视界 财经传媒报道 / 05153
309-01624	全国普通高等学校招生统一考试上海卷考试说明 / 06284	309-11665	全球化背景下中国企业海外经营的国际环境比较研究 / 03590
309-02461	全国普通高等学校招生统一考试高考英语词汇手册 2000年 / 06609	309-13709	全球史视野下的强国之路 / 01469
309-13339	全国普通高等学校招生统一考试高考英语词汇手册 2018年 上海卷 / 06610	309-11093	全球地域化视角下的亚洲研究 / 01684
309-13949	全面认可激励 数字时代的员工激励新模式 / 03287	309-04860	全球传媒报告 Ⅱ 公共形象与危机管理 / 05233
309-03796	全面建设小康社会的理论与实践 / 02681	309-04524	全球传媒报告 Ⅰ 战争与传媒 / 05232
309-09307	全科医师临床培训教材 / 13762	309-12564	全球创新与国家发展 / 05529
309-09306	全科医师临床操作手册 / 13825	309-03527△	全球供应链环境下的上海国际物流建设 / 04244
309-04847	全科医学导论 / 13774	309-09125	全球股票指数编制及其汇率难题解析 全球股票50指数设计及应用方案 / 04693
309-09626	全笔顺同义词近义词反义词词组造句词典 / 06400	309-11196	全球视野下的自由贸易区 / 04242
309-06476	全息史观与近代城市社会生活 / 11724	309-11754	全球视野下的科技与人文 / 00818
		309-12051	全球视野与中国战略 新格局、新开放、新技术 / 01418
309-13313	全球卫生治理视角下的中国经验与	309-06731	全球城市-区域的时代 / 03647

309-04184	全球信息化时代的华人传播研究:力量汇聚与学术创新 2003 中国传播学论坛文集 / 05015		2 / 09554
		309-09569	全新版 21 世纪大学英语视听说教程 3 / 09555
309-11121	全球流动性过剩与中国输入型通胀研究 / 04691	309-09570	全新版 21 世纪大学英语视听说教程 4 / 09556
309-09583	全球新闻记者 / 05089	309-09575	全新版 21 世纪大学英语练习册 1 / 09395
309-13707	全球数字贸易规则研究 / 04160		
309-13701	全景世界史 / 11549	309-12383	全新版 21 世纪大学英语练习册 1 / 09225
309-15077	全媒体创新案例精解 新媒体内容创作与运营实训教程 / 05037	309-09576	全新版 21 世纪大学英语练习册 2 / 09396
309-15056	全媒体语境下老龄社会的阅读服务保障整合研究 / 01636	309-12436	全新版 21 世纪大学英语练习册 2 / 09226
309-13994	全媒体新闻生产 案例与方法 / 05175	309-09577	全新版 21 世纪大学英语练习册 3 / 09397
309-11771	全新大学英语四级考试攻略与实战训练 / 08107	309-12437	全新版 21 世纪大学英语练习册 3 / 09227
309-13177	全新大学英语四级考试攻略与实战训练〔第 2 版〕/ 08108	309-09578	全新版 21 世纪大学英语练习册 4 / 09398
309-04579	全新大学英语四级考试阅读辅导教程 / 09044	309-12438	全新版 21 世纪大学英语练习册 4 / 09228
309-01670	全新初中英语阅读精选 / 06653	309-09582	全新版 21 世纪大学英语阅读教程 1 / 08575
309-10822	全新版 21 世纪大学英语词汇手册 第 1 册 / 08490	309-09579	全新版 21 世纪大学英语阅读教程 2 / 08576
309-10921	全新版 21 世纪大学英语词汇手册 第 2 册 / 08491	309-09580	全新版 21 世纪大学英语阅读教程 3 / 08577
309-10888	全新版 21 世纪大学英语词汇手册 第 3 册 / 08492	309-09581	全新版 21 世纪大学英语阅读教程 4 / 08578
309-10922	全新版 21 世纪大学英语词汇手册 第 4 册 / 08493	309-09557	全新版 21 世纪大学英语读写教程 1 / 08624
309-09571	全新版 21 世纪大学英语视听说教师参考书 1 / 09557	309-09559	全新版 21 世纪大学英语读写教程 2 / 08625
309-09572	全新版 21 世纪大学英语视听说教师参考书 2 / 09558	309-09561	全新版 21 世纪大学英语读写教程 3 / 08626
309-09573	全新版 21 世纪大学英语视听说教师参考书 3 / 09559	309-09563	全新版 21 世纪大学英语读写教程 4 / 08627
309-09574	全新版 21 世纪大学英语视听说教师参考书 4 / 09560	309-09558	全新版 21 世纪大学英语读写教程教师参考书 1 / 08628
309-09567	全新版 21 世纪大学英语视听说教程 1 / 09553		
309-09568	全新版 21 世纪大学英语视听说教程	309-09560	全新版 21 世纪大学英语读写教程教

	师参考书 2 / 08629	309-04154	会计学原理 / 02868
309-09562	全新版 21 世纪大学英语读写教程教师参考书 3 / 08630	309-06307	会计学原理〔第 2 版〕/ 02855
		309-08124	会计学原理 / 02872
309-09564	全新版 21 世纪大学英语读写教程教师参考书 4 / 08631	309-08235	会计学原理〔第 4 版〕/ 02869
		309-08648	会计学原理 / 02847
309-09566	全新版 21 世纪大学英语基础视听说教师参考书 / 09638	309-11758	会计学原理〔第 3 版〕/ 02856
		309-11997	会计学原理〔第 5 版〕/ 02870
309-09565	全新版 21 世纪大学英语基础视听说教程 / 09637	309-12876	会计学原理〔第 2 版〕/ 02873
		309-13731	会计学原理〔第 6 版〕/ 02871
309-01668	全新高中英语阅读精选 / 06476	309-04560	会计学原理习题指南 / 02874
		309-05931	会计学原理习题指南〔第 2 版〕/ 02875

会

309-07396	会计人才技能结构供需失衡 现状与对策 / 02914	309-12730	会计学原理习题指南〔第 4 版〕/ 02876
309-05923	会计专业综合模拟实验〔第 2 版〕/ 02841	309-14166	会计学原理习题指南〔第 5 版〕/ 02877
309-01618	会计电算化设计与操作 / 02895	309-11827	会计学原理学习指南及习题集 / 02857
309-06607	会计处理案例剖析 / 02827		
309-05473	会计师事务所服务营销策略 / 02911	309-04156	会计学基础 / 02851
309-04889	会计师事务所品牌声誉实证研究 / 02913	309-06234	会计学基础 / 02860
		309-09356	会计学基础 / 02859
309-05652	会计英语 / 07959	309-11498	会计学基础〔第 2 版〕/ 02861
309-07567	会计英语 / 07960	309-09606	会计学概论 / 02863
309-07594	会计英语 / 07857	309-00877	会计实用大全 / 02846
309-04251	会计制度设计〔第 2 版〕/ 02906	309-04795	会计信息系统 / 02896
309-07390	会计制度设计〔第 3 版〕/ 02907	309-06349	会计信息系统〔第 2 版〕/ 02897
309-11707	会计制度设计〔第 4 版〕/ 02908	309-13631	会计信息系统应用 基于用友 ERP-U8 V10.1 版 / 02898
309-14308	会计制度设计〔第 5 版〕/ 02909		
309-14853	会计制度设计〔第 6 版〕/ 02910	309-13309	会计核算基础 / 02852
309-05493	会计制度设计学习指导 / 02903	309-06886	会计准则的另类叙述 / 02912
309-08282	会计制度设计学习指导〔第 2 版〕/ 02904	309-04776	会计理论 / 02849
		309-10540	会计模拟实验教程 / 02842
309-14680	会计制度设计学习指导〔第 3 版〕/ 02905	309-10609	会发光的蓝蘑菇 / 05905
		309-05045	会展文案 / 05447
309-02351	会计学 / 02865	309-04778	会展设计 / 11286
309-09205	会计学 / 02853	309-10637	会展设计〔第 2 版〕/ 11287
309-11179	会计学 / 02864		
309-02452	会计学 例题·习题·答案 / 02866	309-06493	会展导论 / 05454
309-01782	会计学原理 / 02867	309-15328	会展导论 / 05455

309-07493	会展英语 / 05445			识 / 03197
309-07966	会展英语 / 05446		309-12028	企业文化符号传播工具 理论与实践 / 03198
309-09070	会展英语 / 05456		309-00403	企业必备文书 / 07657
309-04768	会展经济 / 05441		309-01053	企业必备文书〔重印本〕/ 07658
309-06853	会展项目管理 / 05452		309-01415	企业必备文书〔第2版〕/ 07659
309-04571	会展营销 / 05444		309-01271	企业发展的思考与对策 / 03093
309-08386	会展商务英语 / 07889		309-05515	企业成长 打造"百年老店"的战略选择 / 03134
309-04815	会展策划 / 05449		309-06332	企业网络战略 / 03152
309-07062	会展策划〔第2版〕/ 05450		309-04348	企业价值评估 / 03116
309-10632	会展策划〔第3版〕/ 05451		309-04422	企业价值提升与财务管理 / 03376
309-04674	会展概论 / 05442		309-07512	企业会计业务核算与财务报告编制 / 03403
309-06813	会展概论〔第2版〕/ 05443		309-08522	企业会计业务核算与财务报告编制〔第2版〕/ 03404

合

309-02297	合同·担保管理精要 / 01905		309-05991	企业会计处理流程图示 / 03409
309-05536	合同制治理 公共管理者面临的挑战与机遇 / 01297		309-05992	企业会计核算 / 03400
309-04434	合同法学 / 02188		309-08557	企业会计核算错弊查证技法 / 03408
309-06811	合同法学〔第2版〕/ 02189		309-03412	企业合作创新理论研究 / 03336
309-12313	合同法学〔第3版〕/ 02190		309-02609	企业并购理论及其在中国的应用 / 03500
309-02289	合同法原理与应用 / 02191		309-05041	企业投融资法律与操作实务 / 02110
309-01638	合作经济的理论与实践 / 03418		309-00769	企业报办报艺术 / 05224
309-08695	合法律性与合道德性之间 哈贝马斯商谈合法化理论研究 / 00320		309-08777	企业劳动关系状况与组织绩效关系的实证研究 / 03227
309-14778	合法律性与合道德性之间 哈贝马斯商谈合法化理论研究 / 00321		309-05173	企业员工的心理契约 概念、理论及实证研究 / 03153

企

			309-10190	企业财务分析 / 03407
309-00509	企业人事管理学教程 / 03274		309-04159	企业财务会计 上册 / 03401
309-12334	企业与公司法学 / 02108		309-04160	企业财务会计 下册 / 03402
309-05183	企业与传媒:竞合之道 财富精英访谈录 / 10724		309-05980	企业财务通则解读 / 03504
309-04559	企业内部控制和风险管理《萨班斯-奥克斯利法案》释义 / 03608		309-06979	企业利益论 市场主体微观利益关系研究 / 03115
309-00453	企业内部控制和风险管理《萨班斯-奥克斯利法案》释义 / 03607		309-07718	企业社会工作 / 03155
309-06546	企业文化与企业伦理 / 03088		309-05936	企业社会资本的生成 基于组织间非正式关系的观点 / 03391
309-08731	企业文化说道 CEO企业文化建设通		309-00051	企业改革与发展新路 上海工业企业横向联合调查报告集 / 03751

编号	书名 / 页码
309-06920	企业纳税实务（实训）教程 / 03524
309-12927	企业纳税实务（实训）教程 / 03522
309-14167	企业纳税实务（实训）教程〔第2版〕/ 03523
309-10719	企业直接债务融资操作实务 / 03525
309-01095	企业转换机制疑难心理问答288 / 03502
309-08597	企业国有产权交易操作实务与技巧 / 03531
309-14013	企业国有资产交易策划与实操 / 02656
309-04286	企业国际经营策略 / 03477
309-02758	企业知识创新管理 / 03145
309-13426	企业物流管理 / 03332
309-01474	企业的组织与效率 / 03164
309-04381	企业金融学 / 03396
309-00939	企业股份化改革指南 / 03499
309-01660	企业法律制度通论 / 02113
309-00154	《企业法》解说 / 02104
309-00900	企业组织与人事 / 03254
309-09887	企业组织智商新探 / 03222
309-00750	企业经济写作概要 / 07681
309-04526	企业经营者工作性质及其行为管理的研究 / 03248
309-01539	企业经营战略管理 / 03180
309-04182	企业经营战略管理〔第3版〕/ 03181
309-07823	企业持续经营危机的动因、诊断与对策 基于中国上市公司的理论分析与实证研究 / 03205
309-09538	企业项目管理 框架与实务 / 03311
309-04805	企业战略 谋取长期竞争优势 / 03185
309-01935	企业战略管理〔第2版〕/ 03117
309-15284	企业战略管理 / 03148
309-02896	企业战略管理教学案例精选 / 03135
309-04027	企业信用管理 / 04514
309-08769	企业信息化与工业化融合探索 上海烟草集团企业信息化实践 / 03775
309-05979	企业特殊业务会计核算 / 03405
309-07876	企业资产证券化操作实务 / 04755
309-02602	企业竞争力 理论与案例分析 / 03094
309-10865	企业竞争战略目标模式选择和绩效 / 03176
309-01641	企业兼并论 / 03169
309-13084	企业家资本与经济增长 理论分析与实证检验 / 03250
309-11342	企业家精神 全球价值的道商解析 / 03178
309-05329	企业理论 分工与协作视角的解说 / 03114
309-04153	企业理财 / 03381
309-08411	企业理财 / 03362
309-04171	企业营销 / 03351
309-00218	企业领导学 / 03219
309-00865	企业领导学〔第2版〕/ 03220
309-00645	企业联合若干法律问题研究 / 02107
309-02285	企业策划思路与个案 / 03206
309-04862	企业集聚与城市发展的制度分析 长江三角洲地区城市发展的路径探究 / 03671
309-06980	企业新生命 金融海啸后企业复苏之路的瓶颈突破 / 03090
309-02760	企业新创 孵化的理论与组织管理 / 03100
309-01781	企业管理学 第1卷 / 03083
309-02036	企业管理学 第2卷 管理 / 03084
309-02052	企业管理学 第3卷 经营过程 / 03085
309-04157	企业管理原理 / 03121
309-04752	企业管理最佳经营模式 / 03600
309-02171	企业整体营销 / 03347
309-02782	企业融资结构研究 / 03395

众

| 309-02965 | 众人狂欢 网络传播与娱乐 / 05440 |

创

| 5627-0260 | 创一流医科大学 卫生部创建和实施"211工程"辑录 / 12995 |

309-08432	创业 50位上海理工大学毕业生的创业历程 / 06998		309-03280	创意企划案 台湾管理专家经验谈 / 03516
309-14170	创业投资与融资 / 04545			**杂**
309-03750	创业利益论 / 02412			
309-11976	创业法学 / 01969		309-09655	杂话生书 / 10860
309-02464	创业学 / 03141			**夙**
309-10226	创业学 / 03091			
309-10681	创业实务 / 03186		309-09721	夙兴集 闻道·播火·摆渡 / 05012
309-07592	创业-组合投资理论与实务 / 04541			**危**
309-14035	创业裂变 从0到1,从1到N / 03015			
309-03500	创业精神与创新集群 硅谷的启示 / 03609		309-14179	危机与变局 大清史事 / 11710
			309-13311	危机公共关系理论与实务 / 00963
309-06397	创业融资 / 03390		309-01422	危机公关 / 00942
5627-0228	创伤医疗急救规程 / 14217		309-09318	危机传播 基于经典案例的观点 / 05083
5627-0238	创建世界一流医科大学研究 / 12996		309-09689	危机后的调整与再生 / 02742
309-04523	创建成功者的思维 实现财务独立的六把金钥匙 / 04395		309-03713	危机管理 当最坏的情况发生时 / 03086
			309-11413	危机管理 发自内心的响应 / 01293
2253.013	创造力和直觉 一个物理学家对于东西方的考察 / 00501		309-09973	危机管理 突发公共卫生事件应急处置问题与策略 / 13410
309-10286	创新一定有秘诀 / 00358		309-05010	危机管理的公关之道 / 03221
309-08423	创新与创业教育 理论与实践探索 / 06844			**各**
309-08546	创新与转型 后危机时代的中国经济 / 02608		309-00986	各国证券市场概览 / 04689
309-14355	创新与经济学 新兴战略产业自主创新研究 / 02322			**名**
309-04190	创新中的足迹 大学生思想政治教育工作巡礼 / 06865		309-09003	名人隽语〔第2版〕 / 09154
309-12682	创新发展的社会主义政治经济学 / 02618		309-12667	名士范儿 《世说新语》与魏晋风度 / 10383
309-12905	创新 协调 绿色 开放 共享 上海市实验性示范性高中"南洋中学杯·我与十三五"主题征文优秀文选 / 07747		309-07555	名师名流 复旦大学中文学科发展八十五周年纪念文集 / 11893
			309-05807	名师 名课 名教材 复旦大学本科教学成果巡礼 / 06885
309-11988	创新成就校长 / 06820		309-01853	名师导学 初中学科复习指导 / 06742
309-03788	创新启示录 超越性思维 / 00359		309-10875	名师教案 词汇分册 / 06957
309-05171	创新学教程 / 05532		309-10758	名师教案 数学分册 / 06956
309-08700	创新实用医院英语 / 13022		309-10925	名师教案 写作分册 / 06955
309-02384	创新思维与作文 / 06413		309-04884	名医大会诊 / 13766
309-04060	创新概论 / 05534		309-06218	名作的中国书法史 / 11205

309-05090	名作的中国绘画史 / 11161			题争鸣文集 / 02398
309-12535	名流 一个文化研究的视角 / 05457		**色**	
309-04328	名家 名论 名译 / 11809		309-06805	色难 孝顺的故事 / 00666
309-00177	名家论学 郑子瑜受聘复旦大学顾问教授纪念文集 / 00845		309-08634	色难 孝顺的故事〔第2版〕/ 00667
309-00417	名家论学 郑子瑜受聘复旦大学顾问教授纪念文集〔重印本〕/ 00846		309-05841	色彩与表现 / 11154
			309-03559	色彩小品 / 10901
	多			**冲**
309-09226	多义副词的语法化顺序和习得顺序研究 / 07614		309-02697	冲突、协调与发展 当代西方国家广播电视体制与管理 / 05387
309-03418	多元化战略 / 03182		309-03729	冲突·和谐:全球化与亚洲影视 第二届中国影视高层论坛 / 11490
309-10659	多元文化与护理 / 13918			**庄**
309-06643	多元共生的中国文学的现代化历程 / 10471		309-05476	庄子一百句 / 00251
309-02414	多元产业结构转变与经济发展 一种理论框架 / 02645		309-02529	庄子直解 / 00252
309-13390	多元理论视野下的朱光潜美学 / 00451		2253.008	庄子研究 / 00257
			309-04726	庄子精读 / 00255
309-10496	多多搬新家 / 05953		309-12369	庄子精读〔第2版〕/ 00256
309-06682	多层次资本市场研究 理论、国际经验与中国实践 / 04593			**亦**
309-12401	多学科视野中的当代修辞学"望道修辞学论坛"论文集萃 / 07468		309-01577	亦新亦旧的一代 / 01232
			309-11608	亦新亦旧的一代〔第2版〕/ 01233
309-05111	多视角的城市土地利用 / 03659		309-13153	亦新亦旧的一代 / 01234
309-00015	多相催化反应动力学 / 12720			**刘**
309-01879	多相催化原理 / 12721			
309-08885	多重冲击下的中国与世界经济增长 / 02583		309-00170	刘师培论学论政 / 00849
			309-03242	刘延陵诗文集 / 10539
309-00143	多格子方法 / 12536		309-09353	刘克庄的文学世界 晚宋文学生态的一种考察 / 10158
309-11426	多维的历史 纪念历史学家金重远先生 / 11502			**交**
309-02378	多媒体系统原理及其应用 / 15121		309-04783	交流 / 05400
309-02068	多媒体应用基础 / 15157		309-15070	交流与互鉴 佛教与中印文化关系论集 / 11634
309-08204	多赢对冲投资 / 04538			
309-06318	多赢的顾客 满意经营 / 03138		309-10785	交通安全读本 / 15367
	争		309-13989	交通银行史料续编 1907—1949 / 04733
309-14251	争鸣集 洪远朋关于经济理论与现实问			

产

309-03344	产业内贸易论 国际贸易最新理论 / 04127	
309-09608	产业升级：转移、深化还是其他？基于技术和政策的跨国比较 / 03076	
309-05303	产业升级路径研究 黄岩专题报告 / 02720	
309-03922	产业发展与城市化 / 02665	
309-06306	产业投资基金导论 国际经验与中国发展战略选择 / 04698	
309-07115	产业国际竞争力评价理论与方法 / 04202	
309-01369	产业组织学 / 02434	
309-05135	产业组织学 / 02432	
309-04537	产业经济学 / 02516	
309-10037	产业经济学 / 02514	
309-01502	产业政策论 / 02433	
309-04867	产业链纵向控制与经济规制 / 02517	
309-05267	产权、代理成本和企业绩效 理论分析与实证检验 / 03417	
309-03389	产权、国家与民主 / 02410	
309-03197	产权、治理结构与企业效率 国有企业低效率探源 / 03536	
309-12339	产权残缺、利益补偿与社会利益关系协调 / 02635	
309-10166	产品可用性研究方法 / 14658	
5627-0503	产科出血性疾病 / 14302	

决

309-07023	决绝与眷恋 清末民初社会心态与文学转型 / 01678	

亥

309-10977	亥姆霍兹与现代西方科学哲学的发展 / 12205	
309-02315	亥姆霍兹哲学思想研究 / 00316	

充

309-08314	充分就业与自由贸易 / 04359	

问

309-13666	问学 思勉青年学术集刊 第3辑 / 00821	
5627-0057	问病寻医二百家 全国大中医院医疗特色大观 / 13400	
309-13647	问题解决和数学智慧 / 12258	

并

309-04937	并列结构的自组织研究 / 07619	
309-04662	并购案例精粹 / 03487	

关

309-04633	关于发展市场经济的思考 尹伯成文选 / 02660	
309-00609	关于发展的思考 / 02733	
309-05019	关系管理学 / 01075	
309-12621	关系管理学〔第2版〕/ 01076	
309-10774	关爱与方法 幼儿行为观察案例分析 / 05720	
309-10979	关爱 自信 沈镇宙教授谈乳腺癌 / 14420	
309-01773	关联统计动力学 / 12650	
309-14310	关税结构分析、中间品贸易与中美贸易摩擦 / 04215	

灯

309-00569	灯用荧光粉的工艺和理论 / 14785	
309-08490	灯谜基本知识 / 10424	

江

309-14263	江永礼学研究 以《礼书纲目》为中心 / 12114	
309-00555	江西农垦经济的昨天今天明天 / 03711	
5627-0084	江西医学教育史 / 12987	
309-14708	江西武夷山动物生物学野外实习手册 / 12915	
309-13038	江西武夷山植物野外实习手册 / 12904	

309-10194 江西鄱阳湖国家级自然保护区自然资源 2012—2013 年监测报告 / 14643
309-13553 江西鄱阳湖国家级自然保护区自然资源 2013—2014 年监测报告 / 14644
309-13452 江西鄱阳湖国家级自然保护区自然资源 2014—2015 年监测报告 / 14645
309-11981 江西鄱阳湖国家级自然保护区第二次科学考察报告 / 14642
309-08668 江西鄱阳湖国家级保护区自然资源2010年监测年报 / 14646
309-09453 江西鄱阳湖国家级保护区自然资源2011—2012年监测报告 / 14647
309-10324 江苏幼儿教育 2014.1(总第 1 期) / 05691
309-10873 江苏幼儿教育 2014.2(总第 2 期) / 05692
309-11131 江苏幼儿教育 2014.3(总第 3 期) / 05693
309-11264 江苏幼儿教育 2015.1(总第 4 期) / 05694
309-11555 江苏幼儿教育 2015.2(总第 5 期) / 05695
309-11799 江苏幼儿教育 2015.3(总第 6 期) / 05696
309-11982 江苏幼儿教育 2015.4(总第 7 期) / 05697
309-12149 江苏幼儿教育 2016.1(总第 8 期) / 05698
309-12358 江苏幼儿教育 2016.2(总第 9 期) / 05699
309-12574 江苏幼儿教育 2016.3(总第 10 期) / 05700
309-12748 江苏幼儿教育 2016.4(总第 11 期) / 05701
309-12884 江苏幼儿教育 2017.1(总第 12 期) / 05702
309-13043 江苏幼儿教育 2017.2(总第 13 期) / 05703
309-13276 江苏幼儿教育 2017.3(总第 14 期) / 05704
309-13412 江苏幼儿教育 2017.4(总第 15 期) / 05705
309-13624 江苏幼儿教育 2018.1(总第 16 期) / 05706
309-13847 江苏幼儿教育 2018.2(总第 17 期) / 05707
309-14178 江苏幼儿教育 2018.3(总第 18 期) / 05708
309-14195 江苏幼儿教育 2018.4(总第 19 期) / 05709
309-06938 江南与中外交流 / 01776
309-04437 江南市镇 传统的变革 / 03680
309-02136 江南名镇朱家角 / 12190
309-09049 江南社会经济史研究入门 / 02727
309-11971 江南船拳文化研究 / 07311

汤

309-02716 汤氏人家 汤晓丹和他的两个儿子 / 11983
309-09944 汤钊猷三代影选 / 11268
309-05842 汤钊猷摄影小品 / 11270
309-08020 汤钊猷摄影随想 / 11269
309-14362 汤钊猷影集 人文篇 国内 / 11271
309-15239 汤钊猷影集 人文篇 国外 / 11272
309-13656 汤显祖及明代戏曲家研究 / 11927
309-04556 汤晓丹的银色旅情 / 11984

忏

309-07297 忏悔与越界 中国现代文学史研究 / 10456
309-06711 忏悔录 托尔斯泰精品集 / 10985

兴

309-08757 兴于诗《诗经》选读 / 10548

宇

309-02870 宇宙七大奇观 / 12754

309-14607	宇宙大爆炸 绘本版 / 12758	309-03861	军事科技与新军事变革 / 02317
309-08189	宇宙是怎样来的？ / 12755	309-11214	军校环境对大学生英语词汇学习策略的影响 / 08245

守

309-04231　守护夜空的星座 美学问题史中的 T.W.阿多诺 / 00461

祁

309-14637　祁志祥学术自选集 / 00828

字

309-09025　字母表效应 拼音文字与西方文明 / 07445

许

309-13420　许浑生平及诗歌传播研究 / 11922
309-07338　许鞍华说许鞍华 / 11413
309-13093　许鞍华说许鞍华〔第2版〕 / 11414

安

309-12529　安全化与冷战后美国对华战略演变 / 01804
309-13283　安全出行 / 15422
309-09373　安妮·普鲁生态思想研究 / 11083
309-09665　安星法及推断实例 / 00736
309-11110　安部公房小说研究 / 10945
309-14287　安婆婆有个鸟宝宝 / 11040

论

309-06703　论19世纪俄罗斯文学 / 10975
309-05250　论FDI与国家经济安全 / 02648
309-00751　论上海研究 / 11761
309-12494　论中国学术的自我主张 / 00293
309-03766　论中国经济发展与经济稳定化政策 / 02609
309-06939　论中国特色城镇化道路 / 03652
309-06224　论中国翻译教材建设之理论重构 / 08409
309-14535　论文写作指南 从观点初现到研究完成 / 07641
309-14451　论史衡法 / 05132
309-12637　论价值 洪远朋价值、价格研究文集 / 02426
309-02590　论创新与企业孵化 / 03309
309-04910　论产业链整合 / 02515
309-11015　论利益 洪远朋利益理论与实践研究文集 / 01287
309-07446　论证与解释 政治哲学导论 / 01250
309-09897　论英语中进入 Pro‐XP 的合并 / 08307
309-05896　论非直接教学因素 / 06278
309-04909　论金融机构激励约束机制 / 04460
309-05478　论语一百句 / 00194
309-07988　《论语》与护士文化修养 / 00213

讲

309-12457　讲艺集 瑞安中学一百二十周年校庆纪念论文集 / 00816
309-12641　讲台上的舞者 中学数学教师专业成长路上的思考与行动 / 06366
309-13480　讲好当代中国主旋律 党中央治国理政新理念新思想新战略融入思政课教学研究 / 06850
309-12742　讲好当代中国主旋律 总书记系列重要讲话、五大发展理念融入思政课教学研究 / 06851

军

309-12966　军队抗震救灾卫勤保障 基于两次地震与一次演习 / 14563
309-00647　军队实用写作 典型病例评改 / 07680
309-01105　军队基层管理学 / 02310
309-11078　军事革命与政治变革 近代早期欧洲的民主与专制之起源 / 02312

编号	书名 / 编号
309-13128	《论语》中的健康智慧 / 00214
309-09584	《论语》分类新读本 / 00207
309-10718	论语百句 / 00189
309-08945	《论语》导读 / 00191
309-00544	论语别裁 / 00198
309-00543	论语别裁 / 00197
309-00665	论语别裁〔重印本〕/ 00199
309-01076	论语别裁〔重印本〕/ 00200
309-00680	论语别裁〔第2版〕/ 00201
309-03243	论语别裁〔第3版重印〕/ 00202
309-08467	论语别裁 / 00203
309-11606	论语别裁〔第4版〕/ 00204
309-13120	论语别裁 / 00205
309-13885	论语别裁 / 00206
309-01766	论语直解 / 00195
309-02615	论语直解 / 00196
309-05765	《论语》的启示 / 00193
309-11631	论语诠释 / 00192
309-13556	《论语》修辞研究 / 00212
309-11833	论高考改革 / 06301
309-10051	论《资本论》 洪远朋《资本论》研究文集 / 00032
309-05714	论基金监管政策 / 04765
309-00795	论商品型按劳分配 / 02479
11253.001	论清末民初中国社会 / 11730
309-06618	论衡研究 / 00266
309-13935	论衡研究〔第2版〕/ 00267
309-02279	论辩史话 / 07441
309-01515	论辩胜术 / 07440
309-01835	论辩原理 / 07442
309-10093	论翻译中的说服因素 理论溯源与实例分析 / 08424

农

编号	书名 / 编号
5627-0233	农民健康教育读本〔重印本〕/ 13098
309-00547	农村应用文 / 07649
309-05571	农村(社区)公共卫生联络员培训手册 / 13110
309-08101	农村社会工作 / 00980
309-00996	农村金融改革和发展 / 04734
309-00249	农村金融学 / 04556
309-12035	农村贫困家庭生计支持政策效应研究 / 03708
309-11562	农村政策与法规新编教程 / 03690
309-14677	农村政策与法规新编教程〔第2版〕/ 03691
5627-0124	农村健康教育读本 / 13097
309-09957	农林英语 / 14631
309-14396	农科英语阅读教程 / 14630

设

编号	书名 / 编号
309-12506	设计、文化与现代性 陈之佛设计实践研究(1918—1937) / 11284
309-12152	设计色彩 / 11152
309-13799	设计色彩学 / 11153
309-04024	设计性研究性物理实验教程 / 12615

访

编号	书名 / 编号
309-05694	访谈的艺术 / 05174
309-06253	访谈类节目经典案例 曹可凡与《可凡倾听》/ 05381

寻

编号	书名 / 编号
309-01589	寻找太阳城 西藏随笔 / 10780
309-03446	寻找太阳城 走近西藏〔第2版〕/ 10781
309-00698	寻找文化的踪迹 复旦版书评选(1981—1991) / 05418
309-07256	寻找他山的历史 / 11545
309-06204	寻找灵魂的栖息地 朱自清散文精读 / 10771
309-00921	寻找"看不见的手" 价格理论的发展与探索 / 02421
309-09091	寻找"骇客" / 03312
309-01491	寻找新的价值坐标 世纪之交的哲学文化反思 / 00069
309-01101	寻求与超越 中国新诗形式批评 / 10326

寻

309-11625	寻求中西文学的会通 / 09908
309-01308	寻梦伊甸园 复旦大学第三届作家班作品集 / 10527
309-07997	寻梦复旦园 / 06825
309-03162	寻踪觅迹 商务调查实录 / 04099

那

309-13723 那朵盛开的藏波罗花 钟扬小传 / 12010
309-10569 那时今日 透过事件解读韩国现代史 / 11784

导

309-08594 导游业务 / 03832
309-12447 导游带团典型案例集析 / 03852

异

309-07581 异香 勃朗特的神秘冒险 / 11097
309-00089 异配位体络合物和异金属络合物及其在分析化学中的应用 / 12731
309-05063 异域之眼 兴膳宏中国古典论集 / 10126
309-08651 异常人体结构与功能 / 13594
309-11530 异常人体结构与功能〔第2版〕/ 13595

孙

309-01469 孙子兵法与经营战略 / 03149
309-12933 孙中山革命人生图志 / 12037
309-11923 孙正义秘录 / 12052
309-01894 孙辈教育 / 07207

阳

309-08455 阳光宝宝系列（苹果班 25—30 个月）/ 05676
309-08453 阳光宝宝系列（草莓班 15—19 个月）/ 05674
309-08456 阳光宝宝系列（香蕉班 31—36 个月）/ 05677
309-08452 阳光宝宝系列（葡萄班 10—14 个月）/ 05673
309-08451 阳光宝宝系列（樱桃班 6—9 个月）/ 05672
309-08454 阳光宝宝系列（橘子班 20—24 个月）/ 05675
309-14419 阳明大传 "心"的救赎之路 / 00283
5627-0195 阳痿症的自我诊断与治疗 / 14277

收

309-09943 收入不平等的健康效应研究 / 02684
309-11892 收获二十年 / 07030

阶

309-07663 阶级与分层 / 01286
309-08014 阶级分析方法 / 01285

阴

309-08444 阴阳界 胡金铨的电影世界 / 11418
309-07901 阴性阅读 阳性写作 / 09983

如

309-10817 《如来藏经》密意 / 00626
309-00025 如何办好乡镇企业 / 03540
309-11815 如何四季养生 / 13460
309-11813 如何让生活更安全 / 13885
309-11814 如何合理用药 / 13862
309-14779 如何讲好当代中国马克思主义 疑难问题与教学解析 第1辑 / 00013
309-11920 如何进行老年人心理关怀 / 00546
309-11879 如何进行健康自我管理 / 13165
309-11895 如何戒烟 / 13212
309-11907 如何应对职场压力 / 00559
309-11906 如何应对慢性疲劳综合征 / 13211
309-05165 如何面对媒体 政府和企业新闻发言人实用手册 / 05280
309-11740 如何适应离退休生活 / 01009
309-02984 如何修证佛法 / 00655
309-11609 如何修证佛法〔第2版〕/ 00656

309-11888	如何食疗 / 13514		309-10812	她们 / 10806	
309-11678	如何做风范长者 / 00429		309-10506	她是我妹妹 / 05961	
309-11675	如何做快乐长者 / 13209				

戏

309-11676	如何做健康长者 / 13182
309-14730	如何做调研 成就1000个策划项目的调研技法 / 03966
309-11674	如何做智慧长者 / 00428

妇

309-07118	妇儿优先 / 13227
5627-0637	妇女保健新编 / 13229
309-04561	妇女保健新编〔第2版〕/ 13230
309-03797	妇幼卫生概论 / 13225
309-13684	妇产科出院病人中医调养 / 13543
309-11340	妇产科护理 / 14003
309-04852	妇产科护理学考题解 / 14005
309-04748	妇产科学 / 14281
5627-0229	妇产科学多选题〔重印本〕/ 14283
5627-0346	妇产科学应用多选题 / 14284
5627-0317	妇产科病理学 / 14285
5627-0631	妇科与围产常见病病理取材及诊断 / 14286
309-06379	妇科内分泌疾病治疗学 / 14289

好

309-13650	好吃的小白熊 / 05886
309-13784	好吃的苹果 / 11003
309-14011	好玩的甲骨文 / 05879
309-13785	好玩的冬天 / 11004
309-08746	好莱坞电影类型 历史、经典与叙事 / 11432
309-09163	好莱坞动画电影导论 / 11481
309-04436	好莱坞启示录 / 11491
309-06954	好莱坞启示录〔第2版〕/ 11492
309-09376	好想法从哪里来？/ 00357

她

309-14953	她力量 红楼女性的生存之道 / 10369

309-13622	戏曲:批评与立场 / 11374
309-14537	戏曲展演、权力景观与文化事象 / 11364
309-13465	戏剧、小说与民间信仰 中国传统文学和文化的域外观照 / 10133
309-12695	戏剧认知导论 / 11360
309-14706	戏剧主义修辞观之于互联网对外新闻翻译 以"中国上海"门户网站为个案 / 07487
309-02080	戏剧交响 演剧艺术撷萃 / 11361
309-08263	戏剧浮生 黎耀祥论演技与人生 / 11454
309-07628	戏缘 / 11402

羽

309-14165	羽之境 / 11279

观

309-05777	观图定势买卖AB股 / 04761
309-12493	观知日本 一个中国人的东瀛履迹 / 10891
309-02362	观察与作文 / 06432
309-14948	观察点亮游戏 / 06093

牟

309-05176	牟宗三三系论论衡 / 00294

欢

309-10624	欢迎光临幸福广场 / 05911
309-10620	欢迎来喵喵家做客 / 05912
309-08823	欢喜自在 / 00663

买

309-12582	买凶拍人 / 10622

309-10260	买智慧 证严上人说故事1 / 00583	309-07207	纪录片概论 / 11472
		309-05469	纪录片解析 / 11470
		309-09138	纪录片解读 / 11475

红

5627-0545	红十字理论和实践 / 12946
309-00982	红外医疗技术 / 13866
309-00853	红外辐射加热技术 / 14801
309-08286	红色英勇勋章 / 11093
309-14694	红河边的中国 滇西挂职行思录 / 02723
309-05300	红学何为 / 10371
309-10603	红点妖怪 / 05915
309-05049	红烛·死水 / 10560
5627-0477	红斑狼疮的防治 / 14181
309-12267	红楼时注 空里流春二十年 / 10368
309-05824	红楼细细读 / 10366
309-07457	红楼梦一百句 / 10363
309-12851	《红楼梦》医话 / 10370
309-05461	红楼梦诗词曲赋全解 / 10360
309-04096	红楼梦研究 / 10373
309-06563	红楼梦精读 / 10361
309-12372	红楼梦精读〔第2版〕 / 10362
309-14437	红墙白玉兰 / 10655
309-07016	红颜祸水 倾国倾城的美丽谎言 / 12050
309-07764	红魔假面舞会 爱伦·坡短篇小说选 / 11087

约

309-09124	约瑟夫·德·梅斯特反启蒙思想中的野蛮与文明 / 01356

纪

10253.001	纪念鲁迅诞生一百周年论文集 / 10489
309-05732	纪实与虚构 中国当代社会转型语境下的电视剧生产 / 11399
309-06982	纪录片研究 / 11473
309-05144	纪录片编导与制作 / 11469

七画

寿

309-06126	寿星养生经 / 13452
309-12443	寿险精算模型实务 / 04875

弄

309-13244	弄岗凤翎 广西崇左市《花山魂》系列摄影画册 / 11278
309-07251	弄堂旧事 / 10662

玛

309-06029	玛格丽特·杜拉斯研究 / 11054
309-01825	玛雅文化 论玛雅与华夏文化同源 / 11803

形

309-11403	形式之谜 / 09881
309-06045	形式语用学导论 / 07453
309-12885	形式逻辑与高中议论文写作 / 06438
2253.004	形式逻辑基础 / 00373
309-05894	形势与政策教育简明读本 / 06873
309-06517	形势与政策教育简明读本〔第2版〕 / 06874
309-07134	形势与政策教育简明读本〔第3版〕 / 06875
309-07977	形势与政策教育简明读本〔第4版〕 / 06876
309-09540	形势与政策教育简明读本〔第5版〕 / 06877
309-12274	形态历史观 丹麦王子哈姆雷的悲剧 / 00761
309-07329	形-概念映射与双语词典编纂 / 07493

进

309-10969	进入权 公司治理中的关键资源配置 / 03441	
309-11268	进入权 公司治理中的关键资源配置 / 03442	
309-13920	进化基因组学的统计理论与方法 / 12808	
309-10178	进出口业务案例集 / 04144	
309-07211	进出口报关业务基础与实务 / 04210	
309-13849	进出口贸易合规案例集 / 04143	
309-02258	进军大上海 / 10686	
309-13776	进馆有益 跟我去看博物馆 / 05513	

远

309-10800	远去的人 / 10808	
309-08184	远去的文学时代 / 10243	
309-11335	远洋运输业务英语 / 03788	
309-03778	远离亚健康 白领职场人群必读 / 13168	
309-06407	远离颈椎病 / 14260	
309-07064	远离痛风并不难 痛风健康指南 / 14170	
309-10125	远程开放教育辅学研究 / 07184	
309-08574	远程学习服务质量的实证研究 / 05590	
309-11023	远程教育教师角色与素养研究 / 07185	
309-13211	远游越山川 魏晋南北朝文学史研究论集 / 10450	

运

309-08050	运动与健康 / 07270	
309-09110	运动训练功能评定测试方法 / 07280	
309-10283	运动休闲管理 / 07288	
5627-0100	运动医学 / 14564	
309-12541	运动健身 / 13195	
309-14102	运动健康管理 / 07271	
309-08325	运营管理 / 03301	
309-10047	运营管理 / 03304	
309-12450	运营管理〔第2版〕 / 03302	
309-07861	运输管理 / 03061	
309-12091	运输管理〔第2版〕 / 03062	
309-04773	运输管理学 / 03058	
309-08907	运筹学 / 12526	
309-04865	运筹学方法与模型 / 12527	
309-10342	运筹学方法与模型〔第2版〕 / 12528	

技

309-06910	技术与发明 / 12217	
309-11106	技术分析、有效市场与行为金融 / 02818	
309-02337	技术发展简史 / 12216	
309-05253	技术扩散效应论 / 03754	
309-06675	技术、制度与媒介变迁 中国传媒改革开放30年论集 / 05286	
309-05717	技术经济学 / 02505	
309-05495	技术经济学 / 02503	
309-04039	技术哲学 / 12206	

找

309-11308	找一扇门出去 / 10654	

批

309-05821	批判的传播理论 权力、媒介、社会性别和科技 / 04997	
309-09601	批评与想象 / 10465	
309-03438	批评的考究 / 09933	
309-14776	批评的观念 / 10181	

走

309-12060	走马塘集 / 10228	
309-09668	走出人类中心主义的藩篱 乔伊斯·卡罗尔·欧茨小说中的生态伦理思想研究 / 11082	
309-05417	走出中世纪〔增订本〕 / 11635	

309-06717	走出中世纪〔第2版〕/ 11636			
309-05928	走出中世纪二集 / 11637			**孝**
309-03982	走出去,撑起一片蓝天 大学生社会实践与志愿服务 / 06899		309-10650	孝为人本 世界和平的守护力量 / 00669
309-03947	走出成长的困惑 青少年健康与心理援助 / 05648		309-10250	孝的真谛 幸福人生第一堂课 / 00668
309-09653	走出启蒙的神话 霍克海默社会批判理论研究 / 00319			**均**
309-10727	走在光明梦想的大道上 上海市文明小区创建经验案例集锦 / 01605		309-04908	均衡汇率与人民币汇率政策 / 04801
309-11504	走当走的路 一线社工的成长和经历 / 01565			**抑**
309-02230	走向市场经济 中国行政区与经济区的关系及其整合 / 12141		5627-0307	抑郁症〔重印本〕/ 14476
			5627-0649	抑郁症的防治 / 14477
309-11405	走向现代性的新时期文论 / 09882			**投**
309-04754	走向国际化的金融创新与管理变革 / 04457		309-00242	投资与金融管理手册 / 04748
309-04370	走向实践的唯物主义 / 00092		309-02409	投资有道 股市实战 / 04632
309-02150	走向绿色的发展 / 02625		309-06603	投资者行为研究 / 04534
309-11090	走进中国文化 / 11579		309-05948	投资者行为控制机制研究 / 04626
309-14435	走进古堡 / 10665		309-03359	投资者保护 国际经验与中国实践 / 04641
309-09285	走进护士 / 12026		309-03335	投资学 / 04522
309-12571	走进非洲 / 01770		309-04990	投资学 / 04547
309-04057	走进国会山 一个中国外交官的亲历 / 01715		309-13183	投资学 / 04550
309-05784	走进美国电视 / 05404		309-06831	投资学〔第2版〕/ 04548
309-08141	走近心理学 / 00482		309-10108	投资学〔第3版〕/ 04549
309-10645	走近西非 / 12192		309-14668	投资学〔第4版〕/ 04551
309-01665	走近省市长 '95华东省市长热线纪实 / 10698		309-09158	投资学 证券分析与投资管理 / 04552
			309-07576	投资学习题与解答 / 04554
309-04076	走近科学与技术 / 12226		309-09479	投资组合管理 / 04523
309-04233	走近教师的生活世界 教师个人实践理论的叙事探究 / 05607		309-04176	投资组合管理 / 04539
			309-04971	投资组合管理通解 / 04521
309-12619	走近黑山 / 12194		309-00995	投资经济学 / 04525
309-12708	走到今朝的上海方言 / 07709		309-01357	投资经济学〔重印本〕/ 04526
	赤		309-01437	投资经济学〔重印本〕/ 04527
			309-05302	投资经济学〔第2版〕/ 04528
			309-05606	投资经济学 / 04546
			309-00693	投资项目经济评价 / 03611
309-03973	赤诚 / 10742		309-01804	投资项目经济评价〔第2版修订版〕/

03612
309-06474　投资项目管理 / 03616
309-03720　投资银行学 / 04474

抗

309-03463　抗日战争时期中国外交制度研究 / 01777
309-14254　抗战老兵林子明画传 / 11851
309-05987　抗战时期复旦大学校史史料选编 / 07052
5627-0200　抗菌药物临床应用新编〔重印本〕/ 13865

护

309-14330　护者仁心 叙事传情 / 13915
309-14030　护理人员如何申请专利 / 05536
309-11239　护理心理 / 13941
5627-0194　护理心理学 / 13935
5627-0280　护理心理学〔第2版〕/ 13936
5627-0520　护理心理学〔第3版〕/ 13937
309-03524　护理心理学 / 13938
309-10285　护理礼仪与人际沟通 / 13914
309-05271　护理伦理学 / 13923
309-10844　护理技能临床案例分析 / 13921
309-06419　护理法导论 / 02017
309-11346　护理学导论 / 13902
309-08304　护理学基础 / 13909
309-10901　护理学基础习题集 / 13929
309-04758　护理学基础考题解 / 13926
309-09631　护理职业交际英语 / 13913
5627-0196　护理群英 记90年代上海市优秀护士 / 10682
309-11222　护理管理 / 13924
309-13228　护眼锦囊小妙计 / 14515

志

309-01499　志在必得 高中毕业升学指导 / 06381
309-12584　志明与春娇 / 10627

声

309-09113　声乐 / 06002
309-12429　声乐〔第2版〕/ 06003
309-04515　声乐1 / 06025
309-07959　声乐1〔第2版〕/ 06026
309-10475　声乐1〔第3版〕/ 06027
309-14981　声乐1〔第4版〕/ 06028
309-05044　声乐2 / 06029
309-09645　声乐2〔第2版〕/ 06030
309-15059　声乐2〔第3版〕/ 06031
309-05973　声乐3 / 06009
309-10474　声乐3〔第2版〕/ 06010
309-15071　声乐3〔第3版〕/ 06032
309-11526　声乐曲集 / 05982
309-11419　声乐实用教程 / 05983
309-12356　声乐基础 / 11312
5627-0075　声图及其在喉科的临床应用 / 14504

把

309-07486　把文学还给文学史 / 10214
309-14021　把握经济新常态 产融结合下的企业金融业务发展 / 03387

报

309-11301　报刊与中国文学的近代转型 1833—1911 / 10166
309-04688　报刊发行学概论 / 03857
309-03835　报刊传播业经营管理 / 05149
309-13238　报关实务 / 04211
309-13722　报关实务 / 04212
10253.013　报告文学的艺术 / 09961
309-04266　报纸发行营销导论 / 05219
309-02129　报纸版面创意艺术与电脑编辑 / 05211
309-10945　报纸新闻标题制作与编排艺术 / 05212
309-13953　报检实务 / 13281

309-07547	报检理论与实务 / 04166		309-03814	劳动经济学 / 02985
309-06169	报道大学 / 00837		309-07126	劳动经济学〔第2版〕/ 02986
			309-13113	劳动经济学〔第3版〕/ 02987

抒

309-11521　抒情中国文学的现代美国之旅　汉学家视角 / 10177

花

309-13625　花雨满天　维摩说法　上册 / 00602
309-13626　花雨满天　维摩说法　下册 / 00603
309-00848　花粉营养成分与花粉资源利用 / 14648

苍

309-02849　苍山如海　优秀新闻特稿选 / 10718

严

309-07643　严浩电影讲座 / 11453
309-06933　严谨进取　走向世界　复旦大学肝癌研究所建所40周年 / 14404

劳

309-12465　劳工政治 / 03039
309-08598　劳务派遣管理概论 / 01899
309-08469　劳动人事争议处理 / 02144
309-08545　劳动与雇佣法经济学 / 02143
309-00762　劳动争议调解指南 / 02142
309-12432　劳动关系经济学 / 03031
309-10658　劳动关系管理实训 / 03033
309-12941　劳动者离职行为决策研究 / 03267
309-11751　劳动法和社会保障法 / 02135
309-02678　劳动法学 / 02134
309-04879　劳动法学 / 02136
309-05890　劳动法学〔第2版〕/ 02137
309-10263　劳动法学〔第3版〕/ 02138
309-13261　劳动法学〔第4版〕/ 02139
309-15174　劳动法学〔第5版〕/ 02140
309-10568　劳动法原理与实务 / 02133

309-03814　劳动经济学 / 02985
309-07126　劳动经济学〔第2版〕/ 02986
309-13113　劳动经济学〔第3版〕/ 02987
309-03333　劳动经济学　当代经济体制的视角 / 02981
309-10169　劳动经济基础 / 02982
309-08391　劳动选择与定价研究 / 03016
309-06439　劳资利益论 / 03040

克

309-00162　克丽奥之路　历史长河中的西方史学 / 11533
309-09731　克丽奥的东方形象　中国学人的西方史学观 / 11516
309-06707　克里米亚的海岸　普希金精品集 / 10980
309-11262　克里斯蒂娃自选集 / 07401
309-03163　克隆一个你　趣味话基因 / 12942
309-03421　克隆人：法律与社会　第1卷　介绍 / 01886
309-03980　克隆人：法律与社会　第2卷　比较 / 01887
309-04958　克隆人：法律与社会　第3卷　建议 / 01888
309-12717　克勤克俭 / 01600

苏

309-11489　苏东水文集 / 01142
309-11100　苏州上市公司发展报告 2014 / 03555
309-11864　苏州上市公司发展报告 2015 / 03556
309-12503　苏州上市公司发展报告 2016 / 03557
309-13245　苏州上市公司发展报告 2017 / 03558
309-13975　苏州上市公司发展报告 2018 / 03559
309-14626　苏州上市公司发展报告 2019 / 03560
309-06179　苏州作家研究 / 10251
309-06179△　苏州作家研究　车前子卷 / 10251
309-06179△　苏州作家研究　范小青卷 / 10251
309-06179△　苏州作家研究　金曾豪卷 / 10251

			极
309-06179△	苏州作家研究 荆歌卷 / 10251		
309-06179△	苏州作家研究 苏童卷 / 10251	309-08409	极端条件下中国金融安全研究 / 04717
309-06179△	苏州作家研究 王一梅卷 / 10251		
309-06179△	苏州作家研究 杨守松卷 / 10251		**李**
309-06179△	苏州作家研究 叶弥卷 / 10251		
309-06179△	苏州作家研究 朱文颖卷 / 10251	309-01242	李东阳年谱 / 11913
309-04418	苏步青传 / 12005	309-05801	李白精讲 / 11924
309-07167	苏俄电影教程 / 11447	309-08810	李立群的人生风景 / 10800
309-09977	苏格拉底的敬神 柏拉图《游叙弗伦》疏解 / 00306	309-03489	李训经数学论文选 / 12260
309-14186	苏轼苏辙研究 / 10157	309-03961	李良荣自选集 新闻改革的探索 / 05284
309-09513	苏轼"和陶诗"考论 兼及韩国"和陶诗" / 10310	309-11900	李泽厚学术年谱 / 00296
309-14926	苏轼散文研究史稿 / 10412	309-11181	李雯集 / 10511
309-00332	苏联东欧经济改革概论 / 02753	309-04497	李登辉传 / 11883
4253.008	苏联经济若干问题 / 02754	309-01416	李群基础 / 12430
309-10906	苏童文学年谱 / 10238	309-05465	李群基础〔第2版〕/ 12431
	杜		**杨**
309-10606	杜杜生病了 / 05903	309-01236	杨士奇年谱 / 12035
309-12488	杜威哲学的现代意义 / 00339	309-12364	杨兆龙文集 / 01856
309-02895	杜维明学术专题访谈录 宗周哲学之精神与儒家文化之未来 / 00285	309-07769	杨秉辉世博场馆写生 / 11197
309-10034	杜琪峰与香港动作电影 / 11421	309-01824	杨振宁传 / 12068
309-00624	杜鹃啼归 大学生短篇小说集 / 10660	309-02203	杨浦楷模 上海市杨浦区红旗集体、先进标兵风采录 / 10716
3253.004	杜鲁门与麦克阿瑟的冲突和朝鲜战争 / 01805	309-01243	杨维祯年谱 / 11974
		309-08778	杨循吉研究 / 11926
	材	309-01135	杨瑟岩传奇 清代江南名讼师 / 10922
		309-11743	杨慎与杨门诸子研究 / 11925
309-02399	材料与作文 / 06411	309-09450	杨德昌 / 11419
309-03050	材料物理基础 / 14665		
	杏		**求**
309-00975	杏花春雨 / 10844	309-14150	求医先求己 / 14034
309-13851	杏花桃李一处开 盛夕武教育诗文选 / 06333	309-03331	求学英国 / 07088
309-12064	杏园陇人诗思 / 10268	309-07203	求真·思索·笃信 冯烜旻同学文汇 / 12049
309-13513	杏林碎叶 王庆其医文集 / 13445	309-09220	求索 谨与竞争最激烈却最具活力、创造力的民企同仁共求索 / 03551

309-14625	求索 上海市区办高校教师论文集 第17期 / 05669	309-06530	医用统计方法〔第3版〕/ 13325
309-06101	求职与留学英文交际 / 08334	309-08206	医用高职英语 / 07887
309-06249	求职英语 / 07999	309-09487	医用高等数学 / 13579
309-13714	求职英语新编 / 00994	309-10834	医护英语 / 13031
		309-11323	医护英语 / 13032
		309-06035	医护英语 ABC 英汉对照 / 07911

更

		309-08962	医护英语网络读写教程 / 13907
5627-0488	更年期保健 / 14290	5627-0192	医疗卫生领域中的成本——效益分析方法 / 13381

吾

		309-13738	医疗设施的规划、设计与建造 / 15318
309-04770	吾爱吾土 吾爱吾友 / 10834	309-12891	医疗环境追踪法手册 / 13378

两

		309-13111	医疗质量持续改进案例精选 复旦大学附属中山医院 80 周年院庆文集 / 13391
309-07305	两块碑的故事 犹太智慧故事漫画 / 11561		
309-05901	两极交易法 / 04629	309-12853	医疗服务中的失效模式及效应分析 前瞻性风险降低方法 / 13344
309-12627	两岸同胞共同文化追求的见证 上海市进才中学口述历史 / 06826	309-13717	医疗服务中的根因分析法 工具与技术 / 14308

医

		309-12854	医疗服务中的绩效测量工具 快速参考指南〔第2版〕/ 13356
309-13369	医见如故 / 13360		
309-03852	医古文基础 / 13444	309-12867	医疗服务中的绩效测量数据管理〔第2版〕/ 13392
5627-0043	医生心理学 / 13295		
309-04604	医生诊疗英语会话 / 09592	309-04753	医疗服务品牌营销 / 13345
309-11870	医生教你活到 99 / 13768	309-03684	医疗保险学 / 04879
309-13817	医用 CT 技术及设备 / 14546	309-07593	医疗保险学〔第2版〕/ 04880
309-15001	医用 CT 技术及设备实验教程 / 14547	309-13132	医疗保障学 / 13351
		309-14153	医疗联合体绩效评估 / 13411
5627-0610	医用 SAS 统计分析 / 13320	5627-0494	医苑风采 / 10674
309-03095	医用 SAS 统计分析〔重印本〕/ 13321	5627-0555	医苑文明 / 10735
5627-0034	医用分子遗传学 / 12872	5627-0007	医事问答 / 13051
309-03738	医用分子遗传学〔第2版〕/ 12873	5627-0111	医事问答 2 / 13052
5627-0271	医用生物化学 / 12831	309-15062	医事法学 / 02015
5627-0261	医用写作 / 07682	5627-0161	医学人口学 / 12954
5627-0378	医用物理实验 / 13584	309-04165	医学人口学〔第2版〕/ 12956
5627-0071	医用统计方法 / 13323	309-14805	医学人文导论 / 12964
309-03278	医用统计方法〔重印本〕/ 13322	309-13174	医学人文英语 上册 / 13007
309-03653	医用统计方法〔第2版〕/ 13324	309-14564	医学人文英语 上册〔第2版〕/ 13008
		309-13476	医学人文英语 下册 / 13009

309-14864	医学人文英语 下册〔第2版〕/ 13010
309-14959	医学人文英语 下册 一课一练〔第2版〕/ 13011
309-13196	医学人文英语一课一练 上册 / 13000
309-13478	医学人文英语一课一练 下册 / 13001
309-13320	医学人文素质 案例版 / 12963
309-14866	医学人类学 / 13578
309-13159	医学与人文交响曲 / 12965
309-14865	医学与历史 / 12955
309-04634	医学分子细胞生物学 / 12868
5627-0254	医学分子病毒学及其应用 / 13711
309-04598	医学分子病毒学纲要〔英文版〕/ 13710
309-01997	医学分子遗传学 / 12870
5627-0029	医学心理学〔重印本〕/ 13745
5627-0302	医学心理学〔第2版〕/ 13746
5627-0653	医学心理学〔第3版〕/ 13739
309-03093	医学心理学〔第3版重印〕/ 13740
309-04479	医学心理学〔第4版〕/ 13741
309-14971	医学心理学 / 13742
309-05098	医学心理学与精神医学 / 13045
309-03294	医学心理学和精神病学试题与题解 / 13747
5627-0270	医学心理咨询方法 / 13754
5627-0035	医学生成才修养 / 06986
5627-0478	医学生物化学 / 12828
309-03251	医学生物化学〔重印本〕/ 12829
5627-0439	医学生药物手册 / 14608
5627-0449	医学生常用英语词汇 / 13058
5627-0061	医学考试的理论与实践 / 12983
309-14463	医学在左 慈善在右 一切为了孩子 / 10721
5627-0127	医学伦理学教程 / 12948
309-03094	医学伦理学教程〔重印本〕/ 12950
5627-0447	医学伦理学教程〔第2版〕/ 12949
309-04086	医学伦理学教程〔第3版〕/ 12951
309-08494	医学伦理学教程〔第4版〕/ 12962
309-14867	医学导论 / 12947
5627-0324	医学技术评估 / 12945
309-03953	医学助孕 试管婴儿 / 13597
5627-0353	医学免疫学 / 13720
309-11721	医学免疫学 / 13721
309-14843	医学免疫学实验原理和技术 / 13727
309-14868	医学社会学 / 12966
309-11322	医学英语 / 13017
309-07606	医学英语口语教程 / 09544
309-04745	医学英语术语学及应用 / 09595
309-15084	医学英语术语实用教程 / 08236
309-09120	医学英语论文摘要阅读与写作 / 13767
309-08697	医学英语听力综合教程 Ⅰ 公共健康新识 / 13759
309-09675	医学英语听力综合教程 Ⅱ 医疗服务新思路 / 13760
309-14957	医学英语(社会医学) / 13006
309-05257	医学英语词汇学 / 08228
309-06323	医学英语词汇速查手册 / 08235
5627-0256	医学英语实用语法和翻译技巧 / 09663
309-05247	医学英语视听说教程 Ⅰ 健康通识 / 09476
309-05260	医学英语视听说教程 Ⅱ 医学教育与健康服务(含CD-ROM一张) / 09477
309-05261	医学英语视听说教程 Ⅲ 疾病预防与治疗 / 09478
309-09735	医学英语(临床医学) / 13026
309-13737	医学英语(临床医学) / 13027
309-10484	医学英语(临床医学)参考用书 / 13003
5627-0073	医学英语阅读课本 1 / 08989
309-11866	医学英语(基础医学) / 13024
309-14312	医学英语(基础医学) / 13025
309-12749	医学英语(基础医学)参考用书 / 13002
309-08993	医学英语新教程 上册 / 13029

309-09431	医学英语新教程 下册 / 13030	309-08283	医学类学生职业生涯与就业指南 / 07009
309-05728	医学"软件"医教研与学科建设随想 / 13054	309-12095	医学神经生物学 / 13651
309-07246	医学图像处理 / 13838	5627-0521	医学统计学 / 13326
309-14768	医学图像倾斜校正、插值和配准方法 / 13839	309-03154	医学统计学 / 13327
309-09295	医学实验动物学 / 12980	5627-0298	医学统计学及其软件包 / 13582
309-14885	医学组织透明化三维成像 / 13635	309-06960	医学统计学基础〔第2版〕/ 13331
5627-0244	医学细胞与分子生物学 / 12863	5627-0398	医学核心期刊指南 / 15505
309-06315	医学细胞与遗传学实验教程 / 12800	5627-0115	医学教育资料选编 十一 1988.7—1989.6 / 12988
309-15145	医学细胞与遗传学实验教程〔第2版〕/ 12801	5627-0116	医学教育资料选编 十二 1989.7—1990.6 / 12989
5627-0085	医学细胞生物学〔重印本〕/ 12788	5627-0147	医学教育资料选编 十三 1990.7—1991.6 / 12990
5627-0457	医学细胞生物学〔第2版〕/ 12791		
309-03276	医学细胞生物学〔第2版重印本〕/ 12792	5627-0187	医学教育资料选编 十四 1991.7—1992.6 / 12991
309-04010	医学细胞生物学〔第3版〕/ 12793	5627-0237	医学教育资料选编 十五 1992.7—1993.6 / 12992
309-04840	医学细胞生物学 / 12794		
309-06343	医学细胞生物学 / 12787	5627-0375	医学教育资料选编 十六 1993.7—1994.6 / 12993
309-05930	医学细胞生物学〔第4版〕/ 12795	5627-0355	医学教育资料选编 十七 1994.7—1995.6 / 12994
309-11467	医学细胞生物学〔第5版〕/ 12796		
309-10077	医学细胞生物学 / 12797	309-07233	医学教授谈营养与儿童少年的生长发育 / 13254
309-05720	医学细胞生物学与医学遗传学实验 / 12802	5627-0052	医学基础免疫学 / 13723
5627-0658	医学研究生教育实践论 / 12982	5627-0121	医学基础免疫学〔重印本〕/ 13724
5627-0419	医学科普创作 / 09942	309-09497	医学基础英语自主练习 / 13016
309-03579	医学信息技术应用 / 05471	309-08607	医学基础英语学生用书 / 13014
5627-0424	医学信息检索与利用 / 05465	309-10162	医学基础英语学生用书〔第2版〕/ 13015
309-03365	医学信息检索与利用〔第2版〕/ 05467	309-03348	医学营养学 / 13128
5627-0629	医学信息检索与利用〔第2版〕/ 05466	309-06511	医学营养学〔第2版〕/ 13129
309-03877	医学信息检索与利用〔第3版〕/ 05468	5627-0094	医学遗传学 / 13729
		5627-0413	医学遗传学〔第2版〕/ 13733
309-06157	医学信息检索与利用〔第4版〕/ 05469	309-03067	医学遗传学〔第2版重印本〕/ 13730
309-10248	医学信息检索与利用〔第5版〕/ 05470	309-03692	医学遗传学〔第3版〕/ 13734
		309-11624	医学遗传学 / 13735
5627-0030	医学美学 / 12953	5627-0380	医学遗传学学习指导与练习 / 13737
		5627-0578	医学微生物学 / 13702

| 309-03627 | 医学微生物学〔第2版〕/ 13703
| 309-12096 | 医学微生物学 / 13706
| 5627-0223 | 医学微生物学与免疫学多选题及题解 / 13708
| 309-11736 | 医学微生物实验学 / 13707
| 309-10182 | 医学数据分析 / 13332
| 5627-0322 | 医学影像学诊断报告书书写手册 汉英对照 / 13840
| 309-03262 | 医学影像学试题与题解 / 13843
| 309-11780 | 医药商品实务实训指导 / 04252
| 309-12220 | 医保观察 基本公共卫生服务经费及绩效测量 / 04898
| 309-12852 | 医说《三国演义》/ 10376
| 309-10753 | 医院后勤院长实用操作手册 / 13379
| 309-13648 | 医院后勤院长实用操作手册〔第2版〕/ 13380
| 309-05766 | 医院形象与危机公关 复旦大学附属儿科医院经典案例评论 / 13367
| 309-13230 | 医院评审检查指南 / 13371
| 309-10573 | 医院药学部流程管理 / 14583
| 309-09554 | 医院统计学 / 13329
| 309-09831 | 医院绩效管理 / 13382
| 309-05081 | 医院感染学 / 13386
| 309-12896 | 医院感染学 / 13388
| 5627-0594 | 医院管理学 / 13362
| 309-03255 | 医院管理学〔重印本〕/ 13363
| 309-04219 | 医院管理学〔第2版〕/ 13364
| 309-07045 | 医院管理学〔第3版〕/ 13365
| 309-06669 | 医院管理理论与方法 / 13373
| 5627-0064 | 医检有机化学 / 13854
| 309-15164 | 医患共情 ICU里的生死叙述 / 10719
| 309-08567 | 医患交流手册 / 13384
| 309-14884 | 医患沟通临床实践 / 13293
| 309-13417 | 医路修行 / 10886
| 309-14288 | 医路聆听 "叙事医学"同辈教育读本 / 13055

励

| 309-12716 | 励志勉学 / 01601

连

| 309-01009 | 连心桥 上海冶金系统工会干部风采录 / 10687
| 309-11173 | 连锁企业物流管理 / 04042
| 309-12351 | 连锁企业信息管理 / 04039
| 309-12474 | 连锁经营概论 / 04038
| 309-05858 | 连锁经营管理 / 04041
| 309-10524 | 连锁经营管理人才培养理论与实践 / 04037
| 309-11259 | 连锁经营管理法律法规实务 / 02117

步

| 309-12610 | 步随流水赴前溪 / 07701

坚

| 5627-0019 | 坚定的信仰 / 01377
| 309-06383 | 坚持科学发展观 构建新型高校后勤保障体系 / 07019

时

| 309-08233 | 时代之问 当代文化名人的思考与呼唤 / 10732
| 309-00528 | 时代的明星 漫谈电视节目主持人 / 05369
| 309-01046 | 时代的明星 漫谈电视节目主持人〔重印本〕/ 05370
| 309-01230 | 时代的明星 漫谈电视节目主持人〔重印本〕/ 05371
| 309-00785 | 时代精神的精华 马克思主义哲学原著导读 上册 / 00039
| 309-00786 | 时代精神的精华 马克思主义哲学原著导读 中册 / 00040
| 309-00787 | 时代精神的精华 马克思主义哲学原著导读 下册 / 00041
| 309-06281 | 时间十字架上的玫瑰 20世纪爱尔兰大房子小说 / 11050
| 309-08202 | 时评写作十讲 / 05179
| 309-14324 | 时评写作十讲〔第2版〕/ 05180

309-08279　时尚志 / 01616
309-05952　时尚美学 / 00476
309-11715　时尚操舞 / 11353
309-02957　时空隧道 网络时代话传播 / 05060
309-13562　时滞复杂系统动力学 从神经网络到复杂网络 / 14864

吴

309-08992　吴士余自选集 / 00834
309-14206　吴士鉴著作集 / 15442
309-03660　吴中杰评点鲁迅小说〔第2版〕/ 10498
309-03218　吴中杰评点鲁迅书信〔第2版〕/ 10497
309-02500　吴中杰评点鲁迅杂文〔第2版〕/ 10499
309-05077　吴中杰评点鲁迅诗歌散文 / 10496
309-02397　吴方言分类的优化 / 07708
309-05413　吴立德学术论文选 / 12234
309-06395　吴江沈氏文学世家研究 / 10174
5627-0226　吴安庆医案医论选 / 13523
309-06458　吴欢章学术文选 / 10229
309-07870　吴承洛与中国近代化进程 / 11995
309-11583　吴省钦集 / 10513
309-00770　吴炳与粲花 / 10337
309-02901　吴语声调的实验研究 / 07707
309-01846　吴健雄 物理科学的第一夫人 / 12066
309-10463　吴浩青院士百年诞辰纪念 / 12014
309-09214　吴越文明与文物 / 11758
309-14645　吴鹏森学术自选集 / 00833

助

5627-0148　助听器选配 / 14500

县

309-14652　县治的财政基础 基于县级基本公共服务提供的视角 / 04343

足

309-09045　足迹彼岸 / 10841
309-14632　足球中的科技 上册 / 06264
309-14633　足球中的科技 下册 / 06265

邮

309-14088　邮轮经济法律规制研究 上海宝山实践分析 / 02248

男

309-04472　男男女女 / 10762
309-12458　男性阴影与女性贞节 明清时期伦理观的比较研究 / 00422
309-03945　男性病与性保健 / 14272
5627-0461　男科学手册 / 14275
309-10602　男孩和女孩 / 05916

员

309-04263　员工关系管理 / 03256
309-06380　员工关系管理〔第2版〕/ 03257
309-11246　员工关系管理 / 03268
309-04983　员工招聘与配置 / 03270
309-08387　员工招聘与配置〔第2版〕/ 03271
309-03860　员工福利管理 / 03258
309-06936　员工福利管理〔第2版〕/ 03259

听

309-01797　听力与听写 / 09679
309-10600　听话的便便 / 05917
309-12308　听说,故事可以这样"讲" 幼儿园文学与艺术统整课程 / 05742
309-10833　听梦 韦苇童诗集 / 10928

吟

309-02751　吟啸菊坛 大写尚长荣 / 11981
309-01057　吟啸集 倪安和(佐人)杂文随笔选 / 10818

吹

309-09357　吹枪运动 / 07315

别

309-10511　别老跟着我们 / 05941

财

309-05089　财务分析 / 03406
309-13185　财务分析与估值 / 02878
309-07026　财务会计 / 02945
309-08122　财务会计 / 02942
309-09918　财务会计〔第 2 版〕/ 02943
309-12279　财务会计英语 / 02944
309-01601　财务会计英语教程 / 09145
309-05268　财务报告和分析 企业、政府与非营利组织财务报告分析〔第 2 版〕/ 02880
309-07037　财务报告和分析 企业、政府与非营利组织财务报告分析〔第 3 版〕/ 02881
309-02608　财务报表分析 / 02885
309-05699　财务报表分析 / 02884
309-09143　财务报表分析 / 02886
309-09355　财务报表分析行业案例 / 02887
309-04214　财务报表分析技术 / 02883
309-08529　财务报表分析技术 / 02888
309-06348　财务报表编制 / 02882
309-04578　财务金融学 / 03386
309-10862　财务科长范得"痔" 医学教授告诉你看病的学问 / 13056
309-05690　财务控制 / 03388
309-05181　财务管理 / 03373
309-07536　财务管理〔第 2 版〕/ 03374
309-09133　财务管理 / 03378
309-11019　财务管理〔第 3 版〕/ 03375
309-10689　财务管理 基于工作任务与 Excel 工具 / 03363
309-04716　财务管理 理论与分析 / 03371
309-07591　财务管理习题指南 / 03389
309-08822　财务管理学 / 03365
309-03649　财务管理学练习与检索 / 03364
309-05910　财务管理教程 / 03377

309-10691　财务管理综合练习与实训 / 03383
309-05851　财务管理概论 / 03372
309-14097　财产与责任保险 / 04876
309-14760　财产权及其批判 基于历史唯物主义的考察 / 00046
309-01115　财产和责任保险 / 04878
309-04732　财产保险 / 04906
309-05070　财经专业报道概论 / 05158
309-06566　财经报道概论〔第 2 版〕/ 05186
309-05166　财经新闻报道与写作 / 05159
309-13366　财经新闻评论案例教程 / 05188
309-04483　财政与税收 / 04263
309-09639　财政与税收〔第 2 版〕/ 04264
309-06850　财政学 / 04265
309-09758　财政学 / 04269
309-06013　财政学案例 / 04267
309-02229　财政学整合论 / 04266
309-11586　财政经典文献九讲 基于财政政治学的文本选择 / 04262
309-15283　财政思想与经典传承 / 04312
309-00767　财政信用管理 / 04275
309-01594　财政税收练习与模拟试题 / 04258

针

5627-0300　针灸学 / 13501
5627-0210　针灸经络图解〔重印本〕/ 13480

告

309-12463　告诉你一个真实的遴选 / 01523

我

309-03204　我与大公报 / 05314
309-05733　我与中山 中山医院建院 70 周年征文集 / 13422
309-13593　我与交行 口述历史 / 04732
309-04491　我与美国研究 复旦大学美国研究中心成立二十周年纪念文集 / 01711
309-11465　我与第二故乡 / 10694

编号	书名 / 页码
309-10502	我也想玩跷跷板 / 05937
309-03951	我心飞翔 大学生思想政治与道德修养 / 06854
309-04744	我心中的复旦 / 10596
309-05706	我心目中的好老师 / 11892
309-14703	我去了故事里的小岛 / 11044
309-09058	我只想和你去远方 非洲篇 / 10907
309-08618	我只想和你去远方 印度篇 / 10908
309-08617	我只想和你去远方 中东篇 / 10909
309-14326	我只想透过你的爱来看世界 / 10600
309-05258	我们心底的"怕" 一种政治观念史 / 01336
309-11809	我们在一本书里！/ 11203
309-12669	我们如何具体操作协商民主 复式协商民主决策程序手册 / 01486
309-14255	我们的父亲母亲 杨逸麟和罗小平画传 / 11849
309-07065	我们的光华岁月 复旦作家班作品选 / 10534
309-10607	我们的好朋友壮壮 / 05906
309-07481	我们的事业是旅行 老鼠皇帝、首席村妇周游世纪Ⅰ / 10918
309-08657	我们的国家：中医与中药 / 12975
309-07808	我们该把自己交给谁？/ 13232
309-08376	我们该把自己交给谁？〔第2版〕/ 13233
309-08238	我们是谁 / 11504
309-06368	我们说 上海妇女实话实录 / 01641
309-12272	我们起跑在20世纪80年代 / 10346
309-02813	我在报社当社长 / 05293
309-02173	我当晚报老总 / 05092
309-06191	我来过，我爱过 余光中散文精读 / 10840
309-03047	我国个人收入分配税收调控研究 / 04338
309-07804	我国节能与低碳的交易市场机制研究 / 15419
309-08414	我国低碳经济的发展 / 02679
309-09169	我国环境污染责任保险基础理论与发展策略研究 / 04912
309-03931	我国股票指数期货市场运作模式研究 / 04751
309-07173	我国经济转型面临的挑战 / 02629
309-07964	我国衍生金融工具会计监管机制研究 / 04491
309-07494	我国高校研究生培养模式研究 从单一走向双元模式 / 06949
309-14502	我国高职教育评估的价值取向研究 / 07114
309-05587	我国流域跨界水污染纠纷协调机制研究 以淮河流域为例 / 15413
309-04857	我国渐进式改革中的产业地理集聚与国际贸易 / 02738
309-08820	我国装备制造业全要素生产率测度 / 03759
309-06567	我国湖泊流域跨行政区水环境协同管理研究 以太湖流域为例 / 15415
309-14620	我知道天上的星星有几颗！/ 12750
309-06605	我的无眠便是你的灯 / 10576
309-04441	我的日本印象 / 10763
309-10597	我的分配观 "个人消费品分配"研究拾零 / 02431
309-04346	我的民工兄弟 / 10726
309-11252	我的村庄 / 10796
309-04521	我的阿拉丁神灯,在复旦 / 07074
309-09427	我的青春我的团 复旦大学研究生支教团支教纪实 / 10733
309-07500	我的房产我作主 孙洪林律师解析房产纠纷 / 02220
309-03196	我的诺贝尔之路 / 12054
309-14491	我的职业是编辑 / 05413
309-12284	我的第一本书 动物园 / 05895
309-12285	我的第一本书 建筑工地 / 05896
309-12283	我的第一本书 农场 / 05894
309-12286	我的第一本书 消防队 / 05897
309-12282	我的第一本汉字书 / 05847
309-12517	我的第一本汉字书 第2辑〔重印本〕/ 05848

309-12762	我的颈肩我做主 / 14257		309-05868	利率期货与期权 / 04583
309-11379	我的新闻人生 / 11876		**私**	
309-05804	我所理解的新闻摄影 / 11267		309-08570	私法上的环境权及其救济问题研究 / 01900
309-03175	我是市场总监 / 03343			
309-10805	我是孩子的品牌总监 "品牌定位论"助孩子成功突围本科留美战 / 07094		309-08592	私募基金监管法律问题研究 / 02068
309-13698	我是原告 小城杯公益之星创意诉讼大赛案例集 / 02212		**体**	
309-04742△	我是谁家喂养的孩子 / 10572		5627-0588	体坛"黑客"兴奋剂 / 14565
309-13231	我说参同契 上册 / 00268		309-04565	体育人力资源开发与管理 / 07244
309-13232	我说参同契 中册 / 00269		309-04059	体育广告策略 / 04019
309-13233	我说参同契 下册 / 00270		309-04368	体育公共关系 / 07249
309-10622	我爱我的旧卡车 / 05913		309-14504	体育公共服务改革 理想之美与现实之殇 / 07289
309-01930	我读南怀瑾 / 11845			
309-11965	我读南怀瑾〔第2版〕/ 11846		309-14279	体育文化通识读本 / 07264
309-09877	我就这样绽放自己 一个勇闯世界顶尖商学院女孩的精彩人生 / 10890		309-11215	体育生活20招 / 07269
			309-05018	体育市场营销学 / 07252
309-10495	我想要手电筒 / 05956		309-11436	体育市场营销学〔第2版〕/ 07253
309-07875	我想重新解释历史 吴思访谈录 / 11655		309-09543	体育场馆智能化系统 / 07293
			309-09491	体育场馆管理实践指导 / 07294
309-11684	我跟孩子讲道理 / 07227		309-09697	体育产业学科发展研究报告 2008—2011 / 07286
乱				
309-15333	乱世与末世的自我救赎 中国近代的知识分子 / 01346		309-10005	体育产业战略性资本运作研究 / 07285
利			309-03866	体育产业概论 / 07242
			309-09074	体育英语 / 07234
309-03058	利玛窦中文著译集 / 15450		309-11891	体育英语口语 / 07235
309-14370	利津户外游戏 / 06133		309-07451	体育英语词汇手册 / 08230
309-08446	利益关系总论 新时期我国社会利益关系发展变化研究的总报告 / 02614		309-05999	体育服务业导论 / 07254
			309-04065	体育经纪人实务 / 07251
309-11838	利益表达与公权行为 公民如何影响国家 / 01878		309-10556	体育经济学教学案例 / 07259
			309-03832	体育经济学概论 / 07255
309-09971	利益范畴与社会矛盾 / 00378		309-06988	体育经济学概论〔第2版〕/ 07256
309-05844	利益理论比较研究 / 02407		309-12454	体育经济学概论〔第3版〕/ 07257
309-12753	利益集团与贸易保护 基于中国商贸现实的理论与经验分析 / 04208		309-03923	体育经营管理 理论与实务 / 07260
309-05740	利润损失保险学 / 04877		309-07454	体育经营管理 理论与实务〔第2版〕/ 07261
309-06503	利率曲线及其构造 / 04503			

309-12798	体育经营管理 理论与实务〔第3版〕/ 07262		谈写作 / 06431
309-12603	体育科学研究方法 / 07267	309-12658	作为哲学的数理逻辑 / 12374
309-10136	体育信息技术 / 07265	309-15039	作为哲学概念的剩余 / 02429
309-09886	体育信息管理系统开发案例教程 / 07238	309-06684	作业治疗学 / 14027
		309-05638	作家创作心理猜测 / 09941

低

309-09548	体育绘图 / 07248		
309-09738	体育消费研究 / 07263	309-08449	低估还是高估 人民币均衡有效汇率测算研究 / 04799
309-09619	体育教学设计 / 07273		

你

309-10061	体育职业概论 / 07236		
309-09496	体育营销学 / 07258		
309-07865	体育常识与欣赏 / 07278	309-14961	你不知道的鼻炎秘密 / 14502
309-04183	体育博彩概论 / 04579	309-11802	你头上有只鸟！/ 11202
309-09493	体育解说叙事学 / 05372	309-13663	你好，蚕宝宝 / 06128
309-14281	体育新闻报刊选读 / 09152	309-12226	你我皆有一朵百合 复旦附属学校教育集团教师论文选集 / 06273
309-02361	体育舞蹈的理论与实践 / 11354		
309-09320	体育管理信息系统 / 07237	309-11320	你应该了解的 专业学位硕士研究生政治读本 / 01273
309-09494	体育赛事申办决策 / 07281		
309-09409	体育赛事市场开发 / 07247	309-10808	你图我画玩音符 / 06007
309-06240	体育赛事产业与城市竞争力 产业关联·影响机制·实证模型 / 03617	309-09150	你所不知道的华人首富家族 500年财富王朝的秘密 / 04530
309-04661	体育赛事经济学 / 07268	309-08961	你所不知道的华人首富家族 500年财富王朝的秘密 / 04529
309-09272	体育赞助 / 07250		
5627-0556	体部磁共振成像 / 13850	309-05672	你能战胜心脏病 怎样打败美国头号杀手〔第3版〕/ 14089
309-05970	体部磁共振成像 / 13851		
309-13756	体裁视角下的商务英语写作教材设计与编写 / 08376		

住

		309-04166	住宅照明 / 15306
		309-02542	住房抵押贷款 理论与实践 / 04741

何

位

309-02429	何仙姑四两拨千斤 金融衍生工具 / 04574		
		309-04742△	位于天边 / 10572
309-14920	何处望神州 夏坚勇散文精读 / 10837	309-11828	位移事件的表达方式探究 "运动"与"路径"、"句法核心"与"意义核心"的互动与合作 / 07346

作

伴

309-01838	作文分项指导与训练 '97版 / 06425		
309-02432	作文分项指导与训练 新编本〔修订本〕/ 06426	309-09063	伴奏与弹唱 简谱 / 06011
5627-0197	作文难啊,怎么办 全国优秀语文教师	309-14261	伴奏与弹唱 简谱〔第2版〕/ 06012

身

309-10782	身心健康读本 / 13748	
309-10483	身边的药用植物 / 12906	
309-04979	身边的威胁 漫谈人兽共患病 / 14075	
309-10232	身边的《黄帝内经》 / 13474	

佛

309-09536	佛门大孝地藏经 / 00618
309-04467	佛佛道道 / 10749
309-06627	佛学基本知识 / 00580
309-04104	佛经文学研究论集 / 10430
309-07672	佛经文学研究论集续编 / 00595
309-01179	佛家逻辑通论 / 00707
309-12800	佛教与当代中国文化建设 / 00702
309-14891	佛教文献研究十讲 / 00701
309-09397	佛遗教经 / 00582

近

309-02658	近二十年文化热点人物述评 / 11871
309-15121	近世中国与日本汉文学 / 10162
309-07590	近世浙江文化地理研究 / 12133
309-05546	近代上海金融组织研究 / 04804
309-05818	近代上海城市土地管理思想 1843—1949 / 03657
309-03858	近代上海保险市场研究 1843—1937 / 04917
309-00641	近代无线电实验 / 14796
309-04098	近代无线电实验 / 14797
309-11170	近代日本对华军事谍报体系研究 1868—1937 / 11728
309-03714	近代中国史学十论 / 11531
309-07404	近代中国的史家与史学 / 11532
309-11144	近代中国的知识生产与文化政治 以教科书为中心 / 05588
309-04999	近代中国：经济与社会研究 / 02735
309-02611	近代中国政治文明转型研究 / 01343
309-11494	近代中国破产法制流变研究 / 02112
11253.005	近代中国资产阶级研究 / 11721
11253.011	近代中国资产阶级研究 续辑 / 11722
309-06309	近代中国银行监管制度研究 1897—1949 / 04729
309-14745	近代以来中外史学交流史 / 11497
309-14198	近代东亚国际视阈下的基督教教育与文化认同 / 00729
5627-0143	近代仪器分析基础与方法 / 12738
309-11182	近代出版与文学的现代化 / 05423
309-06962	近代早期西欧的巫术与巫术迫害 / 00737
309-13083	近代英国礼貌变革研究 / 12116
309-10703	近代国学教育思想研究 / 15428
309-00617	近代物理 上册 / 12603
13253.003	近代物理学史研究 / 12605
13253.028	近代物理学史研究 2 / 12606
309-01553	近代物理实验 / 12611
309-02330	近代科学的建构 机械论与力学 / 12215
309-08390	近代家族性联号企业 一种非企业集团的中间性组织 / 03550
309-13652	近代德语文学中的政治和宗教片论 / 09981
309-06000	近现代中国画教育史 / 11173
309-03206	近现代国际关系史 / 01759
309-08139	近视与远望 / 00800
309-14808	近视防控，你我知多少 / 14525
309-05863	近视·近视眼·近视眼病 / 14524
5627-0321	近视眼 / 14526

返

309-10706	返始咏叹调 克里斯蒂娜·罗塞蒂作品中的女性主体研究 / 11013

余

309-11407	余华文学年谱 / 10221
309-12187	余时书话 / 10793
309-10113	余热护花别样红 上海市教育系统关工委工作集粹 / 07201

309-04066	余墨集 / 10872	309-11534	免疫与病原生物〔第2版〕/ 13719
309-13104	余墨集 / 10873	5627-0299	免疫化学 / 13728
309-06465	余墨二集 / 10874	309-03535	免疫学与病原生物学 / 13717
309-13105	余墨二集 / 10875	309-06065	免疫学与病原生物学〔第2版〕/ 13718
309-13306	余墨三集 / 10876	309-04140	免疫学与病原生物学考试指南 / 13725

希

309-13897	希腊神话历史探赜 神、英雄与人 / 00576	5627-0418	免疫药物研究与临床应用 / 14619
309-06136	希腊神话中的主神 / 00577	5627-0051	免疫药理学 / 14598

狂

309-09843	狂人 / 11816

坐

309-11411	坐究四荒 于学波复旦画展作品集 / 11195

卵

309-12478	卵巢过度刺激综合征的诊断与治疗 / 14297

含

309-02311	含英咀华 唐宋诗词吟诵 / 10555
309-07799	含章集 / 00807

邹

7253.001	邹韬奋年谱 / 11862

肝

309-11151	肝纤维化研究前沿 / 14144
5627-0274	肝胆肾结石与溶石疗法 / 13532
5627-0458	肝胆肾结石与溶石疗法〔第2版〕/ 13533
309-06877	肝胆肾结石与溶石疗法〔第3版〕/ 13534
5627-0652	肝硬化的防治 / 14145
309-11255	肝愿共守 / 14400
5627-0384	肝癌 / 14406

迎

309-11149	迎合·改写·重构 塞缪尔·理查逊对理想绅士的塑造 / 11031
309-12311	迎合·改写·重构 塞缪尔·理查逊对理想绅士的塑造〔第2版〕/ 11032
309-05752	迎接亚洲发展的新时代 2007复旦-北大亚洲学论坛特辑 / 11779
309-02280	迎接旋风 SAP世界初学者指南 / 03166

肠

309-11002	肠路漫漫 上下求索结直肠癌诊治之路 / 14397

饭

309-02911	饭店人才资源管理 / 04078
309-02147	饭店情景日语 / 09860
309-04218	饭店情景日语〔第2版〕/ 09861
309-02878	饭店情景日语学习指南 / 09862
309-00749	饭店情景英语 / 04063
309-01071	饭店情景英语〔重印本〕/ 04064
309-01273	饭店情景英语〔重印本〕/ 09492

龟

309-14762	龟兔赛跑 / 05933

免

309-08656	免疫与病原生物 / 13726

饭

309-02413 饭店情景英语〔第2版修订版〕/ 04065
309-12505 饭店情景英语 / 04066
309-01467 饭店情景英语学习指南 / 04072
309-02646 饭店情景英语学习辅导 / 04068
309-12569 饭店情景英语教师参考书 / 04067

饮

309-09862 饮食与文化 / 15253
309-14397 饮食、卫生与安全 上册 / 13123
309-14415 饮食、卫生与安全 下册 / 13124
5627-0021 饮食从业人员卫生培训手册 / 13159
309-10088 饮食文化导论 / 15250
309-04152 饮食宜忌手册 / 13160
309-10255 饮食革命 心血管疾病的预防与逆转 / 13538
309-07934 饮食营养与安全 / 13141
309-11871 饮酒文化与健康 / 15260

系

309-08305 系统功能语言学再思考 / 07345
309-05787 系统生物学的理论、方法和应用 / 12781
309-13969 系统动力学入门 / 12236
309-11622 系统解剖学 / 13618
5627-0616 系统解剖学学习指南 / 13602
5627-0465 系统解剖学复习自测题集 / 13624

言

309-06991 言与思的越界 陀思妥耶夫斯基比较研究 / 10973
309-01429 言之成理 金老师教议论文 / 06429
309-08881 言为心声 语言·思想·文化论集 / 07391
309-12707 言志咏言,或同或异 略论汉英诗歌的异同 / 10264
309-06670 言语治疗学 / 07418

应

309-00562 应用几何教程 / 12479
309-08756 应用几何教程〔第2版〕/ 12480
309-01209 应用工业会计 / 03740
309-05620 应用文写作〔第2版〕/ 07666
309-09340 应用文写作〔第4版〕/ 07667
309-12128 应用文写作读本 / 07651
309-06193 应用文写作教程 / 07663
309-09449 应用文写作教程〔第2版〕/ 07664
309-11013 应用文写作教程〔第3版〕/ 07665
309-00794 应用电化学 / 12725
309-01544 应用电视 / 14862
309-09650 应用写作教程 / 07652
309-12862 应用写作教程〔第2版〕/ 07653
309-06058 应用回归分析 / 12524
309-13733 应用回归分析〔第2版〕/ 12525
309-11560 应用伦理学引论 / 00376
309-06880 应用时间序列分析 / 12522
5627-0373 应用法医学各论 / 01950
309-05810 应用经济学高层次国际化人才培养模式研究 / 02603
309-09938 应用型大学英语口语教程 / 09497
309-11948 应用型大学英语口语教程〔第2版〕/ 09498
309-13682 应用型大学英语口语教程〔第3版〕/ 09499
309-09931 应用型大学英语视听说教程 第1册 / 09500
309-09932 应用型大学英语视听说教程 第2册 / 09501
309-09933 应用型大学英语视听说教程 第3册 / 09502
309-09934 应用型大学英语视听说教程 第4册 / 09503
309-09936 应用型大学英语视听说教程教师参考书 1—4册 / 09504
309-11737 应用型本科药学综合实验指导 / 14567

309-01278	应用复分析 / 12462
309-03867	应用语言学纲要 / 07495
309-06486	应用语言学纲要〔第2版〕/ 07496
309-08589	应用语言学视角下的中国大学英语教学研究 / 08457
309-14821	应用统计因果推论 / 00869
309-04224	应用统计学 / 00879
309-05811	应用统计学〔第2版〕/ 00880
309-00695	应用常微分方程 / 12467
309-02593	应用数学 / 12545
309-06795	应用数学 上册 / 12546
309-07056	应用数学 下册 工程类 / 12547
309-06796	应用数学练习册 上册 / 12549
309-07055	应用数学练习册 下册 工程类 / 12550
309-03561	应用数学基础 / 12548
309-00132	应用蜱螨学 / 14635
309-12578	应收账款资产管理及证券化实务 / 02879

冷

309-14245	冷战与华语语系文学研究 / 09986
309-00788	"冷战"、"遏制"和大西洋联盟 1945—1950年美国战略决策资料选编 / 01803
309-12061	冷暖室论曲 / 10334

序

| 309-03460 | 序方法与均衡分析 / 02456 |

辛

| 309-08932 | 辛亥革命前后的中国金融业 / 04818 |
| 309-05747 | 辛斌语言学选论 / 07397 |

闲

| 309-09845 | "闲"与中国古代文人的审美人生 / 01002 |
| 309-04471 | 闲情乐事 / 10752 |

灼

| 309-09969 | 灼灼其华 瑞安中学2003—2012年学生佳作集 / 07749 |

汪

| 11253.024 | 汪精卫汉奸政权的兴亡 汪伪政权史研究论集 / 11743 |
| 309-10848 | 汪懋麟年谱 / 11928 |

沙

| 309-07791 | 沙葬 / 00811 |

汽

309-09290	汽车工程英语阅读教程 / 15344
309-05737	汽车文化 / 15346
309-05656	汽车电工电子技术应用 / 15353
309-08725	汽车电气 / 15354
309-06713	汽车电器设备结构与维修 / 15362
309-09768	汽车发动机电控系统故障诊断与维修 / 15363
309-09140	汽车机械基础 / 15352
309-05790	汽车机械常识 / 15347
309-08699	汽车应用英语 / 15345
309-06846	汽车英语 / 07859
309-10851	汽车英语〔第2版〕/ 07860
309-05723	汽车使用与日常养护 / 15355
309-12240	汽车使用与日常养护〔第2版〕/ 15356
309-09774	汽车服务与礼仪 / 04253
309-08742	汽车底盘机械系统检修 / 15361
309-09778	汽车保养 / 15358
309-04496	汽车保险创新和发展 / 04905
309-10521	汽车总线控制模块的检修 / 15360
309-05797	汽车结构与拆装 上册 / 15348
309-09772	汽车结构与拆装 上册〔第2版〕/ 15350
309-06113	汽车结构与拆装 下册 / 15349

汽

309-10469　汽车结构与拆装　下册〔第 2 版〕／15351

309-09381　汽车检测技术／15366

309-05812　汽车维修销售管理实务／03743

309-12970　汽配拐点／04254

沃

309-12596　沃尔玛在中国／04114

沦

309-02177　沦陷痛史／11739

泛

309-05266　泛广告时代的幻象／04005

309-13852　泛在知识环境下图书馆知识发现技术及应用研究／05460

309-10860　泛在商务环境下的信息聚合与推荐／04981

309-03765　泛函分析教程〔第 2 版〕／12477

沧

309-05995　沧海一粟　汉语史窥管集／07515

309-13433　沧海一粟　九旬奇翁忆往录／11960

309-12873　沧浪归元　纽约归来是故乡／10866

沟

309-07737　沟通之道／09904

309-03926　沟通创造价值　优秀公关案例选集／00943

309-05549　沟通的力量　公共组织信息管理／01317

没

309-11576　没有围墙的养老家园　海阳居家养老模式研究／01640

沪

309-04288　沪港学生佳作选评／06433

沈

309-00678　沈从文　建筑人性神庙／10230

309-10797　沈从文与二十世纪中国／10235

309-04664　沈从文精读／10192

309-12374　沈从文精读〔第 2 版〕／10193

5627-0400　沈克非教授百年诞辰纪念文集／12019

309-01239　沈周年谱／11973

沉

309-04196　沉沦·春风沉醉的晚上／10635

309-07022　沉思与反抗／10179

309-10155　沉思录　维也纳的后花园／10862

怀

309-13979　怀旧与现代都市／00977

5627-0487　怀孕分娩与保健／14306

309-09156　怀孕那点事　生殖医学专家为不孕症支招／14294

309-09489　怀真集　朱维铮先生纪念文集／11988

快

309-10504　快一点 慢一点／05963

309-09813　快乐之道　个人与社会如何增加快乐？／00505

309-13504　快乐成长活动课程　上　教师用书／05768

309-13507　快乐成长活动课程　下　教师用书／05769

309-14832　快乐成长活动课程　亲子活动手册　托班 上／05779

309-14833　快乐成长活动课程　亲子活动手册　托班 下／05780

309-13503　快乐成长活动课程　幼儿用书／05770

309-13506　快乐成长活动课程　幼儿用书／05771

309-14975　快乐作文／06427

309-14278　快乐的光脚丫先生／11042

309-13044	快乐学数 智慧玩数 "幼儿思维数学"游戏 / 05939	309-13391	宋钘学派遗著考论 / 00261
309-05542	快捷之路 新题型 大学英语四级模拟试题及阅读训练 / 09266	309-13607	宋美龄与海派旗袍的海安密码 / 15247

完

309-02638	完形填空专项训练 / 06697
309-07669	完形填空专项训练〔第4版〕/ 06698
309-02309	完形填空、翻译与写作 / 07831
309-04969	完形填空专项训练〔第3版〕/ 06699
309-12977	完善医疗保险个人账户功能研究 / 04910
309-10890	完整的现代图书出版 / 05405

宋

309-05958	宋子文与他的时代〔中英文本〕/ 12043
309-06833	宋子文与外国人士往来函电稿 1940—1942 / 12044
309-05944	宋子文与战时中国 1937—1945 / 12045
309-07261	宋子文生平与资料文献研究 / 12042
309-05956	宋子文驻美时期电报选 1940—1943 / 12046
309-02233	宋元之际的哲学与文学〔第2版〕/ 00273
309-14536	宋元文学与文献论考 / 10151
309-03975	宋元戏曲史疏证 / 11365
309-08612	宋元明诗概说 / 10307
309-05311	宋代文学论稿 / 10129
309-14475	宋代文学探讨集续编 / 10143
309-08321	宋代禅僧诗辑考 / 10309
309-02874	宋辽金元小说史〔第2版〕/ 10341
309-05335	宋词三百首全解 / 10316
309-06371	宋词三百首全解〔第2版〕/ 10317
309-13836	宋词三百首全解 典藏版 / 10318
309-07374	宋明儒学论 / 00272
309-05499	宋诗三百首全解 / 10308
309-11357	宋诗话考 / 10306

宏

309-04246	宏观经济学 / 02437
309-06990	宏观经济学 / 02438
309-08174	宏观经济学全真模拟试卷及详解 / 02445

灾

309-13358	灾后青少年灵活性与心理恢复 / 00553
309-13939	灾害管理的政治 理论建构与中国经验 / 01576
5627-0004	灾难性环境事故 / 15406

良

309-03324	良性子宫出血性疾病的治疗 / 14291

证

309-06760	证严上人思想体系探究丛书 第1辑 / 00711
309-07736	证严上人说故事 / 00589
309-08972	证严上人琉璃同心圆 / 00710
309-05397	证明与反驳 数学发现的逻辑 / 12249
309-02348	证券公司风险管理导论 / 04573
309-01021	证券公司会计 / 04494
309-04379	证券公司会计 / 04490
309-05006	证券市场中的羊群行为研究 / 04767
309-00699	证券市场导游〔重印本〕/ 04603
309-04206△	证券市场的权利与义务 / 02548
309-12426	证券市场基本法律法规 / 02064
309-12191	证券市场基本法律法规命题预测试卷 / 02069
309-03391	证券市场微观结构理论与实践 / 04624
309-00936	证券投资人必读 / 04595

309-02453	证券投资分析 / 04612
309-05460	证券投资分析〔第3版〕/ 04613
309-08277	证券投资分析 / 04620
309-13042	证券投资分析〔第4版〕/ 04614
309-13474	证券投资分析 / 04625
309-04760	证券投资分析 来自报表和市场行为的见解 / 04633
309-14343	证券投资分析 来自报表和市场行为的见解〔第2版〕/ 04634
309-02993	证券投资分析学习指导 / 04615
309-03891	证券投资分析学习指导〔第2版〕/ 04637
309-13402	证券投资分析学习指导〔第3版〕/ 04638
309-04654	证券投资学 / 04608
309-05147	证券投资学 / 04639
309-09221	证券投资学〔第2版〕/ 04609
309-14273	证券投资学〔第3版〕/ 04610
309-02149	证券投资通论 / 04569
309-07828	证券投资基金实务教程 / 04636
309-12141	证券投资基金基础知识 / 04616
309-11933	证券投资基金基础知识 全真模拟预测试卷 / 04617
309-00570	证券知识和经营诀窍 / 04601
309-02344	证券法概论 / 02037
309-00916	证券学教程 / 04592
309-00942	证券辞典 / 04607
309-00941	证券辞典 / 04606
309-04282	证据法学 / 01928
309-12664	证据法学〔第2版〕/ 01929

启

| 309-09303 | 启蒙与出版 苏格兰作家和18世纪英国、爱尔兰、美国的出版商 / 05438 |

评

| 309-13033 | 评论集 洪远朋教授学术评介选编 / 02397 |

| 309-04114 | 评鉴中心在人力资源管理中的应用 / 03002 |

初

309-08997	初中英汉学习词典 / 06725
309-01002	初中英语升学指南 / 06691
309-01224	初中英语升学指南〔重印本〕/ 06692
309-09410	初中英语写作 / 06719
309-02460	初中英语完形填空100篇 / 06637
309-04426	初中英语完形填空100篇〔第2版〕/ 06639
309-14978	初中英语词汇速记宝典 / 06586
309-01150	初中英语实用测试 / 06626
309-01015	初中英语复习提示与训练 / 06469
309-01264	初中英语复习提示与训练〔修订本〕/ 06470
309-14826	初中英语首字母填空专训测试指导 / 06591
309-04415	初中英语阅读精选〔第2版〕/ 06652
309-01362	初中英语能力训练 阅读理解和完形填空100篇 / 06527
309-02449	初中英语基本句式 / 06592
309-01246	初中英语检测与提高 / 06650
309-01169	初中英语综合训练〔重印本〕/ 06530
309-01088	初中英语短期强化读本〔第2版〕/ 06584
309-00897	初中英语短期强化读本 练习答案 / 06585
309-03370	初中英语强化训练〔第3版〕/ 06669
309-06404	初中物理竞赛教程 基础篇 / 06777
309-07043	初中物理竞赛教程 拓展篇 / 06776
309-08775	初中海草书千字文 / 11237
309-11582	初中理科班物理竞赛教程 上册 / 06783
309-02633	初中综合素质与能力测试 化学 初三 / 05627
309-02628	初中综合素质与能力测试 英语 初一 / 05622

309－02629	初中综合素质与能力测试 英语 初二 ／ 05623	309－03826	社区大众医学 ／ 13074
309－02630	初中综合素质与能力测试 英语 初三 ／ 05624	5627－0456	社区卫生与实践 ／ 13081
		309－06127	社区卫生与保健 ／ 13348
309－02631	初中综合素质与能力测试 物理 初二 ／ 05625	5627－0587	社区卫生服务与管理手册 ／ 13354
		309－05773	社区卫生服务法律知识手册 ／ 02019
309－02632	初中综合素质与能力测试 物理 初三 ／ 05626	309－03394	社区卫生服务实用手册 ／ 13355
309－02622	初中综合素质与能力测试 语文 初一 ／ 05616	309－07437	社区卫生服务政策法律知识手册〔第2版〕／ 13358
309－02623	初中综合素质与能力测试 语文 初二 上学期 ／ 05617	309－11334	社区卫生服务政策法律知识手册〔第3版〕／ 13357
309－02624	初中综合素质与能力测试 语文 初三 上学期 ／ 05618	309－14963	社区中西医外科适宜诊疗技术手册 ／ 14202
309－02625	初中综合素质与能力测试 数学 初一 ／ 05619	309－11662	社区中医预防保健服务理论与实践 ／ 13447
309－02626	初中综合素质与能力测试 数学 初二 ／ 05620	309－08403	社区中的国家 中国城市社区治安体系研究 ／ 01625
309－02627	初中综合素质与能力测试 数学 初三 ／ 05621	309－07417	社区伤害预防和安全促进理论与实践 ／ 13077
309－11903	初创者 致青年创业者的信 ／ 03203	309－03743	社区护理 ／ 13960
309－01024	初级英语听能训练与测试 1 ／ 06443	309－07046	社区护理〔第2版〕／ 13961
309－01173	初级英语听能训练与测试 2 ／ 06444	309－11294	社区护理 ／ 13964
309－01164	初级英语听能训练与测试 3 ／ 06445	309－11192	社区护理 ／ 13965
		309－13946	社区护理管理概引 ／ 13962
309－00773	初级英语学习指南 ／ 06337	309－06363△	社区医生慢性非传染性疾病综合防治理论与管理 ／ 13834
309－01234	初级英语学习指南〔重印本〕／ 06338	309－07458	社区现场调查技术 ／ 13109
309－00885	初级英语学习指南 1 ／ 06339	309－06363	社区非传染性慢性病患者自我预防与控制管理指导丛书 ／ 13834
309－01836	初级英语语法学习指南 ／ 06665		
309－13957	初级商务英语阅读 ／ 09048	309－14951	社区治理的逻辑 城市社区营造的实践创新与理论模式 ／ 01630
309－13685	初等数论 ／ 12435		
309－02591	初等数学 上册 ／ 12266	309－06363△	社区骨关节炎患者自我预防与控制管理手册 ／ 13834
309－02592	初等数学 下册 ／ 12267		
309－14019	初等模型论 ／ 12382	309－13973	社区骨质疏松症防治手册 ／ 14255

社

		309－06363△	社区骨质疏松症患者自我预防与控制管理手册 ／ 13834
309－13972	社区儿科常见疾病诊治指南 ／ 14312	309－14793	社区特色专科护理实践范例 优质服务基层行 ／ 13966
309－04599	社区工作法律导论 ／ 01976	309－06363△	社区高血压病患者自我预防与控制管理手册 ／ 13834

309-06363△	社区慢性阻塞性肺病患者自我预防与控制管理手册 / 13834	309-09486	社会主义经济问题探索 黄文忠论文选集 / 02621
309-06363△	社区糖尿病患者自我预防与控制管理手册 / 13834	309-14925	社会主义经济问题探索 黄文忠论文选集(续集) / 02622
309-12951	社会工作评论 第1辑 / 01563	309-00756	社会主义经济学概论 / 02468
309-13915	社会工作实务 / 01036	309-04033	社会主义经济理论与经济体制改革 蒋家俊文集 / 02623
309-14604	社会工作教学案例与课程设计 / 01037	309-00009	社会主义政治经济学 / 02466
309-06002	社会工作概论 / 01031	309-00444	社会主义政治经济学教程 / 02467
309-14316	社会工作概论〔第2版〕/ 01032	309-04382	社会主义:理论与实践 / 01290
309-04242	社会天文学史十讲 / 12748	309-00443	社会主义商品经济与经济运行 / 02472
309-10965	社会化媒体与公益营销传播 / 05067	309-00700	社会主义商品经济发展道路探讨 / 02473
309-03509	社会心理学 / 00967	309-04058	社会市场经济辞典 / 02425
309-07407	社会心理学导论 / 00968	309-00839	社会老年学教程〔第2版〕/ 01013
309-12117	社会心理学新编 / 00969	309-05032	社会共生论 / 00892
309-14679	社会心理学新编〔第2版〕/ 00970	309-09189	社会共生论〔第2版〕/ 00893
309-13464	社会生命 幸福养心 老年生活教育读本 / 15294	309-12732	社会网络视角下中小企业融资问题的研究 / 03542
309-13024	社会生命 幸福养心 老年生活教育选本 / 15295	309-14771	社会创新 可持续发展模式及融资困境 / 03519
309-04568	社会主义市场经济及其体制研究 王克忠文选 / 02659	5627-0032	社会医学 / 12957
309-04131	社会主义市场经济论 / 02476	309-03092	社会医学〔重印本〕/ 13067
309-01019	社会主义市场经济学教程 / 02478	5627-0185	社会医学 / 12958
309-00480	社会主义有计划商品经济概论 / 02471	309-04781	社会医学〔第2版〕/ 12959
309-00542	社会主义企业理论研究 / 03122	309-06946	社会医学〔第3版〕/ 12960
309-00752	社会主义财政学 / 04272	309-05172	社会利益关系演进论 我国社会利益关系发展变化的轨迹 / 02615
309-01218	社会主义初级阶段的劳动工资和社会保障 / 03038	309-04369	社会体育指导员培训辅导教材 / 07290
309-00412	社会主义初级阶段基本理论和政策 / 01458	309-06360	社会系统动力学 政策研究的原理、方法和应用 / 00889
309-00566	社会主义金融论 / 04405	309-14756	社会责任 企业发展的助推剂 / 03199
11253.003	社会主义学说在中国的初期传播 / 01338	309-13929	社会转型与城市基层治理形态演进 以上海市静安区临汾路街道的实践为例 / 01634
309-04163	社会主义建设学研究 倪大奇文选 / 01438	309-09329	社会转型中的演变 当代人际传播理论研究 / 00907
309-05949	社会主义经济问题研究 徐金水经济论文选集 / 02607	309-07584	社会性别概论 / 00990

309-09736	社会学英语 / 00891		309-07331	社会调查研究方法 / 01026
309-08463	社会视野下的科技法律塑造 以政策与法律的关系为重心 / 02025		309-10476	社会救助新编 / 01572
			309-06706	社会简史 现代世界的诞生 / 11511
309-11859	社会组织与国家治理 中外比较研究 / 00909		309-05139	社交技能与自信心训练 / 00900
			309-11835	社交技能与自信心训练〔第2版〕/ 00901
309-00956	社会经济统计分析 / 00884			
309-00518	社会经济统计学基本理论和方法 / 00881		309-13603	社交媒体 原理与应用 / 05054
			309-14691	社交媒体使用与信息自我表露 方法与案例 / 05066
309-03056	社会经济调查与分析 / 01028			
309-01928	社会经济调查研究与写作 / 01027		309-10065	社保业务经办实务 / 01022
309-12731	社会政策新论 / 01033		309-10341	社保会计综合实训 / 04869

识

309-06464	社会科学论文中的人际意义研究 体裁视角分析 / 07975
309-07024	社会科学的哲学 实证主义、诠释学和维特根斯坦的转型 / 00740

			309-05175	识仁与定性 工夫论视域下的程明道哲学研究 / 00275
309-05316	社会保险 / 04873		309-03187	识荆记 / 11873
309-12646	社会保险与社会福利 / 04870			

诉

309-11756	社会保险实务 / 04874			
309-08821	社会保险经济学 / 04871		309-00981	诉讼法大辞典 / 01927

诊

309-11492	社会保险统计实务 / 04872			
309-10938	社会保障学 / 01021		309-05191	诊断学 / 13044
309-11314	社会保障经办实务 / 01023		5627-0532	诊断学多选题 / 13829
309-00484	社会保障经济学 / 02484		5627-0583	诊断学试题与题解 / 13827
309-13832	社会保障理论与政策 / 01566		309-03274	诊断学试题与题解〔重印本〕/ 13828
309-03375	社会保障基金与证券投资基金 / 01413			

词

309-09281	社会保障基金管理 理论、实践与案例 / 01569		309-05654	词心笺评 / 10319
			309-08395	词心笺评 / 10320
309-14486	社会保障基金管理 理论、实践与案例〔第2版〕/ 01570		309-02251	词汇与结构 研究生英语入学考试强化训练 / 07978
			309-11053	词汇学简论 训诂学简论〔增订本〕/ 07571
309-04492	社会保障概论 / 01024			
309-06394	社会语言学引论 第5版 / 07332		309-04462	词学通论 / 10321
309-04084	社会语言学教程 / 07340		309-08734	词海茫茫 英语新词和词典之研究 / 08203
309-06537	社会语言学教程〔第2版〕/ 07341			
309-11700	社会语言学教程〔第3版〕/ 07342			

译

309-03908	社会结构与媒介效果 "知沟"现象研究 / 05034			
309-04780	社会资本技术扩散和可持续发展 / 02428		309-07466	译林夕照 / 07489

309-10339	译林回望 / 07488		309-06393	改革开放与人口发展 多视角的研究 / 01064	
309-13029	译学荆棘 / 07490		309-14623	改革开放四十年上海城市社区治理的制度变迁研究 / 01629	

君

309-09851　君子之言 《荀子》选读 / 00229

灵

5627-0216　灵芝的研究 一 / 13561

尿

5627-0426　尿石防治 / 14267

局

309-13549　局方发挥〔影印本〕/ 13570
5627-0162　局部解剖学 / 13614
309-03680　局部解剖学 / 13615
309-04730　局部解剖学 / 13616
309-12054　局部解剖学 / 13617

改

309-08530　改变 / 01691
309-05095　改变人类生活的纳米科技 教师用书（试验本）/ 06373
309-08966　改变大脑的终极理论 也许法则 / 00560
309-09976　改变方向 影视戏剧指导演员实用方法 / 11370
309-02074　改变世界的物理学 / 12584
309-02437　改变世界的物理学〔第2版〕/ 12585
309-05365　改变世界的物理学〔第3版〕/ 12586
309-11258　改变世界的物理学〔第4版〕/ 12587
309-02205　改变世界的搏击 西方信息业大兼并透视 / 03492
309-08647　改变美国的十天 / 11800
309-04888　改变您一生的45秒 / 03899
309-00071　改革与国情研究 / 02658
309-00654　改革与效率 / 02636
309-01279　改革之星 / 10683

309-06574　改革开放进程中的中国金融变迁 / 04720
309-02152　改革、发展与收入分配 / 02692
309-10457　改革·探索·创新·发展 三亚学院教学改革研究论文集（2010年度）/ 06890
309-10478　改革·探索·创新·发展 三亚学院教学改革研究论文集（2011年度）/ 06891
309-10461　改革·探索·创新·发展 三亚学院教学改革研究论文集（2012年度）/ 06892
309-10763　改革·探索·创新·发展 三亚学院教学改革研究论文集（2013年度）/ 06893
309-10775　改革·探索·创新·发展 三亚学院教学改革研究论文集（2014年度）/ 06894
309-06848　改善流动人口卫生保健服务利用的策略研究 / 13337

张

309-15257　张江国家自主创新示范区人才资源发展与政策创新研究 / 01246
309-11789　张江国家自主创新示范区"四重"载体建设理论与实践研究 / 02711
309-12997　张江模式 / 02715
309-05775　张杰文学选论 / 10002
309-02426　张果老神机妙算 汇市分析 / 04646
309-09547　张居正秉政与晚明文学走向 / 10159
309-06645　张爱玲一百句 / 10392
309-09663　张爱玲·鲁迅·沈从文 中国现代三作家论集 / 10223
309-00675　张资平 人生的失败者 / 10172
309-13472　张祥凤医案 / 13525

309-10015	张廉卿诗文注释 / 10557		4253.016	陈翰笙文集 / 00745
309-14956	张震东将军纪念文集 / 11850			
309-00994	张德明报告文学选 / 10689			**妙**
			309-01430	妙笔生辉 于老师教记叙文 / 06210
	陆			**妊**
309-13256	陆谷孙先生纪念文集 / 11907		309-08419	妊娠与皮肤性病 / 14301
309-10440	陆游诗歌传播、阅读研究 / 10312		5627-0140	妊娠期高血压综合征 世界卫生组织妇幼保健地区间协作研究报告 / 14300
	阿			**忍**
309-04200	阿Q正传・铸剑 / 10483		309-07963	忍寒诗词歌词集 / 10580
309-10091	阿万仓的上医人 王万青 / 12029			**鸡**
309-11007	阿尔都塞激进政治话语研究 / 00333		309-10507	鸡妈妈去哪儿了 / 05960
309-10764	阿来文学年谱 / 10217		309-14483	鸡尾酒地方化创意调制 / 15278
309-13133	阿拉伯国家语言战略发展研究 / 08055			**纳**
309-09718	阿拉斯戴尔・麦金太尔 / 00337		309-11302	纳米生物制药领域的创新绩效评价与机理研究 / 15224
309-01460	阿爸教作文 / 06418		309-05206	纳米技术原理 微系统中基于分子的凝聚态研究〔英文影印版〕 / 14666
309-01769	阿爸教现代科技 / 12232		309-08747	纳税及其稽查与案例 / 04334
309-01867	阿爸教英语 / 06474		309-04017	纳税会计 / 04281
309-02305	阿爸教做人 / 01395		309-03933	纳税投资论 藏富于民与政治文明建设 / 04282
	陈		309-12555	纳税理论与实务 / 04333
309-03998	陈力丹自选集 新闻观念:从传统到现代 / 05133			**纵**
309-05681	陈同生画传 / 12040		309-02307	纵横天下 第四届中国名校大学生辩论邀请赛纪实 / 07432
309-06424	陈安论国际经济法学 / 02277		309-08285	纵横光影 一个医生眼中的世界 / 11275
309-02037	陈沂家书 1958—1979 / 11858			**纸**
309-04314	陈其人文集 经济学争鸣与拾遗卷 / 00749		309-06620	纸上苍凉 / 00824
309-03608	陈其人文集 政治科学卷 / 00750		309-06611	纸生活 / 10567
309-12562	陈鸣树先生纪念集 / 11899		309-15044	纸知识 关于文档的媒介历史 / 05478
309-04991	陈望道先生纪念集 / 11891			
309-01493	陈望道传 / 11860			
309-04323	陈望道传〔第2版〕 / 11861			
309-06551	陈望道译文集 / 00753			
309-04718	陈望道学术著作五种 / 00752			
309-06172	陈敬容诗文集 / 10530			
309-09232	陈翰彬书法选 / 11236			

八画

玩

309-13665　玩帐篷 / 06098
309-12542　玩转手机 / 14851
309-14017　"玩"转社团有门道 上海市控江中学社团课程化实践探索 / 06813
309-14016　玩是学之始,学乃玩之成 控江中学"玩学合一"课程理念的实践与研究 / 06281

环

309-07487　环宇搜闻 你需要知道的超过3999个基本事实 / 15429
309-06852　环保 生存之道 / 15381
309-11687　环保 生存之道〔第2版〕 / 15382
309-02833　环保型经济增长 21世纪中国的必然选择 / 02674
309-01852　环球:专业公关之路 来自中国环球公共关系公司的报告 / 10713
309-14420　环球英语综合教程 / 08890
309-09167　环球精华自助游 / 12124
5627-0193　环境与生殖 / 15407
309-02728　环境与资源保护法学 / 02145
309-14563　环境卫生学 / 13105
309-01768　环境化学导论 / 15385
309-13863　环境可持续发展的协同效益研究 / 15396
309-14460　环境民事公益诉讼基本理论研究 / 02218
13253.010　环境污染与人体保健 / 15408
309-14351　环境污染责任保险 理论与实践 / 04911
309-07088　环境利益论 / 15387
309-14651　环境库兹涅茨曲线的再检验 / 02497
309-05121　环境规制与中国对外贸易可持续发展 / 04201
309-01045　环境放射性概论 / 15417
309-05275　环境法原理 / 02147
309-12879　环境法原理〔第2版〕 / 02148
309-06677　环境法案例教程 / 02155
309-09222　环境学英语 / 15379
309-04681　环境经济学前沿 / 15388
309-05352　环境经济学教程 / 15390
309-03730　环境经济学概论 / 15389
309-00753　环境科学基础 / 15383
309-01109　环境科学基础〔重印本〕 / 15384
309-00845　环境保护法概要 / 02152
309-10784　环境保护读本 / 15380
309-11543　环境侵权救济研究 / 02149

武

309-09298　武功整复学 / 07313
309-15065　武夷红茶 / 15258
309-15205　武夷岩茶 / 15259
309-15163　武夷茶种 / 15257
309-09346　武侠大宗师 张彻 / 11986

青

309-08686　青少年工作指南 基层卫生工作者参考手册 / 13100
5627-0291　青少年与营养 / 13150
309-09511　青少年体质健康教育干预方案 / 05653
5627-0432　青少年视力保健手册 / 14514
309-10986　青少年室内体育指导 / 06378
309-09834　青年马克思与启蒙 / 00009
309-12178　青年文化新论 / 01635
309-06656　青年巴金及其文学视界 / 10202
309-11233　青年学生社会主义核心价值观的培育和践行 基于多元文化的视角 / 06872
309-07007　青年穆齐尔创作思想研究 / 10993
309-15135　青年翻译家的肖像 / 09997
309-10124　青青者忆 / 11971
309-13752　青岩集 / 10256
309-03425　青春对话 第六届中国名校大学生辩论

	邀请赛纪实 / 07435
309-03675	青春约会 女生成长总动员 / 05645
309-12588	青春梦工场 / 10624
309-03624	青春期性保健 / 13217
5627-0062	《青春期常识读本》教学参考 / 06372

现

309-01855	现代 CI 系统的应用 / 03125
309-11269	现代 X 光物理原理 / 12653
309-04887	现代人力资源管理 / 03008
4253.031	现代工业企业物资管理 / 03735
309-00834	现代工业企业物资管理〔重印本〕/ 03734
309-00682	现代工业企业管理概论 / 03725
309-10932	现代工程数学 / 14654
309-03611	现代小儿肿瘤学 / 14333
309-08940	现代小说还乡母题研究 / 10006
309-03252	现代广告设计 / 11283
309-02435	现代广告运作技巧 / 04011
309-01627	现代广告学 / 03983
309-02034	现代广告学〔第 2 版〕/ 03984
309-02718	现代广告学〔第 3 版〕/ 03985
309-03165	现代广告学〔第 4、5 版〕/ 03986
309-04300	现代广告学〔第 6 版〕/ 03987
309-06056	现代广告学〔第 7 版〕/ 03988
309-12390	现代广告学〔第 8 版〕/ 03989
309-02131	现代广告案例 理论与评析 / 03982
309-02161	现代广告策划 / 03991
309-02352	现代广告管理 / 04022
309-11150	现代无线通信系统盲处理技术新进展 基于智能算法 / 14846
309-09178	現代日本語依頼形の研究 形態論を中心に / 09835
309-05955	现代日本语学研究 / 09832
309-09662	现代中西医护理操作技能 / 13954
5627-0268	现代中医内分泌病学 / 13539
309-03773	现代中国小说十讲 / 10394
309-06845	现代中国における医食同源思想と

	その展開 / 13515
309-05130	现代中国的大众书写 都市报的生成、发展与转折 / 05223
309-06527	现代内镜护理学 / 13997
5627-0642	现代内镜学 / 13852
309-12929	现代手外科手术学 / 14248
309-05932	现代化与国际化进程中的中国金融法制建设 / 02047
309-01572	现代公司财务 / 03444
309-05402	现代公共关系学〔第 2 版〕/ 00929
309-11165	现代公共关系学〔第 3 版〕/ 00930
309-15183	现代公共关系学〔第 4 版〕/ 00931
309-03166	现代公共关系学 理论与技巧 / 00928
309-01956	现代公共财政学 / 04260
309-02967	现代公共财政学〔第 2 版〕/ 04261
309-03809	现代公共财政学习题指南 / 04274
309-03760	现代文章写作教程 / 07637
309-10145	现代计划生育学 / 13218
309-07724	现代心脏病学 / 14088
309-08888	现代心脏病学进展 2012 / 14092
309-09698	现代心脏病学进展 2013 / 14093
309-10663	现代心脏病学进展 2014 / 14094
309-08383	现代办公室管理 / 01165
309-00532	现代幻像画 许德民幻像诗画集 / 11196
309-03894	现代功能神经外科学 / 14220
309-00498	现代世界的哲学沉思 / 00129
309-12660	现代电泳涂装百科全书 / 15225
5627-0530	现代生化药物与基因工程药物分析 / 14575
309-02889	现代生物技术及其产业化 / 12883
309-00712	现代生活与现代教育 陶行知生活教育理论与教育实践的启示 / 05572
309-05487	现代印刷包装产业发展战略研究 / 03772
309-03121	现代外科学 / 14195
309-04665	现代市场营销学 / 03949
309-13139	现代市场营销学〔第 2 版〕/ 03950

309-14886	现代汉语"X了"构式研究 / 07573
309-04232	现代汉语工具范畴的认知研究 / 07542
309-07667	现代汉语小词典 / 06395
309-07834	现代汉语小词典(大字本) / 06396
309-05525	现代汉语文字学 / 07562
309-13214	现代汉语句式研究 第2辑 / 07621
309-05192	现代汉语导论 / 07543
309-09424	现代汉语转类词研究 语料库视角 / 07616
309-05211	现代汉语修辞学 / 07628
309-08819	现代汉语修辞学〔第2版〕 / 07629
309-12092	现代汉语修辞学〔第3版〕 / 07630
309-14675	现代汉语修辞学〔第4版〕 / 07631
309-05441	现代汉语语汇学 / 07570
309-04446	现代汉语语法十讲 / 07609
309-04823	现代汉语致使范畴研究 / 07612
309-10934	现代汉语致使态研究 / 07611
309-03397	现代汉语教学参考与训练 / 07545
309-04725	现代汉语虚词研究与对外汉语教学 / 07770
309-05984	现代汉语虚词研究与对外汉语教学 第2辑 / 07771
309-07034	现代汉语虚词研究与对外汉语教学 第3辑 / 07772
309-14928	现代汉语羡余否定格式研究 / 07620
309-10816	现代汉语新闻图式研究 / 05126
5627-0284	现代皮肤病学 / 14488
309-09231	现代幼儿水墨画教程 / 06075
309-12631	现代幼儿园科学活动案例 / 05789
309-10173	现代幼儿园管理实务 / 06174
309-15010	现代幼儿园管理实务〔第2版〕 / 06175
309-11514	现代老年人养生保健指南 / 13207
309-03142	现代耳鼻咽喉头颈外科学 / 14499
309-04178	现代西方人口理论 / 01044
309-01645	现代西方史学 / 11534
309-01371	现代西方经济学 / 02372
309-00874	现代西方经济学习题指南 上册 / 02380
309-01714	现代西方经济学习题指南 宏观经济学〔第2版〕 / 02381
309-02375	现代西方经济学习题指南 宏观经济学 / 02382
309-08511	现代西方经济学习题指南 宏观经济学〔第7版〕 / 02383
309-10205	现代西方经济学习题指南 宏观经济学〔第8版〕 / 02384
309-12901	现代西方经济学习题指南 宏观经济学〔第9版〕 / 02385
309-01864	现代西方经济学习题指南 微观经济学〔第2版〕 / 02386
309-02681	现代西方经济学习题指南 微观经济学〔第3版〕 / 02387
309-08507	现代西方经济学习题指南 微观经济学〔第7版〕 / 02388
309-10349	现代西方经济学习题指南 微观经济学〔第8版〕 / 02389
309-12900	现代西方经济学习题指南 微观经济学〔第9版〕 / 02390
309-01370	现代西方经济学(宏观经济学) / 02373
309-01926	现代西方经济学(宏观经济学)〔第2版〕 / 02374
309-04119	现代西方经济学(宏观经济学)〔第3版〕 / 02375
309-01187	现代西方经济学教程 / 02371
309-01358	现代西方经济学(微观经济学) / 02376
309-01873	现代西方经济学(微观经济学)〔第2版〕 / 02377
309-04125	现代西方经济学(微观经济学)〔第3版〕 / 02378
309-00041	现代西方经济学(微观经济学)上册 / 02379
2253.006	现代西方哲学思潮评介 / 00309
2253.015	现代西方哲学逻辑 / 00371

2253.014	现代西方哲学概说 / 00308	5627-0414	现代妇产科学 / 14282
309-06217	现代西方符号学纲要 / 07329	309-08425	现代技术的谱系 / 12202
309-05187	现代西班牙语实用手册 / 09816	309-03589	现代投资学原理 / 04535
309-04413	现代传媒经济学 / 05076	309-13437	现代投资学原理〔第2版〕/ 04536
309-05096	现代传播中的电视科技 教师用书（试验本）/ 06374	5627-0128	现代护理学 / 13906
309-03129	现代自我用药与就医必备〔重印本〕/ 14607	5627-0387	现代医学免疫学 / 13716
		309-09182	现代医学英语查房 第1册 / 09721
		309-09183	现代医学英语查房 第2册 / 09722
5627-0491	现代血液病输血疗法 / 14113	309-09184	现代医学英语查房 第3册 / 09723
4253.011	现代会计学 / 02829	5627-0437	现代医学微生物学 / 13705
309-00396	现代会计学〔重印本〕/ 02830	309-12186	现代医学影像学 / 13836
309-00622	现代会计学〔第2版〕/ 02831	309-04677	现代医学影像学进展 / 13837
309-01355	现代会计学〔修订本〕/ 02832	309-10142	现代医院门诊管理指南 / 13390
309-00122	现代会计学习题集 / 02843	309-03977	现代医院护理管理学 / 13920
309-00634	现代会计学习题集〔第2版〕/ 02844	309-03498	现代医院管理 / 13361
309-01356	现代会计学习题集〔修订本〕/ 02845	309-05494	现代肝病诊断与治疗 / 14142
309-00796	现代企业人才学 / 03288	5627-0493	现代肝病治疗 理论与进展 / 14143
309-01563	现代企业市场调研与预测 / 03339	309-02721	现代饭店经营管理 / 04076
309-06561	现代企业成本管理导航 / 03410	309-01787	现代应用文 / 07678
309-05668	现代企业危机管理 / 03151	309-06596	现代应用文教程 / 07679
309-03159	现代企业财务 / 03385	309-10140	现代社会中的民俗传统 / 12100
309-02603	现代企业财务管理 / 03382	309-02792	现代社会研究方法 / 00894
309-04077	现代企业制度 / 03170	309-09014	现代社会秩序的道义逻辑 对中国改革价值取向的思考 / 01465
309-01463	现代企业制度纵横谈 / 03174		
309-01442	现代企业制度实用大全 / 03175	309-10980	现代张量分析及其在连续介质力学中的应用 / 12484
309-00060	现代企业定价 理论与应用 / 03380		
309-05698	现代企业经营管理概论 / 03142	309-05107	现代英国名家文选 / 09165
309-11242	现代企业经营管理概论〔第2版〕/ 03143	309-01289	现代英语表达与汉语对应 / 08275
		309-01807	现代英语研究 / 08016
309-02066	现代企业理财学 / 03379	9253.010	现代英语研究 1984年第1辑 / 08052
309-01793	现代企业管理 / 03118	9253.021	现代英语研究 1986年第1辑 / 08053
309-05697	现代企业管理〔第2版〕/ 03119	9253.022	现代英语研究 1986年第2辑 / 08054
309-07300	现代企业管理文书写作规范 / 07677	309-04550	现代英语惯用法词典 / 08299
309-01896	现代企业管理案例选 / 03514	309-06650	现代肾脏生理与临床 / 13648
309-03862	现代色谱分析 / 12746	309-02151	现代国际金融学 / 04666
309-06341	现代如何"拿来"鲁迅的思想与文学论集 / 10484	309-01219	现代国际法纲要 / 02275
		309-09978	现代呼吸病学 / 14116
309-08083	现代妇女保健学 / 13231	309-05539	现代物流英语 / 07955

书号	书名 / 编号
309-04367	现代物流管理 / 03049
309-06690	现代物流管理〔第2版〕/ 03050
309-10636	现代物流管理 / 03060
309-10633	现代物流管理〔第3版〕/ 03051
309-13837	现代物流管理〔第4版〕/ 03052
13253.023	现代物理学与生物学概论 / 12859
309-07893	现代货币银行学 / 04416
309-01732	现代货币银行学教程 / 04409
309-02945	现代货币银行学教程 / 04410
309-07191	现代货币银行学教程〔第4版〕/ 04411
309-10447	现代货币银行学教程〔第5版〕/ 04412
309-13718	现代货币银行学教程〔第6版〕/ 04413
309-02183	现代货币银行学教程习题指南 / 04441
309-03573	现代货币银行学教程习题指南〔第2版〕/ 04442
309-07068	现代货币银行学教程习题指南〔第3版〕/ 04443
5627-0149	现代肿瘤学 / 14340
309-03568	现代肿瘤学〔第2版〕/ 14342
5627-0539	现代肿瘤学〔第2版〕/ 14341
309-08096	现代肿瘤学〔第3版〕/ 14343
309-07302	现代服务业文书写作规范 / 07676
309-06594	现代服务跨国外包 / 04060
5627-0581	现代放射肿瘤学 / 14368
309-03601	现代法医学 / 01949
309-03312	现代泌尿外科和男科学 / 14279
309-04402	现代泌尿外科理论与实践 / 14278
309-08100	现代性之路 英法美启蒙运动之比较 / 00128
309-11113	现代性语境下的中国价值观建设 / 01467
309-04704	现代审计学 / 02964
309-06256	现代审计学〔第2版〕/ 02965
309-13683	现代审计学〔第3版〕/ 02966
309-15086	现代审计学 / 02967
5627-0305	现代审美教程 / 00443
309-03920	现代实用儿科学 / 14315
309-01718	现代实用市场学 / 03946
309-05232	现代实用护理学 / 13895
309-02003	现代实用推销学 / 03877
309-02014	现代实用商务 / 04028
309-01690	现代实用管理学 / 03136
309-13181	现代组织化学原理及技术〔第3版〕/ 12833
309-01770	现代组织学 / 01227
309-02370	现代经贸英语教程 / 07941
309-00713	现代经济英语精读 / 09139
309-01052	现代经济英语精读〔重印本〕/ 09140
309-02069	现代经济增长模型 / 02480
309-04189	现代毒理学 / 14626
309-05196	现代城市规划与管理 / 15327
5627-0339	现代临床生物化学 / 13856
309-09048	现代临床血液病学 / 14112
5627-0537	现代临床流行病学 / 13258
309-03183	现代临床流行病学〔重印本〕/ 13259
309-10448	现代临床流行病学〔第3版〕/ 13260
309-07927	现代胃肠道肿瘤诊疗学 / 14392
309-06174	现代骨科学 / 14252
9253.012	现代科技英语选读 / 09189
309-01172	现代科学技术概论 / 12222
13253.005	现代科学的发展规律性与认识方法 / 05520
309-10075	现代俄语中的独词语句 / 09819
309-12983	现代俄语中的独词语句〔第2版〕/ 09820
309-08487	现代俄语称呼语的结构 语用研究 / 09818
309-03711	现代信号处理理论和方法 / 14834
309-12307	现代胆道外科学 / 14242
309-03132	现代养生益寿要诀 / 13453
309-05523	现代美国压力政治 / 01708
5627-0502	现代神经内分泌学 / 13649
309-03101	现代神经外科学 / 14224

309-10947	现代神经外科学〔第2版〕/ 14225
309-07087	现代热力学 基于扩展卡诺定理 / 12643
309-04666	现代热力学及热力学学科全貌 / 12644
309-12399	现代真菌病学 / 14067
309-03725	现代健康促进理论与实践 / 13300
309-14613	现代健康教育学 / 13310
309-14612	现代健康教育学 / 13309
309-03851	现代健康提醒 / 13179
309-03767	现代旅行社经营管理 / 03829
309-09087	现代拳击运动教程 / 07322
309-06301	现代酒店管理 / 04061
309-10747	现代酒店管理〔第2版〕/ 04062
309-02214	现代海关实务 / 04214
309-05883	现代流通经济学教程 / 02422
309-06602	现代流通经济学教程〔第2版〕/ 02423
309-03823	现代家庭消毒指南 / 13283
309-10957	现代教育技术 / 05566
309-08640	现代教育技术教程 / 05567
309-11060	现代教育技术教程〔第2版〕/ 05568
309-01249	现代教育学 / 05549
309-01103	现代教育管理学 / 05641
309-07448	现代营养学 / 13127
309-03803	现代营销学原理 / 03960
309-00614	现代营销理论、策略及其应用 / 03936
309-00763	现代银行管理学 / 04458
309-01184	现代银行管理学〔重印本〕/ 04459
309-02698	现代商业银行中间业务运作与创新 / 04483
309-09258	现代商业银行经营管理 / 04482
309-01168	现代商品学 基础理论 / 04248
309-05205	现代量子光学基础〔英文影印版〕/ 12634
309-00130	现代概率论基础 / 12515
309-04555	现代概率论基础〔第2版〕/ 12516
5627-0363	现代感染病学 / 14052
5627-0078	现代微生物学 / 12888
309-02138	现代微观经济学 / 02448
309-00037	现代意识与民族文化 比较文学研究文集 / 09893
5627-0535	现代精神医学 / 14461
309-09218	现代儒学与浙东学术 / 00173
5627-0559	现代糖尿病学 / 14159
309-05574	现代癫痫学 / 14436
5627-0153	现场急救手册 / 13891
309-03357	现场调查技术 / 13316
309-07109	现场调查技术〔第2版〕/ 13317
309-08960	现在是书几点零 / 10892
309-10129	现状与未来 档案典藏机构与近代中国人物 / 11818
309-08629	现实与虚幻 维克多·佩列文后现代主义小说的艺术图景 / 10977
309-07249	现实世界的数学视角与思维 / 12248
309-13853	现实维度中的族裔性重构 路易斯·厄德里克作品研究 / 11080
309-13943	现象学的展开《自我的觉悟》及其他 / 00363

玫

309-09042	玫瑰念珠 / 10863

表

309-08898	表达凸显立论 本科生优秀毕业论文精选集 / 10249
309-02650	表述口语训练指导 / 07716
309-00360	表面与薄膜分析基础 / 14664
309-00097	表面分析 / 12742
309-11225	表面肌电在体育中的应用 / 14566
309-04168	表面物理与表面分析〔英文版〕/ 12672

规

309-02553	规划生涯之路 台湾管理专家经验谈 / 03082
309-11103	规划在卫生系统中的运用 / 12961

309-13450	规划先行在金融机构的应用 / 04708
309-05550	规则制定 政府部门如何制定法规与政策 / 01721
309-06554	规范体格检查与病史书写双语手册〔中英文本〕/ 13314
309-04921	规制经济学 / 02523
309-15314	规律探索积思录 张薰华先生文集 / 02620

拓

| 13253.037 | 拓扑学初步 / 12489 |
| 309-14603 | 拓医学路 逐中国梦 陈灏珠传 / 12016 |

拔

| 309-14211 | 拔萝卜 / 11063 |

抽

309-10200	抽象艺术文化论 / 11165
309-00402	抽象代数 方法导引 / 12432
309-02096	抽象代数学 / 12433
309-04103	抽象的抒情 / 10183

拍

| 309-14337 | 拍拍生活的节奏 奥尔夫语言、声势与乐器组合 / 11294 |
| 309-09096 | 拍"案"惊奇 / 03202 |

拉

| 309-01642 | 拉丁美洲文化概论 / 11802 |
| 309-00056 | 拉丁美洲的"爆炸"文学 / 11104 |

幸

309-07788	幸存者言 / 00793
309-06121	幸福心理学 / 00382
309-10617	幸福的早餐 / 05929
309-07827	幸福学 家庭篇 / 00384
309-12957	幸福、经济与政治 走向多学科方法 / 00389

招

309-12019	招聘理论与实务 / 00992
309-09937	招聘管理实务 / 03269
309-06330	招聘操作技术与实施 / 03264

坡

| 309-14184 | 坡芽歌书〔英文版〕/ 10921 |

昔

| 309-07813 | 昔我往矣 / 00810 |

若

| 309-13307 | 若初,早安！漫话乳腺健康 / 14233 |

英

309-01832	英才雄风 第二届中国名校大学生辩论邀请赛纪实 / 07430
309-01827	英文写作指导 / 06548
309-12962	英文修辞 / 08331
309-07166	英文原著选读 / 09087
309-07319	英文短篇小说阅读 / 09158
309-04933	英汉人体解剖学词典 / 13625
309-03689	英汉口笔译技艺 / 08394
309-06967	英汉历史 / 11536
309-13254	英汉互译教程 / 08412
309-07933	英汉互译渐进教程 学生用书 / 08398
309-03688	英汉双解国际惯例实用词典 / 02272
309-06092	英汉双解美国习语词典 / 08266
309-03828	英汉-汉英WTO专用语分类词典 / 04179
5627-0496	英汉汉英生理学词汇 / 12816
309-02674	英汉·汉英段落翻译与实践 / 08387
309-02812	英汉写作对比研究 / 08319
309-03800	英汉写作修辞对比〔第2版〕/ 08320
309-02707	英汉对照应用文实例汇编 / 08353
309-03708	英汉对照常用英语谚语词典 / 08264

309-07627	英汉军事 / 02306		309-13466	英美文学史及经典作品选读 下册 美国文学 / 09163
309-07375	英汉体育 / 07240		309-03378	英美后现代主义小说叙述结构研究 / 11025
309-08037	英汉应用互译教程 / 08421			
309-06096	英汉词汇对比研究 / 08200		309-09280	英美合同侵权法 / 02262
309-01110	英汉、英美社会生活词典 / 08432		309-12376	英美合同侵权法〔第2版〕/ 02263
309-07017	英汉国际知识 / 01405		309-06779	英美报刊国际热点导读 / 09135
309-02246	英汉和汉英语义结构对比 / 08205		309-02955	英美报刊选读 上册 / 09015
309-07040	英汉金融 / 04396		309-02956	英美报刊选读 下册 / 09016
309-07595	英汉法律 / 01814		309-14100	英美报刊选读教程 / 08547
309-04384	英汉组织学与胚胎学词典 / 13637		309-12233	英美现代戏剧思辨 语言·剧作·戏剧家 / 11019
309-02245	英汉前指现象对比 / 07599			
309-11157	英汉语性别歧视现象的对比研究 / 08018		309-14390	英美法判例读写教程 / 01861
309-07633	英汉语篇下指认知功能研究 / 07974		309-01464	英美商法指南 / 02260
309-05802	英汉语篇连贯认知对比研究 / 07939		309-06369	英美影视与文化 / 09173
309-07187	英汉哲学 / 00070		309-08397	英美影视与阅读 / 09049
309-06985	英汉教育学 / 05547		309-04757	英语 / 07926
309-06976	英汉基因和基因组专业词汇 / 12807		309-04107	英语 第1、2册 全新版 / 07170
309-07124	英汉商务 / 03868		309-01945	英语 第1册 / 07162
309-00325	英汉遗传工程词典 / 12879		309-07711	英语 第1册〔第3版〕/ 07172
309-02178	英汉遗传工程词典〔第2版增订版〕/ 12880		309-08011	英语 第1册〔第3版〕/ 07176
			309-03706	英语 第1册 全新版〔第2版〕/ 07166
309-03632	英汉遗传工程词典〔第3版〕/ 12881		309-01981	英语 第2册 / 07163
309-09672	英词拾趣 语言的游戏 / 08231		309-07710	英语 第2册〔第3版〕/ 07173
309-05938	英译《庄子》研究 / 08418		309-08007	英语 第2册〔第3版〕/ 07177
309-08106	英国19世纪出版制度、阅读伦理与浪漫主义诗歌创作关系研究 / 11018		309-03707	英语 第2册 全新版〔第2版〕/ 07167
			309-04775	英语 第3、4册 全新版 / 07171
309-05877	英国文学选读 / 09164		309-02166	英语 第3册 / 07164
309-04594	英国文学辞典 作家与作品 / 11009		309-07957	英语 第3册〔第3版〕/ 07174
309-13657	英国"第四等级"报刊观念的兴起 / 05325		309-08696	英语 第3册〔第3版〕/ 07178
			309-03971	英语 第3册 全新版〔第2版〕/ 07168
309-10231	英国强制执行法 / 02265		309-02380	英语 第4册 / 07165
309-06135	英美文化与国家概况 / 09177		309-07952	英语 第4册〔第3版〕/ 07175
309-14782	英美文化与国家概况〔修订版〕/ 09178		309-08998	英语 第4册〔第3版〕/ 07179
			309-03972	英语 第4册 全新版〔第2版〕/ 07169
309-08984	英美文化概览 / 09150		309-00356	英语365夜 上册 / 06701
309-13467	英美文学史及经典作品选读 上册 英国文学 / 09162		309-00357	英语365夜 中册 / 06702
			309-00358	英语365夜 下册 / 06703

309-04610	英语710冲刺·大学英语四六级考试高分方略 / 08083			题汇析 / 06612
309-08980	英语一日一谚语〔第2版〕/ 08261		309-01628	英语中级水平测试 高考英语上海卷试题汇析(1996年修订版) / 06613
309-08342	英语口译教程 / 08416		309-02367	英语分类词汇 / 06694
309-13638	英语口译教程〔第2版〕/ 08417		309-11393	英语文海拾贝50题 / 08634
309-01648	英语口语入门 俩俩分级对话读本 / 06336		309-05508	英语为源语言词典编纂中的用户友善问题 / 08429
309-03110	英语口语专项训练 高考口语快训 / 06601		309-04972	英语正音读本 / 08185
			309-06094	英语正音读本〔第2版〕/ 08186
309-00311	英语口语专项训练 高考口语快训 / 06600		309-14557	英语正音读本〔第3版〕/ 08187
			309-02639	英语正误详解词典 / 08437
309-05490	英语习语整合处理法 / 08262		309-08473	英语世界的郭沫若研究 / 11948
309-12379	英语专业口语教程 1 / 09517		309-01834	英语用法正误手册 / 06481
309-12380	英语专业口语教程 2 / 09518		309-03548	英语写作与抽象名词表达 / 08324
309-08506	英语专业写作教学语料库建设与研究 / 08378		309-06917	英语写作与翻译专项训练〔第2版〕/ 06708
309-12287	英语专业写作教程 A篇 / 08555		309-06355	英语写作快速提高教程 / 08332
309-12288	英语专业写作教程 B篇 / 08556		309-05127	英语写作修辞学生用书 / 08327
309-11935	英语专业阅读教程 基础阅读 / 08557		309-05128	英语写作修辞教师用书 / 08351
309-12322	英语专业阅读教程 评判阅读及写作 / 08558		309-06155	英语写作基础教程 / 08375
309-12043	英语专业阅读教程 文学阅读 / 08559		309-04855	英语写作简明教程〔第2版〕/ 08361
309-11937	英语专业阅读教程 综合阅读 / 08560		309-03224	英语动词语法 / 08300
309-13284	英语专业教与学 / 08460		309-03428	英语动词语法练习与答案 / 08301
309-03033	英语五段作文法 / 08322		5627-0182	英语考试应试手册 / 07958
309-05242	英语五段作文法 大学英语高级写作教程〔第3版〕/ 08323		309-09027	英语场景分类口语教程 第1册 校园生活 / 09670
309-02765	英语中考备考全国通 / 06688		309-03221	英语成语谚语趣读 / 08260
309-03143	英语中考备考全国通 / 06689		309-15358	英语师范生"I-LATT"核心素养培养体系 / 07103
309-04333	英语中考备考全国通 2005版 / 06690		309-12978	英语同声传译指津〔修订版〕/ 08393
309-02756	英语中考实战演练 / 06593		309-00970	英语同音异义词 / 08258
309-03173	英语中考实战演练(新编) 最新题型 / 06651		309-05947	英语回译作文法 / 08321
309-04265	英语中考新题型 实战演练2005年 / 06693		309-12771	英语自然拼读与语感训练 / 05849
			309-03925	英语交际能力与策略 / 09594
309-03914	英语中级口译指南 / 08399		309-09871	英语戏剧选读与评析 / 08554
309-02944	英语中级口译资格证书考试综合指南 / 09524		309-15253	英语技术写作精要 / 08360
			309-10284	英语报刊阅读教程 / 09014
309-01508	英语中级水平测试 高考英语上海卷试		309-04658	英语听力专项训练 / 06706

309-06557	英语听力专项训练〔第2版〕/ 06707		08257
309-09429	英语听力基础训练教程 第1册〔第2版〕/ 09587	309-15180	英语测试理论与实践 / 08467
309-13418	英语财经新闻报道与写作 / 05150	309-06108	英语语法与练习 上册 / 08283
309-07553	英语泛读 高一年级 / 06532	309-06109	英语语法与练习 下册 / 08284
309-07471	英语泛读 高二年级 / 06533	309-03273	英语语法专项训练 / 06709
309-14923	英语词汇千词百链 全民版 / 08206	309-03888	英语语法专项训练〔第2版〕/ 06710
309-14924	英语词汇千词百链 屠龙版 / 08207	309-05069	英语语法专项训练〔第3版〕/ 06711
309-04169	英语词汇专项训练 / 06704	309-08188	英语语法专项训练〔第4版〕/ 06712
309-06425	英语词汇专项训练〔第2版〕/ 06705	309-02408	英语语法实践指南 / 06539
309-14546	英语词汇图解与速记 / 08494	309-03020	英语语法实践指南〔第2版〕/ 06540
309-02867	英语词汇学习 指导与实践 / 08213	309-04702	英语语法实践指南〔第4,5版〕/ 06541
309-07264	英语词汇教学"石化"消解研究 基于兰盖克语法理论的分析 / 08486	309-06100	英语语法实践指南〔第6版〕/ 06542
		309-08348	英语语法实践指南〔第7版〕/ 06543
309-14124	英语词典历史评述 / 08439	309-09914	英语语法实践指南〔第8版〕/ 06544
309-05832	英语词典学导论 / 08434	309-11732	英语语法实践指南〔第9版〕/ 06545
309-03530	英语词语趣读 / 08222	309-12826	英语语法实践指南〔第10版〕/ 06546
309-05085	英语现代科技文献精读本Ⅰ / 09179	309-10177	英语语法实践指南解题指导 / 08274
309-05836	英语现代科技文献精读本Ⅱ / 09180	309-06504	英语语法基础教程 / 08271
309-02372	英语非常听力 / 09579	309-03531	英语语法精讲 / 08272
309-10823	英语国家文化概况 / 08665	309-12483	英语语音入门教程 / 08480
309-10730	英语国家概况 / 08580	309-13744	英语语音拼读实用教程 / 06039
309-04046	英语备考全国通（江苏版）初一上（7A）/ 06686	309-07639	英语语音简明教程 / 08188
		309-05331	英语语篇分析 / 07874
309-04355	英语备考全国通（江苏版）初一下（7B）/ 06687	309-01486	英语结构难题解析 大学英语四六级及托福测试实用指导 / 08290
5627-0499	英语单词简捷记忆法 / 08240	309-03774	英语核心词汇测试与练习 高中英语词汇重点、难点、疑点汇释 / 06485
309-02086	英语学习指要 / 06479		
309-02163	英语学习指要 练习与答案 / 06480	309-01432	英语高考口试应聘面试技巧指南 / 06656
309-09006	英语学习策略 / 08463	309-04255	英语高考新趋势 2005年 / 06442
309-10535	英语实用写作教程 / 08520	309-10588	英语阅读与写作中级教程 / 08564
309-11818	英语科技语篇中的隐喻功能与认知诠释 / 08329	309-15303	英语阅读与写作初级教程 / 08567
		309-03870	英语阅读专项训练 / 06713
309-05226	英语重音研究 / 08189	309-04939	英语阅读专项训练〔第2版〕/ 06714
309-04416	英语复习指要 / 06478	309-08167	英语阅读专项训练〔第3版〕/ 06715
309-03727	英语修辞简明教程 / 08340	309-02095	英语阅读片段精选 / 06482
309-11653	英语修辞简明教程〔第3版〕/ 08341	309-08826	英语阅读的后方法教学模式研究 / 08526
309-09057	英语迷津 相似词语辨析〔第2版〕/		

309-14158	英语阅读理论与策略概览 / 08548	309-15075	英语漫谈中国梦 / 09175
309-06106	英语阅读教程 第1册 / 09183	309-07452	英语演讲教程 / 08197
309-06107	英语阅读教程 第2册 / 09184	309-06076	英语翻译基础教程 / 08391
309-06595	英语阅读教程 第3册 / 09185		

范

309-07036	英语阅读教程 第4册 / 09186	309-11147	范小青文学年谱 / 10211
309-06505	英语阅读基础教程 1 / 09104	309-05666	范里安《微观经济学:现代观点》(第6版)课后习题详解 / 02453
309-07939	英语阅读基础教程 2 / 09114	309-06007	范里安《微观经济学:现代观点》(第6版)课后习题详解〔第2版〕/ 02454
309-07969	英语阅读基础教程 3 / 09105		
309-05497	英语阅读简明教程 / 09045	309-13372	范里安《微观经济学:现代观点》(第9版)学习精要习题解析考研真题 / 02447
309-08979	英语陷阱 你的英语又错了!〔第2版〕/ 08502		
309-09078	英语难题解析 / 09405	309-13974	范晓语法论文选集 / 07600
309-05573	英语教学中的学术研究与写作 / 08362	309-02239	范畴论 / 10119

直

309-07814	英语教学研究与实践 实践唯物主义语言观与复杂理论 / 08446	309-02472	直升考高中英语模拟测试 / 06582
309-09894	英语教学理论与实践新探 / 08474	309-04502	直升考高中英语模拟测试〔第2版〕/ 06583
309-02669	英语基本词语用法手册 / 06552		
309-00219	英语基本语法简表 / 08276	5627-0077	直肠癌 / 14395
309-07433	英语基础教程 上册 / 07902	13253.040	直说微积分 是何物? 有何用? / 12453
309-08330	英语基础教程 下册 / 07903		

茅

309-01667	英语常用动词用法精要 / 06484	309-04342	茅盾画传 / 11951
309-03625	英语常用同义形容词辨析词典 / 08302	309-02809	茅盾散论 / 10239

林

309-03854	英语常用词 100 个 / 08238	309-14146	林文宝谈儿童阅读 / 05462
309-05060	英语常用核心词汇学习手册 / 08251	309-09794	林同济诗词 / 10579

板

309-03511	英语惯用语大词典 / 08265	309-00775	板块构造学与造山运动——特提斯例析 中国石油天然气总公司杭州石油地质研究所译文集 / 12766
309-00842	英语惯用语用法指南 英汉双解 / 08212		
309-09204	英语惯用语块的认知习得研究 / 08305		
309-03070	英语综合能力强化训练 高考新趋势及解题要领 / 06472		

松

309-03485	英语综合能力强化训练 高考新趋势及解题要领〔第2版〕/ 06473	309-11656	松江方言研究 / 07705
309-09328	英语强调面面观 / 08273		
309-05693	英语新闻写作 / 08310		
309-05553	英语精选句型荟萃 / 08304		

枫

309-00927　枫叶似火　上海市黄浦区优秀教师采风 / 10710
309-06430　枫窗语文札记 / 07523
309-11466　枫窗语文萃编 / 07522

构

309-12411　构建亚洲命运共同体　One Asia Convention 2015 上海大会论文集 / 02740
309-10861△　构建灵动的语文课堂教学 / 06332
309-09720　构想帝国　古代中国与古罗马比较研究 / 11681

画

309-05452　画外余音 / 10853

事

309-12007　事业单位公开招聘分类考试专用教材 2016 最新版 职业能力倾向测验（A 类）全真模拟预测试卷 / 01538
309-12243　事业单位公开招聘分类考试专用教材 2016 最新版 职业能力倾向测验（B 类）全真模拟预测试卷 / 01539
309-12247　事业单位公开招聘分类考试专用教材 2016 最新版 职业能力倾向测验（C 类）全真模拟预测试卷 / 01540
309-12249　事业单位公开招聘分类考试专用教材 2016 最新版 职业能力倾向测验（D 类）全真模拟预测试卷 / 01541
309-12260　事业单位公开招聘分类考试专用教材 2016 最新版 职业能力倾向测验（E 类）全真模拟预测试卷 / 01542
309-12009　事业单位公开招聘分类考试专用教材 2016 最新版 综合应用能力（A 类）全真模拟预测试卷 / 01543
309-12242　事业单位公开招聘分类考试专用教材 2016 最新版 综合应用能力（B 类）全真模拟预测试卷 / 01544
309-12246　事业单位公开招聘分类考试专用教材 2016 最新版 综合应用能力（C 类）全真模拟预测试卷 / 01545
309-12248　事业单位公开招聘分类考试专用教材 2016 最新版 综合应用能力（D 类）全真模拟预测试卷 / 01546
309-12259　事业单位公开招聘分类考试专用教材 2016 最新版 综合应用业能力（E 类）全真模拟预测试卷 / 01547
309-12841　事业单位公开招聘分类考试专用教材　历年真题及专家详解（B 类）/ 01548
309-12843　事业单位公开招聘分类考试专用教材　历年真题及专家详解（D 类）/ 01549
309-12006　事业单位公开招聘分类考试专用教材　最新版 职业能力倾向测验（A 类）/ 01550
309-12580　事业单位公开招聘分类考试专用教材　最新版 职业能力倾向测验（C 类）/ 01551
309-12268　事业单位公开招聘分类考试专用教材　最新版 职业能力倾向测验（D 类）/ 01552
309-12008　事业单位公开招聘分类考试专用教材　最新版 综合应用能力（A 类）/ 01553
309-12269　事业单位公开招聘分类考试专用教材　最新版 综合应用能力（D 类）/ 01554
309-02778　事关选举　美国国会的政治解读 / 01723

雨

309-05088　雨巷・我用残损的手掌 / 10559

郁

309-08203　郁达夫传 / 11929

奇

309-10766　奇妙的科研世界 / 05519
309-12687　奇怪的长相 / 10930
309-02022　奇迹是如何创造出来的　关于上海市

奋

309-04457　奋斗的历程　谷超豪文选 / 12001
309-14108　奋进新时代　杨浦创新实践新探索 / 01387

欧

309-05446　欧元、美元和国际货币体系〔中英文本〕 / 04382
309-08625　欧阳修的文学与情感世界 / 10092
309-05484　欧美人学中文　初级汉字本 / 07793
309-05521　欧美人学中文　初级课本 / 07794
309-05522　欧美人学中文　初级练习本 / 07795
309-05502　欧美人学中文　中级课本 / 07796
309-05503　欧美人学中文　中级练习本 / 07797
309-05501　欧美人学中文　高级课本 / 07798
309-05485　欧美人学中文　高级练习本 / 07799
309-06490　欧美文学名著导读 / 10968
309-10711　欧美文学名著导读〔第2版〕 / 10969
309-04597　欧美文学研究十论 / 10966
309-03189　欧美自然主义文学的现代阐释 / 10033
309-03258　欧美现代文学史 / 10970
309-06061　欧美语义学导论 / 07447
309-09740　欧美语言学简史〔修订本〕 / 07355
309-03182　欧洲一体化政治经济学 / 01756
309-02321　欧洲中央银行 / 04830
309-10885　欧洲电影类型　历史、经典与叙事 / 11430
309-06416　欧洲代议制政府的历史起源 / 01701
309-00151　欧洲共同体　体制·政策·趋势 / 02597
309-01104　欧洲共同体条约集 / 01758
309-11626　欧洲传播思想史 / 05006
309-03279　欧盟的企业合并政策　经济学与法律分析 / 03604
309-04601　欧盟经济发展报告 / 02750
309-05830　欧盟经济发展报告 2007 / 02751
309-07039　欧盟经济发展报告 2008 / 02752

垄

309-07042　垄断理论的探索　龚维敬文集 / 02462

转

309-14461　转型与在场 / 05276
309-05825　转型与经济增长　基于索洛模型的研究 / 02580
309-12924　转型之战　战略变革与互联网思维 / 03191
309-04709　转型中国　媒体、民意与公共政策 / 05270
309-06508　转型中的亚洲文化与社会 / 04957
309-10436　转型中的传媒　宁波日报报业集团的实践与思考（一）/ 05281
309-10635　转型世界中的政党、国家与治理　2014年比较政治发展报告 / 01407
309-14428　转型时期中国职业性别隔离问题研究 / 01623
309-10680　转型时期社区公共秩序的建构　基于上海市黄浦区社区发展现状的研究 / 01561
309-01988　转型时期的工业化　金华发展战略研究 / 02719
309-09252　转型时期的外商直接投资技术外溢　企业层面的新视角 / 04793
309-10262　转型社会与犯罪问题研究 / 02206
309-05116　转型、治理与中国私人企业的演进 / 03553
309-09781　转型期中国社会公正问题研究 / 01332
309-02898　转型期的中国政治社会化研究 / 01590
309-05828　转型期就业　城市社区就业状况与社会政策分析 / 03036

软

309-00062　软件工作的科学管理 / 15052

再就业工程的研究报告 / 01620

软

309-11010	软件工程 方法与实践 / 14984	
309-01858	软件开发方法 / 14985	
309-08053	软利器 信息革命的自然历史与未来 / 04966	
309-07712	软物质物理导论 / 12604	
309-11932	软组织肉瘤诊治中国专家共识 2015年版 / 14423	

鸢

309-11579　鸢飞鱼跃 中国哲学语素论 / 00138

非

309-00120	非平衡态统计力学 / 12649
309-12870	非形式逻辑思想渊源 / 00366
309-06074	非言语传播学 新版 / 04996
309-14110	非法吸收公众存款罪实证研究 / 02209
309-04741	非线性光学〔英文版〕/ 12657
309-02953	非线性光学 原理与进展 / 12658
309-11515	非线性系统 Hopf 分岔反馈控制 / 14874
309-00604	非线性规划 / 12532
309-07871	非经营性国有资产监督与管理 / 02654
309-08052	非常读法 趣谈西方文学名著中的法文化 / 09982

卓

309-11747	卓越的大学教学 建构教与学的一致性 / 06886
309-10960	卓越服务 成就非凡 上海专利商标事务所有限公司成立 30 周年论文集 / 02187
309-07991	卓越路 合资企业党建工作散记 / 01388

肾

5627-0549	肾炎的防治 / 14270
309-05455	肾活检病理学 / 14268
309-07010	肾脏疾病的特色治疗 / 14269

旺

309-10055	旺仔成长日记 家庭礼仪篇 / 10935
309-10056	旺仔成长日记 社会礼仪篇 / 10936
309-10058	旺仔成长日记 校园礼仪篇 / 10937

果

309-00883	果戈里评论集 / 10974
309-00003	果蝇实验手册 / 12933

昆

309-00671	昆虫生态学实验 / 12931
13253.008	昆虫形态分类学 / 12932
13253.056	昆虫卵巢发育与害虫预测预报 / 14634

国

309-09890	国内外慢性病防控策略及借鉴 / 13773
309-02029	国史概要 / 11672
309-02481	国史概要〔第 2 版〕/ 11673
309-03871	国史概要〔第 3 版〕/ 11674
309-07190	国史概要〔第 4 版〕/ 11675
309-13640	国史概要 二十周年纪念版 / 11676
309-05563	国史精讲 / 11677
309-00436	国外马克思主义哲学流派 西方马克思主义、东欧"新马克思主义" / 00114
309-03296	国外马克思主义哲学流派新编 西方马克思主义卷 / 00115
309-07453	国外医学教育 发展与改革 / 12986
309-08768	国外听力教学和研究前沿 / 08485
309-10415	国外职业健康风险评估指南 / 13117
309-11692	国务学脉 复旦大学国际关系与公共事务学院老教师访谈口述史 / 07044
309-02566	国民经济区域调控 中心城市调控模式研究 / 02651
309-05700	国民经济安全研究 / 02650
309-11350	国民经济运行报告 2014 / 02646

309-12820	国民经济运行报告 2015 / 02647	309-02317	国际市场营销管理〔第2版〕/ 04141
309-06538	国民经济学 / 02765	309-11760	国际出版 / 05422
309-10064	国民经济核算原理 / 02784	309-11663	国际传播与文化间传播研究手册 / 04998
309-00987	国民经济调控 计划、市场与政策 / 02762	309-03546	国际传播学导论 / 04990
309-15258	国有企业创新发展的思考与实践 / 03528	309-05367	国际会计 / 02953
309-14070	国有企业改革的政治经济学分析 / 03535	309-05855	国际交换论 国际文献交换研究 / 05475
309-03145	国有企业核心论 / 03532	309-06292	国际关系 理论、历史与现实 / 01741
309-05238	国有性质 民营操作 卓越的管理探索 / 03534	309-05591	国际关系与全球政治 21世纪国际关系学导论 / 01752
309-02172	国有资本存量结构调整研究 / 02653	309-07940	国际关系理论探索文集 / 01744
309-04670	国有资产管理学 / 02655	309-09350	国际收支与汇率 / 04279
309-13590	国有资产管理学〔第2版〕/ 02657	309-04866	国际技术转移的非线性分析与经济增长 / 02581
309-13429	国企改革 公平竞争视角下国有企业改革法律问题研究 / 02109	309-06140	国际技术贸易 / 04185
		309-08764	国际技术贸易〔第2版〕/ 04186
309-15116	国际SCI期刊论文写作与发表 / 07644	309-13866	国际技术贸易〔第3版〕/ 04187
		309-02912	国际投资文书写作规范 / 04701
309-04041	国际人力资源管理 / 03471	309-02950	国际投资争端仲裁 "解决投资争端国际中心"机制研究 / 02298
309-07990	国际人力资源管理〔第2版〕/ 03472		
309-12863	国际人力资源管理〔第3版〕/ 03473	309-03011	国际投资争端案例精选 / 02297
309-07376	国际人力资源管理教程 / 03480	309-05548	国际投资法的新发展与中国双边投资条约的新实践 / 02296
309-05850	国际工程承包管理 / 04189		
309-02141	国际大学生程序设计竞赛试题解析 / 14958	309-06250	国际投资学 / 04695
		309-05793	国际财务管理 / 04308
309-14462	国际大都市信息传播网络发展研究 基于大众传播与区域互动关系视角的考察 / 04979	309-04105	国际私法 / 02301
		309-06128	国际私法〔第2版〕/ 02302
		309-10351	国际私法原理 / 02303
5627-0598	国际卫生病媒控制 / 13277	309-11999	国际私法原理〔第2版〕/ 02304
309-05778	国际化竞争与我国少数民族地区经济社会发展 / 02724	309-12500	国际直接投资与跨国公司的全球经营 / 04694
309-08434	国际反洗钱师资格认证教程 / 01924	309-09419	国际直接投资的贸易理论研究 / 04796
309-02913	国际反倾销法 / 02287	309-10062	国际物流与货运代理运作 / 03048
309-01419	国际公共关系教程 / 01747	309-05002	国际物理奥赛的培训与选拔 / 06780
309-07960	国际市场营销 / 04142		
309-07611	国际市场营销英语 / 07819	309-11966	国际物理奥赛的培训与选拔〔第2版〕/ 06781
309-01373	国际市场营销管理 / 04140		

309-13117	国际货币体系改革与国际金融中心研究 / 04365	309-01962	国际服务贸易法 / 02286
309-13017	国际货运代理英语 / 03784	309-05761	国际服务贸易学 / 04146
309-08719	国际金融 双语 / 04673	309-02890	国际法 / 02274
309-01475	国际金融 ABC / 09141	309-10881	国际法点点通 全球化时代的法律冲突与对话 / 02271
309-07698	国际金融中心理论研究 / 04684	309-08793	国际法原理〔第2版〕/ 02276
309-02144	国际金融市场 / 04686	309-14507	国际注册理财师资格认证教材 上册 / 04531
309-13268	国际金融机构体系与国际金融中心建设研究 / 04681	309-14508	国际注册理财师资格认证教材 下册 / 04532
309-14686	国际金融体系与国际金融中心联动研究 / 04656	309-14802	国际学术交流 / 07916
309-00718	国际金融纲要 / 04671	309-03471	国际经贸实务 / 04148
309-04000	国际金融法学 / 02294	309-05989	国际经贸实务〔第3版〕/ 04149
309-05163	国际金融学 / 04657	309-02997	国际经贸高级英语 精读与翻译 / 07906
309-09283	国际金融学〔第2版〕/ 04658	309-08058	国际经贸高级英语精读 / 07907
309-06152	国际金融学习题与案例 / 04674	309-01844	国际经济合同 / 02305
309-05610	国际金融实用教程 / 04667	309-05622	国际经济合作 / 02587
309-10101	国际金融实务 / 04672	309-01639	国际经济合作概论 / 02586
309-13445	国际金融理论与实务 / 04669	309-04222	国际经济法 / 02278
309-00135	国际金融辞典 / 04680	309-06468	国际经济法〔第2版〕/ 02279
4253.007	国际金融简论 / 04655	309-00335	国际经济法导论 / 02280
309-01360	国际金融新编 / 04659	309-03659	国际经济法概论 / 02281
309-01900	国际金融新编〔第2版〕/ 04660	309-02058	国际经济学 / 02561
309-02915	国际金融新编〔第3版〕/ 04661	309-02474	国际经济学 / 02569
309-06236	国际金融新编〔第4版〕/ 04662	309-03314	国际经济学〔第2版〕/ 02570
309-09296	国际金融新编〔第5版〕/ 04663	309-06145	国际经济学 / 02559
309-13378	国际金融新编〔第6版〕/ 04664	309-06879	国际经济学〔第3版〕/ 02571
309-01936	国际金融新编习题指南 / 04675	309-07089	国际经济学 / 02572
309-03461	国际金融新编习题指南〔第2版〕/ 04676	309-06975	国际经济学〔第2版〕/ 02562
309-06319	国际金融新编习题指南〔第3版〕/ 04679	309-08054	国际经济学 双语 / 02566
309-09512	国际金融新编习题指南〔第4版〕/ 04677	309-00446	国际经济学导论 / 02567
309-13773	国际金融新编习题指南〔第5版〕/ 04678	309-10936	国际经济学教程 / 02563
		309-00805	国际经营的战略行动 / 03470
309-03620	国际金融管理学 / 04685	309-03028	国际经营策略 / 03475
		309-04132	国际政治学新论 / 01404
		309-05772	国际政治经济学简明教程 / 02568
309-07153	国际服务贸易 / 04188	309-05138	国际贸易 / 04124

309-02044	国际贸易与国际金融教学案例精选 / 04117		309-04838	国际结算 / 04560
309-00470	国际贸易与国际经济合作概论 / 04115		309-04974	国际结算〔第2版〕/ 04563
309-01093	国际贸易与国际经济合作概论 / 04116		309-05689	国际结算 / 04567
309-06167	国际贸易习题与案例 / 04138		309-06073	国际结算〔第2版〕/ 04561
309-06151	国际贸易专业英语 双语 / 08013		309-14086	国际结算〔第3版〕/ 04562
309-06770	国际贸易地理 / 04170		309-06265	国际结算习题与案例 / 04568
309-10930	国际贸易地理〔第2版〕/ 04171		309-09729	国际航运实用英语 / 03789
309-02167	国际贸易的知识产权法 / 01915		309-06120	国际资本流动与货币政策效应 / 04703
309-05726	国际贸易的知识产权法〔第2版〕/ 01916		309-12014	国际资源价格形成机制研究 基于广义供求均衡论的视角 / 02579
309-02733	国际贸易法 / 02288		309-10917	国际旅游岛建设研究报告 / 03855
309-03726	国际贸易实用教程 / 04128		309-13814	国际教育技术学研究知识图谱 理论、技术与实践应用 / 05565
309-06214	国际贸易实用教程〔第2版〕/ 04129		309-00294	国际基金会指南 / 01020
309-05228	国际贸易实务〔第2版〕/ 04156		309-08788	国际营销管理 / 04139
309-07316	国际贸易实务 / 04147		309-02837	国际银行学概论 / 04682
309-08436	国际贸易实务〔第3版〕/ 04157		309-07580	国际商务英语 / 08014
309-08388	国际贸易实务〔第3版英文版〕/ 04150		309-07579	国际商务英语泛读 上册 / 09004
309-11539	国际贸易实务〔第4版〕/ 04158		309-07603	国际商务英语泛读 下册 / 09005
309-14989	国际贸易实务 / 04159		309-07379	国际商务英语信函及写作 / 08365
309-05419	国际贸易实务 双语〔第2版〕/ 04151		309-09968	国际商务英语信函及写作〔第2版〕/ 08366
309-05876	国际贸易谈判 / 04165		309-01477	国际商务英语教程 / 09122
309-01713	国际贸易教程 / 04135		309-02868	国际商务英语教程〔第2版〕/ 09123
309-02693	国际贸易教程〔第2版〕/ 04136		309-04669	国际商务英语教程〔第3版〕/ 09124
309-04545	国际贸易教程〔第3版〕/ 04137		309-06403	国际商务英语教程(第三版)教师参考用书 / 09047
309-02906	国际贸易教程习题指南 / 04118		309-04253	国际商务单证实务 / 04167
309-06674	国际贸易惯例与公约教程 / 04183		309-07696	国际商务函电写作与实践 / 08335
309-06765	国际贸易摩擦的成因及化解途径 / 04184		309-05893	国际商务谈判〔英文版〕/ 04161
309-00251	国际音标快速拼读法 / 07414		309-11107	国际商务谈判〔第2版〕/ 04162
309-01083	国际音标快速拼读法〔修订本〕/ 07416		309-13919	国际商务谈判 / 04164
309-00517	国际音标快速拼读法〔修订本〕/ 07415		309-06606	国际商务谈判与沟通技巧 / 04163
			309-01623	国际商务管理 / 04132
			309-03146	国际商务管理〔第2版〕/ 04133
			309-06302	国际商法 / 02290
309-02498	国际结算 / 04564		309-13807	国际商法〔第2版英文版〕/ 02291

309-08260	国际商法 中英文双语版 / 02292			
309-13804	国际商法 中英文双语版〔第 2 版〕/ 02293			
309-02447	国际惯例词典 / 02273			
309-02540	国际短期资本的流动机制 一个现代经济学的分析框架与实证研究 / 04702			
309-03651	国际税收 / 04286			
309-14411	国际税收 / 04280			
309-05354	国际新格局下的拉美研究 / 01809			
309-00625	国际融资技术与金融市场 / 04687			
309-01320	国际融资技术与金融市场〔重印本〕/ 04688			
309-13262	国际藏书家古籍收藏与保护研讨会论文集及珍本图录 / 05504			
309-06952	国学导论 / 15425			
309-07889	国学经典选读 大学·中庸·三字经 / 15424			
309-02469	国语直解 / 11689			
309-07456	国家 你需要知道的超过 2999 个基本事实 / 15430			
309-12759	国家与社会的协作共生 新加坡居委会发展模式 / 01698			
309-04456	国家司法考试试题分类解析应试技巧及变型题预测 / 01958			
309-04455	国家司法考试教科书 / 01957			
309-04632	国家形象传播 / 01381			
309-13568	国家高新技术企业认定实务教程 / 03547			
309-06904	国家基本药物政策研究 / 14582			
309-14960	国球之"摇篮" 上海乒乓名将访谈录 / 11901			
309-00771	国情与思考 / 01595			
309-00598	国情教育 / 01594			
309-01885	国税,岂能吞噬 税收检查 100 例 / 04321			
5627-0164	国境口岸传染病监测优秀论文集 / 13280			
5627-0345	国境卫生检疫报验员实用手册 / 13279			

咕

309-10621	咕咕结婚了 / 05909

畅

309-02753	畅游日本 最新旅游指南 / 12191

明

309-12937	明人诗话要籍汇编 / 10313
309-11065	明末清初时事小说研究 / 10356
309-04873	明代中晚期讲学运动 1522—1626〔第 2 版〕/ 00279
309-01510	明代中期文学演进与城市形态 / 10134
309-14872	明代文人结社研究 / 01676
309-04973	明代徽州文学研究 / 10101
309-10612	明年春天再见 / 05890
309-13236	明清小说的生成与衍化 / 10357
309-07465	明清之际的思想与言说 / 01671
309-11313	明清文人的小品世界 / 10411
309-08503	明清以来江南城市发展与文化交流 / 11759
309-08685	明清以来的徽州茶业与地方社会 1368—1949 / 03717
309-12254	明清宁国府区域格局与社会变迁 / 11774
309-11360	明清曲谈 戏曲笔谈 / 10338
309-00355	明清江南市镇探微 / 03681
309-13727	明清江南经济发展与社会变迁 / 02729
309-10953	明清时期辽宁、冀东地区历史地理研究 以《燕行录》资料为中心 / 12125
309-07986	明朝大人物 皇帝、权臣、佞幸及其他 / 11813

易

309-03027	易老与养生 / 13459
309-02838	易学史发微 / 00164
309-01812	易经杂说 / 00159

			呼	
309-03237	易经杂说〔第2版〕/ 00160			
309-11596	易经杂说〔第3版〕/ 00161		309-04195	呼兰河传·小城三月 / 10634
309-13119	易经杂说 / 00162		309-03845	呼吸历史 对亚太区域的人文思考 / 11780
309-13888	易经杂说 / 00163			
309-01817	易经系传别讲 / 00154		5627-0259	呼吸机临床应用手册 / 13880
309-03244	易经系传别讲〔第2版〕/ 00155		309-05482	呼吸系统疾病的细胞和分子生物学 / 14117
309-11597	易经系传别讲〔第3版〕/ 00156		309-03952	呼吸青春 拥抱阳光 校园文化艺术 Follow me / 06843
309-13157	易经系传别讲 / 00157			
309-13889	易经系传别讲 / 00158		5627-0027	呼吸调节生理进展 / 13647
309-04577	易经易解 / 00153		309-08619	呼喊与耳语之间 林贤治访谈录 / 11962
309-09330	易家之言 / 00416		309-12042	呼喊在风中 一个博士生的返乡笔记 / 10884

典

309-11112 典以载道 文以传声 中国辞书学会双语词典专业委员会第十届年会暨学术研讨会论文集 / 08211

罗

			309-04122	罗以澄自选集 新闻求索录 / 05139
	固		309-14426	罗伊斯的绝对实用主义 / 00105
309-00299	固体化学及其应用 / 12682		309-09930	罗伯特·诺齐克 / 00344
309-02534	固体物理简明教程 / 12668		309-09915	罗英文集 / 15343
309-05785	固体物理简明教程〔第2版〕/ 12669		309-09104	罗兹挽歌 / 10997
309-15206	固体废物处理与处置 / 15418			**图**
309-02028	固体能带理论〔第2版〕/ 12670		309-03957	图书营销管理 / 05415
309-12241	固体酸催化 / 12723		309-01310	图书馆信息科学的理论与实践 / 05458
309-09535	固体碱催化 / 12724		309-01693	图形函数计算器 CASIO fx-9700GH型 / 12262
309-03544	固态电子学基础 / 14806			
309-04135	固定收益证券定价理论 / 04635		309-14732	图注脉诀辨真〔影印本〕/ 13489
	忠		309-08483	图说中国交际礼仪 101 / 07791
309-08569	忠孝与仁义 儒家伦理批判 / 00399		309-14997	图说中国航运文化地标 / 03790
309-09028	忠者之言《楚辞》选读 / 10549		309-13264	图说幼教 / 05731
	咀		309-08561	图案·装饰 幼儿园平面设计与环境创设 / 06068
309-04440	咀华集·咀华二集 / 10175		309-09878	图像与花朵 / 10778
	呱		309-04747	图像时代 视觉文化传播的理论诠释 / 05050
309-13285	呱呱坠地的巨人 / 00171		309-06305	图像时代的早期阅读 / 05812

| 309-12300 | 图像阈值化及其在目标分割中的应用研究 / 15176 |
| 4253.017 | 图解经济学 / 02402 |

钓

| 309-10581 | 钓鱼岛历史真相 / 01775 |

制

309-10657	制图测绘与 CAD 实训 / 14723
309-14077	制度分析与公共治理 / 01651
309-04989	制度变迁与长期经济发展 / 02731
309-02234	制度变迁与稳定 中国经济转型中稳定问题的制度对策研究 / 02634
309-02565	制度变迁与管理创新 / 03501
309-05750	制度变迁中的权力博弈 以转型期中国高等教育制度为研究重点 / 07041
309-12914	制度视角下的股权、CEO 激励及其治理绩效研究 / 03292
309-03633	制度经济学 制度及制度变迁性质解释 / 02540
309-06863	制度经济学 制度及制度变迁性质解释〔第2版〕/ 02541
309-09379	制度、思想与文学的互动 北宋前期诗坛研究 / 10255
309-02220	制造业结构的转型与经济发展 中国1978—1998 年制造业内部结构的调整 / 03761

知

309-08959	知日的风景 / 04961
309-09455	知日的风景 / 04962
309-10578	知心 中国心血管内科发展历程 / 14077
309-02061	知名记者新闻业务讲稿 / 05093
309-11441	知识工作及其生产率研究 / 02420
309-03819	知识·权力·控制 基础教育课程文化研究 / 06280
309-11303	知识创新理论框架下的商务英语学习研究 / 03864
309-09900	知识产权边境保护制度原理与实案 / 02185
309-03320	知识产权法 / 02182
5627-0388	知识产权法概论 / 01903
309-01472	知识库系统原理及其应用 / 14865
309-02532	知识经济与知识产权法 / 02184
309-02836	知识经济与高等教育创新 / 07040
309-02109	知识经济时代的来临 / 02499
309-04906	知识 信仰 现代化 中国政治社会化中的高等教育 / 07034
5627-0684	知识就是健康 家庭保健必读 / 13181
309-05873	知识管理 / 03139
309-02757	知识管理与组织创新 / 03236
309-08237	知音文化管理五讲 怎样打造知音伙伴式团队 / 03132
309-07093	知情权的法律保障 / 01879

牧

| 309-10018 | 牧风而去 郑攀抒情诗选(2) / 10601 |
| 309-09991 | 牧师的黑面纱 霍桑短篇小说选 / 11089 |

物

309-05294	物业管理 理论与实务 / 03633
309-09177	物业管理 理论与实务〔第2版〕/ 03634
309-06821	物业管理英语口语 / 09460
309-03171	物业管理学 / 03635
309-05725	物权法 / 02175
309-10918	物权法〔第2版〕/ 02176
309-10302	物权法疑难问题研究 / 02179
309-09111	物质流分析 可持续发展的测量工具 / 15403
309-11130	物流与供应链管理 / 03066
309-07391	物流企业会计与财务管理 / 03075
309-05190	物流设施与设备 / 03063
309-07713	物流英语 / 03041
309-11326	物流英语 / 03042
309-02825	物流和供应链管理 / 03335

309-12341　物流服务营销 / 03071
309-07074　物流法教程 / 02115
309-07863　物流学概论 / 03043
309-11482　物流学概论〔第2版〕/ 03044
309-12362　物流统计实务 / 03046
309-04994　物流管理信息系统 / 03065
309-00962　物理 / 07158
309-05087　物理 / 12602
309-10449　物理 / 06787
309-10595　物理大师的追寻 追随物理学家足迹 探寻大师成功心路 / 11812
309-09814　物理化学 / 12715
309-06345　物理化学学习指导〔第2版〕/ 12713
309-01606　物理化学学习指导 含结构化学 / 12714
309-01262　物理光学实验 / 12656
309-06699　物理治疗学 / 13867
309-09234　物理学 上册 / 12598
309-11178　物理学 上册〔第2版〕/ 12600
309-07273　大学计算机基础实践教程 / 12582
309-09411　物理学 下册 / 12599
309-11171　物理学 下册〔第2版〕/ 12601

和

5627-0212　和少年朋友谈文化生活 / 06812
309-07027　和圣人一起思考 / 10877
309-10509　和你在一起真好 / 05943
309-05033　和谐管理：本质、原理、方法〔第2版〕/ 03097

季

309-06025　季节轮换 "第三代"诗叙论〔修订版〕/ 10327

供

309-06219　供应链金融服务创新论 / 03047
309-11321　供应链服务 物流、贸易高端服务 / 03053

309-10682　供应链线上线下的产能运作与风险防范 / 03056
309-04602　供应链管理 / 03069
309-07855　供应链管理 / 03067
309-12089　供应链管理〔第2版〕/ 03068
309-05224　供应链管理习题与案例 / 03342

使

309-14792　使不可见者可见 保罗·克利艺术研究 / 11160
309-09465　使命与主体《人民日报》社论（1949—2008）的话语呈现 / 01427

侠

309-04406　侠的人格与世界 / 11585

侦

309-09597　侦查学〔第2版〕/ 01942
309-10122　侦查学原理〔第2版〕/ 01944
309-08366　侦查学案解 / 01943
309-08191　侦探研究 / 10012

侗

309-13400　侗族旅游村寨协同治理研究 / 03849

货

309-04095　货币一体化概论 / 04366
309-11153　货币一体化概论〔第3版〕/ 04367
309-01256　货币与利息互换 一种国际金融创新工具 / 04696
309-04310　货币市场经纪 欧洲主导的金融服务业 / 04597
309-15025　货币论 / 04356
309-02451　货币·金融·世界经济 陈观烈选集 / 04360
309-14642　货币金融学 / 04358
309-08517　货币政策对房价波动的区域异质性

	研究 / 04364		309-01862	往事并不苍老 一个50年代大学生的日记 / 10846
309-07917	货币政策的传导和有效性研究 / 04372			
309-03019	货币政策效果的度量 中国货币政策效果的定量评价 / 04373		**彼**	
			309-10343	彼此的视界 / 09985
309-07332	货币政策微观基础 中国居民消费和投资行为动态模拟研究 / 02689		**所**	
309-03924	货币银行学 / 04415		309-06316	所得税会计学 / 04337
309-11972	货币银行学 / 04414		**金**	
309-12565	货币银行学 / 04406			
309-04493	货币银行学习题集 / 04445		309-07815	金工实习 / 14681
309-00459	货币银行学原理 / 04428		309-01888	金元外交与列强在中国 1909—1913 / 01794
309-01182	货币银行学原理〔重印本〕/ 04429		309-08899	金老师讲故事 / 10671
309-01758	货币银行学通论 / 04425		309-12273	金亚秋院士绘画作品集 / 11191
309-02790	货币银行学通论〔第2版〕/ 04426		309-02983	金刚经说什么 / 00604
309-11137	货币银行学通论〔第3版〕/ 04427		309-03326	金刚经说什么〔第2版〕/ 00605
309-02274	货币替代研究 / 04357		309-11613	金刚经说什么〔第3版〕/ 00606
309-07589	货物报关实务与管理 / 04209		309-13125	金刚经说什么 / 00607
依			309-06658	金刚般若波罗蜜经讲记 / 00600
309-05439	依然神秘 一位中国著名记者眼中的"另类"美国 / 12196		309-09187	金枝玉叶 比较神话学的中国视角 / 10422
质			309-07561	金波涌处晓云开 庆祝顾易生教授八十五华诞文集 / 10125
309-14658	质庵书稿两种 / 11755		309-06296	金城银行的放款与投资 1917—1937 / 04825
309-02513	质量管理学 / 03317			
309-05789	质量管理学〔第3版〕/ 03318		309-15073	金砖国家资本账户开放强度差异之谜与中国选择 / 04700
309-04558	质量管理教程 / 03313		309-02643	金钱的运动 中国股市十年风雨路 / 04773
309-06661	质量管理教程〔第2版〕/ 03314			
征			10253.015	金瓶梅研究 / 10343
309-08065	征地利益论 / 03696		309-11433	金瓶梅研究 第11辑 第十届(兰陵)国际《金瓶梅》学术讨论会专辑 / 10344
309-06959	征尘杂酒痕 《高山下的花环》拍片笔记 / 10734		309-11201	金匮微悟 / 13478
309-01008	征途放歌 / 10586		309-12824	金粟轩纪年诗初集 / 10581
往			309-00983	金牌是这样夺来的 第25届奥运会中国金牌选手大写真 / 10679
309-02518	往事杂忆 / 10695		309-09270	金属切削原理与数控机床刀具 / 14685

编号	书名
309-06652	金融工具会计准则制定研究 基于IASC／IASB 的若干经验 ／ 04485
309-05332	金融工程 衍生金融产品与财务风险管理 ／ 04571
309-09733	金融工程应用与案例 ／ 04434
309-03343	金融工程学 金融商品创新选择权理论 ／ 04398
309-02192	金融开放与经济发展 ／ 04716
309-03044	金融分析 投资、融资策略与衍生创新 ／ 04570
309-02294	金融风险与银行管理 ／ 04390
309-04996	金融风险管理 ／ 04389
309-06673	金融风险管理 ／ 04392
309-08274	金融风险管理〔第 2 版〕／ 04393
309-13184	金融风险管理实务 ／ 04598
309-03400	金融犯罪理论专题研究 ／ 01923
309-14159	金融市场与机构 ／ 04582
309-05079	金融市场投融资分析 ／ 04580
309-05779	金融市场学 ／ 04596
309-04676	金融市场学教程 ／ 04575
309-07154	金融市场学教程〔第 2 版〕／ 04576
309-12425	金融市场基础知识 2017 年新大纲版 ／ 04605
309-12190	金融市场基础知识命题预测试卷 ／ 04604
309-14681	金融发展与中国企业的国际化研究 ／ 04705
309-14007	金融仿真综合实验 ／ 04256
309-02193	金融全球化与风险防范 ／ 04665
309-10239	金融企业会计 ／ 04489
309-10557	金融企业会计习题指南 ／ 04497
309-14219	金融企业会计学 ／ 04492
309-03352	金融创新与金融风险 发展中的两难 ／ 04710
309-04851	金融创新与房地产 ／ 04743
309-13736	金融创新发展的法治保障研究 ／ 02050
309-09159	金融危机"机遇"研究 ／ 04792
309-07067	金融危机的马克思主义解读 ／ 04654
309-10151	金融产业发展研究 兼论上海国际金融中心建设 ／ 04706
309-12052	金融安全读本 ／ 02177
309-07747	金融投资分析技术与技巧 ／ 04533
309-07378	金融投资实务 ／ 04553
309-06640	金融体系结构差异与国际收支失衡 ／ 04278
309-02194	金融改革与金融业发展 ／ 04715
309-05109	金融英语 ／ 04386
309-06732	金融英语〔第 2 版〕／ 04387
309-14516	金融英语 ／ 04394
309-00377	金融英语入门 ／ 09137
309-02620	金融法 ／ 02041
309-05110	金融法学 ／ 02043
309-14908	金融法学〔第 2 版〕／ 02044
309-07705	金融法基本原理与实务 ／ 02046
309-03293	金融法概论〔第 2 版〕／ 02042
309-04722	金融泡沫的形成、运行与控制研究 ／ 04402
309-05372	金融学 ／ 04418
309-06492	金融学学习指导 ／ 04419
309-04245	金融学教程 ／ 04433
309-07218	金融学教程（双语）理论与实训 ／ 04424
309-04262	金融学基础冲刺 ／ 04420
309-04186	金融学基础辅导 ／ 04421
309-05233	金融学基础联考模拟试卷及详解 2007 ／ 04446
309-02952	金融学硕士研究生招生联考金融学考试大纲 2002 年 ／ 06948
309-09806	金融实用英语 ／ 04391
309-05358	金融契约、治理结构与产业整合 ／ 02519
309-08412	金融科研谱新篇 二 上海金融学院 2009—2010 年获奖成果汇编 ／ 04450
309-07086	金融科研谱新篇 上海金融学院 2004—2008 年获奖成果汇编 ／ 04449
309-10012	金融科研谱新篇 上海金融学院 2011—2012 年获奖成果汇编 ／ 04451
309-01598	金融保险英语教程 ／ 09149

309-14329	金融衍生工具 / 04578
309-01663	金融衍生市场投资 理论与实务 / 04577
309-06273	金融衍生产品 / 04591
309-13461	金融衍生产品投资风险控制法律制度研究 / 02061
309-04774	金融资产价格波动与风险控制 / 04599
309-06288	金融理论与实务〔第2版〕/ 04403
309-09097	金融理论与政策 宏观分析视角 / 04400
309-07330	金融理财规划 / 04537
309-07080	金融理财学 / 04519
309-09888	金融理财学〔第2版〕/ 04520
309-03748	金融控股公司论 兼析在我国的发展 / 04464
309-11556	金融硕士（MF）考试大纲解析 / 04440
309-09339	金融硕士(MF)冲刺 / 04436
309-11558	金融硕士(MF)复习全书 / 04447
309-11788	金融硕士(MF)真题及详解 / 04448
309-08214	金融硕士(MF)辅导 / 04437
309-09879	金融硕士(MF)辅导 2014 / 04438
309-10903	金融硕士(MF)辅导 2015 / 04439
309-14092	金融随机分析概要 / 04431
309-05481	金融博弈论 / 04399
309-03141	金融数学与分析技术 / 04397
309-12834	金融暴风眼 / 04707

爸

| 309-11108 | 爸妈别抓狂 / 07225 |

采

| 309-04432 | 采购与供应链 / 03340 |
| 309-07925 | 采购与供应链〔第2版〕/ 03341 |

受

| 309-05847 | 受众学说 多维学术视野的观照与启迪 / 05087 |

乳

5627-0250	乳房外科学 / 14236
309-11811	乳腺肿瘤多学科综合治疗疑难病例讨论精选 / 14417
309-09945	乳腺肿瘤学 / 14418
309-13792	乳腺肿瘤学〔第2版〕/ 14419
309-13252	乳腺原位癌 / 14416
5627-0498	乳腺病理学 / 14422
5627-0383	乳腺癌 / 14421
5627-0104	乳腺癌防治与自我检查 / 14414

贫

| 5627-0632 | 贫血的防治 / 14114 |

肺

5627-0336	肺部感染性疾病 / 14122
5627-0329	肺部感染性疾病〔重印本〕/ 14121
5627-0410	肺癌 / 14386
309-13280	肺癌防范 / 14384
5627-0391	肺癌现代治疗 / 14387

肿

309-04227	肿瘤三维适形与束流调强放射治疗学 / 14371
309-14154	肿瘤防治 绘画本 / 14334
309-14416	肿瘤医学 / 14339
5627-0416	肿瘤伴发性综合征 / 14381
309-11244	肿瘤转移 生物学基础与治疗 / 14355
309-03128	肿瘤放射治疗250问 / 14373
5627-0067	肿瘤放射治疗增敏药物的研究与应用 / 14374
309-04606	肿瘤学 / 14335
309-13778	肿瘤科出院病人中医调养 / 13546
309-11812	肿瘤科常见诊疗问题问答 胡夕春医生查房实录 / 14356
5627-0293	肿瘤病人与营养〔重印本〕/ 14380

309-12856	肿瘤流行病学 / 14354	309-01982	股经 / 04586
5627-0624	肿瘤基础理论〔第2版〕/ 14351	309-05817	股指期货和黄金期货交易手册 / 04572

朋

309-11310　朋友是最后的故乡 / 10893

股

309-02818　股市大家谈　股林高手心得 / 04759
309-06478　股权投资基金运作　PE价值创造的流程 / 03581
309-08733　股权投资基金运作　PE价值创造的流程〔第2版〕/ 03582
309-08741　"股权溢价之谜"研究　对资产定价、风险偏好与效用函数的分析 / 04602
309-00160　股份公司会计 / 03446
309-01096　股份公司会计〔重印本〕/ 03447
309-01307　股份公司会计〔第2版〕/ 03448
309-02933　股份公司会计制度改革效果的实证研究　会计准则的国际化、经济后果与价值相关性 / 03574
309-07968　股份制经济学概论〔第6版〕/ 02413
309-00620　股份制经济学概论　股票、债券、证券交易所和股份制度 / 02414
309-01186　股份制经济学概论　股票、债券、证券交易所和股份制度〔第2版修订本〕/ 02415
309-01321　股份制经济学概论　股票、债券、证券交易所和股份制度〔第2版修订本〕/ 02416
309-01680　股份制经济学概论　股票、债券、证券交易所和股份制度〔第3版〕/ 02417
309-02308　股份制经济学概论　股票、债券、证券交易所和股份制度 / 02418
309-01035　股份制理论与企业改制操作 / 03171
309-01348　股份制理论与企业改制操作〔重印本〕/ 03172
309-01875　股林高手 / 04587
309-02525　股往金来 / 04627
309-02256　股法无边 / 04585

309-05624　股指期货简明知识读本 / 04590
309-05990　股票市场与货币政策 / 04768
309-11881　股票流动性、公司治理与代理成本　基于我国上市公司的实证研究 / 03577
309-01200　股票、期货、外汇技术分析详解　理论·实务·策略〔重印本〕/ 04600

肥

5627-0294　肥胖者与营养 / 13139
309-10326　肥料中三聚氰胺的检测方法及其迁移转化研究 / 14632

服

309-06906　服务业的品管圈活动 / 04057
309-05996　服务业跨国公司的国际化扩张研究 / 04059
309-01968　服务市场营销管理 / 04052
309-14549　服务有礼　礼仪培训21礼 / 04051
309-09417　服务型跨国公司模块化 / 04056
309-08542　服务保证的设计及其有效性　消费者心理距离视角的实验研究 / 03345
309-04826　服务贸易中的动态比较优势研究 / 04153
309-12289　服务特征的经济学分析 / 02520
309-12082　服饰的故事 / 15244

周

309-13859　周予同教育论著选编 / 05580
5627-0500　周围神经卡压性疾病 / 14446
309-09241　周作人　中国现代性的另类选择 / 11945
309-12301　周易正学　孔子哲学思想解读 / 00170
309-08459　周易象数例解 / 00165
309-05880　周易精读 / 00166
309-12370　周易精读〔第2版〕/ 00167
309-11911　周昂《新订中州全韵》研究 / 07556

309－07832	周知万物的智慧《周易》文化百问 / 00152		309－07762	放浪记 / 10953
309－11096	周金然集 / 10515		309－10009	放慢·放松·放下 / 00506
309－06524	周洪林书法集 / 11243			**郑**
309－03465	周秦汉晋方言研究史〔第 2 版〕/ 07700		309－07428	郑子瑜先生纪念集 / 11908
	变		309－05586	郑子瑜传稿 / 12055
309－12325	变化中的明清江南社会与文化 / 11757		309－00648	郑子瑜的学术研究和学术工作 / 00847
309－07427	变动时代的文化履迹 / 11720		309－07528	郑励志文集 / 00754
	京			**单**
309－01366	京派文学的世界 / 10474		309－08917	单车环球梦 / 10904
309－13696	京津冀协同创新创业型体育人才培养研究 / 07291		309－10060	单车枫叶情 Forever young 纪念版 / 10905
	夜		309－07980	单片机工程应用技术 / 15088
309－14849	夜里什么会发光 / 10999		309－10654	单片机工程应用技术〔第 2 版〕/ 15089
309－05043	夜深沉 / 10636		309－07202	单片机应用与开发（入门）/ 15101
	庙		309－13699	单片机应用技术〔第 3 版〕/ 15090
309－09873	庙堂与山林之间 谢灵运的心路历程与诗歌创作 / 11918		309－01152	单片机型 Z80 系列控制器技术手册〔英文版〕/ 15116
309－13108	庙堂与江湖 宋代诗学的空间 / 10314		309－01557	单片机接口技术 / 15100
309－10211	庙堂之高与江湖之远 重新评点《水浒传》/ 10375		309－00515	单片微机 MCS－51 用户手册〔重印本〕/ 15098
	废		309－00649	单片微机 MCS－96/98 实用子程序 / 14952
309－08097	废弃物国际贸易的风险及法律控制 / 02289		309－01405	单片微机控制技术 / 14875
	净		309－01067	单片微型机原理、应用与实验〔重印本〕/ 15107
309－07369	净因三要 / 00683		309－01707	单片微型机原理、应用与实验〔第 2 版修订版〕/ 15108
	放		309－02645	单片微型机原理、应用与实验〔第 3 版〕/ 15109
309－14687	放矢中国金融热点问题 / 04404		309－05149	单片微型机原理、应用与实验〔第 5 版〕/ 15110
5627－0041	放射损伤防治药物简介 / 04355		309－08693	单片微型机原理、应用与实验 A51 版 / 15111
			309－07651	单片微型机原理、应用与实验 C51 版 / 15112

309-06166	单片微型机原理、应用与实验学习指导与教学参考 / 15113		309-10671	法学英语教师用书 Ⅰ、Ⅱ〔第2版〕/ 01828
309-00776	单片微型机原理、应用与实践 / 15105		309-09287	法学通论 / 01835
309-01329	单片微型机原理、应用与实践〔重印本〕/ 15106		5627-0102	法学基础教程 / 01832
			5627-0239	法学基础教程〔第2版〕/ 01829
309-12293	单操作孔胸腔镜肺叶肺段切除手术图谱 / 14232		5627-0427	法学基础教程〔第3版〕/ 01830
			309-01138	法学基础新编 / 01846

法

			309-01300	法学基础新编〔重印本〕/ 01847
309-08252	法文化视角下的传统侦查研究 / 01941		309-00243	法学概论 / 01836
			309-03558	法学概论 / 01822
309-15089	法务会计与财务 理论与实践 / 01947		309-01735	法学概论新编 / 01837
309-11195	法务会计与舞弊调查 写给非专业人士 / 01948		309-02322	法学概论新编〔第3版〕/ 01838
			309-11370	法显传校注 我国古代的海上交通 / 03791
309-03846	法兰西文学大师十论 / 11056		309-12090	法泉滴注 民商法研究文集 / 02169
309-01946	法兰克福学派美学思想论稿 / 00450		309-10038	法律与君王 论君王与人民之正当权力 / 01860
309-06153	法医学 / 01951			
309-11922	法医学 / 01952		309-05317	法律专业逻辑学教程 / 01849
309-09299	法者之言《韩非子》选读 / 00264		309-10866	法律文化纲要 / 01863
309-10501	法拉的菜园 / 05934		309-14892	法律文化纲要〔第2版〕/ 01864
309-10500	法拉需要一张新床 / 05935		309-04146	法律文书写作 / 02233
309-06427	法国行政合同 / 02266		309-04794	法律文书范例评析 / 02234
309-00552	法国宏观经济管理 / 02760		309-09504	法律文书范例评析〔第2版〕/ 02235
309-14267	法国现代卫生体系概论 医院管理与医院改革 / 13368		309-04788	法律文书学教程〔第2版〕/ 02236
			309-10914	法律文书学教程〔第3版〕/ 02237
309-02829	法国诗选 / 11057		309-14043	法律术语的认知与翻译研究 / 01815
309-04127	法国诗选〔第2版〕/ 11058		309-08109	法律这些事儿 生活中不得不懂的法律 壹 / 01978
309-00115	法国经济与社会史 50年代至今 / 02761			
309-01637	法制建设与上海城市文明 / 02244		309-08108	法律这些事儿 生活中不得不懂的法律 贰 / 01979
309-09192	法治与社会 第2卷 2012 / 01857		309-09310	法律规范的冲突解决规则 / 01834
309-12291	法学名家评案说法"双千"专家专辑 / 01986		309-01790	法律英语 / 09128
			309-04938	法律英语〔第2版〕/ 09129
309-09146	法学英语 Ⅰ / 01823		309-09958	法律英语 双语法律文书的解释 / 09130
309-10288	法学英语 Ⅰ〔第2版〕/ 01824			
309-09007	法学英语 Ⅱ / 01825		309-04277	法律英语 中英双语法律文书制作 / 09131
309-10318	法学英语 Ⅱ〔第2版〕/ 01826			
309-09008	法学英语教师用书 Ⅰ、Ⅱ / 01827		309-09186	法律英语 中英双语法律文书制作〔第2

	版〕/ 09132		界 / 11704
309-06284	法律英语 中英双语法律文书中的句法歧义 / 09133	309-06730	河东辑 / 10899
309-07389	法律英语 中英双语法律文书中的语义歧义 / 09134	309-10361	河西走廊人居环境与各民族和谐发展研究 / 15392
309-07129	法律英语基础教程 / 07856	309-12613	河南省产业升级和结构转型研究 河南省发展和改革委员会产业研究所研究成果选编（2016） / 03078
309-06480	法律英语综合教程 阅读·案例·写作 / 07845		
309-11261	法律的动态经济分析 / 01853	**泊**	
309-11008	法律、经济学与伦理 / 01852	309-06046	泊下的记忆 利物浦老上海海员口述史 / 12061
309-11011	法律经济学的原理与方法 规范推理的基础工具 / 01854	**泡**	
309-09343	法律语言与翻译 2012年 第3辑 / 01850	309-10175	泡泡理论 人类社会何去何从 / 02482
309-08533	法律语言与翻译 第2辑 / 01851	**注**	
309-12827	法律素养 记者的必修课 / 02160	309-14876	注意力分散时代 高速网络经济中的阅读、书写与政治 / 05047
309-03000	法律基础 / 01966		
309-10244	法律基础 / 01968	309-06934	注意在二语动名词搭配习得中的差别效应 / 07459
309-03015	法律基础与思想道德修养 / 01970		
309-06270	法律基础习题集 / 01967	**泌**	
309-02762	法律基础教程 / 01971	309-12115	泌尿及生殖系统恶性肿瘤120问 / 14407
309-14543	法律硕士联考 法学 / 非法学 / 01816	309-14883	泌尿及生殖系统常见恶性肿瘤防治120问与答 / 14408
309-10783	法律常识读本 / 01984	5627-0390	泌尿及男性生殖系恶性肿瘤 / 14409
309-06630	法律逻辑学案例教程 / 01848		
309-04645	法哲学 / 01833	309-03492	泌尿生殖系统血管外科手术图解 / 14280
309-12998	法理与学说作为法源之研究 / 01841		
309-02484	法理学 / 01821	**波**	
309-03351	法理学 / 01818	309-01394	波动理论 / 12571
309-06261	法理学〔第2版〕/ 01819	309-08181	波斯帝国史 / 11551
309-09904	法理学〔第3版〕/ 01820		
309-05164	法理学导论 / 01842	**治**	
309-11180	法理学导论〔第2版〕/ 01843	309-13259	治气养心之术 中国早期的修身方法 / 00424
309-03271	法理学研究 基础与前沿 / 01840		
309-08772	法譬如水 慈悲三昧水忏讲记 / 00661		
河			
309-14265	河山有誓 明清之际江南士人的生活世		

性

5627-0476	性传播疾病的防治 / 14496
309-12359	性别与视觉 百年中国影像研究 / 10068
309-10335	性别·城市·异邦 文学主题的跨文化阐释 / 09885
309-08577	性情与担当 茅盾的矛盾人生 / 11952
309-03724	性激素的临床应用 / 14612

学

5627-0093	学习《上海市尘肺病防治实施暂行办法》问答 / 13121
309-14405	学术思辨英语 / 08962
309-02416	学生电脑教程 / 06764
309-02539	学生写字等级考试规范字帖 毛笔书写一二三级（中小）/ 06256
309-02536	学生写字等级考试规范字帖 硬笔书写一级（小学）/ 06257
309-02537	学生写字等级考试规范字帖 硬笔书写二级（初中）/ 06258
309-02538	学生写字等级考试规范字帖 硬笔书写三级（高中）/ 06259
309-09629	学生同义词近义词反义词多音多义字词典 彩色版 / 06401
309-09628	学生多功能成语词典 彩色版 / 06397
309-11443	学生事务与服务的国际化 一种新兴的全球观念 / 06984
309-11446	学生服务 高校学生工作手册 / 06983
309-09630	学生组词造句搭配词典 彩色版 / 06204
309-02393	学生语文十用成语典故词典 / 06196
309-14983	学生健康素养评估指标体系研究 / 13934
309-05710	学会学习 大学生学业导航 / 06902
5627-0428	学报编辑论丛 第7集 / 05225
309-03193	学佛者的基本信念 / 00593
309-11616	学佛者的基本信念〔第2版〕/ 00594
309-03673	学者有约 在好奇心中成长 / 15433
309-02485	学苑撷英 复旦大学哲学社会科学获奖著作简介 / 15506
309-12614	学诗记 / 10261
309-07790	学思集 / 00801
309-10481	学前儿童人格培养 游戏设计和故事 / 00511
309-09747	学前儿童卫生与保育 / 13247
309-12452	学前儿童卫生学 / 13248
309-14986	学前儿童卫生学〔第2版〕/ 13249
309-14401	学前儿童卫生保健实践教程 / 13252
309-04509	学前儿童艺术教育活动指导 / 05765
309-06691	学前儿童艺术教育活动指导〔第2版〕/ 05766
309-10708	学前儿童艺术教育活动指导〔第3版〕/ 05767
309-05039	学前儿童文学 / 09965
309-06114	学前儿童文学〔第2版〕/ 09966
309-10695	学前儿童文学〔第3版〕/ 09967
309-14855	学前儿童文学〔第4版〕/ 09968
309-10760	学前儿童认知发展与学习 / 00517
309-10293	学前儿童心理发展分析与指导 / 00526
309-12883	学前儿童心理学 / 00521
309-14372	学前儿童心理学〔第2版〕/ 00522
309-10001	学前儿童心理健康指导 / 00530
309-10676	学前儿童发展 / 05721
309-10230	学前儿童发展心理学 / 00518
309-13633	学前儿童发展心理学〔第2版〕/ 00519
309-11092	学前儿童体育 / 06108
309-15138	学前儿童体育〔第2版〕/ 06114
309-15211	学前儿童体育教程 / 06121
309-08797	学前儿童社会教育 / 05735
309-12391	学前儿童社会教育〔第2版〕/ 05736
309-04506	学前儿童社会教育活动指导 / 05802
309-06724	学前儿童社会教育活动指导〔第2版〕/ 05803
309-12020	学前儿童社会教育活动指导〔第3版〕/ 05804

309-08817	学前儿童科学教育 / 05772		309-06878	学前卫生学〔第2版〕/ 13251
309-12440	学前儿童科学教育〔第2版〕/ 05773		309-04504	学前心理学 / 00525
309-12451	学前儿童科学教育活动设计与指导 / 05776		309-08946	学前心理学〔第2版〕/ 00523
			309-15012	学前心理学〔第3版〕/ 00524
309-04508	学前儿童科学教育活动指导 / 05922		309-05795	学前双语教育研究与建构 / 05826
309-06666	学前儿童科学教育活动指导〔第2版〕/ 05923		309-14282	学前声乐综合教程 / 05993
			309-07370	学前英语教学参考书 1 / 05850
309-10282	学前儿童科学教育活动指导〔第3版〕/ 05924		309-13984	学前英语教学参考书 1〔第2版〕/ 05851
309-08983	学前儿童音乐教育 / 06020		309-08198	学前英语教学参考书 2 / 05852
309-12392	学前儿童音乐教育〔第2版〕/ 06021		309-08197	学前英语教学参考书 3 / 05854
309-09060	学前儿童美术教育 / 06072		309-08951	学前英语教学参考书 4 / 05855
309-12448	学前儿童美术教育〔第2版〕/ 06071		309-10021	学前英语教学参考书 5 / 05856
309-08876	学前儿童语言教育 / 05883		309-15004	学前英语教学参考书 2〔第2版〕/ 05853
309-12393	学前儿童语言教育〔第2版〕/ 05884			
309-04507	学前儿童语言教育活动指导 / 05880		309-08948	学前英语教学参考书 基础册 / 05857
309-06681	学前儿童语言教育活动指导〔第2版〕/ 05881		309-08949	学前英语综合练习 基础级 / 05866
			309-07363	学前英语综合练习 1 / 05867
309-09856	学前儿童语言教育活动指导〔第3版〕/ 05882		309-13983	学前英语综合练习 1〔第2版〕/ 05868
309-08839	学前儿童健康教育 / 06168		309-08196	学前英语综合练习 2 / 05869
309-12406	学前儿童健康教育〔第2版〕/ 06169		309-08195	学前英语综合练习 3 / 05871
309-14800	学前儿童健康教育 / 06170		309-08952	学前英语综合练习 4 / 05872
309-04505	学前儿童健康教育活动指导 / 06161		309-10035	学前英语综合练习 5 / 05873
309-08891	学前儿童健康教育活动指导〔第2版〕/ 06162		309-15000	学前英语综合练习 2〔第2版〕/ 05870
309-11220	学前儿童健康教育活动指导〔第3版〕/ 06163		309-07371	学前英语综合教程 1 / 05858
309-09090	学前儿童家庭与社区教育 / 07215		309-13982	学前英语综合教程 1〔第2版〕/ 05859
309-11731	学前儿童家庭与社区教育〔第2版〕/ 07216		309-08200	学前英语综合教程 2 / 05860
			309-15003	学前英语综合教程 2〔第2版〕/ 05861
309-12466	学前儿童家庭教育 / 07224			
309-10000	学前儿童常见疾病 / 14318		309-08199	学前英语综合教程 3 / 05862
309-05161	学前儿童游戏教程 / 06122		309-08950	学前英语综合教程 4 / 05863
309-09922	学前儿童游戏教程〔第2版〕/ 06123		309-10002	学前英语综合教程 5 / 05864
309-14492	学前儿童游戏教程〔第3版〕/ 06124		309-08947	学前英语综合教程 基础册 / 05865
309-08875	学前儿童数学教育 / 05968		309-07867	学前英语游戏设计 / 05818
309-12449	学前儿童数学教育〔第2版〕/ 05969		309-12979	学前英语游戏设计〔第2版〕/ 05819
309-04503	学前卫生学 / 13250		309-12691	学前实用手工 / 06089

309-11528	学前实用绘画 / 06090			

309 - 11528　学前实用绘画 / 06090
309 - 13909　学前实用绘画〔第 2 版〕/ 06091
309 - 12353　学前钢琴基础教程 1 / 06004
309 - 12354　学前钢琴基础教程 2 / 06005
309 - 07411　学前保健学 / 13246
309 - 14842　学前教育专业技能竞赛实训指导 / 05690
309 - 06868　学前教育史 / 06177
309 - 09866　学前教育现代教育技术 / 05724
309 - 05605　学前教育学 / 05725
309 - 10740　学前教育学〔第 2 版〕/ 05726
309 - 11248　学前教育学教程 / 05719
309 - 11634　学前教育钢琴即兴伴奏教程 / 11335
309 - 05369　学前教育科学研究方法 / 05728
309 - 08944　学前教育科学研究方法〔第 2 版〕/ 05729
309 - 15011　学前教育科学研究方法〔第 3 版〕/ 05730
309 - 10110　学前教育科研方法与实务 / 05727
309 - 09041　学前教育信息技术基础实践指导 / 05786
309 - 08995　学前教育信息技术基础教程 / 05591
309 - 09719　学前教育原理 / 05710
309 - 12192　学前教育原理〔第 2 版〕/ 05711
309 - 07152　学前营养学 / 13153
309 - 09646　学前弹唱培训教程　线·简对照 / 11313
309 - 06235　学校安全管理 / 06823
309 - 06098　学校体育学 / 07272
309 - 06963　学校信息化之路 / 06271
309 - 15243　学校信息化之路 2.0 / 06282
309 - 00950　学校教导管理 / 06821
309 - 01132　学校教导管理 / 06822
309 - 04051　学校照明 / 15308
309 - 08901　学海拾贝　大学英语教学方法论的多视角研究 / 08461
309 - 14640　学做一体单片机项目开发教程 / 15099

宝

309 - 14331　宝中堂医案集 / 13524
309 - 07239　宝宝，把你的手给我！婴幼儿家庭早期教育 / 07220
309 - 13688　宝莱坞电影史 / 11445

宗

309 - 14241　宗一圣论 古本大学释论 / 00187
309 - 08406　宗教文献学研究入门 / 00574
309 - 08362　宗族的世系学研究 / 11837
309 - 13169　宗镜录略讲　卷一 / 00639
309 - 13170　宗镜录略讲　卷二 / 00640
309 - 13171　宗镜录略讲　卷三 / 00641

定

13253.015　定量分析 / 12728
309 - 00965　定量分析化学实验教程 / 12729
309 - 03686　定量分析方法 / 01215
309 - 03754　定量分析方法导引、题解与案例 / 01216
309 - 00828　定量生物电学 / 12822
309 - 03194　定慧初修 / 00590
309 - 11615　定慧初修〔第 2 版〕/ 00591
309 - 13136　定慧初修 / 00592

审

309 - 05448　审计治理规范与案例 / 02970
309 - 05368　审计学 / 02963
309 - 04835　审计学原理〔第 3 版〕/ 02954
309 - 06245　审计学原理〔第 4 版〕/ 02955
309 - 07854　审计学原理〔第 5 版〕/ 02956
309 - 10357　审计学原理〔第 6 版〕/ 02957
309 - 14678　审计学原理〔第 7 版〕/ 02958
309 - 14389　审计结果性文书选例读本 / 02979
309 - 11460　审计理论与实务 / 02960
309 - 04361　审计理论与案例 / 02959
309 - 08991　审美与时间 先秦道家典籍研究 / 00232

309-10907	审美与救赎 从德国浪漫派到T·W·阿多诺 / 00312		309-09974	实用大学英语综合教程 艺术类 基础级 / 08849
309-04332	审美艺术教程 / 00430		309-10522	实用大学英语综合教程 艺术类 一级 / 08850
309-00903	审美心理学 / 00449		309-05540	实用大学语文 / 07507
309-06808	审美体验的重建 文论体系的观念奠基 / 10067		309-10462	实用口译教程 / 08414
309-05486	审美学教程 / 00448		5627-0283	实用口腔颌面X线诊断学 / 14559
309-11399	审美意识的现代化 / 09939		309-09965	实用广告学教程 / 04010

官

309-00701	"官"民争讼 疑难问题与案例 / 02228
309-07403	官阶与服等 / 01670
309-05414	官僚机构与民主 责任与绩效 / 01734

空

309-02958	空中校园 网络传播与教育 / 07183
309-10123	空中骑兵 毕尔斯短篇小说选 / 11088
309-09739	空间计量经济学理论及其方法应用 基于R&D溢出效应测度的视角 / 02813
309-04012	空间解析几何 / 12481
309-14238	空间解析几何〔第2版〕 / 12482
309-03628	空间解析几何与微分几何 / 12483
309-01686	空调器安装培训教材 / 14675
309-15265	空镜 主客体之辨与视觉文化研究 / 04921

实

309-05136	实分析与泛函分析 / 12454
13253.058	实用C语言 / 15012
309-00530	实用C语言〔重印本〕 / 15013
309-01092	实用C语言〔重印本〕 / 15014
309-00568	实用人体工程学 / 14661
5627-0349	实用人体断层解剖学 / 13608
309-10433	实用大学英语综合教程 民族类 一级 / 08847
309-10439	实用大学英语综合教程 民族类 基础级 / 08848

309-08739	实用尸检病理学 / 13670
309-07181	实用卫生统计 / 13330
309-05760	实用卫生监督 / 13313
309-06736	实用艺术文化英语 / 09171
309-12104	实用艺术英语手册 / 11123
309-02154	实用日汉翻译教程 / 09838
5627-0146	实用长寿知识 老年必读〔重印本〕 / 13189
309-02597	实用化学基础 / 12683
309-02598	实用化学基础实验 / 12686
309-13074	实用计算机技术 / 14917
309-05505	实用心脏解剖学 / 13626
5627-0265	实用心理健康咨询 / 13753
309-03567	实用古汉语知识宝典〔第2版〕 / 07532
5627-0341	实用外科病理学 / 14203
309-13260	实用主义的研究历程 / 00104
309-01167	实用市场营销原理 / 03947
5627-0479	实用老年护理学 / 13973
309-09175	实用传染病检测技术 / 14055
309-05444	实用传播文体写作 / 07643
5627-0118	实用血液病学 / 14111
309-04215	实用会计 / 02840
309-12819	实用交际英语口语 / 09665
5627-0344	实用妇科内分泌学 / 14167
309-03865	实用妇科内分泌学〔第2版〕 / 14168
5627-0635	实用妇科内镜学 / 14287
309-04181	实用妇科内镜学 / 14288
13253.054	实用运筹学 / 12529
309-00534	实用运筹学〔重印本〕 / 12531

编号	书名 / 编号
309-01193	实用运筹学〔重印本〕/ 12530
309-11702	实用护理技术 / 13901
309-10544	实用求职英语 / 00993
309-09344	实用医疗语言学 / 12952
5627-0422	实用医学多因素统计方法 / 13581
309-09053	实用医学英语写作 / 13023
309-11712	实用医学英语教程 / 13040
309-14173	实用医学英语教程 / 13028
309-05731	实用足踝外科手术学 手术示范视频 / 14250
5627-0644	实用肝胆肿瘤外科学 / 14401
309-05334	实用肝移植300问 / 14240
309-04829	实用免疫预防 / 13276
309-07014	实用饭店情景英语 / 04069
309-07607	实用饭店情景英语教学参考书 / 04070
309-12219	实用沪语 / 07702
309-00605	实用快速决策分析方法 / 01204
5627-0591	实用诊断酶学〔第2版〕/ 13855
309-11541	实用现场急救手册 / 13892
309-03799	实用英汉口译教程 / 08419
309-14119	实用英汉口译教程〔第3版〕/ 08420
309-04309	实用英汉汉英传媒词典 / 05080
309-04170	实用英汉翻译 / 08392
309-06102	实用英语口语教程 第1册 / 09458
309-06103	实用英语口语教程 第2册 / 09459
309-08498	实用英语自主听说 上册 / 09588
309-08593	实用英语自主听说 下册 / 09589
309-07522	实用英语学习策略与应试技巧 / 08462
309-04450	实用英语语法词典 / 08298
309-00171	实用物资经济辞典 / 03045
309-13333	实用肿瘤外科学 / 14377
5627-0379	实用肿瘤病理方法学 / 14361
309-11230	实用法学 / 01845
5627-0264	实用治疗学 / 13859
309-09972	实用建筑工程测量 / 15312
309-11235	实用经济学 / 02338
309-12153	实用经济学原理 / 02335
309-13803	实用面试英语 / 00991
309-03672	实用临床心律失常诊断和治疗指南 / 14100
5627-0042	实用临床心理医学〔重印本〕/ 13777
5627-0351	实用临床针灸学 / 13502
309-03626	实用临床针灸推拿学 / 13500
309-06087	实用临床药物 / 14611
309-04981	实用临床营养学 / 13877
309-08287	实用科技信息检索与利用 / 05544
5627-0441	实用急救学 / 13883
309-03526	实用急救学〔重印本〕/ 13884
5627-0471	实用宫腔镜学 / 14296
309-02053	实用语文 第1册 常用文体阅读与写作 / 07712
309-02054	实用语文 第2册 听话说话与职业口语 / 07714
309-02055	实用语文 第3册 应用文写作 / 07713
309-02056	实用语文 第4册 名作选读 / 07715
309-05074	实用语文·文学欣赏教程 / 09994
309-05646	实用语文·听说教程 / 07720
309-05645	实用语文·应用写作教程 / 07645
309-04875	实用语文·基础读写教程 / 07739
309-01675	实用语法修辞教程 / 07593
309-05500	实用语法修辞教程 / 07594
5627-0314	实用核医学显象技术 / 14550
309-05186	实用胸部肿瘤放射治疗学 / 14383
5627-0350	实用胸膜疾病学 / 14119
5627-0278	实用症状护理学 / 13898
309-04605	实用症状护理学〔第2版〕/ 13899
309-07460	实用病媒生物防制技术 / 13275
5627-0540	实用离心实验方法 / 13853
309-03517	实用旅游英语口语 / 03806
309-03704	实用旅游英语听力 / 03801
309-11706	实用旅游英语听力〔第2版〕/ 03802
309-03607	实用旅游英语泛读 / 03810

309-03107	实用旅游英语教程 / 03803		309-05122	实际汇率与中国宏观国际竞争力管理研究 / 04803
309-07496	实用旅游英语教程〔第2版〕/ 03804		309-03816	实物期权及其应用 / 03892
309-07498	实用旅游英语教程导读 / 03805		309-12509	实战演练幼儿教师资格考试考前冲刺 / 06151
309-06337	实用旅游基础英语 / 07816		309-07412	实验动物学基础与技术 / 12910
309-06583	实用旅游基础英语导读 / 07817		309-14547	实验动物学基础与技术〔第2版〕/ 12911
5627-0313	实用推拿保健学 / 13493		309-01379	实验脉冲核磁共振 / 12671
309-06834	实用眼科临床病理 / 14507		309-04280	实验病理学彩色图谱 / 13681
309-13425	实用商务英语 / 08011		309-03490	实践与探索 第4集 / 01527
309-14823	实用商务英语〔修订版〕/ 08012		309-13850	实践与探索 基于干部任用制度的历史考察 / 01529
309-03994	实用商务英语基础教程〔第2版〕/ 07872		309-06252	实践型课程的设计与实施 / 05584
309-03671	实用商务英语翻译教程〔第2版〕/ 08401		309-08059	实感经验与文学形式 / 10236

试

309-12597	试听双重输入模式下的二语词汇习得 / 08488

诗

5627-0573	实用婚前保健技术指导 / 13215		309-10572	诗人导演费穆 / 11410
309-09180	实用普通话训练教程 / 07526		309-13502	诗人视野中的明清戏曲 / 10335
309-14062	实用普通话教程 / 07529		309-02376	诗三百解题 / 10547
309-14152	实用腹膜透析护理 / 13968		309-04179	诗艺 美国现当代诗歌赏析 / 11075
309-04281	实用新闻写作概论 / 05192		309-07259	诗化哲学 T.S.艾略特研究 / 11014
309-06705	实用数学 上册 / 12238		309-11801	诗心不会老去 / 11940
309-07058	实用数学 下册 工程类 / 12239		309-09148	诗圣是怎样炼成的 黄玉峰说杜甫 / 11920
309-07224	实用数学 下册 经管类 / 12240			
309-10768	实用数学 工程类 / 12241		309-04495	诗论 / 09955
309-10770	实用数学 经管类 / 12242		309-00589	诗词曲鉴赏集 / 10253
309-06704	实用数学练习册 上册 / 12338		309-00670	诗词名篇今译 / 10542
309-07057	实用数学练习册 下册 工程类 / 12339		309-14239	诗画上海 / 10577
309-07227	实用数学练习册 下册 经管类 / 12340		309-04742△	诗的毒草和一只什么鸟 / 10572
309-10769	实用数学练习册 工程类 / 12341		309-13161	诗·享生活 / 10589
309-10767	实用数学练习册 经管类 / 12342		10253.006	诗经直解 / 10544
309-09076	实用舞蹈作品教程 / 11349		309-00610	诗经直解 / 10545
309-00167	实用管理学 / 01073		309-11509	诗经直解 / 10546
309-00833	实用管理学〔重印本〕/ 01074			
309-11237	实用管理学 / 01099			
5627-0529	实用糖尿病饮食治疗和运动疗法手册 / 14164			
309-03838	实用癌症外科学 / 14378			
5627-0360	实用癫痫学 / 14438			
309-15009	实训实战警英英语口语 / 01558			

309-08115	诗铎 第1辑 / 10568		309-03890	房地产经济学 / 03630
309-09093	诗铎 第2辑 / 10569		309-01517	房地产经济学教程 / 03628
309-10869	诗铎 第3辑 / 10570		309-04345	房地产经营与管理 / 03637
309-11929	诗铎 第4辑 / 10571		309-04673	房地产营销学 / 03644
309-01903	诗情画意 / 10273		309-05285	房地产管理学 / 03623
309-05661	诗骚一百句 / 10288		309-07725	房屋建筑学 / 15314
309-05964	诗歌 智慧的水珠 / 10277			
309-04087	诗歌欣赏 / 10269			

诚

309-12711	诚实守信 / 01597
309-11277	诚实的商人 中英对照 / 00415
309-04206△	诚信:现代企业立身之本 / 02548

房

309-01882	房地产开发与交易 房地产法原理与实务〔第2版〕/ 02030
309-05170	房地产开发与经营 / 03624
309-06390	房地产开发与经营〔第2版〕/ 03625
309-11073	房地产开发与经营〔第3版〕/ 03626
309-05566	房地产开发企业会计 / 03631
309-06987	房地产开发企业会计〔第2版〕/ 03632
309-02248	房地产市场营销 / 03622
309-05249	房地产市场营销 / 03627
309-11660	房地产价格上涨的广义财富效应研究 / 03664
309-00627	房地产行政与经济应用文 / 07646
309-04213	房地产企业会计 / 03636
309-03235	房地产投资学 / 03643
309-11219	房地产投融资与开发法律风险及对策 / 02049
309-05157	房地产估价 理论与实务 / 03641
309-07518	房地产估价 理论与实务〔第2版〕/ 03642
309-05293	房地产金融 / 03639
309-12468	房地产金融 / 03638
309-04118	房地产金融学 / 04516
309-02455	房地产金融学概论 / 04517
309-05134	房地产法 / 02026
309-06870	房地产法〔第2版〕/ 02027
309-11145	房地产法 / 02028
309-01966	房地产法学概论 / 02029

视

5627-0462	视光学手册 / 14523
5627-0056	视网膜 / 13657
309-13907	视听节目类型解析 / 05384
309-08755	视角与方法 现当代文学与文化研究 / 10182
309-09787	视界与方法 中外文学关系研究 / 10437
309-13079	视觉现代性导引 / 11151
309-06762	视觉隐喻与空间转向 思想史视野中的当代视觉文化 / 04920
309-08897	视野与方法 重构当代文学研究的版图 / 10209
309-12878	视唱练耳基础 / 11307

话

309-07771	话语之径 / 09987
309-06457	话语文体学导论 文本分析方法 / 07471
309-09812	话语共同体理论建构 / 07338
309-10874	话语政治 符号权力和美国对外政策 / 01750

建

309-06994	建设工程成本计划与控制 / 15324
309-09509	建设工程监理概论 / 15321

309-14093	建设工程管理审计知识读本 / 02976		309-03744	孟子直解 / 00223
309-03527△	建设外贸电子政府优化上海外贸市场环境 / 04244		309-01697	孟子旁通 / 00217
			309-01698	孟子旁通 / 00218
309-11401	建设"圆形"的文学批评 / 09972		309-11595	孟子旁通〔第2版〕/ 00219
309-08967	建设资源节约型和环境友好型社会的理论与政策研究 / 02678		309-13158	孟子旁通 / 00220
			309-13886	孟子旁通 / 00221
309-00590	建设银行会计与管理 / 04495		309-14001	孟子智慧 / 00216
309-04620	建导型方法 有所作为的领导艺术 / 01201		309-07097	《孟子》精读 / 00227

函

309-10738	函数式 F♯语言程序设计 / 14989

驾

309-02463	驾驭变化的世界 / 03120

参

309-06667	参与式社群与互动性识知 Web2.0数字参考研究范式 / 05463
309-14669	参与式治理的兴起 地方人大公共预算监督问责的模式与实践 / 04345

艰

309-02287	艰难的抉择 美国在承认新中国问题上的争论(1949—1950) / 01791
309-06176	艰难的选择 市场经济背景下的高校组织演化 / 06991

线

309-02111	线里乾坤 / 04588
309-01441	线性代数 / 12405
309-04225	线性代数 / 12418
309-04763	线性代数 / 12422
309-05054	线性代数 / 12412
309-04956	线性代数 / 12419
309-04955	线性代数〔修订版〕/ 12403
309-05314	线性代数 / 12392
309-05653	线性代数 / 12400
309-07345	线性代数 / 12408

左栏续:

309-08071	建构中国现代文学多元共生体系的新思考 / 10169
309-08936	建构民主 中国的理论、战略与议程 / 01481
309-04628	建构权威·协商规范 美国新闻媒介批评解读 / 05327
309-07830	建筑力学 / 15320
309-11387	建筑工程英语 / 15300
309-14685	建筑防火与逃生 / 15326
309-12086	建筑的故事 / 15299

录

309-06612	录音应用基础 / 14839

居

309-11591	居家护理实务 / 13963

弦

309-02127	弦歌集 外国语言文学论丛 / 07811

承

309-12407	承故纳新笔墨间 伍蠹甫艺术美学思想与山水画研究 / 11175

孟

309-05475	孟子一百句 / 00222
309-12988	孟子与万章 / 00226
309-12904	孟子与公孙丑 / 00224
309-12839	孟子与离娄 / 00225

309-06809	线性代数 / 12427			研究与应用 / 03010
309-07072	线性代数 / 12414		309-04116	组织文化 / 03111
309-07485	线性代数〔第2版〕/ 12420		309-07582	组织文化〔第2版〕/ 03112
309-08605	线性代数 / 12416		309-00611	组织心理学 现代管理的概念及方法 / 01229
309-08831	线性代数 / 12407		309-10950	组织传播学 / 05086
309-08292	线性代数 / 12421		309-03188	组织行为学 / 01221
309-08784	线性代数〔第2版〕/ 12393		309-03399	组织行为学 / 01230
309-09648	线性代数 / 12423		309-04522	组织行为学 / 01224
309-07114	线性代数〔修订版〕/ 12413		309-09230	组织行为学 / 01222
309-10702	线性代数 / 12402		309-13460	组织行为学 卫生视角 / 01223
309-11209	线性代数 / 12394		309-02041	组织行为学教学案例精选 / 01228
309-12473	线性代数〔第3版〕/ 12404		309-12116	组织行为管理综合训练 / 01226
309-13172	线性代数 / 12391		309-10176	组织创新视角下的企业战略变革研究 / 03173
309-12727	线性代数 / 12401		309-03721	组织设计与管理 / 03231
309-12502	线性代数 / 12406		309-07041	组织设计与管理 基于组织理论的管理模型〔第2版〕/ 03232
309-12829	线性代数〔第2版〕/ 12395		309-04229	组织设计的知识基础论 / 01218
309-12726	线性代数〔第2版〕/ 12409		309-07108	组织变革之员工手册 / 03240
309-12948	线性代数〔第2版〕/ 12415		5627-0377	组织学与胚胎学习题和题解 / 13636
309-14838	线性代数 / 12417		5627-0063	组织学图解 / 13634
13253.026	线性代数 方法导引 / 12410		5627-0613	组织病理学彩色图谱 / 13682
309-15255	线性代数一点通 讲故事 学线代 / 12411		5627-0297	组装人 一位移植外科医生的回忆录 / 12070
309-03916	线性代数与解析几何 / 12426			
309-04932	线性代数与解析几何习题集解析 / 12429		**细**	
309-08069	线性代数同步训练 / 12428		5627-0361	细胞与分子生物学基础实验指导 / 12798
309-08759	线性代数同步学习指导 / 12399		309-03636	细胞与分子生物学基础实验指导〔重印本〕/ 12799
309-08076	线性代数同步辅导与复习提高 / 12396		309-04903	细胞生物学 / 12790
309-10853	线性代数同步辅导与复习提高〔第2版〕/ 12397		309-09460	细胞生物学〔第2版〕/ 12789
309-05378	线性代数学习指导 / 12425		309-01612	细胞生物学实验 / 12805
309-09022	线性代数学习指导 / 12398		309-14709	细胞治疗临床研究 / 13870
309-09649	线性代数学习指导及习题解析 / 12424		5627-0563	细胞超微结构与电镜技术 分子细胞生物学基础 / 12803
	组		309-03842	细胞超微结构与电镜技术 分子细胞
309-05565	组织人力资本论 人力资本理论的拓展			

	生物学基础〔第2版〕/ 12804	309-02729	经济规律的探索 张薰华选集 / 02405
309-05519	细读精典 / 10009	309-07717	经济规律的探索 张薰华选集〔第2版〕/ 02406

终

309-04771	终极对话 / 10628	309-01611	经济英语听力教程 / 09680
		309-06776	经济转型比较制度分析 / 02630

驻

		309-04975	经济制度变迁的政治经济学 / 02411
309-15245	驻村第一书记讲脱贫 / 03709	309-09809	经济法 / 02080
		309-07312	经济法〔第2版〕/ 02081

经

		309-07506	经济法学 / 02088
309-05623	经纪学概论 / 03975	309-10827	经济法学 / 02085
309-12890	经典儿童电影赏析 / 11404	309-11500	经济法学〔第2版〕/ 02089
13253.044	经典力学 / 12562	309-12375	经济法学 / 02086
309-06535	经典与理论 上海大学中文系学术演讲录（Ⅱ）/ 09978	309-15052	经济法学〔第3版〕/ 02087
		309-04162	经济法原理 / 02078
13253.019	经典电动力学 / 12663	309-00876	经济法案件100例分析 / 02102
309-14525	经典诵读 论语 古文 / 09974	309-14542	经济法通论〔第2版〕/ 02097
309-14524	经典诵读 诗经 唐诗宋词 / 09973	309-02042	经济法教学案例精选 / 02103
309-14527	经典诵读 外国诗歌散文 / 09976	309-00579	经济法教程 / 02090
309-14526	经典诵读 元曲 现当代散文 / 09975	309-08971	经济法教程 / 02077
309-04069	经典常谈 / 10138	309-01380	经济法概论 / 02082
309-06322	经典摄影艺术鉴赏 / 11247	309-02673	经济法概论 / 02076
309-07243	经济计算技术 / 02815	309-03731	经济法概论 / 02083
309-03715	经济全球化与中国 洪文达教授执教55周年暨80华诞荣庆文集 / 02606	309-05897	经济法概论〔第2版〕/ 02084
		309-07245	经济法概论 / 02079
309-04964	经济全球化与亚洲的选择 / 02588	309-05919	经济法概论习题集 / 02098
309-05531	经济全球化与我国利益关系的变动 / 02589	309-12823	经济学与生活 / 02394
		309-04892	经济学方法 十一位经济学家的观点 / 02404
309-06485	经济运筹方法 / 02819		
309-02407	经济利益关系通论 社会主义市场经济的利益关系研究 / 02477	309-04819	经济学的挑战 / 02395
		309-00348	经济学说史教程 / 02526
309-06333	经济应用文写作 / 07648	309-03786	经济学原理 / 02345
309-06259	经济应用模型 / 02816	309-14689	经济学原理 像物理学一样没有例外（汉英对照）/ 02337
309-01992	经济、社会与文化 张军经济随笔集 / 02321		
		309-02731	经济学家数学手册 / 02817
309-02250	经济社会学〔第2版〕/ 02522	309-14163	经济学基础 / 02339
309-04295	经济社会学导论 / 02525	309-07293	经济学基础与应用 / 02330
309-13364	经济责任审计知识读本 / 02975	309-10715	经济学基础与应用〔第2版〕/ 02331

书号	书名 / 编号
309-02995	经济学基础教程 / 02340
309-12971	经济学基础教程〔第3版〕/ 02344
309-03556	经济学概论 / 02327
309-14950	经济战"疫" 新冠肺炎疫情对经济的影响与对策 / 02599
309-03051	经济思想史教程 / 02528
309-13495	经济思想史教程〔第2版〕/ 02529
309-03473	经济统计学简明教程 / 02783
309-02130	经济谈判〔第2版〕/ 03230
309-03134	经济理论比较研究 / 02365
309-00664	经济理论歧见的剖析 / 02329
309-04100	经济理论的过去、现在和未来 洪远朋论文选集 / 02396
309-00946	《经济基础知识》应试指南 / 02320
309-01859	经济博弈论 / 02820
309-03055	经济博弈论 / 02821
309-12816	经济博弈论〔第4版〕/ 02822
309-03514	经济博弈论习题指南 / 02824
309-14068	经济集聚与中国城市发展 / 03650
309-11577	经济数学 / 02801
309-13179	经济数学 上册 / 02812
309-08873	经济数学基础 / 02803
309-11499	经济数学基础 二 线性代数 / 02805
309-11513	经济数学基础 二 学习指导（线性代数）/ 02807
309-11506	经济数学基础 一 微积分 / 02804
309-11512	经济数学基础 一 学习指导（微积分）/ 02806
309-11451	经济数学基础学习指导 / 02811
309-06927	经济福利的心理保障 / 02483
309-06275	经济模型与实验 / 04430
309-05579	经济管理 / 02764
309-07503	经济增长、收入分配与竞争力研究 / 02673
309-08026	经济增长的自然资本约束与解约束 / 02669
309-10482	经络的世界 / 13482
309-09637	经验与历程 建党90周年"中国共产党新闻思想研讨会"论文集 / 05287
309-03366	经验与民主 杜威政治哲学基础研究 / 00338
309-12576	经验主义与心灵哲学 / 00113
309-14014	经验·智慧·对策 中国共产党应对执政考验、化解执政风险的历史研究 / 01366
309-09098	经营者集中控制制度的理论与实务 / 03179
309-01390	经营金钥匙 / 03935
309-07107	经营变革 组织变革之经理人手册 / 03238
5627-0188	经颅多普勒检测与临床 / 13844
5627-0626	经颅多普勒检测与临床〔第2版〕/ 13845
309-03934	经颅多普勒检测与临床〔第2版重印本〕/ 13846

九画

春

书号	书名 / 编号
309-11629	春在枝头已十分 / 06375
309-12464	春在枝头已十分 第1辑〔第2版〕/ 06376
309-12825	春在枝头已十分 第2辑 / 06377
309-09059	春秋大义《春秋》三传选读 / 11690
309-09666	《春秋公羊传》语言研究 / 07533
309-12585	春娇与志明 / 10619
309-00825	春晖寸草 复旦大学90级学生军政训练纪实 / 06856
309-07923	春晖回眸 1985—2010 / 10533
309-08824	春润集 / 10199

玻

书号	书名 / 编号
309-05207	玻璃质材料和无序固体 它们的统计力学导论〔英文影印版〕/ 14669

毒

书号	书名 / 编号
309-09304	毒理学原理和方法 / 14625

309-03383	毒理学基础 / 14624		探 / 03675
	持	309-13585	城市生活中的食品营养与安全 / 13136
309-03393	持续竞争优势 / 03344	309-04292	城市地质环境的经济学分析 / 15386
	项	309-09282	城市轨道交通英语阅读教程 / 15341
309-05939	项目与政策评估 方法与应用 / 02500	309-06356	城市形象与软实力 宁波市形象战略研究 / 03679
309-08692	项目可行性研究 / 03613	309-04877	城市财政学 / 04259
309-02502	项目管理 / 02826	309-14409	城市应急管理 流程、机制和方法 / 01560
	城	309-10304	城市社区卫生服务中心信息化建设与评价 / 13349
309-08803	城乡一体化发展综合配套改革 苏州保险业的探索与创新 / 04915	309-06608	城市社会问题经济学 / 03620
309-12836	城乡关系视野中的新世纪小说创作 / 10396	309-15136	城市社会的哲学自觉 人文城市学 第二卷 / 00974
309-02501	城乡空间融合论 我国城市化可持续发展过程中城乡空间关系的系统研究 / 03653	309-04386	城市社会学文选 / 00975
		309-07599	城市环境 治理与执法 / 02153
309-07473	城乡统筹劳动力市场建设与国家竞争力研究 / 03035	309-12069	城市环境与生态读本 / 15391
		309-00467	城市垃圾堆肥原理与工艺 / 14633
309-11628	城乡统筹 科学发展 松江改革与实践 / 03701	309-10435	城市供水系统风险评估模型研究 / 15331
309-04742△	城市 2080 / 10572	309-02077	城市的眼睛 世界景观雕塑漫谈 / 11246
309-09939	城市一代 世纪之交的中国电影与社会 / 11425	309-13565	城市变迁与文化记忆 / 10079
309-04743	城市土地的政府管制研究 / 03658	309-05833	城市治理 中国的理解与实践 / 03656
309-03985	城市土地经济学 / 03621	309-13806	城市治理与舆情应对 上海市政府系统舆情应对案例研究 / 05246
309-11537	城市水务产业发展战略研究 / 03667	309-05585	城市建设管理 / 03673
309-09546	城市化进程中解决卫生保健新问题政府作用的案例研究 / 13418	309-06727	城市建设管理 / 03674
309-13612	城市公共场所大客流风险管理实务 / 01327	309-04209	城市经济学 / 03619
		309-04043	城市基础设施投资与管理 / 03645
309-10777	城市文明读本 / 04955	309-00778	城墙怪画 中国古代智慧故事选 / 10632
309-13617	城市文学与时代症候 / 10196		**政**
309-13564	城市文学:知识、问题与方法 / 10198	309-00669	政工人才学 / 01525
309-08302	城市生态学 / 15393	309-13690	政府干预与银行贷款监督的有效性研究 / 04740
309-00482	城市生态经济研究方法及实例 / 03618	309-05516	政府与企业 比较视角下的美国政治经
309-08728	城市生命体视角 现代城市和谐建设初		

	济体制 / 01717	309-14545	政治 / 01255
309-04458	政府与非营利组织会计 / 04302	309-04487	政治与人 复旦大学国际关系与公共事务学院纪念复旦大学校庆100周年论文集 / 01278
309-06291	政府与非营利组织会计〔第2版〕/ 04303		
309-08318	政府与非营利组织会计 / 04295	309-08458	政治与行政 一个对政府的研究 / 01716
309-09266	政府与非营利组织会计 / 04298	6253.001	政治与法律丛刊 第1辑 宪法修改草案讨论专辑 / 01959
309-11447	政府与非营利组织会计〔第2版〕/ 04299		
309-11540	政府与非营利组织会计〔第3版〕/ 04304	6253.002	政治与法律丛刊 第2辑 / 01960
		6253.003	政治与法律丛刊 第3辑 / 01961
309-13112	政府与非营利组织会计〔第3版〕/ 04300	6253.004	政治与法律丛刊 第4辑 / 01962
		6253.005	政治与法律丛刊 第5辑 / 01963
309-08272	政府与非营利组织会计习题指南 / 04305	6253.006	政治与法律丛刊 第6辑 / 01964
		6253.007	政治与法律丛刊 第7辑 / 01965
309-06516	政府与非营利组织会计习题集 / 04306	309-08544	政治之维 复旦大学社会科学高等研究院三周年纪念文集 / 00817
309-11973	政府与非营利组织会计习题集〔第3版〕/ 04307	309-15182	政治文化新论 / 01271
309-11429	政府会计 / 04297	309-06955	政治世界的思想者 / 01337
309-08996	政府间网络治理 垂直管理部门与地方政府间关系研究 / 01511	309-14046	政治发展新战略 回归与超越 / 01483
		309-03148	政治学 / 01251
309-07095	政府采购救济制度研究 / 04315	309-07198	政治学〔第2版〕/ 01252
309-15185	政府治理的逻辑 自贸区改革与政府再造 / 01513	309-13218	政治学研究方法的权衡与发展 / 01272
		309-03661	政治学概论 / 01253
309-03032	政府经济学 / 02763	309-06049	政治学概论〔第2版〕/ 01254
309-11164	政府信息资源管理研究 视域及主题深化 / 01515	3253.006	政治学概要 / 01257
		309-00075	政治学概要〔重印本〕/ 01258
309-14541	政府预算管理 / 04319	309-12344	政治经济学 资本主义部分 / 02328
309-03650	政府预算管理学 / 04318	309-00088	政治经济学水平测试1000题 / 02325
309-01137	政府推动与经济发展 苏南模式的理论思考 / 03694	309-00398	政治经济学水平测试1000题〔修订版〕/ 02368
309-14816	政府职能、政策效应与现代治理 / 01508		
		309-05555	政治经济学论稿 / 02324
309-05366	政府绩效评估与管理 / 01509	309-11009	政治经济学序论 经济学的社会与政治基础研究 / 02334
309-05736	政府绩效评估之路 / 01732		
309-04692	政府绩效管理 / 01298	309-03655	政治经济学原理练习与检索 / 02348
309-08762	政府绩效管理 / 01296	309-03111	《政治经济学教材》导读 / 02342
309-00957	政治 / 07156	4253.012	《政治经济学教材》辅导材料〔重印本〕/ 02359
309-01397	政治 / 07150		

309-00385	《政治经济学教材》辅导材料 / 02360		309-10974	挑战710·大学英语六级新题型突破〔第3版〕/ 08081
309-00380	政治经济学教程 / 02354		309-12515	挑战710·大学英语六级新题型突破〔第4版〕/ 08082
309-01197	政治经济学教程(新编) / 02355		309-07708	挑战710·大学英语四六级写作高分突破 / 08359
309-12350	政治经济学常识 / 02326			
309-00369	政治经济学简明教程 / 02351		309-04564	挑战710·全新大学英语四级考试备考攻略 / 08109
309-05959	政治营销学导论 / 01263			
309-14066	政治激励下的省内经济发展模式和治理研究 / 02699		309-10106	挑战710·全新大学英语四级考试备考攻略、预测试卷二合一 / 08124
309-08566	政策网络与政策工具 理论基础与中国实践 / 01264		309-00929	挑战与探索 上海国营企业几种改革试点的调查 / 03778
309-06986	政策创新与政府治理 / 01510		309-04267	挑战"挑战杯" / 06977
309-04315	政策学的主要理论 / 01260			
309-07987	政绩效评估 地方部门案例 / 01425			**指**
	赵		309-11016	指尖与舌间 突发事件与网络口碑传播 / 05063
309-02132	赵祖康 中国公路泰斗 / 11992			
309-01976	赵鑫珊散文精选 / 10849			**拼**
	拾		309-08818	拼贴起来的黑玻璃 弗洛伊德精神分析视阈下的莫里森小说研究 / 11081
309-09319	拾叶小札 / 10792			
	挑			**拯**
309-12214	挑战710·大学英语四级考试备考攻略、预测试卷二合一 全新版 / 08121		309-10309	拯救正义与平等 / 01329
				革
309-12345	挑战710·大学英语四级考试真题模拟试卷 / 08122		309-05678	革命与形式 茅盾早期小说的现代性展开 / 10385
309-07220	挑战710·大学英语四级考试最新历年真题详解 / 08123		309-11542	革命后现代国家法律体系构建研究 / 01972
309-06592	挑战710·大学英语四级词汇必备 / 08226		309-11593	革命的书写 一个大队干部的工作笔记 上 / 03714
309-05393	挑战710·大学英语四级新题型突破〔第2版〕/ 08077		309-11594	革命的书写 一个大队干部的工作笔记 下 / 03715
309-12221	挑战710·大学英语四级新题型突破〔第4版〕/ 08078		309-01785	革新的企业战略 NTT数据通信价值创造者运动的开展和秘策 / 03303
309-08808	挑战710·大学英语四级新题型突破 全新版 / 08079			**带**
309-06300	挑战710·大学英语六级新题型突破〔第2版〕/ 08080		309-10420	带你领略中医诊病奥秘 / 13488

草

309-07755　草根文化散论 / 04947

茶

309-14135　茶道经 / 15256

荀

309-05657　荀子一百句 / 00228
309-14609　荀子与儒家思想 以政治哲学为中心 / 00231
309-07502　《荀子》精读 / 00230

茨

309-08079　茨威格画传 / 12058

荒

309-14530　荒原筑梦 克拉玛依城市工匠纪实一 / 10738
309-13428　荒野中的呼喊者 鲁迅图传 / 11936
309-01174　荒野遇险 中国古代趣闻故事选 / 10659

荨

5627-0547　荨麻疹的防治 / 14493

故

309-14644　故事创作教程 / 11458
309-07189　故事和讲故事 / 10248
309-12022　故国的城 故城的国 / 10833
309-00881　故意犯罪阶段形态论 / 01940

胡

309-05457　胡风家书 / 11950
309-09539　胡言词典 关于外来语和流行语的另类解读 / 07589
309-10879　胡金铨与《侠女》 / 11422
309-09692　胡金铨谈电影 / 11401
309-09693　胡金铨随笔 / 10856

309-00743　胡适 开风气的尝试者 / 11869
309-14311　胡适研究十论 / 11872
309-14977　胡裕树先生100周年诞辰纪念文集 / 11906

南

309-01871　南十字星空下 澳洲文化随笔 / 10788
309-12616　南方共同市场一体化研究 / 02594
309-15270　南方的河流 鲍尔吉·原野散文精读 / 10774
309-13809　南方的河流 鲍尔吉·原野散文精读 / 10773
309-06823　南方想象的诗学 论苏童的当代唯美写作 / 10237
309-01402　南北经济关系研究 / 02590
309-01771　南怀瑾的理念 / 11863
309-03698　南怀瑾选集 第1卷 论语别裁 / 00769
309-09437　南怀瑾选集 第1卷 论语别裁〔典藏版〕 / 00781
309-03699　南怀瑾选集 第2卷 老子他说 孟子旁通 / 00770
309-09438　南怀瑾选集 第2卷 老子他说 孟子旁通〔典藏版〕 / 00782
309-03700　南怀瑾选集 第3卷 易经杂说 易经系传别讲 / 00771
309-09439　南怀瑾选集 第3卷 庄子諵哗〔典藏版〕 / 00783
309-03701　南怀瑾选集 第4卷 禅宗与道家 道家、密宗与东方神秘学 静坐修道与长生不老 / 00772
309-09440　南怀瑾选集 第4卷 易经杂说 易经系传别讲〔典藏版〕 / 00784
309-03702　南怀瑾选集 第5卷 禅海蠡测 禅话 中国佛教发展史略 中国道教发展史略 / 00773
309-09441　南怀瑾选集 第5卷 禅宗与道家 道家、密宗与东方神秘学 静坐修道与长生不老〔典藏版〕 / 00785
309-09443　南怀瑾选集 第6卷 禅海蠡测 禅话 中

	国佛教发展史略 中国道教发展史略〔典藏版〕／00786
309-03703	南怀瑾选集 第6卷 历史的经验 亦新亦旧的一代 中国文化泛言 ／00774
309-09444	南怀瑾选集 第7卷 历史的经验 亦新亦旧的一代 中国文化泛言〔典藏版〕／00787
309-03595	南怀瑾选集 第7卷 如何修正佛法 药师经的济世观 学佛者的基本信念 ／00775
309-03596	南怀瑾选集 第8卷 金刚经说什么 楞严大义今释 ／00776
309-09445	南怀瑾选集 第8卷 如何修正佛法 药师经的济世观 学佛者的基本信念〔典藏版〕／00788
309-09446	南怀瑾选集 第9卷 金刚经说什么 楞严大义今释〔典藏版〕／00789
309-03597	南怀瑾选集 第9卷 圆觉经略说 定慧初修 楞伽大义今释 ／00777
309-03600	南怀瑾选集 第10卷 原本大学微言 ／00778
309-09447	南怀瑾选集 第10卷 圆觉经略说 定慧初修 楞伽大义今释〔典藏版〕／00790
309-09359	南怀瑾选集 第11卷 原本大学微言 ／00779
309-09442	南怀瑾选集 第11卷 原本大学微言〔典藏版〕／00791
309-09360	南怀瑾选集 第12卷 南怀瑾讲演录 南怀瑾与彼得·圣吉 答问青壮年参禅者 人生的起点和终站 ／00780
309-09448	南怀瑾选集 第12卷 南怀瑾讲演录 南怀瑾与彼得·圣吉 答问青壮年参禅者 人生的起点和终站〔典藏版〕／00792
309-01480	南怀瑾谈历史与人生 ／00407
309-11914	南怀瑾谈历史与人生〔第2版〕／00408
309-01482	南怀瑾著作诗词辑录 ／10566
309-02543	南怀瑾著作珍藏本 第1卷 ／00763
309-02544	南怀瑾著作珍藏本 第2卷 ／00764
309-02545	南怀瑾著作珍藏本 第3卷 ／00765
309-02546	南怀瑾著作珍藏本 第4卷 ／00766
309-02547	南怀瑾著作珍藏本 第5卷 ／00767
309-02548	南怀瑾著作珍藏本 第6卷 ／00768
309-11510	南宋初期政治史研究 ／01665
309-15051	南宋理宗朝诗坛研究 ／10311
309-06609	南国学子美文 ／10789

药

309-07395	药用仪器分析 ／14736
309-10825	药用有机化学 ／14574
309-10880	药用基础化学实训指导 ／14572
309-08208	药用植物学与生物学实验指导 ／12907
309-03195	药师经的济世观 ／00613
309-11617	药师经的济世观〔第2版〕／00614
309-11880	药物化学 ／14570
309-11224	药物化学学习指导 ／14571
309-08639	药物化学实验指导 ／14573
5627-0595	药物分析与研究 ／14576
309-08246	药物分析实验指导 ／14577
309-11857	药物市场准入 从理论到实践 ／04102
5627-0079	药物动力学 ／14569
309-05933	药物应用护理 ／14605
309-11697	药物制剂技术 ／15223
309-12757	药物经济学评价指南 ／03770
309-04141	药物经济学评价指南研究 ／03744
309-10858	药物经济学的政策转化 ／03769
309-14387	药物经济学实证研究 ／03745
309-08228	药剂学实验指导 ／14580
309-05538	药学英语 ／08003
309-11324	药学英语 ／08004
309-09122	药品市场营销 ／04251
309-14422	药品流通"两票制"研究 赢在中国医药格局剧变之际 ／01999
309-08933	药食两用植物 ／13558
309-03476	药理学 ／14589
309-04563	药理学 ／14588
309-05702	药理学 ／14591
309-06400	药理学〔第2版〕／14590
309-08335	药理学 ／14585

309-11536	药理学〔第2版〕/ 14586			道 / 03316
309-10592	药理学〔第3版〕/ 14592		309-14116	要做明白人 邱明正先生口述历史 / 11910
309-11727	药理学 / 14587			
309-04067	药理学考试指南 / 14593			**郦**
5627-0393	药理学多选题 / 14594		309-01143	郦达情诗 / 10578
5627-0138	药膳与健康 / 13507			

标

309-13704	标准化语言测试的标准制订与效度研究 / 07497		309-02195	研究与开发(R&D)活动的运营与定量评价 新商品的开发手段 / 03306
309-07160	标准化综合贡献的科学评估方法 / 05539		4253.002	研究与开发的生产率 / 03019
309-10028	标准化管理 / 01149		309-01783	研究生入学考试英语模拟试题 / 08025
309-00746	标题制作与版面设计 / 05213		309-08900	研究生英语 / 08901
309-01188	标题制作与版面设计〔第2版〕/ 05214		309-12348	研究生英语〔第2版〕/ 08902
			309-02264	研究生英语入学考试强化训练 阅读理解 / 07979

枯

309-09130	枯木风景 / 10958		309-02936	研究生英语口语 / 09480
			309-06660	研究生英语文学欣赏 / 09161
			309-06577	研究生英语文献阅读 / 08990

查

309-09712	查尔斯·泰勒 / 00335		309-02647	研究生英语写作 / 08325
			309-03330	研究生英语写作 / 08326
			309-04897	研究生英语论文及应用文写作 / 08345

相

309-10235	相爱需要学习 青春期两性情感辅导学生读本 / 00982		309-06688	研究生英语论文写作方法 / 08339
309-11639	"相辉"文化讲谈 第1辑 / 00841		309-02139	研究生英语听力 / 09658
309-11691	"相辉"文化讲谈 第2辑 / 00842		309-03178	研究生英语听力 1 / 09659
			309-11475	研究生英语听力 1 / 09660
			309-03222	研究生英语听力 2 / 09661

柳

309-15109	柳溥庆传奇人生 / 11875		309-11476	研究生英语听力 2 / 09662
			309-03208	研究生英语应试翻译与写作指导 / 08388

树

309-12689	树林里的魔法师 / 10931		309-01382	研究生英语泛读 上册 / 09085
309-08843	树屋 / 10657		309-01728	研究生英语泛读 下册 / 09086
			309-05265	研究生英语英汉互译教程 E-C & C-E translation course for graduates / 08422

要

309-07578	要素品牌战略 B2B2C 的差异化竞争之		309-06417	研究生英语学术论文写作基础 / 08372

309-06470	研究生英语视听说教程 / 09569		309-06501	研究生综合英语教师用书 1 修订版〔第 2 版〕/ 07965
309-01498	研究生英语测试 / 08049		309-07324	研究生综合英语教师用书 1 修订版〔第 2 版〕/ 07967
309-06477	研究生英语高级口语 / 09780		309-04871	研究生综合英语教师用书 2 / 07962
309-09149	研究生英语高级英语教师用书 / 08723		309-06521	研究生综合英语教师用书 2 修订版〔第 2 版〕/ 07966
309-13225	研究生英语高级英语教师用书〔第 2 版〕/ 08724		309-07326	研究生综合英语教师用书 2 修订版〔第 2 版〕/ 07968
309-02446	研究生英语阅读 / 09017		309-04920	研究生综合英语教师用书 3 / 07963
309-06479	研究生英语读与写 / 09046		309-05030	研究生综合英语教师用书 4 / 07964
309-06540	研究生英语读与译 / 09103		309-04035	研究生德育论 / 05582
309-15058	研究生英语读写教程 财经类 / 09001		309-13099	研究型医院 二类卫生资源配置与转化 / 13377
309-06689	研究生英语基础教程 / 07924			
309-06575	研究生英语综合教程 / 07925		**厚**	
309-10394	研究生英语散文选读 / 09159		309-09236	厚德尚学 精医济世 / 12015
309-01318	研究生英语精读 上册 / 09075			
309-01788	研究生英语精读 下册 / 09076		**面**	
309-03329	研究生英语翻译 / 08410		309-03147	面向未来的抉择 上海市中小企业体制改革研究报告 / 03539
309-10951	研究生学术行为规范读本 / 06976		309-00716	面向世界的汉语教学 / 07762
309-14567	研究生学术行为规范读本〔第 2 版〕/ 06975		309-06777	面向多 Agent 系统的辩论协商研究 / 14866
309-14550	研究生学术道德与学术规范百问 / 06974		309-10374	面向低碳未来的中国环境法制研究 / 02150
309-13749	研究生学术道德案例教育百例 / 06972		309-10333	面向低碳未来的中国能源法制研究 / 02146
309-12455	研究生学术道德案例教育读本 / 06973		309-05179	面试 / 01531
309-09108	研究生高级英语 / 08899		309-05751	面试〔第 2 版〕/ 01532
309-12812	研究生高级英语〔第 2 版〕/ 08900		309-06164	面试 / 01533
309-01865	研究生基础英语 Ⅰ / 07900		309-13575	面试实战解码 / 01528
309-01965	研究生基础英语 Ⅱ / 07901			
309-03139	研究生综合英语 1 / 07980		**残**	
309-05870	研究生综合英语 1〔第 2 版〕/ 07984		309-08477	残疾人社会保障和公共服务体系建设研究 2009—2010 年度上海市残疾人工作调研报告（论文）汇编 / 01645
309-03495	研究生综合英语 2 / 07981			
309-05946	研究生综合英语 2〔第 2 版〕/ 07985			
309-03822	研究生综合英语 3 / 07982			
309-06488	研究生综合英语 3〔第 2 版〕/ 07986		309-13812	残疾数据框架与指标体系的理论与实证 以上海为例 / 01642
309-04187	研究生综合英语 4 / 07983			
309-04284	研究生综合英语教师用书 1 / 07961			

轻

309-00707 轻工产品调整与发展战略 / 03771
309-13335 轻轻松松好腰腿 / 14256

鸦

309-01857 鸦片风云 / 10649

背

309-08271 背包地理 / 12122
309-09763 背包地理〔第2版〕 / 12123
309-04192 背影·匆匆 / 10770

战

309-04540 战火中的歌声 抗战歌曲百首回顾 / 11344
309-01751 战后日本社会保障制度研究 / 01694
309-00801 战后日本物价变动与物价政策 / 04112
309-02832 战后日本贸易发展的政策与制度研究 / 04245
309-01527 战后世界史 / 11559
309-02696 战后美国传播学的理论发展 经验主义和批判学派的视域及其比较 / 04999
309-13831 战争与血吸虫病 赤壁之战、湘军与瘟疫探奇研判 / 14074
309-07652 战争与秩序 中国抗战与东亚国际秩序的演变研究 / 01802
309-11968 战争、组织与理性化 / 01749
309-07348 战时岁月 宋子文与外国人士往来函电稿新编 / 12047
309-08814 战国争雄《战国策》选读 / 11692
309-14591 战国诸子评述辑证 / 00149
309-10328 战国诸子评述辑证 以《庄子·天下》为主要线索 / 00148
309-14982 战"疫"铭记 中华童诗童画选 / 14127
309-04115 战略人力资源审计 / 03282
309-06974 战略人力资源审计〔第2版〕 / 03283
309-11448 战略人力资源审计〔第3版〕 / 03284
309-06139 战略成本管理 / 03411
309-05066 战略成本管理与企业竞争优势 / 03412
309-04014 战略传媒 分析框架与经典案例 / 05077
309-08466 战略劳动关系管理 / 03034
309-03785 战略营销分析 架构与实务应用 / 03955
309-03319 战略联盟与企业竞争力 / 03428
309-10558 战略管理 / 03128
309-05676 战略管理 艺术与实务 / 03126
309-05743 战略管理会计 用数字指导战略 / 02929
309-03405 战略管理思想史〔第2版〕 / 03150
309-03791 战略管理新论 观念架构与分析方法 / 03113

点

309-06855 点线赚钱术 技术分析详解〔第2版〕 / 04640
309-05941 点亮心灯 儿童文学经典伴读 / 10017
309-06746 点亮心灯 儿童文学精典伴读〔第2版〕 / 10018
309-14003 点亮心灯 儿童文学精典伴读〔第3版〕 / 10019
309-10528 点亮灵魂的灯 / 10797
309-14341 点亮灵魂的灯 / 10798
309-15272 点亮灵魂的灯 李汉荣散文精读 / 10799
309-13090 点迹 / 10693

临

309-10912 临危不惧 儿童心理危机之自我应对 / 05603
309-05333 临床小儿外科学 新进展、新理论、新技术 / 14329
309-06124 临床口腔医学 新进展、新技术、新理论 / 14533

5627-0548	临床不合理用药 / 14602		14447
309-03516	临床内科学 新进展、新技术、新理论 / 14036	309-10066	临床实用微创埋线技术 / 13498
		309-04264	临床试验 / 14603
309-06944	临床内科学 新进展、新技术、新理论〔第2版〕/ 14037	309-12763	临床试验原理 / 13779
		5627-0527	临床经济学 / 13776
309-04216	临床内科学 新进展、新技术、新理论（续集）/ 14038	309-13101	临床型组织 上海职初教师成长的秘密 / 05637
5627-0445	临床计量医学 / 13580	5627-0083	临床药理学 / 14599
5627-0107	临床心脏病学 / 14079	5627-0467	临床药理学〔第2版〕/ 14600
5627-0565	临床外科学 / 14196	309-04002	临床药理学〔第3版〕/ 14601
309-06043	临床耳鼻咽喉头颈肿瘤学 / 14427	309-12928	临床研究协调员工作指南 / 14618
5627-0267	临床耳鼻咽喉科学 / 14498	309-04784	临床科研设计方法 临床流行病学 / 13046
309-04408	临床决策分析 哈佛版 / 13757		
5627-0144	临床妇科肿瘤学〔重印本〕/ 14410	5627-0049	临床音声学 / 14505
309-03275	临床妇科肿瘤学〔第2版〕/ 14411	5627-0455	临床神经疾病学 / 14431
309-04977	临床护理技术规范 / 13933	5627-0334	临床误诊分析 / 13858
309-08779	临床护理技术操作规范〔第2版〕/ 13955	5627-0623	临床真菌学 / 13714
		14253.001	临床真菌病学 / 14068
309-04812	临床护理英语 / 07935	5627-0257	临床真菌检验 / 13857
309-05798	临床护理实践 / 13894	309-04353	临床核医学诊疗要览 / 14542
309-11938	临床护理案例教学与试题集 / 13922	5627-0516	临床病理生理学 / 13692
309-03652	临床护理教程 / 13896	5627-0446	临床病理组织与免疫组化诊断学 / 13699
309-06386	临床护理教程〔第2版〕/ 13897	309-06659	临床疾病概要 / 13772
309-07005	临床护理常规 / 13932	309-10791	临床疾病概要〔第2版〕/ 13771
309-13661	临床医学"5＋3"模式的构建与实践 / 12985	5627-0224	临床消化系病 / 14130
		5627-0602	临床流行病学 / 13271
309-09863	临床医学英语教程 / 13764	5627-0091	临床流行病学论文集 1 / 13269
309-04485	临床医学研究设计和数据分析 / 13778	5627-0273	临床袖珍手册 儿科 / 13786
309-06619	临床医学基础 / 13763	5627-0536	临床袖珍手册 儿科〔第2版〕/ 13787
309-04657	临床免疫学 / 13722	5627-0243	临床袖珍手册 耳鼻喉科〔重印本〕/ 13815
309-13289	临床肿瘤放射治疗学 / 14372		
309-04417	临床肿瘤学概论 / 14352	5627-0561	临床袖珍手册 耳鼻喉科〔第2版〕/ 13816
309-09363	临床肿瘤学概论〔第2版〕/ 14353		
5627-0466	临床实用心理护理 / 13946	5627-0218	临床袖珍手册 妇产科 / 13809
309-01616	临床实用药物及其药理基础〔第2版〕/ 14609	5627-0557	临床袖珍手册 妇产科〔第2版〕/ 13810
309-03930	临床实用神经肌电图诊疗技术 /	5627-0546	临床袖珍手册 肛肠病诊治 / 13798

5627-0366　临床袖珍手册 骨科与手外科 / 13788
5627-0567　临床袖珍手册 骨科与手外科〔第2版〕/ 13789
309-03533　临床袖珍手册 汉英对照 简明病历书写手册 / 13790
5627-0582　临床袖珍手册 急症急救 / 13808
309-03488　临床袖珍手册 简明临床鉴别诊断手册 / 13791
309-03261　临床袖珍手册 简明临床心电图手册 / 13792
5627-0543　临床袖珍手册 抗感染化学治疗 / 13797
5627-0286　临床袖珍手册 口腔 / 13799
5627-0558　临床袖珍手册 口腔科〔第2版〕/ 13800
309-03297　临床袖珍手册 临床护士值班手册 / 13793
5627-0646　临床袖珍手册 临床医师值班手册 / 13794
5627-0275　临床袖珍手册 麻醉 / 13801
5627-0553　临床袖珍手册 麻醉〔第2版〕/ 13802
309-03022　临床袖珍手册 泌尿外科 / 13796
5627-0141　临床袖珍手册 内科〔重印本〕/ 13784
5627-0485　临床袖珍手册 内科〔第2版〕/ 13785
5627-0139　临床袖珍手册 皮肤科 / 13814
5627-0541　临床袖珍手册 皮肤科〔第2版〕/ 13803
5627-0318　临床袖珍手册 烧伤 / 13819
5627-0279　临床袖珍手册 神经内科 / 13820
5627-0647　临床袖珍手册 神经内科〔第2版〕/ 13821
5627-0219　临床袖珍手册 神经外科 / 13823
5627-0636　临床袖珍手册 神经外科〔第2版〕/ 13824
5627-0481　临床袖珍手册 实验诊断 / 13806
5627-0231　临床袖珍手册 外科 / 13817
309-03210　临床袖珍手册 外科〔第2版〕/ 13807
309-03219　临床袖珍手册 心血管疾病临床用药指南 / 13795

5627-0534　临床袖珍手册 性病诊治 / 13818
5627-0405　临床袖珍手册 针灸学 / 13811
5627-0627　临床袖珍手册 针灸学〔第2版〕/ 13812
5627-0301　临床袖珍手册 中成药 / 13813
5627-0580　临床袖珍手册 中医儿科 / 13822
5627-0362　临床袖珍手册 中医内科 / 13782
5627-0560　临床袖珍手册 中医内科〔第2版〕/ 13783
5627-0232　临床袖珍手册 中医外科〔重印本〕/ 13804
5627-0622　临床袖珍手册 中医外科〔第2版〕/ 13805
5627-0470　临床预防医学 / 13063
309-04878　临床预防医学 / 13064
309-10202　临床预防医学〔第2版〕/ 13065
5627-0135　临床预防的原理与方法 / 13761
309-09632　临床职业交际英语 / 13769
309-08703　临床营养学 / 13872
309-03325　临床营养基础〔重印本〕/ 13876
309-06685　临床康复学 / 14029
309-04079　临床超声心动图新技术 / 14083
5627-0081　临床遗传学 / 13731
5627-0667　临床输血学多选题及题解 / 13869
309-11126　临床路径管理策划与实施 / 13366
5627-0087　临床静脉营养 / 13874
309-00386　临沂地区专业技术拔尖人才名录 / 11993
309-11428　临终关怀学概论 / 14024

哇

309-10599　哇,骷髅来了 / 05918

显

5627-0333　显微外科手术图解 / 14210
5627-0531　显微外科基本理论与操作 / 14207
309-07878　显微外科基本理论与操作〔第2版〕/ 14208

冒

309-10611　冒牌老鹰 红隼老吹 / 05889

映

309-04764　映像中国 / 11412

星

309-10493　星星糖飞上天 / 05957
309-05975　《星洲日报》研究 / 05321

胃

5627-0295　胃肠肝胆病人与营养 / 13873
5627-0630　胃底贲门区域癌的临床治疗 / 14394
5627-0599　胃炎的防治 / 14138
5627-0389　胃癌 / 14393
309-06429　胃癌的早期防治 / 14391

贵

309-11412　贵州土家族儿歌选 / 10925
309-07681　贵州省成人学士学位计算机课程考试指南 / 14889
309-11860　贵州省成人学士学位计算机课程考试指南 2015 修订版〔第 2 版〕/ 14890
309-07680　贵州省成人学士学位英语课程考试指南 / 08710
309-11901　贵州省成人学士学位英语课程考试指南 2015 修订版〔第 2 版〕/ 08711
309-12177　贵州省普通话水平测试专用教材 / 07528

虹

309-04199　虹·幻灭 / 10637

思

309-04208　思考中的前行 大学生思想政治教育工作探索 / 06866
309-04978　思考·追问·探究 培养反思型教师的探索 / 06268
309-11427　思远树人 中小学德育管理的理论和实践 / 06275
309-05626　思快客初级教程 / 14986
309-09043　思念的经幡 / 10604
309-11925　思南师范学校志 1919—2012 / 07109
309-06876　思维训练 / 05782
309-12158　思维训练 上 中班 / 05806
309-12160　思维训练 上 大班 / 05808
309-12159　思维训练 下 中班 / 05807
309-12161　思维训练 下 大班 / 05809
309-13025　思维·情感·方法 高中历史教学"三论" / 06347
309-13004　思想之自由乃我毕生不渝之追求 夏禹龙先生口述历史 / 11844
309-04101　思想史的写法 中国思想史导论 / 00133
309-05009　思想政治工作网站创新 / 01593
309-03233　思想政治教育环境论 / 01588
309-10011　思想政治教育学科自觉与科学化研究 / 06848
3253.008　思想政治教育学原理 / 01585
309-00027　思想政治教育学原理〔重印本〕/ 01586
309-09248　思想政治教育学新论 / 01587
309-14453　思想政治教育哲学问题研究 / 01583
309-01564　思想道德修养 / 06846
309-10164　《思想道德修养与法律基础》难点解析 / 06879
309-06549　思想道德修养与法律基础教学论 / 06883
309-08219　《思想道德修养与法律基础》教学案例评析 / 06881
309-10898　《思想道德修养与法律基础》教学案例评析〔第 2 版〕/ 06882
309-05287　思辨之神 西方哲学思潮选讲 / 00301

品

309-06294　品质管理 / 03331

309-07474	品质管理实训 / 03315			幽
309-07702	品格论 / 00425		309-10392	幽默童诗100首 / 10926
309-06312	品牌扩张 路径与传播 / 03323			钟
309-05219	品牌成长战略 / 03329		309-12056	钟山愚公拾金行踪 / 10135
309-02430	品牌形象策划 透视品牌经营 / 03320		309-13623	钟扬文选 / 12899
309-06026	品牌驱动式银行管理 基于品牌价值和银行持续成长的战略选择 / 04461		309-13629	钟扬纪念文选 / 12008
			309-13579	钟灵毓秀 / 07097
309-03745	品牌国际化战略 / 03319		309-05506	钟灵毓秀 华山医院专家录 / 12025
309-14718	品牌依恋 品牌体验对品牌信任影响机制研究 / 03204		309-01240	钟惺年谱 / 11911
309-06615	品牌学案例教程 / 03324			钢
309-04735	品牌学教程 / 03327		309-10996	钢琴伴奏实用教程 / 11339
309-06775	品牌学教程〔第2版〕 / 03328		309-06198	钢琴即兴弹唱教程 / 11329
309-03735	品牌药品 品牌管理在制药行业中的作用 / 03747		309-10713	钢琴即兴弹唱教程〔第2版〕 / 11330
			309-14319	钢琴即兴弹唱教程〔第3版〕 / 11331
309-06758	品牌拜物教 / 03732		309-12670	钢琴教师99问 / 11328
309-05496	品牌策划实务 / 03321		309-13611	钢琴教程 课时制1 / 11332
309-08919	品牌策划实务〔第2版〕 / 03322		309-13609	钢琴教程 课时制2 / 11333
309-07244	品牌:新闻式传播实战 / 05116		309-04517	钢琴基础1 / 11319
309-12744	品牌管理 / 03325		309-07588	钢琴基础1〔第2版〕 / 11322
309-05269	品牌管理学 / 03326		309-11619	钢琴基础1〔第3版〕 / 11325
	哈		309-14318	钢琴基础1〔第4版〕 / 11327
309-03176	哈贝马斯的交往行为理论 兼论与马克思学说的相互关联 / 00322		309-05534	钢琴基础2 / 11320
			309-09644	钢琴基础2〔第2版〕 / 11323
309-06701	哈耶克社会理论 / 00897		309-13365	钢琴基础2〔第3版〕 / 11326
309-06702	哈耶克法律哲学 / 01817		309-06243	钢琴基础3 / 11321
309-14705	哈葛德小说在晚清:话语意义与西方认知 / 11028		309-10712	钢琴基础3〔第2版〕 / 11324
	哪			看
309-11174	哪座桥是剑桥? / 10911		309-15188	看!凡·高如是说 / 11139
	骨		309-07999	看日剧学日语 / 09831
			309-07996	看动漫学日语 / 09830
309-10137	"骨"往今来 / 14253		309-02586	看图与作文 / 06415
309-13175	骨科出院病人中医调养 / 13519		309-01678	看图说英语 / 06536
5627-0641	骨科修复重建手术学 / 14263		309-05712	看漫画学管理 / 03156
5627-0483	骨科康复医学 / 14254		309-06622	看澜集 / 00819

氟

5627-0409　氟他胺的药理和临床应用　兼论抗良性前列腺增生 / 14620

怎

2253.002　怎样才能获得真理 / 00089
309-01523　怎样开发和管理人力资源 / 03003
309-01520　怎样开发商品 / 03733
309-02017　怎样写好高考作文 / 06420
309-02212　怎样写好高考作文〔第2版〕/ 06421
309-02824　怎样写好高考作文〔第3版〕/ 06422
309-01908　怎样进行市场调查 / 03967
309-01905　怎样进行形象宣传 / 03224
309-01912　怎样进行经营分析 / 03413
309-01522　怎样进行积极的商务交际 / 04026
309-01910　怎样进行营销管理 / 03929
309-01906　怎样应对大众传媒 / 03225
309-11994　怎样现代，如何文学？中国现代文学研究论集 / 10186
309-01847　怎样使你的孩子心理更健康　孩子心中的秘密 / 00514
309-01396　怎样使你的孩子更聪明　左右脑开发的奥秘 / 13653
309-01681　怎样使聪明的孩子更聪明　创造力开发的奥秘 / 05718
7253.005　怎样学好大学文科　专家学者治学经验谈 / 06901
9253.025　怎样学好大学英语 / 08015
309-01521　怎样经营零售店铺 / 03887
309-01786　怎样培养孩子的独立人格　在磨砺中成长 / 07214
309-01909　怎样提高营业技术 / 03930
309-01907　怎样筹办公司活动 / 03440
309-01911　怎样筹措和运作资金 / 03394
309-01524　怎样避开商海中的陷阱　商法活用 / 01895
309-01525　怎样避免在金融交易中陷于被动　金融法活用 / 01890

选

309-09155　选择自立　结缘光华　复旦大学"光华自立奖"人物访谈录 / 10727
309-06708　选举政治学 / 01292

适

309-13039　适庐诗词遗稿 / 10565

香

309-02635　香江论学集 / 00797
309-07468　香港电影血与骨 / 11417
309-04802　香港电影新浪潮 / 11416
309-01738　香港法律实用全书 / 02250
309-10646　香港话剧史 1907—2007 / 11377
309-07692　香港新浪潮电影 / 11423

种

309-14006　种子天堂 / 10617

科

309-12205　科创二十年"张江高科"1996—2016 / 02714
309-06044　科技日语教程 / 09825
309-04099　科技文献检索〔第2版〕/ 05543
309-03984　科技创新与跨越发展研究 / 03310
309-07018　科技英语（EST）理论与实践初探 / 07938
309-08301　科技英语写作 / 08373
309-08291　科技英语演讲 / 08194
309-01555　科技经济学 / 02501
309-13282　科技新知 / 12233
309-05239　科学与人的问题　论约翰·杜威的科学观及其意义 / 00341
309-02332　科学与启蒙运动 / 12219
309-02339　科学与宗教 / 00563
309-06310　科学与宗教：二十一世纪的对话　英美四名家复旦演讲集 / 00564

309-14887	科学小火车 / 05846			
309-07538	科学无极限 你需要知道的超过2000个基本事实 / 15434		**重**	
309-03575	科学巨擘 院士风采录 / 11996		309-13548	重刊巢氏诸病源候总论〔影印本〕/ 13485
309-10838	科学从此成为科学 牛顿的生平与工作 / 12060		309-09428	重估中国体育传播的文化价值 / 07266
309-07805	科学计算与数学建模 / 15173		309-06269	重构中的媒介价值 / 05279
309-03662	科学史十论 / 12218		309-11389	重建历史唯物主义 西方马克思主义基础理论研究 / 00117
309-09970	科学外史 / 15431			
309-10794	科学外史 Ⅱ / 15432		309-11442	重建中国经济学 / 02605
309-07357	科学发展观与媒介化社会构建 新闻传播学视角的研究 / 05117		309-04968	重建家园 动荡中的美国华人社会（1940—1965）/ 01738
309-11229	科学合理性 / 12207		309-01257	重点高中招生考试指导 初中适用 / 06380
309-05914	科学技术的制度供给 / 02776			
13253.025	科学技术统计 对研究和实验发展活动进行调查的推荐标准规范 / 12225		309-04290	重点高中英语高考能力测试 2005年 / 06589
309-04252	科学时代 20世纪科学家的探索与成就 / 12214		309-01586	重点高中学科训练 化学〔第2版〕/ 06795
309-00289	科学社会主义概论 / 01267		309-01596	重点高中学科训练 数学〔第2版〕/ 06740
309-02023	科学的价值合理性 一种主体实践的认识论研究 / 05521		309-01573	重点高中学科训练 物理〔第2版〕/ 06769
309-08771	科学的自然法观与民法解释 / 02170		309-01576	重点高中学科训练 英语 / 06726
309-12934	科学育儿科普画册"新家庭计划"指南 / 13245		309-02108	重点高中学科训练 英语〔第2版〕/ 06727
309-12032	科学定律 / 05526		309-01604	重点高中学科训练 语文 / 06402
309-11518	科学实在论导论 / 12203		309-03521	重点高中学科指导 化学 / 06789
309-09435	科学革命的历史分析 库恩与他的理论 / 12211		309-03583	重点高中学科指导 数学 / 06741
309-06144	科学：思想史、方法论与社会学 / 05525		309-03496	重点高中学科指导 物理 / 06770
			309-03710	重点高中学科指导 英语 / 06440
309-04365	科学语篇的隐喻性 / 07328		309-03522	重点高中学科指导 语文 / 06389
309-03987	科学哲学 / 12208		309-10678	"重复"之美 威廉·斯潘诺斯的诗学研究 / 11076
309-03635	科学预防"非典"手册 / 14123			
309-04015	科学基础方法论 自然科学与人文、社会科学方法论比较研究 / 05531		309-10401	重症监护培训手册 / 13887
309-08624	科学精英是如何造就的 从STS的观点看诺贝尔自然科学奖 / 12213		309-02866	重铸中国魂 20世纪马克思主义中国化的历程 / 00298
309-13316	科恩历史哲学研究 / 00077		309-11983	重释人的解放 论《1844年经济学哲学手稿》的哲学人类学思想 / 00021
309-07303	科教文与社交文书写作规范 / 07675		309-13009	重温教育经典 一位校长的读书札记 /

	05571	309-09770	复旦大学年鉴 2012 / 15460
309-05986	重解资本收益 人力资本视角下的资本收益研究 / 02991	309-10736	复旦大学年鉴 2013 / 15461
309-11975	重新定向 跨文化、跨语际、跨媒介的叙事、语言、身份与知识研究 / 05145	309-11945	复旦大学年鉴 2014 / 15462
		309-12869	复旦大学年鉴 2015 / 15463
309-10661	重塑中国和北欧国家的福利制度 / 01573	309-13305	复旦大学年鉴 2016 / 15464
309-12620	重塑美国 美国新媒体社会的全面建构及其影响 / 05328	309-14590	复旦大学年鉴 2017 / 15465
		11253.019	复旦大学志 第1卷 1905—1949 / 07047
		309-01534	复旦大学志 第2卷 1949—1988 / 07048
	复	5627-0639	复旦大学医学院年鉴 2000 / 15456
309-14182	复旦·木版水印版画艺术展作品集 2018 / 11198	309-08354	复旦大学附属中学初高中数学衔接教学讲义 / 06359
309-03927	复旦人权研究 / 01333	309-07213	复旦大学附属中学高三物理总复习讲义 电磁学分册 / 06784
309-03981	复旦大讲堂 第1辑 / 15439		
309-03604	复旦大学 / 07073	309-06872	复旦大学附属中学高三物理总复习讲义 力学分册 / 06785
309-13394	复旦大学 431 金融学综合真题详解 2018版 / 04444	309-06248	复旦大学附属中学数学教学讲义 一分册 / 06364
309-04700	复旦大学"大使论坛" / 01765	309-06247	复旦大学附属中学数学教学讲义 二分册 / 06363
309-06687	复旦大学"大使论坛" 第2辑 / 01766		
309-13354	复旦大学上海医学院纪事 2000.4—2012.9 / 07055	309-11415	复旦大学青年运动史 1905—1949 / 01396
309-10307	复旦大学文物与博物馆学系论文选集 1 / 12077	309-02072	复旦大学英语水平考试大纲、样题及词汇表 / 08454
309-11829	复旦大学计算机科学技术学院退休教师工作回忆录 / 11897	309-14801	复旦大学英语水平考试的开发与效度研究 / 08070
309-15209	复旦大学"以学为中心"的混合式教学案例集 / 07039	309-10923	复旦大学英语水平测试大纲、样题及词汇表 / 08105
13253.012	复旦大学电真空实验室真空技术三十年集 / 14676	309-13675	复旦大学图书馆百年纪事 1918—2018 / 05496
309-04466	复旦大学百年纪事 1905—2005 / 07050	309-13823	复旦大学图书馆馆藏古籍善本图录〔影印本〕/ 15498
309-11408	复旦大学百年纪事续编 2005—2014 / 07051	309-14746	复旦大学图书馆藏古籍稿抄珍本 第一辑〔影印本〕/ 15435
309-04465	复旦大学百年志 1905—2005 / 07049	309-12497	复旦大学的何梁何利之路 / 11994
309-05405	复旦大学年鉴 2006 2007 2008 2009 / 15457	309-00020	复旦大学的改革与探索 / 07038
		309-14571	复旦大学法学院历史图片集 百年法律教育珍档 / 07077
309-07824	复旦大学年鉴 2010 / 15458	309-14299	复旦大学法律评论 第6辑 / 01812
309-09011	复旦大学年鉴 2011 / 15459	309-14991	复旦大学法律评论(第七辑) 金融科

	技、数据保护与法治转型 / 01813		生专刊 / 07367
309-09743	复旦大学研究生入学考试经济学综合基础模拟试题集 / 02370	309-08505	复旦外国语言文学论丛 2011年春季号 / 07369
309-04421	复旦大学档案馆馆藏名人手札选 续集 / 11820	309-08758	复旦外国语言文学论丛 2011年秋季号 / 07371
309-01895	复旦大学档案馆馆藏名人手札选 1905—1949 / 11819	309-08062	复旦外国语言文学论丛 2011年研究生专刊 / 07370
309-00949	复旦大学教授录 / 11866	309-09271	复旦外国语言文学论丛 2012年春季号 / 07372
309-01503	复旦大学教授录 续一 / 11867	309-09636	复旦外国语言文学论丛 2012年秋季号 / 07374
309-01395	复旦大学教职员著译书目 理科分册 / 15503	309-08913	复旦外国语言文学论丛 2012年研究生专刊 / 07373
309-01075	复旦大学教职员著译书目 文科分册 / 15502	309-10072	复旦外国语言文学论丛 2013年春季号 / 07375
309-00127	复旦大学博士硕士学位研究生英语入学通过试题汇编 1983—1988 / 07956	309-10526	复旦外国语言文学论丛 2013年秋季号 / 07377
309-13691	复旦中文研究生论集 第1辑 / 09928	309-09702	复旦外国语言文学论丛 2013年研究生专刊 / 07376
309-08956	复旦古籍所学报 第1期 / 05491		
309-04529	复旦印象 / 07069	309-10999	复旦外国语言文学论丛 2014年春季号 / 07378
309-03109	复旦外国语言文学论丛 / 07356	309-11344	复旦外国语言文学论丛 2014年秋季号 / 07380
309-04054	复旦外国语言文学论丛 2004春季号 / 07357	309-10549	复旦外国语言文学论丛 2014年研究生专刊 / 07379
309-04549	复旦外国语言文学论丛 2005春季号 / 07358	309-11849	复旦外国语言文学论丛 2015年春季号 / 07381
309-05301	复旦外国语言文学论丛 2006年春秋季号 / 07359	309-12041	复旦外国语言文学论丛 2015年秋季号 / 07382
309-05608	复旦外国语言文学论丛 2007年春季号 / 07360	309-12624	复旦外国语言文学论丛 2016年春季号 / 07383
309-06063	复旦外国语言文学论丛 2008年春季号研究生专刊 / 07361	309-12785	复旦外国语言文学论丛 2016年秋季号 / 07384
309-04998	复旦外国语言文学论丛 2009年秋季号 / 07362	309-13134	复旦外国语言文学论丛 2017春季号 / 07385
309-05470	复旦外国语言文学论丛 2009年研究生专刊〔第2版〕/ 07364	309-13542	复旦外国语言文学论丛 2017秋季号 / 07386
309-07527	复旦外国语言文学论丛 2010年春季号 / 07363	309-13910	复旦外国语言文学论丛 2018春季号 / 07387
309-07888	复旦外国语言文学论丛 2010年秋季号 / 07368		
309-07271	复旦外国语言文学论丛 2010年研究	309-14270	复旦外国语言文学论丛 2018秋季

	号 / 07388	309-04739	复旦诗派诗歌(前锋卷 / 经典卷) 1981—2005 / 10587
309-14448	复旦外国语言文学论丛 2019 春季号 / 07389	309-04740	复旦诗派理论文集 1981—2005 / 10330
309-14946	复旦外国语言文学论丛 2019 秋季号 / 07390	309-13442	复旦政治哲学评论 第17辑 反腐败：中国的实践 / 01275
309-15218	复旦外国语言文学论丛 2020 春季号 / 07366	309-12760	复旦政治哲学评论 第17辑 政党与政府改革 / 01276
309-06178	复旦汉学论丛 第6辑 / 11662	309-14710	复旦保险教育百年纪念画册 汉英对照 / 04916
309-07044	复旦汉学论丛 第7辑 / 11663	309-12754	复旦美育 第1辑 / 05561
309-09434	复旦汉学论丛 第8辑 / 11664	309-11234	复旦校园植物图志 / 12902
309-12012	复旦汉学论丛 第9辑 / 11665	309-01306	复旦综览 / 07056
309-13359	复旦汉学论丛 第10辑 / 11666	309-12462	复合型公共卫生人才培养论纲 / 13416
309-15219	复旦汉学论丛 第11辑 / 11667	309-01530	复杂系统中的电磁波 / 12661
309-03447	复旦百年 燕曦流芳 复旦大学百年庆典纪念集锦 / 07043	309-05202	复杂性和临界状态〔英文影印版〕/ 12570
309-13740	复旦先导讲义 数理基础与程序设计 / 12322	309-01478	复变函数 / 12463
309-04724	复旦杂忆 / 07066	309-09928	复变函数 / 12464
309-10013	复旦名师剪影 文理卷 / 11877	309-14503	复变函数 / 12456
309-10014	复旦名师剪影 医学卷 / 11878	309-05412	复变函数与积分变换 / 12459
309-10150	复旦名师剪影 综合卷 / 11879	309-09870	复变函数与积分变换 / 12465
309-04693	复旦改变人生 / 07068	309-11549	复变函数与积分变换 / 12458
309-07262	复旦英烈传 11821	309-11349	复变函数与积分变换 / 12457
309-04970	复旦版中考英语词汇语法强化训练 / 06529	309-09327	复变函数与积分变换〔第3版〕/ 12460
309-04850	复旦版高考英语听力强化训练 / 06528	309-01958	复解析动力系统 / 12461
309-04452	复旦的星空 / 11826		

笃

309-08632	复旦往事 / 10888	
309-13976	复旦金融评论 第1辑 / 04452	309-03172	笃学集《上海电大信息》报百期文萃 / 00838
309-14095	复旦金融评论 第2辑 / 04453		
309-14169	复旦金融评论 第3辑 / 04454		

便

309-14394	复旦金融评论 第4辑 / 04455		
309-14597	复旦金融评论 第5辑 / 04456	5627-0596	便秘的防治 / 14140
309-01506	复旦学子 / 11827		

顺

309-11250	复旦学者书法鉴赏 / 11234		
309-04738	复旦诗社社长诗选 1981—2005 / 10588	309-08581	顺理成章 一个流行病学工作者从医60年的记录 / 12031
309-04742	复旦诗派诗人诗集 / 10572		

修

309-12714	修身养性 / 00427	
309-10861△	修改出华章 记叙文升格出彩之道 / 06332	
309-14240	修辞的结构与功能研究 "望道修辞学论坛"论文集萃 第3辑 / 07470	
309-05615	修辞学发凡 / 07602	
9253.002	《修辞学发凡》与中国修辞学 纪念陈望道《修辞学发凡》出版五十周年 / 07464	
309-11356	修辞学发凡 文法简论 / 07603	
309-07228	修辞格翻译的语用学探解 / 08389	

保

309-14432	保卫水稻 / 10819
309-13606	保卫科长莫有"病" / 10666
309-14072	保险大国崛起 中国模式 / 04890
309-02634	保险与市场经济 / 04886
309-13911	保险与健康中国 / 04902
309-08470	保险公司内部控制精要 业绩和品牌价值提升的有效手段〔第2版〕/ 04893
309-04289	保险公司会计 / 04852
309-04846	保险公司会计 / 04853
309-05889	保险公司会计〔第2版〕/ 04854
309-07000	保险公司会计〔第3版〕/ 04855
309-09134	保险公司会计〔第4版〕/ 04856
309-12172	保险公司会计〔第5版〕/ 04857
309-14659	保险公司会计〔第6版〕/ 04858
309-06891	保险公司会计习题指南 / 04861
309-09137	保险公司会计习题指南〔第2版〕/ 04862
309-09861	保险公司财务分析与风险防范 / 04865
309-04997	保险发展与创新 / 04887
309-03833	保险利益论 / 04839
309-04876	保险应用写作 / 04849
309-10296	保险应用写作 / 04850
309-14386	保险应用写作〔第2版〕/ 04851
309-04695	保险英语 / 07891
309-06668	保险英语 / 07918
309-14822	保险的起源与繁盛 / 04848
309-02787	保险法 / 02062
309-02306	保险学 / 04845
309-04731	保险学 / 04836
309-04806	保险学〔第2版〕/ 04846
309-05034	保险学 / 04840
309-07523	保险学〔第2版〕/ 04841
309-09171	保险学〔第3版〕/ 04847
309-01715	保险学 理论与实务 / 04838
309-06771	保险学习题与案例 / 04842
309-15241	保险学创优〔第3版〕/ 04844
309-02641	保险学原理 / 04837
309-06984	保险理财学 / 04843
309-05213	保险基础英语 / 07890
309-09919	保险营销学 / 04863
309-14125	保险营销学〔第2版〕/ 04864
309-03334	保险营销理论与案例 / 04860
309-05029	保险精算技术 / 04859
309-10964	保健食疗中药 / 13512
309-13890	保教知识与能力 幼儿园 / 06138
309-11952	保教知识与能力 幼儿园 2016最新版 / 06137
309-11954	保教知识与能力历年真题及全真模拟 幼儿园 2016最新版 / 05631
309-12598	保教知识与能力考点精练与备考指南 / 06150

促

309-06125	促进妇幼卫生发展的策略研究 / 13224
5627-0184	促性腺激素释放激素及其类似物在妇产科的应用 / 14621

俄

309-10076	俄汉文学翻译变异研究 / 09821
309-04094	俄国文学史及其他 / 10979

309-08350	俄国共济会与俄国近代政治变迁 18—20世纪初 / 01703		309-10780	信息技术读本 / 04969
309-11783	俄罗斯文学 追寻心灵的自由 / 10971		309-11502	信息技术读本 / 04970
309-06745	俄罗斯文学辞典 作家与作品 / 10972		309-02588	信息技术基础 / 04971
309-02533	俄罗斯转轨经济研究 / 02757		309-04049	信息技术基础 / 04973
309-07701	俄罗斯国情简明教程 / 12193		309-07002	信息技术基础〔第3版〕/ 04975
309-02338	俄罗斯和苏联科学简史 / 12220		309-09461	信息技术基础〔第4版〕/ 04976
309-10049	俄罗斯经济再转型 创新驱动现代化 / 02755		309-11375	信息技术基础〔第5版〕/ 04977
			309-04616	信息技术基础 试用本〔第2版〕/ 04967

俗

309-15120	俗语言研究 第六号（复刊第一号）/ 07587
309-06070	俗语教程 / 07792

信

309-12234	信号与系统 Matlab版 / 14832
309-03108	《信号与系统》同步指导 理论、方法与题解 / 14833
309-00854	信号和通信系统 / 14830
309-01344	信号和通信系统〔重印本〕/ 14831
309-14575	信用卡风险和消费者行为研究 / 04722
309-04020	信用评估理论与实务 / 03146
309-03736	信用链 温州·萧江调研报告 / 04813
309-05649	信用管理概论 / 04513
309-00631	信贷员工作手册 / 04512
309-13018	信息工程英语 / 04968
309-03856	信息化进程中的传媒教育与研究 第二届中国传播学论坛文集 / 05016
5627-0497	信息网络基础及其医学应用 / 15204
309-04026	信息技术及其应用 / 04974
309-02382	信息技术应用基础 / 14898
309-03205	信息技术应用基础〔第2版〕/ 14899
309-11561	信息技术应用基础 / 14913
309-04703	信息技术应用基础 2005版 / 14900
309-05859	信息技术改造与提升传统产业 / 03168

309-02589	信息技术基础学习指导 / 04972
309-11519	信息技术基础实践指导〔第7版〕/ 06761
309-04373	信息技术基础实践指导 上机·测试〔第3版〕/ 06757
309-05915	信息技术基础实践指导 上机·测试〔第4版〕/ 06758
309-07159	信息技术基础实践指导 上机·测试〔第5版〕/ 06759
309-09462	信息技术基础实践指导 上机·测试〔第6版〕/ 06760
309-05022	信息技术基础教程 / 14918
309-03013	信息时代的创新及其发展效应 / 03781
309-06723	信息利用基础 / 05472
309-08712	信息科技〔第3版〕/ 06768
309-07214	信息科技 直击A级——高中学业水平考试 / 06766
309-08041	信息科技 直击A级——高中学业水平考试〔修订本〕/ 06767
309-06951	信息检索与利用 / 05473
309-12413	信息检索与利用〔第2版〕/ 05474
309-13610	信息检索与基础 / 05477
309-09611	信息渴望自由 / 04980

泉

309-02374	泉州发展战略研究 / 02721

侵

309-04714	侵权行为法 / 01914

309-07204	侵权责任法 / 02165
309-12544	侵权责任法〔第2版〕/ 02166
309-13754	侵权责任法中的基本权利问题 / 02192

追

309-03018	追寻中华古代文明的踪迹 李学勤先生学术活动五十年纪念文集 / 12078
309-10571	追寻智慧 思想政治课智慧教学探索与实践 / 06327
309-01519	追求卓越 / 00804
309-09717	追述 / 10690
309-14880	追望大道 陈望道画传 / 11881

衍

| 309-04790 | 衍生金融工具会计 / 04493 |

律

309-02549	律考陷阱100题 律考疑难试题的识别与应对 / 02240
309-12766	律师法律服务对内部控制有效性的影响及机制研究 / 01921
309-02211	律师法原理 / 02241
309-00759	律师实务学 / 02238
309-01050	律诗三百首今译 / 10553

很

| 309-10627 | 很绿很绿的森林 / 05899 |

叙

| 309-15042 | 叙事医学英语影像读写教程 / 09475 |

俞

| 309-05115 | 俞平伯论古诗词 / 10281 |

剑

309-01687	剑河的凝思 旅英散记 / 10816
309-03537	剑桥国际商务英语应试指导 中级 / 08063
309-03303	剑桥商务英语考试必备 初级〔修订版〕/ 08059
309-03302	剑桥商务英语考试必备 中级〔修订版〕/ 08058
309-03299	剑桥商务英语考试必备 高级〔修订版〕/ 08057

食

5627-0469	食物、营养与癌症预防 / 13138
309-11863	食品与营养读本 / 13137
309-10787	食品卫生读本 / 13161
309-14938	食品专业创新创业训练 / 03748
309-14915	食品专业基础实验 / 15228
309-14914	食品分析实验 / 15232
309-12750	食品接触材料及制品质量安全实务 上 总论、塑料类、橡胶类分册 / 15229
309-12752	食品接触材料及制品质量安全实务 下 涂料类、洗涤剂消毒剂类、其他类分册 / 15231
309-12751	食品接触材料及制品质量安全实务 中 金属搪瓷类、玻璃陶瓷类、植物源性类分册 / 15230
309-14009	食品营养卫生与健康 / 13140
309-08245	食品营养、安全与生活 / 13135
309-04837	食源性疾病防制与应急处置 / 14190
5627-0412	食管癌与贲门癌 / 14390

胆

| 309-04464 | 胆道疾病介入放射学 / 14149 |
| 5627-0590 | 胆道疾病的防治 / 14148 |

胜

| 309-14657 | 胜浦山歌 一个吴歌歌种的定点考察 / 11299 |
| 309-11280 | 《胜鬘狮子吼经》密意 / 00627 |

脉

| 309-00471 | 脉冲与数字电路实验教程 / 14828 |

脉

309-09092　脉望夜谭 / 10858

胎

309-09734　胎教指导 DIY艺术胎教 / 05732

狮

309-01247　狮城舌战 首届国际大专辩论会纪实与评析 / 07422

309-03432　狮城舌战 十年珍藏本 / 07423

独

309-08265　独自闲行 / 10783

贸

309-13670　贸易与政治 解读大卫·休谟的《英国史》 / 11791

309-08611　贸易投资一体化与异质性厂商的国际战略研究 关于中国境内企业的实证检验 / 04126

309-08573　贸易金融理论与案例研究 / 03859

309-05000　贸易战略的国际比较 / 04195

4253.028　贸易保护主义对中美经济关系的影响 中美纺织品贸易争端 / 04237

309-11084　贸易摩擦与争端解决机制研究 / 04181

急

309-11293　急危重症护理 / 13957

5627-0133　急诊医学〔重印本〕 / 13882

309-03396　急诊医学〔第2版〕 / 13888

309-06203　急诊医学〔第3版〕 / 13889

5627-0303　急诊规范与程序 / 13893

309-08369　急性化学物中毒防治指南 化工园区篇 / 14186

5627-0246　急性化学物中毒救援手册 / 14185

5627-0150　急性出血性结膜炎 红眼病 / 14522

309-04690　急性呼吸窘迫综合征 / 14128

309-05813　急救护理 / 13956

将

309-13581　将世界纳入视野 论康德、黑格尔和塞拉斯 / 00353

309-04299　将帅商道 eTV《MBA大讲堂》经典实战案例访谈录 / 10725

庭

309-14244　庭审N+1实训教程 / 02213

疯

309-07659　疯人院 勃朗特的神秘冒险 / 11096

咨

309-04301　咨询学 / 01188

亲

309-12422　亲子之道 / 07228

309-11218　亲子互动的小窍门 / 07221

309-14812　亲子早教课程 0—3岁 / 05757

309-13597　亲子活动设计与家长指导 0—3岁 / 05764

309-13596　亲子游戏卡 0—3岁 / 05781

309-14059　亲历与见证 一个经济学者与改革开放40年 / 01475

309-08315　亲历民主 我在美国竞选议员 / 01730

309-12918　亲身体尝 互联网思维下的消费者保护 / 01897

309-03414　亲亲好宝贝 年轻父母育儿指南 / 13240

309-06998　亲密行为 / 00973

309-11902　亲属称谓漫谈 / 12115

音

309-06559　音乐英语 / 07922

309-14334　音乐星球 幼儿音乐启蒙绘本 level 1 上 / 06033

309-14335　音乐星球 幼儿音乐启蒙绘本 level 1 下 / 06034

309-14835	音乐星球 幼儿音乐启蒙绘本 level 2 上 / 06035		309-11128	养老保险 理论与政策 / 04897
309-14836	音乐星球 幼儿音乐启蒙绘本 level 2 下 / 06036		309-03830	养老保险改革与资本市场发展 / 04907
309-14274	音乐课程与教学论 / 11290		309-14061	养育下一代创新者 犹太教育对中国的启示 / 07231

音乐基础 / 美

309-12793	音乐基础 / 11293	
309-12472	音乐综合教程 / 06022	
309-04489	音乐赏析 / 05990	
309-07975	音乐赏析〔第2版〕/ 05991	
309-13377	音乐赏析〔第3版〕/ 05992	
309-09833	音乐鉴赏 / 11297	
309-14076	音乐鉴赏十五讲 / 11298	
309-05151	音乐鉴赏教程 / 11296	
309-07751	音乐像座巴别塔 1870—1914 年间欧洲的音乐与文化 / 11303	
309-01151	音响技术 / 14840	
309-02293	音响技术〔第2版〕/ 14841	
309-14769	音频音乐与计算机的交融 音频音乐技术 / 14857	
9253.016	音韵学入门 / 07554	
309-06539	音韵学入门 / 07555	

帝

11253.007	帝国主义工业资本与中国农民 / 02736	
4253.009	帝国主义经济与政治概论 / 02460	
309-10080	帝国主义经济与政治概论 / 02461	
309-05788	帝国的终结 中国古代政治制度批判 / 01661	

施

309-13278	施璐德年鉴 2016 / 15468
309-13708	施璐德年鉴 2017 / 15469
309-14353	施璐德年鉴 2018 / 15470

差

309-03226	差分方程和常微分方程 / 12539

养

309-11082	养生话题百篇 / 13457

美

309-09144	美与梦想之间 剑秋散文 II / 10826
309-12994	美术基础 / 06061
309-09105	美术基础与训练 / 06062
309-10050	美术鉴赏 西方美术卷 / 11134
309-14809	美术鉴赏十二讲 / 11138
309-06223	美军军官职业教育研究 / 02313
309-03435	美丽古典 / 10300
309-08244	美丽英文,天籁之声 英语气息朗读法 / 08190
309-00169	美国大学教育 现状·经验·问题及对策 / 07089
309-11028	美国卫生服务监管概述 复杂 对抗 妥协 / 13426
309-07429	美国也荒唐 旅美二十年的非常经历 / 11101
309-14120	美国公民身份的基础 liberalism, the constitution and civic virtue / 01737
309-04539	美国风险(创业)投资有限合伙制 / 04833
309-07983	美国文化教程 / 09151
309-02899	美国文化渗透与近代中国教育 沪江大学的历史 / 07065
309-05758	美国文学选读 / 09169
309-10149	美国文学选读 / 09167
309-15231	美国文学选读 Reading America in Literature〔英文版〕/ 09168
309-04551	美国文学辞典 作家与作品 / 11070
309-13956	美国文学新闻史 一种现代叙事形式的兴起 / 05330
309-06147	美国本科留学指南 / 07095
309-08981	美国东方主义的"中国话语" 赛珍珠中美跨国书写研究 / 11074

索书号	书名 / 序号
309-12709	美国电视动画研究及其对中国动画的启示 / 11448
309-13310	美国印象 中国旅美游记选编（1912—1949）/ 10772
309-06522	美国对中国反倾销案例研究 轻工业含家电、电子及纺织品类产品案例 / 02268
309-00189	美国对中国的反应 中美关系的历史剖析 / 01787
309-01921	美国对中国的反应 中美关系的历史剖析〔第2版〕/ 01788
309-00913	美国对华直接投资 1980—1991年 / 04834
309-06428	美国对华贸易政策的决定 政治经济视角下的均衡 / 04246
309-13643	美国传播思想史 / 05007
309-05588	美国自然主义小说 / 11086
309-02556	美国名家散文选读 英汉对照 / 09170
309-13758	美国产业垄断发展进程 / 03079
309-11538	美国关键语言战略研究 / 08056
309-00300	美国英语听音新教程 / 09438
309-05395	美国国父们留下了什么？/ 11801
309-04595	美国国会与台湾问题 / 01806
309-00447	美国国会与美国外交决策 / 01727
309-03228	美国国会研究 Ⅰ / 01725
309-03638	美国国会研究 Ⅱ / 01726
309-06027	美国国会研究手册 2007—2008 / 01728
309-00739	美国和苏联学位制度比较研究 兼论中国学位制度 / 06970
309-05960	美国的公共政策 承诺与执行 / 01720
309-09238	美国的国际能源战略研究 一种能源地缘政治学的分析 / 03779
309-02905	美国的诞生 / 11799
309-13993	美国政治文化转型与外交战略调整 / 01714
309-10975	美国政治的理论研究 / 01709
3253.005	美国研究 / 01710
309-05642	美国幽默故事 / 11103
309-01870	美国首都华盛顿 迈向新世纪的都城 / 01731
309-01375	美国宪法纵横论 / 02267
309-00094	美国特使在中国 1945年12月—1947年1月 / 01792
309-01923	美国特使在中国 1945年12月—1947年1月〔第2版〕/ 01793
309-09477	美国海军与中美关系 / 02314
309-05857	美国银行监管制度 / 04832
309-13658	美国情报立法汇编 / 01735
309-06861	美国越南战争：从想象到幻灭 论美国越战叙事文学对越战的解构 / 11071
13253.043	美国数学的现在和未来 / 12251
309-05254	美国播音技艺教程 / 05363
309-14140	美的寻踪 / 00463
309-05323	美的情愫 / 10959
10253.012	美学与艺术评论 第1集 / 00465
10253.017	美学与艺术评论 第2集 / 00466
10253.026	美学与艺术评论 第3集 / 00467
309-00999	美学与艺术评论 第4集 / 00468
309-02526	美学与艺术评论 第5集 / 00469
309-03099	美学与艺术评论 第6集 蒋孔阳美学思想暨新世纪美学研讨会专集 / 00470
309-15142	美学与艺术欣赏 / 11132
309-11232	美学对比翻译赏析 美文赏析与翻译审美 / 07483
309-01934	美学关怀 / 00438
309-07291	美学导论 / 00437
309-03956	美学教程 / 00440
309-05557	美学基础与幼儿美育 / 05712
309-12738	美学基础与幼儿美育〔第2版〕/ 05713
309-12553	美学奥秘会探 / 00464
309-10589	美是道德善的象征 文学道德教化论 / 00393
5627-0512	美食水果百例经典 / 15268
5627-0507	美食米粥百例经典 / 15271
5627-0513	美食花卉百例经典 / 15267
5627-0509	美食豆类百例经典 / 15266

编号	书名 / 页码
5627-0506	美食饭肴百例经典 / 15274
5627-0515	美食冷饮百例经典 / 15238
309-12029	美食的故事 / 15252
5627-0511	美食茶水百例经典 / 15237
5627-0510	美食美酒百例经典 / 15236
5627-0514	美食调料百例经典 / 15273
5627-0508	美食菜肴百例经典 / 15272
309-14321	美容化妆品基础 / 15226
309-14561	美容仪器应用 / 14216
309-15126	美容礼仪 / 04095
309-14242	美容行业企业认知 / 04096
309-14180	美容应用解剖 / 14213
309-14322	美容实用英语 / 15282
309-14181	美容美体技术 / 15283
309-06170	美联储信息优势及其对货币政策目标的影响 / 04384

送

| 309-05050 | 送别·我在西湖出家的经过 / 10522 |

类

309-13272	类风湿关节炎基础与临床进展 / 14180
309-14622	类型电影原理 / 11386
309-14817	类型电影原理教程 / 11387
309-08099	类型电影教程 / 11397

迷

309-01972	迷失者的行踪 / 10843
309-14383	迷你临床考核 从理论到实践 / 13765
309-07467	迷影文化史 / 11437

前

309-06016	前工业文明与中国文学 / 10163
309-14247	前工业时代的信仰与社会 / 00566
309-09367	前厅服务与管理 / 04085
309-04742△	前世 / 10572
5627-0522	前列腺疾病防治 / 14273
5627-0168	前列腺增生症〔重印本〕 / 14274
309-02904	前行:塑造21世纪知识型党员 复旦大学研究生党建年制度创新与理论实践 / 01374
309-12402	前期创造社同人自传文本研究 以郭沫若、郁达夫、张资平为中心 / 11947
309-08298	前景大学英语自主练习 1 / 08865
309-08429	前景大学英语自主练习 2 / 08866
309-08710	前景大学英语自主练习 3 / 08867
309-09372	前景大学英语自主练习 4 / 08868
309-08306	前景大学英语教学参考书 1 / 08861
309-08427	前景大学英语教学参考书 2 / 08862
309-08714	前景大学英语教学参考书 3 / 08863
309-09396	前景大学英语教学参考书 4 / 08864
309-11765	前景大学英语(基础版)视听说教程 / 08737
309-11766	前景大学英语(基础版)视听说教程 1 / 08738
309-11767	前景大学英语(基础版)视听说教程 2 / 08739
309-11768	前景大学英语(基础版)视听说教程 3 / 08740
309-11761	前景大学英语(基础版)综合教程 / 08741
309-11762	前景大学英语(基础版)综合教程 1 / 08742
309-11763	前景大学英语(基础版)综合教程 2 / 08743
309-11764	前景大学英语(基础版)综合教程 3 / 08744
309-08293	前景大学英语综合教程 1 / 08869
309-08430	前景大学英语综合教程 2 / 08870
309-08713	前景大学英语综合教程 3 / 08871
309-09395	前景大学英语综合教程 4 / 08872
309-07908	前景实用英语自主练习 1 / 09327
309-12044	前景实用英语自主练习 1〔第2版〕 / 09331
309-15085	前景实用英语自主练习 1〔第3版〕 / 09332

309-07905	前景实用英语自主练习 2 / 09328	309-11980	前景实用英语综合教程教学参考书 1〔第 2 版〕/ 08879
309-12166	前景实用英语自主练习 2〔第 2 版〕/ 09333	309-15033	前景实用英语综合教程教学参考书 1〔第 3 版〕/ 08880
309-07902	前景实用英语自主练习 3 / 09329	309-12167	前景实用英语综合教程教学参考书 2〔第 2 版〕/ 08881
309-12169	前景实用英语自主练习 3〔第 2 版〕/ 09334	309-15034	前景实用英语综合教程教学参考书 2〔第 3 版〕/ 08882
309-08846	前景实用英语自主练习 4 / 09330	309-12170	前景实用英语综合教程教学参考书 3〔第 2 版〕/ 08883
309-08848	前景实用英语视听说教程 1 / 09681	309-08827	前景基础英语自主练习 1 / 09243
309-08850	前景实用英语视听说教程 2 / 09682	309-13077	前景基础英语自主练习 1〔第 2 版〕/ 09244
309-08852	前景实用英语视听说教程 3 / 09683	309-08858	前景基础英语自主练习 2 / 09245
309-08854	前景实用英语视听说教程 4 / 09684	309-13249	前景基础英语自主练习 2〔第 2 版〕/ 09246
309-08849	前景实用英语视听说教程教学参考书 1 / 09685	309-08861	前景基础英语自主练习 3 / 09247
309-08851	前景实用英语视听说教程教学参考书 2 / 09686	309-13520	前景基础英语自主练习 3〔第 2 版〕/ 09248
309-08853	前景实用英语视听说教程教学参考书 3 / 09687	309-08864	前景基础英语自主练习 4 / 09249
309-08855	前景实用英语视听说教程教学参考书 4 / 09688	309-13521	前景基础英语自主练习 4〔第 2 版〕/ 09250
309-11769	前景实用英语练习册 1 / 08877	309-08865	前景基础英语视听说教程 1 / 09525
309-12084	前景实用英语练习册 2 / 08878	309-13048	前景基础英语视听说教程 1〔第 2 版〕/ 09526
309-07910	前景实用英语教学参考书 1 / 08873	309-08867	前景基础英语视听说教程 2 / 09527
309-07906	前景实用英语教学参考书 2 / 08874	309-13222	前景基础英语视听说教程 2〔第 2 版〕/ 09528
309-07903	前景实用英语教学参考书 3 / 08875	309-08869	前景基础英语视听说教程 3 / 09529
309-08847	前景实用英语教学参考书 4 / 08876	309-13522	前景基础英语视听说教程 3〔第 2 版〕/ 09530
309-07909	前景实用英语综合教程 1 / 09689	309-08871	前景基础英语视听说教程 4 / 09531
309-11979	前景实用英语综合教程 1〔第 2 版〕/ 09693	309-13523	前景基础英语视听说教程 4〔第 2 版〕/ 09532
309-15031	前景实用英语综合教程 1〔第 3 版〕/ 09694	309-08866	前景基础英语视听说教程教学参考书 1 / 09533
309-07907	前景实用英语综合教程 2 / 09690	309-13049	前景基础英语视听说教程教学参考书 1〔第 2 版〕/ 09534
309-12165	前景实用英语综合教程 2〔第 2 版〕/ 09695	309-08868	前景基础英语视听说教程教学参考
309-15032	前景实用英语综合教程 2〔第 3 版〕/ 09696		
309-07904	前景实用英语综合教程 3 / 09691		
309-12168	前景实用英语综合教程 3〔第 2 版〕/ 09697		
309-08845	前景实用英语综合教程 4 / 09692		

书 2 / 09535
309-13223　前景基础英语视听说教程教学参考书 2〔第 2 版〕/ 09536
309-08870　前景基础英语视听说教程教学参考书 3 / 09537
309-13524　前景基础英语视听说教程教学参考书 3〔第 2 版〕/ 09538
309-08872　前景基础英语视听说教程教学参考书 4 / 09539
309-13525　前景基础英语视听说教程教学参考书 4〔第 2 版〕/ 09540
309-08825　前景基础英语综合教程 1 / 08745
309-13050　前景基础英语综合教程 1〔第 2 版〕/ 08746
309-08856　前景基础英语综合教程 2 / 08747
309-13220　前景基础英语综合教程 2〔第 2 版〕/ 08748
309-08859　前景基础英语综合教程 3 / 08749
309-13516　前景基础英语综合教程 3〔第 2 版〕/ 08750
309-08862　前景基础英语综合教程 4 / 08751
309-13517　前景基础英语综合教程 4〔第 2 版〕/ 08752
309-08828　前景基础英语综合教程教学参考书 1 / 08753
309-13051　前景基础英语综合教程教学参考书 1〔第 2 版〕/ 08754
309-08857　前景基础英语综合教程教学参考书 2 / 08755
309-13221　前景基础英语综合教程教学参考书 2〔第 2 版〕/ 08756
309-08860　前景基础英语综合教程教学参考书 3 / 08757
309-13518　前景基础英语综合教程教学参考书 3〔第 2 版〕/ 08758
309-08863　前景基础英语综合教程教学参考书 4 / 08759
309-13519　前景基础英语综合教程教学参考书 4〔第 2 版〕/ 08760

首

309-08568　首饰英语 / 15242
309-12276　首饰英语〔第 2 版〕/ 15243
309-06009　首届于右任国际学术研讨会论文集 / 11223
309-02815　首届宋代文学国际研讨会论文集 / 10121
309-04203　首席财务官　跨国公司全球价值最大化的设计师 / 03478

总

309-10128　总报酬经济学 / 03293

洪

309-02404　洪丕谟书法集 / 11238
309-05874　洪昭光"健康圣经"大颠覆 / 13175
309-10878　洪亮吉《左传诂》研究 / 11688

测

309-14466　测度论与实分析基础 / 12455
309-15370　测量健康效用以用于成本效用分析〔英文版〕/ 03746

活

309-02551　活用面谈技巧　台湾管理专家经验谈 / 07426
309-08553　活出幸福 / 00402
309-08168　活动理论视角下的数字技术与语言学习关系论 / 07498
5627-0018　活血化瘀文摘专集　1949—1986 / 13492
5627-0036　活血化瘀研究新编 / 13491
309-03732　活到 100 岁 / 13183
309-14496　"活教育"中的"三生"教育 / 05790
309-13871　"活教育"中的山西文化之旅 / 05783
309-14257　"活教育"中的民族文化教育 / 05787

309-14258	"活教育"中的托育 / 05777		309-04902	突发事件与媒体报道 / 05172
309-14283	"活教育"中的食育〔第2版〕/ 05805			
309-13960	"活教育"中的致善教育 / 05778			**穿**
			309-06216	穿行在汉字中 / 07558
	洋		309-08903	穿越时间可能吗？PK《时间简史》/ 12757
309-11936	洋山港 盛东人 / 10704		309-09457	穿越叙述的窄门 / 10252
309-07488	洋鬼子在中国 / 01682		309-06227	穿越唐诗宋词 / 10298
309-07253	洋墨水 老海归留美4部曲 / 11902		309-15271	穿越唐诗宋词 李元洛散文精读 / 10299
	恍			**客**
309-02032	恍惚的世界 200部电影中的精神疾病案例分析 / 11405		309-10516	客人来了 / 05962
			309-06222	客户关系管理 / 03354
	宣		309-10159	客户关系管理 / 03346
			309-08236	客户关系管理教程 / 03348
309-14875	宣言中译 信仰之源《共产党宣言》展示馆（陈望道旧居）/ 00023		309-12677	客户关系管理教程〔第2版〕/ 03349
309-14431	宣读你内心那最后一页 / 10592		309-01975	客户／服务器数据库应用开发 / 15216
	宫		309-10870	客房服务与管理 / 04084
309-02801	宫室之魂 儒道释与中国建筑文化 / 15304		309-06081	客房信息化操作实训 / 04086
5627-0170	宫颈癌 / 14413			**冠**
5627-0385	宫颈癌、宫体癌与卵巢恶性肿瘤 / 14412		5627-0663	冠心病的防治 / 14097
			309-00312	冠心病监护手册 / 14103
	宪			**语**
309-02617	宪法学 / 01987			
309-03281	宪法学 / 01989		309-00960	语文 / 07151
309-06308	宪法学 / 01988		309-05132	语文 / 07152
309-14447	宪法实施监督机构研究 / 01990		309-01650	语文中考行家谈 / 06391
309-10007	宪政视野下中国社会保障制度研究 / 01567		309-02433	语文中考行家谈〔新编本〕/ 06392
			309-06022	语文对话教学 / 06329
	突		309-03316	语文拓展读本 外国文选（初中）/ 06386
309-14638	突发公共事件 媒体传播、政策过程与社会运动 / 01556		309-03318	语文拓展读本 外国文选（高中）/ 06387
309-08649	突发公共事件新闻报道与大众传媒社会责任 / 05170		309-03315	语文拓展读本 现代文选（初中）/ 06384

309-03317	语文拓展读本 现代文选（高中）/ 06385			期 / 07408
309-06060	语文的学术探索 高天如文集 / 07519		309-14439	语言政策与语言教育 2019年第1期 / 07409
309-11032	语文学论集〔增订本〕/ 07524		309-14775	语言政策与语言教育 2019年第2期 / 07410
309-02390	语文高考复习要点及试题解析 / 06388		309-15234	语言政策与语言教育 2020年第1期 / 07411
309-14457	语文教师核心素养与提升指导 / 06334		9253.011	语言研究集刊 第1辑 / 07393
309-10861	语文教育微思考 / 06332		309-04640	语言界面 / 07399
309-05099	语文教程 / 07728		309-06958	语言类型学与语言共性 第2版 / 07413
309-10315	语文教程〔第2版〕/ 07729		309-07028	语言哲学背景下命题与模态的语言学研究 / 07350
309-04338	语文·数学·外语考试大纲 语文课文汇编 英语词汇表 / 06611		309-14704	语言教师的职业发展 教师学习策略 / 07801
309-08774	语用学的多层面研究 / 07450		309-13876	语言、逻辑与意义 论语言中数量表达的语义刻画 / 07449
309-01729	语言与现代逻辑 / 07351		309-04089	语林采英 / 09945
309-11136	《语言自迩集》的汉语语法研究 / 07596		309-02840	语林拾得 咬文嚼字精选100篇 / 07560
309-11316	语言，这个未知的世界 / 07402		309-01798	语法与词汇 / 07858
309-05362	语言的铁幕 汤亭亭与美国的东方主义 / 11072		309-06183	语法化学说 第2版 / 07458
309-14141	语言的描写与解释 胡裕树先生诞辰90周年纪念文集 / 07365		309-05083	语法学习 / 07604
309-10987	语言学讲义 / 07331		309-00186	语法修辞 / 07608
309-07637	语言学导论 / 07336		309-00662	语法修辞方法论 / 07622
309-03616	语言学纲要 / 07335		309-03929	语法-翻译教学法研究 / 08505
309-03718	语言学新解〔第2版〕/ 07337		309-11779	语法-翻译教学法面面观 / 08504
309-10411	语言、空间与表演 安托南·阿尔托的残酷戏剧 / 11147		309-11217	语录的思想史 解析中国禅 / 00644
309-12518	语言政策与语言教育 2016年第1期 / 07403		309-12882	语料库与翻译 / 07472
309-12729	语言政策与语言教育 2016年第2期 / 07404		309-11227	语境建模 / 07454
309-13089	语言政策与语言教育 2017年第1期 / 07405		309-11834	语境·概念·修辞 欧洲近代思想史研究的方法与实践 / 00307
309-13543	语言政策与语言教育 2017年第2期 / 07406			**祖**
309-13763	语言政策与语言教育 2018年第1期 / 07407		309-14733	祖剂〔影印本〕/ 13567
309-14079	语言政策与语言教育 2018年第2			**神**
			309-11176	神圣空间 中古宗教中的空间因素 / 00567

309-14579	神奇的大自然物种 大海雀、矛尾鱼、犰狳、西红柿 / 12784	309-12367	《说文解字》精读〔第2版〕/ 07697
309-02863	神奇的分子 药物是如何起作用的 / 14595	309-04475	说东道西 / 10766
		309-01512	说事明理 陈老师教说明文 / 06412
309-02727	神奇的语言学习法 / 07810	309-00666	说服力 化敌为友的方法 / 00903
309-01593	神话·悲剧·《诗学》对古希腊诗学传统的重新认识 / 11007	309-12338	说法无量义无量 / 00619
		309-00565	说谎心理学 / 00502
309-06263	神经内外科学 / 13043		**退**
5627-0068	神经生物学 / 12819	309-00919	退休职工经济实体实用手册 / 03538
309-00774	神经生物学〔第2版〕/ 12818		
309-03873	神经生物学〔第2版〕/ 12821		**孩**
5627-0484	神经生物学〔第2版〕/ 12820	309-01309	孩子们的"心病" 儿童心理咨询手册 / 00513
5627-0401	神经外科手术图解 / 14226		
309-12513	神经外科亚专科护理 / 13992	309-02065	孩子需求论 中国孩子的成本和效用 / 01055
309-07212	神经外科护士临床常见问题与解答 / 13990		**除**
309-05035	神经外科围手术期的临床护理 / 13988	5627-0234	除四害简明教程 / 13278
309-09475	神经外科临床护理实践 / 13991		**院**
309-00556	神经系统生理学 / 13652	309-00764	院外集团与美国东亚政策 30年代美国白银集团的活动 / 01722
309-03876	神经肽 / 13655		
309-14042	神经科临床护理案例精选 / 14015	5627-0186	院前急救区域规划指导手册 / 13395
5627-0309	神经症 / 14479		
5627-0069	神经病学〔重印本〕/ 14432		**姚**
5627-0586	神经病学〔第2版〕/ 14433	309-05815	姚君伟文学选论 / 10001
309-03801	神经病学试题与题解 / 14434		**架**
5627-0208	神经病学精神医学多选题 / 14429	309-02076	架上的缪斯 油画艺术随想录 / 11176
309-07739	神经流行病学 / 14430		
309-03119	神经解剖学 / 13627		**勇**
309-04468	神神鬼鬼 / 10750	309-10608	勇敢的绿巾小子 / 05908
309-04742△	神秘的声音来自何方 / 10572		**结**
	祝	309-06456	结交一言重 相期千里至 一个中国学者眼中的中美建交30年 / 01773
309-01237	祝允明年谱 / 11972		
	说		
309-02050	《说文解字》与中国古文字学 / 07698		
309-04816	《说文解字》精读 / 07696		

309-09966	结社自由的法律规制 / 02031		**统**
309-13724	结直肠肿瘤腹腔镜手术学 新理念，新技术 / 14239	309-08091	统一战线与中国发展 / 01441
309-04230	结构、历史与行为 历史制度主义对政治科学的重构 / 01335	309-12898	统一战线与协商民主 / 01440
		309-07629	统一战线理论与实践前沿 2010 / 01442
309-01023	结构动力学 / 12565	309-08600	统一战线理论与实践前沿 2011 / 01443
309-11166	结构视域下中国主导意识形态研究 / 01350	309-09345	统一战线理论与实践前沿 2012 / 01444
13253.020	结构振动与动态子结构方法 / 12564	309-11133	统一战线理论与实践前沿 2014 / 01445
309-03993	结核病防治新进展 / 14069	309-12050	统一战线理论与实践前沿 2015 / 01446
5627-0584	结核病的防治 / 14070	309-12629	统一战线理论与实践前沿 2016 / 01447
309-02170	结核病临床手册 / 14071	309-13291	统一战线理论与实践前沿 2017 / 01448
	绘	309-14033	统一战线理论与实践前沿 2018 / 01449
309-12135	绘本中的创意美术 / 06060	309-14548	统一战线理论与实践前沿 2019 / 01450
309-13224	绘本中的音乐创作与活动 / 06041	309-05201	统计力学论题〔英文影印版〕 / 12645
309-05094	绘画 1 / 06083	309-10130	统计中的智慧 / 00882
309-09642	绘画 1〔第2版〕 / 06084	309-05203	统计物理和蛋白质折叠讲义〔英文影印版〕 / 12849
309-04512	绘画 2 / 06085	309-00413	统计物理学 / 12647
309-09643	绘画 2〔第2版〕 / 06086	309-06163	统计学与计量经济学 / 00868
309-06244	绘画 3 / 06087	309-01532	统计学原理 / 00870
309-09954	绘画 3〔第2版〕 / 06088	309-02420	统计学原理〔第2版〕 / 00871
	给	309-05324	统计学原理〔第4版〕 / 00872
309-12143	给每个人发钱 货币发行传导之分配正义刍论 / 04361	309-07421	统计学原理〔第5版〕 / 00873
	骆	309-10289	统计学原理〔第6版〕 / 00874
309-05420	骆玉明老庄随谈 / 00239	309-12846	统计学原理〔第7版〕 / 00875
309-04197	骆驼祥子·黑白李 / 10641	309-07463	统计学原理 理论与方法 / 00876
	绝	309-10726	统计学原理 理论与方法〔第2版〕 / 00877
309-00454	绝句三百首今译 / 10554	309-13032	统计学原理 理论与方法〔第3版〕 / 00878
309-09369	绝版诗话 谈民国时期初版诗集 / 10283		
309-12560	绝版诗话二集 / 10284		
309-09771	绝唱千秋 穿越元曲绝句 / 10323		

309-01350	统计预测和决策 / 02769
309-14863	统编小学道德与法治教学设计与指导 一年级下册 / 06184
309-14965	统编版高中历史精编与精练 中外历史纲要 上 / 06343
309-15280	统编版高中历史精编与精练 中外历史纲要 上 上海专用 / 06344
309-15329	统编版高中语文单元教学指南（必修）上册 / 06405
309-15279	统编版高中语文精讲与精练（必修）上册 课文精讲＋课后精练＋期末试卷 / 06404

十画

耕

309-11317　耕耘 回忆王定一图文集 / 11854

珠

309-14574　珠海香山文化与国际传播研究 汉英对照 / 05142
309-00202　珠算习题集 / 12269

班

309-00688　班主任工作教程 / 05606

素

309-13546　素问钞补正〔影印本〕/ 13476

损

309-10275　损伤与疾病 / 14218

都

309-09423　都市行者 穿越人生的线路图 / 00401
309-12782　都市报全媒体转型研究 掣肘与进路 / 05251
309-09324　都市空间的叙事形态 日本近代小说文体研究 / 10944
309-01784　都市旅游研究 都市旅游国际研讨会文集（1995：上海）/ 03816
309-06257　都市旅游研究 前沿热点·专题与案例 / 03819
309-06339　都市漩流中的海派小说 / 10397

哲

309-11372　哲学与中国古代社会论集 / 00143
309-10412　哲学导论 / 00076
309-13941　哲学的追问 哲学概念清淤录 / 00075
309-09420　哲学的追问 哲学概念清淤录之一 / 00074
309-00790　哲学原著必读书解说 / 00065
309-03009　哲学家的咖啡馆 少女与教授关于人生的书信 / 00066
309-04435　哲学通论〔第2版〕/ 00071
309-05631　哲学通论 / 00072
309-05632　哲学通论 / 00073
309-10559　哲商的力量 / 03549

逝

309-04742△　逝者如斯 / 10572

热

309-12626　《热河日记》纪行 / 10906
309-01314　热学 / 12674

恐

309-09198　恐怖融资与反恐怖融资研究 / 01926

壶

309-00575　壶天散记 / 13486

莱

309-01739　莱茵河的涛声 旅欧散记 / 10847
309-00083　莱维-施特劳斯结构主义和社会学理论 / 00107

莫

309-07405　莫问乡关 / 10795

309-10552　莫言文学年谱 / 10215

荷

309-10120　荷香黄桥 / 10790

晋

309-03776△　晋商、徽商经营管理策略 兼谈其对民营企业的启示 / 02547

恶

309-14774　恶地与田园理想 美国大平原小说研究 / 11084
309-12556　恶性肿瘤生物样本库标准操作流程 / 14360
309-04520　恶性肿瘤的诊断与综合治疗 / 14349

莎

10253.022　莎士比亚 他的作品及其时代 / 11022
309-04715　莎士比亚研究十讲 / 11020
309-13106　莎士比亚研究十讲 / 11021
309-01657　莎士比亚精华 / 11034
309-06003　莎乐美 历史和艺术 / 11155
309-04356　莎评简史 / 11011

真

309-05716　真人秀节目 理论、形态和创新 / 05382
309-12049　真性情·真学问 怀念邓正来先生 / 11895
309-07091　真实之路 慈济年轮与宗门 / 00700
309-12663　"真相"的正·反·合 民初视觉文化研究 / 11148
309-13692　真理论层面下的杜威实用主义 / 00340

桂

309-13711　桂南前戏剧形态"跳岭头"研究 / 11379

档

309-00621　档案史料编纂学 / 05514

309-00615　档案情报检索实用手册 / 05545

桐

309-11478　桐花碎雨 / 10605

桥

309-05056　桥·桃园 / 10638

桃

309-01291　桃花人面 中国古代戏剧故事选 / 10670
309-13990　桃花深处等你 / 10597
309-11388　桃李灿灿 黉宫悠悠 复旦上医老校舍寻踪 / 07053

格

309-14417　格风致韵 / 06824
309-13775　格言点评 / 07457

校

309-02692　校园英语 / 09774
309-13057　校园实用英语 1 / 08795
309-03167　校园信息化规划、管理及案例 / 06819
309-07714　校园暴力控制研究 / 01004

核

309-05756　核心句的词语搭配研究 / 07462
309-09773　核心价值与国家形象建设 / 01466
309-10861△　核心问题 撬动语文阅读教学 / 06332
309-13942　核心素养 中学历史学科育人机制研究 / 06354
309-13572　核医学质量控制与管理 / 14541
309-08006　"核"来不怕 正确应对核辐射 / 14747
309-04063　核（放射）突发事件应急处置 / 14748
5627-0119　核药学基础 / 14560
309-03127　核药学概论 / 14561
309-00676　核酸化学导论 / 12851
309-00978　核酸化学导论〔重印本〕 / 12852

哥

13253.009	哥本哈根学派量子论考释 /	12641
309-13405	哥德尔纲领 / 00347	

速

309-09602	速度与灵敏性训练118例 /	07295

贾

309-03560	贾谊和西汉文学 / 10118	
309-07989	贾植芳先生纪念集 / 11958	

夏

309-14360	夏敬观著作集 / 15443	

砥

309-13200	砥砺前行 采撷的记忆 / 12013	

破

309-04164	破门而入 美学的问题与历史〔第2版〕/ 00444	
309-11027	破坏性领导行为研究 / 01191	
309-05453	破局而出 黑幼龙的30个人生智慧 / 00413	
309-12587	破事儿 / 10623	

原

309-02238	原人论 / 10104	
309-03123	原子光谱分析 / 12743	
309-01313	原子核物理 / 12676	
309-03114	原子核物理〔第2版〕/ 12677	
309-03551	原本大学微言 / 00183	
309-11618	原本大学微言〔第2版〕/ 00184	
309-13154	原本大学微言 / 00185	
309-13892	原本大学微言 / 00186	
5627-0086	原发性肝癌的研究与进展 / 14403	

逐

309-02959	逐鹿键盘 网络传播与商业 / 04035	

顾

309-03098	顾易生文史论集 / 10140	
309-03907	顾客锁定 理论研究与实证分析 / 03353	
309-11657	顾祠 顾炎武与晚清士人政治人格的重塑 / 12096	

致

309-13301	致社工的信 / 01564	
309-09044	致命与逍遥 庄子思想研究 / 00254	
309-10841	致命的转化率 全媒体转型的陷阱 / 05068	
309-12281	致胜职场商务英语 / 07847	
309-11904	致善之路 幼儿园感恩教育探索与实践 / 05734	

监

309-00399	监察行政管理 / 01506	

党

309-07408	党报与真理标准大讨论 / 05291	
309-00703	党的组织生活 / 01386	
309-06361	党的组织生活概论 / 01383	

哮

5627-0656	哮喘的防治 / 14120	

哺

5627-0492	哺乳与产后避孕行为研究 / 13222	

畔

309-09501	畔溪闻道 叶志明大学教育论集 / 06895	

啊

309-00511	啊！少年中国 / 10528	

圆

309-02985	圆觉经略说 / 00615	

309 - 11612　圆觉经略说〔第2版〕／ 00616

钱

309 - 09031　钱沛云写字等级考试规范字帖 毛笔书写 中小学 ／ 06804

309 - 09012　钱沛云写字等级考试规范字帖 硬笔书写 小学一级 ／ 06805

309 - 09030　钱沛云写字等级考试规范字帖 硬笔书写 初中二级 ／ 06806

309 - 09032　钱沛云写字等级考试规范字帖 硬笔书写 高中 ／ 06807

309 - 07507　钱锺书与现代西学〔增订本〕／ 10212

309 - 07455　钱锺书传 营造巴比塔的智者 ／ 11955

309 - 05709　钱满素文化选论 ／ 00794

铁

309 - 02425　铁拐李仙人指路 汇市入门 ／ 04645

309 - 10590　铁凝文学年谱 ／ 10234

铅

309 - 08601　铅酸蓄电池企业的职业性铅危害与防治 ／ 13120

特

309 - 12593　特大型城市耕地保护体系建设与实践 ／ 03704

309 - 09911　特殊儿童早期训练与指导 ／ 07196

造

5627 - 0551　造血调控 ／ 12824

积

309 - 10039　积分变换与场论 ／ 12478

309 - 09858　"积极养老"的全方位探索 应对人口老龄化方针、内容和动力的研究 ／ 04896

309 - 12326　积微集 李大潜文选 ／ 00823

秘

309 - 04366　秘书工作案例 ／ 01176

309 - 00419　秘书工作趣谈 ／ 01177

309 - 00452　秘书与管理 ／ 01178

309 - 04615　秘书文档管理 ／ 05515

309 - 05744　秘书心理学〔第2版〕／ 01179

309 - 02942　秘书写作 ／ 07670

309 - 03057　秘书礼仪 ／ 01172

309 - 02839　秘书学概论〔第2版〕／ 01173

309 - 11924　秘书学概论〔第3版〕／ 01174

309 - 12134　秘响旁通 比较诗学与对比文学 ／ 09889

透

309 - 00529　透视爱心的世界 家长心理谈 ／ 07208

笔

309 - 09200　笔韵 他和她们诗的世界 ／ 09989

309 - 07128　笔墨人生 书法家徐伯清传 ／ 11979

309 - 02081　笔墨氤氲 书法的文化视野 ／ 11216

笑

309 - 14534　笑到哼哼叫的童谣集 ／ 11046

309 - 15024　笑面人 ／ 11062

309 - 01674　笑傲股林 ／ 04589

债

309 - 05467　债券市场微观结构与做市商制度 理论与中国的实证 ／ 04770

309 - 07524　债法 ／ 02180

309 - 02996　债法概论 ／ 02181

倾

309 - 07720　倾听 复旦学子歌词集 ／ 10582

309 - 07260　倾听的艺术〔第5版〕／ 00899

倪

309 - 05613　倪传斌语言学选论 ／ 07395

俯

309 - 14450　俯拾即是 ／ 05234

健

309-13334	健身其实很容易 / 07317	
309-04513	健美操教程 / 06115	
309-09640	健美操教程〔第2版〕/ 06116	
309-08127	健康一家人 / 13173	
309-08433	健康人格与自信 / 00532	
309-11503	健康与养生读本 / 13169	
309-07120	健康上海 / 13407	
309-07501	健康从哪里来 / 13180	
309-15286	健康心动 你问我答 / 13302	
309-14171	健康生活通识 上册 / 13171	
309-14172	健康生活通识 下册 / 13172	
309-06816	健康自我管理手册 / 13167	
309-06818	健康自我管理活动指南 / 13166	
309-09883	健康行为与健康教育 / 13308	
309-09384	健康好孕一本通 资深保健专家为您提供孕产期全程权威指导 / 14304	
309-12539	健康体检 / 13315	
5627-0429	健康评估 / 13939	
309-03287	健康评估 / 13940	
309-05806	健康评估 / 13945	
309-05905	健康评估 / 13943	
309-08937	健康评估 / 13942	
309-08652	健康评估 / 13947	
309-11339	健康评估 / 13950	
309-11533	健康评估〔第2版〕/ 13948	
309-09952	健康评估考题解 / 13952	
309-07242	《健康评估》学习指导与习题 / 13944	
309-14164	健康服务资源空间规划理论和方法 / 13343	
309-03932	健康是金 在大学里拓展身心素质 / 07022	
309-05827	健康保险与医学统计 / 04903	
5627-0110	健康促进与健康教育计划的评价 / 13306	
5627-0240	健康促进计划设计 / 13312	
309-07869	健康促进理论与实践〔第2版〕/ 13311	
309-03419	健康促进基础读本 / 13118	
5627-0576	健康教育与初级卫生保健 / 13296	
5627-0436	健康教育父母必读 / 05647	
309-14157	健康教育文案写作 / 13301	
5627-0040	健康教育计划设计 PRECEDE模式 / 05646	
5627-0173	健康教育处方集 / 13307	
309-13303	健康教育处方集 / 13299	
5627-0099	健康教育学 / 13085	
5627-0131	健康教育学〔第2版〕/ 13086	
5627-0392	健康教育学 / 13087	
309-03096	健康教育学 / 13088	
309-03529	健康教育学 / 13089	
309-05449	健康教育学 / 13090	
309-07744	健康教育学〔第5版〕/ 13091	
5627-0076	健康教育读本 / 13094	
5627-0096	健康教育读本 饮食从业人员卫生篇 / 13095	
5627-0095	健康教育读本 中老年保健篇 / 13096	
309-15076	健康随笔 / 13304	
309-07821	健康隐性杀手 / 13164	

射

309-09617	射频 / 微波功率新型器件导论 / 14816

徐

309-00473	徐州百年大事记 / 11769
309-07104	徐志摩传 / 11935
309-14361	徐昂著作集 / 15444
309-01615	徐根宝如是说 / 10711
309-15027	徐家汇源 / 12186

殷

309-12498	殷墟发掘 / 11528

般

309-06657	般若波罗蜜多心经讲记 / 00596

航

309-02714	航天 人类史上的辉煌篇章 / 15376	
309-02181	航运市场营销学 / 03787	
309-09026	航运金融法律概论 / 02040	
309-13329	航空航天临床心理学 / 15374	
309-04772	航海英语听说教程 船员生活口语 / 09576	
309-07864	航海英语听说教程 航员生活口语 / 09577	
309-07930	航海英语听说教程 驾驶员业务会话 / 09578	
309-12530	航海类实用面试英语〔第2版〕 / 15371	
309-10820	航海类实用面试英语 甲板部及轮机部 / 15372	

爱

309-01961	爱之路 一个女学生的心理轨迹 / 07751
309-01829	爱心永存 发生在大洋彼岸的真实故事 / 10039
309-14276	爱让生命绽放 学前梯度进阶式聋健融合教育 / 07197
309-10071	爱因斯坦谈人生 / 00346
309-06472	爱我乳房 乳腺疾病的预防 / 14235
309-08988	爱者之言《墨子》选读 / 00260
309-11886	爱,牵引着霞光 / 10583
309-10057	爱情讲义 青春期两性情感辅导教师用书 / 05644
309-09288	爱情解梦书 / 00983
309-04629	爱德华·R.默罗和美国广播电视新闻业的诞生 / 12064

胰

5627-0600	胰腺疾病的防治 / 14150

脂

5627-0554	脂肪肝 / 14146
5627-0597	脂肪肝的防治 / 14147
309-13795	脂肪整形必须知道的99个问题 / 14212

胸

5627-0568	胸部疾病放射诊断学 / 14553
5627-0328	胸部颈面部CT / 14551
309-03553	胸部颈面部CT / 14552
309-13332	胸部整形必须知道的66个问题 / 14231
309-10338	胸腺疾病的诊断与外科治疗 / 14154

脐

309-14295	脐带血造血干细胞移植与伦理原则 / 13871

胶

309-12481	胶质瘤临床医生使用手册 / 14365

脑

309-05888	脑老化与老年痴呆 第2卷 脑老化科学 / 14473
309-08068	脑血管病的经颅超声疗法〔第2版〕 / 14440
309-10852	脑血管病的经颅超声疗法〔第3版〕 / 14441
309-00331	脑的体操 锻炼脑筋75题 / 05604
309-01485	脑的保健 / 13178
309-14161	脑卒中合并冠心病运动康复 / 14443
309-13958	脑卒中防治 绘画本 / 14439
309-07626	脑卒中康复分级训练指导 / 14444
309-07586	脑健康百问 / 14435
5627-0661	脑膜瘤 / 14425

卿

309-07534	卿云集三编 复旦大学中文学科发展八十五周年纪念论文集 / 10076
309-14797	卿云缦缦 日月光华 复旦大学恢复研究生教育40周年 / 07082

留

309-11168	留史存真 近现代上海闵行历史与档案典藏 / 11766
309-12912	留声机 电影 打字机 / 15189
309-05961	留学生习得汉语句子发展研究 / 07768

恋

| 309-07572 | 恋爱 婚姻 女权 陈望道妇女问题论集 / 01019 |
| 309-10473 | 恋影年华：全球视野中的话语景观 大陆、香港、台湾青年电影导演创作与传播 / 11452 |

衰

| 309-02894 | 衰老问题探密 衰老与死亡的生物学基础 / 13665 |

高

309-11463	高山仰止 旦复旦兮 "一代草圣"于右任先生逝世五十周年纪念展作品集 / 11240
309-13026	高中历史阅读与写作概论 以历史名著历史影视作品和历史小说为重点 / 06346
309-13563	高中历史教学哲思录 李峻团队教学实践与思考成果集 / 06355
309-00394	高中化学课堂练习 上册 / 06790
309-00395	高中化学课堂练习 下册 / 06791
309-08353	高中化学提升阅读 进入国内外一流大学的阶梯 / 06796
309-07346	高中生科学研究入门〔修订版〕/ 06802
309-12439	高中生科学研究入门〔第3版〕/ 06803
309-06802	高中写作教程七十二讲 / 06383
309-07085	高中地理助学指引 / 06357
309-06233	高中地理活动创新设计 / 06358
309-06647	高中地理案例教学研究 / 06356
309-00721	高中作文系列训练及指导 / 06417
309-04307	高中应用数学选讲 / 06755
309-11247	高中应用数学选讲〔第2版〕/ 06756
309-14374	高中英语中译英 语法分类 & 核心词汇 / 06716
309-00984	高中英语水平测试 / 06594
309-01201	高中英语水平测试〔重印本〕/ 06595
309-07649	高中英语写作 / 06603
309-03610	高中英语写作教程 / 06602
309-02015	高中英语会考模拟试题 / 06471
309-04285	高中英语完形填空100篇 / 06638
309-14510	高中英语完形填空考试指导 / 06663
309-14320	高中英语词汇考试指导 / 06662
309-01010	高中英语实用测试 / 06672
309-01155	高中英语实用测试〔重印本〕/ 06673
309-06421	高中英语选词填空与完形填空各100篇 / 06640
309-12872	高中英语重点词汇 词根 & 联想 / 06717
309-01119	高中英语语法测试 / 06596
309-14743	高中英语核心词汇理解性记忆 / 06590
309-00238	高中英语阅读训练 / 06635
309-15036	高中英语阅读理解考试指导 / 06664
309-04451	高中英语阅读精选〔第2版〕/ 06475
309-01444	高中英语能力训练 完形填空和阅读理解 一 / 06677
309-01445	高中英语能力训练 完形填空和阅读理解 二 / 06679
309-01446	高中英语能力训练 完形填空和阅读理解 三 / 06678
309-03355	高中英语强化训练 / 06670
309-08251	高中物理竞赛教程 基础篇 / 06778
309-08250	高中物理竞赛教程 拓展篇 / 06779
309-00270	高中物理解题方法串讲 / 06775
309-03042	高中物理题典 会考·高考水平自我剖析 / 06773
309-12514	高中"复盘式"写作思维指导十八

	讲 / 06335	309 - 07841	高考英语攻关 听力冲刺 / 06720
309 - 02318	高中语文阶梯训练 作文十五阶 / 06379	309 - 11974	高考英语攻关 听力冲刺〔第 2 版〕/ 06721
309 - 02262	高中奥林匹克化学初级竞赛示例 / 06792	309 - 02776	高考英语听力强力突破 / 06729
309 - 03049	高中奥林匹克化学初级竞赛示例 / 06793	309 - 03131	高考英语听力精练 / 06547
309 - 02497	高中奥林匹克基础物理竞赛示例〔第 2 版〕/ 06771	309 - 01621	高考英语词汇手册 / 06604
		309 - 03097	高考英语词汇手册〔第 3 版〕/ 06606
309 - 03250	高中奥林匹克数学初级竞赛示例 / 06745	309 - 04278	高考英语词汇手册 2005 年全国普通高等学校招生统一考试 / 06607
309 - 00244	高中数学综合复习填空选择一百例串讲 / 06365	309 - 02160	高考英语词汇手册 高中部分 / 06605
309 - 01315	高分子化学 / 12702	309 - 05763	高考英语词汇新视角 / 06660
309 - 02798	高分子世界 / 14667	309 - 07164	高考英语词汇新视角〔第 2 版〕/ 06661
309 - 00741	高分子光化学原理及应用〔第 2 版〕/ 12712	309 - 02752	高考英语复试 / 06655
		309 - 06662	高考英语阅读文章关键词汇理解与运用 / 06633
13253.001	高分子物理 / 12707	309 - 08874	高考英语阅读理解攻关 / 06636
309 - 00468	高分子物理 / 12708	309 - 02226	高考英语能力测试 / 06534
309 - 00733	高分子物理〔重印本〕/ 12709	309 - 03976	高考英语能力测试〔第 3 版〕/ 06535
309 - 01330	高分子物理〔修订版〕/ 12710	309 - 02740	高考物理冲刺 / 06786
309 - 05415	高分子物理〔第 3 版〕/ 12711	309 - 04940	高考金手指 2006 年 / 06320
13253.002	高分子实验技术 / 12705	309 - 02736	高考政治冲刺〔修订版〕/ 06318
309 - 01744	高分子实验技术〔第 2 版修订版〕/ 12704	309 - 02739	高考语文冲刺 / 06304
		309 - 02398	高考语文阅读解题指导 / 06305
309 - 01361	高分子科学中的 Monte Carlo 方法 / 12706	309 - 02486	高考语文能力考试考点讲评 / 06390
		309 - 02754	高考阅读试题分类精析（文言文、现代文）〔第 2 版〕/ 06288
309 - 02026	高分子科学的近代论题 / 12703		
309 - 02745	高考历史冲刺 / 06302	309 - 02743	高考理科综合冲刺 物理、化学、生物 / 06322
309 - 02741	高考化学冲刺 / 06797		
309 - 02744	高考文科综合冲刺 政治、历史、地理 / 06287	309 - 04226	高考数学一月通 / 06289
		309 - 02742	高考数学冲刺 / 06321
309 - 10020	高考作文十八讲 / 06290	309 - 00606	高师教育研究 / 07102
309 - 04961	高考现代文阅读 精选篇目 64 / 06407	309 - 09086	高血压自我管理〔第 2 版〕/ 14107
309 - 14533	高考英语上海卷样卷精选 / 06728	309 - 03813	高血压自我管理指南 / 14106
309 - 02699	高考英语分类讲解与综合测试〔第 2 版〕/ 06538	309 - 12837	高血压防治 绘画本 / 14108
		5627 - 0579	高血压病的防治 / 14105
309 - 14690	高考英语写作全要素 / 06722	309 - 05982	高观点下的初等数学 第 1 卷 算术 代数 分析 第 2 卷 几何 第 3 卷 精确数学与近似数学 / 12265
309 - 02734	高考英语冲刺 / 06531		

309-11590	高级 Meta 分析方法 基于 Stata 实现 / 00887	309-03483	高级新闻采访与写作〔第3版〕/ 05173
309-06277	高级公司财务管理案例 / 03437	309-12206	高时间分辨功能成像 / 13849
309-04443	高级计量经济学 / 02814	309-06440	高科技产业化 融资问题研究 / 03435
309-04576	高级计算机程序基础〔英文版〕/ 14921	309-02403	高校入门题苑 化学 / 06299
309-12935	高级医院管理学〔第3版〕/ 13376	309-02695	高校入门题苑 环境与综合 / 06300
309-02704	高级财务会计 / 02949	309-02412	高校入门题苑 英语 / 06296
309-05071	高级财务会计 / 02933	309-02402	高校入门题苑 物理 / 06298
309-08915	高级财务会计 / 02950	309-02808	高校入门题苑 政治 / 06295
309-12232	高级财务会计 / 02939	309-02411	高校入门题苑 语文 / 06294
309-12797	高级财务会计〔第2版〕/ 02951	309-03041	高校入门题苑 语文〔第2版〕/ 06293
309-05435	高级财务会计专题 / 02941	309-02735	高校入门题苑 综合能力测试 理科 / 06291
309-06311	高级财务会计学习指南 练习与案例 / 02934	309-02725	高校入门题苑 综合能力测试 文科 / 06292
309-12534	高级财务会计理论与实务 / 02940	309-02401	高校入门题苑 数学〔第2版〕/ 06297
309-05635	高级财务管理 / 03366		
309-11134	高级财务管理 / 03384	309-10464	高校共青团工作价值理念与实践创新 / 01391
309-02843	高级宏观经济学 / 02439	309-02113	高校师资工作文集 第11集 / 06979
309-07418	高级宏观经济学〔第2版〕/ 02440	309-02377	高校师资工作文集 第12集 / 06980
309-01351	高级英语 上册 / 07942	309-02670	高校师资工作文集 第13集 / 06981
309-01453	高级英语 下册 / 07943	309-05942	高校自主招生英语考试指南 / 06549
309-00531	高级英语应试技能训练 最新试题2400道 / 09251	309-02202	高校体育选项课理论教程 / 07241
309-01436	高级英语应试技能训练 最新试题2400道〔重印本〕/ 09252	309-00315	高校改革与思想工作 / 06853
309-02998	高级政治经济学 社会主义本体论 / 02464	309-02804	高校英语专业四级大纲词汇精讲与模拟测试 / 08219
309-02806	高级政治经济学 社会主义总论 / 02465	309-02190	高校英语专业四级考试技巧与训练 / 07820
309-07096	高级临床病理生理学 / 13691	309-03539	高校英语专业四级考试技巧与训练（全新版）〔第2版〕/ 07821
309-02820	高级语言程序设计 / 14988	309-05380	高校英语专业四级考试预测试卷、真题二合一 / 09195
309-00216	高级程序员级计算机系统知识 / 14920	309-03402	高校英语专业四级（新大纲）词汇一点通 / 08220
309-00438	高级程序员级软件知识 / 14954	309-05080	高校英语专业八级考试人文知识辅导与训练 / 08072
309-03493	高级微观经济学 / 02451		
309-07618	高级微观经济学〔第2版〕/ 02452	309-02241	高校英语专业八级考试技巧与训练 / 07932
309-01078	高级新闻写作 / 05198		
309-01889	高级新闻写作〔第2版〕/ 05199		

309-03305	高校英语专业八级考试技巧与训练 / 07933		309-08621	高职英语视听说教程 / 09669
309-04401	高校英语专业八级考试技巧与训练〔第3版〕/ 07934		309-12329	高职实用英语综合教程 上册 / 08762
			309-12330	高职实用英语综合教程 下册 / 08763
309-04137	高校英语专业八级考试校对与改错100篇 / 08095		309-12489	高职实用英语综合教程教学参考书 上册 / 08764
309-02785	高校英语专业八级词汇精讲与练习 / 08233		309-12756	高职实用英语综合教程教学参考书 下册 / 08765
309-01643	高校非计算机专业计算机等级考试（一级）试题详解 1992—1994 / 14923		309-12047	高职实用概率统计 / 12514
			309-12408	高职实用微积分基础 / 12446
			309-14672	高职实用微积分基础〔第2版〕/ 12447
309-01633	高校非计算机专业计算机等级考试（二级）试题分类详解 1992—1995 / 14933		309-03593	高职高专英语入门短训教程 / 07976
			309-03939	高职高专英语入门短训教程〔第2版〕/ 07977
309-12990	高校学生纪律处分的法律研究 / 02018		309-11567	高职高专英语口语 / 09769
309-13600	高校学生事务依法管理研究 / 02020		309-06814	高职高专英语分类快速阅读100篇 / 09012
309-10116	高校实践育人新模式探索 以上海师范大学爱心学校为例 / 07106		309-05792	高职高专英语听力训练教程 / 09811
309-08743	高校思想政治理论课教学方法研究 / 06849		309-10171	高职高专英语应用能力考试策略分析与能力训练 / 08888
309-06950	高校思想政治理论课教学管理初探 / 01274		309-03676	高职高专英语词汇必备 / 08227
			309-12386	高职高专英语学习指导手册 / 08798
5627-0038	高校保健医疗导引 / 05642		309-09784	高职高专英语学习指南 / 08889
309-05251	高校信息化的规划与评价 / 06833		309-04635	高职高专英语语法与训练 / 08294
309-07650	高校统战与高校发展 / 01452		309-09121	高职高专英语语法简明教程 / 08507
309-07542	高校教材管理实务 / 06896		309-05511	高职高专实用英语听说教程 上册 / 09809
309-12608	高校教学中的混合式学习 框架、原则和指导 / 06897		309-05513	高职高专实用英语听说教程 下册 / 09810
309-01851	高校篮球教学与训练 / 07300		309-05514	高职高专实用英语练习册 上册 / 09230
309-08684	高原分子医学 / 13284			
309-13271	高原特色病例精选集 / 14182		309-05713	高职高专实用英语练习册 下册 / 09231
309-14113	高原特色病例精选集 2018 / 14183		309-05510	高职高专实用英语读写教程 上册 / 09042
309-14264	高原特色病例精选集 2019 / 14184			
309-09995	高效小团体沟通 理论与实战 / 03218		309-05512	高职高专实用英语读写教程 下册 / 09043
309-14034	高效协同 供应链与商业模式创新 / 03355			
309-14356	高效能政府绩效评估体系 / 01514			
309-04050	高效照明系统设计指南 / 14779		309-10638	高绩效人力资源管理系统 基于中国

	创业板上市企业的研究 / 03037
309-03169	高等代数〔第2版〕/ 12385
309-06185	高等代数 / 12384
309-11776	高等代数〔第3版〕/ 12386
309-02184	高等代数学 / 12387
309-03541	高等代数学 / 12388
309-05963	高等代数学〔第2版〕/ 12389
309-10989	高等代数学〔第3版〕/ 12390
5627-0155	高等医学教育管理的理论与实践 / 12998
309-05273	高等学校英语应用能力A／B级大学英语四级核心词汇手册 / 08246
309-11770	高等学校英语应用能力AB级考试攻略 / 08692
309-06513	高等学校英语应用能力考试(PRETCO)真题、预测试卷二合一 A级 / 08170
309-06514	高等学校英语应用能力考试(PRETCO)真题、预测试卷二合一 B级 / 08171
309-07837	高等学校英语应用能力考试(PRETCO)真题、预测试卷二合一（全新版）A级 / 08172
309-07835	高等学校英语应用能力考试(PRETCO)真题、预测试卷二合一（全新版）B级 / 08173
309-11191	高等学校英语应用能力考试(PRETCO)真题模拟试卷 A级 / 08168
309-11190	高等学校英语应用能力考试(PRETCO)真题模拟试卷 B级 / 08169
309-06623	高等学校英语应用能力考试(PRETCO)最新历年真题详解 A级 / 08174
309-06867	高等学校英语应用能力考试(PRETCO)最新历年真题详解 B级 / 08175
309-07839	高等学校英语应用能力考试(PRETCO)最新历年真题详解（全新版）A级 / 08176
309-07838	高等学校英语应用能力考试(PRETCO)最新历年真题详解（全新版）B级 / 08177
309-12387	高等学校英语应用能力考试专项解题技巧及模块训练 B级 上册 / 08181
309-14499	高等学校英语应用能力考试专项解题技巧及模块训练 B级 上册〔第2版〕/ 08183
309-12673	高等学校英语应用能力考试专项解题技巧及模块训练 B级 下册 / 08182
309-15373	高等学校英语应用能力考试专项解题技巧及模块训练 B级 下册〔修订版〕/ 08184
309-07844	高等学校英语应用能力考试历年全真试题及解析 A级 / 08133
309-09470	高等学校英语应用能力考试历年真题解析 B级 2007年12月—2012年12月 / 08167
309-09223	高等学校英语应用能力考试全真模拟试卷 B级 / 08160
309-10971	高等学校英语应用能力考试全真模拟试卷 B级〔第2版〕/ 08161
309-05407	高等学校英语应用能力考试全真模拟试题集 A级 / 08162
309-10750	高等学校英语应用能力考试全真模拟试题集 A级〔第3版〕/ 08163
309-04321	高等学校英语应用能力考试全真模拟试题集 B级〔第2版〕/ 08164
309-03538	高等学校英语应用能力考试应试必读 / 09219
309-04586	高等学校英语应用能力考试应试必读 A级〔第2版〕/ 09220
309-06057	高等学校英语应用能力考试应试必读 A级〔第3版〕/ 09221
309-08078	高等学校英语应用能力考试应试必读 A级〔第4版〕/ 09222
309-05016	高等学校英语应用能力考试应试技巧与分类详解 B级 / 08134
309-04987	高等学校英语应用能力考试应试指导与测试 A级 / 08141
309-05162	高等学校英语应用能力考试应试指导与测试 B级 / 08142
309-05906	高等学校英语应用能力考试应试指南 / 08158

309-13389	高等学校英语应用能力考试备考指南 A级 / 08960	309-08064	高等学校英语应用能力考前实训 B级 / 08179
309-13315	高等学校英语应用能力考试备考指南 B级 / 08961	309-00537	高等审计学 / 02961
		309-00792	高等审计学〔重印本〕/ 02962
309-03592	高等学校英语应用能力考试阅读理解与全真试题 / 09007	309-03217	高等结构分析 / 12739
		309-05488	高等统计物理 英文 / 12646
309-06733	高等学校英语应用能力考试综合训练教程 / 08788	309-02236	高等教育发展的理论与中国的实践 / 07035
309-08295	高等学校英语应用能力考试综合训练教程〔第2版〕/ 08789	309-02572	高等教育系统分析 高等教育结构、规模、质量、效益的系统观 / 06839
309-03582	高等学校英语应用能力考试综合测试 / 09223	309-03408	高等教育评价方法研究 / 06887
309-10884	高等学校英语应用能力考试解题技巧及模块训练 B级 上册 / 08135	309-03578	高等教育学 / 06835
		309-05472	高等教育管理引论 / 06837
309-11791	高等学校英语应用能力考试解题技巧及模块训练 B级 上册〔第2版〕/ 08137	309-06297	高等职业技术院校经营概论 / 07113
		309-02475	高等职业技术教育理论与实践 / 07115
309-11256	高等学校英语应用能力考试解题技巧及模块训练 B级 下册 / 08136	309-13091	高等职业教育办学体制机制研究 / 07116
309-14852	高等学校英语应用能力考试解题技巧及模块训练 B级 下册〔修订版〕/ 08138	309-10555	高等职业教育可持续发展研究 / 07111
		309-10359	高等职业教育质量评价与保障体系研究 / 07117
309-11689	高等学校英语应用能力考试新全真模拟试题集 A级 / 08166	309-02466	高等量子力学 / 12635
309-11650	高等学校英语应用能力考试新全真模拟试题集 A级 / 08165	309-03836	高等量子力学〔第2版〕/ 12636
		309-04013	高等量子力学〔英文版〕/ 12637
309-08489	高等学校英语应用能力考试模拟试题集 A级 / 08156	309-00024	高等数学 / 12278
		309-00326	高等数学 / 12355
309-08488	高等学校英语应用能力考试模拟试题集 B级 / 08157	309-01470	高等数学 / 12314
		309-01509	高等数学 / 12312
309-11517	高等学校英语应用能力考试模拟试题精编与详解 A级 / 08139	309-02576	高等数学 / 12336
		309-03158	高等数学〔第2版〕/ 12344
309-11516	高等学校英语应用能力考试模拟试题精编与详解 B级 / 08140	309-04762	高等数学 / 12323
		309-04966	高等数学 / 12273
309-13020	高等学校英语应用能力考试精讲精练 A级 / 08155	309-04951	高等数学〔修订版〕/ 12283
		309-05589	高等数学 / 12318
309-07631	高等学校英语应用能力考试精编模拟试题集 B级 / 08159	309-05619	高等数学 / 12313
		309-06768	高等数学〔第2版〕/ 12274
309-08063	高等学校英语应用能力考前实训 A级 / 08178	309-08563	高等数学 / 12345

309-08361	高等数学 / 12275	309-12336	高等数学 基础版 / 12352
309-13317	高等数学 / 12317	309-03445	高等数学 网络教育专升本考试辅导 / 12315
309-14532	高等数学 / 12325	309-15100	高等数学一点通 讲故事,学高数 / 12321
309-07274	高等数学 上册〔第3版〕/ 12284	309-00016	高等数学与数学分析 方法导引 / 12329
309-08832	高等数学 上册 / 12298	309-09647	高等数学习题及习题集精解 / 12361
309-09805	高等数学 上册 / 12319	309-13323	高等数学习题及习题集精解〔第2版〕/ 12362
309-09020	高等数学 上册 / 12334	309-07441	高等数学同步训练 / 12358
309-10698	高等数学 上册 / 12348	309-10752	高等数学同步训练(同济大学版) 上册 / 12359
309-10919	高等数学 上册 / 12330	309-11158	高等数学同步训练(同济大学版) 下册 / 12360
309-10541	高等数学 上册〔第4版〕/ 12286	309-11710	高等数学同步学习指导 上册 / 12306
309-11525	高等数学 上册 / 12309	309-11916	高等数学同步学习指导 下册 / 12307
309-10804	高等数学 上册〔第2版〕/ 12300	309-13655	高等数学同步辅导与复习提高〔第3版〕/ 12295
309-12445	高等数学 上册 / 12346	309-07515	高等数学同步辅导与复习提高 上册 / 12291
309-13246	高等数学 上册 / 12326	309-09508	高等数学同步辅导与复习提高 上册〔第2版〕/ 12292
309-13202	高等数学 上册 / 12305	309-07514	高等数学同步辅导与复习提高 下册 / 12293
309-12423	高等数学 上册 / 12353	309-09592	高等数学同步辅导与复习提高 下册〔第2版〕/ 12294
309-12922	高等数学 上册〔第2版〕/ 12332	309-01710	高等数学讲义 / 12311
309-13054	高等数学 上册〔第2版〕/ 12350	309-05759	高等数学学习指导 / 12296
309-11507	高等数学 上册〔第5版〕/ 12288	309-06500	高等数学学习指导(经管类) / 12354
309-03693	高等数学 1 微积分练习与检索 / 12271	309-06499	高等数学学习指导(理工类) / 12337
309-02406	高等数学 2 线性代数与概率统计 / 12277	309-14531	高等数学练习册 / 12370
309-02523	高等数学 2 线性代数与概率统计 / 12272	309-06822	高等数学(经管类) / 12302
309-13447	高等数学 下 / 12327	309-09551	高等数学(经管类) 上册〔第2版〕/ 12303
309-07275	高等数学 下册〔第3版〕/ 12285	309-09552	高等数学(经管类) 下册〔第2版〕/ 12304
309-09235	高等数学 下册 / 12335		
309-08911	高等数学 下册 / 12299		
309-09855	高等数学 下册 / 12320		
309-10920	高等数学 下册 / 12331		
309-10699	高等数学 下册 / 12349		
309-10542	高等数学 下册〔第4版〕/ 12287		
309-11544	高等数学 下册 / 12310		
309-10792	高等数学 下册〔第2版〕/ 12301		
309-12460	高等数学 下册 / 12347		
309-12501	高等数学 下册 / 12316		
309-13141	高等数学 下册〔第2版〕/ 12351		
309-12923	高等数学 下册〔第2版〕/ 12333		
309-10259	高等数学 下册〔第5版〕/ 12289	309-12799	高等数学课程学习指导 / 12328
309-02369	高等数学 财Ⅰ / 12276	309-09135	高等数学培优教程 / 12279

309-14627	高等数学超详解 基础版 / 12324	5627-0614	病理学〔第2版〕/ 13668
309-10832	高等数学简明教程 / 12280	309-03470	病理学 / 13671
309-07868	高频电路基础 / 14822	309-04678	病理学 / 13672
309-12045	高频电路基础〔第2版〕/ 14823	309-04729	病理学〔第3版〕/ 13669
309-01542	高新技术管理 / 05540	309-05168	病理学 / 13674
309-09839	高僧 / 00712	309-06055	病理学〔第2版〕/ 13673
309-13954	高潜质人才的选拔与评价技术 / 03278	309-10709	病理学〔第3版〕/ 13675
		309-11623	病理学 / 13676
309-12855	高警讯药品 安全性提高策略 / 14584	309-03849	病理学考试指南 / 13679
		5627-0364	病理学多选题 / 13680

郭

309-07741	郭沫若家世 / 11835	309-09210	病理学实验教程 / 13678
		5627-0352	病理学教学目标与达标检测 / 13666

席

疾

10253.014	席勒 / 10987	5627-0683	疾病与营养 营养的疾病与疾病的营养 / 13142

准

309-12077	准妈妈的经络养生 / 13479	309-07250	疾病阅读史 / 12970
		309-05325	疾病探究 / 13693
		5627-0134	疾病数据的管理和分析 Epi Info 软件使用手册（5.00版本）/ 13780

病

309-00691	病毒手册 / 12897		
5627-0323	病毒肿瘤学 / 14363		

疼

5627-0098	病毒性心肌炎 / 14101	5627-0612	疼痛的基础与临床 / 13831
309-05940	病种管理新模式研究 / 13385	309-12632	疼痛科疾病漫谈 / 13832
5627-0337	病案书写指导手册 / 13387		
5627-0033	病理生理学 / 13683		

脊

309-03295	病理生理学 / 13684	309-04911	脊柱外科手术图谱 / 14261
309-04534	病理生理学 / 13689	13253.021	脊椎动物标本制作 / 12913
309-04648	病理生理学 / 13686	309-00789	脊椎动物标本制作〔重印本〕/ 12914
309-05114	病理生理学 / 13685		
309-07459	病理生理学〔第2版〕/ 13690		

效

309-11723	病理生理学 / 13688		
309-10795	病理生理学 疾病探究 / 13687	309-06338	效果研究 人类传受观念与行为的变迁 / 05004
5627-0002	病理生理学多选题题解 / 13694		
5627-0122	病理生理学多选题题解 附名词解释题和问答题〔第2版〕/ 13695	309-09469	效率视角下的中国节能减排问题研究 / 14739
5627-0634	病理生理学试题与题解 / 13697		

离

5627-0399	病理生理学试题和题解 / 13696		
5627-0236	病理学 / 13667	13253.039	离子束分析 / 14746

309-00029	离子选择电极在生物医学分析中的应用 / 13585
309-00180	离合悲欢 婚姻纠纷实例精选 / 02195
309-00058	离散数学 / 12439
309-09001	离散数学 / 12436
309-12083	离散数学 / 12438
309-00362	离散数学 方法导引 / 12437
309-03124	离散数学与最优决策 / 12440

唐

309-10280	唐五代科举的世界 / 01666
309-14412	唐代北方问题与国际秩序 / 11698
309-05245	唐代科举诗研究 / 10304
309-06860	唐代唱和诗研究 / 10303
309-07480	唐辛子IN日本 有关教育、饮食和男女 / 10881
309-10135	唐宋文脉 / 10451
309-09484	唐宋"古文运动"与士大夫文学 / 10452
309-06358	唐宋词传播方式研究 / 10315
309-05774	唐宋诗一百句 / 10295
309-14984	唐宋诗歌与佛教文艺论集 / 10305
309-08039	唐纳德·戴维森 / 00351
309-12743	唐金海自创诗联书法集 我手写我心 / 11241
309-07101	唐诗三百首白话英语双译探索 / 08411
309-05075	唐诗三百首全解 / 10293
309-13904	唐诗三百首全解 典藏版 / 10294
309-06320	唐诗美学精读 / 10297
309-06156	唐诗精读 / 10302
309-13566	唐音佛教辨思录〔修订本〕/ 10431
309-12055	唐音阁文萃 / 10105
309-03060	唐朝文化史 / 11697

瓷

| 309-14585 | 瓷器店里的熊猫 知识社会学视野下的中国 / 00972 |

资

309-09242	资本与历史唯物主义《资本论》及其手稿当代解读 / 00033
309-12317	资本主义发展与民主 / 01289
309-12320	资本主义和新哲学 / 02458
309-03361	资本市场与投资分析 / 04774
309-02439	资本市场结构 理论与现实选择 / 04762
4253.001	《资本论》中的再生产理论 / 00037
309-13195	《资本论》纵横谈 / 00030
309-14040	《资本论》纵横谈〔第2版〕/ 00031
309-00985	《资本论》的整体方法探讨 / 00034
309-00030	《资本论》脉络 / 00035
309-02341	《资本论》脉络〔第2版〕/ 00036
309-03106	《资本论》教程简编 / 00028
309-14667	《资本论》教程简编〔第2版〕/ 00029
309-08299	资本约束下的银行资产组合行为及其宏观经济效应 / 04432
309-08730	资本约束与商业银行信贷亲周期研究 / 04739
309-07125	资本运营管理 / 03397
309-12830	资本运营管理〔第2版〕/ 03398
309-14029	资本的时空界限及其历史意义 / 00045
309-12477	资本的域界与约制 / 02457
309-03039	资本控制与短期宏观经济动态稳定 / 02441
309-06820	资产价格、投资行为与产业结构优化 / 02628
309-09765	资产证券化与结构化金融 超越金融的极限 / 04766
309-04603	资产评估学 / 02767
309-07891	资产评估学〔第2版〕/ 02768
309-11471	资源与环境经济学 / 02488
309-13544	资源枯竭条件下的城市产业转型升级研究 以山东省枣庄市为例 / 03678
309-13407	资源差异利益论 / 02489

站

309-02794	站在巨人的肩膀上 名家论创新 / 05533
309-11414	站在平原看高山 玉成论政（民主篇、政府篇、政党篇）/ 01416

竞

309-05097	竞争与风险决策的数学模型教师用书（试验本）/ 06746
309-05892	竞争与依存中的区域合作行政 基于长江三角洲都市圈的实证研究 / 01500
309-01701	竞争的规则与策略 反不正当竞争法活用 / 02100
309-08180	竞争法学 / 02116
309-04787	竞争法案例教程 / 02123
309-11589	竞技强国与休闲体育评价研究 以德国为镜 / 07292

旁

309-06743	旁观集 / 00820

旅

309-07241	旅行社计调实务 / 03828
309-08464	旅行社计调实务 / 03826
309-09618	旅行社经营管理 / 03833
309-08513	旅行社营销 / 03831
309-08786	旅行社策划文案编制 / 03834
309-12305	旅行的图像与文本 / 07541
309-03043	旅英学人谈科技热点 / 12235
309-00550	旅途摄影 / 11264
309-09599	旅游与城市发展 / 03851
309-02417	旅游广告实务 / 03992
309-03913	旅游文化学 / 03820
309-09956	旅游文化理论与实践 / 03818
309-08410	旅游心理学 / 03817
309-11654	旅游发展与社会转型 / 03846
309-06885	旅游会展市场前沿理论与实证 / 03839
309-07974	旅游企业财务管理 / 03836
309-13750	旅游创新与人才培养 / 03845
309-12251	旅游英语 / 03800
309-13446	旅游英语读写实务 / 03799
309-11111	旅游英语读写教程 / 03798
309-08626	旅游学 新理论 新场域 / 03821
309-04791	旅游学 新学科 新视野 / 03822
309-04016	旅游房地产学 / 03629
309-03875	旅游经济学原理 / 03815
309-02392	旅游经济管理概论 / 03814
309-07170	旅游政策法律与法规 / 03843
5627-0552	旅游保健手册 / 13111
309-02418	旅游商品开发实务 / 04250
309-12486	旅游景区建设与管理实务 / 03835
309-05545	旅游策划 理论、方法与定制化原创样本 / 03823
309-12543	旅游摄影 / 11265
309-08329	旅游概论 / 03812
309-07539	旅游管理导论 / 03813

畜

309-06780	畜牧兽医专业英语听力教程 / 09781

阅

309-01796	阅读与翻译 / 07818
309-12002	阅读生命"生命关怀"同辈教育读本 / 00100
309-02395	阅读美丽 美文风景及感悟 / 10836
309-01673	阅读理解 全国专业技术资格英语等级考试辅导教材 / 09003

兼

309-14392	兼并与收购 Chinese cases / 04753
309-13944	兼并、收购与公司控制 / 03177

烧

309-03747	烧伤疑难杂症 / 14219

递

309-14018	递归论 算法与随机性基础 / 12376

涛

309-06729 涛声 一个新闻老兵的经验谈 / 05308

浦

309-00714 浦东开发开放简论 / 02707
309-01959 浦东财税问答 / 04316
309-07568 浦东故事 壹 / 10667
309-08878 浦东故事 贰 姊妹兄弟 / 10668
309-01106 浦东新区 / 02710
309-13550 浦东新区产业升级、服务布局与人口发展 上海市浦东新区第三次经济普查研究报告 / 02716

酒

309-15113 酒杯里的风景 酒的精神分析 / 15261
309-11777 酒店应用英语 / 04074
309-11329 酒店英语 / 04079
309-13800 酒店服务与管理心理实务 / 04080
309-13011 酒店服务礼仪 / 04083
309-14410 酒店服务标准 / 04087
309-06359 酒店服务标准理论与实务 / 04075
309-07742 酒店前厅与客房管理 / 04081
309-13820 酒店前厅与客房管理〔第2版〕/ 04082

涉

309-00782 涉外企业常用经济手册 / 03416
309-05647 涉外导游英语 / 07957
309-02883 涉外事务管理 / 03415
309-01722 涉外经济法学新编 / 02125
309-02835 涉外经济法新编〔第2版〕/ 02126
309-04691 涉外保险理论与实务 / 04881
309-10762 涉外商务接待 / 03860
309-13045 涉外商务接待〔第2版〕/ 03861

消

309-08761 消化内镜切除术 / 14389
309-09039 消化内镜诊疗病人须知 / 14132
309-12216 消化内镜诊疗辅助技术配合流程 / 14133
309-15301 消化内镜治疗学 / 14135
309-11315 消化内镜微创护理学 / 13975
5627-0343 消化病新概念 / 14131
309-10640 消失的南京旧景 / 12185
309-12244 消防安全技术实务 真题精析＋标准预测（一级注册消防工程师）/ 15333
309-12245 消防安全技术综合能力 真题精析＋标准预测（一级注册消防工程师）/ 15334
309-12250 消防安全案例分析 真题精析＋标准预测（一级注册消防工程师）/ 15332
309-08484 消毒方法与应用 / 13282
309-11304 消费与犯罪 / 01003
309-06199 消费者行为分析 / 03974
309-00533 消费者行为学 / 03973
309-00905 消费者知识手册 / 02690
309-07598 消费领域环境税费 / 04340
309-00010 消息选评 / 05184

涅

309-13824 涅槃二十年 从电商到新零售 / 03911

浩

309-13896 浩志文博 坤舆甲骨 吴浩坤先生纪念文集 / 11989
309-10605 浩浩的生日 / 05904
309-12720 浩然正气 / 01598

海

309-06085 海上丝绸之路历险记 / 11568
309-01679 海上论丛 / 00825
309-01897 海上论丛 2 / 00826
309-02459 海上论丛 3 / 00827
309-09292 海上译谭 / 07492
309-08583 海上学人 / 10709

编号	书名
309-13122	海上溢油生态损害的经济补偿研究 / 15416
309-09661	海外中国现代文化研究文选 / 04945
309-10067	海外中国现代文学研究文选 / 10520
309-11146	海外汉语词汇语法教学与研究 / 07769
309-13505	海外孤本晚明戏剧选集三种南戏散出考 / 10336
309-10068	海外晚清文学研究文选 / 10107
309-12476	海曲诗钞 / 10541
309-05564	海关风险管理理论与应用研究 / 04218
309-12950	海关行政处罚研究 / 02036
309-09901	海关行政法原理与实务 / 02035
309-09614	海关监管概论 / 04217
309-00923	海关职业精神教育概论 / 04213
309-09542	海关管理学概论 / 04216
309-05648	海南导游手册 英汉对照 / 09176
309-10796	海南绿色崛起论坛论文集 / 02722
309-07541	海南模拟导游实务英语教程 / 09463
10253.008	海星星 大学生抒情诗集 / 10573
309-00261	海派小说选 / 10664
309-01566	海派小说精品〔修订版〕 / 10640
309-02216	海派文学论 / 10476
309-02767	海洋 新世纪的希望 / 12767
309-00336	海洋开发的今天和明天 / 12768
309-12396	海洋星虫 来自海洋深处的神秘海药 / 13562
309-09905	海豚育儿哲学 养育健康、幸福、有学习兴趣的孩子 / 07222
309-02083	海盗的故乡 挪威风情 / 10829
5627-0177	海鲜野味与祛病健身 / 13509
309-01456	海德格尔与现代哲学 / 00318

浮

编号	书名
10253.003	浮士德 / 10990
309-01133	浮士德〔重印本〕 / 10991
309-02876	浮士德〔第2版〕 / 10992
309-00028	《浮士德》研究 / 10988
309-11374	《浮士德》研究 席勒 / 10989
309-07749	浮云 / 10954
309-01815	浮生感悟 沈敖大随笔 / 10825
309-09464	浮光掠影十六国 跟着名医走天下 / 10914
309-06378	浮想录 / 10537

流

编号	书名
309-04680	流动的乐章 复旦大学博士后风采录 / 11904
309-13124	流动的图像 当代中国视觉文化再解读 / 11149
309-09622	流年碎影 / 10850
309-07533	流行性感冒 / 14056
309-06523	流行病学与计算机应用 / 13265
309-05535	流行病学方法与模型 / 13266
309-05675	流行病学原理 / 13262
5627-0660	流行病学原理与方法 / 13267
309-11208	流行病学案例分析 / 13263
309-03543	流行病学基础 / 13256
309-07817	流行病学基础〔第2版〕 / 13261
309-15064	流行病学常识与解读 / 13264
5627-0523	流行病学简明教程 / 13268
309-08683	流行病学模型 / 13257
309-10527	流产女性营养与健康 / 14299
309-00166	流体力学 / 12566
309-00303	流通票据及票据法规入门 / 02261

润

编号	书名
309-09478	润物有声 谢天振教授七十华诞纪念文集 / 09953

浪

编号	书名
309-09835	浪漫主义、文学理论与比较文学研究论稿 / 09915
309-03441	浪漫现代 / 10329

悦

编号	书名
309-12783	悦心语 南怀瑾先生著述佳句选摘 / 07586

家

309-11584　家门没上锁 / 00414
309-12302　家长,没有编制的教师 家校合作教育中"家长义工制"的实践与研究 / 06818
309-01980　家用电脑上网 / 15203
309-05917　家训一百句 / 00419
309-12662　家有男孩在成长 / 07230
309-14446　家园共育课程 / 05741
309-12087　家园的治理 / 15399
309-12719　家国情怀 / 01596
309-11523　家居营造 上海都市中产的自我表达实践 / 01632
309-12238　家庭与法律 / 01974
309-12419　家庭之道 / 00985
309-11875　家庭心理健康70问 / 13751
309-01250　家庭安全百要 / 15289
309-02020　家庭收藏百窍 / 05510
309-01127　家庭投资百窍 / 04749
309-06384　家庭医生 / 13770
309-10551　家庭医生高血压病管理 理论和实践 / 14109
309-08969　家庭实用养生食疗 / 13513
309-12332　家庭保健科普画册 "新家庭计划"指南 / 13185
309-07978　家庭养花与园艺疗法 / 14639
309-05524　家庭教育学 / 07209
309-12197　家庭教育实用读本 / 07218
309-10778　家庭教育读本 / 07211
309-15102　家庭管理心理学 / 15291

宾

309-03253　宾馆服务基础日语 / 09859

请

309-10510　请收下我们的礼物 / 05944

朗

309-09654　朗宓榭汉学文集 / 11669

诸

309-06555　诸子百家新读 / 00147
309-09100　"诸侯"美政《国语》选读 / 11691
309-07760　诸神的微笑 芥川龙之介短篇小说选 / 10952

读

309-13865　读书·论志·考释·回眸 丁有国文集 / 10096
309-08767　读书这么好的事 / 10898
309-04470　读书读书 / 10779
309-14271　读史识中华 / 11671
309-06854　读史的智慧 / 11505
309-11805　读史的智慧〔第2版〕/ 11506
309-08766　读者有其书 / 05420
309-14654　读研究生,你准备好了吗? / 06950
309-06969　读静思语,学英文 上册 / 09125
309-06970　读静思语,学英文 下册 / 09126

袖

309-10962　袖中东海一编开 域外文献与清代社会史研究论稿 / 11709

被

309-12647　被选择的孩子 / 10998
309-13595　被误读的麦克卢汉 如何矫正 / 05046
309-07048　被误读的信托 信托法原论 / 01892

课

309-06238　课程设计与管理 / 03265
309-02969　课程理念探 历史、现在与未来 / 05585
309-07781　课程教学评估有效性及其实现 / 05586

谁

309-14212　谁是大英雄 / 11066
309-09225　谁是"谋杀"文学的"元凶" 陈歆耕文

化随笔 2 / 10852
309-11836　谁说老年不精彩 / 01225
309-03392　谁给我吃药? / 14606
309-04297　谁需要心理医生?激发式心理治疗在行动 / 13750

调

309-07478　调伏人生二十难 / 00681
309-15202　调解心理学 / 02211

谈

309-06329　谈艺录 / 10845
309-12886　谈艺录 中国画论研究 欧洲文论简史 / 11170
309-06993　谈中国古代文学的学习与研究 / 10123
309-14912　谈"欣"解"忧"话心境 / 14017
309-03968　谈话的岁月 / 10206
309-10031　谈家桢与大学科研 / 12011

剧

309-05921　剧史考论 / 11362
309-15322　剧场管理 艺术学理论的新视界 / 11372

娱

309-05038　娱乐财富密码 引爆传媒心经济 / 05277

通

309-13114　通用工程英语听说教程 上册 / 14651
309-13144　通用工程英语听说教程 下册 / 14652
10253.016　通用大学语文 / 07741
309-11381　通用学术英语写作教程 / 08508
309-14262　通用学术英语词汇教程 / 08225
309-11380　通用学术英语视听说教程 / 09668
309-11383　通用学术英语综合教程 / 08669
309-14234　通用学术英语演述教程 / 08198
309-00293　通讯选评 / 05185
309-02004　通向可持续发展的道路 中国人口、资源与环境的协调发展研究 / 15397
309-02473　通向科学家之路 科技创新例话 / 12224
309-00651　通向理想境界之路 中国社会主义百思集 / 01454
309-11869　通识教育评论 2015年创刊号(总第1期) / 05551
309-12654　通识教育评论 2016年秋季号(总第2期) / 05552
309-13241　通识教育评论 2017年春季号(总第3期) / 05553
309-13570　通识教育评论 2018年春季号(总第4期) / 05554
309-14229　通识教育评论 2018年总第5期 / 05555
309-14806　通识教育评论 2019年总第6期 / 05556
309-08547　通往双螺旋之路 DNA的发现 / 12853
309-07236　通往国际科学"奥赛"金牌之路 数学"研究型教学"的成功实践 / 06362
309-10806　通往哈佛的家庭教育传奇 门萨女孩张安琪成长之路 / 07212
309-09847　通经明道、康国济民 李觏思想研究 / 00274
309-00005　通俗人口学 / 01039
309-01476　通信电缆线路及常见故障 / 14843
309-13215　通脉养心丸药物经济学评价研究 / 13565

能

309-12487　能源科技史教程 / 14737

难

309-07442　难以道别的曾容 / 11870
309-08380　难忘的书与插图 / 05419

预

5627-0230　预防医学〔重印本〕/ 13073
309-04976　预防医学 / 13066
309-08357　预防医学 / 13071

309-08183	预防医学 / 13070		十年 / 02595
309-11529	预防医学〔第2版〕/ 13076	309-12266	理解中国财务报表 / 02889
309-10845	预防医学导论 / 13080	309-05210	理解宇宙 从夸克到宇宙学〔英文影印版〕/ 12752
5627-0421	《预防医学》导读与题解 / 13093	309-08953	理解新媒介 延伸麦克卢汉 / 05048
5627-0665	《预防医学》试题与题解 / 13092		

继

309-10115	继承与创新 上海师范大学爱心学校校长札记 / 06994

琉

309-09586	琉球王国汉文文献集成〔影印本〕/ 12173

十一画

球

309-10619	球球的秘密 / 05926

域

309-03377	域外中国学十论 / 11658
309-09237	域外汉籍研究入门 / 05493

理

309-10207	理论与经验 中国传播研究的问题及路径 / 04991
309-10771	理论、历史、都市 中西比较文学的跨学科视野 / 09916
309-11395	理论的时空 / 09931
309-08524	理论·实践·创新 上海市黄浦区委党校中国特色社会主义研究成果 / 01476
309-09118	理念、设计与实践 本科教学与人才培养创新研究 / 06845
309-12024	理念、策略与探索 外语出版实务研究 / 05421
309-08502	理性与洞识 东方与西方求索道德智慧的视角 / 00379
309-03444	理性与情结 世纪诺贝尔奖 / 05541
309-10032	理性的建构 康德实践哲学探究 / 00314
309-07674	理性的胜利 基督教与西方文明 / 04963
309-06992	理查德·罗蒂 / 00343
309-10861△	理答 造就互动课堂 / 06332
309-04036	理想与复旦同在 复旦大学保送生暨优秀高中毕业生选拔测试作文选 / 07752
309-06672	理想之光 "我与巴金"征文(2008年)获奖作品集 / 07748
309-00155	理想、现实与前景 欧洲经济共同体三

排

309-08431	排球英语 / 07301

推

309-14601	推理及万物逻辑 皮尔士1898年剑桥讲坛系列演讲 / 00336
309-02219	推销的艺术 / 03881
309-04136	推销的艺术〔第2版〕/ 03882

埠

309-13248	埠际往来与互动视野下的上海金融 / 04814

授

309-08381	授受表达的中日对照研究 从中国学习者的角度来看 / 09837

教

309-11275	教Baby真Easy / 07217
309-14990	教师的坚守 / 05608
309-13318	教师基本技能测试大纲 / 06809
309-12111	教材二次开发 从理论到实践 / 05587
309-00225	教材教法概论 / 14752
309-01561	教你写一手好字 / 11229

编号	书名 / 代码
309-01183	教育人才学 / 05562
309-11527	教育六问 / 05662
309-12173	教育心理学与德育工作基础知识 / 05594
309-12174	教育心理学与德育工作基础知识历年真题及全真模拟 / 05596
309-15141	教育电视新闻采编 价值·温度·深度 / 05151
309-12179	教育农民 浙东乡村社会变迁中的政治传播(1949—1962) / 01584
309-14371	教育事业统计工作优秀案例 第1辑 / 05666
309-13884	教育知识与能力 中学 / 05615
309-11958	教育知识与能力 中学 2016最新版 / 05610
309-11957	教育知识与能力历年真题及全真模拟 中学 2016最新版 / 05633
309-13192	教育学 / 05550
309-12175	教育学与教学法基础知识 / 05548
309-12176	教育学与教学法基础知识历年真题及全真模拟 / 05573
309-07530	教育学专业基础综合习题精编 2011版 / 05577
309-08413	教育学专业基础综合习题精编 2012版〔第2版〕 / 05578
309-07440	教育学专业基础综合复习指南 2011版 / 05574
309-08400	教育学专业基础综合复习指南 2012版 / 05575
309-08297	教育学专业基础综合真题详解 2012版 / 05579
309-07614	教育学专业基础综合模拟试卷 2011版 / 05576
309-02854	教育经济学 / 05563
309-06158	教育经济学〔第2版〕 / 05564
309-03304	教育音像出版理论与实践 / 05427
309-13900	教育教学知识与能力 小学 / 05614
309-11941	教育教学知识与能力 小学 2016最新版 / 05609
309-11955	教育教学知识与能力历年真题及全真模拟 小学 2016最新版 / 05632
309-03576	教育硕士英语教程 上册 / 07970
309-04029	教育硕士英语教程 下册 / 07971
309-03594	教育硕士英语教程学习辅导 上册 / 07972
309-04045	教育硕士英语教程学习辅导 下册 / 07973
309-03586	教育硕士英语教程练习册 上册 / 09350
309-04071	教育硕士英语教程练习册 下册 / 09351
309-08133	教育管理与案例分析 / 05570
309-04056	教学理论与实践新探索 《21世纪大学英语》教学论文集(3) / 08473
309-12013	教练管理 激活组织的新范式 / 03192

培

309-04311	培训与开发理论及技术 / 03279
309-14472	培训与开发理论及技术〔第2版〕 / 03280
309-10112	培训能力开发及管理实务 / 00999
309-14649	培育0—3岁儿童核心素养 / 05733
309-09875	培育学友文化 锻造专业团队 市北中学课程领导力研究案例 / 06279

接

309-00404	接口与通信 / 15078
309-01328	接口与通信〔重印本〕 / 15079
309-00971	接受与超越 青年文化论 / 04919

控

309-08877	控制与自治 美国政府与大学关系研究 / 07091

探

309-06515	探寻研究生教育的岁月 恢复研究生教育30年 / 06954
309-10993	探寻神话 神话中的文化及英语词汇

		08202	309-15095	职业能力导向课程及教材开发指南 / 07120
309-08556	探究莎士比亚 文本·语境·互文 / 11023		309-06171	职业教育与就业指导 / 07110
309-09585	探索与创新 上海理工大学思想政治教育论文集 / 06871		309-10781	职业道德读本 / 00418
			309-09107	职场日语实训综合教程 / 09844
309-11664	探索法国 / 11793		309-06556	职场写作力 / 07466
309-12025	探秘舞弊地图 / 03399		309-12817	职场英语 / 08721

掘

309-09502	掘金科技成长 股权投资实践随笔 / 04618

掇

309-07008	掇沉珠集 / 07525

职

5627-0123	职工医疗制度改革研究 / 13353
5627-0262	职工健康保护与健康促进 / 13113
309-00382	职工教育微观管理 怎样办好职工学校 / 07182
309-12198	职业千里 始于规划 / 01617
309-11091	职业卫生与职业医学 / 13114
309-03420	职业卫生知识题集 / 13116
309-04117	职业生涯管理 / 00997
309-15072	职业生涯管理〔第2版〕/ 00998
309-09212	职业发展与就业指导 / 01000
309-11298	职业发展经济学 / 02984
309-05013	职业成功 从概念到实践 / 00562
309-14438	职业护理英语 / 13908
309-13475	职业责任与领导力 / 03246
309-15134	职业责任与领导力 / 03249
309-10098	职业指导实务 / 00996
309-07602	职业指导实训教程 / 03252
309-06293	职业紧张评估方法与早期健康效应 / 13119
5627-0206	职业病·中毒·物理损伤诊疗手册 / 14192
5627-0255	职业病临床指南 / 14191

309-14045	职场英语〔第2版修订版〕/ 08722
309-12485	职场英语口语实训教程 / 09724
309-09038	职场英语实训综合教程 / 08727
309-10070	职场英语读写教程 1 / 08617
309-03979	职场定位沟通〔第2版〕/ 09127
309-10857	职场商务英语沟通 / 07846
309-00411	职称制度改革新论 / 01521
309-00736	职称制度改革新论〔重印本〕/ 01522

基

309-10396	基于 Agent 的劝说型辩论谈判 / 00965
309-13997	基于 Agent 的劝说模型及系统 / 14987
309-11493	基于 Android 平台的移动终端应用开发实践 / 14850
309-09416	基于 Excel & VBA 的高级金融建模 / 04417
309-11985	基于土地招拍挂制度的房价与地价关系研究 / 03666
309-04749	基于不对称信息的中国证券市场参与者行为研究 / 04763
309-07505	基于计算机网络技术的语言教学 设计与评价 / 07499
309-11238	基于双边市场的移动商务价值链 / 03898
309-05983	基于汉英 / 英汉平行语料库的翻译共性研究 / 08395
309-08242	基于机制设计理论的供应链协调策略研究 / 03057
309-11909	基于网络书面实时交流的大学英语口语拓展教学研究 / 09775

编号	书名 / 号
309-05687	基于企业基因视角的企业演化机制研究 / 03099
309-15260	基于系统动力学的上海市医养整合性体系服务供需的仿真研究 / 01637
309-14280	基于启动和脑电波实验研究普通话和闽南语连续变调词的储存模式 / 07557
309-10470	基于诊断的中学物理教师教学技能训练教程 / 06368
309-09788	基于国家粮食安全战略视角下的粮食物流体系的完善 / 04100
309-08792	基于图表素材的有机化学教学 / 12700
309-06945	基于货物贸易的贸易运行监控研究 / 04198
309-10153	基于语料库的比较句式"跟"、"有"、"比"的描写与分析 / 07618
309-10043	基于语料库的中国理工科大学生英语口语教学与评估一体化研究 / 08482
309-09297	基于语料库的欧化翻译研究 / 08402
309-10042	基于语境维度的英汉情景喜剧幽默对比研究 / 08208
309-11183	基于留学生认知实验的汉字教学法研究 / 07767
309-13825	基于教师资格考试的心理学 / 05595
309-13827	基于梵汉对勘的魏晋南北朝佛经词汇语法研究 / 00654
309-11123	基于超文本的企业技术创新界面整合管理研究 / 03308
309-08659	基于最优控制的金融衍生品定价模型研究 / 04652
309-15361	基于数据挖掘的水政监察管理系统的设计 / 15339
309-12328	基于群体差异的谣言传播规律与政府辟谣策略研究 / 01646
309-00317	基本机构分析与综合 / 14712
309-07344	基本护理技术 / 13953
309-11878	基本医疗卫生服务购买理论与实践 / 13403
309-00844	基本建设实用手册 / 03610
309-00644	基本建设概预算审计知识 / 02977
309-02319	基因工程实验技术教程 / 12875
309-02830	基因天堂 / 12876
309-02862	基因治疗 21世纪分子医学的希望和问题 / 13738
309-02864	基因神话揭谜 / 12943
309-14913	基层医师肿瘤姑息治疗手册 / 14357
309-07304	基层疾病预防控制项目、流程和绩效考核 / 13335
309-12634	基金法律法规、职业道德与业务规范真题题库与复习攻略 / 02067
309-12140	基金法律法规、职业道德与业务规范 / 02066
309-11931	基金法律法规、职业道德与业务规范全真模拟预测试卷 / 02065
309-05235	基金治理研究 / 04690
309-00192	基础力学 / 12551
309-04389	基础日语 1 / 09826
309-04390	基础日语 2 / 09827
309-05036	基础日语 3 / 09828
309-06196	基础日语 4 / 09829
309-04391	基础日语练习册 1 / 09849
309-04392	基础日语练习册 2 / 09850
309-05037	基础日语练习册 3 / 09851
309-06262	基础日语练习册 4 / 09852
309-04128	基础生物化学实验 / 12840
309-05895	基础生物化学实验〔第2版〕 / 12841
309-00706	基础动物学 / 12908
309-05636	基础会计 / 02850
309-08396	基础会计 / 02858
309-05280	基础会计学〔第2版〕 / 02854
309-03669	基础会计学练习与检索 / 02862
309-11461	基础会计理论与实务 / 02848
309-06473	基础设施BT项目运作与实务 / 03668
309-03403	基础设施项目投融资理论与实务 / 03669
309-11347	基础护理 / 13917

基

编号	书名	页码
309-07859	基础护理技术	13916
309-08655	基础护理技术	13904
309-11535	基础护理技术〔第 2 版〕	13905
5627-0249	基础护理学考题解〔重印本〕	13925
309-06095	基础医学导论	13571
309-00910	基础物理化学	12716
309-05869	基础毒理学	14627
309-10859	基础毒理学〔第 2 版〕	14628
5627-0263	基础流行病学	13255
309-00474	基础流体实验	12567
309-01007	基础数学 内容方法与简史	12237
309-00435	基础德语	09813
309-06769	基督教与中国社会研究入门	00732
309-06600	基督教与西方市场经济的互动与互补	00730

聆

| 309-15242 | 聆听城市非遗故事 | 06267 |

著

| 309-00856 | 著作权诸问题研究 | 01911 |
| 309-01267 | 著译者须知 | 05410 |

黄

309-03356	黄土地 青春歌	10672
309-01418	黄山植物	12903
309-04111	黄升民自选集 史与时间	05138
309-07438	黄生养雀记 杏坛真言之一	10857
309-10772	黄体仁集	15448
309-05721	黄和斌语言学选论	08297
309-07758	黄金谷 杰克·伦敦短篇小说选	11090
309-05966	黄金期货简明知识读本	04651
309-08435	黄昏的故事 狄更斯短篇小说选	11035
12253.001	黄河史论丛	12171
309-10696	《黄帝内经》文化专题研究	13475
309-09766	《黄帝内经》养生要诀	13473
309-11184	黄帝内经素问新译 中英对照	09181
309-01142	黄浦商业文化之光	10706
309-03666	黄海边轶事	10715
309-12385	黄梅戏经典唱段 汉英对照本	09172
309-02237	黄淮关系及其演变过程研究 黄河长期夺淮期间淮北平原湖泊、水系的变迁和背景	12771

菲

| 309-14121 | 菲律宾《世界日报》研究 基于媒介使用心理的视角 | 05322 |

菊

| 309-07006 | 《菊花与刀》精读 | 04960 |

营

309-10565	营国 城市规划建设管理实践与思考	15328
309-08894	营养与食品卫生学	13130
309-04317	营养与食品安全	13125
309-06409	营养与食品安全宝典	13126
309-08032	营养与健康	13143
309-11226	营养与膳食	13132
309-04477	营造未来 美国国会游说的制度解读	01729
309-14506	营销英语	03963
309-03792	营销管理	03953
309-07874	营销管理	03954
309-02302	营销精要 Ⅰ 开发与管理	03337
309-02304	营销精要 Ⅱ 政策与实施	03338

萧

| 309-07386 | 萧红传 | 11930 |

萨

| 2253.009 | 萨特其人及其"人学" | 00332 |
| 309-01381 | 萨缪尔森和诺德豪斯《经济学》(第 12 版)学习指南 | 02539 |

梦

| 309-00629 | 梦境与潜意识 来自美国的最新研究报 | |

	告 / 00551
309-00928	梦境与潜意识 来自美国的最新研究报告〔重印本〕/ 00552

梅

309-11072	梅西:选择相信 / 12073
309-11167	梅西:选择相信 / 12074
309-05328	梅罗-庞蒂历史现象学研究 / 00111
309-09786	梅琴斋书法春秋 / 11239

救

309-09398	救世救心八大人觉经 / 00665
309-13961	"救"在一瞬间 心肺复苏与创伤急救 / 14204

票

309-02799	票据法 / 02063

硅

309-00892	硅谷夜谈 华中一高技术科普作品选集 / 12221

硕

309-02450	硕士研究生入学考试英语大纲词汇串联记忆手册 / 08248
309-02259	硕士研究生入学考试英语复习指南 / 08008
309-02893	硕士研究生入学考试英语复习指南〔第2版〕/ 08009

聋

309-04256	聋生与听力正常学生语篇理解过程的认知比较 / 07417

盛

309-02359	盛宣怀档案名人手札选 / 11853

雪

309-10610	雪儿的春天 / 05892
309-02031	雪冠 卞毓方散文选 / 10775
309-14434	雪落心灵 / 10595

辅

309-12601	辅助生殖技术临床手册 IVI中心临床决策及路径 / 13598

虚

309-06082	虚拟组织 / 03229

常

309-08038	常人不悔 / 10868
309-12078	常见小儿病的推拿预防和护养 / 13497
309-09823	常见中医外科疾病的预防和护养 / 13542
309-07223	常见化学物急性中毒现场防控手册 / 14187
309-09817	常见风湿病的中医预防和护养 / 13528
309-03358	常见心电图的诊断与鉴别诊断图谱 / 14085
309-09815	常见心脑疾病的中医预防和护养 / 13537
309-12076	常见老年病的针灸推拿预防和护养 / 13503
309-09822	常见耳鼻咽喉疾病的中医预防和护养 / 13551
309-14243	常见伤口解析与护理 / 13998
309-12071	常见血液病的中医预防和护养 / 13529
309-09819	常见妇科疾病的中医预防和护养 / 13544
309-12072	常见男性病的中医预防和护养 / 13554
309-09816	常见肝胆疾病的中医预防和护养 / 13535
309-09825	常见肾系疾病的中医预防和护养 / 13536

309-09818	常见肺系疾病的中医预防和护养 / 13530			解 / 14512
309-09824	常见肿瘤的中医预防和护养 / 13548		309-10114	眼科微缩指南 365天日进一智 / 14510
309-09820	常见骨伤疾病的中医预防和护养 / 13549		309-09481	眼前节光学相干断层扫描 / 14558
309-08137	常见恶性肿瘤的多学科综合诊断和治疗 / 14379		309-06835	眼前节全景仪 / 14735
309-12074	常见脊柱病的针灸推拿预防和护养 / 13550		309-12828	眼部整形必须知道的99个问题 / 14529
309-09821	常见眼部疾病的中医预防和护养 / 13553		**悬**	
309-09826	常见脾胃疾病的中医预防和护养 / 13531		309-11640	悬壶济乱世 医疗改革者如何于战乱与疫情中建立起中国现代医疗卫生体系(1928—1945) / 13404
309-00642	常用无线电仪器和器件手册 / 14787		**野**	
5627-0394	常用中草药不良反应及其防治 / 13563		309-07482	"野人":人类文明的镜像 / 11538
309-10519	常用汉字勘误手册 / 07568		309-14847	野蛮的邻居 / 11001
309-07495	常用成语词典 / 07574		**曼**	
309-07685	常用成语词典(大字本) / 07575			
309-07684	常用成语词典(简明本) / 07576		309-05062	曼丽·象牙戒指 / 10639
5627-0528	常用避孕节育方法指导 / 13220		309-05665	曼昆《宏观经济学》(第五版)课后习题详解 / 02442
309-05590	常微分方程 / 12468		309-06006	曼昆《宏观经济学》(第五版)课后习题详解〔第2版〕 / 02443
309-07444	常微分方程 / 12470			
309-12224	常微分方程〔第2版〕 / 12471		309-15208	曼昆《宏观经济学》(第9版)学习精要·习题解析·补充训练 / 02444
309-00626	常微分方程 方法导引 / 12469			
眼			**晚**	
5627-0338	眼耳鼻咽喉科学多选题 / 14513		309-01901	晚明小品精粹 / 10747
309-11295	眼耳鼻喉科护理 / 14018		309-07399	晚明以降才女的书写、阅读与旅行 / 10070
309-11696	眼耳鼻喉科常见疾病的食疗保健 / 13508		309-03746	晚明史 1573—1644 / 11706
309-09034	眼光与定力 / 10820		309-10564	晚明史 1573—1644 上〔第2版〕 / 11707
309-06558	眼表活体共聚焦显微镜 / 14516		309-11135	晚明史 1573—1644 下〔第2版〕 / 11708
5627-0158	眼的解剖组织学及其临床应用 / 13628		309-08319	晚明汉文西学经典 编译、诠释、流传与影响 / 11703
309-12897	眼科住院医师规范化培训教材 / 14511		309-04243	晚明清初思想十论 / 00280
5627-0009	眼科学 / 14508		309-07761	晚菊 / 10955
5627-0178	眼科学〔第2版〕 / 14509		309-14663	晚清史 / 11726
309-03149	眼科学和耳鼻咽喉科学试题与题		309-14927	晚清白话文与启蒙读物 / 10455

309-04698	晚清外债史研究 / 04352	309-14921	婴幼儿早期教育活动设计与指导 / 05686
309-09898	晚清民初"个人—家—国—天下"体系之变 / 01344	309-09117	婴幼儿的保育与教育 0—3 岁 / 13237
309-13173	晚清西北人口五十年 1861—1911 / 01066	309-08986	婴幼儿科学养育入户指导手册 0—3 岁 / 13243
309-01292	晚清讽刺小说的讽刺艺术 / 10355	309-07313	婴幼儿保育 0—3 岁 / 13236
309-07716	晚清官场乱象 / 01656	5627-0486	婴幼儿保健 / 13242
309-06900	晚霞随笔 / 10880	309-15162	婴幼儿保健 0—3 岁 / 13239

唯

309-15167	唯一就是第一 / 03776	309-07847	婴幼儿保健护理 0—3 岁 / 13238
309-09895	唯物史观与历史主义 / 00091	309-13295	婴幼儿亲子活动课程 13—18 个月 / 05758
2253.011	《唯物主义和经验批判主义》提要 / 00052	309-13296	婴幼儿亲子活动课程 19—24 个月 / 05759

逻

		309-13297	婴幼儿亲子活动课程 25—30 个月 / 05760
309-06801	逻辑与思维方式 / 00354	309-13298	婴幼儿亲子活动课程 31—36 个月 / 05761
309-08300	逻辑学导论 / 00361		
309-14674	逻辑学导论〔第 2 版〕/ 00362	309-12739	婴幼儿亲子教育活动设计与案例精选 / 05749
309-12733	逻辑真 / 00360	309-12150	婴幼儿音乐感统训练 / 05980
309-14882	逻辑、概率与地图分析 汉语语法学中的计算研究 / 07591	309-13646	婴幼儿音乐感统训练〔第 2 版〕/ 05981

崇

		309-07311	婴幼儿语言发展与教育 0—3 岁 / 05877
309-06423	崇高的文化阐释 / 00447	309-07638	婴幼儿教养活动 0—6 个月 / 05678
5627-0054	崇高的追求 / 01379	309-07310	婴幼儿教养活动 7—12 个月 / 05679

婴

		309-07309	婴幼儿教养活动 13—18 个月 / 05681
309-08102	婴儿教育学 / 05687	309-07308	婴幼儿教养活动 19—24 个月 / 05682
309-08035	婴幼儿认知发展与教育 0—3 岁 / 00528	309-07307	婴幼儿教养活动 25—36 个月 / 05683
309-07315	婴幼儿动作发展与教育 0—3 岁 / 05684	309-08225	婴幼儿教养教程 0—3 岁 / 05688
		309-12021	婴幼儿营养与配餐 / 15275
309-07729	婴幼儿早期音乐启蒙教育 0—42 个月 / 05996	309-07314	婴幼儿营养与喂养 0—3 岁 / 13151
		5627-0169	婴幼儿喂养〔重印本〕/ 13154
309-14104	婴幼儿早期阅读指导 0—3 岁 / 05878	309-07846	婴幼儿智能开发与训练 0—3 岁 / 05689
309-08169	婴幼儿早期教育事业发展与管理 0—3 岁 / 05685	309-14947	婴幼儿游戏活动 300 例 / 06095
		309-14831	婴幼儿感觉统合教育实操教程 / 07200

309-14767	婴幼儿照护与保育 0—3岁 / 13241	309-03191	银行监管 / 04462

铜

309-12255　铜鼓文化与现代设计 / 12085

银

309-09913　银发结伴游天下 / 10913
309-01374　银行千能 货币与银行功能的新观察 / 04435
309-10132　银行卡产品研发与忠诚度管理 / 04721
309-11822　银行业专业实务（新大纲版）风险管理历年真题＋标准预测 / 04723
309-11825　银行业专业实务（新大纲版）个人贷款历年真题＋标准预测 / 04724
309-12003　银行业专业实务（新大纲版）个人理财 / 04725
309-11824　银行业专业实务（新大纲版）个人理财历年真题＋标准预测 / 04726
309-11823　银行业专业实务（新大纲版）公司信贷历年真题＋标准预测 / 04727
309-08636　银行业反垄断法适用问题研究 以银行业结构规制为视角 / 02124
309-07596　银行业反洗钱机制研究 约束条件下激励机制框架的构建 / 02210
309-11826　银行业法律法规与综合能力历年真题＋标准预测（新大纲版）/ 02053
309-12004　银行业法律法规与综合能力（新大纲版）/ 02054
309-04150　银行外汇业务会计〔第2版〕/ 04559
309-04525　银行会计〔第2版〕/ 04486
309-06415　银行会计〔第3版〕/ 04487
309-11485　银行会计〔第4版〕/ 04488
309-05464　银行会计习题与解答〔第2版〕/ 04498
309-11486　银行会计习题与解答〔第4版〕/ 04499
309-15159　银行会计习题与解答〔第5版〕/ 04500
309-07641　银行法学 / 02051
309-03605　银行法律业务案例汇编 / 02059
309-01537　银行信贷管理学〔第2版〕/ 04511

309-03191　银行监管 / 04462
309-05408　银行监管的国际标准 有效银行监管核心原则暨核心原则评估方法 / 04463
309-11658　银行家与上海金融变迁和转型 / 04805
309-04397　银色印记 上海影人创作文选 / 11393
309-04398　银色印记 上海影人理论文选 / 11394
309-02079　银色的梦 电影美学百年回眸 / 11438
309-00719　银海探珠 全国微型影评选讲 / 11408
5627-0369　银屑病防治 / 14494
309-14454　银屑病的生物制剂治疗 / 14495

矫

309-12808　矫正社会工作 / 02242

甜

309-13649　甜甜的小白熊 / 05887

梨

309-06433　《梨俱吠陀》精读 / 10963

移

309-14584　移民政治 当代中国的城市化道路与群体命运 / 03654
309-07985　移动与空间 汉日对比研究 / 07606
309-15237　移动互联网时代新闻传播发展趋势研究 / 05248
309-09358　移动电子商务 / 03916
309-15016　移动电子商务〔第2版〕/ 03917
309-09708　移植与流变 密苏里大学新闻教育模式在中国(1921—1952) / 05315
309-06847　移植血管的发展和应用 / 14214
309-08716　移植血管的实验研究与临床应用 / 14215

符

309-09354　符号与言谈 比较诗学的实践 / 10282
309-10152　符号学 符义分析探索集 / 07344

编号	书名
309-07320	符号学与跨文化研究 / 07392
309-03685	符号透视 传播内容的本体诠释 / 07330

第

309-05298	第一届国际网络架构和服务模型会议论文集 Proceedings of the First International Workshop on Network Architecture and Service Models / 15120
309-02561	第三次国内革命战争时期复旦大学党的活动 / 01361
309-11755	第三方 / 03188
309-05025	第三方物流教程 / 03059
309-02143	第三域的兴起 西方志愿工作及志愿组织理论论文选 / 01035
309-10363	第六代导演研究 / 11451

做

309-06907	做一名快乐的业务员 / 03874
309-02550	做个好主管 台湾管理专家经验谈 / 03247
309-03415	做个好男人 男子性保健释疑 / 14276
309-13576	做孕育灵秀的教练 / 05639
309-10807	做自己就是最好的 从留学到求职,美国商学院面试官如是说 / 07096
309-13577	做充满灵秀的女性 / 07099
309-13664	做泡菜 / 06129
309-02075	做面向新世纪的共产党员 / 01380
309-13580	做润泽灵秀的导师 / 07101
309-12804	做最好的自己 唤醒内心动力 / 05656
309-11377	做最好的自己 教育改变人生 / 05654
309-12559	做最好的自己 教育改变人生 / 05655
309-12809	做最好的自己(学生说) 梦想触手可及 / 05658
309-13509	做最好的自己(家长说) 爱与筑梦同行 / 05657
309-14049	做最好的自己(管理说) 国际教育的融合创新 / 05659

伤

309-09153	伤傣话 世界上元音最多的语言 / 07703

偶

309-07025	偶在论谱系 西方哲学史的"阴影之谷" / 00303

停

309-10815	停车产业发展与运营管理模式 / 15370

偏

309-11984	偏向型技术进步与经济增长转型 基于节能减排视角的研究 / 02663
309-08537	偏微分方程 / 12473
309-00061	偏微分方程近代方法 / 12472

假

309-06642	假肢与矫形器技术 / 13590
309-12113	假肢与矫形器技术〔第2版〕/ 13591
309-09131	假面人物 / 10951

得

5627-0664	得了癌症怎么办? / 14358
309-07483	得寸进寸集 / 01431
309-01428	得心应手 小学数学解题方法〔重印本〕/ 06249

欲

309-12147	《欲望号街车》的话语文体研究 / 11079

彩

309-01597	彩色电视摄像机与录像机 / 14858

领

309-08705	领队实务模拟 / 03830

309-12607	领导力〔第2版〕/ 01190		民间信仰研究 / 00579
309-09054	领导力与职业责任 / 03242		**毫**
309-09789	领导力沟通 / 01200	309-00081	毫米波技术 / 14798
309-13757	领导心理学 / 01194		**烹**
309-07225	领导心理学 新视野及其研究 / 01189	309-11213	烹饪工艺学 / 15264
309-13801	领导有礼 上册 / 01203	309-08262	烹饪化学 / 15263
309-08073	领导范儿 / 03251	309-08123	烹饪设备器具 / 15279
309-02763	领导学原理 科学与艺术 / 01195	309-12280	烹饪英语 / 15262
309-05704	领导学原理 科学与艺术〔第3版〕/ 01196	309-08232	烹饪原料学 / 15265
309-09748	领导学原理 科学与艺术〔第4版〕/ 01197		**麻**
309-15325	领导科学理论与实践 / 01198	309-03602	麻醉新概念 汉英对照 / 09187
309-08737	领导模式与组织绩效关系研究 以澳大利亚医药销售企业为例 / 03606	5627-0417	麻醉意外急救手册 / 14205
309-06518	领袖形象的政治艺术 / 01202		**痕**
	脚	309-07699	痕迹 / 00815
309-07121	脚步集 / 10241	13253.011	痕量元素的萃取分离与分光光度法测定 / 12732
	脖		**康**
309-07759	脖子上的安娜 契诃夫短篇小说选 / 10982	309-15235	康乐运作实务 / 04071
	猜	309-06648	康复心理学 / 14032
309-10364	猜想与求证 社会主义社会资源配置方式的世纪探索 / 02777	309-12314	康复心理学〔第2版〕/ 14033
		309-06665	康复功能评定学 / 14028
	猎	309-07615	康复医学岗位培训教程 / 14031
309-08501	猎杀?"中国概念股"危机 / 04771	309-06621	康复医学概论 / 14030
	猫	309-12171	康复是一缕阳光 一位脑卒中患者的康复之路 / 14445
309-14210	猫裁判 / 11065	309-01241	康海年谱 / 11912
	猕	309-14807	康康话健康 再见"蚯蚓腿" / 14104
13253.007	猕猴世家 / 12930	309-09314	康熙惩抑朋党与清代极权政治 / 01660
	祭		**盗**
309-06083	祭祀政策与民间信仰变迁 近世浙江	309-10811	盗火者 / 10870
			章
		309-14202	章钰著作集 / 15445

竟

309 - 03008　竟陵派研究〔第 2 版〕/ 10453

商

309 - 03719　商人银行运作实务 / 04484
309 - 05581　商人·商业·唐诗 / 10274
309 - 12545　商业分析 基于大数据实践与应用 / 03965
309 - 11458　商业回归本质 顾国建自选集（2004—2014）/ 04043
309 - 00646　商业知识实用手册 / 03869
309 - 10203　商业选址与消费者行为研究 / 03885
309 - 14429　商业保险理论与实务 / 04867
309 - 12180　商业保理风险管理实务与案例 / 04884
309 - 12015　商业保理法律实务与案例 / 02295
309 - 12151　商业保理实务与案例 / 04882
309 - 12106　商业保理税务实务与案例 / 04335
309 - 12148　商业保理概论 / 04883
309 - 13720　商业·洞察 2017 / 03865
309 - 14315　商业·洞察 2018 / 03866
309 - 15151　商业·洞察 2019 / 03867
309 - 08136　商业案例实战训练指南 / 04023
309 - 02244　商业银行不良贷款管理的理论与实践 / 04510
309 - 08669　商业银行内部控制评价 / 02978
309 - 01978　商业银行会计 / 04496
309 - 05152　商业银行合规人员法律适用手册 / 02056
309 - 06399　商业银行合规人员法律适用手册〔第 2 版〕/ 02057
309 - 07829　商业银行合规人员法律适用手册〔第 3 版〕/ 02055
309 - 04359　商业银行典型案例解析 / 02058
309 - 09960　商业银行法律合规手册 / 02052
309 - 05376　商业银行学 / 04475
309 - 09151　商业银行学〔第 2 版〕/ 04476
309 - 13764　商业银行学〔第 3 版〕/ 04477
309 - 06489　商业银行学学习指导 / 04478
309 - 01450　商业银行经营 英汉对照 / 09143
309 - 03848　商业银行经营管理新编 / 04481
309 - 06202　商业银行理论教程 理论与实训 / 04480
309 - 13003　商业银行管理学 / 04479
309 - 11944　商业趋势与科技创新案例集 / 03863
309 - 00250　商业缴税规范 / 04324
309 - 06631　商务礼仪 / 04044
309 - 10414　商务礼仪 / 04045
309 - 15015　商务礼仪〔第 2 版〕/ 04046
309 - 05304　商务传播 沟通的艺术 / 04024
309 - 07011　商务传播与经济社会发展 / 04031
309 - 06317　商务伦理与会计职业道德 / 04048
309 - 15037　商务伦理与会计职业道德 / 04049
309 - 13414　商务伦理学 / 04047
309 - 08724　商务沟通的艺术 principles and practices for business and the professions / 04025
309 - 06481　商务英语口语 上册 / 09574
309 - 06482　商务英语口语 下册 / 09575
309 - 05159　商务英语写作 / 08377
309 - 05012　商务英语沟通 / 09146
309 - 07743　商务英语沟通〔第 2 版〕/ 09147
309 - 10443　商务英语沟通〔第 3 版〕/ 09148
309 - 06883　商务英语国际贸易实务 / 07884
309 - 07981　商务英语信函常见错句选析 300 例 / 08363
309 - 10992　商务英语简明教程 / 08986
309 - 14218　商务英语精读 / 07849
309 - 12114　商务英语翻译 / 08403
309 - 13713　商务学 / 03862
309 - 13413　商务经济学 / 03870
309 - 13103　商务经济学入门 / 03871
309 - 06748　商务经营技术 / 04027
309 - 02267　商务促销策划 / 03873
309 - 15204　商务统计学 / 03872
309 - 08754　商务谈判 / 04034

商

309-02515　商务谈判与沟通技巧〔第2版〕/ 04032
309-01206　商场情景英语 / 09479
309-09414　商事侵权责任法 / 02161
309-04172　商店照明 / 15307
309-14352　商品归类精要 / 04249
309-04538　商品学 / 04247
309-01942　商品房大战 / 10714
309-06766　商品流通法律规制研究 / 02120
309-06638　商贸英语写作教程 / 08346
309-05155　商贸英语高级教程 1 / 07908
309-05394　商贸英语高级教程 2 / 07909
309-05451　商贸英语高级教程教师用书 1、2 / 07910
309-13395　商管学科知识英语导读 / 02319

望

309-07577　望道讲座演讲录 复旦大学中文学科发展八十五周年纪念文集 / 07518

阎

309-11026　阎连科文学年谱 / 10218

阐

309-14328　阐明理由 推论主义导论 / 00109
309-11480　阐释学生的成功 学生事务学习和发展的结果导向型评估实用指南 / 06900

粒

309-12794　粒子宇宙学导论 宇宙学标准模型及其未解之谜 / 12753

断

309-10212　断裂与共识 网络时代的中国主流媒体与主流价值观构建 / 01463

剪

309-08687　剪剪春寒 / 10692

焊

309-09370　焊接行业工作场所职业安全卫生检查手册 / 15420

烽

309-14433　烽火美人 / 10644

清

309-09165　清末小说中的女性想象 1902—1911 / 10359
309-13620　清末民初戏剧传播研究 / 11368
309-04308　清末民初铁路外债观研究 / 03786
309-12715　清正廉洁 / 01602
309-11385　清世说新语校注 / 10631
309-06528　清平致福 / 00676
309-08635　清平致福〔第2版〕/ 00675
309-05281　清代云南季风气候与天气灾害研究 / 12765
309-05903　清代州县官吏的司法责任 / 02257
309-04807　清代版刻一隅〔增订本〕/ 05492
309-13674　清代散见戏曲史料研究 / 11367
309-04261　清初扬州文化 / 11770
309-07161　清初散文论稿 / 10414
309-09265　清净在源头 / 00585
309-12801　清净赤子心 小牛杨凯丞与慈济的教养人文 / 07229

淋

309-14294　淋巴水肿护理案例分享 / 13985
309-14899　淋巴水肿综合消肿护理指引 / 14110

渐

309-07756　渐进与巨变 近代以来长江三角洲农村的人口与社会变迁 / 01065

混

309-11086　混合式教学模式 高校共享课程的新探

　　　　　　索 / 06884

淮

309-11632　淮扬名点制作 / 15270
309-11927　淮扬名菜制作 / 15277
309-02891　淮南子直解 / 00265

渔

309-04859　渔人之路和问津者之路 / 00808
309-03893　渔业水域生态环境保护和管理 / 14650
5627-0235　渔民健康教育读本 / 13305

液

309-08584　液压与气动技术 / 14731
309-11253　液压与气动技术 / 14730

深

309-06915　深水静流　复旦大学新闻学院教师论文集 / 05141
309-00305　深化改革搞活经营的经验 / 02600
309-05755　深度报道探胜　党报-主流媒体发展之路 / 05292
309-11416　深海海底资源勘探开发法研究 / 12770

婆

309-12421　婆媳之道 / 00986

梁

11253.009　梁启超论清学史二种　清代学术概论　中国近三百年学术史 / 00286
11253.014　梁启超著述系年 / 15500
309-00797　梁实秋　传统的复归 / 10233
309-14559　梁捷西方经济思想史讲稿 / 02527

情

309-03768　情动江海　心托明月　秦岭雪诗歌评论集 / 10328
309-05641　情系俄罗斯　生活在俄罗斯朋友中间 / 10897
309-10017　情怀中出没的幽灵　郑攀爱情诗选 / 10598
309-02316　情话　寻找历史的诗情 / 11829
309-06200　情牵永刚　复旦大学宣传学习杰出校友方永刚活动纪实 / 11852
309-00602　情急生智　中国古代奇异故事选 / 10630
309-09657　情商中国 / 04097
309-12946　情商教育　和孩子一起成长 / 07226
309-14772　情绪管理心理学 / 05901
309-12644　情景喜剧英语视听说 / 09698
309-10861△　情感教育　让汉字舞动起来 / 06332
309-09036　情境判断测验　理论、测量与应用 / 01322
309-13855　情境英语口语　1 上 / 09801
309-13856　情境英语口语　1 下 / 09802
309-13857　情境英语口语　2 上 / 09803
309-13858　情境英语口语　2 下 / 09804

惊

309-13592　惊鸿一瞥十八国　跟着名医走天下 / 10915

惯

309-05994　惯用语教程 / 07800

寄

309-05061　寄小读者·关于女人 / 10748
309-00944　寄语可爱的日本和中国 / 01767

寂

309-10576　寂寞圣哲〔第 2 版〕 / 00146

密

309-06454　密尔《论自由》精读 / 00325

谋

309-09342　谋者之言《孙子》选读 / 02316

309-01830	谋略之战 辩论赛的理论、筹划与运作 / 07428		库的中国英语学习者隐喻表达研究 / 08336
		309-05520	隐喻认知功能探索 / 09946
谚		309-14610	隐喻修辞《红楼梦》语言新视野 / 10367
309-05119	谚语小词典 / 07578	**婚**	
屠		309-03654	婚前婚后性保健 / 13214
309-14500	屠格涅夫论 漫话雄狮——托尔斯泰浅谈屠格涅夫 叔子诗选与知非杂记 / 10000	309-01849	婚姻、收养、监护与继承 亲属法原理与实务 / 02196
		309-05684	婚姻家庭法 / 02194
弹		309-03505	婚姻家庭法学 / 02193
309-12833	弹性材料抗冲蚀理论及应用 / 14670	**婉**	
309-13432	弹唱基础 / 05997	309-05336	婉约词全解 / 10558
隋		**颈**	
309-06989	隋唐小说研究 / 10350	309-03780	颈椎外科围手术期处理学 / 14258
309-07419	隋唐长安 性别、记忆及其他 / 11756	5627-0601	颈椎病的防治 / 14259
随		**绩**	
309-06941	随风云掠过 王慕兰散文 / 10832	309-05474	绩效审计理论与实务 / 02971
309-12568	随机分析引论 / 12519	309-06357	绩效指标体系的构建与维护 / 03263
309-05780	随机边界分析 / 02808	309-03687	绩效管理 / 03209
309-04343	随机过程基础 / 12520	309-05909	绩效管理〔第2版〕/ 03210
309-12558	随机过程基础〔第2版〕/ 12521	309-10358	绩效管理〔第3版〕/ 03211
309-03677	随兴居谈艺 / 11140	309-13759	绩效管理 本源与趋势 / 03214
309-14038	随时随地玩健身 / 07318	309-10213	绩效管理技能训练 / 03212
309-07774	随缘集 / 00757	309-11633	绩效管理理论与实务 / 03213
309-11031	《随想录》论稿 / 10420	**维**	
蛋		309-09023	维也纳森林的故事 / 10865
309-00564	蛋白质化学导论 / 12850	309-12592	维多利亚一号 / 10625
隐		309-11746	维特根斯坦 从挪威的小木屋开始 / 00326
309-09840	隐士 / 11817	309-04796	维特根斯坦哲学转型期中的"现象学"之谜 / 00328
309-08268	隐权力 2 中国传统社会的运行游戏 / 11653	309-06267	维特根斯坦笔记 / 00327
309-07929	隐喻化中的源语概念影响 基于语料	**综**	
		309-08313	综合文科教程 / 05794

309-05276	综合文秘写作 / 07669		309-01483	绿叶飘起来 上海教育电视台周年巡礼 / 05402
309-10183	综合医学英语教程 / 13012		309-08461	绿光往事 / 10896
309-15079	综合医学英语教程〔第2版〕/ 13013		309-07117	绿色上海 / 15401
309-09185	综合医学基础 各论一 / 13572		309-12686	绿色发展的社会主义政治经济学 / 02616
309-09401	综合医学基础 各论二 / 13574		309-14069	绿色发展的经济学分析 / 02677
309-09402	综合医学基础 各论三 / 13573		309-10967	绿色丝绸之路经济带的路径研究 中亚农业现代化、咸海治理与新能源开发 / 02687
309-09004	综合医学基础 总论部分 / 13575		309-14665	绿色金融概论 / 04385
309-09172	综合医学基础习题 / 13577		309-11817	绿色建筑产业链专业化投资研究 / 03749
309-09776	综合医学基础实训指导 / 13576		309-04742△	绿色盈盈的太阳 / 10572
309-01055	综合财政调控论 / 04277		309-02070	绿色营销管理 / 03350
309-06104	综合英语基础教程 上册 / 07919		309-05047	绿衣人·伍子胥 / 10531
309-06105	综合英语基础教程 下册 / 07920		309-10079	绿海商机 化社会责任为竞争力 / 03196
309-02396	综合经济利益论 / 02419			
309-13882	综合素质 小学 / 05629			
309-11947	综合素质 小学 2016最新版 / 05612			

十二画

琴

309-11585	琴童家长百问百答 / 06008

越

309-12917	越位之思与诗学空间 / 10003
309-06940	越南汉文燕行文献集成 / 11575
309-05342	越界水污染规制 对中国跨行政区流域污染的考察 / 15412

超

309-00068	超大规模集成电路电镜分析 / 14815
309-07926	超市生鲜食品管理 / 04040
309-00755	超对称物理导论 / 12678
309-10512	超级好朋友 / 05942
309-14819	超级集团财务 / 03427
309-06588	超声心动图疑难杂症的诊断 / 14086
309-11210	超声生物显微镜 / 14506
309-03156	超声诊断学选择题与题解 / 13848

309-13881	综合素质 幼儿园 / 05628
309-11942	综合素质 幼儿园 2016最新版 / 05611
309-13883	综合素质 中学 / 05630
309-11960	综合素质 中学 2016最新版 / 05613
309-11956	综合素质历年真题及全真模拟 小学 2016最新版 / 05634
309-11953	综合素质历年真题及全真模拟 幼儿园 2016最新版 / 05635
309-11959	综合素质历年真题及全真模拟 中学 2016最新版 / 05636
309-11221	综合素质幼儿教师资格考试 / 06152
309-12980	综合理科教程〔第2版〕/ 05791
309-09940	综合理科教程 数学分册 / 05788
309-09682	综合理科教程 物理 化学 生物分册 / 05792
309-05572	综合管理 / 01517
309-06093	综合管理 / 01518
309-06728	综合管理 / 01519
309-07499	综合管理 / 01520

绿

309-01813	绿三角 林景怡随笔 / 10805
309-03910	绿叶为什么 一个教育和电视的10年 / 05398

309-02720	超倍速学习 / 07233		09715
309-04671	超越 700·CET 听力专项训练 四级、六级 / 09779	309-04736	博学英语·听说教程 4 / 09710
		309-09052	博学英语·听说教程 4〔第 2 版〕/ 09716
309-10525	超越文本 超越翻译 / 09954	309-04890	博学英语·听说教程 5 / 09711
309-08510	超越功利主义 / 00398	309-04945	博学英语·听说教程 6 / 09712
5627-0425	超越死亡 自杀行为防治 / 01025	309-09081	博学英语·听说教程(第二版)教师参考书 1 / 09717
309-01003	超越迷惘 大学生人生问题百思集 / 06861	309-09082	博学英语·听说教程(第二版)教师参考书 2 / 09718
309-07021	超越感觉 批判性思考指南 / 00355	309-09083	博学英语·听说教程(第二版)教师参考书 3 / 09719
309-11005	超越感觉 批判性思考指南〔第 2 版〕/ 00356	309-09084	博学英语·听说教程(第二版)教师参考书 4 / 09720

提

309-03839	提升人力资本投资的政策 / 03013	309-04858	博学英语·英美影视欣赏 / 09155
309-07757	提线木偶 欧·亨利短篇小说选 / 11092	309-05194	博学英语·英语写作教程 1 / 08367
		309-05145	博学英语·英语写作教程 2 / 08368

博

309-02456	博士生英语泛读 / 09083	309-05383	博学英语·英语写作教程 3 / 08369
309-01932	博士生英语精读 / 09084	309-05718	博学英语·英语写作教程 4 / 08370
309-14436	博士彰文联的道德情操 / 10650	309-05392	博学英语·英语演讲与辩论 辩论篇 / 08196
309-07061	博杜恩-德-库尔德内语言学理论研究 / 07352	309-05064	博学英语·英语演讲与辩论 演讲篇 / 08195
309-14217	博物馆与学校的合作机制研究 / 05512	309-12239	博学杯·2015 纪念世界反法西斯战争胜利 70 周年高中生获奖论文集 / 11558
309-13818	博物馆设计 故事、语调及其他 / 15315	309-13815	博学杯·2016—2017 海上的记忆与寻踪 / 11814
309-08093	博物馆里说金融 / 04704	309-13808	博学笃行 福家报国 杨福家传 / 11900
309-08518	博物馆里说基金 / 04501	309-04347	博览学 / 05453
309-14656	博物馆建造及展览工程管理 / 15316	309-14555	博雅英语·写作教程 第1册 / 08968
309-12340	博物馆展览策划 理念与实务 / 05508	309-14717	博雅英语·写作教程 第2册 / 08969
309-11029	博物馆教育活动研究 / 05509	309-15128	博雅英语·写作教程 第3册 / 08970
309-04433	博学英语·听说教程 1 / 09707	309-14562	博雅英语·听说教程 第1册 / 08666
309-09009	博学英语·听说教程 1〔第 2 版〕/ 09713	309-14815	博雅英语·听说教程 第2册 / 08667
309-04810	博学英语·听说教程 2 / 09708	309-15132	博雅英语·听说教程 第3册 / 08668
309-09010	博学英语·听说教程 2〔第 2 版〕/ 09714	309-14513	博雅英语·阅读教程 第1册 / 08716
		309-14739	博雅英语·阅读教程 第2册 / 08717
309-04322	博学英语·听说教程 3 / 09709	309-15130	博雅英语·阅读教程 第3册 / 08718
309-09051	博学英语·听说教程 3〔第 2 版〕/	309-10192	博雅教育 / 06829

309-10931　博雅教育〔第2版〕／06830
309-11806　博雅教育〔第3版〕／06831
309-12888　博雅教育〔第4版〕／06832

揭

309-09742　揭穿"意识内在性"之幻相　马克思对意识的存在性质的探讨／00088

喜

309-13762　喜欢阅读 不喜欢语文／06410

彭

309-06624　彭德怀军事参谋的回忆 1950年代中苏军事关系见证／02311

斯

309-13176　斯皮瓦克理论研究／00345

期

309-14458　期权定价和交易／04653
309-10634　期权视阈下的法律权益结构／01894
309-03321　期权理论与案例分析 一个战略性的投资／04581
309-09289　期货市场的定价、行为模式和制度设计／04650
309-06926　期望少一点，爱多一点／00121

联

3253.002　联邦德国政府与政治／01704
309-01272　联邦德国：控制物价的优等生／04113
309-15028　联合委员会国际部医院评审标准(含学术型医学中心医院标准)／13370
309-02282　联想与作文／06416

散

309-15281　散文写作教程／09962
309-09215　散焦的历史图像／11500

葡

309-07413　葡萄园的故事 漫画《塔木德》／00412

敬

309-12718　敬业奉献／01599
309-08088　敬畏历史／10895
309-08048　敬畏传统／00751

蒋

309-01602　蒋介石的美国顾问 欧文·拉铁摩尔回忆录／12071

韩

309-08089　韩国汉文燕行文献选编〔影印本〕／11701
309-11786　韩国社交媒体文化 SNS的发展与韩国社会／00933
309-12640　韩国现代史 十个代表性事件的深度解读／11785
309-10893　韩国的传统戏剧／11369
309-14430　韩国姑姑／10813
309-11343　韩国语后缀源流考／09868
309-11098　韩国语教育研究新视野／09869
309-11816　韩国新农村运动 口述史的角度／03720
309-10583　韩国儒学的义理思想／00299
309-10904　韩信文化旅游／11848
309-02424　韩湘子指点迷津 汇市风云／04642

朝

309-14187　朝野与雅俗 宋真宗至高宗朝词坛生态与词体雅化研究／10322
309-13226　朝鲜半岛"罗末丽初"时期的禅僧研究／00714
309-11063　朝鲜通信使文献选编 第1册／01780
309-11352　朝鲜通信使文献选编 第2册／01781
309-11353　朝鲜通信使文献选编 第3册／01782

棒

309-12318　棒球运动员专项身体素质训练研究 / 07307

植

309-00247　植物体细胞遗传学 / 12900
309-11876　植物彩虹 / 10934

森

309-04185　森田式心理咨询 处理心理危机的生活智慧 / 13755
309-10626　森林失火了 / 05900
309-05199　森林里的孩子们 美国"太阳升"夏令营记事 / 06283

棉

309-09129　棉被 / 10957

椭

309-00350　椭圆型方程组理论和边值问题 / 12474

硬

309-01562　硬笔正楷行书字帖 / 11230
309-14522　硬笔楷书书写训练 图解版 / 11227
309-14523　硬笔楷书基础训练教程 / 11226
309-13559　硬笔楷体字书写训练 / 11225

雄

309-14749　雄安新区传播与发展研究报告 2018年卷 / 05302
309-02419　雄辩之魅 中国名律师办案实录 / 02239

雅

309-03140　雅思口语考试金典 / 09596

309-11354　朝鲜通信使文献选编 第4册 / 01783
309-11355　朝鲜通信使文献选编 第5册 / 01784

309-03562　雅思考试（IELTS）学术类高分作文详解 / 08371
309-03506　雅思考试（IELTS）核心词汇突破 / 08241

悲

309-13931　悲剧的终结与新生 青年卢卡奇悲剧理论研究 / 00311
309-15023　悲惨世界 / 11061

紫

309-14081　紫砂正脉 / 11288
309-13162　紫晨词 1998—2016 / 10607
309-09471　紫微斗数讲义 星曜性质 / 00735

凿

309-01305　凿壁偷光 中国古代发愤故事选 / 10669

辉

309-08114　辉煌与使命 上海理工大学纪念建党90周年文集 / 01375

掌

309-08001　掌中求索 高中学习中的TI技术 / 06782
309-02281　掌握旋风 SAP成功实施实地指南 / 03167

暑

309-01877　暑假两个月 初一—初二 / 06815
309-01741　暑假两个月 初二—初三 / 06816
309-01742　暑假两个月 高二—高三 / 06817

最

309-09549　最大化你的投资收益 成功基金投资的十大黄金准则 / 04619
309-04919　最动人的人类史 地球如何变成人类家园 / 12935
309-04918　最动人的世界史 我们的起源之谜 / 12756

309-08373	最优化基础理论与方法 / 12533	309-03379	最新雅思(IELTS)考试笔试全真模拟题(学术类) / 09224
309-13987	最优化基础理论与方法〔第2版〕/ 12534		

量

309-14301	最优边界：整体资源配置理论—政策—运行再演绎通论 第1卷 / 02491
309-01831	量子力学 / 12638
309-14302	最优边界：整体资源配置理论—政策—运行再演绎通论 第2卷 / 02492
309-05466	量子力学的物理基础和哲学背景 / 12640
309-14303	最优边界：整体资源配置理论—政策—运行再演绎通论 第3卷 / 02493
309-00288	量子化学原理 / 12718
309-04217	量子场论〔英文版〕/ 12642
309-14304	最优边界：整体资源配置理论—政策—运行再演绎通论 第4卷 / 02494
309-09700	量子信息概论 / 12639
309-00672	量刑方法研究专论 / 01922
309-14305	最优边界：整体资源配置理论—政策—运行再演绎通论 第5卷 / 02495

喷

309-14306	最优边界：整体资源配置理论—政策—运行再演绎通论 第6卷 / 02496
309-10613	喷火的国度 / 05891
309-09371	喷涂行业工作场所职业安全卫生检查手册 / 15421
309-00124	最优控制理论基础 / 12535
309-13001	最后的女权王朝 / 10651
309-10717	最好的时光 / 06860

景

309-01764	最耐读的是人 周玉明名家采访随笔 / 10851
309-08550	景区服务 / 03827
309-08539	景区旅游资源评价 / 03825
309-10489	最棒的生日礼物 / 05974
309-11059	景区策划方案设计 以长三角为例 / 03824
309-02217	最新TOEFL试题2800道 / 08026
309-03429	最新大学英语四级考试实考试卷详解 1998—2002 / 09404

遗

309-03241	最新全国硕士生入学考试政治理论课复习脉络图表 2003年 / 01281
5627-0562	遗传医学 / 13732
309-10292	遗传医学进展 / 13736
13253.041	遗传毒理学原理 / 14623
309-03639	最新全国硕士生入学考试政治理论课复习脉络图表 2004年 / 01282

喝

309-00302	最新赴美奖学金申请指南 / 07028
309-01821	喝午茶 米舒随笔选 / 10777
309-01082	最新赴美奖学金申请指南〔重印本〕/ 07029

喉

309-03031	最新活用英语会话精编 处事应急篇 / 09442
5627-0472	喉科启承 张赞臣经验精粹 / 13552

喻

309-03029	最新活用英语会话精编 日常生活篇 / 09443
309-03997	喻国明自选集 别无选择：一个传媒人的理论告白 / 05289
309-03030	最新活用英语会话精编 社交礼仪篇 / 09444

黑

309-02314	最新硕士生入学考试政治理论课复习脉络图表 / 01256
309-14109	黑白木刻版画教程 / 11179

黑

309-14617	黑白灰 张力奋纪实摄影集 / 11276
309-13205	黑客 网络社会的流浪者 / 15210
309-02232	黑格尔的法权哲学 / 01831
2253.012	黑格尔美学论稿 / 00445
309-00156	黑格尔美学论稿〔重印本〕 / 00446
309-12531	黑暗之光 巴金的世纪守望 / 11966

销

309-07049	销售沟通艺术 买卖成功的秘诀 / 03876
309-07624	销售管理 理论与实训 / 03878
309-13294	销售管理 理论与实训〔第2版〕/ 03879

短

309-15190	短视频直播运营实战技能（活页）/ 03920

智

309-02759	智力资本经营 / 03262
309-06935	智利天下写春秋 章琦文选 / 00809
309-11752	智库视野 智库在国际重大事件中的影响 / 02662
309-09436	智者之言《老子》选读 / 00237
309-00158	智者的思路 二十世纪西方哲学思维方式 / 00310
309-06893	智者的思辨花园 逻辑辨谬与求真趣谈 / 00369
309-13383	智者的思辨花园 趣味逻辑纵横谈〔第2版〕/ 00370
309-04583	智高无上 当我啃完大英百科全书 / 15451
309-01938	智能大厦 / 15313
309-06895	智能化网站 / 15212
309-10456	智能化的流程管理 / 03187
309-13312	智能终端应用 / 15070
309-12666	智慧小区建设与运营 综合版 / 01633
309-01983	智慧之光 第三届中国名校大学生辩论邀请赛纪实 / 07431
309-12926	智慧生产 互联网＋时代下视听内容的生产与创新 / 05392
309-13423	智慧老人·沟通 / 14852

程

309-11089	程序化交易 / 03893
309-13182	程序化交易中级教程 国信 TradeStation / 03894
309-02575	程序设计 / 15006
309-02223	程序设计 计算机信息管理专业 / 14959
309-11197	程序设计基础 / 15039
309-08643	程序设计基础与实验教程 / 14975
309-09990	程序设计基础实践教程 / 14960
309-00098	程序员级软件知识 / 14953
309-00099	程序员级硬件知识 / 14919
309-11635	程抱一 走向生命开放的旅程 / 12062
309-09997	程抱一研究论文集 / 11052
309-00101	程颢程颐理学思想研究 / 00276

稀

309-14000	稀见明清科举文献十五种 / 01667

税

309-05580	税务会计 / 04284
309-07613	税务会计〔第2版〕/ 04285
309-07030	税务筹划 / 04291
309-11490	税务筹划〔第2版〕/ 04292
309-13492	税务筹划〔第3版〕/ 04293
309-15014	税务筹划 / 04294
309-09309	税收规避法律规制研究 / 01891
309-00359	税收征收管理基础知识〔重印本〕/ 04322
309-12758	税收经济学 / 04283
309-03585	税收筹划 / 04287
309-07415	税收筹划教程 / 04288
309-12109	税收筹划教程〔第2版〕/ 04289
309-14608	税收筹划教程〔第3版〕/ 04290
309-10214	税收激励政策对中国风险投资规模与区域的影响 / 04745

309 - 13772　税法 / 02033
309 - 00586　税法学 / 01889

等

309 - 08254　等级组织中的降序信任　心理信息工程学的视角 / 00478
309 - 10505　等到新牙长出来 / 05959

策

309 - 03059　策略九说　策略思考的本质 / 03123
309 - 03216　策略九说　策略思考的本质 / 03124
309 - 04660　策略创造优势　企业管理 / 03207

傅

309 - 05754　傅俊文学选论 / 09998
309 - 11172　傅逊集 / 11687
309 - 04533　傅雷画传 / 11946

集

309 - 05364　集成电路工艺和器件的计算机模拟　IC TCAD 技术概论 / 14812
309 - 14587　集成视角下的同城化协同管理 / 03670
13253.048　集成数字电路的逻辑设计 / 14813
309 - 10710　集合论　对无穷概念的探索 / 12383
309 - 11563　集体劳动关系管理 / 03032

焦

309 - 08457　焦点式语言形式教学的注意研究 / 06340
309 - 13755　焦墨山水画研究 / 11174

储

309 - 00966　储蓄理论与实务 / 04502

奥

309 - 10886　奥尔夫音乐教学法实用教程 / 05988
309 - 12430　奥尔夫音乐教学法实用教程〔第 2 版〕 / 05989
309 - 08604　奥运会的经济影响及测算研究 / 07283
309 - 13802　奥林匹克运动〔英文版〕 / 07282
309 - 04296　奥林匹斯山之巅　破译古希腊神话故事 / 11553

循

309 - 09775　循证护理 / 13911
309 - 05651　循证护理的理论与实践 / 13900
309 - 06995　循环经济与技术创新 / 02487
309 - 08689　循环经济的合作模式与推进效果 / 02676
309 - 11265　循环经济的经济基础探析 / 02490

舒

309 - 14031　舒州天柱山诗词辑校注解 / 10551

鲁

309 - 05660　鲁迅一百句 / 10492
309 - 06680　鲁迅三兄弟 / 11916
309 - 06213　鲁迅传 / 11937
10253.027　鲁迅名篇问世以后 / 10487
309 - 07746　鲁迅论集 / 10488
309 - 04828　鲁迅评传 / 10486
309 - 04341　鲁迅画传 / 11938
309 - 05076　鲁迅的艺术世界 / 10495
309 - 08067　鲁迅的抬棺人　鲁迅后传 / 11941
309 - 07730　鲁迅的最后十年 / 11933
309 - 07732　鲁迅思想录 / 10485
309 - 04679　鲁迅精读 / 10490
309 - 12365　鲁迅精读〔第 2 版〕/ 10491

猴

309 - 05543　猴岛密码　个人与自然和谐发展的旅游成功典范和模式 / 03854

童

309 - 12520　童心涂画　团队发展项目活动分享 / 06081

309-12526	童心童画弟子规 / 07744		309-08170	道教史丛论 / 00719
309-03962	童兵自选集 新闻科学:观察与思考 / 05143		309-07993	道教史发微 / 00720
			309-06646	道路与经验 / 01477
309-12136	童谣游戏 1 / 06101		309-04305	道路照明 / 15369
309-12182	童谣游戏 2 / 06102		309-14440	道德与绩效 西部企业的营销实证研究 / 03592

善

			309-05450	道德与新闻 / 05218
309-01748	善的智慧 中国传统道德论探微 / 00400		309-03431	道德行为的经济分析 / 00391
			309-08281	道德问题的思与辨 / 00383

普

			309-07937	道德是否可以虚拟 大学生网络行为的道德研究 / 00394
309-13168	普外科、肿瘤外科医师值班手册 / 14201		309-05387	道德思想之根 牟宗三对康德智性直观的中国化阐释研究 / 00295
309-00524	普通人才学 / 01242			
309-04874	普通化学实验 / 12685		309-04644	道德哲学 / 00377
309-01275	普通生态学 原理、方法和应用 / 12786		309-10450	道德恐慌与过剩犯罪化 / 01937
309-12337	普通物理实验 / 12618			

曾

309-05951	普通语言学导论 / 07326			
309-04766	《普通语言学教程》精读 / 07333		309-11434	曾国藩教子十法 / 07210
309-12373	《普通语言学教程》精读〔第2版〕/ 07334		309-04630	曾经存在 / 10190
			309-08036	曾敏之评传 敢遣春温上笔端 / 11963
309-08914	普通高校女子足球教程 / 07302			

港

309-03300	普通逻辑原理 / 00367			
309-00268	普通微生物学 / 12887		309-06639	港口与港市文化 / 09188
309-09732	普惠型金融与中国金融法律改革 / 02045		309-02038	港口·城市·腹地 上海与长江流域经济关系的历史考察 / 02702
			309-05776	港股投资手册 / 04760

奠

湖

309-01385	奠基者的风采 / 11859		309-12892	湖州市疟疾防治史 / 14072
			309-01455	湖南历史文化地理研究 / 11778

道

			309-07172	湖南省高等学校计算机水平等级考试过关训练教程 / 14881
309-05764	道的启示 / 00238			

湘

309-00765	道家养生术 / 13448			
309-01226	道家养生术〔重印本〕/ 13449		309-11919	湘西民族文化外译理论与实践研究 / 11745
309-01227	道家养生术〔重印本〕/ 13450			
309-01820	道家、密宗与东方神秘学 / 00568			

温

309-11600	道家、密宗与东方神秘学〔第2版〕/ 00569			
309-02897	道教人物故事 / 10923		309-01049	温州乡土史话 / 06738

温

309-01349　温州乡土史话〔重印本〕／06739
309-01290　温州市工商行政管理志／02773
309-01028　温州市财税志／04350
309-01565　温州词典／12134
309-00728　温州改革　理论思考与实践探索／02718
309-01458　温柔尘缘　姜丰随笔／10794

溃

5627-0592　溃疡病的防治／14137

游

309-10694　游戏美术　让幼儿在玩味中感受美／06117
309-08538　游金梦　骆玉明读古典小说／10349

滋

309-13578　滋兰树蕙／07098
309-12063　滋兰斋文选／10132

愤

309-12638　愤世嫉俗　杨德昌和他的电影／11982

寒

309-13558　《寒夜》研究资料选编／10404

富

309-13379　富阳方言研究／07704
309-10247　富裕与知性时代的营销战略　日本企业战略转型的启示／03601

寓

309-04572　寓言的密码　轴心时代的中国思想探源／00150

遍

309-00153　遍及全球的跨国公司／03482

祺

309-12183　祺东的黄兴家医生／10658

禅

309-10121　禅机／00642
309-01634　禅者的态度　洪丕谟随笔／10787
309-00567　禅宗与道家／00635
309-01225　禅宗与道家〔重印本〕／00636
309-01662　禅宗与道家〔第2版〕／00637
309-11598　禅宗与道家〔第2版〕／00638
309-13275　禅宗思想与文献丛考／00650
309-13095　禅宗语言／00645
309-14979　禅宗语言丛考／00649
309-06568　禅宗语言研究入门／00646
309-14467　禅宗语言研究入门／00647
309-01826　禅话／00632
309-03245　禅话〔第2版〕／00633
309-11602　禅话〔第3版〕／00634
309-13331　禅思想史讲义／00643
309-01822　禅海蠡测／00629
309-03236　禅海蠡测〔第2版〕／00630
309-11601　禅海蠡测〔第3版〕／00631

谢

309-04519　谢希德传／12006
309-07935　谢晋电影　中国语境与范式建构／11450
309-06353　谢晋画传　纪念珍藏版／11985
309-12871　谢谢你在时间里看见我／10776

强

309-08610　强大的弱连接　中国Web2.0网络使用行为与网民社会资本关系研究／00916
309-10494　强强的大鱼缸／05954

媒

309-09245　媒介与文艺形态《文艺报》研究(1949—1966)／10232
309-04818　媒介与文化研究方法／05057
309-08421　媒介化社会与当代中国／05254
309-05133　媒介化社会:现状与趋势　2004中国

	传播学论坛文集 / 05014		**十三画**
309-03456	媒介分析 传播技术神话的解读 / 05065		**瑜**
309-14123	媒介考古学 方法、路径与意涵 / 05026	309-13121	瑜伽师地论 / 00657
309-10454	媒介呈现与公共话语 社会分配报道研究 / 05247		**摄**
309-10438	媒介、社会与世界 社会理论与数字媒介实践 / 05053	309-00638	摄影艺术构图 / 11248
		309-01333	摄影艺术构图〔重印本〕 / 11250
309-14583	媒介知识 传播学视野下的知识研究 / 05031	309-01047	摄影艺术构图〔重印本〕 / 11249
		309-00364	摄影技艺教程 / 11254
309-08650	媒介组织与生产 / 05058	309-01068	摄影技艺教程 / 11255
309-03545	媒介战略管理 / 05074	309-01347	摄影技艺教程 / 11256
309-05445	媒介竞争与媒介文化 / 05030	309-02516	摄影技艺教程〔第4版〕 / 11257
309-05926	媒介管理通论 / 05045	309-06437	摄影技艺教程〔第6版〕 / 11258
309-09173	媒介融合 网络传播、大众传播和人际传播的三重维度 / 05039	309-09490	摄影技艺教程〔第7版〕 / 11259
		309-14057	摄影技艺教程〔第8版〕 / 11260
309-08278	媒体现代 传播学与社会学的对话 / 05005	309-05377	摄影的魅力与构图 / 11251
		7253.013	摄影基础教程 / 11252
309-05015	媒体战略策划 / 05040	309-01244	摄影基础教程〔重印本〕 / 11253
309-03016	媒体等同 人们该如何像对待真人实景一样对待电脑、电视和新媒体 / 05027		**填**
		309-09850	填海造地法律法规全书 / 02130
309-12944	媒体融合 基础理论与前沿实践 / 05033		**鼓**
	婺	309-10623	鼓声咚咚咚 / 05910
309-09854	婺源的宗族、经济与民俗 / 00572		**蓝**
	编	309-08540	蓝色经济 / 02486
309-07497	编译原理 / 15046	309-02428	蓝采和点金有术 外汇期权 / 04644
309-10577	编译原理〔第2版〕 / 15047	309-11969	蓝藻水华相关因素识别、预测与治理 / 15414
309-11061	编辑的微世界 / 10885		
309-14020	编辑审稿实务教程 / 05411		**蒲**
309-14758	编辑部场域中的新闻生产 基于《南方都市报》的研究 / 05278	309-12508	蒲公英 / 11345
	骗		**蒙**
309-06637	骗局、神话与奥秘 考古学中的科学与伪科学 / 12934	309-08061	蒙台梭利教育思想与方法 / 05722

309-12811　蒙台梭利教育思想与方法〔第2版〕／05723

献

309-06445　献芹录／05416

楚

309-01774　楚辞直解／10276

想

309-04198　想飞·巴黎的鳞爪／10768
309-10491　想飞的嘟嘟／05973
309-13267　想象不可想象之事　库切的小说创作观及其后现代语境／10965
309-06412　想象的城市　文学、电影和视觉上海（1927—1937）／11762
309-05409　想象的智慧　《周易》想象学发微／00168

楞

309-02981　楞严大义今释／00610
309-11611　楞严大义今释〔第2版〕／00611
309-13135　楞严大义今释／00612
309-02982　楞伽大义今释／00608
309-11610　楞伽大义今释〔第2版〕／00609

概

309-04567　概率论／12517
309-12461　概率论〔第2版〕／12518
309-01538　概率论与数理统计／12502
309-03613　概率论与数理统计／12495
309-04761　概率论与数理统计／12511
309-05278　概率论与数理统计／12508
309-04950　概率论与数理统计／12496
309-05279　概率论与数理统计／12490
309-05683　概率论与数理统计／12499
309-08094　概率论与数理统计／12505
309-08475　概率论与数理统计〔第2版〕／12509
309-07352　概率论与数理统计／12506
309-08290　概率论与数理统计／12501
309-08816　概率论与数理统计〔第2版〕／12491
309-09507　概率论与数理统计／12493
309-11578　概率论与数理统计／12512
309-11127　概率论与数理统计〔第2版〕／12500
309-12335　概率论与数理统计／12492
309-11877　概率论与数理统计〔第3版〕／12497
309-13072　概率论与数理统计／12504
309-13213　概率论与数理统计〔第2版〕／12494
309-14572　概率论与数理统计／12507
309-08602　概率论与数理统计同步训练／12510
309-10868　概率论与数理统计学习指导／12498
309-02963　概率论与管理统计基础／12513

裘

309-08087　裘锡圭学术文集／00796

赖

309-00754　赖宁日记钢笔字帖／11232

酪

309-05848　酪酸梭菌　肠道健康的卫士／13713

感

309-07797　感光世博　我们共同走过的世博记忆／03794
309-13864　感同身受　中西文化交流背景下的感官与感觉／04953
309-07795　感纫世博　我们共同走过的世博记忆／03795
5627-0577　感染性疾病与抗微生物治疗〔第2版〕／14613
309-05390　感染性疾病与抗微生物治疗〔第2版〕／14614
309-06231　感染性疾病与抗微生物治疗〔第3版〕／14615
309-15161　感染性疾病与抗微生物治疗〔第4版〕／14616
309-15153　感染病学／13775

309-15194	感染病学习题精选 / 13781		与前瞻 / 04235
309-07796	感悟世博 我们共同走过的世博记忆 / 03796	309-04268	鉴往思来 研究生教育创新的探索与实践 / 06953
309-13393	感悟生命 夕阳更红 老年生命教育读本 / 00097	309-05185	鉴往瞻来 儒学文化研究的回顾与展望 / 00176
309-13076	感悟生命 夕阳更红 老年生命教育选本 / 00098		**嘟**
309-05440	感悟创新 浦东创新型企业案例精选 / 03595	309-10488	嘟嘟的秘密基地 / 05970
		309-10492	嘟嘟睡不着 / 05971

碌

309-15094	碌碌集 / 10242

嗝

309-10601	嗝！哈啾！噗！ / 05914

零

歇

309-03739	零度写作与人的自由 罗兰·巴尔特美学思想研究 / 00462	309-05120	歇后语小词典 / 07579
309-15251	零基础直达流利口语 / 09462		**暗**
309-10184	零售风暴 / 03884	309-15240	暗中观察 / 02392
309-10023	零售有道 / 03891		**照**
309-11795	零售企业规划与布局 / 03883	309-12018	照明设计 从传统光源到LED / 15311
309-12636	零售运营管理 / 03888	309-01287	照相化学 / 14679
309-04155	零售经营实务 / 03889		**畸**
309-11564	零售战略管理 / 03890	309-03709	畸变的媒体 / 05115

辐

跨

5627-0066	辐射研究与辐射工艺学术论文集 / 14749	309-04941	跨文化传播 中美新闻文化概要 / 05242
	输	309-09322	跨文化交际实用英语教程 / 08725
309-10310	输入性传染病的发现与防控 / 13273	309-14231	跨文化交际实用英语教程〔第2版〕/ 08726
	频	309-10418	跨文化形象学 / 09918
309-08258	频域光学相干视网膜断层扫描仪 / 14557	309-13368	跨文化沟通 国家形象的有效传播 / 01401
309-05262	频道先锋 电视频道运营攻略 / 11466	309-14498	跨文化的行者苏曼殊 一种语言符号学探索 / 10164
	鉴	309-08791	跨文化的易卜生 / 11005
309-02389	鉴往知来 百年来中美经济关系的回顾		

编号	书名
309-12605	跨文化背景下的北欧文学研究 / 10994
309-01899	跨世纪主题的探索 / 01461
309-00157	跨世纪的人 大学生报告文学集 / 10677
309-02039	跨世纪的家用电器 / 14786
309-05719	跨世纪的辉煌 中山医院志 / 13419
309-08895	跨边界信息共享中的领导力行为研究 / 01199
309-03035	跨国公司 R&D 全球化的区位模式研究 / 03468
309-05748	跨国公司与产业集群的互动研究 / 03476
309-04044	跨国公司与直接投资 / 03483
309-05357	跨国公司内部知识转移过程与影响因素的实证研究 / 03469
309-02932	跨国公司在华战略 / 03489
309-05745	跨国公司网络组织 / 03481
309-01466	跨国公司投资管理 / 03467
309-07971	跨国公司金融 / 03484
309-08715	跨国公司经营管理案例 世界500强企业的成功之道 / 03493
309-01462	跨国企业基础知识 / 09136
309-08074	跨国污染损害赔偿法律问题研究 / 02299
309-06475	跨国环境侵权的国际私法问题研究 / 02300
309-10662	跨国服务公司在中国从事反向外包的经济影响 生产者服务业的视角 / 02601
309-14350	跨国谈判本土化战略 跨越文化差异、增加跨国谈判成功率的7种思维模式 / 04033
309-03322	跨国银行管理 / 04683
309-10468	跨学科的翻译研究 / 07481
309-10843	跨学科视域中的比较文学 / 09890
309-09848	跨学科研究与跨文化诠释 / 09913
309-10929	跨学科研究的组织与管理 / 05523
309-11943	跨语言信息检索中的双语主题模型及算法研究 / 05476
309-11787	跨越与转型 国际商务视野下的华侨华人与华商 / 01577
309-01984	跨越边界 复旦学子走向国际学术舞台纪实 / 06978
309-12262	跨越修昔底德陷阱 中美新型军事关系研究 / 01798
309-09810	跨媒体的诗学 / 09956
309-15189	跨境电商运营实战技能(活页) / 03903

跳

| 309-10497 | 跳蚤市场 / 05955 |

路

309-00758	路 乔忠芳散文集 / 10821
309-05028	路 一位经营管理者的心路历程 / 03089
309-10520	路径与挑战 不同视角下的上海国际金融中心建设 / 04810

跟

| 309-08002 | 跟着环球游画看世界 / 12121 |
| 309-06999 | 跟踪比较文学学科的复兴之路 / 10473 |

蜈

| 309-10490 | 蜈蚣叔叔的袜子 / 05972 |

蛾

| 309-11469 | 蛾术轩藏书题跋真迹〔影印本〕/ 05494 |

嵊

| 309-00909 | 嵊泗年鉴 1986—1990 / 15478 |

错

309-02116	错误的礼仪 / 12099
309-02122	错误的育儿 / 07206
309-02120	错误的选车 / 04255
309-02117	错误的保险 / 04868

错

309-02121	错误的急救 / 13886
309-02124	错误的美容保养 / 15281
309-02119	错误的家事偏方 / 15290
309-02118	错误的理财 / 02521
309-02123	错误的减肥 / 13133

锚

309-13930	锚定效应 包装设计中的品牌呈现与数字尺度 / 14674

锦

309-01431	锦上添花 贾老师教小学作文 / 06209

辞

309-05679	辞书思索集 / 07695
309-00572	辞书编纂学概论 / 07694

简

309-04250	简明中国文学史 / 10433
309-13826	简明中国文学史 典藏版 / 10434
309-12428	简明中国古代音乐史 / 11301
309-01496	简明公共关系学 / 00944
5627-0285	简明心脏病治疗学 / 14095
309-00142	简明刑法教程 / 02202
309-13671	简明西方经济学 最新版 / 02533
309-04083	简明现代汉语 / 07544
309-00023	简明现代审计辞典 / 02892
309-14600	简明实用大学英语写作教程 / 08000
309-03742	简明实验动物学 / 12912
309-02025	简明独立审计学 / 02972
309-10460	简明美国文学史 / 11085
309-05981	简明语用学教程 / 07451
309-04596	简明高职高专英语语法教程 / 08279
309-08835	简明预算会计 / 04301
309-00133	简明数学分析 / 12441
309-10864	简单的快乐 / 11102
309-15060	简笔画技能与应用 / 11177
309-08187	简谱手风琴教程 / 06023
309-14375	简谱手风琴教程〔第2版〕 / 06024

催

13253.014	催化动力学分析法 / 12722
309-00313	催眠法入门 / 14468

微

309-12987	微分几何十六讲 / 12485
309-10786	微分方程数值解 / 12543
309-02114	微分方程数值解法 / 12544
309-04363	微电子材料与制程 / 14811
309-13190	微电影编剧 观念与技法 / 09957
309-10185	微生物与感染研究荟萃 / 13709
309-00545	微生物分类学 / 12896
309-00131	微生物生态入门 / 12894
309-00952	微生物生态入门〔重印本〕 / 12895
13253.052	微生物生理学 / 12893
5627-0013	微生物学与免疫学多选题题解 / 13701
309-01102	微生物学实验技术教程 / 12889
309-00988	微生物学实验教程 / 12890
309-08266	微生物检验检测 / 15233
309-00433	微生物遗传学导论 / 12891
309-01192	微生物遗传学综述文集 / 12892
309-01558	微机与单片机原理及应用 / 15073
309-04375	微机系统与接口实验 / 15074
309-01406	微机应用简明教程 / 15133
309-00632	微机原理与应用实验 / 15075
309-01086	微机原理与应用实验〔重印本〕/ 15076
309-01411	微机操作员教程 / 15071
309-01939	微机操作员教程〔第2版〕 / 15072
309-01763	微机操作系统基础 DOS 和 Windows / 15051
309-09301	微血管减压术治疗三叉神经痛 临床病例荟萃 / 14448
309-08117	微血管减压术治疗面肌痉挛 临床病例荟萃 / 14539

书号	书名
309-06469	微观金融学 理论·实务·案例 / 04401
309-14586	微观金融学及其数学基础〔第3版〕/ 04423
309-04247	微观经济学 / 02450
309-12231	微观经济学 / 02449
309-08105	微观经济学全真模拟试卷及详解 / 02455
309-01533	微观经济学教程 / 02446
309-02346	微型计算机维护和维修技术 / 15080
309-00188	微型机数据库及其应用 / 14969
309-01327	微型机数据库及其应用〔重印本〕/ 14971
309-01365	微积分 / 02789
309-04405	微积分 / 02799
309-04967	微积分 / 02786
309-05421	微积分 / 02797
309-06722	微积分〔第2版〕/ 02800
309-06753	微积分〔第3版〕/ 02787
309-08056	微积分〔第4版〕/ 02788
309-09018	微积分 / 02796
309-08815	微积分〔第2版〕/ 02798
309-11883	微积分〔第5版〕/ 02790
309-14465	微积分 / 02795
309-10803	微积分 上册 / 02791
309-13053	微积分 上册〔第2版〕/ 02793
309-11159	微积分 下册 / 02792
309-13453	微积分 下册〔第2版〕/ 02794
309-13265	微积分同步训练 / 12452
309-13406	微积分讲稿 高维微积分 / 12448
309-12033	微积分讲稿 一元微积分 / 12449
309-09208	微积分学习指导 / 12450
309-04801	微积分概念发展史 / 12451
309-10217	微笑曲线 缔造永续企业的王道 / 03767
5627-0157	微循环与休克 / 14098
309-07822	微霞尚满天 老年学研究续集 / 01015

遥

书号	书名
309-06209	遥远的村庄 刘亮程散文精读 / 10809
309-12030	遥远的村庄 刘亮程散文精读〔第2版〕/ 10810
309-15269	遥远的村庄 刘亮程散文精读 / 10811
309-09996	遥感边值约束的深大断裂数值模拟 / 12761

腹

书号	书名
5627-0574	腹泻的防治 / 14139
309-05489	腹盆部肿瘤放射治疗学 / 14388
5627-0190	腹部CT / 14555
309-07728	腹部CT诊断学 / 14556
5627-0435	腹部介入放射学 / 14554
5627-0101	腹部疾病超声诊断〔重印本〕/ 14136
309-04228	腹腔镜手术学 / 14237
309-12557	腹膜恶性肿瘤围手术期化疗及腹膜切除术 / 14399

詹

书号	书名
309-08190	詹宏志私房谋杀 / 10011

鲍

书号	书名
309-06949	鲍尔学习法 / 07232
309-02174	鲍林 20世纪的科学怪杰 / 12067
309-06751	鲍鹏山新说水浒 李逵 鲁智深 宋江 / 10374
309-06536	鲍鹏山新读论语 / 00190
309-06552	鲍鹏山新读诸子百家 / 00145

解

书号	书名
309-04444	解析中国民营电视 / 05396
309-05026	解剖学 / 13047
5627-0277	解剖学与组织学学习指导与练习 / 13600
5627-0381	解剖学及组织胚胎学教学目标与达标检测 / 13609
5627-0453	解剖学多选题 / 13622
5627-0609	解剖学试题与题解〔第2版〕/ 13623
309-05927	解剖学标本制作技术 / 13601

309-15220	解读《观念》论先验现象学的第一次体系化构想 / 00112	309-08588	新21世纪大学英语视听说教师参考书 4 / 09568
309-07254	解读国际旅游岛 / 03853	309-08326	新21世纪大学英语视听说教程 1 / 09561
309-09792	《解深密经》密意 / 00625	309-08616	新21世纪大学英语视听说教程 2 / 09562
309-14091	解惑 新高考语文教与学的72道难题 / 06399	309-08405	新21世纪大学英语视听说教程 3 / 09563
309-09114	解释与辩护 毛泽东思想和中国特色社会主义理论体系概论课程设计演讲录 / 00053	309-08578	新21世纪大学英语视听说教程 4 / 09564

廉

309-10688	廉价货币时代 2003—2013年经济波动研究 / 04374	309-08622	新21世纪大学英语语法教程 / 08503
		309-07642	新21世纪大学英语阅读教程 1 / 09099

新

309-11553	新21世纪大学英语长篇阅读 上册 / 08607	309-08126	新21世纪大学英语阅读教程 2 / 09100
309-11557	新21世纪大学英语长篇阅读 下册 / 08608	309-08176	新21世纪大学英语阅读教程 3 / 09101
309-08698	新21世纪大学英语应用文体写作教程 / 08517	309-08177	新21世纪大学英语阅读教程 4 / 09102
309-08303	新21世纪大学英语应用文体翻译教程 / 08415	309-07112	新21世纪大学英语教师参考书 1 / 07991
309-08120	新21世纪大学英语快速阅读 1 / 09111	309-07177	新21世纪大学英语教师参考书 2 / 07992
309-08179	新21世纪大学英语快速阅读 2 / 09112	309-07174	新21世纪大学英语教师参考书 3 / 07994
309-08130	新21世纪大学英语快速阅读 4 / 08636	309-07184	新21世纪大学英语教师参考书 4 / 07993
309-08178	新21世纪大学英语快速阅读 3 / 09113	309-08954	新21世纪大学英语基础视听说教师参考书 / 08833
309-09079	新21世纪大学英语实用口语教程 / 08483	309-08955	新21世纪大学英语基础视听说教程 / 09639
309-08324	新21世纪大学英语视听说教师参考书 1 / 09565	309-07113	新21世纪大学英语综合练习 1 / 09399
309-08615	新21世纪大学英语视听说教师参考书 2 / 09566	309-07176	新21世纪大学英语综合练习 2 / 09400
309-08404	新21世纪大学英语视听说教师参考书 3 / 09567	309-07175	新21世纪大学英语综合练习 3 / 09401
		309-07183	新21世纪大学英语综合练习 4 / 09402

书号	书名 / 编号
309-07111	新21世纪大学英语综合教程 1 / 07995
309-07169	新21世纪大学英语综合教程 2 / 07996
309-07178	新21世纪大学英语综合教程 3 / 07997
309-07182	新21世纪大学英语综合教程 4 / 07998
309-08879	新工人学管理 / 03731
309-10745	新天下之化 明初礼俗改革研究 / 12111
309-05708	新中国第一年的中财委研究 / 04353
309-09331	新文化史 历史学的"文化转向" / 11513
309-10560	新文学的先驱 欧化白话文在近代的发生、演变和影响 / 07539
309-14734	新刊秘授外科百效全书〔影印本〕 / 13541
309-09217	新世纪十年的文化中国 / 04949
309-03458	新世纪汉英分类词典 / 08435
309-11297	新世纪纪实小说研究 / 10388
309-03071	新世纪的宽带网络 / 14845
309-05971	新世纪语言学的新探索 / 07398
309-10029	新世纪韩国的中国现当代文学研究 / 10178
309-14487	新世纪新闻的观察与思考 / 05288
309-01319	新世纪·新浦东 / 02713
309-08896	新世界观的第一次公开问世 《哲学的贫困》当代解读 / 00086
309-11894	新古体诗三百首 / 10606
309-06653	新旧之变 / 10247
309-00658	新汉语课本 / 07783
309-00460	新汉语课本 第1册 / 07776
309-00461	新汉语课本 第2册 / 07777
309-00462	新汉语课本 第3册 / 07778
309-00463	新汉语课本 第4册 / 07779
309-00655	新汉语课本 第5册 / 07780
309-00656	新汉语课本 第6册 / 07781
309-00657	新汉语课本 第7册 / 07782
309-13608	新发及再发传染病预防与控制 / 13274
309-13697	新幼儿歌曲弹唱 / 11315
309-06943	新西兰 历史、民族与文化 / 12195
309-10167	新传播形态下的中国受众 / 05244
309-11784	新传播革命 / 05041
309-12360	新自由论 / 01330
309-05630	新企业会计准则解读 / 03505
309-04291	新产业区演进的经济分析 / 02518
309-06837	新农村基层组织建设与管理 / 01580
309-10336	新农村基层组织建设与管理〔第2版〕 / 01581
309-12097	《新约圣经》寓言故事的认知研究 / 10021
309-10081	新纪录 批评性导论 / 11406
309-05100	新形式 新思考 中国编辑学会第十届年会论文集 / 05412
309-14992	新时代大学英语 基础医学英语教程 / 08998
309-14246	新时代视野下专门用途英语教学研究 40年回顾、反思与对策 / 08456
309-13014	新时代高职国际英语综合教程 上册 / 08719
309-13015	新时代高职国际英语综合教程 下册 / 08720
309-14272	新时代、新期待 中国人民美好生活观调查报告 / 01627
309-03040	新时期中国新闻传播评述 / 05275
309-00136	新时期文艺学论争资料 1976—1985 / 11136
309-00519	新时期共产党员修养概论 / 01384
309-00697	新时期共产党员修养概论 / 01385
309-14094	新时期的海关治理 改革与变迁 / 04219
309-07219	新时期党报定位与读者资源开发 以《宁波日报》创新成长为个案的多维透视 / 05297
309-00338	新时期党建工作指南 / 01372
309-08523	新时期基层社会管理的创新与实践 上海市黄浦区基层社会管理案例选编 / 01647

309-08646	新时期基层党校干部教育培训的探索与实践 近十年来上海市黄浦区委党校干部教育培训工作 / 01376		309-03882	新的收获 复旦大学文科学术年刊2002年卷 / 00836
309-13314	新体验职业英语 1 / 08796		309-03534	新的起点 复旦大学文科学术年刊2001年卷 / 00840
309-13721	新体验职业英语 基础篇 / 08797		309-13547	新刻全补医方便懦〔影印本〕/ 13569
309-01180	新系列、新思路、新格局 介绍在改革奋进中的上海人民广播电台 / 05401		309-07105	新实用英语视听说教程 上册 学生用书 / 09705
309-12480	新宋学 第5辑 / 10153		309-07132	新实用英语视听说教程 下册 学生用书 / 09706
309-13149	新宋学 第6辑 / 10154		309-05659	新诗一百句 / 10332
309-13879	新宋学 第7辑 / 10155		309-11641	新视角大学英语听力教程 1 / 09484
309-14539	新宋学 第8辑 / 10156		309-11642	新视角大学英语听力教程 2 / 09485
309-09451	新社会运动理论视角下的反全球化运动 / 00981		309-11643	新视角大学英语听力教程 3 / 09486
309-10325	新词的词汇化过程及其心理表征 / 08232		309-11644	新视角大学英语听力教程 4 / 09487
309-03102	新英汉肿瘤学词汇 / 14359		309-12414	新视角大学英语阅读与翻译 1 / 08535
309-03474	新英汉学科词汇 化学 / 08252		309-12415	新视角大学英语阅读与翻译 2 / 08536
309-03453	新英汉学科词汇 生命科学 / 08253		309-12416	新视角大学英语阅读与翻译 3 / 08537
309-03451	新英汉学科词汇 数学 / 08254		309-12417	新视角大学英语阅读与翻译 4 / 08538
309-03342	新英汉学科词汇 物理 / 08255		309-11645	新视角大学英语阅读教程 1 / 08531
309-03452	新英汉学科词汇 信息技术 / 08256		309-11646	新视角大学英语阅读教程 2 / 08532
309-10855	新英语课堂教学理论与实践 / 08458		309-11647	新视角大学英语阅读教程 3 / 08533
309-00643	新英语教程 第1册 / 07823		309-11648	新视角大学英语阅读教程 4 / 08534
309-01231	新英语教程 第1册〔重印本〕/ 07828		309-08706	新视域下综合素质教育 / 05558
309-00661	新英语教程 第2册 / 07824		309-11545	新视域下综合素质教育〔第2版〕/ 05559
309-01232	新英语教程 第2册〔重印本〕/ 07829		309-03384	新视野 新开拓 第十二届世界华文文学国际学术研讨会论文集 / 09990
309-00742	新英语教程 第3册 / 07825		309-14147	新建地方本科院校教师心理资本状况及其影响 / 05598
309-01165	新英语教程 第3册〔重印本〕/ 07830		309-01117	新型化学电源导论 / 14771
309-00884	新英语教程 第4册 / 07826		309-11199	新型农村合作医疗住院补偿的影响因素 / 13350
309-01147	新英语教程 第5册 / 07827		5627-0137	新型抗早孕药物 米非司酮的临床应用 / 13223
309-02386	新英语教程同步测试集 1 / 06675		309-02073	新政治学概要〔第2版〕/ 01259
309-02387	新英语教程同步测试集 2 / 06676		309-07914	新界标日本语练习册 1 / 09853
309-09326	新制度经济学 / 02542		309-07913	新界标日本语练习册 2 / 09854
309-14399	新制度经济学〔第2版〕/ 02543		309-07912	新界标日本语练习册 3 / 09855
309-10693	新版实用英语视听说教程学生用书 / 09704		309-07911	新界标日本语练习册 4 / 09856
309-10692	新版实用英语视听说教程教师用书 / 09703			

编号	书名 / 序号
309-07916	新界标日本语综合教程 1 / 09839
309-07919	新界标日本语综合教程 2 / 09840
309-07918	新界标日本语综合教程 3 / 09841
309-07915	新界标日本语综合教程 4 / 09842
309-13833	新界标日本语综合教程教师用书 1 / 09845
309-14185	新界标日本语综合教程教师用书 2 / 09846
309-15228	新选进阶大学英语视听说教程 1 / 09664
309-14581	新闻与传播论衡 / 05137
309-04988	新闻与传播通论 / 05122
309-05398	新闻、公共关系与权力 / 05109
309-10911	新闻文化的现代诠释 / 05227
309-01914	新闻心理学 / 05127
309-09979	新闻平衡报道研究 / 05168
309-05674	新闻写作与新闻叙述 视角·主体·结构 / 05187
309-04410	新闻写作技艺 新思维·新方法 / 05189
309-11206	新闻写作技艺十讲 / 05190
309-14064	新闻传播与中国社会发展 / 05135
309-11273	新闻传播伦理与法规 理论及案例评析 / 05129
309-13971	新闻传播伦理与法规 理论及案例评析〔第2版〕/ 05130
309-07738	新闻传播法规与职业道德教程〔第2版〕/ 02008
309-13142	新闻传播法规与职业道德教程〔第3版〕/ 02009
309-06324	新闻传播法学 / 01883
309-05822	新闻传播学术精要 2007 / 05125
309-09498	新闻传播学英语 / 05105
309-10026	新闻传播教育的认识与践行 / 05121
309-04624	新闻传播精品导读 案例精解 广告与品牌卷 / 05205
309-06354	新闻传播精品导读 报告文学与深度报道 / 05206
309-03989	新闻传播精品导读 范式与典例 新闻（消息）卷 / 05201
309-04004	新闻传播精品导读 广播电视卷 / 05202
309-04248	新闻传播精品导读 特写与报告文学卷 / 05204
309-03988	新闻传播精品导读 通讯卷 / 05200
309-04113	新闻传播精品导读 外国名篇卷 / 05203
309-00376	新闻杂志电影艺术创作 / 11471
309-10701	新闻观念论 / 05123
309-08230	《新闻报》广告与近代上海休闲生活 1927—1937 / 03993
309-04750	新闻报道新教程 视角·范式与案例解析 / 05161
309-11204	新闻评论三十八策 / 05197
7253.014	新闻评论学 / 05182
309-09495	新闻评论学 / 05194
309-01819	新闻评论学 2000版 / 05183
309-03212	新闻评论教程 / 05154
309-05937	新闻评论教程〔第4版〕/ 05155
309-02371	新闻英语写作与范文导读 / 08337
309-14556	新闻英语听力教程 / 09505
309-11187	新闻英语综合教程 / 05091
309-01610	新闻采写编评 / 05090
7253.008	新闻采访与写作 / 05156
309-00307	新闻采访与写作〔重印本〕/ 05157
309-00593	新闻采访写作新编 / 05162
309-01190	新闻采访写作新编〔重印本〕/ 05163
309-01915	新闻采访写作新编〔第2版〕/ 05164
309-03943	新闻采访写作新编〔新1版〕/ 05165
309-03116	新闻采访教程 / 05177
309-08351	新闻采访教程〔第2版〕/ 05178
309-03705	新闻法规与职业道德教程 / 02010
309-06942	新闻学 世纪性开拓与重建 / 05106
309-12357	新闻学实用教程 / 05108
309-02777	新闻学概论 / 05110
309-06451	新闻学概论〔第3版〕/ 05111
309-08239	新闻学概论〔第4版〕/ 05112
309-09591	新闻学概论〔第5版〕/ 05113

309-13588	新闻学概论〔第6版〕/ 05114		309-03868	新课程标准英语中考备考全国通 / 06684
309-14402	新闻实务随想录 / 05252		309-04882	新课程标准英语中考备考全国通 2006版 / 06685
309-14781	新闻话语中的社会心理研究 / 05124		309-04360	新课程标准物理中考备考全国通 2005版 / 06774
309-06866	新闻春秋 第9辑 第三次地方新闻史志研讨会论文集 / 05136		309-03462	新课程标准数学中考备考全国通 / 06361
309-01433	新闻界趣闻录 珍闻 奇闻 轶闻 / 05236		309-05913	新理念商务英语专业翻译教程 / 08404
309-06036	新闻理论十讲〔重印本〕/ 05095		309-13985	新商业 新势力 社会巨变下的创业思路 / 03018
309-13988	新闻理论十讲〔修订版〕/ 05096		309-07612	新婚课堂 / 00987
309-01917	新闻职业道德教程 / 05217		309-05140	新趋势大学英语·听说教程 第1册 / 09570
309-06175	新闻媒体与微观政治 传媒在政府政策过程中的作用研究 / 05097		309-05319	新趋势大学英语·听说教程 第2册 / 09571
309-05297	新闻编辑能力训练教程 / 05210		309-05291	新趋势大学英语·听说教程 第3册 / 09572
309-07623	新闻编辑教程〔修订版〕/ 05216		309-05339	新趋势大学英语·听说教程 第4册 / 09573
309-07464	新闻舆论监督与公共权力运行 / 05128		309-05141	新趋势大学英语·教学参考书 第1册 / 07876
309-05650	新闻舆论监督理论与实践 / 05120		309-05320	新趋势大学英语·教学参考书 第2册 / 07877
309-05686	新笑傲股林 / 04630		309-05292	新趋势大学英语·教学参考书 第3册 / 07878
309-07995	新留学时代的私人文档 / 10919		309-05340	新趋势大学英语·教学参考书 第4册 / 07879
309-15331	新高中英语能力测试·基础卷 / 06658		309-05106	新趋势大学英语·综合教程 第1册 / 07880
309-15278	新高中英语能力测试·提高卷 / 06659		309-05318	新趋势大学英语·综合教程 第2册 / 07881
309-06832	新高度 高考英语写作 / 06724		309-05290	新趋势大学英语·综合教程 第3册 / 07882
309-09418	新家庭计划 吉林省家庭发展读本 / 15292		309-05338	新趋势大学英语·综合教程 第4册 / 07883
309-12617	新家庭计划 上海家庭发展读本 / 15293		309-01449	新税收与会计核算手册 / 04325
309-10452	新课标小学生写字达标手册 / 06263		309-11495	新媒介 关键概念 / 05052
309-10451	新课标中学生写字达标手册 / 06808			
309-03336	新课标英语备考全国通 初一 / 06680			
309-03346	新课标英语备考全国通 初二 / 06681			
309-03367	新课标英语备考全国通 初三 / 06682			
309-14839	新课标高中历史教学设计 中国古代史 / 06353			
309-14840	新课标高中历史教学设计 中国近现代史 / 06351			
309-03398	新课程标准化学中考备考全国通 / 06369			
309-03464	新课程标准英语中考备考全国通 / 06683			

编号	书名 / 编号
309-11792	新媒体与文化艺术产业 / 04951
309-11897	新媒体与传媒产业生态 / 05235
309-10828	新媒体与社会变迁 / 05036
309-15172	新媒体对外传播内容制作 新媒体内容创作与运营实训教程 / 05301
309-15200	新媒体运营实战技能 / 05071
309-12112	新媒体批判导论 / 05049
309-11074	新媒体时代的政府公共传播 / 01516
309-15053	新媒体评论教程 / 05062
309-10946	新媒体社会论变 / 05070
309-10789	新媒体、社会性别、市场经济与都市交往实践 / 04986
309-10673	新媒体环境下阅读引导与读者服务的协同推进研究 / 05461
309-10408	新媒体环境下家校沟通方式的创新研究 / 05640
309-14107	新媒体环境下隐私保护法律问题研究 / 02157
309-14488	新媒体的自画像 / 05069
309-09754	新编21世纪大学英语综合练习 第1册 / 09299
309-09755	新编21世纪大学英语综合练习 第2册 / 09300
309-09756	新编21世纪大学英语综合练习 第3册 / 09301
309-09757	新编21世纪大学英语综合练习 第4册 / 09302
309-01044	新编人生哲理 / 00417
309-08834	新编儿科护理学 / 14009
309-09670	新编儿科护理学考题解 / 14010
309-03170	新编大学书法〔第2版〕/ 11207
309-04028	新编大学写作 / 07668
309-01545	新编大学英语一级测试 / 08045
309-02146	新编大学英语一级测试 题库型〔第2版修订版〕/ 08046
309-01546	新编大学英语二级测试 / 08041
309-02186	新编大学英语二级测试 题库型〔第2版修订版〕/ 08042
309-09069	新编大学英语三级考试模拟试题汇编 / 09270
309-01547	新编大学英语三级测试 / 08047
309-02187	新编大学英语三级测试 题库型〔第2版修订版〕/ 08048
309-01548	新编大学英语四级测试 / 08102
309-02140	新编大学英语四级测试 题库型〔第2版修订版〕/ 08103
309-01684	新编大学英语五级测试 / 08043
309-06276	新编大学英语六级考试实用教程 / 08096
309-03810	新编大学英语六级考试实考试卷详解 1999—2003 / 09403
309-01685	新编大学英语六级测试 / 08040
309-02260	新编大学英语写作 / 08356
309-09233	新编大学英语写译教程 / 08519
309-11772	新编大学英语扩展教程 1 / 08855
309-11773	新编大学英语扩展教程 2 / 08856
309-11774	新编大学英语扩展教程 3 / 08857
309-11775	新编大学英语扩展教程 4 / 08858
309-01413	新编大学英语词汇试题集 / 08210
309-01823	新编大学英语语法试题集 / 08296
309-11162	新编大学英语翻译教程 / 08423
309-15149	新编大学物理实验报告册 / 12609
309-15148	新编大学物理实验教程 / 12613
309-03349	新编大学美育 / 05560
309-03657	新编大学德育 / 06858
309-03120	新编上海就医指南 / 13402
309-05222	新编广播电视新闻学 / 05345
309-07931	新编广播电视新闻学〔第2版〕/ 05346
309-13934	新编广播电视新闻学〔第3版〕/ 05347
309-04340	新编马克思主义文艺学 / 00051
309-05556	新编艺术概论 / 11126
309-07831	新编不孕不育治疗学 / 14292
309-08495	新编中医护理学 / 13522
309-02405	新编中国当代文学作品选 / 10525
309-01702	新编中国现代文学作品选 / 10521

309-07063	新编内科护理学考题解 / 13977		309-02665	新编初中英语阅读精选 / 06654
309-14347	新编内科护理学考题解析 / 13981		309-02519	新编初中英语能力训练 阅读理解和完形填空 / 06657
309-03185	新编公文语用词典 / 07684		309-02048	新编初中英语能力测试 1〔第3版〕/ 06450
309-12256	新编公务员理论与实务 / 01534		309-02610	新编初中英语能力测试 1〔第4版〕/ 06451
309-05248	新编公共关系简明教程 / 00918			
309-04006	新编公共财政学 理论与实践 / 04270		309-01451	新编初中英语能力测试 2 / 06452
309-05031	新编公关案例教程 / 00952		309-01316	新编初中英语能力测试 3 / 06453
309-07491	新编公关案例教程〔第2版〕/ 00953		309-02057	新编初中英语能力测试 3〔第2版〕/ 06454
309-03328	新编计算机应用基础实验指导书 / 15126		309-02613	新编初中英语能力测试 3〔第3版〕/ 06455
309-07895	新编外科护理学 / 13989			
309-14388	新编外科护理学考题解析 / 14000		309-01630	新编初中英语能力测试 4〔第3版〕/ 06456
309-06129	新编汉英成语词典 / 08263		309-01731	新编初中英语能力测试 5 / 06457
309-02270	新编汉语速成教材 初级 / 07773		309-02067	新编初中英语能力测试 5〔第2版〕/ 06458
309-02271	新编汉语速成教材 中级 / 07774			
309-02272	新编汉语速成教材 高级 / 07775		309-02616	新编初中英语能力测试 5〔第3版〕/ 06459
309-05518	新编写作思维学教程 / 07632			
309-01575	新编对外贸易单证实务 / 04221		309-01818	新编初中英语能力测试 6〔第2版〕/ 06460
309-12431	新编幼儿园教育活动设计与指导 / 05745		309-01622	新编初中英语综合训练 / 06668
309-10165	新编幼师计算机应用基础 / 15147		309-01811	新编初中英语短期强化读本〔重印本〕/ 06671
309-09872	新编老年实用保健 / 13200			
309-05459	新编西方电影简明教程 / 11439		309-01401	新编初级英语能力测试 1 / 06449
309-13483	新编当代护理学 / 13910		309-01536	新编初级英语能力测试 预上 / 06446
309-01340	新编会计电算化实用基础 / 02902			
309-02255	新编农业经济学教程 / 03682		309-02047	新编初级英语能力测试 预上〔第2版〕/ 06447
309-10642	新编妇产科护理学 / 14004			
309-07340	新编进出口贸易操作实务 / 04155		309-02614	新编初级英语能力测试 预上〔第3版〕/ 06461
5627-0325	新编护理学 / 13903			
309-08783	新编护理学基础 / 13912		309-01640	新编初级英语能力测试 预下 / 06462
309-09488	新编护理学基础考题解 / 13927			
309-11132	新编护理学基础实训指导 / 13919		309-02191	新编初级英语能力测试 预下〔第2版〕/ 06448
309-04777	新编财政学〔第2版〕/ 04268			
5627-0327	新编针灸腧穴挂图 / 13484		309-00168	新编社会主义价格学 / 02474
309-09600	新编体育博彩概论 / 04094		309-00659	新编社会主义价格学 / 02475
309-03942	新编体育管理学教程 / 07245			
309-13328	新编体育管理学教程〔第2版〕/ 07246		309-03683	新编诊断学基础 / 13826

编号	书名 / 编号
309-03246	新编现代汉语 / 07546
309-05916	新编现代汉语〔第2版〕/ 07547
309-13473	新编现代教育技术教程 / 05569
309-12146	新编英汉语言与文化比较 / 08017
309-05322	新编英国商法 / 02264
309-08344	新编英语报刊导读 / 09118
309-04019	新编英语语法综合教程 / 08270
309-04779	新编英语语法综合教程练习册 / 08295
309-08338	新编国际货运代理基础与实务 / 03783
309-06905	新编国际金融教程 / 04670
309-02821	新编国际经济法导论 / 02283
309-03306	新编国际经济法导论〔第2版〕/ 02284
309-04378	新编国际经济学 / 02560
309-02642	新编国际贸易 / 04125
309-01591	新编国际贸易实务教程 / 04134
309-02320	新编国际音标快速拼读法 / 08191
309-04985	新编国际音标快速拼读法〔第2版〕/ 08192
309-12570	新编国际音标快速拼读法〔第3版〕/ 08193
309-13482	新编货币金融学 / 04408
309-14688	新编金融英语 / 04388
309-06714	新编肺癌综合治疗学 / 14385
309-04404	新编放射治疗学 / 14375
309-06964	新编放射治疗学〔第2版〕/ 14376
309-12606	新编学前儿童游戏 / 06105
309-06735	新编实用英语口语 / 09481
309-15119	新编实用英语语法简明教程 / 08292
309-03467	新编实用婚育保健技术指导 / 13216
309-00841	新编组织行为学教程〔第2版〕/ 01219
309-03190	新编组织行为学教程〔第3版〕/ 01220
5627-0201	新编经穴解剖图 / 13483
309-05361	新编经济法实用指南 / 02099
309-00689	新编经济法教程 / 02075
309-05057	新编经济法教程〔第2版〕/ 02072
309-06757	新编经济法教程〔第3版〕/ 02073
309-10854	新编经济法教程〔第4版〕/ 02074
309-13410	新编经济法教程〔第5版〕/ 02071
309-10968	新编政治经济学 / 02341
4253.023	新编政治经济学教程 上册 / 02357
309-00407	新编政治经济学教程 上册〔重印本〕/ 02358
5627-0376	新编临床药物手册 / 14610
309-07640	新编急救护理学 / 13958
309-01220	新编美式惯用语听力理解 / 09506
309-05463	新编美学教程 / 00441
309-08112	新编美学教程〔第2版〕/ 00442
309-15168	新编都市旅游学 / 03838
309-07358	新编健康评估 / 13949
309-02035	新编高中英语水平测试 / 06630
309-01755	新编高中英语实用测试 1〔修订版〕/ 06597
309-02027	新编高中英语实用测试 1〔第3版〕/ 06599
309-02506	新编高中英语实用测试 1〔第4版〕/ 06628
309-01850	新编高中英语实用测试 2 / 06598
309-02002	新编高中英语实用测试 2〔第2版〕/ 06627
309-02507	新编高中英语实用测试 2〔第3版〕/ 06629
309-01887	新编高中英语语法测试〔第2版〕/ 06631
309-03311	新编高中英语语法测试〔第3版〕/ 06632
309-02541	新编高中英语阅读精选 / 06477
309-12418	新编高等学校英语应用能力考试全真模拟试题集 B级 / 08131
309-06362	新编病理学实验教程 / 13677
309-00141	新编《资本论》教程 第1卷 / 00024
309-00190	新编《资本论》教程 第2卷 / 00025
309-00214	新编《资本论》教程 第3卷 / 00026

309-00798	新编《资本论》教程 第 4 卷 / 00027		309-13962	新塑传导论 基于智能生成的传播学研究新范式 / 05003
309-08393	新编旅游英语 / 03797		309-07686	新潮大学英语四级考试词汇手册 / 08086
309-14813	新编基础护理学考题解析 / 13928			
309-00401	新编逻辑教程 / 00372		309-07078	新潮大学英语四级考试教程 / 08111
309-04531	新编康复医学 / 14026			
309-06431	新编商务英语阅读教程 / 09032		309-09782	新潮大学英语四级考试教程〔第 2 版〕/ 08112
309-07679	新编商务英语阅读教程 / 09040			
309-09683	新编商务英语阅读教程〔第 2 版〕/ 09033		309-08806	新潮大学英语四级考试综合教程 / 08119
309-14520	新编跨国公司金融 / 03485		309-10424	新潮大学英语四级考试综合教程〔第 2 版〕/ 08120
309-08708	新编简明英语文法教程 / 08277			
309-06968	新编解剖组胚学实验教程 / 13621		309-08644	新潮大学英语六级考试综合教程 / 08088
309-07426	新编满天星六年级(上)英语能力测试(N 版) / 06514			
			309-04543	新潮大学英语口语教程 / 09671
309-07768	新编满天星六年级(下)英语能力测试(N 版) / 06515		309-06064	新潮大学英语口语教程 上册〔第 2 版〕/ 09672
309-07431	新编满天星初一年级(上)英语能力测试(N 版) / 06516		309-08077	新潮大学英语口语教程 上册〔第 3 版〕/ 09673
309-07690	新编满天星初一年级(下)英语能力测试(N 版) / 06517		309-13005	新潮大学英语口语教程 上册〔第 4 版〕/ 09674
309-07430	新编满天星初二年级(上)英语能力测试(N 版) / 06518		309-06086	新潮大学英语口语教程 下册〔第 2 版〕/ 09675
309-07675	新编满天星初二年级(下)英语能力测试(N 版) / 06519		309-08103	新潮大学英语口语教程 下册〔第 3 版〕/ 09676
309-07422	新编满天星初三年级(上)英语能力测试(N 版) / 06520		309-13166	新潮大学英语口语教程 下册〔第 4 版〕/ 09677
309-07767	新编满天星初三年级(下)英语模拟试卷(N 版) / 06521		309-04608	新潮大学英语写作实务 / 08344
309-11143	新编精神科护理学 / 14016		309-04627	新潮大学英语写作教程 上册 / 08347
309-01845	新概念英语 2(实践与提高)学习和应用指南 / 08449		309-07965	新潮大学英语写作教程 上册〔第 4 版〕/ 08349
309-02089	新概念英语(英语初阶)学习和应用指南 / 08444		309-04706	新潮大学英语写作教程 下册 / 08348
309-02189	新概念英语(培养技能)学习和应用指南 新版 / 07923		309-07967	新潮大学英语写作教程 下册〔第 4 版〕/ 08350
309-14820	新零售管理实务 / 03886		309-03999	新潮大学英语听说教程 第 1 册 / 09654
309-08781	新新大学英语语法 / 08499			
309-07922	新新媒介 / 05028		309-04126	新潮大学英语听说教程 第 2 册 / 09655
309-10584	新新媒介〔第 2 版〕/ 05029			

309-04239 新潮大学英语听说教程 第3册 / 09656

309-04393 新潮大学英语听说教程 第4册 / 09657

309-13178 新潮大学英语听说综合教程 上册 / 09515

309-13197 新潮大学英语听说综合教程 下册 / 09516

309-08004 新潮大学英语应用技能培训教程 / 08854

309-05688 新潮大学英语快速阅读教程 第1册 / 09052

309-07266 新潮大学英语快速阅读教程 第1册〔第2版〕/ 09056

309-05682 新潮大学英语快速阅读教程 第2册 / 09053

309-07276 新潮大学英语快速阅读教程 第2册〔第2版〕/ 09057

309-05695 新潮大学英语快速阅读教程 第3册 / 09054

309-07252 新潮大学英语快速阅读教程 第3册〔第2版〕/ 09058

309-05530 新潮大学英语快速阅读教程 第4册 / 09055

309-07288 新潮大学英语快速阅读教程 第4册〔第2版〕/ 09059

309-05908 新潮大学英语实用听说教程 第1册 / 09590

309-05920 新潮大学英语实用听说教程 第2册 / 09591

309-06734 新潮大学英语视听说教程 第1册〔第2版〕/ 09640

309-07703 新潮大学英语视听说教程 第1册〔第3版〕/ 09644

309-12786 新潮大学英语视听说教程 第1册〔第4版〕/ 09648

309-06759 新潮大学英语视听说教程 第2册〔第2版〕/ 09641

309-07704 新潮大学英语视听说教程 第2册〔第3版〕/ 09645

309-12787 新潮大学英语视听说教程 第2册〔第4版〕/ 09649

309-06761 新潮大学英语视听说教程 第3册〔第2版〕/ 09642

309-07806 新潮大学英语视听说教程 第3册〔第3版〕/ 09646

309-12936 新潮大学英语视听说教程 第3册〔第4版〕/ 09650

309-06763 新潮大学英语视听说教程 第4册〔第2版〕/ 09643

309-08023 新潮大学英语视听说教程 第4册〔第3版〕/ 09647

309-13021 新潮大学英语视听说教程 第4册〔第4版〕/ 09651

309-06840 新潮大学英语视听说教程教师用书〔第2版〕/ 09652

309-07976 新潮大学英语视听说教程教师用书 第1—4册〔第3版〕/ 09653

309-07962 新潮大学英语练习与测试 第1册 / 09261

309-08121 新潮大学英语练习与测试 第2册 / 09262

309-08642 新潮大学英语练习与测试 第3册 / 09263

309-08609 新潮大学英语练习与测试 第4册 / 09264

309-04108 新潮大学英语阅读教程 第1册 / 09018

309-07287 新潮大学英语阅读教程 第1册〔第4版〕/ 09023

309-09061 新潮大学英语阅读教程 第1册〔第5版〕/ 09027

309-04008 新潮大学英语阅读教程 第2册 / 09019

309-07286 新潮大学英语阅读教程 第2册〔第4版〕/ 09024

309-09066 新潮大学英语阅读教程 第2册〔第5版〕/ 09028

309-04109 新潮大学英语阅读教程 第3册 / 09020

309-07285	新潮大学英语阅读教程 第3册〔第4版〕/ 09025	309-10219	新潮大学英语新快速阅读教程 第2册 / 08582
309-09067	新潮大学英语阅读教程 第3册〔第5版〕/ 09029	309-10221	新潮大学英语新快速阅读教程 第3册 / 08583
309-04110	新潮大学英语阅读教程 第4册 / 09021	309-10344	新潮大学英语新快速阅读教程 第4册 / 08584
309-07284	新潮大学英语阅读教程 第4册〔第4版〕/ 09026	309-10537	新潮大学英语新练习与测试 第1册 / 09406
309-09068	新潮大学英语阅读教程 第4册〔第5版〕/ 09030	309-10538	新潮大学英语新练习与测试 第2册 / 09407
309-05667	新潮大学英语阅读教程 第5册 / 09022	309-11266	新潮大学英语新练习与测试 第3册 / 09408
309-08005	新潮大学英语教师用书 第1册 / 08770	309-11474	新潮大学英语新练习与测试 第4册 / 09409
309-08110	新潮大学英语教师用书 第2册 / 08771	309-10320	新潮大学英语新阅读教程 第1册 / 08570
309-08591	新潮大学英语教师用书 第3册 / 08772	309-10579	新潮大学英语新阅读教程 第2册 / 08571
309-08690	新潮大学英语教师用书 第4册 / 08773	309-10748	新潮大学英语新阅读教程 第3册 / 08572
309-07998	新潮大学英语综合教程 第1册 / 08774	309-10831	新潮大学英语新阅读教程 第4册 / 08573
309-08070	新潮大学英语综合教程 第2册 / 08775	309-10536	新潮大学英语新综合教程 第1册 / 08963
309-08590	新潮大学英语综合教程 第3册 / 08776	309-10539	新潮大学英语新综合教程 第2册 / 08964
309-08691	新潮大学英语综合教程 第4册 / 08777	309-10628	新潮大学英语新综合教程 第3册 / 08965
309-10297	新潮大学英语新四级考试教程 / 08113	309-11450	新潮大学英语新综合教程 第4册 / 08966
309-09660	新潮大学英语新四级考试教程〔第2版〕/ 08114	309-06864	新潮大学实用英语阅读教程 / 08343
309-10321	新潮大学英语新四级技能训练教程 综合模拟试题 / 08087	309-08345	新潮专门用途英语口语 / 09768
309-10246	新潮大学英语新写译教程 上册 / 08514	309-09364	新潮医学英语实用手册 / 09730
		309-12381	新潮医学英语实用学习手册 / 13034
309-10674	新潮大学英语新写译教程 下册 / 08515	309-09701	新潮医学英语阅读教程 / 13033
309-10218	新潮大学英语新快速阅读教程 第1册 / 08581	309-11718	新潮英语口译实用教程 / 08406
		309-09699	新潮英语语音语调教程 / 08481

309-08893	新潮实用英语物业管理口语教程 / 03640
309-08999	新潮实用英语视听说教程 / 09729
309-07208	新潮实用英语练习与测试 第1册〔第2版〕/ 09307
309-10156	新潮实用英语练习与测试 第1册〔第3版〕/ 09310
309-07076	新潮实用英语练习与测试 第2册〔第2版〕/ 09308
309-10346	新潮实用英语练习与测试 第2册〔第3版〕/ 09311
309-07385	新潮实用英语练习与测试 第3册〔第2版〕/ 09309
309-11432	新潮实用英语练习与测试 第3册〔第3版〕/ 09313
309-07200	新潮实用英语练习与测试 基础篇 / 09306
309-07263	新潮实用英语语法教程 / 08500
309-13078	新潮实用英语语法教程〔第2版〕/ 08501
309-07206	新潮实用英语教师用书 第1册〔第2版〕/ 08835
309-10158	新潮实用英语教师用书 第1册〔第3版〕/ 08838
309-07077	新潮实用英语教师用书 第2册〔第2版〕/ 08836
309-10347	新潮实用英语教师用书 第2册〔第3版〕/ 08839
309-07384	新潮实用英语教师用书 第3册〔第2版〕/ 08837
309-07199	新潮实用英语教师用书 基础篇 / 08834
309-07209	新潮实用英语综合教程 第1册〔第2版〕/ 08841
309-10157	新潮实用英语综合教程 第1册〔第3版〕/ 08844
309-07071	新潮实用英语综合教程 第2册〔第2版〕/ 08842
309-10345	新潮实用英语综合教程 第2册〔第3版〕/ 08845
309-07381	新潮实用英语综合教程 第3册〔第2版〕/ 08843
309-11418	新潮实用英语综合教程 第3册〔第3版〕/ 08846
309-07201	新潮实用英语综合教程 基础篇 / 08840
309-10245	新潮建筑英语 / 07886
309-07648	新潮研究生英语听说教程 / 08778
309-09891	新潮研究生英语教程 / 08671
309-08603	新潮研究生英语综合练习与测试 / 08779
309-08549	新潮研究生英语综合教程〔第2版〕/ 08853
309-05108	新潮高职高专英语教师用书 第1册 / 07927
309-05384	新潮高职高专英语教师用书 第2册 / 07928
309-04541	新潮高职高专英语综合教程 第1册 / 07929
309-05240	新潮高职高专英语综合教程 第2册 / 07930
309-05611	新潮高职高专英语综合教程 第3册 / 07931
309-05046	新潮高职高专英语综合教程练习与测试 第1册 / 09303
309-05272	新潮高职高专英语综合教程练习与测试 第2册 / 09304
309-05612	新潮高职高专英语综合教程练习与测试 第3册 / 09305
309-10871	新潮通用学术英语综合教程 / 08971
309-10518	新潮基础英语 第1册 / 08766
309-10629	新潮基础英语 第2册 / 08767
309-10421	新潮基础英语 第3册 / 08768
309-10580	新潮基础英语 第4册 / 08769
309-11423	新潮基础英语练习与测试 第1册 / 09255
309-11497	新潮基础英语练习与测试 第2册 / 09256
309-11449	新潮基础英语练习与测试 第3册 /

	09257	309-04034	数字逻辑基础学习指导与教学参考 / 15067
309-11511	新潮基础英语练习与测试 第4册 / 09258	309-10567	数字新媒体版权管理 / 01918

意

		309-06344	数字新媒体概论 / 05064
		309-03892	数码摄影教程 / 14680
309-09941	意义新论 / 07448	309-00961	数学 / 07157
309-04329	意外妊娠的预防及其处理 / 13221	309-05124	数学 1 / 05945
309-10069	意识学习与学习策略的创新研究 / 08459	309-10733	数学 1〔第2版〕/ 05948
		309-05491	数学 2 / 05946
309-09691	意象悟道《周易》今论及意象释卦 / 00169	309-12427	数学 2〔第2版〕/ 05949
		309-05560	数学 3 / 05947
		309-12453	数学 3〔第2版〕/ 05950

雍

		309-07432	数学 合订本 / 05951
309-07296	雍正原理 一个皇帝的性情与治术 / 10646	309-09885	数学 合订本〔第2版〕/ 05952
		309-05086	数学 基础版 / 12343
		309-08916	数学大震动 / 12246

粮

		309-04453	数学与知识的探求 / 12243
309-07321	粮民 中国农村会消失吗？/ 10740	309-12394	数学与知识的探求〔第2版〕/ 12244
		309-11749	数学之外与数学之内 / 06751

数

		309-13229	数学之外与数学之内 Ⅱ / 06752
309-07450	数字 你需要知道的超过2000个基本事实 / 12308	309-02504	数学中考指导与训练 / 06750
		309-00826	数学分析 / 12442
309-14786	数字人文研究 / 00742	309-03118	数学分析〔第2版〕/ 12444
309-03153	数字化博物馆的原理与方法 单机版 / 05498	309-03570	数学分析 / 12443
		309-13073	数学文化赏析 / 12250
309-09349	数字书法入门教程 楷书 / 06074	309-06111	数学同步练习 / 12253
309-05967	数字电视编辑技术 / 05354	309-00064	数学物理方法 / 12632
309-05865	数字电视摄像技术 / 14859	309-03623	数学物理方程 / 12628
309-08658	数字电视摄像技术〔第2版〕/ 14860	309-00578	数学物理方程 方法导引 / 12629
309-03599	数字传媒概要 / 05051	309-06387	数学实验与数学建模 / 12356
309-07351	数字声学设计 / 14838	309-06460	数学哲学 对数学的思考 / 12247
309-04372	数字图书馆操作与实务 / 05459	309-06382	数学恩仇录 数学家的十大论战 / 12264
309-00779	数字信号处理 / 14836	309-01752	数学模型 / 12378
309-01343	数字信号处理〔重印本〕/ 14837	309-04306	数学模型 / 12379
309-14661	数字资本主义 / 02747	309-07833	数学模型〔第2版〕/ 12380
309-02964	数字家园 网络传播与文化 / 05078	309-14289	数学模型〔第3版〕/ 12381
309-08186	数字教育资源共享生态系统研究 / 05592	309-06272	数值计算方法 / 12537
309-03874	数字逻辑基础〔第2版〕/ 15065	309-01592	数值线性代数 / 12542
309-06919	数字逻辑基础〔第3版〕/ 15066		

309-01682	数值逼近 / 12540			会 / 01568

满

309-06133	数值逼近〔第2版〕/ 12541
309-00702	数值数学和计算 / 12538
309-00253	数理化学与胶体化学实验 / 12717
309-04836	数理统计讲义 / 12523
309-11025	数理逻辑 证明及其限度 / 12372
309-14568	数理逻辑 证明及其限度〔第2版〕/ 12373
309-00668	数理逻辑的思想和方法 / 12371
309-05005	数控车床编程与操作 / 14686
309-09679	数控车削技术 / 14688
309-14829	数控车编程与加工实训教程 / 14687
309-11524	数控加工工艺与编程 / 14690
309-07222	数控机床与应用 / 14689
309-09510	数控机床故障诊断与维修 / 14691
309-10199	数据产业 / 03780
309-01990	数据库与WWW / 15192
309-03580	数据库与智能数据分析 技术、实践与应用 / 14973
309-07953	数据库技术在会计和财务中的应用 / 02894
309-15256	数据库应用技术项目化教程 / 14972
309-01777	数据库基础 FoxPro for Windows / 15032
309-06956	数据学 / 14974
309-05616	数据挖掘及其在客户关系管理中的应用 / 03359
309-00123	数据结构 / 14949
309-00445	数据结构〔重印本〕/ 14950
309-01331	数据结构〔重印本〕/ 14951
309-01408	数据结构教程 / 14964
309-08164	数据结构教程 / 14965
309-08694	数据索引与数据组织模型及其应用 / 14966
309-13668	数据新闻制作简明教程 / 05148
309-09136	数据、模型与决策简明教程 / 01212

慈

309-15309	慈航难普度 慈善与近代上海都市社

309-03756	满天星一年级(上)英语能力测试(N版) / 06238
309-03883	满天星一年级(下)英语能力测试(N版) / 06239
309-03762	满天星二年级(上)英语能力测试(N版) / 06240
309-03864	满天星二年级(下)英语能力测试(N版) / 06241
309-03758	满天星三年级(上)英语能力测试(N版) / 06242
309-03884	满天星三年级(下)英语能力测试(N版) / 06243
309-03759	满天星四年级(上)英语能力测试(N版) / 06244
309-03885	满天星四年级(下)英语能力测试(N版) / 06245
309-03763	满天星五年级(上)英语能力测试(N版) / 06246
309-03886	满天星五年级(下)英语能力测试(N版) / 06247
309-02946	满天星六年级(上)英语能力测试 / 06486
309-03203	满天星六年级(上)英语能力测试〔第2版〕/ 06487
309-03734	满天星六年级(上)英语能力测试 / 06488
309-03220	满天星六年级(上)英语能力测试(新世纪版) / 06490
309-03887	满天星六年级(下)英语能力测试(N版) / 06489
309-03478	满天星六年级(下)英语能力测试(新世纪版) / 06491
309-07945	满天星幼儿启蒙英语(幼儿用书、活动手册、指导用书) / 05816
309-08763	满天星幼儿启蒙英语(幼儿用书)2 / 05817
309-03201	满天星初一年级(上)英语能力测试

	〔第2版〕/ 06500		空专项训练 / 06441
309-04102	满天星初一年级（上）英语能力测试（N版）/ 06501	309-03313	满天星高一年级第一学期英语能力测试 / 06522
309-03577	满天星初一年级（上）英语能力测试（新世纪版）/ 06493	309-03512	满天星高一年级第二学期英语能力测试 / 06523
309-03494	满天星初一年级（下）英语能力测试 / 06502	309-03697	满天星高二年级第一学期英语能力测试（N版）/ 06524
309-04371	满天星初一年级（下）英语能力测试（N版）/ 06503	309-03525	满天星高二年级第二学期英语能力测试 / 06525
309-03775	满天星初一年级（下）英语能力测试（新世纪版）/ 06494	309-04138	满天星高三年级（上）英语能力测试（N版）/ 06526
309-02948	满天星初二年级（上）英语能力测试 / 06504		

滇

309-03254	满天星初二年级（上）英语能力测试〔第2版〕/ 06505	
309-13274	滇缅边地摆夷的宗教仪式 / 00571	
309-04575	满天星初二年级（上）英语能力测试（N版）/ 06506	
309-11371	滇缅边地摆夷的宗教仪式 中国帆船贸易与对外关系史论集 男权阴影与贞妇烈女 明清时期伦理观的比较研究 / 00570	
309-03831	满天星初二年级（上）英语能力测试（新世纪版）/ 06495	

溶

309-03507	满天星初二年级（下）英语能力测试 / 06507	
309-06367	溶血性疾病 / 14115	

裱

309-04886	满天星初二年级（下）英语能力测试（N版）/ 06508	
309-10094	裱糊匠 / 11815	

裸

309-04377	满天星初二年级（下）英语能力测试（新世纪版）/ 06496	
309-07003	裸猿 / 12936	

福

309-05059	满天星初三年级（上）英语能力测试（N版）/ 06509	
309-06663	福尔斯小说的艺术自由主题 / 11029	
309-04617	满天星初三年级（上）英语能力测试（新世纪版）/ 06497	
309-11000	福建省专升本大学英语考试指导用书 / 08860	
309-05411	满天星初三年级（下）英语能力测试（N版）/ 06510	

群

309-04881	满天星初三年级（下）英语能力测试（新世纪版）/ 06498	
309-10352	群众与暴民 从柏拉图到卡内蒂 / 00911	
309-02949	满天星初三年级英语能力测试 / 06511	
309-02457	群星璀璨 上海市高等院校劳动模范集 / 11887	
309-03266	满天星初三年级英语能力测试〔第2版〕/ 06512	
309-03113	满天星初三年级英语综合能力测试 / 06513	
309-03795	满天星初中英语阅读理解和完型填	

嫉

309-10813　嫉俗 / 10801

缤

309-03499　缤纷上海 《大公报》记者写上海 / 10712

十四画

静

309-09413　静安地名追踪 / 12127
309-01208　静坐修道与长生不老 / 13467
309-03327　静坐修道与长生不老〔第2版〕/ 13468
309-11599　静坐修道与长生不老〔第3版〕/ 13469
309-07362　静思小语 1、2 / 00684
309-07361　静思小语 3、4 / 00685
309-07360　静思小语 5、6 / 00686
309-07359　静思小语 7、8 / 00687
309-06887　静思语 第一、二、三合集典藏版 / 00691
309-08837　静思语 第1集 / 00688
309-08838　静思语 第2集 / 00689
309-06912　静思语 第3集 / 00690
309-13408　静思语 典藏版〔修订版〕/ 00693
309-07973　静思语 实业篇 / 00692
309-07267　静思语的智慧人生 摘录证严上人《静思语》/ 00674
309-07265　静思语的富足人生 / 00673
309-09347　静思语真善美花道 / 11285
309-10189　静脉用药调配中心(室)教程 / 14581
309-11194　静脉血管通路护理实践指南 / 13959

嘉

309-01443　嘉业堂藏书志 / 15499
309-10735　嘉兴日报报业传媒集团智力引进模式研究 / 05298
309-13662　嘉阳的18次挑战 / 06097

赫

309-10044　赫尔辛基显微神经外科学的基础与技巧 / 14221

聚

309-04621　聚焦式会话艺术 在工作中获得集体智慧的100种方法 / 03217

蔡

309-11455　蔡旭散文诗五十年选 / 10603

模

309-04082　模拟与数字电路实验 / 14817
309-09473　模拟与数字电路实验 / 14818
309-04374　模拟与数字电路基础实验 / 14819
309-10905　模拟与数字电路基础实验 / 14820
309-04412　模拟电子学基础 / 14788
309-06858　模拟电子学基础〔第2版〕/ 14789
309-10025　模拟电子学基础与数字逻辑基础学习指南 / 14825
309-04856　模拟电子学基础学习指导与教学参考 / 14791
309-00500　模拟电子线路实验 / 14821
309-14039　模具材料选用及表面修复技术 / 14693
309-08248　模具制造 / 14694
309-12331　模糊性治理 中国城市摊贩监管中的政府行为模式 / 04098

榕

309-13583　榕树下的沉思 杨荣文言论集 / 01697

歌

309-12270　歌唇一世衔雨看 九世纪诗歌与伎乐文化研究 / 10301
309-14964　歌唱 / 11314

酵

13253.049　酵母菌生物学 / 15235

酶

309-02574　酶学 / 12856
5627-0005　酶组织细胞化学技术 / 12857

酸

309-08370　酸相关性疾病 / 14129

碳

309-11058　碳排放交易市场化法律保障机制的探索 / 01901

磁

309-05544　磁记录理论 / 14856
309-13269　磁性微纳米材料在蛋白质组学中的应用 / 14668

愿

309-07053　愿作如是观 / 00087
309-00623　愿你获得真正的财富 能力 / 00556

嘈

309-10744　嘈杂的一 单义书写和单义环境 / 11131

赚

309-07810　赚多少才够 财富与幸福的哲学 / 00411

舞

309-04514　舞蹈基础 / 05977
309-07972　舞蹈基础〔第2版〕 / 05978
309-14336　舞蹈综合教程 / 06013

算

309-10990　算子理论基础 / 12475

管

309-02471　管子直解 / 00263
309-01157　管理与决策科学新前沿 系统动力学理论与应用 / 01113
309-09278　管理之道 周三多文集 / 01143
309-02972　管理文化视角的企业战略 / 03147
309-00017　管理心理学 / 01117
309-01065　管理心理学〔修订版〕 / 01119
309-01185　管理心理学〔修订版〕 / 01120
309-01325　管理心理学〔修订版〕 / 01121
309-00847　管理心理学〔修订版〕 / 01118
309-01986　管理心理学〔第3版〕 / 01122
309-03135　管理心理学〔第4版〕 / 01123
309-10138　管理心理学〔第5版〕 / 01124
309-12657　管理心理学怎样运用三十六计 / 01127
309-06442　管理心理学——理论与实践 / 01115
309-14594　管理心理学——理论与实践〔第2版〕 / 01116
309-00448　管理伦理导论 / 01114
309-01484　管理伦理学 / 01126
309-02860　管理伦理学教学案例精选 / 01125
309-05078　管理会计 / 02928
309-12456　管理会计师的基本工具 支持企业取得可持续成功的工具和技术 / 02930
309-05182　管理会计学 / 02926
309-11257　管理会计学〔第2版〕 / 02927
309-12046　管理会计学 / 02931
309-15173　管理会计学〔第2版〕 / 02932
309-10078　管理会计学 理论·方法·案例 / 02925
309-03755　管理创新 / 03233
309-11243　管理创新〔第2版〕 / 03234
309-04813　管理决策行为 偏好构建与判断选择过程 / 01213
309-08474　管理你的健康 / 13298
309-03353　管理系统中计算机应用 / 01180

编号	书名 / 编号
309-02257	管理沟通 / 03226
309-15338	管理沟通 原理与实践 / 03237
309-01130	管理的灵魂 / 01100
309-06411	管理的智慧《周易》管理正义 / 01111
309-03787	管理学 / 01077
309-05277	管理学 / 01067
309-07753	管理学 / 01081
309-07292	管理学 / 01078
309-07894	管理学〔第2版〕/ 01068
309-13167	管理学〔第3版〕/ 01069
309-13933	管理学 / 01087
309-05907	管理学习题与案例 / 01070
309-08080	管理学习题与案例〔第2版〕/ 01071
309-13201	管理学习题与案例〔第3版〕/ 01072
309-07179	管理学英语 / 07937
309-01199	管理学——原理与方法〔第2版〕/ 01103
309-02278	管理学——原理与方法〔第3版〕/ 01104
309-06099	管理学——原理与方法〔第5版〕/ 01105
309-11129	管理学——原理与方法〔第6版〕/ 01106
309-13634	管理学——原理与方法〔第7版〕/ 01107
309-07102	管理学——原理与方法(第5版)学习指导 / 01108
309-12094	管理学——原理与方法(第6版)习题与案例指南 / 01109
309-14060	管理学——原理与方法(第7版)习题与案例指南〔第7版〕/ 01110
309-08125	管理学——原理、方法与案例 / 01094
309-03289	管理学理论与实践 / 01093
309-03857	管理学——教与学导引 / 01102
309-02043	管理学教学案例精选 / 01088
309-06461	管理学教学案例精选〔第2版〕/ 01089
309-06150	管理学教程 / 01097
309-12490	管理学教程〔第3版〕/ 01098
309-09317	管理学基础 / 01090
309-10574	管理学——基础与实训 / 01101
4253.019	管理学概论 / 01083
309-00084	管理学概论〔重印本〕/ 01082
309-03557	管理学概论 / 01092
309-11296	管理视野 第1期 / 03158
309-12037	管理视野 第4期 / 03159
309-12908	管理视野 第9期 / 03160
309-13107	管理视野 第10期 / 03161
309-13905	管理视野 第15期 / 03162
309-14754	管理视野 第20期 / 03163
4253.018	管理经济与工程经济〔第3版〕/ 03722
309-02358	管理经济学 / 03144
309-07748	管理经济学习题与案例指南 / 03104
309-10897	管理经济学习题与案例指南〔第2版〕/ 03105
309-02467	管理经济学教学案例精选 / 03129
309-05685	管理经济学教程 / 03103
309-08288	管理经济学基础与应用〔第2版〕/ 03101
309-10714	管理经济学基础与应用〔第3版〕/ 03102
309-03798	管理信息系统 / 01182
309-08638	管理信息系统 / 01181
309-05389	管理信息系统 原理、开发及应用 / 01186
309-00603	管理信息系统导论 / 01183
309-01087	管理信息系统导论〔重印本〕/ 01184
309-11376	管理信息系统——基础、应用与开发 / 01185
309-14293	管理类联考写作应试技巧攻略 / 06951
309-13679	管理类联考逻辑应试技巧攻略 / 06908
309-14168	管理类联考逻辑应试技巧攻略〔第2版〕/ 06909
309-14958	管理类联考逻辑应试技巧攻略〔第3版〕/ 06910

管

309-15091	管理类联考综合大纲解析人刷经典题系列 数学篇 / 06917	
309-14955	管理类联考数学应试技巧攻略 / 06952	
309-00213	管理统计 / 01147	
309-01297	管理统计〔重印本〕/ 01148	
309-03986	管理哲学 / 01112	
309-15103	管理领域房树人图画心理分析 / 11158	
309-01027	管理数学基础 1 微积分 / 01146	
309-05403	管理管理学院 / 06993	

箫

309-14810 箫笛演奏教程 / 11342

舆

309-02517 舆论监督与新闻纠纷 / 05271

鼻

5627-0585	鼻和鼻窦显微外科学 / 14501
5627-0386	鼻咽癌 / 14428
309-13434	鼻部整形必须知道的 99 个问题 / 14503

膀

5627-0618 膀胱疾病的防治 / 14271

疑

309-00108	疑狱集校释 / 02256
309-05976	疑难案件诉讼历程 邹华良律师办案精选 / 02214

膏

309-12081 膏方别裁 / 13568

腐

309-07812 腐败、政绩与政企关系 虚假繁荣是如何被制造和破灭的 / 03526

端

309-07106 端木蕻良传 / 11953

精

309-09341	精品网络课程设计策略与方法 / 05593
309-09077	精选当代美国电影赏析 / 11431
309-12207	精美书法 / 11242
5627-0160	精神卫生学 / 13749
309-10053	精神中国 1976 年以后的文学求索 / 10250
5627-0310	精神分裂症 / 14475
5627-0615	精神分裂症的防治 / 14474
309-13427	精神生命 超越当下 老年生死教育读本 / 00095
309-13075	精神生命 超越当下 老年生死教育选本 / 00096
5627-0205	精神医学 / 14457
309-03717	精神医学 / 14459
309-03091	精神医学 / 14458
309-06871	精神医学〔第 2 版〕/ 14460
5627-0045	精神医学进修讲座 / 14452
5627-0517	精神医学进修讲座〔第 3 版〕/ 14451
309-08008	精神医学和精神医疗 从临床到社区 / 14455
5627-0566	精神医学新概念 / 14453
309-03955	精神医学新概念〔第 2 版〕/ 14454
309-07773	精神的年轮 / 00758
309-11341	精神科护理 / 14012
5627-0524	精神科综合征 / 14456
5627-0202	精神科疑难病例鉴析 / 14465
5627-0544	精神科疑难病例鉴析〔第 2 版〕/ 14466
309-12960	精神健康护理学 / 14014
5627-0489	精神病的中西医结合研究 / 14467
5627-0282	精神疾病社区防治管理康复手册 / 14463

5627-0420	精神疾病的司法鉴定 / 01953		309-13970	漫谈中国文化 企管、国学、金融 / 11633
309-14050	精准扶贫上海实践案例集 / 03707			
309-12546	精准医学时代的乳腺肿瘤学 / 14415			**漳**
309-10103	精准销售 成功的销售辅导 / 03880		309-00745	漳州水仙花 / 14640
309-02527	精读英语教程 英语专业一、二年级用 第1册 / 09035			**滴**
309-02766	精读英语教程 英语专业一、二年级用 第2册 / 09036		309-08833	滴石集 / 00814
309-03285	精读英语教程 英语专业一、二年级用 第3册 / 09037			**演**
309-04868	精读英语教程 英语专业一、二年级用 第4册 / 09038		309-06286	演化与博弈论 / 02823
309-03603	精读英语教程教学参考手册 高校英语专业一年级用 第1册 / 07852		309-12208	演化心理学视角下的亲情、友情和爱情 / 00503
309-04144	精读英语教程教学参考手册 高校英语专业一年级用 第2册 / 07853		309-09836	演化、设计、心灵和道德 新达尔文主义哲学基础探微 / 12785
309-07349	精读英语教程教学参考手册 高校英语专业二年级用 第3册 / 07854		309-11198	演讲与口才实训教程 / 07427
309-06983	精读英语教程教学参考手册 高校英语专业二年级用 第4册 / 07855		309-05692	演讲的艺术 / 07421
309-01583	精通电算化会计 / 02901			**慢**
309-01570	精通剑桥商务英语 / 07940		309-03390	慢性病患者如何过上健康幸福的生活 / 13833
309-02861	精彩回放 复旦大学出版社建社20周年书评集 / 05417			**赛**
309-09466	精彩晚年 轻松理财 / 04524		309-05643	赛义德后殖民理论研究 / 01328
309-09421	精液质量与生殖健康 / 13599		309-03572	赛事经营管理概论 / 07243
309-03151	精编现代医学微生物学 / 13704		309-07956	赛珍珠《水浒传》翻译研究 后殖民理论的视角 / 08408
309-09709	精编常用中医英语字典 / 13446		309-13715	赛博空间里的虚拟生存 当代中国电子游戏研究 / 07325
309-09273	精算学 评估与研究风险的科学 / 04866			**褐**
	潇		309-01734	褐飞虱及其种群管理 / 14636
309-01608	潇洒玩电脑 / 14912			**隧**
309-10534	潇湘水云及其联想 马如骥古琴文集 / 11343		309-12895	隧道内镜治疗学 / 13835
	漫			**翟**
309-12327	漫话长寿 / 13194		309-05768	翟理斯汕广纪行 注释本 / 11039
309-11251	漫话风湿 / 14175			

熊

309-06913　熊彼特式创新的经济学分析　创新原域、连接与变迁　/ 02545

十五画

慧

309-03072　慧眼识股　从财税会计角度找"黑马" / 03572

309-03584　慧眼看楼市　/ 03665

309-11592　慧源共享　数据悦读　首届上海高校开放数据创新研究大赛数据论文集　/ 05479

撒

309-06804　撒下好命的种子　写给年轻人的祝福　/ 00677

309-07826　撒下好命的种子　写给年轻人的祝福　/ 00678

趣

309-13385　趣味打击乐教程　/ 11341

309-02385　趣味作文　/ 06430

309-03869　趣味英语语法解惑指南与练习　/ 08293

5627-0431　趣味盎然的生命世界　/ 12780

309-13981　趣商业　趣玩耍　大文娱时代的商业机会　/ 03193

撞

309-05918　撞击交易法　/ 04631

增

309-13567　增权型公共卫生实践　/ 13107

聪

309-10141　聪明学习　学习聪明　上海市杨浦区六一小学儿童哲学课程实践探索　/ 06183

樟

309-01171　樟叶流香　上海市黄浦区教师形象100例　/ 11868

橄

309-07763　橄榄园　莫泊桑短篇小说选　/ 11060

影

309-04843　影300 / 11440

309-07683　影子怪物　/ 10933

309-06141　影视动画艺术鉴赏　/ 11478

309-02103　影视导演　/ 11449

309-02104　影视技艺　/ 11380

309-04396　影视法导论　电影电视节目制作人须知　/ 02014

309-00540　影视基础　/ 11381

309-07548　影视剪辑　/ 11462

309-09201　影视剪辑〔第2版〕/ 11463

309-10027　影视媒体包装　/ 11464

309-02102　影视照明　/ 11457

309-11470　影响律师工作满意度的心理机制研究　社会身份认同理论的视角　/ 01935

5627-0315　影象诊断学多选题　/ 13842

309-08478　影像文化通论　/ 11390

5627-0082　影像诊断学〔重印本〕/ 13841

309-07001　影像审美与文化阐释　/ 11392

309-13716　影像都市　视觉、空间与日常生活　/ 05253

5627-0247　影像解剖学　/ 13620

踢

309-02345　踢不动的足球　一个记者眼中的绿茵革命　/ 07303

蝶

5627-0117　蝶窦与垂体瘤　经蝶窦垂体瘤切除手术　/ 14424

蝴

309-10133　蝴蝶与坦克 海明威短篇小说选 / 11095
309-05259　蝴蝶为什么美丽 王蒙五十年创作精读 / 10540

墨

309-01098　墨西哥之梦 小拿破仑美洲覆师记 / 10647
309-09211　墨彩卿云 复旦四友书画作品集 / 11193

镇

309-10818　镇江进士研究 / 01672

镌

309-04742△　镌刻的刀 / 10572

靠

309-08729　靠近爱 / 10869

稷

309-12057　稷下传习集 / 10160

黎

309-07673　黎曼几何讲义 / 12487

德

309-06487　德贞传 一个英国传教士与晚清医学近代化 / 00734
309-01979　德国:一个冬天之后的神话 旅德纪实 / 10822
309-14459　德国古典美学 先秦音乐美学思想论稿 / 00460
309-07984　德国企业新闻发布会的会话研究 / 03092
309-06888　德国社会市场经济辞典〔第2版〕/ 02758
309-04236　德国哲学十论 / 00313
309-03063　德国高校入学德语考试指南 / 09814
309-14929　德性与品格教育 / 05581
309-06918　德建身心疗法专业手册 / 14469
309-05819　德语文学辞典 作家与作品 / 10986

熟

309-01513　熟能生巧 杨老师教英语 / 06666

摩

13253.027　摩尔根传 1866—1945 / 12806
309-14400　摩登的吟唱与声音媒介的嬗变 民国都市流行歌曲唱片研究初论 / 11302

颜

309-05517　颜福庆传 / 12021
309-07682　颜福庆传〔英文版〕/ 12022

遴

309-13386　遴选考试一本通 / 01524

鹈

309-13160　鹈鹈诗羽 陈志坚十年诗选 / 10591

潜

309-05295　潜在写作 1949—1976 / 10222
309-06366　潜规则 中国历史中的真实游戏〔修订版〕/ 11654

澳

309-12992　澳门博彩业转型发展与世界旅游休闲中心建设 / 04093

潘

309-12639　潘老师食疗手册 康复十年大揭秘 / 13505
309-08129　潘雨廷先生谈话录 / 11591

十六画

颞
309-03508　颞叶癫痫 / 14437

燕
309-07794　燕园学文录 / 00802
309-08660　燕城杂记 / 10859
309-09145　燕曦寻径，迈进成功之门 复旦毕业生生涯规划与求职案例集 / 07000

薛
309-13991　薛文清《读书录读书续录》导读 / 15440
309-14897　薛学潜著作集〔影印本〕 / 15447

薪
309-11142　薪火学刊 第1卷 / 10144
309-12001　薪火学刊 第2卷 / 10145
309-12625　薪火学刊 第3卷 / 10146
309-13380　薪火学刊 第4卷 / 10147
309-14036　薪火学刊 第5卷 / 10148
309-14748　薪火学刊 第6卷 / 10149
309-02400　薪继火传 复旦大学新闻传播论文集 / 05131
309-09623　薪酬经济学 / 03030
309-06237　薪酬预算与薪酬总额管理 / 03266
309-09625　薪酬管理业务综合训练 / 03291
309-04064　薪酬管理原理 / 03272
309-09980　薪酬管理原理〔第2版〕 / 03273

薄
309-05655　薄膜晶体管（TFT）阵列制造技术 / 14809

翰
5627-0402　翰墨情谊 庆祝上海医科大学七十周年校庆书画展 / 11192

整
309-05410　整合进行时 企业全面风险管理路线图 / 03096
309-08630　整合营销传播 原理与实务 / 03951
309-05198　整体利益论 关于国家为主体的利益关系研究 / 01485

融
5627-0163　融汇中西医诊治精华的理论与实践 / 13433
309-01541　融会贯通 滕老师教初中数学 / 06748
309-07740　融合与超越 约翰·赫兹的国际政治思想研究 / 01357
309-03434　融合中的创造 夏衍与中外文化 / 10240
309-08963　融合、转型 电视新闻传播新论 / 05395
309-12469　融合媒体与商务传播 / 04030

霍
309-09040　霍布斯道德哲学中的权利 / 00323

餐
309-02694　餐饮成本控制 / 04089
309-08276　餐饮服务与管理 / 04091
309-10337　餐饮服务实训教程 / 04090
309-06054　餐饮信息化操作实训 / 04092
309-11077　餐饮管理 / 04088
309-05730　餐桌的对面 介绍当今日本人饮食生活中的真实故事 / 15249
309-04052　餐馆照明 / 15310

器
309-10861△　器识为先 让教师充满魅力 / 06332

镜
309-04536　镜头中的国会山 美国国会与大众传媒 / 01724

篮

309-08384	篮球英语 / 07298	
309-11384	篮球英语〔第2版〕/ 07299	

儒

309-00896	儒学与法律文化 / 00178
309-14290	儒学传统与现代社会 / 00175
309-02480	儒家传统与现代市场经济 / 00174
309-10894	儒家伦理与徽商精神 / 04111
309-04206△	儒家思想与现代企业管理 / 02548
309-05215	儒家理想人格与中国文化 / 00179
309-15006	儒教的圣域 / 00180
309-11373	儒道佛思想散论 / 00177

歙

309-10761	歙县里东乡传统农村社会 / 12130
309-12622	歙县的宗族、经济与民俗 / 02717

雕

309-07775	雕笼与火鸟 / 00747

凝

309-11223	凝岁月于心 上册 / 14081
309-11318	凝岁月于心 下册 / 14082
309-01791	凝聚态光学性质的研究和进展 / 12655
309-03640	凝聚态物理专题 / 12666

辨

309-08000	辨"砖"识"屋" 史料解析入门 / 11514

辩

309-02717	辩论双刃 大决赛辩词详评与思想的拓展 / 07420
309-04202	辩论常青 第九届中国名校大学生辩论邀请赛纪实 / 07437

糖

5627-0606	糖与营养和健康 对近期研究结果的评价 / 13134
309-10566	糖尿病小屋 / 14157
309-08934	糖尿病自我管理 / 14156
5627-0625	糖尿病的防治 / 14158
5627-0518	糖尿病的饮食治疗 / 14161
5627-0672	糖尿病的饮食治疗〔第2版〕/ 14162
5627-0969	糖尿病的饮食治疗〔第2版〕/ 14163
5627-0281	糖尿病的饮食治疗和运动疗法 / 14165
5627-0365	糖尿病病人的自我保健与长寿之道〔重印本〕/ 14155
5627-0440	糖尿病慢性并发症 / 14166
5627-0354	糖复合物的结构和功能 / 12854

激

309-12835	激发学生学好数学的潜能 复旦大学附属中学学生撰写数学小论文的实践 / 06753
309-03804	激扬才智 第八届中国名校大学生辩论邀请赛纪实 / 07436
309-13454	激光医疗技术 / 13583
309-00193	激光物理学 / 14805
309-13687	激光智能制造技术 / 14692
309-00082	激光漫谈 / 14802
309-09127	激进政治的兴起 马克思早期政治与法哲学批判手稿的当代解读 / 01268
309-14553	激荡 2019：从思想的云到实践的雨 / 01141
309-06932	激流勇进 汤钊猷从事肝癌研究40年，进入医界60年 李其松进入医界60年 / 14402

十七画

戴

309-04123	戴元光自选集 传学札记：心灵的诉求 / 05010
309-06712	戴灰眼镜的人 屠格涅夫精品集 / 10981

309-11070	戴宏图数学论文集 / 12259		患者及其亲友的综合指南 / 14338
309-12656	戴耀晶语言学论文集 / 07517	309-12976	癌症面面观 / 14344
		5627-0258	癌症能治愈 / 14345

藏

309-11572	藏梦 外国经典童诗选 / 10046

螺

309-12533	螺网理论 经济与社会的动力结构及演化图景 / 02403
5627-0448	螺旋CT / 14548
309-03940	螺旋CT / 14549

魏

309-09532	魏晋士人人格美学研究 / 01677
309-06641	魏晋南北朝文学史研究入门 / 10449
309-13040	魏晋南北朝官僚制研究 / 01669

繁

309-00822	繁荣序曲 1991年的上海第二纺织机械厂 / 10696
309-09889	繁星点点 都德短篇小说选 / 11059

徽

309-13403	徽州民间珍稀文献集成〔影印本〕/ 15423
309-08521	徽州传统村落社会 白杨源 / 12131
309-09946	徽州传统村落社会 许村 / 12132
309-13028	徽州宗族研究译文集 / 11834
309-14418	徽学研究十讲 / 11773
309-08057	徽学研究入门 / 11772

癌

309-03667	癌的早期发现 / 14347
5627-0619	癌症化学治疗的毒副反应及其处理 / 14367
309-14970	癌症并发论 / 14350
309-03497	癌症扶正培本治疗学 / 13547
309-03691	癌症,我们应该了解什么?献给癌症

5627-0654	癌症预防与康复 / 14337
5627-0482	癌症探秘 / 14346
5627-0074	癌基因 / 14362

赢

309-07401	赢在自主招生 50位获胜者教你如何有效备战自主招生 / 06996
309-07435	赢在高考 北大女生高三备战实录 / 10653
309-09713	赢家思考策略 乐思模型实战法则 / 03183
309-09095	"赢"销导线 / 03356

濮

309-13512	濮之珍语言学论文集 / 07521

臂

5627-0136	臂丛神经损伤与疾病的诊治 / 14228
5627-0607	臂丛神经损伤与疾病的诊治〔第2版〕/ 14229

十八画

瞿

309-07634	瞿树滋纪念文集 / 12048

蹦

309-01372	蹦蹦跳跳 0—6岁婴幼儿运动能力发展与体格锻炼 / 13235

翻

309-10545	翻译与近代中国 / 07693
309-13240	翻译与现代中国 / 07485
309-06651	翻译方圆 / 07486
309-07882	翻译史研究 第1辑(2011) / 07685

309-09213　翻译史研究　第2辑(2012) ／ 07686
309-10186　翻译史研究　第3辑(2013) ／ 07687
309-11122　翻译史研究　第4辑(2014) ／ 07688
309-11990　翻译史研究　第5辑(2015) ／ 07689
309-12916　翻译史研究　第6辑(2016) ／ 07690
309-13834　翻译史研究　第7辑(2017) ／ 07691
309-14878　翻译史研究　第8辑(2018) ／ 07692
309-09050　翻译还原　海德格尔现象学下的翻译理论 ／ 07478
309-10819　翻译和阅读的政治 ／ 10227
309-05309　翻译的文化操控　胡适的改写与新文化的建构 ／ 07484
309-13123　翻译学　口译理论和口译教育 ／ 07476
309-13253　翻译学　作为独立学科的求索与发展 ／ 07479
309-10442　翻译研究　从文本、语境到文化建构 ／ 09949
309-11807　翻译家巴金研究 ／ 10231
309-07035　翻译教学与研究　第1辑 ／ 08426
309-08193　翻译教学与研究　第2辑 ／ 08427

十九画

警

309-14151　警示性健康教育与艾滋病的预防 ／ 14066
309-11874　警惕，身体发出的癌症信号 ／ 14348
309-08143　警察技能实训教程 ／ 01559

巅

309-05727　巅峰对决　第十一届中国名校大学生辩论邀请赛纪实 ／ 07439

疆

309-06844　疆域与人口 ／ 12138

二十画

曦

309-01504　曦园放歌　复旦大学学生散文诗歌集 ／ 10526
309-15005　曦园星光　史苑留芳　复旦大学历史学系建系九十五周年纪念文集 ／ 07076
309-09152　曦园语丝 ／ 10889
309-10434　曦园恋歌 ／ 10599

巍

309-04712　巍巍上庠　百岁星辰　复旦百岁校友见证中国百年 ／ 11830
309-04713　巍巍学府文章焕　复旦作家作品选 ／ 10532

魔

309-05385　魔法记忆　快速记忆完全攻略 ／ 00500
309-10499　魔法饮料 ／ 05936
309-10517　魔法帽子不见了 ／ 05964

二十一画

赣

309-10643　赣东北民间音乐研究 ／ 11300

禳

309-06110　禳灾与减灾　秦汉社会自然灾害应对制度的形成 ／ 15405

二十四画

衢

309-00588　衢州历代诗选 ／ 10550

著者笔画索引

字头笔画检字表

	〇画	王	1461	卞	1472	申	1478
		无	1469	文	1472	田	1478
	二画	韦	1469	方	1472	史	1479
		云	1469	计	1473	冉	1479
丁	1453	扎	1469	户	1473	禾	1479
卜	1454	支	1469	尹	1473	丘	1479
入	1455	太	1469	孔	1473	付	1479
刁	1455	区	1469	巴	1474	代	1479
		历	1469	邓	1474	仪	1480
	三画	友	1469	母	1474	白	1480
		尤	1470			丛	1480
三	1455	车	1470	五画		印	1480
于	1455	巨	1470			乐	1480
干	1455	戈	1470	末	1474	包	1480
寸	1455	比	1470	正	1474	邝	1480
大	1456	切	1470	甘	1474	立	1480
九	1456	瓦	1470	世	1475	冯	1480
万	1456	止	1470	艾	1475	兰	1481
上	1456	日	1470	古	1475	汉	1481
小	1459	中	1471	本	1475	宁	1481
山	1459	内	1471	左	1475	让	1481
川	1459	冈	1471	厉	1475	永	1481
亿	1459	水	1471	石	1475	司	1481
丸	1459	贝	1471	布	1476	尼	1482
凡	1459	牛	1471	龙	1476	民	1482
广	1459	毛	1472	平	1476	弗	1482
卫	1459	长	1472	东	1476	加	1482
马	1459	仁	1472	卡	1476	皮	1482
乡	1461	仇	1472	北	1476	边	1482
		今	1472	占	1476	幼	1482
	四画	公	1472	卢	1476		
		月	1472	帅	1477	六画	
丰	1461	丹	1472	归	1477		
		乌	1472	叶	1477	匡	1482

邦	1482	华	1488	约	1500	园	1517
刑	1482	伊	1489	纪	1500	旷	1517
邢	1482	向	1489			岑	1517
戎	1483	后	1489	**七画**		我	1517
寺	1483	全	1489			利	1517
吉	1483	名	1489	寿	1500	邱	1517
托	1483	多	1489	麦	1500	何	1518
考	1483	邬	1489	玛	1500	佐	1519
老	1483	冰	1490	贡	1500	伯	1519
巩	1483	庄	1490	坂	1501	佟	1519
共	1483	庆	1490	芮	1501	近	1519
亚	1483	刘	1490	苌	1501	佘	1519
朴	1483	齐	1494	花	1501	余	1519
权	1483	衣	1494	芥	1501	希	1520
过	1483	闫	1495	芳	1501	谷	1520
西	1483	羊	1495	严	1501	狄	1520
在	1483	关	1495	芦	1501	岛	1520
有	1483	米	1495	劳	1501	邹	1520
达	1483	江	1495	克	1502	迎	1521
列	1483	汲	1496	芭	1502	冻	1521
成	1484	池	1496	苏	1502	亨	1521
迈	1484	汝	1496	杜	1502	库	1521
毕	1484	汤	1496	巫	1503	应	1521
此	1484	兴	1496	李	1503	冷	1521
师	1484	宇	1496	杨	1510	庐	1521
光	1484	守	1496	求	1513	辛	1521
早	1484	安	1496	束	1513	闵	1521
曲	1484	祁	1496	吾	1513	汪	1521
同	1484	许	1497	豆	1513	沙	1522
吕	1484	农	1498	丽	1513	沃	1522
朱	1485	阮	1498	励	1513	沟	1522
竹	1487	孙	1498	矶	1513	沈	1522
乔	1487	阳	1500	来	1513	忻	1524
伍	1488	阴	1500	连	1513	宋	1524
伏	1488	如	1500	步	1513	证	1525
仲	1488	羽	1500	肖	1513	启	1525
任	1488	牟	1500	吴	1514	补	1525
伦	1488	欢	1500	里	1517	初	1525

迟	1525	易	1545	陕	1554	修	1564
张	1525	昂	1545	迦	1554	保	1564
陆	1532	迪	1545	练	1554	信	1564
阿	1533	罗	1545	经	1554	皇	1564
陈	1534	帕	1546			侯	1564
邵	1540	凯	1546	**九画**		须	1564
纳	1541	牧	1546			俞	1564
纸	1541	物	1546	契	1554	逢	1565
		和	1546	珍	1554	饶	1565
八画		季	1547	封	1554	音	1565
		竺	1547	项	1554	施	1565
武	1541	侍	1547	赵	1554	闻	1566
青	1541	岳	1547	郝	1557	美	1566
现	1541	佩	1547	荆	1557	姜	1566
拉	1541	彼	1547	荣	1557	娄	1567
招	1541	金	1547	胡	1557	前	1567
若	1541	贫	1548	南	1559	首	1567
苗	1541	服	1548	柯	1559	洼	1567
英	1541	周	1548	查	1559	洁	1567
苑	1541	庞	1551	相	1560	洪	1567
范	1541	府	1551	柏	1560	洛	1567
茅	1542	庚	1551	柳	1560	济	1567
林	1542	废	1551	要	1560	宣	1567
杭	1543	郑	1551	郦	1560	宫	1567
杰	1544	单	1553	威	1560	语	1567
事	1544	浅	1553	冒	1560	祖	1567
郁	1544	法	1553	映	1560	祝	1567
欧	1544	注	1553	贵	1560	费	1568
肯	1544	学	1553	哈	1560	姚	1568
卓	1544	宗	1553	钟	1560	贺	1569
虎	1544	宜	1553	钦	1561	羿	1569
尚	1544	官	1553	钭	1561	骆	1569
旺	1544	郎	1553	钮	1561	统	1569
杲	1544	房	1553	郜	1561		
果	1545	居	1554	科	1561	**十画**	
昆	1545	屈	1554	复	1561		
国	1545	承	1554	段	1563	泰	1569
明	1545	孟	1554	顺	1564	秦	1569

敖	1570	奚	1579	盛	1589	颉	1593
振	1570	翁	1579	常	1589	揭	1593
袁	1570	凌	1579	匙	1589	彭	1593
都	1570	栾	1579	晨	1589	壹	1593
埃	1570	高	1579	曼	1589	斯	1593
耿	1571	郭	1580	鄂	1590	葛	1594
聂	1571	席	1581	崔	1590	董	1594
莱	1571	唐	1582	银	1590	蒋	1595
莫	1571	益	1583	符	1590	韩	1595
莉	1571	浙	1583	盘	1590	辜	1596
荻	1571	浦	1583	庹	1590	植	1596
晋	1571	海	1583	麻	1590	森	1596
莎	1571	涂	1583	康	1590	惠	1596
桂	1571	宴	1583	章	1590	覃	1596
格	1571	容	1583	望	1591	粟	1596
根	1571	诸	1583	阎	1591	紫	1596
索	1572	诺	1583	盖	1591	景	1596
栗	1572	谈	1583	添	1591	遗	1596
贾	1572	剧	1583	深	1591	喻	1596
夏	1572	陶	1583	梁	1591	黑	1597
原	1573	姬	1584	寇	1592	智	1597
顾	1573	桑	1584	宿	1592	程	1597
柴	1574			谌	1592	稂	1597
党	1574	**十一画**		扈	1592	傅	1597
晓	1574			尉	1592	焦	1598
晁	1574	理	1584	屠	1592	储	1598
圆	1574	教	1584	隋	1592	奥	1598
钱	1574	堀	1584	隗	1592	舒	1598
钻	1575	职	1584	维	1592	释	1598
铃	1575	基	1584	巢	1592	鲁	1599
特	1575	黄	1584			童	1599
倪	1575	菲	1587	**十二画**		翔	1599
倍	1575	萧	1587			普	1599
健	1575	萨	1587	琳	1593	道	1599
皋	1575	梅	1587	琼	1593	曾	1599
徐	1575	曹	1588	越	1593	湛	1600
殷	1578	戚	1589	提	1593	湖	1600
爱	1578	龚	1589	博	1593	温	1600

游	1600	新	1603	漆	1606	默	1610
富	1600	雍	1603	赛	1606	穆	1610
谢	1600	数	1603	谭	1606		
强	1601	慈	1603	翟	1606	**十七画**	
媒	1601	满	1603	熊	1606		
		慎	1604	缪	1607	戴	1610
十三画		塞	1604			鞠	1611
		窦	1604	**十五画**		魏	1611
靳	1601	褚	1604			繁	1611
蓝	1601	群	1604	撒	1607	濮	1611
蒲	1601			增	1607		
蒙	1601	**十四画**		樊	1607	**十八画**	
楚	1602			黎	1607		
楼	1602	静	1604	德	1607	藤	1611
裘	1602	赫	1604	滕	1608	瞿	1611
赖	1602	綦	1604	摩	1608	簪	1612
甄	1602	蔡	1604	颜	1608	镰	1612
雷	1602	樋	1605	潜	1608		
辐	1602	歌	1605	潘	1608	**十九画**	
虞	1602	臧	1605				
路	1602	裴	1605	**十六画**		蘅	1612
嵊	1602	管	1605			攀	1612
简	1602	箫	1605	燕	1609		
詹	1603	毓	1605	薛	1609	**二十一画**	
鲍	1603	廖	1605	薪	1609		
解	1603	端	1606	霍	1609	露	1612
廉	1603	阚	1606	冀	1610		

0 画

139 法硕编写组　01816
2018 年中国航海日主题活动上海组委会　03790
21 世纪大学英语研究会　08471
《21 世纪大学英语》编写组　08470
A.J.雅各布(A. J. Jacobs)　15451
A.M.马斯登(A. M. Marsden)　14773
A.杰尔姆·朱勒(A. Jerome Jewler)　04002
Adeline Nyamathi　13918
Allyn Kelley　09812
Andy Weeks　08189
Ann Schmidt Luggen　13155
Anna Trott　09581,09583
Anne Dwyer　08057
Barry L. Sherman　05025
Bill Mascull　08058
Birger Bergersen　12648
Bob Edwards　12064
Bonnie Morihara　09439-09444
Brent G. Paterson　01293
Brian Cowan　12645
British Computer Sociaty(BCS)　15120
C.A.诺克斯·拉维尔(C.A. Knox Lovell)　02808
Carl Hausman　05363
Carole Russell Hilmer　14261
Chai-Keong Toh　15120
Chandi Ratnatunga　14154
Chi-yi Kwok　14568
Christopher Lane Davis　04833
D.兰迪·加里森(D. Randy Garrison)　06897
David Antonio Medina　08666
David Kerridge　08059
David M. Sassoon　02285
David R. Mayhew　01723
Dieter Läpple　03647
Don Lincoln　12752
E.克拉默　12270
E.格瑞斯达尔(Elaine Grisdale)　14523
Eiichi Fukushima　12671
Elizabeth Barker　13911
Eugene L. Zdziarski II　01293
Everett M. Rogers　04983
F.X.贝阿(F.X. Bea)　03083-03085
Fanji Gu　15122
Fritz Messere　05025
Fu Hua　13112
G. Ali Mansoori　14666
G. A.科恩　01329
G. D.派特森　01844
Gene Mustain　08310
George W. Cox　12782
H. Neal Bertram　14856
H.罗尔夫·哈赛　02425
H.罗宾(H. Robbing)　12254-12256
Haward S. An　14261
Heshmat Shahriaree　14262
I.M.鲍瑞什(Irvin M. Borish)　14523
I.斯图尔特　12256
J.E.盖茨　08266
J.R.柯顿(J. R. Coaton)　14773
J.V·纳利卡(Jayant V. Narlikar)　12754
J.卡恩拿(J. Kahnna)　13658
James W. Dearing　04983
Jean-Marie Dubois　12747
Jeremy Comfort　09428-09437,09523
Jerusha Hull McCormack　04927-04930
Jessica Hickmott　06900
Joan Morley　09438
Joel P. Bowman　08377
John G. Blair　04927-04930
John H. Noonan　08310
John H. Schuh　06983
Jonathan Tennyson　12751
Joseph R. Dominick　05025
Kenneth J. Osfield　06984
Kieran Walshe　13425
Kim Christensen　12570
Knut Sydsaeter　02817
Kristin S. Harper　01293
Kurt Binder　14669
Kyriakos Anastasiadis　14154

L.G.亚历山大　09064-09067

L.J.麦克发伦德(Lynne Joy MacFarland)　03241

LEC·东京法思株式会社　01890,01895,01905,
　　03003,03224-03225,03300,03337-03338,03394,
　　03413,03440,03453,03733,03887,03929-03930,
　　03967,04007-04009,04026

Lee H. Riley Ⅲ　14261

Liang Fang　11051

Liming Zhang　15122

Linell Davis　09046

Lori M. Reesor　06985

Lu Pei-lian　13112

M.W.克鲁特(Marshall W. Kreuter)　13312

M.D. Ryan　12726

M.T.博特纳　08266

M.克莱因(Morris Kline)　12243-12244,12263

Marilee J. Bresciani　06900

Marilyn J. Amey　06985

Martin Haemmig　04518

Mary McSwain　09439-09444

Megan Moore Gardner　06900

Melissa Bernstein　13155

Michael A. Carr　04835

Michael Gurr　13134

Michael J. Coughlin　14250

Michael Plischke　12648

Milton C. Weinstein　13757

Nicholas R. Moloney　12570

P.A.温格(Phyllis A. Wingo)　13270

P.F.A.V.卢克(P. F. A. Van Look)　13658

P.J.费贝尔曼　05530

Polly　10932

Q. Fernando　12726

Qing-yao Yang　14568

R.O.弗拉格　12933

R.B. Marcus　14815

R.Beaglehole　13255

R.H.罗宾斯　07326

R.柯朗(R. Courant)　12254-12256

Richard Kadison　05600

Robert I. Field　13426

Robert L. Smiley　14637

Roger A. Mann　14250

S.Y. Lee　14744

SBI 中国　03602

Sebastian Lange　14553

Shanghai Z. J. Hi-Tech Park Development
　　Corporation　02000

Shaun R. Harper　06983

Sinclair Goodlad　08194

Stantly Lemeshow　13318

Stefan Friedrich　05050

Stephen B.W. Roeder　12671

Susan R. Jones　06983

T.T. Sheng　14815

The Judicial Bureau of Shanghai Pudong New
　　Area　02000

The Legal Affairs Office of Shanghai　02000

Theresa Foy DiGeronimo　05600

Uri Gerson　14637

Vladimir Ostapowicz　08650,08655,08833,08838-
　　08839,08844-08846,08868,08872,08976,08981,
　　09310-09311,09313,09330,09420,09426,09549-
　　09550,09555-09556,09559-09560,09563-
　　09564,09567-09568,09634-09639,09644-
　　09651,09653,09660,09662,09692

Vlatko Vedral　12634

Walter Kob　14669

Ye Ting-ting　13112

Zilog 公司　15116

А.Т.皮里品柯(А.Т.Пилиненко)　12731

Д.И.希罗卡诺夫(Д.И.Широканов)　05520

М.А.斯列姆涅夫　05520

М.Б.维诺格拉多娃　12571

М.М.塔纳那依柯(М.М.Тананайко)　12731

二画

丁

丁力　07092

丁小龙　08069,08180,08416-08417

丁小强　14039

丁文龙　13047

丁玉	05764	丁荣生	01585
丁玉勇	15270,15277	丁栋虹	01190,03091,03178
丁未	05034	丁柏铨	03978-03979,05104
丁正琪	14189	丁树德	07169,08391
丁石藤	15204	丁昱东	11177
丁尔苏	07392	丁钢强	13117,14190
丁训民	12672	丁衍	08079-08080,08082,08729
丁训杰	13859,13882,14111	丁美琪	13115
丁永明	13165-13166,14171	丁洁	01721
丁民谋	13873	丁洁玉	15046-15047
丁玎	14430	丁祖敏	11194
丁亚军	14717	丁艳华	14311
丁亚红	06139	丁晓	12766
丁有国	10096,10557	丁晓原	10405
丁光宏	12552-12553,12560,12823	丁钺	14192
丁廷敏	08209,09728	丁爱华	14288
丁竹	09273	丁凌华	02251
丁伟	09837	丁海霞	07278
丁兆敏	08024	丁陶	13377
丁名申	03629	丁娟	03310
丁庆	15016	丁骋骋	04278
丁守和	11570-11571,11574	丁骏	08439
丁孝文	01715	丁培柱	12630
丁园	13299	丁敏	02482,12109
丁言昭	11949	丁淑梅	11364
丁言雯	13925	丁淦林	05134
丁应锷	13139	丁敬耘	00479
丁孜山	04887	丁惠敏	05535
丁妍	06886,06897,07093	丁辉君	04167
丁纯	02751,13339	丁智慧	09745
丁茂中	01896,02116,03179	丁鲁民	13277
丁国威	01904	丁湘梅	05598
丁明仁	04229	丁强	13930-13931
丁迪蒙	07702	丁新腾	12701
丁忠良	13605	丁蔚	04887
丁鸣	00260	丁蕙孙	12953
丁和根	05241	丁磊	13950
丁法章	05092,05154-05155,05181-05183,11876	丁毅	10606
丁建定	11502	丁瓒	13476
丁建勇	14154		
丁建辉	08487	**卜**	
丁春锁	07728-07729,15275		
丁玲	10661	卜玉华	05585
		卜立德(David Edward Pollard)	10203

卜永坚　00572

卜里安·特惠斯(B. C. Twiss)　01214

卜爱萍　07816-07817,07937,09171

卜海　03552

人

入江昭　01789-01790

刁

刁大明　01728

刁羽　04423

刁承湘　05582,06954,07046,11896,12982,12996

刁瑷辉　01877

三画

三

三井物产人力资源有限公司研修事业本部　15215

三亚学院《天涯学刊》编委会　00829-00831

三岛由纪夫　10956

三菱电机株式会社　15094

于

于广军　13368,14317

于中行　04926

于贝尔·雷弗　12756

于文静　12801

于玉　15012-15013

于玉林　03334

于右任　10524

于布为　14206

于尔辛　13436,13492,14380

于立宏　03758

于民　00455-00456

于成鲲　06433,07633,07674-07679,10337

于传鑫　14167-14168,14285,14289

于红梅　01632

于纪渭　02037,02413-02418

于志刚　01957-01958

于芳　15211

于丽　02394,04614,04637-04638

于坚　10893

于良　03678

于君华　06004

于青　11954

于金霞　14097

于炎冰　14448

于学田　11993

于学波　11195

于宗河　13395

于建华　15205

于春　05126

于是　10801

于修成　12995

于彦铮　13614-13616

于洁　03878-03879,03945

于洪波　05945,05952

于洋　13035-13036,13171

于语和　01983

于晓宇　03017

于晓青　01841

于海　00895-00896,00898,00975,01035,06990

于海涛　14918

于萍　01324,11338

于康　13143

于淑清　01468

于朝晖　00914

于惠青　15285

于睿寅　11035

于漪　06210,06332

于翠艳　00571

于慧焱　08085

于霞　08849

干

干诚　08700

干春晖　03487

干爱玲　13110,13313

干福熹　12088

寸

寸亚玲　07314

大

大下英治　12052
大卫·E.科珀(David E. Cooper)　00101
大卫·马奎尔(David Maguire)　05282
大卫·兰德尔(David Randall)　05089
大卫·希利(D. R. Hiley)　00343
大卫·哈贝曼(David L. Haberman)　00396
大卫·施密茨　00344
大卫·莱登(David Lyden)　14355
大卫·梅西克(David M. Messick)　01189
大木康　10411,10423
《大公报一百周年报庆丛书》编委会　05314
大公报一百周年报庆丛书编辑小组　01430,10700 - 10702
大江健三郎　10950
《大学政治理论课复习脉络图表》编委会　01283
大途教育教师资格考试命题研究院组　05609 - 05613,05631 - 05636,06137

九

九家骏　13694 - 13695

万

万广华　02627
万之　09984,10995
万忆　11737
万田华　08167,08693,09042,09281,09390,09810
万有志　01456
万华　09176
万江波　07480,07979
万松峰　15099
万迪人　05685
万征　14847
万波　02295
万经海　14425
万树栋　14115
万恒麟　01594
万勇　12412 - 12413
万艳　09541
万素珍　09816
万莹　04283
万鸿尧　14344
万超　04152
万晶　02705
万解秋　02400,02471,02648,03376,03395,03499,03530,03694,04372,04425 - 04427,04467 - 04468,04535 - 04536,04774

上

上官同英　14716
《上饶师范学院校史》编写组　07108
上海《一本通》编写组　06214 - 06237,06614 - 06625
上海人才有限公司评鉴中心研发专家组　03002
上海人民广播电台　10706,10717
上海大学　08893
上海大学现当代文学学科　10182
上海大学谢晋电影博物馆　11985
上海小城律师事务所　02212
上海久恒期货经纪有限公司　04590,04651
上海卫生监督研究中心　13425 - 13426
上海专利商标事务所有限公司　02187
上海云培信息技术有限公司　15357
上海历史学会　01437
上海中专计算机协作组　01169,02895,14947,15073
上海中医药大学老教授协会　13462,13479,13481,13496 - 13497,13503 - 13504,13528 - 13531,13535 - 13537,13542,13544,13548 - 13551,13553 - 13554,13568
上海中国航海博物馆　03792
《上海中学生报》　15433
上海中学物理组　06786,06788
上海正澜管理咨询有限公司　04254
上海世界史学会　11546
上海世博会事务协调局　01034,05448
上海电视大学　15027,15053,15059,15156
上海电影家协会　11393 - 11394
上海外经贸委　04244
上海市人大常委会办公厅　01492 - 01496
上海市人大常委会办公厅组织　01488,01490
上海市人大常委会研究室　01491,01527
上海市人口和家庭计划指导服务中心　13185,13245
上海市工业合作联社　11854

上海市工商业联合会　02638-02640,02642
上海市工商业联合会、上海市发展和改革委员会、上海市工商行政管理局、上海市统计局、上海市民营经济研究会　02641
上海市卫生局工业卫生处　13121
上海市卫生局卫生监督所　13292
上海市卫生局党委宣传部　10682
上海市开业指导服务中心　01621
上海市中专计算机协作组　14948,15028,15157
上海市中学生数学应用知识竞赛委员会　06755
上海市中学生数学知识应用竞赛组织委员会　06743-06744,06756
上海市文化广播影视集团团委　06374
上海市文学艺术界联合会　11393-11394
上海市计算机应用能力考核办公室　01154-01159,01161-01163,01170-01171,14898-14900,15058,15063,15137-15144,15149-15151
上海市世博会筹办工作领导小组志愿者组　02574
上海市东方医院　13366
上海市外文学会高职高专外语教学专业委员会　07808
上海市市立幼儿园绘　07744
上海市出版协会　05421,05430
上海市老干部大学　07202
上海市老年学校素质教育指导中心课题组　07202
上海市老教授协会　13462,13479,13481,13496-13497,13503-13504,13528-13531,13535-13537,13542,13544,13548-13551,13553-13554,13568
上海市企业信息化促进中心　03168
上海市农村经济学会　03701
上海市农村经营管理站　03702
上海市防汛指挥部办公室　15340
上海市妇女学学会　01641
上海市劳动局组　14675
上海市杨浦区工会、复旦大学工会、上海新东宫文艺创作中心　10596
上海市杨浦区政协学习和文史资料委员会　11996
上海市财政学会　02034
上海市体育局群体处　07290
上海市体育宣传教育中心组　07290

上海市闵行区档案馆　11766
上海市奉贤县档案馆　15480
上海市松江区经济学会　03701
上海市质量技术监督局　15229-15231
上海市金融信息技术研究重点实验室　02647
上海市学习型社会建设与终身教育促进委员会办公室　14078,14118,14141,14265
上海市学习型社会建设服务指导中心　00427,00985-00986,00988,01596-01604,07228
上海市宝山区早教指导中心　05781
上海市经济信息中心　03495-03496
上海市残疾人联合会　01644-01645
上海市科学技术委员会　03768
上海市科普工作联席会议办公室　14123
上海市科普作家协会　06374
上海市信息中心　03497
上海市信息化培训协会　04969
上海市总工会法律工作部　02142
上海市测绘院　12197
上海市退休职工大学复旦分校　01016
上海市原子核学会　06373
上海市高等学校招生委员会办公室　07151,07153-07158
上海市高等教育自学考试委员会办公室　01810,06904-06907,07159
上海市高等教育局组　01846-01847,06870
上海市浦东新区医学会　13366
上海市浦东新区财政局　04316
上海市浦东新区法律服务业协会　01980,02247
上海市浦东新区税务局　04316
上海市浦东新区税收财务物价大检查办公室　04321
上海市涉外法律人才培训中心组织　09128
上海市消费者权益保护委员会　15234
上海市教育考试院　06284-06286,06303,06382,06434-06437,06604-06607,06609-06611,06613
上海市教育系统关心下一代工作委员会　07201
上海市教育招生考试中心　06612
上海市教育委员会组　07917,08234,08455,13692,13939
上海市职业技术教育课程改革与教材建设委员会

15145,15152
上海市黄浦区商业委员会　10706
上海市婚姻家庭研究会　01641
上海市税务学会　02034
上海市就业促进中心　01618-01619,01622
上海市静安区体育局　07269
上海市静安区规划和土地管理局组　12127
上海市嘉定区卫生和计划生育委员会　13185
上海市嘉定县外冈乡志办公室　11767
上海市精神文明建设委员会办公室　01605,12110
上海发展绿色金融路径研究课题组　04807
上海对外贸易协会　02128-02129,04119-04122,04207
上海扬子江国际经济合作研究中心　02703
"上海在读研究生学术行为规范研究"课题组　06976
上海有线电视台财经频道　04632
上海百万在岗人员学力提升行动计划办公室　00963,01327,03895,05477,13136,15070
上海师范大学法政学院　06845
上海朱家角中学　10533
上海华爱社区服务管理中心　01564-01565
上海华智公考学校　01175,01526,01528
上海交通大学　07850,08993-08995,09093-09094,09212,09482
上海交通大学成人教育学院培训部　07130,07135,07138,07144
上海论坛组织委员会　02742
《上海妇女》编辑部　01641
上海远程教育集团　12110
上海医科大学　13050
上海医科大学皮肤病学教研室　14485
《上海医科大学纪事》编纂委员会　07064
《上海医科大学志》编纂委员会　12999
上海医科大学退休教师协会　13191
上海医科大学浙江校友联谊会　11828
上海财经大学财政学系财务学教研室组织　03444
上海财经大学应用数学系　12323,12384,12422,12511
上海财经大学《现代西方经济学教程》编写组　02371
上海财经大学国民经济运行报告编写组　02647
上海财经大学经济法教研室　02090
上海体适能培训学院　07317-07318,14256-14257
上海证券交易所　03586,04811
上海证券交易所研究中心　03565-03571,04775-04790
《上海证券报》"中国经济长江行"采访团　10707
上海社会科学院法学研究所《政治与法律丛刊》编辑部　01959-01965
《上海词典》编委会　12126
上海阿凡提卡通艺术有限公司　11201-11203
上海图书馆历史文献研究所　11853
《上海图书馆未刊古籍稿本》编辑委员会　15436
上海金程教育金融硕士教研组　04438
上海《法学》编辑部　01996,02228
上海波士强实业有限公司　00865-00867
上海研究中心　11761
《上海档案工作》编辑部　10681
上海恩波学校　02442-02443,02453-02454,14897,14907,14924,14928
上海恩波学校计算机统考命题研究中心暨培训中心　14908
上海旅游客车厂　01996
《上海旅游高等专科学校志》编纂委员会　03841
上海理工大学档案馆　07063
上海教育电视台　06816-06817
上海教育电视台教学部　06325,06381,06742
上海越剧院　11378
上海惠安公司　07466
上海鲁迅纪念馆　11891
上海翔高教育　14925
上海翔高教育计算机统考命题研究中心　14924,14928
上海翔高教育计算机统考命题研究中心暨培训中心　14897,14907-14908,14929
上海翔高教育心理学统考命题研究中心暨培训中心　00487,00490,00493,05575
上海翔高教育教育学统考命题研究中心暨培训中心　05574,05576-05577
上海谢晋影视科技有限公司　11985
上海谦鸣企业管理咨询　03763-03764
上海新泰新技术公司　15027,15053,15059,15156
上海影视戏剧理论研究会　11484-11489

上彊村民 10316-10318

小

小Q 10952
小川和朗 12857
小川隆 00643-00644
小考德威尔·埃塞斯廷 13538
小池生贵 09830-09831
《小学生同义词近义词反义词多音多义字词典》编委会 06199
《小学生全笔顺同义词近义词反义词组词造句词典》编委会 06205
《小学生多功能成语词典》编委会 06198
《小学生多功能字典》编委会 06202
《小学生多功能词典》编委会 06201
《小学生多功能英汉词典》编委会 06211-06212
《小学生英汉汉英词典》编委会 06213
《小学生组词造句搭配词典》编委会 06200
《小学生谚语歇后语惯用语词典》编委会 06203
小学英语能力测试编写组 06238-06247
《小学数学公式定律手册》编委会 06250
小威廉·T.格姆雷(William T. Gormley Jr.) 01734
小宫隆太郎 04671
小莉老师 06723
小荷 07096,10890
小原二郎 14661
小野嘉夫(Yoshio Ono) 12723-12724
小象汉字 05847-05848
小湖 10604-10605
小管 03081-03082,03127,03247,03516,07426

山

山口守 11966
山根兴 14562
山崎正和 00067

川

川合康三 10263
川端康成 10949

亿

亿恒科技 15103

丸

丸山千歌 09839-09842

凡

凡一平 10650

广

广东省普通话水平测试专用教材研究组 07527
广西大学马列主义教研室 11714
广西崇左市《花山魂》系列画册编委会 11273-11274,11277-11278
广超法师 00580,00596-00601

卫

卫田 03246
卫生部卫生防疫司 04355
卫生部卫生监督司组织 14185
卫兆臣 03924,04970
卫志孝 04363
卫芳盈 13632
卫茂平 00066,02425,10986
卫铁林 03628
卫超 03880
卫朝霞 09456

马

马丁·卡苏洛(Martin Casullo) 12073-12074
马丁·李斯特(Martin Lister) 05049
马力 06212
马大力 06964
马小弥 11965
马小葵 14203
马小燕 06968-06969
马广惠 06725,07394
马之骕 04668,04680,04682,04686,04699,07743
马卫 02261
马丹 04802-04803
马丹宇 00429
马文刚 02711
马文华 12561
马文颖 07806,08574,09031

马玉文	06332	马国贤	01248,01298
马玉琴	13351	马国泉	00388,01308-01309,01409
马玉琛	10535	马昕	13293
马世民	01953	马忠法	02268
马可夫(J. Markoff)	11100	马欣然	05933
马平	13641-13642	马宝骊	13723
马帅政	13245	马建威	02915
马礼敦	12739,14745	马绍尧	13804-13805
马永兴	01007	马荣	00340
马亚中	10259	马相伯	00762
马成	11309-11311	马柏林	12459-12460
马光仁	05310-05311,05318	马威	06121
马刚	07281	马贵同	13531
马伊磊	13546	马贵翔	02223
马庆英	13713	马秋武	08213
马兴	04675	马修伦	03920
马安平	03720	马俊驹	02175-02176
马安根	06397	马美信	10747,11365
马军生	02883	马洪	02082
马如骥	11343	马恒东	06902
马克·C.墨菲	00337	马恰恰	14202
马克·L.耐普(Mark L. Knapp)	04993	马勇	02658,11542
马克·弗莱瑞(Mark Frary)	12308	马艳	01205,03040
马克·吐温	11091	马泰峰	04884
马克·勒夫克	01771	马原	10009
马克·雅各布斯(Marc Jacobs)	04033	马致中	02600
马克思主义新闻观教学团队	00048-00050	马晓丽	08137
马克斯韦尔公民与公共事务学院(The Maxwell School of Citizenship and Public Affairs) 01732		马晓青	04667
		马晓菲	08613
		马晓萍	14510
马丽婕	05394	马晓燕	06004-06006
马丽黎	14391	马健鹰	15248
马里奥·佩尔尼奥拉(Mario Perniola)	00436	马凌	05234,05254,05329
马利平	14704	马涛	00174,02498,02528-02529,02549,02701,04200
马秀芳	12656	马海	11594
马伯英	10816	马海峰	07248
马伴吟	14313,14315	马海涛	04318
马沂	14804	马海鹰	15374
马怀忠	10921	马家善	00881,00884
马纳琴	08847	马宾	10093
马拉姆(Neil Malamuth)	04985	马陵合	03786,04352
马杰伟	01616,05005	马继延	14364

马骏	01137,04613,09962,11458	王一铠	14230
马梅	05678-05679,05681-05682	王力	07514
马硕	00571	王力扬	13372
马清华	07619	王于州	14758
马隗	12987	王士良	12023
马瑛	07285,14653	王才勇	11151
马超	12761	王大连	13545
马斯登(A. M. Marsden)	14775	王大群	02420,03890
马棣麟	11248-11250	王大赫	05616-05627,06306-06309,06311-06317
马筑生	06269	王万军	06311
马斌	12759	王小卫	02404
马曾辰	14401	王小龙	11299
马强	13871,13987	王小林	01452,14149,14554
马勤运	14232	王小钦	13260
马锦然	07912	王川兰	00909,01500
马颖	04491,13908	王广成	02758
马新民	07402	王卫平	15456
马新海	02548	王卫新	11029
马静珠	09813	王子成	02984
马端	13586,14169	王子建	15177
马瑾瑜	13664,13667	王飞	07212
马磊	01285	王飞权	15257
马德云	15218	王飞华	07605
马德坤	11882	王丰	01054,12620-12622
马德忠	15373	王开发	14648
		王开沪	09860-09862
乡		王开林	00712,07227,11815-11817,11822,11884
乡志忠	15318	王天平	11262-11263
		王天林	01811
四画		王元	01265,01716
		王元媛	08733,08957
丰		王元骧	09874
丰子恺	10753,11135	王云	10290
丰有吉	14281	王云峰	00876-00878
丰华瞻	11135	王云玺	01067
丰箫	03712	王艺	14312
		王友	00237
王		王友丽	03046,03923,04101
		王友林	03551
王一	03500,15041	王中兴	12319-12320
王一川	00440-00442	王中保	02589
王一富	04433	王水照	07624-07627,10120-10121,10153-10156,

	10228,10502-10509	王正敏	13815-13816,14498,14500
王长全	14769	王正翊	03018,03193
王长江	08059	王世业	15045
王长芬	11514	王世官	01580-01581
王长虹	08913	王世联	02547
王长倩	06156	王世豪	13200,13473
王仁元	13287	王艾平	12915
王仁涛	04742	王可升	12478
王从从	06409	王龙兴	02245
王公达	03352,03971,04099	王平	09312,09314-09316
王丹萍	03901	王东风	07481
王凤才	00116	王帅	08572,09030
王凤彬	01088-01089	王申生	13058,13829
王文元	10939	王申英	13023
王文凤	13708,13712	王生龙	12054
王文平	13828	王生洪	05668,07079
王文吉	14509,14513	王白云	06383
王文臣	02356	王尔德	11036
王文华	03739,12891	王冬青	14120
王文军	13066	王冬梅	10234
王文英	13085-13086	王立	06266
王文杰	07083	王立本	13412
王文河	03771	王立诚	07065
王文革	02131	王立剑	06011-06012
王文科	00099	王立彦	02922-02923
王文亮	12563-12565	王立群	14983,15174
王文勇	13994	王兰平	00798-00799
王文健	13431-13432,13860	王兰英	13029-13030
王文琴	07932-07934,08095	王汉芳	06073
王方华	03117-03119,03514,03932,03937,11886	王宁	09906,09952
王方路	08411	王宁生	12405
王书梅	05652,13077,13217	王必达	02485
王玉	03185,11111	王永卫	13597
王玉华	11121,11123,11150	王永东	08088,08119-08120,08771,08775,08853, 09018,09030,09260,09262
王玉安	13029-13030		
王玉明	11482	王永民	15165
王玉玲	07919-07920	王永全	14892
王玉娟	10931	王永林	07114
王玉琦	12024,13422	王永玲	15040
王玉燕	11415	王永钦	04462
王巧贞	00392	王永胜	04544
王正平	00400,00423,05546	王永祥	09046

王永铭	14599-14601	王全弟	01912-01913,02179-02181
王永雁	13664	王兆高	04287
王永强	05776	王旭光	08857
王永德	07767-07768	王旭宇	11199
王民健	09022	王多	08373
王民意	14904	王多友	14205
王加春	04748	王冲	03970,03972
王圣	03856,09930	王冰	08667-08668
王幼涛	05401,11865	王庆仁	04537
王邦佐	01257-01259	王庆华	08363
王邦宪	04237	王庆其	13445,13475
王邦维	11634	王关富	07898,09522
王玎玲	10584	王江涛	00999
王吉耀	13269,14036-14041,14058-14059,14142-14143,14145	王汎森	00280,11532
王亚光	08609-08616	王兴相	12048
王亚志	02311	王兴娟	13048,13439-13440
王亚宏	05301	王兴鹏	01185,14150
王有为	15212	王宇芳	05467
王达山	01364	王宇环	01270
王成志	11741	王宇皎	00983
王尧	10520,11660	王守宏	04965,09781
王尧基	12040	王安忆	09960,10248
王光东	10178,10185,10396	王安民	14028
王光伟	04718	王安德	03309
王光荣	02019,13347,13358,13834	王军	03515,08465,08934,13519
王帆	00546,05300	王军君	10540
王则斌	02936-02938,02941	王聿玮	08591,08656
王刚	11711,12317	王迅	12672
王先达	06150	王好古	13487
王先霈	09972	王羽	03835,03915
王乔	04309-04311	王欢	08188,15159-15160
王伟	06971,07077,09266,13352,13834,14266,15375	王红	14234
王伟民	03775	王红江	11181
王传军	13893	王红曼	04823
王传贵	07020	王红霞	03671,15146
王延平	09848,09863-09865	王进	10198
王华	09310,11476	王运生	06796
王华华	07235	王运熙	10082-10083,10122-10124,10302,10543,11924
王向东	05727,05782,06134,07502,07737-07738,08851-08852,11334,12228-12230,12252,15147	王赤军	09021
		王孝哲	03228
王向远	10941,10943,10947,15254	王均乐	12957

王志平	01092	王沛	03746
王志伟	12202	王沪宁	01257-01258,01301,07422-07423
王志明	02569-02571,04212	王快雄	13841
王志凯	02644	王宏	03573
王志彬	07684	王宏舟	00837,06836
王志康	14942	王宏志	07685-07693
王志敬	14080	王宏图	09905,14610
王志强	00068,01932	王良	03355
王芸	09729	王良化	01982
王芬	09311	王启元	00704,10511
王芳	13197,14482,14937,15208,15259	王初文	09825
王克忠	02479,02643,02659,03038,03628,03652	王君华	07926,08361,09045
王克强	02028,02488,02739,04295,04305	王君芳	15367
王杨	13945,13977	王君玲	03227
王甫	11465	王君俏	13943,13963
王更新	06947	王改芹	13771
王丽	10837	王妙	03957-03959
王丽平	13854	王邵华	14232
王丽君	13477,13525	王劲	13511
王丽英	02035-02036	王纯	03451
王丽娜	05686,05837	王玮	00113,00342
王丽娟	03270-03271,09155	王青	12618
王丽萍	14304	王玫	08926
王丽梅	13141	王坤	13855,14337
王丽琴	15290	王者梁	05224,10697
王连	12522	王拥军	14259
王肖生	11154,11283,11286-11287	王其明	04243
王时芬	04799	王其藩	01113
王岗	00573	王英姿	02963
王钊	04771	王林海	08362
王利平	02792,02794	王松年	02889,02953
王利明	02163-02164	王松华	02338
王利峰	13226	王松林	10034
王秀兰	13428	王杰	07265
王伯军	00096-00098,00985,01009,01225,01244,01530,13196,15295	王雨霖	04505
王余民	13527	王卓亚	02117
王希明	00253,10298	王卓慈	10249
王彤	06146,11339	王虎	04939
王迎红	03925	王贤卿	00394
王言	10377,10411	王国才	03340
王弟海	02668,02671	王国民	14196,14369-14371,14407-14409
		王国刚	04593

王国良	14147	王学东	06328
王国政	12318	王学民	12505
王国清	14131	王学光	15007
王国维	11365	王学青	04428-04429
王昌源	13179	王学敏	03005-03008
王昕	14294	王学雷	14641
王明元	02741	王宝庆	06023-06024
王明权	04383	王宝珍	09859
王明贵	13775,13781,14616	王宝根	14757-14758,15353,15362
王明晖	00528,05749	王定全	09044
王明海	13519	王诚之	04255
王昀	05478	王诣涵	10773-10774
王昉	03699	王建丰	09951
王典民	07924-07925	王建开	08412-08413
王忠润	04973	王建华	06923,14554
王忠梁	09317-09318	王建军	14654
王鸣鹏	14545	王建朗	01778
王岩	12935,14253	王建敏	10708
王凯	08801,08805,08818,09284	王建富	09299-09302
王凯华	04033	王建新	03422,03478
王知凡	05067	王建德	06765,14958
王季陶	12643-12644	王建疆	00448
王佳轶	00982	王孟	03289
王岳川	04938,10027	王绍伟	13976
王岳龙	03666	王绍基	01376,01476,01647,04806
王侠生	13814,14485,14488,14622	王绍梅	11512
王侃	10221,10227	王经纬	12135
王佩玉	01380	王春林	07649
王佩芳	13430	王春森	14933,15004,15006
王欣	03759,06154-06155,07936,14759	王珏	02854,15063
王欣夫	05488	王珊	12571
王金夫	05545	王珉	02169
王金丽	00480	王政	01397-01398,10068
王金柱	08282	王政国	14986
王金娥	05920-05921	王荣华	06861
王命前	10585	王荣国	14323
王庚尧	08276	王荣泰	05120
王育栋	06410	王茹	07280
王育群	13535	王荔荔	06013
王炜	07088	王栋	01779
王炎森	11812	王栋梁	06860
王学功	13078	王柏轩	02503

王树人	04934	王洋	14573
王树珍	13933	王冠凤	04055
王显志	08018	王祖承	14451,14455－14456,14478
王映红	10999－11004	王祖康	03760
王星	12239,12338	王勇	14791,14818,14825,15033,15067
王虹	13545	王素珍	07717－07719
王勋铭	06890－06894,06995	王素娟	03812
王钢	07095	王振忠	02717,11709,11772－11773,15423
王秋	06171	王振复	00152,00166－00167,00454,00475,15299, 15302－15305
王秋菊	05302	王振亮	03653
王重鸣	01130	王振麒	02144
王重稼	09663	王恭明	12658
王笃明	14658	王恭宪	14130
王笃勤	05587	王莲华	06994,07106
王顺林	03433	王莉	02149
王修才	15100	王莉娅	07100,08957
王保令	08116－08118	王莹	08917,08929
王保华	13587－13588	王桂云	08080－08082
王保林	07097	王晓三	06873－06877
王保艳	08829	王晓平	10186,10938,12617
王俐俐	08897	王晓兰	15090
王俊英	06190	王晓光	04179,07861－07862
王俊杰	04691	王晓刚	04220
王胜桥	03004	王晓军	08092
王亭之	00165,00735－00736	王晓红	11153
王奕	15047	王晓芬	00529
王彦军	14655	王晓丽	05721
王美君	08089－08094	王晓虎	01478
王美俄	03783	王晓国	07030
王美娣	07173,07927－07931,08210,08296,08650, 08655,08833,08835－08839,08841－08846, 08868,08872,08976,08981,09081,09303－09305, 09307－09311,09313,09330,09420,09426,09500－ 09504,09549－09550,09555－09556,09559－ 09560,09563－09564,09567－09568,09634－ 09662,09692	王晓明	00800,09992,13348,15481
		王晓瑛	14530
		王晓楠	00970,01560
		王晓雷	13832
		王晓黎	13157
		王晓毅	01982
王美筠	13329	王晓燕	09816
王首贞	00392	王晓霞	09175
王炳文	11309－11311	王晔	10996
王炳生	14193	王恩铭	09151
王洪卫	02028	王峰娟	04284－04285
王洪复	13198－13199,14562	王峻	10922

王铁桦	06291	王萍	09744,13975,13997,14132-14133
王造时	01680	王彬	03459,14567
王倩萍	13972	王彬彬	10882
王健	00359,01498,02391,02568,02580,05941,05943,05959,05961,05963,05967,13774	王梦达	10997-10998,11793
王健芳	08562,08607-08608	王梦江	15340
王顼	09857-09858	王曹杰	11680
王爱民	03627,09295-09298	王盛宗	14044
王爱国	10674,10742	王盛章	12553,12560
王爱珠	01014,02469,02753	王雪娇	12370
王爱莉	03810	王雪峰	03332
王爱萍	09169	王跃堂	03574
王留栓	04950,09816	王崇义	08555-08556
王凌靓华	10301	王婴	06967
王高松	14068	王甜甜	07235
王竞	01613	王敏	08914,14517-14518
王益平	08058	王彩凤	06071-06072
王涛	02859,09776-09778	王彩平	11466
王浦劬	01140	王逸帅	04345
王海文	01166,14883-14885,14887	王鸿	15233
王海庄	05447	王鸿祥	04494
王海英	15509	王淑芹	06841
王海杰	13611-13613,13625-13626,13629-13630	王淑珍	13123-13124
王海明	00380-00381	王深根	06188
王海柱	14683-14684	王涵	01090
王海峰	01382	王谋清	08847-08850
王海涵	05661	王隆昌	04495,04502
王海滨	02582	王婧颖	08952
王悦	08364	王绮美	13434
王家俊	13857	王琴	03185,03353
王家勇	08164,08347	王琪	09511
王家富	13685	王琳	07002,14299
王家瑜	13366,13892	王琳妮	11690
王祥荣	02678,15393	王琳琳	15434
王展才	11342	王琢	09664
王娟	06168-06169	王琛文	01578
王翀	13854	王超	08283-08284,14687
王绥祥	14858	王彭龄	13516
王继伟	15249	王联合	02177,10885
王骏	13918,13952,13981	王葆青	14121
王培安	14191	王落茹	09487
王菁	09300	王朝闻	09934
		王朝晖	08955

王惠宁	13854	王颖蕙	06094
王惠军	15362	王新	07801,15120
王雄国	13737	王新生	00379,00723
王雯婧	03902	王新乐	06014-06017
王紫仪	03903	王新宇	14125
王辉	02768	王新军	03637
王鼎元	02232	王新玲	10220
王景丹	07790	王新祥	13993
王景阳	09187	王新超	06929
王锋	12316	王韵宁	10833
王颐	11563	王福山	12057,12605-12606
王鲁志	04636,04648	王福重	03443
王斌	12637	王群	00537,05366,07009,07424-07425,12101,13438
王善澄	14452	王群伟	14739
王湘	10685	王静	02211,09054,13916,13985,13996,13998,14110
王裕如	00512,00535,07214		
王谦光	03498	王静龙	01212
王强华	05120,05271	王静雨	03900
王婷	05457,06693	王静波	09830-09831
王瑞	02213	王瑶	02226,15214
王瑞俊	11305	王韬	10165
王瑞莲	02806,12398	王嘉钰	05381
王瑞祥	06862-06864	王聚乐	13864
王瑞璞	01372	王慕兰	10832
王蓓玲	13943	王蔚	01839,01988
王蒙	10540,10831	王端正	00681,10830,10883
王献东	03414	王演红	03083-03084
王楚安	08237	王翠莲	13028
王雷泉	00177	王翠敏	03900
王照雯	15321	王慧博	02205
王锡荣	11891	王增藩	01177,11866-11867,12004-12006
王锦	12812	王聪	00331
王锦园	10172,10224	王樊一婧	11729
王锦宏	14581	王磊	08963,09768,10021
王锦霞	07890	王磊光	10884
王筱莉	01646	王震	07313
王鹏	01439	王黎明	01212,12522,12524-12525
王鹏万	14505	王箴	07305
王颖	01637,01853,03550,06885-06886,06898,07165,08262,08858,08936,09485	王德广	13629-13630
王颖奕	09664	王德威	09925-09927,10169,10394-10395,10457-10462
王颖晓	13455		

王德峰	00076,11127-11128
王德萍	03397
王德雄	03156,04057
王德辉	14512
王德新	07322,14942
王德耀	05432,06363-06364,06827,15381-15382
王毅	04923-04924
王毅武	01091,03853,03855
王毅敏	05363
王澍寰	14247-14248
王澎	13966
王慰年	14264
王豫廉	13106
王燕	01901,07213
王燕军	12533-12534
王燕希	07894,07898
王燕媚	06043
王蕾	05836,06206,07620
王薇	08321,08542
王璐	08680,08684
王霞	03621,03637,07935
王穗芬	05678,14497
王簃兰	15407
王颢	13350
王蘧常	11838-11842
王麒	05767,06092
王耀平	14333
王巍	02852
王懿	08285,08506
王鑫磊	11723

无

《无产阶级革命家论德育》摘编组　00001
《无锡词典》编委会　12128

韦

韦力	05504
韦文杰	05036
韦庆军	15249
韦苇	10017-10020,10046,10069,10928
韦余苹	14720
韦昌谦	13732
韦建辉	13021
韦恩·A.佩恩(Wayne A. Payne)	13298
韦勒	05896
韦斯特(A. R. West)	12682
韦森	02606
韦群	00971

云

云庚	07836,08224,08987-08988,09198-09200
云阔	14217

扎

扎西　13111

支

支春红　03505

太

太仓县税务局	11771
太仓县税务学会	11771
太田辰夫	10377

区

区永超　00212

历

《历史地理》编辑委员会　12178-12181

友

友联时骏企业管理顾问公司　03140
友联时骏管理顾问　03607-03608

尤

尤冬克	07739,09994
尤西·帕里卡	05026
尤志文	09080,09374,09779
尤丽娜	06081
尤金·杜伊里奥(Eugene Diulio)	02438
尤金·利特维克(Eugene Litvak)	13393
尤怡红	06040
尤建新	03621

尤承业　06937-06940
尤俊　14299
尤清　06314

车

车丽萍　00532,06998
车泠平　08093
车荣强　12490-12491
车晓东　14856
车晓波　07295
车焱　13218

巨

巨荣云　03239

戈

戈迪　12613

比

比-利恩·丘(Bee-lean Chew)　01947

切

切尼(Ward Cheney)　12538

瓦

瓦莱丽·穆兹斯基　06109-06110
瓦得马·弗沃德(Waldemar Pfoertsch)　03316

止

止庵　10899

日

日户浩之　02747
日立亚洲(香港)有限公司　15093

中

《中山医院志》编纂委员会　13419
《中文自修》杂志社　06407-06408
中田庆雄　01767,03306
中央党校第二届自然辩证法研究班俄语翻译组　05520
中民社区服务指数研究院　04104
中共上海市杨浦区委宣传部组织　10716
中共上海市委宣传部干部党员教育处组织　01489
中共上海市教育卫生工作委员会　01846-01847,06870
中共长宁区委组织部　10720
中共南通市通州区委党史工作办公室　12048
中共黄浦区委党校课题组　01561
中共德化县委宣传部　11898
中华人民共和国卫生部科技教育司　12994
中华人民共和国卫生部教育司　12988-12993
《中华成语词典》(大字本)编委会　07584
《中华成语词典》编委会　07583
中欧案例中心　03189-03191
中国专业硕士命题研究中心　04436-04440,04447-04448
中国文物保护技术协会　04959
中国对外汉语教学学会华东地区协作组　07762
中国老年大学协会课题组　07203
中国产业地图编委会　02705,03660,04709
中国抗癌协会肉瘤专业委员会　14423
中国证券业年鉴编辑委员会　15471-15477
中国社会科学院外国文学研究所外国文学研究资料丛刊编辑委员会　10974
中国社会科学院近代研究所近代文化史研究室　11573
《中国现代文学研究丛刊》编辑部　10187-10188
中国和平发展基金会　01419
中国《金瓶梅》研究会(筹)　10344
中国学术名著提要编委会　15482-15487
中国经济景气监测中心　02705,03660,04709
中国临床肿瘤学会　14423
《中国律师》杂志社　02239
中国统一战线理论研究会统战基础理论上海研究基地　01445
《中国索引》编辑部　05480-05487
中国教育工会上海市委员会　11887
中国银行山东省分行法律与合规处　02059
中国银行业监督管理委员会　04463
中国新闻教育学会传播学分会　05014
《中国新能源物流车发展报告》编委会　03763-03764
中国儒学与法律文化研究会　00178

中和 11656-11657
中科院上海应用物理研究所 06373
中根一穗 12857

内

内山知也 10350
内山精也 10314
内田满 01353,01708
内蒙古财经大学统计与数学学院 02804-02807
内藤湖南 11788

冈

冈田节人 12944
冈特·鲍利(Gunter Pauli) 02486

水

水谷启二 14478

贝

贝尔多(Bertaud, Madeleine) 12062
贝尔斯卡(R. Balescu) 12649
贝亚特丽斯·塔纳卡 11063-11067
贝聿建 08267-08268
贝时春 12271
贝里(D. R. Berry) 15235
贝拉·莫迪(Bella Mody) 04998
贝政新 03376,03435,03555-03560,04464,04467-04468,04474,04483,04535,04569,04608-04609,04690,04744,04915
贝品联 10924
贝瑟·塞拉(Bethan Psaila) 14355

牛

牛牛爸爸 06251-06254
牛永有 04269
牛光夏 05395
牛伟新 14218
牛宏舜 12897
牛国兴 14595
牛炎 15131
牛洁珍 09322
牛耕 10877
牛晓健 04717
牛健 07193
牛继东 15292
牛淑珍 03961,04267-04268,04504,04531-04532,04708,07007-07008
牛淑敏 08129-08130,08139-08140,08143-08144,08463,08694
牛静 05129-05130

毛

毛大立 02608
毛文芳 10111
毛世辉 03749
毛立群 00577,08327,08351,08575-08578,09099-09102,09188,09380-09381
毛华扬 03426
毛江森 11828
毛军权 01079,01198,01246,03101-03105,04626,05447
毛孙忠 13142
毛志强 02787
毛丽娟 13973
毛应铎 06790-06791
毛叔平 06819,15359-15360
毛昌淳 13571
毛忠英 09043
毛泽东 00002
毛经权 00943-00944
毛春 12963
毛美娟 06132
毛颂赞 05505,13173,13193-13194,13457
毛悦时 13044
毛家骏 12730,15408
毛娟虹 14609
毛梅兰 08461
毛维青 12039
毛程连 02512,02654-02655,02657,04265-04266,04314
毛策 12055
毛颖 14221,14365
毛群英 09032-09033
毛履鸣 07465

长

长广仁藏　03306
长田洋　03600

仁

仁荣军　08942

仇

仇云龙　08197
仇佣　04232-04233
仇雨临　03258-03259
仇保兴　03420
仇容　13675
仇德惠　14390

今

今井和子　05775

公

公今度　10786
公正财富项目组　02682-02683
公丕祥　01818-01820

月

月下和惠　05811
月光经典　10590

丹

丹·齐安姆帕(Dan Ciampa)　03243
丹尼·R.韦尔奇(Danny R. Welch)　14355
丹尼尔·莫斯(Daniel A. Moss)　00913
丹尼斯·舍尔曼(Dennis Sherman)　11537

乌

乌丽卡·凯斯特　11000-11002
乌焕焕　05814

卞

卞志敏　15277
卞洁　09060-09061
卞洁华　06117
卞琪　06202,06250
卞琳　01987
卞毓方　10528,10775

文

文大强　03121,03889
文巧平　08515,08854
文平耿　14904
文军　01571
文岩　06115-06116
文学报社　10720
文春玉　05732,13236
文前国　09332
文举　09756
文盛哉　11369
文跃然　03009,03027-03029,03272-03273
文森特·鲁吉罗(Vincent Ruggiero)　00355-00356

方

方小燕　03827
方广锠　00701
方卫　08591,09114
方卫平　09963,10015
方飞雷　08430-08431
方天培　05549,05606
方少萌　05988-05989
方仁工　06379
方凤　05645
方世忠　12186
方平　10966
方乐华　02062
方有林　07648
方有恒　04863-04864
方成　10853,11200
方成建　00003
方师师　15197
方刚　12249
方先丽　03457
方伟琴　08126
方传余　08632-08633,09228
方行　11570-11571
方会龙　13707

方军	11372,11734	计美娟	09157
方军爱	03601		
方军雄	03205	**户**	
方红梅	05742	户思社	11054
方志烈	14810		
方芳	09389	**尹**	
方丽萍	13345	尹大贻	00107
方针	11457	尹书亭	03379
方青云	03142-03143,03233-03234,03949-03950	尹平	13332
方林虎	01015,10728-10729	尹冬梅	00837,13416
方松华	00291	尹扬帆	08477
方明	06984	尹传兰	09920
方明生	00067	尹志文	10618,10625
方忠	11929	尹芳	02943
方玲玲	05036	尹苏	08908,09417,09423
方祖鸿	00067	尹伯成	02340,02344,02380-02390,02393,02526,
方统法	01218		02530-02532,02660,03643,04517,04891
方素珍	11044	尹良富	00903
方荷生	03610,04275	尹君	03061-03062
方破(Paul Fischer)	00424	尹苓苓	07720
方晓玲	14580	尹非	01193,02333
方卿	01289,05415	尹忠贵	14524
方涛	02786	尹胜娟	11292
方捻	11457	尹晨	04735
方梦之	07488-07489	尹鸿	05144
方唯一	14092-14094	尹翔硕	04118,04135-04137,04172,04177,04184,
方崇桂	02526		04195
方鸿辉	08252-08256	尹德刚	05162-05164,05195
方绪军	07761	尹燕萍	06874-06877
方维规	09929	尹燕德	02247
方博文	06652		
方朝晖	00301	**孔**	
方惠萍	03931	孔凡河	01313
方晶刚	00319	孔卫平	03808-03809
方道腴	14780-14782	孔本瞿	07071
方渝萍	08010	孔令文	02227
方瑞英	10662,12026,14550	孔令丞	02676
方蓓丽	05817	孔令涛	08055
方靖阳	10538	孔令瑜	13971
		孔华润(W. I. Cohen)	01787-01788,01790
计		孔庆东	10390
计从斌	06370,12698	孔庆生	14819-14820

孔良曼　12828-12829
孔宝刚　05691-05709,05826,05945-05952,06142,
　　09964,12253,13237
孔荀　15175
孔标　08000
孔炯炯　04152,04883
孔宪寿(Kong Xianshou)　13696,13698,14363
孔宪德　13465-13466
孔海立　10520,11953
孔祥军　05201,12144,12157
孔祥秋　15133
孔祥梅　14520-14521
孔娟　09700,09705,14703,15300
孔维斌　08381
孔繁定　02320,02473
孔曦　15422

巴

巴尔(Roger C. Barr)　12822
巴伦·李维斯(Byron Reeves)　05027
巴克兰德　05458
巴纳希·霍夫曼　00346
巴拉克·梅迪纳　01852
巴金　10763
巴特勒(K. H. Butler)　14785
巴桑次仁　14184
巴德考克(C. R. Badcock)　00107

邓

邓万里　02133
邓天白　01200
邓云塘　15369
邓月英　00917-00918
邓正来　00741,00817,00851-00864,00897,01497,
　　01817,02544
邓正来学术基金会　11895
邓龙高　09407,09409
邓仕伦　08926
邓光辉　02211
邓廷毅　11193
邓伟　13321,13834,14603
邓宇　14727

邓守真　14542
邓安庆　00144
邓红学　11569
邓志峰　00284
邓宏乾　03639
邓若伊　04951
邓英姿　08087
邓国民　05565
邓明以　11860-11861
邓秉元　05580,15426
邓建国　00916,04992,05009,05033
邓春晖　14668
邓香莲　01636,05461
邓俊丹　08493
邓彦龙　00963
邓娇娇　05827
邓艳华　06118
邓艳萍　06409
邓艳新　08959
邓晖　08769
邓涛　08510
邓淑莲　01732
邓惟佳　07842
邓惠明　06157-06158
邓辉　01920,01969
邓景发　12714
邓霆　02653,04654
邓穗欣　01651

毋

毋有江　12145,12158

五画

末

末之　11016

正

正冈子规　10943

甘

甘当善　04830

甘阳	05551-05556
甘志骅	14013
甘忠泽	01594
甘咏	08619
甘信仁	06584
甘莉萍	08543-08546
甘润远	02403
甘筱青	07723-07724

世

世茂集团	06267
世界卫生组织（WHO）	13100,13277,13658,13887

艾

艾·迪·多戈夫	12753
艾正家	04519-04520,04639
艾伦·B.卢卡斯（Ellen B. Lucas）	13298
艾伦·G.狄博斯（Allen G. Debus）	12212
艾伦·艾贝（Arun Abey）	00411
艾伦·罗森塔尔（Alan Rosenthal）	11469
艾芙琳·胡贝尔·史蒂芬斯（Evelyne Huber Stephens）	01289
艾伯哈德·顾鹤（Eberhard Guhe）	00300
艾青	09955
艾柏英	10659
艾晓明	10202
艾菲德·罗伯茨（Elfed Roberts）	03521,04023,09146-09148
艾雅尔·扎米尔	01852

古

古江	11998-11999
古厩忠夫	11760

本

本杰明·马丁	03120
本杰明·拉德克里夫（Benjamin Radcliff）	00389
本杰明·塞维奇（Benjamin Sevitch）	09153

左

左才	01272
左平	12254-12256
左伋	12791-12797,12868,13578,13729-13730,13733-13736
左曲美	09974
左玲俊	14474,14477
左品	02594
左健	10139
左葵	14913
左湘	14873

厉

厉力	02282,04217
厉声和	02892,02961-02962,03446-03448
厉璠	03498
厉曙光	13130,13144

石

石人瑾	02846,03737
石力月	05397
石川	11449
石见清裕	11698
石长顺	05342-05344
石玉峰	03023
石冬旭	11833
石尧忠	14053
石屹	11474-11475
石伟	03111-03112
石坚	08599-08606,08801-08802,08805-08815,08818-08828,09284-09294,09599-09600,09603-09604,09608-09633
石岚	14697-14700,14706-14709
石英中	10512
石林特	13597
石昊苏	01181
石知君	03924,04970
石荔	14184
石虹	13314
石美鑫	12019,13061-13062,14195
石洪波	02437
石洛祥	08305
石勇	01132
石莉	11692
石晓兰	13524

石冢忠雄　13186
石敏力　14901
石琴　13912,13919
石琪　11416
石瑛　03458
石琳　05109
石裕晶　04001
石碧坚　14139
石慧敏　07595
石磊　02631,03529,04462
石璞璞　07886

布

布兰查(K. Blanchard)　03080
布达(M. Boudart)　12720
布伦(G. J Bullen)　12675
布莱恩·M.马丁　00558
布莱恩·唐宁(Brian Downing)　02312
布莱恩·斯坦菲尔德　01217,03217
布鲁西克(D. Brusick)　14623

龙

龙卫洋　04836,04905,04909
龙飞　07742
龙玉国　04905-04906,04909
龙江　14336
龙芸　09585,13035
龙伯良　08696
龙启明　09259
龙英才　12684
龙俊睿　13411
龙耘　05174
龙晓明　08674-08679
龙凌　12686
龙婧　09974
龙婷　08940,08944,08953,09392,09810
龙榆生　10580

平

平郑骅　14667

东

东山魁夷　10959

东方电视台《健康天地》节目组　12020
东方相辉　01575
东方朔　00228,00231,00285
东亚文化遗产保护学会　04959
东荡子　10592
东南　06528-06529

卡

卡尔·B.波耶(Carl B. Boyer)　12451
卡尔·克劳(Carl Crow)　01682,03875
卡西莫·斑比　12633,12753
卡伦·桑德斯(Karen Sanders)　05218
卡伦·福克斯　12758
卡里·W.约埃　02539
卡罗琳·格温·科克利(Carolyn Gwynn Coakley)　00899
卡洛斯·普莱莫·布拉佳(Carlos A. Primo Braga)　04276
卡萝琳·M.庞德(Caroline M. Pond)　12855
卡梅伦·克罗　12065
卡意莱斯(M. A. Cayless)　14775

北

北尾吉孝　01691,04827
北京荣和教育儿童研究发展中心　06093

占

占归来　14017

卢

卢大川　05027
卢大儒　12870
卢小雁　04020
卢义民　09179-09180
卢元　06393
卢中洁　05754
卢仁顺　07877,07881
卢凤梅　12406
卢文丰　00541
卢文丽　10813
卢文莹　04342,04389,04583
卢文联　14864

卢玉玲	07979,08901-08902,09081
卢玉娟	13209
卢宁	12811
卢伟	05880-05882,13118
卢华	04582
卢关泉	00726
卢驰文	04870
卢志强	02615
卢丽安	07382-07390,07854,09164,11015
卢英顺	07331,07570,11906
卢忠	14491
卢佳士	14231
卢炜	01531-01533,01535-01537,07671-07672
卢玲玲	08180
卢思源	08257,08261,08502,09154
卢剑	10744
卢奕	14511
卢洪洲	13887,14056
卢起升	06276
卢莉	15258
卢根娣	13957
卢娟	05740
卢跃生	15209
卢皓	15169
卢弼	15441
卢勤忠	01923
卢蓓琦	06592
卢新予	05566,06002-06003,06072,15134
卢新华	10814
卢新海	03641-03642,03687-03688,03697,15327
卢福财	02514
卢毅	01297
卢鹤绂	12641
卢黛琳	15505

帅

帅民风	01578
帅宗文	14179

归

归青	10302

叶

叶卫华	08423,08519
叶子雄	07580-07581,07608
叶开	06207-06208
叶天放	01274
叶天萍	14963
叶文振	01055
叶文琴	13920,13924
叶玉成	10715
叶玉全	12323
叶正茂	03010
叶正欣	02295,03010
叶世昌	02550-02552,04815,15491
叶世涛	05308
叶令	12666
叶永烈	10688,10714,11946
叶圣利	02547
叶式辉	12220
叶亚林	05614-05615,05628,06138
叶亚玲	05710,05753
叶有明	03581-03582,04501,04771,04835
叶刚	03482
叶冲	15210
叶安宁	01336
叶如兰	00484,09168
叶红英	14158
叶孝信	02252-02254,15492
叶志弘	13793
叶志明	06895
叶志霞	13999
叶声扬	06750
叶利华	08728
叶秀牧	06700-06715,08449
叶迎春	12239,12241
叶张煌	07881
叶陈云	04567
叶陈刚	02860-02861,03460,04567
叶陈毅	03333,04515
叶青	01986
叶青青	05171
叶茂康	00951,07673,10713

叶国良	12102		
叶国盛	10131	**申**	
叶易	10454	申小龙	07326,07333-07335,07354,07509-07511
叶忠海	01242,05562	申广志	10738
叶念琛	10620	申开来	06636,06720-06721
叶泽秀	13076,13726	申朴	04153
叶定伟	14379	申泽宇	04096,15283
叶建芳	07959-07960	申宗侯	12826,12940
叶春华	05090	申相振	01785
叶春明	15331	申修福	10553-10554
叶南	13404	申钰希	04489
叶映榴	10514	申琦	02171
叶秋玲	14216	**田**	
叶叙理	05080	田力男	08962
叶根发	11719	田山花袋	10957
叶隽	09911	田义勇	10067
叶诸榕	13667-13668	田水晶	00704
叶娟丽	00389	田长春	03713
叶萌	13163,13914,13918-13919,14004	田凤晴	10929,10934
叶银忠	03672	田文华	13075,13362-13363,13411
叶敏	14278	田方	01456
叶琼丰	05060	田双林	13525
叶博文	04868	田丙强	01087,04164
叶斯水	03138,03156,04057	田立	05151
叶敬棠	12566	田立军	02091-02095
叶敬德	04050	田永波	12946,13097,13753
叶葶葶	13063-13064	田尻利	15508
叶朝阳	13878-13879	田地人	10014
叶朝良	11814	田亚曼	11081
叶辉	08190	田光远	00341
叶舒宪	01238-01239,10422,15241	田刚	06751-06752
叶善根	03722	田全金	10973
叶渭渠	10949	田汝康	00422,00570-00571
叶鹏	10901	田芬	02969
叶颖	07487	田国栋	13834
叶新	08697	田侃	02005-02006
叶翠娣	15509	田建广	14204
叶慧超	04700	田星	09046
叶磊	06871	田秋生	05255
叶德辉	05490	田保传	01933,02244
叶露	14582	田洺	12774

田耕旭	11369	史壹可	11404
田素华	04703,04731	史蒂夫·桑得贝里(Steve Sem-Sandberg)	10998
田桂荣	08250	史蒂夫-塞姆-桑德贝里	10997
田晓苾	06193	史蒂文·吉隆(Steven M. Gillon)	11800
田凌晖	05660	史景星	01082-01083,02770
田悦芳	10393	史慧静	13247,13253,13311,14515

冉

冉贵生　07109,10823
冉海勇　08101

田彬　08168-08169,08172-08173,08176-08177
田野　03799
田银华　02449
田惠宇　02058
田辉　02982,03267-03269
田慕贞　13711

禾

禾木　07784

史

丘

丘东平　10523
丘仲文　03510
丘祥兴　12998

史万钧　04565
史万震　15264
史小兵　03605
史卫华　05496
史历　12336,12545
史凤春　08188
史文清　01911,02075,02104
史正富　02341
史可侃　07145
史东辉　02433
史叶菁　04512
史冬梅　08740,13022,13769,13913
史多丽　03587
史志南　09156
史志康　09161
史苏佳　12616
史岚　02245
史良昭　10324-10325
史其林　14249
史迪芬·E.卢卡斯(Stephen E. Lucas)　07421
史忠义　07344
史宝凤　05732
史建刚　14258
史建期　07457
史奎雄　13254
史钰军　12051
史爱芬　00527,02156,06139,06167
史密斯(D. Smith)　15430

付

付一书　04469-04471,04706
付小明　09160
付友和　15292
付从惠　01518-01520
付亚和　03020-03022,03209-03211
付有龙　08998
付同青　02903-02905
付庆莲　08162
付红玲　01390
付志宇　05639
付芳　00553
付松岩　10646
付国庆　06097-06098
付畅一　00086
付明明　15282
付晓光　05049
付菊　04906
付瑞琴　12464
付臻　12194

代

代晓明　13248-13249

代懋　01245,02143

仪

《仪器分析实验》编写组　12735

白

白人立　08213,08251
白小燕　15213
白川英树　12054
白永权　09445-09446,09451,09453-09456,09783-09784,09788,09790,09792-09795
白红义　05094
白玥容　15242-15243
白春学　14116,14128
白玲　12840-12841
白美淑　05934-05938
白洁　03253
白勇　13275
白莲　05058,11408
白根元　08239
白润生　05236
白梦　10645
白雪　08740,09534
白雪峰　15048-15049,15071-15072
白晨　13123-13124
白瑞夫（Raf Adams）　00401

从

从健　13136
从超　04036

印

印晨晖　02839
印堃华　03380

乐

乐延　04647
乐英红　12723-12724
乐柯健　08585
乐美龙　03053
乐艳芬　02917-02920,03411-03412
乐峰　11244
乐琦骅　14516,14558
乐毅　06301
乐黛云　09891,10473

包

包世宏　14103
包礼祥　11134
包亚明　00474
包亚钧　02612
包幸生　14733
包季鸣　02988,03219-03220,03242,03254
包科刚　03410
包闻亮　14830-14831
包雪声　13559-13560
包惠珍　06997,07011
包辉英　13577
包慧怡　09997

邝

邝保威　11413-11414

立

立行　02195,02207

冯

冯・卡门　12069
冯・赖特　00327
冯丁武　14881
冯大雄　06531
冯小军　15226
冯戈　00238
冯予力　07449
冯玉荣　13070
冯正仪　13960-13961,14161-14163
冯至　10531
冯伟国　03959
冯伟雄　04052
冯兆中　02894
冯军勤　12624
冯异　13635
冯进　00977
冯芸　06277

冯克利	01876
冯克明	08458
冯秀红	07849
冯亨中	06763
冯应谦	05079
冯忻	06762
冯际虞	06328
冯玮	04960
冯奇	07462,08226,08340,08539,08541,08990
冯叔君	02662,03890,04106－04109,04242
冯贤亮	00422,11704,15400
冯国珍	01067－01072,04037－04038
冯忠秋	02152
冯金牛	00848
冯金华	02327
冯金伯	10541,11977
冯宗忱	12832,12848
冯宜勇	08071
冯建明	13009
冯承洛	08019,08989,09206
冯玲	11315
冯胜文	15265
冯恂	04744
冯宪中	02560
冯宪光	09870
冯桂尔	15062
冯晓源	13836－13837,13842－13843
冯隽	05298
冯凌琴	09201－09203
冯浩	03631－03632
冯菊萍	02182
冯彩霞	08614
冯逸舟	04108
冯琦琳	07111
冯斌	15126
冯善萍	07848
冯蓉	08202,08850
冯溶澄	06117
冯慎宇	03166－03167
冯静	01681
冯豫	06697－06699,07090,08045－08046,08540,08542,08991－08992,09077,09374,09378－09380,09382
冯臻	11215,11225
冯霞	04376
冯缵冲	14288,14292,14295－14296
冯耀增	12049

兰

兰少宪	08083
兰伟	14990
兰芳	06041
兰钊	12249
兰保民	00264
兰逸尘	10576
兰博约（John H. Langbein）	01932

汉

《汉语成语小词典》编委会	07577
汉娜·施拉姆·克莱	03890
汉斯-尤格·施密特（H. J. Schmid）	07348

宁

宁云中	07103
宁玉红	14769
宁寿葆	14314－14315
宁忠平	14084
宁波宇泰软件开发有限公司	03421
《宁波词典》编委会	12135
宁树藩	05305
宁康健	13001
宁静	13009
宁翠叶	07235,08230

让

让-弗朗西斯·马蒂（Jean-François Mattei）	12940
让-皮埃尔·科恩（Jean-Pierre Coene）	04033

永

永井猛	03601

司

司坡	06305,06394
司佳	00729

司春林　02448,02762
司显柱　07616
司保峰　12113
司徒达贤　03113
司凌云　15363
司淑梅　14790

尼

尼古拉斯·L.吉奥加卡波罗斯　01854
尼古拉斯·盖恩(Nicholas Gane)　05052
尼尔森(Jens Als-Nielsen)　12653
尼克·库尔德利(Nick Couldry)　05053

民

《民法教程》编写组　02162

弗

弗兰克·J.古德诺　01716
弗里(Mark Foley)　07812,09208,09211
弗里德里希·基特勒(Friedrich Kittler)　15189
弗里德里希·温格瑞尔(F. Ungerer)　07348
弗里德利希·冯·哈耶克　02544
弗拉第米尔·塔西奇　12245
弗洛德·赫兰德　11005
弗朗西斯·雷卡纳蒂　07347
弗朗索瓦·基佐(François Guizot)　01701
弗雷费尔德(D. Freifelder)　12864
弗雷德里克·希恩(Frederick J. Sheehan)　12063

加

加兰·E.艾伦(Garland E. Allen)　12774
加利亚·范德卡尔(Galia van der Kar)　06100
加拉格尔(Fiona Gallagher)　07863

皮

皮门特尔(E. Pimentel)　14362
皮凤英　07003
皮石　12753
皮红英　13999
皮埃尔·杜坎　15287
皮骏　03348-03349
皮燕萍　09281

边

边华才　03643
边善裕　15191
边露　07645

幼

《幼儿英语教育活动指导》编写组　05874
幼师口袋　05755,11282

六画

匡

匡小平　02511
匡乐满　12574-12576,12583
匡健　03832
匡爱民　02335

邦

邦尼·L.朱丽安妮(Bonnie L. Drewniany)　04002

刑

刑新宝　06342

邢

邢小红　13968
邢本香　14029
邢永杰　03229
邢邦志　00554
邢华　02796,02805
邢志远　08264-08265
邢丽菊　00299,00933,03720,11784-11785
邢佶秀　03963
邢周凌　03037
邢育健　13091
邢春丽　15189
邢保华　05787
邢艳梅　04071
邢悦　01741
邢培健　11063-11067
邢雷　03278

戎

戎计双　05748
戎默　10512

寺

寺地遵　01665
寺岛实郎　11780

吉

吉川幸次郎　10257-10258,10307,10960-10961
吉尔·杜阿迈尔(Gilles Duhamel)　13368
吉加-姆阿达苏(G. Djéga-Mariadassou)　12720
吉传旺　13500
吉红卫　09174
吉姆·斯坦塞(James McNeill Stancill)　03390
吉姆·锡布利(Jim Sibley)　06898
吉顺如　15007
吉莉恩·霍洛韦　00983

托

托马斯·E.斯塔泽(Thomas E. Starzl)　12070
托马斯·L.汉金斯(Thomas L. Hankins)　12219
托马斯·S. C.法瑞尔　07801
托马斯·尼科尔斯　00348
托马斯·哈格　12067
托马斯·潘恩　11795
托尼·杰瑞(Tony Jeary)　07444

考

考斯克·巴苏　02334

老

老舍　06197,09871,10641
老鼠皇帝　10907-10909

巩

巩晓亮　05365

共

共青团上海市浦东新区委员会　01392

亚

亚历山大(L. G. Alexander)　09062-09063,09068-09074
亚当·马凯(Adam Makkai)　08266
亚当斯(F. Adams)　12745
《亚振年志》编撰组　03774

朴

朴子京　05914-05919
朴安罗　05909-05913
朴秀晶　05959-05961,05963,05967
朴保荣　12916-12917
朴泰均　11784-11785
朴慧莉　07567

权

权家敏　04181

过

过启渊　01020
过聚荣　03441-03442,11905

西

西日本新闻社　15249
西田文郎　00560
西蒙·科特　05058

在

在职攻读硕士学位全国联考命题研究组　09200

有

有本章　07093

达

达世新　10529
达庆东　01829-01830,01903,02002-02006,02017,02019,13286,13357-13358
达芬·霍博腾(Dagfinn Høybråten)　11006
达热尔·海斯(Darrell C. Hayes)　00932

列

列夫·托尔斯泰　10985

列奥波德·冯·兰克　11544

成

成令忠　13636
成均馆大学东亚学术院大东文化研究院　11701
成芬　06958,07833-07836,08223-08224,08987-08988,09198-09200
成玮　10255
成林　01330
成富磊　02258

迈

迈克·费里恩(Mike Flynn)　12749,15434
迈克尔·多恩(Michael Doane)　03166-03167
迈克尔·里杰斯特(Michael Regester)　00942
迈克尔·波兰尼(Michael Polanyi)　04359
迈克尔·威特金斯(Michael Watkins)　03243
迈耶(J. M. Mayer)　14664

毕

毕小龙　00914
毕尔斯　11088
毕汉辰　10536
毕向群　09458-09459
毕星　02826
毕耕　07643
毕哲浩特(Olav Bjerkholt)　15388
毕颖文　14507
毕新丁　00572

此

此本臣吾　02747

师

师旭亮　13039
师英强　14423
师前　06367,06782
师娟子　13598

光

光大期货有限公司　04572

早

早早　10942
早稻田大学商学部商务经济学研究协会　03871

曲

曲卫国　05145,07368-07381,07450,07471,12116
曲永锋　07915
曲丽娟　09542,13020
曲艳杰　13238
曲振涛　02523
曲喻鹏　09772

同

同济大学附属东方医院　13366

吕

吕一林　03934
吕长江　02928
吕文元　03299
吕文升　05549
吕传真　14432
吕旭明　04354
吕兴业　07902-07903
吕军　01223,01643,13224,13382
吕红波　09597-09598,09601-09602,09605-09606
吕志伟　12406
吕克·费雷　00121
吕灿　08156-08157
吕叔湘　07604
吕明　10016
吕忠梅　02147-02148
吕佳　04183
吕京宝　06999
吕宝兴　06747
吕建中　13942
吕建昌　14673
吕俊　07491
吕亮球　09741
吕炳斌　01331
吕洁　03004
吕晓明　11393-11394

吕晓航	03265
吕晓敏	08670
吕晔	08346
吕健	02617,04948
吕继红	04029,04031
吕探云	13943-13944
吕焕斌	10725
吕琰	02046
吕越平	10043
吕晶晶	09006
吕景胜	02103
吕媚媚	11314
吕蓉	02121,04022
吕新雨	10068,11007
吕群	14623
吕慧芳	06204,06400-06401,07028-07029
吕增根	06343
吕震邦	10542,10553-10554
吕巍	03117,03347

朱

朱一新	11755
朱丁	07789
朱三元	03768
朱大为	06339
朱大年	12809,12814-12815,13633,13643
朱大章	15317
朱万森	12693,12736
朱小禾	11131
朱小怡	05515
朱义禄	00179
朱之文	01470
朱天	05235
朱天红	06295
朱天赐(Hamilton G. Schoon)	07305
朱元午	03388
朱元业	13620
朱云平	12781
朱云高	04676
朱从玖	04641,04775-04790
朱丹江	08294
朱文生	04681
朱文华	10167,10285,10521,10525,11804,11869
朱文忠	12056
朱允伦	12630
朱玉连	14445
朱巧莉	06585
朱正	11916
朱正圻	04060
朱正琳	00815
朱世亮	14136
朱世能	13269,13561,14351
朱世盛	12740
朱世镐	04248
朱东润	07741,10137,10408-10409
朱叶	03462-03466,03484-03485,03585,04496,04685
朱冬梅	09032-09033
朱立人	01362,01791
朱立元	00431-00432,00445-00446,00450,00458,00471-00474,00843,09882,11661
朱立立	08862-08863,08874-08875,08880
朱立纲	04601
朱汉民	13205-13206,14174
朱汉敏	14767
朱永生	07345,07811,11662-11663
朱永新	00814
朱民	02402
朱弘毅	02825
朱弘鑫	02814
朱圣明	01501
朱式蓉	11915
朱吉	14202
朱吉庆	03591
朱吉政	06276,07747,07750,07753
朱扬勇	12884,14973-14974,15216
朱亚南	13296
朱亚琴	14532
朱尧刚	05351
朱光甫	10599
朱光潜	09923-09924
朱刚	07624,09928,10153-10157,10305,10309,10314,10452
朱廷辉	02859

朱伟	12968		00914
朱伟强	13801	朱迪·豪威尔	00909
朱伟群	13516	朱忠焰	09172
朱传贤	00919	朱鸣雄	01485
朱自清	10138,10421,10770-10771	朱金花	08377,08541
朱会冲	03669	朱金武	13538
朱会耕	13390	朱炜敏	13553
朱旭	13908	朱波	11718
朱旭东	03595	朱治远	13610-13612,13631
朱旭强	04602	朱学炎	12355
朱庆之	07516	朱学勤	11502
朱庆安	03738	朱宝荣	00486,00556,05526
朱关法	10501	朱定良	12933
朱关珍	14284	朱建艺	01359
朱红	10079	朱建中	11443
朱红华	14032-14033	朱建华	14561
朱红军	04559	朱建英	13920
朱红梅	10251	朱春阳	01516,04979,05248,05290
朱运松	12831,12872-12873	朱春奎	01264,02500
朱志凯	00151,00372-00373	朱茜	08521
朱志荣	07507	朱荣恩	02974,03584
朱志强	01186,03904	朱荣毅	12657
朱克强	01088-01089	朱荫贵	02735,14738
朱丽萍	13231,14304	朱虹光	12833,13676
朱利安·沃姆斯利(Julian Walmsley)	04680	朱钧侃	03288
朱伯康	02728,10695	朱秋沅	02185
朱言文	01482	朱顺龙	12077
朱良	02768	朱修春	11770
朱启钤	15446	朱俊河	05372
朱启镕	14319	朱俊峰	01498
朱幸福	12196	朱彦明	00315
朱林春	05518	朱洪	14939
朱杰人	00277	朱恒夫	10616,11142-11146
朱奇	14646-14647	朱骅	11074
朱国宏	00850,01062-01063,01065,01461,01615,02499,02522,02525,15397	朱耘	12663
		朱泰英	12354
朱国荣	11246	朱珠	05775
朱国顺	10718	朱振民	14640
朱明	11153	朱莉丽	11705
朱明权	01760	朱莉娅·克里斯蒂娃(Julia Kristeva)	07344,07401-07402
朱明德	13207-13208,13856		
朱迪·范斯里克·杜克(Judy VanSlyke Turk)		朱莉莉	00425,03014,11977

朱莹	00882,06191	朱道云	12623-12624
朱莺	01894	朱道立	01129,03335
朱桐	14560	朱瑞博	02519
朱砾	12427	朱勤	15409
朱晓江	10416,13076	朱勤奋	05806-05809
朱晓明	00844,03202,03251,03312,03356,03772,03863,04244	朱勤忠	14204
		朱锡明	09118
朱晓奕	05351	朱锡琪	14236
朱晓强	15114,15119	朱锦花	10251
朱晔	05589,07842,08002	朱颖	05128
朱豹	10512	朱新山	01340
朱涛	03152,09782,10745	朱新民	00093,00343,00371
朱浩真	10323	朱福	14443
朱海滨	00579,01662,12133	朱潇潇	11987
朱家角镇人民政府青浦县地方办公室 12190		朱察卿	10512
朱家珠	14428	朱慧	02111
朱祥和	12363	朱慧敏	09150
朱萍	02767-02768	朱震一	06478,06608,06694-06695
朱盛镭	04190	朱震亨	13570
朱崇志	11368	朱镇邦	03730
朱银宇	10404	朱德林	04405
朱敏彦	00400,11824	朱德邃	08015,08999
朱翊	07902-07903	朱潮	12971
朱翊照	03397-03398,03673-03674	朱燕	11059-11060
朱焕章	13870	朱臻雯	00479
朱鸿博	01809	朱禧星	14159
朱淑珍	04710	朱耀明	07145
朱淳良	07640	朱耀庭	04272

竹

竹内郁郎　05088

乔

朱维君	12618
朱维炳	06372,13663
朱维铮	00286-00287,00762,11529-11530,11635-11637,11885,15427,15450
朱琦	09975
朱琼	03199
朱联璧	01707
朱葵	11798
朱雄增	14352-14353
朱紫青	14475
朱辉	05222,15246
朱景立	15134
朱景伟	03918-03919
朱景琪	03139

乔·韦斯特(Joel West)　03307
乔·史塔威尔(Joe Studwell)　12051
乔·克拉兹(Joseph Cruz)　05528
乔长森　07028-07029
乔文湘　01921
乔节增　02803-02804,12407
乔刚　07501,07636
乔传卓　14578
乔伊·哈克姆(Joy Hakim)　11796-11797

乔孝冬	10352	任引津	14185
乔国强	10034	任正刚	14406
乔明文	08914	任宁	13037
乔明选	08116-08117,08581-08584,09052,09055-09056	任西根	14057
		任众	10930
乔忠芳	10821	任江波	02515
乔治·C.桑顿三世	03002	任军锋	01254
乔治·巴萨拉(George Basalla)	12216	任远	01060,01064,01573,03036,03647,03651,08420
乔治·艾略特	11037	任志宏	11290
乔建华	14694,14696	任秀岭	11346-11348
乔桂明	02569-02570,04666,04892	任杰	05653
乔晓妹	08232	任国臣	12312
乔梅	14213	任昌华	06011-06012
乔雪瑛	12195	任治稷	10556
		任学芳	14015
伍		任定成	12219
伍支贤	03897	任建国	05422
伍长征	14802,14805	任拴平	11857
伍世安	02490	任荣伟	03393
伍华佳	03244	任荣军	08131,08159-08161,08956
伍忠贤	02521	任茹文	10181,10225
伍京华	00965,14987	任胜钢	03476
伍柏麟	02340-02342,02357-02360,02401,02478,03532,03543	任艳林	02811
		任晓	01748,10879
伍思静	07347,07448	任晓涛	03218
伍贻康	02595	任晓琴	05835
伍键	06932,06934	任晓辉	01248,05665
伍静	04984	任继祖	07272
伍蠡甫	09878,11133,11170	任雪花	08357
		任常毅	09847
伏		任裕海	08233
伏尔更斯坦(М.В.Волвкенштейн)	12859	任新建	04243
伏爱国	04758	任福尧	12261,12461-12462
仲		**伦**	
仲骏	14539	伦丰和	06403
仲梁维	15188,15207	伦淑新	05834
仲富兰	05361-05362,10717,12103-12106	**华**	
任		华小宁	03096
任天	06996	华中一	08276,09179-09180,12221,12231,12665,12742,14676
任火	07566,11864		

华平生 04051
华东地区大学出版社工作研究会 05407
华东地区高等院校自然科学学报编辑协会 05225
华东师范大学国际儿童教育研究中心 05714-05717
华东师范大学思勉人文高等研究院 00821
华东城市电视台新闻协作研究会 05400
华东政法学院宣传部 10680
华东科学基金管理研究会 05542
华宁 12928
华民 02341,02510,02554-02555,02561-02562,
    02576,02606,02731,04197
华伟 03630,04516
华伟明 12723-12724
华宏鸣 01204,04896,05540
华英雄 00504,01203
华国清 06292
华忠弋 00987
华金标 07748
华学诚 07700
华宣积 12282,12479-12480
华凌昊 04753
华润JCI医院管理研究院 13174,13344,13356,
    13370-13371,13378,13389,13392-13393,14584,
    15318
华焱坤 13454
华嘉增 13229-13231,14304
华璋(John R. Watt) 13404
华燕 08098,08244,09336

伊

伊丽莎白·克劳丝·特拉格特 07458
伊姆雷·拉卡托斯(Imre Lakatos) 12249
伊莎贝尔·格林伯格(Isabel Greenberg) 12750
伊恩·艾瑞斯 01894
伊恩·麦克马斯特(Ian McMaster) 04123
伊野孝行 11549,14308
伊铭 04142
伊彩霞 09993
伊森豪尔(T. L. Isenhour) 12684
伊藤实千代 12052

向

向丁丁 08416,09665

向玉青 05571
向宇 12938-12939
向荣 00566
向洪全 10231
向嫣红 08058

后

后藤纪子 05810

全

全志勇 12400
全国金融联考命题研究中心 04420-04421,
    04446
全国高考命题研究组 06310,06312-06314,06317
全国部分高校师资工作联络会 06979-06980
全国管理类硕士研究生入学考试命题研究中心组
    06913-06916
《全笔顺同义词近义词反义词组词造句词典》编委
    会 06400
全增嘏 00302

名

名古屋工业大学厂长培训部 03305
《名医大会诊》节目组 13766

多

多米尼克·萨尔瓦多(Dominick Salvatore) 00868,
    02559,04382
多丽斯·A.格拉伯(Doris A. Graber) 01317
多湖辉 05604

邬

邬华良 02214
邬丽宏 08591,08801,08805,08818,09284
邬国平 10125
邬国孚 01805
邬性宏 07941,09047,09122-09124,09139-09140
邬建根 12655
邬星根 03074
邬展霞 02841
邬璟璟 02489

冰

冰心　　10748

庄

庄义大　　12440
庄立臻　　12098
庄汉盟　　03519
庄庆琪　　14598
庄志兴　　06696
庄园　　06874-06877
庄利铭　　02889
庄序莹　　01310-01312,02513,02654,02657,04314
庄国雄　　11509
庄金锋　　04093
庄奕琦　　00129,02345
庄振华　　00344
庄起善　　02556-02558,02573,02757,04831
庄起黎　　06322
庄容坤　　12305-12307
庄陶　　00731
庄菊池　　11380
庄淇铭　　07233,07810
庄智象　　05421,08212
庄锡昌　　05511
庄德君　　09119-09121

庆

庆旭　　11204,11217

刘

刘力　　06889
刘士国　　02170
刘才栋　　13604-13605
刘大杰　　10432,10444-10445
刘万伦　　00518-00519,05614-05615,06138
刘万霞　　02806,12398
刘小卉　　03058,03065
刘小平　　13071
刘小枫　　10030
刘小俊　　10955
刘小瑜　　02784

刘凡丰　　05523
刘卫　　14519
刘卫东　　03683,03705,04168
刘子馨　　02499,03093,03731,04132-04133,05408
刘飞　　13994
刘飞兵　　08111-08114,09020,09029
刘开颜　　03904
刘天一　　14212,14231,14503,14529
刘天舒　　14138,14391
刘云　　07539
刘云腾　　07893,07895,07897,07899
刘友女　　01350
刘日宇　　05363,05380
刘日明　　01833
刘升智　　11308
刘化驰　　13384
刘月　　01677,06841,12004,15301
刘丹凌　　05250
刘凤兴　　08942
刘凤侠　　08110,08642-08645
刘凤瑞　　00738
刘文龙　　11802,12072,12858
刘文华　　14528
刘文杰　　03120
刘文国　　03451,04386-04388
刘文祥　　06591
刘文燧　　02468
刘予苇　　11787
刘双红　　04403
刘书博　　03196
刘玉平　　04418-04419
刘玉珍　　04391,05446
刘玉梅　　01115-01116,07211
刘玉霞　　08182
刘世文　　09256
刘世军　　01343
刘世忠　　03321-03322
刘本仁　　01832,02001,11715-11716
刘龙根　　07347,07448
刘平　　00422,04729,04817
刘平养　　02669
刘东宁　　07292

刘东昌	01387	刘庆雪	07878
刘旦初	12679-12681,12684,12687-12688,12721	刘庆富	04791
刘白璐	03548	刘亦春	08512
刘令燕	06133	刘江煎	03600
刘冬学	15322	刘汝明	06348
刘冬敏	14721,14725	刘汝荣	08380,08513,11745
刘立平	14723	刘兴党	14541-14542
刘宁	02409,06927-06928	刘兴勤	01000
刘永红	09575	刘守刚	04262,04312-04313,04349,04351
刘永涛	01750,01791	刘军	08155
刘民英	04045-04046	刘军梅	02630
刘弘	10704	刘如溪	10812
刘圣中	01504	刘观华	14642-14647
刘亚非	07890-07891	刘红忠	04582,04795
刘亚威	12359-12360	刘红春	14139
刘亚娟	01608	刘红梅	02028,02488,02855-02857,04295,04305
刘亚辉	07018	刘红霞	04869
刘百鸣	01249	刘进波	12458
刘百祥	14970	刘远航	07267
刘光奇	12439	刘孝艳	12478
刘光溪	04282	刘志民	07292
刘同旭	04258	刘志刚	01834,01858,01880-01881,01990,01993, 02192,02225-02226
刘同玲	00993,15372	刘志远	03366
刘同舜	01803	刘志荣	10180,10222-10223,10236
刘屹	00716	刘志宣	05189-05190
刘先珍	09225	刘志勇	12243-12244
刘先霞	12504	刘志祥	12006
刘伟	01513,07889,09930	刘芹	08482,09580,13981
刘伟伟	01556	刘克静	08163,08165
刘伟志	13751	刘苏力	08966
刘伟奇	04167	刘杨	04126
刘伟萍	13995	刘丽	09118
刘华	02959,02970	刘丽云	05762
刘华云	11168	刘丽珍	03975,04513
刘华富	14996,15008	刘丽洁	07887
刘向东	02313	刘丽颖	11177
刘会齐	02616,03222,03870,15387	刘园	04165,08167
刘兆平	13134	刘岗	08514,09576-09578
刘旭东	01357	刘钊	12091
刘旭光	01557	刘利民	08918,08924
刘庆平	02548	刘秀忠	03245
刘庆红	03545		

刘秀玲	05815
刘兵	07245-07246,08019,09206
刘伯龙	01422-01423,03692-03693,03703
刘伯宁	14286
刘伯奎	07716
刘希贵	02241
刘希涛	10596
刘谷金	03365
刘迎接	13153
刘言浩	02161
刘沁清	01006,04677-04679
刘宏	01768,08557,08560
刘宏照	11681
刘启华	04981
刘君	05039,05043,05052,05056
刘青	12029
刘英杰	04931
刘英涛	00933
刘英琴	03812
刘松来	10005,10244,11917
刘松柏	06349
刘松博	01089,03391
刘卓宝	13978-13980,14045
刘国全	09183-09186
刘国庆	09579
刘昌明	05532
刘畅	10042
刘昕	05739,06131,06187
刘明	07888,13021
刘明今	10108
刘明东	08086,08111-08114,08405,08481,08766-08769,09255-09258,09646
刘明华	06840
刘明宇	02515
刘明忠	08475
刘明波	00479,05600
刘迪先	05828
刘忠	13284
刘忠武	07277
刘忠坤	11997
刘岩	09708
刘和平	07476

刘和海	07194
刘季平	15457-15458
刘季星	10980-10981,10983-10985
刘秉文	12832,12848
刘岳江	07267
刘佩芝	07529
刘金义	14586
刘金旺	12403-12404
刘金玲	08558,08930
刘放桐	00104,00339
刘波	04405,04465-04466,04762
刘泽华	11562
刘泽海	08380,08513
刘怡	01617
刘学礼	00014,05525,12778,12780
刘学明	08557,08560
刘宝	02684,04898,13334,13409
刘宝才	07876,07880,09570
刘宜	08719-08720
刘建中	00990,01435,02921,02939
刘建文	14102
刘建民	01857,02072-02074,02099,02120,02161
刘建军	01195-01197,01342,09941,14145
刘建志	00415
刘建明	10159
刘建荣	00551-00552
刘建洲	01189,04114
刘建珠	08861,08867,08870,08873,09329,09690
刘建梅	07196
刘建德	02060
刘承功	03707,11994,15460
刘承健	12864
刘妮	04084
刘绍忠	08565-08566,08568-08569
刘绍庭	03415,04011,04017-04018
刘绍铭	10340
刘春生	07660-07662
刘春发	13186
刘春波	08085,08935
刘春荣	01503,11006
刘珍熙	05903-05908
刘玲	03675

刘相滨	12582,14894 – 14896,14977 – 14980	刘真理	01579
刘柏林	11668	刘桂明	02239
刘树军	06378	刘桂梅	04873
刘咸	12930	刘原	10572
刘咸璋	13939 – 13940	刘晓宇	13736
刘厚钰	13852	刘晓红	05188
刘显睿	01514	刘晓芳	09310
刘星汉	01265	刘晓苏	01325
刘虹	07091	刘晓宏	02808,03392
刘科	00323	刘晓明	07713
刘顺厚	06872	刘晓虹	00904,13941
刘保池	13870	刘晓菊	14586
刘保海	13075	刘晓菡	14732
刘衍光	12717	刘晓慧	05320
刘剑	04666	刘晓鹰	05597
刘亮	02695,04509,04739	刘晖	05150
刘亮程	10809 – 10811	刘恩华	15089
刘彦哲	13767	刘积良	14337
刘彦娟	08096	刘健	03777,07241
刘美兰	08056	刘爱东	03449 – 03450,03474
刘美岩	07803	刘逊	04624
刘美霞	15420 – 15421	刘凌	05749
刘洪涛	09999	刘效群	14819
刘洪新	07885	刘涛	01344,02945
刘济良	06144 – 06145	刘海林	12995
刘济雨	10871	刘海贵	05093,05127,05162 – 05167,05176 – 05178,
刘洋	03886		05200 – 05205,05251 – 05252,05292,05316,10407
刘宪权	01923	刘海虹	03218
刘祖望	15100	刘海燕	02936 – 02938
刘姝睿	10797	刘海霞	07797,09283,11947
刘耘华	09895 – 09901,09909	刘润	07112
刘艳	09581 – 09584	刘祯	11374
刘艳群	09313	刘娴	15433
刘泰福	14368	刘翀	08762 – 08765
刘秦中	05680	刘梅花	14027
刘素华	14874	刘爽	07321,08955,09509
刘振民	13444	刘雪生	02863
刘振忠	07291	刘雪影	01255
刘振栋	15200	刘常青	02548
刘莉	09254	刘崇兴	04772
刘茏	10653	刘敏	05168,06018
刘莹	08579	刘象愚	09894

刘康德	00138,00235,00265,10632,13192	刘福泉	10220
刘清平	00399,00476	刘群	05116
刘清早	07247	刘殿刚	13435
刘淑颖	08383-08384	刘静	06652,06654
刘婧	11105,11112,15419	刘静贞	01665
刘婧婧	01567	刘碧英	07061
刘婉立	02882	刘韬韬	14137
刘绪源	09969,10427	刘嘉	03354
刘琴	14892-14893	刘翠兰	01525
刘琳	10221	刘慧	07886,09257,09313
刘琳娟	11092	刘瑾辉	00216
刘琢	09311	刘鋆	00216
刘越泽	13365	刘磊	13647
刘超	13006	刘德水	00147
刘超先	07884,09574-09575	刘德光	02081
刘雯	07963-07964,07978,08899-08900,12794, 12800,13639,13734	刘璟	01721
刘辉	08494	刘燕	08500-08501,13604
刘辉兵	01604	刘燕飞	14618
刘晶	11087	刘燕侠	07913
刘景芳	14164	刘薇群	13962,13964,13966
刘锋杰	09920,10392	刘薇薇	15225
刘鲁浩	03068	刘穆庭	01604
刘斌	03890,03965,04105	刘燊	02168
刘道宽	14432	刘巍明	01372
刘湘云	13152,14313		
刘富君	01523-01524	**齐**	
刘禄玲	02548	齐元沂	01167-01168,05477
刘强	10380,10631	齐加新	05536
刘瑞梓	13725	齐亚丽	00561
刘勤	00886	齐光	01664,11751
刘蒙之	00907	齐安甜	04504,04708
刘鹏	04721	齐安儒	00128
刘颖	00981,12833,13678	齐沪扬	07495-07496,07765,07770-07772
刘新民	11012	齐春燕	12402
刘新和	12319-12320	齐翀	13540
刘新春	14581	齐超	07289
刘歆	08536	齐锐凌	05058
刘满芸	07477	齐霁	06306-06307,06312
刘源	14563		
刘源甫	08344	**衣**	
刘福官	13551	衣川贤次	00649-00650,07587

闫

闫红	10369
闫红菊	08245
闫凯蕾	10513
闫炘	01413
闫海生	14692
闫晶怡	04155
闫静	06153

羊

羊凯江	07139

关

关大勇	12626-12627
关昊	06919
关涛	02559,03469
关浣非	04404
关继东	08780
关鸿	11555
关鸿亮	12928
关绮玲	14872
关景军	08932,08935
关熔珍	00345
关慧	08609

米

米文杰	14581
米双红	04836,04873
米兰·拉罗什(Milan La Roche)	06107
米村豊	14399
米希尔·玻色	11445
米晋宏	03542
米格尔·萨撒托尼尔(Miguel Sazatornil)	04950
米雷埃·德尔玛斯-玛尔蒂(Mireille Delmas-Marty)	01886-01888

江

江才健	12066
江山	03343
江卫东	05239
江开达	14453-14454
江天帆	15451
江巨荣	10335,10338,11362
江忆文	09227
江忆芳	14006
江心静	10904-10905
江玉娇	11014
江世益	13728
江田海	05886-05887
江吉林	05224
江亚南	15370
江西财经大学工商管理学院案例中心	02771
江西省群众文化学会	05439
江尧田	02710
江伟	02216-02217
江伟康	05649-05651
江会勇	13603
江合宁	01811
江志裕	12822
江苏省作家协会	10790
江更生	07579
江时学	01809
江秀丽	09767
江宏	11161
江明	12703
江明华	14597
江泽宏	02364
江宝玉	08354-08355
江练	06332
江绍伦	03164
江春泽	01475,02777
江珊	01558,09745
江枰	10412
江觉迟	10651
江勇	04632
江莘荑	08337
江桃桃	13594-13595
江晓东	08958
江晓原	00757,05522,10858,12217,15431-15432
江峰	09230-09231,15071
江逢霖	12716,12718,14679
江涛	05521,14097,14365,15166-15167
江海	06391-06392,06423-06426

江弱水　09889
江萍　06601
江梅华　08839
江曾培　01432,10791
江静　08336
江潜　05078,11831
江澜　15236-15238,15266-15268,15271-15274
江澄川　13831,14220,14430,14436-14437

汲

汲喆　00704

池

池田雄一　12172
池丽霞　09299
池玫　08953,08959,09760
池建新　11466
池勇海　02577-02578

汝

汝小美　15292
汝茵佳　06154-06155

汤

汤川秀树　00501
汤毛虎　02367,02445,02455
汤玉枢　02085-02086
汤亚汀　07922
汤百艳　13478
汤红娟　07802
汤志祥　07572
汤钊猷　11268-11272,13054,14340-14343,14402-14403,15452
汤其群　12835,12964,14169
汤金金　01629
汤定元　14801
汤姆·布莱克特(Tom Blackett)　03747
汤姆·普雷特(Tom Plate)　05239
汤春蕾　03780
汤星阳　11268
汤胜天　11175
汤庭鳌　14807-14808

汤莉　15178
汤特年　11268
汤宽泽　13509
汤祯兆　11417
汤雪明　12863
汤景泰　11747
汤震宇　02888,04635
汤毅坚(George Y. Tang)　15202

兴

兴膳宏　10126,12760

宇

宇野浩二　10958

守

守部昭夫　14468

安

安之丹　08986
安元奎　10925
安托尼·海瑞斯　14071
安妮-玛丽·斯劳特(Anne-Marie Slaughte)　01748
安修妍　12920
安娜·林肯(Anna Lincoln)　08312
安娜贝拉·布莱克里奇　05932-05933
安桂芹　08761,08932
安恩珍　05940-05944
安雅·谢芙琳(Anya Schiffrin)　05152-05153
安德烈·朗加内　12935
安德鲁·D.沃尔文(Andrew D. Wolvin)　00899
安德鲁·福特(Andrew Ford)　00411

祁

祁汉堂　03080,03107-03110,03486,03935
祁艮治　06855
祁志祥　00438,00828
祁怀高　01802
祁林　05339
祁建宏　15015
祁建新　06361
祁顺生　03184

祁新娥　00870-00875,02783,02868-02871,04908
祁群　　02041
祁骥程　11279

许

许乃青　10010
许士军　03133
许小委　00329
许广元　09700-09702
许广民　00288
许少强　04366-04367,04801-04803
许文英　12683,12686
许文康　06665
许文新　04596
许方蕾　13163,13203,13958,13977,13981
许心礼　04131
许玉林　03209-03211,03231-03232
许正敏　13726
许艾君　07957
许东黎　04869
许兰文　14075
许有成　07062,12032
许伟石　13819
许传宏　05449-05451
许华斌　10398
许多奇　01813
许军　　10356
许纪霖　00760,01609-01611
许志伟　07136-07137
许志伟（Edwin C. Hui）　00102
许志强　00327
许芳梅　07167
许苏民　00288
许丽萍　12598-12601
许秀君　06022
许闲　　04890,04916
许良　　00316,12205-12206
许良中　14346,14359,14361,14422
许劲雄　13641-13642
许环环　13234
许玫　　02412,07014
许苹　　13351

许国萍　07348
许国章　13109-13110,13273,13275-13276,13287,
　　　　13330,14055
许明珠　11431
许征　　04752
许金玉　13543
许金生　09838,11728,11742,14468
许宝华　07393,07543,07705
许宝孝　13665
许建平　10347
许建辉　08838
许孟庚　08221
许绍芬　12819-12821
许春明　01918
许春霞　03854
许贵舫　03078
许钟宁　07467
许钧　　07482
许俊才　10744,14338,14606
许洁　　02763
许祖雄　01482
许祖德　13671-13674
许统生　04130
许莉　　08549
许速　　13418
许晓青　01095-01096,01226
许晓明　01240,03134-03135,03230,03434,03544
许晓茵　01010,04907
许恩美　05970-05974
许峰　　01854
许积德　13154,14330
许凌艳　01813
许烨芳　01705
许萌　　11784
许梅　　09455
许鸿彦　06316
许淑君　03061-03062
许喆　　08283-08284
许朝阳　09757
许雄辉　05220
许道明　10084,10329,10474,10476,10521,10525,
　　　　11915

许强	02375,02378	孙凤艳	13651
许谨良	04878	孙文	09973
许蔚	10079	孙文会	05652
许霆	10279,10331	孙文钟	13437,13441
许聪	06198-06205,06211-06213,06250,06397,06400-06401	孙文善	13498-13499
许德民	10330,10572,10587-10588,11165-11166,11196	孙玉甫	04493
		孙未未	15158
许燕	06957	孙正聿	00071-00073
许燕频	12242	孙帅	01515
许翼心	10200	孙帅梅	02018
许骥	12132	孙立安	14409

农

农艳	03265,03490	孙立如	03033
农慕之	01266	孙宁	00349,00352-00353
		孙存昌	07084

阮

阮为	06271,06282	孙乔	05505
阮圣桢	06384	孙伟民	13580-13581
阮刚	14806,14812	孙传远	07211
阮丽旸	03355	孙仲美	01320
阮秀凯	14846	孙向彤	14157
阮国洪	12763	孙向晨	05551-05556,12964
阮炯	12469,12539	孙旭培	01883
阮洪	13895	孙庆祥	08236,09207,09595,13002-13003,13006,13023-13027
阮敏	08091	孙关宏	01251-01254,01257-01258,01414
阮清华	01568	孙兴怀	13508,14506,14511-14512,14520-14521,14525

孙

		孙安阳	13589
		孙观	14672
孙大鹏	10513,11687,12201,15440	孙红星	07959-07960
孙小力	10630,10633,11974	孙纪东	13145
孙小玲	00101	孙志建	04098
孙小琪	01641,10827-10828	孙志楠	09543
孙卫平	12239,12241	孙芳烈	12314
孙丰念	03830	孙克武	01704
孙天福	04027	孙克莎	00213
孙元珏	14357	孙苏	02722
孙云龙	00022	孙丽青	11584
孙中国	11204,11217	孙时进	00480,00482,00967-00968
孙中欣	00990,01017	孙利民	08195-08197
孙月香	07953	孙利祥	12463
		孙玮	05021,05024,05223,07823
		孙英刚	00567,01769

孙林	01036	孙晓虹	06999,10727
孙郁	10247	孙晓艳	09702,09705-09706
孙国东	00320-00321,04940	孙晓磊	11651
孙国武	13074,13770	孙晓黎	04932-04933,08535,08936,09486,09771
孙国春	06192	孙健	04653,12100
孙国栋	04914	孙健敏	01224,01228
孙国棣	07919-07920,08235	孙爱华	05831,05833
孙明星	14632	孙浩	03060
孙佩芳	06449,06451-06452,06455,06459-06462	孙捷	09283
孙周兴	00317	孙培锋	15148
孙夜晓	10829	孙培源	04397
孙放	02105	孙彬彬	03721
孙波	03214,14128,14328	孙梅	13410
孙宝田	13634	孙雪亮	06896
孙建	09164,10994,11005,11009	孙雪镠	14683-14684
孙建成	08407	孙曼罗	13699
孙建军	06329	孙崇荣	12847,12850
孙建琴	13132,13155,14638	孙鸿	01263
孙承叔	00033,00117,00143,01620,03539	孙琳	03373-03375,03389,04297
孙孟红	14360	孙琦	12834
孙绍荣	04534	孙博	09463
孙绍谊	11388,11407,11762	孙雁	08887
孙荣	01164-01165,01176,01299,01302,01629,02763,03656	孙鼎	13566
		孙晶	10555,11968,15284
孙树珍	06161-06163	孙景乐	01633
孙昱	10044	孙景尧	09904
孙顺平	08890	孙斌	00312,00461
孙修远	04756	孙道开	14322
孙剑英	14286	孙媛	08115,08579
孙洪林	02220	孙登龙	11996
孙洪康	10684	孙锡信	07597-07598
孙逊	10354	孙靖	08281
孙哲	01288,01718,01725-01726,01806,05080	孙新春	03920
孙莹	15275	孙福兴	12238-12239,12241-12242,12338
孙桂香	09275-09277	孙静	14297
孙彧	06438,10323,10840	孙碧波	02824
孙栗原	11306,11315	孙肇敏	14862
孙晓刚	10572	孙翠宝	00079-00080,00310
孙晓明	13074,13770	孙翠娣	13097
孙晓忠	09992	孙慧	03208,03301-03302,03949
孙晓春	13995	孙璇	06959-06963
孙晓玲	08162,08166	孙黎	08385

孙德常　09700—09702
孙毅彪　04218
孙燕华　10481

阳

阳尧端　14718

阴

阴双喜　03910

如

如月　00597

羽

羽田正　11549

牟

牟发松　12145,12158
牟志伟　07418
牟艳霞　11346—11348

欢

《欢恩宝丛书》编委会　14305

约

约阿希姆·森特斯　03890
约格·雷迪根(J. Rettinger)　12823
约瑟夫·莱帕(Joseph S. Laipple)　03880
约瑞尔·克里斯蒂娜·南丝隆德文　11003—11004
约翰·A.戴利(John A. Daly)　04993
约翰·C.哈索克(John C. Hartsock)　05330
约翰·D.史蒂芬斯(John D. Stephens)　01289
约翰·H.布鲁克(John Hedley Brooke)　00563
约翰·H.杰克逊(John H. Jackson)　04178
约翰·厄普代克　10073
约翰·比格斯(John Biggs)　06886
约翰·巴肯　11038
约翰·布拉德利(John Bradley)　03884
约翰·卡伦(John B. Cullen)　04047
约翰·米德克罗夫特(John Meadowcroft)　00392
约翰·安德森　11419
约翰·麦克莱兰(John S. McClelland)　00911
约翰·麦克道威尔(John McDowell)　00353
约翰·杜威(John Dewey)　00910
约翰·波洛克(John L. Pollock)　05528
约翰·哈特利(John Hartley)　05145
约翰·梅纳德·史密斯(John Maynard Smith)　02823
约翰·梅纳德·凯恩斯(John Maynard Keynes)　04356

纪

纪华强　00959,03990
纪佳妮　00021
纪贯之　10941,10948
纪晓静　07793—07795
纪蓉琴　07882
纪慧兰　13886
纪德裕　07559,07564—07565

七画

寿

寿伟光　04765
寿勇明　14186

麦

麦少美　06161—06163,13250—13251
麦可·布莱特(Michael Bright)　12759,12764
麦克卢尔(C. L. McClure)　15052
麦克尔·路克斯(Michael J. Loux)　00093
麦克莫罗(Des McMorrow)　12653
麦贤美　08185
麦曦茵　10627

玛

玛丽·伊万丝(Mary Evans)　11511
玛丽亚(Mária Györffy)　09592
玛丽亚·克鲁斯·阿伦索(María Cruz Alonso)　04950
玛丽莲·哈达德　00482

贡

贡沁燕　14589,14594

坂

坂井洋史　10456,11956
坂本彻　09857-09858

芮

芮东莉　10929-10934
芮廷先　15135
芮传明　03791,11582-11583,12176
芮明杰　02515,02741,03511,03514,03611-03612,
　　　　03956,04202,11886
芮萌　03199

苌

苌凤水　01642,13336

花

花妙林　07308
花萌　06100,06110

芥

芥川龙之介　10952

芳

芳菲　10854

严

严三九　04939,05202
严小明　02334
严曰树　13326-13327
严世清　07345
严平　01506
严北溟　00177
严立新　02070,02208,02210
严吉森　05458
严伟　03817-03818,03837
严仲清　06278
严安林　01478
严芳田　02310
严苏　10839
严佐之　15449
严灿　02183
严启之　02011,12958,13073,13081,13093
严君白　13501
严其林　01672
严杰　04606-04607
严非　12959-12960,12966,13352
严明　07338
严明仁　13729
严忠浩　00214,10370,10376
严金强　06850
严法善　00030-00031,02361,02618-02619,15387,
　　　　15389
严肃　02370
严绍璗　10071
严修　07531,12115
严前海　11398
严振国　13483-13484
严振超　06398
严哲　13142
严晓慧　10719
严峰　15435
严隽陶　13496
严健　14160
严家杰　14712
严骏伟　02879
严维石　03016,04384
严晴燕　12772
严锋　09956,10892
严筠　08450
严福华　14556
严碧芳　13219
严慧敏　08167
严瑾　08884
严燕来　14664
严薇　07951
严冀　03619
严耀中　00574

芦

芦艺　12325,12370
芦文辉　09392
芦琦　04175-04176

劳

劳伦·佩科里诺(Lauren Pecorino)　14336

劳伦斯·戈德斯通(Lawrence Goldstone)　11098
劳拉·佐·罗兰(Laura Joh Rowland)　11096-11097
劳拉·斯宾塞(Laura Spencer)　03098

克

克劳斯·布鲁恩·延森(Klaus Bruhn Jensen)　05039
克劳斯·魏格尔特(Klaus Weigelt)　02758
克里斯·杰文斯　05932-05933
克里斯多佛·史传奇(Christopher M. Strange)　13654
克里斯特(Christ, Carl F.)　02436
克里斯蒂·格鲁诺斯(Christian Gronroos)　04052
克里斯蒂安娜·史丹尔　00500
克里斯蒂娜·迪格曼　11003-11004
克利夫·纳斯(Clifford Nass)　05027
克莱尔(Antonia Clare)　07814,09209-09210
克莱尔·L.菲尔宾格(Claire L. Felbinger)　02500
克莱迈耶-维斯　05894,05897
克莱因(L. R. Klein)　02778
克雷斯(Araminta Crace)　07813,07815,07866

芭

芭芭拉·威尔逊-克莱　13244

苏

苏·卡利·詹森(Sue Curry Jansen)　04997
苏力志　08537
苏小菊　05835
苏中武　14578
苏长和　01402,01800
苏文秀　08865,08870,09327,09690
苏文瑜　11945
苏文颖　08928,09510
苏正道　12114
苏东水　01084-01085,01117-01124,01142,02696,02721,03546
苏成悦　14755-14756
苏伟丽　09772
苏仰锋　12541
苏州市相城区黄桥街道办事处　10790
苏州市教育局教学研究室　06635
苏汝铿　12637-12638,12647
苏志熙　12808
苏步青　12479-12480,12489
苏秀琪　07483
苏状　01002
苏宏志　14689
苏贤贵　00563
苏国波　09975
苏宗伟　03157
苏承志　06634,09594
苏妮娜　09803
苏珊·奥尔德里奇(Susan Aldridge)　14595
苏柳燕　09586
苏昭仪　13220
苏俊斌　05334
苏剑秋　10826
苏勉曾　12682
苏炳华　13321,13582
苏勇　01086,01125,01128,01144-01145,03154,03226,03477,03512-03513,03534,03597
苏艳霞　07728-07729,10116,10446
苏峰　06352
苏海军　13335
苏梦熙　11160
苏惠渔　01922
苏慧　08795
苏德昌　03303

杜

杜子倩　00500
杜艺中　00868,02438
杜巨澜　04369
杜文　08544
杜文君　01201,01217,03098,03217
杜文静　00374
杜方圆　08225,08485
杜心谷　14286
杜玉林　04652
杜布瓦(J. B. Dubois)　14395
杜东书　12909
杜占森　14062
杜立德　10572

杜永新	07193	李乃忠	13820
杜伟	05986-05987	李力	09822-09823
杜兴强	02849	李又顺	05413
杜红燕	14996	李才	08734-08736,09666
杜寿强	10674,10735,10742	李大卫	04088
杜坎	15286	李大金	13661,13722
杜作润	06835,12564	李大学	01180,14945,14969,14971,15030,15081-15082,15155,15168
杜奇华	04185-04187	李大潜	00823,14657
杜国福	14563	李万康	11156
杜昌忠	07846-07847	李小敬	03042
杜忠佩	14655	李川	14800
杜岱春	12727,13585	李广元	06341,06343,06353
杜怡顺	15448	李广英	02261
杜建初	01468	李义容	09811
杜荣根	10326	李卫	02549
杜保立	12612	李飞	05445
杜洪艳	12313	李飞飞	11294
杜艳华	01364,01366,11712	李飞锋	15072
杜莉	02507-02508,04259-04261,04274,04280,04326-04331	李井奎	04356
杜晓帆	12097-12098	李天纲	00573,00724
杜晓芬	08132,08730,08919,08948,09759	李天栋	04358,04801
杜恩(J. A. Dorn)	02632	李天燕	07209
杜涛	02301-02304	李元红	10866-10867
杜祥	14335,14360,14366	李元洛	10298-10299,10323
杜娟	02990	李元高	12715
杜骏飞	05011	李元海	07182
杜维明	00285	李太仆	00171,00181
杜雯荟	14527	李友松	14074
杜鹃	04912	李互武	04269
杜筠翊	02031	李中东	13863
杜磊	11110,11120	李水根	13060
杜德斌	03468,04239	李长友	08143,08871
杜鹦	09551	李仁化	12922

巫

巫茜	15293
巫奕君	08467
巫漪云	07942-07943

李

李·埃德森	12069

李仁真	02294
李仉辉	03346
李今芸	01665
李公明	00759,11162
李月白	05522
李月娥	04408
李月敏	00121
李丹	07938

李丹丹	04745	李白坚	06430
李丹林	02014	李乐	01584
李丹慧	02311	李尔成	03519
李丹衡	12459-12460	李冬梅	03970,12404
李凤鸣	02257,02903-02910,02954-02958,03195	李立	01823-01828
李文生	13617,14223	李立康	12544
李文华	13284	李立新	05815,06167
李文勇	03198	李立群	10800
李文峰	14194	李兰芳	00517,05729,06143
李文婕	13995	李兰欣	08063
李文溥	02326	李汉荣	10797-10799
李为东	06967	李汉通	02802
李为鉴	12437	李汉强	08483
李心翔	14239	李训经	12260,14863
李孔怀	01655,01659	李永乐	06922-06923
李双龙	05246	李永林	15331
李书华	03429-03431	李永明	02795
李玉民	12850	李永泉	10379
李玉花	04730	李永渝	13687,13693
李玉剑	05537	李永群	02792
李玉珠	14236	李民	05889-05893,05898-05900,05903-05919,
李玉栓	01676		05926-05930,05934-05938,05940-05944,
李玉玺	13170		05953-05967,05970-05974
李玉章	14566	李民乾	06373
李正栓	07284	李发展	02080-02081
李卉妍	03308	李圣洁	06589
李世亭	14222,14448,14539	李戎	03316
李世彦	12052	李亚平	01035
李艾鹏	13677	李亚莉	15364-15365
李可	02537	李亚琼	12499
李丕显	00435	李在辉	07298,09152
李石泉	02467	李有亮	09971
李龙牧	00290	李存光	11961,15510
李平	08057,09520-09521	李成军	15428
李东	03622,13028	李成凰	07276
李东方	14892-14893,15131-15132	李成福	12297
李东宁	14301	李成群	12309-12310
李占峰	14546	李光斗	03732
李田新	08612	李光翼	05889-05893
李冉	00013,01358	李光耀	13167
李四龙	00702	李同贤	12435
李仪	01534	李则兆	03171-03172,03445

李刚	08404,12436,15018	李克渊	02047,04720
李伟	07632,08998,12325,12370,14585,14857	李丽	08831,10251
李伟光	11174	李丽丽	05902
李伟昉	09892	李丽君	09014,14753
李伟娜	08964	李丽林	03031
李传军	01319	李丽春	13853
李延超	07288	李连军	02913
李华	03563,04759,10736,10861	李连寿	03787
李华雪	08444	李时明	05718,13653
李华强	11284	李园园	06136
李兆丰	05109	李秀仑	02056-02057
李兆云	12817	李秀芳	10404
李旭	00889,03297	李秀明	09551
李旭平	07704	李秀娟	03436,03509,11856
李庄前	07170-07171,07176-07179	李秀敏	06107,06109
李庆	08026,09251-09252,10307	李秀清	01873-01875,01906-01907,11107-11109,
李庆西	05490,09987		11117-11119
李亦中	11393-11394	李兵	12412-12413
李江	00546	李希光	05115,05232-05233
李汝铎	10565,14634,14636	李迎生	01421
李兴华	01378,14323	李迎冬	06153
李军	02339,04370,10577	李迎新	10652
李红	07873,12257	李应华	14923
李红松	14983	李沛伦	03603
李红艳	04513	李怀英	11199
李纪明	14099	李怀星	07100
李寿喜	02964-02966,03417	李怀勇	04028
李进	14379	李怀彬	03661
李孝华	07656	李宏汀	14658
李孝军	15320	李宏昀	00326,00346,11098
李志一	02032	李宏图	00307,00325
李志刚	06179	李良荣	01627,05041,05110-05114,05147,05153,
李志军	05728		05221,05228-05231,05244-05245,05284,
李志远	08342		10724,10730,15197
李志青	02428,02677,03129	李君玲	15325
李志明	07313,14722,14726	李妍	04792
李志能	03100,03262	李妍妮	08740
李志萍	08179,08694,08937,08956	李妙根	00849
李志谦	14873	李妙葵	12699
李志强	03201,03833,13869,14113-14114	李劲华	15046-15047
李芳	00994,03289	李纯彬	14706
李芳媛	09043,09809	李青	07499

李幸	09649	李欣	05247,09175
李其纲	10007	李征	10944
李其林	15055	李金云	11068
李其忠	12975,13184,13455-13456	李金巧	06182,06268,06810
李其荣	01577	李金声	10628
李茂深	12831	李采	08535,09486
李苗	09516	李采娟	12788
李英	04672	李觅芳	00941
李松年	15192	李京平	09447,09452,09454,09785,09789,09795
李枫	12527,13300	李育冬	03862
李杰	06345	李炜	10801
李述鸿	10862-10865	李法敏	06586-06588
李郁	08459	李泮池	09015-09016,09135
李欧梵	10107,10176	李波	05570
李叔同	10522	李治安	12151,12164
李贤平	12495	李学书	05608
李杲	13526,13569	李学兰	02196
李昆	11464	李学禹	12905
李国芬	08480	李学祥	13799-13800
李国宏	08096	李学勤	00825-00827,11678
李国旺	02720	《李学勤先生学术活动五十年纪念文集》编委会 12078	
李国欣	14771		
李国泉	00013	李宝莹	03212
李国俊	15500	李宗均	12920
李国莹	12548	李定生	00258
李国祥	05684	李定春	07725
李国渝	03363	李定钧	08228
李昌弘	14972	李建	02609
李昌远	07654	李建中	13040
李昌宪	12149,12162	李建平	02786-02788,02790,12400
李昌道	01859,02250,02267	李建民	12974
李明	01246,01349,13962,15326	李建华	03364
李明忠	12474	李建军	07475,10216
李明岳	13139	李建明	10106
李明毅	05583	李建勇	01822,01976
李昂	11090	李建强	11478
李岩	09543	李建新	05040
李和平	05997,11319-11327	李承兴	14630
李委清	09571	李承林	01971
李秉乐	02353	李承建	13484
李佳颖	12062	李绍鹏	14704,14721
李佩雯	04995	李春成	00386-00387

李春顶	04184	李奕	08846
李春昌	12983	李奕诗	10251
李春艳	12054,13901	李洁	06267,11466
李春根	01566	李洁明	00870-00875,01010,01027-01028,02783,04907
李春萍	08796		
李春喜	06186	李洪芳	12674
李珏	13176	李洪屏	05776
李珂	01977	李洋	11437,13298
李玲	02914	李津婴	14115
李玲玲	08563	李宣颖	09485
李垣	01139	李宪美	08998
李政	04256	李诵弦	14167-14168
李政华	01604	李逊	11733
李荣庆	11681	李娜	08794,08830
李荣敏	04866,04888,04900-04901,04903	李贺文	06862-06864
李荫华	08027-08038	李勇	01860,11524
李南筑	07268	李艳	05690,14891
李栋全	10624	李艳辉	09297
李树茁	01134	李素	14152
李树德	08340-08341,08499	李素艳	06059
李郦	00215,10803	李振全	15507
李轶群	09297	李振声	10327,10802,11940
李战子	08649,08654,08975,08980,09419,09425	李振波	14095
李省吾	13798	李振哲	14740
李贵	10152,10296	李振麟	07393
李贵生	10477	李哲	13834
李思阳	09552	李莉	07834-07835,07921,08229,09278,09335,12811
李思涯	12050		
李品忠	06784-06785	李莉萍	03290
李响	09224	李荷华	03054
李贻能	14029	李莹	07184,07193,09965-09968
李钟涛	08220	李桂兰	03793,08737-08760,09243-09250,09525-09540
李钢	03099		
李钧	00473,05561	李桂贞	12399
李秋明	06359,06366	李桂芬	00413
李修江	09604	李桂玲	10215
李俊	05681,14531	李桂奎	10348
李俊林	02960	李桂萍	07655,10426
李俊锋	12401	李桦	08364
李衍柱	09872	李原	01224,03153
李剑	13765	李翃楠	02109
李剑农	01652-01654	李致勋	12882

李晓	10336	李继宗	12222,12227
李晓冉	14703	李继斌	04253
李晓光	11226	李培林	11266
李晓松	13927	李培勤	03055-03056
李晓杰	12142-12143,12148,12155-12156,12161,12170	李培煊	06922
		李聆	12061
李晓玲	05465-05467,05469-05470,13900	李菊容	09458-09459
李晓娟	08225,08485	李萍	09701-09702
李晓培	12402,12438,12476	李彬	05006,07330
李晓琳	15335	李彬勇	10572
李晓婷	05516-05517	李梦生	10308,10552
李晓黎	08360	李梦楚	07296,07301
李晓燕	11350-11352	李梵蓓	12398,12407
李恩忠	11299	李梅	05330
李峰	00728,02169,02179,14997-15000	李雪	08223
李峻	06346-06347,06355,11558,11671,11814	李雪莲	02855-02857
李笑天	14281	李跃平	08242
李笑野	04948	李崇厚	10913
李倩	15459	李铭俊	02487
李健	11810	李甜	11774
李健吾	10175	李笠	11650
李航	07264	李敏	02926-02927,03213,04337,04415-04416,04445,04514,04580,04620,10620,15209
李爱芳	13480		
李凌云	08599,09597-09598,09601-09602,09605-09606	李敏江	13255,14061
		李康	08185-08187
李高平	14085	李章华	05832,05850-05852,05854-05860,05862-05869,05871-05873
李竞能	01044		
李涛	07234,10177,11449,14426	李商娇	05953-05958
李浩	01658,04886,10297	李清娟	02665
李浩然	13486	李清源	04954
李海	04094,04579	李鸿杰	06920
李海东	02784	李鸿简	10980,10983
李海林	05076	李淑华	09740
李海波	03443,04325	李梁	03527
李海燕	05536,13983-13984	李惜惜	13646
李家耀	03564,04760-04761	李婧	04968,15336-15337
李祥云	13544	李绪红	01213
李祥年	10406	李维刚	04100
李祥耀	11926	李维安	01130
李难	12777	李琴	06844,14642
李继延	07119	李琴美	08862,08874,09681,09685
李继芬	11650	李瑛	09794

李琳琳	02807,12450	李想	04040
李琦	02914,03023-03024	李锡莹	14122
李琼	00760	李锡鹤	01909-01910
李超	07556,11157,11176	李锦	07094
李超白	00481	李筱萌	10584
李博	12782	李鹏	02497,04844,09044
李斯克	04417,04622	李颖	08931
李联	14827	李颖玉	08402
李敬	03182	李新	02630,02755
李敬岩	14691	李新乃	04511
李朝	07871-07872,08400-08401	李新正	05646
李朝东	13000,13011	李新明	14084
李森	04581,04621	李新春	01136
李惠庆	05962,05964-05966	李新洲	12678
李惠娟	05648,13355	李新梅	10000,10977
李惠强	04189,15323-15324	李韵	05042
李雄彪	13713	李福平	03635
李雯	10511	李福生	15306
李斐	00536,00541	李福贵	09844
李辉	00824,01428,03526,07703,10205,10607,	李福祥	13634
	11504,12902,15471	李静	04142,06005,10116,10446
李晶	08932,15313	李瑶	12789
李景霞	14085	李嘉耀	07593-07594
李蛟	07871-07872	李熙宗	00940,07593-07594
李锋	06407-06408,14833	李歌	09235
李智忠	06921,06924-06926,06965	李睿	08917,08929
李程骅	05283	李睿泽	13764
李皓	06394,11345	李睿璞	03687
李舜华	11366	李毓真	15286-15287
李然然	05777	李毓麟	15313
李斌	03633-03634	李端	14588,14599-14601,14620
李善同	01137	李漫	09487
李善良	03057	李翠	09013
李善君	12712	李缨	11750
李富友	14671	李慧中	02474-02475,02520,03696
李富娜	11281	李慧玲	01697
李婷	08490	李璇	05690
李婷玉	01322	李奭学	09896-09898
李登新	15380,15391	李墨丝	04223
李瑞昌	01511,01555,02694	李澎淞	15070
李瑞珍	08181	李蕾	08799,08803,08816,09282
李楠	04965	李擎	14443

李醒尘	00433	杨文红	10628,13766
李儒训	03444	杨文超	03741
李儒芝	14289	杨文辉	07954-07955
李鹰	09388	杨方	00744
李鑫	04623	杨心宇	01840

杨

		杨书怀	02898,02952,02967-02968
杨(Jen Tsi Yang)	08373	杨玉凤	04672
杨(R. Young)	03944	杨玉圣	01713
杨一平	04230	杨玉红	06080
杨乃乔	09909-09910,10004	杨玉良	12706
杨力	09143,11443	杨玉英	11948
杨士军	06272-06273,06300,06357-06358,06375-06377,06802-06803,07121,10589,15381-15382	杨玉明	13182
		杨玉晨	07874
		杨击	05124,05324,11434
杨士颖	05380	杨正鸣	01925,01942-01945,02206
杨大文	02193	杨正家	06754
杨大庆	14738	杨世海	12456
杨大楷	02765,04540	杨可人	13849
杨万菊	08838	杨龙	06274
杨小佛	00745	杨东	14990
杨小辉	11801	杨白	05751-05752,06118
杨广学	14482	杨立钒	03358
杨义德	07957	杨立新	01914,02165-02166
杨之昌	12656	杨宁	15054
杨卫东	03573	杨永刚	07483
杨卫华	00732	杨永年	14607
杨子恒	12874	杨永华	01621-01622
杨飞	04683,07296,07298-07299,07301	杨永荟	07956,09075-09076
杨天松	07730	杨永康	01221
杨天翔	03907,04508-04509	杨加陆	00948-00949,01097-01099,03233-03234,03424
杨元华	07670	杨吉龙	14426
杨云升	08189	杨芃原	12781
杨云平	12121	杨有贞	12619
杨云卯	13383	杨成	06821-06822
杨云棠	06814	杨至刚	07307
杨艺芳	12464	杨光昊	12325,12370
杨长江	02437,02450,04433,04566,04684	杨光辉	05483-05487,05504
杨仁敬	11085	杨帆	01236-01237,05463,05931,10482,14294
杨公朴	02516	杨廷君	08242-08243
杨丹凤	03788-03789	杨竹莘	03677
杨凤	15420-15421	杨伟国	01245,01326,02143,02983-02984,03030,
杨凤珍	09707-09720		

	03282-03284	杨位浩	07669
杨伟超	09299-09302	杨劲松	09760,13010
杨延林	04213	杨劲根	12488
杨延秋	06119-06121	杨奉琨	02256
杨仲韬	08400	杨青	03143,03177,03292,04506-04507,04546,04753,08292
杨华	02130,02289		
杨自辉	03908-03909	杨若虹	10251
杨向谊	06182,06268	杨英华	13898
杨全成	04859	杨英珍	14101
杨兆龙	01856	杨林生	03776
杨兆华	00715	杨林伟	11281
杨旭	05751-05752,06118	杨林根	14765
杨庆存	10129,10141	杨杰	09391
杨庆尧	14617	杨杰东	11849
杨兴凤	00105	杨国	08798,08889
杨宇东	03865-03867,10572	杨国庆	02500
杨宇光	08432	杨国亮	14487-14488
杨宇威	11431	杨国峰	14216
杨军	08568	杨昌君	09040
杨军战	04434	杨明	10127-10128,10302
杨红	08163,08165,13034	杨明山	09181,09721-09723,13446
杨寿渊	12455	杨昀	02339
杨志刚	11223	杨迪	09502
杨志英	13707	杨忠	15255
杨志忠	07957,12328	杨忠孝	02041,02063
杨志勇	04271	杨咏波	09724
杨志敏	05788,05975	杨咏梅	07022
杨芳	02807,12450	杨岸青	11031-11032
杨芳平	03327-03328	杨秉辉	10658,10666,10914-10916,11197,13051-13053,13056,13180-13181,13188,13307,13774,14347,14403,14406
杨严炎	01812		
杨克西	13038-13039		
杨克勤	06023-06024	杨波	03186,03423,03886
杨克磊	02504-02505,03613	杨泽波	00294
杨苡	11971	杨治广	15418
杨丽	08511,11083-11084	杨宝良	02738
杨丽华	06025-06031,08789	杨宝泉	03869
杨丽莹	05433	杨建木	08531-08538,08586-08589,08692
杨丽斌	06881-06882	杨建芳	15199
杨坚	14443	杨建玫	11082,12059
杨肖光	13415	杨建荣	02698
杨岚	06277	杨建梅	13461
杨秀英	00950	杨建锋	01222

杨承纮	00551-00552	杨晓光	01138
杨春保	03534	杨晓伟	01462
杨春鹏	03892	杨晓林	11429,11481
杨玲丽	01003	杨晓峰	12598-12600
杨荣广	08249	杨晓敏	09836
杨荣文	01697	杨晓雁	03069
杨柳	07427,07523	杨晔	04540
杨树清	14914	杨倩	02808
杨铁群	12977	杨健	09588
杨思源	14316	杨爱珍	02797-02798,12323,12361-12362
杨钦樑	12265	杨朕宇	03993
杨秋云	09755	杨逢彬	07515
杨重鑫	08308-08309,08433,09115,09117	杨高云	08888
杨顺勇	03005-03008,03878,03904-03906,03952,03961,04041,04268,05452,05454	杨益	09942
		杨海军	03324,04000
杨顺德	06666	杨润秀	09664
杨保军	05123	杨宽	11684-11685
杨俊	03017,04871	杨家兴	12335
杨俊一	03501,07040	杨家润	07066,12014
杨俊峰	00996,04867	杨骊	01239
杨衍春	07352	杨继平	02449
杨剑桥	07522-07523,07531-07532,07551-07555,07601,07707	杨继光	11874
		杨萍	12912
杨胜球	15115	杨梅	05749
杨炳辰	10950	杨梅珍	06549,08097
杨炳钧	08372	杨跃	12372-12373,12376,12383
杨洪兰	01073-01074,01227,03136	杨敏	01602,14611
杨洪刚	15378	杨敏芝	15302
杨洪坤	15354	杨清遗	14711
杨恺钧	02523,04183	杨清源	14090-14091
杨祖坤	10712	杨淑慧	13133
杨姝	08890	杨涵铭	13888-13889
杨勇	02548	杨焘	10302
杨珣	13443	杨绪容	10357
杨素荣	14592	杨琼	10687
杨振基	03736	杨超	12324,12357,12363-12369,12417,12507
杨莉	03744	杨敬华	07503-07504
杨莉馨	09908	杨戟	13505
杨晋	14653	杨植震	05506-05507
杨莹雪	11979	杨惠军	07152
杨桂兰	02931	杨雄里	13657
杨烈	10028,11034	杨斐	12910-12911,14075

杨辉	06724,08419-08420,14689	杨德森	14461
杨晶	01691,04827	杨毅	14030
杨景宏	05586	杨毅红	02772
杨景明	01634	杨蕾	13928
杨智昉	13576		

求

求贤珍　12922

束

束景南　00278,00283

吾

吾敏之　12738

豆

豆朋　06184

丽

丽贝卡·B.鲁宾(Rebecca B. Rubin)　04992
丽莎·M.李　13103
丽沙·吉特尔曼　05478
丽诺·德蔻芬(Lenore Dekoven)　11370

励

励丽　14251
励哲蔚　08564

矶

矶野富士子　12071

来

来可泓　00182,00195-00196,11689
来守霞　08859
来安方　09177-09178

连

连金禾　05090
连翔　07198-07199

步

步社民　06136

肖

肖卫民　00175

杨智峰	03752
杨斌	00296,04286
杨善林	01138
杨道田	01315
杨曾文	00708-00709
杨焱林	10447,14915-14916
杨湘豫	02791,02793
杨渭清	12326-12327
杨媛媛	03362
杨登新	02944,07953,09700-09706,15325,15336-15337
杨勤	06129
杨楠	00947,12522,12524-12525
杨槐	04357
杨锦洲	03137,03207
杨颖华	13964
杨解君	02146,02150,02154,02266
杨新房	04335
杨新菊	12672
杨煜达	12765
杨福家	00804,06829-06832,12676-12677,14745-14746
杨福康	07183
杨睿之	12247,12372-12374,12376
杨毓瑛	14602
杨翠迎	01021
杨翠微	15074
杨慧	03710
杨慧彤	00384
杨慧林	09879
杨慧群	01015
杨增成	07339
杨蕊	09804
杨蕊敏	14140
杨德钧	04733
杨德娟	11086
杨德敏	02097,02135

肖飞	12030,14176,14178	肖毅	07238
肖云	03645	肖燕	13171
肖世富	14472	肖巍	00016,01273,02626,05525,11792
肖永春	00382,00561		

吴

肖圣中	11680
肖存良	01440－01444,01446－01451
肖传芬	08668
肖华	03836
肖旭	08599
肖红梅	03291
肖志红	13033
肖克卫	06318
肖君	07194
肖现民	14329
肖英	09667－09668,13013
肖英芳	09669
肖国兵	13313
肖和平	14069,14071
肖育林	09965－09968
肖波安	15008
肖弨	02895,14981,15028,15042
肖建	04541
肖建国	01939
肖春飞	10726
肖振忠	10693
肖晓鸿	13590－13591
肖恩利	06289
肖峰	06317
肖奚强	07496
肖悦文	04431
肖能	06880,07745,10378,10383
肖菊红	05925
肖梅华	13202
肖敏	02502
肖康元	03075
肖焕禹	13201
肖鸿波	05194,05312
肖辉	08084,08403,08504－08505,09001
肖鹏	06655
肖颖娜	00994
肖福英	12802
肖群	09572

吴人坚	02697,03676,12894－12895
吴力波	02610
吴于人	12626－12627
吴于适	15063
吴士余	00834,10339,11710
吴士鉴	15442
吴大任	12265
吴小丽	11447
吴小坤	05148
吴小英	06652－06654
吴小松	11732
吴小琴	08682,08686
吴小新	06802
吴千红	12931
吴凡	05298,13413－13414,14187
吴广孝	03992,04250
吴义志	06722
吴卫星	01902
吴飞	10656
吴丰军	11465
吴开亚	15403
吴开良	14372,14383
吴天荪	13514
吴天跃	00816
吴云飞	04338
吴云岗	12569
吴云林	14393
吴友富	00964,01093,01415,03590
吴中伟	11664－11667
吴中杰	09875－09877,09939,10468－10469,10495－10499,10709,10888－10889,11936－11938,11941
吴中祥	04078
吴仁援	07679
吴文涛	06483,06537
吴文源	14460
吴文燕	14004
吴文霞	04109

吴为善	07349	吴红	04518
吴心伯	01774,01794,01807,02593,11990,12071	吴红宇	13945
吴以义	12060,12211	吴红雨	00899
吴书荫	11927	吴红岩	05505
吴玉琼	03748	吴红星	02795
吴正芳	12131	吴红梅	09976
吴世平	14659	吴红雁	04251
吴世达	13116	吴远恒	08096
吴世农	01133	吴运友	00533
吴本	04077	吴志刚	01976
吴龙生	14854	吴志华	01325,01648
吴东明	03122	吴志全	14401
吴申元	02547－02548	吴苌弘	11038
吴四海	11901	吴芳	07857
吴白雪	00947	吴丽丽	08692,09484
吴主任	02392	吴辰	01631
吴立昌	00865－00867,10230,10467	吴坚	01235,11558
吴立勋	14855	吴肖	12623
吴立德	12234,14905－14906,15162,15172	吴兵	01158
吴兰桂	03824	吴谷平	10834,10887
吴礼权	07628－07631	吴迎君	11396,11418
吴永年	04228	吴应宾	00187
吴永贵	14717,15187	吴沁	03274
吴永敏	03555－03560	吴宏翔	06991
吴圣苓	01380	吴良海	14878－14879,14975,15039
吴邦杰	14199	吴君	04365,09226
吴亚平	01393,07013	吴玮	07017
吴廷俊	05121,05307,05309,05319	吴青松	03960
吴伟国	06765	吴青锋	12793
吴伟斌	09943	吴其南	10428
吴延迪	09000,09319	吴其亮	01876
吴旭	12901	吴英姿	03755
吴庆渝	10926－10927	吴松江	08617,08667,08717
吴江	09607	吴松弟	01048,01052－01053,03596
吴安庆	13523	吴杰	11786
吴军	14218	吴郁	05367－05368
吴军民	03708	吴奇峰	12350－12352
吴军赟	11798	吴贤军	01764
吴羽萍	12545	吴国宏	00481
吴牟人	00110	吴国忠	13512－13514,13572－13577,13861,14605
吴欢章	10229,10561,10596,10640,10664,10754－10761,10835－10836	吴国祥	04713
		吴国豪	13877

吴畅畅	11406	吴闽波	06151
吴迪	08109,08121-08124,08168-08177	吴美环	14326
吴迪龙	10291,12194,14652	吴宪和	02422-02423
吴岳添	12756	吴冠文	11918
吴征铠	12675	吴祖泽	12824
吴金龙	09145	吴祖培	08300-08301
吴炜华	05049	吴勇立	10993
吴炎	06776	吴艳艳	04492
吴波	05567-05569	吴振东	05750
吴性良	12736	吴桂琴	01903
吴怡	10010	吴桐祯	07585
吴宝康	04150-04151,08363,08365-08366	吴格	05480-05481,05488,15499
吴宗敏	06751-06752	吴晓云	04052,11371
吴建东	14646	吴晓丹	05722-05723
吴建江	08855	吴晓明	00043,00122-00126,00293,00801,13000,15437-15438
吴建国	12425		
吴建昌	14752	吴晓钟	13650
吴建春	14655	吴晓真	08429,08992,09049,09173
吴建蘅	08635-08637,09078,09106,09108-09109,09111-09113,09659,09661	吴晓群	11522
		吴铁才	14765
吴承荣	15203	吴海东	05558-05559
吴承恩	14727	吴海江	01273,05524-05525
吴绍熙	14067	吴家玮	11902
吴珍松	00506	吴家驹	14522
吴珊	02812	吴通福	15425
吴荣	04838	吴继志	13556
吴柏林	04974	吴骏	09268
吴树博	00314	吴培华	05429
吴树强	13817	吴培恭	05193
吴厚生	13720	吴菲	01285,10954
吴轶	04523	吴梅	10321
吴省钦	10513	吴盛青	07541
吴畏	11587	吴银根	13530
吴虹	11289	吴敏	13958,13976,15061,15423
吴思	11654-11655	吴敏云	06271
吴思华	03123-03124	吴彩军	10886
吴思思	11680	吴猛	00038
吴峥	06794	吴焕淦	13481
吴钩	11653,11683	吴清	03354,09048
吴信训	05076,05272,05345-05347	吴清峰	15416
吴泉水	12389-12390	吴淳邦	10355
吴剑云	04849-04850	吴谋	07300,11354

吴琼	15283		08483,08503,08517,09050-09051
吴琮璠	01182	吴薥	15315
吴超群	12789-12790	吴霭成	15171
吴惠琍	14486	吴耀宗	10250
吴雄鹰	07011-07012	吴耀持	09182
吴雅伦	04797		

里

里贝卡·罗宾斯(Rebecca Robins)　03747
里克·拜尔　02309,11548,12223
里奇(L. David Ritchie)　04984
里基·W.格里芬　01074

吴景平　01686,02047,03782,04720,04821,11744,
　　　　11818,11823,12041-12047

吴嵋山	03340
吴淼	11995
吴淼鑫	13657
吴锋	05219
吴敦达	06650-06651
吴愉	13214
吴强	14871,15101
吴瑞武	00142
吴勤民	02245
吴雷达	13031-13032
吴锡泓	01260
吴锡源	00299
吴锦海	14747-14748
吴鹏森	00833,01571-01572
吴新仁	14815
吴满琳	07010
吴福辉	10187-10188,10199,10397
吴静	13020
吴韬	13055
吴嘉敏	15501
吴肇汉	14196
吴慧	10648
吴慧芳	04956
吴瑾瑾	08392
吴璇欧	03843
吴震	00175,00281-00282,01345
吴霄麟	14854
吴德沛	13871
吴潮	05313
吴燕	03765
吴薇	09993
吴赟	11017
吴擢春	12956,13079,13213
吴燮元	08286-08289,08414-08415,08430-08431,

园

园山繁树　14483

旷

旷新年　10214

岑

岑咏霆　03313-03314
岑绍基　06433
岑美君　14840-14841,14853,14861

我

《我与交行——口述历史》编委会　04732

利

利瓦伊(J. Levy)　15429
利玛窦　15450
利斯特·索瓦齐(Lester R. Sauvage)　14089

邱

邱一平　04584-04589,04627-04631
邱大昌　03707
邱世昌　12950-12951
邱世鸿　11224
邱东林　08039,08354-08356,08453,08464,08476,
　　　　08485,08646,08648,08651,08653,08972,08974,
　　　　08977,08979,09421-09422,09424,09747-09748
邱冬阳　04764
邱立中　09593

邱永和	02400	何光沪	00565
邱伟光	00960-00961,06858	何光辉	04406
邱志圣	03955	何曲	08083
邱连中	09137	何刚强	08275,08394,08426-08427
邱明	06923	何伟	03679,05281
邱明正	00449,10475	何传坤	14227
邱明波	07460	何仲生	10970
邱波	13518	何兆雄	12967,12973
邱学凡	11855	何庆斌	03072-03073
邱宝林	11452	何次贤	11178
邱建军	12402	何兴	12617
邱建峰	13838	何宇宏	03766
邱柏生	01587,06857	何进军	00540
邱屏	08278	何进胜	07271
邱晓露	00990	何志毅	11886
邱高飞	02435	何克华	00986
邱梦华	03712	何时瑜	08072
邱淑宜	07229	何怀宏	00820
邱维元	12461	何宏骏	14672
邱维勤	13731	何君怡	10584
邱智超	13928	何其芳	10269
邱慧颖	13768	何林松	06548
邱震海	10822	何林福	11942
邱德仁	12743,15221	何雨	11978
		何郁	01597,06290

何

		何奇松	15377
何力	02270,02288	何国庆	00658,11235
何三三	04849	何国杰	04544
何小钢	02663	何国贵	06313
何日生	10855	何国强	01029-01030,01614
何文举	09022	何佳讯	03320,03980-03982
何正芳	07649	何泽荣	04671
何平	10006,10211	何宝昌	01027-01028
何东	09012	何建成	13488
何汉江	13707	何秋祥	03693
何礼贤	13797,14117,14121-14122	何修猛	00925-00931,03873,03983-03989
何永吉	06075-06076	何俊志	01292,01335,01487,01717
何幼平	06296,06440,06727	何勇	03896,04071
何扬鸣	05101	何艳	08093
何亚男	06548	何艳梅	02299,15338
何西军	03951	何晓明	14281
何成刚	06341-06342,06348-06349,06352	何晓斌	04756

何晔	01572
何倩	11873
何凌霞	11695
何益鑫	00211
何涛	14585-14586
何家扬	13796,14267,14271,14273
何调霞	03825
何球藻	13720
何培德	01240
何萌	06547
何菊人	12810
何萍	02201,12517-12518
何梦乔	13883-13884
何曼君	12707-12711
何敏	05768-05771,08109
何婕	15213
何瑛瑛	03915
何琼	08647,08973
何喜有	01785
何植民	01033
何雅	06987
何道宽	00911,00966,00973,04966,05012,05028-05029,05046,05048,05053,07445,12936
何寒珉	12129
何媛媛	11090
何瑞丰	07959-07960
何勤华	00061,00367,01862,01865-01866,01871,01873-01875,01906-01907,01934,01970,02062-02063,02076,02106,02145,02167-02168,02182,02201,02215,02221,02233,02251,02274,02281
何蒙池	06178
何塞·雷默依(José Remohí)	13598
何塞普·马尔韦海(Josep Malvehy)	14490
何福贵	14850
何静	07963-07964
何燕生	00644

佐

佐贝(G. Zubay)	12836-12839
佐佐木教悟	00708-00709
佐藤忠男	11444

伯

伯纳德·威廉姆斯	00398
伯恩·勒夫克	01771

佟

佟琳	05158

近

近藤光雄(Kondo Mitsuo)	11969

佘

佘碧平	00111

余

余一彦	09008-09011
余子道	07076
余开祥	02597,02633,02759
余中先	11053
余长根	01100
余凤高	00555,10894,11155,12970
余方	00674
余玉花	06883
余世谦	10670
余可发	03325
余东文	03427
余甲方	11296,11301
余立	06992
余扬	04850-04851
余达锦	12330-12333
余成跃	01332
余光中	10840
余传霖	12898,13716
余华	09936
余兴发	03380
余守文	03617
余芳	08806
余启志	14662-14663
余青兰	14760
余国瑞	04701
余明阳	01188,03235,03326-03328,03994-03996,05453

余金明　13308-13310,13331
余泽超　07974
余治莹　11042,11047-11049
余定坤　14645
余建中　07969,07991-07998,08027-08032,08044-08045,08047-08048,08102-08103,08624-08631,08694,08696,08791-08793,08891-08898,08905-08906,08909-08910,08912-08915,08917,08919,08924-08941,08944,08954-08955,09077-09081,09088,09099,09338-09344,09347-09349,09353-09356,09358,09363-09374,09377,09381,09383-09388,09394-09400,09402,09726-09727,09731-09740,09743-09746,09755-09762
余细勇　14611
余政　02419,04948
余科达　14415
余俊生　06930
余剑珍　13896-13897,13926,13953
余姿　08517
余素青　01850-01851
余桔云　04897
余爱水　12014
余高峰　08098,08244,09336-09337
余跃年　12311
余斌　08948
余源培　00039-00041,00084-00086,00089,02362
余静娴　07970-07973,09350-09351
余蔚　12150,12163
余德治　12334

希

希米·康　07222
希拉里·普特南(Hilary Putnam)　00349
希顿(J. B. Heaton)　08212
希塘　08254

谷

谷中华　03059
谷至华　14809
谷华运　13596
谷迅　12808
谷红欣　08356
谷珉珉　12697
谷晓坤　03687
谷超豪　12001-12002
谷裕　09981
谷德昭　10622

狄

狄小光　03470
狄更斯　11035
狄建忠　14182-14184,14251

岛

岛原政司　14537

邹

邹一戈　08448
邹小新　02158
邹节明　13564
邹申　08378,08590-08606,08646-08664,08799-08828,08972-08981,09282-09294,09417-09426,09597-09606,09608-09633
邹华　00459
邹军　02007,13471
邹迎九　05045
邹灿　08618
邹启凤　10251
邹波　10945
邹怡　03717
邹诗鹏　01268,01351
邹建华　05280
邹珊珊　03656
邹战勇　12466
邹俊中　09493
邹剑锋　02249
邹统钎　03150,03194
邹艳芬　03304
邹振环　11703,11759
邹莉　04874
邹家元　06697-06715,08449,09068
邹逸麟　12184
邹琪　03390

邹舒	06952
邹渝	06840
邹渝刚	08869,09689,09694
邹瑞安	02107
邹嘉彦	07340-07342,07508,07699
邹蔚苓	05089
邹德刚	09298
邹德芳	09544
邹德荣	14532

迎

《迎接亚洲发展的新时代》编委会　11779

冻

冻国栋　01047,01052-01053

亨

亨利·切萨布鲁夫（Henry Chesbrough）　03307
亨利·罗文（Henry S. Rowen）　03609
亨利·萨姆纳·梅因（Henry Sumner Maine）
　01876
亨特（D. Hunt）　14103

库

库在强（Zaiqiang Ku）　12377
库珀（David Cooper）　08062
库特利雅夫采夫（Н.Т. Кудрявцев）　12725
库萨·岗瓦德纳　07316

应

应小陆	02033,04291-04294
应必诚	10371-10372
应坚刚	12517-12521
应培礼	02020
应淑仪	03636
应惠芬	12240,12242
应雄	11444

冷

冷欣	00564
冷建飞	04707
冷德军	08153

庐

庐隐　10639

辛

辛子牛	02255,11764
辛奇	07944
辛恺	08859,09706
辛积庆	08951
辛琳	09393,14631
辛敬良	00083,00092
辛斌	07397

闵

闵大六	14357
闵大洪	05051
闵红	06824
闵祖传	08249,08579-08580,08784,09371-09372,09384-09385
闵道安	11681
闵熙	03747

汪

汪乃兴	12732
汪乃铭	00523-00525
汪天云	05402
汪天都	02818
汪无级	14432
汪中平	08516
汪长春	14667
汪丹	01648
汪文格	08871,09691
汪仕凯	01607
汪立元	03377
汪立鑫	02411
汪永琳	14895-14896,14978
汪吉	09818
汪尧田	04182
汪伟农	02656,03531
汪行福	01465,11847
汪兴国	01902
汪如东	07562

汪寿阳	01132
汪进波	01320,02319
汪志明	10736
汪芳润	14524,14526
汪严华	14188
汪丽炎	06388
汪彤彤	03974
汪应果	10226
汪青	12986
汪杰良	06289,06362,06753
汪国军	09647
汪明亮	01812,01937 - 01938
汪凯	05247,05270
汪凯仁	14836 - 14837
汪波	05711
汪学能	06917
汪宗俊	14565
汪建平	15369
汪建峰	07465
汪春娟	09298
汪玲	12985,13414
汪复	13865,14613 - 14615
汪洁	08328
汪洪涛	01255 - 01256,01280 - 01283,02540 - 02541,03398,04670,07683
汪洪章	09079,09164,09932,10117
汪洋	04279
汪祖杰	02539
汪晓元	12591 - 12597
汪晓风	01736,14844
汪海粟	03116
汪涌豪	00236,00578,04961 - 04962,09933,10080 - 10081,10119,10125,11585 - 11586
汪家明	05419
汪梅琼	09607
汪堂家	00074 - 00075,00095,00330,00363,00404 - 00405
汪超	06108,06111 - 06114
汪瑞雪	02764
汪靖	01917
汪源源	14834
汪嘉冈	12515 - 12516,12523
汪熙	00745,01727,01799,02314,02632,02688,03695,04115 - 04116,04886,11731,15508
汪榕培	08590 - 08606,08656 - 08657,08659,08799 - 08828,09282 - 09294,09597 - 09606,09608 - 09633
汪翠珍	09118
汪遵瑛	04034
汪燕崃	02539
汪燮华	04971 - 04972
汪耀明	07736,10118,10413,10448

沙

沙似鹏	00426,10754 - 10761
沙新时	15136
沙麟	04206

沃

沃乐柳	13245
沃尔夫冈·施瓦茨(W. Schwarz)	12823
沃尔特·李普曼(Walter Lippmann)	01719
沃亚生	08239
沃伟东	02585
沃德(Tony Ward)	10047
沃德兰东大	05783

沟

沟口敏行	00883

沈

沈一飞	15201
沈大棱	12789 - 12790
沈小平	07911,13907,13910 - 13911
沈卫峰	14092 - 14094
沈天真	13840,14543
沈元华	12615
沈云虎	14819
沈中琦	11780
沈仁权	12871
沈从文	10183,10642
沈丹森	01769
沈文龙	10728
沈文娟	13348

沈为慧	06351	沈建洲	06062-06070,06166,11167
沈忆文	01952,02173-02174	沈建勇	07027
沈玉良	03351,03594,03877,04160,04190,04223	沈建蓉	04977,14906,14993,15032,15041,15060
沈正欣	03572	沈荣耀	03888
沈平	13390,14938	沈思	10500
沈兰芳	06981	沈品发	02060
沈汉达	03454,07113	沈勋章	13195
沈先荣	13562	沈秋其	06260-06262
沈伟	13282	沈俊佳	05644
沈伟珍	13834	沈剑华	12241-12242
沈伟家	04140-04141	沈奕	01981
沈仲祺	04746	沈美琴	15157
沈自尹	13429	沈济时	00055
沈兆新	11214	沈祖祥	03823,03854
沈冰清	01529	沈骃	12099
沈庆村	14326	沈敖大	10825
沈关宝	12061	沈根荣	03350
沈宇峰	06745	沈夏珠	01507
沈红波	03422,03455-03457,04722,04740	沈晓光	01111
沈志华	02311	沈钰娣	06597-06599,06626-06632
沈志雄	14682,14685	沈家祺	06812
沈克学	06351	沈萌萌	05381
沈杏轩	10367	沈雪梅	00526,05720
沈园	07169,07175,07766	沈崇娜	06304
沈沉	15361	沈银珍	09270,09387
沈宏山	01981	沈婵婧	07222
沈君山	00739	沈骑	07809
沈玢	14674	沈琴琴	01393
沈国权	01588	沈惠忠	08358-08359,08450
沈国兵	04669	沈晴	15061
沈国麟	01724,04991,05055,05140	沈锡中	14137
沈明兴	13532-13534	沈稚舟	14166
沈昂	00511,08495-08496,08516,08585,09138	沈遥	11247
沈鸣华	14561	沈新炎	13470
沈佳	07250	沈福民	13258-13259,13267
沈佩瑶	11332-11333	沈群	11101
沈金华	08087,08162-08163,08165-08166,08770,08788-08789,09019,09053,09269	沈镇宙	14339,14416-14421
		沈黎	09035-09038
沈金路	10683	沈毅	13326-13327
沈学峰	15081-15082	沈蕾	13345
沈宗文	13608	沈薇贞	04564
沈建中	12685	沈灏	02269,12770

忻

忻元龙	12487
忻介六	12932,14635
忻平	11724
忻华	08386
忻孝康	14743
忻志伟	05212
忻志鹏	13777
忻重义	12262,15064
忻剑飞	00291
忻鼎戎	12049
忻榕	03189

宋

宋大新	12889
宋万年	14799,14817
宋广来	14237
宋子文	11442
宋元林	14116
宋云	11123
宋凤文	06264-06265
宋文兵	04702
宋文官	04039
宋文玲	09162-09163
宋玉书	05204
宋平	10251
宋闪	13195
宋礼民	12313
宋永旭	12918
宋永春	13609
宋光辉	04766
宋刚	11702
宋伟民	13072,13105
宋传玉	12210
宋仲珵	04955
宋后燕	12866,12872-12873
宋合志	14772
宋兆晗	04802
宋亦平	03114
宋安宁	08714,09500
宋军	02878,02886-02887,04650,04767,09586
宋羽	04424,04480
宋进	11711
宋运肇	04592
宋丽丽	04054
宋丽珍	07017
宋丽娜	04154
宋丽智	02549
宋秀平	06340
宋沅	12726
宋劲松	01080,01141
宋其辉	13209
宋杰	12348-12352
宋贤序	06652-06654,08444
宋明岷	01569-01570
宋明炜	10465
宋忠顺	03936
宋泽友	06633
宋承先	02372-02379
宋春阳	05192
宋昭勋	04996
宋顺和	01992
宋俊秋	09296
宋剑雄	10368
宋炳辉	09903,09909,09950,09953,10437,11935,11967
宋洪峰	03293
宋桂友	10251
宋桔	07596
宋晓东	15322
宋倩倩	08795,09761
宋涛能	14599
宋浩天	04351
宋浩波	01936
宋宽锋	00344,01250
宋娴	05512
宋培道	07827
宋梅	07987,08791-08794,08907-08908,08916,08950-08951,09039,09343-09344,09346,09367-09368,09390-09391
宋晨	00550
宋铮	02439-02440
宋敏娟	06859

宋琼芳	00545	张大伟	05424
宋超	05141	张大松	01848
宋路霞	05497,11880	张大镇	04022
宋微	08886	张万国	12344-12345
宋颖	15319	张小兰	06370
宋慧玲	14151	张小争	05277
宋德祥	11993	张小红	02924,03363,03383
宋澄宇	02404	张小峰	01514,03287

证

证券业从业人员一般从业资格考试命题研究中心
　　02064,02069,04604-04605

启

启蒙编译所　　05438

补

补爱华　　08348,08515,09460

初

《初中英语能力训练》编写组　　06527
初中英语能力训练编写组　　06441
初中英语能力测试编写组　　06486-06489,06500-06521
初中海　　11237
初宇平　　07002
初宏淼　　02828

迟

迟东璇　　12470
迟进军　　14677-14678
迟均　　04070
迟放鲁　　13816
迟爱萍　　04353

张

张一中　　00485
张乃根　　01855,01886-01888,01915-01916,02184,02276,02283-02284,04178
张力　　01064
张力奋　　11276
张大文　　06386-06387,06402

张川　　03075,03215
张亿香　　07739
张广勇　　11526,11534
张广智　　00118,11497,11515-11526,11533-11534
张义　　03148,05454-05455
张义兰　　05459,14945,14969,14971,15030,15077
张卫东　　04715,13210
张子让　　05213-05216
张子成　　15366
张子建　　06103-06104
张开明　　12631
张天西　　02890,02945-02948
张天军　　05883-05884
张天星　　10166
张天嵩　　00887,14070
张元芳　　14193,14278-14279
张云　　00954-00958,06858
张云勤　　08246,08939,08951
张友明　　05539
张友德　　14875,14955,15098,15104-15113,15115
张升鹏　　07225
张长青　　14250
张从军　　02799-02800,02815-02816,02819,12419-12420,12508-12509
张月　　10286
张月莲　　12334
张丹华　　00057
张丹枫　　14734
张凤军　　07935
张凤真　　13624
张文广　　12689
张文光　　07720
张文华　　07825
张文江　　00808,11591,11955

张文宏	13775,13781,14125	张立石	12279,12510
张文杰	03043-03044	张立芹	09158
张文贤	01126,02273,02636,02865-02871,02949,03285-03286,03518,03946,03964,11242	张立纲	12667
		张立明	14867-14868
张文俊	01918,05064,11469,12250,14829	张立柱	12471,12473
张文举	13135	张立强	14435
张文博	02260	张立新	08960
张文碧	10946,13515	张兰青	08258
张方镇	12269	张汉良	07343,10282
张计龙	05460,05479	张汉辉	11422,11427-11428
张心泉	01885	张宁	05047,11939
张引	14109	张宁宁	07610,08484,08900,08902
张书源	03043-03044	张永年	09410
张玉利	01139	张永安	09410
张玉明	03386,03396	张永红	02265
张玉侠	14008-14009	张永言	07524,07571
张玉荣	00094	张永奋	07588
张玉卿	02287	张永忠	01167-01168,05459,05473-05474,05477,05593
张玉能	09880		
张玉琴	09514	张永昱	07506
张玉颖	09484,09771	张永信	10694
张世贤	13489	张永昶	15175
张世明	05592	张永彬	02102
张世信	01884,01989,01994	张民权	10399
张世禄	07534-07538,07554-07555	张弘	11040-11041,11043
张可	04902	张加珍	14787
张平	01508,03757,09645	张加蓉	05880-05881
张东平	05669,07036,07160	张圣勤	07712-07715,12238-12242,12336-12342,12356
张东苏	03790		
张业松	10194	张圣翠	02229
张冉	02338	张亚红	08536
张生妹	07014	张达	09847
张生泉	11360	张成刚	01623
张禾金	11251	张成华	11389
张印琦	01651	张成杰	11447
张乐天	03712,03714-03715	张成洪	06833
张乐乐	04883	张光	01728,04276
张乐臣	15376	张光芒	10234
张乐盈	07680	张光圻	05668
张乐敏	07017	张光杰	01837-01838,01842-01843,01973
张冬生	12900	张同乐	08000,08632-08634,09405,09765-09767
张立	10251	张帆	04089,12937,13425-13426,13822

张年	01633	张纪忠	12896
张先清	12168	张纪康	03483,04597
张廷刚	12602	张驰	03260
张廷熹	14327	张寿林	14185
张伟英	09152	张远山	00150,11592
张伟然	11778	张远征	12422
张延龄	14195,14197	张远新	01557
张仲民	05588	张远增	06887
张任	04834	张远瀚	04875
张华	02247,09913,15206	张韧弦	07453,07855
张华林	01948	张均宝	04978
张自钧	05465	张志	03402
张伊娜	15330	张志玉	13788
张向阳	09103	张志扬	00303
张全福	05225	张志刚	13674 - 13676,13678
张创伟	07205	张志安	05278
张旭	08783	张志武	12194
张旭升	04873	张志林	12207
张旭春	09915	张志杰	00888,08538
张旭辉	15440	张志京	01845,01863 - 01864,01984,02136 - 02140, 02194
张旭霞	02840		
张冲	07359 - 07364,07367,09169,09959,11023 - 11024	张志荣	15278
		张志泉	06190
张庆熊	00740	张志勇	13887,14056
张亦琳	05446	张志萍	07230
张灯	10150	张志敏	06820
张汝伦	00313,00318,00807,01337	张志鸿	01041,12858
张兴荣	12987	张志攀	05192
张宇丹	05014	张芙鸣	10190
张宇红	03856,08001,08786	张芳	01798
张安琪	07212	张严心	09394,09769
张军	02321,02424,02436,02451 - 02452,02637, 03553,09144,15327	张克难	03536
		张克雄	13730,13733
张军芳	05007	张苏展	14397
张阳	03147	张丽	15270
张阳华	03385	张丽华	05683
张红	08520,11922	张丽丽	15361
张红东	12706	张丽珍	13176
张红英	03831	张丽萍	07925
张红岭	00088	张丽梅	12421,12428
张红旗	13618	张丽银	14449
张红霞	05879	张坚伟	03911

张岚	11891	张国良	05000-05001,05009,05013-05019,05088
张利伯	13108	张国荣	08291,08374,09403-09404
张秀珍	14152	张国栋	05643
张秀敏	09857-09858	张国玺	05791-05792
张秀清	14694,14696	张国清	06179
张兵	09943,10341,10494	张国梁	07351
张伯伟	05493	张国辉	08487
张伯敏	08507	张明	04190,14170,14235,15015
张迎	11850	张明园	13749,14463
张沛	09914	张忠野	02076
张宏伟	13283	张咏华	05065
张宏国	07573,08000,09225	张岩岩	03843
张宏鸣	04693,04808	张岩莉	05735-05736
张宏莉	06409	张罗修	14598,14619
张宏斌	09475,13038	张凯莉	14447
张良	04956	张季	03659
张君平	06404	张秉礼	03679
张灵	05550	张秉毅	10644
张灵聪	00457	张佳	12111
张陆洋	04541-04544,04593,04746,04772,04833	张佩雯	13974
张妤玫	05325	张欣	05680,06164-06165,06174-06176,07791
张劲松	00507,00515,00530,05603,14318	张所明	14633
张奉春	14178-14180	张金泉	04603
张青	04545	张金清	02456,04392-04393,04598
张青周	10513	张金福	05434
张英	08452	张金耀	15479
张英进	09916	张怡慈	12254-12256
张林	07281,07286	张京华	07642
张林秀	01137	张京京	05302
张林峰	15043-15044	张育维	11178
张林森	15422	张泳	09496
张杰	06365,06775,10002	张波	04433
张奇峰	01101	张泽滔	05518
张奋	14881,14977	张怡	01683,01688-01689,01733,02744,07444
张轮	04422	张学军	13276
张叔良	12738	张学昕	10237-10238,10252
张卓奇	04852	张学森	01844,02043-02044,02050,02290-02293,04555
张贤钰	01919		
张昆	01381,05240	张宝臣	05728-05730
张国民	06745	张宝华	06255
张国刚	11699	张宗新	04546-04552,04599
张国庆	01262	张宗豪	07311

张审恭	14045-14046	张界红	00214,10370,10376
张诗忠	08253	张虹	09228,09237
张建平	00502,14995	张虹丽	06180-06181
张建岁	05793-05794	张思中	06248,06336,06669-06671
张建松	09203	张思连	14843
张建佳	13040	张钘铭	00482
张建智	10283-10284	张钟汝	00547,01010,01013,01638
张建德	11421-11422	张钧	07271
张弦	03063	张秋华	14649-14650
张孟殷	13799	张重华	13508,13552
张绍华	09325-09326	张顺财	14060
张绍全	01815	张修齐	01284
张绍岚	13867	张修龄	10414
张经浩	11809	张保宁	09912
张春	01770	张俐华	13007
张春华	07270,07319,13204	张禹东	03244
张春河	06037-06038	张俊民	02716,03406,04048-04049
张春玲	07999	张俊杰	13162
张春满	01412	张俊瑞	04308
张春燕	05301	张衍	12065
张珂	04461,08773,08777	张剑宇	04753
张玲	06097-06098	张亮	07529
张玲玲	08952	张亮亮	03250,06838
张政权	05538	张闻昭	12770
张荣坤	04812	张美灵	03146
张荣建	11511	张美琴	13921,13929,13953
张茹	12085	张美辨	13117
张标	01639	张洁	06277
张相森	11134	张洪光	11850
张柳娟	06660	张洪斌	13558
张柳雅	11785	张济顺	01712,06857
张树义	04810	张济琳	06851
张树剑	04346	张恨水	10636
张威	14851	张祖忻	08002
张厚刚	10251	张祖贵	12263
张厚泉	09843	张祖新	02697
张铁斌	14198	张祝祥	09412-09415,11086
张星久	01339	张勇	10358
张昭炜	00187	张勇安	11502
张昭济	06083-06088	张勇进	14519
张贵红	14737	张骁萌	06128
张贵敏	07252-07253	张耕华	11507-11508

张艳芳　09235
张艳莉　08447
张艳萍　10739
张素芳　08153
张振华　11390
张振宇　12470-12471,12473
张振维　05054,05066
张哲嘉　09125-09126
张莉　05566,09302,12143,12156,14918,15148
张莉莉　01017
张莹　08861,08867,08873,08880,09329,09681,09685,14838
张莺凡　07301
张真　04340,11425,15390
张桂香　07016
张桓　01459
张桥英　13010
张根生　11338-11339
张根福　15400
张晓龙　00418
张晓兰　11882
张晓光　01849
张晓华　06528
张晓彤　08202
张晓佳　11560
张晓南　06585
张晓栋　07582
张晓哲　09104-09105,09114
张晓凌　11430,11432
张晓梅　08292,12470-12471,12511
张晓雪　08424
张晓彪　14223
张晓锋　05357-05359
张晓蓉　01227
张晓毓　01597
张晓燕　01582,01737
张晔　13502
张晖　04674
张晖明　02465,02653,02668,03174,03310,03530,03535,04654,06838
张峰　01469,02635
张峰筠　07294

张圆圆　09847
张钰　12869
张铁钦　01651
张铌　08615
张倩　14761-14762
张惊　05152
张健　05331,05383-05384,12324,12364,14583
张健康　05101
张徐乐　04738
张爱珍　12219
张爱维　08178
张颂方　06321
张益明　08682,08686
张涛　01603,02673,02817,03077,13109
张涛甫　00050,01434,05062,05276,11399
张浩川　07085-07087
张海宁　10572
张海国　01946
张海洪　09103
张海洋　08898
张海莉　11354
张海容　01101
张海鹰　05002,05025,05061
张润泽　06903
张宸　05323
张家铨　13564
张祥凤　13477-13478,13525
张祥民　12746
张谊　07014
张娟　04932-04933,13135
张能彦　06935-06936,06966
张继民　04246
张继光　02472,04110
张继明　11850
张骏德　03857,05127,05183,05348
张菊芳　11431
张萍　09646
张梦孝　00129
张梅　05679
张梅琳　00879-00880
张梓太　12770
张雪云　07826

张雪芬	12268	张喜华	08963-08966,09406-09409,09644,09768
张雪荣	03922	张期陈	03696,04212
张雪霞	12346-12347	张朝宓	02901
张彪	07663-07665	张朝晖	06282
张堂锜	10470	张惠华	03962,08375
张晨阳	05087	张惠铭	13621,13677
张晨霞	08458	张雄	06366
张晨曦	13370,13743,14308	张雅丽	13520-13521,13922,13949,13954
张唯佳	11297	张辉	01721,10029,14567
张婴元	14049,14051,14054	张晶	06082,13070
张敏	05795-05801,06125-06127,13640	张景安	03309,03609
张敏建	14277	张锐	06308
张敏霞	11814	张智	01356
张康庭	00838	张智慧	03554
张清	01823-01824,01826-01828,08962	张皓宇	06277
张清年	08180	张舒	06101-06102
张清津	01701,04359	张舒予	05385-05386
张添立	10897	张释元	05595
张鸿年	11551	张鲁雁	13728
张鸿华	06372	张然	14919-14920,14953-14954
张淑云	04090	张敦华	14119
张淑华	01424	张斌	07544-07547,07609
张淑卿	09585	张翔宇	09811
张淑娟	04985	张渤	15257-15259
张渔	08256	张游华	13525
张淘	10162	张富洪	00384,00541,06172-06173,07224
张惜阴	14283,14410-14411	张强	12022
张寅	02429	张媛媛	08548,11079
张隆溪	00806,04935,09937,09996	张婷婷	05063
张婉佳	06371	张登玉	12639
张婉璐	05890,05892,05904,05935-05936,05953-05958,05970-05974	张登贵	05197
张绪军	02931-02932,03384	张瑞民	11180
张维	13708	张瑞幡	15495
张维兰	13159	张勤国	13071
张维亚	03818	张楠	04964,07200
张维炯	03191	张楚涵	00550
张琦	08104,08538,08692,09773	张雷	07213,15174
张靓	08798,08889	张辑	07283
张琼	01574,09169,11008,11069,11073	张照松	05777
张琰	03237,03762	张照寰	15406
张喆	03359,03927,07350	张跣	01328
		张路英	00986

张锦兰	06039	张磊	01901,06922,07197
张锦江	14127	张震	02208
张筠	03963,04394,08732	张震廷	01267
张鹏	14072	张黎	03903
张颖	07498,08891,10251,11264,14000	张德玉	08907,09599,09603－09604,09620
张颖华	03234	张德兴	00471
张新	10260	张德明	05398－05399,05402,06869,07186,07429－07439,09961,10040,10689
张新颖	07731－07732,10191－10193,10235－10236,10332,10563－10564,10843,10898	张德康	08073,08099
张歆梅	03850	张德富	09064－09067,09070－09074
张煜	06179	张毅	10312
张群莉	14692	张毅强	13291
张殿元	03997,04015－04016	张澄	12028
张静	01830,07892,07896,09763－09764	张豫峰	07611,07621
张静尔	01787－01788	张操	12757
张静华	14610	张嘉珂	01317
张静芬	14010－14011	张燕	01408,09520,13558
张嘉梁	12135	张燕春	07792
张嘉瑾	06365	张蕾	07950,09763
张蔚飞	11267	张霖欣	08434
张端鸿	07037	张默	13928,14983
张潇潇	05005	张燎	03668－03669
张翠英	09479	张薰华	00035－00037,02405－02406,02470,02620
张翠娣	13522	张霞	05423
张翠萍	09521	张鹭鹭	13376－13377,13890,14563
张慧	13461	张镭	14527
张慧平	02118	张霭珠	01215－01216,07428,12375
张慧兰	03743	张耀久	06775
张慧芬	06668	张耀华	14495
张慧芳	08050	张耀嵩	07116－07117
张慧洁	07032	张巍	00304－00305
张慧腾	02316	张鑫	11018
张慧霞	01022,04872		
张瑾	03849	**陆**	
张璎	02106	陆士清	09989－09990,10328,10402,10480,10663,11963
张璇	09331－09332		
张增健	07988－07998,08624－08631,08635－08640,09091－09094,09099,09106－09113,09375－09381,09395－09400,09402,09411	陆大江	06106
		陆卫平	12887
		陆飞	02184
		陆丹	03718,03853,06988,07024－07025
张聪	13172	陆以心	10619
张蕊	02864	陆予圻	01172,05515
张蕊华	14719		

陆书昌	14424	陆建良	08227
陆正伟	11964	陆建松	05508,05510,11240,15316
陆世伦	14351	陆栋	09179-09180,12670
陆生	05404	陆树仑	10109
陆立强	12503	陆前进	04371,04557,04750
陆弘德	06357	陆振华	04324
陆吉林	15199	陆起涌	14797
陆吉祥	12405	陆桂生	05045
陆地	05396	陆晔	05020,05022,05253,05336-05338
陆扬	00472,00477,00722,04922-04924,04936	陆峰	14714
陆亚萍	07663-07665,07734-07735	陆效用	07900-07901,07980-07986,08345,09017,09075
陆达诚	00334	陆海泉	06360
陆廷纲	01214,02833-02838,03367-03370	陆继东	08304
陆廷璋	14821	陆萍	13495
陆全康	12650	陆盛强	05405
陆庆壬	01585-01586	陆铭	02981
陆庆荣	13447	陆康其	10533
陆军荣	04464	陆清声	13984
陆红宏	08085	陆维祺	14392
陆志仁	11103,13752	陆雄文	03181
陆志明	02336	陆斌兆	00735
陆丽英	08460	陆湘云	14621
陆财深	03252	陆寒寅	02558
陆利民	12811-12812,13643	陆瑜芳	01151-01153,01173-01174
陆谷孙	08428,09166,10872-10876,11010,11020-11021	陆蓓祎	05605
陆启宏	00737,11499	陆颖理	13795
陆青	13727	陆新	03085
陆林森	10923	陆嘉惠	12905
陆杰	10577	陆翠华	09587
陆贤香	14306	陆慧海	02596
陆国平	14325	陆德源	12888
陆国强	08016,08205,08304	陆燕	15307,15309
陆昌祥	07061,10729	陆耀明	00730
陆明杰	04224		
陆明廉	12738		
陆忠中	11244		
陆岩军	11579		
陆凯华	00311		
陆金英	03807		
陆波	10919		
陆建华	04263-04264		

阿

阿卜杜·侯赛因·扎林库伯　11551

阿什法克·A.马尔古布(Ashfaq A. Marghoob)　14490

阿兰·巴迪欧(Alain Badiou)　01269

阿伦·A.阿莫尔(Alan A. Armer)　11449

阿米·德罗尔(Ami Dror)　07231

阿米塔瓦·克里希纳·杜特（Amitava Krishna Dutt） 00389
阿玛蒂亚·森 00398
阿固 10567
阿萨·拉迪夫 01697

陈

陈一明 14878-14879,14975,15039
陈乃和 04231
陈乃新 07239
陈力 02231,02270,02301-02302
陈力丹 00047,05095-05096,05133
陈力君 01215-01216
陈力俊 14811
陈力瑜 07217
陈士强 15496
陈才兴 12072
陈大文 01966-01967,01991
陈大华 14773,14775
陈与德 12694
陈小元 13400
陈小云 04005
陈小平 01125,03419
陈小亘 12438
陈小锋 00992
陈小愚 04209
陈小碧 10387
陈广宏 10091,10203,10313,10453,11585,11911,12760
陈义章 12265
陈已昕 02286
陈巳康 15087
陈卫东 00877-00878,01928-01929
陈子展 10276,10544-10547
陈子彬 12810,13647
陈子善 10171
陈子毅 12523
陈飞翔 02686
陈开明 06956,12532
陈元锋 01668
陈云 10780-10781
陈云开 07243
陈云发 10333,11981
陈云华 11329-11331
陈云勇 03204,03966
陈云庵 11960
陈支平 11563
陈历幸 02025
陈友良 09575
陈少贤 13880,14608
陈少峰 03088
陈水生 01420
陈仁 13701
陈月明 01427
陈丹晔 14663
陈凤阳 10251
陈文 13415
陈文文 14501
陈文灿 00011,02726
陈文怡 04895
陈文珊 09464-09465,09468-09469
陈文炳 10698
陈文彬 11918
陈文斌 12543
陈心尧 13279
陈引驰 00251,00255-00256,09928,10262,10286,10429
陈以平 13536
陈允吉 00595,10094,10430-10431
陈书鹏 08327,08351
陈书睿 07251
陈玉刚 01402
陈玉林 14219
陈玉杰 03030
陈玉莲 15183
陈正宏 11647-11649,11973,15497
陈正勇 11749
陈正辉 00390
陈功 06955
陈世明 05812,06269,11355
陈世和 14633
陈世耀 13260,13293,14138,14391
陈本寒 02175-02176
陈可培 11809

陈石根	12856	陈先发	10572
陈龙	01951,13059,13099	陈先红	03994-03996
陈龙图	00536,00540	陈廷	14272
陈平原	00748,07081,10168,10749-10752,10779	陈伟	00077,00366,01329,05219,09005
陈东霞	05322	陈伟莲	08584
陈占彪	11735	陈伟浩	02450
陈占葵	02847	陈伟娟	10755
陈帅华	14995	陈伟恕	04458-04459
陈叶	06332	陈伟雄	03138
陈生弟	13043	陈传兴	04234
陈冬梅	04876,04889,04911	陈传明	01105-01106
陈立民	01435,07000,11888,11892	陈华文	15386
陈立青	08526	陈伊	12749
陈立钻	13560	陈向阳	00942
陈立群	09196	陈向明	03647
陈汉平	13504	陈向京	09446,09448,09451,09453,09455-09456,09790-09794
陈宁	00942	陈兆旺	03255
陈永青	12891-12892	陈旭东	10541,11977
陈永明	07949	陈旭麓	10537
陈永捷	08285,08506,08647,08652,08694,08696,08791-08793,08895-08896,08905-08906,08909-08910,08912-08915,08917,08919,08924-08940,08942,08944,08956,08973,08978,09088,09353-09355,09358,09363-09364,09367-09373,09383-09386,09417,09731-09740,09743-09746,09753-09762	陈冰	02893
		陈庆基	03947
		陈亦冰	11859
		陈亦钦	05116
		陈兴良	02198-02200
		陈兴耀	04227,04230
		陈守吉	12551
		陈守实	03719
陈发奎	11875,12012	陈安	02277,02296-02298
陈圣白	08390	陈安全	01699
陈式侯	08498	陈安明	13595
陈戎女	09977	陈军	06279,06411
陈执中	14575	陈军华	13490
陈亚军	00109,00350	陈阳	11148
陈亚杰	07801	陈观烈	04360
陈百助	00557,02506,03086	陈红	06183
陈成	08721-08722	陈红兵	00703
陈光忠	13621,13677	陈红莉	08249
陈光金	01286	陈红梅	05081
陈光梦	14788-14789,14822-14823,14825,14870,15065-15067	陈红敏	04196
陈光磊	07603,11661,11881	陈寿阳	14061
陈刚	05506,13122,13337,13425-13426,13583	陈麦青	10722,11140,11738-11740,11972

陈进	07831	陈良尧	12655
陈进坤	00262	陈启杰	03339
陈运享	09988	陈启明	13257,13266
陈志云	00946	陈社胜	07832,09472-09478,09541-09543,13297,13758
陈志龙	02586,02707	陈君石	13138
陈志伟	06965	陈君贤	05682
陈志红	11962	陈君雪	14234
陈志坚	10591	陈灵海	01872
陈志敏	12273-12274	陈阿宝	07773-07775
陈志强	01468	陈纳	04998
陈声琼	13858	陈玮	13118
陈苏东	09428-09437,09519-09523	陈环	08672-08673,08676-08679
陈苏华	15250,15264,15276	陈武刚	03089
陈苏卿	12635-12636	陈武现	09176
陈甫华	03416	陈青	05939
陈丽	11050	陈坤	02151,15411
陈丽丽	00120,00991,00993,15371-15372	陈其人	00749-00750,02460-02461,02590
陈丽卿	15286-15287	陈其荣	05531,05541,12198-12199,12209,12213
陈丽萍	08986	陈若莹	14711
陈来	00272	陈英	13008,13010
陈来生	05441	陈英顺	04718
陈坚	13162	陈英耀	13338,14331
陈坚林	07403-07411,08522-08525	陈松男	04398,04522,04570
陈时龙	00279	陈松鹤	14034
陈钊	04741	陈杰	01706,06846
陈利国	02804	陈雨宇	13011
陈秀兰	00654	陈卓	11099
陈秀珍	13729	陈卓霞	01297
陈秀娟	04875	陈贤浩	11181-11183
陈兵	05074	陈尚君	00751,10057,10061-10063,10065-10066,10408-10409,11700,12093,15479
陈作章	04380-04381,04468	陈尚采	13699
陈伯庚	02612	陈昊	03096,04521
陈伯海	10090	陈国权	01136
陈伶	01968	陈国华	12492
陈希文	09197	陈国青	01130
陈迎	13027	陈国明	05008
陈沐	07824	陈国治	12816
陈沂	11858	陈国钦	11470
陈沁	13135	陈国亮	12725,12731
陈宏观	07747	陈国强	02827
陈宏京	05498		
陈宏星	13956		

陈国新	12768,15383-15384	陈学彬	02689,03893-03894,04399-04400,04460,04558
陈昌来	07495-07496,07546,07764	陈宝胜	03749
陈昕	03860-03861,05426	陈宗保	12737
陈昕炜	10342	陈宗胜	02481,02692
陈明	12299,12301	陈诗一	02583,02599,04385
陈明光	02001,02022	陈诗书	12828-12829,12863
陈明明	01275-01277,01294,01365,01440,01447-01450,01483,01650,01749,03039	陈建云	00048,05132
陈明娟	06718,07812,08060-08061,08688-08691,09464-09471	陈建龙	03295,03315
		陈建平	15049
陈明霞	05758-05761	陈建生	07446,08486
陈易佳	00932,00959	陈建华	00747,10074,10385,12050,12526,12943
陈旻	11554	陈建安	01694,04694
陈忠	00974	陈建梁	03467,04655,04687-04688
陈忠年	14203,14285	陈建辉	07823
陈忠明	12108	陈建强	07304,07306
陈鸣树	09884,10488	陈建新	06884,07072
陈和芬	08509	陈承明	02533,02612,02661
陈和美	14668	陈春声	11563
陈佳昀	12049	陈春梅	05671
陈岳芬	05206	陈春霞	04492
陈佩	13399	陈珏	10309
陈佩华	04114	陈珂	02628
陈佩瑛	03538	陈珍国	05637,06368,06823
陈阜东	11777,12034	陈玲玲	03837
陈征科	04249	陈政	06332
陈所巨	10645	陈荣中	03121
陈金华	00078,00376,00385,00567,01480,06878-06879	陈荣秋	01133
		陈荣家	14507
陈金海	15124	陈栀	08789,09255
陈金联	14393	陈威如	03190
陈周旺	01428-01429,01503,01607,01625	陈显钊	09479
陈育坤	01562	陈星荣	13840,13842,14540,14543-14544
陈育明	04461,14784,15306	陈虹	05083,05364,05373,05382
陈炜	02715,05888	陈虹岩	15424
陈波	02611,02615	陈虹嫣	02758
陈泽加	15376	陈思和	05416,07748,09925-09927,10169-10170,10180,10205-10207,10241-10242,10386,10457-10463,10472,10568-10571,11893,11957-11958,15435
陈泽明	01390,02591,03588-03589		
陈泽铭	05980-05981		
陈怡	00338		
陈学明	00114-00116,00125	陈思锋	13688,13691
陈学基	02471	陈思善	05374-05375

陈峥嵘	14252,14262	陈莎莎	07023,07080
陈钟光	06986	陈莺	05678
陈钟梁	06412	陈真	05528
陈钦元	14509	陈桂兰	05131,05217
陈科芳	08389	陈桂章	05465
陈重业	07733	陈校	01624,02242,11567
陈俐	10530	陈根生	10487
陈信	01158－01160,15154	陈根法	00375,00405
陈信康	03928	陈晓	09389
陈俊	02186	陈晓云	02483,05440
陈盾	15247	陈晓兰	09885,09978－09979,10049,10075,10772
陈剑	01129	陈晓扣	08068
陈剑宇	15278	陈晓芸	10093
陈剑峰	11566	陈晓弦	15217
陈庭	06356	陈晓峰	14232
陈彦军	07023,07080	陈晓萍	03158－03163
陈美	06332	陈晓静	04202
陈炳迢	07694	陈峰	03292,13325
陈洁	04035,08680,08684,12945,13776	陈峻松	03884
陈洁倩	06471－06473，07162－07164，07168，07174	陈秧秧	02891,04485
		陈倩	14506
陈洪	00533,06811	陈健	00358
陈洪涌	03087,03197	陈健民	13439－13440,14358
陈济和	02806	陈爱平	10771
陈恒华	15346	陈爱华	09020
陈恪清	08221	陈爱玖	15314
陈宪	03711	陈爱敏	07820－07821,08219－08220,09195
陈宪民	02281	陈离	10778
陈祖望	13850－13851	陈益智	12399
陈勇	14426	陈浩明	06999,10727
陈绛	02736	陈浩然	01893
陈振云	08075	陈海丹	05757
陈振东	08259	陈海龙	08327,08351
陈振宁	11906	陈海明	15347
陈振宇	07591,07617	陈海建	03895,03919,14960
陈振良	11455－11456	陈海瑶	06587
陈振婷	04559	陈海燕	04806,13959,13989
陈振新	11881,14828	陈家华	01064
陈哲文	06485,06492,06499	陈家隽	07500
陈莉	12117	陈家宽	07033,14641
陈莉达	07166,07172,08125,08147	陈家球	01992
陈莉萍	08440	陈家琪	00087,01479,10375

陈家琨	14492	陈梁	14035
陈祥锋	03047	陈寅涛	04001
陈娟	13296	陈隆恩	14250
陈恕行	12472,12628-12629	陈婵婷	01998
陈通友	00560	陈婉莹	00743
陈继东	00628	陈维英	13925
陈继红	08565	陈维昭	01667,10361-10363,11373
陈捷	12173	陈维振	00731
陈培爱	04003-04004,05205	陈维新	07715
陈培零	03640,09460	陈绵水	07419
陈基福	06797	陈瑛	04569
陈梦然	09832	陈琳	02680,04209,04705,04793,09975
陈梅	03810	陈琦	04145,04169,04211
陈硕	01502	陈靓	11080
陈雪军	08682,08686	陈琛	06006
陈雪征	07947	陈超	03437
陈雪峰	13969	陈超怡	12016
陈彪如	04686	陈博	11130
陈堂发	02157,05097	陈喜儒	11959
陈晨	07548-07550,07785-07787	陈敬良	06844
陈曼倩	03798-03799,09510	陈敬容	10530
陈跃刚	03976	陈森	03318
陈跃红	09886	陈惠	09517-09518
陈铮	14217	陈惠芹	05354
陈敏	07001	陈惠黎	12854,12861-12862
陈敏云	07003	陈雁	01397,01777,11558,11894
陈衔城	14161-14163	陈雁秋	06737
陈康令	01801	陈雄	14523
陈康荣	05977-05978	陈雄刚	06484
陈康颐	01949-01950	陈雄尚	09062-09063
陈章龙	15084-15085	陈雯	14629
陈望波	07876,07880,09570	陈雅芳	00516,05671,05762-05763,05813,05876,
陈望道	00752-00753,01019,07602-07603		05979,06094,13219,13234
陈望衡	00193,00238	陈智慧	02196
陈焕辉	07822	陈皓	04457
陈鸿仪	02567	陈皓敏	06484
陈鸿惠	01517	陈敦金	08269-08271,08295
陈淇	08345	陈斌	13753
陈淑英	13163,13894-13895,13903,13906,13949,	陈斌斌	00503
	13952,13958,13969,13976-13979,14044-14045	陈道胜	09394
陈淮淮	12040	陈湛匀	03090,04401,04695
陈淳	05499-05503,12075,12934	陈湘君	13528

陈湘琳	10092	陈磊	03793,08755
陈犀禾	05376,05403,11424	陈德松	14446
陈瑞玲	13600,15233	陈澄	12108
陈瑞涛	14796	陈璟浩	06825
陈瑞端	07679	陈燕	14662-14663
陈瑞燕	14469	陈燕春	14730
陈瑞翾	00816	陈翰彬	11236
陈瑜	03903	陈翰笙	00745,02736
陈蓝荪	12037,12769	陈赟	00289
陈锡尧	07294	陈霜华	03859,04124,04138,04145,04188,04241,04882
陈锡康	01129		
陈锡镖	09136	陈穗蓉	09976
陈锡麟	06474-06483,08222,08260,08272	陈徽	00254,15297
		陈耀东	02026-02027
陈鹢	12265	陈耀庭	13448-13450
陈鹏生	02243	陈灏珠	14079

邵

陈颖	00885,07526,12524-12525,14010		
陈颖杰	03452		
陈颖健	02045		
陈新	11510,11517,14382	邵飞	09773
陈新华	11234	邵艺	11584
陈歆耕	10741,10852	邵中技	06343
陈雍	11562	邵玉芬	13127,13131,13145-13147,14299
陈福来	02801	邵丙铣	14814
陈福明	08671	邵永孚	14367,14394
陈福春	13442,13490,14153	邵师生	12266
陈群力	14736	邵兴人	00409
陈殿兴	10974	邵宇	04423,04633-04634
陈韬文	05005	邵军	02215
陈嘉映	00746	邵志择	04982
陈嘉健	14233	邵志敏	14339,14377,14415-14419
陈蔚	06369	邵杜罔	11800
陈颙	12514	邵松平	07278
陈潇潇	15339	邵国庆	06633
陈慧	03238,03240	邵承工	13738
陈慧云	03744	邵钦瑜	09450,09457,09783-09784,09787
陈慧玉	02789	邵俊岗	02502
陈慧芳	08026	邵俊波	02940
陈慧颖	02111	邵亮	06267
陈增良	13671,13673	邵祖平	10319-10320
陈增荣	14985	邵爱玉	13070
陈增辉	00130	邵浩奇	13891
陈聪敏	13712	邵祥义	14826

邵继荣　08280
邵培仁　05074,05101
邵敬于　14295-14298,14612
邵雯艳　11468
邵程亮　10957
邵强进　00354,00360
邵鹏柱　13557
邵靖方　02011,13073
邵静　11976
邵翠琪　12691
邵毅平　00266-00267,10113-10115,10277,10288,
　　　　10353,10824,10912

纳

纳日碧力戈　15392
纳希(L. K. Nash)　12719

纸

纸屋正和　01662

八画

武

武千嶂　06074-06079,06117,06260-06262,11171-
　　　　11172
武月明　08367-08370
武有祯　13603
武丽玢　09007
武宏志　06912
武珍年　10734
武桂英　13349,13834

青

青山玲二郎　01696
青木正儿　10960-10961

现

《现代汉语小词典:大字本》编委会　06396
《现代汉语小词典》编委会　06395

拉

拉尔夫·P.布劳恩(Ralph P. Braun)　14490

拉克索(Aki Laakso)　14221
拉斐(Rafael Poch-de-Feliu)　01702
拉雷·沃德(Larry Ward)　11380

招

招兆铿　15036-15038

若

若文　05210

苗

苗凤君　11313
苗田　10555
苗亚男　08537,08780-08783,14754
苗伟明　01559
苗红仪　06968-06969
苗丽霞　08567
苗怀明　05495
苗青　12107
苗耕书　04240
苗淼　08619
苗福光　09921

英

英国南安普顿电化学小组　12741
英国皇家人类学会　01029-01030
英国皇家特许管理会计师公会(CIMA)　02930

苑

苑泽明　02766
苑荣　03905-03906
苑逍逍　06283
苑睿钊　02533

范

范一峰　14547
范力　03560
范凤美　00988
范文渊　08256
范立伟　13493-13494
范立珂　07346
范亚维　09008-09011

范伟	12264	**茅**	
范伟达	00894,01026,01612-01613,03968-03969	茅为蕙	06007-06008,11328
范仰才	12572-12573	茅盾	10026,10637
范冰	01026,01612-01613,03968	茅琦	02337,02458
范关荣	13399	**林**	
范军	01327		
范丽君	06443-06445,06449,06530	林士明	07657-07659
范丽娜	07103	林子明	11851
范丽群	08573	林子通	03432
范利华	14218	林子裕	09824
范伯群	10471	林飞卿	13723-13724
范劲	09888	林太	10963
范劲松	07497,08070	林少雄	11126
范纺纺	06168	林中明	13223
范英梅	10606	林凤梅	09705
范明林	00547	林文华	07946
范明辉	05515	林文宝	05462
范金民	02727	林文淇	11415
范治国	14880,15125	林玉桓	13141
范建年	04772	林世怡	02880-02881,02935
范建高	14146-14147	林平	00418
范荧	00574	林东华	01097-01098,03670
范柏乃	01296,01509	林汉川	00941,01001
范俐	15228	林亚	10918
范振华	14254,14564	林在珩	06773
范桂芳	11036,11088	林存青	10904-10905
范晓	07600	林同济	00760-00761,10579
范凌云	14990	林帆	10804
范烨	07459,08464,08474,08488,08540,08542,08991-08992,09400-09402	林伟	07874,09812,12468
		林伟初	12302-12304
范海荣	07272,07274	林华	02880-02881,02935,11295
范家伟	12972	林华生	02596
范家材	08201,08331	林自强	14538
范谊	09204-09205	林江	02040,02248
范培松	10251	林安民	02046
范康年	12713-12714	林军红	14688
范喜庆	06177	林进成	03491,04113,04697
范嵘	10251	林孝庭	12044,12047
范鉴青	03725	林志鹏	00148-00149,00261,00424
范毓民	07798-07799	林芙美子	10953-10955
范徽	04231	林芳	07030
范飚	06405		

林克	01454,06853		11847
林丽华	07846-07847	林峰	14357
林秀清	09893	林健	09253
林沈节	02071	林爱珺	01879
林宏星	00230	林涛	02651
林青	00333	林海芬	10632,13192
林玫君	11356-11359	林涧	11072

林幸惠　00402-00403
林肯（Lincoln, Anna）　08311
林贤治　01679,10179,10219,10485,10493,10806-10808,10870,11932-11933,11962
林尚立　01278,01441-01444,01446,01451,01481
林果为　13046,13258-13260,13269,13826,14043,14112
林国良　00624
林昇一　03470
林忠　03179
林罗华　05400,10628,13766
林牧茵　00733,01719,05315
林金芳　14287-14288
林庚金　13785,14130-14131
林宝　03737
林建华　13387
林建忠　03965
林建法　10245-10246
林建煌　01077-01078,03953-03954,04139
林迟苍　13621
林春山　12753
林春城　10178
林茨（Daniel Linz）　04985
林荣日　05563-05564,07041,07232
林钟香　13537
林信泰　01829
林美玫　09569
林祖耀　00583-00584
林勇（Adam Lam）　09988
林勇军　01786
林桂敏　08188,09690
林速容　08947,13014-13017
林晓光　11788
林晓萍　01558
林晖　00314,01463,05160-05161,05229,05249,

林萍英　08078-08079,08338,08511,08732,08946,09236,09354,09369
林乾　01660,12036
林彬　13952
林唯　05513
林鸿平　05998-06001
林淑蓉　07150
林涵　05102
林婧婧　00481
林维龙　06590,08204
林琳　05387,06060
林喆　01831
林葵　08072
林景怡　10805
林善浪　03244
林善锬　13648
林渭芳　08567
林新华　00447
林新奇　02664,03471-03473
林慈　15343
林慈盈　00673-00674
林源　10073
林碧玉　10737,10869
林碧华　00506
林霞　07110
林曦　00972
林骧华　00761,05411,05414,05422,10028,10967,11170,11581
林蠹　04351

杭

杭州师范大学学术期刊社　00173,04949,10077,11500,11758
杭州师范学院高教研究室　07102
杭虹利　04002

杭爱华　06075-06076

杰

杰夫・威克利(Jeff A. Weekley)　01322
杰弗里・诺维尔-史密斯（Geoffrey Nowell-Smith)　11434-11436
杰弗里・维因伯格(Jeffrey Wijnberg)　13750
杰伊・布莱克(Jay Black)　05082
杰伊・利博维茨　03965
杰克・C.理查兹　07801
杰克・卡普尔(Jack R. Kapoor)　03862
杰克・伦敦　11090
杰克・帕西诺(Jacque Passino)　03165
杰克・洛曼　15315
杰克・福斯特　00357
杰拉尔德・凯登　01409
杰拉尔德・科里(Gerald A. Cory)　01193,02333
杰拉德・M.扎克　02891
杰拉德・皮尔(Gerard Piel)　12214
杰隆・博格(Jeroen van der Berg)　03521,04023
杰瑞・汉得里克斯(Jerry A. Hendrix)　00932
杰瑞・纽科姆(Jerry Newcombe)　00733

事

事业单位公开招聘考试研究院　01538-01554

郁

郁义鸿　02517,02645,03141,03236
郁之君　06589
郁文　09703-09704,15300
郁文蕾　09812
郁达夫　10189,10635
郁良军　05790
郁明亮　09069,09082,09189
郁啸仑　14277
郁景祖　00538,03502
郁韵秋　14577

欧

欧・亨利　11092
欧内斯特・拉布鲁斯　02761
欧阳元煌　07072
欧阳令南　03371
欧阳光中　02885,03452,12441-12443
欧阳远　05779-05780
欧阳林　07274
欧阳前春　05829-05830
欧阳莹　04533
欧阳晓莉　00566
欧阳爱平　03405
欧阳越秀　02856-02857
欧志伟　03146
欧昌清　09589
欧荣　11027
欧珠罗布　13424
欧瑜　00121
欧赛萍　05734,05778

肯

肯尼思・L.费德(Kenneth L. Feder)　12934
肯尼思・斯朋(Kenneth Spong)　04832
肯普(M. C. Kemp)　02567

卓

卓杨　08589,08642-08645
卓伯棠　11423,11453
卓尚清　15211
卓家同　14066
卓晶如　14300
卓韵芝　10618

虎

虎关师炼　10947

尚

尚汉冀　04866,04888,04899-04901,04903,14173,14741-14742
尚青松　11100
尚强　12258

旺

旺仔　10935-10937

昊

昊晟　11344

果

果戈理　10984
果逸居士　00580,00596-00601

昆

昆廷·布莱克(Quentin Blake)　11040-11049

国

国际关系学院英语系　07852-07853
国际医药服务公司　14604
国家人口计生委计划生育药具重点实验室　13245
国家半导体照明工程研发及产业联盟　14774
国家医药管理局医药工业情报中心站　14604
国家体委宣传司　10679
国家科学院国家研究咨询委员会　13068,14629
国家信息中心经济预测部经济预测处　02778
国家职业资格工作委员会公共关系专业委员会组织　00924
国崎威宣　03477

明

明志澄　15466-15467

易

易中天　00416,00444,01661
易文　03223
易兰　11496,11525,11544
易有禄　01835
易行健　04848
易志亮　01167-01168
易旸　04619
易昆南　12502
易学军　02793
易剑东　07236
易艳红　04039
易凌峰　03139,12117
易磊　14701,14726,14770
易德波(Vibeke Børdahl)　12100

昂

昂扬　12371
昂秋青　11405

迪

迪尔克·莫舍特　03890
迪安(A. G. Dean)　13780
迪迪埃·法兰克福　11303
迪恩·库克勃格(Dean Kruckeberg)　00914
迪特里希·瑞彻迈耶(Dietrich Rueschemeyer)　01289

罗

罗力　13335,13343,13369
罗小玲　08839
罗贝尔　12806
罗凤英　01322
罗文化　15012-15013,15021
罗以澄　05139
罗书华　10366
罗世军　07911,13907
罗布·德兰斯菲尔德(Rob Dransfield)　03870
罗平　04463,04832
罗尔夫·H.哈塞(Rolf H. Hasse)　02758
罗立刚　00273
罗兰兰　12493
罗汉　03120,03243,07904-07910
罗丝玛丽·克朗普顿(Rosemary Crompton)　01286
罗宇锋　06270
罗宇新　08713
罗进　03489
罗远胜　05476
罗运琴　08101
罗志田　11531,11720
罗志坤　01643
罗时武　11134
罗伯特·A.勃登斯基　07092
罗伯特·B.布兰顿　00109
罗伯特·K.洛根(Robert K. Logan)　05046
罗伯特·S.费尔德曼(Robert S. Feldman)　07232
罗伯特·巴克曼(Robert Buckman)　14338
罗伯特·休斯(Robert J. Hughes)　03862
罗伯特·哈桑　05047
罗伯特·洛根　05048,07445

罗伯特·徐(Robert Hsu)　04529-04530
罗伯特·奥尔贝(Robert Olby)　12853
罗伯特·普劳哈特(Robert E. Ployhart)　01322
罗良忠　05640,07285
罗纳德·B.阿德勒(Ronald B. Adler)　04024-04025
罗纳德·沃德华　07332
罗英　15343
罗林川　06676
罗奋　14399
罗国强　09133
罗明　06354
罗明义　03815
罗明典　12883
罗忠民　08770,09021,09027,09644
罗忠洲　04625
罗佳明　03813-03814,03844,10530
罗佰方　06399
罗欣　03549
罗炜　03336
罗宝国　13047
罗宗强　10110
罗建平　07561
罗建荣　01935
罗建勤　14983
罗春香　03898
罗星光　14474,14477
罗秋英　00510,00520-00522
罗素(Michael Blaine Russell)　01722
罗振东　15170
罗振华　12754
罗晋辉　15289
罗晓华　04296
罗家礼　08100,08102-08103
罗宾·王　00379
罗娟　11293
罗捷斯　04086,04092
罗敏　08083
罗惟德　12551
罗维昂　12742
罗琼　13905
罗朝晖　12915

罗辉　12305-12307
罗翔　03698
罗道茂　08158,08733,08941,09588-09589,09811
罗新璋　10746
罗群　15200
罗殿军　03226
罗德尼·斯达克　04963
罗德芬　08347-08348,08514-08515,08570-08573,
　　 08771-08779,09018-09021,09023-09030,
　　 09260-09264,09590-09591
罗德里克·克雷默(Roderick M. Kramer)　01189
罗瑶　07722,07726-07727
罗鹭　10151
罗鹰瑞　14090-14091

帕

帕卡·哈卡米斯(Pekka Hakamies)　12100
帕维卡·谢尔顿(Pavica Sheldon)　05054

凯

凯·库佛　13244
凯尼斯·莱恩·凯特纳　00336
凯瑟琳·古德诺　15315
凯瑟琳·弗恩-班克斯(Kathleen Fearn-Banks)　05083
凯瑟琳·亚当斯(Katherine L. Adams)　03218
凯瑟琳·罗素　11428
凯瑟琳·唐(Catherine Tang)　06886

牧

牧口常三郎　12117
牧音　10593

物

物流信息互通共享技术及应用国家工程实验室　03763
物流信息互联共享技术及应用国家工程实验室　03764

和

和田一夫　12053
和霁晓　13172

和凝　02256

季

季乃刚　10918
季义新　08238
季水河　01179
季为群　07060
季正明　05648,13355
季立刚　02197
季进　02471,09985,10107,10176,10212,11659-11660
季佩英　08070,08453,08464,08474,08891,09079,09343-09344,09400-09402,09665
季宗绍　05352
季建林　01187,13045,13739-13742,13747,14459-14460
季海生　13818
季敏　14031
季斌　14553

竺

竺叶青　13563
竺洪波　10384
竺乾威　01178,01230,01297,01303-01309,01422-01423,01505,03692-03693
竺蕊　08051

侍

侍德　14247-14248,14263

岳

岳小颖　11566
岳川夫　00061
岳中玉　12545
岳世良　04394
岳钦韬　15400
岳娟娟　10303

佩

佩布莱斯(Peebles, John)　07864
佩德罗·雷诺(Pedro Nueno)　00844,03202-03203,03251,03312,03356

彼

彼得·泰特(Peter Tate)　13384
彼德·迈克尔·哈曼(P. M. Harman)　12607

金

金一鸣　15495
金一尊　14374
金力　12007
金大陆　11901
金万重　10939
金义成　13497
金子修一　11680
金日勋　05557,07104-07105
金丹元　11392,11395
金文宁　09167
金文明　07560
金为翘　14562
金丕焕　00886,13320-13325,13779,14603
金东日　01260
金立印　03345
金立鑫　15054
金圣鹤　03689
金邦秋　00297
金扣干　13236,13246
金亚秋　11191,12013,12661-12662
金在原　10906
金成恩　12923
金光华　03723-03724
金光耀　01778,11990
金朵　13281
金名俊　04213
金庆原　14856
金刘熹　08074
金兴玉　07282
金阳　04123,08076-08077,08259
金寿福　11550,11790
金进　09986,10962
金志浩　06428-06429
金志焕　03773
金甫暻　10310
金丽玉　03075

金岚	07139
金兵	09948
金伯富	02408
金言	04734
金汴骏	12673
金玫华	13120
金若水	12691
金杰锋	14643,14647
金卓	11477
金尚年	12200,12562,12640
金凯德(David Kincaid)	12538
金放	01645
金宝珍	01377
金宗浩	14414
金定根	11265
金建光	12241-12242
金春林	12976
金荣枰	01260
金荣美	03720
金星	04010
金钟太	07520
金香儿	05898-05900
金重远	01757,10647,11556-11557,11559,11794
金顺尧	00011-00012
金庭久美子	09856
金美爱	12924
金炳华	00129
金冠军	05076,05103,05272,11450,11482
金泰廣	13114,14624-14626
金哲浩	13908
金莳芳	10671
金荷华	06334
金莹	01705
金晓辉	12903
金晓斌	02726
金晖	06427
金理	10389
金理祎	12924
金捷	14681,14732
金培刚	14190
金菊园	10515
金雪娟	12016

金雪萍	13243
金银美	00933
金维一	11467,12122-12123
金斯伯里(R. H. Kingsbury)	09073-09074
金惠芳	15131-15132
金惠铭	13689-13692,14098
金程考研专业课教研中心	04439-04440,04447-04448
金程考研公共课教研中心	08489,12290
金程教育金融硕士教研组	04436-04437
金程教育金融联考教研组	04420-04421,04446
金斌松	14642
金焱	07303
金瑜	04632
金蒙伟	12520-12521
金路	12291-12295,12396-12397
金锡鹏	14188,15404
金滢坤	01666
金福临	12467
金福泰	05926-05930
金慧华	02145
金德环	04525-04528
金燕玲	03871
金融学硕士研究生招生联考指导小组	06948

贫

贫道	01978-01979

服

服部英(Hideshi Hattori)	12723-12724
服部勉	12894-12895

周

周一峰	14000
周三多	01102-01110,01143,02774,03149-03150
周小寒	13873
周子馨	04512
周开达	03778
周天爵	15032
周云鹏	07722,07726-07727
周艺彪	13257,13420,14074

周支瑞	00887	周伟明	15509
周太明	14776-14779,14785,15311	周仲良	03241,12067,12251,12270
周少明	07763,10401	周华宏	03192,03520
周午纵	12235	周向峰	07030
周文华	00520	周向霖	06680-06690
周文琴	13522	周行涛	14530,14735
周文萱	08376	周全	08360
周文霞	00562,00997-00998,01228	周全荣	14269
周方和	08010,08436	周关昌	02038
周予同	05580,15426	周兴中	01000
周双丽	00393	周兴陆	10085
周玉林	08866,08869,08871,09328,09689,09691	周兴强	06337-06338,06691-06692
周玉明	10851	周许辉	14258
周玉衡	05638,06177	周红	07612,08011-08012
周正曙	03777	周红专	08971
周世华	06130	周红明	14719
周石匀	08945	周纪纶	03618
周平	13687,13693	周寿祺	13423
周平红	13835,14134-14135,14389	周志成	01374,02491-02496
周东梅	03331	周志官	01956
周叶	04336	周志俊	14627-14628,15404
周生康	03714-03715	周克瑜	12141
周乐诗	10359	周杏坤	06041
周立民	10404,10419-10420,10763	周丽君	13951
周立志	15461-15465	周利锋	13318
周立波	14690	周利群	07945
周兰姝	13999	周秀兰	03592
周汉民	04243	周兵	11513,11526
周宁	09918	周佑勇	01995
周永生	03151	周作人	10769
周永民	11138	周谷城	02734,11547,15488-15497
周永忠	11379	周应苗	03740
周永振	03835	周沛	03155
周扬波	03040	周怀梧	13580
周亚	15457-15459	周良辅	13823-13824,14224-14226
周成璐	11129	周启明	13277
周毕文	06930	周启海	15016
周光发	06729,12216	周妤	01347
周光兴	12921,12980,13681	周劲松	15342
周早弘	15326	周武	14350
周帆	01884	周茂清	11905
周伟林	02700,02719,03619-03620	周英仪	12137

周林东	00501,12208	周俊生	04754,04773
周国正	00841-00842,06275	周俊明	14449
周国平	00812	周胜	05195
周国民	13638	周胜林	04031,05173,05196,05198-05199,05222
周国红	10251	周洪林	05533,11234,11243
周国珍	08437	周洛华	03781
周国琪	13474	周洲	13834
周明芳	07813,07864,08539,08694,08790-08793,08905-08906,08913-08914,08948,09211,09345,09389	周娅	15155
		周勇	03891,12427,14160,14656
		周艳	05394
周岩	04047	周振甫	09944
周岳山	01169	周振明	01229
周金然	10515	周振鹤	01663,07710,11593,12142-12167,12177
周念丽	00531,05731,05805	周耿	15220
周京峰	06153	周莉	08292,15310
周育竹	08797	周桂发	11210,11830,11832,11852,11898,11903,11989,12000,15317,15439
周泽红	00008		
周学群	09780	周晓文	08832
周诚彪	15031	周晓容	14639
周详	14777	周晓雷	03852
周建	03428	周晔	06842,10733,12902
周建平	01756	周峰越	15328
周建武	06911-06912,06926,06941-06947,06964	周笑	05069-05070,05279,05328
周建国	15394	周竟男	05052
周孟华	08954	周阅	09919
周孟磊	12633	周涛	10617
周春秀	08968-08970	周海炜	03147
周春明	13594	周海波	06968-06969
周城	14490	周海洋	13353
周荣华	03387	周海燕	11122
周荣鑫	08433,08438,09116-09117	周润琦	12856
周树山	01346,11694	周家乐	13554
周树同	14848	周祥仓	10957
周星	04503	周培勤	12064
周星增	00813,07075	周萍	09780
周勋初	10086,10135	周梅林	05802-05804
周钢	06439	周雪林	03018,03193
周秋平	15312	周雪艳	07215-07216
周顺	02604	周虚	09781
周俭	14240	周唯信	00902
周泉洲	03740	周敏	04029,14235
周俊	12967	周敏凯	01403-01404,01410

周康荣	13850-13851,14548-14549,14551-14552, 14555-14556	周慧明	10850
周章明	05385-05386	周蕴仪	01697
周焕庚	13731	周磊	04036
周淑华	09390	周黎明	11491-11492
周淑珍	08181-08184	周德明	09779
周淑琴	14570-14572,14574	周德敏	08044,09259
周梁	14427	周德群	14739
周密	02872-02873	周毅	01515
周维家	04191-04194,08013-08014	周璟男	12928
周维颖	02518	周霞	06090-06091
周琴	13834	周瀚光	00263
周琴璐	07316	周骥	05212
周越美	06473	周缵武	09165
周葆华	05004	周耀华	14836-14837
周惠英	13864	周麟祥	14921
周惠莉	14763		
周雁翎	12212	**庞**	
周雅琴	06693	庞水定	13060
周鼎安	15261	庞凤东	14105
周锋	09236	庞书纬	10390
周鲁卫	11904,12604	庞宇峰	14502
周斌	00426,00832,00839-00840,10240,10527, 10929,11391,11426,11483-11489,11893	庞志春	11782
		庞宝坤	08406
周斌武	07351	庞荣棣	11874
周道安	14375-14376,14385	庞骏	03838
周裕锴	00119,00645-00648,10136,10254	庞琛	14754
周蓓	05984	庞震	12695
周概容	01147-01148,12513		
周锡山	11376	**府**	
周锦熙	10683	府寿宽	12703
周筱赟	15439		
周鹏	14739	**庚**	
周颖	03784,13102	庚镇城	12806
周靖	00106,00350,06354,06731		
周靖竹	13756	**废**	
周新云	08845	废名	10638
周新伦	14872		
周誉昌	12623	**郑**	
周静	06129	郑力行	13104
周蔚华	05409	郑大贵	06809,12700
周嫚	08806	郑广平	12426,12429
		郑广垣	12603
		郑卫峰	02547

郑也夫	00811	郑张敏	03807
郑艺	08885	郑际根	09028,09647
郑少文	11291	郑拥军	13832
郑少文	05894-05897	郑英女	10932
郑少华	02145	郑英杰	13388
郑长忠	01634	郑松柏	14174,14255
郑文娟	06873	郑国祥	14814
郑方贤	06827,07072-07074,07752	郑国雄	07793-07799
郑玉新	14629	郑明	12523
郑玉豪	05518	郑咏滟	08497
郑卉蓉	08708	郑凯捷	03742
郑功成	01024	郑佳	06633
郑立群	03614-03615	郑佩芸	05091,08199,09775
郑永令	06780-06781,12554-12559,12659-12660	郑征予	05349
郑永梅	08641	郑波	03188
郑民钦	10950	郑学胜	14222
郑召利	00322	郑宝恒	12154,12167
郑亚楠	05203	郑实	11944
郑存琪	00506	郑诗雨	12764
郑达炯	02718	郑建立	13838
郑贞铭	05103,11807	郑绍廉	01214
郑师章	12786	郑绍濂	02501,02993-02995,05540
郑先炳	04435	郑春荣	04320
郑伟丽	07800	郑春泉	14512
郑伟宏	00364-00365,00369-00370,00707	郑树棠	07988-07990,09091-09094,09375-09377
郑延年	07639,07682	郑威	12172
郑延国	07486	郑剑文	00101
郑宇	00044,11076	郑剑辉	07228
郑观成	14473	郑胤飞	06299,06789,06792-06793
郑红亮	04774	郑奕	05043,05509
郑克鲁	10032,10035-10038,10968-10969,11061-11062	郑美松	13186
郑杨	04809	郑洁皎	14442,14444
郑丽琦	08198	郑洛	10013,10253
郑励志	03599	郑洲顺	15173
郑时恒	06677-06679,07414-07416,08191-08193	郑祖康	06993
郑利华	10134,10633,11914	郑艳	09701
郑秀龙	14374	郑素侠	02430
郑秀君	04829	郑振龙	04689
郑体武	10972	郑振华	02980
郑沄	13915	郑桂华	06405
郑怀美	14282	郑晓	06040
		郑晓明	02899-02900

郑晓春	07443	浅见洋二	10152
郑晓玲	04482	浅田乔二	02737
郑晓霞	10304		
郑称德	03915		

法

法小鹰 08330

注

注册消防工程师资格考试命题研究中心 15332 - 15334

郑健成	05725 - 05726
郑家平	02113
郑培凯	11638 - 11646
郑雪娥	12919
郑晨予	05003
郑晗	00401
郑敏丽	09774
郑鸿	13546
郑绪卿	05794
郑琴琴	03201,04059
郑超文	04600,04640
郑博斐	05246
郑彭年	10649,11727
郑葆芬	14364
郑朝丽	06128
郑雯	01627
郑辉	02441
郑晶	08154
郑频频	13212,13311
郑溟	09708
郑瑶菲	06590,08204
郑愿华	09776 - 09778
郑磊	01199
郑黎明	13047,13619,13633
郑德明	14683 - 14684
郑燕虹	08559
郑瞻培	01954 - 01955,14465 - 14466,14476
郑攀	10598,10601 - 10602

学

《学生同义词近义词反义词多音多义字词典》编委会 06401

《学生多功能成语词典》编委会 06397

《学生组词造句搭配词典》编委会 06204

宗

宗印凤	03408
宗廷虎	00845 - 00847,07603,11908
宗志新	12926
宗良	03920,05071
宗特海默尔(K. Sontheimer)	01704
宗祥福	14665,14800,14815

宜

宜兴市政协文史资料委员会 10337

官

官敏 05567 - 05569

单

单国华	07420
单波	05098
单建鑫	11290
单贵	04977,15041
单惟婷	04524
单喆敏	03439

郎

郎秀云	06850
郎思旭	13911
郎鸿志	14440 - 14441
郎遥远	01433
郎黎薇	13990 - 13992
郎德信	06584

浅

浅井邦彦 14455

房

房绍坤 02189 - 02190
房剑森 07035

居

居延安（Yanan Ju）　00934－00939,01075－01076,
　　09127,10795
居丽雯　13386
居晓波　14961－14962
居简　10510

屈

屈卫东　14629
屈平　07478
屈原　10276
屈婷婷　08182

承

承雨　08656
承剑芬　07645

孟

孟长勇　10031
孟东明　12068
孟仲法　13507
孟华　10078
孟庆和　05427
孟金蓉　07670
孟建　00742,00945,03679,04994,05050,11490,
　　13367
孟星　03658
孟昭学　06873
孟钟捷　05513
孟秋菊　07284
孟俭　07907,09680
孟济明　00499
孟铁英　08950
孟爱国　15001－15002
孟涛　11438
孟祥萍　06327
孟雪　02601
孟翙　04952
孟琪　02115,04180
孟琳　08797
孟蔚彦　10817,10910

孟

孟德东　05192
孟臻　07807

陕

陕雪梅　08806,09604

迦

迦琳娜·文斯利特（Gallina A. Vincelette）　04276

练

练性乾　00407－00408,10566,11845－11846

经

经济合作和发展组织　12225

九画

契

契诃夫　10982

珍

珍妮·玛库特·埃尔霍斯特（Jeanne Marquardt
　　Elmhorst）　04024－04025

封

封东来　12653
封燕婷　13527

项

项立岭　01786,01795－01796
项红周　02885
项伯龙　01389
项武义　12453,12486
项建民　07279
项建英　05628－05630
项秋伟　11541,13654
项保华　01213,03126
项晓敏　00462,10970
项歌德　02813

赵

赵一飞　09504
赵一鸣　15163－15164

赵三苏	06098	赵扬	06843
赵士林	05172	赵成德	14859-14860
赵小兵	04747	赵先德	03355
赵小明	02842,02950-02951	赵伟	04375
赵小建	01738	赵伟鹏	14275
赵卫东	03187,03913-03914,08425	赵传杰	07320-07321
赵卫国	13043	赵传栋	05532,07440-07442,12224
赵子川	11719	赵优珍	03541
赵子正	14905,15153	赵自力	09814
赵子琴	07181	赵冰	08848
赵元信	01871	赵庆余	12237
赵木	11316-11318	赵庆梅	04084-04085,04091
赵月枝	04987	赵刘	03834
赵风光	12540-12541	赵兴勤	11367
赵凤兰	05689,07196	赵宇	08959
赵文龙	06348	赵军红	04291-04294
赵文华	06839	赵阳	08986
赵文庆	14956,15056	赵红	10978
赵文杰	00542	赵红军	02532
赵文耕	14946	赵红娣	02211
赵文耘	14984	赵寿元	12007,12807,12853,12879-12881,12941
赵文静	07484	赵远方	13947
赵玉闪	09740	赵远芳	13948
赵玉亮	12353	赵志礼	12906
赵玉洁	03583	赵志伟	06420-06422,06432
赵玉娟	09032	赵志英	14943-14944,15110-15112
赵世锋	01703,12193	赵志敏	06776-06779,06783
赵可金	01263,01709,01729,01743	赵芳	01037
赵龙	03329	赵克	02775-02776
赵龙强	02902,14937	赵克尧	11693
赵冬梅	15244	赵克林	07192
赵立平	03912,04813	赵丽宏	10845
赵立行	11498,11523,11537,11539-11540,11550	赵丽娜	09295
赵立军	12348-12352,12423-12424	赵丽强	06061
赵立新	01669	赵丽缦	03436,03519
赵兰会	06133	赵来军	01646,15413-15415
赵兰亮	04917	赵园	00810,01671
赵汉芬	13641	赵园园	02124
赵永生	08467	赵佛容	14019-14023
赵永复	12169	赵迎新	06863
赵民	05044,05336-05337	赵启正	02713
赵吉惠	11493-11494	赵启敏	06475,06478,06482-06483,06537,06638,

	06640,08222,08272	赵晓丹	06189,07638
赵英晖	07401	赵晓兰	05313,11799
赵杰	03655	赵晓刚	14384
赵雨清	12425	赵晓音	10933
赵国庆	11389,14746	赵晓寰	10133,12195
赵国弟	06826	赵晖	11150
赵国栋	07350	赵高辉	00907
赵昌平	00575,10293—10294	赵海龙	08712,08715,09495
赵昌伦	07740,10195	赵娟	09301
赵忠奇	06086	赵逵夫	10132
赵岩	08293	赵梅	12690
赵凯	02488,05014,05141,05146,05350	赵雪倩	07796—07797
赵金镯	13105,15410	赵曼	14659
赵放	05876	赵甜甜	00299
赵波	08967	赵清俊	15224
赵学智	14177	赵淑珍	13517
赵宝荣	06194	赵淑萍	05360
赵建	07843—07844,09128—09129	赵维莉	06675,07814,09209—09210
赵建民	11787	赵琳	11280
赵建勇	02863,04301—04304,04306—04307	赵惠俊	10322
赵春华	03961	赵雯	04347
赵珂	03864	赵雅卫	05599
赵树	08698	赵雅杰	07746
赵耐青	08989,13049,13332,13778	赵辉	12465,12512
赵奎生	10410	赵景深	10338
赵贵旺	13004—13005,13041—13042	赵稀方	07485
赵修义	00107	赵腓罗	05350
赵保卿	02911,02971,02973	赵鲁克	08005
赵信敏	02312,07222	赵鲁勇	03747
赵剑峰	06341,06352—06353	赵敦华	00127
赵彦志	09834—09835	赵斌	10400
赵美爱	12917	赵善荣	04692
赵炳翔	11375	赵渭荣	01590
赵洲红	05682	赵强	03709,06900
赵祖武	02240,15239	赵瑞章	00418
赵昶昕	13078	赵瑜	05332,05690
赵艳秋	09821	赵蓉	07963—07964
赵振宗	04952	赵路平	00558
赵振康	10039	赵微	07348
赵载恩	12918	赵鹏飞	07120,14606
赵莹	09770	赵颖之	10070
赵根明	13083	赵靖平	14464

赵靖岩	09770
赵新平	13834,14109
赵歆颖	07483
赵滨	12692
赵群	11110,11120
赵静	14126
赵静波	01187
赵熙德	10846
赵粹英	13503
赵翠云	15270
赵翠华	05456
赵翠莲	07493,08211
赵慧华	13917
赵慧珍	06471
赵增耀	04798
赵蕊蕊	10152
赵黎	12581,12620 - 12622
赵德水	01291
赵德余	00979,01425,01640,02538
赵毅衡	09881,09917
赵慰平	05442 - 05443
赵薇	14630
赵霞	11305
赵曙光	03998,05067 - 05068
赵曙明	01133
赵巍	14860
赵巍巍	01023
赵鑫珊	10847 - 10849

郝

郝云	02407
郝玉明	03293
郝正文	00429
郝吉顺	07888
郝兆宽	00347,12247,12372 - 12373,12376,12383
郝刘祥	12608
郝志峰	12394 - 12395,12457
郝志景	04820
郝丽霞	10174
郝雨	05106
郝雨凡	00741
郝建	11397

郝春玲	14731
郝前进	03620
郝铁川	01870
郝培良	13271
郝萍	15364
郝模	01131,13224

荆

荆丰	03606
荆光辉	06903
荆志成	12028
荆晶	06198 - 06201,06203 - 06205,06211 - 06213,06397,06400 - 06401

荣

荣·庞德(Ron Pound)	03238,03240
荣君	09268
荣炳铭(Brandon Royal)	07466
荣新江	11682,11756
荣慧	03203

胡

胡三莲	13919
胡土贵	01821
胡士贵	01970
胡小强	14891
胡凡	13428
胡夕春	14356,14618
胡开杰	11075
胡开宝	09375 - 09376
胡云薇	01669
胡中行	10568 - 10571
胡文义	02829 - 02832,02843 - 02845
胡正瑗	14660
胡世厚	10608 - 10615
胡平	05444,15341
胡平西	02055
胡东平	08853,09027
胡东雁	11459
胡田田	02330 - 02332
胡令远	10102,11668,11782,12035
胡兰兰	10047

胡宁生	01318	胡言	07589
胡必杰	13386,14117	胡君辰	01221,02994－02998,03095
胡永善	14026	胡阿祥	12144,12157
胡加嗣	00428	胡纷纷	13490
胡亚敏	11071	胡雨春	01251－01252,01254
胡成龙	12273	胡奇光	07530,10287
胡光	14892－14893	胡国全	12359－12360
胡光喜	14807	胡国昌	14205
胡曲园	00007,00143,00262	胡国俊	03704
胡吕银	02132	胡昕	12698
胡伟立	11980	胡明耀	01075－01076
胡伟民	13306	胡忠亚	13763
胡传顺	00337	胡忠茂	07858,08073
胡传海	11216	胡岩生	12246
胡华芳	07882	胡凯	11441
胡全生	11025	胡金玲	04968,08859
胡合兴	02791,02793	胡金铨	10856,11401
胡兆欣	08292	胡泳	04980
胡旭	10103	胡波	06608
胡旭东	13885	胡波涌	04905
胡冰星	04510	胡泽思	01521－01522
胡冰霞	09505	胡学文	09225－09228,11834
胡庆康	04260－04261,04274,04409－04413,04441－04443	胡建绩	02427,03180－03181,03222
		胡建森	01882,02224
胡庆雯	13653	胡经之	09938
胡关金	04573	胡春阳	00905,04993
胡江浩	05616－05627,06291－06292,06306－06310,06390	胡春丽	11928
		胡春洞	11803
胡汝银	03561	胡玲玲	05072
胡宇辰	01222,03304	胡玲琳	06949
胡守忠	01087,04164	胡荣	10464
胡守钧	00892－00893,05527	胡荣花	02752
胡安宁	00869	胡厚宣	11527－11528
胡军	03342,07302	胡俊芳	04145,04169,04211,04225
胡进平	08335	胡炳生	12258
胡运发	14966	胡祖光	11828
胡志民	02077－02078	胡娜	09703－09704,15325
胡志成	03874	胡艳	02791
胡志远	06101－06102	胡振宇	11527
胡志前	14348	胡晓明	10295
胡志勇	00070,01405,01814,02306,03868,04396,05445,05547,07240,07819,07857,11536	胡晓艳	05818－05819
		胡晓燕	06552

胡健卫	14396	胡靖	04408
胡爱本	01219-01220	胡嘉琪	12903
胡凌	00229	胡慧玲	08414
胡海波	01149,02771	胡鞍钢	01131

胡海鸥　00391,04376-04378,04407,04612-04615, 04638,04713-04714

胡润峰	05159	胡樱	12910-12911,14075
胡家喜	07578	胡燕	03400,05993
胡娟	05743-05744	胡翼青	05007
胡继华	10003		
胡继明	10251		

南

南达元	13755
南帆	10197
南希·戴维斯	12758

胡敏	08330,13403		
胡敏飞	02300		
胡敏敏	01399		
胡鸿	11698		
胡鸿高	02102,02191		
胡渊英	14009		

南怀瑾　00154-00163,00183-00186,00197-00206, 00217-00221,00224-00226,00240-00246, 00248-00250,00259,00268-00270,00407-00408,00568-00569,00590-00594,00602-00616,00629-00641,00655-00657,00705-00706,00717-00718,00763-00792,01206-01211,01232-01234,02315,04941-04944,05663-05664,07586,10566,10581,11633,13467-13469,13472

胡涵钧　04125,04148-04149,04173,04236

胡涵锦	06852		
胡寅	11114	南明芳	09391

南京恩波学校计算机统考命题研究中心暨培训中 心　14925,14929

胡寄窗	02329
胡维尧	11401

南京恩波学校心理学统考命题研究中心暨培训中 心　00487,00490,00493

胡琳	05472
胡琛	13768

南京恩波学校教育学统考命题研究中心暨培训中 心　05574,05576-05577

胡越	13272	南衫	10594
胡援成	04414	南洋	03173
胡雁	13900		
胡景虎	13113		
胡景敏	10417		

柯

胡森森	04938
胡智锋	05377-05379

柯克·路德维希(Kirk Ludwig)	00351
柯利普(E. Klipp)	12781

胡善联　03744-03745,03769-03770,04910,13069

胡道华	08479	柯灵权	12130
胡道静	05489	柯直胜	06582
胡湛	00478	柯欣	08303

胡裕树　07548-07550,07633-07635,07754-07760, 07785-07788,15488

柯瑞·罗宾(Corey Robin)　01336

查

胡嗣柱	12632	查天恩	06716-06717
胡锡庆	01934,02221,02238	查戈洛夫(Н.А.Цаголва)	02459
胡锦华	05647,13303-13304		
胡锦明	02851		
胡鹏	01271	查尔斯·J.斯图尔特(Charles J. Stewart)	05174

查尔斯·T.葛德塞尔(Charles T. Goodsell)　01733
查尔斯·吉尼翁(C. Guignon)　00343
查尔斯·桑德斯·皮尔士　00336
查国生　08325-08326,08388,08410
查建华　03005,03008
查贵勇　04138,04143-04144
查屏球　10089,10350
查锡良　12825-12827
查德根　12767

相

相场均　00502

柏

柏万青　02219

柳

柳永昭　05959-05967
柳伟钧　14948
柳兆荣　12860,13646
柳阳辉　05719,06105
柳启沛　13156
柳鸣九　10008,11056
柳宗悦　15254
柳珊　05191
柳厚田　12741
柳恒超　01189,01322-01323
柳盈莹　11748
柳晓辉　07396,08971,09030,09674,09676-09677
柳斌　12343

要

要全保　14120

郦

郦达　10578
郦忠　13344,13356,13370-13371,13378,13389,13392,13743,14308,14584,15318
郦波　07210
郦菁　01355

威

威尔弗里德·塞拉斯(Wilfrid Sellars)　00113,00342
威尔逊(JJ Wilson)　07814,09209-09210
威廉·B.古狄昆斯特(William B. Gudykunst)　04998
威廉·B.凯什(William B. Cash)　05174
威廉·E.格拉斯曼　00482
威廉·F.拜纳姆(Willian F. Bynum)　12969
威廉·R.克拉克(William R. Clark)　13665,13738
威廉·克罗夫特(William Croft)　07413
威廉·科尔曼(William Coleman)　12772
威廉·普赖德(William M. Pride)　03862
威廉姆·波斯特(William Boast)　03120
威廉斯(D. R. Williams)　12830

冒

冒怀科　10000
冒效鲁　10000

映

映霞　10600

贵

《贵州省成人学士学位计算机课程考试指南》编写组　14889-14890
《贵州省成人学士学位英语课程考试指南》编写组　08710-08711
贵州省普通话水平测试专用教材研究组　07528

哈

哈九增　10754-10755,11124-11125
哈瓦尔·赫瓦斯　05605
哈尔·赫尔曼(Hal Hellman)　12264
哈里·琼尼(H. Jones)　01214
哈建军　10388

钟

钟天朗　07254-07257,07259-07263,07286
钟元生　03916-03917
钟文倩　05218
钟民　06393
钟扬　12874,12899

钟芸　14135
钟芸诗　14396
钟丽萍　08572
钟林　03900
钟鸣　08008-08009,08247-08248,09416
钟和平　03948
钟怡　05147
钟泽洲　05853,05861
钟俊　09803-09804
钟涓　05656
钟桂芬　08006-08007
钟桂松　10239,11951-11952
钟晓华　00976
钟海宏　06089
钟涨宝　00980
钟家栋　00298,00839,01460
钟朝嵩　03330,03461
钟献满　13985
钟慈声　12857,13589
钟翠平　13638

钦

钦伦秀　14209,14355

斜

斜江明　11440

钮

钮因尧　08252
钮祖辉　13847

邰

邰元宝　07512,10490-10492,10540,10784
邰明　04021
邰晓琴　10572

科

科尼利厄斯·M.克温（Cornelius M. Kerwin）　01721
科尼利尔斯·奥斯古德　01614
科兴教育　02369,04444
科兴教育经济学教学研究中心　02444,02447
科克（Laurent Koch）　04619
科恩（C. F. N. Cowan）　14826
科特（Simon Cottle）　05109

复

复旦大学　07850,08893,08993-08995,09093-09094,09212,09482,09800
复旦大学人权研究中心　01333
复旦大学于右任书法陈列馆　11223
复旦大学《大学英语复习辅导手册》编写组　08441-08443
复旦大学上海论坛组织委员会　03782
《复旦大学上海医学院纪事》编写组　07055
复旦大学马列主义理论教学部中国革命史教研室　11713
复旦大学马克思主义研究中心　00019
复旦大学专业技术资格英语等级考试辅导教材编写组　09002-09003
复旦大学历史地理研究中心　01606,12120
复旦大学历史系　01776,11503,11543,11679,11721-11722,11757,11898,11903
复旦大学历史系中国现代史研究室　11743
复旦大学历史系中国思想文化史研究室　11572
复旦大学历史系资料室　15512-15515
复旦大学历史学系　02729,11988
复旦大学日本研究中心　00754,01695,02746,02748,03598,04112
复旦大学日语教研室　07187-07191
复旦大学中文系　00843,10076
复旦大学中文系文学写作教研室　10675-10676
复旦大学中文系现代文学教研室　10516-10519
复旦大学中文系资料室　11136
复旦大学中国历史地理研究所　12118-12119
复旦大学中国风险投资研究中心　04518,04833
复旦大学中国共产党革命精神与文化资源研究中心　01367-01371,01473
复旦大学中国金融史研究中心　04712,04804-04805,04814,04816,04818-04819,04822,04826
复旦大学中国城镇化研究中心　03662-03663,04104
复旦大学中国语言文学系古典文学教研室　10097
复旦大学中国语言文学研究所　10050,10099,10173

复旦大学中国语言文学研究所文学批评史研究室　10097

复旦大学中国语言文学研究所鲁迅研究室　10489

复旦大学化学系《仪器分析实验》编写组　12733

复旦大学化学系高分子教研组　12705

复旦大学分校中文系《大学书法》编写组　11212

复旦大学公共卫生学院　14123

复旦大学文艺学美学研究中心　00469-00470

复旦大学文化建设办公室　11903

复旦大学文化建设委员会　11894

复旦大学文化遗产研究中心　05499-05501,11223

复旦大学文史研究院　01780-01784,11575,11701

复旦大学文物与博物馆学系　05499-05503,11223,12077

复旦大学文科科研处　00836,00840

复旦大学计算机科学技术学院　11897

复旦大学计算机科学系　12272,12277,15092,15094,15103

复旦大学计算机科学系微机实验室　15086

复旦大学计算机科学系微机室　15091,15093

复旦大学邓小平理论研究文集编委会　01472

复旦大学世界经济系世界经济教研室　02459

复旦大学世界经济系资料室　15511

复旦大学世界经济系调查组　02708

复旦大学世界经济研究所　02575

复旦大学世界经济研究所苏联经济研究室　02754

复旦大学古籍整理研究所　05491,10098

复旦大学电子工程系人体信息科学研究组　13656

复旦大学电光源研究所(光源与照明工程系)　14774

复旦大学电影艺术研究中心　11485-11489

复旦大学四、六级考试真题研究组　09427

复旦大学生命科学学院　12009

复旦大学《仪器分析实验》编写组　12734

复旦大学外文系　07852

复旦大学外文系《大学英语》编写组　08021-08023,08996-08997

复旦大学外文学院　07357-07364,07366-07390,07853,11907

复旦大学外国语言文学学院　12038

复旦大学出土文献与古文字研究中心　12089-12090

复旦大学出版社　05406,05417-05418,05431

复旦大学出版社编辑部　05410

复旦大学发展研究院　00865

复旦大学老教授协会　11877-11879

复旦大学亚洲研究中心　01684-01686,02588,02742,04957-04958

《复旦大学百年纪事续编》编纂委员会　07051

《复旦大学百年纪事》编纂委员会　07050

《复旦大学百年志》编纂委员会　07049

复旦大学成人教育学院　07151-07158,14882

复旦大学成人教育学院培训部　00054,00060,00078,02347,07122-07124,07126-07128,07131-07133,07140-07142,07146-07148,12276,14959,15127

复旦大学当代国外马克思主义研究中心　00004-00006

复旦大学年鉴编纂委员会　15459

复旦大学年鉴编纂委员会　15457-15458,15460-15465

复旦大学自学考试办公室　07057

复旦大学关心下一代工作委员会　11877-11879

复旦大学肝癌研究所　14404-14405

复旦大学社会工作学系　01563

复旦大学社会科学基础部　00019,01279,01290,01373,02681

复旦大学陈树渠比较政治发展研究中心　01406-01407

复旦大学附属、中国红十字会华山医院　12025,13401

复旦大学附属儿科医院编纂委员会　12015,13394

复旦大学附属中学　06289,06380,06389,06726,06740-06741,06769-06770,06795,06815

复旦大学附属中学生物教研组　06801

复旦大学附属中学外语教研组　06532-06533

复旦大学附属中学物理教研组　06772

复旦大学附属中学语文教研组　06417

复旦大学附属中学数学教研组　06363-06364

复旦大学表面物理研究室　12667

复旦大学招生办公室　07056

复旦大学英语水平考试设计组　08454

复旦大学英语水平测试组　08105

复旦大学英语教学部试题编写组　08025

复旦大学杭州校友会　11828

复旦大学欧洲问题研究中心　02750
复旦大学国土与文化资源研究中心　04959
复旦大学国际文化交流学院　07776-07783
复旦大学国际问题研究院　02740
复旦大学国际关系与公共事务学院国际政治系　07054
复旦大学图书馆　15498
复旦大学图书馆古籍部　05494
复旦大学审计处　02975-02976,02979
复旦大学经济系人口理论研究室　01038
复旦大学经济研究中心　03751
复旦大学经济管理教室　03726-03727
复旦大学城市发展研究院　03662-03663,04104
复旦大学研究生院　06972-06975,07082
复旦大学信息与传播研究中心　05016,05018,05024
复旦大学美国研究中心国际政治系　01710
复旦大学语法修辞研究室　07622
复旦大学退（离）休教师协会　01016,10728
复旦大学退休教职工管理委员会　01016,10728-10729
复旦大学退休教职员工管理委员会　01015
复旦大学哲学系马克思主义哲学史教研室　00052
复旦大学哲学系现代西方哲学研究室　00020
复旦大学哲学系现代哲学研究所　00308
复旦大学档案馆　00023,07052-07053
《复旦大学档案馆馆藏名人手札选》编辑委员会　11819
复旦大学校友联络处　11827
复旦大学校史编写组　07047
复旦大学校志编写组　07048
复旦大学党委宣传部　11877-11879
复旦大学高分子科学系　12702
复旦大学高分子科学系、高分子科学研究所　12704
复旦大学高等教育研究所　07038,07089
复旦大学旅游学系　03821-03822,03842,03845-03846,03851
复旦大学继续教育学院组　08701-08702
复旦大学继续教育学院培训部　07129,07134,07137,07139,07143,07145,07149
复旦大学教务处、图书馆　15502-15503
复旦大学第二附属中学　06380

复旦大学博士后工作办公室　00818,05529
复旦大学博士后校友会组　01418,05529
复旦大学博物馆　05502-05503
复旦大学遗传工程国家重点实验室　12877-12878
复旦大学遗传学研究所　12009
复旦大学微电子学系　15083
复旦大学新闻系采访写作教研室　05156-05157,05184
复旦大学新闻系研究室　11862
复旦大学新闻系新闻业务教研室　05185
复旦大学新闻系新闻摄影教研组　11252-11253
复旦大学新闻学院　05016,05135
复旦大学数学系　12344,12385,12418,12444,12483,12495,12539
复旦大学数学科学学院　12386,12454
复旦大学管理学院　05666
复旦大学管理科学系科技管理组　03019
复旦发展研究院　00866-00867,01417,02709
复旦医院后勤管理研究院　13379
复旦附中语文组　01235
《复旦学报》（社会科学版）编辑部　00257,00309,00453,10343
复旦诗社　10573-10574
复旦-密歇根大学社会性别研究所　01397
复旦大学语言研究室　07464

段

段匡　02259
段有瑞　14661
段伟　15405
段华　02848
段宇杰　08697-08700
段志强　12096
段志煌　03695
段更利　14577
段丽杰　03092
段怀清　10161
段枫　10964-10965
段昆　04845,04847,04918
段金惠　09581,09583
段宝玫　02071,02074,02112
段建军　07632

段厚省	02218	侯杰	03266
段勋令	13189,13452-13453,14155	侯承业(Michael Hou)	11863
段复建	12391	侯荣川	10313
段俊丽	14173	侯贵生	03933
段晏明	13434	侯健	01878,01975
段涛	14303	侯敞	08334
段继宁	04463	侯新冬	04044
段然	15245	侯新华	12267
段樱桃	12476	侯福宁	02052,02055-02057
		侯德炜	11306,11315-11318

顺

顺庆生　13560

须

须一平　05535

修

修义庭　01836-01839,02096

俞

俞一峻	15029,15031
俞士杰	04257
俞卫	13082
俞卫锋	02247
俞仁龙	03973
俞月萍	14590,14592-14593
俞文鴬	12378-12379
俞正梁	01402,01742,01752-01755
俞平伯	10281,10373
俞立英	14532-14533
俞永林	13789,14260
俞光荣	14250
俞乔	03381
俞红	12248
俞纪东	07505
俞志强	07708
俞芸	13226
俞吾金	00005,00069,00114-00115,00122-00126,00805,06978,07422-07423
俞丽云	14438
俞坚	00234
俞时权	14900
俞沂暄	01734
俞纯麟	03999
俞茂华	13826,13829,14158,14164-14165
俞卓伟	14031,14444
俞国培	13780

保

保利·基杜伦(Pauli Kettunen)　01573
保罗·巴恩(Paul Bahn)　11541
保罗·欧文斯　00978
保罗·莱文森(Paul levinson)　04966,05028-05029

信

信公咨询　03575-03576
信强　01808

皇

皇甫希才　13764

侯

侯弋飏	11419
侯广斌	07267
侯丹	09155
侯文平	03508
侯为	10951
侯民吉	08347
侯旭华	04489,04497,04853-04858,04861-04862,04865
侯志辉	03494
侯杨方	01051-01053
侯体健	01674-01675,07625-07627,10158
侯怀霞	01900,02118

俞国琴	05475	饶菁	02922
俞明	03200	饶琳	13244
俞忠华	02395	饶噉昀	07751
俞忠英	00034,02368	饶璨	04053
俞佩华	06667		
俞金飞	07753		

音

"音乐星球"教研组　06033 - 06036

施

俞法鑫	11220 - 11222
俞宝发	08435,12855
俞承芳	14799,14819,14840 - 14841,14861,15074 - 15076
俞顺章	12031,13265,13268,13780,13830
俞胜弟	12225
俞济中	09080
俞振伟	03999,07421
俞晓波	01649
俞雪华	03382
俞彪	07269
俞跃生	09189
俞敏	01891
俞朝卿	00065
俞惠中	07989
俞惠煜	02706
俞雅珍	14764,14792 - 14795
俞智慧	07006,07015
俞富军	14144
俞婷婷	08001
俞誉福	15385,15408,15417
俞彰	12803 - 12804
俞蕙	05506 - 05507
俞耀生	05875,08006 - 08007,08209,09082,09728
俞灏敏	00578

逢

逢艳波	04100

饶

饶东方	05602
饶芃子	09902,09991
饶庆林	02858
饶征	03265 - 03266,03289
饶育蕾	04422
饶艳超	02896 - 02897

施大文	14579
施小明	06871
施天权	05340 - 05341,05369 - 05371,05388
施正康	02029,02126,02552,02728
施平	06931 - 06933
施永兴	02019,13346,13357 - 13358,13396,14024
施永鹏	14291
施吉林	14940
施光峰	14050
施延亮	02077
施宇箭	02720
施寿康	13893
施杞	13549 - 13550
施里纳(R. L. Shriner)	12701
施兵超	04591
施伯乐	14949 - 14951,14964 - 14965,14973
施沛	13567
施玮	10655
施青年	02038
施茂盛	10572
施英	09271 - 09272,09274
施昌东	00140,00439
施忠连	00396
施忠英	14016
施和金	12146,12159
施岳群	00832,02703
施宗靖	04024 - 04025
施春来	03528
施铁	15367
施前	13855
施炳培	13811 - 13812,14450
施宣圆	11898,11903
施振荣	03767

施莱杰(H. G. Schlegel) 12887
施莹莹 07103
施谊 05452
施蒂格·夏瓦 05056
施雁 13912,13974
施裕森 13178
施慎逊 14429
施群 14089,14214-14215
施榕 13177,13328,13965
施赛珠 13813
施璐德亚洲有限公司 15468-15470

闻

闻一多 10560
闻玉梅 12888,12965,13701,13704-13705,13709-13711
闻芝梅 13138
闻彬 12321,12411

美

美国Motorola公司亚太区总部 15091
美国大学服务中心 07028-07029
美国休斯公司 03019
美国医疗机构联合委员会 14308
美国医疗机构联合委员会国际部 13344,14308
美国医疗机构联合委员会资源部 13344,13356,13371,13378,13389,13392,13743,14308,14584,15318
美国男科学会 14275
美国国家半导体公司 15092
美国联合委员会国际部 13370
美国联合委员会资源部 13174
美国感染控制专业人员协会(APIC) 13389

姜

姜山 05934-05938
姜义华 00209-00210,01338,03719,11493-11495,11547,11562-11563,11578,15490
姜丰 10794,11411
姜玉齐 01348
姜玉琴 10275
姜节安 15367
姜申 09988
姜亚军 07804
姜华 05227,11806
姜庆五 13256-13257,13265-13266,13309-13310
姜安丽 13902
姜红 04044,04086,04092
姜丽华 10629
姜佑福 00010,00090
姜宏 09817,10860,11275
姜纬 02446,04577
姜国忠 07650
姜明 13150
姜明刚 04209
姜明彦 06281,06813,07750
姜炜 03326,05453
姜波克 04357,04557,04659-04665,04675-04679,04711,04715-04716,04719,04750,04794,04801
姜宝有 09869
姜春华 13491
姜春晖 14557
姜革文 10274
姜咸彪 15232
姜威 08731,09371,09384,09743
姜厚仁 01908
姜秋霞 08339
姜荷梅 04123,07815,07863,07867-07870,08074-08082,08139,08141,08143,08227,08338,08396-08397,08511,08728-08733,08897,08919,08928,08946,08953,08957,09013,09232-09238,09338-09341,09353,09355-09356,09369-09370,09372-09373,09383,09385-09386,09509,09512-09514,09731,09734-09735,09738,09742-09743,09746,09755,09758-09759,09762,09796,09799,09805,09808
姜晓千 12417
姜晓钟 14537
姜晓霞 11825
姜倩 09947
姜涛 07615
姜海军 14713
姜润生 07712-07715
姜培珍 13159
姜萌萌 08554

姜梅	14003	洪修平	00703
姜银国	09868	洪艳	11132
姜智彬	08002	洪哲樑	03899
姜鹏	11529	洪晖	08255
姜新荣	09658	洪涛	01354,11696
姜德明	10792-10793,10859	洪家兴	12472
姜澎	07218	洪梅	08716-08718
		洪维	05712-05713
		洪震	14430,14436
		洪德飞	13794

娄

娄永毅	07648
娄有世	06160
娄萌	09755

前

前桥明	06106
前野直彬	10436

首

首席村妇	10907-10909

洼

洼添庆文	01669

洁

洁蕙	01985

洪

洪广明	11179
洪玉龙	07703
洪丕柱	10788
洪丕谟	10787,11207-11208,11238,12189
洪邦裕	06550-06551
洪光祥	14210
洪伟	05218
洪江龙	05543
洪远朋	00024-00032,01287,02365,02396-02398,02421,02426,02477,02614-02615,03418
洪志良	14941
洪兵	05282
洪应皋	06326
洪明	08333,08348
洪波	03362,04523

洛

洛伦·R.格雷厄姆	12220
洛渭	07714

济

济阳高穗	15288

宣

宣安	09060
宣安罗	05926-05930
宣羽畅	04613
宣建伟	04102
宣峰	12073
宣峰中	12074

宫

宫力行	12033

语

语言文字编委会	15488

祖

祖光怀	13098
祖若夫	12890
祖国强	05976

祝

祝大昌	12722,12744-12745
祝正东	03601
祝亚雄	01924
祝克懿	07468-07470,07525

祝尚书　10143
祝波　03311,03616
祝泽舟　05877
祝振玉　10500
祝敏申　07698,11211-11213
祝维纯　04335
祝增珠　13774,14096

费

费及竟　15344
费正　12843
费正伟　07320
费尔南·布罗德尔　02761
费尔德曼(L. C. Feldman)　14664
费伟劲　12392-12393
费多尔·陀思妥耶夫斯基　10983
费杰　12762
费旁(A. M. Fiabane)　12830
费敬文　12844-12845

姚

姚大力　11505-11506,11652
姚大伟　04134,04221
姚元祥　12190
姚中　08421
姚中本　13214-13216
姚长寿　00708-00709
姚丹　05832,05850-05873
姚允龙　12329,12442,12444,12535
姚书元　03877
姚申　09899-09900
姚汉荣　00252,10130
姚宁远　12382
姚礼庆　13835,13852,13997,14134-14135,14211,14389,14392,14396
姚永超　04220
姚有华　13834
姚尧　07533
姚旭东　04737
姚旭峰　14546-14547
姚军　02015
姚阳　14349,14423

姚远　02215
姚志石　14952,15102,15114
姚丽文　13203
姚君伟　10001
姚林生　08290,09725
姚林香　04288-04290
姚昆群　08261
姚明辉　14591,14594
姚迪克　04673
姚凯　01247,03248-03249
姚秉楠　11765
姚佩华　13242
姚佩怡　04769
姚建龙　01004
姚建平　02685
姚建华　01720
姚承禹　13645
姚厚山　14348
姚虹　04252
姚济国　08846
姚泰　07070,12813,13053,13057,15453-15455
姚秦　04770
姚振均　14261
姚爱芳　00429
姚益心　10130
姚海明　04560-04561,04845-04847,04860,04915
姚骏华　07958
姚梦明　15307,15309
姚梅乐　07204
姚敏　07195,14832
姚烺强　06185
姚喜明　08434
姚鼎山　13866
姚景莉　13820-13821
姚智军　07011
姚裕群　01531-01533,01535-01537,03009,07671-07672
姚福申　05275,05436-05437
姚慕生　12385-12390,12418,12433
姚德鸿　14274,14276
姚霏　12107

贺

贺永琴	12779,13153
贺圣逮	10669
贺圣遂	05412,10436,10722,10960 – 10961,11738 – 11740,11806
贺志东	04281
贺灿文	06549,15379
贺昌海	13223,14293
贺明海	04701
贺佳	13321
贺金陵	12281
贺学良	03829
贺宛男	04603,04749,05158,05186
贺春英	08712 – 08715,09493 – 09504,11105 – 11106,11111 – 11113
贺荟中	07417
贺胜兵	02802
贺敏	07884
贺瑛	04382,04486 – 04488,04563,04568,04656 – 04658,04810,09149
贺雄飞	00412,11561
贺福初	12781
贺霞惠	06796

羿

羿曼	11370

骆

骆玉明	00239,01657,07457,10258,10300,10307,10349,10381 – 10382,10433 – 10436,10439 – 10442,10534,11871
骆汉卫	08090
骆华	04035
骆自强	07734 – 07735
骆品亮	02432
骆祖望	00417,01595
骆温平	03059
骆雷	07287
骆静华	07172 – 07179,08683,08687,09265

统

《统编版高中历史精编与精练》编写组	06344

十画

泰

泰戈尔	09160
泰勒(G. A. Taylor)	03722
泰勒尔(Jean Tirole)	04462

秦

秦万章	14181,14494
秦小丽	12087
秦义龙	06847
秦世福	08353
秦亚农	08347
秦光洁	15040
秦伟	08707
秦州	05208 – 05209
秦守勤	02108
秦杜馨	06297,07136
秦启贤	13714
秦环龙	14492
秦国强	03785,05670
秦明华	06164 – 06165
秦岭	02314,05990 – 05992,06146,11304,11307,11798
秦凯	08134
秦牧	09945
秦绍德	02666,05294 – 05295,07078,15506
秦耕	04947
秦莉萍	06856
秦桂玺	13808
秦晖	11580
秦铁虎	12629
秦悦民	01897
秦培景	04633 – 04634
秦雪梅	13808
秦雯	10251
秦斌	12309 – 12310
秦曾复	12311
秦新裕	14211,14392
秦璃璃	04995
秦震	14429,14433

秦德君　01202

敖

敖登　08949

振

振华　05604

袁

袁一锋　07733
袁王珏　00914
袁正宏　13706,13709
袁世硕　10160
袁平　09387,11298,11300
袁东亚　13284
袁礼生　09230
袁发强　02230
袁邦株　07975
袁刚　07268
袁华宝　03700
袁庆明　02542-02543
袁闯　01112
袁红涛　10201
袁进　07539
袁远　02862
袁志刚　02439-02440,02603,02608,02627,02672,02691,03035,03144,04457
袁沛　08245
袁玮　04154
袁青川　03031
袁非　14510
袁昌义　10716
袁明远　14084
袁和俊　14058-14059
袁金刚　09995
袁建　03324
袁建新　04156-04159,04560-04561
袁弥满　14382
袁政安　13274
袁树民　02899-02900
袁轶锋　07865-07866,07976-07977,08140,08142,08144,08359,08466,08696

袁星光　11334
袁勇　07101
袁莉莉　04339
袁根清　14462
袁峰　02634
袁海君　03760,15467
袁继安　04298-04300
袁捷　08386
袁萍　05877
袁彬　07264
袁堂军　01683,01687-01689,02667,02743-02744
袁野　03644
袁晚禾　10974
袁鸿昌　14073
袁淑娟　01701
袁绪亚　03686
袁敬之　07953,09705-09706
袁惠章　12946,13278,13290,13417,13967
袁雯君　01598,11687
袁缉辉　01011-01013,01638
袁雷　05400,10745
袁锡彬　01999
袁筱一　11055
袁愈佺　02737
袁靖　12079-12083
袁福　13025
袁静　01845
袁蔚　01097-01099,03011-03012,03142-03143,03949
袁薇　04391
袁樵　15310

都

都大明　04061-04062,04088,15251
都留重人　02748
都德　11059

埃

埃尔基·胡塔莫　05026
埃玛·博格　07448
埃克拉姆(Richard Acklam)　07813,07815
埃里克·欧林·赖特(Eric Olin Wright)　01285

埃利加·沃尔德(Elijah Wald) 12943
埃德加·斯诺(Edgar Snow) 00002
埃默·贝赛特(Amer Bisat) 05153

耿

耿云志　11872
耿传明　01678
耿直　　07618
耿杰　　05738
耿承芳　14301
耿洪敏　08392
耿海燕　05834
耿家强　10699
耿敏　　06141
耿淡如　11515
耿锁奎　07293
耿慧慧　06335
耿曙　　01428－01429,01503

聂

聂小雨　10592
聂方彦　15176
聂叶　　04496
聂生东　13838
聂付生　10494
聂圣哲　11142－11146
聂伟　　11403,11450－11451
聂茂　　10819
聂欣如　11184－11187,11385－11387,11462－11463,11472－11473,11479
聂建睿　11538
聂绀弩　10351
聂艳梅　04012
聂峰　　04884
聂翔　　11313

莱

莱斯列·斯蒂芬森(Leslie Stevenson) 00396
莱赫奇卡(Martin Lehecka) 14221

莫

莫尔顿(Will Moreton) 07865

莫伟　　13983－13984
莫雨　　06315
莫泊桑　11060
莫家柱　01399
莫善兢　14398

莉

莉娜·舒伯格　10999

荻

荻生徂徕　10947

晋

晋桂清　13008,13010

莎

莎士比亚　11034

桂

桂永浩　11821,12017－12018,12027,12955,13367,14310
桂国强　10678,12187
桂勇　　02525
桂强　　11302

格

格兰·莱文拉克(Glenn Laverack) 13107
格兰特(P. M. Grant) 14826
格里芬(R. W. Griffin) 01073
格林(Lawernce W. Green) 05646,13312
格林斯莱德(D. J. Greenslade) 12675
格姆克列里兹(Р.В. Гамкрепидзе) 12535
格洛丽亚·格莱勒斯(Gloria J. Galanes) 03218
格特鲁德·希梅尔法布 00128
格雷厄姆·罗布(Graham Robb) 11793
格雷姆·默多克(Graham Murdock) 04986
格雷格·塞恩(Greg Thain) 03884
格雷海姆·瓦茨　05152

根

根浩瑟　05894－05897

索

索天章　11022
索玉柱　07921,09278
索尔斯基　13585
索成林　07099
索明茹　09295
索科洛夫（Maurice Sokolov）　14079
索洛托夫　12732
索博特卡（Luboš Sobotka）　13876

栗

栗占国　14175
栗美娜　13376

贾

贾玉润　12614
贾本乾　01832
贾立斌　14362
贾永康　15277
贾珏　03836
贾任兰　05994-05995
贾兴蓉　11115-11116
贾守文　07276
贾守梅　14014
贾志敏　06209
贾志颖　03799
贾迎亚　03017
贾良定　01106,01108-01110
贾英晓　07873
贾明华　14493
贾佳子　08961
贾宗达　03503
贾建鸿　14216
贾洪亮　05772-05773
贾娜　02852
贾艳艳　10196
贾起民　12554-12559,12659-12660
贾晓东　14187,15420-15421
贾涤非　11670
贾彩彦　03657
贾清艳　07914
贾朝红　12085
贾植芳　10213,10763
贾意安　01506
贾磊磊　11383
贾德江　08515,08584,09055
贾德铮　04681

夏

夏力　05784-05785,05922-05924
夏大慰　02433-02434
夏天　07276,10403
夏云峰　02942-02943
夏中义　00743
夏长春　13834
夏文芳　07009,13438
夏东民　06867
夏因　12806
夏伟华　02944,03784,04079,09700
夏庆华　13272
夏志刚　11312,11335-11337
夏志清　10340
夏芳　08483
夏丽珊　09187
夏坚勇　10837
夏伯铭　01682,03875,11763
夏林根　03822,11725
夏国佐　08033-08038,08041-08043,08445
夏明文　03706
夏知平　05468-05469
夏征农民族文化教育发展基金会　01360
夏治平　13500
夏学文　12403
夏建中　03125
夏荣强　10711
夏咸淳　10475
夏威　07965-07968,08724
夏昭林　13080,14188
夏钦　08767
夏秋　10451
夏衍　09958
夏剑辉　04594
夏洛特·格林斯　11810

夏济安	09170	顾迈南	11991
夏祖德	06696	顾光宁	13650
夏耘	14993,15007	顾伟	02317
夏艳萍	06029-06031	顾全保	12823
夏莹	05687	顾兆坤	14309
夏桐郁	10586	顾兆祥	14541
夏晓鸣	07666-07667	顾庆阳	12223
夏晓虹	00802,10455	顾芸	07849
夏晓梅	01360	顾杏元	12957,13067,13341
夏宽云	02929	顾丽玲	00306
夏宽理	14988,15003-15006,15034-15035	顾丽梅	01426,01510,01720,04219
夏家莉	03216	顾伯清	08134,08303,08790-08793,09007,09214-09223
夏菊芬	09832		
夏敬观	10631,15443	顾沈兵	00545,01005,07323,13103,13169,13301,13748,14108,14334,14439,15294
夏辉	04056		
夏辉辉	06342,06350	顾沉珠	02992
夏鼎铭	00064	顾沁华	06195
夏溪	10657	顾宏达	12908
夏镇夷	14452	顾妙娟	13955
夏德元	00421,00906,00962,01596,05059,05420	顾其敏	12846
夏璐	10773-10774	顾国建	04043
		顾国柱	10758

原

原口俊道	02741,03477,03597
原嶂	10597

顾国祥　01082-01083,03045,03093,03219-03220,03544,03728-03729,03734-03735,03932,03973

顾

顾乃谷	14747-14748	顾昌鑫	12003,12630-12631,12665
顾小萍	13930-13931	顾易生	10082-10083,10140
顾小颖	11240	顾佩娅	08468
顾乡	07353	顾金祥	13280
顾天柱	15087	顾炜	06281,06813
顾云深	04235,04457,11904	顾学箕	13099,13113,13191
顾牛范	14451	顾宝昌	01054
顾玉东	13788-13789,14207-14208,14210,14228-14229,14243-14248	顾建钧	13366,13962
		顾建清	04222,04560-04562
顾功耘	02107,02114	顾肃	00355-00356
顾可梁	14309	顾春芳	11361
顾平	11173	顾春英	13283
顾东辉	01031-01032,01563	顾荣	01626
顾宁	02314	顾荣福	01461
顾训中	11555	顾相伟	01436,03690-03691,04093
		顾树南	14200,14241-14242
		顾泉雄	11471
		顾胜德	14395

顾美娟	11904	晏	
顾祖维	13101	晏华辉	12459-12460
顾勇	13762,13825	晏国莉	09793
顾振华	04208,14190	晏海林	11207
顾晓英	00057		
顾晓滨	04210	圆	
顾钰民	00018,00056,02349-02350,02476,06849-06851	圆祥	00596
顾健	01894	钱	
顾凌丽	10933	钱士雄	12657-12658
顾海川	07002	钱中文	09931
顾继东	01897,04361	钱公权	15369
顾菁	06050	钱文颖	03015
顾菊美	13662	钱平雷	03629
顾雪生	02472	钱乐秋	14946,15023-15026
顾善清	02482	钱冬梅	06600-06601
顾寒梅	04881	钱立卿	00112
顾瑞鹏	03522-03524	钱永嘉	12673
顾锡涛	08548	钱亚梅	00890
顾慎为	13844-13846	钱自强	01379
顾韶阳	11548,12223	钱江	01731
顾潜	04029,05243	钱红华	04486-04488,04498-04500
柴		钱纪芳	08415,08517
柴田启子	05886-05887	钱利生	13702-13703
柴华丽	12729	钱佑华	05530
柴志光	12094-12095	钱谷融	09873
柴晓路	14958	钱序	13100,13225,13228
柴爱华	12609	钱沛云	06256-06259,06804-06807,11228-11230
柴睿	15262	钱君端	06302
党		钱劲松	06323-06324
党东耀	05073	钱武杰	10582
党红	02912,03399	钱杭	11836-11837,12182
党晨华	09481	钱国靖	02366,07040
晓		钱国耀	01927
晓风	11950	钱昌明	11717
晁		钱忠民	12519
晁文庆	05063	钱佩德	13607
		钱京娅	05496
		钱炜	14501
		钱宗起	01805
		钱建源	06602-06603,06719

钱春莲	11452	倪大奇	00058-00059,00063,01438,01455
钱珏	08565	倪元珠	09137,09139-09140
钱昱夫	07557	倪为民	14192
钱俊生	01531-01533,01535-01537,07671-07672	倪世雄	01709,01711,01739-01740,01743-01744,01773,01797
钱胜	04806	倪光炯	12222,12584-12587,12632,12635-12636
钱冠连	10820	倪传斌	07395
钱振民	11913	倪庆萍	03905
钱振球	10424	倪安和	01383,01386,10818
钱袁萍	14714-14715	倪昆	08491,08493,08927
钱晓明	12511	倪受春	01918
钱晓波	09843	倪建平	04983
钱晓路	13897-13898,13909,13926-13927,13963	倪建明	11198
钱峰	00523-00525	倪泉兴	13807
钱乘旦	11545	倪剑	05080
钱爱群	13945	倪洵	13628
钱逢胜	03636	倪美英	07219
钱益民	11883,12021-12022	倪洪波	13993-13994
钱浩	14383	倪祖敏	03857,05149
钱海红	10731	倪振峰	02051,02083-02087,02100,02116,02122-02123,02130
钱海韵	08280	倪铁	01925,01941-01945,02203
钱理群	00793,10764-10767,11934	倪萍	06277
钱培芬	13959,14009	倪琴芬	06594-06599,06627-06632
钱菊英	13302,14076	倪颖	06854
钱梓文	12809	倪稼民	01399
钱跃敏	00987		
钱维莹	00358		
钱超尘	13444		
钱瑜	00264		
钱锡生	10315		
钱满素	00794-00795		
钱睿哲	12947,13684-13686,13688		

钻

钻石株式会社　15215

铃

铃木美惠子　13906

特

特里·F.小约翰　00481

倪

倪才龙　02107

倍

倍趣科学　05885

健

健峰企管集团TPS小组　03305
《健康让生活更精彩——走进世博》编辑委员会
　　13227,13407-13408,15401

皋

皋玉蒂　06385

徐

徐一新　05471,12981,15204
徐乃琛　07826,07948
徐士菊　15235

徐大丰	01852,02679	徐成龙	07294
徐上达	06249	徐成东	00995
徐小贞	08737-08760,08861-08883,09243-09250, 09327-09334,09525-09540,09681-09688, 09690-09697	徐至中	12668-12669
		徐光裕	10643
徐小妮	05688	徐竹	07315
徐千惠	13241	徐传胜	06293-06294,06389
徐广联	09324-09326	徐华西	05120
徐卫红	12904	徐华青	04539
徐子琳	03817	徐华莉	05979
徐开元	05875	徐向红	14728-14729
徐天宏	12876	徐旭川	04319
徐天强	01997	徐庆元	11232
徐云望	00017	徐庆凯	07695
徐五光	12237	徐亦猛	00729
徐友渔	00803	徐江善	10732
徐中玉	07668	徐军	03917,10739
徐长松	00410,06868	徐军玲	05543-05544
徐公芳	15296	徐红	01299,03656,07074
徐丹	01355	徐纪东	01478
徐文东	14449	徐进	01341,14767
徐文虎	04889,04916	徐技新	11231
徐为民	02343,03131,03552	徐志民	07355,07447
徐玉臣	08241,08371	徐志江	06580-06581,06660-06664,09229
徐玉明	11104	徐志宏	01018,12204
徐正	05297	徐志啸	10278,10438,10546
徐正仪	14290	徐志摩	10562,10768
徐正虎	08212	徐芳	03279-03280,10007
徐本力	13201	徐苏恩	05642
徐龙炳	02650,04373	徐丽君	08681,08685
徐平	13482	徐来	08418
徐旦泽	06431	徐连达	11564,11697
徐丛剑	12966	徐旸	09509,09512-09514,09742,09746,09758, 09762
徐立青	04128-04129		
徐永安	11511	徐兵河	14418-14419
徐永胜	03944	徐余庆	00276
徐永清	04595	徐余麟	15494
徐永琴	06351	徐应祥	12280
徐芃	03252,05602	徐怀宇	01840
徐亚非	15175	徐君毅	15009-15014,15017
徐有恒	12567	徐青松	02017
徐成	12144,12157	徐坤	11448
		徐英	04913

徐英瑾	00328,00368,00564,07454,12785	徐俪成	11970
徐杰	14880,15125	徐俊西	09935
徐国平	15131-15132	徐俊冕	13745-13746,13754,13946,14470
徐国保	01458	徐剑	02007,03130,15507
徐国祥	02769,03872	徐胜芝	12454
徐国强	10251	徐胜蓝	12068
徐国豪	01411	徐彦平	03132,04097
徐昌文	14345	徐美东	13835
徐畅贤	08854	徐洁	10048
徐明	15471	徐洪兴	00126,00176,00222-00223,00227,01352
徐明东	04432	徐洪莲	13998
徐明锋	08121-08124,12073-12074	徐姮	06537
徐昂	15444	徐勇	10401
徐忠	11820	徐勇前	08546
徐忠敏	13834	徐艳	11669
徐佳贵	11775	徐振保	11589
徐欣	00891,07978,07988,07990,09272-09274	徐振晔	13548
徐金水	02607	徐荷	00673-00674
徐金柱	15430	徐晋勋	13221
徐泱	14240	徐莎	11013
徐波	01401	徐真	08208,09698
徐学基	12664	徐桂华	02624,02649,02712,04689
徐宗士	01700	徐根宝	10711
徐宗良	00102,00383,00483	徐晓羽	07607
徐诚浩	12272,12277,12416,12432,12434	徐晓红	08610
徐建	14480	徐晓莉	07950
徐建平	12140	徐晓彬	12032
徐建光	14249,14447	徐晔	02868-02871,02874-02877,03373-03374, 03378,04326-04331,04339
徐建华	08094		
徐建江	14516,14558	徐恩惠	14839
徐建军	12642,12678	徐峰	07769,14490
徐建国	10924	徐健	08241,08371
徐建鸣	13914,13975,14133	徐息良	12830
徐建融	11164,11219	徐爱丽	07251
徐春艳	06020-06021	徐爱忠	03378
徐玲	09757	徐爱荣	04840-04844,04885
徐玲玲	04950	徐益章	10565
徐荣华	05544	徐涛	02648,04608-04609,04768,04800,11843
徐战平	04339	徐浩	08307
徐虹	10721,14332	徐浩萍	02922,03578
徐思彦	11744	徐海燕	02687
徐钟	09699,09749-09750	徐海鹰	05668

徐家正	11868	徐肇玥	14047-14048
徐培汀	05099	徐翠娥	05914-05919
徐基儒	07637	徐慧君	00258
徐萍飞	09830-09832	徐瑾	06983
徐彬	07180,11030	徐震	10838,12308
徐梅林	14858	徐镇南	04390
徐雪全	14766	徐德仁	05369-05371,11808,11865
徐常梅	04877	徐德明	08069,09678-09679
徐敏	14150	徐德信	03533
徐敏民	09826-09829,09839-09842,09845-09846,09849-09856	徐德胜	14675
徐敏华	13568	徐鹤年	07312
徐逸仁	01940,02202	徐燕谋	09165
徐望红	13263-13264,13773,14354	徐默凡	07542
徐琳	03725,07258-07259,07263	徐飚	13261-13262
徐超	01640		

殷

徐惠平	02690,03129,12291-12295	殷小勇	00295
徐惠明	02641	殷仪	10761
徐惠忠	08100,09077,09141,09680	殷延海	03070,04042
徐惠梁	13892	殷华	00986
徐鼎亚	01457,03938-03943	殷玖利	06918
徐斌	03753	殷克力	08348,09019
徐翔	03493	殷明发	12188
徐蓉	01466-01467,04665,06848	殷俊	04951
徐锦江	05296,10743	殷莲华	13686,13693,13697
徐锦荣	03376	殷晓蓉	00907,04999,05125
徐筱凤	02964-02966,02972	殷海国	10280
徐筱萍	13917	殷祯岑	00097
徐靖	07606	殷乾亮	15326
徐新林	02042	殷啸虎	02158,02167
徐新娥	13947-13948	殷猛	08446
徐福林	14682,14685,14688,14690,14733	殷清	03926
徐福昌	04323	殷寄明	07562,07590,07696-07697
徐群	06277,08915	殷雷	15288
徐静波	00425,02596,10233,10891,11588,11780,11782,11789,12053	殷嫦嫦	12834
		殷醒民	03604,03750,03754,03761,04374
徐静琳	01859	殷耀	07804,08264
徐静惠	04904		

爱

徐静镠	05584		
徐韬园	14457-14458,14461	爱伦·坡	11087
徐蔚	15308	爱柏哈特	05895
徐睿	03906	爱新觉罗·蔚然	10740

爱德华·格兰特　12608

奚

奚正刚　04743
奚亚夫　09156
奚志根　00081-00082
奚丽萍　08091
奚念朱　14569
奚定华　06749

翁

翁凤翔　07940
翁心华　14049-14052,14054,14124
翁再红　11810
翁朱华　07185
翁克山　07499
翁贤明　02024
翁孟武　14484,14489
翁晖亮　00513-00514
翁铁慧　01374,06865-06866,06977,06990
翁跃明　04430
翁渝民　14665
翁德立　13158

凌

凌力　14786,14845,15216
凌云飞　15434
凌华倍　07875
凌诒萍　12803-12804
凌学岭　03351
凌政　13747
凌秋虹　13018-13020,13025
凌莉　09801-09802,13331
凌峰　04735
凌琦林　03266
凌燮亭　14768

栾

栾晓明　10514
栾梅健　05423,10163

高

高小姣　15335
高山　11594
高山川　07005
高广元　11443
高天　01396,01474,10733,11344,11975
高天如　07519,07540
高云　10690
高日光　00992,01191,01243
高中甫　12058
高中英语英语能力测试编写组　06524
高中英语能力测试编写组　06522-06523,06525-06526
高玉环　09004
高玉林　02457
高尔生　12954,12956,13213,13222-13223,13270,13318,13599,13658
高立成　03840
高永伟　08203,08547
高永国　02346
高永富　02287
高考英语能力测试编写组　06534
高亚萍　01771,06897,08041-08042,08231
高成鸢　15252-15253
高帆　00030-00031,02463,02613,03649
高传善　14876,14922,14957,15078-15079,15128-15130,15194-15196
高自友　01138
高向东　01042
高兆芬　06370
高兆明　01114
高汝熹　01146,12278
高宇　02348
高守平　14883-14887,14979-14980
高军　14653
高红霞　07003-07004
高远东　10484
高志方　07207
高志芹　12787
高克勤　10100
高村めぐみ　09855
高秀欣　13251
高希　05990-05992
高言弘　02725

高怀勇	08379	高蒙河	12076,12174
高玮	13007	高楠	05810-05811
高其文	12963	高鹏	02218
高若海	00463,15493	高解春	14333
高奇琦	14869	高慎盈	13183,13187,13190
高国希	00377	高嘉正	10264
高金萍	05242	高歌	08059
高炎	06536-06537,06637,06639	高增安	01924
高学民	07273	高蕊	05218
高学栋	08273	高燕	00464,04920-04921
高建平	15347	高燕宁	00989,14065
高建昆	01056	高鑫	13391

郭

高承言	06196,07568
高春香	02811
高虹	03650	郭力平	06099
高秋韵	13932,13955	郭万群	07856
高顺全	07614	郭小毛	14339
高信成	05435	郭小纯	08292
高俊	11910,11970	郭小金	02916
高俊岭	13211	郭凤高	06538-06546,08274
高胜哲	12279,12358	郭玉成	07309
高彦颐	01398	郭玉林	02629
高洁	06886,11095	郭玉贵	06970
高津孝	12173	郭世平	00351
高娃	02796,02805	郭可	04990,05299
高艳明	09707,09713,09717	郭龙	13359
高莉萍	13518	郭北海	12070
高校师资工作文集编辑部	06979-06980	郭甲子	10364
高峰	09542,12942	郭尔雅	10943
高峻	03811	郭伟	03493,04041,14536
高健民	11805	郭延曦	02125
高凌云	01861,01892,02172,02262-02263	郭兆康	04063-04070,04072,09492
高菁	10264	郭冰茹	04945
高菲菲	12450	郭亦勤	05765-05767,05876
高菊霞	08707-08709	郭齐勇	00137,00172
高晞	00734,12955	郭次仪	14617
高瑛	08195-08197,09484-09487	郭江莉	10931
高喜珍	03613	郭安学	12302-12304
高敬	05816-05817,05820-05825	郭红	12152,12165
高等学校英语应用能力A级考试命题委员会 08133		郭红卫	13125-13126,13128-13129
		郭志平	13149
高滋	12720,12723-12724	郭志辰	13463-13464

郭志祥	14504	郭海云	09447-09450,09452,09488-09491,09785-09787,09789,09791
郭声波	12147,12160	郭海燕	06159
郭连瑞	05536	郭祥圣	06328
郭旸	03847	郭萍	03260
郭沙	00337	郭常义	13116,13413,14187
郭怀保	13342	郭晚盛	06159
郭坤宇	12475	郭跃	13402
郭英	00992,01243	郭跃武	14157
郭英之	03839	郭康玺	02977
郭国汀	02285	郭鸿	07329
郭昌京	11303	郭涵业	06812
郭明瑞	02188-02190	郭瑛	12815,14014
郭明静	08346	郭喜才	04611
郭秉宽	14508	郭斯嘉	11147
郭岱君	12041,12043,12046	郭惠民	00913,00920-00923,00946,01745-01747,03221
郭沫若	10763		
郭怡清	14322	郭锋	12796
郭宗莉	07218	郭善英	05914-05919
郭宗娟	08492	郭翔	09224
郭定平	01690,01692,02592,02745,03646	郭游瑞	12280
郭建	01867-01869,02178,02254,09982	郭瑞生	05889,05891,05893,05903,05905-05908,05926-05930,05940,05942,05944,05962,05964-05966
郭建平	10526		
郭建宁	00292		
郭建庆	01229	郭锦萍	14515
郭建怀	02156	郭鹏飞	11688
郭绍虞	06901,10306	郭源君	14670
郭春慧	03828	郭慕依	13053,13667-13670,13680,13682,14268
郭玲	07582	郭睿倩	14774
郭荣珍	13949	郭磊	09501
郭虹	05105	郭镇之	05334,05389-05391
郭剑晶	04391	郭豫适	10365
郭奕芳	13725	郭镜明	12251
郭庠林	01039,02351,03416	郭璐璐	13966
郭洪仙	04247	郭霞	14653
郭姮晏(Sami Kuo)	09008-09011,11595-11630	郭馨馨	01601
郭莲舫	13749,14471,14481		
郭莉	01172	**席**	
郭晓东	00275	席士敏	08263
郭晏如	10263	席卫群	04288-04290,04309-04311
郭航远	13790-13795	席泽宗	12218
郭颂平	04863	席建清	04692
郭玺平	08478		

席淑华	13957	唐辛子	00984,10881
席淑新	13508,14018	唐启翠	01238
席富群	03714-03715	唐君	08101

唐

唐·菲尔拉(Don Failla)	03899	唐杰	10047
唐小兵	11149	唐贤兴	01334,01507,01512,01759,02410
唐子英	12913-12914	唐国光	06009-06010,06032
唐元发	11755	唐国兴	02809-02810
唐月梅	10949,10956,10959	唐旻华	13182
唐文一	10184	唐迪生	14609
唐文华	13492	唐依凡	09041
唐书林	06374	唐金海	11241
唐卉	00576	唐炜良	12879
唐功元	05505	唐建华	13240
唐世涛	02207	唐弢	10466
唐东波	04203	唐珂	10164
唐生	12451	唐荣杰	08040,08047
唐代兴	06902	唐树华	07461
唐乐	02983	唐树良	08282
唐立军	12588-12590	唐耐心(Nancy Bernkopf Tucker)	01791
唐立新	01132	唐贵平	12617
唐汉钧	13542	唐俊	05158
唐宁	11985	唐亮	01464
唐亚林	01499,01513,01630,02704,02706,03703	唐艳	10906
唐存标	01384-01385	唐艳芳	08408
唐师白	01400	唐艳玲	08527-08530,08586-08589,09484-09487
唐朱昌	02756,04270	唐振常	00797
唐先华	12784	唐桂芬	08753,09243
唐伟	13023	唐桂明	07324
唐伟军	12952	唐晓云	02581,03076
唐伟勇	13874	唐晖	04395
唐仲良	13652	唐爱芳	08240
唐华	00100	唐海江	05026
唐冰然	08798,08889,08961	唐朗诗	01429
唐庆蓉	13914-13915	唐盛昌	06747
唐亦农	01353,01708	唐雪梅	05740
唐军民	13637	唐敏	05684,11139
唐志刚	04836	唐淑华	07834-07835,07921,08229,09278,09335
唐志华	06147-06149,06154-06156	唐棣芳	14849
唐克轩	13555	唐斌	09572
唐辰龙	13430,13510	唐筠	10928
		唐新国	14902-14903,14938
		唐豪	03936

唐

唐慧	09040
唐蕙倩	07923
唐镇生	12867
唐德鹏	04076
唐澜	10583
唐璞山	15186
唐镶	01326,03034

益

益西拉姆	10350

浙

浙江冶金经济专科学校	07681
浙江省绍兴县教育委员会	12136
浙江省嵊泗县地方志编纂委员会	15478

浦

浦东历代要籍选刊编纂委员会	10513
浦兴祖	01354,01484,01505
浦咏	11189
浦钧宗	14564
浦稼祥	11189

海

海门威(C. Hemenway)	12847
海夫娜(K. Hafner)	11100
海伦·杜卡斯	00346
海明威	11095
海基·尼曼	00327
海森伯	12057

涂

涂旭东	13071,13076
涂远芬	04130
涂丽萍	07877,09571
涂时亮	14875,14952,15084,15095－15098,15102,15110－15112,15118,15190
涂伶俐	08417
涂宗呈	01669
涂湘莹	09512

容

容志	01560

诸

诸小丽	14720,14724
诸民家	12853
诸君	06132
诸定昌	12664
诸葛立荣	13379－13380
诸静	04825

诺

诺布尔(T. W. Noble)	08212
诺拉·K.(Nora K.)	00066
诺顿(Diane Naughton)	07864
诺曼·D.沃恩(Norman D. Vaughan)	06897
诺曼·杰曼(Norman German)	08231
诺曼·荷林	11459
诺澄	10878

谈

谈永红	09511
谈向东	12011
谈丽	11535
谈佳弟	13335
谈亮	04884
谈通	04277
谈鼎保	06406
谈蓓月	15185
谈锡永	00621,00625－00627,00651－00652
谈谭	01300
谈瀛洲	11011

剧

剧宇宏	02141,02675

陶

陶上谷	11245
陶飞亚	00732
陶友之	02431,03115
陶友兰	07472,08360,08409－08410,08422,09279－

09280
陶水平　10005
陶长琪　02779
陶凤瑛　14016
陶文好　05142,08656-08657,08659,08799-08800,
　　　　 08803-08804,08816-08817,09282-09283,
　　　　 09597-09598,09601-09602,09605-09606
陶世华　06824
陶东明　01426,01510
陶永进　03304
陶在朴　12236
陶安顺　14842
陶红亮　13210
陶芳标　13100
陶丽娟　13766
陶丽萍　09033
陶希东　01976
陶沙　　13211
陶昌　　04484
陶明　　04214
陶明德　12568-12569
陶柏康　11992
陶勇　　04343-04344
陶素蝶　14324
陶莉　　09596
陶凌云　03859,04241
陶博(Preston M. Torbert)　09130-09134
陶鹏　　01576
陶增宁　12728
陶磊　　11097
陶寰　　07705
陶霞波　12086

姬

姬生凯　06136

桑

桑玉成　00015,01249,01416,01477,03648
桑田　　02318
桑金兰　05211
桑赓陶　01214,02501

十一画

理

理查逊(D. Richardson)　02261
理查德·B.谢尔(Richard B. Sher)　05438
理查德·C.西诺波利(Richard C. Sinopoli)
　　　01737
理查德·D.宾厄姆(Richard D. Bingham)　02500
理查德·S.韦斯特福尔(Richard S. Westfall)
　　　12215
理查德·拉克曼(Richard Lachmann)　01355
理查德·雷恩(Richard Lehne)　01717
理查德·塞勒·林　05043

教

教师招聘考试命题研究中心　05548,05573,05594,
　　　05596
教育部人文社会科学重点研究基地、复旦大学中
　　　国古代文学研究中心　10052-10066
教育部发展规划司　05666
教育部学校规划建设发展中心　05666

堀

堀悦夫　02664

职

职康康　14104

基

基金从业资格考试命题研究中心　02065-02067,
　　　04616-04617

黄

黄一农　12748
黄一勤　12220
黄乃江　10256,10270
黄乃聚　12696
黄大敏　09268
黄小丽　09833
黄小栋　03547
黄卫军　09231

黄子平	10243,10762	黄协安	02309
黄飞鸣	02563,04479,04757	黄协埙	10541
黄天华	00062,04174,04332	黄有光	00505,02399,02435,12755
黄天骥	10334	黄列	02652,04758
黄元铸	14100	黄迈	02866
黄云龙	05641	黄光芬	08719-08720
黄云敏	04866,04888,04900-04901,04903	黄刚平	15263
黄中山	08550-08553	黄先明	02579
黄中元	01399	黄伟	14816
黄中鼎	03049-03052	黄伟力	00008
黄升民	05138,05394	黄延复	11889-11890
黄升晖	15429	黄仲贤	12830
黄长清	02879	黄华伟	07749
黄月花	08795	黄兆旦	07231
黄丹	00042	黄冰	02872-02873
黄文几	12929	黄庆桥	05522
黄文达	11433	黄关福	06553-06581,06728,07162-07169,07172-07175,07942-07943,08432,09229
黄文芳	02153		
黄文杰	02760,11420,11982	黄兴	04708
黄文忠	02621-02622	黄宇元	08569
黄文珠	02866	黄红	07859-07860,13662
黄双全	01927	黄红玉	13901
黄玉峰	00902,01395,06331,06418-06422,10272-10273,10857,11870,11919-11920,11923,12232	黄红宇	04993,05057
		黄进兴	00180
黄正一	12925-12927	黄均鼐	14807-14808,15068
黄丙志	04216	黄志力	14587
黄东英	05108	黄志明	13886
黄旦	04991,05107	黄志猛	00498
黄乐	06764,15161	黄苇	11753-11754
黄乐琴	10756	黄芳	05832,05850-05869,05871-05873
黄立宏	12283-12289,12499	黄克逊(Kerson Huang)	12849
黄立明	03897	黄丽华	03165,03593,03777,03913-03914
黄立波	08395	黄来仪	06738-06739
黄汉文	15057	黄坚	11019,11077-11078,14651
黄必胜	13435	黄时祥	07006,07015
黄永昌	13406	黄利玲	07879,09573
黄匡宇	05335,11460-11461	黄体仁	15448
黄吉平	05519	黄庐进	04179,07861-07862
黄亚安	05355-05356	黄际英	09155
黄亚军	08397	黄英	15088-15090
黄亚钧	02446	黄林	08545
黄芝晓	05015-05017	黄贤玉	09869

黄国英	09588-09589,14311-14312,14321	黄艳	04334
黄昌勇	00978,11372,11899	黄艳飞	14794
黄昌朝	15402	黄艳萍	06959-06963
黄忠敬	06280	黄艳彬	09801-09802
黄咏诗	10621	黄振羽	08514
黄岸青	07058	黄振纲	01889,04323
黄和斌	08297	黄振球	07473
黄季焜	01131	黄振翘	13529
黄秉炜	11039	黄哲	09506
黄金火	01599	黄莺	07961-07962,07965-07968,08313,08723, 09345-09346,09367-09368,14015
黄京元	06315		
黄京平	02204	黄晓平	03401
黄育才	08017,08725-08726	黄晓玲	08566
黄炜	15414	黄晓彬	13001
黄河笑	14866	黄晓敏	13968
黄学胜	00009	黄晓霞	13460
黄诗亮	06918	黄峰平	13043
黄建	03794-03796	黄钰祥	13976
黄建明	12907	黄笑	15227
黄建南	11855	黄健	12840
黄孟源	05667	黄健全	14832
黄绍扬	09506-09508	黄爱玉	14534-14535
黄春辉	14671	黄爱玲	11402,11410
黄玲	01364	黄颂杰	00123,00302,00332,00822
黄荣华	00208,00215,01235,06330,07558,07563, 10298-10299,10809-10811,11292	黄涛	08925,08929
		黄海军	01135
黄荣魁	13094-13096	黄润苏	10271
黄昱宁	09983	黄陶承	14312
黄复生	05590	黄娟	13244
黄保强	03170,05534,11137,12226	黄培喆	14559
黄俭强	13972	黄菁	03859,04241
黄剑	11205	黄梦平	02733
黄音	10548	黄梅波	02564-02565
黄美宣	12916	黄雪芳	08135-08138,08721-08722
黄美真	07059,11761	黄晨	07222
黄洁	07613	黄晚	11089
黄洪	04574,04643-04646	黄跃东	14467
黄洋	11550,11552	黄跃民	11976
黄宣国	12430-12431,12481-12483,12485	黄敏	02566,05661
黄祖洪	12588-12590	黄悠纯	07725
黄勇民	07162-07166,07172,08299,08302	黄象珊	15352
黄勇明	05601	黄渊	11421

黄婉圣　00509
黄维　14671
黄维德　03261
黄琴峰　13479
黄琪　06181
黄琳　03218
黄敬亨　13084-13091
黄敬亨　13312
黄敬斌　02732,11759
黄葭燕　12961,13294,13385,13405
黄鹂　03951,05037
黄雁鹏　15154
黄雄　01043
黄景春　10051
黄智颖　03521,04023,09146-09148
黄善林　03688,03697
黄翔　12783
黄普基　12125
黄强　12185
黄强华　07208
黄瑚　02007-02010,02016,02159,05136-05137,05303-05304
黄鉴中　04073
黄锡光　04150-04151
黄锡康　04322
黄鹏　04198,14770
黄解元　01388
黄煜　05011
黄福光　13848
黄福海　10575
黄群　14003-14004
黄静　03664
黄静娟　12896
黄碧蓉　07569
黄裳　05492
黄端山　12348-12351
黄缨　06007
黄德元　07241
黄德兰　11114
黄德利　15019-15020,15022
黄德君　11378
黄德铭　13893
黄德骧　13874-13875
黄毅　10347
黄鹤年　14499
黄燕　05207
黄霖　10052-10056,10058-10060,10064,10104,10346
黄曜　14595

菲

菲利克斯·克莱因　12265
菲利浦·斯托克斯　00120
菲利普·布鲁斯(Phillip Bruce)　09146-09148
菲利普·库珀(Phillip J. Cooper)　01297
菲利普·帕尔姆格林(Philip Palmgreen)　04992
菲利普·威克斯蒂德　02326
菲利普·科特勒(Philip Kotler)　03316
菲利普·德波伊(Phillip DePoy)　11099
菲茨杰拉德　11094

萧

萧万明　02547
萧文　07223
萧功秦　00835
萧关鸿　11829
萧红　10634
萧鸣政　03275-03277
萧泽萍　14479
萧承财　00193
萧练武　07503-07504
萧虹　10913
萧思健　06842,11852,11888
萧俊　15452
萧瑜　09666

萨

萨支唐(Chih-Tang Sah)　14806
萨拉·巴斯(S. Baase)　14939
萨姆·布莱克(Sam Black)　00946
萨斯基亚·利特布吕克　01924

梅

梅人朗　12983-12984,12986,12996
梅尔威利·斯图尔特　00564

梅尔清（Tobie Meyer-Fong） 11770
梅兆荣 01765-01766
梅亦珩 13305
梅军 11227
梅均 03816
梅丽 11026
梅纳新 05745-05746,05968-05969
梅振武 13806
梅晓文 03490
梅新林 10112
梅慎实 01911
梅塞德斯·克雷斯波·比利亚特 01579
梅鲜 01293

曹

曹开成 12069
曹开宾 12948-12951
曹长波 03797
曹仁发 13462
曹月 04987
曹月新 09714,09718
曹文君 02781-02782,14865,14991-14992,14994,15051,15121
曹予生 00367
曹书乐 05006
曹末元 12926
曹正文 10777
曹可凡 05366
曹可安 01899
曹可强 07242
曹石珠 12952
曹东勃 02723
曹永毅 06539
曹邦伟 14876-14877,15050,15194,15196
曹吉生 06298,06771
曹耳东 04321
曹光富 14446
曹同瓦 13888-13889
曹仲文 15279
曹旭华 02363
曹军 04722
曹阳 03504-03505,09463

曹志平 05531
曹志浩 12536,12542
曹志霄 08444
曹秀玲 07621
曹迎春 07877
曹沛霖 01700
曹宏苓 04226
曹英多 07952
曹林 05179-05180
曹昌祯 02023
曹凯鸣 12836-12839,12851-12852
曹京平 02807
曹治柳 08670
曹定华 02786-02788,02790
曹宠 11264
曹建元 03638
曹建文 13345,13361,13364-13365,13757
曹建新 13666,13679
曹珍芬 05422,07232,12969
曹荣琪 10776
曹树基 01049-01050,01052-01053
曹顺庆 09883,11565
曹剑涛 03870
曹洋 03032,03294,04341
曹艳佩 13968
曹素华 13319,13581
曹都国 01127
曹晋 02323,04986,04997
曹桂莲 05763
曹晓明 15240
曹晖 13557
曹峻 13868
曹家正 11381
曹家鹜 06287
曹银祥 12977
曹淇 06326
曹琳 13505
曹惠民 10478
曹景林 02785
曹谦 00451
曹蓓娟 11353
曹鉴卿 08215-08218

曹新	13732
曹新妹	14012
曹静	03883,04037
曹嘉宁	00925,03873
曹聚仁	10486
曹增儒	00153
曹磊	04883
曹德和	07463
曹德骏	11511

戚

戚业国	07026
戚进勤	12227
戚志蓉	11135

龚

龚小夏	01730
龚少明	12607,12649,12859
龚文灏	05236
龚正伟	07275
龚平	05442–05443
龚幼龙	12957,12959–12960,13067,13340,13347
龚志伟	01779
龚花兰	13140,14888,15179–15181
龚国华	03296–03298,03340–03341,03488
龚金平	09957,11400,11409
龚建荣	02077
龚居中	13541
龚茜玲	12809
龚柏华	02101,02270,02305,09131–09132
龚柳卿	05817
龚俭青	09006
龚隽	00628
龚益鸣	03296,03317–03318
龚浩成	04405
龚家炳	13970–13971
龚菊明	02850
龚维敬	02462,03079,03169
龚联寿	10920
龚嵘	08106,08785,08787
龚斌	07736
龚焱	03015

龚谨	05672–05677
龚群虎	07413,09867
龚静	00443
龚箭	15346
龚德良	14883–14885,14887

盛

盛小禹	12875
盛夕武	06333
盛丹菁	13148,13809–13810,14412–14413
盛世明	05595
盛民立	14102
盛英洁	01158,01168
盛国英	10047
盛祖嘉	10880,12871,12892
盛莉	09974
盛益民	07704
盛朝晖	07831
盛裕良	07019
盛溢	04704
盛碧荷	03636

常

常方舟	10415
《常用成语词典》(大字本)编委会	07575
《常用成语词典》(简明本)编委会	07576
《常用成语词典》编委会	07574
常立	07789,11045–11046
常州市教委教研室	06469–06470
常淑丽	08933,09388
常谦和	00192
常巍	04608–04610

匙

匙为	09587

晨

晨钟暮鼓	10667–10668
晨曦	15236–15238,15266–15268,15271–15274

曼

曼弗雷德·布鲁恩(Manfred Bruhn)	03223

鄂

鄂基瑞　10172,11826

崔

崔云龙　13713
崔升　　04541
崔正媛　05889-05893
崔乐美　00534
崔民吾　05909-05913
崔成雨　10839
崔伟利　03478
崔运武　01295
崔丽娟　00544
崔沛泉　11848
崔纬　　05982-05983
崔迪　　05031
崔岩　　14672,14702
崔宝娟　06196
崔艳丽　08800,08804,08817
崔莹莹　08110
崔爱平　03048,03071
崔海燕　05814
崔雪婷　12534
崔银圭　05940-05944
崔敏　　08104,08527-08538,08692
崔琡熙　05970-05974
崔瑞刚　12275
崔燕　　10208
崔儒涛　14105,14270

银

银行业专业人员职业资格考试研究中心　02053-02054,04723-04727

符

符礼平　05470
符庆　　14750-14751
符海菁　04147
符继红　14302

盘

盘海鹰　13237,13252

庹

庹继光　11750
庹继华　11750

麻

麻保金　07924
麻瑞　　07944
麻赛萍　12084

康

康云　　12907
康志峰　02272,07161,07474,08399,09240-09242,09524
康芳仪　01073-01074
康克林(R. Conklin)　00903
康来仪　14063-14064
康坚　　15358
康伯春　07098
康明瑶　14661
康珉　　05038
康保成　11363
康凌　　11945
康锋　　03291
康福特(Jeremy Comfort)　09519-09522
康静萍　01534
康翟　　00046

章

章义和　04733
章卫东　03407
章卫国　13875
章月华　14575
章可　　00397,05588
章左声　10844
章平　　05077
章永进　00950
章有章　12829
章华明　15317
章关键　00168-00170
章远庆　12987
章志萍　08599,08656,09114

章伯虎	03947,04028	阎衡秋	05472

盖

盖依·彼得斯(B. Guy Peters)　01720

添

添一	06774

深

深泽宽	10624
深美雅	05953-05958

梁

梁小林	12500,12506
梁小栋	13171
梁小筠	01212
梁元生	04925
梁云爱	14576
梁友信	13101
梁丹	08343
梁文昭	03096
梁为祥	08084,08403-08404
梁玉龙	09648
梁玉杰	03958
梁正宇	08565-08566,08568-08569
梁正溜	07995-07998,08020,08761,08927,08936,08940,08943,08945,08958,09207,09510-09511,09545-09548,09551-09554,09557-09558,09561-09562,09565-09566,09732-09733,09736-09737,09740-09741,09744-09745,09756-09757,09760-09761,09797-09798,09806-09807,13012-13013
梁世五	10692
梁永生	04696
梁永安	10532,10534,11931,12010
梁师文	12903
梁光霞	13935-13938
梁伟民	13801-13802
梁华	07951
梁华蓉	08949,15345
梁冰	04095
梁志华	08279
梁志红	07720
梁志芳	08866,09328

章良	05659
章武生	01930
章劼	04524,04533,04553-04554,04639
章奇	02699
章国斌	08003-08004
章佩乙	10565
章波	09809
章建成	05653
章砚	04647
章晓野	12027
章钰	15445
章益	15227
章兼中	06672-06674
章海荣	00395,03819-03820
章珺	11102
章培恒	10142,10257-10258,10439-10442,10472,15497
章清	01680
章琦	00809
章惠农	12694
章雅青	13950
章巽	03791
章瑞华	00908,03881-03882
章慧南	03425
章毅	13871

望

望阳	10686

阎

阎立君	08611
阎吉达	00324
阎红	08695,08916
阎步克	01670
阎作勤	14261
阎学通	01341
阎祖强	02245-02246
阎海峰	03481
阎惠丽	09973
阎嘉陵	00543
阎黎明	08618

梁丽	01629		**宿**	
梁励芬	12577-12580,12625		宿玉荣	09522
梁来荣	14637		宿晶	08796
梁启超	00286-00287,01236		**谌**	
梁英	05235		谌林	00053,00068
梁松	06353		谌剑飞	13539
梁咏	02127,02271		**扈**	
梁治安	12533-12534		扈喜林	03307
梁建英	14577		**尉**	
梁玲	08194		尉文渊	04797
梁适	07455-07456		尉敏琦	13460
梁修荣	14972		**屠**	
梁保尔	03811		屠传德	01792-01793
梁信	11219		屠伯埙	12410
梁载弘	05903-05908		屠其非	15308
梁晓	10723		屠祖范	04204-04205
梁晓东	06349		屠格涅夫	10981
梁晓俐	15184		屠皓民	08206-08207
梁晓翠	03490		**隋**	
梁海	10217,10391		隋龙	14291
梁通	11908		隋冬杰	14710
梁捷	00398,02527		隋晓冰	04100,08469
梁菁	15284		**隗**	
梁银峰	07458		隗洪祥	02547
梁鸿	04904,10218,13963		**维**	
梁琦慧	08397,09544		维托里奥·赫斯勒(Vittorio Hosle)	00066
梁超	05934,05937-05938,05960		维舟	01355
梁辉	04531-04532		维克多·雨果(Victor Hugo)	11061-11062
梁智勇	05248		维姆·范哈弗贝克(Wim Vanhaverbeke)	03307
梁瑞红	03403-03404		**巢**	
梁锦锦	12478		巢元方	13485
梁毓阶	05514		巢志复	14237,14280
梁瑾	15198		巢峰	02324,05425
梁樱	01135			
梁德阔	04111			
梁燕丽	11141,11377			
梁衡	10803			
梁霞	08506			
寇				
寇爽	05733			

十二画

琳
琳恩·格劳丝(Lynne Gross)　11380

琼
琼恩·基顿　05009
琼斯(J. C. Jones)　12978-12979

越
越南汉喃研究院　11575

提
提摩太·夏纳罕　00379

博
博耶(E. L. Boyer)　07089

颉
颉宁侠　05353
颉茂华　02925

揭
揭英丽　10200

彭
彭万华　12215
彭小玲　10654
彭小俊　09267
彭云　05747
彭长江　08398
彭化南　12698
彭丹　00643
彭文胜　06323-06324
彭文斌　02449
彭玉镏　04492
彭夯　02068
彭先知　11342
彭伟步　05321
彭伟霞　13165
彭华　07916
彭向阳　12666
彭丽　08954
彭利贞　07348
彭希哲　00909,01045,01054,01059,01140,02716,15388
彭英之　10919
彭林　12112,15449
彭林峰　13970
彭国强　12504
彭明娥　09034
彭典贵　08794,08946
彭春红　06077-06079
彭玲　11188
彭俊　03705
彭俊衡　04751
彭剑锋　01080,01141,02999-03001,03263-03264,15375
彭奕　09042
彭宣红　08766-08769,08844
彭贺　01085
彭浩涛　03372
彭浩翔　10618-10627
彭博　02370
彭喜锋　04837
彭朝风　06061
彭锋　00437
彭裕文　07062,12017-12018,12965,12997,13047,13606,13622-13623
彭楠　09494,09503
彭新敏　01081
彭豪　12504
彭慧胜　06950
彭瑾　09845-09846
彭黎　03032
彭德荣　13349,13834

壹
壹步幼儿学习资源　05789

斯
斯托克斯(Jane Stokes)　05057
斯各特·卡特里普(Scott M. Cutlip)　00959
斯坦恩·库恩勒(Stein Kuhnle)　01573,01705

斯帕尼尔(J. W. Spanier)　01805
斯图尔特·夏皮罗(Stewart Shapiro)　12247
斯威特曼(Arthur Sweetman)　02637
斯科特·麦夸尔(Scott McQuire)　15329
斯科特·索普(Scott Thorpe)　11801
斯特拉·布鲁兹(Stella Bruzzi)　11406
斯蒂芬·J.巴拉(Steven J. Balla)　01734
斯蒂芬·克莱恩　11093
斯蒂芬·伯特曼(Stephen Bertman)　11553

葛

葛乃福　10539,10760,10785
葛卫华　14852
葛夫财　03067-03068
葛宁　09726,09779
葛永海　10345
葛列众　14658
葛兆光　00131-00136,00756,00819,10266-10267,
　　10289,11576-11577,11658
葛寿昌　02484
葛均波　14076-14077,14088,14092-14094
葛丽尼(Glynis A. Fizgerald)　09127
葛炜　13584
葛宝详　08635
葛剑雄　00755,01046-01053,10902-10903,12138,
　　12175,12183
葛晓音　10265
葛涛　11833,11844
葛浩文　11930
葛家澍　02849
葛培健　02714-02715,03525,03668,04755
葛萍　04191-04194,08013-08014
葛琪琪　10773-10774,10798-10799
葛颖　11382
葛霖生　02553

董

董山民　00103
董广安　05200
董少新　04953
董月玲　10673
董文哲　13861-13862
董玉荣　00355-00356
董世忠　02278-02280,07843-07844,09128-09129
董立红　03975
董圣杰　00887
董有德　02533
董伟　05794,05815
董问樵　10987-10992
董安生　02264
董红军　14055
董丽　02947-02948,05984-05985,07954
董丽敏　07211,09992,10209
董伯明　15069,15117
董宏乐　07328,07991-07994,08298,08328-08329,
　　08693,08695,08949,08952,09208,09342,09392-
　　09393
董宏程　09227
董君　08665
董枫　13360
董建明　08782
董春　05393
董临萍　02989
董贵昕　04402
董保华　02134
董亮　06958,07833
董洪学　08362
董恒进　13362-13364
董骁　03667
董晓　10971
董晓波　07845
董峰　11372
董健　12947,14261
董竞成　13427
董海仁　10703
董理　03858
董敏志　04919
董雅华　01583,01587,06847-06848,07034
董媛媛　05035
董献吉　11769
董频　14427
董锡健　03506
董鹏　00237,06332
董颖春　05741,06044-06049

董璐	05226	蒋学之	13254
董燮清	05606,07102	蒋学伟	03344

蒋

蒋一方	13151	蒋学军	08769
蒋凡	10306	蒋学清	09449,09490-09491,09751-09752,09786
蒋风	10425	蒋学模	02464-02466
蒋文华	13627	蒋建华	02978
蒋孔阳	00431-00434,00460,00465-00468,15493	蒋承勇	10022-10025,10033
蒋玉龙	07039	蒋品圭	05820-05825,07414-07416,08191-08193
蒋玉华	06267	蒋洪新	08398,08555-08560,09515-09518
蒋平	12577-12580,12625,12668-12669,14664,15396	蒋勇	15348-15351
蒋尔雄	12540-12541	蒋振声	05996
蒋永祥	04618	蒋莱	01192
蒋加伏	14967-14968,14976	蒋晓红	04386
蒋亚林	12805	蒋凌波	08844
蒋亚奇	04089	蒋剡	08865,09327
蒋亚萍	09078	蒋家俊	02623,03038
蒋百川	12654	蒋祥林	04578
蒋伟	12359-12360	蒋菲	04906
蒋伟宏	12798-12799	蒋梅珠	13219
蒋伟勇	10533	蒋梓骅	12935
蒋仲荪	13683	蒋硕亮	01314
蒋自强	00054,02534-02536	蒋辉	12498
蒋红	13894,13932-13933,13955,13982,13988-13989,14015,15504	蒋强	00482,01599
		蒋静	05774
蒋志伟	05464	蒋瑾瑾	05645
蒋志涛	05072	蒋蕾	05254

韩

蒋花	09161	韩少良	14194,14201,14238,14367,14394
蒋宋怡	13344,13356,13378,13389,13392,14584	韩中和	03094,03319,03507
蒋林彬	12802	韩升	00335
蒋松柏	12817	韩方河	02421
蒋述卓	09890	韩玉萍	08415
蒋雨平	14431,14434	韩卉	13602
蒋国民	15222	韩世姣	07711
蒋国忠	00430,05560	韩甲祥	09406,09408
蒋国梁	14335,14352-14353,14379,14381	韩乐云	13719,13726
蒋昌建	01723	韩立新	05302
蒋岩波	02119	韩永光	15312
蒋秉章	08074-08076,08278,09237-09238	韩永童	05811
蒋泓	14307	韩亚军	14995,15214
		韩光	15085

韩伟	08549		植	
韩企夏	14421			
韩旭里	12496-12497,12537		植条则夫	03999
韩冰	09519		森	
韩寻	06898			
韩红建	08107-08108		森田正马	14478
韩秀华	07197		森昌夫	13561
韩松	05207,11553,13750		森格(A. M. Celâl Şengör)	12766
韩奇	13832		森健	02747
韩昇	00419,11504,11781,11783		惠	
韩建宏	13524			
韩建康	14072		惠亚玲	08709
韩绍凤	02328		惠淇源	10558
韩经太	10268		惠敬	12919
韩春利	07244		惠慧	10789
韩昭庆	12771		覃	
韩思音	07237			
韩炳浩	05898-05900		覃红	09513
韩济生	13644-13645		覃朗	09525,09533
韩结根	01775,10101,10551,11912		覃慧	00994
韩艳会	08960		粟	
韩振雷	11261			
韩晓波	08352,08382		粟芳	04894,07918,08947
韩晓玲	10829		紫	
韩继新	13620			
韩梦依	05898-05900,05909-05913		紫晨	15256
韩欲立	02352		景	
韩康信	12937,14227			
韩琳	15262		景平	03041
韩棣华	13235		景在平	13983
韩雅玲	14081-14082		景杰	15398
韩践	03260		景晓梅	06170
韩强	01974		景遐东	07652-07653
韩瑞波	00389		景瑞琴	04199
韩瑞宾	04333		景韵	04074
韩福国	01486		遗	
韩德(Michael H. Hunt)	01786			
韩曙	03572		遗传工程国家重点实验室	12009
韩镭	14070		喻	
辛				
			喻干	10841
辛也平	10210		喻大学	01413

喻正莹	13248	程谷雨	08699
喻利平	06135	程劲松	11976
喻国明	05289	程雨民	07592
喻玲	01898	程国良	03723-03724
喻颖	09369	程岩松	01150
喻蘅	10072	程佳	13418

黑

黑幼龙	00413	程欣	07925
黑斯廷斯（Bob Hastings）	07864	程金福	04006,04030

智

智量	10975

程

程一恒	02486
程七品	09552,09764
程士安	03977
程大中	04103,04146
程大志	08057
程万鹏	04656
程井军	13435
程元	06405
程云	13881,13895,13986,14025
程云琦	00357
程少轩	07567
程少武	08360
程正明	10696
程世禄	07837-07838
程龙军	10699
程立	03438
程立正	12493-12494
程汉林	11850
程训佳	13715
程亚品	08938
程达军	08863,08875,09331
程伟礼	01462
程延园	03256-03257
程红兵	06288,06413-06414
程志伟	06946
程志宏	06174-06175
程利南	13218,13221

程谷雨	08699
程劲松	11976
程雨民	07592
程国良	03723-03724
程岩松	01150
程佳	13418
程欣	07925
程金福	04006,04030
程沿彤	05737,06042,06095
程学书	02892,03446-03448
程皆能	12893
程前光	13021
程洪珍	09226
程勇	00452
程振远	09201-09202
程桂婷	10251
程晓	00045
程晓明	04879-04880,13350,13381,13565
程恩富	02605,02690
程黄维	04523
程曼丽	05237-05238
程啸飞	14752
程敏	08925,08930,08938
程鸿	12978-12979
程惕洁	03692
程寅	08329,08636-08637,09106,09111-09113,09271,09480
程隆云	03409
程惠瑛	02030
程曾厚	10782,11057-11058
程登吉	07742
程颖	08719
程群	14255
程德理	02183
程璞	02202
程巍	11033

粮

粮建中	08773,08777,09029,09645

傅

傅小明	08332

傅元略	03357,03360－03361,04571
傅文	10677
傅文瑜	12773
傅玉芳	07578
傅石球	01702
傅东波	13166,13833,14106
傅光明	10783,10917,11943－11944
傅华	13063－13066,13092,13107,13166－13167, 13298,13300,13833,13934,14106－14107,14156, 14171－14172,14336
傅志君	13044,13314,13827－13828,14148
傅林祥	12153－12154,12166－12167
傅杰	00189,00194,07518,15441－15447
傅国涌	01431
傅建明	05710－05711,06140,06152,06178
傅建辉	07118
傅春龄	10550
傅荣	07183
傅俊	09998
傅亮	10572
傅逊	11687
傅勇	04317
傅晓燕	09022
傅顾	02991
傅浩	04593
傅家良	12527－12528
傅琼	00950
傅琼花	01698
傅敬民	00721,07490,11037－11038
傅善来	13168
傅道慧	11736
傅新华	03593
傅德华	00142,00570,10524,11850－11851,11874, 11898,11903,11989－11990,15255
傅熹年	15298
傅冀耀	08703－08706,08915

焦

焦必方	02674,02853,03682,03721
焦光利	12546－12547,12549－12550
焦刚	03070
焦玥	03885
焦佩锋	00091
焦妹	00959,07651
焦娅敏	00378,14737
焦娇	02079,02098,03562
焦晓菊	11370,11435－11436,11796－11797
焦琴声	11239
焦雄屏	11412
焦富民	04315
焦瑞身	12885－12886

储

储一昀	02933－02934
储以微	13717－13718,13721,13727
储敏伟	04449－04451

奥

奥古斯丁	00731
奥田正造	15254
奥诺拉·奥尼尔(Onora Sylvia O'Neill)	00314
奥野由纪子	09853－09854
奥蒂·波克	11427

舒

舒士俊	11169
舒子唐	04556
舒元	02480,02670
舒五昌	12270
舒先红	14083,14086
舒伟洁	11405
舒红	06917
舒伯利·C.昆伯卡(Subal C. Kumbhakar)	02808
舒咏平	04013－04014
舒洁	10595
舒盛芳	05653,07273
舒辉	03066
舒湘芹	12265

释

释仁炟	00702
释延授	00642
释证严(证严法师,证严上人)	00415,00420, 00582－00589,00617－00620,00623,00660－

00672,00675-00700,10900
释宣化　00622
释德伋　00711
释德普　11285

鲁

鲁艾丁　08083
鲁迅　10482-10483,10494,10763
鲁英群　06593
鲁明泓　01105
鲁育宗　04698,07021
鲁学军　00274,11631-11632
鲁建东　07316
鲁绍臣　11847
鲁映青　10731,14589-14591
鲁娟　15260
鲁端　14100

童

童文俊　01926
童光森　04040
童庆炳　09922
童连　00508,13239
童利　04285
童兵　00049,05102-05103,05117-05119,05143,
05170,05256-05269,05286-05288,05297
童宏祥　02117,04166
童武　06959-06963
童炜钢　00727
童适平　04472-04473
童洁萍　10045
童宪明　02012-02013,02021
童陵枫　03924,04970
童教英　11163
童清艳　05075
童朝华　08414
童裕孙　12315,12477
童瑜晔　12671

翔

翔世文化　05838-05846
翔高教育计算机统考命题研究中心暨培训中心
　14909,14926,14930,14934

翔高教育计算机教学研究中心　14910-14911,
　14927,14931-14932,14935-14936
翔高教育心理学统考命题研究中心暨培训中心
　00488,00491-00492,00494,00496
翔高教育心理学教学研究中心　00489,00495,
　00497
翔高教育经济学研究中心　02442-02443,02453-
　02454
翔高教育教育学统考命题研究中心暨培训中心
　05578-05579

普

普仁　00596
普利希拉·威尔森(Priscilla H. Wilson)　01201
普希金　10980
普拉维恩·帕博迪埃(K. Praveen Parboteeah)
　04047
普洛格(K. Ploog)　12667
普朗西(Robert Plonsey)　12822
普赖斯(Vincent Price)　04982
普赖斯·普里切特(Price Pritchett)　03238-03240
普雷萨(R. Pressat)　01041

道

道·纽森(Doug Newsom)　00914
道林(J. E. Dowling)　13657
道恩·威尔顿(Donn Welton)　00108

曾

曾小峰　14179
曾凡龙　00539
曾广翘　09592
曾文慧　15412
曾平原　11942
曾民德　14146
曾庆兰　13904
曾庆存　14657
曾庆捷　01261
曾羽　07042
曾红媛　00540
曾劲　00539
曾枣庄　01673

曾尚梅	04298－04300
曾国祥	10625
曾建成	12619,14917
曾建彬	07452,08899－08902,09087
曾妮	05057
曾珍香	01185
曾玲	03909
曾昭冲	14373,14388
曾剑平	08423,08519
曾宪英	09730,13034
曾宪法	02879
曾勇	05586
曾莲英	09729
曾桂香	15314
曾祥发	13297
曾敏之	10292
曾添桂	09709－09710
曾维涛	01534
曾琳智	00952－00953
曾道明	07978－07986,08049,08422,09075,09083－09086,09352
曾湘泉	02985－02987,03013,03293
曾婷	09819－09820,10982
曾蒙苏	14556
曾静	08554
曾繁仁	09940

湛

湛育红	03716
湛柏明	02572,02587

湖

湖南工学院数学教研室	12296
湖南大学数学与计量经济学院	02791－02792
湖南省人口和计划生育委员会	07220

温

温天	04538,04642,04649
温玉霞	10976
温厉	04117
温优良	14033
《温州市工商行政管理志》编纂委员会	02773
《温州市财税志》编纂领导小组	04350
《温州词典》编委会	12134
温志大	01025,13111
温泽(R. A. Windsor)	13306
温美平	04824
温洪泉	04937
温海	14496
温儒敏	10187－10188

游

游汝杰	07340－07342,07494,07508,07699,07706－07707

富

富立友	04202
富永年	04269
富创天智(Futurekids)信息技术有限公司	04967

谢

谢大业	14378
谢大任	09165
谢之君	09699,09749－09750,09946
谢天振	07492,09907,09954
谢中科	14999－15000
谢文婷	08799,08803,08816,09282
谢尔·埃斯普马克	10995
谢尔·霍兹(Shel Holtz)	00947
谢永业	09466－09467
谢永钦	12496－12497,12500,12506
谢永健	04080－04082
谢亚青	14710,14731
谢百三	02602,03540
谢至德	01616
谢庆	05685
谢志贤	09756
谢克宽	08240
谢佑平	01928－01929,01931,02222
谢希德	01797,12670
谢谷芬	13115
谢应平	06363－06364,06827
谢启文	13649,13655,13744
谢启鸿	12386,12390

谢识予	02584-02585,02780,02814,02820-02822,02824	谢静	05023,05085-05086,05229,05327
谢劲暄	08789	谢慧玲	13350
谢幸希	06097	谢璎	14679
谢国平	03492	谢磊	14912
谢忠新	04975-04977,05591,05724,05786,14913	谢燕慧	11341
谢佩洪	03128	谢膺白	14982

强

谢金文	05122
谢金良	00232,00725-00726
谢波	10232
谢泼德(Gordon M. Shepherd)	12818
谢承志	03876,04032
谢玲丽	01061
谢玲玲	04684
谢荣康	02761

强小柏	11480
强永华	10287
强永昌	03475,04127,04181,04201,04245,04796
强连庆	04206,07031
强微	05875

媒

媒体新日中编辑室　12191

十三画

靳

谢厚祥	12944
谢虹	04839
谢俊后	10710
谢飒	09670
谢勇	03908,15123
谢耘耕	05273,05382
谢桂林	12909
谢桂玲	09296
谢晓燕	07961-07962
谢颂京	15352
谢高阳	12719
谢海光	01589,01591-01593,15219
谢家平	02676,03067-03068
谢家骝	05402
谢职安	09320-09321,09323
谢萍	03400,03409
谢铭培	15052
谢敏	08360
谢逸轩	08198
谢清果	00233
谢清佳	01182

靳亚峰	03921
靳阳	12324,12366-12368
靳丽芳	11444
靳连冬	06951
靳岚	14695
靳希平	00108
靳高风	01936
靳润成	12152,12165

蓝

蓝凡	11384
蓝为洁	11983-11984
蓝江	01269
蓝角	10796
蓝斐	13735

蒲

蒲华清	10926
蒲慕州	11501

蒙

谢琼	06018-06019,07297,11349-11352
谢葆辉	07879,07883,09573
谢瑞亭	13818
谢瑞康	06656
谢锡麟	12322,12448-12449,12484
谢稚柳	11206

蒙诗茜	08462

楚

楚亚杰　00912

楼

楼正恒　00406
楼正豪　00714
楼红卫　12468
楼志斌　03965
楼纯菊　15235
楼建华　14007
楼荷英　07805
楼铭铭　04481
楼超华　13658
楼鉴明　11208

裘

裘仁　11581
裘有崇　04748
裘克人　01525
裘逸娟　02354-02355
裘斯（P. C. Jurs）　12684
裘锡圭　00796,12092

赖

赖大仁　10244
赖云华　07315
赖文婷　11977
赖立辉　12775-12776
赖先朴　06902
赖明谷　06828,07107
赖彭城　02275

甄

甄杰　03537,04058

雷

雷于蓝　01057-01058
雷大军　14832
雷开春　00969-00970
雷仕湛　12233,13122,13583,14692,14803-14804
雷冬冬　05654-05655,05657-05658
雷汉卿　07587
雷发社　12464
雷达　03186
雷光春　14641
雷红波　07332
雷良蓉　12938-12939
雷纳·威莱克（R. Wellek）　10967
雷娇娇　09973
雷烈江　09075
雷萍　13368
雷晴岚　08561
雷蒙德·E.金（Raymond E. King）　15374
雷颐　00758
雷鹏　03952

辐

辐射研究与辐射工艺学报编委会　14749

虞

虞云国　10895
虞伟人　00084
虞伟庚　05710-05711,06152
虞昊　11889-11890
虞佳　01111,01320
虞建华　11070
虞炳中　01111
虞祖尧　01111
虞惠华　15074
虞慧炯　01643

路

路云亭　07266
路光远　10815
路伟东　01066
路新生　00139
路德维希·维特根斯坦（Ludwig Wittgenstein）　00327

嵊

嵊泗海洋文化研究会　11776

简

简发萍　14693

简健萍　05932-05933
简德三　02646

詹

詹丹　07663-07665,07734-07735
詹世烺　06406
詹石窗　00233
詹平　11307
詹华祖　13771-13772
詹宏志　10011-10012,10842,10896
詹姆士·J.海克曼(James Heckman)　03013
詹姆斯·G.弗雷泽(James George Frazer)　00727
詹姆斯·乌登　11420
詹姆斯·季南(James Keenan)　11430,11432
詹绍康　13316-13317,13333,13418
詹奕嘉　01741
詹前　11691
詹慧英　14644

鲍

鲍卫红　06168
鲍风　14830-14831
鲍尔·J.霍伯尔　07458
鲍尔吉·原野　10773-10774
鲍兰平　12445
鲍松彬　08781
鲍建瑛　13592-13593,13700
鲍勃·迪格南(Bob Dignen)　04123
鲍俊林　11768
鲍美娟　13982
鲍祖尚　15123
鲍勇　13354
鲍勇剑　00557,02506,03086
鲍振东　15193
鲍晓英　08385-08386,09279
鲍峰岩　11288
鲍敦全　02724
鲍鹏山　00145-00147,00190-00191,05662,10087,10374,10443,11921
鲍磊　04114

解

解亚利　15040
解华　06051-06052,06054-06056
解学芳　04946
解钢　09239
解顺强　12446-12447

廉

廉世俊　14547
廉德刚　09706

新

新世纪版英语能力测试编写组　06490-06491,06493-06498
《新英语教程》编写组　07823-07825,07827-07830
《新英语教程》编写组编　07826
新知教育编写组　08860
《新闻晚报·升学周刊》　06319-06320
《新高中英语能力测试》编写组　06658-06659
《新编初中英语能力训练》编写组　06657
《新编初中英语能力测试》编写组　06448,06457
《新编初级英语能力测试》编写组　06446
新潮大学英语编写组　07927-07928,07930-07931,08344,08347-08350,08834,08840,09022,09052-09054,09056-09059,09304-09306,09654-09657,09671-09673

雍

雍昕　10418
雍新生　14813
雍毅　07961-07962,07965-07968,09159

数

数控技能教材编写组　14686

慈

慈丽妍　08616
慈波　10095
慈济志工团队　15269

满

满方　05169
满运来　05293

慎

慎丹丹　11093

塞

塞尔玛·拉格洛夫　10996
塞缪尔·斯迈尔斯(Samuel Smiles)　00425

窦

窦文杉　13371
窦文彬　15318
窦争妍　08958
窦作琴　06096
窦忠霞　06277
窦菲菲　01498
窦锋昌　05175
窦然　04161-04163,04170-04171

褚

褚仁远　14514,14530,14735
褚文奎　15080
褚立博　09976
褚半农　07701,07709
褚守农　06415-06416
褚孝泉　07327,07356,07391,11052
褚志义　14596
褚君浩　12655
褚建君　10261,10577
褚润通　12610

群

群乐　07742

十四画

静

静旸　00659

赫

赫内斯涅米(Juha Hernesniemi)　14221
赫尔曼·施奈德(Hermann Schneider)　02758
赫伯特·泽特尔(Herbert Zettl)　05376

綦

綦彦臣　01656

蔡

蔡一夫　12753
蔡义江　10316-10318,10360
蔡子经　14964
蔡元坤　13540
蔡云伟　03865-03867
蔡中兴　02346,02546,02598
蔡文著　01222,01321,03710
蔡东雷　04574,04642-04646
蔡乐仪　03318
蔡圣善　12663
蔡达峰　06888,11235
蔡贞珏　04348
蔡同昌　01809
蔡则骥　14042
蔡伟新　14777
蔡仲　12245
蔡向东　07202
蔡旭　10603
蔡汝刚　14324
蔡兴水　10204
蔡兴发　01453
蔡兴扬　04395
蔡守秋　02155
蔡孙源　14001
蔡志东　05756
蔡志杰　12379-12381
蔡芳　07883
蔡吟吟　06783
蔡岚　13402
蔡秀国　08800,08804
蔡沐禅　11997
蔡宏　14398
蔡武城　12842,12864,13738
蔡贤黎　14132
蔡尚伟　04937,05333
蔡尚思　00141-00142,11730
蔡国黄　10088

蔡明山	06834
蔡明超	04397
蔡和兵	13006,13027
蔡定芳	13427
蔡诗东	12650
蔡春	05581
蔡珍福	14241
蔡南山	12818
蔡柏蔷	14116
蔡树榛	14798
蔡威	13127,13872,13876
蔡厚毅	04882
蔡剑华	14835
蔡闻桐	11006
蔡美华	05291
蔡祖泉	14780-14783
蔡勇刚	09462
蔡晓月	02322,02545,07819
蔡海燕	03826,04085
蔡基刚	07399,07644,07818,08064-08067,08200,08214,08313-08324,08387,08451,08456-08457,08472-08473,08476,08508,08669,08974,08982-08985,09194,09461
蔡康非	14108
蔡清华	08931
蔡鸿滨	04995
蔡淦	13782-13783
蔡骐	05030
蔡雯	05030
蔡辉	13285
蔡晶晶	14000
蔡舒恒	03196
蔡斌	09224
蔡福华	11340
蔡静怡	15177
蔡端	14193
蔡翠红	01772
蔡慧茹	07206
蔡璇	14705
蔡德培	13659-13660

樋

樋口広芳	12928
樋口进（Higuchi Susumu）	11969

歌

歌德（Johann Wolfgang von Goethe）	10990-10992

臧

臧庆华	08377
臧海群	05087

裴

裴长利	02209
裴亚莉	00436
裴虹	14483
裴高	00843,10572

管

管玉华	08393
管阳阳	08512,08540
管欣	04963
管建强	02274
管跃庆	02693
管淑红	07878
管锡展	02517
管新潮	07472

萧

萧声曼	10665

毓

毓明	10041

廖

廖七一	09949
廖万清	14067
廖久明	11835
廖卫民	05044
廖少纲	01316
廖文武	06835,06953-06954,07956,12213
廖文玲	13904-13905
廖玉麟	12502
廖圣清	05084,05285
廖光裕	15170
廖红	12581

廖志添	10868	谭成义	03738
廖茂新	12501	谭其骧	12171,12183
廖英	11096	谭国恩	10589,11220－11222
廖明	02706	谭泽明	05317
廖贵英	05827,06103－06104	谭荣生	10549
廖音	11094	谭载喜	07479
廖美琳	14386－14387	谭晖	13100
廖勇凯	03183,03480,14583	谭海梅	08136,08138
廖晓刚	11152	谭婧泽	12937,14227
廖海波	11811	谭琼华	12408－12409
廖基定	12501	谭惠慈	12894－12895
廖梅	11529	谭晶华	10940
廖敏	04864	谭媛媛	15215
廖康煌	13803	谭福民	08088,08119－08120,09029,09515
廖斌	10479		
廖新元	12298,12300,13579	**翟**	
廖嘉霖	14856	翟云	05878,09970
廖慕理	14035	翟丽	02826,03145

端

端木翰卿　11199

阚

阚海斌　14970
阚常娟　11123

漆

漆光瑛　02546,02598
漆多俊　02088－02089

赛

赛斯·菲斯曼(Seth Fishman)　12750

谭

谭小平	08562,09744
谭小峰	04595
谭卫国	06636,06721
谭文	13248－13249
谭玉珍	13626,13637
谭术魁	03623－03626,03684－03685
谭永基	06746,12248,12378－12381
谭亚新	12129

翟作君	11732
翟桂萍	01648
翟理红	06122－06124
翟理斯(Herbert Allen Giles)	11039
翟象俊	00002,01771,07851,07988－07998,08201,08231,08266,08506,08620－08631,08694,08696,08790－08793,08903－08906,08909－08915,08917－08941,08943,08945－08947,08953－08954,08956,08958,09088－09099,09157,09213,09353－09355,09357－09373,09375－09381,09383－09387,09392,09395－09400,09402,09483,09731－09740,09743－09762
翟新	01693
翟新辉	01854
翟毓兴	02307－02308

熊

熊力	12317
熊小刚	01316
熊水香	13595
熊玉莲	01947,02048,02061
熊立凡	13315
熊伟业	11569
熊仿杰	13967,13987

熊庆年　06837
熊进光　01835,02039
熊丽君　08446,09671-09677
熊杰　13370,13389
熊明辉　00361-00362
熊易寒　03654
熊炘　11218
熊学亮　07336-07337,07399-07400,07451,07599,08306
熊建菁　13834
熊思东　12898
熊勇清　01094
熊哲立　14873
熊浩　07641
熊家财　03577
熊娟　14716,14718
熊继洲　04481,04736
熊野娟　15223
熊维玲　12414-12415
熊操　13719
熊赟　12884,14974

缪

缪克构　11979
缪学　09266
缪荃孙　15499
缪晨　10418

十五画

撒

撒母耳·卢瑟福（Samuel Rutherford）　01860

增

增田香　05754
增野肇　13755

樊

樊民胜　12950-12951
樊庆敏　07322
樊纪明　04403
樊波成　00427,01600
樊绍曾　13786-13787,14320
樊树志　03680-03681,11672-11677,11686,11706-11708,11813
樊星　07228
樊品儒　10922
樊胜根　01140
樊勇明　02507-02509
樊晓明　14129,14144
樊益田　02325,02368
樊海潮　04215
樊娟　06899
樊智强　11091,12063
樊嘉　14240,14400
樊潇潇　07226

黎

黎人玮　00506
黎力　11445
黎凡　00577,08575-08578,09099-09102,09188
黎升洪　14989
黎丹　08950
黎立瑾　12791-12792
黎国玲　12296
黎明洁　05187
黎秉志　15069
黎春梅　08180
黎亮　07789,13172
黎瑛　09393
黎耀祥　11454

德

德田秋声　10951
德里克·瑞杰（Derrick Reagle）　00868
德沃特里庞（Mathias Dewatripont）　04462
德拉戈留布·德拉吉希奇　02469
德明　10660
德波拉·巴瑞特（Deborah J. Barrett）　01200
德波诺（E. de Pono）　11805
德珍　04728
德莱玛　00915
德莫特·马赫　14071
德斯蒙德·莫利斯（D. Morris）　00966,00973,12936

滕

滕五晓	05448
滕玉成	01324
滕永康	06748
滕佳宇	02445
滕育栋	01474
滕建志	06087－06088
滕菲	11304
滕谦	05002
滕颖磊	06266
滕毓旭	10927

摩

摩罗	01231,01236－01237,10482

颜

颜广林	01363
颜元叔	00739
颜冬	06956
颜志刚	11254－11260,14680
颜志渊	12021－12022
颜声毅	01751,01761－01762
颜学海	02049,02110
颜玲	00443
颜晓芳	05849
颜晓燕	05813
颜爱民	03281,03517
颜鸿斌	14002
颜靖平	09269
颜慧	12053

潜

潜旭明	03779

潘

潘大圣	15175
潘小平	02792
潘义行	03743
潘卫民	07396,08573,10911,12192
潘天舒	01628
潘天强	00051,11439,11446
潘文焰	03848
潘宁	07907
潘亚玲	01714,01804
潘成云	03176
潘伟杰	01972,01988
潘仲秋	04238
潘行紫旻	11345
潘旭澜	10224
潘庆云	02233－02237
潘庆年	12498
潘亦孚	11233
潘如仪	11329－11331
潘红	11028
潘纪一	01008,01040
潘孝彰	14064
潘志刚	13384
潘志高	01735
潘连贵	04815
潘肖珏	00548－00549,03206,03506,04019,04032,07249,13176,13232－13233,13458,13505
潘冷云	05572
潘杰	05831,05833,06908－06910
潘雨廷	00164,00719－00720,13459
潘明权	12094－12095
潘明继	13547
潘明德	14824
潘忠岐	01763
潘凯雄	05428
潘季芬	13146
潘岳生	06989
潘宗光	00581,03106
潘定嫄	12923
潘建强	11199
潘春阳	02823
潘钧	08352,08381－08382
潘笃武	12214,12651－12652,12754
潘彦	04504
潘洪萱	03175
潘洞庭	08771,08775,09028,09262
潘泰萍	03025－03026
潘哲初	03991
潘真	10705
潘晓云	03095

潘晓岗	03707	薛文隽	13512-13513
潘颂德	10757,10759	薛可	03323
潘烜	02573	薛东岩	09504
潘家祜	14597	薛华成	01183-01184
潘祥辉	05306	薛向阳	15120
潘梅森	13839,15368	薛齐	04083
潘银英	13801	薛许军	02945-02948
潘鸿雷	03837	薛寿征	15406
潘鸿新	06384	薛志福	13421
潘朝伟	00722	薛求知	02524,03479-03480,04132-04133,04140-04141,04362,04683
潘朝曦	13175		
潘惠平	08170-08171,08174-08175	薛茂	00207,00247
潘雅芳	15280	薛英利	13037
潘雅燕	12108	薛明扬	01452,07066,11590
潘辉	04152	薛迪	13288-13289,13373-13375,13382
潘富恩	00140,00276,15489	薛学潜	15447
潘勤华	04408	薛保菊	15146
潘锡凤	15281	薛美玲	09335
潘煊	00653,00710	薛珠	13483
潘碧华	15395	薛隽	03362
潘霁	05150,05326,15329	薛航	15182
潘銮凤	12865,13853	薛海霞	06985
潘端莲	02915	薛爽	03579
潘德宝	12760	薛崇云	01457
潘毅慧	13357,13447	薛密	12538
潘璐	09848	薛琨	13137,13161
潘麟	00188,00414	薛喜民	07115
		薛雯	09920
		薛强	07325
		薛瑄	15440
		薛誉华	03557-03560,04482,04509
		薛静怡	02435
		薛慧彬	12233,14804
		薛磊	12151,12164
		薛澜	01134

十六画

燕

燕爽	00836,01375,01477,03648,06982,07067-07069,11826
燕顿	08518

薛

薛才德	07398,09866
薛万祥	09142
薛小芬	11159
薛云奎	02896-02897
薛中行	03580
薛中军	05274

薪

薪火学刊编辑部	10144-10149

霍

霍习霞	05793
霍文文	04575-04576
霍四通	07623,11900

霍尔(Diane Hall)　07812,09208
霍尔顿　02688
霍传颂　07299
霍仲厚　13295
霍华德·E.西弗尔(Howard E. Sypher)　04992
霍华德·西尔弗斯通　01948
霍华德·麦克诺顿(Howard McNaughton)　09988
霍拉斯·恩格道尔　09984
霍松林　10105
霍金根　08277
霍勇　14076-14077,14081-14082,14087
霍桑　11089
霍斯曼　02402
霍群　12841
霍静伟　08727
霍德森(H. V. Hodson)　01020

冀

冀汸　10691

默

默昆德·奥普勒加　14071

穆

穆尔(Walter J. Moore)　12716
穆尼茨(M. K. Munitz)　00110
穆启乐　11681
穆林娟　02884
穆晟　12567
穆瑞·罗斯巴德(Murray N. Rothbard)　01331

十七画

戴

戴小平　04475-04478,4706
戴小宽　12259
戴之昂　11568
戴卫东　01572
戴王磊　00900-00901
戴元光　04988-04989,05010,05098-05103
戴日新　08767,08845,08888
戴从容　09980

戴月珍　07839-07841,09476-09478,13036,13759-13760
戴正寿　13601
戴乐山　12611
戴尔·B.哈恩(Dale B. Hahn)　13298
戴永盛　02168
戴尼斯·赛佛伦斯(Dennis Severance)　03165
戴自英　14047
戴冰　01391,01394,01635
戴如法　07646
戴运财　07412
戴志澄　13761
戴良鸿　15355-15356
戴君强　07310,13451
戴玥赟　13397
戴林元　06309
戴松年　12188
戴国强　04368
戴明(Richard Deming)　00551-00552
戴明辉　04212
戴欣　02183
戴金增　13286
戴宝珍　13896,13898-13899,13973
戴建平　12245
戴建兵　04379
戴厚英　11909
戴显熹　12646
戴星翼　02625,03667,03756,15390,15399
戴钟伟　05392
戴俊明　00559,13119
戴炳然　01758,02595,11795
戴莹　09232-09234
戴晓芙　02745,04828
戴盛才　07647,07721
戴敏华　03064
戴望舒　10559
戴鸿英　14005
戴鸿柱　12259
戴鸿儒　02232
戴淑庚　04276
戴维·M.德瑞森　01853
戴维·比尔(David Beer)　05052
戴维·维拉(Dave Viera)　11457

戴维民	05032	魏玮	04364
戴维斯(L. G. Davis)	12869	魏武挥	04749
戴琳峰	13912	魏尚进	04452-04456
戴朝晖	08522-08525	魏国华	12529-12531
戴景平	00094	魏国富	03800-03806,07816-07817,07937,09171
戴道宣	12611	魏明坤	11190,11209
戴瑞鸿	13784-13785,14043	魏佳	11791
戴蓉	07045	魏育青	09815,10989
戴路	10311	魏孟勋	06478,06481,06637-06649,08238
戴锦华	09887	魏拴成	04041
戴滨林	12456	魏秋芳	06263,06808
戴豪良	13160,13433,13506	魏俊杰	12139,12145,12158
戴鞍钢	02702,02730,02735,11726,11752	魏洪钟	00348,12203
戴稼禾	13164	魏晓红	04954
戴慰萍	13894	魏晓敏	07323
戴燕	00271,10126,10449-10450,10960-10961	魏爱莲(Ellen Widmer)	10070
戴懿萍	13203	魏授章	06730
戴耀红	00982,05644,06277	魏淑清	12452
戴耀晶	07365,07517	魏琳	07306

鞠

鞠玉翠	05607
鞠立新	02661
鞠泳坪	03665
鞠晓晨	11306
鞠强	01194,01241,03097,05901,11158,15291

魏

魏大海	10953,10957-10958
魏长年	15249
魏文静	02339
魏本超	09481
魏东霞	14631
魏永征	02014,02160,05271
魏邦良	00713
魏在江	07939
魏先军	09061
魏全平	02749
魏汝尧	07938
魏农建	04106
魏运	02803,02811
魏良帅	07284
魏君子	11986

魏斐德(Frederic Wakeman)	11731
魏景赋	06844
魏渭堂	07221
魏毅	11746
魏巍	08856

繁

《繁荣序曲》编写组　10696

濮

濮之珍　07513,07521

十八画

藤

藤田史郎	03303
藤原晴子	09824

瞿

瞿小妹	14525,14528
瞿介明	14117
瞿平	13039
瞿立新	04075,04087

瞿亚红　11371
瞿光亚　14463
瞿伟恩　03771
瞿丽红　06818
瞿灿鑫　02854,04490
瞿林东　11493-11495
瞿治平　14438
瞿秋白　10979
瞿晓敏　12962,13923
瞿涤　12940

簪

簪倪　10930

鎌

鎌田ミツ子　13903

十九画

蘅

蘅塘退士　10293-10294

攀

攀登　04763

二十一画

露

露丝·阿比　00335
露丝·哈伯德(Ruth Hubbard)　12943

图书在版编目(CIP)数据

复旦大学出版社总书目：1980—2020/龙向洋主编. —上海：复旦大学出版社，2021.11
ISBN 978-7-309-15606-5

Ⅰ.①复… Ⅱ.①龙… Ⅲ.①复旦大学出版社-出版发行目录-1980－2020 Ⅳ.①Z852.7

中国版本图书馆 CIP 数据核字(2021)第 064238 号

复旦大学出版社总书目：1980—2020
龙向洋　主编
出　品　人/严　峰
责任编辑/胡欣轩

复旦大学出版社有限公司出版发行
上海市国权路 579 号　邮编：200433
网址：fupnet@fudanpress.com　http://www.fudanpress.com
门市零售：86-21-65102580　团体订购：86-21-65104505
出版部电话：86-21-65642845
江阴市机关印刷服务有限公司

开本 787×1092　1/16　印张 101.75　字数 2227 千
2021 年 11 月第 1 版第 1 次印刷

ISBN 978-7-309-15606-5/Z·102
定价：600.00 元

如有印装质量问题，请向复旦大学出版社有限公司出版部调换。
版权所有　侵权必究